Das Buch

Die Literatur des alten Griechenlands gilt – wenigstens für uns Europäer – als die erste große Epoche der Literaturgeschichte, als die früheste und schon ungeheuer reiche Manifestation von Literatur überhaupt. Aber nicht nur die Homerischen Epen, auch die archaische Lyrik, die große Philosophie der Ionier und die klassische Philosophie, die Geschichtsschreibung von Herodot an, dann die klassischen Tragödien und Komödien der Polis, die reiche philosophische und wissenschaftliche Literatur des Hellenismus und der Kaiserzeit – das alles ist noch gegenwärtig, wird weiterhin von einer gar nicht so kleinen Gelehrtenschaft erforscht, gehört noch zum selbstverständlichen Bildungsgut der Wenigen und erweist sich – neben den Mythen – als ein unerschöpflicher Themen- und Motivsteinbruch europäischer Dichter, Musiker und Künstler.
Leskys Gesamtdarstellung ist das unübertroffene Standardwerk für Altphilologen und Literaturwissenschaftler, aber auch die Philosophen und die Historiker brauchen das Buch, weil Lesky den Literaturbegriff sehr weit faßt und beinahe die ganze schriftliche Überlieferung des alten Hellas einbezieht.
«Das Werk bietet nicht nur eine Formgeschichte der griechischen Literatur, eine Würdigung der literarischen Schöpfungen als Kunstwerke und eine prägnante Darstellung der Persönlichkeiten und geistigen Profile der Dichter und Prosaiker, sondern sein Verfasser sichtet überdies die Bedeutung der geistes- und kulturgeschichtlichen Situation für die Literatur ...» (Anzeiger für die Altertumswissenschaft).

Der Autor

Albin Lesky, geb. 1896 in Graz, gest. 1981 in Innsbruck, war bis 1969 Professor für klassische Philologie in Innsbruck und Wien und einer der bedeutendsten Vertreter seines Fachs, Mitglied von zahlreichen wissenschaftlichen Akademien. Zahllose Veröffentlichungen, am bekanntesten ‹Die griechische Tragödie› (5. Aufl. 1984); ‹Die tragische Dichtung der Hellenen› (3. Aufl. 1972) und die ‹Geschichte der griechischen Literatur›.

Albin Lesky:
Geschichte der griechischen Literatur

Deutscher
Taschenbuch
Verlag

dtv

Das Werk erschien erstmals 1957/58 im Verlag A. Francke AG, Bern. Unsere Ausgabe ist ein unveränderter photomechanischer Nachdruck der dritten, neu bearbeiteten und erweiterten Auflage von 1971 im Francke Verlag, Bern und München.

März 1993
Deutscher Taschenbuch Verlag GmbH & Co. KG, München

Umschlagtypographie: Celestino Piatti
Motiv: Seite aus der ‹Ilias›, Codex B, 11. Jahrhundert
(Cod. S. Marci Venetus CCCCLIII f. 294)
Gesamtherstellung: C. H. Beck'sche Buchdruckerei, Nördlingen
Printed in Germany · ISBN 3-423-04595-7

INHALTSÜBERSICHT

Zur Einführung 9

Zur zweiten Auflage 12

Zur dritten Auflage 13

I. Die Überlieferung der griechischen Literatur 15

II. Die Anfänge 21

III. Das homerische Epos 29

A. Ilias und Odyssee 29

1. Heldengesang vor Homer 29
2. Stoff und Aufbau der Ilias 35
3. Die homerische Frage 50
4. Stoff und Aufbau der Odyssee 59
5. Die Odyssee-Analyse 68
6. Kulturschichten in der homerischen Dichtung 73
7. Sprache und Stil 79
8. Götter und Menschen 87
9. Die Überlieferung 95

B. Der epische Kyklos 101

C. Die homerischen Hymnen 106

D. Anderes unter dem Namen Homer 111

IV. Die archaische Zeit 113

A. Hesiod 113

B. Archaische Epik nach Hesiod 130

C. Ältere Lyrik 132

1. Ursprünge und Gattungen 132
2. Iambos 134
3. Elegie 143
4. Solon 148
5. Lesbisches Lied 155
6. Chorlied 177

D. Volkstümliches Erzählungsgut 184

E. Religiöse Literatur 189

F. Anfänge der Philosophie 193

G. Reifarchaische Lyrik 200
1. Theognis 200
2. Epigramm und Skolion 204
3. Anakreon 207
4. Mutterländische Lieddichtung 210
5. Chorlyrik 214

H. Philosophie des Seins im Ausgange der archaischen Zeit 243

I. Anfänge der Wissenschaften und der Geschichtschreibung 253

K. Anfänge des Dramas 260
1. Tragödie 260
2. Komödie 270

V. Die hohe Zeit der griechischen Polis 279

A. Beginn und Höhe der Klassik 279
1. Aischylos 279
2. Sophokles 311
3. Die übrige Dichtung 345
4. Der Musiktheoretiker Damon 347
5. Herodot 349
6. Andere Geschichtschreiber 374
7. Die Philosophie 378

B. Die Aufklärung und ihre Gegner 387
1. Die Sophisten und die Anfänge kunstmäßiger Beredsamkeit 387
2. Euripides 409
3. Andere Tragiker 461
4. Die übrige Dichtung 466
5. Die politische Komödie 471
6. Politisches Schrifttum 509
7. Thukydides 512
8. Die Fachwissenschaften 544
9. Sokrates 555

C. Das vierte Jahrhundert bis Alexander 568
1. Platon und die Akademie 568
2. Aristoteles und der Peripatos 614
3. Kunst der Rede 653
4. Geschichtschreibung 689
5. Drama 705
6. Die übrige Poesie 712

VI. Der Hellenismus 717
A. Athen 717
1. Die Neue Komödie 717
2. Attische Prosa 750
3. Die philosophischen Systeme 754
B. Die neuen Zentren 781
1. Allgemeine Charakteristik 781
2. Kallimachos 787
3. Theokrit 807
4. Apollonios 818
5. Epigramm 827
6. Drama 833
7. Andere Dichtung 840
8. Geschichtschreibung 855
9. Wissenschaften 877
10. Pseudopythagoreische Schriften 891
11. Jüdisch-hellenistisches Schrifttum 894

VII. Die Kaiserzeit 903
A. Dichtung 903
B. Prosa 917
1. Plutarch 917
2. Die Blüte der zweiten Sophistik 926
3. Geschichtschreiber und Periegeten 945
4. Prosaroman und Epistolographie 957
5. Die zweite Sophistik in der Spätzeit 972
6. Philosophie 976
7. Wissenschaften 992

Register 1003

Verzeichnis der Abkürzungen 1021

ZUR EINFÜHRUNG

> Die wahre Vermittlerin ist die Kunst. Über Kunst sprechen heißt die Vermittlerin vermitteln wollen, und doch ist uns daher viel Köstliches erfolgt.
>
> Goethe, *Maximen und Reflexionen über Kunst*

> Die Organe der Erkenntnis, ohne die kein rechtes Lesen möglich ist, heißen Ehrfurcht und Liebe. Auch die Wissenschaft kann ihrer nie entraten; denn sie begreift und scheidet nur, was die Liebe besitzt; und ohne Liebe bleibt sie leer.
>
> Emil Staiger, *Meisterwerke deutscher Sprache*

Literaturgeschichte zu schreiben halten heutzutage manche für unfein, andere schlechtweg für unmöglich. Die zweite der genannten Meinungen hat einiges für sich, doch ist die Folge einer derart pessimistischen Haltung ein wenig erfreulicher Zustand. Wir haben für den Gegenstand knappe Übersichten, unter denen jene von WALTHER KRANZ als kleines Meisterwerk bei weitem voransteht, auf der anderen Seite aber die fünf Bände, die uns der gigantische Fleiß von WILHELM SCHMID geschenkt hat und deren letzter glücklich an das Ende des 5. Jahrhunderts v. Chr. herangekommen ist. Die Mitte zwischen diesen Extremen ist unbesetzt. Den handlichen Band, der unser Wissen um den Gegenstand so darstellte, daß er dem Studierenden Grundlage, dem wissenschaftlich Arbeitenden erster Behelf und jedem Interessierten Vermittler eines raschen und doch ausreichenden Zuganges zur Literatur der Griechen sein könnte, gibt es in deutscher Sprache nicht.

Diese Lücke möchte unser Unternehmen füllen. Dabei ist die Bewältigung eines so umfangreichen Stoffes auf dem vorgesehenen Raume nur auf Grund einiger Einschränkungen möglich, die eine kurze Begründung verlangen.

Die erste betrifft die griechisch-christliche Literatur, die den Rahmen dieses Bandes gesprengt hätte und an sich um ihrer Bedeutung willen eine gesonderte Behandlung verlangt. Nicht eben so leicht war es, Teile des jüdisch-hellenistischen Schrifttums auszuklammern, doch konnten sie nur in ihrer Randstellung zum Hauptthema Berücksichtigung finden. Man wird es ferner von keiner Geschichte irgendeiner Literatur verlangen, daß sie zu gleicher Zeit eine Darstellung des philosophischen Denkens und der Wissenschaften in dem betreffenden Gebiete sei. Nun sind diese Dinge für die Griechen vor allem in der Frühzeit schwieriger abzutrennen als sonstwo. Sie haben also ihre Behandlung gefunden, doch kann und will diese Literaturgeschichte nicht zugleich eine Geschichte der griechischen Philosophie und der griechischen Wissenschaften sein.

Während sich das alles weitgehend von selbst versteht, bedarf eine andere Maßnahme eines besonderen Wortes. Dieses Buch stellt bewußt die großen und für das Werden des Abendlandes entscheidenden Leistungen in den Vordergrund. Hier abrißhafte Kürze zu vermeiden war nur möglich, wenn die Akzente nicht völlig gleichmäßig auf allen Erscheinungen lagen oder, um einen anderen Vergleich zu gebrauchen, wenn das Kartenbild nicht in allen seinen Teilen auf denselben Maßstab gestellt wurde. Es ist nicht unsere Absicht, die Namen der rund 2000 griechischen Schriftsteller, die wir kennen, alle zu verzeichnen und die Werke vollständig anzuführen, von denen wir außer dem Titel nichts wissen. Auch sind die einzelnen Epochen nicht mit der gleichen Einläßlichkeit behandelt. Während der Archaik und der Klassik der größte in diesem Rahmen mögliche Raum vorbehalten ist und die tragenden Erscheinungen des Hellenismus ebenfalls ausreichend gewürdigt werden sollen, ist die kaum übersehbare Fülle literarischer Hervorbringungen der Kaiserzeit wesentlich kürzer behandelt. Wir meinen, dies mit den eingangs bezeichneten Zwecken dieses Bandes wohl vereinigen zu können. Die Wissenschaft vom Altertum darf es gewiß nie verleugnen, daß sie durch den Historismus gegangen ist, der das klassizistisch verengte Hellenenbild aufsprengte und jeder Erscheinung an ihrem Orte volle wissenschaftliche Sorgfalt zuwandte. Man ist sich aber seit der ersten Nachkriegszeit des Rechtes und der Pflicht, das historisch Erfaßte in seiner Bedeutung zu werten, erneut bewußt geworden. Ein Werk, das auf letzte Vollständigkeit angelegt ist, mag einen Cassius Dio mit der gleichen Ausführlichkeit behandeln wie Thukydides und einen Musaios wie Homer, in einer Darstellung, die das Wesentliche vermitteln will, wäre dies widersinnig.

Durch Verzichte der angeführten Art sollte den großen, über die Zeiten wirksamen Werken der griechischen Literatur der Raum für die Behandlung nach bestimmten Grundsätzen gewonnen werden. Es war nicht die Absicht des Verfassers, hier mit Einzelheiten zu sparen. Unsere Zeit ist dem Geschichtlichen gegenüber träge geworden, und hinter all den geistvollen Subjektivismen und oft recht schiefen Popularisierungen wird eine Scheu vor ehrlicher Auseinandersetzung und eine Verdünnung tatsächlichen Wissens erkennbar, die in beklemmender Weise an Vorgänge in der sinkenden Antike erinnert. Entwicklungen solcher Art möchte dieses Buch zu seinem bescheidenen Teile dadurch begegnen, daß es an den entscheidenden Stellen Fülle des Tatsächlichen nicht meidet und ebenso die wissenschaftliche Problematik zeigt. Was Werner Jaeger einmal geschrieben hat (Gnomon 1951, 247), ist uns ein Leitwort: «*Das eigentlich Wichtige sind ... die Probleme, und wir haben unser Bestes getan, wenn wir sie offen halten und künftigen Geschlechtern lebendig überliefern.*» Das Recht des Autors, seine eigene Stellung zu vertreten, ist mit der Würdigung anderer Sehweise durchaus vereinbar, und nicht selten wird auch das Einbekenntnis unseres Nichtwissens oder nicht gelöster Zweifel zur wissenschaftlichen Pflicht.

Literaturgeschichte ist – und darum gehen ihr so viele aus dem Wege – heute mehr denn je in schwierige Antinomien gestellt. Genetische Entwicklung und Betrachtung der Erscheinungen in ihrer Eigenständigkeit, Bedingtheit durch die Umwelt und Ausprägung des Individuellen, Einfügung in das Genos und Durchbrechung seiner Schranken, unmittelbare Nähe zu den Werken auf Grund der allgemein menschlichen Voraussetzungen (aber Nietzsche hat vor der impertinenten Familiarität gewarnt!) und Distanz zu den Griechen als den von unserem Denken vielfach Getrennten: damit sind einige der gegensätzlichen Standpunkte bezeichnet, die ihren Anspruch anmelden. Wir vermeiden lange theoretische Auseinandersetzungen, bekennen es jedoch als unsere Überzeugung, daß hier echte Gegensätze vorliegen und jede der bezeichneten Positionen ein Stück Recht für sich beanspruchen kann. Fruchtbare Auseinandersetzung mit ihnen ist nur durch die Darstellung selbst möglich.

Ihre schwierigste und in gewissem Sinne unerfreulichste Aufgabe ist die Gliederung in Epochen und deren weitere Unterteilung, da bei solchem Beginnen in jedem Falle lebendige Zusammenhänge durchschnitten werden. Zwar bieten sich die großen Abschnitte im Falle der griechischen Literatur ohne weiteres an, ihre Teilung ist jedoch schwierig und gefährlich. Es schien uns richtig, hier keine starre Systematik zu erzwingen, sondern das Einteilungsprinzip nach der Natur der Dinge zu wechseln. In der Archaik, der großen Zeit des Werdens, empfiehlt es sich, die Trennung nach Arten in den Vordergrund zu stellen, die Zeit der Polis verlangt eine zeitliche Unterteilung, während im Hellenismus zumindest anfangs die Entwicklung in starker örtlicher Trennung der Bereiche vor sich ging. In jedem Falle aber scheint es uns wichtig, durch diese und jede verwandte Gliederung nicht Sperren in einen Fluß einzubauen, der bald rascher, bald langsamer strömte, nie aber unterbrochen war.

Mit dem Wunsche, die Problematik offenzuhalten, hängt es zusammen, daß dieses Buch auf Literaturangaben nicht verzichtet. Natürlich war nur eine Auswahl möglich, was unweigerlich ein subjektives Moment mit sich bringt. Im allgemeinen galt der Grundsatz, nach Möglichkeit die neuesten Zeugen der wissenschaftlichen Debatte anzuführen und neben der Bedeutung der einzelnen Arbeit auch das Maß in Rechnung zu stellen, in dem sie den Zugang zu weiterer Literatur ermöglicht. Weit entfernt davon, auch nur für die letzten Jahre Vollständiges zu bieten, möchten die Literaturangaben dem wissenschaftlich Arbeitenden überall die Schrittsteine für weiteres Vordringen zurechtlegen. Häufiger genannte Werke finden sich im Abkürzungsverzeichnis, das ominöse «a. O.» ist nur gesetzt, wenn der Leser nicht weit zurückzugehen braucht, und häufig ist damit oder einem «s. o.» aus dem Anmerkungsteil auf die unmittelbar voraufgehenden Literaturangaben verwiesen.

Es ist hier nicht der Ort, die reichen bibliographischen Hilfsmittel der klassischen Philologie aufzuführen, doch sei neben *L'année philologique* als unentbehrlicher Grundlage noch J. A. NAIRNS *Classical Hand-List* (Oxf. 1953) und als sehr nützlich *Fifty Years of Classical Scholarship* (Oxf. 1954) genannt.

Über die Anführungen im Laufe der Darstellung hinaus möchten wir auch an dieser Stelle zweier Werke gedenken, die unser Verständnis der griechischen Literatur für weite Abschnitte gefördert haben; wir meinen WERNER JAEGERS *Paideia* und HERMANN FRÄNKELS *Dichtung und Philosophie des frühen Griechentums*. Eben weil das Werk außerhalb der philologischen Tradition steht, viele Dinge aber in origineller und überraschender Weise neu zur Debatte stellt, wollen wir schließlich einen Hinweis auf ALEXANDER RÜSTOWS *Ortsbestimmung der Gegenwart*, Zürich 1950, nicht unterlassen.

WIEN ALBIN LESKY

ZUR ZWEITEN AUFLAGE

Das Ziel einer Überarbeitung dieses Buches ergab sich seinem Verfasser aus dem wohlwollenden Urteil einzelner Fachgenossen, sie hätten an dem Werk eine brauchbare Arbeitshilfe gefunden. Mehr noch als in der ersten Auflage sollten in dieser Hinweise auf offene Probleme und erzielte Fortschritte gegeben werden. Die Erfüllung dieser Aufgabe hat sich als sehr mühsam erwiesen, aber diese Mühe bedeutete auch Freude: zeugen doch Wert und Menge der Produktion in den letzten Jahren von dem kräftigen Leben der Wissenschaft, die das antike Erbe unserer Zeit lebendig erhalten will. Daß die Auswahl notwendig nur begrenzt sein kann, daß der Wunsch, das Förderliche herauszugreifen, das Element des Subjektiven in sich enthält, all das braucht nur angedeutet zu werden. Maßgebend war auch in dieser Fassung der Wunsch, die angeführte Literatur so auszuwählen, daß sie weiterer Arbeit den Zugang zur älteren Geschichte der Probleme eröffnet.

Nicht leichten Herzens habe ich dem Wunsch von Kritikern und Freunden (was in erfreulich vielen Fällen Personalunion bedeutet) nachgegeben und unter Verzicht auf das einheitliche Druckbild die Anmerkungen unter den Text gesetzt. Ein «s. u.» in ihnen bedeutet jetzt in der Regel den Hinweis auf die Literaturangaben am Ende des Kapitels.

Nicht sehr viele Seiten dieses Buches sind ohne Änderung geblieben, einzelne Abschnitte wie jene über Homer und Platon erforderten größere Einarbeitungen, ein neuer über pseudopythagoreische Literatur ist hinzugekommen. Wenn einiges von dem Neuen eine Verbesserung bedeuten sollte, so danke ich das nicht zum letzten der Hilfe anderer. Eingehende und fast durchwegs förderliche Kritiken haben Irrtümer richtig gestellt und wertvolle Hinweise gegeben. Es soll nicht Undank gegen die nicht Genannten bedeuten, wenn ich der Weise, in der mich J. C. Kamerbeek und Fr. Zucker verpflichteten, besonders gedenke. Aber nicht allein die gedruckten Kritiken förderten, eine reiche Zahl von Zuschriften brachte spontane Hilfe in einem Maße, das mich zugleich beglückte und beschämte. Hier möchte ich vor allem Wolfgang Buchwald und Franz Dollnig nennen, die sich auch für die Korrektur der Auflage zur Verfügung stellten und an das Buch mehr Mühe gewandt haben, als ich im Grunde verantworten kann.

In zwei für das Ganze wichtigen Fragen habe ich an Grundsätzen festgehalten, die für die erste Fassung bestimmend waren.

Zusammenfassungen gegenüber, die am Ende eines Abschnittes Werk und Wesen eines großen Autors in ein paar Sätze einfangen wollen, bin ich skeptisch geblieben. Das Streben nach Synthese in hohen Ehren, aber ich meine, daß ihm besser eine Darstellung genügt, die den Versuch macht, die Vielfalt der Erscheinungsweisen um eine feste Mitte zu schließen oder, wo dies nötig ist, am Ablaufe einer Entwicklung sichtbar zu machen.

Der verschiedene Maßstab, in dem die einzelnen Epochen dargestellt sind, mußte zunächst aus einem äußerlichen Grunde festgehalten werden. War es doch anders nicht möglich, diese Literaturgeschichte im Umfange eines (vielleicht immerhin noch) handlichen Bandes zu halten. Nach wie vor glaube ich aber, diese Verteilung der Akzente mit jenen Gründen rechtfertigen zu können, die in der Vorrede zur ersten Auflage ausgeführt sind. Mir wurden in einer ebenso gescheiten wie wohlwollenden Kritik die Worte entgegengehalten, mit denen Ernst Robert Curtius in seinen «Kritischen Essays zur europäischen Literatur» (2. Aufl. Bern 1954, 318) die Spätantike als Zeit der Fruchtfülle und Herbstsüßigkeit, der Weltweite und Wahlfreiheit pries. Und gewiß: wer wollte auch verkennen, was an Schönem und Bedeutendem in und zwischen Theokrit und Plotin liegt! Aber auch darüber, wo das geistige Europa gestiftet wurde, kann ein Zweifel nicht bestehen, und wenn es ein Fehler ist, die Dominanz der Rhetorik in der Spätzeit nicht für beglückend zu halten, muß sich der Autor dieses Buches durchaus schuldig fühlen. Vielleicht ist auch die Frage gestattet, ob die Worte von E. R. Curtius nicht etwa einen Meilenstein des Weges bezeichnen, auf dem er zu jenen Ausführungen über das verlöschende Licht von Hellas kam, von denen manche wünschen, der große Gelehrte hätte sie nicht geschrieben.

Wir hoffen auch in unserer Zeit auf das Licht von Hellas, und so möchte dieses Buch in seiner neuen Form ein wenig dazu mithelfen, daß nicht Wirklichkeit werde, was als bedrückende Möglichkeit hinter einem Wort Jacob Burckhardts in den Historischen Fragmenten steht:

Wir werden das Altertum nie los, solange wir nicht wieder Barbaren werden.

WIEN ALBIN LESKY

ZUR DRITTEN AUFLAGE

Diese Neuauflage erforderte im Text einige Einfügungen, die besonders den in den letzten Jahren bekannt gewordenen Menanderstücken gelten. Eine durchgehende Neubearbeitung war bei den Literaturabschnitten und den Anmerkungen notwendig, sollte das Buch seine doppelte Aufgabe auch weiterhin erfüllen: Darstellung und brauchbares wissenschaftliches Arbeitsinstrument zu sein. Die angesichts der außerordentlich gesteigerten wissenschaftlichen Produktion sehr schwierige Auslese wurde unter dem Gesichtspunkt getroffen, daß die neu aufgenommenen Angaben Einblick in die Diskussion der einzelnen Probleme bis in deren jüngste Phase geben sollten.

Einen besonderen Hinweis möchte ich an dieser Stelle auf ein Buch von Rudolf Pfeiffer geben: *History of Classical Scholarship. From the Beginnings to the End of the Hellenistic Age.* Oxford 1968. In weit höherem Maße, als es der Titel erschließen läßt, sind hier literarhistorische und geisteswissenschaftliche Fragen mit so souveräner Meisterschaft behandelt, daß das Werk eine wichtige Ergänzung zu jeder Geschichte der Griechischen Literatur bleibt.

WIEN ALBIN LESKY

I

DIE ÜBERLIEFERUNG DER GRIECHISCHEN LITERATUR

Der Umfang, in dem wir Schriftwerke der Griechen besitzen, ist ebenso wie der Zustand ihrer Überlieferung das Ergebnis von geschichtlichen Vorgängen, die über Jahrtausende reichen und von politischen und kulturellen Faktoren der verschiedensten Art bestimmt wurden[1]. Da im folgenden des öfteren von einzelnen Zeugen dieser Überlieferungsgeschichte die Rede ist, seien ihre wichtigsten Abschnitte einleitend skizziert.

Bis tief in die Spätzeit der Antike haben die Griechen auf Papyrus geschrieben. Ägypten kannte diesen Beschreibstoff seit dem 3. Jahrtausend und hatte in der alten Welt das Monopol seiner Lieferung, da die Papyrusstaude nur in diesem Lande wuchs. Die kostbarste ihrer mannigfachen Verwendungen war die Herstellung der Papyrusblätter aus den Stengeln der Pflanze, die man in dünne Streifen schnitt. Zwei Lagen von diesen, so übereinandergelegt und gepreßt, daß die Fasern der einen waagrecht *(recto)*, die der anderen senkrecht *(verso)* verliefen, ergaben das Blatt, mehrere Blätter aneinandergeklebt die Normalform des antiken Buches, die Rolle. Auf solchem Papyrus haben die Autoren der Antike ihre Werke entworfen und in die endgültige Fassung gebracht, wenn sie für die erstgenannte Tätigkeit nicht den Notizblock aus Holztafeln vorzogen, deren vertiefte Innenfläche mit pechgefärbtem Wachs ausgefüllt war. All dieses höchst vergängliche Material erklärt es, daß wir, anders als in den modernen Philologien, nirgendwo bis zum Originale des Autors vordringen können. Wenn man gelegentlich für ein Papyrusfragment eine Vermutung in solcher Richtung wagte, so ändert das nichts daran, daß der Fall des Erzbischofs Eustathios von Thessalonike (12. Jh.), dessen Homererklärungen in seiner eigenen Handschrift in der Bibliotheca Marciana liegen, keine Parallele im Bereiche der antiken Autoren hat. Wohl aber können wir manches für die Art ermitteln, in der etwa die großen Dichter der Klassik ihre Manuskripte schrieben[2]. Durchwegs verwendeten sie Großbuchstaben, die ohne Worttrennung aufeinander folgten. Da auch Akzente und Hauchzeichen fehlten, war ein solcher Text ungleich schwieriger zu lesen als unsere Ausgaben. Auch für die Interpunktion war wenig getan. Wir wissen, daß attische Prosatexte der

[1] A. Dain, *Les manuscrits.* Paris 1949. G. Pasquali, *Storia della tradizione e critica del testo.* 2. ed. Firenze 1952. Ders. *Gnom.* 23, 1951, 233. H. Hunger, O. Stegmüller, H. Erbse, M. Imhof, K. Büchner, H. G. Beck, H. Rüdiger, *Geschichte der Textüberlieferung der antiken und mittelalterlichen Literatur.* Bd. 1: *Antikes und mittelalterliches Buch- und Schriftwesen.* Zürich 1961. Nachtr.: R. Devréesse, *Introduction à l'étude des manuscrits Grecs.* Paris 1954.

[2] A. Bömer–W. Menn, ‹Die Schrift und ihre Entwicklung›. *Handb. d. Bibliothekswiss.* 2. Aufl. 1/1, Stuttg. 1950. Auch in den nicht angeführten Teilen ist dieses Handbuch (2. Aufl. ab 1950) für die hier behandelten Fragen wertvoll.

Zeit des Isokrates (vgl. *Antidosis* 59) das Satzende durch ein Zeichen am Kolumnenrande markierten. Gefährlich für die Überlieferung war in den Dramentexten die sparsame Bezeichnung des Personenwechsels durch die Paragraphos, einen waagrechten Strich, und die Übung, lyrische Partien als fortlaufende Texte zu schreiben, hat später die Grammatiker vor schwere Aufgaben gestellt. Daß die angeführten Eigenheiten zahlreiche Fehlerquellen enthalten, versteht sich von selbst.

Nur Vermutungen sind über die Zeit erlaubt, in der Literaturwerke als Bücher[1] in die Hände der Leute kamen. Wenn Aristoteles seinen Heraklit lesen konnte, wenn Hekataios seine *Genealogien* mit stolzen Worten beginnt, die sichtlich für die Öffentlichkeit bestimmt sind, so weist dies und anderes darauf hin, daß wir den Ursprung des griechischen Buches im Bereiche der jungen ionischen Wissenschaft zu suchen haben. Wir kommen mit den beiden genannten Autoren ungefähr auf die Wende vom 6. zum 5. Jahrhundert und müssen es offen lassen, wie weit wir das Schriftwerk in Buchform noch höher ansetzen dürfen. Leicht versteht man, daß es nach Athen gelangte, als dieses im 5. Jahrhundert zum Zentrum des griechischen Kulturlebens wurde, und es ist wohl denkbar, daß der aus dem ionischen Klazomenai stammende Philosoph Anaxagoras, der in Athen so tiefen Einfluß übte, dabei seine Rolle gespielt hat. Jedenfalls können wir etwa von der Mitte des 5. Jahrhunderts an in Athen ein fachliches Schrifttum auf verschiedenen Gebieten feststellen, das wir uns buchmäßig verbreitet denken. Auch ist die Weise, in der Aristophanes parodierend bei seinem Publikum die Kenntnis der großen Tragiker voraussetzt, nur denkbar, wenn die Athener diese in ausgiebigem Maße lasen. Die Weise, in der die Dichter der Alten Komödie vom Buchhändler (βιβλιοπώλης) sprechen[2], entrückt das Gesagte jedem Zweifel.

Das älteste griechische Buch, das wir kennen, sind die *Perser* des Timotheos (nr. 1537 P.) aus einem Grabe des unterägyptischen Abusir[3]. Da dieser Dichter des neuen Dithyrambos etwa 450–360 lebte, die Papyrusrolle aber in das 4. Jahrhundert, möglicherweise noch vor Alexander, gehört, kommen wir mit dieser Niederschrift so nahe an die Lebenszeit des Autors wie in keinem Falle älterer Dichtung. TURNER hat jedoch neuerdings mit Recht bezweifelt, daß dieser Papyrus mit seinen übermäßig breiten Kolumnen und seiner unbeholfenen Schrift das normale Bild eines griechischen Buches dieser Zeit biete.

[1] Th. BIRT, *Das antike Buchwesen in seinem Verhältnis zur Literatur.* Berl. 1882. Neudr. Aalen/Württb. 1959. W. SCHUBART, *Das Buch bei den Griechen und Römern.* 2. Aufl. Berl. 1921. F. G. KENYON, *Books and Readers in Ancient Greece and Rome.* 2. ed. Oxf. 1951. E. G. TURNER, *Athenian Books in the fifth and fourth centuries B. C.* Lond. 1952. T. C. SKEAT, ‹The use of dictation in ancient book-production›. *Proc. Brit. Acad.* 42, 1956 (Oxf. 1957), 179. H. L. PINNER, *The World of Books in Classical Antiquity.* Leiden 1958. Eine ausgezeichnete Einführung mit Lit. bietet H. HUNGER in dem 1. Band des in Anm. 1 genannten Sammelwerkes. T. B. L. WEBSTER, ‹Literature and Literary in ancient Greek›. *Phoenix* 16, 1962, 219 (2. Teil). H. WIDMANN ‹Herstellung und Vertrieb des Buches in der griech.-röm. Welt›. *Arch. f. Gesch. des Buchwesens* 8, 1967, 545.

[2] Theopomp fr. 77 K. 77 E. Nikophon 19 K. 9 E. Aristomenes 9 K. 9 E.

[3] Den in der Nähe von Saloniki gefundenen Papyrus mit Resten eines Kommentars zur orphischen Theogonie setzt S. G. KAPSOMENOS, ‹Der Papyrus von Dervéni›, *Gnom.* 35, 1963, 222, und Αρχ. Δελτίον 19, 1964 (1965), 17, in die Mitte des 4. Jh.s v. Chr. Spätere Ansätze bei Pf. *Hist.*, 103, 1.

Das 4. Jahrhundert ließ das Buchwesen gewaltig ins Breite wachsen, so daß wir Platon im *Phaidros* (274c ff.) von den Mängeln schriftlicher Wissensübermittlung sprechen hören. Da es Schutz für geistiges Gut nicht gab, war die Verschlechterung weit verbreiteter Texte die notwendige Folge. Es ist bezeichnend, daß der Redner und Politiker Lykurg die großen Tragiker durch die Anlage eines Staatsexemplares zu schützen suchte; freilich spielten da Schauspielerinterpolationen noch eine besondere Rolle. Von der Verwilderung des Homertextes in dieser Zeit werden wir noch hören.

All dies will überlegt sein, um die für die griechische Literatur schlechtweg entscheidende Leistung der alexandrinischen Wissenschaft richtig zu würdigen. Bereits Ptolemaios I. gründete in seinen letzten Regierungsjahren zu Alexandreia das Museion als zentrale Stätte wissenschaftlicher Arbeit, der eine großzügig angelegte Bibliothek[1] zur Verfügung stehen sollte. Das Vorbild des Peripatos und Demetrios Phalereus, der sich seit etwa 297 als Flüchtling in Alexandreia aufhielt, hatten daran ihren Anteil. Ptolemaios II. Philadelphos stellte den Ausbau der Bibliothek unter den Gedanken, die gesamte griechische Literatur zu vereinigen. 500000 Bände, die bis zur Katastrophe des Jahres 47 v. Chr. auf 700000 gestiegen sein sollen, waren das Ergebnis einer Sammeltätigkeit, in der sich Eifer, Umsicht und Rücksichtslosigkeit vereinigten. Das riesige Katalogwerk des Kallimachos, die *Pinakes*, wurde so zu einer Bestandsaufnahme des damals erhaltenen Schrifttums der Griechen. Unter dem zweiten Ptolemaier trat eine kleinere Bibliothek im Serapeion hinzu, die weiteren Kreisen dienen sollte. Das Museion aber wurde zu der Stätte, an der durch kritische Ausgaben der Text der großen Autoren seine entscheidende Sicherung erhielt. Über die reiche erklärende Tätigkeit dieser Gelehrten wird später zu sprechen sein.

Es ist leicht abzuschätzen, was der Brand der Bibliothek im Jahre 47 v. Chr. bedeutete. Wenn wir der Propaganda gegen Antonius (Plut. *Ant.* 58) glauben dürfen, hätte dieser, offenbar als Ersatz, die Bibliothek von Pergamon nach Alexandreia schaffen lassen. Man müßte annehmen, daß sie ins Serapeion kam. Dieses fand sein Ende wahrscheinlich 391 n. Chr. im Zuge der Aktionen des Patriarchen Theophilos. Eine bedeutende Rolle hat in der Tradition nach der Katastrophe des Jahres 47 auch die Bibliothek am athenischen Gymnasion Ptolemaion gespielt, dessen Bestände wohl in die 131/32 in Athen erbaute Hadrianische Bibliothek übergingen.

Wirklichen Ersatz für das einmal Verlorene konnte all das nicht schaffen. Auch verfiel mit der hellenistischen Wissenschaft weitgehend das Interesse am Buch, und wir haben vom ersten vorchristlichen Jahrhundert an mit einem stets weitergreifenden Verlust an Überliefertem zu rechnen. Bald traten zwei Faktoren von bedeutender Wirksamkeit hinzu. Der Attizismus mit seiner Hinwendung zu klassizistischen Formen und die Blüte der zweiten Sophistik in der Antoninenzeit brachten gewiß neues

[1] C. Wendel, ‹Geschichte der Bibliotheken im griech.-röm. Altertum›. *Handb. d. Bibliothekswiss.* 3, 1940, 1 (im selben Bande K. Christ über mittelalterliche Bibliotheken). Ders. im *Reallex. f. Ant. u. Christent.* unter ‹Bibliothek›. E. A. Parsons, *The Alexandrian Library*. Amsterd. 1952. C. A. van Rooy, ‹Die probleem van die oorsprong van die groot Alexandrynse biblioteek›. *Roman life and letters. Studies presented to T. J. Haarhoff*. Pretoria 1959, 147. J. Platthy, *Sources on the Earliest Greek Libraries with the Testimonia*. Amsterdam 1968. Pf. *Hist.*, 102.

Interesse an den großen Autoren der Vergangenheit. Aber das geistige Leben hatte sich weitgehend in den Schulbetrieb zurückgezogen, und das bedeutete die Herrschaft der Blütenlesen, Auswahlen und Exzerpte. Damals fiel auch die Entscheidung darüber, welche Stücke der attischen Tragiker auf uns kommen sollten.

Eine zweite Ursache für zahlreiche Verluste lag in jener Änderung der Buchform, die in der zweiten Hälfte des 1. Jahrhunderts n. Chr. begann und sich im 4. Jahrhundert durchgesetzt hatte. An die Stelle der Rolle trat der Codex, die uns geläufige Form des Buches. Aus mehreren heftartigen Blattlagen bestehend, war er leichter zu beschreiben und zu handhaben. Erklärt sich doch die Neigung mancher alter Autoren, aus dem Gedächtnis zu zitieren, aus der Mühe, die das Aufsuchen einer bestimmten Stelle in der Rolle machte. C. H. Roberts [1] hat die zähe und durch verschiedene Faktoren bestimmte Entwicklung von der Rolle zum Codex durch eindrucksvolle Zahlangaben verdeutlicht. Während der Codex innerhalb der heidnischen Literatur aus Ägypten im zweiten Jahrhundert mit 2,31, im dritten mit 16,8 und erst im vierten mit 73,95 Prozent vertreten ist, zeigen die Bibelfragmente von früh an fast ausschließlich die Codexform. Die Erklärung dieser Differenz durch Roberts ist bestechend; danach hätte der hl. Marcus, als er im 1. Jahrhundert in Rom sein Evangelium aufschrieb, bei den Christen niederen Standes das Pergamentnotizbuch kennengelernt und als handliche Form übernommen. Jedenfalls war es neben der Gesetzgebung vor allem die Kirche, die im 4. Jahrhundert den Codex zur herrschenden Buchform werden ließ. Auch der Stoff, auf den man schrieb, erfuhr einen Wandel. Wohl blieb Papyrus eine Zeitlang auch für die Codices in Verwendung, aber in steigendem Maße trat als werkgerechtes Material für die neue Form an seine Stelle das Pergament. Dieses trägt Pergamon nur deshalb in seinem Namen, weil der seit langem bekannte Beschreibstoff dort in einer Zeit vervollkommnet wurde, in der Ägypten eifersüchtig die Papyrusausfuhr sperrte (Plinius *nat. hist.* 13,70).

Hatte die neue Buchform einmal die alte verdrängt, so ging auch alles verloren, was diesen Übergang nicht mitmachte. Noch brachten das Ende des 4. und der Anfang des 5. Jahrhunderts eine Belebung philologischer Interessen, dann schwand dieses mit der Durchsetzung eines flachen, enzyklopädischen Bildungsideals rasch dahin. Die tiefsten Stellen unserer Überlieferungsgeschichte erreichen wir in den «dunklen» Jahrhunderten 7 und 8. So wäre es zu einem fast vollständigen Verlust der griechischen Literatur gekommen [2], hätte nicht im 9. Jahrhundert jene vom Patriarchen Photios inspirierte Bewegung eingesetzt, die man oft als eine Art von Renaissance bezeichnet, während die Byzantiner selbst vom δεύτερος ἑλληνισμός sprachen. Der gelehrte Freund und Hüter der antiken Literatur [3] wurde uns erst kürzlich durch einen glück-

[1] ‹The Codex›. *Proc.Brit.Acad.* 40, 1954 (Oxf. 1955), 169 (Die Zahlenangaben S. 184).

[2] B. Hemmerdinger, *Essai sur l'histoire du texte de Thucydide*. Paris 1955, 33, hält den Verfall der klassischen Studien in der Zeit der Ikonoklasten für nicht so weitgehend.

[3] Die ‹Bibliothek› des Patriarchen Photios, ein Zeugnis beispiellosen Sammeleifers, lesen wir jetzt in der doppelsprachigen Ausgabe von René Henry in der Coll. Byz. I (Cod. 1–84) Paris 1959. II (Cod. 84–185) 1960. III (Cod. 186–222) 1962. IV (Cod. 223–229) 1965. V (Cod. 230–241) 1967. VI (Cod. 241–245) in Vorbereitung.

lichen Fund ein Stück nähergebracht. Im Herbst 1959 entdeckte Linos Politis im Kloster Osios Nikanor in Zaworda (südlich Kozani in Makedonien) einen Bombyzincodex des 13. Jahrhunderts, der neben anderem das vollständige Lexikon des Photios enthält. Die Veröffentlichung des Fundes wird durch die Philologen der Universität Thessalonike erfolgen. Es war von großer Bedeutung, daß die von Photios eingeleitete Bewegung mit einer radikalen Änderung der Schriftform zusammenfiel. An Stelle der Unziale mit ihren getrennt geschriebenen Großbuchstaben trat die schreibflüssige Minuskelkursive. Das *Evangeliar Uspensky* (Leninopolitanus 219) vom Jahre 835 ist das älteste Beispiel der neuen Schriftform, die sich rasch durchsetzte. Was man von antiken Autoren der Bewahrung wert erachtete, wurde damals umgeschrieben. Wie da mitunter eine bereits versinkende Überlieferung bei ihrem letzten Zipfel gefaßt wurde, dafür gibt uns der gelehrte Schüler des Photios, der Erzbischof Arethas von Caesarea, ein eindrucksvolles Beispiel. Bald nach 900 berichtet er, wie er ein altes und bereits stark beschädigtes Exemplar von Marc Aurels Betrachtungen umschreiben ließ. An dieser Umschrift hängt unsere Überlieferung. Tätigkeit solcher Art, die bei der Durchführung von Worttrennung, Hauchzeichen und Akzenten Kenntnis und Ausdauer erforderte, wendete man in der Regel an einen Autor nur einmal. Es ist ein Gedanke Dains, der alle Wahrscheinlichkeit für sich hat, daß man das umgeschriebene Exemplar in einer großen Bibliothek verwahrte, wo es – in Parallele zu den korrigierten Texten der Alexandriner – als Vorlage für weitere Abschriften diente. So erklärt es sich, daß die Überlieferung vieler Autoren für uns auf ein einziges Textexemplar zurückgeht. Wenn diese Überlieferung trotzdem reiche Varianten zeigt, so besteht die Möglichkeit, daß solche bereits in der Vorlage aus der gelehrten Arbeit der Antike bewahrt waren; außerdem zeigen uns byzantinische Handschriften, wie durch neue Vergleichungen, Änderungen und Zusätze ihr Text ständig im Flusse blieb. Die Etappe der Umschrift war natürlich mit neuen Verlusten verbunden, und auch die folgenden Zeiten brachten solche. Besonders schlimm wirkte sich die Besetzung Konstantinopels durch die Kreuzfahrer im Jahre 1204 aus. So sind uns Autoren verloren, die noch Photios gelesen hat: Hipponax, viel von Kallimachos, Gorgias und Hypereides, viel aus den Historikern.

Während der Besetzung Konstantinopels führten Thessalonike und andere Städte die philologische Arbeit zum Teil weiter, um 1280 setzte auch in der Hauptstadt wieder neue Tätigkeit ein. Männer wie Maximos Planudes und Manuel Moschopulos trugen diese Bewegung, Thessalonike stellte Thomas Magister, dessen Schüler Demetrios Triklinios auf metrischem Gebiete arbeitete.

Schon im 13. Jahrhundert hatten sich die kulturellen Beziehungen zwischen Byzanz und Italien verstärkt; Palermo, Messina und Neapel waren wichtige Kontaktstellen. Gelehrte wie Manuel Chrysoloras brachten griechische Handschriften nach dem Westen; die Vatikanische Bibliothek besaß um die Mitte des 15. Jahrhunderts bereits deren 350. Eine Entwicklung hat begonnen, die durch den Fall Konstantinopels im Jahre 1453 zu einer großen Kulturbewegung wird. Endgültig verlagert sich nun die Überlieferung nach dem Westen. Dort werden zwischen 1450 und 1600 an allen

Stätten geistigen Lebens griechische Handschriften eifrig abgeschrieben, dort häufen sich in den großen Bibliotheken[1], der Vaticana, der Laurentiana in Florenz, der Ambrosiana in Mailand, der Marciana in Venedig, die Schätze, und bald geht die antike Tradition in den Schutz des gedruckten Buches ein. Aldus in Venedig und Froben in Basel beginnen im ausgehenden 15. Jahrhundert mit einer Arbeit, die zunächst eine solche des Druckers ist, der mit seinen Lettern eine Handschrift nachbildet.

Von den großen Leistungen, durch die sich in der Folgezeit die moderne Technik wissenschaftlicher Edition entwickelte, ist hier nicht mehr zu handeln[2], wohl aber erfordert die Bereicherung ein Wort, die unsere Kenntnis der griechischen Literatur durch die Papyri[3] erhalten hat. Wenn wir von den verkohlten Resten einer Bibliothek in Herculaneum absehen, so hat uns nur der heiße Wüstensand Ägyptens dort, wo er alte Siedlungen überlagerte, Texte dieser Art geschenkt. Auf Zufallsfunde in der zweiten Hälfte des 19. Jahrhunderts folgten von dessen letztem Jahrzehnt an systematische Grabungen, die alle Teile der Altertumswissenschaft mächtig förderten. Warum gerade Oxyrhynchos so besonders ergiebig an literarischen Texten war, hat E. G. TURNER[4] einleuchtend erklärt. Dort siedelten Schriftsteller und Gelehrte aus dem alexandrinischen Kreise wie Satyros oder Theon. Wir dürfen uns ihren Verkehr mit den Bibliotheken der Hauptstadt lebhaft genug vorstellen. Die Sorgfalt, die der Schreiber von Ox. Pap. 2192 für die Bestellung gelehrter Bücher aufwendet, ist für Beziehungen dieser Art höchst aufschlußreich. Manche der aufgefundenen Papyri gehören sichtlich zu Handexemplaren aus dem Arbeitsapparat solcher Männer. Wir werden Autoren begegnen, von denen wir erst auf solchem Wege Kenntnis erhielten, während die Werke anderer so wesentlichen Zuwachs gewannen. Wertvoll sind uns aber auch die Texte, die sich mit handschriftlicher Überlieferung vergleichen lassen. Zu Homer wird dazu ein Wort zu sagen sein. Im allgemeinen haben wir durch die Papyri die Gewißheit erhalten, daß die mittelalterliche Tradition unsere Texte mit hoher Treue bewahrt hat. Daß uns Handschriften des Mittelalters für Platons *Phaidon* dort, wo wir einen Papyrus aus dem 3. Jahrhundert v. Chr. (nr. 1388 P.) vergleichen können, mehrfach besseren Text bieten, ist ein Grenzfall, aber auch als solcher eindrucksvoll.

[1] W. WEINBERGER, *Wegweiser durch die Sammlungen altphilologischer Handschriften.* Akad. Wien 1930. E. C. RICHARDSON, *A Union World Catalogue of Manuscript Books. Preliminary Studies in Method.* New York 1933–37. (III: *A List of Printed Catalogues of Manuscript Books*). M. RICHARD, *Répertoire des Bibliothèques et de Catalogues de Manuscrits Grecs.* Paris 1948. L. BIELER, ‹Les Catalogues de Manuscrits, premier supplément aux listes de Weinberger et de Richardson›. *Scriptorium* 3,1948, 303. J. IRIGOIN ‹Les Manuscrits Grecs 1931–1959›. *Lustrum* 7, 1962.

[2] A. SEVERYNS, ‹Texte et apparat: histoire critique d'une tradition imprimée›. *Mém. de l'Acad. Royale de Belgique. Classe des Lettres* 56/2. Brüssel 1962. Entwickelt für die Homervita und die Epenexzerpte des Proklos an Hand sämtlicher Editionen die Fehler-Kategorien und -Quellen einer kritischen Ausgabe.

[3] K. PREISENDANZ, ‹Papyruskunde›. *Handb. d. Bibliothekswiss.* 2. Aufl. 1/3, Stuttg. 1950. R. A. PACK, *The Greek and Latin Literary Texts from Greco-Roman Egypt.* Sec. rev. ed. Ann Arbor 1965, mit reicher Literatur zu den einzelnen Stücken. R. STARK, ‹Textgeschichtliche und literarkritische Folgerungen aus neuen Papyri›. *Annales Univ. Saraviensis. Philos.-Lettres* 8, 1/2, 1959, 31. Zum Paläographischen: C. H. ROBERTS, *Greek literary Hands 350 B. C. – 400 A. D.* Oxf. 1955. Die Byzantinische Kommission der Österr. Akademie d. Wiss. arbeitet unter H. GERSTINGER und H. HUNGER an einer Sammlung der sicher datierten Papyri und Handschriften.

[4] *Journ.Eg.Arch.* 38, 1952, 78, und *Mitt. aus d. Papyrussamml. d. Öst.Nat.Bibl. N.S. 5. Folge.* Wien 1956, 141.

II

DIE ANFÄNGE

Die griechische Literatur beginnt für uns in den homerischen Epen mit Werken reifer Vollendung. Die Forschungen des letzten halben Jahrhunderts, denen SCHLIEMANNS Grabungen die Bahn gebrochen haben, zeigten uns hinter dem strahlenden Lichte dieser Dichtungen etwa ein Jahrtausend griechischer Geschichte in dämmernden Umrissen[1].

Die Zeit, in der die ersten Wanderwellen griechischer Stämme aus dem Norden in die südliche Balkanhalbinsel eindrangen, ist genau nicht mehr zu ermitteln, wird aber mit dem Beginne des 2. Jahrtausends im groben richtig bezeichnet sein[2]. Die nach dem Süden Drängenden fanden ein Land vor, dem tief einschneidende Vorgänge in einer verhältnismäßig späten Zeit der Erdgeschichte eine ungewöhnlich reiche Gliederung gegeben hatten[3]. Auffaltungen und Einbrüche haben jene Fülle von kammerartig abgeschlossenen Landschaften geformt, die der Entwicklung eines betonten, meist von einer größeren Siedlung beherrschten Eigenlebens so günstig waren[4]. Aber in tiefen Einschnitten drang überall das Meer in das Land und lockte in die Weite, die im Inneren der Halbinsel hohe Bergzüge verstellten. Besonders reich ist solche Gliederung an der Ostküste, von der sich zahlreiche Inselbrücken hinüberschwingen zu der ebenfalls meeroffenen Westküste Kleinasiens. Wanderwege waren hier vorgezeichnet, die für die Entwicklung der griechischen Kultur Bedeutung haben sollten.

Die Griechen waren nicht die ersten Siedler auf diesem Boden. Die Funde, die er hergab, belehren uns, daß die Einwanderer alte, bereits zu beachtlicher Höhe entwickelte Kulturen vorfanden. Die Wissenschaft müht sich darum, deren Schichten zu sondern und Einflüsse verschiedener Richtung zu erkennen; für uns ist zu wissen

[1] Reiche Literatur in der vorsichtigen Darstellung H. BENGTSONS, *Griech. Geschichte*. 2. Aufl. Münch. 1960. Dazu die Forschungsberichte von F. SCHACHERMEYR, *AfdA* 6, 1953, 193; 7, 1954, 151; 10, 1957, 65; 14, 1961, 129; 19, 1966, 1. Ders., ‹Prähistorische Kulturen Griechenlands›. *RE* 22, 1954, 1350. *Die ältesten Kulturen Griechenlands*. Stuttg. 1955. *Griech. Geschichte*. 2. Aufl. Stuttgart 1969.

[2] Den Versuch, die entscheidenden Wanderungen etliche Jahrhunderte später anzusetzen, unternahm F. HAMPL, ‹Die Chronologie der Einwanderung der griech. Stämme und das Problem der Träger der mykenischen Kultur›. *Mus.Helv.* 17, 1960, 57. Die Widerlegung bei F. SCHACHERMEYR in seiner ausgezeichneten und mit reichen Literaturangaben ausgestatteten Zusammenfassung: ‹Zum Problem der griechischen Einwanderung›. *Atti e Memorie del 1° Congresso Int. di Micenologia 1967*. Rom 1968, 297. Vgl. auch dens., *Ägäis und Orient*. Denkschr. Öst. Ak. Phil.-hist. Kl. 93, 1967.

[3] A. PHILIPPSON, *Beiträge zur Morphologie Griechenlands*. Stuttg. 1930; *Die griechischen Landschaften* Bd. I Der Nordosten der griech. Halbinsel. Teil 1–3, Frankf. a.M. 1950–52. Bd. II Der Nordwesten der griech. Halbinsel. Teil 1 u. 2, 1956/58. Bd. III Der Peloponnes. Teil 1 u. 2, 1959. Bd. IV Das Ägäische Meer und seine Inseln. 1959.

[4] Gut stellt die Zusammenhänge zwischen Fruchtebene und Polis dar A. R. BURN, *The Lyric Age of Greece*. London 1960, 15.

wichtig, daß es Völkerschaften eines völlig anderen ethnischen Bereiches waren, denen die Griechen hier begegneten. Sie selbst haben die Kunde von fremden Völkern wie den Pelasgern, Karern und Lelegern erhalten; die Neueren haben sich gewöhnt, von einer ägäischen Schicht zu sprechen[1]. Die Auseinandersetzung der indogermanischen Einwanderer mit der Bevölkerung, die sie antrafen, hat das Werden des griechischen Volkes bestimmt. Man hat versucht, bei der Wertung dieses Vorganges das Gewicht auf das eine oder das andere der beiden Elemente zu legen; richtiger dürfte es sein, in der Begegnung und Durchdringung der beiden Teile das Entscheidende eines Vorganges zu erblicken, der die Voraussetzungen für die Kultur des Abendlandes schuf. Von hier aus verstehen wir auch die Fülle antinomischer Spannungen, die das geistige Leben der Griechen bestimmten. Diese lange dauernde Auseinandersetzung wird sich in verschiedenen, friedlichen und kriegerischen Formen abgespielt haben, wie sich ja auch die Wanderung selbst über große Zeiträume erstreckt.

In einem Lichte, das an Helligkeit jüngst sehr zugenommen hat, tritt uns von der Mitte des 16. Jahrhunderts an jene Kultur entgegen, die wir die mykenische nennen und die sich in den mächtigen Burgen der Argolis, der westlichen Peloponnes und des böotischen Beckens bekundet. Die Funde zeigen, wie stark dieses frühe Griechentum unter dem Einflusse der reichen und fremdartigen Kultur stand, die in der ersten Hälfte des 2. Jahrtausends von dem seemächtigen Kreta mit großer Wirkung ausstrahlte. Um 1400 fand dessen Macht ihr Ende, aber schon vorher hatten die Griechen auf dieser Insel starke Positionen gewonnen. Zweihundert Jahre später schlug der mykenischen Kultur ihre Stunde. Lange hat man die Dorier als die Urheber dieser Katastrophe betrachtet, und heute noch pflegt man die große Wanderbewegung, in deren Verlauf sie nach Süden kamen, nach ihnen zu benennen. Mehr und mehr aber hat sich die Auffassung durchgesetzt, daß die Dorier in ihre späteren Sitze als Nachzügler jener barbarischen Stämme eindrangen, die um 1200 aus dem Norden in die östliche Mittelmeerwelt einbrachen und Schrecken und Vernichtung bis an die Grenzen von Ägypten und Mesopotamien trugen[2]. Ihre ethnische Zugehörigkeit ist schwer zu bestimmen, illyrische und phrygische Elemente dürften eine bedeutende Rolle unter ihnen gespielt haben. Diese ‹Nord- und Seevölker›, denen im Osten das Hethiterreich erlag, haben wahrscheinlich auch den Zentren griechischen Lebens im 2. Jahrtausend ein Ende bereitet. So gewaltsam war die Vernichtung, die in die mykenische Welt schlug, daß jene dunklen Jahrhunderte folgten, für die unser Wissen geringer ist als für jede andere Zeit griechischen Lebens. Die frische Zufuhr griechischer Stämme war aber zu gleicher Zeit die Voraussetzung für jenes kraftvolle neue Anheben, das im 8. Jahrhundert die Vollendung des geometrischen Stiles und die Höhe epischer Dichtung brachte.

[1] Eine Übersicht über die vorgriechischen Sprachreste bei F. Schachermeyr, *RE* 22, 1954, 1494.

[2] Einen energischen Vorstoß in dieser Richtung unternahm P. Kretschmer, ‹Die phrygische Episode in der Geschichte von Hellas›. *Miscellanea Acad. Berolinensia* 1950, 173; jetzt vergleiche man F. Schachermeyr, *Griech. Gesch.* 2. Aufl. Stuttg. 1969. Zur Problematik auch D. Gray bei J. L. Myres, *Homer and his Critics.* Lond. 1958, 278. F. Matz, *Kreta und frühes Griechenland.* Baden-Baden 1962. R. d'A. Desborough, *The last Mycenaeans and their Successors.* Oxford 1964.

Die stammesmäßige oder doch dialektische Bindung einzelner griechischer Literaturgattungen macht einen Blick auf die Gliederung des griechischen Volkes nötig. Wir sehen dabei von den zahlreichen lokalen Differenzierungen ab und zeichnen mit großen Strichen. Da finden wir in der historisch faßbaren Zeit ein breites Band ionischer Siedlungen von Euboia über die Kykladen zur mittleren und südlichen Westküste Kleinasiens gespannt. Ein Teil davon ist bei all seiner Eigenständigkeit auch Attika, das später zur Mitte des griechischen Kulturlebens wurde. Die äolischen Stämme siedelten im allgemeinen nördlich dieses breiten Streifens. Mit Böotien und Thessalien, der kleinasiatischen Westküste in ihrem nördlichen Teil und Lesbos ist ihr Gebiet im wesentlichen umschrieben. In neue Siedlungsräume schob sich im Rahmen der großen Völkerbewegung um 1200 das Nordwestgriechisch-Dorische. Dabei nahmen die Dorier die östliche und südliche Peloponnes in festen Besitz, setzten sich aber auch auf den Inseln, Kreta und Rhodos vor allem, und in dem südwestlichen Teil der Küste Kleinasiens fest. Die Nordwestgriechen tragen ihr Gebiet zum Großteil in der Benennung, wirkten aber auch als Element kräftiger Mischung an der Gestaltung der thessalischen und böotischen Bevölkerung mit. Auf der Peloponnes brachten sie im Norden und Westen die Landschaften Achaia und Elis in ihren Besitz. So umschlossen dort Nordwestgriechen und Dorier von allen Seiten das vom Meer abgetrennte Arkadien als Rückzugsgebiet der vordorischen Bevölkerung. In geringen und zum Teil problematischen Resten ist uns für diese Landschaft ein altertümlicher Dialekt erkennbar, der sich mit dem aus Kypros bekannten zusammenschließt und Verwandtschaft mit der Sprache des südkleinasiatischen Pamphylien aufweist.

Während die Verteilung der Dialekte in der historischen Zeit im allgemeinen klar ist und sich ohne Mühe in eine Karte, wie etwa jene in SCHWYZERS Grammatik (I 83), einzeichnen läßt, während auch die Überschichtungen und Verwerfungen, die durch die «dorische» Wanderung entstanden, aus den späteren Verhältnissen ohne große Mühe zu erkennen sind, ergibt sich für die Frühgeschichte der griechischen Dialekte eine Reihe von Problemen, die in jüngster Zeit wieder in kräftige Bewegung gerieten[1]. Dies sind die Hauptfragen: von wann an können wir von fest umrissenen Stammes- und Dialektgruppen in dem später geläufigen Sinne sprechen? Wie steht das mykenische Griechisch der Tafeln mit Linear B, über die sogleich zu sprechen sein wird, zu den uns bekannten Dialekten? Wie ist das Verhältnis des Arkadisch-Kyprischen zu diesen zu beurteilen?

Daß wir in der ersten Hälfte des 2. Jahrtausends zwei große Wanderungsschübe anzusetzen haben und daß dadurch verschieden geartete Stammesgruppen in den

[1] F. R. ADRADOS, ‹La dialectologia griega como fuente para el estudio de las migraciones indoeuropeas en Grecia›. *Acta Salmanticensia* V/3, Salamanca 1952. M. S. RUIPÉREZ, ‹Sobre la prehistoria de los dialectos griegos›. *Emérita* 21, 1953 (1954), 253. W. PORZIG, ‹Sprachgeographische Untersuchungen zu den altgriechischen Dialekten›. *Idg. Forsch.* 61, 1954, 147. E. RISCH, ‹Die Gliederung der griechischen Dialekte in neuer Sicht›. *Mus. Helv.* 12, 1955, 61. J. CHADWICK, ‹The Greek dialects and Greek prehistory›. *Greece and Rome* 3, 1956, 38. V. PISANI, *Storia della lingua Greca* in *Encicl. Class.* 2/5/1. Torino 1960, 3. Vl. GEORGIEV, ‹Das Problem der homerischen Sprache im Lichte der kretisch-mykenischen Texte›. *Minoica und Homer.* Berl. 1961, 10.

Süden der Balkanhalbinsel kamen, nahmen zahlreiche Forscher als gesichert an. Heute ist diese Theorie jedoch schweren Zweifeln unterworfen, was vor allem von der Form gilt, die ihr P. KRETSCHMER gab. Danach wäre auf einen älteren ionischen ein jüngerer äolischer Schub gefolgt[1].

Da ist zunächst festzustellen, daß die lange herrschende Stammbaumtheorie in neuerer Zeit durchaus fraglich geworden ist. Weder sind die Einzelsprachen aus einer ursprünglichen indogermanischen Einheit geradlinig abzuleiten, noch läßt sich eine entsprechende Vorstellung auf das Verhältnis der Dialekte zu einem einheitlichen Urgriechisch anwenden. An die Stelle einer hypothetischen Einheit tritt eine Vielfalt von Isoglossen, deren Verbreitungsgebiete große Verschiedenheiten aufweisen. Wie sehr dies für das Griechische gilt, geht besonders aus den Forschungen von ERNST RISCH hervor, der zeigen konnte, wie die einzelnen Merkmale jeweils über ganz verschiedene Dialektgrenzen reichen[2]. Nicht die Einheit, sondern die reich differenzierte Vielheit steht am Anfang. Dementsprechend sieht RISCH in zwei wichtigen griechischen Dialekten verhältnismäßig junge Sprachformen: das Ionische und das Dorische hätten erst in den Wanderungen und Umschichtungen, die auf die mykenische Zeit folgten, die ihnen eigene Gestalt erhalten. Hier ist sogleich zu bemerken, daß natürlich auch KRETSCHMER, wenn er die Ioner die früheste Schicht sein ließ, nicht an die Ioner Kleinasiens, sondern an Vorformen dachte. Hat doch gerade er uns Vereinheitlichung und Differenzierung als die in unaufhörlichem Wechselspiel stehenden, ständig Veränderung erzeugenden Kräfte verstehen gelehrt. Wenn ferner RISCH für das 2. Jahrtausend eine alte südgriechische Gruppe annimmt, die für uns am reinsten im Arkadisch-Kyprischen faßbar ist, und davon eine andere griechische Gruppe mit reinster Vertretung im Ostthessalischen scheidet, so kommen wir auch hier auf die beiden frühen Wanderungsschübe und sehen die Möglichkeit, die neuen Erkenntnisse mit dem von KRETSCHMER gewonnenen Bilde zusammenzuschauen. In keinem Falle aber wird man die Bedeutung der Substratbevölkerung und der nachbarlichen Umwelt für die Ausformung der Dialekte vergessen dürfen.

Die Eingliederung der griechischen Sprache, die wir aus den Tafeln mit Linear B kennenlernten, hat sich als schwierig erwiesen. Das hängt zu einem Teil mit dem Wesen dieser Schriftdenkmäler zusammen (darüber gleich später), zu einem anderen damit, daß sich neben deutlichen Beziehungen zum Arkadisch-Kyprischen auch solche zu anderen Dialekten erkennen lassen. Hier stehen zwei Deutungen einander gegenüber. RISCH[3] erblickt entsprechend seiner Anschauung von dem Werden der

[1] Außer GEORGIEV a.O. hat diese These KRETSCHMERS (vgl. u.a. den Abriß ‹Sprache› in GERCKE-NORDENS *Einleitung in die Altertumswiss.* I. 3. Aufl. Leipzig 1927, 75) neuerdings A. TOVAR in Μνήμης χάριν. *Gedenkschrift P. Kretschmer* II. Wien, 1957, 188, gestützt. Wenn KRETSCHMER nicht von einer äolischen, sondern von einer achäischen Einwanderung sprach, so wird sich später zeigen, daß diese Verschiedenheit der Benennung heute kaum Bedeutung hat. Gegen die Annahme von zwei frühen Einwanderungswellen: F. SCHACHERMEYR, ‹Zum Problem der griechischen Einwanderung› (s. o.), 298, mit Lit.

[2] Eine eindrucksvolle Tabelle a.O. 75.

[3] ‹Frühgeschichte der griech. Sprache›. *Mus. Helv.* 16, 1959, 215. GEORGIEV a.O. Vgl. auch E. VILBORG, *A tentative Grammar of Mycenaean Greek*, Stud. Gr. et Lat. 9, 1960. Eine gewisse Sonderstellung des Mykenischen betont A. HEUBECK, ‹Zur dialektologischen Einordnung des Mykenischen› *Glotta* 39, 1960/61, 159.

Dialekte in der mykenischen Sprache ein Stück Frühgeschichte des Griechischen, das besonders in Lautbestand und Deklination seinen charakteristischen Zustand noch nicht erreicht hat, GEORGIEV hingegen betrachtet die zur Rede stehende Sprachform als das Ergebnis der Überschichtung älterer ionischer durch spätere äolische Elemente. So sei eine äolisch-ionische Mischsprache, das «Achäische» entstanden, aus der die kretisch-mykenische Koine der Tafeln hervorging. Da GEORGIEV dabei natürlich an Protoionisch und Protoäolisch denkt, verringert sich der Abstand seiner Theorie von der vorgenannten um einiges. Die Dinge sind noch im Flusse, doch scheint sich auf dem von RISCH gewiesenen Wege eine Lösung abzuzeichnen.

Was schließlich das Arkadisch-Kyprische betrifft, so hat es die Sonderstellung einer eigenen Dialektform, die ihm noch EDUARD SCHWYZER in seiner Grammatik (88) einräumte, so gut wie vollständig verloren, wohl aber seinen besonderen Rang dadurch bewahrt, daß man in ihm wichtige Reste aus der Frühgeschichte des Griechischen erhalten sieht[1].

Noch ist ein Wort über die Besiedelung der kleinasiatischen Westküste zu sagen, die im kulturellen Leben der Griechen und damit auch in ihrer Literatur eine so bedeutende Rolle spielt. Auf den radikalen Spätansatz dieser nach Osten gerichteten kolonisatorischen Bewegung in das 8. Jahrhundert[2] folgte der gegenstrebige Versuch[3], die entscheidende Besiedelung bereits in die mykenische Zeit zu setzen. Nun dürfen frühe griechische Niederlassungen an der kleinasiatischen Westküste, auf Rhodos und in Milet vor allem, für die mykenische Zeit als gesichert gelten, anderseits wird der große Strom ionischer und auch äolischer Siedler nach wie vor mit den Folgen der «dorischen» Wanderung in Zusammenhang zu bringen und entsprechend zu datieren sein[4]. Daß dabei, wie ROLAND HAMPE[5] wollte, Attika als Sammel- und Absprungstelle für die aus dem Raume von Pylos stammenden Kolonisten eine bedeutende Rolle spielte, bleibt bei aller Unsicherheit der aus dem Mythos gezogenen Argumente eine durchaus zu erwägende Möglichkeit.

Zwei Vorgänge, die beide in die Zeit vor Homer fallen, haben entscheidende Voraussetzungen für die griechische Literatur geschaffen: die Entstehung der griechischen Schrift und das Werden des griechischen Mythos[6].

[1] Doch will C. J. RUIJGH ‹Le traitement de sonantes voyelles dans les dialectes grecs et la position du mycénien›. *Mnem.* s. 4, 14, 1961, 193, die Dreiteilung der vordorischen Dialekte aufrechterhalten.

[2] G. M. A. HANFMANN, ‹Archeology in Homeric Asia Minor›. *Am. Journ. Arch.* 52, 1948, 135. ‹Ionia, leader or follower?›. *Harv. Stud. in Class. Phil.* 61, 1953, 1.

[3] F. CASSOLA, *La Jonia nel mondo Miceneo.* Napoli 1947.

[4] F. SCHACHERMEYR, *Griech. Geschichte.* 2. Aufl. Stuttg. 1969, 78, und *Gnom.* 32, 1960, 207. J. BÉRARD, *L'expansion et la colonisation grecque jusqu'aux guerres médiques.* Paris 1960.

[5] ‹Die hom. Welt im Lichte der neuen Ausgrabungen: Nestor›. In: *Vermächtnis der antiken Kunst.* Heidelb. 1950, 11. Außer CASSOLA a. O. widerspricht auch M. B. SAKELLARIOU, *La migration Grecque en Jonie.* Athen 1958. Vgl. aber T. B. L. WEBSTER, *Die Nachfahren Nestors. Mykene und die Anfänge der griech. Kultur.* Janus-Bücher 19. Münch. 1961, 32.

[6] A. REHM, *Handb. d. Archäologie* 1, 1939, 182. R. HARDER, ‹Die Meisterung der Schrift durch die Griechen›. *Das Neue Bild der Antike.* I. Leipz. 1942, 91. LILIAN H. JEFFERY, *The Local Scripts of Archaic Greece.* Oxford 1961 u. ‹Writing›. *A Companion to Homer.* Lond. 1962, 545. – Die Literatur zu Linear B ist bereits unübersehbar geworden. Ein Markstein bleibt die erste ausführliche Bekanntgabe durch M. VENTRIS –

Für das Schriftwesen des 2. Jahrtausends haben wir die denkbar größte Überraschung vor kurzem erfahren. In Knossos auf Kreta und in den festländischen Burgen von Pylos und Mykene haben sich insgesamt viele Hunderte von Tontafeln gefunden, die mit der gleichen Silbenschrift, Linear B genannt, beschrieben sind und teils der Zeit um 1400, teils jener um 1200 entstammen[1]. Durch die geniale Leistung von MICHAEL VENTRIS wissen wir heute, daß hier ein aus dem älteren kretischen Linear A entwickeltes System von Silbenzeichen zu einer recht gewaltsamen Wiedergabe griechischer Wörter verwendet wurde. Der Gewinn für unsere Kenntnis der politischen und wirtschaftlichen Verhältnisse der mykenischen Welt kann nicht hoch genug eingeschätzt werden, für die griechische Literatur bleibt die große Entdeckung ohne sonderliche Bedeutung. Diese Inventare, Abrechnungen und Bestätigungen zeigen, daß hier eine Schreiberklasse im Verwaltungsdienste tätig war, kaum wird man sich ihre Herren schriftkundig denken. Wer sich den Gedanken zu eigen macht, daß diese Schreiber wahrscheinlich unfrei waren und aus verschiedenen Teilen der mykenischen Welt oder aus deren Nachbarländern stammten, wer ferner den reinen Gebrauchscharakter dieser Aufzeichnungen bedenkt, wird sofort eine peinliche Antinomie erkennen: diese Tafeln mit Griechisch aus dem 2. Jahrtausend sind für die Geschichte dieser Sprache von unschätzbarem Wert, ihre Auswertung ist aber durch die bezeichneten Umstände schwierig und vielfach problematisch. Die Kenntnis dieses für das Griechische recht unzureichenden Schriftsystems dürfte mit der Katastrophe der «dorischen» Wanderung verlorengegangen sein[2]. Die Griechen mußten auch auf diesem Felde neu beginnen. Ein genialer Anonymus hat an der nordsemitischen Konsonantenschrift jene Änderungen vorgenommen, die auch die Schreibung der Vokale ermöglichten und so zur griechischen Buchstabenschrift führten. Ihr ältestes Denkmal bietet eine attische Kanne aus der ersten Hälfte des 8. Jahrhunderts,

J. CHADWICK, ‹Evidence for Greek Dialect in the Mycenaean Archives›. *Journ. Hell. Stud.* 73, 1953, 84. Eine zusammenfassende Darstellung gaben die beiden Autoren in *Documents in Mycenaean Greek.* Cambr. 1956. Die Geschichte der Entzifferung bei J. CHADWICK, *The Decipherment of Linear B.* Cambr. 1958, deutsch Gött. 1959. Eine bequeme Zusammenstellung der Publikationen der einzelnen Fundgruppen bei E. RISCH, *Mus. Helv.* 16, 1959, 216, 3. Hervorzuheben ist der ausführliche Forschungsbericht für 1952–58 von F. SCHACHERMEYR *AfdA* 11, 1958, 193. Bibliographien geben laufend die Zeitschrift *Minos. Revista de filologia egea.* Salamanca 1951ff. und die *Studies in Mycenaean Inscriptions and Dialect* des Institute of Class. Stud. der Univ. London. Reiche und rasche Kenntnis der Neufunde und der Literatur vermittelt der in der Form einzelner Blätter versandte, von BENNETT geleitete *Nestor.* Gut unterrichtet mit reichen Literaturangaben jetzt J. A. DAVISON, ‹The Decipherment of Linear B: The Present Position›. *Phoenix* 14, 1960, 14. Eine umfassende Bearbeitung: L. R. PALMER, *Mycenaeans and Minoans. Aegean Prehistory in the Light of the Linear B Tablets.* Lond. 1961. Wichtig für die Problematik von Linear B: E. GRUMACH, *Bibliographie der kretisch-mykenischen Epigraphik.* München 1963 (Suppl. für 1962–1965 erschien 1967).

M. P. NILSSON, *The Mycenaean Origin of Greek Mythology.* Berkeley 1932; repr. New York 1964. L. RADERMACHER, *Mythos und Sage bei den Griechen.* 2. Aufl. Wien 1943. H. J. ROSE, *Handbook of Greek Mythology.* Lond. 1928. Übers.: *Griech. Mythologie.* Münch. 1955.

[1] Die Datierung der knossischen Tafeln auf etwa 1400, die an der Verwertung eines Ausgrabungsbefundes hängt, wurde neuerdings von L. R. PALMER als zu früh bezeichnet und zur Diskussion gestellt. Rasch unterrichtet über das Wesentliche F. SCHACHERMEYR, ‹Aufregung um Arthur Evans›. *Wiener human. Blätter* 4, 1961, 27.

[2] An Erhaltung denkt A. J. B. WACE, vgl. die Vorrede zu Ventris–Chadwick, Documents (s.o.) XXVIII. Anders STERLING DOW, ‹Minoan Writing›. *Am. Journ. Arch.* 58, 1954, 77.

der sich jetzt der Becher von Ischia mit ebenfalls metrischer Inschrift (*Acc. Lincei* 1955) zugesellt. Da es sich bei der Dipylonkanne bereits um eine differenzierte und geläufig verwendete Schriftform handelt, setzt man die Erfindung der Buchstabenschrift um mindestens 100 Jahre vor die Zeit dieses Denkmals[1].

NILSSON vertritt die Ansicht, daß die Ausformung des griechischen Mythos in mykenischer Zeit einsetzte. Nun wird man sich die ritterliche Gesellschaft Mykenes kaum ohne Sage und Sang von großen Taten denken können. Durchaus fraglich bleibt es jedoch, ob viel von den uns bekannten Mythen bereits in jener Zeit seine Entstehung hatte. Weit wahrscheinlicher ist es, daß die griechische Heldensage ihre uns vertrauten Züge in den sogenannten dunklen Jahrhunderten, also zwischen dem 12. und dem 8., erhielt. Natürlich heftete sie sich – das hat NILSSON jedem Zweifel entzogen – vor allem an die großen Stätten der mykenischen Kultur, denn diese sprachen durch Tradition verschiedener Art, dann aber auch als gewaltige Trümmerstätten sehr vernehmlich zu den ihrem Zusammenbruch folgenden Jahrhunderten. Mit einer etwas gewaltsamen Abbreviatur könnte man formulieren: Sage setzt Ruinen voraus. Es ist symptomatisch für die Problemlage, daß man das Auftauchen zahlreicher aus dem Mythos bekannter Namen im Linear B, wie Aias, Achilleus, Hektor, Theseus, zunächst als Bestätigung von NILSSONS These begrüßte, dann aber bald erkannte, daß es sich hier noch um Namen des Alltags handelt[2]. Erst später, als man sie für den gewöhnlichen Mann nicht oder kaum mehr verwendete, waren sie tauglich, die großen Helden der Vergangenheit zu benennen. Im Mythos der Hellenen schossen die Strahlen zusammen zu jener unermeßlich reichen Abspiegelung der Welt, die griechische Dichtung in ihren Stoffen ebenso wie in ihrer geistigen Haltung weitgehend bestimmte. Unrecht haben alle behalten, die das Werden dieser Mythen aus *einer* Wurzel zu begreifen versuchten. Wir haben die verschiedenen Farben an Zettel und Einschlag zu scheiden gelernt und wissen, daß sich im griechischen Mythos eine bunte Fülle heterogener Elemente zur dauernden Gestalt vereinte: Historische Erinnerungen in freiester Umbildung stehen neben alter Göttergeschichte, Kultaitiologie vereint sich mit uralten Märchenmotiven oder den Erfindungen, die schlichte Freude am Fabulieren hervorbringt. Spärlich nur findet sich Natursymbolik in diesen Gebilden.

Wie das griechische Volk als solches, so ist auch sein Mythos das Ergebnis einer Vereinigung von indogermanischen und mittelmeerischen Elementen. Allein die

[1] Kaum wird der Spätansatz ins ausgehende 8. Jahrh. durch RHYS CARPENTER, *Am. Journ. Arch.* 37, 1933, 8, noch Anhänger finden. G. KLAFFENBACH, ‹Schriftprobleme der Ägäis›. *Forsch. u. Fortschr.* 1948. 195, setzt die Übernahme der semitischen Buchstaben ins 10. Jahrh. Vgl. auch die S. 25 A. 6 angeführte Lit. Gegen A. REHMS ähnlich frühen Ansatz wandte sich H. L. LORIMER, *Homer and the Monuments.* London 1950. Einen späteren Ansatz vertritt auch LILIAN H. JEFFERY, a. O. – Die ältesten Inschriften bei T. B. L. WEBSTER, ‹Notes on the writing of early Greek poetry›. *Glotta* 38, 1960, 253, 1; dort auch zur Lesung der Inschrift auf dem Ischia-Becher. Zu dieser W. SCHADEWALDT, *Von Homers Welt und Werk.* 3. Aufl. Stuttg. 1959, 413. G. PFOHL, *Griech. Inschriften.* München o.J., 10 (mit Parallelen). H. RÜTER – K. MATTHIESSEN, ‹Zum Nestorbecher von Pithekussai›. *Ztschr. f. Papyrologie u. Epigraphik* 2, 1968, 231. A. DIHLE, ‹Die Inschrift vom Nestor-Becher aus Ischia›. *Herm.* 97, 1969, 297.

[2] Vgl. A. HEUBECK, *Gnom.* 29, 1957, 43. 33, 1961, 118.

Beobachtung, daß eine große Zahl von Göttern und Helden ungriechische Namen trägt, eröffnet einen weiten Ausblick auf die bezeichnete Problematik. Diese kompliziert sich dadurch, daß wir mit einer dritten Komponente zu rechnen haben, mit der Einwirkung von den alten Kulturen des Ostens her. Wir haben diese besonders für die Zeit zu bedenken, in der nach dem Zusammenbruche der kretischen und dann der mykenischen Macht die Phoiniker den Handel beherrschten und die geeigneten Mittler waren [1].

Wenn wir meinen, vor Homer Literatur im Sinne des Geschriebenen nicht ansetzen zu dürfen, so bedeutet das keineswegs, daß es Dichtung nicht gegeben hätte. Daß der Mythos gelegentlich in der Form schlichter Prosaerzählung weitergegeben wurde, läßt sich vermuten, sein eigentliches Leben hatte er aber im Heldensang. Dessen Übung reichte ohne Zweifel bis in die mykenische Zeit zurück; Homer wird uns sogleich Anlaß geben, davon zu sprechen. Er bietet uns auch die Zeugnisse [2] dafür, daß man bei Hochzeit und Leichenfeier, bei Siegesfest und Reigentanz, im Kulte der Götter aber auch bei der Arbeit des Tages Lieder gesungen hat, wie wir solche aus späteren Zeiten kennen. Das alles bleibt verschollen. Etwas anderes ist es, wenn bestimmte Sekten ihre Archegeten wie Orpheus oder Musaios dadurch erhöhen wollten, daß sie für diese einen zeitlichen Ansatz vor Homer in Anspruch nahmen. Hier merken wir die Absicht und versagen den Glauben.

[1] Für das 8. u. 7. Jahrh. T. J. DUNBABIN ‹The Greeks and their eastern neighbours›. *Society for the Promotion of Hell. Stud. Suppl. Paper* 8, 1957.

[2] W. SCHADEWALDT, *Von Homers Welt und Werk*. 3. Aufl. Stuttg. 1959, 62.

III

DAS HOMERISCHE EPOS

A. ILIAS UND ODYSSEE

I. HELDENSANG VOR HOMER

Die Entwicklung der Forschung[1] hat es bedingt, daß man von Homer nicht sprechen kann, ohne die homerische Frage mitzumeinen. Wir möchten von ihr erst handeln, wenn wir uns von zwei Dingen Rechenschaft gegeben haben, die allein festen Grund bieten können. Wir meinen unser Wissen von vorhomerischem Heldensang und den Aufbau der *Ilias*, wie wir sie besitzen. Da sich die Problematik homerischer Dichtung vor allem an dem älteren der beiden Epen entwickelt hat, empfiehlt es sich, von diesen Fragen erst nach der Behandlung der *Ilias* zu sprechen; manches versteht sich dann für die *Odyssee* von selbst, in vielem stellt sie Probleme eigener Art.

Die deutsche Klassik hat unter der Einwirkung der Neuentdeckung Homers in England an dem Dichter morgendliche Frische und unreflektierte Natürlichkeit geliebt. Im Sinne ROBERT WOODS *(An Essay on the Original Genius of Homer*, 1769*)* schien er die Gesetze seines Schaffens in sich selbst zu tragen. Anders haben *wir* Art und Stellung dieser Dichtung verstehen gelernt. Homer ist gewiß ein Beginn, und er ist es nicht allein für unsere Sicht. Das Jahrhundert Homers, als das wir mit Zuversicht das achte ansehen, gab den Kräften, die sich in den dunklen Zeiten stauten, die Bahn zu einer Entwicklung frei, die allenthalben neues Leben gedeihen ließ. Und wenn sich auch bereits in der Archaik diese Entwicklung von der geistigen Welt des Epos fortbewegte, so blieb doch Homer auf vielen und wesentlichen Gebieten des griechischen Geisteslebens der Ursprung, den die Griechen allezeit als solchen empfunden haben. Aber diese wirkungsmächtige Dichtung ist in anderer Sicht kein Beginn, sondern vielmehr reifer Abschluß einer langen Entwicklung. Daß uns von vorhomerischem Heldensang nichts erhalten ist, werden wir verstehen, wenn wir seine Daseinsform kennenlernen. Für die Frage nach dieser bietet uns die homerische Dichtung selbst den ersten Zugang.

[1] Für die kaum überschaubare moderne Literatur zu den einzelnen Homerproblemen verweise ich auf meine Forschungsberichte im *AfdA*. Drei Berichte aus den Bänden 4, 1951 und 5, 1952 sind vereinigt in der Schrift: *Die Homerforschung in der Gegenwart*. Wien 1952. Fortsetzung bieten *AfdA* 6, 1953, 129; 8, 1955, 129; 12, 1959, 129; 13, 1960, 1; 17, 1964, 129; 18, 1965, 1; fortgesetzt von E. DÖNT 21, 1968, 129. H. J. METTE, ‹Homer 1930–1956›. *Lustrum* 1956/1, Gött. 1957. Nachtrag *Lustrum* 1956/1, 1957. 1959/4, 1960. 1966/11, 1967. A. HEUBECK, ‹Fachbericht zur neueren Homerforschung›. 5. Ber. *Gymn.* 71, 1964, 43. 71, 1964, 43. Der Artikel ‹Homeros› aus *RES* 11 ist selbständig Stuttgart 1967 erschienen. Wertvolle Zusammenfassungen und Problemübersichten in dem von A. J. B. WACE und F. H. STUBBINGS herausgegebenen *Companion to Homer*. London 1962 und der *Introduccion a Homero* von R. ADRADOS, F.-GALIANO, L. GIL, L. DE LA VEGA. Madrid 1963. Eine gute Einführung: F. CODINO, *Introduzione a Omero*. Torino 1965; deutsch: *Einführung in Homer*. Berlin 1970.

In beiden Epen ist vom Ruhme der Helden im Liede die Rede, aber es geschieht dies in recht verschiedener Weise. Die Gesandten, die Achilleus versöhnen sollen, finden ihn, wie er die Leier schlägt und von den Taten der Männer singt (9, 186). Patroklos, der bei ihm sitzt, wird das Lied aufnehmen, wenn er zu singen aufhört. Die *Odyssee* hingegen zeigt uns berufsmäßige Sänger: Demodokos am Hofe der Phaiaken und Phemios, der den Freiern bei ihren Gelagen singen muß. Man hat den Schluß gezogen, daß die *Ilias* eine ältere Stufe erkennen lasse, auf der die Helden selber sangen. Weit eher wird man den Unterschied aus der verschiedenen Umwelt erklären, in der die Handlung der beiden Gedichte vor sich geht. Der Sänger hat seinen Platz beim friedlichen Gelage, während er dem Heer im Felde fernbleibt. Daß aber die *Ilias* nicht anders als die *Odyssee* die Macht des Sanges kennt, der weithin zu den Menschen geht und für solche Wirkung doch wohl eines Standes von Aoiden bedarf, das bezeugt sie an jener Stelle (6, 357), an der wir Helena zu Hektor klagen hören, Paris und sie würden späteren Menschen zum Liede werden. In diesen Zusammenhang ist auch *Il.* 20, 204 zu stellen: hier sagt Aineias zu Achilleus, sie kennten einer des anderen Geschlecht, und beruft sich dafür auf πρόκλυτα ἔπεα. Es liegt im Wesen des Heldensanges, der von großen Taten berichtet, daß er auch Genealogischem breiten Raum gewährt. Die *Ilias* bezeugt dies in reichem Maße.

Viel über die Stellung des Sängers[1] und die Art seines Vortrages erkennen wir aus der *Odyssee*. Da verwahrt sich Eumaios (17, 381) gegen den Anwurf, er habe einen unnützen Bettler ins Haus gezogen. Nein, solche Leute holt man nicht; wen man ruft, der muß ein ‹Werker im Volke› (δημιοεργός) sein, einer der etwas kann: ein Seher, ein Arzt, ein Baumeister oder ein Sänger, der mit seiner göttlichen Gabe Freude bringt. Wir sehen den Aoiden im Verband einer Gilde. Zumeist wird er von Siedlung zu Siedlung gezogen sein, wie es spätere Berichte von Homer erzählen. Er mochte sich aber auch einem Fürstenhofe verbinden und dort zu bedeutendem Ansehen gelangen. Als Agamemnon auszog, ließ er seine Gattin in der Obhut eines Sängers zurück (3, 267), den Aigisthos solches Ehrenamt büßen ließ. Bei den Phaiaken holt man Demodokos in den Palast, wenn es gilt, festliches Beisammensein durch das Lied zu verschönen (8, 44). Der blinde Sänger, der es im Namen trägt, daß er der Gemeinde vertraut ist, wird vom Herold geführt. Man denkt an den blinden Mann aus Chios, der sich im Hymnos auf den delischen Apollon dem Gedenken der Mädchen empfiehlt (166). Blindheit des Sängers begegnete sicherlich des öfteren in der Wirklichkeit, auch Homer hat man so dargestellt und mit falscher Deutung seinen Namen als den des Blinden (ὁ μὴ ὁρῶν) verstehen wollen.

Demodokos erhält bei den Phaiaken einen Ehrenplatz auf silberbeschlagenem Sessel an einer der Säulen, die das Dach des Saales tragen; ihm zu Häupten hängt seine Leier, Speise und Trank werden ihm auf schönem Tische hingestellt. Als sich alle gesättigt haben, beginnt er seinen Sang. Dem singenden und die Leier schlagenden Demodokos begegnen wir in den Phaiakenszenen auch sonst (8, 261. 471; 13, 28).

[1] W. Schadewaldt, ‹Die Gestalt des hom. Sängers› in *Von Homers Welt und Werk*. 3. Aufl. Stuttg. 1959, 54. R. Sealey, ‹From Phemios to Ion›. *Rev. Et. Gr.* 70, 1957, 312.

Seltsam ist, was wir an der ersten der angeführten Stellen hören. Demodokos singt zur Leier das Lied von der heimlichen Liebe der Aphrodite und des Ares, die der betrogene Hephaistos zuschanden werden läßt. Um den Sänger aber bewegen sich die Jünglinge in kunstfertigem Tanze. Bot dieser eine mimische Darstellung des Gesungenen? Wir wissen es nicht und können nur im allgemeinen jene Szene auf dem Schild des Achilleus (Il. 18, 590) vergleichen, die den Sänger mit der Leier beim Reigentanze der Jünglinge und Mädchen zeigt.

Wichtig für unsere Frage nach den Frühformen des Heldensanges ist das erste Auftreten des Demodokos im 8. Gesange (72). Da wählt er seinen Stoff aus dem reichen Geschehen um Troia und singt von dem Zwist, der sich zwischen Odysseus und Achilleus beim festlichen Mahle erhob. An einer späteren Stelle (487) gibt Odysseus selbst das Thema: vom hölzernen Pferde begehrt er zu hören. Es folgt der Gesang, der ihm heiße Tränen entlockt und zu seiner Erkennung führt.

Bedeutungsvoll ist der Preis des Demodokos durch Odysseus. Die Muse oder Apollon selbst hat ihn belehrt, denn göttliche Inspiration ist die Voraussetzung erfolgreichen Sangs. Und «nach der Ordnung» (κατὰ κόσμον) wisse Demodokos zu singen. Darin liegt der Wahrheitsanspruch, mit dem solcher Heldensang auftritt, liegt aber auch das Können des Sängers, der weiß, wie man die Dinge zu fügen hat.

Die entscheidende Frage ist, ob wir uns Demodokos und seinesgleichen nach einem festen Texte singend oder improvisierend vorzustellen haben. Wir werden diese Frage mit Vorteil von einem Gebiete außerhalb des vorhomerischen Heldensanges anvisieren. Wir wissen, daß *Ilias* und *Odyssee* auch noch in der Zeit des entwickelten Buches vornehmlich durch den mündlichen Vortrag der Rhapsoden[1] am Götterfest lebendig blieben. Platons *Ion* zeichnet aus einer Zeit des Virtuosentums das Bild eines selbstbewußten Vertreters dieser Zunft. Diese Rhapsoden führen längst nicht mehr die Leier, sondern halten einen Stab in der Hand; sie singen nicht, sondern rezitieren in gehobenem Sprechton. Sie sind Meister des Gedächtnisses, an einen bestimmten Text gebunden, den wir uns in älterer Zeit als kostbaren Besitz einzelner Familien und Gilden denken. Gewiß ist diese Bindung keine völlig strenge, gerade diese Form der Tradition hat den homerischen Text nicht geringen Verwirrungen ausgesetzt. Für unsere Frage aber ist es entscheidend, daß diese Rhapsoden einen bereits fertigen Text aus dem Gedächtnis vortrugen.

Gehen wir nun zu den vorhomerischen Aoiden nach Art des Demodokos zurück, so tritt ein Unterschied ohne weiteres hervor: dem Rezitator mit dem Stabe steht der Sänger zur Leier gegenüber. Woher aber nimmt der Aoide, was er singt? Bei seinem ersten Einsetzen (8, 74) greift Demodokos aus einem ‹Liedgang› (οἴμη), «dessen Ruhm damals bis zum Himmel drang», den Streit zwischen Odysseus und Achilleus heraus. Das geht mit der Aufforderung zusammen, die der Dichter im Eingange der *Odyssee*

[1] Die Erklärung des Wortes Rhapsode aus ῥάβδος ‹Stab› ist nicht zu halten; H. PATZER, *Herm.* 80, 1952, 314, geht von ῥάπτειν und dem Begriff des ‹Reihens› aus. Zur Etymologie auch ELLEN WÜST, *Pindar als geschichtschreibender Dichter.* Diss. Tübingen. Pforzheim 1967, 113. Bemerkenswert über den Rhapsoden Schol.Pindar Nem. 2,1.

(1, 10) an die Muse richtet: «Irgendwo» in dem reichen Geschehen um Odysseus einzusetzen, wobei dieser Einsatz in Wahrheit sehr kunstvoll gewählt ist. Demodokos ist auch imstande, über Aufforderung einen beliebigen Teil des Geschehens um Troia, etwa die List mit dem hölzernen Pferd, im Liede zu gestalten. Klar ist also, daß hinter dem Aoiden ein bis ins einzelne durchgebildeter Sagenzusammenhang steht. War nun diesen Sängern auch der Text vorgegeben oder entstand dieser beim Singen ein jedesmal neu? Haben sie sich etwa gerade dadurch von den Rhapsoden der späteren Zeit unterschieden? Sicherheit wäre nicht zu gewinnen, wenn uns nicht vergleichende Literaturbetrachtung ein verläßliches und an Einzelheiten reiches Bild solch mündlicher Epik vermittelt hätte.

Richtungweisend waren die Arbeiten des Slawisten MATHIAS MURKO, der bereits vor vierzig Jahren an lebendiger südslawischer Epik Wesenszüge aufwies, denen für das Verständnis frühgriechischer Heldendichtung entscheidende Bedeutung zukommt. MURKO drang jedoch nicht durch, da man sich in der Blütezeit der Homeranalyse Einsichten dieser Art nicht offen hielt. Das ist in den angelsächsischen Ländern seit den Arbeiten MILMAN PARRYS und seiner Anhänger[1] anders geworden. Dreijährige Feldarbeit (1933–1935) auf serbo-kroatischem Gebiete lieferte rund 12500 Texte, die teils mit modernem Gerät aufgenommen, teils nach Diktat niedergeschrieben wurden. Sie sind als *Milman Parry Collection of Southslavic Texts* in der Harvard University Library geborgen. Neben Volkslyrik steht hier eine große Zahl epischer Gesänge. Ihre Auswertung ist im Gange. PARRY wurde durch seinen frühen Tod aus seiner Arbeit gerissen, doch fehlt es für diese nicht an Fortsetzern. ALBERT B. LORD vor allem, der PARRY als Assistent begleitet hatte, führte 1937, 1950 und 1951 in Jugosla-

[1] Über PARRYS Forschungen mit Bibliographie: ALBERT B. LORD, ‹Homer, Parry and Huso›. *Am. Journ. Arch.* 52, 1948, 34. ‹Composition by Theme in Homer and Southslavic Epos›. *Trans. Am. Phil. Ass.* 82, 1951, 71. *The Singer of Tales.* Harvard Stud. in Comp. Lit. 24. Harv. Un. Pr. Cambr. Mass. 1960. JAMES A. NOTOPULOS, ‹The Generic and Oral Composition›. *Trans. Am. Phil. Ass.* 81, 1950, 28; ‹Continuity and Interconnexion in Homeric Oral Composition›. *Ebd.* 82, 1951, 81; ‹Homer and Cretan Heroic Poetry›. *Am. Journ. Phil.* 73, 1952, 225 mit aufschlußreichen Mitteilungen über Entstehung und Niederschrift einer Dichtung über die kretische Revolte von 1770. *Modern Greek Heroic Oral Poetry.* New York 1959. ‹Homer, Hesiod and the Achaean Heritage of Oral Poetry›. *Hesperia* 29, 1960, 177. C. M. BOWRA, *Heroic Poetry.* London 1952. Ders., *Homer and his Forerunners.* Edinburgh 1955. S. J. SUYS-REITSMA, *Het Homerisch epos als orale schepping van een dichterhetairie.* Amsterd. 1955. G. S. KIRK, ‹Homer and Modern Oral Poetry: Some Confusions›. *Class. Quart.* 54, 1960, 271. ‹Dark Age and Oral Poet›. *Proc. of the Cambr. Philol. Soc.* No. 187, 1961, 34. *The Songs of Homer.* London 1962. ‹The Homeric Poems as History›. *Cambr. Anc. Hist.* 2, cap. 39 (b). Cambr. 1964. ‹Studies in some technical aspects of Homeric style›. *Yale Class. Stud.* 20, 1966, 75. ‹Formular language and oral quality›. *Ibid.* 155. A. HOEKSTRA, *Homeric Modifications of Formulaic Prototypes.* Nederl. Ak. Amsterdam 1965. J. A. RUSSO, ‹The structural formula in Homeric verse›. *Yale Class. Stud.* 20, 1966, 219. M. N. NAGLER, ‹Towards a generative view of the oral formula›. *Trans. Am. Phil. Ass.* 98, 1967, 269. A. B. LORD, ‹Homer as oral poet›. *Harv. Stud.* 72, 1968, 1. J. B. HAINSWORTH, *The Flexibility of the Homeric Formula.* Oxford 1968. – Das o. genannte Buch von C. M. BOWRA deutsch: *Heldendichtung.* Stuttg. 1965. – Weitere Lit. bei A. LESKY, *Homeros,* S. 16 des Sonderdruckes Stuttgart 1967, sowie in den Forschungsberichten von E. DÖNT im *AfdA* von 21, 1968, 129 an. MILMAN PARRY and ALBERT LORD, *Serbocroatian Heroic Songs. Novi Pazar.* 2 vol. Cambridge Mass. and Belgrad 1954. Die beiden Bände sind der Beginn einer Reihe, die in mehr als 20 Bänden das von PARRY und LORD gesammelte Material zugänglich machen soll. Der nächste Band wird den etwa 12000 Verse umfassenden Sang des Avdo Mededovič über die Hochzeit des Smailagič Meho bringen.

wien Neuaufnahmen und Überprüfungen des bereits geborgenen Materials durch. Sein Buch *The Singer of Tales* gibt ein reiches Bild von den Daseinsformen der südslawischen mündlich tradierten Volksepik und enthält den Versuch, von dem so gewonnenen Standpunkte aus die homerische Dichtung zu erhellen. Bedeutend erweitert wurde die Basis dieser Forschungen durch das Buch von MAURICE BOWRA *Heroic Poetry* (1952), das epische Dichtung aus allen Teilen der Welt zur Grundlage einer Betrachtung macht, die auf die Wesenszüge mündlicher Heldendichtung zielt.

Dichtung solcher Art findet sich bei den meisten Völkern der Erde und bei nicht wenigen bis auf den heutigen Tag. Zwischen russischen Bylinen, nordischen Heldenliedern und Gesängen von Sumatra sind die Unterschiede im einzelnen natürlich groß, aber trotzdem zeigt sich Gemeinsames in hohem Maße. Immer steht im Mittelpunkt solcher Gesänge der Held als der durch Mut und physische Kraft vor allen anderen Ausgezeichnete. Sein Tun ist allein von dem noch unproblematischen Begriff der Ehre bestimmt. Große Art kann er auch in der Freundschaft bewähren. Diese Dichtung hat Ursprung und Pflege meist in einer ritterlichen Oberschicht, der Kampf, Jagd und Tafelfreuden den Inhalt ihres Lebens bilden, wobei zu letzteren auch das Lied des Sängers gehört. Das in solchem Kreise Gesungene wird später meist Besitz der Gesamtheit. Den Hintergrund solchen Heldensanges bildet ein Heroenzeitalter, das dem eigenen gegenüber als größer geartete Vergangenheit empfunden wird. Einer naiven Freude an der Wirklichkeit, die sich in der breiten Schilderung von Wagen, Schiffen, Waffen und Kleidung auswirkt, entspricht eine weitgehende Ausschaltung magischer Elemente. Es bleibt dabei fraglich, ob man eine Entwicklung von einer magisch-schamanischen Schicht zu einer heroischen annehmen darf oder ob da nicht vielmehr Bereiche nebeneinander liegen, zwischen denen Berührungen verschiedener Art stattfanden[1]. Immer erhebt diese Heldendichtung den Anspruch, Wahres zu berichten, und begründet ihn mit der Ehrwürdigkeit der Überlieferung oder mit göttlicher Inspiration.

Der Form nach herrscht Verserzählung vor, deren Einheit nicht die Strophe, sondern der Einzelvers ist. Reden spielen in der Erzählung eine bedeutende Rolle. Das einprägsamste Merkmal jedoch ist die beherrschende Rolle typischer Elemente. Da ist das stehende Beiwort, die immer wiederkehrende Formel größeren Umfanges, da sind die typischen Szenen wie Rüstung, Ausfahrt, Hochzeit und Leichenfeier.

Der letzte der genannten Züge hängt besonders enge mit der Daseinsform dieses Heldensangs zusammen. Es ist handwerkliche Kunst, die der Meister an den Schüler, häufig der Vater an den Sohn weitergibt. Wir sind durch die genannten Studien vor-

[1] An das Schamanische knüpft K. MEULI, ‹Scythica›. *Herm.* 70, 1935, 121, an, BOWRA in dem eben genannten Werke (S. 8) erwägt eine Entwicklung der Heldensage von einer magischen zu einer mehr anthropozentrischen Weltauffassung. Am entschiedensten will K. MARÓT die epische Dichtung aus dem Bereich des Magischen und zwar aus altem Erzählzauber und litaneiartigen Aufzählungen, den Vorläufern der Kataloge, ableiten. Von dem Werke *A Görög Irodalom Kezdetei* (1956) liegt vorläufig der überarbeitete erste Teil *Die Anfänge der griech. Literatur. Vorfragen.* Budapest 1960, in deutscher Fassung vor, in der sich auch andere Arbeiten des Autors zum Thema zitiert finden. Die hier gezeigten Stützen können die weitreichenden Schlüsse jedoch nicht tragen. vgl. *Gnom.* 33, 1961, 529.

trefflich über die Entstehungsweise solcher Dichtung unterrichtet. Der Sänger muß mit zwei Dingen ausgerüstet sein: mit der Kenntnis des Sagenschatzes seines Volkes und mit dem ganzen Rüstzeug der eben bezeichneten formelhaften Elemente. Das ist aber auch alles, einen vorgegebenen Text kennt er nicht und schafft sein Lied jedesmal neu. Natürlich geht er dabei meist von dem aus, was er und andere gesungen haben, doch bleibt er nirgends an einen Text gebunden, den er einfach zu reproduzieren hätte. Stets ändert er, und meist führt das zur Erweiterung des früher Gesungenen. Diese Dichtung ist durchaus auf Mündlichkeit gestellt – die Amerikaner sprechen von *oral composition* – und sie ist es auch dort, wo man die Schrift in weiten Kreisen kennt. Niederschrift oder Bandaufnahme dieser Gesänge ist im Grunde etwas Unnatürliches: ein flutender Strom ist an einer Stelle gehemmt und zur Erstarrung gebracht.

Von solcher *oral composition* gehen so viele Linien zur homerischen Dichtung, daß wir uns mit voller Zuversicht ihre Vorstufen nach diesem Bilde denken dürfen. Damit ist auch die oben gestellte Frage beantwortet: Was Sänger wie Demodokos und Phemios vortrugen, war nicht ein für allemal festgelegte Dichtung, sondern mündlich stets neu geformter Vortrag, der mit Hilfe zahlreicher formelhafter Elemente Stoffe aus einer reich entwickelten Sagenfülle in den Formen handwerklicher Tradition gestaltete.

Reiches Vergleichsmaterial und Angaben der Epen bieten uns ein ausreichendes Bild von jenen Vorformen der homerischen Gedichte, die wir uns Jahrhunderte vor der Entstehung von *Ilias* und *Odyssee* in Griechenland und an der griechisch besiedelten Küste Kleinasiens lebendig denken dürfen. Die ritterliche Welt Mykenes ist ohne den Sänger kaum vorstellbar. Was wir auch ohne diese Funde annehmen würden, bezeugen die Leierfragmente aus dem Kuppelgrab von Menidi in Attika und das Fresko aus Pylos, mag der Leierspielende ein sterblicher Sänger oder, was wahrscheinlicher ist, sein göttlicher Schutzherr sein[1]. Von Inhalt und Form dieser mykenischen Dichtung eine greifbare Vorstellung zu gewinnen ist uns versagt[2]. Daß es sich um mündlich tradierten Heldensang handelt, ist durchaus wahrscheinlich. Schon aus diesem Grunde können wir uns hier von den mykenischen Schrifttäfelchen keine Förderung unseres Wissens erwarten.

Aber eine neue Frage ist nun dringend geworden: wie stehen die homerischen Epen selbst zu dieser Welt von *oral composition*? Damit ist die homerische Frage unserer Zeit formuliert, die nicht länger an den Ergebnissen vergleichender Literaturwissenschaft vorbeisehen kann. Wir kommen auf sie in dem Kapitel zurück, das die Entstehungsprobleme der Ilias behandelt, fassen aber zunächst deren Stoff und Struktur in den Blick.

[1] Nachweise bei T. B. L. Webster, *From Mycenae to Homer*. Lond. 1958, 47, A. 1 u. 130, A. 2 (88, A. 107 u. 184, A. 180 der deutschen Ausgabe. München 1960); vgl. Ders. *Die Nachfahren Nestors*. Janus-Bücher 19. Münch. 1961, 57

[2] Eine lebhafte Erörterung der Möglichkeiten in Webster's eben genanntem Buche. Hypothese bleibt, was W. Kullmann in der sonst trefflichen Arbeit *Das Wirken der Götter in der Ilias*. Berl. 1956, über vorhomerische Dichtungsformen sagt.

2. STOFF UND AUFBAU DER ILIAS

Die Frage nach dem Wesen des Stoffes ist beim Epos zum Teile eine nach dem historischen Hintergrund des Erzählten. Auch hier haben wir von vergleichender Literaturbetrachtung zu lernen. Die germanische Sagendichtung gibt besonders klar zu erkennen[1], was sich anderswo in vielfachen Variationen bestätigt: hinter der Heldensage steht zumeist geschichtliches Geschehen, aber es ist in ihr mit der denkbar größten Freiheit gegenüber Zeit, Person und Handlung umgeformt. Theoderich und Attila sind eindrucksvolle Beispiele. Zu diesen großdimensionierten Paradigmen fügte J. TH. KAKRIDIS[2] ein anderes aus dem vorigen Jahrhundert, das gleichsam in einem Reagenzglas die Kräfte sichtbar macht, die bei jeder Sagenbildung wirksam sind. Ein vornehmes Mädchen aus Zakynthos verehrte der Königin Olga ein schön gewirktes, mit traditionellen Motiven geschmücktes Tuch. Zehn Jahre später besang ein Wasserträger auf der Insel das Geschehnis und das kleine Kunstwerk. Das Faktum als solches ist geblieben, alles Einzelne aber hat zur Wirklichkeit keinen Bezug mehr oder im besten Falle einen nur mühsam erkennbaren!

Die Homerforschung ist noch weit davon entfernt, aus Befunden dieser Art die richtigen Folgerungen zu ziehen und ihre Grenzen zu erkennen; sie bewegt sich vielfach in Extremen. Während RHYS CARPENTER in seinem Buche *Folk Tale, Fiction and Saga in the Homeric Epics*[3] einen historischen Kern des Epos so gut wie völlig leugnet, kaum noch eine vage Hintergrundskulisse zugibt und so auch den Krieg gegen Troia in ‹fiction› auflöst, sucht DENYS L. PAGE in seinem kühnen Buche *History and the Homeric Iliad*[4] (auch hier bedeutet der Titel ein Programm), hethitischen Texten ein Maximum an Tatsachen für den geschichtlichen Gehalt des Epos abzugewinnen. Für ihn spiegelt die *Ilias* den Kampf zwischen den Achäern, mit dem Zentrum in Rhodos, und der Liga von Assuwa, der Truisa-Troia angehörte, in der Zeit der sinkenden hethitischen Macht.

Die Forschung ist hier im Flusse, wie ja auch unsere Kenntnis der Geschichte des 2. Jahrtausends ständig wächst, in jedem Falle aber sind die Ruinen von Troia, die SCHLIEMANN fand, DÖRPFELD deutete und BLEGEN neuerlich durchforschte, zu massive Zeugen, als daß die Frage vermeidbar wäre, in welchem Verhältnis die Sage vom großen Kriege zu ihnen steht. Auch bezeugen mykenische Scherben die Beziehungen

[1] D. v. KRALIK, ‹Die geschichtlichen Züge der deutschen Heldendichtung›. *Almanach Ak. Wien* 89, 1939, 299.

[2] In einem in Wien gehaltenen Vortrage, *Wien. Stud.* 76, 1963, 14.

[3] Sather Class. Lectures 20. 2. Aufl. Univ. of Calif. Press 1956.

[4] Sather Class. Lectures 31. Univ. of Calif. Press 1959. Eben hat FRANZ HAMPL in einem angriffslustigen Aufsatz ‹Die Ilias ist kein Geschichtsbuch›. *Serta Philologica Aenipontana.* Innsbr. 1961, 37, unsere Aussichten, durch das Epos zu Historie vorzudringen, kritisch und im allgemeinen richtig überprüft. Immerhin wird man der griechischen Heldensage so viel Bezug zur Geschichte zubilligen dürfen wie der deutschen und mit dem Rückgriff auf Useners Hypothesen über Heroen als gesunkene Götter vorsichtig sein müssen. Sehr dankenswert ist HAMPLS Übersicht über die verschiedenen Versuche, das Epos historisch auszuwerten. Zu diesen Fragen äußerte sich auch L. PARETI, *Omero e la realtà storica.* Milano 1959. Dazu G. S. KIRK, ‹The Homeric Poems as History›. *Cambr. Anc. Hist.* 2, cap. 39 (b). Cambr. 1964. Weitere Lit. zum «historical background» bei A. LESKY, *Homeros.* S. 64 der Sonderausgabe Stuttgart 1967.

der Stadt zu dem griechischen Festlande sehr sinnfällig. Kaum waren diese immer friedlich. Der Goldreichtum Mykenes und der Niederbruch der kretischen Seemacht sprechen von großen Beutezügen über See. Da nun die Siedlung der 6. Schicht (von unten gezählt) auf dem Hügel von Hissarlik ihr Ende durch Zerstörung gefunden hat, lag der Schluß nahe, daß eine gemeinsame Unternehmung festländischer Herren gegen Troia unter mehr oder minder einheitlicher Oberführung des Herrschers von Mykene den geschichtlichen Kern der Sage bilde. Aber die Forschungen BLEGENS haben neue Fragen aufgerührt. Troia VI, so zeigte sich nun, war nicht durch Feindeshand, sondern durch ein Erdbeben um 1300 in Trümmer gesunken. Den Anspruch, das homerische Troia zu sein, erhob nunmehr die Siedlung VIIa, deren Zerstörung um 1200 zu datieren ist[1]. Die Übereinstimmung mit antiken Ansätzen des Falles der Stadt (u.a. 1184) ist verblüffend. Jedoch kommen für diese Zeit als Eroberer weit eher die Barbaren in Betracht, die im Zuge der großen Wanderung die Meerengen nach Osten überschritten, als die Griechen des Festlandes, die damals vor dem Niederbruch ihrer Macht standen. Dieser ernsten Schwierigkeit sucht SCHACHERMEYR mit der Annahme beizukommen, Troia VI habe weiterhin als die Stadt der *Ilias* zu gelten und hinter der Geschichte von dem hölzernen Pferd stehe eine mehrfach gebrochene Erinnerung an den roßgestaltigen Erderschütterer Poseidon.

Wir sollen bei der ganzen Fragestellung nicht vergessen, wie locker die Zusammenhänge zwischen Sage und Geschichte im allgemeinen sind. Daß sich einmal ein mykenisches Unternehmen gegen Troia richtete ist an sich denkbar, bildet aber keine unerläßliche Voraussetzung dafür, die starke Feste im nordwestlichen Kleinasien, deren Trümmer lange noch von ihrer einstigen Macht zeugten, zum Mittelpunkt eines mächtigen Sagenkreises werden zu lassen. Die *Ilias* erlaubt uns manchen Einblick in sein Wachstum. Eines der Machtzentren der mykenischen Zeit war Pylos im Westen der Peloponnes, das man wahrscheinlich in jenem 1939 teilweise ausgegrabenen Palaste von Ano Englianos, nahe dem Nordrande der Bucht von Navarino, erkennen darf, der uns den großen Fund von Tontafeln mit Linear B schenkte[2]. Dieser Bereich mykenischen Lebens ist in die Troiasage durch die Gestalt des Nestor einbezogen. Und die Erzählfreude dieses Alten gestattet es dem Dichter, namhafte Teile pylischer Sage (bes. 11, 670 Kampf mit den Epeiern, 7, 132 mit den Arkadern) seinem Epos einzugliedern. Ein anderes Beispiel betrifft die bedeutende Rolle lykischer Helden wie Glaukos, Pandaros und Sarpedon[3]. Da die mykenischen Griechen bereits Rhodos besiedelten, konnte für sie die Auseinandersetzung mit den Lykiern nicht ausbleiben. Die Sage von Bellerophontes zeugt davon. Sein Enkel Glaukos aus Lykien begegnet auf dem Schlachtfeld vor Troia dem Argiver Diomedes, sie erkennen

[1] F. SCHACHERMEYR, *Poseidon*, Bern 1950, 194. Einen Überblick und Lit. bietet der Abschnitt ‹The History of Troy› bei D. L. PAGE, *History and the Homeric Iliad*; vgl. S. 35 A. 4.

[2] R. HAMPE, ‹Die hom. Welt im Lichte der neuen Ausgrabungen: Nestor›. *Vermächtnis der alten Kunst.* Heidelb. 1950, 11; vgl. *Gymn* 63, 1956, 21. Die Identifizierung mit Pylos ist jedoch nicht jedem Zweifel entzogen, vgl. E. MEYER, ‹Pylos und Navarino›. *Mus. Helv.* 8, 1951, 119, der an DÖRPFELDS Lokalisierung des homerischen Pylos in Triphylien (Kuppelgräber und Burg von Kakowatos) festhält.

[3] M. P. NILSSON, *Homer and Mycenae*. Lond. 1933, 261. [3] Nachweise bei F. HAMPL a.O. 44.

sich als Gastfreunde von ihren Großvätern her und tauschen die ungleichen Rüstungen (6, 119). Die Kämpfe mit den Lykiern aber wurden in den troischen Stoffkreis dadurch einbezogen, daß man sie trotz ihrer weiten Entfernung zu Verbündeten der Troer machte. Tlepolemos von Rhodos, der als Gegner des Lykiers Sarpedon fällt (5, 657), kann auf die mykenische Zeit zurückgehen, kann aber auch die Kämpfe dorischer Kolonisten späterer Zeit spiegeln. An diesem Falle wird deutlich, mit welch weitem Einzugsgebiet wir für unseren Sagenkreis zu rechnen haben. Immer wieder haben die Forschung Züge beschäftigt, die für Paris nach Thessalien und für Hektor nach Mittelgriechenland weisen, wo man nach Pausanias (9, 18, 5) in Theben sein Grab zeigte[1]. Diese Nachrichten sind schwer zu beurteilen, in jedem Falle aber wird festzuhalten sein, daß sich in der Epik vom Zuge gegen Troia Heroen höchst verschiedener Herkunft – dem Orte wie der Zeit nach – zusammengefunden haben.

Zu Motiven anderer Art führt die Begründung des Heerzuges gegen Troia durch den Raub der Helena. Daß diese einst Göttin war, unterliegt keinem Zweifel, da sie zu Therapne Kult im Menelaeion empfing und auf Rhodos als Baumgöttin (δενδρῖτις) verehrt wurde. Seltsam genug erzählt ein anderer Mythos von der Entführung der jugendlichen Helena durch Theseus. NILSSON[2], der den Raub der Persephone und das Schicksal der Ariadne verglich, kam zu der bestechenden Annahme, daß hinter der Motivierung des Krieges gegen Troia ein alter minoischer Mythos vom Raube der Vegetationsgöttin stehe.

Das homerische Epos spielt zu einem wesentlichen Teile im Bereiche der Götter, deren Eingreifen aus der Handlung nicht wegzudenken ist. Die unter der Herrschaft des Zeus in losem Verbande vereinigte Gesellschaft der Olympier ist durch das Epos zu einem konstituierenden Element griechischer Dichtung geworden. Das überhebt uns nicht der Frage, woher das Modell dieses Götterstaates stammt. NILSSON[3] geht auch hier auf die mykenische Zeit zurück und findet das Vorbild für Zeus in der Stellung des mykenischen Herrschers. In der Tat läßt sich die Parallele zwischen der Haltung der einzelnen Fürsten zu Agamemnon, die ständig zwischen Ehrfurcht und trotziger Auflehnung schwankt, zu den Götterszenen der Ilias nicht verkennen. Freilich bleibt das mykenische Königtum in Fundierung und Reichweite seiner Macht für uns eine schwer bestimmbare Größe. Unterschätzen dürfen wir es nicht, wohl aber haben wir für die Entstehung der griechischen Vorstellungen vom Götterstaate auch mit Einwirkung vom Vorderen Orient her zu rechnen. Die hethitischen Texte, von denen zu Hesiod die Rede sein wird und die ihrerseits Einfluß von Babylon verraten, ergeben für diese Annahme gute Stützen.

Die homerischen Epen setzen nicht allein die Ausgestaltung des troischen Sagenkreises voraus, sie öffnen auch an zahlreichen Stellen den Ausblick auf andere Stoffe. Dabei ist es durchaus wahrscheinlich, daß auch diese Sagen ihr Leben in jener Tradition des Heldensanges hatten, die wir als Vorstufe der erhaltenen Dichtungen kennzeichneten. Von Pylos und Nestor war bereits die Rede. Besonderes Gewicht haben die Züge, die zu dem zweiten großen Sagenkreise, dem thebanischen, führen. Auch

[1] Nachweise bei F. Hampl a. O. 44.
[2] a. O. 252. [3] a. O. 266.

hier steht in der Rivalität zwischen den beiden Machtzentren der mykenischen Zeit, in der Argolis und in Mittelgriechenland, geschichtliche Wirklichkeit hinter dem reich gestalteten Mythos. In der *Ilias* muß es sich Diomedes einmal von Agamemnon (4, 370) und dann von Athene (5, 800) gefallen lassen, daß man an seinen Vater Tydeus erinnert, einen der wildesten Recken im fruchtlosen Kampfe der Sieben gegen Theben. Aber sein Genosse Sthenelos, Sohn des Kapaneus, der ebenfalls vor Theben kämpfte, weiß gut zu erwidern (4, 404): die Generation der Söhne, die Epigonen, haben das stolze Theben gebrochen, dem die Väter nicht beizukommen vermochten. Wir erkennen hier sehr wichtige Ansätze zu einer Durchdringung der Sage mit geschichtlichem Sinne. Die genealogische Verbindung, die eine Fülle wechselseitiger Beziehungen schafft, führt zu einer relativen Chronologie der einzelnen Kreise. Der Zug der Sieben liegt eine Generation vor dem gegen Troia, der Erfolg der Epigonen geht ihm unmittelbar voran. Wir schließen hier die Stelle der *Odyssee* (12, 69) an, die von der Argo berichtet, sie habe als einziges Schiff die Gefahr der Plankten bestanden. Sie heißt πᾶσι μέλουσα, und diese Aussage kann nichts anderes bedeuten, als daß berühmte Dichtung, uns freilich zur Gänze verloren, von ihr gesungen hat.

Der Hinweis auf andere Sagenstoffe tritt auch dort auf, wo sie beispielhaft verwendet werden. Ein solches Paradeigma ist die mit höchst merkwürdigen Zügen erzählte Niobegeschichte im vierundzwanzigsten Gesange der *Ilias* (602), wo Achilleus mit der Erinnerung an die unglückliche Mutter, die nach all ihrem Leid wieder Speise zu sich nahm, Priamos zum Essen ermuntert. Das ausführlichste Paradeigma, an das sich eine Reihe weittragender Fragen heftet, ist die Meleagergeschichte[1] im neunten Gesange (524). In dem kunstvoll gebauten Triptychon der Reden, die auf Achilleus einwirken sollen, hat Phoinix den Mittelteil. Hier bildet einen der beiden Schwerpunkte die Geschichte von Meleagros, dem Helden der Jagd auf den kalydonischen Eber, den seine eigene Mutter zum Tode verfluchte, weil er ihr den Bruder erschlagen hatte. Im Krieg mit den Kureten zog sich Meleagros ergrimmt über den Fluch der Mutter aus dem Kampfe zurück, so daß Kalydon in schwere Not geriet. Vergebens flehten Priester, von den Ältesten gesandt, bestürmten ihn der Vater, die Schwestern, selbst seine Mutter und die liebsten Freunde. Erst als ihn in äußerster Not seine Gattin Kleopatra beschwor, entschloß er sich zum Eingreifen, das ihm nun freilich niemand mehr mit Geschenken dankte. Die viel bewegte Frage, ob Homer hier frei erfand oder nach einer Vorlage gestaltete, ist auf Grund der Eigenständigkeit dieser Erzählung im Sinne ihrer Abhängigkeit von älterer Dichtung zu beantworten. Nichts hindert uns, in dieser bereits das Zornmotiv wirksam zu denken. Natürlich hat Homer bei der Verwertung der Meleagergeschichte die Akzente so gesetzt, daß die von Phoinix ausgiebig betonte Parallele kräftig herauskommt.

Nimmt man vorhomerische Dichtung vom Zorn des Meleagros an, so ergibt sich die nächste Frage, ob Homer nicht etwa unter ihrem Einflusse das Zornmotiv der *Ilias* gestaltet hat. Ja, man ist so weit gegangen, Einwirkung des Meleagergedichtes in dem gan-

[1] J. Th. Kakridis, *Homeric Researches.* Lund 1949. W. Kraus, ‹Meleagros in der Ilias›. *Wien. Stud.* 63, 1948, 8. Skeptisch bleibt A. Heubeck, Gymn. 66, 1959, 399.

zen Bauplan der Ilias nachweisen und die Charakteristik ihrer tragenden Gestalten aus diesem ableiten zu wollen. Hier ist Zurückhaltung am Platze, man wird lediglich die Möglichkeit zugeben müssen, daß die Geschichte vom Zorn Meleagers dem Dichter eine Anregung gegeben hat, die über die gröbsten Umrisse der Konzeption nicht hinausging.

Eine andere Frage, die mit Bau und wichtigen Motiven der *Ilias* zusammenhängt, wurde neuerdings mit Nachdruck aufgenommen[1]. Aus dem troischen Kyklos ist uns dem Inhalte nach ein Epos *Aithiopis* kenntlich, das von den letzten Taten des Achilleus und seinem Ende erzählte, wobei der Kampf mit dem Aithiopenfürsten Memnon eine besondere Stelle einnimmt. Hier findet sich eine Reihe von Motiven, die in ähnlicher Gestaltung in der *Ilias* wiederkehren. Für einzelne hatte man bereits früher erwogen, daß sie im Zusammenhange der Memnongeschichte älter sein möchten. Hier und dort gibt es eine Szene, in der Nestor dadurch in höchste Gefahr gerät, daß ein von Paris getroffenes Pferd seinen Wagen behindert. In der *Ilias* birgt Diomedes den Alten auf sein Gefährt (8, 90), in der *Aithiopis* rettet ihn sein Sohn Antilochos mit dem Opfer des eigenen Lebens. Achilleus rächt diesen Freund durch die Tötung Memnons, wie er Patroklos an Hektor rächt. In beiden Dichtungen wägt ein Gott vor dem entscheidenden Kampfe die Lose der beiden Helden, in beiden warnt Thetis ihren Sohn, daß sein Sieg im bevorstehenden Kampfe sein nahes Ende bedeute. Der Entrückung von Memnons Leiche durch Schlaf und Tod entspricht jene des toten Sarpedon in der *Ilias* (16, 454. 671). In der *Aithiopis* greift Achilleus nach der Tötung Memnons Troia an und wird am Skäischen Tor vom Pfeil des Paris getroffen. Da sieht es wie ein Nachklang dieser Zusammenhänge aus, wenn Achilleus in der *Ilias* (22, 378) nach Hektors Fall zunächst zum Sturme auf die Stadt ruft, sich aber dann eines anderen besinnt und ins Lager zurückkehrt. So scheint in der Tat manches dafür zu sprechen, daß Homer, als er über dem Motiv vom Zorne des Achilleus den Bau seiner *Ilias* errichtete, für weite Strecken Anregungen aus der Dichtung um Memnon empfing.

Die Bedeutung dieses Gedankens erfordert jedoch sorgsame Prüfung der Gegeninstanzen, die einem sicheren Schlusse im Wege stehen. Die *Aithiopis* gehört zu jenen kyklischen Epen, die man mit guten Gründen für jünger als die *Ilias* hält (s. S. 104). Freilich ist sogleich zu bedenken, daß dieser Befund die Erhaltung älterer Zusammenhänge nicht ausschließt, denn vor den kyklischen Gedichten liegt natürlich ebensoviel ältere Epik wie vor der *Ilias*. Weiters will bei der Vergleichung von Motiven, die an

[1] H. Pestalozzi, *Die Achilleis als Quelle der Ilias*. Zürich 1945. W. Schadewaldt, ‹Einblick in die Erfindung der Ilias. Ilias und Memnonis›. *Von Homers Welt und Werk*. 3. Aufl. Stuttg. 1959, 155. Zur Kritik: J. Th. Kakridis, *Homeric Researches*. Lund 1949, 65, 1. F. Focke, *La Nouvelle Clio* 1951, 335, und besonders eingehend U. Hölscher, *Gnomon* 27, 1955, 392. W. Kullmann hat nach einer Reihe von Einzeluntersuchungen (*Mus. Helv*. 12, 1955, 253. *Phil*. 99, 1955, 167; 100, 1956, 132) die Frage nach dem Verhältnis der *Ilias* zu anderer Epik in großem Zusammenhang behandelt: *Die Quellen der Ilias (Troischer Sagenkreis)*. *Herm*. E 14, 1960. Sind die Möglichkeiten bestimmter Aussagen hier auch mehrfach überschätzt, so werden doch manche Beobachtungen und Schlüsse ihren Wert behalten, wenn man beherzigt, daß dort, wo wir in der *Ilias* die Übernahme älteren Gutes zu erkennen meinen, nicht eines der kyklischen Epen die Quelle gewesen sein muß. Diesen liegt ohne Zweifel mannigfache epische Tradition voraus, die auf Homer gewirkt haben kann.

einer Stelle in voller Entfaltung, an einer anderen hingegen nur rudimentär auftreten, auch die Möglichkeit bedacht sein, daß die Entwicklung von einer nicht zur Gänze genutzten Verwendung zu jener ging, die uns die bessere erscheint.

Wir geben im folgenden eine Übersicht über den Inhalt der *Ilias*, die vor allem die großen Zusammenhänge im Gang der Handlung zeigen soll. Ihr Vorhandensein wird heute kaum jemand leugnen wollen. Doch soll damit nicht eine Glätte vorgetäuscht werden, die nicht vorhanden ist. Von jenen Unstimmigkeiten, die der Analyse zum Ausgang dienten, wird im folgenden Abschnitt die Rede sein.

Die beiden Epen sind in unserer Überlieferung in je vierundzwanzig Gesänge geteilt, deren Umfang in der *Ilias* zwischen 424 (19) und 909 (5) Versen schwankt. Man wird diese Einteilung verhältnismäßig spät anzusetzen haben, Zenodot kann ihr Urheber sein Die Enden der einzelnen Gesänge fallen zumeist in deutliche Zäsuren des Aufbaus, auch finden sich Titel für einzelne Teile bereits früher (z.B. Thuk. 1, 10, 4). Die uns überlieferte Einteilung ist also nicht willkürlich und hat gewiß in der rhapsodischen Praxis ihre Vorgeschichte.

Der erste Gesang führt in raschem Tempo in den Konflikt zwischen Agamemnon und Achilleus. Kräftig wird im ersten Vers mit dem Worte μῆνις das zentrale Motiv angeschlagen, dann geht es in Sprüngen zurück bis auf die letzte Ursache des Konflikts, die Kränkung des Apollonpriesters durch Agamemnon. Hier wendet sich die Richtung, und geschlossene Erzählung setzt ein.[1] Der Heerführer hat Apollons Zorn durch die Weigerung heraufbeschworen, das Beutemädchen Chryseis ihrem Vater zurückzugeben, und die Pfeile des Gottes verheeren das Lager. Als Agamemnon in der Heeresversammlung vor dem Spruch des Sehers weichen muß, nimmt er sich dafür Briseis, die Achilleus als Ehrengabe im Zelte hält. Streit der Fürsten, Athene, die eine jähe Tat des Achilleus hindert, Schwur des Beleidigten, dem Kampfe fernzubleiben, Abholung der Briseis: es geht Schlag auf Schlag. Achilleus ruft die Mutter aus der Meertiefe und verlangt, daß sie seinem Grolle Genugtuung von Zeus schaffe. Thetis will dies tun, wenn die Götter vom zwölftägigen Festmahl bei den Aithiopen zurück sind. Indessen hat Odysseus Chryseis dem Vater zurückgebracht, der den Gott mit den Griechen versöhnt. Thetis trägt ihre Bitte zu Zeus, der Gewährung nickt. Noch bleibt sein Plan verborgen, auch vor Hera, die eifernd zankt. Hephaistos muß als drollig humpelnder Mundschenk den Göttern das Lachen wiederbringen, das ihrem Tische zugehört. (1)

Im 5. Vers des 1. Gesanges hören wir, daß sich in allem, was da geschah, des Zeus Ratschluß vollendete[2]. Dieser Weg beginnt damit, daß der Gott in der folgenden Nacht Agamemnon durch den Trug eines Traumes zum Angriff auf Ilion reizt. Der König unterrichtet die Geronten von seinem Traume und läßt das Heer sich sam-

[1] Vgl. A. LESKY, *Göttliche und menschliche Motivation im hom. Epos*. Sitzb. Heidelb. Phil.-hist. Kl 1961/4. 16.

[2] Die Διὸς βουλή beziehen wir nicht mit W. KULLMANN (*Phil.* 99, 1955, 167; 100, 1956, 132. *Herm.* E 14, 1960, 47, A. 2. 210.) auf den im Eingang der *Kyprien* erzählten Plan, die Erde von der übergroßen Menschenlast zu befreien, sondern auf jene Beschlüsse des Zeus, die er auf die Bitten der Thetis zum Unheil für die Achäer faßt. Vgl. die in der vorhergehenden Anm. genannte Arbeit S. 15.

meln. Man steht am Ende des neunten Kriegsjahres (2, 134. 295), und es scheint geraten, die Stimmung der Krieger zu versuchen. Die verstellte Aufforderung, heimzukehren, hat unerwünschten Erfolg. Die Stimmung des Heeres retardiert den Beginn der Schlacht, aber Odysseus und Nestor stellen die Kampflust wieder her, wobei der Schreier Thersites[1] mit Gewalt geduckt wird. Eine prächtige Gleichniskette malt den Aufmarsch der Scharen, dann setzt der Dichter mit einem neuen Anruf an die Musen ein, um im ‹Schiffskatalog›[2] eine genaue Aufzählung der griechischen Kräfte zu geben, an die sich ein kürzerer Katalog der Troer und ihrer Hilfsvölker schließt. (2)

So gewaltigem Aufgebot folgt jedoch noch nicht der Zusammenstoß in der Feldschlacht. Eine neuerliche Retardation hemmt den Ablauf der auf sie hindrängenden Geschehnisse. Paris-Alexandros schafft durch die Bereitschaft, im Zweikampf mit Menelaos die Entscheidung herbeizuführen, Stillstand der beginnenden Schlacht. Iris verständigt in Menschengestalt Helena, und diese eilt zur Mauer am Skäischen Tor, von der Priamos und die Geronten auf die Ebene blicken. Dort nennt sie dem König auf sein Fragen die besten unter den achäischen Helden. Dann wird Priamos ins Blachfeld gerufen, um feierlich den Vertrag für den bevorstehenden Kampf zu beschwören. In diesem packt Menelaos, nachdem sein Schwert am Helmbügel des Gegners zerbrach, Paris am Helmbusch, und es war um diesen geschehen, wenn ihm nicht Aphrodite den Helmriemen gesprengt und ihn in einer Nebelhülle in sein Gemach entrückt hätte. Dann holt sie ihm in Gestalt einer Greisin Helena und zwingt die Widerspenstige mit schwerer Drohung auf sein Lager. Aphrodite hat durch die wunderbare Rettung ihres Lieblings eine völlig unklare Lage geschaffen. Während Paris bei Helena ruht und Menelaos durch das Heer stürmt, um den Gegner zu finden, verkündet Agamemnon den Sieg des Bruders: Helena und die Schätze sollen zurückgegeben werden, der Krieg sein Ende haben. (3)

Ist es dem König der Achäer ernst mit dieser Kundgabe, so will Zeus in der folgenden Götterszene durch eine ähnliche nur Hera und Athene reizen. Die Göttinnen fordern Troias Untergang, ohne daß wir hier bereits den Grund ihres Hasses erfahren. Doch sendet Zeus, als Hera es von ihm verlangt – wie anders sollte er auch das Thetis gegebene Versprechen halten? –, Athene ins troische Gefilde, wo sie Pandaros dazu verleitet, durch einen Pfeilschuß den Waffenstillstand zu brechen. Menelaos wird verletzt und rasch von dem Feldscher Machaon, dem Sohne des Asklepios, geheilt. Der Kampf wird aufs neue entbrennen, und Agamemnon stachelt die einzelnen Führer durch Ermunterung oder Tadel. Diese Musterung endet bei Diomedes, dem Agamemnon besonders zusetzt. Anders als Achilleus nimmt der Held die kränkenden Worte, denen Sthenelos entgegnet, mit fügsamer Zurückhaltung hin. Nun beginnt die Schlacht dieses ersten Kampftages, dessen Schilderung bis in den 7. Gesang reicht. (4)

Diomedes tritt in den Vordergrund. Ein Pfeilschuß des Pandaros kann ihn nicht hemmen, Athene stärkt ihn, und er steigert seine Aristie bis zum Angriff auf Götter.

[1] J. Ebert, ‹Die Gestalt des Thersites in der Ilias›. *Phil.* 113, 1969, 159.

[2] R. Hope Simpson – J. F. Lazenby, *The Catalogue of the Ships in Homer's Iliad*, Oxford 1970.

Aphrodite, die ihren Sohn Aineias schützt, verwundet er an der Hand. Sie flieht auf den Olymp und läßt sich von ihrer Mutter Dione trösten. Den Aineias birgt Apollon, und als Diomedes auch gegen ihn andringt, weist ihn der Ruf des Gottes in seine Schranken. Von Ares befeuert und unterstützt, dringen nun die Troer gewaltig vor. Da greifen Hera und Athene ein, die sich selbst zur Wagenlenkerin des Diomedes macht. Mit ihrer Hilfe verwundet dieser den Ares, der zum Olymp flieht. Auch die Göttinnen kehren dorthin zurück. (5)

Die Not der Troer wächst. Da veranlaßt der Seher Helenos seinen Bruder Hektor und Aineias, das Treffen herzustellen. Dann entsendet er Hektor in die Stadt, wo die Frauen mit Gabe und Gelübde Athene gnädig stimmen sollen. Indessen begegnen sich auf dem Kampffelde Glaukos und Diomedes, erkennen sich als gastfreundlich verbunden und vollziehen den ungleichen Tausch der goldenen Rüstung des Lykiers gegen die eherne des Argivers. Diese Begegnung steht mitten in den Kämpfen als Paradeigma ritterlich-vornehmer Haltung, funktionell hat sie die Bedeutung, das bewegte und im 5. Gesang mächtig gesteigerte Geschehen zum Stillstand zu bringen und uns den Blick auf die Dinge in Troia freizugeben. Hektor eilt zur Mutter, und die troischen Frauen tun den vergeblichen Bittgang. Dann sucht er Paris auf, ihn wieder in die Schlacht zu holen. Weib und Kind will er noch grüßen, trifft sie aber nicht im Hause, sondern erst beim Skäischen Tor, wohin die Angst Andromache getrieben hatte. Dort finden sich die Gatten zu einem Gespräch voll Liebe und Trauer, als sollte Hektor nimmer in sein Haus zurückkehren. Und daheim beweint ihn Andromache wie einen Toten. Dann stößt Paris zu Hektor, und sie eilen aufs Kampffeld. (6)

Nun belebt sich die Schlacht, aber Athene und Apollon finden sich in dem Vorschlage, es solle für heute genug sein und Hektor möge einen der Achäer zum Zweikampfe herausfordern. Der Seher Helenos übermittelt den Ratschluß der Götter, und Hektor läßt seine Herausforderung ergehen. Das Los bestimmt Aias zu seinem Gegner. Herolde trennen bei Einbruch der Nacht die Kämpfenden[1], und der Tag endet mit einer unentschiedenen Begegnung, wie er mit einer solchen begonnen hatte. Die Griechen beschließen, am nächsten Morgen die Toten zu bestatten und das Schiffslager durch eine Mauer zu schützen[2]. Die Troer aber wollen die Bergung der Gefallenen erbitten und, da Paris die Herausgabe Helenas verweigert, wenigstens die Schätze zurückgeben. Das weisen die Achäer zurück, aber die Toten werden am nächsten Morgen gesammelt und verbrannt. Die Mauer um die Schiffe ersteht im Umlauf des nächsten Tages. (7)

[1] Diesen Zweikampf mit dem darauf folgenden Austausch von Geschenken hat K. Friis Johansen, *Aias und Hektor*. Kopenhagen 1961, auf einer attisch-geometrischen Oinochoe nachgewiesen, die er auf die Mitte des 8. Jh.s datiert. Richtig schließt er daraus nicht auf die Zeit unserer Ilias, sondern auf eine dieser vorausgehende und von ihr verwertete Dichtung. Athene und Apollon setzen sich als Zuschauer des Zweikampfes ὄρνισιν ἐοικότες (7, 59) auf eine Eiche. F. Dirlmeier, *Die Vogelgestalt Homerischer Götter*. Sitzb. Ak. Heidelberg 1967/2, sucht zu erweisen, daß es sich in diesem und in ähnlichen Fällen nicht um eine Verwandlung, sondern um den Vergleich mit Vögeln handelt.

[2] Zum Problem des Manerbaus: O. Tsagarakis, ‹The Achaean wall and the Homeric question›. *Herm.* 97, 1969, 129. M. L. West, ‹The Achaean wall›. *Class. Rev.* 19, 1969, 255.

Zeus untersagt allen Göttern die Teilnahme am Kampfe und beobachtet vom Gipfel des Ida aus das Schlachtfeld. Mit dem Morgen beginnt der Kampf, und zu Mittag legt Zeus die Lose der Völker auf die Waage, die für die Troer entscheidet. In den hin- und herwogenden Kämpfen bleibt Diomedes die Stütze der Achäer, während Hektor in lauter Siegeszuversicht Vorkämpfer der Troer ist. Immer wieder will Hera das Gebot des Zeus durchbrechen. Vergebens sucht sie Poseidon zum Eingreifen zu verleiten, Agamemnon legt sie Mut und heilsames Gebet in den Sinn. Als sie den schwerbedrängten Griechen zu Hilfe eilen will, scheucht Iris sie mit den harten Worten des Zeus zurück. Bald kommt dieser selbst und eröffnet seinen Plan für das Kommende: Der nächste Tag wird den Achäern noch schlimmere Not bringen, und Hektor wird nicht eher ruhen, als bis sich Achilleus bei den Schiffen erhebt und der Kampf um des Patroklos Leiche tobt. Drunten aber endigt die Nacht den noch unentschiedenen Kampf. Hektor lagert mit den Seinen im freien Felde. (8)

Agamemnon regt in seiner Niedergeschlagenheit an, was er im 2. Gesange nur zur Erprobung vorgebracht hatte: den Krieg abzubrechen und heimzukehren. Heftig widerspricht Diomedes, und Nestor rät in einer Versammlung der Könige, Achilleus zu versöhnen. Agamemnon ist zu überreichen Sühnegaben bereit, die eine Gesandtschaft dem Achilleus anbieten soll. Odysseus, Aias und Phoinix machen sich auf den Weg. Sie finden freundliche Aufnahme und setzen in ihren Reden dem Zürnenden zu. Odysseus mit überlegenem Geschick, Phoinix aus warmer Menschlichkeit mit eindringlichem Beispiel, Aias mit kurzer soldatischer Rede. Die Wirkung auf Achilleus steigert sich, aber er kann seinen Groll nicht niederzwingen. Erst wenn Hektor bei den Schiffen der Myrmidonen ist, will er kämpfen. Die Gesandten bringen Enttäuschung zurück, aber Diomedes mahnt zu Ruhe und Zuversicht. (9)

Während alles schläft, treibt die Sorge Agamemnon und Menelaos im Lager umher. In einer Versammlung draußen bei den Wachen wird beschlossen, Diomedes und Odysseus auf Erkundung zu senden. Auch Hektor hat einen Späher ausgeschickt, Dolon, dem er die Rosse des Achilleus versprach. Der aber fällt den beiden Griechen in die Hände, die ihm sein Wissen entlocken und ihn dann töten. Von ihm haben sie auch die Ankunft des thrakischen Königs Rhesos mit seinen herrlichen Pferden erfahren. Die holen sie und erschlagen den König mit zwölf seiner Gefährten. Dann reiten sie ins Lager zurück. (10)

Der neue Schlachttag, dessen Schilderung bis in den 18. Gesang reicht, beginnt mit der Aristie des Agamemnon. Ausführlich wird daher seine Wappnung geschildert. Wieder sehen wir den erwarteten Ablauf an seinem Beginne retardiert: das Wüten Agamemnons scheint die von Zeus geplante Demütigung der Achäer in Frage zu stellen, aber der Gott kennt sein Ziel. Er sendet Iris zu Hektor: solange Agamemnon kämpft, solle er sich zurückhalten, erst wenn jener verwundet den Kampf verlasse, sei seine Zeit gekommen. So geschieht es, doch halten Odysseus und Diomedes die Schlacht zunächst noch im Gleichgewicht. Durch die Verwundung des Diomedes gerät Odysseus in schwere Bedrängnis. Nun weicht selbst Aias der feindlichen Menge. Nestor birgt den verwundeten Machaon auf seinem Wagen. Achilleus, der vom

Heck seines Schiffes die Schlacht beobachtet, will wissen, wen Nestor da geleitet, und sendet Patroklos zu ihm. Der Alte hält diesen in langem Gespräche fest und heißt ihn, Achilleus zum Kampfe zu bewegen. Oder möge jener doch Patroklos seine Waffen geben und ihn so in die Schlacht entsenden! Bewegt eilt Patroklos zurück, doch trifft er auf seinem Wege noch den verwundeten Eurypylos, der zu versorgen ist und Schlimmes vom Stande der Schlacht berichtet. (11)

Mit dem 12. Gesange beginnt ein Abschnitt der großen Schlacht, der bis an das Ende des 15. reicht. Zu Beginn dieser Partie finden wir die Achäer bei ihrem Schiffslager im Kampfe um die Mauer, ohne daß der Rückzug aus dem offenen Felde vorher erzählt worden wäre. Die Nestor-Patroklos- und die Patroklos-Eurypylos-Szene überdecken in einer für das Epos ungewohnten Technik diesen Vorgang. Am Ende des 15. Gesanges ist Hektor daran, Feuer in die griechischen Schiffe zu werfen. Dazwischen liegt – wesentlich unterbrochen nur durch die List der Hera im 14. Gesange – ein Hin- und Herwogen, das in dem Wechsel von Massen- und Einzelkampf, von Taten der Vorkämpfer und Schicksalen der Kleineren ein durchkomponiertes Gefüge darstellt[1].

Nachdem sich die Achäer zu den Schiffen zurückgezogen haben, treten die Troer zum Sturm auf das Lager an. Der Absicht Hektors, in unbändigem Vorwärtsdrang mit den Streitwagen anzugreifen, setzt Pulydamas den besseren Plan entgegen, die Wagen am Grabenrand zurückzulassen. Hier beginnt die Rolle des ratenden und warnenden Gegenspielers Hektors, die bis in den 18. Gesang reicht. Am Scheitern des Asios, der allein zu Wagen angreift, zeigt es sich, daß man des Pulydamas Wort nicht ungestraft überhört. Während die Troer in fünf Gruppen angreifen, schreckt sie ein böses Zeichen, und Pulydamas rät, den Sturm abzubrechen. Hektor verwirft die Warnung, und der Angriff wird erneut. Sarpedon reißt einen Teil der Brustwehr nieder, Hektor sprengt ein Tor mit einem riesigen Steine. (12)

Trotz dem Verbote des Zeus ertragen es die griechenfreundlichen Götter nicht länger, der Not der Achäer zuzusehen. Poseidon ermuntert in Gestalt des Kalchas die Kämpfenden und steigert, nun dem Thoas gleichend, sein Bemühen, als ihm Hektor den Enkel Amphimachos erschlägt. In langen Kämpfen, in denen besonders der Kreterkönig Idomeneus hervortritt, verstärkt sich der Widerstand der Achäer. Pulydamas rät zur Sammlung der Troer, schlägt eine Beratung vor und warnt vor Achilleus, der wohl nicht mehr lange dem Kampfe fernbleiben werde. Hektor befolgt den Rat, die Seinen zu sammeln, überhört aber die Warnung vor dem lauernden Unheil. Der Kampf geht weiter. (13)

Nestor verläßt den Machaon, den er in seinem Zelte pflegt, um nach der Schlacht zu schauen. Er begegnet Diomedes, Odysseus und Agamemnon, die alle verwundet aus dem Kampfe kommen. Ein drittes Mal spricht Agamemnon von Heimfahrt, die nun nächtliche Flucht sein soll. Odysseus und Diomedes widersprechen, Poseidon

[1] Das hat im einzelnen F. J. WINTER gezeigt: *Die Kampfszenen in den Gesängen MNO der Ilias.* Diss. Frankf. a.M. 1956 (Photodruck). Für die Technik der Episoden von geringerer Bedeutung ist wichtig GISELA STRASBURGER, *Die kleinen Kämpfer der Ilias.* Diss. Frankf. a.M. 1954.

stärkt den König durch Zuspruch und das Heer durch gewaltiges Rufen. Hier greift göttliche Frauenlist ein. Hera leiht sich den Zauberriemen[1] der Aphrodite und verlockt Zeus auf dem Ida zu einer Liebesstunde, nach der er in tiefen Schlaf sinkt. Hypnos hat ihr geholfen und eilt nun auf das Kampffeld, um Poseidon zu melden, er solle unbekümmert den Griechen beistehen. Freudig treibt der Gott die Achäer zu neuem Kampf, in dem Hektor von einem Steinwurf des Aias schwer getroffen wird. Er sinkt in lange Ohnmacht, und auch sonst geschieht den Troern schwerer Abbruch. (14)

Schon sind sie über den Graben zurückgeflüchtet, da erwacht Zeus und erkennt den Betrug. Hera muß sich seinem Befehle fügen, Iris und Apollon zu ihm zu senden. Nun erst erfährt sie den Willen des Zeus bis zum letzten Ziele: Iris wird Poseidon vom Schlachtfeld weisen, Hektor aber von Apollon gestärkt die Achäer bis zu den Schiffen des Peliden zurücktreiben, worauf dieser Patroklos aussenden wird. Dem ist mancher Sieg vergönnt, auch der über Sarpedon, dann aber muß er von der Hand Hektors fallen. Achilleus wird dafür Hektor töten, und von da ab gibt es für die Troer nur Flucht, bis endlich ihre Stadt durch Athenes Rat (das hölzerne Pferd) zu Falle kommt. Hera bestellt das Gebot des Zeus im Olymp, wo Athene selbst Ares von einem unbedachten Eingreifen in den Kampf abhält. Murrend fügt sich Poseidon dem Befehle, den Iris bringt, Hektor aber treibt neu gestärkt die Achäer wieder in das Lager zurück. Apollon selbst schüttet den Graben zu und stürzt den Wall, die Ägis schwingend scheucht er die Griechen. Beim Einbruch der Troer verläßt Patroklos den verwundeten Eurypylos und eilt zu Achilleus. Schon nahen die Troer mit Feuerbränden den vordersten Schiffen, und Aias allein leistet dort noch wirksamen Widerstand. (15)

Weinend bestürmt Patroklos den Freund. Der hat auch in dieser Stunde die Beleidigung nicht vergessen und will Jammer um die Achäer nicht hören, aber er entsendet Patroklos mit den Myrmidonen und gibt ihm seine eigene Rüstung. Er soll die Troer von den Schiffen treiben, aber nicht weiter vordringen, daß er ihm die Ehre nicht schmälere und nicht einem troerfreundlichen Gotte begegne. Da Aias erlahmt, drängt Achilleus den Freund zur Eile und spendet und betet, daß der Zeus von Dodona ihn heimkehren lasse. Patroklos treibt die Troer von den Schiffen und mordet furchtbar. Sarpedon fällt von seiner Hand, der Sohn des Zeus. Um seine Leiche tobt der Kampf, Zeus aber läßt sie von Apollon bergen und von Schlaf und Tod nach Lykien bringen. Patroklos hat die Weisung des Freundes vergessen und stürmt bis an die Mauer von Troia. Von dieser scheucht ihn Apollon, der in der Gestalt des Asios Hektor zum Kampfe gegen Patroklos auffordert. Als sich die Sonne zu neigen beginnt, tritt der Gott selbst hinter Patroklos und schlägt ihn zwischen die Schultern, daß die Waffen von ihm fallen. Euphorbos verwundet ihn von rückwärts mit dem Speer, und Hektor durchbohrt ihn mit seiner Lanze. (16)

[1] Nicht um einen Gürtel handelt es sich. C. Bonner, ‹Κεστὸς ἱμάς and the Saltire of Aphrodite›. *Am. Journ. Phil.* 70, 1949, 1, hat die kreuzförmig über die Brust gelegten Zauberriemen von den Darstellungen nackter Fruchtbarkeitsgöttinnen aus Kisch und Susa im 3. Jahrtausend bis zu dem pompejanischen Wandbild mit Mars und Venus verfolgt.

Um die Leiche entbrennt ein wilder Kampf. Menelaos tötet den Euphorbos, weicht aber vor Hektor, der die Waffen des Gefallenen, des Achilleus Waffen, erbeutet und anlegt. Von Aias mächtig unterstützt, verteidigen die Achäer den Leichnam. Dichter Nebel senkt sich über die Kämpfenden. Den göttlichen Rossen des Achilleus, die um Patroklos weinen, gibt Zeus neuen Mut. Athene und Apollon treiben den Kampf um den Leichnam des Patroklos zu immer neuer Heftigkeit. Auf das Gebet des Aias lüftet Zeus den Nebel, und nun kann Menelaos den Antilochos, Nestors Sohn, suchen, um ihn mit der Botschaft von Patroklos' Ende zu Achilleus zu senden. Der Sieg neigt sich den Troern zu, da tragen Menelaos und Meriones den Leichnam aus der Schlacht, von den beiden Aias gegen die heftig nachdrängenden Feinde gedeckt. (17)

Achilleus bricht in so heftigen Schmerz aus, daß Thetis mit den Nereiden aus der Meerestiefe zu ihm kommt. Die Mutter wird ihm neue Waffen bringen, aber hat er Hektor gefällt, so ist auch sein eigenes Ende nahe. Noch ist der Leichnam des Patroklos in äußerster Gefahr, da tritt Achilleus, von Iris aufgefordert und von Athene furchtbar erhöht, an den Graben und scheucht die Troer durch seinen Schrei. Rascher läßt Hera die Sonne sinken und endet so den Kampf. Noch einmal warnt Pulydamas, aber Hektor läßt die Troer im Felde lagern, um den Kampf fortzusetzen. Indessen beklagt Achilleus den toten Freund, während Hephaistos auf der Thetis Bitte neue Waffen fertigt, einen herrlichen Schild vor allem, der in buntem Metall die ganze Fülle des Lebens in köstlichen Szenen abbildet[1] (18).

Mit dem Morgen bringt Thetis dem Sohne die Waffen und sichert den Leichnam des Patroklos mit Ambrosia vor Verwesung. Achilleus beruft eine Heeresversammlung, in der er mit raschen Worten seinem Groll entsagt, während Agamemnon in breiter Rede seine von Zeus gesandte Verblendung beklagt und Sühnegaben verspricht. Auch schwört er, daß er Briseis nicht berührt habe. Nur schwer läßt sich Achilleus in seiner Ungeduld die Zeit für das Mahl der Krieger abringen. Dann strömen die Gewaffneten zusammen, und auch Achilleus rüstet sich. Sein Falbe aber verkündet ihm nahen Tod. (19)

Für die entscheidende Schlacht, die letzte und wildeste der Ilias, gibt Zeus den Göttern die Teilnahme frei. Donner des Zeus und poseidonisches Beben der Erde begleiten ihr Antreten, doch bleiben sie einstweilen Beobachter. Zuerst begegnen sich Achilleus und Aineias, den Poseidon entrückt. Auch Hektor wird noch einmal von Apollon seinem Schicksal entzogen. Achilleus wütet wie ein Waldbrand in dürrem Gehölze. (20)

[1] Daß das wahrscheinlich späte, vielleicht erst homerische Motiv des Waffentausches und Waffenverlustes dem Dichter bedeutende Möglichkeiten bot, ihm aber auch Schwierigkeiten schuf, zeigte eben Phanis J. Kakridis, ‹Achilleus Rüstung›. *Herm.* 89, 1961, 288. Richtig erinnert er daran, daß auch Achills erste Rüstung ein Göttergeschenk und daher von einem Gotte gefertigt war (Il. 17, 195. 18, 84). – Zum Schild: W. Schadewaldt, *Von Homers Welt und Werk.* 3. Aufl. Stuttg. 1959, 352. K. Reinhardt, ‹Der Schild des Achilleus›. *Freundesgabe für E. R. Curtius.* Bern 1956, 67, mit den Hinweisen auf den Kontrast des in der Beschreibung festlich Erhöhten zu dem in der *Ilias* Folgenden und auf die Aussparung des Agonalen mit Rücksicht auf dessen Rolle in den Leichenspielen. W. Marg, *Homer über die Dichtung.* Orbis antiquus 11. Münster 1957.

In der Schlacht am Flusse ist das Kampfgeschehen zu elementarer Wildheit gesteigert. Achilleus füllt den Skamander mit Leichen. Zwölf Jünglinge fängt er sich zum Opfer für Patroklos. Vergebens bettelt der Priamossohn Lykaon um sein Leben, Achilleus schleudert auch seinen Leichnam in den Fluß. Als er aber allen Bitten des Flußgottes zum Trotz weiter wütet, bringt dieser den Helden durch seine Fluten in Todesnot. Die Götter greifen ein, die Flammen des Hephaistos brennen das Gefilde trocken und bändigen den Strom. Nun nehmen die Götter in ihrer Art am Kampfe teil: Athene trifft Ares mit einem Stein, Apollon aber lehnt es ab, mit Poseidon um der Sterblichen willen zu kämpfen. Angriffslustiger ist Artemis, der Hera Bogen und Pfeile um die Ohren schlägt. Dann kehren alle in den Olymp zurück. Agenor stellt sich vor der Stadt dem anstürmenden Achilleus, aber Apollon entrückt ihn und lenkt in seiner Gestalt Achilleus ab, so daß sich die fliehenden Troer in die Mauern retten können. (21)

Hektor ist draußen geblieben, vergebens flehen Priamos und Hekabe, er möge sich in der Stadt bergen. Der dreimaligen Warnung des Pulydamas gedenkt er und wie er die Seinen ins Verderben führte. Aber als Achilleus anstürmt, flieht er vor ihm dreimal um die Stadt. Zeus wägt die Todeslose, und das seine sinkt. Da verläßt Apollon seinen Schützling, und Athene bringt, in der Gestalt des Deiphobos Beistand verheißend, den Fliehenden zum Standhalten. Hektor erliegt den Waffen des Achilleus. Der Sieger ist ohne Maß in der Rache, wie er es in seinem Zorne war. Vergebens bat der Sterbende um Auslieferung seiner Leiche, Achilleus schleift sie an seinem Wagen zu den Schiffen zurück. Priamos, Hekabe und Andromache brechen in wilden Jammer aus. (22)

Zwei Tote harren der lösenden Flammen. Dreimal haben die Myrmidonen den Leichnam des Patroklos umfahren und dann das Totenmahl gehalten. Da erscheint sein Schatten nachts dem Achilleus und drängt zur Bestattnng. Am anderen Morgen wird ein Scheiterhaufen bereitet, und gewaltige Opfer nähren den Brand; auch die zwölf Troerjünglinge sind unter ihnen. Wieder am anderen Tage werden die Gebeine des Patroklos gesammelt und vielfältige Leichenspiele mit kostbaren Preisen gefeiert. In der Vielfalt der Agone begegnen sich Aias und Odysseus, der Starke und der Listige. Der unentschiedene Ringkampf ist ein Präludium für den späteren, Homer ohne Zweifel bekannten Waffenstreit der beiden. Bedeutungsvoll tritt Achilleus, der mit jähem Wort so viel Leid heraufbeschwor, nun (491) in einem Streit der Männer beim Wagenrennen als der besonnene Friedensstifter auf. Der Achilleus der Lytra ist hier vorbereitet. (23)

Schmerz und Grimm des Achilleus dauern ungemindert. Täglich schleift er den Toten dreimal um das Grab des Freundes, bis am 12. Tage die Götter eingreifen. Gegen den Willen der troiafeindlichen Gottheiten – hier erst erfahren wir von dem Parisurteil[1] als Grund des Hasses für Hera und Athene – wird Thetis zu Achilleus gesandt, ihn zur Auslieferung von Hektors Leiche zu bewegen. Iris veranlaßt Priamos zu dem schweren Gang ins Griechenlager. Nachts naht er mit reichen Geschenken

[1] K. Reinhardt, *Das Parisurteil.* Frankf.a.M. 1938 = *Von Werken und Formen.* Godesberg 1948, 11 = *Tradition und Geist.* Göttingen 1960, 16.

dem Manne, der ihm den besten Sohn erschlug. Achilleus denkt des eigenen Vaters, und in beider Tränen lösen sich Verhärtung und Qual. Auf einer neuen Stufe der Welterkenntnis öffnet sich der Jähe, Harte dem Verstehen fremden Leides[1]. Mit Hektors Leichnam und der Zusicherung zwölftägiger Waffenruhe kehrt Priamos zurück. Andromache, Hekabe und Helena beklagen Hektor. Neun Tage schleppen die Troer Holz, dann lodert auch sein Scheiterhaufen, wird auch sein Grabhügel geschichtet. (24)

Keiner hat diesen weitgespannten Bau besser gewürdigt als Aristoteles, der in der Poetik (23. 1459 a 30, vgl. 26. 1462 b 10) dessen geniale Anlage von den kyklischen Epen absetzt: Homer hat nicht das Ganze jenes Krieges abgehandelt, sondern ein Teilgeschehen herausgegriffen und durch zahlreiche Episoden belebt. Wir müssen hinzufügen, daß diese Episoden die Forderung des Aristoteles (17. 1455 b 13) erfüllen, zugehörig (οἰκεῖα) zu sein. Von einer Ausnahme, der Dolonie, wird noch die Rede sein. Wir dürfen weiters Aristoteles ergänzen: der entscheidende Griff, ein reich gegliedertes Geschehen um das Motiv vom Zorne des Achilleus zu versammeln, ist so durchgeführt, daß dieses Zorngedicht zu gleicher Zeit eine Ilias wurde. Man hat für die Dauer der Handlung fünfzig Tage herausgerechnet, aber wenn man aktionsarme Fristen wie die neun Tage Pest, die zwölf Tage Götteraufenthalt bei den Aithiopen, die zwölf Tage Mißhandlung des Hektor, die neun Tage Holzholen für seinen Scheiterhaufen abrechnet, bleiben ganz wenige Tage mit einer aufs äußerste gespannten Fülle der Handlung. In dieser knappen Zeitspanne den Krieg um Troia zu spiegeln, hat Homer vornehmlich mit zwei Mitteln erreicht. Auf die straffe Exposition der Zornhandlung folgen breit gestaltete Szenen, die den Kampf gegen Troia exponieren. Hier erhält auch die an sich so sonderbare Erprobung des Heeres guten Sinn: es sind eben bereits neun Jahre des Krieges vergangen, viel Müdigkeit herrscht, und neue Antriebe sind nötig, um alles wieder in Gang zu setzen. Und im Zuge solchen Neuanhebens kann der Dichter Motive, die in den Anfang des Krieges gehören, in seine Ilias einbeziehen, wie den Versuch, den ganzen Konflikt durch einen Zweikampf beizulegen, oder die Mauerschau.

Zum andern aber hat der Dichter durch Vorverweise, die weit über das Epos verstreut sind, für die Träger beider Handlungsstränge, für Achilleus wie für Ilion, den tragischen Ausgang zu bestimmenden Elementen seines Gedichtes gemacht, ohne diesen selbst zu erzählen. Unter dem Eindruck des verräterischen Pandarosschusses spricht Agamemnon die Worte vom sicheren Untergang der Stadt (4, 164), die im Munde Hektors (6, 448) Ausdruck düsterer Gewißheit sind. Und Diomedes ruft, als er das Angebot halber Rückerstattung hört (7, 401), ein Tor könne erkennen, daß den Troern die Schlingen des Verderbens geknüpft seien. Die Hinweise verdichten sich im zweiten Teile[2], und so fest ist unsere Vorstellung von dem Widerstande der

[1] Das hat besonders schön Walter Nestle ausgeführt: ‹Odyssee-Interpretationen›. *Herm.* 77, 1942, 70. Dort auch der Hinweis auf den Gegensatz zwischen einem Achilleus, der in Zorn und Schmerz das Mahl verweigert (19, 209), und jenem der Lytra, der Primaos durch das Niobe-Paradeigma auffordert, Nahrung zu sich zu nehmen.

[2] W. Schadewaldt, *Iliasstudien.* Abh. Sächs. Ak. Phil.-hist. Kl. 43, 6. Leipz. 1938, 156, 4.

Troer mit Hektor verknüpft, daß dessen Ende auch jenes der Stadt bedeutet. Achilleus aber steht im Schatten seines frühen Todes vom ersten Gespräch mit der Mutter an (1,416), und von Stelle zu Stelle gewinnt die Verheißung seines Endes schärfere Umrisse[1].

Der bei aller Breite und allem Episodischen doch konsequenten Zentrierung auf leitende Motive entspricht eine solche auf einzelne tragende Gestalten. Ihnen eignet jene Substanz an Persönlichkeit, die bei den Griechen ‹Ethos› heißt, und um deren Gestaltung willen Aristoteles (Poet. 24. 1460 a 10) den Homer lobt. So sind sie in die Dichtung der Griechen und in die Kunst des Abendlandes eingegangen.

Für drei von ihnen hat der Dichter einen Schicksalsablauf gezeichnet, der tragische Akzente trägt. Achilleus[2] vor allem geht seinen Weg durch großgeartetes Unmaß. Er hat seine entscheidende Stunde, wenn die Gesandten des Heeres zur Umkehr rufen. Er sagt es selbst (9, 645), daß seine bessere Einsicht des Grolles nicht Herr wird. So muß er denn seinen liebsten Freund verlieren und über die Rache an Hektor seinem eigenen frühen Tode entgegeneilen. Auch das Erkennen fehlt in diesem Bilde nicht. Es wäre falsch, von Reue zu sprechen, wohl aber enthüllen sich für Achilleus die verhängnisvollen Zusammenhänge, wenn er (18, 98) zu Thetis davon spricht, wie er bei all seinem Heldentum nur Unheil um sich verbreitet habe, und dann Streit und Groll verflucht, die der Menschen Sinn verdunkeln. Das schwingt noch in seinen Worten zu Agamemnon am Beginne der Versöhnung (19, 56) nach. Hektor[3] aber wird vom Erfolg über die ihm gezogenen Grenzen gerissen. Er überhört die dreimalige Mahnung des Pulydamas und geht, schuldig an der Katastrophe der Seinen, den Weg in das eigene Verderben. Verse des 17. Gesanges (198–208) rechtfertigen es, die Kategorie des Tragischen hier anzuwenden. Da blickt Zeus auf Hektor, der die erbeuteten Waffen des Achilleus anlegt, und beklagt den Armen, der in der herrlichen Rüstung prangt, während sich vor ihm bereits die Pforten des Todes auftun. Und in seiner einsamen Rede vor dem Skäischen Tor, wo er den Tod von der Hand seines Feindes erwartet (22, 99) kommt auch über ihn die Einsicht, daß sein Weg der falsche war; bedeutungsvoll steht der Name des Warners Pulydamas im Eingang seiner Worte. Auch Patroklos hat im Siege das Maß vergessen, auch er war vom Freunde gewarnt und muß mit dem Tode büßen.

Die Linie, auf der das Schicksal dieser drei Gestalten verläuft, führt notwendig zum Vergleich mit der Tragödie. Damit ist aber für die ganze *Ilias* etwas Wesentliches gesagt. In ihr sind die inneren Gesetze epischer Dichtung nicht allein erfüllt, sie sind vielfach in der Richtung auf die Tragödie hin überschritten. An die Stelle des gleichförmigen Flusses, des geruhsamen Reihens ist hier bereits ein kunstvolles Verknüpfen und Beziehen, Ballen und Steigern getreten. Dies gilt von den großen Handlungszügen. Weite Partien hingegen, die reihenmäßig erzählten Kampfszenen vor allem, aber auch

[1] Il. 1, 416. 18, 95. 19,408; 416. 21, 110. 22, 358.

[2] Luciana Quaglia, ‹La figura di Achille e l'etica dell'Iliade›. *Atti della Accad. delle Scienze di Torino* 95, 1960/61.

[3] E. Wüst, ‹Hektor und Polydamas›. *Rhein. Mus.* 98, 1955, 335. Luciana Quaglia, ‹La figura di Ettore e l'etica dell'Iliade›. *Atti della Accad. delle Scienze di Torino* 94, 1959/60.

anderes wie typische Szenen und Beschreibungen sind echtes episches Gut im spezifischen Sinne. Aristoteles scheidet (Rhet. 3, 9. 1409 a 24) zwei Formen der Rede: die reihende und die in Periodenbildung verschlungene. Wir möchten diese Begriffe auf den Bau der *Ilias* übertragen: in einem großen, kunstvoll gebauten Gebilde finden wir weite Strecken einfach reihender epischer Berichte. Von den Ursachen dieses Nebeneinanders und Ineinanders soll in dem folgenden Abschnitt die Rede sein.

3. DIE HOMERISCHE FRAGE

So notwendig es für jede Homerbetrachtung ist, den Bauplan der *Ilias* richtig zu würdigen, so wenig sollen dadurch die zahlreichen Anstöße überdeckt werden, die nachrechnender Kritik Anlaß zur Verwunderung bieten. Man hat bei dem Aufspüren von Widersprüchen vielfach die Grenzen überschritten, die der Betrachtung eines Kunstwerkes gezogen sind, aber es bleibt genug, was ernsthaft zu erwägen ist. Einige Beispiele sollen die Linie andeuten, auf der diese Fragen liegen.

Da gibt es einen Pylaimenes, König der Paphlagonier, der (5, 576) von Menelaos getötet wird, später aber (13, 658) den Tod seines Sohnes Harpalion beweint. Oder wir hören in der letzten Kundgabe des Zeus (15, 63), daß Hektor die flüchtenden Achäer zu den Schiffen des Achilleus treiben wird, während am Ende des Gesanges (704) sein Angriff das Schiff des Protesilaos trifft. Oder wir lesen im letzten Gesange (182, vgl. 153), wie Iris dem Priamos in Zeus' Namen sicheres Geleit durch Hermes verheißt. Das bleibt in den folgenden Szenen, im Gespräch des Königs mit der besorgten Gattin und später bei seiner Begegnung mit dem Gotte völlig unwirksam. Mitunter tauchen Motive so isoliert und beziehungslos auf wie der Groll des Aineias gegen Priamos (13, 460), für den andere Stellen (20, 180; 306) einen Zusammenhang bestenfalls ahnen lassen. Die schwersten Anstöße in der *Ilias* aber bleiben die berüchtigten Duale[1], die in den Versen 9, 182–198 von der Gesandtschaft des Odysseus, Aias und Phoinix gebraucht werden. Keine der versuchten Erklärungen befriedigt.

Wir schließen hier einige Fälle an, die beispielhaft zeigen sollen, wie sich je nach dem Standpunkte des Beobachters grundverschiedene Möglichkeiten der Auffassung ergeben. Ein analytisches Motiv erster Ordnung war der im 7. Gesange von Nestor angeratene (337) und in einem Tage durchgeführte (465) Bau der Mauer[2] um das Schiffslager. Die Analytiker haben sich an die mangelhafte oder doch nicht unmittelbar einsichtige Motivierung gehalten. Die Verteidiger der Einheit, die vom Plane des Ganzen ausgingen, machten geltend, daß Homer die Mauer einfach gebraucht habe,

[1] M. Noé, *Phoinix, Ilias und Homer. Preisschr. Jablonowski-Gesellsch.* 1940, 12. D. L. Page, *History and the Homeric Iliad.* Sather Class. Lectures 31. Univ. of Calif. Press 1959, 324. E. Risch, *Mus. Helv.* 21, 1964, 11 bemerkt: «Homer kennt zwar einen Dual, aber er verwendet ihn bekanntlich recht frei und fehlerhaft.» Doch bezieht sich Risch nicht direkt auf die kritische Partie der *Ilias.* Ch. Segal, ‹The embassy and the duals of Iliad 9, 182–98›. *Gr. Rom. and Byz. Stud.* 9, 1968, 101.

[2] W. Schadewaldt, *Ilias-Studien.* Abh. Sächs. Ak. Phil-hist. Kl. 43, 6, 1938, 124, 2. In analytischer Haltung Page a. O., 315, der auf Grund von Thukydides 1, 11 sogar meint, die Mauerbaupartie sei erst nach dessen Geschichtswerk in den 7. Gesang gekommen.

um die Bedrängnis der Griechen im Zuge der Zornhandlung zu schildern. Sie halten den Mauerbau für eine der persönlichen Erfindungen Homers und verweisen auf die Sorgfalt, die der Dichter darauf verwendet, das Fehlen dieser Mauer oder ihrer Reste im Landschaftsbilde der Troas zu erklären (7, 459. 12, 10). Man hat ferner Anstoß daran genommen, daß die Griechen meinen, ihr Lager durch eine Mauer schützen zu sollen, und zur selben Zeit Diomedes (7, 401) vom nahen Untergang der Troer spricht. Wieder wird man von der Gegenposition aus zu bedenken geben, daß die beiden kontrastierenden Motive je einem der beiden Handlungsstränge – Menis und Kampf um Troia – sinnvoll eingegliedert sind. Ja, man wird überlegen, ob der Dichter nicht gerade dort, wo für die Griechen arge Not beginnt, uns mit einem Hinweis den Blick auf den endlichen Ausgang offenhalten wollte. Auch an der Szene zwischen Hektor und Andromache[1] im 6. Gesange scheiden sich die Geister. Die einen stoßen sich daran, daß nach dieser Szene bangen Abschieds Hektor ja doch wieder nach Hause kommt. Das läßt sich in der Tat erschließen, wenngleich der Dichter darüber schweigt. So sei denn diese Partie der *Ilias*, ein altes Einzellied, nicht eben geschickt von einem Kompilator in einen Teil des Epos verbaut, in dem es nicht recht an seinem Platze steht. Die anderen halten es nicht für richtig, sich auf Dinge zu beziehen, die der Dichter ohne Akzent, ja ohne Erwähnung läßt. Wesentlich scheint ihnen hingegen, daß die Szenengruppe die Gestalt Hektors auf das eindringlichste exponiert und daß der Held, der ja nun wirklich noch einige Tage zu leben hat, in allem Folgenden für uns im Zeichen seines Schicksals steht, unserer Teilnahme sicher und eben der Hektor der Homilie ist. Die Frage, die Achilleus im Eingange des 16. Gesanges an den weinenden Patroklos richtet, ob irgendeine schlimme Nachricht aus der Heimat gekommen sei, muß prüfender Logik in dieser Situation völlig sinnlos und unverständlich scheinen. Wer sie aber mit anderen Stellen, die Trotz und Unversöhnlichkeit als Grundzüge im Wesen des Achilleus erkennen lassen, in Zusammenhang bringt, wird gerade in dieser Art des Fragens ein Stück meisterhafter Charakteristik erblicken[2]. Umkämpft bleibt auch die Frage, ob Achilleus die Worte 11, 609 und 16, 72 nach der Presbeia sprechen kann[3].

Einige Beispiele haben die Problematik angedeutet, die sich ergibt, wenn man Einzelheiten der Dichtung an logischen Maßstäben prüft. Begonnen haben damit die alexandrinischen Gelehrten, ohne freilich zur Auflösung der Epen zu gelangen. In der Neuzeit[4] ist ein einsamer Vorläufer der analytischen Bewegung der Abbé FRANÇOIS HÉDELIN D'AUBIGNAC, der gegen die Herabwürdigung des Dichters, die zu seiner Zeit in Frankreich Mode war, eine Verteidigung versuchte: nur in den Einzelstücken, die

[1] G. JACHMANN, ‹Homerische Einzellieder›. *Symbola Coloniensia*. Köln 1949, 1. Dagegen W. SCHADEWALDT, ‹Hektor in der Ilias›. *Wien. Stud.* 69, 1956, 5.

[2] Analytisch: G. JACHMANN, *Der Hom. Schiffskatalog und die Ilias.* Wiss. Abh. Arbeitsgem. Nordrhein-Westfalen 5. Köln 1958, 59 mit Berufung auf G. HERMANN. Dagegen A. LESKY, ‹Zur Eingangsszene der Patroklie›. *Serta Philol. Aenipontana.* Innsbr. 1961, 19.

[3] Die Gegenpositionen: W. SCHADEWALDT, *Iliasstudien* (s. o.), 81 u. 129. JACHMANN a. O. 56 u. 80.

[4] G. FINSLER, *Homer in der Neuzeit von Dante bis Goethe*. Leipz. 1912.

ein Unbekannter zu einem Ganzen vereinigte, ruhe die dichterische Bedeutung der *Ilias*. Das wurde 1664 niedergeschrieben, aber erst 1715 als *Conjectures académiques ou dissertation sur l'Iliade* gedruckt. Man hat es FRIEDRICH AUGUST WOLF nicht mit Unrecht vorgeworfen, daß er es versäumte, auf diese Schrift gebührend hinzuweisen. Tatsache aber bleibt es, daß die ganze folgende Entwicklung der homerischen Frage von seinen *Prolegomena ad Homerum* (1795) ausging. Seine Thesen der Schriftlosigkeit des homerischen Zeitalters, der langen mündlichen Tradition dieser Gedichte und der Bedeutung der peisistratischen Redaktion, die dem Text erst feste Form gegeben hätte, blieben lange Grundpfeiler der Homerbetrachtung. Seiner reichen Wirkung auf die Wissenschaft stand nicht eine gleiche auf die Dichter der Zeit gegenüber. Bezeichnend bleibt vor allem Goethes zwischen Anerkennung der kritischen Leistung und Verwerfung des subjektiven Anteils an ihr wiederholt schwankende Stellungnahme.

Für lange ist nun die Geschichte der Homerforschung eine solche der Homeranalyse, der gegenüber unitarische Vorstöße mit geringer Durchschlagskraft geführt wurden. Eine einläßliche Darstellung der analytischen Werke könnte angesichts der verwirrenden Vielfalt der Hypothesen hier keinen Nutzen stiften[1]. Es muß genügen, einzelne Typen und leitende Gedanken zu bezeichnen. Man setzte den Plan der Dichtung an den Beginn und ließ eine Urilias geringen Umfanges im Laufe der Zeit bis zu dem überlieferten Umfange angewachsen sein (Erweiterungstheorie). Einer der ersten Vertreter dieser lange verfochtenen Hypothese war der große Sprachkenner und Textkritiker GOTTFRIED HERMANN (1772–1848). Sein Zeitgenosse KARL LACHMANN kam vom Nibelungenliede her und zerlegte die *Ilias* in etwa sechzehn Einzellieder (Liedertheorie). Hier ging die Kritik mit romantischen Ideen von dem dichtenden Volksgeist und dem organischen Wachstum solcher Epik zusammen, die in dem Homervortrag VICTOR HEHNS[2] übersteigerten Ausdruck gefunden haben. Es tat der Liedertheorie schweren Abbruch, daß von germanistischer Seite[3] der wesensmäßige Unterschied von Lied und epischer Episode betont wurde. So suchte man als Bestandteile unserer *Ilias* nicht Lieder, sondern Kleinepen verschiedenen Umfanges und Wertes zu erweisen (Kompilationstheorie). Diese Auffassung ist aus der Analyse der *Odyssee* erwachsen, wie A. KIRCHHOFF sie trieb, ist aber dann auch für die *Ilias* zur herrschenden geworden. Mitunter verband sie sich mit der Erweiterungstheorie, indem man eines dieser kleinen Epen als den Kern bezeichnete, um den sich das übrige schloß.

Was die Instrumente der Analyse anlangt, so ist nicht zu verkennen, daß einige im Laufe der Arbeit stumpf geworden sind. Logische Widersprüche stellten sich immer mehr als fragliche Ansätze dar, da man den Verteidigern der Einheit nicht verwehren konnte, auf vielerlei dieser Art in modernen Kunstdichtungen hinzuweisen, die nie-

[1] Nur einige ältere Werke seien angeführt, die unabhängig von ihren analytischen Hypothesen eine Fülle wertvoller Interpretationen bieten: U. v. WILAMOWITZ, *Die Ilias und Homer*. Berl. 1916. E. BETHE, *Homer*. 1, Leipz. 1914; 2, 2. Aufl. 1929; 3, 1927. E. SCHWARTZ, *Zur Entstehung der Ilias. Schr. d. Straßb. wiss. Ges.* 34, 1918. Anderes zur *Odyssee*.

[2] K. DEICHGRÄBER, *Aus Victor Hehns Nachlaß. Akad. Mainz. Geistes- u. sozialwiss. Kl.* 1951/9, 814.

[3] A. HEUSLER, *Lied und Epos in germ. Sagendichtung*. Dortmund 1905.

mand zu zerteilen gedachte. Warum die Versuche scheiterten, mit Hilfe der Sprache und der Kulturschichten zu einer überzeugenden Zergliederung zu kommen, wird in den Abschnitten klar werden, die diese beiden Gegenstände behandeln. Was übrig blieb, sind Unterschiede stilistischer Art, ein Instrument also, für dessen Anwendung die Gefahr der Subjektivität nicht erst hervorgehoben zu werden braucht. Das soll nicht heißen, daß es solche Unterschiede nicht gäbe; wie sie zu erklären sind, ist freilich eine Frage für sich.

Es kam dann, wie Goethe es zu hoffnungssicher schon in den Annalen 1821 niedergeschrieben hatte: «Es war eine Umwälzung der ganzen Weltgesinnung nötig, um der alten Vorstellung wieder einigermaßen Luft zu machen.» Nach dem Ersten Weltkrieg begann man, in wachsendem Überdruß an den analytischen Experimenten, die Einheit der homerischen Epen als Möglichkeit zu überlegen[1]. Die Zeit war reif geworden für die *Iliasstudien* WOLFGANG SCHADEWALDTS (Leipzig 1938), in denen der bedeutendste Schlag gegen die Analyse traditionellen Stils geführt wurde[2]. Auf den Gesamtplan der *Ilias* hatten sich Unitarier seit eh und je berufen, hier aber ging es um die Tektonik dieser Dichtungen im einzelnen; eine Interpretation, die ebenso wie jene der Analytiker vom Wort ausging, suchte zahlreiche Beziehungen, Vor- und Rückverweise, Aussparungen und überlegte Retardationen nachzuweisen, um so Zeugen für den Bauwillen eines einheitlichen Gestalters zu gewinnen. Wenn dieser nun wieder Homer sein darf, so denkt SCHADEWALDT dabei natürlich nicht an einen Dichter, der alles in freier Gestaltung neu schuf, vielmehr rechnet er mit einer bunten Fülle von Vorformen und einer tief in die Vergangenheit reichenden Tradition vor der Leistung des Dichters unserer *Ilias*.

Nach einer Äußerung WILLY THEILERS in der Festschrift für Tièche (1947) hatte es eine Zeitlang den Anschein, als wären «durch Schadewaldts in Deutschland mächtig wirkendes Buch anderthalb Jahrhunderte Kritik zu Boden geschlagen worden.» Aber der Schein trog: in den letzten Jahren hat sich die Analyse in so gut wie allen traditionellen Spielarten wieder sehr kräftig zu Worte gemeldet[3].

[1] So C. M. BOWRA, *Tradition and Design in the Iliad*. Oxf. 1930.

[2] Vom selben Verf. *Von Homers Welt und Werk*. 3. Aufl. Stuttg. 1959.

[3] P. MAZON verficht in der nützlichen *Introduction à l'Iliade*. Paris 1942, 137, eine Erweiterungstheorie. W. THEILER, ‹Die Dichter der Ilias›. *Festschr. f. E. Tièche*. Bern 1947, 125; ‹Noch einmal die Dichter der Ilias›. *Thesaurismata. Festschr. I. Kapp*, Münch. 1954, 118, nimmt eine Ur-Ilias an, die von verschiedenen Schichten überdeckt sei, JACHMANNS S. 51 A. 1 genannte Arbeit wendet die Liedertheorie vor allem auf die Homilie an. P. VON DER MÜHLL, *Kritisches Hypomnema zur Ilias. Schw. Beitr.* 4. Basel 1952, hingegen trennt einen ursprünglichen Meniszyklus, der von Homer stamme, von den Zutaten eines Bearbeiters; dazu J. Th. Kakridis, Gnom. 28, 1956, 401. Neuerdings zog W.-H. FRIEDRICH, *Verwundung und Tod in der Ilias*. Abh. Ak. Gött. Phil-hist. Kl. 3. Folge, 38, 1956, aus der Bearbeitung seines Themas analytische Schlüsse. Das Buch von D. L. PAGE *History and the Homeric Iliad* (s. S. 35 A. 4) enthält einen Anhang *Multiple Authorship in the Iliad*, in dem die Presbeia und der Mauerbau analytisch verwertet werden. Am radikalsten urteilte G. JACHMANN (S. S. 51 A. 2), der dem «Hersteller» unserer Ilias die Fähigkeit zu kompositorischer Feinarbeit völlig abspricht. Dazu J. TH. KAKRIDIS, *Gnom.* 32, 1960, 393. Das fast gleichzeitige Erscheinen zweier gewichtiger Behandlungen des Problems läßt den unüberbrückbaren Gegensatz der Fronten scharf hervortreten. W. THEILER führt das im Titel seines Aufsatzes ‹Ilias und Odyssee in der Verflechtung ihres Entstehens›. *Mus. Helv.* 19, 1962, 1, enthaltene Programm mit energisch betonter Zuversicht in die Möglichkeiten der Analyse durch. Der hingebungsvollen Mühe von UVO HÖLSCHER danken

Suchen wir auf diesem unübersichtlichen Kampffelde einigermaßen zur Klarheit zu gelangen, so sind zunächst veraltete Irrtümer auszuschalten. Wenn im Altertum Josephos in einer vereinzelten Notiz (*c. Ap.* 1, 12) behauptet hatte, Homer habe nichts Schriftliches hinterlassen, so war es für WOLF eine Hauptthese geworden, daß der Dichter überhaupt nicht schreiben konnte. Das ist seit langem durch die Einsicht in die frühe Entstehung der griechischen Lautschrift (S. 26) erledigt. Freilich ist die Frage, ob Homer tatsächlich geschrieben hat, von jener anderen, ob er es konnte, sorgfältig zu trennen.

Für Josephos und WOLF wurden die homerischen Gedichte erst in späterer Zeit zusammengesetzt, und scheinbar bezeugen antike Nachrichten von der peisistratischen Redaktion[1] diesen Akt ganz ausdrücklich. Aber die Belege sind spät, und es handelt sich bei ihnen um eine antike Hypothese ohne historischen Wert. Wenn Autoren wie Dieuchidas von Megara[2] (bei Diog. Laert. 1, 57) von Interpolationen sprechen, die Peisistratos im Homertext gemacht habe, so ist das etwas anderes. Gerade Dieuchidas berichtet von einer Verfügung Solons (andere bringen sie mit Hipparchos zusammen), die das Bestehen eines geschlossenen Homertextes voraussetzt: bei den alle vier Jahre wiederkehrenden Panathenäen sollten die Rhapsoden die Epen Homers so vortragen, daß der eine jeweils an den anderen anschloß.

Die Vorstellungen von dem schriftlosen Homer und dem Zusammensetzer Peisistratos waren in der Homeranalyse seit langem aufgegeben. Dafür tauchte unausge-

wir das Erscheinen von K. REINHARDT's Buch *Die Ilias und ihr Dichter*. Göttingen 1961, in seiner aus den unvollendeten Manuskripten des Nachlasses gewonnenen Form. Auch hier bedeutet der Titel ein Programm. Es handelt sich um die entschiedenste unitarische Interpretation der Ilias seit SCHADEWALDT's *Iliasstudien* (1938). – Wichtiges methodisches Neuland hat J. TH. KAKRIDIS, *Homeric Researches*. Lund 1949, erschlossen. Er sucht in der überlieferten Dichtung ältere Quellen aus ihren Nachwirkungen zu erkennen und so Eigenheiten der uns vorliegenden Komposition zu erklären. Auf der Überzeugung von einer letzten Einheit der Dichtung beruht das Buch von OLGA KOMNENOS-KAKRIDIS Σχέδιο καὶ τεχνικὴ τῆς Ἰλιάδας. Athen 1947. Ein bemerkenswertes Beispiel einer nicht a priori analytischenBehandlung bietet G. BROCCIA, *Struttura e spirito del libro VI dell'Iliade*. Sapri 1962; ders., *La forma poetica dell'Iliade e la genesi dell'epos Omerico*. Messina 1967 (mit viel Lit.). Analytisch: E. HEITSCH, *Aphroditehymnos, Aeneas und Homer*. Hypomn. 15. Göttingen 1965. Dagegen: H. ERBSE, ‹Über die sogenannte Aeneis im 20. Buche der Ilias›. *Rhein. Mus.* 110, 1967, 1. E. HEITSCH, ‹Ilias B 557/8›. *Herm.* 96, 1969, 641. G. F. ELSE, *Homer and the Homeric Problems*. Univ. of Cincinnati 1965, beleuchtet die verschiedenen Aspekte der homerischen Frage und gibt gute Bemerkungen zur Komposition. J. A. SCOTT, *The Unity of Homer*. Berkely 1921 wurde New York 1965 neu gedruckt. Der 20. Band der *Yale Class. Studies* 1966 ist zur Gänze Homer gewidmet. Einiges daraus wurde bereits S. 32 A. 1 genannt. Besonders ist noch hervorzuheben: A. PARRY (der Sohn MILMAN PARRY's) ‹Have we Homer's Iliad?› (S. 175). Er geht von der Anerkennung des großen Bauplanes der *Ilias* aus und warnt davor, Formelhaftigkeit und oral poetry zur Panacee zu machen. Eine sehr gehaltvolle Einführung bietet A. G. TSOPANAKIS, Εἰσαγωγὴ στὸν Ὅμηρο. Thessaloniki 1967. – Die verschiedenen Arbeiten W. THEILERS zu Homer sind jetzt zusammengefaßt in: *Untersuchungen zur antiken Literatur*. Berlin 1970. – Weitere Lit. bei A. LESKY, *Homeros*. S. 78 der Sonderausgabe Stuttgart 1967. Heranzuziehen sind auch die S. 32 A. 1 sowie die zur *Odyssee* gemachten Angaben. F. CODINO, *Einführung in Homer*. Berlin 1970. A. DIHLE, *Homer-Probleme*. Opladen 1970.

[1] R. MERKELBACH, ‹Die pisistratische Redaktion›. *Rhein. Mus.* 95, 1952, 23, der den Zeugnissen Geschichtlichkeit dieser Redaktion abgewinnen will. J. A. DAVISON, ‹Peisistratus and Homer›. *Trans. Am. Phil. Ass.* 86, 1955, 1. Einseitig beurteilt die Nachrichten über die peisistratische Redaktion R. SEALEY, *Rev. Et. Gr.* 70, 1957, 312. Richtig gegen die Annahme einer solchen R. PFEIFFER, *History of Classical Scholarship*. I Oxford 1968, 6.

[2] J. A. DAVISON, ‹Dieuchidas von Megara›. *Class. Quart.* 53, 1959, 216.

sprochen hinter all den Theorien von Klitterungen, Einschüben und Flickversen eine ganz andere, nicht minder bedenkliche Vorstellung auf. Wer etwa in dem Buche von WILAMOWITZ *Die Ilias und Homer* (Berl. 1916) die letzten Seiten mit der Übersicht über die so komplizierte Entstehungstheorie der *Ilias* liest, kann sich so verwickelte Vorgänge nur unter der Voraussetzung reicher Schriftlichkeit vorstellen. Das heißt, es genügt nicht, anzunehmen, daß die Dichter, die da in unserer *Ilias* kenntlich sein sollen, selber schrieben, wir müßten uns auch ihre Vorlagen als Bücher denken, mit denen sie als schriftlichem Material schneidend, zurechtrückend und zusammenstükkend umgingen. Da ist es nun an der Zeit, in den ganzen Fragenkomplex einzubeziehen, was uns vergleichende Literaturwissenschaft von MURKO bis PARRY lehrte. Die Entstehung des Großepos bleibt ein schwieriges Problem, aber wir verfügen über eine greifbare Vorstellung von dem, was ihm voraufgegangen ist.

Es unterliegt keinem Zweifel, daß wir vor dem homerischen Epos Jahrhunderte epischen Sanges anzunehmen und daß wir uns diesen Sang nach dem Bilde jener *oral composition* zu denken haben, deren Wesenszüge wir oben klarlegten[1]. Der breite Grund, auf dem die homerische Dichtung aufruht, ist uns um vieles besser verständlich geworden, und was wir da lernten, spricht nicht für die Annahme schriftlicher Vorlagen, mit denen Kompilatoren wirtschaften konnten. Wie aber – und dies ist die Form, in die wir die homerische Frage heute zu kleiden haben – stehen die uns erhaltenen Epen zur *oral composition?* Man braucht nur die Übersicht über deren Wesenszüge zu überfliegen, um sich sogleich zu überzeugen, daß sie in *Ilias* und *Odyssee* alle vorhanden sind. Ja, der prägnanteste Zug, die Verwendung formelhafter Elemente, ist bei Homer besonders stark ausgeprägt, was mit dem schwierigen Versmaß zusammenhängen kann.

Ist die Frage so zu lösen, daß die homerische Dichtung zur Gänze in den Kreis solch mündlich entstandener und mündlich tradierter Heldendichtung gehört, daß sie selbst *oral composition* ist? Einzelne Anhänger PARRYS sind geneigt, diesen Schluß zu ziehen. Da aber mündliche Dichtung nie in gleicher Form wiederholt wird[2], müssen sie zur Erklärung unseres im allgemeinen festen Textes annehmen, daß das homerische Epos unter dem Eindrucke seiner Wirkung sogleich nach der mündlichen Entstehung schriftlich festgehalten wurde. Hier tut sich ein neuer gefährlicher Irrweg auf, der von der richtigen Würdigung großer Dichtung abführt.

Freilich, man kann diese Anschauung nicht mit dem Hinweis auf die Länge der *Ilias* widerlegen. Im Bereiche mündlichen Heldensanges bieten sich Beispiele wie das Epos des Avdo Mededovič mit seinen mehr als 12000 Versen an. Weiter kommen wir,

[1] Vgl. S. 32

[2] Gegen den Satz von *Sterling Dow* (*Class. Weekly* 49, 1956, 117) «Verbatim oral transmission of a poem composed orally and not written down is unknown» hat sich nun G. S. KIRK, ‹Homer and Modern Oral Poetry: Some Confusions›. *Class. Quart.* 54, 1960, 271, gewendet. Er hält auf Grund von Beobachtungen an zeitgenössischer mündlicher Epik in ihrem Rahmen die treue Bewahrung umfangreicher Dichtungen für möglich. Selbst wenn sich dies auf *Ilias* und *Odyssee* anwenden ließe, bliebe noch immer die dringende Frage, ob man sich eine mündliche Konzeption dieser Epen vorstellen kann. KIRK vertritt seine These auch in dem in mehrfacher Hinsicht ausgezeichneten Buche *The Songs of Homer*. Cambridge 1962, hat aber begründeten Widerspruch bei ADAM PARRY, ‹Have we Homer's Iliad?› *Yale Class. Stud.* 20, 1966, 175, gefunden.

wenn wir uns an den Bauplan der *Ilias* erinnern. Zwar ist auch in der eben genannten slawischen Dichtung ein solcher kenntlich, aber der Abstand ist ein so weiter, daß wir mit Zuversicht für die Ausarbeitung der *Ilias* einen Dichter voraussetzen dürfen, der die Schrift zu Hilfe nahm. Entscheidende Bedeutung für den Ansatz schriftlicher Konzeption haben jene zahlreichen, über weite Partien gespannten Beziehungen, auf die neuere Forschungen zu Homer unseren Blick gerichtet haben.

Wir haben in unserer Inhaltsübersicht der *Ilias* die ihrem Inhalte nach sich steigernde Kundgabe des Zeus im 8., 11. und 15. Gesange, die dreimalige Warnung des Pulydamas (in 12, 13 und 18) hervorgehoben und früher (S. 48) von der Ökonomie gesprochen, mit der jene Stellen über das Epos verteilt sind, die den Fall Troias und den Tod des Achilleus in unser Blickfeld bringen. Einige weitere Beispiele können von Nutzen sein, denn es fehlt nicht an Stimmen, die alle Klammern, Verweisungen und Bezüge solcher Art in den Bereich der Einbildung verweisen. Im 17. Gesange (v. 24) bezieht sich Menelaos auf die Tötung Hyperenors, die drei Gesänge vorher (14, 516) erzählt wurde. Umgekehrt findet sich (2, 860) ein Vorverweis auf des Achilleus Wüten im Skamander, von dem der 21. Gesang berichtet. Wieder im Schiffskatalog hebt Homer bei der Nennung des Pandaros (827) besonders seinen wunderbaren Bogen hervor, der bei dem Eidbruch im 4. Gesange eine so verhängnisvolle Rolle spielt. Wie die Wiederholung von Versen in der Kunst Homers gelegentlich Trägerin besonderer Bedeutung werden kann, zeigt die Parallele der beiden Chrysesgebete (1, 37 u. 451) sowie der Verse 1, 357f. und 18, 35f., wodurch eine Entsprechung zwischen den Szenen des 1. und 18. Gesanges hervorgehoben wird, auf die Thetis selbst (18, 74) hinweist. Wenn Hektor bei der Ausforderung zum Zweikampf (7, 77) für den Fall seines Todes die Rückgabe seines Leichnams ausbedingt, so steht das in sinnvoller Beziehung zu dem, was nach seinem wirklichen Ende geschieht, wie auch des Achilleus fromme Bestattung des Eetion (6, 417, von Andromache erzählt!) die Folie für sein Wüten gegen den toten Hektor bildet. Welche Feinheit der Komposition verrät sich darin, daß 2, 780, wo nach der langen Statik des Achäerkataloges wieder Bewegung einsetzt, just das erste jener Gleichnisse (2, 455) aufgenommen wird, die vor dem Kataloge prächtig den Aufmarsch der Scharen schilderten! Ein gutes Beispiel für die Technik des Aussparens und Aufhebens ist die Mauerschau im 3. Gesange. Dort nennt Helena die bedeutendsten der Helden, Agamemnon, Odysseus, Aias, Idomeneus, nicht aber Diomedes, der in den folgenden Gesängen eine so bedeutende Rolle spielt. Seine Charakteristik bleibt dem 4. Gesange aufgehoben, wo sie Höhepunkt und Ziel der Epipolesis, der von Agamemnon vorgenommenen Musterung, darstellt. Umgekehrt verweilt Andromache in ihren beiden Klagen um den toten Hektor (22, 477. 24, 725) nirgends bei dem Lose, das ihrer harrt. Das Motiv war 6, 450 von Hektor zu unvergeßlicher Wirkung gebracht worden. Daß die Schildbeschreibung im 18. Gesange das Agonale mit Rücksicht auf die Leichenspiele ausspart, hat K. Reinhardt (s. S. 46 A. 1) gezeigt.

Vieles ist noch zu sehen, das Gesagte aber soll genügen, um die Meinung zu begründen, daß solche Weise des Dichtens schriftliche Konzeption voraussetzt. Auch so feine

Züge wie die Veränderung der Folge Achilleus, Aias, Odysseus (1, 138) zu Aias, (Idomeneus), Odysseus, Achilleus (1, 145) in der Rede Agamemnons, wo es sich zuerst um die Wegnahme des Geschenkes, dann aber um die wichtige Aufgabe handelt, Chryseis zurückzuführen, oder die verschiedene Anrede Helenas durch Priamos als ‹Töchterchen› (3, 162) und durch Antenor, der später für ihre Rückgabe eintritt, als ‹Weib› (3, 204) – solche Züge, meinen wir, ersinnt ein Dichter, der bei der Konzeption jene Muße hat, die ihm die Schriftlichkeit gewährt. A. B. LORD[1] vertritt eine Zwischenlösung, indem er einen diktierenden Homer annimmt. In der Tat bieten in unserer Zeit Jugoslawien und Griechenland Beispiele für Sänger der *oral poetry*, die gelegentlich auf solche Weise die Niederschrift des Gesungenen ermöglichen. Eine solche Annahme ist für Homer nicht auszuschließen, aber ebensowenig zu erweisen. In jedem Falle bleibt MADVIGS[2] Wort bestehen: utrumque poetam ... scribendi arte atque auxilio usum esse persuasum habeo. Eines müssen wir freilich bekennen: von dem Aussehen eines Homermanuskriptes im 8. Jahrhundert vermögen wir uns keine greifbare Vorstellung zu machen. Doch ist dies kein Gegenargument, sondern lediglich die Feststellung der Grenzen unseres Wissens.

Wir fassen zusammen. Homer ist eine Vollendung und ein Beginn, und manche Zwiespältigkeit seiner Dichtung erhält von hier ihre Erklärung. Die Wurzeln seines Schaffens sind tief in den alten Bereich des mündlichen Heldensanges eingesenkt, dessen Wesenszüge in seinem Werke weitgehend bewahrt sind. Quelle Homers ist mündliche Epik dieser Art gewesen, und man wird sich die Fülle dessen, was ihm an lebendiger Dichtung zur Verfügung stand, sehr groß zu denken haben. Wer diesen Weg der Entwicklung bedenkt, wird sich über manche Widersprüchlichkeit nicht mehr verwundern und es auch verstehen, warum wir großen Partien in altertümlich reihender Weise des Erzählens begegnen. Vor allem in den endlosen Kampfschilderungen mit ihrer katalogartigen Namenfülle wird man Züge des alten Heldensanges erkennen dürfen. Wie weit freilich Homer von solchen alten Dichtungen abhängt, ist für uns kaum mehr in Einzelheiten festzustellen. Daß er viel vorgegebenes Gut

[1] ‹Homer's Originality: Oral Dictated Texts›. *Trans. Am. Phil. Ass.* 84, 1953, 124, und *The Singer of Tales* (s. S. 32 A. 1). – Die hier vertretene Ansicht ist ausführlicher begründet in ‹Mündlichkeit und Schriftlichkeit im hom. Epos.› *Festschrift Kralik*. Horn 1954, 1. In Übereinstimmung damit PER KRARUP, ‹Homer and the Art of Writing›. *Eranos* 54, 1956, 28, ähnlich C. M. BOWRA, *Homer and his Forerunners*. Edinburgh 1955, die beide auch Diktat in Rechnung setzen. Dasselbe tut auch C. H. WHITMAN, *Homer and the Heroic Tradition*. Harv. Un. Pr. Cambr. Mass. 1958, 82, so sehr er auch den Charakter der homerischen Dichtung als oral composition betont. Energisch treten für schriftliche Abfassung der Epen ein H. T. WADE-GERY, *The Poet of the Iliad*. Cambr. 1952, der (11) die Umwandlung des semitischen Alphabets geradezu im Dienste der Dichtung erfolgt sein läßt; T. B. L. WEBSTER, *From Mycenae to Homer*. Lond. 1958, 272 (351 der deutschen Fassung Münch. 1960); A. HEUBECK, *Gymn.* 65, 1958, 44. Zurückhaltend D. L. PAGE, *The Homeric Odyssey*. Oxf. 1955, 140. Weitere Zitate bei K. MARÓT, *Die Anfänge der griech. Literatur. Vorfragen*. Budapest 1960, 314 A. 121.

[2] *Adversaria critica* 3, 1884, 4. Mit besonderer Vehemenz hat sich E. HEITSCH in der Besprechung von West's Theogonie (*GGA* 220, 1968) und in seinem Buche *Epische Kunstsprache und Homerische Chronologie*. Heidelberg 1968, gegen die Annahme eines Homer-Manuskriptes gewandt. Die *Theogonie* mit ihren rund 1000 Versen darf aber zwischen 730 und 700 niedergeschrieben sein. Ist das eine obere Grenze? Vgl. auch im *Companion to Homer*. London 1962 die Äußerungen von C. M. BOWRA (38), A. B. LORD (179), J. A. DAVISON (215). Dazu A. HEUBECK, *Gnom.* 34, 1964, 3.

verwertet, soll niemand bestreiten, und eben hier ergibt sich für die Verteidiger der Einheit die Möglichkeit eines Gespräches mit besonnenen Vertretern der Analyse. Ist die hier angedeutete Hoffnung berechtigt, dann müßte ein primitiver Unitarismus, der Homer isoliert, ebenso überwunden sein wie eine analytische Behandlung der Dichtung, die ohne Verständnis für deren Wesensart und Gesetze den blühenden Leib zum Objekt endloser, ständig nach anderen Trennstellen ausgeführter Sezierübungen macht.

Über allem aber, worin Homer Erbe ist, dürfen wir das nicht vergessen, worin er Schöpfer war. Ob er mit seiner *Ilias* das erste Großepos schrieb, können wir nicht entscheiden; Dichtungen sehr bedeutenden Umfanges sind im Bereiche der *oral poetry* durchaus möglich, das haben wir durch Parry und Lord gelernt. Sicher aber ist, daß die *Ilias* und ebenso die *Odyssee* ihre Erhaltung und unermeßliche Wirkung gerade jenen Eigenschaften verdanken, in denen sich das griechische Epos vollendet, gleichzeitig aber kräftig über die Grenzen seiner Art transzendiert. Wir meinen jene Dramatisierung des Geschehens, von der im Zusammenhange mit dem Aufbau die Rede war, und meinen vor allem jene Humanisierung der alten heroisch gestimmten Sage, die uns Homer so teuer macht. In jener Szene, in der Achilleus und Priamos nach aller Härte des Kampfes, allem Leid und aller Grausamkeit sinnloser Rache einer im anderen den Menschen erkennen und ehren, hat die *Ilias* ihre Vollendung und der Weg abendländischer Humanität seinen Anfang.

Zwei Dinge haben ihren Anteil daran, daß das Neue in der *Ilias* zum Durchbruch gelangte: der Übergang von dem Aoiden mit der Leier zu dem Rhapsoden, der mit dem Stabe in der Hand rezitierte, und vom mündlich geformten Heldensang zur schriftlich entworfenen Dichtung. Wie weit diese beiden Schritte vor Homer liegen, läßt sich mit Bestimmtheit nicht sagen, im zweiten Falle aber ist der Übergang wahrscheinlich mit Homer selbst zu verbinden.

Hinzuzufügen ist, daß die hier entwickelte Ansicht spätere Einschübe nicht zur Gänze ausschließen will. Zwar betrachten wir den Schiffskatalog[1] des 2. Gesanges nicht mehr als solchen, werden aber Dieuchidas und vielen Neueren in der Annahme von attischen Interpolationen (so bes. 2, 558) folgen. Der 10. Gesang mit der Dolonie[2] steht so sehr außerhalb des Zusammenhanges, daß er gerade durch diese Ausnahmestellung für das Übrige lehrreich wird und die Annahme späterer Einfügung nahelegt.

Da wir den Dichter der *Ilias* wieder als historische Persönlichkeit betrachten, wie wir auch 'Homer' nicht als redenden, sondern als Eigennamen («Bürge») verstehen,

[1] V. Burr, Νεῶν Κατάλογος. *Klio Beih.* 39, 1944; dazu A. Heubeck, *Gnom.* 21, 1949, 197. 29, 1957, 40. 33, 1961, 116. Er bezweifelt mykenisch-historischen Hintergrund und wendet sich an der letztgenannten Stelle besonders gegen D. L. Page, *History and the Homeric Iliad* (s. S. 35, A. 4), 118, der wie T. B. L. Webster, *From Mycenae to Homer*, 132, bzw. 175, den Schiffskatalog auf die mykenische Zeit zurückführen möchte. Das andere Extrem eines ganz späten Ansatzes bei G. Jachmann (s. S. 51, A. 2). Weitere Lit. bei Heubeck, *Gymn.* 66, 1959, 397.

[2] H. Heusinger, *Stilistische Untersuchungen zur Dolonie.* Leipz. 1939. F. Klingner, ‹Über die Dolonie›. *Herm.* 75, 1940, 337. Kritische Überprüfung der geltenden Ansicht durch F. Dornseiff, ‹Doloneia›. *Mél. Grégoire. Ann. de l'Inst. de phil. et d'hist. Or. et Slav.* 10, 1950, 239. W. Jens, ‹Die Dolonie und ihre Dichter›. *Studium Generale* 8, 1955, 616. S. Laser, ‹Über das Verhältnis der Dolonie zur Odyssee›. *Herm.* 86, 1958, 385. K. Reinhardt, *Tradition und Geist.* Gött. 1960, 9.

regt sich der Wunsch, von seinem Leben[1] etwas zu wissen. Rhapsode wird er gewesen und als solcher ein Stück in der Welt herumgekommen sein. Aber nicht als der arme Schulmeister und Wandersänger der Legende, sondern in naher Verbindung zu den Fürstenhöfen seiner Zeit. Daß er den Aineiaden in der Troas und den Glaukiden[2] in Lykien verpflichtet war, glauben wir aus der Weise zu entnehmen, in der er die Gestalten des Aineias (bes. 20, 307) und Glaukos behandelte. Den bekannten Streit der sieben Städte um seinen Geburtsort (*Anth. Pal.* 16, 295 ff.) wissen wir nicht zu schlichten. Smyrna erhebt ernsten Anspruch und mag in jedem Falle den kleinasiatisch-ionischen Raum bezeichnen. Ob er in der Tat zunächst Melesigenes geheißen hat, bleibt fraglich. Längerer Aufenthalt auf Chios sowie Tod auf der Insel Ios kann historisch sein. Mit der Bedeutung, die wir der Schrift für Homers Schaffen beimaßen, ist gesagt, daß wir die Nachricht von seiner Blindheit als typischen Zug in die Legende verweisen. Die Zeit seines großen Schaffens denken wir uns in der zweiten Hälfte des 8. Jahrhunderts, das man mit gutem Recht als das Jahrhundert Homers[3] bezeichnet. Die Weise, in der die Dichtung von Hesiod an das homerische Epos voraussetzt, gibt die Grenze nach unten, während vor allem der ausgiebige Gebrauch der Schrift zusammen mit archäologischen Argumenten, wie Kenntnis von Tempel und Kultbild, jene nach oben bestimmt.

4. STOFF UND AUFBAU DER ODYSSEE

Vieles, was die *Odyssee* von der *Ilias* scheidet, ist in Natur und Herkunft ihres Stoffes gelegen[4]. Zwei Stoffkreise heben sich zunächst deutlich ab. Weit verbreitet findet sich eine Geschichte, die im Kern ohne übernatürliche Motive auskommt und die wir daher als volkstümliche Novelle bezeichnen: Ein Mann, der auf weiter Fahrt lange

[1] Aus der Antike stammen 7 Lebensbeschreibungen, alle in der Fassung kaiserzeitlich, aber vielfach auf alte Überlieferung zurückgehend. Text: WILAMOWITZ, *Vitae Homeri et Hesiodi*. Bonn 1916, und T. W. ALLEN, Homer 5; bei beiden auch die Erzählung vom Wettkampf der beiden Dichter (Ἀγὼν Ὁμήρου καὶ Ἡσιόδου), die ebenfalls kaiserzeitliche Redaktion einer alten Geschichte. Zum Typus L. RADERMACHER, *Aristophanes' «Frösche»*. 3. Aufl. *Sitzb. Öst. Akad. Phil-.hist. Kl.* 198/4, 1967, 29. E. VOGT, ‹Die Schrift vom Wettkampf Homers und Hesiods.› *Rhein. Mus.* 102, 1959, 193. K. HESS, *Der Agon zwischen Homer und Hesiod*. Winterthur 1960. Dazu E. VOGT, Gnom. 33, 1961, 697. M. L. WEST, ‹The contest of Homer and Hesiod›. *Class. Quart.* 17, 1967, 433. Der Text zuletzt bei A. COLONNA, *Esiodo. Le opere e i giorni*. Milano 1968; zu anderen Ausgaben M. L. WEST a. O. Zur Proklos-Vita: A. SEVERYNS, *Recherches sur la Chrestomathie de Proclos III.*, Paris 1953. Aus der ps.-herodotischen Vita und dem ‹Agon› übersetzt W. SCHADEWALDT, *Legende von Homer dem fahrenden Sänger*. Zürich 1959. Zu Homers Leben und der (überschätzten) Tätigkeit der Homeriden H. T. WADE-GERY, *The Poet of the Iliad*. Cambr. 1952. F. JACOBY hat die in einem wichtigen Aufsatz (Herm. 68, 1933, 1) behandelten Probleme über Homers Person wieder aufgenommen *F Gr Hist* IIIb (Komm.) 2 (Noten), 407. Zum Namen: M. DURANTE, ‹Il nome di Omero›. *Acc. dei Lincei. Rendiconti d. Cl. di Sc. mor. stor. fil.* 8, 12, 1957, 94. Homerbildnisse: BOEHRINGER, *Homer. Bildnisse und Nachweise*. Breslau 1939. Auch für alles Folgende sei das Werk von K. SCHEFOLD hervorgehoben: *Die Bildnisse der antiken Dichter, Redner und Denker*. Basel 1943.

[2] L. MALTEN, *Herm.* 79, 1944, 1.

[3] W. SCHADEWALDT, ‹Homer und sein Jahrhundert›. *Von Homers Welt und Werk*. 3. Aufl. Stuttg. 1959, 87.

[4] L. RADERMACHER, ‹Die Erzählungen der Odyssee›. *Sitzb. Akad. Wien. Phil.-hist. Kl.* 178/1. 1915. K. MEULI, *Odyssee und Argonautika*. Berl. 1921. P. KRETSCHMER, ‹Penelope›. *Anz. Akad. Wien. Phil.-hist. Kl.* 1945, 80. GABRIEL GERMAIN, *Genèse de l'Odyssée*. Paris 1954. L. A. STELLA, *Il poema di Ulisse*. Firenze 1955. F. WEHRLI, ‹Penelope und Telemachos›. *Mus. Helv.* 16, 1959, 228.

von daheim ferngehalten und daher totgeglaubt war, findet bei der Rückkehr sein Weib von Freiern umworben und in manchen Fassungen schon die Hochzeit vorbereitet. Wiedererkennung und Kampf setzen ihn in seine alten Rechte[1]. Den Namen der Penelope sucht man seit der Antike auf verschiedene, aber unbefriedigende Weise zu erklären. P. Kretschmer deutet ihn aus πήνη, πηνίον ‹Einschlagsgarn› und *elop-*, das im Verbum ὀλόπτω ‹auszupfen, ausreißen› vorliegt. Ist dies richtig, dann hat Penelope ihren Namen von der List, mit der sie die Freier hinhält, indem sie das tagsüber gefertigte Gewebe in der Nacht wieder auftrennt (2, 94). Freilich muß man dann den Namen der Wildente (πηνέλοψ) wegen der monogamen Treue dieser Tiere von dem der Heroine ableiten. Den umgekehrten Weg hat ohne Glück die Antike versucht.

Den zweiten Stoffkreis bilden Schiffermärchen, wie sie ohne Zweifel das 2. Jahrtausend mit seinem seemächtigen Kreta in großer Fülle kannte. Schon ein altägyptisches Märchen, dessen Aufzeichnung um das Jahr 2000 v. Chr. fällt[2], zeigt uns das für die *Odyssee* so wichtige Motiv des Schiffbrüchigen, der sich als einzig Überlebender auf einem Stück Holz auf eine Insel voll wunderbarer Dinge rettet. Geschichten solcher Art schließen sich gerne um eine zentrale Gestalt zu ganzen Zyklen zusammen. Ein solcher Sindbad ist auch Odysseus gewesen. Sein Name widerstrebt jeder Deutung aus dem Indogermanischen und tritt außerhalb des Epos als Olysseus auf, wobei *Od.* 19, 406 als Sinn der epischen Änderung Annäherung an das Griechische verrät. So deutet alles darauf, daß Odysseus im Vorgriechischen wurzelt, bereits dort der Held märchenhafter Seeabenteuer. Hingegen entbehren die immer wiederholten Versuche, in Odysseus einen alten Gott zu erkennen und ihm Sonnennatur zuzusprechen, tragfähiger Stützen.

Nun war die Heimkehrernovelle von allem Anfange an mit der Erzählung von Abenteuern verbunden, die den Mann so lange von Hof und Herd fernhielten. Solche Abenteuer mußten im mittelmeerischen Bereich vornehmlich Seeabenteuer sein, und so eignet sich der Held solcher Geschichten vortrefflich für die Rolle des späten Heimkehrers.

Beide Stoffkreise, von denen wir sprechen, liegen ein gutes Stück von der adelig-heroischen Welt der *Ilias* ab. Und da wir die *Odyssee* – keineswegs ihren Motiven, wohl aber ihrer Abfassung nach – als das jüngere Werk betrachten, spiegelt sich hierin eine gewisse Verschiebung des Hörerkreises. Goethe hat Wesentliches in der 1. Epistel ausgesprochen:

> *«.... und klinget nicht immer im hohen Palaste,*
> *In des Königes Zelt, die Ilias herrlich dem Helden?*
> *Hört nicht aber dagegen Ulyssens wandernde Klugheit*
> *Auf dem Markte sich besser, da wo sich der Bürger versammelt?»*

[1] W. Spletstösser, *Der heimkehrende Gatte und sein Weib in der Weltliteratur.* Berl. 1899. V. Zhirmunsky, ‹The epic of 'Alpamysk' and the return of Odysseus›. *Proc. Brit. Ac.* 52, 1966, 267, mit Zitat seiner russischen Arbeiten. Interessante Parallelen, die seinen (und vorher L. Tolstoy's) Schluß auf eine gemeinsame Quelle in acient folk-tales recht wahrscheinlich machen. Er denkt an Kleinasien als Ausgangsgebiet.

[2] Radermacher a. O. 38.

Alle diese Unterschiede ändern aber nichts daran, daß *Ilias* und *Odyssee* durch die Gemeinsamkeit der Art verbunden bleiben. Wir müssen die Skizze, die wir für das zweite Epos vom Werden seines Stoffes entwarfen, entscheidend ergänzen: der Held der Heimkehrernovelle wurde nicht allein mit jenem der Seeabenteuer gleichgesetzt, er wurde auch in den Kreis der troischen Sage einbezogen. So ist Odysseus Kämpfer vor Troia geworden und, wie wir aus der Ilias wissen, der ersten einer. Aber auch inmitten der Welt, der er nun ganz gehört, hat er viel von seinen alten Wesenszügen behalten. Er, der auch in der *Ilias* der ‹Standhafte› heißt, steht zu Achilleus in denkbar größtem Gegensatze: kluge Besonnenheit gegen edles Unmaß, wendiges Vermitteln gegen jähe Schroffheit, vorsichtiges Berechnen des besten Weges gegen wildes Hinstürmen auf geradester Bahn. Es ist höchst sinnvoll, daß im 9. Gesange der Ilias just Odysseus am wenigsten unter den Gesandten den Weg zu Achilleus findet. In den beiden stehen sich die geschichtlichen Ursprünge des hellenischen Volkes eindrucksvoll gegenüber.

Den drei Elementen – Heimkehrernovelle, Seeabenteuer und troische Sage – ist ein viertes hinzuzufügen: Geist und Haltung einer neuen Zeit, die das Alte, ohne es aufzulösen, vielfach unter eine neue Sehweise stellt. Darüber ist einiges im Abschnitte über Götter und Menschen zu sagen, hier genüge der Hinweis, daß an diesem Neuen vor allem der aufstrebende ionische Geist seinen Anteil hat.

Ein Wort erfordert die Rolle des Geographischen in der *Odyssee*[1]. Alles Wesentliche hat bereits Eratosthenes (bei Strabon 1, 23 C.) gesagt: Hesiod hat die Irrfahrten des Odysseus in den sizilisch-italischen Raum verlegt, Homer aber hat weder an eine solche noch an eine andere Lokalisierung gedacht. Das hat man in der Antike ebensowenig wie in der Neuzeit glauben wollen. Das verkehrte Bemühen, die Fahrten des Odysseus auf der Landkarte einzuzeichnen, hat Eratosthenes, der von Geographie *und* Dichtung etwas verstand, zu dem ironischen Wort veranlaßt, man werde die Gegend der Irrfahrten erst bestimmen, wenn man den Lederarbeiter fände, der den Windschlauch des Aiolos genäht hätte. Im Hellenismus gab es Sekten, die den Schauplatz der Irrfahrten ins Mittelmeer oder wie Krates von Mallos hinaus ins Weltmeer verlegten. Dieses müßige Spiel hat sich in der neueren Forschung wiederholt und will anscheinend ebensowenig zur Ruhe kommen wie der Dilettantismus der Atlantissucher. In Wahrheit spielen die Abenteuer der Odysseusfahrt in einem Märchenlande, weit außerhalb der Welt, die zur Zeit der Entstehung dieser Geschichten bekannt war. Der Dichter hat das Überschreiten der Grenze zwischen der bekannten Welt und jener des Märchens mehrfach deutlich bezeichnet. Wir werden in der fol-

[1] A. Lesky, ‹Aia›. *Wien. Stud.* 63, 1948, 52. Im westlichen Mittelmeer sucht V. Bérard die Spuren des Odysseus (u.a. *Les navigations d'Ulysse.* 4 Bde. Paris 1927–9), kühnen Exokeanismos vertritt u.a. R. Hennig, *Die Geographie des homerischen Epos.* Leipz. 1934. Daß diese Dinge weitergehen, zeigt A. Klotz, ‹Die Irrfahrten des Odysseus und ihre Deutung im Altertum›. *Gymn.* 59, 1952, 289. Weiteres dieser Art folgte, vgl. *AfdA* 13, 1960, 20. Die vorläufig letzte Offenbarung dieser Art ist das Buch von H.-H. und A. Wolf, *Der Weg des Odysseus. Tunis-Malta-Italien in den Augen Homers.* Tübingen 1968. W. Marg, *Gnom.* 42, 1970, 225, hat sich viel Mühe mit der Widerlegung dieser dichtungsfremden Spekulationen gegeben; sie werden trotzdem weitergehen.

genden Inhaltsübersicht auf die Stellen verweisen. Ebenso wird dort gezeigt, wie einige Kriterien nach dem fernen Westen weisen, während wir uns auf der Kirkeinsel recht unvermittelt im Osten befinden. Nun heißt diese Insel ‹die zu Aia gehörige›; Aia aber ist jenes ferne Sonnenland am großen Ringstrome Okeanos, das vor der Erschließung des Schwarzen Meeres und der Kunde von Kolchis das fabulose Ziel der Argonautenfahrt gewesen ist. Hier greifen wir, was vor allem die Forschungen von Karl Meuli ins klare gebracht haben: daß ein altes, uns verlorenes Gedicht von der Fahrt der Argonauten zu Aietes, dem Herren von Aia, für bedeutende Teile der *Odyssee* das Vorbild abgegeben hat. Die Anführung dieses Argonauten-Epos durch Kirke (12, 70) stellt sich als ein literarhistorisch bedeutsames Zitat dar.

Die folgende Übersicht gestattet sich stärker als bei der *Ilias* Zusätze, die Kompositionsglieder hervorheben und auf Einzelfragen eingehen.

Der Beginn der Dichtung faßt Odysseus am äußersten Punkte seiner Irrfahrten, auf der Insel der Kalypso, in den Blick. Poseidon zürnt, bis Odysseus seine Heimat erreicht hat. Jetzt aber ist der Gott zu den Aithiopen gegangen, während die anderen Olympier im Hause des Zeus versammelt sind. Dieser klagt über die frevelnde Unvernunft der Menschen, die eben Aigisthos unter der rächenden Hand des Orestes fallen ließ. In dessen mutiger Tat wird ein Gegenbild zu Telemachos aufgerichtet, das in den ersten Gesängen (3, 306. 4, 546) sichtbar bleibt. Athene bestimmt Zeus zur Zusage, gegen Poseidons Groll die Heimkehr des Odysseus zu fördern, und regt sogleich die Absendung des Hermes zu Kalypso nach Ogygia an. Sie selbst besucht in der Gestalt des Taphierkönigs Mentes Telemachos auf Ithaka. In langem Gespräch erörtert sie mit dem Jüngling seine Lage: der Vater verschollen und die prassenden Freier im Hause. Zwei Ratschläge ergeben sich daraus: vor versammeltem Volke ein Ende dieses Treibens zu fordern und bei alten Kampfgenossen des Odysseus nach seinem Schicksal zu forschen. Als sich Athene entfernt, erkennt Telemachos, daß ihn eine Gottheit beriet, und sein Auftreten der Mutter und den Freiern gegenüber bekundet, daß ihn diese Stunde zu einer neuen Art, dem Leben zu begegnen, erweckt hat. (1)

So führt er am nächsten Tage in der Volksversammlung seine Sache mit kräftigen Worten. In den Entgegnungen des Antinoos und Eurymachos, der ein deutliches Götterzeichen verhöhnt (auch den Aigisthos haben die Götter gewarnt!), wird der ganze Übermut der Freier offenbar. Des Telemachos Bitte um ein Schiff wird gar nicht verhandelt, sondern Leiokritos löst mit Worten äußerster Hybris die Versammlung auf. Athene aber verhilft in Mentors Gestalt dem Telemachos zu einem Schiff, auf dem er nachts abfährt. (2)

Am Strande von Pylos treffen sie Nestor beim Opfer für Poseidon. Er nimmt Telemachos freundlich auf, weiß vielerlei von der Heimfahrt der Griechen zu erzählen, nichts aber von Odysseus. Athene entschwindet des Abends als Adler. Am nächsten Morgen fährt Telemachos mit Nestors Sohn Peisistratos nach Sparta, wo sie am Abend des folgenden Tages ankommen. (3)

Sie finden Menelaos bei der Hochzeitsfeier für Sohn und Tochter. Der König und

Helena erzählen von Taten des Odysseus vor und in Troia[1]. Am nächsten Morgen fragt Telemachos nach dem Schicksal seines Vaters und erfährt des Menelaos Heimkehr-Abenteuer; unter diesen die Begegnung mit dem Meeresalten Proteus, der vom Ende des lokrischen Aias und Agamemnons und schließlich vom Aufenthalte des Odysseus auf der Insel der Kalypso berichtete. In Sparta wird zum Mahle gerüstet, auf Ithaka aber planen die Freier, den heimkehrenden Telemachos zu töten. Penelope erfährt von dem Anschlag, aber Athene tröstet sie durch ein Traumbild. (4)

Wieder sitzen die Götter zu Rate, und wieder klagt Athene über des Odysseus Leid. Nun beschließt Zeus die Absendung des Hermes (die Athene in der ersten Versammlung vorgeschlagen hatte). Der Bote überbringt Kalypso die Weisung der Götter. Ungern heißt die Nymphe Odysseus ein Floß bauen und entläßt ihn zur Heimfahrt. Als er am 18. Tag in die Nähe von Scheria kommt, erblickt ihn Poseidon, der von den Aithiopen heimkehrt, und zerschmettert in einem Unwetter sein Floß. Der Schleier Leukotheas rettet Odysseus, und er erreicht am dritten Tage nach dem Schiffbruch das Ufer von Scheria, wo er in Schlaf sinkt. (5)

Ein Traum, den Athene sandte, veranlaßt die Königstochter Nausikaa[2], mit ihren Gespielinnen an den Strand zu fahren, wo sie waschen und spielen. Odysseus erwacht und erschreckt die Mädchen zu ängstlicher Flucht. Nausikaa aber gewährt ihm Hilfe, läßt ihn pflegen und kleiden und führt ihn bis zum Hain der Athene vor der Stadt. (6)

Unter dem Schutze des Nebels, in den die Göttin ihn hüllt, durchschreitet Odysseus die Straßen der Phaiaken und betritt den Palast. Als er die Knie der Königin Arete umschlingt, weicht der Nebel, und Alkinoos gewährt ihm Aufnahme. Nachdem die Fürsten gegangen sind, fragt Arete, woher Odysseus komme und woher er diese (ihr wohlbekannten) Kleider habe. Er schildert seine Schicksale seit der Abfahrt von Kalypso und erhält von Alkinoos das Versprechen, er werde ihn am nächsten Tage heimführen lassen. (7)

Doch bringt der nächste Tag noch nicht die Erfüllung. Wohl ordnet Alkinoos die Vorbereitungen an, dann aber gibt es ein Gastmahl, bei dem Demodokos von Achilleus und Odysseus singt. Da dieser sein Haupt verhüllt, läßt der König abbrechen und ordnet Spiele an, bei denen Odysseus den vorlauten Euryalos beschämt. Es folgt das Lied des Demodokos von der Buhlschaft des Ares mit Aphrodite und der Rache ihres Gatten Hephaistos. Abends singt Demodokos vom hölzernen Pferde, und als Odysseus wiederum in Tränen ausbricht, fragt ihn Alkinoos nach Namen und Schicksal. (8)

Nun gibt sich Odysseus zu erkennen und erzählt. Nach Troias Fall zerstörte er Ismaros, mußte aber nach schweren Verlusten durch die angreifenden Kikonen fliehen. (Hier sind wir im quasihistorischen Bereich der *Ilias*, wo die Kikonen im Troerkatalog erscheinen.) Ein Sturm erzwingt Landung und zweitägige Rast, dann geht es weiter zur Umschiffung von Malea. Dort faßt ein furchtbarer Nordsturm die Flotte und treibt sie neun Tage lang über das Meer. (Die runde Zahl bezeichnet eine lange

[1] Über die widerspruchsvolle Rolle der Helena in diesen Geschichten J. Th. Kakridis, ‹Helena und Odysseus›. *Serta Philologica Aenipontana*. Innsbr. 1961, 27.

[2] J. Th. Kakridis, *Nausikaa*. Wien. Human. Bl. 12, 1970, 24.

Frist, innerhalb deren die Schiffe in das Reich der Märchenwesen hinausgetrieben werden.) Am 10. Tage folgt Landung bei den Lotophagen, wo Vergessen der Heimkehr durch köstliche Speise droht, dann kommen sie zu der Insel, die dem Kyklopenlande gegenüberliegt. (Diese Insel ist für die Komposition wichtig. Noch hat Odysseus eine Flotte, für das Abenteuer in der Kyklopenhöhle ist jedoch nur eine kleine Schar zu brauchen.) Mit einem einzigen Schiffe fährt Odysseus über, verliert mehrere Gefährten in der Höhle des Unholds und bleibt durch seine List mit Weintrunk und Niemands-Namen schließlich Sieger. Der Fluch des Geblendeten zieht den Zorn seines Vaters Poseidon auf Odysseus. (9)[1]

Aiolos sendet von seiner Insel Odysseus mit günstigem Westwind (man war also im fernen Westen) in die Heimat. Nach neuntägiger Fahrt (wieder begegnet die Frist, die diesmal in den realen Bereich zurückführt) öffnen die Gefährten den Windschlauch, den Odysseus mitbekam; die entfesselten Stürme treiben sie zu Aiolos zurück, der nun Odysseus als Gottverhaßten von seiner Schwelle weist. Nach sechs Tagen Fahrt kommen sie zu den Laistrygonen, einem Lande kurzer Nächte (wo wir uns trotz der Quelle Artakie, die bei Kyzikos wiederkehrt, im Fabellande befinden). Dort verliert Odysseus im engen Hafen bei dem Angriff der riesenhaften Laistrygonen alle übrigen Schiffe und entkommt allein mit dem seinen zu der Insel, die zum Lande Aia gehört. Auf dieser Insel hat Eos Heim und Tanzplatz und Helios seinen Aufgang (12, 3; wir sind also im fernen Osten). Dort wohnt Kirke, die einen ersten Erkundungstrupp in Schweine verwandelt. Durch Hermes mit dem Zauberkraut Moly versehen, rettet Odysseus die Gefährten und bleibt ein Jahr bei Kirke. Als er die Heimkehr fordert, sendet sie ihn erst ins Totenland. (10)

Einen Tag lang fahren sie bis zum jenseitigen Ufer des Okeanos, ins Land der Kimmerier[2], die in ewigem Dunkel leben. Bei der blutgefüllten Opfergrube sammeln sich die Totenseelen: der bei Kirke verunglückte Elpenor, die Mutter, der Seher Teiresias, der ihm schwierige Heimkehr, Erprobung durch die Rinder des Sonnengottes, Sieg über die Freier und Tod in der Fremde weissagt. Ein Heroinenkatalog folgt, dann Gespräch mit Agamemnon, mit Achilleus und die Schau toter Helden und großer Frevler. Leicht geht die Rückfahrt über den Okeanos vonstatten. Zwischen Frauenkatalog und Agamemnon-Episode steht eine häufig als Intermezzo bezeichnete Partie. Odysseus will die Erzählung abbrechen und mahnt in taktvoll verhaltener Weise an das Versprechen (7, 317), ihn nach Ithaka zu bringen. Seine Zuhörer veranlassen ihn aber weiter zu erzählen, und Alkinoos setzt die Heimfahrt für den nächsten Tag fest. (11)

Von Kirke führt die Reihe der Abenteuer vorbei an den Sirenen und durch Skylla und Charybdis nach Thrinakia mit den Herden des Helios. Von widrigem Wind festgehalten, von Hunger geplagt, vergreifen sich die Gefährten des Odysseus an den

[1] Zur Kyklopie: F. WALSDORFF, ‹Odysseus bei Polyphem›. *Der Altspr. Unterr.* 8/3, 1965, 15; F. MUTHMANN, ‹Interpretation der Kyklopie›. Ibid., 40.

[2] P. VON DER MÜHLL, ‹Die Kimmerier der Odyssee und Theopomp›. *Mus. Helv.* 16, 1959, 145, hält für 11, 14–19 Beziehung auf die historischen Kimmerier und damit späte Datierung für wahrscheinlich. Doch ist mit der Möglichkeit zu rechnen, daß die Kimmerier für den Dichter ein Fabelvolk sind.

Rindern und kommen bei der Weiterfahrt in einem Unwetter um, das Zeus auf Helios' Bitte sendet. Odysseus rettet sich auf Kiel und Mastbaum, entkommt mit Mühe der Charybdis, zu der ihn Südwind zurücktreibt, und wird neun Tage von den Wogen getragen, dann landet er auf Ogygia bei Kalypso. (Nochmals neun Tage wird Odysseus in die Unendlichkeit des Meeres, vgl. 5, 100, hinausgerissen, dem entspricht eine Rückfahrt von Ogygia in achtzehn Tagen. Da er bei dieser Fahrt die Sternbilder des Nordens zur Linken hat [5, 272], liegt Ogygia im äußersten Westen. Wie Odysseus von der östlichen Aia-Insel dorthin gelangt, wird nicht erklärt. Sichtlich sind in Abenteuer, die im Westen spielen, solche aus der Argonautensage, die in den Osten gehören, eingeschoben.) (12)

Odysseus wird von den Phaiaken beschenkt und in der folgenden Nacht in wunderbarer Fahrt nach Ithaka gebracht. Das rückkehrende Schiff versteinert Poseidon. Odysseus erwacht im Nebel und erkennt die Heimat erst, als ihn Athene in Gestalt eines jungen Hirten belehrt. Sie gibt sich zu erkennen, und gemeinsam bergen der Mann und die Göttin die Geschenke der Phaiaken. Dann beraten sie den Kampf gegen die Freier, und Athene verwandelt den Heimgekehrten in einen alten Bettler. (13)

Zunächst sucht Odysseus den Sauhirten Eumaios auf, bei dem er sich mit einer umschichtigen Erzählung erdichteter Schicksale einführt. Er erhält Essen und einen Mantel als Decke für die Nacht. (14)

Athene treibt Telemachos, der noch in Sparta weilt, zur Heimkehr. Auf der Rückfahrt nimmt er in Pylos den Seher Theoklymenos auf, der aus Argos fliehen mußte. Von Athene belehrt, meidet Telemachos die Falle der Freier. Odysseus hört bei Eumaios von seinem Vater Laertes, auch erzählt der Sauhirt sein Leben. In der folgenden Frühe landet Telemachos und kommt zu Eumaios. (15)

Der Hirt geht, um Penelope die Rückkehr des Sohnes zu melden. Odysseus entdeckt sich in seiner wahren Gestalt, die ihm Athene zurückgibt, dem Sohne, und sie bedenken die Bestrafung der Freier. Diese planen indessen einen neuen Anschlag auf Telemachos. Eumaios kehrt ins Gehöft zurück. (16)

Am Morgen geht erst Telemachos in die Stadt, dann folgt Eumaios mit Odysseus, der wieder der Bettler ist. Telemachos begrüßt die Mutter; Theoklymenos weissagt, daß Odysseus bereits im Lande sei. Als Odysseus der Stadt naht, begegnet ihm der Ziegenhirt Melanthios, schmäht und mißhandelt ihn, vor dem Palaste aber erkennt ihn sein verendender Hund Argos. Odysseus bettelt bei den Freiern, Antinoos wirft mit dem Schemel nach ihm und trifft seine rechte Schulter[1]. Eumaios vermittelt, daß der Bettler am Abend Penelope berichten wird, und kehrt dann zu seinem Gehöft zurück. (17)

Odysseus schlägt im Faustkampf den frechen Bettler Iros nieder und warnt Amphinomos, den besten unter den Freiern. Penelope zeigt sich den Männern im Saale, läßt die Möglichkeit ihrer Wiedervermählung sehen und gewinnt so reiche Geschenke. Den Odysseus verhöhnt die Magd Melantho, der Freier Eurymachos wirft mit dem Schemel nach ihm, trifft jedoch den Schenken. (18)

[1] H. Reynen, ‹Schmährede und Schemelwurf im ρ und σ der Odyssee›. *Herm.* 85, 1957, 129, mit anderer Auffassung als der im nächsten Abschnitt vertretenen.

Odysseus entfernt mit dem Sohne die Waffen aus dem Saale, Athene leuchtet[1]. Dann kommt Penelope, und Odysseus bereitet sie in erdichteter Erzählung auf seine Heimkehr vor. Bei der Fußwaschung erkennt ihn die Amme Eurykleia an einer Narbe und wird zur verschwiegenen Verbündeten gewonnen. Penelope erzählt einen Traum, der auf die Bestrafung der Freier deutet, und spricht von ihrem Entschluß, am nächsten Tage einen Wettkampf im Bogenschießen über ihre Hand entscheiden zu lassen. (19)

Odysseus findet im Vorsaale, voll Unmut über die Mägde, die das Bett der Freier aufsuchen, und voll Sorge wegen des Kommenden, erst Schlaf durch Athenes Trost. Beim Erwachen stärken ihn günstige Zeichen. Eurykleia und die Mägde treffen Vorbereitungen für das Festmahl an dem Apollon geheiligten Tage. Eumaios, Melanthios und der treue Rinderhirt Philoitios kommen. Ein Vogelzeichen von Zeus schreckt die Freier von ihrem Plane ab, Telemachos zu ermorden. Beim Mahle wirft Ktesippos nach Odysseus mit einem Kuhfuße, der ohne Wirkung gegen die Mauer fährt. Im verwirrten Lachen der Freier, in der Weissagung des Theoklymenos kündigt sich die Rache an. (20)

Penelope bringt den Bogen, Telemachos stellt die Äxte auf. Er selbst und nach ihm verschiedene Freier versuchen umsonst, den Bogen mit der Sehne zu bespannen. Draußen gibt sich Odysseus dem Eumaios und dem Philoitios zu erkennen. Als die Freier den Wettkampf auf den nächsten Tag verschieben, erreicht es Odysseus gegen ihren Widerstand, selbst den Bogen erproben zu dürfen. Eurykleia sperrt die Mägde ein, Philoitios verschließt das Tor des Vorhofes. Leicht spannt Odysseus den Bogen und schießt durch die Stiellöcher der zwölf Äxte[2]. (21)

Ein zweiter Pfeil trifft Antinoos, dann gibt sich der Heimgekehrte zu erkennen. Vergebens trägt Eurymachos einen Vergleich an, auch er fällt. Telemachos holt Waffen, Melanthios desgleichen für die Freier, wird aber beim zweiten Gange von den beiden treuen Hirten gefesselt. Athene hilft im Kampfe, und alle Freier fallen. Der Sänger Phemios und der Herold Medon finden Schonung. Odysseus verbietet der Amme Eurykleia lauten Jubel über die Toten als frevelhaft und läßt den Saal reinigen. Die ungetreuen Mägde werden gehängt, Melanthios wird verstümmelt und getötet, die Treugebliebenen begrüßen ihren Herrn. (22)

Penelope vermag Eurykleia die Heimkehr des Gatten nicht zu glauben und zögert noch, als sie ihm gegenübersitzt. Er ordnet Leierspiel und Tanz an, um den Ithakesiern eine Hochzeit im Palaste vorzutäuschen. Von Athene verschönt, kehrt er nach dem Bade in den Saal zurück, aber selbst jetzt lösen sich Starre und Zweifel in Penelope erst, als Odysseus Kenntnis eines Geheimnisses bewährt, das mit dem Bau des ehelichen Bettes zusammenhängt. Die Nacht vereinigt die Gatten, die einander von den

[1] Die Lampe der Athene war für die Kritik seit den Alexandrinern ein Anstoß. R. PFEIFFER, ‹Die goldene Lampe der Athene›. *Stud. It.* 27/28, 1956, 426 = *Ausgewählte Schriften.* Münch. 1960, 1, hat nachgewiesen, daß es sich bei der goldenen Lampe um einen, möglicherweise schon seit der mykenischen Zeit, mit der Göttin fest verbundenen Kultgegenstand handelt.

[2] B. STANFORD, ‹A Reconsideration of the Problem of the Axes in Odyssey XXI›. *Class. Rev.* 63, 1949, 3.

überstandenen Leiden und Abenteuern erzählen. Des Morgens bricht Odysseus auf, um seinen Vater auf dem Landgute aufzusuchen. (23)

Hermes geleitet die Schattenseelen der Freier in die Unterwelt. Dort spricht Agamemnon zu Achilleus und läßt im Gespräch mit Amphimedon noch einmal den Gegensatz von Klytaimestras Tat und Penelopes Treue sichtbar werden. Odysseus findet Laertes auf seinem Landgut und gibt sich zu erkennen. Indessen hat der Vater des Antinoos die Ithakesier zum Aufstand gebracht, der Kampf entbrennt, aber Athene stiftet dauernden Frieden. (24)

Aristoteles hat in der Poetik (24. 1459b 15) für den Bau der *Ilias* das Einfache, für den der *Odyssee* das Verschlungene betont, wobei er besonders die Anlage auf eine Wiedererkennung hin im Auge hat. In jedem Falle verlangt dies oft wiederholte Urteil genaue Prüfung.

Auch der Bauplan der *Odyssee* beruht auf äußerster zeitlicher Raffung: Ihre Geschehnisse sind auf einen Zeitraum von 40 Tagen zusammengedrängt. Doch wird solche Konzentration in der Odyssee mit völlig anderen Mitteln erreicht. In der *Ilias* ergibt das Zornmotiv die feste Mitte, um die sich letzten Endes alles schließt. Es handelt sich hier um echte Verdichtung, und angesichts der Weise, in der die Schicksale des Achilleus, des Patroklos und Hektors miteinander und alle wieder mit dem Zornmotiv verknüpft sind, wird man eine Verflechtung von verschiedenen Handlungssträngen feststellen, die so in der *Odyssee* nicht wiederkehrt. Ihre kompositionellen Mittel sind im Grunde einfacher, leichter faßbar und deshalb wirksamer. Ein linearer Ablauf ist, ohne daß diese Linearität verwischt würde, in Stücke geschnitten und neu zusammengefügt: Odysseus erzählt bei den Phaiaken seine Irrfahrten von Beginn bis zur Landung bei Kalypso. Dadurch ist für große Teile der Übergang in die Icherzählung ermöglicht. Auch werden wir sagen dürfen, daß die ersten vier Gesänge, die Telemachie, im gesamten Aufbau nichts Geringes leisten. Abgesehen von dem, was sie für die Exposition der Odysseusgestalt und der Freier bedeuten, umschließen derart die Geschehnisse auf Ithaka die Irrfahrten des Odysseus mit einem festgefügten Rahmen, wie anderseits die Erzählung des Odysseus am Ende des 23. Gesanges eine Klammer zwischen den Geschehnissen in Ithaka und den Reiseabenteuern schafft.

Nicht allein in der Bauweise unterscheiden sich die beiden Epen, manches, was Götter und Menschen, was die ganze Sehweise angeht, ist später zu besprechen. *Ilias* und *Odyssee* als Dichtungen der Reife und des Alters in einem Lebenswerke unterzubringen, ist keine bare Unmöglichkeit. Auch antike Kritiker haben das versucht. Und doch liegt es bei weitem näher, ihren Gegnern, den Chorizonten, zu folgen und die *Odyssee* einem Dichter zu geben, der nach Homer und auf seinen Spuren um 700 v. Chr. dieses Werk schuf[1].

[1] A. HEUBECK, *Der Odyssee-Dichter und die Ilias*. Erlangen 1954. Die verschiedene Rolle, die das Moralische in den beiden Epen spielt, betonte stark K. REINHARDT, ‹Tradition und Geist im hom. Epos›. *Stud. Generale* 4, 1951, 334, jetzt *Tradition und Geist*. Gött. 1960, 5. Die Unterschiede in Wortschatz und Phraseologie hat mit reichem Material D. L. PAGE, *The Homeric Odyssey*. Oxf. 1955, 149, herausgearbeitet, doch geht der Schluß, das Entstehungsgebiet der *Odyssee* sei von jenem der *Ilias* radikal zu trennen, entschieden zu weit; vgl. T. B. L. WEBSTER (s. S. 34, A. 1) 275 bzw. 354. Für verschiedene Dichter auch W. BURKERT,

5. DIE ODYSSEE-ANALYSE

Auch den Bau der *Odyssee* versuchte man analytisch zu erklären, und wie für die *Ilias* ist zu sagen, daß auf diesem Wege zahlreiche Einsichten gewonnen, ja die kompositorischen Probleme des Epos überhaupt erst sichtbar gemacht wurden. Wie bereits bemerkt, hat A. KIRCHHOFF den Weg der Odyssee-Analyse im Sinne der Kompilationstheorie bestimmt[1]. In seiner Nachfolge ließen manche die *Odyssee* aus drei oder mehr Dichtungen zusammengesetzt sein, wobei die Grenzziehungen sehr verschieden verliefen. Davon hebt sich eine durch P. VON DER MÜHLL und W. SCHADEWALDT bezeichnete Richtung ab, die mit der Annahme einer Urodyssee und eines Bearbeiters auskommen will und als Verfasser des ersten Gedichtes Homer erwägt. SCHADEWALDT hat einem zu erwartenden Odysseebuch vier Untersuchungen[2] vorausgeschickt, in denen er nach der Ausscheidung von Einschüben die heile Struktur des Verbleibenden zu zeigen versucht. Die Zusätze stammen nach ihm von einem Bearbeiter, der zwar kein ganz geringer Dichter ist, an Größe der Konzeption und Wucht der Gestaltung jedoch hinter dem Verfasser der originalen Partien weit zurückblieb. Mehrfach sind in diesen Analysen Beobachtungen KIRCHHOFFS wieder zu Ehren gekommen. Entschiedener Verteidiger der vollen Einheit ist K. REINHARDT[3].

Rhein. Mus. 103, 1960, 131, 1 mit Lit. Die Auffassung der Chorizonten ist gut fundiert, doch wird bei manchen Verschiedenheiten zwischen den beiden Epen auch der Unterschied in Wesen und Herkunft der Stoffe in Rechnung zu setzen sein.– R. HAMPE, *Die Gleichnisse Homers und die Bildkunst seiner Zeit.* Tüb. 1952, T. 7–11, veröffentlicht eine attisch-geometrische Kanne des mittleren 8. Jh., die vielleicht den Schiffbruch des Odysseus zeigt. Dadurch wäre nicht unsere Odyssee datiert, aber der sichere Nachweis, daß der Stoff zu dieser Zeit auf dem griechischen Festlande bekannt war, wäre wertvoll. Beachtliche Einwände gegen die Deutung macht H. FRÄNKEL, *Gnom.* 28, 1956, 570.

[1] Die Führung hatten: E. SCHWARTZ, *Die Odyssee.* Münch. 1924. WILAMOWITZ, *Die Heimkehr des Odysseus.* Berl. 1927. Neuere Analysen: P. VON DER MÜHLL, *Odyssee. RE Suppl.* 7, 1940, 696. F. FOCKE, *Die Odyssee. Tüb. Beitr.* 37, Stuttg. 1943. W. SCHADEWALDT, ‹Die Heimkehr des Odysseus›. *Taschenbuch für junge Menschen.* Berl. 1946, 177, jetzt mit stilistischen Änderungen in dem Buche *Von Homers Welt und Werk.* 3. Aufl. Stuttg. 1959, 375. W. THEILER, ‹Vermutungen zur Odyssee›. *Mus. Helv.* 7, 1950, 102. R. MERKELBACH, ‹Untersuchungen zur Odyssee›. *Zet.* 2, Münch. 1951. B. MARZULLO, *Il problema omerico.* Firenze 1952. D. L. PAGE, *The Homeric Odyssey.* Oxf. 1955. B. STOCKEM, *Die Gestalt der Penelope in der Od.* Diss. Köln 1955. Anderes in den o. (S. 29, Anm. 1) angeführten Forschungsberichten. Grundsätzliche Bedeutung behält R. PFEIFFERS Besprechung der Odyssee-Bücher von SCHWARTZ und WILAMOWITZ *D. L. Z.* 49, 1928, 2355, jetzt *Ausgewählte Schriften,* Münch. 1960, 8.

[2] 1.) ‹Der Prolog der Odyssee›. *Festschrift W. Jaeger. Harv. Stud. in Class. Philol.* 63, 1958, 15. 2.) ‹Kleiderdinge›. *Herm.* 87, 1959, 13. 3.) ‹Neue Kriterien zur Odyssee-Analyse. Die Wiedererkennung des Odysseus und der Penelope›. *Sitzb. Ak. Heidelb. Phil.-hist. Kl.* 1959/2. 4.) ‹Der Helioszorn der Odyssee›. *Studi in onore di L. Castiglioni.* Firenze 1960, 2. Bd., 859. Ein Verzeichnis aller Verse, die er dem Bearbeiter zuschreibt, hat SCHADEWALDT an seine Odyssee-Übersetzung (Rowohlts Klassiker 1958; Artemis 1966) angeschlossen.

[3] ‹Homer und die Telemachie›. *Von Werken und Formen.* Godesberg 1948, 37, und ‹Die Abenteuer der Odyssee›, *ibid.* 52 (die beste Einführung in die geistige Struktur der Odyssee). Die Dichtung würdigt L. A. STELLA, *Il poema di Ulisse.* Firenze 1955. F. EICHHORN, *Homers Odyssee. Ein Führer durch die Dichtung.* Göttingen 1965. G. BONA, *Studi sull'Odissea.* Torino 1966 (findet die Einheit der Dichtung in der Gestalt des Odysseus). M. MÜLLER, *Athene als göttliche Helferin in der Odyssee. Untersuchungen zur Form der epischen Aristie.* Heidelberg 1966. H. W. CLARKE, *The Art of the Odyssey.* Englewood Cliffs 1967. OLGA KOMNENOS-KAKRIDIS, Σχέδιο καὶ τεχνικὴ τῆς 'Οδυσσείας. Thessaloniki 1969. Einen guten Überblick über die Odysseeforschung von KIRCHHOFF an bietet A. HEUBECK, *Gymn.* 62, 1955, 112.

Auch bei der *Odyssee* hat sich die Analyse gelegentlich überschlagen. Eine Theorie, die den Bau unserer *Odyssee* als minderwertig aburteilt und uns dafür als ursprünglich eine Szene einreden will, in der Nausikaa an der Seite des nackten Fremdlings der Stadt zu wandert, widerlegt sich selbst, mag sie auch von einem E. SCHWARTZ stammen. Man muß von den Analytikern verlangen, daß sie der *Odyssee* zumindest jene Fehlbarkeit lassen, die jede Kunstdichtung solchen Umfanges hat. Gewiß, 16, 295 ordnet Odysseus an, Telemachos solle bei der Entfernung der Waffen Rüstung für sie beide zurücklassen, wenn es aber am Beginne des 19. Gesanges zur Räumung kommt, sind die Stücke doch nicht da; gewiß, 5, 108 läßt Hermes für Odysseus den Zorn der Athene Ursache seines Schiffbruches sein, was den tatsächlichen Ereignissen widerspricht[1]; aber solche Dinge liegen im Rahmen dessen, was ein Dichter wohl übersehen kann. Auch jener der *Odyssee* wird in Abschnitten gearbeitet haben.

Aber es bleiben schwerere Anstöße und ernsthafte Probleme, die nun wirklich die Komposition in wesentlichen Punkten angehen.

Entzündet hat sich die Debatte an der Telemachie, die schon GOTTFRIED HERMANN (1832) als Zusatz erklärte. In der Tat sind Einwände gegen den Gang der Erzählung möglich; sie treffen vor allem die nicht ganz klare Scheidung und Durchführung zweier Motive, des Rechtsstreites, den Telemachos vor dem Volke gegen die Freier führt, und seines Verlangens nach einem Schiffe, um auf Erkundung auszuziehen. Nun hat eine sorgsame und vorurteilsfreie Überprüfung durch F. KLINGNER[2] für alle vier Gesänge, vor allem für den vielgescholtenen ersten, als Erweckung des Telemachos so viel an positiven Qualitäten ergeben, daß Schwächen dieser Partie reichlich aufgewogen erscheinen. Freilich bleibt es auffällig, daß die Entsendung des Hermes zu Kalypso in der Götterversammlung am Beginne des 1. Gesanges von Athene angeregt, aber erst auf ihre neuerlichen Klagen hin am Beginne des 5. Gesanges durchgeführt wird. Analytiker wollen hier die Zertrennung einer einheitlichen Götterszene durch den Einschub der Telemachie mit Händen greifen, Verteidiger ihrer Ursprünglichkeit werden einwenden, daß so im 5. Gesange das Wiedereinsetzen der Odysseushandlung gut bezeichnet und die Telemachie rahmend von zwei Götterversammlungen umschlossen wird, wie anderseits die Telemachie selbst zusammen mit dem zweiten Teil der *Odyssee* die Irrfahrten umrahmt. Auch ist nicht zu übersehen, daß in der ersten Versammlung Athene eine Anregung gibt, in der zweiten jedoch Zeus einen Befehl, und sich derart die beiden Partien nicht gerade übel ergänzen. Vor allem sind hier Überlegungen einzusetzen, denen neuerdings EDOUARD DELEBECQUE[3] besondere Bedeutung für die Beurteilung der gesamten Komposition des Epos gesichert hat: der epische Dichter kann nicht zwei Handlungsstränge gleich-

[1] Mehr dieser Art bei M. VAN DER VALK, *Textual Criticism of the Odyssey*. Leiden 1949, 226. Eine gute Übersicht über die wichtigsten Ansätze zur Analyse gibt PAGE (s. S. 68, Anm. 1).

[2] ‹Über die vier ersten Bücher der Odyssee›. *Ber. Sächs. Akad.* Leipz. 1944. S. BERTMANN, ‹The Telemachy and structural symmetry›. *Trans. Am. Phil. Ass.* 97, 1966, 15. K. RÜTER, *Odysseeinterpretationen. Untersuchungen zum ersten Buch und zur Phaiakis*. Hypomn. 19. Göttingen 1969.

[3] *Télémaque et la structure de l'Odyssée*. Annales de la Fac. des Lettres Aix-en-Provence. N. S. 21. Gap 1958. Ältere Arbeiten zur Behandlung gleichzeitiger Ereignisse im Epos sind *AfdA* 13, 1960, 17 zitiert.

zeitig ablaufen lassen, er kann sie, außer in ganz geringen Ansätzen, auch nicht durch Rückblendung ineinander verflechten. Daß hier Strukturgesetze des mündlich tradierten Heldensanges nachwirken, ist höchst wahrscheinlich. Notwendig entstehen in der *Odyssee* «tote Zeiten» für Telemachos in Sparta, für Odysseus bei Eumaios, für die Freier nach des Telemachos Abfahrt, denn wenn auf einem Schauplatz agiert wird, ruhen die Dinge auf dem anderen. Immerhin sehen wir den Dichter in Partien wie 4, 625–687 oder 16, 322–451 um Verbindungsglieder bemüht. In dieser Sicht werden die beiden Götterversammlungen im 1. und im 5. Gesange ohne weiteres verständlich, da jede von ihnen einen anderen Handlungszug in Bewegung setzt.

SCHADEWALDT hat in der Arbeit über den Prolog der *Odyssee* den wichtigen Hinweis gegeben, daß die Heimfahrt des Odysseus durch den Beschluß der Götter und seinen eigenen in typisch homerischer Weise in den zwei Bereichen des Göttlichen und Menschlichen motiviert wird. Wir meinen aber, daß die Doppelung der Götterversammlung diesen bedeutenden Zusammenhang nicht so weit zerstört, daß wir die Telemachie mit SCHADEWALDT zur Gänze opfern müßten. Hat sie sein Bearbeiter hinzugefügt, dann hat er sich durch diese Art der Exposition als Baumeister höchsten Ranges erwiesen.

Eine weitere Frage betrifft die Rolle des Poseidonzornes als Motor des Geschehens. Sie ist keineswegs durch die Reihe der Abenteuer durchgeführt, was nur langweilige Wiederholung ergeben hätte. Vielmehr stürzt nach der Aiolosinsel das Mißtrauen der Gefährten die Flotte ins Unglück, und nach dem Frevel an den Sonnenrindern greift Zeus auf Drängen des Helios ein. Die meisten Abenteuer bleiben ohne Beziehung zu göttlichem Zorn. Analytische Motive sind daraus nicht zu gewinnen. Götterzorn ist natürlich ein sekundäres episches Motiv, die alten Abenteurergeschichten brauchten so etwas nicht. Auch ist die Kunst des Dichters nicht zu verkennen, der am Ende des 10. Gesanges in dem erhörten Gebet des Kyklopen an Poseidon und in dem von Zeus verschmähten Opfer des Odysseus das Motiv zweifachen Göttergrolls einhängt[1].

Manches Motiv der Analyse verkehrt sich bei näherem Zusehen in sein Gegenteil. Dreimal werfen (in den Gesängen 17, 18 und 20) übermütige Freier nach dem Bettler Odysseus. Wer die feine Variation des Motivs und die Antiklimax in dem immer kläglicheren Effekt bedenkt, erkennt die Kunst, die hier am Werke ist.

Zu besonders intensiven Zweifeln an der Einheit des Überlieferten hat die Phaiakis Anlaß gegeben. SCHADEWALDT[2] streicht, ähnlich wie KIRCHHOFF, 7, 148–232 und gewinnt so für die Frage der Arete (237) einen ausgezeichneten Anschluß an die Bitte des Odysseus (146). Aber es will bedacht sein, daß Aretes Frage nach den ihr so bekannten Kleidern, die Odysseus trägt, auch gut in die intime Stimmung des Tischabräumens nach dem Weggang der Edlen paßt. SCHADEWALDT verbindet mit seiner

[1] Darüber REINHARDT a. O. 85. Auch SCHADEWALDT hält in der vierten der eben genannten Arbeiten den Helioszorn für ursprünglich, möchte aber die Eidabnahme 12, 296–304 seinem Bearbeiter zuweisen.

[2] In der zweiten der angeführten Arbeiten. Dagegen U. HÖLSCHER, ‹Das Schweigen der Arete›. *Herm.* 88, 1960, 257.

Athetese die Streichung des zweiten Tages bei den Phaiaken als Erfindung des Bearbeiters; das Lied des Demodokos und die Erzählung des Odysseus gehörten ursprünglich noch in den Ankunftstag. Nun ist es ein altes Skandalon für die Analyse, daß Alkinoos 7, 318 dem Odysseus die Heimfahrt für den nächsten Tag verspricht, dieses Versprechen aber erst um einen Tag später einlöst. Was dagegen in unitarischer Sicht gesagt werden kann, hat WILHELM MATTES[1] äußerst temperamentvoll vorgebracht. Daß das «Intermezzo» im 11. Gesange die Verzögerung erklären kann, deuteten wir in der Wiedergabe des Inhalts an. Auffallend bleibt der Gegensatz zwischen dem Reichtum des für den zweiten Tag Erzählten und der Leere des dritten. Kann das so erklärt werden, daß der zweite Tag den Umgetriebenen wieder in die Fülle des Lebens und zu sich selbst führt, während der folgende nur dem Gedanken an die Heimkehr gehört? Wurde hier aus Zusammengehörigem eine getrennte Abfolge? Fragen dieser Art enden notwendig im Subjektiven, davon muß man sich ehrlich Rechenschaft geben.

Besonders problemreich ist der 11. Gesang mit der Nekyia[2]. Manches an der Weissagung des Teiresias und dem Gespräch mit der Mutter bleibt merkwürdig. Der Heroinenkatalog und die Büßer sitzen locker im Zusammenhang. Und doch ist nicht anzunehmen, daß in der Reihe der Abenteuer jenes der Jenseitsfahrt unserer *Odyssee* ursprünglich gefehlt hätte. Mit Interpolationen ist freilich hier besonders zu rechnen. Ältere Fassungen geben sich gelegentlich zu erkennen, so vor allem dort, wo von einem Apollonfest die Rede ist (20, 156; 276. 21, 258), das einmal für die Heimkehrgeschichte wichtig gewesen sein muß.

Es bleibt ein Fall zu besprechen, bei dem wir das Durchscheinen einer solchen älteren Fassung mit großer Wahrscheinlichkeit vermuten. Es handelt sich um den schon in seiner Motivierung wenig klaren Besuch, den Penelope im 18. Gesange den Freiern im Saale abstattet, um ihnen Geschenke zu entlocken. Dazu kommt, daß die Szene mit der Fußwaschung im folgenden Gesange auf eine Erkennung des Odysseus durch Penelope zu zielen scheint. Deren Ablenkung durch Athene (19, 479) ist ebenso gewaltsam wie 4, 836 der scharfe Abbruch des Traumgesichtes, das nicht zu viel verraten darf. Ohne Zweifel ist eine Erzählung sinnvoller, die bereits bei der Fußwaschung die Erkennung erfolgen und Penelope darnach im Einverständnis mit Odysseus zu den Freiern gehen läßt, um durch deren Geschenke Ersatz für den erlittenen Schaden zu schaffen. Ist eine solche ältere Form richtig angesetzt und hat der Verfasser unserer *Odyssee* geändert, dann ist freilich auch der Gewinn nicht zu verkennen: vor allem die wunderbare Szenenfolge des 23. Gesanges, die nun zur Erkennung führt[3]. SCHADEWALDT möchte in seiner Analyse dieser Partie die Verse 23, 117–172 mit den Maßnahmen zur Tarnung des Freiermordes und dem Bad des

[1] *Odysseus bei den Phäaken.* Würzburg 1958.

[2] Unitarisch M. VAN DER VALK, *Beiträge zur Nekyia.* Kampen 1935, neuere Lit. in seinem S. 69 A. 1 genannten Werk S. 229. Analytisch MERKELBACH a. O. 185.

[3] Zur Szenenführung in den Gesängen vor der Erkennung O. SEEL, ‹Variante und Konvergenz in der Odyssee›. *Studi in onore di U. E. Paoli.* Firenze 1955, 643.

Odysseus dem Bearbeiter geben. Wieder ist der Zusammenschluß des Verbleibenden fugenlos glatt, aber sollen wir dieses Bad des Odysseus wirklich missen? Wird es nicht durch den Hinweis auf Schmutz und schlechte Gewandung (115) recht deutlich vorbereitet? Ist es nicht vielleicht so, daß der Dichter für die endliche Vereinigung der Gatten seinen Helden in Schönheit erhöhen wollte?

Wir dürfen es jedoch nicht übergehen, daß einzelne Partien in einer Weise nicht befriedigen, die keine Berufung auf die Unsicherheit subjektiver Wertungen zuläßt. In der Rede der Athene, in der sie Telemachos berät (1, 269–296), herrscht solche Konfusion, daß wir fragen müssen, was der Jüngling nun eigentlich tun soll[1]. Ebenso muß in der Phaiakis der Vers 7, 215 mit der Bitte des Odysseus, man möge ihn sein Mahl einnehmen lassen, befremden, da er ja das bereits früher (177) getan hat. Ferner steht die breite Einführung des Theoklymenos im 15. Gesange in keinem Verhältnis zu seiner bescheidenen Rolle im Epos. Immerhin kann hier die Freude an der erzählten Sage mitgespielt haben. Aber die Weise, wie der neuerliche Mordanschlag der Freier (20, 241–7) in wenigen Versen abgetan und der 16, 371 aufgenommene Faden grob abgerissen wird, fällt in der Tat aus der übrigen Erzählung heraus.

Die genannten Anstöße betreffen Einzelheiten und sind durch geringe Änderungen zu beheben. Man wird für ihre Entstehung die rhapsodische Tradition zumindest mit in Rechnung setzen müssen. Analytischer Eifer, der sich in dem Ausbau von Ursprungshypothesen erschöpfte, stand der Einsicht im Wege, daß die Epen, solange ihre Verbreitung so gut wie ausschließlich Sache der Rhapsoden war, Interpolationen und Änderungen in weit höherem Maße ausgesetzt blieben als die Tragödien in der Zeit der Schauspielerinterpolationen, von denen wir doch wissen, daß es sie gegeben hat.

Seltsam ist die befremdende Knappheit – fast möchte man Fahrigkeit sagen – in den Schlußpartien des letzten Gesanges. Das würde sich rasch erklären, wenn wir aus dem Scholion zu 23, 296 den Schluß ziehen dürften, die echte *Odyssee* habe hier geendigt. Die Angabe, Aristophanes und Aristarch hätten das τέλος (πέρας) des Epos an dieser Stelle angesetzt, wurde mehrfach so verstanden, daß die Alexandriner Handschriften kannten, die mit v. 296 schlossen. Nun fehlt aber jeder Anhalt dafür, daß sie den Schluß der *Odyssee* und die auf ihn vorverweisenden Teile athetierten, wie sie dies hätten tun müssen, wenn sich die bestimmte Aussage im Scholion auf das Ende der echten Überlieferung bezöge. So behält denn eine andere Deutung, die sich schon bei Eustathios findet, ihr Recht. Danach hätten die Alexandriner nichts anderes sagen wollen, als daß die eigentliche Odysseehandlung, Irrfahrten und Freiermord, an dieser Stelle zu Ende gekommen seien.

Damit soll jedoch nicht die Echtheit des 24. Gesanges zur Gänze verteidigt werden. Für die Schlußpartien, aber auch schon für die zweite Nekyia bleiben starke Gründe des Zweifels. Gerne wird man jedoch mit SCHADEWALDT der echten Dichtung das Résumé belassen, jene Erzählung des Odysseus, mit der er sich in den Schlaf redet.

[1] Lebhaft bemüht sich um eine Erklärung der Rede, die nach ihm die Unbestimmtheit des Kommenden spiegelt, K. RÜTER, *Odysseeinterpretationen*. Hypomn. 19, 1969, 148.

Die eben erläuterten Fragen sollten ein Bild der Problemlage ergeben. Zusammenfassend ist zu sagen, daß wir für die *Odyssee* mit größerer Zuversicht als für die *Ilias* voraufgehende Formungen desselben Stoffes ansetzen dürfen. Der Dichter der *Ilias* hat aus dem vielen epischen Gut, das ihm zur Hand war, durch die Einführung des Zornmotivs als organisierenden Prinzips etwas Neues geschaffen; für die Abenteuer des Odysseus und seine Heimkehr dürfen wir schon aus dem Wesen des Stoffes auf ältere Fassungen schließen. Wie weit ihre Bestimmung noch gelingen kann, ist eine andere Frage. Keineswegs hat ein Kompilator einfach ältere Stücke mit einigem Flickwerk zusammengesetzt. Aus unserer *Odyssee* spricht eine Kraft der Komposition und eine Meisterschaft des Erzählens, die nur dem großen Kunstwerk eignen. In diesem Sinne ist auch sie eine Einheit.

6. KULTURSCHICHTEN IN DER HOMERISCHEN DICHTUNG

Die Alexandriner[1] haben bereits beobachtet, daß Dinge wie Reitkunst, Trompetensignale und das Sieden des Fleisches in der *Ilias* nur in Gleichnissen vorkommen. Da diese aus der Umwelt des Dichters stammen, ergibt sich die Notwendigkeit, mindestens zwei Horizonte zu scheiden[2]. Einen, dem die vom Dichter berichteten Geschehnisse zuzuordnen sind, und einen zweiten, der sein eigener ist. Fruchtlos waren alle Versuche, sich vor der offenkundigen Mehrschichtigkeit dieser Kultur in die Theorie einer Zwischenzeit retten zu wollen, in der Älteres und Jüngeres nebeneinander bestanden hätten.

[1] Schol. *Il.* 15, 679. 18, 219. 21, 362.

[2] Zu den verschiedenen Kulturelementen: M. P. NILSSON, *Homer and Mycenae.* Lond. 1933. A. SEVERYNS, 1, 7; 2, 13. W. DEN BOER, ‹Le rôle de l'art et l'histoire dans les études homériques contemporaines›. *Ant. Class.* 17, 1948, 25. J. L. MYRES, ‹Homeric Art›. *Ann. Br. School Ath.* 45, 1950, 229. H. L. LORIMER, *Homer and the Monuments.* Lond. 1950. W. SCHADEWALDT, ‹Homer und sein Jahrhundert›. *Von Homers Welt und Werk.* 3. Aufl. Stuttg. 1959, 87. D. H. F. GRAY, ‹Metal Working in Homer›. *Journ. Hell. Stud.* 74, 1954, 1. L. A. STELLA, *Il poema di Ulisse.* Firenze 1955. C. M. BOWRA, *Homer and his Forerunners.* Edinburgh 1955. R. HAMPE, ‹Die Homerische Welt im Lichte der neuesten Ausgrabungen›. *Gymn.* 63, 1956, 1. A. HEUBECK, *Gnom.* 29, 1957, 38. Umfangreiche Abschnitte über mykenische Elemente im hom. Epos enthalten die Bücher von T. B. L. WEBSTER, *From Mycenae to Homer.* London 1958; deutsch Münch. 1960; dazu *Die Nachfahren Nestors. Mykene und die Anfänge griechischer Kultur.* Janus-Bücher 19. Münch. 1961. C. H. WHITMAN, *Homer and the Heroic Tradition.* Harv. Un. Press 1958. D. L. PAGE, *History and the Homeric Iliad. Sather Class. Lectures* 31. Un. of Calif. Press 1959; dazu die wichtige Besprechung von A. HEUBECK, Gnom. 33, 1961, 113. SP. MARINATOS, ‹Problemi omerici e preomerici in Pilo›. *Par. di Pass.* 16, 1961, 219. Eine gute, in manchem notwendig problematische Zusammenfassung gibt G. S. KIRK, ‹Objective Dating Criteria in Homer›. *Mus. Helv.* 17, 1960, 189. Zu den Phratrien (Ilias 2, 362) A. ANDREWES, *Herm.* 89, 1961, 129. Mehrere einschlägige Abschnitte im *Companion to Homer.* London 1962 (dazu H. G. BUCHHOLZ, *Gnom.* 36, 1964, 6, mit viel Lit.), und in der *Introduccion a Homero.* Madrid 1963, 395. CH. MUGLER, *Les origines de la science Grecque chez Homère.* Paris 1963. Von dem großangelegten, von F. MATZ und H. G. BUCHHOLZ geleiteten Unternehmen *Archaeologia Homerica* sind bereits erschienen: Bd. I: SP. MARINATOS, *Kleidung, Haar- und Barttracht.* Göttingen 1967. E. BIELEFELD, *Schmuck.* 1968. J. WIESNER, *Fahren und Reiten.* 1968. Bd. II: W. RICHTER u. W. SCHIERING, *Die Landwirtschaft im homerischen Zeitalter.* 1968. R. J. FORBES, *Bergbau, Steinbruchtätigkeit und Hüttenwesen.* 1967. H. DRERUP, *Griechische Baukunst in geometrischer Zeit.* 1969. S. LASER, *Hausrat.* 1968. G. BRUNS, *Küchenwesen und Mahlzeiten.* 1970. Bd. III: M. WEGNER, *Musik und Tanz.* 1968. M. ANDRONIKOS, *Totenkult.* 1968. Vgl. auch A. LESKY, *Homeros.* S. 54 der Sonderausgabe Stuttgart 1967.

Homer bekundet selbst, daß er von lange vergangenen Zeiten mit gewaltigeren Menschen (u.a. *Il.* 12, 447) erzählt. Mit welchem Rechte man von einem Archaisieren Homers gesprochen hat, wird noch zu fragen sein. Jedenfalls schweigt die epische Dichtung von dem mächtigen Umbruch durch die «dorische» Wanderung so gut wie völlig. Ein einziges Mal nennt die *Odyssee* (19, 177) die in drei Stämme geteilten Dorier, und wenn Hera (*Il.* 4, 51) Zeus ihre drei liebsten Städte, Argos, Sparta und Mykene, zur Zerstörung anbietet, so besteht die Möglichkeit, daß der Dichter an geschichtliche Ereignisse dachte. Für das mykenische Königtum des Agamemnon, für das des Nestor in Pylos, für den Reichtum von Orchomenos (*Il.* 9, 381) haben wir die historischen Grundlagen kennengelernt; sie sind von der Zeit des Dichters durch mehrere Jahrhunderte getrennt. Dieser Abstand wird an der Rolle von Bronze und Eisen deutlich. Dies letztere tritt unter den wertvollen Preisen auf, die Achilleus bei den Leichenspielen aussetzt (23, 261. 834. 850). Der Kostbarkeit und Seltenheit des Eisens entspricht es, daß im Epos die Waffen fast durchwegs aus Bronze verfertigt sind. Allein die eiserne Keule des Areithoos (*Il.* 7, 141) und die Pfeilspitze des Pandaros (4, 123) aus gleichem Metall bilden eine Ausnahme. An der zweiten Stelle verrät aber Homer, daß er Verhältnisse kennt, in denen das Eisen so leicht zu beschaffen ist, daß man es als Teil des Pfeiles verschießt. Es sind die seiner eigenen Zeit. Das bestätigt sogleich die zwanglose Verwendung des Wortes für Eisen in metaphorischer oder sprichwörtlicher Rede: Ein Herz von Eisen (*Il.* 24, 205. 521); selbst zieht das Eisen den Mann an (*Od.* 19, 13)[1].

Wie ist dieses Verhältnis des Dichters zu einer Vergangenheit zu erklären, in der seine Helden und ihre Taten stehen? Früher bereits (s. S. 33) sahen wir, daß der Ansatz des Erzählten in mehr oder minder entfernter Vergangenheit zu den Wesenszügen der Heldendichtung gehört. Das ist leicht erklärt. In den meisten Fällen hat solche Dichtung einen geschichtlichen Hintergrund, der bei größter Freiheit der Umgestaltung im Bewußtsein lebendig blieb. Homer hat die Ruinen von Troia sehr wahrscheinlich gesehen. Wir möchten jedoch nicht von bewußtem Archaisieren sprechen wie für einen neueren Dichter, der Historisches behandelt. Epische Tradition reicht Jahrhunderte weit zurück, und das heißt, daß Homer an ganz bestimmte Ausdrucksweisen und Vorstellungen gebunden war. Seine Sprache bestätigt dies. Anderseits sehen wir, daß der Dichter häufiger, als es bei bewußtem Archaisieren zu erwarten wäre, Dinge seiner eigenen Zeit ins Spiel bringt.

Wenn auch beide Epen in ferner Vergangenheit spielen, so ist es gar nicht anders denkbar, als daß sich in ihnen die sozialen Verhältnisse der Zeit ihrer Dichter spiegeln[2]. Da setzt sich die Welt großer Grundherren scharf von einer Unterschicht ab,

[1] Dazu mit Ablehnung des Versuches, den Gebrauch des Eisens in die mykenische Zeit zurückzuführen, H. G. BUCHHOLZ, *Gnom*, 36, 1964, 13, mit Lit.

[2] H. STRASBURGER, ‹Der soziologische Aspekt der homerischen Epen›. *Gymn.* 60, 1953, 97. EMILE MIREAUX, *La vie quotidienne au temps d'Homère.* Paris 1955; deutsch Stuttg. 1956; engl. London 1959. M. I. FINLEY, *The World of Odysseus.* London 1956; rev. ed. 1964; deutsch: *Die Welt des Odysseus.* Darmstadt 1968. A. FANFANI, *Poemi omerici ed economia antica.* Milano 1960. A. MELE, *Società e lavoro nei poemi Omerici.* Napoli 1968. Für den allgemeinen Hintergrund: H. M. CHADWICK, *The Heroic Age.* Cambr. 1912.

die sich im Epos nur im Vergleich oder in den Gestalten Dienender verdichtet. Der autarke Gutsbetrieb steht im Mittelpunkt, nur einzelne Handwerker wie Schmied, Töpfer oder Zimmermann, auch der wandernde Arzt, Seher und Sänger, haben sich von ihm gelöst. Wo der Schwerpunkt dieser Gesellschaftsordnung liegt, machen die Worte des Achilleus erkennbar, der die große Eisenscheibe zum Preise setzt (23, 832): wer sie gewinnt, hat Vorrat für fünf Jahre und braucht Hirt und Pflüger nicht in die Stadt gehen zu lassen, wenn sie welches brauchen.

Man hat mit Recht davor gewarnt, diese Gesellschaft zu sehr mit dem mittelalterlichen Rittertum in Parallele zu setzen. Sie ist stärker mit der Gutswirtschaft und ihrer Arbeit verbunden. Odysseus (18, 365) könnte den Eurymachos zu einem Wettkampf im Mähen und Pflügen herausfordern, und auch in der *Ilias* (18, 556) steht in der Ernteszene des Schildes der adelige Herr (βασιλεύς) frohgesinnt mitten unter den Schnittern.

Aber eine ritterliche Welt ist es doch, und das Dasein dieser Adeligen erfüllt sich in der Schlacht. Sie allein zählen, wenn sie auf ihren Streitwagen über das Blachfeld stürmen oder im Kampfe von Mann zu Mann Bewährung suchen. Die Masse, von der uns der Schiffskatalog eine Vorstellung gibt, wird über all den Einzelkämpfen höchstens in Gleichnissen sichtbar.

Daß kämpferische Ideale in der *Ilias* stärker hervortreten, hängt mit ihrem Stoff zusammen, aber wenn Odysseus (12, 226) trotz Kirkes Weisung der Skylla in seiner Waffenrüstung mit zwei Speeren begegnen will, erkennen wir die Heroisierung uralter Seefahrergeschichten. Daß freilich die *Odyssee* auch andere Lebenskreise stärker in ihren Bereich zieht, soll dabei nicht übersehen werden.

Lebenshaltung und Ehrenkodex des Adels sind für Homer nicht allein Traditionsgut, er hat diese Dinge auch in seiner eigenen Zeit lebendig gesehen. Die stolzen Herren von Chalkis nannten sich nach der Rossezucht die Hippoboten, und als um 700 der Krieg mit Eretria um das Lelantische Gefilde entbrannte und adelige Kämpfer aus ganz Griechenland versammelte, da verbot eine Übereinkunft alle Fernwaffen, um allein dem ritterlichen Nahkampf die Entscheidung zu überlassen (Strab. 448).

Zu den eingangs erwähnten Einzelheiten, durch die sich die beiden Epen als Schöpfungen ihrer Zeit verraten, fügen wir hinzu, daß auch Diomedes und Odysseus einmal in besonderer Situation (*Il.* 10, 513. 541) reiten, aber das geschieht in der als Einschub verdächtigten Dolonie. Drollig wird der Abstand der Zeiten an einem anderen Zuge sichtbar: homerische Helden sind Bratenesser und machen sich nur in bitterster Not an den Fischfang. In den Gleichnissen hingegen erscheint dieser in seinen verschiedenen Formen als alltägliche Sache[1]. Viel Kopfzerbrechen und falsche Datierungen hat die Frage verursacht, ob ein Homer des 8. Jahrhunderts Tempel und Kultbild kennen konnte, wie sie im 6. Gesange der Ilias erscheinen. Er konnte es[2], aber erst seine eigene Zeit bot ihm solche Formen der Götterverehrung. In beiden Epen begegnen wir den Phoinikern als Händlern und Raubgesellen. In der Zeit

[1] Die Belege: A. Lesky, *Thalatta*. Wien 1947, 18.

[2] Schadewaldt a. O. 93 A. 5. W. Kraiker, *Gnom.* 24, 1952, 453. G. S. Kirk a. O. 194.

zwischen 1000 und 800 sind sie als Erben des mykenischen Handels im Mittelmeer aufgetreten, mit der Zeit Agamemnons haben sie nichts zu schaffen[1]. Die epische Dichtung folgt auch in der Sitte der Leichenverbrennung ihrer Zeit, während uns mykenische Schacht- und Kuppelgräber andere Bestattungsformen zeigen[2]. Schwierige Fragen ergeben sich bei der Datierung einzelner Gegenstände in die Zeit des Dichters. Für den Panzer mit den zum Halse emporgereckten Schlangen, den Agamemnon von dem kyprischen Könige Kinyras erhielt (11, 20), ist solcher Ansatz wahrscheinlich.

Dingen, die auf die Entstehungszeit des Epos weisen, stehen andere gegenüber, die man aus der mykenischen, wenn nicht gar kretischen Kultur abgeleitet hat[3]. Es sind nicht viele, und nicht alle sind gesichert. Es war verständlich, daß man von der Entzifferung des Linear B zunächst reiche Aufschlüsse erhoffte. Diese Erwartung hat sich nicht erfüllt, und zwar nicht nur deshalb, weil die neuen Texte aus dem Bereich von Wirtschaft und Buchhaltung der Herrensitze stammen. Es haben sich vielmehr gerade aus dem Einblick in deren wirtschaftliche und soziale Struktur gewichtige Gründe dafür ergeben, die mykenische Welt stärker als bisher von der homerischen zu trennen. RODENWALDTS Satz[4], daß Homer «antiquarisch wenig, historisch aber sehr viel mit der mykenischen Kultur zu tun hat», fand im ersten Teil seine Bestätigung, in seinem zweiten ist er aber fraglich geworden. Die Linien, die von der Welt Mykenes zu den Kulturen des Vorderen Orients führen, scheinen sich zu verdichten, was aber nicht bedeutet, daß Beziehungen Homers zu ihr überhaupt nicht mehr erkennbar wären.

Paradestück bleibt der Becher Nestors, den die Ilias (11, 632) beschreibt und den man auf Grund eines goldenen Gefäßes aus dem 4. Schachtgrab von Mykene dieser Kultur zugewiesen hat. Neuerdings hat man die Unterschiede stärker betont als die Ähnlichkeiten[5]. Aber diese sind groß genug, um die Zuweisung zu rechtfertigen. Bei der Beschreibung des Palastes des Alkinoos nennt die *Odyssee* (7, 87) einen Fries von Kyanos, was im Griechischen Lapislazuli oder dessen Imitation in blauem Glasfluß bedeutet. Dieser findet sich an Ornamentreihen aus Tiryns verwendet. Da diese Ornamentik unter dem Einfluß Kretas steht, kommen wir hier vielleicht bis auf dessen Kultur zurück, was das Epos nur selten ermöglicht. Für die ausgezeichnete Stellung der Königin Arete bei den Phaiaken und den Reigenplatz, den Daidalos in Knossos für Ariadne geschaffen hat (*Il.* 18, 591), besteht die Möglichkeit solcher Reminiszenzen. Wenn *Ilias* (9, 381) und *Odyssee* (4, 126) vom Reichtum des ägyptischen Theben erzählen, so geht solches Wissen auf die Zeit vor dem Völkersturm

[1] Die Datierung der homerischen Phoiniker in das 2. Jahrtausend durch F. H. STUBBINGS, *Companion to Homer*. London 1962, 13, überzeugt nicht.

[2] E. MYLONAS, ‹Homeric and Mycenaean Burial Customs›. *Am. Journ. Arch.* 52, 1948, 56.

[3] Der mißlungene Versuch von G. KAHL-FURTHMANN, *Wann lebte Homer? Eine verschollene Menschheit tritt ans Licht.* Meisenheim a. Glan 1967, die homerischen Epen als mykenische Dichtung des 14. Jh.s zu erweisen, ist zum Glück kaum geeignet, schwierige Fragen weiter zu verwirren.

[4] *Tiryns* 2, 1912, 204.

[5] Referat bei R. HAMPE in der o. S. 36, A. 2 zuerst genannten Arbeit S. 20; positiv DEN BOER und MYRES in den o. genannten Arbeiten.

zurück. Wie schattenhaft später die Vorstellungen von Ägypten waren, können Stellen der *Odyssee* (3, 318. 4, 354; 482) zeigen.

Ein sicherer Fall ist der mit Reihen von Eberzähnen versehene Lederhelm, den Meriones in der *Ilias* (10, 261) dem Odysseus gibt. Ein Elfenbeinköpfchen und durchlochte Eberzähne aus Mykene geben Gewißheit. Von der Bedeutung der Bronze für die Bewaffnung homerischer Kämpfer und der Seltenheit des Eisens wurde bereits gesprochen. Von eingelegter Metallarbeit ist gleich später ein Wort zu sagen. Schwerter mit Silberbuckeln am Griff kennt man aus dem 15. und kennt man aus dem 7. Jahrhundert, es kann sie auch in der Zwischenzeit gegeben haben. Da aber die Formel φάσγανον ἀργυρόηλον ein Wort für Schwert enthält, das im Linear B als pa-ka-na (Plural) belegt ist, später aber außer Gebrauch kam, liegt der Schluß nahe, daß Sache und Formel auf die mykenische Zeit zurückgehen. Der Fall zeigt die Möglichkeiten und Unsicherheiten unserer Verwertung des Materials.

Zweimal heißt es in der *Ilias* (6, 320. 8, 495) vom Speere des Hektor, daß um seine Spitze ein goldener Ring läuft. Speerspitzen, die als Hülse auf den Schaft geschoben und mit einem Ring gesichert werden, kennen wir aus mykenischen und kretischen Gräbern. Seit dem Buche von W. REICHEL über homerische Waffen[1] hatte man längere Zeit geglaubt, von den zwei im Epos auftretenden Schildformen die lange, den ganzen Mann deckende der mykenischen, die runde jedoch der Zeit Homers zuweisen zu können. Man hat das neuerdings in Zweifel gezogen und auf geometrische Vasen verwiesen, die nebeneinander den kleinen Rundschild und den großen achterförmigen Langschild (Dipylonschild) zeigen. Nun finden sich aber auf mykenischen Darstellungen wie der Dolchklinge mit der Löwenjagd aus dem 4. Schachtgrab zwei Formen des Langschildes. Neben der Achterform der treffend sogenannte Ofenschirmtyp ohne seitliche Einziehung. Der Langschild ist in der Ilias besonders mit Aias verbunden; wenn es nun von diesem in einem Formelvers (7, 219. 11, 485. 17, 128) heißt, daß er seinen Schild daherträgt wie einen Turm, wird man doch eher an die zweite der mykenischen Großformen denken.

Wir sehen, daß nicht alles Mykenische im Homer auch wirklich gesichert ist, daß es aber Derartiges gibt, kann als gewiß gelten. Wie kam es in Dichtung des 8. Jahrhunderts? C. ROBERT vor allem wollte in seinen *Studien zur Ilias* (1901) unter dem Eindrucke von REICHELS Forschungen auf Grund der verschiedenen Bewaffnung Schichten der Dichtung sondern. Der Holzweg ist als solcher längst erkannt. Wie fatal, daß der so prächtig mykenische Eberzahnhelm just in der Dolonie festsitzt, jener Partie also, über deren späte Entstehung die meisten einig sind! Glaubhafter ist der Versuch, die fraglichen Dinge als alte Erbstücke zu erklären, wie denn der eben genannte Eberhelm in der Tat als Besitz mehrerer Männer bezeichnet wird und auf Meriones von seinem Vater übergegangen ist. Aber gerade in diesem Falle läßt das

[1] Wien 1894, 2. Aufl. 1901. Weitere Literatur bei H. TRÜMPY, *Kriegerische Fachausdrücke im griechischen Epos*. Diss. Basel 1950, 6 u. 20; dazu SCHADEWALDT a. O. 94. F. H. STUBBINGS, ‹Arms and Armour›. Im *Companion to Homer*. London 1962, 504. A. SNODGRASS, *Early Greek Armour and Weapons from the End of the Bronze Age to 600 B.C.* Edinburgh 1964.

Material eine Dauer über Jahrhunderte unglaubhaft erscheinen, und schwerlich kann diese Erklärung alle angeführten Fälle decken.

Die Forschung ist heute über den Widerstreit zweier Meinungen noch nicht hinausgekommen. Anhänger der These, daß die epische Dichtung der Griechen in ihren Anfängen und in ihrer Troia-Thematik in die mykenische Zeit zurückreiche, führen die verschiedenen sprachlichen und sachlichen Elemente, die dieser Epoche angehören oder angehören können, auf direkte Tradition aus dieser Zeit zurück. WEBSTER, PAGE und WHITMAN zeigen in verschiedener Nuancierung große Zuversicht in der bezeichneten Richtung. Die Gegenposition vertritt neben anderen HEUBECK, zur Vorsicht neigt auch KIRK. Hier tritt das Trennende zwischen der Welt Mykenes und jener Homers in den Vordergrund. Auch wird die Möglichkeit betont, daß die als mykenisch angesprochenen Elemente nicht aus Dichtung dieser Zeit stammen, sondern Erinnerungen darstellen, die noch lange nach dem Zusammenbruche dieser Welt erhalten blieben und so in das Epos kamen. Überhaupt wird von dieser Seite den «dunklen» Jahrhunderten die entscheidende Bedeutung für die Ausformung der Sagenkreise und die Entwicklung der epischen Dichtung zugeschrieben.

Wenn wir unsere eigene Auffassung anschließen, bleiben wir mit dieser natürlich ebenfalls auf dem Boden der Hypothese. Heldensang wird man in der feudalen Welt Mykenes annehmen müssen, das wurde bereits gesagt. Daß er schon daktylische Form hatte ist möglich, daß sein Inhalt Kämpfe und Abenteuer waren, ist in der Natur der Dinge gelegen. Es ist auch denkbar, daß manche der Gestalten, die wir aus dem homerischen Epos kennen, dort bereits eine Rolle spielten. Nichts aber spricht dafür, daß den Stoff solcher Dichtungen der Zug gegen Troia bildete und wir derart mit zeitgenössischer Poesie über ein historisches Unternehmen zu rechnen hätten. Vielmehr glauben auch wir, daß die Ausgestaltung des troischen Sagenzyklus in der Form mündlich tradierter Gesänge im wesentlichen in den sogenannten dunklen Jahrhunderten vor sich ging. Daß der wirtschaftliche Tiefstand dieser Zeit durchaus keine Gegeninstanz bildet, wurde bereits richtig erkannt[1]. Den Anteil der Griechen Kleinasiens und jenen des Stammlandes an dieser Entwicklung sauber zu scheiden ist unmöglich, doch wird man sich diesen nicht zu gering vorstellen dürfen. Auch Athens Anteil ist zu bedenken, ohne daß man es mit WHITMAN geradezu zur Wiege des Epos macht. Die Linie von Pylos über Athen in die Kolonien haben auch HAMPE und WEBSTER kräftig nachgezogen. In keinem Falle aber darf man sich die beiden Bereiche durch die Ägäis weltweit geschieden denken, das hat SCHADEWALDT eindringlich gezeigt[2].

Für die mykenischen Elemente in der homerischen Dichtung sind jedoch beide früher genannten Möglichkeiten in Rechnung zu ziehen, ohne daß wir gegenwärtig im Einzelfalle eine sichere Entscheidung wagen könnten. Direkte Tradition solcher Dinge und Formeln aus der mykenischen Welt ist denkbar, ebenso aber kann es sich um Reminiszenzen der unmittelbar folgenden Zeit handeln, in der all der Zerstörung

[1] G. S. KIRK, *Mus. Helv.* 17, 1960, 189 und *Proc. of the Cambr. Philol. Soc.* No. 187, 1961, 46.

[2] *Von Homers Welt und Werk.* 3. Aufl. Stuttg. 1959, 98.

zum Trotz die Kontinuität der Überlieferung nicht einfach durchtrennt sein konnte; auch ist mit regionalen Unterschieden zu rechnen. So denken auch wir uns den Strom mündlicher Dichtung über Jahrhunderte reichend, bis er in das weite Meer der homerischen Epik mündete; höchst Altertümliches führte er in Resten mit sich, hat aber auf seinem Weg immer neue Elemente späterer Zeit in sich aufgenommen.

Seltsam und geradezu symbolhaft vermengen sich die Dinge beim Schild des Achilleus. Bei der Beschreibung seiner Herstellung erinnern wir uns an mykenische Dolchklingen mit eingelegtem Buntmetall, für Form und Anlage des Bildschmuckes aber geben orientalisierende Bronzeschilde des 8. Jahrhunderts die nächste Parallele[1].

Wir können zusammenfassen: die Welt der homerischen Dichtung vereinigt reiche Bezüge auf die von großen Impulsen erfüllte Zeit ihrer Entstehung mit einer Haltung, die einer fernen Vergangenheit zugewendet bleibt; an diese erinnern einzelne Petrefakte, die in ihr eingeschlossen sind. Es ist etwas Wahres an der pointierten Formulierung von Myres, daß diese Welt eben deshalb unsterblich wurde, weil sie so nirgends außerhalb der Phantasie des Dichters existiert hat.

7. SPRACHE UND STIL

Stärker als in irgendeiner anderen Dichtungsgattung bestimmt im griechischen Epos der Vers die sprachliche Gestalt. Wir haben kein Wissen von Vorstufen, die sich eines anderen Maßes als des Hexameters bedient hätten, vielmehr führt der hochaltertümliche Aspekt zahlreicher Formeln zu der Überzeugung, daß dieser Vers in die Frühzeiten griechischer Epik zurückreicht. Da er innerhalb griechischer Maße eine Sonderstellung einnimmt und Erscheinungen wie die metrische Dehnung von Schwierigkeiten seiner Bewältigung sprechen, will die Hypothese von A. Meillet[2], er stamme aus einer vorgriechischen Schicht, wohl bedacht sein.

Die Gefahr der Monotonie, die das an sich strenge Maß bei reihenmäßiger Verwendung in sich barg, wurde auf verschiedenen Wegen gebannt. Zunächst einmal durch die Möglichkeit, Daktylen durch Spondeen zu ersetzen, was nur im 5. Fuß Ausnahme bleibt und im 4. Fuß Beschränkungen unterliegt, wenn auf ihn ein Einschnitt folgt. Auflockernd wirkt ferner bei jeder Reihensetzung von Versen die Behandlung der Satzschlüsse, die auch bei Homer oft über das Hexameterende übergreifen (Enjambement). Häufig erzielt ein sinnschweres Wort durch seine Stellung am nächsten Versbeginn besondere Wirkung. Vollends entscheidend für die formalen Möglichkeiten des Hexameters ist die Mannigfaltigkeit der Einschnitte, die schon Friedrich Schlegel hoch gerühmt hat. Es handelt sich dabei nicht um die Notwendigkeit, Atempausen zu schaffen, sondern um ein Mittel, die Gliederung des Sinnes mit jener der Form nach bestimmten Regeln zur Deckung zu bringen. Die Stellen der möglichen Einschnitte sind im folgenden Schema bezeichnet.

[1] Schadewaldt a. O. 94 A. 7.

[2] *Les origines indo-européennes des mètres grecs.* Paris 1923. K. Marót, ‹Der Hexameter›. *Acta Ant. Acad. Scient. Hungar.* VI fasc. 1/2, 1958; *Die Anfänge der griech. Literatur.* Budapest 1960, 212. Gegen die Annahme vorgriechischer Vorbilder C. M. Bowra im *Companion to Homer.* London 1962, 19; gegen den Ansatz episch-hexametrischer Poesie in mykenischer Zeit A. Heubeck, *Gnom.* 36, 1964, 2.

– [1] | ⏑ | ⏑ | – [2] | ⏑ ⏑ – [3] | ⏑ | ⏑ – [4] | ⏑ ⏑ | – [5] ⏑ ⏑ – [6] ⏓

Deutlich scheiden sich drei Gruppen, von denen die mittlere die beiden wichtigsten Zäsuren enthält. Man hat in 27803 Hexametern 11361 mal den Einschnitt nach der Länge des 3. Daktylus (Penthemineres) und 15640 mal jenen nach dessen erster Kürze (trochäische Zäsur) gezählt. Das heißt, daß so gut wie jeder epische Vers einen sinnfälligen Mitteleinschnitt enthält, wodurch sich die Gliederung in zwei Teile ergibt, deren erster fallend, deren zweiter steigend einsetzt. Die beiden Hauptzäsuren werden in mannigfacher Weise von Einschnitten umspielt, die je den beiden Randgruppen angehören, so daß sich vielfach eine Gliederung in vier Teile ergibt[1]. Da jedoch die Einschnitte der ersten Gruppe oft nur schwach oder gar überdeckt sind, wird sehr häufig in Gehalt und Form des Hexameters eine Dreigliederung spürbar. Wenn wir an diesem Vers ein freies Spiel von Möglichkeiten innerhalb festgezogener Grenzen feststellen konnten, so verrät sich in solcher Freiheit in der Bindung jener Grundzug griechischen Schaffens, der sich in der Klassik vollendet.

Historischer Betrachtung der homerischen Sprache[2] ergibt sich als auffallendstes Merkmal die Mischung verschiedener Dialekte. Die jüngsten Elemente sind die attischen, doch sind sie das Ergebnis von Vorgängen, die nicht der Entstehungs-, sondern der Überlieferungsgeschichte des Epos angehören. Da sich diese in einer wichtigen Etappe in Attika abgespielt hat, ist das Eindringen von Attizismen wohl zu verstehen[3]. Anders zu beurteilen ist das Auftreten zahlreicher Äolismen[4] innerhalb der im wesentlichen ionischen Sprache des Epos. Dabei ist das Nebeneinander äolischer und ionischer Formen bemerkenswert. Für die Modalpartikel tritt κέ(ν) dreimal öfter auf als das ionische ἄν, neben ἄμμες und ὔμμες stehen ἡμεῖς und ὑμεῖς, in der Infinitiv-

[1] Zur Struktur des hom. Hexameters FRÄNKEL 39. Ders. *Wege und Formen frühgriechischen Denkens*. 2. Aufl. Münch. 1960, 100. H. N. PORTER, ‹The Early Greek Hexameter›. *Yale Class. Stud.* 12, 1951 mit Tabellen zu einzelnen Strukturtypen. Zu demselben Thema mit reichem Material H. J. METTE, ‹Die Struktur des ältesten daktylischen Hexameters›. *Glotta*, 35, 1956, 1.

[2] K. MEISTER, *Die homerische Kunstsprache*. Leipz. 1921. M. P. NILSSON, *Homer and Mycenae*. Lond. 1933, 160. P. CHANTRAINE, *Grammaire Homérique*. 1, 3. Aufl. Paris 1958; 2, 1953. Ders. in *Introduction à l'Iliade*. Paris 1948, 89–136. C. GALLAVOTTI–A. RONCONI, *La lingua Omerica*. 3. ed. Bari 1955. J. S. LASSO DE LA VEGA, *La oración nominal en Homero*. Madrid 1955. V. PISANI, *Storia della lingua Greca* in *Encicl. class.* 2/5/1. Torino 1960, 25. PH. J. KAKRIDIS, Ἡ παρατάξη τῶν οὐσιαστικῶν στὸν Ὅμηρο καὶ στοὺς Ὁμηρικοὺς ὕμνους. Thessaloniki 1960. L. R. PALMER im *Companion to Homer*. London 1962, 75. L. GIL in *Introduccion a Homero*. Madrid 1963, 161. R. J. CUNLIFFE, *A Lexicon of the Homeric Dialect*. New ed. Oklahoma Un. Pr. 1963. G. DEVOTO, *La lingua omerica*. Nuova ed. Firenze 1963. G. S. KIRK, *The Language and Background of Homer. Some recent Studies and Controversies*. Cambridge 1964. J. BECHERT, *Die Diathesen von* ἰδεῖν *und* ὁρᾶν *bei Homer*. München 1964 (Münch. Stud. zur Sprachwissenschaft). Beachtung verdient auch aus methodischen Gründen J. LATACZ, *Zum Wortfeld ‹Freude› in der Sprache Homers*. Heidelberg 1966. A. LESKY, *Homeros*. S. 23 der Sonderausgabe Stuttgart 1967, mit Lit. M. W. EDWARDS ‹Some features of Homeric Craftmanship›. *Trans. Am. Philol. Ass.* 97, 1966, 115; ders. ‹Some stilistic notes on Iliad XVIII›. *Am. Journ. Phil.* 89, 1968, 257. E. HEITSCH, *Epische Kunstsprache und homerische Chronologie*. Heidelberg 1968. Außerdem ist die S. 23, A. 1 zur Dialektfrage genannte Literatur heranzuziehen.

[3] Die Gegenpositionen: J. WACKERNAGEL, *Sprachliche Untersuchungen zu Homer*. Gött. 1916 (1–159, auch *Glotta* 7, 1916, 161) und WILAMOWITZ, *Die Ilias und Homer*. Berl. 1916, 506.

[4] Der Versuch von K. STRUNK, *Die sogenannten Aeolismen der homerischen Sprache*. Diss. Köln 1957, die Aeolismen des Epos dadurch förmlich zum Verschwinden zu bringen, daß man sie als Archaismen einem alten peloponnesisch-mittelgriechischen Dialekt zuweist, konnte nicht durchdringen, vgl. P. CHANTRAINE, *Athenaeum* N. S. 36, 1958, 317, und F. R. ADRADOS, *Kratylos* 4, 1959, 177.

bildung begegnet die äolische auf -μεν und -μεναι neben der ionischen auf -ναι, beziehungsweise -ειν, beim Partizip des Perfekts die äolische Flexion nach dem Partizip des Präsens neben den ionischen Formen, beim Substantiv Dativbildung wie äolisches πόδεσσι neben ποσσί und ποσί, um nur einige Beispiele zu geben.

Nun haben die Ioner an der kleinasiatischen Westküste nach Norden ausgegriffen und äolische Siedlungen überschichtet, die wie Smyrna in Zusammenhang mit Homer gebracht wurden. So lag der Gedanke nahe, die beiden Epen wären ursprünglich im äolischen Dialekt abgefaßt gewesen und später ins Ionische übertragen worden. Die letzte Konsequenz war der von August Fick (1883 u. 1886) unternommene Versuch, die Gedichte ins Äolische rückzuübersetzen. Ein schönes Beispiel für die Fruchtbarkeit mancher Irrtümer. Erst so erkannte man Äolismen, die leicht durch ionische Formen hätten ersetzt werden können, und «feste Ionismen», für die unmöglich eine äolische Form eintreten konnte. Kurzum, es zeigte sich, daß hier nicht Schicht über Schicht lag, sondern äolische und ionische Elemente in einer engen und vielfach unlösbaren Verbindung auftraten. So haben denn auch die Versuche, Analyse auf sprachhistorischer Grundlage zu treiben, kein greifbares Ergebnis gezeitigt. Wie verwickelt die Fragen sind, zeigt die Dolonie. Man hat ihr verschiedene jüngere Formen auf die Rechnung gesetzt, aber sie allein bietet (65) das alte äolische ἀβροτάξομεν, ein rechtes Gegenstück zur Eberzahnkappe des Meriones.

Es bereitet für die Untersuchung der homerischen Sprache Schwierigkeiten, daß wir weder gleichzeitiges Äolisch noch Ionisch kennen und auf die späteren Erscheinungsformen dieser Dialekte angewiesen bleiben. So viel aber können wir mit Sicherheit sagen, daß die Sprache dieser Gedichte mit ihrer Mischung verschiedener dialektischer Elemente nicht dem Leben der Zeit angehörte und so überhaupt nie gesprochen wurde[1]. Insofern ist es richtig, sie eine Kunstsprache zu nennen. Das soll nicht heißen, daß sie durch eine beabsichtigte Vermengung der verschiedenen Dialekte entstanden war, man wird ihr Werden vielmehr im Zusammenhange mit der Entstehung des homerischen Epos zu erklären haben. Die Einzelheiten dieser Entwicklung sind uns nicht mehr greifbar. Je tiefer neuere Analysen in das Gemenge dieser epischen Kunstsprache eindringen, desto komplizierter stellt es sich uns dar. Eine Vereinigung verschiedener Elemente wurde kenntlich, die in zwei gesonderten Dimensionen vor sich ging: in einer horizontalen insofern, als Dialektelemente, die gleichzeitig an verschiedenen Orten bestanden haben, nebeneinander auftreten, und in einer vertikalen, da sich Formen hohen Alters neben jüngeren finden, um nur an den gleichzeitigen Gebrauch kontrahierter und unkontrahierter Formen als besonders sinnfälliges Beispiel zu erinnern. Es wäre bei dem heutigen Stande unseres Wissens eine unerlaubte Vereinfachung, ein älteres äolisches von einem jüngeren ionischen Stratum zu scheiden oder kurzerhand von einer Überschichtung zu sprechen. Die Mischung ist älter und dichter, als man zu Zeiten annahm. Immerhin gibt es Beobach-

[1] Der Versuch von Georgiev, vgl. S. 23, A. 1, dazu ‹Creto-Mycenaean and Homeric›. *Klio* 38, 1960, 69, die homerische Sprache mit der Vielfalt ihrer Formen als die letzte Phase einer mykenischen Koine zu erklären, die in sich Ionisches und Äolisches vereinigte, wird kaum Nachfolge finden.

tungen, die für besonders hohes Alter einzelner als äolisch aufgefaßter Elemente sprechen. Auch hat die Vertauschbarkeit paralleler Formen ihre Grenzen. So wechseln die beiden steigernden Präfixe ἀρι- und ἐρι- nicht beim selben Wort ab, und ἐρι- tritt besonders häufig in Formeln auf, die das Versende bilden und hohes Alter vermuten lassen.

Für die Weise, in der wir uns die Entstehung der epischen Sprache vorzustellen haben, sind die Hinweise VITTORE PISANIS[1] auf die Dichtersprache des Ottocento eine besondere Hilfe: hier strömten aus den vorhergegangenen Jahrhunderten Elemente verschiedenster Herkunft, sizilianische besonders und toskanische, aber auch provençalische, zu freiem Gebrauche zusammen.

Für die homerische Sprache hat man sich neuerdings lebhaft um die Scheidung verschiedener Altersstufen – Mycenaean, Pre-migration, Post-migration diction – bemüht[2]. Aber gerade diese sorgfältigen Untersuchungen haben die Schwierigkeit erwiesen, in dem, was nun einmal ein echtes Gemenge ist, Schichten sprachlicher Phänomene zu scheiden oder gar nach ihnen einzelne Wendungen und Partien zu datieren. In dem ständigen Fluß der epischen Sprache wurden auch auf ihrer jüngsten Stufe ebenso neue Formeln gebildet, wie alte für die Absichten des Sängers zurecht gemacht. Auf diese Weise ergab sich eine einzigartige Vielfalt der sprachlichen Mittel: Altes blieb erhalten, Neues trat ständig hinzu, und Formen verschiedenen Alters und verschiedener Herkunft blieben nebeneinander in Verwendung. Es versteht sich von selbst, daß dieser Formenreichtum den Sängern mündlicher Heldendichtung sehr zustatten kam und auch später noch die Meisterung des Hexameters außerordentlich erleichterte. Für das Nebeneinander verschiedener Stufen gibt der wechselnde Gebrauch des späteren Artikels ein gutes Beispiel. Gleiches gilt von der fakultativen Verwendung des Digamma (Ϝ), dessen Entdeckung im Homer die glänzende Leistung BENTLEYS war. Das Nebeneinander von Möglichkeiten, diesen Laut prosodisch zu berücksichtigen oder zu vernachlässigen, Möglichkeiten, die durch beide Epen hindurchgehen, ist damit zu erklären, daß Differenzen innerhalb der Sprache der Zeit dem Sänger die variable Behandlung des in verschiedenem Maße verklingenden Lautes gestatteten[3].

Wie wir sahen (S. 24), hat die Entzifferung der Tafeln mit Linear B die Frage nach dem Verhältnis dieses mykenischen Griechisch zu den bekannten Dialekten in den Vordergrund gebracht. Damit war auch der Wunsch gegeben, über die Beziehungen der epischen Sprache zu den neuen Texten ins reine zu kommen. Die Probleme sind stark im Flusse. Was wir zur Frage der Kulturschichten sagten, findet in diesem Zusammenhange seine Wiederholung. Großem Vertrauen in unsere Möglichkeiten, aus Homer mykenisches Sprachgut zu gewinnen, wie es neben anderen PAGE

[1] Vgl. S. 23, A. 1, 38.

[2] T. B. L. WEBSTER, ‹Early and Late in Homeric Diction.› *Eranos* 54, 1956, 34. G. S. KIRK, ‹Objective Dating Criteria in Homer›. *Mus. Helv.* 17, 1960, 197. Mit besonderer Energie und Zuversicht sucht D. L. PAGE in seinem Buche *History and the Homeric Iliad. Sather Class. Lectures* 31. Univ. of Calif. Pr. 1959, vor allem in dessen 6. Kapitel, mykenisches Sprachgut im Epos festzustellen.

[3] Außer den Grammatiken vgl. auch A. PAGLIARO, ‹Il digamma e la tradizione dei poemi Omerici› in: *Saggi di critica semantica.* Roma 1952, 65.

bekundet, steht die vorsichtige Warnung KIRK's gegenüber, daß es auch in nachmykenischer Zeit Möglichkeiten gegeben haben muß, Formelgut dieser Art in den Strom mündlicher Dichtung eingehen zu lassen. Zwei Faktoren der Unsicherheit treten hinzu. MANU LEUMANN[1] hat zahlreichen Glossen, die der alten arkadisch-kyprischen, dem Mykenischen nahe stehenden Sprachschicht angehören sollen und uns aus Inschriften oder Grammatikernotizen bekannt sind, die Dialektechtheit dadurch bestritten, daß er sie als Reminiszenzen an die Sprache des Epos faßte. Zum andern ist die Deutung der Tafeln mit Linear B auf Grund des früher (S. 26) erwähnten Wesens dieser Schrift zum Teil unsicher und der Debatte unterworfen. Aber wenn man auch all dies sorgsam in Rechnung stellt, bleibt doch gar nicht wenig an einwandfreien Beziehungen des homerischen zum mykenischen Griechisch. Das zeigt eine so sorgsame und nützliche Zusammenstellung, wie sie VITTORE PISANI[2] gibt. Ebensowenig wie bei den sachlichen Bezügen wird man hier in jedem Falle entscheiden können, wann Sprachgut, das wir als altertümlich erkennen, in die epische Tradition eingedrungen ist. Da wir aber an mykenischem Heldensang nicht zweifeln, ohne ihn stofflich als unmittelbaren Vorläufer der Ilias aufzufassen, steht der Annahme nichts im Wege, daß eine Reihe von Formeln, wie etwa das früher erwähnte φάσγανον ἀργυρόηλον oder Wörter wie αἶσα, λεύσσω, ἠπύω in diese Schicht zurückreichen[3].

Es bestätigt die Annahme eines außerordentlich langen Entwicklungsganges der epischen Sprache, daß wir Formen und Bedeutungen antreffen, die nur einem Mißverstehen älteren Sprachgutes ihre Existenz verdanken können, wie etwa ein ὁ ἀγγελίης für ‹Bote› oder ein Adjektiv ὀκρυόεις. LEUMANN ist solchen Erscheinungen mit bewundernswertem Scharfsinn nachgegangen, doch wird man aus ihnen kein neues analytisches Motiv ableiten dürfen. Das Nebeneinander von alter und neuer Verwendung des gleichen Sprachgutes kann niemanden verwundern, der den hier gezeichneten Weg der Entwicklung bedenkt.

Am sinnfälligsten ist die Sprache der beiden Epen durch die große Rolle jener formelhaften Elemente gekennzeichnet, die wir ihrem Erbe aus der Zeit mündlichen Heldensanges zurechneten. Studien neuerer Zeit haben uns das enge Verhältnis dieser Formeln zum Metrum immer klarer sehen gelehrt[4].

[1] *Homerische Wörter. Schweiz. Beitr.* 3. Basel 1950, 262.

[2] Vgl. S. 23, A. 1, 39.

[3] Daß wir in diesen Zusammenhängen nicht mehr von einer achäischen Schicht sprachen, hängt mit dem zu den Dialekten Gesagten zusammen. Das bedeutet einen Einwand gegen das Buch von C. J. RUIJGH, *L'élément Achéen dans la langue épique*. Assen 1957. Gegen die zu große Zuversicht in der Ermittlung ältesten Sprachgutes hat sich E. RISCH, *Gnom.* 30, 1958, 87 gewendet, der besonders starke Skepsis gegen die Nachweisbarkeit mykenisch-homerischer Sprachbezüge vertritt.

[4] Voran ging K. WITTE, ‹Zur hom. Sprache›. *Glotta* 1, 1909, 132 und in seinem Homerartikel *RE* 8, 1913, 2213. Neue Beobachtungen von M. PARRY, *L'épithète traditionelle dans Homère*. Paris 1928. Seine weiteren Arbeiten bei J. LABARBE, *L'Homère de Platon. Bibl. de la Fac. de Phil. et Lettr. Liège* 117, 1949, der selbst wichtige Beiträge bietet. SEVERYNS 2, 49. D. L. PAGE, *History and the Homeric Iliad;* s. S. 35, A. 4, 222. E. DIAS PALMEIRA, ‹O Formalismo da Poesia Homérica›. *Humanitas* N. S. 8/9, 1959/60, 171. W. WHALLON, ‹The Homeric Epithets›. *Yale Class. Stud.* 17, 1961, 95. A. HOEKSTRA, *Homeric Modifications of Formulaic Prototypes.* Studies in the Development of Greek Epic Diction. Verh. Nederl. Ak. Afd. Letterkunde N.R. 71/1, 1965. Dazu die zu *oral poetry* genannte Literatur.

Da ist zunächst das stehende Beiwort für Personen und Dinge. Vielfach haben diese Beiwörter ihre feste Stelle im Vers, und einzelne treten nur in einem einzigen Casus auf, der eine bestimmte metrische Verwendungsmöglichkeit bietet. Fest ist im Homer auch eine bedeutende Anzahl von Formeln für Beginn und Ende der Rede, Bewegungsvorgänge, Geschehnisse des Kampfes u.a. Viele von ihnen füllen einen Halbvers und können sich durch leichte Veränderungen anderen Versstellen und Gebrauchsweisen anpassen. Als drittes sind die typischen Szenen anzuführen, die in ganzen Versreihen öfter wiederkehrende Vorgänge wie das Mahl, das Opfer, die Rüstung, die Ausfahrt eines Schiffes schildern[1].

Die bedeutende Rolle all dieser Elemente darf aber nicht zu ihrer Überschätzung führen. Es ist verfehlt, die homerische Dichtung als Anhäufung von Formeln zu betrachten und diesen im Epos dieselbe Bedeutung zuzuschreiben, die in neuerer Dichtung das einzelne Wort besitzt.

Zunächst bleibt für das Formelgut selbst eine Betrachtung auf halbem Wege stekken, die nur seine technische Bedeutung berücksichtigt. Das stehende Beiwort und die typische Szene lassen in der Wiederkehr des Gleichen das Wesenhafte und Gültige hervortreten und leisten derart Entscheidendes für das Bild einer Welt, in der Menschen und Dinge ihren festen Platz haben. Dazu kommt, daß die Verwendung dieser Elemente recht verschiedenartig ist. In vielen Fällen sind sie rein formelhaft gesetzt. Die Schiffe sind ‹schnellfahrend›, auch dort, wo sie am Lande liegen (*Il.* 1, 421), Achilleus ist ›schnellfüßig›, auch wenn er in seinem Zelte sitzt (16, 5). Das ist nicht sonderlich sinnvoll, freilich auch nicht unsinnig, denn jeweils ist Mensch und Ding zusammen mit einer Eigenschaft genannt, die ihm untrennbar zugehört. An anderen Stellen aber beginnen diese Elemente der Tradition ihr eigenes Leben zu entfalten. Wenn Achilleus dem Hektor naht und ihn durch seinen Anblick in die Flucht treibt, ist er der ‹ungetüme›, wenn Pulydamas kämpft, heißt er ‹lanzenschwingend› (14, 449), dort aber, wo er vergeblich das Richtige rät (18, 249) ‹verständig›; wenn in einem häufigen Verse der Odyssee die Männer die Meerflut mit den Rudern schlagen, ist sie die ‹weißgrau› schäumende. Dafür aber, was aus typischen Szenen werden kann, sei aus der *Ilias* auf die prächtige Schilderung der beschwingten Meerfahrt nach der Versöhnung Apollons (1, 477) verwiesen; sie steht ebenso zur Hinfahrt, wo den Schwerpunkt die Landung in Chryse bildet, wie zur unmittelbar folgenden Schilderung des grollenden Achilleus in eindrucksvollem Gegensatze.

Wir haben damit bereits zu einer Frage Stellung bezogen, die neuerdings an Bedeutung gewann. Vertreter der Auffassung, daß die homerischen Epen reine *oral composition* seien, haben daraus den Schluß gezogen, daß wir die Verwendung des formelhaften Gutes, aus dem sie geformt sind, ausschließlich technisch zu werten hätten und mit jeder auf das Dichterische zielenden Interpretation völlig zu Unrecht

[1] W. Arend, *Die typischen Szenen bei Homer. Problemata* 7. Berl. 1933. Zu den Kampfszenen: G. Strasburger, *Die kleinen Kämpfer der Ilias.* Diss. Frankf. a.M. 1954. W. H. Friedrich, *Verwundung und Tod in der Ilias.* Abh. Ak. Gött. Phil.-hist. Kl. 3. F. 38, 1956. B. Fenik, *Typical Battle Scenes in the Iliad. Herm. E* 21. 1968. Untypische Varianten in dem als typisch Vorgegebenen sucht nachzuweisen J. A. Russo, ‹Homer against his tradition›. *Arion* 7, 1968, 275.

moderne Kategorien an das Epos heranbrächten[1]. Ebensowenig wie wir die homerischen Epen schlechtweg als mündlich entstandene Dichtung verstehen, teilen wir die geschilderte Einstellung zu ihrer Interpretation. Vielmehr wollen wir nicht vergessen, wieviel in *Ilias* und *Odyssee* frei geformte Dichtung jenseits alles Formelbestandes ist. Gerade dort, wo der Dichter in verhältnismäßiger Freiheit von der Tradition schafft, meinen wir, auch seine Sprache zu vernehmen. So im ersten und letzten Gesange der *Ilias*, so dort, wo er im Gleichnis Bilder aus seiner eigenen Welt formt[2]. Bei voller Würdigung dessen, was uns PARRY und seine Schule gezeigt haben, meinen wir, daß es an der Zeit wäre, nach allem, was wir über die Bedeutung des Formelhaften im Homer gelernt haben, nunmehr gerade nach dem zu fragen, was außerhalb dieses Bereiches steht[3].

Das Doppelantlitz der homerischen Kunst enthüllt sich uns auch im Sprachlichen. Neben dem Formelhaften, Alten steht jene jugendfrische Unmittelbarkeit, jene quellende Fülle, die immer neu entzückt. Noch regiert nicht Abstraktion, diese Weise zu schauen und zu sprechen ist dem Reichtum einer Welt hingegeben, in der, um mit VICTOR HEHN zu reden, noch keines der Momente, die das Ganze der Menschheit bilden, sich isoliert und verhärtet hat. Für diesen lebhaften Bezug auf den sinnlichen Eindruck nur zwei Beispiele: die homerische Sprache hat neun Verba für die Tätigkeit des Sehens; in ihnen sind alle Nuancen vom offenen Blick bis zum vorsichtigen Spähen festgehalten[4]. Und wieviel weiß diese Sprache in ihren Wörtern für Meer zu sagen: die endlose Fläche, die nassen Pfade, die an der Küste schäumende Salzflut.[5]

Alles, was man von der Sprache im ganzen aussagen kann, verdichtet sich in den Gleichnissen[6]. Hier öffnet der Dichter die Grenzen der Heroenwelt und läßt die ganze Fülle des Daseins ein, in dem er selber lebt. Diese Gleichnisse sind nicht nur um eines Tertium comparationis willen da, sie schaffen vielfältige Beziehungen, erhellen eine Menge von Einzelzügen und geben Ereignissen und Gestalten Dichte und Farbe.

[1] Entschieden vertritt solche Gedanken F. M. COMBELLACK, ‹Milman Parry and Homeric Artistry›. *Comparative Literature* 11, 1959, 193. Anderseits gehen R. SPIEKER, *Die Nachrufe in der Ilias.* Diss. Münster 1958, und C. H. WHITMAN (s. S. 73, A. 1) in der Annahme von artistry und Symbolik viel zu weit. Hier sind Grenzen übersehen.

[2] In dieser Sicht verdienen die Forschungen G. P. SHIPPS Beachtung: *Studies in the Language of Homer.* Cambr. 1953.

[3] Gute Beobachtungen in dieser Richtung bei G. KURZ, *Darstellungsformen menschlicher Bewegung in der Ilias.* Heidelberg 1966. S. BESSLICH, *Schweigen – Verschweigen – Übergehen.* Heidelberg. 1966.

[4] BR. SNELL, ‹Die Auffassung des Menschen bei Homer› in *Die Entdeckung des Geistes.* 3. Aufl. Hamb. 1955, 17.

[5] A. LESKY, *Thalatta.* Wien 1947, 8.

[6] H. FRÄNKEL, *Die hom. Gleichnisse.* Gött. 1921. W. SCHADEWALDT, ‹Die hom. Gleichniswelt und die kretisch-mykenische Kunst› in *Von Homers Welt und Werk,* 3. Aufl. Stuttg. 1959, 130. R. HAMPE, *Die Gleichnisse Homers und die Bildkunst seiner Zeit.* Tüb. 1952. J. A. NOTOPULOS, ‹Homeric Similes in the Light of Oral Poetry›. *Class. Journ.* 52, 1957, 312. M. COFFEY, ‹The Function of the Homeric Simile›. *Am. Journ. Phil.* 78, 1957, 113. Gegen die von H. FRÄNKEL gezeigte Funktionsfülle der Gleichnisse rückt G. JACHMANN (s. S. 51, A. 2), 222. wieder stark das Tertium comparationis in den Vordergrund. Dort (220) protestiert JACHMANN auch, nicht ohne Grund, wie wir meinen, gegen eine allzu enge Verbindung der hom. Gleichnisse mit der geometrischen Kunst. Zu dieser u.a. T. B. L. WEBSTER, ‹Homer and Attic Geometric Vases›. *Ann. Brit. School Ath.* 50, 1955, 38. J. A. NOTOPULOS, ‹Homer and geometric art›. *Athena* 1957, 65.

Sie haben darüber hinaus ihr eigenes Leben und legen in echt griechischer Sehweise das Wesentliche an den Dingen frei. In ihrer sprachlichen Form, die so gerne vom Vergleichssatz zum selbständigen übergeht, wird diese Doppelheit ihrer Bedeutung sinnfällig.

Stark fällt an den Gleichnissen der Unterschied von *Ilias* und *Odyssee* ins Auge. Das jüngere Epos ist in ihrer Verwendung sparsamer, auch greift sein Dichter häufiger in die Kleinwelt und jene des bescheidenen Alltags, während sich in den Gleichnissen der *Ilias* eine großartige Anschauung der Natur und ihrer elementaren Kräfte ausspricht.

Große Einheitlichkeit zeigt der epische Stil in der Vermeidung alles Banalen, wobei sich die *Odyssee* allerdings stärker dem Realistisch-Biotischen nähert, wie etwa im Bettlerkampf oder dem Gleichnis mit der Blutwurst (20, 25). Auch das Sentimentale fehlt. Eine so ergreifende Szene wie jene mit dem Hunde Argos wirkt nur durch die schlichte Aussage des Faktischen (17, 291).

Beträchtliche Verschiedenheiten weist das Tempo der Erzählung auf, die durchaus nicht ständig in jenem gleichmäßigen Flusse dahingeht, der ein Kennzeichen epischen Stiles sein soll[1]. Mit lebhaftem Ausgreifen, wie es der Anfang der *Ilias* zeigt, wechseln endlose Reihen von Einzelkämpfen, in denen wir die alten Aoiden zu hören vermeinen, und katalogartige Aufzählungen.

Noch einmal wird uns das Widerspiel von Tradition und Eigenständigkeit erkennbar, wenn wir die Reden betrachten[2], die in der homerischen Dichtung einen so breiten Raum einnehmen, daß Platon das Epos im 3. Buche seiner *Politeia* einer zwischen Drama und reiner Erzählung stehenden gemischten Art zuweist. Die große Bedeutung der Reden ist ein altes Erbstück der Heldendichtung. Altertümlich ist auch an manchen von ihnen die Ringkomposition[3], jener Schleifengang der Erzählung, die zu ihrem Ausgange zurückkehrt. Ein prächtiges, bereits von den Alten (Schol. *Il.* 11, 671) vermerktes Beispiel ist Nestors Bericht von den Kämpfen gegen die Epeier. Anderseits sind aber gerade die Reden großartige Zeugen einer neuen Kunst, das Gesagte aus dem Wesen der Sprechenden mit der Notwendigkeit des Natürlichen hervorgehen zu lassen. Was die Alten Ethopoiie nannten und später in der Rhetorenschule trieben, ist in ihren frühesten Dichtungen bereits gemeistert. Ihre Vollendung erreicht diese Kunst in dem Triptychon der Gesandtenreden im 9. Gesange der *Ilias*. Die Abstimmung der Reden auf Sprecher und Angesprochenen, der Reichtum der Töne – all das zeigt die Kunst des Dichters auf ihrer Höhe. Dem Umfange wie dem Gehalt nach liegt das Gewicht auf der mittleren der drei Reden, ein Bauprinzip, das sich auch sonst im alten Epos häufig beobachten läßt[4].

[1] BRIGITTE HELLWIG, *Raum und Zeit im homerischen Epos.* Diss. Tübingen 1962. J. H. GAISSER, ‹A structural analysis of the digressions in the Iliad and the Odyssey›. *Harv. Stud.* 73, 1969, 1.

[2] D. LOHMANN, *Die Komposition der Reden in der Ilias.* Unters. z. ant. Lit. u. Gesch. 6, 1970.

[3] W. A. A. VAN OTTERLO, ‹De ringcompositie als opbouwprincipe in de epische gedichten van Homerus›. *Nederl. Akad. Afd. Letterkunde* 51, 1, 1948.

[4] J. L. MYRES, ‹Homeric Art›. *Ann. Br. School Ath.* 45, 1950, 229.

8. GÖTTER UND MENSCHEN

Die Götter im homerischen Olymp hatten eine lange Geschichte hinter sich, ehe sie diese Gemeinschaft bildeten, die in der *Ilias* (anders die *Odyssee*) mitunter recht problematisch ist. NILSSONS Ansicht, daß die Stellung des mykenischen Herrschers das Modell für diese Verhältnisse geboten habe, hat viel für sich; auch der Vordere Orient kann eingewirkt haben, wo wir Göttergemeinschaften ähnlicher Art lange vor Homer antreffen.

Vom Anthropomorphismus der homerischen Götter hat man so viel gesprochen, daß man mitunter die tiefe Kluft kaum mehr wahrnahm, die sie vom Menschen scheidet. Diese wird nicht allein dadurch gebildet, daß sie frei vom Tode sind, auch der übernatürliche Kraftbegriff, der sich mit ihnen verbindet, stellt ihre Wirksamkeit unter eigene Gesetze[1]. Bald neben, bald über ihnen taucht der Glaube an ein unpersönliches Schicksal auf, durch das dem Menschen sein Teil (αἶσα, μοῖρα) bestimmt ist[2]. Hier gehen zwei Denkweisen nebeneinander her, zwischen denen ein logischer Ausgleich nicht zu erzwingen ist. Im Eingange der *Ilias* heißt es, daß sich in ihren Geschehnissen des Zeus Ratschluß erfüllt, desselben Zeus, der *Il.* 16, 458 seinen Sohn Sarpedon nicht gegen die Fügung des Schicksals retten darf, wenn er auch einen Augenblick daran denkt. Auch für die beiden Szenen (*Il.* 8, 69. 22, 209), in denen Zeus zur Waage greift, sollte man über die Überschneidung der beiden Vorstellungen nicht hinwegreden, indem man die Wägung der Lose zu einer Kundgabe des göttlichen Willens macht. Dieses Schicksal führt in der homerischen Welt jedoch nicht zu starrem Determinismus. Nicht nur Zeus überlegt, den Sarpedon doch zu retten, auch von Menschen wird es gelegentlich als Möglichkeit oder Tatsache ausgesagt, daß sie etwas über ihren Schicksalsanteil hinaus (ὑπὲρ αἶσαν, ὑπὲρ μόρον) tun oder leiden. Besonders deutlich werden die fließenden Grenzen der einzelnen Bereiche, wenn Zeus *Il.* 20, 30 die Befürchtung äußert, Achilleus könnte gegen das Schicksal die Mauern von Troia brechen.

Es war ein Irrtum der Modernen, das Wirken der homerischen Götter auf die Ebene des Ästhetischen und Dichterisch-Technischen abzuschieben. Diese Götter bilden ein lockeres System gewaltiger Kraftfelder, in die das menschliche Sein zur

[1] E. EHNMARK, *The Idea of God in Homer.* Uppsala 1935. H. SCHRADE, *Götter und Menschen Homers.* Stuttg. 1952 in an sich berechtigter, aber einseitiger Reaktion gegen den Klassizismus. Dazu W. MARG, *Gnom.* 28, 1956, 1. P. CHANTRAINE, ‹Le divin et les dieux chez Homère›, in: *Fondation Hardt, Entretiens I.* Vandoeuvres (Genève) 1954, 47. W. KULLMANN, *Das Wirken der Götter in der Ilias.* Berl. 1956. G. FRANÇOIS, *Le polythéisme et l'emploi au singulier des mots* θεός, δαίμων. Bibl. fac. de philos. et lettres de l'Univ. Liège 147. Paris 1957. H. STOCKINGER, *Die Vorzeichen im homerischen Epos.* Diss. München. St. Ottilien Obb. 1959. W. K. C. GUTHRIE, ‹The Religion and Mythology of the Greeks›. *Cambr. Anc. Hist.* rev. ed. vol. 2, chapter 40. Cambr. 1961 (mit Lit.). A. SEVERYNS, *Les dieux d'Homère.* Paris 1966. Von älteren Arbeiten bleiben wichtig: O. JØRGENSEN, ‹Das Auftreten der Götter in den Büchern ι–μ der Odyssee›. *Herm.* 39, 1904, 357. E. HEDÉN, *Homerische Götterstudien.* Diss. Uppsala 1912.

[2] W. C. GREENE, *Moira.* Cambr. Mass. 1944. W. KRAUSE, ‹Zeus und Moira bei Homer›. *Wien. Stud.* 64, 1949, 10. U. BIANCHI, ΔΙΟΣ ΑΙΣΑ. Rom 1953. A. HEUBECK, *Der Odyssee-Dichter und die Ilias.* Erlangen 1954, 72. W. PÖTSCHER, ‹Moira, Themis und τιμή im hom. Denken›. *Wien. Stud.* 73, 1960, 5.

Gänze hineingestellt ist. Die Frage, in welcher Weise Gottheit und Mensch sich auseinandersetzen, trifft in die Mitte der homerischen Welt. Der von den Musen belehrte Dichter weiß darüber sehr viel zu sagen, während sich seine Menschen über das Göttliche meist nur unbestimmt ausdrücken.

Das Verhältnis dieser Götter zum Menschen läßt sich nicht auf einige ethisch-religiöse Formeln ziehen. Auch hier herrscht größte Mannigfaltigkeit, und der starke Wille dieser olympischen Herren ist oftmals ihr letztes Gesetz. Wir suchen der Gefahr, das Vielfältige gewaltsam zu vereinfachen, dadurch zu entgehen, daß wir Gott und Mensch in ihren gegenseitigen Beziehungen an Hand von drei Antinomien betrachten.

Nähe und Distanz ist das erste unserer Gegensatzpaare. Diese Götter setzen sich oft in verschiedener Weise mit den Menschen in Verbindung. Zeus sendet Boten oder Zeichen, andere Götter erscheinen in menschlicher Gestalt, die sie mitunter nur wie ein loses Gewand überwerfen. Wenn es ihnen gefällt, nahen sie ihren Lieblingen auch ohne solche Verhüllung. Als Diomedes während seiner Aristie der Ermunterung bedarf, wie er so bei seinem Gespanne steht und die Wunde kühlt, da kommt Athene zu ihm und «faßt das Joch», was kaum anderes heißen kann, als daß sie sich mit dem Arme darauf stützt (5, 799). Die vertrauliche Stellung entspricht ihrer Rede, die erst durch Tadel stachelt und dann durch die verheißene Hilfe befeuert. Nirgends aber ist solche Vertraulichkeit bezaubernder gestaltet als in jener Szene des 13. Gesanges der *Odyssee*, in der die Göttin auf Ithaka dem eben erwachten Odysseus naht. Sie tut es zunächst in Gestalt eines zarten Hirtenjünglings aus Königsgeschlecht – wer dächte da nicht an die Athene Myrons! – und freut sich an der durchtriebenen Lügengeschichte, die ihr der Vorsichtige auftischt. Dann gibt sie sich zu erkennen, wehrt dem bescheiden angedeuteten Vorwurfe, daß sie ihren Helden so lange ohne Hilfe ließ, hilft ihm beim Bergen der mitgebrachten Schätze, und schließlich sitzen der Mann und die Göttin am Fuße eines Ölbaumes und beraten einträchtig das Kommende. Von dem solcher Nähe gewürdigten Menschen wird jedoch erwartet, daß er seine Grenze wohl zu wahren weiß. Am Beginne des 19. Gesanges bergen Odysseus und sein Sohn die Waffen aus dem Männersaale. Ohne sich selbst zu zeigen, leuchtet ihnen Athene, und unendlicher Glanz ergießt sich über Gebälk und Säulen. Der Vater aber verwehrt Telemachos jede neugierige Frage: die Olympischen haben ihre Weise zu wirken.

Das Gegenbild vertraulicher Nähe ist die unüberbrückbare Distanz, in die Götter jeden Augenblick die Menschen zu verweisen bereit sind. Der Gott, der auch in den Folgezeiten für die Griechen der große Lehrer der Ehrfurcht geblieben ist und ihnen mit seinem ‹Erkenne dich selbst› die unverrückbare Grenze menschlicher Existenz wies, begegnet uns in einer Szene der Diomedie in dieser Rolle[1]. Dreimal stürzt der

[1] Dieser Apollon ist auch schon der Herr von Delphi, das aber seine zentrale Bedeutung noch nicht erreicht hatte. Das Orakel wird Od. 8, 79, die Schätze werden Il. 9, 404 erwähnt. An beiden Stellen hören wir von der «steinernen Schwelle», ohne entscheiden zu können, ob es sich um den Tempel oder das Temenos handelt. Zu spät setzt Jean Defradas, *Les thèmes de la propagande Delphique*. Etudes et comment. 21. Paris 1954, die Installation des Gottes in Delphi an; richtig dagegen H. Berve, *Gnom.* 28, 1956, 176, der sich diese schon vor dem 7. Jahrhundert vollzogen denkt.

Held gegen Aineias vor, über den Apollon die Hand hält, dreimal stößt ihm der Gott den Schild zurück, beim vierten Mal[1] aber ruft er ihm zu: «Besinne dich und weiche! Nimmer gleicht der Menschen Geschlecht dem der unsterblichen Götter» (5, 440). Und der Held weicht – auch dies bezeichnend für diese Welt des Heroischen – um ein kleines nach rückwärts. Dieses Anderssein der Götter, von dem keiner griechischer gesungen hat als Hölderlin in Hyperions Schicksalslied, tritt in der *Ilias* immer wieder in einer Weise hervor, die das ganze Sein des Menschen, dieses bei all seiner Fülle und Buntheit doch nur dem Untergang bestimmte Sein, unter einen tragischen Akzent setzt. Hephaistos sagt es (1, 573), wie unsinnig es wäre, wollten sich Götter wegen Sterblicher streiten. Aber er selbst muß von Hera Ähnliches hören (21, 379), als er die Wasser des Skamandros mit seinem Feuer allzu heiß bedrängt. Und als in der Götterschlacht (21, 461) Apollon Poseidon begegnet, lehnt er es ab, Gott mit dem Gotte um der elenden Sterblinge willen zu kämpfen. Die anderen Götter tun dies, aber wie sie es tun, als handelte es sich um ein ausgelassenes Spiel, das läßt uns aufs neue die trennende Kluft ermessen. Im selben 21. Gesange steht die Lykaonepisode unter dem Gesetz unabwendbarer Vernichtung. Dem Jüngling, der um sein Leben bettelt, verweigert Achilleus die Schonung. Sein Patroklos ist tot, und überhaupt: warum um sein Leben klagen? «Siehst du nicht mich, wie ich vor dir stehe, schön und groß, einer Göttin Sohn? Und doch wartet meiner eine Stunde des Morgens, des Abends oder Mittags, da einer auch mein Leben nimmt» (106). Als Lykaon dies gehört hat, sinkt er zu Boden und öffnet die Arme dem Tode. Wo sich aber Götter auf diesem Kampffeld begegnen, gibt es eitel Spaß. Lachend schlägt Hera der Artemis den Bogen um die Ohren (489), droben auf dem Olymp aber sitzt der Göttervater und genießt freudig (389) das Schauspiel dieser Balgerei. Es ist dies derselbe Gott, den (17, 443) die unsterblichen Rosse dauern, weil sie in menschliches Geschick, in das Geschick der elendsten Wesen, die diese Erde trägt, unselig verstrickt sind. Solche Töne bleiben der *Ilias* vorbehalten; auch der Mensch der *Odyssee* weiß um das, was ihn von den Göttern trennt und ihrer Macht ausliefert (16, 211. 18, 130. 19, 80), aber er weiß mehr von der Kraft des Tragens, entschlossener und wendiger kämpft er darum, in all der ἀμηχανίη (9, 295) seine Existenz zu erhalten, stärker sind die Gottheiten dieses Gedichtes in ihrer Würde gebunden[2].

Enge schließt sich an das Gesagte die zweite unserer Antinomien an: Huld und Grausamkeit. Huld üben diese Götter ihren Lieblingen gegenüber, und sie tun es besonders in der *Ilias* nach Lust und Laune. Viel vom Wesen homerischer Götter liegt in der leichten Geste, mit der Athene dem Pfeile des Pandaros (4, 130) eine harmlose Richtung gibt, wie eine Mutter eine Fliege von ihrem Kindlein scheucht. Sie hebt auch Diomedes beim Rennen die Geißel auf, die ihm Apollon aus der Hand schlug. Aber so hilfreiche Huld, wie sie besonders gerne Athene an ihren Lieblingen übt, wird auf der anderen Seite zur härtesten Grausamkeit. Nirgends empfinden wir dies so wie

[1] Über 3 und 3 + 1: F. GÖBEL, *Formen und Formeln der epischen Dreiheit in der griechischen Dichtung. Tüb. Beitr.* 26, 1935.

[2] Gut stellt das W. BURKERT heraus: ‹Das Lied von Ares und Aphrodite›. *Rhein. Mus.* 103, 1960, 141.

beim Tode Hektors, den die Göttin durch hinterhältige List dem Schwerte des Achilleus überliefert. Wie aber Götter sein können, die gleich Aphrodite noch stark im Elementaren haften, welch furchtbares Feuer aus ihnen lodert, wenn ein Mensch ihrem Willen zuwider ist, das zeigt eine Szene voll echter Tragik am Ende des 3. Gesanges der *Ilias*. Aphrodite hat Paris vor dem Zorn des Menelaos in sein Gemach entrückt, nun geht sie, ihm mit kupplerischer Beflissenheit Helena zu holen. Die aber weigert sich, als sie die Göttin erkennt, aufs neue dem minderen Manne zu gehören. Da flammt die Göttin auf, und so furchtbar bedroht sie die Frau, daß diese schweigend den Weg geht, den die Göttin (δαίμων sagt der Dichter) sie führt.

Wenn wir als dritten Gegensatz Willkür und Recht[1] ins Auge fassen, so stoßen wir damit auf die Frage der Moralität homerischer Götter, die auch die Alten lebhaft bewegt hat. Hier besonders treten *Ilias* und *Odyssee* auseinander. Wie in dem älteren Epos allein der Wille der Götter gilt, zeigt mit besonderer Schärfe der Götterstreit im Eingang des 4. Gesanges. Da wirft Zeus der Hera vor, sie möchte in ihrem Hasse am liebsten Priamos und die Troer roh verschlingen. Sie leugnet das nicht, im Gegenteil: möge Zeus doch Argos, Sparta und Mykene, ihr die liebsten unter den Städten, vernichten, wenn er nur sie das Werk ihres Zornes vollenden läßt! Man hat wiederholt nach dem Grunde einer amoralischen Haltung solcher Art gefragt[2]. Der Versuch, sie aus dem Ursprunge dieser Gottheiten aus Naturgewalten abzuleiten, befriedigt nicht. Weder ist diese Ableitung glatt durchzuführen, noch sind wir im Homer solchen Ursprüngen nahe genug. Auch ist es besser, nicht vorschnell den Entwicklungsgedanken anzuwenden und in dem geschilderten Wesen der Olympier ein Nochnicht zu erblicken. Am wahrscheinlichsten dürfen wir in diesen Göttern, die ihren Willen mit List und Gewalt durchzusetzen trachten, die Hader und Parteiung mit der Versöhnung beim Mahle wechseln lassen und in ihrem Liebesleben recht unbeschwert sind, feudale Züge der adeligen Herren erkennen, in deren Welt der Dichter der *Ilias* stand.

Vorschnell wäre es, die Amoralität dieser Götter zur allgemeinen Auffassung des 8. Jahrhunderts zu machen. Die *Ilias* selbst warnt uns davor einmal (16, 386) in einem der Gleichnisse, die des Dichters Umwelt in das Epos bringen. Einen Aufschrei aus der Tiefe meinte NILSSON zu vernehmen[3]. Von einem Unwetter ist die Rede, das Zeus voll Zorn über die Männer sendet, die auf dem Markte krummen Entscheid treffen, das Recht vertreiben und das Auge der Götter nicht scheuen. Das ist ganz in der Weise Hesiods gesprochen und würde uns in der *Odyssee* weniger verwundern, wo wir das Gegenbild des rechtliebenden Königs (19, 109) antreffen, in dessen Land segensreiche Fülle herrscht. Aber steht das Gleichnis vom sittlichen Walten der Gottheit in der *Ilias* wirklich in völliger Vereinsamung da? Hat nicht der Dichter, der in

[1] ERIK WOLF, *Griech. Rechtsdenken I.* Frankf. a.M. 1950, 70. M. P. NILSSON, ‹Die Griechengötter und die Gerechtigkeit›. *Harv. Theol. Rev.* 50, 1957, 193. M. S. RUIPÉREZ, ‹Historia de θέμις en Homero›. *Emerita* 28, 1960, 99. Hier sei die geschichtsphilosophisch orientierte Analyse Homers durch ERIC VOEGELIN angefügt: *The World of the Polis. Order and History II.* Louisiana 1957.

[2] W. K. C. GUTHRIE, *The Greeks and their Gods.* Boston 1951, 117.

[3] *Gesch. d. gr. Rel.* 1, 2. Aufl. 1955, 421. Vorbild für Hesiod *Erga* 221: W. SCHADEWALDT, *Iliasstudien.* Leipz. 1938, 118, 1; anders WALTER NESTLE, *Herm.* 77, 1942, 65, 2.

seinen engen zeitlichen Rahmen den ganzen Krieg gegen Troia faßt, diese Stadt ihre Schuld gleichsam neu setzen lassen? Die feierlich beschworene Waffenruhe hat Pandaros gebrochen, und hüben und drüben (7, 351. 401) weiß man, daß diese Tat Troias Schicksal besiegelt. Schon der Frevel des Paris hat den Groll des höchsten Gottes auf die Stadt gezogen (13, 623). Freilich bleibt das auf Eid und Gastrecht beschränkt, zwei Bereiche, über denen Zeus stets gewaltet hat.

Unverkennbar ist, daß die Vorstellungen von einem ethisch gerichteten Handeln der Götter in der *Odyssee* viel weiter reichen[1]. Die nachdenklichste Stelle steht am Anfange, wo Zeus über die Menschen klagt, die das Übel den Göttern zuschreiben und es doch wie Aigisthos durch eigene Schuld auf ihr Haupt ziehen. Ihn haben die Götter durch Hermes gewarnt, wie auch die Freier wiederholt im Laufe der Handlung gewarnt werden. Das führt darauf, daß diese Handlung als Ganzes ein moralisches Exempel ist, als solches im tiefsten Grunde verschieden von der dunklen Tragik der *Ilias*, in der es auf Vernichtung hinausläuft. Laertes spricht es am Ende der *Odyssee* (24, 351) aus: noch leben die Götter, da die Freier ihren unerträglichen Frevel büßten. Ebenso haben die Gefährten des Odysseus, auch sie gewarnt, ihr Verderben durch ihre Hybris verschuldet. Auch einzelne Bezeugungen, die in diese Richtung weisen, treffen wir in der *Odyssee* häufiger an. Ilos weigert sich, Pfeilgift herzugeben, weil er die Götter scheut (1, 262), Zeus sinnt den Argivern arge Heimkehr, weil nicht alle unter ihnen verständig und gerecht sind (3, 132), ein schöner Vers (6, 207. 14, 57) sagt, daß Fremde und Bettler von Zeus herkommen, und 17, 485 hören wir, daß die Götter es lieben, in menschlicher Gestalt die Städte der Sterblichen aufzusuchen, um Frevel und Rechtlichkeit zu erkunden. Das sind andere Götter als jene Olympier, die sich zanken und prügeln; auch die Formen ihres Umgangs sind andere. Gewiß, Poseidon steht in Opposition zu anderen Göttern, aber wie urban wird dieser Konflikt verhandelt, wie respektvoll zieht sich Athene von ihrem Liebling zurück, solange Poseidon ein Anrecht auf ihn hat! Auch die Menschen stehen stärker unter jener sittlichen Hemmung, die der Grieche *Aidos* nennt. Im Saale, der vom Blute der Freier raucht, will Eurykleia den Jubelruf erheben. Aber Odysseus wehrt ihr: über Erschlagene zu frohlocken ist Sünde (22, 412). Das steht allerdings in scharfem Gegensatze zu dem Paian, den Achilleus über der Leiche Hektors anstimmt. Aber wir wollen nicht vergessen, daß auch dort (24, 53), als des Achilleus Rache jedes Maß überschreitet, Apollon droht, er könnte auf solche Weise bei all seiner Tapferkeit den Göttern verhaßt werden.

Wir möchten die bezeichneten Unterschiede nicht oder doch nur zum kleinsten Teile aus dem zeitlichen Abstand von Entwicklungsstufen erklären. Entscheidend scheint uns anderes: während sich in der *Ilias* die Auffassung einer adeligen Schicht in großer Geschlossenheit abspiegelt, ist der soziale Bereich, den die *Odyssee* umspannt, ein sehr viel breiterer. Das Epos hat sich in dem jüngeren Gedicht stärker den Wünschen und dem Glauben von Schichten geöffnet, denen sich die *Ilias* mit größe-

[1] Das hat K. Reinhardt in der o. S. 67, A. 1 genannten Arbeit stark betont.

rer Konsequenz verschloß[1]. Es will auch nicht vergessen sein, daß viel von diesen Unterschieden mit der Verschiedenheit der Stoffkreise mitgegeben war. Zu der Auffassung, daß in der Odyssee ein anderer Dichter spricht, haben wir uns schon früher (S. 67) bekannt. Nirgendwo im Bereiche der homerischen Dichtung wird jedoch vergessen, daß der Mensch in festen Ordnungen steht. Zu deren Bezeichnung dient das Wort ϑέμις, das einen weiten Bereich deckt. Die Satzung ist damit gemeint, die den Königen von Zeus gegeben ist und nach der sie gerades Recht zu sprechen haben, gemeint ist aber auch alles, was Herkommen und natürliche Bindung für den Menschen zur Regel machen. Auch die Vereinigung der Geschlechter kann ϑέμις heißen (*Il.* 9, 276. 19, 177). Gestiftete Ordnung ist aber immer auch göttliche Ordnung. Wohnt doch Themis selbst als Göttin im Olymp, ruft dort im Auftrage des Zeus zur Versammlung (*Il.* 20, 4) oder bietet Hera den Becher zum Willkomm dar (*Il.* 15, 87).

Die große und klare Helligkeit, die, dem Lichte der griechischen Landschaft vergleichbar, über dieser Götterwelt liegt, hat W. F. Otto in seinem Buche *Die Götter Griechenlands*[2] sichtbar gemacht. Es war richtig, demgegenüber auch an das Dämonische zu erinnern, das jederzeit aus diesen Gestalten mit elementarer Wucht hervorzubrechen bereit ist[3], doch ändert diese Bereicherung des Bildes nichts an seinen Grundzügen. Zu diesen fügt es sich, daß alles, was dumpfen Aberglauben, magische Praktiken bedeutet, aus dieser Welt wenn schon nicht völlig verbannt, so doch nach Kräften ausgeschieden ist. Wie in der Geschichte vom Tode des Meleagros durch den Zorn seiner Mutter das magische Scheit der alten, märchenhaften Erzählung durch den epischer Haltung entsprechenden Fluch ersetzt ist[4], wie der Brauch, die Fruchtbarkeit des Saatfeldes durch den Beischlaf auf ihm zu fördern, eben noch in einer Göttergeschichte nachklingt (*Od.* 5, 125), wie überhaupt das die Naturgesetze durchbrechende Wunder auf einige wenige Rückzugsplätze verwiesen ist, das alles entspricht dem Geiste einer Dichtung, die an Adelssitzen ihre erste Pflege gefunden hat und an der ionischer Geist entscheidend beteiligt war.

Den homerischen Menschen in seiner Einfachheit und Geschlossenheit, in seinem bedingungslosen Offenstehen für die Mächte der Welt, das alles hat Hermann Fränkel[5] überzeugend dargestellt. Wir möchten freilich das Neue und Andere in der *Odyssee* nicht so stark bewerten, daß wir ihre Menschen als die undurchsichtig Gewordenen, sich gegen das Außen Abschließenden, von jenen der *Ilias* absetzen. Aber daß hier neue Töne zu vernehmen, daß vor allem die Möglichkeiten psychologischer Vertiefung reicher geworden sind, ist offenbar. Eindrucksvollstes Beispiel ist die Zartheit, mit der Nausikaas aufkeimende Neigung zu dem Fremdling mehr angedeutet als erzählt wird. Hier wirken die Szenen der Begegnung und des Abschieds um so stärker, als diese Dichtung sonst Liebe der Geschlechter als eigenständiges Motiv nicht

[1] F. Jacoby, ‹Die geistige Physiognomie der Odyssee›. *Die Antike* 9, 1933, 159. Walter Nestle, ‹Odyssee-Interpretationen›. *Herm.* 77, 1942, 46 u. 113, bes. 136. M. J. Finley, *The World of Odysseus.* Lond. 1956.

[2] 3. Aufl. Frankf. a. M. 1947.

[3] Das hat H. Schrade in seinem o. genannten Buche, mitunter mit zu starker Akzentuierung, getan.

[4] Den Nachweis hat J. Th. Kakridis zuerst in seinem Buche Ἀραί, Athen 1929, erbracht.

[5] 107ff.

kennt. Wie Goethe von dieser Partie die Anregung zu einem Nausikaadrama empfing, ist bekannt. Mit geringsten Mitteln weiß der Dichter der *Odyssee* Seelisches auch in der Kalypsogeschichte zu erhellen. Die Nymphe hat durch Hermes den Befehl der Götter empfangen, der für sie den Verlust des geliebten Mannes und neue Einsamkeit bedeutet. Sie muß gehorchen, aber sie will, daß Odysseus doch als Geschenk ihrer Hand empfange, was in Wahrheit Gabe der Olympischen ist. So verschweigt sie ihm deren Befehl und das Kommen des Hermes. Von dem allen sagt der Dichter nichts, aber wie beziehungsreich ist sein Hinweis (5, 195), daß sich Odysseus in der Höhle der Nymphe auf den Sitz niederläßt, den eben vorher Hermes eingenommen hat! Hierher gehört auch die Neigung, die Ironie einer besonderen Situation kräftig zu akzentuieren. Da führt 17, 201 der Sauhirt seinen Herrn, der die Gestalt eines elenden Bettlers trägt, in die Stadt. Die Kontaktstellung der Wörter ἄνακτα πτωχῷ bringt das Groteske dieser Situation zu starkem Ausdruck. Oder wie spielt Odysseus mit seiner Verhüllung (16, 100), wie verwahrt sich Penelope gegen den Gedanken, dieser Bettler könnte sie zu seinem Weibe machen (21, 314)!

Wir greifen ein Problem von zentraler Bedeutung heraus, wenn wir nach dem Aspekt des Seelischen und den Möglichkeiten der Entscheidung fragen. Die homerische Sprache kennt keinen Ausdruck, der unserem Wort ‹Seele› voll entspräche. Was sie mit ψυχή benennt, tritt vor allem beim Tode des Menschen in Erscheinung, wo die Hauch- oder Schattenseele den Sterbenden verläßt, um im modrigen Hades ein kümmerliches Dasein zu führen. Im lebenden Menschen ist sie Grundlage aller Regungen und Strebungen, aber über ihr Wesen und Wirken erfahren wir so gut wie nichts. Vielmehr werden uns nur Teilaspekte greifbar, man hat mit bewußter Übertragung von Seelenorganen gesprochen: θυμός, der vor allem die Affekte trägt, wie er auch die Einsicht des Achilleus überwältigt, φρήν, das Zwerchfell als Sitz verstandesmäßiger Tätigkeit auch für diese selbst gesetzt, und νοῦς, die Vorstellung, der Gedanke[1]. Dabei ist jedoch nicht an ein System zu denken, denn keines dieser Wörter weist auf einen fest umgrenzten Bereich. Während häufig mit κατὰ φρένα καὶ κατὰ θυμόν parataktisch das Innenleben eines Menschen bezeichnet wird, lesen wir Od. 5, 458 von dem Erwachen des Helden aus tiefer Erschöpfung: ἐς φρένα θυμὸς ἀγέρθη. Und wie sonderbar wird eine Sinnesänderung des Odysseus 9, 302 durch ἕτερος δέ με θυμὸς ἔρυκεν ausgedrückt! Man hat die angeführten Ausdrücke für Seelisches zu der Weise in Parallele gesetzt, in der homerische Menschen vom Körper sprechen. Das später für ‹Leib› gebräuchliche σῶμα verwendet Homer vom Leichnam[2]. Beim lebenden Menschen begegnen uns wieder die Teilaspekte, sei es die Haut, seien es die Glieder

[1] BR. SNELL, *Die Entdeckung des Geistes*. 3. Aufl. Hamb. 1955, 17. O. REGENBOGEN, ‹Δαιμόνιον ψυχῆς φῶς (Erwin Rohdes Psyche und die neuere Kritik). Ein Beitrag zum hom. Seelenglauben›. *Synopsis. Festgabe für A. Weber*. Heidelb. 1948, 361. R. BR. ONIANS, *The Origins of European Thought*. Cambr. 1951, viel Material, in den Schlüssen mitunter problematisch. E. L. HARRISON, ‹Notes on Homeric Psychology›. *Phoenix* 14, 1960, 63, mit gutem Material für die Grenzflüssigkeit dieser Begriffe. H. RAHN, *Tier und Mensch in der homerischen Auffassung der Wirklichkeit*. 2. Aufl. Darmstadt 1968.

[2] H. HERTER, ‹Σῶμα bei Homer›. *Charites (Festschr. Langlotz)*. Bonn 1957, 206, macht eine Ausnahme (Il. 3, 23) wahrscheinlich; vgl. H. KOLLER, *Glotta* 37, 1958, 276.

oder der Kopf. Diese Sprechweise des homerischen Menschen hat uns vor allem Snell gezeigt. Wesentliches ist damit erfaßt, doch müssen wir uns vor dem Schlusse hüten, in der Welt Homers wäre das Ganze einer Person überhaupt nicht gesehen worden. Vielmehr haben die Gestalten dieser Dichtung Persönlichkeit in hohem Maße, anders hätte ihre Prägung nicht durch Jahrtausende dauern können. Der Mensch wird als Ganzes empfunden, das in jedem seiner Teile unmittelbar und vor allem ohne Reflexion mitverstanden wird. Wenn Odysseus im Eingange des 20. Gesanges sein bellendes Herz zur Ruhe weist, ist dieses behandelt wie ein schmerzender Körperteil. Aber der es zum Dulden zwingt, Odysseus, ist ein Ganzes und Ungeteiltes. Es ist derselbe Odysseus, der in der *Ilias* (11, 402) seinen zagenden Mut mit dem Wissen um adelige Pflicht zur Ordnung ruft. Gewiß erscheinen Teilaspekte, aber sie gehen die Persönlichkeit des Mannes als Ganzes an, der ständig hinter dem Einzelnen steht und ihm erst Dasein und Sinn gewährt.

Enge hängt mit der Frage nach dem Personalbewußtsein die andere zusammen, wie weit diese Menschen Entscheidungen treffen, die ihnen gehören und für die sie verantwortlich sind[1]. So dicht ist das Wirken der Götter in menschliches Handeln verflochten, so zahllos ihr Eingreifen, daß man den Personen Homers eigene Entscheidungen überhaupt absprechen wollte. Es habe dieser Dichtung das Bewußtsein davon gefehlt, daß Entschlüsse, ja überhaupt irgendwelche Regungen im Menschen selbst ihren Ursprung haben; was er tut, wirkten die Götter.

Für die Klärung dieser Dinge ist es zunächst wichtig, daß es echte Entscheidungen ohne göttliche Einwirkung gibt, wie jene, die Odysseus (6, 145) über die Weise trifft, in der er sich Nausikaas Hilfe versichert. Wie ist es aber in den vielen anderen Fällen, in denen ein Gott eingibt, hemmt oder befeuert? Ist der Mensch hier einfach Marionette, vom göttlichen Impuls bewegt? Eine solche Auffassung würde die Struktur der homerischen Welt von Grund auf verkennen. Wer an sie die Frage richtet, ob in ihr Menschen aus eigenem Willen und mit eigener Verantwortung handeln oder Götter an den Fäden von Gliederpuppen ziehen, führt eine Trennung durch, die ihr wesensfremd ist. Menschliches Wollen und göttliches Planen liegen vielmehr völlig ineinander, stehen in einer derart innigen Verbindung, daß jedes Trennen nach logischen Überlegungen die Einheit dieses Weltbildes in der Mitte auseinanderreißt. Wenn Achilleus das Schwert, das er gegen Agamemnon zückte, in die Scheide zurückstößt, so tut er es auf Weisung der Athene, aber er tut es ebenso in seiner Eigenschaft als dieser Achilleus, der jäh aufflammt und doch vor dem Äußersten haltmacht. Und ebenso gehört sein letzter, größter Sieg, der Sieg über sein eigenes wildes Herz, den Göttern, die um des toten Hektor willen eingriffen, und gehört ihm selber, der den

[1] H. Gundert, ‹Charakter und Schicksal hom. Helden›. *N. Jahrb.* 1940, 225. H. Rahn, ‹Tier und Mensch in der hom. Auffassung der Wirklichkeit›. *Paideuma* 1953, 277 u. 431. K. Lanig, *Der handelnde Mensch in der Ilias.* Diss. Erlangen 1953. A. Heubeck (vgl. S. 67, A. 1), 80. H. Schwabl, ‹Zur Selbständigkeit des Menschen bei Homer›. *Wien. Stud.* 67, 1954, 46. E. Wüst, ‹Von den Anfängen des Problems der Willensfreiheit›. *Rhein. Mus.* 101, 1958, 75. A. Lesky, ‹Göttliche und menschliche Motivation im hom. Epos›. *Sitzb. Ak. Heidelb. Phil.-hist. Kl.* 1961/4. Homerische Erfassung der Wirklichkeit im sprachlichen Ausdruck untersucht M. Treu, *Von Homer zur Lyrik. Zet.* 12, Münch. 1955.

Greis vom Boden aufhebt und seine eigenen Tränen mit jenen des Feindes vereinigt. Göttliches Walten und menschliches Handeln, das mit dem Wesen dieser Gestalten in unlöslicher Verbindung steht, stellen sich uns als zwei Bereiche dar, die sich gegenseitig ergänzen, die sich aber auch in Gegensätzlichkeit berühren können. In der Regel sind beide an Verlauf und Ergebnis in einer Weise beteiligt, die es verbietet, einen von ihnen zu isolieren. Die Verbindung dieser beiden Bereiche ist in der Welt Homers völlig unreflektiert und unproblematisch. Später ist das anders, vor allem an der attischen Tragödie werden wir die Intensität der Fragen erkennen, die aus dem alten Boden erwuchsen.

Auch hier setzt sich die *Odyssee* von der *Ilias* ab, ohne daß wir von einem völligen Anderssein sprechen dürften. In höherem Maße ist es in dem jüngeren Gedichte der Mensch, der sein Handeln bestimmt und die Verantwortung dafür trägt. In den Freiern wirkt keine Verblendung, die ein Gott ihnen gesandt hätte, sie gehört ihnen selber zu. Nicht anders ist es mit den Gefährten des Odysseus, die des Helios Rinder schlachten, nicht anders mit Aigisthos, von dem Zeus im Eingange des Epos spricht. Nicht allein der Mensch ist eigenständiger geworden, auch die Götter sind es, die ihm nun vielfach als Wahrer des Guten und Warner gegenüberstehen. Es ist bezeichnend, daß fünf Stellen der Odyssee, an denen überlegt wird, ob ein Impuls aus dem Bereich des Göttlichen oder jenem des Menschlichen kam, eine einzige Stelle der Ilias gegenübersteht, die einigermaßen vergleichbar ist[1]. Ein Weg beginnt sichtbar zu werden, der über Hesiod in jene Dikeproblematik führt, die bald in die Mitte griechischen Denkens treten sollte.

9. DIE ÜBERLIEFERUNG

Mit vielen teilen wir die Annahme, daß die Konzeption der beiden Epen Schriftlichkeit erforderte. Solche Abfassung war zur Zeit Homers jungen Datums, wenn er nicht überhaupt der erste schreibende Epiker war, was zu der Einzigartigkeit seiner Schöpfung ebenso wie zu der großen Rolle der mündlichen Elemente in ihr stimmen würde. Es wäre jedoch verkehrt, den schreibenden Dichter sogleich zum Ausgangspunkt einer schriftlichen, ganz an das Buch gebundenen Überlieferung zu machen. Diese lag vielmehr noch lange Zeit ganz in der Hand von Rhapsoden, die gildenmäßig zusammengeschlossen waren, was in vielen Fällen dasselbe wie familienmäßig bedeuten mochte. Was wir von den Homeriden von Chios[2] hören, ist in solchem Sinne zu verstehen. Ein helles Licht wirft auf die Tätigkeit dieser Männer die Nachricht, Solon oder der Peisistratide Hipparchos[3] habe für die Panathenäen den geschlossenen Vortrag der homerischen Gedichte durch Rhapsoden angeordnet, die miteinander abwechselten.

Grundlage solcher Vorträge war natürlich ein geschriebenes Exemplar, das wir uns als kostbaren Besitz solcher Gilden denken dürfen. Die Nachricht bei Aelian (*var. hist.* 9, 15), Homer habe seiner Tochter die *Kyprien* als Mitgift gegeben, kann, so unsinnig sie an sich ist, das Verhältnis der Rhapsoden zum Texte beleuchten.

Wir haben also für die archaische Zeit eine vorwiegend mündliche Tradition der Epen auf der Grundlage schriftlicher Fixierung anzunehmen. Solche Weitergabe konnte nur in gewissen

[1] Od. 4, 712. 7, 263. 9, 339. 14, 178. 16, 356. Il. 6, 438.
[2] H. T. WADE-GERY, *The Poet of the Iliad.* Cambr. 1952, 19.
[3] Für diesen J. D. BEAZLEY, *Journ. Hell. Stud.* 54, 1934, 84 nach FRIIS JOHANSEN.

Grenzen Sicherung des Textes verbürgen, und der weitgehend formelhafte Charakter der Epen, der den Austausch von metrisch gleichwertigen Wendungen sowie Zusätze und Auslassungen sehr begünstigte, konnte dabei nicht ohne Einfluß sein. Dem mochte einigermaßen die Schule entgegenwirken, seit Homer in ihr ein zentraler Gegenstand geworden war.

Daß die späteren Nachrichten über eine peisistratische Redaktion der Gedichte nicht beweisen, diese hätten erst damals ihre Gestalt erhalten, wurde bereits (S. 54) gesagt. Anderseits erweist schon der geschlossene Vortrag an den Panathenäen die große Rolle Athens für die Überlieferung des Homer, und es ist durchaus denkbar, daß im Zusammenhange mit dieser Stiftung auch einiges für die Sicherung des Textes geschehen ist. Es konnte nicht ausbleiben, daß eine zu großen Teilen attisch bestimmte Etappe der Homerüberlieferung in dieser Spuren hinterlassen hat. Man hat dabei nicht an eine systematische Umschrift in das attische Alphabet zu denken, da ionische Schrift auch vor ihrer offiziellen Einführung durch Eukleides (403) neben der attischen in Gebrauch war. Aber in Einzelheiten hat sich Attisches niedergeschlagen, wie etwa in der Aspiration; so lesen wir neben dem unattischen ἦμαρ in unserem Homer ἡμέρη mit dem rauhen Hauch. Auch ist mit attischen Interpolationen zu rechnen, ohne daß diese Wesentliches bedeuteten.

Früh bereits wurde die Auslegung der Epen ein Gegenstand der Debatte. Die Angriffe auf ethische Mängel riefen eine Apologetik auf den Plan, die sich allegorischer Auslegung bediente. Das fängt bereits im späteren 6. Jahrhundert mit Theagenes von Rhegion an, der als erster über Homer geschrieben haben soll, und setzt sich über Autoren wie Stesimbrotos von Thasos (5. Jh.) und das Haupt der Pergamenischen Schule im 2. Jahrhundert Krates von Mallos bis in die Spätantike und zum Byzantiner Tzetzes fort[1]. In der Zeit der Sophistik setzten auch Bemühungen um Sprache und Interpretation ein. Demokrit schrieb *Über Homer oder über Sprachrichtigkeit und dunkle Wörter* (VS 68 B 20a), und aus der Art, wie schwierige Stellen bei Aristoteles behandelt werden, schließen wir auf eine längere Tradition solcher Problematik.

Entscheidend war auch hier die Tätigkeit der alexandrinischen Gelehrten[2]. Drei der bedeutendsten haben sich mit Homer beschäftigt: Zenodot von Ephesos, der erste Vorstand der großen Bibliothek (erste Hälfte des 3. Jh.), Aristophanes von Byzanz (etwa 257–180) und Aristarch aus Samothrake (217–145), der neben einzelnen Abhandlungen nach einer seit Lehrs weithin geltenden Auffassung zwei Ausgaben des Textes besorgte. Neuerdings vertritt H. Erbse eine revolutionäre Auffassung von bedeutender innerer Wahrscheinlichkeit: Aristarch hat Texteditionen in unserem Sinne überhaupt nicht gemacht; wohl hat er für die Schaffung der Vulgata die Recensio geleistet, dann aber in Kommentarwerken seine eigenen Textvorschläge für ein philologisches Publikum in steter Auseinandersetzung mit seinen Vorgängern diskutiert. Viel von der Arbeit der großen Alexandriner ist in unseren Scholien noch kenntlich. Zwei vielverhandelte Probleme betreffen ihre Arbeitsweise und die Durchschlagskraft ihrer Entscheidungen.

Die Lesungen der Alexandriner weichen vielfach von jener Vulgata ab, die unsere Scholien ihnen als allgemeine Überlieferung (ἡ κοινή u. ä.) gegenüberstellen. Haben Männer wie Arist-

[1] Fr. Wehrli, *Allegorische Deutung Homers.* Diss. Basel 1928. Umfassend: F. Buffière, *Les mythes d' Homère et la pensée Grecque.* Paris 1956. P. Leveque, *Aurea catena Homeri. Une étude sur l'allégorie Grecque.* Ann. Litt. de l'Un. de Besançon 27, 1959.

[2] P. Mazon, *Introduction a l'Iliade.* Paris 1948, 17. V. Stegemann in der Ilias der *Tusculum-Bücherei.* Münch. 1948, 2, 420. Mit hoher Schätzung der Vulgata M. H. A. L. van der Valk, *Textual Criticism of the Odyssey.* Leiden 1949. Ders., *Researches on the Text and Scholia of the Iliad.* 1, Leiden 1963. 2, 1964; dazu H. Erbse, *Gnom.* 37, 1965, 532. Grundsätzlich wichtig G. Jachmann, ‹Vom frühalexandrinischen Homertext›. *Nachr. Ak. Gött. Phil.-hist. Kl.* 1949, 167. Kritisch zu seiner Wertung des Pap. Hamb. 217 M. van der Valk a. O. *(Researches)* 2, 548. H. Erbse, ‹Über Aristarchs Iliasausgaben›. *Herm.* 87, 1959, 275. Zu einer ähnlichen Auffassung kommt J. A. Davison, ‹The Study of Homer in Graeco-Roman Egypt›. *Mitt. Pap. Rainer* N. S. 5, 1956, 51. – Für die Sammlung der Fragmente des Aristophanes von Byzanz von A. Nauck (Halle 1848) ein Nachdruck bei Olms-Hildesheim 1963. – Zu den Alexandrinern nun vor allem Pf. *Hist.*

arch ihre Varianten durch Vermutung oder aus Handschriften gewonnen, die ihnen besonders wertvoll schienen? Es kann nicht anders sein, als daß das riesige Material der alexandrinischen Bibliothek ihren Forschungen die Grundlage bot. Sie trafen eine Fülle verschiedener Texte an, deren einige den Namen einer Stadt trugen (πολιτικαί)[1], die sich für Schulunterricht oder Festvortrag eine Ausgabe besorgt hatte, während andere nach einem Manne benannt waren (κατ' ἄνδρα), der die Ausgabe besaß und in einem Falle wie dem des Antimachos von Kolophon wohl auch eigene Arbeit zu ihrer Herstellung geleistet hatte. Daß dabei die athenische Tradition eine besondere Rolle spielte, vielleicht geradezu die Grundlage bildete, darf man mit einer gewissen Zuversicht vermuten. Denken wir uns derart die Lesungen eines Aristarch durch kritische Auslese gewonnen, so schließt das natürlich Konjekturen in einzelnen Fällen nicht aus. Unsere Auffassung deckt sich mit der H. ERBSES, *Gnom.* 37, 1965, 538, der die Leistung der alexandrinischen Philologen darin erblickt, daß sie die richtige Textbasis erkannten. Nicht zu folgen vermögen wir VAN DER VALK, der die Arbeit der Alexandriner als rein konjekturale Tätigkeit der von ihm angenommenen voralexandrinischen Vulgata gegenüber stark abwertet. Dem steht der Befund der Papyri gegenüber.

Die Frage, wie weit diese Arbeit nun auch wirklich die Überlieferung beeinflußt hat, mußte lange auf Grund der mittelalterlichen Handschriften und der Scholien entschieden werden[2]. Von Aristarch, von dem wir am meisten wissen, läßt sich feststellen, daß von 874 Lesungen, die seinen Namen tragen, nur 80 in allen unseren Handschriften wiederkehren, 160 in der Mehrzahl davon, 76 ungefähr in der Hälfte, 181 in einer Minderheit, 245 ganz vereinzelt und 132 überhaupt nicht. Befunde solcher Art sprachen nicht gerade für eine sehr weitreichende Wirksamkeit der alexandrinischen Gelehrtenarbeit. Und doch war dieses Bild falsch, wie wir mit dem Fortschreiten der Papyrusfunde[3] lernen mußten. Unter den Hunderten von Fragmenten mit Homerversen ist uns natürlich jene Handvoll am wichtigsten, die aus Texten vor der Arbeit der Alexandriner oder doch aus einer Zeit stammt, für die mit Einflüssen von dieser Seite nicht zu rechnen ist. Sie bieten uns Einblick in eine fluktuierende Überlieferung, die sich von dem nachalexandrinischen Text nicht so sehr durch Varianten, wohl aber durch eine bedeutende Zahl von Plus- und Minusversen unterscheidet. Diese Unsicherheit im Versbestand läßt sich aus der rhapsodischen Überlieferung leicht erklären, und hier ist die kritische Arbeit der Alexandriner für alle Folgezeit von entscheidender Bedeutung gewesen. Damit ist auch gesagt, daß der letzte für uns erreichbare Homertext, wenn wir von kümmerlichen Resten absehen, der alexandrinische ist. Wir haben zu dem Urteil der Männer, von denen wir so weitgehend abhängen, Zutrauen. Von der Arbeitsweise des Aristarch können wir noch Wesentliches erkennen. Er hat überschüssige Verse getilgt und sie damit für alle Zeit aus dem Homertext

[1] Von V. CITTI ‹Le edizioni omeriche "delle città"›. *Vichiana* 3, 1966, 3, wohl zu hoch bewertet.

[2] Übersicht und ältere Literatur in dem wertvollen Einführungswerk von P. CAUER, *Grundfragen der Homerkritik*. 3. Aufl. Leipz. 1921/23.

[3] Am vollständigsten bei PACK, dazu P. COLLART, *Les Papyrus de l'Iliade* in Mazons *Introduction* (s. S. 96, A. 2), 37, mit Listen und Verzeichnis der Abweichungen. V. MARTIN, *Papyrus Bodmer I. Iliade, chants 5 et 6*. Bibl. Bodmer 1954. *Griech. Pap. der Hamb. Staats- und Un.-Bibl.* Hamb. 1954, nr. 153f. H. J. METTE, ‹Neue Homer-Papyri›. *Rev. de Phil.* 29, 1955, 193. Jede neue Papyrus-Publikation bringt neue, freilich mitunter belanglose Reste, so *Pap. Soc. It.* 14, 1957, deren neun. Sorgfältig verarbeitet die ältesten Zeugen DARIO DEL CORNO, ‹I papiri dell'Iliade anteriori al 150 a.Chr.› *Ist. Lombardo. Rendiconti, Classe di Lettere* 94, 1960, 73; ders. ‹I papiri dell'Odissea anteriori als 150 a.Chr.› ibid. 95, 1961, 3. Systematisch bearbeitet das Papyrus-Material nach verschiedenen Gesichtspunkten J. A. DAVISON in der S. 96, A. 2 genannten Arbeit. Kleine Fragmente eines Kommentars zum 17. Gesange der *Ilias Ox. Pap.* 24, 1957, nr. 2397, eines Glossars zum 1. Gesang ebda. nr. 2405. Eine gute Übersicht und viel Lit. bietet. AUG. TRAVERSA, ‹I papiri epici nell' ultimo trentennio›. *Proc. of the IX. Int. Congr. of Papyrology*. Norweg. Un. Pr. 1961, 49. Hervorragend: STEPHANIE WEST, *The Ptolemaic Papyri of Homer.* Papyrologica Coloniensia 3. Köln 1967. Der Befund bestätigt das o. über die Tätigkeit der Alexandriner Gesagte. Neue Homerpapyri: *Antin. Pap.* 3. London 1967, nr. 156–177. V. BARTOLETTI, Scuola Norm. Sup. di Pisa 35, 1966. *Ox. Pap.* 31, 1966, nr. 2540–2542.

entfernt. Daß er dies auf Grund sorgfältiger Prüfung der verschiedenen Zeugen tat, dafür spricht sein anders geartetes Vorgehen in jenen Fällen, in denen er aus sprachlichen oder sachlichen Gründen Zweifel an der Echtheit einer Partie hatte. Da begnügte er sich mit dem Zusatz eines waagrechten Striches als kritischen Zeichens *(Obelos)*, nahm aber – und er sei dafür bedankt! – die Streichung nicht vor.

Für die indirekte Überlieferung durch Zitate bei anderen Autoren gibt eine Übersicht M. VAN DER VALK, *Researches on the Text and Scholia of the Iliad.* 2, Leiden 1964, 264, wobei sich zeigt, daß hier kein von der Vulgata abweichender Text greifbar wird. Die Basis ist allerdings reichlich schmal. Vielfach ist mit bewußter Änderung des Wortlautes für die Zwecke des Zitierenden zu rechnen, eine Frage, die besonders für die Zitate bei Platon wichtig wird; zu diesen J. LABARBE, *L'Homère de Platon.* Bibl. de la Fac. de Phil. et Lettres Liège. Fasc. 117. 1949. Kritisch dazu: G. LOHSE, ‹Untersuchungen über Homerzitate bei Platon›. *Helikon* 4, 1964, 1.

Die Alexandriner haben ihre Texte in ausführlichen Kommentaren verteidigt und erklärt, wobei Polemik, wie sie Aristarch besonders gern gegen Zenodot trieb, nicht fehlt. Die Unsumme gelehrter Arbeit, die hier geleistet war, lieferte den Nachfahren Material für einen regen Bergwerksbetrieb. Erklärende Werke und Lexika, von denen das erhaltene des Apollonios Sophistes[1] einen Begriff gibt, zehrten von dem Erbe. Letzte Zeugen solcher Geschäftigkeit sind die Massen von Bemerkungen *(Scholien)*, die in einzelnen unserer Handschriften den Text marginal begleiten oder interlinear durchsetzen. Die großen Leistungen der Alexandriner sind hier von ganzen Schichten überdeckt. Die Entwirrung dieser Überlieferung stellt schwierige, in neuester Zeit mit Erfolg wieder aufgenommene Aufgaben[2]. Die wichtigsten Scholien zur Ilias, deren Erschließung durch C. D'ANSSE DE VILLOISON im Jahre 1788 einen neuen Abschnitt der Homerforschung eröffnete, bietet der Venetus 454 (A) aus dem 10. Jahrhundert. In einer Notiz, die sich am Ende der meisten Gesänge findet, sind als Quelle für die Hauptscholien, die den Text am Rande begleiten, vier Gelehrte genannt, wichtige Mittler alexandrinischer Forschung an die Folgezeit: Aristonikos, der unter Augustus über Aristarchs kritische Zeichen schrieb, sein Zeitgenosse Didymos, dem sein Riesenfleiß den Beinamen des Mannes mit den ehernen Eingeweiden eintrug und der in einer seiner zahlreichen Homerarbeiten die Textgestaltung Aristarchs besprach, Herodian, der Verfasser einer *Allgemeinen Prosodie* unter Mark Aurel, der auch homerische Betonungsfragen behandelte, und Nikanor, der sich zur selben Zeit mit der homerischen Interpunktion beschäftigte. Die Homerkommentare dieser vier Männer, die unter so verschiedenen Gesichtspunkten standen, hat ein uns unbekannter Mann (vielleicht hieß er Nemesion) in einen Band zusammengefaßt. Wann aus diesem Sammelbande durch Kneten und Schneiden das Randscholienwerk des sogenannten *Viermännerkommentars* wurde, auf das der Großteil der A-Scholien zurückgeht, ist eine Frage für sich. Neuerdings wurden Gründe dafür vorgebracht, daß dies erst in byzantinischer Zeit auf Grund eines Unzialcodex geschehen sei, der die Arbeiten der Viermänner über die dunklen Jahrhunderte rettete. Aus derselben Quelle scheinen die Scholien geflossen zu sein, die der Ven. A zwischen Hauptscholien und Rand und zwischen den Textzeilen enthält. Wenn in der Scholienmasse dieser Handschrift das Interesse an der Gestaltung des Textes gegenüber der Erklärung im Vordergrund steht, so ist das

[1] H. GATTIKER, *Das Verhältnis des Homerlexikons des Ap. Soph. zu den Homerscholien.* Zürich 1945. F. MARTINAZZOLI, *Hapax Legomenon I/2. Il Lexicon Homericum di Ap. Sof.* Bari 1957.

[2] H. ERBSE, ‹Zur handschriftlichen Überlieferung der Iliasscholien›. *Mnem.* s. IV, 6, 1953, 1. Ders., *Beiträge zur Überlieferung der Iliasscholien.* Zet. 24, 1960. Hier wird mit staunenswerter Hingabe und Sachkenntnis die handschriftliche Überlieferung der Scholienmassen sowie ihre Verbindung mit grammatischer und lexikographischer Literatur untersucht; dazu W. BÜHLER, *Byz. Zeitschr.* 54, 1961, 117. Ein nützliches Hilfsmittel bietet J. BAAR, *Index zu den Ilias-Scholien. Deutsche Beitr. z. Altertumsw.* 15. Baden-Baden 1961. Die Arbeiten von M. VAN DER VALK sind o. zitiert. H. ERBSE krönt seine den Iliasscholien gewidmeten Studien nun mit der Ausgabe: *Scholia Graeca in Homeri Iliadem (Scholia vetera) I (A–Δ).* Berlin 1969. Eine ausführliche Einleitung orientiert über die Grundlagen der Überlieferung und die Methode ihrer Auswertung. Ein reiches Lit.-Verzeichnis gehört zu den Vorzügen dieser monumentalen Ausgabe.

Verhältnis in den Scholien des Venetus 453 (B) aus dem 11. Jahrhundert und Townleyanus Brit. Mus. 86 (T, auf 1059 datiert), gerade umgekehrt. Mindestens drei antike Homerkommentare liegen diesen Kompilationen zugrunde; wie weit an ihnen die pergamenische Schule beteiligt war, hat sich noch nicht bestimmen lassen. Daß noch anderes antikes Erklärungsgut ins Mittelalter gelangte, beweisen die Scholien des Genaviensis 44 (G) des 13. Jahrhunderts zum einundzwanzigsten Gesange der Ilias, die Beziehungen zu Pap. Ox. 2, 221 (nr. 1205 P.) aufweisen. Auf einem anderen Blatte stehen die sogenannten Kleinen Scholien, die man fälschlich Didymos-Scholien nannte; sie sind ebenfalls antiker Herkunft, wie Papyrusfunde zeigten, und geben meist Worterklärungen[1].

Was wir an antiker Odysseekritik vornehmlich in den beiden Handschriften Harleianus 5674 (H) und Venetus 613 (M), beide aus dem 13. Jahrhundert, erhalten haben, ist weniger als das, was wir für die *Ilias* besitzen. Die antike Forschung scheint sich mit größerer Intensität dem größeren Epos zugewendet zu haben. Für dessen höhere Schätzung gibt es Zeugnisse wie das Wort im platonischen *Kl. Hippias* (363 b), die *Ilias* sei um soviel schöner als die *Odyssee*, als Achilleus den Odysseus an Wohlgeratenheit übertreffe.

Auch in den Kommentaren, die Eustathios, seit 1175 Erzbischof von Thessalonike, zu beiden Epen lieferte, steckt, in breiten Vortrag eingebettet, viel antike Grammatikertradition[2]. Material aus den Schriften der Viermänner ist ihm durch den Kommentar des Apion und Herodor zugeflossen.

Bei der Besprechung der Scholien wurden bereits die wichtigsten Handschriften genannt. Zum Ven. A der Ilias tragen wir nach, daß ihn Kardinal Bessarion von Joannes Aurispa erhalten hat und daß ihn A. Severyns[3] für Arethas von Cäsarea geschrieben sein läßt.

Die *Ilias* ist in zahlreichen Handschriften überliefert, Allen zählt 188, wobei kaum noch alles erschlossen ist. Die Zahl ist für die *Odyssee* um etwas mehr als um die Hälfte geringer. Für dieses Epos seien noch die beiden Laurentiani aus dem 10. Jahrhundert 32, 24 (G) und abbat. 52 (F) sowie ein Palatinus Heidelb. 45 (P) nachgetragen, der auf 1201 datiert ist[4].

Daß unsere handschriftliche Überlieferung nicht einfach jene der Alexandriner ist, haben wir bereits festgestellt. Es ist aber ebensowenig jene, die uns aus der Antike als Vulgata kenntlich wird. Vielmehr haben wir es mit einem Bestande von Varianten zu tun, der in der verschiedensten Verteilung auftritt. Es sind zu einem guten Teil dieselben Varianten, die, nun wieder in anderer Verteilung, in den zahlreichen Homerpapyri (nr. 552–1156 P.)[5] wiederkehren. Es ist auf Grund dieser Verhältnisse nicht möglich gewesen, zu einer klaren Gruppierung der Handschriften zu gelangen. Das alles erklärt sich aus dem Überlieferungsreichtum dieser Werke, die aller Wahrscheinlichkeit nach die kritischen Jahrhunderte vom sechsten bis neunten nicht wie andere Dichtungen in einem einzigen Unzialcodex, sondern in einer größeren Anzahl solcher passierten, so daß sich beim Wiederaufleben der Studien in Byzanz sogleich verschiedene Traditionszweige entwickelten und weiterhin in verschiedene Beziehungen zueinander traten.

Die älteste Homerausgabe hat Demetrios Chalkondyles Florenz 1488 erscheinen lassen, 1504 folgte die Aldina. Die Geschichte der Homereditionen ist hier nicht zu verfolgen, nur Neueres und für den Gebrauch Wichtiges kann angeführt werden. Die handlichste Gesamtausgabe mit kritischem Apparat ist jene von D. B. Monro und Th. W. Allen für die *Ilias* (3. Aufl.

[1] H. Gattiker, s. S. 98, A. 1.

[2] Die Ausgabe von G. Stallbaum in 7 Bden. mit dem Index von M. Devarius (Leipz. 1826–30) wurde 1960 bei Olms-Hildesheim nachgedruckt.

[3] ‹De nouveau sur le Venetus d'Homère›. *La Nouvelle Clio* 3, 1951, 164. Bedenken bei H. Erbse, *Zet.* 24, 1960, 123, und D. Mervyn Jones, *Gnom.* 33, 1961, 18. Prachtvolle phototypische Wiedergabe der Handschrift bei Sijthoff, Leiden 1901.

[4] Zur Sonderstellung von Allen's family h vgl. J. A. Davison, *Companion to Homer.* London 1962, 233, 55.

[5] Dazu Lit. und Ergänzungen S. 97 A. 3.

Oxf. 1920) und dem Zweitgenannten für die *Odyssee* (2. Aufl. Oxf. 1917/19) in je zwei Bänden, ein fünfter (Oxf. 1912, mit Korrekturen 1946) enthält die *Hymnen*, die Fragmente des *Kyklos* und *Margites*, die *Batrachomyomachie* und die *Viten*. Beide Epen mit Text von E. Schwartz, übers. von J. H. Voss, für die *Il.* bearbeitet von H. Rupé, für die *Od.* von E. R. Weiss, herausgeg. von Br. Snell. Berlin-Darmstadt 1956. Für die *Ilias* bietet Th. W. Allen eine Ausgabe mit großem Apparat in 3 Bdn. Oxf. 1931, die *Coll. des Un. de Fr.* eine doppelsprachige Ausgabe von P. Mazon (Paris 1947/55; mehrfach nachgedr.), eine solche mit deutscher Übersetzung die *Tusculum-Bücherei*, Münch. 1948, erneuert 1961; den Text hat V. Stegemann, die Übersetzung H. Rupé besorgt. Br. Snell, *Ilias. Odyssee.* Darmstadt 1964 (Tempel-Klassiker; doppelspr.). An Kommentaren ist noch immer nützlich der von W. Leaf (2. Aufl. Lond. 1900/02, Nachdruck 1960) und der mehrfach wiederholte und von P. Cauer seit 1910 neu besorgte von K. Fr. Ameis und C. Hentze (Teubner; Nachdr. Amsterdam 1964) mit veralteten, aber noch unentbehrlichen kritischen Anhängen. Komm. zu einzelnen Büchern: I: E. Mioni, Torino o. J. IX: E. Valgiglio, Rom 1955. XXIII: P. Chantraine – H. Goubé, Paris 1964. XXIV: F. Martinazzoli, Rom 1948. U. Boella, Torino 1967. Für die *Od.*: A. Heubeck, ‹Neuere Odyssee-Ausgaben›. *Gymn.* 63, 1956, 87. Die doppelsprachige Ausgabe der *Odyssee* in der *Coll. des Un. de Fr.* hat V. Bérard besorgt (5. Aufl. Paris 1956), dazu eine *Introduction* (Paris 1924). Besondere Bedeutung durch die sorgfältig überlegte Gestaltung des Apparates hat die kritische Ausgabe von P. Von der Mühll, Basel 1946. Doppelsprachig: A. Weiher, 3. Aufl. Münch. 1967. Für die Erklärung ist neben Ameis-Hentze-Cauer (s. o.) die kommentierte Ausgabe von W. B. Stanford (Lond. 1947; 2. ed. 1958) zu nennen. Komm. zu einzelnen Büchern: I: Fr. Mosino, Torino 1967. VI: R. Strömberg, Göteborg 1962. XI: M. Untersteiner, Firenze 1948. XXIII: R. Strömberg, Göteborg 1962. G. Maina, Torino 1969. Ausgaben der Scholien zur *Ilias* W. Dindorf 4 Bde. Oxf. 1875–77, 5 u. 6, E. Maass ibid. 1888. J. Nicole, *Les scolies genevoises de l'Iliade.* Genève 1891; repr. mit Vorwort von H. Erbse. Hildesheim 1965. Die große, abschließende Ausgabe der Ilias-Scholien durch H. Erbse hat eingesetzt mit *Scholia Graeca in Homeri Iliadem (Scholia Vetera) I (A–Δ).* Berlin 1969. Weitere Lit. S. 98 A. 2.; zur *Odyssee* W. Dindorf, Oxf. 1855, Nachdruck 1961. A. Ludwich, *Scholia in Hom. Od.* Königsberg 1888–1890; repr. mit Vorwort von H. Erbse. Hildesheim 1965. J. Baar, Index zu den Ilias-Scholien. Die wichtigeren Ausdrücke der gramm., rhetor. u. ästhet. Textkritik. Deutsche Beitr. z. Altertumswiss. 15. Baden-Baden 1961. – Lexika: H. Ebeling, Leipz. 1880/85, Nachdruck bei Olms, Hildesheim in Vorbereitung. A. Gehring, *Index Homericus.* Leipz. 1891. Von einem *Lexikon des frühgriechischen Epos* auf breitester Grundlage (Snell, Fleischer, Mette) sind die ersten 6 Faszikel Gött. 1953–69 erschienen. G. L. Prendergast, *A Complete Concordance to the Iliad.* Lond. 1875, Nachdruck mit Ergänzungen von B. Marzullo bei Olms, Hildesheim 1960. H. Dunbar, *A Complete Concordance to the Odyssee and Hymns of Homer.* Oxf. 1880. Nachdruck ebda. in Vorbereitung. – Übersetzungen außer den o. angeführten doppelsprachigen Ausgaben: für beide Epen wird mit Recht die Übertragung von J. H. Voss an verschiedenen Stellen neu abgedruckt, besonders schön von P. Von der Mühll in den *Birkhäuser-Klassikern* 23 u. 24 (Basel 1946). Aus der großen Zahl neuerer Übersetzungen nennen wir Th. v. Scheffer, Bd. 13 u. 14 der Sammlung Dieterich, und R. A. Schroeder, von dem nun beide Epen im 4. Band seiner Gesammelten Werke, Frankf. a. M. 1952, vorliegen. In Prosa hat W. Schadewaldt die *Od.* übertragen: Rowohlts Klassiker 1958; Zürich 1966 (Bibl. d. Alten Welt). Ein prächtiges Unikum ist die Od. in Bärndütsch von A. Meyer, Bern 1960. Die franz. Übersetzung der *Il.* von R. Flacelière und der *Od.* von V. Bérard erschien in der *Bibl. de la Pléiade* 115. Paris 1955. Eine Übersetzung der *Ilias* in die neugriechische Volkssprache von N. Kazantzakis und J. Th. Kakridis erschien Athen 1955; der *Odyssee* Athen 1965. – Für Fragen der Nachwirkung: G. Finsler, *Homer in der Neuzeit von Dante bis Goethe.* Leipz. 1912. Interessant: W. B. Stanford, *The Ulysses Theme. A Study in the Adaptability of a Traditional Hero.* Oxf. 1954; 2. Aufl. 1963. A. D. Skiadas. *Homer im griech. Epigramm.* Athen 1965. K. F. Johansen, *The Iliad in*

Early Greek Art. Kopenhagen 1967. R. Sühnel, *Homer und die engl. Humanität.* Tübingen 1958 (zu den Übersetzungen Chapmans und Popes). – Bibliographische Hilfen: H. J. Mette, ‹Homer 1930–1956›. *Lustrum* 1, 1956 (1957), 7 mit Nachträgen ibid. 319; 2, 1957, 294; 4, 1959 (1960), 309; 5, 1961, 649; 11, 1966 (1967), 33. A. Lesky, *Die Homerforschung in der Gegenwart,* Wien 1952, und die Forschungsberichte im *AfdA,* deren letzter 18, 1965, 1 erschienen ist; die früheren Berichte sind dort verzeichnet. Fortgesetzt von E. Dönt von 21, 1968, 129, an. A. Heubeck, Fachberichte im *Gymn.* 5. Ber. 71, 1964, 43. Per Krarup, *Blade af den nyere forsknings historie.* 2. udg. Kopenhagen 1964. A. Lesky, *RE S* 11; Sonderausgabe Stuttgart 1967.

B. DER EPISCHE KYKLOS

Verse der beiden großen Epen lassen uns Heldendichtung anderer Inhalte kenntlich werden: von den Kämpfen um Theben, der Fahrt der Argonauten, der Jagd auf den kalydonischen Eber. Viel davon bleibt für uns verschollen und war dies bereits für die Alexandriner. Anderes hat sich in ihre Bibliothek gerettet, ging erst später verloren und ist uns durch Nachrichten und Bruchstücke einigermaßen kenntlich. Daß Aristophanes (*Friede* 1270) den Eingang der *Epigonen* wie etwas Bekanntes zitiert, zeigt, daß diese Epik damals noch lebendig war. Wir brauchen nicht zu bedauern, daß wir da um Dichtungen vom Range der *Ilias* und *Odyssee* gekommen seien. Was wir von ihrem einfach reihenden Aufbau noch fassen, der Stil einzelner Fragmente, Urteile wie das des Aristoteles (*Poet.* 23. 1459b 1) lassen uns begreifen, wie groß der Abstand gewesen sein muß. Auch das erkennen wir noch, daß diese Epen von Homer abhängig waren und ihn inhaltlich ergänzten. Das Altertum bereits hat vom epischen Kyklos gesprochen; wir finden den Begriff an zwei späten Stellen in verschiedener Weise bestimmt. Aus der *Chrestomathie* des Proklos lesen wir in der *Bibliothek* des Photios (p. 319A 17), dieser Kyklos habe alles zwischen der Vereinigung von Himmel und Erde und dem Tode des Odysseus umfaßt. Engere Grenzen zieht das Scholion zu Clemens Alex. *Protrept.* 2, 30, das die Stoffe der kyklischen Dichtung als Vorher und Nachher um die *Ilias* anordnet. Die Entwicklungsgeschichte des Begriffes bleibt uns unbekannt, und er war wohl nicht so scharf bestimmt, daß er nicht gelegentlich in verschiedenem Umfange gebraucht werden konnte.

Eine gelegentlich zitierte *Titanomachie*[1] bleibt uns ebenso schattenhaft wie andere epische Dichtung über die älteste Göttergeschichte. Berichte von Götterkämpfen der Vergangenheit (z.B. *Il.* 1, 396) lassen uns ahnen, wieviel unter dem Eindrucke von Hesiods *Theogonie* in Vergessenheit geriet.

Übel sind wir auch mit den Epen des thebanischen Kreises daran, für den uns die Inhaltsangaben des Proklos fehlen. Die Verwertung der Stoffe bei den Tragikern, die

[1] Für die Fragmente des Epos ist die alte unzulängliche Sammlung von G. Kinkel, *Epicorum Graec. fragmenta* (1877) zum Teil ersetzt durch den 5. Band von Allens Homerausgabe (Oxf. 1912, mit Korrekturen 1946) mit den Resten des Kyklos im weiteren Sinne, während E. Bethe, *Homer* 2, 2. Aufl. Leipz. 1929, 149, jene des troischen Epenkreises mit anschließender Kritik und Rekonstruktion bietet. Eine Ausgabe der epischen Fragmente bereitet W. Kullmann vor. Was wir über die epische Titanomachie noch ausmachen können, sammelt O. Gigon in J. Dörig und O. Gigon, *Der Kampf der Götter und Titanen.* Olten/Lausanne 1961.

Berichte der Mythographen und einige Bildwerke bieten eine reichlich unsichere Grundlage für Versuche der Rekonstruktion[1].

Wenn wir für einzelne Epen bald Homer, bald andere Verfasser angeführt finden, so erfordert das eine grundsätzliche Bemerkung. Nach den Zeugnissen für einzelne Epen darf man annehmen, daß man zeitweise den ganzen Bestand der kyklischen Epen Homer zuschrieb, wenngleich Notizen dieser Art[2] spät und unzuverlässig sind. Zweifel an Homer als Verfasser haben sich früh gezeigt, wie wir bei *Epigonen* und *Kyprien* sehen werden. Aristoteles spricht in der *Poetik* (s. o.) ohne Angabe eines Namens von dem, «*der die Kyprien schrieb und die Kleine Ilias*», und dies scheint nach den Scholien auch alexandrinische Tradition gewesen zu sein. In späteren Zeugnissen tauchen verschiedene Namen auf[3]. Wie weit da Pseudo-Gelehrtheit willkürliche Zuteilungen vornahm, wie weit ältere Nachrichten fortwirkten, entzieht sich unserer Kenntnis. Als verläßlich dürfen wir jedoch die Angaben über Buch- und Verszahlen ansehen, die auf die Verzeichnisse der Alexandriner zurückgehen.

Von den drei thebanischen Epen tritt dem Stoffe nach an die erste Stelle die *Oidipodeia* mit 6600 Versen. Gelegentlich wird Kinaithon als Verfasser genannt. Die Überwindung der Sphinx und die Inzestehe gehörten zum Inhalte. Wahrscheinlich blieb Oidipus nach der Entdeckung der Blutschande König in Theben und vermählte sich wieder. Aber die Flüche seiner Mutter, die sich getötet hatte, lasteten auf ihm, und er fand nach vielem Leid an den Seinen im Kampfe mit den Minyern den Tod.

Für die *Thebais* (7000 Verse nach der runden Angabe im *Cert. Hom. et Hes.*) lesen wir bei Pausanias (9, 9, 5), daß bereits Kallinos (7. Jh.) sie dem Homer zuschrieb und viele ihm folgten. Man wird daraus auf hohes Alter dieser Dichtung schließen dürfen, die Pausanias ihrem Werte nach am nächsten an *Ilias* und *Odyssee* heranrückt. Ihr Eingang «*Argos besinge, Göttin, das vieldurstige, von wo die Fürsten ...*» zeigt weitgehende Übereinstimmung mit den Anfängen der beiden erhaltenen Epen. Das ist als Nachahmung leicht zu verstehen[4], und die Verse des Kallinos kennen wir nicht. So wird man die Zuweisung an Homer nicht anders beurteilen als in den übrigen Fällen. Für den Inhalt ist der zweimalige Fluch kenntlich, den Oidipus über seine Söhne sandte. Er erfüllt sich in dem Doppelmord, der das Unternehmen der Sieben gegen Theben abschließt. Daß dieses breit und episodenreich geschildert war, zeigen noch die Nachklänge.

Für das dritte der thebanischen Epen, die *Epigonen*, erfahren wir aus derselben Quelle wie für die *Thebais* die gleiche runde Zahl von 7000 Versen. Die Zuweisung an Homer gibt Herodot 4, 32 mit deutlichen Zweifeln weiter. Die *Ilias* kennt (4, 406) die Eroberung Thebens durch die erfolgreichen Söhne der ersten Angreifer. Natürlich

[1] E. Bethe, *Thebanische Heldenlieder*. Leipz. 1891, vielfach berichtigt durch C. Robert, *Oidipus*. Berl. 1915. Dazu L. Deubner, ‹Oedipusprobleme›. *Preuß. Ak. Phil.-hist. Kl.* 1942/4, 27.

[2] E. Bethe, *Homer* 2, 150.

[3] Zu verschiedenen Verfassernamen kyklischer Epen vgl. W. Kullmann, *Die Quellen der Ilias. Herm. E* 14, 1960, 215, 2.

[4] Anders E. Kalinka, ‹Die Dichtungen Homers›. *Almanach d. Ak. Wien* 1934, 22 des Sonderdruckes.

muß es sich dabei nicht um jene Fassung gehandelt haben, die dem Kyklos zugerechnet wurde.

Am besten unterrichtet sind wir über die Epen des troischen Kreises; wir danken dies Auszügen aus der *Chrestomathie* des Proklos, die wir zum Teil in der *Bibliothek* des Patriarchen Photios, zum Teil in einigen Ilias-Handschriften (vor allem Ven. A) lesen[1]. Zeiten grundsätzlicher Skepsis haben diese Inhaltsangaben als wertlos erklärt. Man hat so weitgehende Zweifel mit Recht aufgegeben, doch soll das Maß an Unsicherheit nicht unterschätzt werden, das verbleibt. Ob da ein Proklos des 2. oder des 5. Jahrhunderts n. Chr. exzerpierte, in keinem Falle hatte er die Epen selbst zur Hand. Was wir lesen, ist aus mythographischer Literatur gewonnen. Da ergeben sich zwei Fragen. Zunächst, ob in diesen Exzerpten die Grenzen der einzelnen Epen immer mit hinreichender Genauigkeit bezeichnet sind. Zum andern, ob der geradezu fugenlose Zusammenschluß der einzelnen Dichtungen bereits auf ihre Verfasser zurückgeht oder erst das Ergebnis abrundender Zusammenfassungen ist. Wir kommen auf die Frage zurück.

Die *Kyprien* (Κύπρια sc. ἔπη), für deren Titel eine befriedigende Erklärung noch nicht gefunden ist, schilderten in 11 Büchern die Ereignisse, die der *Ilias* vorausgehen. Als Verfasser werden Stasinos, Hegesias oder Hegesinos genannt. Interessant ist der Einsatz mit dem Übervölkerungsproblem: Zeus sieht die Erde unter der Last der Menschen leiden und erleichtert sie durch einen großen Krieg. Der Dichter holte weit aus und erzählte die Vorgeschichte über die Hochzeit der Eltern des Achilleus, das Parisurteil, die Entführung Helenas, die Geschehnisse in Aulis bis zur ersten Fehllandung in Teuthranien. Daran schlossen sich Geschichten aus dem Kriegsabschnitt, der vor der *Ilias* liegt. Die erzählfreudige Episodenhaftigkeit der Dichtung wird uns an einem Punkte gut erkennbar: Menelaos wirbt für den Rachezug und kommt zuerst zu Nestor, dem Herrn von Pylos. Der Alte erzählt ihm von Epopeus, der die Frau eines anderen verführte, von Oidipus, von dem Wahnsinn des Herakles und von Theseus und Ariadne. Daß es da überall zwischen Mann und Frau schlimm ausging, ergibt ein gewisses Band, aber an Breite geht dieser Geschichtenzyklus über das hinaus, was der Nestor der *Ilias* sich gestattet. Dort ist wohl auch das Vorbild für den Kypriendichter zu suchen. Auch dieses Epos hat man dem Homer zugeschrieben. Wir erkennen das an der Polemik Herodots (2, 117), der bei weitem nicht so unkri-

[1] Ob es sich bei Proklos um den Neuplatoniker des 5. oder einen Grammatiker etwa des 2. Jh. n. Chr. handelt, ist umstritten. Mit Recht macht M. Sicherl, *Gnom.* 28, 1956, 210, 1, darauf aufmerksam, wie schwach die Gleichsetzung des Verfassers der Chrestomathie mit dem Neuplatoniker gestützt ist: sie findet sich lediglich im Ottob. gr. 58 durch einen byzantinischen Gelehrten (Tzetzes?) vollzogen. Übersicht über die handschriftlichen Zeugen und eine neue Version für die *Kyprien* bei A. Severyns, ‹Un sommaire inédit des Chants Cypriens›. *Mél. Grégoire. Ann de l'inst. d'hist. Orient. et Slav.* 10, 1950, 571. Ders., *Recherches sur la Chrestomathie de Proclos* I. *Etudes paléographique et critique.* Paris 1938. II. *Texte, traduction, commentaire.* Paris 1938. III. *La vita Homeri et les sommaires du Cycle.* Paris 1953. IV *La vita Homeri et les sommaires du Cycle. Texte et traduction.* Paris 1963, In den Prolegomena eine eingehende Würdigung aller vorausgegangenen Editionen seit Allatius 1640. Ältere Arbeiten von Severyns zu den Resten der Chrestomathie des Proklos finden sich *Gnom.* 28, 1956, 210, 5, verzeichnet. Eine Geschichte des Problems der kyklischen Epen bietet W. Kullmann in dem S. 39, A. 1 genannten Buche S. 18; dort S. 52 auch der Text der Proklosexzerpte.

tisch ist, wie man ihn mitunter um des Gegensatzes zu Thukydides willen machte. Er bestreitet dem Homer das Epos, weil in ihm Paris mit Helena in dreitägiger glatter Fahrt nach Troia gelangt, während er in der *Ilias* (6, 290) auf weiten Wegen über Sidon kommt. Daß der Auszug des Proklos diese homerische Variante hat, zeigt die Grenzen seiner Verläßlichkeit.

An die *Ilias* schloß sich die *Aithiopis* mit fünf Büchern, die man dem Arktinos von Milet zuschrieb. Inhalt waren die letzten Taten des Achilleus, seine Siege über die Amazone Penthesileia und den Führer der Aithiopen, Memnon, sein Tod durch Paris, den menschlichen, und Apollon, den göttlichen Bogenschützen, und seine Bestattung. Ob seine Entrückung auf die Insel Leuke erzählt war, ist fraglich, und sicher blieben diesem Epos die erotischen Motive noch fern, die sich später mit der Penthesileia-Geschichte verbanden. Wie die *Aithiopis* neuerdings zum Gegenstande einer Theorie wurde, die aus ihr eine *Memnonis* als Vorbild der Ilias herausheben will, kam früher (S. 39) zur Sprache.

Das Datierungsproblem ist für alle diese Epen höchst schwierig. Im Falle der *Aithiopis* finden wir den Kampf des Achilleus mit Memnon auf der Kypseloslade dargestellt, dem an Sagenbildern reichen Kasten aus Zedernholz, den Korinths Herrschergeschlecht nach Olympia stiftete (Paus. 5, 17, 5). Es ist wahrscheinlich, daß wir damit eine untere Grenze der Datierung haben, aber doch nicht sicher, da die Sage vom Aithiopenkönig in einer älteren Fassung eingewirkt haben kann. Anderseits wird im Epos Achilleus, der den Thersites erschlug, weil er die Leiche der Penthesileia schändete, von Odysseus auf Lesbos unter Opfern an die apollinische Trias entsühnt. Das deutet auf wachsenden Einfluß der delphischen Mordsühne, die später eine so gewaltige Rolle spielte, und man wird mit einiger Zuversicht die *Aithiopis* auf das spätere 7. Jahrhundert datieren dürfen. Mit noch größerer Zurückhaltung wird man im allgemeinen die Entstehung der kyklischen Epen in diese Zeit setzen. Daß das natürlich nicht für die Stoffe gilt und diese ganze Dichtung nur als Zusammenfassung vielen älteren Gutes unter Einwirkung der homerischen Epen verstanden werden kann, sei nochmals betont[1].

Ein Epos von der *Zerstörung Ilions* (Ἰλίου πέρσις) in 2 Büchern wurde ebenfalls mit dem Namen des Arktinos verbunden. Was wir vom Inhalte fassen, fügt sich mit Vasenbildern zu dem Eindrucke zusammen, daß die Schilderung der troischen Schicksalsnacht in einzelne Episoden aufgelöst war.

Aithiopis und *Iliupersis* schließen sich zur Schilderung der Ereignisse zusammen, die auf den Schluß der *Ilias* folgen. Dieser einfache Befund wird dadurch problematisch, daß wir für die Posthomerica noch ein Epos überliefert finden: eine *Kleine Ilias* (mit vier Büchern) des Lesches, neben dem andere Namen wie Kinaithon stehen. Man hat

[1] W. Kullmann bietet in dem S. 39, A. 1 genannten Buche ein eigenes Kapitel ‹Zur Struktur des epischen Kyklos› und untersucht das Verhältnis der kyklischen Epen zur *Ilias*. Für jene neigt er zu frühen Ansätzen und möchte außer der *Aithiopis* vor allem die *Kyprien* vor die *Ilias* datieren, worin wir nicht zu folgen vermögen. Aristarch hat den Kyklos nach Homer datiert; vgl. A. Severyns, *Le Cycle épique dans l'école d'Aristarque*. Liége – Paris 1928.

die *Kleine Ilias* als Teilepos in den Raum zwischen den beiden anderen drängen wollen, während BETHE *Aithiopis* und *Iliupersis* als Teile einer *Kleinen Ilias* mit insgesamt 11 Büchern faßte. Daß auf diese Weise die Dichtung für die Zeit vor und nach unserer *Ilias* in je elf Büchern enthalten gewesen wäre, kann Zufallsergebnis sein. Am wahrscheinlichsten bleibt die Annahme, daß die *Kleine Ilias* neben den beiden anderen Epen stand und in knapper Form die Ereignisse nach Hektors Tod schilderte.

Die Erzählungen der *Odyssee* waren nur eine Heimkehrergeschichte, wenn auch die berühmteste, unter anderen; das erkennen wir aus dem Epos selbst am besten, das in Telemachie und Nekyia viel von den Geschicken der anderen Helden erzählt. Diese waren in den *Nosten* (Νόστοι), die Homer oder ein Hagias von Troizen gedichtet haben sollte, in fünf Büchern vereinigt. Gerade in diesem Epos muß das Katalogartige der Komposition besonders hervorgetreten sein.

Das wunderlichste Gewächs an diesem Stamme ist die *Telegonie*[1], die meist dem Eugammon von Kyrene gegeben wird. Sie wollte eine Fortsetzung der Odyssee sein und kompilierte ältere Dichtung mit jüngeren Erfindungen. Was da von einer Wanderung des Odysseus in die epirotische Landschaft Thesprotien, einer neuen Ehe und siegreichem Kampfe gegen die Bryger erzählt war, stammt wohl aus einer älteren *Thesprotis*, die Pausanias (8, 12, 5) nennt. Die Wanderung, die Odysseus unternimmt, um Poseidon zu versöhnen, steht mit der Prophezeiung des Teiresias in der *Odyssee* (11, 121) in Zusammenhang. Ein zweiter Teil des Epos enthielt das tragische Vater-Sohn-Motiv, das seine großartigste Gestaltung im Hildebrandslied gefunden hat. Telegonos, Sohn des Odysseus von Kirke, landet auf der Suche nach seinem Vater in Ithaka, plündert dort und tötet Odysseus, den er nicht kennt, mit einer Lanze, deren Spitze ein Rochenstachel bildet. Viele phantastische Einzelheiten, nicht zuletzt auch die großzügigen Ehestiftungen am Schlusse, die Penelope mit Telegonos, Kirke mit Telemachos zusammenführen, verraten reichlich späten Ursprung dieser Dichtung und machen die Angabe des Eusebios zur 53. Olympiade (568–565) wahrscheinlich, die Blüte des Eugammon falle in diese Zeit. Damit mag eine untere Grenze für Ependichtung dieser Art bezeichnet sein.

Wir erinnern uns hier der Frage, ob die Epen des troischen Kyklos bereits von ihren Urhebern als Ergänzung der *Ilias* zum vollen Kreis der Sagen gedacht waren. Trotz allen Unsicherheiten, die bei den Exzerpten des Proklos bleiben, möchten wir diese Frage mit Ja beantworten. Wie enge der Zusammenhang war, zeigt eine Form des Schlußverses der *Ilias*, die das Scholion T zu 24, 804 bewahrt hat. Da war der Beiname des ‹*reisigen Hektor*› am Ende des Verses weggelassen, um im Hexameterende noch unterbringen zu können ‹*es kam aber die Amazone*›. So war beim Vortrag der fugenlose Übergang zur *Aithiopis* erreicht[2]. Hier spricht sich dieselbe Tendenz zur Vereinigung aus wie auf einem der ‹Homerischen Becher›[3], der einmal Priamos

[1] A. HARTMANN, *Untersuchungen über die Sagen vom Tod des Odysseus.* Münch. 1917. R. MERKELBACH, *Untersuchungen zur Odyssee. Zet.* 2, Münch. 1951, 142.

[2] ὣς οἵ γ' ἀμφίεπον τάφον Ἕκτορος· ἦλθε δ' Ἀμαζών/Ἄρηος θυγάτηρ μεγαλήτορος ἀνδροφόνοιο.

[3] C. ROBERT, 50. *Berl. Winckelmannsprogramm* 1890, 26.

vor Achilleus, dann aber am Grabe Hektors zeigt, wo er Penthesileia empfängt, während eine dritte Szene den Kampf des Achilleus mit der Amazone bietet. Der beabsichtigte Zusammenhang, der *Ilias* und *Aithiopis* umspannt, ist deutlich: die neue Bundesgenossin bietet Troia die Hoffnung, den Verlust seines besten Verteidigers ausgleichen zu können.

Vereinzelte Nachrichten über andere Epen zeigen, in welch reicher Produktion die bisher genannten standen. Die Einnahme von *Oichalia* (Οἰχαλίας ἅλωσις) erzählte die Eroberung der Stadt durch Herakles und die Wegführung der Iole. Das wirkt in den *Trachinierinnen* des Sophokles nach. Wenn die Legende berichtete, Homer habe das Epos dem Kreophylos von Samos zum Dank für Bewirtung geschenkt, so hat Kallimachos (Epigr. 6 Pf.) daraus den richtigen Schluß gezogen, daß der Samier sein Verfasser gewesen ist. Eine *Alkmeonis* hatte die Schicksale des Gegenbildes zu Orestes aus dem thebanischen Sagenkreise zum Inhalte, jenes Alkmeon, der seinen Vater Amphiaraos an seiner Mutter Eriphyle rächen mußte. Anderes, wie eine *Phokais, Minyas, Danais*, ist für uns kaum mehr als ein bloßer Titel.

C. DIE HOMERISCHEN HYMNEN

Eine Gruppe hexametrischer Gedichte auf Götter hat sich wahrscheinlich deshalb erhalten, weil man diese Hymnen, die unter Homers Namen gingen, mit solchen, die man Orpheus zuschrieb, ferner mit denen des Kallimachos und Proklos zu einer Sammlung vereinigt hatte. Wenigstens deutet die handschriftliche Überlieferung darauf. Sie bietet uns dreiunddreißig dieser *«homerischen» Hymnen*[1], Reste eines weiteren stehen bei Diodor 3, 66, 3. Zeit und Herkunft dieser Dichtungen sind sehr verschieden, und wenn schon bei einzelnen von ihnen die Datierung schwierig ist, so können wir vollends nicht sagen, wann die uns erhaltene Zusammenstellung erfolgte. Das mag recht spät geschehen sein, und der 8. Hymnos (auf *Ares*) mit seinem astrologischen Einschlag ist nicht vor dem Hellenismus denkbar. Natürlich ist die Möglichkeit nicht auszuschließen, daß er später in die Sammlung eindrang. Jedenfalls haben wir hier einen verhältnismäßig kleinen, zufällig so und nicht anders abgegrenzten Ausschnitt aus der reichen Hymnendichtung der Antike vor uns. Wir hören von uralter Poesie, die mit den Namen Olen (dazu Herod. 4, 35), Pamphos, Orpheus und Musaios verbunden wurde, und Nachrichten über solche Dichtung reichen bis in die späte Antike. Meist dürfte es sich um richtige Götterlieder in lyrischen Maßen gehandelt haben, aber ohne Zweifel waren andere Hymnen wie jener, mit dem Hesiod siegte (*Erga* 657), in der Art der Gedichte abgefaßt, die wir unter Homers Namen lesen. Mit diesen stehen wir ganz in rhapsodischer Tradition, die homerischer Sprache bis zu den einzelnen Wendungen verpflichtet ist. Dasselbe ist von der Vorstellungswelt zu sagen, wenngleich die Breite der Varianz für die einzelnen Gedichte hier noch

[1] Dabei sind der delische und der pythische Apollonhymnos gesondert gezählt.

wesentlich größer ist als im Formalen. Es gibt manchem dieser Gebilde seinen besonderen Reiz, daß in epischem Stile vor einem Publikum und von Dingen gesungen wird, die den Verhältnissen großer Heldendichtung im Grunde fremd sind[1]. Den Kreis, der solch subepische Dichtung aufnahm, können wir uns gut auf Grund jener Verse (146ff.) des delischen Apollonhymnos vorstellen, die das Zusammenströmen der Ioner mit Kind und Kegel zum Fest der heiligen Insel, die laute Lust und die Freude am Reigen der Mädchen schildern. Hier fassen wir, was das kultische Fest für das Leben der Griechen und die Daseinsformen ihrer Kunst bedeutet. Es ist ein weiter Weg, der von diesem ionischen Gemeinschaftsfeste zu der Adonisfeier in der hellenistischen Großstadt (Theokrit 15) führt, bei der sich schwatzende Bürgersfrauen durch das Gewühl zum Palaste drängen, um die Zurichtungen des Hofes zu begaffen. In der archaischen Zeit und in der Klassik stiften die Feste echte Gemeinschaft.

Vom großen delischen Fest spricht Thukydides (3, 104) und gibt dabei die älteste Erwähnung eines dieser Hymnen, den er προοίμιον 'Απόλλωνος nennt. Diese Bezeichnung der Hymnen als Prooimien (Vorlieder) begegnet auch sonst, und es stimmt dazu, daß sie häufig mit dem Verweis auf anderen Sang schließen; so der Demeterhymnos mit einer mehrfach wiederholten Formel. Da hat wohl Wolf in seinen *Prolegomena ad Homerum* den richtigen Schluß gezogen, daß diese Hymnen den Rhapsoden als Vorspiel für ihre epischen Rezitationen dienten.

Thukydides ist auch Zeuge dafür, daß man Hymnen dieser Art Homer zuschrieb. Zahlreiche Zeugnisse[2], die bis in die sinkende Antike reichen, besagen dasselbe für einzelne dieser Gedichte oder für eine Sammlung von ihnen, die keineswegs die unsere gewesen sein muß. Hingegen spricht ein Scholion zu Nikanders *Alexipharmaka* 130 von den «Homer zugeschriebenen Hymnen», und die fünfte der uns überlieferten Homerviten bestreitet ausdrücklich ihre Zugehörigkeit zum Werke des Dichters. Daß die Alexandriner ebenso dachten, zeigt der Befund der Scholien, die auf die Hymnen keinen Bezug nehmen[3].

Der inhaltlichen Buntheit unserer Sammlung entspricht der verschiedene Umfang der einzelnen Gedichte. Vier von ihnen haben ungefähr die Länge von Gesängen der Odyssee. Von einem *Hymnos auf Dionysos* besitzen wir ein Bruchstück bei Diodor 3, 66, 3 und die letzten zwölf Verse am Anfange des Mosquensis. Da auf sie die umfangreichen Hymnen folgen, wird auch der verlorene zu diesen gehört haben.

Die eben genannte Handschrift bietet allein den *Hymnos auf Demeter*, der in ihr die Reihe der größeren Gedichte eröffnet. Hier ist die Geschichte vom Raub der Persephone, vom Leid der Demeter und der Wiedervereinigung von Mutter und Tochter so enge mit dem uralten Mysterienkult von Eleusis verbunden, daß dieses Gedicht als heilige Geschichte des großen Weiheortes gelten kann. Wenn Demeter im Leide fastet, wenn sie den Mischtrank nimmt, wenn die Magd Iambe ihr ein Vließ über den

[1] An einem besonderen Beispiel zeigt dies K. Deichgräber, ‹Eleusinische Frömmigkeit und homerische Vorstellungswelt im hom. Demeterhymnus›. *Akad. Mainz. Geistes- u. sozialwiss. Kl.* 1950/6.

[2] Bequem in der Einleitung der englischen Ausgabe.

[3] Möglicherweise mit einer Ausnahme, vgl. die engl. Ausgabe LXXIV.

Sitz legt und sie mit Scherzen erheitert, immer werden Brauchtümer der Mysterienstätte auf solche Weise erklärt. Den Abschluß bildet die Stiftung jener geheimen Weihen, die als vorhellenisches Erbe in die Welt der Griechen kamen und in unverbrauchter Wirkung noch Menschen der Kaiserzeit ergriffen[1]. Diese Dinge erzählt kein großer Dichter, aber doch einer, der in der Sprache des Epos Anmutiges und Intimes zu sagen weiß: wie die Königstöchter zum Brunnen laufen, um Demeter zu holen, springend wie Hirschlein oder Jungvieh auf der Frühlingswiese, wie die Mutter ihr wiedergefundenes Kind umfangen hält und Hekate zart an ihrer Freude teilnimmt; und wenn die Königstöchter den zappelnden und weinenden Kleinen geschäftig umsorgen, den Demeter verlassen hat, huscht ein Lächeln über das Antlitz des sonst mit großem Ernste Berichtenden.

Der Hymnos zeugt von unmittelbarer Kenntnis des eleusinischen Kultes und wird nicht weit von dem Weiheort entstanden sein. Er setzt eine Zeit voraus, in der Eleusis noch nicht dem athenischen Bereiche zugehörte. Wer ihn dem ausgehenden 7. Jahrhundert zuweist, wird kaum weit fehlen. Ein Berliner Papyrus (Kern, *Orph. fragm.* p. 119) erzählt die Geschichte von Persephones Raub in Prosa, legt aber ganze Versreihen aus unserem Hymnos ein.

Der *Hymnos auf Apollon*[2] beginnt prächtig mit dem Bilde des schreitenden und den Bogen spannenden Gottes, vor dem selbst die Olympischen zittern: wir meinen ein Kultbild zu sehen. Es folgt die Geschichte von der Irrfahrt der Leto, der endlich das arme Inselchen Delos den Ort für die Geburt des strahlenden Sohnes gewährt. Wunderbar wächst der Gott, weit schweift er über die Lande, aber seine Liebe bleibt der Insel seiner Geburt, wo die Ioner ihre prächtige Panegyris feiern. Der Dichter wendet sich an den Chor der delischen Mädchen: wenn man sie nach dem Sänger fragt, der sie am tiefsten entzückt, dann sollen sie den blinden Mann von Chios nennen. Nach einer kurzen und von Anstößen nicht freien Überleitung folgt eine olympische Szene, die nun nicht den drohenden Bogner, sondern den Gott der Leier zeigt. Dann begleiten wir ihn auf der Suche nach einer Orakelstätte und hören, wie die Quelle Telphusa listig, aber doch sehr zu ihrem Schaden den Gott von der Absicht abbringt, sich bei ihr niederzulassen. Nun stürmt Apollon in das Gebirge und gründet am Fuße des Parnaß sein großes Heiligtum. Eine Drachin bei der Quelle, die in der Nähe fließt, tötet sein Pfeil. In Delphingestalt holt er sich dann ein Schiff, das den alten Handelsweg von Kreta nach Pylos fährt. In Krisa, dem Hafen von Delphi, weist er sich in Wundern und führt die Kreter als Priester in sein Orakelheiligtum ein.

David Ruhnken hat 1781 in der 2. Auflage seiner *Epistola critica I* zum erstenmal die Erkenntnis ausgesprochen, daß unsere Überlieferung hier zwei ursprünglich selbständige Hymnen vereinigt zeigt. Man hat seine These später mehrfach variiert und neuerdings auch bestritten. Aber der klare Abschluß des delischen Teiles spricht zu-

[1] Geschichte der Mysterien O. Kern, *RE* 16, 1209. K. Kerényi, ‹Über das Geheimnis der eleusinischen Mysterien›. *Paideuma* 7, 1959, 69. Zu einer Einzelheit A. Lesky, *Rhein. Mus.* 103, 1960, 377.

[2] Eine stilistische Analyse bei B. A. van Groningen, *La composition littéraire archaïque Grecque.* Niederl. Akademie 65/2. Amsterdam 1958, 304.

sammen mit dem Neuanheben im pythischen und den Seltsamkeiten der Verbindung durchaus für RUHNKEN. L. DEUBNER[1] faßt die Verse 179–206 als eine Variante, die bei einem Vortrage außerhalb von Delos an die Stelle jenes Teiles (140ff.) treten sollte, der dem delischen Feste galt. Das hat manches für sich, und ihr Verfasser könnte in der Tat der Dichter des zweiten Teiles, des pythischen, gewesen sein.

Für den *Apollonhymnos* allein haben wir eine antike Verfasserangabe: in dem Scholion Pind. Nem. 2, 1 wird Kynaithos genannt, das Haupt einer erfolgreichen Rhapsodenschule, die manches dem Homer unterschob. In der 69. Olympiade (504/1) soll er als erster in Syrakus Homer vorgetragen haben. Das kann mit der Einführung einer offiziellen Veranstaltung zusammenhängen, jedenfalls sind beide Teile des Hymnos viel älter. Noch fällt in ihnen kein Wort von der Pythia, den Spielen und anderen wichtigen Elementen des delischen und delphischen Kultes. Das verbietet die einfache Lösung, Kynaithos den Verfasser des pythischen Hymnos sein zu lassen, der die zwei Teile zusammenfügte[2]. Wir müssen mit der Datierung im 7. Jahrhundert bleiben. Daß man im Blinden von Chios Homer erblickte, war unvermeidlich. Der *Agon Homers und Hesiods* weiß sogar, daß Homer den Hymnos auf dem delischen Hörneraltar stehend vorgetragen habe und daß die Delier ihn auf eine weiße Tafel schrieben und ins Artemisheiligtum stifteten. Dies letztere kann sogar ein Stückchen Geschichtlichkeit enthalten.

In ganz andere Bereiche führt der *Hermeshymnos*[3], der die Geburt, die Leistungen und Streiche des göttlichen Wunderknaben erzählt. Wie er aus einer Schildkröte die erste Leier formt, dem großen Bruder Apollon die Rinder stiehlt, wie er dessen Zorn und das Gericht des Zeus mit soviel reizender Frechheit zu bestehen weiß, daß Apollon, durch die Gabe der Leier versöhnt, sein brüderlicher Freund wird. Frisch zupackender Humor gibt diesem Hymnos seinen eigenen Reiz. Er ist von anderer Art als jene Schalkhaftigkeit und Freude am intimen Detail, die sich als ionisches Gewächs an manchen Stellen der anderen Hymnen findet. Der Dichter des Hermeshymnos gemahnt in seiner Freude am Drastischen mitunter an die Unbekümmertheit der Alten Komödie. Nach dem Rinderraub hat sich der kleine Hermes, ganz Unschuld, wieder in seine Windeln gewickelt, und als ihn der erzürnte Apollon hochhebt, da wehrt er sich mit einem kräftigen Naturlaut, so daß Apollon ihn fallen läßt. Wenn die ungleichen Brüder vor Zeus stehen und der Knirps sich mit einem gewandten Plädoyer verteidigt, während er die Windel festhält, muß Zeus schallend lachen, und wir tun es mit ihm. Unser Dichter kennt das mittlere Griechenland und stammt wohl aus dieser Gegend. Dort hat er einem anspruchslosen, vorwiegend bäuerlichen Publikum seine lustige Geschichte erzählt. Er tut es in der Sprache des Epos, aber seine Häufung asyndetischer Satzreihen, zahlreiche Parenthesen und ge-

[1] ‹Der hom. Apollonhymnos›. *Sitzb. Preuß. Ak. Phil.-hist. Kl.* 1938/24. Unitarisch F. DORNSEIFF, *Rhein. Mus.* 87, 1938, 80. Vgl. O. REGENBOGEN, *Eranos* 54, 1956, 49. D. KOLK, *Der pythische Apollonhymnus als aitiologische Dichtung.* Meisenheim a. Gl. 1963. Das sprachliche Verhältnis zu Homer untersucht W. UNTE. *Studien zum homer. Apollonhymnus.* Berlin 1968.

[2] So H. T. WADE-GERY, *The Poet of the Iliad.* Cambr. 1952, 21.

[3] Kommentierte Ausgabe L. RADERMACHER, *Sitzb. Akad. Wien. Phil.-hist. Kl.* 213/1, 1931.

legentliche Vulgarismen, auch manche Unschärfe des Ausdruckes zeigen, daß das alte Gewand lose zu sitzen beginnt. Der Hermeshymnos ist das jüngste unter den größeren Gedichten und wird bereits in das 6. Jahrhundert gehören.

In lebhaftem Gegensatze zu ihm zeigt der *Hymnos auf Aphrodite*[1] ausgesprochen ionische Färbung. Da demütigt Zeus die Göttin, die sogar den Olympiern zu schaffen macht, indem er selber ihr Handwerk übt und sie in Liebe zu dem schönen Hirtenprinzen Anchises fallen läßt. In Gestalt eines jungen Mädchens naht sie seinem Lager. Die Verheißung der Geburt des Aineias und das strenge Schweigegebot beschließen das anmutigste Gedicht dieser Sammlung. Daß diese Aphrodite nicht immer hoheitsvoll erscheint, hindert die Annahme nicht, daß der Dichter in Beziehung zum Geschlecht der Aineiaden in der Troas stand. Weit von dieser Landschaft ist er keinesfalls zu suchen. Eine prachtvolle Szene schildert, wie die Göttin durch den Bergwald der Ida zum Geliebten wandert, der auf der Alm bei den Herden weilt. Da folgt ihr schmeichelnd das wilde Getier: Wölfe und Bären, Löwen und Panther, und die Göttin erregt ihnen die Brunst zur Zeugung. Deutlich trägt Aphrodite hier die Züge der Großen Mutter vom Berge Ida, der Herrin der Tiere.

Von den übrigen Hymnen zeigen die zwei mit je rund 50 Versen an *Dionysos* und *Pan* kräftigeres Relief. Prächtig erzählt der eine, wie der junge schöne Gott die Seeräuber straft, die ihn entführen wollten. Hier besonders spüren wir die Nähe, in der einige dieser Gedichte zur ionischen Kunst der archaischen Zeit stehen. Wir denken vor allem an die Friese und Giebel delphischer Schatzhäuser. Der Panhymnos[2] führt uns wieder ins griechische Mutterland, wo der Kult des Bocksgottes festsaß. Was an Hymnen übrigbleibt, ist vorwiegend aus kultischen Anrufungen und dem Preis der Macht, der Bezeichnung des Wirkungsfeldes der einzelnen Gottheiten, zusammengesetzt[3].

Giovanni Aurispa nennt in seinem Briefe an Ambrogio Traversari unter den griechischen Handschriften, die er nach Italien brachte, *Laudes Deorum Homeri, haud parvum opus.* Vielfach wurde die Ansicht vertreten, dieser Text wäre der Ahne unserer verschiedenen Handschriften. Die englischen Herausgeber widersprechen (LV, 1) auf Grund der starken Divergenzen und scheiden zwei Klassen. Ein neuer Überlieferungszweig wurde bekannt, als ein deutscher Philologe, Christian Friedrich Matthaei, in Moskau jenen Codex entdeckte, der sich jetzt in Leiden befindet und allein das Ende des Dionysos- und den ganzen Demeterhymnos enthält[4]. Den ersten Papyrustext für die Hymnen brachte Ox. Pap. 23, 1956, nr. 2379 (Hymn. Dem. 402–407). Standardausgabe mit Einleitung und Kommentar: T. W. Allen–E. E. Sikes–W. R. Halliday, 2. Aufl. Oxf. 1936. Der Text auch in Allens Homer V. Dazu zwei doppelsprachige Ausgaben: J. Humbert, *Coll. des Un. de Fr.* 4. éd. 1959. A. Weiher, *Tusculum-Bücherei.* Münch. 1951, erneuert 1961. O. Zumbach, *Neuerungen in der Sprache der hom. Hymnen.* Winterthur 1955, ist als Zusammenstellung sprachlich jüngeren Gutes brauchbar. V. Pisani, *Storia della*

[1] Eine schöne Analyse des Hymnos, der nach ihm vom Iliasdichter stammen könnte, gibt K. Reinhardt, ‹Zum hom. Aphroditehymnos›. *Festschr. f. Br. Snell.* Münch. 1956, 1; dort auch zur Aineias-Partie im 20. Gesange der Ilias. F. Solmsen, ‹Zur Theologie im großen Aphrodite-Hymnus›. *Herm.* 88, 1960, 1. E. Heitsch, *Aphroditehymnos, Aeneas und Homer.* Hypomn. 15, 1965.

[2] H. Schwabl, ‹Der homer. Hymnos auf Pan›. *Wien. Stud.* 82, 1969, 5.

[3] Zum Hymnos auf Helios (31) E. Heitsch, *Herm.* 88, 1960, 140.

[4] Über dessen Erschließung gut Deichgräber, vgl. S. 107, A. 1.

lingua Greca in *Encicl. class.* 2/5/1. Torino 1960, 48, zeigt am Demeterhymnos Anomalien in der Verwendung des epischen Sprachgutes. An den Hymnen auf Apollon, Aphrodite und Demeter sucht A. Hoekstra eine Entwicklung in der nachhomerischen Formelsprache dieser Gedichte nachzuweisen: *The Sub-epic Stage of the Formulaic Tradition.* Verh. Nederl. Ak. Afd. Letterkunde N. R. 75/2. 1969. M. Forderer gibt in seinem Buche *Anfang und Ende der abendländischen Lyrik.* Amsterdam 1971, Text, Übers. u. Komm. zu vv. 1–217 des Apollonhymnos.

D. ANDERES UNTER DEM NAMEN HOMER

Das Relief des Archelaos von Priene mit der Huldigung für Homer, das aus dem 2. Jahrhundert v. Chr. stammt, zeigt am Throne des Dichters Maus und Frosch. Zu dieser Zeit hat man also die *Batrachomyomachie*, die uns erhaltenen 303 Hexameter auf den Krieg zwischen Fröschen und Mäusen, allen Ernstes für ein Werk des Dichters der *Ilias* gehalten. Andere Überlieferung [1], die das Werkchen einem Karer Pigres gibt, ist kaum glaubwürdiger. Witzig ist der Anlaß zu dem Krieg der Tierchen. Der Froschkönig ‹Backenaufbläser› (Physignathos) hat die Maus ‹Bröseldieb› (Psicharpax) voll mäusefreundlichen Wohlwollens auf seinem Rücken über den See getragen, als eine Wasserschlange erschien, der erschrockene Frosch tauchte und die Maus ertrank. In der Schilderung der erbitterten Kämpfe soll die parodistische Verwendung heroischer Szenen und Formeln komisch wirken. Für die Datierung macht es Schwierigkeiten, daß wir von der übrigen parodistischen Dichtung der Griechen so wenig wissen [2]. Da aber die Batrachomyomachie in der hellenistischen Zeit als homerisch galt, wird man sie trotz manchen Degenerationserscheinungen in Vers und Sprache nicht allzu nahe an diese heranrücken können [3].

Homerische Kampfszenen hat man auch sonst durch die Travestie in Tierbereiche parodiert, denn so werden wir Titel wie *Geranomachie*, *Psaromachie* und *Arachnomachie* zu verstehen haben, die bei Proklos und in den Homerviten für homerische Paignia überliefert sind. Die *Epikichlides* tragen zwar die Wachteln im Namen, gehören aber nicht in diesen Zusammenhang. Nach Athenaios 14, 639 A hatten sie vorwiegend erotischen Inhalt.

Homer und Pigres erscheinen auch als Verfasser des Gedichtes vom Tölpel *Margites* [4], dessen Verlust wir sehr beklagen. In diesem Vorläufer ionischer Prosanovellen

[1] Die Zeugnisse, auch für den Margites, und der Text bei Allen, *Homer V.* H. Ahlborn, *Der Froschmäusekrieg. Theodoros Prodromos: Der Katzenmäusekrieg.* Griech. u. deutsch. Berlin 1968.

[2] Das Wenige bei P. Brandt, *Corpusculum poesis epicae Graecae ludibundae.* I. Leipz. 1888.

[3] In die Mitte des 6. Jahrhunderts möchte die Batrachomymoachie auf Grund ägyptischer Vorbilder S. Morenz, *Festschrift B. Schweitzer* 1954, 87, setzen.

[4] L. Radermacher, *RE* 14, 1930, 1705. Neue Fragmente Ox. Pap. 22, 1954, nr. 2309; dazu K. Latte, *Gnom.* 27, 1955, 492. W. Peek, ‹Neue Bruchstücke frühgriech. Dichtung›. *Wiss. Zeitschr. Univ. Halle* 5, 1955/56, 189. A. Heubeck, *Gymn.* 66, 1959, 382. H. Langerbeck, ‹Margites. Versuch einer Beschreibung und Rekonstruktion›. *Harv. Stud.* 63, 1958 *(Festschr. Jaeger)*, 33. M. Forderer, *Zum Homerischen Margites.* Amsterdam 1960, mit guten Beobachtungen, wobei der Versuch, der Gestalt des Margites als der des reinen Toren eine größere Tiefendimension zu geben und sie zu Helden des großen Epos in Beziehung zu setzen, notwendig, wie der Verf. weiß, hypothetisch bleibt.

war von dem Dummkopf erzählt, der alles verkehrt macht. Er hat in der volkstümlichen Literatur vieler Länder reiche Gesellschaft, und auch aus dem Griechischen wissen wir von ähnlichen Gestalten wie Koroibos oder Melitides. Das Motiv, daß Margites von seiner jungen Frau mühsam zum Gebrauch seiner ehelichen Rechte gebracht werden muß, kehrt in mittelalterlichen Fabliaux wieder. Der Held, der seine Geistesverfassung schon im Namen trägt (μάργος ‹verrückt›), stammt nach einer Notiz des Eustathios (1669, 48) von außerordentlich reichen Eltern. So mag auch soziale Polemik an dem Gedicht beteiligt sein, und wir dürfen uns den Verfasser als einen Mann vom Schlage des Hipponax denken. Die interessante Form – Hexameter mit unregelmäßig eingestreuten Jamben – erhält jetzt eine gewisse Illustration durch den Becher von Ischia (*Acc. Lincei* 1955). Von den Zeugnissen über die metrische Form des Margites sprechen die einen schlechtweg vom Wechsel zwischen Hexameter und Iamben, während andere den Eindruck erwecken, daß eine Reihe von Hexametern jeweils durch einen einzelnen Trimeter unterbrochen wurde. Erkennt man diesen Zeugnissen volles Gewicht zu und schließt man die Möglichkeit aus, daß in ihnen die mißverstandene Wiedergabe einer Metrikernotiz vorliegt, so ist die Zugehörigkeit des neuen Papyrusfragmentes, das die Metren in freiem Wechsel zeigt, zum Margites ernsthaft in Frage gestellt[1].

Eustratios zu Aristoteles *Eth. Nik.* 6, 7. 1141 a 12 gibt an, Archilochos, Kratinos und Kallimachos hätten des *Margites* als einer homerischen Dichtung gedacht. Da nun Kratinos, der große Vorläufer des Aristophanes, eine Komödie *Archilochoi* schrieb, liegt es nahe, die Nennung des Iambendichters bei Eustratios auf sein Auftreten im Stücke des Kratinos zu beziehen. Dann steht uns ein späterer Ansatz frei, für den man das 6. Jahrhundert erwägen wird[2].

Erwähnung fordern hier noch die kleinen hexametrischen Gedichte, die sich in der Homerbiographie, die den Namen Herodots trägt, als Erzeugnisse des Dichters eingelegt finden. Manches davon hat biographischen Bezug; die vielfach gar nicht schlechten und stimmungshaltigen Verse werden auf rhapsodische Tradition zurückgehen. Daß sich in dieser Biographie, für die man gerne den etwas verwaschenen Begriff des Volksbuches verwendet, auch die *Eiresione* findet, ein reizendes brauchtümliches Heischeliedchen für Kinder, zeigt, was man alles unter den Namen Homers stellte. Die Alexandriner haben von dem allen nichts für den Dichter in Betracht gezogen.

[1] Diesen Schluß zieht FORDERER, der a. O. 5 die Zeugnisse der Metriker überprüft.
[2] Vgl. J. A. DAVISON, *Eranos* 53, 1956, 135.

IV

DIE ARCHAISCHE ZEIT

A. HESIOD

Die Antike liebte es, Homer und Hesiod in einem Zuge zu nennen, und der Satz Herodots (2, 53), die beiden Dichter hätten den Griechen ihre Götter geschaffen, ist oft wiederholt worden. In Wahrheit überwiegt dem Verbindenden gegenüber, wie es sich in Versmaß, epischer Sprache und rhapsodischer Tradition darstellt, weitaus das Trennende, das Hesiod sozial und geistig in eine andersgeartete Welt verweist. Schon darin unterscheiden sie sich: Homers Persönlichkeit bleibt auch für jene, die ihre Geschichtlichkeit nicht bezweifeln, ein gigantischer Schatten, von Hesiods Leben und Umwelt erfahren wir durch ihn selbst erstaunlich viel. Er ist der erste Dichter des Abendlandes, der mit eigenem Anliegen vor uns tritt. Wenn wir seine Gedichte mit einiger Zuversicht um 700 ansetzen, so heißt das, daß wir uns in unmittelbarer Nähe zur Entstehungszeit der homerischen Epen befinden. Und da verschiedene Stellen im Hesiod die Verwandtschaft zu homerischen verraten, hat man versucht, Partien der *Odyssee* von Hesiod abhängen zu lassen. Keiner dieser Versuche konnte zum klaren Erweis führen und die Annahme als unmöglich erweisen, daß in allen Fällen dieser Art Hesiod der Empfangende gewesen ist[1].

Der bedeutende Abstand zwischen der geistigen Welt Hesiods und jener des großen Epos kann nicht das Ergebnis einer Entwicklung in der Zeit sein. Vielmehr hören wir bei Hesiod deshalb Anderes und Neues, weil er geographisch und sozial in einem völlig anderen Bereiche wurzelt. Wobei wir sogleich daran erinnern wollen, daß die *Odyssee* in manchem eine Auflockerung der adeligen Wertbegriffe und das stärkere Hervortreten ethischer Gedanken erkennen ließ, die wir bei Hesiod wiederfinden[2].

Das homerische Epos denken wir uns im ionischen Kleinasien geformt, und ionischer Geist ist eines seiner bestimmenden Elemente. Hesiod hingegen ist so unionisch wie nur möglich. Sein Vater stammte aus Kyme, also dem äolisch besiedelten Teile Kleinasiens. Er hatte, wie manche in jener Zeit, durch Seehandel zu Besitz gelangen wollen. Ihm aber schlug es fehl, und so verließ er die Heimat, um sich in Böotien im Dorfe Askra bei Thespiai anzusiedeln. Dort ist Hesiod aufgewachsen, und wenngleich seine Familie nicht in Böotien wurzelte, hat doch dieses seltsame Stück Mittelgriechenland mit seiner bäuerlichen Abgeschlossenheit, seinem Reichtum an uralter Überlieferung und jenem kraftvoll-ungeschlachten Wesen, das sich in der frühen Plastik dieses Landes ausspricht[3], auf seine Art und Dichtung bestimmenden Einfluß geübt.

[1] F. Solmsen a.O. 6, 3. W. Schadewaldt, *Von Homers Welt und Werk*. 3. Aufl. 1959, 93, Anm. 1. F. Krafft, *Vergleichende Untersuchungen zu Homer und Hesiod*. Hypomn. 6, 1963.

[2] Um einige Nuancen zu kräftig betont den Abstand Hesiods von der Odyssee im Bereich des Ethischen D. Kaufmann-Bühler, ‹Hesiod und die Tisis in der Odyssee›. *Herm.* 84, 1956, 267.

[3] R. Lullies. ‹Zur frühen boiotischen Plastik›. *Arch. Jahrb.* 51, 1936, 138.

Adelige Grundherren hat es dort gegeben wie anderswo. Hesiod hat mit ihnen zu schaffen gehabt, aber ihre Welt ist nicht die seine. In seiner Jugend hat er als Hirt in den Bergen gelebt, später das Land bebaut, das wohl sein väterliches Erbe war. Seine Welt ist die der kleinen Bauern, die zwar frei waren, um ihre Existenz aber einen harten Kampf zu führen hatten. Der Boden gab so wenig her, daß Hesiod (*Erga* 376) die Beschränkung auf ein Kind empfiehlt. Auf die Mühen und Plagen des Bauernlebens fällt hier kein verklärender Schimmer. Schlimm ist dieses Askra im Winter, unerträglich im Sommer und niemals gut (*Erga* 640). Erst mußte der Städter in den Mauern der hellenistischen Großstadt des Verlustes der Natur innewerden, ehe es so etwas wie Theokrits Eidyllia geben konnte.

Vom wichtigsten Ereignis seines Lebens hat uns Hesiod selbst im Prooimion seiner *Theogonie* erzählt. Als er am Helikon Schafe weidete, nahten ihm die Musen, in dichten Nebel gehüllt, vom Gipfel des Berges, wo sie ihren Reigen schlangen. Ihre Stimme erweckte in ihm den Dichter, und mit dem Lorbeerzweig begabt, fühlte er sich berufen, von den kommenden Dingen und den vergangenen zu singen. Hier spricht ein Dichter von der Stunde, da er seine Aufgabe erkannte. Man wird die Frage nach dem Wirklichkeitsgehalt dieser Verse nicht auf einzelnes erstrecken dürfen, ohne trivial zu werden, aber daß ein echtes Erlebnis zugrunde liegt[1], ist nicht zu bezweifeln. Als er später in seinen *Erga* (654) erzählte, wie er bei den Leichenspielen für Amphidamas in Chalkis mit einem Hymnos siegte und einen Dreifuß gewann, berichtete er auch, daß er den Preis den Musen vom Helikon weihte, dort, wo sie ihm zuerst den Pfad des klingenden Liedes gewiesen hatten.

Die Musen haben Hesiod zum Singen gebracht. Dafür aber, daß er es so vermochte, wie seine Verse es zeigen, war seine Begegnung mit der homerischen Dichtung entscheidend. Dort allein konnte er damals die Form finden, um zu sagen, was zu verkünden ihm aufgegeben war. Aber er hat nicht allein gelernt, auch zu Zweifel und Widerspruch forderte ihn heraus, was er da hörte. Die Musen im Prooimion der *Theogonie* reden die Hirten nicht eben freundlich an. Arge Wichte heißen sie ihnen und nichts als Bäuche. Ein erstesmal tritt das Musische hier in Gegensatz zur niederen Sphäre des täglichen Bedarfs, und ein Laut wird vernehmbar, der im Griechischen noch oft erklingen sollte. Von ihrem eigenen Tun sagen die Musen, daß ihre Rede oftmals Trug ist, ähnlich der Wahrheit; wenn es ihnen aber gefällt, dann verkünden sie diese. Also gibt es Dichtung verschiedener Art, und während Hesiod sich berufen fühlt, in seinen Versen das Wahre zu berichten, wirft er einen Seitenblick auf jene,

[1] K. LATTE, ‹Hesiods Dichterweihe›. *Ant. u. Abendl.* 2, 1946, 152. Parallelen von Sängern anderer Völker: C. M. BOWRA, *Heroic Poetry*. Lond. 1952, 427. K. v. FRITZ, ‹Das Prooemium der Hesiodischen Theogonie.› *Festschr. Br. Snell*. Münch. 1956, 29. P. WALCOT, ‹The problem of the prooemium of Hesiod's Theogonie›. *Symb. Osl.* 33, 1957, 37. E. SIEGMANN, ‹Zu Hesiods Theogonieproömium›. *Festschr. E. Kapp*. Hamburg 1958, 9. H. MAEHLER, *Die Auffassung des Dichterberufs im frühen Griechentum bis zur Zeit Pindars*. Hypomn. 3, 1963, 36. K. DEICHGRÄBER, *Die Musen, Nereiden und Okeaninen in Hesiods Theogonie*. Abh. Ak. Mainz. Geistes u. sozialwiss. Kl. 1965/4. ATH. KAMBYLIS, *Die Dichterweihe und ihre Symbolik*. Heidelberg 1965. E. M. BRADLEY, ‹The relevance of the prooemium to the design and meaning of Hesiod's Theogony›. *Symb. Osl.* 41, 1966, 29.

die den gleichen Anspruch erheben, ohne ihn zu erfüllen. Wir haben in diesem so bedeutsamen Prooimion den ersten Ansatz zu literarischer Polemik vor uns. Die Art, in der die frühen Philosophen einander oder den Dichtern den Anspruch auf Wahrheit bestreiten (VS 22 B 40. 57), in der Hekataios von Milet (fr. 1 Jac.) die Berichte der Hellenen der Lächerlichkeit preisgibt, erscheint in diesen Worten vorgebildet. Im Munde Hesiods bezeichnen sie den Abstand, durch den er sich von der Welt des homerischen Epos geschieden weiß.

Kennengelernt hat Hesiod diese Dichtung durch wandernde Rhapsoden. Ihnen hat er ihr Handwerk abgelernt und ist dann selber einer von ihrer Art geworden. Wir werden nicht schließen, daß er deshalb seine bäuerliche Arbeit aufgab, und weit ist er keinesfalls herumgekommen. Der Besuch jener Leichenspiele in Chalkis war für ihn etwas Besonderes und die Fahrt über den flußbreiten Euripos seine einzige Reise zu Schiff. Das Meer hat er überhaupt ebenso wenig geliebt wie die meisten Griechen der älteren Zeit[1]. Nichts ist dafür so bezeichnend wie der Einzelzug, daß die Bewohner der gerechten und glückhaften Stadt nicht zur See zu fahren brauchen (*Erga* 236).

War also Hesiod kein Rhapsode nach der Art weitgewanderter Homeriden, so war er doch in diesen Kreis getreten. Das hatte die Folge, daß seine Gedichte bald rhapsodisch weitergegeben wurden, eine für ihre Überlieferung wichtige, aber auch gefährliche Tatsache.

Dafür, wie sehr man sich Hesiod als Rhapsoden dachte, ist ein köstliches Zeugnis der *Agon Homers und Hesiods* (vgl. S. 59, A. 1). Wir lesen die Geschichte mit Zusätzen aus der späteren Kaiserzeit, aber ein Papyrus aus dem 3. Jahrhundert v. Chr.[2] hat uns darüber belehrt, daß das Wesentliche bereits damals da war, und Wilamowitz[3] will mit dem *Agon* bis in die klassische Zeit hinaufgehen. Heute können wir, nicht zum letzten auf Grund der subscriptio auf dem Papyrus Michigan 2754, mit Sicherheit sagen, daß der Agon in dem *Museion* des Isokratesgegners Alkidamas enthalten war. Dieser hat ohne Zweifel ältere anekdotenhafte Tradition verwertet und das Ganze seiner Theorie von der Bedeutung der Improvisation dienstbar gemacht. Die Schrift ist letzten Endes aus der griechischen Neigung zu vergleichender Wertung (Synkrisis) entstanden und bietet zunächst ein Frage- und Antwortspiel in Hexametern zwischen Hesiod und Homer. Dann trägt jeder die schönste Stelle aus seinen Werken vor, und das Publikum entscheidet für Homers Verse aus Kampfszenen der *Ilias*. Panedes aber, der als Bruder des verstorbenen Amphidamas den Kampf leitet, erkennt den Preis den Versen Hesiods zu, die von friedlichem Landbau handeln.

Allerlei Fabeleien wurden mit dem Ende des Dichters verbunden, wie überhaupt der Tod berühmter Männer in der antiken Biographie ein besonderer Ansatzpunkt

[1] Die Belege *Thalatta*, Wien 1947, dürften zum Erweise reichen.

[2] *Flinders Petrie Papyri*, Dublin 1891 nr. 25; in ALLENS Homerausgabe 5, 225. Dazu kam der bei den Ausgrabungen von Karanis gefundene Papyrus Michigan 2754 des 2. oder frühen 3. Jhdts. n.Chr.: J. G. WINTER, ‹A New Fragment on the Life of Homer›. *Trans. Am. Phil. Ass.* 56, 1925, 120. Der Papyrus bietet den Schlußteil des Agons und die subscriptio ᾿Αλκι] δάμαντος περὶ ῾Ομήρου. Lit. *Gnom.* 33, 1961, 697, 2.

[3] *Ilias und Homer*, 400. Neuere Literatur s. S. 59, A. 1. Dazu G. WALBERER, *Isokrates und Alkidamas*. Diss. Hamburg 1938.

für Anekdotisches war. Daß man in Orchomenos sein Grab zeigte, dürfen wir glauben[1].

Die großen Schwierigkeiten, die Hesiods *Theogonie* unserem Verständnis bereitet, sind vor allem durch die außerordentliche Buntheit ihres Inhaltes gegeben. Dem entspricht eine Gedankenführung, in der Leitlinien keineswegs fehlen; doch überkreuzen sich diese und sind so sehr von Beiwerk umhüllt, daß sie häufig dem Blicke entschwinden. Das alles, ebenso wie die mehr assoziative als logische Abfolge einzelner Teile und das Auftreten exkursartiger Einlagen gehört zu jenen Wesenszügen des Archaischen, die das Bild dieser Dichtung beherrschen. Dazu kommen die mit der Überlieferung gegebenen Schwierigkeiten. Da das Gedicht in die Hände der Rhapsoden kam, war eine Verwilderung des Textes durch Doppelfassungen und Zusätze unvermeidlich. Folgerichtig hat in der modernen Forschung eine lebhafte Kritik eingesetzt, die vieles im Hesiod als unecht erklärte und zu Zeiten weit übers Ziel schoß[2]. Partien wie der sogenannte Hekatehymnos und der Typhoeuskampf[3] werden mehrfach verdächtigt, ohne daß ihre Unechtheit zu erweisen wäre. Bei kleineren Versgruppen kann man zweifeln. Es liegt in der Natur dieser Dichtung, daß sichere Kriterien nur in wenigen Fällen zu gewinnen sind. So ist die Zurückhaltung, die man sich neuerdings auferlegt, durchaus in ihrem Rechte.

Wenn wir im folgenden einige konstitutive Elemente der *Theogonie* hervorheben, so sollen über solch notwendiger Vereinfachung die archaische Fülle und die Komposition mit ihrem Widerstreit von Ordnung und Freiheit nicht vergessen werden.

In der *Theogonie* ist Überlieferung verschiedener Herkunft mit dem, was Hesiod aus eigenem Denken gestaltete, in der mannigfachsten Weise vermengt. Erkenntnisse der jüngsten Zeit haben uns in der Zuweisung wichtiger Züge einen bedeutenden Schritt weitergebracht. Die *Theogonie* schildert einerseits eine Entwicklung, anderseits aber einen Zustand, der sich im Ablaufe der Zeit für die Welt ergeben hat, in der wir leben müssen. Auch in den *Erga* steht das Werden neben dem Sein. In der *Theogonie* ist nun der Hauptstrang der Entwicklung durch die Abfolge der drei Gottheiten gegeben, die das Weltregiment führen: Uranos, Kronos und Zeus. Der Wechsel in der Herrschaft erfolgt durch Gewalt. Kronos entmannt seinen Vater Uranos und erringt so die Macht. Da Kronos seine Kinder frißt, entzieht ihm seine Gattin Rheia den eben geborenen Zeus und birgt ihn auf Kreta, wo er zum künftigen Herrn der Welt heranwächst. Im Kampfe mit den Titanen erringt er sich den Thron für alle folgende Zeit.

[1] Die Zeugnisse zu Hesiods Leben und Dichten in der Ausgabe von Jacoby (s. u.). Noch immer wichtig ist O. Friedel, ‹Die Sage vom Tode Hesiods nach ihren Quellen untersucht›. *Jahrb. f. class. Phil. Suppl. Bd. 10*, Leipz. 1878/79.

[2] Die Gegenpositionen: Jacobys Ausgabe und P. Friedländer, *Gött. Gel. Anz.* 1931, 241 = Studien zur antiken Literatur und Kunst. Berlin 1969, 81.

[3] F. Worms, ‹Der Typhoeus-Kampf in Hesiods Theogonie›. *Herm.* 81, 1953, 29. Den Hekatehymnos verteidigt B. A. van Groningen (s. u.), 267, den Typhoeuskampf H. Schwabl, *Serta Philol. Aenipontana.* Innsbr. 1961, 71. ‹Zu Hesiods Typhonomachie›. *Herm.* 90, 1962, 122.

In den letzten Jahren haben GUSTAV GÜTERBOCK und HEINRICH OTTEN[1] zwei religiöse Dichtungen des Vorderen Orients erschlossen, die auf die Frage nach der Herkunft einzelner griechischer Mythen neues Licht werfen. Die hethitisch geschriebenen Tafeln stammen aus dem großen Keilschriftfunde von Boghazköi und werden in die Zeit zwischen 1400 und 1200 datiert. Verschiedene Eigenheiten dieser Berichte weisen zusammen mit dürftigen Resten darauf, daß hinter den hethitischen Fassungen ältere hurritische stehen, deren Ausgestaltung man in die Blütezeit dieser Kultur um die Mitte des 2. Jahrtausends setzt. Die beiden Mythen lassen sich in den entscheidenden Zügen mit Sicherheit bestimmen. Den ersten, dessen Titel wir nicht kennen, kann man den *Mythos vom Königtum im Himmel* nennen. Er berichtet von einer vierfachen Götterfolge Alalu-Anu-Kumarbi-Wettergott, in dem man überzeugend den hurritisch-hethitischen Teschub erkannt hat. Es ist ein echter Sukzessionsmythos, in dem der Wechsel der Herrschaft auf gewaltsame Weise erfolgt. Vor allem fesselt das Schicksal des Anu unsere Aufmerksamkeit. Sein Name gehört zu sumerisch *an* ‹Himmel›, und die Weise, in der er vom Thron seiner Herrschaft gestürzt wird, erinnert an die Geschichte von der Entmannung des Uranos durch Kronos. Die Tontafeln erzählen, wie Anu vor Kumarbi flieht. Doch dieser packt ihn bei den Füßen, beißt ihm die Geschlechtsteile ab und verschlingt sie. Darüber trifft ihn Anus Fluch, daß er nun mit drei furchtbaren Göttern geschwängert sein solle. Einer von diesen ist der Wettergott, der im nächsten Gange des Weltgeschehens Kumarbi die Herrschaft entreißt. Leider läßt uns der Text für die Weise, in der dies geschieht, im Stich. Für den zweiten Mythos haben wir den Titel *Sang von Ullikummi*. Da hat sich Kumarbi einen Rächer in dem furchtbaren Unhold Ullikummi gezeugt, und die Götter des neuen Regimentes, das der Wettergott führt, haben ihre harte Not, um dieser Bedrohung Herr zu werden. Nun ist dieser Unhold aus Diorit etwas anderes als der drachenfüßige und feuerspeiende Typhoeus des griechischen Mythos, aber hier wie dort hat der neue Weltenherr, der Sieger mit der Blitzwaffe, einen gefährlichen Kampf zur Sicherung seines Thrones zu bestehen. Wichtig in diesem Zusammenhange sind auch die Texte, die Ras Šamra, das alte Ugarit im nördlichen Syrien, geliefert hat[2]. Sie haben einen lange als Schwindler verdächtigten Autor wieder zu Ehren gebracht. Herennius Philon von Byblos, ein griechisch schreibender Literat der hadrianischen Zeit, verfaßte neben vielem anderen eine *Phoinikische Geschichte* (Φοινικικά). Dabei beruft er sich auf das Werk eines Sanchuniathon, der in der Zeit vor dem Troianischen Kriege geschrieben haben soll. Eusebios bietet in seiner *Praeparatio Evangelica* umfangreiche Stücke aus Philons erstem Buche mit seiner kosmogonischen Darstellung. Lange galt Philon als Schwindler, der Hesiods *Theogonie* geplündert hätte. Die Sache bekam ein

[1] H. OTTEN, ‹Mythen vom Gotte Kumarbi›. *D. Ak. d. Wiss. Berl. Inst. f. Orientf.* 3, 1950. G. GÜTERBOCK, ‹The Song of Ullikummi›. *The Am. Schools of Or. Research.* New Haven 1952. A. LESKY, *Eranos* 52, 1954, 8; *Saeculum* 6, 1955, 35. Zum ganzen Fragenkomplex: F. DORNSEIFF, *Antike und alter Orient.* Leipz. 1956. P. WALCOT, *Hesiod and the Near East.* Univ. of Wales Press. Cardiff 1966.

[2] C. H. GORDON, *Ugaritic Literature.* Rom 1949. K. MRAS, ‹Sanchuniathon›. *Anz. Öst. Ak. Phil.-hist. Kl.* 1952, 175. Die Texte des Herennius Philon *F Gr Hist* III C 2, 802-824.

anderes Aussehen, als Ras Šamra für die Zeit von 1400–1200, also just jene Zeit, in der Sanchuniathon geschrieben haben soll, Texte kultisch-mythischen Inhaltes lieferte, die einzelnes in Philons Bericht bestätigten. Auch hier liegt ein alter Sukzessionsmythos des Vorderen Orients vor, der trotz zahlreichen selbständigen Zügen im großen Rahmen dieser Geschichten bleibt. Neuerdings wurde auch das sogenannte Weltschöpfungsepos der Babylonier, das nach seinen Anfangsworten *Enuma eliš* («als oben») benannt wird, in den Kreis dieser Mythen als Typus besonderen Alters einbezogen[1].

Alle diese neuen und erregenden Erkenntnisse haben es jedem Zweifel entrückt, daß Hesiod mit seiner Erzählung von Uranos, Kronos und Zeus in einer Linie uralter Tradition steht, der die hethitischen Texte ebenso wie jene von Ras Šamra zugehören, ohne daß wir heute schon ihren Ursprung festzulegen vermöchten. Für die Übermittlung an die Griechen stehen zwei Möglichkeiten im Vordergrunde: daß die Phoiniker die Überbringer waren oder daß Griechen im kleinasiatischen Gebiet von Milet oder auf Rhodos, wo sie seit mykenischer Zeit siedelten, die Erzählung von der Götterfolge und Verwandtes kennenlernten. Man wird sich vor jeder künstlichen Vereinfachung dieser Probleme in acht nehmen müssen und zu bedenken haben, daß für Hesiod auch alte Tradition in Betracht kommt, die aus vorhellenischer Zeit heraufreichte und für deren Bewahrung gerade Böotien der rechte Boden war. Wir müssen uns in der *Theogonie* eine höchst vielfältige Tradition wirksam denken, wovon die Buntheit des Werkes ein eindrucksvolles Zeugnis ablegt. Es will auch nicht vergessen sein, daß Hesiods Vater aus Kleinasien herübergekommen war.

Wir fügen ein Motiv an, bei dem Hesiods Abhängigkeit von uralter Überlieferung klar zu erkennen ist. Die *Theogonie* zeigt für die Uranos-Kronos-Geschichte seltsame Züge eigener Art. Die Kinder, die Gaia dem Uranos gebiert, sind dem Vater von Anfang an verhaßt. Gleich nach der Geburt «verbirgt» er sie in der «Höhlung» der Erde (*Theog.* 157). Da diese Schmerzen leidet, läßt sie das Eisen wachsen und fertigt ein sichelförmiges Messer (die Harpe des Vorderen Orients). Damit entmannt Kronos den Vater, als sich dieser in Liebesverlangen über Gaia breitet. Hier liegt jener Mythos von der Trennung des Himmels und der Erde vor, der sich über die ganze Welt verbreitet findet[2] und auch in den früher besprochenen hethitischen Texten seine Entsprechung hat. Ferner läßt diese Partie einen für die ganze *Theogonie* wichtigen Zug besonders hervortreten. Uranos und Gaia sind Gottheiten, die planen und handeln, und die wir uns also nach Menschenart und in Menschengestalt vorstellen. Zu gleicher Zeit bedeuten sie aber Himmel und Erde als Teile der Welt: Uranos birgt die Kinder in einer Höhlung der Gaia, und diese läßt das Eisen entstehen. Dieses völlige Verfließen der Grenzen zwischen der konkreten Erscheinung in der Natur und der anthropomorphen Gottesvorstellung eignet dem griechischen Weltbild der älteren Zeit und in besonderem Maße Hesiod. Im Bereiche der sogenannten niederen Mythologie, bei Fluß und Flußgott etwa, bei Berg und Berggott, Baum und Dryade, hat sich

[1] G. Steiner, *Der Sukzessionsmythos in Hesiods «Theogonie» und ihren orientalischen Parallelen*. Diss. Hamburg 1958 (masch.); Ders., *Ant. u. Abendl.* 6, 1957, 171.

[2] W. Staudacher, *Die Trennung von Himmel und Erde*. Diss. Tüb. 1942.

derartiges lange erhalten und hellenistischem Raffinement, das sich in Ovid fortsetzt, willkommenen Anlaß zu witzigem Spiel geboten.

Die Frage nach der Rolle alten Traditionsgutes in der *Theogonie* erforderte um mancher neuen Erkenntnis willen besondere Beachtung. Das darf jedoch nicht zu dessen Überschätzung führen. Vielmehr haben wir auf solchen Wegen erst die Grundlage gewonnen, um als das Entscheidende Hesiods eigene Leistung davon abzuheben. Diese ist nicht überall scharf zu umgrenzen, doch spricht die Besonderheit mancher Züge und die Eindringlichkeit, mit der sie gestaltet sind, dafür, daß wir in ihnen Hesiods eigene geistige Leistung zu erkennen haben.

Vor allem führt bei Hesiod ein entscheidender Schritt über die Sukzessionsmythen hinaus, die wir aus dem Vorderen Orient kennen. In der *Theogonie* geht es nicht allein um die Abfolge verschiedener Himmelsherrscher, sondern um eine konsequent auf Zeus hin gerichtete Entwicklung. Denn der olympische Wettergott ist nicht ein Regent, wie die anderen es waren; in ihm erfüllt sich eine große, für alle Zeiten festgelegte Ordnung. Daß er von einer solchen, von der Verteilung der Machtbereiche unter die Unsterblichen, wisse, sagt uns der Dichter früh (73) in seinem Werke. Der Sieg des Zeus über Kronos und die Titanen sichert diese Ordnung, und so ist die Titanomachie auch der Höhepunkt des Gedichtes. Dieser Preis der Zeusherrschaft geht über die homerische Zeichnung des Göttervaters ein gutes Stück hinaus, die ehelichen Zankszenen im Olymp der *Ilias* hätte Hesiod ohne Zweifel den lügenhaften Berichten der Musen zugerechnet. Bei ihm setzt jene Linie an, die ihre Höhe in dem grandiosen Zeusbild aischyleischer Dichtung erreicht. Das bedeutet für Hesiod aber nicht die Anerkennung dieser Welt als der besten aller denkbaren. Der tiefe Pessimismus, der sich in den *Erga* so nachhaltig ausspricht, steht auch, wie wir bald sehen werden, im Hintergrunde der *Theogonie*. Hier werden zwei gegenstrebige Denkweisen erkennbar, deren Widerspiel beide Dichtungen in Bewegung hält.

Die Geschichte von der Abfolge Uranos-Kronos-Zeus bildet in jener Vertiefung, die sie bei Hesiod fand, ein konstitutives Element der *Theogonie*. Aber was ist alles um dieses gelagert! Wenn nach dem Prooimion der Bericht des Dichters einsetzt, ist es zunächst einer vom Werden der Welt. Am Anfange dieser Kosmogonie steht das Chaos. Dieses Wort erhielt den Sinn eines regellosen Gemengsels erst in der Folgezeit. Fernzuhalten sind auch alle Spekulationen, die Hesiods Chaos zum Ergebnis erstaunlicher Abstraktion machen. Das setzt schon mit Aristoteles (Phys. 4, 1. 208b 28) ein, der das Chaos als den Raum faßte. Bei Hesiod ist jedoch nichts anderes gemeint als die gähnende (χάος: χαίνω) Tiefe als Ursprung, eine Vorstellung, die auch orientalische Weltbilder aufweisen und die gewiß nicht von Hesiod stammt[1].

Daß der Dichter in dieser Partie mit übernommenen Elementen arbeitete, bekundet auch die vielfach fragmentarische Art seines Berichtes. *Zuerst ward das Chaos*, woraus, dürfen wir nicht fragen, und wenn dann die Erde, der Schauplatz des weiteren Geschehens, und Eros entstehen, ist nur so viel klar, daß es sich dabei um ein selbständiges Werden, nicht aber um einen Akt der Zeugung handelt. Auch Eros

[1] Gut zur Chaos-Vorstellung U. Hölscher, *Herm.* 81, 1953, 398.

stammt, wie uns der Pothos bei Philon zeigt, aus altem kosmogonischen Denken, keineswegs hat erst Hesiod den Gott, den man im benachbarten Thespiai in der Form eines Steinfetisches verehrte, zum großen kosmischen Gott erhöht.

Nun erst setzt die Reihe der Hervorbringungen und Vereinigungen ein. Aus dem Chaos entstehen Erebos (Finsternis) und Nacht. Die Verbindung der beiden wird zum Ursprung ihrer Gegensätze Aither (fein-heller, luftartiger Stoff) und Tag. Die Erde hinwieder läßt den gestirnten Himmel entstehen, die Berge und das tosende Meer. Von diesem wird ausdrücklich gesagt, daß sie es ohne Liebesverbindung schuf; doch gilt dasselbe von Himmel und Gebirge.

Immer dichter wird die Folge der Geburten. Daß Eros, der selbst keine Nachkommenschaft hat, in all den Paarungen wirksam ist, dürfen wir denken, gesagt wird es nicht. Drei Stammbäume scheiden sich in der Fülle des Folgenden: von der Nacht, von dem Paare Uranos-Gaia und vom Meere gehen sie aus. Der zweite und der dritte verschlingen sich in mannigfaltiger Weise, der erste bleibt von ihnen streng geschieden.

Mit der großen Erweiterung des Entstehenden tritt der kosmogonische Gedanke stark in den Hintergrund. Nicht eigentlich um das Werden geht es mehr, sondern um die Erklärung des Seienden, um eine Darstellung der Dinge und Kräfte dieser Welt, für die freilich das genealogische Schema[1] die ordnende Form bleibt. Seine Anwendung kann ganz äußerlich oder aber so sinnvoll sein wie im Falle der Eris (des Streites), die zur Mutter von Qual, Vergessen, Hunger und Schmerzen wird.

Kernstück bleibt die von Uranos und Gaia ausgehende Reihe, die über Kronos und die Titanen zu Zeus führt, im übrigen aber haben wir einen Fachwerkbau mit einer verwirrenden Fülle von Stützen, Querbalken und Schrägverbindungen vor uns, der ein Abbild der Welt sein will. Wirklichkeit und Mythos durchdringen sich in diesem auf das innigste, oder sagen wir besser: diese Zeit erfaßt die Wirklichkeit der Welt allein in der Gestalt des Mythos. Man wird die oft geäußerte Behauptung, Hesiod stelle den Beginn der griechischen Philosophie dar, mit Zurückhaltung aufzunehmen haben.

Diese Einschränkung soll natürlich nicht besagen, daß in diesem Rahmen eine Deutung der Welt nicht denkbar wäre. Allein die Nachkommenschaft der Nacht kann uns das Gegenteil lehren. Hier (211) hat Hesiod alle jene gestaltlosen, aber im menschlichen Leben so schmerzlich wirksamen Mächte versammelt, die es bedrücken und bedrohen: die Gewalten des Todes, zerstörenden Tadel, Elend, Entrüstung, Trug, Alter und Eris, die furchtbar weiterzeugt. Ansätze zu solcher Sehweise zeigen in der *Ilias* (19, 91) die Worte des Agamemnon über die Ate (schicksalhafte Verblendung) und die Erzählung des Phoinix (9, 502) von den Bitten (Litai), aber die Verse der *Theogonie* gehen weit darüber hinaus und lassen uns in eine soziale Schicht sehen, in der man die Nachtseiten des Lebens unmittelbarer und härter erfuhr als in den Bereichen des Adels.

[1] P. PHILIPPSON, ‹Genealogie als mythische Form›. *Symb. Osl. Suppl.* 7, 1936.

Wir verfehlen den Sinn dieser archaischen Dichtung, wenn wir hier und in ähnlichen Fällen von Personifikationen[1] reden. Der Grieche dieser Zeit empfindet in den Dingen der Welt, in den Kräften, die sie bewegen, und den Beziehungen, die zwischen ihnen obwalten, ganz unmittelbar die göttliche Potenz. Ein eindrucksvolles Beispiel gibt noch Euripides in seiner *Helena*, in der Erkennungsszene der Gatten (560): *O Götter! Denn ein Gott ist's auch, die Lieben zu erkennen.*

Die eben besprochene Partie ist ein gutes Beispiel dafür, wie frei Hesiod mit den gewählten Prinzipien der Einteilung umgeht. Unter den Kindern der Nacht findet sich neben dem Tod der Schlaf. Wahrhaft kein Übel, aber bei Homer ein Bruder des Todes und an sich an nächtliche Zeit gebunden. Noch stärker fallen in dieser Umgebung die Hesperiden auf. Der Grund ihrer Einreihung ist ganz äußerlich: jenseits des Okeanos hüten sie die goldenen Äpfel, ganz draußen im Westen, dem Bereiche der Nacht (275). Leicht verstehen wir es, wenn unmittelbar nach dem Trug die Liebe (Philotes) erscheint. Hesiod stand den Frauen kritisch gegenüber; wenn er in den *Erga* (375) sagt, wer einer Frau vertraue, der vertraue Betrügern, so nimmt das etwas vom Weibertadel des Semonides vorweg. Solcher Tadel ist auch die Pointe der Geschichte vom Sohne des Titanen Iapetos, dem verschlagenen Prometheus (521). Der hatte bei der Teilung der Opfergaben Zeus überlistet, daß er die in Fett gehüllten Knochen wählte. Das heißt, so hatte alte Sage erzählt (aber die Musen können auch lügen), in Wahrheit hat Zeus den Trug wohl bemerkt und rächte sich an den Menschen dadurch, daß er ihnen das Feuer vorenthielt. Als Prometheus dieses stahl und zur Erde brachte, da ließ er ihn fesseln und pfählen und von einem Adler quälen, der ihm an der Leber fraß. Herakles hat dann den Adler getötet und Prometheus erlöst, durchaus nicht ohne den Willen des Zeus, wie der fromme Dichter versichert. Den Menschen aber sandte dieser das Weib, das Götter geformt hatten, als schönes Übel, Stammutter eines drohnenhaften Geschlechtes von Frauen, Unheil den Männern.

In der Nachkommenschaft von Erde und Meer finden sich persönliche Gottheiten wie die Titanen oder der Alte vom Meere, Nereus mit seinen schönen Töchtern, es finden sich fabulose Gestalten wie Kyklopen und Hunderthänder, dann wieder begegnen wir Erscheinungen der Natur, wie Sonne, Mond, Morgenröte und Winden. Und bei dem Geschlecht der Flüsse, die mit ihren Namen angeführt werden (337), kommt es uns aufs neue zum Bewußtsein, wie hier vieles zwischen konkreter Erscheinung und anthropomorpher Gottheit steht.

Zweifellos gehört diese genealogische Systematik zu einem großen Teil dem Dichter. Am deutlichsten aber vernehmen wir ihn dort, wo er alte Vorstellungen so gestaltet, daß dadurch die Welt als Schauplatz geistiger Kräfte sichtbar wird. Wer von einem unbedingten Pessimismus des Hesiod sprechen wollte, hätte ihn mißverstanden. Er sieht die Welt voll von Kindern der Nacht, die den Menschen plagen, sein Spruch ist aber hier wie in den *Erga* ein tapferes Trotzdem. Lug und Trug, Krank-

[1] L. PETERSEN, *Zur Geschichte der Personifikation*. Würzb. 1939. K. REINHARDT, ‹Personifikation und Allegorie›. *Vermächtnis der Antike*. Gött. 1960, 7.

heit und Hunger lauern in der Welt, aber auch gute, erhaltende und segnende Kräfte sind in ihr. Sie versammeln sich um Zeus.

Die Horen sind alte Naturmächte, durch deren Walten die Dinge reifen und schön werden. Wenn man sie Thallo, Auxo und Karpo benannte, verband man sie mit Blüte, Wachstum und Frucht. Bei Hesiod jedoch sind sie ganz in den Bereich des Ethischen getreten. Mit Themis, der Rechtssatzung, hat Zeus sie gezeugt, und sie heißen Eunomie, Dike und Eirene: Gesetzlichkeit, Recht und Frieden. Auch die Chariten Aglaie, Euphrosyne und Thalie sind Kinder des Zeus, und mit ihnen sind Glanz, Frohsinn und blühende Freude um ihn geschart. Mnemosyne aber, die Erinnerung, schenkt ihm die neun Musen, die Trägerinnen reichen Wissens, wie sie sich im Eingange der *Theogonie* verkünden. Tiefer noch geht Hesiods Denken im folgenden: vor dem Entscheidungskampfe hat Zeus den Göttern, die an seiner Seite kämpfen wollen, ungeschmälerte Ehre versprochen. Nach dem Siege gibt ihm Styx ihre Kinder zu untrennbaren Begleitern. Sie heißen (384): Eifer und Sieg, Kraft und Gewalt. An sich indifferente Mächte, sind sie nun in den Bereich des Zeus getreten, an sein Regiment einer steten Ordnung gebunden. So hat er auch vor dem großen Kampfe drei Kyklopen aus den Fesseln befreit, in die Uranos sie geschlagen. Ihre Namen sind Donner, Blitz und heller Glanz. Sie geben ihm die Waffen, mit denen er machtvoll in der Welt herrscht. Das Schöne und Leuchtende, aber auch das Drohende und Furchtbare sind ihm für alle Zeiten gesellt.

Aus der Verbindung des Zeus mit Themis gingen nicht allein die Horen hervor, andere Nachkommenschaft scheint noch bedeutungsvoller: Themis gebiert dem höchsten Gotte die Moiren (904), die den Menschen mit Glück und Unglück begaben. Wenn derart die Schicksalsgöttinnen in die Nachkommenschaft des Zeus gestellt sind, so hat hier genealogisches Dichten zumindest im Ansatz eine Anwort auf die alte Frage nach der Macht- und Rangverteilung zwischen persönlichen Göttern und einer unpersönlichen Schicksalsmacht gegeben.

Die Formanalyse der Theogonie ist erst jüngst in ein neues Stadium getreten. HANS SCHWABL[1] konnte an einer Partie der Titanomachie eine Fülle von Wort- und Motivbeziehungen aufweisen, die in bestimmten Rhythmen auftreten und kein Zufallsergebnis sein können. Ohne in der Nachfolge von O. F. GRUPPE oder G. HERMANN Strophengliederung des ganzen Gedichtes erzwingen zu wollen, vermag er für die von ihm behandelte Partie doch den Aufbau in Zehnergruppen von Hexametern sinnfällig zu machen. Strukturanalyse dieser Art rückt die Theogonie in beträchtlichen Abstand von homerischer Hexameterdichtung und bietet zu gleicher Zeit wesentliche neue Sicherungen gegen eine freizügig verfahrende Interpolationenkritik. Die Erklärung der von SCHWABL in einem ersten Gang gezeigten Phänomene ist allerdings schwierig. Hier müssen Prinzipien eines inneren Rhythmus wirksam ge-

[1] ‹Beobachtungen zur Poesie des Hesiod›. (Theogonie 29–42; 829–835; 617–724) *Serta Philol. Aenipontana*. Innsbr, 1961, 69. ‹Aufbau und Struktur des Prooimions der Hesiodischen Theogonie›. *Herm*. 91, 1963, 385. *Hesiods Theogonie. Eine unitarische Analyse*. Sitzb. Öst. Ak. Phil.-hist. Kl. 250/5. 1966, wo mir die Annahme numerisch feststellbarer Bezüge allerdings über das Ziel geführt zu sein scheint. Vgl. auch S. 116 A. 3.

wesen sein, die für uns schwer zu fassen sind. Der Anteil des Musikalischen, dessen, was sich als Gestaltkomplex dem inneren Gehör abzeichnete, ist wohl größer gewesen, als wir uns vorstellen können. Auch daß Hesiod mit einer Fülle von Formelementen arbeitete, die ihm durch die Sprache des Epos vorgegeben waren, mag seine Bedeutung bei diesen Spielen der Komposition haben. Daß aber die Rolle des Formelhaften in seiner Dichtung diese nicht einfach in den Bereich der *oral poetry* stellt, soll gegen neuere Versuche[1] ausdrücklich gesagt sein.

Auch in den *Erga* haben wir es mit einem Gebilde eigenster Art zu tun. Man führt das Gedicht häufig unter dem Titel «Werke und Tage» an, obwohl man den Zusatz über die Tagwählerei nicht unter Hesiods Namen stellen kann. Den echten Teil kann man ein Lehrgedicht nur nennen, wenn man zu diesem Begriff die Eigenschaften archaischer Buntheit und Fülle hinzunimmt. Stärker noch als in der *Theogonie* schließt sich hier Stück an Stück auf Grund von Gedankenverbindungen, die wohl erkennen lassen, was zu dem jeweils nächsten Schritte führt, nicht aber Glieder eines fest komponierten und überschaubaren Ganzen sind. Doch treten aus dem wechselvoll bewegten Werk einzelne Gedanken mit großem Gewichte hervor.

Der erste Teil der *Erga* ist in seiner inneren Struktur von zwei Antithesen bestimmt. Den Ausgang bietet ein konkreter Fall, der Streit des Hesiod mit seinem Bruder Perses um die Teilung des väterlichen Erbes[2]. Der Dichter hat mit dem Gerechtigkeitssinn adeliger Herren üble Erfahrungen gemacht. Das Besondere ist jedoch nur der Anlaß, um weit in das Allgemeine auszugreifen und nach den erhaltenden Kräften des menschlichen Daseins überhaupt zu fragen. Das zweite Begriffspaar führt uns in die Mitte von Hesiods Denken und wurde bereits in der *Theogonie* sichtbar. Es handelt sich um den Kampf, den eine pessimistische Bewertung dieser Welt in der Seele des Dichters mit dem frommen Glauben an Werte von unbedingter Geltung ausgetragen hat.

War die *Theogonie* in ihrem Kerne eine Aristie des Zeus, so eröffnet die *Erga* ein kleiner Hymnos auf den höchsten Gott[3]. Daß dieser die Macht hat, zu stürzen und zu erhöhen, ist kein neuer Zug in seinem Bilde, wenn es aber von ihm heißt, daß er sonder Mühe *das Krumme gerade* richtet, so sind damit zwei tragende Begriffe archaischer Rechtssprache genannt. Eines der Grundmotive ist angeschlagen, wenn der Dichter von Zeus erbittet, daß er die Ordnung des Rechtes durchsetze. Der Schlußvers des Prooimion spricht Hesiods Absicht aus, seinem Bruder die Wahrheit zu verkünden, und so wendet er sich auch weiterhin immer wieder aus der Betrachtung des Allgemeinen mit direkter Anrede an Perses.

[1] A. Hoekstra, ‹Hésiode et la tradition orale. Contribution à l'étude du style formulaire.› *Mnem.* s. 4, 10, 1957, 193. J. A. Notopulos, ‹Homer, Hesiod and the Achaean Heritage of Oral Poetry.› *Hesperia* 29, 1960, 177.

[2] Über die realen Bezüge der *Erga* auf den Prozeß: F. Wehrli, *Hauptrichtungen des griech. Denkens.* Zürich 1964, 81.

[3] E. Livrea, ‹Il proemio degli Erga considerato attraverso i versi 9–10›. *Helikon* 6, 1966, 442. Ein Fragment aus dem Prooimion *Ox. Pap.* 23, 1956, nr 2354.

Hesiod hatte in der *Theogonie* (225) unter den Kindern der Nacht auch Eris, die Göttin des Streites, genannt. Nun berichtigt er sich und gibt ein schönes Zeugnis seiner unverdrossenen Gedankenarbeit in den Formen des Mythos: es war unrichtig, von einer Eris zu sprechen, in Wahrheit gibt es deren zwei, sehr verschieden geartete. Die eine, die böse, senden die Götter als Plage, und sie erregt Krieg und schlimmen Zank. Die gute Eris aber hat Zeus tief in die Erde eingesenkt und – das will der Dichter wohl sagen – so zu einer unter den Menschen wirksamen Lebensmacht werden lassen. Das ist der redliche Wettstreit, der die Leistung des einen zum Antrieb für den anderen macht, es ihm gleichzutun oder (und das ist griechischer) ihn zu übertreffen.

Hier nehmen die beiden wichtigsten Gedankenzüge des Werkes ihren Ausgang. Perses soll den schiefen Streit zwischen den Brüdern lassen. Das führt zu dem, was der Dichter von Macht und Würde des Rechtes zu sagen hat. Perses soll sich, bestimmt von den Kräften der guten Eris, seinen Lebensunterhalt in redlicher Arbeit selber schaffen. Das führt zu den Betrachtungen über das rechte Leben und Werken der Bauern.

Mühe und Plage sind dem Menschen einmal als seine Daseinsform gesetzt, da ihm die Götter leichten Erwerb versagt haben. Dieser Zustand wird durch zwei Mythen erklärt, die sich teilweise ergänzen. Ebenso wie bei den zwei Erides handelt es sich bei ihnen um Zeugnisse gedanklichen Ringens mit den Problemen des Lebens, kaum wollen diese Geschichten in ihren äußeren Zügen unbedingten Glauben beanspruchen

Der Dichter nimmt die Geschichte auf, die er bereits in der *Theogonie* erzählte, wie Zeus den Feuerraub des Prometheus dadurch strafte, daß er den Menschen das Weib sandte. Hier aber geht die Erzählung weiter. Alle Götter statten die Frau, die Hephaistos aus befeuchteter Erde schuf, mit reizenden und bedenklichen Gaben aus. Deshalb erhielt sie den Namen Pandora, der in Wahrheit wohl einer alten Erdgöttin gehört. Epimetheus nimmt die Verlockende den Warnungen des Prometheus zum Trotze auf. Sowie sie den Deckel von dem Vorratsgefäße (Pithos) hebt, das sie wohl mitbrachte, wenngleich davon nichts gesagt ist, flattern alle Übel und Plagen über die Welt. Allein die Hoffnung blieb im Pithos, als ihn Pandora wieder verschloß. Man hat an diesen Zug viel tiefsinnige Überlegungen geknüpft, aber die Lösung ist recht einfach. Die Hoffnung ist natürlich ein Gut für die geplagten Menschen und gehört in eine Erzählung, die wie Achilleus in der Ilias (24, 527) von zwei Fässern im Hause des Zeus zu berichten weiß; sie enthalten das Gute und Üble getrennt. Ferner haben sich die beiden Vorstellungen, daß ein Verschließen des Gefäßes mit den Gütern deren Bewahrung, ein Öffnen des Fasses mit den Übeln aber ihre Aussendung bedeutet, in Hesiods Pandorageschichte überkreuzt und so Verwirrung gestiftet[1].

[1] A. Lesky, *Wien. Stud.* 55, 1937, 21. Anders H. Fränkel, *Wege und Formen frühgriechischen Denkens.* 2. Aufl. Münch. 1960, 329 (mit Änderungen aus der Festschr. f. Reitzenstein 1931). O. Lendle, *Die Pandorasage bei Hesiod.* Würzburg 1957. Dazu J. H. Kühn, *Gnom.* 31, 1957, 114; vgl. auch G. Broccia, *La parola del passato* 62, 1958, 296. Daß die «Büchse» der Pandora aus einem Renaissancemythos stammt, der auf Erasmus zurückgeht, zeigten D. u. E. Panofsky, *Pandora's box.* New York 1956, 15. *Entretiens sur l'ant. class.* 7. Vandœuvres-Genève 1962, 34 u. 122. Der Aufsatz von A. Lesky jetzt *Ges. Schr.* 327.

Von dem Jammer der Welt spricht Hesiod sogleich in einem zweiten Mythos. In der Abfolge von fünf Zeitaltern schildert er den ständigen Niedergang der Menschheit. Eine solche Auffassung ihrer Geschichte steht in denkbar größtem Gegensatze zu dem Entwicklungsoptimismus, dem wir in der Zeit der griechischen Aufklärung begegnen werden. Vier der Zeitalter sind mit Metallen verbunden. Das erste, goldene, ist jenes des Kronos, dann geht es über das silberne und eherne zu dem eisernen, in dem zu leben wir verdammt sind. Der Mythos steht für sich, denn Kronos als Ausgang einer Entwicklung, die von paradiesischem Sein ständig abwärts führt, ist mit dem Bilde der *Theogonie* von dem Aufstiege der Zeusherrschaft nicht zu vereinen. Daß der Mythos nicht von Hesiod stammt, wird auch an den Schwierigkeiten deutlich, die er ihm bereitet. Hesiods Zeit war weitgehend vom Epos und seinen Berichten von heldenhaften Männern der Vorzeit bestimmt. Allenthalben zeigte man ihre Gräber und erwies ihnen Kult. Das konnten nicht die Angehörigen des ehernen Geschlechtes sein, das sich durch seine Gewalttätigkeit selbst vernichtete. So schaltet Hesiod zwischen das eherne und eiserne Geschlecht jenes der Heroen, die vor Troia und Theben kämpften und von denen manche nach dem Tode ein seliges Dasein am Rande der Welt erlangten. Damit ist die Linie des Abstieges, ebenso wie die Reihe der Metalle an einer Stelle durchbrochen. Nimmt man dazu, daß deren Verbindung mit den einzelnen Weltaltern recht äußerlich ist, werden wir um so eher fremde Herkunft des Mythos annehmen. Der Einfluß vorderasiatischer Vorstellungen ist auch hier zu erwägen[1].

Alles Gewicht liegt bei Hesiod auf der Schilderung der Schrecken des eisernen Zeitalters, unseres Zeitalters. Die Übel aus Pandoras Fasse, Krankheit und sonstige Not, finden hier ihre Ergänzung in der sittlichen Verkommenheit dieses Geschlechtes. Es strebt der Auflösung aller Bindungen und voller Rechtlosigkeit zu. Sein Schicksal wird besiegelt sein, wenn Aidos (sittliche Scheu) und Nemesis (gerechte Empörung) diese Erde verlassen.

Griechischer Pessimismus bedeutet bei Hesiod ebensowenig wie sonstwo resignierte Verzweiflung. Der Dichter kennt ein Licht, das über allem Dunkel leuchtet, und er läßt es in den folgenden Partien mit einer Helligkeit aufstrahlen, die weit in die griechische Geistesgeschichte hinein geleuchtet hat. Seine große Zuversicht spricht er in den Versen 276ff. aus. Zeus hat den Fischen, dem Wild und den Vögeln die Daseinsform bestimmt, sich gegenseitig aufzufressen. Dem Menschen aber hat er ein Mittel gegeben, um diesem Vernichtungskampf aller gegen alle zu entrinnen: das Recht[2]. Mit der Macht einer religiösen Idee taucht hier die Überzeugung von der Heiligkeit, Unzerstörbarkeit und rettenden Kraft der Dike auf, die von nun ab zu einem Grundthema griechischen Dichtens und Philosophierens wird. Auch hier ist vor der Bezeichnung dieser Gestalt als Personifikation zu warnen, vielmehr ist Dike

[1] R. REITZENSTEIN, ‹Altgr. Theologie und ihre Quellen›. *Vortr. Bibl. Warburg* 4, Leipz. 1929.

[2] E. WOLF, *Griech. Rechtsdenken* 1, Frankf. a.M. 1950, 120. Das groß angelegte Werk behandelt ein zentrales Anliegen des griech. Denkens, ist aber in der Interpretation ungleichmäßig. K. LATTE, ‹Der Rechtsgedanke im archaischen Griechentum›. *Ant. u. Abendl.* 2, 1946, 63 = Kl. Schr. München 1968, 233.

anthropomorpher Ausdruck jener göttlichen Potenz, die in jedem gerechten Spruch und in dem Recht als absolutem Wert als wirksam empfunden wird.

Hesiod schließt sinnvoll an die Greuel des eisernen Zeitalters die erste Fabel der abendländischen Literatur, die Geschichte von der Nachtigall, die in den Fängen des Habichts vergeblich stöhnt (202). Hier ist die Widersacherin des Rechtes sichtbar gemacht, vor der er Perses warnt, die bedenkenlose Gewalt (ὕβρις). Dem Menschen aber frommt es, Dike zu ehren, denn ihre Macht ist groß. Der Dichter spricht von ihr in eindrucksvollen, in archaischer Weise ineinander übergehenden Bildern. Hier lebt dieselbe Kraft archaischer Verdeutlichung, die eine Darstellung der Kypseloslade erfüllt. Da würgt Dike als schöne Frau die häßliche Adikia mit der einen Hand, während sie mit der anderen die Widersacherin schlägt (Paus. 5, 18, 2). Laut klagt Dike bei Hesiod, wenn gabengefräßige Männer, die bestechlichen Könige, sie vom geraden Wege zerren wollen. In Nebel gehüllt, bringt sie den Menschen, die sie vertrieben haben, Unheil, dann klagt sie wieder am Throne des Zeus die erlittene Kränkung. In dem höchsten der Götter vollendet sich auch hier das Denken Hesiods. Zeus sieht alles (267), er hat freilich auch 30000 Wächter über die Menschen bestellt, die abgeschiedenen Angehörigen jenes goldenen Geschlechtes. Wieder erkennen wir an dem Nebeneinander der Vorstellungen die Freiheit der Aussage durch den Mythos. Auch die Gegenüberstellung der gerechten Stadt, der alles gedeiht, und der ungerechten, die Hunger, Seuche und Krieg verheeren, gehört in den großen, um die Gestalt der Dike geschlossenen Zusammenhang.

Es ist verfehlt, in Hesiod den sozialen Revolutionär zu sehen. Gewiß hat ihn die Not der kleinen Bauern Worte finden lassen, die neu und unerhört waren, gewiß setzt er dem Standesstolz eines reinen Geburtsadels die Werte des Rechtes und der ehrlichen Arbeit entgegen, aber er tut dies alles nicht, um der Gesellschaft seiner Zeit eine neue Gestalt zu geben, sondern um sie an den absolut gültigen Normen der Gerechtigkeit zu läutern und gesunden zu lassen.

Wie sich Hesiod im Eingang des Dike-Abschnittes (213) mit Nachdruck an Perses wendet, so tut er es, archaisch rahmend, auch in dessen Schlußteil (274) und setzt die beschwörende Anrede fort, wenn er nun von der Arbeit als gottgegebener Notwendigkeit für den Menschen spricht. Dort steht das Wort von dem Schweiß, den die Götter dem Tüchtigen vor den Erfolg setzen. Es folgt eine Reihe konkreter gehaltener Mahnsprüche, die das Verhältnis zu Göttern und Menschen angehen; sie leiten über zu der Schilderung des bäuerlichen Arbeitsjahres und seiner Erfordernisse in den Versen 381 bis 617. Kaum darf man sagen, daß Hesiod hier zu seinem eigentlichen Thema komme, denn man könnte eher diesen ganzen Teil als ausführliche Anweisung von der Arbeitsmahnung an Perses abhängen lassen. Besser wird man auch hier an die Eigenart und Freiheit archaischer Komposition erinnern. So finden wir denn auch keine wohlgeordnete Anweisung für die bäuerliche Wirtschaft, sondern bunten Wechsel praktischer Ratschläge und allgemeiner Erfahrungen. Das Ganze bleibt ja Dichtung. Bilder wie die der sommerlichen Freude oder der winterlichen Not erinnern uns besonders daran. Hier zeigt Hesiod eine Unmittelbarkeit und Kraft in der

Schilderung der Natur, wie sie sonst nur in manchen Gleichnissen Homers spürbar wird. Auch die Tierwelt ist ihm nahe[1]. Die Härte dieses Lebens und Mühens wird nirgends verschönt oder verdeckt, aber gerade deshalb kommt in dieser ersten bäuerlichen Dichtung der abendländischen Literatur die Würde der Arbeit, der wir das Brot danken, zur rechten Geltung.

Es ist für das wirtschaftliche Gefüge der Zeit bemerkenswert, daß Hesiod auch für die Schiffahrt einige Regeln (618–694) geben will, wenngleich er dafür weder Erfahrung noch Neigung mitbringt (vgl. v. 650). Dann löst sich das Gedicht in eine Reihe verschiedener Ratschläge auf. In welchem Alter die Leute heiraten sollen, wie man mit Freunden umgeht und anderes der Art. Darunter findet sich eine Reihe von Anweisungen, die sich in der Formulierung und in dem Geiste beschränkten Aberglaubens so sehr von dem Übrigen abheben, daß man sie Hesiod nicht belassen kann. Dasselbe gilt von dem religionsgeschichtlich interessanten Schlußabschnitt mit der Tagwählerei[2].

Die *Theogonie* endet mit der Ankündigung eines neuen Themas. Der Dichter verheißt von Frauen zu singen, die von Göttern zu Stammüttern großer Geschlechter gemacht wurden. Rhapsoden haben sich hier den Übergang zu einer Dichtung geschaffen, die in der Antike sehr wirksam gewesen ist und fast durchwegs[3] als Werk Hesiods galt. Sie wird als *Katalog*, *Frauenkataloge* oder *Ehoien* zitiert, letzteres, weil die Geschichte einer neuen Heroenmutter jeweils mit ἢ οἵη ... (oder wie ...) eingeführt war. Das weist auf eine einfach reihende Anordnung, eine Katalogform, die altes episches Erbe ist. Auch die *Odyssee* bietet in der Nekyia (11, 235–330) einen Katalog von Frauen mit merkwürdigen Schicksalen. Von dem Inhalt der 5 Bücher *Ehoien* wissen wir manches, und einzelne Stücke ließen sich rekonstruieren. So die *Koronis-Ehoie*, die von der unglücklichen Mutter des Asklepios erzählte[4], oder die Geschichte von *Kyrene*, die Apollon aus Thessalien nach Libyen entführte und zur Mutter des Aristaios machte[5]. Von der Aufzählung der *Freier Helenas*, einem Katalog in den Katalogen, sind namhafte Stücke in Berliner Papyri (nr. 519 f. P.) erhalten, die einen guten Begriff von der Anspruchslosigkeit des Stiles geben. Ox. Pap. 23, 1956, nr. 2354 hat den Anfang der *Ehoien* gebracht[6].

[1] Zum Tintenfisch, dem ‹Knochenlos›, der in arger Winterszeit den eigenen Fuß benagt, ausgezeichnet J. Wiesner, *Arch. Jahrb.* 74, 1959, 48.

[2] Zur Echtheitsfrage der Schlußpartie Lit. bei F. Krafft, *Vergleichende Untersuchungen zu Homer und Hesiod.* Hypomn. 6, 1963, 125, 1. Zu den Tagen: F. Solmsen, *Trans. Am. Phil. Ass.* 94, 1963, 293. Für ihre Echtheit tritt ein P. Walcot, *Hesiod and the Near East.* Cardiff 1966, 100.

[3] Anders Paus. 9, 31, 4: Die Böoter am Helikon lassen nur die *Erga* gelten.

[4] Wilamowitz, *Isyllos von Epidauros.* Berl. 1886. Zur Begrenzung des Gedichtes A. Lesky, *Sitzb. Ak. Wien. Phil.-hist. Kl.* 203/2, 1925, 44.

[5] L. Malten, *Kyrene.* Berl. 1911.

[6] Dazu M. Treu, ‹Das Proömium der hesiodischen Frauenkataloge›. *Rhein. Mus.* 100, 1957, 169. J. Th. Kakridis, Ἑλληνικά 16, 1958, 219. Zu Pap. Berol. 7497 + Ox. Pap. 421: Kl. Stiewe, ‹Zum Hesiodpapyrus B Merkelbach›. *Herm.* 88, 1960, 253. Ders., ‹Die Entstehungszeit der Hesiodischen Frauenkataloge›. *Phil.* 106, 1962, 291; 107, 1963, 1. Seine ausführliche Besprechung von *Ox. Pap.* 28 (*GGA* 216, 1964, 107) enthält p. 109 wichtige Ausführungen über das Verhältnis von *Frauenkatalog: Ehoien: Große Ehoien.* Dazu E. Heitsch *GGA* 220, 1968, 184, 16. Die selbständige Existenz *Großer Ehoien* neben dem *Katalog* hat J. Schwartz in seinen *Pseudo-Hesiodea* (s.u.) bestritten, H. Merkelbach und M. L. West nehmen sie in ihrer neuen Ausgabe der Fragmente (s.u.) mit Wahrscheinlichkeit an.

In *Ox. Pap.* 28, 1962, hat E. LOBEL zahlreiche neue Fragmente pseudohesiodischer Genealogie-Dichtung veröffentlicht. Es ergeben sich stoffliche Beziehungen zwischen dieser Katalogdichtung und der *Bibliothek* des Ps.-Apollodoros. Anderes kommt hinzu, so daß R. MERKELBACH und M. L. WEST in ihrer ausgezeichneten Sammlung der Fragmente (s.u.) jene aus den *Ehoien* mit Recht nach den Abschnitten des mythographischen Werkes angeordnet haben.

Die Verfasserfrage der *Ehoien* ist ein schwieriges Problem, für das wir unsere Unsicherheit nicht verhehlen sollen. Daß große Teile nicht von Hesiod stammen, ist sicher. So ist die *Kyrene-Ehoie* nach der Kolonisation anzusetzen, die um 630 von Thera in die Kyrenaika ging. Daß eine Dichtung von den Stammüttern adeliger Geschlechter ständig zu Einschüben lockte, versteht sich von selbst. Zu fragen ist, ob es überhaupt einen echten Kern gegeben hat. Da Hesiod das Rhapsodenhandwerk geübt hat und das genealogische Prinzip seiner Denkweise entspricht, liegt keine Nötigung vor, das zu bezweifeln. Aber Sicherheit haben wir nicht, und es bedeutet keine Vereinfachung der Frage, daß unter seinem Namen auch *Große Ehoien* gingen. R. PFEIFFER hat für ein Tyro-Gedicht, das er aus einem Papyrus (nr. 513 P.) gewann[1], die Zugehörigkeit zu diesem Sammelgedicht erwogen.

Eine Ehoie, die von Alkmene erzählt und sicher nicht von Hesiod gedichtet ist, lesen wir als Vorsatzstück (1–56) der *Aspis*[2]. Diese Dichtung von 480 Hexametern schildert den Kampf des Herakles, der hier Verfechter apollinischer Ordnung ist, gegen den Unhold Kyknos, dem sein Vater Ares hilft. Ein Glanzstück wollte der Dichter in der Rüstungsszene des Helden mit der Beschreibung des Schildes geben, nach dem das Gedicht benannt ist. Das bedeutet Wettbewerb mit Homer, aber während der Schild des Achilleus in seinen Szenen die Buntheit des Lebens einfängt, sind hier die Schrecken des Krieges geschildert und die Dämonen der Vernichtung versammelt. Ein Dichter mit geringen Gaben hat epische Tradition verzerrt, indem er sie zu steigern trachtete. Aus der Hypothesis I erfahren wir, daß die alten Kritiker heftig über die Echtheit der *Aspis* stritten, und einem Aristophanes von Byzanz ist ihre Unechtheit nicht entgangen. Verwirrend ist die Bemerkung, Stesichoros habe das Gedicht Hesiod gegeben. Soll das wirklich der Chorlyriker sein, der hier angeführt wird? Dann müßte die *Aspis* dem Hesiod schon um 600 unterschoben worden sein. Das ist immerhin denkbar, sie stattet ihren Herakles ja auch nicht mit der später obligaten Keule und dem Löwenfell aus.

Mit Hesiod ist es nicht anders gegangen als mit Homer. Auch unter seinem Namen ging eine Reihe von Werken, von denen wir kaum mehr als den Titel kennen. Leicht versteht man die Zuweisung bei den *Mahnsprüchen des Chiron* (Χίρωνος ὑποθῆκαι). Der weise Kentaur und Heldenerzieher von Beruf war zum Erteilen von Lehren wohl geeignet, die wir uns nach Art mancher Hesiodpartie in den *Erga* denken dür-

[1] *Phil.* 92, 1937, 1.

[2] Die Zeugnisse zur antiken Debatte über die Echtheit des *Scutum* bei W. BÜHLER, *Beitr. zur Erklärung der Schrift vom Erhabenen*. Göttingen 1964, 22. M. VAN DER VALK, ‹Le bouclier du Pseudo-Hésiode›. *Rev. Et. Gr.* 79, 1966, 450.

fen. Selbst geographische und astronomische Schriften (Γῆς περίοδος[1], Ἀστρονομία) finden sich in diesem Zusammenhang. Ihre Entstehungszeit bleibt im Dunkel. Auch erzählende Dichtung sollte von Hesiod stammen, so ein *Aigimios*, der von Kämpfen des Herakles an der Seite dieses Dorerkönigs handelte und auch allerlei anderen Stoff hereinzog; ferner eine *Melampodie*[2], nach dem Seher Melampus benannt. Sie enthielt einen Rätselwettkampf zwischen den Sehern Kalchas und Mopsos, was an den *Agon Hesiods und Homers* erinnert. Die unter selbständigem Titel angeführte *Hochzeit des Keyx* gehörte wohl in die Kataloge, während die *Idäischen Daktylen* für uns vollkommen im Schatten bleiben. Durch neue Fragmente (s. u. MERKELBACH-WEST) sind für die Hesiod zugeschriebenen Dichtungen hinzugekommen eine Πειρίθου κατάβασις und ein Κάμινος.

Die handschriftliche Überlieferung findet sich in der großen Ausgabe von A. RZACH, Leipz. 1902. Ferner: M. L. WEST, ‹The Medieval and Renaissance Manuscripts of Hesiod's Theogony›. *Class. Quart.* 58, 1964, 165; ders. *Gnom.* 37, 1965, 650 zu dem Buche von N. A. LIVADAROS, Athen 1963 über die Hesiodüberlieferung. K. J. MERENTITIS, Τὰ χειρόγραφα τοῦ Ἡσιόδου Athen 1965. Maßgebend ist jetzt für die *Theogonie* die neue und erschöpfende Durcharbeitung in der großen Ausgabe von M. L. WEST (s. u.) mit der Konstituierung einer neuen Handschriftenklasse und reichen Nachweisen von Abhängigkeiten und Kontamination. Die Papyrusfunde (nr. 487–535 P.; R. MERKELBACH, *Die Hesiodfragmente auf Papyrus.* Leipz. 1957 aus *Arch. f. Papyrusf.* 16, 1956) haben manches für die Kataloge ergeben. Grundlegend jetzt R. MERKELBACH und M. L. WEST, *Fragmenta Hesiodea.* London 1967. Neue Fragmente: *Ox. Pap.* 32, 1967, nr. 2638–2651 (ed. M. L. WEST) und *Antin. Pap.* 3, 1967, nr. 178. K. MERENTITIS, Τὰ ‹ἀβέβαια› ἀποσπάσματα τοῦ Ἡσιόδου ἐν τῷ παπύρῳ Rainer. Athen 1969. Eine kleine Ausgabe von RZACH mit Apparat, Fragmenten und Agon in 3. Aufl. Leipz. 1913, Nachdruck 1958. Doppelsprachig: P. MAZON, *Coll. des Un. de Fr.* 1928 (letzter Abdruck 1951). H. G. EVELYN-WHITE, *Hesiod, the Homeric Hymns and Homerica (Loeb Libr.).* Lond. 1936. F. JACOBY, *Hesiodi carmina I. Theogonia.* Berl. 1930 (analytisch). M. L. WEST, *Hesiod Theogony. Ed. with Prolegomena and Commentary.* Oxford 1966. Komm. Ausgaben der Erga: P. MAZON, Paris 1914. WILAMOWITZ, Berl. 1928. T. A. SINCLAIR, Lond. 1932. A. COLONNA, Milano 1968. – A. TRAVERSA, *Catalogi sive Eoarum fragmenta. Collana di stud. gr.* 21. Neapel 1951. C. F. RUSSO, *Hesiodi Scutum. Bibl. d. studi superiori* 9. Firenze 1950. Scholien: GAISFORD, *Poetae Minores Graeci* 3. Oxf. 1820. H. FLACH, *Glossen und Scholien zur hes. Theog.* Leipz. 1876. A. PERTUSI, *Scholia vet. in Hesiodi opera et dies.* Milano 1955. (Scholien, die weitgehend von neuplatonischer Hesioderklärung bestimmt sind). J. PAULSON, *Index Hesiodeus.* Lund 1890, Nachdruck bei Olms, Hildesheim in Vorbereitung. Übersetzung: TH. V. SCHEFFER, 2. Aufl. Leipzig 1965. W. MARG, *Hesiod Erga.* Zürich 1968 (dort auch eine Übersicht über ältere Übersetzungen). Ders., *Hesiod. Sämtliche Gedichte.* Zürich 1970 (Bibl. d. Alten Welt). – Untersuchungen: INEZ SELLSCHOPP, *Stilistische Untersuchungen zu Hesiod.* Diss. Hamb. 1934; repr. Darmstadt 1967. F. SCHWENN, *Die Theogonie des Hesiodos.* Heidelb. 1934. H. DILLER, ‹Hesiod und die Anfänge der griech. Philosophie›. *Ant. u. Abendl.* 2, 1946, 140; ders., ‹Die dichterische Form von Hesiods Erga›. *Ak. Mainz. Abh. Geistes- u. sozialwiss. Kl.* 1962/2, mit einer ausgezeichneten Strukturanalyse; dort 43,2 auch weitere Lit. zur Komposition der *Erga.* F. SOLMSEN, *Hesiod and Aeschylus.* Ithaca N. Y. 1949. BR. SNELL, *Die Entdeckung des Geistes.* 3. Aufl. Hamb. 1955, 65. H. SCHWABL, *Gymn.* 62, 1955, 526; vgl. auch S. 116 u. 122. Eingehende stilistische Analysen für Theogonie, Erga und Aspis bei B. A. VAN GRONINGEN, *La*

[1] Über Zugehörigkeit zu den *Großen Ehoien* R. MERKELBACH, *Aegyptus* 31, 1951, 256.

[2] P. FRIEDLÄNDER, *Argolica.* Berlin 1905, 54. INGRID LÖFFLER, *Die Melampodie, Versuch einer Rekonstruktion des Inhalts.* Diss. Erlangen. Meisenheim a. Gl. 1963.

composition littéraire archaïque Greeque. Verh. Niederl. Akad. N. R. 65/2. Amsterdam 1958. J. Schwartz, *Pseudo-Hesiodea. Recherches sur la composition, la diffusion et la disparition ancienne d'œuvres attribuées à Hésiode.* Leiden 1960. Der Bd. 7 der *Entretiens sur l'antiquité classique.* Fondation Hardt, Vandoeuvres-Genève 1962 enthält: I. K. v. Fritz: ‹Hesiodisches im Hesiod›. II. G. S. Kirk: ‹Hesiodus, the Theogonie›. III. W. J. Verdenius: ‹Die Erga des Hesiod›. IV. F. Solmsen: ‹Hesiodus and Plato›. V. A. La Penna: ‹Esiodo e Vergilio›. VI. P. Grimal: ‹Hésiode et Properce›. K. Kumaniecki ‹The structure of Hesiod's Works and Days›. *Bull. Inst. Class. Stud. London* 10, 1963, 79. M. Detienne, *Crise agraire et attitude religieuse chez Hésiode.* Coll. Latomus 68. Brüssel 1964. W. Nicolai, *Hesiods Erga. Beobachtungen zum Aufbau.* Heidelberg 1964 (Bibliogr.). M. L. West, ‹Miscellaneous notes on the Works and Days›. *Phil.* 108, 1964, 157. *Hesiod. Wege der Forschung 44.* Herausg. von E. Heitsch. Darmstadt 1966, mit zahlreichen wichtigen Untersuchungen aus der Zeit 1842–1961. – Das Buch von H. Munding, *Hesiods Erga in ihrem Verhältnis zur Ilias.* Frankf. a. M. 1959 enthält haltlose Spekulationen. – Für die formalen und lexikalischen Neuerungen Hesiods eine gute Zusammenstellung bei V. Pisani, *Storia della lingua Greca* in *Encicl. class.* 2/5/1. Torino 1960, 51. H. Troxler, *Sprache und Wortschatz Hesiods.* Diss. Zürich 1964 (Bibliogr.). F. Solmsen, *Hesiod, Theogonie, Opera et Dies, Seutum.* R. Merkelbach and M.L. West, *Fragmenta selecta.* Oxford 1970.

B. ARCHAISCHE EPIK NACH HESIOD

Die erhaltenen Werke des griechischen Schrifttums wollen samt und sonders unter dem Gesichtspunkte betrachtet sein, daß sie der Rest eines überaus reichen Bestandes sind: Inseln, die über die Meeresfläche ragen, nachdem ganze Landstriche in den Fluten versunken sind. Das Bild hat auch insoferne seine Gültigkeit, als es in der Regel die Gipfel sind, die so erhalten blieben.

Bereits die Besprechung des epischen Kyklos hat uns eine Vorstellung von der verlorenen Fülle gegeben. Wenn wir nun nachtragen, daß zahlreiche Stoffe außerhalb des Kyklos ebenfalls im 7. und 6. Jahrhundert Gegenstand epischer Gedichte wurden, erhalten wir eine Vorstellung von der Mächtigkeit der epischen Schicht. Heute gehen wir hier auf einem Trümmerfeld. Kurze Andeutungen müssen genügen.

Das musisch nicht eben ertragreiche Korinth fand seinen Epiker in Eumelos aus dem großen Geschlechte der Bakchiaden[1]. In den *Korinthiaka* erzählte er die mythische Urgeschichte seiner Stadt. Das Epos hatte seine Bedeutung als Stoffquelle und wurde daher in Prosa übertragen (Paus. 2, 1, 1), wie dies auch der Logograph Akusilaos von Argos[2] mit genealogischer Dichtung Hesiods getan hat. In der *Titanomachie* des Eumelos trat der Meergott Aigaion als Helfer der Titanen auf[3]. Von seiner *Europia* und *Bugonia* wissen wir so gut wie nichts. Aus einem Prozessionslied, das er dem König Phintas von Messenien für ein Apollonfest gedichtet haben soll, werden zwei Hexameter in äolischem Dialekt zitiert (Fasc. 5, p. l. D.). Urgeschichte der Argolis gab die

[1] A. Barigazzi, ‹Nuovi frammenti dei Corinthiaca di Eumelo›. *Riv. Fil.* 94, 1966, 129. G. L. Huxley, *Greek Epic Poetry from Eumelos to Panyassis.* Harvard Un. Press 1969.

[2] Zu Akusilaos: O. Gigon, ‹Akusilaos, Cicero und Varro›. *Wien. Stud.* 79, 1966, 213.

[3] W. Kullmann, *Das Wirken der Götter in der Ilias.* Berl. 1956, 16, 2; vgl. auch Wilamowitz, *Hellenist. Dichtung* 2. Berl. 1924, 241, 2.

anonyme *Phoronis;* die *Naupaktika,* die von einem Karkinos aus Naupaktos stammen sollen, erzählten mancherlei vom Argonautenzug, was wir aus den Scholien zum Gedicht des Apollonios wissen. Diese Sage muß jedoch nicht das Hauptthema gewesen sein. Wir denken uns Dichtung dieser Art stark von Hesiod beeinflußt; von dem Lakonen Kinaithon, der gleich anderen von Herakles dichtete, hören wir (Paus. 4, 2, 1), daß seine Epik genealogisch war. Mit der von Athen geförderten Ausbildung der Theseussage, die in Wettbewerb mit dem Herakleszyklus trat, war natürlich Ependichtung verbunden. Von verschiedenen Nachrichten[1] ist besonders die Stelle der *Poetik* (8. 1451a 19) wichtig, an der Aristoteles die Dichter von Epen wie *Herakleïs* oder *Theseïs* tadelt, weil sie den Stoff nicht richtig abzugrenzen wissen. Man hat den Eindruck, daß er von Epik beträchtlichen Alters spricht.

Die Züge des mutterländischen Epos kehren in der Dichtung des griechischen Kleinasien wieder. Bei Asios spielte das Genealogische eine bedeutende Rolle, und die Beliebtheit des Heraklesstoffes wiederholt sich gleichfalls. Ein rhodisches Epos solchen Inhaltes wurde einem Peisander zugeschrieben. Ganz schattenhaft bleibt ein Peisinos von Lindos, der noch vor Peisander ein Heraklesepos geschrieben haben soll.

Einen gewissen Abschluß erreichte Dichtung dieser Art in den 14 Büchern der *Herakleia* des Panyassis von Halikarnaß[2], der freilich bereits ins 5. Jahrhundert reicht: er fiel um 460 im Kampfe gegen den Tyrannen Lygdamis. Der Historiker Herodot ist sein Neffe gewesen. Die *Herakleia* muß den Durchschnitt solcher Epik überragt haben, die antike Kritik (Dion. Hal. de imit. 2. Quintil. 10, 1, 54) hat ihren Aufbau gerühmt und ihren Verfasser mit Homer, Hesiod, Peisander und Antimachos in dem Kanon der fünf epischen Klassiker vereinigt. Die Dichtungen des Peisander und Panyassis haben ohne Zweifel das Ihre für die Zusammenfassung der Heraklestaten in Zyklen geleistet, doch hat sich der Kreis der zwölf Taten, der Dodekathlos, kaum vor dem Hellenismus geschlossen[3]. Ganz im Schatten bleiben des Panyassis *Ionika,* die in Distichen von der Gründung ionischer Kolonien erzählt haben sollen.

Die spruchhafte Unterweisung, der wir in Hesiods *Erga* begegneten, hat Fortsetzung und Ausgestaltung bei Phokylides von Milet[4] gefunden. Seine Lebenszeit ist nicht zu sichern, am ehesten wird man an das frühe 6. Jahrhundert denken. Seine hexametrischen Sprüche siegelte er durch den Beginn mit der Formel *Auch dies ist von Phokylides.* Etwa im 1. Jahrhundert n. Chr. wurde ihm ein gnomisches Gedicht von 230 Hexametern unterschoben, dessen Verfasser das Alte Testament kannte.

[1] L. Radermacher, *Mythos und Sage bei den Griechen.* 2. Aufl. Wien 1943, 252. Zur Datierung eines Theseusepos: W. S. Barrett, *Eur. Hipp.* Oxford 1964, 3, 1.

[2] Wallace McLeod, ‹Studies on Panyassis—an heroic poet of the fifth century›. *Phoenix* 20, 1966, 95.

[3] F. Brommer, *Herakles.* Münster 1953.

[4] Die echten Fragmente bei Diehl, *Anth. Lyr.* fasc. 1, 3. Aufl., 57. Der Ps.-Phokylides, dessen Verse 5–79 in den *Oracula Sibyllina* 2, 56–148 wiederkehren, *ebda.* fasc. 2, 3. Aufl., 91, und D. Young, *Theognis.* Leipz. 1961, 95. A. Farina, *Silloge Pseudofocilidea.* Collana di studi Greci 37. Napoli 1962 (Mit Übers. und Komm.).

C. ÄLTERE LYRIK

I. URSPRÜNGE UND GATTUNGEN

Mit der griechischen Lyrik ist es nicht anders als mit dem Epos. Auch sie tritt uns sogleich mit Schöpfungen der höchsten, später nie wieder erreichten Vollendung vor Augen, und auch bei ihr wissen wir von zahlreichen Vorstufen, die für uns zwar verloren, aber doch noch feststellbar sind. Bei den Anfängen griechischer Dichtung (S. 28) hatten wir der zahlreichen Formen des Sanges zu gedenken, von dem das homerische Epos berichtet. Viel von den Wurzeln lyrischer Dichtung, die bei den Griechen im wesentlichen dieselben waren wie bei anderen Völkern, läßt sich auf diese Weise erkennen. Eine bedeutende Rolle spielt der Kult; so versöhnen die Achäer den zürnenden Apollon mit dem Paian (*Il.* 1, 472), ehren Mädchen seine Schwester mit Reigen und Lied (*Il.* 16, 182). Kultisch gebunden sind aber auch die Äußerungen, mit denen der Mensch die hohe Zeit des Lebens und den Tod begleitet. So ertönt der Braut der Hymenaios (*Il.* 18, 493), Toten aber wie Patroklos oder Hektor reichliche Klage im Threnos.

Noch eine andere sehr wichtige Wurzel des Sanges, die man nur nicht zur einzigen machen darf, läßt uns Homer erkennen: das Lied, das die Arbeit begleitet. Wenn Göttinnen wie Kalypso und Kirke am Webstuhl singen, so halten sie es nicht anders als sterbliche Frauen, und auf dem Achilleusschild begleitet ein Knabe die Arbeit bei der Weinlese mit dem Linoslied. Die Alten kannten Lieder fast zu jeglicher Tätigkeit, vom Wasserschöpfen bis zum Brotbacken. Ein kleiner Splitter, ein lesbisches Liedchen zum Mahlen (*Carm. pop.* nr. 30 D.), das durch die Nennung des Pittakos sein hohes Alter bekundet, gibt uns von vielem Verlorenen eine Vorstellung.

An dritte Stelle setzen wir volkstümliche Lieder. Die Griechen haben solche gehabt wie andere Völker auch, doch hat sie bei ihnen große Dichtung besonders stark zurücktreten lassen. Manche dieser Volkslieder waren brauchtümlich gebunden[1], man könnte von einer niederen Form des Kultus sprechen. Die *Eiresione* erwähnten wir bereits (S. 112), dazu kommt das *rhodische Bettelliedchen* (*Carm. pop.* nr. 32 D.), in dem sich die Kinder als Schwalben vorstellen und für den Fall, daß man ihnen eine Gabe verweigert, mit drolliger Keckheit drohen, die Tür oder die Hausfrau davonzutragen. Im Hellenismus hatte man an solchen Dingen Freude, und so schrieb Phoinix von Kolophon sein *Krähenlied* (fr. 2 D.) ganz in der volkstümlichen Weise. Daneben gab es das Volkslied als schlichte Äußerung des eigenen Gefühles. Wenn Sappho wirklich das kleine Gedicht geschrieben hat (fr. 94 D.)[2], in dem ein Mädchen in tiefer Nacht seine Einsamkeit beklagt, dann hat sie aus dem Volkslied geschöpft. Wahr-

[1] L. RADERMACHER, *Aristophanes' Frösche. Sitzb. Öst. Ak. Phil.-hist. Kl.* 198/4, 3. Aufl. 1967, 7f.

[2] Für Sappho als Verfasserin B. MARZULLO, *Studi di poesia eolica.* Firenze 1958; vgl. A. W. GOMME, *Journ. Hell. Stud.* 77, 1957, 265; 78, 1958, 85.

scheinlich liegt aber in den Versen selbst ein solches vor. Auch manches in den *Hochzeitsgedichten* Sapphos ist von diesem Bereiche bestimmt, während es bei dem lokrischen *Tageliedchen* (*Carm. pop.* nr. 43 D.) zweifelhaft bleibt, ob wir wirklich Volkstümliches vor uns haben. Bei der Besprechung der einzelnen Arten wird noch einiges zu ihren Ursprüngen zu sagen sein. Zunächst fragen wir jedoch nach ihrer Scheidung.

Das Lyrische als Idee, die in einer bestimmten Weise des Dichtens nach Verwirklichung strebt[1], ist der antiken Kunsttheorie[2] noch fremd. Wenn sich im Hellenismus der Ausdruck ‹lyrisch› (λυρικός) einbürgert, so ist damit etwas ganz Konkretes gemeint: Dichtung, die man zur Begleitung der Lyra sang. Und wenn die Alexandriner die Meister des Einzelliedes Alkaios, Sappho und Anakreon mit den Chordichtern Alkman, Stesichoros, Ibykos, Simonides, Bakchylides und Pindar in dem Kanon der 9 Lyriker vereinigten, so handelte es sich durchaus um Schöpfungen, für die das Saiteninstrument (λύρα, φόρμιγξ, κίθαρις)[3] entweder allein oder zusammen mit der Flöte als Begleitung vorgesehen war. In diesem Sinne hat Didymos, auch hier Vermittler zwischen den Alexandrinern und der römischen Kaiserzeit, über die Lyriker (περὶ λυρικῶν) geschrieben.

Wir lernen aus dem Gesagten, daß der antike Begriff der Lyrik zwei wichtige Arten, die *Chorlyrik* und das zur Leier gesungene *Einzellied*, umfaßte, ohne daß die für uns so wesentliche Scheidung zwischen diesen beiden Arten in der antiken Kunsttheorie hervorgetreten wäre. Zu gleicher Zeit erkennen wir aber, daß zwei Arten, die wir heute als lyrisch empfinden, nicht einbezogen waren: die *Elegie* und der *Iambos*. Wir dürfen annehmen, daß in beiden der Gesang früh verstummt war, während Lyrik im antiken Sinne als Melik das Lied voraussetzte. Dazu trat, zumindest für die Elegie, ein anderer bedeutsamer Unterschied. Ihr Begleitinstrument war die Flöte (αὐλός), was sie von der Lyrik im eigentlichen Wortsinne ausschloß. Für den Iambos bezeugt Athenaios (14, 636b) als Begleitung Saiteninstrumente wie Iambyke und Klepsiambos, das muß jedoch nicht die Norm gewesen sein. Immerhin verdient es Beachtung, daß Theokrits 21. Epigramm Archilochos als Iambendichter und als Sänger zur Lyra feiert. Xenophon berichtet (Symp. 6, 3) von dem Vortrag trochäischer Tetrameter zur Flöte.

Wir müssen zu der eben skizzierten Aufteilung der Begleitinstrumente hinzufügen, daß diese durchaus nicht im Sinne starrer Grenzen zu verstehen ist. Flöte und Leier treten, allerdings in getrennter Verwendung, bereits im Bereiche der kretischen Kultur auf dem Sarkophag von Hagia Triada auf. Die Hochzeitsszene auf dem Schilde der *Ilias* (18,495) zeigt sie zur Begleitung der tanzenden Jünglinge vereinigt. Das

[1] E. Staiger, *Grundbegriffe der Poetik*. 4. Aufl. Zürich 1959.

[2] H. Färber, *Die Lyrik in der Kunsttheorie der Antike*. Münch. 1936.

[3] Zu Instrumenten, Tonarten u.ä.: C. Sachs, *Die Musik der Antike. Handb. d. Musikwiss.* Potsdam 1928. Ders., *Handbuch der Musikinstrumentenkunde*. 2. Aufl. Leipz. 1932. H. Huchzermeyer, *Aulos und Kithara*. Diss. Münster 1931. J. W. Schottländer, *Die Kithara*. Diss. Berl. 1933. O. Gombosi, *Tonarten und Stimmungen der antiken Musik*. Kopenh. 1939. M. Wegner, *Das Musikleben der Griechen*. Berl. 1949. A. E. Harvey, ‹The Classification of Greek Lyric Poetry›. *Class. Quart.* N. S. 5, 1955, 157. R. P. Winnington-Ingram, ‹Ancient Greek Music 1932–1957›. *Lustrum* 1958/3 (1959), 5.

griechische Chorlied konnte trotz seinem ‹lyrischen› Grundcharakter Flötenmusik bei der Begleitung nicht entbehren. Viel ist aus der delphischen Festgeschichte zu lernen. Dort hatte der kitharodische Nomos, ein Einzellied im Apollondienst, hohes Alter. Ihm tritt 582 bei den Wettbewerben die Aulodik und als reine Instrumentalmusik die Auletik zur Seite. Hohen Ruhm genoß der *Pythische Nomos* des Sakadas von Argos, der mit seiner Flötenmusik den Kampf Apollons mit dem Pythondrachen malte. Nicht lange darauf (558) nahm in kitharistischen Agonen das Saiteninstrument ohne Verbindung mit Gesang den Kampf mit der Flöte auf.

Es lag in der Natur der Sache, daß die beiden Instrumente in technischen Wettbewerb treten mußten. Sehr bezeichnend spricht ein Chorlyriker (Stesichoros fr. 25 D.) von der «saitenreichen» Flöte, und Platon (*Ges.* 3. 700d) beklagt die Verirrung derer, die mit der Leier die Flöte nachahmen. Von vorneherein war in diesem Kampfe das tonschwächere und bedeutend tonärmere Saiteninstrument, das kein Griffbrett besaß, dem als Doppelflöte geblasenen Aulos gegenüber im Nachteil. Aber dieser Kampf der Instrumente bewegte sich nicht allein auf der Ebene der technischen Möglichkeiten. Die Leier galt als das adelige Instrument, dem gegenüber die Flöte als vordringlicher Emporkömmling auftrat. Noch Alkibiades ([Plat.] *Alc. I* 106e) soll sich geweigert haben, das Instrument zu erlernen. Verschieden waren auch die kultischen Bereiche: dem Apollon gehörte das Saiteninstrument, die schrille Flötenmusik den orgiastischen Kulten, so daß die große dionysische Welle der archaischen Zeit auch sie emportrug. Die Geschichte vom Wettkampf Apollons mit dem Silen Marsyas steht vor diesem Hintergrunde. In diesen Streit der Instrumente mit seinen sozialen und kultischen Voraussetzungen gehört auch der Versuch, den phrygischen Flötenmeister Olympos möglichst früh und noch vor Homer anzusetzen (*Suda* s. v. Olympos).

Antike Einteilungen der Lyrik, wie wir sie von Proklos bei Photios (319bB.) lesen, bleiben ganz im Äußerlichen, bieten aber eine große Zahl von Einzelbezeichnungen, von denen uns manche im folgenden begegnen werden.

Den historischen Hintergrund der lyrischen Dichtungsarten und ihrer Entwicklung stellt dar A. R. Burn, *The Lyric Age of Greece*. Lond. 1960. Für die Sprache der einzelnen Arten und Dichter viel Wertvolles bei V. Pisani, *Storia della lingua Greca*. Encicl. Class. 2/5/1. Torino 1960. Odysseus Tsagarakis, *Die Subjektivität in der griech. Lyrik*. Diss. München 1966 (Mit viel Lit.). *Antike Lyrik. Ars interpretandi* 2. Darmstadt 1970 (Eine von W. Eisenhut herausgeg. Sammlung). Einen besonderen Hinweis erfordert für die gesamte griechische Lyrik die intensive und erfolgreiche Tätigkeit des *Gruppo di ricerca per la lirica Greca e la metrica Greca e Latina* in Urbino. Zahlreiche Beiträge in den *Quaderni Urbinati* (gegenwärtig bis 9, 1970) geben davon ein eindrucksvolles Zeugnis. Eine Reihe von Anthologien und Übersetzungen, die für die gesamte Lyrik Bedeutung haben, sind am Ende des Abschnittes 2 (Iambos) verzeichnet.

2. IAMBOS

Nach dem Berichte des Pausanias (10, 28, 3) hat Polygnot auf dem berühmten Unterweltsbild, das er für die Lesche der Knidier in Delphi malte, einen Tellis und eine Kleoboia dargestellt, wie sie über den Totenstrom setzten. In beiden Gestalten hat der große Maler aus Thasos ein Stück Heimatgeschichte gezeigt. Telesikles, wovon Tellis die Koseform ist, hat eine Kolonie von Paros nach Thasos geführt; er war ein Vorfahre, nach Pausanias der Urgroßvater des Archilochos. Jene Kleoboia aber an seiner Seite hat die Demetermysterien auf dem Wege dieser Kolonisten übertragen. Auf Paros, das einst Demetrias geheißen haben soll, bestand alter Mysteriendienst der großen Göttin, deren Eigentum die Insel am Ende des homerischen Demeterhymnos heißt[1]. Es hat seine Bedeutung, daß der Vollender iambischer Dichtung aus solchem kultischen Bereiche stammt, denn dort haben wir die Wurzeln dieser Dichtungsart zu suchen. Ein weit verbreitetes Element in Fruchtbarkeitskulten ist die derbe, bis zur Zote gesteigerte Bescheltung gewesen. Solches Aussprechen des Häßlichen war ebenso wie dessen Vorzeigen letzten Endes als Abwehr des Bösen gedacht. Diese apotropäische Aischrologie bediente sich des Iambos, so daß in Iamben sprechen dasselbe wie schmähen bedeuten konnte[2]. Von der Rolle solcher Spottreden im Demeterkult zeugt die Gestalt der Magd Iambe, deren Scherze die trauernde Göttin erheitern, zeugen die «Brückenspäße» (γεφυρισμοί) bei der Prozession nach Eleusis.

Der Dichter, der aus kultischer Tradition dieser Art eine Form hoher Kunst schuf, ohne jedoch dem Iambos das Wesen einer gefährlich scharfen Waffe zu nehmen, ist Archilochos von Paros gewesen. Verschiedene Anspielungen in seinen Gedichten, wie die auf Gyges in fr. 22 D., sichern es, daß die von ihm berichtete Sonnenfinsternis (fr. 74 D.) jene des 6. April 648 gewesen ist. Versuche einer späteren oder früheren Datierung dieses Ereignisses konnten dieses erste präzise Datum der griechischen Literaturgeschichte nicht erschüttern[3]. So steht Archilochos in der an Bewegung so reichen Zeit der großen Kolonisationen, in einer Zeit, die Stellung und Standesbegriffe des Adels nicht unbestritten ließ. Wenn wir ihn jedoch traditionellen Werten gegenüber in einer Opposition sehen, die weit über alle Problematik seiner Zeit hinausgeht, so liegt die Ursache davon in seiner Abkunft. Archilochos war ein Bastard. Sein Vater hieß Telesikles wie der berühmte Ahn, der Thasos kolonisierte; von seiner Mutter aber hat er selbst erzählt, daß sie eine Sklavin war und Enipo hieß. Kritias, der radikale Junker, hat sich über die Unbefangenheit empört, mit der Archilochos von Dingen sprach, die adeliger Auffassung Schimpf und Schande waren (VS 88 B 44). Von ihm hören wir auch, daß der Dichter Paros in Armut und Not verließ, um nach Thasos zu gehen, sich aber dort mit den Leuten verfeindete. Als landfremder Söldner hat er sein Brot verdient, und in einem Distichon von vollendeter Geschlossenheit (1 D.) stellt er sich als der Diener des Kriegsgottes und der von den Musen Beschenkte vor. Das Kriegsleben hat er nach allen seinen Seiten ausgekostet, und er mag weiter herumgekommen sein, als wir das noch auszumachen vermögen. Im Kampfe gegen die Naxier fand er den Tod, und eine schöne Legende

[1] Anderes bei O. KERN, *RE* 16, 1271.

[2] Z. B. Aristot. *Poet.* 4. 1448b 32.

[3] E. LÖWY, *Anz. Ak. Wien. Phil.-hist. Kl.* 70, 1933, 31: 557 v. Chr. A. BLAKEWAY in *Greek Poetry and Life*. Oxf. 1936, 34: 711 v. Chr. Dagegen F. JACOBY, ‹The Date of Archilochos›. *Class. Quart.* 35, 1941, 97 (= *Kl. philol. Schr.* I 249).

erzählt, daß die Pythia den Kalondas, der ihn erschlagen hatte, aus dem Tempel des Apollon wies.

In der äußeren Unruhe dieses Lebens spiegelt sich der Widerspruch, in dem dieser Mann zu der ihn umgebenden Welt stand. Kampf war sein Element, mochte er ihn mit dem Speere ausfechten oder mit seinen Versen. Was einer adeligen Schicht als unverrückbar feste Überlieferung galt, das reizte seinen Widerspruch, und Tradition bedeutete ihm nichts, wenn er sie als Illusion zu durchschauen meinte. In vielen seiner Verse spüren wir noch die Lust, überkommene Anschauungen zu entwerten. Es ist ein seltsames, in der Natur dieses Mannes begründetes Schauspiel, wie er in frühester Zeit Dinge angreift, die noch Jahrhunderte später in höchster Geltung standen.

Was hat den Griechen doch der Ruhm bedeutet! Vielen war er der einzige Weg, den Tod zu überwinden. Archilochos aber stellt nüchtern fest (64 D.), daß keiner nach dem Tode Ehre gewinne und Gunst sich an die Lebenden halte. Zu oft wird er erfahren haben, was ein Vers (13 D.) ausspricht: den Söldner schätzt man nur so lange, als er kämpft. Unbefangen spricht er auch davon, wie manche Heldentat in Wirklichkeit aussieht (61 D.): da sind sieben Feinde gefallen, aber tausend wollen diese Tat getan haben.

In der Welt Homers waren die äußeren und inneren Vorzüge eines Menschen untrennbar verbunden. Wie genau man beobachtete, zeigt die *Ilias* (3, 210), wo Antenor den Eindruck vergleicht, den Menelaos und Odysseus je im Stehen und im Sitzen machen. Archilochos (60 D.) zertrennt mit bewußter Polemik diese Einheit. Er gibt den Offizier, der im Schmucke seiner Locken gespreizt einhergeht, dem Gelächter preis und hält sich an den Kleingewachsenen, der krumme Beine haben mag, wenn er nur Mut besitzt. Kaum hat das ein Dichter geschrieben, dessen Äußeres dem verspotteten Ideale entsprach.

Am schwersten verstieß Archilochos gegen ritterliche Auffassung, wie er sie von den Herren von Euböa kennengelernt hatte (3 D.), in jenem Gedichte (6 D.), das höchst unbefangen von seinem Schildverluste spricht. Im Kampfe mit den Saïern hat er ihn gelassen, in jenen Kämpfen also, die um den Besitz des reichlich ungeliebten Thasos (18. 54 D.) mit den Thrakerstämmen der gegenüberliegenden Küste zu führen waren. «Schildwegwerfer» (ῥίψασπις) war ein arges Schimpfwort, und die Spartanerinnen sollen den ausziehenden Söhnen das unmütterliche Wort mitgegeben haben: Mit ihm oder auf ihm! Dort hat man den Dichter, der froh ist, sein Leben um solchen Preis gerettet zu haben, auch grimmig getadelt (Plut. *inst. Lac.* 34. 239b). Und doch hat ein äolischer Junker wie Alkaios das Motiv aufgenommen (49 D. 428 LP.). Möglicherweise tat das auch Anakreon (51 D.), und der Stimmung, in der Horaz auf das Abenteuer von Philippi zurückblickte, hat die *relicta non bene parmula* trefflich entsprochen[1].

Urmotive der Lyrik aller Zeiten wie Wein und Liebe begegnen auch bei Archilochos, aber es ist für die Einzigartigkeit seiner Dichtung bezeichnend, daß überall das

[1] Zur Abkehr des Archilochos von der heroischen Welt Homers B. Marzullo, ‹La chioma di Neobule›. *Rhein. Mus.* 100, 1957, 68.

auslösende konkrete Erleben in voller Unmittelbarkeit da ist, nirgendwo ein konventioneller Ton vernehmbar wird. Da ist man auf Wache und will sich die lange Zeit mit einem Trunk roten Weines erträglich machen (5 D.), oder der Dichter rühmt sich seiner Kunst, das Lied des Herrn Dionysos, den Dithyrambos, anzustimmen, wenn der Wein mit Blitzeskraft in sein Inneres schlägt (77 D.). Viel wußte man aus seinen Gedichten von der Liebe zu Neobule, der Tochter des Lykambes. Wir vernehmen da Töne von einer Zartheit wie kaum anderswo in antiker Dichtung. Einmal nur möchte er die Hand der Neobule berühren (71 D.). Das schöne Bild des Mädchens freilich, das mit Myrtenzweig und Rose spielt und dem das Haar Schultern und Rücken beschattet (25 D.), ist nach einer Hetäre gezeichnet, wenn auf den späten Synesios (*laud. calv.* 75) Verlaß ist. Mit Neobule aber kam es zu keinem guten Ende. Lykambes löste die Verlobung und zog so den Haß des Dichters auf sich. Eidbruch wirft er ihm vor (95 D.) und daß er sich vor allen Bürgern lächerlich gemacht habe (88 D.). Wenn im fr. 74 D. einer sagt, daß er über nichts mehr staune, seit Zeus am hellen Tage die Sonne verfinsterte, wird es durch die Rahmenstelle wahrscheinlich, daß Lykambes eingeführt war, der erklärte, sich über die Taten seiner Tochter nicht mehr zu wundern. Wahrscheinlich hat Archilochos im Zuge dieser Angriffe auch die Fabel von Fuchs und Adler (Äsop 1 Hausr.) vorgetragen, die von bestrafter Untreue erzählte[1]. Eine Wandergeschichte, der wir ähnlich bei Hipponax begegnen, wußte schließlich, daß die Verse des Dichters den Lykambes oder seine Töchter in den Tod getrieben hätten.

Archilochos hatte auch andere Töne als jene zarten Werbens, davon sprechen die fr. 34 u. 72 D. mit ihrer derben Erotik. So dürfen wir Kritias glauben, der ihm vorwirft, er habe sich selbst in gemeiner Lust geschildert. Wissenswerter ist, daß bei Archilochos eine Auffassung hervortritt, die in der erotischen Dichtung bis in die sinkende Antike herrschend blieb: die Liebe nicht als Beglückung des Menschen, sondern als das Leiden, das ihn mit der Gewalt einer schweren Krankheit überfällt. Sie schleicht sich ins Herz, gießt Dunkel über die Augen, raubt den Verstand (112 D.), ihre quälenden Schmerzen dringen bis ins Mark (104 D.), «gliederlösend» heißt die Leidenschaft dem Dichter (118 D.), wie Hesiod den Eros genannt hat (*Theog.* 121) und Sappho (137 D.) ihn wieder nennen wird.

Diesen Mann hat eine aufs höchste gesteigerte Intensität des Fühlens zum lyrischeu Dichter werden lassen. Am deutlichsten zeugen davon jene Verse, die von seiner Fähigkeit zu maßlosem und vernichtendem Hasse sprechen. Freilich, wenn er sich dessen rühmt, wie er Unrecht zu vergelten wisse (66 D.), spricht er nur aus, was den Griechen bis Sokrates als Tugend galt. Heißer geht sein Atem, wenn er nach dem Kampf mit dem Feinde begehrt wie ein Dürstender nach dem Trunke (69 D.). Wieder Kritias berichtet, daß er Freund und Feind in gleicher Weise schmähte. Das ist sicher böswillige Vereinfachung, aber ihr Zustandekommen verstehen wir, wenn wir den an anderen Stellen freundschaftlich angeredeten Perikles als ungebetenen Schmarotzer

[1] J. Trencsényi-Waldapfel, ‹Eine äsopische Fabel und ihre orientalischen Parallelen›. *Acta Antiqua Acad. Scient. Hungaricae* 7, 1959, 317.

gescholten finden (78). Den wildesten Ausbruch enthält ein Gedicht, das sich auf einem Straßburger Papyrus erhalten hat (79a D.) und uns vor eine schwere Frage stellt[1]. Ist doch die Vermutung naheliegend, daß ein zweites, demselben Papyrus zugehöriges Bruchstück Verse des Hipponax bietet. Wenn wir uns auf die Seite jener stellen, die das erste Gedicht trotzdem Archilochos geben, so geschieht es, weil wir hier die Stimme dieses Dichters besonders deutlich zu vernehmen meinen, aus einem Grunde also, dessen Subjektivität nicht zu leugnen ist. Auch können wir annehmen, daß der Papyrus aus einer Anthologie stammt, was uns nicht so schwierig erscheint wie anderen. Antike Dichter haben Freunden auf das Wagnis einer Seereise gerne ein Geleitsgedicht, ein *Propemptikon*, mitgegeben. Hier haben wir ein in sein Gegenteil verkehrtes: mit wilder Lust ist in diesen Versen ausgemalt, wie der Verhaßte Schiffbruch leidet und frosterstarrt und tangbedeckt Strandbeute beschopfter Thraker wird, die ihm das bittere Brot der Knechtschaft verschaffen. Am Ende aber bricht es aus dem Dichter: «*Der mich mit Unrecht kränkte, Eide niedertrat, / Er, der doch einstens mein Freund!*» Da hören wir das Herz eines heiß nach Liebe und Vertrauen verlangenden Menschen, dem jede Enttäuschung flammenden Haß entzündet. Wenn das nicht Archilochos ist, so ist es ein Dichter, der mit dessen Zunge zu reden verstand. Für einen der Freunde des Archilochos, Glaukos, den er öfter anspricht, hat ein Fund der Franzosen auf der Agora von Thasos die Inschrift seines Grabmonumentes gebracht, ein wertvolles Zeugnis aus der Zeit des Dichters[2].

Archilochos hat im Kulte des Dionysos und der Demeter gesungen (77. 119 D.), auch von einem Hymnos auf Herakles wissen wir. Soweit wir jedoch aus den übrigen Fragmenten urteilen können, blieb der Mythos völlig im Hintergrunde, und die Problematik göttlichen Waltens hat diesen so intensiv seinem Tage lebenden Dichter kaum beschäftigt. Wohl aber tritt bei ihm bereits ein Gedanke hervor, dessen Rolle in der archaischen Lyrik Rudolf Pfeiffer[3] aufgewiesen hat: das Ausgeliefertsein des Menschen an die Mächte der Götter und des Schicksals, seine ἀμηχανίη. Der Gedanke aus dem Eingang von Hesiods *Erga*, daß Zeus machtvoll nach seinem Willen erhöhe und erniedrige, erscheint (58 D.) als Aussage über das Los der Menschen, die nach dem Willen der Götter steigen oder in ausweglose Not verfallen. Aber für Archilochos erwachsen daraus weder Resignation noch Verzweiflung. In der *Elegie an Perikles* (7 D.), die unter dem Eindrucke einer furchtbaren Schiffskatastrophe steht, nennt er das Heilmittel, das die Götter den Menschen für alle Not geben: mutgeduldiges Tragen (τλημοσύνη). Und so klang auch diese Elegie in die Aufforderung aus, zu den Freuden zurückzukehren, die dem Menschen vergönnt sind. Das schönste Bekenntnis seiner Lebensauffassung hat uns der Dichter in den Versen (67 D.) hinterlas-

[1] Neue Textvergleichung und Erörterung der Verfasserfrage: J. Schwartz und O. Masson, *Rev. Et. Gr.* 64, 1951, 427. Ausführlich erörtert die Frage M. Treu in seiner Ausgabe (s. u.) 225. Er gibt beide Straßburger Bruchstücke Archilochos.

[2] J. Pouilloux, *Bull. Corr. Hell.* 1955, 74.

[3] ‹Gottheit und Individuum in der frühgr. Lyrik›. *Phil.* 84, 1929, 137 = *Ausgewählte Schriften.* Münch. 1960, 42. Vgl. Br. Snell, ‹Das Erwachen der Persönlichkeit in der frühgr. Lyrik›. *Die Entdeckung des Geistes.* 3. Aufl. Hamb. 1955, 83.

sen, in denen er sein Herz anredet: mutig soll es sich seinen Feinden stellen, im Erfolg nicht übermäßig prahlen, im Unglück nicht verzagen und immer des Lebens Wechselmaß bedenken. So beugt sich auch die heiße Leidenschaft dieses Mannes letzten Endes der weisesten Forderung griechischen Denkens, der nach dem Maße in allen Bereichen des Lebens.

Die Verdammung des Dichters durch Träger adeligen Denkens wie Heraklit (VS 22 B 42), Pindar (*Pyth.* 2, 54, wo das Wort von der ἀμαχανία des Archilochos als Ursache seiner Bitterkeit fällt) und Kritias konnte seinen Ruhm bei der Nachwelt nicht schmälern[1]. Das reichbeschriftete Denkmal, das ihm im 1. Jahrhundert v. Chr. Sosthenes auf Paros errichten ließ (51 D.), ist dafür ein schönes Zeugnis. Dazu treten jetzt namhafte Reste einer älteren Inschrift (3. Jh. v. Chr.) von derselben Stätte. Auch sie zeigt größere Partien aus seinem Werke mit dem pietätvollen Bericht über sein Leben verbunden. Glanzstück des neuen Fundes ist das reizende Märchen von der Berufung und Begabung des Dichters durch die Musen.

Dem Reichtum dieser Dichtung an Inhalt und Tönen entspricht jener der Form. Gerne teilt Archilochos seine Schläge im iambischen Trimeter oder trochäischen Tetrameter aus. Daneben hat er Elegien gedichtet, rhythmisch verschiedene Elemente zu Langversen (Asynarteten) vereinigt und kleine Strophen geschaffen, in denen auf einen längeren Vers ein kürzerer von demselben oder einem anderen Rhythmengeschlecht folgt; wir nennen sie Epoden. Homerisches tritt im Wortschatz gelegentlich auf, reichlicher in den Elegien, immer aber geht seine Sprache einen ebenso sicheren wie natürlichen Gang, und nirgends wird es spürbar, welch strengen Gesetzen dieser Dichter Maße unterworfen hat, die er wie den Iambos aus volkstümlicher Überlieferung aufnahm.

Aus Samos stammte der Iambendichter Semonides; da er aber eine Kolonie aus seiner Heimat auf die Insel Amorgos führte, blieb sein Name mit dieser verbunden. Wir haben keinen triftigen Grund, zu bezweifeln, daß er zumindest mit einem Teile seines Lebens noch ins 7. Jahrhundert und daher zeitlich in die Nähe des Archilochos gehört. Als Dichter ist er jedoch von ihm durch einen weiten Abstand getrennt. Ein größeres Bruchstück (1 D.), das uns ebenso wie den *Weiberiambos* Stobaios in seiner Anthologie erhalten hat, läßt dies gut erkennen. Auch hier steht die Überzeugung von der Ausgesetztheit des Menschen im Vordergrunde: wie das liebe Vieh leben sie dahin, dem Tage verfallen (ἐφήμεροι), ohne Wissen um das von Gott gesetzte Ziel. Aber hier hören wir nicht den Dichter von Paros, der mit ungebrochenem Mute in den Gewittern steht, sondern die bedrückte und bedrückende Klage eines Mannes, der in der Welt ringsum Jammer sieht. Wohl erkennen wir am Schlusse noch den Ansatz zur Mahnung, aus dem Leben das Beste zu machen, aber kaum kann dies die Grundstimmung des Gedichtes wesentlich geändert haben. Der Gedanke von der Nichtigkeit menschlicher Hoffnung spielt auch in einem elegischen Stück (29 D.) eine Rolle, das den Vers *Ilias* 6, 146 (von dem Menschengeschlecht, das gleich den Blättern dahin-

[1] A. v. Blumenthal, *Die Schätzung des Archilochos im Altertum*. Stuttg. 1922. G. Aur. Privitera, ‹Archilocho e le divinità dell' Archilocheion›. *Riv. di fil.* 1966, 3.

schwindet) als schönsten Ausspruch des «Mannes von Chios» zitiert, daran Betrachtungen über die Vergänglichkeit des Lebens knüpft und mit der etwas lahmen Aufforderung zur Freude schließt. Stobaios gibt die Verse dem Simonides. Eine Verwechslung unseres Dichters mit diesem konnte nicht ausbleiben, seit der Itazismus die Namen gleich klingen ließ. Mit WILAMOWITZ und anderen möchten wir das Gedicht als Beleg für die elegische Dichtung nehmen, die in der *Suda* ausdrücklich für Semonides bezeugt ist. Seine gegenüber den Iamben glattere Form kann durch die stärkere Benutzung homerischen Sprachgutes und das andere Maß verursacht sein[1].

Pessimistisch ist auch die Grundauffassung im großen *Weiberiambos*, der in allem Wesentlichen erhalten ist. Dem Tadel der Weiber sind wir bereits bei Hesiod begegnet (S. 121), und der Pandoramythos stellt sie in seinen beiden Fassungen als Übel dar. Dahinter steht die gegenseitige Bescheltung der Geschlechter, ein volkstümliches Motiv von weiter Verbreitung, das sicherlich bei jenen Festen seine Rolle spielte, an denen der Iambos von alters her im Schwange war. Diesen Ursprüngen sind wir im Gedicht des Semonides ganz nahe. Bei solcher Gelegenheit war der Vergleich von Frauentypen mit Tieren rasch zur Hand. Auch Phokylides (2 D.) hat ihn in wesentlich knapperer Form. Wörtliche Anklänge empfehlen die Annahme direkter Abhängigkeit, wobei wohl Semonides der Gebende war. Die Tierfabel mag bei der Gestaltung solcher Vergleiche von Einfluß gewesen sein.

Unser Iambos setzt mit der Feststellung ein, daß Gott den Sinn des Weibes in verschiedener Weise gestaltet habe. Das χωρίς in seiner Anfangsstellung klingt wie Polemik gegen die Auffassung von einem einheitlichen Ursprunge der Frau. Nun folgen neun schlechte Typen, wobei die Weiber, die von Schwein, Fuchs und Hund, und jene anderen, die von Esel, Wiesel, Roß und vom Affen stammen, die Typen in die Mitte nehmen, die von Erde und Meer herrühren. Die Erdfrau haben die Götter geformt, das stammt wie so manches bei Semonides aus Hesiod (*Erga* 60. 70), die Frau aus dem Meere aber, die dessen Unbeständigkeit erhalten hat, präludiert im Mythisch-Symbolischen späteren Anschauungsweisen der Naturphilosophie, die alles Gewordene aus einem Urstoffe ableiten. Auf die neun Arten, in denen sich reale Beobachtung weiblicher Schwächen mit Typisierung nach dem betreffenden Tiere vermengt, folgt als einzige, die Glück und Freude bringt, die aus der Biene entstandene Frau. Solcher Trost ist in dem anschließenden kleineren Teile jedoch wieder vergessen. Hier sind die Frauen schlechtweg das größte aller Übel, was uns in der Form archaischer Ringkomposition (v. 96 = 115) eingeschärft wird[2].

In der Tradition der älteren Iambendichtung und doch wieder ganz an eigener Stelle steht Hipponax aus Ephesos. Nach dem, was die *Suda* von ihm weiß, mußte er seine Heimat unter dem Druck der Tyrannen verlassen und ging nach Klazomenai.

[1] Sicher ist die Zuweisung nicht. Argumente für Simonides bei O. VON WEBER, *Die Beziehungen zwischen Homer und den älteren griechischen Lyrikern*. Diss. Bonn 1955 (masch.), 65.

[2] J. Th. KAKRIDIS hat in seiner Untersuchung ‹Zum Weiberiambos des Semonides›, *Wiener humanist. Blätter* 5, 1962, 3, durch die Heranziehung neugriechischer, von Semonides zweifellos unabhängiger Märchen erwiesen, daß im Weiberiambos volkstümliche Motive verwertet sind. W. J. VERDENIUS, ‹Semonides über die Frauen. Ein Kommentar zu fr. 7›. *Mnem.* 21, 1968, 132.

Aus seiner politischen Stellung und dem Namen hat man auf adelige Herkunft geschlossen. Ist dies richtig, so hat ihn sein Schicksal der Schicht, aus der er stammte, gründlich entfremdet. In die Armut gestoßen, lebte er kümmerlich als einer jener Vertriebenen, die fast zu allen Zeiten der griechischen Geschichte als Opfer politischer Wirren zu finden waren. So klagt denn Hipponax (29 D.) über die Blindheit des Plutos – Aristophanes wird sie zum Stoff einer Komödie machen – und betet zu Hermes um Gewand und warme Schuhe, denn er friert bitter und leidet unter Frostrissen (24f. D.). So ist er zum hungrigen Kläffer geworden, der den Leuten an die Beine fährt. Berühmt waren seine Schmähungen gegen den Bildhauer Bupalos; sie sollen den Angegriffenen nach einer Wanderanekdote, die wir bei Archilochos kennenlernten, in den Tod getrieben haben. Spätere wußten, der Dichter habe sich derart für eine karikierende Porträtstudie gerächt, aber die Fragmente (15–17 D.) machen es wahrscheinlich, daß es bei dem Zank um eine Frau namens Arete ging. Der Streit mit Bupalos, in den man auch dessen Bruder Athenis verwickelt sein ließ, ergab wohl den Anhalt, die Blüte des Dichters in die Mitte des 6. Jahrhunderts zu setzen (vgl. Marm. Par. 42).

Die Papyri haben uns für Hipponax manches gebracht, leider aber in einem Zustand, der nur wenig zu erkennen gestattet. Aber ein größeres Papyrusfragment (14 A D.)[1] zeigt doch die Unbekümmertheit, deren dieser Dichter fähig war. Die mehr als drastische Erotik dieser Szene erinnert an die Erlebnisse des Encolpius bei Petron (c. 138), und da Hipponax in der ganzen Antike gelesen wurde, kann hier gut ein Zusammenhang bestehen. Umfangreiche, aber besonders stark verstümmelte Stücke hat 1941 der 18. Band der Oxyrhynchus Papyri gebracht[2]. Darunter fanden sich auch Scholien recht zweifelhafter Güte, die allerlei lexikalische Weisheit an den Text heranbringen. Es ist gelungen, aus ihnen Teile eines Schmähgedichtes auf einen Sannos[3] zu gewinnen, die uns eine wichtige formale Einsicht gestatten. Während die übrigen uns kenntlichen Dichtungen des Hipponax meist in Hinkiamben geschrieben sind, in Trimetern also, die durch die Länge der vorletzten Silbe ein Umklappen des Metrums hören lassen, begegnen wir hier einer aus Archilochos bekannten Epodenform: auf regelmäßig gebaute iambische Trimeter folgen ebensolche Dimeter. Auch Hexameter besitzen wir (77 D.), in denen Hipponax hohes Pathos frech parodiert.

Was diesen Dichter scharf von Archilochos scheidet, ist seine völlig verschiedene Art, sich mit der umgebenden Welt auseinanderzusetzen. Gewiß ist bei beiden der unmittelbare Anstoß durch die Situation in seiner vollen ungebrochenen Kraft zu verspüren. Aber bei Archilochos geht es darüber hinaus fast immer um das Ganze des menschlichen Seins oder doch um das Ganze seiner eigenen Existenz. Wie man in dieser Ausgesetztheit, in der Fülle des Leides, in diesem Auf und Ab zu bestehen hat, das ist seine letzte Frage. Hipponax fragt nicht; in seinen Versen ist der Augenblick

[1] K. Latte, *Herm.* 64, 1929, 385. Ders., *Gött. Gel. Anz.* 207, 1953, 38, über die Datierung des Dichters mit Ansatz in die 2. Hälfte des 6. Jh.s. Der *Herm.*-Aufsatz jetzt *Kl. Schr.* München 1968, 464.

[2] Fr. I–XII D.

[3] Fr. X D., dazu E. Fraenkel, *Class. Quart.* 36, 1942, 54 = *Kl. Beitr.* Rom 1964, 241. K. Latte, *Phil.* 97, 1948, 37. = *Kl. Schr.* München 1968. 468.

und nichts als dieser. Er ist wahrhaft realistischer Dichter und leitet eine Bewegung ein, die letzten Endes zum Mimos hinführt. Was ihn in der Not seines Bettlerlebens trägt, ist sein Humor, der durch alle Bitterkeit blickt. Da trinkt er mit seiner Arete abwechselnd aus einem Napf, weil der Sklave den Becher zerschlagen hat (16 D.), lachend schilt er einen Maler, der eine Schlange so auf die Bordwand eines Schiffes pinselt, daß sie den Steuermann auf dem Hinterdeck zu beißen scheint (45 D.), und wenn er mit tragischem Akzent nach einem Scheffel Gerste schreit (42 D.), nimmt er sich wohl selbst nicht völlig ernst.

Ein Stück Realismus sind bei Hipponax auch die zahlreichen Fremdwörter, in denen das lydische Hinterland in die Sprache des Alltags wirkte. *Palmys* für ‹König› ist geradezu ein Lieblingswort, selbst Zeus ist *palmys.* Auch das phrygische *bekos* für ‹Brot› hören wir (75 D.), das nach Herodot (2, 2) Psammetich durch sein Kinderexperiment als ältestes Wort der Menschen ermittelte.

Für den Geschmack des Hellenismus waren die derbsaftigen Verse des Hipponax eine willkommene Abwechslung. Kallimachos beschwört ihn am Anfang seiner Iamben (fr. 197 Pf.) aus der Unterwelt und sagt später (fr. 203, 65 Pf.), daß sich die Dichter hinkender Iamben ihr Feuer aus Ephesos holen. Vor allem aber hat er durch seine eigene Dichtung dem Choliambos eine weit in die Folgezeit reichende Wirkung gesichert.

Neben Hipponax erscheint als Dichter und sogar Erfinder hinkender Verse Ananios, der ebenfalls ins 6. Jahrhundert und in den ionischen Kulturbereich gehört. Ein auf die Jahreszeiten abgestimmter Speisezettel in fast durchweg hinkenden Trochäen ist unser frühestes Beispiel gastronomischer Dichterei.

Wir stellen eine Reihe von Anthologien und Übersetzungen voran, die für die griechische Lyrik im ganzen von Belang sind: *Anthologia Lyrica Graeca* von E. Diehl, fasc. 1–3 in 3. Aufl. (Leipzig 1949–1952), das Übrige in 2. Aufl. 1936/42. Dieses Werk ist mit seinen reichen Nachweisen von Literatur und Parallelen für die gesamte Lyrik unentbehrlich. J. M. Edmonds, *Greek Elegy and Jambus.* 2. Loeb Class. Libr. Lond. 1931; Neudruck 1954 (doppelspr.). F. R. Adrados, *Líricos griegos. Elegiacos y Yambógrafos arcaicos.* 1, Barcelona 1956 (doppelspr.). F. Wehrli, *Lyricorum Graecorum Florilegium.* Ed. Helv. Basel 1946. G. Wirth, *Griech. Lyrik.* Hamburg 1963 (doppelspr.). W. Marg, *Griech. Lyrik.* Stuttgart 1964 (Übers.). B. Marzullo, *Frammenti della lirica Greca.* Firenze 1965 (mit Komm.). G. Perrotta-Br. Gentili, *Polinnia. Poesia Greca arcaica.* Messina-Firenze 1965 (mit Komm.). D. A. Campbell, *Greek Lyric Poetry. A selection of early Greek lyric. Elegiac and Iambic Poetry.* London 1967 (mit Komm.). C. Fischer, *Antike Lyrik.* Mit einem Nachwort von W.-H. Friedrich. München 1967. D. L. Page, *Lyrica Graeca Selecta.* Oxford 1968 (mit krit. Apparat). H. Rüdiger, *Griech. Lyriker.* Zürich 1968 (Bibl. d. Alten Welt; doppelspr.) Ein wertvolles Hilfsmittel bietet G. Fatouros, *Index verborum zur frühgr. Lyrik.* Heidelberg 1966; dazu mit Ergänzungen M. F. Galiano, *Gnom.* 41, 1969, 1. Wichtig für die Sprache und den Vorstellungsbereich der Lyrik: M. Treu, *Von Homer zur Lyrik.* Zet. 12. 2. Aufl. München 1968. R. Führer, *Formproblem-Untersuchungen zu den Reden in der frühgriech. Lyrik.* Zet. 44, 1967. Br. Gentili, ‹L'interpretazione dei lirici greci arcaici nella dimensione del nostro tempo›. Quad. Urbinati 8, 1969, 7. – Archilochos: Ausgaben: F. Lasserre-A. Bonnard. *Coll. des Un. de Fr.* Paris 1958 (doppelspr.). M. Treu, *Tusculum Bücherei.* Münch. 1959 (doppelspr. mit Komm. und Lit.).G. Tarditi, *Archiloco.* Rom 1968. Diese Ausgabe bietet nicht allein die Zeugnisse, einen kritischen Apparat und eine Übersetzung, sondern auch eine vollständige

Bibliographie. Die neue Inschrift: W. PEEK, ‹Neues von Arch.› *Phil.* 99, 1955, 4. R. MERKELBACH, *Rhein. Mus.* 99, 1956, 122, A. 62. Neue Fragmente: *Ox. Pap.* 22, 1954, nr. 2310–2319. 23, 1956, nr. 2356; 30, 1964, nr. 2507; dazu K. LATTE, *Gnom.* 27, 1955, 492. W. PEEK, ‹Die Archilochosgedichte von Oxyrhynchos›. I. *Phil.* 99, 1955, 193; II. 100, 1956, 1. Ders., ‹Neue Bruchstücke frühgr. Dichtung›. *Wiss. Zeitschr. Univ. Halle* 5, 1955/56, 191. Die vollständigen Angaben bei TARDITI. – H. GUNDERT, ‹Archilochos und Solon›. *Das Neue Bild der Antike. I.* Leipz. 1942, 130. Überkühn in der Rekonstruktion: F. LASSERRE, *Les Epodes d'Archiloque.* Paris 1950. Dazu: F. WOLF, *Untersuchungen zu Archilochos' Epoden. Eine Auseinandersetzung mit Francois Lasserre «Les Epodes d'Archiloque».* Diss. Halle 1966 (masch.). Besonders hervorzuheben: *Entretiens sur l'ant. class. 10. Archiloque. Sept exposés et discussions.* Vandoeuvres-Genève 1964. Eine engl. Übersetzung: G. DAVENPORT, Calif. Un. Press 1964. Wortindex: A. MONTI, Torino 1905. S. N. KUMANUDES, Ἀρχιλόχου γλωσσάριον. *Platon* 11, 1959, 295. E. MERONE, *Aggettivazione, sintassi e figure di stile in Arciloco.* Napoli 1960. – Semonides: Weiberiambos: W. MARG, *Der Charakter in der Sprache der frühgr. Dichtung.* Würzb. 1938, 6 (Kommentar). L. RADERMACHER, *Weinen und Lachen.* Wien 1947, 156 (Übersetzung und Erläuterungen). A. WILHELM, ‹Zu Semonides von Amorgos›. *Symb. Osl.* 27, 1949, 40. Nachbildungen in der deutschen Dichtung: J. BOLTE, *Ztschr. d. Ver. f. Volkskunde* 11, 1901, 256. – Hipponax: Ausgaben: A. D. KNOX, *The Greek Choliambic Poets.* Lond. 1929. F. R. ADRADOS, *Líricos griegos. Elegiacos y Yambógrafos arcaicos.* II, Barcelona 1959. W. DE SOUSA MEDEIROS, Coimbra 1961 (mit reicher Bibliographie; zur Ausgabe P. VON DER MÜHLL, *Mus. Helv.* 19, 1962, 233). O. MASSON, *Les fragments du poète Hipponax.* Paris 1962. A. FARINA. *Ipponatte.* Napoli 1963 (Krit. Ausgabe mit Komm.). O. MASSON, ‹Nouveaux fragments d'Hipponax›. *La parola del passato* 5, 1950, 71; Rev. Et. Gr. 66, 1953, 407. A. WURM, *Der Stil des Hipponax.* Diss. Innsbruck 1967 (masch.). K. LATTE, *Kl. Schriften.* München 1968, 787. W. DE SOUSA MEDEIROS, *Hipponactea.* Coimbra 1969.

3. ELEGIE

Horaz erwähnt in seiner *ars poetica* (77) den unentschiedenen Streit der Grammatiker über den Schöpfer der Elegie. Wenn er knapp vorher die Klage als ihren ursprünglichen Inhalt bezeichnet, so war dies die geltende Ansicht, die auch Didymos (Schol. Ar. *Vög.* 217) weitergab. Wir müssen gestehen, daß wir nicht klüger sind. *Elegeion* begegnet uns zuerst im 5. Jahrhundert bei Kritias (VS 88 B 4, 3) als Ausdruck für den sogenannten Pentameter, der aus der doppelt gesetzten Hexameterhälfte vor der männlichen Mittelzäsur besteht und mit dem Hexameter die Kurzstrophe des elegischen Distichons ergibt. Anderseits wird *elegos* häufig im Sinne von Klage, Klagegesang gesetzt, um nur Euripides *Tro.* 119 anzuführen. So können wir die Nachrichten der Alten nicht beiseite schieben, die, wie Didymos im besonderen, die Totenklage als ursprünglichen Bereich der Elegie angeben. Das wird für kleinasiatische Landschaften wie Lydien und Phrygien seine Richtigkeit haben, von denen die Griechen die Anregungen zur Ausbildung der Form erhielten, wie sie auch die begleitende Flötenmusik wahrscheinlich von dort übernahmen. Freilich müssen wir uns damit abfinden, daß die Elegie dort, wo sie uns zuerst begegnet, bereits völlig andere Inhalte pflegt [1].

[1] D. L. PAGE, *Greek Poetry and Life.* Oxf. 1936, 206. P. FRIEDLÄNDER–H. B. HOFFLEIT, *Epigrammata.* Univ. of Calif. Press 1948, 65.

Das ist schon bei Archilochos so, von dem wir die ältesten distichischen Gedichte besitzen. Sie können bei ihm Dinge aussagen, die sein Leben und Treiben betreffen, und sogar die Geschichte mit dem Schildverlust kann er in diesem Versmaß erzählen. Anderes wie die *Elegie an Perikles* zeigt eher jene mahnende und ratende Haltung, die der älteren Elegie weitgehend eignet. Aber man versteht es, wenn Archilochos als Iambendichter und nicht als Elegiker in das Gedächtnis der Nachwelt eingegangen ist. Dort hat er sein Eigenstes gegeben, und etwas von diesem Geiste ist auch in seinen Elegien lebendig.

Es ist in der Chronologie gerechtfertigt, wenn man die Geschichte der Elegie mit Kallinos von Ephesos beginnen läßt, bei dem gleich Typisches stärker hervortritt. Er gehört in die Zeit, die dem kleinasiatischen Griechentum schwere Bedrohung durch die Einfälle der barbarischen Kimmerier brachte. Da man diese um 675 v. Chr. setzt, ist Kallinos ein älterer Zeitgenosse des Archilochos gewesen. Er sah in jener Notzeit das Phrygerreich stürzen und das Artemision in seiner Heimat ein Opfer der Flammen werden. Da hat er, wohl selbst ein Angehöriger des kämpferischen Adels, durch seine Elegie zur äußersten Anspannung und zum letzten Opfer aufgerufen. Das einzige längere Stück, das wir besitzen, ist Anrede in einer ganz bestimmten Situation, wie dies antike Lyrik in der Regel ist. Er tritt unter die jungen Männer, die sich seiner Meinung nach verliegen, und ruft sie zum Kampfe. An diesen Versen zeigt sich schön, was die Anfänge der Elegie als Kunstform bestimmt hat, mögen ihre letzten Ursprünge gewesen sein, welche auch immer: Gehalt und sprachliche Form sind so stark vom Epos her bestimmt, daß in gewissem Sinne, wie WILAMOWITZ[1] es formulierte, die Elegie wirklich als dessen Seitenschoß anzusehen ist. Es konnte im Grunde gar nicht anders sein, als daß Dichtung in daktylischen Maßen all das Formengut verwendete, das in der homerischen Dichtung bereitlag und jedermann im Ohre klang. Auch die Tatsache, daß der Hexameter im elegischen Distichon dieselbe Bauform zeigt wie im Epos, weist in dieselbe Richtung. Aber auch gedanklich steht Kallinos in jener Welt Homers, der Archilochos den Kampf ansagte. Der Tod wird dann kommen, wenn das Schicksal in Gestalt der spinnenden Moiren ihn festgesetzt hat. Das erinnert an das Wort, das Hektor zu Andromache (6, 487) spricht. Und wenn wir von dem wackeren Krieger hören, der den Seinen ein Turm ist, weil er das Werk vieler Männer schafft, und dessen Tod alle bitter beklagen, denken wir wieder an den Helden, in dem Homer den bedenkenlosen Opfersinn für die eigene Stadt Gestalt werden ließ.

Wie für die Elegien des Kallinos, so ist auch für jene des Tyrtaios Anlaß und Inhalt die Selbstbehauptung der Polis in der Entscheidung des Krieges. Den Ort seiner Dichtung in der Geschichte hat er uns selber genau bestimmt. Die Großväter seiner Generation haben im 20. Jahr eines harten Krieges Messenien mit seinem guten Ackerboden gewonnen (4 D.) und seinen unterjochten Bewohnern rücksichtslos wahre Eselslasten aufgebürdet (5 D.). Aber um die Mitte des 7. Jahrhunderts haben sich die Bedrückten empört, und der 2. Messenische Krieg stellte Sparta vor die Notwendigkeit, seine

[1] *Griech. Verskunst.* Berl. 1921, 38.

Kräfte bis zum Äußersten zur Sicherung seiner Existenz einzusetzen. Mit dem Manne, der durch seine Lieder geholfen hat, diese Lage zu meistern, hat die Anekdote ihr Spiel getrieben. Bald ist er ein spartanischer Feldherr, dann haben ihn wieder die Athener den Spartanern zur Bewältigung ihrer Not gesandt, und schließlich wird aus ihm der lahme Schulmeister, der begeisternde Lieder dichtet (Paus. 4, 15, 6). Läßt man dies alles beiseite, so bleibt die Frage, ob Tyrtaios gebürtiger Spartaner oder aus der Fremde eingewandert war. Die *Suda* sagt von ihm, er sei Lakone oder Milesier gewesen. Nun stand das Sparta des 7. Jahrhunderts noch in einer später unvorstellbaren Weise den Fremden offen. Auch scheuen sich manche, einem Spartaner des 7. Jahrhunderts die Form dieser Elegien zuzutrauen. Aber gegen solche recht vage Überlegungen entscheiden die Dorismen seiner Sprache. Gerade weil sie so spärlich sind[1], bezeugen sie das unbeabsichtigte Ausgleiten eines Dichters, der in einem anderen Dialekt zu schreiben gelernt hat, in seinen eigenen. So entgehen wir der Notwendigkeit, einem Eingewanderten vollkommene Anpassung an den Geist und die Verhältnisse Spartas zuzumuten, und dürfen die Elegien des Tyrtaios als die Äußerungen eines Mannes nehmen, der an den entscheidenden Schicksalen seiner Gemeinschaft unmittelbar, wohl als Kämpfer, beteiligt war.

Daß Tyrtaios von der ionischen Elegie gelernt hat, ist vollkommen klar, das eine Stück Kallinos genügt, um die Übereinstimmung im Sprachlichen und Motivischen zu erweisen. Wenn wir die Aufforderung, mit erhobener Lanze auszuschreiten (1, 52 D.), in ähnlicher Formulierung bei Kallinos (1, 10 D.) lesen und von dort schließlich zu einer Homerstelle (*Il.* 17, 234) zurückgelangen, haben wir eine für die Entwicklung dieser Art wichtige Linie nachgezogen. Dabei ist die Sprache des Tyrtaios in einer Weise von der epischen bestimmt, daß wir auch direkte Einwirkung Homers ausgiebig in Rechnung zu setzen haben.

Das Dichten dieses Mannes schließt sich um die eine und einzige Forderung, vorne in der Reihe der Kämpfenden das Leben für den Sieg einzusetzen. Wenn er von der Vergangenheit Spartas singt, so geschieht es, um daraus die Forderung für die Gegenwart abzuleiten. In diesem Sinne hat er in seiner *Eunomia* auch die innere Verfassung Spartas als unverbrüchliche, vom Orakel Apollons gestiftete Satzung gefeiert (3 D.). Historisch sind die Verse für die Beurteilung der *Großen Rhetra* von bedeutendem Werte. Man ist heute gesonnen, diese Ordnung der spartanischen Verfassung als geschichtlich anzusehen und um die Wende vom 8. zum 7. Jahrhundert anzusetzen[2].

Vor allem aber erscheint uns Tyrtaios in dem Erhaltenen als der Mahner zur Bewährung in der Stunde des Kampfes. Man hat für diese Dichtung, die keine Wiederholung scheut, den treffenden Ausdruck Einprägungspoesie gebraucht. Immer wieder wird da aufgerufen zu festem Ausschreiten und Zusammenbeißen der Zähne, zu kühnem Nahkampf Brust an Brust und zum Ausharren bis zum Tode, der die höchste Ehre des

[1] Einige Akk. der 1. Dekl. auf -ᾰς und ein Fut. auf -εῦμεν.

[2] H. Bengtson, *Griech. Geschichte.* 2. Aufl. Münch. 1960, 100. A. G. Tsopanakis, *La Rhètre de Lycurgue.* Thessalonike 1954. Über die Beteiligung Delphis an der Rhetra gegen J. Defradas, *Les thèmes de la propagande Delphique.* Paris 1954: H. Berve, *Gnom.* 28, 1956, 180.

Kriegers bedeutet. Aber nicht mehr handelt es sich wie in der *Ilias* um den Einzelkämpfer, vor dessen großen Taten alle anderen in den Hintergrund treten, vielmehr zeichnet sich die Entwicklung der Phalanx ab, und nur die Bedachtnahme auf das Ganze, das Opfer für die gemeinsame Sache kann den Lohn unvergänglichen Ruhmes erwerben. Allein von der Gestalt Hektors führt eine Linie aus der *Ilias* zur Dichtung des Tyrtaios, wie wir dies für Kallinos bereits erkannten.

Wir besitzen, von kleinen Splittern abgesehen, vier Elegien, die solch kriegerischer Parainese dienen. Jedes dieser Gedichte kann als ein Ganzes genommen werden. Sie zeigen die archaische Weise der Komposition mit assoziativer Reihung der Gedanken und rahmender Hervorhebung von Beginn und Abschluß durch Gewicht und Nachdruck des dort Gesagten. Zwei dieser Elegien (6 und 7 D.) sind in der Rede des Lykurg gegen Leokrates in einem überliefert, doch spricht der Inhalt für die Teilung in zwei selbständige Gedichte. Die 3. Elegie (8 D.) ist ein Aufruf in äußerster Not und läßt uns die unmittelbare Situationsbezogenheit dieser Dichtung in besonderem Maße erkennen. Das ist in dem längsten dieser Gedichte (9 D.) anders. Es setzt in der Art einer Präambel mit der Aufzählung verschiedener Vorzüge ein: sportliche Leistung, Schönheit, königliche Würde oder beredte Zunge, die alle dem Dichter den wahren Wert eines Mannes (die ἀρετή) nicht zu verbürgen scheinen. Das kann allein das mutige Standhalten des Kämpfers vorne am Feind. Im Tode und im Leben wird einem solchen die höchste Ehre.

Während die verschiedenen Verdächtigungen einzelner Partien in anderen Gedichten des Tyrtaios heute im wesentlichen vergessen sind, ist der Streit um die Echtheit dieser Elegie nicht zur Ruhe gekommen. Wilamowitz hat sie für unecht erklärt, und nach anderen hat das Fränkel wieder aufgenommen [1]. Wir teilen diese Bedenken nicht. Gewiß fehlt dieser Elegie die unmittelbare Bezogenheit auf die Stunde des entscheidenden Kampfes, sie ist allgemeiner gehalten als die übrigen. Wir haben jedoch keinen Grund zu der Annahme, Tyrtaios hätte nur unter den Waffen gesungen. Die Entstehung dieser Elegie ist sehr wohl in einer Zeit größerer Ruhe denkbar, die gesammelte Betrachtung an die Stelle des unmittelbaren Aufrufes treten ließ. Und wenn ihre Gliederung durchdachter ist als die anderer Gedichte, so ist zu bedenken, daß wir von Tyrtaios nicht genug besitzen, um Stufen der Entwicklung für ihn auszuschließen. Was die umstrittene Elegie zu den anderen stellt, ist nicht allein die Übereinstimmung in Motiven und Wendungen. Entscheidend ist vielmehr die Rolle, die in ihr der Begriff männlicher Bewährung spielt, die sich für den rechten Mann im Tode auf dem Schlachtfeld vollendet. Dieser Begriff des ἀνὴρ ἀγαθός ist das ideelle Kernstück der ganzen Dichtung des Tyrtaios und hat von ihm weit in griechisches Denken und Dichten gewirkt. Wir verweisen nur auf des Simonides *Enkomion auf die Thermopylenkämpfer* (5 D.). In der Elegie jedoch, die man ihm nehmen wollte, hat Tyrtaios die reifste Form für sein Bemühen gefunden, diesem Ideal den Rang vor allen anderen Haltungen und Wertungen seiner Zeit zu sichern.

[1] Gute Übersicht über die Echtheitsfragen E. Maier, ‹Tyrtaios›. *Jahresber. fürstbisch. Gymn. Graz* 1946/47.

Kallinos und Tyrtaios bedeuten die Schöpfung jener politischen Elegie, die erklang, solange die griechische Polis kräftiges Eigenleben hatte und der Redner noch nicht an die Stelle des Dichters getreten war. Auf einen Ton anderer Art ist viel von dem gestimmt, was wir von Mimnermos von Kolophon erhalten haben. Wir sind es bei der älteren griechischen Dichtung bereits gewohnt, für den zeitlichen Ansatz über allgemeine Angaben nicht hinauszukommen, und müssen uns auch hier mit der Wahrscheinlichkeit begnügen, daß sein Leben und Dichten um 600 zu setzen ist. Wie Semonides (29 D.) zitiert er (2 D.) die Iliasverse, die der Menschen Geschlechter mit den Blättern im Walde vergleichen, und wie im ersten der iambischen Fragmente jenes Dichters erscheint der Mensch in der Not seines kläglich beschränkten Wissens. Aber die Akzente sind anders verteilt. Während in beiden Gedichten des Semonides die Nichtigkeit menschlichen Hoffens das Leitmotiv bildet, ist bei Mimnermos alles auf den Gegensatz zwischen der blühenden Lust der Jugend und den Leiden des Alters gestellt, die er hier und anderswo mit schweren Strichen schildert. Die Klage über drohende Altersnot mochte gelegentlich in die Aufforderung ausklingen, die kurze Jugend voll zu genießen. Für das Gedicht, von dem wii ausgingen, ist diese Annahme jedoch nicht gestattet. Wenn da der Dichter die Menschen beklagt, die vergänglich, gleich den Blättern im Walde, eine Zeitspanne lang an den Blumen der Jugend ihre Freude haben, ohne Schlecht oder Gut zu kennen, kann nicht Aufforderung zur Lebenslust Sinn und Abschluß des Ganzen gewesen sein. Das Trotzdem des Archilochos liegt Mimnermos nicht. Wir haben damit zu rechnen, daß einzelne seiner Gedichte elegisch im modernen Wortsinne gewesen sind und daß der Dichter, der mit 60 Jahren schmerzlos sterben möchte, das Leid der Vergänglichkeit stärker empfand und aussprach als die Lust der Gegenwart.

Kräftiger fordert bei Mimnermos der Mythos sein Recht. Ein Stück schönster Poesie (10 D.) erzählt die nächtliche Reise des Sonnengottes im goldenen Bette, das ihn auf dem Ringstrom Okeanos wieder nach Osten trägt[1] und das uns die Vasen als großes rundes Gefäß («Becher») zeigen, ein anderes berichtet von Iason, der nach der alten Sage das Goldene Vließ von dem Wunderlande Aia am Ufer des Okeanos holt, wo Helios seinen Palast hat und seine Strahlen verwahrt. Nun ist uns für das erste dieser Bruchstücke bezeugt, daß es aus der *Nanno* des Mimnermos stammt, der außer 4. 5. 8 D. auch 12 mit Angaben aus der Frühgeschichte der Kolophonier zugehört. Man hat in der Zeit, in der man die Dichtungen unter einen Titel stellte[2], ein Elegienbuch des Mimnermos nach der Flötenspielerin Nanno benannt. Welche Rolle sie darin spielte und wieweit es sich in diesem Buche um zusammenhängende Dichtung handelte, wissen wir nicht. Jedenfalls waren beispielhafte Episoden eingestreut, und wenn man Kallimachos fr. 1, 12 Pf. richtig verstanden hat, ist dort die *Nanno* kleineren Gedichten des Mimnermos gegenübergestellt. Sichtlich haben wir es hier mit den Anfängen der erzählenden Elegie zu tun. Daß uns das Erhaltene für Mimnermos ein zu enges Bild bietet, erkennen wir aus dem Bruchstück (13 D.), in dem er einen recken-

[1] A. Lesky, ‹Aia›. *Wien. Stud.* 63, 1948, 24.

[2] E. Nachmanson, *Der griech. Buchtitel.* Göteborgs Högsk. Arsskr. 47, 1941.

haften Kämpfer beschreibt, der sich im Kampfe gegen die Lyder auszeichnete. Die Verse können aus einer *Smyrneïs* stammen, von der wir noch versprengte Nachrichten besitzen[1].

Was wir von Mimnermos haben, genügt, ihn als Meister des Wortes und des elegischen Maßes zu erweisen, der es verdiente, im antiken Kanon der Elegiker mit Philitas und Kallimachos zu erscheinen.

Anth. Lyr. 3. Aufl. fasc. 1, 1949, 1. 4. 48. J. M. EDMONDS, *Greek Elegy and Jambus.* Loeb. Class. Libr. Lond. 1931; Neudruck 1954 (doppelspr.). F. R. ADRADOS, *Líricos griegos. Elegiacos y Yambógrafos arcaicos.* 1, Barcelona 1956 (doppelspr.). Dazu die zu Archilochos genannten Anthologien und Übersetzungen. C. PRATO, *Tyrtaeus. Fragmenta et veterum testimonia.* Rom 1968. C. CALORI, *I frammenti di Mimnermo.* Milano 1964. Analysen: B. A. VAN GRONINGEN, *La composition littéraire archaïque Grecque. Verh. Niederl. Ak. N. R.* 65/2. Amsterdam 1958, 124. C. M. BOWRA, *Early Greek Elegists.* Cambr. 1938; repr. 1959. S. SZÁDECZKY-KARDOSS, *Testimonia de Mimnermi vita et carminibus.* Szegedini 1959; ‹Ein außer acht gelassenes Mimnermos-Testimonium und -Fragment›. *Acta Antiqua* 7, 1959, 287 (Über Mimnermos bei Apollonios von Tyana, epist. 71) BR. GENTILI, *Maia* n. s. 4, 17, 1965, 366. JOSÉ S. LASSO DE LA VEGA, ‹El Guerrero Tirteico›. *Emerita* 30, 1962, 9 (u.a. für die Echtheit von fr. 9 D.). M. WEST, ‹The Berlin Tyrtaeus›. *Ztschr. f. Pap. u. Epigr.* 1, 1967, 173. BR. SNELL, *Tyrtaios und die Sprache des Epos.* Hypomn. 22, 1969 (auch begriffsgeschichtlich wichtig.)

4. SOLON

Wir setzen Solon an diese Stelle, um so einen Ablauf kenntlich zu machen, der für die Entwicklung des griechischen Volkes entscheidend gewesen ist. Jenes Athen, das Pindar den Halt und die Stütze Griechenlands, Thukydides seinen geistigen Mittelpunkt nannte, das in einem Grabepigramm als der Inbegriff alles Hellenischen (Ἑλλάδος Ἑλλάς) erscheint[2], ist erst spät zu seiner Reife gekommen. Allenthalben sahen wir neues geistiges Leben die großen Formen seiner Äußerung gewinnen, während Attika noch stumm blieb. Als aber seine Zeit gekommen war, da wußte es zu empfangen und aus eigenem neu zu gestalten, was ringsum wuchs und reifte. Aus allen Teilen der griechischen Welt schossen die Kraftlinien in der attischen Mitte zusammen, um hier die große Weltstunde der griechischen Klassik heraufzuführen. Der Parthenon mit seiner Harmonie verschiedener Stilelemente ist ihr Zeuge, der Athener Solon, erster attischer Dichter, ihr Vorläufer.

Solon sprach, was er zu sagen hatte, in iambischen und trochäischen Maßen aus, die Archilochos zur Kunstform erhoben hatte, und er schrieb Elegien wie Kallinos und Tyrtaios, an den sich in seinen Gedichten Anklänge finden. Nicht minder wichtig ist es, das geistige Erbe Hesiods bei Solon nach Gebühr zu würdigen. Nun ist Solon auch darin für die attische, ja für die griechische Kunst schlechthin paradigmatisch, daß er bei allen Abhängigkeiten, Anklängen und Übernahmen letzten Endes ein durchaus eigenständiger, von seinem persönlichen Ringen und Denken bestimmter Dichter

[1] Paus. 9, 29, 4. Antimachos ed. WYSS, p. 83. [2] Pind. fr. 76. Thuk. 2, 41. *Anth. Pal.* 7, 45.

gewesen ist. Ja wir müßten neuere Literaturen weithin durchforschen, um eine zweite Persönlichkeit zu finden, bei der Leben und Werk in gleichem Maße eine Einheit bilden.

Solon ist um 640 geboren; das heißt, daß sein Leben in eine Zeit schwerer sozialer Kämpfe fiel. Handel und rasch sich entwickelnde Geldwirtschaft verschärften Konflikte, deren Ansätze wir bei Hesiod erkannten, bis zur Unerträglichkeit. Der Grundbesitz lag zum größten Teil in den Händen des Adels, und nun traten neue Gelegenheiten und Anreize zur Kapitalsbildung hinzu. Freie Lohnarbeiter und Kleinbauern konnten sich dieser wirtschaftlichen Übermacht gegenüber nicht behaupten. Der kleine Mann haftete mit seiner ganzen Person für Schulden, die er nicht vermeiden konnte, und verlor schließlich als letztes seine Freiheit. Es war eine jener Zeiten, in denen hemmungslose Besitzgier sozialen Konfliktstoff für Jahrhunderte anhäufte. So spärlich auch die Nachrichten fließen, lassen sie uns doch die Heftigkeit der Ausbrüche erkennen, die da und dort erfolgten. Etwa um die Zeit von Solons Geburt hat sich in Megara die Masse der gedrückten Kleinbauern gegen die großen Besitzer empört und deren Schafherden geschlachtet. Aus den Klassenkämpfen aber, die in späterer Zeit in Milet tobten, hören wir Scheußlichkeiten von beiden Seiten, wie die Hinmordung unschuldiger Kinder, die in der griechischen Geschichte kaum Parallelen finden. Nun haben wir die Nachricht, daß der Anstifter jenes Anschlages auf die Großherden von Megara Theagenes gewesen sei, einer der ersten griechischen Tyrannen. Der Vorgang ist typisch: an die Spitze der zur Empörung reifen Masse tritt ein politisch fähiges Individuum, das die Herrschaft des Adels bricht und die Tyrannis aufrichtet. Das Wort τύραννος ist den Griechen aus einer kleinasiatischen Sprache zugekommen und trägt als Bezeichnung des Alleinherrschers, wie der Orient ihn kannte, von vorneherein den Ansatz zur Bedeutungsentwicklung im späteren schlimmen Sinne in sich. Aber wir dürfen die Segnungen nicht vergessen, die solche Männer manchen Städten gebracht haben. Es genügt, an Athen und Korinth zu erinnern. Nicht wenige von ihnen sind echte Förderer der Kunst gewesen, und so hat auch die Dichtung an ihren Höfen geblüht. Von besonderer Bedeutung aber war es, daß sie den Kult der Götter des kleinen Mannes förderten, des Dionysos vor allem, in dessen Dienst das edelste Gewächs griechischen Geistes, die Tragödie, reifte.

Es gab jedoch außer der Tyrannis noch eine andere Möglichkeit, in den drängenden Konflikten einen Ausgleich zu schaffen. Schiedsrichter, wie sie der Einzelne in kleinen Rechtshändeln anrief, wurden auch von den Parteien des innerpolitischen Kampfes gelegentlich mit der Schlichtung der Gegensätze betraut. So wird uns Pittakos in Mytilene als Aisymnetes begegnen, und so erhielt Solon für das Jahr 594/93 besondere Vollmachten, um einen Ausgleich zu schaffen; διαλλακτής hieß man ihn, was den Mann bedeutet, der Versöhnung bringt.

Es hängt mit der wirtschaftlichen Struktur der Antike zusammen, daß in ihr soziale Programme, die auf Vergesellschaftung der Produktion zielen, im Bereiche der Utopie verblieben[1]. Ihre revolutionären Bewegungen erstrebten einen Teilungs-

[1] F. OERTEL, *Klassenkampf, Sozialismus und organischer Staat im alten Griechenland.* Bonn 1942.

sozialismus, und so waren Tilgung der Schuldenlast und neue Verteilung des Bodens die beiden ständig wiederholten Forderungen. Ihnen sah sich auch Solon gegenüber, als er das Amt des Schiedsmannes antrat. Entscheidend für das Vertrauen, dessen man ihn würdigte, war seine Rolle im Kampfe um Salamis gewesen. Athen war auch in seiner Entwicklung als Seemacht hinter seinen Nachbarn zurückgeblieben. Wollte es aufholen, mußte es Salamis und Ägina unter seinen Einfluß bringen. Mit der zweiten der genannten Inseln gelang dies erst spät (456), Salamis kam unter Peisistratos endgültig zu Athen, aber lange vorher kämpfte dieses bereits mit Megara um den Besitz des Eilandes. Damals griff Solon mit einer Elegie ein, die man später *Salamis* benannte. Vier erhaltene Distichen zeigen, daß sich Solon als Herold gab, der aus Salamis kam, daß er bei einem Nachgeben Athens lieber Bürger eines armseligen Eilandes sein wollte als einer der «Salamis-Verlierer» und daß er schließlich mit tyrtäischen Tönen zum Kampfe rief.

Von den beiden Forderungen der Entschuldung und der neuen Verteilung des Grundbesitzes hat Solon nur die erste erfüllt. Welche Maßnahmen seine Lastenabschüttelung (σεισάχθεια) umfaßte, ist strittig[1], jedenfalls hat er das Leihen auf die Person mit Rückwirkung verboten, so daß viele aus der Schuldknechtschaft ihre Freiheit wiedererlangten. Von ihm selbst (24 D.) hören wir, daß er das Verschwinden der Hypothekensteine von den Äckern als Verdienst in Anspruch nahm. Solon hat sein Werk durch eine Reform von Maß und Münze fortgeführt und durch seine Gesetzgebung abgeschlossen, die auch die Verfassung Athens in wichtigen Punkten neu gestaltete.

Es gehört zu den eindrucksvollsten Kapiteln der griechischen Literatur, daß wir diesen Mann selbst von seinem politischen Werke reden hören. Wichtiger noch scheint uns, daß er in einer umfangreichen Elegie (1 D.)[2] jenes Weltbild entwickelt hat, auf dem alles aufruht, was er tat und plante. Dieses Gedicht weist alle Kennzeichen archaischer Komposition auf. Hier drängt sich eine Fülle von Gedanken in eine Bewegung, die mitunter zur Stauung durch Wiederholung oder Häufung der Beispiele führt, dann wieder rasch und ohne Ausführung der Bindeglieder von dem einen zum anderen weitereilt. So laufen wir nicht Gefahr, einen wohlüberlegten Aufbau zu zerstören, wenn wir bei der Betrachtung einzelne Versgruppen herausgreifen.

Im Eingang ruft Solon zu den Musen. Aber nicht ein Lied erbittet er von ihnen, sondern die Güter des Lebens. Sein Dichten ist ja ein Teil seines Wirkens in der Welt, will dem Guten und Rechten dienen, und so darf er sich durch die Musen als Mittlerinnen von den Göttern den Lohn dafür erhoffen.

[1] M. Mühl, ‹Solons sogenannte χρεῶν ἀποκοπή im Lichte der antiken Überlieferung›. *Rhein. Mus.* 96, 1953, 214.

[2] R. Lattimore, ‹The First Elegy of Solon›. *Am. Journ. Phil.* 68, 1947, 161. A. Masaracchia, ‹L'elegia alle Muse di Solone›. *Maia* N. S. 8, 1956, 92. G. Müller, ‹Der homerische Ate-Begriff und Solons Musenelegie›. *Navicula Chiloniensis.* Leiden 1956, 1. B. A. van Groningen, *La composition littéraire archaïque Grecque. Verh. Niederl. Ak. N. R.* 65/2. Amsterdam 1958, 94. K. Büchner, ‹Solons Musengedicht›. *Herm.* 87, 1959, 163, der die Notwendigkeit der Gedankenverbindung stärker akzentuiert, als es in unserer Darstellung geschehen ist.

Die Verse von den Gütern des Lebens scheinen durchaus im Konventionellen zu verbleiben: Wohlstand wünscht er sich und Ansehen. Den Freunden will er eine Freude, den Feinden ein Harm sein, wie es alte Moral des Adels war, dem auch der Medontide Solon angehörte. In der zweiten Hälfte der Elegie zeichnet sich ein Block von Versen (33–70) ab, deren leitenden Gedanken wir aus ionischer Dichtung gut kennen. Wieder tönt das Lied von der Beschränktheit alles Wähnens und Hoffens, und eine lange Kette von Beispielen schildert das Mühen in allen Bereichen menschlichen Strebens. Aber um den Erfolg wissen allein die Götter, und niemand entrinnt seinem Schicksal. Dieses bleibt in Solons Denken von dem Willen der Himmlischen ungeschieden.

Wir sehen, daß wir Teile der Elegie herausnehmen und zu einem Gebilde zusammenfügen könnten, das ganz in ionischer Tradition stände. Solon wäre das freilich nicht, denn in den Versen, die den eben besprochenen Teil umschließen, treten Gedanken völlig anderer Art hervor. Solon hat in den einleitenden Worten Wohlstand erbeten, aber mit Nachdruck solchen, den die seligen Götter gewähren. Und sogleich (v. 11) spricht er von jenem anderen Reichtum, der den Menschen nur wider Willen folgt, von unrechtem Tun verführt. Solche Weise zu reden erinnert an Hesiod, in dessen geistiger Welt wir uns befinden. In den *Erga* (320) hat er gottgegebenen Besitz jenem anderen gegenübergestellt, den Gewalt und Trug gewannen. Auch Solon spricht von dem Unsegen, der auf Reichtum solcher Art lastet, wobei jene Begriffe hervortreten, die, bis tief in die Klassik hinein aufs engste verbunden, die Mitte des religiös-ethischen Denkens bildeten. In der Hybris, im Frevel rechtswidriger Gewalt, geht der Mensch über die ihm gezogenen Grenzen, aber ihn findet Dike, die göttlich empfundene Potenz des Rechtes. Im Epos der Adelswelt herrschte Themis, die von den Göttern gestiftete Satzung, die das Verhalten der Menschen regelt und in den Sprüchen der richtenden Könige ihre Verwirklichung findet. Die Dike, die Hesiod verkündet, stammt aus einem anderen sozialen Bereich. In ihr hat der Rechtsanspruch der Gedrückten, der von Hybris Getroffenen seine Stimme so laut erhoben, daß sie in der griechischen Welt nicht mehr zum Schweigen kommen sollte. Wirksam aber wird die strafende Dike auf dem Wege über Ate, jene Verblendung, die den Menschen von den Göttern her trifft und doch aus seinem eigenen schuldigen Inneren aufsteigt. Mit dem Worte ist auch das Verhängnis gemeint, das sich unfehlbar mit solcher Verblendung verbindet[1].

Wie für Hesiod ist auch für Solon höchster Garant der Rechtsordnung Zeus. Wo die Elegie von seinem Walten singt, steigert sich ihr eifervoll einprägender Grundton zu hoher und reiner Dichtung: das Gericht des Zeus fährt in die Werke der Hybris wie der Frühlingswind, der das Meer aufwühlt, die Fluren verheert, den Himmel aber reinfegt von Gewölk, daß die Sonne wieder aus strahlender Bläue niederglänzt. Das Gleichnis erscheint in besonderer Funktion; es ist ein spezifisches Mittel zur Interpretation der Wirklichkeit und enthält bereits Ansätze zu ihrer wissenschaftlichen

[1] K. LATTE, *Arch. f. Rw.* 20, 1920/21, 255. = *kl. Schr.* München 1968, 3.

Analyse[1]. In unserem Falle besagt es, daß die Strafe des Zeus mit der Sicherheit und Wucht eines Naturereignisses eintritt. Für diese Weise Solons, Vorgänge im ethischen und politischen Bereich durch solche in der Natur zu erhellen und als gesetzmäßig zu erweisen, ergibt 10 D. das eindrucksvollste Beispiel: wie die Wolke sich in Schnee oder Hagel entlädt, wie der Donner dem Blitz folgt, so führt die Anhäufung von Macht in den Händen Einzelner zur Tyrannis.

Leicht erkennt man, daß in Solons großer Elegie zwei im Grunde verschiedene Gedankenkomplexe in archaischer Gedankenführung vereinigt sind: die Einsicht in die Gebundenheit menschlichen Handelns und die Sinnlosigkeit menschlichen Hoffens auf der einen, die tiefe Zuversicht in ein gerechtes Weltregiment auf der anderen Seite. Wenn die Verbindung dieser Motive nicht deutlich zutage tritt, so ist dies darin begründet, daß uns Solon nicht ein fertiges System bietet, sondern Einblick in den lebendigen Denkprozeß gewährt, durch den er sich mit tragenden Gedanken seiner Zeit auseinandersetzt und um das geistige Fundament seines Werkes ringt. Wenn dabei Hybris, Dike und Ate als Akteure erscheinen, wenn die Zuversicht in eine gerechte Weltordnung neben der Klage über die Ausgesetztheit des Menschen steht, bewegen wir uns bereits im geistigen Raum der frühen Tragödie und erkennen in Solon, der in vielem Erbe Hesiods ist, den geistigen Vorfahren des Aischylos.

Wie stark bei ihm die Ansätze zu einer Theodizee sind, erweist sich dort (v. 29), wo er das Glück des Ungerechten zu verstehen sucht. Zeus straft oft spät und trifft mitunter erst Kinder und Kindeskinder. In einem wunderbaren Bilde vergleicht Aischylos (*Choe.* 506) die lebenden Kinder eines verstorbenen Mannes mit den Korkstücken, die das in die Fluten tauchende Netz vor dem Versinken bewahren. Solches Empfinden für die Einheit eines Geschlechtes mußte den Griechen die Vorstellung erleichtern, daß Gott die Sünden der Väter an ihren Nachkommen straft.

Auf die eben analysierte Partie der Musenelegie folgt die vorher besprochene mit dem Hoffnungsmotiv, am Ende aber biegt das Gedicht mit kräftiger Wendung zu Zeus zurück. Das Leben der Menschen ist voll Unsicherheit, so müssen wir den verbindenden Gedanken ergänzen, aber vielfach sind sie an ihrem Unglück selber schuld. Sie kennen keine Grenzen des Reichtums, und der Besitzende hat nur den Wunsch, mehr zu besitzen. Durch die Gier der Menschen mengt sich Ate ins Spiel, die Zeus sendet, um die Frevel der Unersättlichen zu strafen. So tritt an das Ende der Elegie gewichtig ein Grundgedanke solonischer Ethik, der bei griechischen Dichtern und Denkern ständig wiederkehrt: das gesunde Maß und die rechte Mitte. Asketische Züge sind einer solchen Auffassung fremd. Daß Solon rechtlichen Besitz nicht verschmäht, hörten wir, und einzelne Verse (13. 14 D.) sprechen unbefangen von den Dingen, die das Leben angenehm machen. Aber überall gibt es Grenzen, deren Überschreiten Hybris bedeutet und den Menschen der Ate überliefert. Auch der Politiker Solon war von diesem Maßdenken geleitet.

[1] O. Regenbogen, ‹Eine Forschungsmethode der antiken Naturwissenschaft›. *Quellen und Studien z. Gesch. d. Math.* 1, 1930, 131 (=*Kl. Schriften* 141). B. Snell, *Die Entdeckung des Geistes.* 3. Aufl. Hamb. 1955, 258.

Was dem Bilde Solons die große Geschlossenheit gibt, ist die entschiedene Anwendung jener Grundsätze, die für den einzelnen gelten, auf das Leben der Gemeinschaft. Mit diesem setzt er sich in einer Elegie (3 D.) auseinander, die jene Zustände schildert, denen seine Reformen Abhilfe bringen sollten[1]. Hat das eben besprochene Gedicht an seinem Ende den Fluch der Besitzgier mit großem Nachdruck verkündet, so tritt derselbe Gedanke, auf die Polis bezogen, hier gleich im Anfange in den Vordergrund. Mit attischer Frömmigkeit weiß Solon die Stadt in der Hut der Götter, vor allem Athenes. Die Gefahren kommen aus dem Gemeinwesen selbst. Seine Bürger verstehen es nicht, in frohem Genügen zu genießen. Aus der Sattheit ersteht ihnen die Hybris, die sie über alle Schranken in das Unrecht reißt. Nichts mehr ist ihrer Raffgier heilig. Und nun ist es, als ob wir Hesiod hörten: die Frevler mißachten die Grundfesten der Dike, diese aber begreift schweigend und kommt zu ihrer Zeit, um zu strafen. Von solchen schwärenden Wunden aus wird das ganze Gemeinwesen vergiftet, Knechtschaft bricht herein, und innerer Zwist verheert die Stadt. Keiner kann sich schützen, und verkröche er sich in den innersten Winkel seines Hauses: das allgemeine Unheil bricht das Hoftor auf und springt über die Umzäunung. Solon verwendet Bilder ebenso sparsam wie schmückende Beiwörter. Auch bei Stellen wie dieser handelt es sich im Grunde nicht um Bildersprache, sie haben vielmehr den Wert einer unmittelbaren Aussage.

Die Partie schließt mit dem Bekenntnis des Dichters, daß ihn ein Befehl seines Inneren die Athener über den Unsegen der Dysnomia belehren heiße. Das leitet zu dem Preis ihres Gegenbildes, der Eunomia, über. Dieses Grundwort solonischen Staatsdenkens begegnet uns in der *Odyssee* (17, 487), wo die Götter in veränderter Gestalt den rechten Sinn der Menschen prüfen, bei Hesiod (*Theog.* 902, vgl. 230) ist es mit Dike und Eirene Name einer der Töchter von Zeus und Themis, und Alkman (44 D.) läßt Eunomia von Promatheia, dem vorsorglichen Denken, stammen. Das Wort meint die ‹rechte Ordnung›[2], deren Preis Solon im Schlußteil des Gedichtes in hymnisch erhöhtem Tone singt.

Werner Jaeger hat schön gezeigt, wie dieses Gedicht hesiodisches Denken in bedeutsamer Weise weiterbildet. Auch Hesiod kontrastiert in einer Partie der *Erga* (225) mit starken Farben das Schicksal der gerechten und der ungerechten Gemeinde. Bei ihm aber kommen Segen und Verderben durchaus von außen. Um das Gedeihen oder Verkommen von Feldfrucht, Vieh und Nachkommenschaft handelt es sich da, um den Segen des Friedens oder die Schrecken des Krieges. Bei Solon hingegen sind Ursache und Wirkung in festem Verbande ganz aus dem inneren Leben der Polis entstanden. Habgier und Unrecht verheeren sie zunächst an bestimmten Stellen, führen aber dann zu einer völligen Verseuchung, in der Friede und Freiheit verkommen. Hier ist die innere Gesetzmäßigkeit staatlichen Gemeinschaftslebens erkannt, und ein Denken nimmt seinen Ursprung, das sich in Platons *Politeia* erfüllt.

[1] Literatur zu der (sehr problematischen) Chronologie der Gedichte bei Solmsen (s. u.) 120, 66.

[2] W. Jaeger, ‹Solons Eunomie›. *Sitzb. Ak. Berl.* 1926, 69. K. Heinimann, *Nomos und Physis.* Basel 1945, 64. Solmsen (s. u.) 116. Spätere Verwendung: G. Grossmann, *Politische Schlagwörter aus der Zeit des Pelop. Krieges.* Zürich 1950, 30.

Die erhaltenen Teile jener Gedichte (5. 23–25 D.), in denen Solon von seinen politischen Leistungen Rechenschaft ablegt, spiegeln die Grundzüge seines staatsmännischen Wirkens. Aus einer Elegie stammt das Stück (5), in dem er sich zu dem Wege der Mitte bekennt. Dort lesen wir auch, daß die beste Führung des Volkes jene ist, die ihm weder Fesseln anlegt noch ein Übermaß an Freiheit gewährt. Und wieder wird die Linie sichtbar, die von Solon zu einem anderen großen Attiker, zu Aischylos, führt. Es ist die gleiche Einsicht, die Athene in den *Eumeniden* (696) bei der Stiftung des Areopags ihren Athenern verkündet.

Auch bei Solon verläuft keine scharfe Grenzlinie zwischen den Dichtungen im elegischen und jenen in iambischen Maßen. Persönliches sagt er in beiden aus, aber es läßt sich doch erkennen, daß er in den Elegien stärker auf das Allgemeine zielt, im Iambos und Verwandtem hingegen ganz seine eigene Sache führt. In trochäischen Tetrametern (23 D.) rechnet er mit denen ab, die ihn verlachen, weil er das Netz nicht zuzog und die Tyrannis ergriff. Das schönste der erhaltenen Stücke ist jene Reihe iambischer Trimeter, in denen er Rückschau auf seine Leistung hält (24 D.). Berechtigter Stolz, tiefe Frömmigkeit und der wache Wille zur Abwehr der Gegner lassen diese Verse in einem stürmischen Tempo dahineilen, das in archaischer Dichtung ohne Beispiel ist. Ausgezeichnet vergleicht sie H. Fränkel den großen Reden der Tragödie. Solon hat vollbracht, was er plante, und ruft vor dem Gericht der Zeit zum Zeugen dafür die dunkle Erde, die Mutter der olympischen Götter, auf. Sie hat er von den Schuldsteinen befreit, die allenthalben in ihr festgerammt waren. Sklavin war sie, nun ist sie frei. Auch hier wäre es verfehlt, von Bildersprache oder Personifikation im Sinne der Späteren zu sprechen. Der fromme Glaube dieses frühen Attikers empfindet die göttliche Potenz in Dingen und Vorgängen ganz unmittelbar. Auch von den Menschen spricht er, die er aus der Schuldknechtschaft löste, und es ist bemerkenswert, was er dabei als besondere Schande empfindet: manche, die in die Fremde verschlagen waren, hatten bereits attisch zu reden verlernt.

Nichts anderes als eine Variation des Maßgedankens ist im Grunde die letzte Deutung, die Solon hier seinem Ringen gibt: Gewalt und Recht hat er mit starker Hand zusammengefügt[1] und so jene Verbindung geschaffen, die in der Geschichte der Völker so selten und so flüchtig ist und doch aller staatsmännischen Weisheit letzten Schluß bedeutet.

Eine kurze, aber vollständig erhaltene Elegie (19 D.) scheint sich in unser Bild des Mannes zunächst nicht ohne weiteres einzufügen. Ein etwas nüchterner Überblick über den Ablauf des menschlichen Lebens läßt dieses in zehn Abschnitte von je sieben Jahren zerfallen und weist einem jeden seine körperlichen und geistigen Merkmale zu. Wir verstehen das Gedicht als beabsichtigtes Gegenbild zu der tristen Schilderung des Alters bei Mimnermos. Der Mensch Solon verfügt auch in der neunten Heptade noch über brauchbare Kräfte des Geistes und mag mit siebzig die Augen in dem Gefühle schließen, ans Ziel gekommen zu sein. Die Vitalität dieses Attikers erschöpft sich

[1] In v. 16 ist mit Plutarch, *Solon* 15 ὁμοῦ zu lesen, vgl. Heinimann a. O. 72, 41. Zum Gedanken Aisch. fr. 381 N.

nicht im Sinnengenuß[1], ihm gilt die Tüchtigkeit des rechten Mannes (ἀρετή), die nicht die bloß kriegerische des Tyrtaios ist, mehr als Reichtum; sie allein dauert, und anders als für Archilochos bedeutet für Solon das Fortleben im Gedächtnis der Freunde einen wahren Wert. Das sagt er in jener Elegie (22 D.), die höflich, aber bestimmt Mimnermos korrigiert: nicht mit sechzig wie jener wünscht er sich den Tod, bis achtzig begehrt der Mann zu leben, der ständig noch lernend ins Alter schreitet.

Auch die großen Reisen, die er nach antiker Überlieferung unternahm, als sein politisches Werk abgeschlossen war, haben ihren Niederschlag in seiner Dichtung gefunden. Ein Hexameter (6 D.) erwähnt die Mündung des kanobischen Nilarmes, drei schöne Distichen (7 D.) enthalten einen Abschiedsgruß an Philokypros, der in Soloi auf Kypern herrschte.

Solon bedeutet für uns den attischen Ursprung. Noch sind wir von der Klassik ein gutes Stück entfernt, aber in seinen Dichtungen ist etwas von ihrer Helligkeit, in der die Dinge des Lebens einfach werden und schön.

Anth. Lyr. 3. Aufl. fasc. 1, 1949, 20. A. MARTINA, *Solon. Testimonia veterum.* Rom 1968. W. J. WOODHOUSE, *Solon the Liberator.* Oxf. 1938. H. GUNDERT, ‹Archilochos und Solon›. *Das Neue Bild der Antike I.* Leipz. 1942, 130. F. SOLMSEN, *Hesiod and Aeschylus.* New York 1949, 105. A. MASARACCHIA, *Solone.* Firenze 1958; Vorbehalte zum Historischen bei E. MEYER, *Mus. Helv.* 17, 1960, 240. G. FERRARA, *La politica di Solone.* Napoli 1964; dazu A. MARTINA, *Quaderni Urbinati* 2, 1966, 131. E. RUSCHENBUSCH, Σόλωνος νόμοι. *Die Fragmente des solonischen Gesetzeswerkes mit einer Text- und Überlieferungsgeschichte.* Wiesbaden 1966.

5. LESBISCHES LIED

Der hellenistische Dichter Phanokles hat in seinen Erotes[2] erzählt, daß thrakische Weiber den Orpheus zerrissen hätten, Haupt und Leier des Sängers aber trieben auf den Wogen nach Lesbos und wurden dort bestattet. Der musische Ruhm der Insel, den diese Sage mit dem größten mythischen Sänger verbindet, haftet an Alkaios und Sappho. Geraume Zeit vor diesen beiden hat jedoch Terpander aus Antissa auf Lesbos den Namen der Insel weithin bekannt gemacht. Seine Leistung, die ohne Zweifel bedeutend und folgenreich war, bleibt für uns zum größten Teile im Dunkel. Den Sieg freilich, den er in der 26. Olympiade (676/73) am Feste des Apollon Karneios in Sparta errang, dürfen wir als historisch nehmen.

Antike Überlieferung macht Terpander zum Erfinder der siebensaitigen Leier. Das Verlangen der Griechen, überall bis zum Ursprung vorzudringen, hat ganze Erfinderkataloge[3] erstehen lassen, denen gegenüber wir begründete Zurückhaltung üben. In diesem Falle jedoch scheint der geschichtliche Kern der Nachricht noch zu erken-

[1] Daß Solon diesem jedoch seinen Platz unter den Lebensgütern beließ, betont F. WEHRLI, *Hauptrichtungen des griech. Denkens.* Zürich 1964, 26, auf Grund der fr. 12D und 20D.

[2] I. U. POWELL, *Coll. Alex.*, p. 106.

[3] A. KLEINGÜNTHER, Πρῶτος εὑρετής. *Phil. Suppl.* 26, 1933.

nen[1]. Zwar «erster Erfinder» des siebensaitigen Instrumentes ist Terpander gewiß nicht gewesen, denn wir sehen es bereits im 2. Jahrtausend auf Kreta, wo es der Sarkophag von Hagia Triada in einer der Szenen aus dem Totenkulte zeigt. Auch aus der mykenischen Kultur ist die sieben- und achtsaitige Leier zu belegen. Nun ist es aber nicht wahrscheinlich, daß sich der Gebrauch des Instrumentes über die Katastrophe dieser Kultur hinaus erhalten hat, und die Zeugnisse der Alten (z. B. Strab. 13, 2 p. 618) sprechen davon, daß Terpander die Saitenzahl der Leier von vier auf sieben erhöht habe. Man hat das viersaitige Instrument gern in das Reich der Spekulation verwiesen, bis Deubner die Belege für seine Existenz in der geometrischen Zeit zusammenstellte. Anderseits haben wir jetzt die prächtige Darstellung einer siebensaitigen Leier auf einem Gefäß aus Alt-Smyrna[2]; dessen Datierung in das zweite Viertel des 7. Jahrhunderts führt uns just in die Zeit, in der sich Terpander nationalen Ruhm gewann. So hat die Verbindung seines Namens mit der Neuerung ihre guten Stützen. Pindar hat (fr. 125) die Erfindung des Terpander damit zusammengebracht, daß der Lesbier bei den Gelagen der Lyder deren vielsaitige Pektis kennenlernte. In der Tat ist lydischer Einfluß auf die kleinasiatischen Griechen sehr wahrscheinlich, und es fügt sich gut dazu, daß nach Menaichmos bei Athenaios (14, 37. 635e) Sappho die lydische Pektis verwendet hat[3].

Terpanders Tätigkeit ist vor allem für Sparta bezeugt, wo er die erste der beiden musikalischen Schulen (καταστάσεις) begründet haben soll, von denen im nächsten Abschnitt im Zusammenhange mit den Anfängen des Chorliedes zu sprechen sein wird. Was Terpander etwa selbst für den Chorgesang geleistet hat, wissen wir nicht; wo wir seine Weise fassen, handelt es sich um Einzelgesang zur Leier. Über die Rhythmen und Melodien seiner Lieder erfahren wir allerlei, vor allem in dem Plutarch unterschobenen Traktat *Über die Musik*, der zu großen Teilen auf Aristoxenos von Tarent und Herakleides Pontikos zurückgeht. Die geringen unter Terpanders Namen überlieferten Reste[4] geben, wenn sie überhaupt echt sind, nur wenig aus. Die eben genannte pseudo-plutarchische Schrift schreibt ihm (c. 4) kitharodische Prooimien in epischem Maße zu. Wir kommen damit in einige Nähe zu homerischen Hymnen. Nach derselben Quelle (c. 3) hätte Terpander auch homerische Texte für den Gesangsvortrag komponiert. Fest mit seinem Namen ist die Ausgestaltung des Nomos, einer alten, Apollon heiligen Liedform, verbunden. Sieben Teile wurden nun zur festen Norm, von denen die ersten vier, die dem ‹Einsatz› und der ‹Wendung› galten (ἀρχά, μεταρχά, κατατροπά, μετακατατροπά), paarweise in Responsion standen. Als Mittel- und Hauptteil folgte der ‹Nabel› (ὀμφαλός), der die Erzählung enthielt und in der älteren Zeit sicherlich mit starker Anlehnung an das Epos gestaltet

[1] L. Deubner, ‹Die einsaitige Leier›. *Ath. Mitt.* 54, 1929, 194. *Phil. Woch.* 1930, 1566. M. Wegner, *Das Musikleben der Griechen*. Berl. 1949, 48. 141. 227. H. L. Lorimer, *Homer and the Monuments*. Lond. 1950. R. P. Winnington-Ingram, *Lustrum* 1958/3 (1959), 14.

[2] G. M. A. Hanfmann, *Harv. Stud. in Class. Phil.* 61, 1953, fig. 5. J. M. Cook, *Journ. Hell. Stud.* 71, 1951, 248f. fig. 8. H. Gallet de la Sauterre, *Bull. Corr. Hell.* 75, 1951, 128f. fig. 21.

[3] Vgl. Sappho 156 LP, Alkaios 36 LP.

[4] *Anth. Lyr.* 2. Aufl. 5. fasc., 1.

war. ‹Siegel› (σφραγίς) hieß die Partie, in der sich der Sänger die Freiheit nahm, von seinen persönlichen Anliegen zu sprechen. Selbstäußerung dieser Art ist übrigens keineswegs auf den Nomos beschränkt. Man braucht nur an den Hymnos auf den delischen Apollon und den blinden Sänger von Chios zu erinnern. Als siebenter Teil schloß ein ἐπίλογος den Nomos[1]. Wie dieser von dem Wettstreit zwischen Gesang und Instrumentalmusik und dem zwischen Leier und Flöte in mannigfacher Weise geformt wurde, haben wir früher (S. 134) gesehen.

Schwieriger noch als bei Terpander sind die Bruchstücke der Überlieferung für Arion von Methymna auf Lesbos zu einem Bilde zu vereinigen. Er steht in der kitharodischen Tradition des Älteren, aber die Leistung, durch die er uns vor allem wichtig wird, liegt auf anderem Gebiete. Um 600 finden wir ihn am Hofe des korinthischen Tyrannen Periander, wo er durch seine Reformen den dionysischen Dithyrambos zum kunstvoll gestalteten Chorliede erhob. Der Vorgang ist einer der entscheidenden Akte in der Frühgeschichte der Tragödie und wird im Zusammenhange mit dieser besprochen werden. Seine Reisen haben ihn auch nach Sizilien und Unteritalien geführt, und wir werden später die Möglichkeit zu erwägen haben, daß von seinen Neuerungen Einfluß auf die Kunst des Stesichoros ausging.

Bekannt blieb Arion durch die Geschichte von seiner Errettung durch einen Delphin. In ihr haben sich zwei Motive zu einem reizvollen Gebilde vereinigt. Der Delphin ist heiliges Tier Apollons, und wir sollen erkennen, daß der Gott seinen Sänger in der Not nicht im Stiche läßt. Dann aber steht die Geschichte in dem weiten Rahmen dessen, was die Griechen von der Menschenfreundlichkeit und Hilfsbereitschaft der Delphine erzählten[2]. Herodot (1, 24) weiß von einem Erzbild des Delphinreiters Arion auf Kap Tainaron, und Aelian (*hist. an.* 12, 45) zitiert ein Epigramm dazu sowie einen Dankhymnos des Dichters an Poseidon, beides spätere Erzeugnisse.

Von Alkaios und Sappho besitzen wir dank den Funden, die sich gerade in letzter Zeit glücklich mehrten, so viel, daß sich für uns in den beiden wie in einer «gegengespannten Zusammenfügung» das Ganze lesbischer Liedkunst darstellt. Sie sind Zeitgenossen gewesen, und es ist im Grunde gleich, wen von ihnen man in der Betrachtung voranstellt. Wir beginnen mit Alkaios, da die Nachrichten über ihn und die Reste seines Werkes jene Welt sichtbar machen, aus der die Gestalt Sapphos ebenso in ihrer Bedingtheit wie in ihrem Einmaligen erkennbar wird.

Alkaios gehört jenem äolischen Adel an, dessen Wesenszüge Herakleides Pontikos in einer musikhistorischen Schrift[3] mit kräftigen Strichen gezeichnet hat. Ein stolzes Geschlecht, das großes Gehaben liebte und dieses in Pferdesport und Gastlichkeit gerne zur Schau stellte. Keine Lumpe, aber eben deshalb alles eher als bescheiden. Hochgemute Männer, dem Trunk und den Freuden der Liebe und überhaupt jeder Freiheit der Lebensführung zugeneigt. Herakleides hat eben vorher den finster-ver-

[1] Über ἀρχά, ὀμφαλός, σφραγίς als Hauptteile B. A. van Groningen, ‹A propos de Terpandre›. *Mnem.* S. IV 8, 1955, 177.

[2] Einiges: A. Lesky, *Thalatta.* Wien 1947. C. M. Bowra, ‹Arion and the Dolphin›. *Mus. Helv.* 20, 1963, 121.

[3] Fr. 163 Wehrli (Ath. 14, 19. 624e).

schlossenen Ernst der Dorier charakterisiert, und wir spüren, wie seine Worte auf pointierten Kontrast hinauswollen, aber ohne Zweifel treffen sie das Wesen der Schichte, in der Alkaios lebte.

Seine Zeit war von schweren inneren Kämpfen erfüllt, die sich vor allem in des Dichters Heimatstadt Mytilene, dem machtpolitischen Zentrum der Insel, abspielten. Dort behauptete nach dem Sturze des Königtums zunächst das Geschlecht der Penthiliden die Herrschaft, das sich von dem Orestessohne Penthilos, dem mythischen Kolonisator von Lesbos, ableitete. Das gewaltsame Regiment dieser Sippe kam durch den zweimaligen Ansturm seiner Gegner im 7. Jahrhundert endgültig zum Sturze. Was nun für geraume Zeit folgte, waren die Kämpfe ehrgeiziger Adelsgeschlechter um die Macht, wobei einzelne immer wieder den Griff nach der Tyrannis taten. Dies ist der Hintergrund, vor dem des Alkaios Leben und zu einem nicht geringen Teile sein Dichten steht. Antike und moderne Deutung hat dieses Stück Geschichte des öfteren schematisch vereinfacht und des Alkaios Rolle in ihm idealisiert.

Über die Schicksale des Dichters in den Kämpfen der verschiedenen Adelsgeschlechter um die Macht hat sich in der Antike eine Überlieferung gebildet, deren Hauptquelle die Dichtungen des Alkaios selbst gewesen sind. Lokale Überlieferung mochte hinzutreten, und Kombinationen, die über Lücken hinweghalfen, haben sicher nicht gefehlt. Es ist rätlich, die Unsicherheit, die in vielen Punkten bleibt, wohl zu bedenken und die Hervorhebung des wenigen Gesicherten glatter Erzählung vorzuziehen.

Die Chronologie des Dichters ist durch seine Verbindung mit der Laufbahn des Pittakos gegeben, wodurch wir auf die Zeit um 600 kommen. Nach Diogenes Laertios (1, 75. 79) hatte Pittakos seine Blüte (bei den Alten gewöhnlich das 40. Lebensjahr) in der 42. Olympiade, also 612–609. Später hat er zehn Jahre Mytilene regiert, zehn weitere Jahre in Zurückgezogenheit gelebt und ist 570 gestorben. In die Zeit seiner Blüte setzt der Pittakos-Artikel der *Suda* seine erste politische Tat von Bedeutung: er stürzte den Tyrannen Melanchros, und wiederum aus Diogenes erfahren wir, daß er das im Verein mit den Brüdern des Alkaios getan hat. Pittakos kann also nicht der Plebejer gewesen sein, als der er oft durch die Darstellung der Neueren geht. Freilich, Alkaios hat ihn nach dem Zerwürfnis als Mann von schlechter Herkunft (κακοπατρίδας 348 LP[1]) beschimpft. Das erklärt sich ohne Mühe daraus, daß Hyrras, des Pittakos Vater, Thraker gewesen ist und sich seiner Trunksucht wegen keines guten Namens erfreute. Die Reste eines Gedichtes (72 LP) lassen vermuten, daß Alkaios den Pittakos eben von dieser Seite her angegriffen hat.

Die Frage, warum Alkaios am Unternehmen gegen Melanchros nicht teilgenommen hat, beantwortet sich wohl am einfachsten damit, daß er zu jener Zeit für die Kämpfe der Männer noch zu jung gewesen ist. «Noch als kleiner Knabe saß ich ...» lesen wir in einem Bruchstück (75 LP), dessen Beziehung auf politische Ereignisse sicher ist. Nach dem Gesagten werden wir mit dem Ansatze der Geburt des Alkaios in das Jahrzehnt 630/20 kaum fehlgehen.

[1] Alkaios und Sappho werden nach der Ausgabe von LOBEL und PAGE zitiert.

Alkaios selbst sehen wir an der Seite des Pittakos in den Kämpfen, die Mytilene mit Athen um Sigeion am Eingang des Hellespont führte. Seine Taten waren dabei nicht durchwegs rühmlich. Einmal mußte er schleunigst fliehen und seine Waffen zurücklassen, die dann als Beutestücke den Athenetempel von Sigeion zierten. Alkaios hat sein Mißgeschick à la Archilochos genommen und in einer poetischen Epistel seinem Freunde Melanippos berichtet. Der karge Rest (428 LP) zeigt, daß auch er, wie sein literarischer Ahne, gebührenden Wert auf die Feststellung legte, selbst heil davongekommen zu sein.

Auch Herodot berichtet (5, 94f.) von der Geschichte und den Kämpfen um Sigeion. Dabei nennt er Hegesistratos, des Peisistratos Sohn, als Verteidiger des vielumkämpften Platzes. Das hat einer Reihe von Forschern den Anlaß geboten, die Chronologie des Pittakos und Alkaios radikal zu ändern und die beiden in die Mitte des 6. Jahrhunderts zu setzen[1]. Es hätte aber zu denken geben müssen, daß Herodot in derselben Partie von einer (offenbar vorübergehenden) Beilegung der Kämpfe durch die Vermittlung Perianders von Korinth spricht, der um 600 auf der Höhe seiner Macht stand. Nun hat PAGE die Sache wohl endgültig durch richtige Interpretation des Historikers geklärt: Herodot erzählt von verschiedenen Phasen dieser langwierigen Kämpfe, und ihr nahe an 600 liegender Abschnitt, in den Pittakos und Alkaios gehören, findet in diesem Rahmen durchaus seinen Platz.

Pittakos hat sich damals besser bewährt als Alkaios. Er tötete den Führer der Athener, den Olympioniken Phrynon, dessen Name in einem der neuen Bruchstücke (167 LP) erscheint, im Einzelkampf. Die Chronik des Eusebios setzt das Geschehnis auf 607/6. Der Krieg ging freilich weiter, bis die kämpfenden Parteien nach antiker Sitte Periander um einen Schiedsspruch baten, durch den dann Sigeion den Athenern verblieb.

Die Herstellung des Friedens nach außen war für die ewig rivalisierenden Adelsgeschlechter ohne Zweifel das Signal dafür, die alten Fehden wieder aufzunehmen. Es ging da nicht anders zu als in italienischen Städten des Mittelalters. Der neue Mann, der nach Rückschlägen und Verbannung Mytilene unter seine Herrschaft zwang, war Myrsilos aus dem Geschlecht der Kleanaktiden. Die Hetairie, die sich gegen ihn verschwor, wird im wesentlichen dieselbe gewesen sein, die den Melanchros stürzte, nur daß Alkaios diesmal an der Aktion teilhatte. Wenn der Bericht, auf den wir gleich kommen, von «denen um Alkaios» spricht, hat es den Anschein, als wäre er Leiter des Unternehmens gewesen. Das ist möglich, doch können Spätere seinen Namen um seines dichterischen Ruhmes willen in den Vordergrund gerückt haben.

Zu schwer verstümmelten Versen lesen wir auf einem Papyrus (114 LP) Reste eines Scholions, die von einer ersten Verbannung berichten, als die Gruppe des Alkaios einen Anschlag auf Myrsilos vorbereitet hatte und sich der Bestrafung durch die Flucht nach Pyrrha, einer Siedlung im Inneren des lesbischen Golfes, entzog. Pittakos war fürs erste auch diesmal unter den Verschworenen, aber er wechselte die Partei und hat dann eine Zeitlang mit Myrsilos die Macht geteilt (vgl. 70 LP).

[1] Literatur bei TREU (s.u.), 111 jetzt PAGE (s. u.), 155.

In die Zeit der Flucht nach Pyrrha gehört das längste unter den erhaltenen Stücken, ein prächtiges Kampflied, das wir seit dem Erscheinen des 18. Bandes der *Ox. Pap.* (1941) kennen (129 LP). Der Dichter fleht in einem Heiligtum der lesbischen Trias Zeus, Hera und Dionysos Kemelios[1] um Lösung aus der Not der Verbannung. Den Sohn des Hyrras aber treffen heiße Flüche: bei feierlichem Opfer hat man sich dereinst auf Gedeih und Verderb zusammengetan, aber der Dickwanst schert sich nicht um geleistete Eide, ist selbst zum Würger der Stadt geworden. Das letzte noch lesbare Wort lautet Myrsilos.

Motivisch reiht sich ein Gedicht aus derselben Gruppe neuer Texte (130 LP) an, in dem die Klage über die Leiden der Verbannung laut ertönt. Fern von dem Getriebe der Stadt muß der Dichter wie ein Bauer, wie ein Wölfischer leben. Zuflucht hat er bei einem Heiligtum gefunden, dessen Götter hier nicht genannt sind. Aber wir erfahren, daß dort alljährlich der Jubelruf lesbischer Frauen erschallt, wenn sie sich zum Schönheitswettkampf einfinden. Nun kennen wir solches Brauchtum aus dem Kulte der Hera auf der Insel[2], und es ist sehr wahrscheinlich, daß wir uns in diesem Gedichte im Umkreis desselben Dreigötter-Heiligtumes befinden, bei dem wir dem Dichter in dem vorher genannten Liede begegneten.

An beiden Dichtungen will noch ein Einzelzug überlegt sein, weil er für das Bild des Alkaios Bedeutung hat. In der ersten erinnert er an das beschworene Programm der Hetairie, das Volk (δᾶμος) aus dem Leide zu lösen, und in der zweiten hören wir seine Sehnsucht, den Herold zu vernehmen, der zu Versammlung (ἀγόρα) und Rat (βόλλα) ruft. Die Bürger nennt er die Leute, die einander Übles tun, aber er möchte doch unter ihnen leben wie sein Vater und seines Vaters Vater. Die Stellen sind bezeichnend dafür, daß auch dieser Junker als echter Grieche des Aristoteles Wort vom Menschen als einem ζῷον πολιτικόν bestätigt, aber es wäre verkehrt, aus ihnen auf eine demokratische Komponente im Denken des Alkaios zu schließen und ihn zu einem Vorläufer klassischer Politengesinnung zu machen. Daß, wer die Macht meint, von der Befreiung des Volkes redet, ist zu allen Zeiten fester Brauch gewesen. Versammlung und Rat aber haben wir uns nicht nach dem Athen Kleons zu denken, sondern nach den Verhältnissen, wie sie etwa der 2. Gesang der *Ilias* abbildet. Auch da ruft der Herold zur Versammlung (50) und setzen sich die Geronten zum Rate, aber was geschieht, bestimmen die «Könige».

Wir haben zwei Verse (332 LP) vom Beginne des Liedes, in dem Alkaios den Tod des Myrsilos mit wildem Jubel feierte. Horaz hat danach den Anfang von carm. 1, 37 auf den Tod der Kleopatra geformt. Wie es bei Alkaios weiterging, wissen wir nicht, aber kaum tun wir ihm unrecht, wenn wir es für undenkbar erklären, daß sich bei ihm etwas gefunden hätte, was der noblen Huldigung des römischen Dichters für die Feindin entsprechen könnte.

Der Jubel des Alkaios war verfrüht, denn nun wählte das Volk den Pittakos zum Aisymneten. Die Rolle des Regenten mit besonderer Vollmacht und der Aufgabe,

[1] Zu diesem G. Tarditi, ‹Dioniso Kemelios›. *Quad. Urbinati* 4, 1967, 107.

[2] Vgl. E. Diehl, *Rhein. Mus.* 92, 1943, 17.

unerträgliche Spannungen durch einen Ausgleich zu beendigen, entspricht der Stellung, in der wir Solon ungefähr zur gleichen Zeit in Athen wirken sehen. War Pittakos im Anfange seiner Laufbahn auch tief in die Parteikämpfe der Adeligen verwickelt, so war er doch der Mann, sich selbst und die Stadt aus der Wirrnis zu lösen und Ordnung zu schaffen. Nach zehn Jahren legte er sein Amt zurück, dessen Führung ihm seinen Platz unter den Sieben Weisen gesichert hat.

Über die Schicksale des Alkaios in dieser Zeit wissen wir wenig Sicheres zu sagen. Wir erinnern uns daran, daß ein Scholion (114 LP) von der ersten Flucht sprach, die den Dichter nach Pyrrha führte. Andere Wege in die Verbannung müssen gefolgt sein.

In den Fragmenten blitzen da und dort Lichter auf, die kleine Teile dieser Zusammenhänge erhellen. Da warnt Alkaios vor dem Manne, der in seinem Machtstreben bald die Stadt, die schon wankt, zu Falle bringen wird (141 LP), dann wieder redet er die Mytilenäer an, sie sollten das Holz löschen, so lange es allein Rauch aufsteigen lasse, damit es nicht in heller Flamme auflodere (74 LP Schol.). Da das Befürchtete eingetreten ist, schmält er über die Wahl, deren Einmütigkeit er nicht verschweigt (348 LP). Daß er nicht von einem Aisymneten, sondern von einem Tyrannen spricht, erwarten wir nicht anders, aber für den heißen Mann ist es kennzeichnend, daß er der Stadt vorwirft, sie hätte keine Galle. Ähnlich hat Archilochos (96 D.) gesprochen, und wir erkennen ein Stück Wesensverwandtschaft.

Den Erzfeind Pittakos anzugreifen, gab auch dessen Verheiratung mit einem Mädchen aus dem großen Geschlecht der Penthiliden willkommenen Anlaß (70 LP). Spätere Anekdote ließ die Verbindung unglücklich sein und legte dem Pittakos die Warnung in den Mund, nicht über seinen Stand zu heiraten. Das hat eine Zeit erfunden, die in ihm den schlichten Volksmann sah.

Ein ganzes Stück Zeitgeschichte ahnen wir hinter den paar Versen (69 LP), die nach Anrufung des Zeus in trockenem Berichtston erzählen, die Lyder hätten den Verschworenen 2000 Statere gegeben, um den Angriff auf eine Stadt zu unterstützen. In anderer Weise, als wir dies bei Sappho sehen werden, wird hinter der Dichtung des Alkaios das große Lyderreich sichtbar, das für die Ostgriechen Lockung und Bedrohung war.

Daß Alkaios selbst in fremde Lande gegangen ist, können wir kaum bezweifeln, aber darüber hinaus bleiben uns nur Vermutungen. Daß er in einem Hymnos (325 LP) die Athena Itonia feierte, kann auf einen Aufenthalt in Böotien deuten, sein Lob der weichen Wasser des Hebros (45 LP) auf einen solchen in Thrakien, aber alles ist völlig vage. Nach Strabon (1, 37) hätte Alkaios selbst von seinem Aufenthalte in Ägypten gesprochen.

Die Geschichte von Freundschaft und Feindschaft des Alkaios und Pittakos ist für uns eine solche ohne sicheren Ausgang. Zwar wird erzählt[1], Pittakos habe Alkaios in seine Hand bekommen und ihn mit dem schönen Worte, Verzeihung sei besser als Rache, begnadigt. Aber von des Pittakos Edelmut hatte man um der Erbaulichkeit

[1] Diog. Laert. 1, 76. Diod. 9, 12.

willen so viele Geschichten erfunden, daß wir auch in diesem Falle zweifeln. Immerhin läßt es sich denken, daß Alkaios in seine Heimatstadt zurückkehrte. In liebenswürdigen Versen und, wenn wir uns nicht täuschen, mit bewußt fröhlicher Übertreibung begrüßt der Dichter seinen Bruder Antimenidas, der den Babyloniern Kriegsdienste geleistet hat und dabei ganz gewaltige Taten vollbracht haben will (350 LP). Dieses Kommen wird wohl eine Heimkehr gewesen sein, und Alkaios, der den Bruder begrüßt, denken wir uns dabei am liebsten in Mytilene.

In einem Gelagelied (50 LP) will er sich Myrrhen über das Haupt und die grauhaarige Brust gießen lassen. Es ist dies der einzige Hinweis auf seine spätere Lebenszeit.

Wir haben Alkaios bisher von einer einzigen Seite kennengelernt: als den Parteigänger einer Gruppe lesbischer Adeliger, dem in dem wechselvollen Ringen um die Macht Kampfeszorn und Haß, Jubel und Niedergeschlagenheit mit großer Unmittelbarkeit zum Liede wurden. Wir haben in dieses Bild noch einige Züge einzutragen.

Die Gedichte des Alkaios zeichnen sich nicht durch Bilderfülle aus. Das hängt mit ihrem Wesen zusammen, von dem später ein Wort zu sagen ist. Aber einem Bilde hat er in der Form breit und wirkungsvoll durchgeführter Allegorie Geltung für alle Folgezeit gewonnen, wenngleich es bereits von anderen vorbereitet war. Verse des Archilochos (56 D.) sprechen von hohem Wogengang bei gefährlich aufziehenden Wolken, und Herakleitos, ein Autor der frühen Kaiserzeit, belehrt uns, der Dichter spreche hier bildlich von drohender Kriegsnot[1]. Gehören die Verse eines Londoner Papyrus (56a D.) zu diesem Gedicht, so enthielt es auch die Weisung, Schiffe durch richtiges Manövrieren in Sicherheit zu bringen. Alkaios aber schildert (326 LP) in packenden Versen schlimmste Seenot: unentwirrbar der Winde Toben, Wasser schon über dem Mastschuh, das Segel in Fetzen. Auch für dieses Gedicht hat Herakleitos den allegorischen Charakter bezeugt, und es war eine schwerverständliche Verkennung dieser Kunst, dem widersprechen zu wollen. Der Rest eines Kommentares gestattet es, einige Verse dem bisher Bekannten anzuschließen[2]. Schwierige Fragen stellt ein Fragment (73 LP), das man vielfach – so auch in der Anthologie von Diehl – mit unserem Gedichte vereinigt hat. Die Klärung dieser Frage steht noch aus. Mit Sicherheit aber können wir dieselbe bildliche Rede in einem anderen Gedicht (6 LP) feststellen. Hohe Wogen künden schwere Seenot an, nun gilt es, den Schiffsbord zu verstärken und zum sicheren Hafen zu eilen. Keiner zaudere schwächlich, vielmehr heißt es, sich als rechten Mann zu bewähren, würdig der Väter, die in der Erde ruhen.

Diese Allegorie, die dem Alkaios ein so wichtiges Ausdrucksmittel war, hat als Bild vom Staatsschiff eine reiche Geschichte. Allein an die Tragödie und Horaz carm. 1, 14 sei erinnert. In unserer Zeit hat JEAN ANOUILH das Bild in seiner *Antigone* in prächtiger Weise erneuert. Man hat diese Gedichte des Alkaios unbewußt von ihrer

[1] F. R. ADRADOS ‹Origen del tema dela nave del estado en un papiro de Arquiloco›. *Aegyptus* 35, 1955' 206. D. VAN NES, *Die maritime Bildersprache des Aischylos*. Groningen 1963, 72. Gegen die allegorische Deutung der Fragmente des Archilochos und Alkaios zu Unrecht K. LATTE, *Kl. Schr.* München 1968, 719 (= *GGA* 207, 1953, 36).

[2] 305 + 208 LP, vgl. PAGE (s. u.), 186.

reichen Nachfolge aus betrachtet, als ob in ihnen bereits vom Staatsschiff in demselben Sinne die Rede wäre, in dem Aischylos den Eteokles der *Sieben*, Sophokles den Kreon der *Antigone* sprechen läßt und Horaz seine neu erwachte Teilnahme am Ganzen des Staates bekundet. Man darf jedoch den Unterschied nicht verkennen, der in den Zeiten liegt. Alkaios meint nicht den Staat im Sinne des späteren Politen, er meint das Schicksal seiner Gruppe und die Nöte, die es im Ringen um die Macht zu bestehen gilt.

In einem seltsamen Gedicht – seltsam, weil es aus einer Aufzählung von Gegenständen besteht und doch seine Wirkung nicht verfehlt – führt uns Alkaios an die Stätte, die einen wesentlichen Teil seiner Welt umschließt, in die Waffenkammer seines Hauses (357 LP). Da funkelt es von Erz, Roßschweife nicken von blanken Helmen, Beinschienen, Leibröcke und Schwerter aus Chalkis liegen bereit. Anfang und Ende der erhaltenen Partie biegen sich in schöner Rundung einander zu, die Nennung des Bogens findet keinen Platz. Wir befinden uns in einem Kreise, der in naher Verwandtschaft zu jenen Rittern von Chalkis und Eretria steht, die sich im Lelantischen Krieg den Verzicht auf Fernwaffen zum Gebote machten.

Wenn wir nach den Lebensbereichen des Alkaios fragen, so stellt sich sogleich neben die Waffenkammer der Männersaal als Ort fröhlichen Zechens. Kampf und Trunk sind zu allen Zeiten ein unzertrennliches Paar gewesen. Es stimmt schon, was bei Athenaios (10, 430) von dem Dichter gesagt wird: daß man ihn zu jeglicher Jahreszeit und unter allen Umständen beim Becher finde. Das wird dann in der Weise dieser verstaubten Gelehrsamkeit an Beispielen verfolgt, für die wir sehr dankbar sind. Da ist das prächtige Winterlied, dem Horazens *Vides, ut alta stet* ... nachgebildet ist, und jenes Gedicht, an dessen Beginn der Dichter vom Nahen des Frühlings spricht. Und sogleich vernehmen wir die Mahnung: Flugs füllet den Mischkrug! Das sommerliche Trinkgedicht aber ist in mancher Hinsicht bemerkenswert. Netze die Lungen mit Wein [1], heißt es da, der Hundsstern zieht seine Bahn, drückend ist die Jahreszeit, alles dürstet vor Hitze, der Sang der Zikaden schrillt und die Artischocke blüht. Die Weiber sind in Brunst, die Männer aber schlapp, da ihnen der Sirius Haupt und Knie sengt. Mit zwingender Kraft und Unmittelbarkeit steigt aus diesen Versen das Bild eines glutenden südlichen Sommertages mit seinem flirrenden Licht herauf, und doch ist der Dichter in keinem Zuge dieses Bildes selbständig. In Hesiods *Erga* 582ff. haben wir das Vorbild und können einmal mehr lernen, was Tradition in einer Kunst bedeutet, die sich nicht allein und nicht vornehmlich in der Schaffung des unbedingt Neuen zu bewähren sucht.

Dieser äolische Adel ist in seinen Lebensformen vielfach der echte Erbe der homerischen Welt. Auch hier gibt es keinen tröstlichen Ausblick auf das Sein jenseits des Todes. Eher ist man auf diesem Felde ein Stück ärmer geworden, denn auch die Zuversicht des epischen Helden, im Ruhme zu dauern, hat hier keine volle Entsprechung mehr. Wieder beginnt ein Gedicht (38 LP) mit der Mahnung zum Trunke, und Alkaios erinnert den Zechgenossen daran, daß der Weg über den Acheron für alle Zeit

[1] Zu dieser seltsamen Anatomie: Gellius 17, 11, 1.

der Weg aus dem lauteren Licht der Sonne ist. Horaz hat ihm das in der 4. Ode des 1. Buches nachgesungen. In diesem Gedicht des Alkaios begegnen wir auch, was nicht zu häufig geschieht, dem Mythos. Die Geschichte des Sisyphos dient als Beispiel dafür, daß auch der Schlaueste dem Tode nicht entgeht.

Was wir von Alkaios lesen, ist gegenüber den Ausgaben der Alexandriner, des Aristophanes und Aristarch, die mindestens zehn Bücher nach Sachgruppen umfaßten, klägliches Stückwerk. Wir werden daher sorgfältig auf alles achten, was uns gestattet, das Bild dieser Dichtung zu erweitern.

Das erste Buch der alexandrinischen Ausgabe enthielt die *Hymnen* und begann mit dem auf *Apollon* (307 LP). Die Prosawiedergabe in einer Rede des Himerios läßt erkennen, daß der Hymnos weniger an religiösem Gehalt als an farbiger Mythenerzählung bot. Hauptstück war die Epiphanie des Gottes zur Mitsommerzeit in Delphi, wo die ganze Natur sein Erscheinen grüßte. Von der Pracht dieser Dichtungen geben uns die eindrucksvollste Probe drei Strophen aus dem *Dioskurenhymnos*, die sich noch herstellen lassen. Die Zwillingsbrüder werden als Seehelfer gepriesen, die in Sturmnächten Schiffen in Seenot Rettung bringen. Wir können die Dioskurenhymnen der homerischen Sammlung und Theokrits vergleichen. Dabei ergibt sich eine Zahl verwandter Züge, die besondere Schönheit des lesbischen Gedichtes liegt jedoch in der Schilderung der Epiphanie: die göttlichen Jünglinge weisen sich in dem Elmsfeuer, das in angstvoller Nacht, trostvoll leuchtend, vom Tauwerk sprüht. Vom *Hermeshymnos* des Alkaios haben wir den Eingang und erfahren durch Porphyrio zum entsprechenden Gedicht des Horaz, daß der Römer dem Alkaios unter anderem einen besonders anmutigen Zug dankt: die Frechheit des Hermesknaben, der Apollon unversehens den Köcher stahl, ließ den Zorn des großen Bruders wegen des Rinderdiebstahls in einem Lächeln verlöschen. Von Hymnen auf andere Götter wie *Hephaistos* oder *Athena Itonia* sind Spuren erkennbar, von dem auf *Eros* (327 LP) der schöne, doch wohl vom Dichter erfundene Zug, der Gott sei ein Kind des Zephyros und der Iris, des Westwindes und der Götterbotin, die im Regenbogen niedersteigt. Anonyme Reste einer Erzählung, die aus einem *Artemishymnos* stammen können, haben die englischen Herausgeber (304) Alkaios zugewiesen. Wir hätten darüber besonders gerne Gewißheit, da hier die reizende Szene bei Kallimachos, wie Artemis sich von Vater Zeus ewige Jungfräulichkeit zusichern läßt, vorgebildet ist.

Die neuesten Texte, die wir 1951 durch den 21. Band der *Ox. Pap.* kennenlernten, haben unser Wissen von der Behandlung epischer Stoffe bei Alkaios beträchtlich erweitert[1]. Ein Bruchstück (283 LP) erzählt von dem Unglück, das Helenas Liebesbrunst über Troia brachte, ein anderes (298 LP) vom Frevel des lokrischen Aias, der Kassandra vom Bild der Athene riß. Wir haben früher von einem Trinklied gesprochen, in dem Alkaios die Sisyphosgeschichte als Beispiel verwendete. Es ließe sich denken, daß die letztgenannten Fragmente in einen ähnlichen Zusammenhang gehörten, doch widerrät einer solchen Deutung ein anderes Gedicht (42 LP). Da werden Helena

[1] Unsicher bleibt die Zuweisung von Ox. Pap. nr. 2378 an Alkaios: M. Treu, *Phil.* 102, 1958, 13; Gnom. 32, 1960, 744, 2.

und Thetis verglichen, wobei der Preis der Nereide zufällt. Das Stück, dessen Ende auf dem Papyrus deutlich bezeichnet ist, erweist sich auch durch die kräftig hervortretende Ringkomposition als in sich geschlossen. Wir müssen also damit rechnen, daß Alkaios aus dem epischen Schatze kleine Schmuckstücke herausgriff und für zwanglosen Vortrag in seinem Kreise zum Liede formte. Auch die Verse, die aus einem ganz kurzen Gedichte (44 LP) stammen und von dem Einschreiten der Thetis für den gekränkten Achilleus berichten, sind so zu beurteilen. Einen wertvollen Zuwachs unserer Alkaiostexte hat ein Papyrus Coloniensis (1. Jh. n. Chr.) gebracht[1]. Die alkäischen Strophen (die sich in den vv. 15–28 mit Pap. Ox. nr. 2303 fr. 1a = fr. 298 LP decken) erzählen den Frevel des lokrischen Aias und die von der Göttin verhängte Strafe. Wenngleich der Anfang des Gedichtes verstümmelt und für die Reste der letzten Verse Sicherheit nicht zu gewinnen ist, ob sie zu demselben Gedicht gehören, ist es doch sehr wahrscheinlich, daß die lange Erzählung von Aias umschlossen war von Verwünschungen gegen den eidbrüchigen Pittakos. Das Gedicht erwiese sich dann als wertvolles Zeugnis für eine Verwendung des Mythos[2], die diesem über das Paradigmatische hinaus auch eigene Geltung beläßt.

Kleine Splitter lassen uns ahnen, daß uns zu einem vollen Bilde der Dichtung des Alkaios manches fehlt. Den merkwürdigsten (10 LP) mag man *des Mädchens Klage* nennen, um so die motivische Verwandtschaft mit einem bekannten hellenistischen Lied (*Anth. Lyr.* fasc. 6, 197) zu betonen. Der erhaltene Eingangsvers enthält die Klage einer weiblichen Person über schweres Leid, dann ist, ohne daß wir den Zusammenhang erhellen könnten, vom Röhren des Hirsches die Rede. Wir haben hier ein in der Dichtung des Alkaios, soweit wir sie kennen, völlig vereinzeltes Stück Rollenlyrik vor uns.

Horaz hat (*carm.* 1, 32, 9) von Alkaios gesagt, er habe den Bakchos besungen, die Musen, Venus mit dem ihr stets anhangenden Knaben und den Lykos mit seinen dunklen Augen und dunklem Gelock. Auch andere römische Autoren[3] sprechen von erotischer Dichtung des Alkaios. In dem Erhaltenen ist weder der schöne Lykos aufgetaucht, noch sind irgendwelche Motive dieses Bereiches kenntlich geworden. Vielleicht, daß einzelne Namen der beim Zechen Angesprochenen so zu verstehen sind.

Einmal scheint es sogar philosophisch zu tönen. Aber der Satz, daß Nichts aus Nichts wird (320 LP), kann auch das Ergebnis eines ganz schlichten, philosophisch unbemühten Denkens sein, mag er auch später in verschiedenen Systemen eine fundamentale Rolle gespielt haben.

Die Kunst des Alkaios ist ihrer Wirkung ebenso sicher, wie es schwierig ist, den Grund hierfür anzugeben. Der Lebensbereich dieses äolischen Adeligen umfaßt als

[1] R. Merkelbach, ‹Ein Alkaios Papyrus›. *Ztschr. f. Pap. u. Epigr.* 1, 1967, 81.224; 2, 1968, 154. D. L. Page, *Lyrica Graeca Selecta.* Oxford 1968, fr. 138. H. Lloyd-Jones, ‹The Cologne Fragment of Alcaeus›. *Gr. Rom. and Byz. Stud.* 9, 1968, 125. C. Gallavotti, ‹Ricostruzione del nuovo carme d'Alceo›. *Quad. Urbinati* 8, 1969, 83; ders., ‹Aiace e Pittaco nel carme di Alceo›. *Boll. del com. per la preparazione dell' ed. naz.* N.S. 18, 1970, 3. G. Tarditi, ‹L'ἀσέβεια di Aiace e quella di Pittaco›. Ebda., 86.

[2] H. Eisenberger, *Der Mythos in der äolischen Lyrik.* Frankfurt 1956.

[3] Cic. *Tusc.* 4, 71. *De nat. deor.* 1, 79. Quintil. 10, 1, 63.

Wichtigstes den Kampf machthungriger Hetairien und das Gelage im Männersaal. Kaum Dinge, die uns um ihrer selbst willen anziehen. Hätten wir den ganzen Alkaios, so würde sich der Bestand an Motiven und vielleicht auch der an Ausdrucksformen erweitern, kaum aber würde sich unser Eindruck von der Persönlichkeit des Mannes ändern. Man kann seine Lyrik auch nur mit Einschränkung als Standesdichtung kennzeichnen. Gewiß, sie ist es insofern, als ihr ganzer Vorstellungsbereich radikal von dem Tun und Lassen einer scharf umgrenzten Gesellschaftsschicht bestimmt ist. Anderseits geht es dem Dichter aber nicht darum, die Werte, von denen diese Schicht geformt und geleitet ist, in seinen Gedichten aufzuweisen. Zumindest geht es ihm nicht primär darum, und gerade darin unterscheidet er sich aufs stärkste von einem Dichter wie Pindar, dessen Werk ein einziges Sichtbarmachen adeliger Werthaltungen ist. Die bedeutende Rolle der Gnome, des Sinnspruches, bei dem böotischen, ihr so gut wie völliges Zurücktreten bei dem lesbischen Dichter sind sinnfälliger Ausdruck dafür.

Die Gegenüberstellung mit Pindar als vornehmstem Vertreter der Chorlyrik bleibt auch lehrreich, wenn wir den Blick auf das Formale richten. Zu der im schweren Prunk der Beiwörter, der oft kaum mehr übersichtlichen, weitgespannten Satzfügungen, der vielfachen Aufhöhung einherschreitenden Sprache Pindars läßt sich kaum ein größerer Gegensatz denken als die schlichte Weise dieser lesbischen Dichtung. Zwar variiert Alkaios in bestimmten Grenzen. Dionysios von Halikarnaß hat (*de imit.* 2, 2, 8) fein bemerkt, daß man mitunter von seinen Gedichten nur das Metrum wegzunehmen brauche, um eine politische Rede vor sich zu haben; der Bericht über die geldliche Unterstützung der Aufständischen durch die Lyder liest sich zum Teil wie ein Stück aus einem Historiker. In den Hymnen jedoch ist die Höhenlage der Sprache eine andere, und in den Gedichten aus dem Mythos entspricht der stofflichen Anlehnung an das Epos eine stärkere in den sprachlichen Elementen. Überall aber laufen die Verse des Alkaios ohne schwere Fracht, und ihr leichter Fluß ergibt einen reizvollen Gegensatz zu der Strenge der äußerst kunstvollen, silbenzählenden Metrik des äolischen Liedes.

Fragen wir aber nach dem eigentlichen Grunde der Wirkung dieser Gedichte, an die wir zunächst mit allerlei Vorbehalten und Einschränkungen herangingen, so finden wir ihn in der einzigartigen Unmittelbarkeit, mit der ein starkes Temperament die Eindrücke der umgebenden Welt in all ihrer Buntheit mit klaren Umrissen und großer Leuchtkraft Wort werden ließ. Man lege das winterliche Trinklied neben Horazens davon inspiriertes Gedicht, um diese Unmittelbarkeit richtig einzuschätzen. Wie stehen die knappen Glieder *Zeus regnet, vom Himmel gewaltiger Sturm, gefroren sind die Wasserläufe* neben der geschliffenen Glätte des Horazischen Gedichtes, das die alkäische Strophe mit der sorgfältigen Architektonik seiner Sätze kunstvoll überwölbt. Überall geht es bei Alkaios um die einzelne, mit Lebhaftigkeit aufgenommene Impression: seine Verse reflektieren sie mit jener scheinbaren Kunstlosigkeit, die nur im Bereiche großer Kunst zu finden ist. Da winken die großen, bunten Becher dem Dürstenden vom Borde, da bewundert er den goldgefaßten Elfenbeingriff am Schwert des heimgekehrten Bruders, sieht er das Elmsfeuer von den Tauen sprühen. Und selbst dort, wo er durch die Allegorie zu uns spricht, in den Bildern des Schiffes in Seenot, ist alles mit einer Unmittelbarkeit geschaut, die dazu verführt hat, das Sinnbildliche dieser Verse zu verkennen. Wir haben früher zu dem Sommergedicht die Stelle bei Hesiod genannt, aus der die Einzelmotive genommen sind. Aber auch hier ist es eindrucksvoll, zu sehen, wie aus epischer Schilderung bei Alkaios die drängende Folge kurzer Glieder wird. Dionysios hat das Richtige gesehen, wenn er von der Kürze und der Süße voll Kraft spricht, die den Versen dieses Dichters eignet.

Sappho entstammt derselben adeligen Schicht wie Alkaios, so wenig ihre Welt mit der seinen gemein hat. Auch in ihr Leben haben die Machtkämpfe auf Lesbos gegriffen und sie für eine Zeit in die Verbannung getrieben. Dieses Stück ihrer Lebensgeschichte bietet uns den verläßlichsten Anhalt, den wir für die Bestimmung ihrer Zeit besitzen. Die Angaben des Marmor Parium (36) gestatten es, ihre Flucht nach Sizilien auf die Jahre zwischen 604/03 und 596/95 festzusetzen. Variierende Ableitungen aus der Chronik des Eusebios geben für ihre Blüte 600/599 oder 595/94. Sie scheint die um ein geringes ältere Zeitgenossin des Alkaios gewesen zu sein.

Sappho wurde die ganze Antike hindurch viel gelesen, und so begegnet uns eine Reihe von Notizen, die sichtlich aus ihren Versen gewonnen sind, wie auch wir dem Erhaltenen manche Einzelheit entnehmen. Wo wir den Reflex in der Dichtung nicht mehr besitzen, ist derlei von geringem Interesse und kaum kurzer Aufzeichnung wert: Skamandronymos der Vater, Kleïs die Mutter, der Geburtsort auf Lesbos dem Streite unterworfen. Das dürfte sich so lösen, daß Sappho in Eresos geboren ist, im wesentlichen aber in Mytilene gelebt hat. Ihr Name erscheint in den Resten der antiken Texte und auf Münzen in der undissimilierten Form Psappho[1]. Wir hören, daß sie in ihren Gedichten mit Stolz von ihrem Bruder Larichos gesprochen hat, der im Rathaus bei festlichem Anlaß den Schenken machte. Sappho hat an ihren Brüdern nicht allein Freude gehabt, und es gab da eine Geschichte, die Herodot[2] erzählt, von der aber auch kostbare Verse der Dichterin zu uns sprechen. Ihr Bruder Charaxos hat es mit dem Handel versucht und ist mit lesbischem Wein nach Naukratis, der griechischen Handelsstadt im Nildelta, gefahren. Ein solches Unternehmen lag in der Zeit und muß nicht mit der Welle von Verbannungen zusammenhängen, die über Lesbos ging. Naukratis hatte sich seit dem Ausgange des 7. Jahrhunderts rasch zu bedeutender Blüte entwickelt und war so recht der Boden für das Gewerbe großer Kurtisanen. Eine von ihnen war Doricha, in deren Netzen sich Charaxos fing. Er kaufte sie frei und ließ sich von ihr ausgiebig plündern. Wir besitzen ein im wesentlichen herstellbares Gedicht (5 LP), mit dem Sappho die Heimfahrt des Bruders begleitet. Kypris, die als Aphrodite Euploia den Schiffen gute Fahrt schenken kann, und die Nereiden ruft sie, daß sie den Bruder heil in die Heimat führen. Frühere Schuld soll er tilgen und wieder zu Ehren kommen, was in der Sprache adeliger Ethik heißt, er möge seinen Freunden eine Freude, seinen Feinden jedoch ein Harm werden. Die Schwester

[1] Die Stellen der Gedichte: 1, 20. 65, 5. 94, 5. 133, 2 LP. G. ZUNTZ, ‹On the Etymology of the Name Sappho›. *Mus. Helv.* 8, 1951, 12.

[2] 2, 135, wo die Hetäre jedoch Rhodopis heißt.

aber soll er in Ehren halten, sie von dem Kummer befreien, den er einst über sie gebracht. Die Wärme schwesterlichen Fühlens, die aus den Versen spricht, rührt uns an, als wäre das Gedicht ein Zeugnis unserer Tage. Wir genießen es als einzelnes, dürfen aber nicht übersehen, daß es in einem Zusammenhange stand, der seine Peripetien hatte, uns jedoch nur zu kleinen Teilen bekannt ist. Ein zweites Gedicht (15 LP) begleitet vielleicht den Bruder auf neuer Fahrt. Das ist ganz unsicher, deutlich aber die Verfluchung Dorichas, die sich keines zweiten Sieges über Charaxos rühmen möge. Eine der merkwürdigsten Quellen für Sapphos Leben ist der Brief an Phaon, den Ovid die Dichterin im 15. Stück seiner *Heroides* schreiben läßt. Glaubwürdiges ist da mit anekdotischem Wust eine seltsame Verbindung eingegangen. Unter das Erste möchten wir die Verse zählen, in denen Sappho darüber klagt, daß der Bruder dem Verlust die Schande gesellt und nun verarmt das Meer befährt. Ihr wohlgemeintes Mahnen hat er ihr mit Haß vergolten. Auch Herodot weiß, daß Sappho den Bruder nach seiner Rückkehr von Naukratis heftig schalt. So mag das schöne Geleitgedicht einen Hoffnungsstrahl darstellen, dem voller Sonnenschein nicht folgte.

Neuere haben sich von dem Dasein der Sappho so seltsame Vorstellungen gemacht, daß sie einem Gatten darin keinen Platz anzuweisen vermochten. Mit dem reichen Manne Kerkylas aus Andros mußte dann auch die Tochter Kleïs aus der Geschichte getilgt werden. Heute, wo uns durch neue Funde das Verhältnis der Dichterin zu ihrem Kinde reizvolle Lebendigkeit gewonnen hat, darf das als erledigt gelten. Da sind zunächst Verse (132 LP), die uns später noch von Bedeutung sein werden: *Mein ist ein schönes Kind, goldenen Blumen vergleichbar an Gestalt, Kleïs, die geliebte. Für sie möchte ich nicht ganz Lydien tauschen, nicht das liebliche ...* Aus einem Kopenhagener und einem Mailänder Papyrus wird uns in glücklicher Weise ein Gedicht[1] kenntlich, das ebenso anmutig wie in mancher Hinsicht bemerkenswert ist. Zunächst spricht Sappho zu ihrem Kinde von Ratschlägen, die ihre Mutter einst für die Toilette junger Mädchen gab: eine Purpurbinde im Haar kleide gut, die Blonden würden besser Kränze als Kopfschmuck wählen. Aus Sardes aber sei die Mode bunt gewirkter Hauben gekommen, die – so ergänzen wir – sich jedes Mädchen und natürlich auch Kleïs wünscht. Aber Sappho weiß nicht, woher ihr eine solche kommen soll. Es folgen Verse, deren Wortlaut nicht zu sichern ist, aber deutlich wird von dem *Mytilenäer* gesprochen, ferner von den *Kleanaktiden* und von Flucht. Es besteht also kein Zweifel, daß Sappho hier jene Wirren auf Lesbos meint, die wir aus den Gedichten des Alkaios kennen. Dies ist bemerkenswert, weil wir einen so ausführlichen Bezug auf das politische Geschehen sonst in dem Erhaltenen nicht finden. In der Weise, wie Sappho die Kämpfe der Männer mit einer Frage modischen Haarschmuckes verbindet, gibt sich die ausschließliche und unmittelbare Bezogenheit dieses Dichtens auf das Leben der Frau reizvoll zu erkennen. Auch wird in der so wichtigen Mitra-Frage der große lydische Kulturhintergrund sichtbar, vor dem das Leben dieser östlichen Inselgriechen steht.

[1] 98 LP, dazu SCHADEWALDT, *Studies pres. to D. M. Robinson.* Saint Louis 1951, 499 und PAGE (s. u.), 97.

Bei Ovid tröstet sich Sappho mit ihrem Ruhme darüber, daß ihr die Natur körperliche Reize, insbesondere hohen Wuchs und hellen Teint versagte. Dies ist nach dem Ausweis der Quellen[1] ein festes Element ihrer Biographie gewesen, das richtig sein kann.

Bei manchen Fragmenten[2] läßt sich denken, daß sie zu einer Klage der Dichterin über die entschwundene Jugend gehören, aber im Grunde wissen wir über Sapphos Alter nichts und entbehren dies kaum. GUNDOLF hat in seinem Goethebuch vermerkt, daß wir gewohnt sind, die großen Gestalten der Weltliteratur in einer bestimmten Lebensstufe vor Augen zu haben. Für Sappho ist dies die reife Höhe eines Frauenlebens, das, aller Schönheit und Jugend weit offen, von den Schatten der Vergänglichkeit noch nicht in seiner Helle gemindert ist.

Man hat sich in der Antike nicht damit begnügt, aus den Gedichten Sapphos diesen und jenen Zug herauszuklauben, ihre Gestalt lockte zu ungezügeltem Fabulieren. Romanhaft wurde ihr Ende ausgestaltet. Unser ältester Zeuge ist Menander in der *Leukadia* (Strab. 10, 452). Allerdings spielt er auf die Geschichte in einer Weise an, die erkennen läßt, daß sie damals bereits Tradition gewesen ist. Da sich schon die Mittlere Komödie mit der Gestalt der Dichterin beschäftigte, ist das weiter nicht zu verwundern. Menander berichtet (seltsamerweise in Anapästen), Sappho habe dem stolzen Phaon nachgestellt und sei dann als erste von dem hochragenden Felsen in die Tiefe gesprungen. Damit ist das Kap von Leukas gemeint, auf dem Apollon Leukatas einen Tempel hatte. Die Fabelei, die bei Ovid ins Bürgerliche übersetzt ist und Grillparzer den Ansatz für sein Drama bot, ist motivgeschichtlich sehr interessant. Es zeigt sich nämlich, daß dieser Phaon ursprünglich ein mythisches Wesen war. Antike Berichte (211 LP) kennen ihn als tüchtigen Fährmann, der den Dienst von Lesbos zum Festlande vermittelte und sich besonders die Gnade der Aphrodite gewann. Vollends legt diese seltsame Gestalt für uns die Maske ab, wenn wir hören, daß Aphrodite ihn liebte und in Lattich verbarg. So kommen wir auf einen Vegetationsdämon des aphrodisischen Kreises, der in naher Verwandtschaft zu Adonis steht. Da uns ausdrücklich gesagt wird, daß Sappho des öfteren von diesem Phaon sang, ist leicht zu begreifen, wie aus derlei die Geschichte von ihrer eigenen Liebe zu dem schönen Jüngling wurde. Die Komödie mag mit solcher Erfindung vorangegangen sein. Schwieriger ist der Sprung vom Leukadischen Felsen zu verstehen. Die Vorstellung begegnet auch sonst, und am ehesten können uns zwei Verse des Anakreon (17 D.) helfen, in denen er sich in Liebestrunkenheit wünscht, vom Leukadischen Felsen ins grauschäumende Meer zu tauchen. Dieser Fels ist ursprünglich ein mythisches Lokal, das mit Jenseitsvorstellungen zusammenhängen mochte (Od. 24, 11), und der Sprung von ihm bedeutete ein Versinken in das Nichts und Vergessen. Hat auch diesen Zug der Phaongeschichte die Dichterin selbst verursacht, indem sie einmal diese Wendung gebrauchte? Es ist wohl zu vermuten[3].

[1] PAGE (s. u.), 133, 0. [2] So 58 LP, vgl. SCHADEWALDT (s. u.), 157.

[3] Keine Gewähr hat die Vermutung J. CARCOPINOS, *De Pythagore aux apôtres*. Paris 1956, Sapphos Sprung vom Leukadischen Felsen sei eine pythagoreische Erfindung aus dem Tarent des 4. Jahrhunderts.

Wir überblicken das Werk Sapphos dank zahlreichen Papyrusfunden heute so weit, um sagen zu können, daß in ihm eine Gruppe von Dichtungen eine Sonderstellung einnahm. Es waren dies die *Hochzeitslieder*, die man in der Antike besonders liebte. Catulls Nachbildungen sind das schönste Zeugnis dafür. Schon insoferne stehen diese Lieder an besonderer Stelle, als sie Sappho, die Meisterin des lesbischen Einzelsanges zur Leier, für den Vortrag durch Chöre verfaßte.

Anders als bei Alkaios haben die Alexandriner die Gedichte Sapphos nicht nach Sachgruppen, sondern nach Versformen geordnet. Sinngemäß umfaßte das erste Buch die Gedichte in sapphischen Strophen. Hypothese bleibt es jedoch, daß unter neun Büchern dieser Ausgabe das letzte die *Hochzeitslieder* umfaßte. Eine gewisse Stütze für diese anhangsmäßige Stellung der *Epithalamien* bietet ein neuer Papyrus (103 LP) mit Resten einer Art Bestandsaufnahme der sapphischen Dichtungen.

Trotz den so zahlreichen Papyrusfunden überblicken wir nur kleine Splitter von Sapphos lyrischem Werk. Daß unter diesen die Reste aus den *Hochzeitsliedern* besonders karg sind, ist angesichts dessen, was wir von ihnen noch fassen, schmerzlich genug. In Sapphos *Epithalamien* haben wir es vor Augen, wie volkstümliche Brauchtumsdichtung in all ihrer blumenhaft natürlichen Frische von einer großen Dichterin aufgenommen und im Bereiche ihrer Kunst zu Gebilden gestaltet wird, die vollendete Form gewinnen, ohne den Reiz des volkhaft Gewachsenen zu verlieren. Lieder solcher Art begleiteten die Braut auf ihrem Wege in die neue Heimstatt und erklangen vor dem Gemache der Neuvermählten[1]. Da wird das Glück des Bräutigams, wird die Schönheit der Braut gepriesen, und Sappho, die mit Bildern weniger karg ist als Alkaios, hat hier ihre schönsten verstreut. Wie ein rotbackiger Apfel auf hohem Zweige prangte das Mädchen. Die Pflücker haben ihn vergessen – doch nein, nicht vergessen, sie konnten nur nicht bis zu ihm gelangen (105a LP). Das kann als Preis der Unberührtheit gemeint sein, bei den schalkhaften Zügen solcher Dichtung ist es jedoch nicht auszuschließen, daß die Verse einer Braut galten, die nicht mehr in frühester Jugend zur Ehe kam. Oder ein anderes Bild (105c LP): die Hyazinthe im Gebirge sinkt zu Boden, achtlos von den Füßen der Hirten zertreten. Das kann auf die Roheit des Mannes gehen, der dessen nicht achtet, was er nimmt, doch ist FRÄNKELS Deutung zu erwägen, die Unberührtheit der Braut werde durch das Gegenbild einer erhöht, die sich unbedacht weggeworfen hat. Zum Zartesten griechischer Dichtung gehören zwei Verse eines Zwiegespräches (114 LP). Da klagt das Mädchen: *Jungfernschaft, Jungfernschaft, wohin schwindest du von mir?* Die Jungfräulichkeit antwortet: *Nimmermehr komme ich zu dir, nimmermehr.* Vergleichbar ist nur der Abschied der Jugend, wie Raimund ihn gestaltet hat, und wir scheuen den Vergleich nicht, denn in beiden Fällen hat wirkliche Dichtung aus demselben Quell, ganz nahe seinem Ursprung, geschöpft. Auch fröhliche Bescheltung, wie sie zu solchem Brauchtum gehört, fehlt nicht in den erhaltenen Versen. Vor der Tür des Hochzeitsgemaches hält einer der Burschen Wache, leicht könnten sich sonst die Mädchen ihrer Genossin annehmen, die nun ihrem Bereiche entrissen wird. Sie sind dem Türhüter nicht freundlich ge-

[1] Zur Bezeichnung der Lieder R. MUTH, ‹Hymenaios und Epithalamion›. *Wien. Stud.* 67, 1954, 5.

sinnt und höhnen (110 LP): sieben Klafter lange Füße hat er, für seine Sandalen brauchte man fünf Ochsenhäute, und zehn Schuster haben sich daran gemüht.

Für sich steht ein Stück sapphischer Dichtung (44 LP), dem man trotz manchen grammatischen und prosodischen Besonderheiten wohl zu Unrecht seine Echtheit bestreiten wollte. Da kommt der troische Herold Idaios und meldet das Nahen des Schiffes, das Andromache zur Hochzeit mit Hektor nach Troia bringt. Wieder verrät sich die Frau, wenn seine Rede in die locker reihende Aufzählung von kostbarem Schmuck und Gerät ausgeht. Nun fährt alles der Ankommenden entgegen, und nach einer Lücke hören wir von dem Einzug des jungen Paares, den Jubel und Musik begleiten. Was will dieses Gedicht? Sein Ende ist erhalten, und ein Abbiegen vom Mythischen weg schließt sich aus. Trotzdem wollte man es immer wieder als ein Hochzeitslied auffassen, in dem der Glanz der Sage das Fest der Vermählung überstrahlen sollte. Aber die Geschichte von der Hochzeit des Mannes, dessen Leichnam Achilleus schleifte, und der Frau, die Sklavin wurde, ist alles eher als ein gutes Omen für eine Feier dieser Art. Die Entscheidung ist schwierig, aber wir haben unter den Fragmenten des Alkaios Lieder gefunden, die wir nicht anders zu deuten wußten als aus der Freude am mythischen Bild um seiner selbst willen. Wir möchten für die Auffassung des fraglichen Sapphogedichtes diese Möglichkeit offen halten.

Mehrere der *Hochzeitslieder* sind daktylisch, und da beobachten wir, wie Sappho in solchen Stücken ungleich stärker als sonst Elemente der epischen Sprache aufnimmt[1]. Das ist erklärlich und schon bei Archilochos zu beobachten. Das Lied von Andromaches Hochzeit ist in äolischen Daktylen gehalten, und diese metrische Nähe zum Epos erklärt seinen besonderen Reichtum an homerischem Gut, besonders an zusammengesetzten Adjektiven als schmückenden Beiwörtern. Hingegen ist die Syntax mit ihrer schlichten Reihung knapper Glieder durchwegs die Sapphos.

Die chorischen *Hochzeitslieder* waren nur ein kleiner Teil ihres Werkes. Das Einzellied zur Leier war die ihr eigene Ausdrucksform, ihr persönliches Erleben der Inhalt dieser Dichtungen. Ehe wir in diesen innersten Bereich ihrer Kunst treten, sind einige schwierige Verse zu besprechen. Aristoteles gibt in seiner *Rhetorik* (1367 a. 137 LP) Teile eines Dialoges in alkäischem Maß, als dessen Partner er Alkaios und Sappho nennt. Der Mann: *Ich möchte dir etwas sagen, aber mich hindert Scham.* Die Frau: *Hättest du nach Gutem Begehr oder nach Schönem und braute deine Zunge nicht häßliches Wort, Scham läge nicht auf deinen Augen, sondern du würdest sprechen über das, was Rechtens ist.* Nun gibt es unter den Fragmenten des Alkaios eines (384 LP) mit der im Zwölfsilbler gehaltenen Anrede: *Veilchenlockige, reine, holdlächelnde Sappho.* Das läßt sich unmittelbar vor den ersten der Verse bei Aristoteles setzen, wenn man mit Bergk auch hier einen Zwölfsilbler liest. Formal ist an dem Vers allerdings einiges merkwürdig[2], vor allem Σάπφοι statt des nach der Überlieferung erwarteten Ψάπφοι. Nun ist es immerhin Aristoteles, der das Gespräch Alkaios und Sappho gibt, und Page hat richtig be-

[1] Einzelheiten dieser Art verzeichnet für alle erhaltenen Autoren Diehls *Anth. Lyr.* sehr gewissenhaft. Zu Sappho 44 Page (s. u.), 66.

[2] Page (s. u.), 108, 1.

merkt, daß sich kein vernünftiger Grund einsehen läßt, der diese Auffassung hinderte. Auch scheint der Maler einer rf. Vase aus dem 5. Jahrhundert[1], der Sappho und Alkaios in ausdruckstarker Haltung gegenüberstellt, unsere Verse gekannt und wie Aristoteles verstanden zu haben. Aber der Zweifel ist hier doch nicht erst Kind des modernen Skeptizismus, Aristotelesscholien enthalten den Reflex einer Debatte, ob hier nicht einfach dichterische Gestaltung des Motivs der abgewiesenen Werbung vorliegt, ohne daß wir den Sprechenden Namen geben dürften.

Unvorsichtig war es, aus Versen (121 LP) mit der Ablehnung eines zu jungen Bewerbers ein Stück Sapphobiographie zu machen. Das Bruchstück ist bemerkenswert, da in ihm Freundschaft zwischen Mann und Frau von der Gemeinsamkeit des Lagers scharf geschieden wird. Aber seine Beziehung bleibt völlig offen, da wir Rollenlyrik, die in fremder Maske spricht, auch sonst für Sappho bezeugen können. Die ganz volksliedhafte Klage des Mädchens zur Mutter (102 LP), es könne nicht am Webstuhl schaffen, von Sehnsucht nach dem Knaben bezwungen, hat Sappho gewiß nicht im eigenen Namen gesungen. Das sind Lieder nach der Art jener Verse, in denen ein Mädchen zu nächtlicher Stunde sein einsames Lager beklagt (94 D.)[2]. Sie stammen kaum von Sappho, bezeichnen aber die Gattung.

Nach dem Stande des Erhaltenen hat Sappho in den meisten ihrer Gedichte von ihrer eigenen Welt gesprochen, und es ist die Stimme einer Liebenden, die wir vernehmen. Mädchen ihres Kreises – in manchen Fällen vermögen wir sie zu benennen – erwecken ihr die Sehnsucht eines Herzens, das ewig sucht, entzücken und enttäuschen sie, quälen sie und machen sie glücklich. Jene beiden Gedichte (1. 31 LP), auf denen allein vor dem Einsetzen der Papyrusfunde Sapphos Ruhm gründete, entstammen dieser Welt des Fühlens. Das *Gebet an Aphrodite*[3] ruft die Göttin als Helferin in der Not unerfüllten Sehnens. Dieser Ruf um ihr Erscheinen und ihren Beistand ertönt zu Beginn und zu Ende des vollständig erhaltenen Gedichtes. Nun ist es ein fester Zug kultischer Rufehymnen, den Gott an das Früher zu erinnern, da er Gaben empfing oder Gnaden erteilte. Aus dem von der Tradition Gegebenen hat Sappho in der Weise griechischer Kunst Eigenes gestaltet und in den Rahmen, den Anfang und Schluß formen, das Bild früherer Erscheinungen der Göttin eingetieft. Da fuhr Aphrodite auf goldenem Wagen nieder zur dunklen Erde, gezogen von Sperlingen, die emsig ihre Flügel regten, und neigte sich Sapphos Bitten. Lächelnd, wie man zu einem etwas schwierigen Kinde spricht, fragte die Göttin, was denn Sappho wieder zugestoßen sei, worum sie denn wieder riefe und was sie so sehnlich wünsche. Und wie sie damals Gewährung versprach, so möge sie jetzt auch Erfüllung schenken! Der Zauber sapphischer Gedichte ist schwer in Worten einzufangen, aber ein besonderer Reiz dieses Aphroditegebetes beruht auf einem seltsamen Gegensatz. Das Gedicht ist voll heißer, drängender Leidenschaft und ist doch zu gleicher Zeit von einer

[1] FURTW.-REICHH. T. 64.

[2] G. JACHMANN, *Rhein. Mus.* 107, 1964, 25, der die Echtheit erwägt.

[3] G. AUR. PRIVITERA, ‹La rete di Afrodite. Ricerche sulla prima ode di Saffo›. *Quad. Urbinati* 4, 1967, 7. T. KRISCHER, ‹Sapphos Ode an Aphrodite›. *Herm.* 96, 1968, 1.

Sappho gestaltet, die sich selbst Objekt ist und beobachtend über der Situation steht. Der Aufbau aus Rahmenteilen, die sich auf das Jetzt beziehen, und einem Innenstück, das Vergangenes erinnert, ist Ausdruck dieser Antinomie, die ein entscheidender Wesenszug sapphischen Dichtens ist.

Im Grunde kehrt er in dem Gedichte wieder, das der kaiserzeitliche Autor der Schrift *Vom Erhabenen* als Beispiel vollendeter Pathosschilderung erhalten und das Catull nachgebildet hat[1]. Den Göttern scheint Sappho der Mann zu gleichen, der da ruhig dem Mädchen gegenübersitzt, ihr Geplauder, ihr Lachen hört. Sappho aber verstört ein Blick auf das geliebte Antlitz das Herz: die Zunge erstarrt, feines Feuer läuft unter der Haut hin, die Augen sehen nicht mehr, die Ohren brausen, Schweiß bricht aus, Zittern befällt sie, und totenblaß scheint sie dem Ende nah. Mit den für uns rätselhaften Worten *doch alles ist zu ertragen, da* ... bricht der Text ab.

Diese Schilderung der Symptome erotischer Leidenschaft hat über mehr als ein Jahrtausend aufs nachhaltigste gewirkt. Noch Aristainetos, der späte Verfertiger erotischer Pasticcio-Literatur, hängt über viele Zwischenglieder von Sappho ab, wenn er das Leiden eines verliebten Mädchens schildert. Die Auffassung des antiken Menschen von der Liebe als einer irrationalen Macht, die den Menschen wie eine Krankheit befällt, hat in Sapphos Versen vollendeten Ausdruck gefunden.

Entstammen sie einem Hochzeitsgedicht, wie die meisten glauben? Ganz sicher nicht in dem Sinne, daß die Dichterin diese Schilderung ihrer Verstörung zur Verherrlichung der Braut einer Hochzeitsgesellschaft vorgetragen hätte! In diesen Versen befreit sich ein Mensch von der Unerträglichkeit eines Zustandes durch dessen Objektivierung im Kunstwerk. Die Situation, die das Gedicht voraussetzt, mag freilich die der Hochzeitsgesellschaft sein, das vertrauliche Gegenüber von Mädchen und Mann ist dort am leichtesten zu denken.

Kaum sonstwo sehen wir Sappho in solchen Flammen. Vom Brande des Begehrens singt sie einmal (48 LP) und von Eros, der ihr Inneres erschüttert wie der Bergwind, der in die Eichen fällt (47 LP). An anderer Stelle (130 LP) nennt sie den Gott mit berühmt gewordener Wortprägung das süßbittere Untier, gegen das es Hilfe nicht gibt. Ihr Wunsch, die tauigen Lotosufer des Acheron aufzusuchen (95 LP), kommt wohl aus einer Stimmung wie der des besprochenen Gedichtes. Aber Sapphos Leier hat viele Töne. Ihre Sehnsucht lächelt in einem Gedichte (16 LP)[2], das von der Verschiedenheit menschlichen Wertens ausgeht. Reiter oder Fußvolk oder eine Flotte erscheinen diesem und jenem als das Schönste, Sappho aber das, was einer lieb hat. Und so möchte sie der Anaktoria reizendes Schreiten und das Licht auf ihrem Antlitz lieber sehen als Wagen und Waffen der Lyder. In deren Land ist manches ihrer Mädchen als Frau gezogen. Eines ihrer schönsten Gedichte (96 LP) setzt das voraus, und auch in

[1] M. MANFREDI, ‹Sull'ode 31 L.P.›. *Pap. Soc. It. omaggio al 11. congresso int. di papirol.* Milano 1965, 16. G. AUR. PRIVITERA, ‹Ambiguità antitesi analogia nel f. 31 L.P. di Saffo›. *Quad. Urbinati* 8, 1969, 37 (mit Bibliogr.). G. JACHMANN, ‹Sappho und Catull›. *Rhein. Mus.* 107, 1964, 1. (Gegen die Annahme eines Hochzeitsliedes).

[2] G. L. KONIARIS, ‹On Sappho fr. 16 (L.P.)›. *Herm.* 95, 1967, 257. G. AUR. PRIVITERA, ‹Su una nuova interpretazione di Saffo›. *Quad. Urbinati* 4, 1967, 182.

ihm ist die Sehnsucht weich und verhangen. Mit Atthis spricht sie von einer fernen Freundin[1], die nun in Sardes lebt. Jetzt leuchtet sie unter Lydiens Frauen hervor, wie der Mond die Sterne überstrahlt. Und nun wird aus dem Vergleich eine in ihrer klanglichen Wirkung unvergleichliche Schilderung der Mondnacht mit ihrem Licht über Salzflut und Blumenfluren, dem schimmernden Tau und all dem üppigen Blühen. Hier spricht ganz einfach die Ponderation der Verse dagegen, daß wir es mit einer beschreibenden Ausladung des Vergleiches zu tun hätten, wie sie Homer kennt. Die Mondnacht, die da geschildert wird, ist jene, in der Sappho und Atthis die Gedanken über das Meer zu der Fernen senden.

Wer sich nicht auf den ästhetischen Genuß dieser Gedichte beschränkt, dem wird bei jedem Schritt die Frage nach den Lebensformen brennender, aus denen sie hervorgegangen sind. Die Antworten pendeln seit Jahrhunderten zwischen Extremen. Die Lasterhafte in Pierre Bayles Sapphoartikel (1695) bezeichnet das eine, die Vorsteherin eines Mädchenpensionates, zu der Wilamowitz sie machte, das andere[2]. Im Grunde sind die Pole schon in der Antike gleich weit entfernt. Maximos von Tyros hat Sappho mit Sokrates verglichen, während wir bei Seneca die Frage finden, *an Sappho publica fuerit*[3]. Man versteht es, daß antike Grammatiker Sappho spalteten. In der *Suda* erscheinen zwei des Namens, von denen die eine den Unrat zu tragen hat.

Uns ist ein volles Bild der lesbischen Gesellschaft versagt, aber von vorneherein dürfen wir annehmen, daß der Geschlossenheit des männlichen Adels in Kampf- und Zechgemeinschaft auf weiblicher Seite der Wunsch nach Bindungen entsprach, die ein geistiges Verkümmern in solcher Welt zu verhindern imstande waren. Sapphos Gedichte bestätigen dies und geben bei aller Kargheit der Zeugnisse doch manchen wertvollen Einzelzug. Man ist heute vorsichtig geworden, das Bild Sapphos und ihres Kreises nicht zu sehr in pädagogische Vorstellungen abgleiten zu lassen. Aber darüber verliert die Tatsache nicht an Bedeutung, daß wir die Dichterin als Mitte einer Gruppe junger Mädchen erkennen, die sich ihr eng anschlossen. Die *Suda*, die Namen nennt, spricht von Schülerinnen Sapphos. Wir wollen auf die späte Notiz nicht übermäßig viel Gewicht legen, aber ein Kreis junger Menschen um Sappho war da, und wir können die wichtige Feststellung hinzufügen, daß er für das Mytilene jener Zeit durchaus keine Einzelerscheinung gewesen ist. Wir wissen von Andromeda und Gorgo, die Sappho als Rivalinnen empfand und auf die sie bitterböse werden konnte. Andromeda hat ihr die Atthis weggenommen (131 LP), die einst als unscheinbares Mädchen ihr Herz gewann (49 LP) und der wir auch sonst in ihren Liedern begegnen. Gegen Andromeda geht auch der Spott (57 LP) über das Bauern-

[1] Ihr Name wird Arignota sein. Doch ist diese Deutung bestritten, vgl. PAGE (s. u.), 89.

[2] Die Geschichte der Sapphoauffassung: H. RÜDIGER, *Sappho. Ihr Ruf und Ruhm bei der Nachwelt. Erbe der Alten.* 21, 1933. Ders., ‹Das sapphische Versmaß in der deutschen Literatur›. *Ztschr. f. Deutsche Philol.* 58, 1933, 140. R. MERKELBACH, ‹Sappho und ihr Kreis›. *Phil.* 101, 1957, 1. Vgl. auch den Sammelband *El Descubrimiento del Amor in Grecia.* Madrid 1959. P. VON DER MÜHLL, *Mus. Helv.* 21, 1964, 172. G. JACHMANN, *Rhein. Mus.* 107, 1964, 3, tadelt WELCKER und WILAMOWITZ wegen ihrer pedantischen Beurteilung Sapphos, hält aber an der Reinheit der Dichterin fest. M. TREU, ‹Neues über Sappho und Alkaios (P. Ox. 2506)›. *Quad. Urbinati* 2, 1966, 9. BR. GENTILI, ‹La .eneranda Saffo›. *Ebda.*, 37.

[3] Max. Tyr. *Diss.* 18, 9. Seneca *ep.* 88, 37.

weib, das den Mantel nicht um die Fußknöchel zu ziehen versteht. Dezenz des Auftretens hat in diesem Kreise viel bedeutet, und die archaischen Mädchenfiguren von der Akropolis geben eine gute Illustration dazu.

Wir können vom Leben dieses Kreises um Sappho immerhin ein genügend klares Bild gewinnen, um so manche Vorstellung der Neueren unerklärlich zu finden. Da ist ein an zarten Tönen reiches Gedicht (94 LP), dessen erhaltener Teil mit dem Todeswunsche Sapphos beginnt. Tief schmerzt der Verlust der Freundin, die von ihr scheiden mußte. Ihren Trost aber sucht sie in der Erinnerung an die Stunde des Abschieds, in der sie die Stärkere, Beherrschte war und die Schluchzende an all das Schöne, Gemeinsame erinnerte. Von vielen duftenden Blumengewinden und Salben hören wir da, von köstlicher Rast und in dem verstümmelten Endteil vom heiligen Ort oder Fest, wo sie niemals gefehlt. Eines der letzten Worte, das wir lesen, ist: *Hain*. Da schließt sich für uns ein anderes Gedicht (2 LP, *Pap. Soc. It.* nr. 1300) an, das auf einer Topfscherbe, einem Ostrakon, erhalten ist[1]. Aphrodite wird in ihren heiligen Hain gerufen, und wieder umschließt die Bitte an die Göttin einen inneren Teil, der hier die Schilderung des Haines enthält. Eine Schilderung, der sich nur jene der Mondnacht in dem Gedichte für die ferne Freundin vergleichen läßt. Altäre dampfen von Weihrauch, kühles Wasser rauscht durch Apfelzweige, von Rosen ist der ganze Platz beschattet, und von zitternden Blättern kommt Schlaf hernieder.

Man darf auch hier nicht zu rasch schließen und Sappho zu einer Art Priesterin, ihren Kreis aber zu einer Kultvereinigung machen. Daß er freilich mit dem Kulte zu tun hatte und daß die festlichen Feiern die hohen Stunden dieses Kreises gewesen sind, lesen wir von dem Erhaltenen ab. Daß die Mädchen bei solchen Anlässen selbst gesungen und getanzt haben, wird man nach allem, was wir von griechischem Leben wissen, schließen dürfen. Gesungen wurde im Kreise der Sappho auch sonst, und die Mädchen haben es von ihr gelernt, ohne daß wir deshalb bei der Vorstellung einer Schule enden. Wie sie ihren Lebensbereich verstand, hat Sappho selbst ausgesprochen, als sie in Todeskrankheit ihrem Kinde laute Klage verwies: solche darf nicht in einem Hause erschallen, das der Pflege der Musen geweiht ist (150 LP). Deren Dienerin (μουσοπόλος) zu sein ist die Weihe und der Stolz ihres Lebens, denn das Lied, das die Musen ihr gaben, wird dauern. Ihr Name wird im Munde der Menschen sein, und auch der Tod wird ihn nicht löschen (65. 193 LP). Und wenn sie einer Gegnerin Böses sagen will, dann verheißt sie ihr ein trostloses Schattensein im Hades, das Los von Menschen, die an den Rosen Pieriens keinen Teil haben (55 LP). Es ist vielleicht doch mehr als ein Spiel der Überlieferung, daß der trostvolle Glaube der Adelswelt an die Dauer im Ruhme bei Sappho anders hervortritt als bei dem stärker dem Hier und Jetzt lebenden Alkaios. Auch die Kraft des Erinnerns ist bei ihr ungleich tiefer.

In dem Kreise wechselnder Gefährtinnen, dessen Mitte Sappho war, hat sie sich immer wieder einem der Mädchen liebend zugeneigt. Sie singt von der Leidenschaft

[1] Literatur zu diesem Gedicht bei K. MATTHIESSEN, *Gymn.* 64, 1957, 554; dazu G. LANATA, ‹L'ostracon Fiorentino con versi di Saffo›. *Stud. It.* 32, 1960, 64. E. RISCH, ‹Der göttliche Schlaf bei Sappho›. *Mus. Helv.* 19, 1962, 197, über das schwer zu heilende κατaγριον in v. 8.

ihres Herzens in Tönen, die jeden Versuch verbieten, dieses Gefühl in den Bereich des Mütterlichen zu verweisen. Diese Liebe ist heißes Verlangen nach seelischem Besitz, ist zartester Sehnsucht fähig und dann wieder schwerste, bis an die Vernichtung reichende Erschütterung – nichts aber deutet darauf, daß sie aus dem Schmutze geboren ist. Die Freude an der Schönheit der sinnlichen Erscheinung und die Innigkeit des seelischen Umfangens sind hier noch durchaus ungeschieden. Nichts möchte dafür bezeichnender sein als die Weise, in der Sappho von ihrem eigenen Kinde Kleïs in Versen spricht, die wir früher anführten.

Eine ganze Welt trennt Sappho von Platon, und doch beginnt der Philosoph den Weg zu letzter und höchster Erkenntnis, den er im *Symposion* schildert, mit dem Anschauen des Schönen in dem Bereich des sinnlich Faßbaren und der Sehnsucht, die sich an ihm entzündet. Sappho aber hat einmal Verse geschrieben, seltsame Verse, in denen wir sie auf einem Wege sehen, der über ihre Zeit und ihre Welt hinausführt (50 LP): *Denn der Schöne ist, soweit es auf das Sehen ankommt, schön, aber auch der Gute wird sogleich auch schön sein.* Mit καλός und ἀγαθός gebraucht sie die beiden Wörter, die sich später zum Leitwort der Kalokagathie verbunden haben.

Wem für eine richtige Wertung der sapphischen Liebe das Vorstehende zu ungreifbar erscheint, der mag sich an ein handfesteres Argument halten. Wir haben auf einem Papyrus (nr. 2070 P.) Reste einer antiken Biographie, in der es heißt, daß ‹einzelne› Sappho der Sittenlosigkeit bezichtigen. Weder können also ihre Gedichte, noch kann gesicherte Überlieferung einen festen Anhalt für das geboten haben, was spätere Zeiten dem frechen Witz der Komödie nachredeten.

Sapphos Kunst ist wie die des Alkaios durch ihre Unmittelbarkeit ausgezeichnet. Während uns aber dort Waffensaal und Zechgelage vor den Blick treten, ist es hier eine andere Welt, die zu uns spricht. Hier ist Gefühl alles, und wir erfahren seine Wandlungen, seine Kraft und Tiefe so ungebrochen, als wäre das Medium des Künstlerisch-Technischen, durch das ja alles hindurch muß, um uns zu erreichen, überhaupt nicht vorhanden. Wir sahen, daß Sappho eine große Fähigkeit der Selbstbeobachtung eignet, und nicht selten ist ihr Verhalten in einer zeitlich zurückliegenden Situation Gegenstand ihres Dichtens. Aber auch dann weichen Lebendigkeit und Wärme des Gefühles nicht einen Augenblick kühler Reflexion. Ihre Sprache ist einfach; schlicht und wesentlich jeder Vers. Homerisches Sprachgut ist sparsam und vorwiegend in den daktylischen Gedichten verwendet, aber kaum jemals als bloßer Schmuck der Rede. Die starke Bestimmtheit dieser Dichtung durch das Gefühl hat im Bereiche des Formalen ihre Entsprechung in der Musikalität der Sprache, die sich vor allem in dem Spiel der Vokale entfaltet. Von derselben Musikalität ist der Bau ihrer Sätze getragen, der immer ganz einfach ist. Alles wirkt wie ein Erzeugnis der Natur.

Mit der gleichen Unmittelbarkeit wie ihr eigenes Herz läßt uns Sappho die Welt schauen, die sie umgibt: den Hain der Göttin, die schimmernde Mondnacht, die Blumen und die See. Scharf und bestimmt sind die Konturen bei Alkaios, hier liegt ein weicher Schimmer wie das Licht einer silbernen Nacht über allem. Wahrhaft treten wir aus dem Waffensaal in den dämmrigen Garten der Aphrodite. Und wieder hat antike Kunstkritik Entscheidendes gesehen, wenn Demetrios (*de eloc.* 132) dort, wo er von der Anmut in den Dingen spricht, Sapphos Kunst in ihrer Gänze zum Beispiel nimmt.

Manches von Sappho blieb über das Ende der Antike hinaus erhalten. Das zeigen Reste des 5. Buches auf den Berliner Pergamentblättern. Nach Themistios war Sappho im 4. Jahrhundert Schullektüre. Himerios bekundet gute Kenntnis des Alkaios; vgl. R. STARK, *Annal. Saravienses* 8, 1959, 43. Reste eines antiken Alkaioskommentars bietet Ox. Pap. nr. 2307, fr. 14 (LP, S. 248). Solche eines Kommentars zu lyrischer Dichtung Ox. Pap. 29, 1963 nr. 2506, wo für Alkaios besonders fr. 77 u. 98, für Sappho fr. 48 zu nennen sind; vgl. M. TREU, *Quad. Urbinati* 2, 1966, 20. W. BARNER, ‹Zu den Alkaiosfragmenten von Pap. Ox. 2506›. *Herm.* 95, 1967, 1. S. auch S. 164. – Text: für Sappho und Alkaios: E. LOBEL-D. PAGE, *Poetarum Lesbiorum fragmenta.* Oxf. 1955 mit den neuen Papyri und Wortindex. Dazu Ox. Pap. 23, 1956 nr. 2358 für Alkaios, nr. 2357 für Sappho; zu nr. 2378 vgl. S. 164 A. 1. Die *Anthologia Lyrica* von E. DIEHL bleibt wegen der zahlreichen Verweisungen nützlich. J. M. EDMONDS, *Lyra Graeca* 1. *Loeb Class. Libr.* Lond. 1922 (doppelspr.) TH. REINACH et A. PUECH, *Alcée. Sappho. Coll. des Un. de Fr.* Paris 1937, Neudruck 1960 (doppelspr.). C. GALLAVOTTI, *Saffo e Alceo.* 2 Bde. 2. ed. Napoli 1956/57; 1, 3. ed. 1962. M. TREU, *Alkaios.* 2. Aufl. München 1963; ders., *Sappho.* 3. Aufl. Münch. 1963 (Übersetzung, Erläuterungen und reiche Literatur). E. STAIGER, *Sappho. Griech. u. deutsch.* Zürich 1957. EDITH MORA, *Sappho. Histoire d'un poète et traduction intégrale de l'œuvre.* Paris 1966 (Mit Bibliogr.). W. BARNER, *Neuere Alkaios-Papyri aus Oxyrhynchos.* Spudasmata 14, Hildesheim 1967. Auch ist auf die zu Archilochos genannten Anthologien zu verweisen. – Interpretation: A. TURYN, *Studia Sapphica. Eos Suppl.* 6, 1929. C. M. BOWRA, *Greek Lyric Poetry.* 1936. 2. ed. Oxf. 1961. W. SCHADEWALDT, *Sappho.* Potsd. 1950. D. L. PAGE, *Sappho and Alcaeus.* Oxf. 1955. Für die gesamte ältere Lyrik: M. TREU, *Von Homer zur Lyrik.* Zet. 12, 2. Aufl. München 1968. Ders., ‹Neues über Sappho und Alkaios (P. Ox. 2506)›. *Quad. Urbinati* 2, 1966, 9. Darstellung: C. GALLAVOTTI, *Storia e poesia di Lesbo nel VII–VI secolo a. C., Alceo di Mitilene.* Bari 1949. A. COLONNA, *L'antica lirica greca.* Torino 1955. B. MARZULLO, *Studi di poesia eolica.* Firenze 1958. M. F. GALIANO, *Safo.* Madrid 1958; von demselben ein Forschungsbericht: ‹La lirica griega a la luz de los descubrimientos papirologicos›. *Actas del Prim. Congr. Espan. de Est. Clas.* Madrid 1958, 59. Sprache: C. GALLAVOTTI, *La lingua dei poeti eolici.* Bari 1948. A. BRAUN, ‹Il contributo della glottologia al testo critico di Alceo e Saffo›. *Annali Triestini* 20, 1950, 263. H. FRÄNKEL, ‹Eine Stileigenheit der frühgriechischen Literatur›. In: *Wege und Formen frühgriechischen Denkens.* 2. Aufl. Münch. 1960, 40 (= GGN 1924, 63). C. A. MASTRELLI, *La lingua di Alceo.* Firenze 1954. A. E. HARVEY, ‹Homeric epithets in the Greek lyric›. *Class. Quart.* 7, 1957, 206. EVA-MARIA HAMM, *Grammatik zu Sappho und Alkaios. Abh. Ak. Berlin.* 2. Aufl. 1958. IRENA KAZIK-ZAWADZKA, *De Sapphicae Alcaicaeque elocutionis colore epico.* Wroclaw 1958 (Polska Ak. Nauk. Archivum filol. 4). Giuliana Lanata, ‹Sul linguaggio amoroso di Saffo›. Quad. Urbinati 2, 1966, 63. Übersetzungen: H. RÜDIGER, ‹Geschichte der deutschen Sappho-Übersetzungen›. *Germ. Stud.* 151. Berl. 1934. E. MORWITZ, *Sappho.* Berl. 1936 (griech. u. deutsch). H. RÜDIGER, *Griech. Lyriker.* Zürich 1949 (griech. u. deutsch). Wertvolles bei SCHADEWALDT (s.o.), FRÄNKEL und in SNELLS *Entdeckung des Geistes.* 3. Aufl. Hamb. 1955 (ZOLTAN V. FRANYÓ).

6. CHORLIED

Zahlreiche Funde antiker Kleinkunst aus dem Eurotastale, besonders solche aus dem Heiligtum der Artemis Orthia[1], haben uns das Sparta des 7. Jahrhunderts um vieles besser kennen gelehrt. Wir erhalten das Bild einer Gemeinschaft, die dem Leben in seiner Fülle und den Anregungen aus der Fremde in ungleich höherem Maße zugewandt

[1] R. M. DAWKINS, *The Sanctuary of Artemis Orthia in Sparta.* Lond. 1929.

war als der spätere Militärstaat, der in einem dauernden Belagerungszustand verharrte. Damit stimmt überein, was wir von Musik und Dichtung für diese Zeit noch wissen.

Eine der wertvollsten Quellen für die antike Musikgeschichte ist die unter Plutarchs Namen erhaltene Schrift *Über die Musik*. Sie weiß von zwei «Schulen» (καταστάσεις) im Sparta des 7. Jahrhunderts zu berichten. Die erste habe Terpandros von Lesbos begründet, dem man den Sieg im musischen Agon der ersten festlich begangenen Karneen in der 26. Olympiade (676/73) zuschrieb. Die Tätigkeit der zweiten «Schule» wird mit der Ausgestaltung eines anderen Apollonfestes, der 665 gestifteten Gymnopaidiai, in Zusammenhang gebracht. Für die Aufgeschlossenheit Spartas in jener Zeit sind die Nachrichten über die Herkunft der einzelnen Künstler bezeichnend. Da wird Thaletas von Gortyn neben Xenokritos aus dem unteritalischen Lokroi genannt, Xenodamos von Kythera neben Sakadas von Argos und Polymnestos von Kolophon, dessen Alkman und Pindar gedachten (*de mus.* 5). Die Leistungen dieser Männer sind für uns verloren, vor allem wissen wir nicht mehr zu scheiden, was davon Einzelgesang und was Chorlied gewesen ist. Daß dieses jedoch im Sparta dieser Zeit lebhaft gepflegt wurde und Alkman, der erste Chorlyriker, den wir hören, bereits in einer sehr dichten Tradition stand, unterliegt keinem Zweifel. Auch wird von Anfang an die enge Bindung des Chorliedes an den Kult deutlich. Dies gilt auch von der Tragödie, die aus dem Chorgesang erwuchs. Das Chorlied ist zu allen Zeiten echte μολπή gewesen, das heißt, es war mit Tanzbewegung verbunden. Ist der Verlust der Musik für unser Verständnis antiker Lyrik an sich schmerzlich, so müssen wir uns bei der Chorlyrik im besonderen bewußt bleiben, daß das erhaltene Wort nur einen Bruchteil dessen vermittelt, was einst eine Fülle von Klang und Bewegung gewesen ist. Die lebhafte Entwicklung des Chorliedes im dorischen Raum, die für alle Zeit die dorische Sprachfärbung dieser Gattung bedingte, war mit der Ausgestaltung der begleitenden Musik aufs engste verbunden. Neben dem Saiteninstrument behauptete die Flöte kräftig ihren Platz.

Auch Alkman ist aus der Fremde nach Sparta gekommen. Dieses hat zwar seine Geburt in Anspruch nehmen wollen, was vielleicht auf den Lakonen Sosibios zurückgeht, der unter dem zweiten Ptolemäer ein umfangreiches Werk über den Dichter schrieb, für uns aber entscheiden Verse aus einem seiner Mädchenlieder (13 D.). Da wird in der bei Alkman beliebten Art breiter Reihung erzählt, was ein bestimmter Mann nicht ist und woher er nicht stammt, worauf mit Stolz seine Herkunft aus Sardes verkündet wird. Daß es sich dabei um den Verfasser selbst handelt, liegt nahe genug. War er also ein Lyder? Wenn wir bedenken, was aus Terentius Afer in Rom geworden ist, werden wir das nicht unbedingt ausschließen. Wahrscheinlicher aber ist er Grieche und dann wohl Ioner gewesen, was sich bei dem regen Verkehr der lydischen Zentrale mit den Griechen der Küste gut denken läßt[1]. Die antiken An-

[1] *Ox. Pap.* 24, 1957 (erschienen 1958), nr. 2389, fr. 9 bietet Reste eines Kommentars zu Alkman, aus denen ersichtlich wird, daß Aristoteles ihn für einen Lyder hält, was der Kommentator bestreitet. P. Janni tritt in dem u. genannten Buche für spartanische Herkunft Alkmans ein, doch lassen sich die Angaben des Aristoteles (fr. 611, 9 Rose) nicht so leicht entwerten. Zur Frage jetzt auch das Fragment aus dem Kommentar zu den Melikern, bei Page, *Poet. Mel. Gr.* fr. 10 (Pap. Ox. 29, 1963, nr. 2506).

gaben über die Zeit seiner Blüte schwanken, weisen aber alle in das 7. Jahrhundert. Da er Polymnestos erwähnt, wird er wohl in dessen zweite Hälfte gehören.

Die Alexandriner haben sich für den Dichter alter spartanischer Chorlyrik lebhaft interessiert und seine Gedichte in 5 Büchern herausgegeben. Der Attizismus konnte kein Verhältnis zu Alkman gewinnen, so daß uns dessen Werk verlorenging. Aber außer den recht zahlreichen Anführungen von Versen haben wir durch einen der frühesten Papyrusfunde rund 100 Verse aus einem der Mädchenlieder. Genug, um uns von deren Anmut und Buntheit eine Vorstellung zu machen, genug auch, um eine ganze Reihe schwieriger Probleme zu stellen. Mariette hat den Papyrus 1855 in einem ägyptischen Grab gefunden; die Schrift ist nicht genau datiert, doch sind wir mit ihr kaum weit von Christi Geburt entfernt.

Was wir von diesem Partheneion besitzen, läßt drei Elemente erkennen, die auch weiterhin für die Chorlyrik bestimmend geblieben sind. Da ist zunächst der Mythos, dem wir im zerstörten Eingang des Erhaltenen begegnen. Von den Söhnen des Hippokoon war die Rede, die dem Herakles erlagen. Die lange, ausgeschmückte Namensreihe zeigt uns, daß diese frühe chorlyrische Erzählung andere Wege ging als das Epos. Pindar und Bakchylides werden sie uns besser kennen lehren.

An den Mythos schließt sich der allgemein gültige Sinnspruch, die Gnome. Von Aisa, unserem Schicksalsanteil, und von Poros, dem günstigen Ausweg, war als altehrwürdigen Göttern die Rede, das erinnert an Hesiods Art. Dann hören wir die Warnung vor der Hybris: der Mensch soll nicht zum Himmel fliegen wollen, noch Aphrodite zum Weibe begehren. Auch die Hippokoontiden haben erfahren, wohin solches Treiben führt. Dann geht es weiter: es gibt eine Rache der Götter. Glücklich, wer seinen Tag ohne Tränen zu Ende bringt. Ich aber singe der Agido Licht –. Mitten im Vers erfolgt da mit einer Schroffheit, die wir nicht überdecken sollen, der Übergang zu einem völlig anders gearteten Teil, der bis zum Schlusse des Gedichtes reicht. In ihm ist alles ganz persönlich und beruht auf Voraussetzungen, die den singenden Mädchen und ihren Zuhörern ohne weiteres gegeben waren. Eine Hagesichora und die eben genannte Agido werden besonders gepriesen. Sie stehen in einer gewissen Rivalität zueinander und spielen in dem Chor eine besondere Rolle. Fast könnten wir über diesen lose gefügten Versen, aus denen wir das frohe Geplauder der Mädchen hören, vergessen, daß wir uns im Kulte befinden. Der Papyrus hat Scholien, ein Zeugnis der Arbeit alexandrinischer Gelehrter, und eine dieser Notizen weist auf das Fest der Artemis Orthia; ihr haben die Mädchen am Festtage ein Gewand gebracht, ihr zu Ehren sind sie mit anderen Chören in Wettbewerb getreten. Viel spricht dafür, daß wir in den Pleiades, die da kommen, wie der Sirius durch die ambrosische Nacht aufsteigt (v. 60), einen solchen rivalisierenden Chor zu erkennen haben. Immer wieder hat man die Verse der Mädchen auf zwei gegeneinander singende Halbchöre verteilen wollen. Der Inhalt legt dies an manchen Stellen nahe, und ein Scholion zu v. 48 scheint es gleichfalls zu empfehlen, aber alle bisherigen Versuche haben das Gedicht in unerträglicher Weise zerschnitten. Man wird es der dialogischen Haltung einzelner Partien zum Trotz wohl *einem* Chore belassen müssen. Einfach ist der äußere

Bau in gleichmäßig wiederkehrenden Strophen zu 14 Zeilen in vorwiegend trochäischem und daktylischem Rhythmus[1].

Die zahlreichen ungelösten Fragen verkümmern uns nicht die Freude an einem Stück schönster Poesie. In ihm ist die Frische der Jugend, und seine Sprache blüht und leuchtet homerischer Anklänge ungeachtet in ihrer eigenen Bilderpracht. Wie ein edles Roß unter Weidetieren steht die schöne Führerin des Chores unter den Mädchen, und sie wird einem sieggewohnten Renner mit donnernden Hufen verglichen, einem aus dem Geschlecht der Träume, die unter Felsen wohnen.

Ein neuer Band der Oxyrhynchus Papyri[2] hat als besondere Kostbarkeit zwei Blätter mit den Resten eines weiteren Mädchenliedes gebracht. Auch hier erfreut uns in den Äußerungen der Mädchen, in dem unbeschwerten gegenseitigen Necken der Gruppen die fröhliche Buntheit der Sprache und eine Frische des Ausdrucks, die sich mit einer nun besser kenntlichen Stilisierung durchaus verträgt. Wie das Partheneion Mariette ist auch unser Gedicht monostrophisch gebaut: es wiederholt sich ein System von neun Versen.

Unter den übrigen Fragmenten aus den fünf Büchern der Alexandriner zeigt manches, daß Alkman die Chöre gerne in eigener Sache singen ließ. Von seiner Herkunft aus Sardes hörten wir schon, anderes (so 49. 50f. 55f. D.) zeugt von der kräftigen Eßlust der Dorer, die Herakles ins Heroische steigerte. Zart ist die Klage des alternden Dichters (94 D.) an die Mädchen seines Chores: die Beine tragen ihn nicht mehr, ein Eisvogel möchte er sein, den im Alter das Weibchen über die Wellen der See dahinträgt. Auch hier ist etwas von der Stimmung des Märchens in den Versen des Dichters, der alle Vogelweisen kennt und die der Kakkabisvögel in seinem Liede nachzubilden verstand (92f. D.).

Viel bewundert hat man die Verse (58 D.), die uns das Homerlexikon des Apollonios Sophistes bietet. In der Tat gehört das Fragment, das den Frieden der Nacht schildert, zum Stimmungsvollsten, das wir in griechischer Sprache lesen. Der Schlummer der ganzen Natur ist mit einem ruhigen weiten Blick umfaßt: Berggipfel und Schluchten liegen in der Ruhe des Schlafes, und alles Getier, das auf der Erde, in den Tiefen der See und in den Lüften daheim ist[3]. Man hat gezweifelt, ob die wunderbaren Verse von Alkman sind. Wir möchten jedoch den Zweifel nicht zu ernst nehmen, ob ein Naturgefühl solcher Art vor dem Hellenismus möglich sei. Die Weise, in der in Sapphos Gedicht (96 LP) das Bild der Nacht ihrer eigenen Sehnsucht antwortet, kann uns beruhigen. Seltsam ist freilich die Sprachform. Alkman schreibt sonst den lakonischen Dialekt seiner Zeit, durch epische Einwirkung leicht gemildert. Die äolischen Elemente in seinen Versen haben antike Grammatiker wie Apollonios

[1] Gegen den Versuch, innerhalb der Strophe Ansätze zu triadischer Gliederung zu erkennen, Skepsis bei D. L. Page, *Alcman. The Partheneion.* Oxf. 1951, 23.

[2] *Ox. Pap.* 24, 1957 (erschienen 1958), nr. 2387. A. Giannini, ‹Alcmane Pap. Ox. 2387.› *Rendiconti dell'Istituto Lombardo. Class. di lett.* 93, 1959, 183. M. Treu, *Gnom.* 31, 1959, 558. W. Peek, ‹Das neue Alkman-Parthenion›. *Phil.* 104, 1960, 163. *Ox. Pap.* 24, 1957, nr. 2388 gibt für Alkman nur belanglose Splitter, bei nr. 2394 ist die Zugehörigkeit unsicher.

[3] R. Pfeiffer, ‹Vom Schlaf der Erde und der Tiere›. *Herm.* 87, 1959, 1.

Dyskolos ungebührlich überschätzt. Zum Teil kommen sie aus dem Epos, zum Teil können sie in Sparta heimisch gewesen sein[1]. Unser Nachtlied jedoch zeigt so wenig lakonische und so viel epische Färbung wie kein anderes Stück. Aber das kann auf Rechnung der Überlieferung gehen, auch ist uns die Spannweite Alkmans nicht bekannt. Keinesfalls aber gehören die Verse in ein Naturbild im Sinne moderner Zustandslyrik. Stellen wie Theokrit 2, 38; Apollonios Rhodios 3, 744; Vergil, *Aeneis* 4, 522 empfehlen die Annahme, daß auch bei Alkman die Unruhe des eigenen Herzens zum Schlummer der Natur in Gegensatz gestellt war.

In dem reichen Kräftespiel archaischer Dichtung bezeichnet für unser Wissen der Name des Stesichoros die schmerzlichste Lücke. Mit ihm tritt das westliche Griechentum in unser Blickfeld, das im Zuge der kolonialen Bewegung des 8. Jahrhunderts rasch zu großer wirtschaftlicher Blüte gelangte[2]. Eben waren wir Xenokritos aus dem epizephyrischen Lokroi begegnet, und Xanthos, der vor Stesichoros eine *Orestie* verfaßt haben soll[3], dürfte ebenfalls Westgrieche gewesen sein. Geboren war Stesichoros, der nach der *Suda* ursprünglich Teisias hieß und seinen Namen als Chormeister erhielt, in Matauros, einer lokrischen Kolonie in Unteritalien, seine eigentliche Heimat wurde aber Himera an der sizilischen Nordküste. Thukydides (6, 5) lehrt uns, daß in dieser Stadt in Bevölkerung und Sprache dorische und chalkidische Elemente gemischt waren. Wenn bei Stesichoros Dorisches spärlich auftritt, so wird das aus dem Wesen der lyrischen Kunstsprache dieser Zeit zu erklären sein. Die Angaben über seine Lebenszeit zeigen manche Verwirrung, die auf Verwechslung mit späteren Trägern des Namens zurückgehen kann; wir setzen sie mit Zuversicht in das ausgehende 7. und in die erste Hälfte des 6. Jahrhunderts. Er erscheint in Ciceros Cato (23) unter den Männern, deren geistige Kraft auch im hohen Alter erhalten blieb. Die *Suda* weiß von seinem Grab in Katane, wohin er als Verbannter aus Pallantion in Arkadien gekommen sein soll. Wir haben nach dem, was wir über die Entstehung der *Palinodie* hören, das Recht zu jeglichem Mißtrauen gegenüber den Nachrichten über das Leben des Stesichoros. Aber mit der Politik hat er zu tun bekommen und nach Aristoteles (*Rhet.* 2, 20. 1393 b) dem Aufstieg des Tyrannen Phalaris Opposition gemacht. So kann an der Verbannung etwas Wahres sein.

Stesichoros ist Chorlyriker. Was aber seiner Dichtung Eigenart und Wirkung gab, war das Dominieren des Mythos, der uns bei Alkman als eines der Bauglieder begegnet ist. So steht er mit seiner Dichtung in größerer Nähe zum Epos, was Quintilian (10, 1, 62) mit lateinischer Prägnanz formulierte: *Stesichorum ... epici carminis onera lyra sustinentem.* Es mag dabei seine Rolle gespielt haben, daß bei den Westgriechen das Epos in geringerem Maße die Tradition beherrschte, so daß die jüngere Lyrik hier freies Feld für erzählende Dichtung vorfand. In Parallele dazu steht die Ausgestaltung des Dithyrambos durch Arion. Dieser hat seine Reform des dionysischen Kultliedes

[1] E. Schwyzer, *Griech. Gramm.* 1, 110. Page (s. u.), 155; dort p. 159 zu fr. 58 D.

[2] Für die Entwicklung griechischer Kolonien im Westen: G. Vallet, *Rhégion et Zancle. Histoire, commerce et civilisation des cités chalcidiennes du détroit de Messina.* Paris 1958.

[3] Ath. 12, 513 a, Stesich. fr. 57 B. Page, *Poetae Mel. Gr.* nr. 229.

am Hofe des korinthischen Tyrannen Periander (um 600) durchgeführt, der Mythenerzählung ihren Platz gesichert und so die reiche Ausgestaltung dieser Kunstform in der folgenden Zeit ermöglicht. Da Herodot (1, 24) Arion auch nach Italien und Sizilien reisen läßt, sind Zusammenhänge mit dem Dichten des Stesichoros nicht auszuschließen.

Die Alten haben den Nachlaß des Stesichoros in 26 Büchern vereinigt. Von den Titeln, die man in späterer Zeit den einzelnen Liedern gab, ist uns so viel erhalten, daß wir wenigstens die Stoffkreise überblicken. Das meiste entstammt dem Bereiche der kyklischen Epik. Wie in dieser, so hat es von Stesichoros eine *Iliupersis* und *Nostoi* mit den Heimkehrergeschichten gegeben. Aus dem zweiten der genannten Gedichte sind uns nun zwei Szenen durch einen Papyrus[1] kenntlich geworden. Beide zeigen große Nähe zur *Odyssee:* die Deutung eines Zeichens durch Helena, die zu Telemachos spricht, erinnert an die Abschiedsszene im 15. Gesange (171), die Erwähnung eines kostbaren Gegenstandes an den schönen Mischkrug, den Menelaos dem Sohne des Odysseus spendet; in den Versen der *Odyssee* (115f.) werden wie auf dem Papyrus Silber und Gold unmittelbar nacheinander genannt. Wir können uns Stoffe dieser Art nur in Dichtungen größeren Umfanges behandelt denken, und es stimmt dazu, daß die *Oresteia* des Stesichoros zwei Bücher umfaßte. Hier vor allem können wir trotz der Dürftigkeit des Erhaltenen noch erkennen, wie diese chorlyrische Gestaltung der Sage bedeutungsvoll zwischen Epos und Tragödie steht. Der Traum der Klytaimestra, die Rolle von Orests Amme, beides in der Tragödie wichtig, sind für die *Orestie* des Stesichoros zu sichern. Das Problem des Muttermordes war hier noch einfach gelöst: die Erinyen verfolgten Orestes, er konnte sich ihrer jedoch mit einem Bogen erwehren, den ihm Apollon gab[2]. Zwei Dichtungen, die sich mit einer zentralen Gestalt der troischen Sage beschäftigten, wurden Gegenstand einer Stesichoros-Legende: die *Helena* und die *Palinodia*[3]. Das erste Gedicht habe all das Ungünstige erzählt, das die Sage von der Schönen zu berichten wußte. Da sei Stesichoros erblindet, habe aber dann, von Helena selbst dazu aufgefordert, seinen Widerruf im Lied gestaltet und so das Licht der Augen wiedererlangt. Es ist eine bestechende Vermutung Bowras, daß hinter der zweiten Dichtung und einzelnen Zügen der *Orestie* Rücksicht auf Sparta mit seinem Kult der Helena stehe. In den thebanischen Kreis gehörten

[1] *Ox. Pap.* 23, 1956, nr. 2360. W. Peek, ‹Die Nostoi des Stesichoros›. *Phil.* 102, 1958, 169. H. Lloyd-Jones, *Class. Rev.* N. S. 8, 1958, 17. C. M. Bowra, *Greek Lyric Poetry*, 2. ed. Oxf. 1961, 77.

[2] P. Zancani-Montuoro, ‹Riflessi di una Oresteia anteriore ad Eschilo›. *Rend. della acc. di arch. lett. e belle arti.* Napoli 1952, 270, behandelt eine Metope vom Heraion an der Sele-Mündung aus dem 2. Viertel des 6. Jahrhunderts mit Orestes, der von einer schlangengestaltigen Erinys angegriffen wird. Die Beziehung auf Stesichoros bleibt hypothetisch. Der Kommentar zu den Melikern (Pap. Ox. 29, 1963, nr. 2506 fr. 26 col. II = *Poet. Mel. Gr.* fr. 217; Page, *Lyrica Graeca Selecta* nr. 87) bestätigt die Angabe von Schol. Eur. Or. 268, daß Euripides das Motiv des Bogens, den Apollon dem Orestes gegen die Erinyen gab, von Stesichoros übernommen hat.

[3] Nun hat uns der Kommentar zu den Melikern (Pap. Ox. 29, 1963, nr. 2506 fr. 26 i = *Poet. Mel. Gr.* fr. 193; Page, *Lyrica Graeca Selecta* nr. 63) die Überraschung gebracht, daß der Peripatetiker Chamaileon zwei Palinodien des Stesichoros bezeugte; vgl. F. Sisti, ‹Le due palinodie di Stesicoro›. *Stud. Urbinati* 39, 1965, 301. J. A. Davison, ‹De Helena Stesichori›. *Quad. Urbinati* 2, 1966, 80. A. M. Dale, *Euripides Helen.* Oxford 1967, XX.

die *Eriphyla*, die Geschichte der Treulosen, die den Gatten verriet und der Rache des Sohnes Alkmeon verfiel, und die *Europeia* mit der Gründung der Stadt. Einen Stoff, den die alte Epik um des Agonistischen willen liebte, behandelten die *Leichenspiele für Pelias* (Ἆϑλα ἐπὶ Πελίᾳ), während die *Saujäger* (Συοϑῆραι) auf die kalydonische Jagd weisen. Auch von diesen besitzen wir nun Reste auf Papyrus[1]. Die erste der beiden kenntlichen Kolumnen enthält eine Aufzählung von Teilnehmern an der Jagd. Kataloge haben also bei Stesichoros ihre Rolle gespielt wie im Epos. Die Beinamen stammen durchaus aus Homer. Leicht zu verstehen ist es bei der großen Bedeutung des Herakleskultes für die Westgriechen, daß mehrere Gedichte Taten dieses Helden schilderten: so die *Geryoneis*[2] mit der Gewinnung der Herden des dreileibigen Unholdes, der *Kerberos* mit der Heraufführung des Hadeshundes und der *Kyknos*, benannt nach dem Wegelagerer und Aressohne, den Herakles tötete. Unklar bleibt die *Skylla*, die einige dem Dichter absprechen wollen.

Stesichoros hat gelegentlich auch zu volkstümlichen Stoffen seiner Heimat gegriffen und dabei erotische Motive gestaltet. Die *Kalyke* (so hieß ehedem auch ein Sang der Frauen nach Ath. 14, 619d) und der *Daphnis*, nach dem schönen Geliebten einer Nymphe benannt, handelten beide von unglücklicher Liebe. Für die Dichtung von Rhadina, die dem Tyrannen von Korinth versprochen war, von diesem aber zusammen mit ihrem Vetter getötet wurde, müssen wir die Möglichkeit offen halten, daß sie von einem jüngeren Stesichoros aus Himera stammt, einem Dithyrambiker, den das Marmor Parium (ep. 73) für das 4. Jahrhundert bezeugt.

Die Wirkung des Stesichoros war vor allem im Stofflichen außerordentlich stark. In vielen Einzelheiten meinen wir seine Wirkung auf die bildende Kunst der archaischen Zeit zu fassen[3]. So stimmt die Behauptung des Megakleides bei Athenaios (12, 512f.), Stesichoros habe als erster Herakles das Löwenfell und die Keule gegeben, mit dem Befund der Vasen zeitlich überein. Freilich ist bei dem Reichtum mythologischer Überlieferung stets die Gefahr unerlaubter Vereinfachung zu bedenken. Seine Bedeutung für die Dichtung der Folgezeit, ganz besonders für die Tragödie, können wir in manchem noch feststellen, im ganzen nur ahnen. Stesichoros vor allem ist der Vertreter jener chorlyrischen Schicht, die in der Tradition des griechischen Mythos zwischen der epischen und der tragischen liegt und für seine Ausgestaltung mit von größter Bedeutung gewesen ist.

So gut wie nichts wissen wir von der Form dieser Dichtung. Quintilian lobt (10, 1, 62) die Würde, die Stesichoros seinen Personen verlieh. Das weist auf Nachfolge

[1] *Ox. Pap.* 23, 1956, nr. 2359, fr. 1. BR. SNELL, *Herm.* 85, 1957, 249. C. M. BOWRA a.O. 96, C. GALLAVOTTI, *Gnom.* 29, 1957, 420, möchte auch *Ox. Pap.* nr. 2359f. Stesichoros, und zwar den *Nosten* und den *Saujägern* zuweisen.

[2] Einige Fragmente der *Geryoneis* jetzt Ox. Pap. 32, 1967, nr. 2617. LOBEL hat die Zuweisung mit einem Fragezeichen versehen, doch druckt D. L. PAGE (*Lyrica Graeca Selecta*. Oxford 1968, 263) die Verse als zugehörig. Zuversichtlich ist mit Recht BR. SNELL, *Gnom.* 40, 1968, 117. Nr. 2618 mit Fragmenten eines Gespräches zwischen Adrastos und Amphiaraos könnte aus der *Eriphyle* stammen. Für nr. 2619 mit 47 kleinen Bruchstücken überlegt LOBEL die Zugehörigkeit zur *Iliupersis*.

[3] BOWRA (s.u.), 123.

epischen Stiles, der Tadel eines gewissen Unmaßes hingegen auf chorlyrischen Prunk. Wenn wir der *Suda* glauben dürfen, hat er die alkmanische Einzelstrophe durch den dreigeteilten epodischen Bau ersetzt[1]. Seine Abhängigkeit von Homer, die durch die neuen Funde besser kenntlich wird, hat bereits der Verfasser der Schrift *Vom Erhabenen* (13, 3) vermerkt.

Anth. Lyr. 2. Aufl. 5. fasc., 6. 44. J. M. EDMONDS, *Lyra Graeca.* 1 (Alkman). 2 (Stesichoros). *Loeb Class. Libr.* Lond. 1922–7 (doppelspr.). C. M. BOWRA, *Greek Lyric Poetry.* 2. ed. Oxf. 1961, 16. 74. W. SCHADEWALDT, *Sappho,* Potsdam 1950, 59. D. L. PAGE, *Alcman. The Partheneion.* Oxf. 1951. A. GARZYA, *Alcmane.* Napoli 1954 (mit Übers. u. Komm.). E. RISCH, ‹Die Sprache Alkmans›. *Mus. Helv.* 11, 1954, 20. *Ox. Pap.* 24, 1957 brachte mit nr. 2389 f. Reste von Kommentaren zu Alkman; nr. 2392 läßt den Kolophon (Schlußtitel) eines Kommentars zum 4. Buch der Lieder Alkmans von einem Dionysios erkennen. Bei nr. 2391 ist die Zugehörigkeit zur Alkman-Erklärung unsicher. Auch nr. 2393 mit Fragmenten eines Alkman-Lexikons zeugt von dem regen, wohl vorwiegend sprachlichen und antiquarischen Interesse des Hellenismus an dem Dichter. Zu nr. 2387 mit Versen aus einem neuen Partheneion s. o. Auf ein übersehenes Alkman-Fragment hat K. LATTE, *Phil.* 97, 1948, 54, aufmerksam gemacht. J. A. DAVISON, ‹Notes on Alcman›. *Proc. of the IX. Congr. of Papyrology.* Norw. Univ. Pr. 1961, 30. Die maßgebende Ausgabe sämtlicher Fragmente bietet nunmehr D. L. PAGE, *Poetae Melici Graeci.* Oxf. 1962, dort auch für Alkman Fragmente (10. 13 b, c, d) aus dem Kommentar zu den Melikern Pap. Ox. 29, 1963, nr. 2506. P. JANNI, *La cultura di Sparta arcaica.* Rom 1965; ders., ‹Nuovi studi alcmanei›. *Quad. Urbinati* 4, 1967, 188. C. O. PAVESE, ‹Alcmane, il Partenio del Louvre›. *Ibid.* 113. – J. VÜRTHEIM, *Stesichoros. Fragmente und Biographie.* Leyden 1919. F. RAFFAELE, *Indagini sul problema Stesicoreo.* Catania 1937. Die neuen Papyri s. o.; alles bei PAGE a. O., 95. Bei PAGE, *Poet. Mel. Gr.* unter nr. 193 und 217 (= PAGE, *Lyrica Graeca Selecta.* Oxford 1968 nr. 63 und 87) die o. besprochenen, auf Stesichoros bezüglichen Fragmente aus dem Kommentar zu den Melikern Pap. Ox. 29, 1963, nr. 2506. Zu den Fragmenten der *Geryoneis,* Pap. Ox. 32, 1967 nr. 2617 s. o.; R. FÜHRER, ‹Die metrische Struktur von Stesichoros' Γηρυονηΐς›. *Herm.* 96, 1969, 675; ders. ‹Zum «Stesichorus redivivus»›. *Ztschr. f. Pap. u. Epigr.* 5, 1970, 11 (zu Pap. Ox. 2619, *Iliu Persis* und 2735 *Helena*?).

D. VOLKSTÜMLICHES ERZÄHLUNGSGUT

Weniger noch als anderswo wissen wir bei den Griechen von der breiten Schicht volkstümlichen Singens und Erzählens, aus der sich die Schöpfungen großer Kunst zu dauerndem Bestande hoben. Von Volksliedern war einiges zur Lyrik zu sagen. Daß es frühzeitig Prosaerzählungen mancher Art gegeben hat, ist nicht zu bezweifeln. Gerne wüßten wir, wieviel vom Mythos in solcher Weise weitergegeben wurde. Nur auf dem Felde der Tierfabel ist uns eine bestimmte Aussage gestattet.

Es verdient Beachtung, bei welchen Autoren sie uns zuerst begegnet. Homer hat sie nicht, aber Hesiod bietet als ältestes Beispiel die Geschichte von Habicht und Nachtigall (*Erga* 202), Archilochos erzählte vom Fuchs und Affen (81 D.) und von der Ra-

[1] Zur Frage W. THEILER, *Mus. Helv.* 12, 1955, 181. Zu Ibykos vgl. u. S. 216.

che, die der Fuchs an dem wortbrüchigen Adler nahm (89ff. D.), der Splitter eines Gedichtes von Semonides (11 D.) stammt aus der Geschichte vom Mistkäfer, der die Hybris des Adlers strafte.

Wahrscheinlich ist keine dieser Erzählungen Erfindung des betreffenden Dichters, vielmehr hat wohl jeder von ihnen in einen reichen Schatz volkstümlichen Fabelgutes gegriffen. So dürfen wir bereits für früheste Zeit ein kräftiges Leben weitverbreiteter Tierfabeln annehmen. Ohne Zweifel ist nicht wenig davon aus dem Orient zugewandert[1]. Die Rolle der Tierfabel in Indien ist seit langem bekannt, in neuerer Zeit ist man auf ihr hohes Alter in den Kulturen Mesopotamiens aufmerksam geworden. Gerade die Ioner, deren Geist aus manchen Fabeln zu sprechen scheint, waren in ihren kleinasiatischen Wohnsitzen die geeigneten Vermittler. Der eigene Anteil der Griechen an diesen Fabelschätzen ist sicher nicht gering zu veranschlagen, freilich schwer abzugrenzen.

Noch ein zweites lernen wir bei den frühen Dichtern. Hesiod und Archilochos machen es deutlich, wie der Sinn dieser Fabeln (αἶνοι) soziale Kritik ist, die sich in loser Verhüllung deutlich genug im Namen der Schwachen und im Zeichen des Rechtes gegen die Willkür der Mächtigen wendet. Aus der Fabel ist später alles mögliche geworden: Vermittlung von Moralitäten und Übungsstück für Rhetorenschulen, am Anfange aber ist sie eine Weise der Rede, die in einer bestimmten Situation das Wahre und Richtige zeigt, ohne durch direktes Aussprechen zu verletzten[2].

Wir können für den Alten Orient sehr schön am *Achiqar-Roman*[3] beobachten, wie sich Erzählungen verschiedener Art und auch Fabeln an die Lebensgeschichte eines ob seiner Weisheit berühmten Mannes anschließen. So denken wir uns auch die Entstehung des griechischen *Aisop-Romanes*, die wir ins 6. Jahrhundert setzen. Herodot (2, 134) kennt ihn bereits. Es ist dies Überlieferung, für die man gerne den unscharfen Ausdruck ‹Volksbuch› verwendet; sie wird uns in Geschichten wie dem *Agon Homers und Hesiods* oder einzelnen *Homerbiographien* gut greifbar. Was an Aisop historisch gewesen sein mag, ist völlig überdeckt von phantasievoller Erzählerfreude, die den phrygischen Sklaven durch die verschiedensten Länder und Schicksale führt, um ihn schließlich in Delphi durch Mißgunst und Hinterlist umkommen zu lassen. Aber Apollon selbst rächt seinen Tod und erhöht seinen Ruhm.

Wir dürfen annehmen, daß ursprünglich mit dieser Lebensgeschichte Fabeln in größerem Ausmaße verbunden waren, ja daß dieser *Aisop-Roman* selbst die älteste Fabelsammlung gewesen ist. Später machten sich solche Sammlungen selbständig. Die älteste, von der wir wissen, ist die des Demetrios von Phaleron (λόγων Αἰσωπείων συναγωγαί)[4]. Die uns vorliegenden Sammlungen sind alle wesentlich später entstanden, und dasselbe gilt von den Fassungen des biographischen Romanes, die auf uns ge-

[1] Ein Bruchstück aus Assur bei W. G. LAMBERT, *Babylonian Wisdom Literature*. Oxf. 1960, 213 betrifft die Fabel von der Mücke und dem Elephanten, die bei Babrios als die Fabel von der Mücke und dem Stier wiederkehrt.

[2] K. MEULI, ‹Herkunft und Wesen der Fabel›. *Schweiz. Arch. f. Volkskunde* 50, 1954, 65.

[3] Lit. bei MEULI a. O. 22.

[4] F. WEHRLI, *Die Schule des Aristoteles* 4, fr. 112.

kommen sind; das Bild ist das gleiche wie bei dem *Agon Homers und Hesiods;* Überlieferung, die in der Frühzeit der griechischen Literatur entstand, ist uns nur mehr in Formen zugänglich, die sehr viel späterer Zeit angehören.

Die älteste erhaltene Fabelsammlung ist nur durch ein Bruchstück, einen Rylands-Papyrus aus dem 1. Jahrhundert n. Chr. (nr. 50 P.), kenntlich. Unter den ganz erhaltenen steht voran die *Collectio Augustana*, benannt nach einem ehedem in Augsburg, jetzt in München (gr. 564) verwahrten Codex. PERRY denkt sie im 1. oder 2. Jahrhundert n. Chr. entstanden, ADRADOS möchte sie später ansetzen, doch ist die genauere Bestimmung bei allen diesen Sammlungen schwierig. Die *Collectio Vindobonensis* erzählt farbiger, aber mit sprachlicher Verwilderung; sie gehört in eine spätere Zeit, vielleicht erst in das 6. Jahrhundert. Ein Teil ihrer Fabeln hat Versform. Die *Collectio Accursiana* war lange die verbreitetste Sammlung, ehe sie der *Augustana* ihren Platz abtreten mußte. Bonus Accursius hat sie 1479 oder 1480 zuerst herausgegeben. Gelegentlich wird sie *Planudea* genannt, doch ist Maximus Planudes an ihr nicht entscheidend beteiligt (*Phil. Woch.* 1937, 774). Sie ist durch eine Verarbeitung der *Vindobonensis*, teilweise auch der *Augustana* entstanden. HAUSRATHS These, die Verschiedenheit der Fassungen in den drei Sammlungen gehe darauf zurück, daß unsere Texte Redeübungen der Rhetorenschule seien, ist zu Recht nicht durchgedrungen. Neben diesen Sammlungen gibt es Nebenüberlieferung verschiedener Art. Die Überlieferung des Aisop-Romans wurde nunmehr durch PERRY entscheidend geklärt. Die Handschrift 397 in der Pierpont Morgan Library in New York, die sich mit dem zu Napoleons Zeit verschwundenen Cryptoferratensis A 33 als identisch erwiesen hat, ist die älteste unserer Handschriften (10. Jh.) und enthält vor der *Collectio Augustana* unseren *Aisop-Roman* in seiner ausführlichsten Gestalt (G). Daneben steht eine Version, die sich vor Handschriften der *Collectio Vindobonensis* findet. Sie zeigt G gegenüber Kürzungen an der Erzählung, aber auch Neuerungen. PERRY hat sie ein erstes Mal auf breiter handschriftlicher Grundlage veröffentlicht, nach ihrem früheren Herausgeber heißt sie die Westermannsche (W). Die Papyri (nr. 2072–2075 P.; dazu Pap. Rylands 493) weisen für die Vorlage beider Fassungen auf das 1. Jahrhundert n. Chr. Auffallend ist in G die Rolle der Isis Musagogos; dazu kommt, daß Elemente aus dem *Achiqar-Roman* in G offenbar aus einer ägyptischen Bearbeitung stammen. So mag das Urbild unserer Fassungen, selbst Ergebnis einer langen Entwicklung, dem frühkaiserzeitlichen Ägypten zuzuweisen sein.

FR. R. ADRADOS hat die Überlieferungsfragen in einer neuen, eingehenden Untersuchung[1] aufgegriffen und sucht nachzuweisen, daß alle drei Sammlungen, die *Augustana*, die *Vindobonensis* und die *Accursiana*, das Ergebnis der Umsetzung einer ursprünglich metrischen Fassung aus hadrianischer Zeit in Prosa sind. Er stützt sich dabei auf Spuren choliambischer und iambischer Verse in den genannten Sammlungen. Auf diese Fassung gingen auch die Fabeln des Babrios und solche, die man unter seinen Namen stellte, aber auch die des Pap. Ryl. zurück. Die Umsetzung in Prosa

[1] ‹La tradicion fabulistica Griega y sus modelos metricos›. *Emerita* 37, 1969, 235; 38, 1970, 1.

läßt ADRADOS erst mit der byzantinischen Zeit beginnen. Auf Grund dieser Überlegungen sucht er das Verhältnis der einzelnen Zweige der Überlieferung zu klären[1].

Die große Bedeutung des Mythos für die erzählende Literatur der Griechen haben wir bereits kennengelernt. Aber die Tierfabel zeigte uns, daß es daneben auch anderes gab. Schon eines der tragenden Motive der *Odyssee*, die späte Heimkehr und Rache des Mannes, dessen Weib andere freien wollten, gehört zu jenen Geschichten, die von seltsamen Schicksalen erzählen und einzig in der Freude am Fabulieren ihren Ursprung haben. Solche Gebilde, wir nennen sie Novellen, hat es bei den Griechen von frühester Zeit an gegeben, und die verhältnismäßig geringe Zahl der literarisch ausgeformten darf uns über ihre Dichte nicht täuschen. Die sprudelnde Frische, mit der sie im Werk des Herodot an die Oberfläche dringen, kann uns über ihre Bedeutung belehren, die besonders im ionischen Raum groß gewesen sein muß. Wie das Märchen, so hat auch die Novelle vielfach ihr Leben unterhalb der Zone der großen literarischen Schöpfungen geführt. Beide Gattungen haben auch das gemeinsam, daß sie ursprünglich frei schwebende Geschichten sind, sich aber gerne mit Persönlichkeiten des Mythos oder der Historie verbinden.

Die Zeit um 600 ist eine Zeit der starken Männer gewesen. Als Rechtssprecher, Gesetzgeber und auch als Alleinherrscher haben sie viel Gutes gestiftet und haben sich im Gedächtnis auch in Fällen behauptet, in denen der sittliche Wert ihrer Taten zweifelhaft war. Als sich ihrer die lebhafte Neigung der Griechen zur Sammlung und Bildung von Zyklen bemächtigte, entstand die Tradition von dem Leben und den Meinungen der *Sieben Weisen*, die in einem höchst reizvollen Prozeß ständiger Umbildung und neuer Sinnerfüllung bis an das Ende der Antike lebendig blieb. Dabei ist die Siebenzahl wohl durch orientalische Überlieferung bestimmt. Schon das *Gilgamesch-Epos* (11. Tafel) weiß von Sieben Weisen, die am Bau der Mauer von Uruk beteiligt waren. Dieses uralte Motiv wurde von den Griechen mit historisch-rationalem Gehalt erfüllt, und es ist reizvoll, zu sehen, wie im Mittelalter die weitverbreitete Erzählung von den *Sieben weisen Meistern*, ein Erzeugnis orientalischer Märchenwelt, wieder die antike Tradition überwächst.

Bei allem kaleidoskopischen Wechsel der Namen haben vier Männer dauernd ihren Platz in dem erlauchten Kreis behauptet: der Philosoph Thales von Milet, der ob seiner Richtsprüche gepriesene Bias von Priene, Pittakos, den wir aus Alkaios kennen, und Solon. Auch Periander von Korinth erscheint in der älteren Überlieferung, verfiel aber später dem Verdammungsurteil über die Tyrannen. Nach Diogenes Laertios (1, 30) hätte ihn Platon entfernt, in dessen Namensreihe (*Prot.* 343 a) er tatsächlich fehlt. Bemerkenswert ist im 4. Jahrhundert das Eindringen des Skythen Anacharsis[2]

[1] M. NØJGAARD, *La fable antique*. I. Kopenhagen 1964; II 1967, behandelt im 1. Band die *Augustana*, für die er einen einzigen Verfasser annimmt, im 2. das Verhältnis von Phaedrus und Babrios zu dieser Sammlung. Einwände macht mit Recht FR. R. ADRADOS, *Gnom.* 42, 1970, 44, der die Augustana nicht vor dem 4. Jh. entstanden sein läßt und die Stellung jeder einzelnen Fabel in den mannigfach überkreuzten Linien der Tradition für sich betrachtet wissen will.

[2] Zur fabulosen Überlieferung über diesen: F. H. REUTERS, *De Anacharsidis epistulis*. Diss. Bonn 1957. Ders., *Die Briefe des Anacharsis*. Griech. u. deutsch. Berlin 1963.

in diesen Kreis. Er trägt das Ideal einer unverdorben ursprünglichen Lebensauffassung.

Im älteren Bild der *Sieben Weisen* liegen die Lebensformen beschaulicher Betrachtung und tätiger Wirkung, die in der Zeit der Sophistik auseinandertraten, noch ungeschieden ineinander. So zielen auch ihre Äußerungen durchaus auf praktische Lebensweisheit. Daß die Mahnung zum Maße dabei besonders kräftig erklingt, ist allgemein griechisch, delphischer Einfluß kann freilich daran beteiligt sein.

Wir glauben eine frühe volkstümliche Darstellung eines *Gastmahls der Sieben Weisen* noch aus der Nachwirkung in späteren Gebilden zu erkennen. Ihre Trinklieder (Skolien), die im ersten Buche des Diogenes Laertios erhalten sind, scheinen der Form nach in das 5. Jahrhundert zu gehören. Eine Sammlung der Sprüche hat Demetrios von Phaleron angelegt, der sich ja auch um die Fabeln des Aisop kümmerte. Manches davon hat Stobaios (3, 1, 172) erhalten[1]. Am frühesten bei Theophrast[2] können wir die schöne Geschichte vom Dreifuß nachweisen, der dem Weisesten dieser Weisen gehören sollte. Aber einer gab ihn dem anderen weiter, da er ihn für würdiger hielt, bis er reihum gegangen war und nun Apollon geweiht wurde. Das gleiche erzählt der aus der Unterwelt heraufgekommene Hipponax bei Kallimachos (fr. 191 Pf.) dem zänkischen Gelehrtenvolke von einem goldenen Becher. Um eine Vorstellung von dem reichen Nachleben dieser Sprüche und Geschichten zu geben, führen wir noch eine Art von Roman in Briefen der weisen Männer an, von dem uns Teile Diogenes Laertios erhalten hat, verweisen ferner auf Plutarchs *Gastmahl der Sieben Weisen*, an dem auf einem Schemel sitzend auch Aisop teilnehmen darf, und schließen mit des Ausonius hölzernem *Ludus Septem Sapientium*[3].

Ausgaben der Fabeln: E. CHAMBRY, *Aesopi fabulae*, Paris 1925, Neudruck 1959. Ders., *Esope. Fables* (mit Übers.), *Coll. des Un. de Fr.* 1927, 2. éd. 1960. A. HAUSRATH, *Corpus fabularum Aesopicarum* I/1. Leipz. 1940. Neudruck mit Zusätzen von H. HAAS 1957 (Fabel 1–181); I/2 2. Aufl. von H. HUNGER, Leipz. 1959 (Fabel 182–345, darunter auch die Fabeln bei den Rhetoren. Indices zu beiden Teilen von H. HAAS). A. HAUSRATH, Aesopische Fabeln. Münch. 1940 (doppelspr.). Fabeln und Roman: B. E. PERRY, *Aesopica.* Un. of Illinois Press. 1952. Untersuchungen: B. E. PERRY, *Studies on the Text – History of the Life and Fables of Aesop.* Haverford 1936. F. R. ADRADOS, *Estudios sobre el léxico de las fabulas Esópicas.* Salamanca 1948; ders.*Gnom.* 29, 1957, 431. A. WIECHERS, *Aesop in Delphi.* Beitr. z. klass. Phil. herausg. von R. MERKELBACH 2 (Diss. Köln) 1959.

Sieben Weise: VS 10. BR. SNELL, *Leben und Meinungen der Sieben Weisen.* 3. Aufl. Münch. 1952 mit Erläuterungen und Übersetzung. Dazu ders. in *Thesaurismata. Festschr. f. Ida Kapp.* Münch. 1954, 105. In seiner Ausgabe des Babrios und Phaedrus (Loeb Class. Libr. London 1965) gibt B. E. PERRY einen dankenswerten Anhang mit einer Übersicht über griech. und lat. Fabeln in äsopischer Tradition.

[1] Über die Echtheitsfrage WEHRLI a. O. 69.

[2] Plut. *Solon* 4.

[3] Wie die Geschichte von dem Dreifuß, der bei den Weisen reihum geht, in der *Historia Monachorum* wiederkehrt, hat A. J. FESTUGIÈRE in einem bedeutenden Aufsatz gezeigt: ‹Lieux communs littéraires et thèmes de folk-lore dans l'Hagiographie primitive›. *Wien. Stud.* 73, 1960, 123 (144).

E. RELIGIÖSE LITERATUR

Wir haben einzelne Persönlichkeiten wie Archilochos oder Solon vor dem Hintergrunde bedeutender sozialer Veränderungen gesehen. Diese vollzogen sich nicht allein auf wirtschaftlichem und staatlichem Gebiete, dem Heraufkommen neuer Schichten entsprachen religiöse Fragen und Bedürfnisse, denen die homerische Welt nicht mehr zu genügen vermochte. Seit wir diese verließen, hatten wir eine stärkere Differenzierung in den Äußerungen des griechischen Geistes zu beobachten. Einer Wendung zum Realismus, die wir bei ionischen Dichtern im Verlaufe vom 7. zum 6. Jahrhundert wahrnahmen, antwortet die Hinkehr zum Wunderbaren und die Vertiefung religiösen Denkens. Auch haben wir damit zu rechnen, daß Veränderungen der sozialen Struktur manches von Vorstellungen und Denkweisen wieder an die Oberfläche brachten, das unter der Schicht des Homerischen ein verborgenes Leben geführt hatte.

Dasselbe 6. Jahrhundert, das mit der Entstehung der ionischen Philosophie auch die der abendländischen Wissenschaft brachte, freute sich an Wundermännern nach Art des Aristeas von Prokonnesos. Von dem Legendenkranz, der sich um ihn wob, gibt uns Herodot (4, 14f.) köstliche Proben. In seiner Heimat fiel er einmal wie tot nieder, aber sein Leichnam verschwand, und andere hatten ihn zu gleicher Zeit an weit entfernten Orten sehr lebendig gesehen. In Metapont aber (der großgriechische Bereich ist bedeutsam) sei er im Gefolge Apollons als Rabe erschienen.

Unter dem Namen dieses Mannes, den die *Suda* unter Kroisos und Kyros setzt[1], war ein *Arimaspenepos* (Ἀριμάσπεια ἔπη) überliefert. Dieser phantastische Reiseroman in Hexametern ließ Aristeas in apollinischer Besessenheit (Her. 4, 13) nach Norden bis zu den Issedonen gelangen. Die geringen Reste zeigen, daß sich hier ionische Erkundung und Fabuloses seltsam vermengten. Bei den Issedonen sammelte er wie ein echter Reisender Nachrichten von den Nordvölkern und erfuhr vieles über die einäugigen Arimaspen, die goldhütenden Greifen und das Lieblingsvolk seines Gottes Apollon, die Hyperboreer am Rande der Welt.

Darüber, was an diesem Aristeas historisch ist und ob wirklich er die *Arimaspeia* gedichtet hat, ist Sicherheit nicht zu gewinnen. Wohl aber hat uns K. MEULI[2] den Zusammenhang gezeigt, in den das alles gehört. Was uns von dem Manne erzählt wird, dessen Seele nach einer Notiz der *Suda* nach Belieben aus dem Körper ausfuhr, der im Zustande der Besessenheit wunderbare Reisen machte und gelegentlich Tiergestalt annahm, kommt aus dem Bereich des Schamanismus. MEULI hat dessen Bedeutung innerhalb der skythischen Welt klar erwiesen, die große Reichweite schamanischer Vorstellungen und Bräuche gezeigt und die Linien gezogen, die aus der skythischen Welt in das archaische Griechentum führen.

[1] Zur Olympiadenziffer E. ROHDE, *Kl. Schr.* 1, 136, 2.

[2] ‹Scythica›. *Herm.* 70, 1935, 121. J. D. P. BOLTON, *Aristeas of Proconnesus.* Oxford 1962. Ausführlich besprochen von C. J. HERINGTON, *Phoenix* 18, 1964, 78.

Eine ähnliche Gestalt war der angebliche Hyperboreer Abaris, der nach Herodot (4, 36), einen Pfeil umtragend, die Welt durchreiste. Das ist rationalistische Umbildung der Sage, die Herakleides Pontikos in seinem Dialog *Abaris* erzählte[1]; da kam der Wunderpriester auf einem Pfeile des Gottes nach Hellas geflogen. Die Liste der angeblichen Werke des Abaris in der *Suda* gibt ein eindrucksvolles Bild von der Fülle derartiger Literatur. Da gab es *Skythische Orakelsprüche*, die *Hochzeit des Flußgottes Hebros*, *Sühnegedichte* und die *Ankunft Apollons bei den Hyperboreern*.

Auch eine *Theogonie* in Prosa wurde ihm ebenso wie dem Aristeas zugeschrieben. Das führt uns darauf, daß Werke solcher Art zu dieser Zeit in großer Zahl in Umlauf waren. Wo noch Feststellungen möglich sind, sehen wir, daß sie bei vielem Eigenen doch in der Nachfolge Hesiods standen. Sie wollen nicht allein von den Göttern erzählen, sondern auch Kosmogonien sein. Notwendig traten sie dadurch in eine gewisse Konkurrenz zu den ionischen Philosophen, die ihrerseits nicht beziehungslos zu den religiösen Ideen der Zeit stehen[2]. Eine *Theogonie* von 5000 Hexametern wurde dem Epimenides von Kreta (VS 3) zugeschrieben, dem Priester, der Athen nach dem kylonischen Frevel entsühnt haben soll. Das kann historisch sein, aber daneben stehen Geschichten wie die von seinem langen Schlafe in einer Höhle und andere, die an Aristeas erinnern. Auch Sühnegedichte und Orakel gingen unter seinem Namen. Die letzteren sind Teile einer Überlieferung, die im 6. Jahrhundert mächtig anschwoll. Es gab Sammlungen delphischer Orakel, aber auch zahlreiche andere. Berühmt waren die dem Musaios (VS 2) zugeschriebenen, dem auch eine *Theogonie* gehören sollte.

Musaios steht in der antiken Überlieferung dem Orpheus nahe und führt uns so zu den Problemen, die mit dessen Namen verbunden sind. Nach dem mythischen Sänger von Thrakien, den seine Anhänger vor Homer setzten, hat sich eine religiöse Bewegung benannt, deren Bedeutung man zu Zeiten maßlos überschätzte, um sie dann wieder in radikaler Skepsis so gut wie völlig zu leugnen[3].

Titel von Dichtungen, die auf den Namen des Orpheus gestellt waren, kennen wir mehr als ein halbes Hundert, und das Erhaltene, die *Hymnen*, die *Argonautika*, die *Lithika* (von Kraft und Wirkung der Steine), zeigt, wieviel da noch in späterer Kaiser-

[1] Meuli a. O. 159, 4. Fr. 73–75 W.

[2] S. nächsten Abschnitt. Zur Wertung der Theogonien nach Hesiod, bes. der des Epimenides U. Hölscher, *Herm.* 81, 1953, 404 u. 408.

[3] Für die historisch-kritische Beurteilung war bahnbrechend Ch. A. Lobeck, *Aglaophamus.* Königsb. 1829. Radikal hat Wilamowitz die Orphik aus seinem Bilde des Griechentums getilgt. Das Material: O. Kern, *Orphicorum Fragmenta.* Berl. 1922; Nachdr. 1963. Skeptisch I. Linforth, *The Arts of Orpheus.* Calif. Un. Press 1941, und E. R. Dodds, *The Greeks and the Irrational.* Lond. 1951, 147. Besonnen für frühen Ursprung M. P. Nilsson, ‹Early Orphism and Kindred Religious Movements›. *Harvard Theol. Rev.* 28, 1935, 181 (= *Opusc. Sel.* 2, 628). Er tritt auch *Gnom.* 28, 1956, 18, dem übersteigerten Skeptizismus von L. Moulinier, *Orphée et l'orphisme à l'époque classique.* Paris 1955, entgegen. W. K. C. Guthrie, *Orpheus and Greek Religion.* 2. Aufl. Lond. 1952. Ders., *The Greeks and their Gods.* Boston 1951, 307. Gründlich und zuversichtlich K. Ziegler, ‹Orpheus› und ‹Orphische Dichtung›. *RE* 18, 1200 u. 1321. Wichtige Gesichtspunkte bei W. Jaeger, *Die Theologie der frühen griech. Denker.* Stuttg. 1953, 69. Für sich steht mit radikalem Frühansatz R. Böhme, *Orpheus.* Berl. 1953. – Die orphischen «Totenpässe» auf Goldplättchen: O. Kern, *Orph. Fragm.* nr. 32. VS 1 B 17. Dazu N. M. Verdelis, 'Αρχ. 'Εφ. 1953/54, sec. part. 1958, 55. Ein interessanter orphischer Text aus dem 4. Jh. v. Chr.: S. G. Kapsomenos, ‹Ὁ Ὀρφικὸς Πάπυρος τῆς Θεσσαλονίκης›. Αρχ. Δελτ. 1965, 17. Über die späten orphischen Hymnen s. u.

zeit zuwuchs. Was uns durch all den Wust bis zu den Frühformen vordringen läßt, sind einige wenige Anführungen, vor allem bei Pindar, Euripides und Platon. Im Altertum liefen mehrere *Theogonien* um, die sich als orphisch gaben. Der Neuplatoniker Damaskios bietet in seiner Schrift Περὶ τῶν πρώτων ἀρχῶν einen Überblick (fr. 28. 54. 60 Kern). Größte Geltung hatte die heute als *Rhapsodische Theogonie* bezeichnete Dichtung in vierundzwanzig Gesängen[1]. Erhaltene Reste lassen vielfach die formale Anlehnung an Hesiod erkennen. Am Anbeginn steht hier Chronos, der den Aither und ein silbernes Ei schafft, aus dem das zweigeschlechtige Wunderwesen Phanes hervorgeht. Dieser Gott, den man mit vielen Namen und auch Eros nennt, leitet nun die Zeugungen ein, in deren Reihe auch Uranos, Kronos und Zeus erscheinen. Man ist heute weitgehend einig, daß dieses ganze monströse Gebilde späten Datums ist. Doch ist es eine andere Frage, ob die Ahnenreihe dieser *Rhapsodischen Theogonie* nicht sehr hoch hinaufreicht. Nun belegt uns Sextus Empiricus (test. 191 Kern) für die Orphika jenes Onomakritos, der eine bedeutende, wenn auch wechselnde Rolle bei den Peisistratiden spielte[2], kosmogonischen Inhalt. Daß es also in der reichen theogonischen Dichtung, die wir für das 6. Jahrhundert voraussetzen dürfen, auch orphische gegeben hat, ist durchaus wahrscheinlich. Von besonderem Interesse ist die kosmogonische Parodie in den Vögeln des Aristophanes (685), doch ist es außerordentlich schwierig, in ihr die orphischen Elemente mit Sicherheit festzustellen[3].

Dabei ist die Frage besonders brennend, ob jener Zentralmythos, der die Natur der Menschen erklärt, bereits in diese ältere Schicht orphischer Literatur gehört. Ihm zufolge haben die Titanen Dionysos als Kind zerrissen und verschlungen. Der Blitz des Zeus brannte sie zu Asche, aus dieser aber ward der Mensch, der daher das Dionysisch-Göttliche und Titanisch-Erdhaft-Böse in sich trägt. Die Geschichte haben wir nicht vor Clemens von Alexandrien belegt (fr. 34 Kern), aber Platon spricht in den Gesetzen (3, 701 c) von der alten titanischen Natur derer, die sich gegen Menschliches und Göttliches auflehnen, und er spricht davon wie von einer bekannten Sache. Auch darf man nicht leichter Hand zur Seite schieben, was Pausanias (8, 37, 5) berichtet: Onomakritos habe das Wort ‹Titanen› von Homer übernommen, dem Dionysos Orgien gestiftet und die Titanen als Urheber der Leiden des Dionysos dargestellt. Wiederum werden wir mit einiger Zuversicht die wesentlichen Elemente bereits dem 6. Jahrhundert zuweisen dürfen. Jedenfalls haben sich in dieser Zeit Vorstellungen von Wesen und Schicksalen der menschlichen Seele entwickelt, die von der homerischen entscheidend abweichen[4]. Für diesen Glauben trägt die Seele das eigentliche Wesen des Menschen, das Göttliche in ihm, sie dämmert nach dem Tode nicht als flüchtiger Schatten im modrigen Hades, sondern muß Rechenschaft legen und ist eingeschlossen in eine Reihe von Geburten, die sie entweder zurück zu ihrer göttlichen Heimat oder

[1] *Suda* s. 'Ορφεύς: ἱεροὶ λόγοι ἐν ῥαψῳδίαις κδ'.
[2] Herod. 7, 6 über seine Fälschung von Musaios-Orakeln.
[3] Dazu H. Schwabl in dem umfassenden Artikel ‹Weltschöpfung› *RE S* 9, 1433.
[4] Jaeger a. O. 88.

in ewige Verdammnis führt. Unschätzbar ist, was Pindar in der 2. olympischen Ode (63, dazu fr. 129–133) von solchem Glauben berichtet. Er nennt ihn nicht ausdrücklich orphisch, aber es läßt sich nicht bezweifeln, daß er sich hier in diesem Bereiche bewegt, zumal die Verse dem König Theron von Akragas gelten und derart in den sizilisch-unteritalischen Raum gehören, der sich der Mystik besonders weit geöffnet hat. Das bezeugen auch jene unteritalischen Goldblättchen, «Totenpässe» hat sie Diels genannt, die den Toten der Sekte ins Grab gegeben wurden und ihnen helfen sollten, im Jenseits den rechten Weg zu finden. Die ältesten gehen ins 4. Jahrhundert v. Chr. zurück.

So können wir bei aller Kargheit der Zeugnisse im 5. Jahrhundert mit Sicherheit eine orphische Bewegung feststellen, die den Menschen zur Reinigung seiner Seele, zu ihrer Befreiung aus der Körperlichkeit[1] und zu dauernder Vereinigung mit dem Göttlichen führen wollte. Auch daß sie über ein reiches Schrifttum verfügte, läßt sich feststellen. Außer Theogonischem sind ihm *Sühnedichtungen* (Καθαρμοί) und wahrscheinlich eine *Katabasis*, eine Dichtung vom Abstieg des Orpheus in den Hades, zuzurechnen. Alles, was wir von den inneren Kräften und Spannungen des 6. Jahrhunderts wissen, spricht dafür, daß wir das Werden der orphischen Bewegung und ihres Schrifttums in diese Zeit zu setzen haben.

Gerade die Dürftigkeit der Bezeugung warnt uns, die Breite dieser Bewegung zu überschätzen. Ihre Anhänger wird sie wie die meisten Sekten aus den verschiedensten Schichten gewonnen und vertiefte Religiosität mit Formelkram und äußerlichen Reinigungsriten von allem Anfange an vereinigt haben. Die Frage, wie weit sie aus rein griechischen Ansätzen erwuchs, wie weit an der Lehre von der Seelenwanderung der Osten beteiligt war, versagt sich einer glatten Lösung. Abzulehnen aber ist die Art, in der man die Orphik und dann womöglich gleich Platon zum fremden Tropfen im griechischen Blute machte. Die Orphik gehört mit zum Bilde der hellenischen Welt; wie sie zu den Pythagoreern steht, soll später gefragt werden.

In den hier umschriebenen Raum gehört die *Theologia* des Pherekydes von Syros (VS 7), die als ältestes Prosabuch galt und um die Mitte des 6. Jahrhunderts anzusetzen ist. Was wir von ihrer Kosmogonie und Theogonie wissen, zeigt, wie alter Mythos, Spekulation und Motive verschiedenster Herkunft stets neue Verbindungen eingingen. Im Eingange hören wir von Zas, Kronos[2] und Chthonie als den Urgewalten, die immer schon da waren. Das bedeutet einen Fortschritt gegenüber Hesiod, bei dem selbst das Chaos entstanden ist. Die uralte heilige Hochzeit von Himmel und Erde wird bei Pherekydes zur Verbindung von Zeus und Chthonie, der Erdtiefe. Ihr schenkt Zeus – mythisches Vorbild für die Geschenke an die Braut bei den Anakalypteria, der Feier der Entschleierung – ein Kleid, in das er Erde und Okeanos gewirkt

[1] Daß die σῶμα-σῆμα-Formel ihrem Sinne nach orphisch ist, zeigen gegen Wilamowitz: Ziegler a. O. 1378. Guthrie im zweiten Werk 311, 3. Anders Nilsson, *Gnom.* 28, 1956, 18.

[2] So statt Chronos mit H. Fränkel, *Ztschr. f. Ästh.* 25, 1931, Beilage S. 115 = *Wege und Formen frühgriech. Denkens.* Münch. 2. Auflage 1960, 19; für Pherekydes waren die Namen wohl gleichbedeutend. Vgl. J. de Romilly, *Time in Greek Tragedy.* Ithaca, New York 1968, 35.

hat. So wird die Erde Besitz der Chthonie, die Tiefe mit der bunten Oberfläche bekleidet. Kronos schafft aus seinem Samen Feuer, bewegte Luft und Wasser, daraus bildet sich wieder in fünf höhlenartigen Räumen (μυχοί) des Weltalls die Vielheit der Götter. Auch Kämpfe zwischen diesen um die Weltherrschaft waren erzählt, und manches, wie Eros, in den sich Zeus bei der Schöpfung verwandelt (fr. 3), erinnert an Orphisches.

F. ANFÄNGE DER PHILOSOPHIE

Dem griechischen Westen mit seiner Neigung zur Mystik steht in dem reich bewegten 6. Jahrhundert Milet als Geburtsstätte der Philosophie gegenüber. Thales, Anaximander und Anaximenes sind Bürger dieser ionischen Zentrale gewesen, die eine gewaltige Zahl von Kolonien aussandte und weltoffen die Anregungen aufnahm, die ihr aus fernen Ländern zuströmten[1]. Veranlagung und Schicksale des ionischen Stammes, der nach langen Wanderungen erst auf kleinasiatischem Boden zur Entfaltung kam, machen es verständlich, daß sich gerade hier eine neue Fragestellung an die Welt entwickelte. Die Bedeutung dieses geistigen Geschehens läßt uns die Grenzen unseres Wissens besonders schmerzlich verspüren. Von den drei genannten Männern kann nur ein einziger Satz mit einiger Sicherheit als überliefert gelten und auch dieser nur teilweise. Zahlreiche Nachrichten stammen aus dem verlorenen Werk des Theophrast über die *Lehrmeinungen der Naturphilosophen* (Φυσικῶν δόξαι)[2]. Das heißt, daß wir diese Lehren zum größten Teil nur aus der interpretierenden Auseinandersetzung des Aristoteles und seiner Schule mit den älteren Denkern kennenlernen[3].

Es hängt mit den geschilderten Umständen zusammen, daß wir einer zwiespältigen Auffassung dieser philosophischen Anfänge begegnen. Ihre Bedeutung als Grundlegung der abendländischen Wissenschaft erklärt das Pathos, mit dem viele die Loslösung von allen mythischen Bindungen als radikalen Umbruch, als bewußt-entschlossenen Schritt in geistiges Neuland würdigen. Auf der anderen Seite ist das Bemühen am Werke, auch dieses Stück griechischen Geisteslebens aus den Zusammenhängen zu begreifen, in denen es steht. So hat sich das von Aristoteles bestimmte Bild dieser archaischen Naturphilosophie als einer ziemlich geschlossenen Lehre von den Urstoffen nach zwei Seiten hin in bedeutsamer Weise erweitert. Zunächst hat uns Werner Jaeger[4] gezeigt, wie in dieser frühen Philosophie auch ein Stück Theologie enthalten ist, wie die Frage nach dem Wesen der Natur hier auch immer eine nach dem Göttlichen in ihr bedeutet. Ferner hat die neue Aufgeschlossenheit der Altertumswissenschaft dem Orient gegenüber auch auf diesem Gebiete Folgen gehabt.

[1] Wirtschaftlicher Aufschwung Ioniens: C. Roebuck, *Ionian Trade and Colonization.* New York 1959.

[2] O. Regenbogen, *RE* S 7, 1535. Über das Ausmaß der Abhängigkeit Späterer U. Hölscher, *Herm.* 81, 1953, 259.

[3] H. Cherniss, *Aristotle's Criticism of Pre-Socratic Philosophy.* Baltimore 1935.

[4] *The Theology of Early Greek Philosophers.* Oxf. 1947. Deutsch: *Die Theologie der frühen griech. Denker.* Stuttg. 1953.

Aus Arbeiten wie denen Uvo Hölschers[1] lernen wir, daß sich diese Denker zwar vom Mythos der Welt des Epos lösten, daß ihnen aber die großen kosmogonischen Mythen des Orients mit ihren spekulativen Elementen entscheidende Anregungen gaben.

Wenn es überhaupt ein Buch gab, in dem Thales seine Meinungen niedergelegt hat, so ist dieses früh verlorengegangen. Aristoteles macht ihn in der Metaphysik (1, 3; 983 b 20) zum Archegeten einer Lehre, die alles aus einem einheitlichen Urstoff ableitet, der bei ihm das Wasser gewesen sei[2]. Auf diesem habe er auch die Erde schwimmen lassen. Erdbeben erklärte er aus Schwankungen des tragenden Wassers (A 15). Es ist nicht glaubhaft, daß Thales bereits einen in alles übrige sich wandelnden Urstoff angenommen hat, wohl aber wird man der Überlieferung glauben, daß für ihn das Wasser der Ursprung aller Dinge und Träger der Erde gewesen ist. Kaum können die Iliasverse (14, 201. 246) von Okeanos als dem Ursprung der Götter oder aller Dinge allein den Anstoß zu einer solchen Lehre gegeben haben. Einwirkung ägyptischer und babylonischer Vorstellungen vom Werden und der Einrichtung des Weltalls ist um so eher anzunehmen, als die Nachrichten über einen ägyptischen Aufenthalt des Mannes (A 11) glaubwürdig sind. Dort lernte er die Pyramidenmessung durch Schattenvergleichung kennen (A 21) und wurde zu einer Theorie über die Nilschwelle[3] angeregt, die seitdem ein traditionelles Problem antiker Naturwissenschaft blieb. Dort oder aus dem Vorderen Orient erfuhr er von den ungefähren Abständen der Sonnenfinsternisse, so daß er jene des Jahres 585 voraussagen konnte. Für seine Forschungen ist es bezeichnend, daß man ihm eine *Nautische Astrologie* zuschrieb, die nach anderen dem Phokos von Samos gehörte. Kein sicheres Urteil ist uns darüber gestattet, wie weit Thales durch geometrische Theoreme neue Betrachtungsweisen einleitete. Doch neigt man heute dazu, seine Bedeutung in dieser Richtung nicht gering einzuschätzen[4]. Wenn wir die Nachricht ernst nehmen, die sich auf Choirilos von Samos, einen Epiker des 5. Jahrhunderts, stützt, Thales habe zuerst die Unsterblichkeit der Seele gelehrt (A 1), so kann auch hier ägyptischer Einfluß wirksam gewesen sein. Freilich wissen wir über die Seelenvorstellung des Thales nichts, weshalb auch seine Aussage (A 22), der Magnetstein habe Seele, für uns nicht mehr als die Feststellung einer wirkenden Kraft bedeutet. Auch daß alles voll von Göttern sei, soll er gesagt haben, ein Ausspruch, der – mag er von ihm stammen oder nicht – den Geist dieser frühen Naturphilosophie programmatisch kennzeichnet.

Wenn wir uns die Milesier unter dem Einflusse fremder Kosmogonien denken, so tritt ihre eigene Leistung nur um so eindringlicher hervor; sie haben naturphiloso-

[1] ‹Anaximander und die Anfänge der Philosophie›. *Herm.* 81, 1953, 257 u. 385.

[2] Br. Snell, *Phil.* 96, 1944, 170, über Hippias als Quelle der aristotelischen Nachrichten über Thales. Dazu C. J. Classen, *Phil.* 109, 1965, 175.

[3] A 16 mit Gigon (s. u.), 48.

[4] So O. Becker, *Das mathematische Denken der Antike*. Studienh. z. Altertumswiss. 3. Göttingen 1957. K. v. Fritz, *Gnom.* 30, 1958, 81.

phische Spekulation aus der uralten mythischen Umhüllung gelöst und bleiben ungeschmälert in der Würde der Begründer abendländischer Wissenschaft.

Anaximander von Milet, der nach antiken Angaben (A 1. 11) 610 geboren war und bald nach 546 gestorben ist, war ungefähr Zeitgenosse des Thales und wurde von der späteren Tradition zu dessen Schüler gemacht. Nachrichten über seine Beteiligung an dem Ausbau der Kolonie Apollonia am Schwarzen Meer und einen Aufenthalt in Sparta lassen den Ioner erkennen, der sich in der Welt umgetan hat. Von ihm hat es ein Buch gegeben, dem man später wie ähnlichen Werken den Titel *Über die Natur* (Περὶ φύσεως) gab und das den ersten Peripatetikern noch vorlag.

Auch Anaximander hat die Frage nach dem Ursprung der Dinge gestellt; ob er ihn bereits ἀρχή nannte, bleibt ungewiß (vgl. A 9. 11). Er findet diesen Ursprung im Apeiron, worin das Unendliche ebenso liegt wie das Gestaltlose. Dieses Apeiron ist weder ein stofflich bestimmtes Element noch eine Mischung[1], in der von vorneherein alles enthalten wäre. Wenn aus ihm das Einzelne durch Aussonderung entsteht (ἐκκρίνεσθαι sagt Aristoteles *Phys.* 1, 4; 187a 20), so ist die Interpretation dieses Vorganges als Entmischung wohl sekundär, und Anaximander meinte echtes Entstehen aus dem unbegrenzten und unerschöpflichen Urgrund, der allem individuellen Sein vorausliegt. Die unermeßliche Tiefe, der Abgrund, aus dem in orientalischen Kosmogonien das Werden erfolgt, ist bei Anaximander durch die abstrahierende Kraft griechischen Denkens und Sprechens zum Begriff (τὸ ἄπειρον) geworden. Einer rein materiellen Deutung dieses Apeiron widerstreiten die Attribute der Göttlichkeit, die es an sich trägt: unsterblich und unvergänglich ist es, aber auch ungeworden, wodurch es sich vom Chaos Hesiods scheidet, der im Grunde kein Kosmologe ist; alles umfassend, alles steuernd ist es das Göttliche (A 15).

Von diesem Unendlichen und Ungeschiedenen sondern sich die zeugungskräftigen Keime, aus denen das Einzelne entsteht (A 10). Wie Anaximander dieses Werden unter einem ethischen Gesichtspunkte gesehen hat, der aufs engste mit der Dike-Problematik zusammenhängt, bezeugt sein bei Simplicius erhaltener Satz (B 1): *woraus aber der Ursprung ist den seienden Dingen, in das hinein erfolgt auch ihr Vergehen nach Notwendigkeit; denn sie zahlen einander Strafe und Buße nach der Ordnung der Zeit*[2]. Die Abgrenzung der Anaximander gehörenden Worte ist ein viel erörtertes Problem[3]. In jedem Falle hören wir ihn dort, wo von der Buße die Rede ist, die alle entstehenden Dinge einander durch ihr Vergehen zahlen. Damit ist nicht die Individuation als Sünde gemeint, sondern die Tatsache, daß sich die Dinge «im Raume stoßen», eines dem anderen die Lebensmöglichkeit nimmt oder beengt.

In dem ewigen Werden und Vergehen treten im Apeiron zahlreiche Welten auf[4]. Mitte der unseren ist die Erde, die sich durch gleichen Abstand von den Grenzen

[1] Hölscher a. O. 263.

[2] Zu diesem Ausdruck Hölscher a. O. 270.

[3] R. Mondolfo, *Problemi del pensiero antico.* Bologna 1936, 23. F. Dirlmeier, *Rhein. Mus.* 87, 1938, 376; *Herm.* 75, 1940, 329. K. Deichgräber, *Herm.* 75, 1940, 10. G. Vlastos, *Class. Phil.* 42, 1947, 168. W. Kraus, *Rhein. Mus.* 93, 1950, 372.

[4] Gegen die Annahme unendlich vieler Welten bei Anaximander: H. Schwabl, *Gnom.* 37, 1965, 226.

dieses Kosmos unbewegt erhält. Sie hat die Form einer Säulentrommel, deren Höhe ein Drittel des Durchmessers beträgt. Die Erdkarte, die Anaximander als erster Grieche zeichnete (A 6), war also in einen Kreis eingetragen. Wir werden sie uns nach Art der geometrisch vereinfachten Karten denken, die Herodot (4, 36) verlachte und deren östliche Vorbilder für uns ein babylonisches Exemplar[1] vertritt. Die Sonnenuhr, die Anaximander baute (A 4), hat dort ihren Ursprung.

Es ist Tradition von Thales her, wenn Anaximander die Erde durch einen Prozeß der Austrocknung aus dem Wasser auftauchen läßt, das sie ursprünglich bedeckte. Auch das Leben ist im Wasser entstanden, und die Menschen waren einst fischartige Wesen, die am Lande die für das Wasser nötige Hülle abwarfen und ihre Lebensweise änderten (A 30).

Kühn und phantastisch ist sein Bild vom Werden der Gestirne (A 10f. 21f.). Um die von Luft umgebene Erde wuchs ursprünglich wie Rinde um einen Baum eine Schale von Feuer. Diese «riß ab» und zerteilte sich in radförmige Gebilde, die innen aus Feuer bestehen, außen von einer Lufthülle umgeben sind. Dort, wo diese ein Loch hat, erscheint uns das Feuer im Inneren als Gestirn. Verstopfung der Öffnung bedeutet Verfinsterung seines Lichtes. Auch Größenangaben soll Anaximander gemacht haben. Der Sonne habe er den gleichen Umfang wie der Erde gegeben, was beachtlich wäre, da noch zur Zeit des Perikles ein Denker wie Anaxagoras sie nur um einiges größer sein ließ als die Peloponnes (VS 59 A 42).

Etwas später ist der dritte Milesier anzusetzen, Anaximenes, der natürlich als Schüler des Anaximander galt und in der Olympiade 528/25 starb. Er bleibt in älteren Darstellungen mitunter im Schatten seines Vorgängers, und es galt als Rückschritt, daß er dessen qualitätsloses Apeiron durch die Luft als Urstoff ersetzte. In Wahrheit bedeutet er einen wesentlichen Fortschritt in dem Ringen um ein naturwissenschaftliches Weltbild. Ansätze im Orientalischen sind auch für seine Lehre da. In der Kosmogonie des Sanchuniathon[2] geht aus der «Verflechtung» bewegter Luft Mot, die feuchte Urerde, hervor, und wenn bei Anaximenes anders als bei Anaximander der Himmel wieder auf dem Erdrand aufsitzt und die Gestirne nachts hinter hohen Gebirgen die Erdscheibe umfahren, so sind babylonische Vorstellungen weitergeführt. Aber wichtiger als diese Anklänge ist der Versuch, die Entwicklung des Kosmos aus einem Stoffe abzuleiten, dessen Wandlungsfähigkeit wir aus eigener Erfahrung kennen. Luft kann durch Veränderung ihrer Temperatur und ihres Feuchtigkeitsgehaltes sichtbar werden (A 7). Auch der Vorgang der Verdichtung, durch den aus Luft in Stufen Wolke, Wasser, Erde und Steine entstehen, ist durchaus rational gedacht. Auf der anderen Seite führt Verdünnung zum Feuer. Die Luft ist für Anaximenes unendlich, es kehrt also das Wort (ἄπειρος) wieder, mit dem Anaximander den Ursprung benannt hat. Luft stützt die Erdscheibe, die nun wieder dünner geworden ist, und ein Teil der Luft ist auch die Seele des Menschen (B 2). Das ist aus der alten Vorstellung von der Hauchseele leicht zu verstehen, mag es auch fraglich

[1] Bengtson-Milojčić, *Großer hist. Weltatlas* 1. Münch. 1953, 8 ab.
[2] Philon bei Eusebios, *Praep. Evang.* 1, 10.

sein, ob wir hier die Worte des Denkers selbst besitzen. Von seiner Sprache hören wir (A 1), sie sei ein schlichtes Ionisch gewesen. Wenn er Vergleiche gebraucht, den Wandel der Sterne um die Erdscheibe durch das Drehen einer Kappe auf dem Kopfe (A 7), den Blitz durch das Aufleuchten des Wassers bei nächtlichem Rudern (A 17) illustriert, so ist dies nicht Schmuck der Rede, sondern ein Mittel der Erkenntnis, das im archaischen Denken eine bedeutende Rolle spielte[1].

Nur der Zeit nach steht den drei Milesiern eine Persönlichkeit nahe, die das geistige Leben der Antike mächtig beeinflußt hat. Wir wissen von pythagoreischen Gemeinden, die im ausgehenden 6. Jahrhundert in unteritalischen Städten in hoher Geltung standen und aristokratische Politik trieben[2]. Es liegt nahe, zwei schwierige Ausdrücke, die in der Überlieferung über die Pythagoreer auftauchen, so zu deuten, daß mit Mathematikern die vollen Mitglieder dieser Gemeinschaft bezeichnet wurden, während Akusmatiker jene Anhänger der Lehre hießen, die außerhalb der fest geschlossenen Gemeinschaften standen. Gerade von Akusmatikern dürfte die weite Wirkung der Lehre und ihr starker politischer Einfluß in Unteritalien, teilweise auch in Sizilien, ausgegangen sein. Demokratische Gegenschläge blieben nicht aus; um die Mitte des 5. Jahrhunderts kam es zu einer Katastrophe, in deren Verlauf das Versammlungshaus der Pythagoreer in Kroton in Flammen aufging. Aber bald nach 400 sehen wir in Tarent Archytas, einen bedeutenden Angehörigen dieser Schule, an der Macht. Platon trat auf seinen Reisen mit ihm in Verbindung und hat selbst reiche Anregungen aus dem Pythagoreismus empfangen. Wenn man aus hellenistischer Zeit weniger von dieser Lehre hört, so war sie unter der Oberfläche doch immer da. In erneutem Vordringen sehen wir sie in dem 1. Jahrhundert v. Chr., und die spätere Kaiserzeit brachte ein neues Aufblühen dessen, was sich nun als Pythagoreismus gab.

Von dem Manne aber, der diese Bewegung hervortrieb, wissen wir wenig genug. Die Biographie bei Diogenes Laertios (8, 1) sowie jene von Porphyrios und Iamblichos, alles Erzeugnisse später Zeit, zeigen zusammen mit anderen Nachrichten, welcher Wust von Anekdoten und Wundergeschichten die historische Persönlichkeit überdeckt hat[3]. Pythagoras stammt aus Samos, hat aber seine Tätigkeit in Unteritalien entfaltet, wo er in Kroton seine Gemeinde begründete und in Metapont gestorben sein soll. Daß er sich durch seine Auswanderung, die um 530 erfolgte, der Tyrannis des Polykrates entzog, ist wahrscheinlich.

Der späten Tradition gegenüber haben die wenigen Nachrichten aus früher Zeit um so größere Bedeutung. Voran stehen spottende Verse des Xenophanes, die zur Zeit des Pythagoras oder bald nach seinem Tode entstanden sind (VS 21 B 7): Pythagoras habe im Winseln eines mißhandelten Hündchens die Stimme eines Freundes erkannt, dessen Seele in dem Tiere wohnte. Damit ist die Lehre von der Wieder-

[1] B. Snell, ‹Gleichnis, Vergleich, Metapher, Analogie›. In: *Die Entdeckung des Geistes*. 3. Aufl. Hamb. 1955, 258, mit weiteren Hinweisen 284, 2.

[2] Lit. bei H. Bengtson, *Griech. Gesch.* 2. Aufl. Münch. 1960, 139, 3. K. v. Fritz s. u. und ‹Mathematiker und Akusmatiker bei den alten Pythagoreern›. *Sitzb. Bayer. Ak. Phil.-hist. Kl.* 1960/11.

[3] J. Lévy, *Recherches sur les sources de la légende de Pythagore*. Paris 1926.

einkörperung der Seele für Pythagoras gesichert, und wir verstehen die Berichte darüber, was er in früheren Daseinsformen alles gewesen sein soll. Mit Sicherheit können wir auch sagen, daß der Reihe der Geburten ein religiös-ethisches Ziel gesetzt war, das in der völligen Läuterung der Seele bestand. Ion von Chios, der im 5. Jahrhundert, also gar nicht so lange nach Pythagoras, lebte, bezeugt es (VS 36 B 4) als dessen Lehre, daß ein Leben voll Mannesmut und Sittlichkeit drüben ein besseres Los der Seele verbürge. Von hier aus ergibt sich, daß die strenge geregelten Lebensformen des Πυθαγόρειος τρόπος bereits in den Anfang der Bewegung gehören. Leicht versteht sich aus der Lehre von der Seelenwanderung das Verbot, Fleisch zu essen und Wolle für Kleidung zu verwenden, schwerer das bekannte Bohnenverbot, und anderes erscheint überhaupt sinnlos. Natürlich bleibt es uns versagt, alle Bestandteile dieser amorphen Regelmasse zu datieren.

Die Frage nach der Beziehung des frühen Pythagoreismus zur Orphik drängt sich auf, ist jedoch mit unseren Mitteln eindeutig nicht mehr zu lösen[1]. Die Linien mögen hin und wider laufen, aber aufs Ganze gesehen wird man die folgenschwere Leistung des Pythagoras eben darin erblicken, daß er jene Lehre vom Wesen und Schicksal der menschlichen Seele, die im 6. Jahrhundert aus verborgenen Quellen ans Licht drang, in den Bereich wissenschaftlichen Denkens hob und als philosophisches Gut der Nachwelt weitergab. Daß der Einfluß fremder Kulturen in seiner Entwicklung eine Rolle spielte, ist als Möglichkeit anzuerkennen[2]. Die freilich fragwürdige antike Überlieferung weiß von großen Reisen, einen ägyptischen Aufenthalt belegt als erster Isokrates (*Bus.* 28).

Seltsamerweise hat der weitgehend mystisch bestimmte Pythagoreerkreis für die Entwicklung exakter Wissenschaft mehr geleistet als die Milesischen Naturphilosophen. Es war einer der folgenreichsten Schritte, als wohl schon Pythagoras selbst die Zahl zum formenden Prinzip der Welt machte. Von da gingen die verschiedensten Wege aus, zur Entwicklung der Mathematik, zur Herausarbeitung des Dualismus von Materie und Form, aber auch zu Zahlenspekulationen der verschiedensten Art. Mit diesem gewaltigen Wurfe verglichen, ist die Tatsache, daß der nach Pythagoras benannte Lehrsatz bereits früher bekannt war, ohne Bedeutung. Die Herrschaft der Zahl als gliedernden Elementes in der Vielfalt der Erscheinungen war an dem Verhältnis von Saitenlänge und Ton am unmittelbarsten zu erkennen. Die Entdeckung, daß Töne im musikalischen Sinne immer zahlenmäßig bestimmt sind, muß einen tiefen Eindruck gemacht haben. Von hier öffnete sich der Weg zu der allgemeinen These: nur etwas zahlenmäßig Bestimmtes ist ein Seiendes. Musik hat in diesen Kreisen immer viel bedeutet, in vollendeter Harmonie sollte sie den gegliederten Umlauf der Gestirnsphäre begleiten. Wie weit die entscheidenden Erkenntnisse und

[1] W. Rathmann, *Quaestiones Pythagoreae Orphicae Empedocleae*. Diss. Halle 1933. K. Kerényi, *Pythagoras und Orpheus: Präludien zu einer künftigen Geschichte der Orphik und des Pythagoreismus*. 3. Aufl. Zürich 1950. Trennendes betont K. v. Fritz *RE* 24, 244.

[2] K. v. Fritz verweist *Gnom.* 40, 1968, 8, auf die stärker sich durchsetzende Überzeugung, daß indische Religion und Philosophie schon zur Zeit des Pythagoras, wenn nicht sogar früher, bis Persien gedrungen sind. Er verweist auf Fr. Cornelius, *Indogermanische Religionsgeschichte*. München 1942, 97.

Theorien bereits in die Frühzeit des Pythagoreismus gehören, wie groß der Anteil des Pythagoras selbst und wie groß jener seiner Anhänger ist, das sind Fragen, auf die uns zum großen Teil eine sichere Antwort versagt bleibt. Aber auch hier verfehlt eine Skepsis, die dem Pythagoras die großen Ansätze zur Gänze bestreitet, das Ziel[1]. Die These von E. FRANK, die sogenannte pythagoreische Mathematik sei erst um die Wende des 5. zum 4. Jahrhundert entstanden und habe mit dem eigentlichen Pythagoreismus wenig zu tun, kann in dieser Form als erledigt gelten, doch hat W. BURKERT in seinem u. genannten Werk die Zweifel an originalen wissenschaftlichen und im besonderen mathematischen Leistungen des Pythagoras mit großem Nachdruck vertreten.

Pythagoras wurde je nach Stellungnahme wegen seines Wissensreichtums gepriesen oder von Männern wie Heraklit wegen nichtiger Vielwisserei gescholten (VS 22 B 40. 129). Seine Anhänger erklärten die Spannweite seiner Gelehrsamkeit daraus, daß er durch besondere Gabe das zwischen die einzelnen Einkörperungen der Seele gesetzte Vergessen überwand (A 8 mit Empedokles VS 31 B 129). Ruhm und Wertung seines Wissens machen für uns die Nachricht (A 17) schwierig, es habe von ihm nichts Geschriebenes gegeben. Es mag jedoch sein, daß wir, ans Buch gewöhnt, die Bedeutung mündlicher Weitergabe unterschätzen.

O. GIGON, *Bibliographische Einführungen in das Studium der Philos. 5, Antike Philos.* Bern 1948. D. J. ALLAN, ‹A Survey of Work Dealing with Greek Philos. from Thales to the Age of Cicero 1945–49›. *Philos. Quart.* 1, 1950, 61. E. L. MINAR, ‹A Survey of Recent Work in Pre-Socratic Philos.›. *Class. Weekly* 47, 1953/4, 161. 177. Von bleibender Bedeutung für die gesamte antike Philosophie ist E. ZELLER, *Die Philosophie der Griechen in ihrer geschichtlichen Entwicklung.* Ein Nachdruck der letzten Auflage (Leipz. 1920, 3 Teile in 6 Bänden) ist bei Olms-Hildesheim 1963 erschienen. Eine wertvolle Neuausgabe der ersten beiden Bände in italienischer Sprache von R. MONDOLFO 1932–38. Ders., *Il pensiero antico. Storia della filosofia greco-romana.* Firenze 1967. Wichtig bleibt auch wegen der reichen Literaturangaben der 1. Teil von F. ÜBERWEGS *Grundriß*, bearbeitet von K. PRÄCHTER, 12. Aufl. 1926 (repr. Darmst. 1960). O. GIGON *Grundprobleme der antiken Philosophie.* Samml. Dalp 66. Bern 1959. W. K. C. GUTHRIE, *Die griech. Philosophen von Thales bis Aristoteles.* Übers. von G. RAABE. Göttingen 1960. Ders., *A History of Greek Philosophy.* 1 Cambridge 1962; 2, 1965. J. KERSCHENSTEINER, *Kosmos.* Zet. 30, 1962. W. TOTOK, *Handbuch der Geschichte der Philosophie* 1: *Altertum.* Frankfurt 1964 (mit reicher Bibliographie). W. BRÖCKER, *Die Geschichte der Philosophie vor Sokrates.* Frankfurt 1965. W. JAEGER s. S. 193, 4. – Texte mit Lit. bei *Diels-Kranz* VS. G. S. KIRK and J. E. RAVEN, *The Presocratic Philosophers. A Critical History with a Selection of Texts.* Cambridge 1957. Student's edition 1961. – Darstellungen: WILH. NESTLE, *Vom Mythos zum Logos.* 2. Aufl. Stuttg. 1942. O. GIGON, *Der Ursprung der griech. Philos.* Basel 1945. F. M. CORNFORD, *Principium Sapientiae.* Cambr. 1952. K. DEICHGRÄBER, ‹Persönlichkeitsethos und philosophisches Forschertum der vorsokr. Denker›. In: *Der listensinnende Trug des Gottes.* Gött. 1952, 57. J. B. MC DIARMID, ‹Theophrastus on the Presocratic Causes›. *Harv. Stud.* 61, 1953, 85. – Übersetzungen: E. HOWALD-M. GRÜNWALD, *Die Anfänge*

[1] Mit großer Bedeutung des Pythagoras für die Mathematik rechnet G. MARTIN, *Klassische Ontologie der Zahl.* Köln 1956, unter Zustimmung von O. BECKER, *Gnom.* 29, 1957, 441. Gegen E. FRANK, *Platon und die sogenannten Pythagoreer.* Halle 1923, K. v. FRITZ in der S. 197 A. 2 genannten Arbeit, S. 19, und *Gnom.* 40, 1968, 10. Die Arbeiten von B. L. VAN DER WAERDEN, in denen er die pythagoreische Mathematik zu rekonstruieren versucht, sind in der reichen Bibliographie BURKERTS (s. u.) verzeichnet. Zu negativ stellt sich zur Annahme früher pythagoreischer Mathematik J. A. PHILIP in dem u. genannten Buche.

der abendländischen Philos. Zürich 1949. WILHELM NESTLE, *Vorsokratiker. Ausgewählt mit Einleitungen.* Köln 1956 (Diederichs Taschenausg.). QU. CATAUDELLA, *I frammenti dei Presocratici. Traduz.* 1, Padova 1958. W. CAPELLE, *Die Vorsokratiker.* 6. Aufl. Stuttgart 1963 (Kröners Taschenausg.). A. MADDALENA, *Ionici. Testimonianze e frammenti* (Introd., trad. e comm.) Firenze 1963. – Anaximander: N. RESCHER, ‹Cosmic Evolution in A.›. *Stud. Generale* 11, 1958, 718. CH. H. KAHN, *A. and the Origins of Greek Cosmology.* New York 1960. C. J. CLASSEN, ‹Anaximander›. *Herm.* 90, 1962, 159 (mit viel neuerer Lit.). H. SCHWABL, ‹Anaximander, Zu den Quellen und seiner Einordnung im vorsokratischen Denken›. *Arch. f. Begriffsgesch.* 9, 1964, 59 (kritisch gegen die traditionelle Auswertung der Zeugnisse). – Zum Pythagoreismus: A. DELATTE, *La vie de Pythagore de Diogène Laërce.* Bruxelles 1922. K. v. FRITZ, *Pythagorean Politics in Southern Italy.* New York 1940; grundlegend sind seine Artikel in *RE* 24: *Pythagoras,* 171; *Pythagoreer,* 209; ibid. H. DÖRRIE, *Der nachklassische Pythagoreismus,* 268; vgl. auch S. 197 A. 2. J. E. RAVEN, *Pythagoreans and Eleatics.* Cambr. 1948. L. FERRERO, *Storia del Pitagorismo nel mondo Romano.* Torino 1955. J. S. MORRISON, ‹P. of Samos›. *Class. Quart.* 6, 1956, 135. M. TIMPANARO CARDINI, *I Pitagorici. Testimonianze e frammenti.* Fasc. 1, Firenze 1958, 2, 1962, 3, 1964. J. A. PHILIP, ‹The Biographical Tradition: Pythagoras›. *Trans. Am. Phil. Ass.* 90, 1959, 185. Ders., *Pythagoras and Early Pythagoreanism.* Toronto 1966 (*Phoenix* suppl. 7; will anders als H. E. CHERNISS, *Aristotle's Criticism of Presocratic Philosophy.* Baltimore 1935, sein Bild des frühen Pythagoreismus vor allem aus Aristoteles gewinnen). W. BURKERT, *Weisheit und Wissenschaft. Studien zu Pythagoras, Philolaos und Platon. Erlanger Beitr. z. Sprach- und Kunstwiss. 10.* Nürnberg 1962, mit monumentaler Aufarbeitung des gesamten Problemkomplexes und entsprechend reicher Lit. Dazu J. S. MORRISON, *Gnom.* 37, 1965, 344. A. FARINA, *I versi aurei di Pitagora.* (introd., testo crit., testimonianze, trad., comm.) Napoli 1962.

G. REIFARCHAISCHE LYRIK

1. THEOGNIS

Unter dem Namen des Theognis von Megara haben wir eine Sammlung von rund 1400 Versen in elegischem Maße, deren Wesen und Aufbau schwierige Fragen stellt. Durchwegs handelt es sich um Gedichte geringen Umfanges, mitunter Zweizeiler, dann wieder kleine Elegien, die mit ihren Versen nur selten die Zwölfzahl überschreiten. Wir haben es mit Dichtung zu tun, die beim Männergelage, dem Symposion, ihren Platz hatte. Einzelne Teile der Sammlung geben ein eindrucksvolles Bild davon, wie sich da eine Trinkkultur entwickelt hatte, die den Genuß der dionysischen Gabe mit anständiger Form und Rücksicht auf die Gefährten vereinigte. Voran steht die Elegie 467–496, die jedem Trinkzwang widerrät und einen Tischgenossen eindringlich zum Maßhalten mahnt. Köstlich ist der Preis jenes schwebenden Zustandes zwischen Nüchternheit und voller Trunkenheit, der dem Sprecher besonderes Behagen gibt. Auch das Wahrwort ‹in vino veritas› ist hier zu lesen (499)[1].

Beim Symposion denkt man auch der Götter mit kleinen Liedern, und vier dieser Art eröffnen unsere Sammlung. Zwei an Apollon, eines an Artemis, ein viertes an die Musen und Chariten.

[1] V. 501 besser bei Stobaios, vgl. Alkaios 333. 366 LP.

Wir lesen im Mutinensis als 2. Buch der Elegien eine Sammlung von Gedichten, die von der Liebe zu schönen Knaben singen. Es ist möglich, daß diese recht flachen Erzeugnisse einmal über die Sammlung verstreut waren und später vereinigt wurden. Von Frauen ist weniger die Rede, aber ein schönes Distichon (1225) läßt den Singenden Zeugenschaft dafür ablegen, daß ein braves Weib süßestes Glück bedeutet.

Einen Ton von seltener Innigkeit vernehmen wir in dem kleinen Gedichte 783–8, dessen Verfasser sich als weitgereisten Mann zu erkennen gibt, der doch nirgendwo so viel Freude fand wie im lieben Vaterlande. Sorge um die Lage des Staates bildet ein Hauptmotiv des Gedichtbuches. Aber anders als bei Kallinos und Tyrtaios handelt es sich nur gelegentlich um Bedrohung von außen und Bewährung im offenen Kriege. In einer kleinen Gruppe von Elegien wird der drohenden Persergefahr gedacht, aber wie auch sonst benachbarte Gedichte gelegentlich zueinander in Gegensatz treten, soll das einemal die nahende Gefahr die Freude am Trunk nicht trüben (763), während das anderemal (773) Apollon in tiefer Sorge zum Schutze der Stadt gerufen wird, deren Mauern er einst selber aufgetürmt hat.

In ganz anderer Weise beschäftigen den Kreis, aus dem diese Elegien hervorgegangen sind, die Spannungen und Bewegungen im Inneren des Staates. Wir stehen mitten in jener großen Umschichtung, die im Hintergrunde der archaischen Lyrik bereits mehrfach sichtbar geworden ist. Der wirtschaftliche und politische Aufstieg neuer Elemente aus den unteren Schichten war unaufhaltsam geworden. Neureiche machten sich breit, und die Unzufriedenheit der Masse konnte jeden Augenblick dem Tyrannen zur unbedingten Macht im Staate verhelfen. So hallen diese Elegien wider vom Groll und der Klage der Adeligen. Einst stand alles an seinem Platze: die ‹Guten› (ἀγαθοί, ἐσθλοί) waren die großen Grundbesitzer adeliger Herkunft, in ritterlicher Art erzogen. Besitz und Wert gingen bei ihnen zusammen. Eine tiefe Kluft trennte sie von den ‹Schlechten› (κακοί, δειλοί), die nichts hatten und nichts waren. Nun aber ist alles verkehrt: die einst draußen hausten wie das Wild im Wald, treten als die ‹Guten› auf, und die früher so hießen, sind im Elend. Das ist eine schlechte Zeit für Junker, denen Knaben, Pferde und Jagdhunde die wahre Freude sind (1255). Jetzt verführt das leidige Geld alten Adel, sich durch Hochzeit mit den ‹Schlechten› zu verbinden um des schnöden Gewinnes willen. Bei Widdern, Eseln und Hengsten ist man sorgsam um gute Zuchtwahl bemüht, aber das Geld läßt man Verbindungen stiften, in denen das alte Blutserbe verkommt (183). Dieser Klage entspricht die drastisch ausgesprochene Überzeugung (535) von der unbedingten Festigkeit der angeborenen Anlage, ein Kernpunkt adeligen Denkens, der uns in seiner Behauptung und Wandlung noch mehrfach begegnen wird.

Schwer nur können sich Männer von Stand in diesem Sturze des Alten behaupten. Eine ihrer besten Waffen ist die Freundschaft, die sie zusammenhält, und so hören wir viel von der rechten Weise, sie zu üben.

Wir haben einen Überblick über die Gedichtsammlung gegeben, ohne an ihre Problematik zu rühren. Schon das Bild ihrer Buntheit, in dem manches noch fehlt – so gibt es einen Dialog zwischen einem buhlenden Weib und dem Manne, der sie abweist (579), und sogar ein Rätsel (1229) –, erledigt die Vorstellung, daß hier eine nach bestimmten Gedankengängen einheitlich komponierte Dichtung vorliege. Dazu kommen Unterschiede in Ton und Inhalt, die den Anteil verschiedener Dichter erkennen lassen. Da steigert sich Tyrannenhaß bis zur Aufforderung zum Morde (1181), der an anderer Stelle (824) abgelehnt wird. Tugend (ἀρετή), deren Inbegriff die Gerechtigkeit ist, wird höher gepriesen als Reichtum (145), aber kurz zuvor (129) lesen wir, daß es für den Mann nur darauf ankommt, Glück zu haben. Von besonderem Interesse sind Partien, in denen sich die adelige Doktrin von der Unzerstörbarkeit angeborener Art als aufgelockert oder zersetzt zeigt: die Schlechten sind das gar nicht vom Mutterleibe her, sondern der Umgang hat sie dazu gemacht (305), bei dem man gar nicht vorsichtig genug sein kann (31). Klugheit ist besser als Tugend (1071), und einmal (1117) heißt gar der Reichtum der schönste der Götter, der auch den Schlechten zum Guten macht.

So krasse Widersprüchlichkeit der Gedanken ist der kräftigste Beweis für die Verschiedenheit des Ursprunges dieser Dichtungen. Es ist längst erkannt, daß wir in den Theognidea eine Sammlung vor uns haben, die vor dem Hintergrunde reicher gnomologischer Literatur steht. Das wenige, das wir von Phokylides oder von Demodokos von Leros besitzen, den die spärlichen Reste (fasc. 1, p. 61 D.) als witzig und angriffslustig zeigen, kann uns für das 6. Jahrhundert eine Ahnung von solcher Dichtung vermitteln. Wenn wir in den Theognidea ein durch verschiedene Stichwörter bestimmtes Fortschreiten von einem Thema zum anderen erkennen, so verrät sich darin nicht der Gedankengang eines Verfassers, sondern das Prinzip, nach dem ein Sammler reihte, der gelegentlich auch Stimme und Gegenstimme nebeneinanderrückte.

Diese Auffassung unserer Sammlung darf als gesichert gelten, aber man würde übers Ziel schießen, wollte man Geschlossenheit des Gefüges vollkommen leugnen. Bewegen sich die Gedanken der einzelnen Gedichte auch oft genug durcheinander und gegeneinander, so ist trotz allem eine letzte Einheit unverkennbar: diese Äußerungen erfolgen so gut wie alle in einer Welt, in der adelige Lebensauffassung bald zuversichtlich und bald verzweifelnd, bald unentwegt und bald zum Paktieren bereit, um ihr Daseinsrecht kämpft. Es ist im wesentlichen die Situation des 6. Jahrhunderts, manches mag jünger sein, aber mit dem Ende der Hochklassik haben Fragen dieser Art endgültig ihren Sinn und realen Raum verloren.

Sammlungen wie die unsere hat es auch sonst gegeben, und wir fragen, warum gerade diese so berühmt wurde, daß in der Antike die Redensart umging, man habe das gewußt, ehe es noch einen Theognis gab[1]. Es bleibt die einfachste Antwort, daß unsere Sammlung zum Ausgang echte Dichtungen des historischen Theognis von Megara genommen hat, von dem die *Suda* verschiedene Werke gnomischen Inhaltes und elegischer Form nennt. Mag es sich damit verhalten wie immer, den Dichter Theognis hat es gegeben, und seinen Anteil auszulösen, ist die immer wieder lockende Aufgabe, der ein entschiedener Erfolg versagt blieb.

[1] Lucilius 952 M. Plut. *Mor.* 777c.

Ausgangspunkt aller Bemühungen wird stets das «Siegel» bleiben, das Theognis selbst dem Buche der Gedichte an den geliebten Knaben Kyrnos aufdrückte. In Versen, die in unserer Sammlung als 19–26 stehen, spricht er von diesem Siegel und verwendet dabei einen Ausdruck (σφρηγίς), der im apollinischen Nomos jenen Teil bezeichnet, in dem der Dichter persönlich zu Worte kommt. So wird denn auch hier die Nennung des Dichternamens als das sichernde Siegel zu verstehen sein und nicht, wie man immer wieder wollte, die Anrede an den Knaben Kyrnos. Daß der Dichter die Unversehrtheit seines Gutes weder auf die eine noch auf die andere Weise sichern konnte, versteht sich von selbst. Mit Zuversicht wird man dem Ursprünglichen 237–254 zurechnen, wo Theognis seinem Knaben davon spricht, wie er ihm durch das Lied Flügel gegeben und sein Andenken der Vergänglichkeit entzogen habe. Die Klage am Schluß über versagten Dank klingt durchaus persönlich. Auch sonst werden wir Verse, die auf eigenes Schicksal des Dichters, auf äußere Not und Untreue der Freunde anspielen, ihm selbst zuweisen.

Die Alten haben die Blüte des Theognis um die Mitte des 6. Jahrhunderts angesetzt, wahrscheinlicher ist es, daß er in den Ausgang dieses und den Beginn des nächsten Jahrhunderts gehört. Daß zu den Nöten des Dichters auch Verbannung und Armut zählten, ist durchaus möglich. Schwierig ist es, zu einer begründeten Ansicht über die Zeit zu gelangen, in der unsere Sammlung zustande kam. Platon führt (*Menon* 95 d[1]) unter dem Namen des Theognis Verse an, die in unserer Sammlung stehen. Damit ist natürlich nicht gesagt, daß es gerade diese war, die er vor sich hatte. Kaum ist es richtig, sich ihr Zustandekommen als einen einmaligen Akt vorzustellen. Vielmehr waren die echten Gedichte des Theognis Ausgangspunkt eines Prozesses, der wahrscheinlich erst im Verlaufe von Jahrhunderten durch Kürzung und Anreicherung der verschiedensten Art, wobei auch Verse von Dichtern wie Solon und Mimnermos eindrangen, zu der gegenwärtigen Form führte. Dieser Prozeß vollzog sich abseits von der großen Literatur, die Alexandriner haben Theognis nicht in ihre Obhut genommen. Eine extreme Stellung hat Aurelio Peretti[2] bezogen, dem das Verdienst bleibt, unsere Sammlung in die breite gnomologische Tradition eingereiht und die indirekten Zeugnisse über sie gesammelt und geprüft zu haben. Nach seiner Ansicht wäre der echte Theognis bereits nach Isokrates verloren gegangen, und die hellenistischen und byzantinischen Autoren hätten ihre Theognis-Zitate durchwegs aus Florilegien geschöpft, während die uns vorliegende Sammlung erst das Ergebnis byzantinischer Kompilation wäre. Da wird der erste Theognis-Papyrus wichtig, den wir seit kurzem besitzen (Ox. Pap. 23, 1956, nr. 2380); er ist im 2. oder 3. nachchristlichen Jahrhundert geschrieben und bietet die Verse 254–278 in der Reihenfolge unserer Überlieferung. Viel größere Wahrscheinlichkeit hat die Theorie von Adrados für sich, der an eine lose Sammlung von Kyrnos-Gedichten durch den alternden Theognis denkt und diese im 5. Jahrhundert durch fremde Zusätze bereichert sein läßt; schließlich wäre aus solchem Material im Hellenismus die uns erhaltene Kompi-

[1] Zur Deutung von ὀλίγον μεταβάς Peretti (s. u.), 74, 2.

[2] Die Zitate finden sich im Anhang dieses Abschnittes.

lation entstanden. Nicht weit liegt die Entstehungshypothese von CARRIÈRE ab, der unser Corpus aus der Ineinanderarbeitung einer athenischen Sammlung um 400 und einer alexandrinischen etwa des ersten nachchristlichen Jahrhunderts entstanden sein läßt. Hier ist uns Sicherheit des Wissens versagt; man versteht die Zurückhaltung, die einer der letzten Bearbeiter des Problems, BURN[1], geübt hat.

Die wichtigsten Handschriften: Mutinensis (jetzt Parisinus Suppl. gr. 388), 10. Jh., Vaticanus gr. 915, 13. Jh. (die Handschrift stammt nach D. C. C. YOUNG, *Parola del Passato* 10, 1955, 206, aus der Schule des Maximus Planudes. Die Collation läßt nach C. GALLAVOTTI, *Riv. Fil.* 27, 1949, 265, Wünsche offen), Marcianus 522, 15. Jh. Zu einer Brüsseler Hdschr. A. GARZYA, *Riv. Fil.* 31, 1953, 143. A. PERETTI, ‹A proposito del papiro di Teognide›. *Maia* 19, 1967, 113. – Text: *Anth. Lyr.* 3. Aufl. fasc. 2. J. CARRIÈRE, *Coll. des Un. de Fr.* 1948 (mit commentaire critique, doppelspr.), vgl. dazu J. KROLL, *Gnom.* 27, 1955, 76. ST. KORRES, Αρχαῖοι Ἕλληνες Λυρικοί. I. Θεόγνιδος Ἐλεγεῖαι. Athen 1949. A. GARZYA, Firenze 1958 (doppelspr. mit Anm., Testimonien und Index). F. R. ADRADOS, *Líricos Griegos. Elegiacos y Yambógrafos arcaicos.* 2, Barcelona 1959 (doppelspr.). D. C. C. YOUNG, Leipz. 1961 (Lit. u. Index). B. A. VAN GRONINGEN, *Theognis. Le premier livre.* Verh. Nederl. Ak. 72/1, 1966 (mit Komm.). – Analyse: P. FRIEDLÄNDER, ‹Ὑποθῆκαι. 2. Theognis.› *Herm.* 48, 1913, 572 = *Studien zur antiken Literatur und Kunst.* Berlin 1969, 275. J. KROLL, *Theognis-Interpretationen. Phil. Suppl.* 29/1, 1936. J. CARRIÈRE, *Théognis de Mégare.* Paris 1948. L. WOODBURY, ‹The seal of Theognis›. *The Phoenix. Suppl.* 1, 1952, 20. AUR. PERETTI, *Teognide nella tradizione gnomologica.* Pisa 1953, mit reicher Lit. M. VAN DER VALK, ‹Theognis›. *Humanitas* 7/8, 1956, 68. B. A. VAN GRONINGEN, *La composition littéraire archaique Grecque. Verh. Niederl. Ak. N. R.* 65/2. Amsterdam 1958, 140. C. M. BOWRA, *Early Greek Elegists.* Lond. 1938; repr. 1959. F. S. HASLER, *Untersuchungen zu Th. Zur Gruppenbildung im 1. Buch.* Winterthur 1959. A. R. BURN, *The Lyric age of Greece.* Lond. 1960, 247. G. NENCI, ‹Il sigillo di Teognide›. *Riv. di fil.* 91, 1963, 30 (mit Neubewertung der Sphragis). D. YOUNG, ‹Borrowings and self-adaptions in Theognis, with reference to the constitution of the extant sylloge and to the Suda notice of the poet's works›. *Miscellanea Critica* I. Leipzig 1964, 307. G. CERRI, ‹La terminologia socio-politica di Teognide›. *Quad. Urbinati* 6, 1968, 7; ‹Ἴσος δασμός come equivalente di ἰσονομία nella silloge teognidea›. Ibid. 8, 1969, 97; ‹Un unovo studio sulle elegie di Teognide›. Ibid. 134, zu V. STEFFEN, ‹Die Kyrnos-Gedichte des Theognis›. *Archiw. filolog.* 16, 1968.

2. EPIGRAMM UND SKOLION

Wir haben die Geschichte der Elegie bis zu den problemreichen *Theognidea* verfolgt, und es ist nun zweier Erscheinungen zu gedenken, die zu ihr – die eine in der Form, die andere dem Gehalt nach – in enger Beziehung stehen.

Das ältere griechische Epigramm verhält sich zu großer Dichtung wie die Schalen zu den Gemälden eines Polygnot. Aber es gehört zu den besonderen Zügen der griechischen Kultur, daß in ihr das Kunsthandwerk mehr von großer Kunst und diese mehr von Handwerklichem hat als anderswo. So rechtfertigt sich hier ein Wort über die archaischen Aufschriften in Versform.

[1] Im besonderen sei auf BURN's nützliche Liste (258) von 14 Zitaten aus Theognis verwiesen, in denen Verse aus unserem Corpus anderen Autoren zugewiesen werden, desgleichen auf die Sammlung der Zitate aus Theognis bei Autoren vor 300 v. Chr. (260) und auf das Verzeichnis jener Verse bei Athenaios und Stobaios, die in unserem Text fehlen.

Die älteste (53[1]), die wir bereits (S. 26) als frühestes attisches Schriftdenkmal zu erwähnen hatten, steht auf einer Dipylonkanne und verheißt in hexametrischer Fassung das Gefäß dem gefälligsten Tänzer als Preis. Ein interessanter Sonderfall ist der nur wenig jüngere Becher von Ischia, dessen Inschrift einen iambischen Trimeter (mit unregelmäßigem Anfang) und zwei Hexameter vereinigt. Hexametrische Epigramme aus einem oder mehreren Versen bestehend sind im 6. Jahrhundert relativ häufig. Das Festland bietet hierin ungleich mehr als der griechische Osten, wobei Korinth mit seiner Kolonie Korkyra voransteht. Grabschrift und Weihung sind die beiden vornehmsten Inhalte dieser Epigramme; die hexametrischen Beischriften zu den mythologischen Bildern auf der Kypseloslade, die Pausanias (5, 18f.) verzeichnet, bilden für unser Wissen einen Sonderfall.

Unser Material ist dürftig, aber es hat den Anschein, daß wir an ihm das Vordringen der distichischen Epigramme aus dem kleinasiatisch-griechischen Gebiet noch ablesen können. Auf dem Festlande hat vor allem Athen diese Form aufgenommen und prächtig entwickelt. Das entspricht, wenn wir an Solon denken, aufs beste dem Weg, den die Elegie selbst genommen hat.

Während hinter den hexametrischen Aufschriften die Kunst der Rhapsoden steht, sind die distichischen Epigramme Kurzelegien, die sich am liebsten auf ein Verspaar beschränken und Erweiterung dieses Umfanges nur in geringem Maße gestatten. Die Zusammenhänge bleiben für uns im Dunkel, aber die Vermutung darf erwogen werden, daß die Elegie als Totenklage auf das Grabepigramm und als Götterlied auf die Weihung eingewirkt habe. Das älteste Fragment eines solchen Weihepigrammes (94; 7. Jh.) klingt an die Sprache der Elegie an.

Iambische und trochäische Epigramme sind ungleich seltener. Besondere Hervorhebung erfordern die fünf Trimeter einer Inschrift (167) aus dem bötischen Heiligtume des Apollon Ptoios, in denen Alkmeonides, Sohn des Alkmeon, Angehöriger des für Athen so bedeutungsvollen Geschlechtes, eine Statue des Gottes für einen Panathenäensieg weiht. Daß hier die Namensform das iambische Maß erzwungen hat, liegt am Tage.

Die älteren Epigramme sind anonyme Erzeugnisse, und so konnte es nicht ausbleiben, daß man vor allem die besser gelungenen unter große Dichternamen stellte. Das fängt mit Homer an und ist in vielen Fällen so plump, daß grundsätzliche Skepsis am Platze ist[2].

Daß in den *Theognidea* viel Gelagepoesie steckt, daß die Elegie zu einem guten Teile ihren Platz beim Symposion hatte, wurde an seinem Orte gesagt. Aber männliche Geselligkeit, dieses wichtige Stück griechischen Lebens, hat im Skolion eine eigene Form des Sanges beim Wein hervorgetrieben. Nachrichten der Aristotelesschüler Dikaiarchos und Aristoxenos, die ihren Niederschlag im Scholion zu Platons *Gorgias* 451e gefunden haben, ergeben das Bild eines Gesanges, der bei Tisch nicht reihum, sondern von den Geeignetsten, wie sie eben saßen, vorgetragen wurde. Das

[1] Ziffern nach FRIEDLÄNDER-HOFFLEIT (s. u.).

[2] Einzelnes erörtert gut FRIEDLÄNDER a. O. 67.

Lied habe von seinem unregelmäßigen (σκολιός = krumm) Gange durch die Gesellschaft den Namen Skolion erhalten. Diese Erklärung ist recht mühselig, und andere Versuche der Alten sind es noch mehr, aber die Neueren haben nichts Besseres gefunden.

Am Anfange solcher Übung stand ohne Zweifel das Improvisieren, wie wir es bei volkstümlichem Sang heute noch finden. Aber auch Dichter von hohem Range haben Skolien verfaßt. Durch die Interpretation in Platons *Protagoras* ist jenes des Simonides berühmt geworden, in dem er zum Wort des Pittakos von der Schwierigkeit der Arete Stellung nimmt. Stücke von so hohem Wert schrieb man bald auf, anderseits hat man auch anonyme Lieder, die Beifall fanden, dem Augenblick entrissen und in Sammlungen geborgen. Neben manchem Versprengten besitzen wir durch Athenaios (15. 694c) eine kleine Sammlung von fünfundzwanzig solcher attischer Trinklieder, eine kostbare Gabe. Zum großen Teil sind es Vierzeiler, dann wieder Verspaare, bis auf ein Distichon (23) alles in leicht faßlichen lyrischen Maßen.

Nicht allein die vier schlichten Götterlieder am Beginne der Sammlung erinnern uns an die *Theognidea*. Auch in den übrigen Teilen hören wir Adelige, die beim Wein von ihren Freuden und Sorgen und den Grundsätzen ihrer Lebensführung singen. Den Umgang mit Guten allein rät ein Liedchen (14), das sich als Weisheit des Admetos, also eines Königs des adelsstolzen Thessalien, gibt; Theognis hat Gleiches seinem Kyrnos ans Herz gelegt. Ein anderer nimmt euripideische Vorschläge zur Verbesserung der Welt vorweg und möchte die Brust eines Menschen öffnen können, ehe er ihn zum Freunde macht. Schönste Poesie sind zwei Verspaare mit dem Wunsche, ihr Sänger möchte eine Leier in den Händen der Knaben beim Dionysosfest sein oder Gold, getragen von einer schönen Frau mit reinem Sinne. Kräftig schlägt die Politik in diese Lieder. Gleich vier von ihnen (10–13) feiern nach offizieller Wendung (Thukydides 1, 20; 6, 54 erzählt anderes) Harmodios und Aristogeiton, die den Hipparchos erschlugen, als Begründer der athenischen Freiheit[1]. Das 24. Gedicht beklagt die Toten von Leipsydrion, die im Kampfe der Alkmeoniden gegen Hippias gefallen waren.

Vieles deutet darauf, daß wir die ganze kleine Sammlung in das sinkende 6. und beginnende 5. Jahrhundert zu setzen haben. Was bei ganz anderem Inhalt die Schönheit solonischer Dichtung ausmacht, wiederholt sich in ihr: herzhafte Unmittelbarkeit zu den Dingen und Mächten dieser Welt spricht sich in bezwingender Klarheit aus. Etwas vom Zauber des Attischen, der sich in der Klassik erfüllte, ist auch in diesen Gebilden.

Ganz anders tönt es aus einem Skolion des Hybrias aus Kreta. Das Gedicht ist jünger; wir erwähnen es jedoch hier, weil es eine gute Vorstellung davon gibt, wie solche Lieder bei wehrhaften Dorern in älterer Zeit geklungen haben.

P. FRIEDLÄNDER–H. B. HOFFLEIT, *Epigrammata. Greek Inscriptions in Verse from the Beginnings to the Persian Wars*. Univ. of Calif. Press 1948. W. PEEK, *Griech. Vers-Inschriften I. Grab-Epigramme*. Berl. 1955 (dazu die ausführliche Besprechung von L. ROBERT, *Gnom*. 31, 1959, 1); ders.

[1] V. EHRENBERG, ‹Das Harmodioslied›. *Wien. Stud.* 69, 1956, 57.

Griechische Grabgedichte. Griech. u. deutsch. Berlin 1960; ders., *Verzeichnis der Gedicht-Anfänge und vergleichende Übersicht zu den Griechischen Vers-Inschriften* I. Berlin 1957. G. PFOHL, *Bibliographie der griech. Vers-Inschriften.* Hildesheim 1964; ders., *Monument und Epigramm. Studien zu den metrischen Inschriften der Griechen.* 75 Jahre Neues Gymnasium Nürnberg 1964 (viel Lit.). Ders. hat auch den Sammelband *Das Epigramm. Zur Geschichte einer inschriftlichen und literarischen Gattung.* Darmstadt 1969, herausgegeben, der Aufsätze über das Epigramm aus allen europäischen Kulturbereichen vereinigt. R. LATTIMORE, *Themes in Greek and Latin Epitaphs.* Urbana 1962; dazu G· PFOHL, *Gnom.* 36, 1964, 116, mit Lit. Becher von Ischia: G. BUCHNER-C. F. RUSSO, *Acc. Lincei. Rend.* 10, 1955, 215. Neuere Lit. s. S. 27, A. 1. Skolien: *Anth. Lyr.* 2. Aufl. fasc. 6, 16; fasc. 5, 159. C. M. BOWRA, *Greek Lyric Poetry.* 2. ed. Oxf. 1961, 373; zum Gedicht des Hybrias 398. Dazu auch D. L. PAGE ‹The song of Hybrias the Cretan›. *Proc. Cambr. Philol. Soc.* 191, 1965, 62. Über den Umfang der Gattungsbezeichnung ‹Skolion›, der in hellenistischer Zeit eingeschränkt wurde: A. E. HARVEY, ‹The Classification of Greek Lyric Poetry›. *Class. Quart.* N. S. 5, 1955, 157.

3. ANAKREON

Mehr als ein halbes Jahrhundert trennt die Blüte der lesbischen Lyrik von jener des Anakreon, den der Kanon der Alexandriner zu Alkaios und Sappho gesellte. Sein Dichten steht in einer völlig anders gearteten Welt. Die Lesbier waren eingefügt in die Anschauungen und Lebensformen einer adeligen Schicht, deren Todfeind der Tyrann war. Aber riesengroß überwuchs dies alles um die Mitte des 6. Jahrhunderts eine andere Entwicklung. Das Lyderreich, zu dem man von Lesbos mit Bewunderung hinübergeblickt hatte, war unter dem persischen Druck zusammengebrochen. Im Jahre 546 fiel Sardes, und damit war auch das Schicksal der ionischen Städte Kleinasiens entschieden. Nur Milet wußte die Erneuerung des Bündnisvertrages zu erreichen, den es mit den Lydern geschlossen hatte, und auf Samos behauptete zunächst der tüchtigste Politiker unter allen Tyrannen, Polykrates, seine Herrschaft, deren Stützen eine starke Flotte und weitreichender Handel waren. Die persische Expansion traf ein Ionertum, das zu einer schweren Reife gediehen war. Wirtschaftlicher Aufschwung, reiche Anregungen durch fremde Kulturen und nicht zum letzten die Anlage zu Genußfreude und überlegenem Distanznehmen hatten sie gezeitigt. In diese Welt gehört der Ioner Anakreon aus Teos. Auch ein anderer Dichter ionischer Einzellieder, Pythermos, von dem wir nicht viel mehr als den Namen kennen, stammt von diesem Orte.

Als die persische Gefahr näherrückte, verließen die Bewohner von Teos gleich jenen von Phokaia zu Schiff ihre Stadt. Das thrakische Abdera bot ihnen eine neue Heimat auf ständig gefährdetem Boden. Als Anakreon mit ihnen ging, war er ein junger Mann, und in der neuen Heimat entstanden seine ersten Verse. Trochäen (90 D.) klagen um einen Freund, der wohl ebenso für Abdera gefallen ist, wie dies ein Grabepigramm (100) von einem anderen aussagt. Ein einzelner Vers (51) berichtet von einem, der den Schild in *die Fluten des schönströmenden Flusses* warf, und es würde Anakreon gleichsehen, daß er von sich mit epischem Wortprunke erzählte, was ein Archilochos überlegen abtat. Aber nicht nur Feindseliges brachte die Umwelt. In jene Zeit gehört wohl das entzückende Gedicht (88) von dem scheuen Thraker Füllen, das in ungelenken Sprüngen über die Weide eilt und des kundigen Reiters bedürfte, der Anakreon nur allzu gern wäre. Seine Kunst, Erotisches in leicht verhüllenden Bildern auszusagen, ist hier bereits voll entwickelt.

Die großen Tyrannenhöfe hatten den Ehrgeiz, Musenhöfe zu sein, und so fand der Dichter gleich Ibykos seinen Weg zu Polykrates von Samos. Mag es reine Erfindung sein, daß der Bote des Satrapen Oroites den Tyrannen lässig gelagert in Gesellschaft des Anakreon traf (Herod. 3, 121), in jedem Fall zeigt die Geschichte, wie man sich die Stellung des Dichters dachte und auch wirklich denken durfte. Die Herrlichkeit nahm ihr Ende, als um 522 Polykrates der List seines persischen Widersachers zum Opfer fiel. Anakreon wechselte nun an den athenischen Tyrannenhof des Hipparchos, der ihn nach antikem Bericht (Ps. Plat. *Hipparch* 228 c) von einem Fünfzigruderer abholen ließ. Nicht wenig von den erhaltenen Versen wird in Athen entstanden sein, doch haben die Versuche, attische Wörter und Wendungen nachzuweisen[1], bei der Dürftigkeit des Vergleichsmaterials nicht alle gleiches Gewicht. Von einer der Hermen mit Sinnsprüchen, die Hipparchos auf dem Lande aufstellen ließ, wissen wir, daß sie ein Epigramm des Dichters (103) trug.

Anakreons Tätigkeit in Athen hat auch sonst bemerkenswerte Spuren hinterlassen. Unter den vielen Knaben, für deren Schönheit er schwärmte, war auch ein Kritias, Vorfahre des Politikers und Dichters, der Platons Onkel gewesen ist. So verstehen wir die zehn Hexameter (8 D. = VS 88 B 4), in denen der jüngere Kritias tönereich den Ruhm des Anakreon verkündigt. Würze des Gelages ist er ihm, Betörung der Weiber, Widerpart der Flöte als meisterhafter Sänger zur Leier. Wieder einmal der alte, auch sozial bedingte Unterschied der Instrumente! Merkwürdig ist es, daß Kritias dem Anakreon Ruhm verheißt, solange Frauenchöre die heiligen Nachtfeiern begehen. Daß Anakreon Chorlieder für solche schrieb, müssen wir Kritias glauben[2]. Auch im Bilde hielt man sein Andenken fest. Rotfigurige Vasen[3] zeigen ihn mit der Leier, wie er schwärmenden Jünglingen Musik macht, und Pausanias (1, 25, 1) sah sein Standbild auf der Akropolis. Über seine letzte Lebenszeit fehlen Nachrichten. Vorübergehender Aufenthalt in Thessalien ist wahrscheinlich, fingierte Epitaphien späterer Zeit[4] setzen sein Grab auf Teos voraus.

Den Rahmen für Anakreons Dichtung bildet das vornehme Symposion, das man an Tyrannenhöfen mit dem gleichen Eifer pflegte wie in den Kreisen des äolischen oder megarischen Adels. Stärker noch hielt man hier auf feine Gelagesitte. Von trunkfälligem Lärmen nach Skythenart will dieser Dichter nichts wissen, und wenn er den Schenken zehn Teile Wasser auf fünf des Weines geben heißt, so ist es wirklich ein maßvolles Trinken, das er sich beim Klange schöner Lieder wünscht (43). Der Ton der Unterhaltung am Hofe des Polykrates und der Peisistratiden, die ionischer Art zuneigten, ist freilich ein anderer als in Lesbos gewesen. Adeliges Standesbewußtsein

[1] Bowra (s. u.), 304. [2] Vgl. Pap. nr. 1205 P.
[3] Nachweise bei J. G. Griffith, *Fifty Years of Class. Scholarship*. Oxf. 1954, 68. Pl. 3, 5.
[4] *Anth. Pal.* 7, 23–33.

konnte sich dort, wo *einer* Herr war, von vorneherein nicht zum Worte melden, aber auch sonst trat Betrachtung des Allgemeinen zurück. Es ist ein starker Gegensatz, wenn wir uns Alkaios sein Gedicht von der wohlgefüllten Waffenkammer im Kreise zechender Gesinnungsgenossen vortragend denken und dazu Anakreon stellen, der beim vollen Mischkrug nichts von Hader und tränenreichem Krieg hören will (96). Auch die attischen Skolien auf Harmodios und Aristogeiton geben dazu einen kräftigen Gegenklang. Wovon Anakreon zu singen wünscht, sagt er an derselben Stelle: von den schimmernden Gaben der Aphrodite und froher Festeslust, jener εὐφροσύνη, die auch Solon (3, 10 D.) seinen Athenern wünscht. So fröhliches Genießen trägt aber bei Anakreon und seiner Gesellschaft durchaus erotisches Gepräge. Schöne Knaben bedienen als Schenken, manches Gedicht wendet sich an sie, und etliche, wie Kleubulos oder Smerdies, sind uns mit Namen bekannt. Aber auch Frauen begegnen, und sie haben im Leben und Singen des Dichters keine geringe Rolle gespielt; die Hexameter des Kritias reden nur von ihnen. In der Regel sind es wohl Unfreie gewesen, Flötenspielerinnen etwa, die man sich zum Gelage holte. Große Liebe mit tragischen Akzenten hatte hier keinen Platz. Wir dürfen Anakreons Erotik nicht zu ernst nehmen, dürfen sie aber anderseits auch nicht in Ironie auflösen. Es ist kein Spielen und Tändeln, das aus diesen Versen spricht; die Süße des Lebens wird hier mit einer Intensität empfunden, die mitunter fast schon Schmerz ist. Eine seltsame Vereinigung von Gegensätzen macht den besonderen Reiz dieser Kunst höchster ionischer Reife aus. Dieser Dichter, der alles Maßlose haßt und an sich den Zwischenzustand zwischen Lieben und Nichtlieben, Rasen und Nüchternheit so sicher beobachtet (79), bleibt stets Herr seiner Aussage. Und doch ruht der Zauber seiner Verse in einer weichen Hingegebenheit, die alles wie verhangen wirken läßt. Über seinen Gedichten liegen feine Schleier, hinter denen Umrisse und Lichter verfließen. Sappho begehrt Neigung mit heißem Herzen, und aus ihren Versen tönt mancher schrille Wehlaut, Anakreon aber schwingt sich vom leukadischen Felsen ins grauschäumende Meer *trunken von Liebe* (17). Die seltsame Redensart von dem tödlichen Sprunge hat hier den Sinn eines seligen Versinkens. Und noch im Augenblicke des Falles bleibt sich der Dichter der Süße solcher Trunkenheit bewußt.

Wir haben es bei Gelegenheit betont, wie griechische Kunst in der Regel einen guten und gesunden Teil von Handwerklichem aufweist. Das tritt bei Anakreon zurück, und auch hierin führt seine Kunst bis an die Grenzen des Griechischen. Die reich verwendeten Epitheta sind mitunter ganz eigenständig, so in dem Gedicht (2), das Dionysos ruft, der mit dem Jungstier[1] Eros, den dunkeläugigen Nymphen und der purpurgewandeten Aphrodite im Gebirge schwärmt. Oder wenn Eros auf des Dichters angegrautes Kinn blickend im Wehen goldglänzender Schwingen vorüberfliegt (53). Die Farbepitheta sind hier in Kontakt gestellt, ein Empfinden für das Koloristische, das uns erst viel später wieder begegnen wird, macht sich bemerkbar. Eigenart zeigen auch manche Bilder. Eros geht mit seinem Opfer wie ein Schmied um: schlägt es mit großem Hammer und löscht es im Gießbach (45). Mit Astragalen spielt er, aber sie heißen

[1] So mit Lesung δαμάλης.

Wahnsinn und Wirrnis (34). Der Sinn dieses Dichters für Zartes und Gebrechliches spricht sich in den Versen aus, in denen er scheue Jugend dem Rehkitz vergleicht, das von der Mutter verlassen im Walde bangt (39). Auch dort, wo der Dichter über das eigene Alter klagt[1] (5. 44. 53), klingt diese Klage weich und verhalten.

Die Alexandriner kannten von Anakreon Lieder, Iamben und Elegien und gaben seine Gedichte in fünf Büchern heraus. Daß sein Werk eine größere Spannweite besaß, als das spätere Bild des Dichters erkennen läßt, zeigt ein böses Spottgedicht auf den Neureichen Artemon, das den Hurenkerl, der nun in vornehmer Kutsche fährt und mit einem elfenbeinernen Sonnenschirm prunkt, in archilochischer Weise zaust (54). Ironisches Pathos klingt aus den neuen Bruchstücken, besonders aus der Klage um das Haar des Smerdies.

Eine Kunst wie die des Anakreon verträgt keine Fortsetzung. Wo man, losgelöst von der geschichtlichen Situation des Ionertums, eine solche versuchte, mußte Anmut zur Plattheit, süß-schmerzlicher Lebensgenuß zu flacher Wein- und Liebesseligkeit werden. Es ist bezeichnend, daß die späten Nachahmungen aus der reichen Metrik der echten Gedichte vornehmlich Maße wie den katalektischen iambischen oder den anaklastischen ionischen Dimeter[2] auswählten, die bei konventioneller Handhabung einen eintönig leiernden Tonfall ergeben. Anakreonteen hat man bis in die byzantinische Zeit verfaßt, sechzig von ihnen sind in einer Sammlung vereinigt, die uns handschriftlich hinter der palatinischen Anthologie erhalten ist. Zeit und Qualität dieser Gedichte sind nicht einheitlich, im allgemeinen ist es seichtes Geplätscher, mitverantwortlich für das falsche Bild Anakreons, das lange galt. Aber wie es so geht, hat gerade das Mittelmäßige kräftig weitergezeugt und ganze Richtungen wie die deutsche Anakreontik hervorgerufen. Daß unter dem Anhauch des Genius freilich auch der Dornstrauch Rosen trägt, zeigt Goethe.

Text in *Anth. Lyr.* 2. Aufl. fasc. 4, 160 (danach die Zitate). Br. Gentili, *Anacreonte. Introd., testo critico, trad., studio sui framm. pap.* Roma 1958. Die Anacreontica des Sophronios hat M. Gigante, Rom 1957, herausgegeben. Neue Fragmente: *Ox. Pap.* 22, 1954, nr. 2321f., dazu K. Latte, *Gnom.* 27, 1955, 495. W. Peek, ‹Neue Bruchstücke frühgr. Dichtung›. *Wiss. Ztschr. Univ. Halle* 5, 1955/56, 196. Br. Gentili, *Maia* N. S. 8, 1956, 181. Alles jetzt bei D. L. Page, *Poetae Melici Graeci.* Oxf. 1962, 172. *Lyrica Graeca Selecta.* Oxford 1968, 148. Lattes o. genannte Besprechung jetzt. *Kl. Schr.* 792. Analyse: C. M. Bowra, *Greek Lyric Poetry.* 2. ed. Oxf. 1961, 268.

4. MUTTERLÄNDISCHE LIEDDICHTUNG

Wenn wir hier eine Gruppe von Dichterinnen zusammenfassen, so ist dies eine Lösung der Verlegenheit. Es handelt sich um Persönlichkeiten, für die wir mit Dichte und Verläßlichkeit der Zeugnisse gleich schlecht daran sind, so daß ihre Einreihung in den geschichtlichen Ablauf problematisch bleibt.

[1] Dazu J. A. Davison, ‹Anacreon, Fr. 5 D.›. *Trans. Am. Phil. Ass.* 90, 1959, 40.

[2] ⏒ – ⏑ – ⏑ – –; ⏑ ⏑ – ⏑ – ⏑ – ⏓.

Von Korinna sind ein paar Verse erhalten (15 D. 5 Page), in denen sie Myrtis tadelt, weil sie ihre weibliche Natur verleugnet und mit Pindar einen Wettkampf gewagt habe. Die sprachliche Fassung versteht sich am besten, wenn es sich um den Agon zweier Zeitgenossen handelte. Danach wird man die Dichterin Myrtis datieren, die aus Anthedon an der böotischen Nordküste stammte; ob ihre musische Auseinandersetzung mit Pindar Tatsache oder eine der vielen literarhistorischen Fiktionen ist, bleibt eine andere Frage. Bei Plutarch (*Quaest. Graec.* 40, 300f) heißt Myrtis ποιήτρια μελῶν. Das möchte man am liebsten von Einzelliedern verstehen, und Korinna, die solche verfaßte, gilt auch als ihre Schülerin. Doch ist daneben Chorlyrik nicht auszuschließen, und die Geschichte von dem Wettstreit mit Pindar weist in diese Richtung. Plutarch erzählt an der genannten Stelle den Inhalt eines ihrer Gedichte. Es handelte von der unglücklichen Liebe der Ochna zu dem reinen Jüngling Eunostos, der durch ihre Verleumdung stirbt. Eine der zahlreichen griechischen Ausformungen des Potipharmotivs, für uns ein bemerkenswerter Hinweis auf den Reichtum lokaler Überlieferung an erotischen Motiven, die später großer Dichtung Stoff boten.

Ein viel besseres Bild können wir uns von der Dichtung der Korinna aus Tanagra machen, seit ein Papyrus aus Hermupolis (nr. 251 P. 4 D. 1 Page) größere Versgruppen zu überblicken gestattet. Da findet sich ein auch sonst bekanntes Agonmotiv[1]: die Berge Kithairon und Helikon haben sich in einen musischen Wettbewerb eingelassen; wir können gerade noch feststellen, daß der erstgenannte seinen Sang mit der Geschichte von den Kureten und dem Zeuskind schloß. Dann veranlassen die Musen, denen als Ansässigen die Leitung des Liederstreites zukommt, die Götter zur Abstimmung. Kithairon ist Sieger, und Helikon, ein schlechter Verlierer, wirft zornig mit Felsbrocken.

Eine zweite Partie aus dem Papyrus berichtet, wie der Seher Akraiphen den um seine Töchter besorgten Asopos mit erfreulicher Kunde beruhigt: große Götter haben sie ihrer Liebe gewürdigt, und sie werden Stammütter mächtiger Geschlechter sein. Dann erzählt Akraiphen, den wir uns im Dienste des Apollon Ptoios denken, wie er zu seinem Amte kam.

Was wir sonst von der Dichtung der Korinna wissen, betrifft alles böotische Sage, und zwar ebenso die bekannten Züge wie das lokal Beschränkte. Sie hat von dem Kampfe der Sieben gegen Theben gedichtet und von der Tötung des Teumessischen Fuchses durch Oidipus, der in Böotien der Held verschiedener Erzählungen war. Herakles konnte nicht fehlen, und eine Dichtung war seinem treuen Helfer Iolaos gewidmet. Wo wir auf Einzelzüge kommen, finden wir enge Bindung an eine reiche Lokaltradition. Da scheint eine Dichtung *Orestas* eine Ausnahme zu bilden, von der Titel und Anfang auf Papyrus (nr. 250 P. 5 B D. 2 Page) erhalten sind. Vom Aufgange

[1] Von der großen Ahnenreihe solcher Agone zeugen sumerisch-akkadische Streitgespräche bei J. van Dijk, *La sagesse sumére-accadienne.* Leiden 1953. Babylonische Streitgespräche zwischen Tamariske und Dattelpalme, Kornelkirsche und Pappel, Gerste und Weizen und zwischen verschiedenen Tieren bei W. G. Lambert, *Babylonian Wisdom Literature.* Oxf. 1960. Das Scholion *Od.* 3, 267 will von einem Automedes von Mykene wissen, der zuerst δι' 'ἐπῶν den Kampf zwischen Kithairon und Helikon erzählte.

des Mondes ist die Rede, aber das letzte Wort weist auf das siebentorige Theben, und wir können sicher sein, daß auch hier die Beziehung zu Heimatlichem, offenbar über den Apollonkult, gegeben war.

In einem Bruchstück (2 D. 4 Page) meinte man zu lesen, daß sich Korinna der schönen γεροῖα rühme, die sie ihren Tanagräerinnen erzählte. Das Wort kehrt als Titel eines Werkes der Korinna bei Antoninus Liberalis 25 wieder. Man wollte es als *Altweibergeschichten* verstehen, und Korinna sollte mit anmutiger Ironie ihr Dichten so benannt haben. Aber nun bringt ein Papyrus (*Ox. Pap.* 23, 1956, nr. 2370)[1] die Form Ϝεροια, die folgerichtig auch bei Antoninus einzusetzen ist. Was sie bedeutet, wissen wir nicht, sind aber ein Stück Scheinwissen los. In dem neuen Fragment spricht Korinna mit Stolz von ihrer Dichtung und deren Erfolg. Terpsichora hat sie inspiriert, und Tanagra freut sich über ihre Lieder.

Genaue Analyse des Erhaltenen hat es als unrichtig erwiesen, die Sprache der Korinna einfach mit dem Böotisch ihrer Heimat gleichzusetzen. Unverkennbar zeigen sich auch Elemente gemeingriechischer Dichtersprache. Die böotische Färbung ist allerdings deutlich, am deutlichsten freilich für uns in der Orthographie, die bereits von der Durchführung einer phonetischen Schreibweise bestimmt ist. Der Vergleich mit den Inschriften ergibt, daß der Text der Korinna zwischen 225 und 175 v. Chr. jene Form erhalten hat, in der er auf uns gekommen ist.

Sind wir derart imstande, uns von Korinnas Dichten ein leidliches Bild zu machen, so stellt ihre Datierung ein schwieriges Problem. Wir haben für diese Dichterin, die in der späteren Antike einigen Ruhm genoß, die man an den alexandrinischen Kanon der neun großen Lyriker anschob[2] und nach der Ovid die zentrale Gestalt seiner Liebeselegien benannte, kein Zeugnis, das vor das 1. vorchristliche Jahrhundert reichte. Die großen alexandrinischen Grammatiker haben sich nicht mit ihr beschäftigt, offenbar hat erst einer ihrer Nachfahren die Gedichte in fünf Büchern herausgegeben.

Dieser beunruhigende Befund gestattet zwei Erklärungen. Es läßt sich denken, daß Korinna ungefähr in der Zeit Pindars schrieb, aber lange nur lokal überliefert wurde, bis im späteren Hellenismus die Primitivität ihrer Erzählungsweise und die Eigentümlichkeit ihrer Sprache Liebhaber anlockte. Die andere Lösung, die in letzter Zeit ernsthaft erwogen wurde, besteht in der radikalen Spätdatierung der Dichterin auf die Zeit um 200 v. Chr. Absolute Kriterien sind nicht vorhanden, scheinbare Parallelen bei anderen Dichtern geben nichts aus[3]. Die Metrik der Korinna ist einfach wie ihr ganzer Stil. Strophen zu sechs oder fünf Versen setzen sich aus ionischen oder choriambischen Dimetern zusammen. Letztere finden sich in vergleichbarer Verwendung vor allem in den mittleren Stücken des Euripides, doch ergibt das keinen Anhalt, da beide Dichter aus volkstümlichen Formen geschöpft haben können[4]. Wenn wir uns für den

[1] Dazu C. Gallavotti, *Gnom.* 29, 1957, 422; böotische Poesie enthalten auch die Papyri nr. 2371–2374, doch ist die Zuweisung an Korinna nicht sicher.

[2] Nachweis bei Page (s. u.), 68, 1

[3] Korinna nach Euripides? Material bei Page 20, 5. Antimachos von Kolophon nach Korinna? B. Wyss, *Antim. Coloph. reliquiae.* Berl. 1935, praef. III. Page, *Poet. Mel. Gr.* Oxford 1962, 325: manet res in ambiguo.

[4] So Wilamowitz, *Griech. Verskunst* 227.

Ansatz Korinnas in der Zeit Pindars aussprechen, sind unsere Gründe bescheiden. In der *Suda* wird Korinna Schülerin der Myrtis genannt, auch soll sie fünfmal über Pindar gesiegt haben. Das kehrt in verschiedener Ausmalung wieder, vor allem erzählt Plutarch (*Glor. Athen.* 4. 347f) eine anmutige Geschichte von dem Streit der beiden. Korinna wirft Pindar vor, daß er keine Mythen dichte, die doch das Wesen der Poesie ausmachten, und als er sie dann häuft, sagt sie, er säe mit dem ganzen Sacke. Pausanias, der Denkmal und Bild der Korinna in Tanagra sah (9, 22, 3), weiß von einem Siege über Pindar, den er aus ihrem leichterverständlichen Dialekt und ihrer Schönheit erklärt. Nun wissen wir, was die Alten an Fabeleien solcher Art leisteten, und werden Korinnas Agon mit Pindar gewiß nicht zu einem historischen Faktum erheben. Aber es fällt anderseits doch schwer zu glauben, daß Anekdotenbildung dieser Art, die Plutarch und Pausanias noch ein Stück vorausliegen muß, unbekümmert eine Dichterin, die zur Zeit der Makedonenkriege der Römer lebte, zur Zeitgenossin Pindars gemacht hätte. Porperzens *antiqua Corinna* (2, 3, 21) ist gewiß keine präzise Angabe, fügt sich aber doch viel besser zum früheren Ansatz.

Pausanias (2, 20, 8) sah im Aphroditeheiligtum beim Theater von Argos eine Stele mit der Dichterin Telesilla. Sie hatte auf der Darstellung ihre Bücher weggeworfen und war im Begriffe, sich einen Helm aufs Haupt zu setzen. In der Tat ruhte der Ruhm dieser Argiverin auf dem mehrfach wiederholten Bericht, sie habe in verzweifelter Stunde mit den Frauen der Stadt die Lakedaimonier zurückgetrieben. Von dem Dichten dieser Frau, die in der ersten Hälfte des 5. Jahrhunderts lebte, konnten wir kaum mehr sagen, als daß es stark an den Kult gebunden war. Nun haben sich im Asklepiosheiligtum von Epidauros Steine mit verschiedenen *Götterhymnen* gefunden (IG $4/1^2$, 129–134), deren einer erzählt, wie die Göttermutter grollend durch Berge und Täler schweift und ihren Anteil an den Bereichen der Welt verlangt. Die schlecht überlieferten Verse zeigen ein Maß[1], das die Alexandriner nach der Dichterin Telesilleion benannten, und da wir wissen, daß sie Götterhymnen dichtete, liegt es nahe, diesen als ihr Werk anzusehen[2]. Sein Stil ist äußerst schlicht, anspruchsloser noch als jener der Korinna; einzig der unvermittelte Einsatz von Rede und Gegenrede bringt etwas Belebung. Die Sprache ist mit geringen Abweichungen die lyrische Gemeinsprache der Zeit. Ein Papyrus (nr. 1487 P.) hat zu Theokrit 15, 64 *Alles wissen die Weiber, auch wie Zeus die Hera zum Weibe nahm*, ein Scholion, das hier Beziehung auf Telesilla vermutet. Jedenfalls darf man danach für sie ein Gedicht von der Hochzeit des Götterpaares ansetzen.

Böotien und die Peloponnes, nicht aber Attika bieten uns Namen von Dichterinnen, deren Gedächtnis sich lange erhielt. Darin spricht sich eine andere, freiere Stellung der Frau aus, als wir sie aus der Welt Athens kennen. Sikyon, Korinths Nachbarin, hatte seine Praxilla, die wir ungefähr als Zeitgenossin der Telesilla nehmen dürfen. Ihre

[1] ⏓ – ⏑ ⏑ – ⏑ –.

[2] Die Zuweisung an Telesilla suchte P. MAAS, *Epidaurische Hymnen.* Schr. d. Königsberger Gel. Ges. Geistesw. Kl. 9/5, 1933, zu begründen, doch hat W. J. W. KOSTER, *De Epidaurische Hymne op de Magna Mater.* Meded. Nederl. Ak. Afd. Letterkunde N. R. 25/4, 1962, eine wesentlich spätere Datierung (in die Kaiserzeit) vertreten. Zum Problem E. VOGT, *Gnom.* 37, 1965, 145.

Persönlichkeit ist schwer zu fassen, aber sie zu einer Hetäre zu machen war eine Voreiligkeit. Man hielt ihr Andenken in Ehren, und ihr Landsmann Lysippos hat im 4. Jahrhundert ihr Bild in Erz gegossen. Von ihr wurde ein Vers (1 D.) aus einem Dithyrambos *Achilleus* zitiert. Daß Praxilla Dithyramben erzählenden Inhalts gedichtet hat, ist möglich; daß der Vers, in dem jemand den harten Sinn des Achilleus tadelt, ein Hexameter ist, bleibt freilich sonderbar. Drei Hexameter sind aus einer Dichtung *Adonis* erhalten (2 D.). Da nennt der tote Adonis in der Unterwelt auf die Frage, was er als Schönstes zurückgelassen habe, neben Sonne und Mond verschiedene Früchte. Im Altertum hat man das als Ausdruck besonderer Naivität verstanden und die Redensart daran geknüpft: *einfältiger als der Adonis der Praxilla*. Es ist wahrscheinlicher, daß man mit diesem Wort über Praxilla gespöttelt hat, als daß diese ihren Adonis als töricht kennzeichnen wollte[1]. Von den attischen Skolien, die wir oben besprachen, hat man Admets Mahnung zu gutem Umgang (14 D.) und die Warnung vor dem Skorpion, der unter jedem Steine lauert (20 D.), der Praxilla zugeschrieben. In diesem Zusammenhange ist von Liedern zum Weine (παροίνια) die Rede, was kaum mehr besagt, als daß man einzelnes von ihr unter die Gelagepoesie aufgenommen hat.

Korinna: *Anth. Lyr.* 2. Aufl. fasc. 4, 193. D. L. PAGE, *Corinna*. Lond. 1953; *Poet. Mel. Gr.* p. 325. *Lyr. Graec. Sel.* Oxford 1958, 191. K. LATTE, ‹Die Lebenszeit der Korinna›. *Eranos* 54, 1956, 57 = Kl. Schr. 499, untersucht die Fragen der Datierung und des μεταχαρακτηρισμός; er kommt zu dem auch hier vertretenen Frühansatz. Telesilla: *Anth. Lyr.* 2. Aufl. fasc. 5, 72. P. MAAS, ‹Epidaurische Hymnen›. *Schr. d. Königsb. Gel. Ges., Geisteswiss. Kl.* 9/5, 1933, 134. Praxilla: *Anth. Lyr.* 2. Aufl. fasc. 5, 160. Der Anfang zweier Verse (3 D.) in dem Maße, das nach der Dichterin Praxilleion hieß, findet sich in leichter Veränderung auf einer um 450 anzusetzenden böotischen Schale (P. JACOBSTHAL, *Götting. Vasen* 1912, T. 22 nr. 81). Da die Verse jedoch nicht ausdrücklich unter Praxillas Namen angeführt sind, ist dieser Anhalt für die Datierung nicht sicher. Die Fragmente der hier genannten Dichterinnen nun bei D. L. PAGE, *Poetae Melici Graeci*. Oxf. 1962.

5. CHORLYRIK

Ibykos bezeichnet innerhalb der griechischen Chorlyrik eine Entwicklung eigener Art, einen Weg, der ähnlich wie jener Anakreons keine eigentliche Fortsetzung finden konnte. Seine Datierung ist durch den Aufenthalt am Hofe des Polykrates von Samos gegeben, der um 522 v. Chr. der persischen Invasion erlag.

Wie Stesichoros stammt er aus dem griechischen Westen, aus Rhegion, das chalkidische und messenische Siedler vereinigte. Von verschiedenen Namen, die für seinen Vater überliefert sind, hat Phytios die größte Wahrscheinlichkeit; ob es sich dabei um den Mann handelt, dessen gesetzgeberische Tätigkeit man im Gedächtnis bewahrte (Iambl. *Vit. Pyth.* 130. 172), bleibt ungewiß. Für vornehme Abstammung des Dichters spricht die Geschichte, daß er in seiner Vaterstadt hätte Tyrann werden können. In jedem Falle hat er den ersten Teil seines Lebens in seiner Heimat verbracht, und es konnte kaum anders geschehen, als daß dort die Kunst des Stesichoros mächtig auf

[1] Vgl. W. ALY, *RE* 22, 1764.

ihn wirkte. Der Ibykos, den wir notdürftig kennen, ist von dem großen sizilischen Chorlyriker weit geschieden, aber die karge Überlieferung macht den Ansatz einer ersten Periode seines Schaffens, in der er diesem folgte, sehr wahrscheinlich. Unter den kleinen Splittern aus seinem Werke ist vieles, was auf den Mythos weist und dabei eine Vorliebe für entlegene Varianten bekundet. Ibykos hat von Menelaos erzählt, daß ihm vor Helenas Schönheit das Schwert entsank, als er die Ungetreue strafen wollte, er hat von einer Verbindung des Achilleus mit Medeia im Elysion gewußt, gelegentlich lokale Züge eingeflochten, wie des Herakles Bad in den warmen Quellen, die wohl jene von Himera sind, aber auch mancherlei aus den bekannten großen Sagenkreisen gebracht. Daß wir bei ihm die früheste dichterische Erwähnung des Orpheus finden (17 D.), ist angesichts der Bedeutung der Orphik für Unteritalien wohl zu verstehen. Nun haben wir im allgemeinen für die erhaltenen Einzelzüge keinen Anhalt, ob es sich um gelegentliche Erwähnung oder durchgehende Mythenerzählung in der Art des Stesichoros handelte. Weist aber schon die Masse der Namen und Motive weit eher auf die zweite Möglichkeit, so ist der Bericht (2 D.) von der Tötung der zusammengewachsenen, in einem silbernen Ei gereiften Söhne der Moliona (offenbar spricht Herakles) wohl nur im Zusammenhange einer größeren Mythenerzählung zu verstehen. Dazu kommt, daß wir bei späteren Autoren eine ganze Reihe von Ausdrücken oder Motiven[1] dem Stesichoros und Ibykos zugesprochen finden. Da es sich dabei um rare Dinge handelt, die gewiß nicht alle bei beiden Dichtern vorkamen, wird es um die meisten Fälle so stehen wie um die *Leichenspiele für Pelias*, von denen Athenaios (4, 172) nicht zu sagen wußte, ob sie Stesichoros oder Ibykos gehörten. Dies setzt Gedichte des letzteren voraus, die jenen des Stesichoros mit ihren chorlyrischen Mythenerzählungen so sehr ähnelten, daß Zweifel dieser Art aufkommen konnten.

Wir vermuten, daß die große Wende im Leben des Ibykos auch jene seines Schaffens gewesen ist. Sein Weg führte ihn an den Hof des Polykrates von Samos, eben jenes Tyrannen, dessen Druck Pythagoras auswich, als er nach Unteritalien ging. Auf Samos hat Ibykos den Anakreon in hohen Ehren getroffen, aber wir hören nichts von Beziehungen der beiden. Bei Polykrates hat das Dichten des Ibykos jene eigentümliche Wendung zu einer erotisch gefärbten Chorlyrik genommen, für die eine Reihe von Faktoren bestimmend war. In dieser Welt reifen Ionertums stand man dem alten Mythos bereits mit größerem Abstand gegenüber als in Großgriechenland, wo die Chorlyrik die Blüte des Epos ersetzte. Mächtig aber mußte die lesbische Monodie als großartiger Ausdruck des Eros auf die Chorlyrik wirken, die ja bereits bei Alkman imstande war, das Persönlichste des Dichters auszusagen. Entscheidend war aber die Richtung, in die den Ibykos sein eigenes Wesen rief; selbst die kargen Nachrichten über seine Mythenbehandlung lassen die Vorliebe für Erotisches noch erkennen.

Was Ibykos bei Polykrates sang, hat sein Bild für die Nachwelt geprägt. Wenn ihn Cicero (*Tusc.* 4, 71) und der *Suda*-Artikel als Dichter leidenschaftlicher Liebe nennen, geben beide das allgemeine Urteil wieder. Unter den Proben seiner Kunst stehen

[1] PAGE (s. u.), 167.

zwei Bruchstücke voran. Das eine (6 D.) spricht von dem festen Rhythmus des Jahreslaufes, der im Frühling die Quittenbäume in den Gärten der Nymphen und den jungen Wein blühen läßt. In jähem Wechsel folgt die Antithese: zu keiner Zeit seines Lebens schlummert dem Dichter der Eros, unbarmherzig sengt er ihn wie thrakischer Nordsturm, der unter Blitzen einherfährt. Das zweite Fragment (7 D.) läßt Eros mit schmelzendem Blick unter dunklen Brauen den Dichter in das Netz der Aphrodite locken. Der aber schaudert vor dem nahenden Gotte wie ein Rennpferd, das manchen Sieg gewann, nun aber altersmüde neuen Kampf verweigern möchte. In beiden Gedichten schlägt die Auffassung durch, die das Griechische weithin beherrscht: die Liebe naht dem Menschen als gefährlich verwirrende Macht, die ihn seiner selbst beraubt und im Grunde ein Leid ist. Beidemal hören wir den alternden Dichter, denn auch die Klage über den Gott, der zu keiner Lebenszeit Schonung gewährt, ist so zu verstehen.

Von den Schmerzen, die Eros dem Menschen bringt, hat auch Sappho gesungen; der Unterschied zwischen ihren Versen und jenen des Ibykos ist der zwischen dem lesbischen Lied mit der Kraft seiner Unmittelbarkeit und dem schweren Reichtum des Chorgesanges. Dieser Prunk, der sich vor allem in der Fülle der Beiwörter zeigt, ist jedoch nicht da, um innere Blößen der Dichtung zu decken, vielmehr erscheint er in diesen Versen als die gemäße Form einer großen, den ganzen Menschen unter sich zwingenden Leidenschaft.

Angesichts dessen, was wir hier von der Dichtung des Ibykos erkennen, wird die Auseinandersetzung mit einem größeren, auf Papyrus erhaltenen Stück (3 D. 282 PMG) schwierig[1]. Kenntlich sind vier Triaden, und wenn es wirklich Ibykos ist, so haben wir das älteste Beispiel jener Kompositionsweise vor uns, die auf Strophe und Gegenstrophe die Epode folgen läßt. Die *Suda* schreibt ihre «Erfindung» dem Stesichoros zu.

Der Schluß des Gedichtes ist erhalten, von seinem Anfang sicher nicht so viel verloren, daß ein neuer Fund das Bild des Ganzen ändern könnte. Bis zur letzten Triade zählt der Dichter Gestalten und Geschehnisse aus dem Kriege um Troia auf, nur um zu versichern, daß er von ihnen nicht berichten wolle. Solche Geschichten zu erzählen sei Sache der kunstreichen (σεσοφισμέναι ist fast so viel wie *gelehrte*) Musen vom Helikon, ein Sterblicher bringe es doch nicht zustande. Das klingt wie Ablehnung erzählender Heroendichtung, die der Verfasser selbst früher versuchte oder von anderen versucht sah. Dann werden nach den besten der Helden die schönsten genannt: ein uns unbekannter Sohn der Hyllis und, alle wie Gold das Messing überstrahlend, der Priamossohn Troilos. In drei Versen folgt die Schlußpointe: mit diesen wirst auch du, Polykrates, unvergänglichen Ruhm der Schönheit genießen, wie auch mein Ruhm im Sange unvergänglich ist.

Die lange Aufzählung, aus der das Erhaltene zu seinem größten Teile besteht, ist in

[1] Höher als andere bewertet das Gedicht Br. Snell, ‹Dichtung und Gesellschaft im Griechenland der spätarchaischen Zeit›. *Jahrb. Ak. Göttingen* 1961, 20; *Dichtung und Gesellschaft.* Hamburg 1965, 119. Weitere Lit. zum Gedicht am Schlusse des Abschnittes.

Komposition und sprachlichem Ausdruck gleich unbefriedigend und steht in einem merkwürdigen Gegensatze zu dem hastig angeklebten Schlusse. Von einem Anteil des Gefühles, das in den beiden früher genannten Bruchstücken so düster-prächtig lodert, ist keine Spur zu entdecken. Entweder ist dieses Gedicht, das ohne den Namen seines Verfassers überliefert ist, nicht Ibykos und stammt dann von einem Nachfahren des Dichters, der mit dessen Gespann zu fahren versuchte, oder Ibykos hat es als Gelegenheitsdichtung rasch und ohne innere Anteilnahme verfaßt. Das eine will in jedem Falle bedacht sein, daß es sich hier um höfische Huldigung für die Schönheit eines hochgestellten Jünglings, nicht aber wie in den erwähnten Fragmenten um den Ausdruck der Leidenschaft zu einem anmutigen Knaben handelt, die den Dichter bis ins Mark sengt[1]. Wenn wir uns allem Sträuben zum Trotz doch für Ibykos aussprechen, so hat das in der Nennung des Polykrates seinen Grund. Nicht als ob damit der Tyrann gemeint wäre, aber ein Exzerpt aus Himerios[2], der im 4. Jahrhundert n. Chr. von den alten Lyrikern mehr las und wußte als wir, rückt unser Gedicht in den rechten Zusammenhang: der große Tyrann hatte einen Sohn gleichen Namens, der als sein Stellvertreter auf Rhodos residierte, wie etwa Periander von Korinth seinen Sohn nach Korkyra sandte. Dieser jüngere Polykrates war ein Liebhaber musischer Kunst und erhielt von seinem Vater Anakreon zum Lehrer. Er ist es auch, an den wir uns die Huldigung des Ibykos gerichtet zu denken haben.

Es beweist nicht viel, tritt aber doch zu anderem hinzu, daß der Dialekt des Gedichtes zu jenem der übrigen Fragmente stimmt. Wie bei Stesichoros hat man auch bei Ibykos daran gedacht, daß die Mischung verschiedener Elemente in seiner Sprache die dialektischen Verhältnisse einer Kolonie mit verschiedenen Bevölkerungsteilen spiegeln könnte. Aber Züge wie die Auslassung des syllabischen Augmentes oder die vom Metrum bedingte Behandlung des Digamma weisen vielmehr auf einen literarischen Dialekt, der stark unter dem Einflusse des Epos steht, eine recht dünne dorische Tünche aufweist und gelegentlich auch äolische Formen einmengt.

Ist es also des Polykrates Sohn, den Ibykos hier in mythischem Rahmen feiert, wie er seine Huldigung für einen Gorgias mit der Geschichte vom Raube des Ganymedes verbunden hat (Schol. Ap. Rhod. 3, 158), so stimmt das zeitlich mit der Festlegung der Blüte unseres Dichters auf die 61. Olympiade (536/33) bei Eusebios zusammen[3]. Der Tyrann war also sein ungefährer Zeitgenosse. Ob der Dichter den Sturz seines Gönners (um 522) überlebt hat, wissen wir nicht. Sein Tod wurde legendär ausgeschmückt. Die bekannte Geschichte von den Kranichen, die zur Entdeckung seiner Mörder führten, erweist sich durch Iamblichos (*Vit. Pyth.* 126) als Wandererzählung.

Die Chorlyrik ist in der Zeit der reifen Archaik eine Bildungsmacht von hoher Bedeutung gewesen. Wohl lebte sie zu einem guten Teile von der Gunst ehrgeiziger Herrscher und mochte, wie im Falle des Ibykos, über dem Intimen auf die Weite

[1] Nicht möchten wir P. Von der Mühll (*Mus. Helv.* 21, 1964, 171) folgen, der wie seinerzeit Welcker in der chorlyrischen Liebesdichtung (Stesichoros, Ibykos, Pindar) nur rein konventionelle Huldigung sieht.
[2] *Herm.* 46, 1911, 422. [3] Der *Suda*-Artikel gibt die 54. Ol. (564/1) an.

unmittelbarer Wirkung verzichten. Aber dort, wo sie das Götterfest und die hohen Stunden menschlichen Lebens verschönte, war ihr solche Resonanz sicher. Wir dürfen der Chorlyrik im griechischen Kulturleben einen wichtigen Platz zwischen dem Epos und der Tragödie anweisen. Vielstimmig wie diese ist auch die Chordichtung gewesen, und es ist verlockend, die eigenartige, vielseitige und auf Künftiges vorweisende Erscheinung des Simonides mit der des Euripides zu vergleichen. Anakreon und Ibykos haben uns für den ionischen Bereich eine reiche Erfüllung von eigenartiger Süße gezeigt, aus der heraus eine weitere Entwicklung nicht denkbar war, in Simonides stellt sich das Ionertum der Zeit von einer völlig anderen Seite dar: hier ist es Salz und Same, bestimmt, im griechischen Mutterlande und auch im Westen gewaltige Wirkung hervorzurufen.

Simonides wurde ungefähr 556 auf Keos geboren. Die Insel liegt unter den Kykladen Attika am nächsten und hatte nach Herodot (8, 46) ionische Bevölkerung, die aus Athen stammte. Von der Üppigkeit kleinasiatischen Ionertums wollte man hier nichts wissen, und Keos hatte den Ruhm, keine Flötenspielerinnen und Dirnen zu dulden. Simonides, dessen Kunst durch ihre kraftvolle Einfachheit innerhalb der Chorlyrik eine Stellung eigener Art behauptete, wuchs in einer Gesellschaft auf, die den Luxus aus ihren Grenzen verwies[1].

Bei Athenaios (456 c ff.) sind uns zwei hexametrische Rätsel (69 f. D.) überliefert, die in dunklem Orakelstil ziemlich verwickelte, situationsbedingte Zusammenhänge umschreiben. Ob die umschichtigen Deutungen, die Athenaios nach dem biographisch ebenso fruchtbaren wie gefährlichen Peripatetiker Chamaileon überliefert, das Richtige bewahren, ist unsicher. Wenn aber das erste Rätsel mit dem jungen Simonides und das zweite mit seiner Tätigkeit als Chormeister beim Apollonheiligtum über Karthaia, einem der Hauptorte der Insel, zusammengebracht wird, kann das insofern stimmen, als er mit Spielereien solcher Art begonnen hat und beim Einstudieren von Liedern für die Götterfeste seiner Heimat selber zum Chorlyriker wurde.

Als er zu Dichterruhm gelangt war, führte er ein Wanderleben, das ihn durch weite Teile der griechischen Welt, zumeist aber an den Tisch ihrer Mächtigen führte. Des Peisistratos Sohn Hipparchos soll ihn durch reiche Gaben für Athen gewonnen haben. Überhaupt sagte man dem Dichter nach, er sei ein guter Rechner gewesen und habe es verstanden, aus seiner Kunst Münze zu schlagen. Nach dem Fall der Peisistratiden ging er zu deren Freunden nach Thessalien, wo auch Anakreon eine Zeit gelebt haben dürfte. Zu den Skopaden vor allem trat er in ein enges Verhältnis, und wir werden von Liedern hören, die dies bezeugen. Zur Zeit der Perserkriege hat er wieder in Athen gelebt und auch in seiner Dichtung Anteil an dem Geschehen dieser Jahre genommen. Daß er den führenden Männern nahestand, läßt sich vermuten, und so mag in Anekdoten, die ihn zu Themistokles in Beziehung setzen, Historisches stecken. Dieser hatte sich den Dichter Timokreon aus Ialysos auf Rhodos zum erbitterten Feinde gemacht, weil er dem Verbannten nicht zur Heimkehr verhalf. Wir haben

[1] *Syll. Inscr. Graec.* 1218.

Reste von Gedichten, wohl Skolien, in denen der Enttäuschte den athenischen Staatsmann leidenschaftlich angreift. Unter dem Namen des Simonides aber lesen wir ein Epigramm (99 D.), das sich als Grabschrift für den Säufer, Fresser und Lästerer Timokreon gibt. Dieser starb nach Simonides. Daher kann das Gedicht, wenn es echt ist, nur als böser Scherz verstanden werden, der freilich ein wertvolles Zeugnis dafür wäre, wie Simonides dem Themistokles zu Gefallen dessen Gegner traf. Doch erzählte man von der Schmähsucht des Timokreon noch in der Kaiserzeit, so daß wir bei diesem Epigramm ebensowenig wie bei zahlreichen anderen der Verfasserschaft des Simonides sicher sind.

Daß er in Athen im Jahre 476 als Achtzigjähriger einen Männerchor einstudierte, der den Sieg errang, hat er selbst in einem Epigramm (77 D.) festgehalten. Bald darauf sehen wir ihn am Hofe des Hieron in Syrakus. Gleich am Anfange dieses Aufenthaltes gelang es ihm, Hieron und Theron von Akragas zu versöhnen, die bereits zum Schlagen entschlossen waren. Das wird ihm nicht zum letzten eine gute Stellung am Hofe gesichert haben. Den Umgang des Herrschers mit dem Sänger haben spätere Zeiten mannigfach ausgeschmückt, Xenophons *Hieron* gibt davon eine Vorstellung. Seinen Neffen Bakchylides hat der Dichter nach Sizilien nachgezogen, und Pindar wird er dort begegnet sein. Rivalität konnte nicht ausbleiben, ihre Reflexe im Werke Pindars werden uns später begegnen. In Sizilien, und zwar in Akragas, ist Simonides um 468 gestorben.

Unter den Dichtungen des Simonides wird es auch solche für den Kult gegeben haben; so weiß die *Suda* von *Paianen*. Aber die Nachrichten darüber sind so kärglich und unsicher, daß wir den Anteil von Kultliedern an seinem Werke als unwesentlich bezeichnen können. Seinen Ruhm hat er sich auf anderem Felde gewonnen. Den Sieger, der von den großen Sportfesten heimkehrte, hat man sicherlich seit eh und je feierlich empfangen und in mannigfacher Weise geehrt. Es konnte nicht ausbleiben, daß man dabei ein Lied improvisierte. Daß aber ein Chor einen kunstvollen Sang anstimmte, den ein bedeutender Dichter eigens für diesen Anlaß verfaßt hatte, das ist uns vor Simonides nicht belegt, und wir haben guten Grund anzunehmen, daß er es war, der chorlyrischer Kunstdichtung hier ein neues Feld gewann. Durch diesen Schritt wurde das sportliche Leben der Griechen in einer schlechthin beispiellosen Weise mit hoher Kunst verbunden. An sich waren die großen Spiele Erlebnisse eigener Art, die ganz zu erfassen uns trotz den Olympiaden unserer Tage nicht leicht gelingt. Es ist zu überlegen, daß in diesem Falle für die Griechen technische Rückständigkeit ein Segen eigener Art gewesen ist. Ihnen fehlten mechanische Mittel, die Bestleistungen der Zeit nach festzuhalten und so zum Vergleiche bereitzustellen. Daher konnte es sich bei ihren sportlichen Veranstaltungen nicht darum handeln, einen früher aufgestellten Rekord zu brechen und so das Interesse einer ganzen Nation auf einige wenige Höchstleistungen festzulegen. Vielmehr galt es bei jedem ihrer Sportfeste, hic et nunc dem Ziele zuzustreben, das junge Männer im Homer bezeichnet fanden: immer der Erste zu sein und ausgezeichnet vor andern. Wetteifer dieser Art verband die Kämpfenden und die Zuschauer zu einer von lebhaftester

Bewegung erfüllten Gemeinde. Die große Bedeutung dieser Spiele für das griechische Nationalgefühl, dem die gemäße staatliche Form versagt blieb, ist mit Recht oftmals hervorgehoben worden[1]. Die Chorlyrik aber, die im *Epinikion* das sportliche Geschehen in den Bereich großer Kunst hob, hat dies in eigenartiger Weise getan. Nirgendwo tritt das Kampfgeschehen mit seinen technischen Einzelheiten in den Vordergrund, mit oft nur flüchtig angedeuteten Zügen wird es als Teil einer Welt eingefügt, die vom Geistigen her bestimmt ist, sich aus der Überlieferung des Mythos nährt und alles in lebendigen Bezug zu Grundfragen des menschlichen Seins zu setzen weiß. Der Reichtum an allgemeingültigen Sätzen (Gnomen) will aus dieser Haltung verstanden sein. Da wir aber noch im Bereiche archaischer Kunst sind, erfolgt die Verbindung der einzelnen Elemente nicht nach dem Prinzip einer klar überschaubaren Gliederung, sondern in einer Reihung, die vielfach von Assoziationen verschiedener Art bestimmt ist.

Den eigenen Reiz dieser Bauformen zu studieren, gibt Pindar reiche Gelegenheit, für Simonides gestatten es die Reste nicht, von seinen *Siegesliedern* eine bestimmte Vorstellung zu gewinnen. Daß aber vieles anders war als bei Pindar, verraten noch kleinste Splitter. In eine frühe Zeit seines Dichtens fällt das *Siegeslied auf Glaukos von Karystos*, der 520 zu Olympia im Faustkampf der Knaben gesiegt hatte. Ein Satz daraus (23 D.) verkündet, daß diesem Boxer selbst Polydeukes, der große mythische Faustkämpfer, und der eiserne Herakles nicht standzuhalten wüßten. Wenn das eine ernst gemeinte Aussage wäre, würde sie eine bemerkenswerte Abkehr von alter Religiosität bedeuten, der eine solche Überhebung über Göttersöhne als Frevel galt. Aber es ist ja ein Knabe, der hier gesiegt hat, und da liegt es näher, die Übertreibung als Scherz zu verstehen. Zumal Simonides ein anderes Epinikion mit einem solchen begonnen hat. Da heißt es (22 D.), daß ein Ringer Krios *ordentlich geschoren wurde*, als er nach Nemea kam. Da der Name *Widder* bedeutet, liegt offenbar ein Wortspiel vor, das allerdings schwer zu verstehen ist. Der Versuch, die Stelle auf die Frisur des Ringers zu beziehen, bleibt besser beiseite; manche denken an die Härte des Kampfes, den der Sieger zu bestehen hatte; am nächsten liegt es jedoch, den Unterlegenen als den kräftig «Geschorenen» zu verstehen[2]. Dieser Krios war Aiginete und wahrscheinlich derselbe, von dem Herodot (6, 50; 73) erzählt, daß ihn die Spartaner, als der erste Perserstum abgewehrt war, im Zuge der Vergeltungsmaßnahmen gegen Aigina nach Athen deportierten. Auch in Herodots Bericht begegnen wir einem Spiel mit dem Namen des Mannes. Ist die Erklärung richtig, daß er in Nemea der Unterlegene war, so fügt sich der Spott über seine Schur gut zur Haltung des Simonides, der auf der Seite Athens stand. So dürftig die beiden Fragmente aus den *Epinikien* sind, zeigen sie uns doch, daß diese Gedichte Züge enthielten, die mit dem schweren Ernst pindarischer Siegeslieder nicht zu vereinbaren wären.

[1] Zuletzt Br. Biliński, *L'agonistica sportiva nella Grecia antica. Aspetti sociali e ispirazioni letterarie.* Accademia Polacca. Biblioteca di Roma. Conferenze Fasc. 12. Roma 1960. J. Jüthner, *Die athletischen Leibesübungen der Griechen.* I Sitzb. Öst. Ak. 249/1, 1965; II 249/2, 1968.

[2] Page (s. u.), 140. Wichtig H. Fränkel, 495, 20.

Die Alexandriner haben die *Epinikien* des Simonides anders als jene Pindars nicht nach den Orten, sondern den Arten der Wettbewerbe geordnet. Von jenen auf Läufersiege haben wir kläglich zerstörte Reste auf Papyrus (1909 P.), von den neuen Papyri[1] aus Oxyrhynchos enthält nr. 2431, fr. 1a den Anfang eines Epinikions, das wahrscheinlich Simonides zum Verfasser hat. Es gilt den Söhnen des Aiatios, Angehörigen eines vornehmen thessalischen Geschlechtes, für einen Rennsieg.

Simonides hat, wenn wir recht vermuten, die Chorlyrik auch in weiten Bereichen des Menschlichen angesiedelt. Klage über den Tod teurer Menschen und Tröstung im Leide, wie sie Archilochos nach einem schweren Unglück zur See in der Elegie an Perikles ausgesprochen hat, findet nun im chorlyrischen *Threnos* des Simonides eine neue Form. Die Entwicklung ist mit jener vergleichbar, die zur Übernahme von Motiven lesbischen Einzelsanges in das Chorlied des Ibykos führte.

Auch von den *Threnoi* besitzen wir nur einige kleine Versgruppen. Für eines der Gedichte kennen wir den seltsamen und erschütternden Anlaß. Bei einem Festmahl der Skopaden stürzte das Haus ein und begrub die versammelten Angehörigen des mächtigen Geschlechtes. Der Dichter beginnt seine Klage mit dem Gedanken an die unheimliche Raschheit menschlichen Schicksalswechsels. Das findet sich auch sonst öfters ausgesprochen, aber das Bild, das Simonides hier gebraucht, steht für sich und wirkt durch seine Anspruchslosigkeit, die fürs erste fast befremdet: So rasch wie das Schwirren einer Fliege von einem Orte zum anderen ist das Umschlagen menschlichen Schicksals.

Die Katastrophe der Skopaden läßt uns einmal den Ansatzpunkt einer weitverbreiteten Legende erkennen. Simonides habe in einem Preislied auf einen siegreichen Faustkämpfer den Dioskuren breiten Raum gewidmet, wie wir ja in der Tat in seinen *Epinikien* umfangreiche Einlagen aus dem Mythos erwarten dürfen. Der Besteller habe ihn deshalb für einen namhaften Teil seines Honorares an die Göttlichen verwiesen, von denen er so ausgiebig gesungen habe. Beim Festmahl aber riefen zwei Jünglinge, die dann sogleich verschwanden, den Dichter vor das Haus, das zusammenstürzend die Feiernden begrub. So wußten die Dioskuren zu danken. Für den Charakter solcher Geschichten ist die Vielfalt der Angaben über den Gefeierten und den Ort des Ereignisses bezeichnend, die der gewissenhafte Quintilian (11, 2, 14) erkennen läßt.

Ausdrücklich für die *Threnoi* bezeugt sind Verse (7 D.) mit der trüben Weisheit, daß selbst Göttersöhnen ein Leben sonder Mühe und Vergänglichkeit versagt war. In dem Worte steckt der Keim jener tragischen Auffassung der Heraklesgestalt, die sich in Euripides vollendete.

Dem Motiv von der Vergänglichkeit des Irdischen sind wir in griechischer Lyrik oft begegnet, kaum irgendwo jedoch in solcher Radikalität wie in dem Fragment (8 D.), das von der mörderischen Charybdis als dem einen und letzten Ziel für alles in dieser Welt spricht: hoher Manneswert verfällt ihr ebenso wie Reichtum. Hier ist selbst die Bewahrung durch den Ruhm vergessen, für die der Dichter anderswo hohe

[1] Zu diesen vgl. den Anhang zu diesem Abschnitt.

Worte findet. Gedämpften Pessimismus spricht er aus, wenn er den Nachruhm als letztes in die Erde sinken läßt (59 D.), unvergänglich ist auch er nicht, das weiß der Dichter. Und was wäre überhaupt von der Vergänglichkeit ausgenommen? Prahlte da nicht eine Inschrift auf einem Grabdenkmal, diese Bronzefigur werde so lange nicht vergehen, als sich die Mächte der Natur in Wirkung befänden (*Anth. Pal.* 7, 153)? Noch dazu sollte das Kleobulos von Lindos, einer der Sieben Weisen, gedichtet haben. Mit unhöflicher Geradheit bezeichnet es Simonides als töricht, eine Bildsäule an Dauer den ewigen Mächten der Natur gleichzustellen (48 D.).

Wenn man die Reste von dreißig chorlyrischen Versen auf einem Papyrus (1908 P.), auf die auch Bakchylides Anspruch erhebt, den *Threnoi* des Simonides zuteilte, so deshalb, weil in späterer Zeit scheinbar nur die *Epinikien* und *Threnoi* gelesen wurden. Wäre die Benennung richtig, dann hätten die *Threnoi* Titel gehabt wie die *Dithyramben* des Bakchylides, denn wir lesen über dem Anfang eines neuen Gedichtes (13 B D.) *Leukippides*. Hier ist alles unsicher.

In denkwürdiger Weise hat Simonides den *Threnos* mit dem *Enkomion* verbunden oder besser das Klagelied zum Preislied gewandelt, als er den Gefallenen der Thermopylen zum Gedenken sang (5 D.): ruhmvoll ist ihr Los, schön ihr Geschick, Altar das Grab, an Stelle der Klagen Gedenken, das Mitleid Lobpreis. Man hat in der Reihung dieser Begriffspaare, in denen ein Glied das andere zunächst differenziert und dann ersetzt, Ansätze zur Rhetorik und Sophistik erkennen wollen[1]. Das mag man tun, darf aber nicht übersehen, daß sich in diesen bei aller Kunst so einfachen Worten echte Ehrfurcht vor der Größe dieses Opfers ausspricht. Hier schweigt auch die Klage über die Vergänglichkeit bis auf eine geringe Dissonanz: nicht Moder und nicht die alles bezwingende (!) Zeit werden diesem Grabmal etwas anhaben können.

Das Gedicht ist ein schönes Zeugnis für den dichterischen Anteil des Simonides am großen Kampfe um die Freiheit. In der Lebensbeschreibung des Aischylos lesen wir, daß dieser mit einem Gedicht im elegischen Maße auf die Gefallenen von Marathon dem Simonides unterlegen sei, weil ihm die «Zartheit des Mitempfindens» mangelte. Damit ist für Simonides Treffendes ausgesagt. Der Versuch, die beiden Epigramme auf einer Inschrift von der athenischen Agora (88 AB D.) festzustellen, ist völlig problematisch. Der Seeschlacht bei Artemision hat Simonides eine Dichtung gewidmet, die nach den paar erhaltenen Worten (1. 2 D.) chorlyrisch gewesen ist. Bei jenem Kap hatte der Nordwind den Persern schweren Abbruch getan, und es ließ sich wahrscheinlich machen[2], daß das *Artemisionlied* des Simonides bei der Einweihung eines Tempels erklang, den die Athener bald nach 479 dem Boreas errichteten. Auch den Tag von Salamis hat der Dichter im Liede gefeiert (83 B. 536 PMG).

Einen besonderen Ruhm des Simonides bildeten seine *Epigramme*, weshalb man viele unechte unter seinen Namen gestellt hat. Er bedeutet auf dem Wege jener Form zum vollendeten Kleinkunstwerk eine wichtige Etappe. Gerade in der Zeit der Perser-

[1] Wilamowitz, *Pindaros.* Berl. 1922, 458.
[2] Wilamowitz, *Sappho und Simonides.* Berl. 1913, 206.

kriege gab es vieles in solcher Weise zu rühmen oder zu beklagen. Es ist betrüblich, daß wir mit unbedingter Sicherheit nur die Grabschrift (83 D.) für seinen Freund, den Seher Megistias, der bei den Thermopylen fiel, als echt bezeichnen dürfen. Schon von dem berühmtesten aller griechischen Epigramme *Wanderer, kommst du nach Sparta* ... gilt dies nicht mehr.

Was Simonides am Tisch der Großen genoß, hatte er mit geistigen Gaben zu vergelten, und so hat er denn auch *Skolien* gedichtet. Eines von ihnen (4 D.) machte Platon im *Protagoras* zum Gegenstande einer sehr eigenwilligen Interpretation[1]. Von ihr sehen wir ab, wenn wir fragen, was der Dichter mit dem an Skopas gerichteten Skolion gemeint hat. Er geht von dem Worte des Pittakos von Mytilene aus, es sei schwer, ein wahrhaft vollkommener Mann zu werden. Ein weises Wort, das aber zu wenig sagt. Gott allein ist solches Gutsein vorbehalten; den Menschen kann Mißgeschick, gegen das es kein Hilfsmittel gibt (ἀμήχανος), seines Wertes berauben. So sollen wir das Ziel bescheiden stecken und den preisen, der mit eigenem Willen nichts Schimpfliches tut. Alles ist schön, dem Häßliches nicht beigemengt ist. HERMANN FRÄNKEL hat in seiner Deutung gezeigt, wie hier die Verknüpfung äußeren Erfolges und Wohlergehens (v. 10 πράξας εὖ) mit dem Werte der Menschen gelöst und mit humaner Toleranz ein Ziel gewiesen wird, das redlicher Wille wohl erreichen kann. In einer gewissen Nähe zu diesem Skolion steht jenes Gedicht, von dem uns eben *Ox. Pap.* nr. 2432 in 21 größtenteils gut lesbaren Versen ein Stück gebracht hat[2]. Auch hier verspüren wir dieselbe Zurückhaltung, dieselbe leichte Resignation in der Beurteilung des sittlichen Vermögens der Menschen. Das Fragment ist auch dadurch bedeutsam, daß hier zuerst im βίος φιλοχρήματος, φιλήδονος und φιλότιμος jene drei eine moralische Lebenshaltung bedrohenden Gegenmächte auftreten, die später in der griechischen Ethik eine so bedeutende Rolle spielen sollten.

Wir haben Simonides als Meister verschiedener Dichtungsformen kennengelernt, müssen aber hinzufügen, daß uns ein bedeutender Teil seines Schaffens völlig unkenntlich bleibt. Am Ende seiner athenischen Wirksamkeit hat er sich in einem Epigramm (79 D.), das für einen Weihepinax bestimmt war, seiner sechsundfünfzig Siege mit Männerchören gerühmt. Das heißt, daß er sich mit *Dithyramben* am dionysischen Agon beteiligt hat. Wir können uns von der Natur dieser chorlyrischen erzählenden Lieder nach dem Funde des Bakchylides eine Vorstellung machen; wir können einer Aristophanesstelle (*Vesp.* 1410) entnehmen, daß diese Tätigkeit Rivalität mit Lasos, dem Reformator des Dithyrambos, bedeutete, darüber hinaus vermöchte uns jedoch nur ein unerwarteter Fund zu führen. In Verlegenheit setzt uns die Angabe des *Suda*-Artikels[3], Simonides habe auch *Tragödien* geschrieben. Wer sollte das bei einem älteren Zeitgenossen des Aischylos mit Bestimmtheit ausschließen? Da aber, wie uns Bakchylides zeigen wird, manche Dithyramben dialogische Elemente enthielten,

[1] H. GUNDERT, ‹Die Simonides-Interpretation in Platons Protagoras›. *Festschr. O. Regenbogen*. Heidelb. 1952, 71.

[2] Gut darüber M. TREU, ‹Neues zu Simonides (P. Ox. 2432)›. *Rhein. Mus.* 103, 1960, 319.

[3] Dazu Schol. Aristoph. *Vesp.* 1410.

wird man die Notiz mit größerer Wahrscheinlichkeit auf diese Form chorlyrischer Dichtung beziehen. Ähnlicher Überlieferung werden wir bei Pindar begegnen.

Simonides prägt bestimmte Seiten des ionischen Wesens mit großer Klarheit aus und weist in manchem auf die Sophistik, die eine Generation nach seinem Tode das geistige Leben Athens revolutionierte. Schon daß er den Menschen in die Mitte seiner Chordichtung rückte, liegt auf dieser Linie. Am *Skolion für Skopas* und seinem Protest gegen Kleobulos haben wir seine Neigung zur Kritik kennengelernt, die traditioneller Wertung das Ergebnis eigenen Denkens gegenüberstellt. Bezeichnend ist die Anekdote, die Cicero (*De nat. deor.* 1, 60) erzählt: Simonides habe auf die Frage Hierons nach dem Wesen Gottes immer längere Bedenkzeit erbeten, um schließlich zu bekennen, die Sache werde ihm, je mehr er nachdenke, nur um so dunkler. Die nächste Parallele dazu finden wir im Worte des Sophisten Protagoras (VS 80 B 4), die Schwierigkeit des Gegenstandes und die Kürze des menschlichen Lebens verhinderten ein Wissen über die Götter. In seinem Wertsystem, soweit wir es kennen, spricht sich ein realistischer Sinn für die unmittelbaren Gegebenheiten des Lebens aus. Einzelheiten treten hinzu. Seine Gedächtniskraft wurde gerühmt, und er soll das Training dieser Fähigkeit[1] gelehrt haben, auf die ein Hippias von Elis so stolz war. Was an den Nachrichten, er habe sich mit orthographischen Einzelheiten beschäftigt, Wahres ist, wissen wir nicht, aber auch sie weisen auf reformatorische Neigungen. Schließlich ist er auch mit seiner Tüchtigkeit im Erwerb manchem der großen Sophisten vergleichbar.

Diese Züge sollen im Bilde des Simonides nicht übersehen werden, aber es wäre falsch, ihn vornehmlich nach dem rationalen Element seines Schaffens zu beurteilen. Er ist ein Künstler gewesen, der aus der Kraft echter Empfindung zu schaffen und durch sie zu ergreifen verstand. Eindrucksvollstes Zeugnis seiner Kunst ist für uns das *Danae-Fragment* (13 D.), von dem wir nicht wissen, aus welchem Zusammenhang es stammt, das aber für sich als ein Stück großer Dichtung gelten darf. Eingeschlossen in den hölzernen Kasten treibt die Mutter mit dem Kinde in stürmischer See und klagt die Not ihres Herzens. Ihr wildes Weh findet seinen Widerhall im Rollen der Wogen, aber die süße Ruhe des unschuldigen Kindes[2] tritt in ergreifenden Gegensatz zu dem Aufruhr ringsum. Ihr Flehen, Zeus, der Urheber all dieses Leidens, möge es wenden, schließt Danae in tiefer Demut mit der Bitte um Verzeihung, wenn sie Ungebührliches begehre. Hier ist der Mythos nur der Anlaß, um Menschliches mit letzter Eindringlichkeit und Zartheit zu schildern.

Angesichts dieser Verse mit ihrer schlichten Sprache, der klaren Wortstellung und dem durchaus sinnhaften Gebrauch der Epitheta versteht man das Urteil, das wir bei Dionysios von Halikarnaß (*de imit.* 2, 2, 6) lesen: Simonides habe, darin selbst Pindar überlegen, in der Klage nicht großtönende, sondern zu Herzen gehende Worte gefunden.

Es ist ein Zeichen mehr für die wache Kritik dieses Mannes, daß er über die Grund-

[1] Antike Mnemotechnik: W. Schmid. *Lit. Gesch.* 1, 521, 12.

[2] Der unsichere Wortlaut von v. 11 kann den Zug nicht sichern, daß das Kind im Dunkel mit eigenem Lichte leuchtet; vgl. jetzt D. L. Page, *Poetae Melici Graeci.* Oxf. 1962, nr. 543.

lagen seines Schaffens nachdachte und dabei zu dem Satze kam (Plut. *de glor. Ath.* 3), der einen Wesenszug seiner eigenen Dichtung trifft: Malerei eine schweigende Dichtung, Dichtung eine redende Malerei. Der Satz hat weit in die Neuzeit hineingewirkt, und das Schiefe an ihm hat seine Kritiker gefunden. Aber für Simonides ist mit der Nähe der Dichtung zur Malerei Wesentliches ausgesagt. Gerade das *Danae-Fragment* bezeugt das, und wir bedauern es, eine andere hochberühmte Probe seiner Kunst bildhafter Darstellung nicht mehr zu besitzen; es ist die Szene mit der Erscheinung des Achilleus vor den zur Heimfahrt bereiten Griechen, die der Autor der Schrift *Vom Erhabenen* in diesem Sinne aufs höchste gepriesen hat.

Pindar ist der zweite große Dichter, den Böotien den Griechen geschenkt hat. Er steht als Künstler in anderen Traditionen als Hesiod und ist in seinen sozialen Bindungen von diesem weit geschieden, aber dort, wo wir sein Wesen am reinsten erkennen, wird auch sichtbar, was ihn mit dem Dichter der *Theogonie* verbindet. Der bedingungslose Ernst einer alle Erscheinungen umfassenden Religiosität und die auf jegliches Entgegenkommen verzichtende Herbheit seiner Aussage.

Geboren ist er zu Kynoskephalai, einer Siedlung, die zu Theben gehörte. Daß dies zur festlichen Zeit der Pythien geschehen sei, hat der große Verehrer des delphischen Gottes selbst berichtet (fr. 193). In Frage kommen jene von 522 oder 518, da die Alten mit kleiner Ungenauigkeit den Einfall des Xerxes als die Zeit der Lebensblüte, also seines 40. Jahres, bezeichneten.

Handschriftliche Biographien haben wir vier, dazu den *Suda*-Artikel. Die Berichte sind spätantik oder byzantinisch, geben aber eine Grammatikertradition weiter, die zum Teil bis zu den ältesten feststellbaren Pindarbiographen, dem Peripatetiker Chamaileon und dem Kallimachosschüler Istros, zurückreicht. Wie meist, so ist auch hier wenig Brauchbares in viel Fabelei eingeschlossen. Darunter ist so Hübsches wie die Geschichte von den Bienen, die als prophetische Tiere ihren Honig im Munde des schlafenden Knaben sammelten.

Die Schwierigkeit der Pindarinterpretation wird beispielhaft an der Frage nach seiner Herkunft sichtbar. *Pyth.* 5, 76 heißt es von den Aigeïden, einem Geschlecht, das in der thebanischen und der spartanisch-theräischen Sage auftritt: meine Väter. Damit stehen wir vor dem Problem des chorlyrischen Ich, das bei Pindar den Dichter, den singenden Chor, ja selbst ein allgemeines Man bezeichnen kann. Bei der Deutung der genannten Stelle sind die besten Pindarinterpreten in entgegengesetzte Richtungen gegangen[1], doch ist die Beziehung auf den Chor wahrscheinlicher. Daß Pindar als Thebaner im allgemeinen Sinn die Aigeïden seine Vorväter genannt hätte, bleibt denkbar. Keinesfalls geht aber aus dieser Stelle seine adelige Abkunft hervor, und die antike Überlieferung erweist durch die Nennung verschiedener Namen für seinen Vater in diesem Punkte völlige Unsicherheit[2].

[1] Literatur bei SCHWENN *RE* 20, 1950, 1614, 24.

[2] Der neue Papyrus *Ox. Pap.* 26, 1961, nr. 2438 mit Resten einer Pindarbiographie läßt eine lebhafte Polemik um den Vatersnamen erkennen: Korinna (eine gewichtige Zeugin) habe Skopelinos als Vater Pindars genannt, während κατὰ ... τοὺς πλείστους ποιητάς Daiphantos als solcher galt. In anderer Überlieferung tritt auch der Name Pagon(i)das auf.

Daß er aus vornehmem Hause stammte, dürfen wir glauben, und wenn man den Knaben nach Athen schickte, so sollte er dort neben musischer Unterweisung auch Anschluß an den alten Adel der Stadt finden. Dessen Stellung war seit geraumer Zeit durch neue Mächte bedroht, aber die großen Geschlechter beherrschten noch immer das politische Geschehen. Auch waren die adeligen Werthaltungen in voller Geltung. Dies gilt zu einem großen Teile noch für die Hochklassik; ganz sind sie griechischem Bewußtsein nie entschwunden. Der Athener Aufenthalt des jungen Pindar begründete wohl sein enges Verhältnis zu den Alkmeoniden, die in der Geschichte der Stadt eine so bedeutende, wenn auch nicht immer segensreiche Rolle spielten. Das einzige Siegeslied, das Pindar einem Athener geschrieben hat (*Pyth.* 7 vom Jahre 486), gilt dem Alkmeoniden Megakles, den das Scherbengericht kurz vorher in die Verbannung geschickt hatte. Nach dem Scholion zum 18. Vers dieses Gedichtes hat er für den Vater des Megakles, für Hippokrates, einen Bruder des Kleisthenes, einen Threnos gedichtet. Vier Jahre nach Marathon feiert der Dichter Athen nicht um seines Sieges, sondern um der prächtigen Weise willen, in der die Alkmeoniden den 548 niedergebrannten Apollontempel zu Delphi erneuert hatten.

Wenn die biographische Tradition als musische Lehrmeister des jungen Pindar einen Apollodoros und Agathokles nennt, so besagt uns nur der zweite Name etwas, denn der Mann soll auch den großen Theoretiker Damon zum Schüler gehabt haben. Wichtiger ist jedoch, daß seit 508 die Männerchöre in Athen als staatlich anerkannter Teil der Großen Dionysien zu einer neuen und kräftigen Entwicklung ansetzten. Daß sich der Dithyrambos derart neben der großartig reifenden Tragödie hat behaupten können, verdankte er seiner Ausgestaltung durch Lasos von Hermione[1]. Da dieser nach dem Sturze der Peisistratiden kaum in Athen zu denken ist, darf die Überlieferung, er sei Pindars Lehrer gewesen, nur mittelbar Geltung beanspruchen. Dasselbe gilt von Simonides, der bei aller tiefreichenden Verschiedenheit des Wesens doch nicht ohne jeden Einfluß auf den jungen Pindar geblieben sein kann.

Pindars Dichten hat ihn mit vielen der Macht- und Kulturzentren seiner Zeit in Verbindung gebracht, und er ist in Erfüllung seiner Aufgaben auch auf Reisen gegangen. Aber anders als so manche wandernde Dichter der archaischen Zeit hat er seiner Heimat dauernd Treue gehalten. Was er im *Paian für Keos* (32) vom Werte der Vaterstadt und der Sippengenossen für den Mann sang, steht auch über seinem Leben.

Das älteste der erhaltenen Siegeslieder, *Pyth.* 10, zeigt Pindar in Verbindung mit Thessalien, dessen Adel manchen der älteren Dichter in seinen Dienst rief. Bei den Pythien des Jahres 498 siegte Hippokleas aus Pelinna im Doppellauf der Knaben, und Thorax, der Älteste des großen Aleuadengeschlechtes, bestellte bei Pindar das Lied für die Siegesfeier. Der junge Dichter, der Thorax durch Gastfreundschaft verbunden war und wohl selbst zur Aufführung kam, mochte an diesen Auftrag manche Hoffnung für die Zukunft geknüpft haben, doch wissen wir nichts von einer Fortsetzung dieser Beziehungen. Überhaupt scheint Pindars Aufstieg nicht jäh erfolgt zu sein, erst Sizilien brachte den entscheidenden Durchbruch.

[1] G. Aur. Privitera, *Laso di Ermione nella cultura ateniese e nella tradizione storiografica.* Rom 1965.

In Pindars Frühzeit überwogen offenbar die kultischen Dichtungen, und da diese bis auf geringe Reste verloren sind, wissen wir von seinem Schaffen in diesen Jahren nicht allzu viel. Aber Papyri (nr. 1361–1363 P.) haben uns neben Teilen anderer *Paiane* auch Stücke von jenem erhalten, den Pindar (wohl 490) am Fest der Theoxenien zu Delphi singen ließ, als kein anderer Chor zur Verfügung stand. Daß die Sänger Ägineten waren, bleibt Vermutung, aber bald tönt das Lob der Insel, die Pindar zeit seines Lebens so viel bedeutete. Ägina, auf dem sich wie in Böotien dorische Elemente mit äolischen mengten, war damals noch Athens gefährliche Rivalin und mit Theben durch diese Gegnerschaft politisch verbunden. Die Macht lag in den Händen einer aristokratischen Oberschicht mit wohlhabenden und sportfreudigen Geschlechtern. Das war so recht die Welt pindarischer Epinikien. Mit jenem Paian aber hat Pindar die Ägineten bei aller Wärme seiner Huldigung empfindlich verletzt. Hatte er doch von Neoptolemos, einem Nachkommen ihres Heros Aiakos, erzählt, Apollon habe ihn zur Strafe für die rohe Tötung des greisen Priamos in Delphi einen kläglichen Tod sterben lassen. Wenige Jahre später hat der Dichter in *Nem.* 7, als er den Sieg des Sogenes aus Ägina im Fünfkampf der Knaben feierte, Widerruf geleistet, und die Ehre, die Neoptolemos im delphischen Heiligtum genoß, kräftig hervorgehoben. Aber die Beziehungen zur Insel, die später so dicht werden sollten, spannen sich vor dem großen Perserkampf nur spärlich an. Auch eine andere Verbindung, die später entscheidende Bedeutung gewinnen sollte, kündigt sich 490 an. Xenokrates, der Bruder des Tyrannen Theron von Akragas, hatte in Delphi mit einem Gespann gesiegt. *Pyth.* 6 huldigt seinem Sohne Thrasybulos, der zu dem Rennen aus Sizilien gekommen war. Pindar hatte zu dieser Zeit seinem Namen schon Achtung verschafft, aber allzu wählerisch durfte er nicht sein, und so feierte er im 12. *pythischen Lied,* dem einzigen auf einen musikalischen Sieg, einen Flötenspieler Midas aus Akragas, der wohl mit Thrasybulos nach Delphi gekommen war.

Die tödliche Gefahr, in die der Zug des Xerxes Hellas brachte, mußten Pindar und seine Stadt in besonderer Weise durchleben[1]. Theben hatte sich den Persern angeschlossen, und nun drohte ihm die Vernichtung durch die siegreichen Griechen. Aber die Gefahr ließ sich durch die Auslieferung der führenden Perserfreunde bannen, ein Gott wandte den Tantalosstein, der über der Stadt geschwebt hatte, gnädig zur Seite. Pindar gebraucht dieses Bild in *Isthm.* 8, und es hat seine Bedeutung, daß das Lied dem Sieg eines Ägineten im Pankration gilt. Beziehungen Pindars zu dem perserfreundlichen Adel seiner Stadt sind nicht zu bezweifeln; er hat auch in den Jahren, da er auf der Höhe seines Ruhmes stand, wiederholt (*Isthm.* 1. 3. 4)[2] Angehörige jener Geschlechter gefeiert, die es damals mit dem Perser gehalten hatten. In den Jahren nach dem Siege aber lag sein politischer Irrtum als schwere Last auf ihm, und wir verstehen es aus Äginas besonderen Verhältnissen, daß er gerade dort Stütze und Förderung suchte. Lampon vor allem, dessen Söhne er kurz vor dem großen Kriege (*Isthm.* 6) gepriesen hatte, gewährte sie ihm in reichem Maße.

[1] John H. Finley Jr., ‹Pindar and the Persian Invasion›. *Harv. Stud.* 63, 1958 (Festschr. Jaeger), 121.
[2] Wilamowitz (s. u.), 331. 337.

Entscheidend aber waren für den Aufstieg des Dichters zu panhellenischer Geltung seine sizilischen Erfolge. Drüben im Westen war das Griechentum unter der Führung bedeutender Tyrannen in der erfolgreichen Abwehr der karthagischen Gefahr zu politischen Gebilden vorgeschritten, die weit über die alten Stadtstaaten mit ihren kleinen Dimensionen hinauswuchsen. Die erste Stelle nahm Hieron ein, der 478 als Regent des Doppelstaates von Gela und Syrakus das Erbe Gelons, des Begründers dieser Macht, angetreten hatte. Verwandtschaftlich verbunden war ihm Theron von Akragas, zu dem er politisch in wechselnden Beziehungen stand. Vom Eingreifen des Simonides haben wir früher gehört. Pindar trat zu beiden Machthabern in enge Beziehung. Wenngleich ein unmittelbares Zeugnis fehlt, darf man mit großer Sicherheit annehmen, daß er selbst zwischen 476 und 474 in Sizilien geweilt und eine Zeitlang an den Höfen des Hieron und Theron gelebt hat. Die Fülle neuer Eindrücke, die ihm Macht und Glanz dieser Welt westlichen Griechentums boten, tönt aus Versen wie jenen, mit denen *Ol.* 1 auf Hierons Sieg vom Jahre 476 anhebt. Es war ein Sieg mit dem Rennpferd, der vornehmere mit dem Wagen war Theron zugefallen. Auch ihm hat Pindar das Siegeslied (*Ol.* 3) geschrieben, das in Akragas bei einer großen kultischen Gasterei aufgeführt wurde. In einer ganz anderen, intimen und persönlichen Weise nimmt *Ol.* 2 auf denselben Sieg Bezug. Dabei geht es nicht so sehr um das sportliche Ereignis als darum, dem kränkelnden und von Sorgen bedrückten Theron Trost zu spenden. Offenbar war dieser ein Anhänger der orphisch-pythagoreischen Lehre, der Pindar seine heilenden Worte entnimmt. Es läßt sich verstehen, daß die mystische Kunde vom Schicksal der Seele großen Eindruck auf den Dichter machte, ohne daß er, im Kreise von Delphi wurzelnd, deshalb selbst Myste geworden wäre.

In Sizilien müssen die beiden Keer, Simonides und Bakchylides, seinen Weg gekreuzt haben. Man hat manchen seiner Verse als Polemik gegen die beiden verstanden, so (schon im Altertum) den Ausfall *Ol.* 2, 86 gegen die *Gelernten*, die wie Raben gegen den Adler krächzen, ferner die Warnung vor Verleumdern und Schmeichlern *Pyth.* 2, 74 und den Tadel des Musendienstes um Gewinn *Isthm.* 2, 6. Das kann für die eine oder andere Stelle zutreffen, da aber die Gunst der sizilischen Fürsten gewiß nicht allein von den Keern umworben war, ist Gewißheit nicht in jedem Falle zu gewinnen.

Als Pindar von Sizilien zurückkehrte, durfte er unter den Chordichtern seiner Zeit den ersten Rang beanspruchen, und der materielle Erfolg seines Aufenthaltes im Westen wird dem künstlerischen kaum nachgestanden haben. Von dort kamen wohl auch die Mittel, aus denen er in der Nachbarschaft seines Hauses jenes Heiligtum der Göttermutter und des Pan erbaute, das Pausanias (9, 25, 3) noch gesehen hat. Reste eines *Mädchenliedes* auf den Gott (fr. 95 ff.), der mit der Großen Mutter als Gefährte und Türhüter vereint war, sind uns erhalten.

Es folgte eine Zeit besonders regen Schaffens, in der man sich aus allen Teilen Griechenlands um Arbeiten des Dichters bewarb. Die Verbindung zu den sizilischen Höfen blieb noch für eine Zeit lebendig. Die beiden früher genannten Lieder *Pyth.* 2

und *Isthm.* 2 lassen die Sorge des Dichters durchklingen, daß man dort gegen ihn arbeite, und in der Tat fällt es auf, daß er weder Hierons zweiten pythischen Rennsieg von 472 noch den ersehnten olympischen Wagensieg von 468 feiern durfte. Für Olympia hatte den Auftrag Bakchylides erhalten. Das Lied für den Wagensieg an den Pythien des Jahres 470 ist Pindars letzte Dichtung für Hieron gewesen (*Pyth.* 1). Dieser hatte sich in Delphi als Bewohner von Aitna ausrufen lassen und so bekundet, wie wichtig ihm diese Neugründung war, die unter der Herrschaft seines Sohnes Deinomenes stand. Aischylos hat ihr ein Festspiel gewidmet, und Pindars Lied tönt von Segenswünschen für sie.

Mitten in der zukunftsicheren Entwicklung, die der Sieg über die Perser eröffnete, hat sich Pindar, selbst auf der Höhe seines Ruhmes, auch der Größe Athens nicht verschlossen. In die späteren siebziger Jahre dürfte der *Dithyrambos* gehören, dessen Anfang (fr. 76) wir kennen: *O du schimmerndes, veilchenbekränztes, liederumtöntes, ruhmvolles Athen, Griechenlands Bollwerk, göttliche Stadt*! Athener haben das strahlende Fundament der Freiheit gelegt, verkünden andere Verse (fr. 77). Die Thebaner haben ihn für solches Lob der verhaßten Stadt mit tausend Drachmen gebüßt, weiß die antike Tradition, die Athener aber durch die Proxenie und einen hohen Ehrensold belohnt. Darin mag ein Stück Wahrheit stecken, die Statue des Dichters, die auf dem athenischen Markte stand (Ps. Aischines *epist.* 4. Paus. 1, 8, 4), wurde aber erst nachträglich in diesen Zusammenhang gerückt.

Immer neue Beziehungen knüpfen sich für den Dichter: unter den Sportsiegern, die ihrer Leistung in seinem Liede ein Denkmal sichern wollten, waren auch solche aus Rhodos (*Ol.* 7) und Korinth. Einer der großen Familien dieser reichen Stadt entstammte Xenophon, der 464 zu Olympia im Lauf und Fünfkampf siegte. Er begnügte sich jedoch nicht mit dem Epinikion (*Ol.* 13), sondern wollte auch sein pompöses Geschenk an Aphrodite verherrlicht haben. Für die mit dem Tempel der Göttin verbundene Prostitution, die seltsam fremd im griechischen Leben steht, hatte er fünfzig Sklavinnen gespendet. Pindar ist wohl keiner seltsameren Aufgabe begegnet, und er hat sie in einem Gedicht, das die Überlieferung als *Skolion* bezeichnet (fr. 122), mit feiner Überlegenheit und leisem Humor gelöst.

Im Westen starb Hieron im Jahre 466, und damit hatte die Stunde der sizilischen Tyrannis geschlagen. Für Pindar aber öffnete sich bald darauf der Weg zu einem anderen bedeutenden Fürstenhof der Zeit. Schon 474 feierte er in *Pyth.* 9 den Telesikrates aus Kyrene, der blühenden Griechenstadt in Libyen, als Sieger im Waffenlauf; als zwölf Jahre später König Arkesilaos IV. mit dem Wagen in Delphi siegte, weckte dieses Geschehen zwei pindarische Lieder. Das eine (*Pyth.* 5) war für die Feier des Sieges in Kyrene am Feste des dorischen Apollon Karneios bestimmt, das zweite (*Pyth.* 4), das längste aller erhaltenen Chorlieder, erklang bei einer Feier im Palaste. Vom Sieg ist kaum die Rede, aber die Geschichte, wie Battos dazu kam, von Thera aus die Stadt zu gründen, ruft den Dichter zu breit angelegter Erzählung der Argonautensage im Stile des Chorliedes. Am Ende des großen Liedes setzt sich Pindar für den verbannten Verschwörer Damophilos ein und mahnt zu weiser Mäßigung. Teilnahme solcher Art tut selten gut, der olympische Wagensieg, den Arkesilaos zwei Jahre später gewann, ergab für Pindar keinen Auftrag.

Bei allem Wechsel der Beziehungen blieb die Freundschaft mit Ägina durch alle Zeit ein gesichertes Gut. Immer wieder hatte Pindar äginetische Sieger zu feiern, und das letzte Wort, das wir von ihm hören (*Pyth.* 8 im Jahre 446,) gilt der geliebten Insel. Im Schlußteil der Ode vernehmen wir ein düsteres Wort, wie es oft durch die griechische Helle klingt: Was ist der Mensch? Von einem Schatten der Traum, nicht mehr. Aber Gott kann Glanz über alle Hinfälligkeit des Lebens senden, und der Stadt mögen die Himmlischen den Weg der Freiheit gewähren. Die hatte sie zu einem Teile bereits verloren, als Athen sie 456 in den Seebund zwang. Die letzte Katastrophe, die Austreibung der Ägineten im Jahre 431, hat der Dichter nicht mehr erleben müssen.

Pindars Ruhmeskranz hatte auch seine Dornen. Neider mißgönnten ihm seine sizilischen Erfolge und tadelten ihn als Tyrannenfreund, der seine Heimatstadt vernachlässige. Die etwas gewaltsame Weise, in der er in die 9. *pythische Ode*, die einem Kyrenaier gilt, aber in Theben gesungen wurde, den Hinweis auf seine dichterischen Leistungen für die Vaterstadt einfügt, zeigt, wie stark ihn Vorwürfe solcher Art beschäftigten. Viel schwerer aber muß im letzten Abschnitte seines Lebens die politische Entwicklung auf ihn gedrückt haben. Je weiter man sich von den Tagen der gemeinsamen Gefahr entfernte, desto tiefer fraß sich der Gegensatz zwischen der athenischen und spartanischen Mächtegruppe in den Leib von Hellas. Die Schlacht bei Oinophyta (457) befestigte für ein Jahrzehnt Athens drückende Vorherrschaft über Böotien. Nur zwei Siegeslieder (*Ol.* 4. *Isthm.* 7) sind für diese Zeit festzustellen. Die Wiederherstellung der böotischen Freiheit durch den Sieg von Koroneia (447) hat Pindar noch gesehen. Nach der antiken Biographie ist er in Argos gestorben, und es ist eine hübsche Erfindung, daß der priesterliche Dichter des Schönen auf den Knien eines geliebten Knaben entschlafen sei.

Ein Dichter wie Pindar mußte in der Zeit der Klassik bald als veraltet gelten. Daß er diese Einschätzung mit Alkman, Stesichoros und Simonides teilte, bezeugt der Komödiendichter Eupolis (bei *Ath.* 1, 3a mit 14, 638e). Ebenso leicht versteht man es aber, daß die Alexandriner höchstes Interesse an dem schwierigen, beziehungsreichen und doch aus tiefster Sendung gestaltenden Dichter hatten. Aristophanes von Byzanz hat auch hier entscheidende Arbeit geleistet, die lyrischen Texte in Kola abgeteilt und die Masse des damals Erhaltenen in siebzehn Büchern ediert. Die *Vita Ambrosiana* hat uns den besten Überblick über den Besitzstand der Alexandriner erhalten. Danach boten elf Bücher Dichtungen, die mit dem Kulte zusammenhingen. Voran standen die *Götterhymnen*, denen die *Paiane* folgten, beide in je einem Buch; *Dithyramben*, *Prozessionslieder* (Prosodia), *Mädchenlieder* (Partheneia) und *Tanzlieder* (Hyporchemata) schlossen sich an, wobei jede Gattung zwei Bücher umfaßte, nur den Partheneia war noch ein Buch abgesonderter Mädchenlieder angeschlossen, worin sich offenbar Schwierigkeiten der Einteilung verraten. Den Bereichen, die Simonides dem Chorgesang erschlossen hatte, dienten je ein Buch *Enkomia* und *Threnoi* und die uns erhaltenen vier Bücher *Epinikien*.

Ein Blick auf diese Liste zeigt uns, wie kümmerlich wenig uns geblieben ist. Wir haben Grund anzunehmen, daß es bei Pindar dieselbe Zeit und dieselben Ursachen waren, die auch für die Tragiker den Reichtum der Überlieferung durch schmale Auswahlen ersetzten. Die Antoninenzeit mit ihrer starken Abstellung auf die Erfordernisse der Schule begnügte sich mit einer Pindarausgabe, die nur mehr die *Epinikien* enthielt. Als Eustathios von Thessalonike im 12. Jahrhundert an einem Pindarkommentar arbeitete, von dem die Einleitung erhalten ist, hat er diese Beschränkung damit begründet, daß die *Epinikien* die verhältnismäßig am leichtesten verständlichen Gedichte Pindars seien. Ein wenig haben die Papyrusfunde[1] diese Enge der Überlieferung ausgeglichen und uns durch einige größere Fragmente einen Eindruck von einzelnen anderen Dichtungen gegeben. Vielfach müssen wir uns freilich mit Titeln und Zitaten bei Autoren begnügen. Diese sind für die *Hymnen* in einem Falle ausgiebig genug, um uns eine Vorstellung von der Größe des Verlorenen zu geben. In dem *Zeushymnos* für Theben[2] war ein Lied Apollons (oder der Musen zu seiner Leier) enthalten, das bei der Hochzeit des Kadmos mit der Harmonia erklungen sein sollte und das Werden der Welt und ihrer von Zeus bestimmten Ordnung besang. Als das Werk beendet war, so hieß es in dem Gedicht, fragte Zeus die Götter, was dieser schönen Welt noch fehle, und sie antworteten: göttliche Wesen, um diese Schönheit zu preisen. In großer Art hat Pindar hier im Mythos die Stellung des Dichters in der Welt widergespiegelt, wie er sie sah und behauptete.

Am meisten haben die Papyri unsere Kenntnis für die *Paiane* bereichert. Von jenem, mit dem Pindar etwa 490 in Delphi einsprang, war bereits die Rede. Der *Paian für die Abderiten*, ein schwieriges Gedicht, erbittet göttliche Hilfe für die ionische Kolonie, die ständig in schweren Kämpfen mit der thrakischen Bevölkerung lag. Ein anderer *Paian* spiegelt den Schrecken Thebens bei der Sonnenfinsternis am 30. April 463. Fern von aller ionischen Naturphilosophie betet der Dichter zum Strahl der Sonne, den er, der Lichtfreudige, *Mutter der Augen* nennt. Auch für Keos, die Heimat seiner Rivalen Simonides und Bakchylides, hat Pindar einen *Paian* geschrieben und der Insel

[1] nr. 1350–1385 P. Dazu das Kapitel IRIGOIN (s.u.), 77 und das Verzeichnis bei SNELL, 3. Aufl. Der Band *Ox. Pap.* 26, 1961 enthält ausschließlich Pindarfragmente, z.T. aus unbekannten Werken. Dazu kommt vermutungsweise Zugewiesenes, ferner Kommentarfragmente (vor allem zu den *Isthmien* nr. 2451) und Teile einer neuen Pindarbiographie. Von deren polemischer Haltung wurde bereits zu Pindars Vatersnamen gesprochen, auch wird im erhaltenen Teile die Angabe anderer, Pindar sei im Alter von 50 Jahren unter dem Archon Habron (458/7) gestorben, mit chronologischen Argumenten zurückgewiesen. Die Fragmente aus den Dichtungen Pindars, die dieser Band bringt, sind allermeist nur Splitter, die E. LOBEL mit bewährter Meisterschaft bearbeitet hat. An besonderem seien wenigstens hervorgehoben nr. 2441 mit einem größeren Bruchstück, das möglicherweise einem Prosodion zugehört, nr. 2450 fr. 1 (Dithyrambos?) über die Taten des Herakles und nr. 2442 fr. 7 mit Versen, die sich auf die Geburt des Herakles beziehen. Die freudigste Überraschung aber brachte nr. 2450 mit großen Teilen des Gedichtes, das mit den vielzitierten und interpretierten Worten Νόμος ὁ πάντων βασιλεύς beginnt: SNELL, *Pindarus* 2, 3. Aufl. Leipzig 1964, fr. 169. M. GIGANTE, ‹Nuovi resti dell' ode Pindarica›. *Atti XI. Congr. Int. di Papirol.* Milano 1965 (1966), 286. W. THEILER, ‹Νόμος ὁ πάντων βασιλεύς›. *Mus. Helv.* 22, 1965, 69 = Unters. zur ant. Literatur. Berlin 1970, 192, mit der zweifellos richtigen Deutung des νόμος in diesem Gedicht: «wie es die Menschen gelten lassen.» – Pap. Ox. 31, 1966, nr. 2536 bietet den Schluß von Theons (Sohn des Artemidoros) Kommentar zu den *Pythien* mit subscriptio.

[2] BR. SNELL, *Die Entdeckung des Geistes* 3. Aufl. Hamb. 1955, 118.

großmütig ihren musischen Ruhm bezeugt. Von den *Dithyramben*[1] waren zwei für die Athener gedichtet, der erste von ihnen enthielt den oben angeführten Preis der Stadt. Diese Gedichte hatten Titel, so hieß eines, das für Theben gedichtet war, *Unterweltfahrt des Herakles* oder *Kerberos*. In den erhaltenen Versen wendet sich Pindar gegen die Langatmigkeit des alten Dithyrambos, kaum ohne Einfluß der Reformen des Lasos. Wenn die *Suda* unter den Werken Pindars auch δράματα τραγικά aufzählt, so sind damit die *Dithyramben* gemeint.

Kärglich sind die Spuren der *Prosodia*, mehr ist für die *Partheneia* vorhanden. Unter sie waren die *Daphnephorika* aufgenommen, die man in Theben sang, wenn ein mit Lorbeer, Blumen und Bändern geschmückter Stab (die Kopo) zum Apollon Ismenios getragen wurde. Wir haben namhafte Reste eines solchen Liedes (fr. 94b) und wissen von einem anderen, das Pindar dichtete, als sein Sohn Daiphantos die Ehre hatte, als Daphnephoros aufzuziehen. Wenig Sicheres ist über die *Hyporchemata* zu wissen, und das fängt schon beim Begriffe an. Daß hier ein Chor zum Gesang einer anderen Gruppe tanzte, bleibt Vermutung. Die antiken Erklärungen sind verworren und machen uns bewußt, wie sehr wir hier von Einteilungen und Begriffsbestimmungen der alten Grammatiker abhängen. Da herrschte viel Unsicherheit, so wird manches als *Skolion* zitiert, was Aristophanes offenbar unter die *Enkomia* stellte. In jedem Falle wurden Dichtungen der letztgenannten Art beim festlichen Gelage zum Preise Einzelner vorgetragen[2]. Historisches Interesse hat ein *Preislied* auf den griechenfreundlichen Makedonenkönig Alexandros (fr. 120f.), persönliches eines auf den schönen Knaben Theoxenos von Tenedos, auf dessen Knien der Dichter entschlafen sein soll. Ein Gedicht von Knabenliebe, aber von einer vergeistigten: die Strahlen, die aus den Augen des Theoxenos funkeln, zünden im Herzen des Dichters. Reste der *Threnoi* stellen sich zur 2. *olympischen Ode* für Theron durch Mysteriengedanken, die hier als Versicherung eines glücklichen Lebens nach dem Tode Trost spenden sollten. Orphisch-pythagoreische Motive von Totengericht und Seelenwanderung (fr. 129f. 133) begegnen ebenso wie die Seligpreisung der in Eleusis Geweihten (fr. 137). In seltsamer Weise vermengt ein Bruchstück (131b) die homerische Vorstellung von dem im Körper verborgenen Abbild mit dem Glauben an eine unsterbliche, von den Göttern stammende Seele. Wir kennen den Zusammenhang nicht, aber vielleicht zeigen gerade diese Verse, daß Pindar in jenen religiösen Bereichen nur gelegentlicher Gast war.

Unter den erhaltenen Bruchstücken läßt kaum eines so eigenartige Töne vernehmen wie der *Kerberos-Dithyrambos* (fr. 70b) mit seiner Schilderung wilder Ekstase, die bei der Dionysosfeier selbst die Himmlischen ergreift. Doch bilden Partien, die derart für sich stehen, die Ausnahme. Im allgemeinen stimmen die Fragmente in ihrem Stil, das Wort in weitem Sinne genommen, mit den *Epinikien* überein, so daß

[1] Zu Pindars Dithyramben und ihrem Neuheitsanspruch A. W. Pickard-Cambridge, *Dithyramb, Tragedy and Comedy*. Sec. ed. Oxford 1962, 20.

[2] B. A. van Groningen, *Pindare au banquet. Les fragments des scolies*. Leyden 1960 (fr. 122–128 Sn. mit Komm.).

wir die Sicherheit haben, in diesen die dichterische Persönlichkeit Pindars in allen ihren Wesenszügen zu erfassen.

Die Alexandriner haben die vier Bücher *Epinikien* nach Festen geordnet, in je einem Buche für die großen Spiele von Olympia und Delphi mit ihrem vierjährigen Zyklus und für die kleineren bei Nemea und auf dem Isthmos von Korinth, die sich in jedem zweiten Jahre wiederholten[1]. Daraus, daß die *Nemeen* einst am Schlusse der Sammlung standen, erklärt es sich, daß hier Fremdes angehängt wurde: «*Nem.*» 9 für einen Sieg des Chromios von Aitna in Sikyon, «*Nem.*» 10 für den Sieg eines Theaios bei den Hera-Spielen von Argos, und «*Nem.*» 11, kein Epinikion, für Aristagoras aus Tenedos bei seinem Amtsantritt als Prytane. Offenbar bei dem Wechsel von der Rolle zum Codex tauschten die letzten beiden Bücher ihren Platz, die *Isthmien* kamen ans Ende und erlitten an dieser ausgesetzten Stelle Verstümmelungen der Schlußpartien. Die *Olympien* haben mit dem 5. Liede ein unechtes Stück aufgenommen, in dem ein Zeitgenosse Pindars, wohl ein sizilischer Dichter, den Psaumis aus Kamarina feierte, dessen Wagensieg *Ol.* 4 besingt.

Daß *Epinikien* auch nach der Feier gelegentlich von einem Einzelnen zur Leier gesungen wurden, beweisen Verse wie *Nem.* 4, 13ff. Daß einzelne von ihnen von allem Anfange an für Einzelvortrag bestimmt waren[2], können wir nicht ausschließen, ist aber wenig wahrscheinlich. Der Chor sang diese Siegeslieder zur Flöte und Leier, nur selten am Orte des Erfolges, in der Regel bei der Siegesfeier im Heimatort.

So gut wie jedes Epinikion weist in seinem Bau bestimmte Elemente auf. Da sind dem Zwecke des Liedes entsprechend Angaben über den Sieger, seine Familie, sportliche Leistungen bei anderen Festen. Wenig nur hören wir vom Verlauf des Wettkampfes selbst. Der Pindar in Wanderers Sturmlied, dessen Seele bei Räderrasseln und Peitschenknall Gefahren glüht, ist nicht der historische Pindar, sondern der des jungen Goethe. Ein zweiter Bestandteil, der in sehr verschiedener Ausdehnung, im allgemeinen aber mit kräftiger Raumforderung auftritt, ist der Mythos. Daß Besteller und Dichter über den richtigen Anteil der beiden genannten Elemente verschiedener Ansicht sein konnten, zeigt die Geschichte von dem Lohn, der Simonides verkürzt wurde, weil er allzuviel von den Dioskuren gesungen habe. Die Einfügung des Mythos erfolgt nach verschiedenen Gesichtspunkten. Es kann Beziehung zum Ort des Sieges gegeben sein, wie das häufig bei den Liedern für Westgriechen der Fall ist, die selbst wenig an repräsentativen Mythen besaßen, es können die Lebensumstände des Siegers den Ansatz bieten, oder der Mythos kann als großes Beispiel zu diesem in inneren Zusammenhang gesetzt sein. Chorlyrische Mythenerzählung ist von der epischen ihrem Wesen nach geschieden. Ein so umfangreiches Stück wie *Pyth.* 4 mit der Argonautengeschichte erlaubt besonders gut, ihre Züge zu erkennen. Der Einsatz

[1] Datierung der einzelnen Epinikien SCHWENN, *RE* 20, 1950, 1613. Zu der schwierigen Frage, wie weit Pindars Entwicklung an Form und Gehalt seiner Gedichte sichtbar wird, FR. SCHWENN, *Der junge Pindar.* Berl. 1940. W. THEILER, *Die zwei Zeitstufen in Pindars Stil und Vers.* Halle 1941. SCHADEWALDT (s. u.), 337.

[2] So WILAMOWITZ (s. u.), 233. 240. 254.

erfolgt häufig nicht mit dem Beginne dessen, was erzählt werden soll, sondern mit einer späteren Phase des Geschehens, von der aus nach rückwärts geschritten oder besser gesprungen wird. Denn nicht um lineare Erzählung geht es dem Dichter, sondern um rahmende Herausarbeitung dessen, was ihm an der Geschichte als wesentlich erscheint und als abgeschlossenes Bild vor die Seele tritt. Unvergeßlich der Pelops, der in nächtlicher Stunde am Strande den Gott aus dem Meere ruft (*Ol.* 1), die kühne Jägerin Kyrene, die Apollons Herz bezwingt, daß er sich vorsichtig forschend mit dem weisen Kentauren vor dessen Höhle berät (*Pyth.* 9), der junge Iason, der von den Bergen niedergestiegen ist und auf dem Markte von Iolkos unter den staunenden Bürgern steht wie ein strahlender Gott (*Pyth.* 4). Gerne umschließt der Dichter einzelne Bilder und Abschnitte in archaischer Ringkomposition[1]. Reichlich ist die Verwendung von Reden, was eine gewisse Dramatisierung ergibt. Der Abbruch der Erzählung erfolgt mitunter noch jäher als ihr Einsatz mit einer kurzen Formel. Bei allem Wechsel in Tempo und Dichte ist die chorlyrische Erzählung Pindars jedoch nicht formlos[2], sondern aus der Bezogenheit auf bestimmte Werte zu verstehen, die aufleuchten zu lassen des Dichters eigentliches Anliegen ist.

Als drittes konstitutives Element tritt die Spruchweisheit hinzu. Sie durchwächst förmlich das einzelne Gedicht, immer wieder in der Form der Gnome hervortretend. In der Regel läßt uns der Dichter erkennen, daß er hier aus eigenem Denken spricht. So stellen sich diese gnomischen Elemente eng zu jenen anderen, die wir nur mit diesem Vorbehalt als vierte Gruppe abtrennen: persönliche Äußerungen Pindars, die vor allem Würde und Aufgaben seines Dichterberufes verkünden, oft aber mit hymnischem Aufschwung zum Ausdruck seiner Religiosität werden.

Das *Partheneion* des Alkman erlaubt uns die Feststellung, daß die einzelnen hier besprochenen Elemente bereits in der Frühzeit des Chorliedes vorhanden waren. Und wenn wir sehen, wie Alkman an den Mythos von den Hippokoontiden die Gnome von der rächenden Macht der Götter hängt, um dann fortzufahren: *ich aber singe der Agido Licht*, erkennen wir, daß die sprunghafte Art der Übergänge bereits hier zum Stile gehört. Pindar spricht selbst gelegentlich von dem raschen Themenwechsel, den er übt, wie von einer den Normen seiner Kunst entsprechenden Weise, und es ist bedeutungsvoll, daß wir zu seinen Zeugnissen (*Pyth.* 10, 54; 11, 41) wahrscheinlich Stesichoros (fr. 25) und sicher Bakchylides (10, 51) stellen können. Es ist in der Natur dieser *Epinikien* gelegen, daß die Frage nach ihrer Einheitlichkeit in letzter Zeit aufs neue zum zentralen Problem der Interpretation wurde. August Boeckh, durch seine große Ausgabe von 1821 in der Pindarforschung Wegbereiter, begann damit, nach leitenden Gedanken in diesen kompositionell so schwierigen Gebilden zu fragen, L. Dissen und andere haben die Methode durch Spekulation in Verruf gebracht und jene Aufräumungsarbeit notwendig gemacht, die A. B. Drachmann[3] leistete. Da-

[1] W. A. A. van Otterlo, ‹Untersuchungen über Begriff, Anwendung und Entstehung der griech. Ringkomposition›. *Meded. Nederl. Akad. afdeeling letterkunde* 7/3. Amsterd. 1944.

[2] L. Illig, *Zur Form der pindarischen Erzählung*. Berl. 1932.

[3] *Moderne Pindarfortolkning*. Kopenh. 1891.

nach trat für eine Zeitlang eine Pindarbetrachtung in den Vordergrund, die ihr Augenmerk auf die scheinbar vorwiegend assoziative Verbindung der einzelnen Glieder richtete. Das Pindarbuch von WILAMOWITZ hat neuen Wandel vorbereitet, jenes von SCHADEWALDT die Frage nach der Einheitlichkeit wieder in den Vordergrund gerückt.

Das Problem ist folgendes: Pindars *Epinikien* erwecken den Eindruck einer oft geradezu kaleidoskopischen Mischung verschiedener Elemente, die häufig durch lose, ja willkürliche Übergänge miteinander verbunden sind. Anderseits wird sich niemand, der Dichtung aufzunehmen imstande ist, dem Eindruck entziehen, daß alle diese Mannigfaltigkeit letzten Endes in einer großartigen Einheit gebunden bleibt. Worin besteht diese? Das entscheidende Wort hat HERMANN FRÄNKEL gesprochen[1]: Das Epinikion nimmt das bedeutende Ereignis des Sieges in die Wertewelt auf, aus der heraus der Dichter schafft. Die Welt dieser Werte wird beispielhaft in ihren verschiedenen Bereichen sichtbar gemacht: im Göttlichen, in der Heldensage, im Normhaften und nicht zum letzten in der Tätigkeit des Dichters selbst als einem musischen Bezirk eigener Geltung. Dies richtig verstanden, werden wir uns nicht mühen, pindarischen Gedichten eine Einheit anzuinterpretieren, die etwa jener von klassischen Kunstwerken auch nur entfernt vergleichbar wäre. Vielmehr bleiben Beobachtungen, wie sie besonders DORNSEIFF für die Besonderheiten dieses leicht gleitenden und dann wieder kühn springenden Komponierens machte, durchaus in ihrem Recht. Anderseits aber schneiden sich die Linien, die von den einzelnen Elementen ausgehen, alle in einem Bereiche, der durch die Persönlichkeit des Dichters und seine Art, die Welt zu sehen, gegeben ist. So liegt die Einheit dieser Gedichte nicht in ihrem inneren Bau, sondern in der durchgängigen Bezogenheit ihrer Elemente auf die dem Dichter unverrückbar feste Welt adeliger Werte.

Nur das Wichtigste kann hier kurz bezeichnet werden. In der Mitte dieser aristokratischen Auffassung des Menschen steht die Überzeugung von dem entscheidenden Werte des angeborenen und ererbten Wesens, der φυά[2]. *Vergeblicher Kampf ist es, verbergen zu wollen die mitgeborene Art* (*Ol.* 13, 13). Pindar spricht durchaus aus dem Geiste der Adelswelt, wenn er den Trägern angeborenen Gutes gegenüber die *Gelernten* nur gering achtet. Gewiß braucht der künftige Olympionike den Trainer, von dessen Bedeutung manches Gedicht zeugt; aber der hat nur einen, der zur Tüchtigkeit geboren ist, zu *schärfen* (*Ol.* 10, 20). Wer hingegen nur Gelerntes besitzt, der bleibt ein dunkler Mann, der nie mit sicherem Fuße auftritt (*Nem.* 3, 41).

Erst von diesem Vorstellungsbereiche aus fällt auf die Mythen das rechte Licht. Diese Heldenbilder, diese Taten äußerster Kühnheit sind alle Zeugen für jene große Art, die sich auch in den mühevoll erreichten Leistungen der Sieger an den großen Spielen bekundet. In zahlreichen Fällen stehen diese beiden Bereiche in unmittelbarem

[1] *Gnom.* 6, 1930, 10, jetzt *Wege und Formen frühgriechischen Denkens.* 2. Aufl. Münch. 1960, 366. Dazu das schöne Kapitel ‹Die «Mächte» bei Pindar› in *Dichtung und Philosophie des frühen Griechentums.* 2. Aufl., 549.
[2] W. HAEDICKE, *Die Gedanken der Griechen über Familienherkunft und Vererbung.* Diss. Halle 1936.

Zusammenhange, da Heroen des Mythos Ahnherren der Geschlechter sind, die den Sieger in den Wettkampf entsandten.

Neben dessen Leistung steht völlig gleichberechtigt die des Dichters[1]. In ihr erlangt der Sieg Dauer, denn durch das Wort des preisenden Dichters wird er in die Welt des Hohen und Gültigen hineingenommen. Es ist wie bei Homer, daß der Wert des Menschen erst durch die Anerkennung verbürgt wird, die er in Ehrengabe und rühmendem Worte findet. Pindar weiß von seinem bedeutungsvollen Amte und spricht oft und mit Nachdruck davon. *Vergehen muß herrliche Tat, schweigt man von ihr* (fr. 121). Goethe hat dasselbe ausgesprochen, wenn er in der *Natürlichen Tochter* Eugenie sagen läßt: *Das Wesen, wär' es, wenn es nicht erschiene?*

Alles das, die aus der Anlage erwachsende Siegerleistung und das die Zeit überwindende Dichterwort, ist jedoch an die Grundbedingung allen Gelingens gebunden, an den von Gott strömenden Segen. Mit anderen Worten: die Welt dieses Dichters ist durchaus religiös bestimmt. *Von den Göttern her sind alle Möglichkeiten für menschliches Können, und erwachsen Weise und Händegewaltige und Redemächtige* (*Pyth.* 1, 41). Zeus ist Herr und Geber von allem. Dann aber steht dem Herzen des Dichters der Gott von Delphi, der Schützer adeliger Art, am nächsten. Pindars Götterwelt zeigt nicht die Buntheit der homerischen. Seine Götter werden weniger individuell als vielmehr in ihrer die Welt durchdringenden Wirksamkeit gesehen. Daher bei ihm die große Rolle von Gestalten in der Art von Tyche, Hesychia, Hora, in denen sich das Göttliche in bestimmten Mächten oder Zuständen des Lebens verdichtet. Fälschlich sprechen wir von Personifikationen. Großartigster Ausdruck einer solchen Weise, die Welt zu sehen, ist das Prooimion von *Isthm.* 5. Theia ist in Hesiods *Theogonie* Mutter des Helios, der Selene und der Eos, bei Pindar ist die Titanin zum Urgrund der Welt des Schönen und Glänzenden geworden, zur letzten, göttlichen Ursache des Zaubers alles Lichten und Strahlenden, des Goldes ebenso wie des Sieges an heiliger Stätte.

Von einer anderen Seite her ist Pindars Götterwelt zur homerischen in einen noch tiefer reichenden Gegensatz getreten. Nach des Dichters eigenem Worte (*Ol.* 1, 35) ziemt es sich für den Sänger, von den Göttern Schönes zu künden. Das bedeutet Absage an nicht wenige Züge homerischer Mythenerzählung, und in der Tat sehen wir, wie der Dichter mehrfach das Überlieferte reinigt. Die Ablehnung der Geschichte von des Pelops Zerstückelung und ihre Ersetzung durch das im Sinne der Zeit untadelige Motiv von der Entführung des Knaben durch Poseidon ist das bekannteste Beispiel[2]. Dieses Verfahren ist etwas anderes als der leidenschaftliche Protest eines Xenophanes oder das Ringen des Aischylos um eine Theodizee, aber letzten Endes wurzelt es in demselben Ungenügen an der Religiosität des Epos. Die Stellung des Dichters zu dieser Welt des Göttlichen ist in einer eigentümlichen und doch echt griechischen Weise antinomisch. Sie hat im Eingange des sechsten Nemeischen Liedes ergreifenden Ausdruck gefunden: der Dichter weiß von der Ohnmacht der Menschen, die sie ewig von der Macht und Sicherheit der Götter scheidet. Aber er weiß

[1] Der Sänger neben dem König: F. Wehrli, *Hauptrichtungen des griech. Denkens.* Zürich 1964, 38.

[2] Anderes bei Dornseiff, *Pindars Stil,* 126.

auch das Andere: daß sich der Mensch trotz allem in der Kraft seines Geistes und in dem Adel seines Wesens den Himmlischen vergleichen mag. Zwei für alle Zeit geschiedene Geschlechter, und doch atmen sie beide als Kinder derselben Mutter. Auch das achte Pythische Lied (95) kündet von den beiden Seiten menschlicher Existenz. Da steht das düstere Wort von dem Menschen, der nichts ist als eines Schattens Traum. Aber sogleich folgt der frohe Aufblick: wenn Licht von den Göttern auf dieses arme Leben fällt, dann leuchtet es auf in hohem Glanze und geht leicht dahin. Dieses Licht ins Lied zu fassen und durch seine Kraft den Menschen zu spenden, das ist die Aufgabe des Dichters, wie Pindar sie gesehen hat.

Pindars Sprache steht zunächst einmal in dem Rahmen der chorlyrischen Literatursprache. Das heißt, daß sie episches Gut mit sich führt, dorische Färbung aufweist (bei Pindar stärker als bei den Keern ionischer Herkunft) und äolische Elemente enthält, deren Beurteilung allerdings von unserem Zutrauen in die Überlieferung abhängt. Böotisch Lokales ist nur in geringstem Maße feststellbar. Das durch die Gattung bestimmte Sprachgut hat für Pindar nicht die gleiche Bedeutung wie für einen epischen Dichter. Tradition hindert ihn nicht, in seinen Gedichten die eigene Weise des Sprechens kräftig zur Geltung zu bringen. Mit seinen mächtig gebauten Sätzen, in denen die Tektonik unter dem überreichen Schmucke kaum mehr sichtbar bleibt, mit seinem Verzicht auf griechische Antithesen- und Partikelfreudigkeit um eines eigenwillig gewaltsamen Reihens und Verschränkens willen, mit der Verlagerung des Gewichtes auf das Nomen, dem gegenüber das Verb oft nur mehr inhaltsarmes Stützwort ist, mit seinen reichen Bildern, die das Wesen der Dinge, nicht aber ihre sinnliche Erscheinung erfassen und sich überdies mit kühner Rücksichtslosigkeit überkreuzen – mit all dem hat Pindar jenen prunkvollen Odenstil geschaffen, der weit über die Zeiten bis in die neueren Literaturen hineinwirkte[1].

Pindar bleibt bei aller Gebundenheit an die Gattung im letzten der große Einzelne. Da danken wir es Tyche, daß sie uns durch einen ausgiebigen Papyrusfund einen chorlyrischen Dichter kennen lehrte, der Pindars Rivale gewesen ist, ohne in den Bereich von dessen Größe aufzusteigen. Im Jahre 1896 erwarb das Britische Museum die Reste von zwei Papyrusrollen mit Gedichten des Bakchylides (nr. 175 P.), die man in einem Grabe gefunden hatte. Einige kleinere Reste (nr. 176–185 P.) traten später hinzu, neue Fragmente hat der 23. Band der *Ox. Pap.* gebracht (1956, nr. 2361–68).

Der Dichter, der vorher für uns ein Schatten gewesen war, stammt aus dem ionischen Keos wie sein Oheim Simonides. Eusebios setzt in der *Chronik* die Blüte des Bakchylides auf das Jahr 467, was im wesentlichen stimmen wird. Gestorben ist er wahrscheinlich um die Mitte des Jahrhunderts.

Die Alexandriner haben ihn in den Kanon der neun großen Lyriker aufgenommen und sein Werk geordnet. Das scheint in neun Büchern erfolgt zu sein, von denen sechs Gedichte für den Kult, nämlich *Dithyramben*, *Paiane*, *Hymnen*, *Prosodien*, *Partheneia* und *Hyporchemata*, enthielten, während drei andere mit den Buchtiteln *Epinikia*, *Erotika*

[1] Daß bei dieser Entwicklung Mißverständnisse wirksam waren, die auf Horaz zurückgehen, zeigte F. Zucker, ‹Die Bedeutung Pindars für Goethes Leben und Dichtung›. *Das Altertum* 1, 1955, 180f.

und *Enkomia* Lieder auf Menschen boten. Es ist uns also bei Bakchylides ebenso wie bei Pindar nur der Zugang zu einem im Verhältnis nicht allzu großen Teile seines Werkes gestattet.

Die eine der beiden Rollen, von denen wir Reste haben, enthielt die *Epinikia* in Gruppen, für die weder der Festort wie bei Pindar noch die Art des Wettkampfes wie bei Simonides Einteilungsgrund gewesen ist. Da wir vierzehn von ihnen, trotz beträchtlichen Lücken und Verstümmelungen, im wesentlichen lesen können, erhalten wir von den Siegesliedern des Keers ein ausreichendes Bild. Der Vergleich mit Pindar ist dort von besonderem Interesse, wo die beiden Dichter denselben Sieg zum Anlaß ihres Liedes nahmen. Das trifft gleich für das älteste Siegeslied zu, das wir von Bakchylides kennen und das wir mit großer Wahrscheinlichkeit auf 485 setzen. Es handelte sich um einen nemeischen Sieg im Pankration, den der Äginete Pytheas, einer der Söhne Lampons, errungen hatte. Insel und Familie haben wir in enger Verbindung mit Pindar gesehen, der in *Nem.* 5 diesen Sieg feierte. Vor allem aber kreuzten sich die Wege der beiden Dichter am Hofe des Hieron. Zumindest in ihren Dichtungen; daß Bakchylides selbst in Sizilien war, ist nicht sicher, angesichts seiner Verbindung mit Simonides aber recht wahrscheinlich. Als Hieron 476 mit einem Renner in Olympia siegte und Pindar dies im 1. *olympischen Liede* feierte, sandte auch Bakchylides von Keos aus ein Lied (5). Der nächste Auftrag, den Hieron vergab – es handelte sich um seinen ersten delphischen Wagensieg (470) –, traf wieder Pindar, während sich Bakchylides mit einem kleinen chorlyrischen Glückwunschschreiben (4) einstellte. Schließlich hat er das Rennen gemacht, denn er und nicht Pindar durfte das Festlied (3) für Hierons olympischen Wagensieg des Jahres 468 verfassen.

Bakchylides hat auch für seine Heimat gedichtet, und fünf seiner *Epinikien* gelten Siegen von Landsleuten. Da fällt es auf, daß Pindar um 458[1] den Auftrag erhielt, den Keern einen Paian für den delphischen Apollon zu dichten. So wird die Nachricht des Plutarch (*de ex.* 14. 605 c) ernst zu nehmen sein, Bakchylides habe eine Zeitlang in der Peloponnes als Verbannter gelebt.

In den *Epinikien* des Bakchylides kehren dieselben Elemente wie bei Pindar wieder; auch der Aufbau ist insofern vergleichbar, als der mitunter sehr breit gestaltete Mythos den Mittelteil einnimmt und von den übrigen Elementen umrahmt wird. Auf die Umstände des Sieges geht Bakchylides gelegentlich etwas ausführlicher ein, mit Gnomen ist er besonders in den Schlußpartien freigebig. Gerade an diesen fassen wir den Abstand von Pindar: es ist gefällige Alltagsweisheit, vom Dichter in ebensolcher Form geboten. Nirgendwo die Tiefe pindarischen Wertempfindens. Auch Partien, in denen der Dichter von seiner Kunst spricht, fehlen nicht. Einmal (5, 16) tut er dies in pindarisch-großartiger Weise und will vor Hieron die Flügel des Adlers spreiten. Das stolze Bild ist schön durchgeführt, aber wir glauben ihm doch lieber die keïsche Nachtigall, die er sich an anderer Stelle (3, 98) zu sein berühmt. Es ist sehr fein empfunden, wenn in einem Epigramm der *Anthologia Palatina* (9, 184) Pindar als Μουσάων ἱερὸν στόμα, Bakchylides aber als λάλε Σειρήν angesprochen wird.

[1] Vgl. *Isthm.* 1, 7f.

Schon an den *Epinikien* wird deutlich, daß die Stärke dieses Dichters in seinem Erzähltalent gelegen ist. Das älteste seiner *Siegeslieder* (13) ist zwar eher ein Zeugnis dafür, daß er mitunter in einem Maße von Homer lebt, das Pindar fremd ist. Dabei wird seine Geschicklichkeit in kleinen Griffen sichtbar: das Vordringen der Troer und der Zusammenbruch beim Wiedereingreifen Achills wird hier von der troischen Seite her geschildert. Das Vorstürmen der Belagerten zum Angriff malt ein Seefahrergleichnis, das sich in Motiv und Aufbau völlig homerisch gibt. Selbständiger erscheint Bakchylides in den beiden größeren Gedichten an Hieron (3. 5), wenngleich wir mit verlorenen Vorbildern rechnen müssen. Im zweitgenannten auf den olympischen Rennsieg gestaltet er die Begegnung des Herakles mit Meleagros in der Unterwelt zu einem eindringlichen Paradigma für die Hinfälligkeit aller Heldengröße[1]. Der jähe Abbruch der Szene kann nur äußerlich an Pindar erinnern. Nicht einer von dessen kühnen Übergängen liegt hier vor, sondern einfach ein Stehenlassen des Themas, also eher die Art des Alkman. Im 3. Gedicht auf den olympischen Wagensieg von 468 sprach Bakchylides zu dem schwerkranken Hieron, der bald darauf gestorben ist. Da ist es ein feiner Zug, daß er ihn mit einer schönen Fassung der Kroisoslegende tröstet: den Lyderkönig, der sich wie Hieron die Huld Apollons durch überreiche Gaben an den delphischen Tempel gewann, hat der Gott in der Stunde der Todesnot auch nicht verlassen. Als Sardes fiel, entrückte er seinen Schützling vom Scheiterhaufen weg, den der Regen des Zeus gelöscht hatte, zu seligem Dasein im Lande der Hyperboreer[2]. Wie hier, so ist auch in den übrigen Fällen der Zusammenhang zwischen der Erzählung und den realen Voraussetzungen des Liedes unschwer herzustellen.

Die übrigen Reste des Londoner Papyrus gehören zu einer zweiten Rolle, die *Dithyramben* enthielt. Daß dies der Sammeltitel dieses Buches war, hat über gelegentliche Zitate hinaus der Anhängezettel (σίλλυβος) einer Papyrusrolle mit diesen Texten (nr. 177 P.) gesichert. Unter dieser Bezeichnung haben die Alexandriner Chorlieder erzählenden Inhaltes vereinigt, wobei es ihnen nichts ausmachte, daß einzelne (16. 17) offenkundig Apollon dargebracht waren. Aber die Grenzen zwischen *Paian* und *Dithyrambos* waren in gelehrter Theorie und im Kulte unscharf geworden[3]. Die einzelnen Gedichte hatten Titel und waren nach den Anfangsbuchstaben geordnet. Sechs von ihnen sind uns in verschiedenem Zustande erhalten: die *Antenoriden* oder die *Rückforderung Helenas* mit der Sendung des Menelaos und Odysseus nach Troia, von der die Ilias (3, 205) berichtet. *Herakles* (der Titel ist erschlossen) mit dem mehr angedeuteten als erzählten Ende des Helden durch Deianeira, also dem Stoffe der sophokleischen *Trachinierinnen*[4]. Die *Jünglinge* (Ἠΐθεοι) und der *Theseus*, zwei Ge-

[1] Ein Gespräch Meleagers mit Theseus und Peirithoos fand sich in der Πειρίθου κατάβασις, die Paus, 9, 31, 5 Hesiod zuschreibt: R. MERKELBACH, *Die Hesiodfragmente auf Papyrus*. Leipzig 1957, 52.

[2] Zu diesem Gedicht und den verschiedenen lydischen und delphischen Varianten von Kroisos' Tod vgl. BR. GENTILI im 2. Kap. seines Buches *Bacchilide. Studi*. 2. ed. Urbino 1958.

[3] Ps. Plut. *de mus*. 10. 1134 e. A. v. BLUMENTHAL, *RE* s. Paian 2351.

[4] Über das Verhältnis zu Sophokles, dessen Darstellung der Sage wohl jünger ist, POHLENZ, *Griech. Trag.* 2. Aufl. 2, 88.

dichte, über die noch ein Wort zu sagen ist. *Io*, ein für die Athener verfaßter Dithyrambos, mit der Geschichte der Geliebten des Zeus und der für diese Gattung zu erwartenden Wendung an Dionysos. Nur wenige Verse sind aus einem *Idas* erhalten, den Bakchylides, vielleicht in der Zeit der Verbannung, für die Lakedaimonier schrieb. Gegenstand war der Raub der Marpessa durch Idas.

Aus den aufgezählten Gedichten ragen die beiden der Theseussage gewidmeten als Zeugnisse der Erzählungskunst dieses Dichters hervor. Es ist wie bei Pindar lyrische Erzählung, die nicht Abläufen in der Zeit folgt, sondern Situationen herausgreift. Das Balladenhafte mancher dieser Dichtungen hat man mit Recht betont. Die ernstkräftige Eindringlichkeit des Berichtens, die statuarische Pracht der Gestalten, die wir bei Pindar finden, fehlt bei Bakchylides. Das hängt mit dem Wesen dieses Ioners zusammen, vor allem damit, daß er seine Gedichte nicht wie Pindar schrieb, umgeben von allen göttlichen Mächten, die sich dem Weisen in den Bildern dieser Welt zu erkennen geben. Bei Bakchylides bleibt das meiste vordergründig, darum haben auch seine Sentenzen keinen Tiefgang. Aber er versteht es, eine reich belebte Bühne zu zeigen, auf der Anmutiges und Ergreifendes miteinander wechseln und immer buntes Leben und die Sinne fesselnde Bewegung herrscht.

Da sind wir in den Ἠίθεοι auf dem Schiffe, das die unglücklichen Athener Kinder als Opfer für den Minotauros nach Kreta führt. Minos, dem großen Zeussohne, tritt Theseus als Schützer eines der Mädchen in kühnem Streite gegenüber. Auch er ist Sohn eines Gottes und erweist Poseidon als seinen Vater, indem er einen Ring, den Minos ins Meer wirft, aus der Tiefe heraufholt. Delphine tragen ihn ins Haus des Gottes; drunten erschrickt er vor dem hellen Glanz, der von dem Reigen der Meertöchter ausgeht, Amphitrite aber beschenkt ihn mit Purpurmantel und Rosendiadem. Wir haben zwei Vasenbilder für diese Szene, deren Gegenüberstellung lehrreich ist. Eine herrliche Schale des Euphronios[1] zeigt in ihrem Innenbild den Theseusknaben, von Athene geleitet, wie er die Hand nach der Gabe der thronenden Amphitrite ausstreckt. So feierlich und würdig hätte Pindar erzählt. Ein beträchtlich jüngerer Kelchkrater in Bologna[2] bietet denselben Vorgang in opernhafter Aufmachung auf figurenreicher und mannigfach belebter Bühne, deren Götter wirkungsvolle Pose statt echten Adels zeigen. Dies Bild kann Bakchylides illustrieren.

Zeigen schon die Ἠίθεοι die reiche Verwendung direkter Rede in den Erzählungen, so ist der Dithyrambos *Theseus* ganz als Gespräch gestaltet. Der eine Partner des Dialoges ist Aigeus, der König von Athen. Eben hat er Kunde von dem Nahen eines jungen Helden erhalten, der auf dem Isthmos wunderbare Taten verrichtete. Noch weiß er nicht, daß es Theseus ist, sein Sohn. Schwierig ist die Frage nach dem zweiten Unterredner, der durch seine Fragen den König zum Tatenbericht und dann zur prächtigen Schilderung des Nahenden veranlaßt. Am nächsten liegt es, an einen Chor athenischer Bürger zu denken. Die triadische Strophengliederung der übrigen *Dithyramben* und der *Siegeslieder* von einigem Umfang ist hier zugunsten des Frage-

[1] E. Buschor, *Griech. Vasen.* Münch. 1940, Abb. 169.
[2] E. Pfuhl, *Malerei und Zeichnung der Griechen.* Münch. 1923, Abb. 590.

und Antwortspieles aufgegeben, das der Dichter in vier gleichgebauten Strophen durchführt. Der Gedanke war verlockend, in diesem Gebilde, das für uns ohne Beispiel ist, jenen Dithyrambos zu erkennen, aus dem nach Aristoteles die Tragödie hervorging. Wenn wir aber die Zeit bedenken, in der Bakchylides dichtete, liegt es bei weitem näher, die Form des Gedichtes aus dem Einfluß des bereits entwickelten dramatischen Spieles zu verstehen.

Für die Dithyramben lassen sich noch ein *Philoktetes* und ein *Laokoon* erschließen. Von den übrigen Bruchstücken verdient eines (fr. 20 B) Beachtung, das aus einem Trinklied für den Makedonenkönig Alexander stammt. Die Alexandriner haben solche Gedichte unter die *Enkomien* gestellt, wie wir bei Pindar sahen, der ja auch selbst eines für den Makedonen geschrieben hat. Die Schilderung des Gelages, bei dem die Phantasie ungehemmt ihre Flügel breitet, ist vortrefflich: der Vergleich mit der Gestaltung des Motivs bei Pindar (fr. 124 a. b), wie ihn FRÄNKEL durchführt, ist lehrreich und läßt typische Züge erkennen.

Die Sprache des Bakchylides ist im doppelten Sinne «leichter» als jene Pindars. An Stelle gemessenen Schreitens ein flüssiges Gleiten, an Stelle schwerer, sinngeladener Fügungen eine buntflirrende Wortpracht, die nirgends in die Tiefe lockt. Bestimmend ist der überreiche Beiwortgebrauch, durch den er sich, soweit wir sehen können, von Simonides scheidet. Viel mehr als bei Pindar stammt aus Homer, ist aber meist in andere Verbindungen gebracht, die dem Epos gegenüber neue Töne ergeben. Anderes ist von Bakchylides geformt, wobei er gebräuchlichen Elementen durch ungewohnte Zusammensetzung neue Farben abgewinnt. Dem Dialekt nach schreibt er die chorlyrische Kunstsprache, wie wir sie sonst auch kennen. Ionismen fehlen im allgemeinen, doch bildet das *Marpessa-Gedicht* (fr. 20 A) eine merkwürdige Ausnahme[1].

Von anderen Chorlyrikern ist uns Timokreon mit seiner Feindschaft gegen Themistokles und der Angriffslust seiner *Skolien* im Zusammenhange mit Simonides begegnet. Des Lasos von Hermione hatten wir bei Pindar zu gedenken. Gerne wüßten wir mehr über ihn, da seine Wirksamkeit im Athen der Peisistratiden für die kunstmäßige Ausgestaltung des Dithyrambos, daneben aber auch für die Anfänge einer Musiktheorie von Bedeutung gewesen ist. Von dem Athener Lamprokles kennen wir den Anfang eines kraftvollen Liedes auf Athene, von einem Antigenes ein Epigramm, in dem er einen Sieg als Chormeister bei den athenischen Dionysien feiert. Tynnichos von Chalkis blieb um eines Paianes willen lange berühmt.

Ibykos: *Anth. Lyr.* 2. Aufl. fasc. 5, 58. D. L. PAGE, *Poet. Mel. Gr.*, 144; *Lyr. Gr. Sel.* Oxf. 1968, 133. C. M. BOWRA, *Greek Lyric Poetry*. 2. ed. Oxf. 1961, 241. D. L. PAGE, ‹Ibycus' Poem in Honour of Polycrates›. *Aegyptus* 31, 1951, 158. M. L. WEST, *Phil.* 110, 1966, 147. F. SISTI, ‹Ibico e Policrate. *Quad. Urbinati* 2, 1966, 91; ‹L'ode a Policrate. Un caso di recusatio in Ibico. *Ibid.* 4, 1967, 59. Simonides: *Anth. Lyr.* 2. Aufl. fasc. 5, 76; ebda. Suppl. 49. 59. D. L. PAGE, *Poet. Mel. Gr.* 238; *Lyr. Gr. Sel.* Oxf. 1968, 168. O. WERNER, *Simonides, Bakchylides*. München 1969 (doppelspr.). Nach einigen Fragmenten in *Ox. Pap.* 23, 1956, hat der Band 25,

[1] BR. SNELL, ‹Bakchylides' Marpessa-Gedicht›. *Herm.* 80, 1952, 156. Soll das wirklich ein Scheltgedicht sein?

1959 zum Teil wichtige Stücke gebracht. Von den nr. 2430–32 hat LOBEL 2431 mit großer Sicherheit, die beiden anderen mit einiger Zurückhaltung Simonides zugewiesen. BR. GENTILI, *Gnom.* 33, 1961, 338, tritt wohl mit Recht bei allen drei Texten für Simonides als Verfasser ein, was für nr. 2432 M. TREU (s. S. 223 A. 2) außer Frage gestellt hat. Zum Epinikion nr. 2431 s. S. 221. Ob sich Reste eines Kommentars zu lyrischen Versen in nr. 2434 auf Simonides beziehen, bleibt ungewiß. Zu den neuen Texten auch BR. GENTILI, ‹Studi su Simonide (P. Ox. 2431)›. *Riv. di cultura class. e medioev.* 2, 1960, 113; MAIA 16, 1965, 278. C. M. BOWRA, a.O., 308. Ders. *Early Greek Elegists.* Lond. 1938, repr. 1959, 173. G. CHRIST, *Simonides-Studien.* Diss. Zürich 1941. D. L. PAGE, ‹Simonidea›. *Journ. Hell Stud.* 71, 1951, 133. G. PERROTTA, ‹Simonidea›. *Maia* 5, 1952, 242. BR. GENTILI, *Simonide.* Roma 1959. U. ALBINI, ‹Frammenti di un' ode di Simonide?› *La parola di passato* 93, 1963, 456. A. BARIGAZZI, ‹Nuovi frammenti delle elegie di Simonide (Ox. Pap. 2327)›. *Mus. Helv.* 20, 1963, 61.

Pindar: Forschungsbericht für 1945–1957 E. THUMMER, *AfdA* 11, 1958, 65; 19, 1966, 289. PAOLA A. BERNARDINI, ‹Rassegna critica delle edizioni, traduzioni e studi Pindarici dal 1958 al 1964›. *Quad. Urbinati* 2, 1966, 136. D. E. A. GERBER, *A Bibliography of Pindar 1513–1969.* Philol. Monogr. of the Am. Phil. Ass. 28, 1969 (vorher gingen Berichte zur griech. Lyrik in *Class. World,* 61, 1968, 265.317.373); dazu P. A. BERNARDINI, *Quad. Urbinati* 8, 1969, 169. MARIA RICO, *Ensayo de bibliografia Pindarica.* Madrid 1969. Eine eingehende Darstellung der Überlieferung gibt J. IRIGOIN, *Histoire du texte de Pindare.* Paris 1952. Er führt den Archetypus der einen, durch den Ambrosianus C 222 (saec. XIII) repräsentierten Rezension auf das 4. Jh. n. Chr. zurück. Ders., *Les scholies métriques de Pindare.* Bibl. de l'Ecole des hautes études 310. Paris 1958. Dazu A. TURYN, *The Byz. Man. Trad. of the Trag. of. Enr.* Urbana 1957, 34,0. H. ERBSE, ‹Beiträge zum Pindartext›. *Herm.* 88, 1960, 23. Für die Papyri vgl. S. 231 A. 1. Die führende Ausgabe ist die von BR. SNELL, 2 Bde. 1, 4. Aufl. Leipzig 1964; 2, 3. Aufl. 1964. Dazu: C. M. BOWRA, 2. Aufl. Oxf. 1947. AIMÉ PUECH, *Coll. des Un. de Fr.* 4 Bde. 3. u. 2. Aufl. Paris 1949 bis 1958 (doppelspr.). A. TURYN, Oxf. 1952. M. F. GALIANO, *Olimpicas, Texto, introd. y notas.* 2. ed. Madrid 1956. J. SANDYS, *Loeb Class. Libr.* Lond. 1918; repr. 1957 (doppelspr.). ST. L. RADT, *Pindars 2. u. 6. Paian.* Amsterd. 1958 (Text, Scholien, Komm.). L. R. FARNELL, *The Works of Pindar.* 1: *Translation.* 2: *Critical Commentary.* 3: *Text.* London 1930–32. Bd. 2: Neudruck 1961. B. H. VAN GRONINGEN, *Pindare au banquet. Les fragments des Scholies.* Leiden 1960 (mit krit. Komm.). J. B. BURY, *Nem. und Isthm.* London 1890. 1892. B. L. GILDERSLEVE, Ol. und Pyth. New York 1890; alles nachgedr. Amsterdam 1965. BR. GENTILI, *Lirica corale greca. Pindaro, Bacchilide, Simonide. Testo, versioni, introd. e note.* Parma 1965. O. WERNER, *Pindar. Siegesgesänge und Fragmente.* München 1967 (Tusculum; griech. u. deutsch). E. THUMMER, *Pindar. Die Isthmischen Gedichte.* 1: Analyse, Text und Übers. Heidelberg 1968. 2: Kommentar 1969. – A. B. DRACHMANN, *Scholia vetera in Pindari carmina.* 1, Leipz. 1903; 2, 1910; 3, 1927; Neudr. 1964. J. RUMPEL, *Lexicon Pindaricum.* Leipz. 1883; Nachdruck bei Olms, Hildesheim 1961. Dazu der Ergänzungsindex in SNELLS Ausgabe. W. J. SLATER, *Lexicon to Pindar.* Berlin 1969.– Darstellungen und Sprache: F. DORNSEIFF, *Pindars Stil.* Berl. 1921. U. v. WILAMOWITZ, *Pindaros.* Berl. 1922. H. FRÄNKEL, ‹Pindars Religion›. *Die Antike* 3, 1927, 39. W. SCHADEWALDT, *Der Aufbau des pindarischen Epinikion.* Halle 1928. H. GUNDERT, *Pindar und sein Dichterberuf.* Frankf. a. M. 1935. G. NORWOOD, *Pindar.* Berkeley 1945; repr. 1956. (Seine Annahme von Leitvorstellungen einzelner Gedichte ist mitunter problematisch.) E. DES PLACES, *Le pronom chez Pindare.* Paris 1947. Ders. *Pindare et Platon.* Paris 1949. M. UNTERSTEINER, *La formazione poetica di Pindaro.* Messina 1951. F. SCHWENN, *RE* 20, 1950, 1606. J. DUCHEMIN, *Pindare poète et prophète.* Paris 1955. J. H. FINLEY JR., *Pindar and Aeschylus.* Cambr. Mass. 1955. E. THUMMER, *Die Religiosität Pindars. Comm. Aenipont.* 13. Innsbruck 1957. B. A. VAN GRONINGEN, *La composition littéraire archaïque Grecque. Verh. Niederl. Akad. N. R.* 65/2. Amsterdam 1958, 324. G. PERROTTA, *Pindaro.* Roma 1959. S. LAUER, *Zur Wortstellung bei Pindar.* Winterthur 1959. Lit. zum metrischen Periodenbau Pindars bei ST. L. RADT, *Gnom.* 32, 1960, 223, 1. ASTA-IRENE SULZER, *Zur Wortstel-*

lung und Satzbildung bei Pindar. Zürich 1961. G. NEBEL, *Pindar und die Delphik.* 1961. W. STOKKERT, *Klangfiguren und Wortresponsionen bei Pindar.* Diss. Wien 1962 (masch.). R. W. B. BURTON, *Pindar's Pythian Odes. Essays in Interpretation.* Oxford 1962. E. L. BUNDY, *Studia Pindarica.* 1: *The 11. Ol. Ode.* 2: *The 1. Isthm. Ode.* Berkeley and Los Angeles 1962. H. MAEHLER, *Die Auffassung des Dichterberufs im frühen Griechentum bis zur Zeit Pindars.* Hypomn. 3, 1963. C. M. BOWRA, *Pindar.* Oxford 1964. J. VAN LEEUWEN, *Pindar's tweede Ol. Ode.* Deel 1. 2. Assen 1964. BR. SNELL, *Dichtung und Gesellschaft.* Hamburg 1965, 122. B. FORSSMAN, *Untersuchungen zur Sprache Pindars.* Wiesbaden 1966 (Klass.-phil. Stud. 33). F. SCHACHERMEYR, *Die frühe Klassik der Griechen.* Stuttgart 1966, 243. PAOLA A. BERNARDINI, ‹Linguaggio e programma poetico in Pindaro›. *Quad. Urbinati* 4, 1967, 80. CH. SEGAL, ‹Pindar's seventh Nem.›. *Trans. Am. Phil. Ass.* 98, 1967, 431. ELLEN WÜST, *Pindar als geschichtschreibender Dichter. Interpretationen der 12 vorsizilischen Siegeslieder, des 6. Paians und der 10. Ol. Ode.* Diss. Tübingen. Pforzheim 1967. Dazu: P. A. BERNARDINI, *Quad. Urbinati* 6, 1968, 136. C. PAVESE, ‹The new Heracles poem of Pindar›. *Harv. Stud.* 72, 1968, 47. D. C. YOUNG, *Three Odes of Pindar. A Literary Study of Pyth. 11, Pyth. 3 and Ol.* 7. Leiden 1968 *(Mnem. suppl. 9).* Ders., *Pindar, Isthm. 7. Myth and Exempla.* Leiden 1970 *(Mnem. suppl. 15).* W. THEILER, *Die zwei Zeitstufen in Pindars Stil und Vers.* Schr. der Königsberger Gel. Ges., Geistesw. Kl. 17, 1941 = *Untersuchungen zur antiken Literatur.* Berlin 1970, 148. – Übersetzungen: F. DORNSEIFF, Leipz. 1921; *Die Olymp. Hymnen.* Wiesbaden 1960. Insel Bücherei Nr. 513. L. WOLDE, Leipz. 1942; Nachdr. Wiesbaden 1958. L. TRAVERSO, Firenze 1956. R. LATTIMORE, Chicago 1958. Athanasius Kircher hat *Musurgia universalis* 1, 1650, 541, eine Melodie zu *Pyth.* 1 veröffentlicht, die er im Kloster San Salvatore bei Messina gefunden haben will. Die Frage der Echtheit seiner Angaben hat eine lebhafte Debatte ausgelöst, deren Akten im wesentlichen bei R. P. WINNINGTON-INGRAM, *Lustrum* 1958/3 (1959), 11, verzeichnet sind. Während dieser selbst der Athetese zuneigt, hat P. FRIEDLÄNDER, *Herm.* 87, 1959, 385, neuerdings Argumente für Kircher beigebracht; jetzt: *Studien zur antiken Lit. und Kunst.* Berlin 1969, 395. 437. 448. 655.

Bakchylides: Der Text: BR. SNELL, 10. Aufl. bes. von H. MAEHLER (nach F. BLASS und W. SUESS) Leipz. für 1970 geplant. H. MAEHLER, *Bakchylides. Lieder und Fragmente.* Berlin 1967 (griech. u. deutsch). Die Ausgabe von R. C. JEBB. Cambridge 1905 wurde 1966 nachgedr. O. WERNER s. zu Simonides. Zu einzelnen Papyri: SNELL, *Herm.* 75, 1940, 177; 76, 1941, 208. Von den neuen Texten *Ox. Pap.* 23, 1956, nr. 2361–68, enthalten die beiden letzten Reste von exegetischen Kommentaren. C. GALLAVOTTI, *Gnom.* 29, 1957, 421, gibt auf Grund von nr. 2364 das Fragment Pindar 336 Sn. 342 Bowra dem Bakchylides. *Pap. Soc. It.* 14, 1957, nr. 1391 enthält Reste eines Kommentars zu Chorlyrik, doch ist eine Beziehung auf Pindar oder Bakchylides nicht herzustellen, vgl. H. LLOYD-JONES, *Gnom.* 31, 1959, 112. A. SEVERYNS, *Bacchylide: Essai biographique.* Paris 1933. BR. GENTILI, *Bacchilide. Studi.* Messina 1953; 2. ed. Urbino 1958. Helga Kriegler, Untersuchungen zu den optischen und akustischen Daten der bakch. Dichtung. Diss. d. Univ. Wien 37, 1969. Eine neue engl. Übersetzung: R. FAGLES, New Haven/Lond. 1961 (Vorwort von C. M. BOWRA, Einführung und Anm. von A. M. PARRY).

H. PHILOSOPHIE DES SEINS IM AUSGANGE DER ARCHAISCHEN ZEIT

Gegen den Preis von Ringern, Faustkämpfern und Wagensiegern, von dem die Epinikien tönen, hat ein selbständiger Denker und kühner Sprecher den Geist als das Größere und dem Staate Nützlichere gesetzt (VS 21 B 2). Der Mann, der also Worte des Euripides (fr. 282 N.) und Isokrates (4, 1) vorbereitete und den grundsätzlichen Gegensatz zweier Lebensformen ins Bewußtsein hob, war Xenophanes von Kolophon. Nach eigenem Bericht (B 8) hat er mit fünfundzwanzig Jahren die Heimat verlassen, wohl 540, als Harpagos gegen die Küstenstädte vorging, und ist dann noch siebenundsechzig Jahre durch die griechische Welt gezogen. Um 470 wird er gestorben sein. Sein Weg, nicht unähnlich jenem des Pythagoras, führte ihn nach dem griechischen Westen, wo er vor allem zu Elea in enger Beziehung stand. Wie er für seine kleinasiatische Heimatstadt eine *Gründung von Kolophon* (Κολοφῶνος κτίσις) geschrieben hatte, dichtete er der neuen ionischen Siedlung in Lucanien die *Auswanderung nach Elea* (ὁ εἰς Ἐλέαν τῆς Ἰταλίας ἀποικισμός). Es ist dies die früheste epische Darstellung von Zeitgeschichte, von der wir wissen. Im übrigen sprach er seine Gedanken in der für subjektive Äußerung geeigneten Form der Elegie aus, hat sich aber außerdem in seinen *Silloi* eine neue, eigenartige geschaffen. Diese hexametrischen Dichtungen, in die Iamben eingestreut waren, richteten scharfe Angriffe gegen überlebte und falsche Wertungen. Timon von Phleius hat sie im 3. Jahrhundert v. Chr. nachgeahmt, und manches an der hellenistischen Popularphilosophie und der römischen Satire ist in ihnen vorgebildet.

Diogenes Laertios (9, 18) überliefert, daß Xenophanes seine Dichtungen auch selbst vortrug (ἐρραψῴδει). Es war aber vorschnell, ihn deshalb zum wandernden Rhapsoden zu machen, der weiteren Kreisen Homer und Hesiod rezitierte, um sich dann in engerem Zirkel mit wütender Kritik auf diese Dichter zu stürzen. Von seiner sozialen Stellung ist ein klares Bild nicht mehr zu gewinnen. Etwas von seiner Persönlichkeit verspüren wir in der schönen Elegie (B 1), die der Würde eines richtig begangenen Symposions gilt.

Die nüchtern-klare Sprache der erhaltenen Verse zeugt von keinem großen Dichter, auch lag die Bedeutung des Mannes nicht in seiner Philosophie, seine weitreichende Wirkung ist in der Kraft und Tiefe seines theologischen Denkens beschlossen. Man spürt es noch, wie ihm aus der Entrüstung über die stehlenden und hurenden Götter des Epos (B 11), aus dem Lachen über die Torheiten des Anthropomorphismus seine eigene großgeartete Gottesvorstellung aufging. Diese homerischen Götter sind Machwerke der Menschen, wie sich auch Ochsen und Löwen, hätten sie Hände, Götter nach ihrer Gestalt bilden würden (B 15) und wie sich die Aithiopen ihre Götter schwarz und stumpfnasig, die Thraker aber blauäugig und rötlichblond vorstellen (B 16). In Wahrheit ist aber ein einziger Gott der größte, ganz Auge, ganz Geist, ganz Ohr. Mühelos erschüttert er alles mit der Kraft des Geistes, in sich selbst verharrend, ohne Bewegung, die seiner Größe nicht geziemt (B 23–26). Schon kündigt sich der unbewegte Beweger des Aristoteles an. In einer für das frühe Griechentum unerhörten Konzeption ist hier jedes anthropomorphe Gottesbild aufgegeben und ein höchstes Wesen gesetzt, das von außen in die Welt hineinwirkt. Wenn wir B 23, 1 wörtlich nehmen (ein Gott ist der größte unter Göttern und Menschen[1]), so hätte

[1] Auch in der schönen Gelage-Elegie (dazu C. M. Bowra, *Problems in Greek Poetry*. Oxf. 1953, 1) findet sich θεός neben θεοί. G. François, *Le polythéisme et l'emploi au singulier des mots* θεός, δαίμων *dans la litt. Gr. d'Homère à Platon*. Paris 1957, 160; auch für die übrigen hier behandelten Denker.

Xenophanes außer diesem höchsten Wesen noch andere Gottheiten angenommen und so vielleicht seinen Frieden mit der Volksreligion gemacht. Wir können hier nur vermuten. Auch rechtfertigt die vielumstrittene peripatetische Schrift *Über Melissos, Xenophanes und Gorgias* nicht das Zutrauen, sie könnte uns ein reicheres Bild von der Theologie des Xenophanes geben[1].

Einige Fragmente behandeln Erscheinungen der Natur mit deutlicher Skepsis gegen anschauungsfremde Konstruktionen und mit ausgezeichneten Beobachtungen. Xenophanes hat aus Funden von Muscheln und Abdrücken von Seetieren im Gestein eine Periode erschlossen, in der die Erde vom Meere überflutet war (A 33), und der Wechsel von Überschwemmung und Austrocknung spielt in seinem physikalischen Weltbild eine große Rolle. Daß er dieses in einem eigenen Lehrgedicht entwickelt habe, das Spätere unter den Titel *Über die Natur* stellten, nehmen viele an. Die Bezeugung eines solchen Werkes ist jedoch schwach (B 30. 39)[2].

Die Gefahr, daß die olympischen Götter im Lichte neuer Gedanken fragwürdig erschienen, hat eine Verteidigung hervorgerufen, die bis zum Ausgang der Antike nicht mehr erlahmte. Theagenes von Rhegion, den Tatian (VS 8, 1) in die Zeit des Perserkönigs Kambyses setzt, gilt für uns als ihr Urheber. Die Götter und ihre Geschichten werden nunmehr allegorisch verstanden, Naturvorgänge vor allem findet man in ihnen ausgedrückt, und aller Anstoß in ihrem Gehaben schwindet, wenn Apollon das Feuer bedeutet oder Hera die Luft. Solches ist über Leute wie Stesimbrotos von Thasos in die Stoa gekommen und hat noch weit in mythologische Theorien der Neuzeit hineingewirkt[3].

Die antike Philosophiegeschichte hat Xenophanes zum Lehrer des Parmenides und so zum Begründer der eleatischen Schule gemacht; allerdings mußte Theophrast (VS 21 A 31)[4] dabei einräumen, daß Xenophanes gar nicht die Einheit des Seins, sondern die seines Gottes gelehrt habe. Karl Reinhardt hat in seinem Buche über Parmenides[5] die Annahme unmittelbarer Abhängigkeit entwertet und so Parmenides seine Eigenständigkeit zurückgegeben, die allerdings dem Theologen Xenophanes auch nicht bestritten werden sollte.

In Platons *Theaitet* (183 E) erzählt Sokrates, er sei dem greisen Parmenides als junger Mensch begegnet, und er nennt ihn, wie Homer den Priamos nennt: ehrfurchtgebietend und gewaltig. Die Lebenszeit des Parmenides fällt in die zweite Hälfte des 6. und die erste des 5. Jahrhunderts. Elea, seine unteritalische Heimat, war uns eben in ihrer Bedeutung für Xenophanes begegnet, und ihre Nähe zu den Zentren des Pythagoreismus stellt es außer Frage, daß der Einfluß dieser Bewegung auch in ihr wirksam war. Die immer wieder behaupteten Beziehungen zu Heraklit sind schwer zu sichern,

[1] Die Problemlage bei Jaeger, *Theologie der frühen griech. Denker.* Stuttg. 1953, 65. Text: VS 21 A 28.

[2] Jaeger a. O. 52.

[3] Vgl. Jacob Burckhardts Widerspruch: *Griech. Kulturgesch.* (Kröner) 1, 326, 1. F. Wehrli, *Zur Geschichte der allegorischen Deutung Homers.* Diss. Basel 1928. F. Buffière, *Les mythes d'Homère et la pensée Grecque.* Paris 1956.

[4] Vgl. Fränkel 297, 17. [5] Bonn 1916.

aber die älteren Ioner hat er gekannt, und manches bei ihm setzt Anaximander und Anaximenes voraus.

Die Philosophie des Parmenides steht nicht im leeren Raume; daß er nicht einfach Schüler des Xenophanes war, besagt nicht, daß dessen theologische Ideen ohne Einfluß auf ihn gewesen sind. Aber wichtiger als alle vermutbaren Beziehungen ist, daß kaum sonstwo griechisches Denken mit so radikaler Entschlossenheit einen neuen Bereich des Geistigen eroberte. Auch darin geht er neue Wege, daß er nicht bei der Aussage stehen bleibt, sondern diese jeweils auch beweisen will. Die frühen Ioner gingen von dem aus, was ihre Sinne sie von der Welt erfahren ließen, und fragten für diese Vielfalt nach ihrem Urprinzip und dem Mechanismus ihrer Entwicklung. Nun aber kommt einer, der mit einem einzigen Sprunge über diese Welt des Sichtbaren hinwegsetzt und die Wahrheit jenseits ihrer Grenzen mit der Kraft seines Geistes sucht. Er findet sie in dem einen und einzigen Seienden, das ungeworden und unvergänglich ist. Seine zeitliche Ewigkeit bedingt, daß es weder Vergangenheit noch Zukunft hat, sondern dauernd in reiner Gegenwärtigkeit da ist. Die Vollkommenheit dieses Seienden leidet keine Zerteilung und Veränderung. Es ist ein unbewegliches, gleichartiges Kontinuum, einer Kugel vergleichbar (B 8, 43) und nirgendwo durch das Nichtsein unterbrochen. Daß dieses als Gegenbild des wahren Seins undenkbar und daher nicht existent ist, schärft Parmenides immer aufs neue ein. Wenngleich er sein absolutes Sein über die Sinnenwelt hinweg auf dem Wege des Denkens erreicht, ja Sein und Denken gleichsetzt (B 3), so verflüchtigt sich dieses Seiende doch nicht zum reinen Begriff. Vielmehr ist damit etwas Gegenständliches gemeint, ohne daß wir freilich über seine Beschaffenheit nähere Angaben erhielten. Wichtig ist aber in dieser Hinsicht, daß Parmenides das wahrhaft Seiende als begrenzt gefaßt hat (B 8, 30), was seinen Anhängern Schwierigkeiten machte und bald aufgegeben wurde. Hingegen hat man in seiner Nachfolge das Prinzip der Einheit wesentlich stärker hervortreten lassen[1].

Der Welt des Seins steht die des Scheines gegenüber; ist jene dem Denken des Weisen erreichbar, so ist diese ein Erzeugnis menschlicher Meinungen, gegen das eine wahre ὄν stehen die vielen δόξαι. Aber in dieser Welt des Meinens gibt es Abstufungen. Parmenides schließt in einem zweiten Teil seines Lehrgedichtes eine bis ins einzelne ausgeführte Kosmologie[2] an, die dem Bereiche der Doxa angehört, in ihm jedoch den höchsten Rang an systematischer Geschlossenheit beansprucht (B 8, 60). Es ist der Grundirrtum der Menschen, daß sie an Stelle des Einen, Unteilbaren eine Zweiheit ansetzten, die von Feuer und Nacht gebildet wird. Aber von diesem sich durch alles fortsetzenden Irrtum aus läßt sich doch mit innerer Konsequenz die Welt des Scheines entwickeln. Feuer und Nacht haben dies mit dem wahren Sein gemeinsam, daß sie ihre Natur nicht verändern können. Damit sind Welterklärungen wie jene des Anaximenes abgelehnt. Dafür tritt der für alle Folgezeit fundamentale Be-

[1] M. Untersteiner, ‹L'essere di Parmenide è οὖλον, non ἕν›. *Riv. critica di storia della filos.* 1955, 51. In B 8, 6 ἕν zu vertreiben geht jedoch zu weit.

[2] Dazu bes. Gigon, *Ursprung* (s. S. 199), 271.

griff der Mischung in den Vordergrund. Das Maß und die Weise der Vermengung der beiden Prinzipien sind für die Kosmologie der Scheinwelt entscheidend.

Wie diese Welt der Doxa zu der des wahren Seins steht, ist die schwierigste und noch ungelöste Frage, die uns Parmenides stellt. Zwar darf die Erklärung dieses Teiles als Bericht über die Ansichten anderer oder Polemik gegen sie als aufgegeben gelten, aber das Problem bleibt, in welchem Maße Parmenides für diese aus den Elementen Feuer und Nacht aufgebaute Kosmologie Annäherung an die Wahrheit, Teilhabe an dem eigentlichen Sein beansprucht hat[1].

Parmenides hat seine Anschauungen in einem hexametrischen *Lehrgedicht* vorgetragen, von dem uns namhafte Teile erhalten sind. Man kann feststellen, daß er in einer Tradition steht, die von Hesiod ausgeht, man kann aus einem Zusammenklang mit Pindar[2] die Einwirkung älterer Chorlyrik erschließen, aber auch hier bleibt die Eigenständigkeit dieses Mannes das Entscheidende. Man hat mitunter das Harte, oft Ungefüge dieser Verse vermerkt, was auch nicht geleugnet werden soll, aber wir ziehen es vor, den Dichter zu grüßen, der im Prooimion die Wagenfahrt in das Lichtreich der Wahrheit gestaltet hat. Göttliche Mädchen, die Heliaden, geleiten das Gefährt, das Parmenides sausend dahinträgt. Aus dem Bereiche der Nacht geht es zur Pforte, die das Dunkel von dem Tage trennt. Dike, die Schlüsselhalterin, läßt sich von den Sonnenmädchen bewegen, das mächtige Tor zu öffnen. Eine Göttin, deren Namen wir nicht hören, empfängt den Kühnen und enthüllt ihm die Welt der Wahrheit und jene des Scheins.

In diesen Versen hat Parmenides sein geistiges Erleben Gestalt werden lassen. Unteritalien ist früh ein Land der Mysterienweihen gewesen, und die Eröffnung der Wahrheit in der Lichtwelt mag nicht ohne Anlehnung an solche gestaltet sein. Es ist eine Erleuchtung, die Parmenides erfährt, aber der Wagen mit seinen pfeifenden Naben führt ihn als *den wissenden Mann* (B 1, 3). Das im Menschen Angelegte und das Wirken der Gottheit begegnen sich hier im Bereiche des Wissens in einer Weise, die wir im Handeln homerischer Menschen als wirksam erkannten.

Wie die Verteidigung und Variierung des parmenideischen Seinsbegriffes innerhalb der eleatischen Schule durch Männer wie Zenon von Elea[3] in reine Dialektik mündete, ist hier nicht auszuführen. Melissos von Samos, der 441 als Stratege seiner Heimat gegen Perikles stand, hat die Grundlehren treu verteidigt, die Begrenzung des Seienden jedoch ausdrücklich preisgegeben (VS 30 B 3).

Heraklit von Ephesos stand um 500 auf der Höhe seines Lebens, ist also Zeitgenosse des Parmenides gewesen. Das genauere Verhältnis ist kaum zu bestimmen. REINHARDT's Meinung, Parmenides sei der Ältere gewesen, hat an Geltung verloren. Wenn man das umgekehrte Verhältnis in Rechnung ziehen muß, ergibt sich damit auch die Möglichkeit, daß sich Parmenides in Gegenstellung zu Heraklit befand.

[1] H. SCHWABL, ‹Sein und Doxa bei Parm.›. *Wien. Stud.* 66, 1953, 50.

[2] Ol. 6, 22ff. Zum Prooimion BOWRA s. S. 244 A. 1, 38.

[3] J. ZAFIROPULO, *L'école éléate.* Paris 1950; ders., *Vox Zenonis.* Paris 1958. W. KULLMANN, ‹Zenon und die Lehre des Parmenides.› *Herm.* 86, 1958, 157. H. FRÄNKEL (s. u.) 198. O. GIGON, *Sokrates.* Bern 1947, 214. M. BLACK, *Zeno's Paradoxes.* Ithaca 1954. M. UNTERSTEINER. *Zenone, testimonianze e frammenti.* Firenze 1963.

Man hat diesen oft als Philosophen des Werdens dem Eleaten als dem Denker des Seins entgegengestellt, und in der Tat wertet er das sinnlich Erfahrbare nicht gleich Parmenides als Welt des Scheins ab, sondern macht es mit seinem niemals ruhenden Wechsel zur Grundlage seiner Philosophie. Aussagen wie die, daß man nicht zweimal in denselben Strom steigen könne (B 91, vgl. 12. 49a), lassen es verstehen, wie man den Fluß aller Dinge als Hauptstück seiner Lehre betrachten konnte, wenngleich das vielzitierte πάντα ῥεῖ unter den wörtlichen Fragmenten nicht zu lesen, sondern offenbar von Späteren nach Stellen wie der eben genannten formuliert ist.

Aber in gleichem Maße wie das Trennende will bedacht sein, was Heraklit an die Seite des Parmenides stellt: auch sein Denken transzendiert die Welt des mit den Sinnen Erfaßbaren, wenngleich auf andere Weise. Wenn sich ihm der Wechsel der Dinge vornehmlich als die ständige gegenseitige Ablösung von Gegensätzen darstellte, des Tages und der Nacht, des Winters und Sommers, des Krieges und Friedens, der Sattheit und des Hungers (B 67), so ist es seine eigenste Erkenntnis, die er unablässig und mitunter in paradoxer Form verkündet, daß hinter dem allen eine letzte, allumfassende Einheit steht. Unserer Erfahrung stellt sich die Welt als eine Summe von Spannungen dar, und in ihr regiert der Krieg als All-Vater und All-König (B 53), aber all die Gegensätze sind zu gleicher Zeit in einer festen Einheit verbunden: *unsichtbare Fügung stärker als sichtbare* (B 54). Die *gegengespannte Zusammenfügung* des Bogens und der Leier (B 51) ist das ausdrucksstarke Symbol dieses Denkens, das die Oberfläche der Sinnenwelt mit nicht geringerer Kühnheit durchstößt als jenes der Parmenides.

Diese Einheit der Gegensätze ist das Kernstück jenes Logos, dessen ewige Geltung zu verkünden, Heraklit sich berufen weiß. Dieser Logos[1] ist das Wort seiner Schrift, ist das Denken, das in ihm arbeitet, ist aber vor allem die große gültige Ordnung der Welt. Er ist das göttliche Gesetz, von dem sich alle menschlichen Gesetze nähren (B 114), er ist bei Gott, der allein die dem Menschen verschlossenen Einsichten besitzt (B 78), er ist jenes Eine, allein Weise, das mit dem Namen des Zeus benannt und nicht benannt werden will (B 32). Hier vergleichen wir den Zeushymnos im *Agamemnon* des Aischylos und erkennen die verwandte Weise, in der sich sehr verschieden geartetes religiöses Denken dem größten Namen traditionellen Götterglaubens nähert.

Aus den zuletzt verwerteten Stellen ersteht das Bild eines Denkers, der seine Lehre unter starken ethischen Impulsen verkündet. Erkenntnis des großen Weltgesetzes, das die Bahn der Sonne (B 94) ebenso umgreift wie das Dasein des Menschen, ist unsere Aufgabe, soferne wir nicht Barbarenseelen haben. Dürfen wir einen Schritt weitergehen und annehmen, daß Heraklit als letztes Ziel für den Menschen die Übereinstimmung mit diesem alles durchwaltenden Gesetz bezeichnete? Wir haben damit an den zentralen Satz stoischer Ethik und gleichzeitig an ein schwieriges Problem aller Heraklitdeutung gerührt: sein Denken ist in bedeutendem Maße Fundament der stoischen

[1] W. Kranz, ‹Der Logos Heraklits und der Logos des Johannes›. *Rhein. Mus.* 93, 1949, 81. U. Hölscher, ‹Der Logos bei Heraklit›. *Festgabe f. Reinhardt.* Köln 1952, 69. W. Bröcker, *Gnom.* 30, 1958, 435. Zur Abgrenzung des theophrastischen Kontextes für Heraklit bei Simplikios: J. Kerschensteiner, *Herm.* 83, 1955, 385.

Philosophie geworden, und das bringt die Gefahr mit sich, sein Bild stoisch zu färben. Die methodische Grundforderung Reinhardt's bleibt in voller Geltung: die wörtlichen Aussagen des Denkers und die paraphrasierenden Umdeutungen Späterer sind streng von einander zu scheiden.

In dem kosmologischen Denken Heraklits wird die besondere Stellung erkennbar, die er dem Feuer anwies. *Feuers Umwende: erstens Meer, vom Meere aber die eine Hälfte Erde, die andere Hälfte Gluthauch* (B 31). An anderer Stelle spricht er von dem wechselweisen Umsatz des Alls gegen das Feuer und des Feuers gegen das All (B 90). Aber es war vorschnell, um solcher Stellen willen Heraklit als Hylozoisten den älteren milesischen Denkern anzureihen. Sein Feuer ist nicht einfach der Grundstoff, der aus sich alles andere hervorgehen läßt. Dieses Feuer ist vernunftbegabt[1], und wenn wir von dem Blitze hören, daß er das Weltall steuert, erkennen wir seine göttliche Natur und dürfen die drei Begriffe Logos, Gott und Weltfeuer in engste Beziehung setzen. Aber auch die Seele des Menschen hat an diesem Feuer Anteil, denn aus solchen Gedanken ist es wohl zu verstehen, wenn die trockene Seele die weiseste heißt (B 118). Daß die Seele eben dadurch imstande ist, den Logos zu erkennen, hat man richtig vermutet, und wie nahe wir mit all diesen Gedankengängen bereits an Stoisches herankommen, braucht nur angedeutet zu werden.

Das Bild dieses Denkers steht vor uns als das eines großen Einsamen. Er stammte aus altem Geschlechte königlichen Ranges, hat aber die Vorrechte seiner Würde an den Bruder abgetreten. Scharf hat er sich von den Vielen gesondert, für die er nur Verachtung hat und die er gerne Schlafenden vergleicht. Aber auch von Dichtern und Denkern seines Volkes, von Homer ebenso wie von Archilochos und Hesiod, von Pythagoras, Xenophanes und Hekataios weiß er sich geschieden (B 40. 42). Auf die Frage nach den Quellen seiner Erkenntnis dürfen wir wohl seine eigenen Worte als Antwort setzen: *Mich selber habe ich gesucht* (B 101). Auf solchem Wege ist ihm die Unermeßlichkeit des seelisch-geistigen Bereiches aufgegangen, dessen Grenzen nicht zu erwandern sind[2].

Der Eigenart dieses Denkens entspricht die Form, in der es sich äußerte. Wir wissen von einer Schrift, die Heraklit im Tempel der großen Artemis von Ephesos niederlegte. Später hat man ihr verschiedene Titel, darunter den üblichen *Über die Natur* gegeben. Die Reste, die wir besitzen, sind reichlich genug, um für dieses Buch die Form eines durchlaufenden Lehrvortrages auszuschließen. In Sprüchen von äußerster Knappheit – immer wieder begegnen kurze Nominalsätze – wird da Block neben Block gerückt. Man hört es diesen Sätzen an, wie sie eruptiv durch Hemmungen brechen, die mit dem Wesen dieses wortkargen Mannes und seiner Verachtung der schlafbefangenen Vielen gegeben waren. Alte Spruchsammlungen, *Hypothekai*, mochten wenigstens im Prinzip der Reihung entfernt Vergleichbares geboten haben. Alle Zeiten hatten mit dieser Sprache ihre Mühe, den Dunklen hat man Heraklit genannt,

[1] B 64. K. Reinhardt, ‹Heraklits Lehre vom Feuer›. *Herm.* 77, 1942, 1; jetzt in *Vermächtnis der Antike.* Göttingen 1960, 41; dort S. 72 auch ‹Heraclitea›.

[2] B 45, Br. Snell, *Entdeckung des Geistes.* 3. Aufl. Hamb. 1955, 36.

und wir hören von einem Biedermann namens Skythinos von Teos, der wahrscheinlich im 4. Jahrhundert v. Chr. die schwerverständlichen Sätze in trochäische Tetrameter goß.

Das Leben des Empedokles von Akragas reicht über die erste Hälfte des 5. Jahrhunderts noch ein bedeutendes Stück in die zweite hinein. Diesen Zeitgenossen eines Anaxagoras und Demokrit bereits hier zu nennen, empfiehlt der Umstand, daß sein Bild in ungleich höherem Maße als bei den eben Genannten archaisch bestimmt ist.

Auf dem alten, reichen Kulturboden des westlichen Griechentums erwuchs sein Leben zu einer Fülle, die späterer Legendenbildung viele Ansätze bot. Mit regem Anteil an der Politik seiner Stadt wirkte er als Parteigänger der Demokraten beim Sturze des oligarchischen Regimentes mit, das auf die Tyrannis gefolgt war. Als Arzt und Wanderpriester sammelte er Bewunderer und Anhänger, die ihn von Stadt zu Stadt begleiteten. Im Eingange der *Katharmoi* hat er sich selbst wie den Führer eines kultischen Thiasos geschildert (B 112). Und an anderer Stelle (B 111) verheißt er seinem Adepten nicht allein Kenntnis der Heilmittel, sondern die geheime Kunst, den Winden und dem Wetter zu gebieten. Sein Werk, von dem wir zahlreiche Fragmente besitzen, entspricht der Vielfalt dieses Lebens. In einem Lehrgedicht, das mit ungefähr zweitausend Versen (A 2) zwei Bücher umfaßte und das später den Titel *Über die Natur* erhielt, hat er seine Kosmologie in archaischer Weise als Belehrung seines Schülers Pausanias entwickelt. Auch er sucht nach dem wahren Sein, aber er findet es, ohne die den Sinnen gegebene Welt zu überfliegen, in den vier *Wurzeln*, den vier Elementen, aus denen alles gebildet ist: Erde, Wasser, Feuer und Luft haben ewigen Bestand und bleiben unerschüttert im Kreislauf (B 17, 13. 26, 12). So sind parmenideische Beharrung und heraklitische Bewegung in gleicher Weise von diesem Weltbild umschlossen. In den vier Elementen aber hat sich der Urstoff der alten ionischen Denker nicht allein zahlenmäßig differenziert. Denn nun läßt nicht mehr ein Grundstoff alles aus sich erstehen, vielmehr sind in den Prinzipien der Mischung und Sonderung die alles Werden und Vergehen bestimmenden Kräfte gefunden. Dieses rational durchgestaltete System wird aber zu gleicher Zeit als Spiel und Widerspiel göttlicher Mächte verstanden. Hier nur Allegorien zu sehen heißt die Persönlichkeit verkennen, die da zu uns spricht. Die vier Elemente erscheinen unter den Namen Zeus, Hera, Aidoneus und Nestis als göttlich[1]. Und göttlich sind die beiden großen Beweger, die Vereinigung und Trennung bewirken: Philotes und Neikos, Liebe und Streit. Ihr wechselndes Überwiegen bestimmt den Wandel der Welt von glückhafter Vereinigung und Geschlossenheit im kugelgestaltigen Sphairos (B 27, vgl. Parmenides B 8, 43) zu feindlicher Zerrissenheit und umgekehrt.

Wer die mythischen Elemente in diesem Weltbild recht bedenkt, wird es nicht mehr so befremdlich finden, daß sein Schöpfer auch die *Reinigungen* (Katharmoi) geschrieben hat. Ein umfangreiches Gedicht, wenn Diogenes Laertios (8, 77) den Gesamtumfang beider Werke richtig mit fünftausend Versen angibt. Die Fragmente gestatten es noch, motivische Beziehungen zwischen den beiden Dichtungen zu erkennen, aber soweit wir sehen, ist der Inhalt der *Katharmoi* ein völlig anderer gewesen.

[1] Für die Verteilung der Namen vgl. VS 31 A 33 mit Anm.

In den erhaltenen Versen geht es um das Schicksal der menschlichen Seele, das Empedokles als sein eigenes berichtet. Er weiß von der göttlichen Herkunft dieser Seele, und sein Auftreten als gotterfüllter Wundermann beruht wohl auf diesem Wissen [1]. An anderer Stelle (B 115) hören wir aber, daß er Schuld auf sich geladen hat und deshalb aus der Nähe Gottes in langdauerndes Irrsal geworfen ist. Dreißigtausend Horen (wohl Jahre) müssen solche gefallene Dämonen in immer neuen Gestalten sterblicher Geschöpfe das Weltall durchwandern, von den Elementen einander zugeworfen. Knabe und Mädchen, Busch, Vogel und Fisch will Empedokles in früheren Lebensläufen gewesen sein (B 117). Sein Kampf gegen das Opfern und Essen von Tieren gehört in denselben Vorstellungsbereich. Wenn wir B 120 recht verstehen, so ist diese Erde für ihn als Stätte des Dunkels und Jammers die *überdachte Höhle* gewesen, der Körper aber ist die *fremdartige Fleischeshülle* der Seele (B 126).

Es ist klar, daß wir mit all dem mitten in der Welt orphisch-pythagoreischer Vorstellungen von Unsterblichkeit und Seelenwanderung stehen, wie sie gerade im unteritalisch-sizilischen Griechentum jener Zeit ein reiches Leben hatten [2]. Die Frage, wie die *Katharmoi* zu dem *kosmologischen Gedicht* standen, hat zu verschiedenen Entwicklungstheorien geführt, die den Deuter der Natur zur Seelenmystik kommen lassen oder umgekehrt. Keine dieser Hypothesen ist auf festen Grund zu stellen. Man wird die Spannweite dieses Geistes nicht unterschätzen dürfen, der ionische Fragestellungen und orphischen Glauben wohl in gleicher Weise zu umfassen imstande war. Kaum lag seine Stärke in der Bildung eines widerspruchslosen Systems, als Dichter aber bewährte er bedeutende Kraft in der Modifizierung alten epischen Sprachgutes und in neuer Gestaltung. Und in allem verspüren wir mehr die Wärme als die Helligkeit des Feuers, das in ihm brannte.

Zur Bibliographie vgl. S. 199. Die Texte in VS. Außer den dort genannten Werken von Deichgräber, Gigon, Howald-Grünwald, Jaeger (S. 193 A. 4), Nestle und Snell (S. 197 A. 1): W. Luther, *Wahrheit, Licht und Erkenntnis in der griech. Philosophie bis Demokrit.* Bonn 1966. U. Hölscher, *Anfängliches Fragen. Studien zur frühen griech. Philosophie.* Göttingen 1968. Im besonderen zu Xenophanes: M. Untersteiner, *Senofane. Testimonianze e frammenti. Bibl. di studi super.* 33. Firenze 1950. A. Farina, *Senofane di Colofone, Ione di Chio.* Napoli 1961 (mit Übers. u. Komm.). A. Lumpe, *Die Philosophie des Xenophanes von Kolophon.* Diss. Münch. 1952. H. Thesleff, *On dating X.* Helsingfors 1957. H. Fränkel ‹Xenophanesstudien›. *Wege und Formen frühgriech. Denkens.* 2. Aufl. Münch. 1960, 335. Ein Abschnitt über X. in der Schrift des Aš-Šakrastānī, übersetzt bei Fr. Altheim u. R. Stiehl, *Geschichte der Hunnen* 3, 1961, 138. E. Heitsch, ‹Das Wissen des Xenophanes›. *Rhein. Mus.* 109, 1966, 193. – Parmenides: Lit. Bericht: H. Schwabl, *AfdA*, 9, 1956, 129. 10, 1957, 195. Ausgaben: J. Beaufret, *Le poème de P.* Paris 1955 (doppelspr., Text nach VS). M. Untersteiner, *P. Testimonianze e frammenti.* Bibl. di studi sup. 38. Firenze 1958. L. Tarán, *Parmenides.* Princeton 1965 (mit Übers. und Komm.). Untersuchungen: W. J. Verdenius, *P., some comments on his poem.* Groningen 1942; repr. 1964;

[1] Doch ist für B 112, 4f. die Deutung von W. Kranz, *Empedokles* (s.u.), 27 vorzuziehen. Zur «Schamanen»-Dimension einer Gestalt wie E. vgl. E. R. Dodds, *The Greeks and the Irrational.* Berkeley 1951, 145. Zu Empedokles B 132: G. Müller, *Mus. Helv.* 17, 1960, 122.

[2] Zu Einzelfragen W. Rathmann, *Quaestiones Pythagoreae Orphicae Empedocleae.* Diss. Halle 1933. Zum Verhältnis der beiden Werke H. Schwabl, *Wien. Stud.* 69, 1956, 50, 6.

Mnem. 4, 1949, 116. M. BUHL, ‹Zum Stil des P.› *Festschr. Regenbogen.* Heidelb. 1956, 35. U. HÖLSCHER, ‹Grammatisches zu P.› *Herm.* 84, 1956, 385. H. SCHWABL, ‹Zur «Theogonie» bei P. und Empedokles›. *Wien. Stud.* 70, 1957, 278. K. DEICHGRÄBER, ‹P. Auffahrt zur Göttin des Rechts›. *Abh. Ak. Mainz. Geistes- u. sozialwiss. Kl.* 1958/11. V. GNAZZONI FOÀ, ‹Le recenti interpretazioni italiane e straniere dell' essere eleatico›. *Rivista di filosofia neo-scolastica* 50, 1958, 326. K. REINHARDT, *P. und die Geschichte der griech. Philosophie* 1916, 2. unver. Aufl. Frankf. a.M. 1959. W. R. CHALMERS, ‹P. and the beliefs of mortals›. *Phronesis* 5, 1960, 5. R. FALUS, ‹P.-Interpretationen›. *Acta antiqua Acad. Scient. Hungar.* 8, 1960, 267. J. H. M. M. LOENEN, *P., Melissus, Gorgias. A reinterpretation of Eleatic Philosophy.* 1960. H. FRÄNKEL, a.O. 157. J. MANSFELD, *Die Offenbarung des Parmenides und die menschliche Welt.* Assen 1964 (mit viel Lit.). H. JUCKER, ‹Zur Bildnisherme des Parmenides›. *Mus. Helv.* 25, 1968, 181. – Heraklit: Lit. Bericht: R. MUTH, *AfdA* 7, 1954, 65. A. N. ZOUMPOS, ‹Βιβλιογραφικὰ περὶ Ἡ.› Πλάτων 9, 1957, 69. Ausgaben: R. WALZER, Firenze 1939 (mit Übers.). repr. Hildesheim 1964. C. MAZZANTINI, Torino 1945. M. MARCOVICH, *Heraclitus. Greek Text with a Short Commentary.* Merida (Venezuela). Ed. maior 1967. Ed. minor (Griech. und spanisch) 1968. Übersetzung: BR. SNELL, 5. Aufl. Münch. 1965. BR. SALUCCI, Firenze 1967. Untersuchungen: O. GIGON, *Untersuchungen zu H.* Leipz. 1935. MISCH, *Der Weg in die Philosophie* 1. Bern 1950, 335. G. S. KIRK, *H., The Cosmic Fragments.* Cambr. 1954, mit ausführlichem Komm., der auch die Interpretationen der Vorgänger bietet. A. JEANNIÈRE, *La pensée d'Héraclite d'Ephèse.* Paris 1958 (Mit Übers., der Fragmente). E. KURTZ, *Interpretationen zu den Logos-Fragmenten H.s* Diss. Tübingen 1959 (masch.). CL. RAMNOUX, *Héraclite ou l'homme entre les choses et les mots.* Paris 1959. PH. WHEELWRIGHT, *Heraclitus.* Princeton 1959. Die Arbeiten von K. REINHARDT ‹Heraklits Lehre vom Feuer› und ‹Heraclitea› jetzt in *Vermächtnis der Antike.* Göttingen 1960, 41. 72. H. FRÄNKEL (s.o.) 237. 251. 253. *Heraklit und seine Lehre. Materialien des Kolloquiums über den altgriech. Philosophen Heraklit am 30. X. 1961 in Leipzig.* Wiss. Ztschr. der Karl-Marx-Univ. H. 3/1962. CL. RAMNOUX, *Héraclite ou l'homme entre les choses et les mots.* 2 ed. Paris 1968. D. HOLWERDA, *Helios en Dike bij Heraclitus. De fragmenten 28. 120. 16. 94. 63 en 23.* Groningen 1969. – Empe-. dokles: W. KRANZ, *E. Antike Gestalt und romantische Neuschöpfung.* Zürich 1949 (mit Übers.) Ders. über von ihm hoch eingeschätzte ‚Physika' des Empedokles: ‹Kosmos I›. *Arch. f. Begriffsgesch.* 2/1. Bonn 1955, 39. In den *Studien zur antiken Lit. und ihrem Fortwirken.* Heidelberg 1967, sind mehrere Arbeiten zu den hier behandelten Philosophen enthalten. K. REINHARDT, ‹E., Orphiker und Physiker›. *Class. Phil.* 45, 1950, 170; jetzt in *Vermächtnis der Antike.* Göttingen 1960. 101. MARIA SOPHIA BUHL, *Untersuchungen zu Sprache und Stil des E.* Diss. Heidelb. 1956 (masch.). J. BOLLACK, ‹Die Metaphysik des E. als Entfaltung des Seins›. *Phil.* 101, 1957, 30. Ders., *Empédocle 1. Introd. à l' ancienne physique. 2. Les origines. Ed. et trad. des fragments et témoignages. 3. Les origines. Comm.* Paris 1965–1969. B. A. VAN GRONINGEN, *La composition littéraire archaïque Grecque. Verh. Niederl. Ak. N. R. 65/2.* Amsterdam 1958. 201. M. DETIENNE, ‹La «démonologie» d'E.› *Rev. Et. Gr.* 72, 1959, 1. G. NÉLOD, *Empédocle d'Agrigente.* Bruxelles 1959. G. CALOGERO, ‹L'eleatismo di E.›. *Studi L. Castiglioni* 1, 1960, 129. CH. H. KAHN, ‹Religion and Natural Philosophy in E.s Doctrine of the Soul›. *Arch. f. Gesch. d. Philos.* 42, 1960, 3. Angaben über den Inhalt der *Katharmoi* in der Schrift des Aš-Šakrāstanī, s.o. zu Xenophanes. E. BIGNONE, *Empedocle.* Torino 1916; rist. Roma 1963 (mit Übers. und Komm.). U. HÖLSCHER, *Empedokles und Hölderlin.* Frankfurt 1965; ders., ‹Weltzeit und Lebenszyklus. Eine Nachprüfung der Empedokles-Doxographie›. HERM. 93, 1965, 7. E. SOLMSEN, ‹Love and strife›. *Phronesis* 10, 1965, 109. J. BRUN, *Empédocle.* Paris 1966 (Philosophes de tous les temps 27). G. A. SEECK, ‹Empedokles B 17,9–13 (= 26,8–12), B 8, B 100 bei Aristoteles›. *Herm.* 95, 1967, 28. D. O'BRIEN, *Empedocles' Cosmic Cycle. A Reconstruction from the Fragments and Secondary Sources.* London 1969.

I. ANFÄNGE DER WISSENSCHAFTEN UND DER GESCHICHTSCHREIBUNG

Zu den glaubwürdigsten Nachrichten über Thales gehören jene über seine mathematischen Interessen. Die Leistungen der Pythagoreer auf diesem Felde sind uns nur in ihrer allgemeinen Bedeutung faßbar. Anaximander hat eine Karte der Erde entworfen; auf die Entdeckung ihrer Kugelgestalt haben die Pythagoreer oder Parmenides Anspruch. Daß sich Empedokles als Arzt betätigte, hörten wir soeben.

Aus diesen wenigen Beispielen geht hervor, daß die Anfänge der griechischen Philosophie auch jene der einzelnen Wissenschaften umschließen und daß es eine unrichtige Anwendung moderner Kategorien wäre, hier zu trennen. Nur mit diesem Vorbehalte und dem weiteren, daß solche Fragen in unserer Darstellung notwendig am Rande bleiben, seien die folgenden Bemerkungen angeschlossen.

Einige der eben vorgelegten Beispiele erinnern uns an wichtige Zusammenhänge. Für die Mathematik des Thales stehen ägyptische Anregungen außer Frage, und zur Erdkarte des Anaximander ließ sich die babylonische Vorstufe ermitteln (S. 196). Die Ioner Kleinasiens, die in der archaischen Zeit vor allen anderen den geistigen Fortschritt trugen, standen unter dem Einflusse hochentwickelter alter Kulturen und haben hier wie auf anderen Gebieten von diesen gelernt. Mit der fortschreitenden Erkenntnis solcher Beziehungen schien die Überzeugung, daß die europäische Wissenschaft ihren Ursprung bei den Griechen habe, fraglich zu werden. Nun wird man gewiß auch hier die Griechen nicht als Schöpfer aus dem Nichts betrachten. Aber über allem, was wir für ägyptische Medizin oder babylonische Mathematik zugelernt haben, wollen die grundlegenden Unterschiede bedacht sein, die griechische Wissenschaft von dem Vorhergegangenen scheiden und ihre fundamentale Bedeutung für die europäische Geistesgeschichte begründen[1]. Bei den Griechen Kleinasiens erst hat das von praktischer Zweckstellung unabhängige Streben nach Erkenntnis jene Form geistiger Arbeit erstehen lassen, die wir Wissenschaft nennen. Was an der Geschichte der griechischen Mathematik mit ihrer Abstellung auf Axiom, Postulat und Definition, mit ihren früh erkennbaren Ansätzen zur Systembildung am leichtesten abzulesen ist, das gilt von aller griechischen Wissenschaft, die aus gleicher Wurzel entsprungene Geschichtschreibung eingeschlossen. Der Wille zur kritischen Durchleuchtung und Erfassung des Wirklichen und Wahren erzeugt in der Debatte, die über Hypothese und Widerspruch dem Gesicherten zustrebt, eine neue Form geistiger Auseinandersetzung, in der sich seitdem aller Fortschritt der Wissenschaften vollzogen hat.

Noch um die Wende vom 6. zum 5. Jahrhundert wirkte der Mann, dessen Tätigkeit die Ansätze zu einer Fachwissenschaft innerhalb der geistigen Strömungen der Zeit eindrucksvoll erkennen läßt: Alkmeon von Kroton. Pythagoras soll er noch er-

[1] Dazu bes. die u. genannten Arbeiten von O. NEUGEBAUER und K. v. FRITZ.

lebt haben, jedenfalls ist der Einfluß seiner Lehre für ihn entscheidend gewesen[1]. Sein Buch, das er in ionischem Dialekt schrieb und das unter dem Titel *Über die Natur* ging, ist für unser Wissen das erste medizinische Buch der Griechen. Es gibt sich als zunftgemäße Belehrung für drei Schüler und beginnt (B 1) mit dem programmatischen Satze, daß dem Menschen Annäherung an das den Göttern vorbehaltene Wissen nur durch Schließen aus dem Wahrnehmbaren möglich sei. Das verbindet sich nach rückwärts mit der Selbstbescheidung des Xenophanes (VS 21 B 34), nach vorne mit einem berühmten Satze des Anaxagoras (VS 59 B 21a): *Schau des Nichtsichtbaren: das Erscheinende*[2].

In einer für die ganze Zeit und darüber hinaus für weite Bezirke der griechischen Wissenschaft beispielhaften Weise vermengen sich im Werke des Alkmeon Spekulation und Empirie. Gesundheit ist ihm ein Gleichgewichtszustand zwischen entgegengesetzten Qualitäten wie dem Feuchten und Trockenen, Kalten und Warmen, Bittern und Süßen. Störung dieses Zustandes verursacht Krankheit. Solche Deutung der Verhältnisse des Mikro- und Makrokosmos aus dem Spiel der Gegensätze, aus Mischung oder Dominanz, entspricht durchaus dem spekulativen Denken der Zeit. Aber derselbe Mann hat im Bereich der Physiologie einen Riesenschritt getan, als er die Bedeutung des Gehirnes als Zentralorgan der Sinneswahrnehmungen feststellte. Freilich überschritt er auch hier den Bereich bloßer Beobachtung und vertrat für ein in der Antike viel verhandeltes Problem die Anschauung, der menschliche Same entstamme dem Hirn.

Alkmeon ist bei all seiner Bedeutung gewiß kein Einzelner gewesen. Fachschriftstellerei in Prosa ist für die spätere archaische Zeit nicht zu bezweifeln, so kümmerlich auch unser Wissen ist. Immerhin ist uns ein Mann wie Menestor von Sybaris, ungefähr Zeitgenosse des Empedokles, noch einigermaßen greifbar. Er hat über Botanik geschrieben und wie Alkmeon seinem System den Dualismus der Gegensätze zugrunde gelegt.

Ebenso wie Wissenschaft hat sich auch Geschichtschreibung in dem später gültigen Sinne erst bei den Griechen aus sehr verschieden gearteten Ansätzen entwickelt. Lange ist ihnen ihr Mythos Geschichte gewesen, und es bedurfte eines weiten, im Grunde erst bei Thukydides vollendeten Weges, um die mythische Auffassung der Vergangenheit durch eine rational-kritische zu ersetzen. Aber es ist nicht einfach so, daß hier an die Stelle von etwas Schiefem, Unrichtigem das Gerade und Richtige trat. Vielmehr sind jene Elemente geschichtlichen Denkens, die bereits auf der Stufe des Mythos vorhanden waren, von der größten Bedeutung für die spätere Entwicklung[3].

[1] Lit. zu diesen Beziehungen bei ERNA LESKY, *Herm.* 80, 1952, 250, 5. Zur Lebenszeit des Alkmeon: L. EDELSTEIN, *Am. Journ. Phil.* 63, 1942, 371, und W. JAEGER, *Aristoteles Metaphysik.* Oxf. 1957 im Apparat zu 986a 29f.

[2] H. DILLER, *Herm.* 67, 1932, 14.

[3] Dazu W. SCHADEWALDT, ‹Die Anfänge der Geschichtsschreibung bei den Griechen›. *Die Antike* 10, 1934, 144; jetzt *Hellas und Hesperien.* Zürich 1960, 395. K. DEICHGRÄBER, ‹Das griech. Geschichtsbild in seiner Entwicklung zur wissenschaftlichen Historiographie›. In: *Der listensinnende Trug des Gottes.* Gött. 1952, 7. K. v. FRITZ (s. u.). BR. SNELL, ‹Die Entstehung des geschichtlichen Bewußtseins.› In: *Die Entdeckung des Geistes.* 3. Aufl. Hamb. 1955, 203.

An sich ist zu bedenken, daß das griechische Epos in einem bedeutenden Maße geschichtliche Elemente enthält, die allerdings weitgehende Umgestaltung erfahren haben. Jedenfalls erscheinen sie im Epos einem bestimmten, von der Gegenwart des Erzählers durch einen bedeutenden Abstand getrennten Zeit-Raum zugeordnet. Mehr noch: innerhalb dieser Grenzen begann man, die einzelnen Geschehnisse und Gestalten durch genealogische Verknüpfung einem zeitlichen Kontinuum einzugliedern. So sind etwa zwei große mythische Gebilde in eine feste chronologische Beziehung gebracht, wenn Kämpfer vor Troia wie Diomedes und sein Wagenlenker Sthenelos Söhne von Helden sind, die am Zuge der Sieben gegen Theben teilnahmen. Wichtiger als alles andere aber ist, daß die epische Dichtung über das Besondere des Einzelgeschehens hinaus dessen Ort und Bedeutung im Ganzen der Welt in den Blick faßte, nach den Zusammenhängen der Geschehnisse und ihren Ursprüngen fragte und in ihrem Ablauf eine letzte Sinnhaftigkeit hervortreten ließ. Homer: Vater der Geschichte und auch hier ein Anfang.

Auf einen anderen Quellbezirk griechischer Geschichtschreibung stoßen wir, wenn wir dem Wort *Historie* seine Geschichte abfragen. Wir gehen von der Wurzel *vid* aus, die *Sehen* bedeutet, und kommen zunächst zu ἵστωρ als dem, der etwas gesehen hat und nun als Augenzeuge auftreten kann. So ist Historie (ἱστορίη) die Erkundung und Erzählung auf Grund eigener Beobachtung. Dabei braucht es sich in der weiteren Entwicklung nicht mehr um unmittelbaren Augenschein zu handeln, die Erkundung kann durch Befragen von Zeugen erfolgen. Diese sind freilich niemals gleichwertig, und ihre Aussagen können sich widersprechen. Nicht anders als im Bereiche der Naturwissenschaften wird es hier zur Aufgabe, durch rationale Kritik das Wahre zu ermitteln, und wieder beginnt bei den Ionern Kleinasiens der Weg, der in Thukydides seine Höhe erreichte.

Die gemäße Form solchen Sammelns und kritischen Verwertens der Zeugnisse ist die Prosa. Und zwar zunächst eine Prosa, die auf Schmuckmittel verzichtet und das Faktische für sich sprechen läßt[1]. Ihre vorwiegend reihende Aussageweise ist sinngemäßer Ausdruck der geistigen Vorgänge, durch die das Begegnende in seiner Fülle aufgenommen und auf einen Faden gezogen wird. Da sich diese Formen der Anschauung und Darstellung in Ionien entwickelten, ist die älteste Prosa auch dort in ionischem Dialekt abgefaßt, wo sie außerhalb des zugehörigen Gebietes, etwa von Alkmeon in Kroton, geschrieben wird.

Nirgendwo läßt sich Erkundung so ertragreich durchführen wie auf Reisen in fremde Länder. Kolonisation und hochentwickelter Handel führten die Ioner Kleinasiens in weite Fernen, aber Reisen wie die des Hekataios und Herodot hatten wohl von vorneherein den Erwerb von Wissen zum Ziele. Aus der großen Bedeutung der Fremde für die in Ionien sich entwickelnde Geschichtschreibung resultieren zwei ihrer wichtigsten Ansätze: ein geographischer und ein ethnographischer.

[1] H. Fränkel, ‹Eine Stileigenheit der frühgriech. Lit.›. GGN 1924, 63; jetzt in *Wege und Formen frühgr. Denkens*, 2. Aufl. Münch. 1960, 40.

Die antike Küstenschiffahrt lud zunächst aus praktischen Erwägungen zur Aufzeichnung der gemachten Erfahrungen ein, Lage und gegenseitiger Abstand von Häfen und Flußmündungen, Gefahrstellen, Plätze mit Trinkwasser und manch anderes war mit Nutzen festzuhalten. Aber es waren Griechen mit offenen Augen, die diese Fahrten aufzeichneten, und so griff das Interesse oft über das Praktische hinaus. Vor allem fesselte der Nomos, das herkömmliche Brauchtum fremder Völker, die Aufmerksamkeit, und es wird noch mehr darüber zu sagen sein, wieviel solches Beobachten und Vergleichen für die Entwicklung des griechischen Denkens bedeutete.

Für Fahrtbeschreibungen der bezeichneten Art war der *Periplus* die gebräuchliche Form, die Beschreibung der vom Schiff aus beobachteten Küste in der durch die Fahrt bestimmten Abfolge der einzelnen Plätze. In dieser Form hat Skylax von Karyanda über die Fahrt berichtet, die er im Auftrage Dareios I. gegen das Ende des 6. Jahrhunderts vom Indus bis zum Arabischen Meerbusen unternahm. Die kargen Reste lassen den Reichtum seiner geographischen und ethnographischen Interessen noch erkennen. Auch andere Küstenbeschreibungen soll er verfaßt haben, doch hat der *Pseudo-Skylax* nichts mit ihm zu schaffen, eine zur Zeit Philipps II. von Makedonien kompilierte Beschreibung der Mittelmeerküste. Ungefähr derselben Zeit wie Skylax gehörte jener alte *Periplus* an, der sich in wesentlichen Zügen aus der *Ora maritima* des spätlateinischen Versemachers Avien herstellen läßt. Der Verfasser, der vielleicht aus Massalia-Marseille stammte, hat eine genaue Küstenbeschreibung von Tartessos bis zu dieser Stadt gegeben. Wieder auf Massalia kommen wir mit Euthymenes, der im ausgehenden 6. Jahrhundert von dort die Westküste Afrikas befuhr und in einem verlorengegangenen *Periplus* beschrieb. Die Konkurrenz der Seemächte in dem Versuche, neue Küsten zu erschließen, wird deutlich, wenn wir von der Fahrt des Karthagers Hanno in gleicher Richtung zu ungefähr gleicher Zeit hören. Sein *Periplus* war punisch abgefaßt, wir besitzen eine griechische Übersetzung aus hellenistischer Zeit.

Während wir früher verschiedene Ansätze für die Entwicklung der Geschichtschreibung erkannten, haben wir keinen verläßlichen Anhalt dafür, daß chronikartige Aufschreibungen, wie wir sie von anderen Völkern kennen, dabei eine besondere Rolle spielten. Jahrweise Aufzeichnungen sind für einzelne Orte wie Samos bezeugt, aber uns fehlen die Mittel, solches Schrifttum zuverlässig zu datieren. Immerhin gibt es zu denken, daß Charon von Lampsakos, der nach den Perserkriegen schrieb, neben zwei Büchern *Persergeschichte* (Περσικά) vier Bücher mit dem Titel Ὧροι Λαμψακηνῶν verfaßte. Das könnte Literarisierung älterer Jahreschroniken (ὧροι) gewesen sein. Doch ist die griechische Geschichtschreibung keinesfalls aus annalistischen Aufzeichnungen erwachsen[1].

Für die Einheit des geistigen Lebens im archaischen Ionien ist es bezeichnend, daß sowohl der Naturphilosoph Anaximenes wie der Geograph Hekataios in einem Schülerverhältnis zu Anaximander standen. Alle Genannten stammen aus Milet,

[1] Mit richtiger Zurückhaltung behandeln die Frage F. JACOBY, *Atthis*. Oxf. 1949, 176. H. STRASBURGER, *Saeculum* 5, 1954, 398.

dem Zentrum ionischen Geisteslebens, Hekataios aus dem alten Adel der Stadt. Da er zur Zeit des ionischen Aufstandes als Rater und Warner hervortrat, wird er damals ein älterer Mann gewesen sein. Wenn er empfahl, die kostbaren Weihgeschenke des Kroisos für den Apollon von Didyma zum Bau einer Flotte zu verwenden, so spricht sich darin jener Rationalismus aus, dem wir in seinem Werke begegnen werden.

Sein Weltbild hat er durch weite Reisen bereichert. Am meisten wissen wir von seiner ägyptischen durch Herodots 2. Buch, und dort (143) lesen wir auch die köstliche Geschichte von dem Zusammenstoß zweier Kulturen sehr verschiedenen Alters: wie Hekataios mit seinen sechzehn Ahnen, von denen der letzte bereits ein Gott gewesen sein sollte, vor der Rechnung der ägyptischen Priester klein wurde, die über 345 Generationen zurückging.

Hekataios hat eine *Erdkarte* (γῆς περίοδος) gezeichnet und dabei von Anaximander die letzten Endes orientalische Konzeption einer vom Okeanos umflossenen Scheibe übernommen. Bereits Herodot (4, 36) hat sich darüber lustig gemacht. Das Mittelländische und Schwarze Meer als West-Ost- und der Nil mit dem Istros (Donau) als Süd-Nord-Linie teilten die Landmassen in vier Quadranten. Wir haben uns in diese eine Fülle von Einzelheiten eingetragen zu denken, die Hekataios der Periplus-Literatur oder eigener Erfahrung entnahm, und begegnen so aufs neue der Verbindung spekulativer und empirischer Elemente. Zur Karte gehörte eine Erdbeschreibung in zwei Büchern, die man später meist als *Periegesis* zitierte. Der Aufbau ist der eines Periplus der Küsten des Mittel- und Schwarzen Meeres von Gibraltar aus, erst an den nördlichen Gestaden bis zum Phasis und dann an den südlichen zurück zum Ausgangspunkt. Von der Küste ging der Blick jeweils in das Innere der Länder. In trockener Reihung häuften sich geographische Angaben, zwischendurch bezeugte jedoch eine Fülle von ethnographischem Material die Freude des Ioners an solchen Dingen. Bei Herodot 2, 70–73, glauben wir in der Schilderung ägyptischer Besonderheiten wie der Krokodiljagd den einfach reihenden Stil des Hekataios gut zu fassen[1].

Der Wunsch, das Wißbare zu sammeln und abzugrenzen, hat auch die vier Bücher *Genealogien* (Γενεηλογίαι) bestimmt. Doch hat er keineswegs zu einer Auflösung des Mythos, wohl aber zu seltsam rationalistischen Korrekturen geführt. Da wird Kerberos zu einer gefährlichen Schlange am Tainaron, die Hadeshund hieß, weil sie so viele in die Unterwelt beförderte, werden die Rinder des Geryoneus, die Herakles vom Ende der Welt holte, am Golf von Ambrakia angesiedelt, werden die fünfzig Töchter des Danaos von ihrer unwahrscheinlich großen Zahl auf etwa zwanzig reduziert. Den Glanz des alten Mythos hat solcher Rationalismus verlöschen lassen, Geschichte ist jedoch aus ihm auf solchen Wegen nicht geworden. Aber es ist nicht zu verkennen, daß hier dieselbe Kritik am ungeeigneten Gegenstande ansetzte, die

[1] Es ist für diesen Stil bezeichnend, daß K. LATTE, *Entretiens sur l'antiquité class.* 4. Vandoeuvres-Genève 1956, 5, 1, offenbar mit Recht eine Konjektur bei Jacoby fr. 217 zurückweist, die einen Relativsatz herstellt. In dem Erhaltenen hat Hekataios nur relative Ortsadverbia.

später wirkliche Geschichtsforschung hat erstehen lassen. Für die Chronologie hat Hekataios wahrscheinlich die früh in der Sagenüberlieferung einsetzende Rechnung mit Generationen[1] ausgebaut, wobei er einen Durchschnitt von vierzig Jahren für die einzelnen Generationen angenommen zu haben scheint.

Hekataios und andere Vorläufer Herodots gehen meist als Logographen durch die Literaturgeschichte. Herodot nennt (2, 143. 5, 36; 125) den Hekataios Logopoios, was nicht mehr besagt, als den Verfasser von Prosaerzählung im Gegensatz zum Epiker. Von Logographen spricht Thukydides 1, 21 in programmatischem Zusammenhange, wo er besonders Herodot mit der Bezeichnung meint.

Hekataios stand nicht allein. Dionysios von Halikarnaß gibt (*de Thuc.* 5) eine stattliche Namensliste älterer Verfasser von Völker- und Ländergeschichten. Charon von Lampsakos wurde früher genannt, ein Dionysios von Milet, der ebenfalls eine *Persergeschichte* verfaßte, bleibt ganz schattenhaft. Etwa eine Generation nach Hekataios schrieb der hellenisierte Lyder Xanthos aus Sardes, Sohn eines Kandaules, seine *Lydische Geschichte* (Λυδιακά), die lange Interesse fand und in hellenistischer Zeit ausgezogen wurde. Ob die Μαγικά über persische Religion diesem Werke zugehörten oder eine eigene Schrift waren, bleibt unsicher.

Wir haben früher (S. 130) des Akusilaos von Argos gedacht, der epische Dichtung in Prosa umsetzte. Er hat bald nach Hekataios und ebenso wie Pherekydes im ionischen Dialekt geschrieben, der die Sprache der archaischen Prosa war. Aus dem griechischen Osten wird er auch die Anregung zu seiner Schriftstellerei erhalten haben, aber wir finden in den Resten nichts, was dem energischen kritischen Zugriff des Hekataios vergleichbar wäre. Ein größeres Fragment mit der Kaineus-Geschichte ist auf Papyrus erhalten[2].

In der Nachfolge des Akusilaos steht Pherekydes von Athen. Zu seiner Datierung läßt sich nicht mehr sagen, als daß seine Schriftstellerei im ionischen Dialekt vor den Peloponnesischen Krieg zu setzen ist. Morphologisch steht sie jedenfalls vor der Klassik. Er hat die alte Epik in noch größerem Ausmaße verwertet, die Kosmogonie allerdings übergangen, dafür aber verschiedene Stammsagen, vor allem natürlich die attischen, herangezogen. Sein Werk wird in der Überlieferung in zehn Bücher geteilt, Titel wie *Theogonie* und ähnliche haben alle keine Gewähr, da in dieser frühen Zeit mit Buchtiteln überhaupt nicht zu rechnen ist[3]. Die leitenden Linien ergeben sich für Pherekydes aus den Stammbäumen der Heroen, womit ein Mittel der Zusammenschau weiter ausgestaltet wird, das wir bereits im Epos wirksam sahen. Im Grunde beginnt bei Pherekydes der Weg, der später beim mythographischen Handbuch nach Art des Ps.-Apollodor endet, und in der Tat ist sein Werk bis zum Aufkommen derartiger Handbücher eine Hauptquelle für alle gewesen, die sich um den alten Mythos kümmerten.

[1] D. Prakken, *Studies in Greek genealogical Chronology*. Lancaster 1943.
[2] *Ox. Pap.* 13, nr. 1611. *F Gr Hist* 2, 22; dazu L. Deubner, *Sitzb. Ak. Heidelb. Phil.-hist. Kl.* 1919/17.
[3] E. Nachmanson, ‹Der griech. Buchtitel›. *Göteborgs Högsk. Arsskr.* 47, 1941.

Für die Anfänge der griech. Wissenschaft ist auch die zur frühen Philosophie angegebene Literatur von Bedeutung. Ferner: K. v. FRITZ, ‹Der gemeinsame Ursprung der Geschichtsschreibung und der exakten Wissenschaft bei den Griechen›. *Philosophia Naturalis* 2, 1952, 200. 376. Grundlegend jetzt sein monumentales Werk: *Die griechische Geschichtsschreibung* I (2 Teile) Berlin 1967. BR. SNELL, ‹Gleichnis, Vergleich, Metapher, Analogie und die naturwissenschaftliche Begriffsbildung im Griechischen›. In *Die Entdeckung des Geistes*, 3. Aufl. Hamb. 1955, 258 u. 299. G. SARTON, *A History of Science. Ancient Science through the golden Age of Greece*. Lond. 1953. Eine nützliche Quellensammlung (in Übers.) für alle Teilgebiete mit reicher Lit.: M. R. COHEN – I. E. DRABKIN, *A Source Book in Greek Science*. New York 1948. A. REYMOND, *Histoire de sciences exactes et naturelles dans l'antiquité grécoromaine*. 2. éd. Paris 1955. M. CLAGETT, *Greek Science in Antiquity*. New York 1956. In dem von R. TATON redigierten Sammelwerk, *Histoire générale de sciences*. I. Paris 1957 hat P.-H. MICHEL die Wissenschaften außer der Medizin bearbeitet, die L. BOURGEY behandelt hat. G. DE SANTILLANA, *The Origins of Scientific Thought. From Anaximander to Proclus*. Chicago Un. Pr. 1961. – Mathematik: B. L. VAN DER WAERDEN, *Erwachende Wissenschaft*. Basel 1956. O. NEUGEBAUER, *The Exact Sciences in Antiquity*. Princeton 1952, 2. Aufl. Providence. Brown Un. Press. 1957. J. E. HOFMANN, *Gesch. der Math*. Sammlung Göschen 226. Berl. 1953. G. MARTIN, *Klassische Ontologie der Zahl*. Köln 1956. O. BECKER, *Das math. Denken der Antike*. Göttingen 1957. CH. MUGLER, *Dictionnaire historique de la terminologie géométrique des Grecs*. Etudes et commentaires 28/29. Paris 1958/59. – Astronomie: H. BALSS, *Antike Astronomie* (mit Texten u. Übers.). Münch. 1949. B. L. VAN DER WAERDEN, *Die Astronomie der Pythagoreer*. Amsterd. 1951. – Alkmeon: Text in VS (24). L. A. STELLA, ‹Importanza di Alcmeone nella storia del pensiero greco›. *Acc. d. Linc.* 6/8/4. 1939. Für die Zusammenhänge zwischen Philosophie und älterer Medizin: J. SCHUMACHER, *Die Anfänge abendländischer Medizin in der griech. Antike*. Stuttgart 1965. ERNA LESKY, *Die Zeugungs- und Vererbungslehren der Antike*. Akad. Mainz 1950. Periplus-Literatur: R. GÜNGERICH, *Die Küstenbeschreibung in der griech. Literatur*. Münster 1950. Ethnographie und Geographie: K. TRÜDINGER, *Studien zur Geschichte der griech.-röm. Ethnographie*. Diss. Basel 1918. J. O. THOMSON, *A History of Ancient Geography*. Cambr. 1948. E. H. BUNBARY, *A History of ancient Geography among the Greeks and Romans*. 2. ed. 2 vol. 1960. Die Fragmente der älteren Geschichtsschreiber mit Kommentar bei F. JACOBY, *Die Fragmente der griech. Historiker*. 1. Berlin 1923. Neudruck mit Zusätzen Leiden 1957. Dazu: L. PEARSON, *Early Ionian Historians*. Oxf. 1939. G. NENCI, *Hecataei Milesii Fragm*. Firenze 1954. K. LATTE, ‹Die Anfänge der griech. Geschichtsschreibung.› In: *Histoire et historiens dans l'antiquité. Entretiens sur l'antiquité class*. 4. Vandoeuvres-Genève 1956, 3. J. B. BURY, *Ancient Greek Historians*. London 1958. GIAMPOLO BERNAGOZZI, *La storiografia greca dai logografi ad Erodoto*. Bologna 1961. Zum Stil H. FRÄNKEL, *Wege und Formen frühgriech. Denkens*. 2. Aufl. Münch. 1960, 62. Reiche Lit. *Fifty Years of Class. Scholarship*. Oxf. 1954, 177. A. HEPPERLE, ‹Charon von Lampsakos›. *Festschr. Regenbogen*. Heidelberg 1956, 67. Zu Xanthos: H. DILLER, ‹Zwei Erzählungen des Lyders X.›. *Navicula Chiloniensis* (Festschr. F. Jacoby). Leiden 1956, 66. Zu Pherekydes: A. UHL, *Ph. von Athen. Grundriß und Einheit des Werkes*. Diss. München 1964. Fifty Years of Class. Scholarship in 2. Aufl. Oxford 1968.

K. ANFÄNGE DES DRAMAS

I. TRAGÖDIE[1]

Während in der archaischen Zeit der Osten und Westen der griechischen Welt lebhafte Bewegung auf verschiedenen Gebieten hervorbrachten, verharrte das Mutterland in größerer Ruhe. Aber dort vollzogen sich Entwicklungen, die zur Vollendung der dramatischen Formen auf attischem Boden führten und die Voraussetzungen für das europäische Drama schufen. Es waren dies Vorgänge eines reichen Wachstums, die für uns weder durch erhaltene Leistungen noch durch klare Angaben über das Wirken Einzelner Licht erhalten. So ist die Frage nach den Ursprüngen des tragischen Spieles seit den Zeiten der alexandrinischen Wissenschaft eines der schwierigsten und am heftigsten umstrittenen Probleme geblieben[2].

Die Meinungen der Neueren haben sich an der *Poetik* des Aristoteles geschieden. Dessen Angaben schienen den Vertretern einer ethnologischen Richtung, die von den Tänzen und mimischen Vegetationsriten primitiver Völker ausging, entweder unrichtig oder belanglos. Hier ist seit geraumer Zeit eine Klärung erreicht: all das ethnologische Material behält seinen Wert für das, was wir den Unterbau des Dramas nennen[3]. Aus diesen Schichten kommt vor allem die Maske als Mittel jener Verwandlung, die erste Voraussetzung echten dramatischen Spieles ist. Auch das wichtige Phänomen der Ergriffenheit ist dort bereits gegeben, wo der Mensch in der Nachahmung dämonischer Mächte diese in seinem eigenen Inneren zu spüren meint. Das alles ist wichtig, tritt uns aber an vielen Orten und bei vielen Völkern entgegen. Zu scheiden ist von diesem Stück Prähistorie jene Entwicklung, die auf griechischem Boden, und nur auf diesem zur Ausgestaltung des tragischen Kunstwerkes führte und bei allen Wandlungen des Gehaltes seine Struktur bis auf den heutigen Tag bestimmte.

Die Frage nach den Grundzügen dieser Entwicklung stellt uns vor die Entscheidung, ob wir Aristoteles folgen oder die Angaben seiner *Poetik* verwerfen wollen. Die sehr einfache Überlegung ist nicht auszuschalten, daß Aristoteles den Dingen, über die er spricht, unverhältnismäßig näher steht als wir und für seine *Poetik* gewiß nicht weniger sorgfältige Vorstudien betrieben hat, als dies für die *Politika* bekannt ist. Entscheidend aber ist, ob sich die sonst erhaltenen Nachrichten mit denen der *Poetik* zu einem überzeugenden Bilde vereinigen lassen. Und dies ist, wie wir sehen

[1] Für kein Gebiet – Platon und Aristoteles ausgenommen – ist der Zuwachs an neuer Literatur so gewaltig wie für die Tragödie. Da hier nur eine sparsame Auswahl geboten werden kann, sei auf die wesentlich reichere Dokumentation in der bei Vandenhoeck & Ruprecht im Druck befindlichen 3. Aufl. der *Tragischen Dichtung der Hellenen* verwiesen.

[2] Gute Übersicht DEL GRANDE (s.u.), 255.

[3] Unter diesem Titel K. TH. PREUSS, *Vortr. d. Bibl. Warburg* 1927/28. Berl. 1930, 1. Reiches Material aus dem Orient zieht heran TH. H. GASTER. *Thespis. Ritual, Myth, and Drama in the Ancient Near East.* New York 1950. Bei der Wertung von Riten als Vorstufe des Kunstdramas ist besondere Vorsicht geboten. Auch die Heranziehung der Eleusinischen Mysterien durch A. DIETERICH u.a. war ein Irrtum.

werden, der Fall. Des Hypothetischen bleibt noch genug, doch brauchen wir auf unserem Wege die Überlieferung weder umzubiegen noch zu ignorieren.

Im 4. Kapitel (1449a9) leitet Aristoteles das Drama zur Gänze aus Improvisation ab und bezeichnet für die Tragödie die Vorsänger (ἐξάρχοντες) des Dithyrambos als Ausgangspunkt der Entwicklung. Man mag das griechische Wort auch mit *Anstimmer* übersetzen, wenn man darunter die Sänger versteht, die anheben, einleiten und so dem respondierenden Chor gegenüberstehen. In dieser Rolle haben wir uns Archilochos zu denken, der sich rühmt, er verstehe es, des Dionysos schönes Lied anzustimmen (ἐξάρξαι), wenn ihm der Wein den Sinn überwältigt (77 D.). In dem Gegenüber von Anstimmer und Chor hat Aristoteles offenbar den Ansatz zu späterer Entwicklung des Dialogisch-Dramatischen erblickt[1].

Der Dithyrambos, dessen Name sich bislang einer sicheren Deutung entzogen hat und wohl ungriechisch ist, war der Sang im Dienste des Dionysos. Was wir an Dichtungen des Bakchylides unter diesem Namen kennenlernten (S. 241), stellt bereits eine kunstmäßig weiterentwickelte Form des Dithyrambos dar, die wohl ihrerseits den Einfluß der bereits entwickelten Tragödie erfuhr. Überhaupt ist die Geschichte des Dithyrambos an Wandlungen reich. Wir werden bald auf den Vorgang zu sprechen kommen, durch den er zur zukunftsreichen Kunstform wurde, und später im Zusammenhange mit Euripides ein Wort über seine reifste Form, den jungattischen Dithyrambos, zu sagen haben.

Die Dinge scheinen sich zunächst dadurch zu komplizieren, daß Aristoteles noch eine zweite Vorstufe der Tragödie angibt. Sie habe, so sagt er, von kleinen Stoffen und einer spaßhaften Sprache aus erst spät zu voller Würde gefunden, da sie sich aus dem Satyrikon umbildete. Und gleich darauf hören wir, daß ihr Versmaß vor dem iambischen Trimeter der trochäische Tetrameter gewesen sei, wie das dem satyrhaften und mehr tanzmäßigen Charakter der Dichtung entsprochen habe. Hier schien sich bereits den alexandrinischen Gelehrten ein ernsthaftes Hindernis aus der Nachricht zu ergeben, Erfinder des Satyrspieles sei der Dichter Pratinas aus Phleius gewesen, dessen Wirksamkeit in die Zeit nach Thespis fällt. Das hat in diesen Kreisen zu einer eigenen, von Aristoteles geschiedenen Ursprungstheorie geführt, über die noch zu sprechen sein wird. In Wahrheit besteht hier kein Problem, wenn wir das Satyrikon der *Poetik* richtig fassen. Nicht um das ausgebildete Satyrspiel, sondern um satyrhafte Vorstufen handelte es sich dabei. Sie wurden von der Tragödie im Zuge ihrer Entwicklung zurückgedrängt und in zunehmendem Maße aufgesogen; schließlich wären sie der Vergessenheit verfallen, hätte nicht Pratinas als Erneuerer und Reformer eingegriffen. Er setzte das heitere Spiel der Satyrn wieder in sein Recht und förderte es so weit, daß es bei der Ausgestaltung der Tetralogie seinen festen Platz als Abschluß nach drei Tragödien erringen konnte.

Steht derart historische Überlegung zu der aristotelischen Angabe über das Satyrikon als Ursprungselement der Tragödie nicht im Widerspruch, so erhält diese von

[1] Auch die Weise, in der die Einzelnen der Gruppe im 24. Gesange der *Ilias* beim Threnos gegenübertreten, ist für die Bedeutung des Ausdruckes wichtig.

einer anderen Seite eine erhebliche Stütze. Innerhalb der griechischen Dichtung entspricht der klaren Ausprägung der einzelnen Arten ihre scharfe Trennung. Für Komödie und Tragödie ist das Schlußgespräch im platonischen Symposion (223 d) ein bekanntes Zeugnis. Die Möglichkeit, daß derselbe Dichter Komödien und Tragödien verfasse, die in der Politeia (395 a) einfach verneint wird, erscheint hier lediglich als theoretisches Postulat. Ganz anders ist jedoch von den frühesten Zeiten an die Abfassung von Satyrspielen stets Geschäft des tragischen Dichters gewesen. Es handelt sich hier um Gewächse aus derselben Wurzel.

Wie lassen sich aber die Angaben der Poetik vereinigen, die einmal den Dithyrambos und dann wieder das Satyrikon an den Beginn der Entwicklung des tragischen Spieles setzen? Hier danken wir es der sonst so kargen Überlieferung besonders, daß sie uns noch den Punkt bezeichnet, in dem sich diese beiden Linien der Entwicklung vereinigten. Herodot erzählt (1, 23) von Arion, er habe, soweit man wisse, als erster einen Dithyrambos gedichtet, benannt und in Korinth aufgeführt. Ausführlicher ist die *Suda*, die ihn Erfinder der tragischen Weise nennt und berichtet, er habe als erster einen Chor aufgestellt, einen Dithyrambos gesungen, das vom Chor Gesungene benannt und Satyrn eingeführt, die im Versmaß redeten[1]. Die späte Notiz hat eine überraschende Fundierung durch Johannes Diakonos im *Kommentar zu Hermogenes*[2] erfahren, wo die Feststellung, Arion habe das erste tragische Drama (τῆς τραγῳδίας πρῶτον δρᾶμα) aufgeführt, den Elegien des Solon zugeschrieben wird.

Daß Arion das alte dionysische Kultlied nicht erfunden hat, ist klar. Seine Leistung bestand also darin, daß er den Dithyrambos zur chorlyrischen Kunstform machte. Daß dies im Korinth des Periander geschah, stimmt aufs beste zu dem, was wir auch sonst über die Tyrannen als Förderer des tief im Volke verwurzelten Dionysosdienstes wissen. Die Nachricht, Arion habe das vom Chor Gesungene benannt, kann man nicht gut anders verstehen, als daß er den Chorgesängen Titel gab. Diese hatten also erzählenden Inhalt, was gut zu der späteren Geschichte dieser Kunstform (Bakchylides) stimmt. Das Wichtigste für unser Bild von der Frühgeschichte der Tragödie ist jedoch die Feststellung, daß Arion solche zur Kunstform gestaltete Dithyramben von Satyrn aufführen ließ. Der Punkt, an dem sich Dithyrambos und Satyrikon vereinigten, ist uns derart recht genau bezeichnet, und die zwiefache Aussage der Poetik hat ihre geschichtliche Grundlage erhalten.

Arion darf auf dem Wege zur tragischen Kunstform als eine der schöpferischen Persönlichkeiten gelten, und es war nicht so unberechtigt, wenn die Peloponnesier den Attikern gegenüber ihren Anspruch auf die Tragödie als Gewächs ihres Bodens geltend machten[3].

Wie fest die Satyrn, diese Vettern all der vielen Fruchtbarkeitsdämonen anderer Völker, in die Frühgeschichte der Tragödie gehören, ist deutlich geworden. So

[1] Das unscharfe λέγοντας der *Suda* darf nicht wörtlich verstanden werden. Der Satyrchor sang.

[2] Ed. H. Rabe, *Rhein. Mus.* 63, 1908, 150.

[3] Aristot. *Poet.* 3. 1448 a 29. Ps. Plat. *Minos* 321 a (indirekt). Johannes Diakonos (s. vor. Anm.), wonach die Debatte bis auf Charon von Lampsakos zurückzuverfolgen ist.

bleibt denn auch die Auffassung des Wortes Tragödie als «Gesang der Böcke» (τράγων ᾠδή) die weitaus wahrscheinlichste. Es bekümmert uns zwar einigermaßen, daß die Satyrn oder Silene, wie sie auch hießen, gerade auf den Vasen des 5. Jahrhunderts Pferdeohren und -schwänze tragen, und daß alle die Versuche, Bockssatyrn aus der Peloponnes nachzuweisen, problematisch bleiben. Die Satyrn der Plastik aber mit ihren Bocksschwänzen und ihren Bocksohren sind hellenistisch und zeigen die Einwirkung des Pantypus. Wir können auf diese äußerst verwickelten Fragen hier nicht eingehen und begnügen uns mit der Feststellung, daß doch mancherlei die Bezeichnung der Satyrn als Böcke bereits für die archaische Zeit verständlich macht. Der Vater der Satyrn, der Papposilen, trägt stets ein trikotartiges, mit Zotteln besetztes Gewand (μαλλωτὸς χιτών), das bei seinen munteren Kindern rudimentär als zottiger Fellschurz auftritt, an dem der Phallos befestigt ist. Das gehört ebenso wie der lange Bart, dieses Prunkstück jedes rechten Satyrn, nicht zum Pferde, sondern zum Bocke. Wilde Tiere sind diese Satyrn, und so (θῆρες) werden sie auch genannt[1]. Maßlos ist ihre Geilheit, und es ist nicht die schlechteste Erklärung, wenn das Etymologicum Magnum (s. τραγῳδία) ihre Benennung als Böcke von der aphrodisischen Seite ihres Wesens ableitet.

Verzichten müßten wir auf die vorgetragene Erklärung, wenn E. BUSCHOR[2] recht hätte, der im Sinne einer älteren Theorie von G. LÖSCHCKE Dämonentänzer mit dickem Bauch und dickem Steiß, die auf zahlreichen archaischen Gefäßen ihr Unwesen treiben, als die eigentlichen Satyrn bezeichnet. Das findet jedoch weder in einer direkten Benennung noch sonstwie eine Stütze und führt zu recht komplizierten Schlußfolgerungen. Unsere Darstellung verharrt bei der älteren Auffassung, die Tänzer solcher Art mit der Frühgeschichte der Komödie in Beziehung setzt[3].

Die hellenistischen Gelehrten, für die Pratinas in vollem Sinne als Erfinder des Satyrspieles galt, konnten die Tragödie natürlich nicht als den *Gesang der Böcke* verstehen. Sie leiteten, mit ihren Interessen ohnehin allem Ländlich-Primitiven zugewandt, die Tragödie von attischem Dorfbrauch ab, womit sie zugleich in dem Streit zwischen Peloponnes und Attika um den Ursprung des Dramas Stellung bezogen. So verstanden sie die Tragödie als *Lied beim Bocksopfer* oder *Lied um den Bockspreis*. Einen Nachklang dieser hellenistischen Theorie vernehmen wir in der *ars poetica* des Horaz (220). Folgerichtig tritt für sie das Satyrspiel erst nach der Tragödie ans Licht.

Dithyrambos und Satyrikon stehen in enger Verbindung mit dem Kulte des Dionysos. Das Spiel der Verwandlung kommt aus dem Bereiche des Gottes, der den Menschen anders und tiefer erfaßt, als es die Götter des homerischen Olymp vermochten. Aber auch in ihren äußeren Zügen hat die Tragödie ihren dionysischen Ursprung nie verleugnet. Ihre Spielzeit in Athen ist vor allem das von Peisistratos ausgestaltete Fest der Großen oder Städtischen Dionysien, an denen die Tragödie den 11.–13. Elaphebolion (März/April) besetzte. Das Fest galt dem Dionysos Eleuthereus, dessen altertümliches Standbild aus dem attisch-böotischen Grenzflecken Eleutherai nach Athen gekommen war. In der Stadt hatte er sein Heiligtum am Südhang der

[1] *Ichn.* 141. 215 (113. 168 PAGE, *Greek Lit. Pap.* I).
[2] Satyrtänze (s.u.). [3] So auch HERTER (s. S. 278), 13.

Akropolis, und dort stand rund ein Jahrtausend das Dionysostheater[1] mit seinen wechselnden Bauformen bis zur römischen Einrichtung für Tierhetzen. Dem gemeinionischen Dionysos galten die Lenäen des Gamelion (Januar/Februar). Das war das Fest der Komödie, aber seit etwa 432 gab es dort auch einen staatlichen Agon für Tragödien in beschränktem Maße[2]: zwei ohne Satyrspiel für jeden Dichter gegenüber der vollen Tetralogie an den Dionysien. Dionysisch sind wichtige Elemente der Schauspielertracht: so der Ärmelchiton, so der Kothurn, der erst in hellenistischer Zeit zu dem plumpen Stelzschuh wurde und ursprünglich der weiche, hochgeschlossene Schuh war, wie Dionysos selbst ihn trägt.

Wie vieles auch an der Tragödie dionysisch sein mag, eines ist dies in den weitaus meisten Fällen nicht, und das ist ihr Stoff. *Das hat mit Dionysos nichts zu tun*, war schon bei den Alten eine sprichwörtliche Wendung, und die verschiedenen Erklärungsversuche dazu zeigen, wie ihnen unser Problem durchaus lebendig war. Gelegentlich begegnen die Geburtsgeschichte des Gottes oder die Widersachermythen von Lykurgos und Pentheus als Thema, aber das reicht nicht, um einen Entwicklungsabschnitt erkennen zu lassen, in dem die Tragödie ein Spiel rein dionysischen Gehaltes gewesen wäre. Wir kommen also mit den Angaben des Aristoteles, ohne ihren Wert zu verkennen, nicht durch und müssen sie durch Überlegungen ergänzen, die uns den vornehmlich undionysischen Charakter der entwickelten Tragödie verständlich machen. Auch hier wirft eine einzelne Nachricht Licht auf reichlich verwickelte Vorgänge. Herodot erzählt (5, 67) von Kultreformen des Kleisthenes von Sikyon, der Großvater von mütterlicher Seite des athenischen Kleisthenes war. Da er mit Argos im Kampfe stand, wollte er in seiner Stadt dem Kulte des argivischen Heros Adrastos nach Möglichkeit Abbruch tun. Der hatte dort ein Heroon auf dem Marktplatz und wurde mit tragischen Chören (τραγικοῖσι χοροῖσι) geehrt, die auf seine leidvollen Schicksale Bezug hatten. Kleisthenes verpflanzte nun den Kult des Melanippos, der dem Adrastos Todfeind war, aus Theben nach Sikyon, gab ihm Opfer und Feste, die Chöre aber wies er dem Dionysos zu. Im einzelnen bleibt vieles unklar. So läßt sich mit unseren Mitteln nicht eindeutig bestimmen, ob Herodot mit *tragischen* Chören solche in unserem Wortsinne meint, oder ob der Ausdruck bei ihm einfach *Bockschöre* bedeutet. Aber das Wesentliche ist klar. Wieder haben wir ein Stück jener Religionspolitik der Tyrannen vor uns, die den Gott der Bauern, den Löser von Leid und Sorge, den großen Verwandler im 6. Jahrhundert so kräftig vordringen ließ[3]. Wenn wir bei Herodot auch nichts über den Inhalt der Chorgesänge hören, die da in den Dionysoskult übergingen, so ist es doch sicher, daß wir in diesem Bericht beispielhaft jene Verbindung von Heroenkultlied und Dionysosdienst vor uns haben, die für den Gehalt der entwickelten Tragödie entscheidend wurde. Gesänge für Heroen hat es an manchen Orten gegeben, und zumeist werden sie Totenklage gewesen sein. Die große Rolle des Threnos in der Tragödie findet von hier aus ihre Erklärung.

[1] PICKARD-CAMBRIDGE s. u. [2] Zum Datum C. F. RUSSO, *Mus. Helv.* 17, 1960, 165, 1.

[3] Daß die Griechen den Gott schon in mykenischer Zeit kannten, haben nun die Tafeln mit Linear B gelehrt.

Wir besitzen sehr unbestimmte Nachrichten über einen Epigenes von Sikyon, angeblich den ersten Tragiker, von dem Thespis einmal der 16., dann wieder der 2. Nachfolger gewesen sein soll. Daß er mit den Reformen des Kleisthenes von Sikyon zu tun hatte, darf als Vermutung erwogen werden.

Es ist für den Mythos wie für die Tragödie von höchster Bedeutung gewesen, daß durch die Einwirkung des Heroenkultes die Heldensage zu ihrem Inhalte wurde. Der Mythos trat auf diese Weise nach der epischen und der chorlyrischen Epoche seines Daseins in die tragische ein, deren Dichter ihn deutend zum Träger religiös-ethischer Problematik werden ließen[1]. Die Tragödie aber gewann mit dem Heroenmythos ein Stoffgebiet, das im Herzen des Volkes als ein Stück seiner Geschichte unmittelbar lebendig war, das ihr aber zu gleicher Zeit zu dem behandelten Gegenstande jene Distanz sicherte, die für die Größe eines Kunstwerkes unabänderliche Voraussetzung ist.

Was wir bisher von der Entwicklung der Tragödie zu erkennen meinten, betraf durchwegs den Gesang eines Chores. Noch ist nach jenem entscheidenden Schritt zu fragen, der zur Verwendung des Sprechverses führte. Haben wir bislang manches von peloponnesischen Vorstufen zu sprechen gehabt, so bewegen wir uns nunmehr auf attischem Boden. Versuche, den Sprechvers bereits für eine frühe peloponnesische Schicht zu sichern, haben nicht überzeugt, und auch das Auftreten des sogenannten Alpha impurum im Dialogvers vermag eine solche Theorie nicht zu stützen[2].

Einzelne Forscher[3] lassen den Sprechvers aus dem Chorlied hervorgehen, wobei gesungener Dialog eine Vorstufe gebildet hätte. Dem steht zunächst allgemein die Verschiedenheit von Chorlied und Sprechvers in Sprache und Stil entgegen. Besser empfiehlt sich eine Auffassung, die den Sprechvers von außen an das Chorspiel antreten läßt, und für einen solchen Verlauf der Entwicklung besitzen wir ein ausdrückliches Zeugnis. Themistios (*or.* 26. 316d) berichtet es als Ansicht des Aristoteles, daß auf einer frühen Stufe der Chor allein sang, Thespis aber den Prolog und die Rede (ῥῆσις) erfand. Die Zweifel an der Zuverlässigkeit des Themistios sind heute meist aufgegeben. Der Mann hat den Aristoteles paraphrasiert, und daß der Verfasser der Poetik von den Dingen mehr wußte, als in deren erhaltenen Teilen zu lesen ist, geht aus diesen deutlich hervor[4]. Wir kommen so zu einer Auffassung, die innere Wahrscheinlichkeit wohl beanspruchen darf: die Chorgesänge erhielten im Laufe der Entwicklung immer voraussetzungsreichere Sagenstoffe zum Inhalt. Da lag es nahe, die Zuhörer durch einen Vorspruch auf das Kommende vorzubereiten, und ebenso wurde die Abfolge von Chorliedern, die verschiedene Stufen einer mythischen Geschichte behandelten, durch den einfachen Griff ermöglicht, zwischen zwei Gesängen einen Sprecher auftreten zu lassen. Daß dieser mit dem Chorführer ins Gespräch kam, war der nächste Schritt.

[1] Br. Snell, ‹Mythos und Wirklichkeit in der griech. Tragödie›. In: *Entdeckung des Geistes*. 3. Aufl. Hamb. 1955, 138.

[2] E. Bickel, ‹Geistererscheinungen bei Aischylos›. *Rhein. Mus.* 91, 1942, 134. G. Björck, *Das Alpha Impurum und die tragische Kunstsprache. Acta Soc. Upsaliensis* 39:1, 1950.

[3] Vor allem W. Kranz, *Stasimon*. Berl. 1933. Meine Bedenken *Phil. Woch.* 1937, 1404.

[4] 1449a 29. 37; b 4.

Ganz unverbindlich sind die Schlüsse, die man von der Bezeichnung des Schauspielers als Hypokrites auf die Entwicklung des Sprechverses gezogen hat. Die Deutung als *Antworter* ist keineswegs so sicher, wie dies nach der Bestimmtheit scheinen könnte, mit der sie meist vertreten wird[1]. Ein Pindarfragment vor allem (140b) steht ihr im Wege, und Stellen wie Platon Tim. 72b legen die Auffassung des Hypokrites als *Ausdeuter* nahe.

Unversehens sind wir im Laufe unserer Betrachtung auf den ersten Tragödiendichter gekommen, der uns – allerdings nur in bescheidenem Maße – greifbar ist. Aus der Überlieferung werden uns zwei Thespisbilder kenntlich[2]. Da ist der große Neuerer, wiederholt als Schöpfer der Tragödie bezeichnet; er gehört in das peripatetische Bild der Entwicklung, mit dem sich das hier entworfene weitgehend deckt. Auf der anderen Seite steht der ländliche Thespis, der mit schlichtem Brauchtum verbunden wird und seinen Platz in der hellenistischen Theorie vom Ursprung des *Gesanges um den Bock* aus allerlei Dorfbrauch hat[3]. Seine Herkunft aus dem attischen Demos Ikaria, dem heutigen Dionyso, mußte die Entstehung solcher Anschauung fördern. Die Geschichte von Ikarios, der von Dionysos den Weinstock erhielt und den die trunkenen Bauern erschlugen, wurde im Hellenismus mit der Aitiologie für allerlei Festbrauch verbunden. Vor allem hat das Eratosthenes in seiner *Erigone* getan, die den Selbstmord der Tochter des Ikarios und dessen Sühne behandelte. Auch der Thespiskarren, der von Horaz aus (*ars poet.* 276) zum geflügelten Worte wurde, ist aus volkstümlichem Brauchtum abgeleitet. Man mag dabei an den Schiffskarren des Dionysos oder lieber an die Wagen mit lustigen Personen denken, die bei attischen Frühlingsfesten umherfuhren.

Wenigstens *ein* gesichertes Datum von großer Bedeutung besitzen wir für Thespis. Das Marmor Parium (ep. 43) bezeugt zusammen mit der *Suda* (s. Θέσπις) für die 61. Olympiade (536/35–533/32), daß Thespis als erster an den Großen Dionysien eine Tragödie aufgeführt hat. Damals also, unter dem Einflusse großzügiger Reformen des Peisistratos, ist die Tragödie ein wesentlicher Teil des staatlichen Kultes geworden. Wir können dieses bedeutungsvolle Datum um ein geringes schärfer fassen, da sich das 4. Jahr der angegebenen Olympiade durch die Reste des Archontennamens auf dem Marmor Parium ausschließt. Einen dramatischen Wettbewerb bereits für diese früheste staatliche Aufführung anzunehmen ist möglich, doch wissen wir darüber nichts.

Von Thespis sind uns einige Titel[4] und ein paar Verse erhalten. Es trübt unsere

[1] Vgl. A. Lesky, ‹Hypokrites›. *Studi in onore di U. E. Paoli*, Firenze 1955, 469. Mit Varianten gehen in dieselbe Richtung H. Koller, ‹Hypokrisis und Hypokrites›. *Mus. Helv.* 14, 1957, 100. H. Schreckenberg, *ΔΡΑΜΑ*. Würzburg 1960, 111. Dagegen halten an der Bedeutung ‹Antworter› neuerdings fest M. Pohlenz, *Herm.* 84, 1956, 69, 1, und G. F. Else, ‹ΥΠΟΚΡΙΤΗΣ›. *Wien. Stud.* 72, 1959, 75. Dieser verteidigt seine schon früher (*Trans. Am. Phil. Ass.* 76, 1945, 1) vertretene Ansicht, die Bezeichnung ὑποκριτής sei erst mit dem 2. Schauspieler aufgekommen. Die Weise, in der in Xenophons *Symposion* (9, 2) der Syrakusaner die folgende Pantomime erklärend vorbereitet, kann die Funktion illustrieren, die nach unserer Auffassung die ursprüngliche des ὑποκριτής gewesen ist.

[2] E. Tièche, *Thespis*, Leipz. 1933.

[3] Zur «Eratosthenischen» Theorie K. Meuli, *Mus. Helv.* 12, 1955, 226.

[4] Ἆθλα ἐπὶ Πελίᾳ ἢ Φόρβας, Ἱερεῖς, Ἠίθεοι, Πενθεύς.

Freude an ihnen, daß der Peripatetiker Aristoxenos (fr. 114 W.) dem Herakleides Pontikos vorgeworfen hat, er habe eigene Tragödien unter dem Namen des Thespis herausgegeben.

Nach der *Suda* hätte sich Thespis zunächst mit Bleiweiß geschminkt und später die Leinwandmaske eingeführt. Das ist so nicht möglich, da die Maske schon in die Prähistorie der Tragödie gehört; aber daß Thespis auf diesem Gebiete Neuerungen vornahm und diese mit der Einführung von Masken für den Schauspieler zusammenhingen, ist denkbar.

Zu den Spielinschriften[1], die den Niederschlag archivalischer Aufzeichnungen darstellen, gehört eine Liste von Siegern bei den dramatischen Agonen zu Athen, die für die beiden Hauptfeste Dichter und Schauspieler der Tragödie und Komödie in der Reihenfolge ihrer ersten Siege verzeichnete. Das Ausgangsjahr ist nicht sicher zu bestimmen, gehörte aber dem letzten Jahrzehnt des 6. Jahrhunderts, den ersten Jahren der freien Polis, an. Die erhaltenen Reste der Siegerliste lassen noch erkennen, daß in ihr Aischylos etwa zehn Vorgänger hatte. Nur für wenige von ihnen sind wir imstande, einiges auszusagen.

Ganz schattenhaft bleibt Choirilos. Antike Lexikographen verlegen seine erste Aufführung in die 64. Olympiade, was die Dionysien von 523–520 bedeutet, und wissen für die 70., also 499–496, von einem Agon mit Pratinas und Aischylos. Dieser blieb im Gedächtnis der Menschen, weil damals die Holzgestelle für die Zuschauer zusammenbrachen. Wir haben keinen Grund, diese Daten zu bezweifeln, deren zweites für uns den ältesten bezeugten Tragödienagon bedeutet. Auch die dreizehn Siege können den Spielakten (Didaskalien) entnommen sein. Gegen die Zahl hundertsechzig für seine Tragödienproduktion bewahren wir ein Mißtrauen, das in der leichten Verderbnis von Zahlsymbolen gründet: Wir wissen nur von einer Tragödie *Alope*, in der attische Ortssage dramatisiert war: Poseidon machte die Heroine zur Mutter des Hippothoon, den eine Phyle im Namen führte. Der Stoff kehrt bei Euripides wieder.

Um einiges besser kennen wir Phrynichos, den Sohn des Polyphrasmon. Der *Suda*-Artikel berichtet einen dramatischen Sieg für die 67. Olympiade (Dionysien 511–508), und es ist sehr wahrscheinlich, daß dieser Sieg festgehalten wurde, weil es sein erster war. An derselben Stelle lesen wir den Anfang eines alphabetischen Verzeichnisses seiner Stücke, das manchen aus der späteren Tragödie bekannten Stoff aufweist. Die *Ägypter* und *Danaiden* führen die selben Titel wie zwei Stücke der aischyleischen Trilogie, aus der wir die *Hiketiden* haben. Für die *Alkestis* wird uns bezeugt[2], daß Euripides Einzelnes aus dem Stück des Phrynichos übernommen hat. Die *Frauen von Pleuron* führen auf den Stoffkreis der kalydonischen Jagd und das Schicksal Meleagers.

Wichtiger sind jene Nachrichten, die uns zeigen, daß Phrynichos auch Zeitgeschichte im dramatischen Kunstwerk zu objektivieren versuchte. Herodot (6, 21)

[1] PICKARD-CAMBRIDGE, *Festivals* (s.u.), 103. Unvergessen muß bleiben, daß hier alles auf den von A. WILHELM gelegten Fundamenten steht: *Urkunden dramatischer Aufführungen in Athen*. Wien 1906.

[2] Schol. Dan. Verg. Aen. 4, 694. Die Übereinstimmungen scheinen besonders die Randszenen bei Euripides zu betreffen, vgl. *Sitzb. Wien. Phil.-hist. Kl.* 203/2, 1925, 63. Wenig fördert L. WEBER, Φρυνίχου Ἄλκηστις. *Rhein. Mus.* 79, 1930, 35.

erzählt, daß die Athener, durch die *Einnahme von Milet* (Μιλήτου ἅλωσις)[1] aufs schmerzlichste an den Untergang der stammesverwandten Stadt erinnert, gegen den Dichter mit einer Buße von tausend Drachmen und dem Verbot des Stückes vorgingen. Milet fiel 494, und so ist es wahrscheinlich, daß Phrynichos das Stück beim Archonten des Jahres 493/92 einreichte. Das war Themistokles, und es wird kaum ein Zufall sein, daß noch einmal die Möglichkeit erscheint, diesen Mann mit der Aufführung eines historischen Dramas des Phrynichos zu verbinden. Plutarch hat uns in seiner Biographie des Themistokles (5) die Inschrift mitgeteilt, die dieser auf dem Weihepinax für einen Tragödiensieg des Jahres 476 anbringen ließ. Damals war er der Chorege, der die Kosten von Ausstattung und Einstudierung zu tragen hatte, Phrynichos aber der aufführende Dichter. Das Stück ist nicht genannt, doch läßt sich vermuten, daß es die *Phoinissen* waren, die des Themistokles große Tat, den Sieg von Salamis, zum Ausgange nahmen. In der Hypothesis zu den *Persern* des Aischylos ist aus dem Buche des Glaukos von Rhegion über die Stoffe dieses Dichters die wertvolle Notiz erhalten, daß die *Phoinissen* mit dem Prolog eines Eunuchen begannen, der die Sitze für die Ratsversammlung besorgte und dabei die Niederlage des Xerxes verkündete. Das kann nur jene von Salamis sein, und allen Spekulationen[2] gegenüber wird man den Bericht über die Schlacht sowie die Klage über die Niederlage als Inhalt des Stückes annehmen. In welcher Eigenschaft die phönikischen Weiber den Chor bildeten, können wir nicht sagen, man hat an die Witwen von Seesoldaten oder an Hierodulen gedacht. Die Ratsherren, deren Auftreten der prologisierende Eunuch vorbereitete, waren Statisten oder ein Nebenchor. Unter den Stücken in der *Suda* erscheinen auch die *Perser*, mit zwei anderen Titeln als Varianten verbunden (Δίκαιοι ἢ Πέρσαι ἢ Σύνθωκοι). Hier herrscht wohl Verwirrung, und wir müssen die Frage offen lassen, ob es sich um Nebentitel für die *Phoinissen* oder anderes handelt.

Stellen wir zu den beiden historischen Dramen des Phrynichos die *Perser* des Aischylos vom Jahre 472, so erkennen wir in diesem Abschnitt bedeutende Ansätze zur Gestaltung von Themen der Zeitgeschichte. Bei der Aufführung des Aischylos ist Perikles der Chorege gewesen, was uns an die vermutete zweifache Beziehung des Themistokles zum Schaffen des Phrynichos erinnert. Man darf annehmen, daß die zeitweilige Hinwendung der Tragödie zu Stoffen solcher Art nicht ohne den Einfluß von Staatsmännern erfolgte, die ihre Athener durch die Fehler der Vergangenheit gemahnt oder durch große Erinnerungen erhoben wissen wollten. Wir müssen bei all dem bedenken, daß den Griechen jener Zeit der Mythos auch ein Stück Geschichte gewesen ist und die Grenzen demgemäß weniger fest waren als für uns.

Von Pratinas von Phleius haben wir seine bedeutendste Leistung, die aus dem dorischen Geiste seiner Heimat erfolgte Neugestaltung des Satyrspieles, bereits kennengelernt. Damals wurde aus dem ungefügen Satyrikon die dramatische Kunstform, die Dauer haben sollte. Der *Suda*-Artikel weiß von zweiunddreißig Satyr-

[1] G. Freymuth, ‹Zur Μιλήτου ἅλωσις des Phrynichos›. *Phil.* 99, 1955, 51.
[2] F. Marx, ‹Der Tragiker Phrynichos.› *Rhein. Mus.* 77, 1928, 337. F. Stoessl, ‹Die Phoinissen des Phrynichos und die Perser des Aischylos.› *Mus. Helv.* 2, 1945, 148.

spielen und achtzehn Tragödien. Mögen die Zahlen im einzelnen unzuverlässig sein, so kann es mit dem Überwiegen der Satyrspiele bei diesem Dichter doch seine Richtigkeit haben. Wenn wir seine Reform auf etwa 515 setzen, finden wir in Beobachtungen BUSCHORS[1] eine gute Stütze, der für die Zeit nach 520 zahlreiche Reflexe von Satyrspielen auf Vasen nachzuweisen vermochte.

Als Tanzlied (ὑπόρχημα) zitiert Athenaios (14, 617b) Verse des Pratinas, die den Chor der Satyrn in bewegtem Angriff auf die Flötenmusik eines Gegenchores zeigen. Ihm allein gehört der Gott, sein Herr, dem er mit den Naiaden durch den Bergwald folgt, die Flöte aber bescheide sich mit der Rolle einer Dienerin für den Gesang! Es wurde neuerdings bestritten und bleibt doch eine Möglichkeit der Deutung, daß die Verse in eines der Satyrspiele des Pratinas gehören und ein Reflex seines Kampfes um diese Dramenform sind[2]. Die vielfach vertretene Annahme zweier rivalisierender Chöre liegt in der Tat nahe. Anders denkt A. M. WEBSTER-DALE[3] an einen einzigen Chor, der sich gegen seinen Flötenspieler wendet. Auch daran möchten wir festhalten, daß in dem Vergleich des Instrumentes mit einer Kröte (φρυνεός) eine Anspielung auf den Namen des Phrynichos steckt.

In der Hypothesis zu den *Sieben gegen Theben* des Aischylos lesen wir, daß damals (467) des Pratinas Sohn Aristias mit dem *Perseus, Tantalos* und dem Satyrspiel *Die Ringer* (Παλαισταί) seines Vaters den zweiten Platz im Agon besetzt habe. Man hat das so verstanden, daß Aristias, der selbst dichtete und nach Pausanias (2, 13, 6) auf dem Markte von Phleius ein Denkmal hatte, nur das Satyrspiel von seinem Vater übernahm. Daß wir die Notiz jedoch auf alle genannten Stücke zu beziehen haben, lehrte uns der Fund eines Papyrus (Ox. Pap. 2256 fr. 2), der von demselben Siege sagt: Zweiter Aristias mit den Tragödien seines Vaters Pratinas.

Verse, die wir von Phrynichos besitzen, zeigen Ionismen. Der Dichter, an dessen Liedern man weichliche Süße hervorhob und der bei Aristophanes als der schöne, etwas stutzerhafte Mann erscheint[4], ist deutlich ionischem Wesen zugeneigt. Ihm steht Pratinas gegenüber, der Mann aus Phleius, der Freund der Satyrn, der sie in den erwähnten Versen zu Dionysos rufen läßt: *Nun höre mein dorisches Lied*! Unausgeglichen sehen wir hier jene Elemente und Strömungen nebeneinander, aus deren Synthese die attische Klassik hervorgehen sollte. Der Parthenon mit seinem ionischen Fries und dorischen Säulen ist das eindrucksstarke Symbol für diesen Vorgang.

A. W. PICKARD-CAMBRIDGE, *Dithyramb, Tragedy and Comedy*. Oxf. 1927; 2. ed. 1962. Ders., *The Theatre of Dionysos*. Oxf. 1946 (Einführung in das Bühnenwesen). Ders., *The Dramatic Festivals of Athens*. Oxf. 1953. 2. Aufl. bes. von J. GOULD und D. M. LEWIS, Oxford 1968. T. B. L. WEBSTER, *Greek Theatre Production*. Lond. 1956. – AUR. PERETTI, *Epirrema e Tragedia*. Firenze 1939. M. UNTERSTEINER, *Le origini della tragedia e del tragico*. Torino 1955. E. BUSCHOR, ‹Satyrtänze

[1] Satyrtänze (s. u.), 83.

[2] So auch E. ROOS, *Die tragische Orchestik im Zerrbild der altattischen Komödie*. Lund 1951, 209, mit viel Lit., aber unsicheren Schlüssen.

[3] *Words, Music and Dance*. Inaugural Lecture at Birkbeck College. London 1960, 11.

[4] Aristophanes *Wesp.* 220, *Vög.* 750, *Thesm.* 164, *Frö.* 1298 (wo sein Stil von dem des Aischylos abgehoben wird).

und frühes Drama›. *Sitzb. Ak. München. Phil.-hist. Abt.* 1943/5. F. BROMMER, Satyrspiele. 2. verb. u. erw. Auflage. Berlin 1959. P. GUGGISBERG, *Das Satyrspiel.* Zürich 1947. C. DEL GRANDE, Τραγῳδία, Napoli 1952; 2. Aufl. Milano 1962. Dazu POHLENZ, LESKY und D. W. LUCAS, *Greek Tragic Poets.* 2. ed. Lond. 1959. Mit radikalem Neuansatz hat G. F. ELSE, ‹The Origin of Tragodia›. *Herm.* 85, 1957, 17, die Frühgeschichte der Tragödie behandelt. Die Verwerfung der Nachrichten des Aristoteles und die Trennung der Anfänge vom Dionysischen stehen in starkem Gegensatz zu dem hier entwickelten Bilde; ebenso ders., *The Origin and Early Form of Greek Tragedy.* Cambridge Mass. 1965. Auf den Unterbau der Tragödie beziehen sich T. B. L. WEBSTER, ‹Some Thoughts on the Pre-History of Greek Drama›. *Inst. of Class. Stud. Univ. Lond. Bull.* Nr. 5, 1958, mit dem Versuch, die These von dem Ursprung der Tragödie aus Riten um den Jahresgott in der Nachfolge nach J. Harrison und G. Murray mit neuem Material zu stützen; vgl. dens., ‹Die mykenische Vorgeschichte des griech. Dramas›. *Ant. u. Abendl.* 8, 1959, 7. Bis ins Vorgriechisch-Mittelmeerische geht zurück M. UNTERSTEINER, *Le origini della tragedia e del tragico.* Torino 1955. Das Buch von G. THOMSON, *Aeschylus and Athens.* 2. ed. Lond. 1946, repr. 1950, wurde in zahlreiche Sprachen übersetzt und ist Berlin 1957 in deutscher Sprache erschienen. Es leitet in seinem ersten Teil die Frühgeschichte der Tragödie vor allem aus Initiationsriten ab. K. KERÉNYI, ‹Naissance et renaissance de la tragédie›. *Diogène* 28, 1959, 22 (auch in dem Band *Streifzüge eines Hellenisten,* Zürich 1960), hält an einzelnen Nachrichten des Aristoteles und am Dionysischen fest, geht aber in der Auswertung andere Wege als die hier beschrittenen. H. SCHRECKENBERG, ΔΡΑΜΑ. *Vom Werden der griech. Tragödie aus dem Tanz.* Würzburg 1960, führt sein im Untertitel bezeichnetes Programm zu gewaltsam durch. H. PATZER, *Die Anfänge der griech. Tragödie.* Wiesbaden 1962. Interessante Parallelen zur Entwicklung des japanischen Noh-Dramas bei A. LESKY, ‹Noh-Bühne und griech. Theater›. *Maia* n. s. 15, 1963, 38 = *Ges. Schr.* 275. J. LINDSAY, *The Clashing Rocks. A Study of Early Greek Religion and Culture and the Origins of Drama.* London 1965. W. BURKERT, ‹Greek tragedy and sacrificial ritual›. *Gr. Rom. and Byz. Stud.* 7, 1966, 87. J.-P. GUÉPIN, *The Tragic Paradox.* Amsterdam 1968 (viel dem «Unterbau» zugehöriges Material aus Kult und Brauchtum). – Wichtig für die frühen Tragiker: H. LLOYD-JONES, ‹Problems of early Greek tragedy›. *Estudios sobre la tragedia Griega.* Madrid 1966, 11.

2. KOMÖDIE

Aristoteles nennt im 4. Kapitel seiner Poetik in demselben Satze, in dem er die Tragödie auf die Anstimmer des Dithyrambos zurückführt, jene der Phalloslieder als Anfang der Komödie und setzt hinzu, daß solche Aufzüge mit dem Phallos auch zu seiner Zeit in vielen Städten lebendiges Brauchtum waren. Im folgenden Kapitel sagt er, daß anders als bei der Tragödie die frühen Entwicklungsstufen der Komödie im unklaren bleiben, da der Archon für sie erst spät einen Chor stellte. Wir können das aus den Spielinschriften und anderen Nachrichten bestätigen. Daheim sind die Komödien an den Lenäen (Διονύσια τὰ ἐπὶ Ληναίῳ), dem Fest, das der Archon Basileus im Gamelion (Jänner/Februar) jenem Dionysos ausrichtete, der in Athen älteren Kult als der Eleuthereus der Tragödie besaß. Für die Erklärung des Festnamens behauptet seine Ableitung von der Bezeichnung mänadisch schwärmender Frauen (λῆναι) den Vorrang vor jener von dem Namen der Kelter (ληνός)[1]. Als Ort des Festes hat man lange das Dionysosheiligtum *in den Sümpfen* (ἐν Λίμναις) angenom-

[1] Über die sog. Lenäenvasen PICKARD *Festivals* (s. S. 269), 30.

men, worauf Hesych (s. Λίμναι) führt; daß es aber Argumente für den Ansatz des Lenaion auf der Agora gibt, hat PICKARD-CAMBRIDGE[1] gezeigt.

Bei dem Feste der Lenäen wurde die Komödie nicht vor der Jahrhundertmitte, etwa um 442, in staatliche Obhut genommen. Neben dem Agon der Komödiendichter war von da ab auch ein solcher der Schauspieler vorgesehen. Da die Städtischen Dionysien das bei weitem reicher ausgestaltete Fest waren, gab es dort wesentlich früher, seit 486, Komödienaufführungen im Staatskult. Agone der komischen Schauspieler wurden freilich erst später, zwischen 329 und 312, eingeführt, während die tragischen Schauspieler an den Großen Dionysien bereits seit 449 um den Siegespreis kämpften. Wettbewerbe von Schauspielern der Komödie, die der Auswahl für die kommenden Dionysien dienten, hat es am dritten Tage der Anthesterien (Februar/März) gegeben, der Chytroi hieß. Lykurgos hat im 3. Viertel des 4. Jahrhunderts die Übung wieder aufgenommen[2].

Der kurze Überblick über verschiedene Spieldaten zeigte, daß die Komödie lange das freie Dasein der Improvisation geführt hat. Für diese Frühzeit gibt ihr Name einen wertvollen Hinweis. Aristoteles (*Poet.* 3. 1448a37) erklärt ihn richtig aus dem Gesang eines Schwarmzuges (κῶμος), wie er vor allem im Dionysosdienst die Verehrer des Gottes in ausgelassener Fröhlichkeit vereinte. Aber auch die falsche Ableitung von κώμη *Dorf*, gegen die Aristoteles an dieser Stelle polemisiert, und die im Zusammenhang damit erhobenen Ansprüche der Peloponnesier auf den Ursprung der Komödie enthalten, wie wir sehen werden, einen wahren Kern.

Wir kennen heute eine breite Schicht von Bräuchen, durch folkloristisches Material aufs reichste bezeugt, die alle zu den Voraussetzungen der Komödie als Kunstform gehören. Hier vor allem brachte das Studium der Denkmäler, ohne das philologische Betrachtung eine kümmerliche Sache bleibt, guten Ertrag; manches danken wir auch den reichlich vorhandenen antiken Traktaten[3] über die Komödie, in denen unsinniges Zeug neben wertvollen Notizen steht.

Von Aristoteles ausgehend, stoßen wir zunächst auf Umzüge mit dem Phallos, die von entsprechenden Liedern begleitet waren. Das frohe Tun des Dikaiopolis in den Acharnern des Aristophanes (263) gibt gleichsam eine Abbreviatur dessen, was an den Ländlichen Dionysien (τὰ κατ' ἀγρούς Διονύσια) vor sich ging. Voller ist das Bild, das uns Semos von Delos, ein hellenistischer Autor, bei Athenaios (14, 622) zeichnet. Leider macht er keine Angaben über die Orte, an denen er dieses Brauchtum kennenlernte, aber die weite Verbreitung solcher Dinge steht außer Zweifel. Die Phallophoren, die er beschreibt, mögen jene von Sikyon sein. Dicht mit Laub und Blumen bekränzt unter Vorantritt eines Burschen mit rußgeschwärztem Gesicht, der den Phallos trug, zogen sie in die Orchestra, in die man damals solches Brauchtum bereits verlegt hatte. Nahe Verwandte dieser Gestalten sind die Ithyphalloi, unter deren Ausstattung auch die Masken Trunkener begegnen. Wenig weiß Semos von einer

[1] Zweifelnd verhalten sich jedoch die Herausgeber der 2. Aufl., *Festivals*, 38; vgl. G. T. W. HOOKER, *Journ. Hell. Stud.* 80, 1960, 114.

[2] (Plut.) *Vitae dec. orat.* 841 f. [3] Texte bei KAIBEL (s. u.), Aufzählung bei KÖRTE (s. u.), 1212.

dritten Gruppe dieser Art, den Autokabdaloi, zu sagen. Alle diese Aufzüge waren von Gesängen begleitet, und da ist es besonders wichtig zu hören, daß sich die Phallophoren einzelne der Anwesenden herausgriffen, um sie mit ihrem Spott zu überschütten.

Unsere Betrachtung führte uns in den griechischen Fasching, ein Wort, das wohl am Platze ist, wenn wir auf das ursprüngliche Wesen all dieser Bräuche zurückgehen: da und dort bringen sie strotzende Lebensfülle zum Ausdruck und trachten, das junge Wachstum durch allerlei Brauch zu fördern. Fröhlich-derbe Bescheltung der Festteilnehmer ist dabei ein stehendes Element. Wir begegnen ihm in einer besonderen Form bei dem attischen Frühlingsfest der Anthesterien, von wo solche Übung in den Aufzug an den Lenäen übernommen wurde. Da fuhren lustige Personen auf Wagen umher und ließen ihren Spott – vielfach werden es Verse gewesen sein – auf die Umstehenden in kräftigen Güssen herabregnen. Die derbe Zotenhaftigkeit solcher Scherzreden wurzelt durchaus im Ritus. Hinter all dem kräftigen Spaß steht letzten Endes, späteren Zeiten nicht mehr bewußt, die Vorstellung von der abwehrenden Kraft des Obszönen. Die Fescenninen, die man bei der römischen Hochzeit sang, der unflätige Spott, der den Triumphator auf dem stolzesten Wege seines Lebens begleitete, sind gute Beispiele dafür. So verstehen wir denn, daß die erstaunliche Derbsaftigkeit des Aristophanes und mit ihr die Neigung der Alten Komödie zum persönlichen Angriff durchaus in altem und lebendigem Brauchtum wurzeln.

Anderes wird uns durch das Medium einer wahrscheinlich hellenistischen Ursprungstheorie[1] kenntlich, die von κώμη *Dorf* ausgeht. Bauern ziehen nachts in die Stadt und singen vor den Häusern von Städtern, durch die sie Unrecht litten, Rügelieder. Das wird als nützlich erkannt, und so zwingt man die Bauern, ihre Lieder im Theater zu wiederholen. Sie tun das, machen sich aber unkenntlich, indem sie ihr Gesicht mit Hefe beschmieren. Hier geht es toll zu: das Theater ist vor der Komödie da, und die Hefe als Maskenersatz zeigt, daß der Erfinder dieser Theorie *Trygodia* als Namen für die Komödie ernst genommen hat. Das ist in Wahrheit eine lustige Konkurrenzbildung zu *Tragodia*, angelehnt an τρύξ, was Most oder Hefe bedeuten kann[2]. So kraus das alles sein mag, vermittelt es uns zusammen mit dem, was Aristoteles in der Verfassung der Naxier (fr. 558 R.) von der Bescheltung des reichen Telestagoras erzählt, doch eine wichtige Einsicht. Es hat bei den Griechen dieselbe Form von Volksjustiz gegeben, die uns von den italischen Bräuchen, wie sie Usener[3] verstehen lehrte, bis zum bayerischen Haberfeldtreiben wohl bekannt ist. Daß der persönliche Spott der Komödie, die ἰαμβικὴ ἰδέα, auch von dieser Seite her Anregung erhielt, ist durchaus glaubhaft. Aber auch Bettelumzüge nach Art der Leute, die *mit der Schwalbe sammeln gingen*[4], waren mit Schmähungen der Begegnenden verbunden, und man mag gerade daraus ersehen, wie sich nach der allgemeinen Vorstellung solcher Spott mit Segenswirkung verband.

[1] KAIBEL (s.u.), 12. HERTER (s.u.), 53, 135.
[2] Daß τρύξ die Hefe meint, macht wahrscheinlich K. KERÉNYI, *Symb. Osl.* 36, 1960, 5.
[3] ‹Italische Volksjustiz›. *Kl. Schr.* 4, 356.
[4] Hesych. s. χελιδονισταί. Dazu die 35. Predigt des Joh. Chrys., vgl. RADERMACHER (s.u.), 7.

Bei solchen Umzügen spielten häufig mitgeführte Tiere eine Rolle. Das führt uns auf Tierchöre, die nach dem Zeugnis der Vasen einst auch in Athen tanzten. Für Komödien wie die *Wespen*, *Vögel*, *Frösche* ist der Ausgangsbereich damit deutlich bezeichnet.

Was wir bislang sahen, betrifft alles Aufzüge, Tänze und Gesänge von Chören, und in der Tat steht der Chor für die Komödie ebenso am Anfange wie für die Tragödie. Seine besondere Leistung, die wir in den Spielen des Aristophanes in ihrer entwickelten Form kennenlernen, ist die Parabase gewesen[1], sein von angriffslustigen Versen begleiteter Anmarsch.

An dieses Kernstück setzten sich Teile an, die bereits die Verwendung von Schauspielern erfordern. Von den zwei Elementen, die hier vor allem kenntlich werden, ist das eine die Streitszene, der Agon. Das Streitgespräch läßt sich durch die Literatur vieler Völker und Zeiten verfolgen[2] und war den Griechen in mancherlei Weise bekannt. Auch hier ist es wie bei der Parabase, daß wir erst die kunstvoll entwickelte Form des Aristophanes kennenlernen. Da sich diese in beiden Fällen als epirrhematische Syzygie darstellt (vgl. S. 290), liegt der Schluß nahe, daß sich der Agon in besonders enger Bindung mit dem Chore entwickelte, wenn nicht überhaupt streitende Doppel- oder Halbchöre an den Beginn dieser Reihe zu setzen sind[3].

Von den Agonszenen heben sich deutlich episodische Szenenreihen ab. Sie stehen in weit loserer Bindung zum Chorspiel und haben wiederholt zum Vergleich mit den Taten und Abenteuern unseres Kasperle eingeladen. Auch hier sind wir noch imstande, den Bereich, aus dem solche Szenen kommen, durch einige Punkte zu bezeichnen. Athenaios (14, 621 d) hat uns einen Bericht des Lakonen Sosibios über die spartanischen Deikelikten erhalten, die in alltäglicher Sprache Szenen wie den Obstdieb oder den Wanderarzt aufführten. Xenophon schildert in der *Anabasis* (6, 1) unter verschiedenen mimischen Tänzen die sogenannte Karpaia der Ainianen und Magneten: einer spielt den Bauern, der sät und sein Gespann treibt, ein zweiter greift ihn in der Rolle eines Räubers an, und sie kämpfen in rhythmischen Bewegungen zum Schall der Flöte. Zum Schlusse führt der Sieger den Überwundenen samt dem Gespanne weg. Als drittes nennen wir den korinthischen Krater im Louvre[4], der auf der einen Seite zwei ertappte Weindiebe, auf der anderen ihre schwere Haft im Block zeigt. Die Gestalten sind mit dickem Bauch und Hinterteil ausgestattet, der Phallos ist zum Teil unmäßig betont. Daß menschliche Spieler gemeint sind, beweist die Gruppe eines Flötenspielers und Tänzers mit besonders deutlich erkennbarer Maske. Diese Dickbäuche stellen füllige Dämonen dar, in denen sich ähnlich wie in den Satyrn die Wachstumskräfte der Natur dem griechischen Auge verleiblichten.

[1] Zur Wortbedeutung HERTER (s. u.), 31. POHLENZ (s. u.), 42, 18.

[2] RADERMACHER (s. u.), 23.

[3] TH. GELZER, *Der epirrhematische Agon bei Aristophanes.* Zet. 23. Münch. 1960, behandelt in einem Abschnitt (187) ‹Die Ursprünge des epirrh. Agons›.

[4] M. BIEBER, *History of Gr. & Rom. Theater.* Princeton 1939, fig. 84f. Lit. bei HERTER (s. u.), Anm. 33ff.

Unsere Zeugnisse haben uns, die Ansprüche der Dorier bei Aristoteles (*Poet.* 3. 1448a30) einigermaßen bestätigend, mehrfach auf dorisches Gebiet geführt, und so schließt sich hier die megarische Posse an, zu deren Derbheit sich attische Komödiendichter nicht immer ganz mit Recht in Gegensatz stellen. Den Einfluß, den das megarische Stegreifspiel auf die Komödie Athens ausgeübt haben soll, scheint eine antike Theorie in der Gestalt des weiter nicht faßbaren Dichters Susarion verkörpert zu haben. Die dorische Posse ist offenbar in höherem Maße als die politische Komödie der Attiker ein Spiel typischer Figuren gewesen. Für zwei von ihnen, den Koch und seinen Diener, Maison[1] und Tettix, sind uns noch die Namen bekannt; Gewächs aus diesem dorischen Boden ist auch die unteritalisch-griechische Phlyakenposse[2], die später, um 300 v. Chr., durch Rhinthon von Syrakus als *Hilarotragodia* einigermaßen literaturfähig wurde. Geringen Bruchstücken steht eine große Zahl von Phlyakenvasen gegenüber, die vornehmlich Mythentravestien zeigen. Die Fülligkeit der vorne und hinten ausgestopften Schauspieler sowie die Ausstattung mit dem Phallos machen ihre Verwandtschaft mit den Dickbäuchen deutlich, die wir auf dem korinthischen Krater kennenlernten. Es darf jedoch nicht verschwiegen werden, daß die große Sicherheit, mit der man lange in der Entwicklung der attischen Komödie eine kräftige dorische Komponente annahm, neuerdings einen starken Stoß erhalten hat. Die Schwierigkeit ergibt sich daraus, daß wir über kein Mittel verfügen, die dorische Farce vor die attische Komödie zu datieren[3]. Damit ist freilich die Möglichkeit solcher Einflüsse nicht völlig ausgeschaltet, aber der in der gegenwärtigen Forschung vorherrschende Zug, die Komödie Athens vorwiegend als attisches Gewächs zu verstehen, ist durchaus zu bejahen.

ALFRED KÖRTE hat für das Werden der attischen Komödie eine vielbeachtete Theorie aufgestellt[4]. Danach wären zu dem bodenständig attischen Chore, der in wechselnder, meist tiergestaltiger Vermummung tanzte, Schauspieler getreten, die aus der Peloponnes kamen und von dort die Tracht der dionysischen Dickbäuche mitbrachten. Forschungen der letzten Zeit haben Zweifel an der Sicherheit dieser Theorie erweckt. BUSCHOR konnte auch aus Attika Darstellungen der Dickbauchtänzer für die erste Hälfte des 6. Jahrhunderts nachweisen, und die Frage muß gestellt werden, ob diese Bilder nicht ein echtes attisches Substrat haben. HERTER hat gegen die überscharfe Trennung von Chor und Schauspielern der Komödie Einspruch erhoben. In der Tat bleibt zu bedenken, daß die Dickbäuche in der Regel als Chortänzer auftreten. Anderseits finden sich einfache Szenen noch heute in Tänze eingelegt; so kehrt gelegentlich im alpenländischen Reifentanz der fremde Arzt des Sosibios als Zahnbrecher wieder. Auch Xenophons Bericht zeigt die Verbindung solch primi-

[1] Zu dieser Gestalt A. GIANNINI, ‹La figura del cuoco nella commedia Greca›. *Acme* 13, 1962, 137.

[2] L. RADERMACHER, ‹Zur Geschichte der griech. Komödie›. *Sitzb. Ak. Wien. Phil.-hist. Kl.* 202/1, 1924. *Bieber* a. O., 258.

[3] L. BREITHOLTZ, *Die dorische Farce im griech. Mutterland vor dem 5. Jahrhundert Hypothese oder Realität?* Stockholm 1960. Seiner Skepsis schließt sich T. B. L. WEBSTER, *Gnom.* 33, 1961, 452, an.

[4] U.a. *RE* 11, 1921, 1221. Die Gegenposition: BUSCHOR (s.u.) und HERTER (s.u.). KÖRTES Theorie verteidigen POHLENZ (s.u.) und T. B. L. WEBSTER, *Wien. Stud.* 69, 1956, 110.

tiver Dramatik mit dem Tanz eines Chores deutlich genug. Unser Urteil darüber, wie weit die Tracht des Schauspielers bereits im Chore vorgebildet war, wird dadurch erschwert, daß wir von dessen Ausstattung in der attischen Komödie wenig wissen. *Plutos* 295 kann nur beweisen, daß der Chor gelegentlich den Phallos trug, mit der häufigen Tiermaskerade ist dieses Requisit kaum zu vereinen. Man wird sich überhaupt das Kostüm des Chores sehr bunt und wandlungsfähig vorzustellen haben. Daß er auch gelegentlich im Kostüm phallischer Dickbauchtänzer auftrat, kann man bei der Dürftigkeit unseres Wissens weder leugnen noch beweisen. Für den Schauspieler der Komödie aber machen es Vasen und Terrakotten sicher, daß er in der Regel die groteske Auspolsterung, das Somation, und den Phallos trug. Wir können die Frage nicht beantworten, ob dieses Schauspielerkostüm in ithyphallischen Chören der komischen Bühne Athens seine Vorstufe hatte (HERTER), mit Sicherheit aber läßt es sich letzten Endes in die Peloponnes und somit in das Dorische zurückverfolgen. Das stützt KÖRTES These, aber die Dürftigkeit des Erhaltenen mahnt zur Vorsicht.

Die Teile, aus denen die attische Komödie zusammenwuchs, stehen noch bei ihrem Klassiker Aristophanes in einer recht losen Bindung. In der archaischen Zeit aber fehlte durchgehende Handlung völlig, und die dionysische Festlust allein schlang ein lockeres Band um die verschieden gearteten Elemente. Die Entwicklung, die zu durchkomponierten Stücken führte, setzt Aristoteles in der *Poetik* (5. 1449b) mit den sizilischen Dichtern Epicharm und Phormis in Beziehung, die auf die Komödie Athens gewirkt hätten. Wir möchten die innerathenischen Kräfte stärker in Anschlag bringen, ohne deswegen Einflüsse des sizilischen Spieles auszuschließen[1].

An einer anderen Stelle (1448a33) sagt Aristoteles, Epicharm sei ein gutes Stück vor Chionides und Magnes anzusetzen. Chionides hat 486 in Athen bei dem ersten staatlichen Komödienagon der städtischen Dionysien gesiegt, während einer der elf Siege des Magnes an den Dionysien für 472 bezeugt ist. So kommen wir mit dem Beginne von Epicharms Tätigkeit noch ins 6. Jahrhundert[2]. Da er aber einer der berühmten langlebigen Männer der Antike war, reichte sein Schaffen noch bis in die Zeit Hierons, mit dem ihn die Anekdote in mancherlei Weise verband. Epicharm spricht (fr. 88 K.) mit hoher Achtung von einem Vorgänger, einem Aristoxenos aus Selinus, der für uns vollkommen schattenhaft bleibt. Daß er aber aus einer megarischen Kolonie stammt, könnte im Zusammenhang mit den Nachrichten über die dorische Posse in Megara immerhin Bedeutung haben.

Epicharms dramatisches Werk ist schwer zu fassen und in die Entwicklung einzuordnen. Das spricht sich schon darin aus, daß er bei Aristoteles und anderen zwar

[1] Neuerdings setzt solchen Einfluß in Rechnung BR. GENTILI, *Gnom.* 33, 1961, 338, gegen E. WÜST, *Rhein. Mus.* 93, 1950, 337.

[2] T. B. L. WEBSTER, *Gnom.* 33, 1961, 453, hat den Ansatz Epicharms vor Chionides und Magnes verworfen. Wenn man aber für den Dichter mit einer Lebenszeit von etwa 550–460 rechnet, können die verschiedenen Angaben nebeneinander in Geltung bleiben. Auch BR. GENTILI, *Gnom.* 33, 1961, 338, setzt für das Ende des 6. Jahrhunderts eine sizilische Komödie an, die sich bereits zu beträchtlicher Höhe entwickelt hat.

in die Entwicklung der Komödie einbezogen wird, seine Stücke aber nicht als Komödien, sondern als Dramen (δράματα) bezeichnet werden. Siebenunddreißig Titel sind uns bekannt, und sie lassen zusammen mit den spärlichen Bruchstücken große Mannigfaltigkeit dieser dramatischen Produktion ahnen. Mythentravestie nahm einen breiten Raum ein. Wir sahen, daß sich das in der Phlyakenposse wiederholt. Hier wie dort ist Herakles besondere Lieblingsgestalt. Ein echt dorischer Herakles, ein ungefüger Kraftkerl, der auch im Fressen und Saufen und in den Dingen der Liebe Riesenmaße zeigt. Das wird in der *Hochzeit der Hebe* (Ἥβας γάμος)[1] mit den Listen von Lekkerbissen und im *Busiris*, wo einer erschüttert den mit allen Geräuschen schlingenden Helden schildert, besonders deutlich. Auch die *Fahrt des Herakles nach dem Gürtel der Hippolyte* (Ἡρακλῆς ὁ ἐπὶ τὸν ζωστῆρα) und die *Einkehr beim Kentauren Pholos* (Ἡρακλῆς ὁ παρὰ Φόλῳ) findet sich unter den Titeln. Gerne brachte Epicharm den Odysseus auf seine Bühne. Neben verschiedenen Abenteuern war auch die Geschichte seines Kundschafterganges nach Troia zu einem lustigen Stück (Ὀδυσσεὺς αὐτόμολος) verarbeitet, in dem sich der kluge Held nach der geltenden Meinung von der knifflichen Aufgabe zu drücken suchte. Diese Vermutung über die Gestaltung des Stoffes ist jedoch durch die neuen Texte fraglich geworden. Die bisherige, auch von KAIBEL vertretene Auffassung stützte sich weitgehend auf die Verse eines Wiener Papyrus (fr. 99 K. 50 Oliv.), die man einem Monolog des zögernden und überlegenden Odysseus zuwies. Aber *Ox. Pap.* 25, 1959, 2429, mit 7 Fragmenten eines Kommentars zu dem Stück zeigt, daß hier Teile eines Dialoges kenntlich werden. BR. GENTILI[2] überlegt, es könnte sich um ein Gespräch des Odysseus mit einem Gefährten, vielleicht Diomedes, handeln, in dem er nach dem Mißlingen des Späherganges eine Ausrede erwägt, um die Achäer zu täuschen.

Die neuen Epicharm-Papyri haben in *Ox. Pap.* 25, 1959, 2426, die Reste eines Kataloges der Stücke des Dichters gebracht. Die Fragmente weisen für diese Liste auf Abfassung in Trimetern, was an Apollodoros von Athen denken läßt, der ja auch seine *Chronika* in Versen verfaßte. Auch darf vermutet werden, daß er der Autor oder doch die Quelle des Kommentares sei, dem ein Teil der Papyrustexte (s. o.) zugehört.

Die Katalogfragmente bieten mit neuer Fassung einen bereits bekannten Titel Προμαθεὺς ἢ Πύρρα, ferner neben dem Ὀδυσσεὺς αὐτόμολος einen Ὀδυσσεὺς ναυ]αγός, wie man ziemlich sicher ergänzen darf. Neu ist auch eine Μήδεια; dieser Titel war aus diesem Bereich bislang nur für Deinolochos aus Syrakus oder Akragas, einen Dichter in der Nachfolge Epicharms, und für den Rhinthon der *Hilarotragodia* bezeugt.

Ox. Pap. 25, 1959, 2427, läßt aus Προμαθεὺς ἢ Πύρρα Teile eines Gesprächs zwischen Pyrrha und einem Partner, wahrscheinlich Deukalion, erkennen, in dem es sich um die in der Flutzeit rettende Arche handelt. Hier kam ein älteres Problem zu

[1] Unter den neuen Papyri enthalten die unter *Ox. Pap.* 25, 1959, 2427 vereinigten Fragmente eines (fr. 27) aus Ἥβας γάμος, doch erheben auch die Μοῦσαι Anspruch darauf.

[2] *Gnom.* 33, 1961, 336.

neuer Debatte: schon KAIBEL[1] hatte aus fragm. 6 (3 Oliv.) aus dem *Amykos* den Schluß gezogen, daß wir bei Epicharm mit drei Schauspielern zu rechnen hätten. LOBEL, der Herausgeber des Papyrus, und GENTILI wollen nun aus dem Fragment der Pyrrha denselben Schluß ziehen. Aber WEBSTER konnte durch eine versuchsweise Ergänzung der stark fragmentierten Partie zeigen, daß eine solche Annahme vom Text nicht erzwungen wird. Wir bleiben hier im Dunkeln, denn ein Gegenbeweis gegen eine höhere Schauspielerzahl bei Epicharm ist ebensowenig zu liefern. Neben dem Mythos stand realistisch gesehener Alltag. Wertvoll ist die Einsicht, daß Epicharm Typen verwendete, die wir aus der späteren Entwicklung der attischen Komödie gut kennen, so den Parasiten in *Hoffnung oder Reichtum* (Ἐλπὶς ἢ Πλοῦτος) und den Tölpel vom Lande (Ἀγρωστῖνος). Dann stoßen wir wieder auf das Streitgespräch, das wir aus der Vorgeschichte der Komödie kennen. *Erde und Meer* (Γᾶ καὶ Θάλασσα) hieß ein Stück, während *Herr und Frau Rede* (Λόγος καὶ Λογίνα) an den Agon allegorischer Figuren in den *Wolken* des Aristophanes erinnern. Von persönlichem Spott verspüren wir nichts, doch zeigen die wenigen Bruchstücke größte Buntheit. Neben derben Heraklesschilderungen, die aber von der Aischrologie der attischen Komödie ein gutes Stück abliegen, stehen epische Reminiszenzen, dann wieder ist Heraklits Lehre vom ständigen Fluß der Dinge zu einer lustigen Geschichte verwertet, wie Schuldner und Gläubiger sich wechselseitig mit der gleichen Begründung prellen, sie seien längst nicht mehr dieselben wie am Vortag. Mitunter (z.B. fr. 170) könnte man geradezu meinen, an einem Gespräch Platons teilzunehmen. Dieser hat übrigens den Dichter außerordentlich geschätzt (Theait. 152e). Besonders reich sind Epicharms Stücke mit Sinnsprüchen versehen, ähnlich wie jene Menanders hat man sie zu eigenen Sammlungen vereinigt, die dann wieder den Ansatz für ausgiebige Fälschungen boten.

Man kann solche Mannigfaltigkeit nur verstehen, wenn man Epicharms Dramen ebenso wie die Komödien des Aristophanes als höchst voraussetzungsreiche Gebilde faßt. Sie haben viel aus der dorischen Volksposse und viel aus den geistigen Bewegungen der Zeit aufgenommen, ganz besonders aber ist in ihnen jenes mimische Element entwickelt, das im griechischen Westen, kaum ohne italische Einflüsse, seine besondere Heimat hatte.

Auch im Formalen zeigen die Reste ein buntes Bild. Der ionische Iambos hat den Trimeter und trochäischen Tetrameter für die dorische Dramendichtung geliefert. Für diesen zeigen die Reste eine Freiheit, die der attischen Komödie in diesem Maße versagt ist, mit reichlichen Daktylen an den ersten fünf Versstellen. Aber zwei Stücke, die *Tänzer* (Χορεύοντες) und die *Siegesfeier* (Ἐπινίκιος), waren ganz in Anapästen gehalten. Da kommen wir auf eine alte Streitfrage. Das Schauspielergespräch sehen wir bei Epicharm doch wohl vor den Attikern voll entwickelt, wobei, wie gesagt, die Zahl der Schauspieler problematisch bleibt. Aber hatten diese Stücke einen Chor? Ziemlich sicher nicht als Regel, aber nach Titeln wie *Die Tänzer*, nach der Verwendung der Anapäste und der Überlegung, daß in den *Sirenen* diese dem Odysseus

[1] KAIBEL *RE*, 6, 1907, 37. GENTILI, *Gnom.* 33, 1961, 334. WEBSTER, *Serta Philologica Aenipontana*. Innsbruck 1961, 88.

wohl als Chor gegenübertraten, ist man heute vorsichtiger und bestreitet der sizilischen Komödie gelegentliche Chorverwendung nicht mehr unbedingt[1].

Nur einen Blick werfen wir auf die Fortsetzung und Steigerung des mimischen Elementes epicharmischer Dramen in jenen Schöpfungen Sophrons, die Platon unter seinem Kopfkissen hatte. Sophron wirkte wie Epicharm in Syrakus und hatte seine Blüte um die Mitte des 5. Jahrhunderts. Aus seinen Weiber- und Männermimen nennen wir allein *Die Weiber, die versprechen, die Göttin zu bannen* (Γυναῖκες αἳ τὰν θεὸν φαντὶ ἐξελᾶν)[2]. Wir werden Sophron als Vorlage für Theokrit begegnen, werden aber auch sonst Gelegenheit haben, von der überreichen Nachfolge zu sprechen, die diese realistischen Lebensbilder in Prosa gefunden haben.

A. Körte, *RE* 11, 1921, 1207. H. Herter, *Vom dionysischen Tanz zum komischen Spiel*. Iserlohn 1947. M. Pohlenz, ‹Die Entstehung der att. Komödie›. *Nachr. Ak. Gött. Phil.-hist. Kl.* 1949, 31. L. Radermacher, *Aristophanes' Frösche*. 3. Aufl. bes. v. W. Kraus. *Sitzb. Öst. Ak.Phil.-hist. Kl.* 198/4. 1967. T. B. L. Webster, *Greek Theatre Production*. Lond. 1956. G. Giangrande, ‹The origin of the Attic comedy›. *Eranos* 61, 1963, 1. – Die antiken Traktate zur Komödie und die Fragmente von Epicharm und Sophron: G. Kaibel, *Com. Graec. Fragm.* I/1. Berl. 1899; Neudruck Berl. 1958. Epicharm: VS 23. A. Olivieri, *Frammenti della comm. Greca e del mimo nella Sicilia e nella Magna Grecia*. 1: *Framm. della comm. Dorica Siciliana*. 2. ediz. Napoli 1946. 2 u. 3: *Framm. della comm. Fliacica. Framm. del mimo Siciliano*. 2. ediz. Napoli 1947. J. U. Powell, *Coll. Alex.* Oxf. 1925, 219. Die neuen Texte *Ox. Pap.* 25, 1959, 2426–2429, wobei 2428 mit Wahrscheinlichkeit zur dorischen Komödie, nicht mit Sicherheit aber zu Epicharm zu stellen ist. Zu den Papyri (über den Inhalt s.o.) Br. Gentili, *Gnom.* 33, 1961, 332. T. B. L. Webster, ‹Some Notes on the New Epicharmus›. *Serta Philologica Aenipontana*. Innsbruck 1961, 85. E. Siegmann, *Lit. griech. Texte der Heidelberger Papyrussammlung*. Heidelb. 1956, weist Pap. Heidelb. 181 einer Herakles-Komödie des Epicharm zu. L. Berk, *Epicharmus*. Groningen 1964.

[1] Vgl. Herter (s.u.), 57, 176. Titel, bei denen Chöre in Frage kommen: *Choreuontes, Epinikios, Sirenen, Musen, Bakchen, Komasten, Dionysoi, Perser, Troianer*. Zu einer sicheren Entscheidung ist deshalb nicht zu kommen, weil sich die Leugnung des Chores nur auf ein argumentum ex silentio stützen kann, während sich für seinen Ansatz aus den Fragmenten nichts ergibt. T. B. L. Webster nimmt in seiner Arbeit zu den neuen Epicharm-Fragmenten (s.u., 91) eine Entwicklung des Dichters «from the anapaestic recitative ballet to the spoken iambic dialogue» als Möglichkeit an.

[2] Ein Papyrusfragment mit Lit. bei Gow, *Theocritus*, 2, Cambr. 1950, 34. Page, *Lit. Pap. Loeb Class. Libr.* Lond. 1950, p. 328. Ein geringfügiger Splitter mit dorischer Prosa: *Pap. Soc. It.* 14, 1957, 1387. K. Latte, ‹Zu dem neuen Sophronfragment›. *Phil.* 88, 1933, 259, 467 = *Kl. Schr.* München 1968, 492.

V

DIE HOHE ZEIT DER GRIECHISCHEN POLIS

A. BEGINN UND HÖHE DER KLASSIK

I. AISCHYLOS

Die hohe Zeit der attischen Klassik ist von zwei Kriegen umschlossen. Der Peloponnesische brachte nicht allein das Ende von Athens Machtstellung, er führte ebenso den Verfall der inneren Kräfte herbei, die das Zeitalter des Perikles trugen. Entbunden aber hatte diese nach einer Zeit langsamen Reifens der gerechte Kampf, den das griechische Volk um seine politische und geistige Existenz zu führen hatte.

Als vor der Schlacht bei Marathon, so erzählte man, der hilfeheischende Bote von Sparta unverrichteter Dinge über das einsame Partheniongebirge heimkehrte, erschien ihm Pan und verhieß den Athenern Freundschaft und Hilfe. In der Schlacht aber mähte ein Mann im Bauernkittel die Perser nieder, der Heros Echetlos, der nach dem Pflugsterz benannte, der dem Heimatboden entstiegen war. Als es bei Salamis um alles ging, da leuchteten von dem Eleusis der Mysterien geheimnisvolle Lichter herüber, und von Aigina streckten riesige Gewaffnete ihre Arme über die Schiffe der Griechen. Herodot läßt (8, 109) Themistokles aussprechen, was nach dem Siege jeder dachte: nicht wir haben dies vollbracht, sondern die Götter und Heroen.

Dies ist die Zeit, die Aischylos formte. Man hat es seit Pausanias (1, 14, 5) immer wieder als bedeutsam vermerkt, daß die Grabschrift des Dichters, die man ihm selber zuschrieb, mit keinem Worte seines Werkes, wohl aber seines Kampfes gegen die Perser gedenkt. Bei Marathon, wo sein Bruder Kynegeiros fiel, und bei Salamis ist er dabeigewesen, aber auch von anderen Schlachten der Perserkriege wird dies berichtet.

An der eben genannten Herodotstelle fährt Themistokles fort, die Götter hätten den Griechen geholfen, weil sie nicht wollten, daß ein einziger Mann über Asien und Europa herrsche, einer frevlen Sinnes, der sich an den Heiligtümern und Elementen vergangen hatte. Herodot, von dessen Weltbild manche Linie zu Aischylos führt, läßt den Sieger von Salamis ganz aus dem Geiste dieses Dichters sprechen. Auch aus dessen Werk tönen nicht Jubel und Stolz über den Sieg oder Freude an dem Spiel der Waffen, sondern die tiefe Ergriffenheit eines Menschen, der die Wirklichkeit des Gerechten im Gange der Geschichte erfahren hat. Wir konnten bereits früher die zentrale Bedeutung des Rechtsproblems für das Denken der Griechen erkennen, Aischylos bedeutet eine der Höhen dieser Entwicklung. Das Recht, das sich ihm in den gewaltigsten Erfahrungen seines Lebens so sichtbar verwirklichte, empfand er durchaus als göttliche Potenz. Man hat in neuerer Zeit immer wieder gemeint, den religiösen Denker gegen den Dichter oder diesen gegen den Theologen ausspielen zu sollen. Für Aischylos ebenso wie für Sophokles verkennt dieser grundlegende Irrtum, daß dabei eine Einheit zerrissen wird, deren Verständnis mit dem der Werke selbst gleichbedeutend ist.

Aischylos wurde 525/24 als Sohn eines vornehmen Grundbesitzers namens Euphorion in Eleusis geboren[1]. Wir haben keinen Anhalt dafür, daß die großen Mysterien seines Heimatortes auf seine geistige Entwicklung eingewirkt hätten. Überhaupt ist der Bereich der Mysterien, in dem es nach einem Wort des Aristoteles (fr. 15 R.) nicht zu lernen, sondern sich hinzugeben galt, von jenem der Tragödie zu scheiden, in dem es letzten Endes um ein λόγον διδόναι geht, um eine Rechenschaftslegung über die Stellung des Menschen in der Welt. Eher möchte man die nicht schlecht bezeugte Geschichte glauben, Aischylos sei in einem Asebieprozeß wegen Verletzung des Mysteriengeheimnisses freigesprochen worden, da er ohne Wissen von diesen Dingen Anstoß erregt hatte.

Früh ist er in den Wettkampf der tragischen Dichter eingetreten; wir haben bereits (S. 267) von dem Agon in der 70. Olympiade (499/96) gehört, in dem er gegen Pratinas und Choirilos antrat. Seinen ersten Sieg verzeichnet das Marmor Parium für 484, zwölf andere sind ihm gefolgt. Die Zahl 28 in der *Suda* kann, wenn sie richtig überliefert ist, ihre Erklärung aus der Einbeziehung von Wiederaufführungen nach dem Tode finden.

Welche Motive den Dichter auf der Höhe seines Lebens nach Sizilien an den Hof des Hieron führten, wissen wir nicht. Schon die Alten haben mit Vermutungen gespielt, aber im Grunde bedarf es keiner besonderen Erklärung, daß auch Aischylos dem Rufe eines mächtigen Fürsten folgte, der große Künstler seiner Zeit nach Syrakus zog[2]. Wahrscheinlich hat er dort die *Perser*, die ihm 472 in Athen den Sieg brachten, ein zweitesmal aufgeführt. Wir können uns denken, daß sie das rechte Stück für Hieron waren, der das Schwert für die Westgriechen führte. Besondere Fürsorge dieses Herrschers galt seiner Neugründung, der Stadt Aitna. 476/75 war die Siedlung entstanden, aber erst 470, nach der Überwindung seiner Gegner, setzte Hieron dort seinen Sohn Deinomenes zum König ein. Damals hat Pindar in dem Gedicht, das wir als erstes der *Pythien* lesen, die junge Stadt gepriesen, damals Aischylos sein Festspiel *Aitnai*[3] verfaßt. Nun gibt uns ein Papyrus (Ox. Pap. 2257, 1) das Ende einer Hypothesis, die man mit ziemlicher Wahrscheinlichkeit auf dieses Stück bezieht. Die Möglichkeit, daß sie zu dem unechten Drama gleichen Namens gehöre, das der handschriftliche Katalog anführt, ist sehr gering. Höchst seltsam ist die Notiz, daß sich das Stück in fünf Teile gliederte und jeder einen anderen Schauplatz hatte; nur der erste und dritte spielten in Aitna. Eines der merkwürdigsten unter den neuen Aischylos-

[1] Das biographische Material in der ed. maior von WILAMOWITZ. Die handschriftliche Vita wird im Kern auf die Biographie des Chamaileon, Anfang 3. Jh. v. Chr., zurückgehen.

[2] Über die Beziehungen des Aischylos zu Sizilien M. BOCK, ‹Aisch. und Akragas›. *Gymn.* 65, 1958, 402.

[3] Die Überlieferung führt auf Αἶτναι oder Αἰτναῖαι, doch vgl. POHLENZ 2, 200. Zu den neuen Papyri: E. FRAENKEL, ‹Vermutungen zum Aetna-Festspiel des Aesch.› *Eranos* 52, 1954, 61 = Kl. Beitr. Rom 1964, 1, 249.

bruchstücken zeigt Dike, die, von Zeus gesandt, zu Menschen kommt, um ihnen durch ihre Anwesenheit reichen Segen zu bringen. Man kann sich der glänzenden Vermutung E. Fraenkels schwer entziehen, daß diese Verse in das Festspiel des Aischylos gehören. Ist das so, dann hat er die Gelegenheitsdichtung durch seine Zeus-Dike-Religion geadelt.

Bald darauf war Aischylos wieder in Athen, denn 468 mußte er im Agon Sophokles den ersten Platz überlassen. Aber im folgenden Jahre siegte er mit der *Thebanischen Trilogie* und 458 mit der *Orestie*. Warum er dann nochmals nach Sizilien ging, wissen wir nicht. Eine Stelle in den *Fröschen* des Aristophanes (807), die auf Verstimmung über das athenische Publikum deutet, gibt noch am ehesten Anhalt. In Gela ist er 456/55 gestorben. Sein Grab wurde zur pietätvoll aufgesuchten Weihestätte für die Diener der tragischen Muse. Die Athener ehrten sein Gedächtnis durch ein eigenes Gesetz, das jedem gestattete, mit Stücken des Aischylos am Agon teilzunehmen. Das genialste Denkmal aber hat Aristophanes dem großen Tragiker in seinen *Fröschen* gesetzt. Diese Literaturkomödie trägt alle bizarren Züge aristophanischer Komik, aber durch das groteske Beiwerk sehen wir die Umrisse eines großgearteten Aischylosbildes, das zehnfach wertvoller ist als alles anekdotische Zeug.

Auch die große Dichtung der Hellenen hat es nie verleugnet, daß die Kunst dieses Volkes die höchste denkbare Veredelung von Handwerk ist. So sehen wir sie vielfach sippenmäßig gebunden, und die Tragiker bieten gute Beispiele. Beide Söhne des Aischylos dichteten Tragödien: Euaion und Euphorion, der nach der Hypothesis zur *Medeia* des Euripides im Jahre 431 über diesen und Sophokles siegte. Ein Sohn seiner Schwester namens Philokles war ebenfalls Tragiker und errang nach der Hypothesis zum *Oidipus Tyrannos* im Agon den Platz vor diesem Stück. Von ihm geht die Deszendenz über Morsimos und Astydamas bis zu Astydamas II. und Philokles II. Alle sind sie tragische Dichter.

Der handschriftlich erhaltene Katalog aischyleischer Dramen bietet dreiundsiebzig Titel, von denen die unechten *Frauen von Aitna* ausscheiden. Dazu kommen sieben andere Titel, so daß wir neunundsiebzig kennen. Der Suda-Artikel spricht von neunzig Stücken. Aus diesem reichen Werk sind uns ganz nur sieben Tragödien erhalten, und wir nehmen mit gutem Grunde an, daß dies eben jene sind, die ihre Zuflucht in der Schule der Antoninenzeit gefunden haben, als das lebendige Interesse an der Klassik starb.

Daß uns die Überlieferung für Sophokles und Euripides Frühwerke versagt hat, wußten wir. Bei Aischylos meinte man, besser daran zu sein und die *Hiketiden* vor Salamis, wenn nicht gar vor Marathon setzen zu dürfen. Diese Zuversicht hat durch einen neuen Papyrustext (Ox. Pap. 2256, 3) einen schweren Stoß erlitten: Reste einer Didaskalie zeigen jene Trilogie, der die *Hiketiden* zugehören, zusammen mit Stücken des Sophokles aufgeführt[1]. Nun wissen wir aber, daß der erste Sieg dieses Dichters

[1] A. Lesky, ‹Die Datierung der Hiketiden und der Tragiker Mesatos›. *Herm.* 82, 1954, 1. Lit.: *AfdA* 7, 1954, 135 und 12, 1959, 10, wo sich ein Bild von dem Widerstreit der Meinungen ergibt. Dazu E. A. Wolff, ‹The date of Aesch. Danaid Tetralogy›. *Eranos* 56, 1958, 119. 57, 1959, 6. Reiche Lit. zu der lebhaft weiter geführten Debatte bei H. Van Looy, ‹Aeschyli Supplices ... und ein Ende?› *Ant. Class.* 38, 1969, 489.

im Jahre 468 zugleich seine erste Aufführung war. Da der Papyrus vom Sieg des Aischylos berichtet, fällt dieses Jahr für die *Hiketiden* weg und ebenso das nächste, an dem Aischylos mit der *Thebanischen Trilogie* siegte. So kommen wir mit dem Ansatz des Stückes tief hinunter, ja, wenn wir den Gründen trauen dürfen, die es empfehlen, einige Buchstaben zu Archedemides, dem Namen des Archon von 463 zu ergänzen, müßten wir bis zu diesem Jahre gehen. Begreiflich, daß man sich zunächst gegen einen so späten Ansatz wehrte. Die *Hiketiden* erschienen für einen solchen zu archaisch und die Zeit für den Aufstieg zur Höhe der *Orestie* von 458 zu kurz. Aber die Annahme, es handle sich um eine Wiederaufführung des Stückes, verträgt sich nicht mit dem Wortlaut der Didaskalie, und die andere, Aischylos habe das Stück liegen gelassen, und es sei erst viel später zur Aufführung gekommen, ist vom Schaffen moderner Literaten auf die Antike übertragen. So mehren sich die Stimmen derer, die lieber der ausdrücklichen Angabe des Textes folgen als die methodisch bedenkliche Überzeugung von der geradlinigen Entwicklung künstlerischen Schaffens um jeden Preis retten wollen. Im Grunde kann ein Blick auf die *Sieben gegen Theben* vom Jahre 467 die Bedenken gegen die neue Datierung der *Hiketiden* zerstreuen. Die sieben Redepaare des thebanischen Dramas gehören zum Altertümlichsten, was uns in den erhaltenen Tragödien begegnet.

Die Folgerungen aus dem neuen Ansatz reichen weit. Das älteste der erhaltenen Stücke sind, wenn wir von der völlig fraglichen Datierung des *Prometheus* absehen, nunmehr die *Perser* von 472. Da wir Aischylos bereits in den frühen neunziger Jahren in tragischem Wettbewerb sehen, heißt das, daß für uns sein ganzes frühes Schaffen unbekanntes Land bleibt und wir erst das Wort des mehr als Fünfzigjährigen vernehmen. So dürfen wir uns die älteren Stücke des Aischylos noch sehr einfach vorstellen und für die Entwicklung von seiner Frühzeit bis zur *Orestie* eine viel größere Spannweite annehmen, als dies bei dem frühen Ansatz der *Hiketiden* möglich gewesen wäre. The Creator of Tragedy wird der Dichter im Titel des schönen Aischylosbuches von GILBERT MURRAY genannt, und das erhält nun ein viel kräftigeres Relief. Aischylos hatte am Beginne seines Schaffens einen einzigen Schauspieler zur Verfügung, und es war ein wichtiger Schritt, als er diesem den zweiten zugesellte. Aristoteles bezeugt ihm dies in der *Poetik* (1449a16) als seine Leistung und sagt sinngemäß, daß er den Anteil des Chores minderte und dem gesprochenen Wort den ersten Platz anwies. Es war ein weiter Weg von dem Chorspiel mit eingelegten Reden zu dem trilogischen Wunderbau der *Orestie*. Daß die inhaltliche Bindung der drei aufgeführten Tragödien keineswegs ursprünglich, sondern die Krönung dessen gewesen ist, was Aischylos für die Ausgestaltung des tragischen Spieles leistete, das wagen wir auf Grund der neuen Erkenntnisse mit gesteigerter Zuversicht auszusprechen[1]. Die Begründung ergibt sich aus dem Stücke, das nunmehr als das älteste unter den erhaltenen zu gelten hat.

Im Jahre 472 siegte Aischylos mit einer Tetralogie, der die Tragödien *Phineus*, *Perser*, *Glaukos Potnieus* und das Satyrspiel *Prometheus Pyrkaeus* angehörten. Für den

[1] Älterer Stand der Frage: P. WIESMANN, *Das Problem der trag. Tetralogie*. Zürich 1929.

Phineus ist die Episode der Argonautensage, die dem Blinden die Befreiung von den Harpyien brachte, als Inhalt vorauszusetzen. Der *Glaukos Potnieus* ist ebenso wie der von ihm zu scheidende *Glaukos Pontios* eines jener Stücke, für die uns neue Funde kleine Splitter brachten. Hier reichen sie nicht, um über die allgemeinste Bezeichnung des Stoffes hinauszukommen: Tod des Glaukos, den seine eigenen Pferde zerrissen. Für den *Prometheus Pyrkaeus*, der den Feuerbringer unter den Satyrn zeigte, wurde uns eine prächtige Gabe gegönnt. Denn es ist kaum ein Zweifel, daß das Bruchstück[1] mit Teilen eines Liedes, in dem Satyrn die Flamme besingen, aus diesem Stücke stammt.

Dieses Satyrspiel mit den übrigen Dramen der Tetralogie inhaltlich in Beziehung zu setzen ist von vorneherein aussichtslos. Aber auch die Versuche, zwischen den drei Tragödien ein motivisches Band zu finden, sind so völlig gescheitert, daß sie nur das Fehlen eines solchen zu erweisen vermochten. Die anderen erhaltenen Stücke stehen alle im Verbande einer Inhaltstrilogie, wie wir auch sonst noch etliche[2] von Aischylos zu benennen wissen. Soll es wirklich Zufall sein, daß die Tragödie mit dem frühesten uns erreichbaren Datum nicht in einen solchen Zusammenhang zu bringen ist? Es wäre vorschnell zu sagen, daß Aischylos 472 die Inhaltstrilogie noch nicht geschaffen hatte; daß aber die stoffliche Isolierung der Stücke dieses Jahres darauf deutet, daß diese Einrichtung für den Dichter damals noch nicht fest geworden war, das möchte immerhin zu erschließen sein.

Von den *Phoinissen* des Phrynichos, die 476 aufgeführt wurden, haben wir früher gehört. Wir gehen von der dort vertretenen Ansicht aus, daß die persische Niederlage von Salamis auch im älteren Stücke das Thema war. Sogleich erkennen wir dann einen Fortschritt in der dramatischen Gestaltung. Während bei Phrynichos bereits der prologisierende Eunuch die Niederlage mitteilte, fällt bei Aischylos die Unglücksbotschaft in das Spiel selbst. Nicht allein, daß derart größere Bewegung erreicht wird, Aischylos hat so die Möglichkeit gewonnen, Szenen voll banger Ahnung unter einem jetzt und jetzt zur Entladung bereiten Gewitterhimmel zu gestalten. Die Meisterschaft, die er darin bewährt, zeigt sich im *Agamemnon* zur Vollendung gesteigert.

Anderseits sind Nachwirkungen des älteren Stückes wohl erkennbar. Aischylos beginnt mit dem Einzug des Chores, den persische Ratsherren bilden. Am Ende des Eingangsliedes wird eine Beratung vorgeschlagen, zu der es jedoch über dem Auftritt der Königinmutter gar nicht kommt. Auch bleibt das Wesen des alten Baues (v. 141 στέγος ἀρχαῖον), an dem die Besprechung stattfinden soll, im unklaren. Hier wirken wohl die *Phoinissen* des Phrynichos nach, an deren Beginn der Eunuch für die Sitze der Ratsherren sorgte. Solche survivals besagen wenig, hingegen ist es wesentlich, die Linien einer großartigen Steigerung nachzuziehen, die von den ahnungsschweren Chorstrophen des Eingangs über die Atossaszene mit der Traumerzählung, den Botenbericht mit der Schlachtschilderung – er ist das schönste Mal für Salamis – und

[1] *Ox. Pap.* nr. 2245 (fr. 343 M.). Ein Kelchkrater des Ashmolean Museums mit Prometheus, der die Flamme im Narthexstengel trägt, unter den Satyrn: J. D. BEAZLEY, *Am. Journ. Arch.* 43, 1939, 618.

[2] SCHMID 2, 188, 8.

weiter über die Beschwörung des Dareios zu dem Schlusse führt, der in dem geschlagenen Xerxes die Katastrophe verleiblicht auf die Bühne bringt und das Stück in asiatisch-wilder Klage enden läßt. Diese Komposition hätte das Drama vor der Kritik schützen müssen, die in ihm drei auseinanderfallende Akte erkennen wollte[1].

Das Neue dieses Stückes lag aber nicht allein in der fortgeschrittenen Dramatisierung dessen, was bei Phrynichos vor allem breit ausgesponnene Klage war. Man hat Aischylos oft und mit Recht gerühmt, weil er den größten Stunden seines Volkes ohne die geringste Spur engen Hasses Dauer über die Zeiten verliehen hat. Das aber war die selbstverständliche Folge davon, daß es dem Dichter über das konkrete geschichtliche Geschehen hinaus um dessen Sinn im Ganzen einer Welt ging, die unter Gottes Gerechtigkeit steht.

In den Einzugsanapästen und dem darauffolgenden Lied des Chores hören wir den Zusammenklang verschiedener Motive in einer Weise, die ähnlich im Eingange der *Orestie* wiederkehrt. Vor uns ersteht ein überwältigendes Bild der persischen Macht, die auszog, um die hellenische Freiheit zu brechen. Dabei ist die Technik dieser Schilderungen durchaus archaisch: Namen über Namen von Städten, Landschaften und Heerführern rauschen mit ihren fremdartigen Tönen an uns vorüber und wecken in solcher Häufung den Eindruck von Fülle und Macht. Aber alles steht unter der Last der Sorge, die sich in den ersten Versen ausspricht. Sie ist zunächst sehr einfach damit begründet, daß Botschaft längere Zeit ausblieb. Aber mit dem Fortschreiten des Liedes enthüllt sich ein anderer, tieferer Grund: in dem Übermaß an Kraft und Wollen, das sich in dem persischen Zuge entfaltete, liegt die drohendste Gefahr. Und wie sich in dem ersten Liede des *Agamemnon* über alles vom Augenblick Bestimmte letzte Sinndeutung menschlichen Loses im Zeushymnos erhebt, so hören wir auch hier mitten im Liede die dunklen, schweren Worte von dem listensinnenden Trug Gottes, dem keiner der Menschen entrinnt. Von der Ate vernehmen wir und begegnen damit einem Begriffe, der in der Tragödie, der aischyleischen vor allem, ein Grundelement der Weltdeutung ist. Unsere Sprache kann ihn nicht in einem einzigen Worte fassen, vielmehr bieten sich zwei Aspekte, die der Grieche dieser Zeit als Einheit gesehen hat. Von der Gottheit her ist Ate das Verhängnis, das sie über den Menschen schickt, von diesem aus gesehen, stellt sie sich aber als die Verblendung dar, die ihm zunächst schmeichelnd naht, seinen Sinn aber immer enger in Täuschung hüllt und ihn schließlich den Weg seines Verderbens gehen läßt.

Was das Eingangslied der *Perser* andeutet, wird in der Beschwörungsszene am Grabe des Dareios zur Gänze enthüllt. Sie kann uns zwei sehr verschiedene Seiten des aischyleischen Schaffens verständlich machen. Der alte Grabbau, auf dessen Höhe der tote König erscheint, der Chor, der bebend zur Erde gesunken ist, Atossa, die aus dem Grauen dieser Stunde den Gatten über die Kluft des Todes hinweg mit ihrer Anrede zu erreichen sucht, das alles ergibt ein Bühnenbild von einzigartiger Größe und Wirksamkeit. So wenig wir im einzelnen die Mittel genau zu bestimmen wissen, die

[1] WILAMOWITZ, *Aisch. Int.* 42. Gut K. DEICHGRÄBER, ‹Die Perser des Aisch.› *Nachr. Gött. Phil.-hist. Kl.* 1/4, 1941, 155.

dem Dichter die Bühne seiner Zeit bot, so deutlich tritt immer wieder seine Kunst hervor, mit diesen Mitteln großartige Wirkung zu erreichen. Ganz anders Sophokles, bei dem die Wirkung vornehmlich auf dem Wort und dem Seelischen beruht, eher Aischylos ähnlich und doch von ihm verschieden Euripides, der in manchen seiner Werke dem szenischen Effekt als solchem eine bedeutende Rolle einräumt. Den Meister der Bühne geht die eine Seite der Dareiosszene an, ihre andere aber betrifft den religiösen Denker. Aus den Worten des großen Königs erfahren wir den Sinn dessen, was sich vor uns abspielt. Das Gedicht vom Siege der Griechen enthüllt sich uns als großes Gleichnis für das Walten Gottes. Hier singt nicht der Stolz des Siegers sein eigenes Loblied, vielmehr findet die Frage nach dem Grunde des Geschehens ihre Beantwortung aus einem Gedanken, der tief im griechischen Wesen gründet, bei Aischylos aber in besonderer Weise ausgeformt ist. Die Katastrophe der persischen Königsmacht stellt sich als Folge jener Ursünde dar, die der Grieche Hybris nennt. Der Mensch, über den Ate gekommen ist, greift über die ihm gewiesenen Grenzen, verwirrt die Ordnung der Welt und muß als Opfer seiner eigenen Verblendung fallen. So hat das Perserreich das ihm bestimmte Maß überschritten, und die Hybris dieses Zuges schuf sich sinnfälligen Ausdruck in dem Frevel des Xerxes, der die Ordnung der Elemente verkehrte, Meer zum Land machte und den Hellespont in die Fesseln seiner gewaltigen Schiffsbrücke zwang. Salamis war der erste Teil der Vergeltung, und Plataä, auf das Dareios weissagend vordeutet, wird der zweite sein.

Zeus, der allzu jäh aufstrebenden Sinn züchtigt – das versteht sich leicht als eine Überzeugung, die der Dichter mit den meisten seines Volkes teilte. Aber wir lesen in dieser Szene ein anderes, dunkles Wort; da heißt es (742): Wenn einer selbst in heißem Eifer steht, dann greift auch Gott mit an. Der Mensch, auf dem Wege zur Schuld, findet einen bereiten Helfer in der Gottheit. Der seltsame Gedanke an einen Gott, der zum Bösen hilft, muß an dieser Stelle noch dunkel bleiben. Erst die *Orestie* wird seine Bedeutung ganz enthüllen[1].

Nach einem oft zitierten Bericht[2] hätte Aischylos seine Tragödien Schnitten vom großen Mahle Homers genannt. Das bezieht sich auf das Stoffliche, meint dieses aber in einem Umfange, der weit über *Ilias* und *Odyssee* hinausging. Jene Zeit hat neben vieler anderer Epik auch die *Thebais* Homer gegeben, und ihm fühlte sich Aischylos ohne Zweifel verpflichtet, als er seine Thebanische Trilogie schrieb und 467 auf die Bühne brachte.

Hier ist die enge inhaltliche Bindung der drei Tragödien und des Satyrspieles bereits mit den Titeln gegeben: *Laios, Oidipus, Sieben gegen Theben, Sphinx.* Damit ist unser Wissen für die verlorenen Stücke allerdings erschöpft. Für den *Laios* und *Oidipus* dürfen wir im allgemeinen die festen Züge der Sage als Inhalt voraussetzen: den Vatermord und die Mutterehe des Oidipus, der unwissend der Welt und sich zum Greuel wird, und den Fluch, den er über seine Söhne aus dem blutschänderischen Bette

[1] Hier schon mag deutlich werden, daß wir die Abwertung des Aischylos als religiösen Denkers nicht mitzumachen vermögen, auf die D. Page in der Ausgabe des Ag. Oxf. 1957, XV, und H. Lloyd-Jones, ‹Zeus in Aesch.› *Journ. Hell. Stud.* 76, 1956, 55 zielen. [2] Ath. 8, 347 e.

spricht, sie sollten ihr Erbe mit dem Schwerte teilen[1]. Die Versuche, Genaueres über den Inhalt und Bau der verlorenen Dramen auszumachen, bleiben hier und in ähnlichen Fällen fruchtlos[2].

Aber in einem Liede der erhaltenen *Sieben* lesen wir Verse, die für die beiden verlorenen Dramen den leitenden Gedanken geben: Alles was da geschah, kam aus dem Fluch, unter dem das Königsgeschlecht von Theben steht. Dieser Fluch aber, so hören wir an entscheidender Stelle (742), erwuchs aus alter, unerbittlicher Strafe verfallener Schuld, die nun schon in das dritte Glied reicht. Dreimal hat der Gott von Delphi Laios gewarnt, sich einen Sohn zu zeugen. Aber der Mensch übertrat das Gebot des Gottes und verfiel in Schuld, die nun von Geschlecht zu Geschlecht aufs neue ersteht. Deutlich geben die Verse, die mit schwerer Wucht im Endteil der Trilogie erklingen, des Aischylos Auffassung vom Geschlechtsfluch als weiterzeugender Schuld zu erkennen.

Der Eingang der *Sieben gegen Theben* hält solche Problematik noch im Hintergrunde und versetzt uns in die Bewegung innerhalb der belagerten Stadt vor dem entscheidenden Angriff. Die Prologrede des Eteokles spricht von dem Ernst der Stunde, und die Botschaft eines Spähers über das Tun der Feinde gibt seinen Worten alsbald noch größeres Gewicht. Als verantwortlicher Hüter seiner Stadt steht Eteokles über weite Teile des Stückes vor uns. Seine ersten Worte von den Pflichten dessen, der am Ruder des Staates wacht, führen ein uns bereits bekanntes Bild herauf, das im Verlaufe des Stückes immer wieder begegnet. Hier am Bilde vom Staatsschiff wird die häufige leitmotivische Verwendung solcher Metaphern bei Aischylos besonders deutlich[3].

Der Chor thebanischer Frauen stürmt in wildem Lauf auf die Bühne, um an einem großen Gemeinschaftsaltar oder einer Altargruppe der stadtschirmenden Gottheiten Zuflucht zu finden. Der Hemmungslosigkeit ihrer Angst tritt Eteokles gegenüber, der Mann dem Weiblichen als Gefahr der Verwirrung, der Stadthüter denen, die sein Werk gefährden. Gebändigter und doch heiß und drängend strömt dann im Liede das Gebet des Chores. Ihm folgt der große, über mehr als dreihundert Verse gespannte Mittelteil des Stückes, ein archaisch komponierter Dialog zwischen Eteokles und dem mit neuer Kunde zurückgekehrten Späher. Das mächtige Gebilde umfaßt sieben Redepaare, in denen der Kundschafter für jedes der sieben Tore den feindlichen Kämpfer nennt und beschreibt, der es zu stürmen unternimmt, während Eteokles mit Gegenweisung antwortet. So bauen sich vor uns Angriff und Verteidigung auf. Dabei läßt uns der Dichter wohl mit Absicht darüber im Unklaren, wie weit Eteokles in der Zeit nach seinem ersten Abgang bereits die Verteidiger für die einzelnen Tore bestimmt hat[4].

[1] Zur Sage Fr. Dirlmeier, *Der Mythos von König Oedipus.* 2. Aufl. Mainz 1964.

[2] Fr. Stoessl, *Die Trilogie des Aisch.* Baden b. Wien 1937. Zum *Oidipus* L. Deubner, *Sitzb. Berl. Phil.-hist. Kl.* 1942, 40.

[3] J. Dumortier, *Les images dans la poésie d'Eschyle.* Paris 1935. O. Hiltbrunner, *Wiederholungs- und Motivtechnik bei Aisch.* Bern 1950.

[4] So A. Lesky, *Wien. Stud.* 74, 1961, 7, gegen E. Wolff, *Harv. Stud.* 63, 1958 (Festschr. Jaeger), 89. Gegen Wolff auch K. v. Fritz, *Antike und moderne Tragödie.* Berl. 1962, 201.

So leicht es ist, die äußeren Umrisse der Handlung nachzuziehen, so schwer ist es für uns, den Gehalt dieses Spieles zu fassen. Nicht nur, daß es das erste Stück einer Trilogie ist, in dem sich Entwicklungen ankündigen, die wir nicht zu verfolgen vermögen, auch von dem, was in den erhaltenen Versen steht, bleibt manches dunkel. Warum fliehen diese Mädchen mit so leidenschaftlicher Abscheu vor der Werbung ihrer Vettern? Der König vermag in dem langen Gespräch Genaues nicht zu erfragen, und was heißt es, wenn die Danaiden in einem zwar verderbten, aber mit hoher Wahrscheinlichkeit hergestellten Verse des Einganges (9) von *selbst entstandener Flucht vor den Männern* (αὐτογενεῖ φυξανορίᾳ) singen? Die lange vertretene Auffassung, sie meinten damit angeborene Männerscheu, ist starken Zweifeln ausgesetzt. Besagen die Worte aber nichts anderes, als daß der Entschluß zur Flucht ihrer eigenen Brust entsprang, so ist damit für das Verständnis des Ganzen wenig gewonnen. Für dieses lehrt uns am meisten die Schlußpartie. So wichtig war, was er hier zu sagen hatte, für den Dichter, daß er den Danaiden ihre Mägde, bislang stumme Begleiterinnen, als singenden Nebenchor gegenübertreten läßt. Noch einmal hören wir die Bitte der Danaostöchter, sie möchten erzwungener Ehe entgehen und die keusche Artemis solle sie mit gnädigem Blicke segnen. Aber anders tönt es aus dem Chor der Mägde: sie achten frommen Sinnes Aphrodite, die zusammen mit Hera, der Ehegöttin, nahe am Thron des höchsten Gottes waltet. Und als die Danaiden nach dem Rechten fragen, wissen es die Mägde: sich in der Götter Willen fügen.

Nachdem wir im Stück das Schicksal der Danaiden mit deren Augen gesehen, von ihrer Not und der Roheit ihrer Bedränger gehört haben, zeigt sich jetzt eine andere Seite: die Flucht der Mädchen ist zu gleicher Zeit Kampf gegen ein großes Gesetz, das eine gottgefügte Welt durchwaltet und Mann und Weib zueinander führt. Wieder erscheint menschliches Handeln in jenem seltsamen Zwielicht, auf das die Nacht des Unheils folgt, wenn Gott nicht gnädige Helle verbreitet.

Für die Weise, in der Aischylos die Problematik dieser Trilogie in den beiden folgenden Stücken, den *Ägyptern* und den *Danaiden*, weiter und zum Ende führte, können wir nur wenig mit Sicherheit sagen[1]. Im zweiten Stück kamen die Danaiden trotz ihrer Aufnahme in Argos in eine Lage, in der sie einer Verbindung mit den verhaßten Vettern zum Scheine zustimmen mußten. Daß diese Lage das Ergebnis eines Kampfes war, in dem der König von Argos seine tragische Rolle durch den Tod beendigte, läßt sich vermuten. In diesem Stücke muß auch der Plan der Danaostöchter, ihre Gatten in der Brautnacht zu ermorden, seinen Platz gehabt haben. Dann können aber die Aigyptossöhne nicht, wie der Titel anzukünden scheint[2], Hauptchor gewesen sein. Diesen werden auch im zweiten Stück die Danaiden gebildet haben, zu denen die Aigyptiaden ähnlich wie die Mägde des ersten Stückes als Nebenchor treten mochten.

[1] K. v. Fritz, ‹Die Danaidentrilogie des Aeschylus›. *Phil.* 91, 1936, 121. 249; jetzt *Antike und moderne Tragödie.* Berl. 1962, 160. Kraus (s. u.), 117. Pohlenz 1, 49. 2, 21. M. L. Cunningham, ‹A Fragment of Aesch. Aigyptioi?›. *Rhein. Mus.* 96, 1953, 223, versuchte, *Ox. Pap.* 20, nr. 2251 auf den Tod des Landeskönigs zu beziehen.

[2] Ob die Einzeltitel der Trilogie von Aisch. stammen, ist unsicher.

Das dritte Stück, die *Danaiden*, setzte mit dem Morgen nach der Mordnacht ein. Für seinen Ablauf bieten sich aus der sonstigen Überlieferung des Stoffes zwei Motive an. Das eine ist die Geschichte der Hypermestra, die Aischylos im *Prometheus* (865) kurz erzählt. Diese Danaostochter öffnet sich der Liebe und dem Mitleid und verschont den Gatten. Sie duldet schweren Tadel, wird aber die Stammutter argivischer Könige. Man hat gemeint, diese Danaide sei wegen ihres Ungehorsams gegen den Befehl des Vaters und des Verrates am gemeinsamen Plane vor ein förmliches Gericht gestellt worden. Dazu schien zu stimmen, daß Aphrodite selbst in dem Stücke auftrat und in großgearteten Versen (fr. 44 N.) ihre Macht als die des kosmischen Eros im Bilde der heiligen Hochzeit von Himmel und Erde offenbart. Nun läßt sich mit Recht einwenden, daß Aischylos für eine förmliche Gerichtsverhandlung nach der Art jener in den *Eumeniden* hier den Apparat noch nicht zur Verfügung hatte. Daß aber die Tat der Hypermestra in dem Stück zur Rede stand und daß sie harter Verurteilung ausgesetzt war, braucht man deshalb nicht in Zweifel zu ziehen. Dann konnten auch die Verse der Aphrodite ihrer Verteidigung gelten. Daß sie in sinnvoller Entsprechung zu dem Schluß der *Schutzflehenden* stehen, bleibt in jedem Falle klar. Denkbar sind sie freilich auch im Zusammenhange mit dem zweiten Motiv, das wahrscheinlich den Abschluß der Trilogie bildete und durchaus seinen Platz neben der Hypermestra-Geschichte finden konnte. Die Danaiden wurden entsühnt und der Ehe zugeführt. Ihre Unterweltstrafe, Wasser in ein durchlöchertes Faß zu schöpfen, gehört in spätere Sage und in anderen Zusammenhang.

Es ist bemerkenswert, daß diese Trilogie voll Untat und Leid mit Versöhnung, mit der Einfügung des Widerstrebenden in die große göttliche Ordnung der Welt endete. Wir wissen von der Trilogie, zu der das erhaltene *Prometheusdrama* gehörte, ein Gleiches und sehen in der *Orestie* den Ausgleich ursprünglich gegenstrebiger Mächte vor uns. Auch für einzelne der verlorenen Trilogien läßt sich ein versöhnliches Ende erschließen. Wir kommen auf die Frage, was das für das Weltbild des Aischylos und seine Formung des Tragischen bedeutet, noch zurück.

Wenn wir nun den *Gefesselten Prometheus* (Πρ. δεσμώτης) folgen lassen, so geschieht dies deshalb, weil die *Orestie* als Höhe des aischyleischen Schaffens in der Darstellung des Erhaltenen den Abschluß bilden soll. Diese Reihung besagt jedoch nichts über die Datierung des Stückes, für die wir keinen wirklich sicheren Anhalt besitzen. Auch die Schilderung des Ätna (365 ff.) bietet kaum einen solchen, da dieses gewaltige Naturphänomen nicht erst durch die sizilische Reise zur Kenntnis des Aischylos gekommen sein muß. Aber ein später Ansatz des Stückes ist allerdings wahrscheinlich, und neuere Versuche[1], es unter die *Orestie* in den letzten sizilischen Aufenthalt des Dichters zu rücken, verdienen Beachtung.

Aus dem Vorwurf des Stückes ergibt sich eine seltsame Szenenführung. Der Titan Prometheus ist den Menschen Freund. Er hat ihnen das Feuer gebracht und sie dadurch vom Untergang gerettet, ein Motiv der Überlieferung, das im Stück übrigens stark von dem Bilde eines allgemeinen Kulturbringers (442) überdeckt ist. Zeus läßt

[1] E. C. Yorke, *Class. Quart.* 30, 1936, 153. H. J. Rose, *Eranos* 45, 1947, 99, anderes im Anhang.

den Titanen, der seine Pläne durchkreuzt, am Rande der Welt in einsamem Gebirge an einen Felsen schmieden. Im Eingang des Stückes vollführt Hephaistos mit seinen Gesellen Kratos und Bia (Macht und Gewalt) den Befehl. Das Mitleid des Gottes und die Roheit des Dämons Kratos ergeben einen kontrastreichen Dialog. Prometheus bleibt stumm und öffnet erst, nachdem die Schergen gegangen sind, den Mund zur Klage. Alles Folgende stellt sich nun als eine Reihe episodischer Besuchsszenen dar, in denen der gefesselte Titan zum Dialogpartner wechselnder Gestalten wird. Da kommt auf geflügeltem Gefährte[1] der Chor der Okeaniden, voll tiefer Teilnahme mit dem grausam Bestraften, dann erscheint Okeanos selbst auf einem Flügeltier, um zu klugem Nachgeben zu mahnen, aber seine wohlmeinende Vorsicht zerbricht am Trotz des Titanen. In der nächsten Szene stürmt Io auf die Bühne, durch die Liebe des Zeus und Heras Zorn in Irrsal und Grauen getrieben. In der Prophezeiung ihrer Zukunft läßt Prometheus das Band sehen, das sie beide, die als Opfer des Zeus Äußerstes leiden, im letzten verbindet. Am Ufer des Nils wird Zeus durch leichte Berührung Io die Ruhe wiedergeben und sie zur Stammutter jenes Geschlechtes machen, das dereinst durch die Flucht der Danaiden nach Argos gelangen wird. Aus diesem Geschlecht wird Herakles erwachsen, der des Prometheus Leiden enden soll. Als Io ihren Weg fortgesetzt hat, deutet der Titan dem Chore das Geheimnis an, das ihm selbst in tiefster Not noch Macht über Zeus gibt. Er weiß von einer Verbindung – es ist jene mit Thetis –, die der höchste Gott nur zu seinem Verderben eingehen würde. In ihr müßte er sich den stärkeren Sohn erzeugen, der ihm täte, was er selbst einst an seinem Vater Kronos getan hat. Die Worte des Prometheus hat man auch im Olymp vernommen, und so naht Hermes, um im Auftrage des Zeus dem Titanen sein Geheimnis zu entreißen. Aber er schilt und droht vergeblich, Prometheus trotzt auch dem Blitze des Zeus und versinkt am Ende des Spieles samt dem Chor, der bei ihm ausharrt, in die Tiefe.

Als Westphal 1856 Eigentümlichkeiten der Chorpartien des *Prometheus* hervorhob, kam ein Problem in Gang, das die Forschung bis heute beschäftigt. Man trug im Laufe der Zeit immer mehr an Besonderheiten zusammen, die diesem Stück allein unter den aischyleischen eignen. Am unmittelbarsten fällt die Einfachheit der Sprache auf. Zu diesem allgemeinen Eindruck kommt eine Fülle von Einzelbeobachtungen[2], die Wortwahl, Motivverwendung und Gedankliches betreffen. So war es denn nicht allein in der Tilgungsfreudigkeit früherer Philologen begründet, daß man den erhaltenen *Prometheus* als überarbeitet oder unecht erklärte. Am weitesten ist Wilhelm Schmid gegangen, der das Stück in seiner Literaturgeschichte als anonymes Drama unter dem Einfluß der Sophistik behandelt. Man hat solcher Zuversicht gegenüber

[1] Gegen einen Flügelwagen als Fahrzeug der Okeaniden und für geflügelte Sitze: E. Fraenkel, ‹Der Einzug des Chores im Prometheus›. *Ann. Scuola Norm. di Pisa* 1954, 269. W. Buchwald denkt sich in seiner trefflich einführenden Ausgabe des Stückes (Bamberg 1962) jedes der Mädchen auf einem mit Flügeln versehenen kleinen Wagen sitzend. Die Bewegungen, mit denen sie sich hereinrollten, wären von den Flügeln verdeckt worden.

[2] Einiges *Gnom.* 19, 1943, 198. Dazu F. Heinimann, *Nomos und Physis.* Basel 1945, 44. 92, A. 5. O. Hiltbrunner, *Wiederholungs- und Motivtechnik bei Aisch.* Bern 1950, 75.

bedenken gelernt, wie wenig wir von Aischylos besitzen und wie schmal die Basis solcher Vergleiche ist. Man hat sich bei allen Auffälligkeiten im einzelnen nicht der Großartigkeit dieser Konzeption entzogen und neben so viel Abweichendem die Menge dessen gewürdigt, das nun wieder durchaus aischyleisch klingt. Heute herrscht die Meinung vor, daß wir hier echten Aischylos lesen. Auch wir folgen ihr, erheben aber Einspruch gegen die Weise, in der manche Forscher unserer Tage das Vorhandensein einer Prometheusfrage überhaupt nicht anerkennen und über so vieles, was sorgsame Prüfung erfordert, ohne ein Wort hinweggehen.

Die schwierigste Frage ist mit dem Zeusbild dieses Stückes gegeben. Wie steht der neue Herr im Olymp, der sein Regiment gewaltsam übt und Leiden wie jene der Io verursacht, zu dem gerechten Weltenlenker, den frommes Gebet im *Agamemnon* kaum mehr mit dem Namen Zeus zu nennen wagt? Wenn es hier einen Ausgleich gab – JACOB BURCKHARDT hat das sehr nachdrücklich bezweifelt[1] –, so mußten ihn die verlorenen Teile der Trilogie gebracht haben. Man sollte aufhören, FR. TH. VISCHERS Wort über das Alte Testament *da war der liebe Gott selbst noch jung* auf die Prometheusdeutung anzuwenden, auch wenn WILAMOWITZ damit den Anfang gemacht hat[2]. Nichts berechtigt uns, hier den Gedanken an eine Entwicklung des Gottes hereinzutragen, auch die Erinyen der *Orestie* entwickeln sich nicht, sondern zeigen nur am Schlusse der Trilogie die andere Seite einer polaren Wesenheit. Das eine aber zeigt uns der Schluß der *Orestie*, daß Aischylos den sittlichen Kosmos, an den er glaubte, als den Ausgleich ursprünglich gegenstrebiger Mächte verstand. Und vieles weist darauf, daß auch die Prometheustrilogie mit einer Versöhnung des Olympischen und Prometheischen endete.

Von den Prometheusdramen, deren Titel wir kennen, scheidet für unsere Trilogie der *Pyrkaeus* aus, den wir als Satyrspiel jener Trilogie kennenlernten, der die *Perser* angehören. Es bleiben der *Lyomenos* und der *Pyrphoros*, von denen das erstgenannte Drama seinem Titel nach die Lösung des Titanen enthielt. Daß dies so war, bezeugt uns nachdrücklich das Scholion zu v. 511 des erhaltenen Stückes. Dieser Befund wird zu einem starken Argument gegen die oft vertretene Annahme, Prometheus am Felsen sei durch eine riesige Puppe dargestellt gewesen. Die Theorie hatte ihre Vorteile. Man kam so in der Eingangsszene des erhaltenen Stückes mit zwei Schauspielern aus, da Bia stumm bleibt, auch schien das Versinken am Ende ein gut erdachter Weg, dieses Requisit zu entfernen. Wir können nicht entscheiden, ob der Dichter der Illusion seines Publikums die Puppe überhaupt zumuten konnte, aber eine Lösung des Titanen am Ende des zweiten Stückes spricht entschieden gegen diese Annahme.

Übrig bleibt der *Pyrphoros* (Feuerträger oder Feuerbringer) und mit ihm die schwierige Frage seiner Stellung in der Trilogie. Hat er den Anfang gebildet und den Feuerraub enthalten, oder war er das dritte Stück, das die Versöhnung der feindlichen

[1] *Griech. Kulturgeschichte* 1, 319 (Kröner).

[2] J. A. DAVISON, *Ant. Class.* 1958, 445 spricht bei der Theorie einer Entwicklung des Zeus nicht ohne Grund von a monstrous perversion of Aeschylus' theology; wenn sich etwas entwickle, so sei es des Prometheus Verstehen für Zeus.

Mächte vollendete und mit der Stiftung eines Kultes für Prometheus schloß? Die Parallele mit den *Eumeniden* besticht, ist aber kein tragfähiges Argument. Wir haben nun einmal keine sichere Angabe über den Inhalt des *Pyrphoros* und müssen uns der also gezogenen Grenzen bewußt bleiben. Keinesfalls wird man dieses Stück mit dem Satyrspiel *Pyrkaeus* gleichsetzen und für die beiden anderen Dramen in die Annahme einer Dilogie flüchten. Gehörte der *Pyrphoros* aber in eine Trilogie, dann läßt sich für ihn als erstes Stück noch eher eine dramenfüllende Handlung denken, als wenn er den Abschluß bildete. So viel und nicht mehr wird man POHLENZ[1] in seiner Polemik gegen REINHARDT zugeben können.

GILBERT MURRAY hat in seinem schönen Aischylosbuche das Wort Swinburnes aufgenommen, die *Orestie* sei vielleicht *the greatest achievement of the human mind.* Unsere Zeit hat in ihrer peinlichen Angst vor Begeisterung am unrechten Orte jeglichen Enthusiasmus als unfein geächtet. Vor diesem Werke aber dürfte es selbst heute erlaubt sein, von einer der Höhen menschlicher Kunst zu sprechen. Wenig ist ihm vergleichbar, am nächsten die Bildkunst Michelangelos. Dabei ist in der Form der *Orestie* die letzte Vollendung der Klassik noch keineswegs erreicht. Diese Dichtung, die einen ganzen Kosmos durchmißt, trägt Züge des Archaischen, trägt sie aber nicht wie eine hemmende Fessel, sondern wie etwas auf dem Wege zur Vollendung bereits Bewältigtes. Die Skulpturen vom Zeustempel in Olympia stehen nicht nur in zeitlicher Nähe zu ihr, der Apollon vom Westgiebel ist jenem der *Eumeniden* enge verwandt.

Als Aischylos 458 die Trilogie aufführte, zu der das verlorene Satyrspiel *Proteus* trat, hatte der Stoff bereits eine lange Geschichte. Von Homer an werden uns einzelne ihrer Abschnitte kenntlich, doch bedauern wir es hier ganz besonders, daß uns die chorlyrische Ausformung der Sage durch Stesichoros verloren bleibt. Das wenige, was wir von seiner *Oresteia* wissen, zeigt Motive, die in der Tragödie fruchtbar werden. Daneben verlangt die Vermutung von WILAMOWITZ Beachtung, die Bedeutung Apollons für diesen Sagenstoff rühre von alter, delphisch beeinflußter Epik her. Jedenfalls ist auch in der *Orestie* die stoffliche Erfindung nicht die wesentliche Leistung des Dichters. Eine der gewaltigsten Gestalten der Schaubühne ist die Klytaimestra des ersten Stückes. In älterer Sage von der Ermordung Agamemnons tritt Aigisthos stärker als Täter hervor (z.B. *Od.* 11, 409), und so könnte man an eine Neuerung durch Aischylos denken. Doch bedarf die Rolle der Klytaimestra in den Berichten der *Odyssee* einer neuen Überprüfung, und das 11. *Pythische Lied* Pindars zeigt uns, daß bereits Dichtung vor der Tragödie sie die Untat mit eigener Hand vollziehen ließ. Die größte Selbständigkeit der Überlieferung gegenüber bewahrte Aischylos bei der Gestaltung des dritten Stückes, und dies ist der Ausdruck dafür, daß er hier in der gedanklichen Durchdringung und Neugestaltung des alten Stoffes sein Eigenstes gegeben hat.

Die Szenenführung der Trilogie hat den älteren Stücken gegenüber größere Freiheit und größeren Reichtum gewonnen. Der dritte Schauspieler ist ausgiebig ver-

[1] 2, 41.

wendet, wenngleich wir von wirklichen Dreierszenen noch ein gutes Stück entfernt sind. Das Bühnenbild zeigt uns in der *Orestie* ein erstesmal die Vorderwand der Skené als Palastfront gestaltet, von der ein großes Mitteltor und seitliche Eingänge auf den Schauplatz führen.

Alle drei Stücke beginnen mit Prologreden. Wenn unsere früher (S. 265) begründete Ansicht zu Recht besteht, daß es sich dabei um ein altes technisches Mittel zur Vorbereitung der Chorgesänge handelt, tritt erst die Kunst in volles Licht, mit der Aischylos den Prolog zum Träger wechselnder Stimmung machte.

Die Handlung des *Agamemnon* beginnt zu nächtlicher Zeit, kurz vor dem Morgen. Ein Wächter liegt auf dem Dache des Palastes, von Klytaimestra bestellt, auf das Feuersignal zu achten, das von Berg zu Berg den Fall Troias nach Argos melden soll. Der Klage über die endlose Mühe dieser Wacht folgt der Jubel beim Aufflammen des Fanals. Doch alsbald verstummt die Freude wieder vor dem Wissen um Schuld und Gefahr, die sich lauernd im Palaste bergen. In neununddreißig Versen ist hier der Kontrast gezeichnet, der das ganze Spiel formt, und der Ton angeschlagen, auf den große Teile dieser Tragödie gestimmt sind. In der breit komponierten ersten Hälfte des Stückes, ehe sich Agamemnon und Klytaimestra begegnen, erstickt immer wieder wie im Wächterprolog jeder Jubelruf in banger Ahnung, und so dicht ballt die Meisterschaft des Dichters dunkles Gewölk, daß wir den niederzuckenden Blitz wie eine Entspannung nach langer Qual empfinden.

Die Breite der Eingangspartien, vor allem der Liedmassen, die auf den Prolog und die Einzugsanapäste des Chores argivischer Greise folgen, will daraus verstanden sein, daß hier nicht der *Agamemnon* allein, sondern die ganze Trilogie exponiert wird. In dieser Sicht gewinnen die Verszahlen der drei Stücke (1673. 1076. 1047) Bedeutung.

Die vielstrophige Parodos führt uns zum Auszug der Flotte zurück. Dort in Aulis wurde Agamemnon vor die furchtbare Forderung gestellt, sein eigenes Kind Iphigeneia zu opfern, um den Zorn der Artemis zu versöhnen und die widrigen Winde zu sänftigen. Wieder stöhnt der Mensch unter dem Joch der Ananke, wieder steht er vor den beiden Wegen, deren jeder ungangbar scheint und von denen einer doch betreten werden muß. Die Atriden, die ihr Szepter in den Boden stoßen, denen die Tränen aus den Augen springen, werden zum Symbol der Not schicksalhafter Entscheidung. Aber auch hier gibt der Mensch, der sich unter bitterstem Zwange entschieden hat, den eigenen Willen darein. Agamemnon ist nun zu allem entschlossen (221), er opfert sein Kind und schafft so dem großen Heereszuge freie Ausfahrt. Seinem Weibe aber entzündet er eine Flamme des Hasses, die nie mehr verlischt. Doch wäre es eine falsche Vereinfachung, Klytaimestras Tat allein aus diesem Motiv zu erklären. Mit gleicher Kraft treibt eigene Leidenschaft diese Frau in die Arme des schlechteren Mannes und schließlich zur Tötung des Gatten. Wie aber alles das letzten Endes in viel weiter gespannte Zusammenhänge unlöslich eingefügt ist, wird erst im Fortschreiten des Spieles deutlich.

Mitten aus der reichgegliederten Liedmasse der Parodos hebt sich der Hymnos an Zeus. Die Form des alten Rufeliedes, das den Gott mit allen seinen Kultnamen zu erreichen sucht (man vergleiche *Ilias* 1, 37), ist hier zum Träger eines religiösen Empfindens geworden, dem kein Name mehr genügt: *Zeus, wer immer er auch ist, wenn es ihm lieb ist, also zu heißen* ... An wenigen Stellen vernehmen wir des Dichters eigene Stimme mit solcher Unmittelbarkeit. Dieser Zeus, aus dem homerischen Vater der Götter und Menschen entwickelt und ihm längst nicht mehr vergleichbar, bedeutet für den Glauben des Dichters den Garanten einer großen und sinnvollen Weltordnung. Denn so verschlungen die Wege Gottes auch sein mögen, ein letzter Sinn ist wohl erkennbar, und Aischylos verkündet ihn in diesem Liede. Der Weg des Menschen durch Schuld und Qual ist sein Weg zur Einsicht in das Gesetz. Das Wort *durch Leiden lernen*, das zunächst nicht mehr bedeutet, als daß man durch Schaden klug wird, ist hier zum Leitwort eines religiösen Weltbildes von großer Tiefe geworden[1]. Dasselbe gilt von einem zweiten Worte, das dem genannten voranzustellen ist: *Wer tut, muß leiden*[2]. In diese Kette von Tat, Schuld, Sühne und Erkennen fügt sich nun auch das seltsame Motiv, das uns in den *Persern* begegnete, die Vorstellung von einem Gotte, der bei der Schuld der Menschen mitanhebt. Es ist der Gott des Aischylos, der uns diesen harten Weg zur Erkenntnis führt.

Der *Agamemnon* zeigt in seiner Komposition durchaus noch jene Ungleichheit des dramatischen Tempos, die auf lange Vorbereitung eine stoßweise Entladung der aufgestauten Konflikte folgen läßt. In breiter Rede schildert Klytaimestra den Weg der Fackelpost über die Bergeshöhen, und mit gleitenden Übergängen singt darauf der Chor im ersten Stasimon[3] von der Strafe des Zeus für Paris, der das Gastrecht brach und die fremde Frau raubte, aber auch von dem Fluch, der auf dem blutigen Kampfe um eines Weibes willen lastet. Alles ist unfroh, voll von banger Ahnung. Mit großer Wirkung, für die uns die *Choephoren* ein weiteres Beispiel bieten werden, stellt Aischylos in diesen Umkreis von Sorge und Angst den einfachen, völlig unbefangenen Menschen, der an der Qual der Wissenden keinen Teil hat. So kommt hier der Bote auf die Szene, der die Landung des Königs verkündet, aus vollem Herzen über die Heimkehr jubelt und aus der frohen Sicherheit der Stunde auf die Mühen des Feldlagers zurückblickt.

Daß wir vor dem ersten Stasimon Klytaimestras Bericht über die Fackelpost hörten, und nach ihm Agamemnons Schiffe bereits gelandet sind, zeugt von der souveränen Behandlung der Zeit durch Aischylos. Der allgemeine Hinweis, daß ein Tragödienlied einen größeren Zeitraum überdecken könne, genügt hier nicht, denn das Kommen des Herolds wird ausdrücklich mit der Bestätigung der vorher eingetroffenen Fackelpost in Zusammenhang gebracht (489).

Das zweite Stasimon führt den Gedanken von Helena als der großen Leidbringerin wieder ins Allgemeine. Hier hören wir (750) des Dichters persönliches Bekenntnis, daß er den Glauben seiner Zeit an den Neid der Götter nicht teilt. Nicht Mißgunst

[1] Zur Geschichte des Wortes H. DÖRRIE, *Leid und Erfahrung. Abh. Ak. Mainz, Geistes- und sozialwiss. Kl.* 1956/5.

[2] Vgl. u.a. Hesiod, fr. 174 Rz.

[3] Der Ausdruck bezeichnet ein Lied in ruhigen Maßen, nicht in Marschrhythmen wie beim Ein- und Auszug, vgl. W. KRANZ, *Stasimon*. Berl. 1933, 114.

gegen allzu großes Glück, sondern die Satzung des Rechtes allein lenkt Gottes Hand, wenn er die Sünde straft. Denn alles Übel wurzelt in der Schuld. So tönt das Lied, ehe der Sieger einzieht. Agamemnon kommt zu Wagen, hinter ihm aber kauert Kassandra, das troische Königskind, das er Klytaimestra als Kebse ins Haus führt. Die Spannung über dem ganzen ersten Teile des Agamemnon ist hier bis zum äußersten gesteigert. Agamemnons kalter Zurückhaltung antwortet geheuchelter Jubel der Frau, in dem sich die Verstellung bis zum Überschlagen an ihren eigenen Künsten berauscht. Ein Wortkampf endet die Szene, in dem Klytaimestra dem Gatten ihren Willen aufzwingt, über Purpurteppiche in den Palast zu schreiten. Dieser Sieg ist Vorspiel jenes anderen, den sie im Hause erhofft[1].

Vor die Katastrophe hat Aischylos eine Szene gestellt, die den Horizont des Spieles mit einem Male weit werden läßt. Kassandra ist nach dem Einzuge des Königspaares auf der Bühne zurückgeblieben. Noch einmal kommt Klytaimestra, ihr Opfer in den Palast zu locken, aber die troische Königstochter schweigt und bleibt. Dann kommt der Gott über sie, Apollon, der ihr einst zum Unsegen die Prophetie gab. In einem auch in der Form großartigen Wechsel ekstatisch visionären Gesanges und gefaßter, deutender Rede läßt sie die Vorgeschichte des Atridenhauses vor uns aufsteigen: der Bruder, der das Bett des Bruders schändete, der Greuel der thyesteischen Mahlzeit und, ihrem Blick erkennbar, im Hause der Schwarm der Erinyen, der nimmer weicht und trunkenen Zechern gleich sein furchtbares Lied singt. Nun aber wird ein neues Glied an die Kette der Frevel geschmiedet. Drinnen rüstet sich das Weib, den heimgekehrten Gatten und König einem Opfertiere gleich zu fällen. Kassandra wird sein Schicksal teilen, und nach einem letzten Aufzucken des Lebenswillens geht sie gefaßt in das Haus, ihrem Tod entgegen. Bald tönt der Wehruf Agamemnons aus dem Palaste. Während der Chor noch berät und zaudert, öffnet sich das große Mitteltor[2], und Klytaimestra zeigt sich mit der Mordwaffe in der Hand an den Leichen ihrer beiden Opfer. Noch ist der Rausch der Tat in ihr, und sie preist den Blutstropfen, der sie aus der Todeswunde traf, wie den Regen, der die Saat in der Zeit des Wachstums tränkt. Aber nun setzt ein langes Ringen mit dem Chore ein, der ihrem Siegesjubel die Schwere ihrer Tat und die Gewißheit der Sühne entgegenhält. Da lernt Klytaimestra erkennen. Nicht daß sie Reue empfände oder vom Anspruch ließe, ihre Tat zu Recht getan zu haben. Aber sie erkennt, daß sie nun selbst eingefügt ist in die Kette von Schuld und Sühne, die aus der Vergangenheit dieses Geschlechtes heraufkommt und sich in die Zukunft fortsetzen wird, ohne daß einer ihr Ende sähe. Da möchte sie mit dem Dämon des Hauses einen Pakt schließen, daß es genug sei an dem Geschehenen.

[1] Nahe steht dieser Auffassung der Szene ihre Deutung durch H. Gundert, Θεωρία, *Festschr. Schuchhardt.* Baden-Baden 1960, 69, der auch Interpretationen anderer diskutiert.

[2] Es ist nicht nötig, für diese und ähnliche Szenen das Ekkyklema zu bemühen, eine Rollmaschine, die in spätere Zeit gehört, vgl. E. Bethe, ‹Ekkyklema und Thyroma›. *Rhein. Mus.* 83, 1934, 21. Das Ekkyklema bezweifelt für die klassische Bühne auch A. Pickard-Cambridge, *The Theatre of Dion. in Athens.* Oxf. 1946 100ff. Anders T. B. L. Webster, zuletzt ‹Staging and Scenery in the Ancient Greek Theatre›. *Bull. Rylands Libr.* 42/2, 1960, 493. Nun hat aber N. C. Hourmouziades, *Production and Imagination in Euripides.* Athen 1965, für Euripides, vor allem für den *Herakles*, zwingende Gründe für die Annahme des Ekkyklemas vorgebracht.

Wie zur Antwort betritt Aigisthos die Bühne, ihr Buhle, der sie die Tat tun ließ und nun den Herren spielt. Da wallt den Alten das Blut auf, und offener Kampf müßte ausbrechen, wenn Klytaimestra nicht dazwischenträte. Eine andere, müde gewordene Klytaimestra, die nun als Weib spricht und kein Blut mehr fließen lassen will. Mit Aigisthos geht sie in den Palast, in dem sie beide nun herrschen werden.

Das zweite Stück, die *Grabspenderinnen* (Choephoren) zeigt mit dem ersten einen weitgehenden Parallelismus des Baues, der an einzelnen Höhepunkten der Handlung besonders stark ins Auge fällt. Wieder tritt ein Mensch durch schuldige Tat in den Ring, der sich um das Atridenhaus geschlossen hat, wieder wird er trotz allem Sträuben in die Erkenntnis dieser Zusammenhänge gezwungen. Wie im *Agamemnon*, so führt auch hier der szenische Bau in vier Stufen zur Begegnung der beiden Gegenspieler. Den Prolog, von dem uns nur Bruchstücke erhalten sind, spricht Orestes am Grabe seines Vaters. Das Gebet des reinen Jünglings, der in der Ferne aufwuchs, steht zu dem düsteren Ausklang des vorangehenden Stückes in einem Kontraste von stärkster Wirkung. Da hört man den Gesang von Frauen, die mit Elektra dem Grabhügel nahen, und Orestes verbirgt sich mit seinem Begleiter Pylades, um ungesehen den Sinn dieses Aufzuges zu erkunden. Klytaimestra hat, durch einen schweren Traum erschreckt, die Tochter mit Gaben der Versöhnung an das Grab des Erschlagenen gesandt, aber Elektra bringt sie mit der Bitte um die Heimkehr des Orestes und den Vollzug der Rache dar. Da entdeckt sie die Locke, die der Bruder am Grabe geopfert, entdeckt die Spur seiner Füße[1] und ahnt sein Kommen. Auf einer dritten Stufe der Handlung finden sich die Geschwister in einer technisch einfachen Erkennungsszene, die aber durch die Innigkeit ihrer Töne ergreift. Die Geschwister vereinen sich nun mit dem Chore zu einem langen Wechselgesang am Grabe, dann entwickelt Orestes seinen Plan, der über die letzte der angedeuteten Stufen zur Begegnung mit seiner Mutter führt. Noch erkennt sie ihn nicht, der sich als Boten seines eigenen Todes gibt. Sie nimmt den Ankömmling und seinen Begleiter Pylades ins Haus auf und sendet Botschaft nach Aigisthos, der auswärts weilt. Botin ist die alte Amme des Orestes, und wieder begegnet in ihr der Mensch, der, selbst heil geblieben, in seinen schlichten Worten reine Menschlichkeit aussagt. Auch sie glaubt die Nachricht vom Tode des Orestes, und sie findet die Tränen, die seine eigene Mutter für ihn nicht hat. Die Worte ihres Erinnerns an all die liebe Plage mit dem hilflosen Kinde hat derselbe Dichter geschrieben, der uns in der Parodos des *Agamemnon* durch sein Verständnis für die stumme Kreatur ergreift.

Im wahren Kunstwerk wirkt jeder Teil nach vielen Seiten. So hat die Szene der Amme nicht nur ihr eigenes Licht, sie ist auch im Aufbau des Ganzen von Bedeutung. Die Alte soll Aigisthos mit Bewaffneten holen, der Chor, der sie ein Stück der Wahrheit ahnen läßt, bringt sie dazu, ihre Botschaft in diesem entscheidenden Punkte zu

[1] Die auf die Fußspur bezüglichen Verse 205-11 und 228f. sind aber ebenso wie die Polemik gegen dieses Motiv bei Euripides El. 518-44 Zweifeln an ihrer Echtheit unterworfen: E. FRAENKEL, *Aesch. Agam.* Oxf. 1950, 3, p. 815; vgl. aber jetzt H. LLOYD-JONES, ‹Some alleged interpolations in Aesch. Choe. and. Eur.-El.› *Class. Quart.* N. S. 11, 1961, 171. H.-J. NEWIGER, *Herm.* 89, 1961, 427. F. SOLMSEN, ‹*Electra and Orestes. Three recognitions in Greek tragedy*›. Meded. Nederl. Ak. Afd. Letterkunde. N.R. 30/2. 1967.

ändern. Nach einem Chorlied, das die Zeit der Auftragserfüllung überdeckt, wie in vielen Fällen solcher Art, kommt Aigisthos und fällt im Palaste unter dem Schwert des Orestes. Nun ruft ein Diener Klytaimestra aus dem Frauengemach, und im Augenblick hat sie sein Wort verstanden, daß der Tote die Lebendigen morde. Noch einmal erwacht der Dämon in ihr, sie ruft nach dem Beile, aber da steht sie schon dem Sohne gegenüber. In einem raschen Kampf der Rede, in dem sie sich an das eine Wort «Kind» wie an ihre Rettung klammert, sucht sie ihr Schicksal vergeblich zu wenden. Orestes treibt sie zum Tode in den Palast. Wieder öffnet sich dessen Mitteltür nach dem Liede des Chores, wieder steht der Täter an der Leiche seiner beiden Opfer. Und wie Klytaimestra im *Agamemnon*, so sucht sich auch Orestes zunächst in seiner Tat zu behaupten. Helios ruft er zum Zeugen seines Rechtes und läßt das Gewebe bringen, in dem Agamemnon wehrlos starb. Aber alle Rechtfertigung, die er vor sich selber sucht, kann ihn nicht bewahren, über seinen Sinn sinkt die Nacht des Grauens. Die Rachegeister der Mutter entsteigen vor seinen Augen dem Boden, und im Wahnsinn stürzt er von der Szene, um in Delphi Lösung zu finden.

In der ersten Hälfte des Spieles nimmt eine lyrische Partie breiten Raum ein (306 bis 478), der Kommos, der den Chor und die beiden Geschwister am Grabe Agamemnons in langen Gesängen vereinigt. Die Deutung dieses Gefüges von Liedern mit seiner überaus kunstvollen, zum Teil triadischen Architektonik ist über die Choephoren hinaus für das Ganze der Trilogie entscheidend wichtig[1]. Im Gegensatz zu einer statischen Interpretation vertreten wir die Auffassung, daß der Kommos für das Verhältnis des Orestes zu seiner Tat von größter Bedeutung ist. Nicht, als ob er nun erst den Entschluß zum Morde an der Mutter faßte, denn diesen bringt er schon bei seinem ersten Auftreten mit. Wohl aber tritt in der Akzentuierung der Motive eine entscheidende Verschiebung ein. Vor dem Kommos begründet Orestes die Notwendigkeit seiner Tat in langer Rede, und er begründet sie mit dem strengen Gebote des delphischen Apollon, der Ungehorsam mit den furchtbarsten Strafen zu treffen verhieß[2]. Im Kommos selbst aber tritt Apollons Gebot so völlig zurück, daß es mit keinem Wort mehr erwähnt wird. Der Orestes, der nach allen Schilderungen der Not und der Greuel im Atridenhause sein *büßen soll sie* hervorstößt, denkt dabei nicht mehr an Apollons Befehl, denkt auch nicht mehr an Aigisthos, er hat die furchtbare Tat des Muttermordes in seinen eigenen Willen hineingenommen und wird sie mit eigener Verantwortung tun. Im Grunde begegnen wir wieder jener Doppeltheit der Motivation aus göttlicher Weisung und menschlichem Wollen, die uns ein Hauptmerkmal homerischer Psychologie schien, aber was dort eine unproblematische Einheit war, ergibt hier einen tragischen Konflikt von großer Tiefe. Der echt aischyleische Zug, daß menschliches Handeln plötzlich ein verhängnisvolles Doppelantlitz zeigt, ist hier

[1] Die Gegenpositionen: W. SCHADEWALDT, ‹Der Kommos in Aisch. Choephoren›. *Herm.* 67, 1932, 312; jetzt *Hellas und Hesperien.* Zürich 1960, 106. A. LESKY, ‹Der Kommos der Choephoren›. *Sitzb. Ak. Wien. Phil.-hist. Kl.* 221/3, 1943; dazu ‹Göttliche und menschliche Motivation im hom. Epos›. *Sitzb. Ak. Heidelb. Phil.-hist. Kl.* 1961/4, 52.

[2] Sind die Verse 297–305, die wie ein Anhang an die Rede Orests wirken, echt, so sind sie als Überleitung zum Kommos zu verstehen.

mit besonderer Schärfe ausgeprägt. Der Orestes, der dem Gotte gehorcht und seinen Vater rächt, ist der frömmste aller Söhne und tritt doch zugleich als Mörder seiner eigenen Mutter in den Kreis von Verblendung, Untat und Sühne, der sein Geschlecht umschließt.

Die Motivierung des Muttermordes in zwei verschiedenen Schichten bleibt weiterhin deutlich. Als Orestes bei dem Anblick der Mutter die Kraft zur Tat zu verlieren droht, spricht Pylades ein einziges Mal im ganzen Drama, und er spricht als Vertreter des Gottes von Delphi, dessen Gebot nun eintreten muß, wo der Wille des Orestes nicht mehr reicht. Am Schlusse des Stückes aber, wo das Grauen dieser Tat für Orestes in den Erinyen Gestalt gewinnt, flüchtet er zu dem Gotte, der ihm befahl, was er mit eigener Kraft nicht mehr zu tragen vermag.

Der Schluß der *Choephoren* mit der Umnachtung des Orestes gehört zu den wuchtigsten Szenen der aischyleischen Bühne. Wieder tritt dazu der Prolog des folgenden Stückes, der *Eumeniden*, mit dem Gottesfrieden eines delphischen Morgens in eindrucksvollen Kontrast. Die Priesterin, die nach frommem Gebet den Tempel betreten hat, kommt alsbald von Entsetzen geschüttelt, mehr kriechend als gehend zurück. Das Furchtbare, das sie geschaut, wird durch die Öffnung des breiten Mitteltores in der Tempelfront sichtbar. Da sitzt Orestes am heiligen Erdnabel, um ihn aber die Schreckgestalten der Erinyen, seiner Verfolgerinnen, die nach scharfer Jagd in Schlaf gesunken sind. Zu dem Verfolgten ist Apollon getreten und verspricht ihm seinen Beistand. Hermes wird ihn nach Athen geleiten zum alten Bild der Burggöttin, und dort wird er Richter finden, seinen Fall zu lösen. Der Gott hat Orestes mit sicherem Geleite auf den Weg gesandt, nun weist er, der lichte Olympier, die Göttinnen einer nächtlichen Urwelt aus seinem Tempel.

In diesem Wege des Orestes nach Athen – es ist ein Weg, den der Gott von Delphi über seinen eigenen Bereich hinaus weist – hat Aischylos aus den Elementen der Überlieferung freier als in den sonstigen Teilen der Trilogie gestaltet. Was alte Sage von der Macht Apollons erzählte, der den Muttermörder durch reinigende Riten entsühnte oder ihm den Bogen gab, mit dem er sich der Erinyen erwehrte, genügte dem Denken dieses Dichters nicht. Bis in die letzte Tiefe war die Ordnung der Dike im Hause der Atriden verstört worden, so äußerliche Mittel wie die Waschung mit Tierblut vermochten nicht, sie wieder herzustellen. Die Doppelung des Schauplatzes in diesem Stücke ist das Symbol dafür, daß neben apollinische Kathartik anderes, Größeres getreten ist.

Nach einem Szenenwechsel, den wir uns einfach durch Schließen der Tempeltür und Aufstellen eines Pallasidols vollzogen denken (woferne ein solches nicht vom Anfang an in der Orchestra stand), sehen wir Orestes auf der Burg von Athen im Schutze des Götterbildes. Der Chor der Erinyen findet ihn, stürmt mit wilden Sprüngen in die Orchestra und schlingt mit einem Bindelied seinen schaurigen Reigen um ihn. Aber die Rhythmen des Tanzes werden ruhiger, und der Gesang der Dämonen verkündet, daß auch sie im großen Weltplan des Zeus ihren ehrwürdigen Platz haben. In den erhabenen, nie vergessenden Kindern der Nacht hat die Unerbittlichkeit der Sühne für vergossenes Blut Gestalt gewonnen. Die lichte Göttin des anderen Bereiches, Athene, wird es später (698) selbst sagen: *Entfernt das Furchtbare nicht ganz aus eurem Staat! Denn welcher Mensch, der nichts mehr fürchtet, bleibt im Recht?*

Nach dem Liede des Chores kommt die Göttin auf ihre Burg, sieht die seltsame Versammlung an ihrem Bilde und erforscht den Handel. Fast ist die Lage der Göttin jener des Landeskönigs in den *Hiketiden* vergleichbar: Schutzflehender und Verfolger sind da, beide gleich schwierig fortzuweisen. Aber die Tochter des Zeus weiß Rat: für ewige Zeit will sie einen Gerichtshof einsetzen, der in Mordfällen das Recht sprechen soll. Sogleich geht sie, die besten ihrer Bürger zu holen.

Die Szene nach dem folgenden Chorlied ist auf dem Areshügel spielend zu denken, in dem sich die Höhe der Burg fortsetzt, doch ist es weder nötig noch möglich, eine Bezeichnung des Schauplatzwechsels anzunehmen. Hier finden sich nun, von Athene geführt, die zu Richtern erwählten Bürger ein, und Apollon selbst kommt, um vor diesem Gerichte gegen die Erinyen um das Schicksal des Orestes zu kämpfen. Bei den Plädoyers der Chorführerin und des Gottes atmen wir die Luft athenischer Gerichtshöfe, aber hinter dem Advokatischen wird ein Konflikt von Riesenmaßen sichtbar. Apollon, der Sohn des Zeus, steht für eine jüngere Götterwelt, die eine Vaterwelt ist. So wiegt für ihn die Tötung Agamemnons und das Rachegebot für Orestes schwerer als die Mordtat an der Mutter. Die Erinyen aber vertreten jene mächtige Urwelt, die der Schoß aller Geburten ist und in der die Mutter alles gilt. Mit einer Intuition von beispielloser Kraft hat Aischylos hier aus der Religion seines Volkes Grundmächte menschlicher Ordnung in das Licht seiner Dichtung gehoben.

Die Parteien haben gesprochen, und Athene verkündet nun vor dem ersten Spruch die Stiftung des Gerichtshofes, der den Areshügel im Namen tragen und für alle Zeit das Blutrecht verwalten soll. Auf dem Schauplatze der *Orestie*, der in ihrem Schlußteil ein wahrhaft kosmischer geworden ist, findet nun auch Zeitgeschichte ihren Ort. Vier Jahre vor der Aufführung der Trilogie hatte Ephialtes eine Verfassungsänderung erzwungen, die dem alten Adelsrat, dem Areopag, seine politischen Rechte nahm und ihm allein die Blutgerichtsbarkeit neben sakralen Aufsichtsrechten beließ. Aischylos hat in den *Eumeniden* nicht Stellung im Kampf der Parteien bezogen, er verlangt durch Athenes Mund für den Areopag nicht mehr, als was ihm nach der Reform verblieben war. Als Hort jenes Rechtes, das die Wirrnis alter Blutrache ablöste, soll der Areopag bei einer Bürgerschaft in Ehren bleiben, die nach Athenes großem Worte (696) lebt: *Nicht unbeherrscht und nicht gewaltgeknechtet sein.*

Der Gerichtshof schreitet zur Abstimmung, und Athene, die mutterlose Tochter des Zeus, gibt ihren Stein Orestes. So stellt sie die Stimmengleichheit her, von der sie selbst vorher verkündet hat, daß sie den Freispruch bedeute.

Man hat oft und gewiß nicht ohne Recht betont, daß Aischylos die Würde des Staates als Hort des Rechtes in der Gerichtsszene der *Eumeniden* in großartiger Weise gefeiert hat. Er hat dies jedoch nicht getan, ohne uns zur gleichen Zeit die Grenzen menschlicher Rechtsprechung sehen zu lassen. In jener Gleichheit der Stimmen findet die Unmöglichkeit ihren Ausdruck, den Konflikt der *Orestie*, der selbst durch die Götterwelt geht, mit menschlichem Witz zu lösen. Was Orestes die Rettung bringt und die Kette von Schuld und Sühne durchreißt, ist einzig die Huld der Gottheit. Sie wirkt durch Athene, die als liebste Tochter des Zeus nach seinem Willen tut und so auch in seinem Sinne die Satzung der Gnade stiftet, daß Gleichheit der Stimmen den Verfolgten löst.

Voll strömt nun der Dank des Orestes, der für alle Zeit der Stadt, in der er Rettung fand, die Treue gelobt. Nie soll sich ein Argiverspeer gegen attisches Land richten. Auch hier hören wir den athenischen Dichter, der wohl wußte, welche Bedeutung die argivische Macht in den heraufziehenden Konflikten jener Zeit für seine Stadt hatte.

Noch bleibt das Werk der Versöhnung im Bereich des Göttlichen zu vollenden. Die unterlegenen Rachegeister zürnen und drohen. Aber in langem Redekampfe weiß Athene, die gerade in dieser Szene allen Zauber attischen Wesens verkörpert, die Unholden umzustimmen. Die Mächte der Erdtiefe, die ebenso der Bereich des Todes wie des keimenden Lebens ist, können auch segnen. Als Eumeniden, als Holde, Wohlgesinnte, werden die Göttinnen der Rache in Athen ihr Heiligtum haben und die Segensfülle wirken, von der sie nun versöhnt im Liede singen. Am Schlusse ordnet sich der Festzug, um die Ehrwürdigen in ihren neuen Sitz zu geleiten. Auch in der Welt der Götter ist der Konflikt zu glücklichem Austrag gekommen. Geschehen aber ist alles nach dem Willen des höchsten Gottes, von dem die letzten Worte des Chores der Geleitenden künden: So sind Zeus, der alles schaut, und Moira vereint an das Ziel gekommen. Auch die alte Gegenstrebigkeit von unpersönlichem Schicksal und persönlich wirkendem Weltenlenker ist für den frommen Glauben des Dichters in der Gestalt des Zeus zur Aufhebung gelangt.

Modernes Streben, das Tragische zu ergründen, geht häufig von dem Worte aus, das Goethe am 6. Juni 1824 zum Kanzler von Müller gesprochen hat: *Alles Tragische beruht auf einem unausgleichbaren Gegensatz. Sowie Ausgleichung eintritt oder möglich wird, schwindet das Tragische.* Von hier geht eine Linie über Hebbels Pantragismus und Schelers Lehre von der Unabwendbarkeit der Wertvernichtung als Grundzug unserer Welt bis in moderne Philosopheme. Vor der *Orestie* des Aischylos stellt sich besonders eindringlich die Frage, wie jene Trilogien des Dichters, die mit der Versöhnung der im Spiele wirksamen Gegensätze schließen, zu der neueren Auffassung des Tragischen stehen. Ob sie etwa Tragödien nur heißen dürften, weil sie einer bestimmten antiken Gattung angehören, nicht aber deshalb, weil sich in ihnen echte Tragik ausspricht? Eine solche Auffassung müßte sofort unseren Widerspruch herausfordern, und in der Tat läßt sich Tragischeres kaum denken als Orestes, der ein und dieselbe Tat als fromm Gehorchender und ein den Erinyen preisgegebener Verbrecher tut. Und doch tritt am Ende der *Orestie* jener Ausgleich ein, von dem Goethe sagte, daß mit ihm das Tragische schwinde!

Die angedeutete Fragestellung führt uns tief in die verwickelte Problematik des Tragischen, die in neuerer Zeit ein so lebhaftes Gespräch in Gang gesetzt hat. Wir können diese Fragen hier nicht aufrollen, wollen aber die für Aischylos gezeigte Schwierigkeit durch eine Scheidung beheben, die auch sonst von Nutzen sein könnte. Wir trennen eine im Grundsätzlichen tragische Weltsicht, bei der es auf Vernichtung hinausläuft, von einer anderen, die einen Bereich der Versöhnung und Lösung kennt, deshalb aber die tragische Situation auch in ihren schärfsten Erscheinungsformen keineswegs ausschließt. Sogleich ergibt sich dann, daß der Aischylos der *Orestie* sich als Meister in der Gestaltung tragischer Situationen von größter Spannung und Dichte erweist, daß aber sein Weltbild untragisch in dem Sinne der modernen Auffassung dieses Wortes ist. Nicht die Vernichtung und gegenseitige Aufhebung der Werte steht hier am Ende, sondern ihre Bewahrung in einer von Gottes Weisheit machtvoll gelenkten Welt[1].

Von verlorenen Trilogien des Aischylos nennen wir um des stofflichen Interesses willen jene, die das Schicksal des Aias zum Inhalte hatte *(Waffengericht, Thrakerinnen, Salaminierinnen)*, und die *Lykurgie (Edonoi, Bassarai, Neaniskoi* mit dem Satyrspiel *Lykurgos)*[2]. Hier war eine der dionysischen Sagen behandelt, die von den Widersachern des Gottes der Ekstase, in diesem Falle von dem thrakischen König Lykurgos, erzählte. Verse aus dem ersten Stück (fr. 57 N. 71 M.) lassen uns noch die Kraft ahnen, mit der Aischylos als wahrhafter βακχεῖος ἄναξ das Rauschhafte des orgiastischen Kultes in das Wort bannte. Auch diese Trilogie scheint mit einer Versöhnung der feindlichen Mächte geendet zu haben. Sonst gehören zu dionysischen Stoffen noch die Titel *Bakchai*, *Semele*[3] (Σεμέλη ἢ ὑδροφόροι), mit der vielleicht *Pentheus* und *Xantriai* eine Trilogie bildeten, und das Satyrspiel die *Ammen des Dionysos* (Διονύσου τροφοί).

Hatte Wilamowitz in seinen Aischylos-Interpretationen (1914) darüber geklagt, daß uns Ägypten «bisher auch nicht einen Fetzen» von den Werken des Dichters erhalten hat, so wurde dies anders, als Breccia 1932 einen bislang durch das Grab eines arabischen Heiligen geschützten Abfallhaufen von Oxyrhynchos öffnete. Nicht allein daß er selbst wertvolle Funde machte, die Girolamo Vitelli und Medea Norsa in *Pap. Soc. It.* 11 (1935) veröffentlichten, es folgten bald auch englische Publikationen mit Bruchstücken aus Aischylos. Bereits in den Jahren 1902/03 hatten nämlich Grenfell und Hunt den erwähnten Kôm unter Schonung des Grabes teilweise untersucht und dabei zahlreiche Papyrusbruchstücke geborgen. Aus diesen hat Edgar Lobel im 18. und 20. Band der *Oxyrhynchos Papyri* (1941 . 1952) eine bedeutende Zahl, meist allerdings sehr kleiner, Aischylosfragmente veröffentlicht.

Der Fund der Italiener enthielt zweiundzwanzig Verse aus der *Niobe*, in denen die Not der unglücklichen Mutter geschildert und die Mahnung zur Bewahrung menschlichen Maßes eingeprägt wird. Die Verse sind gerade so weit verstümmelt, daß die Frage nach dem Sprecher schwer zu lösen ist. Unwahrscheinlich ist eine prologisierende Gottheit wie Leto, die Niobes Leid kommentierte, eher läßt sich an die Amme oder sonst jemand denken, der der Trauernden nahestand. In den neueren Behand-

[1] Die hier angedeutete Problematik ist skizzenhaft behandelt bei A. Lesky, *Die griech. Tragödie*. Kröners Taschenausgaben 143. 4. Aufl. Stuttgart 1968, 11; dort (269) auch Lit. zum Problem des Tragischen.

[2] K. Deichgräber, ‹Die Lykurgie des Aisch.›. *Nachr. Gött. Phil.-hist. Kl.* 1/3, 1938/39, 231. K. Vysoký, ‹Aischylova Lykurgeia›. *Listy Filologické* 82, 1959, 177.

[3] Zuweisung von *Ox. Pap.* 18,1941, nr. 2164 (f. 355 M.) an dieses Stück durch K. Latte, *Phil.* 97, 1948, 47 = *Kl. Schr.* 477.

lungen des Fragments hat die ehedem diskutierte Möglichkeit, daß Niobe selber sprach, an Boden verloren. In diesem Falle würde das Fragment in die zweite Hälfte des Stückes gehören, da in den *Fröschen* des Aristophanes (911 ff.) und in der handschriftlichen *Aischylosvita* (6) Niobe neben Achilleus als Beispiel für die Weise des Dichters erscheint, einzelne Gestalten in langem Schweigen verharren und erst nach der Dramenmitte sprechen zu lassen. In dem Niobefragment finden sich auch die Worte, die wir bereits aus Platon (*Pol.* 2. 380a) kannten: *Gott läßt den Menschen eine αἰτία erwachsen, wenn er ein Haus vom Grund auf vernichten will*, wobei in dem griechischen Worte *Schuld* und *Ursache* mitzuhören sind. Wir ordnen den Satz nach dem früher Gesagten leicht in des Dichters religiöses Weltbild ein und stellen den Ausspruch (fr. 301 N. 601 M.) daneben: *Von gerechtem Trug hält sich Gott nicht fern*[1].

Das zweite bedeutende Stück aus dem Funde von 1932 waren sechsunddreißig größtenteils stark fragmentierte Verse aus den *Myrmidonen*. Diese bildeten das erste Drama der *Achilleus-Trilogie* mit den *Nereiden*, so benannt nach dem Chor der Meermädchen, die Achilleus die neuen Waffen bringen, und den *Phrygern* oder *Hektors Lösung*. Eben dieses Stück zeigte Achilleus lange stumm in seinen Schmerz um Patroklos versunken. Aus dem Bruchstück der *Myrmidonen* werden Teile einer Trotzhandlung erkennbar, in der des Achilleus starrer Groll bis in seine äußersten Konsequenzen durchgeführt war. *Ox. Pap.* 20 nr. 2253 (223a M.) kann in den Prolog des Stückes gehören.

Das Urteil der Antike (Diog. Laert. 2, 133. Paus. 2, 13, 6), das Aischylos die erste Stelle unter den Satyrspieldichtern anweist, konnten wir bis vor kurzem nicht überprüfen. So schätzen wir denn unter den neuen Funden besonders jene, die uns den Dichter der *Orestie* auch von dieser Seite kennen lehren und so für ihn dasselbe bieten, was uns der Fund großer Teile der *Ichneutai* für Sophokles schenkte. Ein von den Italienern, und ein größeres, von den Engländen erstmalig veröffentlichtes Fragment geben uns von den *Netzziehern* (Diktyulkoi) deshalb ein verhältnismäßig gutes Bild[2], weil die beiden Bruchstücke aus ganz verschiedenen Stellen dieses Satyrspieles stammen. Es beschloß eine *Perseus-Tetralogie*, von deren vorausgehenden Stücken wir noch die *Phorkides* mit dem Gorgonenabenteuer und den *Polydektes* fassen, in dem dargestellt war, wie Perseus nach seinen Abenteuern nach Seriphos zurückkehrt und dort Danae vor dem König der Insel schützt.

Das von Breccia gefundene Fragment der *Diktyulkoi* stammt aus dem Eingang des Stückes und zeigt zwei Fischer – der eine von ihnen ist Diktys, der Bruder des Königs –, die sich mit einem Fang von rätselhafter Schwere mühen[3]. Es ist der Kasten mit Danae und dem Perseuskinde, der an die Klippen von Seriphos trieb. Da die beiden ihn nicht an Land bringen, rufen sie Hilfe herbei. Hier bricht das Erkennbare ab, gekommen aber ist natürlich der Chor der Satyrn, um beim Bergen des Kastens zu helfen. Es muß eine eindrucksvolle Szene gewesen sein, wie diesem plötzlich eine

[1] Vgl. K. Deichgräber, *Der listensinnende Trug des Gottes*. Gött. 1952, 108 (= GGN 1940).
[2] Maßgebend für die Rekonstruktion Pfeiffer und Siegmann (s. u.)
[3] Zum Text R. Stark, *Rhein. Mus.* 102, 1959, 3.

Frau entstieg, und es läßt sich denken, daß die feigen Satyrn bei dem unheimlichen Vorgange fürs erste die Flucht ergriffen. Das größere Bruchstück aus *Ox. Pap.* 18 entstammt einer viel späteren Partie, die neben einem Vers die auffällige Zählmarke 800 zeigt. Auffällig deshalb, weil das Stück mit dieser Szene nicht geschlossen haben kann und so ein für ein Satyrspiel bemerkenswerter Umfang anzunehmen ist. Diese Szene kommt erst dann zu prächtigem Leben, wenn man mit SIEGMANN den verwegen-lüsternen Vater der Satyrn, den alten Silen, als Gegenspieler Danaes annimmt. Diktys ist in die Stadt gegangen, um eine Entscheidung über Danae herbeizuführen, da macht sich Silen an das schöne Strandgut, preist seine Verdienste und verheißt ein frohes Zusammenleben. Danae aber ruft in wilder Verzweiflung zu den Göttern, sie vor diesen geilen Waldteufeln zu retten. Ganz reizend sind dann Silens Versuche, über allerlei Schäkerei mit dem Perseuskinde zum Herzen der Mutter zu gelangen, und überaus lustig die Anapäste des Satyrchores, der zur Hochzeit ruft und Danaes Verzweiflung in seinem Sinne als heiße Brunst deutet. Über allem ist eine naturhafte Frische, die uns das Urteil der Antike wohl verstehen läßt.

Nicht minder fröhlich muß es in den *Festbesuchern* oder *Isthmosfahrern* (Θεωροί ἢ Ἰσθμιασταί) zugegangen sein, für die uns karge Reste freilich nur Vermutungen gestatten. Da bringen die Satyrn Masken mit den Ebenbildern ihrer fragwürdigen Schönheit, um sie am Tempel des Poseidon auf dem Isthmos als Schmuck anzubringen. Auch hören wir, daß sie sich gymnastisch betätigen möchten, und eben um dieses Wunsches willen sind sie wohl ihrem Herrn Dionysos entlaufen. Ihr sportlicher Eifer dürfte sonderbare Früchte gezeitigt haben, und am Ende kehrten sie sicherlich in den alten Dienst zurück.

Kleine Splitter von anderen Stücken wie *Glaukos Pontios* oder *Glaukos Potnieus* und mehrere aus unbekannten Dramen gestatten keine Schlüsse auf den Inhalt. Von dem *Aitna-Festspiel* ist bereits die Rede gewesen.

Dem großen Gehalt der aischyleischen Tragödie entspricht die Wucht ihrer sprachlichen Form. Aristophanes, selbst ein großer Meister des Wortes, hat das kongenial erfaßt, wenn er im Dichteragon der *Frösche* (1059) Aischylos sagen läßt, daß großen Gedanken auch der sprachliche Ausdruck gleichen müsse. Überhaupt findet sich in dieser Partie die eindrucksvollste Charakteristik der aischyleischen Sprache, und selbst dort, wo aristophanischer Witz ins Groteske hinüberspielt, spüren wir die Ehrfurcht vor dem bakchischen Fürsten (βακχεῖος ἄναξ), wie der Chor (1259) den Dichter nennt.

Bei Aischylos gibt es keinen «Schmuck der Rede», wir sind hier in einem Bereiche, in dem der Name noch dem Benannten als Teil seines Wesens zugehört und in dem es so etwas wie eine Magie des Wortes gibt. Drei Erscheinungen werden aus dieser Einsicht verständlich. Da sind zunächst die Etymologien, die Aischylos gerne anbringt. Uns kommen seine Worterklärungen seltsam und gesucht vor, in Wahrheit wurzeln sie aber in der Vorstellung, daß dem Worte das Wesen der Dinge abzufragen sei. Zum zweiten aber verstehen wir, daß die Wiederholung einzelner Wörter, die wie Leitmotive durch manche Partien hindurchgehen[1], nicht Ornamentik, sondern Aus-

[1] Vgl. die S. 293 A. 2 genannte Arbeit von HILTBRUNNER.

druck des als wesentlich Erkannten in der ganzen Schwere seiner Bedeutung ist. Schließlich gehört auch die Bildsprache des Aischylos in diesen Zusammenhang. Selten nur setzt er die verglichenen Dinge mit einer entsprechenden Partikel nebeneinander, wie *Choe.* 506 die Kinder, die des toten Mannes Gedächtnis erhalten, und die Korke, die das Fischernetz vor dem Versinken bewahren. Viel häufiger erzwingt diese Sprache mit Urkraft von einem Punkte der Berührung her die volle Ineinssetzung dessen, was Homer in einem ausgeführten Vergleiche nebeneinander erscheinen ließ. So soll sich Agamemnon (*Choe.* 501) der Vogeljungen erbarmen, die an seinem Grabe hocken, so sitzt Eteokles (*Sieben* 2) als Steuermann auf dem Heck der Stadt. Diese Weise des Sprechens geht mitunter an die Grenze des Erträglichen heran, so wenn (*Sieben* 371) ein eilig Nahender *die Naben seiner Füße wirbelt.*

Außerordentlich ist die Spannweite der aischyleischen Ausdrucksmittel. Erkennbar wird sie zunächst an dem Gegensatze der klar gegliederten, die Antithesen kräftig unterstreichenden und mit dem Beiwort im allgemeinen sparsamen Dialogsprache und der breitströmenden, scharfer Gliederung abgeneigten Fülle der Chorlieder. Aber auch innerhalb der beiden heterogenen Bereiche dieser Tragödien ist die Möglichkeit der Variation des sprachlichen Ausdruckes außerordentlich groß. Im Sprechvers besonders stehen Partien, in denen Aischylos die Worte wahrhaft *auftürmt* (Aristoph. *Frösche* 1004) neben solchen, in denen äußerste Schlichtheit die größte Wirkung erzielt. Stets aber ist sein Stil Ausdruck jener großen Art (μεγαλοπρέπεια), die antike Kunstkritiker an ihm bewunderten, nicht immer freilich, ohne sich von der Eigenart dieser Größe bedrückt oder befremdet zu fühlen[1].

Die Geschichte des Aischylostextes steht in dem Rahmen der allgemeinen Überlieferungsgeschichte, wie sie der erste Abschnitt dieses Buches kurz umreißt. Für die Tragiker ergeben sich einige zusätzliche Fragen. Wiederaufführungen wurden für Aischylos sogleich nach seinem Tode vorgesehen und haben sich im allgemeinen für Stücke älterer Tragiker seit 386 in steigendem Maße durchgesetzt. An sich liegt die Annahme nahe, daß bei solcher Gelegenheit manches geändert wurde; dazu tritt die Nachricht (Ps. Plut. *vita dec. orat.* 7, 841), daß der Redner Lykurg, der in den späten dreißiger Jahren des 4. Jh.s die Oberaufsicht über den athenischen Kult hatte, durch ein eigenes Gesetz ein Staatsexemplar der Tragödien anlegen ließ und den Schauspielern Abweichungen verbot. Daß wir mit Interpolationen solchen Ursprunges zu rechnen haben, ist sicher, ihre Abgrenzung jedoch schwierig; vgl. D. L. Page, *Actors' Interpolations in Greek Tragedy*. Oxf. 1934.

Wahrscheinlich ist jenes lykurgische Staatsexemplar die Handschrift gewesen, von der wir durch Galen im Kommentar zu den *Epidemien* (CMG V, 10,2,1,p.79) erfahren, daß sie Ptolemaios Euergetes mit nicht ganz geraden Mitteln den Athenern abgewann. Die entscheidende Arbeit an der attischen Tragödie hat in Alexandreia Aristophanes von Byzanz geleistet, der so die Grundlage für die folgenden Textausgaben und Erklärungen schuf. Auf die Alexandriner war das Werk der tragischen Dichter noch mit verhältnismäßig geringen Verlusten gekommen. Diese traten erst mit dem Absinken der Bildung in den Jahrhunderten der Römerherrschaft ein, verringerten dann allerdings den Bestand für Aischylos auf unsere sieben Stücke. Daß diese Auswahl zur Antoninenzeit für die Schule gemacht wurde, war seit der *Herakles*-Ausgabe von Wilamowitz die allgemeine Ansicht. Nun erweckt der Befund der Papyri Zweifel, ob dieser Ansatz nicht zu früh ist[2].

[1] A. de Propris, *Eschilo nella critica dei Greci.* Torino 1941.

[2] Vgl. R. Stark, *Annales Univ. Saraviensis. Philos.–Lettres* 8, 1959, 35.

Für unseren Bestand an Handschriften ist nach der Übersicht von H. W. SMYTH, ‹Catalogue of the Manuscripts of Aesch.› *Harv. Stud. Class. Phil.* 44, 1933 besonders die kritische Aufarbeitung durch A. TURYN heranzuziehen: *The Manuscript Tradition of the Trag. of Aesch.* New York 1943. (Nachdr. Hildesheim 1967).

Abweichungen in unseren Handschriften verbieten es, eine von ihnen als Quelle der übrigen anzusehen. Andererseits sind aber die Übereinstimmungen so groß, daß wir sie alle auf einen einheitlichen Archetypus zurückführen dürfen. In der ausgehenden Antike blieb offenbar ein Unzialcodex mit den sieben Stücken erhalten, der die «dunklen» Jahrhunderte überdauerte und beim Wiederaufleben der Studien im 9. Jh. zur Grundlage der sich mehrfach verzweigenden byzantinischen Überlieferung wurde. Er scheint, wie wir dies aus Papyri kennen, beigeschriebene Varianten gehabt zu haben, was Abweichungen zwischen einzelnen Gruppen unserer Handschriften gut erklärt. An ihrer Spitze steht der Mediceus (Laurentianus) 32, 9. Er enthält die sieben Tragödien mit den besten Scholien, ferner die *Argonautika* des Apollonios von Rhodos. Später hat man die sieben Stücke des Sophokles dazu gebunden. Der Verlust mehrerer Blätter betrifft große Teile des *Ag.* (311–1066 und 1160–Schluß) und den Anfang der *Choe.* Geschrieben wurde die wertvolle Handschrift um 1000, im Jahre 1423 hat sie G. Aurispa von Konstantinopel nach Italien gebracht, und in der zweiten Hälfte des 16. Jh.s kam sie in die Laurentiana.

Die Auswahl der Spätantike haben die Byzantiner neuerdings zu einer Trias verengt, die *Prometheus, Sieben* und *Perser* umfaßte. Die hieher gehörigen Handschriften hängen von einer gemeinsamen Vorlage ab, die offenbar selbständig neben dem Mediceus stand. Ein anderer Überlieferungszweig vermehrte die genannte Trias um den *Ag.* und die *Eum.* Dieser Gruppe gehört ein Neapolitanus (II F 31) an, den Triklinios mit eigener Hand um 1320 geschrieben hat. Zu Handschriften dieser Gruppe R. D. DAWE, ‹The mss. F, G, T of Aesch.›. *Eranos* 57, 1959, 35. DAWE hat in *The Collation and Investigation of Manuscripts of Aeschylus.* Cambridge 1964, 16 Handschriften für die byzantinische Trias verglichen und für diese Stücke das specimen eines kritischen Apparates gegeben, nicht ohne Mängel der bisherigen Ausgaben nachzuweisen. Das Buch ist wichtig für Textgeschichte und Emendation. Im *Repertory of Conjectures on Aeschylus.* Leiden 1965, hat DAWE die *Appendix conjecturas minus probabiles* in der Ausgabe von N. WECKLEIN (1885, erweitert 1893) auf den Stand der Zeit gebracht und damit ein sehr wertvolles Hilfsmittel geschaffen. Er läßt es aber auch schonungslos hervortreten, wie gering der positive Ertrag dieser mit so viel Hingebung betriebenen konjekturalen Tätigkeit ist. Von der Bedeutung der Papyri für den Zuwachs neuer Fragmente war früher die Rede. Die Beziehungen von Oxyrhynchos zu Alexandreia, wie sie E. G. TURNER, *Journ. Eg. Arch.* 38, 1952, 78, und *Mitt. aus d. Papyrussamml. d. Öst. Nat. Bibl.* N. S. 5. Folge. Wien 1956, 141, gezeigt hat, lassen es als durchaus möglich erscheinen, daß die neuen Texte in der Descendenz des athenischen Staatsexemplares stehen, das nach Alexandreia kam. Eine ausgezeichnete Übersicht bietet M. F. GALIANO, ‹Les papyrus d'Eschyle›. *Proc. of the IX. Int. Congr. of Papyrol.* Norwegian Un. Press 1961, 81.

Für die Literatur: M. UNTERSTEINER, *Guida bibliografica ad Eschilo.* Arona 1947; ferner meine Forschungsberichte im *AfdA* von 1948 an, fortgesetzt von H. STROHM, und H. J. METTE, *Gymn.* 62, 1955, 393. – Von den Ausgaben nennen wir zunächst jene von GOTTFRIED HERMANN (Leipz. 1852. 2. Aufl. 1859), die für die Erschließung des Textes Entscheidendes leistete. Gegenwärtig sind die führenden Ausgaben: U. v. WILAMOWITZ, Berl. 1914 (ed. min. 1915), Neudr. 1958; P. MAZON, *Coll. des Un. de Fr.* 2 Bde. mit Übers. Paris 1965. G. MURRAY, 2. Aufl. Oxf. 1955; M. UNTERSTEINER, Milano 1946. Doppelsprachig in der *Loeb Class. Libr.* H. W. SMYTH, 2. ed. Lond. 1957, und in der *Tusculum-Bücherei* O. WERNER, Münch. 1959 mit den Fragmenten und guten Anhängen. – Zur Erklärung: U. v. WILAMOWITZ, *Aisch. Interpr.* Berl. 1914. H. J. ROSE, *A Commentary to the Surviving Plays of Aesch.* 2 Bde. *Verh. Niederl. Ak. Afd. Letterkunde* N. R. 64, 1 u. 2. Amsterdam 1957/58. A(usgaben) mit Kommentar und E(rläuterungen) der einzelnen

Stücke: *Perser:* A: P. GROENEBOOM, Groningen 1930; jetzt deutsch in 2 Teilen, Göttingen 1960 (Studientexte III/1). M. PONTANI, Roma 1951. G. ITALIE, Leiden 1953. H. D. BROADHEAD, Cambr. 1960, mit umfassendem Komm. L. ROUSSEL, Presses Univ. de France 1960, selbständig, aber auch problematisch. E: K. DEICHGRÄBER, vgl. o. S. 284 A. 1. – *Sieben:* A: P. GROENEBOOM, Groningen 1938. G. ITALIE, Leiden 1950. E: E. FRAENKEL, *Sitzb. Münch.* 1957/3, mit ausgezeichneter Analyse der Redepaare. Über die Ergänzung einer Lücke nach v. 676 W. SCHADEWALDT, ‹Die Wappnung des Eteokles›. *Eranion. Festschr. Hommel.* Tüb. 1961, 105. Die Athetese des Schlusses verteidigt W. PÖTSCHER, *Eranos* 56, 1958, 140. Die gegen die Echtheit vorgebrachten Argumente überprüft kritisch H. LLOYD-JONES, *Class. Quart.* 53, 1959, 80. Mit der Deutung der Gestalt des Eteokles beschäftigt sich eine Reihe von Arbeiten: E. WOLFF, ‹Die Entscheidung des E. in den Sieben gegen Theben›. *Harv. Stud.* 63, 1958 (Festschr. Jaeger), 89. H. PATZER, ‹Die dramatische Handlung der Sieben gegen Theben›. Ibid. 97. A. LESKY, ‹Eteokles in den Sieben gegen Theben›. *Wien. Stud.* 74, 1961, 5. K. v. FRITZ, ‹Die Gestalt des Eteokles in Aesch. «Sieben gegen Theben»›. *Antike und moderne Tragödie.* Berl. 1962, 193. Zur Problematik der Entscheidung in *Sieben, Ag., Choe.*: A. LESKY, ‹Decision and responsibility in the tragedy of Aeschylus›. *Journ. Hell. Stud.* 86, 1966, 78 (mit Lit.). A. RIVIER, ‹Remarques sur le nécessaire et la nécessité chez Eschyle›. *Rev. Et. Gr.* 81, 1968, 15. – *Hiketiden:* A: J. VÜRTHEIM, Amsterd. 1928. M. UNTERSTEINER, Napoli 1935. W. KRAUS, Frankf. M. 1948, die Übersetzung, Stuttgart 1966 (Reclam). H. F. JOHANSEN, *Aesch. the Suppliants.* I Kopenhagen 1970 (Text, Einl., krit. Apparat und engl. Übers.). E: R. P. WINNINGTON-INGRAM, ‹The Danaid-Trilogy of Aesch.› *Journ. Hell. Stud.* 81, 1961, 141. Zur Rekonstruktion der Trilogie W. KRAUS a. O. und K. v. FRITZ, *Antike und moderne Tragödie.* Berlin 1962, 160. – *Prometheus:* A: P. GROENEBOOM, Groningen 1928. E. RAPISARDA, Torino 1936. O. LONGO, Rom 1959. E: J. COMAN, *L'authenticité du Prom. enchaîné.* Bukarest 1943. W. KRAUS, *RE* 23, 1957, 666. B. H. FOWLER, ‹The Imagery of the Pr. Bound›. *Am. Journ. Phil.* 78, 1957, 173. H. S. LONG, ‹Notes on Aesch. Prom. Bound›. *Proc. Am. Philos. Soc.* 102/3, 1958, 229. G. MÉAUTIS, *L'authenticité et la date du Prom. enchaîné d'Esch.* Genève 1960. L. GOLDEN, *In Praise of Prometheus.* Chapel Hill 1966. – *Orestie:* A: W. G. HEADLAM–G. THOMSON, Cambr. 1938. E: E. R. DODDS, ‹Morals and Politics in the Oresteia›. *Proc. Cambr. Philol. Soc.* 186, 1960, 19. K. v. FRITZ, ‹Die Orestessage bei den drei großen griech. Tragikern›. *Antike und moderne Tragödie* Berl. 1962, 113. Nur mit Protest ist der verfehlte Versuch von R. BÖHME zu nennen, unsere *Orestie* als eine Bühnenbearbeitung der Jahre 408/5 zu erweisen: *Bühnenbearbeitung Äsch. Tragödien.* Basel 1956. 2. Teil. Basel 1959. Dazu ‹'Αρκύστατα›. *Die Sprache* 7, 1961, 199. – *Agamemnon:* A: P. GROENEBOOM, Groningen 1944. E. FRAENKEL, 3 Bde. Oxf. 1950, eine monumentale Ausgabe, die auch eine engl. Übersetzung bietet und für die gesamte Tragödienforschung grundlegend wichtig ist. G. AMMENDOLA, Firenze 1956. J. D. DENNISTON and D. PAGE, Oxf. 1957. E: E. FRAENKEL, *Der Ag. des Aisch.* Zürich 1957 (Vortrag). – *Choephoren:* A: P. GROENEBOOM, Groningen 1949. – *Eumeniden:* A: P. GROENEBOOM, Groningen 1952. S. J. LURJA, *Die politische Tendenz der Trag. «Die Eum.».* Auszug *Bibl. Class. Or.* 1960, 295. – Die Fragmente: A: A. NAUCK, *Trag. Graec. Fragm.* 2. Aufl. Leipz. 1889. H. J. METTE, *Suppl. Aeschyl.* Berl. 1939, mit Nachtrag Berl. 1949. R. CANTARELLA, *I nuovi frammenti Eschilei di Ossirinco.* Napoli 1948. Einiges bei D. L. PAGE, *Lit. Pap. Loeb Class. Libr.* 1950. H. J. METTE, *Die Fragmente der Tragödien des Aisch.* Berlin 1959. *Der Verlorene Aischylos.* Berlin 1963 (Übersetzung und Kommentierung der Fragmente). Wertvoll durch die Textgestaltung und die reichen Lit.-Angaben ist für die größeren Fragmente auf Papyrus der Anhang, den H. LLOYD-JONES der 2. Auflage des Aischylos von H. W. SMYTH (s. o.) beigegeben hat. Zu verschiedenen Fragmenten W. STEFFEN, *Studia Aeschylea.* Wroclaw 1958. E: Zur *Niobe* Lit. bei PAGE a. O.; zu den *Myrmidonen:* W. SCHADEWALDT, *Herm.* 71, 1936, 25. K. VYSOKÝ, ‹Aischylova Achilleis›. *Listy Filologické* 6, 1958, 147. Ein Wiener Krater zu dieser Trilogie: H. KENNER, *Öst. Jahrh.* 33, 1941, 1; zu den *Diktyulkoi:* R. PFEIFFER, ‹Die Netzfischer des Aisch. und der Inachos des Soph.› *Sitzb. Münch.* 1938/2. E. SIEGMANN, ‹Die neuen Aischylos-Bruchstücke›. *Phil.* 97, 1948, 71 (auch zu den kleineren Papyrusfragm.). A. Setti, ‹Eschilo Satirico›. *Ann. Scuola Norm. di Pisa* 1948, 1 u. 1952, 3 (auch zu *Isthmiastai*). M. Werre-de Haas, *Aesch.' Dictyulci. An Attempt of Reconstruction of a Satyric Drama.* Leiden 1961; zu den *Isthmiastai:* Br. Snell, ‹Aischylos' Isthmiastai›. *Herm.* 84, 1956, 1. K. Reinhardt, ibid. 85, 1957, 1; jetzt *Tradition und Geist.* Göttingen 1960, 167. Den Heidelberger Pap. 185 hat E. Siegmann, *Lit. griech. Texte der Heidelb. Pap. Sammlung.* Heidelb. 1956, 21, vermutend dem *Prom. Lyomenos* zugewiesen. Dazu K. Reinhardt, *Herm.* 85, 1957, 12; jetzt *Tradition und Geist* (s.o.), 182, der an das Aufsteigen der Pandora unter Hammerschlägen denkt. N. Terzaghi, ‹Il Prom. di Heidelberg›. *Athenaeum* N. S. 39, 1961, 3. Den Pap. Heidelb. 186 möchte M. Gigante, *Parola del pass.* 51, 1956, 449, in die Anfangspartie der *Danaiden* setzen. *Ox. Pap.* nr. 2253 weist R. Stark, *Herm.* 82, 1954, 372, dem Prolog der *Iphigeneia* mit Kalchas als Sprecher zu. – Scholien: W. Dindorf, Oxf. 1851; zu den *Persern:* O. Dähnhardt, Leipz. 1894. – Lexika: W. Dindorf, *Lex. Aeschyleum,* Leipz. 1873. G. Italie, *Index Aeschyleus,* Leiden 1955; 2. Aufl. bes. von S. L. Radt. 1964. – Übersetzungen: L. Wolde, Bremen 1955 u. Münch. 1957. Die Übersetzung von Droysen wurde bearbeitet von W. Nestle, 4. Aufl. Stuttg. 1957, Fr. Stoessl, Zürich 1952, S. Müller, Wiesbaden 1958 und neu herausgegeben von W. Steffen, Berlin 1968; auch W. H. Friedrich hat sie in *Tragici Graeci.* Münch. 1958, aufgenommen. *Perser* und *Orestie:* E. Buschor, Münch. 1953. Eine interessante Zusammenstellung aus älteren Übersetzern hat W. H. Friedrich in der *Fischer Bücherei* 1961 gegeben. *Pers.* und *Sieben* von W. Schadewaldt in *Griechisches Theater.* Frankfurt 1964. Eine engl. Übersetzung im 1. Bande von *The Complete Greek Tragedies,* herausg. von D. Grene und R. Lattimore. Univ. of Chicago Press 1959. Italienisch C. Carena, Einaudi 1956. Über allem Neuen sollte nicht vergessen werden, welche Tat seinerzeit die Übersetzung der *Orestie* durch Wilamowitz bedeutete! – Sprache: C. F. Kumaniecki, *De elocutionis Aeschyleae natura.* Archivum Filologiczne 12. Kraków 1935. W. B. Stanford, *Aeschylus in his Style.* Dublin 1942. F. R. Earp, *The Style of Aesch.* Cambr. 1948. Leif Bergson, *L'Épithète ornamentale dans Esch., Soph. et Eur.* Uppsala (Lund) 1956. Fr. Johansen, *General Reflections in Tragic Rhesis.* Kopenhagen 1959. Dorothy M. Clay, *A Formal Analysis of the Vocabularies of Aesch., Soph. & Eur.* 2 Teile: Am. School Athens 1958, und Minneapolis 1960. V. Citti, *Il linguaggio religioso e liturgico nelle tragedie di Eschilo.* Bologna 1963. – Monographien: Br. Snell, *Aischylos und das Handeln im Drama.* Phil. Suppl. 20/1. Leipzig 1928; it.: *Eschilo e l'azione drammatica.* Firenze 1969. Walter Nestle, *Menschliche Existenz und politische Erziehung in der Tragödie des Aisch.* Tüb. Beitr. 23, 1934. G. Murray, *Aeschylus, the Creator of Tragedy.* Oxf. 1940. R. Cantarella, *Eschilo.* Firenze 1941. G. Thomson, *Aeschylus and Athens.* 2. Aufl. Lond. 1946; repr. 1966; deutsch Berlin 1957. K. Reinhardt, *Aischylos als Regisseur und Theologe.* Bern 1949. F. Solmsen, *Hesiod and Ae.* New York 1949. A. Maddalena, *Interpretazioni Eschilee.* Torino 1951 (1963). E. T. Owen, *The Harmony of Aeschylus.* Toronto 1952. M. Untersteiner, *Le origini della trag.* 2. ed. Einaudi 1955 mit Darstellung des Aisch. J. H. Finley Jr., *Pindar and Aesch.* Harvard Un. Press 1955. D. Kaufmann-Bühler, *Begriff und Funktion der Dike in den Trag. des Aisch.* Bonn 1955. G. J. M. J. Te Riele, *Les femmes chez Eschyle.* Groningen 1955. W. Kraus, *Strophengestaltung in der griech. Tragödie. I. Aisch. u. Soph. Sitzb. Oest. Ak. Phil. hist. Kl.* 231/4, 1957. J. de Romilly, *La crainte et l'angoisse dans le théâtre d'Esch.* Paris 1958, ein vom Wort tief in den Geist der aischyleischen Tragödie eindringendes Buch; Dies. *L'Evolution du pathétique d'Esch. a Euripide.* Paris 1961. J. Keller, *Struktur und dram. Funktion der Botenberichte bei Aisch. u. Soph.* Diss. Tübingen 1959 (masch.). E. Mutsopulos, ‹Une philosophie de la musique chez Esch.› *Rev. Et. Gr.* 72, 1959, 18. H. D. F. Kitto, *Form and Meaning in Drama.* 2. ed. Lond. 1960. R. D. Dawe, ‹Inconsistency of plot and character in Aesch›. *Proc. Cambr. Phil. Soc.* 189, 1963, 21. U. Fischer, *Der Telosgedanke in den Dramen des Aischylos.* Spudasmata 6. Hildesheim 1965. W. Kiefner, *Der religiöse Allbegriff des Aischylos.* Spudasmata 5. Hildesheim 1965. J. Podlecki, *The Political Background of Aeschylean Tragedy.* Ann Arbor 1966. F. Schachermeyr, *Die frühe Klassik der Griechen.* Stuttgart 1966, 139. Als *Wege der Forschung* 87 bereitet H. HOMMEL einen Aischylos-Band mit Aufsätzen verschiedener Autoren vor, dessen Erscheinen für 1971 (Darmstadt) vorgesehen ist. Dazu die Abschnitte bei POHLENZ, HARSH, LESKY, KITTO und D. W. LUCAS, *Greek Tragic Poets*. 2. ed. Lond. 1959. Nachleben: J. T. SHEPPARD, *Aesch. and Soph. Their Work and Influence*. New York 1963 (Our debt to Greece and Rome). – A. W. G. HEADLAM – G. THOMSON, *The Oresteia* in 2. Aufl. Prag 1966.

2. SOPHOKLES

Antike Berichte setzen die drei großen Tragiker zu der entscheidenden Schlacht der Perserkriege in besondere Beziehung: Aischylos kämpfte mit, Sophokles führte als Ephebe in nackter Schönheit den Siegesreigen an, und Euripides wurde just am Tage von Salamis geboren. Davon können wir nur die beiden ersten Fakten glauben, aber das Ganze gewinnt für uns tiefen Sinn, wenn wir die dreifach verschiedene Beziehung zum Symbol dessen nehmen, was für jeden dieser Dichter die Tage gewesen sind, in denen Athen brannte und die Freiheit gewonnen wurde. Für Aischylos waren sie das große Zeugnis für Gottes Gerechtigkeit, in des Sophokles Leben fiel von ihnen ein heller Schein, und Euripides vernahm die Kunde davon nur durch die Angehörigen einer anderen Generation.

So dürfen wir an solcher Überlieferung weiterdenken, entstanden aber ist sie aus dem leidigen Streben der antiken Literarhistorie, möglichst viele eindrucksvolle Synchronismen zu schaffen. Man war nicht verlegen, zu diesem Zwecke Daten zurechtzurücken oder zu erfinden. Zu den Fällen, in denen sich für uns aus solchem Verfahren eine beträchtliche Unsicherheit ergibt, gehört auch das Geburtsjahr des Sophokles[1]. Von den verschiedenen Angaben hat jene der Parischen Chronik, die auf 497/96 führt, die größte Wahrscheinlichkeit für sich.

Recht genau können wir hingegen das Todesdatum bestimmen. Wir brauchen den schönen Bericht der Euripidesvita nicht zu bezweifeln, Sophokles habe auf die Kunde von dem Tod seines Rivalen beim Proagon der Dionysien des Jahres 406 Chor und Schauspieler in Trauerkleidung und unbekränzt vorgestellt. Als aber Aristophanes 405 an den Lenäen die *Frösche* aufführte, war Sophokles bereits tot.

In dieser Literaturkomödie kommt der Gegensatz zwischen Aischylos und Euripides, der den Gegensatz zweier Epochen bedeutet, zur Austragung. Für Sophokles war da kein rechter Platz, aber Aristophanes hat aus der Not eine Tugend gemacht und ihn aus dem Streite im Totenreich mit einer Charakteristik herausgehalten, die der heiteren Friedfertigkeit des Dichters ein schönes Denkmal setzt (82). So haben ihn die Athener gekannt, als er noch unter ihnen war, und die Vita, die in einigen Handschriften erhalten ist und wohl aus dem späten Hellenismus stammt, bezeugt den Zauber seines Wesens, der ihm überall die Herzen gewann. Dieser Dichter, der um die tragische Not menschlichen Daseins und um alle Tiefen des Leides wußte wie kein anderer, ging den Weg seines äußeren Lebens in heiterem Licht und galt seinen Mitbürgern als ein glücklicher Mann.

[1] F. JACOBY, *F Gr Hist* zu 239 Marm. Par. ep. 56 u. 64 und zu 244 Apollodoros F 35.

Sein Vater war Sophillos, der seinen Reichtum der handwerklichen Arbeit seiner Sklaven dankte. Die Familie gehörte zu den vornehmen Athens. Daß die Vita die Ausbildung des Knaben in Gymnastik und Musik hervorhebt, stimmt zu der ehrenvollen Weise, in der er Salamis mitfeiern durfte. Wenn sein Lehrer in der Musik wirklich Lampros gewesen ist, dann kam seine Ausbildung auf diesem Felde aus guter Tradition. In der Schrift über die Musik, die wir unter Plutarchs Namen lesen, erscheint der Mann mit Pindar und Pratinas zusammengestellt (1142b).

Die Vita will wissen, daß Sophokles aus Liebe zu seinem Athen (φιλαθηναιότατος) die Berufung an Königshöfe ausgeschlagen habe. Darin mag ein Stück Wahrheit stecken, jedenfalls hat Sophokles, soweit wir es wissen, seine Stadt nur in deren Diensten verlassen. Denn auch darin tritt er zu den beiden anderen in einen gewissen Gegensatz, daß er seinen Anteil am Leben der Polis durch die Übernahme hoher Ämter bekundete. Es hat großen Eindruck gemacht, daß er im Samischen Kriege zusammen mit Perikles (441/40) Stratege gewesen ist. Die Hypothesis zur *Antigone* berichtet, die Wahl zu diesem Amte sei die Anerkennung für diese Dichtung gewesen. Im Athen jener Zeit wäre ein solcher Zusammenhang immerhin denkbar. Jedenfalls ist Sophokles im Jahre seiner Amtsführung im zehngliedrigen Strategenkollegium, dessen Seele natürlich Perikles war, nicht zum Kriegsmann geworden. Wir lesen bei Athenaios[1] einen zeitgenössischen Bericht aus den *Epidemiai* des Ion von Chios, der von einem Aufenthalte des Dichters auf dieser Insel erzählt. Sophokles war, während Perikles mit der Hauptmacht gegen die Samier ausfuhr, dorthin und nach Lesbos gesandt worden, um Hilfe zu holen. Der athenische Proxenos von Chios bewirtete den erlesenen Gast, der beim Trunke seinen Geist und seine Belesenheit in liebenswürdiger Weise spielen ließ. Und als es ihm gelang, einem schönen Knaben, der Schenkendienst tat, einen Kuß zu rauben, meinte er, es stehe mit seiner Strategie doch nicht so schlecht, wie Perikles behaupte. Dieser Kritik, die er mit weiser Selbstironie weitergab, stellt sich des Ion Urteil an die Seite, Sophokles habe in den Angelegenheiten des Staates weder besondere Klugheit noch Energie bewährt, vielmehr sei er wie irgendeiner von den biederen Durchschnittsathenern gewesen. Alle Zeugnisse klingen zusammen: die Tiefen, aus denen die sophokleische Dichtung von Ausgesetztheit und Leid des Menschen emporstieg, lagen unter einer in heiterem Lichte gebreiteten, mit anmutiger Leichtigkeit bewegten Oberfläche.

Wenig verläßliche Nachrichten[2] lassen es immerhin als möglich erscheinen, daß Sophokles das Amt eines Strategen ein zweitesmal bekleidet hat. Wichtiger als sein militärischer Dienst dürfte seine Tätigkeit in der leitenden Finanzkommission des Staates gewesen sein. Da die Tributliste für das Jahr 443/42 ihn allein als Hellenotamias nennt, muß er in dieser Körperschaft eine besondere Stellung eingenommen, wahrscheinlich den Vorsitz geführt haben[3]. Daß uns eine Nennung dieser Art hier

[1] 13, 603 e = Ion fr. 8 Blumenthal. F. Schachermeyr, ‹Sophokles und die perikleische Politik›. Wien. Stud. 79, 1966, 45.

[2] Vita 9. Plut. *Nikias* 15, 2. Vgl. Ehrenberg (s. u.), 117, 1. H. D. Westlake, ‹Soph. and Nicias›. *Herm.* 84, 1956, 110.

[3] Ehrenberg (s. u.), 120.

zum erstenmal begegnet, weist auf die besondere Bedeutung dieses Amtsjahres, in dem die Hellenotamiai wichtige Reformen im Tributwesen des attischen Seebundes durchzuführen hatten.

Die Ausgewogenheit, in der das Wesen dieses Mannes nach außen erschien, hat wohl auch 413 die Wahl des Hochbetagten in jenes Probulenkollegium veranlaßt, das nach der sizilischen Katastrophe den oligarchischen Wünschen nach strafferer Führung des Staates Rechnung tragen sollte. Aristoteles, der dies *Rhet.* 1419a 26 bezeugt, weiß auch zu erzählen, Sophokles habe zu Peisandros mit Beziehung auf den Putsch des Jahres 411 gesagt, er billige ihn nicht, aber es habe damals keinen besseren Weg gegeben.

Was wir von den verschiedenen Ämtern des Sophokles hörten, ist für das Verständnis des Dichters Beiwerk und hat allein Interesse, weil es sein Bild durch Züge ergänzt, die nicht den inneren Bereichen seines Wesens entstammen. Um ein gutes Stück näher steht diesen, was wir von seiner Tätigkeit im Kulte wissen. Darüber wurde erst von Walter Klarheit geschaffen[1]. Als die Athener im Jahre 420 den Kult des Asklepios, des großen Heilgottes von Epidauros, aufnahmen, war Sophokles an diesem Akte beteiligt. Ein *Paian*, den er für den Gott dichtete, wurde noch in der Zeit des Philostrat (*Vita Apoll. Tyan.* 3, 17) gesungen, und Reste davon fanden sich auf Inschriftfragmenten aus der Kaiserzeit (vgl. D. *Anth. Lyr. Suppl.* 4 u. 56). Für solche Verdienste genoß Sophokles nach seinem Tode selbst als Dexion Heroenverehrung. Seine besondere Nähe zu Asklepios erklärt sich aus der Mitteilung der Vita, er sei Priester eines Heilheros namens Halon gewesen. Als die Ausgrabungen am Westhange der Akropolis das bis ins 6. Jahrhundert zurückreichende Heiligtum eines Heilgottes Amynos freilegten und darin Inschriften mit Nennung des Asklepios und Dexion zutage förderten, meinte man, den in der Vita überlieferten Namen durch Amynos ersetzen zu sollen. O. Walter hat jedoch gezeigt, daß die beiden Inschriften IG $2/3^2$, 1252f. unmißverständlich auf zwei Heiligtümer weisen, eines des Amynos und Asklepios und eines des Dexion. Damit ist der Anlaß zu der von A. Körte empfohlenen Änderung entfallen, und wir verbinden der Vita folgend Sophokles mit Halon, ohne das Wesen dieses Heilheros, der mit Asklepios bei Chiron gewesen sein soll, näher bestimmen zu können.

Sophokles hat – wie groß ist hier der Gegensatz zu Euripides! – sein Publikum rasch gewonnen und sich dauernd in seiner Gunst behauptet. In seiner Jugend soll er, älterer Übung entsprechend, noch selbst aufgetreten sein, wovon sein Leierspiel als *Thamyris* und sein Ballspiel in der *Nausikaa* im Gedächtnis der Athener blieben. Dann aber habe er das Spielen aufgegeben, was die Vita aus seiner zu schwachen Stimme erklärt. Die Anfänge des Sophokles können ungefähr die Zeit bezeichnen, in der es mit dem Auftreten der Dichter als Darsteller sein Ende hatte. Die Erklärung der Vita aber ist wohl eine aitiologische Erfindung, während in Wahrheit die steigenden Anforderungen an die Kunst des Schauspielers diese Trennung erzwangen.

[1] O. Walter, ‹Das Priestertum des Soph.› *Festschr. Keramopullos.* Athen 1953, 469. Aufnahme des Asklepios: Wilamowitz, *Glaube der Hell.* 2, 1932, 224. J. H. Oliver, *Hesperia* 5, 1936, 91.

Sophokles hat das erstemal 468 aufgeführt, und wir lesen in Plutarchs *Kimon* (8), daß damals der Führer der Adelspartei und seine neun Mitstrategen auf Drängen des spielleitenden Archonten das Amt der Schiedsrichter übernahmen und Sophokles den Preis zuerkannten. Schon Lessing hat aus Plinius *nat. hist.* 18, 65 erschlossen, daß die siegreiche Tetralogie wahrscheinlich den *Triptolemos* enthielt. Die Geschichte des eleusinischen Heros, der auf seinem Flügelwagen die Gaben der Demeter und damit die Segnungen der Kultur über die Welt trug, mußte den Athenern ein Stoff nach ihrem Herzen sein.

Die inschriftliche Siegerliste für die Dionysien (IG 2/3², 2325) verzeichnet für Sophokles achtzehn Siege. Wenn in der *Suda* vierundzwanzig, in der Vita zwanzig angeführt werden, so erklärt sich das Mehr, das in jedem Fall anzunehmen ist, aus Siegen an den Lenäen[1]. Wertvolle Angaben der Vita sind des weiteren, daß Sophokles im Agon niemals auf die dritte Stelle verwiesen wurde und daß Aristophanes von Byzanz in Alexandreia noch hundertdreißig Stücke besaß, von denen jedoch sieben[2] als unecht erklärt wurden. Daß die Alexandriner, sicher nicht ohne Ursache, soviel ausschieden, sollte jenen zu denken geben, die Echtheitsfragen für erhaltene Dramen wie den *Rhesos* mit der Behauptung erledigen möchten, das Eindringen unechter Stücke in das Corpus der einzelnen Tragiker sei ganz unwahrscheinlich.

Nach der *Suda* hat Sophokles auch *Paiane* und *Elegien* geschrieben. Von Dichtung der ersteren Art war im Zusammenhange mit Asklepios soeben die Rede, für eine *Ode auf Herodot* (D. *Anth. Lyr.* fasc. 1, S. 79), die der Dichter nach seiner eigenen Angabe im Alter von fünfundfünfzig Jahren geschrieben hat, besitzen wir in einem Bruchstück sein persönliches Zeugnis. Verlegenheit bereitet uns dieselbe *Suda* mit der Nennung einer Prosaschrift *Über den Chor*, in der sich Sophokles mit Thespis und Choirilos auseinandergesetzt haben soll. Immerhin wissen wir, daß sich in jener Zeit Männer wie Iktinos, der Architekt des Parthenon, und der Bildhauer Polyklet in Fachschriften zu Fragen ihrer Kunst geäußert haben, und da ist es wohl denkbar, daß sich Sophokles in ähnlicher Weise mit Fragen beschäftigte, die den Chor angingen. Dessen zahlenmäßige Stärke wird dabei ihre Rolle gespielt haben. Daß Sophokles die Zahl der Choreuten von zwölf auf fünfzehn erhöhte, ist in der Vita und der *Suda* gut bezeugt. Diese Neuerung ist entweder jünger als die *Orestie* des Aischylos oder wurde von diesem nicht mehr übernommen. Anders liegen die Dinge bei dem dritten Schauspieler, in dessen Verwendung Aischylos dem Jüngeren folgte[3]. Daß Sophokles die Skenographie eingeführt hätte, steht im 4. Kapitel der Poetik, ist für uns jedoch bei unserer beschränkten Kenntnis der antiken Bühnenmalerei sehr schwer in den Gang der Entwicklung einzuordnen. Hingegen ist uns eine Neuerung, die für die Struktur der Tragödie von großer Bedeutung war, noch gut faßbar. Sophokles hat

[1] Vgl. C. F. Russo, *Mus. Helv.* 17, 1960, 166, 2. Zu Aufführungsdaten H. Hoffmann, *Chronologie der att. Tragödie*. Diss. Hamburg 1951 (ungedr.).

[2] Die Vita nennt 17, doch führt die von Th. Bergk vorgeschlagene Änderung auf eine wahrscheinlichere Ziffer, die auch mit der Angabe der *Suda* (123 Stücke) in Einklang steht. Nach der Angabe bei Dain, *Sophocle* I, LXVI, steht die Zahl 7 auch in G.

[3] Die Überlieferung bei Pickard-Cambridge, *Dramatic Festivals*, sec. ed. Oxford 1968, 130.

die Inhaltstrilogie wieder in einzelne, selbständige Stücke aufgelöst. Damit verzichtete er auf eine große Kompositionsform, die wohl die persönliche Schöpfung des Aischylos war, aber diesem Verlust stand reicher Gewinn an Straffung des Baues für das einzelne Stück gegenüber. Letzten Endes kommt aber in dieser Entwicklung zum Ausdruck, wie in der Tragödie des Sophokles in wachsendem Maße das Schicksal der einzelnen Persönlichkeit zum zentralen Thema wurde. Im übrigen ist die Lösung der einzelnen Stücke aus einem großen Zusammenhange für Sophokles nicht Regel ohne Ausnahme gewesen. Die didaskalische Inschrift von Aixonai[1] nennt eine *Telephie* (Τηλέφεια), die wir mit Wahrscheinlichkeit als Trilogie um die Schicksale des Heraklessohnes Telephos, des späteren Königs der Myser, fassen.

Es ist in unserer fragmentarischen Überlieferung begründet, daß wir die großen Gestalten der Klassik in einer Isolierung sehen, die uns vergessen läßt, wie lebhaft ihre Auseinandersetzung mit den geistigen Bewegungen der Zeit gewesen sein muß. Das sollen wir bei der Beurteilung der für uns schwierigen Nachricht der Vita bedenken, Sophokles hätte den Musen einen Thiasos aus dem Kreise der Gebildeten geschaffen. Ein Musenthiasos wird auch in den *Thesmophoriazusen* des Aristophanes (v. 41) erwähnt, und wir werden im Falle des Sophokles an einen Zirkel zu denken haben, der Geselligkeit in geistvoller Weise pflegte. Das früher erwähnte Gespräch auf Chios mag uns eine Vorstellung von dem Ton geben, der in diesem Thiasos herrschte. Die kultische Widmung verstand sich für diese Zeit von selbst.

Unsere biographische Überlieferung führt viel Anekdotenhaftes mit, so daß es für uns vielfach schwierig ist, dieses gegen historisch brauchbare Mitteilungen abzugrenzen. So wurde und wird denn auch die Nachricht über Familienzwist, der die letzten Jahre des Sophokles verdüstert haben soll, verschieden gewertet. Iophon, der Sohn des Dichters von Nikostrate, habe bei den Phratores einen Prozeß gegen seinen Vater angestrengt, weil er einen Enkel aus einer Seitenlinie über Gebühr bevorzugte. Dieser trug den Namen des Großvaters und stammte von einem Ariston, den die Sikyonierin Theoris dem Sophokles gebar. Einen Sohn des Namens Ariston mit weiterer Deszendenz hat Sophokles gehabt[2], doch werden wir die Geschichte von dem Entmündigungsprozeß, der übrigens nie vor den Phratores stattgefunden haben kann, um so eher bezweifeln, als in der Vita im Zusammenhange damit der Name des Satyros auftaucht. Die Qualitäten dieses Mannes werden im Zusammenhange mit der Euripidesbiographie zu würdigen sein.

Ein besonderer Ansatzpunkt für Fabeleien ist in antiker Biographie die Angabe der Todesursache. Wir geben, um diese Seite solcher Schriftstellerei einmal zu kennzeichnen, hier eine Probe nach der Vita: Sophokles erstickt an einer Weinbeere, hat sich beim Lesen einer langen Partie aus der *Antigone* überanstrengt (übrigens mit ein Beweis für lautes Lesen) oder ist vor Freude über einen Sieg gestorben! Aber die Erfindungen der Biographen können auch so schön sein wie die Erzählung, Lysander, der

[1] Pickard-Cambr. a. O. 54. Zum Inhalt der einzelnen Stücke *Aleaden*, *Myser* und *Achäerversammlung* (?) A. Szantyr, ‹Die Telephostril. des Soph.› *Phil.* 93, 1938, 287. St. Srebrny, *Studia scaenica*. Wroclaw 1960.
[2] Vgl. den Stammbaum *RE* 3 A 1927, 1042.

Athen belagerte, hätte, von Dionysos zweimal im Traume gemahnt, Sophokles auf seinem letzten Wege in das Familiengrab an der Straße nach Dekeleia freien Durchzug gewährt.

Unter den bildlichen Darstellungen[1] des Dichters ist die Statue im Lateran die bekannteste. Man muß jedoch wissen, daß ihr Kopf das Ergebnis einer klassizistischen Überarbeitung durch Tenerani darstellt. Älter ist ein Gipsabguß in der Villa Medici; er zeigt ein Antlitz, in dem sich die blühende Fülle des Lebens ebenso spiegelt wie sein tödlicher Ernst.

Über die Chronologie der sophokleischen Dramen sind wir nicht eben schlecht unterrichtet, woferne wir nicht allzuviel präzise Daten verlangen. Deren besitzen wir freilich nur zwei für die letzte Zeit des Dichters. Sein *Philoktet* kam 409, sein *Oidipus auf Kolonos* erst nach seinem Tode im Jahre 401 zur Aufführung. Nicht mit gleicher Sicherheit datieren wir die *Antigone* auf das Jahr 442. Aber wenn die Hypothesis zum Stücke berichtet, die Athener hätten um dieses Werkes willen den Dichter im Samischen Kriege zum Strategen gewählt, so wird da am ehesten aus einem post hoc ein propter hoc geworden sein, und keinesfalls wird man die *Antigone* weit vor das Kriegsamt des Sophokles setzen dürfen.

So besitzen wir etliche feste Punkte, um die sich das übrige mit einiger Wahrscheinlichkeit anordnen läßt. Es ist eine verbreitete und in altertümlichen Zügen der Sprache und Komposition begründete Ansicht, daß der *Aias* unter den erhaltenen Stücken das älteste ist und möglicherweise noch in die fünfziger Jahre zurückgeht.

Sein Eingang ist die einzige Szene in den erhaltenen Dramen des Sophokles, in der wir eine der großen olympischen Gottheiten vernehmen. Unsichtbar für Odysseus (doch kaum für die Zuschauer) ist Athene ihrem Schützling auf seinem seltsamen Spähergange gefolgt. Aias war im Waffengericht, das über die Rüstung des Achilleus entschied, dem Odysseus unterlegen. Nun zog er in der Nacht aus, um mit dem Schwerte an seinem Widersacher Rache zu nehmen; die Göttin aber schlug ihn mit Umnachtung, so daß er mordend in die Viehherden der Griechen fiel. Davon kam dem Odysseus verworrene Kunde, und er machte sich auf, um beim Zelte des Aias das Geschehene zu erkunden. Hier erfährt er es von der Göttin, und auch dies erzählt sie ihm, daß Aias nun wahnbefangen im Zelte sitze und Tiere quäle, die er für Griechen halte. Diese Athene trägt ein seltsames Doppelantlitz. Zunächst erscheint sie durchaus als die homerische Gottheit, die ihre Gunst nach Laune an ihre Lieblinge verschenkt, und so ruft sie Aias aus dem Zelte, um Odysseus jene Lust zu vergönnen, die sie die höchste nennt: das Lachen über den gefallenen Feind. Aber in einer Antithese von hoher Schönheit hat der Dichter hier den Odysseus des Endteiles vorbereitet und ihm

[1] Allgemein zu den Porträts antiker Autoren: L. Laurenzi, *Ritratti Greci*. Firenze 1941. A. Hekler, *Bildnisse berühmter Griechen*. 3. Aufl. Berl. 1962. K. Schefold, *Die Bildnisse der antiken Dichter, Redner und Denker*. Basel 1943; *Griechische Dichterbildnisse*. Zürich 1965. G. M. A. Richter, *The Portraits of the Greeks*. London 1965. Der Sophokleskopf bei W. Schadewaldt. *Soph. und das Leid*. Potsdam 1948; jetzt in *Hellas und Hesperien*. Zürich 1960, Taf. 3.

Züge einer Humanität verliehen, mit der seine Dichtung auch sonst[1] über seine Zeit hinausweist. Dieser Odysseus will das Lachen nicht, das ihm Athene zudenkt, er wehrt sich gegen den Anblick, der ihn erwartet, und da er ihn doch nicht vermeiden kann, hat er nur Worte tiefen Mitleidens. Mehr noch: dieser Odysseus erkennt in dem Schicksal des Feindes sein eigenes Menschenlos, und mit Worten tiefer Einsicht in das Schattendasein der Sterblichen wird er zum paradigmatischen Zuschauer der sophokleischen Tragödie.

Diese Athene aber, die mit dem verstörten Aias ihr grausames Spiel treibt, erhebt sich am Ende der Prologszene zur ernsten sittlichen Mahnerin. Ehrfurcht und Selbstbescheidung lieben die Götter am Menschen, und furchtbar wissen sie Überheblichkeit zu strafen. Die Sprecherin ist Athene, aber es ist die Lehre ihres delphischen Bruders, die sie hier verkündet.

Nach der Prologszene, in der bereits die ganze Problematik dieses Spieles angelegt ist, zieht der Chor salaminischer Schiffsleute ein. Ihm berichtet Tekmessa, des Aias Beutefrau, von den unheimlichen Vorgängen dieser Nacht, dann öffnet sie das Zelt, und wir sehen den aus dem Wahnsinn Erwachten inmitten der hingeschlachteten Tiere. Dieser Aias meinte einst, durch das Waffengericht in seiner Ehre gekränkt zu sein, nun erkennt er, daß er diese durch die Taten seines Wahnsinns vollends verloren hat. Mit großgearteter Entschlossenheit zieht er die Folgerung, die seine Art ihm vorschreibt: in Ehren leben oder in Ehren sterben ziemt dem edlen Manne (479). Unzugänglich den Bitten des Weibes und des Chores nimmt er von seinem kleinen Sohne Abschied. Auf dem Wege zum Tode, den Aias als einzigen noch zu gehen hat, gibt es ein seltsames Zwischenspiel, das zu den verschiedensten Mißdeutungen[2] Anlaß bot. Da tritt nach einem Liede des Chores voll banger Trauer Aias wieder aus dem Zelte und verkündet, er habe eine Ordnung der Welt verstehen gelernt, die auf ewigem Wechsel beruhe und auch von ihm Unterwerfung verlange. So wolle er sich durch ein Meerbad reinigen, das Schicksalsschwert, das ihm einst Hektor schenkte, eingraben und mit den Atriden seinen Frieden schließen. Man meinte, Aias könne nicht lügen, und nahm die Rede als Äußerung seiner wahren Absicht, während andere die Schlußworte von dem Weg, den er gehen müsse, und dem Heil, das er bald zu finden hoffe, richtig verstanden, der Rede aber einen besonderen Sinn unterlegten: Aias sei nach wie vor auf dem Wege zum Tode, aber er gehe ihn nun als Gewandelter mit der Einsicht in eine Ordnung, die er schuldhaft verlassen habe. Solcher Interpretation gegenüber ist die nüchterne Feststellung nötig, daß diese verstellte Rede vor allem anderen die für das Stück unerläßliche dramatische Funktion hat, Aias aus der Hut der Seinen zu entfernen und ihm den Weg in den Tod freizumachen. Damit ist gewiß nicht alles gesagt. Der Nachdruck, mit dem Aias von Wechsel und Ausgleich als Gesetz des Seins spricht, hat seinen besonderen Sinn. Aber nicht, daß er gefehlt habe, erkennt Aias hier, sondern nur das Eine, daß sein eigenes Wesen in einer Welt dieser

[1] Vgl. den u. genannten Vortrag *Soph. und das Humane.*

[2] Eine Auslese, die er selbst vermehrt, gibt R. Ebeling, ‹Mißverständnisse um den Aias des Soph.› *Herm.* 76, 1941, 283.

Art keinen Platz hat. In diesem Sinne genommen, enthüllt die Partie allerdings die Tragik dieses Stückes in ihrem innersten Bereiche[1].

Noch von einer anderen Seite ist die verstellte Rede für das dramatische Gefüge bedeutungsvoll. Der Chor glaubt den Worten und läßt ein Lied voll befreiten Jubels folgen. Wir finden Gleiches vor der Katastrophe in der *Antigone* und im *Oidipus Tyrannos*. Dieser Zug sophokleischer Technik war den Alten so vertraut, daß sie mit einem eigenen Ausdruck von *Ausweitung des Tragischen*[2] sprachen. Aber dieser Griff ist nicht rein technisch als Mittel zu verstehen, um den nachfolgenden Sturz in um so tiefere Tiefen erfolgen zu lassen, durch ihn wird die Verfangenheit menschlichen Wähnens, ein Grundzug sophokleischer Tragik, in besonderer Weise verdeutlicht.

Rasch erstirbt der Jubel des Chores, als ein Bote die seltsame Weisung des Sehers Kalchas meldet: man hüte Aias an diesem Tage mit Sorgfalt, denn der Zorn Athenes drohe ihn zu verderben. Überlebe er diesen Tag, so könne er wohl gerettet werden. In tiefer Sorge ziehen der Chor und Tekmessa aus, um den Gefährdeten zu suchen.

Nun ändert sich der Schauplatz, und wir finden Aias am Meeresgestade. Der Szenenwechsel konnte sehr einfach dadurch bewirkt werden, daß die Todesszene des Aias vor einem der Paraskenien, der seitlichen Vorbauten des Bühnenhauses, gespielt wurde. Leicht bot hier Buschwerk dem Sturz in das Schwert und dem Abgange des Darstellers, der für die folgenden Szenen in anderer Rolle gebraucht wurde, die notwendige Deckung. In seinem Todesmonologe läßt Aias noch einmal seinen Haß gegen die Atriden aufflammen, dann aber umfaßt er mit einem Blicke voll tiefer Innigkeit die Welt, aus der er scheidet, das Licht des Tages, die Fluren seiner Heimat und die Wasser der troischen Gefilde.

Der Todesmonolog des Aias hat in dem Drama seinen Platz nicht sehr weit nach dessen Mitte; auf das Spiel vom Sterben des Helden folgt nun jenes vom Kampf um seine Totenehre. Der Chor und Tekmessa finden die Leiche, und den Klagenden gesellt sich alsbald Teukros, der Halbbruder des Toten. Er streitet im folgenden gegen Menelaos und Agamemnon, die in unedler Rache den Leichnam des Aias den Vögeln und Hunden überlassen wollen. Er müßte in diesem Kampfe unterliegen, fände er nicht in Odysseus seinen Helfer, der dem Toten die ehrenvolle Bestattung sichert.

Dieser zweite Teil des *Aias* präludiert in bemerkenswerter Weise der *Antigone*. Da und dort entzündet sich der Konflikt an einem Bestattungsverbot, erhebt gegen den Rachewillen einer Autorität, die ihr Maß nicht kennt, die Menschlichkeit ihre Stimme. Hier vernehmen wir sie aus dem Munde jenes Odysseus, der im Prolog an Aias nur das Leid sah. Agamemnon kann in der Enge eines Hasses, der über den Tod reicht, Odysseus nicht verstehen. Haß gegen den Feind kennt auch dieser, aber er weiß um die Grenzen dieser zerstörenden Macht (1347) und um das Recht des Toten, das keine Willkür kränken darf. Und wenn Odysseus dem Teukros sagt (1376), er

[1] Chilon von Sparta, dem Träger mannigfacher Spruchweisheit wird das Wort zugeschrieben οὕτως φιλεῖν ὡς μισήσοντα Favorinus περὶ φυγῆς 18. Das ist Allerweltsweisheit, zu der sich Aias in einem unaufhebbaren Gegensatze weiß. Odysseus hingegen bewährt ein μισεῖν ὡς φιλήσοντα.

[2] Donat zu Terenz *Ad.* 297: *haec omnis* παρέκτασις (coni. R. Stephanus, περίστασις trad.) *tragica est: gaudiorum introductio ante funestissimum nuntium.*

wolle ihm nun im selben Maße Freund sein, wie er ihm Feind war, und sich erbötig macht, selbst bei einer würdigen Bestattung des Mannes mitzuhelfen, der sein erbitterter Gegner war, dann ist der enge Bereich des Hasses in der Richtung auf jene Liebe hin überschritten, die des Dichters edelste Gestalt bestimmt.

Schon die antike Kritik (Schol. 1123) hat den Aufbau des Spieles getadelt, und Neuere haben daran Anstoß genommen, daß auf den Tod des Helden noch ein zweiter, kaum viel kürzerer Teil des Dramas folgt. Aber ist das Schicksal des Aias wirklich mit seinem Sturze ins Schwert entschieden? Ist das Schicksal seiner Leiche nicht nach antiken Begriffen ebenso ein Stück seiner Geschichte wie die Taten und Leiden des Lebenden? Die innere Einheit des Dramas ist unbestreitbar, und sie tritt durch den Leichnam auf der Bühne, neben dem der kleine Eurysakes kniet, auch sinnfällig in Erscheinung. Anderseits wäre es verkehrt, zu bestreiten, daß jene wunderbare Geschlossenheit der Komposition, die den Werken klassischer Höhe wie dem *Oidipus* eignet, hier noch nicht erreicht ist. Sinnvoll hat man von einer Diptychonform gesprochen, und wir werden diese auch bei den nächsten Dramen festzustellen haben.

Das schwierige Deutungsproblem für dieses Stück ist in der Frage beschlossen, wie weit die Katastrophe des Aias aus dessen Schuld zu verstehen ist. Immer wieder kann man die einfache Rechnung aufgestellt sehen, die das Leid und die Hybris des Helden zum Ausgleich bringt. Spricht nicht Athene am Ende der Prologszene von dem Zorne der Götter, der den Übermütigen trifft, und beruft sich Kalchas in seiner Prophezeiung nicht darauf, daß Aias zweimal die Göttin mit unbotmäßigem Worte kränkte? Wir sind jedoch gegen ein so einfaches Aufrechnen moralischer Schuld in der antiken und besonders in der sophokleischen Tragödie mißtrauisch geworden[1], und der *Aias* zeigt Züge, die solche Bedenken nur steigern können. Die Hybris des Aias ist nicht zu leugnen, aber wie seltsam bleibt das Motiv am Rande! Ganz in das Allgemeine eingeschlossen klingt es in der Mahnung Athenes am Ende der Prologszene auf, und erst in der Weisung des Kalchas (761) füllt es sich mit bestimmtem Inhalte. Aber welch sonderbare Verklausulierung ist es doch, wenn es heißt, gerade diesen einen Tag noch bedrohe Athenes Zorn den Helden, bewahre man ihn so lange, dann könne er gerettet werden. In diesem Zusammenhange ist auch FRANZ DIRLMEIERS[2] Nachweis wichtig, daß die Hybris des Aias dem Dichter bereits als Motiv epischer Überlieferung gegeben war. Das hat Sophokles übernommen und in seinen *Aias* eingebaut. Dieser aber ist nicht einfach ein Spiel von Schuld und Sühne, sondern die Tragödie des großen Menschen, der in seiner Überkraft den Blitz auf sich herabzieht und dessen tödliches Feuer in großer Haltung empfängt. FRIEDRICH GOTTLIEB WELCKER[3] hat es besser gewußt als mancher neuere Interpret: *Aber es scheint mir, daß Aias weit mehr durch das, was er ist, als durch das, was er fehlte, das Drama erfüllt.*

Auch mag die Auffassung erlaubt sein, daß der Sophokles jener fünfziger Jahre, der das Schuldmotiv aufnimmt, ohne ihm eine zentrale Stellung anzuweisen, sich zwar

[1] K. v. FRITZ, ‹Tragische Schuld und poetische Gerechtigkeit in der griech. Trag.› *Studium Generale* 8, 1955, 194 u. 219; jetzt in *Antike und moderne Tragödie*. Berlin 1962, 1.

[2] (s. u.), 308. [3] *Rhein. Mus.* 3, 1829, 68.

vom Einflusse des Aischylos weitgehend, aber doch nicht vollständig gelöst hatte. Diese Hypothese rückt in Parallele zu einem Ausspruch des Dichters, den uns glaubwürdige Überlieferung[1] bewahrt hat: Zunächst habe er den übersteigernden Stil des Aischylos, dann aber das Herbe und Gekünstelte seines eigenen Wesens überwinden müssen, um die Vollendung zu erreichen.

Mit Einschränkungen, die bei der Besprechung der *Trachinierinnen* zu machen sind, darf es als wahrscheinlich gelten, daß die *Antigone* das zweitälteste der erhaltenen Stücke ist[2]. Über die Sicherheit des Ansatzes auf 442 wurde früher gesprochen.

In keinem anderen der erhaltenen Stücke hat Sophokles die tragenden Gedanken so klar hervortreten lassen, und doch wurde kein anderes so lange und so beharrlich verkannt. Ursache war die Autorität Hegels, der in seiner *Ästhetik* (II 2, 1) mit dem hohen Lobe des Stückes die Deutung verband, in Kreon und Antigone stünden sich Staat und Familie als zwei Bereiche gleichen Rechtes gegenüber, deren Vertreter mit Notwendigkeit in diesem Konflikt zugrunde gingen. Hegel hat damit eine sehr bedeutende Möglichkeit des Tragischen bezeichnet, die sich in Schopenhauers Theorie und Hebbels Dichtung voll entfaltet hat und seitdem in der modernen Behandlung des Tragischen ihre Rolle spielt. Auf die *Antigone* übertragen, wird die Theorie von den gegeneinanderfahrenden, gleichberechtigten Werten jedoch zur Fehldeutung.

Polyneikes hat den Zug der Sieben gegen seine Vaterstadt Theben veranlaßt und ist als Landesverräter vor ihren Mauern gefallen. Ihm die Bestattung in der heimischen Erde zu verweigern war nach griechischen Rechtsbegriffen vertretbar, mochte man ihn jenseits der Grenzen irgendwo zur letzten Ruhe betten. Dieser Kreon aber, der nach dem Doppelmord der Brüder die Herrschaft in Theben übernommen hat, geht weit darüber hinaus. Er hat Wachen an den Leichnam gestellt, die dafür sorgen sollen, daß Hunde und Vögel ihn zerreißen und die Reste in der Glut der Sonne verfaulen. Die Athener, die diesen Kreon hörten, mußten an den Fluch denken, den bei ihnen ein Priester aus dem Buzygengeschlecht über alle sprach, die einen Toten unbestattet liegen ließen. Dieser Kreon ist nicht die Stimme des Staates, der um seine Rechte, aber auch um seine Grenzen weiß. Ihn treibt jene Maßlosigkeit, die nur sich selber kennt, eine Hybris, die doppelt gefährlich und verwerflich ist, weil sie mit dem Anspruche der Autorität auftritt. Die *Antigone* ist kein Thesendrama, aber in dem Handeln und Leiden dieser Menschen wird deutlich genug die Frage sichtbar, ob der Staat letzte und höchste Gültigkeit für sich in Anspruch nehmen dürfe, oder ob auch er Gesetze zu achten habe, die nicht aus ihm hervorgegangen sind und seinem Zugriff ewig entzogen bleiben.

In seinem Ablaufe läßt sich das Stück als Drama des Widerstandes gegen Kreon und des schrittweisen Vollzuges seiner Verwerfung verstehen. Den Widerstand trägt Antigone, und der Dichter läßt sie ihre Tat zweimal unternehmen. Das erstemal gelingt

[1] Plut. *de prof. in virt.* 7, 79 b. Dazu C. M. Bowra, ‹Soph. on his own Development›. *Am. Journ. Phil.* 61, 1940, 385.

[2] Über die Vorgeschichte des Stoffes, die zum Epos zu führen scheint, H. Lloyd-Jones, *Class. Quart.* 53, 1959, 96.

es ihr, ungesehen den toten Bruder mit einer Schicht Staubes zu bedecken, doch als die Wächter den verwesenden Leichnam wieder freigelegt haben, kehrt sie zurück und wird bei dem erneuten Versuche einer symbolischen Bestattung festgenommen. Die Doppelung des Motivs hat vor allem den Sinn, den gegen Kreon geführten Schlag so kräftig erscheinen zu lassen, als es die schwierigen Umstände dieser Bestattung überhaupt erlauben. Auch dürfen wir so Antigone für einen Augenblick erfolgreich sehen, ehe wir das Leid ihres Unterganges teilen.

Kaum hat Kreon sein Todesurteil über Antigone gesprochen, beginnt auch schon der Weg, der zu seinem Sturze führt. Sein Sohn Haimon, der Verlobte Antigones, ist der erste, der ihn verwirft. Nach langem Ringen, das sich von demütig kindlichem Zuspruch zum Schrei der Verzweiflung steigert, verläßt Haimon den Vater. Von ihm muß Kreon auch hören (692. 733), daß die Stadt einmütig seinen Spruch verdammt. Aber noch steht er fest in dem, was er für sein Recht, für das Recht des Staates hält. Denn dieser Kreon ist nicht einfach der Bösewicht, der wissentlich das Unrecht will. Er ist in dem Glauben an die schrankenlose Macht des Staates und seine eigene, die er damit gleichsetzt (738), so ausweglos verfangen, daß sein Weg über die Hybris in den Sturz nicht nur moralisches Exempel, sondern auch ein Stück echter Tragik ist.

Auch die Götter verwerfen Kreon. Sie tun es zunächst durch den Mund des Sehers Teiresias, der von den grauenhaften Zeichen spricht, in denen sich die Befleckung der Stadt durch den verwesenden Leichnam verrät. Kreon ist auch jetzt noch voll eilfertigen Wähnens, ein von den Göttern Geschlagener, er vermutet Bestechung des Sehers und ruft in einer letzten Steigerung seiner Vermessenheit aus, man werde den Toten nicht bestatten, und wenn die Adler des Zeus die Fetzen der Leiche an den Thron des Höchsten trügen. Als aber Teiresias mit dem furchtbaren Fluche gegangen ist, Kreon werde mit seinem eigenen Fleisch und Blut den Frevel an dem Recht des Toten zahlen, da brechen Verblendung, Stolz und Irrwahn mit einem Schlage in sich zusammen, und Kreon will retten, was zu retten ist.

Aber die Götter nehmen seinen Willen zur Sühne nicht mehr an. In der unterirdischen Kammer, aus der er Antigone befreien will, findet er sie erhängt, und an ihrer Leiche gibt sich Haimon nach einem Ausbruch wilden Hasses gegen den Vater den Tod. Ein Bote meldet das Geschehene Eurydike, Kreons Frau, die wortlos in den Palast zurückgeht, um dort mit einem Fluche für den Gatten zu sterben. Verlassen und zerbrochen bleibt Kreon übrig, der späten Erkenntnis seines Irrtums aufgespart.

Das Stück ist ein Zweifigurendrama, und ohne daß wir den Akzent einseitig verlagern dürften, haben wir eine Tragödie des Kreon und eine solche der Antigone anzuerkennen. Auch bei dieser Gestalt hat man sich in der Nachfolge Hegels lange bemüht, ihr so etwas wie eine tragische Schuld aufrechnen zu können. VICTOR EHRENBERGS schönes Buch möchte vor allem geeignet sein, dieser Fehldeutung ein für allemal ein Ende zu setzen. Wofür diese Antigone kämpft, sagt sie in der großen Auseinandersetzung mit Kreon deutlich genug: sie steht für die ewigen, unwandelbaren Gesetze der Götter, die kein menschlicher Machtspruch verwirren darf. Daß sie hier mit des Dichters eigensten Worten spricht, verspüren wir an dem Ethos der Stelle, überdies gibt eine programmatische Chorpartie des ersten *Oidipus* (865) den eindeutigen Beweis. Dort preist Sophokles das Gesetz in des Äthers Höhen, das aus dem Bereiche des Göttlichen stammt und nicht in der Natur der Menschen seinen Ursprung hat.

Ehrenberg hat gezeigt, wie die landläufige Ansicht, die Sophokles und Perikles als Exponenten einer im Wesen einheitlichen Epoche der Hochklassik faßt, in Wahrheit einen höchst bedeutsamen Gegensatz verdeckt. Dichter und Staatsmann standen einander als Vertreter eines theonomen und eines anthroponomen Weltbildes zwar nicht in offenem Konflikt, wohl aber in einer Spannung gegenüber, in der sich die Gigantomachie (Plat. *Soph.* 246a) vorbereitet, die eine spätere Zeit um das Sein und den Menschen geführt hat. Sophokles hat die stürmische Entwicklung seiner Epoche mit tiefer Sorge miterlebt. Diese Entwicklung bekundete sich im politischen Leben in den Ansätzen zu einer Reichsbildung unter attischer Führung, im geistigen aber in den traditionsstürzenden Ideen der Sophistik. Just die Zeit, in der die *Antigone* entstand, schien alle Grenzen aufbrechen zu wollen, und damals hat der Dichter jenes Lied gesungen, das wir als erstes Stasimon in unserem Drama lesen und das wie kein anderes über die Jahrtausende herüberklingt in unsere Tage. Groß und gewaltig, aber auch furchtbar und unheimlich (beides liegt in δεινός) heißt der Mensch, der die Natur in allen ihren Bereichen unter seinen Willen zwingen und auf diesem Wege das Kühnste wagen will. Aber immer noch bleibt das eine entscheidend: ob er von dem Absoluten weiß, das die Götter über ihn gestellt haben, oder als Verächter ewiger Ordnung sich und die Gemeinschaft in die Vernichtung reißt.

In der ersten Niederschrift seines *Empedokles* läßt Hölderlin an einer schönen Stelle Rhea davon sprechen, wie die athenischen Jungfrauen fragen, welche von ihnen wohl Sophokles vor der Seele stand, als er seine Antigone, *die zärtlich-ernste Heroide*, gestaltete. Hier ist die in modernen Deutungen[1] mitunter grotesk verzerrte Gestalt in all der Fülle des Menschlichen erfaßt, die der Dichter ihr verliehen hat. Aus dieser Fülle ist auch der Vers (523) gesprochen: *Nicht mitzuhassen, mitzulieben ward mein Teil.* Was hat man nicht alles unternommen, um diesem Urwort abendländischer Humanität die Weite seiner Geltung zu bestreiten und es von einem Liebesbegriff zu entfernen, den Sophokles nach solcher Ansicht nicht besitzen durfte[2]. Auch darüber hat man sich verwundern wollen, daß Antigone auf dem Wege zum Tode um ihr verlorenes Leben klagt und weint. Und doch erhält dieses Drama seine Gültigkeit über die Zeiten erst dadurch, daß diese Antigone nicht eine Heroine von übermenschlichen Maßen ist, sondern eine von uns, mit denselben Wünschen und Hoffnungen wie wir, aber auch mit dem großen Mute, über alle Stimmen hinweg Gottes großem Gesetz zu folgen. Gehen aber muß sie, die Liebevolle, diesen Weg wie alle großen Gestalten des Dichters in äußerster Einsamkeit. Am Beginne des Spieles wirbt sie um die Hilfe ihrer

[1] Durch und durch unheimlich, von Dämonen geradezu verheert: G. Nebel, *Weltangst und Götterzorn.* Stuttg. 1951, 192.

[2] Vgl. A. Lesky, *Herm.* 80, 1952, 95.

Schwester Ismene. Vergebens, denn mit einem Griff, der sich im Werke des Dichters wiederholen wird, ist neben die große, der Furcht und Verführung unzugängliche Seele in Ismene der zum Ausgleich bereite, den Härten letzter sittlicher Forderung ausweichende Mensch gestellt.

Aber auch der Chor der thebanischen Greise tritt nicht an Antigones Seite, und man hat daraus eine Verurteilung ihrer Haltung erschließen wollen. Wer aber weiterliest und überlegt, wie dieser selbe Chor nach der Teiresiasszene bis zum gewichtigen Schlußwort Kreon verurteilt, wird bald erkennen, daß der Dichter im ersten Teile durch die Zurückhaltung der Alten Antigones volle Isolierung erstrebte. Die Furcht vor Kreon gab für den Chor eine leichte und ausreichende Motivierung.

Ein einziges Mal befremdet uns Heutige diese Antigone, wie sie Goethe befremdete[1]. Es ist die Stelle in ihrer letzten Rede (905), an der sie ihre Tat damit rechtfertigt, daß sie für einen Gatten oder ein Kind hätte Ersatz finden können, niemals aber, seit ihr die Eltern starben, für den einzigen Bruder. Hier spricht sich ein Grundzug griechischen Wesens aus, auch für das, was das Herz rät, im Bereiche der Ratio eine Rechtfertigung zu finden, zum anderen aber ist die Stelle ein interessantes Zeugnis – nicht das einzige – für des Dichters Vertrautheit mit Herodot, der das Motiv in seiner Geschichte vom Weibe des Intaphernes (3, 119) an guter Stelle verwendet hat.

Kaum nötig dürfte es sein, nach den voraufgegangenen Erläuterungen die innere Einheit des Stückes gegen jene zu verteidigen, die in seinem letzten Drittel eine allzu selbständige Kreontragödie finden. Damit wird jedoch nicht bestritten, daß die Geschlossenheit der Komposition nicht – und hier dürfen wir wohl sagen ‹noch nicht› – jene ist, die Sophokles in den Dramen seiner Vollendung erreicht.

Diptychonform weisen auch die *Trachinierinnen* auf, anderseits wird sich ihre motivische Nähe zum ersten *Oidipus* bald erweisen. So reihen wir sie zwischen dieses Stück und die *Antigone*. Dazu fügt es sich gut, daß Reinhardt an den *Trachinierinnen* Züge der älteren Dramen aufgewiesen hat: die Isolierung der Einzelgestalt, deren Pathos sich als Reaktion auf ihr Schicksal darstellt, und die späterer Dynamik gegenüber noch stationäre Szenenform. Doch wird man ihm bei dem Ansatz des Stückes vor der *Antigone* kaum folgen können. Bei aller Zurückhaltung, die der Vergleich verwandter Szenen erfordert, kann man sich die Berichte von Deianeiras Scheiden von dem ehelichen Bette (920) und dem gleichen Abschied der euripideischen Alkestis nicht unabhängig voneinander entstanden denken. Da aber Zusammenhang und Gestaltung für die Priorität des Euripides sprechen, der seine *Alkestis* 438 aufführte, ist damit ein terminus post quem mit der in solchen Fällen erreichbaren Wahrscheinlichkeit gewonnen[2].

Während die bis jetzt gesprochenen Stücke des Sophokles dialogisch einsetzten, beginnt dieses mit einer monologischen Prologrede der Deianeira, in der sie wesent-

[1] Gespr. mit Eckermann. 28. März 1827.

[2] Daß Vergleichsurteilen dieser Art stets Subjektives anhaftet, wird nicht verkannt. Für die Priorität der *Trachinierinnen* tritt nun E. R. Schwinge ein: *Die Stellung der Trach. im Werk des Soph. Hypomnemata* 1. Göttingen 1962, 63.

liche Voraussetzungen des Spieles entwickelt. Das erinnert an den bei Euripides zur Manier gewordenen Brauch, und man hat in diesem Stücke auch sonst Euripideisches erkennen wollen, so vor allem in den erotischen Motiven in Deianeiras Handeln. Nun wird man Beeinflussung des Sophokles durch seinen jüngeren Rivalen nicht aus dem Kreise der Möglichkeiten weisen, und für die Verwendung des Prologes mag das gelten, wenngleich Sophokles auch hier seine Art gewahrt hat. Ansonsten aber hat man den Einfluß euripideischer Kunst auf dieses Werk ungebührlich übertrieben. Von der stillen Liebe der Heraklesgattin führt keine Linie zu den vernichtenden Ausbrüchen weiblicher Leidenschaft, wie sie die Bühne des Euripides zeigt, und das Grundmotiv, über dem die *Trachinierinnen* gestaltet wurden, ist ein völlig anderes, ein im wahrsten Sinne sophokleisches.

Deianeira harrt mit ihrem Sohne Hyllos in Trachis der Heimkehr ihres Gatten, den die Abenteuer seines unsteten Lebens in unbekannte Fernen geführt haben. Und da er ihr endlich Kunde von seiner baldigen Heimkehr sendet, kommt ihr zugleich mit dieser das junge, schöne Königskind Iole ins Haus. In besonders schmerzlicher Weise, da der Herold Lichas ihr die Wahrheit aus zarter Rücksicht verschweigt und erst ein Bote diese fromme Lüge zerstört, erfährt Deianeira, was die Fremde unter ihrem Dache soll: des Herakles Herz hat sich von ihr abgewendet, und er schickt ihr die Kebse ins Haus. Diese Deianeira flammt nicht in Haß und Empörung auf; der Dichter hat die alternde Frau, die um das Herz ihres Mannes bangt, mit äußerster Zartheit gestaltet. Eines Liebeszaubers erinnert sie sich, den sie im Hause birgt. Sterbend gab ihr der Kentaur Nessos von seinem Blute, das ihr die Liebe des Herakles zu jeder Zeit zurückgewinnen könne. Für das Verständnis des Stückes ist es entscheidend, daß man in die Beurteilung Deianeiras nicht gegen den Willen des Dichters ein Schuldmotiv trägt. Liebeszauber konnte bei den Griechen verschieden beurteilt werden, aber dieser Frau, die den Worten des sterbenden Kentauren traut, hat der Dichter die Schuldlosigkeit eines liebenden Herzens gegeben. Ihrer eigenen Treue die des Gatten zurückzugewinnen ist ihr einziger Wunsch, das Mittel, ihn zu erfüllen, in ihren Augen ohne jedes Bedenken. So tränkt sie das Festkleid, das sie Herakles zum feierlichen Dankopfer für die Heimkehr sendet, mit dem Blute des Kentauren. Dieses aber hat der Pfeil des Herakles, der Nessos tödlich traf, mit dem Gifte der Hydra durchsetzt, und mit Schaudern sieht Deianeira, wie sich die Wolle, die sie zum Salben des Gewandes gebrauchte, bald darauf im Licht zersetzt und zerkrümelt. Alsbald kommt Hyllos und berichtet, wie der Vater, der beim Opfer das Unheilsgewand trug, von entsetzlichen Schmerzen befallen wurde, wie er tobte und schrie und nun, ein Sterbender, nach Trachis gebracht werde. Wie die Eurydike der *Antigone*, so verläßt auch Deianeira ohne ein Wort die Szene. Der Bericht ihrer Amme schildert ihr armes Sterben, bei dem ihre letzten Worte dem Lager gelten, um dessentwillen sie litt und wagte und sich nun selber richtet.

Nach der Kunde von ihrem Tode – wie immer trennt ein Chorlied die Szenen – wird Herakles hereingetragen. Er ist nach seinen furchtbaren Qualen in Schlaf gesunken, erwacht aber bald zu neuer Not. Seine Leiden und Klagen und sein letzter

Wille füllen nun das Spiel bis zu seinem Ende. Wieder finden wir das Schicksal zweier verhängnisvoll verbundener Gestalten in getrennten Zügen seinem Ende zugeführt und erkennen darin die zweiteilige Komposition der älteren Stücke.

Herakles bricht nach seinem Erwachen in wilde Klagen aus, es ist derselbe Herakles, der bei dem Opferfest den Überbringer des tödlichen Gewandes an den Felsen zerschmettert hat. Doch als er vom Gift des Nessos hört, ergibt er sich in sein Schicksal. Alte Sprüche, so weiß er, gehen nun in Erfüllung, und sein Tod ist bestimmt. Noch weist er den Sohn an, ihm das Flammengrab auf dem Ötagebirge vorzubereiten und Iole zum Weibe zu nehmen, dann verläßt der Zug, der den Helden zum Tode geleitet, die Bühne.

Eine besondere Rolle spielen in dem Stücke die Orakel, und schon dadurch rückt es in eine gewisse Nähe zum *Oidipus*. In diesen Sprüchen, die dunkel und zweideutig sind, hinter denen aber immer die Gewißheit der Erfüllung ihres eigentlichen Sinnes steht, geben sich die göttlichen Mächte dem Menschen kund. Aber sie deuten nur an und lassen dem Planen und Wähnen der Sterblichen einen weiten Raum. In diesem entfaltet sich das Spiel in den *Trachinierinnen* wie im *Oidipus*. Der Mensch ist nicht untätiges Opfer seines Schicksals, er greift selbst in das Geschehen ein, aber die Götter haben es so gefügt, daß jeder Schritt, den er von seinem Verhängnis weg zu tun vermeint, ihn näher an dieses heranführt. Ein Weib, das in der Unschuld seines Herzens die Liebe des Gatten aufs neue an sich binden will, stürzt ihn dadurch in Qual und Tod. Der Held, der Länder von ihren Plagen befreite, endet hilflos in furchtbarer Pein. Und kein Wort nach Art des aischyleischen *durch Leiden lernen* hilft uns, dieses Geschehen zu deuten. Aus unerreichbarer Ferne und ewig dunklem Willen wirkt das Göttliche so und nicht anders in die Welt. Für die große Frömmigkeit, mit der es Sophokles auch dort verehrt, wo es seine Macht am erbarmungslosesten bekundet, gibt uns das Ende unseres Stückes das eindrucksvollste Zeugnis. In den letzten Worten des Hyllos (1264), und hier ein einziges Mal in den erhaltenen Stücken, hebt der Mensch anklagend seine Hand gegen den Himmel: so vergessen die Götter derer, die sie selbst gezeugt! Schande ist es für sie, solches Leid geschehen zu lassen. Sogleich aber wird dieses Wort der Vermessenheit in dem Schlußvers des Chores aufgehoben. Hier hören wir am Ende des Dramas, was über des Sophokles gesamtem Werke stehen könnte: Nichts ist in all dem, was nicht Zeus ist.

Eine Stelle aus dem *Oidipus Tyrannos* wird in den *Acharnern* des Aristophanes (v. 27) parodiert, also muß das Stück vor 425 aufgeführt worden sein. Daß in der Schilderung der Seuche, die den Ablauf der Geschehnisse auslöst, im weiteren Verlaufe des Spieles aber ohne Bedeutung bleibt, Erinnerungen an die Pest des Jahres 429 nachwirkten, kann man mit Sicherheit nicht sagen. Nicht eine Pest, sondern ein allgemeines Verderben von Menschen, Vieh und Feldfrucht wird beschrieben, wie es die Erinyen im Schlußteil der *Orestie* Attika androhen. Wenn also eine Beziehung zu jenem Schreckensjahr besteht, so ist sie nur sehr lose. Immerhin bleibt die erste Hälfte der zwanziger Jahre als Aufführungszeit für das Drama erwägenswert.

Wir beginnen seine Betrachtung bei der Form, um festzustellen, daß wir hier einer

Kraft und Geschlossenheit der Komposition begegnen, die den älteren Stücken gegenüber neu ist. Oidipus steht nicht nur motivisch in der Mitte dieses Spieles, es gibt mit Ausnahme des Botenberichtes und ganz geringfügiger Einleitungspartien keine Szene, die er nicht durch seine Anwesenheit bestimmte. Die *Elektra* wird uns Ähnliches zeigen. In beiden Stücken findet die Bedeutung der zentralen Gestalt für den Stoff ihre volle Entsprechung in der Stellung, die sie im Aufbau des Ganzen erhält. Wir rechnen die Vollkommenheit solcher Übereinstimmung den Wesenszügen des Klassischen zu.

Man hat den *Oidipus* eine analytische Tragödie genannt, weil die entscheidenden Geschehnisse dem Stücke vorausliegen und das Netz des Verhängnisses bereits über Oidipus geworfen ist. Wie aber der Mensch durch sein Ziehen und Zerren an diesem Netz sich nur immer dichter in seine Maschen verstrickt und endlich alles zum Einsturze bringt, das ist in diesem Stück mit einer Meisterschaft der Ballung und Straffung gestaltet, die in der dramatischen Literatur nicht ihresgleichen hat. Es sind im Grunde einfache Griffe, durch die der Dichter solche Wirkung erreicht. Laios, der König von Theben, hat einst, durch einen Orakelspruch erschreckt, den eben geborenen Knaben in der Wildnis des Kithairon aussetzen lassen. Der Knecht, der den Auftrag ausführen sollte, übergab das Kind einem Hirten aus Korinth, der es in diese Stadt und zu ihrem König Polybos brachte. Beide Gestalten, der Hirt und der Knecht, erhalten nun im Zuge der Handlung weitere wichtige Funktionen, und eben diese Zusammenlegung ermöglicht die außerordentliche Geschlossenheit des dramatischen Baues. Der Knecht, der das Kind aussetzen sollte, ist der einzige, der später aus dem verhängnisvollen Kampf beim phokischen Dreiweg entkam. Dort hat Oidipus, auf der Flucht vor dem Spruch des delphischen Gottes, der ihm den Vatermord und die Ehe mit der Mutter weissagte, den greisen Laios in zornigem Streite erschlagen. Der Hirte aus Korinth jedoch kehrt im Stück als der Bote wieder, der an bedeutungsvoller Stelle die Nachricht vom Tode des Polybos bringt.

Mittel des Dichters wie diese zu erkennen ist Recht und Aufgabe der Analyse. Das Sophoklesbuch Tychos v. Wilamowitz hat davon ausgiebigen Gebrauch gemacht und in den Dramen zahlreiche Anstöße gezeigt, die sich nachrechnender Ratio ergeben. Daraus ist manches zu lernen, nie aber darf sich solche Betrachtung absolut setzen und der Eigengesetzlichkeit des dramatischen Kunstwerkes ihre Rechte streitig machen.

Mit tödlicher Konsequenz führt der Weg dieses Oidipus in die Nacht seines Elends. Voll Güte und Fürsorge hat er zu Beginn des Spieles dem Jammer der Stadt geantwortet. Schon wird Kreon erwartet, der Delphi nach der Ursache der verheerenden Seuche befragen sollte. Er bringt den Spruch des Gottes, der Sühne für den Mord an Laios verlangt. Mit heißem Eifer ergreift Oidipus den Auftrag Delphis, der auf ihn selber zielt. Teiresias, der blinde Seher, wird geholt, aber er will nicht reden. Und da ihn Oidipus mit falschem Verdacht zum äußersten reizt, ruft er dem König zu, er, der Blinde, dem scheinbar Hellsichtigen, daß er selber der Mörder sei und in furchtbarer Ehe lebe. So jäh, so allem Anscheine widersprechend kommt diese Enthüllung, daß niemand sie ernst nimmt, am wenigstens Oidipus. Sein rasches Denken geht andere, schiefe Bahn. Einen Anschlag Kreons vermutet er, der sich selbst zum Herrscher in Theben machen wolle. Schon hat er ein Todesurteil bereit, und Iokaste muß dazwischentreten, um das Ärgste zu verhüten, dann beruhigt sie den Gatten: was sind Seherkunst und Orakelsprüche! Hat Apollon nicht geweissagt, Laios werde von seinem Sohne getötet werden? Aber das Kind ist auf dem Kithairon zugrunde gegangen, und den Laios haben Räuber an einem Kreuzweg umgebracht! Jeder Versuch der Beruhigung ist in diesem Stücke zugleich ein Schritt zur Katastrophe. Mit tödlichem Erschrecken erinnert sich Oidipus seiner jähen Tat am phokischen Dreiweg, aber Iokaste hat doch von Räubern, einer Mehrzahl von Tätern, gesprochen! Das ist die Hoffnung, und jener Diener, der damals als einziger entkam und nun auf dem Lande lebt, soll Gewißheit schaffen. Indessen kommt der Bote aus Korinth, der den Tod des Polybos meldet. Noch gilt dieser dem Oidipus als sein Vater, und wieder meint Iokaste die Sprüche Apolls verlachen zu dürfen. Auch Oidipus fühlt sich dem Verhängnis entzogen, seines Vaters Mörder zu werden. Da ist freilich der zweite Teil des Spruches, er werde die Mutter zum Weibe nehmen, und die Mutter lebt ihm noch in Korinth. Wieder erfolgt verhängnisvolle Beschwichtigung. Der Bote enthüllt, was er von der Herkunft des Oidipus weiß. Ziehsohn nur war er dem korinthischen Königspaar, ein Findling vom Kithairon, wo ihn ein Knecht des Laios dem Korinther übergab. Nun reißen die Schleier vor Iokaste, noch will sie Oidipus an weiterem Forschen hindern; aber ihr Versuch, das Rad des Schicksals zum Stillstand zu bringen, ist fruchtlos; verzweifelt eilt sie in den Palast. Wieder stürmt der rasche Geist des Mannes auf falscher Bahn dahin. Iokaste befürchtet wohl, er könne niedriger Herkunft sein, er aber nennt sich stolz – welcher Gipfel schauriger Ironie! – ein Kind des Glückes. Damit ist für den Chor das Stichwort zu einem jener Lieder gegeben, die vor der Katastrophe noch einmal Jubel aufklingen lassen. Wie viele der Götter schweifen doch über die Berge! Einer von ihnen mag da droben den geliebten König gezeugt haben. Dann aber kommt der Diener, der einst am Dreiweg entfloh, derselbe, der das Kind aussetzen sollte. Schwer ist es, ihn zum Sprechen zu bringen, doch dann steht alles in furchtbarer Klarheit vor Oidipus. Er stürzt in den Palast, findet Iokaste erhängt und bohrt sich ihre Spangen tief in die Augen, um den Quell des Sehens für immer zu schließen. Geblendet wankt er auf die Bühne, nimmt von seinen Töchtern rührenden Abschied und bereitet sich, ins Elend zu gehen.

Für das Verständnis dieses gewaltigen Werkes ist zunächst eine Frage zu klären, die heute kaum mehr eine ist. Büßt dieser Oidipus eine Schuld? Aristoteles führt in der *Poetik* (13. 1453a10) seinen Sturz auf eine Verfehlung (ἁμαρτία τις) zurück, da er aber unmittelbar vorher ausdrücklich sittliche Schlechtigkeit (κακία καὶ μοχθηρία) ausschließt, sollte es klar sein, daß dieses Verfehlen des Richtigen nicht die Moral angeht. So richten sich alle die beschämenden Versuche, für diese Tragödie einen Ausgleich von Schuld und Sühne zu errechnen und die unerhörte Wucht ihrer Tragik zum moralischen Exempel zu verdünnen. Auch die Tat am Dreiweg, wo Oidipus in jäher Wallung einen ihm unbekannten Greis erschlug, kann eine Schuld von solcher

Schwere nicht sein, am wenigsten nach griechischer Auffassung. Das rasche Denken des Oidipus jedoch, das sich so leicht verrennt, ist überhaupt nicht schuldhaft, sondern enthält seine Bedeutung allein in dem Gegensatze zu der furchtbaren Übermacht des Göttlichen, die über all dies Wollen und Wähnen unerbittlich ihren Weg geht. So groß ist diese Übermacht, und mit so tödlicher Sicherheit schlägt sie menschliches Glück in Scherben, daß man oft nur sie sehen und unser Stück als Schicksalsdrama bezeichnen wollte. Viele gingen gleich ein Stück weiter und meinten, die griechische Tragödie als Ganzes so benennen zu dürfen. Von solchem Unfug brauchen wir hier nicht zu sprechen, aber auch der *Oidipus* ist so nur zur Hälfte erfaßt. Denn dieser König ist nicht nur ein Erduldender, ein sein Schicksal passiv Erwartender, in großer Haltung geht er ihm entgegen und reißt es mit einem Feuer der Wahrheitssuche und einer Inbrunst der Leidensfähigkeit an sich, die ihn zu einer der größten Gestalten der tragischen Bühne werden lassen. Da windet sich der Knecht vor der letzten Enthüllung des Grauenhaften: *Weh mir, nun bin ich dran, das Schreckliche zu sagen.* Oidipus antwortet: *Und ich zu hören, aber hören muß ich's!* In diesem Worte ist ebenso sein Schicksal wie sein groß geartetes Wesen. Tycho von Wilamowitz und andere nach ihm haben es Sophokles bestritten, daß er geschlossene Charaktere zu bilden vermochte. Nun ist es richtig, daß wir die Art, in der uns der Dichter seine Gestalten zeigt, von der individuellen Charakterzeichnung moderner Dramatik zu scheiden haben, wobei wir die Frage beiseite lassen, ob die Dominanz des Psychologischen für diese Kunstart nur einen Vorzug bedeutet. Auch soll nicht bestritten werden, daß es einzelne Fälle gibt, in denen für den antiken Dichter die Szenenführung vor der Konstanz in der Zeichnung einzelner Personen den Vorrang hat. Aber wichtiger als alles das ist die Einsicht, daß Sophokles aus dem Urstoff des Mythos Gestalten geschaffen hat, die zwar nicht Charaktere im Sinne moderner Psychologie, wohl aber große Persönlichkeiten sind, deren Wesen sich fest um eine Mitte schließt. Frei von allem Zufälligen und nur Individuellen stehen sie in ihren großen Wesenszügen vor uns, ein unverlierbares Erbe. Auch Oidipus ist unter ihnen.

Dem großgearteten Menschen mit der Unbedingtheit seines Wollens ist auch in diesem Drama des Sophokles die lebenstüchtige Bereitschaft zum Ausweichen und Paktieren zur Folie gegeben. Was Iokaste als ihren Leitsatz verkündet, *dahinzuleben ist das Beste* (979), bezeichnet den denkbar stärksten Gegensatz zu dem Wege, den Oidipus geht.

Gerade der *Oidipus Tyrannos* ist bis ins Letzte von Göttlichem erfüllt. Aber was sind das für Götter, die den Menschen in das tiefste Elend führen, ohne daß wir wissen, warum das alles geschieht? Sollen wir etwa grausame Götter erkennen lernen, denen der Mensch ein Spielzeug ist? Hofmannsthal hat in seinem *Oedipus und die Sphinx* in dieser Weise am Stoffe weitergedichtet, mit Sophokles hat diese Auffassung nichts zu schaffen. Es will beachtet sein, daß in demselben Stücke, das uns das Furchtbarste zeigt, ohne es zu deuten, wie Aischylos menschliches Schicksal gedeutet hat, das Chorlied (864) von den ewigen göttlichen Gesetzen steht, die in den Höhen des Himmels geboren sind. Auch am Ende dieses Stückes könnte gesagt sein: hier ist nichts, was nicht Zeus ist. Menschlichem Denken unerreichbar vollzieht sich göttliches Walten in furchtbarer Weise, aber immer gültig und verehrungswert. Als Sophokles dieses Stück schrieb, war die Sophistik längst in vollem Angriff auf alles, was die Überlieferung heiligte. Sophokles hat seine Absage an all das Neue, Umstürzende in dem eben genannten Liede des *Oidipus* ebenso klar ausgesprochen wie in dem ersten Stasimon der *Antigone*.

Der *Oidipus* prägt das Tragische innerhalb der abendländischen Literatur nicht allein am reinsten aus, er läßt uns auch in besonderer Weise jenes Phänomen der tragischen Lust erkennen, das Hölderlin in dem berühmten Epigramm auf Sophokles bezeichnet hat:

Manche versuchten umsonst, das Freudigste freudig zu sagen,
Hier spricht endlich es mir, hier in der Trauer sich aus.

Das unbezweifelbare Phänomen, daß wir von einer Aufführung des *Oidipus* mit dem Gefühle der Erhebung, ja der Freude weggehen, ist überaus schwer zu deuten. Aber nicht zum letzten dürfte daran der Umstand beteiligt sein, daß uns der Dichter nicht für einen Augenblick über allem Grauen und Entsetzen den Blick auf eine große Ordnung verstellt, die über allem Wandel der Dinge und allen Leiden des Einzelnen in ewiger Gültigkeit bleibt.

Zu den Spätdramen des Dichters zählen wir mit Sicherheit die *Elektra*, ohne darüber hinaus eine genauere Angabe wagen zu können. Das Stück führt seinen Titel zu Recht, denn die Gestalt, die in den *Choephoren* des Aischylos nach der Erkennungsszene und dem Kommos aus dem Spiele fällt, beherrscht es hier von der Parodos des Chores bis zum Schlusse. Damit, daß dieses Stück zum Unterschied von den *Choephoren* kein Orestesdrama ist, hängt es zusammen, daß die ethische Problematik des Muttermordes völlig in den Hintergrund getreten ist[1]. Daß Sophokles diese Tat bis auf eine Andeutung (v. 1425) so unproblematisch darstellt, hat er uns durch die Zeichnung seiner Klytaimestra erträglich gemacht. Sie ist das unbedingt Böse, aber ohne die dämonische Größe, mit der Aischylos sie gezeigt hat. Bei Sophokles steht sie außerhalb der verhängnisvollen Bindung an den Fluch des Geschlechtes, eine Verworfene, deren Austilgung wir als gerecht empfinden. Wie in diesem Handel der Sohn vor der Mutter steht, sollen wir nicht fragen. Darum fällt in diesem Stücke auch Klytaimestra vor Aigisthos, auf dessen Tötung der Dichter den Hauptakzent der Schlußszene gelegt hat.

Alte Sage wußte, daß Elektra den Knaben Orestes gerettet hatte und dem heimkehrenden Jüngling hilfreich beistand. Aus diesen Ansätzen hat Sophokles die Gestalt gebildet, die seine eigenste Schöpfung bleibt. In der Prologszene, die den Charakter eines Vorspieles vor dem Drama Elektras hat, kommt Orestes mit seinem greisen

[1] Das wird von manchen Interpreten geleugnet. Nun hat A. Wasserstein, *Gnom.* 32, 1960, 178, gewiß recht, wenn er sich gegen die Auffassung wendet, Sophokles habe den Muttermord nicht moralisch verurteilt. Das aber, worauf es ankam, ist, daß es nicht die Absicht des Dichters war, dieses Problem in die Mitte seines Spieles zu stellen. Anders H. F. Johansen in der im Lit.-Teil genannten Untersuchung.

Erzieher zum Atridenpalast in Mykene und bereitet die List vor, die ihm den Weg zur Rache bahnen soll. Beziehungsvoll tönen in seine Rede die Klagerufe Elektras aus dem Hause. Orestes ist zum Grabe des Vaters gegangen, da betritt sie selbst die Bühne und läßt zunächst in einem Liede, dann aber im Wechselgesang mit dem Chor mykenischer Frauen ihr Leid verströmen. Der Vater schändlich gemordet, der Bruder in der Ferne, sie selbst wie die letzte Magd gehalten. Aber am schwersten trägt Elektra an dem Unrecht, das sie im Hause an der Herrschaft weiß. Sie müßte sich selbst aufgeben, wollte sie sich mit ihm vergleichen, wie das ihre Schwester Chrysothemis kann, die neben ihr steht wie Ismene neben Antigone. Klytaimestra hat, durch einen bedrohlichen Traum erschreckt, die gefügige Tochter an das Grab Agamemnons gesandt, aber Elektra überredet die Schwester, bei der Spende nicht für die Mutter, sondern den Bruder und das Schicksal des Hauses zu beten.

Der drohende Traum Klytaimestras läßt sich über die *Choephoren* bis in die chorlyrische *Orestie* des Stesichoros zurückverfolgen, neu aber ist hier seine Durchführung. Das Motiv des Baumes, der aus Agamemnons Szepter wächst und das Land überschattet, stammt, ein neuerliches Zeugnis für die Vertrautheit des Dichters mit Herodot, aus dem Traum des Astyages vor der Geburt des Kyros (1, 108).

Der Mittelteil unseres Stückes ist von zwei Szenen gebildet, die Elektras Selbstbehauptung und Sturz in tiefstes Leid umschließen. In breiter Agonszene reißt Elektra der Mutter die Maske der Heuchelei vom Antlitz und wahrt in all ihrem Elend dem Rechte seinen Platz in dieser Welt. Beider Frauen Gedanken kreisen um Orestes. Sein Kommen ist Elektras ganzes Hoffen, Klytaimestra aber betet am Ende dieser Szene in verhüllter Rede zu Apollon, er möge sie vor Rache schützen. Da kommt der greise Erzieher des Orestes und berichtet dessen Tod bei einem delphischen Wagenrennen. Von solcher Unmittelbarkeit ist diese Erzählung, in der sich die Kunst des Dichters der epischen Meisterschaft euripideischer Botenberichte als ebenbürtig erweist, daß wir, fast selbst mitgetäuscht, die Gefühle der beiden Frauen miterleben: Klytaimestras tiefes befreites Aufatmen und Elektras Sturz aus letzter Hoffnung in ein Elend, das ausweglos erscheint.

Auf den Kommos, aus dem das Echo auf die Todesnachricht tönt, folgt eine Szene, die der ersten zwischen den beiden Schwestern respondiert und mit ihr einen Ring um das Szenenpaar des Mittelblockes schließt. Chrysothemis kommt freudig erregt vom Grabe des Vaters zurück. Blumen und eine Locke, auch die Spuren einer Gußspende hat sie dort gefunden: das kann nur Orestes sein, der heimgekommen ist, der am Grabe des Vaters geopfert und gebetet hat. Nun ist Elektra zwischen Schein und Wahrheit gestellt; es ist ihre tragische Situation, daß sie den rechten Weg zunächst verfehlen muß. Was ihr Chrysothemis berichtet und was die Wahrheit ist, würde für sie die Erfüllung all ihrer Wünsche bedeuten. Aber, in die Täuschung verfangen, kann sie das Wahre nicht erkennen und widerlegt aus ihrem Scheinwissen die Schwester, die nun mit ihr dem Irrtum verfällt. Elektra antwortet der Situation, wie sie diese sehen muß, mit dem Entschlusse zum Handeln. Selbst will sie die Tat gerechter Rache tun, Chrysothemis soll ihre Helferin sein. Damit verlangt sie von ihr, was sie von der Schwachen, Ausweichenden nicht verlangen kann. Fanden sich in der ersten Chrysothemisszene die beiden so Verschiedengearteten, so scheidet sich hier ihre Art im schärfsten Gegensatze. Jetzt ist Elektra so allein wie Antigone auf ihrem Weg zum Tode. Da kommt Orestes mit der Urne, die er für das Behältnis seiner Asche ausgibt. Er kennt die Schwester nicht, sie glaubt den Trug, nimmt die Urne und hält erschütternde Zwiesprache mit dem, was ihr allein von ihrem Bruder blieb. Nun begreift Orestes, wer da vor ihm klagt (dürfen wir nachrechnen, wie spät das geschieht?) und gibt sich zu erkennen. Der Jubel Elektras, der keine Grenzen kennen will, ist nun an die Stelle der Klage getreten, die wir in ihren ersten Szenen hörten. In einer letzten, weitesten Entsprechung aber stehen in diesem meisterlich gebauten Stück die äußersten Randszenen. Dort der Jüngling, der aus der Fremde zum Hause seiner Ahnen kommt, Gericht zu halten, hier der Vollzug der Rache, der ihn wieder in seine Rechte setzt.

Die *Elektra* zeigt den Altersstil des Sophokles, dessen Wesenszüge uns vor allem Karl Reinhardt nahegebracht hat. An die Stelle der Isolierung der Einzelgestalt in den älteren Dramen und ihre «stationäre Pathosform» ist eine neue Bezogenheit der handelnden Personen aufeinander getreten. Im Zusammenhange damit ergibt sich eine stärker vom Seelischen bestimmte, an Wendungen reichere Szenenführung, ein durch Spannungen und Übergänge in neuer Weise belebter Dialog.

Die eben bezeichneten Erscheinungen lassen sich als Symptome eines höchst bedeutsamen Vorganges verstehen. In knappster Fassung kann man sagen, daß in Dramen wie der *Elektra* oder dem *Philoktetes* der Mensch auf neue Weise in die Mitte des Spieles tritt. Das bedeutet jedoch nicht eine Säkularisierung der an den Kult gebundenen Tragödie, wie man eine solche bei Euripides sogar in Stücken beobachten kann, in denen Götter seine Bühne beschreiten. Wir haben nicht den mindesten Anlaß, anzunehmen, daß in der tiefreligiösen Weltsicht des Sophokles irgendein Wandel eingetreten sei. Wohl aber handelt es sich um eine Verlegung der Akzente, die ihre Folgen hatte. Über den Menschen walten noch immer die gleichen Götter, aber sie haben sich förmlich in den Hintergrund des Spieles zurückgezogen. In Stücken wie dem *Aias*, der *Antigone*, dem *Oidipus* steht der Mensch in einer ständigen Zwiesprache mit der Gottheit, und wie sehr gerade der *Oidipus Tyrannos* eine solche ist, wird uns im letzten der erhaltenen Stücke klar, das den wunderbaren Ausklang dieses Gespräches bringt. In allen diesen Stücken tönt die Stimme der Götter durch Orakel oder den Mund der Seher kräftig in das Geschehen hinein. Wie bleibt im Vergleiche dazu das Rachegebot Apollons an Orestes so ganz am Rande des Spieles! Und wie stark ist dieses auf die eine Gestalt der Elektra, ihr Leiden, ihr Hoffen und ihr tapferes Kämpfen abgestellt! In dem neuen Lichte, in dem der Mensch in diesen Dramen des Sophokles vor uns steht, wird auch ein neuer Reichtum des Seelischen sichtbar. Wenn diese Elektra zu der Urne spricht, die nach ihrem Glauben die Asche ihres Bruders birgt, findet sie Töne von äußerster Zartheit und Innigkeit, wie wir sie auf der attischen Bühne kaum sonst noch vernehmen. Dieselbe Elektra flammt in wildem Hasse gegen die Mutter auf, und während Orestes drinnen zuschlägt, hören wir das kaum erträgliche Wort (1415): *Triff doppelt, wenn du es vermagst!* Elektra hat die große und unbedingte Entschiedenheit Antigones, aber gerade der Vergleich der beiden Gestalten kann zeigen, um wieviel die Menschenschilderung des Sophokles reicher geworden ist.

Thema der *Elektra* ist nicht mehr wie in den *Trachinierinnen* oder dem *Oidipus* der unüberbrückbare Gegensatz zwischen menschlichem Planen und göttlicher Lenkung, und dieses Stück ist nicht in demselben Sinne Tragödie wie die älteren Dramen. Hier legt der Dichter nicht mehr Zeugnis von einer großen, dem Menschen unergründlichen Weltordnung ab, die sich im Untergange des Einzelnen bestätigt. Eines Menschen Seele sehen wir in mutig bestandenem Leid und in dem Jubel der Befreiung. Wir kommen auf früher Gesagtes zurück, wenn wir die Aussage wagen, daß die *Elektra* zwar tragische Situationen von großer Kraft und Tiefe zeigt, im ganzen aber nicht Ausdruck einer tragischen Weltsicht ist wie etwa der erste *Oidipus*.

Viel von dem eben Gesagten gilt in gleicher Weise für den *Philoktetes*, den Sophokles im Jahre 409 aufführte. Alte epische Sage, in den *Kyprien* und in der *Kleinen Ilias* behandelt, war es bereits, daß die Griechen auf ihrem Zuge gegen Troia Philoktetes auf der Insel Lemnos zurückließen. Die unheilbar schwärende und übelriechende Wunde nach einem Schlangenbiß hatte ihn für die anderen unerträglich gemacht. Gegen Ende des Feldzuges mußten sie ihn freilich holen, da Troia nach einem Seherspruch nur genommen werden konnte, wenn er mit seinem Wunderbogen, ehemals des Herakles Waffe, im Kampfe half. Bakchylides hat nach einem Pindarscholion (zu *Pyth.* 1, 100) einen Dithyrambos gedichtet, der das Schicksal des Philoktetes zum Inhalt hatte, Pindar hat sich in dem 1. Pythischen Siegeslied darauf bezogen. Alle drei Großen der attischen Tragödie haben diesen Stoff behandelt, und wir danken der 52. Rede des Dion von Prusa eine freilich sehr unvollständige und in Rhetorenmanier verfaßte Synkrisis ihrer Stücke. Mit welchen Mitteln Odysseus im *Philoktetes* des Aischylos den ehemals Verlassenen nun zum Mitgehen bewog, vermögen wir nicht auszumachen. Der Fetzen einer Hypothesis zu diesem Drama (*Ox. Pap.* 20, 1952, nr. 2256 fr. 5) enthält die Namen Neoptolemos, Philoktetes und Odysseus. Die Vermutung lag nahe, in ihnen Personen des aischyleischen Stückes zu erkennen, doch hat St. G. Kossyphopulu (*Hellenika* 14, 1955/6, 449) die Möglichkeit einer Ergänzung gezeigt, die eine Beziehung dieser Namen auf das Drama des Sophokles ergibt. Das Stück des Euripides wurde 431 mit der Medeia aufgeführt. Hier wurde der alte Stoff zum Träger nationalhellenischer Problematik. Abgesandte der Troer und der Griechen (Odysseus und Diomedes) warben um den Träger der Wunderwaffe, er selbst stand zwischen Verbitterung und hellenischem Fühlen. Diesem aber blieb der Sieg.

Die beiden Vorgänger, die Sophokles in der Bearbeitung dieses Stoffes hatte, bildeten den Chor aus Bewohnern von Lemnos. Für das Stück des Sophokles ist seine Neuerung, Lemnos eine menschenleere Insel sein zu lassen, von großer Bedeutung. Sein Philoktetes ist nicht allein aus der Gemeinschaft der Griechen ausgeschlossen, er ist der Dulder in tiefster Not, der Sieche, der in furchtbarer Einsamkeit ein klägliches

Leben von der Beute seiner Waffe fristet. Wie tief muß sich in dieses große und stolze Herz die Verbitterung gefressen haben, mit welch rührendem Vertrauen öffnet er sich dem Jüngling, den er als seinesgleichen erkennt und der ihm die Heimkehr verspricht! Lenker der Intrige ist Odysseus, und man wird nicht sagen können, daß diese Gestalt Züge sophokleischer Humanität an sich trage. Wenn wir dieses Drama, das in einzigartiger Weise drei nach Alter und Wesen völlig verschiedene Männer in ein reich verschlungenes Spiel bringt, einseitig von Neoptolemos aus betrachten, erscheint Odysseus ohne Zweifel als Verführer. Und doch ist es verkehrt, in ihm schlechtweg den Bösen sehen und ihm mephistophelische Züge zuschreiben zu wollen. Odysseus handelt als Beauftragter der Heeresversammlung und hat die Verantwortung für das Gelingen eines Planes, von dem der Ausgang des Feldzuges abhängt.

Es wurde richtig bemerkt, daß wir über den Auftrag des Odysseus im Stücke nicht volle Klarheit erhalten. Soll Philoktetes mit seinem Bogen oder soll die Waffe allein vor Troia gebracht werden? Das bleibt an einer Reihe von Stellen im Zwielicht, während an anderen der Akzent auf die eine der beiden Möglichkeiten gelegt wird[1]. Man hat aus diesem Befunde sogar eine Deutung des Stückes versucht[2], durch die es in die Nähe des *Oidipus Tyrannos* rücken würde: der Spruch der Götter, nach dem Philoktetes mit Überredung nach Troia zu bringen sei, werde von Odysseus mißverstanden, der mit List vorgehe und den Bogen allein in seine Hand bringen wolle. So müsse denn all sein Planen scheitern. Wäre dies der tragende Gedanke des Stückes, so müßten wir den Dichter tadeln, weil er ihn geradezu mit Fleiß verborgen hätte. Man wird gut tun, den bezeichneten Unstimmigkeiten, die ja doch nur der Kritiker an seinem Schreibtisch findet, keine übertriebene Bedeutung zuzumessen. Es ist uns gewiß erlaubt, nach den Griffen zu sehen, mit denen der Dichter den Ablauf dieses lebhaft bewegten Spieles ermöglicht, aber wichtig bleibt doch nur, was auf solche Weise an dramatischen Impulsen und seelischer Resonanz gewonnen wurde.

Wenn Odysseus im Verlauf seiner Intrige zu Neoptolemos in scharfen Gegensatz gerät, so wiederholt sich darin der Kontrast, in dem ihn die Ilias zu Neoptolemos' Vater, zu Achilleus zeigt. Der sagt im 9. Gesange (312) zur Gesandtschaft, verhaßt wie des Hades Pforten sei ihm, wer anderes Wort rede, als er im Sinne berge. Auch sein Sohn haßt die Lüge, und da er sich zu ihrem Werkzeug macht, verwirrt sich sein ganzes Sein in gefährlicher Weise.

Odysseus hat ihn – schwer genug – überredet, Philoktetes durch eine Lügenerzählung zu gewinnen. Neoptolemos steht von allem Anfange an unter dem Eindrucke der furchtbaren Not des Mannes, den er betrügen soll. Aber er gehorcht der Autorität des Älteren, Erfahrenen. Und nun erlebt er die jubelnde Freude des Unglücklichen, der wieder Menschen sehen, griechische Laute hören darf und ihm sowie dem Chor der Schiffsleute vertraut, sie würden ihn zurück nach Hellas, in seine Heimat führen. Schon rüstet man sich zum Gehen, da erleidet Philoktetes einen furchtbaren Anfall seines Übels. Neoptolemos muß das Äußerste seiner Not sehen: die rührend kläglichen Versuche, die Schmerzen zu verbergen, ihren wilden Aus-

[1] Die Stellen: 68. 77. 101. 112. 612. 839. 1055. [2] Bowra (s. u.), 261.

bruch und das Versinken in den lösenden Schlaf. Vorher hat ihm der Sieche den höchsten Beweis seines Vertrauens in die Hand gegeben, den Bogen, der ihn das Leben – welches Leben! – auf der einsamen Insel fristen läßt. Das Drama dieser Zeit hat nicht die Mittel, einen seelischen Vorgang in seinen einzelnen Stufen vorzuführen, aber Ansätze dazu sind gerade hier erkennbar. Der Neoptolemos, der erst in der Ausführung seines Auftrages so beredt war, dann vor dem Jammer des anderen immer ärmer an Worten wird, sagt es (806) selbst: lange schon leide ich an deiner Not. Dieses Mitleiden führt ihn zu dem Entschlusse, seinen Trug zu sühnen, und er hält diesen Entschluß durch alle Schwierigkeiten durch, die ihm der Widerstand des Odysseus und das Mißtrauen und der Starrsinn des Philoktetes so reichlich schaffen. Das Bekenntnis seiner Lüge ist der erste Schritt, die Rückgabe des Bogens, die Odysseus zu wildester Drohung reizt, der zweite, und als Philoktetes allem Zureden zum Trotz sich weigert, im Guten nach Troia mitzukommen, ist er auch zum Äußersten entschlossen: das Versprechen, den Siechen nach Griechenland zurückzuführen, ehedem listiger Trug, soll nun Wahrheit werden. Der lockende Ruhm vor Troia zählt nicht mehr, und die drohende Rache der Griechen soll bestanden werden. Auf Neoptolemos gestützt, wankt Philoktetes dem Schiffe zu.

Hier ist das Spiel eigentlich zu Ende, aber es kann so nicht enden. Denn wenn der tragische Dichter der mythischen Überlieferung gegenüber auch manche Freiheit hat und vor allem in der psychischen Motivierung der Geschehnisse eigene Wege gehen darf, so kann er deren Ablauf doch nicht in unbedingt festen Punkten ändern. Philoktetes war nun einmal vor Troia und hat mit seinem Bogen zu dessen Fall entscheidend geholfen. So hält denn die beiden auf ihrem Wege zum Schiffe die Erscheinung des Herakles auf. Wenn er, der zum Olymp Erhobene, mit seinem Wort den Widerstand des Philoktetes endet und die Dinge in die vorgeschriebene Bahn weist, leistet er Ähnliches wie die Maschinengötter des Euripides. Aber ungleich enger als diese ist er mit dem Gefüge des Ganzen verbunden[1]. Daß Philoktetes seit dem Öta den Bogen des Herakles trägt, ist ein äußeres Moment; wesentlicher ist, daß dieser den Freund nicht durch ein göttliches Machtwort zur Umkehr bringt, sondern durch den Hinweis auf seinen eigenen Weg, der durch schweres Leid zur Erhöhung führte. In der Mahnung des Herakles zur Ehrfurcht vor den Göttern aber spricht der Dichter selbst zu uns, der in seinem frommen Glauben alle Zeit seines Lebens derselbe blieb.

Für die Geschlossenheit des sophokleischen Kunstwerkes verbietet sich die Aktualität unmittelbaren Zeitbezuges, wie sie Euripides mitunter sucht, von vorneherein. Aber daß ihn die Sophistik, die in der Zeit seiner Reife an eine radikale Umwertung der Tradition ging, mächtig bewegte, konnten wir – an der *Antigone* vor allem – wohl erkennen. Damals haben sich auf dem Felde der Erziehung die Geister geschieden. Den einen galt noch die alte adelige Anschauung, daß die Anlage (φύσις) über die Art und das Tun des Menschen entscheide, die Neuerer hingegen hielten es mit dem Sophisten Antiphon, der da sagte (VS 87 B 60): *Das Erste, glaube ich, unter den mensch-*

[1] Gut arbeitet die Sonderart dieses sophokleischen deus ex machina heraus A. Spira, *Untersuchungen zum deus ex machina bei Soph. und Eur.* Diss. Frankf. Kallmünz 1960.

lichen Dingen ist die Erziehung. Wir können auf diese fesselnde Debatte[1], an der sich auch Euripides auf seine Art beteiligte, hier nicht eingehen. Der *Philoktetes* aber ist des Sophokles ausdrückliches Bekenntnis zu der althellenischen Überzeugung, die besonders eindrucksvoll bei Pindar hervortritt: *Durch angeborenen Hochsinn gilt man viel. Doch wer bloß Gelerntes besitzt, ist ein dunkler Mann* (*Nem.* 3, 40). Über dem *Philoktetes* könnte ein anderes Pindarwort stehen: *Die eingeborene Art wechseln weder der rötlich schimmernde Fuchs noch die brüllenden Löwen* (*Ol.* 11, 19). Neoptolemos gerät dadurch in eine Situation von äußerster Tragik, daß er seinem Wesen im Dienste des Odysseus Gewalt antut und sich einer Aufgabe unterzieht, die er nur mit Zerstörung seines inneren Wertes durchzuführen vermöchte. Er selbst spricht es aus (902): *Alles ist widerwärtig, wenn man die eigne Natur* (φύσις) *verläßt und ihr zuwider handelt.* Und als er Philoktetes die Waffe zurückgegeben hat, sagt es dieser (1310): *Die Wesensart hast du sichtbar gemacht, mein Kind, aus der du erwuchsest.* Wie zu jedem großen Kunstwerk, so öffnen sich auch zum *Philoktetes* verschiedene Zugänge. Eine der möglichen Betrachtungsweisen ist es, ihn als das Drama der unzerstörbaren Physis zu verstehen.

Ein für Sophokles wichtiger Zug scheint uns gerade in diesem Werke hervorzutreten. Als sich Philoktetes von Neoptolemos aufs grausamste enttäuscht sieht, da sucht sein klagender Ruf (936) die Buchten, Klippen und das Getier, das mit ihm auf der Insel wohnte. Und als er diese nach der glücklichen Wendung verläßt, da grüßt er noch einmal mit Innigkeit die Stätte seiner Leiden mit ihrem Meeresrauschen, dem Echo ihrer Berge und den Quellen, die ihn tränkten. Wir denken an den Abschiedsgruß des Aias und empfinden es hier besonders stark, wie der Dichter seine Gestalten über die Grenzen jener Vereinsamung streben läßt, in die sie ihr Schicksal und ihre Größe stellen.

In höchstem Alter schrieb Sophokles sein zweites *Oidipusdrama.* Erst nach seinem Tode hat es im Jahre 401 sein gleichnamiger Enkel zur Aufführung gebracht.

Der Fall dürfte wenig Vergleichbares haben, daß ein Dichter nach etwa zwei Jahrzehnten einem seiner größten Werke eine Fortsetzung gibt, die sich mit seiner ersten Schöpfung zu einer Einheit eigener, neuer Art zusammenschließt. Im *Oidipus Tyrannos* sehen wir den tragisch geschlagenen Menschen, den die Gottheit in das tiefste ausdenkbare Elend stürzt. Nun, im *Oidipus auf Kolonos*, erkennen wir ein erhabenes Paradoxon: derselbe Mensch, den die Götter so furchtbar trafen, war zu gleicher Zeit ein Auserwählter. Dadurch, daß sie ihn zum großen Beispiel machten, ist sein grauenhafter Sturz in einem auch Erhebung gewesen. So rufen sie ihn nun am Ende seiner qualvollen Wanderschaft in das erhöhte Dasein des Heros, der in seinem Grabe waltet, *als segnender Schutzgeist eines Landes eines eigenen Opferdienstes wert*[2]. Daß es sich um eine Erhöhung des Dulders handelt, sagt der Chor an wichtiger Stelle (1565) ausdrücklich, und auch von der Gerechtigkeit Gottes ist hier die Rede. Trotzdem müssen wir uns hüten, zu rasch Vorstellungen christlicher Sphäre in dieses Drama zu tragen

[1] W. Haedicke, *Die Gedanken der Griechen über Familienherkunft und Vererbung.* Diss. Halle 1936. A. Lesky, ‹Erbe und Erziehung im griech. Denken des 5. Jh.s›. *N. Jahrb.* 1939, 361.

[2] Goethe, *Nachlese zu Aristoteles' Poetik.* Jub.-Ausg. 38, 83.

und von einer Erlösung des Oidipus zu sprechen, die als der Lohn standhaft ertragener Leiden zu verstehen wäre. Überhaupt muß jeder Versuch einer rationalen Auflösung das Verhältnis zwischen Gott und Mensch, wie es sich in den beiden *Oidipustragödien* darstellt, mit Notwendigkeit verfehlen. Wenn wir im Schlußteil des Dramas vom Kolonos die Worte hören (1627), mit denen die Götter Oidipus zu sich rufen wie einen, der zu ihnen gehört, einen, auf den sie schon lange warten, vernehmen wir mitten in all dem Schauervollen einen Ton tiefer Vertraulichkeit[1]. Hölderlin läßt in seinem *Empedokles* einmal Panthea mit Bezug auf Götter und Menschen von einem Streit von Liebenden sprechen. Es möchte scheinen, daß wir mit diesem Worte nahe an das herankommen, was uns der Dichter in dem großen Gleichnis dieser beiden Dramen vor Augen stellt.

Als Sophokles diese Geschichte vom Sterben des alten Mannes schrieb, stand er selbst vor der dunklen Pforte, die sein Oidipus durchschreitet, auch er dazu bestimmt, seinem Volke nach dem Tode ein Heros zu werden. Die Todesnähe des Dichters, die aus manchen Versen, besonders aus dem Liede vom Leid des Alters und dem Helfer Tod erklingt, gibt dem Werke einen ergreifenden Grundton weicher Schwermut.

Daß Oidipus im Hain der Eumeniden vom Kolonos Hippios, dem Poseidonhügel bei Athen, den Frieden fand, war attische Lokalsage. Euripides erwähnt sie in Versen der *Phoinissen* (1703), die allerdings nicht unverdächtigt geblieben sind.

Zu Beginn des Spieles betritt Oidipus, ein blinder Bettler auf den Wegen seines Elends, den Hain der unheimlich-ehrwürdigen Göttinnen. Als ihn ein Bewohner des Landes von der heiligen Stätte weisen will, erkennt er, wo er ist, und erinnert sich des delphischen Spruches, der ihm nach aller Not hier den Frieden verhieß. Mit Entsetzen erfährt der Chor attischer Greise, wer der Fremdling ist, der ihm ins Land kam. Aber schon ist nach Theseus gesandt, der den schwierigen Fall entscheiden soll. Indessen versöhnt Oidipus auf den Rat des Chores die Erhabenen, in deren Bereich er eindrang. Selbst kann der Blinde die Gußspende nicht darbringen, so sendet er Ismene, die zu Antigone und ihm gestoßen ist, um Not und Mühe des Vaters und der Schwester zu teilen. In diesem Zusammenhange fallen die Verse (498f.) von der Möglichkeit des stellvertretenden Opfers, in denen die liebevolle Frömmigkeit des Dichters in seltsamer Weise Christliches anzukündigen scheint: *Es genügt, so meine ich, für Tausende eine einzige Seele bei solcher Sühnung, wenn sie reinen Herzens naht.*

Dann kommt Theseus, der Landeskönig. Er ist die Lieblingsgestalt des attischen Mythos; ihm hat der Stolz dieses Landes einen Kreis großer Taten erdichtet, um ihn Herakles an die Seite zu stellen. Die attische Tragödie hat ihm den neuen Ruhm der Menschlichkeit gegeben und gerade diese Gestalt zu einem Denkmal attischer Humanität gemacht. Euripides wird uns davon Zeugnis geben in den *Hiketiden* und im *Herakles*. Der Theseus dieser Dramen ist edel, überlegen, aber auch ein wenig lehrhaft wie Euripides selbst. Reicher und vor allem wärmer ist der Theseus des Sophokles gezeichnet. Er strahlt jenen Zauber attischen Wesens aus, der uns an den Vasen der

[1] Dazu A. Lesky, *Rhein. Mus.* 103, 1960, 376, wo auch Reinhardt's großartige Würdigung der Stelle zitiert ist.

Zeit, an den Figuren des Parthenonfrieses und den Grabsteinen entzückt und den Gestalten Menanders ihren Reiz verleiht, mögen sie auch den Adel der Klassik verloren haben. Dem Auftritt des Theseus hat der Dichter eine seltsame Gesangsszene zwischen Chor und Oidipus, einen Kommos, vorangestellt. Mit roher Neugier zerrt der Chor an den dunklen Geheimnissen um Oidipus und entreißt ihm stückweise den schmerzlichen Bericht über seine Vergangenheit. Die Partie hat mit zwei anderen (266. 960ff.) die Aufgabe, uns die subjektive Schuldlosigkeit des Oidipus und sein Wissen darum zu zeigen, doch ist dies nicht ihr einziger Sinn. Durch diese Szene hat Sophokles eine wirksame Folie für die Weise gewonnen, in der sein Theseus dem blinden Bettler begegnet. Mit keiner Frage rührt er an sein Leid, in dem Gedanken an eigene Nöte und die Hinfälligkeit alles Menschlichen neigt er sich dem Elend des anderen, um ihm Schützer und Helfer zu sein. Als solcher bewährt er sich in den Wirren, die Oidipus noch zu bestehen hat, und so darf er ihm auch im Schlußteil des Spieles allein als Begleiter bei dem Gange in das Geheimnis seines Todes folgen. Durch einen Botenbericht, der in der Dichtung nichts Vergleichbares hat, läßt uns der Dichter in gemessenem Abstande an dem Mysterium dieses Sterbens teilnehmen, das den Eingang in ein erhöhtes Sein bedeutet. Theseus mit den Töchtern des Abgeschiedenen, sie liebevoll tröstend und seiner Hilfe versichernd, das ist die Gruppe, die wir am Schlusse dieses Stückes vor Augen haben.

Den Weg des Oidipus zum Heroengrabe schildert dieses Drama in seinem ersten und seinem Schlußteile. Dazwischen liegt eine Gruppe von Szenen anderer Art und kräftigerer Bewegung. Ismene hat es bei ihrem Kommen berichtet, daß sich die Söhne des Oidipus entzweiten, der Kampf um die Herrschaft in Theben bevorstehe und nach einem Orakel der Sieg bei denen sein werde, die sich des Greises zu versichern wüßten. Und so kommen sie denn: zuerst Kreon, der mit Eteokles Theben verteidigt. Dieser Kreon hat nichts von dem Maß und der Würde, die ihm im ersten Oidipusdrama eignen, und zu dem brutalen Machtwillen des Herrschers in der Antigone ist hier als neuer Zug berechnende Heuchelei getreten. Als diese nichts fruchtet und Oidipus sich nicht überreden läßt, greift er sich die beiden Mädchen zum Pfande. Aber Theseus tritt mit Wort und Gewalt für das Recht ein und führt die Geraubten wieder ihrem Vater zu. In wirkungsvollem Kontrast zu dem gewalttätigen Auftreten Kreons steht die Polyneikesszene. Dieser Sohn, der aus der Fremde ein Heer gegen seine Vaterstadt führt und das Kainszeichen bereits auf der Stirne zu tragen scheint, ist bei dem Anblick des Vaters, den er einst selber ins Elend gehen ließ, zutiefst erschüttert. Im Bewußtsein seiner Schuld bestürmt er den Greis mit Bitten, ihm durch seine Hilfe Rettung und Herrschaft zu sichern. Lange schweigt der Greis, dann bricht der jähe Zorn aus ihm, noch immer derselbe, der ihn am phokischen Dreiweg zuschlagen ließ, und er schickt den Sohn mit einem Fluche ins Verderben: selbst Brudermörder, soll er von der Hand des Bruders fallen. Gebrochen geht Polyneikes von der Szene; Grab und Totenfeier – die Athener dachten bei dieser Stelle an die *Antigone* – sind das letzte, was er von den Schwestern erbittet. Nach dieser Szene ruft ein Donnerschlag Oidipus zu seinem letzten Gange.

Die Frage nach der Einheit des Stückes erhebt sich hier aufs neue. Nicht daß wir von einer Diptychonform zu sprechen hätten, vielmehr geht die Frage darum, wie die eben analysierte Mittelpartie mit den Kreon- und Polyneikesszenen zu den Rahmenteilen mit dem Weg des Oidipus in seinen Frieden steht. Eine ältere, an der Homeranalyse geübte Philologengeneration hat hier Schichten finden wollen. WILAMOWITZ erklärt im Sophoklesbuch seines Sohnes TYCHO den Mittelteil als spätere Einarbeitung mit dem Ziele, dem Stücke dramatisch belebte Szenen einzugliedern. Die Theorie hat mit Recht keinen Anklang gefunden, eher war man geneigt, sich den Bau des Stückes so zu erklären, daß der Dichter von vorneherein in den wenig dramatischen Bericht von des Oidipus Hingang Szenen einschob, die dem Ganzen größere Bewegung sichern sollten. Eine solche Auffassung gibt natürlich die Einheit des Dramas weitgehend preis. Auch hier meinen wir heute die Kunst des Dichters besser zu würdigen. Von außen gesehen ist die Einheit des Stückes zu einem guten Teil dadurch gewahrt, daß Oidipus von der ersten Szene an die Bühne beherrscht und dies auch im Botenberichte und der Klage seiner Töchter am Schlusse tut. In seiner inneren Struktur aber verstehen wir das Drama so, daß der leidgeprüfte Greis, ehe er zum Frieden eingeht, sich allen den Mächten entziehen muß, die noch einmal nach ihm greifen, um sein Dasein zu verwirren. Ihnen aber tritt er nicht mehr als Opfer, sondern mit der Macht zu fluchen und zu segnen gegenüber, mit der er aus dem Heroengrabe wirken wird. Noch in einer anderen Weise steht der Mittelteil zu den umgebenden Partien in wirkungsvollem Gegensatz: in den beiden Töchtern des Dulders hat der Dichter unvergeßliche Bilder inniger Kindesliebe gezeichnet, in den Szenen mit Kreon und Polyneikes flammt wilder Haß empor. Der Fluch über den Sohn und der Abschied von den Mädchen mit einem letzten Wort der Liebe lassen diesen Kontrast durch die Nähe der beiden Motive besonders hervortreten.

All das Gesagte will bei der Wertung dieses letzten der erhaltenen Dramen bedacht sein. Aber damit soll nicht weggeredet werden, daß die Verbindung der einzelnen Teile nicht die gleiche Festigkeit aufweist wie in den Werken der Vollendung und auch die Stetigkeit und Beschwingtheit des dramatischen Ablaufes nicht mehr die gleiche ist wie in diesen. Mit dem lyrischen Zug, den dieses Alterswerk als Ganzes aufweist, hängt es zusammen, daß sich gerade in ihm Perlen sophokleischer Chordichtung finden. Das Preislied auf seinen Heimatgau Kolonos ist der Schwanengesang des großen Atheners für die Schönheit und Größe seines Landes geworden. Daß er den Sturz der Stadt nicht mehr miterleben mußte, war ein gütiges Geschenk der Götter für den frommen Verkünder ihrer Größe.

Wir vermögen von Sophokles außer den sieben erhaltenen noch hundertdreiundzwanzig Stücke festzustellen[1]. Das heißt, daß wir so ziemlich von allen Dramen Nachricht haben, die man in Alexandreia besaß. Demgegenüber ist der Gewinn aus den Fragmenten für die verlorenen Stücke recht gering, und auch die Papyri haben uns nicht sonderlich reich beschenkt. Mit einer einzigen, nicht genug zu preisenden Ausnahme: im Jahre 1912 konnte HUNT unterstützt von WILAMOWITZ im 9. Bande

[1] So nach der Liste bei A. BLUMENTHAL, *RE* 3 A, 1927, 1051, die freilich Problematisches enthält.

der *Ox. Pap.* große Teile eines Satyrspieles, der *Ichneutai*, veröffentlichen. Ihre Datierung ist unsicher, der Ansatz in die frühere Schaffenszeit des Sophokles aber recht wahrscheinlich. Kleine Ergänzungen folgten in *Ox. Pap.* 17, 1927 (nr. 1153 P.).

Wir hatten bis zu diesem Funde einzig den *Kyklops* des Euripides als Beispiel für ein attisches Satyrspiel. Heute, wo wir Sophokles und neuestens auch Aischylos vergleichen können, freuen wir uns der ungleich größeren Frische, die diese beiden Dichter, an Euripides gemessen, in ihren Satyrspielen zeigen. Naturdämonen, in denen Zeugungslust und Wachstumskraft Gestalt gewonnen haben, sind diese Satyrn, und in den *Diktyulkoi* wie in den *Ichneutai* ist das freche, lüsterne, von allen Moralbegriffen völlig unberührte und dabei doch immer liebenswerte Wesen dieser Waldteufel mit wunderbarer Unmittelbarkeit eingefangen. Im Werke des Sophokles wie in dem des Aischylos steht die Heiterkeit und Liebenswürdigkeit dieser Dichtungen neben Tragödien, in denen die tragische Not menschlichen Seins ihren zeitlosen gültigen Ausdruck erhalten hat.

Unter den homerischen Hymnen begegnete uns jener auf *Hermes*, der die Kindheit des diebischen Gottes mit kräftigem Humor erzählt. Den Raub der Rinder Apollons und die Erfindung der Leier hat Sophokles zum Inhalte seines Spieles gemacht, dabei aber wahrscheinlich die Abfolge der beiden Hermestaten dem Hymnos gegenüber umgedreht. Apollon hat zur Suche nach den gestohlenen Rindern aufgerufen, und nun betätigen sich die Satyrn unter Führung ihres Vaters Silen im Bergwald des Kyllenegebirges als Spürhunde, um den ausgesetzten Preis zu erlangen. Die Sache wird allerdings kritisch, als aus der Höhle, in der Maia ihr seltsames Kind hegt, ein unheimlicher, nie gehörter Ton hervordringt, der erste Leierklang auf dieser Erde! Noch fassen wir einen reizenden Dialog zwischen den feigen und doch so neugierigen Satyrn und der Nymphe Kyllene, die drinnen bei der Wartung des Hermeskindes hilft. Der nicht erhaltene Schluß brachte die Versöhnung der göttlichen Brüder und die Belohnung der Satyrn mit Gold und Freiheit. Daß sich das muntere Völklein in irgendwelcher Abhängigkeit befindet, scheint ein stehendes Motiv der Satyrspiele gewesen zu sein. Wer hier der Herr der Satyrn ist, läßt sich aus den Resten schwer bestimmen. SIEGMANN hat an Pan gedacht, PAGE in seiner Ausgabe *(Lit. Pap.)* an Dionysos, was den Ansatz einer Lücke nach Vers 171 erfordert.

Achtundsiebzig stark zerstörte Verse auf Mumienkartonnage (*Tebt. Pap.* 3/1, 1933, nr. 692) gehören wahrscheinlich zu einem weiteren Satyrspiel, dem *Inachos*. R. PFEIFFER[1] hat eine Szene erschlossen, in der es die feigen Satyrn mit Hermes zu tun haben, der im Schutze der Hadeskappe kommt, um Argos zu töten. Nun ist das Bruchstück *Ox. Pap.* 23, 1956, 2369, hinzugekommen, aus dem eine Rhesis des

[1] *Sitzb. Akad. Münch. Phil.-hist. Kl.* 1938/2, 23. Zum neuen Papyrus ibid. 1958/6. J. TH. KAKRIDIS im *Wiss. Jahrbuch der Philos. Fak. Thessalonike* 1960, 101. Beide Autoren schließen mit hoher Wahrscheinlichkeit aus den Resten auf ein Satyrspiel. An eine Tragödie denkt in seinem Rekonstruktionsversuch W. M. CALDER III, ‹The Dramaturgy of Soph.' Inachus›. *Greek and Byz. Stud.* 1, 1958, 137.

Inachos kenntlich wurde. Er beschreibt darin Ios Verwandlung durch einen geheimnisvollen Gast, der kein anderer als Zeus sein kann.

Zugleich mit den *Ichneutai* haben sich Reste einer Tragödie *Eurypylos* gefunden (nr. 1472 P.). Eurypylos war Sohn der Astyoche, der Schwester des Priamos. Von diesem bestochen, sandte ihn die Mutter nach Troia, wo er von der Hand des Neoptolemos fiel. Ein Stück des Botenberichtes über die Klage des Priamos ist erhalten.

Für die Reste tragischer Trimeter auf einem Papyrus (nr. 1478 P.) ist R. Pfeiffer[1] die Zuweisung an die *Skyrioi* gelungen. Es läßt sich vermuten, daß dieses Stück die Abholung des Neoptolemos durch Odysseus und den Widerstand seiner Mutter Deidameia behandelte.

Hingegen hat sich durch neue Funde und Untersuchungen die Zuweisung des *Pap. Berol.* 9908 an die Achäerversammlung (Ἀχαιῶν σύλλογος) als irrig erwiesen. Das Bruchstück ist vielmehr dem *Telephos* des Euripides zu geben.

Sicheres wüßten wir gern über die *Phaidra* des Sophokles, in der er eines der erotischen Motive, wie sie Euripides auf die Bühne brachte, gestaltete. Daß er dies in Gegenstellung gegen dessen erstes Hippolytosdrama, den *Kalyptomenos*, getan hat, ist eine wahrscheinliche Vermutung. In einem Fragment (619 N.), das wohl aus einer Rede der Phaidra stammt, wird die Liebe ein gottgesandtes Leiden genannt.

Wegen der großen Wirkung, die das Stück auslöste, sei noch der *Tereus* genannt. In ihm war die düstere Sage von Prokne dramatisiert, die ihren Sohn Itys tötet, um an dem Gatten Tereus die Schändung ihrer Schwester Philomele zu rächen. Man darf, ohne es beweisen zu können, erwägen[2], ob Euripides bei der Gestaltung seiner *Medeia* nicht unter dem Eindruck dieses Stückes gestanden hat.

Wir haben früher zum *Aias* jene Aussage des Sophokles erwähnt, in der er selbst die Entwicklung seines Stiles als eine dreistufige bezeichnet haben soll. Auch war mehrfach die Rede davon, daß sich die älteren unter den erhaltenen Stücken in Aufbau, Dialoggestaltung und Szenenführung von der im ersten *Oidipus*, in *Elektra* und *Philoktetes* erreichten Gestalt nicht unwesentlich unterschieden. Da liegt die Frage nahe, ob auch an der Sprache des Sophokles, soweit wir sie kennen, eine Entwicklung sichtbar wird. In der Tat zeigen uns die älteren Stücke, der *Aias* vor allem, in der größeren Nähe zu Homer und den Lyrikern, in manchen aischyleischen oder aischyleisch klingenden Ausdrücken, in gelegentlicher Abundanz und vereinzelter Füllung des Trimeters mit wenigen schweren Wörtern (vgl. *Aias* 17) Züge, die später zurücktreten. Das gleiche gilt von dem Ausmaß, in dem adjektivische Komposita im Sprechvers erscheinen. Die Entwicklung dieser Sprache bewegt sich auf eine Vereinfachung zu, die aber durchaus nicht eine Senkung der Höhenlage und eine Annäherung an die Sprache des Alltags bedeutet, wie wir sie bei Euripides des öfteren feststellen können. Dieser weitgehende Verzicht auf den schweren Prunk aischyleischer Sprache, die

[1] *Phil.* 88, 1933, 1.

[2] W. Buchwald, *Stud. z. Chronologie der att. Trag.* 455 *bis* 431. Diss. Königsb. 1939, 35 (mit Behandlung der Fragmente).

Einschränkung ihrer Bilderfülle, die besondere Gestaltung der Rede, die den Gedanken umschließt wie ein Gewand von vollendetem Sitz, anderseits aber durch zahlreiche Sperrungen und häufige antithetische Fügungen eine besondere Spannung erhält: das alles weist in eine andere Richtung. Die Sprache des Sophokles mit ihrer Zurückhaltung und ihrem Maße, die bei näherem Zusehen eine Fülle reichster Bewegung und kraftgeladenen Lebens offenbart, ist in gleichem Maße Ausdruck der attischen Hochklassik wie die Skulpturen des Parthenon, in denen sich die Bilder einer hochgestimmten Kunst und die Wirklichkeit des Lebens zu einer so nicht wiederholten Einheit verbinden.

Die Überlieferung der sophokleischen Dramen ist unter denselben Umständen erfolgt wie jene der aischyleischen. Entscheidend war auch hier die kritische Arbeit der Alexandriner, im besonderen des Aristophanes von Byzanz. Die Erklärungen, die in unseren Scholien vorliegen, sind uns durch den Fleiß des Didymos erhalten. Gelegentlich können wir noch seine Polemik gegen ältere Kommentare feststellen. Auch für Sophokles führten die Bedürfnisse der Schule etwa im 2. Jh. n. Chr. zu einer Auswahl von sieben Stücken. Zum Zeitansatz ist jedoch das zur Aischylosüberlieferung Gesagte zu vergleichen. Ein Salustios, von dem Hypotheseis zur *Antigone*, zum *Oidipus auf Kolonos* und vielleicht noch zu anderen Stücken stammen, hat die Ausgabe dieser Dramen im ausgehenden 4. Jh. überarbeitet. Man hat angenommen, daß sich auch diese Stücke in einer einzigen Handschrift über die dunklen Jahrhunderte in die Zeit der wiedererwachenden Studien in Byzanz retteten. Gegen Zweifel, die in neuerer Zeit wach wurden, hat nun der beste Kenner der Sophoklesüberlieferung, A. Turyn, in dem jüngsten der gleich zu nennenden Werke die Annahme einer einsträngigen Überlieferung verteidigt. Die Wertung und Ausnutzung der Handschriften ist durch Arbeiten in ein neues Stadium getreten, von denen wir als die bedeutendsten nennen: A. Turyn, *The Manuscripts of Sophocles. Traditio* 2. New York 1944; ‹The Sophocles Recension of Manuel Moschopulus›. *Trans. Am. Phil. Ass.* 80, 1949, 94; *Studies in the Manuscript Tradition of the Tragedies of Sophocles. Illinois Studies* 36/1–2. Urbana 1952; dazu P. Maas, *Gnom.* 25, 1953, 441. V. de Marco, ‹Intorno al testo di Edipo a Colono in un manoscritto Romano›. *Rendiconti Accad. Napoli* 26, 1951 (1952), 260. R. Aubreton, *Démétrius Triclinius et les recensions médiévales de Sophocle.* Paris 1949. Zur Soph.-Überlieferung auch A. Turyn, *The Byz. Manuscript Tradition of the Trag. of Euripides.* Urbana 1957, 34,0. H. P. Dietz, *Thomas Magistros' Recension of the Soph. Plays Oed. Col., Trach., Phil.* Diss. Univ. of Illinois 1965 (Mikrofilm).

Hauptergebnis dieser Untersuchungen ist die Abgrenzung der Anteile, die der Arbeit gelehrter Byzantiner, vor allem des Planudes, Moschopulos, Thomas Magister und Triklinios, an unserem Variantenbestande zukommt. Die Entscheidung ist allerdings nicht überall sicher; was sogleich über den Parisinus 2712 zu bemerken ist, wird zeigen, daß in nicht wenigen Fällen die Meinungen darüber, was echte Überlieferung und was byzantinische Konjektur ist, beträchtlich auseinandergehen. Ziel dieser Bemühungen ist es, unsere Apparate von allem zu entlasten, was als sekundär anzusehen ist, und so genauer zu bestimmen, was als alte Überlieferung zu gelten hat. Für diese behauptet den höchsten Rang derselbe Mediceus, den wir für Aischylos als den wertvollsten kennenlernten. Für den Sophoklestext, der aus dem 11. Jh. stammt und nachträglich zu dem des Aischylos und Apollonios dazugebunden wurde, hat man sich gewöhnt, vom Laurentianus 32, 9 zu sprechen. Sehr nahe steht dieser Handschrift der Leidener Palimpsest 60 A, der aber wenig hergibt (J. Irigoin, *Rev. Et. Gr.* 64, 1951, 443). Während man bislang als zweiten Hauptpfeiler der Überlieferung den Parisinus 2712 (13./14. Jh.) betrachtete, hat Turyn dessen Ansehen durch den Versuch, seine Varianten in der Trias *Ai. El. Oid. T.* als byzantinische Konjekturen zu erweisen, schwer erschüttert. Die Dinge sind hier noch im Flusse. J. C. KAMERBEEK, ‹De Soph. memoria›. *Mnem.* S. 4, 11, 1958, 25, stützt mit Stellenmaterial seine Ansicht, daß der Parisinus 2712 auch in der eben bezeichneten Trias alte Lesungen biete und keineswegs zur Gänze von Manuel Moschopulos abhängig sei. Heranzuziehen ist auch P. E. EASTERLING, ‹The Manuscript A of Soph. and its Relation to the Moschopulean Recension›. *Class. Quart.* N. S. 10, 1960, 51.[1] Anderseits will TURYN in der Nachfolge nach DE MARCO einer »Roman family« besonderen Rang zuweisen, die folgende Handschriften umfaßt: Laur. Conv. Soppr. 152; Par. suppl. Gr. 109; Vat. 2291; Moden. α T. 9. 4. Skeptisch verhalten sich bei der Beurteilung dieser Gruppe P. MAAS, *Gnom.* 25, 1953, 441 und H. LLOYD-JONES, *Gnom.* 31, 1959, 478. Zahlreiche andere Handschriften umfassen nur die von den Byzantinern zusammengestellte Trias: *Aias, Elektra, Oidipus Tyrannos.*

Lit. für 1936–38: A. v. BLUMENTHAL, *Bursians Jahresber.* 277, 1942 (Ders. *RE* 3A, 1927, 1040). Für 1939–1959 ausgezeichnet H. F. JOHANSEN, *Lustrum* 1962/7 (1963). Weiteres in meinen Forschungsberichten *AfdA* von 1949 an, fortgesetzt von H. STROHM. H. J. METTE, *Gymn.* 63, 1956, 547. G. M. KIRKWOOD, *Class. Weekly* 50, 1956/57, 157. – Neuere Ausgaben: A. C. PEARSON, Oxf. 1924. P. MASQUERAY, Coll. des Univ. de Fr. 2. Aufl. 1929; jetzt A. DAIN-P. MAZON, 3 Bde., ibid. 1955–62. Eine doppelsprachige spanische Ausgabe in der *Colección Hispánica de autores Griegos y Latinos* von I. ERRANDONEA S. J. hat mit einem 1. Bande, der die beiden Oidipusdramen enthält, Barcelona 1959 begonnen. Für den Text bleiben auch zwei ältere Editionen mit Kommentar wichtig: R. JEBB, Cambr. 1883–1896 (unveränderter Neudruck 1902–1908; jetzt 1962), der Text allein Cambr. 1897, dazu 3 Bde. mit den Fragmenten von A. C. PEARSON, Cambr. 1917. SCHNEIDEWIN-NAUCK in der Neubearbeitung von E. BRUHN (*Oid. T.* 1910; *El.* 1912; *Ant.* 1913) und L. RADERMACHER (*Oid. Kol.* 1909; *Phil.* 1911; *Ai.* 1913; *Trach.* 1914). Eine doppelspr. Ausgabe W. WILLIGE-K. BAYER, *Soph. Tragödien und Fragmente.* München 1966.

A(usgaben) mit Kommentar und E(rläuterungen) der einzelnen Stücke: *Aias:* A: M. UNTERSTEINER, Milano 1934. V. DE FALCO, 3. ed. Napoli 1950. A. COLONNA, 2. ed. Torino 1951. G. AMMENDOLA, Torino 1953. J. C. KAMERBEEK, Leiden 1953 (ohne Text). W. B. STANFORD, London 1963. E: F. DIRLMEIER, ‹Der Aias des Soph.› *N. Jahrb.* 1938, 297. R. CAMERER, ‹Zu Soph. Aias›. *Gymn.* 60. 1953, 289. J. M. LINFORTH, *Three Scenes in Soph. «Aiax».* Un. of Cal. Press 1954. K. v. FRITZ, ‹Zur Interpretation des Aias›. *Rhein. Mus.* 83, 1934, 113; jetzt *Antike und moderne Tragödie.* Berl. 1962, 241. M. W. KNOX, ‹The Aiax of Soph.› *Harv. Stud.* 65, 1961, 1. M. SICHERL, ‹Die Tragik des Aias›. *Herm.* 98, 1970, 14. – *Ant.:* CHR. DE VLEMINCK u. R. VAN COMPERNOLLE, ‹Bibliographie analytique de l'Antigone de Soph.› *Phoibos* 2, 1947/48, 85. A: A. COLONNA, Torino 1941. J. C. KAMERBEEK, Leiden 1945. E. ANANIA, Firenze 1957. G. MÜLLER, *Soph. Ant.*, Heidelberg 1967 (außerordentlich eingehender, in einzelnen Interpretationen problematischer Komm. ohne Text). E: R. F. GOHEEN, *The Imagery of Soph. Ant.* Princeton 1951. H. LLOYD-JONES, ‹Notes on Soph. Ant.› *Class. Quart.* N. S. 7, 1957, 12. I. M. LINFORTH, ‹Antigone and Creon›. *Univ. of Calif. Publ. in Class. Phil.* 15/5, 1961, 183. G. MÜLLER, ‹Überlegungen zum Chor der Ant.› *Herm.* 89, 1961, 398. K. v. FRITZ, ‹Haimons Liebe zu Ant.› *Phil.* 89, 1934, 19; *jetzt Antike und moderne Tragödie.* Berl. 1962, 227. F. R. ADRADOS, ‹Religion y politica en la «Antigona»›. *Revista Univ. Madrid* 13, 1964, 493. J. GOTH, *Soph. Ant. Interpretationsversuche und Strukturuntersuchungen.* Diss. Tübingen 1966. A. LESKY, ‹Der Herren eigner Geist›. *Das Altertum und jedes neue Gute. Festschr. Schadewaldt.* Stuttgart 1970, 79. – *Trach.:* A: J. C. KAMERBEEK, Leiden 1946. Ibid. 1959 (ohne Text). G. SCHIASSI, Firenze 1953. E: H. D. F. KITTO, ‹Soph. Statistics and the Trach.› *Am. Journ. Phil.* 60, 1939, 178. G. CARLSSON, ‹Le personnage de Deianire chez Sénèque et chez Soph.› *Eranos* 45, 1947, 68. J. M. LINFORTH, ‹The pyre on mount Oeta in Soph. 'Trach.'›. *Univ. of Cal. Press Publ. in Class. Phil.* 14/7, 1952, 255.

[1] In einem der nächsten Bände der *Wien. Stud.* ist die Veröffentlichung einer Untersuchung von H. DIETZ zu erwarten, der beachtliche Gründe für den Wert des Par. 2712 auf Grund der Lesarten im *Oid. Kol.* vorbringt.

St. G. Kapsomenos, *Soph. Trach. und ihr Vorbild.* Athen 1963. E.-R. Schwinge, *Die Stellung der Trach. im Werk des Soph.* Hypomn. 1, 1962. – *Oid. Tyr.*: F. Dirlmeier, *Der Mythos vom König Ödipus.* Mainz 1964. A: L. Roussel, Paris 1940. D. Pieraccioni, Firenze 1966. O. Regenbogen, Heidelberg 1949 (Text). I. Errandonea, Barcelona 1959 (doppelspr.). J. C. Kamerbeek, Leiden 1967 (eingehender Komm. ohne Text). E: E. Schlesinger, *El Edipo Rey de Sof.* La Plata 1950. W. Schadewaldt, ‹Der König Oed. des Soph. in neuer Deutung›. *Schweiz. Monatsh.* 36, 1956, 21 = Hellas und Hesperien, 277. B. M. W. Knox, ‹The Date of the Oed. Tyr. of Soph.› *Am. Journ. Phil.* 77, 1956, 133. Id., *Oed. ad Thebes.* New Haven 1957; repr. 1966. M. Ostwald, ‹Aristotle on ἁμαρτία and Soph. Oed. Tyr.› *Festschrift Kapp* 1958, 93. G. Kremer, *Strukturanalyse des Oid. Tyr. von Soph.* Diss. Tübingen 1963. E. R. Dodds, ‹On misunderstanding the Oed. Rex›. *Greece & Rome* 13, 1966, 37. J. C. Kamerbeek, *Problemen van de Eenheid en de Zin van Soph. Oed. Tyr.* Meded. Nederl. Ak. Afd. Letterkunde N. R. 29/6, 1966. *Twentieth Century Interpretations of Oed. Rex.* Ed. M. J. O'Brien. Prentice Hall 1968. A. Cameron, *The Identity of Oedipus the King: five Essays on the Oed. Tyr.* New York 1968. – *El.*: A: G. Kaibel, Leipz. 1896 (1911). N. Catone, Firenze 1959. E: W. Wuhrmann, *Strukturelle Untersuchungen zu den beiden El. und zum eur. Or.* Winterthur 1940. R. P. Winnington-Ingram, ‹The El. of Soph. Prolegomena to an Interpretation›. *Proc. Cambr. Phil. Soc.* 1954/55, 20, mit stärkerer Abstellung auf Muttermord und Erinyen. K. v. Fritz, ‹Die Orestessage bei den drei großen griechischen Tragikern›. *Antike und moderne Tragödie.* Berl. 1962, 113. J. M. Linforth, *Electra's Day in the Tragedy of Soph.* Un. of Cal. Press 1963. H. F. Johansen, *Die El. des Soph. Versuch einer neuen Deutung.* Class. et Med. 25, 1964, 8. Ch. P. Segal, ‹The El. of Soph›. *Trans. Am. Phil. Ass.* 97, 1966, 473. A. Vögler, *Vergl. Studien zur soph. und eur. El.* Heidelberg 1967 (mit viel Lit. zu der mit Sicherheit doch nicht zu lösenden Prioritätsfrage zwischen Soph. und Eur.). W. Steidle, *Studien zum antiken Drama.* München 1968, 91. – *Phil.*: A: J. C. Kamerbeek, Leiden 1946. A. Taccone, Firenze 1948. T. B. L. Webster, Gr. and Lat. Class. I 1969. E: J. M. Linforth, *Philoctetes. The Play and the Man.* Un. Cal. Press 1956. R. Muth, ‹Gottheit und Mensch im Phil. des Soph.› *Studi Castiglioni.* Firenze 1959, 641. K. Alt, ‹Schicksal und Physis im Phil. des Soph.› *Herm.* 89, 1961, 141, die von der Deutung Bowra's (s. S. 333 A. 2) ausgeht. Dazu: Ph. W. Harsh, ‹The Rôle of the Bow in the Phil. of Soph.› *Am. Journ. Phil.* 81, 1960, 408. K. I. Vourveris, ΣΟΦ. ΦΙΛ. Athen 1963. W. Steidle a. O. 169. E. Schlesinger, ‹Die Intrige im Aufbau von Soph. Phil.› *Rhein. Mus.* 111, 1968, 97. 156. – *Oid. Kol.*: A: G. Ammendola, Torino 1953. D. Pieraccioni, Firenze 1956. E: G. Méautis, L' *Œdipe à Colone et le culte des héros.* Neuchâtel 1940. J. M. Linforth, *Religion and Drama in «Oed. at Col.»* Un. of Cal. Press 1951. H. W. Schmidt, *Das Spätwerk des Soph. Eine Strukturanalyse des Oid. auf Kol.* Diss. Tübingen 1961 (masch.). – Die Fragmente: Nauck, *Trag. Graec. Fragm.* 2. Aufl. Leipz. 1889. A. C. Pearson (s. o. zur Ausgabe von Jebb). E. Diehl, *Suppl. Soph.* Bonn 1913. Die Papyri bei P.; *Ichneutai* mit einigen anderen Fragm. bei D. L. Page, *Lit. Pap. Loeb Class. Libr.* 1950. D. Ferrante, Napoli, 1958 (mit Übers.). V. Steffen, Varsoviae 1960. E. Siegmann, *Untersuchungen zu Soph. Ichn.* Hamb. 1941. – Scholien: W. Dindorf, Oxf. 1852. P. N. Papageorgios, Leipz. 1888. V. de Marco, *Schol. in Soph. Oed. Col.* Rom 1952. – Lexika: F. Ellendt, 2. Aufl. von H. Genthe, Leipz. Berl. 1872; Nachdr. Hildesheim 1958. – Übersetzungen: Älteres bei W. Schildknecht, *Deutscher Soph.* Bonn 1953. Gesamtübertragungen: H. Weinstock, 3. Aufl. Stuttg. 1957. E. Staiger, Zürich 1944. In der angelsächsischen Welt haben die zahlreichen Übersetzungen soph. und anderer Tragödien durch G. Murray große Wirkung ausgeübt. Französisch: P. Mazon, 2 Bde. Paris 1950; jetzt in der Ausgabe der *Coll. des Un. de Fr.* (s. o.); eine Sonderausgabe mit glänzender Einleitung von J. de Romilly in *Club du meilleur livre.* Paris 1959. Italienisch: E. Bignone, 4 Bde. Firenze 1937/38. Einzelne Stücke: E. Buschor, *Ant., K. Oid., Oid. K.* Münch. 1954. *Ai. Trach. El. Phil.* 1959. K. Reinhardt, *Ant.* Godesberg 1949; jetzt in 3. Aufl. als Bd. 116/7, 1961 der kleinen Vandenhoeck-Reihe. W. Schadewaldt, *K. Oed.* Frankf. M. 1955. *Ant. Oid. T. El.* in: *Griech. Theater.* Frankfurt 1964. Alle 7 Tragödien in der Fischer Bücherei Frankfurt 1963 (STAIGER, REINHARDT, SCHADEWALDT, BUSCHOR). In der Bibl. d. Alten Welt, Zürich 1968 (SCHADEWALDT, BUSCHOR). R. SCHOTTLAENDER, Berlin u. Weimar 1966. Die Übersetzung von HÖLDERLIN hat W. SCHADEWALDT in der Fischer Bücherei, Frankfurt 1957 herausgegeben. In die *Tragici Graeci.* Münch. 1958, hat W. H. FRIEDRICH die Übersetzung von K. W. F. SOLGER aufgenommen. Im amerikanischen Übersetzungswerk *The Complete Greek Tragedies* (s. zu Aisch.) haben D. GRENE und eine Reihe anderer den Soph. übersetzt. – Sprache: Wichtig der Anhang (8. Bd.) zu der Soph.-Ausgabe von SCHNEIDEWIN-NAUCK von E. BRUHN, Berl. 1899. F. R. EARP, *The Style of Soph.* Cambr. 1944. J. C. F. NUCHELMANS, *Die Nomina des soph. Wortschatzes.* Utrecht 1949 (mit Lit.). LEIF BERGSON, D. M. CLAY, FR. JOHANSEN s. im Anhang zu Aischylos unter ‹Sprache›. – Monographien: noch immer ist Auseinandersetzung nötig mit T. v. WILAMOWITZ, *Dram. Technik des Soph.* Berl. 1917. Ferner: G. PERROTTA, *Sof.* Messina 1935; rist. 1963. M. UNTERSTEINER, *Sof.* Firenze 1935. T. B. L. WEBSTER, *Introduction to Soph.* 2. ed. London 1969. C. M. BOWRA, *Sophoclean Tragedy.* Oxf. 1944; repr. 1947; paperb. 1965. K. REINHARDT, *Soph.* 3. Aufl. Frankf. M. 1948. H. WEINSTOCK, *Soph.* 3. Aufl. Wuppertal 1948. A. J. A. WALDOCK, *Soph. the Dramatist.* Cambr. 1951; repr. 1966. C. H. WHITMAN, *Soph.* Harvard Un. Press 1951. J. C. OPSTELTEN, *Soph. and Greek Pessimism.* Amsterd. 1952. Ders., ‹Humanistisch en religieus Standpunt in de moderne Beschouwing van Soph.› *Niederl. Akad.* 1954. F. EGERMANN, *Vom attischen Menschenbild.* Münch. 1952. Ders. ‹Arete und tragische Bewußtheit bei Soph. und Herodot›. *Vom Menschen in der Antike.* Klass. Reihe II. Münch. 1957, 5, in forcierter Gegenstellung gegen die Sophoklesdeutung REINHARDT's u.a., vor allem des Verfassers dieses Buches. F. J. H. LETTERS, *The Life and Work of Soph.* Lond. 1953. V. EHRENBERG, *Soph. and Pericles.* Oxf. 1954; deutsch Münch. 1956. It. Brescia 1958. H. D. F. KITTO, ‹The Idea of God in Aesch. and Soph.› *Fondation Hardt* (vgl. S. 87 A. 1), 169. H. DILLER, ‹Über das Selbstbewußtsein der soph. Personen›. *Wien. Stud.* 69, 1956, 70. Ders. ‹Menschendarstellung und Handlungsführung bei Soph.› *Ant. u. Abendl.* 6, 1957, 157. H. D. F. KITTO, *Form and Meaning in Drama.* Lond. 1956. Ders. *Soph. Dramatist and Philosopher.* Lond. 1958. S. M. ADAMS, *Soph. the Playwright.* Toronto 1957. M. IMHOF, *Bemerkungen zu den Prologen der soph. u. eurip. Tragödien.* Winterthur 1957. W. KRAUS, *Strophengestaltung in der griech. Tragödie. I. Aisch. u. Soph. Sitzb. Oest. Ak. Phil. hist. Kl.* 231/4, 1957. G. MÉAUTIS, *Soph. Essai sur le héros tragique.* Paris 1957. I. ERRANDONEA S. J., *Sóf. Investigaciones sobre la estructura dramática de sus 7 trag. y sobre la personalidad de sus coros.* Madrid 1958. G. M. KIRKWOOD, *A Study of Soph. Drama.* Cornell Stud. in Class. Phil. 31, 1958. J. KELLER, *Struktur und dram. Funktion des Botenberichtes bei Aisch. und Soph.* Diss. Tübingen 1959 (masch.). A. MADDALENA, *Sof.* 2. Aufl. Torino 1963. J. DE ROMILLY, *L'évolution du pathétique d'Eschyle à Euripide.* Paris 1961. Dazu die Abschnitte bei HARSH, POHLENZ, LESKY, KITTO und D. W. LUCAS, *Greek Tragic Poets.* 2. ed. Lond. 1959. – Drei Vorträge suchen den Dichter von verschiedenen Seiten zu fassen: W. SCHADEWALDT, *Soph. und das Leid.* 4. Aufl. Potsdam 1948; jetzt *Hellas und Hesperien.* Zürich 1960, 231. H. DILLER, *Göttliches und menschl. Wissen bei Soph.* Kiel 1950. A. LESKY, ‹Soph. und das Humane›. *Alman. Öst. Akad.* 1951 (1952), 222. Die drei Vorträge vereinigt in *Gottheit und Mensch in der Tragödie des Soph.* Darmstadt 1963. W. N. BATES, *Sophocles: Poet and Dramatist.* London 1964. B. M. W. KNOX, *The Heroic Temper. Studies in Sophoclean Tragedy.* Sather Class. Lect. 35. Berkeley 1964. J. TRENCSÉNYI-WALDAPFEL, *Sophoklés.* Budapest 1964. H. DILLER, *Sophokles.* Wege der Forschung 95 (22 Abhandlungen verschiedener Autoren, eingel. und mit einer Bibliogr. für die Zeit nach 1960 versehen von H. D.). Darmstadt 1967. CH. A. UHSADEL, *Der Chor als Gestalt. Seine Teilnahme am Geschehen sophokleischer Stücke.* Diss. Tübingen 1969.

3. DIE ÜBRIGE DICHTUNG

Die attische Tragödie ist in einer Weise, die sich in der Geschichte nicht wiederholte, aus der Gemeinschaft der Polis zum universalen Kunstwerk erwachsen, in dem sich Wort und Lied, Tanz und Bühnenbild zu einer großartigen Erneuerung des Mythos aus der geistigen Problematik der Zeit vereinigten. Es ist nicht zu verwundern, daß wir uns nur mühsam von dem Dasein anderer Dichtungsarten in dieser Zeit Rechenschaft geben.

Das alte Chorlied war im Drama zu neuer Blüte gekommen[1], und da war es ein Akt von großer Bedeutung, daß die junge Demokratie dem Dithyrambos an den großen Dionysien seinen festen Platz anwies und ihm so ein selbständiges Dasein sicherte. Wir erschließen dies aus der Notiz des Marmor Parium (ep. 46), Hypodikos von Chalkis habe 508 zuerst mit einem Männerchor einen Dithyrambos aufgeführt. Seitdem ging am großen Dionysosfest den Tagen mit Tragödienaufführungen die Darbietung von Dithyramben am 8. Elaphebolion voraus. Fünf von den zehn Phylen stellten je einen Männerchor, die fünf anderen einen solchen von Knaben. Kyklische Chöre hießen sie, weil ihre fünfzig Choreuten im Tanze den Altar in der Mitte der Orchestra umkreisten. Begleitinstrument war die Flöte. Auch hier siegte der Chorege, der die Kosten trug und dafür seinen Dreifuß öffentlich aufstellen konnte[2]. Das köstliche Lysikratesdenkmal war bestimmt, einen solchen zu tragen. Wann der dithyrambische Agon erlosch, wissen wir nicht genau, doch scheint dies erst in der Kaiserzeit geschehen zu sein. Von all der Chordichtung, die das Fest des Gottes, daneben aber auch Panathenäen und andere Feste Jahr für Jahr erforderten, ist uns so gut wie nichts erhalten. Für die Klassik geben uns am ehesten die Dithyramben des Bakchylides eine Vorstellung, von den tiefgreifenden Änderungen dieser Kunstgattung im letzten Drittel des 5. Jahrhunderts haben wir später zu sprechen.

Nicht anders als in archaischer Zeit erfüllte sich ein guter Teil des männlichen Lebens in der fröhlichen Geselligkeit des Symposions. Die Vasen liefern dazu prächtige Bilder. Nun zechte nicht allein der Adel in so umschichtiger Weise, die alten Formen wurden von breiteren Kreisen in Anspruch genommen, wie es überhaupt die beste Zeit des attischen Volksstaates kennzeichnet, daß das Erbe der Adelswelt weitgehend erhalten blieb und in neuem Rahmen Pflege erfuhr. Noch immer war natürlich das Lied der besondere Schmuck solchen Beisammenseins, und wir dürfen uns das Skolion und die Elegie in kräftiger Blüte denken. Oft wird man in diesen Formen sein politisch Lied gesungen haben, aber das ging mit dem Tage dahin. Allein von einem Dionysios, der den Beinamen Chalkus führte, weil er einmal die Einführung von Kupfermünzen beantragt hatte, besitzen wir ein paar Verse, harmlose Zeugnisse der Freude an geselligem Trunk[3]. Auch vom Kottabosspiel wird da gesungen, das wir von den Schalen kennen. Da mußte eine Metallscheibe, die auf einer Stange balancierte, mit dem Weinrest aus dem Trinkgefäße getroffen und zum Sturz gebracht werden. Der

[1] W. KRANZ, *Stasimon*, Berl. 1933.
[2] Einzelnes bei A. PICKARD-CAMBRIDGE. *Dramatic Festivals*. Oxf. 1953, 74ff.
[3] Fasc. 1, 88 D.

Spieltrieb war bei den Griechen allezeit gut entwickelt. Dionysios machte sich den Spaß, das elegische Distichon auf den Kopf zu stellen und mit dem Pentameter beginnen zu lassen, ein bedeutsames Zeugnis dafür, wie die alten Formen die Festigkeit ihres Gefüges verlieren. Einigermaßen datiert ist der Mann durch seine Teilnahme an der Gründung von Thurioi im Jahre 444. Die Freude an Metaphern aus dem Seewesen kennzeichnet ihn als Kind der großen Zeit attischer Hegemonie.

Elegien haben damals viele geschrieben, unter ihnen Sophokles und Euripides. Gerne ließen sich die führenden Männer der Zeit in solcher Weise feiern, und wir hören in Plutarchs *Kimon* (4) von Dichtungen, die der Tragiker Melanthios und der Philosoph Archelaos für den Staatsmann schrieben.

Viel besser als die Elegie dieser Zeit vermögen wir noch die ihr verwandte epigrammatische Dichtung zu fassen. Eine bereits vor der Perserzeit kräftige Entwicklung (s. o. S. 204) hat sich in der Klassik aufs schönste fortgesetzt. Große Dichter von Simonides bis Euripides und eine Unzahl von Anonymi schmückten Grab, Ehrendenkmal und Beigabe mit ihren Versen. Daß man dabei vieles unter berühmte Autoren stellte, konnte nicht ausbleiben. Simonides als anerkannter Meister des Epigramms mußte vor allem vielen Versen seinen Namen borgen[1]. Literarische Überlieferung und die Steine[2] haben genug bewahrt, um uns die Geschlossenheit der Form und die Kraft des Ausdruckes erkennen zu lassen, die solche Dichtung im 5. Jahrhundert auch im breiten Durchschnitt erreichte. Die Fülle von Wirkung, die von den Perserkriegen ausging, wird auch auf diesem Felde sichtbar. Kaum jemals wieder wurde von dem Opfer des Einzelnen für sein Volk mit gleicher Würde und Tiefe gesprochen wie in den attischen Epigrammen auf Gefallene aus dem 5. Jahrhundert. Die Form ist ganz überwiegend distichisch, die Sprache jene des Landes mit mehr oder minder kräftigen Anleihen beim Epos.

Daß der Iambos in dieser Zeit keine selbständige Entwicklung zeigt, verstehen wir aus der Intensität, mit der die Komödie seine Nachfolge angetreten hat. Immerhin haben wir Spuren von Iamben des Komödiendichters Hermippos (*Anth. Lyr.* fasc. 3, 64 D.), die neben seiner dramatischen Produktion standen.

Bei der Kärglichkeit der Überlieferung für alles, was da im Schatten der Tragödie wuchs, müssen wir es als Glücksfall preisen, daß wenigstens von einer epischen Dichtung dieser Zeit eine etwas bestimmtere Vorstellung zu gewinnen ist. Das gilt allerdings nicht von der Epik um Theseus, die es damals in Attika gegeben haben dürfte[3]. Von einem Diphilos, der eine *Theseïs* verfaßte und von dem zwei Choliamben zitiert werden (*Anth. Lyr.* fasc. 3, 138 D.), können wir nicht einmal mit Sicherheit sagen, daß er ins 5. Jahrhundert gehört.

[1] Echtes und Unterschobenes 2, 107 D.

[2] TH. PREGER, *Inscriptiones Graecae metricae ex scriptoribus praeter anthologiam collectae.* Leipz. 1891. G. KAIBEL, *Epigrammata Graeca ex lapidibus collecta.* Berl. 1878. W. PEEK, *Griech. Vers-Inschriften. I. Grab-Epigramme.* Berl. 1955; ders., *Griech. Grabgedichte.* Berl. 1960 (mit Arbeitsübersetzung und metrischer Übertragung). U. v. WILAMOWITZ, *Hellenistische Dichtung* 1. Berl. 1924, 124. H. BENGTSON, *Griech. Gesch.* 2. Aufl. Münch. 1960, 181. Die Arbeiten von G. PFOHL, s. S. 207.

[3] Theseusepik: L. RADERMACHER, *Mythos und Sage bei den Griechen.* 2. Aufl. Wien 1943, 252.

Mehr wissen wir von Choirilos aus Samos und seinem Werke. Plutarch erzählt in der *Biographie Lysanders* (18), daß dieser den Dichter ständig um sich hatte, weil er von ihm das Preislied auf seine Taten erwartete. Damals hatte sich Choirilos bereits einen Namen erworben und wird in höherem Alter gestanden haben. Von den Fabeleien des Suda-Artikels erwähnen wir nur den Bericht, er sei samischer Sklaverei entlaufen und habe sich Herodot angeschlossen. Dies ist ein anekdotischer Reflex der Frage, wie sich die historische Epik dieses Dichters zum Werk des Geschichtsschreibers verhält. Die antiken Nachrichten[1] führen für sein Hauptwerk auf den Titel *Persika* oder *Perseïs*. Ein Papyrus (nr. 245 P.) bietet jedoch den nach antiker Sitte ans Ende gestellten Titel in der Form: Χοιρίλου ποιήματα βαρβαρικά. μηδικά. περσ(ικά). Man soll daraus nicht zu rasch drei Gedichte machen, die von den Barbaren, den Medern und den Persern gehandelt hätten; die subscriptio sieht eher wie eine Inhaltsangabe im groben aus. Verlockend ist es allerdings, die *Barbarika* auf Kämpfe der Perser zu beziehen, die sie vor den Zügen nach Griechenland führten. Ist dies richtig, so kommt man auf eine Komposition, die jener des herodoteischen Geschichtswerkes auffallend ähnelt. Und motivische Beziehungen zu Herodot treten auch in den wenigen Fragmenten zutage. Besonders deutlich in fr. 4, wo bei einer Heerschau wie bei Herodot (7, 70) exotische Krieger auftreten, die auf ihren Köpfen die abgezogene Haut von Rosseschädeln tragen. So weist manches darauf, daß Choirilos den Herodot zur Vorlage nahm, aber gerade die bezeichneten Stellen mahnen uns durch ihre Unterschiede, die Möglichkeit gemeinsamer, aber verschieden verwerteter Quellen offenzuhalten.

Außerordentlich bezeichnend sind Verse, die wir aus dem Eingang dieses Epos erhalten haben (fr. 1 u. 1a). Da klagt der Dichter, wie glücklich die Musendiener doch einstens waren, als die Wiese noch unversehrt[2] stand. Jetzt ist alles weggegeben, die Künste sind eingegrenzt, und die Poeten der Zeit laufen hinter der Entwicklung einher. So bekennt es dieser Poet, der noch einmal den Versuch unternimmt, mit den Mitteln homerischer Epik Geschichtliches zu erzählen, selbst, daß Dichtung dieser Art ihre Zeit gesehen hat. Sein Leben hat sich zu einem guten Teile mit dem des Antimachos von Kolophon überschnitten, der in seiner epischen Dichtung andere, neue Wege ging. Die Folgezeit hat die beiden gern gegeneinander gewogen. Im allgemeinen hat sich die höhere Wertung des Antimachos durchgesetzt, die sich in einem Epigramm des Krates (*Anth. Pal.* 11, 218) kräftig ausspricht. Choirilos aber bedeutet den Abschluß homerisierender Epik und hat sich selbst als solchen empfunden.

4. DER MUSIKTHEORETIKER DAMON

Der Verlust der antiken Musik ist aus zwei Gründen für die Zeit der Klassik besonders schmerzlich. Fürs erste bleibt es uns dadurch versagt, die Tragödie als Gesamtkunstwerk zu erfassen, zum anderen haben Fragen nach der Wirkung und erziehenden Kraft der Musik kaum je eine so bedeutende Rolle gespielt wie damals.

[1] G. Kinkel, *Ep. Graec. Fragm.* Leipz. 1877, 265. [2] ἀκήρατος λειμών = Eur. *Hipp.* 73.

Die Richtung aller schöpferischen Impulse auf Athen, die sich mit dem Ausgange des 6. Jahrhunderts mehr und mehr abzeichnet, spricht sich auch darin aus, daß der nächste große Reformator des Dithyrambos nach Arion, Lasos von Hermione, am Hofe des Tyrannen Hipparchos zu Athen wirkte. Nach der *Suda* hätte er den agonalen Vortrag von Dithyramben eingeführt, der in das dionysische Festprogramm der Demokratie als feste Ordnung übernommen wurde. Jedenfalls hat er nicht allein das dionysische Chorlied durch wichtige, uns freilich nicht mehr faßbare Reformen gefördert, sondern musikalische Fragen auch zum Gegenstande der Reflexion gemacht. Man darf ihn den Begründer der griechischen Musikwissenschaft nennen, mag es das Buch, das ihm die *Suda* zuschreibt, gegeben haben oder nicht.

Agathokles, der Lehrer Pindars, und vielleicht auch Lamprokles, Verfasser von Dithyramben und eines früher (S. 233) genannten Liedes auf Athene, waren die Lehrer eines Mannes, der zwar nicht als Dichter, wohl aber als Musiktheoretiker große Wirkung ausübte. Damon[1] aus dem attischen Demos Oa stand Perikles in doppelter Weise nahe. Er soll sein Lehrer in der Musik und sein Berater in politischen Dingen gewesen sein, wobei freilich die Möglichkeit erwogen wurde, daß der Mann, der Perikles die Einführung des Richtersoldes vorschlug, nicht Damon, sondern sein Vater Damonides war. Jedenfalls hat sich Damon lebhaft an der Politik beteiligt und derart nicht allein den Spott der Komiker, sondern auch die Verbannung durch das Scherbengericht auf sich gezogen (Plut. *Per.* 4). Dieser Mann faßte die Frage nach der Wirkung der Musik auf Wesen und Handeln des Menschen in ihrer ganzen Tiefe. In einem Bruchstück aus Philodem (*mus.* 1, 13) lesen wir, daß er auf die Frage, ob die Musik zur sittlichen Tüchtigkeit in vollem Umfange oder nur zu Teilen von ihr führe, das erstere mit Nachdruck bejahte. Ebenso hoch schätzte er die Wirkung der Musik auf die Gemeinschaft ein und behauptete, daß Änderungen auf diesem Gebiet mit Notwendigkeit das ganze gesetzliche Gefüge einer Stadt erschüttern (Plat. *rep.* 424 c). Er hat seine Gedanken in einer Schrift niedergelegt, die sich als Rede an den Areopag gab. Die Wahl dieser Form wird verständlich, wenn es sich vornehmlich um Fragen der musischen Erziehung und damit um Dinge handelte, die einmal den ehrwürdigen Rat auf dem Areshügel unmittelbar angingen. Keinesfalls braucht man jedoch zu schließen, daß die Schrift vor der Einschränkung der Befugnisse des Areopags im Jahre 462 entstanden sei. Die Weise, in der Aischylos in den *Eumeniden* von dieser Körperschaft spricht, läßt die erwähnte Form auch für spätere Zeit ohne weiteres verstehen. Schließlich zeugt noch Isokrates in seinem *Areopagitikos* von der Bedeutung dieser Körperschaft als Idee.

Am ausgiebigsten ist Damons Schrift in Platons *Staat* (400 b) verwertet, und da sehen wir, daß er über Rhythmik gehandelt und sich auf die Analyse der einzelnen

[1] U. v. Wilamowitz, *Griech. Verskunst.* Berl. 1921, 59ff. mit den Zeugnissen. VS 37. H. Ryffel, ‹Eukosmia. Ein Beitrag zur Wiederherstellung des Areopagitikos des Damon›. *Mus. Helv.* 4, 1947, 23. H. Koller, *Mimesis in der Antike.* Bern 1954, 21. V. Ehrenberg, *Sophocles and Pericles.* Oxf. 1954, 92. A. E. Raubitschek, ‹Damon›. *Classica et Mediaevalia* 16, 1955, 78. Eingehend und mit reicher Lit. behandelt die einschlägigen Probleme F. Schachermeyr, ‹Damon›. *Beitr. zur Alten Gesch. und deren Nachleben.* Festschr. Altheim. Berlin 1969, 192; ders. Perikles. Stuttgart 1969 pass.

Maße eingelassen hat. Aber sein Buch ist keineswegs ein metrisches Handbuch gewesen; ohne Zweifel stand die Wirkung der Musik auf das Ethos und damit die Frage der musikalischen Erziehung im Vordergrund. In dem oben genannten Bruchstück aus Philodem ist von Gesang und Kithara die Rede; es liegt nahe anzunehmen, daß Damon in dem alten Instrumentenstreit Partei bezogen und die Flöte ausgeschlossen hat. Schmerzlich ist es für uns, daß wir den Anteil pythagoreischer Lehre an den Theorien des Damon nicht mehr abgrenzen können. Kaum wird ein solcher zu leugnen sein. Der Musiker Pythokleides, der als Lehrer des Agathokles und Lamprokles in seiner geistigen Ahnenreihe steht, wird Pythagoreer genannt (Schol. Plat. *Alk.* I 118c)[1].

Die tiefreichende Wirkung Damons wird uns vor allem an Platon deutlich, der dessen Schüler Drakon zum Musiklehrer hatte. In die lebhafte Debatte um die von Damon behandelten Fragen gewährt uns der *Hibeh-Papyrus* mit Teilen einer Rede an die Athener, wahrscheinlich aus dem frühen 4. Jahrhundert (nr. 2438 P.), einen Einblick, in dem die Einwirkung der Musik auf das Wesen des Menschen radikal bestritten wird.

5. HERODOT

In der Tragödie des Sophokles und dem Parthenon hat griechische Klassik ihre Höhe erreicht[2]. Auf attischem Boden kam sie zur Reife, und die Vereinigung ionischer und dorischer Elemente in dem großen Tempel auf der Burg ist ein sprechendes Symbol für die besonderen Bedingungen, unter denen sich diese Entwicklung erfüllte.

Stärker als anderswo führten in Griechenland die einzelnen Kunstarten ein in der Tradition gründendes Eigenleben, und so ist es zu verstehen, daß sie ihren Weg zur Klassik nicht synchron zurücklegten. Neben der reifen Tragödie des Sophokles steht das Werk des Herodot mit einer Fülle archaischer Züge und jener Buntheit der Elemente, die sich noch nicht zur festen Einheit geschlossen hat und den besonderen Reiz herodoteischen Erzählens ausmacht.

Was wir vom Leben dieses Mannes wissen, ist so kümmerlich, wie es bei antiken Autoren zu sein pflegt, genügt aber doch, um uns die Vielfalt der in seinem Werke vereinigten Elemente aus den Bedingungen seiner Entwicklung verstehen zu lassen.

Herodot wurde kurz vor dem Zuge des Xerxes in Halikarnaß an der südwestlichen Küste Kleinasiens geboren. Die Siedlung war von Troizen aus begründet, also im wesentlichen dorisch. Ehemals hatte sie auch dem dorischen Sechsstädteverband angehört, war aber zur Zeit des Herodot aus diesem ausgeschlossen. Schon früh müssen in die Stadt ionische Elemente eingedrungen sein, wie Inschriften in diesem Dialekt erweisen, die aus dem 5. Jahrhundert stammen. Jedenfalls war die Heimat Herodots vorwiegend dorisch bestimmt, und für das Wesen dieses Stammes, das sich ihm am

[1] W. BURKERT, *Weisheit und Wissenschaft.* Nürnberg 1962, 270, 79, führt Literatur zur Herleitung der Ethoslehre der Musik aus dem Pythagoreismus an, ist selbst jedoch skeptisch.

[2] Zur Problematik des Klassischen als einer historischen Erscheinung: *Das Problem des Klassischen in der Antike.* Leipz. 1931 (Sammelband).

reinsten in Sparta darstellte, hat er alle Zeit eine gewisse Neigung bewahrt. Aber auch ionisches Wesen lernte er frühzeitig kennen, ohne freilich Sympathien dafür zu fassen[1]. Sein Vater hieß Lyxes, führte also einen karischen Namen, und gleiches gilt von Panyassis, den wir als epischen Dichter kennenlernten und der Herodots naher Verwandter, wahrscheinlich sein Oheim von väterlicher Seite gewesen ist. So rückt uns die Ahnenreihe Herodots das karische Hinterland der Stadt und damit vorderasiatische Kultureinflüsse in den Blick.

Als Herodot aufwuchs, stand Halikarnaß unter einer karischen Tyrannis, deren bedeutendste Trägerin Artemisia war. Eine ungewöhnliche Frau, die Xerxes bei seinem Zuge gegen Griechenland treue Gefolgschaft leistete und von der Herodot mit spürbarer Hochachtung spricht. Als sich in der Ägäis die griechische Macht durch die Erfolge gegen die Perser gefestigt hatte, erhob sich auch Halikarnaß gegen die Fremdherrschaft. Bei dem Versuche, Lygdamis, einen Sohn der Artemisia, zu stürzen, verlor wahrscheinlich Panyassis das Leben, während Herodot aus seiner Heimatstadt fliehen mußte. Damals lebte er eine Zeit auf Samos, was eine neue und intensivere Berührung mit ionischem Wesen bedeutete. Von dort kehrte er in die Heimat zurück und trug seinen Teil zum Sturze des Lygdamis bei. Dieser wird nicht lange vor 454 erfolgt sein, da uns seit diesem Jahre Halikarnaß als Bündner in den attischen Tributlisten begegnet.

Den nächsten chronologischen Anhalt liefert uns die Gründung von Thurioi 444/3. Die perikleische Politik hatte diese panhellenische Kolonie nächst den Ruinen des zerstörten Sybaris entstehen lassen, und bedeutende Köpfe wie der Architekt Hippodamos von Milet, ein Reformator der Städteplanung, und der Sophist Protagoras nahmen daran teil, auch Empedokles wird in diesem Zusammenhange genannt. Ob Herodot sich schon an der Ausfahrt zur Gründung beteiligte oder später dorthin übersiedelte, wissen wir nicht. Jedenfalls hat er in der Neugründung das Bürgerrecht erworben und erscheint daher in guter Überlieferung der Eingangsworte seines Werkes nicht als Halikarnassier, sondern als Thurier (Aristot. *Rhet.* 3, 9. 1409a 28).

Zwischen dem Sturze des Lygdamis und der Einbürgerung in Thurioi liegen jene Reisen, die für die Entwicklung Herodots und die Entstehung seines Werkes entscheidend gewesen sind. Zwei große Unternehmungen werden uns erkennbar. Die eine führte ihn nach Ägypten, wo er sich etwa vier Monate aufhielt, und von dort nach Phönikien und Mesopotamien. Eine zweite Reise galt dem Gebiete der Skythen, für dessen Durchforschung offenbar Olbia sein Standquartier gewesen ist. Die Versuche, die relative Chronologie dieser Fahrten zu ermitteln, haben zu keinem sicheren Ergebnis geführt. Wohl aber läßt sich nach 3, 12 sagen, daß Herodot einige Zeit nach der Schlacht von Papremis (460) in Ägypten gewesen ist.

Zweck dieser Reisen war die Erkundung der Ferne. In ihnen kam die gleiche Wißbegier zur Wirkung, die im ionischen Bereich die ersten Anfänge abendländischer Wissenschaft hervorgetrieben hatte. Daß Herodot selbst einem Solon (1, 30) und

[1] Material: JACOBY (s. u.), 211.

einem Anacharsis (4, 76) die Schau (θεωρίη) als Motiv für ihre Reisen unterlegt, zeigt, daß wir ihn hierin richtig beurteilen.

In den früher bezeichneten Zeitabschnitt fällt aber auch Herodots Aufenthalt in Athen, der ihm keine geringere Bereicherung brachte als seine weitgedehnten Reisen. Wenn wir diese Begegnung mit der Stadt in die Jahre vor oder vielleicht um die Gründung von Thurioi setzen, so bedeutet dies, daß es das perikleische Athen mit all seiner stürmischen Bewegung war, das nun an der Formung des Menschen und Schriftstellers entscheidenden Anteil gewann. Damals setzte die Revolutionierung des geistigen Lebens durch die Sophistik ein, und Herodot ist sicher mit dem um Thurioi bemühten Protagoras in Berührung gekommen. Aber wir werden es noch an seiner Stellung zum Nomos sehen, daß tiefreichende Wirkung von der Sophistik auf ihn nicht ausgegangen ist. Um so mehr – auch hierfür müssen wir auf Späteres verweisen – hat ihm die Tragödie gegeben. Wie enge Herodot mit der epischen und lyrischen Dichtung vertraut gewesen ist, bezeugt sein Werk an zahlreichen Stellen[1]. Solche Kenntnis hat er ohne Zweifel aus seiner Heimat mitgebracht; nun vollendete sich vor seinen Augen in Athen jene Dichtungsart, in der sich alle Kräfte der Tradition zu neuer, unerhört gesteigerter Wirkung vereinigten. Besonders nahe ist Herodot dem Vollender der klassischen Tragödie gestanden. Wie solche Nähe in den Stücken des Sophokles gelegentlich ihre Bestätigung durch motivische Zusammenhänge mit dem Geschichtswerk findet, kam bei der Behandlung der *Antigone* und der *Elektra* zur Sprache. Auch des Gedichtes wurde bereits (S. 314) gedacht, das dieser Tragiker nach seiner eigenen Angabe im 55. Lebensjahre dem Freunde schrieb. Als des Sophokles Geburtsjahr läßt sich mit einiger Wahrscheinlichkeit 497/6 ermitteln; da ist es denn erlaubt, mit dem Gedanken zu spielen, das Gedicht des Sophokles könnte mit Herodots Aufbruch nach Thurioi zusammenhängen.

Ob es sich empfiehlt, Herodot als Wahlathener zu bezeichnen, werden wir im Zusammenhange mit seinem Werke fragen. In jedem Falle aber ist der Umstand, daß der Mann aus Halikarnaß ein wichtiges Stück seines Lebens in Athen verbrachte, ein eindrucksvolles Beispiel dafür, wie die in den Perserkriegen bewährte Stadt in raschem Aufstieg zum Mittelpunkt des geistigen Lebens der Hellenen wurde. Plutarch beruft sich in seiner Schrift *De Herodoti malignitate* (26) auf die Angabe des Diyllos, Herodot habe auf den Antrag eines Anytos von den Athenern einen Ehrensold von zehn Talenten erhalten. Eusebios legt das in seiner Chronik so fest, daß wir auf 445/44 kommen, und weiß von einer Lesung des Herodot als Anlaß. Das bleibt unsicher, und die Summe von zehn Talenten ist unglaubhaft, aber das Faktum einer Ehrung des Geschichtsschreibers durch Athen braucht nicht bezweifelt zu werden.

So gut wie nichts wissen wir von den letzten Lebensjahren des Historikers. Nicht einmal, ob er von Thurioi nach Athen zurückkehrte, ist uns bekannt. Den Ausbruch des Peloponnesischen Krieges hat er noch erlebt. Mehrere Stellen, von denen vier (6, 91. 7, 137; 233. 9, 73) jedem Zweifel entzogen sind, beziehen sich auf die erste Kriegszeit. Ist die Voraussetzung richtig, daß er bis nahe an sein Lebensende an seinem

[1] SCHMID 2, 553f.

Werke gearbeitet hat, dann ist auch sein Tod in diese Zeit zu setzen. Für die Entstehungsgeschichte des Werkes freilich ergeben sich aus Stellen wie den angeführten keine sicheren Daten, denn in diesem und allen ähnlichen Fällen ist mit der Möglichkeit späterer Einarbeitungen zu rechnen.

Das Werk Herodots ist in seiner Fülle schwer zu überschauen und noch schwerer zu würdigen. So hat man denn in seinem Verfasser bald einen fröhlichen, ein wenig frivolen Geschichtenerzähler, bald einen tiefsinnigen Betrachter menschlichen Loses und dann wieder einen seines Zieles sicheren Historiker erkennen wollen. Im Vordergrunde wird dabei immer die Frage stehen, wie weit Cicero recht hatte, Herodot als *pater historiae* zu bezeichnen (*de leg.* 1, 5). Wir lassen, um der Betrachtung des Einzelnen einigen Halt zu bieten, eine Übersicht über das Werk folgen, die allerdings nicht mehr als ein Bild in großen Zügen geben kann.

Für den programmatischen Einleitungssatz ist zu vermerken, daß er ungefähr dasselbe zu leisten hat, was wir heute vom Buchtitel erwarten. Wir erfahren den Namen und die Heimat des Autors sowie seine Absicht, das Geschehene und die Leistungen der Menschen dem Gedächtnis zu bewahren[1]. Am Schlusse steht die besondere Angabe, daß von der Ursache des Krieges zwischen Hellenen und Barbaren die Rede sein soll. Ihre Erörterung leitet Herodot mit der ausdrücklichen Berufung auf persische Erzähler ein, was wir für die Besprechung der Quellenfrage vormerken. Nach diesen Berichten hätte die Erbfeindschaft zwischen den Erdteilen mit Frauenraub ihren Anfang genommen. Die Phoiniker entführten Io aus Argos, dann einige Griechen die Europa aus Tyros. So weit wäre man quitt gewesen, aber dann fingen die Griechen an, zogen nach dem kolchischen Aia und raubten Medeia. Nun war es an den Asiaten, sich schadlos zu halten, und eine Generation später – was der relativen Chronologie der Sagenkreise entspricht – zog Paris aus, um Helena zu holen. So lange war das ein Hin und Her von Räubereien gewesen, nun aber luden die Griechen besondere Schuld auf sich, indem sie es um eines geraubten Weibes willen zu einem Kriege der Völker kommen ließen.

Diese ersten fünf Kapitel sind in mehrfacher Hinsicht merkwürdig. Der alte Gegensatz zwischen Europa und Asien, der für Herodot im Zuge des Xerxes seine Höhe erreicht, wird zwar an den Mythos angeknüpft, aber dieser erscheint in seltsamer Weise des Glanzes der Heroenzeit beraubt, in ein pseudohistorisches Schema gezwängt und geradezu trivialisiert. Herodot aber wahrt dem allen gegenüber kritische Distanz. Er stellt am Ende der Partie dem persischen Bericht über den Raub der Io eine phönikische Variante gegenüber, erklärt sich aber außerstande, über die Richtigkeit der einen oder der anderen zu entscheiden. Vielmehr schiebt er diese Geschichten zur Seite und meldet sich persönlich zu Worte mit der Erklärung, seine Erzählung mit der Bezeichnung des Mannes beginnen zu wollen, der nach seinem Wissen mit dem Unrecht gegen die Griechen anfing.

Mit dem Namen des Kroisos setzt der Lydien gewidmete Abschnitt (1, 6–94) ein. Nach der Feststellung, daß dieser König als erster griechische Städte unterwarf und

[1] Zu dem Satze vgl. S. 361.

zur Tributpflicht zwang, gleitet der Blick des Erzählers in einer für Herodot kennzeichnenden Weise von der eben eingeführten Gestalt in die fernere Vergangenheit zurück: Kroisos ist Mermnade, und dieses Geschlecht hat die Herakliden im Zuge tragischer Begebenheiten abgelöst. Es folgt die Geschichte von Kandaules und Gyges, eine Geschichte doppelter Schuld, mit der wir bis zum Begründer der Mermnadendynastie zurückgelangt sind. Dann geht es von Gyges über Ardys und Sadyattes zu Alyattes und seinem Zuge gegen Milet. An diesen ist mit lockerer Anknüpfung die Ariongeschichte angefügt. Nachfolger des Alyattes war Kroisos, und so ist einer der zahlreichen Ringe geschlossen, die sich in der archaischen Kompositionsweise des Werkes abzeichnen.

Nun sind wir (1, 26; vgl. 1, 6) wieder beim Angriff des Kroisos auf griechische Städte und hören vom Wachsen seiner Macht. Er steht auf ihrem Gipfel, als Solon ihn besucht und es zu jenen Gesprächen zwischen dem reichen Orientalen und dem athenischen Weisen kommt (1, 30–33), in denen sich die Problematik menschlicher Werthaltungen angesichts des göttlichen Waltens enthüllt. Kroisos aber, der sich für den glücklichsten der Menschen hielt, trifft Vergeltung von Gott und stößt ihn über zwei Stufen in tiefstes Elend. Seinen Sohn verliert er durch einen Jagdunfall, verursacht von demselben Adrestos, den er von Blutschuld reinigte und aufnahm (1, 34–45). Dann aber rüstet er den Zug gegen die erstarkende Macht der Perser unter Kyros, der ihn selbst die Herrschaft kosten soll. In die breite Schilderung der Vorbereitungen mit Orakelbefragung und der Suche nach kräftigen Bundesgenossen in Griechenland sind Exkurse über Peisistratos und die ältere spartanische Geschichte eingelegt. Es folgen der Zug des Kroisos nach Kappadokien, seine Einschließung in Sardes, der Fall der Stadt und die wunderbare Errettung des gefangenen Königs vom Tode auf dem Scheiterhaufen. Notizen über Bemerkenswertes bei den Lydern (1,93 f.) sind lose diesem Abschnitt angefügt, unter den der Satz *Die Lyder also waren nun Untertanen der Perser* einen kräftigen Schlußstrich zieht.

Nun treten die Perser in den Vordergrund, und wieder wird ausgiebig zurückgeblendet. Wir halten hier einen Augenblick inne, um uns der Erkenntnis zu versichern, wie dieser Aufbau in archaischer Weise kunstvoll, das heißt weitgehend von Assoziationen bestimmt ist. Man hat es längst als eines der wichtigsten Baugesetze des Werkes erkannt, daß die verschiedenen Völker dann ins Blickfeld treten, wenn das Perserreich im Zuge seiner Expansion mit ihnen in Berührung gerät. Das hätte aber für das erste Buch den Einsatz mit den ersten Schritten zur persischen Macht ergeben und dem Lyderabschnitt einen entsprechend späteren Platz angewiesen. In Wahrheit läuft die Erzählung anders, assoziativ: Herodot hat um der Vollständigkeit willen allerlei Geschichten über den Beginn der Feindschaft referiert, die von der Gegenseite stammen. Er kann aus eigenem nur so viel sagen, daß als erster Kroisos griechischen Städten die Freiheit nahm. Damit ist die lydische Geschichte da. Sie endet mit dem Sturze des Kroisos, den die Perser herbeiführen. Nun ist es Zeit, ausführlicher von diesen zu reden, was einen kräftigen Rückgriff erfordert. Das gleitet alles leicht und ungezwungen, ergibt aber für das Ganze einen bedeutenden und kaum zufälligen

Gewinn, denn so konnte die sinngebende Erzählung von Kroisos und Solon in die Anfangspartie des Werkes aufgenommen und dort ein Motiv zum Tönen gebracht werden, das in allem Folgenden immer wieder zu vernehmen ist.

Ein Bauprinzip, das für große Teile erkennbar bleibt, ergibt sich aus der Abfolge der persischen Könige. Bevor Herodot jedoch auf die Regierung des Kyros eingeht, greift er auf die medischen Könige zurück, erzählt dann die mirakulöse Jugendgeschichte des Kyros in orientalischer Fassung und fügt den Sturz der Mederherrschaft an. Der Aufstieg der Perser zum Herrenvolk bietet den Anlaß, einen Abschnitt über persisches Brauchtum (1, 131–140) anzuschließen.

Unter der Regierung des Kyros bringt das Vordringen der Perser gegen Westen die kleinasiatischen Griechen bald zur Erkenntnis der drohenden Gefahr, so daß sie sich mit Gesandten an diesen wenden und nach dem unbefriedigenden Bescheid des Königs einen Hilferuf an Sparta beschließen. Wieder erkennen wir ein Stück archaischer Kompositionstechnik, wenn nun ein längerer Abschnitt (1, 142–151) über die Griechenstämme an der kleinasiatischen Küste folgt und erst danach der Bericht über das Hilfegesuch an die Spartaner und deren Gesandtschaft an Kyros gegeben wird.

Der Rest des ersten Buches berichtet in zwei großen Abschnitten von dem raschen Ausgreifen der persischen Macht, der erste von der Unterwerfung der westkleinasiatischen Landschaften und der Griechenstädte durch Harpagos, der zweite von dem Zuge gegen Babylonien, das bei Herodot Assyrien heißt. Hier steht (1, 178–200) der babylonische Logos mit der Beschreibung von Stadt und Land und mit Teilen der Geschichte Babylons. Ebenso enthält der darauffolgende Bericht über den Zug des Kyros gegen die Massageten und seinen Tod bei diesem Unternehmen (1, 201–216) eine Beschreibung des Landes und der Wohnsitze dieses Volkes.

Mit dem zweiten Buche setzt die Regierungszeit des Kambyses ein, und an seinem Anfange lesen wir, daß der neue Herrscher die Ioner und Äoler wie Sklaven ansah, die er vom Vater ererbt hätte; er zog sie auch zur Heeresfolge heran, als er den Zug gegen Ägypten unternahm. Mit den gleichen Angaben setzt das dritte Buch ein, und damit sind die Klammern bezeichnet, die das umfangreichste aller jener Gebilde umschließen, die außerhalb der fortlaufenden geschichtlichen Erzählung in diesem Werke ein gewisses Eigenleben führen. Der ägyptische Logos, der das zweite Buch füllt, ist zunächst eine breit angelegte Schilderung der Natur des Landes, der Sehenswürdigkeiten, der Religion und mancherlei Brauchtums seiner Bewohner (2, 5–98). Daran schließt sich ein Abriß der ägyptischen Geschichte (2, 99–182), der bis auf Amasis, den Gegner des Kambyses, führt. Damit ist der Wiedereinsatz für die Erzählung von dem Unternehmen des Perserkönigs gegeben.

Das zweite Buch[1] bietet ein besonders eindrucksvolles Beispiel dafür, wie bei Herodot in aller Buntheit des Ethnographischen doch stets die historische Dimension ihr Recht behält. So wird der ägyptische Logos in seinem zweiten Teile zur Landesgeschichte. Vermerkt zu werden verdient auch die Sorgfalt, mit der Herodot in der

[1] S. Morenz, *Die Begegnung Europas mit Ägypten*. Mit einem Beitrag von M. Kaiser über Herodots Begegnung mit Ägypten. Zürich 1969.

Fuge zwischen den beiden Teilen dieses Logos (2, 99 Beginn) den Wechsel seiner Quellen bezeichnet. Hat er bislang aus eigener Schau und Erkundung geschöpft, so muß er nunmehr für das Geschichtliche ägyptische Tradition übernehmen.

Das dritte Buch bringt zunächst die Vorbereitung des Feldzuges und die Eroberung Ägyptens durch Kambyses (3, 1–16). Es folgen dessen abenteuerliche Unternehmungen von diesem Lande aus (3, 17–26) und die Schilderung seines Verhaltens (3, 27–38), das ihn als Frevler gegen die einheimische Religion und wahnsinnigen Despoten zeigt.

Rein synchronistisch ist der Übergang zum folgenden hergestellt: während des ägyptischen Unternehmens des Kambyses zogen die Lakedaimonier gegen Samos und seinen Herrn Polykrates zum Kriege (3, 39). Das gibt in der uns schon bekannten Technik mit 3, 44 den Rahmen, in den die Geschichte vom Aufstiege des Polykrates[1] und seiner Erprobung des Glückes durch den Ringwurf gestellt ist. Die Rolle, die dabei Amasis spielt, ergibt eine lose Verbindung zum Zuge des Kambyses.

Das Unternehmen Spartas gegen Samos wird nach Anlaß und Ablauf ausführlich geschildert (3, 39–59) und dabei auch die Feindschaft zwischen Korinth und Samos in die Erzählung hineingenommen. Das gibt wiederum den Anlaß, von dem korinthischen Tyrannen Periander ein düsteres Stück Familiengeschichte zu berichten.

Für die Art, wie an das Werk des Herodot von überall her Stoff anschießt, ist 3, 60 höchst bezeichnend. Da versichert er uns, er sei über die Samier deshalb so ausführlich gewesen, weil sie drei unter den Griechen unerreichte Leistungen aufzuweisen hätten: den Bergdurchstich für die Wasserleitung, den großen Hafendamm und den Heratempel. Wir tun ihm aber kaum Unrecht, wenn wir die Sache umgekehrt ansehen: die entschuldigende Wendung gebraucht er nur deshalb, weil er es nicht lassen kann, von diesen wunderbaren Dingen zu reden, was wir bei seinen persönlichen Beziehungen zu Samos gut verstehen.

Mit 3, 61 beginnt die Darstellung der Regierung des Dareios, für die zunächst die Vorgeschichte mit dem Tode des Kambyses und dem Sturze des falschen Smerdis entwickelt wird. Hier stehen die Kapitel (80–83) mit der Beratung der Verschworenen über die künftige Staatsform[2]. Demokratie, Oligarchie und Monarchie werden in der Debatte gegeneinander abgewogen, die Monarchie gewinnt, und Dareios wird nicht ohne allerlei Praktiken Alleinherrscher. Die Übersicht über die Satrapien und die Einkünfte aus ihnen (3, 89–96) gibt ein Bild der persischen Macht zu dieser Zeit. Daran schließen sich die Völker, die nicht tributpflichtig waren, aber doch Geschenke sandten, was wiederum Gelegenheit bietet, von den Reichtümern der Randländer zu sprechen (3, 106–116). Hier findet auch eine kurze Schilderung Indiens ihren Platz.

Auf die Episode mit dem Sturz des Intaphernes, eines der gegen die Magier Verschworenen (3, 118 f.), folgt ein für die persische Expansion nach Westen sehr wichtiges Ereignis, die Eroberung von Samos (3, 120–149). In diesem Zusammenhange wird

[1] H.-J. Diesner, ‹Die Gestalt des Tyrannen Polykrates bei Herodot›. *Acta Antiqua Acad. Scient. Hungaricae* 7, 1959, 211.

[2] H. Apffel, *Die Verfassungsdebatte bei Herodot*. Diss. Erlangen 1957.

der Sturz des Polykrates erzählt, so daß früher Angesponnenes Fortsetzung und Abschluß findet. Die Niederwerfung des babylonischen Aufstandes beendigt das dritte Buch.

Das vierte gehört zu seinem größeren Teile (bis 144) der Schilderung des Krieges, den Dareios gegen die Skythen führte. Die typische Komposition kehrt wieder: in den ersten vier Kapiteln erzählt Herodot von der Veranlassung zu dem Kriege, und erst mit 83 nimmt er den Faden mit der Darstellung der Kriegsvorbereitungen wieder auf. Dazwischen steht der skythische Logos mit der Schilderung des Landes, seiner Völker und ihrer Bräuche, der seinerseits durch die Geschichte von Aristeas, die Erzählung von den Hyperboreern und allerlei Geographisches manche Ausbuchtung erfährt. Besonders wichtig sind die Kapitel über die Gestalt der Oikumene (4, 36–45) mit der deutlichen Polemik gegen das schematische Erdbild des Hekataios. In die Darstellung der Vorbereitungen auf persischer und skythischer Seite (4, 83–121) ist der religionsgeschichtlich wichtige Exkurs über Zalmoxis und einiges über die Geographie Skythiens und seine Nachbarvölker eingelegt. Der Verlauf des Krieges bis zur Rückkehr des Dareios beschließt diesen Abschnitt (4, 122–144).

Etwas anders ist der Bericht über den libyschen Feldzug komponiert, der den Rest des vierten Buches (145–205) ausfüllt. Hier verschiebt Herodot gleich im Eingange die Angabe der Veranlassung auf später und setzt an den Beginn die Geschichte Kyrenes und seiner Herrscher. Dann erst folgt die uns bereits vertraute Kompositionstrias: Ursache des Krieges, Beschreibung Libyens und Verlauf des Feldzuges.

Das fünfte Buch beginnt mit der Unterwerfung Thrakiens durch die Perser (1–27). Sehr geschickt ist an zwei Stellen die Geschichte des Histiaios eingeflochten, der von Dareios für seine Dienste im skythischen Feldzuge hoch belohnt, dann aber aus Argwohn nach Susa berufen wird. Das präludiert der Erzählung des ionischen Aufstandes, die bis in den ersten Teil des folgenden Buches reicht (5, 28–6, 32). Wieder haben wir am Beginn einen verhältnismäßig kurzen Abschnitt mit der Veranlassung des ionischen Aufstandes, der Beratung in Milet und den ersten Vorbereitungen, zu denen die Absendung des Aristagoras in das Mutterland gehört (5, 28–38). Die Geschichte seiner Gesandtschaft, mit der er in Sparta scheitert, in Athen jedoch einiges Glück hat, ist mit Einlagen aus der Geschichte dieser beiden Staaten versehen, so daß hier, wenn auch in bescheidenen Grenzen, ein Ausgleich zu den Logoi über die Fremdvölker geschaffen wird. Auch erinnern wir uns, daß eine andere diplomatische Aktion, des Kroisos Ausschau nach griechischen Verbündeten, bereits im ersten Buche den Anlaß geboten hat, einiges aus der spartanischen und athenischen Geschichte einzulegen.

Der Verlauf des Aufstandes wird mit all seinen Ausweitungen auf Phrygien, Karien, den Hellespont und Kypros bis zur Katastrophe von Lade, dem Fall Milets und dem Ende des Histiaios ohne wesentliche Unterbrechung erzählt.

Vor dem Einsatze der großen, Griechenlands Freiheit bedrohenden Unternehmungen der Perser stehen wie ein Zwischenspiel zwischen diesen und dem ionischen Aufstand verschiedene feindliche Unternehmungen gegen griechische Städte in der nördlichen Ägäis und der Zug des Mardonios nach Makedonien (6, 33–47). Im Lauf dieser

Berichte ergibt sich Gelegenheit, die Geschichte des Miltiades einzuschalten und so seine kommende Rolle in entscheidender Stunde vorzubereiten.

Der Hauptteil des sechsten Buches (48–140) schließt sich um den von Dareios befohlenen Zug und die erste große Bewährung der Athener bei Marathon mit den bereits bekannten Mitteln herodoteischer Komposition. Dareios fordert von den Griechen die Zeichen der Unterwerfung, und als mit den anderen Inseln auch Ägina Erde und Wasser darbietet, führt dies zur Beschwerde der Athener und Intervention der Spartaner unter Kleomenes. An dieser Unternehmung läßt sich die Problematik aufrollen, die mit dem Verhältnis Athens zu der ihm vorgelagerten Insel gegeben war. Dieser äginetische Abschnitt (49–93) wird aber seinerseits wieder zum Rahmen, in den bedeutende Stücke spartanischer Geschichte gestellt sind. Dabei soll das Bild des Rahmens nicht besagen, daß die Verteilung der umschließenden Glieder eine gleichmäßige sei. Hier wie in vielen anderen Fällen folgt auf kurzen Bericht von der Einleitung einer Aktion auch sogleich der Beginn der Einlage, während die wesentlichen Ereignisse ausführlicher nach dieser erzählt werden. In unserem Falle bietet die Person des spartanischen Königs Kleomenes den Ansatz, um den Konflikt zwischen ihm und Demarat aufzurollen und das Schicksal dieser beiden Männer zu erzählen. Diese Einlage ergibt als Nebenertrag ein wichtiges Stück Vorbereitung, denn Demarat, der zum Perserkönig flüchtet, wird in der folgenden Erzählung eine Rolle von grundsätzlicher Bedeutung spielen.

Auf die Schilderung des Feldzuges, der zur Niederlage der Perser und ihrer Rückkehr führt, folgen zwei Anhänge. Die Zurückweisung des Gerüchtes, die Alkmeoniden hätten dem Feinde durch ein verräterisches Signal helfen wollen, führt zu einem Exkurs (121–131) über dieses für Athens Geschichte so bedeutungsvolle Geschlecht. An seinem Ende steht der Bericht von Agariste, die da träumte, einen Löwen zu gebären. Nach wenigen Tagen gab sie Perikles das Leben.

Wenn Herodot im zweiten Anhang das Ende des Miltiades erzählt, so entspricht dies seiner Gewohnheit, die Schicksale eines Mannes, der in seinem Berichte hervortrat, bis zu dessen Ausgang zu verfolgen. So hat er es eben vorher in den Spartanerkapiteln mit Leotychides und Kleomenes gemacht.

Am Beginn des siebenten Buches werden der Tod des Dareios und die Thronfolge des Xerxes berichtet (1–4). Die Schilderung seines Zuges gegen Griechenland füllt die letzten drei Bücher des Werkes. Dem Umfange und der Bedeutung des Unternehmens entspricht die Steigerung in Breite und Intensität der Darstellung. Ein umfangreiches Vorsatzstück (5–19) stellt mit einem großen Apparat von Sitzungen des Kronrates, von Reden und Gegenreden der Kriegstreiber und Warner und von merkwürdigen Traumgeschichten die dramatischen Umstände dar, unter denen sich in Xerxes der Kriegsentschluß festigt. Die beiden folgenden Kapitel betonen mit besonderer sprachlicher Aufhöhung das Einzigartige des Riesenzuges. Sie geben den Ton an, auf den im folgenden (22–137) die Schilderung der Kriegsvorbereitungen und des Anmarsches der Perser gestimmt ist. Kompositionelle Schwerpunkte bilden die Überschreitung des Hellespont (44–57) mit dem Gespräch zwischen Xerxes und Artabanos sowie die große Heerschau von Doriskos (59–104) mit dem Katalog der Kontingente und der Unterredung des Königs mit Demarat. Beide Gespräche sind in Schilderungen großartiger Machtentfaltung als Warnungen eingelegt.

Die Darstellung des Krieges erfolgt notwendig mehrfach in Parallelzügen. Das beginnt im 58. Kapitel, wo auf die Fahrt der Flotte das entsprechende Vorrücken des Landheeres folgt. So entspricht denn auch im großen der Partie mit den Kriegsvorbereitungen der Perser jene (138–178), die mit scharf markiertem Neueinsatz von der Stimmung bei den Griechen und ihrer Rüstung erzählt. Zu den griechischen Vorbereitungen gehört vor allem eine Reihe von Gesandtschaften, deren eine nach Sizilien zu Gelon geht. Nach Herodots Weise ist damit der Einsatz für einen Bericht über diesen Mann und die Verhältnisse im griechischen Westen gegeben. Wir bekommen davon aber nicht in der Form jener breitangelegten Logoi zu hören, wie wir sie aus früheren Büchern kennen, sondern in einem vorwiegend historischen Berichte, der mit den Karthagerkämpfen eine bedeutungsvolle Parallele zu der Haupthandlung bringt.

Der Abschnitt über die Kriegsvorbereitungen der Griechen endet mit der Aufstellung bei den Thermopylen und Artemision. Dann schwenkt die Erzählung wieder zu den Persern über und bringt die Fahrt ihrer Flotte bis Aphetai (179–195). In allem Folgenden hält sich Herodot an den Ablauf der Kriegsereignisse, so daß wir uns hier kurz fassen können. Dem Kampf um die Thermopylen (7, 196–206) entspricht zur See die Schlacht bei Artemision (8, 1–21). Es folgt das Vorrücken der Perser mit dem mißglückten Unternehmen gegen Delphi (8, 23–39) und der Aufmarsch der Gegner zur Schlacht bei Salamis (8, 40–82) mit einläßlicher Schilderung der Beratungen auf beiden Seiten, besonders aber im dreimaligen Kriegsrat der Griechen. Die Schilderung der Schlacht (8, 83–95) entspricht ihrer Bedeutung, und auch ihre Folgen sowie die Bewegungen der beiderseitigen Streitkräfte nach dem Kampfe werden ausführlich dargestellt (8, 96–129).

Die Erzählung des zweiten Kriegsjahres setzt mit den Bewegungen beider Flotten ein (8, 130–132), geht aber rasch zu den Vorgängen zu Lande über, die zur Entscheidung bei Platää führen. In einer weiteren Steigerung werden die Verhandlungen vor diesem Teile des Feldzuges, die Marschbewegungen beider Armeen, die Aufstellung zur Schlacht und ihr Verlauf sowie die Beute und die Bestattung der Gefallenen besonders ausführlich und eindringlich geschildert (8, 133–9, 89). Wesentlich knapper ist die Erzählung des letzten großen Geschehnisses in diesem Kriegsjahr, der Erstürmung des persischen Schiffslagers am Vorgebirge Mykale (90–113).

Der Abschluß des ganzen Werkes ist in mehrfacher Hinsicht merkwürdig. Während des Rückzuges der geschlagenen Perser nach Sardes beschimpft Masistes, ein Bruder des Xerxes, den Feldherrn Artayntes auf das gröblichste wegen seiner schlechten Führung. Dieser zieht den Säbel, um Masistes niederzuhauen, aber ein Dritter verhindert den Mord. Unmittelbar daran schließt sich die Geschichte (108–113), wie Xerxes in Sardes in Liebe zu dem Weibe seines Bruders gerät und wie sich an diese Leidenschaft mannigfache Verwirrungen knüpfen, die schließlich zum Untergang des Masistes und seiner Familie führen. Hat Herodot hier einfach, weil Masistes nun einmal genannt war, eine persische Hofgeschichte um des Interesses willen angehängt, das sie an sich beanspruchen darf? Oder will er mit ihrer Einfügung mehr sagen? Es wird auffällig betont, daß der Mann, der den Masistes vor dem Schwertstreich des beleidigten Artayntes rettet, dies nicht allein dem Angegriffenen, sondern auch Xerxes zuliebe tut, dem er so den Bruder rettet. Das ist derselbe Xerxes, der in seiner Leidenschaft das Bett dieses Bruders zu schänden begehrt und ihm und den Seinen den Untergang bereitet. Sollen wir es an diesem Gegensatze noch einmal eindringlich erfahren, in welch seltsamen Brüchen menschliche Schicksale verlaufen, und sollen wir am Ende des Werkes noch einmal von jener despotischen Willkür hören, die Griechenlands Freiheit tödlich bedrohte? Wir möchten es meinen, bleiben uns aber der Gefahr bewußt, in die bunte Fülle des Werkes Linien einzutragen, die nicht der Intention des Erzählers entstammen. Herodot macht uns die Sache dadurch schwierig, daß er Zusammenhänge wie den eben vermuteten nicht zu erklären pflegt[1]. Die für uns so entstehenden Zweifel hängen mit dem Wesen eines Werkes zusammen, das noch weitgehend im Archaischen steht.

Die eben gezeigte Problematik wiederholt sich im Schlußkapitel. Nach der Masistesgeschichte kehrt der Bericht zu den Griechen zurück und gibt als letzte Geschehnisse ihre Fahrt zum Hellespont und die Einnahme von Sestos durch die Athener. Dabei erhält Artayktes, der sich an einem Heiligtume der Protesilaos vergangen hatte, seine Strafe. Unmittelbar darauf, am Schlusse des ganzen Werkes, hören wir, daß ein Vorfahre dieses Artayktes Urheber eines Vorschlages war, den einst persische Große an Kyros heranbrachten. Die Perser, denen nun einmal die Macht verliehen sei, sollten aus ihrem kleinen und rauhen Lande fortziehen und sich ein anderes, besseres erobern. Aber Kyros belehrt sie, daß auf karger Scholle Mannesmut und Freiheit wachsen, während üppiger Boden nur weichliche Männer gedeihen lasse, die sich die Herrschaft nicht zu erhalten wüßten, und die Perser beugen sich seiner besseren Einsicht.

Dies sind die letzten Worte, die wir von Herodot vernehmen, und es ist eine nach wie vor umstrittene Frage, ob wir in ihnen das Ende seines Werkes zu erkennen haben oder ob dieses unvollendet geblieben ist[2]. Dies letztere wollte man aus Versprechungen erweisen, die Herodot im Laufe der Erzählung macht, ohne sie später einzulösen. So heißt es 7, 213, der Tod des Ephialtes werde in einem späteren Teile erzählt werden, und am meisten Eindruck hat es gemacht, daß Herodot 1, 184 (vgl. 106) einen Bericht über die babylonischen Könige in den assyrischen Logoi ankündigt, ohne daß dieser tatsächlich folgte. Aber von hier aus ist die Frage nicht zu entscheiden. Herodot hat an seinem Werke lange Zeit gearbeitet, und Spuren späterer Einfügungen sind vorhanden[3]. Daß da gelegentlich ein Vorverweis ohne die entsprechende Ausführung blieb, kann Versehen sein. Das Recht, einmal einzunicken, hatte Herodot ebensogut wie Homer. Für die Entscheidung der Frage, ob 9, 122 den Abschluß des Werkes bilden sollte, haben wir nur dieses Kapitel selbst. Daß hier noch einmal Kyros, der Begrün-

[1] Ein gutes Beispiel bei H. STRASBURGER, ‹Herodot und das perikleische Athen›. *Historia* 4, 1955, 1.
[2] Mit Lit. POHLENZ (s. u.), 163.
[3] So in 4, 99 der Hinweis auf Japygien, ein im Westen gemachter Zusatz.

der der persischen Macht, mit einem Ausspruch von großer grundsätzlicher Bedeutung auftritt, ergibt die Möglichkeit verschiedener Bezüge. Die Partie rückt in Antithese zu der Rede des Xerxes im Kronrat (7, 8), in der er das maßlose Streben nach Mehrung des Landbesitzes ausdrücklich mit dem überkommenen Machtanspruch begründet; an beiden Stellen fällt das Stichwort ἡγεμονίη. So ergibt sich eine Rahmung des entscheidenden Kriegsgeschehens, das die letzten drei Bücher erzählen, durch inhaltsschwere programmatische Äußerungen. Anderseits läßt sich die Linie von dem fraglichen Schlußkapitel aber auch in die Anfangspartie des Werkes hineinziehen: da wie dort erweist sich gesundes Maßhalten als der Garant, in einem Falle menschlichen Glückes überhaupt, im anderen der Freiheit der Völker. Auch läßt sich nicht leugnen, daß der Satz des Kyros in der Zeit athenischer Expansionspolitik beziehungsreich klingen konnte. Das alles verliert freilich einiges an Gewicht, wenn wir überlegen, daß es sich im Schlußkapitel um einen Sonderfall gewaltsamen Ausgreifens, nämlich um die Eroberung eines fremden Landes mit dem Ziele der Umsiedlung aus dem eigenen handelt. Auch bildete ohne Zweifel die gedankliche Beziehung der Partie zu einer damals aktuellen Problematik einen Anreiz dafür, sie dem Werke einzufügen. Üppiger Boden – weichliche Männer und das Gegenteil, das läßt sich den Theorien vergleichen, denen wir später in der hippokratischen Schrift über Luft, Wasser und Örtlichkeit begegnen werden[1].

Wenn sich vom Inhaltlichen aus manche Gründe für 9, 122 als sinnvollen Abschluß geltend machen lassen, so gilt dies nicht für das Formale. Man beruhigt sich schwer bei dem Gedanken, ein Werk von so archaisch bunter Fülle ende eben einmal irgendwo, wenn man die überlegte Gestaltung des Einganges bedenkt, aber da treten Überlegungen in ihr Recht, die van Groningen[2] in größeren Zusammenhängen angestellt hat: er konnte zeigen, daß in archaischen und frühklassischen Kompositionen der oft recht sorgfältigen Gestaltung des Einganges ein abrupter Abschluß gegenübertritt. So spricht er sich denn auch für das Kyros-Gespräch als das echte Ende des Werkes aus.

Für die Frage nach den Elementen, die Herodots vielgestaltiges und vielschichtiges Werk in sich vereinigt, gehen wir am besten von seinem Einleitungssatze aus. Die *Darlegung seiner Erkundung* verheißt er in den ersten Worten dieses programmatisch wichtigen und syntaktisch umständlichen Satzes: ἱστορίης ἀπόδεξις. Damit ist für den Ursprungsbereich des Werkes ein wichtiges Stichwort gefallen. Es ist wie kein anderes Ausdruck jener stets wachen Wißbegier, die ionische Kolonisten auf ihren weiten Fahrten begleitete und ihre reinste Ausprägung in dem Forschungsreisenden fand, der die Ferne einzig um des zu gewinnenden Wissens willen aufsuchte. So stellt sich Herodot mit den zitierten Worten in die Tradition der ionischen Ethnographie[3] und erweist sich mit einem Teile seines Werkes – aber nur mit einem solchen – als Fortsetzer einer Richtung, die uns Hekataios bezeichnete. Die reinste Ausprägung hat diese Komponente des herodoteischen Werkes in den großen völkerkundlichen Logoi ge-

[1] Über Unterschiede in der Sehweise F. Heinimann, *Nomos und Physis.* Basel 1945, 24.
[2] *La composition littéraire archaique Grecque. Verh. Niederl. Ak. N. R.* 65/2. Amsterdam 1958, 70.
[3] K. Trüdinger, *Studien zur Geschichte der griech.-röm. Ethnographie.* Diss. Basel 1918.

funden, wie dem ägyptischen, skythischen und libyschen, deren Stellung im Werke aus unserer Übersicht hervorgeht. Daneben steht eine Reihe kleinerer ethnographischer Einlagen wie etwa der massagetische Logos am Ende des ersten Buches. Darüber hinaus durchdringt ethnographisches Interesse das Werk bis in seine kleinsten Teile und bekundet sich immer wieder in Einzelbemerkungen.

Wir haben soeben eine von Hekataios herkommende Linie nachgezogen, müssen aber einen wichtigen Unterschied festhalten. Die Einstellung, um die es sich bei Herodot handelt, spricht sich in dem Einleitungssatze aus, von dem uns einige der Anfangsworte beschäftigten. Herodot bezeichnet es da als Zweck der Darlegung seiner Erkundung, daß *das, was von den Menschen geschehen ist, nicht durch die Zeit ausgelöscht werde, und nicht große und bewundernswerte Leistungen, wie sie teils Hellenen, teils Barbaren vollbracht, des Ruhmes verlustig gingen, im allgemeinen und auch, aus welchem Grunde sie miteinander in Krieg gerieten.* Bei diesem Satze, dem man die Mühe der Formulierung noch anmerkt, ist es nicht leicht zu sagen, in welchem gedanklichen Verhältnis seine Teile zueinander stehen. Man wollte, um eine den Anforderungen Neuerer halbwegs entsprechende Ordnung zu erreichen, die großen und bewundernswerten *Leistungen* (ἔργα) ausschließlich auf Bauwerke beziehen, die das übrige, *was von Menschen geschehen ist*, sinnvoll ergänzen sollten[1]. Nun wird man gewiß Dinge wie die Pyramiden in die *Leistungen* einbeziehen, anderseits aber ihren Umfang nicht in einer Weise einengen, die weder der Wortlaut noch der weitere Verlauf der Erzählung empfiehlt. Vielmehr scheint der Finalsatz in seiner nicht ganz glatten Dreigliedrigkeit das Thema des Werkes mit zunehmender Genauigkeit bestimmen zu wollen. Von menschlichem Geschehen will Herodot sprechen, aber es soll dabei vor allem um ruhmwürdige Leistungen bei Hellenen und Barbaren gehen, und schließlich wird als Hauptthema die kriegerische Auseinandersetzung zwischen diesen enthüllt, womit natürlich die Perserkriege gemeint sind.

Wir vermerken an diesem einleitenden Satze zweierlei: wie sehr sich Herodot als berufener Bewahrer des Ruhmes in der Nachfolge Homers fühlt, und wie stark sich von vorneherein sein Interesse um den Menschen und dessen Tun und Lassen schließt. Hier eben tritt auch der Unterschied zu Hekataios hervor. Gewiß fehlt Geographisches bei Herodot nicht, um nur an seine Ausführungen über die Teile der Oikumene (4, 36) zu erinnern, aber meist ist das, wie die Beschreibung des Nils oder der skythischen Flüsse, auf die Lebensbedingungen des Menschen bezogen. Denn der Mensch steht in anderer Weise, als es für Hekataios zu erschließen ist, in der Mitte des herodoteischen Werkes. Daß Besonderheiten des Pflanzen- und Tierlebens nur selten in das Blickfeld rücken, hängt damit ebenso zusammen wie die schon vermerkte Tatsache, daß auch in den ethnographischen Logoi immer wieder die historische Dimension erkennbar wird.

Wenn wir den Menschen so nachdrücklich als Objekt der Interessen Herodots hervorheben, so wollen wir nicht etwa in dem Erzähler den Philosophen entdecken. Welche Gedanken sich Herodot über den allgemeinen Lauf der Welt machte und wie

[1] JACOBY (s. u.), 334. Vgl. auch: H. ERBSE, *Festschr. Snell.* Münch. 1956, 209.

tief das ging, wird später zu zeigen sein. Vor allem andern war er ein echtes Kind ionischen Geistes, von unsäglicher Wißbegier zu all den Vorfällen und Erscheinungen getrieben, die als merkwürdig und unerhört aus Norm und Alltag herausragten. Hierin wurzelt seine Freude an den ethnographischen Einlagen mit den Lebensbedingungen und Sitten fremder Völker, findet aber auch die große Rolle ihre Erklärung, die ein zweites konstitutives Element in seinem Werke spielt. Die Novelle, die es in ihrem Namen trägt, daß sie die Erzählung einer unerhörten Begebenheit ist, grenzt sich von Märchen und Sage dadurch ab, daß alles Merkwürdige in ihr im menschlichen Bereiche und ohne Einwirkung des Mirakulösen vor sich geht. Wir haben früher (S. 187) davon gesprochen, daß diese Erzählform ohne Zweifel in Ionien von früher Zeit an kräftiges Leben hatte, wenngleich dieses für uns nur an wenigen Punkten noch erkennbar wird. Wenn Herodot für sein Werk Novellen in großer Zahl heranzog, sie da und dort einstreute und dann wieder um einzelne bedeutende Gestalten zu ganzen Novellenkränzen verband, hat er aus einer Fülle vornehmlich ionischer Überlieferung geschöpft, von der wir uns gerade durch ihn noch eine Vorstellung zu machen vermögen. Das Interesse an den Besonderheiten menschlicher Handlungen und Schicksale war die eine Wurzel für das Wuchern der Novelle im Werk Herodots, die andere ist seine unbändige Erzählfreude gewesen, eine Freude, die aus dem Können erwuchs.

Herodot ist als Schilderer fremder Völker und als meisterhafter Novellenerzähler gleich bedeutend und gleich anziehend. Man hat gelegentlich nur diese beiden Elemente seines Werkes gesehen und darüber vergessen, daß wir es neben und über allem doch mit dem Manne zu tun haben, der bereits den Alten als der Vater der Geschichtschreibung galt. Die Einschätzung dieser Seite von Herodots Leistung hat darunter gelitten, daß sein Nachfolger Thukydides gewesen ist. Thukydides, der ihm in Athen begegnet sein mußte, den die Anekdote seinen Zuhörer bei einer Lesung in Olympia sein ließ und der als Geschichtschreiber durch seine kritische Aitiologie und als Denker durch seine Physiologie und Pathologie der Macht Herodot weit hinter sich ließ. Es war einfach eine Folge der überspitzten und falschen Anwendung des Entwicklungsgedankens, daß man Herodot an Thukydides maß und durch das charakterisierte, was er im Vergleich zu diesem noch nicht gewesen ist. Für sich genommen sind seine Ansätze zu echter historischer Erfassung des Geschehens bedeutend genug, um den Ehrennamen zu rechtfertigen, den wir bei Cicero lesen.

Eine gerechte Würdigung des Historikers Herodot muß bei den Quellen beginnen, die ihm zur Verfügung standen. Man hat dabei vor allem an Schriftquellen gedacht und mit großem Eifer nach solchen gesucht. Festen Boden hat man jedoch nur wenig gefunden. Für Werke wie die *Persergeschichte* des Charon von Lampsakos oder die *Lydische Geschichte* des Xanthos steht ihre Entstehungszeit nicht so weit fest, daß wir die chronologische Voraussetzung für die Abhängigkeit Herodots sichern könnten. Von den armseligen Resten weist nichts auf Zusammenhänge, und so verzeichnen wir die Behauptung des Ephoros bei Athenaios (12, 515e), Xanthos sei die Grundlage für Herodot gewesen, mit reichlicher Skepsis. Vollends verfehlt war es, Dionysios von

Milet als Hauptquelle Herodots zum eigentlichen Vater der Geschichte zu steigern. Sein Werk bleibt für uns ungreifbar, und das wenige, was wir wissen, widerrät der Annahme, Herodot sei ihm sonderlich verpflichtet. So bleibt der sicherste Vorgänger, den wir nachzuweisen vermögen, immer noch Hekataios, und da sehen wir sogleich, daß ihn Herodot mit wacher Kritik benutzte. Mit scharfen Worten verwirft er 2, 21 die Erklärung der Nilschwelle aus dem Zusammenhange des Flusses mit dem Okeanos, den er gleich darauf in das Reich der Fabel verweist. Auch sein Spott über die Leute, die geometrisch-schematische Erdkarten zeichnen, will vor allem Hekataios treffen. Doch wahrt er soweit Rücksicht, an den beiden Stellen den Namen nicht zu nennen, den er dort unbefangen anführt, wo er nicht zum Angriffe ansetzt. Von diesen Stellen ist 6, 137 für Herodots Bemühen um die Wahrheit von Bedeutung. Die Pelasger wurden von den Athenern aus Attika vertrieben, und es fragt sich, ob das mit Recht oder zu Unrecht geschehen sei. Herodot betont, daß er darüber nichts anderes angeben könne als die Überlieferung, die zwiespältig sei. Gegen Hekataios, der das Recht auf Seite der Pelasger sieht, stehen die *Athener selbst* mit der gegenteiligen Angabe. Hier wird gleich ein wesentliches Stück herodoteischer Quellenproblematik sichtbar. Wer sind in diesem Zusammenhange die *Athener selbst*? Hat Herodot eine athenische Schriftquelle eingesehen oder sich die Sache während seines Aufenthaltes in der Stadt erzählen lassen? Dieser Fall steht für eine große Zahl von ähnlichen, in denen eine klare Entscheidung nicht zu erreichen ist.

Daß wir über schriftliche Quellen Herodots kümmerlich wenig auszusagen wissen, bedeutet natürlich nicht, daß es davon so wenig gegeben hat. Auch mit der Benützung verschiedener Sammlungen ist zu rechnen, wobei vor allem an die Zusammenstellung von Orakeln zu denken ist, die Herodot seiner Wertung entsprechend mit besonderem Fleiße zitiert. Aber auch Urkunden in unserem Sinne finden sich gelegentlich verwertet. Das Verzeichnis der persischen Steuerbezirke im dritten Buche kann nur nach amtlichen Aufzeichnungen gearbeitet sein, und an einigen Stellen werden Inschriften herangezogen. Das schönste Beispiel ist die Auswertung des Dreifußes, den die Teilnehmer am Freiheitskampfe nach Delphi stifteten (8, 82)[1].

Alles bisher über die Quellen Herodots Gesagte darf uns jedoch die Tatsache nicht verdecken, daß er selbst als das vornehmste Mittel, die Wahrheit zu finden, seine eigene Erkundung ansah. Und damit meinte er nicht die Schriften seiner Vorgänger, sondern die Ergebnisse seiner persönlichen Nachforschungen, die er nach Möglichkeit an Ort und Stelle durchführte. Von größter Bedeutung für Herodots eigene Wertung seines kritischen Handwerkszeuges und der ihm erreichbaren Grundlagen ist eine Stelle seines ägyptischen Logos (2, 99), die eine Umschaltung bedeutet. In der voraufgegangenen Partie hat er über Land und Leute Ägyptens mitgeteilt, was er bei seinem Aufenthalte erfuhr. Bis hierher, sagt er nun, haben mein eigenes Sehen (ὄψις), mein Urteil (γνώμη) und meine Erkundung (ἱστορίη) gesprochen. Von nun an kann ich nur ägyptische Überlieferung (λόγοι) geben, wie ich sie gehört habe. Es folgt ein mit Min beginnender Abriß der ägyptischen Geschichte. Herodot trennt also mit aller

[1] Anderes bei SCHMID, 2, 629, 4.

Entschiedenheit die Ergebnisse seiner eigenen Ermittlungen von dem, was er als bloße Tradition weitergibt. Daß diese Abfolge gleichzeitig eine Rangordnung bedeutet, ist klar, und dasselbe gilt von den Elementen der ersten Gruppe. Voran steht das eigene Auge als der verläßlichste Zeuge, dann folgen die Ergebnisse, die sich durch die Befragung von Zeugen gewinnen lassen. Noch etwas ist wichtig. Nur in dieser Dreiheit von Sehen, Urteil und Erkundung erscheint das eigene abwägende Urteil als entscheidendes Element. Was eigenes Schauen und die Zeugenschaft anderer bieten, ist der Stoff, der erst durch kritische Prüfung für die *Darlegung der eigenen Erkundung* brauchbare Ergebnisse liefert. Der Tradition gegenüber ist solche Prüfung und Auswertung schwer möglich; sie muß meist einfach hingenommen werden, wie dies Herodot in dem früher angeführten Beispiel mit den Ursachen der Pelasgervertreibung ausdrücklich feststellt. Herodot hat es bei seiner Erkundung nicht immer leicht gehabt, vor allem nicht in fremden Ländern, in denen er auf Dolmetscher angewiesen war. Daß manche Unwahrscheinlichkeit auf solchen Wegen zustande gekommen ist und manche Auskunft, die er erhielt, für seine Art des Fragens zurechtgemacht war, ist höchst wahrscheinlich. Einmal sagt er es selbst, wie man ihm in Ägypten mitspielte. Da erzählte man ihm in Saïs schaurige Dinge von Statuen, die an Mädchen mit abgehauenen Händen erinnern sollten. Aber Herodot sah die im Laufe der Zeit abgefallenen Gliedmaßen noch vor den Bildwerken liegen und verwarf folgerichtig die ganze Geschichte. Herodot hat allen Hindernissen zum Trotz auf seinen Fahrten viel wertvolles Wissen gesammelt und uns erhalten. Beispielhaft dafür sind K. Meulis Untersuchungen[1], die den historischen Wert wichtiger Berichte im Skythenlogos überraschend sicherten.

Wie sich Herodot dessen bewußt war, mit Tradition, die er nicht selbst nachprüfen konnte, ein Element der Unsicherheit in sein Werk zu bringen, das zeigt eindringlich jene Stelle (7, 152), an der er verschiedene, für die Argiver nicht eben vorteilhafte Überlieferung erwähnt: *Ich bin verpflichtet, das Berichtete wiederzugeben, es in allen Stücken zu glauben fühle ich mich allerdings nicht verpflichtet, und dies Wort soll für mein ganzes Werk gelten.* Aber nicht immer hat sich Herodot mit einem Relata refero begnügt. Kann er aus der Tradition schon nicht ermitteln, wie es eigentlich gewesen ist, so kann er doch Unglaubwürdigem seine Skepsis entgegensetzen. Hier ist vor allem seine Haltung zum Mythos von Bedeutung, weil in ihr eine Zwischenstellung sichtbar wird, die wir auch in anderen Bereichen feststellen können.

Da ist zunächst die Entschlossenheit zu vermerken, mit der Herodot im Eingange seines Werkes der epischen Welt gegenüber einen kräftigen Grenzstrich zieht. Er lehnt jede Äußerung über den Wahrheitsgehalt der verschiedenen Geschichten von Frauenraub ab und setzt mit Betonung dort ein, wo er meint, mit der Geschichte des Kroisos Gesichertes geben zu können. Auch formal ist der Bericht über die alten Geschichten deutlich dadurch abgesondert, daß an seinem Beginn und Ende die Berufung auf persische Tradition zu lesen ist. Diese ist durchaus ernst zu nehmen; wieviel von dieser Seite durch persische Vasallen- und Haremsgeschichten an Motiven

[1] ‹Scythica›. *Herm.* 70, 1935, 121.

und geistiger Haltung in Herodots Werk gekommen ist, hat uns KARL REINHARDT[1] verstehen gelehrt.

Herodot bewegt sich, anders als Thukydides, in einer Welt, in der er noch auf Schritt und Tritt dem Mythos begegnet. Seine Art, sich mit ihm auseinanderzusetzen, ist nicht völlig einheitlich: weder erstrebt er eine durchgehende Rationalisierung, noch ist er grundsätzlich Skeptiker, ebensowenig nimmt er aber mythische Überlieferung einfach hin und ist mit kritischen Einwänden rasch zur Hand. So ergeben sich Grenzfälle mit mannigfachen Varianten dazwischen.

Die reizende Geschichte, wie Helena in ihrem Heiligtume an einem häßlichen Entlein ein Wunder wirkt, so daß die schönste Frau Spartas daraus wird (6, 61), erzählt Herodot zwar als On-dit, aber ohne kritischen Zusatz. Hingegen erklärt er (2, 45) die Geschichte von den Ägyptern, die Herakles opfern wollten, für Unsinn, da erstens einmal Menschenopfer dort ausgeschlossen wären und außerdem Herakles bei aller Kraft doch nicht so viele Tausende hätte erschlagen können. Freilich setzt er gleich hinzu, solche Worte möchten ihm ohne Kränkung der Götter und Heroen gestattet sein. Das ist für seine zur Kritik immer bereite, im Fundament aber doch feste Frömmigkeit ebenso bezeichnend wie seine Versicherung (2, 65), daß er es mit Eifer vermeide, über göttliche Dinge zu sprechen.

Mitunter verhält er sich zögernd, so wenn er erzählt, wie die Athener den Boreas zu Hilfe riefen. Ob der Nordwind wirklich deshalb über die persische Flotte kam, weiß er nicht zu sagen; athenische Tradition ist es jedenfalls. Auch ist es schön zu sehen, wie gelegentlich eine wissenschaftliche Betrachtung der Natur und alter Göttermythos ihren Pakt schließen. Der Peneiosdurchbruch ist offensichtlich die Folge eines Erdbebens. Aber man mag auch gerne sagen, daß Poseidon ihn bewirkt hat, wenn man eben Poseidon als den Gott versteht, der die Erde erschüttert (7, 129). Dann gibt es wieder Erzählungen, in denen rationale Erklärung und Übernatürliches unausgeglichen nebeneinanderstehen. Die sieben persischen Großen haben vereinbart, die Entscheidung über die Krone beim morgendlichen Ausritt herbeizuführen (3, 84). Wessen Roß zuerst mit seinem Gewieher die Sonne begrüße, der solle König sein. Der kluge Stallmeister des Dareios sichert seinem Herrn den Erfolg durch eine List, und das Wiehern des Hengstes erklärt sich ganz natürlich. Zu gleicher Zeit aber blitzt und donnert es am wolkenlosen Himmel.

Was wir am Mythos zeigten, gilt für den Historiker Herodot überhaupt. Kritik ist ihm nicht abzusprechen, er setzt sie an vielen Stellen seines Werkes ein, und wir erinnern daran, daß wir ihm früher (S. 103) als erstem kritischen Betrachter des epischen Kyklos begegnet sind. Freilich ist es eine Kritik, die mehr bei den Einzelheiten angreift und nicht bis auf den Grund der Dinge geht.

Die Frage, wie weit Herodot Historiker ist, erfordert natürlich Klarheit darüber, was man unter einem solchen versteht. Es wurde uns von philosophischer Seite[2] das

[1] ‹Herodots Persergeschichten›. *Von Werken und Formen.* Godesberg 1948, 163; jetzt *Vermächtnis der Antike.* Göttingen 1960, 133. Skepsis äußert W. BURKERT, *Gymn.* 67, 1960, 549.

[2] V. KRAFT, ‹Geschichtsforschung als exakte Wissenschaft›. *Anz. Öst. Ak.* 1955, 239.

Bild einer Geschichtswissenschaft gezeigt, die sich exakt nennen dürfte und dann freilich ganz anders aussehen müßte als Geschichtschreibung nach dem Vorbild der antiken Historiographie. Von ihr wird gefordert, daß sie angesichts ihres fragmentarischen Materials den Mut zur Resignation aufbringe und darauf verzichte, unter Anwendung künstlerischer Mittel möglichst plastische Bilder zu zeichnen. Nicht einem historischen Roman werde sie gleichen, sondern eher einer weiten Ruinenstätte mit einigen ragenden Mauern.

Nun hat Herodot ganz gewiß nicht Geschichtschreibung in dem eben bezeichneten Sinne getrieben. Eher könnte man den *pater historiae* als eine der Ursachen dafür nennen, daß sich abendländische Geschichtschreibung im allgemeinen nicht mit der Bestandaufnahme von Trümmern begnügt hat. Wer nicht außerhalb ihres Bereiches eine programmatische Forderung aufrichtet, sondern sie selbst als geistiges Phänomen betrachtet, wird feststellen, wie sie primär zwar durchaus auf die Erfassung des Faktischen gerichtet ist, anderseits aber das Einzelne als Träger eines Allgemeinen zu verstehen und vorzuzeigen trachtet[1]. In solcher Haltung hat Herodot sein Werk geschrieben, ja es erscheint in dieser Sicht besonders sinnvoll, ihn an den Anfang europäischer Geschichtschreibung zu stellen.

Wir betrachten die Einheit seines Werkes zunächst vom Stofflichen aus, um sie dann im Bereiche des Geistigen aufzusuchen.

Bereits der Einleitungssatz weist auf die Auseinandersetzung Europas und Asiens, die in den Perserkriegen ihre Höhe und für Herodot ihren Abschluß erreichte, als das zentrale Thema. Herodots Werk ist keine Sammlung von Ethnographischem und Novellistischem mit einer lose gefügten Rahmenerzählung, es will auch nicht ein allgemeines Bild der Welt vermitteln, sondern vor allem andern den Krieg erzählen, in dem sich Griechenland gegen den persischen Druck behauptete. Damit hängen zwei wichtige Feststellungen zusammen. Die eine betrifft den hohen Rang, den in der Wertordnung Herodots die Freiheit einnimmt[2]. Sie wird als die griechische Lebensform, die allein dem Einzelnen wie der Gemeinde die Entfaltung der sittlichen Kräfte gestattet, zur orientalischen in scharfen Gegensatz gestellt (7, 135). Dafür aber, daß solche Freiheit einzig in der Bindung des Gesetzes möglich ist, zeugt beispielhaft Sparta in dem Gespräche zwischen Xerxes und Demarat bei der Heerschau von Doriskos (7, 104).

Zweitens ist es mit Herodots Thema gegeben und gewiß auch von seiner persönlichen Beziehung zur Stadt mitbestimmt, daß Athen in der Geschichte dieser Kämpfe in helles Licht rückt. Seine entscheidende Bedeutung hat er in Worten (7, 139)[3] gepriesen, bei deren Niederschrift bereits mit dem Hasse zu rechnen war, den sich die athenische Machtpolitik bei der Mehrheit der Griechen zugezogen hatte. Man hat seit EDUARD MEYER Herodots proathenische Stellung stark überschätzt und gelegentlich eine das ganze Werk beherrschende Tendenz daraus gemacht. Das ist übertrieben,

[1] Vgl. K. v. FRITZ, *Philosophia naturalis* 2, 1952, 217.

[2] M. POHLENZ, *Griech. Freiheit.* Leipz. 1955, 17.

[3] Dazu und zu anderem wie 8, 143f. H. KLEINKNECHT, ‹Herodot und Athen›. *Herm.* 75, 1940, 241.

und wir werden seine Äußerungen über die Stadt besser aus seinem Streben nach gerechter Würdigung denn aus unbedingter Parteinahme verstehen[1].

Die Unterordnung der einzelnen Teile des Werkes unter die Leitidee ist vor allem dadurch gegeben, daß die großen ethnographischen Exkurse dort eingesetzt sind, wo das betreffende Volk zum erstenmal mit der persischen Expansion in entscheidende Berührung kommt. Die Erweiterung der persischen Macht gehört jedoch unmittelbar zum Hauptthema, zu dem diese Einlagen derart in sinnvolle Beziehung treten. Der teilweise archaische Charakter des Werkes wäre jedoch verkannt, wenn man jede seiner Einzelpartien mit dem leitenden Thema in feste Verbindung bringen wollte. Herodot hat auf den Wegen ionischer Erkundung manches gesammelt, was er aus reiner Erzählfreude seinem Werke einfügt. Er selbst sagt, daß Zusätze (προσθῆκαι) von Anfang an in der Natur seiner Schriftstellerei lagen, bezeichnet einen Abschnitt selbst als Einlage (7, 171 παρενθήκη) und ruft sich gelegentlich (4, 82 u. a.) zum Thema zurück. Das alles zeigt, daß er sich seines Weges bewußt ist, eines Weges, den er allerdings nicht in Eile und nicht mit dem Verzicht auf manch lockendes Gewächs am Rande zu gehen gesonnen ist.

Wie das historische Leitthema das ganze Werk zwar nicht zu einer straffen Ordnung gebracht, seine Komposition aber doch entscheidend bestimmt hat, ergibt eine Beobachtung, die an unserem Überblick über den Inhalt rasch zu machen ist. Die letzten drei Bücher mit den großen und entscheidenden Geschehnissen sind wesentlich fester gefügt als die vorhergehenden. Die Exkurse treten an Umfang und Dichte stark zurück, und es ist in diesem Zusammenhang bezeichnend, daß seltsames Brauchtum in Halos in der Form eines Berichtes an Xerxes (7, 197) eingeschaltet wird. Überblicken wir die Komposition im ganzen, so zeigt sich eine außerordentlich breit gestaltete Exposition, in die Herodot eine gewaltige Menge von Erkundetem eingearbeitet hat, und eine mit dem Fortschreiten des Werkes zunehmende Dichte der Darstellung, die in den letzten drei Büchern die entscheidenden Ereignisse zwar mit weitem Ausholen, aber doch im wesentlichen geschlossen erzählt. Wir haben Komposition dieser Art am Drama des Aischylos kennengelernt und erinnern an den *Agamemnon* mit den mächtigen Chorpartien der ersten Hälfte, denen das dramatische Geschehen im späteren Teile in dichterer Ballung folgt. Auch das ist archaisch.

Wir haben die lockere, aber wohl erkennbare Ordnung, in die im Werke Herodots die einzelnen Elemente – ethnographischer Logos, Novelle und historischer Bericht – getreten sind, kurz überblickt und gedenken einer Theorie, die unter dem Einflusse des Entwicklungsgedankens diese Elemente in eine genetische Ordnung zu bringen versuchte. JACOBY hat in seinem Herodotartikel (330) die Auffassung verfochten, daß die großen völkerkundlichen Logoi ursprünglich selbständige Gebilde waren und in die Zeit gehören, in der Herodot ethnographisch interessierter Reisender, nicht aber Historiker gewesen ist. Ein Beweis für die ursprünglich gesonderte Existenz einzelner Logoi läßt sich jedoch nicht erbringen, kaum ist sie wahrscheinlich zu machen; doch ist die Möglichkeit nicht zu leugnen, daß die gesteigerte Dichte und die entschiedenere

[1] Vgl. H. STRASBURGER (s. S. 359 A. 1).

Abstellung auf das geschichtlich Bedeutsame, wie sie in den letzten Büchern deutlich wird, eine spätere Stufe im Schaffen Herodots darstellt und uns so ein Stück seiner Entwicklung in seinem Werke erkennen läßt[1].

Von innen her erhält Herodots Werk seine Einheit dadurch, daß alles, was er erzählt, unter seine Überzeugung von dem schicksalhaft bestimmten Ablauf der Geschehnisse gestellt ist. Das wird nirgends lehrhaft vorgetragen, kommt aber in der gesamten Auffassung wie in einzelnen Wendungen deutlich zum Ausdruck. Daß das, was geschieht, verfügt ist und geschehen muß, ist Herodots Überzeugung, und zweimal[2] lesen wir, daß einen Menschen Unheil mit Notwendigkeit heimsuchte und daß es sich diesen oder jenen Anlaß für sein Erscheinen nahm. Solcher Glaube steht hinter dem ganzen Werk, wird aber nie starr dogmatisch, so daß er etwa die Bedeutung der menschlichen Entscheidung und die Schwere menschlicher Verantwortung mindern könnte. Auch dies ist ein Stück echter Archaik, und wir können die Auffassung bis zu Homer zurückverfolgen, daß alles, was sich da ereignet, ebenso von dem menschlichen wie dem göttlichen Bereiche her Anstoß und Richtung empfängt, ohne daß die Teilkomponenten rational abzugrenzen wären. In einer merkwürdigen, an Aischyleisches erinnernden Verbindung erscheinen die beiden Motivationssphären in dem breit entwickelten Spiel um den Entschluß des Xerxes zum Kriege, das die Anfangspartie des siebenten Buches schildert. Den König treibt die eigene Lust zum Kriege, aber die Stimme des Warners wäre stärker, wenn nicht eine Traumgestalt aus dem Bereiche des Göttlichen eingriffe und den Zaudernden in die verhängnisvolle Entscheidung stieße.

Mit dem Glauben an die Vorbestimmtheit der Geschehnisse hängt der andere an Zeichen und Sprüche zusammen, in denen sie sich ankündigen. So erweist sich die große Rolle, die Orakelsprüche bei Herodot spielen, als fest in seiner Weltanschauung begründet[3]. Daß der ihm verwandte Dichter Panyassis in der *Suda* auch als Zeichendeuter erscheint, kann man anmerken, da es immerhin Herodots frühe Bekanntschaft mit solchen Dingen verbürgt.

Mit jener Ironie, die in der sophokleischen Tragödie großartigen Ausdruck fand, stellt auch Herodot der Unbeirrbarkeit, mit der die Göttersprüche ihr Ziel erreichen, das nichtige Wähnen und Planen des Menschen gegenüber, der ihnen ausweichen will. Der Kroisos der Adrestosgeschichte und Astyages sind eindrucksvolle Beispiele dafür. Wenn aber der einzelne Mensch das Vorwissen des Kommenden hat, so kann das für ihn tiefe Tragik bedeuten, wie für den Perser in der Gelageszene von Plataä

[1] Eine Entwicklung Herodots, die unter dem Einflusse Athens von der Freude an der Fülle der Wirklichkeit in den Logoi zur geistigen Bewältigung der Vergangenheit führte, nimmt auch K. Latte, ‹Die Anfänge der griechischen Geschichtsschreibung› in *Entretiens sur l'antiquité class.* 4. Vandoeuvres-Genève 1956, 3 an. Unbeschadet dieser Möglichkeit läßt sich Herodots Werk auch unter dem Aspekt der Einheitlichkeit sehen, in der sich die verschiedenen Elemente, die Einlagen vor allem, zusammenschließen. Diesen Gesichtspunkt arbeitet H. Erbse, ‹Tradition und Form im Werke Herodots›. *Gymn.* 68, 1961, 239, kräftig heraus.

[2] 1, 8. 2, 161; vgl. 5, 33; 92, 4.

[3] R. Crahay, *La littérature oraculaire chez Hérodote.* Paris 1956, der in der Annahme von Fälschungen und in der Abwertung des politischen Einflusses von Delphi zu weit geht.

(9, 16): *Dies aber ist das schlimmste Weh im Menschenleben, in viele Dinge Einsicht zu haben und über keines Gewalt.*

Das Schicksal ist für Herodot nicht blinde Macht, sondern vom Göttlichen her bestimmt. Dieses trägt nur selten die Züge der homerischen Religion. Daß von Apollon am häufigsten die Rede ist, hängt mit der großen Bedeutung der Orakel, im besonderen natürlich des delphischen, zusammen[1]. Im übrigen kommt an einzelnen Stellen, vor allem im ägyptischen Logos (2, 3 u. 49ff.) die Anschauung zum Vorschein, daß es ein allgemein menschliches Grundwissen von Macht und Wirkung des Göttlichen gebe, das von den jeweiligen Namen und Riten unabhängig sei. Daß Herodot das System der griechischen Götter für eine verhältnismäßig junge Schöpfung Homers und Hesiods hält, in der viel Ägyptisches stecke, hängt mit den Eindrücken zusammen, die er von den uralten Kulten des Nillandes und den Erzählungen seiner Priester empfing. Einflüsse ionischen Denkens und die Ergebnisse seiner Erkundung haben dazu geführt, daß er im allgemeinen von *Gott* und dem *Göttlichen* ohne personale Differenzierung zu sprechen liebt[2].

Dieses Göttliche waltet im Schicksal in einer besonderen Weise, die im Laufe der Erzählung da und dort ausdrücklich bezeichnet wird. Sichtlich hat Herodot dabei Gedanken, die tief im Griechischen wurzeln, zum Range geschichtsdeutender Erkenntnisse erhoben. Die Folge der Geschehnisse erscheint mitunter im Sinne von Schuld und Sühne als moralisch bedingt. Stärkstes Beispiel ist die Geschichte des Glaukos (6, 86), dessen Geschlecht zur Gänze vertilgt wurde, weil er den Gott von Delphi mit der Frage versuchte, ob ihm die Unterschlagung eines Depositums verstattet sei. Gerne wirft Herodot auch die Frage auf, wer als erster mit einem Unrecht begonnen habe. Aber solche Fälle geben nur eine Teilvorstellung von dem Wirken des Göttlichen, das durchaus nicht immer von Moralbegriffen in unserem Sinne bestimmt ist. Nach der thematisch so wichtigen Solongeschichte heißt es (1, 34), daß den Kroisos *nemesis* von Gott her ereilte, offenbar weil er sich für den Glücklichsten aller Menschen gehalten hatte. Das griechische Wort ist hier in der Grundbedeutung des *Verargens* zu fassen, und dies ist die Eigenschaft des Göttlichen, die bei Herodot am kräftigsten hervortritt: alles das Maß Überschreitende, die Normen dieser Welt Bedrohende verfällt dem *Verargen* Gottes und damit dem sicheren Untergang. Paradeigma ist die Polykratesgeschichte. Aber auch dort, wo Themistokles an einer bedeutenden Stelle des Werkes (8, 109) Herodots eigenen frommen Gedanken ausspricht, daß nicht Menschen, sondern Götter und Heroen Griechenlands Rettung gewirkt hätten, kehrt das Grundmotiv wieder: die Götter mißgönnten es (ἐφθόνησαν), daß ein Mann über Asien und Europa herrsche, einer, der Heiligtümer verbrannte, Götterbilder stürzte und das Meer peitschen und fesseln ließ. Der Anklang an die sinndeutende Rede des Dareios in den *Persern* des Aischylos (745) fällt stark ins Ohr.

[1] R. Crahay, *La littérature oraculaire chez Hérodote.* Paris 1956. J. Kirchberg, *Die Funktion der Orakel im Werke H.s.* Hypomn. 11, 1965. H. Klees, *Die Eigenart des griech. Glaubens an Orakel und Seher. Ein Vergleich zwischen griech. und nichtgriech. Mantik bei Herodot.* Tüb. Beitr. 43. Stuttgart 1965.

[2] G. François, *Le Polythéisme et l'emploi au singulier des mots* θεός, δαίμων. *Bibl. de la Fac. de Philos. et Lettres Liège* 147. Paris 1957, 201. W. Pötscher, ‹Götter und Gottheit bei Herodot›. *Wien. Stud.* 71, 1958, 5.

Im übrigen ist das Nebeneinander eines *Verargens* der Götter dem allzu Mächtigen gegenüber und einer Bestrafung des moralisch Schuldigen an dieser Stelle für Herodot bezeichnend. Wieder erhält die Solonszene im Eingange des Werkes besonderes Gewicht. Der Weise spricht es aus (1, 32), daß die Gottheit Mißgunst und Verwirrung scheinbar gesicherten Glückes bereithält.

Aus der zentralen Bedeutung des Maßes geht auch die Vorstellung von dem notwendigen Ausgleich der Dinge und Schicksale hervor, die zu den dominierenden Ideen des Werkes gehört. So kommt über Oroites die Vergeltung für das Schicksal, das er Polykrates bereitet hatte (3, 126. 128 in Ringkomposition), so zahlt Kleomenes dem Demarat seine Buße, und Herodot bezeichnet dies ausdrücklich als seine persönliche Auffassung (6, 84)[1]. Er sieht in der Geschichte dieselben Mächte wirksam, die nach Anaximander (VS 12 B 1) im Kosmos die gegenseitige Buße der Dinge in ihrem Werden und Vergehen bedingen.

Herodot war Zeitgenosse der Sophisten, aber die Versuche, Beziehungen zu einzelnen Vertretern dieser Richtung in seinem Werke aufzuspüren[2], haben kaum Sicheres gebracht. Wichtig ist, daß er in seiner Stellung zur Tradition völlig auf der Gegenseite steht. Das spricht sich schön in einer Geschichte des dritten Buches (38) aus. Da fragt Dareios Griechen, die ihre Toten verbrennen, und Angehörige eines indischen Stammes, der sie zu verzehren pflegt, um welchen Preis die einen den Brauch der anderen üben wollten. Entsetzte Ablehnung ist die Antwort. Aber Herodot schließt nicht im Sinne der Sophistik daraus auf die Relativität des Nomos, sondern nimmt die Geschichte im Gegenteil als Beispiel für dessen unverrückbare Gültigkeit in seinem jeweiligen Bereich und beendet die Erzählung mit dem Worte Pindars über den Nomos als den König aller.

Stil und Sprache des herodoteischen Werkes sind ein getreuer Spiegel seines inhaltlichen Reichtums, und gerade diese Buntheit (ποικιλία) hat auch die antike Kunstkritik[3] besonders hervorgehoben.

Herodot kann die Ergebnisse seiner Erkundung kunstlos häufen und mitunter in einem Tone sprechen, dessen Schlichtheit seine Herkunft aus volkstümlichen Erzählformen deutlich zu erkennen gibt. Die Parataxe kurzer Sätze ist jedoch durchaus nicht die Normalform seines Stiles. Vielmehr finden sich häufig umfangreiche Perioden mit einer Reihe von Nebensätzen, die dem Kern vor- oder nachgeschaltet sind[4]. Wesentlich ist, daß dabei die einzelnen Glieder aneinandergereiht werden, ohne daß Zwischenschaltung zu jener «verzahnten» Rede führte, die das logische Verhältnis der Teile in der kunstvoll gebauten Periode scharf hervortreten läßt. Herodot erzielt

[1] Anderes bei SCHMID 2, 571, 5.

[2] WILH. NESTLE, *Vom Mythos zum Logos*. Stuttg. 1940, 509. Anders H. DIHLE, ‹Herodot und die Sophistik.› *Phil.* 106, 1962, 207.

[3] Dion. Hal. *ad Pomp.* 3, 11; *de Thuc.* 23.

[4] F. ZUCKER, der in seiner Schrift ‹Der Stil des Gorgias nach seiner inneren Form›. *Sitzb. Ak. Berl. Kl. f. Sprachen, Lit. und Kunst.* 1956/1, 10, diese Satzform trefflich charakterisierte, vermutet, daß die antike Stilkritik auch sie jener λέξις εἰρομένη zurechnete, als deren Vertreter Aristoteles, Rhet. 1409 a 27, Herodot bezeichnet.

mit diesem blockhaften Bau seiner Sätze mitunter geschlossene Gebilde von außerordentlicher Wirkung. So wird jedem Leser der Satz, mit dem die Atys-Adrestos-Tragödie schließt (1, 45), unvergeßlich bleiben. Weit häufiger aber ist es das Gefühl behaglicher Breite, das wir als Wirkung dieser Art des Erzählens empfinden. Gelegentlich überfrachtet er Sätze mit der Fülle des Wissenswerten. Seine Mitteilungen über die Mäanderquellen (7, 26) bieten mit ihren gehäuften Relativsätzen ein geradezu monströses Beispiel.

Eine bedeutende Rolle spielen die Reden, die allerdings nicht in thukydideischem Sinne die einer Situation immanenten Kräfte sichtbar machen, auch nicht individuelle Zeichnungen der handelnden Personen vermitteln, wohl aber allgemein menschliche Verhaltensweisen und die das Einzelne übergreifenden großen Gesichtspunkte kräftig hervortreten lassen. Mit der Rolle des Warners[1] hängen Häufigkeit und Gewicht der Mahnreden zusammen, die gelegentlich die Form einer beispielhaft erzählten Geschichte haben können (6, 86). Daß wir dabei ebenso an das Meleagerparadeigma der *Ilias* wie an volkstümliche, mit der Fabel verwandte Formen (αἶνος) denken, ist für die Verschiedenheit der Einzugsgebiete kennzeichnend, mit denen wir für die Elemente des herodoteischen Werkes zu rechnen haben. Dasselbe gilt ja für die Reden überhaupt, die ebenso dem Epos wie seit eh und je der Novelle zugehören.

Nicht minder als die Einzelrede ist der Dialog für zahlreiche Partien bestimmend. Seine Spielarten reichen vom breitgedehnten Gespräch bis zu agonaler Straffung. Herodot steht in der Weise seines Erzählens vor allem dem Epos nahe, und vielerlei Beobachtungen in dieser Richtung haben bereits die Alten[2] dazu geführt, ihn als homerisch im höchsten Maße (Ὁμηρικώτατος) zu bezeichnen. Daneben sprechen Erscheinungen wie die eben genannte von dem Einflusse, der auch vom Drama seiner Zeit auf ihn ausgegangen ist. Als der Papyrus mit Resten einer wahrscheinlich hellenistischen Gygestragödie[3] bekannt wurde, die nach Herodot gearbeitet ist, konnte man daran denken, das Verhältnis umzukehren und die Erzählung des Historikers als Wiedergabe eines Dramas zu fassen. Ein besonders eindrucksvolles Beispiel bietet die tragische Geschichte des Adrestos, die Szene auf Szene, Dialog auf Dialog folgen läßt und einen richtigen Redeagon zwischen Vater und Sohn enthält. Wie aber Herodot auch in der geschichtlichen Erzählung und hier besonders in den entscheidenden Partien dramatische Konzentration erstrebt, wird in den Berichten über Salamis besonders deutlich[4].

Für den Dialekt, in dem Herodot schrieb, hat man schon in der Antike[5] im Gegensatze zu dem reinen Ionisch des Hekataios das Gemischte und Bunte angemerkt. Dieser Eindruck entsteht vor allem durch die Beimengung poetischen Sprachgutes, unter dem Homerisches die erste Stelle einnimmt[6]. Als die Prosa begann, mit der Dichtung in Wettbewerb zu treten, war es nur natürlich, daß sie manches Stück aus

[1] H. Bischoff, *Der Warner bei Herodot*. Diss. Marb. 1932. [2] *Vom Erhabenen* 13, 3.
[3] *Herm.* 81, 1953, 1. K.H. Waters, ‹The purpose of dramatisation in Herodotus›. *Historia* 15, 1966, 157.
[4] Vgl. W. Marg, ‹Herodot über die Folgen von Salamis›. *Herm.* 81, 1953, 196.
[5] Hermogenes π. ἰδ. 423, 25 Sp. 411, 12 Rabe.
[6] Wichtig M. Leumann, *Homerische Wörter*. Basel 1950, 303.

deren Wortschatz übernahm. Herodot freilich schrieb in einer besonderen Nähe zum Epos und hat sich auch sonst verschiedenen Einflüssen offengehalten. Auch der lange Aufenthalt in Attika hat Spuren in seiner Sprache hinterlassen[1].

Ein besonderes Problem ist bei der Beurteilung des herodoteischen Dialektes durch die Überlieferung gestellt. Wohl durch grammatische Doktrin sind falsche Archaismen in den Text gekommen. Unter anderem wird ihnen die offene Schreibung von Formen, für die wir Kontraktion erwarten, zuzurechnen sein. Anderseits sind späte Vulgärformen eingedrungen. Da eine gewaltsame Normalisierung der Sprache Herodots nach den paar ionischen Inschriften seiner Zeit nicht zu rechtfertigen ist, läßt sich für die ursprüngliche Sprachform des Werkes ein bestimmtes Maß von Unsicherheit nicht beheben.

Herodot ist im Gedächtnis der Griechen bis in die Spätzeit lebendig geblieben. Wie ihn die frühkaiserzeitliche Kunsttheorie schätzte, zeigt sein Landsmann Dionysios von Halikarnaß. Zu früher angeführten Stellen ist die Synkrisis mit Thukydides (*de imit.* 207 Us.-Rad.) nachzutragen, bei der Herodot gut wegkommt. Dort steht auch das beachtliche Urteil, seine Stärke sei das Ethos, die des Thukydides das Pathos gewesen. Eine etwas zweifelhafte Huldigung für den Historiker bedeutet es, daß man ihm in der Kaiserzeit, wohl im Zusammenhange mit neuionischer Schriftstellerei, eine der Homerbiographien unterschob, die auf uns gekommen sind. Natürlich hat auch Kritik nicht gefehlt, und bereits Thukydides polemisiert mehrfach gegen seinen Vorgänger, ohne dessen Namen zu nennen. Verständlicherweise waren nicht alle griechischen Staaten mit ihrem Bilde im Werke Herodots zufrieden, und die Schrift Plutarchs *Über die Bösartigkeit Herodots* (Περὶ τῆς Ἡροδότου κακοηθείας) gibt uns mit ihrem böotischen Lokalpatriotismus eine Probe solch polemischer Literatur.

Am bedeutendsten hat sich die Schätzung Herodots darin bekundet, daß die alexandrinischen Philologen sein Werk in ihre Obhut nahmen, eine Ehre, die sie wenigen Prosaikern gönnten. Wir haben einen Papyrus (nr. 483 P.) mit Resten eines Kommentars, den Aristarch zu Herodot geschrieben hat. So wird derselbe Gelehrte auch eine Ausgabe des Werkes besorgt haben. In den Kreisen der Alexandriner wird man sich auch am ehesten die Teilung in neun Bücher entstanden denken, die uns am frühesten Diodor bezeugt (11, 37, 6). Ob damit von Anfang an die Zuweisung der einzelnen Bücher an die Namen der Musen verbunden war, wie unsere Handschriften sie zeigen, läßt sich nicht sagen. Lukian *(Herodot 1)* kennt sie bereits. Von Heron und Eirenaios, Gelehrten der alexandrinischen Schule, wissen wir, daß sie im 1. Jahrhundert n. Chr. Kommentare zu Herodot schrieben. Frühzeitig stellte man verkürzte Ausgaben her; eine Kurzfassung gab es von Theopomp (F Gr Hist 115 F 1–4). Wie man dabei Exkurse wegstrich, zeigt ein Pergamentblatt aus dem 4. Jahrhundert n. Chr. (484 P.).

Für die Handschriften hat sich die von H. Stein in seiner grundlegenden Ausgabe (Berl. 1869/72) durchgeführte Scheidung in 2 Gruppen bewährt: einer älteren florentinischen Familie steht eine jüngere römische gegenüber, die Glättungen aufweist und stellenweise stärker der Interpolation verdächtig ist. Eine Übersicht und Wertung der erhaltenen Handschriften bietet A. Colonna, ‹De Herodoti memoria›. *Boll. del Comitato per la preparazione della ediz. nazion. dei Classici greci e latini.* N. S. fasc. 1, 1945, 41. Derselbe Gelehrte hat in seinen ‹Note alla trad. manoscritta di Erodoto› (ebda. fasc. 2, 1953, 13) die These von B. Hemmerdinger (‹Eliminatio codicum Herodoteorum›. *Class. Quart.* N. S. 2, 1952, 97) widerlegt, daß innerhalb der römischen Gruppe eine Reihe von Codices (URSV) über Zwischenglieder vom Vat. Gr. 2369 saec. XI (D) abhänge und daher auszuscheiden sei. Neue Beiträge zur Überlieferung: G. B. Alberti, ‹Note ad alcuni manoscritti di Erodoto›. *Maia* 12, 1960, 331. G. Gottlieb, *Das Verhältnis der außerherodoteischen Überlieferung zu Herodot.* Diss. Frankfurt 1963.

[1] Attizismen bei Schmid 2, 594, 8.

Die 21 bis jetzt bekannten Papyri bespricht A. H. R. E. PAAP, *De Herod. reliquiis in papyris et membranis Aegyptiis servatis.* Leiden 1948. Gemeinsame signifikante Fehler der Papyri und Codices erweisen einen letzten Endes einheitlichen Ursprung. Anderseits stehen Papyri der ersten 3 nachchristlichen Jahrhunderte mit richtigen Lesungen gegen alle Handschriften, so daß der den beiden Gruppen gemeinsame Archetypus nach dieser Zeit anzusetzen ist. Einen Überblick über die Überlieferung gibt M. UNTERSTEINER (s.u.). Für alle Historiker: A. et R. CALDERINI, ‹De papyris ad historiarum scriptores pertinentibus nuper repertis quid ad studia profecerint.› *Proc. of the IX. Int. Congr. of Papyrol.* Norwegian Univ. Press 1961, 139.

Ausgaben: H. R. DIETSCH–H. KALLENBERG, 2 Bde., 2. Aufl. Teubner 1924/33 (erneuerungsbedürftig). C. HUDE, 2 Bde., 3. Aufl. Oxf. 1927. PH. E. LEGRAND, 10 Bde. (Introd., I–IX, Index anal.), *Coll. des Un. de Fr.* 1932–54; mehrfach neugedruckt (doppelsprachig). In der *Loeb Class. Libr.* hat den Herodot doppelspr. in 4 Bden. A. D. GODLEY herausgegeben. L. ANNIBALETTO, *Le storie.* 2 Bde. Milano 1956. A. BARGUET, *Historici Graeci* I. Paris 1964 (doppelspr.) Das 1. B. mit Komm. N. MARONITIS, Athen 1964. Das 7. Buch mit studio crit. e comm. G. AMMENDOLA, Torino 1956. Eine Auswahl mit Noten bei M. I. FINLEY, *The Essence of Herod. Thuc. Xen. Polyb.* Lond. 1959. Mit Kommentar: C. W. W. HOW–J. WELLS, 2 Bde., 2. Aufl. Oxf. 1928 (historisch). B. A. VAN GRONINGEN, Neudr. Leiden 1949–1959 (treffliche Schulausgabe). – Lexikon: J. E. POWELL, Cambr. 1938; repr. 1960. EMILIA MARTINEZ-FRESNEDA, *Vocabulario basico de Heródoto.* Madrid 1966. – Übersetzungen: TH. BRAUN, Leipz. 1927, Wiesbaden 1958; bearbeitet von HANNELORE BARTH, 2 Bde. mit Einl. von H.-J. DIESNER und Anm. von H. BARTH. Berlin 1967. A. HORNEFFER, 2. Aufl. Stuttg. 1959 hrsg. von J. FEIX. München 1963 (Tusculum-Büch.). J. E. POWELL, 2 Bde. Oxf. 1948. AUG. IZZO D'ACCINNI. Firenze 1951. – Sprache: M. UNTERSTEINER, *La lingua di Erodoto.* Bari 1949. CARLA SCHICK, *Appunti per una storia della prosa Greca* 3: *La lingua die Erodoto. Acc. dei Lincei. Memorie. Cl. sc. mor. stor. fil.* 8/7/7, 1956, 344. H. FRÄNKEL, *Wege und Formen frühgr. Denkens.* 2. Aufl. Münch. 1960, 65. 83. Eine gute Zusammenstellung, aus der das Problem ‹Ionismus oder episches Element?› (zu dem CHR. FAVRE, *Thesaurus verborum quae in titulis Jonicis leguntur cum Herodoteo sermone comparatus.* Heidelb. 1914, nützlich bleibt) klar hervortritt, bei V. PISANI, *Storia della lingua Greca* in *Encicl. Class.* 2/5/1. Torino 1960, 100. Dort auch gute syntaktische Beispiele und der richtige Protest gegen eine Normalisierung des Textes nach den Inschriften. HAIIM B. ROSÉN, *Eine Laut- und Formenlehre der herodotischen Sprachform.* Heidelberg 1961. J. KERSCHENSTEINER, ‹Zum Gebrauch der Parenthese bei Herodot.› *Münch. Stud. z. Sprachwiss.* 17, 1964, 3. E. LAMBERTS, *Untersuchungen zur Parataxe bei Herodot.* Diss. Wien 1967 (masch.). – Monographien: F. JACOBY, *RE* S·2, 1913, 205; jetzt mit anderen Historikerartikeln aus *RE* in *Griech. Historiker.* Stuttgart 1956. M. POHLENZ, *Herodot.* Leipz. 1937. J. E. POWELL, *The History of Herodotus.* Cambr. 1939. J. L. MYRES, *Herodotus: Father of History.* 2. ed. Oxf. 1966. – Abhandlungen: O. REGENBOGEN, ‹Herodot und sein Werk›. *Die Antike* 6, 1930, 202 = *Kl. Schr.* München 1961, 57. F. HELLMANN, ‹Herodot›. *Das Neue Bild der Antike.* I. Leipz. 1942, 237 (mit Lit.). A. MADDALENA, ‹L'umano e il divino in Erodoto›. *Studi di filos. Greca.* Bari 1950, 57. H. STRASBURGER, ‹Herodots Zeitrechnung›. *Historia* 5, 1956, 129. H. R. IMMERWAHR, ‹Aspects of Historical Causation in H.› *Trans. Am. Phil. Ass.* 87, 1956, 241; ders., ‹Ergon: History as a Monument in H. and Thuc.› *Am. Journ. Phil.* 81, 1960, 261. M. MILLER, ‹The earlier Persian Dates in H.› *Klio* 37, 1959, 29. H. T. WALLINGA, ‹The Structure of H. 2, 99–142›. *Mnem.* s. 4, 12, 1959, 204. T. SINKO, ‹L'historiosophie dans le prologue et epilogue de l'oeuvre d'H. d'Halicarnasse›. *Eos* 50, 1959/60, 3. A. E. RAUBITSCHEK, ‹H. and the Inscriptions›. *Univ. of Lond. Bull. of the Inst. of Class. Stud.* 8, 1961, 59. Eine Arbeit von K. LATTE in *Entretiens sur l'ant. class.* s. S. 368 A. 1. Reiche Literaturangaben: *Fifty Years of Class. Scholarship.* 2. ed. Oxf. 1968. HANNELORE BARTH, *Methodologische und historiographische Probleme der Geschichtsschreibung des Herodot.* Diss. Halle 1963. KL. GOLDSCHEIDER, *Die Darstellung des Themistokles bei H.* Diss. Freiburg 1963. L. HUBER, *Religiöse und politische Beweggründe des Handelns in der Geschichtsschreibung des H.* Diss. Tübingen 1965. H. MONTGOMERY, *Gedanke und Tat. Zur Erzäh-*

lungstechnik bei Herodot, Thukydides, Xenophon und Arrian. Lund 1965. G. VOGEL, *Herodots Naturgefühl. Diss.* Erlangen. Nürnberg 1965. H. R. IMMERWAHR, *Form and Thought in H.* Am. Phil. Ass. Monograph 23. Cleveland 1966. E. H. SCHULTE, *Herodots Darstellung der großen griech. Feldherrn.* Diss. Marburg 1966. W. DEN BOOR, ‹H. und die Systeme der Chronologie›. Mnem. 20, 1967, 30. K. v. FRITZ, *Die griech. Geschichtsschreibung* I. München 1967, 104 und 79 (grundlegend). K.-A. RIEMANN, *Das herodoteische Geschichtswerk in der Antike.* Diss. München 1967. AUBREY DE SÉLINCOURT, *The World of H.* London 1962; deutsch Wiesbaden 1967. H.-FR. BORNITZ, *H.-Studien.* Berlin 1968. P. FRISCH, *Die Träume bei H.* Meisenheim a. Glan 1968 (Beitr. z. klass. Phil. 27). W. MARG, *Herodot.* Wege der Forschung 26. 2. Aufl. Darmstadt 1968. TH. SPATH, *Das Motiv der doppelten Beleuchtung bei H.* Diss. der Univ. Wien 13, 1968. H. SCHWABL, ‹Herodot als Historiker und Erzähler›. *Gymn.* 76, 1969, 253.

6. ANDERE GESCHICHTSCHREIBER

Herodot hat seinen Bau über archaisch-ionischen Fundamenten errichtet, ist aber von diesen Ansätzen zu neuen Bereichen geschichtlichen Denkens vorgedrungen und hat die Voraussetzungen für die folgende Entwicklung geschaffen. Diese wird von einer Reihe von Namen begleitet, deren Träger wir noch so weit fassen, daß wir in ihnen die Fortsetzung älterer ionischer Tradition bis zur Jahrhundertwende und darüber hinaus erkennen. Die Datierung ist im einzelnen oft problematisch, stammesmäßig herrscht, wie zu erwarten, das Ionertum vor.

An den Resten tritt zutage, wie stark die Auseinandersetzung mit dem Mythos das Denken dieser Zeit bewegte. Begonnen hat das im Bereiche der Philosophie, und Xenophanes – freilich nicht er allein – ist uns ein eindrucksvoller Zeuge für den Radikalismus, mit dem man diesen großen Gegebenheiten griechischer Tradition gegenübertrat. Man suchte mit den kritischen Einwänden der Vernunft vornehmlich auf zwei Wegen fertig zu werden, indem man die Anstöße entweder durch allegorische Deutung oder durch Rationalisierung[1] beseitigte. Der erste dieser Wege beginnt für unser Wissen mit Theagenes von Rhegion und findet in diesem Abschnitte in Stesimbrotos von Thasos[2] seine Fortsetzung. Er hat ein Buch über Homer geschrieben und über den Gegenstand auch Vorträge gehalten. Seine Schrift *Über heilige Handlungen* (Περὶ τελετῶν) gehört zur orphischen Literatur und wird die heiligen Geschichten der Mysterienzirkel im gleichen Geiste behandelt haben wie das Epos. Wahrscheinlich in den dreißiger Jahren hat er auch in Athen gewirkt, wandte sich aber später mit einem Pamphlet *Über Themistokles, Thukydides und Perikles* gegen die Machtpolitik der Stadt. Die Schrift, für die ein Zitat (F. 11) die Abfassungszeit nach 430/29 sichert, war ein Ausdruck des tiefen Unwillens der Bündner über die Hybris der attischen Demokratie[3].

[1] Vgl. WEHRLI o. S. 96 A. 1. F. WIPPRECHT, *Die Entwicklung der rationalistischen Mythendeutung bei den Griechen.* 1, 1902. 2, 1908. F. BUFFIÈRE, *Les mythes d' Homère et la pensée Grecque.* Paris 1956.

[2] F Gr Hist nr. 107.

[3] Auch in ihrem Verfasser möchte vor allem den Lehrer und Denker erkennen F. SCHACHERMEYR, *Stesimbrotos und seine Schrift über die Staatsmänner.* Sitzb. Öst. Ak. Phil-hist. Kl. 247/5, 1965. Ders. ‹Das Bild des Themistokles in der antiken Geschichtsschreibung›. *XIIe Congr. Int. des sciences historiques. Rapports* IV, 84.

In Platons *Ion* (530c) werden in einem Atem mit Stesimbrotos als Ausleger Homers Metrodoros von Lampsakos[1] und Glaukon genannt. Was wir von jenem wissen, rechtfertigt Tatians Urteil, er sei mit Homer doch allzu töricht verfahren. Sein Allegorienspiel hat in den Göttern und Helden des Epos nicht allein Elementarvorgänge, sondern sogar menschliche Körperteile entdeckt! Xenophon (*Symp.* 3, 6) stellt mit Stesimbrotos den jüngeren Anaximander von Milet[2] zusammen, der aber ein Stück später, nach der *Suda* unter Artaxerxes II. (404–358), anzusetzen ist. Allegorischer Erklärung bot seine *Heroologia* Raum, und mit seiner *Erklärung pythagoreischer Symbole* eröffnet er die Reihe von Schriften über die seltsamen Merksprüche dieser Zirkel, in denen sich viel volkstümlicher Aberglaube niedergeschlagen hat.

Während die allegorische Deutung, deren letzter Nachfahre die natursymbolische Mythendeutung des 19. Jahrhunderts war, tieferen Sinn in der Überlieferung suchte, meinte der Rationalismus, aus der fabulösen Umhüllung historische Fakten lösen zu können. Schrittmacher auf diesem Wege war Hekataios gewesen, und auch seine Methode, die etwa den Kerberos als Giftschlange in der Zoologie ansiedelte, hat endlose Nachfolge gefunden.

In diese Reihe gehört Herodoros von Herakleia am Pontos[3], dessen Schriftstellerei in das ausgehende 5. Jahrhundert zu setzen ist. Neben seiner umfangreichen *Heraklesgeschichte* (Ὁ καθ' Ἡρακλέα λόγος) ist uns noch eine Behandlung der *Argonautensage* (Ἀργοναυτικά) und eine *Pelopie* (Πελοπεία) kenntlich. Das goldene Lamm, um das Atreus und Thyestes stritten, wird bei ihm zu einer Goldplastik in der Mitte einer Silberschale (F. 57). Dieses Beispiel, das die Säkularisierung und Entleerung des Mythos kraß genug zeigt, mag für eine Handvoll anderer stehen. Aber auch Allegorien brachte er, wenn wir einer späten Kompilation (F. 14) glauben dürfen. Immerhin ist Herakles als Tugendphilosoph, der mit der Keule des Geistes die Leidenschaften niederschlägt, in einer Zeit wohl denkbar, in der Prodikos seine Allegorie von der Lebenswahl des Helden schuf. Mit Zügen dieser Art ist jedoch Herodors Bild nicht ausreichend gezeichnet, vielmehr scheint er nach den erhaltenen Resten seine Darstellung der Mythen mit bunter Ware aus den Bereichen der Ethnographie und der ionischen Naturwissenschaft angefüllt zu haben.

Für Simonides von Keos[4], den die Suda einen Enkel des Dichters sein läßt, erkennen wir aus seiner Behandlung der Sage von Athene und Iodama (F. 1), daß er des gleichen Geistes Kind gewesen ist. Er schrieb eine *Genealogie* in drei Büchern, die wir uns methodisch Hekataios verpflichtet denken, und ein Werk über *Erfindungen* (Εὑρήματα) in gleichem Umfange.

Die aus dem Ionischen kommenden Linien der Tradition hat ein Mann aus äolischem Bereiche in umfangreicher Schriftstellerei und mit bedeutender Wirkung weitergeführt: Hellanikos von Mytilene auf Lesbos[5]. Was wir den Resten an Datierungshilfen entnehmen, führt auf das letzte Viertel des 5. Jahrhunderts. Daß er

[1] VS 61. [2] F Gr. Hist. 9.
[3] Ebda. nr. 31. [4] Ebda. nr. 8.
[5] Ebda. nr. 4. F. Jacoby, *Atthis.* Oxf. 1949. K. v. Fritz, *Gnom.* 22, 1950, 220.

Herodot voraussetzt, wird an spärlichen Einzelheiten[1] kenntlich, doch ist ein tieferreichender Einfluß von dieser Seite nicht festzustellen. Eher ließe sich sagen, daß der Faden an dem Vater der Geschichte vorbei zu Hekataios läuft.

Hellanikos ist der erste Vielschreiber, der uns in der Literatur der Griechen begegnet. Wir wissen von dreiundzwanzig Werken, die in der Überlieferung mehrfach in zwei Bücher unterteilt waren. Damit ist Wichtiges gesagt: mag im Schrifttum des Hellanikos noch so viel an seine ionischen Vorgänger erinnern, so sind die Grundlagen doch andere geworden. An die Stelle der eigenen Erkundung der Weitgereisten tritt nun ein Sammeln des Stoffes aus Büchern. Literatur entsteht, die tatsächlich an die *litterae* gebunden bleibt.

Anders als Herodot hat Hellanikos dem Mythos breitesten Raum gewährt. Vornehmstes Mittel der darstellerischen Bewältigung war die Genealogie, wobei er drei Generationen auf ein Jahrhundert rechnete, wie das üblich blieb. Die Titel, die wohl schon von Hellanikos selber stammen, sind denen epischer Dichtung angeglichen oder aus dieser übernommen, wie im Falle der *Phoronis*, in der an den angeblichen Urmenschen Phoroneus verschiedene peloponnesische Stammbäume angeschlossen waren. Auch die Abstammung Homers von Orpheus in zehnter Generation kam dabei zur Sprache. In derselben Reihe stehen eine *Atlantis*, *Asopis*, *Deukalioneia* und die *Troika*. Rationalismen fehlten nicht (F. 28 u.a.), scheinen aber eine wesentlich geringere Rolle gespielt zu haben als bei Hekataios. Am nächsten fühlen wir uns ionischer Ethnographie bei den Titeln *Gründungsgeschichten von Völkern und Städten* (Κτίσεις ἐθνῶν καὶ πόλεων), *Über Völker* (Περὶ ἐθνῶν), *Völkerbenennungen* (Ἐθνῶν ὀνομασίαι), wobei es sich vielleicht um verschiedene Bezeichnungen desselben Werkes handelte. *Die Gründung von Chios* (Χίου κτίσις) dürfte für sich gestanden haben, auch Ion hat eine Schrift dieses Titels verfaßt. Ein auch bei Herodot lebendiges Interesse verriet sich in den *Sitten von Fremdvölkern* (Βαρβαρικὰ νόμιμα). Zahlreichen von ihnen hat Hellanikos eigene Werke gewidmet, denn es gab *Aigyptiaka*, *Kypriaka*, *Lydiaka*, *Persika* und *Skythika*. Natürlich nahm da neben Sitte und Brauch das Geschichtliche, wozu der Mythos zählte, breiten Raum ein. Das gilt im besonderen von den Büchern, die griechischen Landschaften gewidmet sind, wie den *Aiolika*, *Lesbiaka*, *Argolika*, *Boiotika* und *Thessalika*.

In diese Reihe gehören auch die zwei Bücher der *Atthis*, mit denen der Äoler Hellanikos eine besondere Tradition attischer Schriftstellerei gestiftet hat. Von ihm bis zu Philochoros, der sein siebzehnbändiges Werk im 3. Jahrhundert schrieb, reicht die Reihe attischer Lokalschriftsteller, die wir Atthidographen nennen. Lange hat sich die von Wilamowitz in seinem Werke über Aristoteles und Athen begründete Theorie behauptet, daß die Schriften dieser Männer in ihrem Kerne auf chronikartige Aufzeichnungen der Exegeten zurückgingen. Jacoby hat in seiner *Atthis* gezeigt, daß sich die Tätigkeit dieses Kollegiums[2] auf das geltende Ritual bezog und für die Annahme

[1] Jacoby zu F. 166f.

[2] Vgl. auch J. H. Oliver, *The Athenian Expounders of the Sacred and Ancestral Law*. Baltimore 1950. M. P. Nilsson, *Gesch. d. griech. Rel.* 1, 2. Aufl. Münch. 1955, 636.

von annalistischer Überlieferung, die der geformten Geschichtschreibung voranging, in Attika wie anderswo auf griechischem Boden die Voraussetzungen fehlen. Die erhaltenen Gesetze, die Archontenlisten und mündliche, vielfach wohl an die großen Geschlechter gebundene Tradition sind die Hauptquellen der Atthis, die wir noch erschließen können.

Hellanikos hat nicht ganz ohne Gewalt eine Liste der athenischen Könige hergestellt und offenbar die Archontenliste so weit nach oben ergänzt, daß er Anschluß an die Königszeit fand. Darin spricht sich der Wunsch aus, die Kluft zwischen dem Mythos und der in unserem Sinne historischen Tradition zu schließen und den ganzen Ablauf von der Urzeit an chronologisch zu erfassen. Das wird an der *Atthis* recht deutlich, und man darf vermuten, daß der gleiche Baugedanke auch anderen Werken des Hellanikos zugrunde lag.

Wenn wir im allgemeinen Ansätze zu wissenschaftlicher Geschichtschreibung in dem Erhaltenen kaum feststellen können, so hat Hellanikos doch auf einem wichtigen Gebiete einen bedeutenden Vorstoß unternommen. Seine Bücher über die *Sieger an den Karneen* (Καρνεονῖκαι) und die *Priesterinnen der Hera* (Ἱέρειαι τῆς Ἥρας) unternahmen den beachtlichen Versuch, mit Hilfe des spartanischen Festes und der argivischen Priesterinnen ein festes chronologisches Gerüst für geschichtliche Darstellung zu schaffen. Durchgesetzt hat sich später freilich die Rechnung nach Olympiaden, zu der Hippias durch die *Liste der Sieger in Olympia* den Grund legte.

Schüler des Hellanikos wird Damastes von Sigeion[1] genannt, der im ausgehenden 5. Jahrhundert Mythographisch-Genealogisches über die Vorfahren der Teilnehmer am Zuge gegen Troia, Ethnographisches und ein Werk über griechische Geschichte schrieb. Am wertvollsten wäre es uns, etwas von seinem Buche *Über Dichter und Sophisten* (Περὶ ποιητῶν καὶ σοφιστῶν) zu wissen. Wen er unter den Sophisten verstand, die er neben die Dichter stellte, können wir nicht genau angeben, für das Ganze darf man nach dem Titel Ansätze zu einer griechischen Literaturgeschichte wohl vermuten. Ähnliches läßt sich von des Glaukos von Rhegion Schrift *Über die alten Dichter und Tonkünstler* (Περὶ τῶν ἀρχαίων ποιητῶν καὶ μουσικῶν) sagen, die ungefähr in die gleiche Zeit gehört.

Landschaftlich umschriebene Interessen lassen sich bereits in der genealogischen Epik feststellen, wie sich das in der Prosa fortsetzt, zeigt Hellanikos. Die Zeit der später so üppig wuchernden Lokalhistorie bricht an. Für Keos mag das Xenomedes, für die Argolis Demetrios belegen, der freilich später als im 5. Jahrhundert geschrieben haben kann.

Wie für Dichtung, Philosophie und Medizin sind auch für die Geschichtschreibung dem griechischen Westen die entscheidenden Anregungen aus dem ionischen Osten zugekommen. In der *Suda* erscheint als ältester westgriechischer Historiker Hippys von Rhegion, der neben *Chronika* und *Argolika* auch über italische und sizilische Geschichte geschrieben haben soll. JACOBY[2] hat gegen Hippys und Myres, den angebli-

[1] F Gr Hist nr. 5.
[2] Im Komm. zu F Gr Hist nr. 554.

chen Epitomator seiner *Sikelika*, schwere Bedenken erhoben und die Ansicht vertreten, daß ein schriftstellerisches Erzeugnis der Zeit um 300 v. Chr. durch solche Fiktionen gedeckt werden sollte. Ist dies richtig, dann wird Antiochos von Syrakus[1] für uns zum frühesten Historiker Siziliens. Unter dem Einflusse Herodots suchte er dessen Geschichtswerk für den Westen zu ergänzen. Dieser Absicht dienten die neun Bücher seiner *Sizilischen Geschichte* (Τῶν Σικελικῶν ἱστορία), die von dem mythischen König Kokalos bis zum Friedenskongreß von Gela im Jahre 424/23 reichte, und eine Schrift *Über Italien* (Περὶ Ἰταλίας). Das letzte Viertel des 5. Jahrhunderts dürfte die Zeit seines Schaffens sein.

7. DIE PHILOSOPHIE

Jene zentripetale Bewegung, die sich im Verlaufe des 5. Jahrhunderts in steigendem Maße von den Gebieten griechischer Kolonisation nach Athen richtete und aus dieser Stadt die Bildungsstätte von Hellas machte (Thuk. 2, 41), hat auch ionische Naturphilosophie dort ihre letzte, bedeutsam gewandelte Ausprägung finden lassen. Aus Klazomenai, der ionischen Stadt, deren Name sich für uns mit den prächtig bemalten Tonsarkophagen verbindet, stammte Anaxagoras, der dreißig Jahre lang in Athen Philosophie getrieben hat, Freund des Perikles gewesen ist und auch sonst viele, wenn auch nicht immer freundliche Beachtung fand. Seine zeitliche Einordnung ist problematisch. Zwar tritt für sein Todesjahr (428/27) und die Olympiade seiner Geburt (500/497) ein so guter Zeuge wie Apollodoros mit seiner *Chronik* auf (FGrHist 244 F. 31), aber der Ansatz des Prozesses, den man ihm wegen Religionsfrevels machte, und seiner Flucht nach Lampsakos, das ihn bis zu seinem Tode beherbergte, unterliegt Zweifeln. Er scheint bereits mit dem Zuge des Xerxes nach Athen gekommen zu sein, und dazu stimmt die Angabe aus der Archontenaufzeichnung des Demetrios von Phaleron (fr. 150 W.), er habe dort im Alter von zwanzig Jahren unter dem Archontat des Kallias mit der Philosophie begonnen. Demetrios nennt auch die dreißig Jahre seines Athener Aufenthaltes, was für die Anklage, die ihn aus der Stadt trieb, auf die Zeit um 450 führt. Andere haben auf Grund der gesamten Lage lieber an die letzten Jahre des Perikles gedacht, doch ist der Prozeß früher durchaus denkbar[2].

Ungefähr eine Generation vor der Geburt des Anaxagoras war Anaximenes, der letzte der milesischen Naturphilosophen, gestorben, aber nun findet sich ein Fortsetzer solchen Denkens, der vor allem von Anaximander entscheidende Anregungen erhielt. Der Satz des Parmenides, daß es weder ein Werden aus dem Nichts noch ein Vergehen in dieses gebe, steht auch für ihn am Anfang. Werden und Vergehen stellen sich ihm einzig als Mischung und Entmischung unvergänglich vorhandener Stoffe dar (B 10. 17. A 43. 45), Vorgänge, die durchaus als mechanische Prozesse im Gegensatze

[1] F Gr Hist. nr. 555. *Atthis*, 352, 2.

[2] A. E. Taylor, *Class. Quart.* 11, 1917, 81. Doch hat neuerdings F. Schachermeyr, *Religionspolitik und Religiosität bei Perikles*. Sitzb. Öst. Ak. 258/3, 1968, 75, für die spätere Datierung und den Ansatz der Tätigkeit des Anaxagoras in die Jahre ca. 461–431 gewichtige Argumente vorgebracht.

zu dem physiologischen Mischungsbegriff der Hippokratiker zu verstehen sind[1]. Anaxagoras geht von einem Urgemenge aus, in dem alle Stoffe und die mit ihnen verbundenen Qualitäten in unendlicher Zahl und Kleinheit enthalten sind. Die Frage, wie sich in seinem physikalischen Weltbild Substanz und Qualität zueinander verhalten, ist viel umstritten, doch dürfen wir kaum bereits eine scharfe begriffliche Trennung voraussetzen[2]. Aus diesem Urgemenge, das in entfernter Verwandtschaft zu Anaximanders Apeiron steht, sind durch Zersetzung und Zusammenfügung die Einzeldinge hervorgegangen, wobei die Abscheidung von Luft und Äther offenbar den Anfang bildete (B 1. 2). Die Überlegung, daß aus dem Samen so verschiedene Dinge wie Fleisch und Haar entstünden (B 10) und ähnliches von der Nahrung gelte (A 45), haben Anaxagoras zu der These geführt, daß auch in den durch Entmischung und neue Mischung entstandenen Dingen jeweils alles in allem enthalten sei. Nur das quantitative Überwiegen eines Stoffes bedinge die Erscheinung des Einzelgegenstandes und durch das Ansprechen der verwandten Teile in uns auch das Erkennen. Die unendlich kleinen stofflichen Träger der verschiedenen Qualitäten, die nur in der Mischung existieren und durch sie die Welt gestalten, hat Anaxagoras *Samen* (σπέρματα) genannt, während der Ausdruck Homoiomerien wohl erst der aristotelischen Darstellung seiner Lehre eignet[3].

Das Erbe ionischer Naturphilosophie in diesem System ist unverkennbar, ebenso wichtig ist jedoch das Neue. Die bewegende und formende Kraft liegt nun nicht mehr im Urstoffe selbst, der bei einzelnen Milesiern Attribute des Göttlichen erhalten konnte, sondern steht als geistige Potenz außerhalb von diesem. Der Nus allein existiert abgeschieden und unvermengt, selbstherrlich und unbegrenzt, er leitete jene Wirbelbewegung ein, die zum Werden aller Dinge führte, und seine Fähigkeit, ihre Sonderung zu denken, ist zu gleicher Zeit die Kraft, sie zu vollziehen. Über alle belebten Wesen hat der Nus Macht, und wenngleich wir keine bestimmte Äußerung darüber besitzen, spricht doch viel dafür, daß Anaxagoras den Geist des Menschen als Teil dieses großen, die Welt bestimmenden Geistes aufgefaßt hat. Seine formende Tätigkeit reicht bis in die staatliche Gemeinschaft und den Aufbau der Kultur, und die Bezogenheit auf diese ergibt ein neues Denkmotiv von großer Bedeutung[4]. In keinem der erhaltenen Bruchstücke heißt der Nus das Göttliche oder Gott. Aber die Beiwörter, mit denen Anaxagoras ihn versieht, und die hymnische Form, in der er von ihm spricht[5], lassen keinen Zweifel daran, das er ihn als die göttliche Kraft in der Welt empfunden hat. Und doch ist der Nus des Anaxagoras nicht reiner Geist, sondern nur das feinste und reinste aller Dinge. Von hier geht eine deutliche Linie zu dem ebenfalls sublim materiellen Logos der Stoiker, während die Aussagen der Atomistik über die Beschaffenheit der Seelenatome in größerem Abstande verglichen werden können.

[1] W. Müri, *Gymn.* 57, 1950, 198.

[2] F. Heinimann, *Gnom.* 24, 1952, 272.

[3] Zu dem gesamten wichtigen Fragenkomplex: H. Cherniss, *Aristotle's Criticism of Presocratic Philosophy.* Baltimore 1935.

[4] H. Fränkel, *Wege und Formen frühgriech. Denkens.* 2. Aufl. Münch. 1960, 285.

[5] B 12, dazu K. Deichgräber, *Phil.* 88, 1933, 347.

Anaxagoras ist auf dem Wege zu einem durchgeformten dualistischen Weltbilde noch weit vom Ziele geblieben. So bekennt der Sokrates des platonischen Phaidon (97 b) seine Enttäuschung über den Nus des Anaxagoras, und auch Aristoteles hält ihm in der Metaphysik (985 a 18) vor, daß er diese Kraft nur dort wirken lasse, wo es anders gar nicht gehe.

Den Athenern mußte der Mann, der ihnen die neue Form eines ganz der Schau hingegebenen Lebens vor Augen stellte, unvertraut in höchstem Maße sein. Wir wissen von keinem Angriffe gegen die überlieferte Religion, den sein ionisch geschriebenes Buch (später natürlich *Über die Natur* benannt) enthalten hätte. Aber der Gegensatz, in dem ein Mann zur Tradition stand, für den die Sonne eine glühende Steinmasse war, an Größe ein Vielfaches der Peloponnes (A 72), und der auch sonst die Geschehnisse in der Natur durchaus rational erklärte, konnte nicht verborgen bleiben. Die Athener antworteten auf die Gefährdung der Überlieferung mit der Anklage, der Perikles den Freund entzog.

Schüler des Anaxagoras war Archelaos von Athen oder Milet, also wohl ein Milesier, der nach Athen kam. Dort hatte er Umgang mit Kimon, für den er sogar dichtete (Plut. *Kim.* 4), und mit Sophokles, von dem ein Pentameter aus einer *Elegie* auf den Philosophen erhalten ist (fasc. 1, S. 79 D.). Vor allem aber kannten ihn die Alten als Lehrer des Sokrates, und Ion von Chios (fr. 11 Bl.) berichtete von einer Reise der beiden nach Samos. Gerade in diesem Zusammenhange wüßten wir gerne, wie es mit der angeblichen Einbeziehung der Ethik in die Lehre des Mannes steht[1]. Aber Genaueres ist hier ebensowenig zu gewinnen wie für seine Fortbildung der Theorie des Anaxagoras, bei der wahrscheinlich Kälte und Wärme als formende Prinzipien eine Rolle spielten.

Auch sonst haben Leute wie Hippon von Samos oder Idaios von Himera mit Elementen der ionischen Physik weitergearbeitet, doch kommt unter diesen Nachzüglern wirkliche Bedeutung allein Diogenes aus Apollonia (dem kretischen oder dem phrygischen) zu. Auch er geht zunächst von den Vorstellungen der Milesier aus und nimmt die alte Lehre von einem einheitlichen Urstoffe besonders energisch auf. Anders wüßte er sich die gegenseitige Vermischung und Beeinflussung der verschiedenen Elemente überhaupt nicht zu erklären (B 2). Mit der Anschauung, daß der Grundstoff vor allem die Luft sei, tritt er in die Nachfolge des Anaximenes. Anderseits hat er aber die Überzeugung des Anaxagoras, daß in der Formung und Erhaltung der Welt eine geistige Kraft wirksam sei, übernommen und fortgebildet. Ihm ist diese Welt die beste aller möglichen, und sie ist es dadurch, daß die in ihr auftretenden Erscheinungen wie die Jahreszeiten, Tag und Nacht, Regen, Wind und Sonnenschein unter dem Gesetz bestimmter Maße stehen (B 3). Diese zu setzen und zu wahren ist aber eine Geisteskraft (νόησις) nötig, die Diogenes mit der Luft gleichsetzt (B 5). So gewinnt der von ihm angenommene Urstoff höchste geistige Würde, wird Gott genannt und in hymnischen Formen beschrieben wie der Nus des Anaxagoras. Die besondere Be-

[1] A. Graeser, *Gnom.* 41, 1969, 11, mißt VS 60 A 4 besondere Bedeutung für die schwer greifbare Kulturphilosophie des Archelaos zu.

deutung des Diogenes, der auch als Arzt in hohem Ansehen stand, liegt in seinem kräftigen teleologischen Ansatz[1], ihm bekundet sich das Walten des göttlichen Geistes in der Welt durch die Vollkommenheit der so erreichten Ordnung. Es läßt sich denken, daß Ausführungen wie die des großen Fragmentes, das von den Adern des Menschen handelt (B 6), im Dienste seiner technisch-teleologischen Auffassung standen.

Auch für Diogenes ist ein längerer Aufenthalt in Athen anzusetzen. Seine Wirkung ist dort besonders stark gewesen, Komödie und Tragödie sprechen von ihr, vor allem tut dies Euripides.

Es ist leicht zu verstehen, daß unserer Zeit die Schaffung eines atomistischen Weltbildes als eine besondere, auf dem Gebiete der Naturerklärung alles andere überragende Leistung des griechischen Geistes erscheint. Aber auch sie ist im Zuge der Entwicklung, und das heißt in diesem Falle im Zusammenhange mit der ionischen Naturphilosophie zu verstehen.

Der Atomismus bleibt mit dem Namen des Demokrit von Abdera verbunden, der am Anfange einer Reihe steht, die über Epikur, Lukrez und Gassendi zur Physik der Neuzeit führt[2]. Seine Heimat, eine ionische Gründung auf thrakischem Boden, war auch die des Protagoras. Demokrit ist nach seiner eigenen Angabe (B 5) jung gewesen, als Anaxagoras alt war, was für seine Geburt ungefähr das Jahr 460 ergibt. Die antike Überlieferung hat ihn den großen Langlebigen zugerechnet und hundert Jahre oder mehr alt werden lassen. Jedenfalls reichte seine Lebenszeit noch weit in das 4. Jahrhundert; ein ungefährer Altersgenosse des Sokrates, hat er diesen um ein bedeutendes Stück überlebt. Er war ein großer Reisender, und nach Diodor (1, 98, 3; fraglich B 299) hätte er sich fünf Jahre in Ägypten aufgehalten und die Sternenkunde studiert. Was wir von seinen Schriften wissen, zeigt jedenfalls, daß er dort anderes suchte als Hekataios und Herodot. Daß er nach Athen kam, bezeugt er selbst (B 116) und fügt hinzu, daß ihn dort niemand kannte. Zum Unterschiede von Anaxagoras und Protagoras trat er in keine engere Beziehung zu dieser Stadt.

Alles in allem könnten wir den Anfang des Atomismus mit einer leidlich faßbaren Gestalt verbinden, wenn sich uns nicht sogleich ein schwieriges Problem in den Weg stellte. In verschiedenen Schriften nennt Aristoteles Leukipp und Demokrit als Vertreter des Atomismus, wobei der erste einmal (VS 67 A 6) als Gefährte, bei anderen hingegen (A 2) als Lehrer des Abderiten erscheint. Dieser Leukipp war durch das umfangreiche und eindrucksvolle Werk seines Nachfolgers so in den Schatten geraten, daß man für seine Heimat nur mit durchsichtigen Kombinationen auf Abdera, Elea oder Milet zu raten wußte, und Epikur sogar die Existenz eines Philosophen dieses Namens leugnen wollte (A 2). Das mag freilich eher eine Sottise als eine historische Feststellung gewesen sein, denn wenn die Ergänzung und Datierung eines herkulanensischen Papyrus (VS 75 A 7) richtig ist, war Leukipp für Epikur ein hinlänglich vertrauter Name. Was jeden Zweifel an seiner Bedeutung als Begründer der Atomistik ausschließt, ist die Notiz, daß Theophrast und seine Schüler die *Große Weltordnung*

[1] W. THEILER, *Zur Geschichte der teleologischen Naturbetrachtung*. Zürich 1925.

[2] Die sprunghaft gegebene Reihe ergänzt SCHMID 5, 347.

(Μέγας διάκοσμος), die in das Verzeichnis der Schriften Demokrits geriet, dem Leukipp zugewiesen haben (VS 68 A 33. B 4b). Noch eine zweite Schrift mit dem Titel *Über den Geist* (Περὶ νοῦ) wurde ihm zugeschrieben, und in der Tat war für den Atomismus die Auseinandersetzung mit der Nus-Lehre des Anaxagoras ein besonders wichtiges Anliegen. Ist diese Auffassung der genannten Schrift richtig, dann haben wir sie nach dem Werke des Anaxagoras anzusetzen, und zwischen diesem und Demokrit wird Leukipp wohl seinen richtigen Platz haben.

Was wir von seiner Lehre wissen, gleicht den Sätzen Demokrits so weitgehend daß sich für das physikalische Weltbild der beiden Denker eine überzeugende Trennung nicht vornehmen läßt. Wir dürfen damit rechnen, daß Demokrit hier im großen und ganzen der Empfangende gewesen ist. Aus dem Gesagten ziehen wir die Folgerung, die physikalische Theorie des Atomismus ohne Aufteilung ihrer Elemente auf die beiden Denker darzustellen.

Diese Lehre unternimmt es, die Welt in allen ihren Teilen einzig aus zwei Gegebenheiten zu erklären: aus kleinsten unteilbaren Partikeln, den Atomen (ἡ ἄτομος sc. ἰδέα), und dem leeren Raum, in dem sie sich bewegen. Der ganze Kosmos gebildet von kleinsten Teilen: das sieht zunächst wie eine Variante der Panspermie des Anaxagoras aus. Man wird die Möglichkeit eines Zusammenhanges nicht ausschließen können, anderseits protestiert das Atom bereits durch seine Benennung gegen die unendliche Teilungsmöglichkeit der anaxagoreischen Spermata. Andere Unterschiede sind noch weit wichtiger. Anders als Anaxagoras hat der Atomismus die unseren Sinnen gegebenen Qualitäten zum größten Teile von der Welt der Atome als dem allein Wirklichen getrennt und für subjektiv erklärt (VS 68 B 9. 125). Als seiend erkennt er allein Gestaltsqualitäten der Atome an, die größer oder kleiner, rund oder eckig, glatt oder rauh an Oberfläche sein und sich in verschiedener Lage zueinander gruppieren können. Man hat mit Recht betont[1], daß diese Rückführung unserer sinnlichen Eindrücke auf mathematisch erfaßbare Größen einen bedeutenden Schritt auf die Methoden moderner Naturwissenschaft zu bedeutet. In der Tat lesen wir bei Aristoteles (*de caelo* 3, 4. 303a 4) die erregende Notiz, auf ihre Weise hätten die Atomisten alles Bestehende auf Zahlen zurückgeführt. Von Demokrit hat es eine ganze Reihe mathematischer Schriften gegeben, auch über Pythagoras hat er ein Buch verfaßt und soll mit verschiedenen Pythagoreern in Verkehr gestanden haben.

Am tiefsten reicht der Unterschied zwischen dem Atomismus und dem System des Anaxagoras bei der Erklärung jener Bewegung, die für die Bildung und Zerstörung von Körpern, also für alles scheinbare Werden und Vergehen unerläßlich ist. Anaxagoras trennt den Nus als Beweger trotz seiner stofflichen Natur von der übrigen Materie und läßt ihn von außen die Bewegung in diese tragen. Anders ist für den Atomismus eine ewige und auf keine Ursache zurückführbare Wirbelbewegung von allem Anfange an mit den Atomen gegeben. Dazu kommt eine Art von Auftrieb der leichteren und eine Tendenz zur Mitte der schwereren Teilchen sowie der Rückprall

[1] Br. Snell, *Die Entdeckung des Geistes*, 3. Aufl. Hamb. 1955, 311.

bei gegenseitiger Berührung als Teilkomponenten jener Bewegung, die allen Wandel in der Zusammensetzung der unveränderlichen Atome herbeiführt.

Es ist gestattet, in den stofflich homogenen und nur nach Gestalt und Oberfläche verschiedenen Atomen eine letzte Metamorphose des Urstoffes der Milesier zu erblicken. Anderseits läßt sich auch eine Linie zu den Eleaten ziehen. In den Atomen und dem leeren Raum stellt sich ein im Grunde unveränderliches Sein dar, zu dem menschliche Erkenntnis erst findet, wenn die Schicht der sinnlichen Erscheinungen durchstoßen ist. Den Zeugnissen der Sinne gegenüber hat der Atomismus mit den Eleaten grundsätzliches Mißtrauen gemeinsam. Seine Theorie läßt unsere Eindrücke von den Dingen durch bildchenartige Atomgruppen (εἴδωλα) zustande kommen, die sich von den Gegenständen ablösen und durch Öffnungen des Körpers in diesen dringen. Aber Erkenntnis des wahren Seins ist auf diesem Wege nicht zu gewinnen (B 6. 7)[1]. Während aber die Eleaten aus der Unzuverlässigkeit der sinnlichen Wahrnehmung die Folgerung zogen, die durch sie vermittelte Welt radikal abzuwerten und als Scheinwelt von dem wahren Sein durch eine tiefe Kluft zu trennen, gingen die Atomisten einen anderen Weg. Was die Sinne vermitteln, ist das freilich unzulängliche Rohmaterial, aus dem der prüfende und wägende Verstand tiefere Einsicht gewinnt. So hat denn Demokrit in der logischen Schrift über *Denkregeln* (Κανόνες B 11) die dunkle (σκοτίη) Erkenntnis durch die Sinne von der echten (γνησίη) durch den Verstand geschieden. Die zweite setzt dort ein, wo die erste stumpf wird. Aber Demokrit hat sich nicht darüber getäuscht, wie bedenklich bei diesen Wegen der Erkenntnis die Brüchigkeit der Ausgangsposition ist. Wir hören von ihm manche Klage über unser Nichtwissen, wie etwa das Wort von der Wahrheit, die in der Tiefe bleibt (B 117), und einmal läßt er das Grundübel geradezu dramatisch hervortreten. Da reden die Sinne zu dem Verstand, der sich um so vieles besser dünkt als sie: *Armer Verstand, von uns nahmst du die Beweisstücke und willst uns damit niederwerfen?* (B 125)

Die Geschlossenheit des atomistischen Systems ist an einem Punkte entscheidend durchbrochen. Die Seele wird zwar ebenfalls als Zusammensetzung von Atomen erklärt, und es bleibt noch im Rahmen der Lehre, wenn diese Seelenatome als rund und daher besonders beweglich gedacht werden, nicht mehr fügt es sich jedoch in diesen, wenn ihnen die Qualität des Feurigen zugesprochen wird (VS 68 A 101–107). Atome dieser Art befinden sich auch im Kosmos und werden von den Lebewesen mit dem Atem aus der Luft aufgenommen, wie ja zweifellos am Grunde der ganzen Vorstellung der alte Glaube an die Hauchseele liegt, der mit der Bewertung des Feuers durch Heraklit eine Verbindung eingegangen ist. Im Kosmos sind Atome der bezeichneten Art reichlich vorhanden, aber sie haben dort keinerlei Einfluß auf die Mechanik der Materie. Im Körper jedoch bilden sie ein Atomaggregat, das zwar mit dem Tode zerfällt, so daß sich Unsterblichkeit der Seele ausschließt, im lebenden Organismus aber wie ein zweiter, feinerer Körper durch die ständige Zufuhr neuer Seelenatome durch die Atemluft erhalten bleibt und erstaunliche Funktionen versieht. Die Seele ist Trä-

[1] Zur δόξις ἐπιρυσμίη: H. LANGERBECK, *N. Phil. Unters.* 10, 1935.

gerin selbständiger Bewegungsimpulse, Trägerin des Denkens und Fühlens, so daß der Mensch urteilend und planend in der ansonsten unbeseelten und ausschließlich mechanisch bewegten Materie steht. Diese Seele bleibt ihrer Zusammensetzung und ihrem endlichen Schicksale nach in das atomistische Weltbild eingefügt, sie durchbricht es aber durch ihre Eigenbewegung, die sie dem Körper vermittelt, und durch jene Funktionen, die sie der Seelenvorstellung eines dualistischen Weltbildes nähern.

Der Mensch mit seinen besonderen Problemen und Möglichkeiten hat im Philosophieren Demokrits einen breiten Raum eingenommen, ihm war die *Kleine Weltordnung* (Μικρὸς διάκοσμος) gewidmet, ohne Zweifel das Gegenstück zu dem Werke Leukipps. So spricht denn viel dafür, daß die Lehre von der Seele vornehmlich Demokrit gehört, allerdings sind die Elemente, wenn die Berichte (A 28. 34) nicht trügen, bereits bei Leukipp vorhanden gewesen.

Jedenfalls liegen hier die Voraussetzungen dafür, daß der Materialist Demokrit zum Ethiker wurde. Im Mittelpunkt der hierhergehörigen Schriften stand jene *Über Wohlgemutheit* (Περὶ εὐθυμίης), deren Anfang (B 3) die Warnung vor dem Übel rastloser Betriebsamkeit ausspricht und mit dem Preis des Maßes altgriechischem Denken verbunden bleibt. Und doch zeichnet sich hier ein erstes Mal ein neues Zielbild menschlichen Seins ab, vor dem die alten Werte der Adelsethik und der Polisweit schattenhaft zu werden beginnen. Der Einzelne wird nun als Welt für sich gesehen, wahrhaft als ein kleiner Kosmos, in dem Ordnung und Frieden zu erhalten die Aufgabe vor allem anderen bleibt. Das klingt ebenso individualistisch wie auf den reinen Nutzen bedacht. Aber auch hier kommt es nicht auf den Rahmen, sondern auf das Bild an, und es weckt unser Staunen, welch erlesene Weisheit einer weit ihrer Zeit vorauseilenden Ethik auf diesem Boden gedieh. Was wir haben, ist eine Fülle von Gnomen, vor allem bei Stobaios (B 169–297) und in einer auf den Namen Demokrates gestellten Sammlung (B 35–115), die den Eindruck machen, als setzten sie die Literatur der alten Hypothekai fort. Doch verbieten größere Fragmente die Vorstellung, als habe Demokrit Sinnsprüche in endloser Folge aneinandergereiht, während anderseits die Versuche, dem Erhaltenen ein geschlossenes System der Ethik abzugewinnen, auch nicht zum Ziele führten. Überhaupt muß einbekannt werden, daß wir uns von der Komposition der Schriften Demokrits keine greifbare Vorstellung zu machen vermögen. Um so eindrucksvoller ist das Einzelne: da wird die Scham des Menschen vor sich selbst als Korrektiv gefordert (B 84), der von der Ausführung noch getrennte Wille als entscheidend betrachtet (B 62. 68), wobei wir an Herodots Glaukosgeschichte (s. S. 369) denken, Reue über Schändliches Rettung des Lebens genannt (B 43) und der Satz ausgesprochen, der in Platons *Gorgias* wiederkehrt, daß Unrechtleiden besser sei als Unrechttun (B 45). Das Glück des Menschen bestimmt sich als Summe der Lustgefühle, aber das gilt nicht von jeglicher Lust, sondern allein von der am Schönen (B 207). Und der Materialist verblüfft uns durch den Satz (B 189), daß der Mensch die meiste Freude einernten werde, der seine Lust nicht am Sterblichen finde. Hier wird das neue Ideal eines ganz geistiger Arbeit hingegebenen Lebens sichtbar, und wir hören den Mann, der gesagt haben soll, die Erklärung einer einzigen Ursache zu finden, gelte ihm mehr als das ganze Perserreich[1].

Die Ethik des Demokrit gründet auf der dem Menschen erreichbaren Einsicht, und dem entspricht die Bedeutung der Erziehung in seinem Denken. Wieder stellen wir den Einbruch von Neuem fest, wenn wir den Satz (B 242), daß mehr Leute durch Übung tüchtiger würden als durch Anlage, neben die unbedingte Schätzung der Physis stellen, wie wir sie in der Nachfolge der Adelsethik noch bei Sophokles in seinem *Philoktetes* lebendig fanden.

Die ethische Mahnung Demokrits stützt sich nicht auf die Drohung mit Jenseitsstrafen, vielmehr hat er in Büchern wie jenen *Über die Dinge im Hades* (Περὶ τῶν ἐν Ἅιδου) die Schreckbilder von den Seelen der Menschen nehmen wollen, sie stützt sich auch nicht auf ein von Göttern gegebenes Sittengesetz. Wie weit es Götter im Weltbild des Demokrit gab und was sie dort taten, ist schwer zu sagen. Einmal (B 175) wird höchst unbefangen von den Göttern als Spendern alles Guten für die Menschen gesprochen, aber wir kennen den Zusammenhang nicht. Dann wieder (B 166) hören wir von großen, schwer vergänglichen Bildern (εἴδωλα), die dem Menschen zukunftskündend nahen und in ihm die Gottesvorstellung erweckten. Cicero hatte wohl recht, wenn er die Verworrenheit von Demokrits Vorstellungen gerade auf diesem Gebiete beklagte (*de nat. deor.* 1, 29; 120). Wir wagen es, sie als Ausdruck einer Antinomie zu deuten, die sich für die Geschlossenheit dieses atomistischen Weltbildes schon mehrfach als gefährlich erwies.

Wo Demokrit in seinem atomistischen Weltbild allgemein verpflichtende Werte angesiedelt und wie er sie begründet hat, können wir nicht sagen. Daß er jedoch solche Werte anerkannte und auf ihnen seine Ethik aufbaute, dürfen wir mit Sicherheit annehmen. Der Denker, der in einem früher zitierten Fragment (B 125) Begriffe wie Farbe, süß und bitter, der konventionellen Ausdrucksweise zuschrieb, während es doch in Wahrheit nur die Atome und den leeren Raum gebe, kann diese Skepsis gegen die mit den Sinnen wahrgenommenen Qualitäten nicht auf das Gebiet der Ethik übertragen haben. Von grundsätzlichem Relativismus war er vielmehr so weit entfernt, daß er vielmehr als Gegner gegen ihn auftrat. Da wird eine Stelle in der Schrift Plutarchs *Gegen Kolotes* (4 p. 1108 f = B 156) bedeutungsvoll. Dort nimmt Plutarch den Demokrit gegen den Vorwurf in Schutz, er habe das Leben durch die Behauptung verwirrt, keinem der Dinge komme diese Eigenschaft mehr zu als jene. Ganz im Gegenteil sei Demokrit in zahlreichen und überzeugenden Äußerungen gegen Protagoras aufgetreten, der solche Lehre verkündete. Hier ist eine Anwendung auf die Ethik nicht ausgesprochen, wenngleich sie sich ableiten läßt, aber jedem Zweifel entzogen ist ein Satz (B 69), den wir unter den Sprüchen des Demokrates[2] lesen: *Für alle Menschen ist dasselbe gut und wahr: angenehm freilich ist dem einen dies, dem andern das.*

[1] B 118. Ähnlich Sokrates bei Plat. *Euthyd.* 274a.

[2] Darüber, daß wir in dem unter dem Namen des Demokrates überlieferten Denksprüchen im wesentlichen echten Demokrit lesen, vergleiche man H. Diels zu B 35.

Demokrits Schriftstellerei hat sich mit allen Bereichen menschlicher Tätigkeit befaßt. In seiner *Kleinen Weltordnung* äußerte er über die Entwicklung menschlicher Kultur aus einem rohen Urzustand Ansichten, wie sie uns bei Protagoras bald ähnlich begegnen werden[1]. In dem Streit um die Entstehung der Sprache trat er auf die Seite derer, die ihre Anfänge nicht in natürlichen Gegebenheiten (φύσει), sondern in menschlicher Übereinkunft (θέσει) suchten. Auch der Kunst hat er sein Interesse zugewandt, der Dichtung vor allem, und in seiner Schrift *Über Homer* stellt er sich mit Untersuchungen über den Sprachgebrauch als früher Vorläufer der Homerphilologie dar.

Unser Überblick über den Inhalt und die Richtungen von Demokrits Forschen konnte noch keine Vorstellung von dem gewaltigen Umfange seines literarischen Werkes geben, für den wir bei den älteren Philosophen nichts Vergleichbares finden. Wir besitzen den Katalog seiner Schriften, den der Pythagoreer Thrasyllos, Astronom des Tiberius, gestützt auf die Arbeiten der Alexandriner, anfertigte (A 33). Er faßte die Bücher Demokrits in dreizehn Tetralogien zusammen, die er nach Sachbezügen in fünf Gruppen teilte: Schriften zur Ethik, Physik, Mathematik, Musik und technische Schriften. Außerhalb der Tetralogien beließ er neun Werke, von denen acht – für Demokrit höchst bezeichnend – Ursachen (Αἰτίαι) aus den verschiedensten Bereichen behandelten, während das neunte *Vom (Magnet-)Stein* (Περὶ λίθου) handelte. Die von Thrasyllos gesondert angeschlossenen *Hypomnemata* gelten als unecht.

Vom Stil Demokrits vermögen wir uns keine lebendige Vorstellung mehr zu machen, aber so viel meinen wir noch von der Klarheit und Farbigkeit dieses künstlerisch zweifelsohne stark begabten Mannes zu erkennen, daß wir das Lob antiker Autoren (A 34) als berechtigt verstehen: die Höhenlage seines Stiles, die sich mit Prägnanz verbindet, Neigung zum Parallelismus der Glieder und Sorgfalt der Wortstellung sind den Fragmenten noch deutlich abzulesen. Die Reinheit seines ionischen Dialektes können wir nicht mehr beurteilen, da wir nur Bruchstücke in der Vermittlung durch andere Autoren besitzen.

Die Wirkung Demokrits reicht in große Weiten, hat sich aber teilweise in seltsamen Formen geäußert. Neben dem Naturforscher, dessen Erbe im Laufe der Jahrhunderte immer wieder zeugende Kräfte entfaltete, steht der Schüler persischer Magier, der Träger geheimen Wissens, den zur Zeit des zweiten Ptolemäers der Pythagoreer Bolos von Mendes zum Zeugen und Vertreter seiner trüben Weisheit machte (B 300). Dessen Erzeugnisse hatten ihrerseits eine bedeutende Wirkung und setzten sich in der sinkenden Antike in den Schriften der Goldmacher fort. Als großer Weiser mit magischen Kräften erscheint Demokrit in den Briefen, die man in der frühen Kaiserzeit auf den Namen des Hippokrates fälschte (C 2–6).

[1] K. Reinhardt hat *Herm.* 47, 1912, 492; jetzt *Vermächtnis der Antike.* Göttingen 1960, 114, die Ansicht vertreten, daß die kosmologischen und kulturgeschichtlichen Einleitungskapitel bei Diodor über die *Aigyptiaka* des Hekataios von Abdera auf Demokrit zurückgingen. Diese These erschüttert nun W. Spoerri, *Späthellenistische Berichte über Welt, Kultur und Götter.* Schw. Beitr. 9. Basel 1959, der bei Diodor an eine Art von späthellenistischer Koine über den Ursprung von Welt und Kultur denkt.

Zur Bibliographie vgl. S. 199 Anaxagoras: VS 59. D. CIURNELLI, *La filosofia di Anassagora.* Padua 1947. J. ZAFIROPULO, *Anaxagore de Clazomène.* Paris 1948. F. M. CLEVE, *The philosophy of Anaxagoras.* New York 1949; vgl. F. HEINIMANN, *Gnom.* 24, 1952, 271, mit der neueren Lit. J. E. RAVEN, ‹The Basis of Anaxagoras' Cosmology›. *Class. Quart.* 48, 1954, 123. CH. MUGLER, ‹Le problème d'Anaxagore›. *Rev. Et. Gr.* 69, 1956, 314; D. BARGRAVE-WEAVER, ‹The cosmogony of Anaxagoras›. *Phronesis* 4, 1959, 77. K. BLOCH, ‹Anaxagoras und die Atomistik›. *Class. et Mediaev.* 20, 1959, 1. K. v. FRITZ, ‹Der νοῦς des Anaxagoras›. *Arch. f. Begriffsgesch.* 9, 1964, 87. D. LANZA, ‹Il pensiero di Anassagora›. *Mem. dell'Ist. Lombardo.* 29, 1965, 223; ders., *Anassagora. Testimonianze e frammenti.* Firenze 1966 (mit Übers., Komm. und viel Lit.). FR. ROMANO, *Anassagora.* Padova 1965. M. STOKES, ‹On Anaxagoras 1: Anaxagoras' theory of matter›. *Arch. Gesch. Philos.* 47, 1965, 1. – Archelaos: VS 60. – Diogenes: VS 64. J. ZAFIROPULO, *Diogène d'Apollonie.* Paris 1956. F. HÜFFMEIER, ‹Teleologische Weltbetrachtung bei Diogenes von Apollonia?› *Phil.* 107, 1963, 131 (Auseinandersetzung mit W. THEILER). Die Eigenständigkeit des Diogenes betont W. K. C. GUTHRIE, *A History of Greek Philosophy* 2. Cambridge 1965, 362. – Leukipp: J. KERSCHENSTEINER, ‹Zu Leukippos A 1›. *Herm.* 87, 1959, 441. – Demokrit: VS 68. K. v. FRITZ, *Philosophie und sprachlicher Ausdruck bei Demokrit, Plato und Aristoteles.* New York 1940. Ders., ‹Democritus' theory of vision›. *Festschr. Singer* 1, 1953, 83. G. VLASTOS, ‹Ethics and Physics in Democritus›. *Philosophical Rev.* 54, 1945, 578; 55, 1946, 53. F. ENRIQUES-M. MAZZIOTTI, *Le dottrine di Democrito d'Abdera.* Bologna 1948, I. LANA, ‹Le dottrine di Protagora e di Democrito›. *Acc. d. Lincei. Rend.* 1950. Vol. 5, 185. W. KRANZ, ‹Die Entstehung des Atomismus›. *Convivium, Festgabe f. Ziegler.* Stuttg. 1954, 14. CH. MUGLER, ‹Les théories de la vie et de la conscience chez Démocrite›. *Rev. Phil.* 33, 1959, 7. In der Schrift des Aš-Šakrāstanīs finden sich 15 ethische Bruchstücke des Demokrit: F. ALTHEIM und R. STIEHL, *Die aramäische Sprache unter den Achaimeniden.* 2. Lfg. 1960, 187. J. FERGUSON, ‹On the date of Democritus›. *Symb. Osl.* 40, 1965, 17. TH. COLE, *Democritus and the Sources of Greek Anthropology.* Ann. Arbor 1967. C. C. W. TAYLOR, ‹Pleasure, knowledge and sensation in Democritus›. *Phronesis* 12, 1967, 6.

B. DIE AUFKLÄRUNG UND IHRE GEGNER

1. DIE SOPHISTEN UND DIE ANFÄNGE KUNSTMÄSSIGER BEREDSAMKEIT

Ungefähr um die Mitte des 5. Jahrhunderts setzt in Athen eine Bewegung ein, in der die zahlreichen und kräftigen Spannungen jener Zeit vielfachen Reichtumes zwischen Perserstrum und Peloponnesischem Kriege in dramatischer Weise zum Austrag kamen. Man hat sich seit Hegel daran gewöhnt, die Sophistik mit der Aufklärung des 18. Jahrhunderts in Parallele zu setzen, und nicht wenige ihrer Wesenszüge können einen derartigen Vergleich wohl rechtfertigen. Nur will es bedacht sein, daß die Sophistik in größerem Maße ihren Wirkungsbereich in einer geistigen und wirtschaftlichen Oberschicht suchte und fand. Der prächtige Mimus, den Platon in den Anfangsteil seines *Protagoras* eingefügt hat und der uns die Größen der Sophistik im Hause des reichen und bildungsbeflissenen Kallias zeigt, gibt ein gutes Bild von dem sozialen Bereich dieser Bewegung. Immerhin haben manche ihrer Vertreter auch bei den Nationalfesten breitere Resonanz erstrebt.

Auch die Sophistik hat ihre Vorgeschichte, und diese reicht weit zurück. Die Überalterung der Adelsethik in einer Zeit, die mit Handel und Geldwesen neue Wirtschaftsformen heraufbrachte, die gewaltige Erweiterung des Gesichtskreises durch die

Kolonisationen[1], das Erwachen des Individuums, das sich in der Lyrik auszusagen lernte, die scharfe Kritik Einzelner an dem überlieferten Mythos und seinem Bilde des Göttlichen, die Auflösung der Einheit menschlichen Denkens und Erkennens durch Philosophen wie Heraklit oder Parmenides, das alles hat ihr kräftig vorgearbeitet. Man kann auch hier die für alle Geistesgeschichte programmatische Frage stellen, wie weit die Bewegung durch neue Impulse das geistige Leben ihrer Zeit veränderte oder das potentiell bereits Vorhandene zur vollen Entfaltung brachte. Wie beinahe stets in solchen Fällen wäre jede extreme Antwort falsch. Witzig hat Br. Snell[2] einmal für ein ähnliches Problem an die Frage erinnert, was früher sei, das Hühnchen oder das Ei.

Keine andere geistige Bewegung kann sich an Dauerhaftigkeit ihrer Folgen mit der Sophistik vergleichen. Nicht, daß sie mit einem Schlage das griechische Geistesleben umgestaltet hätte, wir hatten vielmehr von einer gewissen Begrenztheit der Kreise zu sprechen, in denen sie zunächst wirksam wurde. Aber was sie auflöste, konnte innerhalb des griechischen Lebens nie wieder ein wirklich Ganzes werden, und die Fragen, die sie stellte, die Zweifel, die sie weckte, sind durch die europäische Geistesgeschichte nicht mehr zum Schweigen gekommen, bis auf den heutigen Tag.

Das griechische Weltbild hat seit der Archaik manche Bereicherung und Änderung erfahren, die eine Gefährdung seiner Sicherheit bedeuteten, im wesentlichen aber hat es sich ohne entscheidenden Bruch in die Hochklassik fortgesetzt. Noch lebte der Mensch in einem sicheren Horizonte, und mochte an der festgefügten Behausung seines Daseins auch mancher Sturmwind rütteln, so blieben die Dinge doch an dem Platze, den ihnen Väter und Vorväter angewiesen hatten. Alles aber war voll von Göttern, von jenen der großen alten Dichtung und den anderen vielen, die örtlichem Glauben teuer waren. Von Attika gilt dies vor allem, dessen Entwicklung bis in die Anfänge der Pentekontaetie in manchem hinter den Randgebieten griechischer Kultur zurückgeblieben war. Was dort draußen ein Xenophanes oder Heraklit von den alten Göttern sagte, konnte den Glauben der Überlieferung nicht erschüttern und wurde kaum vernommen. Und in der Hut dieser Götter war die ganze Lebensordnung, die sie ja einstens selbst gestiftet hatten, wohlgeborgen: das Recht, das man an geheiligter Stätte sprach, die Familie und die Erziehung der Kinder, die in eine festgefügte Wertordnung hineinwuchsen, der Verkehr mit Mitbürgern und Fremden, kurzum die gesamte Ordnung der Polis, über die vom Burgberg her die Landesgöttin schützend ihre Hände hielt, wie das Solon so lebendig empfunden und ausgesprochen hatte. Freilich gab es im Inneren politische Kämpfe genug, aber von einer anderen Seite her war die Einheit der Politen nicht in Frage gestellt: Wissen und Bildung waren noch nicht zu trennenden Mächten geworden, die eine breite Kluft aufrissen. Wenn die tragischen Dichter dem alten Mythos eine neue Deutung gaben, so vereinte das gewaltige Rund des Theaters am Südhang der Akropolis alle freien Angehörigen der Polis, die sich über alle Gegensätze hinweg vor dem kultischen Spiel zur Einheit zusammenfanden.

[1] J. Boardman, *The Greeks overseas*. Penguinbooks 1964 (mit Bibliographie).

[2] In dem an Anregungen reichen Buche *Poetry and Society*. Indiana Un. Pr. Bloomington 1961, 2.

Es war nötig, hier einen Blick auf die Tradition, den aus Väterzeiten stammenden Nomos, zu werfen, um sich auf die Mächte zu besinnen, denen die Sophistik den Kampf angesagt und die sie zerstört hat, nicht sogleich und für alle, aber im Laufe der Zeit und vielen. Die Wertung dieser Bewegung – an sich erschwert dadurch, daß ihr ausgiebigster Zeuge, Platon, gleichzeitig ihr überzeugtester Gegner ist – mußte notwendig sehr verschieden ausfallen. Jeweils wird sie nach seinem eigenen Standpunkte der eine als den Beginn der Auflösung des Griechentums und die tödliche Gefährdung notwendiger Fundamente menschlichen Seins erklären, der andere in ihr den kühnen Aufbruch des menschlichen Geistes aus der Geborgenheit der Tradition, die notwendige Auflockerung des von der Gefahr der Erstarrung Bedrohten erkennen wollen. Mit diesem Anruf aus der Welt griechischen Denkens muß jeder für sich ins reine kommen, für alle aber bleibt die Sophistik ein entscheidendes Stück Geschichte jener Menschheit, der es nach Hölderlins Wort gegeben ist, auf keiner Stätte zu ruhen.

Die wichtigsten Voraussetzungen der Sophistik wurden in ionischen Bereichen geschaffen, und wer eine gewisse Vereinfachung und Überspitzung nicht scheut, könnte sagen, daß in ihr ionische Unruhe über die beharrenden Kräfte des Attischen gekommen sei. Aus ionischem Bereiche stammt auch ihr Begründer, Protagoras aus Abdera, der Heimat Demokrits. Etwa 485 geboren, ist er um ein gutes Stück älter als Demokrit, zu dessen Schüler ihn antike Überlieferung machen möchte. Die Geschichte (A 2), er hätte anläßlich des Xerxeszuges bei durchziehenden Magiern Unterricht genossen, sollte man nicht ernst nehmen, wie dies neuerdings geschieht[1].

Die Sophisten sind meist Männer ohne eigentliche Heimat, auch hierin festen Bindungen entzogen, was ihnen Platon (*Tim.* 19e) vorrückt. So haben wir uns auch Protagoras zumeist auf Reisen zu denken, ohne daß wir über deren Verlauf allzuviel auszusagen wüßten. In Sizilien ist er gewesen und hat sich mehrmals und wohl für längere Zeit in Athen aufgehalten. Wir können ihn um die Jahrhundertmitte dort vermuten, denn in dieser Zeit müssen sich die engen Beziehungen zu Perikles angesponnen haben, die dazu führten, daß der athenische Staatsmann Protagoras mit der Gesetzgebung für das 444/43 gegründete Thurioi betraute. Wiederum finden wir ihn im zweiten Jahre des Peloponnesischen Krieges in Athen. Damals sah er Perikles an den Leichen seiner beiden Söhne, die der furchtbaren Epidemie jenes Jahres zum Opfer gefallen waren, und bewunderte die Größe seiner Haltung. Die Aufenthalte des Protagoras in Athen werden zahlreicher gewesen sein, als wir es wissen. Jedenfalls hat ihn dort die Asebieklage des Pythodoros bedroht, der er sich durch die Flucht entzog. Seine Bücher wurden öffentlich verbrannt, er selbst soll auf der Überfahrt nach Sizilien durch Schiffbruch ums Leben gekommen sein, was allerdings Platon im *Menon* (91 e) nicht zu wissen scheint. In Pythodoros erhob sich das konservative Athen gegen den Sophisten. Der Ankläger gehörte den oligarchischen Kreisen an, die den Staatsstreich des Jahres 411 ins Werk setzten, und ungefähr in diese Zeit fiel wohl der gegen Protagoras gerichtete Angriff.

[1] Griechische Beziehungen der Magier J. Bidez-F. Cumont, *Les mages hellénisés*. Paris 1938.

In Platons Dialog *Protagoras* bekennt sich dieser mit starkem Nachdruck zur Bezeichnung seiner Tätigkeit als der eines Sophisten (317 b). Solche Benennung scheint nach dem, was der Sprechende vorher sagt, nicht unbedenklich: alle, die vor Protagoras, von Homer angefangen, Menschen durch Belehrung zu bilden strebten, hätten vorsichtig eine andere Bezeichnung gewählt. Die Stelle setzt bereits eine stark differenzierte und wenig wohlwollende Verwendung des ursprünglich viel weiter und ohne Nebensinn gebrauchten Wortes σοφιστής voraus[1]. Diese Bedeutungsentwicklung, die den scharfen Gegensatz zwischen Sophisten und Philosophen zur Ausprägung bringt, hat sich vor allem im Kreise der Sokratiker abgespielt, die in Opposition zur Sophistik standen.

Die entscheidenden Wesenszüge der Zunft sind in Protagoras bereits klar ausgeprägt. Der Sophist zieht lehrend von Stadt zu Stadt, um sein Können denen zu vermitteln, die sich ihm als Schüler anschließen. Dabei geht es nicht um Philosopheme, sondern um Fähigkeiten und Wissensgüter, die den so Unterwiesenen instandsetzen sollen, mit Wohlberatenheit (εὐβουλία ist ein Leitwort der Zeit) im Kampfe des Lebens und dem Getriebe der Politik den besten ihm erreichbaren Platz zu besetzen[2]. Die so vermittelten Güter, Fachwissen sowohl wie dialektische und rhetorische Fähigkeiten, erscheinen dem Sophisten und seinen Hörern so wichtig, daß er in der Regel ein Entgelt dafür verlangt, das bis zu bedeutender Höhe ansteigen kann. Der Weg der Vermittlung ist der mündliche in geschlossenen Kursen, neben die gelegentlich öffentliche Vorträge traten. Solche pflegt der Sophist in einer Art von Programm anzukündigen (ἐπαγγέλλεσθαι). Seine Kunst erweist er ebenso in der sorgfältig vorbereiteten Rede wie in der Improvisation, was die Begründung einer Übung bedeutet, die in der Antike nie mehr abriß und die Dichtung im Leben der Nation mehr und mehr in den Hintergrund treten ließ.

Die große Rolle der Mündlichkeit im Wirken der Sophisten schloß aber die Verbreitung ihrer Lehren in Buchform nicht aus. Leider ist uns – nicht zuletzt durch den Einfluß der Sophistengegner – so gut wie alles verlorengegangen. Von der Publikation sophistischer Paradereden (ἐπιδείξεις) können uns die *Helena* und der *Palamedes* des Gorgias eine Vorstellung vermitteln, für sophistische Lehrschriften sind wir auf so kümmerliche Erzeugnisse wie die *Dialexeis* (s. u.) oder den wertvolleren *Anonymus Iamblichi* angewiesen. Auch der im hippokratischen Corpus enthaltene Vortrag *Über die Heilkunst* (Περὶ τέχνης) kann als Beispiel sophistischer Produktion dienen, wenngleich die Zuweisung an Protagoras der Vergangenheit angehört.

Bei Diogenes Laertios lesen wir einen recht umfangreichen Katalog von Werken des Protagoras, der die Titel verschiedener technischer Schriften mit solchen vereinigt,

[1] Zur Bedeutungsentwicklung VS 79. WILH. NESTLE (s. u.), 249. M. UNTERSTEINER (Ausgabe) 1, 2.

[2] F. HEINIMANN, ‹Eine vorplatonische Theorie der τέχνη›. *Mus. Helv.* 18, 1961, 105, macht es wahrscheinlich, daß bereits Protagoras eine Theorie der τέχνη entwickelt hat, in der er von einer τέχνη eine bestimmte Zielsetzung lebensfördernder Art, Unterscheidbarkeit von anderen τέχναι und Erreichbarkeit des Zieles durch sachgemäße Führung forderte. HEINIMANN vermutet, daß diese Theorie bei den Hippokratikern (περὶ τέχνης und περὶ ἀρχαίης ἰητρικῆς), sowie beim platonischen Sokrates und im Konkurrenzkampf hellenistischer Philosophenschulen weiterwirkte.

die im folgenden besprochen sind. Das Verzeichnis dürfte auf die alexandrinische Bibliothek zurückgehen, die sich also für diesen Sophisten interessiert hätte. Die Beurteilung der Titel wird dadurch erschwert, daß gute Gründe dafür sprechen, in einzelnen lediglich die Bezeichnung von Teilen der größeren Werke zu erblicken. UNTERSTEINERS These[1] freilich, der Katalog enthalte durchwegs nur Unterabteilungen der *Antilogiai* und auch der Titel *Über die Götter* bezeichne eine solche, ist in diesem Ausmaße nicht zu sichern.

Wiederum bei Diogenes (9, 54) haben wir die bestimmte Angabe, Protagoras habe als erste seiner Arbeiten die *Über die Götter* (Περὶ ϑεῶν) vorgelesen, wobei neben anderen das Haus des Euripides als Ort der denkwürdigen Lesung genannt wird. Daß sich die späte Anklage gegen Protagoras offenbar vornehmlich auf diese Schrift gründete, schließt frühe Entstehung nicht aus. Sie beginnt (B 4): *Von den Göttern vermag ich nicht zu wissen, weder daß sie sind, noch daß sie nicht sind, noch, wie sie etwa gestaltet sind. Denn vieles steht dem Wissen entgegen: ihre Unsichtbarkeit und die kurze Dauer des menschlichen Lebens.* Bestimmter konnte ein Agnostizismus, der mit einer Bewegung die strahlenden Bilder des Mythos von der Tafel des griechischen Lebens löscht, nicht ausgedrückt werden. Ob sich hinter dieser Aussage eine völlige Leugnung des Göttlichen birgt, können wir nicht entscheiden. Gelegentlich (A 12) hat man Protagoras zu den Atheisten gestellt, während ihn Cicero (*de nat. deor.* 1, 2; 117) von diesen scheidet. Ein Ausweichen vor den letzten Folgerungen ließe sich mit dem sonstigen Bilde dieses Denkers wohl vereinen. Diogenes von Oinoanda jedoch sagt in der großen epikureischen Inschrift[2], Protagoras habe δυνάμει dasselbe gemeint wie der Atheist Diagoras von Melos, sei aber im Ausdruck vorsichtiger gewesen.

Wenn Protagoras dem Katalog zufolge *Über die Dinge im Hades* (Περὶ τῶν ἐν Ἅιδου) geschrieben hat, so wird das im Rahmen des Buches *Über die Götter* und mit der Absicht geschehen sein, die Schreckbilder des Mythos zu entwerten.

Das Fundament seiner auf die Erziehung des politischen Menschen gerichteten Tätigkeit hat Protagoras in dem Werke gelegt, das später unter dem aggressiven Doppeltitel *Die Wahrheit oder die niederwerfenden Reden* (Ἀλήϑεια ἢ καταβάλλοντες) umlief. In seinem Anfange stand der Satz, der in der «Gigantomachie» um das Wesen des Seienden, von der Platon einmal (*Soph.* 246a) spricht, die eine der beiden Gegenpositionen bestimmt: *Aller Dinge Maß ist der Mensch, der seienden, daß sie sind, der nicht seienden, daß sie nicht sind.* Wir haben eine schlichte Übertragung des Satzes gegeben, die ihn nicht mit der Problematik der modernen Diskussion belastet[3]. Wir möchten meinen, daß die Fragen, wie weit dieser Satz nur erkenntnistheoretisch sei und wie weit er in das Gebiet der Ethik reiche, ob die *Dinge* (χρήματα) Gegenstände oder Qualitäten oder Geltung meinen, *der Mensch* nur generell oder individuell zu verstehen sei, den

[1] ‹Le «Antilogie» di Protagora›. *Antiquitas* 2/3, 1947/48, 34; *I sofisti* (s. u.), 17.

[2] fr. 12 c. 2, 1 p. 19 WILLIAM = VS 80 A 23.

[3] Gut E. KAPP, *Gnom.* 12, 1936, 71. Ausführlich und eigenwillig (auch in den übrigen Interpretationen der Sophisten) M. UNTERSTEINER, *I sofisti* (s. u.), 96; da soll der Satz bedeuten: *l'uomo è dominatore di tutte le esperienze!* Vgl. auch E. SCHWARTZ, *Ethik der Griechen.* Stuttg. 1951, 77. E. WOLF, *Griech. Rechtsdenken.* 2, Frankf. a. M. 1952, 21. Einige Literatur bei B. M. W. KNOX, *Oedipus at Thebes.* New Haven 1957, 208.

Worten Differenzierungen abverlangen, die in ihnen gar nicht enthalten sind. Auch in der Geschichte der Philosophie herrscht die Abfolge von Aktion und Reaktion, und so ist unser Satz zunächst als Angriff zu verstehen. Er enthält den Protest gegen die eleatische Scheidung von sinnlicher Wahrnehmung und eigentlichem Sein, gegen das Postulat einer absoluten, unveränderlichen, einzig dem Denken zugänglichen Wesenheit. Diese Auffassung erhält eine ausgezeichnete Stütze durch eine Bemerkung des Porphyrios über eine Schrift des Protagoras *Über das Sein* (Περὶ τοῦ ὄντος B 2), für die man Identität mit der *Wahrheit* vermuten darf. Sie war gegen jene gerichtet, die das Seiende als ein Einziges und also Absolutes einführten. So steht das Denken des Protagoras zu dem des Parmenides in Antithese und bleibt ihm anderseits doch enge verbunden. Denn es ist erlaubt, im homo-mensura-Satz die parmenideische Einheit von Denken und Sein wiederzuerkennen, die nunmehr radikal auf das wahrnehmende und denkende Individuum übertragen ist[1]. Die Anwendbarkeit unseres Satzes erstreckt sich auf das Individuum. Wer das leugnen wollte, müßte Platon einen Irrtum oder eine willentliche Fehldeutung zumuten, da er im *Theaitet* 152a den Satz folgendermaßen erklärt: *Er meint es also etwa folgendermaßen: wie die einzelnen Dinge mir erscheinen, so sind sie für mich, und wie sie dir erscheinen, so für dich; Mensch bist du, und Mensch bin ich.* Im gleichen Sinne erfolgt die Äußerung im Kratylos 386a. Wer aber Platon beharrlich mißtrauen wollte, müßte sich erst recht mit Stellen bei anderen Autoren[2] auseinandersetzen, an denen das Stichwort ἕκαστος deutlich genug auf den Einzelnen als den im homo-mensura-Satz Angesprochenen weist.

Darüber kann ein Zweifel gar nicht bestehen, daß in dem besprochenen Satze ein schrankenloser Relativismus für alle menschlichen Werthaltungen angelegt und als Möglichkeit enthalten ist. Eine andere Frage bleibt es, ob Protagoras, der ja zunächst eine gegnerische Position zum Einsturz bringen wollte, beim Ausbau seiner eigenen diesen Relativismus auch folgerichtig durchgeführt hat. Da zeigt er sich nun in erheblichem Abstande von dem Radikalismus mancher seiner Nachfolger, für den er allerdings die Voraussetzungen geschaffen hat. In Platons *Theaitet* (166d) lesen wir eine Verteidigung der Lehre des Protagoras, die vom homo-mensura-Satz ausgeht. Es liegt auf seiner Linie, wenn die entgegengesetzten Geschmacksempfindungen des Gesunden und Kranken in jedem Falle als gleich wahr und gültig anerkannt werden. Allerdings – und hier nimmt uns Protagoras an der Hand und springt mit uns über einen Riß – ist der Zustand des Gesunden besser als der des Kranken, und so ist es Aufgabe des Arztes, diesen zur Gesundheit und den damit verbundenen Empfindungen zurückzuführen, wie im gleichen Sinne der Erzieher an seinem Zögling, der Staatsmann am Gemeinwesen den «besseren» Zustand herzustellen hat. Nun haben wir aber am Beginne desselben Abschnittes gehört, daß jeder Einzelne von uns das Maß der Dinge ist, die für die Individuen in tausendfältiger Verschiedenheit erscheinen und in diesem Erscheinen allein für sie existieren. Da erhebt sich die Frage, woher

[1] O. Gigon, *Herm.* 71, 1936, 206. F. Heinimann, *Nomos und Physis. Schw. Beitr.* 1, Basel 1945, 117.

[2] Aristot. Metaph. 1062 b 14. Sext. Pyrrh. h. 1, 216 = VS 80 A 14; auch Platon gebraucht in der sogenannten Apologie des Protagoras im *Theaitet* 166 d das Wort.

den Menschen Maßstäbe für «besser» und «schlechter» zukommen, die alles Individuelle übergreifen. Eine Antwort ist kaum möglich, wenn der homo-mensura-Satz folgerichtig durchgehalten wird. Im besten Falle enden wir bei einem naiven Utilitarismus. Der Lösungsversuch des Protagoras jedoch läßt sich besser erkennen, wenn wir uns seinen Anschauungen über Wesen und Werden des Staates zuwenden.

Über diese Fragen hat sich Protagoras in einer Schrift *Über den Urzustand* (Περὶ τῆς ἐν ἀρχῇ καταστάσεως) geäußert, und wir dürfen mit Zuversicht in einem Abschnitt des nach ihm benannten platonischen Dialogs (320 c ff.) die Grundzüge seiner Anschauungen erkennen. In dem Mythos, den er dort vorträgt und ausdrücklich von einer dem Logos gemäßen Behandlung des Gegenstandes absetzt, gibt er eine Lehre von der Entstehung menschlicher Kultur, die bei primitiven Urzuständen einsetzt. Der für den Kampf ums Dasein schlechter als die Tiere gerüstete Mensch kann sich trotz der Feuergabe des Prometheus in der Vereinzelung nicht behaupten. Die Versuche zum Zusammenschluß mißlingen jedoch, da wichtige Voraussetzungen fehlen, und enden im Kampfe aller gegen alle. Da sendet Zeus durch Hermes Sittlichkeit und Rechtsempfinden (αἰδώς und δίκη) zu den Menschen und ermöglicht ihnen so das staatliche Leben und die Entwicklung ihrer Kultur.

Das Bild der Entwicklung, das in dieser Erzählung steckt, steht in denkbar schärfstem Gegensatze zu dem pessimistischen Bilde, das Hesiod in den *Erga* von dem Abstiege entwirft, der sich in der Folge der Weltalter vollzieht. Unbedingter Fortschrittsoptimismus liegt ebenso im Wesen der Sophistik wie in dem der neuzeitlichen Aufklärung.

Wenn wir die mythische Hülle abstreifen, dringen wir zur Überzeugung des Protagoras vor, daß in jedem Menschen Sittlichkeit und Rechtsempfinden von Natur aus angelegt sind. Die Ausnahmen von der Regel, Menschen also, die sich einem sozialen Gefüge überhaupt nicht eingliedern lassen, hat die Gemeinschaft durch Tötung auszumerzen. Die normal vorhandene Anlage zu den politischen Tugenden genügt jedoch an sich nicht, sie muß erst durch Erziehung zur Entfaltung gebracht werden. Deren Bedeutung, die für alle Sophistik grundlegend ist, geht aus dem entwickelten Zusammenhange besonders klar hervor. In einem wichtigen Bruchstück (B 3) hören wir die These, daß die Lehre der Anlage (φύσις) und der Übung (ἄσκησις) bedürfe. Protagoras tritt – auch hier nicht radikal – der archaisch-hochklassischen Überzeugung von dem entscheidenden Wert der Physis nicht unmittelbar entgegen, stellt aber neben sie die erzieherische Einwirkung[1] mit gleicher Betonung. Wir denken an Pindars Lachen über die «Gelernten» und erkennen in diesem Erziehungsoptimismus ein neues Element, das dem Sophisten überhaupt erst die Grundlage seiner Tätigkeit verbürgt. Im übrigen läßt der Protagoras Platons, den wir auch hierin dem historischen gleichsetzen dürfen, auch für die Strafe nur den Sinn einer pädagogischen Maßnahme gelten.

Protagoras hat die Gefahr gemieden, durch Relativierung die Grundlagen des staatlichen Lebens zu zerstören. Er hat seinen Frieden mit dem Nomos gemacht, mag man

[1] Bei Platon (*Prot.* 323 d) nennt Protagoras die pädagogische Trias: ἐπιμέλεια, ἄσκησις, διδαχή.

diesen als den Brauch der Tradition oder das Gesetz des Staates verstehen. Noch tritt diesem bei Protagoras nicht das ungesatzte Recht der Natur als übergewaltige Gegenmacht mit dem Anspruche auf alleinige Geltung gegenüber. Aber es ist nicht zu übersehen, daß die vom homo-mensura-Satz zum Relativismus führende Linie an einer entscheidenden Stelle einen Bruch aufweist und die Einführung von allgemein gültigen Werten wie Sittlichkeit und Recht in eine Welt, in der der Mensch allein das Maß bedeutet, die größte Schwierigkeit bereitet. Protagoras hat sich mit einer Art von Hilfskonstruktion beholfen, indem er dem Nomos des Staates als dem eines Kollektivums besondere Autorität zuschreibt. Nicht daß etwa aus der allgemeinen Natur des Menschen unbedingt gültige Satzungen abgeleitet würden; die Nomoi der einzelnen Städte und Staaten weichen voneinander völlig ab, das hat schon ionische ἱστορίη erkannt, und im *Theaitet* (167c) wird es ausdrücklich als Lehre des Protagoras gegeben, daß für eine jede Stadt das gerecht und schön sei, was sie dafür halte, und nur so lange, als sie dies tue. So erhält in einer merkwürdigen Verbindung heterogener Elemente der Relativismus sein Recht, ohne daß die Autorität des Staates und damit die sophistische Zielstellung, für diesen zu erziehen, aufgeopfert werden müßten.

Das umfangreichste Werk des Protagoras dürften die *Antilogien* (Ἀντιλογίαι) gewesen sein, da für sie allein die Zahl von zwei Büchern überliefert ist. Wir können von ihrem Inhalte keine klare Vorstellung gewinnen, und die Sache wird dadurch nicht leichter, daß Aristoxenos behauptete (VS 80 B 5), Platons *Politeia* stehe fast zur Gänze in den Antilogien des Protagoras. Eine Inhaltsangabe allgemeinster Art wird man der Mitteilung des Diogenes Laertios (9, 51) entnehmen dürfen, über jede Sache gebe es zwei Reden, die einander gegenüberstünden. Dies für die verschiedenen Lebensgebiete durchzuführen wird die Absicht des Werkes gewesen sein. Daß dabei die Probleme des staatlichen Lebens und des Rechtes besondere Berücksichtigung fanden, liegt in der Natur der Dinge, und aus diesem Umstande mag sich auch die überspitzte Äußerung des Aristoxenos erklären. Die Entdeckung der *zwiefachen Reden* (δισσοὶ λόγοι) kann selbst wieder ein Doppeltes bedeuten: die schwerwiegende Erkenntnis, daß der Mensch in eine Welt von Antinomien gestellt ist, oder aber die Aufforderung an den geschickten Redner, Licht und Schatten nach dem Vorteil seiner Sache zu verteilen. In diesem letzteren Sinne wurde schon in der Antike das Wort des Protagoras in seiner Programmankündigung (ἐπάγγελμα) verstanden: die schwächere Sache zur stärkeren zu machen (τὸν ἥττω λόγον κρείττω ποιεῖν). Für Protagoras ergab sich solche Möglichkeit von selbst aus dem Bereiche der *zwiefachen Reden*, und sicher wollte er damit nicht einfach rhetorische Kniffe propagieren. Daß er für sie freilich die theoretische Voraussetzung geschaffen hat, ist nicht zu verkennen.

Von Protagoras gilt in besonderem Maße, was Prodikos (B 6) von den Sophisten sagte: sie seien ein Zwischending zwischen Philosophen und Politikern, was vor allem Kämpfer mit dem Worte meint. So gehen denn von dem Wirken des Protagoras verschiedene Linien aus, die sich in der reich differenzierten Schar der Sophisten in mannigfacher Weise verschlingen und überdies durch Gorgias einen besonderen

Einschlag erhalten. Hier muß jede Gliederung einzelne Fäden zerreißen, man wird jedoch mit Vorteil an den Begründer der Bewegung zwei Männer reihen, die mit einer gewissen Selbständigkeit neben ihm stehen, ohne Einfluß von Gorgias her erkennen zu lassen. Der eine von ihnen, Prodikos, wird überdies Schüler des Protagoras genannt, doch ist die antike Tradition mit derartigen Verknüpfungen so rasch bei der Hand, daß Notizen dieser Art nicht allzuviel besagen.

Prodikos stammt aus ionischem Gebiet, aus Iulis auf Keos, wo er wahrscheinlicher Vermutung nach zwischen 470 und 460 zur Welt kam. Wir wissen, daß er gelegentlich die Interessen seiner Heimat in Athen vertreten hat, was ohne Zweifel die Gelegenheit zu Lehrvorträgen bot. Im übrigen stellt man sich den Mann nach dem platonischen *Protagoras*, wo er, sorgfältig in viele Decken gehüllt, vom Lager aus doziert, als Gelehrten vor, der die Öffentlichkeit nicht in gleichem Maße suchte wie seine Kollegen. Es fügt sich zu diesem Bilde, daß seine Stimmittel unzureichend waren (A 1a), und wir nur von gelesenen Reden, nicht aber von Improvisationen wissen. Zur Zeit des Sokratesprozesses scheint er nach Platons *Apologie* (19e) ebenso wie Gorgias und Hippias noch am Leben gewesen zu sein.

In seiner Lehre, die ihm reichlich Geld einbrachte, spielten sprachliche Untersuchungen eine besondere Rolle. Interessen dieser Art zeigen sich auch bei Demokrit und Protagoras, Prodikos aber hat sie vor allem in der Richtung auf die Synonymik vorgetrieben[1]. Sein oft überspitztes Bemühen, Unterschiede zwischen bedeutungsverwandten Wörtern herauszuarbeiten, ging mit der Scheidung der Begriffe Hand in Hand. Es ist symptomatisch, daß in diesem Zusammenhange das Wort διαιρεῖν auftaucht (A 17. 19), denn in der Tat weist die Tätigkeit des Prodikos auf jene Diairesis voraus, die zu einem wichtigen methodischen Instrument der platonischen Akademie wurde.

Die Synonymik bildete den Inhalt von Lehrvorträgen, deren schriftliche Fixierung uns ungreifbar bleibt; auch sonst wissen wir von Schriften des Prodikos nur wenig. Die Alexandriner haben sie unter den rhetorischen Schriften katalogisiert, während sie im Scholion Aristoph. *Vög.* 692 der Philosophie zugewiesen werden. Ein Hinweis mehr auf die Zwischenstellung dieser Männer. Ein Titel *Über die Natur* oder *Über die Natur des Menschen* (περὶ φύσεως ἀνθρώπου) bleibt zweifelhaft, ein wenig mehr glauben wir nach der Studie Wilhelm Nestles[2] über die *Horen* (Ὧραι) zu wissen. Da wir die Zeit des Werkes nicht genauer bestimmen können, bleibt ein später Ansatz und damit die Möglichkeit offen, daß wir es hier bereits mit einem vom Autor selbst gegebenen Titel zu tun haben. Daß die Horen als Fruchtbarkeitsgöttinnen verstanden waren, ist wahrscheinlich, da der Ackerbau als Grundlage der menschlichen Kultur in der Schrift eine bedeutende Rolle spielte. Wir erkennen die Verwandtschaft zu der Fragestellung in des Protagoras Buch *Über den Urzustand*, wenngleich die Durchführung eine andere gewesen ist und der Schwerpunkt auf dem Landbau lag. Mit

[1] P. M. Gentinetta, *Zur Sprachbetrachtung bei den Sophisten und in der stoisch-hellenistischen Zeit.* Diss. Zürich 1961.

[2] ‹Die Horen des Prodikos›. *Herm.* 71, 1936, 151. *Griech. Studien.* Stuttg. 1948, 403.

größter Wahrscheinlichkeit weisen wir den *Horen* die Gedanken des Prodikos über die Entstehung der Religion als Reaktion des Menschen auf die natürlichen Gegebenheiten seines Daseins zu. Auf einer ersten Stufe galten diesem die Mächte und Gaben der Natur unmittelbar als göttlich, auf einer zweiten nahm er nach Analogie seiner eigenen technischen Fähigkeiten segenbringende Erfinder an, die zu Göttern gesteigert wurden. Solcher Rationalismus ist im ionischen Denken vorbereitet und ist anderseits ein Vorspiel zu der Theorie des Euhemeros. Es hatte seinen guten Grund, daß man Prodikos im Altertum gelegentlich[1] unter die Atheisten stellte.

Das Glanzstück der *Horen* war die Allegorie von der Wahl des Herakles, dem Tugend und Schlechtigkeit als zwei verschieden gestaltete und gewandete Frauen begegnen. Ahnen der Geschichte sind die echte Dichtung Hesiods von den beiden Lebenswegen (*Erga* 286) und der Mythos von Wahl und Urteil des Paris, wie ihn Sophokles mit moralischen Akzenten[2] in seinem Satyrspiel *Krisis* gestaltet hatte. Aber die Geschichte des Prodikos ist weder Dichtung noch Mythos, sie steht am Anfange einer unendlichen Reihe verstandeserzeugter Allegorien und hat nichts mehr mit dem Erspüren göttlicher Kräfte zu tun, das in der Archaik stofflich vergleichbare Erzählungen trug und erfüllte. Es ist symptomatisch, daß gerade Xenophon (*Mem.* 2, 1, 21) die Erzählung am ausführlichsten wiedergegeben hat. Ihre Wirkung ist gewaltig gewesen, am seltsamsten hat sie sich wohl in dem Symbol des Y geäußert, das im 1. Jahrhundert n. Chr. auftaucht und Pythagoras zugeschrieben wurde. Der Buchstabe soll durch seine Form den Dreiweg versinnbildlichen, an dem sich Herakles und jeder Mensch seit ihm zu entscheiden hatte.

Protagoras wendet sich in Platons Dialog, der seinen Namen trägt, gegen jene Sophisten, die ihre Schüler in allerlei Fachwissen wie Mathematik, Astronomie und Musik zwingen, und er tut dies mit einem Seitenblick auf den anwesenden Hippias (318e). Dieser ist der entschiedene Vertreter jener sophistischen Richtung, die sich im Alleswissen und Alleskönnen erfüllen will. Aus Elis stammend, vertritt er unter den Sophisten die Peloponnes. Wie seine Genossen ist er weit in der griechischen Welt umhergereist, war für seine Vaterstadt verschiedentlich in Gesandtschaften tätig und hat mit seinen Vorträgen eine Menge Geldes verdient. In Olympia aufzutreten lag für den Eleer besonders nahe, und er hat dies auch prunkvoll besorgt, im Purpurmantel, wie später gefeierte Sophisten der Kaiserzeit. Dort rühmte er sich auch, alles, was er an seinem Leibe trug, vom Fingerring angefangen, mit eigener Hand gefertigt zu haben (Plat. *Hipp. min.* 368b). Auch mit der Feder konnte er so ziemlich alles. Nach der eben angeführten Platonstelle hat er sich im Epos, der Tragödie, dem Dithyrambos und besonders ausführlich in der Prosaschriftstellerei betätigt. Für letztere haben wir einige Titel, die uns wenig besagen, wie *Völkernamen* (Ἐθνῶν ὀνομασίαι) oder *Sammlung* (Συναγωγή), wir wissen nicht, wovon, stellen uns aber nach zersprengten Notizen den Inhalt reichlich bunt vor. Hippias hat sich auf den meisten der damals zugänglichen Wissensgebiete betätigt, und wenn wir in dieser

[1] Sext. Emp. *adv. math.* 9, 51. Cicero *de nat. deor.* 1, 118.
[2] Br. Snell, *Die Entdeckung des Geistes*, 3. Aufl. Hamb. 1955, 327.

Reihe Arithmetik, Geometrie, Astronomie, Grammatik, Rhetorik, Dialektik und Musik finden, kann man hier, freilich noch ohne Systematik, die Elemente erkennen, die sich später im Begriff der enzyklopädischen Bildung zusammenschließen[1].

Vielleicht schätzen wir unter dem Eindrucke der beiden nach Hippias benannten Dialoge die Tätigkeit dieses Mannes zu gering ein, jedenfalls bleibt einem seiner Werke, der *Olympischen Siegerliste* (Ὀλυμπιονικῶν ἀναγραφή) das nicht geringe Verdienst, der griechischen Chronologie eine feste Grundlage gegeben zu haben. Gerne wüßten wir mehr über seine Dichtererklärungen, in denen ebenso wie in verwandten Bemühungen anderer Sophisten die Anfänge griechischer Literaturgeschichte stecken. Um die Fülle seines Wissens zusammenzuhalten, bediente sich Hippias der Mnemotechnik, mit der er sich systematisch beschäftigt hat.

Im Rahmen des üblichen Sophistenprogrammes mit seiner Abstellung auf Pädagogisches stand der *Troikos*, in dem sich Neoptolemos nach der Einnahme Troias bei Nestor Rat holte, mit welchen Beschäftigungen ein junger Mann Ruhm erwerben könnte. Da das Gespräch am Ende eines großen Krieges gedacht war, dürfte Nestor vornehmlich von den Werken des Friedens gesprochen haben. Über den Krieg werden die Sophisten zumeist gedacht haben wie Gorgias[2].

Unter den Nachrichten über Hippias läßt uns eine Stelle im platonischen *Protagoras* (337c) aufhorchen. Hier redet Hippias die Versammelten an als *verwandt, zusammengehörig und Mitbürger von Natur aus* (φύσει), *nicht nach Brauch und Satzung* (νόμῳ). Und er fügt hinzu, daß die Natur gleich und gleich verbinde, der Nomos aber als Gewaltherrscher (τύραννος, deutlich ist Pindars Wort vom Nomos-König variiert) vieles gegen die Natur erzwinge. Ton und Zusammenhang lassen keinen Zweifel daran, daß Platon tatsächliche Äußerungen des Hippias wiedergibt. Hier tritt also in einer Protagoras noch fremden, in der Folgezeit jedoch höchst wirksamen Antithese der Nomos als Widersacher der Physis auf, die allein Anspruch auf Gültigkeit hat. Diese Antithese ist nicht vor der Mitte der zwanziger Jahre nachweisbar. Um diese Zeit finden wir sie kräftig von dem Sophisten Antiphon vertreten, um diese Zeit dürfte auch Hippias in Athen gewirkt haben. Dafür, daß er, der kaum eigene philosophische Interessen hatte, hier der Nehmende gewesen ist, wurden erwägenswerte Gründe vorgebracht[3].

Die zwanziger Jahre, in denen nach des Perikles Tod und unter dem Einflusse des Krieges die Entwicklung einer neuen Geisteshaltung besonders rasch fortschritt, haben auch Gorgias nach Athen gebracht. Der Mann, der 427 eine Gesandtschaft seiner sizilischen Vaterstadt Leontinoi nach Athen führte und dort durch die Kunst seiner Rede den größten Eindruck hervorrief, stand damals bereits hoch in Jahren. Seine Geburt fällt wahrscheinlich in das erste Jahrzehnt des 5. Jahrhunderts; der Tod des Langlebigen ist etliche Jahre nach dem Ende des Sokrates anzusetzen. Von seinen Reisen wissen wir wenig – zu Thessalien scheint er gute Beziehungen gehabt zu haben – und noch weniger über seine Entwicklung. Er soll Schüler des Empedokles

[1] Vorsichtig R. Meister, *Wien. Stud.* 69, 1956, 258.
[2] Vgl. Wilh. Nestle (s. u.), 313, 34. [3] F. Heinimann, (vgl. 392 A. 1), 142.

gewesen sein und scheint eine Verbindung dieser Art nach dem allerdings bedenklichen Satyros (A 3) selbst bezeugt zu haben. Viel deutlicher spricht von seinen Beziehungen zur westgriechischen Philosophie seine Schrift *Über das Nichtseiende oder über die Natur* (Περὶ τοῦ μὴ ὄντος ἢ περὶ φύσεως), von deren Inhalt uns vor allem das Referat des Sextus (B 3) und jenes in der anonymen Abhandlung *Über Melissos, Xenophanes und Gorgias*[1] (s. o., S. 245) eine Vorstellung geben. Bewiesen werden sollten die drei Sätze: Nichts existiert; wenn etwas existierte, wäre es nicht erkennbar; wenn es erkennbar wäre, so wäre es nicht mitteilbar. Diese Schrift war weder reines Spiel noch gewichtige Philosophie, die als solche sophistischer Tätigkeit jede Grundlage entzogen hätte. Richtig stellt sie GIGON mit den Äußerungen von Männern wie Protagoras oder Xeniades (VS 81) zusammen, die letzten Endes von Parmenides abhängen und einzelne Fragen der Erkenntnislehre bis zu äußersten, mitunter paradoxen Extremen verfolgten. Deutlich sehen wir noch, daß Gorgias dies mit derselben apagogischen Beweisführung wie in den erhaltenen Schaustücken seiner Kunst durchführt: von einer Reihe von Möglichkeiten werden alle bis auf eine als absurd ausgeschaltet.

Mit der eben entwickelten Wertung der Schrift fällt auch die Möglichkeit, sie als entscheidendes Stück in das Bild einer Entwicklung zu fügen, die Gorgias zunächst unter dem Einflusse des Empedokles Physiker, dann unter dem der Eleaten Philosophen und schließlich, als er an aller Philosophie irre wurde, Lehrer der Rhetorik sein läßt. Wir wissen von einer solchen Entwicklung des Gorgias nicht das mindeste und müssen damit rechnen, daß er bereits frühe das war, als was er uns in seinem Alter begegnet: Meister und Lehrer der Seelenführung durch das Wort.

Die Macht der Rede mußte nicht die Zeit des Gorgias entdecken, von ihr wußte bereits das Epos. In der *Ilias* (9, 443) hören wir, wozu der junge Adelige gebildet werden soll: Sprecher der Worte und Vollzieher der Taten zu sein. Seit eh und je waren Gericht und beratende Versammlung die Stätten, an denen sich der Redner zu bewähren hatte. Wie sehr diese Voraussetzungen durch die Entwicklung der Demokratie und die Einführung der Volksgerichte an Bedeutung gewannen, leuchtet unmittelbar ein. Wann sich der bedeutsame Vorgang abspielte, daß die gesungene Totenklage durch die feierliche Grabrede ersetzt wurde, wissen wir nicht genau anzugeben[2]. Daß dies unter sophistischem Einflusse geschehen sei, ist kaum anzunehmen, sicher ist dies jedoch bei dem Vordringen der Prunkrede (ἐπίδειξις) an den großen Nationalfesten der Fall gewesen. Hier ist besonders deutlich zu sehen, wie der Redner dem Dichter, dem Chorlyriker vor allem, seinen Platz streitig macht[3].

[1] Nicht in VS. Vgl. aber 82 B 3. Über die Wertung dieses Referates: O. GIGON, ‹Gorgias «Über das Nichtsein»›. *Herm.* 71, 1936, 186. Zu der geistigen Situation des Gorgias, die keineswegs die eleatische ist: C. M. J. SICKING, ‹Gorgias und die Philosophen›. *Mnem.* s. 4, 17, 1964, 225. Über Gorgias als Schöpfer einer ethischen Phänomenologie: F. WEHRLI, *Hauptrichtungen des griech. Denkens.* Zürich 1964, 47. Vgl. auch das Gorgias-Kapitel bei M. UNTERSTEINER, *I Sofisti I.* Milano 1967; dort 221, 4a, über den Gegensatz von εἰδέναι und δοξάζειν bei Gorgias.

[2] Zur Frage F. JACOBY, *Journ. Hell. Stud.* 64, 1944, 39, 8 u. 57, 92.

[3] V. BUCHHEIT, *Untersuchungen zur Theorie des Genos Epideiktikon von Gorgias bis Aristoteles.* München 1960.

Nach allem ist die Rhetorik als tradierbare Kunstlehre nichts Schöpferisches, sondern die Fixierung von Dingen gewesen, die es in der Wirklichkeit der Dichtung und der Rede längst gegeben hatte. Nun aber setzt jene außerordentliche Steigerung in der Verwendung und Schätzung rhetorischer Mittel und Methoden ein, die in sich bereits die Keime zu Überzüchtung und Verwesung trägt. Die Entfaltung großer und echter Kunst der Rede im 4. Jahrhundert darf nicht unterschätzt werden, mögen uns auch heute diese Äußerungen hellenischen Wesens ferner gerückt sein, keinesfalls ist aber zu verkennen, daß der rhetorische Betrieb in den späteren Jahrhunderten an dem Verfall des geistigen Lebens seinen bedeutenden Anteil hatte.

Gorgias kommt bereits mit einem System in das griechische Mutterland. In Sizilien haben Korax von Syrakus und dessen Schüler Teisias das erste *Lehrbuch der Rhetorik* verfaßt, von dem wir wissen[1]. Einflüsse von dieser Seite auf Gorgias sind mit Sicherheit anzunehmen, übrigens hat ihn Teisias 427 nach Athen begleitet.

Während die Macht des Wortes in den Programmen aller Sophisten eine mehr oder minder bedeutende Rolle spielte, ist sie für die Tätigkeit und Lehre des Gorgias schlechtweg zur Mitte geworden. Die *Werkmeisterin der Überredung*, wie wahrscheinlich schon die Sizilier die Rhetorik nannten, wird für ihn zu einem Mittel schrankenloser Psychagogie, einer Bezauberung, die in der *Helena* mit Ausdrücken aus der Sphäre des Magischen beschrieben wird. Protagoras hatte, um die schwächere Sache zur stärkeren zu machen, vor allem die Mittel geschickter Argumentation, also den Logos als Gedanken, ins Spiel gebracht. Auch bei Gorgias tritt an die Stelle des nicht erkennbaren und nicht sagbaren, vielleicht gar nicht vorhandenen Wahren das Wahrscheinliche (τὰ εἰκότα: Plat. *Phaidr.* 267a), das er, meist durch die Ausschaltung anderer Möglichkeiten, als solches zu erweisen trachtet. Im besonderen legte Gorgias auf die geschickte Ausnützung des fruchtbaren Augenblickes, des καιρός, größten Wert, über den er als erster schrieb (B 13)[2]. Aber das Neue, das nun hinzukam und das seine Rede erst zum psychagogischen Zaubermittel machte, war der Logos in seiner anderen Bedeutung, war das Wort. Gorgias hat es als Klangträger bewußt zum Instrument rednerischer Wirkung gemacht und die Grenzen zwischen Prosa und Poesie mehrfach durchbrochen. Nicht allein und nicht so sehr in der Wortwahl als durch die minutiösen Spiele der nach ihm benannten Figuren (σχήματα Γοργίεια). Dabei handelt es sich nicht um die Erfindung von völlig Neuem, sondern um die systematische Ausnützung und maßlose Übertreibung von Mitteln, deren sich die Dichtung und affektische Rede unbefangen bedienten. Die Entsprechung im Bau von Gliedern, die gedanklich durch Parallelismus oder Antithese gebunden sind, wird nun durch Isokola und Parisa bis zur Silben- und Stellungsgleichheit gesteigert, ständig und auch dort, wo es im Sinn nicht begründet ist, gehen zwischen einzelnen Wörtern Klangbeziehungen hin und her, und bis zum Überdruß tönen uns reimende Wortausgänge (Homoioteleuta) in die Ohren[3].

[1] RADERMACHER (s. u.), 28.
[2] Nahe steht das πρέπον, zu dessen Theorie M. POHLENZ, *GGN* 1920, 170. 1933, 54.
[3] Gute Beispielsanalysen bei V. PISANI, *Storia della lingua Greca* in *Encicl. Class.* 2/5/1. Torino 1960, 107.

Von seinen Reden ist uns ein größeres Bruchstück (B 6) aus dem *Epitaphios* auf gefallene Athener aus der Zeit des Peloponnesischen Krieges erhalten. Dort stand auch der Satz (B 5b), daß Siegeszeichen über Barbaren Preisgesänge, solche über Griechen Klagelieder erforderten. Das geht mit seiner Mahnung zu hellenischer Eintracht zusammen, die der Tenor seines *Olympikos* gewesen ist. Sein Schüler Isokrates hat dieses gegen den Osten gerichtete Programm aufgenommen. Auch von einer *Lobrede auf Elis* und einem *Pythikos* wissen wir, den er von den Stufen des delphischen Altars hielt und der mit der Weihung seines Standbildes aus purem Golde zusammenhing (A 1. 7).

Zwei Erzeugnisse, die ältesten rhetorischen Deklamationen, die wir besitzen, sind uns ganz erhalten, beide, wie auch die übrigen Reste, in einem rhetorisch gesteigerten Attisch geschrieben: die *Helena*, in der Gorgias die Vielgescholtene mit seinen Mitteln rechtfertigt, ohne die Version des Stesichoros mit dem Trugbild zu benützen, und der *Palamedes* mit der Verteidigungsrede des zu Unrecht Angeklagten. In beiden Reden sollen mit Wahrscheinlichkeitsgründen (εἰκότα) die für den Verteidigten ungünstigen Möglichkeiten ausgeschaltet werden. Die *Helena* bezeichnet Gorgias selbst mit dem Schlußworte als Spiel.

Sehr wahrscheinlich waren die beiden Reden als Musterstücke in der technischen Schrift des Gorgias enthalten, von der wir nur sehr unbestimmte Nachrichten besitzen[1]. Ebenso wahrscheinlich hat sie ganz oder doch überwiegend aus solchen Proben bestanden. Welchen Raum theoretische Erörterungen einnahmen, wissen wir nicht.

Gorgias war sich bewußt, mit seiner Redekunst in den Randgebieten der Dichtung umherzustreifen, und hat sich über diese in bemerkenswerter Weise geäußert. Darin eben sah er die Wesensverwandtschaft zwischen der Rede, wie er sie pflegte, und der Poesie, die nach seiner Definition metrisch gebundene Rede ist, daß beide unumschränkte Herrschaft über die Seelen zu üben vermögen (*Hel.* 8f.). Wenn er als Wirkung der Dichtung auf die Hörer *angstvolles Schaudern, tränenreichen Jammer und leidbereites Sehnen* bezeichnet, hören wir einen Vorklang der bekannten Worte, mit denen Aristoteles in der *Poetik* die Leistung der Tragödie umschreibt[2]. Wie sehr sich für den Sophisten, der ein absolutes Sein und absolute Werte nicht kennt, alles im Bereiche der Illusion abspielt, verrät seine Äußerung über die Tragödie (B 23): sie bewirke eine Täuschung, bei der der Täuschende gerechter ist als der Nichttäuschende und der Getäuschte klüger als der Nichtgetäuschte. In solchen Partien stecken Ansätze zu einer Poetik, ohne daß Gorgias bereits an eine systematische Behandlung des Gegenstandes hätte denken müssen[3].

[1] Die Stellen vor B 12, dazu SCHMID 3, 68, 12. Zu zuversichtlich in der Rekonstruktion NESTLE (s. u.), 310, vgl. RADERMACHER (s. u.), 43.

[2] Die Deutung der Poetikstelle durch W. SCHADEWALDT, ‹Furcht und Mitleid?› *Herm.* 83, 1955, 129; jetzt *Hellas und Hesperien.* Zürich 1960, 346, macht den Zusammenhang noch dichter.

[3] Zur Frage M. Pohlenz, ‹Die Anfänge der griech. Poetik›. *GGN* 1920, 142. Dazu L. RADERMACHER-W. KRAUS, *Aristophanes' ‹Frösche›. Sitzb. Ak. Wien* 1954, 368. H. FLASHAR, *Herm.* 84, 1956, 18. G. LANATA, *Poetica pre-platonica. Testimonianze e frammenti. Testo, trad. e comm.* Firenze 1963.

Gorgias hat in zahlreichen Schülern kräftig weitergewirkt. Dichter waren darunter wie der Tragiker Agathon, der in Platons *Symposion* seine Rede auf den Eros folgerichtig im gorgianischen Stile hält, und der Dithyrambiker Likymnios, der ein rhetorisches Lehrbuch (Τέχνη) schrieb und darin die Termini metaphorisch verkleidete[1]. Eine *Techne* verfaßte auch Polos von Akragas[2], der Begleiter seines Lehrers auf dessen Reisen. Antisthenes[3] ist, ehe er zu Sokrates fand, eine Zeitlang Schüler des Gorgias gewesen. Hatte der Meister die kunstvoll ausgearbeitete Rede ebenso wie die Improvisation beherrscht, so traten diese Fähigkeiten in zweien seiner Schüler in scharfen Gegensatz. Während Isokrates die Epideixis zum wohlberechneten Kunstwerk machte, verfocht Alkidamas aus dem kleinasiatisch-äolischen Elaia in seiner Streitschrift *Über die Sophisten*[4] (Περὶ τῶν τοὺς γραπτοὺς λόγους γραφόντων ἢ περὶ σοφιστῶν; lies Isokrates!) kräftig den Vorrang der Improvisation. Wir haben unter seinem Namen auch eine *Anklagerede des Odysseus* gegen Palamedes, deren Echtheit aber Zweifeln unterliegt. Verloren ist ein Sammelwerk *Museion*, zu dessen buntem Inhalte der Wettkampf Homers und Hesiods gehörte[5].

Für die Geschichte der sophistischen Bewegung, die des Protagoras und Gorgias Ideen in mannigfacher Differenzierung weitertrug, stellt die Antiphonfrage eine Reihe schwieriger Probleme. Wir kennen unter dem in Attika sehr häufigen Namen ein ganzes Bündel von Schriften, Fragmenten und Titeln: verschiedene *Reden*, tatsächlich gehaltene und fiktive, eine *Parteischrift gegen Alkibiades*, einen *Politikos*, zwei Bücher *Über die Wahrheit*, eines *Über den Gemeinsinn* und ein *Traumbuch*. Didymos, den Hermogenes referiert und zum Teile stützt (VS 87 A 2), hat damit begonnen, zwei Autoren gleichen Namens zu scheiden und dem einen die Reden, dem anderen die programmatischen Schriften und das Traumbuch zuzuteilen. Die Neueren sind zum Teil mit verschiedenen Variationen gefolgt, andere hielten an einem einzigen Verfasser fest[6]. Leidlich gut sind wir über den Redner Antiphon von Rhamnus unterrichtet, dessen Fähigkeiten Thukydides (8, 68) ein ausgezeichnetes Zeugnis ausstellt: einer der besten Köpfe seiner Zeit, hielt er sich im allgemeinen im Hintergrund, konnte aber in Händeln vor Gericht und Volk die wirksamste Hilfe leihen. Er war die Seele des oligarchischen Putsches des Jahres 411 und wurde, als die Herrschaft der Vierhundert zusammengebrochen war, zum Tode verurteilt. Dieser Mann entfaltete eine vielseitige Tätigkeit: als Verfasser von Gerichtsreden für andere (Logograph) hat er reichlich verdient – von Vorwürfen, die ihn deshalb trafen, spricht er selbst in seiner *Verteidigungsrede* –, und in Platons *Menexenos* (236a) erscheint er als bedeutender Lehrer der Rhetorik; gelegentlich wird Thukydides sein Schüler genannt. Gerade diese Vielseitigkeit verbietet es, den Sophisten Antiphon, der in Xenophons *Memora-*

[1] RADERMACHER (s. u.), 117. [2] Ebda. 112. [3] Ebda. 120.

[4] Ebda. 135. Zur Gegenstellung des Alkidamas gegen Isokrates G. WALBERER, *Isokrates und Alkidamas*. Diss. Hamburg 1938. W. STEIDLE, *Herm.* 80, 1952, 285. Über Stileigentümlichkeiten des Alkidamas vgl. Aristoteles *Rhet.* III 3. 1405 b 34; dazu F. SOLMSEN, *Herm.* 67, 1932, 133.

[5] RADERMACHER (s. u.), 134 mit älterer Lit. Verschiedene Theorien über das Wesen des *Museion* bei E. VOGT, *Rhein. Mus.* 102, 1959, 217, 68.

[6] Übersicht bei UNTERSTEINER, *I sofisti* (s. u.), 274.

bilien (1, 6) der sokratischen Lebensform Opposition macht, mit einem sicheren Schnitt vom Redner zu trennen[1]. Ein solcher wäre erlaubt, wenn man bei Xenophon (1, 6, 13) das παρ' ἡμῖν des Sokrates so verstehen dürfte, daß es zu Antiphon als Nichtattiker gesprochen wäre[2], aber das bleibt zweifelhaft. Auch stilistische Momente können die Scheidung nicht sichern; schon Hermogenes hat richtig auf die Möglichkeit von Stildifferenzen aufmerksam gemacht, die mit der Verschiedenheit der literarischen Gattungen gegeben waren. Ernst zu nehmen bleibt aber Wilh. Nestles Frage, ob der Dirigent des oligarchischen Putsches sich so über die natürliche Gleichheit aller Menschen aussprechen konnte, wie das in einem Bruchstück der *Wahrheit* (B 44, fr. B, col. 2) geschieht. Freilich kennen wir weder den Zusammenhang der Stelle noch die Spannweite, über die das Denken dieses Mannes reichte, und so mußte, wenn wir im folgenden die Trennung des Redners und Sophisten durchführen, doch der Rest von Unsicherheit betont werden, der notwendig bleibt.

Die Alexandriner kannten sechzig Reden Antiphons, von denen jedoch bereits im 1. Jahrhundert v. Chr. der um die Redner besonders verdiente Caecilius von Kalakte fünfundzwanzig als unecht ausschied. Auf uns ist unter Antiphons Namen ein kleines *Corpus von Reden* gekommen, von denen drei in Mordprozessen gehaltene als zweifellos echt gelten dürfen: 1 mit der Anklage eines Stiefsohnes gegen seine Stiefmutter wegen Giftmordes; 5 und 6 mit Verteidigung in einem Falle gegen Mordverdacht, im anderen gegen die Anklage wegen fahrlässiger Tötung eines Chorknaben. Dazu kommen Reste auf Papyrus[3], die aus der Verteidigungsrede des Antiphon in seinem eigenen Prozesse stammen. Die erhaltenen Reden sind mit ihrem klaren und geschickten Aufbau und ihrem schlichten Attisch wertvolle Zeugnisse früher Beredsamkeit. Wie in ihnen die alten untechnischen Beweismittel, Eid und Aussage von Sklaven auf der Folter, von einer neuen, auf den Erweis des Wahrscheinlichen abgestellten Weise des Argumentierens überschichtet werden, hat Fr. Solmsen[4] gezeigt. Die Wirkung sophistischer Doktrinen ist deutlich zu erkennen.

Der Rhamnusier war nach Platon (*Men.* 236a) ein Redelehrer von Rang, folgerichtig wird man ihm zuschreiben, was wir von rhetorischen Lehrschriften eines Antiphon wissen[5]. Zwar wurden die *Technai* schon im Altertum (Pollux 6, 143) verdächtigt, aber eine Sammlung von Gemeinplätzen für Einleitung und Schluß, Prooimien und Epiloge, bleibt gesichert.

Rhetorische Schriften dieser Zeit werden vorwiegend Beispielsammlungen gewesen sein, und einer solchen entstammen wahrscheinlich die drei *Tetralogien*, in denen unter Antiphons Namen je vier Reden in Mordprozessen – Kläger und Angeklagter sprechen zweimal – vereinigt sind. Sachliche Erwägungen und sprachliche Unterschiede von den echten Reden nötigen uns, den Zweifel an Antiphon als dem

[1] Zuversichtlich für die Identität P. von der Mühll, ‹Zur Unechtheit der antiphontischen Tetralogien›. *Mus. Helv.* 5, 1948, 1. Zur Xenophonpartie O. Gigon, *Schw. Beitr.* 5, 1953, 151.

[2] E. R. Dodds, *Class. Rev.* 68, 1954, 94.

[3] Nr. 91 P. Dazu W. S. Ferguson, ‹The condemnation of Antiphon›. *Mélanges Glotz* 1, 1932, 349.

[4] *Antiphonstudien*, Berl. 1931.

[5] Radermacher (s. u.), 76.

Verfasser der Tetralogien offenzuhalten[1]. Unberührt von der Echtheitsfrage bleibt die Bedeutung dieser Reden für das Rechtsdenken der Zeit.

Wir reihen hier die Reden eines Mannes an, mit dem wir die Jahrhundertgrenze überschreiten, dessen Schicksal und rednerische Tätigkeit aber durch Vorfälle bestimmt sind, die vor der sizilischen Unternehmung liegen. Andokides stammte aus einem alten athenischen Adelsgeschlechte, geriet als junger Mann in den aristokratischen Klub des Euphiletos und nahm an den Streichen teil, in denen sich dieselbe Verbindung oligarchischer Gesinnung mit religionsfeindlicher Freigeisterei äußerte, die wir in Kritias ausgeprägt finden. Der Hermenfrevel des Jahres 415 brachte Andokides ins Gefängnis, aus dem er sich nur durch die Angabe der Schuldigen retten konnte, wobei freilich auf seinem Namen ein böser Flecken blieb. Im Jahre 407 machte er vor der Volksversammlung in der ältesten der erhaltenen *Reden* (Περὶ τῆς ἑαυτοῦ καθόδου) den vergeblichen Versuch, die athenische Heimat wiederzugewinnen. Das gelang ihm erst nach der Amnestie von 403, aber seine Feinde ruhten nicht und hängten ihm 399 einen Prozeß wegen Religionsfrevels an. Unter den Reden des Lysias findet sich als nr. 6 eine unechte, mit der Anklage gegen Andokides, die wohl ein Erzeugnis der politischen Publizistik zu Anfang des 4. Jahrhunderts ist. Die Verteidigung des Angegriffenen in der Rede *Über die Mysterien* ist erhalten. Diesmal glückte es, und er kam in Athen zu einem gewissen Ansehen, von dem ein choregisches Denkmal für den Sieg mit einem Knabenchor an den Dionysien (IG II/III, 2. Aufl. nr. 1138) und seine Teilnahme an einer Gesandtschaft nach Sparta (393/92) Zeugnis gibt. Damals ist er mit seiner Rede *Über den Frieden mit Sparta* (Περὶ τῆς πρὸς Λακεδαιμονίους εἰρήνης) vor das Volk getreten. Aber der Krieg ging weiter, und er mußte sich dem Todesurteil, das die Gesandten traf, durch neuerliche Flucht in die Fremde entziehen. Eine vierte ihm zugeschriebene Rede *Gegen Alkibiades* fingiert einen Angriff auf diesen mit dem Ziele des Ostrakismos und ist unecht. Der Stil des Andokides zeigt jene Schlichtheit und Frische, die von der Bewußtheit rhetorischer Effekte noch unberührt ist.

Während Antiphon für andere schrieb, spricht Andokides in eigener Sache, mit geringerer Kunst als jener, aber mit starkem Ausdruck der Persönlichkeit. In ihrer Unmittelbarkeit vergleichbar, wenn auch noch ein Stück ungekünstelter, ist die *Rede für Polystratos*, die wir als zwanzigste unter denen des Lysias lesen. Hier verteidigt ein Sohn seinen Vater, der durch seine Tätigkeit im Oligarchenregiment der Vierhundert schwer belastet war. Auch diese Probe ist uns als Zeugnis einer rednerischen Praxis wertvoll, für die wir bereits zu jener Zeit einen bedeutenden Umfang anzunehmen haben.

Wir kehren nach diesem knappen Überblick zur Antiphonfrage zurück und nehmen es mit den früher ausgesprochenen Vorbehalten als nächsten Festpunkt, daß ein vom Redner zu trennender und im übrigen unbekannter Sophist die Schrift *Die*

[1] Von der Mühll, vgl. S. 388 A. 4 Dagegen verteidigt G. Zuntz, ‹Once again the Antiphontean Tetralogies›. *Mus. Helv.* 6, 1949, 100, die Echtheit und einen Ansatz um 444. Gegen die Annahme der Echtheit: F. Solmsen, *Antiphonstudien*. Berlin 1931, 3. E. Fraenkel, *Kolon und Satz II*. Nachr. Gött. Ges. d. Wiss. Phil-hist. Kl. 1933, 321, 1 = *Kl. Beitr.* I 95, 1.

Wahrheit ('Ἀλήθεια)[1] in zwei Büchern verfaßt hat. Zu verstreuten Bruchstücken traten zwei größere Papyrusfragmente (nr. 92 f. P.), die aus dem zweiten Buche stammen und uns Einblick in die Problematik des Werkes gestatten. Gedanken, die Hippias im *Protagoras* Platons kurz streift, finden sich hier energisch durchgeführt. Protagoras wollte den Nomos schützen, konnte es aber nicht verhindern, daß der von ihm begonnene Weg bei dessen Entwertung endete. Dafür, wie eine von Gorgias ausgehende Linie demselben Ziele zustrebte, ist die Stelle im *Epitaphios* (VS 82 B 6) bezeichnend, wo den Gefeierten nachgerühmt wird, daß sie oftmals milde Billigkeit dem schroffen Recht vorzogen. Dieses war fraglich geworden, wie jede Wahrheit mit dem Anspruch auf unbedingte Geltung in einer Bewegung fraglich werden mußte, an deren Beginn der homo-mensura-Satz stand. Es ist ein Vorgang von geschichtlicher Beispielhaftigkeit, daß die Säkularisierung des Nomos in einer Zeit, die von den Göttern nichts mehr auszusagen wußte, unvermeidlich seine Abwertung bedeutete. Damit war aber auch schon das Suchen nach einer neuen verläßlichen Norm gegeben, und eine in der ionischen Wissenschaft seit langem vorbereitete Entwicklung führte dazu, die Natur an die nunmehr freigewordene Stelle der höchsten und unbedingt gültigen Instanz zu setzen.

Antiphon hat im ersten Buche der *Wahrheit* Fragen der Naturwissenschaft im Sinne der ionischen Denker behandelt, im zweiten findet sich die Antithese Nomos-Physis scharf herausgestellt, und das Gesetz der Konvention wird als widersinnige Fessel der Natur angeklagt. Wir können weder den Ursprung dieser Antithese noch den des Naturrechtes mit einer auf den Punkt zielenden Genauigkeit bestimmen, wohl aber die Sophistik als den Bereich dieses Ursprunges und Antiphon als ein wichtiges Glied dieser Entwicklung bezeichnen.

Im Sinne des Naturrechtes hat Antiphon in revolutionärer Haltung die Gleichheit aller Menschen verkündigt, zunächst innerhalb der Polis jener aus hohen und geringen Häusern, dann aber auch der Griechen und Barbaren, da wir doch alle durch Mund und Nase atmen und mit den Händen essen! Auch die Gleichheit von Freien und Sklaven ist in diesen Worten mitenthalten, ausdrücklich hat später Alkidamas, den wir eben als Verteidiger der rednerischen Improvisation kennen lernten, in seiner *Messenischen Rede* verkündet[2], daß der Gott alle freigelassen und die Natur niemanden zum Sklaven bestimmt habe. Die Gleichsetzung von Gott und Physis ist da evident, im übrigen spricht hier derselbe Alkidamas, der die Philosophie ein Bollwerk gegen die Nomoi genannt hat.

In Schwierigkeiten geraten wir mit der Schrift *Über den Gemeinsinn* (Περὶ ὁμονοίας). Die erhaltenen Reste zeigen allerlei pessimistische Betrachtungen über des Lebens Lauf, und wir können vermuten, daß die Schrift den Gemeinsinn als die Grundlage menschlichen, im besonderen staatlichen Zusammenlebens behandelt hat. Da ein solches ohne den Nomos nicht auskommt, ist es nicht leicht, hier den Verfasser der *Wahrheit* wiederzuerkennen; anderseits bleibt die Annahme einer Entwicklung des

[1] J. S. Morrison, ‹The 'Truth' of Antiphon›. *Phronesis* 8, 1963, 35.

[2] Schol. Aristot. *Rhet.* 1, 13. 1373 b 18. Bollwerk: *Rhet.* 3, 3. 1406 b 11.

reifer Gewordenen in der Richtung auf die Gesetzesloyalität des Protagoras eine Hypothese. Dazu kommt der bedeutende Stilunterschied zwischen der trocken folgernden *Wahrheit* und der lebhaften Eindringlichkeit unserer Schrift. Immerhin sind die in einem Individuum beschlossenen Möglichkeiten gerade bei einem Sophisten nicht zu unterschätzen, und so begnügen wir uns, die Unterschiede zu zeigen, ohne einer radikalen Lösung das Wort zu reden [1]. Ganz im Rahmen des allgemeinen Programmes der Sophisten steht der Preis der Erziehung als des ersten unter den menschlichen Dingen (B 60) mit dem seither tausendfach gebrauchten Bilde von dem in die Erde gesenkten Samen.

Für die Schrift *Gegen Alkibiades*, den *Politikos* und das *Traumbuch* Aufteilungshypothesen aufzustellen dürfte angesichts der Problemlage nicht rätlich sein.

Erscheint die Antithese zwischen Nomos und Naturrecht bei Antiphon schon scharf genug, so haben andere sie zur äußersten Radikalität gesteigert. Da wurde die Tradition zur Fessel, die das berechnende Denken der Vielen und Schwachen den wenigen Großen und Starken anlegt, um sie in den Schranken einer bürgerlichen Ordnung zu halten. Das Recht der Natur ist aber bei jenen, die solche Schranken zerbrechen und als rechte Übermenschen ihr eigenes Wollen zum einzigen für sie verpflichtenden Gesetze machen. Dies ist die Lehre, die Platon in seinem *Gorgias* den Kallikles und im ersten Buche der *Politeia* Thrasymachos verkünden läßt. Wenn der Sprecher der ersten Stelle in dem gewaltigen Manne, der alle Nomoi niedertritt, das Recht der Natur aufleuchten sieht, ist das Rechtsdenken ganzer Jahrhunderte auf den Kopf gestellt, und nur die Zerstörung des Mythos durch die Sophistik ermöglicht es, das Wort Pindars von dem Nomos als dem Könige aller nun für eine Lehre dieser Art in Anspruch zu nehmen.

Während wir von Kallikles so wenig wissen, daß man ihm zu Unrecht die historische Existenz bestreiten wollte, ist uns von Thrasymachos etwas mehr auszusagen gestattet. Der Metöke aus Kalchedon am Bosporos ist in Athen mit politischen Schriften hervorgetreten, von denen die eine *Über die Verfassung* gegen den Parteienhader in schwerer Kriegszeit protestiert, die andere *Für die Larisäer* den Freiheitsanspruch dieser Stadt gegen Archelaos von Makedonien verteidigt. Die Reste (VS 85) sind kümmerlich genug, doch lassen sie uns in Thrasymachos einen Vorläufer der politischen Publizistik des Isokrates vermuten.

Nichts deutet in den erhaltenen Resten auf den hitzigen Anwalt des natürlichen Rechtes des Stärkeren, doch zeigt sich die Möglichkeit eines Brückenschlages in einem Fragment (B 8), das die Klage über Götter enthält, die sich um Menschendinge nicht kümmern. Anders hätten sie nicht das größte Gut, die Gerechtigkeit, außer acht gelassen, die bei den Menschen nicht zu finden ist. Kaum ergibt jedoch das Erhaltene das Bild eines Thrasymachos, der aus zorniger Enttäuschung zu dem Radikalismus gekommen wäre, den er in der *Politeia* vertritt [2]. Hier darf die Frage nach Platons persönlichem Anteil an der Gestaltung dieser Partie nicht beiseite gelassen werden.

[1] Harmonisierend M. Pohlenz, *Griech. Freiheit.* Heidelb. 1955, 75.

[2] Wolf (s. u.), 106.

Bedeutende Wirkung hatte des Thrasymachos Lehrbuch der Rhetorik (Μεγάλη τέχνη), das Anteil an der Gestaltung der attischen Kunstprosa gewann. Soviel wir sehen, standen hier Aufbau und Gliederung der sprachlichen Gebilde im Vordergrunde, die gorgianischen Klangfiguren traten zurück, doch hat Thrasymachos auf die Rhythmisierung der Satzschlüsse Wert gelegt[1].

Theoretisches Schrifttum zur Rhetorik entwickelt sich zu jener Zeit in zunehmender Dichte. *Technai* schrieb Theodoros von Byzanz mit besonderer Berücksichtigung der Dispositionslehre, und Euenos von Paros, der auch Elegien dichtete, hat Teile seines Lehrbuches in Versen abgefaßt. Dorisch geschrieben ist die *Rhetorik von Oxyrhynchos*[2].

Kein anderer hat die sophistischen Doktrinen, die er vertrat, so rückhaltlos in eigenes Handeln umgesetzt wie Kritias, Platons Oheim, der Angehörige eines alten athenischen Adelsgeschlechtes. In seiner Persönlichkeit vereinigen sich alle Impulse der sophistischen Bewegung, deren Sturm und Drang-Zeit mit seinem dramatischen Ende symbolhaft ihren Abschluß findet. Der Freiheitsbrief für das Individuum war jedoch nicht mehr zu widerrufen, und in manchem deutet Kritias auf die starken Männer der Diadochenzeit wie einen Demetrios Poliorketes voraus.

Man wird sich den radikalen Oligarchen von früh an in einer jener adeligen Hetairien denken, die der Demokratie Verderben schwuren und sich dem neuen Denken willig öffneten. Natürlich war er in den Hermenskandal verwickelt und stand später in Verbindung mit Alkibiades, nach dessen Sturz er eine Zeit in Thessalien verlebte. Die Katastrophe Athens brachte ihm die Erfüllung seines Machthungers. Bald hatte er unter den Dreißig eine führende Stellung erreicht, ließ den gemäßigten Theramenes hinrichten und befleckte seinen Namen durch Taten eines Terrors, den uns auch Platons günstige Zeichnung[3] nicht vergessen läßt. Beim Kampfe gegen die Demokraten, die unter Thrasybul Munichia hielten, ist er 403 gefallen.

Die hohe und vielseitige Begabung des Kritias sowie die Unruhe seines Geistes ließen ihn auf den verschiedensten Gebieten literarisch tätig sein. Er ist der letzte Dichter jener politischen Elegie, die sich an einen Kreis Gleichgesinnter wandte und deren Ende mit dem Zusammenbruch der alten Polis gegeben war. Unter den Resten seiner *Elegien* befinden sich auch solche eines Gedichtes an Alkibiades. Von seinem regen politischen Interesse sprechen die *Staatsverfassungen*, die er teils im elegischen Maße (Πολιτεῖαι ἔμμετροι), teils in Prosa schrieb. Daß die letztgenannten Athen, Thessalien und Sparta behandelten, läßt sich noch erkennen, für Sparta ist auch ein elegisches Fragment erhalten. Soweit wir sehen, stand überall das Brauchtümliche im Vordergrunde. Merkwürdig ist ein größeres hexametrisches Fragment (B 1), das mit prächtigem Schwunge Anakreon feiert. Offenbar stammt es aus einem Werke, das den Großen der Dichtung gewidmet war und sich zu Schriften wie der des Glaukos von Rhegion *Über die alten Dichter und Tonkünstler* stellt.

Auch Tragödien hat Kritias gedichtet. In der Biographie des Euripides lesen wir,

[1] Radermacher (s. u.) 75. [2] Nr. 2295 P.; Radermacher (s. u.), 231.
[3] Die Stellen bei Nestle (s. u.), 400, 5.

daß man diesem die Tragödien *Tennes*, *Rhadamanthys* und *Peirithoos*[1] als unecht aberkannte. Dazu kommt eine Notiz bei Athenaios (11, 496b), daß man für den *Peirithoos* zwischen Kritias und Euripides als Verfassern schwankte. Auf dieser Basis ruht die immerhin wahrscheinliche Zuweisung der genannten Stücke an Kritias. Unter den Resten ist B 22 bemerkenswert: eine tüchtige Persönlichkeit steht sicherer als das Gesetz, das die Kunst der Redner nur zu leicht verdrehe. Auch dies ein Stück Abwertung des Nomos. Sextus Empiricus hat uns aus einem Satyrspiel *Sisyphos* des Kritias, das man sich mit den drei Tragödien zu einer Tetralogie vereinigt denken kann, ein größeres, geistesgeschichtlich wichtiges Fragment (B 25) erhalten. Wie bei Protagoras folgt hier zunächst auf eine chaotische Daseinsform der Menschheit die Einführung von Gesetz und Recht. Ihre volle Durchsetzung aber verbürgt die Erfindung eines schlauen Mannes. Er führt Götter ein, die des Menschen Tun auch dort beobachten, wo er sich dem Blicke irdischer Obrigkeiten entzogen weiß. Diese Erklärung von Wesen und Entstehung der Religion ist die radikalste Konsequenz sophistischen Denkens.

Von Prosaschriften des Kritias haben wir noch einige Titel wie *Abgrenzungen* (Ἀφορισμοί) und *Gespräche* (Ὁμιλίαι), für die man mit dem Gedanken spielen kann, sie mit sokratischen Gesprächen zu vergleichen; doch wird man besser sein Nichtwissen bekennen. Erwähnung verdient es, daß Kritias *Prooimien* zu Volksreden schrieb. Während die Bemühungen der Rhetorik sonst vor allem der Gerichtsrede galten, sehen wir den Politiker Kritias an der Wirkung auf die Menge interessiert.

Der Radikalismus des Kritias ist kein allgemeines Kennzeichen der Sophistik im ausgehenden 5. Jahrhundert. Man mußte im Zeichen des Naturrechtes nicht den Übermenschen verkünden, ebensogut konnte man versuchen, die Ordnung der Gemeinschaft und damit die Geltung der staatlichen Gesetze in diesem Boden zu verankern. Politisch gewendet heißt das, daß man als Anhänger der neuen Welt nicht Oligarch sein mußte. Unser Bild wird aufs glücklichste durch einen Traktat bereichert, von dem der Neuplatoniker Iamblichos namhafte Teile in seinen *Protreptikos* aufgenommen hat. Man hat sich vom *Anonymus Iamblichi*[2] zu sprechen gewöhnt. Hier bestimmt nicht mehr die schroffe Antithese von Nomos und Physis das Weltbild, vielmehr erweist dieser Autor das Gesetz als eine mit der Natur gegebene Notwendigkeit, als die unabdingbare Voraussetzung für den Bestand der Gesellschaft. Die Erziehung, der er als Sophist neben dem Charakter die entscheidende Rolle zuweist, ist hier Erziehung zum Gesetz. Der Lauf der Ideen kehrt zu Protagoras zurück.

In ähnlichem Geiste war eine Abhandlung gehalten, von der Teile in der ersten pseudodemosthenischen Rede *Gegen Aristogeiton* nachgebildet sind[3]. Ihr Verfasser, kaum ein bedeutender Kopf, kumulierte in einer damals verständlichen Ratlosigkeit die verschiedensten Anschauungen über den Ursprung der Gesetze: Geschenke der

[1] Ein Papyrusrest (nr. 254 P.) bei D. L. Page, *Greek Lit. Pap.* 1950, 120. Schluß der Hypothesis des Rhadamanthys: *Pap. Soc. It.* 12/2, 1951, nr. 1286.

[2] VS 89. R. Roller, *Untersuchungen zum Anonymus Iamblichi*. Tübingen 1931.

[3] M. Gigante, Νόμος βασιλεύς. Napoli 1956, möchte die Kompilation dem Verfasser der Rede selbst zuschreiben.

Götter sind sie, Satzungen verständiger Menschen und gemeinsame Übereinkünfte der Bürgerschaft.

Ein recht dürftiges Erzeugnis ist auch eine in den Handschriften des Sextus Empiricus erhaltene Abhandlung, die man nach ihrem Hauptteil Δισσοὶ λόγοι (VS 90) nennt. Sie ist dorisch abgefaßt, nimmt auf den spartanischen Sieg von 404 als kurz vorausliegend Bezug und ist wohl einer Sophistenvorlesung nachgeschrieben. In fünf Kapiteln wird für verschiedene Gebiete die Richtigkeit der Lehre des Protagoras erwiesen, indem für jeden Brauch oder jede Ansicht ein Gegenbeispiel gebracht wird. Die Entfaltung alter ionischer Ethnographie ist hier besonders deutlich. Eine dieser Antithesen verdient es, als leuchtendes Zeugnis griechischer Humanität festgehalten zu werden: *Die Skythen halten es für schön, wenn einer, der einen Mann getötet und den Kopf abgehäutet hat, den Skalp vorn an seinem Rosse trägt, den Schädelknochen aber in Gold oder Silber faßt, um daraus zu trinken oder den Göttern zu opfern: unter den Griechen aber möchte keiner mit dem dasselbe Haus betreten, der dies getan hat.* Vier weitere Kapitel gelten der erzieherischen Aufgabe der Sophistik, Einwänden gegen die Erlosung der Beamten, die im Geiste der Demokratie vorgebracht werden, und verschiedenen Fragen der Rhetorik, in der für den Sophisten alles Heil gelegen ist.

Texte der Sophisten: VS und bei M. UNTERSTEINER, *Sofisti, Testimonianze e frammenti. Traduz. e comm.* I: *Protagora e Seniade.* 2. ed. Firenze 1961; II: *Gorgia, Licofrone e Prodico.* 2. ed. 1961; III: *Trasimaco, Ippia, Anonymus Iamblichi, «Dissoi Logoi», Anonymus* Περι νόμων, *Anonymus* Περὶ μουσικῆς, 1954; IV: *Antifonte, Crizia* (a cura di A. Battegazzore), 1962. A. CAPIZZI, *Protagora. Ed. rivista e amplif. con un studio su la vita, le opere, il pensiero e la fortuna.* Firenze 1955. M. GRONEWALD, ‹Ein neues Protagoras-Fragment›. *Ztschr. f. Papyrol. u. Epigr.* 2, 1968, 1. – Texte der Rhetoren bei L. RADERMACHER, *Artium scriptores. Sitzb. Österr. Ak.* 227/3, 1951. – Gorgias: W. VOLLGRAFF, *L'oraison funèbre de Gorgias.* Leiden 1952. H. METZGER, ‹Ein neues Gorgias-Fragment aus der Papyrussammlung Erzherzog Rainer in Wien (Pap. Graec. Vindob. 39880)›. *Wien. Stud.* 78, 1965, 40. – Antiphon: L. GERNET, *Coll. des Un. de Fr.* 1923; Neudr. 1954. A. BARIGAZZI, Firenze 1955 (1. u. 6. Rede komm.). F. BLASS–TH. THALHEIM, Leipz. 1914; ed. ster. 1966. J. NICOLE, *L'Apologie d'Antiphon. D-après des fragments inédits sur Papyrus d'Egypte.* Genf 1907. W. LUPPE, ‹Ein neues Antiphon-Fragment›. *Phil.* 113, 1969, 279. Index von F. L. VAN CLEEF, *Cornell Stud. in Class. Phil.* 5, 1895. – Andokides: F. BLASS, 4. Aufl. Leipzig 1913; ed. ster. Stuttgart 1966. G. DALMEYDA, *Coll. des Un. de Fr.* 1930; Neudr. 1960. A. D. J. MAKKINK, Amsterdam 1932 (1. Rede mit Komm.). U. ALBINI, *Andocide, De reditu.* Firenze 1961 (mit Komm.); *De pace.* Firenze 1964 (mit Komm.). D. MACDOWELL, *Andokides, On the Mysteries.* Oxford 1962 (mit Komm.). – Darstellungen und Untersuchungen: W. NESTLE, *Vom Mythos zum Logos.* Stuttg. 1940. O. GIGON, *Sokrates.* Bern 1947, 240. M: UNTERSTEINER, *I sofisti.* 2 Bde. 2. Aufl. Milano 1967 (mit reicher Bibliogr.); engl. Oxf. 1954 (mit reicher Lit.). E. WOLF, *Griech. Rechtsdenken.* 2. Bd. Frankf. a. M. 1952. M. GIGANTE, Νόμος βασιλεύς, Napoli 1956. – G. M. SCIACCA, *Gli dei in Protagora.* Palermo 1958. – F. ZUCKER, *Der Stil des Gorgias nach seiner inneren Form. Sitzb. Ak. Berl.* 1956/1. CARLA SCHICK, ‹Appunti per una storia della prosa Greca›. *Paideia* 11, 1956, 161. W. BRÖCKER, ‹Gorgias contra Parmenides›. *Herm.* 86, 1958, 424. V. BUCHHEIT, *Untersuchungen zur Theorie des Genos Epideiktikon von Gorgias bis Aristoteles.* München 1960. J. H. M. M. LOENEN, *Parmenides, Melissus, Gorgias. A Reinterpretation of Eleatic Philosophy.* 1960. – U. ALBINI, ‹Antifonte logografo 1.› *Maia.* N. S. 10, 1958, 38. – U. ALBINI, ‹Rassegna di studi Andocidei›. *Atene e Roma* 3, 1958, 129. Ders., ‹Per un profilo di Andocide›. *Maia* N. S. 8, 1956, 163.

2. EURIPIDES

Wir haben bei Sophokles jenes Synchronismus gedacht, der die drei Großen der Tragödie in verschiedener Weise zum Jahr von Salamis in Beziehung brachte. Daß Euripides am Tage der Schlacht geboren sei, ist sicher Fiktion, denn daneben stehen andere Ansätze. Jener im Marmor Parium (60) auf 485/84 ist vielleicht als Sychronismus[1] mit dem ersten Siege des Aischylos ebenfalls fraglich, wird aber vom richtigen kaum weitab liegen. Wie dem auch immer sei, es hat seinen besonderen Sinn, daß Euripides einer Generation angehört, die von den großen Perserjahren nur mehr aus den Erzählungen der Väter wußte. Euripides war ungefähr ein Altersgenosse des Protagoras, und wenn auch der Unterschied gegenüber dem etwa 497/96 geborenen Sophokles nicht allzu groß ist, bedeutet in der stürmischen Entwicklung, die um die Mitte des 5. Jahrhunderts einsetzte, doch bereits ein Jahrzehnt recht viel. Entscheidend ist, daß sich Sophokles gegen die Revolutionierung der Geister durch die Sophistik in unerschütterter Gläubigkeit ablehnend verhielt, während die Stellung des Jüngeren eine andere war. Zwar ist die Auffassung zurückzuweisen, Euripides sei einfach der Dichter der griechischen Aufklärung gewesen, wie man ihn gelegentlich nannte. Schon die antike Tradition hat ihm Anaxagoras, Prodikos und Protagoras zu Lehrern gegeben. Gekannt hat er diese und viele andere Persönlichkeiten des geistigen Athen natürlich, und in einzelnen Fällen mag es zu einer engeren Bindung gekommen sein, aber Euripides ist weder einfach Schüler der Sophisten noch Propagandist ihrer Ideen gewesen. Ihrem Einflusse freilich hat er sich weit geöffnet, ihre Probleme sind zu einem guten Teile die seinen, immer aber hat er sich die Eigenständigkeit seines Denkens bewahrt und nicht selten seine Kritik geäußert[2], so daß wir nicht von einem Schülerverhältnis zur Sophistik, wohl aber von einem unausgesetzten leidenschaftlichen Ringen mit ihr zu sprechen haben.

Die große geistige Unruhe ist überhaupt das Signum des Mannes und seines Werkes. Sie spricht erschütternd aus dem Euripideskopf in Neapel, und der Held der *Bellerophontes-Tragödie*, der auf dem Pegasos den Himmel stürmen will, um die Geheimnisse der Götter zu ergründen, wird zum Symbol des Dichters selbst.

Kaum eine andere Gestalt der antiken Literatur ist in ihrer Vielschichtigkeit so schwierig zu fassen wie Euripides. Mit manchem seiner Züge gehört er noch der Hochklassik an, und doch beginnt sich jene großartige Geschlossenheit, die der Parthenon ebenso zeigt wie die reife Tragödie des Sophokles, in seinem Werke aufzulösen. Da steht das Pathos flammender Leidenschaft neben handlungsfremden Rationalismen, werden Lieder denselben Göttern gesungen, die wir an anderer Stelle in das Reich der Fabel verwiesen sehen, und überall ist die Intensität der Fragestellung um ein Vielfaches größer als die Sicherheit der Antwort. Bei dieser so starken Diffe-

[1] Zu diesen chronologischen Spielen F. JACOBY, F Gr Hist. Komm. zu 239 A 50. 63 u. 244 F 35. Die antiken Quellen zur Biographie in der Ausgabe von A. NAUCK, Leipz. 1871. Die handschriftliche Vita am besten in der Ausgabe der Scholien von E. SCHWARTZ, Berl. 1887/91.

[2] Vgl. Hek. 1187 gegen rhetorische Künste und fr. 439.

renzierung des euripideischen Werkes, zu der auch die Ungleichmäßigkeit im künstlerischen Werte gehört, verbietet es sich, nach einer einheitlichen Formel der Erklärung zu suchen. Gruppen verwandter Erscheinungen zusammenzuschließen ist alles, was wir können.

Wie in seinem Werke, so gibt Euripides auch in seiner Lebensform zu erkennen, daß mit ihm Neues beginnt. Aischylos hat mit der Waffe für den Staat gekämpft, Sophokles in ihm eine Reihe hoher Ämter bekleidet, während wir Euripides in keiner vergleichbaren Bindung an die Polis finden. Zu Fragen des staatlichen Lebens hat er in seinen Dramen wiederholt Stellung genommen und Raisonnements in dieser Richtung dem Kunstwerk viel unbekümmerter aufgezwungen als seine Vorgänger, aber er spricht in solchen Fällen vom Standpunkte des prüfenden Denkers und nicht als unmittelbar beteiligter Polite wie Aischylos in den *Eumeniden* oder Sophokles im ersten Stasimon der *Antigone*.

Im Hellenismus und der römischen Kaiserzeit führte man Fremde auf Salamis in eine Grotte[1], in der Euripides, fern von den Menschen, den Blick aufs Meer gerichtet, über die Rätsel des Daseins nachgesonnen haben soll. Solcher Aufenthalt großer Dichter und Denker gehört zu den Wandermotiven, aber für das Bild, das man sich von Euripides machte, ist die Erzählung doch sehr bezeichnend. Das schaffende Genie rückt nun in eine Isolierung, die der Hochklassik noch fremd gewesen ist und die eine breite, oft verhängnisvolle Kluft zwischen dem großen Einzelnen und seinem Volke aufreißt.

Mit einer solchen Stellung des Dichters und dem Umstande, daß manche Gedanken der Sophistik in seinen Versen zu vernehmen sind, hängt es zusammen, daß sich in dieser lebhaft bewegten Zeit die Empörung und der Spott der Konservativen vornehmlich gegen Euripides richteten. Die Komödie ist voll davon. Für uns ergibt sich die betrübliche Folge, daß bei diesem Dichter die wenigen greifbaren Lebensdaten noch viel stärker von anekdotischem Wust überwuchert sind als anderswo. Die in einigen Handschriften erhaltene Vita gibt Proben davon, ein besonderes Stück ist aber die Euripidesbiographie des Peripatetikers Satyros gewesen. Ein Papyrus (nr. 1456 P.)[2] aus dem Schlußteil des 6. Buches seiner *Bioi* vermittelt uns einen lebendigen Eindruck von dieser Schriftstellerei, und es ist bedrückend, hier die *Thesmophoriazusen* des Aristophanes wie eine historische Quelle verwertet zu sehen. Dabei erhebt Satyros literarische Ansprüche: er hat die Biographie dialogisch abgefaßt.

Bei solcher Überlieferung ist es unmethodisch, nach Belieben bald diese, bald jene Geschichte als historisch zu erklären. Wir müssen uns dabei bescheiden, daß nur wenig als unverdächtig zu sichern ist.

Der Vater des Dichters war der Gutsbesitzer Mnesarchos oder Mnesarchides, seine Mutter hieß Kleito, die Komödie hat daraus einen Krämer und eine Gemüsehändlerin gemacht. Die Eltern stammten aus dem attischen Demos Phlya, doch wurde der Dichter auf dem elterlichen Gute auf Salamis geboren. Zu den Geschichten von

[1] Vita. Satyros Kol. 9. Gellius 15, 20, 5. Das Wandermotiv: H. GERSTINGER, *Wien. Stud.* 38, 1916, 65.
[2] G. ARRIGHETTI, *Satiro, Vita di Euripide.* Pisa 1964.

mißverstandenen Orakeln gehört die Erzählung, sein Vater habe ihn zuerst in Gymnastik ausbilden lassen, da ein Spruch agonale Siege verhieß. Auch Maler soll er zuerst gewesen sein. Die Angabe der Biographie, in Megara hätte es Bilder von ihm gegeben, klingt sehr bestimmt, doch ist in solchen Fällen auch mit Namensgleichheit zu rechnen. Am vertrauenswürdigsten ist die Nachricht von dem Kultdienst, den der junge Euripides als Tänzer und Fackelträger dem Apollon Zosterios leistete, weil hier die Absicht einer Erfindung kaum zu verstehen wäre. Übelster Klatsch, von der Komödie breit verarbeitet, hat sich an das Heim des Dichters geheftet. Er sei zunächst mit Melito, dann mit Choirine verheiratet gewesen und habe in seiner Ehe böse Erfahrungen gemacht. Diese hätten mit einem Hausgenossen Kephisophon zusammengehangen, der dem Euripides gelegentlich beim Dichten, aber nicht nur bei diesem half.

Der tiefreichende Unterschied zwischen Sophokles, dessen Leben so fest in die athenische Gemeinschaft gefügt war, und Euripides kommt auch in dem verschiedenen Verhältnis der beiden zu ihrem Publikum zum Ausdruck. Euripides erhielt 455 seinen ersten Chor, doch blieb ihm der Erfolg versagt. Unter den aufgeführten Stücken befanden sich die *Peliaden*, das erste Medeiastück des Dichters. Die grausamlistige Rache, die Medeia für Iason an Pelias von Iolkos nahm, war der Inhalt des Dramas. Die eigenen Töchter töteten den greisen König, den Medeia in einem Kessel jungzukochen versprochen hatte.

Erst 441 errang Euripides nach dem Zeugnis des Marmor Parium (60) einen ersten Preis im Agon[1]. Dazu kamen nur mehr drei andere, wenig genug, da wir wissen, daß er für zweiundzwanzig Tetralogien einen Chor erhielt. Wenn einzelne Quellen von fünf Siegen berichten, so ist der postume mitgezählt, den sein gleichnamiger Sohn oder Neffe[2] mit den nachgelassenen Stücken *Iphigeneia in Aulis*, *Alkmeon in Korinth* und *Bakchen* gewann.

Der Widerstand des Publikums gegen Euripides soll sich in einer Asebieklage des Kleon verdichtet haben, doch ist Satyros als Quelle reichlich verdächtig. Immerhin scheint bei aller Entstellung hier letzten Endes ein historischer Anhalt gegeben zu sein. Aristoteles (*Rhet.* 3, 15. 1416a 29) weiß von einem Prozeß des Dichters gegen einen Hygiainon, in dem es sich um Vermögenstausch (Antidosis) gelegentlich einer Leistung für den Staat (Leiturgie) handelte, und bei dem auch Anwürfe gegen die Gottlosigkeit des Dichters eine Rolle gespielt haben sollen.

Dem Euripides wurde ein *Epinikion* auf einen olympischen Wagensieg zugeschrieben, den Alkibiades wahrscheinlich 416 in Olympia errang[3]. Wir besitzen daraus ein halbes Dutzend von Versen (fr. 3 D.), erfahren aber aus Plutarchs *Demosthenes* (1), daß die Antike auch andere Zuweisungen kannte. Ein näheres Verhältnis des Dichters zu Alkibiades ist bei der verschiedenen Natur der beiden Männer wenig wahrscheinlich.

[1] C. F. RUSSO, ‹Eur. e i concorsi tragici lenaici›. *Mus. Helv.* 17, 1960, 165, gibt die noch feststellbaren Spieldaten und sucht in minutiöser Argumentation zu erweisen, daß eine Beteiligung des Dichters an den Agonen der Lenäen höchst unwahrscheinlich ist.

[2] Sohn: Schol. Aristoph. *Frö.* 67. Neffe: *Suda*.

[3] C. M. BOWRA, ‹Epinician for Alcibiades›. *Historia* 9, 1960, 68.

Glaubwürdig ist es, daß die Athener dem Dichter der *Troaden* die Abfassung des Grabgedichtes für die vor Syrakus Gefallenen übertrugen. Das bei Plutarch, *Nikias* (17) überlieferte Epigramm hat E. HEITSCH[1] gut gewürdigt.

Wie Aischylos ist auch Euripides in der Fremde gestorben. Im Jahre 408 hat er noch seinen Orestes in Athen aufgeführt und ist bald danach an den Hof des Archelaos nach Pella gegangen. Vor den makedonischen Aufenthalt setzt die handschriftliche Biographie einen solchen in Magnesia, das ihn mit Gastrecht (Proxenie) und Abgabenfreiheit (Atelie) geehrt haben soll. Wir wissen nicht einmal, welches Magnesia gemeint ist, und müssen die Möglichkeit offenhalten, daß eine Ehreninschrift für den Dichter die ganze Nachricht verursacht hat.

Archelaos, bei dem Euripides die letzten Jahre seines Lebens verbrachte, hatte den Ehrgeiz, seinen Hof, dessen Sitten wir uns übrigens recht barbarisch denken dürfen, mit großen Namen zu schmücken. Verschiedene werden genannt, unter ihnen der Tragiker Agathon und der Dithyrambendichter Timotheus, der als Neutöner dem Euripides besonders nahegestanden haben soll.

Wie sehr das Ende großer Männer Ansatzpunkt für Anekdotisches ist, zeigt sich auch bei Euripides. Ihn sollen Molosserhunde zerrissen haben, Nachkommen eines königlichen Jagdhundes, für dessen Tötung der Dichter bei Archelaos Nachlaß der Strafe erwirkt hatte. Die Zerreißung durch Hunde ist wohl als Strafe für den Gottlosen gemeint, wie denn auch das Grab des Euripides und sein Kenotaph in Athen nach der Legende vom Blitze getroffen wurden.

Nach Athen kam die Nachricht vom Tode des Dichters im Frühjahr 406 vor den Großen Dionysien. Es klingt glaubhaft, daß Sophokles beim Proagon, einer Art Vorstellung der bei den kommenden Spielen Mitwirkenden, selbst in Trauerkleidung, Chor und Schauspieler unbekränzt vorgeführt habe. Archelaos soll den Dichter in Pella begraben haben, daneben stehen Nachrichten von einem Grab bei der Reisestation von Arethusa. Des athenischen Kenotaphs auf dem Wege zum Peiraieus gedachten wir bereits, dort standen die schönen Verse, die wir in der Vita mit der kühnen Verfasserangabe «Thukydides oder Timotheos» lesen.

Für die Chronologie der achtzehn erhaltenen Stücke – den *Rhesos* betrachten wir als unecht – ergeben den ersten und sichersten Anhalt die überlieferten Aufführungsdaten: 438 *Alkestis*, 431 *Medeia*, 428 *Hippolytos*, 415 *Troaden*, 412 *Helena*, 408 *Orestes*, auch wissen wir, daß die *Aulische Iphigeneia* und die *Bakchen* erst nach dem Tode des Dichters aufgeführt wurden. Einen weiteren wichtigen Anhalt bieten die Anspielungen der Komödie, die für Euripides ganz besonders dicht und bissig sind und jeweils einen sicheren terminus ante quem liefern. Anspielungen auf Zeitgeschehen geben hingegen kaum jemals sichere Datierungsstützen. Selbst die Beziehung der Verse, mit denen sich die Dioskuren im Schlußteil der *Elektra* verabschieden, auf Athens Flotte in den sizilischen Gewässern wurde neuerdings in Frage gestellt. Man hat in den letzten Jahren Überlegungen dieser Art mitunter weit übers Ziel geführt und die Tra-

[1] ‹ΤΑ ΘΕΩΝ›. *Phil.* 111, 1967, 21.

gödie des Euripides wie verkappte Historie interpretiert[1]. Gewiß spricht der dritte der drei großen Tragiker häufiger als seine Vorgänger von der Bühne in seine Zeit hinein, aber greifbare politische Anspielungen begegnen nicht allzuoft, und in Personen seiner Dramen Schlüsselfiguren für die Zeitgeschichte erkennen zu wollen, sollte die Achtung vor dem Kunstwerk verbieten. Auch der Stil und die Metrik ergeben chronologische Hilfen, die allerdings nicht überschätzt werden dürfen. Aber es ist unverkennbar, daß sich in der reichen Produktion des Euripides verwandte Erscheinungen, besonders im Motivischen, zu zeitlich zusammengehörigen Gruppen vereinigen.

Aus der Chronologie der euripideischen Dramen, bei der wir auf leidlich sicherem Boden stehen, ergibt sich, daß keines der erhaltenen Stücke älter ist als die 438 aufgeführte *Alkestis*. Damals hatte Euripides bereits siebzehn Jahre für die Bühne geschrieben, und es bleibt uns also auch für ihn versagt, die Frühzeit seines Schaffens aus einem erhaltenen Werke kennenzulernen.

Durch eine Hypothesis wissen wir, daß die *Alkestis* das vierte Stück einer Tetralogie war, also an der Stelle stand, an der wir sonst ein Satyrspiel zu finden gewohnt sind. Wir haben Grund anzunehmen, daß dies nicht der einzige Fall ist, in dem Euripides statt eines Satyrspieles an das Ende einer Tetralogie ein Stück mit gutem Ausgange setzte. Die heitere Gelöstheit, die uns noch an den Resten der *Ichneutai* und *Diktyulkoi* beglückt, war ihm nicht gegeben, das zeigt der *Kyklops*, dessen Witz von anderer Art ist.

Man hat sich durch die erwähnte Stellung der *Alkestis* in der Tetralogie aufgefordert gefühlt, möglichst viel an ihr komisch oder gar burlesk zu finden, und in solchem Bemühen häufig das Wesen des schönen, in der Weltliteratur so zeugungskräftigen Werkes verfehlt.

Euripides hat hier zu einer Sage gegriffen, die zwei weit über die Völker verbreitete Märchenmotive zu einem reizvollen Ganzen bindet. Es ist die Geschichte von dem liebenden Weibe, das ihr eigenes Leben darbringt, als der Tod das ihres Mannes fordern kommt. Dazu tritt, hier als Lösung verwendet, der siegreiche Kampf des starken Mannes mit dem Todesdämon, ein Motiv, das häufig selbständig oder in anderem Zusammenhange auftritt. Phrynichos hat bereits den Alkestisstoff behandelt und scheint besonders in jenen Szenen des euripideischen Dramas nachzuwirken, in denen es sich um das Kommen und die Bezwingung des personifizierten Todes, des Thanatos, handelt. Aber Euripides hat, ohne an der Substanz der Sage Wesentliches zu ändern, doch mit einem einzigen Griffe gänzlich neue Voraussetzungen im Bereiche des Seelischen geschaffen. Während in der alten Sage und wohl ebenso bei Phrynichos die Braut am Hochzeitstage die Bereitschaft zu ihrem Opfer erklären und dieses auch schon bringen mußte, hat Euripides zwischen diese beiden Vorgänge einen Zeitraum von mehreren Jahren gelegt, in denen Alkestis das Glück des Weibes und der Mutter voll erlebte. Die Frage der Ratio, wie Alkestis dies mit dem bestimmten Todestag vor Augen konnte, verfehlt das Wesen des Kunstwerkes. Dem Dichter war an dem

[1] Am weitesten geht E. DELEBECQUE, *Eur. et la guerre du Péloponnèse*. Paris 1951. Dort weitere Lit.

gelegen, was er mit diesem Wagnis gewann: seine Alkestis bringt das Opfer ihres Lebens, das sie einst am Hochzeitstage gelobte, nun mit dem vollen Wissen um das, was sie verläßt und preisgibt.

Das Stück beginnt mit dem wirkungsvollen Kontrast zwischen Apollon, dem strahlenden Gotte, der Admets Haus verläßt, und Thanatos, der sein Opfer holen kommt. In dem Gegenüber der beiden Gottheiten aus geschiedenen Welten wirkt die delphische Tempelszene aus den *Eumeniden* nach. Der Chor von Greisen aus Pherai zieht mit Versen der Sorge und Klage ein, ihm berichtet eine Dienerin von dem Abschied, den Alkestis drinnen von Heim und Gesinde nimmt. Dieser früheste Botenbericht, den wir von Euripides lesen, zeigt bereits jene epische Meisterschaft, die er immer aufs neue in den erzählenden Partien seiner Dramen bewährt. Nach einem Chorlied betreten die Gatten die Bühne, und wir sind Zeugen der letzten Worte und Klagen der Alkestis und ihres Todes. Schon das nächste Epeisodion bringt Herakles, den Retter, der auf dem Wege zu einem seiner Abenteuer bei Admet zukehren will. Dieser verschweigt ihm, wen er verlor, um den Gastfreund in seinem Hause aufnehmen zu können. Schon ordnet sich der Leichenzug, da kommt Pheres, der Vater des Admet, mit Gaben für die Tote. Neuerlich lernen wir ein wichtiges, ständig wiederkehrendes Element in voller Entfaltung kennen: die Streitszene, den Agon, der in klarer formaler Ordnung vor allem in dem wohlberechneten Wechsel von langer Rede und Stichomythie mit ihrem schlagartigen Verswechsel zwei Parteien den Kampf der Worte unter Verwertung aller erreichbaren Argumente austragen läßt. Hier findet die von den Sophisten erschlossene Welt der δισσοὶ λόγοι ihre dramatische Gestaltung. Pheres hat das Opfer des Lebens für den Sohn seinerzeit verweigert, und dieser wirft ihm nun seinen kleinen Lebenshunger vor, muß aber selbst die Anklage hören, daß er sein Weib aus bedenkenloser Selbstsucht habe sterben lassen. Nach der Streitszene verläßt der Leichenzug und mit ihm der Chor die Bühne, einer der seltenen Fälle, in denen diese nach der Parodos des Chores wieder leer wird. Herakles, der indessen im Hause fröhlich zechte, erfährt von einem Diener die wahre Lage der Dinge. Sogleich macht er sich auf, um Thanatos seine Beute abzuringen, und als Admet nach der Rückkehr vom Grabe vor seinem Palaste fassungslos klagt, führt er ihm die dem Leben wiedergegebene Gattin zu. Noch hat Admet ein kleines Intrigenspiel zu bestehen, indem Herakles die verschleierte Alkestis für eine Fremde ausgibt und seine Treue erprobt, dann aber dürfen die glücklich Vereinten über die Schwelle des Palastes in ein neues Leben schreiten.

Gleich die *Alkestis* stellt uns das Grundproblem der euripideischen Tragödie mit aller Schärfe. Darüber, daß die Götter hier nicht mehr das gleiche bedeuten wie bei Aischylos und dem Sophokles der *Oidipusdramen*, braucht man nicht viel Worte zu verlieren. Die Menschen mit ihren Nöten und Ängsten, ihrem Hoffen und Planen sind in die Mitte des Spieles getreten. Wie aber sind sie bei Euripides gesehen? Ohne Zweifel spielen seelische Vorgänge bei ihm eine große Rolle, aber dürfen wir ihn deshalb den Entdecker der Psychologie für das Drama nennen? Und ist das überhaupt Psychologie, was seine Stücke in Bewegung hält?

Die *Alkestis* zeigt die Schwierigkeiten, in die wir mit den Begriffen und Ansprüchen der Neueren alsbald geraten, in besonderem Maße. Da ist Alkestis, die liebende Frau, die sich für den Gatten opfert. Aber wo spricht sie von dieser Liebe? Der Dichter hat uns ihren Abschied vom Leben zwiefach, durch den Bericht der Dienerin und die große Szene der Alkestis selbst, sehen lassen. Die Akzente sind in den beiden Partien verschieden gesetzt: im Botenbericht weiche Klage, in der Todesszene nach der lyrisch gehaltenen Vision der Angst jene klare Überlegung und Aufrechnung des geleisteten Opfers, die immer wieder befremdet haben. Nirgends aber spricht Alkestis von der Glut ihres Herzens, die sie zu ihrem Opfer treibt, nirgends hören wir Töne, wie wir sie von dem liebenden Weibe erwarten. Die schwersten Anstöße haben sich jedoch für die Modernen aus der Gestalt des Admet ergeben. Wie soll der Mann ernst zu nehmen sein, der sein Weib für sich sterben läßt und die Sterbende anfleht, ihn nicht zu verlassen? Der mit dem Jammer über sein Schicksal Palast und Stadt erfüllt und für das, was er hinnahm, bemitleidet sein möchte!

An den Schwierigkeiten, die hier für uns gegeben sind, scheiden sich nach wie vor die Interpreten in einer Weise, in der Entscheidendes für die gesamte Euripidesdeutung enthalten ist.

Wir gewinnen den eigenen Standpunkt am besten, wenn wir zunächst die extremen Grenzpositionen bestimmen. Lange haben die Neueren das, was ihnen der Text an Psychologie unmittelbar nicht gab, zwischen den Zeilen gesucht und in die Interpretation hineingetragen. Nicht wenig dieser Art findet sich bei WILAMOWITZ, der etwa wissen wollte[1], daß Alkestis manche Illusion verloren habe und das Versprechen ihres Opfers nicht wiederholen würde. Diese Methode hat auch heute noch ihre Vertreter und ist besonders nachdrücklich in VAN LENNEPS Euripidesbuch und seiner Ausgabe der *Alkestis* wirksam. Dabei kommt natürlich Admet besonders schlecht weg, und das weitere Zusammenleben der Gatten erhält eine ungünstige Prognose.

Interpretation dieser Art ist heute selten geworden, vielmehr hat sich die Überzeugung durchgesetzt, daß ein solches Psychologisieren den antiken Dichter gründlich verfehlt. So hat denn das Pendel nach der anderen Seite ausgeschlagen, und WALTER ZÜRCHER konnte in seinem anregenden Buche über die *Darstellung des Menschen im Drama des Euripides* den Versuch unternehmen, die Bedeutung des Psychologischen bei diesem Dichter stark einzuschränken und in wichtigen Fällen überhaupt zu leugnen. In der Nachfolge der Sophoklesinterpretation, wie sie TYCHO VON WILAMOWITZ vertrat, bestreitet ZÜRCHER, daß wir es bei Euripides mit durchgezeichneten Charakteren zu tun haben. Vielmehr sei die Person dem Primat der Handlung gegenüber sekundär und nur eine Funktion der dramatischen Fabel. Wir werden im folgenden dort, wo solche Betrachtung zu weit und schließlich bis zum Auseinanderbrechen großer euripideischer Gestalten geführt ist, Einspruch erheben müssen. Aber etwas Wesentliches ist doch gesehen: in der euripideischen Menschengestaltung kommt es nicht so sehr auf Charaktere im Sinne moderner Individualität als vielmehr auf allgemein menschliche Reaktionsweisen in Haß und Liebe, Schmerz und Jubel an. Hier

[1] *Griech. Trag.* 3, 87.

ist Euripides Meister, hier hat er der dramatischen Bühne große Bereiche des Seelischen erschlossen, und insoweit ist es auch berechtigt, von der Bedeutung des Psychologischen in seinem Werke zu sprechen. Wie er sich in solchem Bezuge von Sophokles unterscheidet, hat vor langem J. BURCKHARDT treffsicher formuliert[1]: *Während sodann Sophokles es immer mit dem Ganzen eines Charakters zu tun hat, hat Euripides bisweilen die Art, das Gefühl einer einzelnen Person in einer bestimmten Szene bis ins einzelnste auszubeuten ...*

Was die früher erwähnten Anstöße betrifft, die sich in der *Alkestis* moderner Auffassung ergeben, so sind die Herkunft des Stoffes sowie die Eigengesetzlichkeit des antiken Kunstwerkes zu bedenken. Das oft kühl erscheinende Raisonnement der Heldin entspricht dem echt griechischen Drange, sich von seinem Tun Rechenschaft abzulegen, und steht der reifen Frau wohl an. Selbst die Antigone des Sophokles tut es nicht anders und hat ebenfalls Befremden erweckt.

Die Gestalt Admets jedoch stellt jeden Dichter vor kaum überwindbare Schwierigkeiten. Was an ihr bei Euripides unser Empfinden abstößt, hat neuerdings K. v. FRITZ in einer bedeutenden Abhandlung[2] mit scharfer Akzentuierung herausgearbeitet. Kaum ist anzunehmen, daß Kritik dieser Art außerhalb der Möglichkeiten des fünften Jahrhunderts lag; hören wir im Agon doch aus dem Munde des Pheres (eines allerdings durchaus unsympathisch gezeichneten Pheres) Anwürfe, die den unseren gleichen. Nun hat K. v. FRITZ den für große Teile des euripideischen Schaffens fruchtbaren Gedanken geäußert, daß bei der Umsetzung der alten Märchen- und Sagenstoffe in den Bereich der euripideischen Kunst, einer Kunst die neue Räume des Seelischen eröffnete, notwendig Dissonanzen entstanden. Daß wir solche gerade in der *Alkestis* vernehmen, ist nicht zu leugnen. Fraglich aber bleibt es, ob sie durch die primäre Intention des Dichters hervorgerufen wurden oder ob sie sich als unvermeidliche Folge aus seiner Schaffensweise ergaben. Wir suchen keine generelle Antwort, die in jedem Falle einen Teil des euripideischen Werkes verfehlen müßte, meinen aber im Falle Admets, daß der Dichter doch manches getan hat, um den Gastfreundlichen, den von Apollon Geliebten, den in Treue Trauernden wenn nicht liebenswert so doch erträglich zu machen. Fällt nicht von dem Abschied der Alkestis von ihrem ehelichen Lager, wie ihn die Dienerin schildert, Licht auch auf den Gatten? Dem Worte aber (v. 287), sie hätte nicht ohne Admet leben wollen, darf man nicht deshalb seine Bedeutung absprechen, weil sie zugleich die verwaisten Kinder nennt. Auch fällt ins Gewicht, was Admet nach der Rückkehr vom Grabe sagt (940): *Jetzt erkenne ich.* Das bedeutet freilich keine Wandlung, aber doch eine Einsicht. Motivieren konnte der Dichter die Annahme des Opfers durch Admet freilich nicht. Darum war es weise von ihm, daß er es gar nicht erst versuchte und hier nicht mehr gab, als die alte Märchenerzählung gegeben hatte. Wohl aber hat er – und dies ist das Neue – gezeigt, wie sich das Opfer

[1] *Griech. Kulturgesch.* 2, 306 (Kröner). Statt ‹Charakter› würden wir für Sophokles heute ‹Ethos› sagen.

[2] ‹Euripides «Alkestis» und ihre modernen Nachahmer und Kritiker›. *Ant. u. Abendl.* 5, 1956, 27; jetzt *Antike und moderne Tragödie.* Berlin 1962, 256. Dokumentation zur neueren Debatte über die Beurteilung des Stückes findet sich u. im Lit.-Teil.

mit bitterem Leide gegen den kehrt, der es angenommen hat. Ernst nehmen können wir dieses Leid und mitfreuen können wir uns an seiner Lösung aber nur, wenn wir in Admet mehr sehen als den jämmerlichen Egoisten, der sich vor dem Tod durch das Opfer seines Weibes drückt. Wir wollen der Schwierigkeit dieser Fragen nicht dadurch ausweichen, daß wir uns hinter der Autorität Goethes decken. Dafür aber, daß eine solche Sehweise immerhin möglich ist, bleibt seine Farce *Götter, Helden und Wieland* ein gültiges Zeugnis.

Von den drei Tragödien, die der *Alkestis* vorangingen, behandelte die erste, die *Kreterinnen*, die Geschichte der Minosenkelin Aerope, die ihr Vater Katreus wegen Unzucht durch Nauplios ertränken lassen wollte. Dieser aber vermählte sie dem Pleisthenes. Von dem *Alkmeon in Psophis* haben wir durch die richtige Auswertung der Bruchstücke[1] eine bessere Vorstellung gewonnen. Im Mittelpunkte stand die Treue, die Arsinoe, der Alkestis schwesterlich verwandt, dem landflüchtigen und unsteten Alkmeon wahrt. Besonderes Aufsehen hat das dritte Stück, der *Telephos*[2], erregt. Da erzwang der von Achilleus verwundete Myserkönig seine Heilung dadurch, daß er sich in Bettlerkleidung ins Griechenlager zu Argos schlich und den kleinen Orestes bedrohte. Der König in Lumpen war für die attische Bühne dieser Jahre unerhört.

Im Jahre 431 blieb Euripides mit der *Medeia*, die wir heute seinen Meisterwerken zurechnen, Dritter im Agon. Auch hier hat er durch einen allerdings tieferen Eingriff alter Sage eine neue, für die Gestaltung des Seelischen entscheidende Wendung gegeben. Man wußte in Korinth von einem Grabe der Kinder Medeias, und es gab wohl auch eine Version, daß sie diese bei dem Versuche, sie unsterblich zu machen, durch ein Versehen getötet hätte[3]. Bei Euripides ist daraus die Mörderin ihrer Kinder geworden, die in wilder Leidenschaft Iasons Untreue rächt. Daß der Kindermord als Rache der Betrogenen nach dem Mythos von Prokne und Tereus gestaltet ist, läßt sich denken, doch muß nicht gerade der *Tereus* des Sophokles eingewirkt haben. Die Nachricht der Hypothesis, Euripides habe sein Stück einer *Medeia* des Neophron nachgebildet, ist unglaubwürdig, vielmehr weisen die Reste dieses Dramas auf einen Nachahmer, der Euripides verbessern wollte[4].

Die Handlung der *Medeia* ist mit jener Kunst, die das Geformte als Notwendigkeit erscheinen läßt, bis zur Katastrophe geführt. Die Kolcherin, die Iason bis nach Korinth auf allen seinen Wegen folgte, sieht sich um der Tochter des Landeskönigs willen verraten und dem Elend preisgegeben. Wir hören zu Beginn des Spieles nach dem er-

[1] W. SCHADEWALDT, ‹Zu einem Florentiner Papyrusbruchstück aus dem «Alkmeon in Psophis» des Eur.› *Herm.* 80, 1952, 46; jetzt *Hellas und Hesperien.* Zürich 1960, 316. Für dieses wie für alle übrigen Eur.-Fragmente ist jetzt H.-J. METTE, *Lustrum* 1967/12 (1968) heranzuziehen.

[2] Wichtig für die Rekonstruktion: E. W. HANDLEY-J. REA, ‹The Telephus of Eur.› *Univ. of London. Bull. of Inst. of Class. Stud. Suppl.* 5, 1957, mit neuen Fragmenten auf Papyrus und dem Nachweis, daß *Pap. Berol.* 9908 (*Berl. Klass. Texte* 5/2, p. 64) in dieses Stück und nicht in die *Achäerversammlung* des Sophokles gehört.

[3] *RE* 15, 1932, 42.

[4] Zum *Tereus:* W. BUCHWALD, *Studien zur Chronologie der att. Trag.* 455 *bis* 431. Diss. Königsb. 1939, 35. *Neophron:* D. L. PAGE in der Ausgabe des Stückes (s.u.), XXX. Priorität des Neophron erwägt K. v. FRITZ, *Antike und moderne Tragödie.* Berl. 1962, 334. Ebenso neuerdings BR. SNELL im 2. Anhang zu der deutschen Ausgabe seiner *Scenes from Greek Drama.* Berkeley 1964.

läuternden Prolog der Amme und einer Szene, die uns die Kinder Medeias zeigt, die wilden Schreie und Flüche der Verlassenen aus dem Inneren des Hauses. Dann aber tritt sie gefaßt vor den Chor korinthischer Frauen, um zu ihnen von dem allgemeinen Lose des Weibes und ihrem persönlichen Schicksal zu sprechen. Die rationale Aussage behauptet bei Euripides selbst in den Spielen bewegtester Leidenschaft ihr Recht; auch ist nicht zu verkennen, daß der Dichter aus dem Wechsel von Pathos und Raisonnement bedeutende Kontrastwirkungen und bei der umgekehrten Folge auch wirksame Steigerungen herauszuholen versteht.

Zur Rache ist Medeia entschlossen, wenn sie auch ihren Weg noch nicht kennt. Schritt für Schritt dringt sie vor. Den Chor muß sie zum Schweigen verpflichten, eine Konzession an die Gegebenheiten der Bühne. Daß Frauen der Frau beistehen, wäre an sich glaubhaft, daß Korintherinnen das Barbarenweib gegen das eigene Königshaus unterstützen, müssen wir um des Spieles willen hinnehmen.

In einer Szene mit Kreon sichert sich Medeia einen Tag Aufschub der über sie verhängten Verbannung. Es folgt der große Agon zwischen ihr und Iason, in dem die Handlung nicht vorwärtsrückt, wie sie dies in solchen Streitgesprächen in der Regel nicht tut; aber den Mann lernen wir kennen, der mit glatten Worten den Verrat an der Frau beschönigt, die einst sein Leben rettete. In der nächsten Szene geht der athenische König Aigeus, der vom delphischen Orakel zurückkehrt, etwas kometenhaft über die Bühne dieses Stückes. Man hat das Episodische dieser Partie oft getadelt, aber das Versprechen des Aigeus, Medeia eine Stätte der Zuflucht offenzuhalten, gibt der folgenden Aktion den Rückhalt. Es ist möglich, daß unserem Stücke der *Aigeus* voranging, der Medeia bei dem König in Athen zeigte und ihren Anschlag gegen den Stiefsohn Theseus auf die Bühne brachte. In diesem Falle schloß sich unsere Szene in der Medeia für das Publikum mit Bekanntem zusammen.

Nun ist Medeia ihres Weges sicher: der jungen Braut wird sie durch die Knaben Geschenke in den Palast senden, an denen sie elend zugrunde gehen muß, dann aber wird sie die eigenen Kinder töten. Iason wird durch geheuchelte Versöhnung sicher gemacht, und die verhängnisvollen Gaben finden ihren Weg zu Kreusa. Nach einem kurzen Chorliede, das wie so oft eine größere Zeitspanne deckt, kommen die Kinder aus dem Palaste zurück. Nun weiß Medeia, daß die Knaben als Überbringer der tödlichen Gaben verloren sind, und wenn ihr auch die Kraft zu erlahmen droht, muß sie nun im Zwange der Lage tun, was sie im Anfange als Tat des eigenen Willens plante. Schon kommt der Bote und meldet, wie Kreusa und Kreon qualvoll starben, da führt Medeia die Todesstreiche, von denen sie weiß, daß sie ihr eigenes Herz treffen. Zu spät eilt Iason herbei, ihn trifft nur der Hohn, der über seinen Jammer triumphiert.

Keine andere griechische Tragödie, den *Hippolytos* etwa ausgenommen, ist in solchem Maße von den Mächten bewegt, die aus der Seele des Menschen zu dämonischer Wirkung aufsteigen. Dem entspricht es, daß Euripides hier wie nirgendwo anders die Seele als den Schauplatz widerstrebender Kräfte im Selbstgespräch sichtbar gemacht hat. Es geschieht dies in drei Reden (364. 1021. 1236), für die wir trotz gelegentlicher Wendung zum Chore (1043) von monologischer Haltung sprechen dürfen, da es in ihnen nicht auf Mitteilung, sondern auf Offenbarung des eigenen Denkens und Ringens ankommt. Die mittlere dieser drei Reden ist von der stärksten Bewegung erfüllt und ohne Beispiel in der griechischen Tragödie. Viermal wendet sich in Medeia die Richtung ihres Wollens: das wilde Verlangen nach Rache, die Liebe zu den Kindern, das Wissen um die sichere Katastrophe im Palaste und ihre Folgen begegnen sich auf der Walstatt dieser Seele. Es siegt die Erkenntnis, daß die Kinder in jedem Falle verloren sind, aber im Schlußwort läßt Medeia die Mächte sichtbar werden, aus deren Widerstreit dies alles entstanden ist: das heiße Herz (θυμός) und das wägende Denken (βουλεύματα), dessen Unterliegen den Menschen Ursache des ärgsten Unheils ist.

Fragen, die sich uns bereits bei der *Alkestis* stellten, werden hier aufs neue dringend. Schon antike Kritiker, die wir in der Hypothesis und im Scholion zu v. 922 vernehmen, haben der Medeia, die um ihre Kinder weint und sie dennoch tötet, die Einheitlichkeit ihres Wesens bestritten. Neuere haben das nachgesprochen und gemeint, daß diese Gestalt in ihre Teile zerfalle. Da ist denn doch der Dichter verkannt, der von der menschlichen Seele mehr wußte als die Kritiker, die ihre Grenzen so enge ziehen möchten. Der maßlose Haß gegen den Verräter und die weiche Liebe zu den Kindern und vieles andere, das geschieden ist wie Feuer und Wasser, können sehr wohl in *einer* Menschenseele ihren Platz finden. Die Wirkung dieser Gestalt in der Weltliteratur, mit der nur wenig vergleichbar ist, legt von der Größe und Richtigkeit ihrer Konzeption ein sicheres Zeugnis ab.

Eines ist freilich nicht zu bestreiten: unsere Teilnahme für den in Not und Schuld leidenden Menschen Medeia erlischt dort, wo sie der Zauberwagen ihres Ahnen Helios holen kommt. Hier ist sie der Sphäre menschlichen Begreifens und Mitleidens entzogen, ihr dämonischer Triumph scheidet sie von unseren Bereichen. Gewonnen hat der Bühnendichter einen effektvollen Abschluß, aber das ist nicht alles. In den Worten, die sie von ihrem Wundergefährt spricht (man wird es erhöht, etwa auf dem Dache der Skené denken dürfen), stiftet sie den Kult für ihre Kinder, der in Korinth tatsächlich bestand. Der Fall ist typisch, denn überaus häufig biegen euripideische Dramen nach aller Freiheit der Gestaltung am Schlusse zu bestehenden Kulten zurück, als wäre ihre Aufgabe nichts anderes gewesen, als deren Entstehung zu erklären.

Nach der Medeia wurde 431 der *Philoktetes* aufgeführt, von dem bei der sophokleischen Behandlung des Stoffes die Rede war, und als drittes Stück der *Diktys* mit Abenteuern der Danae auf Seriphos, wo der König Polydektes sie bedrängte und ihr Sohn Perseus sie rettete, als er vom Gorgonenabenteuer zurückkehrte.

In dem 428 aufgeführten *Hippolytos* folgt (373) auf die Szene, in der Phaidra, von Leidenschaft verheert, ihr Geheimnis preisgibt, in echt euripideischer Weise eine ruhige Betrachtung über den Weg der Menschen zur Sünde. Phaidra bestreitet den Satz, daß Schuld aus mangelnder Einsicht erwachse; vielmehr wüßten die meisten um das Rechte, aber die Verlockung zu böser Lust sei stärker. Man hat richtig gesehen[1], daß

[1] Br. Snell, ‹Das früheste Zeugnis über Sokrates›. *Phil.* 97, 1948, 125. Ders., *Scenes from Greek Drama.* Berkeley 1964, 59; deutsche Ausgabe Berlin 1971, 63.

hier Polemik gegen die Lehre des Sokrates vom Tugendwissen vorliegt. Deutlich wird es aber auch, daß Phaidras Worte mit Einsicht und Leidenschaft dieselben Gegenspieler bezeichnen, die Medeias großer Monolog als die bestimmenden Mächte ihres Schicksals nannte. In der Tat befinden wir uns mit dem *Hippolytos* nicht nur zeitlich in großer Nähe zur *Medeia*, vielmehr bezeichnen die beiden Dramen, an die wir noch anderes anzuschließen haben, einen Abschnitt des euripideischen Schaffens, in dem der tragische Konflikt mit besonderer Intensität aus den elementaren Kräften menschlicher Leidenschaft ersteht.

Euripides hatte die Geschichte von der Minostochter Phaidra, der Gattin des Theseus, die in verzehrender Liebe zu ihrem Stiefsohne Hippolytos sich und ihn verdirbt, bereits einige Jahre vorher auf die Bühne Athens gebracht. In diesem Stücke trug Phaidra ihre Liebe hemmungslos dem Stiefsohne an, der entsetzt sein Haupt verhüllte. Den *Hippolytos Kalyptomenos* hat man danach das Stück genannt, von dem wir aus Teilen von Senecas *Phaedra*, Ovids *4. Heroide* und geringen Resten eine Vorstellung gewinnen[1]. Der Moderne konnte sich bis in jüngste Zeit erzählende und dramatische Literatur ohne die Dominante des erotischen Motivs kaum vorstellen, und nur selten wird bedacht, welch entscheidende Rolle Euripides bei dessen Vordringen spielte. Der Radikalismus, mit dem er Dinge auf der Bühne zeigte, die dort völlig neu waren, hat die Athener nicht wenig erschreckt und empört. Die Komödie gibt dafür reichliche Zeugnisse. Der erste *Hippolytos* wurde abgelehnt. Hingegen hat der zweite, den man *Stephanephoros* oder *Stephanias* zubenannte, seinem Dichter 428 den Sieg gebracht.

Die Neugestaltung, das können wir noch feststellen, ist aus der Gestalt der Phaidra heraus erfolgt. Nun ist sie nicht die verbuhlte Kreterin, die nur das Gesetz ihrer Leidenschaft kennt, hier ist sie die hohe Frau, die den sündigen Wunsch in der Tiefe ihrer Seele bergen will, und sollte sie darüber zugrunde gehen. Vielleicht hat das Spiel in seiner neuen Gestalt an elementarer Vitalität verloren, vielleicht kam der Kontrast der beiden Hauptgestalten in der ersten Fassung kräftiger heraus, für den tragischen Gehalt bedeutete es eine wesentliche Vertiefung, daß dem reinen Jüngling nun die hohe Frau gegenübertrat, die in dem Kampfe mit dem Dämon ihrer eigenen Brust unterliegen und ihr ganzes Haus verderben muß.

Der Dichter zeigt sie in todbereitem Siechtum, und in diesem Zustande läßt sie sich von der besorgten Amme ihr Geheimnis entreißen. Euripides hat diese Figur sehr fein gezeichnet, so daß der Übergang von dem ersten Entsetzen der einfachen Frau zu kupplerischer Hilfsbereitschaft glaubhaft erscheint. Aber die gutgemeinten Dienste der Amme schlagen zum Unheil aus, Hippolytos hat für ihre Enthüllungen nur Abscheu und Entsetzen, die lauschende Phaidra aber weiß, daß alles für sie verloren ist. Nun geht sie den Weg, den sie von Anfang an allein noch offen gesehen hatte, den

[1] W. H. Friedrich, *Unters. zu Sen. dram. Technik*. Leipz. 1933, 24; ders. in dem u. genannten Buche, 118, wo er (148) versucht, den ersten Hippolytos auf Grund der Mondesfinsternis bei Sen. *Phaedra* 788 auf die Dionysien des Jahres 434 zu datieren. Zur Gestaltung des Stoffes durch Seneca vgl. auch Friedrich und K. v. Fritz in den im Lit.-Verzeichnis zum Stück genannten Abhandlungen, ferner Cl. Zintzen, *Analytisches Hypomnema zu Senecas Phaedra. Beitr. z. klass. Phil.* 1 Meisenheim 1960. Br. Snell, *Scenes* (s. vor. Anm.), 23.

Weg in den Tod. Daß sie einen Brief hinterläßt, der Hippolytos des Anschlages auf ihre Ehre bezichtigt und so mit ihr in das Verderben reißt, war im ersten Drama ohne Zweifel besser in der Zeichnung dieser Gestalt begründet. Aber auch im zweiten *Hippolytos* ist dieser Schritt aus der maßlosen Verbitterung der Zurückgewiesenen, von Schmach Bedrohten gegen den Selbstgewissen, Tugendstolzen wohl zu verstehen. Wir mögen in der Analyse die Motive scheiden und feststellen, daß Phaidra um ihrer Ehre willen in den Tod geht und im Wunsch nach Rache den verhängnisvollen Brief hinterläßt, aber die Einheitlichkeit ihrer Gestalt wird dadurch ebensowenig in Frage gestellt wie jene Medeias durch den Widerstreit ihrer Gefühle.

Seltsam und problematisch ist in diesem so ganz von den Menschen her gestalteten Spiele die Rolle der Götter. Aphrodite eröffnet das Drama mit ihrer Prologrede, Artemis beschließt es als dea ex machina. Fester und sinnvoller ist Artemis in das Spiel gefügt. Durch sie stellt sich das Wesen des Hippolytos mit einer Unmittelbarkeit dar, die einem Dichter dieser Zeit nur so erreichbar war. Die Partien, in denen Euripides das Verhältnis des reinen Jünglings zu seiner Göttin schildert, gehören zum Schönsten, was er geschrieben hat. Da ist die Szene nach dem Prolog Aphrodites, in der er Artemis mit einem Kranze von reiner, unbetretener Aue ehrt. Aber dieselbe Szene enthüllt zu gleicher Zeit jene Einseitigkeit seines Wesens, die der Grieche Hybris nennt. Den alten Diener, der auf Aphrodite als verehrungswürdige Göttin weist, fertigt Hippolytos barsch ab und verleugnet so eine große, dem Griechen göttliche Macht der Lebenswirklichkeit.

Besondere Bedeutung hat Artemis in der Gestaltung der Schlußpartie. Theseus hat, von weiter Reise zurückkehrend, Phaidra tot und bei ihr den Brief der Anklage gefunden. Unter seinem Eindrucke bleibt er im großen Agon gegen alle Beteuerungen seines Sohnes taub, der überdies durch einen Eid zum Schweigen über Phaidras Motiv verpflichtet ist. Theseus ruft mit einem der drei Wünsche, deren Erfüllung ihm sein Vater Poseidon zugestanden hat, das Verderben auf den Sohn herab und treibt ihn aus Troizen. Der Botenbericht schildert mit unheimlicher Plastik, wie der von Poseidon gesandte Riesenstier die Pferde des Hippolytos zum Scheuen und ihn selbst zum Tode brachte. Sterbend wird er auf die Szene getragen, da erscheint Artemis und nimmt in Versen von unvergleichlicher Zartheit Abschied von ihrem Jäger, dann aber enthüllt sie Theseus die Wahrheit und stiftet jenen Kult des Hippolytos, den Troizen übte und der den Ansatzpunkt für die Sage bot.

Nun finden sich in der eben skizzierten Schlußszene wie in dem Prologe, den Aphrodite spricht, Stellen, die den ganzen Konflikt als einen zwischen den beiden Göttinnen ausgetragenen Streit um Rang und Ehre erscheinen lassen. Wie sollen wir dies verstehen, just in diesem Drama verstehen, das uns so ganz aus dem Menschlichen gestaltet schien? Keinesfalls hat Euripides an die Existenz solcher Götter geglaubt, und die Szenen, in denen sie auftreten, sind durch eine tiefe Kluft (sie heißt Sophistik) von den Götterszenen der *Orestie* oder der Eingangsszene des *Aias* mit Athene geschieden. Abzulehnen ist aber auch das andere Extrem einer Deutung, die auf VERRALLS Spuren in diesen Göttergestalten nichts als den Protest des Dichters gegen die Tradition und den Versuch erblicken will, diese ad absurdum zu führen. Die ganze Frage ist wie alle euripideischen Probleme nicht mit einer festen Formel zu beantworten, im *Hippolytos* aber sind Aphrodite und Artemis dem Volksglauben entnommene Symbole, die rasch und unmittelbar zum Verständnis der das Spiel bewegenden Grundkräfte führen[1]. Das attische Publikum hat sie verstanden, und der Fromme mochte sie für Wirklichkeit nehmen. Sie werden zum Erfolge des erhaltenen Stückes beigetragen haben, und man darf vermuten, daß sie der ersten Fassung fehlten.

Euripides hat einmal Bewährtes gerne variiert, das werden wir öfter sehen. Das Potipharmotiv wiederholte sich in einer zeitlich nicht weit entfernten Tragödie *Stheneboia*[2], in der jedoch Bellerophontes nicht das Opfer der sündig Liebenden wurde, sondern sie selbst mit dem Tode strafte. Den Inhalt des *Peleus* kennen wir nicht, aber es ist möglich, daß ihm dasselbe Motiv zugrunde lag und er des Helden Versuchung durch Astydameia in Iolkos zum Inhalte hatte.

Der *Phoinix* zeigte den Mann, dem wir als Berater Achills in der Presbeia der *Ilias* begegnen, in seinen jungen Jahren von Liebeswirrnis gefährdet.

Wir lassen andere verlorene Stücke, die entweder zeitlich weiter abstehen oder deren Datierung unsicher bleibt, folgen, weil in ihnen das erotische Motiv dominierte. Im *Aiolos* war aus der Märchenerzählung der *Odyssee* (10, 7) von dem Windgott, der seine Söhne und Töchter zusammengab, die Geschichte von heimlichem Inzest geworden. In den *Kretern* bewegte die Leidenschaft der Pasiphae, der Gattin des Minos, zu dem von Poseidon gesandten Stier die Handlung[3]. Sicher spät ist der *Chrysippos*, der mit den *Phoinissen* aufgeführt wurde und nach dem schönen Sohne des Pelops benannt war. Laios entführte den Knaben seines Gastfreundes und wurde so doppelt schuldig, denn Euripides verurteilt die Päderastie. Die *Antigone* des Euripides, die auf die sophokleische folgte, verwertete, anders als diese, Haimons Liebe als ein für die Handlung entscheidendes Motiv. Im *Meleagros* war für das Schicksal des Helden der kalydonischen Jagd seine Liebe zu Atalante entscheidend, und von den *Skyriern* wissen wir, daß sie die Niederkunft der Deidameia enthielten und Achilleus zwischen Liebe und Heldenruhm zeigten.

In die um *Medeia* und *Hippolytos* geschlossene Gruppe stellt sich durch das Pathos der Leidenschaft die *Hekabe*. Sie gehört noch in die zwanziger Jahre und ist vor den *Hiketiden* anzusetzen[4]. Bei diesem Stücke erhebt sich vor allem die Frage nach der Einheit des Werkes, die bei anderen euripideischen Tragödien wiederkehrt. Jene, die zerteilen wollen, scheinen es bei der *Hekabe* besonders leicht zu haben, zwei lose zusammenhängende Teile anzunehmen. Der erste ließe sich als Polyxene-Tragödie bezeichnen, in der Hekabes Tochter am Grabe des Achilleus als Opfer geschlachtet wird und ihr bitteres Los in großer Haltung trägt. Davon wäre im Sinne dieser Kritiker

[1] Ähnlich NORWOOD, *Essays* (s.u.), 108. [2] B. ZÜHLKE, ‹Eur. Stheneboia›. *Phil.* 105, 1961, 1.

[3] A. RIVIER, ‹Eur. et Pasiphaé›. *Lettres d'Occident. Etudes et Essais offerts à A. Bonnard.* Neuchâtel 1958, 51, sucht den Resten eine Deutung abzugewinnen, die Pasiphae nicht als die große Sünderin, sondern als tragisches Exempel erscheinen läßt. R. CANTARELLA, *Euripide. I Cretesi.* Milano 1964.

[4] Gegen den Spätansatz SCHMIDS (3, 464) POHLENZ 2, 116 und LESKY, *Trag. Dichtung der Hell.* Gött. 1964, 170, 2.

der zweite Teil als Polydoros-Tragödie abzutrennen. Die unglückliche Königin von Troia hatte, als die Stadt noch stand, ihren letzten Sohn Polydoros mit Schätzen zu dem Thrakerkönig Polymestor gesandt. Der aber mordete den Knaben um des Goldes willen, und als die Griechen nun nach Troias Fall von ungünstigen Winden gehemmt auf der thrakischen Chersonnes verweilen, finden troische Frauen, Mitgefangene Hekabes, den Leichnam. Ihrem Schmerz entspricht die Maßlosigkeit ihrer Rache. Sie versichert sich Agamemnons, daß er sie gewähren lasse, und vernichtet Polymestor mit grausamer List. Mit seinen Söhnen lockt sie ihn in ihr Zelt, wo die Frauen die Kinder töten und den König blenden.

Daß in dieser Tragödie zwei Teile zusammengefügt sind, wird niemand leugnen, daß es dem Dichter aber gelungen ist, sie weitgehend zu einer Einheit zu binden, sollte man ihm nicht bestreiten. Das spricht sich schon in der geschickt-diskreten Art aus, in der er die räumliche Trennung von zwei Schauplätzen nirgendwo störend werden läßt. Daß des Achilleus Erscheinung und der Polyxene Opferung mit dem Grabhügel in der Troas fest verbunden sind, während die Polydorosgeschichte die thrakische Chersonnes zum Schauplatze hat, kommt uns erst bei einer kritischen Scheidung der Stellen zum Bewußtsein[1]. Im Handlungsablauf hat Euripides wohlüberlegte Klammern angebracht. Das Drama beginnt mit einer Prologrede, die der Schatten des Polydoros spricht, so daß über den Polyxeneteil auf den zweiten vorverwiesen wird. Trübe Ahnungen über das Schicksal des Knaben finden sich im ersten Teil (429), und der Tote wird durch die Dienerin gefunden, die Hekabe um Wasser für die Leichenwäsche Polyxenes ans Gestade sandte. Aber schwerer als diese Verbindungsstücke der beiden Handlungsteile wiegt die innere Einheit, die Euripides diesem Drama durch eine wohlüberlegte Steigerung gegeben hat. Schwer trifft Polyxenes Opferung diese Schmerzensmutter des antiken Mythos, aber noch bewirkt die edle Haltung des Mädchens, die Bewunderung selbst der Feinde eine leichte Milderung des Leides (591). Mit grausamer Gewalt bricht es jedoch über Hekabe herein, da sie an der Leiche des Polydoros auch ihre letzte Hoffnung vernichtet sieht. Wir sind so ein langes Stück ihres Leidensweges mit ihr gegangen und sollen verstehen, wie sich die mühselige Greisin, die wir nach dem Prolog des Polydoros auf die Bühne wanken sehen, zur dämonischen Rächerin wandelt, die sich am ohnmächtigen Toben ihres Opfers weidet. Die *Hekabe* ist nicht mit der gleichen Geschlossenheit wie *Medeia* und *Hippolytos* von den Mächten der Seele bestimmt, stärker wirkt hier äußeres Geschehen ein, in ihrem Schlußteil jedoch brennt die Flamme der Leidenschaft mit der gleichen unheimlichen Gewalt.

Die *Hekabe* ist gut geeignet, als Beispiel für eine wichtige formale Entwicklung innerhalb der euripideischen Tragödie zu dienen. Der Chor, hier von gefangenen Troerinnen gebildet, erhält teilweise nur kurze Partien zwischen den Epeisodien. Das bedeutet aber keineswegs ein Zurücktreten des Lyrischen, vielmehr beansprucht nun der Schauspielergesang weit mehr Raum als in der älteren Tragödie. Nachdem am Beginne des Stückes der Schatten des Polydoros gesprochen hat, hören wir die Klage-

[1] Vgl. Kl. Joerden, *Hinterszenischer Raum und außerszenische Zeit.* Diss. Tübingen 1960 (masch.), 231.

anapäste Hekabes, auf die jene des einziehenden Chores folgen. In ihnen wird Polyxenes Schicksal angekündigt, und dieser Bericht löst ein Lied der Trauer aus, das Hekabe zunächst allein, dann aber im Wechsel mit der Tochter singt. Deren Monodie beschließt das umfangreiche lyrische Gefüge.

In einer für Euripides bezeichnenden Weise treten jedoch gerade in diesem Drama den überströmenden Äußerungen leidenschaftlichen Fühlens solche zur Seite, in denen sich kühlwägender Verstand bekundet. So ist das agonal-dialektische Element neben allen Lyrismen in diesem Stücke besonders stark entwickelt. Hekabe tritt im ersten Teile Odysseus gegenüber, der Polyxene von ihrer Seite reißt, im zweiten begegnet sie dem gezeichneten Polymestor in einer förmlichen Gerichtsverhandlung, der Agamemnon präsidiert.

Besonders bezeichnend ist Hekabes Raisonnement in den Versen 592ff.: eben hat sie die Nachricht von dem heroischen Sterben ihrer Tochter Polyxene erhalten, da ergeht sie sich in Überlegungen, deren exkursartiges Wesen sie selbst durch den Abschluß (603) kräftig unterstreicht: anders als der Acker, der einmal gute, einmal schlechte Frucht gibt, ist das Wesen eines edlen Menschen unveränderlich fest. Aber diese aus der Adelswelt stammende Überzeugung erscheint hier in neuer Weise zur Frage gestellt. Woher stammt denn eine solche Konstanz der Physis? Ist sie von den Eltern her bestimmt, ist sie ein Ergebnis der Erziehung? Noch zweifelt Euripides, der hier deutlich aus Hekabes Mund spricht, bald wird er sich entschiedener im Sinne des neuen Erziehungsoptimismus äußern. Kaum irgendwo ist es so auffällig sichtbar, wie sich die Problematik, die Euripides bewegt, ihren Platz auch an Stellen erzwingt, an denen sie befremdlich wirkt.

Es ist im Wesen des euripideischen Werkes gelegen, daß sich seine Interpretation zwischen weit auseinanderliegenden Extremen bewegt. Während die einen auf der Linie von A. W. Schlegels Vorlesungen dem Dichter Fehler über Fehler vorrechnen und dabei mitunter Goethes Wort zu Eckermann[1] vergessen, ein Moderner sollte derartiges nicht anders als auf den Knien tun, wollen andere kein Stäubchen auf dem Schilde dieses Tragikers sehen, wobei sie, meist unbewußt, die Einseitigkeit neuhumanistischer Überbewertung fortsetzen.

Unbefangenem Urteil wird die *Andromache* nicht als Meisterwerk gelten können. So haben schon die Alten geurteilt, denn Reste einer Hypothesis, die wahrscheinlich auf Aristophanes von Byzanz zurückgeht, weisen das Stück den zweitrangigen zu. Nach dem Scholion zu v. 445 wurde die *Andromache* gar nicht zu Athen aufgeführt. Neuere haben an Argos oder an das Land der Molosser gedacht, aber das bleibt Vermutung. Dieselbe Notiz setzt das Drama in die ersten Jahre des Peloponnesischen Krieges.

Im Anfange sehen wir eine Gruppe, die in zahlreichen euripideischen Dramen wiederkehrt[2]. Schutzflehende haben sich an einen Altar geflüchtet, um ihren Bedrängern zu entgehen. Solche Stücke beginnen mit einem gestellten Bilde, und es fällt nicht leicht, zu sagen, wie man derartiges auf der antiken Bühne inszenierte. Einen Vorhang

[1] 28. März 1827. [2] Zum Motiv der Altarflucht H. Strohm, *Euripides. Zet.* 15. Münch. 1957, 17.

hat es erst viel später gegeben, und so bleibt kaum anderes übrig, als sich die Gruppe vor den Augen des Publikums gestellt zu denken.

Der Beginn unseres Stückes zeigt Andromache an den Altar im Thetisheiligtum bei Pharsalia geflüchtet. Ihre bedrängte Lage hindert sie, euripideischer Technik entsprechend, keineswegs daran, die recht komplizierte Vorgeschichte breit darzulegen. Nach Hektors Tod kam sie als Speerbeute zu Neoptolemos, Achills Sohn, der sie in seine thessalische Heimat mitnahm und dem sie einen Knaben gebar. Zur Frau genommen aber hat Neoptolemos Hermione, die Tochter des Menelaos, die unfruchtbar blieb. Während der Herr des Hauses nun in Delphi weilt, um einen Handel mit Apollon zu schlichten, sucht Hermione im Verein mit ihrem Vater Menelaos, der aus Sparta kam, Andromache mit ihrem Kinde zu verderben. Menelaos ist ein Theaterbösewicht, mit dessen kläglichen Eigenschaften der Dichter sehr unverhohlen antispartanische Propaganda treibt. Seine finsteren Pläne sind nahe am Gelingen, da der Chor von Frauen aus Phthia Andromache wohl beklagen, ihr aber nicht helfen kann. Doch hat Menelaos nicht mit der Kraft gerechnet, die noch immer in dem alten Peleus, dem Großvater des Neoptolemos, lebendig ist. Der kommt und bereitet im Agon dem feilen Spartanerkönig und obendrein seinem ganzen Lande eine derartige moralische Niederlage, daß Menelaos Hermione im Stiche läßt und kläglich abzieht. Nun ist Andromache gerettet und die Handlung, die ihr Prolog einleitet, zu Ende. Das Stück freilich noch lange nicht. Formal ist in diesem ersten Teil eine Klageelegie Andromaches in Distichen (103) bemerkenswert, die in den erhaltenen Dramen ohne Beispiel ist.

Es folgt ein zweiter Teil, der durch die Figur Hermiones in einer gewissen Bindung zum ersten steht, ohne daß jedoch ein organischer Zusammenhang glaubhaft zu machen wäre[1]. Hermione zittert in dem Bewußtsein dessen, was sie anrichten wollte, vor der Heimkehr des Gatten. Da kommt Orestes, der ältere Ansprüche auf sie hat und dem Neoptolemos bitter feind ist. Lange lag er schon auf der Lauer und benützt die Gelegenheit, um Hermione zu entführen. Ein neuer Auftritt bringt einen Boten, der erzählt, wie Neoptolemos in Delphi einem Anschlage, den Orestes eingeleitet hatte, zum Opfer fiel. Diesen Bericht interpretieren viele so, als ob Orestes während der Tat selbst in Delphi anwesend zu denken wäre. Das würde in der Chronologie der Handlung große Unstimmigkeiten ergeben und den Dichter mit dem Vorwurfe besonderer Flüchtigkeit belasten. Es läßt sich jedoch zeigen[2], daß der Fehler bei den modernen Erklärern liegt. Orestes bereitete den Anschlag in Delphi sorgsam vor, hat dieses zur Zeit der Durchführung aber schon verlassen, um Hermione zu holen. Euripides motiviert auch hier in Einzelheiten recht sorgsam, ohne freilich jeden Anstoß vermeiden zu können. In solcher Bedachtnahme auf das Wahrscheinliche (πιϑανόν) läßt sich ein Element der Verbürgerlichung im tragischen Spiele erkennen. Wir erinnern, um den Gegensatz hervortreten zu lassen, an die unmittelbare Abfolge von Feuersignal und Heimkehr der Flotte im *Agamemnon* des Aischylos.

[1] Anders J. C. KAMERBEEK, *Mnem.* 3. ser. 11, 1942, 54.
[2] A. LESKY, ‹Der Ablauf der Handlung in der Andr. des Eur.› *Anz. Öst. Ak.* 1947, 99 = *Ges. Schr.*, 144.

Die Totenklage im Schlußteil des Stückes wird durch das Erscheinen der Thetis als dea ex machina beendigt. Sie beschließt das Stück mit frohen Verheißungen. Der Sohn Andromaches wird das molossische Herrscherhaus begründen, Peleus aber darf zum Gotte erhöht mit ihr im Meerespalaste wohnen; auch den Achilleus wird er wiedersehen, der als Heros auf der Insel Leuke weilt. War das Stück wirklich für die Molosser geschrieben, so konnte man dort mit dem Glanze zufrieden sein, der die Ursprünge des Herrschergeschlechtes umgibt.

Die heftige antispartanische Tendenz, die sich in der Zeichnung des Menelaos ausspricht, stimmt zu der Abfassung des Stückes in den ersten Jahren des Peloponnesischen Krieges. Man hat die Stimmung dieser Zeit in anderen Dramen wiedergefunden und in des Dichters Schaffen eine vaterländische Periode abgrenzen wollen, für die vor allem die *Herakliden* und *Hiketiden* zu Zeugen aufgerufen werden. Dies ist insoferne richtig, als Gedanken und Stimmungen dieser Jahre für die genannten Werke ohne Zweifel von Bedeutung sind, aber GÜNTHER ZUNTZ hat richtig gezeigt, daß darüber die allgemein menschliche Problematik dieser Dramen nicht übersehen und ihre Zeitbezogenheit nicht in Schlüsselfiguren und einer Menge von aktuellen politischen Anspielungen gesucht werden darf.

Für die *Herakliden* hat ZUNTZ manches vorgebracht, was ihre Datierung auf 430 empfiehlt, jedenfalls sind sie vor 427 zu setzen. Bis dahin konnte man einem athenischen Publikum die Prophezeiung des Eurystheus (1032) über den Schutz zumuten, den sein Leichnam dem attischen Lande gegen Nachkommen der Herakliden gewähren würde.

Auch dieses Stück beginnt mit dem Bilde der Altarflucht. Die Kinder des Herakles fliehen vor Eurystheus, dem Todfeind ihres Vaters, durch die Länder und haben nun am Zeusaltar in Marathon Schutz gesucht. Diesen sichert ihnen attischer Edelmut, der sich in dem Landeskönig Demophon und dem Chore der Greise bewährt. Der Herold des Eurystheus, der als Vertreter brutalen Machtdenkens erscheint, wird in einem Redekampfe abgefertigt, in dem Iolaos die Sache der Herakliden vor dem Könige führt, und dieser entschließt sich, für das Recht der Verfolgten die athenischen Waffen einzusetzen. Der Kampf, in den der Heraklessohn Hyllos mit Hilfstruppen eingreift, führt zum Siege der guten Sache. Eurystheus wird gefangen und ist dem Tode verfallen.

Euripides hat in die einfache Handlung durch einzelne Gestalten und Motive kräftige Bewegung gebracht. Die Verbindung der Teile ist nicht immer besonders fest, aber die für griechisches Denken so bedeutungsvolle Antithese von Macht und Recht bleibt dominant und sichert das innere Gefüge dieses Spieles.

Flammender Verteidiger des Rechtes ist Iolaos, der alte Kampfgefährte des Herakles. Er könnte ruhig auf seinem Altenteil sitzen, wie wir von ihm selbst im Prologe hören, aber er begleitet die Verfolgten als Schützer auf ihrem Leidenswege. Vor dem entscheidenden Kampfe läßt sich der hinfällige Greis von einem Diener wappnen, eine Szene, die gegen die Absicht des Dichters für unser Empfinden groteske Züge trägt. Aber der Bote berichtet von dem Wunder der Verjüngung des Alten, der mit eigener

Hand Eurystheus fangen konnte. Iolaos als Überwältiger des Erzfeindes war von der Überlieferung vorgegeben[1], und Euripides hat es hier wie in vielen anderen Fällen seinen Zuschauern überlassen, ob sie die Haltung des Aufgeklärten oder des Gläubigen einnehmen wollten.

Zu dem beharrlichen Opfermute des Alten stellt sich, in Ergänzung und Kontrast von guter Wirkung, der in heller Flamme auflodernde eines jungen Menschen. Vor der Schlacht haben die Seher das Opfer eines Lebens gefordert, und Athen darf bei aller Hilfsbereitschaft dieses nicht aus den Reihen der Seinen bringen. Da stellt sich eine Heraklestochter – spätere Überlieferung nennt sie Makaria – schützend vor die Ihren und sichert durch ihren Opfertod den Sieg.

Seltsam ist der Schluß des Stückes. Der gefangene Eurystheus wird vor Alkmene gebracht, die Mutter des Herakles, die mit den Enkelkindern auf der Flucht ist. Die Athener treten für die Schonung des Gefangenen ein, aber Alkmene verlangt in wildem Hasse sein Leben. Das Ergebnis ist ein merkwürdiger Handel: Alkmene wird den Gefangenen töten lassen, den Leichnam aber zur Bestattung freigeben. Eurystheus fügt sich und verkündet den Athenern zu Dank ein Orakel Apollons, nach dem sein Grab wirksamen Schutz für das attische Land bedeuten wird. Dieser Schluß befriedigt nicht, aber er hat nach der Absicht des Dichters verschiedenes zu leisten. Die Frage nach dem Lose der Gefangenen war in Kriegszeit ein Gegenstand, der alle lebhaft beschäftigte, und seine Behandlung auf der Bühne war des Interesses sicher. Die Art aber, wie dabei die Akzente verteilt waren, ließ athenische Humanität in diesem dramatischen Loblied für die Stadt hell erstrahlen. Und vielleicht erraten wir den Dichter, wenn wir weiter annehmen, daß dieser Schluß eine Art von ironischer Umbiegung enthält. Unter den Verfolgten, für die das Recht der Menschlichkeit eintreten mußte, erhebt sich nun eine Stimme, jene Alkmenes, die solches Recht dem bisherigen Verfolger gegenüber brutal verleugnet.

Mit dem Stücke ist ein Problem verbunden, das man heute meist zu rasch zur Seite schiebt. Der Vollzug der Opferung Makarias wird nach ihrem Abgange mit keinem Worte erwähnt. Man kann v. 821 nicht gut darauf beziehen[2], und müßte man es, so wäre der Befund erst recht beunruhigend. Ferner: die Hypothesis spricht von Ehrungen für das Mädchen, die man nur recht künstlich in dem Erhaltenen entdecken kann[3]. Bei Stobaios lesen wir in einer allerdings nicht ganz eindeutigen Überlieferung Verse, die sich im Drama nicht finden, den *Herakliden* aber nur unter besonderen Voraussetzungen[4] abzusprechen sind. Endlich ist unser Stück mit seinen 1055 Versen das weitaus kürzeste aller erhaltenen euripideischen Dramen. WILAMOWITZ hat[5] die These begründet, die *Herakliden* lägen uns in einer gekürzten Bearbeitung für eine spätere Aufführung vor. Keines der angeführten Argumente ist unbedingt beweisend,

[1] Pind. *Pyth.* 9, 79.

[2] Gut ZUNTZ (s.u.), 153.

[3] SCHMID, 3, 422, 3, 7. Für die Überarbeitung D. L. Page, *Actors' Interpolations.* Oxf. 1934, 38. Dagegen bes. G. ZUNTZ, ‹Is the «Heraclidae» mutilated?› *Class. Quart.* 41, 1947, 46.

[4] So POHLENZ, 2, 145.

[5] *Herm.* 17, 1882, 337; jetzt *Kl. Schr.* 1, 82; vgl. *Glaube der Hellenen* 1. Berl. 1931, 298, 3.

und wir müssen bei der großen Spannweite des euripideischen Schaffens in diesem die Möglichkeit reicher Varianten anerkennen. Doch sollte man nicht bestreiten, daß hier Zweifel offenbleiben.

Wie sehr unserem Euripidesbild noch immer eine feste Grundlage mangelt, wird an zwei Analysen der *Hiketiden* schmerzlich klar, die ungefähr gleichzeitig vorgelegt wurden. Günther Zuntz hat in seinem 1955 erschienenen Buche das Stück ebenso als Preis athenischer Humanität wie als Zeugnis einer neuen, rationalen und im Grunde untragischen Fundierung von Normen gedeutet, die einst in religiöser Tradition ihren festen Halt hatten. Gilbert Norwood aber hat ein Jahr vorher die *Hiketiden* in der uns vorliegenden Form für einen Haufen von Trümmern erklärt, die ein Dummkopf zusammengeworfen habe. Seine Theorie, dieser traurige Geselle hätte Teile eines euripideischen Dramas und eines solchen des Moschion zu einem künstlerisch und logisch unmöglichen Ganzen vereinigt, wird kaum Anhänger finden, zeigt aber, was in der Euripidesforschung noch möglich ist.

Unsere Auffassung deckt sich weitgehend mit jener von Zuntz. Die Geschichte, wie Theseus durch sein Eintreten die Bestattung der vor Theben gefallenen Sieben erreichte, hatte bereits Aischylos in seinen *Eleusinioi* behandelt. Die Stimmung während der Anfangsstadien des Peloponnesischen Krieges und des Dichters persönlicher Anteil an der alten griechischen Frage nach dem Recht in dieser Welt lassen es verstehen, daß er zu diesem Stoffe griff. Die Verhandlungen, die 424 nach der Schlacht von Delion mit den Thebanern über die Herausgabe der Gefallenen geführt wurden (Thuk. 4, 97), könnten das Interesse am Stoff gesteigert haben, wenngleich man im Stücke nicht die Abspiegelung historischer Fakten suchen darf. Die Beziehung fällt, wenn man mit Zuntz die Aufführung bereits für das Frühjahr 424 annimmt; andere dachten an 421, keinesfalls empfiehlt es sich, weiter herunter zu gehen[1].

Viel von dem Befremden mancher Interpreten erklärt sich daraus, daß Euripides – gerne wüßten wir, wie das Aischylos gehalten hat – die Mütter der sieben Helden und diese selbst ihrer mythischen Individualität entkleidete, um derart die allgemein menschliche Frage in voller Klarheit hervortreten zu lassen. Wenn wir also zu Beginn des Spieles die Mütter der Toten mit ihren Dienerinnen am Demeteraltar von Eleusis sehen, dürfen wir nicht Iokaste oder sonst jemand suchen, sondern haben die Gruppe der fünfzehn Choreuten als Ausdruck eines kollektiven Schmerzes und einer kollektiven Bitte zu verstehen. Aithra, des Theseus Mutter, erklärt im Prolog die rührende Gruppe. Und als Theseus kommt und Adrastos, dem geschlagenen König von Argos, die Unterstützung verweigert, wendet Aithra seinen Blick von der Hybris des argivischen Feldzuges zu dem Jammer der Mütter, die um die Leichen ihrer Söhne flehen.

Von den zeitbezogenen Partien, die in diesem Stücke besonders hervortraten, steht die erste in der Scheltrede des Theseus gegen Adrastos. Der optimistische Preis menschlicher Vernunft und menschlicher Begabung, die in mythischem Gewande als

[1] Vgl. H. Diller, *Gnom.* 32, 1960, 232, zu der Frage, ob das Bündnis zwischen Athen und Argos von 420 für die Datierung in Rechnung zu setzen ist.

Geschenk der Götter erscheinen, erinnert unmittelbar an die Erzählung des Protagoras von dem Werden menschlicher Kultur.

Theseus hat seinen Entschluß, den Bittflehenden zu helfen, fürs erste gegen den thebanischen Herold zu bewähren, der im Namen seiner Stadt die Austreibung des Adrastos verlangt. Hier findet der Agon seinen Platz, der vor dem eigentlichen Streithandel eine große grundsätzliche Debatte bringt. Der Herold hat nach dem Tyrannos des Landes gefragt, und an des Theseus Antwort, daß er zu einer freien Stadt gekommen sei, entzündet sich das Streitgespräch über Alleinherrschaft und Demokratie. Daß der attische Landeskönig Theseus als deren Begründer und Verteidiger auftritt, ist ein historisches Paradoxon. Aber es fehlt nicht an Beispielen dafür, daß die attische Theseuslegende ihren Helden in verschiedener Weise mit dem Siege der Demokratie in Zusammenhang brachte[1].

Mit seinem Theseus wollte Euripides nicht einfach einen heroisch verkleideten Perikles auf die Bühne stellen, aber es wäre unrichtig, zu leugnen, daß dieser Verkünder der attischen Demokratie zu einem großen Teile von den Ideen der Zeit her geformt ist und wohl auch Züge des großen Staatsmannes trägt. In den Jahren nach dessen Tode mußte sein Bild notwendig immer heller hervortreten.

Wie der Demophon der *Herakliden* muß auch Theseus nach dem Kampfe der Worte jenen mit der Waffe durchfechten. Er erzwingt die Auslieferung der Leichen in einer Schlacht, die der Bote berichtet. Und nun wird die eleusinische Szene im Schlußteil des Spieles zur Stätte der Totenfeier. Ihre Gestalt erhält sie, wie so vieles bei Euripides, durch den Wechsel lyrisch-pathetischer und rational bestimmter, gesprochener Partien. Auf den Threnos des Chores folgt eine Leichenrede des Adrastos, die im dramatischen Kunstwerk den lebendigen Brauch der attischen Totenrede widerspiegelt, für die uns Gorgias, Thukydides, Lysias, Hypereides und der wohl echte *Epitaphios* des Demosthenes Beispiele bieten. Auch hier ist das Bild der Riesengestalten aus Heroenzeit, wie Aischylos es zeichnete, völlig verblaßt, dafür spricht die Zeit des Dichters aus dem Munde dieses Redners; ganz besonders dort, wo er sich (911), anders als die Hekabe des gleichnamigen Stückes, zu einem uneingeschränkten Erziehungsoptimismus bekennt.

Nach einem Chorlied mit neuerlicher Klage folgt eine hochpathetische Monodie der Euadne, der Frau des toten Kapaneus. Sie will ihrem Manne folgen und begründet nach diesen Lyrismen ihren Entschluß in der Stichomythie mit ihrem Vater Iphis. Dann stürzt sie sich in den Scheiterhaufen. Wer die große Bedeutung des freiwilligen Opfertodes und des Pathos leidenschaftlicher Liebe bei Euripides bedenkt, wird nicht indischer Bräuche bedürfen, um dieses melodramatische Effektstück zu verstehen.

Auf die grelle Szene folgt Trauer anderer Art. Ein Nebenchor von Knaben tritt auf: die Kinder der Toten bringen die Aschenurnen und vereinigen in einem neuerlichen Threnos, der den ganzen Szenenkomplex rundet, ihre Klagen mit denen der

[1] Norwood (s.u.), 136, stellt selbst die Belege zusammen. Vgl. jetzt A.E. Raubitschek, ‹Demokratia›. *Hesperia* 31, 1962, 238.

Greisinnen. Adrastos nimmt mit einem argivischen Treueversprechen für Athen Abschied, aber da greift Athene als vorsorgliche Landesmutter von der Maschine aus ein und verlangt, daß die Argiver ihr Versprechen durch einen feierlich beschworenen Vertrag bekräftigen. Auch dies spiegelt die historische Lage, denn die Rolle von Argos war für Athen zu allen Zeiten der Feindschaft mit Sparta entscheidend wichtig. Eine besondere Hilfe für die Datierung ist aus dem Zuge freilich kaum zu gewinnen.

Attischen Opfermut feierte auch der *Erechtheus*[1], den man vermutungsweise derselben Trilogie zuweisen wollte wie die *Hiketiden*. Der athenische König brachte seine eigene Tochter dem Heil der Stadt dar, um in Kriegsnot einen Spruch zu erfüllen, und fand seine Gattin Praxithea in der Bejahung des schweren Opfers an seiner Seite. Vor 422 wurde der *Theseus* aufgeführt, der ohne Zweifel reichen Glanz um den athenischen Nationalhelden sammelte. An das Euadnemotiv der *Hiketiden* läßt sich der genauer nicht datierbare *Protesilaos* anschließen. Hier verwahrte Laodameia ein Bild ihres vor Troia gefallenen Gatten im Gemache. Ihr Vater ließ es verbrennen, doch Euadne gleich stürzt sich die Verwitwete in die Flammen.

Der *Herakles* nimmt im Werke des Euripides einen besonderen Platz ein, und auch seine Zeit wissen wir mit den Jahren zwischen 421 und 415 nur ungefähr anzugeben. Wenn uns andere Hilfen im Stiche lassen, gibt für die Datierung euripideischer Stücke die Metrik einen gewissen Anhalt. Die Auflösungen innerhalb des iambischen Trimeters nehmen nach dem Ausweis der sicher datierten Stücke mit ziemlicher Stetigkeit zu[2]. Nach dieser Rechnung rückt der *Herakles* an die *Troaden* des Jahres 415 heran, und es stimmt dazu, daß er als erstes unter den erhaltenen Stücken trochäische Tetrameter aufweist[3]. Der Rückgriff auf dieses Metrum aus der Frühzeit der Tragödie gehört zu den archaisierenden Zügen der späteren euripideischen Dramen.

Unbegreiflich, daß man dieses Drama den politisch-patriotischen zurechnen wollte! Gewiß begegnen wir am Ende einem echt athenischen, humanitären und aufgeklärten Theseus, aber er hat nur die Aufgabe, bei der Lösung eines Konfliktes mitzuwirken, der auf völlig anderer Ebene liegt.

Unser Stück ist in seinem ersten Teile ein Spiel von der Rettung Bedrängter im letzten Augenblicke. Während Herakles auf dem Gange in die Unterwelt sein schwerstes Abenteuer vollbringt, will in Theben der Usurpator Lykos die Sippe des Helden vernichten. Sein greiser Vater Amphitryon, seine Gattin Megara und die Kinder sind an den Zeusaltar geflüchtet. Aber Lykos, der im Agon mit Amphitryon sein Tun als

[1] Die neuen Fragmente im Pap. Sorb. 2328 bei C. Austin, *Nova Fragm. Eur.* Berlin 1968 (Kl. Texte 187), p. 33. Datierung des *Theseus*: Schol. Aristoph. *Wesp.* 313. Lit. bei H. Herter, *Rhein. Mus.* 91, 1942, 234.

[2] E. B. Ceadel, ‹Resolved Feet in the Trimeter of Eur. and the Chronology of the Plays›. *Class. Quart.* 35, 1941, 66. T. B. L. Webster, *Euripides.* London 1967, verwendet metrische Daten weitgehend für die Chronologie, stützt sich aber auf Th. Zielinski, *Tragodumenon libri tres.* Krakau 1925. K. Matthiessen, *Elektra, Taur. Iphigenie und Helena.* Hypomn. 4, 1964, 170, gibt eine übersichtliche Tabelle. Daß sich die Zunahme der Auflösungen jedoch nicht mit mathematischer Gesetzlichkeit vollzieht, zeigt A. Vögler, *Vergl. Studien zur soph. und eurip. Elektra.* Heidelberg 1967.

[3] Tabelle bei W. Krieg, *Phil.* 91, 1936, 43. Gegen den Versuch, *Ox. Pap.* 24, 1957, 2400, für die Datierung des Dramas auszuwerten, richtig W. M. Calder III, *Class. Phil.* 55, 1960, 128.

Maßregel der Klugheit verteidigt, bedroht die Schutzflehenden mit Feuer. Der Chor der thebanischen Alten kann nicht helfen, und Megara rüstet sich, um mit ihren Kindern den Weg in den Tod zu gehen, wie es der Gattin eines Herakles würdig ist. Da kommt der Held noch zur rechten Stunde, um die Seinen zu retten und den Tyrannen zu vernichten. Wir behalten aus den Schlußszenen dieses Abschnittes das Bild, wie Herakles mit Frau und Kindern in den Palast geht, wie sich die Kleinen an das Gewand des Vaters hängen und kein Zureden sie abschütteln kann (627).

Während Herakles drinnen den Göttern opfert, bereitet sich eine neue Handlung vor, durch einen neuen Prolog deutlich als solche bezeichnet. In der Höhe, also auf dem Theologeion, das wir uns auf dem Dache der Skené denken, erscheint die Götterbotin Iris mit Lyssa, dem Wahnsinnsdämon, den sie auf Heras Weisung in das Haus sendet. Ein Botenbericht, der das Pathologische mit unheimlicher Plastik hervortreten läßt, schildert den Wahnsinnsanfall des Helden, in dessen Verlaufe er Gattin und Kinder tötet, dieselben, die er eben dem Tode entrissen hat. Athene betäubt ihn durch einen Steinwurf, um wenigstens den Vatermord zu verhindern. Da können sie ihn an einer Säule festbinden, und so sehen wir den Helden, als sich das Tor des Palastes öffnet. Wenn er mitten in der Verwüstung, die er angerichtet, erwacht, denken wir an jenes andere Erwachen eines mit Wahnsinn geschlagenen Helden, das Sophokles im *Aias* zeigte. Die Weise, in der sich die Wege der beiden Dichter hier trennen, bezeichnet den Anbruch einer neuen Denkweise, den Wandel von dem heroischen zu einem neuen und aufgeklärten Ehrbegriff. Für *Aias* blieb nach der Erkenntnis dessen, was er in der Umnachtung getan hatte, einzig der Weg in den Tod offen, und wir sahen, mit welcher Unbeirrbarkeit er diesen geht. Auch Herakles sieht zunächst keine andere Möglichkeit, auf das Geschehene zu antworten. Aber Theseus, der Freund, auch er einstens von Herakles aus schwerer Not errettet, weiß ihn den anderen Weg zu führen, der nunmehr als der bessere gilt. Nicht darin wird sich des Herakles Heldentum bewähren, daß er sein Leben wegwirft, sondern eben darin, daß er es mit all seiner Not und seinem Jammer weiter trägt. Auf Theseus gestützt, tritt er den Weg nach Athen an, das ihm Zuflucht bieten wird.

So kräftig die beiden Teile des Dramas auch voneinander abgesetzt sind, wird doch niemand von ihrem Auseinanderfallen sprechen wollen. Vielmehr sind sie zu einer Antithese von größter Wirkung gebunden: der im Glanze seiner Taten strahlende Held, der Retter der Seinen, wird uns im zweiten Teile als armer, zerbrochener Schmerzensmann gezeigt, der seine Kraft nur mehr dazu braucht, sich in ein Leben des äußersten Jammers zu schleppen.

Da und dort wirkt noch eine Fehldeutung nach, die Wilamowitz begründet, später aber selbst widerrufen hat[1]. Danach sollte der Wahnsinn aus der Seele des Herakles selbst, aus dem Unmaß seiner Heldengröße aufsteigen, und wir hätten bereits im ersten Teile das Grollen des kommenden Unwetters zu vernehmen. Nun ist aber der Zorn des Helden über den Anschlag des Lykos an sich verständlich genug und kann niemals eine Deutung stützen, die sich den Weg zum Verständnis des Stückes durch

[1] *D. Lit. Zeit*, 1926, 853; jetzt *Kl. Schr.* 1, 466.

komplizierte psychologische Voraussetzungen verbaut. Dieser Herakles stürzt von der Höhe vollsaftiger Kraft durch irrationale Mächte in die Tiefe seines Elends. Er darf seine Taten, die er im Dienste der Menschheit vollbrachte, durch die Rettung der Seinen krönen, aber all seine Stärke, seine Sicherheit und sein Glück zerbrechen in einem Augenblick, in dem ihn der vernichtende Schlag aus dem Bereiche des ganz Anderen trifft. Keines seiner Stücke hat Euripides in solcher Nähe zu Sophokles geschrieben wie dieses, das noch einmal im Geiste echter Tragik die Ausgesetztheit und Hinfälligkeit menschlicher Existenz vor uns stellt.

Der Wahnsinn des Herakles und der Mord an Weib und Kind waren in der Sage gegeben. Auch hier hat Euripides die innere Gestalt seines Stückes durch einen genialen Griff ermöglicht. Während diese Geschehnisse in der Sage vor den Mühen lagen, die Herakles im Dienste des Eurystheus zu bewältigen hatte, rückte der Dichter sie nun an das Ende dieser Heldenlaufbahn. Dadurch trat alles in einen neuen Zusammenhang. Sollten ehedem die Wahnsinnstaten des Herakles durch seine Leistungen gesühnt werden, so erwiesen sie nun, an das Ende gestellt, die tragische Problematik aller menschlichen Größe.

Aber Euripides ist auch hier nicht Sophokles. Kein in der Tradition geborgener Glaube steht über allen Rätseln und allem Grauen der Existenz, hier tönt nicht wie am Ende der *Trachinierinnen* der Ruf: nichts von alledem, was nicht Zeus wäre! Vielmehr spricht plötzlich der Dichter aus der Maske seines Helden, leugnet in der Haltung eines Xenophanes die nichtigen Geschichten der Sänger von Buhlschaft und Feindschaft der Himmlischen und richtet das Bild eines Gottes vor uns auf, der nichts außer sich selbst bedarf (1345). Das Spiel war zur Gänze vom Zorne der Hera bewegt, und wir fragen betroffen, ob der Dichter durch solche Kritik nicht die Voraussetzung seines eigenen Werkes aufhebt. Man versteht, wie es zu der Auffassung kommen konnte, Euripides habe durch seine Dramen deren Inhalt ad absurdum führen wollen[1]. In Wahrheit haben wir eine Paradoxie anzuerkennen, die notwendig aus der stofflichen Gebundenheit des euripideischen Werkes und dem der mythischen Tradition entwachsenen Geiste seines Schöpfers hervorging.

Die große Form der aischyleischen Inhaltstrilogie war seit langem aufgegeben. Das hinderte freilich nicht, daß man gelegentlich die drei zusammen aufgeführten Tragödien doch in eine thematische Bindung brachte, deren Intensität wir freilich an keinem erhaltenen Beispiel überprüfen können. Sie ist in der Trilogie, die Euripides 415 aufführte, kaum besonders groß gewesen. Das erste Stück, der *Alexandros*[2], war ein Spiel um Paris. Ihn hatten seine Eltern auf Grund böser Sprüche auf dem Ida ausgesetzt, wo ihn Hirten ernährten. Nun kommt er nach Troia und holt sich bei Wettspielen die Preise. Seine nächsten Angehörigen wollen ihn verderben, aber die Erkennung verhindert die Tat, und Paris wird in die Stadt aufgenommen, deren Vernichter er werden sollte. Beträchtliche Reste, vor allem Straßburger Papyri, gestatten eine ziemlich weitgehende Rekonstruktion.

[1] So u.a. Greenwood (s.u.).

[2] Page, *Greek Lit. Pap.* 1950, 54 mit Lit. Wichtig bleibt Br. Snell, *Herm.* E 5, 1937.

Weniger wissen wir von dem zweiten Stück, dem *Palamedes*. Wir haben früher die Verteidigungsrede kennengelernt, die Gorgias für den erfindungsreichen Heros schrieb, den die Rivalität des Odysseus durch eine böse Intrige verdarb. Palamedesdramen haben alle drei Großen der attischen Tragödie geschrieben.

Die *Troaden*, das erhaltene dritte Stück, stehen inhaltlich der *Hekabe* sehr nahe. Aber während der Dichter dort mit Erfolg um die Verzahnung der Teile bemüht war, hat er die Reihung zum Bauprinzip dieses Stückes gemacht. Und während sich in der *Hekabe* das Aufflammen vernichtender Leidenschaft vorbereitete und vollzog, sind die *Troaden* ein einziges Spiel vom Leide. Von dem Leide, das der Krieg über die Menschen bringt.

Hekabe steht auch hier im Mittelpunkte. Breit strömt in ihren Gesängen und denen der mitgefangenen Troerfrauen die Klage über das Verlorene, die Angst vor dem noch zu bestehenden Leid. Polyxenes Opferung wird mit Rücksicht auf die vorausgegangene Behandlung des Motivs in der *Hekabe* nur angedeutet, aber sonst ist aus der Überlieferung so gut wie alles, was sie von Not und Qual zu berichten wußte, in dem Drama vereinigt. Da kommt der Herold der Griechen, Talthybios, dem der Jammer der Besiegten selbst ans Herz greift, und verteilt die Frauen als Sklavinnen an ihre neuen Herren. Ekstatisch singt Kassandra, die Fackel schwingend, ihr eigenes Hochzeitslied. Sie ist Agamemnon zugefallen und weiß, wohin ihr Weg sie führen wird. Da reißt man von Andromache, die des Neoptolemos Beute wurde, den kleinen Astyanax, um ihn von einem Turme Troias zu schleudern. Des Odysseus Rat war es, den künftigen Rächer Troias nicht am Leben zu lassen. Alle seine Mittel hat der Dichter in dem Schlußbilde vereinigt. Hekabe hat den Leichnam des Kindes in Hektors Schild gebettet, so soll er bestattet werden. Dann geben Signale das Zeichen zur Abfahrt, und während im Hintergrunde Troia in Flammen aufgeht, werden die Frauen zu den Schiffen geführt, um in der Fremde Sklavendienst zu tun.

Aber Euripides hat nicht allein die Not der Unterlegenen geschildert. Wir merken es dem Stücke an, wieviel ihm daran lag, die tiefe Weisheit zu verkünden, daß der Dämon des Krieges nur zu leicht auch den Sieger mit furchtbarer Geißel trifft. Den Prolog des Stückes spricht Poseidon, zu dem Athene tritt, und in dem Gespräch der beiden Götter wird die Katastrophe angekündigt, die der Griechen heimkehrende Flotte vernichten und die Wogen der Ägäis mit Leichen übersäen wird. Und später steigt aus Kassandras Prophezeiung das Bild kommender Nöte der Sieger auf, die um eines verbuhlten Weibes willen Elend ohne Grenzen schufen. In ein seltsames Licht rückt der große mythische Krieg, der anderswo und gelegentlich von Euripides selbst als große Leistung der Nation gefeiert wird, in der Agonszene vor der Schlußpartie des Dramas. Da kommt Menelaos mit Helena, die er hart als Gefangene hält. Die Treulose und Hekabe treten einander in einer Art von Gerichtszene gegenüber, in der beide Teile alle advokatischen Mittel einsetzen. Im besonderen gibt Helenas Verteidigung, die sich ganz auf den Mythos vom Parisurteil und auf Aphrodites Wirken stützt, ein eindrucksvolles Beispiel jenes Spieles mit der mythischen Tradition, das notwendig einsetzen mußte, als man diese nicht mehr ernst nahm. Wohl verkündet

Menelaos, daß er Helena nach der Heimkehr töten werde, aber die Athener kannten ihren Homer und wußten, daß der Schwächling aufs neue den Reizen des schönen Weibes verfiel und sie, die an allem Unheil die größte Schuld trug, im heimatlichen Palaste in hohen Ehren hielt.

Ehe Hekabe in den Redekampf eintritt, spricht sie ein Gebet, das eines der eindrucksvollsten Zeugnisse für das Ringen des Dichters nach einem neuen Gottesbegriff bietet (884): *Der du die Erde trägst und auf der Erde thronst, wer auch immer du seist, dem Wissen schwer erreichbar, Zeus, ob Naturgesetz oder Vernunft der Menschen, zu dir bete ich: geräuschlos wandelnd führst du das Menschenschicksal zu gerechtem Ziel.* Noch ist die alte Form des Rufehymnos in ihren Grundzügen da, auch hören wir dieselbe Formel tastenden Suchens wie im Zeushymnos des aischyleischen *Agamemnon.* Aber wie hat sich der Inhalt gewandelt, wie vereinigt sich in den wenigen Versen die Geistesarbeit ionischer Denker mit dem persönlichen Suchen des tiefbewegten Dichters!

Euripides hat sein Gedicht von der Not des Krieges 415 auf die Bühne Athens gebracht. Dies war die Zeit, in der Athens Machtwille weit über die Grenzen der Ägäis griff. Im Sommer dieses Jahres ging die Flotte gegen Sizilien in See. Mit Recht hat man es des öfteren ausgesprochen, daß der Dichter in diesem Jahre den im Dionysostheater versammelten Athenern aus tiefer Sorge das Bild des Krieges in seiner ganzen Furchtbarkeit vor Augen gestellt hat.

In späteren Dramen des Euripides treten Stoffe aus dem Atridenmythos stärker hervor. Einen *Thyestes,* von dem uns vielleicht einiges in Senecas Drama kenntlich wird, hat er nach Schol. Aristoph. *Ach.* 433 noch vor 425 geschrieben. Die *Elektra* hat man lange mit Zuversicht auf das Frühjahr 413 datiert. Wenn die Dioskuren, die als Maschinengötter auftreten, von ihrer Sorge für die Schiffe in den sizilischen Gewässern sprechen, so lag es nahe, dies auf die Hilfsflotte zu beziehen, die von Athen zu dieser Zeit nach Sizilien segelte. Nach wie vor scheint es uns nicht leicht, hier eine aktuelle Beziehung auszuschließen, doch sind die vorwiegend der Metrik entnommenen Argumente nicht zu übersehen, die Zuntz für einen früheren Ansatz des Stückes zwischen *Hiketiden* und *Troaden* geltend gemacht hat[1].

Noch immer bleibt die alte Frage nach dem zeitlichen Verhältnis der *Elektradramen* des Sophokles und des Euripides ein verzweifeltes Problem[2]. Der Umfang der Debatte und die Überspitzung der Argumente zeugen davon, daß brauchbare Ansatzpunkte nicht vorhanden sind und wir uns bei der Einsicht bescheiden müssen, daß zwei große Dichter denselben Stoff in geringem zeitlichen Abstande in völlig verschiedener Weise behandelt haben. Selbst wenn sich die Frühdatierung der euripideischen *Elektra* bewähren sollte, kann die Priorität dieses Stückes nicht als gesichert gelten, da für den Ansatz des sophokleischen Dramas ein beträchtlicher Spielraum offen bleibt.

[1] *The Political Plays of Eur.* 2. Aufl. Manchester 1963, 67, richtig ist sein Einspruch gegen die Verwertung von 1278 ff. als Vorverweis auf die *Helena.* Für den früheren Ansatz auch K. Matthiessen, *Aufbau und Datierung der El., der Taur. Iph. und der Hel. des Eur.* Diss. Hamburg 1961 (masch.), 195, und H.-J. Newiger, *Herm.* 89, 1961, 427.

[2] Lit. bei Pohlenz 2, 127, der selbst Eur. vorangehen läßt. Eine reichhaltige Doxographie nun bei A. Vögler, *Vergl. Studien zur soph. und eur. Elektra.* Heidelberg 1967.

In der Tat ist die *Elektra* des Euripides von völlig anderer Art als jene des Sophokles. Wie sich auch sonst manche Linien von Euripides zu dem ältesten der drei Tragiker ziehen lassen, so geht er auch hier mit Aischylos darin zusammen, daß die Problematik des Muttermordes in den Vordergrund tritt, während Sophokles auf anderes zielte. Die Auffassung des Konfliktes bei Euripides ist freilich von jener bei Aischylos so geschieden, wie es nur die Welt der Marathonkämpfer von jener sein kann, die im Zeichen der Sophistik den Zweifel an der Tradition gelernt hat.

Die *Choephoren* des Aischylos spielten in Argos, die *Elektra* des Sophokles in Mykene, was eine belanglose Variante des Lokals bedeutet, Euripides aber läßt die Tochter Agamemnons auf einem Bauerngute an der Grenze des argivischen Landes den Tag der Rache erwarten. Einem Manne, der zwar adeliger Abkunft ist, nun aber sein Leben von der Arbeit seiner Hände fristet, hat sie Aigisthos zum Weibe gegeben, damit sie nicht einen gefährlichen Rächer gebäre.

Euripides hat durch diese Verlegung des Schauplatzes manches für die Intrige gewonnen, er hat die neue Situation aber auch nach einer anderen Seite hin kräftig genützt. Der arme Bauer, der Elektra nicht berührt und mit tiefem Verständnis ihr Leid zu lindern sucht, ist eine jener Figuren, an denen der Dichter den Durchbruch neuer Wertungen zeigt. Alte Schranken sind niedergerissen, und bei Euripides begegnen wir wiederholt[1] dem Sklaven, dessen unfreier Leib eine edle Seele birgt.

Die Durchführung der Wiedererkennung der Geschwister und des Anschlages auf das Herrscherpaar hat Euripides – nicht zuletzt durch die räumliche Trennung der einzelnen Gestalten – Aischylos gegenüber kunstvoll gesteigert. Ob freilich die Verse mit der offenkundigen Kritik an der aischyleischen Erkennungsszene (518–544) wirklich von Euripides sind, wird bezweifelt[2]. Wirkungsvoll erweist sich die Einführung des alten Dieners Agamemnons, der in einiger Entfernung von Elektra als Hirte lebt. Als sich Orestes und Pylades dem Hofe Elektras nähern und, noch unerkannt, die Lage erforschen, sendet Elektra, um die Gäste einigermaßen bewirten zu können, nach dem Alten um Lebensmittel. Der kommt und führt – hat er doch selbst Orestes einst geborgen – die Wiedererkennung durch untrügliche Zeichen herbei. Nun wird der Plan entworfen und Schritt für Schritt durchgeführt. Zuerst fällt (wie bei Aischylos) Aigisthos, den Orestes bei einem ländlichen Opfer tötet. Klytaimestra aber wird durch die Fiktion, Elektra habe geboren, auf das Gehöft gelockt. Der Agon zwischen Mutter und Tochter geht letzten Endes aus derselben Situation hervor wie die entsprechende Szene bei Sophokles, doch ist durch die Zeichnung Klytaimestras ein tiefgehender Unterschied gegeben. Ihre Tat konnte nicht von ihr genommen werden, aber sie hat Elektra vom Tode gerettet, den ihr Aigisthos zudachte; nun hat sie Nachsicht mit den harten Worten der Tochter, sie hat bereuen gelernt, und im Tone unsäglicher Müdigkeit versichert sie, ihre Taten hätten ihr nicht allzuviel an Freude gebracht. Das ist die Frau, die Elektra zur Schlachtung in das Haus führt.

Als der Mord geschehen ist, ist auch das Feuer der Leidenschaft, das vor allem in

[1] Stellen bei WILH. NESTLE, *Eur., der Dichter der griech. Aufklärung.* Stuttg. 1901, 357.

[2] Vgl. S. 299 A. 1. Doch ist die Kritik neuerdings zurückhaltender.

Elektra loderte, im Grauen erloschen. Im Kommos der beiden Geschwister hören wir zwei Menschen, die unter der Last ihrer Tat, einer Tat, die niemals getan werden durfte, zusammenbrechen. Hier bereits hat Euripides dem Mythos vom Muttermorde des Orestes sein Urteil gesprochen, und er tut es noch einmal mit deutlichen Worten durch den Mund der Dioskuren, die am Schlusse das Geschehen in die überlieferte Bahn führen. Elektra wird Pylades heiraten und Orestes vor dem Areopag Lösung finden. So weit mußte das athenische Publikum beruhigt werden, dem Dichter aber lag daran, durch den Mund der göttlichen Zwillinge zu sagen, daß Klytaimestra Gerechtes erlitten, Orestes aber nicht solches getan hat. Der weise Gott von Delphi hat Unweises geboten. Wo für Aischylos eine tiefe, aber völlig in sein religiöses Denken eingeschlossene Problematik vorlag, sieht Euripides allein das Untragbare eines Mythos, der den Sohn die Mordwaffe gegen die eigene Mutter kehren läßt. Seine *Elektra* will gewiß vor allem ein dramatisches Kunstwerk sein und nicht einfach ein Manifest aufklärerischen Protestes, aber sie enthält diesen Protest und hat ihn in das Werk einbezogen. Daß dadurch die Voraussetzungen des ganzen Spieles in Frage gestellt werden, ist richtig, und wieder erkennen wir in diesem Befunde die tiefreichende Antinomie, die das Werk dieses Tragikers durchzieht.

Wenig bedeutet in diesem Stücke der Chor von Nachbarinnen Elektras. Daß sie diese zu einem Feste holen wollen, muß ihren Einzug motivieren, und was sie singen, ist zum Teil nur mehr akttrennender Einschub. Das gilt besonders von dem Liede 432ff. mit der Schilderung der ersten, von Hephaistos geschmiedeten Waffen Achills und der Erzählung, wie die Nereiden sie in seine thessalische Heimat brachten. Ein eindrucksvolles Beispiel für jene Lieder der späteren Stücke mit rein erzählendem Inhalt, die WALTHER KRANZ[1] als dithyrambische Stasima mit den Dithyramben des Bakchylides verglichen hat.

Einen Festpunkt in der Chronologie der Euripidesdramen bietet die *Helena*. Durch zwei Aristophanesscholien (*Thesm.* 1012 und 1060) wissen wir, daß sie 412 zusammen mit der *Andromeda* aufgeführt wurde. Der feste Ansatz ist für uns doppelt wertvoll, weil er uns zugleich eine ganze Gruppe euripideischer Dramen zeitlich bestimmt, die nach Gehalt und Gestalt zusammengehören.

In der *Elektra* bereits hatte die Abfolge von Wiedererkennung und Intrige (Anagnorisis und Mechanema) das Gerüst der Handlung geformt. War aber dort hinter allem ein ernstes Problem gestanden, so gewinnen die genannten Elemente nun ein hohes Maß von Eigenständigkeit und bestimmen das Spiel zur Gänze[2].

Stesichoros hatte in seiner *Palinodie* gesungen, daß nur ein Scheinbild Helenas nach Troia kam, und Herodot (2, 112) wußte von ihrem Aufenthalt in Ägypten zu erzählen. Dort finden wir Helena im euripideischen Drama just zu der Zeit, da Menelaos mit dem Trugbild seiner Gattin, um dessentwillen Troia fallen mußte, auf der Heimkehr an den Strand Ägyptens verschlagen wird. Helenas Schützer, der alte

[1] *Stasimon*, Berl. 1933, 254.

[2] F. SOLMSEN, ‹Zur Gestaltung des Intriguenmotivs in den Trag. des Soph. und Eur.› *Phil.* 87, 1932, 1 Ders., ‹Eur. Ion im Vergleich mit anderen Trag.› *Herm.* 69, 1934, 390.

König Proteus, ist tot, und sein Sohn Theoklymenos hat sie durch seine ungestüme Werbung zur Flucht an dessen Grab getrieben. Dort spricht sie ihren Prolog, dessen es bei den verwickelten Voraussetzungen dieses Spieles besonders bedarf. Der folgende Auftritt des Teukros, der nach Kypros unterwegs ist, stößt sie noch tiefer in ihren Kummer. Mit anderen schlimmen Nachrichten bringt er auch die Kunde, Menelaos sei tot. Nach reicher Klage, an der die Frauen des Chores teilnehmen, geht Helena mit diesen in den Palast, um die Schwester des Königs, die prophetiebegabte Theonoe, nach dem Schicksal ihres Gatten zu befragen. Einer der seltenen Fälle, in denen die Bühne nach der Parodos des Chores wieder leer wird. So ist für den auftretenden Menelaos die Gelegenheit geschaffen, in einem neuen Prolog seine Lage zu exponieren. Als Helena, von Theonoe zuversichtlicher gemacht, wieder mit dem Chore auftritt, entwickelt sich die Anagnorisis, die über mehrere Stufen Mißtrauen und Zweifel der Gatten beseitigt.

Aber es ist ein Wiederfinden inmitten von Not und Gefahr. Bedroht der König an sich alle Fremden mit dem Tode, so könnte der Gatte Helenas am wenigsten auf Schonung rechnen. Viel kommt auf Theonoe an; ihr Schweigen wird in einer großen Überredungsszene, die morphologisch dem sonst üblichen Agon entspricht, gewonnen, und der Weg für die rettende Intrige ist frei. Wie es in Stücken dieser Art die Regel ist, findet Weiberlist den Plan. Menelaos soll vor Theoklymenos als Bote seines eigenen Todes auftreten, dann wird Helena verlangen, daß der König ein Opfer für den toten Gatten auf der See gestatte, und hat man sich erst des Schiffes bemächtigt, wird es zur Flucht in die Heimat dienen. Der Plan gelingt, und Theoklymenos muß von dem Boten erfahren, wie Griechenwitz über Barbarenplumpheit siegte. Dem Tobenden, der mit seiner Rache zunächst Theonoe treffen will, fallen die Dioskuren in den Arm. Sie belehren ihn über das vom Schicksal Verfügte und bringen ihn so dazu, sich mit dem Geschehenen zufrieden zu geben.

Ist die *Helena* eine Tragödie? Die Frage führt leicht zu Verwirrung, wenn man die verschiedenen Möglichkeiten außer acht läßt, den Begriff abzugrenzen. Ein Grieche aus des Dichters Zeit hätte sie nicht verstanden. Für ihn war das am Dionysosfest aufgeführte Spiel mit einem Stoffe aus dem Mythos natürlich eine Tragödie. Anders sehen die Dinge aus, wenn wir den modernen Begriff des Tragischen zugrunde legen. Nun haben wir bei der Besprechung der *Orestie* die Überzeugung vertreten, daß das Tragische im Drama nicht unbedingt an den tödlichen Ausgang gebunden ist, daß vielmehr tragische Situationen innerhalb des Stückes es rechtfertigen, dieses auch in unserem Sinne als Tragödie zu bezeichnen, wenn diese Situationen von echter, in die Wurzel menschlicher Existenz reichender Tragik erfüllt sind. Aber gerade dies ist in einem Stücke wie der *Helena* nicht mehr der Fall. Weder tritt der Mensch erkennbaren göttlichen Kräften gegenüber, noch hat er sich in einem Schicksal zu erfüllen, das aus der Welt des ganz Anderen auf ihn zukommt, noch wird seine Ferne zu den Göttern, sein Ausgeliefertsein an das Sinnlose zum tragischen Problem. Gewiß agieren die Götter noch, und in der *Helena* hören wir sogar, daß ein Streit zwischen Hera und Aphrodite für das Schicksal des Paares sehr wichtig sei, aber das alles betrifft nicht das

Eigentliche der Welt, in der diese Menschen planen und wagen, ringen und gewinnen. Ein neuer Regent wird hinter dem allem sichtbar, der Zufall, der als Tyche die Spiele der Neuen Komödie beherrscht. Es ist oft ausgesprochen worden, daß wir beim späteren Euripides mit Stücken wie der *Helena* auf dem Wege zum bürgerlichen Drama, zur Komödie eines Menander sind. Wir haben früher mit Anagnorisis und Mechanema zwei Elemente bezeichnet, die hier wie dort für den Bau der Handlung entscheidend sind, und wir werden noch Gelegenheit haben, auf Parallelen in der Motivik hinzuweisen, auch auf solche, die Menander mit mutwilligem Spiel selbst hervorhebt.

Nicht minder wichtig ist jedoch die Übereinstimmung auf einem anderen Felde. Menander hätte uns nicht viel zu sagen, wenn die Erfindung verwickelter Handlungen mit verführten Mädchen, ausgesetzten Kindern und listig durchgeführten Intrigen alles wäre, was er uns zu geben hat. Vielmehr bezaubert uns auch heute noch an seinen Stücken vor allem die Zeichnung der Menschen, die den Spielen der Tyche mit ihren Leiden und Hoffnungen, ihrem Planen und ihrem Jubel antworten. Nun wollen wir über aller motivischen Verwandtschaft gewiß nicht verkennen, daß die Welt der späteren euripideischen Tragödie noch immer etwas ganz anderes ist als die kleinbürgerlich-athenische der Neuen Komödie. Aber im Grundsätzlichen ist es doch auch in ihrem Bereiche so, daß alle diese seltsamen Geschehnisse, diese Wiedererkennungen und Rettungen nur dazu da sind, um uns den Menschen zu zeigen und einen neuen Reichtum von Tönen in Schmerz und Sehnsucht, Verzweiflung und Jubel hören zu lassen.

Ihren besonderen Platz beansprucht die Helena jedoch innerhalb des euripideischen Werkes durch jene Leichtigkeit des märchenhaft-phantastischen Spieles, die der Dichter in keiner anderen seiner Schöpfungen erreicht hat. Eine feine Bemerkung von GÜNTHER ZUNTZ[1] stellt sie in die Nähe von Stücken wie *Der Sturm*, *Die Zauberflöte* oder *Ariadne auf Naxos*. Bei allen Vorbehalten, denen Vergleiche dieser Art unterliegen, ist hier doch das Opernhafte der Gestaltung ausgezeichnet erfaßt.

Euripides hat ein Handlungsschema, das sich bewährte, mitunter in geringem Abstande wiederverwendet. Die Handlung der *Iphigeneia im Taurerland*[2] läßt sich mit jener der *Helena* weitgehend zur Deckung bringen, ohne daß wir ihr gegenseitiges zeitliches Verhältnis eindeutig zu bestimmen wüßten[3]. Da und dort findet sich ein Paar in fernem, dem Fremden feindlichem Lande und muß sich seine Rettung mit List und Mut erringen. Ja, die Übereinstimmung geht in einer einzelnen Partie, in dem Jubelgesang der Wiedervereinigten so weit, daß sich in den beiden Stücken die Verszahlen und etliche Wendungen entsprechen.

[1] In der im Lit. Verzeichnis zum Stück genannten Arbeit, S. 226.

[2] Richtig PLATNAUER in seiner Ausgabe (V, 1), daß *Iph. in Tauris* eine falsche Wiedergabe des Titels Ἰφ. ἡ ἐν Ταύροις ist.

[3] Für die Priorität der Iphigeneia tritt W. LUDWIG, *Sapheneia*. Diss. Tübingen 1954, 120, ein. In ausführlicher, vor allem von Strukturfragen ausgehender Argumentation tut dies K. MATTHIESSEN, *Elektra, Taur. Iphigenie und Helena*. Hypomn. 4, 1964, 16.

Goethes herrliche Schöpfung war – zum letzten nach dem Willen ihres Urhebers – für manche die Veranlassung, Euripides und dann gleich die Griechen im ganzen herabzusetzen. Die mit Meisterschaft lügende und trügende Iphigeneia machte bei solchen Vergleichen neben der hohen Frauengestalt des Neueren eine schlechte Figur. Als ob der wertende Vergleich zweier Dichtungen erlaubt wäre, die außer den stofflichen Voraussetzungen nichts gemeinsam haben! Den edlen Menschen, der die Lüge nicht zu tragen weiß, hat auch ein griechischer Tragiker aufs eindrucksvollste gestaltet: Sophokles in seinem *Philoktetes*. Des Euripides *Iphigeneia* aber ist das Spiel von der Rettung zweier Menschen gleichen Blutes aus einer Welt voll barbarischer Roheit.

Verstärkt ist die Wirkung dadurch, daß vor der Erkennung ein von Euripides ebenfalls häufig verwendetes Motiv wirksam wird: Menschen, die von Natur aufs engste verbunden sind, drohen durch ein widriges Geschick einer am anderen zum Mörder zu werden. Iphigeneia weilt, von Artemis der Opferung in Aulis entrückt, als deren Priesterin im Taurerland. Dort fordert wilder Brauch das Blut der Fremden für die Göttin, und Iphigeneia hat die Weihe der Opfer zu vollziehen. Orestes aber wird von einem Teil der Erinyen auch nach dem Spruche des Areopags verfolgt und von Apollon angewiesen, das Bild der taurischen Artemis nach Attika zu bringen. Pylades begleitet ihn auch in dieser Gefahr. Iphigeneia wird durch ihren Prolog, Orestes durch den Spähergang der Jünglinge zum Tempel exponiert. Der Chor gefangener Griechenmädchen hat für das Ganze wenig Bedeutung, untermalt aber mit schönen Versen, die von seinem Heimweh singen, die Sehnsucht Iphigeneias nach Argos und den Ihren. In dem ersten der beiden Botenberichte dieses Dramas – beide sind Meisterstücke euripideischer Erzählungskunst – berichtet ein Hirte, wie ein Wahnsinnsanfall des Orestes zur Gefangennahme der Freunde führte. Nun sollen sie als Opfer am Altar der Göttin fallen. Die Anagnorisis ist hier besonders kunstvoll gestaltet und hat des Aristoteles Lob (*Poet.* 16. 1455a) geerntet. Einer der Freunde, den Iphigeneia retten will, soll ihr einen Brief in die Heimat bringen. In kunstvoll verschlungenem Spiel wird der Auftrag, die Botschaft an ihr Ziel gelangen zu lassen, zum Mittel der Erkennung. Auf den Jubel folgt sorgsames Planen in einer Szene, in der besonders deutlich ein neuer Aspekt dieser Spiele sichtbar wird. Iphigeneia will die Rettung des Bruders erreichen, auch wenn sie auf die eigene verzichten muß. Orestes aber kann nur an die gemeinsame Rettung oder den gemeinsamen Tod mit der Schwester denken. So hat auch Helena dem Gatten geraten, ohne sie aus Ägypten zu fliehen, und so wollte auch dieser Heimkehr oder Tod mit ihr teilen. Die große heroische Haltung der sophokleischen Gestalten fehlt den Figuren dieser Stücke, aber durch rührende Gesten des Edelmutes, des Opfersinnes und der Treue wissen sie sich unsere Teilnahme zu sichern.

Den rettenden Plan findet wieder Frauenlist: Thoas, dem Barbarenkönig, wird vorgespiegelt, eine Reinigung des Bildes der Göttin und der Gefangenen sei nötig und müsse am Meeresstrande vollzogen werden. Dort wird, wie uns der zweite Botenbericht erzählt, die Flucht auf dem Schiffe, das Orestes und Pylades brachte, in dramatischer Weise erkämpft.

Athene ist dea ex machina, aber sie ist es unter merkwürdigen Umständen. Die drei Verschworenen sind mit dem Bilde bereits auf dem Schiffe und in Fahrt, da werden sie von einer Welle an das Land zurückgetragen. Diese neue Gefahr, die Thoas sogleich für sich nützen will, ist einzig zu dem Zwecke eingeführt, Athenes Erscheinen zu motivieren. Wir lernen also, daß der Gott von der Maschine durchaus nicht nur dazu da ist, den Knoten zu lösen. Mindestens ebenso wichtig war die Kultstiftung durch den Gott am Ende des Stückes. Ist Euripides in dessen Verlauf auch noch so sehr seine eigenen Wege gegangen, so stellt er seine Dichtung am Schlusse in den Rahmen von Kulten, die sein Publikum kannte und liebte. Hier sind es die Kulte der Artemis in Halai und Brauron, denen die Stiftung der Göttin gilt[1].

Während Euripides in den drei eben besprochenen Dramen Wiedererkennung und Intrige mit einer Regelmäßigkeit aufeinander folgen ließ, die zum Schema zu werden drohte, hat er im *Ion* ein reich verschlungenes Spiel und wohl das schönste seiner Tychedramen gestaltet. Wie sehr es in Stücken dieser Art dem Dichter darauf ankam, durch die Vielfalt der Töne zu rühren, in denen er die menschliche Seele zum Klingen bringt, wird nirgends so deutlich wie hier. Freilich auch das andere, daß Rührung dieser Art durch eine Welt von der Erschütterung geschieden bleibt, mit der uns die *Orestie* oder der *Oidipus* entläßt.

Apollon hat dereinst auf dem athenischen Burgberg die Liebe der Erechtheustochter Kreusa genommen. Ihr Kind ließ er durch Hermes, der den Prolog des Stückes spricht, nach Delphi bringen, wo der Knabe Ion in frommem Tempeldienste heranwächst. Kreusa aber wird dem Xuthos gegeben, der in Athen als König herrscht. Da die Ehe kinderlos bleibt, zieht das Paar nach Delphi, Kreusa von ihren Dienerinnen begleitet, die den Chor des Stückes bilden. Bemerkenswert ist dessen erstes Lied, das auf eine Monodie des Ion folgt und die Kunstwerke am Apollontempel zum Gegenstande hat. In einer Szene voll der feinsten Zwischentöne begegnen sich dann Mutter und Sohn und sprechen andeutend und verhüllend ein jeder von seinem Lose: der ohne Mutter Aufgewachsene und die Frau, der man ihr Kind genommen hat.

Xuthos befragt den Gott wegen seiner Kinderlosigkeit, und da setzt dieser einen fein, – wie sich bald erweisen soll – zu fein ausgesponnenen Trug ins Werk. Er spielt dem Xuthos durch ein Orakel Ion als Sohn zu, und der König glaubt dem Spruch voll Freuden, da er sich an Abenteuer erinnert, deren Frucht Ion wohl sein könnte. Dieser soll in den Palast zu Athen einziehen, freilich, um Kreusa zu schonen, nicht sogleich als Sohn des Königs. Da empört sich diese in wilder Leidenschaft. Ihr eigenes Kind mußte sie verlieren und soll nun den Bastard in ihrem Hause in Recht und Ehren sehen! Aus ihrer Verbitterung steigt der Mordplan gegen Ion auf, den sie mit dem greisen Pädagogen ihres Vaters bespricht und den dieser durchführen soll. Aber im Botenbericht, den hier von der Übung abweichend der Chor entgegennimmt, erfahren

[1] A. Spira, *Untersuchungen zum deus ex machina bei Soph. und Eur.* Diss. Frankfurt. Kallmünz 1960, macht den beachtenswerten Versuch, den deus ex machina in die Gesamtinterpretation der Dramen zurückzuholen. Das gelingt für Sophokles weit besser als für Euripides. In Fällen wie dem der *Iph. Taur.* soll das Anhangmäßige der Kultstiftung nicht übersehen werden.

wir, daß der Versuch, Ion beim Festmahl mit vergiftetem Wein zu töten, mißlang. Durch das Geständnis des Pädagogen wurde Kreusa als Anstifterin offenbar und soll nun den Tod erleiden. Von Ion bedroht, flieht sie zum Altar, da bringt die Pythia das Kästchen, in dem das Kind einst mit verschiedenen Gegenständen ausgesetzt wurde, und Mutter und Sohn erkennen sich mit Hilfe dieser Dinge, die später in der Neuen Komödie ihre typische Rolle spielen sollten. Zu gutem Ende erscheint Athene und trifft einige Anordnungen, die einen klaglosen Ablauf der weiteren Geschehnisse sichern.

Man wird mit einem Ansatze des *Ion* bald nach der *Helena* nicht fehlgehen. Die bewährten Mittel der Tychedramen sind hier mit voller Meisterschaft verwendet. In dieser Zeit, in der wohl nur wenige an den Zusammenbruch der athenischen Macht dachten, ist auch der Griff des Dichters zu verstehen, durch den er Ion so hoch erhob und die Erechtheustochter Kreusa überdies zum Ursprung aller Griechenstämme machte. Sollte sie doch nach Athenes Vorhersage von Xuthos noch Mutter des Doros und Achaios werden.

Wieder stellt sich uns vor diesem Stücke die Frage, wie Euripides die Götter der Tradition gesehen hat. Man hat darauf verwiesen, daß Apollon doch alles in gute Ordnung bringe und derart in seiner Weisheit und Fürsorge gerechtfertigt erscheine. Damit ist jedoch die Stellung des Dichters zu diesen Fragen nicht getroffen. Athenes Rede vor allem steht in jenem Zwielicht, das über der euripideischen Götterwelt liegt. Der fromme Athener mochte die Erscheinung seiner Landesgöttin bestaunen und sich ihrer Umsicht freuen. Wer aber genauer zusah, der konnte die verdächtigen Flecken auf diesem Glanze nicht übersehen. Wie kläglich nimmt sich der große Gott von Delphi aus, der nicht selber vor den Menschen erscheinen will, weil sie ihm allerlei Bitteres sagen könnten (1557)! Das stärkste Stück aber ist es, daß sich der Gott ganz offensichtlich verrechnet hat; es war so gut ausgedacht, daß der betrogene Xuthos den Ion in sein Haus nehmen und dieser erst dort die Mutter finden sollte. Da hat Kreusas Leidenschaft das Konzept verdorben, und um ein Haar wäre alles schief gegangen. Auch Götter haben also mit den schlimmen Spielen der Tyche zu rechnen; nicht mit einem großen Schicksal, das auch ihren Willen beugen kann, sondern mit Tücken des launischen Zufalls, der ihre nicht gerade lauteren Absichten durchkreuzt. Athene baut übrigens emsig an den Plänen ihres Bruders weiter: es wird besser sein, Xuthos über die wahren Zusammenhänge im Dunkeln zu lassen.

Im *Ion* ist eine Reihe von Motiven vereinigt, die Euripides auch sonst des öfteren verwertet hat. Im *Aigeus*, der vielleicht der *Medeia* voranging, brachten die Ränke der Kolcherin den König dazu, die Tötung des heimkehrenden Theseus zu planen, bis dann Vater und Sohn sich erkannten. Im *Alexandros* war es ein Spiel des Zufalls, das Paris fast unter den Händen der Seinen sterben ließ. So wäre im *Kresphontes* der Held beinahe von seiner Mutter erschlagen worden, weil er sich im Zuge der Intrige als sein eigener Mörder ausgab. Einigermaßen kenntlich ist uns die Handlung der *Antiope*[1]. Das Stück steht dem *Ion* zeitlich nahe, denn das Scholion Aristoph. *Frö.* 53 zählt es mit *Hypsipyle* und *Phoinissen* als Drama auf, das den *Fröschen* nur wenig voraus-

[1] PAGE (vgl. S. 432 A. 2), 60 mit Lit.

liegt und später als die 412 aufgeführte *Andromeda* anzusetzen ist. Hier kam Antiope auf der Flucht vor der bösen Dirke, die sie von einem Stiere schleifen lassen wollte, zu Amphion und Zethos, den Söhnen, die sie einst dem Zeus geboren hatte. Die Erkennung brachte Antiope die Rettung und Dirke die gerechte Strafe. Bedeutsam war dieses Stück dadurch, daß es eine durch die Sophistik aufgerissene Kluft an den beiden thebanischen Dioskuren sichtbar machte: Amphion und Zethos standen sich als Vertreter des beschaulichen und des werktätigen Lebens, des θεωρητικός und πρακτικὸς βίος gegenüber, wie Epimetheus und Prometheus in der *Pandora* Goethes.

Furchtbare Wirklichkeit wurde der Verwandtenmord in der *Ino*. Themisto will die Kinder Inos, die früher als Gattin des Athamas ihre Stelle einnahm, töten und befiehlt, daß ihre eigenen Kinder weiße, jene der Ino aber schwarze Decken erhalten. Das Umgekehrte geschieht, und Themisto trifft ihre Kinder des Nachts mit tödlichem Streich.

Mit dem Vorbehalt, daß wir in einer derartigen Übersicht über Verlorenes nur Aussagen über das Motivische der Stücke, nicht aber über ihre innere Form gewinnen, nennen wir noch einige Dramen, die Mädchenverführung, heimliche Geburt und Wiedererkennung der Kinder zum Inhalte hatten, alles Motive, von denen später die Neue Komödie lebt.

Da ist Melanippe, die dem Poseidon Zwillinge gebar. Euripides hat ihr Schicksal in zwei Dramen behandelt. In der *Weisen Melanippe* (M. ἡ σοφή) kämpft die Heldin um das Leben der Kinder, die in einem Rinderstall versteckt waren und dort gefunden wurden. Die *Gefangene Melanippe* (M. ἡ δεσμῶτις) erzählte, wie die von ihrem Vater geblendete und eingesperrte Melanippe von ihren beiden Söhnen nach manchen Verwicklungen befreit wurde[1]. Motivische Parallelen zu den beiden Stücken bietet die *Alope*, in der es sich wiederum um ein ausgesetztes und aufgefundenes Kind Poseidons handelt, und die *Hypsipyle*[2], für die wir die späte Entstehung durch das Scholion Aristoph. *Frö*. 53 gesichert haben. Hier befreiten die Zwillingssöhne, die Hypsipyle von Iason bei dessen Aufenthalt in Lemnos empfangen hatte, die Mutter aus bedrängter Lage, in die sie durch den Tod eines Kindes gekommen war, das sie zu warten hatte.

Auch die *Danae* hatte das Schicksal einer Sterblichen zum Inhalte, über die eines Gottes Liebe Leid brachte. In der *Auge* aber war es Herakles, der bei einem Nachtfest (wieder bietet sich die Neue Komödie zum Vergleiche an) die Athenepriesterin schwängerte. Das Stück enthielt (fr. 266) den aufklärerischen Protest gegen die Vorstellung, eine Geburt könne das Haus der Göttin verunreinigen, die sich doch die Rüstungen Erschlagener als Weihegabe gern gefallen lasse.

Das Stiefmuttermotiv, das im *Ion* ebenfalls eine Rolle spielte, bestimmte die Hand-

[1] Zu beiden Melanippedramen PAGE a. O. 108 u. 116. Vieles bleibt problematisch. Für dieses wie für alle anderen fragmentierten Stücke ist die u. angeführte Lit. heranzuziehen, bes. T. B. L. WEBSTER, *The Tragedies of Eur.* London 1967 und H.-J. METTE, *Lustrum* 1967/12 (1968).

[2] PAGE a. O. 76. G. W. BOND, *Eur., Hypsipyle.* London 1963, mit guter Auswertung der z. T. umfangreichen Pap.-Texte. Ältere Editionen bei W. MOREL, *Gnom.* 36, 1964, 233.

lung des *Phrixos*. Hier fingierte Ino ein Orakel, das für eine Mißernte – Ino hatte sie selbst durch gedörrtes Saatkorn herbeigeführt – das Opfer ihres Stiefsohnes verlangte. Dieser war, den opferfreudigen Gestalten anderer Dramen nahe verwandt, zum Opfer seines Lebens bereit, doch kam der Trug ans Licht. Nun sollte Ino fallen, doch Dionysos erschien als Maschinengott und rettete sie.

Unter den Dramen, die das eben erwähnte Aristophanes-Scholion nach 412 rückt, erscheinen die *Phoinissen*. Sie wurden zusammen mit dem *Oinomaos* und *Chrysippos* aufgeführt. Die verstümmelte Hypothesis des Aristophanes von Byzanz scheint auf eine gewisse inhaltliche Zusammengehörigkeit der drei Stücke zu weisen, ohne daß wir deren Maß bestimmen könnten.

Wenn wir aus den wenigen Dramen, die uns aus der letzten athenischen Zeit des Dichters erhalten sind, einen Schluß ziehen dürfen, so zeigt sich das Streben, eine immer größere Stoffülle in den Rahmen der Handlung zu pressen und deren Bewegung möglichst lebhaft zu gestalten. Nach dem orientierenden Prolog der Iokaste findet sich das homerische Motiv der Mauerschau geschickt auf Antigone übertragen, die so die Exposition weiterführen und unser Blickfeld über den Bereich der Bühne hinaus mächtig erweitern kann. Die *Phoinissen* enthalten einen mit besonders starken Akzenten versehenen Agon. Polyneikes ist auf den Ruf seiner Mutter Iokaste zu letzten Verhandlungen über die Teilung der Herrschaft in die Stadt gekommen. Das Wesen der beiden Brüder ist entgegen ihren Namen, wie alte Sage sie geprägt hatte, im Sinne einer «Rettung» des Polyneikes verändert. Während dieser zur Versöhnung bereit ist, schwer unter dem Fernsein von der Heimat leidet und so das Schicksal des Verbannten trägt, wie es die Zeit des Dichters nur allzu gut kannte, ist Eteokles der Machtmensch ohne Maß, wie ihn die Extremisten der Sophistik als den wahren Sohn der Natur zu zeichnen liebten. Die Verhandlungen scheitern, und Polyneikes geht zum Heere der Argiver, um es gegen seine Vaterstadt zu führen. Notwendig tritt Eteokles, von seinem Oheim Kreon beraten, im folgenden in die Rolle des Verteidigers Thebens, ohne daß damit ein Wandel seiner Persönlichkeit oder die echte Tragik doppelter Motivation gegeben wäre wie in den *Sieben* des Aischylos. Auch Teiresias wird befragt, und er gibt Kreon den Spruch, daß Theben nur durch den Opfertod von dessen Sohn Menoikeus gerettet werden könne. Kreon will den Knaben bergen und heißt ihn nach Delphi fliehen. Menoikeus stellt sich gehorsam, opfert aber aus freiem Willen sein Leben. Zwei Botenberichte bringen die im ersten Teil begonnenen Handlungsstränge zum Abschluß. Der erste schildert, wie der Sturm der Sieben scheiterte, die feindlichen Brüder sich jedoch zum entscheidenden Zweikampf rüsten. Der zweite erzählt den Wechselmord der Brüder und, wie sich Iokaste über ihren Leichen tötete. Daß der sterbende Polyneikes um die Bestattung in der Heimat bittet, hat seinen Sinn als Verweis auf Späteres, daß er noch ein Wort der Liebe für den feindlichen Bruder hat, ist euripideische, von der Herbheit der älteren Tragödie weitab liegende Theatralik.

Aber das Stück ist noch nicht zu Ende. Kreon, als Thebens neuer Herr, verfügt die Ausweisung des Oidipus und das Verbot, Polyneikes in thebanischer Erde zu bestatten. Da tritt Antigone hervor. Sie verwirft das Bestattungsverbot und verheißt, den Bruder mit eigener Hand zu beerdigen. Das Verlöbnis mit Haimon, Kreons Sohn, erklärt sie für gelöst und will ihrem Vater in das Elend folgen.

Gut eingefügt sind in die *Phoinissen* die Lieder des Chores, die eine Art von Zyklus der thebanischen Sage ergeben. Seltsam und doch wohl nur aus dem Streben, durch das Fremdartige zu wirken, ist seine Zusammensetzung aus phoinikischen Sklavinnen zu erklären, die sich auf der Reise nach Delphi befinden.

Die Wertung unseres Stückes, das zu den meistgelesenen gehörte und noch in der byzantinischen Schule neben *Hekabe* und *Orestes* einen besonderen Platz behauptete, ist heftig umstritten. Daß seine Bühnenwirksamkeit auf seinem stofflichen Reichtum beruhe, daß es aber unorganisch eingefügte Teile enthalte, lesen wir als Zeugnis antiker Kunstkritik bereits in der jüngeren Hypothesis. Diesem Urteil trat man in jüngster Zeit mit dem Versuch[1] entgegen, unser Drama als ein solches der thebanischen Polis zu verstehen und ihm eine dichte und organische Komposition um diese Mitte zuzuerkennen. Nun wird man gewiß das Schicksal Thebens als den Rahmen gelten lassen, in dem sich alles abspielt, aber es bleibt denn doch ein Unterschied, ob sich lediglich ein solcher Rahmen erkennen läßt oder ob die einzelnen Teile in einer so unlöslichen Verbindung stehen, wie dies in den Meisterdramen des Sophokles, diesen Zeugnissen reifer Klassik, der Fall ist. Gewiß bedarf manches der traditionellen Urteile über Euripides der Überprüfung, aber es wäre verfehlt, die Unausgeglichenheit in seinem Werke als ganzem wie in einzelnen Stücken weginterpretieren zu wollen.

Besondere Fragen knüpfen sich an den Schluß der *Phoinissen*. Antigones Ankündigung, daß sie dem Verbote entgegen Polyneikes bestatten werde, und ihr Abgang als Begleiterin des blinden Vaters auf seinem Wege ins Elend lassen sich nicht ohne weiteres in Einklang bringen. Zumindest ist die Frage erlaubt, was denn nun mit Polyneikes wirklich geschieht. So ist denn der Versuch[2] verständlich, das Bestattungsmotiv auszulösen und die betreffenden Verse einer späteren Einarbeitung zuzuweisen. Aber es bleibt doch bedenklich, aus einem Stück, dessen Tendenz zu stofflicher Fülle bereits die antike Kritik vermerkte, ein Motiv herauszuschneiden, das der Schlußpartie solche Fülle sichert, mag auch logische Ausgeglichenheit dabei zu Schaden kommen. Auch war das Bestattungsmotiv seit Sophokles so enge mit der Gestalt Antigones verbunden, daß man sich nur schwer einen Verzicht des Euripides auf diesen Zug vorstellen kann. Mit Recht hat man hingegen die letzten Verse, etwa von 1737 oder 1742 an, der Unechtheit verdächtigt. Der Straßburger Tragödienliederpapyrus[3] hat die Partie nicht berücksichtigt.

Die *Antigone* des Euripides haben wir früher (S. 422) erwähnt. Auch einen *Oidipus* hat er geschrieben, für den trochäische Langverse spätere Entstehung wahrscheinlich

[1] Riemenschneider u. Ludwig (beide s. u.). Von neuerer Lit. (s. u.) ist besonders J. de Romilly's Untersuchung wichtig.

[2] W. H Friedrich, ‹Prolegomena zu den Phoin.›. *Herm.* 74, 1939, 265; ferner die u. angeführte Lit.

[3] Br. Snell, *Herm.* E 5, 1937, 69.

machen. Für den Inhalt, der von Sophokles offenbar stark abwich, kennen wir nur den Zug, daß Diener Oidipus blendeten[1].

Das letzte Stück, von dessen Aufführung in Athen wir vor des Dichters Abgang nach Makedonien wissen, ist der *Orestes* des Jahres 408. Es ist kein Zufall, daß das antike Kunsturteil, wie es uns die Hypothesis erhalten hat, dem über die *Phoinissen* vergleichbar ist. Zwar ist die Komposition des späteren Stückes wesentlich straffer, aber auch in ihm ist das Streben nach Belebung der Handlung durch immer neue Wendungen deutlich zu erkennen. So hat es denn auf der Bühne sein Glück gemacht. Die darauf bezügliche Bemerkung der Hypothesis werden wir auf Wiederaufführungen beziehen, die es für euripideische Stücke häufig gab, und von denen im Falle des *Orestes* eine für das Jahr 341 inschriftlich (IG II/III 2. Aufl. nr. 2320) bezeugt ist. Neben dieser Anerkennung lesen wir das Urteil, daß unser Stück mit Ausnahme des Pylades nur schlechte Charaktere zeige. Das wurde lange nachgesprochen, bis man sich mit neuem Ansatz[2] bemühte, nach dem zu fragen, was der Dichter hier eigentlich geben wollte. Es war ihm gewiß nicht möglich, Orestes zu einem Helden zu machen, den wir mit unserer Sympathie begleiten, wenngleich die Schuld am Muttermord im Sinne der *Elektra* stark auf Apollon abgeschoben wird. Auch sind die Mittel, mit denen hier drei Menschen um ihr Leben kämpfen, nicht immer danach, den Eindruck hoher Gesinnung zu erwecken. Aber dieser Kampf, den sie um Tod und Leben führen, richtet sich gegen eine Welt voll feiler Niedertracht und mitleidloser Gehässigkeit. Dadurch und besonders durch die Weise, in der sich diese Menschen in Geschwisterliebe und Freundestreue zu einer unlösbaren Gemeinschaft zusammenschließen, dürfen sie unsere Teilnahme fordern und gewinnen sie auch in der Tat.

Das Stück beginnt mit einem eindrucksvollen Bilde. Vor dem Atridenpalast, der in Argos gedacht ist[3], pflegt Elektra den Bruder, der seit der Tat an der Mutter auf den Tod krank darniederliegt. Der Situation gemäß spricht sie den Prolog und mahnt später den Chor der Argiverinnen bei seinem Einzug zu leisem Schreiten. An die Stelle der sonst üblichen Parodos tritt hier gemeinsame Klage über die Leiden des Orestes. Die Szene nach seinem Erwachen zeigt die Verstörung seiner umnachteten Seele, zeigt aber auch die innige Liebe, die in der Not die Geschwister noch enger aneinander bindet. Nun ist Menelaos mit Helena von seiner langen Irrfahrt zurückgekommen, und die ganze Hoffnung der Gefährdeten hängt an seinem Eintreten für Orestes gegen die empörte Stadt. Die Weise, in der Menelaos den Geschwistern naht, läßt diese Hoffnung offen, aber da kommt Tyndareos, der Vater der getöteten Klytaimestra, und bringt in einem langen Redekampfe mit Orestes den Menelaos zu feigem, mit schönen Worten mühselig verhülltem Zurückweichen.

Aristoteles hat (*Poet.* 15. 1454a) diesen Menelaos als Musterbeispiel einer ohne Not als schlecht gezeichneten Gestalt angeführt. Wir meinen eher, daß der Dichter so viel Kläglichkeit mit der Absicht zeigte, an ihr den Widerstandswillen des Orestes wach-

[1] Problematisch ist der Versuch L. DEUBNERS, ‹Ödipusprobleme›. *Sitzb. Berl.* 1942/4, 19, aus dem Pisanderscholion zu *Phoin.* 1760 den Inhalt des Dramas zu gewinnen.

[2] KRIEG (s.u.) u.a. [3] Vgl. o. S. 435.

sen zu lassen. Aus der tiefen Lethargie der Anfangsszenen erwacht er im folgenden zu kräftigem Handeln. Viel trägt dazu das Kommen des Freundes Pylades bei, der jede Not mit den Geschwistern teilen will. Auf seinen Zuspruch entschließt sich Orestes, seine Sache in der Volksversammlung der Argiver selbst zu führen. Aber auch dieser Versuch schlägt fehl. Einzig ein wackerer Mann vom Lande tritt für das Recht ein, das trotz allem bei der Tat des Orestes stand. Wieder begegnet uns, wie in der Elektra, eine jener Gestalten, an denen alte Standesurteile zuschanden werden. Aber in der argivischen Volksversammlung führen Demagogen das Wort, und es kommt zur Verurteilung beider Geschwister, die sich selbst den Tod geben sollen. In echt euripideischer Weise steigert sich menschlicher Edelmut zu theatralischer Geste, wenn Pylades mit dem Freunde sterben will. Doch soll vorher noch Rache an Menelaos genommen werden. Helena, die an allem Unheil die Schuld trägt, soll fallen, und mit diesem Racheplan verbindet sich der Gedanke, daß auf solchen Wegen vielleicht noch Ruhm und Rettung zu gewinnen wären. Elektra steuert den Rat bei, sich Hermiones, der Tochter des Menelaos, als Geisel gegen diesen zu versichern. Das Mädchen, das von Klytaimestras Grabe kommt, wird festgenommen. Die Ausführung des Anschlages auf Helena bringt der Dichter durch den seltsamsten seiner Botenberichte auf die Bühne. Ein phrygischer Sklave, der mit Helena von Troia gekommen war, ist in Todesangst aus dem Palaste geflüchtet und berichtet nun in einer bis zu barbarischem Gestammel fremdartig stilisierten und überladenen Gesangsszene, in der sich das Barocke der *Perser* des Timotheos vorbereitet, wie die Freunde drinnen Helena ans Leben gingen, diese aber wunderbar entrückt wurde.

Das Stück mündet in eine Schlußszene, wie sie Euripides in keinem seiner Dramen turbulenter gestaltet hat. Auf dem Dache erscheinen die drei Verschworenen, Orestes mit Hermione, gegen die er sein Schwert gezückt hat. Vor dem verschlossenen Palasttor tobt Menelaos ohnmächtig. Schließlich muß er vor der Forderung des Orestes, für die Geschwister vor den Argivern einzutreten, mit den Worten kapitulieren: *Du hast mich* (1617). Nun verstehen wir es wohl, daß ein dramatischer Dichter ein Stück nicht damit endigen konnte, daß Menelaos mit Orestes nach diesem erzwungenen Friedensschluß die Bühne verläßt. Aber Euripides mutet uns einiges zu, wenn er Orestes auf des Menelaos Nachgeben mit dem Befehle antworten läßt, den Palast in Brand zu stecken. Diese befremdliche Reaktion ist weder mit Psychologie noch sonstwie zu erklären, sie ist einfach dazu da, die Situation auf die äußerste Spitze zu treiben. Mitten in solcher Ausweglosigkeit erscheint Apollon als Maschinengott, und wenn irgendwo in einem euripideischen Drama, so ist er hier vonnöten, um Ordnung zu machen. Und er besorgt dies aufs gründlichste: er verkündet die Entrückung Helenas, die neben ihm erscheint, und die Freisprechung des Orestes vor dem Areopag, bekräftigt die Verbindung des Pylades mit Elektra und fügt die Verheißung hinzu, Orestes werde Hermione, der er sich zunächst wenig liebevoll genähert hat, zum Weibe nehmen. Der Schluß, aber nicht er allein, zeigt uns, wie sich in diesen letzten athenischen Jahren des Dichters der Wunsch nach Fülle und Effekt in einer für das Kunstwerk gefährlichen Weise auszuwirken begann.

In die Spätzeit dürften der *Ixion*, der von dem großen mythischen Frevler handelte, der *Polyidos*, in dem die Gestalt dieses Sehers und damit die Mantik eine Rolle gespielt haben muß, und der *Phaethon* gehören. Von diesem haben wir größere Bruchstücke handschriftlich[1] erhalten, doch bleibt die Rekonstruktion des Stückes problematisch. Phaethon sollte Aphrodites Gemahl werden, so viel ist kenntlich; schwieriger zu fragen ist, wie dies den Anlaß für ihn gab, seine Abstammung von Helios zu erkunden und die verhängnisvolle Fahrt mit dem Sonnenwagen zu verlangen.

408 hat Euripides in Athen aufgeführt und ist wohl selbst noch dort gewesen, 406 ist er am Hofe des Archelaos gestorben. Die kurze Zeit in Makedonien war mit einer außerordentlich vielfältigen Produktion verbunden. Für den *Archelaos*[2], in dem er seinem Gastgeber einen Ahnen voll bewundernswerter Eigenschaften schuf, bleibt Abfassung in Makedonien wahrscheinlicher als die Annahme, Euripides habe das Stück, dessen Verlust wir wohl verschmerzen können, bereits früher geschrieben, so daß die Einladung nach Makedonien die Folge dieser Huldigung gewesen wäre.

Den ganzen Reichtum seines Könnens entfaltete und steigerte der Dichter in jenen Dramen der makedonischen Zeit, die sein gleichnamiger Sohn (Schol. Aristoph. *Frö.* 67; einen Neffen des Namens nennt die *Suda*) aus seinem Nachlasse in Athen zur Aufführung brachte und zu dem Siege führte, den der Dichter während seines Lebens so selten errungen hatte.

Zwei dieser Stücke, die *Iphigeneia in Aulis* und die *Bakchen*, sind erhalten. Der verlorene *Alkmeon in Korinth* scheint den Dramen der Zeit des *Ion* nahegestanden zu haben. Tyche fügte es da, daß Alkmeon die eigene Tochter unwissentlich als Sklavin kaufte. Notwendig war die Anagnorisis ein tragendes Motiv dieses Stückes.

Hat sich in manchem der späteren Dramen des Euripides ein neuer Reichtum und auch eine neue Beweglichkeit des Seelischen gezeigt, so findet diese Entwicklung ihre Höhe in einer seiner schönsten Schöpfungen, in der *Aulischen Iphigeneia*.

Ungewöhnliches zeigt der Eingang des Stückes. In eine anapästische Szene zwischen Agamemnon und einem vertrauten Diener ist ein orientierender Iambenprolog üblichen Stiles eingeschoben. Das Ganze als einheitliche Überlieferung zu nehmen geht wegen des Stilunterschiedes zwischen den beiden eben genannten Teilen wohl nicht an. Die Anapäste sind zum Teil von hohem Stimmungsgehalt, und ihre Verwendung bei Ennius (*Iph.* fr. 1. 2 Kl.) sowie ihre Benützung durch Chrysipp (fr. 180 A.) bezeugen ihnen hohes Alter. Eine derartige Gestaltung des Eingangs ist Euripides durchaus zuzutrauen, denn er hat auch seine *Andromeda* mit Anapästen der Heldin begonnen, denen Echo respondierte. Es liegt nahe, die auffällige Gestalt der Eingangspartie unseres Stückes daraus zu erklären, daß zwei Entwürfe des Dichters durcheinander gerieten[3].

[1] Fr. 781 N.; H. VOLMER, *De Eur. fab. quae Φ. inscribitur restituenda.* Diss. Münster 1930.

[2] Ein neues Fragment brachte der Hamburger Pap. nr. 118: E. SIEGMANN, *Veröffentlichungen der Hamburger Staats- und Universitätsbibl.* 4, 1954, 1. Für dieses Stück wie für alle Fragmente H.-J. METTE, *Lustrum* 1967/12 (1968).

[3] E. FRAENKEL, *Studi in Onore U. E. Paoli.* Firenze 1955, 302, gibt die Anapäste Eur., die Trimeter einem Späteren.

Die ersten Szenen zeigen uns eine überaus lebhafte, ganz vom Seelischen her gestaltete Bewegung. Agamemnon hat Klytaimestra mit Iphigeneia ins Heerlager nach Aulis beordert, angeblich um das Mädchen mit Achilleus zu vermählen, in Wahrheit aber, um es als Opfer für Artemis zu schlachten und der Flotte so den Fahrwind zu schaffen. Nun meint er, das Furchtbare nicht tun zu können, und hat den Alten mit einem zweiten Briefe abgesandt, der die Weisung des ersten widerruft.

Die Parados des Chores chalkidischer Frauen ist hier besonders breit gestaltet und gibt, zum Teil epische Katalogform ins Lyrische übertragend, ein Bild des Schiffslagers und seiner Helden. Danach stürmt Menelaos herein. Er hat den alten Diener abgefangen und spart keinen Vorwurf für den Wankelmut des Bruders. Nach einer Szene heftigen Streites wird die Ankunft Klytaimestras gemeldet, und als nun Menelaos die Verzweiflung seines Bruders sieht, wendet sich sein Sinn. Er bietet Agamemnon die Hand und will auf das Opfer verzichten. Beider Rollen sind nun vollkommen vertauscht, denn Agamemnon erklärt es als unmöglich, den Gang der Dinge aufzuhalten.

Die Begrüßung von Frau und Kind, einer ihm noch nicht entfremdeten Klytaimestra und einer zärtlich-anschmiegsamen Iphigeneia, bringt Agamemnon neue Not und Qual. Noch sind die beiden ahnungslos, aber da gerät Klytaimestra mit Achilleus zusammen, den sie freudig als künftigen Gemahl ihrer Tochter begrüßt. Die Szene zwischen den beiden unwissenden Opfern dieses Truges enthält trotz der tragischen Stimmung die Elemente jener Situationskomik, ohne die weder die Neue Komödie noch ihre europäischen Nachfahren denkbar wären.

Auch Iphigeneia erfährt nun, warum sie nach Aulis kommen mußte, und gleich Klytaimestra wehrt sie sich gegen das Kommende. Aber während die Mutter herbe Vorwürfe für den Mann hat, der sein Kind opfern will, bettelt Iphigeneia aus dem heißen Lebenswillen der Jugend in den rührendsten Worten um ihr Leben. Sie verleugnet den höchsten Grundsatz alter Adelsethik, wenn sie ihre große Rede mit dem Worte endigt: besser in Schande leben, als in Ehren sterben (1252). Aber dies ist nicht ihr letztes Wort.

In Agamemnons Entgegnung zeigt sich eine bedeutsame Veränderung des Aspektes, unter dem der geplante Zug gegen Troia gesehen wird. Was ehedem vorwiegend als Angelegenheit der Atriden erschien, Raub eines Weibes und seine Rückgewinnung, das erweist sich nun als großes nationales Anliegen der Griechen, als ein entscheidender Akt im Kampfe gegen asiatische Willkür. Bald wird für Iphigeneia die Bedeutung des Unternehmens, das von ihrer Opferung abhängt, von einer neuen Seite sichtbar. Achilleus hat sich sogleich in der früher skizzierten Szene mit Klytaimestra auf die Seite der Frauen gestellt. Er kann kein Spiel mit seinem Namen dulden und wird Iphigeneia unter allen Umständen schützen. Als er nun sein Versprechen einlösen und die Opferung verhindern will, wendet sich die Empörung des Heeres gegen ihn, und es scheint, daß er dem gegebenen Wort sein Leben wird opfern müssen. Da greift Iphigeneia ein, eine andere Iphigeneia als jene, die um ihr Leben flehte und das Herz des Vaters mit zärtlichen Erinnerungen bestürmte. Sie wehrt den Vorwürfen Klytaimestras gegen Agamemnon, sie wehrt auch dem Opferwillen des Achilleus. Nun kennt sie ihren Weg und will ihn gehen, um den hellenischen Waffen den Sieg zu sichern. Sie tröstet noch die Mutter und singt der Artemis, die ihr Opfer fordert, ein Lied, dann schreitet sie dem Tode entgegen.

Die Überlieferung des Schlusses ist trostlos. Ein Bruchstück bei Aelian (*hist. an.* 7, 39) scheint aus dem echten Schlusse zu stammen und eine Fassung nahezulegen, in der Artemis als dea ex machina die Rettung Iphigeneias durch das Ersatzopfer einer Hirschkuh und wohl auch ihre Entrückung in den Dienst der Göttin verkündete. Dieser Schluß ist verloren (vielleicht hat ihn Euripides unvollständig hinterlassen) und wurde durch einen Botenbericht an Klytaimestra ersetzt, der das Wunder bei der Opferszene erzählt. Dieser Bericht, der vielleicht schon für die postume Aufführung gedichtet wurde, muß seinerseits den Schluß verloren haben. Denn was wir heute an seinem Ende lesen, ist späte, wahrscheinlich erst byzantinische Ergänzung.

Euripides hat in diesem Stück das von ihm so oft verwendete Motiv des freiwilligen Opfertodes zu besonderer Wirkung gesteigert. Was in manchem Drama Episode blieb, ist hier das zentrale Motiv und als solches mit einer neuen Auffassung der seelischen Vorgänge verbunden, die ein solches Opfer auslösen. Wohl gibt es Ansätze zur Darstellung wechselnder innerer Haltung schon in älteren Stücken, wir erinnern an Admet oder an Herakles, aber hier wird ein erstes Mal der Wandel in der Seele eines jungen Menschen, der von Todesangst und leidenschaftlichem Lebenswillen zur gefaßten und ganz in den eigenen Willen genommenen Opferbereitschaft führt, zum Gegenstande des Dramas. Wir sagen nicht, daß dieser Wandel dargestellt, das heißt durch seine einzelnen Phasen hindurchverfolgt würde. Die *Aulische Iphigeneia* bedeutet einen mächtigen Vorstoß in der Richtung auf das neuere Drama, aber es handelt sich um einen Anfang. Ausgangs- und Endpunkt einer seelischen Bewegung zeigt uns der Dichter, beide freilich mit größter Eindringlichkeit.

Im allgemeinen hat der Grieche von den Gestalten großer Dichtung, vornehmlich jenen der Tragödie, die Konstanz der Physis gefordert[1]. Euripides blieb mit dem, was er in der *Aulischen Iphigeneia* zeigte, isoliert und hat damit auch bei dem größten Beurteiler seiner Kunst kein Verständnis gefunden. Aristoteles hat in der *Poetik* (15, 1454a) das Stück getadelt, da die Iphigeneia der Todesangst nicht mit jener des heroischen Opferganges zu einer einheitlichen Gestalt zu vereinigen sei. Wir werden vermerken, wie kennzeichnend dieses Urteil für griechisches Denken ist, nachsprechen aber werden wir es nicht[2].

Das Werk des Euripides ist weithin von jenem Ineinander von elementarem Gefühl und rationalem Denken bestimmt, in dem sich seine Persönlichkeit ebenso ausdrückt wie das Menschenbild einer Zeit, die über den Trümmern der Tradition allenthalben das Neue im Vordringen sah. Symbolhaft für diese Spannungen innerhalb des euripideischen Werkes stehen für uns an dessen Ende die *Bakchen*. Den Stoff bot einer

[1] Wichtige Stellen für die Forderung der Wesenskonstanz bei Cicero, *de off.* 1, 111. 114. 144. Dazu WOLF-H. FRIEDRICH, *Nachr. Ak. Gött. Phil.hist. Kl.* 1960/4, 107.

[2] Anders ZÜRCHER (s.u.), 184 und H. FUNKE in der u. zum Stück genannten Untersuchung.

jener Widersachermythen, in denen sich wohl mehr die Abwehr der Ratio gegen den dionysischen Rausch abspiegelt als historische Vorgänge beim Eindringen dieser Kulte. Hier ist es der thebanische König Pentheus, der sich dem Gotte entgegenstellt und ihm so den Anlaß zu grausamem Triumphe bietet. Pentheus wird von den Mänaden zerrissen, deren Schwarm seine eigene Mutter Agaue mit ihren Schwestern anführt. Bereits Aischylos hatte in seinem *Pentheus* diesen Stoff behandelt.

Kaum ein anderes Stück des Euripides wurde in der Deutung so hin und her gezerrt wie dieses. Da wollte man in ihm so etwas wie eine Bekehrung des Dichters sehen, dessen Skeptizismus am Ende seines Lebens vor dem mächtigen Anruf des seelenlösenden Gottes verstummt wäre. Der Rationalismus der Jahrhundertwende, der auch heute noch Nachfolge findet, zog das gegenteilige Extrem vor. Für ihn war Pentheus der Mensch, der im Zeichen der Vernunft den Kampf gegen Wahnwitz und Blendwerk bis zu seinem Untergange führt. Euripides aber wäre hier erst recht Kämpfer gegen eine Tradition, die Götter wie diese zeigte[1]. Der vereinfachende Radikalismus dieser beiden Deutungen ist heute aufgegeben. Es ist keinem Zweifel unterworfen, daß dieses Stück aus einer echten Auseinandersetzung des Dichters mit dem dionysischen Phänomen hervorgegangen ist, die weder Bekehrung noch rationalistischen Protest bedeutet. Man hat richtig beobachtet, daß sich in den späteren Stücken des Euripides ein gesteigertes Interesse für Mystik und Ekstase ausspricht, was sich mit seiner Abkehr von der episch bestimmten, offiziellen Mythenwelt wohl vereinigen läßt. Auch ist mit Eindrücken zu rechnen, die er von orgiastischen Fremdkulten wie jenen der thrakischen Bendis oder des phrygischen Sabazios erhielt, als diese während des Peloponnesischen Krieges in Athen eindrangen, dazu trat in Makedonien eine Anschauung dionysischen Kultes von einer Unmittelbarkeit, wie keine andere griechische Landschaft sie bieten konnte. Euripides, der in einem bedeutenden Abschnitte seines Schaffens die irrationalen Mächte in der Seele des Menschen zum dramatischen Grundthema gemacht hatte, bewältigte auch nun das Irrationale, das ihm in völlig anderen Bereichen erschien, in großartiger Weise durch die Objektivierung im Kunstwerk. Die Religion des Dionysos in ihrer rätselhaften Polarität hat keine eindrucksvollere Darstellung gefunden. Da sind die Bilder tiefen Friedens, in den der Gott den Menschen hineinnimmt. Wenn die Frauen des dionysischen Thiasos friedlich im Bergwald schlummern, der jungen Brut wilden Getieres die Brust geben und mit dem Thyrsos erquickenden Trunk aus dem Boden schlagen, dann ist alle feindselige Trennung des Menschen von der Natur überwunden und die Seligkeit jener Vereinigung erreicht, von der Nietzsche in dithyrambischen Worten gesprochen hat. Aber es sind dieselben Frauen, die jede Störung ihrer Verzauberung mit mänadischem Rasen beantworten, mit elementarer Gewalt die Siedlungen im Tale überrennen, Herdentiere reißen und Wunder an wilder Kraft vollbringen. In dieser Polarität von Frieden und Aufruhr, von lächelndem Anmut und dämonischer Vernichtung hat Euripides das Dionysische als Spiegel der Natur, ja wohl als Spiegel

[1] Zu der bei R. Nihard, *Mus. Belge* 16, 1912, 91 referierten Lit. Dillers Arbeit über die *Bakch.* (s.u.) und Lesky, 199, 1 und 200, 2, sowie die u. verzeichnete Lit.

des Lebens überhaupt gesehen. In den beiden Botenberichten des Dramas, seinen vollendetsten Leistungen dieser Art, zeigt er uns das widerspruchsvolle und in seinen Widersprüchen überwältigende Bild. Der erste Bericht von dem Treiben der Bakchen (677) stellt vor Pentheus die Wirklichkeit des Dionysischen hin, der zweite (1043) erzählt die Katastrophe. Wie die Frauen, vom Gotte gestachelt, Pentheus erspähen, der sie vom Wipfel einer Fichte aus belauscht, wie sie den Baum aus seinen Wurzeln reißen, in rasender Wut über den Unglücklichen herfallen und wie ihm die eigene Mutter, über die Jagdbeute triumphierend, den Arm mit der Schulter vom Leibe reißt.

Der Widersacher des Gottes, Pentheus, König von Theben, verkörpert jenes Menschentum, das sich am Nächsten, Greifbaren, unmittelbar Verständlichen festhält und dem Sog des Irrationalen erbitterten Widerstand entgegensetzt. In einer bis an die Grenze des Grotesken geführten Szene begegnet er dem Seher Teiresias und seinem Großvater Kadmos, die sich als beflissene Diener dem neuen Gotte beugen. An ihrem Bilde, ihren Mahnungen versteift sich nur seine Abwehr. Der Gott ist, wie er im Prologe selber verkündet, in Menschengestalt nach Theben gekommen, wo die Schwestern seiner Mutter Semele, unter ihnen Agaue, des Pentheus Mutter, seine Göttlichkeit bezweifeln. Sie will er strafen, die Stadt seinem Kulte gewinnen. In seiner Menschengestalt läßt er sich von den Dienern des Pentheus fangen und vor den König bringen. Im Verhör ist er durch seine Doppelrolle der Überlegene, und sonder Mühe entzieht er sich der Haft, die ihm Pentheus bestimmt. Auf die Szene der Befreiung folgt jener Botenbericht von dem Treiben der schwärmenden Frauen, der den Zorn des Königs noch weiter steigert, zugleich aber seine Neugier reizt. Es ist ein Stück tragischer Ironie von anderer Art als jene, die Sophokles gestaltete, wenn der Kämpfer gegen Wahn und Trug just durch die Regungen des Irrationalen fällt, die der Gott in seiner Seele wachzurufen weiß. Der mit Lüsternheit gepaarte Drang, das Verhüllte zu schauen, treibt ihn, in halber Verstörung und seltsamer Benommenheit dem Gotte zu folgen, der ihn in den Bergwald führt. Dort setzt ihn Dionysos in den Wipfel einer Fichte und läßt ihn zum Opfer der Mänaden werden.

Die Szene, in der Agaue das Haupt ihres getöteten Sohnes auf dem Thyrsos bringt und über die Jagdbeute jubelt, gehört zum Äußersten, was ein griechischer Dramatiker je wagte. Mit psychologischer Meisterschaft ist ihr langsames Erwachen zur furchtbaren Wirklichkeit gestaltet. Die Schlußpartie ist unvollständig erhalten. Wieder, wie im Eingange, erschien Dionysos als Gott, trieb Agaue und wohl auch ihre Schwestern in die Verbannung, hatte aber für Kadmos die tröstliche Verheißung, er werde mit seiner Gattin Harmonia nach langen Leiden eine Wohnstatt im Lande der Seligen gewinnen.

Noch einmal erleben wir dort, wo für uns die Tragödie der Griechen endet, das erschreckende Wunder dionysischer Verwandlung, das an ihren Anfängen stand. Wenn wir bei manchem der späteren Stücke des Euripides zweifeln mußten, ob es mit unserer Auffassung des Tragischen zu vereinigen wäre, sehen wir hier den tragischen Gegensatz zwischen dem Menschen, der sich im Vernunftgemäßen behaupten will, und der Welt des Irrationalen mit äußerster Härte gestaltet.

Der großen inneren Kraft, die dieses Werk erfüllt, entspricht eine Geschlossenheit seiner Form, die bei Euripides wenig Vergleichbares hat. Enger als anderswo ist hier der Chor lydischer Bakchantinnen, die dem Gotte auf seinem Siegeszuge folgen, mit der Handlung verbunden. Die groß angelegten Lieder des Chores lassen den Schauspielergesang zurücktreten, die Stichomythien sind zahlreich und streng gebaut.

Lange war der *Kyklops* des Euripides das einzige Drama, das uns eine Vorstellung von einem griechischen Satyrspiel vermittelte. Seit wir große Teile der *Ichneutai* des Sophokles und immerhin eine gut faßbare Szene aus den *Diktyulkoi* des Aischylos besitzen, wissen wir, daß diese Vorstellung recht einseitig gewesen ist. Die schwerelose Heiterkeit, die taufunkelnde Märchenfrische dieser Dichtungen lagen nicht im Bereich euripideischer Kunst. Bereits zur *Alkestis* hatten wir zu vermerken, daß er sicher öfter als in diesem einen Falle eine Tetralogie statt mit einem Satyrspiel mit einem Drama guten Ausganges beschloß.

Mit dem Gesagten soll dem *Kyklops* nicht Witz abgesprochen werden, doch ist er anderer Art als in den Stücken, von denen wir nun einiges besitzen, stärker vom Intellekt bestimmt.

Das Kyklopenabenteuer der Odyssee, das auch die Komödie gelegentlich behandelte, mußte auf der Bühne notwendig anders gebracht werden als in epischer Erzählung. Die Handlung konnte sich nicht mehr im Innern der Höhle abspielen, diese war vielmehr im Hintergrunde sichtbar und, wie uns treffend[1] gezeigt wurde, für die Schlußszene gleich der Höhle des sophokleischen *Philoktetes* mit einem zweiten, rückwärtigen Ausgange gedacht. Mit der Szene hat sich der Sinn der Blendung verändert: führt sie bei Homer zur Rettung der Eingeschlossenen, so ist sie nun des Odysseus Rache für die Tötung seiner Gefährten. Es mag für die Dichter von Satyrspielen nicht immer leicht gewesen sein, den Chor der geilen Waldteufel mit dem gewählten Sagenstoffe in Beziehung zu setzen. Ein beliebtes Auskunftsmittel, das Euripides hier und wahrscheinlich auch im *Busiris*, *Skiron* und *Syleus* verwendet hat, war es, die Satyrn in die Knechtschaft eines Unholdes geraten zu lassen. Das gab auch Gelegenheit, ihrer Feigheit und Verschlagenheit drastische Komik abzugewinnen. So ist auch im *Kyklops* ihr Führer und Vater, der Silen, die lustigste Figur. Er macht dem Kyklopen den Mundschenk und wird sogar zum grotesken Ziele verliebter Neigungen des Trunkenen. Starke Akzente hat Euripides auf die Figur des Kyklopen gelegt, echt euripideische Akzente. Dieser Riese ist Gesetzesverächter aus Grundsatz, er opfert nur sich selbst und seinem Bauche, ohne sich um Sitte und Satzung zu scheren. So wird er zum Extremisten des Naturrechtes und gibt nach der Absicht des Dichters eine drastische Illustration der Lehren, die damals unter den radikalsten Anhängern der Sophistik ihre Vertretung fanden.

Für die Datierung des Stückes fehlt uns ein sicherer Anhalt, da wir von der Entwicklung des Satyrspieles zu wenig wissen, um einzelne Erscheinungen sicher einordnen zu können. Was wir über die Zeichnung des Kyklopen bemerkten, empfiehlt

[1] A. M. Dale, ‹Seen and Unseen on the Greek Stage›. *Wien. Stud.* 69, 1956, 105. Vgl. auch P. D. Arnott, *An Introduction to the Greek Theatre.* Lond. 1959, 130.

zusammen mit der freien Gestaltung des Dreigesprächs am ehesten einen Ansatz in die spätere Schaffenszeit des Dichters.

Wenn wir auf den Versuch einer das Ganze des euripideischen Werkes umgreifenden Charakteristik verzichten, so hat dies seinen Grund in dessen Antinomien. Zusammenfassung kann also nur heißen, von diesen zu sprechen. Ein Wort über Formales mag vorangehen.

Seit langem hat man bemerkt, daß sich bei Euripides einzelne Teile, die auch in der älteren Tragödie da sind, schärfer abheben und einem gewissen Eigenleben zustreben. Das soll nicht heißen, daß die Dramen dieses Dichters in ihre Teile zerfallen, und man hat sich neuerdings mit gutem Rechte bemüht, solchen Beobachtungen gegenüber die euripideische Kunst des Bauens ins rechte Licht zu rücken[1]. In der Tat gehören die einzelnen Glieder zu einem lebendigen Leibe, was freilich nicht ausschließt, daß sie sich als Teile des Ganzen scharf abzeichnen und eigenen Formgesetzen unterliegen.

Der orientierende Prolog eines einzelnen Sprechers leitet die Dramen des Euripides in typischer Weise ein[2]. Daß der Dichter in der letzten Schaffenszeit andere Wege suchte, wurde zur *Iph. Aul.* vermerkt. Es ist durchaus nicht überall Aufgabe des Prologes, den Ablauf der Handlung vorwegzunehmen, um durch die Ausschaltung stofflicher Spannung einen reineren Genuß des Kunstwerkes zu ermöglichen, wie Lessing in der *Hamburgischen Dramaturgie* meinte. Nur Götterprologe können solches leisten, und auch sie lassen Spannungsmomente genug offen. Vielmehr dient der euripideische Prolog der Orientierung über die Voraussetzungen der Handlung, wobei die Neuerungen des Dichters am Stoffe mühelos ihren Platz neben der Tradition finden. Wir haben früher (S. 265) die Ansicht entwickelt, daß die erklärende Vorrede zu den frühesten Erscheinungsformen des Sprechverses gehört. Ist dies richtig, dann stellt sich der euripideische Prolog als Archaismus dar. Da er meist im Stile nüchterner Erzählung gehalten ist, ergibt sich für die folgenden Szenen die Möglichkeit wirksamer Steigerung.

Besonders kräftiges Eigenleben zeigt das Streitgespräch[3]. Das wurde öfter übersehen, so daß man, wie im Falle der *Alkestis*, aus der Argumentation des Agons die Deutung des Stückes ableiten wollte. In diesen Partien lebt sich griechische Streitlust aus, und die leidenschaftliche Freude der Athener an den Verhandlungen der Gerichte kam ausgiebig auf ihre Rechnung. Da ist jede Waffe gut genug, und auch der Mythos wird in einer Weise verwendet, die nur ein Zeugnis mehr für seine Unterhöhlung ist. Der formale Bau der Agonszenen ist streng gehalten und beruht auf dem Wechsel von Stichomythien, diesen sprachlichen Florettgefechten, und langgedehnten Reden.

Solche Rheseis mächtigen Umfanges finden sich in der euripideischen Tragödie auch häufig an anderen Stellen. Bei ihnen vor allem wird die Frage dringlich, wie weit Euripides von der Rhetorik seiner Zeit abhängt[4]. Man hat deren Einfluß lange über-

[1] Vor allem LUDWIG, *Sapheneia* (s.u.).
[2] M. IMHOF, *Bemerkungen zu den Prologen der soph. u. eurip. Tragödien.* Diss. Bern. Winterthur 1957.
[3] J. DUCHEMIN, L' ΑΓΩΝ *dans la trag. gr.* Paris 1945.
[4] F. TIETZE, *Die eur. Reden und ihre Bedeutung.* Diss. Breslau 1933.

schätzt, ist aber heute von der Vorstellung eines Dichters losgekommen, der nach rhetorischen Regeln arbeitete. Freilich wird man angesichts des wohlüberlegten und oft deutlich markierten Aufbaues mancher Reden nicht leugnen können, daß die Bemühungen der Zeit um die Ausgestaltung der Kunstrede auch auf Euripides gewirkt haben.

Daß die Botenberichte als epische Leistungen höchsten Ranges besondere Schmuckstücke der euripideischen Tragödie sind – vom Dichter bewußt als solche gestaltet –, ist bei der Besprechung der einzelnen Stücke deutlich geworden.

Typische Züge zeigt die Ausgestaltung des Schlusses mit der häufigen Verwendung des Maschinengottes[1]. Keineswegs hat er immer den Knoten zu durchhauen, wenn er auch ein bequemes Mittel ist, um die Dinge am Ende rasch in Ordnung zu bringen. Mitunter, wie im Falle der *Iph. Taur.*, wird in die Handlung, die einem glatten Ende zueilt, eigens eine Retardation eingelegt, um das Erscheinen des deus ex machina zu ermöglichen. In einem solchen Falle wird es deutlich, daß eine wichtige Funktion des erscheinenden Gottes in der Stiftung eines Kultes besteht, in die das Geschehen mündet. Euripides betont so am Ende des Spieles die Rückwendung zur kultischen Tradition. Wir haben Grund zu der Annahme, daß auch aischyleische Trilogien nicht selten mit einem Kultaition endeten, und können derart die Linie von Euripides zu dem Ältesten der drei Großen ziehen, was auch in anderen Fällen möglich ist[2]. So sei im Vorübergehen an die Ausnützung besonderer Bühneneffekte durch die beiden genannten Tragiker erinnert, was sie in deutlichen Gegensatz zu Sophokles stellt.

Das euripideische Chorlied darf keinesfalls allgemein als handlungsfremde Einlage gekennzeichnet werden. Gerade die späten *Bakchen* zeigen eine ungewöhnlich enge Verbindung des Chores mit dem Geschehen auf der Bühne. Aber die euripideische Dichtung ist auch hierin ungleichmäßig, und es gibt eine ganze Reihe von Liedern, die als lyrische Erzählungen für sich stehen. WALTHER KRANZ hat sie dithyrambische Stasima genannt[3]. Sie gehören mit Ausnahme eines Liedes aus der *Hekabe*, das eine Vorform darstellt, in die spätere Zeit des Euripides, in der das Chorlied auch in anderer Weise tiefgreifenden Veränderungen unterworfen wurde. Dieses *neue Lied* zeigt sprachlich eine Überladenheit und Aufschwemmung, die zum Inhalt mitunter in einem seltsamen Mißverhältnis steht. Aristophanes hat solche Art in den *Thesmophoriazusen* (49) und *Fröschen* (1309) scharf parodiert. Mancher der euripideischen Texte läßt erkennen, daß er streckenweise nur mehr als Unterlage für die Musik Bedeutung hat. Wir wissen, daß es die überladene, unruhige und auf grelle Effekte berechnete Musik des neuen, jungattischen Dithyrambos[4] gewesen ist, die hier mächtig auf Euripides wirkte. Unter den Tragikern hatte sich ihr vor allem

[1] Die Arbeit von SPIRA, die eine enge Verbindung des deus ex machina mit dem Gefüge der Dramen zu erweisen sucht, ist S. 440 A. 1 angeführt.

[2] O. KRAUSSE, *De Eur. Aeschyli instauratore.* Diss. Jena 1905.

[3] *Hek.* 905. *Tro.* 511. *El.* 432. 699. *Hel.* 1301. *Iph. T.* 1234. *Phoin.* 638. 1019. *Iph. A.* 164. 751. 1036. KRANZ, *Stasimon.* Berl. 1933, 254.

[4] H. SCHÖNEWOLF, *Der jungattische Dithyrambos.* Diss. Gießen 1938.

Agathon verschrieben; starke Einflüsse kamen von Timotheos her, den die Überlieferung mit Euripides durch Freundschaft verbunden sein läßt.

Ähnlichen Tendenzen unterlag die Schauspielerarie, die bei Euripides auf Kosten des Chorliedes stark im Vordringen ist. Diese Entwicklung, die wir auch bei dem alten Sophokles beobachten, verläuft natürlich nicht linear und wird in der Spätzeit durch das *neue Lied* des Chores einigermaßen durchkreuzt[1], aber ein Stück wie der *Orestes* hat nur mehr zwei strophische Chorlieder den breit entwickelten Monodien gegenüberzustellen.

Es gehört zu den Antinomien des euripideischen Werkes, daß der zunehmenden Überladenheit der chorlyrischen Sprachform im Dialog eine sehr einfache, klare und der Sprache des Tages in gewissen Grenzen angenäherte Ausdrucksweise gegenübersteht. Sie tritt zur aischyleischen Wucht und zur vornehmen, mit großer Modulationsfähigkeit verbundenen Gehaltenheit des Sophokles in gleicher Weise in Gegensatz.

Wieder stoßen wir auf eine der Widersprüchlichkeiten des euripideischen Werkes, wenn wir neben den Neuerungen, die besonders im Chorlied hervortreten, archaisierende Tendenzen feststellen. Dazu gehört das Anwachsen trochäischer Partien in den späteren Stücken, der Rückgriff also auf ein als besonders alt empfundenes Maß des Dramas[2].

Immer deutlicher ist bereits bei der Besprechung des Formalen hervorgetreten, wie stark das Werk des Euripides von gegenstrebigen Kräften erfüllt ist. Von seinem Gehalt gilt dies in gleichem Maße, und eben daran scheitert jeder Versuch, diesen Dichter mit allgemeiner Kennzeichnung zu erfassen. Er ist nicht schlechtweg der Philosoph der Bühne oder gar der Propagandist der Aufklärung. Vom Geiste her bestimmt ist er freilich mit einem großen Teile seines Wesens. Der Denker und der Dichter in ihm haben nicht immer so vollendeten Ausgleich gefunden, wie in dem Preislied, das der Chor der *Medeia* (824) dem Athen des Perikles singt[3]. Man muß des Sophokles Lied auf seinen Heimatgau (*Oid. Kol.* 668) vergleichen, um zu erkennen, wie viel stärker die Verse des Euripides vom Geistigen her gestaltet sind. Auch die mythischen Gestalten und die zu göttlichen Potenzen erhobenen Mächte, die Musen und Harmonia, die Eroten und Sophia, stehen in diesem Bereiche. Wir hören den Dichter, dem die Überschätzung der Athletik ein Ärgernis war[4]. Dort aber, wo seine Verse die Geisteshelle und das leichte Schreiten der Menschen in der Klarheit der attischen Luft preisen, erkennen wir durch den dichterischen Glanz der Worte die Theorien der Naturforscher seiner Zeit. Dabei sind alle diese Elemente in dem Liede zu vollendeter Einheit gebunden. Das ist nicht immer so, und mitunter hat Euripides seine Gedanken in einer Weise vorgetragen, die den Rahmen der Stücke sprengt, aber er ist

[1] Kranz, a.O. 229.

[2] W. Krieg, ‹Der trochäische Tetrameter bei Eur.› *Phil.* 91, 1936, 42. M. Imhof, ‹Tetrameterszenen in der Tragödie›. *Mus. Helv.* 13, 1956, 125.

[3] Zur Thematik H. R. Butts, *The Glorification of Athens in Greek Drama. Iowa Stud. in Class. Phil.* 11, 1947.

[4] Daß er damit in der Nachfolge des Xenophanes stand (vgl. S. 243), bemerkte man schon in der Antike (Athen. 10, 413f). Andere Stellen bei H. D. Kemper, *Rat und Tat.* Diss. Bonn 1960, 107, 88.

deshalb um nichts weniger einer der größten und wirkungssichersten Dramatiker, die für die Bühne geschrieben haben. Die Tendenz verschiedener neuer Arbeiten[1], dem Dichter gegenüber dem Denker zu seinem Rechte zu verhelfen, ist gesund und richtig. Euripides ist auch nicht der Frauenhasser, als den ihn die Komödie vor das Gericht der Weiber am Thesmophorienfeste stellte. Den dämonischen Unheilsbringerinnen stehen die hohen Frauengestalten gegenüber, mit denen er das Motiv freiwilligen Opfertodes besonders gerne verbunden hat. Am wenigsten wäre die Bezeichnung als Gottesleugner dem Dichter angemessen. Wir haben an dem *Herakles* und der *Elektra* gesehen, wie sich sein Zweifel an der Tradition mitunter zu heftiger Kritik und Ablehnung steigert, aber wenn er auch göttliches Wesen in den Gestalten des offiziellen Mythos nicht finden konnte, so hat er darum doch niemals aufgehört, nach seinen Manifestationen in dieser Welt zu suchen. Auch die *Bakchen* bezeichnen kein Ablassen solchen Ringens. Freilich hören wir hier seltsame Worte von der Weisheit des Sichbescheidens. Was Teiresias (200) und was der Bote (1150) sagt, kann aus der Rolle heraus zu verstehen sein, viel persönlicher klingt, was der Chor (386) singt: das Leben der Ruhe und der weisen Besinnung sichert die Häuser; kurz ist unser Weg, müßig die Jagd nach großen Dingen, τὸ σοφὸν δ' οὐ σοφία. Verleugnet der Dichter hier sein eigenes Leben, er, der in seiner *Medeia* Athen gepriesen hatte, weil sich dort die Liebesgötter mit der Weisheit einen? Die Stelle so zu deuten wäre primitives Mißverstehen, aber es bleibt schwierig, ihr den persönlichen Gehalt abzufragen. Wir möchten meinen, daß uns die Verse zu Zeugen eines ergreifenden Schauspieles machen. Am Ende eines Lebens voll geistigen Ringens und der Qual ewig ungelöster Fragen hält der Dichter das friedvolle Bild der im Glauben Geborgenen vor sich hin. Aber ihr Friede kann niemals der seine heißen, denn ihm war aufgegeben, die Not unablässigen Suchens zu tragen und der Unrast einer Zeit seine Stimme zu leihen, die das Alte noch nicht vergessen hatte und doch auf ungewissen Pfaden dem Neuen zustrebte.

Nach der handschriftlichen Biographie und der *Suda* hätte das Gesamtwerk des Euripides 92 Stücke umfaßt. Die Zahl geht wohl auf Forschungen der Alexandriner zurück, für die bereits manche Unsicherheit bestand. Die Biographie gibt ausdrücklich an, daß davon 78 Dramen erhalten waren, was bedeutet, daß man sie in der Bibliothek zu Alexandreia besaß. Wenn daneben (Varro bei Gell. 17, 4, 3. Variante in der *Suda*) die Zahl 75 auftaucht, so ist die Differenz wohl aus der Streichung der drei dem Kritias zugeschriebenen Stücke (s. o.) zu erklären. Der unechte *Rhesos* ist bei der Zahl der erhaltenen Stücke mitgerechnet.

Euripides, der zu Lebzeiten so schwer um die Anerkennung rang, ist bereits im 4. Jh. der beliebteste Tragiker geworden und dies bis in die sinkende Antike geblieben. Als sich die Wiederaufführung einer alten Tragödie (παλαιά) beim dramatischen Agon einbürgerte, wie wir es von 386 an feststellen können, kam dies vor allem dem Werke des Euripides zugute[2]. Das hatte für den Text seine Gefahren. Wenngleich der Umfang der Schauspielerinterpolationen[3] sehr schwer abzugrenzen ist, so bleibt doch kein Zweifel daran, daß auf solche Weise manches geändert wurde. Mit der späteren Beliebtheit des Dichters hängt es zusammen, daß

[1] RIVIER, GRUBE, MARTINAZZOLI u. a. [2] Belege bei SCHMID 3, 824, 3.
[3] D. L. PAGE, *Actors' Interpolations*. Oxf. 1934.

wir für ihn die meisten Papyrustexte nach denen Homers besitzen. Da geben nun die älteren Papyri, vor allem der Straßburger Tragödienliederpapyrus (BR. SNELL, *Herm.* E 5, 1937, 69) Ähnliches wie bei Homer zu erkennen: die Arbeit der Alexandriner ist entscheidend dafür gewesen, daß die Verwilderung des Textes ein Ende fand. Das bedeutet freilich, daß dessen Gestaltung durch sie die letzte für uns erreichbare bleibt. Die entscheidende Ausgabe hat Aristophanes von Byzanz geschaffen und mit Kommentaren in eigenen Büchern versehen.

Auch in der Euripidesüberlieferung spielt jener Auswahlvorgang seine Rolle, den man im allgemeinen mit der Schule der Antoninenzeit in Beziehung setzt. Mit Sicherheit können wir sagen, daß diese Auswahl jene Stücke umfaßte, zu denen wir Scholien besitzen: *Alk. Andr. Hek. Hipp. Med. Or. (Rhes). Tro. Phoin.* Es ist wahrscheinlich, wenn auch nicht sicher, daß einst die *Bakchen* in dieser Auswahl enthalten waren. Nun sind wir durch eine glückliche Fügung für Euripides nicht allein auf diese angewiesen. Es ist uns außerdem ein Teil einer alphabetisch angeordneten Gesamtausgabe erhalten geblieben. Dieser Zweig der Überlieferung geht auf eine Papyrusausgabe zurück, die je ein Drama in einer Rolle enthielt und deren fünf in Behältern, Töpfen oder Kapseln, vereinigte (BR. SNELL, *Herm.* 70, 1935, 119). Die *Hek.*, die auch zur Auswahl gehört, ferner *Hel. El. Herakl. Hkld.* bildeten den Inhalt des einen, *Kykl. Ion Hik.* und die beiden *Iphigeneia*-Tragödien den des anderen Behälters.

Für die Handschriften gibt eine Übersicht J. A. SPRANGER, ‹A preliminary Skeleton List of the Manuscripts of Eur.› *Class. Quart.* 33, 1939, 98. Das Wichtige findet sich auch in den führenden Ausgaben, grundlegend für jede weitere Arbeit am Text ist auch hier A. TURYN, *The Byzantine Manuscript Tradition of the Tragedies of Eur.* Un. of Illinois Press. Urbana 1957, mit genauer Beschreibung der Hauptzeugen und einer Fülle von wichtigen Erkenntnissen, die besonders die Tätigkeit des Triklinios betreffen. Zu einzelnem: P. G. MASON, ‹A Note on Euripidean Manuscripts›. *Mnem.* S. 4, 11, 1958, 123. Den wichtigsten Beitrag zur Klärung der Eur.-Überlieferung seit TURYN hat G. ZUNTZ geleistet: *An Inquiry into the Transmission of the Plays of Eur.* Cambridge 1965. V. DI BENEDETTO, *La Tradizione manoscritta Euripidea.* Padova 1965, arbeitet kräftig jene «horizontalen» Faktoren der Überlieferung heraus, die mit dem Variantenaustausch durch Kontamination zwischen verschiedenen Handschriften gegeben sind. Sie machen Stemmata vielfach (gewiß aber nicht völlig) illusorisch. A. TUILIER, *Recherches critiques sur la tradition du texte d'Euripide.* Paris 1969.

Älteste Handschrift ist der Jerusalemer Palimpsest (Patriarchenbibl. 36) aus dem 10. Jh. mit über 1600 Versen aus *Hek. Or. Phoin. Andr. Med. Hipp.* Faksimile mit Komm.: St. G. Daitz, Berlin 1970. Er hat Scholien und Varianten und gehört keiner der beiden sonst bekannten Handschriftenklassen an. Von diesen enthält die eine nur die Stücke der Auswahl mit Scholien. An Wert steht in ihr der Marcianus 471 (12. Jh.) mit *Hek. Or. Phoin. Andr. Hipp.* (bis v. 1234) voran. Der Parisinus 2712 (13. Jh.) bietet dieselben Stücke um *Med.* vermehrt, der Vaticanus 909 (13. Jh.) alle neun kommentierten Dramen, der Parisinus 2713 (12./13. Jh.) diese ohne *Tro.* und *(Rhesos).* Die Handschriften der anderen Klasse enthalten auch die Stücke aus jener alphabetischen Gesamtausgabe, von der früher die Rede war. Hier ist die wichtigste Handschrift der Laurentianus 32, 2 (L, 13./14. Jh.) mit allen Stücken außer *Tro.* Ein weiterer Codex, von einer einzigen Hand im späten 14. Jh. geschrieben, setzt sich aus den beiden Teilen Palatinus 287 und Laurentianus conv. soppr. 172 zusammen (P, 14. Jh.). Er ist für die Stücke mit Scholien unbestritten von einigem Werte, während ein solcher für die scholienlosen Stücke dem Zweifel unterworfen bleibt. Manche Forscher, unter ihnen P. MAAS (*Gnom.* 1926, 156) verfochten die Ansicht, daß der Text dieser Dramen letzten Endes aus dem Laur. 32, 2 stamme, für uns also wertlos sei. A. TURYN, dem wir die wichtige Entdeckung verdanken, daß die Korrekturen in der Handschrift L von Demetrios Triklinios stammen, vertrat a. O. die Ansicht, daß P in den Stücken der alphabetischen Ordnung nicht von L abgeschrieben, sondern als Schwesterhandschrift des Laurentianus zu betrachten sei. GÜNTHER ZUNTZ hat nun in seinem o. genannten Buche über die Euripides-Überlieferung die vielverhandelte Frage endgültig geklärt. Sein Ergebnis ist, daß die scholienlosen Stücke in P direkt aus L abgeschrieben wurden, nachdem L von Triclinius vorläufig durchkorrigiert worden war. Für die Stücke der Auswahl scheint ihm sicher, daß P eine Abschrift des gemeinsamen Archetypus kopierte, die gleichfalls von Triclinius verbessert worden war. VITELLIS ansprechende These, wonach P hier vielmehr eine korrigierte Abschrift von L kopierte, wird einer Anzahl neubeobachteter Fakten nicht gerecht.

Aus dem Gesagten ergibt sich, daß unsere Überlieferung für die kommentierten Stücke wesentlich besser fundiert ist als für die übrigen. Ein drastisches Beispiel liefert der von E. R. DODDS in seiner Ausgabe der *Bakchen* behandelte Papyrus (nr. 386 P.) mit den Versen 1070–1136, einer Partie, die auch im Laur. 32, 2 fehlt. Varianten, Plus- und Minusverse zeigen, auf wie unsicherem Boden wir uns hier bewegen. Für den Text ist ein Hinweis auf J. JACKSON, *Marginalia Scaenica*. Oxf. 1955, anzuschließen, da die dort vereinigten Vorschläge zur Emendation griechischer Autoren zum überwiegenden Teile Euripides gelten. Im Stile einer Dramenkritik zwischen Porson und Cobet wird hier ohne Rücksicht auf die recensio rein intuitiv eine Fülle von meist sehr beachtenswerten Konjekturen gegeben.

Forschungsberichte des Verf. im *AfdA* von 1949 an, fortgesetzt von H. STROHM. H. W. MILLER, ‹A survey of recent Euripidean scholarship 1940–1954›. *Class. Weekly* 49, 1956, 81. Neuere Ausgaben: G. MURRAY, 3 Bde. Oxf. 1902. 1904. 1910. Von der doppelsprachigen Ausgabe der *Coll. des Un. de Fr.* von L. MÉRIDIER, L. PARMENTIER, H. GRÉGOIRE und F. CHAPOUTHIER sind die Bände 1–6, Paris 1923–1961, erschienen; es fehlen noch *Iph. Aul. (Rhesos)*. A. S. WAY, 4 Bde. doppelspr. *Loeb Class. Libr.* Lond. 1912, repr. bis 1959. Von der spanischen doppelspr. Ausgabe von A. TOVAR (teilweise mit R. P. BINDA) sind in der *Colección Hispánica de autores Griegos y Latinos par las universidades Españolas* erschienen 1, Barcelona 1955 *(Alk. Andr.)*. 2, 1959 *(Bakch. Hek.)*. Für die Erklärung von Nutzen: H. WEIL, *Sept tragédies d'Eur.* Paris 1868, 3. Aufl. 1905 *(Hipp. Med. Hek. Iph. Aul. Iph. Taur. El. Or.)*. Im besonderen ist auf die im folgenden zu einzelnen Stücken angeführten Oxforder kommentierten Ausgaben zu verweisen. Die u. zitierten Euripidesbücher von W. H. FRIEDRICH, R. GOOSSENS, D. J. CONACHER, T. B. L. WEBSTER, H. ROHDICH werden zu den Stücken nicht im einzelnen angeführt. A(usgaben) mit Komm. und E(rläuterungen) zu den einzelnen Stücken: *Alk:* A: L. WEBER, Leipz. 1930. A. MAGGI, Napoli 1935. D. F. W. VAN LENNEP, Leiden 1949. A. M. DALE, Oxf. 1954. AUG. MANCINI, Firenze 1955. E: K. v. FRITZ, ‹Euripides' Alkestis und ihre modernen Nachahmer und Kritiker›. *Ant. u. Abendl.* 5, 1956, 27; jetzt *Antike und moderne Tragödie*. Berl. 1962, 256. W. D. SMITH, ‹The Ironic Structure in Alc.› *Phoenix* 14, 1960, 127. O. VICENZI, ‹Alkestis und Admetos›. *Gymn.* 67, 1960, 517. U. ALBINI, ‹L'Alc. di Eur.› *Maia* N. S. 13, 1961, 3. E. R. SCHWINGE, *Die Stellung der Trachinierinnen im Werk des Soph.* Hypomn. 1, 1962, 42. A. LESKY, ‹Der angeklagte Admet›. *Maske und Kothurn* 10, 1964, 203 = *Ges. Schr.* 281. W. KULLMANN, ‹Zum Sinngehalt der eur. Alk.›. *Ant. u. Abendl.* 13, 1967, 127. A. RIVIER, ‹Sur un motif de l'Alc. d'Eur.›. *Actas del 3. congr. español de estud. clas. II.* Madrid 1968, 286. J. R. WILSON, *Twentieth Century Interpretations of Eur. Alc. A Collection of Critical Essays.* Englewood Cliffs N. J. 1968. – *Med.:* A: D. L. PAGE, Oxf. 1938. U. BRELLA, Torino 1950. G. AMMENDOLA, Firenze 1951. E. VALGIGLIO, Torino 1957. J. C. KAMERBEEK, Leiden 1962. E: O. REGENBOGEN, ‹Randbemerkungen zur Med. des Eur.›. *Eranos* 48, 1950, 21. K. v. FRITZ, ‹Die Entwicklung der Iason-Medea-Sage und die Medea des Eur.› *Ant. u. Abendl.* 8, 1959, 33; jetzt *Antike und moderne Tragödie*. Berl. 1962, 322. WOLF-H. FRIEDRICH, *Medeas Rache. Nachr. Ak. Gött. Phil.-hist. Kl.* 1960/4, 67. = *Vorbild und Neugestaltung*. Göttingen 1967, 7; ders. ‹Medea in Kolchis›. *Ant. u. Abendl.* 12, 1966, 3 = *Vorbild und Neugestaltung*, 57. E. CHRISTMANN, *Bemerkungen zum Text der Med. des Eur.* Diss. Heidelberg 1962. EILH. SCHLESINGER, ‹Zu Eur. Med.›. *Herm.* 94, 1966, 26. H. ERBSE, ‹Über die Aigeusszene der eurip. Med.›. *Wien. Stud.* 79, 1966, 120. W. STEIDLE, *Stud. z. Ant. Drama.* München 1968, 152. 193. – *Hipp.:* A: A. TACCONE, Firenze 1942. G. AMMENDOLA, Firenze 1946. A. G. WESTERBRINK, Leiden 1958. W. S. BARRETT, Oxford 1964 (monumentale, kommentierte Ausgabe).

E: H. HERTER, ‹Theseus und Hipp.› *Rhein. Mus.* 89, 1940, 273. B. M. W. KNOX, ‹The Hipp. of Eur.›. *Yale Class. Stud.* 13, 1952, 1. W. FAUTH, *Hippolytos und Phaidra. Abh. Ak. Mainz. Geistes- u. Sozialwiss. Kl.* 1958/9 und 1959/8 (fragt nach der Vorgeschichte des Stoffes). R. P. WINNINGTON-INGRAM, ‹Hippolytus: A Study of Causation›. *Entretiens sur l'antiquité class.* 6. Vandoeuvres-Genève 1960, 171. BR. SNELL, *Scenes from Gr. Drama.* Berkeley 1964, 23. 47. H. MERKLIN, *Gott und Mensch im 'Hipp.' und den 'Bakch.' des Eur.* Diss. Freiburg i. Br. 1964 (mit eingehender Doxographie zur Interpretation. – *Hek.:* A: A. TACCONE, Torino 1937. M. TIERNEY, Dublin, 1946. A. Garzya, Roma 1955. E: D. J. CONACHER, ‹Eur. Hecuba›. *Am. Journ. Phil.* 82, 1961, 1. W. H. ADKINS, ‹Values in Eur. Hecuba and Hercules Furens›. *Class. Quart.* 16, 1966, 193. W. STEIDLE (s. zu Med.), 44, und *Wien. Stud.* 79, 1966, 133. K. MATTHIESSEN (der eine komm. Ausgabe vorbereitet), ‹Manuscript problems in Eur. Hec.›. *Gr. Rom. and Byz. Stud.* 10, 1969, 293. – *Andr.:* A: J. C. KAMERBEEK, Leiden 1955. U. SCATENA, Roma 1956. A. GARZYA, Napoli 1963. E: s. S. 425 A. 1 f. H. ERBSE, ‹Eur. Andr.›. *Herm.* 94, 1966, 276. W. STEIDLE (s. zu Med.), 118. – *Herakliden:* A: A. MAGGI, Torino 1943. E: A. GARZYA, ‹Studi sugli Eraclidi di Eur.›. *Dioniso* 19, 1956, 3. F. STOESSL, ‹Die Her. des Eur.›. *Phil.* 100, 1956, 207. S. auch S. 427 A. 2–5. J.W. FITTON, ‹The Suppliant Women and the Heraklidai of Eur.›. *Herm.* 89, 1961, 430. G. ZUNTZ, *The Political Plays of Eur.* 2. Aufl. Manchester 1963. A. GREIFENHAGEN, *Frühhellenistischer Kolonettenkrater mit Darstellung der Herakliden.* 123. Winckelmannspr. Berlin 1969. – *Hiket.:* A: T. NICKLIN, Lond. 1936. G. ITALIE, Groningen 1951. G. AMMENDOLA e V. D'AGOSTINO, Torino 1956. E: G. ZUNTZ und J. W. FITTON, s. zu *Herakliden.* G. PADUANO, ‹Interpretazione delle Supplici di Eur.›. *Ann. Scuola Sup. Pisa.* Ser. 2, 35, 1966, 193. – *Herakles:* A: Führend die monumentale Ausgabe von WILAMOWITZ, Berl. 1889; 2. Aufl. 1895; Neudr. Darmstadt 1959. E: E. KROEKER, *Der Her. des Eur.* Diss. Leipz. 1938. Dazu H. DREXLER, *GGN phil.-hist. Kl.* 1943/9. A. W. H. ADKINS, s. zu *Hek.* J. C. KAMERBEEK, ‹Unity and meaning of Eur. Her.›. *Mnem.* s. 4, 19, 1966, 1. – *Tro.:* A: A. TACCONE, Torino 1937. G. SCHIASSI, Firenze 1953. W. BIEHL, Leipzig 1970 (Text). E: G. PERROTTA, ‹Le Troiane di Eur.›. *Studi sul teatro Greco-Rom. Dioniso* 15, 1952, 237. A. PERTUSI, ‹Il significato della trilogia troiana di Eur.›. Ebda. 251. D. EBENER, ‹Die Helenaszene der Troerinnen›. *Wiss. Zeitschr. Univ. Halle* 1954, 691. W. STEIDLE (s. zu *Med.*), 50. – *El.:* A: J. D. DENNISTON, Oxf. 1939. G. SCHIASSI, Bologna 1956. D. BACCINI, Napoli 1959. E: W. WUHRMANN, *Strukturelle Untersuchungen zu den beiden El. und zum eur. Or.* Diss. Zürich 1940. F. STOESSL, ‹Die El. des Eur.›. *Rhein. Mus.* 99, 1956, 47. U. ALBINI, ‹L'Elettra di Eur.›. *Maia* 14, 1962, 85. K. MATTHIESSEN, *El., Taur. Iph. u. Hel.* Hypomn. 4, 1964. A. VÖGLER, *Vergl. Studien zur soph. und eur. El.* Heidelberg 1967. W. STEIDLE (s. zu *Med.*), 63. – *Hel.:* A: G. AMMENDOLA, Torino 1954. G. ITALIE, Groningen 1949. A. Y. CAMPBELL, Liverpool 1950. A. M. DALE, Oxford 1967. R. KANNICHT, 2 Bde. Heidelberg 1969. K. ALT, Leipzig 1964 (Text). E: A. N. PIPPIN, ‹Eur. Helen: a Comedy of Ideas›. *Class. Phil.* 55, 1960, 151. G. ZUNTZ, ‹On Eur. Helena: Theology and Irony›. *Entretiens sur l'antiquité class.* 6. Vandoeuvres-Genève 1960, 201. Ders., ‹The Papyrus of Eur. Hel. P. Ox. 2336›. *Mnem.* S. 4, 14, 1961, 122, mit nachfolgendem Corrigendum. K. ALT, ‹Zur Anagnorisis in der Hel.›. *Herm.* 90, 1962, 6. K. MATTHIESSEN (s. zur *El*); ders., ‹Zur Theonoeszene der eurip. Hel.›. *Herm.* 96, 1968, 685. A. TOVAR, ‹Aspectos de la 'Hel.' de Eur.›. *Estudios sobre la Trag. Griega.* Madrid 1966, 107. Lit. zur Auffassung des Stückes bei D. G. HARBSMEIER, *Die alten Menschen bei Eur.* Diss. Göttingen 1968, 148, 1. – *Iph. Taur.:* A: M. PLATNAUER, Oxf. 1938; repr. 1956. G. AMMENDOLA, Torino 1948. H. STROHM, Münch. 1949. J. D. MEERWALDT, Leiden 1960. K. MATTHIESSEN (s. zur *El.*). – *Ion:* A: U. v. WILAMOWITZ, Berlin 1926. A. S. OWEN, Oxf. 1939. G. ITALIE, Leiden 1948. G. AMMENDOLA, Firenze 1951. E: M. F. WASSERMANN, ‹Divine Violence and Providence in Eur. Ion›. *Trans. Am. Phil. Ass.* 1940, 587. D. J. CONACHER, ‹Paradoxon of Eur. Ion›. *Trans. Am. Phil. Ass.* 1959, 20. CHR. WOLFF, ‹The design and myth in Eur. Ion.›. *Harv. Stud.* 69, 1965, 169. M. IMHOF, *Eur. Ion.* Bern 1966. S. L. RADT, *Eur. Ioon.* Amsterdam 1968. – *Phoin.:* A: C. H. BALMORI, Tucumán Argentina 1946. A. M. SCARCELLA, Rom 1957. E: W. RIEMSCHNEIDER, *Held und*

Staat in Eur. Phön. Diss. Berl. 1940. E. VALGIGLIO, *L'esodo delle «Fenicie» die Eur. Univ. di Torino. Pubbl. della Fac. di Lett. e Filos.* 13/2. Torino 1961. E. FRAENKEL, *Zu den Phoen. des Eur.* Bayer. Ak. Phil.-hist. Kl. 1963/1; dazu H. DILLER, *Gnom.* 36, 1964, 641. J. DE ROMILLY, ‹Les Phéniciennes d'Eur. ou l'actualité dans la trag. Grecque›. *Rev. Phil.* 39, 1965, 28. H. ERBSE, ‹Beiträge zum Verständnis der eurip. 'Phoin.'›. *Phil.* 110, 1966, 1. D. J. CONACHER, ‹Themes in the exodus of Eur. Phoen.›. *Phoenix* 21, 1967, 92. – *Or.*: A: A. M. SCARCELLA, Rom 1958. V. DI BENEDETTO, Firenze 1965. W. BIEHL, Berlin 1965 (ohne Text). E: W. KRIEG, *De Eur. Or.* Diss. Halle 1934. W. BIEHL, *Textprobleme in Eur. Or.* Diss. Jena 1955. V. DI BENEDETTO, ‹Note critico-testuali all'Or. di Eur.›. *Studi class. e orient.* 10, Pisa 1961, 122. K. V. FRITZ, ‹Die Orestessage bei den drei großen griech. Tragikern›. *Antike und moderne Tragödie.* Berl. 1962, 113. D. EBENER, ‹Zum Schluß des Or.›. *Eirene* 5, 1966, 48. W. D. SMITH, ‹Disease in Eur. Or.›. *Herm.* 95, 1967, 291. STEIDLE (s. zu *Med.*), 96. G. A. SEECK, ‹Rauch im Or. des Eur.›. *Herm.* 97, 1969, 9. W. WUHRMANN, s. zu *El.* – *Iph. Aul.*: A: G. AMMENDOLA, 3. Aufl. Torino 1959. E: BR. SNELL, *Aischylos.* Phil. Suppl. 20/1, 1928, 148. D. L. PAGE, *Actors' Interpolations.* Oxf. 1934, 130. V. FREY, ‹Betrachtungen zu Eur. Aul. Iph.›. *Mus. Helv.* 4, 1947, 39. H. VRETSKA, ‹Agamemnon in Eur. Ihp. i. A.›. *Wien. Stud.* 74, 1961, 18. H.-M. SCHREIBER, *Iphigenies Opfertod.* Diss. Frankfurt 1963. H. FUNKE, ‹Aristoteles zu Eur. Iph. in Aulis›. *Herm.* 92, 1964, 284. GUDRUN MELLERT-HOFFMANN, *Untersuchungen zur 'Iph. in Aulis' des Eur.* Heidelberg 1969. – *Bakch.*: A: G. AMMENDOLA, Torino 1941. E. R. DODDS, 2. ed. Oxf. 1960. P. SCAZZOSO, Milano 1957. E: R. P. WINNINGTON-INGRAM, *Eur. and Dionysos.* Cambr. 1948; repr. 1969. H. DILLER, ‹Die Bakchen und ihre Stellung im Spätwerk des Eur.›. *Ak. Mainz. Geistes- u. sozialwiss. Kl.* 1955, nr. 5. A.-J. FESTUGIÈRE, ‹La signification religieuse de la parodos des Bacch.›. *Eranos* 54, 1956, 72. Ders., ‹Eur. dans les Bacch.›. *Eranos* 55, 1957, 127. J. DE ROMILLY, ‹Le thème du bonheur dans les Bacchantes›. *Rev. Et. Gr.* 76, 1963, 361. H. FÖRS, *Dionysos und die Stärke der Schwachen im Werk des Eur.* Diss. Tübingen 1964. H. MERKLIN, *Gott und Mensch im 'Hipp.' und in den 'Bakch.' des Eur.* Diss. Freiburg i. Br. 1964. W. STEIDLE (s. zu *Med.*), 32. – *Kykl.*: A: J. DUCHEMIN, Paris 1945. G. AMMENDOLA, Firenze 1952. W. WETZEL, *De Eur. fabula satyrica, quae Cyclops inscribitur, cum Homerico comparata exemplo.* Wiesbaden 1965.

Fragmente: NAUCK, *Trag. Graec. Fragm.* 2. Aufl. Leipz. 1889. Den Nachdr. Hildesheim 1964, hat BR. SNELL mit einem *Suppl.* ausgestattet, das neue Fragmente aus den antiken Autoren enthält. H. V. ARNIM, *Suppl. Euripideum.* Bonn 1913. BR. SNELL, *Wien. Stud.* 69, 1956, 86. Pap.: P. nr. 378–454. H. HOMMEL, ‹Eur. in Ostia›. *Rivista It. di Epigrafia* 19, 1959, 109, vermutet in Versen auf einer Hippokratesbüste, die in einer Grabanlage in Ostia stand, ein Fragment aus einem euripidischen Chorlied. Einen ausgezeichneten Überblick gibt H. VAN LOOY ‹Les fragments d'Euripide›. *Ant. Class.* 32, 1963, 162; ders. *Zes verloren Tragedies van Euripides.* Vlaamse Ak. Kl. der Letteren 26, 1964, nr. 51. C. AUSTIN, *Nova fragmenta Euripidea in papyris reperta.* Kl. Texte 187. Berlin 1968. H.-J. METTE, *Lustrum* 1967/12 (1968) mit dem Material für alle Fragmente. Eine nützliche Übersicht bietet F. STOESSL *RE S* 11, 658. – Scholien: E. SCHWARTZ, 2 Bde. Berl. 1887/91. – Wortindex: J. T. ALLEN u. G. ITALIE, *A concordance to Eur.* Berkeley 1953. – Übersetzungen: H. V. ARNIM, *Zwölf Trag. des Eur.* 2 Bde. Wien 1931. *Med. Hipp. Her.*: E. BUSCHOR, Münch. 1952. *Tro. El. Iph. T.* 1957; *Or. Iph. A. Män.* 1960. Die Übersetzung von J. J. DONNER hat *R. Kannicht* bearbeitet, 2 Bde. Króners Taschenausg. 284/5. Stuttg. 1958. Auf der Übersetzung von H. V. ARNIM bauen dort, wo sie vorhanden ist, auf: S. MÜLLER 1. Bd. Wiesbaden 1958 (teilweise WERFEL) und F. STOESSL, 1. Bd. Bibl. d. Alten Welt. Zürich 1958, der *Heraklid* u. *Andr.* in eigener Übersetzung gibt; 2. Bd. 1968, in dem *Hik.*, *Herakles*, *El.*, *Kykl.* und einige größere Fragmente von STOESSL übersetzt sind. Eine Übertragung sämtlicher echten Stücke von D. EBENER, 3 Bde. Berlin u. Weimar 1966. Ausgewählte Stücke in der Übertragung von L. WOLDE, Goldmann Gelbe Taschenb. 536. 1959. Im Amerikanischen Übersetzungswerk (s. zu Aischylos) heben wir für Eur. aus einer größeren Zahl von Mitarbeitern besonders die beiden Herausgeber R. LATTIMORE und D. GRENE hervor. Im Englischen steht die Übersetzung zahlreicher Stücke durch G. MURRAY voran. Für das Französische s. o. die Ausgabe der *Coll. des Un. de Fr.* Italienisch: M. FAGGELLA, *Eur. nuova trad. in versi.* 1–4, Milano, 1935–37. – Sprache: W. BREITENBACH, *Unters. zur Sprache der eur. Lyrik.* Tüb. Beitr. 20, Stuttg. 1934. J. SMEREKA, *Studia Euripidea* I u. II/1. Leopoli 1936/37. L. BERGSON, D. M. CLAY, FR. JOHANSEN s. im Anhang zu Aischylos unter ‹Sprache›. – Metrik: s. 430 A. 2 u. 455 A. 2 – Monographien und Abhandlungen: D. F. W. VAN LENNEP; *Eur.* Ποιητὴς σοφός. Amsterd. 1935. G. M. A. GRUBE, *The Drama of Eur.* Lond. 1941, 2. (wenig veränderte) Aufl. New York 1961. A. RIVIER, *Essai sur le tragique d'Eur.* Lausanne 1944. F. MARTINAZZOLI, *Euripide.* Roma 1946. G. MURRAY, *Eur. and his Age.* 1913; 7. ed. Oxf. 1955; deutsch 2. Aufl. Darmst. 1969. W. ZÜRCHER, *Die Darstellung des Menschen im Drama des Eur.* Basel 1947. W. H. FRIEDRICH, *Eur. und Diphilos.* Münch. 1953. L. H. G. GREENWOOD, *Aspects of Eur. Trag.* Cambr. 1953. G. NORWOOD, *Essays on Eur. Drama.* Lond. 1954. W. LUDWIG, *Sapheneia. Ein Beitrag zur Formkunst im Spätwerk des Eur.* Diss. Tüb. 1954. F. CHAPOUTHIER, ‹Eur. et l'accueil du divin›. *Fondat. Hardt* (vgl. S. 87 A. 1), 205. G. ZUNTZ, *The Political Plays of Eur.* 2. Aufl. Manchester 1963. C. PRATO, *Eur. nella critica di Aristofane.* Galatina 1955. H. STROHM, *Euripides. Zet.* 15. Münch. 1957. In die Mitte der Problematik des euripideischen Werkes trifft K. REINHARDT, ‹Die Sinneskrise bei Eur.›. *Die Neue Rundschau* 68, 1957, 615; jetzt *Tradition und Geist.* Göttingen 1960, 227. In den *Entretiens sur l'antiquité class.* 6. Vandoeuvres-Genève 1960, sind (außer den zu einzelnen Stücken genannten) folgende Arbeiten enthalten: J. C. KAMERBEEK, ‹Mythe et Réalité dans l'Oeuvre d'Eur.›. A. RIVIER, L'élément démonique chez Eur. jusqu'en 428›. H. DILLER, ‹Umwelt und Masse als dramatische Faktoren bei Eur.›. A. LESKY, ‹Psychologie bei Eur.› (Ders. ‹Zur Problematik des Psychologischen in der Tragödie des Eur.› .*Gymn.* 67, 1960, 10.). V. MARTIN, ‹Eur. et Ménandre face à leur public›. Reich an wertvollen Beobachtungen ist das Buch von J. DE ROMILLY, *L'évolution du pathétique d'Eschyle à Euripide.* Paris 1961. A. GARZYA, *Pensiero e tecnica drammatica in Euripide.* Napoli 1962. R. GOOSSENS, *Euripide et Athènes.* Ac. Royale de Belgique 1962. N. C. HOURMOUZIADES, *Production and Imagination in Eur.* Athen 1965. E. VALGIGLIO, *Il tema della morte in Euripide.* Bibl. della rivista di studi class. 1966. CHR. CHROMIK, *Göttlicher Anspruch und menschliche Verantwortung bei Eur.* Diss. Kiel 1967. D. P. CONACHER, *Euripidean Drama: Myth, Theme and Structure.* Univ. of Toronto Press 1967. T. B. L. WEBSTER, *The Tragedies of Eur.* London 1967 (mit eingehender Behandlung der Fragmente). H. ROHDICH, *Die euripideische Tragödie. Untersuchungen zu ihrer Tragik.* Heidelberg 1968. E. R. SCHWINGE, *Die Verwendung der Stichomythie in den Dramen des Eur.* Heidelberg 1968; ders., *Euripides.* Wege der Forschung 89. Darmstadt 1968 (vereinigt 21 Untersuchungen aus der Zeit von 1928 bis 1966 mit ausgezeichneter Einleitung und einer reichen Bibliographie ab 1960). Vgl. POHLENZ, HARSH, LESKY u. KITTO. Nachleben: K. v. FRITZ, *Antike und moderne Tragödie.* Berlin 1962. KÄTE HAMBURGER, *Von Sophokles zu Sartre.* 3. Aufl. Suttgart 1965. H. FUNKE, *Jahrb. f. Ant. u. Christent.* 8/9, 1965/66, 233. W. H. FRIEDRICH, *Vorbild und Neugestaltung.* Göttingen 1967. *Alk:* A: R. FLACELIÈRE. Paris 1970.

3. ANDERE TRAGIKER

Attische Tragödie bleibt für uns an die Namen der drei großen Dichter gebunden, in denen griechische Kunst, aus den Quellen des Mythos gespeist und durch das kultische Fest tief in der Gemeinde verwurzelt, ihr Höchstes seit den Zeiten des Epos erreichte. Wir sollen aber darüber nicht vergessen, daß die erhaltenen Werke Teile einer außerordentlich reichen Produktion sind. Über deren Qualität vermögen wir nicht mehr zu sagen, als daß ihr fast völliger Verlust im allgemeinen als richtiges Werturteil der Nachwelt aufzufassen sein dürfte. Von ihrem Umfange aber geben uns verschiedene Quellen noch eine recht gute Vorstellung. Da ist die Komödie, die ihre Geschosse gern auf kleinere Poeten richtet und uns im Eingange der *Frösche* ein eindrucksvolles Bild davon gibt, wie stark man das Absinken nach dem Tode des Sophokles und Euripides empfand. Da und dort bietet auch Aristoteles in der *Poetik* Namen von Dichtern, die für uns im Schatten der Großen bleiben, das meiste aber erfahren wir aus den Resten jener Inschriften, die ein theaterfreundlicher Athener in hellenistischer Zeit an den Innenseiten eines kleinen Baues eintragen ließ. Die Spielinschriften für die Großen Dionysien und Lenäen (IG II/III² 2318 u. 2319–23) und die Siegerlisten tragischer und komischer Dichter und Schauspieler an diesen Festen (a. O. 2325) stellen auch in ihrem trümmerhaften Zustande ein wertvolles Kapitel griechischer Literaturgeschichte dar, das uns die Meisterschaft ADOLF WILHELMS[1] lesbar gemacht hat.

Von den Dichtern, deren Namen sich ebenso wie Titel und Fragmente in der Sammlung NAUCKS in reicher Fülle finden, können wir uns nur in einigen Fällen eine bestimmtere Vorstellung machen. Der Zeit der Hochklassik gehörte Ion von Chios an, dessen Geburt in das Dezennium 490–480 fallen dürfte. In früher Jugend kam er nach Athen und hat in seinen *Epidemiai* Erinnerungen an ein Gastmahl festgehalten, das durch die Anwesenheit Kimons ausgezeichnet war (Plut. *Kim.* 9). Nach der *Suda* hat er seine erste Tragödie in der 82. Olympiade (452–449) aufgeführt. Dabei ist er natürlich in Athen zu denken und wird auch sonst zu den Aufführungen seiner Stücke dorthin gekommen sein. An der gleichen Stelle lesen wir, daß der sichtlich wohlhabende Mann nach einem tragischen Siege jedem Athener einen Krug Chierwein stiftete. Jedenfalls stand er zu Athen und dessen geistig führenden Männern in engen Beziehungen und hat verschiedene Abschnitte seines Lebens dort verbracht. Seine Bekanntschaft mit Aischylos geht aus einer Anekdote hervor, die Plutarch (*mor.* 79 D) von den Isthmien erzählte, von seinem Berichte über einen Aufenthalt des Sophokles auf Chios haben wir früher gehört.

Dieser aufgeschlossene Ioner hat sich in den geistigen Bereichen seiner Zeit lebhaft bewegt und davon in einer ausgebreiteten Schriftstellerei Zeugnis abgelegt. Von ihm an dieser Stelle zu sprechen rechtfertigt sich dadurch, daß auch im Altertum seine Tragödiendichtung als der bedeutendste Teil seiner Produktion angesehen wurde[2]. Die *Suda* hat für die Zahl seiner Stücke drei verschiedene Angaben: 12, 30 und 40. Das läßt sich ohne Zwang von zehn Trilogien verstehen, zu denen gelegentlich die Satyrspiele hinzugezählt wurden, während die Zahl 12 sich auf die in Alexandreia erhaltenen Stücke beziehen mag. Dort hat man dem Dichter sogar die Ehre angetan, ihn in den Kanon der Tragiker aufzunehmen. Damit hängt die verhältnismäßig große Zahl der Fragmente zusammen, die aber kein ausreichend begründetes Urteil über seine tragischen Dichtungen gestatten. Da kommt uns der geistvolle Autor der früh-

[1] *Urkunden dram. Aufführungen in Athen.* Wien 1906. A. PICKARD-CAMBRIDGE, *The Dram. Festivals of Athens.* 2. ed. Oxf. 1968, 101. Dort 103 über das Verhältnis der Inschriften zu den Forschungen des Aristoteles.

[2] Belege bei SCHMID 2, 515, 2.

kaierzeitlichen Schrift *Vom Erhabenen* zu Hilfe, der zwischen Ion und Sophokles einen ähnlichen Gegensatz feststellt wie zwischen Bakchylides und Pindar, den Gegensatz zwischen formsicherer Glätte und dem Feuer des Genius. Diesem Kunstrichter, der für uns leider ein Anonymus bleibt, wiegt der einzige *Oidipus* mehr als die gesamte dramatische Produktion des Ion.

Aus der Reihe der bekannten Titel, die auf verschiedene Mythen weisen, fällt das *Große Drama* (Μέγα δρᾶμα) merkwürdig heraus. Daß der Inhalt der Feuerraub des Prometheus gewesen sei, bleibt eine unsichere Vermutung BLUMENTHALS[1]. Am besten kenntlich ist uns das Satyrspiel *Omphale*, das Herakles in der Knechtschaft bei der Lyderkönigin zeigte. Schmauserei spielte nach den Bruchstücken eine große Rolle, und es ist recht wahrscheinlich, daß die bei Pollux (2, 95) erwähnte Stelle mit den drei Zahnreihen des Herakles in diesen Zusammenhang zu stellen ist. Ein Papyrusfragment (60 Blum.) schien Schauplatzwechsel nahezulegen, aber BLUMENTHAL hat eine Deutung vorgeschlagen, bei der eine solche Annahme vermeidbar bleibt. Aristarch würdigte das Stück einer erklärenden Arbeit.

Nach den Zeugnissen der Alten hat sich Ion in den verschiedensten Dichtungsarten versucht. Ein größeres *Elegienbruchstück*, Symposiendichtung, die Dionysos und seine Gabe verherrlicht, ist erhalten, *Dithyramben* und *Einzellieder* sind gut bezeugt, auch einen *Hymnos auf den Kairos* hat er geschrieben. Das ist bemerkenswert, weil einige Reste, wie das eben genannte Bruchstück einer Elegie, den Eindruck erwecken, daß die Dichtung dieses Ioners, dem das Formale leicht von der Hand ging, stark vom Intellekt her bestimmt war. Auch der Kairos als Gegenstand einer Dichtung weist in diese Richtung; der fruchtbare, für das Gelingen entscheidende Augenblick, entstammt nicht lebendiger Religiosität, wenn er auch später in Olympia Kult hatte (Paus. 5, 14, 9), sondern der Sphäre des Begrifflichen. Er begann im Denken der Griechen gerade in der Zeit des Ion seine Rolle zu spielen und hat dann in der Zeit Alexanders die prächtige plastische Ausformung als dahineilender Mann erhalten, auf dessen kahlem Haupte vorne ein Haarschopf zum Griffe lockt, während er auf einem Schermesser eine Waage balanciert.

Man meint, daß der vielseitige Mann auch ein Epos geschrieben habe und daß die *Gründungsgeschichte von Chios* (Χίου κτίσις) ein solches gewesen sei. Aber ein wörtlich erhaltenes Fragment (19 Blum.) zeigt Prosa. In Verlegenheit setzt es uns, daß antike Angaben[2] dem Ion auch Komödien zuschreiben. Keines der Bruchstücke belegt uns eine solche mit Sicherheit, und wenn es am Schlusse des platonischen *Symposion* theoretisch als Möglichkeit besonderer Art erörtert wird, daß ein und derselbe Dichter Komödien und Tragödien schreiben könnte, so spricht das nicht dafür, daß solches bereits von einem bekannten Autor Jahrzehnte vorher geleistet worden sei.

Von den Prosaschriften des Ion wurde die *Gründungsgeschichte* bereits genannt. Die Anführungen weisen auf Mythisches. Wir finden wie bei Hellanikos, von dem ebenfalls eine Χίου κτίσις genannt wird, eine ursprünglich epische Spielform, die uns etwa

[1] Zu fr. 59 seiner Ausgabe.

[2] Schol. Aristoph. *Fried.* 835 und *Suda* s. διθυραμβοδιδάσκαλοι.

des Xenophanes *Gründung von Kolophon* bezeugt, in Prosa weitergeführt, was später manche Nachfolge fand. Das originellste Werk des Ion sind jedenfalls seine *Epidemiai* gewesen, in denen sich dieselbe Anekdotenlust der Griechen eine eigene Form fand, die sich noch viele Jahrhunderte später so kräftig bei Plutarch auswirkt. Der Titel bezieht sich auf Reisen; nach dem, was wir früher von Berichten über Kimon, Aischylos und Sophokles erwähnten, hat es sich dabei ebenso um Reisen des Ion wie um die Besuche bedeutender Männer in Chios gehandelt. Immer aber stand das Personale, der witzige Ausspruch oder die bemerkenswerte Geste im Vordergrunde. Von der philosophischen Seite lernen wir Ion in dem *Triagmos* (auch *Triagmoi*) kennen. Doch ist dies bei der Dürftigkeit des Erhaltenen schon zuviel gesagt. Jedenfalls handelte es sich um Dreigliederung als allgemeines Strukturprinzip, wie der Eingang der Schrift erkennen läßt: *Alles ist drei und nichts mehr oder weniger als diese drei. Jedes einzelnen Tauglichkeit ist eine Dreiheit: Vernunft, Kraft und Glück.* Erregend leuchtet in Räume, die für uns in schmerzlichem Dunkel liegen, ein Fragment (24 Blum. VS 36 B 2) des Inhaltes, daß Pythagoras einiges, was von ihm stammte, auf Orpheus zurückgeführt habe. Daß die pythagoreische Seelenlehre Ion berührt hat, geht aus den schönen Distichen hervor, die er Pherekydes von Syros widmete (fr. 30 Blum. 5 D.).

Außer den drei Großen und Ion haben die Alexandriner nur Achaios von Eretria in den Kanon der tragischen Dichter aufgenommen, ohne daß wir sagen könnten, was ihm zu dieser Ehre verhalf. Seine Satyrspiele wurden geschätzt, und die Inschriften bezeugen ihm einen Sieg, das ist neben einigen Dramentiteln alles, was wir von ihm wissen.

Von den Kritias zugeschriebenen Dramen war früher im Zusammenhange mit seiner übrigen Schriftstellerei die Rede. Der Komödie, aber nicht ihr allein, verdanken wir es, daß wir das Bild eines tragischen Dichters, dessen Blüte in die Zeit des späten Euripides fällt, wenigstens in einigen wesentlichen Zügen wieder herzustellen vermögen. Wir meinen den Athener Agathon. Im platonischen *Protagoras* (315e) erscheint er als junger Mensch von ausgezeichneten Anlagen und hervorragender Schönheit. Da der Dialog in die Zeit um 430 verlegt ist, kommt man für die Geburt des Agathon in die erste Hälfte der vierziger Jahre.

Dazu stimmt, daß er nach Aelian (*var. hist.* 13, 4) in der Zeit, da er mit Euripides am makedonischen Hofe weilte, ungefähr vierzig Jahre alt gewesen ist.

Zu recht verschiedener Zeugenschaft über den Mann und seine Kunst vereinigen sich Aristophanes, Platon und Aristoteles. Der erste der Genannten hat die Dichtung des Agathon vor allem in den *Thesmophoriazusen* aufs Korn genommen. In der Zeichnung des Tragikers als weibischen und eitlen Ästheten steckt wohl viel ausgelassene Clownerie, aber sicherlich auch ein Stück Wahrheit, das die Ansätze für jene bot. Besonders wertvoll sind uns die Parodien einer Monodie und eines astrophischen Chorliedes. Wir sehen es ja in den *Fröschen*, daß Aristophanes dort, wo er euripideische Chorlyrik verhöhnt, bei aller Übertreibung doch das Wesentliche trifft. So sind uns die aristophanischen Parodien ein wertvoller Beleg dafür, daß sich Agathon in besonders hohem Maße von jenem jungattischen Dithyrambos beeinflussen ließ, von dessen Wirkung auf das *neue Lied* des Euripides wir bei diesem Dichter zu sprechen hatten. Der überladene Wortprunk, dem Gleiches in der Musik entsprach, hat bei Agathon offenbar eine besondere Note getragen. In Platons *Symposion* wird der erste tragische Sieg gefeiert, den Agathon an den Lenäen des Jahres 416 gewann, und unter den Rednern, die beim Gelage den Preis des Eros verkünden, erscheint der Gefeierte selbst. Nun ist sein Enkomion, das zwischen den in verschiedener Weise großartigen Reden des Aristophanes und Sokrates steht, so sehr mit Gorgianischen Klangfiguren überladen, daß Platon hierdurch ohne Zweifel die Weise des Agathon charakterisieren wollte. Deutlich konvergieren hier verschiedene Linien. Gorgias hat ja seine Kunstprosa bis zur Verwischung der Grenzen an die Dichtung angenähert, und die antike Kritik[1] hat richtig angemerkt, daß er dabei besonders nahe an den Dithyrambos streifte. In dessen Entwicklung waren dieselben Tendenzen zur Verzauberung durch das klingende Wort wirksam wie in den Sprachkünsten des Gorgias, und in Agathon fassen wir die Wirkung, die von diesen beiden Seiten auf die Tragödie ausging und zusammen mit anderen Faktoren der Geschlossenheit des klassischen Kunstwerkes ein Ende bereitete.

Wie stark eine solche Entwicklung zur Verselbständigung der lyrischen Partien drängte, ist leicht einzusehen. Die Bestätigung erhalten wir in einer Stelle der *Poetik* (18. 1456a 30), an der Aristoteles sagt, Agathon habe damit begonnen, die Lieder des Chores als eine Einlage zu gestalten.

Die neuartige Chorlyrik des Agathon war das Auffallendste an seinen Stücken und hat den Spott der Komödie in entsprechendem Maße auf sich gezogen. Aber dort sehen wir sein Bild nur in einem Zerrspiegel und vergessen leicht, daß er als Dramatiker immerhin einiges bedeutet hat. Aristoteles hat in der *Poetik* mancherlei über ihn zu sagen. Knapp vor der oben zitierten Stelle lesen wir, daß Agathon es nur in einem Punkte fehlen ließ, dadurch aber freilich Mißerfolge zu verzeichnen hatte. Er überlud seine Stücke stofflich, worin wir eine Tendenz der nachklassischen Tragödie überhaupt erblicken dürfen, eine Tendenz, die sich bereits in Stücken wie den *Phoinissen* des Euripides ankündigt. Die Einschränkung aber, mit der Aristoteles diesen Tadel ausspricht, bedeutet ein Lob. Und Aristophanes selbst hat in den *Fröschen* des Jahres 405, als Agathon gleich Euripides an den Hof des Archelaos in Pella gegangen war – er ist dort nicht viel später gestorben –, freundlichere Worte für den einst so heftig Gezausten gefunden: einen trefflichen Dichter, von seinen Freunden ersehnt, nennt ihn Dionysos an einer Stelle (83f.), aus der wir vielleicht entnehmen dürfen, daß Agathon damals nicht mehr gedichtet hat.

Eines merkwürdigen Dramas des Agathon gedenkt Aristoteles an einer anderen Stelle der *Poetik* in durchaus freundlicher Weise (9. 1451b 21). In ihm waren die Geschehnisse ebenso wie die Namen vom Dichter frei erfunden, der sich hier also weit über alles, was Euripides bietet, vom Mythos gelöst hatte. Der Wortlaut der Stelle führt für den Titel entweder auf den Namen *Antheus* oder auf *Anthos*, was *Blume* bedeuten würde. Jedenfalls verbietet die Notiz des Aristoteles, für den Stoff des Stük-

[1] Dion. Hal. *Lysias* 10, 21 U.-R.

kes einen Anhalt innerhalb der bekannten Mythen zu suchen. Eher ist zu überlegen[1], ob nicht Alexander Aitolos in seiner elegischen Dichtung *Apollon* einen Reflex des Dramas bietet. Dann hätte das Stück *Antheus* geheißen und die Potiphargeschichte in besonderer Abwandlung zum Inhalte gehabt.

Die Bruchstücke aus Dramen der hier genannten Dichter bei A. Nauck, *Trag. Graec. Fragm*, 2. Aufl. Leipzig 1889. – A. v. Blumenthal, *Ion von Chios. Die Reste seiner Werke*. Stuttg. 1939. Die philosophischen Fragmente: VS 36. Historisches: F. Jacoby, F Gr Hist nr. 392 (wie immer mit erschöpfendem Komm.). – T. B. L. Webster, ‹Sophocles and Ion of Chios›. *Herm.* 71. 1936, 263. P. Lévèque, *Agathon*. Paris 1955. J. Waern, ‹Zum Tragiker Agathon›. *Eranos* 54, 1956, 87.

4. DIE ÜBRIGE DICHTUNG

Auch in den letzten Jahrzehnten des 5. Jahrhunderts stand die dramatische Produktion so weit im Vordergrunde und hatte das allgemeine Interesse so stark auf sich gezogen, daß die übrigen Dichtungsarten in ihrem Schatten blieben und für uns nur in Spuren kenntlich werden. Die einzige Ausnahme bildet die chorlyrische Dichtung, die jedoch einen guten Teil ihrer Wirkung aus der Auseinandersetzung mit dem Drama bezog, was ihre Besprechung an dieser Stelle rechtfertigt. Das Wirken der Dichter, mit denen wir es dabei zu tun haben, reicht mehrfach ein gutes Stück über die Jahrhundertwende. Doch haben sich die neuen Formen in der zweiten Hälfte des 5. Jahrhunderts entwickelt.

Wir haben früher (S. 345) die Bedeutung jener Entwicklung gewürdigt, durch die in der jungen Demokratie der Dithyrambos seinen festen Platz innerhalb der dionysischen Agone fand, und dort auch der Fülle von Produktion gedacht, deren die verschiedenen Feste Athens dauernd bedurften. Der Dithyrambos gehörte zu den Wurzeln der Tragödie, begleitete deren Entwicklung auf ihrem ganzen Wege und stand vor allem an den Großen Dionysien mit ihr in engster Berührung. Da konnte denn gegenseitige Beeinflussung nicht ausbleiben, und wir hatten solcher auch mehrfach zu gedenken. Im besonderen waren das *neue Lied* des Euripides und die Chorlyrik des Agathon nur aus dem Einflusse des jungattischen Dithyrambos zu verstehen gewesen. Nun aber haben wir uns darauf zu besinnen, daß dessen Werden seinerseits nicht ohne den ständigen Wettbewerb denkbar ist, in den die Tragödie mit ihren reicheren Ausdrucksmitteln und der größeren Intensität ihrer Wirkung den Dithyrambos notwendig drängte. So kam es, daß dieser die Fessel der strophischen Responsion abwarf, den alten lyrischen Erzählungsstil, der an sich zur wirkungsvollen Ausgestaltung der Einzelszene neigte, mit grellen Effekten ausstattete und nach Möglichkeit mimetische Elemente einfügte. Wir besitzen an Texten sehr wenig und von der Musik überhaupt nichts. Hier sind wir auf die Schlüsse aus dem Spott der Komödie und auf die pseudo-

[1] So C. Corbato, ‹L'Anteo di Agatone›. *Dioniso* 11, 1948, 163. Der *Apollon* bei Powell, *Collectanea Alexandrina*, 122. Lévèque (s. u.) hätte nicht wieder hinter Ἄνθος ein bürgerlich-sentimentales Schauspiel suchen sollen.

plutarchische Schrift *Über die Musik* angewiesen, die im wesentlichen Aristoxenos weitergibt, in manchem aber auch von Herakleides Pontikos beeinflußt ist. Da erhalten wir das Bild einer auf starke sinnliche Wirkung berechneten Musik, die mit lebhaftem Wechsel von Rhythmen und Tonarten arbeitete, den Text nur als Unterlage betrachtete und weit davon entfernt war, sich im Stile der alten Chorlyrik diesem unterzuordnen. Notwendig hat sie die Opposition jener Kreise wachgerufen, die in pythagoreischem Geiste die Musik in enger Beziehung zur Formung des Ethos als Erziehungsmittel höchsten Ranges betrachteten. Auch Platon mußte sich gegen die Neutöner stellen[1].

Unverkennbar steht der Umbruch innerhalb der Chorlyrik und ihrer Musik in einem engen Zusammenhange mit der Unruhe, die durch die Sophistik in das geistige Leben der Zeit gekommen war. Deren umstürzende Ideen, manches in der Entwicklung der Tragödie und die neuen Töne des Dithyrambos, das alles konvergiert auf ein Ziel hin: Tradition, deren man müde geworden war, die man nicht mehr mit Leben zu erfüllen verstand, durch das unbedingt Neue zu ersetzen.

Wir haben bislang vom Dithyrambos gesprochen, müssen aber nun hinzufügen, daß das alte, von Terpander in feste Formen gebrachte Kultlied des Apollondienstes, der Nomos, dieselbe Entwicklung durchgemacht und ein dem neuen Dithyrambos durchaus ähnliches Stadium erreicht hat. So erübrigt sich für das Folgende eine Trennung der beiden Formen, zumal das von der Kitharis begleitete apollinische Einzellied und der dionysische Chorgesang mit Flötenmusik mitunter von ein und demselben Künstler gepflegt wurden.

Mit Namen sind wir reichlich versehen, können aber nur in wenigen Fällen mit ihnen eine bestimmte Vorstellung verbinden. Phrynis von Mytilene zählt zu denen, die das Neue auf den Weg brachten. Er soll den Nomos dadurch reformiert haben, daß er den seit alters dort üblichen Hexameter mit anderen Rhythmen verband und so die Entwicklung zu bunter Vielfalt ermöglichte. Um die Jahrhundertmitte siegte er in Athen an den Panathenäen, sein bedeutendster Erfolg aber ist sein Schüler Timotheos gewesen.

Ebenfalls Kitharode war Melanippides von Melos, der sein Leben in Makedonien am Hofe Perdikkas II. beschloß. Nach dem Bruchstücke aus der Komödie *Chiron* (Pherekrates fr. 145 K.) hätte er die Saitenzahl der Leier erhöht[2]. Anderseits hat er nach der *Suda* in der Musik des Dithyrambos viel geändert, und auch die bekannten Titel und Bruchstücke weisen auf Dithyramben. Die *Danaides* zeigen, daß sich Titel aus der Tragödie in diesem Bereiche wiederholen, und ein Bruchstück aus dem *Marsyas* (2 D.) enthält die empörte Absage Athenes an die ihr Antlitz entstellende Doppelflöte. Dieser Geschichte hat der Dithyrambiker Telestes aus Selinus voll Begeisterung für das *schönblasende, heilige* Instrument lebhaft widersprochen (fr. 1. 2 D.).

[1] Bes. in den *Gesetzen*, z.B. 3, 700 d. L. RICHTER, ‹Zum Stilwandel der griech. Musik im 5./4. Jhdt.›. *Forsch. u. Fortschr.* 41, 1967, 114.

[2] Nachrichten über diesen Vorgang bei H. WEIL-TH. REINACH, *Plutarque de la musique*. Paris 1900 (zu 1141 a).

Diagoras von Melos war mehr wegen seiner Angriffe auf die Religion[1] als Gottesleugner denn wegen seiner Dithyramben als Dichter bekannt. Wenn wir noch Polyeidos von Selymbria anführen, den Aristoteles (*Poet.* 16. 1455a 6) Sophisten nennt und wegen der Gestaltung der Anagnorisis in seiner *Iphigeneia* (offenbar einem Dithyrambos) hervorhebt, und Likymnios von Chios hinzufügen, dessen Stücke nach Aristoteles (*Rhet.* 3, 12. 1413b 13) beim Lesen besondere Wirkung taten, so sehen wir aus dieser Namensreihe, daß es in der Regel Nichtattiker gewesen sind, die in der Musik das Alte zu stürzen suchten. Ohne weiteres ergibt sich die Parallele mit der Sophistik, deren führende Vertreter ja ebenfalls von auswärts kamen. Ein Athener wie Kinesias, Sohn des Kitharoden Meles, der Dithyramben dichtete und überdies als körperlicher Schwächling eine bedenkliche Figur machte, mußte dem Spotte der Komödie verfallen, und so geht denn der Unglückliche als Jammerfigur durch die Verse des Aristophanes. Der Komödiendichter Strattis hat ihn, der sich in späteren Jahren in der Politik betätigte, in einem eigenen Stück *Kinesias* aufs Korn genommen und wegen Gottlosigkeit angegriffen.

Von zwei Dichtern wenigstens, von Philoxenos und Timotheos, vermögen wir ein farbigeres Bild zu gewinnen. Philoxenos von Kythera hat, wenn auch nur ein Teil des über ihn Berichteten historisch ist, ein sehr abenteuerliches Leben durchlaufen. Die Daten seiner Geburt und seines Todes gibt das Marmor Parium mit 435/34 und 380/79. Von seiner Heimatinsel kam er als Kind in spartanische Sklaverei, später aber zu Melanippides, den wir eben als einen der Neuerer erwähnten und bei dem er seine künstlerische Ausbildung erhielt. Nach der *Suda* hat er vierundzwanzig *Dithyramben* verfaßt, andere wußten auch von *Nomen*, die er geschrieben hat. Eines seiner Werke hat einen durchschlagenden Erfolg erzielt, der offenbar ebenso in seinen Qualitäten wie den damit verbundenen Umständen begründet war. In dem Dithyrambos *Kyklops* war das Abenteuer aus der *Odyssee* behandelt (fr. 2. 3 D.), das eindrucksvollste Motiv aber bildete die Liebe des tölpelhaften Unholds zur zarten Nereide Galateia, die Odysseus bei der rettenden List ausnützte. Nun hat sich Philoxenos eine Zeitlang am Hofe des Dionysios I. in Syrakus aufgehalten und soll dort allerlei schlimme Erfahrungen gemacht haben. Nach einer weitverbreiteten Geschichte hätte der Tyrann den Dichter wegen eines allzu freimütigen Urteils über die dichterischen Versuche des hohen Herrn in die Steinbrüche sperren lassen. Nach anderen hätte ihn die Eifersucht des Tyrannen wegen einer Hetäre in die Latomien gebracht. Ob nun Philoxenos mit seinem Polyphem wirklich Dionysios gemeint hat oder nicht[2], jedenfalls glaubte man,

[1] Den Asebieprozeß, der gegen Diagoras wegen der Verspottung der eleusinischen Mysterien angestrengt wurde, hat Melanthios in seiner Schrift über diese Mysterien (F Gr Hist III B 326 F 3) erwähnt. Gegen den Versuch von F. Jacoby, *Diagoras ὁ ἄθεος. Abh. Ak. Berl.* 1959/3 (mit Lit.), den Prozeß von 415/4 auf die 30er Jahre vor 433/2 hinaufzudatieren, hat F. Wehrli, *Gnom.* 33, 1961, 123 gewichtige Gründe vorgebracht. Die Schrift des Diagoras mit dem Titel Ἀποπυργίζοντες λόγοι möchte Jacoby als arguments blockading the gods or arguments fortifying mankind against the gods fassen, während Wehrli sie einem sophistischen Atheisten gibt. Da die Schrift verloren ist, bleibt die Frage notwendig unentschieden. L. Woodbury, ‹The date and atheism of Diagoras of Melos›. *Phoenix* 19, 1965, 178.

[2] Zu kühn kombiniert Schönewolf a. a. O. 55. Zum ganzen: J. Mewaldt, ‹Antike Polyphemgedichte›. *Anz. Öst. Ak. phil.-hist. Kl.* 1946, 269.

in dem Gedichte solche Beziehungen erkennen zu dürfen, was seiner Verbreitung sicher nicht schadete. Aristophanes hat es im *Plutos* des Jahres 388 in einer Weise parodiert, die uns den Schluß auf dramatische Elemente dieses Gedichtes gestattet. Innerhalb der reichen Wirkung, die es auslöste, nimmt einen besonderen Platz Theokrits 11. *Idyll* ein, das der Liebe Polyphems zu Galateia reizende Nuancen abgewinnt.

Aus altem ionischen Bereich stammte Timotheos von Milet, der um die Mitte des 5. Jahrhunderts geboren war, ein hohes Alter erreichte und um 360 starb. Daß ihn die Überlieferung dem Euripides in Freundschaft verbunden sein läßt, ist für die Kunstrichtung bezeichnend, die beide in verschiedenem Maße vertraten. Der Tragiker soll den Jüngeren anfänglicher Fehlschläge wegen getröstet haben. Auch von Timotheos wird berichtet, er sei in Makedonien gewesen, doch ist dies nicht völlig sicher. Aus der recht verworrenen Überlieferung über sein Schaffen geht hervor, daß er vorwiegend *Dithyramben* und *Nomoi* geschrieben hat. Ein Tragödiendichter Timotheos erscheint Anfang des 4. Jahrhunderts auf einer choregischen Inschrift aus Aixonai am Hymettos (IG II/III 2. Aufl. 3091). Identität ist möglich, bei der Häufigkeit des Namens aber nicht zu sichern.

Ein glücklicher Fund des Jahres 1902 brachte aus einem unterägyptischen Grab in Abusir große Teile eines Nomos des Timotheos ans Licht, der *Die Perser* betitelt ist. Wir hatten des Papyrus (nr. 1537 P.) in dem einleitenden Kapitel über die Überlieferung als des ältesten griechischen Buches zu gedenken. Hier und nur hier erhalten wir ein ausreichendes Bild dieser neuen Kunst, wobei es nach unseren früheren Bemerkungen über die Annäherung der Formen nichts besagt, daß es sich um einen Nomos handelt. Dessen alte, von Terpander kanonisierte Gliederung ist allen Neuerungen zum Trotz bewahrt geblieben. Das Erhaltene, dem mehrere hundert Verse vorangingen, setzt im Omphalos, dem erzählenden Hauptteil, ein. Geschildert wird die Schlacht von Salamis, aber nicht als einmaliges historisches Geschehen, sondern in einer Reihe von Einzelbildern, die bei allen grellen Farben typisch bleiben und den Schlachtschilderungen hellenistischer Historiker präludieren. Dramatische Belebung erfährt die Schilderung durch leidenschaftliche Selbstäußerungen, wie den zornigen Ausbruch eines ertrinkenden Persers gegen das Meer oder die verzweifelten Rufe gestrandeter Barbaren nach ihrer Heimat. Timotheos charakterisiert dabei fremdartige Rede in einer Weise, die lebhaft an die Phrygerarie des euripideischen *Orestes* erinnert.

Erhalten ist ferner die Sphragis, jener Teil, in dem der Dichter in eigener Sache singt. Er wendet sich mit respektvoller Zurückhaltung gegen die Vorwürfe, die man in Sparta gegen ihn erhob, und verteidigt seine Kunst, wobei er vor allem die Vermehrung der Saitenzahl auf elf zu rechtfertigen sucht. Den Epilog bilden Segenswünsche für die Stadt. Gemeint ist wohl das eben vorher genannte Milet, wo man sich den Nomos bald nach 400 aufgeführt denkt.

Für einzelne Partien der Dichtung wie die eben erwähnten Klagen der Barbaren liegt es nahe, Vortrag durch einen Chor anzunehmen. In der Tat berichtet Clemens von Alexandrien (*Strom.* 1, 16. p. 51 St.), Timotheos habe zuerst im kitharodischen

Nomos den Chor verwendet. Wenn wir damit zusammenhalten, daß gute Gründe für die Annahme vorgebracht wurden[1], der neue Dithyrambos habe in den Chorgesang gelegentlich Monodien eingelegt, so wird zweierlei erkennbar: die gegenseitige Annäherung der beiden Formen und ihr Streben nach dramatischer Wirkung. In letztere Richtung geht in grotesker Weise, was Aristoteles (*Poet.* 26. 1461b 31 mit 15. 1454a 30) von der Aufführung des Dithyrambos *Skylla* erzählte: da packte der Aulet den Chorführer am Gewande, um den Zugriff des Untieres sinnfällig zu machen.

Für die Sprache des Timotheos zeigt das große Bruchstück der *Perser* in der Schlachtschilderung unruhig flackernde Bewegung, in der Sphragis feierliches Schreiten. Reicher Wortprunk wird vor allem im Attribut verwendet, wo gesucht zusammengesetzte Adjektiva als Reizmittel verwendet sind. Sehr deutlich ist die Neigung zur Verrätselung des Ausdruckes durch kühne Umschreibungen, ein Zug, der auf Hellenistisches vorbereitet[2].

Von der übrigen Dichtung der Zeit ist wenig zu sagen. Vom Epos hören wir nur dort, wo die Großen der Zeit wie Lysander Herolde ihrer Taten suchen. Wir haben früher (S. 347) gehört, daß er hoffte, einen solchen in Choirilos zu finden; ein Nikeratos von Herakleia hat ihm dann den Gefallen getan und ein episches Lobgedicht auf ihn verfaßt, mit dem er bei den Lysandreia auf Samos über Antimachos von Kolophon siegte (Plut. *Lys.* 18). Dieser hat bereits in unserer Zeit zu dichten begonnen, steht aber im wesentlichen in der geistigen Welt des 4. Jahrhunderts, so daß wir später von ihm sprechen.

Viel an Poesie verlangte dauernd der Kult. Das meiste davon überstieg wohl den Durchschnitt nicht, und so ist nur wenig auf uns gekommen. Bis in die Kaierzeit blieb des Ariphron von Sikyon *Hymnos auf Hygieia* lebendig, der uns inschriftlich erhalten ist. Der früher als Chorlyriker genannte Likymnios von Chios hat ebenfalls einen Hymnos auf die Göttin der Gesundheit geschrieben, aus dem wir einige Verse haben[3].

Wie durch die ganze Antike ging auch durch diese Zeit eine reiche epigrammatische Gebrauchsdichtung, die sich dort zu wirklicher Größe erhob, wo die Gemeinschaft den Gefallenen ein Denkmal setzte, die ihr Leben für sie hingegeben hatten. Auch Meister des Wortes versagten sich solchen Aufgaben nicht. Von Euripides erwähnten wir, daß er über Auftrag des Staates das Epigramm auf die vor Syrakus Gefallenen dichtete. Ion von Samos schrieb das Epigramm für ein Weihgeschenk, das Lysander für die Siege von 405/4 nach Delphi stiftete. Die Zuweisung anderer Gedichte an diesen Mann bleibt fraglich[4].

Das Symposion ist in unserem Zeitabschnitt noch durchaus der rechte Ort für allerlei Gelagepoesie geblieben. Von Ion von Chios und Kritias war bereits die Rede, aber

[1] Schönewolf, a.a.O. 22.

[2] K. Latte hat (Eranos 52, 1954, 125, und 53, 1955, 75 = Kl. Schr. 590. 593) an 2 Inschriften gezeigt, daß es im 2. Jh. n.Chr. in Milet eine Art von Timotheos-Renaissance gab, in der dessen Dichtungen neu in Musik gesetzt wurden.

[3] Beide Hymnen behandelt P. Maas, *Epidaurische Hymnen*. Königsb. Gel. Ges. 9/5. 1933.

[4] E. Diehl, *RE* 9, 1916, 1868.

auch Euenos von Paros, dessen versifizierte Rhetorik früher (S. 392) erwähnt wurde, hat Elegien symposiastischen Inhalts geschrieben, die uns durch kleine Reste kenntlich sind.

Zu etwas selbständigerem Leben gelangte in dieser Zeit die Parodie. Aristoteles nennt (*Poet.* 2. 1448 a 12) als ersten Verfasser von Parodien Hegemon von Thasos, der ein Zeitgenosse des Alkibiades war. Nun setzt Parodie viel früher mit der *Batrachomyomachie* ein, und die Alte Komödie lebte zu einem guten Teile von ihr. Die Notiz des Aristoteles hat jedoch insofern ihren guten Sinn, als Hegemon ein selbständiges Genos daraus machte und bei Agonen mit Dichtung dieser Art konkurrierte. Bis sich später die Parodie der Kitharodie bemächtigte, war ihr Ziel vor allem das Epos. So werden in Athen die Panathenäen, die seit langem mit Epenvortrag verbunden waren, der gemäße Ort für parodistische Vorträge gewesen sein. Einen besonderen Erfolg erzielte Hegemon bei solchem Anlasse mit seiner *Gigantomachia*.

Die Reste der lyr. Dichtungen *Anth. Lyr.* 2, 2. Aufl., fasc. 5, mit Lit. Für den Timotheos-Pap. noch immer die Ausgabe von WILAMOWITZ, Berl. 1903. Nachdr. Hildesheim 1970. – Geschichte des Dithyrambos: A. W. PICKARD-CAMBRIDGE, *Dithyramb, Tragedy and Comedy*. Oxf. 1927; 2. ed. 1962. H. SCHÖNEWOLF, *Der jungattische Dithyrambos*. Diss. Gießen, 1938. H. ÖLLACHER, *Pap. Erzh. Rainer*. N. S. 1, 1932, 136. Epigramm: s. S. 204, dazu F. HILLER V. GÄRTRINGEN, *Hist. gr. Epigramme*. Berl. 1926. W. PEEK, *Griech. Vers-Inschriften*. Berl. 1955; ders. *Griech. Grabgedichte*. Berl. 1960. – Parodie: P. BRANDT, *Corpusculum poesis epicae Gr. ludibundae*. I. Leipz. 1888.

5. DIE POLITISCHE KOMÖDIE

Wenn man uns fragte, ob athenisches Wesen sein Eigenstes in Sophokles oder in Aristophanes erfüllte, wüßten wir nur zu antworten: in beiden. Das Bild bleibt halb, wenn man nicht eines zum anderen hält: zu der großen Dichtung von menschlichem Leide den tollen Farbenwirbel einer Phantasie, deren befreiende Spiele nie wieder ein Gleiches gefunden haben.

Ein früheres Kapitel (S. 270) hat aus volkstümlichem Brauchtum, attischem Fasching und verschiedenen anderen Keimzellen einer primitiv-komischen Dramatik einige Voraussetzungen dieser überaus komplexen Gebilde entwickelt. Diese Vorformen bleiben alle in den vollendetsten Erzeugnissen der Alten Komödie aufgehoben, aber was kommt da noch alles hinzu, um die beglückende Buntheit dieser Dichtungen erst ganz zu entfalten! Die reiche Vielfalt attischen Lebens in Athens stolzester Zeit, die Höhen und Tiefen seiner ins Weite strebenden Politik, der Reichtum seiner Märkte, die Absonderlichkeiten seiner harmlosen und seiner schlimmen Käuze, aber auch das Andringen neuer Ideen und die Revolutionierung der Kunst – das alles ist in diesem Zauberspiegel eingefangen, den die Hand eines großen Dichters so bewegt, daß wir über tausend flirrenden Lichtern doch nie die Wirklichkeit des Lebens und den Ernst seines eigensten Anliegens aus dem Blicke verlieren.

Bereits die alexandrinischen Philologen waren für die Geschichte der Komödie auf eine Dreiteilung gekommen, indem sie zwischen die *Alte Komödie* mit ihrem Gipfel in Aristophanes und die *Neue*, deren Höhe Menander bezeichnet, die *Mittlere* setzten, zwischen *Archaia* und *Nea* die *Mese*. Wenn man Zahlen angibt und die Zeiten der Wende von der einen Art zur anderen mit 400 und 320 bezeichnet, so muß man sich dessen bewußt bleiben, daß es sich in Wahrheit um fließende Grenzen handelt. Daß übrigens die Mese ein schwer abzutrennendes Gebilde ist, wird sich später zeigen.

Während wir annehmen dürfen, daß neben den drei großen Tragikern nichts stand, was sich ihnen vergleichen ließ, ist dies in der *Archaia* anders. Auch hier wurden freilich drei Dichter zu einem Kanon vereinigt, den Horaz (*serm.* 1, 4, 1) anmutig versifiziert hat: *Eupolis atque Cratinus Aristophanesque poetae.* Anders aber als bei der Tragödie wird uns daneben eine Anzahl von Dichtern kenntlich, die nach den Notizen der Alten und einigen Bruchstücken Anspruch auf eine gewisse Geltung neben dem als kanonisch anerkannten Dreigestirn haben. Im ganzen können wir noch drei und ein halbes Dutzend von Dichtern der *Archaia* feststellen, wobei es sich freilich in manchen Fällen um wenig mehr als einen Namen und den einen oder anderen Titel handelt. Eine vollständige Behandlung der Reste[1] widerspräche den Absichten dieses Buches, vielmehr soll der Bereich, in dem Aristophanes steht, an einigen Erscheinungen mit wenigen Strichen gezeichnet werden.

Mit einem Worte ist noch die Überschrift dieses Abschnittes zu rechtfertigen. *Politische* Komödie will nicht aus dem Bezug zur Tagespolitik verstanden sein, wenngleich die Alte Komödie zu einem guten Teil von diesen Dingen lebte; wir wollen mit dieser Bezeichnung auf die überaus enge Verflechtung dieser Spiele mit dem gesamten Leben der Polis deuten, eine Verflechtung, wie sie sich in solcher Dichte auch innerhalb des griechischen Schrifttums nicht wiederholt[2].

Aristophanes gibt selbst in der Parabase der *Ritter* (517) ein packendes Stück Komödiengeschichte mit dem Ziele, am Kommen und Gehen vergangener Größen zu zeigen, wie flüchtig die Gunst des athenischen Publikums sei. Da nennt er zunächst den Magnes, der uns bereits (S. 275) begegnete, als wir von den ältesten Dichtern der Komödie sprachen. Er ist mit seinen elf Siegen an den Großen Dionysien erfolgreicher als ein anderer Dichter der Archaia gewesen, aber geblieben ist nichts als ein paar Titel. Von diesen sind uns die *Gallwespen* und *Frösche* (auch *Vögel* hat er wahrscheinlich geschrieben) bemerkenswert, weil sie an die alten Tierchöre erinnern, die wir am Anfange der Komödie fanden, und zugleich den Rahmen sichtbar machen, in dem Aristophanes steht.

Noch älter als Magnes ist der gleichfalls früher genannte Chionides, der Sieger beim ersten staatlichen Komödienagon der Dionysien des Jahres 486. An Hand der Inschriften[3] sind wir imstande, diese Einrichtung bis zum Jahre 120 v. Chr. zu verfolgen. Vermutlich handelte es sich dabei von Anfang an um den Wettbewerb von fünf Ko-

[1] Eine solche bietet SCHMID im 4. Bande.

[2] E. MENSCHING, ‹Zur Produktivität der alten Komödie›. *Mus. Helv.* 21, 1964, 15. E. RECHENBERG, *Beobachtungen über das Verhältnis der Alten Komödie zu ihrem Publikum.* Diss. Berlin 1966 (masch.).

[3] Die Inschriften bei PICKARD-CAMBRIDGE (s. nächste Anm.). Dazu C. A. P. RUCK, *IG II² 2323. The List of the Victors in Comedies at the Dionysia.* Leiden 1967. Eine Liste mit Dichternamen und Werktiteln der Alten Komödie *Ox. Pap.* 33, 1968, nr. 2659.

mödien an einem Tage. Wir wissen, daß an den Großen Dionysien vier Tage, der 10. bis 13. Elaphebolion, den dramatischen Aufführungen eingeräumt waren, und es ist eine verbreitete Anschauung, die sich allerdings nicht völlig sichern läßt[1], daß der 10. Elaphebolion der Komödie galt. In der Notzeit des Peloponnesischen Krieges wurde die Zahl der Komödien auf drei verringert und an drei Spieltagen, wahrscheinlich dem 10., 11. und 12. Elaphebolion, je eine tragische Tetralogie und danach eine Komödie aufgeführt. Auch bei den Lenäen traten fünf Dichter mit je einer Komödie in den Agon, und auch bei diesem Feste führte der große Krieg zu einer vorübergehenden Einschränkung auf drei Stücke.

Für den Chor der Archaia weist unsere Überlieferung auf vierundzwanzig Glieder, die doppelte Zahl also des älteren Chores der Tragödie. Auf die Zahl der Schauspieler kommen wir sogleich bei Kratinos zu sprechen.

Zu den ältesten uns bekannten Dichtern der Komödie ist noch Ekphantides zu stellen. Zwei Verse von ihm (fr. 2 K.) verdienen Beachtung, weil er sich in ihnen mit Abscheu von der Megarischen Komödie abwendet. Hier finden wir also bereits, was bei Aristophanes wiederkehrt: den nachdrücklichen Anspruch, weit über den derben Späßen einer primitiven dorischen Komik zu stehen, deren drastische Mittel man jedoch so ganz und gar nicht entbehren kann. Für diese frühe Stufe der Archaia ist eine späte Notiz[2] glaubhaft und wichtig, die für die Stücke des Magnes als obere Grenze des Umfanges dreihundert Verse angibt. Da das meiste davon dem Chor gehört haben wird, ist nur an einige komische Einzelszenen, nicht aber an eine durchkomponierte Handlung zu denken.

Ganz besonders wird in der erwähnten Partie der *Ritter* Kratinos[3] herausgestellt, den wir auch unter den drei Meistern der Archaia fanden. Sein Schaffen, das ihm sechs dionysische und drei lenäische Siege einbrachte, können wir von der Mitte der fünfziger Jahre bis 423 verfolgen. Wir kennen achtundzwanzig Titel seiner Stücke und wissen von diesen genug, um hier bereits jene motivische Spannweite feststellen zu können, die uns Aristophanes zeigt. Da steht Politisches neben Märchenhaftem, Literaturkritik neben Mythentravestie. Perikles hat er vor allem aufs Korn genommen; in der *Nemesis* diente die Sage von der Verbindung des Zeus mit dieser Göttin und der Erzeugung der Helena zu einem Angriffe auf Perikles als Kriegstreiber, denn dieser erschien hier als Zeus verkleidet, um seine unheilvollen Pläne ins Werk zu setzen. Besser kennen wir den Inhalt des *Dionysalexandros* aus einem Papyrus aus Oxyrhynchos, der große Teile der Hypothesis enthält (nr. 252 P.). Es muß ein tolles Spiel

[1] A. Pickard-Cambridge, *The Dram. Festivals of Athens.* 2. Aufl. Oxford 1968, 65. Die verdienstvollen Bearbeiter der 2. Auflage J. Gould und D. M. Lewis zeigen, daß die Problematik durchaus noch in Bewegung ist. Sie setzen die πομπή auf den 10. Elaphebolion und nehmen für die Zeit des Peloponnesischen Krieges den 11. 12. und 13. als die dramatischen Spieltage mit je drei Tragödien, einem Satyrspiel und einer Komödie. Vor und nach dem Krieg hätte es fünf Komödien und vier Spieltage (11–14.) gegeben.

[2] *Corp. Gloss. Lat.* 5, 181; jetzt *Gloss. Lat. ed. Acad. Britann.* 1, 128.

[3] B. Marzullo, ‹Annotazioni critiche a Cratino›. *Stud. z. Textgesch. u. Textkritik.* Köln u. Opladen 1959, 133. W. Luppe, *Fragmente des Kratinos. Text und Komm.* Diss. Halle 1963; ‹Die Hypothesis zu Kratinos' Dionysalexandros›. *Phil.* 110, 1966, 169; ‹Die Papyrosfragmente des 'Plutos' des Kratinos›. *Wiss. Ztschr. d. Univ. Halle* 16, 1967, 57; ‹Wie lange las man noch Kratinoskomödien?› ibid., 389.

um das Parisurteil und seine Folgen gewesen sein, in dem Dionysos die Schiedsrichterrolle des troischen Prinzen übernahm, dann aber, als die Dinge begannen brenzlig zu werden, feige kneifen wollte. In einer Vermengung von parodiertem Mythos und Beziehungen auf die eigene Zeit, wie sie nur in der Archaia möglich ist, sollte mit dem allen Perikles als leichtfertiger Kriegsstifter mitsamt seiner Aspasia getroffen werden. Die erhaltene Inhaltsangabe belehrt uns, daß wir bei Kratinos bereits reiche und kühn entwickelte Handlungselemente anzunehmen haben, ihre Fügung aber eine äußerst lose gewesen ist. Die Hypothesis des *Dionysalexandros* macht uns das antike Urteil[1] verständlich, Kratinos habe für die Anlage der Stücke glückliche Einfälle, verstehe es aber nicht, seine Kompositionen bis zum Ende durchzuführen.

Der *zwiebelköpfige Perikles mit dem Odeon auf dem Schädel* (fr. 71 K.) bekam das Seine auch in den *Chirones* zu hören. Weise Kentauren bildeten den Chor des Stückes, in dem die bessere Vergangenheit gepriesen und die Verderbnis in dem Athen des Perikles und der Aspasia angeprangert wurde. Übrigens haben wir aus dem Schlusse ein Fragment (273 K.), das einmal etwas vom Schaffen des Dichters verrät: mit Mühe hat er dieses Stück, das ihm offenbar besonders teuer war, in zwei Jahren fertiggebracht.

Das Periklesbild der Archaia gibt ein eindrucksvolles Beispiel dafür, wie rasch Vergangenheit das einmal Gescholtene verklärt. Als Eupolis 412 seine *Demen* aufführte, da durfte Perikles als einer der großen Zeugen einer besseren Zeit dem Hades entsteigen.

Die Angriffe des Kratinos müssen von saftiger Derbheit gewesen sein, denn es macht Eindruck, zu hören[2], daß Aristophanes hierin ein gutes Stück hinter ihm zurückblieb. Man wollte Kratinos geradezu zum Schöpfer des politisch-satirischen Dramas stempeln, hat aber dabei vergessen, daß Spott jeder Art bereits mit den Anfängen der attischen Komödie gegeben ist. Möglich, daß gerade Kratinos auf die Angelegenheiten des Staates ausweitete, was sich ehedem stärker in der Sphäre des Privaten, Nachbarschaftlichen bewegte.

Keineswegs darf man die Tragweite solchen politischen Spottes überschätzen, mag er noch so derb gewesen sein. Es stand ja alles im Zeichen einer echten Narrenfreiheit, bei der man nicht mit schweren Gewichten wog. Immerhin gab es gelegentlich Versuche, die Freiheit der Komödie zu beschränken, wenngleich viel von den antiken Berichten über derlei reine Fabel ist. Als historisch ist ein Antrag des Jahres 440 zu fassen, der sich in dieser Richtung bewegte. Seine Wirkung reichte in keinem Falle weit. Dasselbe ist von dem Antrag des Syrakosios zu sagen, der etwa 415 zum Verbot persönlicher Angriffe (ὀνομαστὶ κωμῳδεῖν) führte. Das alles blieben Versuche mit untauglichen Mitteln.

Kratinos betrat als Kritiker seiner Zeit auch das Feld der Religion und Kunst. Seine *Thrakerinnen* (Θρᾶτται) wandten sich gegen Fremdkulte wie den der Bendis, während die *Panoptai* die Neunmalklugheit der Sophisten treffen wollten. Die *Archilochoi* brachten den Agon großer alter Dichter, und es ist sinnvoll, daß dabei der Parier zu

[1] Platonios bei KAIBEL, *Com. Gr. Fr.* 1, 6. [2] Platonios a. O.

Worte kam, dessen scharf treffender Iambos zur Archaia in großer Nähe steht. Die *Satyroi* nennen wir, um zu zeigen, daß diese Gesellen auch in der Komödie zu Gaste waren, und erwähnen eine *Odysseus-Komödie* (Ὀδυσσῆς), weil sie das Kyklopenabenteuer parodistisch behandelte, ohne daß in diesem Falle eine besondere Angriffsabsicht kenntlich wäre. Rechten Märchencharakter müssen die *Plutoi* getragen haben, von denen wir einige Fragmente auf einem Papyrus aus Oxyrhynchos[1] besitzen. Da stiegen die Segensgeister des Reichtums auf, um in Athen gerechten und ungerechten Wohlstand zu überprüfen.

Seinen letzten Sieg an den Großen Dionysien erfocht Kratinos im Jahre 423 mit einer Komödie, die ein besonderer Treffer war. Im Vorjahre hatte Aristophanes in der Parabase der *Ritter* schöne Dinge von der alles entwurzelnden Wucht des Kratinos in seiner guten Zeit gesagt, dann aber ein trauriges Bild von dem weinseligen Alten gezeichnet, dessen Kunst dahin war. Da schlug der so Verhöhnte zurück und stellte in der *Pytine* mit jener Selbstpersiflage, die nur das Genie zustande bringt, sich selber mit seinen Schwächen auf die Bühne. Da hörte man sein Weib, die Komodia, bitter darüber klagen, daß er es mit der argen Methe, der Trunkenheit, halte und den jungen Weinchen (diese als Knaben gedacht) nachlaufe. Der Dichter aber verteidigt die gute Gabe des Komödiengottes, denn es ist seine tiefe Überzeugung, daß einer, der Wasser säuft, nie und nimmer etwas Rechtes schaffen könne (fr. 199). Die Athener haben ihm recht gegeben und ließen ihn vor Aristophanes mit seinen *Wolken* siegen.

In den *Prolegomena de comoedia* des Tzetzes (Kaibel, *Com. Gr. Fr.* p. 18) lesen wir die sehr bestimmte Angabe, Kratinos habe einem ursprünglich regellosen Zustande ein Ende bereitet und die Zahl der Schauspieler für die Komödie auf drei begrenzt. Hier ist unser Mißtrauen gut begründet, da Aristoteles in der *Poetik* (5. 1449 b 4) ausdrücklich für die Komödie seine Unkenntnis verschiedener Einzelheiten der älteren Zeit und darunter auch der Schauspielerzahl einbekennt. Daß es im Anfang keine feste Norm gab, glauben wir Tzetzes, aber die Beschränkung auf die Dreizahl wird durch die erhaltenen Komödien des Aristophanes widerlegt, in denen gelegentlich bis zu 5 Schauspieler benötigt werden[2].

Aristophanes nennt in der Parabase der *Ritter* noch Krates und zeichnet ihn als Dichter, der sein Publikum mit einfacher Kost bewirtete und von diesem mancherlei zu ertragen hatte. Aristoteles, für den die Handlung im Drama an erster Stelle steht, hat seine Bedeutung höher eingeschätzt. Nach ihm (*Poet.* 5. 1449 b 7) hätte Krates in Athen als erster den persönlichen Spott (ἰαμβικὴ ἰδέα) aufgegeben und in der Führung von Rede und Handlung ein Ganzes angestrebt[3]. Die beiden Nachrichten lassen sich wohl zusammenschauen: mit dem Zurücktreten persönlicher Angriffe wurde die Komödie des Krates zahmer, gewann aber Raum für konsequentere Durchführung der Handlung. Einigermaßen kenntlich sind seine *Tiere* (Θηρία), in denen sich der Tierchor aus begreiflichen Gründen für den Vegetarismus pythagoreischer Observanz einsetzt.

[1] D. L. Page, *Greek Lit. Pap.* 1950, 196.
[2] Pickard (s. S. 473 A. 1), 149. [3] Unrichtig behandelt die Stelle Schmid, 4, 90, 8.

Die Friedfertigkeit des Krates ist ziemlich isoliert geblieben. Von Telekleides wissen wir, daß er sein Wort kräftig in die Politik des Tages tönen ließ. Er kann auch den drei Siegen des Krates deren acht, davon fünf bei den Lenäen, gegenüberstellen. In seinen *Hesiodoi* wird es wie in den *Archilochoi* des Kratinos um die Wertung der großen Dichter gegangen sein. Daß die Verfasser von Komödien dafür bei einem breiten Publikum Interesse erwarten durften, ist bemerkenswert. Noch ist die Bildungskluft nicht aufgerissen. Das ist erst mit den Auswirkungen und in der Nachfolge der Sophistik geschehen.

Ein besonders hitziger Kämpfer ist Hermippos gewesen, mit vierzig Stücken ein bemerkenswert fruchtbarer Autor. Was er in seinen Komödien trieb, setzte er vor den Schranken des Gerichtes fort. Plutarch (*Per.* 32) erzählt, daß er gegen Aspasia eine allerdings fruchtlose Klage wegen Gottlosigkeit und Kuppelei angestrengt habe. Früher (S. 346) wurde erwähnt, daß er neben der Komödie auch den Iambos als Waffe verwendete.

Womöglich noch schärfer, jedenfalls direkter ist der Komödiendichter Platon vorgegangen, der jünger als die Genannten und mit Aristophanes ungefähr gleichzeitig war. Hier zuerst finden wir ganze Komödien nach angegriffenen Politikern benannt, einen *Hyperbolos*, einen *Peisandros* und *Kleophon.* Über das Personale hinaus, ins Allgemeine der griechischen Politik reicht *Hellas* oder *Die Inseln.* Sonst nennen wir von den dreißig in der *Suda* überlieferten Titeln, unter denen sich aber auch Unechtes befindet, nur noch den *Phaon.* Das Stück wurde 391 aufgeführt, und gleich Aristophanes hat Platon in diesem Zeitabschnitt den politischen Spott zurücktreten lassen. Hier handelte es sich um den aphrodisischen Dämon, nach dem die Weiber lüstern sind und der später in seltsamer Metamorphose in der Sapphobiographie auftaucht.

Eher als die Genannten läßt sich in die Nachfolge des Krates Pherekrates stellen, der im *Chiron*[1] die Dame Musica bewegliche Klage über all die Pein führen läßt, die sie von den Neutönern zu leiden hat. Allerdings gab es bei den Alexandrinern Zweifel über den Verfasser des Stückes, wie noch bei einigen anderen der achtzehn für Pherekrates überlieferten Titel. So auch bei den *Bergleuten* (Μεταλλῆς), die das Leben in der Unterwelt mit jenen märchenhaften Schlaraffenzügen schilderten, die in der Archaia nicht selten wiederkehren. Eine Unterweltsfahrt spielte auch in den *Krapataloi* eine Rolle. Die *Wilden* (Ἄγριοι) führten Menschenhasser, die der Gesellschaft den Rücken kehren wollten, mit einem Chor gesetzloser Wilder zusammen[2]. Die Komödie liebte es, in verschiedener Weise zu der eigenen Zeit urtümlich primitive Lebensformen in Kontrast zu stellen. Mehr als alle anderen seiner Stücke würden uns jene interessieren, die wie *Korianno*, *Petale* und *Thalatta* nach Hetären benannt sind. Damit hat Pherekrates Gestalten in die Mitte des Spieles gestellt, die später in der Mese und Nea dominierten.

[1] Zum *Chiron*, in dem Damon als Berater des Perikles in der Rolle des Kentauren erschien, der Achilleus erzog, F. SCHACHERMEYR, ‹Damon›. *Beitr. zur Alten Gesch. und deren Nachleben. Festschr. Altheim.* Berlin 1969, 192.

[2] Vgl. W. KRAUS in seiner Ausgabe des *Dyskolos*, Sitzb. Öst. Ak. Phil.-hist. Kl. 234/4. 1960, 16.

Die große Buntheit der Archaia, die nichts mit Typenkomödie zu tun hat, hindert doch nicht die Wiederholung gewisser Motive. So hat auch Phrynichos die Abkehr von der Zeit und ihrer Kultur in seinem *Einsiedler* (Μονότροπος) zum Vorwurf genommen. Dem Titel *Satyroi* sind wir ebenfalls bereits begegnet. Seine *Musen* wurden mit den *Fröschen* des Aristophanes aufgeführt und begegneten sich im Thema mit ihnen. Auch hier erregte der Tod des Sophokles und Euripides die Frage nach der Wertung der großen Dichter der Tragödie, und wahrscheinlich hat es auch hier einen Dichterwettkampf – diesmal unter dem Vorsitze der Musen – gegeben. Schöne Verse über das glückliche Leben und den glücklichen Tod des Sophokles sind erhalten (fr. 31), doch sollte man aus ihnen nicht zu rasch auf die Entscheidung der Musen in dem Spiele schließen.

Der bedeutendste Rivale des Aristophanes, erst sein Freund, dann sein Feind, ist Eupolis gewesen. Sein Geburtsjahr 446 erweist ihn als ziemlich genauen Altersgenossen des Aristophanes. Eupolis hat zum erstenmal 429 aufgeführt und in den siebzehn Jahren bis 412 nach der glaubwürdigsten Angabe vierzehn Komödien verfaßt, von denen ihm sieben den Sieg brachten, den er viermal bei den Dionysien, dreimal bei den Lenäen errang. In jungen Jahren, bald nach 412, ist er gestorben. Mit seinem Tode wurden verschiedene, zum Teil recht abenteuerliche Geschichten verbunden. Wäre er wirklich für Athen gefallen, für dessen Gesundung er in seinen Stücken so leidenschaftlich kämpfte, so wäre die Fügung ergreifend. Aber die Überlieferung berechtigt uns nicht, diese Annahme als gesichert zu vertreten.

Wer die Nachrichten und die Fragmente überblickt, die uns wenigstens in einem Falle einen Eindruck seiner Kunst vermitteln, empfängt das Bild eines Mannes, der mit scharfem Blick und heißem Herzen das Leben seiner Gemeinschaft betrachtet und sogleich kräftig zufährt, wo er Verderbnis und Gefahr sieht. So kommt es, daß jener Typus der Archaia, der sich in freiem Spiel der Phantasie von den Bereichen der Wirklichkeit entfernt und für den man die nicht ganz glückliche Bezeichnung «Märchenkomödie» geprägt hat[1], bei Eupolis stark zurücktritt. Am ehesten ließen sich noch die *Ziegen* (Αἶγες) nennen, die einen Tierchor hatten. Von persönlichen Angriffen ist für dieses Stück nicht viel festzustellen, aber die Dürftigkeit unseres Wissens schließt einen Irrtum nicht aus.

Gut wird uns Eupolis als politischer Kämpfer faßbar. In einem seiner frühesten Stücke, den *Taxiarchen* (Führern der Phylenaufgebote) des Jahres 427, führte er den bewährten Kriegsmann Phormion ein, der aus dem Weichling Dionysos einen Soldaten machen sollte. Es liegt nahe, unter der Maske des Gottes Perikles zu erkennen, den ja auch Kratinos in solcher Verhüllung verspottet hat. Den *Prospaltioi* hat man neuerdings einen Papyrus (nr. 377 P.) zugewiesen, wobei es freilich die einzige Stütze bleibt, daß an einer Stelle der Name dieses attischen Demos zu lesen ist. Überdies ist die Interpretation des Fragments schwierig, so daß die Vermutung nur mit starkem Vorbehalte geäußert werden darf[2], die *Prospaltioi* hätten sich hier den Kriegsmaßnah-

[1] TH. ZIELINSKI, *Die Märchenkom. in Athen*. Petersb. 1885, mit mancher Übertreibung.

[2] Zu zuversichtlich SCHMID 4, 114; vgl. D. L. PAGE, *Greek Lit. Pap.* Oxf. 1950, 216.

men des Perikles widersetzt. Im Vergleiche mit Aristophanes, dessen Schaffen zu einem guten Teile Kampf für den Frieden war, erscheint Eupolis als der bei weitem kriegerischer Gesinnte. Seine *Drückeberger* oder *Zwitter* (Ἀστράτευτοι ἢ Ἀνδρογύναι) waren wie die *Taxiarchen* ein Zeugnis seiner Sorge um die Wehrkraft, und auch hier erschien Phormion als Träger militärischer Tugenden.

Gegen Kleon zog Eupolis mit seinem *Goldenen Zeitalter* (Χρυσοῦν γένος) in demselben Jahre 424 zu Felde, in dem Aristophanes seine *Ritter* gewagt hat. Das Stück des Eupolis führte keine Märchenutopie vor, sondern war bitterer Hohn auf die Spannungen einer Zeit, in der Kleon regierte. Auf Kleon folgte Hyperbolos, ihn hat sich der Dichter 421 in seinem *Marikas* vorgenommen. Das Wort bedeutet *Junge* und hat perversen Nebensinn. Im Zusammenhange mit diesem Stücke sehen wir die Freundschaft, die Eupolis mit Aristophanes verband, über häßlichem Plagiatstreit in die Brüche gehen. In Versen seiner *Wolken* (553), die der Überarbeitung des Stückes angehören, wirft Aristophanes dem Eupolis vor, er habe für seinen *Marikas* die *Ritter* schamlos ausgebeutet, und im *Anagyros* (fr. 54 K.) hieß es, Eupolis habe aus dem Mantel des Aristophanes drei kleinere Gewandstücke gemacht. Aber Eupolis hatte auch das Seine zu melden und behauptete in den *Baptai* (fr. 78 K.), er hätte die *Ritter* zusammen mit dem Glatzkopf geschrieben und diesem dann seinen Anteil an dem Stück zum Geschenk gemacht. Zusammenarbeit der beiden Dichter, solange sie Freunde waren, ist durchaus glaublich, das Suchen nach Versen des Eupolis in den *Rittern*, wie es schon im Altertum begann (Schol. 1291), jedoch höchst müßig[1].

Motivische Berührung mit Aristophanes zeigen die *Städte* (Πόλεις). Wie in den *Babylonioi* wurde auch hier das Grundproblem des attischen Seereiches, das Verhältnis der Zentralmacht zu den Bündner-Untertanen, behandelt. Der Chor ist mit dem Titel gegeben, aber es ist bemerkenswert, daß die einzelnen Glieder des Chores, eben die Städte, individuell gekennzeichnet waren.

Auch Eupolis hat natürlich das Neue gesehen, das mit der Sophistik heraufkam. So weit wir urteilen können, hat er sich jedoch nicht so sehr gegen den Geist der Bewegung gewendet, wie gegen das Treiben bestimmter Kreise, die sich in ihrem Zeichen zusammenfanden. Da leuchtete er mit den *Schmeichlern* (Κόλακες) des Jahres 421 in das Haus des reichen Kallias, das Platon in seinem *Protagoras* und Xenophon im *Symposion* wesentlich freundlicher gezeichnet hat. Eupolis schilderte den Parasitenschwarm, der sich an die reiche Tafel drängte, wobei Protagoras das Seine abbekam und Alkibiades, der Schwager des Hausherrn, als Weiberheld erschien. Auch Sokrates kam vor, und wir wüßten gerne, wie. Wenn die herben Worte über den geschwätzigen Bettler und Hungerleider (fr. 352 K.) aus den *Kolakes* stammen, so können sie aus dem Geiste einer Rolle und müssen nicht aus dem des Dichters gesprochen sein. Im nächsten Jahre hat Eupolis im *Autolykos*, den er später überarbeitet hat, den Geliebten des Kallias, Pankrationsieger bei den Panathenäen des Jahres 422, zur Hauptfigur eines Spieles gemacht, das die sexuelle Zügellosigkeit dieser Kreise an den Pranger stellte.

[1] M. Pohlenz (s. u. zu *Ritt.*), 120.

Auf derselben Linie müssen die *Baptai* gelegen haben. Im Vordergrunde stand die Verhöhnung der Leute, die sich dem Kulte der thrakischen Göttin Kotytto mit seiner Tauchtaufe ergeben hatten. Aber das war nur der Vordergrund, denn im wesentlichen kam es dem Dichter darauf an, den exzentrischen, jenseits aller Normen lebenden Alkibiades zu treffen. Das bezeugt uns ein Scholion zu Juvenal (2, 92), und auf dieser Grundlage ist die tolle Geschichte entstanden, Alkibiades habe zur Rache Eupolis, womöglich 415 (!) auf der Fahrt nach Sizilien, im Meere ertränkt, derart die «Taufe» drastisch vergeltend.

Vom letzten Stücke des Eupolis, den *Demen* (412), besitzen wir auf drei Papyrusblättern[1] Reste, die uns zusammen mit den übrigen Fragmenten und Nachrichten ein Bild dieses Spieles gewähren, das wie kein anderes zeigt, zu welchem Ernste die derbe, ausgelassene, phantastische Archaia sich erheben konnte, ohne im mindesten ihr Wesen zu verleugnen. Als Eupolis dieses Stück schrieb, war Athen durch die sizilische Katastrophe gegangen, und am Rande dieses Zusammenbruches stand die quälende Sorge, ob der Weg nunmehr nicht tiefer und tiefer bis zum Ende des attischen Seereiches führen würde. So vieles in der Stadt, in ihrer Politik, ihren Gerichten und dem Leben der Gesellschaft war faul geworden. Jenseits dieser Dinge aber stand das verklärte Bild einer Vergangenheit, in der man den Perser schlug und die Schiffe weit über die See sandte, um Athens Macht zu mehren. Damals hatten große Männer klug und ihrer Ziele sicher den Weg gewiesen. Konnte man sie nicht aus dem Reiche der Toten in diese Notzeiten heraufholen? Doch! Der Dichter konnte es.

Der Teil vor der Parabase spielt in der Unterwelt, wo sich die führenden Männer aus Athens großer Zeit in schwerer Sorge besprechen. Unter Führung des Myronides sollen die Besten und Geeignetsten auf die Oberwelt, um in Athen nach dem Rechten zu sehen. In einem Auswahlverfahren, das zu Debatten Anlaß gab, werden Solon, Miltiades, Aristides und Perikles als Teilnehmer bestimmt. Die führende Rolle des Myronides macht uns Kopfzerbrechen. Gemeint ist der Sieger von Oinophyta (457), den auch Aristophanes (*Lys.* 801) als wackeren Krieger nennt und mit Phormion zusammenstellt. Wollen wir annehmen, er sei so spät gestorben, daß er den anderen gegenüber als Vermittler zur Gegenwart auftreten konnte, dann ist er in jedem Falle von dem Myronides zu trennen, den wir aus der Zeit der Perserkriege kennen. Eine sichere Lösung bleibt uns versagt[2]. Fraglich ist es auch, ob der Teil vor der Parabase einen Chor hatte. Wenn ja, so ist an Demen in der Unterwelt, die personifizierten Gemeinden der guten alten Zeit, zu denken. Die Demen der Gegenwart zogen dann im zweiten Teil des Stückes ein, der auf der Agora in Athen spielte. Auf die Parabase folgte in sinnvoller Ausgestaltung eines alten Typus eine Reihe von Einzelszenen, in denen die Gesandten der Unterwelt überführend, rügend und strafend den Vertretern

[1] Nr. 375 P.; D. L. PAGE, *Greek. Lit. Pap.* 1950, 202. A. RIVIER, ‹L'esprit des Dèmes d'Eupolis›. *Mélanges offerts à M. G. Bonnard.* Univ. de Lausanne. Publ. de la Fac. des lettres 18, 1966, 131. K. PLEPELITZ, *Die Fragmente der Demen des Eupolis.* Diss. d. Univ. Wien 46, 1970., der den mit dem Namen Myronides gegebenen Schwierigkeiten dadurch entkommt, daß er einen Pyronides (so wahrscheinlich der Papyrus) als fiktive Person auffaßt.

[2] Verwirrung herrscht bei SCHMID 4, 127, 6.

der neuen Zeit gegenübertraten. Von der ersten dieser Szenen zwischen dem gerechten Aristides und einem Sykophanten haben wir auf dem Papyrus Reste.

Wir wissen von Eupolis gerade so viel, um den Verlust seiner Stücke nach Gebühr bedauern zu können. Immerhin bekommen wir eine Ahnung davon, wie berechtigt das Urteil der antiken Kunstkritik war, das Platonios weitergibt[1] und das von Eupolis rühmt, er habe mit reicher Erfindung, hohem Fluge und Treffsicherheit des Spottes auch Anmut verbunden.

Aristophanes aus dem städtischen Gau Kydathen ist in der glücklichen Friedenszeit unter Perikles geboren, in den Jahren, da man begann, den Parthenon zu bauen. Wir wissen, daß er 427, noch sehr jung, sein erstes Stück hat aufführen lassen; so werden wir mit 445 als Geburtsjahr ungefähr das Richtige treffen. Sonst ist von seinem Leben wenig zu sagen. Wenn er in den *Acharnern* (653) scherzt, die Spartaner verlangten Ägina deshalb, weil sie ihn rauben wollten, so wird er wohl auf der Insel begütert gewesen sein. Das kann mit der Austreibung der Ägineten und ihrer Ersetzung durch attische Kleruchen im Jahre 431 zusammenhängen. In welch lebendiger Beziehung er zu dem politischen und literarischen Leben seiner Zeit stand, davon spricht jede seiner Komödien; auch davon, wie vertraut ihm die großen Dichter seines Volkes waren. Keinen Anhalt aber haben wir, um ihn einer bestimmten Partei zuzurechnen. Politische Satire lebt naturgemäß in Opposition gegen das herrschende Regime, dessen Schwächen aufzuzeigen ihre Aufgabe ist. Stellt sie sich in seinen Dienst, so degeneriert sie zur bloßen Propaganda. Die Komödien des Aristophanes fallen zum größten Teile in eine Zeit, in der das Gefüge der attischen Demokratie durch den Krieg und durch innere Mängel brüchig geworden war. Hier setzte Aristophanes die Waffen seines Spottes ein. Keine Rede davon, daß er grundsätzlich ein Gegner der Demokratie gewesen wäre. Allerdings möchten wir das Gesagte nicht so verstanden wissen, daß die Äußerungen des Dichters zu den Fragen seiner Zeit lediglich durch eine Art Mechanik der oppositionellen Haltung bedingt gewesen wären. Aristophanes konnte das Bedenkliche und Gefährliche nur deshalb in so grelles Licht stellen, weil er sich selbst in all der überstürzten Entwicklung ringsum einen wachen Sinn für die Mächte der Tradition und der Beharrung bewahrt hatte, die im Leben der Menschen und Völker ebenso nötig sind wie die anderen, in die Zukunft weisenden.

Die Teilnahme des Dichters am öffentlichen Leben wird durch eine Inschrift aus dem frühen 4. Jahrhundert (IG II/III, 2. Aufl. 1740) bezeugt, die Aristophanes aus Kydathen als Prytanen nennt.

Das letzte datierbare Stück des Dichters ist der *Plutos* vom Jahre 388. Danach hat er aber noch den *Kokalos* und *Aiolosikon* geschrieben, die sein Sohn Araros – auch er übrigens ein Komödiendichter wie noch zwei andere Söhne des Aristophanes – auf die Bühne brachte. Man wird also den Tod des Dichters in die achtziger Jahre setzen, ihn aber innerhalb dieser nicht genauer festlegen können.

Nach Alexandreia sind vierundvierzig Stücke des Dichters gekommen, doch waren sich die Gelehrten bei vieren von ihnen der Zuteilung nicht sicher und erwogen auch

[1] Vgl. S. 474 A. 1.

Archippos als Verfasser. Es handelte sich um den *Zweimal Schiffbrüchigen* (Δὶς ναυαγός), die *Inseln* (Νῆσοι), bei denen wir an ein Stück nach Art der *Poleis* des Eupolis denken, einen *Niobos*, der mitunter mit dem rätselhaften Doppeltitel *Die Dramen oder Niobos* zitiert wird (es mag sich um Mythenparodie gehandelt haben), und die *Dichtung* (Ποίησις), in der vielleicht in ähnlicher Weise von den Nöten der Poesie gehandelt wurde wie im *Chiron* des Pherekrates(?) von jenen der Musik. Von einem zweiten Stücke mit dem Titel *Friede* wußten die Alexandriner, ohne es zu besitzen. Aber Krates von Mallos hat es gekannt, wenn auf die 3. Hypothesis des erhaltenen *Frieden* Verlaß ist, auch sind Fragmente daraus vorhanden (294–97 K.). Schließlich ergeben naheliegende Ergänzungen einer Spielinschrift für die Lenäen[1] den Namen des Aristophanes und den Titel *Odomantopresbeis*. Das Stück mag mit der Gesandtschaft zusammenhängen, die nach Thukydides (5, 6) im Jahre 422 von Athen zu den Odomanten ging.

Daß wir vom Werke des Aristophanes immerhin elf Dramen erhalten haben, verdanken wir nicht der richtigen Einschätzung seines Könnens, sondern den Attizisten, die seine Komödie als reinste Quelle für altes Attisch überaus schätzten.

Als erstes Stück des Aristophanes kamen 427 die *Schmausbrüder* (Δαιταλῆς) zur Aufführung und gewannen den 2. Preis[2]. Da hatte ein Vater seine beiden Söhne sehr ungleich erziehen lassen, den einen in der guten alten Schule, den anderen bei den neuen Redekünstlern. Nun überprüft er die Resultate in der Form eines Agons[3], den die beiden Jungen vor ihm austragen, und dabei kommt heraus, zu welchem Verfall wahrer Bildung und anständiger Gesinnung die modischen Methoden führen. Man hat es wahrscheinlich machen wollen, daß Aristophanes hier anders als in den *Wolken* nicht so sehr auf die moderne philosophisch-sophistische als auf die praktisch-advokatische Ausbildung zielte, aber gerade das spätere Stück zeigt, wie schwer die Grenzen zu ziehen sind. In jedem Falle erhielt die Erziehungsdebatte erst durch die Sophistik ihre Aktualität und Schärfe, und so sehen wir Aristophanes bereits in seiner ersten Dichtung zur Auseinandersetzung mit ihr gerufen. Das Thema hat große Lebenskraft bewährt bis zu den *Adelphoe* des Terenz.

Im 5. Jahrhundert ist in der Regel der Dichter auch der Mann gewesen, der als Chorodidaskalos den Chor einstudierte und die Regie führte. Doch war es auch möglich, daß ein anderer die Aufgabe der Einstudierung übernahm. In solchem Falle galt dieser als der Aufführende und sein Name fand in die Festakten Eingang. So liegen die Dinge bereits bei der ersten Aufführung einer Aristophaneskomödie, und Vertretung solcher Art wiederholt sich bei ihm in auffälliger Dichte. Kallistratos, der ihm die *Schmausbrüder* auf die Bühne brachte, hat dasselbe im nächsten Jahr für die

[1] IG II/III 2. Aufl., 2321; vgl. PICKARD (s. S. 473 A. 1), 109.

[2] Mit den frühesten Spieldaten des Aristophanes beschäftigt sich C. F. RUSSO, ‹Cronologia del tirocinio Aristofaneo›. *Belfagor, Rassegna di varia umanità* 14, 1959, 2. Er setzt die *Schmausbrüder* an den Dionysien 427 an; im Jahre 426 folgten Aufführungen an beiden Festen durch Didaskaloi, an den Dionysien der *Babylonioi*, während es sich bei dem Stück der Lenäen nicht, wie man glaubte, um die Komödie *Dramata* oder *Kentauros*, sondern um ein nicht bestimmbares Stück handelte.

[3] Über diesen W. SÜSS (s. u.), 250.

Babylonioi und dann für die *Acharner*, *Vögel* und *Lysistrate* besorgt; von Philonides wissen wir, daß er der Chorodidaskalos für die *Wespen* und *Frösche* und von verlorenen Stücken für den *Proagon* und *Amphiaraos* gewesen ist. Die Aufführung des *Kokalos* durch Aristophanes' Sohn Araros kann freilich postum erfolgt sein. Die antiken Erklärer haben allerlei gefabelt. Unsere Übersicht zeigt auf den ersten Blick, daß die Stellvertretung nicht in einer Altersgrenze (so Schol. *Wolken* 510) begründet sein kann. Wenn Aristophanes selbst in der Parabase der *Ritter* (512) die Schwierigkeit einer Komödienaufführung und die Launenhaftigkeit des Publikums als Grund seiner Zurückhaltung angibt, so wird hinter der ersten Angabe das Richtige zu suchen sein. Die Tätigkeit des Regisseurs lag ihm offenbar nicht.

Mit jugendlichem Elan richtete Aristophanes 426 seinen ersten Angriff gegen die Politik Kleons. Es war nicht wenig, was er da wagte. An den Großen Dionysien, bei denen die Abordnungen der Bündner aus allen Teilen des attischen Seereiches im Theater saßen, konnte man in den *Babylonioi* den Chor der Bundesgenossen in der Maske von Mühlsklaven aufziehen sehen und seine Klagen über das schwere Joch des athenischen Zwingherren vernehmen. Ein Jahr vorher war das abgefallene Mytilene mit größter Härte zur Raison gebracht worden, und wir lesen bei Thukydides (3, 36), wie der Beschluß eines grauenhaften Massakers, den Kleon veranlaßt hatte und hartnäckig verteidigte, erst im letzten Augenblick durch das Einschreiten der besser Gesinnten gemildert wurde. Aristophanes durfte mit ihnen rechnen, als er dieses Stück wagte, die Auffassung freilich, daß sie ihm auch den Sieg sicherten, ist neuerdings ins Wanken geraten[1]. Kleon aber antwortete mit einer Klage, die nach des Dichters eigenen Worten in den *Acharnern* (377) für ihn recht kritisch wurde, wenngleich wir über den Ausgang Genaueres nicht wissen.

Die Komödie *Dramata* oder *Kentauros* hat man mit allerdings unsicheren Argumenten der frühen Schaffenszeit zugewiesen. Wäre die neuerdings bestrittene Vermutung richtig, so wäre die Datierung bemerkenswert, weil Aristophanes in dieser Zeit seltener zu mythologischen Stoffen gegriffen hat als später, wo er Stücke wie *Daidalos*, *Danaides*, *Lemniai*, *Phoinissai* und andere geschrieben hat.

Das älteste der erhaltenen Stücke sind die *Acharner*, die an den Lenäen 425 den Sieg vor Kratinos und Eupolis gewannen. Man streitet darüber – und die Fragestellung ist symptomatisch für die gesamte Aristophanesauffassung –, ob die *Acharner* ein von jeder ernsthaften Parteinahme freies Spiel der Phantasie[2] oder aber Zeugnis eines aus der Überzeugung des Dichters genährten Kampfes gegen den Krieg und die athenische Kriegspartei wären. Uns erscheint eine derartige Fragestellung eine Einheit aufzulösen, die das besondere Geheimnis der Meister der Archaia ist.

Als Aristophanes die *Acharner* schrieb, hatten furchtbare Epidemien und die Verwüstung des Fruchtlandes durch feindliche Einfälle Attika schwer zugesetzt, und die

[1] Russo a.O. 10, der an den Sieg eines älteren Konkurrenten denkt. Erst die beiden Feste des Jahres 425 hätten Siege des Aristophanes gebracht und damit den neuen Dichter durchgesetzt. 424 folgte der erste Sieg des Eupolis an den Dionysien.

[2] So Russo (s. u. zu *Ach.*).

Landbevölkerung vor allem, die zwischen den langen Mauern elend genug hauste, hatte allen Grund, sich nach dem Frieden zu sehnen. So ist es denn auch ein Bauersmann, Dikaiopolis, der die Rechtlichkeit im Namen trägt, den wir hier als Friedenshelden sehen. Es ist echte Komödienphantastik, wenn er sich einen dreißigjährigen Privatfrieden in der Form eines köstlichen Trankes aus Sparta besorgt und nun mitten in all der Kriegsnot inselhaft ein vergnügtes Friedensleben beginnt. Allerdings hat er seinen Schatz hart gegen den Chor der rauhen Köhler von Acharnai zu verteidigen, die vom Kriege nicht lassen wollen, bis die Verwüstung des heimatlichen Bodens gerächt ist. Aber er weiß sie zu überzeugen und darf die Freuden des erreichten Zustandes genießen, die in grellem Kontrast zu den Leiden des bramarbasierenden Kriegshelden Lamachos stehen.

Die Komödien des Aristophanes lassen bei aller genialen Freiheit und Phantastik bestimmte, formal deutlich abgegrenzte Teile erkennen, die ursprünglich ein Einzelleben führten und von denen wir in einem früheren Kapitel (S. 273) sprachen. Wir nehmen die ziemlich klare Gliederung der *Acharner* zum Anlasse, um an diesem Stücke einzelne wichtige Bauglieder zu zeigen und zu charakterisieren.

Das Stück beginnt mit einer Prologrede, in der Dikaiopolis seinem Unmut über die leidige Zeit Luft macht. Diese Form des Einganges mag Beeinflussung durch den bei Euripides entwickelten Tragödienprolog erfahren haben, zugrunde aber liegt die alte und durchaus volkstümliche Form der Ansprache an das Publikum. Dieses kann im komischen Spiele mit Durchbrechung der Illusion jederzeit angeredet werden, und dieser Kontakt mit den Zuschauern bleibt bis in die Zeit der Nea erhalten. Die reiche Entwicklung des a-parte-Sprechens geht mindestens zu einem guten Teile auf diese Wurzel zurück. Wo wir bei Euripides derartiges spärlich auftauchen sehen, ist Einfluß des komischen Spieles in Rechnung zu ziehen. Ein gutes Beispiel für diese Wendung zum Publikum bietet die Prologszene der *Ritter* (vgl. v. 36ff.), die auch sonst eine bemerkenswerte Form des Einganges zeigt: die erläuternde und in die Handlung einführende Rede folgt erst auf eine dialogische Szene. Das kehrt in anderen Stücken des Aristophanes wieder und ist in der Neuen Komödie eines Menander typisch geworden.

In dem engen Kontakt der Komödie mit ihrem Publikum stellt es sich sinnfällig dar, wie nahe die attische Hochklassik in dieser Kunstform dem Volke in seiner ganzen Breite und Fülle geblieben ist, wie sehr sie sich aus den Kräften nährte, die ihr aus diesem Bereiche zuwuchsen.

In den *Acharnern* schließt sich an den orientierenden Prolog eine Szenenfolge an, die das Treiben in der Volksversammlung persifliert und die Handlung in raschem Gange bis zu dem Empfange des wunderbaren Sonderfriedenstrankes durch Dikaiopolis führt. Dann folgt der Einzug des Chores, die Parodos, die hier in der Form einer stürmischen Jagd auf den Friedensbringer erfolgt. Nun haben wir bei der Betrachtung der Anfänge (S. 273) als ursprüngliche Leistung des Chores die Parabase kennengelernt, der wir in unserem Stück an späterer Stelle begegnen werden. Die Parabase hat ihren Namen von dem Aufzug des Chores, mit dem also einmal dessen Aktion begann. Wenn wir sie nunmehr in das Spiel eingebettet finden, so ist dies Ergebnis eines Wachstumsprozesses, den wir früher in seinen Grundzügen zu verstehen suchten. Daß in der voll entwickelten Form der Chor lange vor der Parabase in einer Parodos einzieht wie in der Tragödie, ist natürlich auf deren Einwirkung zurückzuführen, die ohne Zweifel auch bei der Entwicklung der szenischen Durchgliederung wirksam gewesen ist.

Der Chor legt sich nach seiner Parodos auf Lauer, und aus dem Hause tritt Dikaiopolis an der Spitze einer kleinen Prozession, die wir als Abbild jener phallophorischen Umzüge verstehen, aus denen nach Aristoteles die Komödie hervorgegangen ist. Der Chor stürzt auf Dikaiopolis los, und nach verschiedenen Präliminarien, über die später ein Wort zu sagen ist, kommt es zum entscheidenden Redekampf, in dem der Friedensfreund seine Sache mit dem Kopf auf dem Hackblock führt. Er bringt es zu einer Spaltung des Chores, wobei die Leichtigkeit, mit der dieser in zwei gegnerische Hälften auseinandertritt, sicher in der Tradition des komischen Chorspieles begründet ist. Der in Kriegswut verharrende Teil ruft Lamachos zu Hilfe, auf daß er den Gegenpart gegen Dikaiopolis übernehme. Aber er kommt nicht weit, wird verhöhnt, und der Chor erklärt sich schließlich zur Gänze von Dikaiopolis überzeugt.

Wir finden also in der Partie vor der Parabase den Agon als entscheidendes Element. Seine Bedeutung für die Komposition der Komödie hat Th. Zielinski[1] entdeckt, doch ist es seiner Auffassung gegenüber nötig, eine wesentlich größere Freiheit der Spielarten anzuerkennen[2]. Einer so sorgfältig durchkomponierten Form gegenüber, wie sie die *Frösche* mit dem Streit zweier Personen unter dem Vorsitz einer dritten aufweisen, ist in den *Acharnern* alles viel freier gestaltet. Hier zu rasch Entwicklungslinien zu ziehen ist gefährlich, besser wird man die Mannigfaltigkeit des Möglichen anerkennen und, wie dies Th. Gelzer tut, periodenweise Gleichartiges zusammenfassen.

Ehe es zur Verteidigungsrede des Dikaiopolis kommt, muß er sich die Möglichkeit dazu erzwingen. Er tut dies, indem er einen Kohlenkorb als Geisel packt und zu zerhauen droht, wenn man ihn nicht hört. Damit ist der *Telephos* des Euripides parodiert, in dem sich der Held dadurch Gehör bei den Griechen verschaffte, daß er den kleinen Orestes mit dem Schwert bedrohte. Es geht auch gleich paratragodisch weiter. Dikaiopolis soll sich mit dem Kopfe auf dem Hackblock verteidigen und darf sich zu diesem mißlichen Unternehmen ein mitleiderregendes Jammergewand besorgen. Das holt er sich bei Euripides, der ihm die Lumpen zur Verfügung stellt, in denen er mit neuem und erschreckendem Realismus seinen Telephos auftreten ließ. Die Szene mag als Beispiel für die freie und phantastische Weise dienen, in der die Komödien des Aristophanes mit Bezügen auf die Tragödie, vor allem solchen auf das Werk des Euripides durchflochten sind. Das gilt ebenso von zahllosen ganz zitierten oder parodistisch umgebogenen Versen und reicht bis zum einzelnen Wort.

[1] *Die Gliederung der altatt. Kom.* Leipz. 1885. Th. Gelzer, *Der epirrhematische Agon bei Aristophanes. Zet.* 23. Münch. 1960.

[2] M. Pohlenz, *Nachr. Ak. Gött. Phil.-hist. Kl.* 1949, 40.

Auf die agonalen Teile der *Acharner* folgt die Parabase, der wir in den Stücken der guten Zeit als einem in festem Schema siebenfach gegliederten System begegnen. Den Eingang bildet ein ganz kurzes Stück, das Kommation, mit Verabschiedung der Schauspieler und Ankündigung des Kommenden. Vorgeschaltet wurde es natürlich erst, als man die ursprünglich freie Parabase in das dramatische Spiel einfügte. Dann folgen die Anapäste, die man als den Hauptteil empfand und auch Parabase schlechtweg nannte. Hier brachte der Dichter gerne seine persönlichen Anliegen vor, wie denn Aristophanes in den *Acharnern* auf seinen Handel mit Kleon zu sprechen kommt. Anapäste sind in dieser Partie die Regel, sie endet mit dem Pnigos (auch μακρόν), das seinen Namen vom Ersticken hat, da hier Kurzverse in atemloser Hast vorgetragen wurden.

Die drei genannten Teile bilden den responsionslosen ersten Abschnitt der Parabase, an den sich ein respondierender zweiter in der Form einer epirrhematischen Syzygie anschließt. Auf je ein Gesangstück des Chores, Ode und Antode, folgt ein «dazu gesprochener» Teil, Epirrhema und Antepirrhema, in der Regel jeweils in sechzehn trochäischen Tetrametern. Die lyrischen Partien enthalten meist Götteranrufungen, und hier finden sich Stücke von großer dichterischer Schönheit. Wenn wir in den *Demen* des Eupolis die erhaltene Antode zu persönlichen Angriffen verwendet sehen, so hat das als Ausnahme zu gelten. Bei Aristophanes ist nur wenig der Art (z.B. *Ach.* 692. *Friede* 781) einigermaßen zu vergleichen. Hingegen sind die Epirrhemata so recht der Ort für derbe persönliche Rüge.

So viel meinen wir zu erkennen, daß sich in diesem kunstvoll gegliederten Gebilde zwei Teile zusammengefunden haben: ein für den Marsch, ursprünglich den Einzug des Chores, bestimmter, in lebhaften Anapästen gehaltener, und einer, in dem auf Kultlieder des Chores jeweils ein kräftiger Nachspruch folgte.

Wie die Parabase, dieses alte Kernstück, im Laufe der Zeit degenerierte, ist an den erhaltenen Dramen deutlich abzulesen. Einzelne Teile, wie etwa in den *Fröschen* die responsionslose Partie, beginnen auszufallen, in der *Lysistrate* ist die Parabase noch einigermaßen durch den lebhaften Agon zweier Gegenchöre ersetzt, und in den letzten Stücken *(Ekkl. Plut.)* fehlt sie völlig. Hingegen finden wir in den älteren Stücken außer den *Wolken* bis zu den *Vögeln* (diese eingeschlossen) den respondierenden Teil der Parabase entweder vollständig oder mit einigen seiner Teile nochmals verwendet. Von einer zweiten Parabase zu sprechen scheint nicht angebracht, da gerade die zum Anmarsch (παραβαίνειν) des Chores gehörigen Elemente fehlen. Nur in den *Acharnern* treten an dieser Stelle Ode und Antode mit einem vorgesetzten, etwas längeren Kommation (1143) auf.

Fragen wir für die Parabase nach der Art des Vortrages, so kommt uns sogleich die Dürftigkeit unseres Wissens für alle Fragen dieser Art zum Bewußtsein. Lebhafte Tanzbewegungen, die wohl vornehmlich die Anapäste begleiteten, sind sicher, da das Kommation gelegentlich (*Ach.* 627. *Friede* 729) die Aufforderung zum Ablegen enthält, was man auf Gerät und schwere Gewandung, nicht aber auf die Maske beziehen darf. Die Anapäste denken wir uns von der Flöte begleitet, bei den Epirrhemata ist das schon wieder fraglich. Diese sowie Ode und Antode auf die Halbchöre zu verteilen liegt nahe, wobei man sich die Epirrhemata von den Führern der Halbchöre gesprochen denken mag[1].

Nach der Parabase zeigen uns die *Acharner* besonders schön jene Episodenreihe, die wir ebenfalls den Grundelementen zurechneten und die auch *Friede* und *Vögel* in reiner Erhaltung zeigen. Dikaiopolis, der alles für die Festesfreuden vorbereitet, hat Marktfreiheit verkündet, und da kommt als erster ein armer Teufel aus dem vom Krieg besonders schwer betroffenen Megara, der seine beiden Töchter in einem Sacke mitschleppt und als Ferkel verkaufen will, dann der unvermeidliche Sykophant, der derb abgefertigt wird, und als dritter ein Böoter, der allerlei gute Sachen, darunter die begehrten Aale aus dem Kopaissee bringt. Dann wird das Kannenfest ausgerufen, und Dikaiopolis rüstet sich, um es ausgiebig zu feiern. Dabei hat er sich einiger ungebetener Gäste zu erwehren, die von seinem Friedenstrank schmarotzen möchten. In der letzten Szene vor dem früher erwähnten Parabasenrudiment wird dann in Form einer Stichomythie Dikaiopolis, der in Festesfreude schwelgt, in der lustigsten Weise mit Lamachos kontrastiert, der einen Ausrückungsbefehl erhalten hat und sich für Marsch und Feldschlacht rüstet.

Typisches ist wieder an der Schlußpartie festzustellen, wobei wir es ein für allemal betonen, daß alles Typische in der Archaia nur den Rahmen für eine genial gestaltete und unwiederholbare Lebendigkeit hergibt. Dikaiopolis kommt als Sieger vom Trinken um die Wette in entsprechender Stimmung zurück. Lamachos aber wird, beim Überspringen eines Grabens recht unheroisch verletzt, stöhnend und jammernd auf die Bühne getragen. Das Kontrastspiel geht weiter, der weinselige Dikaiopolis ist aber nicht allein, sondern mit zwei Dirnen am Arm gekommen und spricht in drastisch unbefangener Weise von den Freuden, die er sich erwartet. So endet das Stück mit einem ausgelassenen Komos, in dem das Erotische einen besonderen Platz erhält. Nun fehlt derartiges auch sonst in den Komödien des Aristophanes wahrlich nicht, aber seine besondere Rolle in der Schlußpartie ist unverkennbar und auffällig. Man sehe nur, wie saftig am Ende des *Friedens* von der Vereinigung des Trygaios mit Opora gesprochen wird. In den *Vögeln* geht es manierlicher zu, aber Hochzeit ist doch auch hier das Ende. Der von MURRAY[2] in der Nachfolge von Theorien CORNFORDS vertretene Gedanke, daß sich in dem Gamos am Ende der Komödie ein rituelles Element des dionysischen Komos erhalten habe, verdient ernste Erwägung, wenngleich auf diesem Gebiete schlüssige Beweise nicht zu erbringen sind.

Kleon hatte den Dichter durch seine Klage wegen der *Babylonier* nicht einschüchtern können. In den *Acharnern* (300) kündigt er mit Anspielung auf den Lederhändler an, er werde Kleon zu Sohlen für die Ritter zusammenschneiden. Damals stand ihm also bereits der Plan für das Stück fest, mit dem er an den Lenäen 424 den Sieg und überhaupt einen seiner schönsten Erfolge errang. Man darf aus der angeführten Stelle schließen, daß Aristophanes damals bereits der Mitwirkung der Ritter, der Angehörigen der konservativen Elitetruppe, als Chor in dem nach ihnen benannten Stücke sicher war. In der Zeit, in der sich die Philologen um die Denkmäler wenig kümmer-

[1] PICKARD (s. S. 473 A. 1), 162. 249. [2] (s. u.), p. 6.

ten, hat man an kavalleristische Manöver gedacht, die stolze Reiter aufführten, heute ziehen wir zur Illustration die schwarzfigurige Vase[1] heran, auf der Männer mit Pferdemasken andere auf dem Rücken tragen. Auch hier hat Aristophanes also eine längst bestehende Form der Chormaskerade verwendet.

Im Eingange des Spieles beklagen zwei Sklaven, hinter denen wir die Feldherren Nikias und Demosthenes erkennen, ihr Los bei dem Herrn Demos von der Pnyx, das völlig unerträglich wurde, seit ein neuer Sklave, der Paphlagonier, in dem Hause sein Unwesen treibt, den Demos durch Schmeichelei gängelt und in allem und jedem seinen schmutzigen Willen durchsetzt. Aber die beiden wissen sich die Orakelsammlung des Paphlagoniers zu verschaffen und finden die tröstliche Verheißung, dieser werde seinen Meister in einem Wursthändler finden, der noch niederträchtiger sei als er. Dieser ist auch prompt zur Stelle und macht der Verheißung alle Ehre. Das Stück ist nun auf weite Strecken, vor und nach der Parabase, eine Abfolge agonistischer Szenen, in denen sich die beiden fragwürdigen Gesellen in Gemeinheit und Schimpferei, in Anträgen, die sie in einer ad hoc einberufenen Volksversammlung stellen, in phantastischen Orakelsprüchen und schließlich in der Bewirtung des Herrn Demos zu überbieten suchen. Die Sache des Paphlagoniers wird faul und fauler, und schließlich muß er selber auf Grund eines Orakels in dem Wursthändler den ihm bestimmten Nachfolger erkennen und abtreten.

Während die beiden Kampfhähne von der Bühne abwesend sind, um die Wettbewirtung des Demos vorzubereiten, gibt es zwischen diesem und dem Chor eine für das Verständnis des Ganzen wichtige Gesangszene (1111). Der alte Herr Demos zeigt sich von einer neuen Seite und macht den Rittern klar, daß er so dumm nicht sei. In Wahrheit durchschaue er die Lumpen, die sich bei ihm mästen wollen, sehr gut, aber er lasse sie mit Bedacht fett werden, um ihnen im gegebenen Augenblick das Gestohlene wieder abzunehmen. Wir verstehen, daß Aristophanes hier dem Demos eine Ehrenerklärung abgibt, um so dem Vorwurf einer Verunglimpfung zu entgehen, die Majestätsbeleidigung bedeutete. Aber die Partie hat, indem sie uns ein Stück über all die Jämmerlichkeit hebt, die wir bisher gesehen haben, noch die andere Funktion, uns auf den überraschenden Knalleffekt am Schlusse vorzubereiten. Nach der epirrhematischen Syzygie (1264–1315), jener Wiederholung eines Parabasenteiles, die in den älteren Stücken üblich ist, betreten erst der Wursthändler und dann der Demos wieder die Bühne. Aber was für ein Wursthändler und was für ein Demos! Der zungenfertige Schwindler von vorher erscheint bekränzt und in feierlichem Festgewande, um die frohe Botschaft zu verkünden, daß er den alten Demos junggekocht habe. Ein altes Motiv des Mythos, das man aus der Peliasgeschichte und ihrer Dramatisierung durch Euripides kannte. Dann kommt Demos selber, aber nicht als tapsiger Greis, sondern als blühender Mann in der Tracht der großen Zeit von Marathon und Salamis, die rechte Verkörperung des ehrwürdigen, veilchenumkränzten Athen, vom Chor stürmisch als König der Hellenen bejubelt. Nun wird alles anders, alles gut werden. Noch einmal hält der neue Berater dem Demos seine alten Sünden vor,

[1] M. Bieber, *Hist. of the Gr. a. Rom. Theater.* Princeton 1939, fig. 79.

tröstet ihn jedoch, da ja die Betrüger um ihn die Schuldigen waren. Jetzt aber wird der Demos alles besser machen.

Dieser Saltomortale am Ende des Stückes hat Philologen immer wieder bekümmert, und man hat festgestellt, daß er sich jenseits aller Logik und Psychologie vollziehe. Gewiß, wenn wir unsere Begriffe zugrunde legen; aber die Sache sieht anders aus, wenn wir von der «Logik» der Alten Komödie ausgehen, der es erlaubt ist, in jedem Augenblicke aus der tausendfach beschwerten Wirklichkeit in die farbige Traumwelt hinüberzuwechseln, und erst recht, wenn wir die psychologischen Voraussetzungen für das Publikum jener Zeit bedenken, das ein Spiel wie dieses nur mit dem frohen Ausblick auf eine bessere Zukunft ertragen konnte, womit sich Menschen schließlich in allen Notzeiten aufrechterhalten haben. Wir gewinnen eine Rechtfertigung, die vor unserem Denken bestehen kann, verlassen aber die Ebene aristophanischer Freiheit und Phantastik, wenn wir den Schluß als bittere Ironie verstehen wollen.

Feierliche Klänge, die am Schlusse ertönen, tun im übrigen richtiger Komosausgelassenheit keinen Eintrag. Zoten fehlen nicht, und am Ende tanzen dreißig hübsche Mädchen als Verkörperung der Friedensjahre über die Bühne. Der Scholiast meint, daß man sich für diesen Zweck Dirnen geholt hat.

Aristophanes hat dieses Stück als erstes selbst auf die Bühne gebracht. Ja er soll die Rolle des Paphlagoniers selbst gespielt haben. Hier wird man zweifeln dürfen, denn die Tradition, die wir im Scholion zu v. 230 hören, scheint aus eben dieser Stelle herausgesponnen zu sein. Dort läßt Aristophanes den einen Sklaven sagen, die Maske des Paphlagoniers sei nicht porträtgetreu, da es niemand gewagt hätte, eine solche anzufertigen. Das mag als Tatsache zu nehmen sein, zumal wir Porträtmasken für die Komödie dieser Zeit (Kratinos in der *Pytine*, Sokrates in den *Wolken*) wohl annehmen müssen, ohne über den Grad der Treue eine begründete Vermutung wagen zu können. Wenn das erwähnte Scholion aber erzählt, Aristophanes habe sein Gesicht mit Mennig oder Hefe bestrichen und die Rolle selbst gespielt, meinen wir den Grammatiker zu hören, der sein Wissen über die altertümlichen Mittel komischer Mummerei anbrachte[1].

In eine andere Richtung als mit den *Rittern* stieß Aristophanes vor, als er bei den Dionysien des Jahres 423 die *Wolken* aufführte. Was wir lesen, ist eine ziemlich weitgehende Überarbeitung des damals gespielten Stückes. Es war für Aristophanes ein Mißerfolg gewesen, den er sehr schmerzlich empfand. Erster wurde Kratinos mit der *Pytine*, Zweiter Ameipsias mit dem *Konnos*, der es ebenfalls mit Sokrates zu tun hatte. Aristophanes hat die *Wolken* später überarbeitet, ohne sie freilich in der neuen Fassung auf die Bühne zu bringen.

Das Stück scheint in der Sphäre des bürgerlichen Lustspieles zu beginnen, doch schlägt bald die Phantastik der Archaia durch. Der Bauer Strepsiades hat gegen die goldene Regel des Pittakos eine Frau viel höheren sozialen Ranges genommen, und

[1] Über den Streit zwischen Aristophanes und Eupolis, in dem die Ansprüche des letzteren auf die *Ritter* eine besondere Rolle spielten, s.o. S. 478.

der Sohn Pheidippides macht dieser Abkunft und seinem vornehmen Namen alle Ehre, liebt den Pferdesport und bringt den Alten an den Ruin. Der weiß nach schlafloser Nacht nur mehr eine Rettung: der Sohn soll in der Denkerbude, im Phrontisterion nebenan, die Kunst erlernen, Prozesse krumm oder gerade zu gewinnen. Aber der junge Mann will von diesen Leuten, einem Sokrates oder Chairephon, nichts wissen, und so macht sich Strepsiades selber auf, um in seinen alten Tagen die neumodische Kunst des Rechtsverdrehens zu lernen. Aber dort, wo man den Flohsprung mißt und die Herkunft der Insektentöne ergründet, wo Sokrates vom Hängebrett aus die Sonne beobachtet, ist für Strepsiades keine andere Gelegenheit, als durch seine Dummheit unendlichen Anlaß zum Lachen zu geben. Nun muß doch Pheidippides heran. Ihm wird zu seiner Belehrung der Redewettkampf zwischen dem Logos dikaios und dem Logos adikos, zwischen den Vertretern der gerechten und der ungerechten Sache, vorgeführt, das glänzendste aller aristophanischen Streitgespräche, in dem der Vertreter einer neuen Zeit, die unbeschwert von Recht und Sitte zu genießen weiß, über den Fürsprech alter Zucht und Frömmigkeit den Sieg gewinnt. Nun ist Pheidippides in der rechten Schule und entwickelt sich so prächtig, daß er den Alten durch seine Künste entzückt und zur Abwehr zweier drängender Gläubiger (episodische Abfertigungsreihe) inspiriert. Aber beim Mahl drinnen im Hause kommt es über der Euripidesbegeisterung des Jungen zum Streit, und da prügelt – schwerstes, unsühnbares Verbrechen – der Sohn den eigenen Vater. Er ist dank der empfangenen Schulung geschickt genug, sein Tun als Rückgabe dessen zu rechtfertigen, was er als Kind vom Vater empfing. Der bereut nun in einer der raschen Wandlungen, die in der Komödie keine Schwierigkeit machen, daß er sich um Betruges willen mit Betrügern eingelassen hat, und steckt mit seinen Leuten die Denkerbude des Sokrates in Brand.

Das Stück heißt nach dem Chor der Wolken, einem sehr komplexen dichterischen Gebilde. Zunächst sind diese Wolken ein Stück herrlicher Poesie, denn ihr erstes Lied gehört zum Schönsten griechischer Dichtung, dann aber sind sie als Gottheiten der Leute im Phrontisterion ein Stück Aufklärung und als solches mit allerlei naturphilosophischen Theoremen verbunden. Zum Schlusse aber unterstreichen sie die moralische Wendung und prunken geradezu mit einem Stück aischyleischer Frömmigkeit: auf des Strepsiades Vorwurf, sie hätten ihn bei seinem verkehrten Tun noch getrieben, enthüllen sie tiefen Sinn (1458): so machen sie es stets, wenn sie einen in sündiger Leidenschaft sehen, damit er falle und im Leid die Götter fürchten lerne.

Kronproblem des Stückes bleibt die Zeichnung des Sokrates und ihr Verhältnis zur Wirklichkeit. Man hat sich lange bei der Formel beruhigt, Aristophanes habe dem Sokrates, unbekümmert um dessen tatsächliches Wesen und Treiben, kurzerhand die ganze Sophistik aufgepackt. Die Opposition ging von KIERKEGAARDS 7. Promotionsthese aus: *Aristophanes in Socrate depingendo proxime ad verum accessit.* In beiden Anschauungen sind Teilwahrheiten an die Stelle der ganzen gesetzt. Sorgfältige Untersuchungen der letzten Jahre[1] haben am Sokrates der *Wolken* eine Reihe von Zügen

[1] S. u. zu *Wolken* und V. EHRENBERG, 273.

aufgewiesen, die nicht sophistisch, sondern eben sokratisch sind. Das ist am sinnfälligsten bei der asketischen Lebensform des Abgehärteten und geht bis in Einzelheiten seiner Methodik und Lehre. Auch der naturforschende Sokrates ist so befremdlich nicht. 423 war derlei sicher für ihn vorbei, aber Platon läßt ihn im Phaidon (97c) von einer Phase seines Lebens sprechen, in der er sich von Fragen dieser Art manches erwartete. Anderes aber bleibt in unlösbarem Widerspruch, so vor allem die Verbindung, in die Sokrates hier zur sophistischen Kunst gesetzt wird, die schlechtere Sache zur besseren zu machen. Man kann das mit dem Hinweise abschwächen, daß wir Sokrates solches nicht selber lehren sehen, aber Pheidippides erhält seine bedenklichen Fähigkeiten doch im Phrontisterion, und die beiden Verse 874f. genügen zum Erweise, daß diese Beziehung im Stücke besteht.

Der Befund im ganzen ist nicht schwer zu verstehen. Aristophanes wußte von dem Sokrates um 423 genug, um ihn in einer Reihe von Zügen nach der Wirklichkeit zu zeichnen. Anderseits bezog er ihn aber in seinen Generalangriff gegen die neue, das gesunde Alte zerlösende Weise des Denkens, Redens und Erziehens, das heißt also in seinen Angriff gegen die Sophistik, unbedenklich mit ein. Er konnte dies, weil Sokrates dem Athener jener Tage ohne Scheidungen, die uns heute selbstverständlich sind, einfach als Träger des bedenklich Neuen, einer alles in Frage stellenden Denkweise erschien und erscheinen mußte. Wie weit Aristophanes damals das Denken der Vielen teilte oder dieses nur für seine Absichten ausnützte, ist eine Frage, die wir nicht mehr beantworten können. Daß er freilich seinem Stück einen doppelten Boden gegeben hätte und uns durch allen Spott eine ernst gezeichnete und im Widerspruch zur Sophistik stehende Sokratesgestalt sehen ließe, ist eine Annahme, die dem Wesen dieser Dichtung nicht gerecht wird.

Wenn in Platons *Apologie* (19c) Sokrates den Angriffen der Komödie besondere Bedeutung beimißt, so ist zu bedenken, daß das, was 423 ausgelassener Komödienscherz war, in der Zeit nach Athens Katastrophe ein anderes Antlitz erhielt. Platon aber hat den Dichter richtig verstanden, und in der unvergeßlichen Schlußszene des *Symposion* vereint er ihn mit Sokrates in ernstem Gespräch. Und die Rede des Aristophanes im gleichen Dialoge zeigt eine solche Kongenialität zwischen dem Dichter und dem Philosophen, daß wir diesem gerne das Epigramm lassen möchten (14 D.), das des Aristophanes Geist einen Bezirk der Chariten nennt.

Das Ausmaß der zweifelsfrei bezeugten Umarbeitung ist schwer auszumachen[1]. Deutlich erkennbar ist sie in der Parabase, in der sich Aristophanes über den Mißerfolg des ersten Stückes beklagt, ferner betraf sie nach antiken Angaben den Agon und die Schlußszene, die wahrscheinlich beide erst in der zweiten Fassung eingesetzt wurden.

[1] Besonnen H. EMONDS, *Zweite Auflage im Altertum*. Leipz. 1941, 277. Skeptisch ERBSE (s.u.), 396, 1, und H.-J. NEWIGER, *Zet.* 16, Münch. 1957, 143. Starke Änderungen, besonders im Zusammenhange mit dem Agon der Logoi, nimmt an C. F. RUSSO, ‹«Nuvole» non recitate e «Nuvole» recitate›. *Stud. zur Textgesch. u. Textkritik.* Köln-Opladen 1959, 231. Einen Überblick über die Geschichte des Problems gibt TH. GELZER, *Zet.* 23, Münch. 1960, 144, 1, der selbst im Anschluß an die antiken Nachrichten mit starker Überarbeitung rechnet.

An den Lenäen 422 führte Philonides zwei Stücke des Dichters auf, die *Wespen* und den *Proagon*. Bei dem verlorenen Stücke handelte es sich um die Vorstellung der Schauspieler vor dem tragischen Agon der Dionysien[1], die Aristophanes zweifelsohne mit kräftiger Parodierung der zeitgenössischen Tragödie verulkte.

In den *Wespen* kehrt die Vater-Sohn-Problematik wieder, die wir bereits in den *Daitales* und den *Wolken* vorfanden. Hier aber ist sie lustig auf den Kopf gestellt, da in diesem Falle der Sohn mit dem mißratenen Vater seine liebe Not hat. Noch dazu sind sie in ihrem politischen Denken himmelweit geschieden und verraten durch ihre Namen Philokleon und Bdelykleon, daß der Alte den umstrittenen Staatsmann ebenso inbrünstig liebt, wie der Junge ihn haßt. Philokleon verkörpert eine Leidenschaft, die damals epidemisch war. Am Prozessieren hatten die Griechen allezeit Freude, man mag das mit dem zusammenbringen, was man ihr agonales Wesen nennt. Sich für das Hochgefühl, als Richter eine wichtige Person zu sein, noch bezahlen zu lassen war natürlich eine feine Sache. Perikles hatte den Richtersold eingeführt, Kleon erhöhte ihn 425 von zwei auf drei Obolen. Es war dafür gesorgt, daß viele zum Zuge kamen, denn die Heliaia bestand aus sechstausend erlosten Laienrichtern, die in Ausschüssen von mehreren hundert die einzelnen Prozesse durchzuführen hatten.

Die Auseinandersetzung Bdelykleons mit der maßlosen Richterleidenschaft seines Vaters bildet den Inhalt des Stückes bis zu der auffällig weit hinausgeschobenen Parabase (1009). In einer schon bekannten Form wird die Exposition von zwei Sklaven gegeben, an deren Dialog sich der zusammenhängende Bericht des einen von ihnen anschließt. Sie bewachen auf Geheiß des Sohnes den Alten, den Bdelykleon im Hause eingesperrt hat, um ihn den Gerichten fernzuhalten. Philokleons lustige Ausbruchsversuche, deren einer dem Odysseus in der Höhle des Kyklopen abgeguckt ist, ergeben Szenen prächtiger Komik. Zu Philokleon kommt der Chor der Richter, die als Wespen mit langem Stachel maskiert sind, knorrige Alte, noch aus der guten Zeit, jetzt aber von der gleichen Leidenschaft besessen. In der Agonszene des Stückes trägt dann Bdelykleon mit seinem Vater die Sache theoretisch aus und behauptet seinen Standpunkt. Der Chor ist überzeugt, dem Alten aber richtet Bdelykleon daheim ein Privatgericht ein, vor dem ein lustiger Hundeprozeß durchgeführt wird. Ein besonders hübsches Beispiel dafür, wie die Archaia in der einzelnen Szene die verschiedensten Bezüge zu vereinigen weiß. Da wird der Hund Labes aus Aixonai von einem Hund aus Kydathen wegen Käsediebstahls verklagt. In dem Kydathener erkennen wir Kleon, der den Strategen Laches aus Aixonai (wir kennen ihn aus Platons Dialog) 425 wegen Unterschlagung anklagte. Eine hübsche Pointe ist es, daß der Freispruch, der dem tatsächlichen Ausgang des Prozesses entspricht, in der Komödie nur durch ein Versehen des wilden Richters Philokleon zustande kommt.

Daß es bei Aristophanes am Ende eines Stückes anders zugeht als vorher, ist uns nicht neu. Auch hier findet nach der Parabase ein Motivwechsel statt, indem Bdelykleon seinen ruppigen Richter-Vater zu besserer Lebensart erziehen und in feinere Gesellschaft bringen will. Aber Aristophanes ist gegen Erziehungsexperimente nun

[1] Pickard (s. S. 473 A. 1), 67.

einmal skeptisch, und auch dieses zeitigt unerwünschte Früchte. Der Alte benimmt sich beim Gelage haarsträubend, beginnt überall Händel und entführt seinen Zechgenossen eine hübsche Dirne. Damit ist das zotig-erotische Element gewonnen, das wir als typisch für den Abschluß aristophanischer Komödien kennen. Der Schlußkomos ist hier ganz besonders turbulent gestaltet. Der Alte tanzt wie ein Besessener und fordert Berufstänzer zum Wettbewerb auf, was die drei etwas zwergenhaft geratenen Söhne des Karkinos auf den Plan ruft. Und tanzend verläßt schließlich alles die Bühne.

Der Teil nach der Parabase bezwingt durch seine drastische Komik, ist aber nicht allzu sorgfältig gebaut. Zweimal richtet der verjüngte Philokleon hinter der Bühne Unfug an, und zweimal stürzt der Sklave Xanthias mit entsprechendem Bericht (1292. 1474) auf die Szene. Die erzählten Vorgänge werden zeitlich das erstemal durch den typischen Parabasenrest, an der zweiten Stelle durch ein Preislied des Chores auf die Verwandlung des Philokleon überdeckt. Dieses Lied ist nach den Taten des alten Herrn beim Symposion schwer zu ertragen, und vieles wird glatter, wenn man die beiden Strophen und den Parabasenteil ihre Plätze tauschen läßt. Dieser rückt dann zur Hauptparabase in den erwarteten größeren Abstand. Doch können solche Schlüsse bei einer Komposition wie dieser keine Sicherheit beanspruchen.

Als Aristophanes den *Frieden* für die Dionysien 421 konzipierte, konnte er besonderer Aktualität dieses Spieles sicher sein. Nachdem Kleon und Brasidas gefallen waren, gewannen auf beiden Seiten die Friedensparteien Boden, und ziemlich gleichzeitig mit den Großen Dionysien kam im April 421 der Friede zum Abschluß, den man sich damals als einen fünfzigjährigen dachte. Trotz der Unmittelbarkeit solchen Bezuges mußte Aristophanes jedoch den ersten Platz im Agon den *Kolakes* des Eupolis überlassen.

Wieder eröffnen zwei geplagte Sklaven das Stück, deren einer mit der üblichen direkten Wendung an das Publikum dessen Orientierung übernimmt. Sie haben es besonders schlimm, da sie für ihren Herrn, den Weinbauern Trygaios, einen riesigen Mistkäfer mit angemessener Nahrung zu versorgen haben. Der soll seinem unternehmenden Gebieter als Reittier dienen, um in den Himmel zu gelangen, wo er Zeus nach seiner Absicht mit den kriegsgeplagten Hellenen fragen will. Wieder steckt in der phantastischen Erfindung eine besondere Absicht: der Mistkäferritt soll den *Bellerophontes* des Euripides parodieren, in dem der Held die Götter auf seinem Flügelpferde erreichen wollte. Dabei wurde auf der Bühne die Flugmaschine verwendet, ein Requisit, das zur Persiflage förmlich herausforderte. Aber bei Aristophanes endet das Unternehmen besser als in der Tragödie. Trygaios erreicht sein Ziel und tritt mit Hermes in Verhandlungen ein. Es sieht da oben böse aus, da sich die Götter vor den ewigen Kriegsgreueln in höhere Ätherregionen zurückgezogen haben und Polemos ungehindert waltet. Die Friedensgöttin Eirene hat er in eine Höhle gesperrt, und jetzt will er die Griechenstädte alle in einem riesigen Mörser zu Brei zerstampfen! Polemos wird bei seinen Veranstaltungen in persona vorgeführt und von Trygaios belauscht. Die häufigen Lauscherszenen der späteren Komödie bereiten sich vor. Zum Glück kann der Diener des Polemos, Kydoimos, der personifizierte Schrecken der Schlacht, seinem Herrn keine Mörserkeule verschaffen – Kleon und Brasidas sind ja tot –, und so muß dieser ins Haus zurück, sich eine neue zu verfertigen. Trygaios packt die Gelegenheit, ruft die Griechen, die als Chor erscheinen, gewinnt den ängstlichen Hermes für seinen Plan und leitet die Befreiung der Eirene, die mit Seilen aus ihrer Höhle gezogen wird. Zugleich erscheinen Opora, die Göttin des Fruchtsegens, und Theoria, die Festesfreude. Nach einem Gespräch mit Hermes, das die Kriegsursachen in grotesker Verzerrung in Erinnerung ruft, geht es auf die Erde zurück. Nicht mehr mit dem Mistkäfer auf der Flugmaschine, für die Trygaios mit seinen drei Begleiterinnen eine zu schwere Last gewesen wäre, sondern mit fröhlicher Durchbrechung der Bühnenillusion auf einem Abstieg, den Hermes dem Bauern weist.

Wir erinnern bei dieser Gelegenheit daran, daß unser lediglich dem Text entnommenes Bild der Bühne äußerst problematisch ist[1]. Man kann sich die Szene im Himmel auf dem Dach der Skené gespielt denken, muß aber dann die Höhle der Eirene in mittlerer Höhe annehmen, da der Chor, der die Göttin befreit, von dort unmittelbaren Zugang in die Orchestra haben muß, wo er die Parabase singt und tanzt[2]. Wenn der Chor im Kommation (729) Trygaios verabschiedet, so muß dieser mit seinen Jüngferchen einen anderen Weg, wohl in das Innere der Skené gehen.

Nach der Parabase, die besonders unbekümmertes Selbstlob des Dichters bringt, folgt wieder eine Reihe loser Szenen, die nunmehr auf der Erde spielen. Theoria wird, freigebig entblößt, den Ratsherren übergeben, Eirene erhält ihr Opfer, wobei ein schmarotzender Orakeldeuter mitsamt seinen schwindelhaften Sprüchen davongejagt wird. Die sogenannte zweite Parabase (es handelt sich um den zweiten Teil einer vollständigen) bringt ein wunderbares Bild friedlichen Landlebens. Wenn wir Aristophanes hier und auch sonst nicht selten in solcher Nähe zur bäuerlichen Welt finden, so sind alle Vorstellungen von Idyll und Bukolik fernzuhalten. Noch war das Leben des Bauern von jenem des Städters nicht so weit entfernt, daß es spielerische Verklärung veranlaßt oder vertragen hätte. Politisches spielt bei Aristophanes mit, denn die Bauern, die unter dem Krieg am schwersten litten, waren vor allem Träger des Friedensgedankens.

Es folgen wieder episodische Szenen, die friedlichen Erwerb zu den Kriegsverdienern in Gegensatz stellen, für die nun schlechte Zeiten kommen. Dann endet das Spiel mit der fröhlichen Hochzeit, die Trygaios mit Opora feiert.

Von einem zweiten Stück, das den Titel *Friede* trug, war oben (S. 481) die Rede. Ob es von dem erhaltenen völlig verschieden oder eine Überarbeitung war, ist nicht auszumachen. Jedenfalls trat in dem verlorenen Stücke Georgia, die Landwirtschaft, als Person auf.

Nachdem wir das Schaffen des Aristophanes durch eine Reihe von Jahren verfolgen konnten, erhalten wir erst für 414 wieder gesicherte Angaben. Wir kennen im übrigen allerlei Titel, können aber mit ihnen keine greifbare Vorstellung verbinden.

[1] H. Kenner, *Das Theater und der Realismus in der griech. Kunst.* Wien 1954 (zum *Frieden* S. 118).

[2] V. 224 könnte das stützen, ist aber nicht eindeutig.

Außer den früher (S. 466) genannten Komödien mit Stoffen, die dem Mythos entnommen oder doch mit diesem verknüpft waren, nennen wir die *Georgoi* und *Horai*. Da hier offenbar das Leben und Arbeiten der Bauern eine Rolle spielte, rücken die Stücke dem Themenkreis der *Acharner* und des *Friedens* nahe.

An den Lenäen 414 führte Philonides für den Dichter dessen *Amphiaraos* auf. Wieder eine Verjüngungsgeschichte, die im Heiligtum dieses Heros bei Theben spielte. Wenn wir richtig vermuten, daß dabei auch die Wunderkuren das ihre abbekamen, wäre eine motivische Parallele zum späten *Plutos* gegeben.

An den Dionysien 414 brachte Aristophanes (Kallistratos) das vollendetste unter den erhaltenen Stücken, die *Vögel*, zur Aufführung. Das Spiel von der Flucht zweier Menschen aus der Mühsal der Welt in ein Märchenreich vereinigt kühnste Phantastik und duftigste Poesie in einer Weise, die immer wieder entzückt und zu Nachbildungen aufgerufen hat. Auch ist die Szenenfülle hier reicher und zugleich straffer gestaltet als anderswo.

Als Aristophanes dieses Stück schrieb, war das sizilische Unternehmen im Gange, das die einen mit so viel Hoffnungen, die anderen mit so viel Sorge begleiteten. Hartnäckig versucht man, die Komödie des Aristophanes mit diesem Stück Geschichte in Zusammenhang zu bringen, doch ist zu sagen, daß der Dichter jedenfalls keinen Hinweis in dieser Richtung gegeben hat. Wenn wir im Eingang den beiden Gesellen Pisthetairos[1] und Euelpides, Treufreund und Hoffegut, begegnen, wie sie von Krähe und Dohle geführt durch den Wald ziehen, geben sie als Grund ihrer Auswanderung die Prozeßwut der Athener an und sonst nichts. Überhaupt ist in diesem Stücke der freie Flug der Phantasie wichtiger als der Ausgang von einem konkret-politischen Gedanken.

Die beiden Athener, von denen Pisthetairos Tatkraft und Umsicht zeigt, während Euelpides mehr die Rolle des Possenreißers, des Bomolochos, spielt, wollen bei dem Wiedehopf eine Stadt erfragen, in der man ruhig und in Freuden leben kann. Das ist gut überlegt, da dieser Vogel einmal der König Tereus und der Schwiegersohn eines attischen Herrschers gewesen war. Wenn aus der Erkundungsfahrt dann ganz anderes, die Gründung des Vogelstaates, wird, so soll man deshalb nicht von Zweisträngigkeit der Handlung sprechen, denn das eine Motiv geht aus dem andern klar und folgerichtig hervor. Keiner der Vorschläge des Wiedehopfes kann gefallen, und so kommt Pisthetairos auf den Gedanken, die Vögel selbst sollten in luftigem Zwischenreich einen Staat gründen, der die Götter aushungern und gefügig machen könnte. Der Vogelchor in seiner bunten Zusammensetzung wird vom Wiedehopf in einer Monodie gerufen, in der sich, wie in anderen lyrischen Partien des Stückes, Naturlaut und Wortkunst zu Gebilden vereinen, in denen der Frühlingswald mit hundert Vogelstimmen zu tönen scheint.

Das agonale Element ist in der Partie vor der Parabase dadurch gegeben, daß der Chor die beiden Menschen zunächst für Feinde, den Wiedehopf aber für einen Verräter hält und erst von Pisthetairos in langem Gespräch für den Plan gewonnen wird,

[1] Überliefert ist das nicht vertretbare *Peisthetairos*, das manche zu *Peisetairos* oder *Peithetairos* ändern.

die Weltherrschaft den Vögeln wieder zu erringen. Hat sie ihnen doch vor den Göttern einmal gehört, wie Pisthetairos zu beweisen weiß. Für alle weiteren Maßnahmen ist es nötig, daß die beiden Menschenkinder zu Vögeln werden. Die Verwandlung vollzieht sich während der Parabase, deren Anapäste besonderes Interesse erregen. In echt aristophanischer Weise wird da aus der «Vogelperspektive» eine Theogonie gegeben, die in freier Ausgestaltung vermutlich orphische Tradition verwertet.

Nach der Parabase erfolgt die Benennung der Stadt mit dem denkwürdigen Namen *Wolkenkuckucksheim*[1] (νεφελοκοκκυγία), der Bau der Sperrmauer zwischen Erde und Himmel wird betrieben und das Gründungsfest vorbereitet. Da stellen sich die unvermeidlichen Schmarotzer ein, ein Dichter, ein Opferschwindler, der Astronom Meton, ein staatlicher Aufseher aus Athen, ein Händler mit Gesetzen, und sie alle werden in einer der bekannten Episodenreihen abgefertigt. Dann folgt der uns schon vertraute epirrhematische Parabasenteil, nach dem die Götter ins Spiel kommen. Iris wird beim Fluge durch das Vogelreich festgenommen und mit der Kenntnis des neuen Zustandes zu Zeus entlassen. Ehe sich die Götterhandlung fortsetzt, ist wieder eine Abfertigungsreihe eingelegt. Verschiedene Menschen kommen und verlangen Gefieder, um sich in Vögel zu verwandeln. Ein Glanzstück ist dabei das Auftreten des Dithyrambendichters Kinesias, der eine Nachtigall werden möchte und nicht anders als im Ton seiner verstiegenen Dichtungen reden kann. Nach einem Standlied des Chores mit persönlichem Spott kommt Prometheus, der alte Intrigant, vorsichtig verhüllt und überdies durch einen Sonnenschirm gegen Sicht von oben gedeckt, um Pisthetairos von der Verlegenheit zu unterrichten, die den Göttern die Blockade durch den Vogelstaat bereitet, und ihm den Rücken zu stärken. Dieser weiß denn auch, wie er sich zu verhalten hat, als eine grotesk zusammengesetzte Gesandtschaft von oben naht. Poseidon führt als ziemlich schwacher Diplomat, dann sind noch Herakles, so recht der derbe Fresser der dorischen Komödie, und der rüpelhafte Triballer als Vertreter der Barbarengötter von der Partie. Das Ergebnis der Verhandlungen ist danach: Zeus muß Basileia, die verkörperte Herrschaft über die Welt, abtreten, und das Ende des Stückes bildet – wie könnte es auch anders sein – die hochzeitliche Vereinigung des Pisthetairos mit der Himmlischen. Die Töne, die dabei erklingen, sind feierlicher, als wir sie sonst bei solchem Anlasse vernehmen.

Gesiegt hat bei den Dionysien 414 nicht Aristophanes, sondern Ameipsias mit den *Komasten*, Dritter wurde Phrynichos, der im *Einsiedler* (vgl. S. 477) auf andere Weise die Flucht aus der Zeit darstellte.

Wieder können wir für einige Jahre die Produktion des Aristophanes nicht feststellen, bis wir ihn 411 mit zwei Stücken vertreten finden, mit den *Thesmophoriazusen* und der *Lysistrate*, zwei Weiberkomödien mit grundverschiedener Angriffsrichtung. Für die Verteilung der beiden Stücke auf die Feste haben wir keinen verläßlichen Anhalt, doch dächte man sich eher die *Lysistrate* mit ihrem panhellenischen Horizont an den Großen Dionysien aufgeführt.

[1] Zum Namen MURRAY (s. u.), 148.

Die Thesmophorien sind ein gemeingriechisches Fest, das die Weiber zur Zeit der Aussaat unter strengem Ausschluß der Männer begingen. In Athen war seine Stätte die Pnyx, wo die Frauen die Tage des Festes in Laubhütten verbrachten. Die Komödie des Aristophanes beruht auf der Erfindung, daß die Weiber von Athen bei diesem Feste gegen ihren unverbesserlichen Verleumder Euripides ernstlich vorzugehen planen. Der Dichter der Intrigenstücke will sich gegen die drohende Gefahr durch List schützen und einen Freund in Weiberkleidern in die Geheimfeier schmuggeln. So hat er sich mit Mnesilochos, einem angeheirateten Verwandten[1], aufgemacht, um Agathon zu der Rolle zu bestimmen, zu der ihn seine weibische Art besonders befähigen würde. Der Dichter wird mitten aus der Ekstase des Schaffens auf die Bühne gerollt wie Euripides in den *Acharnern*[2], will sich aber auf das bedenkliche Unternehmen nicht einlassen. Da springt Mnesilochos ein, muß aber erst rasiert und abgesengt werden, ehe er die Weiberkleider aus Agathons Garderobe erhält. Dann macht uns der Dichter zu Zeugen der solennen Versammlung, in der beredte Anklägerinnen den Tod des Euripides verlangen, weil er ihre Laster auf die Bühne bringe und die Männer mißtrauisch mache. Die Verteidigungsrede des Mnesilochos wirkt nicht gerade beruhigend, da er für Euripides geltend macht, daß dieser die ärgsten Streiche der Frauen ja doch nicht ausgeplaudert habe. Die ganze Partie ist bemerkenswert, da sie Motive und Geschichten im Stile der *Milesischen Novellen* oder des *Decamerone* bringt. Solches war also auch damals lebendig.

Schließlich kommt es zur Entlarvung des Mnesilochos. Er sucht sich zu retten, indem er zur Maßregel des Telephos greift, die Aristophanes schon in den *Acharnern* parodiert hatte. Er entreißt der Hauptrednerin ihr Kind und flüchtet an den Altar. Aber was da aus den Windeln herauskommt, ist – ein Weinschlauch. Die Neigung der griechischen Frauen für die Gabe des Bakchos wird in der Komödie häufig verspottet und ist kaum böswillige Erfindung.

Mnesilochos bleibt, von einer Frau bewacht, am Altar sitzen, während der Chor in der Parabase das Lob der Frauen verkündet und das Mannsvolk schlecht macht. Da wird im Rahmen des Stückes uralter Spott zwischen den Geschlechtern rezent, wie er wohl seit ältester Zeit zu den Hecheleien bei den Frühlingsfesten gehörte.

Mnesilochos hat in seiner Bedrängnis Weihetafeln mit Hilferufen beschrieben und ausgeworfen, wie Palamedes in dem gleichnamigen Stück des Euripides sein Leid auf Ruderblätter schrieb, die er ins Meer warf. Euripides fängt den Notruf auf, und die Episodenreihe, die gewöhnlich der Parabase folgt, stellt sich hier als eine Folge von Rettungsversuchen dar, die zum Teil mit kühner Phantastik euripideische Szenen parodieren. Zwischen ihnen stehen Lieder des Chores. Zunächst ist Mnesilochos Helena, Euripides aber Menelaos, der die Gattin befreien will wie in dem Drama von 412. Der Erfolg ist jedoch nur, daß Euripides unter die peinliche Bewachung eines der Skythen gestellt wird, die damals in Athen Polizeidienst taten. Dann kommt

[1] Im Text nur κηδεστής; der Eigenname als Personenbezeichnung im Ravennas und Scholien.

[2] Gegen Annahme der Rollmaschine E. Bethe, *Rhein. Mus.* 83, 1934, 23. Anders A. M. Dale, *Wien. Stud.* 69, 1956, 100.

die *Andromeda* dran, aber Euripides gelangt auch als Perseus nicht ans Ziel. Die Befreiung gelingt erst beim dritten Ansatz, als sich der Dichter unter Zusicherung künftigen Burgfriedens mit den Frauen versöhnt hat und mit ihrer Duldung den skythischen Tölpel mit einer hübschen Dirne drankriegt.

Wie sehr dieses Stück von der zeitgenössischen Tragödie lebt, mag aus dem Gesagten einigermaßen zu entnehmen sein, unmöglich aber ist es, eine Vorstellung davon zu geben, wie tief die Paratragodie bis in die Einzelheiten von Satz und Wort reicht.

Der Dichter hat noch eine zweite Komödie mit dem Titel *Thesmophoriazusen* geschrieben, die von dem erhaltenen Stück jedenfalls weitgehend abwich.

In der *Lysistrate*, die wieder Kallistratos aufführte, haben die Frauen ein anderes Ziel. Ihr Vorstoß zielt auf die Beendigung des Krieges, so daß wir mit dem Stück in der Nachfolge von *Acharnern* und *Frieden* stehen. Aber den älteren Dramen gegenüber ist dieses auf einen anderen Ton gestimmt. War früher vor allem von den Leiden des Krieges die Rede und hatte es kräftige Hiebe für jene gesetzt, die in der allgemeinen Not ihren Vorteil suchten, so ist die *Lysistrate* vom Geiste echter Versöhnlichkeit getragen. Es bedeutet nicht wenig, daß Aristophanes mitten im schwersten Existenzkampf seiner Stadt so unbefangen die Überzeugung äußern durfte, daß vieles auch für ihren großen Gegner spreche und sie nichts Besseres tun könne, als ihm aufrichtig die Hand zu reichen. Hier blickt der Dichter weit über den athenischen Horizont hinaus und hat wahrhaft panhellenisches Fühlen bewährt. So sind auch die innenpolitischen Anspielungen rar geworden, so stark damals am Vorabend des Oligarchenputsches die Spannungen gewesen sein mögen. Es ist nur echt aristophanisch, daß aller Ernst, der in dem Stücke lebt, der saftigen Derbheit in der Durchführung der Handlung nicht den geringsten Eintrag tut.

Wie andere Komödien des Aristophanes (*Wolken, Wespen, Ekkl.*) beginnt auch diese in der Morgendämmerung. Lysistrate, die Heldin des Spieles, die Erfinderin der List und durch einen gewissen Ernst von den hier besonders zotigen Späßen abgesetzt, erwartet ihre Helferinnen, die sie aus der Peloponnes und aus Böotien hat rufen lassen. Allmählich kommen die Verschwörerinnen zusammen, aber als Lysistrate ihr Hauptkampfmittel, den Liebesstreik bis zur Erzwingung des Friedens, enthüllt, da zeigt sich sogleich, wie schwer es sein wird, solche Opfer durchzusetzen. Bezeichnend für die Grundstimmung des Spieles ist es, daß Lysistrate ihre entschlossenste Helferin in der Spartanerin Lampito findet. Der Pakt wird feierlich beim Opfer – eines Weinschlauches beschworen, und schon ist auch die andere, von Lysistrate umsichtig geplante Maßregel ausgeführt: die älteren Frauen haben die Burg besetzt, um sich der Staatskasse zu versichern, aus der die Männer die Kriegskosten bestreiten.

In der *Lysistrate* haben wir von allem Anfang an zwei einander bekämpfende Chöre, wobei wir nicht sicher sind, ob hier ein ganzer Gegenchor aufgestellt oder der vorhandene geteilt wurde. In keinem Falle handelt es sich um eine Neuerung, da das agonale Gegenüber zweier Chöre zu den frühen Formen gehört[1]. Zunächst rückt der

[1] Vgl. J. LAMMERS, *Die Doppel- und Halbchöre in der ant. Trag.* Paderborn 1931.

Chor der alten Männer an, um die Burg zu stürmen und die Weiber auszuräuchern. Der Chor der Frauen setzt dagegen flinke Zungen und Wasser in reicher Menge ein, um die Männer in Schach zu halten. Dem Streit der Gruppen folgt in dem ausgezeichnet gebauten Stück der Agon der Einzelpersonen. Ein hoher Amtsträger kommt, ein Angehöriger jenes Probulenkollegiums, das 413 als eine Behörde von größerer Autorität geschaffen wurde. Auch in den *Demen* des Eupolis erscheint ein Probule. In unserem Stück ist es mit seiner Autorität nicht weit her, denn er muß sich von Lysistrate die Fehler der Männer, die da regieren wollen, kräftig vorhalten lassen und mit Hohn überschüttet abziehen. In klarer Ringkomposition folgt diesem Streitgespräch wieder eine Kampfszene der beiden Chöre, die gegeneinander singen. An sich wäre hier der Ort, an dem wir die Parabase erwarten. Hat der Dichter sie ausgelassen, weil er den frischen Gang der Handlung nicht unterbrechen wollte, oder empfand man 411 die Urzelle des komischen Spieles nicht mehr als seinen unerläßlichen Bestandteil? Beide Faktoren können zusammenspielen.

Es ist durch den straffen Bau des Stückes bedingt, daß Episodenreihen in ihm weniger bedeuten als anderswo. Eine kurze, die dem zweiten Streit der Chöre folgt, ist jedoch besonders köstlich. Drei Frauen wollen nacheinander, von heißen Wünschen geplagt, ausreißen. Die Reihe bildet eine hübsche Klimax, denn in der dritten, die mit einem Helm Schwangerschaft vortäuscht, erreicht das Motiv seine Höhe. Anderseits gibt die Reihe dieser Ausbruchsversuche ein wirkungsvolles Gegenbild zu der wackeren Myrrhine, die ganz im Sinne des Planes in einer langgedehnten und an Deutlichkeit nicht mehr zu überbietenden Szene ihren Kinesias bis zur Verzweiflung hinhält und schließlich sitzen läßt. Den Männern in Sparta geht es nicht besser, das hört man von einem spartanischen Herold und sieht es ihm auch an. Dem großen Friedensschluß präludiert jener zwischen den gegnerischen Chören, die sich zu einem zusammenschließen. Die spartanischen Gesandten kommen zu Verhandlungen, und Lysistrate tritt in Begleitung der personifizierten Versöhnung – wieder eine allegorische Figur im Endteil des Spieles – zu den beiden Parteien. Ihre Rede, in der sie die feindlichen Griechenstämme an das Gemeinsame ihres Schicksals mahnt, gehört zum Ernstesten und Schönsten, was wir im Aristophanes lesen. Daß dann wieder die Komosfreude mit Tafelei und Tanz ihr Recht fordert, ist nur natürlich. Der Schluß ist nicht vollständig erhalten, doch fehlt kaum viel.

Es ist verständlich, daß man das prächtige Stück immer wieder und besonders in Zeiten, die selbst den Krieg gekostet haben, nachzubilden versuchte. Es ist aber auch verständlich, daß alles auf der Bühne und im Film fehlschlagen mußte. Die unglaubliche Direktheit, mit der das Sexuelle behandelt wird und die doch nie Lüsternheit ist, kann der Moderne nicht ertragen, die aristophanische Komödie auf Grund ihres Ursprungs und ihres Wesens aber nie und nimmer entbehren. Hier, wenn irgendwo, wird es deutlich, wie erst historisches Verständnis die Voraussetzungen für unbefangenen Genuß zu schaffen imstande ist.

Ungefähr in dieselbe Zeit fallen Stücke, in denen sich Aristophanes an Alkibiades gerieben hat. Wir glauben zu sehen, daß er ihm nicht mit derselben haßerfüllten

Ablehnung begegnete wie einem Kleon, sondern einzelne Züge seiner Lebensführung zur Groteske gestaltete. Zu einer solchen nicht grundsätzlich feindlichen Haltung stimmt auch die feine Pointierung, mit der über den umstrittenen Mann in den *Fröschen* (1422) gesprochen wird. Die *Tagenistai*, in denen viel von Schlemmerei die Rede war, scheinen Alkibiades angegangen zu sein; sicher war das im *Triphales* der Fall, der die erotische Seite dieses merkwürdigen Lebens in einer Weise behandelte, von der uns die Reste gerade noch erkennen lassen, daß sie gut aristophanisch war.

In diesen Abschnitt dichterischen Schaffens gehört auch der *Gerytades*, der die Auseinandersetzung zwischen alter und neuer Kunst aufnimmt, die ja eines der Leitmotive der Komödie des Aristophanes gewesen ist. Kenntlich wird aus den Resten eine Kommission «moderner» Künstler, die auf Beschluß der Volksversammlung in die Unterwelt ging und von dort wahrscheinlich die Allegorie der alten Kunst in Frauengestalt heraufbrachte. Die typische Rolle solcher Personifikationen ist uns aus Aristophanes hinreichend bekannt.

Meisterhaft hat der Dichter dieselbe Problematik in den *Fröschen* behandelt, die Philonides an den Lenäen 405 aufführte. In der Hochschätzung dieses Stückes begegnen wir uns mit den Byzantinern, wenngleich die Gründe verschieden sind. Auch die Preisrichter erkannten ihm den ersten Platz zu, den zweiten den *Musen* des Phrynichos mit nahe verwandter Thematik.

Hatten wir bisher eine gewisse Regelmäßigkeit im Aufbau aristophanischer Komödien insoweit feststellen können, als die agonalen Elemente stärker in der ersten Dramenhälfte, die episodischen hingegen in der zweiten vertreten waren, so zeigen die *Frösche* genau die umgekehrte Anordnung. Sie beginnen mit einer Art von Vorspiel beim Hause des Herakles, zu dem Dionysos mit seinem Diener Xanthias kommt, um sich nach dem Weg in die Unterwelt zu erkundigen. Herakles war ja dort, um den Kerberos zu holen, und so hält es Dionysos für zweckmäßig, im Herakleskostüm mit Löwenfell und Keule hinunterzusteigen, um dort Eindruck zu machen. Zweck des Abenteuers ist, den vor kurzem verstorbenen Euripides heraufzuholen, ohne den es der Theatergott nicht mehr aushalten kann. Zur Begründung gibt er im Gespräch mit Herakles ein Bild von der gegenwärtigen Verödung der tragischen Bühne Athens, die sein Unternehmen rechtfertigt.

Mit der Unbeschwertheit des Szenenwechsels in der Komödie sind wir sogleich am Unterweltssee, wo Dionysos in den Nachen Charons steigt, selbst aber kräftig rudern muß. Er wird dabei aufs äußerste von dem Gequake eines Nebenchores von Fröschen belästigt, von dem das Stück seinen Namen hat. Der Sklave Xanthias durfte nicht mitfahren, er läuft um den See, will sagen um die Orchestra, herum, durch die sein Herr in einem Schiff auf Rädern gezogen wird. Ähnlich, allerdings etwas feierlicher, fuhr der Gott im Frühjahr auf dem Schiffskarren durch die Stadt.

Nach einem Stück Weges durch die Unterwelt, bei dem Dionysos Beweise von gewaltiger Feigheit ablegt, stoßen die beiden auf den (nun einziehenden) Chor eleusinischer Mysten, die da drunten selige Festesfreude fortsetzen dürfen. Ihr Rufehymnos an Iakchos ist eine Perle aristophanischer Poesie.

Das Herakleskostüm des Dionysos erweist sich nur als bedingt zweckmäßig. Der Unterweltspförtner Aiakos bricht beim Anblick des vermeintlichen Kerberosräubers sofort in tolle Wut aus und läuft, um Schergen zu holen. Schenkwirtinnen, denen Herakles die Bude leergefressen hatte, fallen mänadenhaft über den Ankömmling her. Dazwischen allerdings kommt eine Magd der Persephone mit einer überaus verlockenden Einladung. Folge dieser wechselvollen Episoden ist es, daß der Gott von Xanthias ständigen Kleidertausch erzwingt, um jeweils den Sklaven als Herakles vorzuschieben. Weitere Folge: als Aiakos mit den Schergen kommt, ist überhaupt nicht mehr festzustellen, wer da eigentlich der Gott ist. Eine überaus komische Prügelprobe soll die Entscheidung bringen, läßt die Frage aber im Unklaren. So schickt Aiakos die beiden Helden in den Palast zu der Herrschaft, den Unterweltsgöttern, damit diese entscheiden.

Die Parabase, die letzte, die wir von Aristophanes kennen, ist um den responsionslosen Teil verkürzt, zeigt also dieselbe Form der epirrhematischen Syzygie, die wir mehrfach neben der Hauptparabase im zweiten Teil der älteren Stücke angetroffen haben. Ihr Inhalt, die warme und ergreifende Mahnung, die Wunden im Innern der Stadt zu heilen und den politisch Belasteten die Hand zur Versöhnung zu reichen, hat nach dem Bericht des Dikaiarchos in der Hypothesis dem Dichter eine Wiederaufführung des Stückes eingebracht. Das müssen wir dem Aristotelesschüler glauben, doch sind wir um den Ansatz verlegen. Am ehesten wird man an eine Wiederholung noch im selben Jahre, vielleicht sogar noch beim selben Feste denken.

Nach der Parabase treten Aiakos und Xanthias auf, die Domestikenfreundschaft geschlossen haben. Aus ihrem Gespräch erfahren wir von einem Streit, der in der Unterwelt ausbrach, als Euripides den Ehrensitz des tragischen Dichters verlangte, den Aischylos innehatte und verteidigte. Nun soll die Kunst der beiden genau verglichen werden und Dionysos bei diesem Kampfe Schiedsrichter sein. Es ist klar, daß hier eine Umschaltung der Motive erfolgt, da Dionysos auszog, um Euripides heraufzuholen, nun aber einen Agon zwischen dem Vertreter der altehrwürdigen und jenem der modernen Tragödie durchführen soll. Doch es geht zu weit, deshalb von Zweisträngigkeit des Spieles zu sprechen und den gezeigten Befund für eine Entstehungshypothese auszuwerten. Dieser zufolge soll der Thronstreit vor dem Tode des Sophokles, die Heraufholung des Euripides wegen der Verwaisung der Bühne erst nach diesem konzipiert sein. Man tut besser, die Kunst des Dichters zu würdigen, der durch die geschickte Verknüpfung der beiden Motive erst ein lebendiges Ganzes und die Möglichkeit bewegter Debatte gewann[1]. Richtig ist soviel, daß Sophokles während der Konzeption des Stückes durch Aristophanes starb und dieses Faktum Berücksichti-

[1] Richtig Süss, *Inkongruenzen* (s. u.), 139. Anders H. DREXLER, *Die Komposition der Fr. des Ar.* Breslau 1928. SCHMID 4, 345. KRAUS bei RADERMACHER (s. u.), 355. Gegen DREXLERS Analyse H. ERBSE, *Gnom.* 28, 1956, 272 (mit Lit.). H.-J. NEWIGER, *Zet.* 16. Münch. 1957, 67, 6. TH. GELZER, *Zet.* 23. Münch. 1960, spricht von der Überlagerung zweier Konzeptionen. Das ist in jedem Falle richtig, fraglich ist nur, ob daraus eine Entstehungshypothese abzuleiten ist. In Einzelinterpretation sucht Umarbeitung nach dem Tode des Sophokles festzustellen C. F. RUSSO, ‹Per una storia delle «Rane» di Aristofane›. *Belfagor, Rassegna di varia umanità* 16, 1961, 1; jetzt *Storia delle Rane di Ar. Proagones* 2. Padova 1961; *Ar. autore di teatro.* Firenze 1962, 313. Besonnen zur Kompositionsfrage E. FRAENKEL, *Beobachtungen zu Ar.* Rom 1962.

gung verlangte. Der Dichter hat dies mit ein paar knappen Gesten getan. Kenntlich wird das vor allem in den schönen Versen (78. 788), in denen er Sophokles erwähnt und ehrt.

Der Wettkampf, der mit feierlichem Opfer eingeleitet wird, gliedert sich in zwei formal verschiedene Teile, was kein Grund ist, für sie verschiedene Entstehungszeit anzunehmen. Der erste dieser Teile (895–1098) ist gleich dem Agon der *Wolken* ein gutes Beispiel für jene streng symmetrisch gebauten Agone, die ZIELINSKI[1] als Normalform erweisen wollte. Die einzelnen Elemente sind weitgehend dieselben wie in der Parabase. Auf Ode, Katakeleusmos (Aufforderung), Epirrhema (in Langversen) und Pnigos folgen die Entsprechungen Antode usw. Die Epirrhemata sind natürlich nicht geschlossene Reden, sondern Dialoge der beiden streitenden Dichter. In dieser Partie geht es um allgemeinere Prinzipien tragischer Dichtung. Wie auch später wird immer wieder großgeartete aischyleische Wucht mit ihrem schweren Wortprunk zur advokatischen Rhetorik und realistischen Menschenschilderung des Euripides in Gegensatz gestellt. Bedeutsam tritt aber auch die Frage nach dem Nutzen der Dichtung für die Gemeinschaft, nach ihrer erzieherischen Bedeutung hervor. Damit neben großen und ernsten Gedanken auch hier die Narrenschelle nicht stumm bleibe, begleitet Dionysos das Gespräch mit Zwischenbemerkungen, die ganz anderen Bereichen entstammen und in echt aristophanischen Dissonanzen prächtig wirken. Der zweite große Abschnitt beginnt mit Vers 1119 und ist in Trimetern gehalten, die mit der Parodie lyrischer Partien wechseln. Zweimal hat der Chor ein kurzes Lied. Inhaltlich ergibt einen gewissen Abschluß das Eingreifen des Pluton (1414), der dem Kampf bis dahin als stummer Zeuge beiwohnte. In diesem zweiten Teil geht es um Teilstücke der Tragödiendichtung, um Prologe, Monodien, Chorlieder, um ein genaues Prüfen des Einzelnen (βασανίζειν v. 1121) mit ziemlich primitiver Verballhornung der gegnerischen Verse. Schließlich muß sogar die Waage her, aber wenngleich sie dreimal zugunsten des Aischylos ausschlägt, kann Dionysos doch noch keinen Entschluß fassen: des einen Weisheit achtet er, am andern hat er seine Freude. Pluton gibt ihm den Anstoß, die letzte Entscheidung vom Nutzen für die Stadt her zu suchen, was ein gewisses Rückbiegen zu einem tragenden Gedanken der epirrhematischen Agonpartie bedeutet. Leider stoßen wir hier auf Schwierigkeiten der Überlieferung, und verschiedene Versgruppen unterliegen dem Verdachte späterer Interpolation, sicher aber bleibt, daß Dionysos nun seinen Entschluß faßt und den Dichter der großen alten Tragödie wie einen Garanten der Gesundung zum Lichte emporführt. Aischylos tritt hier förmlich an die Stelle jener segenbringenden allegorischen Gestalten, denen wir so oft am Schlusse aristophanischer Komödien begegneten.

Zwei Fragen müssen hier gestreift werden: Wie stand Aristophanes zu den Göttern des Volksglaubens und wie zu dem Dichter, den er ausgiebiger verhöhnt als jeden andern?

Was sich Aristophanes mit den Göttern erlaubt, ist nicht wenig. Der Dionysos, der sich auf der Unterweltsreise von Xanthias erschreckt in bebender Angst hinter dem

[1] Vgl. S. 484 A. 1.

Proedriesitz seines eigenen Priesters verkriecht, dürfte schwer zu überbieten sein. Ein Gelehrter wie M. P. NILSSON[1] hat diese Burlesken als Verfall religiösen Gefühles gewertet. Wir meinen, mit Unrecht. Es gibt einen Spott, der weit eher als Distanz lebendige Nähe zu dem also Betroffenen verrät. Was der einfache Mensch früherer Zeiten von seinen lieben Heiligen zu erzählen wußte, gibt gute Parallelen, der zersetzende Spott eines Lukian das lehrreiche Gegenbild. Es ist auch nicht so, daß alle Götter bei Aristophanes so erschienen, kaum ist für Athene Ähnliches denkbar, zu Dionysos bekundet sich aber in solchen Späßen eine Vertrautheit besonderer Art.

Es wäre falsch, das hier Erkannte ohne weiteres auf das Verhältnis des Dichters zu Euripides übertragen zu wollen, aber eine gewisse Nähe der beiden Fragen möchten wir immerhin behaupten. Jedenfalls würde man den Sinn der aristophanischen Komödie verfehlen, wollte man hinter den Angriffen auf Euripides finsteren Haß vermuten. Komödienspaß will zunächst einmal als Spaß verstanden sein. Natürlich steht in diesem Falle der ernste Kampf für Güter der Tradition hinter Schimpf und Scherz. Aber Aristophanes wußte, daß der, gegen den er seine Waffen wandte, ein Großer im Reiche des Geistes war. Der Meister der Paratragodie wußte auch, daß Parodie nur Sinn und Wirkung hat, wenn sie Bedeutendes in ihrem Zerrspiegel faßt. Für das Minderwertige war die unflätige Beschimpfung da, die ihm die Komödie als traditionelles Mittel für Leute wie Kleon und Kleinere bereit hielt, nicht aber für einen Euripides. Dieser hat sich in großer Weise an ihm gerächt, indem er den scheinbar so heftig Widerstrebenden in manchem, nicht zuletzt in Dialektik und Sprachform, in seine Schule zwang. Kratinos hat das gemerkt und (fr. 307) vom *Euripidaristophanizon* gesprochen[2].

Als die Feinde 404 die Mauern Athens niederrissen, ging die Welt in Trümmer, in der allein die Archaia hatte gedeihen können. Das Werk des Aristophanes aber reicht ein gutes Stück über diesen Zusammenbruch hinaus.

Wenn wir für die späten Stücke auf Grund der beiden erhaltenen nach gemeinsamen Kennzeichen suchen, so können wir sagen, daß die Fülle lebhafter Bezüge zu den Personen und Fragen der Zeit hier auf Geringfügiges reduziert ist, während das rein Erdachte sie in höherem Maße trägt und ausfüllt[3].

So ist es in den *Ekklesiazusen*, der Weibervolksversammlung, die nach der Angabe des Philochoros im Scholion zu v. 293 zwei Jahre nach dem Symmachievertrag zwischen Athen und Sparta, also wohl 392 aufgeführt wurden. Der Vergleich mit der *Lysistrate* ist nicht zu umgehen. In beiden Stücken verschwören sich die Frauen zu einem Umsturz, in beiden hält eine von ihnen die Leitung des Unternehmens in der Hand, und der Eingang mit der Zusammenrottung der verbündeten Weiber zu früher Stunde, hier in den *Ekkl.* noch im Dunkel, ist da und dort weitgehend der gleiche. Aber hat es sich in der *Lysistrate* um die brennendste aller Zeitfragen, um die Herstel-

[1] *Gesch. d. gr. Rel.* 1, 2. Aufl. Münch. 1955, 779. A. LESKY, ‹Griechen lachen über ihre Götter›. *Wiener human. Blätter* 4, 1961, 30.

[2] Das Verbindende hebt auch C. PRATO in dem bei den Lit.-Angaben genannten Buche gut hervor; auch verzeichnet er die Stellen, an denen sich euripideischer Einfluß denken läßt.

[3] H. FLASHAR ‹Zur Eigenart des aristophanischen Spätwerks›. *Poetica* 1, 1967, 154.

lung des Friedens gehandelt, so wird hier eine lustige Utopie durchgespielt. Und während in der *Lysistrate* durch alle Phantastik ernste Mahnung und Hoffnung auf den Sieg der Vernunft zu vernehmen waren, führt sich in den *Ekklesiazusen* die spielende Phantasie selbst in unbekümmerter Weise ad absurdum.

Die Frauen sind der unzulänglichen Männerwirtschaft satt und haben sich entschlossen, selbst die Regierung zu übernehmen. Vermummt werden sie sich in die Volksversammlung schmuggeln, um dort die entsprechenden Beschlüsse durchzusetzen, vorerst lauschen sie begeistert einer programmatischen Proberede ihrer Führerin Praxagora. Die Frauen schließen sich zum Chor zusammen und ziehen nach einem Liede, das sich mit dem Kommenden beschäftigt, in die Versammlung. So wird die Bühne nach der Parodos leer und bietet einer Szene Raum, in der Blepyros, der Gatte der Praxagora, von Chremes, der aus der Volksversammlung kommt, über den vollzogenen Umsturz unterrichtet wird. Auch der Chor kommt zurück und gleich darauf Praxagora, die nun in umfangreicher, in Langversen gebauter Agonszene ihrem Gatten das neue Regierungsprogramm entwickelt. Es ist im Kern sehr einfach: alle Not wird dadurch behoben, daß nunmehr alles allen gehören soll. Wir haben gesehen, daß Aristophanes gar nicht selten seine Stücke dadurch in Gang hält, daß er zwei Motivreihen ineinanderschlingt. Auch hier tritt der primäre Vorwurf der Weiberherrschaft stark in den Hintergrund, während der Rest des Spieles diesen primitiven Kommunismus zur Durchführung bringt. Wenn den *Ekklesiazusen* auch die Parabase fehlt, so ist im übrigen doch das alte Kompositionsschema recht treu bewahrt. Auf den Agon folgt eine Reihe episodischer Szenen, die den neuen Zustand ironisch beleuchten. Da begegnet der zur Ablieferung seiner Habe bereite Bürger mit all seiner Loyalität dem skeptischen Pfiffikus, der erst einmal die Entwicklung der Dinge abwarten will. Ganz toll und ganz aristophanisch – aber das ist eine Tautologie – geht es bei der Verwirklichung eines wichtigen Programmpunktes zu, der den Frauen dadurch gleichen Anteil am Liebesgenuß sichern will, daß die alten vor den jungen zum Zuge kommen. So wird denn ein junger Mann, der zu seinem Liebchen will, das bedauerliche Opfer megärischer Vetteln, die ungefähr im Stil der Phorkyaden der Klassischen Walpurgisnacht geschildert werden.

Das Werk der Praxagora nimmt sich in Wirklichkeit sehr viel anders aus als im Programm. Auch dies scheidet sie von Lysistrate, und im zweiten Teil des Stückes erscheint sie überhaupt nicht mehr auf der Bühne. Der Schluß ist flüchtig gearbeitet. Eine Magd holt Blepyros zum allgemeinen Festessen, das die anderen Bürger schon genossen haben. Das gibt Gelegenheit zu dem komastischen Abschluß, wie ihn der Brauch erfordert, und um seinetwillen erscheint Blepyros auch mit einigen Dirnen. Wie weit sich in dieser Partie die Ironie der vorangehenden Szenen fortsetzt, ist schwer zu sagen. Immerhin scheinen die Einladung der Zuschauer zum Mahle, das sie sich – daheim suchen sollen (1148), und der Gegensatz zwischen der Ankündigung der Tafelgenüsse, die in einem Wortungetüm erfolgt, und dem darauf genannten Bohnenbrei in diese Richtung zu deuten. In die Schlußpartie ist auch der Appell an die Richter geraten, da keine Parabase mehr vorhanden war, um ihm Raum zu geben.

Platon hat in seiner *Politeia* für den Wächterstand volle Gemeinschaft jeglichen Besitzes vorgesehen und das Verhältnis zwischen den Geschlechtern besonders radikal in diesem Sinne behandelt. Man hat mit großer Beharrlichkeit nach den Beziehungen gefragt, die auf diesem Felde zwischen dem Philosophen und dem Komödiendichter bestehen[1]. Diese sollen nicht überschätzt werden, denn Aristophanes ist nicht als ernsthafter Theoretiker des Kommunismus zu behandeln[2]. Konvergenzen mit Platon, die immerhin vorhanden sind, können sich aus dem Interesse der Zeit für Fragen dieser Art erklären. Wir wissen von Entwürfen des Hippodamos von Milet aus perikleischer Zeit und des Phaleas von Chalkedon aus dem Anfange des 4. Jahrhunderts, die vom Geiste der Aufklärung erfüllt waren und von denen der zweite die Gleichheit des Grundbesitzes forderte. Gewiß spricht Aristoteles die radikale Revolutionierung der Familie ausdrücklich Platon zu (*Pol.* 2, 7. 1266a 34; 12. 1274b 9), aber das bezieht sich auf die Formulierung in einem Verfassungsentwurf und schließt vorausgehende Debatten über solche Dinge nicht aus. Immerhin soll die Möglichkeit offen bleiben, daß Platon selbst etwa zwanzig Jahre vor der Vollendung seiner *Politeia* in welcher Form auch immer Gedanken dieser Art ins Gespräch gebracht hat[3].

Das letzte Stück, das wir von Aristophanes kennen, ist der *Plutos*, den er 388 aufführte. Aristophanes hatte schon 408 ein Stück unter diesem Titel auf die Bühne gebracht. Das wenige, das wir von ihm wissen, gibt Anlaß zu der Annahme, daß der erste *Plutos* dasselbe Thema gestaltete wie der erhaltene.

Die alte Klage über die ungerechte Verteilung der Lebensgüter ist hier in einem märchenhaften Spiel behandelt, was den persönlichen Spott und die Zote, diese beiden so wichtigen Ingredienzien der Archaia, stark zurücktreten läßt.

Noch einmal klingt im späten Aristophanes das Motiv an, das die *Daitales* und *Wolken* behandelt hatten. Der alte Chremylos war in Delphi, um den Gott zu befragen, ob er angesichts des Weltlaufes seinen Sohn nicht lieber zur Schlechtigkeit erziehen sollte. Der Gott hat, wie er das so liebt, scheinbar ganz ohne Zusammenhang geantwortet, Chremylos solle den ersten Menschen, dem er vor dem Tempel begegne, in sein Haus aufnehmen. Dies ist nun Plutos, dessen Blindheit an dem üblen Zustande der Welt die Schuld trägt. Durch eine Wunderkur im Asklepiosheiligtum soll er sehend gemacht werden. Das will Penia, die personifizierte Armut, verhindern, die in einem nach alter Weise gebauten Agon mit Chremylos ihr Recht verficht und ihre Segnungen preist. Denn nicht die Armut des Bettlers ist es, die in dieser soziologisch bedeutsamen Partie auftritt, sondern jene andere, die den Mann zur Arbeit um sein tägliches Brot, nicht aber zum Wohlleben führt. Manches Wort der Penia steht zum Abschlusse des herodoteischen Werkes in innerer Nähe.

Auch in diesem Stücke verschlingen sich verschiedene Motive, hier aber so, daß in der Tat manche Unklarheit bleibt[4]. Plutos soll sehend den Reichtum an die Guten und

[1] Lit. bei A. Meder, *Der ath. Demos zur Zeit des pelop. Krieges u.s.w.* Diss. Münch. 1938, 73.

[2] F. Oertel bei R. v. Pöhlmann, *Gesch. d. soz. Frage u. des Sozialismus in der ant. Welt.* 3. Aufl. Münch. 1925, 566. Ders., *Klassenkampf, Sozialismus und organischer Staat im alten Griechenl.* Bonn 1942, 42.

[3] So bes. Murray (s. u.), 187.

[4] Eingehend Süss, *Inkongruenzen* (s. u.), 298.

Gerechten verteilen, dazwischen schiebt sich aber die Vorstellung, es würden nun alle Menschen reich *und* gut sein, was übrigens durch die Sykophantenszene in der Episodenreihe ausgiebig widerlegt wird.

Die Heilung des blinden Gottes wird ausführlich von dem Sklaven Karion berichtet, wobei dieser in aristophanisch unbefangener Weise nebeneinander vom Trug der Priester und den Wundern des Gottes erzählt.

Der neue Zustand, den der sehende Gott (wir erfahren natürlich nicht, wie) herbeiführt, wird nun in der bekannten Weise durch episodische Szenen beleuchtet. Es kommt der brave Mann, den sein neues Glück mit Dank erfüllt, dann der Sykophant, dem jetzt sein Weizen verhagelt ist, dann eine Alte, die ihre Schwestern in den *Ekklesiazusen* hat, mit einem jungen Mann, der sich seine Gunstbeweise nicht mehr abkaufen lassen will. Der Gott Hermes berichtet von der Bestürzung, die im Olymp herrscht, und muß eine neue Stellung suchen, der Priester des Zeus Soter geht zu Plutos über. Dieser wird zum Schlusse in seinen Sitz während besserer Zeiten, in den Opisthodom des Parthenon, geführt. Die liebestolle Alte wird, damit etwas Spaß sei, in die Prozession gereiht, und so kommt, allerdings höchst bescheiden, am Schlusse der Komos zu seinem Recht.

Daß den letzten Stücken des Aristophanes die Parabase fehlt, sagten wir bereits. Darüber hinaus zeigt sich aber deutlich ein Zurücktreten der Chorpartien überhaupt, das schließlich zu ihrem Verschwinden aus unserem Texte geführt hat. In den *Ekklesiazusen* lesen wir zwei lyrische Chorpartien, an zwei anderen Stellen (nach 729. 876) findet sich nur der Vermerk χοροῦ. Wir finden diesen ein erstes Mal in den Wolken nach 888, wo vielleicht in der zweiten Fassung ein Chorlied nicht ausgearbeitet wurde. Der *Plutos*, der überhaupt kein Chorlied mehr hat, zeigt ihn viermal. Hier hat sich also bereits ein Zustand durchgesetzt, der in der Neuen Komödie die Regel ist. Durch den erwähnten Vermerk wird lediglich angegeben, daß hier eine, wir dürfen nun schon sagen akttrennende Leistung des Chores eingelegt ist. Sicher handelt es sich um Tanz, wieweit auch um Gesang, läßt sich nicht mit Bestimmtheit angeben.

Es dürfte klar geworden sein, wie die Archaia beim späten Aristophanes immer mehr an entscheidenden Elementen einbüßt. Wir können dem über das Skoptische, Zotenhafte und den Chor Gesagte noch hinzufügen, daß wir im Karion des *Plutos* die Rolle des Sklaven in einer Weise ausgestaltet sehen, die manche Figur der späteren Komödie vorbereitet. Die Frage der Entwicklung zu dieser hat schon die antike Philologie beschäftigt. Platonios stellt in einem Traktat (περὶ διαφορᾶς κωμῳδιῶν) fest, daß ein Stück wie der *Aiolosikon*, eine Tragödienparodie, der persönlicher Spott und Chorlieder fehlen, bereits den Typus der Mittleren Komödie zeige. Das mag stimmen. Kritischer werden wir uns zu einer Konstruktion stellen, die in der Vita des Aristophanes mit dessen *Kokalos*[1], dem zweiten der spätesten Stücke, verbunden ist. Danach hätte Menander seine wichtigsten Motive aus dieser Komödie genommen, die unter Ausschaltung persönlichen Spottes bereits Verführung und Wiedererkennung brachte. Man wird diesen Versuch, Archaia und Nea in ein Entwicklungsschema

[1] Zur Gestalt M. P. Nilsson, *Opuscula selecta* 3, 1960, 505.

zu bringen, als gewaltsam ablehnen, aber es bleibt die Frage, wie die Wandlung der Komödie im 4. Jahrhundert vor sich gegangen ist. Was die letzten Stücke des Aristophanes zeigen, ist wichtig, weist aber nicht einfach den Weg, auf dem wir zu Menander kommen. Die Nea ist zu einem guten Teil auch als Erbin der Tragödie zu verstehen. Darüber mehr zu Menander. Anderseits ist zu bedenken, daß uns Aristophanes nicht die Archaia in ihrer ganzen Spannweite repräsentiert. Bei anderen Dichtern mögen die dem bürgerlichen Leben entnommenen Motive eine größere Rolle gespielt haben. Wir hatten unter solchen Gesichtspunkten früher (S. 476) die Stücke des Pherekrates mit Hetärennamen als Titeln hervorzuheben. Hier mögen Ausgangspunkte für die spätere Entwicklung vorhanden gewesen sein[1].

Mit Bedauern muß man feststellen, daß über der kritischen Arbeit an den erhaltenen Stücken die Aufgabe, die Elemente des aristophanischen Humors herauszuarbeiten, stark vernachlässigt wurde. So reich auch Situationskomik ausgenützt wird, ist Träger dieses Humors doch vor allem die Sprache. In der Häufung oft genialer, oft aufdringlicher Wortwitze ist Aristophanes unerschöpflich. (Auch hierin darf man ihm den Aristophanes von Wien vergleichen.) Dabei arbeitet er mit der Umbiegung des Wortsinnes und der Ausnützung von Anklängen, mit Mitteln also, die zu allen Zeiten in der Sprache des Volkes üblich sind. Hierher gehört es auch, wenn er alle Möglichkeiten der Verdrehung und Umdeutung, die Eigennamen an die Hand geben, weidlich ausnützt. In überreichem Maße verwendet Aristophanes Komposita aus mehr als zwei Elementen, die sich vor allem im Pnigos der Parabasen und der Agonpartien zu monströsen Wortungetümen steigern. Ein durchgehendes Charakteristikum dieser Sprache ist ferner die Diskrepanz heterogener Elemente. Grundschicht ist das Attische, wie es zur Zeit des Dichters gesprochen wurde. Während er nun nicht selten mit derben Vulgarismen unter dieses Niveau geht, greift er anderseits mit beiden Händen in den reichen Vorrat der Dichtersprache. Er tut dies vor allem in der Absicht, durch die Parodierung der tragischen Höhenlage komisch zu wirken, er verwendet aber gelegentlich, besonders in der Lyrik, auch poetische Formen ohne solche Absicht. So ist die Buntheit seiner Sprache so recht der Spiegel jener anderen, inhaltlichen, in der sich reale und phantastische Elemente in unwiederholbarer Weise vermengen.

Die Reste der Archaia außer den erhaltenen Stücken des Aristophanes bei A. Meineke, *Fragm. Com. Gr.* 5 Bde. 1839–1857, repr. Leiden 1970. Th. Kock, *Com. Att. Fragm.* 1, Leipz. 1880. Ergänzungen: J. Demiańczuk, *Suppl. Comicum.* Krakau 1912. M. F. Pieters, *Cratinus.* Leiden 1946 (Mit Interpretationen). D. L. Page, *Greek Lit. Pap.* Lond. 1950. J. M. Edmonds, *The Fragments of Attic Comedy.* 1. Leiden 1957 (mit Übersetzung). Verzeichnis der Papyri bei Pack.

Unsere Aristophanesüberlieferung ist vornehmlich durch 3 Epochen bestimmt. Die Alexandriner waren an dem Dichter, wie überhaupt an der Archaia, über die Eratosthenes ein großes Werk schrieb, lebhaft interessiert. Der Dichter Lykophron hatte die Komikertexte zu betreuen, Aristophanes von Byzanz hat eine kritische Ausgabe gemacht, andere haben Erklärungswerke verfaßt. Von zahlreichen Alexandrinern wie Aristarch, Kallistratos, Eratosthenes wissen

[1] F. Wehrli, *Motivstudien zur griech. Kom.* Zürich 1936, 17. 27. T. B. L. Webster, *Studies in Later Greek Comedy.* Manchester 1953.

wir, daß sie sich mit der Alten Komödie beschäftigt haben; Lit. bei TH. GELZER, *Gnom.* 33, 1961, 26, 1. Auch hier bedeutet der große Kommentar des Didymos (1. Jh. v. Chr.) die Zusammenfassung einer gewaltigen Fülle kritischer und exegetischer Arbeit. Zum zweiten war es für die Erhaltung aristophanischer Komödien entscheidend, daß die attizistischen Grammatiker und Schriftsteller den Autor sprachlich als Muster und Quelle ersten Ranges betrachteten. Auch Kommentare, die alexandrinisches Gut weiterverarbeiteten, wurden bis in die sinkende Antike geschrieben. Zwischen Didymos und unseren Scholien wird vor allem ein Kommentar des Symmachos (etwa 100 n. Chr.) kenntlich sowie Erklärungen einzelner Stücke von Phaeinos (zwischen 2. und 5. Jh.). Zum dritten hat man neuerdings gelernt, die Arbeit richtig einzuschätzen, die byzantinische Gelehrte vom 9. Jh. an leisteten. Die durch WILAMOWITZ zur communis opinio gewordene Auffassung, die 11 Aristophanesstücke hätten die dunklen Jahrhunderte in einem einzigen mit Varianten versehenen Maiuskelkodex überdauert, und dieser sei der Archetypus unserer gesamten handschriftlichen Überlieferung, wurde neuerdings ebenso wie die entsprechende Auffassung bei anderen Autoren schwer erschüttert: G. ZUNTZ, ‹Die Aristophanes-Scholien der Papyri›. *Byzantion* 13, 1938, 635 u. 14, 1939, 545. M. POHLENZ (s. u. zu den *Rittern*), 95. Die byzantinischen Gelehrten leisteten die Umschrift aus der Maiuskel mit Durchführung von Worttrennung und Einsetzung der Lesezeichen, hatten aber, wie POHLENZ durch den Vergleich mit den Papyruslesungen zeigt, dabei mehrere Handschriften zur Verfügung, deren Lesarten sie als Varianten verwerteten. Nach der von ZUNTZ entwickelten und nicht nur für Aristophanes wichtigen Anschauung haben die Byzantiner über die Umschrift hinaus einen neuen Buchtypus geschaffen. Während die antiken Kommentare (Hypomnemata) gesonderte Bücher waren und sonst Erklärungen nur gelegentlich an den Rand geschrieben wurden, entstand nun die Handschrift mit breitem Rand, der die durchgehende Erklärung in der Form der Scholien aufzunehmen hatte. Diese aber setzen für Aristophanes verschiedene aus der Antike erhaltene Vorlagen voraus. Von einem Autograph des Triklinios im Par. Suppl. Gr. 463 aus sucht dessen erklärende Tätigkeit im Verhältnis zu anderen Scholien-Schichten zu bestimmen W. J. W. KOSTER, *Autour d'un manuscrit d'Aristophane écrit par Démétrius Triclinius.* Groningen 1957.

Verzeichnis der Handschriften: J. W. WHITE, *Class. Phil.* 1, 1906, 1. 255; Ergänzungen bei TH. GELZER, *Gnom.* 33, 1961, 28, 9. Die führenden gliedern sich in 3 Klassen: 1. Ravennas 137 (11. Jh.) mit allen 11 Stücken und Scholien, die jedoch geringeren Wert besitzen als die des Ven. 2. Marcianus Venetus 474 (12. Jh.) mit 7 Stücken und wertvollen Scholien; für die fehlenden *(Ach.* und die 3 *Weiberkomödien)* tritt eine in 2 Teilen erhaltene Handschrift (14. Jh.) ein: Laurentianus pl. 31, 15 und Vossianus Leidensis 52. 3. Eine Gruppe selbständigen Wertes setzt sich aus Handschriften des 14. Jh. zusammen (s. COULON in seiner Ausgabe). Die Papyri bei PACK. Dazu *Ox. Pap.* 31, 1966, nr. 2545 mit *Ritt.* 1057–1076. Die indirekte Überlieferung: W. KRAUS, *Testimonia Aristophanea. Denkschr. Ak. Wien, phil.-hist. Kl.* 70/2, 1931. Viel Lit.zur Aristophanes-Überlieferung bei A. TURYN, *The Byz. Manuscript Tradition of the Trag. of Eur.* Urbana 1957, 32, 49.

Literatur zu Aristophanes für 1938–1955 bei K. J. DOVER, *Lustrum* 2, 1957, 52. Vieles bei Schmid 4, 1946.

Von älteren Ausgaben bleiben wegen der Apparate wichtig: A. v. VELSEN, Leipz. 1869–83, unvollständig, ergänzt von K. ZACHER durch die 2. Aufl. der *Ritter*, Leipz. 1897, und den *Frieden*, Leipz. 1909. Ferner J. VAN LEEUWEN, Leiden 1893–1906. Heute führt V. COULON mit Übersetzung von H. VAN DAELE, 1–5, *Coll. des Un. de Fr.* 1923–30, mehrfach neugedruckt, T. 1 in 6. Auflage 1958. (Dazu COULON, *Essai sur la méthode de la critique conjecturale, appliquée au texte d'Aristophane.* Paris 1933. Bedenken gegen COULONS Textgrundlagen: D. L. PAGE, *Wien. Stud.* 69, 1956, 116, 1.). R. CANTARELLA, 1 (Proleg.), Milano 1949; 2 *(Ach. Ritt.)*, 1953; 3 *(Wolk. Wesp. Frie.)* 1954; 4 *(Vög. Lys. Thesm.)* 1956. 5 *(Frö. Eccl. Plut.)* 1964 (doppelspr.). – A(usgaben) mit Komm. und E(rläuterungen) zu den einzelnen Stücken: *Ach.:* E: C. F. RUSSO,

Aristofane, Gli Acarnesi. Bari 1953 (Übers. mit Analyse). – *Ritt.*: R. A. NEIL, Cambridge 1901; repr. Hildesheim 1966. E: M. POHLENZ, ‹Aristoph. Ritter›. *Nachr. Ak. Gött. Phil.-hist. Kl.* 1952/5, 95. O. NAVARRE, *Les cavaliers d'Ar. Etude et analyse.* Paris 1956. M. LANDFESTER, *Die Ritter des Aristophanes.* Amsterdam 1967. – *Wolk*: A: W. J. M. Starkie, Lond. 1911. K. J. DOVER, Oxford 1968. E: WOLFG. SCHMID, ‹Das Sokratesbild der Wolken›. *Phil.* 97, 1948, 209. H. ERBSE, ‹Sokrates im Schatten der arist. Wolken›. *Herm.* 82, 1954, 385; ders., ‹Über die ersten 'Wolken' des Aristophanes›. *Opus nobile. Festschr. Jantzen.* Wiesbaden 1969, 35. TH. GELZER, ‹Aristophanes und sein Sokrates›. *Mus. Helv.* 13, 1956, 65. C. F. RUSSO, ‹«Nuvole» non recitate e «Nuvole» recitate›. *Stud. zur Textgesch. und Textkritik.* Köln 1959, 231. L. STRAUSS, *Socrates and Aristophanes.* New York 1966. Übers. von O. Seel, Stuttgart 1963 (Reclam). – *Wesp.*: A: W. J. M. STARKIE, Lond. 1897. – *Friede*: A: P. MAZON, Paris 1904. M. PLATNAUER, Oxford 1964. – *Vö.*: E: E. FRAENKEL, ‹Zum Text der Vögel des Ar.› *Stud. zur Textgesch. und Textkritik.* Köln 1959, 9. – *Thesm.*: E: W. MITSDÖRFFER, ‹Das Mnesilochoslied in Ar. Thesm.›. *Phil.* 98, 1954, 59. K. DEICHGRÄBER, ‹Parabasenverse aus Thesm. II bei Galen›. *Sitzb. Ak. Berl.* 1956/2. – *Lys.*: A: U. v. WILAMOWITZ, Berl. 1927; Neudr. 1958. TALIENA MARIA DE WIT-TAK, *Lysistrata. Vrede, vrouw en obsceniteit bij Aristophanes.* Groningen 1967. – *Frö.*: A: L. RADERMACHER, 3. Aufl. bes. von W. KRAUS. *Öst. Ak.* 1967. W. B. STANFORD, Lond. 1958 (mit Komm., ohne Apparat, viel Lit.); dazu mit zahlreichen kritischen Bemerkungen H.-J. NEWIGER, *Gnom.* 32, 1960, 751. Die Ausgabe von W. SÜSS mit ausgewählten Scholien *Kl. Texte* 66, Bonn 1911, erschien im Neudruck 1959. E: F. RICHTER, *Die Frösche und der Typ der aristophanischen Komödie.* Diss. Frankfurt. Düren 1933. H. DÖRRIE, ‹Ar. Frösche 1433–1467›. *Herm.* 84, 1956, 296. B. MARZULLO, ‹Aristophanea I›. *Acc. Naz. dei Lincei. Cl. di Sc. Mor. Stor. e Filol.* s. VIII, vol. 16. Fas. 7–12. 1961 (1962). Ferner die S. 500 A. 1 verzeichnete Lit. – *Ekkl.*: E: R. G. USSHER, ‹The staging of the Ecclesiazusae›. *Herm.* 97, 1969, 22. – *Plut.*: E: K. HOLZINGER, *Krit.-ex. Komm.* Ak. Wien 1940 (ohne Text). E. ROOS, ‹De incubationis ritu per ludibrium apud Aristophanem detorto›. *Acta Instit. Atheniensis regni Sueciae* 3, 1960, 55. – Fragmente in den für die Reste der Archaia angegebenen Werken. – Scholien: F. DÜBNER, Paris 1877; Nachdr. Hildesheim 1969. W. G. RUTHERFORD (nur die geringerwertigen Scholien des Ravennas) 3 Bde. Lond. 1896–1903. J. W. WHITE, *The Scholia on the Aves of Ar.* Boston 1914. Für Triklinios: K. HOLZINGER, *Sitzb. Ak. Wien.* 217/4, 1939. In den von W. J. W. KOSTER herausgegebenen *Scholia in Aristophanem* erschienen von P. IV *Jo. Tzetzae commentarii in Aristophanem* Fasc. 1 mit den Prolegomena und dem Komm. zum *Plutos* von L. MASSA POSITANO, Groningen 1960, Fasc. 2 mit dem Komm. zu den *Wolken* von D. HOLWERDA, 1960, Fasc. 3 mit dem Komm. zu *Fröschen* und *Vögeln* und dem Argumentum zu den *Rittern* von W. J. W. KOSTER, 1962, Fasc. 4 mit Indices, 1964. *Scholia in Aristophanem* I: *Prolegomena de comoedia, scholia in Ach., Equ., Nub.* II: *Scholia vetera in Ar. Equ.* ed. MERVYN JONES *et scholia Triclinia in Ar. Equ.* ed. N. G. WILSON. Groningen-Amsterdam 1969. Vgl. auch die o. angeführte Arbeit von ZUNTZ. Eine reich belegte Übersicht über die Editionsgeschichte der A.-Scholien bei TH. GELZER, *Gnom.* 33, 1961, 26 – Wortindex: O. J. TODD, Cambr. Mass. 1932. Nachdr. bei Olms, Hildesheim 1962. – Übersetzungen: J. G. DROYSEN, 3. Aufl. Berl. 1881. L. SEEGER 3 Bde. 1844ff., neu herausgeg. mit ausgezeichneter Einleitung und wichtigen Exkursen von O. WEINREICH, 2 Bde. Zürich 1952. Herausgeg. u. revidiert von H. KLEINSTÜCK u. E. R. LEHMANN. 2 Bde. Wiesbaden 1958. Die Übersetzung von SEEGER herausgeg. in 2 Bden von J. WERNER und W. HOFMANN. Weimar 1963; neu bearbeitet und mit Anmerkungen versehen von H.-J. NEWIGER und P. RAU. München 1968. Englisch: B. B. ROGERS, 3 Bde. Lond. 1924 (Loeb). Französisch: H. VAN DAELE (s. o.). Italienisch: Die gesamte antike Komödie mit Beiträgen verschiedener Übersetzer gibt B. MARZULLO heraus: *La commedia classica.* Firenze 1955. – Monographien und Untersuchungen: P. MAZON, *Essai sur la composition des comédies d'Ar.* Paris 1904. G. MURRAY, *Ar.* Oxf. 1933. V. EHRENBERG, *The People of Ar.* 3. ed. New York 1962. Ital. Firenze 1957. Deutsch Zürich 1968. W. SÜSS, ‹Inkongruenzen bei Ar.›. *Rhein. Mus.* 97, 1954, 115. 229. 289. C. F. RUSSO, ‹I due teatri di Ar.›. *Acc. d. Lincei. Rend. d.*

classe di scienze mor., stor. e fil. 1956, 14 (Versuch, die für Dionysien und Lenäen bestimmten Stücke nach Szenischem zu scheiden). C. PRATO, *Euripide nella critica di Ar.* Galatina 1955. W. W. GOLOWNJÁ, *Aristophanes.* Moskau. Ak d. Wiss. 1955; vgl. *Gnom.* 29, 1957, 308. K. LEVER, *The Art of Gr. Com.* Lond. 1956. H.-J. NEWIGER, *Metapher und Allegorie. Stud. zu Ar. Zet.* 16. Münch. 1957. TH. GELZER, ‹Tradition und Neuschöpfung in der Dramaturgie des Ar.›. *Ant. u. Abendl.* 8, 1959, 15. Ders., *Der epirrhematische Agon bei Ar. Zet.* 23. Münch. 1960. K. REINHARDT, ‹Ar. und Athen›. *Eur. Revue* 14, 1938, 754; jetzt *Tradition und Geist.* Gött. 1960, 257. O. SEEL, *Ar. oder Versuch über Komödie.* Stuttg. 1960. T. B. L. WEBSTER, ‹Monuments illustrating Old and Middle Comedy›. *Univ. of Lond. Inst. of Class. Studies. Bulletin Suppl.* 9, 1960. E. FRAENKEL, *Beobachtungen zu Ar.* Rom 1962. C. F. RUSSO, *Ar. autore di teatro.* Firenze 1962 C. PRATO, *I canti di Aristofane.* Rom 1962 (daneben bleibt J. W. WHITE, *The Verse of Greek Comedy.* London 1912, wichtig). F. BALLOTTO, *Saggio su Aristofane.* Messina-Firenze 1963. P. HÄNDEL, *Formen und Darstellungsweisen in der aristophanischen Komödie.* Heidelberg 1963. A. M. KOMORNIKA, *Métaphores, personifications et comparaisons dans l'oeuvre d'Aristophane.* Wroclaw 1964. C. H. Whitman, *Aristophanes and the Comic Hero.* Cambridge Mass. 1964. K.-D. KOCH, *Kritische Idee und homerisches Thema. Untersuchungen zur Dramaturgie und zum Ethos der Aristoph. Komödie.* Bremen 1965. J. TAILLARDAT, *Les images d'Aristophane. Etudes de langue et de style.* 2[e] tir. Paris 1965. *Κωμῳδοτραγήματα. Studia Aristophanea viri Aristophanei W. J. Koster in honorem.* Amsterdam 1967 (mit zahlreichen Beiträgen verschiedener Autoren). P. RAU, *Paratragodia. Untersuchung einer komischen Form des Aristophanes.* Zet. 45, 1967. – Nachleben: W. SÜSS, *Ar. und die Nachwelt.* Leipz. 1911. F. QUADLBAUER, ‹Die Dichter der griech. Komödie im literarischen Urteil der Antike›. *Wien Stud.* 73, 1960, 40. L. E. LORD, *Aristophanes. His Plays and his Influence.* (Our Debt to Greece and Rome.) New York 1963. J. WERNER, *Studien zur Geschichte der Aristophanesverdeutschung.* Leipzig 1965 (masch.). – D. M. McDowell, *Aristoph. Wasps.* Oxford 1970 (Komm.).

6. POLITISCHES SCHRIFTTUM

In Athens Innenpolitik war 443 ein Jahr der Entscheidung. Als das Scherbengericht den Führer der konservativ-oligarchischen Gruppe, Thukydides, den Sohn des Melesias, in die Verbannung schickte, war damit endgültig für die Demokratie entschieden, was zunächst Perikles bedeutete. Aber die Anhänger des Thukydides, die Adeligen, die den Demos haßten, als Grundbesitzer die Seemachtspolitik verurteilten und nach Sparta blickten, blieben in Athen und in Opposition. Das will nicht schematisch verstanden sein. Manche wußten, bald mehr, bald weniger äußerlich, Frieden mit dem Demos zu machen und sich in den unweigerlich gewandelten Verhältnissen ihren Platz zu sichern. Andere aber schlossen sich in dem Klubwesen der Hetärien zusammen und schworen dem Demos Kampf bis zum letzten.

Wie diese Spannungen in der Komödie ihren Ausdruck fanden, haben wir gesehen. Wir müssen uns ferner klarmachen, daß eine Fülle ephemerer Dichtung – Skolien, Elegien und Epigramme – für uns überhaupt nicht mehr greifbar ist. Nun versteht es sich von selbst, daß in einer Zeit, in der die ionische Prosa bereits eine bedeutende Höhe erreicht und in Athen die Rede vor Gericht und Volk große Bedeutung gewonnen hatte, auch die politische Äußerung in neuen Formen, zunächst noch neben den hergebrachten dichterischen, erfolgte. Als Timokreon aus Ialysos auf Themistokles böse war, schrieb er Verse gegen ihn; was Stesimbrotos von Thasos gegen die

Politik Athens auf dem Herzen hatte, sprach er in den ersten Jahren des Peloponnesischen Krieges in einer Prosaschrift *Über Themistokles, Thukydides und Perikles* aus[1]. Man hat die Wirkung dieser Kampfschrift, die im Sinne der Bündner geschrieben war, stark überschätzt, weil man sich nicht klarmachte, daß wir hier durch den Zufall der Überlieferung Nachricht von einer Schrift haben, die ohne Zweifel in einer lebhaften Produktion ähnlicher Art stand.

Ein höchst eigenartiges Erzeugnis aus dem politischen Schrifttum jener Zeit besitzen wir, weil es durch einen vorteilhaften Irrtum in das Corpus der Schriften Xenophons geraten ist. Diese pseudoxenophontische *Verfassung von Athen* (Ἀθηναίων πολιτεία), «der erste staatspolitische und soziologische Essay der Weltliteratur» (Reinhardt), stellt der Forschung eine Reihe schwerer Fragen. Wir grenzen zunächst das Wißbare ab. Klar ist, daß hier ein Oligarch zu seinesgleichen spricht. Er haßt die Demokratie, wie seine Gesinnungsgenossen sie hassen, aber er hält bloßes Geschimpfe für ebenso nutzlos wie einen unbekümmerten Optimismus, der sich über die Festigkeit des Systems täuscht und sein Ende erwartet. Darum zeigt er, wie der Demos zwar eine durchaus verwerfliche Herrschaft der *Schlechten* über die *Guten* aufgerichtet hat, wie er aber den Bau mit kluger Überlegung auf sichere Fundamente zu stellen wußte.

Das erste der drei Kapitel, die etwa zwölf Teubnerseiten füllen, behandelt in seinem ersten, größeren Teile die Vorteile, die sich der Demos im Inneren zu sichern weiß. Mit § 14 tritt das Verhältnis zu den Bundesgenossen, Athens wichtigstes Problem, in den Vordergrund, was noch am Ende des Kapitels zu Fragen der attischen Seeherrschaft führt. Diese beherrschen auch den Großteil des zweiten Kapitels und gipfeln dort in der Betrachtung jener Nachteile, die Athen daraus erwachsen, daß ihm das Ideal einer Seemacht, die Insellage, nicht beschert wurde. Hierbei zeigt sich eine gewisse Zwiespältigkeit in der Haltung des Verfassers, die er wohl mit manchen Gesinnungsgenossen teilte. Was Athens Seemacht bedeutet, weiß und würdigt er, ohne im mindesten zu verkennen, daß diese Macht unlöslich mit der Demokratie verbunden ist, die der Flotte ihre Bemannung stellt. Das eine wünschen, heißt also das andere in Kauf nehmen. Was wir über Athens Seeherrschaft lesen, spiegelt die Debatten der Zeit. So wird auch die Übereinstimmung mit Thukydides zu erklären sein, bei dem unter anderem ebenfalls der Vorteil der Insellage erwogen wird (1, 143). Mit seinem Schlußteil kehrt das zweite Kapitel zu den inneren Verhältnissen Athens zurück. Wir erkennen also hier, so locker die Anreihung der Gedanken im allgemeinen ist, jenen Schleifengang[2], der uns in archaischer Dichtung so häufig begegnet. Er ist auch bei der Anreihung des dritten Kapitels festzustellen, das aus dem Anfange der Schrift die Versicherung grundsätzlicher Mißbilligung der Demokratie aufnimmt. Im übrigen hat dieses Kapitel den Charakter eines Anhanges, in dem verschiedene Mißstände, besonders das schleppende Gerichtswesen, zur Sprache kommen. Zum

[1] Vgl. dazu S. 374, A. 3.

[2] Die Bedeutung der Ringkomposition in der Schrift haben zwei Gelehrte gleichzeitig beleuchtet: R. Katičić *Živa Antika.* Skoplje 1955, 267. H. Haffter, ‹Die Kompos. der pseudoxen. Schrift vom St. d. Ath.›. *Navicula Chiloniensis.* Leiden, 1956, 79.

Schlusse wird die Frage aufgeworfen, ob nicht die Männer, denen von der Demokratie zu Unrecht das Bürgerrecht aberkannt wurde, genug an Zahl wären, um ihr den Garaus zu machen. Die Frage wird entschieden verneint, und weit eher als die Aufforderung zu einem Staatsstreich ist in diesen letzten Sätzen die Warnung an die Standesgenossen zu erkennen, sie möchten nicht in Unkenntnis der Schwierigkeiten leichtfertig mit Umsturzgedanken spielen.

An das Ende läßt sich am besten die Frage nach dem Verfasser anschließen. Zwar nicht die nach seiner Identität, denn diese ist nicht zu beantworten. Auf wen hat man nicht alles geraten! Unter anderem auf Thukydides den Politiker und dann zur Abwechslung auf Thukydides den Historiker. Keine der vielen Zuweisungen verdient heute noch eine Widerlegung. Lebenskreis und Gesinnung des Verfassers stehen einwandfrei fest, darüber wurde schon gesprochen. Erlaubt ist die Frage, ob er in Athen oder fern von der Stadt geschrieben hat und an wen er sich wendet. Wichtig bleibt in diesem Zusammenhange die Stelle (1, 11), wo es heißt, einer könnte sich darüber wundern, daß man αὐτόθι (sc. in Athen) die Sklaven sich so üppig gebärden lasse. Die Deutung, daß hier einer außerhalb von Athen rede, ist zwar nicht die einzig mögliche, aber doch die am nächsten liegende. Auch ist es lehrreich, in dem Fragment eines «sokratischen» Dialoges[1] die unbefangene Weise zu vergleichen, in der ein Sprecher in Athen wiederholt die Antithese zu lakedaimonischen Verhältnissen mit ἐνθάδε-ἐκεῖ herstellt. Es ist dies einer der Gründe, weshalb HOHLS geistvolle Hypothese, unsere Schrift sei der Privatbrief eines athenischen Oligarchen an einen Gesinnungsfreund in Sparta, nicht die endgültige Lösung sein dürfte. Hauptstütze dieser Annahme ist die Äußerung (1, 11): *in Lakedaimon fürchtete mein Sklave sich vor dir.* Aber man muß den vorangehenden und den folgenden Satz hinzunehmen, um den allgemeinen Charakter der Aussage richtig zu würdigen. Die gesamte Tendenz der Schrift zusammen mit der kaum verhüllten Warnung vor leichtfertigen Umsturzplänen scheint auf den Kreis politischer Emigranten zu weisen, von denen die griechische Welt in so unheilvollem Maß erfüllt war.

Nicht minder schwierig ist die Frage der Datierung, da die Person des Verfassers im Dunkel bleibt und diese älteste attische Prosaschrift stilistische Vergleiche nicht zuläßt. Der einzig sichere Punkt, den vor mehr als hundert Jahren WILHELM ROSCHER bezeichnet hat, ist uns in 2, 5 gegeben, wo es heißt, eine Landmacht könnte nicht viele Tagmärsche von ihrer Basis entfernt operieren. Das kann man sich nach dem Zuge des Brasidas gegen Amphipolis, der durch ganz Griechenland führte, wirklich nicht mehr gut geschrieben denken[2]. Von der anderen Seite suchte man die mögliche Abfassungszeit dadurch einzuengen, daß man die beratende Tätigkeit der Bulé *über den Krieg* (3, 2) und die Äußerungen über die Verwüstung attischen Landes durch den Feind (2, 14) auf den Peloponnesischen Krieg bezog und die Schrift nach dessen Aus-

[1] *Pap. Soc. It.* 1215, vgl. V. BARTOLETTI, ‹Un frammento di dialogo Socratico›. *Stud. It.* 31, 1959, 100.

[2] GIGANTE (s.u.) gibt diese Position leider auf und will nur 411 mit dem oligarchischen Putsch als sicheren terminus ante quem gelten lassen.

bruch ansetzte. So schien der Zeitraum 431 bis 424 gewonnen, während genauere Bestimmungsversuche innerhalb dieses Rahmens keinen Erfolg hatten. Doch suchte INSTINSKY den eben bezeichneten terminus post quem als falsch zu erweisen und hat mit seinem Ansatz der Schrift vor dem Ausbruch des Peloponnesischen Krieges bei FRISCH und HOHL Nachfolge gefunden. Man muß zugeben, daß *der Krieg*, über den beraten wird, der Kriegszustand als Annahme sein kann, und daß die Verheerung attischen Bodens auch vor dem Ausbruch des Krieges in den Debatten über den Kriegsplan des Perikles eine Rolle gespielt haben wird. Doch bedingen diese Möglichkeiten nicht den Frühansatz der Schrift. Ihre Abfassung in der Kriegszeit ist durchaus denkbar, freilich nicht ihre Veröffentlichung. Aber daran, daß sie für einen kleinen Kreis Gleichgesinnter bestimmt war, zweifelt wohl niemand.

Diese früheste attische Prosa ist sprachlich außerordentlich interessant. Einwirkung der Sophistik ist nicht nachzuweisen. Echt attisches Streben nach Klarheit und Sachlichkeit steht zu der Ungelenkheit der Satzverbindungen und der Periodenbildung in einem reizvollen Gegensatz. Stichwortartige Kapitelanfänge sind sichtlich als Dispositionsstützen gedacht, Antithesen werden gesucht, doch entspricht der formalen Gegenüberstellung nicht immer der inhaltliche Gegensatz, Elemente mündlicher Eindringlichkeit des Argumentierens treten hervor. Wir spüren es, Zeugen eines Prozesses zu sein, wie er uns auch an einzelnen Schriften des hippokratischen Corpus entzückt: noch haben Gehalt und Gestalt nicht in vollendetem Ebenmaß zusammengefunden, die Klassik der griechischen Prosa ist erst im 4. Jahrhundert erreicht[1].

Ausgaben: Noch immer grundlegend E. KALINKA, Leipz. 1913. H. FRISCH, Kopenhagen 1942, beide mit Komm. Der Text KALINKAS mit praefatio und krit. Apparat wurde Stuttg. 1961 neugedruckt. Untersuchungen: H. U. INSTINSKY, *Die Abfassungszeit der Schrift vom Staate d. Ath.* Diss. Freiburg 1932. K. ITAL GELZER, *Die Schrift vom Staate d. Ath. Herm.* E 3, 1937. E. RUPPRECHT, *Die Schrift vom Staate d. Ath. Klio Beih.* 44, 1939 (will Interpolationen ausscheiden). M. VOLKENING, *Das Bild des att. Staates in der pseudoxen. Schrift v. St. d. Ath.* Diss. Münster 1940. E. HOHL, ‹Zeit und Zweck der pseudoxen. Ath. Pol.›. *Class. Phil.* 45, 1950, 26. L. C. STECHINI, 'Αϑ. Πολ. Glencoe, Illinois 1950. M. GIGANTE, *La Costituzione degli Ateniesi.* Napoli 1953. M. TREU, *RE* IX A 2, 1966, 1928.

7. THUKYDIDES

Für das Leben des größten Geschichtsschreibers der Antike haben wir allerlei Überlieferung, die an Gehalt und Zuverlässigkeit durchaus auf dem Niveau derartiger Erzeugnisse verbleibt. Da sind zwei handschriftliche Biographien, deren größere, eine Kompilation verschiedener Quellen, unter dem Namen des Marcellinus geht. In der Einleitung gibt sie sich als Vorlesung zu erkennen, die in der Rhetorenschule Thuky-

[1] Richtig betont V. PISANI, *Encicl. Class.* 2/5/1 *(Storia della lingua Greca)*, 106, daß diese früheste attische Prosa noch stark unter dem Einfluß der gleichzeitigen ionischen steht. Zum Frühstadium der attischen Prosa: E. RISCH, *Mus. Helv.* 21, 1964, 1. Eine gute Zusammenstellung bei B. ROSENKRANZ, *J. F.* 48, 1930, 127, bes. 141.

dides auf Demosthenes folgen ließ. Hinzu kommt ein Stück aus einer Biographiensammlung auf Papyrus (nr. 2070 P.), ferner der *Suda*-Artikel und ein rhetorisches Enkomion des Aphthonios auf Thukydides. Das Sicherste gewinnen wir, wie so oft, aus dem Werke selbst, und da sind wir beim Historiker natürlich besser daran als bei einem Dichter.

Im ersten Satze des Prooimions macht Thukydides eine Angabe, die für uns von Wert sein wird, wenn wir das Problem der schichtenweisen Entstehung des Werkes besprechen: gleich bei Kriegsbeginn habe er mit der Abfassung begonnen, da er die Bedeutung dieses Ringens und seine alles Frühere übersteigenden Ausmaße erkannte. Dazu tritt im sogenannten zweiten Prooimion die Angabe (5, 26), daß er die siebenundzwanzig Jahre des großen Krieges in einem Alter miterlebte, das ihn zu genauer Aufnahme des Geschehens befähigte. Dort lesen wir auch, daß er nach dem Kommando, das er 424 in den Kämpfen um Amphipolis bekleidete, zwanzig Jahre die Heimat meiden mußte. Die Gründe, warum ihn die Verbannung traf, aus der er erst nach dem Sturze Athens heimkehren konnte, erzählt er in einem früheren Abschnitt (4, 104f.). Als Thukydides im Jahre 424 in das Kollegium der zehn Strategen gewählt wurde und zusammen mit Eukles die Aufgabe erhielt, Athens Positionen in der nördlichen Ägäis zu sichern, ahnte niemand, daß es dort oben zu folgenreichen Entscheidungen kommen würde. Damals war Sparta nach der Katastrophe von Sphakteria und der Besetzung Kytheras durch Nikias nahe daran, in die Knie zu gehen, als Brasidas durch eine kühne Fernunternehmung die Lage rettete. Der Landmarsch durch ganz Griechenland und die Aktion gegen die Chalkidike bedrohten wichtigsten athenischen Besitz. Als Brasidas Amphipolis im Mündungsgebiet des Strymon angriff, eilte Thukydides von Thasos mit seinen sieben Schiffen zu Hilfe. Allein er kam zu spät und konnte nur mehr den Hafen Eion sichern. Daß hier Fehler unterlaufen waren, wird bei aller Knappheit des Berichtes klar. Brasidas hatte gerade vor Amphipolis eine Weile gezögert, als er sich in der Hoffnung auf sofortige Übergabe der Stadt getäuscht sah. Wenn wir Thukydides glauben, daß er dem Hilferuf raschestens gefolgt sei, müssen wir die Schuld bei dem suchen, der ihn zu spät heranholte. In Athen aber hat man gegen Thukydides entschieden und ihn in die Verbannung geschickt.

In dem eben ausgewerteten Berichte spricht Thukydides von dem Einflusse, den er in diesen Gebieten als Besitzer thrakischer Goldminen hatte. Damit ist erklärt, warum man ihn mit dem Kommando in diesem Raume betraute.

Eine weitere Einzelheit für die Biographie des Thukydides gewinnen wir aus der Angabe (2, 48), daß jene furchtbare Seuche des Jahres 430, die wir als Pest bezeichnen, ohne trotz allen Versuchen ihr Wesen näher bestimmen zu können[1], auch ihn heimgesucht hat.

Trachten wir die wenigen Angaben, die uns Thukydides selbst bietet, zu ergänzen, so ist an Sicherem nichts, an Wahrscheinlichem wenig hinzuzufügen. Wenn Thukydides 431 bei Kriegsausbruch ein junger Mann war, anderseits aber 424 bei seiner

[1] Vgl. D. L. Page, ‹Thuc.' Description of the Great Plague at Athens›. *Class. Quart.* 47, 1953, 97.

Wahl zum Strategen sicherlich zumindest das 3. Jahrzehnt seines Lebens hinter sich hatte, kommen wir mit seiner Geburt auf die Jahre um 460. Bedeutsam ist der Name seines Vaters Oloros, den er selbst (4, 104) nennt. Der Name ist thrakisch und ist derselbe, den jener Thrakerkönig führte, dessen Tochter Miltiades, der Sieger von Marathon, zum Weibe nahm. Es war dies jene Ehe, aus der Kimon hervorging. Da der thrakische Name sonst in Athen unbezeugt ist, liegt der Schluß nahe, daß Thukydides von väterlicher Seite her zu den genannten Männern in einem verwandtschaftlichen Verhältnis stand, das sich allerdings nicht näher bestimmen läßt. Die thrakischen Goldminen, wahrscheinlich Familienbesitz, fügen sich gut in diesen Zusammenhang. Durch seine Vorfahren aus der Sippe der Philaiden stand der Historiker auch zu Thukydides, dem Sohne des Melesias, in verwandtschaftlicher Bindung. Dieser konservative Politiker, der Perikles eine Zeitlang gefährliche Opposition machte, bis ihn 443 das Scherbengericht aus dem Lande wies, war nach Plutarch (*Per.* 11) ein angeheirateter Verwandter, vielleicht der Schwiegersohn, Kimons. So sehen wir Thukydides durch seine Herkunft in engster Beziehung zu den führenden konservativen Kreisen Athens, die ihm wahrhaft nicht die Voraussetzungen dafür gaben, der Größe des Perikles mit tiefem Verständnis ein Denkmal zu setzen. Aber die Sachlichkeit seines Denkens befähigte diesen Mann, den man mit glücklicher Formulierung ein Genie der Objektivität genannt hat, die großen Möglichkeiten der attischen Demokratie ebenso zu würdigen wie die brüchigen Stellen in dem Bau zu erkennen, den Perikles unter Dach gebracht hatte.

Thukydides zeigt uns so sehr das Gegenteil tendenziöser Geschichtschreibung, daß er allen Zeiten den Maßstab gegeben hat, solche an ihm zu messen. Daß jedoch sein Wille zur Objektivität nicht Voraussetzungslosigkeit bedeutet, bedarf in unserer Zeit nach so mancher theoretischen Erörterung dieses Begriffes kaum näherer Ausführung. Wenn er (2, 65) die Feststellung macht, das Athen jener Zeit habe nur den Namen einer Demokratie getragen, sei aber in Wahrheit unter der Herrschaft des ersten Mannes gestanden, so hilft uns der Satz neben allem objektiv Richtigen doch auch zum Verständnis dafür, wie der Mann von altem Adel seinen Weg zur Persönlichkeit des Perikles fand[1]. Es besagt ferner bei der großen Zurückhaltung des Thukydides in persönlichen Werturteilen viel, daß er (8, 97) die im Sommer des Jahres 411 geschaffene Verfassung, die allerdings nur acht Monate bestand, mit warmem Lobe bedenkt. Hier schien ihm jener Ausgleich zwischen den Interessen der *Wenigen* und der *Vielen* gefunden, der auch für das staatstheoretische Denken des Aristoteles das Ziel bedeutete. Natürlich soll diese Betrachtung Thukydides nicht etwa zum Oligarchen stempeln. Der Mann, an den wir mit den Parteischlagwörtern seiner Zeit nicht herankommen, hat den oligarchischen Terror, der jener gemäßigten Verfassung vorausging, deutlich genug als solchen gekennzeichnet.

Nach dem Unglück von Amphipolis mußte Thukydides zwanzig Jahre die Heimat meiden, und wir wüßten gerne, wo er diese Zeit verlebt hat. Die Marcellinusvita

[1] V. Ehrenberg, *Sophocles and Pericles.* Oxford 1954; deutsch München 1956. F. Schachermeyr, *Religionspolitik und Religiosität bei Perikles.* Sitzb. Öst. Ak. 258/3, 1968. Ders., *Perikles.* Stuttgart 1969.

zeigt, daß man bereits im Altertum darüber die verschiedensten Angaben machte, ohne Rechtes zu wissen. Am ehesten möchte man der Behauptung trauen, daß er sich auf dem Thasos gegenüberliegenden Festlande, auf der Domäne Skapte Hyle aufgehalten habe, was natürlich nicht für den ganzen Zeitraum gelten muß. Es war dies ein Gebiet, mit dem ihn Abstammung und Besitz verbanden. In Skapte Hyle zeigte man auch eine Platane, unter der er an seinem Werke geschrieben haben soll. Das ist typische Ortslegende[1], die uns die Höhle des Euripides auf Salamis in die Erinnerung ruft. Bei Marcellinus erfahren wir auch, daß der Peripatetiker Praxiphanes Thukydides mit Persönlichkeiten jenes Kreises von Künstlern zusammen nannte, den Archelaos von Makedonien um sich sammelte. Auf demselben Blatte steht es, daß dem Thukydides ein Epigramm auf das Grab des Euripides (*Anth. Pal.* 7, 45) zugeschrieben wurde. Keinesfalls reicht das Angeführte aus, um eine persönliche Berührung des Thukydides mit dem genannten Kreise zu sichern, vielmehr weist die Notiz des Praxiphanes, Thukydides habe zu Lebzeiten des Archelaos noch nichts von seinem späteren Ruhme besessen, gerade in die entgegengesetzte Richtung.

Die wichtigste Angabe über die Zeit der Verbannung finden wir wieder im Werke selbst. In dem sogenannten zweiten Prooimion (5, 26) sagt Thukydides, es sei seiner Arbeit zugute gekommen, daß er durch sein Schicksal Verbindung mit beiden Parteien und eben auch mit den Peloponnesiern hatte. So mag er in diesen zwanzig Jahren weiter umhergekommen sein, als wir dies noch feststellen können.

Thukydides hat (2, 100) von den militärischen Reformen des Makedonenkönigs Archelaos mit sichtlicher Anerkennung gesprochen und ihn von einer anderen Seite gesehen als Platon, in dessen *Gorgias* (471 a) er als skrupelloser Gewaltmensch erscheint. Die Stelle erweckt nicht den Eindruck, daß Thukydides die Leistungen eines noch lebenden Herrschers berichtet. Damit ist unser einziger, höchst kümmerlicher Anhalt für das Todesdatum des Historikers gegeben, das derart nach 399, dem Jahre, in dem Archelaos aus dem Leben schied, anzusetzen wäre. Wir könnten in dem Falle, daß sich die Vermutung bewährt, auch sagen, daß er nach diesem Zeitpunkt noch an seinem Werke geschrieben hat.

Daß Thukydides nach der Katastrophe Athens im Jahre 404 dorthin zurückkam, ist nach seiner Aussage (5, 26), er hätte die Heimat nach dem Verlust von Amphipolis zwanzig Jahre meiden müssen, nicht zu bezweifeln. Pausanias (1, 23, 9) berichtet von einem Antrag auf Rückberufung des Thukydides, den Oinobios in der Volksversammlung durchsetzte. Dieser Antrag ist kurz vor dem Friedensschluß von 404 mit seiner allgemeinen Amnestie, ist aber auch danach denkbar, wenn man annimmt, daß Thukydides zunächst dem Frieden nicht traute. Mit seiner Rückkehr nach Athen geht die Nachricht von seinem Grabe zusammen, das mit seinem Namen bezeichnet war und sich unter den Kimonischen Gräbern beim Melitischen Tore befand. Aus Marcellinus erfahren wir, daß sich mit diesem zweifellos vorhandenen Grabe lebhafte Kontroversen verbanden. Hartnäckig erhielt sich nämlich die Version, Thukydides

[1] H. Gerstinger, *Wien. Stud.* 38, 1916, 65.

sei in Thrakien gestorben, und da wollten die einen das Grab in Athen als Kenotaph verstanden wissen, während andere von der Verbringung des Leichnams in die Heimat und heimlicher Bestattung fabelten. Didymos hielt daran fest, daß Thukydides in Athen gestorben und dort begraben sei[1]. Wir können hier nicht mit Sicherheit entscheiden, doch ist es durchaus glaubhaft, daß Thukydides nach einem Besuche Athens in die nördlichen Gegenden zurückkehrte, die ihm zur zweiten Heimat geworden waren. In diesem Falle besteht die Kenotaphversion zu Recht, die man ungern als reine Erfindung zur Seite schieben würde.

Daß Thukydides sein Ende in Athen oder in Thrakien durch Ermordung gefunden hätte, wird verschiedentlich berichtet[2]. Nun endet das Werk abrupt mitten in einem Satze, was man aus verschiedenen Umständen, am ehesten wohl aus Verstümmelung des Nachlasses erklären kann. Es ist denkbar, daß die Geschichte von der Ermordung des Geschichtschreibers dazu diente, das plötzliche Abreißen seines Berichtes verständlich zu machen. Hinter der abstrusen und von Marcellinus als unmöglich bekämpften Überlieferung, das 8. Buch sei von der Tochter des Thukydides verfaßt, kann die Tatsache stecken, daß sich diese um die Erhaltung des Nachlasses verdient gemacht hat. Sie einfach in den Bereich der Fabel zu verweisen heißt die Skepsis zu weit treiben.

Wir besitzen für das Werk des Thukydides keinen authentischen Titel aus dem Altertum, und seine Teilung in acht Bücher geht nicht auf den Autor zurück. Hingegen wissen wir von verschiedenen anderen Teilungsversuchen, denen gegenüber sich dieser schließlich durchsetzte.

Ehe wir auf Entstehungsfragen und die innere Gestalt des thukydideischen Werkes eingehen, ist ein kurzer Überblick über die Verteilung des Stoffes vonnöten.

Dionysios von Halikarnaß hat (*ad Pomp.* p. 234 U.-R.) dem Thukydides schulmeisterlich nachgerechnet, wie er ordentlich der Reihe nach hätte erzählen müssen, statt die Abfolge der Dinge im Eingange seines Werkes mit scheinbarer Willkür zu verändern. In Wahrheit zeigt uns gerade diese Partie, wie für Thukydides die Aufgabe des Forschers vor der des Darstellers steht.

Die ersten Sätze enthalten die Feststellung, daß der Krieg zwischen Athen und Sparta für die griechische Welt und darüber hinaus für den größten Teil der Menschheit eine Erschütterung gebracht habe, die in ihrem Ausmaße alles Vorangegangene weit übertraf. Aber Thukydides setzt dies nicht nur als wirksame Behauptung hin, sondern schließt an sie sogleich den Beweis aus der Geschichte an. Es sind dies die Kapitel (2–19) der sogenannten Archäologie[3]. Hier ist eine knappe Darstellung der griechischen Geschichte von den frühesten Anfängen bis zur Gegenwart in den Dienst der Aufgabe gestellt, die überragende Bedeutung des Peloponnesischen Krieges an den Ausmaßen früherer Unternehmungen zu erweisen. Wie in einer Ouvertüre kommen in der Archäologie verschiedene Denk- und Sachmotive, die für das Gesamtwerk entscheidend sind, ein erstes Mal zum Erklingen. Im Vordergrund steht

[1] Falsch SCHMID 5, 15. [2] Außer Marcellinus Plut. *Kim.* 4. Paus. 1, 23, 9.

[3] E. TÄUBLER, *Die Archäologie des Thuk.* Leipz. 1927. FR. BIZER, *Untersuchungen zur Archäologie des Thukydides.* Darmstadt 1968.

das Problem der Machtbildung, wobei als Ausdruck der Macht durchaus die kriegerische Leistungsfähigkeit verstanden wird. Nun hat HERMANN STRASBURGER[1] unsere Aufmerksamkeit darauf gerichtet, wie die Prärogative des Politischen und Militärischen, die lange in der neuzeitlichen Geschichtschreibung herrschte, recht eigentlich von Thukydides eingeleitet wurde. In der Archäologie tritt bereits der tragende Gedanke des Werkes hervor, daß Macht im ägäischen Raume vor allem Seemacht bedeutet. So setzt denn Thukydides an den Anfang die Bildung eines Seereiches durch Minos, wobei er ein Bild entwirft, dessen historischen Gehalt wir erst seit den großen kretischen Grabungen um die Jahrhundertwende richtig zu würdigen verstehen. Das maritime Moment bleibt auch weiterhin im Vordergrunde der Darstellung, die bis zu den Perserkriegen reicht und auch das Auseinanderstreben der spartanischen und athenischen Politik nach dem gemeinsamen Kampfe kurz beleuchtet.

Wenn Thukydides die Archäologie mit der Schilderung primitivster Lebensverhältnisse der Griechen beginnt, in denen feste Wohnsitze fehlen, um dann mit der Überwindung der Piraterie und der Ausbildung bedeutender Machtzentren die Entwicklung größerer Sicherheit und Ordnung zu zeichnen, so bekennt er sich damit zu jener Auffassung der Menschheitsgeschichte als ständigen Fortschrittes aus ursprünglicher Primitivität, die wir als Gegenbild der mythischen Lehre Hesiods von den absteigenden Weltaltern im Kreise der Sophistik besonders durch Protagoras vertreten fanden. Dieser Fortschritt stellt sich bei dem Geschichtschreiber vor allem als Machtbildung dar und entbehrt jeden moralischen Vorzeichens.

Thukydides strebt in wissenschaftlicher Haltung für seine Berichte volle Gewißheit (τὸ σαφές) an. Sie ist ihm bei Zeitereignissen durch Autopsie oder das Zeugnis jener, die an den Ereignissen selbst Anteil hatten, hinreichend gesichert. Schwieriger ist es bei der Darstellung der Vergangenheit, aber auch hier bleibt der schlüssige Beweis (τεκμήριον) das Ziel. Bedeutungsvoll umrahmt das Wort in cap. 1 und 21 die Archäologie. Aber Beweise, wie sie etwa Urkunden geben, lassen sich nur in günstigen Fällen finden. Ansonsten muß das Ziel tiefer gesteckt und das Wahrscheinliche statt des Gesicherten erstrebt werden. Ermittelt aber wird das Wahrscheinliche (εἰκός) in einem Verfahren (εἰκάζειν), das die Sophistik in enger Verbindung mit der Praxis der Gerichte zu bedeutender Höhe ausgebildet hatte. Wie Thukydides ohne das geistige Klima der Sophistik nicht zu denken ist, wird im Laufe unserer Darstellung noch mehrfach deutlich werden. Doch ist sogleich ein wichtiger Vorbehalt zu machen: der sophistische Redner sucht jenen Eindruck von Wahrscheinlichkeit zu erwecken, der für seine Zwecke wünschenswert ist; Thukydides hingegen sucht mit der Methode des εἰκάζειν so nahe an die Wahrheit heranzukommen, wie es eben möglich ist. Beispielhaft hierfür ist seine Behandlung des troischen Krieges. Ohne Homer schlechthin als historische Quelle zu nehmen, sucht er, aus dessen Berichten unter Ausschaltung aller rein mythischen Züge ein größtes Maß an geschichtlichen Erkenntnissen zu heben. Dabei kommt er auf ebenso unsicheres Gebiet wie wir Heutigen, und seine Fragestellung ist auch die unsere.

[1] ‹Die Entdeckung der pol. Geschichte durch Thuk.›. *Saeculum* 5, 1954, 395.

Es folgen drei Kapitel (20–22), die eine geschlossene Einheit darstellen. Daß hier nochmals die Bedeutung des Peloponnesischen Krieges festgestellt wird, bindet sie an das Vorhergehende, ihr besonderes Gewicht erhalten sie jedoch durch die Klarstellung der Methoden, mit denen der Historiker sein Ziel zu erreichen hofft, und in der Bezeichnung dieses Zieles. Dieser Abschnitt wird für uns an späterer Stelle von großer Bedeutung sein.

Das 23. Kapitel stellt einen gleitenden Übergang dar. Neuerlich werden die besonderen Ausmaße des Peloponnesischen Krieges betont und hier besonders gegen die Perserkriege abgehoben, dann geht Thukydides auf den Ausbruch der Feindseligkeiten ein. Hier findet sich jene denkwürdige Scheidung der einzelnen Veranlassungen (αἰτίαι), die zum Bruch des dreißigjährigen Friedens vom Jahre 446/45 führten, von der eigentlichen und zutiefst im Wesen der Dinge beschlossenen Ursache (ἀληθεστάτη πρόφασις), die Sparta mit der Notwendigkeit eines Naturgeschehens gegen die allzu bedrohlich anwachsende Macht Athens auf den Kampfplatz rief[1].

Im folgenden wird zunächst eine Darstellung der Veranlassungen gegeben und die Linie bis zum Kriegsbeschlusse geführt (24–87). Den ersten Streitfall bieten die Auseinandersetzungen zwischen Korinth und Kerkyra, dann folgen die Feindseligkeiten zwischen Korinth und Athen, bei denen es um Poteidaia ging. Es kommt zur Einberufung einer Versammlung, in der die peloponnesischen Bündner bei ihrem Vorort Sparta Klage gegen Athen erheben. In einem so nicht wiederholten Ausmaße hat Thukydides hier in vier zu zwei großen Antithesen zusammengeschlossenen Reden eine Analyse der Antriebe und der machtpolitischen Voraussetzungen des großen Ringens gegeben. Es sprechen vor der Versammlung der Bündner der Gesandte Korinths und gegen ihn einer der athenischen Gesandten, die sich in anderer Angelegenheit in Sparta aufhielten, es sprechen dann in der Beratung der Lakedaimonier der vorsichtig Athens Machtmittel abwägende König Archidamos und gegen ihn der Ephor Sthenelaides als wild entschlossener Kriegstreiber.

Wieder dient das Kapitel 88 einem gleitenden Übergange. Die Spartaner haben den Krieg beschlossen, aber sie haben dies nicht so sehr wegen der Bundesgenossen getan, als vielmehr um dem drohenden Anstieg der athenischen Macht noch zur rechten Zeit zu begegnen. Damit wird einerseits in der Form der Ringkomposition auf die eigentliche Ursache zurückgegriffen, die bereits im Kapitel 23 genannt war, anderseits die folgende Schilderung der Pentekontaetie vorbereitet.

Daß diese Darstellung (89–118)[2] der fast vollen fünf Dezennien zwischen dem Sieg über die Perser und dem Ausbruch des hellenischen Krieges den Gang der Erzählung unterbricht, stellt Thukydides selbst fest (97: ἐκβολὴ τοῦ λόγου). Er rechtfertigt die Einlage in doppelter Weise. Einmal damit, daß dieser Abschnitt hellenischer Geschichte im allgemeinen vernachlässigt, von Hellanikos in seiner *Atthis* aber ungenau behandelt wurde, zum andern aber – und dies ist der entscheidende Grund – mit der Möglichkeit, so das Werden der attischen Macht zu entwickeln.

[1] A. Andrewes, ‹Th. on the Cause of the War›. *Class. Quart.* N.S. 9, 1959, 223.
[2] P. K. Walker, ‹The purpose and method of the pentekontaetia in Thuc. book 1›. *Class. Quart.* 7, 1957, 27.

Der Schlußteil des ersten Buches (119–146) ist den letzten Verhandlungen vor dem Ausbruch der Feindseligkeiten vorbehalten, wobei wieder zwei Reden in kräftiger Antithese den Schwerpunkt bilden. Der korinthische Redner bringt die Bundesversammlung durch seine Ausführungen über die Notwendigkeit und die guten Aussichten des Krieges zum Beschlusse, den Kampf an der Seite Spartas aufzunehmen, während Perikles in der ersten seiner drei Reden[1] die Aussichten von der athenischen Seite her wägt und die Grundzüge jenes Kriegsplanes entwickelt, mit dem nach des Thukydides Überzeugung der Erfolg unlöslich verbunden war: volle Ausnützung der Überlegenheit zur See, zu Lande aber reine Defensive, gestützt auf die starke Befestigung Athens.

Die letzten Verhandlungen zwischen Athen und Sparta geben Thukydides Gelegenheit, in diesen Abschnitt Berichte über das Ende des Pausanias und des Themistokles einzulegen. Beides durchaus sinnvoll, da die genannten Männer bei der Vorbereitung des attischen Seebundes zwar eine verschiedene, in jedem Fall aber bedeutende Rolle gespielt hatten.

Mit dem zweiten Buche unserer Teilung beginnt die Schilderung der Kriegsereignisse, deren erstes der nächtliche Überfall der Thebaner auf Platää im Frühjahr 431 gewesen ist. Hier setzt Thukydides alle damals verfügbaren Mittel der Datierung ein, indem er die Herapriesterin von Argos, den eponymen Ephoros von Sparta und den athenischen Archonten heranzieht. Damit ist der Ausgangspunkt so fest verankert, wie dies damals nur möglich war. Weiterhin verzichtet Thukydides jedoch im allgemeinen auf diese chronologischen Mittel (vgl. aber 5, 25) und erzählt in Jahresabschnitten, die er nach Sommer und Winter unterteilt. Den Ablauf des langen Krieges in solcher Weise überschaubar zu machen erschien ihm so wichtig, daß er manchen Nachteil dieser jahrweisen Gliederung des Stoffes hingenommen hat. So ist er etwa genötigt, die langdauernde Belagerung von Platää auf drei Jahresberichte aufzuteilen. Die von ihm festgehaltene Einteilung hat er noch dadurch hervortreten lassen, daß er unter die einzelnen Abschnitte eine Abschlußformel setzte, die häufig seinen Namen enthält. Seine Weise des Erzählens nach Sommern und Wintern hat Thukydides 5, 20 programmatisch einer Einteilung nach der Funktionsdauer der Archonten oder anderer Amtspersonen vorgezogen[2]. Aller Wahrscheinlichkeit nach ist das Polemik gegen Hellanikos, der den historischen Teil seiner *Atthis* nach Archonten geordnet hatte.

Das zweite Buch umfaßt die ersten drei Kriegsjahre mit den beiden Einfällen der Lakedaimonier in Attika und den verschiedenen Versuchen, die beiderseitigen Bundesgenossen zu treffen. An das Ende des Berichtes über das erste dieser Jahre stellt Thukydides die groß angelegte Leichenrede des Perikles auf die Gefallenen (35–46). Er hat es auch hier dem Dionysios von Halikarnaß nicht recht gemacht, der (*de Thuc.* p. 351 U.-R.) die Verluste dieses Jahres für zu gering hält, als daß sie die gewaltige Rede rechtfertigen könnten. Daß es Thukydides daran gelegen war, bei solchem Anlasse Perikles zu Worte kommen zu lassen, beobachtet er richtig, aber das ist nicht alles;

[1] H. Herter (s. u.).

[2] O. Lendle, ‹Zu Thukydides 5, 20, 2›. *Herm.* 88, 1960, 33.

dieser Epitaphios sagt nur wenig über die Toten, viel jedoch über die Stadt, der sie ihr Leben hingaben. Macht und Wesen Athens waren in den Verhandlungsreden des ersten Buches von verschiedenen Seiten beleuchtet worden, bald wird der Geschichtschreiber von den ersten schweren Einbrüchen in die Selbstsicherheit und Größe der Stadt zu berichten haben, dazwischen aber stellt er in dieser Rede das Bild des athenischen Staates, wie Perikles ihn formen wollte und wie er ihm selbst mehr als Zielbild denn als erreichte Wirklichkeit vor Augen stand. Hier wäre jeder Versuch, die Gedanken des Perikles von jenen des Thukydides scheiden zu wollen, verfehlt. In dem Wirken des Staatsmannes, wie er es in empfänglichen Jahren sah, erfüllte sich für ihn das Ideal politischen Handelns. In den Reden, die er Perikles sprechen läßt, und besonders im Epitaphios, hat er diese Übereinstimmung bekundet. Wie jedes große Kunstwerk wirkt auch diese Rede nach verschiedenen Seiten. Sie tritt in kräftige Antithese zu der Charakteristik spartanischen Wesens, wie sie im ersten Buche von verschiedenen Standpunkten aus gegeben wurde, ist aber anderseits die in sich geschlossene Darstellung jenes geistigen Besitzes, den die Stadt über den Zusammenbruch in die Zeiten rettete. Hier in dem Bilde attisch-klassischer Freiheit des Einzelnen in der Bindung an das Ganze, in dem Aufweis athenischer Sendung, eine Bildungsstätte für ganz Hellas zu sein, entschädigt uns Thukydides reichlich für die spröde Zurückhaltung, mit der er sonst die Wertung des Schönen und Geistigen von seiner Darstellung des politischen Kräftespieles fernhält[1].

In unmittelbarem Kontakt folgt auf das Bild der Stadt, die sich in maßvoller Freiheit und innerer Würde erfüllt, die grelle Schilderung der furchtbaren «Pest», die ihr im zweiten Kriegsjahre die ersten Wunden schlug. Daß die Versuche zur Bestimmung der Seuche aller klinischen Schärfe der Schilderung zum Trotz vergeblich blieben, erwähnten wir bereits. Die Folge der maßlosen Leiden war ein Niederbruch der Stimmung, dem Perikles durch jene Rede zu begegnen suchte, die wir im Werke des Thukydides als seine dritte und letzte lesen (60–64). Sie ist eine neuerliche Bekundung des perikleischen Kriegsprogrammes, das auf der Überlegenheit zur See aufgebaut war und dessen Richtigkeit für Thukydides außer Zweifel stand.

Unmittelbar auf die Rede folgt ein umfangreiches Kapitel, das im Ganzen des Werkes eine besondere Stellung behauptet. Hier würdigt Thukydides den Mann, der ihm politisches Vorbild war, in seiner klaren Voraussicht, seiner persönlichen Lauterkeit und seiner Überlegenheit über die Masse, die er in seinem Sinne zu führen wußte. Er würdigt aber auch die Beständigkeit seines Werkes, die sich gerade in den späteren, von anderen verschuldeten Katastrophen bewährte. Nicht einmal das sizilische Unternehmen hätte, so meint Thukydides, die Kräfte Athens überstiegen. Daß es schei-

[1] F. Müller, ‹Die blonde Bestie und Thukydides›. *Harv. Stud.* 63, 1958 (Festschr. Jaeger), 171, hebt die ethischen Motive im Epitaphios hervor; problematisch ist sein Vorschlag, 41, 4 mit jüngeren Handschriften καλῶν (statt κακῶν) τε καὶ ἀγαθῶν zu schreiben. Eine eindringende stilistische Analyse des Epitaphios mit Herausarbeitung der sprachlichen Kunstmittel bietet J. Th. Kakridis, *Der thukydideische Epitaphios. Zet.* 26. Münch. 1961. Er würdigt die Rede als Denkmal, das der alte Thukydides seiner über alle Enttäuschungen bewahrten Liebe zu Athen gesetzt hat. H. Flashar, *Der Epitaphios des Perikles. Seine Funktion im Geschichtswerk des Thukydides.* Sitzb. Ak. Heidelberg. Phil-hist. Kl. 1969/1.

terte, war die Schuld der leitenden Männer, die unfähig waren, das Erbe des Perikles zu verwalten. Denn auch dadurch erhöht Thukydides das Bild des Gefeierten, daß er der Herrschaft des ersten Mannes die Unzulänglichkeit derer gegenüberstellt, die seine Nachfolger hätten sein sollen und statt dessen in die Abhängigkeit von Gunst und Willen des Volkes gerieten. So weist dieser Abschnitt mit weit ausgreifender Geste auf die kommende Entwicklung und führt den zweiten politischen Leitgedanken des Werkes ein: so wie die Machtentfaltung Athens aus seinem Wesen und den Zeitumständen heraus mit unabweisbarer Notwendigkeit erfolgte, so waren im Inneren der Demokratie Gefahrenmomente gegeben, die zu ihrem Verderben akut werden mußten, als am Steuer des Staatsschiffes die überlegene Persönlichkeit fehlte.

In der Schilderung des dritten Kriegsjahres treten die Lakedaimonier als Debütanten im Seekampf hervor, anderseits suchen die Athener durch das Bündnis mit dem Thrakerkönig Sitalkes eine große Landmacht auf ihre Seite zu ziehen. Im Zusammenhange mit dieser Aktion gibt Thukydides eine Beschreibung des Odrysenreiches (97) und der makedonischen Herrschaft des Perdikkas (99). Es ist aufschlußreich, diese ganz auf die Machtmittel zielenden Schilderungen neben die detail- und anekdotenfrohen ethnographischen Abschnitte Herodots zu stellen.

Das dritte Buch umfaßt wiederum drei Kriegsjahre, reicht also vom vierten bis zum sechsten. In der Darstellung der beiden ersten dieser Jahre hat Thukydides kräftigen Akzent auf jene Teilvorgänge gelegt, in denen maßlose Leidenschaft und zunehmende Verrohung ihren erschreckenden Ausdruck fanden. Um solcher Verteilung der Schwerpunkte willen werden die beiden Einfälle der Lakedaimonier in Attika in knappem Chronikstil abgetan (1. 26). Breit erzählt Thukydides den Abfall und die Bestrafung von Mytilene (2–50), und wieder dienen eingelegte Reden der Erhellung der treibenden Kräfte und wichtiger Entwicklungen. Wenn der Gesandte Mytilenes, das zum Abfall entschlossen ist, in Olympia den Peloponnesiern sein Hilfsgesuch vorträgt, wird die innere Problematik des Seebundes sichtbar, in dem die Vormachtstellung Athens mit Notwendigkeit einer Tyrannis zustrebte.

Perikles hat bereits in seiner letzten Rede (2, 63) von einer solchen gesprochen, die zu ergreifen vielleicht ungerecht, die loszulassen aber gefährlich sei. Nun aber, da über die Mytilenäer nach der Übergabe der Stadt (427) abgeurteilt werden soll, spricht nicht mehr Perikles zu den Athenern, sondern Kleon. Er hat in der Volksversammlung den ungeheuerlichen Beschluß durchgesetzt, alle erwachsenen Männer in Mytilene zu töten, Weiber und Kinder zu versklaven, den Boden aber aufzuteilen. Schon war der Befehl nach Mytilene abgegangen, da wurde das Volk an seinem Beschlusse irre, und eine zweite Versammlung am darauffolgenden Tage stellte den Fall neuerlich zur Debatte. Hier hat Thukydides in einem mächtigen Redeagon (3, 37–40. 42–48)[1] Kleon, der seinen ersten Antrag leidenschaftlich verteidigt, einem Diodotos gegenübergestellt, der die Sinnlosigkeit solcher Brutalität erweist und ein Urteil durchsetzt, das die Schuldigen, diese freilich mit aller Härte, trifft. Ein rasch abgesandtes Schiff kann die Durchführung des ersten Beschlusses noch verhindern.

[1] D. Ebener, ‹Kleon und Diodotos›. *Wiss. Zeitschr. Halle* 5, 1955/56, 1085.

Es ist höchst bezeichnend für Thukydides und das genuin Griechische in ihm, daß die ganze mit solcher Leidenschaft geführte Debatte zu gleicher Zeit eine allgemeine Erörterung des Wertes abschreckender Strafmaßnahmen ist.

Auf dieses Bild athenischer Brutalität folgt sogleich das spartanische Gegenstück, das Platää heißt (52–68). Nach dreijähriger Belagerung muß sich die ausgehungerte Stadt 427 ergeben. Unter dem Vorsitz der Spartaner findet Gericht über sie statt, wobei wieder ein Redepaar die Verteidigung der Platäer und die Anklage der Thebaner in Antithese stellt. Das Urteil ist auch hier grauenhaft: zweihundert Bürger der unglücklichen Stadt, auf deren Namen der Glanz des Freiheitskampfes gegen die Perser lag, mußten sterben, die Frauen gingen in die Sklaverei, die Stadt wurde wenig später niedergerissen.

Kurz vor dem Gericht über Platää war im Hochsommer 427 der Bürgerkrieg auf Kerkyra zu Ende gegangen (70–85). Ein drittes Mal öffnet sich vor unseren Blicken ein Inferno politischer Leidenschaft. Die Oligarchen werden mit athenischer Hilfe niedergeworfen, und der Demos watet im Blute. Hier stehen jene beiden Kapitel (3, 82f.), in denen die Pathologie des Krieges in einer Weise entwickelt wird, die in all dem grauenhaften Geschehen eine verhängnisvolle Gesetzmäßigkeit enthüllt. Wie der Arzt am Krankenbette seine Diagnose aus den Symptomen gewinnt, die er beobachtet, so zeigt Thukydides hier, wie der Krieg, der große Entfacher der Leidenschaften, die in jedem Staatswesen vorhandenen inneren Spannungen zu einem Kampfe aller gegen alle steigert. Erschütterndes Kennzeichen des fieberhaften Zustandes ist die Umwertung der in der Ordnung des Friedens geltenden Werte, die sich dem wachen Beobachter in dem veränderten Gebrauch der Bezeichnung für das Kluge, Tapfere und Rechte erschreckend verrät. Wie so manche der akzenttragenden Partien im Werke des Thukydides hat auch diese doppelten Bezug: wie in einem Brennspiegel vereinigt sie die Eindrücke, die wir aus den vorangegangenen Berichten gewonnen haben, und weist zugleich voraus auf die späteren Partien des Werkes, in denen solcher Verfall selbst das große Werk des Perikles dem Untergange entgegenführt.

Gegenüber der Geschlossenheit des größeren Teiles dieses Buches zerfällt die Schlußpartie in die Darstellung verschiedener Teilaktionen. Unter ihnen hat die Entsendung einer kleinen Flotte besonderes Gewicht, die im Herbst 427 nach Sizilien segelte, um dort die ionisch-chalkidischen Städte gegen die um Syrakus geschlossene dorische Koalition zu unterstützen[1].

Wiederum drei Kriegsjahre, das siebente, achte und neunte, umfaßt das vierte Buch. Hatte Thukydides am Ende des voraufgehenden verschiedene Teilaktionen zu verfolgen, so ergibt sich nun sogleich die Möglichkeit, die Darstellung auf einen Brennpunkt des Kriegsgeschehens zu konzentrieren. Der Stratege Demosthenes besetzte mit richtigem Blick für die Möglichkeiten, die sich dort boten, Pylos an der peloponnesischen Westküste. Ein bedeutender Teil der spartanischen Kerntruppe

[1] H. D. Westlake, ‹Athenian Aims in Sicily, 427–424 B.C. A Study in Thucydidean Motivation›. *Historia* 9, 1960, 385. W. Liebeschütz, ‹Thucydides and the Sicilian expedition›. *Historia* 17, 1968, 289.

wurde auf der gegenüberliegenden Insel Sphakteria abgeschnitten. Die Intensität der Schilderung in diesen Partien (2–41) läßt erkennen, wie sehr sich Thukydides bewußt ist, hier einen der Höhepunkte des langen Ringens darzustellen. Sparta ist schwer getroffen, zieht sogleich die Truppen, die in Attika eingefallen waren, zurück, schließt einen Waffenstillstand und bietet durch eine Gesandtschaft in Athen den Frieden an. Aber Kleon bringt die Verhandlungen zum Scheitern, läßt sich in einer meisterhaft geschilderten Volksversammlung von Nikias dazu nötigen, das Kommando in Pylos zu übernehmen, und zwingt die spartanischen Hopliten in kürzester Zeit zur Übergabe.

Unter den Geschehnissen des folgenden Jahres (424) läßt Thukydides jene hervortreten, die eine Wendung in Athens Glück anzeigen. Wohl war die Besetzung von Kythera für Sparta ein empfindlicher Schlag, aber die Dinge in Sizilien nahmen eine für Athen ungünstige Entwicklung. Dort weiß Hermokrates auf dem Kongreß von Gela die sizilischen Griechen zu einen, so daß Athens Intervention der Boden entzogen wird und seine Schiffe heimkehren müssen. Die Aktion des Hermokrates ist Thukydides so wichtig, daß er ihm eine Rede (4, 59–64) gibt und diese als grundsätzlich richtig ohne Erwiderung läßt.

Vom 78. Kapitel des vierten Buches an bis 5, 11 ist durch die verschiedenen Episoden des Krieges kräftig die Brasidas-Linie durchgezogen. Es entspricht der Bedeutung des Mannes, der Spartas Retter wurde und dem Thukydides mit unverkennbarer Achtung gegenübersteht, daß er dreimal (4, 85–87; 126. 5, 9) als Redner zu Worte kommt. Im Zuge der Kämpfe, die er nach dem kühnen Nordmarsch im Raume der Chalkidike führte, erfolgte auch jener Angriff auf Amphipolis, der in der Laufbahn des Thukydides eine so verhängnisvolle Rolle spielte. In das erste Jahr der neuen, von Brasidas getragenen Aktivität der Lakedaimonier fällt auch die schwere Niederlage, die das böotische Heer den Athenern bei Delion beibrachte. Die Bedeutung des Geschehens wird durch Ansprachen der beiden Führer vor dem Kampfe (4, 92; 95) hervorgehoben.

Das fünfte Buch umfaßt einen größeren Zeitraum als die übrigen; es reicht vom 10. bis in die Winterhälfte des 16. Jahres, wobei wir im Sinne des Thukydides die Jahre des Nikiasfriedens als Teil des großen Krieges zählen. Zunächst bringt es den Ausgang der Operationen des Brasidas, der vor Amphipolis gleichzeitig mit Kleon den Tod findet. Hüben und drüben kommt nun der Wunsch nach dem Frieden zu seinem Rechte, der 421 für fünfzig Jahre geschlossen und durch ein Defensivbündnis zwischen Athen und Sparta ergänzt wird.

Thukydides erkennt diesen Friedensschluß als markantes Faktum dadurch an, daß er ihn wie den Ausbruch der Feindseligkeiten umständlicher, hier mit Ephor und Archon, datiert, zeigt aber zu gleicher Zeit, wie dieser Friede in der Stunde seiner Geburt bereits eine Fülle neuer Konflikte in sich barg. Thukydides hat die einzelnen Phasen des großen Ringens zu dem einen Peloponnesischen Kriege zusammengeschaut und geht nun in einem eigenen Kapitel (5, 26) daran, diese seine Ansicht zu verteidigen. Man hat mit gutem Grunde von einem zweiten Prooimion gesprochen, das alles Folgende einleitet. Hier blickt Thukydides vor bis zu dem geplanten Abschluß seines Werkes, das bis 404 reichen sollte, und zeigt, wie die Jahre zwischen dem Nikiasfrieden und dem neuerlichen Ausbruch offenen Kampfes in Wahrheit keine Unterbrechung des Ringens zwischen den beiden Mächten gewesen sind. Man suchte sich zu schädigen, wo man konnte, und so sind auch diese sechs Jahre und zehn Monate richtig als Teil des einen großen siebenundzwanzigjährigen Krieges zu verstehen. Wichtige Angaben über Schicksal und Arbeit des Autors, die dieses Kapitel enthält, haben wir im biographischen Teil verwertet.

Der Hauptteil des fünften Buches hat die wenig dankbare Aufgabe, die Zeit dieses ungefestigten Friedens mit seinen zahlreichen über Nebenwege geführten Teilaktionen darzustellen. Die Ausführung bleibt mehrfach hinter den vorangehenden Büchern zurück, klare Linien treten kaum hervor, und die Analyse des Geschehens durch eingelegte Reden läßt aus. Es ergibt sich die schwierige Frage, ob dieser Befund aus dem Wesen der dargestellten Vorgänge, ihrem Zerfall in verschiedene Unternehmungen und dem Fehlen leitender Persönlichkeiten hinreichend zu erklären ist, oder ob die Arbeit des Autors in diesem Teile unvollendet blieb. Wir werden vor die gleiche Frage bei der Behandlung des achten Buches gestellt werden.

Deutlicher tritt in diesen wenig übersichtlichen Abschnitten wenigstens das Wiedererstarken der spartanischen Macht hervor, für das die Schlacht bei Mantineia (418) entscheidend war.

Bleibt in den Mittelpartien des fünften Buches manches skizzenhaft, so gehört sein letzter Abschnitt (84–116) mit dem Schicksal der Insel Melos zu den am sorgfältigsten ausgearbeiteten und inhaltlich gewichtigsten Teilen des ganzen Werkes. Nach kurzem Bericht über das Expeditionskorps, das die Athener 416 gegen die Insel gesandt hatten, setzt die vollkommen dialogisch gehaltene Auseinandersetzung zwischen den athenischen Gesandten und den Ratsherren von Melos ein[1]. Die Form ist im Geschichtswerk singulär, man wird den Vergleich mit sokratischen Dialogen fernhalten und eher an eine sinngemäße Steigerung und Verdichtung der sonst verwendeten antithetischen Redepaare denken.

Den Meliern, die in der tragischen Situation des kleinen Neutralen ihren Frieden bewahren wollen, steht der athenische Imperialismus gegenüber, der eine solche Stellung außerhalb seines Machtbereiches nicht duldet. Und der auf Macht beruhende Anspruch ist es auch, mit dem die Athener in brutaler Rücksichtslosigkeit jede Berufung auf Recht und Ehre von vorneherein zur Seite schieben. So bleibt den Meliern nichts übrig, als auch ihrerseits die Situation mit rein rationalen Argumenten zu diskutieren. Auf dieser Ebene müssen sie unterliegen; wenn sie aber davon sprechen, daß Überspannung der Macht notwendig Gegenkräfte heraufführt, an denen sie scheitern muß, und wenn sie mit der Möglichkeit lakedaimonischer Hilfe operieren, so kann sie das alles zwar nicht retten, läßt aber die Problematik der attischen Machtpolitik hervortreten. Längst hat Athen die weise Beschränkung des perikleischen Kriegsplanes hinter sich gelassen und kennt nur noch die Gier nach immer neuem

[1] G. Deininger, *Der Melierdialog*. Diss. Erlangen 1939. H. Herter, ‹Pylos und Melos› (s. u.), 317, A. 4–7 mit reicher Lit.

Gewinn. Das fünfte Buch schließt mit dem gerade in seiner Nüchternheit grauenhaften Bericht der athenischen Strafmaßnahmen gegen die Insel nach ihrem Fall: die Männer wurden getötet, soweit man sie ergriff, Frauen und Kinder zu Sklaven gemacht. In unmittelbarem Kontakte folgt, heute durch die Buchgrenze getrennt, die Erzählung von den Vorbereitungen, die Athen noch im selben Winter zur größten Anspannung seiner Macht, zu dem Unternehmen gegen Sizilien, traf. So enthüllen sich ohne jede persönliche Einmischung des Autors Zusammenhänge, die das scheinbar Getrennte durch eine im Wesen der Dinge ruhende Gesetzmäßigkeit aneinanderbinden.

Thukydides ist deutlich bemüht, dem Melierdialog neben seinen aktuellen Bezügen die allgemeine Bedeutung als ein Stück Physiologie und Pathologie der Macht (im Grunde ist sein ganzes Werk eine solche) zu sichern. Darum bleiben auch die Sprecher auf beiden Seiten des Dialoges anonym. Die Ansicht freilich, es habe frühere Beziehungen der Insel zum attischen Bund gegeben, die Thukydides mit Absicht überging, kann sich nicht behaupten[1].

Die uns geläufige Einteilung des thukydideischen Werkes in Bücher ist, wie wir bereits sagten, sekundär, aber sie ist nicht ungeschickt. Vor allem sind der Beginn des sechsten und das Ende des siebenten Buches richtig gewählte Einschnitte, zwischen denen die Geschichte der sizilischen Expedition als spannungsreiches, in sich geschlossenes Drama steht. Thukydides hat diese Partie seines Werkes ihrer Bedeutung gemäß eingeleitet. Bei der Ankündigung der Aktion (6, 1) stellt er fest, daß die Mehrzahl der Athener keine Vorstellung von der Größe Siziliens und der Dichte seiner Besiedlung hatte, und am Anfange des 6. Kapitels kommt er, nach seiner Gewohnheit rahmend, darauf zurück: so viele der Stämme und so groß das Land! Dazwischen steht eine Siedlungsgeschichte von Sizilien, die uns mit seinen Bewohnern und Städten bekannt macht und so ein wirkungsvolles Bild von den Zielen des athenischen Unternehmens vermittelt.

Mit Kapitel 8 treten wir in das 17. Kriegsjahr, das zusammen mit einem Teil der Sommerhälfte des 18. dieses Buch füllt. Den Anlaß zum Eingreifen der Athener bot diesmal das Hilfegesuch Egestas, das von Selinunt und dem mit ihm verbündeten Syrakus bedrängt wurde. Der sizilische Landfriede, den Hermokrates hergestellt hatte, war nicht von langer Dauer gewesen. Thukydides trennt auch hier von den Anlässen die eigentliche Ursache und nennt (6, 6) mit Wiederholung des 1, 23 gebrauchten Ausdruckes (ἀληθεστάτη πρόφασις) als solche die Absicht der Athener, ganz Sizilien unter ihre Herrschaft zu bringen.

Der Bedeutung des Unternehmens und dem Ausmaße seiner Folgen entspricht die Sorgfalt der Exposition, die auch in Umfang und Anlage der Reden zum Ausdrucke kommt. Schon haben die Athener (6, 8) die Aussendung von sechzig Schiffen beschlossen, da versucht Nikias wenige Tage später in einer Versammlung, die eigent-

[1] M. Treu, ‹Athen und Melos und der Melierdialog des Thuk.›. *Historia* 2, 1954, 253. Nachtrag, 3, 58. Dagegen W. Eberhardt, ‹Der Melierdialog und die Inschriften ATL A 9 (IG I² 63) und IG I² 97. Betrachtungen zur historischen Glaubwürdigkeit des Thuk.›. *Historia* 8, 1959, 284.

lich nur über die Erfordernisse des Unternehmens zu beraten hätte, das Steuer herumzuwerfen. Der große Redekampf zwischen ihm und Alkibiades (6, 9–23) entwickelt in thukydideischer Weise die Gründe für und gegen den Angriff auf Sizilien, bietet aber zu gleicher Zeit die scharf gezeichneten Bilder der beiden Männer, die in den kommenden Geschehnissen die entscheidende Rolle spielen sollten. Alkibiades hat ja bereits früher (5, 43) den Schauplatz betreten, ist aber dort nur mit einer kurzen Kennzeichnung seiner Stellung und seiner Motive bedacht. Nun aber (6, 15) vor seiner großen Rede zeigt ihn Thukydides in der Problematik seines Wesens, in der für Athen so verhängnisvollen Mischung von großartigem Auftreten und genialer Planung mit maßlosem Geltungsbedürfnis und rücksichtslosem Eigennutz. Aber auch die Tragik des Nikias, für die Thukydides in seinem Schlußwort über den Mann (7, 86) Worte tiefen Verstehens findet, wird in diesem Agon in voller Deutlichkeit sichtbar. Als Warner in letzter Stunde sucht er in der ersten dieser drei Reden das Wagnis zu verhindern, sieht aber durch die Erwiderung des Alkibiades erst recht alle Hemmungen beseitigt. Nun ergreift er noch einmal das Wort und verlangt für das Unternehmen, wenn es denn stattfinden solle, eine besonders starke Ausrüstung mit Mann und Schiff und Verpflegung. Noch hofft er, die Athener durch die Größe des notwendigen Aufwandes von ihrem Plane abbringen zu können, da dies aber fehlschlägt, ist er es, der zu den riesigen Ausmaßen der Expedition entscheidend beigetragen hat.

Nach der Erzählung des Hermokopidenfrevels und der Ausfahrt der Flotte geht Thukydides auf den sizilischen Schauplatz über (32) und läßt uns dort Zeugen eines Vorspieles sein, das sich deutlich als Gegenstück zur Volksversammlung in Athen anbietet. Auch hier enthüllt ein Redekampf (33–41) die Gefahren im Inneren des Staates, auch hier hören wir drei Reden, die allerdings auf ebenso viele Sprecher verteilt sind. Hermokrates, der Träger des sizilischen Widerstandes, betont den Ernst der Lage und macht konkrete Vorschläge, denen der Demagoge Athenagoras widerspricht. Ihm ist das Ganze nur ein willkommener Anlaß, das Feuer der inneren Kämpfe zu schüren und für sein extrem demokratisches Programm zu deklamieren. Ein Feldhauptmann endigt die Debatte mit dem Hinweis auf das Notwendige und Vernünftige.

Mitten in die ersten Operationen der Athener, die unter keinem guten Stern stehen, fällt die Rückberufung des Alkibiades, der sich wegen Religionsfrevels verantworten soll, von dem Ordonnanzschiff aber zu den Spartanern entweicht. Daß die Athener nach der Abfahrt der Flotte die Untersuchung wegen der Hermenverstümmelung und des Mysterienfrevels so eifrig weiterführten, wird mit ihrer ständigen Tyrannenfurcht motiviert. Ihre Erwähnung veranlaßt die Einschaltung des Peisistratidenexkurses (6, 54–59)[1], in dem die Wahrheit über die gefeierten Tyrannenmörder gegeben wird. Daß Hipparch nie Tyrann gewesen ist, hatte Thukydides bereits 1, 20 kurz festgestellt, wo er ein Beispiel für falsche Überlieferung im eigenen Lande brauchte. Hier führt er die Geschichte von dem erotischen Handel, der hinter

[1] SCHADEWALDT (s. u.), 84. DEICHGRÄBER (s. u.), 32. 144 mit Lit. H.-J. DIESNER, ‹Peisistratidenexkurs und Peisistratidenbild bei Thuk.›. *Historia* 8, 1959, 12.

der Tat des Harmodios und Aristogeiton stand, breiter aus und sucht die Verdienste der Tyrannen um Athen zu gerechter Geltung zu bringen. Daß Thukydides zweimal den Irrtum über Hipparch korrigiert, kann angesichts des verschiedenen Charakters der beiden Partien keine Handhabe für analytische Schlüsse bieten.

Es dürfte bereits deutlich geworden sein, wie die Erzählung des sizilischen Krieges besonders reich mit Reden ausgestattet ist. Dies gilt von den Vorbereitungen ebenso wie von dem Anfangsstadium der Kämpfe. So hören wir bei der ersten Aktion der Athener gegen Syrakus Nikias zu den Truppen sprechen (68), während eine Rede des Hermokrates über notwendige Maßnahmen indirekt gegeben wird (72). Ein Redekampf großen Ausmaßes (76–87) folgt bald darauf im Zusammenhange mit dem Versuche der Syrakusaner und der Athener, die Stadt Kamarina, die zwischen den Parteien steht, zu sich herüberzuziehen. Wieder spricht dort Hermokrates, der Aktivist der sizilischen Front, für die Gegenseite aber Euphemos, der Athens Gewaltpolitik in einer an den Melierdialog gemahnenden Weise vertritt.

Für den Rest dieses Kriegsjahres hören wir von den Versuchen der beiden Parteien, neue Bundesgenossen zu gewinnen, entscheidend aber ist für die Ausweitung des Krieges das Auftreten des Alkibiades in Sparta. Dort zaudert man noch einzugreifen, aber Alkibiades stört die spartanische Bedächtigkeit auf. Die kriegsentscheidende Bedeutung seines Landesverrates wird durch seine große Rede (89–92) erhellt. Alkibiades rät zur Entsendung von Truppen und eines tüchtigen spartanischen Führers. Das wird Gylippos sein, und mit ihm wird die Not über das athenische Heer kommen, von der das siebente Buch berichtet. Alkibiades rät aber auch zur Besetzung Dekeleias im Norden Athens. Das trifft die Stadt auf schwerste, wie dasselbe Buch in einem eigenen Abschnitte (27f.) ausführt.

Mit dem Schlußteil des sechsten Buches stehen wir bereits im 18. Kriegsjahre, dessen Schilderung bis 7, 18 reicht. Diesem Jahr ist also verhältnismäßig wenig Raum gegönnt, worin sich die Weisheit des Autors in der Disposition seines Stoffes verrät. Das voraufgehende Jahr mit der Vorbereitung und dem Anlaufen des großen Unternehmens ist breit geschildert, wobei besonders viele Reden dem Verständnis von Mächten, Menschen und Situationen dienen. In gleicher Dichte, wenngleich sparsamer in den Reden, ist die Darstellung des 19. Jahres mit der Katastrophe gehalten. Das 18. Jahr hingegen, das zwischen stolzem Hoffen und maßlosem Elend steht und in dem die Entscheidung noch nicht gefallen ist, erhält weniger Raum und Gewicht. Im Mittelpunkte steht die Belagerung von Syrakus, die sich zunächst nach der Besetzung der Höhe von Epipolai gut anläßt. Dann aber verändert das Eingreifen des Gylippos die Situation in einer Weise, die Nikias nötigt, von Athen Hilfe zu erbitten. Die Verlesung seines Briefes vor der Volksversammlung (7, 11–15) hat dieselbe Funktion wie die Reden, die in der Schilderung dieses Kriegsjahres, seiner eben erörterten Behandlung entsprechend, fehlen.

Das siebente Buch – Macaulay hat es über alle Prosa gestellt, die er kannte – erzählt in seinem Hauptteil das 19. Kriegsjahr, dessen Behandlung auch noch die ersten sechs Kapitel des letzten Buches in Anspruch nimmt. Unheilverkündend beginnt der Bericht mit der Besetzung Dekeleias durch die Peloponnesier, die so Athen die nächste Verbindung mit Euboia und damit einen seiner wichtigsten Versorgungswege sperren (19). Thukydides sorgt auch weiterhin dafür, daß uns die Not, die dieser Griff für Athen brachte, nicht aus dem Blickfeld entschwinde. Für die Front von Syrakus, wo die Athener zur See noch die Lage beherrschen, Kap Plemmyrion aber an Gylippos verloren haben (22f.), ist man beiderseits um Verstärkungen bemüht. Demosthenes bricht mit solchen für Nikias auf, kann aber tausenddreihundert Söldner nicht mehr mitnehmen, die zu spät eintreffen. Die Athener müssen sie aus Geldnot zurückschicken, und das bietet den Anlaß zu breiterer Ausführung der militärischen und finanziellen Schwierigkeiten, in die sie der spartanische Griff nach Dekeleia brachte (27f.)[1]. Der Überfall der zurückkehrenden Thraker auf Mykalessos und das Massaker, das nicht einmal Schulkinder verschonte, geben ein erschütterndes Beispiel für das, was in diesem Kriege möglich war (29). Thukydides hat sich dagegen gesichert, daß wir Attika als zweiten Brennpunkt dieser Kriegsphase aus dem Auge verlieren, und kann im folgenden das Gewicht der Darstellung wieder auf Sizilien ruhen lassen. Dort bahnt sich in der wachsenden Seetüchtigkeit der Syrakusier eine für die athenische Flotte gefährliche Entwicklung an, aber noch zeigt sich – wer sollte da nicht an die Tragödie denken! – vor der Katastrophe berechtigte Hoffnung auf guten Ausgang. Demosthenes ist mit den Verstärkungen in den Hafen von Syrakus eingelaufen (42), die Athener werden vorübergehend wieder Herren der Lage, aber der entscheidende Stoß zur Wiedergewinnung der Höhe von Epipolai mißlingt (43f.). Nun tritt Demosthenes selbst für den Abbruch des ganzen Unternehmens ein, aber Nikias zaudert, und als er sich zum Rückzug entschlossen hat, da schreckt eine Mondesfinsternis die Athener und bewegt sie, dreimal neun Tage zuzuwarten. Bei den Syrakusiern hat sich der Wille zur Abwehr zu dem Wunsche gesteigert, das feindliche Expeditionskorps zu vernichten. Schon sind sie auch im Schiffskampf die Stärkeren und entwickeln den Plan, den Athenern die Ausfahrt aus dem großen Hafen zu sperren (56). Hier, wo sich das Endstadium dieses wichtigen Kriegsabschnittes abzuzeichnen beginnt, ruft uns Thukydides nochmals die Ausmaße dieses Ringens in Erinnerung, indem er in zwei Abschnitten (57f.) eine zusammenfassende Übersicht über die Verbündeten auf beiden Seiten gibt. In der immer wieder begegnenden Rahmentechnik läßt er auf diese Einlage die Ausführung der Hafensperre folgen. Daß die nun folgende Hafenschlacht mit dem mißlungenen Ausbruchsversuch der Athener ein entscheidender Akt im sizilischen Drama ist, hebt Thukydides in doppelter Weise hervor. Dem Kampfe läßt er die beiden Feldherrnreden des Nikias (61–64) und Gylippos (66–68) vorangehen, und nach seinem Ausgange stellt er eine bedeutungsvolle Beziehung zu Pylos her. Was die Athener dort den Lakedaimoniern antaten, als sie ihnen die Schiffe zerstörten und die Truppen auf Sphakteria abschnitten, das erleiden sie nun durch die Niederlage ihrer Flotte in Sizilien.

Nun ist nur mehr der Landmarsch in befreundetes Gebiet übrig. Vor dem Auszug zu diesem letzten Marsch des Heeres hält Nikias eine Rede, die Thukydides meister-

[1] H. Erbse (s.u.), 38.

haft aus dem Denken dieses in der Tradition gebundenen Mannes gestaltet hat. Das ganze Unternehmen mochte, so sagt er, als Übermut die Mißgunst der Götter erregt haben, aber dann darf es durch die gegenwärtige Not als gebüßt gelten, und es ist zu erwarten, daß sich das Glück wieder von den Feinden abkehre. Aber so maßvolle Rechnung einer frommen Seele stimmt in diesem Spiele nicht. Die Truppen werden auf einem qualvollen Marsche von den Syrakusiern aufgebracht; furchtbar sind die Verluste, furchtbar das Los der Gefangenen, die in die Steinbrüche gebracht werden oder sonst in Sklaverei geraten. Nikias und Demosthenes werden getötet.

Die Behandlung des 19. Kriegsjahres reicht, wie wir bereits vermerkten, mit sechs Kapiteln in das achte Buch. Die beiden letzten dieser Abschnitte bringen Vorgänge zur Sprache, die in diesem Buche ständig wiederkehren und für den Schlußteil des Krieges Entscheidendes bedeuten: die persischen Satrapen Tissaphernes und Pharnabazos mischen sich in das Spiel. Der Bericht über das 20. Kriegsjahr (7–60) erzählt von drei verschiedenen Verträgen zwischen Lakedaimoniern und Persern, für die Tissaphernes verhandelt, und fügt jedesmal die Urkunden im Wortlaut bei. Vor dem dritten Vertragsabschluß haben sich auch die Athener mit einer Gesandtschaft an den persischen Satrapen gewendet. Im übrigen berichtet Thukydides für dieses Jahr von einer Reihe von Teilaktionen, bei denen es sich meist um den Abfall attischer Bündner auf den Inseln und in Kleinasien sowie um die Versuche ihrer Rückführung handelt. Immer kräftiger treten die Lakedaimonier mit ihren Verbündeten als ernst zu nehmende Gegner zur See in den Vordergrund. Im letzten Teil dieses Jahres bahnen sich Entwicklungen an, die im nächsten zum Tragen kommen. Bei der Flotte vor Samos arbeiten oligarchisch Gesinnte auf den Umsturz der Demokratie in Athen hin, während Alkibiades, um seine Rückkehr in die Heimat zu erreichen, bei Tissaphernes für diese intrigiert.

Die Ereignisse des 21. Jahres ergeben für die betreffenden Abschnitte des achten Buches (61–109) lebhaftere Bewegung. Notwendig nimmt Athens Innenpolitik einen breiten Raum ein. Im Frühsommer 411 wurde die Demokratie durch den oligarchischen Putsch gestürzt, der alle Gewalt einem Rat von vierhundert Männern überantwortete. Hinter diesem Umsturz stand vor allem der Redner Antiphon, den Thukydides (68) mit besonderer Wärme würdigt. Anderseits verschweigt er den üblen Terror nicht, den dieses Regime ausübte. Die ablehnende Haltung der Flotte vor Samos erzwang bald ein Zurückgehen auf eine gemäßigte Verfassung. Sie stützte sich auf die fünftausend Bürger, die ihre Ausrüstung selbst besorgen konnten, und hat von Thukydides (97) unter dem Gesichtspunkte des Maßes hohes Lob erhalten.

Der Abfall der Bündner, der besonders im Falle von Byzanz (80) und Euboia (95) kritisch ist, geht weiter, weiter auch die zwielichtige Rolle, die Tissaphernes hinter den Fronten spielt. Aber gegen den Schluß des Buches und damit des ganzen Werkes leitet das Eingreifen des Alkibiades noch einmal eine den Athenern günstige Wendung ein. Auf Samos wird er von Heer und Flotte freudig empfangen und zum Feldherrn gewählt. Der athenische Seesieg unter Thrasybul bei Kynossema und die Wiedergewinnung von Kyzikos leiten eine neue Phase des Krieges ein. Noch hören wir von erneuter Geschäftigkeit des Tissaphernes, da endet das Werk, oder besser gesagt, es reißt ab.

Eine Frage, die uns das fünfte Buch stellt, kehrt mit dem achten[1] wieder. Die direkten Reden, die wir als besonderes Mittel thukydideischer Geschichtsdarstellung noch zu würdigen haben, fehlen da wie dort, wobei natürlich für das fünfte Buch die Grenze für unsere Betrachtung vor den Melierdialog fällt. Eine zweite Beobachtung tritt hinzu: in beiden Büchern finden sich Urkunden im Originaltext, also gleichsam als Rohmaterial, wozu allerdings noch 4, 118 mit den Bestimmungen des einjährigen Waffenstillstandes kommt. Da ferner in den Büchern 5 und 8 mitunter die Hauptlinien der Entwicklung zugunsten verschiedenen Teilgeschehens vernachlässigt erscheinen, hat man wiederholt geschlossen, daß Thukydides an diese Partien nicht mehr die letzte Hand zu legen vermochte. Man kann die besprochenen Befunde auch anders erklären, sich für diese Zeitabschnitte auf den Zerfall des Geschehens in Einzelaktionen berufen und die Einlage der Urkunden mit dem Streben nach besonderer Deutlichkeit rechtfertigen; die natürlichste Auffassung bleibt aber doch die, daß Thukydides hier nicht mehr zur letzten Formung gelangte.

Wir sind durch die eben erörterte Frage in einen Problemkreis geraten, der bis vor kurzem die deutschsprachige Thukydidesforschung fast ausschließlich in Anspruch genommen hat. So ausschließlich, daß man von einer thukydideischen Frage in ähnlichem Sinne wie von einer homerischen sprechen kann. Die Methode ist denn auch da und dort die gleiche gewesen. Anzuerkennen ist, daß Schichtenanalyse im Falle des Thukydides einen durchaus greifbaren Anhalt findet. Sagt er uns doch gleich im ersten Satze seines Werkes, daß er mit der Aufzeichnung des Krieges unmittelbar bei seinem Ausbruch begonnen habe, da er die Bedeutung des Kommenden voraussah. Da sich ferner verschiedenen Stellen einwandfrei entnehmen läßt, daß Thukydides an seinem Werke nach 404 gearbeitet hat, muß sich dessen Werden auf einen langen Zeitraum verteilt haben.

Begründet hat die Analyse auf diesem Felde vor mehr als einem Jahrhundert Franz Wolfgang Ullrich, Professor am Hamburger Johanneum, mit seinen *Beiträgen zur Erklärung des Thukydides* (1, 1845. 2, 1846)[2]. Er ging dabei von zwei Beobachtungen aus. Die ersten Bücher enthalten keine Aussage über die Dauer des gesamtens Ringen, und die Bezeichnung des beschriebenen Krieges (ὅδε ὁ πόλεμος u.ä.) ist so unbestimmt, daß die Kenntnis des gesamten Ablaufes mit seinen verschiedenen Phasen noch nicht vorauszusetzen ist. Ferner legte Ullrich besonderes Gewicht auf das sogenannte zweite Prooimion (5, 26), das Kenntnis des Krieges bis zu seinem

[1] Eine Analyse des 8. Buches bei E. Delebecque, *Thucydide et Alcibiade*. Publ. des Annales de la Fac. des Lettres d'Aix en Provence. N. S. 49, 1965, und *Thucydide livre VIII*. Ibid. 57, 1967, der die eigenartige Struktur dieses Buches durch eine Schichten-Theorie erklären will. Zahlreiche Äußerungen zu der erstgenannten Untersuchung bei A. Kleinlogel. Gnom. 42, 1970, 187, 1; vgl. besonders K. v. Fritz, *Die griech. Geschichtsschreibung* I Berlin 1967, Anm. 271 auf S. 327. Ältere Behandlungen dieses Buches bei M. Treu, *Gnom.* 40, 1968, 715.

[2] Jetzt F. W. Ullrich, *Die Entstehung des Thukydideischen Geschichtswerkes.* (Die entscheidenden Partien) herausgeg. u. eingel. von H. Herter. Wiss. Buchgesellschaft Darmstadt 1968.

Abschluß erweist und derart nach 404 geschrieben sein muß. Zu diesen Beobachtungen hat ULLRICH noch eine Reihe Indizien gefügt und ist derart zur Scheidung von zwei Hauptentwürfen gelangt. Der eine läge in den Büchern 1 bis Mitte 4 vor, umfaßte nur den ersten, zehnjährigen Kriegsabschnitt und wäre bald nach dem Frieden des Nikias (421) entstanden. Der zweite wäre nach dem Falle Athens (404) zu datieren und wäre mit dem Blick auf den Gesamtablauf entstanden. Außer den Büchern von der Mitte des vierten bis zum Schlusse mußte ULLRICH dieser Arbeitsphase verschiedene Bezüge auf den späteren Kriegsabschnitt zuschreiben, die er in der ersten Werkhälfte anzuerkennen genötigt war. Hier mußte die Annahme späterer Einarbeitungen helfen, den Hypothesenbau vor dem Einsturze zu bewahren.

Eine neue Wendung hat dieser Forschung für einige Zeit das Buch von EDUARD SCHWARTZ[1] gegeben. Er suchte die Analyse zu verfeinern und hat wie bei der Zerteilung Homers mit der Feststellung von Widersprüchen und mit der Annahme von stehengebliebenen Doppelfassungen gearbeitet. Auch wurde als rechter Doppelgänger des Redaktors der homerischen Gedichte im Falle des Thukydides der Herausgeber zur Erklärung von Unstimmigkeiten bemüht. Die so gewonnenen Schichten suchte SCHWARTZ als Zeugnisse einer geistigen Entwicklung des Thukydides zu werten. Andere, wie SCHADEWALDT, sind auf diesem Wege weitergegangen, und es schien möglich, von einem Thukydides strenger Tatsachenforschung einen späteren zu scheiden, der Geschichte verstehen und anderen dieses Verständnis vermitteln wollte.

In der jüngsten Phase der Thukydidesforschung ging es darum, die mit großer Selbstsicherheit der Kritik gewonnene Schichtenteilung auf ihre Haltbarkeit zu untersuchen. Durch eine besonnene Überprüfung der Argumente hat vor allem HARALD PATZER unsere Position geklärt. Der Anhang seines Buches mit einem Katalog der Spät- und Frühindizien ermöglicht einen raschen Überblick über das Ergebnis. Sichere Spätindizien sind ziemlich häufig und verteilen sich über das ganze Werk. Hingegen sind Frühindizien, die noch ernsthaft in Frage kommen, äußerst rar und, wie PATZER zeigte, durchaus nicht alle von gleicher Beweiskraft.

Wir müssen nochmals die Parallele zur Homerphilologie ziehen. Da wie dort ist die Forschung auf vielen Umwegen dazu gelangt, die uns erhaltene Form nicht mehr allein unter dem Gesichtspunkte der Zergliederung zu betrachten, sondern in ihrem Eigenrechte als Schöpfung hohen Ranges anzuerkennen und zu studieren. Unitarismus dieser Prägung, wie ihn für Thukydides vor allen JOHN H. FINLEY[2] vertritt, übersieht nicht, was der Endform vorausgegangen ist. Unser Homerkapitel suchte die Fülle von Voraussetzungen kenntlich zu machen, die uns die Gestalt der *Ilias* und *Odyssee* erklären, und für Thukydides kann sein eigenes Zeugnis nicht übersehen werden, das eine Arbeit von Jahrzehnten verbürgt. Was wir aber heute lesen, ist nicht die durch

[1] *Das Geschichtswerk des Thuk.* Bonn 1919; 2. Aufl. 1929.

[2] Außer in dem u. genannten Buche in ‹The Unity of Thuc. History›. *Harv. Stud.* Suppl. Vol. 1, 1940, 255. Einen radikalen Unitarismus in dem Sinne, daß das ganze Werk in stetigem Fortschreiten jeweils mit nur kurzem zeitlichen Abstand zu den Geschehnissen geschrieben sei, vertritt F. E. ADCOCK in dem u. genannten Buche.

Nachträge und Einschübe notdürftig überdeckte Zusammenfügung von Entwürfen, die nach Zeit und geistiger Haltung weit getrennt sind, sondern ein im wesentlichen einheitliches, von ganz bestimmten Gesichtspunkten aus gestaltetes Werk. Die zahlreichen Spätindizien sprechen dafür, daß dieses seine Form in den Jahren nach dem Zusammenbruche Athens erhalten hat. Natürlich ist in ihr eine Fülle von Notizen und Ausarbeitungen aus der früheren Schaffenszeit des Autors verwertet und aufgehoben. Er hat seine Arbeit nicht zu Ende gebracht, davon sprechen ebenso der Schluß wie nach unserer Auffassung der Zustand des fünften und achten Buches, aber er konnte sie so weit führen, daß er eine Geschlossenheit seines Werkes erzielte, die uns seine Zerlegung in Teile und Teilchen nicht mehr ohne weiteres gestattet. So ist heute auf dem Felde der Thukydidesanalyse weithin eine gesunde Zurückhaltung eingetreten, die ihr zwar die grundsätzliche Berechtigung nicht abspricht, die Möglichkeiten des Erreichbaren aber viel kritischer abschätzt, als man dies in den kühnen Anläufen früherer Jahre zu tun gesonnen war.

Erfreuliche Folge dieser Wendung ist es, daß man in neuester Zeit mit verstärkter Intensität nach der inneren Gestalt des Werkes zu fragen begonnen hat. Um das Verhältnis des Mannes zu seinem Gegenstande zu kennzeichnen, begnügte man sich lange damit, ihn Herodot gegenüberzustellen. Dazu hat er selbst aufgefordert, indem er an verschiedenen Stellen[1] Herodot, freilich ohne seinen Namen zu nennen, berichtigte oder, wie in den Methodenkapiteln, bekämpfte. Immer wieder findet man Thukydides als den Begründer pragmatischer Geschichtschreibung, als unbestechlichen Forscher und entschlossenen Wahrheitssucher zu Herodot als Vertreter ionischer Erzählfreudigkeit und kritiklosen Bewahrer von allerlei fragwürdiger Tradition in Antithese gesetzt. Damit ist ein gutes Stück vom Richtigen gesagt, aber die tiefreichende Wesensverschiedenheit der beiden Historiker ist auf diesem Wege nicht zu fassen. Vielmehr handelt es sich hier um einen Unterschied der Intensität, mit der bestimmte Prinzipien in Anwendung gebracht werden. Auch Herodot ist sich des verschiedenen Wertes seiner Quellen bewußt gewesen, und wenn er auch nicht so sorgsam zwischen ihnen entschied, so hat er doch wiederholt auf ihre Fragwürdigkeit hingewiesen; auch Herodot hat Inschriften und Denkmäler für seine Darstellung herangezogen und erkennen lassen, daß ihm der Grundsatz der Urkundlichkeit nicht fremd war. Der Abstand freilich ist ein bedeutender und soll hier nicht verringert werden. Mit herber Strenge ist bei Thukydides die Freude am Erzählen an sich ausgeschaltet und alles dem einen Zwecke dienstbar gemacht: zu ermitteln, wie es in Wahrheit gewesen ist. In einem ganz anderen Maße als bei Herodot sind die methodischen Mittel hiefür ausgebildet und angewendet. Gewiß schreibt Thukydides Gegenwartsgeschichte und hat für diese reichere und verläßlichere Mittel zur Hand als Herodot für die Perserzeit, aber auch dort, wo er sich in Exkursen der Vergangenheit zuwendet, sucht er für jeden Schritt, den er tut, festen Boden. Es ist beispielhaft für die Arbeitsweise des Thukydides, wie er sich im Peisistratidenexkurs (6, 54–59) um den Nachweis bemüht, daß nicht Hipparch, sondern Hippias Tyrann gewesen ist. Da verwertet er die

[1] Schmid, 2, 663, 7.

Weihinschrift des Zwölfgötteraltars, den der gleichnamige Enkel des Peisistratos auf der athenischen Agora stiftete, eine schwer lesbare delphische Weihung und die Stele, die auf der Akropolis zum Gedenken an die Beseitigung der Tyrannen stand. Wie er mit dem dritten Zeugnis arbeitet, ist lehrreich zu sehen. Er kann ihm für seine These keine direkte Angabe entnehmen, wohl aber bestätigt ihm die Tatsache, daß die Inschrift nur Kinder des Hippias, nicht aber solche der übrigen Söhne des Peisistratos nennt, zusammen mit der Reihung der Namen, daß Hippias der Älteste der Nachkommen und daher der Erbe der Tyrannis gewesen ist. Wir sehen Thukydides hier mit jenen Wahrscheinlichkeitsschlüssen (εἰκάζειν) arbeiten, die wir bereits früher im Zusammenhang mit der neuen, von der Sophistik geförderten Art des Beweisverfahrens vor Gericht zu erwähnen hatten. Ganz überwiegend ist Thukydides dort auf Schlüsse solcher Art angewiesen, wo er weit zurückliegende Zeiträume zu erhellen trachtet. So wird denn die Archäologie für diese Methode zum Felde besonderer Bewährung, und unverkennbar ist die Genugtuung, mit der sie Thukydides an dieser frühen Stelle seines Werkes vorführt. Sie ist berechtigt; der Schluß etwa, den er aus Beigaben und Bestattungsform delischer Gräber auf ursprünglich karische Bevölkerung der Insel zieht, entspricht durchaus den Methoden moderner Forschung.

Nochmals sei die entscheidende Bedeutung hervorgehoben, die für die Geschichtschreibung des Thukydides sein unbedingter Wille zur Erreichung des Tatsächlichen hatte. Er ist darin weit über Herodot hinausgewachsen. Wenn wir aber nach dem fragen, was sein Werk an der Wurzel von jenem seines Vorgängers scheidet, müssen wir einen anderen Weg gehen. Thukydides hat sich über Ziel und Mittel seiner Arbeit in den Kapiteln 1, 20–22 ausgesprochen, von denen besonders das letzte, das sogenannte Methodenkapitel[1], in den vergangenen Jahren Gegenstand intensiver Forschung war, wobei man freilich mitunter das einzelne Wort überforderte. Doch kann alles Wesentliche als gesichert gelten. Zunächst hören wir den Programmatiker einer möglichst exakten Geschichtsforschung. Als solcher hat er sich die Unzuverlässigkeit der mündlich weitergegebenen Berichte klarzumachen. Wie selbst Vorgänge der eigenen Landesgeschichte in solcher Tradition entstellt werden, weist Thukydides an der Überlieferung über die angebliche Tyrannis des Hipparch und deren Beendigung durch Harmodios und Aristogeiton nach. Er ist auf diese Fragen, ein besonders ausgezeichnetes Beispiel für seine Forscherarbeit, in dem Exkurs des sechsten Buches mit ausführlichem Bericht zurückgekommen. Mit zwei weiteren Beispielen aus Sparta belegt Thukydides die Unzuverlässigkeit von Angaben über Einrichtungen, die der Gegenwart angehören und jederzeit nachprüfbar sind. Es handelt sich um das angebliche Stimmrecht der Könige mit zwei Steinen und die Existenz einer «pitanatischen Schar». Da beide Dinge bei Herodot am Rande erwähnt sind, wird hier des Thukydides Bemühen besonders deutlich, sich von seinem Vorgänger abzusetzen. Im folgenden Kapitel stellt Thukydides seine mühevolle Arbeit den beiden Gruppen der Dichter und der Logographen gegenüber, die er mit polemisch gewaltsamer, aber nicht völlig unbegründeter Vereinfachung auf den gemeinsamen Nenner derer

[1] Lit. bei H. Herter, ‹Zur ersten Periklesrede› (s. u.), 613, 1. Dazu H. Erbse (s. u.), 55.

bringt, die durch Schmuck und Erhöhung des Erzählten den Hörer gewinnen wollen. Daß wir dabei zunächst und vor allem an Homer und Herodot denken sollen, versteht sich von selbst.

Den Schluß des 21. Kapitels bildet einer jener gleitenden Übergänge, wie wir sie bei Thukydides mehrfach feststellen. Der Krieg, dem das Werk gilt, ist wahrhaft der größte von allen, die Griechenland jemals führte. Das hat soeben die methodisch sorgfältige Prüfung der Vergangenheit erwiesen. Seine Darstellung im folgenden soll aber unter denselben Grundsätzen stehen. Das eigentliche Methodenkapitel (22) unterteilt diese Aufgabe in einer dem Griechen seit je geläufigen Weise. In der *Ilias* (9, 443) umschreibt Phoinix die beiden Ziele adeliger Erziehung, die eine Einheit bilden: Beherrschung der Rede und Bereitschaft zur Tat. In derselben Teilung, nach Reden und Handlungen, entwickelt Thukydides hier das Programm seines Werkes. Mit den Reden beginnt er. Schwierig, so sagt er, war es für ihn bei Reden, die er selbst gehört hatte (es gibt also solche, und wir werden die Periklesreden dazurechnen), und für andere, die ihm über Reden berichteten, die genaue Form des Gesprochenen (τὴν ἀκρίβειαν αὐτὴν τῶν λεχθέντων) aus dem Gedächtnis wieder herzustellen. Mit neueren Interpreten beziehen wir den angeführten Ausdruck ebenso auf den Wortlaut wie auf die genaue Abfolge der Gedanken. Nach der Feststellung dessen, was er nicht erreichte und nach dem Wesen seines Werkes gar nicht wirklich anstreben konnte, bezeichnet er seinen Weg bei der Abfassung der Reden. Er gestaltete sie nach den Erfordernissen der jeweiligen Lage (περὶ τῶν ἀεὶ παρόντων τὰ δέοντα), wie sie nach seinem Urteil für den Redner maßgebend sein mußten. Doch fügt er an das Bekenntnis solcher Freiheit sogleich eine sehr wesentliche Einschränkung: die Gesamtrichtung (ξύμπασα γνώμη) des tatsächlich Gesprochenen, die ja in den meisten Fällen noch zu ermitteln war, wurde so weit als möglich gewahrt. Über den Zweck der eingelegten Reden erhalten wir hier keine Belehrung; wir werden danach in größerem Zusammenhange zu fragen haben.

Anders als bei den Reden war bei dem Bericht über die Geschehnisse Genauigkeit das unbedingte und auch weitgehend erreichbare Ziel. Mit deutlichem Seitenblick auf Herodot sagt Thukydides, daß es dabei nicht genügte, den ersten Besten auszufragen, sondern daß eine mühevolle Überprüfung der Zeugnisse nötig war, die sich je nach Einstellung und Gedächtniskraft selbst bei Augenzeugen widersprachen.

Thukydides ist sich dessen bewußt, daß die Strenge seiner Forderung einen Verzicht auf Wirkung bedeutet. Wenn er dabei von der Wirkung auf den Hörer spricht, so denken wir wieder an Herodot, für den öffentliche Lesungen aus seinem Werke überliefert sind. Thukydides weiß sich des Verzichtes auf solche Erfolge zu getrösten: die Leute, für die er schreibt, sind anderer Art. An jene wendet er sich, die klare Einsicht in das gewinnen wollen, was geschehen ist und nach der im menschlichen Wesen beschlossenen Gesetzmäßigkeit so oder so ähnlich wieder geschehen wird. Ihm wird es genug sein, wenn Menschen solch ernsten Wollens von seinem Werke Nutzen haben, denn er hat es nicht als agonales Prunkstück, sondern als einen über die Zeiten reichenden Besitz (κτῆμα ἐς ἀεί) geschaffen. Hier befinden wir uns in der geistigen Mitte des thukydideischen Werkes und an jenem Punkte, wo der fundamentale Unterschied Herodot gegenüber offenbar zu werden beginnt.

Über dem sorgfältigen Ermittler tatsächlicher Geschehensabläufe wird der Geschichtschreiber sichtbar, der politische Erkenntnisse von bleibendem Werte vermitteln will. Die knappen Worte, in denen Thukydides von diesem letzten Anliegen seiner Tätigkeit spricht, dürfen nicht im Sinne einer primitiven Anwendung des Wortes historia vitae magistra mißverstanden werden. Thukydides hat weder daran gedacht, seinen Lesern Sicherheit in politischen Prognosen beizubringen, noch wollte er ihnen ein Regelwerk in die Hand geben, nach dem sie sich im konkreten Falle zu entscheiden hätten. Wohl aber ist ihm bei seiner Arbeit die Einsicht in bestimmte Gesetzmäßigkeiten und Mächte aufgegangen, die am Grunde der Geschehnisse, dieser verwirrend bunten und vielfältigen Geschehnisse, dem forschenden Auge immer wieder erkennbar werden. Solches Wissen bedeutet Klärung scheinbar verworrener Lineamente, und wenngleich die einzelne Situation etwas schlechthin Unwiederholbares ist, so geben sich dem Kundigen in ihr doch Kräfte zu erkennen, die dem Bereiche des Stetigen angehören. Wer solches Wissen besitzt, hat zwar nicht feste Anweisungen erhalten, wie man politisch handelt, wohl aber hat er die Fähigkeit gewonnen, in jedem einzelnen künftigen Falle gegebene Situationen zu durchleuchten, die Grundzüge des Kräftespieles zu verstehen und danach vorausschauend seine Entscheidungen zu treffen. Es ist paradigmatisch für diese Zielstellung, wenn Thukydides (2, 48) erklärt, er wolle die Symptome der furchtbaren Seuche beschreiben, damit man bei einem neuerlichen Auftreten der Krankheit dieser nicht mit völliger Unwissenheit gegenüberstehe.

Wenn Thukydides derart über das Einzelphänomen dem allgemein Gültigen zustrebt, so ist dies der Weg griechischen Denkens überhaupt. Unzweifelhaft ist jedoch auf diese Weise sein Programm unter eine Antinomie gestellt. Für den Forscher, der mit höchster Anspannung den einzelnen Vorgang so vollständig und richtig wie möglich zu erfassen sucht, ist nicht dieses Einzelne letztes und eigentliches Ziel, sondern vielmehr das Typische, das sich aus ihm gewinnen läßt. Diese Antinomie kann nicht in Zeitstufen der Entwicklung des Thukydides aufgeteilt werden, sie ist zutiefst in seinem Wesen und Werke beschlossen.

Wir versuchen, uns dem Verständnis dieses Werkes mit Hilfe zweier Fragen weiter zu nähern. Auf welchem Wege unternimmt es Thukydides, seinen Lesern die Einsicht zu vermitteln, von der er im Methodenkapitel spricht, und in welchen Bereichen glaubt er jenes Allgemeine und Gleichbleibende aufzufinden, das dem Kundigen ein tieferes Verstehen der konkreten Situation ermöglicht?

Hier ist zunächst eine negative Feststellung nötig. Thukydides tritt mit wenigen Ausnahmen nicht selbst wertend und deutend in seinem Werke in Erscheinung. Eben daß wir seine Stimme so selten vernehmen, gibt dem Ganzen jene Kühle der Objektivität, die man immer wieder als sein besonderes Kennzeichen hervorgehoben hat. Spricht er ja einmal im eigenen Namen, dann hat er freilich Dinge von besonderem Gewicht zu sagen, so die Grundzüge seines Programmes (1, 22), sein Urteil über

Perikles und dessen Politik (2, 65) und seine Erfahrungen über die furchtbare Entstellung menschlichen Gemeinschaftslebens durch den Krieg (3, 82f.). Um ein weniges gesprächiger ist er im achten Buche, wo er die Verfassung von Chios (24) und die gemäßigt oligarchische von Athen (97) mit Lob bedenkt oder am Ende von Kapitel 96 von der verschiedenen Aktivität der Athener, Spartaner und Syrakusier spricht. Nur selten bezieht er zu den geschilderten Ereignissen und zu einzelnen Personen eine persönliche Stellung. So zu Kleon (3, 36. 5, 16) oder zu dem Unglück von Mykalessos (7, 30). Der warmen Worte über Nikias (7, 86) wird nochmals zu gedenken sein, wenn wir von des Thukydides Stellung zur Religion zu sprechen haben.

Das alles bleibt Ausnahme. Thukydides doziert nicht, er stellt dar. Aber seine Darstellung begnügt sich nicht damit, die einzelnen Fakten zu verzeichnen, sie dringt in die Tiefe, deckt Zusammenhänge auf und gibt für die entscheidenden Situationen des großen Ringens Analysen, in denen die Voraussetzungen sichtbar gemacht, die Möglichkeiten abgegrenzt und die verantwortlich Handelnden mit ihren Überlegungen und Motiven vorgeführt werden. Eben diese Analysen sind es, die dem Leser des Werkes Einsicht in das Bleibende hinter dem Veränderlichen, das Wiederholbare hinter dem nur Einmaligen in Aussicht stellen. Die Sorgfalt, die er auf solche Durchleuchtung der geschichtlichen Situation verwendete, hat ihm das Recht gegeben, in den stolz-bescheidenen Worten des Methodenkapitels von einem Besitzstück für alle Zeit zu sprechen. Das vornehmste Mittel solch thukydideischer Situationsanalyse sind die Reden. An der oben erwähnten Stelle sagt Thukydides selbst, daß ihm bei deren Abfassung die Erfordernisse der jeweiligen Lage maßgebend waren. Damit ist bereits angedeutet, was die Reden im Werke leisten sollen. Mehr als vierzig Reden sind in das gesamte Werk eingelegt, und ungefähr zwei Drittel von ihnen finden sich in den ersten vier Büchern. An diesem Verhältnis mag in etwa der Umstand beteiligt sein, daß Thukydides die Ausarbeitung einzelner späterer Partien nicht zu Ende gebracht hat, aber das reicht kaum zur Erklärung aus. Die besondere Dichte analysierender und interpretierender Reden in der ersten Werkhälfte entspricht durchaus der Aufgabe dieser Bücher, die Voraussetzungen des großen Krieges, Wesen und Stimmung der Parteien und die im ersten Abschnitt nach so vielen Seiten offenen Möglichkeiten ins Licht zu rücken[1].

Wie sehr diese Reden der Aufgabe dienen, die Ursachen des Geschehens und die Motive der Handelnden vor uns auszubreiten und so das rein Faktische bis auf den Grund der Dinge durchsichtig zu machen, das wird vor allem in jenen Fällen klar, in denen die Reden von zwei Vertretern gegnerischer Parteien zur Antithese zusammengeschlossen sind. Wenn irgendwo, so erkennen wir hier, daß zu den Voraussetzungen des thukydideischen Werkes die Sophistik gehört. Dort hatte man den Bereich der Antinomien entdeckt, der hinter allem menschlichen Tun und Lassen steht, dort hatte man gelernt, daß über jegliches Ding zwiefache Rede möglich ist. Protagoras hat das in seinen *Antilogiai* entwickelt, und das Wort taucht bei Thukydides programmatisch unmittelbar vor dem ersten Redekampf seines Werkes, dem

[1] Dionysios, *de Thuc.*, 16 zitiert einen Kratippos, der die Reden kritisierte.

zwischen Kerkyräern und Korinthern vor der athenischen Volksversammlung, auf (1, 31). Zur reichsten Entfaltung hat Thukydides das Antilogienspiel seiner Reden in jener Partie des ersten Buches gebracht, die dem Kriegsbeschlusse der Lakedaimonier vorangeht. Es war einer der schwersten Mißgriffe der Analyse, die beiden hier vereinigten Redepaare trennen zu wollen. Hier ergänzt eine Rede die andere, gerade dort, wo sie den gegnerischen Standpunkt bekämpft, und so ersteht vor uns das Bild der Kräfte, die mit Notwendigkeit zu diesem Kriege führten, und der beiden Protagonisten Athen und Sparta, deren Wesen den Gang der Ereignisse bestimmte. Vor allem anderen kreisen diese Reden zu einem großen Teil um die Erfassung athenischer Art und der in ihr beschlossenen Möglichkeiten und Gefahren. Wenn der Korinther (1, 70) mit geradezu klinischer Schärfe die ewige Unrast Athens schildert, sein Ungenügen an allem Erreichten, seine Unfähigkeit, selbst Ruhe zu halten und sie anderen zu gönnen, kommt ein tragischer Zug in das Bild, und wir erinnern uns an das erste Stasimon der *Antigone*, in dem Sophokles von dem Unheimlichen im Menschen gesungen hat.

Man hat richtig beobachtet, daß in der eben erwähnten Tetrade von Reden jene des Königs Archidamos als Selbstdarstellung spartanischen Wesens in einzelnen Partien wie ein Gegenstück zur Leichenrede des Perikles abgefaßt ist. Dieser Fall ist beispielhaft für eine Reihe anderer, in denen zwischen Reden, die zu verschiedenen Zeiten und an verschiedenen Orten gehalten wurden, die Beziehungen hin und wieder gehen.

Mit einer Objektivität, die in der Geschichtschreibung kaum in solchem Maße wiederkehrt, steht Thukydides über den Parteien, die er einander im Kampfe der Reden gegenüberstellt. Dies nun scheidet ihn wieder von den Sophisten, daß hier nicht einer Sache zum Siege verholfen, nicht ein bestimmter Standpunkt durchgekämpft werden soll, sondern alles Für und Wider so vor uns ausgebreitet wird, daß wir ein möglichst lückenloses Bild von dem Spiel der Kräfte erhalten. Durchaus herrscht eine antinomische Betrachtung der Situationen vor, wir haben in unserer Übersicht über das Werk jene Fälle als Ausnahme hervorgehoben, in denen Thukydides eine Rede in bedeutender Stunde ohne Erwiderung läßt und derart die Gültigkeit des Gesagten anerkennt. Perikles hat keine Gegenredner, und dasselbe gilt von Hermokrates, wenn er auf dem Kongreß der sizilischen Städte zur Einheit ruft (4, 59). So gut wie alle Reden sind aber von der Absicht getragen, aus der Einzelaktion das Grundsätzliche und Allgemeine hervortreten zu lassen.

In welchen Grenzen es für die Reden erlaubt ist, von historischer Treue zu sprechen, geht aus dem Methodenkapitel hervor. Freilich ist mit einer gewissen Varianzbreite zwischen Reden zu rechnen, die Thukydides ganz aus seiner eigenen Auffassung der Situation formte, und solchen, deren Ohrenzeuge er selbst war oder über die er verläßliche Nachricht erreichte[1]. So hat Thukydides ohne Zweifel Perikles selbst gehört, und weitestgehende Übereinstimmung der im Geschichtswerk enthaltenen

[1] Zur Frage K. Rohrer, ‹Über die Authentizität der Reden bei Thuk.›. *Wien. Stud.* 72, 1959, 36.

Reden mit den Gedanken des Staatsmannes, den er so rückhaltlos bewunderte, ist mit Sicherheit anzunehmen[1].

Thukydides sucht in der Vielfalt des politischen Geschehens das gesetzmäßig Wiederkehrende aufzufinden. In welchem Bereiche vermeint er seiner habhaft zu werden? Hier trennen sich seine Wege entscheidend von jenen Herodots. War dieser auch Zeitgenosse der Sophisten, so ist sein Weltbild, wie wir an seinem Orte zeigten, doch ein durchaus vorsophistisches, theonomes und steht als solches zu der Vorstellungswelt der klassischen Tragödie in mancherlei Beziehung. Zwar treten bei Herodot die Götter des alten Glaubens nicht unmittelbar in Aktion, aber an keiner Stelle seines Werkes begegnen wir dem geringsten Zweifel daran, daß die Schicksale der Menschen, mag sich ihr freier Wille auch in einem breiten Raume entfalten, letzten Endes von der Welt des Göttlichen her bestimmt sind. Wendungen wie *als es verfügt war, daß es ihm schlecht erginge* sind ein beredter Ausdruck des Glaubens an eine metaphysische Motivation des Geschehens[2]. Dabei sind Begriffskategorien wie das Vergen der Götter, die Herstellung gesunden Maßes, der Kreislauf von Glück und Erniedrigung von entscheidender Bedeutung. Die bei Herodot immer wiederkehrende Figur des Warners ist in besonderem Maße Exponent dieser Anschauungen.

Bei Thukydides ist das alles völlig anders. In seinem durchaus immanenten Geschichtsbild findet sich kein metaphysischer Faktor zur Erklärung dessen, was da geschieht. Darüber, was er selbst von den Göttern dachte, sind uns nur Vermutungen erlaubt. Wenn die Athener im Melierdialog (5, 105) eine Aussage über das Göttliche nur mit Zurückhaltung und als bloße Vermutung machen, so ist die Übereinstimmung mit Protagoras im Eingange seiner Schrift *Über die Götter* offenkundig genug. Daß des Thukydides eigene Einstellung auf dieser Linie lag, darf man wohl vermuten. Nach Antyllos in der Vita des Marcellinus galt er als Schüler des Anaxagoras und als ἄθεος ἠρέμα. Anderseits ist er kein Kämpfer gegen den Glauben der Tradition gewesen. Von einem so rigorosen Vertreter der alten Religion wie Nikias hat er manches zu berichten, was Gelegenheit zu Angriffen in dieser Richtung gegeben hätte. Wir lesen nichts dergleichen, wohl aber eine für Thukydides ungewöhnlich warme Würdigung des sittenreinen Mannes (7, 86). Andere Stellen, an denen – selten genug – von religiösen Bindungen gesprochen wird (2, 53. 3, 82), lassen kaum erkennen, was Thukydides persönlich von ihnen hielt. Entscheidend bleibt, daß er von den Geschehnissen, die er berichtet, metaphysische Interpretation vollkommen ferngehalten hat.

Dem Mythos gegenüber hat der Historiker noch keine scharfe Trennungslinie gezogen. Wie er den troischen Krieg ohne weiteres als historische Realität nimmt, so tut er es mit Hellen und seinen Söhnen, mit Pandion, Itys und Prokne und mancher anderen Gestalt[3].

[1] V. Ehrenberg, *Sophocles and Pericles*. Oxf. 1954, 41; S. 51 der deutschen Ausgabe Münch. 1956. Zurückhaltender ist J. Th. Kakridis, *Der thuk. Epitaphios. Zet.* 26, 1961, 112; vgl. auch M. H. Chambers, ‹Th. and Pericles›. *Harv. Stud.* 62, 1957, 79.

[2] Vgl. o. S. 368.

[3] Man vergleiche Stellen wie 1, 3. 2, 15; 29. 6, 2 und F. Hampl, *Serta Philologica Aenipontana*. Innsbruck 1961, 42, 5.

Thukydides hat den Bereich, in dem er das Gesetzmäßige, Wiederkehrende und bis zu einem gewissen Grade Errechenbare in der Geschichte verankert sieht, selbst hinreichend genau bezeichnet. Im Methodenkapitel (1, 22) nennt er das menschliche Wesen (τὸ ἀνθρώπινον) als die Konstante, aus der immer wieder Gleiches hervorgeht[1]. An verschiedenen anderen und stets akzenttragenden Stellen seines Werkes hat er von dieser Konstante gesprochen. Den Spartanerkönig Archidamos läßt er in seiner großen Rede sagen (1, 84), es sei verfehlt, zwischen den Menschen große Verschiedenheiten anzunehmen, und in der «Pathologie» (3, 82) spricht er von den Schädigungen durch inneren Zwist, die eintreten werden, solange die Natur (φύσις) der Menschen die gleiche ist. Dieses im Grunde unveränderliche Wesen des Menschen äußert sich für Thukydides vornehmlich im Streben nach Macht und eigenem Vorteil, wobei die Gesetze widerwillig als Hemmnis empfunden werden[2]. Auch hier erinnern wir uns an sophistische Lehre, die das Recht des Starken als das einzig gültige Naturrecht verkündigt, aber wiederum ist der Unterschied wichtiger als die Übereinstimmung. Während der extreme Flügel der Sophisten mit großen Worten für das Recht des Starken eintrat, enthält sich Thukydides jeglicher Wertung und beobachtet mit der Unvoreingenommenheit des Arztes am Krankenbette oder des Naturforschers vor seinem Objekt. Diese Aussage bedeutet kein bloßes Bild. Daß zwischen Thukydides und dem Geiste der gleichzeitigen Wissenschaft, was vor allem heißt der Medizin, Beziehungen bestehen, die bis ins Sprachliche gehen, hat man längst beobachtet[3]. Dabei wird man eher an die Konvergenz verschiedener Entwicklungslinien als an direkte Abhängigkeit des Historikers zu denken haben. Es ist eine neue Weise des Fragens, die aus den Phänomenen an der Oberfläche der Dinge nach den in ihrer Tiefe wirkenden Ursachen forscht. Des Anaxagoras Wort (VS 59 B 21a) *Sicht des Nichtoffenbaren: das Erscheinende* kann auch über dem Werke des Thukydides stehen.

Bei ihm erscheint jene doppelte Motivation des Handelns aus göttlicher Fügung und menschlichem Wollen, die von Homer an bis in die Klassik zu verfolgen ist, in ihrer einen Hälfte säkularisiert. Aber das Gegenüber von Planen und Wagen des Menschen und Faktoren, die sich seinem Zugriff entziehen, bleibt in der Grundstruktur erhalten. Der handelnde Mensch bei Thukydides ist vor allem der Staatsmann[4] und neben ihm der Feldherr. Aufgabe des Mannes am Steuer ist die vernunftmäßige Planung, die allein den Erfolg verbürgen kann, so weit menschliche Voraussicht reicht. Alle bedeutenden Gestalten des thukydideischen Werkes werden uns als Menschen gezeigt, die planend und die Möglichkeiten wägend in die Zukunft schauen. Je weiter der Geist (γνώμη) in der Erfassung der Situation und der Beurteilung des Kräftespieles trägt, desto größer die Hoffnung auf das Gelingen. Ein Staats-

[1] Der Sinn der Stelle ist verfehlt, wenn L. PEARSON, *Gnom.* 32, 1960, 15, κατὰ τὸ ἀνθρώπινον mit «in all human probability» wiedergibt.

[2] 1, 76. 3, 45; 84. 5, 105. Dazu TOPITSCH (s. u.).

[3] Neuerdings K. WEIDAUER, *Thuk. und die Hippokr. Schriften.* Heidelb. 1954. Dazu H. DILLER, *Gnom.* 27, 1955, 9. CH. LICHTENTHAELER, *Thucydide et Hippocrate vus par un historien-médecin.* Genève 1965.

[4] Dazu bes. H. HERTER (s. u.).

mann dieser Art muß auch tiefes Wissen um jene Dinge mitbringen, die er als Gegebenheiten vorfindet, ohne sie maßgeblich verändern zu können. Damit sind jene Gesetzmäßigkeiten gemeint, die in der allgemeinen Natur des Menschen, im besonderen aber im Wesen der Macht als eines rastlosen Antriebes gegeben sind. Auch die Eigenart der von ihm geführten Gemeinschaft sowie die der Gegner hat der politisch Handelnde mit voller Überlegung in Rechnung zu setzen. Wenngleich Thukydides von der Konstanz und Homogenität der menschlichen Physis in einem gewissen Rahmen überzeugt ist, bleibt in diesem doch Spielraum genug für eine Differenzierung, wie gerade er sie meisterhaft an Athenern und Spartanern nachweist.

Musterbild eines Staatsmannes in dem entwickelten Sinne bleibt Perikles. Sein Kriegsplan entsprach so vollkommen allen Voraussetzungen, daß nur dessen fehlerhafte Durchführung durch unzulängliche Nachfolger Athen um den Erfolg brachte. Ein solcher Staatsmann ist das Ergebnis von Anlage und geistiger Schulung. Nach dem, was wir hörten, hoffte Thukydides, daß auch sein Werk zu einer solchen beizutragen vermöchte. So wenig wir die Lehrbarkeit des Politischen in plump-handgreiflichem Sinne verstehen dürfen, steckt in solcher Zuversicht doch etwas vom Geiste der Sophistik. Das ungelernte Naturgenie, als das Themistokles gekennzeichnet wird (1, 138), ist für eine solche Auffassung die bestaunte Ausnahme.

Hat der verantwortlich Handelnde auch alle seiner Vernunft zugänglichen Faktoren richtig berechnet, so bleibt ihm noch immer ein Restbereich entzogen, aus dem seinem Plane Hemmnis, wenn nicht gar Vernichtung droht. Dies Unerrechenbare heißt Tyche, aber Thukydides meint damit keine göttliche Potenz und Irrationales nicht im Sinne einer metaphysischen Wesenheit, sondern nur in dem äußerst schlichten, daß menschliches Planen für die Zukunft seine Grenzen hat, außerhalb deren das Unvorhergesehene liegt[1]. Thukydides kennt die Bedeutung des Zufalls, schränkt aber dessen Rolle in seiner Geschichtsbetrachtung zugunsten rationaler Kalkulation ein. Auch dies liegt im Denken der Zeit, man kann Demokrit (VS 68 B 119) vergleichen, der besonders radikal den Zufall (τύχη) als einen Popanz bezeichnet, den die Menschen geformt haben, um ihre eigene Unvernunft zu beschönigen.

Jede Analyse der geistigen Welt des Thukydides gerät zum Schlusse an eine Frage, deren Beantwortung er uns durch die Objektivität seines Berichtens und Zergliederns außerordentlich schwer gemacht hat. Weite Strecken seines Werkes können den Eindruck erwecken, daß er Geschichte in der Haltung des Naturforschers schreibt, dem jede ethische Wertung der beschriebenen Phänomene vollkommen fern liegt. Mit anderen Worten: ist die menschliche Natur und das aus ihr hervorgehende Ringen um die Macht mit seiner immanenten Gesetzmäßigkeit der letzte Maßstab gewesen, den er selbst besaß? Ist die bewußte Ausschaltung von Recht, Ehre und sittlicher Hemmung, wie sie die Athener im Melierdialog vertreten, als Ausdruck seiner eigenen Auffassung zu werten? Die Forschung hat nach diesen Dingen erst zu fragen

[1] W. Müri, ‹Bemerkungen zum Verständnis des Thuk.›. *Mus. Helv.* 4, 1947, 251. H. Herter, ‹Freiheit usw.› (s. u.), 135.

begonnen[1], aber es möchte doch scheinen, daß hinter aller Zurückhaltung des Thukydides seine eigene ethische Wertewelt hinreichend erkennbar wird. Oft ist es nur ein kurzes Aufleuchten, so in dem Preis des Nikias, der wie kein anderer in seinem Leben sittliche Tüchtigkeit[2] bewährte, oder es heißt, daß die Bemannung der athenischen Triere, die das Bluturteil nach Mytilene bringen soll, ihr widerwärtiges (ἀλλόκοτος) Geschäft nur langsam betrieb (3, 49). Wichtiger aber sind ganze Partien wie der Epitaphios im positiven und die «Pathologie» im negativen Sinne, die ohne darüberstehende ethische Wertsetzungen überhaupt nicht zu verstehen sind[3]. Daneben wird in Stücken wie der Diodotosrede des dritten oder dem Melierdialog des fünften Buches eine Argumentation kenntlich, die den Mißbrauch der Macht in seiner Gefahr und Bedenklichkeit zeigt. Vieles ist hier noch zu klären, keinesfalls aber ist Thukydides ein Programmatiker des Willens zur Macht oder ein Extremist der Sophistik gewesen, der in seinem Denken ethische Werte gelöscht hätte. Er beschrieb, was er sah, so wie es sich seinen Blicken zeigte. Er konnte es Hesiod bestätigen, daß Aidos und Nemesis längst diese Erde verlassen hatten, und daß es Dike schlecht auf ihr erging, aber er hat uns keinen Anlaß zu dem Glauben gegeben, daß er diesen tatsächlichen Zustand auch für den richtigen hielt.

Es ist eine der Antinomien des thukydideischen Werkes, daß hinter der kühlen Ruhe und Gelassenheit, die es bewahrt, eine gewaltige Unruhe des Geistes steht. Sie hat ihren gemäßen Ausdruck in der sprachlichen Form gefunden. Freilich zeigen sich zwischen den einzelnen Teilen große Stildifferenzen. Rein erzählende Partien sind nicht selten in einem schlichten, mitunter fast chronikartigen Stile gehalten. Wo aber Thukydides stärkere Akzente setzt, ganz besonders in den Reden, entfaltet sich die volle Eigenart seiner Denk- und Schreibweise. Ihr wichtigstes Kennzeichen läßt sich an dem Vergleiche mit Gorgias sichtbar machen. Gemeinsam ist beiden Autoren die Neigung zur Antithese, die, im griechischen Wesen tief begründet, bei Thukydides häufig geradezu erzwungen und in ungewohnter Weise gehäuft wird. Während aber Gorgias den antithetischen Bau durch künstlich ausgewogenen Parallelismus der Satzglieder und aufdringliche Klangfiguren in ermüdender Weise betont, ist dieser bei Thukydides durch ständige syntaktische Variation so durchkreuzt, daß uns auch nicht ein einziges Mal Rast bei ruhigem Ausschwingen einer übersichtlich gebauten Periode gegönnt wird. Dadurch kommt in diese Partien jenes unruhige Flackern, das dem Verständnis nicht geringe Schwierigkeiten bereitet. Immer wieder überkreuzen sich Parallelismus der Gedanken und Variation der Form. Für den Gesamteindruck stimmt das Urteil des Isokrates, das Cicero (*Or.* 40) weitergibt: *praefractior nec satis, ut ita dicam, rotundus*[4]. Als sich Dionysios von Halikarnaß in ausführlicher Beschäftigung[5]

[1] Topitsch (s. u.) K. Nawratil, *AfdA* 6, 1953, 61 u. 125. K. Reinhardt, ‹Th. und Machiavelli›. *Vermächtnis der Antike.* Göttingen 1960, 184.

[2] Nur dies kann ἀρετῇ 7, 86 heißen.

[3] Auf dieser Linie liegt die Beurteilung des Epitaphios durch Fr. Müller, s. S. 520 A. 1.

[4] Die Überlieferung unterliegt allerdings starken Bedenken: die Nebenüberlieferung (Nonius) hat *Theodectes*, Ernesti schlug *Theodorus* vor, was die meisten Ausgaben aufnahmen.

[5] Περὶ Θουκ., Περὶ τῶν Θουκ. ἰδιωμάτων. Ferner im 2. Buch Περὶ μιμήσεως und der Schrift *ad Pompeium*.

mit dem Historiker gegen dessen hohe Schätzung und weitreichende Wirkung im spätrepublikanischen Rom wandte, stellte er fest, daß nur wenige den ganzen Thukydides verständen und auch diese für manches der Erklärung bedürften. Cicero aber hat die Reden des Werkes als kaum verständlich bezeichnet (*Or.* 9, 30).

Ein weiteres Merkmal der Sprache des Thukydides, das mit seinen Denkformen in engstem Zusammenhang steht, ist die Neigung zu abstrakter Ausdrucksweise. Sie tritt in dem Überwiegen der nominalen Sprachelemente hervor, wobei abstrakte Substantiva, substantivierte Partizipien und Infinitive in ständigem Wechsel gebraucht werden. Auch die Verwendung der Gnomik[1] gehört auf dieses Blatt.

Besondere Aufmerksamkeit hat man in letzter Zeit dem Schleifengang thukydideischer Gedankenführung zugewendet, der aus den alten Formen der Ringkomposition erwachsen ist[2]. Die Anordnung These–Beweis–These findet sich häufig, auch wurde eine Form beobachtet, bei der die Erzählung nach einer klärenden Einlage nicht zu demselben Zeitpunkt zurückkehrt, sondern bei einem späteren einsetzt, als wäre der chronologische Ablauf indessen ein Stück weitergegangen.

Mehrfach wurde jede Beschäftigung der Alexandriner mit Thukydides geleugnet, was auf Wilamowitz zurückgeht. Usener hingegen meinte, Reste alexandrinischer Thukydideserklärung nachweisen zu können, und behält nach der erneuten Behandlung des Problems durch O. Luschnat, ‹Die Thukydidesscholien›. *Phil.* 98, 1954, 14, recht. Die genannte Arbeit bietet den Überblick über das antike Erklärungsmaterial: neben den Scholien Papyri mit Resten eines Kommentars zum 2. Buch (nr. 1536 P.) und eines anderen zur Archäologie (nr. 1535 P.), nicht zu vergessen der Hilfen, die Dionysios von Halikarnaß (vgl. S. 541 A. 5) bietet. Gut unterrichtet über das Problem und die Fundstellen antiker Thukydideserklärung auch R. Stark in der vielfach nützlichen Arbeit ‹Textgeschichtliche und literarkritische Folgerungen aus neueren Papyri›. *Annales Univ. Saraviensis. Phil.-Lettr.* 8, 1959, 40.

Wir wissen über die Wirkung der Alexandriner auf den Text des Thukydides nichts auszusagen, doch macht die Überlieferung einen beruhigenden Eindruck. Bestätigt wird dieser durch die Papyri, die zwar nicht allzu viel ausgeben, aber doch eine Textform erkennen lassen, die von der in unseren Handschriften kenntlichen Spaltung noch unberührt ist: nr. 1504–1536 P.; J. E. Powell, ‹The Papyri and the Text of Thuc.›. *Actes V^{e} congr. int. de pap.* Brüssel 1938, 344. E. G. Turner, ‹Two Unrecognised Ptolemaic Papyri›. *Journ. Hell. Stud.* 76, 1956, 95. V. Bartoletti, ‹Tuc. 2, 73, 1–74, 1 in un papiro dell'Università statale di Milano›. *Studi in onore di L. Castiglione.* Firenze 1961, 61. – Eine Übersicht über die Handschriften gibt A. Dain, ‹Liste des manuscrits de Thuc.›. *Rev. Et. Gr.* 46, 1933, 20; Ergänzungen bei J. E. Powell, *Class. Quart.* 30, 1936, 86. Um die Klärung der Abhängigkeitsverhältnisse haben sich bemüht: V. Bartoletti, *Per la storia del testo di Tuc.* Firenze 1937. J. E. Powell, ‹The archetype of Thuc.›. *Class. Quart.* 32, 1938, 75 und *Gnom.* 15, 1939, 281. Ferner die praefationes der Ausgaben von J. de Romilly und O. Luschnat, die letztere mit Handschriftenstemma. B. Hemmerdinger, *Essai sur l'histoire du texte de Th.* Paris 1955. G. B. Alberti, ‹Questioni Tucididee per la storia del testo›. *Bollettino del comitato per la preparazione della Ediz. Nazionale* 1957, 19. 1958, 41. 1960, 81. 1961, 59. 1964, 41. 1965, 15. A. Kleinlogel, *Geschichte des Thukydidestextes im Mittelalter.* Berlin 1965. Zwei Gruppen (CG und ABEFM) zeichnen sich ab, älteste Handschrift ist C (Laur. 69, 2) aus dem 10. Jh. Beide Gruppen gehen je auf einen Archetypus in Minuskeln zurück, die

[1] Cl. Meister (s. u.).

[2] N. G. L. Hammond, ‹The Arrangement of Thought in the Proem and in other Parts of Thuc.›. *Class. Quart.* 46, 1952, 127. H. Erbse (s. u.). R. Katičić, ‹Die Ringkomposition im 1. B. des Thuk. Geschihctswerkes›. *Wien. Stud.* 70, 1957, 179.

beide wieder eine Minuskelhandschrift zur gemeinsamen Vorlage hatten. Doch kreuzen in einzelne Handschriften Überlieferungszweige ein, die neben dem eben bezeichneten Strange laufen. Im besonderen zeigen B (Vat. 126) und die jüngere Handschrift H (Par. 1734) von 6, 92 an Lesarten, die auf einen Unzialkodex etwa des 5. Jh. zurückführen. Da ferner Überschneidungen der beiden Handschriftengruppen festzustellen sind, ist für die Kritik ein eklektisches Verhalten geboten. Zu den jüngeren Handschriften (was ist Überlieferung und was byzantinische Konjektur?) O. LUSCHNAT, *Gnom.* 26, 1954, 309. A. KLEINLOGEL, *Beobachtungen zu einigen ‹recentiores› des Th. Abh. Ak. Heidelberg. Phil.-hist. Kl.* 1957/1.

Forschungsberichte: F. M. WASSERMANN, ‹Thucydidean Scholarship 1942–56›. *Class. Weekly* 50, 1956, 65. 89. W. EBERHARD, ‹Fachbericht Thuk.›. *Gymn.* 67, 1960, 209. 68, 1961, 329. Ein Thesaurus für ältere Lit. ist *Schmid* 5, 1948.

Ausgaben: H. S. JONES-J. E. POWELL, 2 vols., 2nd ed., Oxf. 1942. J. DE ROMILLY, T. I–IV (ll. 1–7). *Coll. des Un. de Fr.* 1953–1967; T. II/2 mit l. 3 von R. WEIL; T. IV mit ll. 6–7 J. d. R. mit L. BODIN (doppelsprachig). O. LUSCHNAT (Neugestaltung von HUDES Ausgabe) I (B. 1–2), Leipz. 1954; 2. Aufl. 1960. C. F. SMITH, 4 Bde. Loeb Class. Libr. Lond. 1923 (doppelsprachig). Mit Kommentar: Noch immer nützlich J. CLASSEN, 8 Bde. Berl. 1862–76, Neuauflagen unter Mitarbeit von J. STEUP bis 1922. Nachdr. Berlin 1966/67. A. MADDALENA, das 1. Buch in 3 Teilen: *Bibl. di studi sup.* Firenze, vol. 15, 1951; 18, 1952; 20, 1952. Ohne Text: A. W. GOMME, *A Hist. Comm. on Thuc.* I (B. 1), Oxf. 1945 (Neudruck mit Korrekturen 1950). II (B. 2–3). III (B. 4–5, 24) 1956; der Kommentar soll von A. ANDREWES und K. J. DOVER fortgesetzt werden. Ausgewählte Partien bei M. I. FINLEY. *The Greek Historians.* 1959. D. ROUSSEL in *Historici Graeci 1.* Paris 1964 (doppelspr.). K. J. DOVER, B. VI und B. VIL, beide Oxford 1965 (mit Komm.). R. WEIL, *Thuc. La guerre du Péloponnèse. Périclès (II 1–65).* Paris 1965 (mit Komm.). J. DRAK. STAMATAKOS, Τὰ κριτικὰ ὑπομνήματα (*Apparatus Critici*) τῶν ἐκδόσεων τοῦ Θουκυδίδου. Athen 1966. – Scholien: C. HUDE, Leipz. 1927. – Lexikon: E. A. BÉTANT, 2 Bde. Genf 1843/47; Nachdr. Olms-Hildesheim 1961. – Index: M. H. N. VON ESSEN, Berl. 1887. Nachdr. Darmstadt 1964. – Übersetzungen: O. REGENBOGEN, *Thuk. politische Reden.* Leipz. 1949 (ausgezeichnet eingeleitet). G. P. LANDMANN, *Thuk. Die Totenrede des Perikles.* Bern 1945; Ders. *Geschichte des Pelop. Krieges.* Zürich 1959 (Bibl. d. Alten Welt). AUG. HORNEFFER–G. u. H. STRASBURGER, Bremen 1957. CL. TEN HOLDER, *Das Meliergespräch.* Übers. u. erl. Düsseldorf 1956. H. VRETSKA, Auswahl. Stuttgart 1966 (Reclam). Französisch: Ausgabe von J. DE ROMILLY, die für 6–7 L. BODIN verwertet. Englisch: THOMAS HOBBES. Ed. by D. GRENE. Ann. Arbor. Michigan Un. Pr. 1959. – Sprache: J. ROS, *Die* Μεταβολή *(Variatio) als Stilprinzip des Thuk.* Paderborn. 1938. P. HUART, *Le vocabulaire de l'analyse psychologique dans l'œuvre de Thucydide* (Et. e Comm.) Paris 1968. – Monographien und Aufsätze: W. SCHADEWALDT, *Die Geschichtsschreibung des Thuk.* Berl. 1929. O. REGENBOGEN, ‹Thuk. als politischer Denker›. *Das hum. Gymn.* 1933, 2 = *Kl. Schr.* München 1961, 217. A. GROSSKINSKY, *Das Programm des Thuk.* Berl. 1936. H. PATZER, *Das Problem der Geschichtsschreibung des Thuk. und die thuk. Frage.* Berl. 1937. O. LUSCHNAT, *Die Feldherrnreden im Geschichtswerk des Thuk. Phil.* S. 34/2. Leipz. 1942. J. H. FINLEY JR., *Thucydides.* Harv. Un. Pr. 1942 (1963); ders. *Three Essays on Thuc.* Cambridge 1967. E. TOPITSCH, ‹Ἀνθρωπεία φύσις und Ethik bei Thuk.›. *Wien. Stud.* 61/62, 1943/47, 50. H. HERTER, ‹Freiheit und Gebundenheit des Staatsmannes bei Thuk.› *Rhein. Mus.* 93, 1950, 133. Ders. ‹Zur ersten Periklesrede des Thuk.›. *Studies pres. to D. M. Robinson II.* St. Louis 1953, 613. Ders., ‹Pylos und Melos›. *Rhein. Mus.* 97, 1954, 316. J. DE ROMILLY, *Thuc. et l'impérialisme Athénien.* 2e éd. Paris 1951. Dies., *Histoire et raison chez Thucydide.* Paris 1956. Dies., ‹L'utilité de l'histoire selon Thuc.›. *Entretiens sur l'antiquité class.* 4. Vandoeuvres-Genève 1956, 39. K. DEICHGRÄBER, *Der listensinnende Trug des Gottes.* Gött. 1952, 31. H. ERBSE, ‹Über eine Eigenheit der thuk. Geschichtsbetrachtung›. *Rhein. Mus.* 96, 1953, 38. H. STRASBURGER, ‹Die Entdeckung der politischen Geschichte durch Thuk.›. *Saeculum* 5, 1954, 395. Ders. ‹Thuk. und die politische Selbstdarstellung der Athener›. *Herm.* 86, 1958, 17. CL. MEISTER, *Die Gnomik im Geschichtswerk des Thuk.* Diss.

Basel. Winterthur 1955. C. Meyer, *Die Urkunden im Geschichtswerk des Thuk. Zet.* 10. Münch. 1955. J. Vogt, ‹Das Bild des Perikles bei Th.›. *Hist. Zeitschr.* 182/2, 1956, 249. H. J. Diesner, *Wirtschaft und Gesellschaft bei Thuk.* Halle 1956; dazu A. W. Gomme, *Gnom.* 30, 1958, 439; dazu Diesner, ‹Thukydidesprobleme›. *Wiss. Zeitschr. der Un. Halle. Ges.-Sprachwiss.* 8, 1959, 683. H. Diller, ‹Freiheit bei Th. als Schlagwort und Wirklichkeit›. *Gymn.* 69, 1962, 189. Für Einzelheiten der Biographie: O. Luschnat, ‹Der Vatersname des Historikers Thuk.›. *Phil.* 100, 1956, 134. R. Syme, ‹Thucydides. Lecture on a master mind›. *Proc. of the Brit. Ac.* 48, 1960, 39; ders., *Thucydides.* London 1963. F. E. Adcock, *Thucydides and his History.* Cambridge 1963. D. Greene, *Greek Political Theory. The Image of Man in Thuc. and Plato.* Chicago 1965. H. Montgomery, *Gedanke und Tat. Zur Erzählungstechnik bei Herodot, Thukydides, Xenophon und Arrian.* Lund 1965. J. Gommel, *Rhetorisches Argumentieren bei Thukydides.* Hildesheim 1966 (Spudasmata 10). H.-P. Stahl. *Thukydides. Die Stellung des Menschen im griechischen Prozeß.* Zet. 40, 1966. K. v. Fritz, *Die griechische Geschichtsschreibung* I. Berlin 1967, 523 und 246. Den Band *Thukydides. Wege der Forschung 98*, mit 26 Untersuchungen verschiedener Autoren aus der Zeit von 1930–1965. Darmstadt 1968, hat H. Herter herausgegeben und eingeleitet. M. Treu, ‹Staatsrechtliches bei Thuk.›. Historia 17, 1968, 129. H. D. Westlake, *Individuals in Thuc.* London 1968. H. Erbse, ‹Die politische Lehre des Thuk.›. *Gymn.* 76, 1969, 393; ders., ‹Über das Prooimion (I, 1–23) des thuk. Geschichtswerkes›. *Rhein.* Mus. 113, 1970, 43. A.-G. Woodhead, *Thuc. on the Nature of Power.* Martin Class. Lectures 24. Cambridge Mass. 1969. G. Piazza, *Thuc. I (1–4).* Novara 1967. O. Luschnat, *RE S* 12, 1971, 1085–1354.

8. DIE FACHWISSENSCHAFTEN

Was wir für die zweite Hälfte des 5. Jahrhunderts von Historikern, Philosophen und im besonderen von den Sophisten zu sagen hatten, reicht aus, uns das Bild einer nach verschiedenen Seiten hin kräftig entwickelten Prosaschriftstellerei zu geben. Und doch fehlt uns viel, um dieses Bild in allen seinen Teilen durchzeichnen zu können. Diese Zeit, die mit ihrem mächtigen Druck zur Rationalisierung und Individualisierung einen der folgenschwersten Umbrüche im europäischen Geistesleben bezeichnet, hat auf den verschiedensten Feldern in schöpferischen Menschen den Wunsch geweckt, ihre Tätigkeit durch das geschriebene Wort zu rechtfertigen oder zu erklären. Daß die Griechen die Fachschriftstellerei in jenen Formen geschaffen haben, die für alle Folgezeit verbindlich blieben, darf über ihren einprägsameren Leistungen nicht vergessen werden.

Als wir von der Schrift des Sophokles *Über den Chor* sprachen, erwähnten wir den Architekten Iktinos und den Bildhauer Polyklet als schreibende Theoretiker ihres Schaffens. Etwas anders liegen die Dinge dort, wo die Fachschrift nicht im Dienste einer bestimmten Leistung steht, deren Verständnis sie vermittelt, sondern selbst diese Leistung enthält und darstellt. Dieses Verhältnis ist nirgends so klar gegeben wie bei der königlichen Wissenschaft der Mathematik. Auch Zeiten, die vom Griechischen mehr wußten als die heutige, haben von der Kraft und Tiefe der Schau, die sich im mathematischen Denken der Hellenen bekunden, kaum eine rechte Vorstellung gewonnen. Daß dessen Anfänge in den Kreisen der Pythagoreer zu suchen sind, darf als sicher gelten, so schlecht es um unser Wissen für das Einzelne auch bestellt ist[1].

[1] Doch hat nunmehr W. Burkert im 6. cap. seines wichtigen Buches *Weisheit und Wissenschaft.* Nürnberg 1962, die Problematik der communis opinio scharf beleuchtet.

Drei Fragen werden uns vor allem kenntlich: die Quadratur des Zirkels, die Dreiteilung des Winkels und die Verdoppelung des Würfels[1]. Mit der ersten und dritten hat sich Hippokrates von Chios beschäftigt, der seine Tätigkeit nach Athen verlegte und dessen Leistungen ins ausgehende 5. Jahrhundert zu setzen sind. Berühmt geblieben sind seine μηνίσκοι (lunulae), die einen Schritt zu dem Ziele bezeichnen, zwischen Kreis und Quadrat eine rational faßbare Beziehung herzustellen. Gefördert hat die Lösung Antiphon der Sophist, der die Annäherung an den Kreis dadurch suchte, daß er ihm regelmäßige Vielecke von wachsender Seitenzahl einschrieb (VS 87 B 13), während Bryson von Herakleia, der Sohn des Herodoros aus derselben Stadt, die Annäherung durch umschriebene Vielecke suchte. Bei aller Unvollkommenheit war so der Weg beschritten, auf dem später Archimedes zur Umschließung von π durch die Werte 3, 141 und 3, 142 gelangte. Mit Mathematik, im besonderen mit der Dreiteilung der Winkel hat sich auch der Alleskönner Hippias von Elis beschäftigt, wobei er mit seiner «Quadratrix» sogar an den Bereich der höheren Kurven herankam. Aus Platons *Theaitet* ist uns Theodoros von Kyrene bekannt, der die Irrationalität von $\sqrt{3}, \sqrt{5} \dots \sqrt{17}$ nachwies. Daß Theodoros gerade bis $\sqrt{17}$ ging, ist ein ausgezeichnetes Beispiel dafür, wie Erkenntnisse dieser Art an der geometrischen Figur gewonnen wurden[2]. Man darf vermuten, daß Theodoros Untersuchungen des Pythagoreers Hippasos von Metapont fortgesetzt hat und dieser der Entdecker der Inkommensurabilität gewesen ist[3]. Aus den Berichten des Iamblichos (VS 18) geht hervor, daß Hippasos innerhalb des pythagoreischen Kreises Opposition trieb und in Schwierigkeiten geriet. Auch politisch war er tätig. Die Datierung um die Mitte des 5. Jahrhunderts wird das Richtige treffen.

Mathematiker ist auch Oinopides von Chios gewesen, ein jüngerer Zeitgenosse des Anaxagoras, dessen Name vor allem mit einer Leistung auf dem Gebiete der Astronomie, der Entdeckung der Ekliptik, verbunden wird. Auch sonst gingen Mathematik und Astronomie Hand in Hand, der Attiker Meton, den Aristophanes in seinen *Vögeln* auf die Bühne gebracht hat, bestimmte die Sonnenwenden, wobei er Beobachtungen des Metöken Phaeinos verwertete, und verbesserte zusammen mit dem Athener Euktemon den Kalender durch einen neunzehnjährigen Schaltzyklus; auch ließ er öffentlich Kalendertafeln und eine Sonnenuhr aufstellen. Neben dem Empiriker steht in einer für die Wissenschaft der Zeit bezeichnenden Weise die Spekulation des Pythagoreers Philolaos aus Kroton. Er war der Lehrer der Sokratesschüler Simmias und Kebes, die wir aus Platons *Phaidon* kennen, und hat nach einer Mitteilung des Demetrios von Magnesia[4] als erster Pythagoreisches in Buchform veröffentlicht.

[1] Zur Geschichte der Probleme in der Antike O. BECKER, *Das mathematische Denken der Antike*. Studienh. z. Altertumswiss. 3. Göttingen 1957; dazu K. v. FRITZ, *Gnom.* 30, 1958, 81. FR. LASSERRE, *The Birth of Mathematics in the Age of Plato*. London 1964.

[2] Glänzend nachgewiesen von dem «reisenden Kaufmann» Dr. J. H. ANDERHUB in *Joco-Seria*. Wiesbaden-Biebrich 1941, 161.

[3] K. v. FRITZ, ‹The discovery of incommensurability by Hippasus of Metapontum›. *Ann. Math.* 46, 1945, 242.

[4] Diog. Laert. 8, 85 = VS 44 A 1. Zu Philolaos mit Lit. J. KERSCHENSTEINER, *Kosmos*. Zet. 30, 1962, 215; dort (211) auch zu jüngeren, den Pythagoreern zugerechneten Denkern: Hippon von Rhegion, Oinopides von Chios, Hiketas und Ekphantos.

Im Kosmosbilde des Philolaos kreisen die Weltkörper um ein Zentralfeuer, das Quelle der Kraft und Bewegung ist. Mit der Erde, die hier ein erstes Mal aus dem Zentrum des Alls gerückt wird, bewegt sich im Gleichmaß eine Gegenerde, die von der Oikumene nicht zu sehen ist (VS 44 A 16f.). Hiketas von Syrakus, den wir nicht genauer zu datieren vermögen, hat die Theorie des Philolaos in einem Punkte verbessert, wenn auf Cicero (*Acad. prior.* 2, 123) Verlaß ist. Er läßt die Erde sich um ihre eigene Achse drehen, während die übrigen Himmelskörper stillstehen. Die sonderbare Gegenerde hat er offenbar aufgegeben.

Als Erfinder der Bühnenmalerei gilt Agatharchos von Samos, was wohl bedeutet, daß er sie nach den Gesetzen der Perspektive ausgebildet hat. Vitruv berichtet (7 pr. 11), daß er über den Gegenstand auch einen *commentarius* (ὑπόμνημα) geschrieben hat und Anaxagoras und Demokrit ihm mit Schriften über Perspektive gefolgt sind.

Wenn auch der prächtige Schwung der älteren ionischen Periegese und Ethnographie mit dem vorschreitenden Jahrhundert zu Ende ging, so hat diesem Schrifttum doch Nachfolge nicht gefehlt. Phileas, wahrscheinlich Athener und noch ins 5. Jahrhundert zu datieren, war der Verfasser eines periegetischen Werkes, das der späte Stephanos von Byzanz in seinem geographischen Lexikon benützt hat.

Das reiche geistige Leben, das aus den Notizen dieses Abschnittes kenntlich wird, spricht zu uns nur mehr durch kümmerliche Reste. In zahlreichen Fällen wissen wir nicht mehr anzugeben, in welcher Form sich der einzelne Forscher geäußert hat, und müssen sogar die Möglichkeit offen lassen, daß manches erst von Schülern aus mündlicher Tradition aufgezeichnet wurde. Einzig auf dem Gebiete der Medizin liegen die Dinge völlig anders. Hier bietet sich uns unter dem Namen des großen Arztes Hippokrates von Kos ein viele Bände füllendes Schrifttum an. Damit ist aber erst recht eine Anzahl der schwierigsten Probleme gegeben, von deren Lösung Philologie und Medizingeschichte trotz bedeutenden Vorstößen in den letzten Jahrzehnten noch ein gutes Stück entfernt sind. Wir haben auf der einen Seite eine unbezweifelbar historische Persönlichkeit von gewaltiger Wirkung, auf der anderen ein umfangreiches und in seiner Zusammensetzung höchst disparates Corpus von Schriften unter diesem Namen. Gibt es eine tragfähige Brücke, die beides verbindet?

Biographische Berichte über Hippokrates haben wir bei Tzetzes (*Chil.* 7, 944), in der *Suda*, einer Brüsseler Handschrift des Priscian und einer auf den Namen Sorans gestellten, stark idealisierenden Vita. Zu lernen ist aus diesem Material nur wenig. Hippokrates, der Sohn des Arztes Herakleides, ist Asklepiade aus Kos gewesen. Das heißt, daß er einer Ärztegilde angehörte, die nach dem Beispiele der homerischen Feldärzte Podaleirios und Machaon ihre Herkunft auf Asklepios zurückführte, ohne daß wir sagen könnten, wie ernst man solche Genealogie damals noch genommen hat. Seine Heimat ist die dorisch besiedelte Insel Kos vor der südwestlichen Küste Kleinasiens. Ihr gegenüber lag Knidos, gleichfalls Sitz einer bedeutenden, vielleicht sogar älteren medizinischen Schule[1]. Jene von Kos bleibt untrennbar mit dem Namen des Hippokrates verbunden, aber ärztliche Tätigkeit hat es dort bereits vor ihm gege-

[1] Vgl. *Anonymus Londinensis* (nr. 2339 P.) 4, 31.

ben, und Angehörige seiner Familie übten die Heilkunst Generationen vor und nach ihm auf der Insel aus. Mag sie auch unglaubwürdig genug sein, so ist die Überlieferung doch bezeichnend, die Schrift *Über Brüche und Verrenkungen* stamme von dem gleichnamigen Großvater des berühmten Arztes. Gegenstandslos sind heute alle Vermutungen, die Hippokrates in engere Beziehung zum Asklepioskult setzten. Die Verehrung des Gottes, der im ausgehenden 4. Jahrhundert auf der Insel sein rasch berühmtes Asklepieion erhielt, ist verhältnismäßig jungen Datums[1], und jedenfalls bezeichnet der Geist der hippokratischen Medizin den größten denkbaren Gegensatz zu den Praktiken der Priester, wie wir sie aus Epidauros kennen. Der engeren Nachbarschaft zwischen Arzt und Priester, die wir für die ältere Zeit vermuten dürfen, haben die ionische Wissenschaft und die Aufklärung des 5. Jahrhunderts ein Ende bereitet.

Sicher ist, daß die Wirksamkeit des Hippokrates ihre Höhe zur Zeit des Peloponnesischen Krieges erreichte, der Ansatz seiner Geburt auf 460 steht damit in Einklang. Seine Lehrer sollen sein Vater, ferner der Gymnastiklehrer und spätere Diätetiker Herodikos von Selymbria und Männer wie Gorgias, Prodikos und Demokrit gewesen sein. Wie immer in solchen Fällen ist das meiste aus Zitaten in den Schriften, aus tatsächlichen oder vermuteten Beziehungen einzelner Stellen herausgesponnen. Glaubhaft sind weite Reisen, glaubhaft auch das Grab in Thessalien, das man zu Larissa zeigte.

Das alles ist wenig genug und wird in seiner Bedeutung bei weitem durch einige Stellen bei Platon und Aristoteles aufgewogen. Es handelt sich für Platon um *Protagoras* 311b und *Phaidros* 270c, für Aristoteles um *Polit.* 7, 4. 1326a 14, wo wir die Einzelheit hinzugewinnen, daß Hippokrates klein von Gestalt gewesen ist. Allen anderen Bezeugungen aber steht die zweite der genannten Platonstellen weit voran. Hier fragt Sokrates den Phaidros, ob er es für möglich halte, die Natur (φύσις) der Seele zu fassen, ohne daß man die Natur des Ganzen erkenne. Phaidros antwortet, wenn man dem Asklepiaden Hippokrates Glauben schenke, wäre nicht einmal über den Körper etwas ohne diese Methode auszumachen. Es ist eine schwierige und heißumstrittene Frage, was an der Phaidrosstelle mit jenem Ganzen gemeint sei, dessen Erkenntnis nach Hippokrates für den Körper, nach Platon für die Seele tiefer reichende Einsichten ermöglichen soll. Die Mehrheit der Forscher hat die an sich wahrscheinliche Deutung vertreten, daß Platon bei dem *Ganzen* an das All denke und so ein unschätzbares Zeugnis dafür gebe, daß Hippokrates seine medizinischen Lehren aus einer großen allgemeinen Naturerkenntnis abgeleitet habe[2]. HANS DILLER allerdings neigt in der letzten Behandlung der Frage dazu, in dem Ganzen «den Gegenstand der Behandlung

[1] O. KERN, *Die Religion der Gr.* 3. Berl. 1938, 153. Für den Kult des Gottes: E. a. L. EDELSTEIN, *Asclepius.* 2 Bde. Baltimore 1945.

[2] EDELSTEIN, der unter dem *Ganzen* die Idee des Körpers und der Seele versteht, gibt *RE* S 6, 1935, 1318 Literatur. Dazu DILLER, *Herm.* 80, 1952, 407, 1 und KÜHN (s. u.), 88. Auf die Parallelisierung hippokratischer Methode und richtig verstandener Rhetorik im *Phaidros* kann hier nicht weiter eingegangen werden. Die Gegenposition bei JAEGER, *Paideia* 2, 33 und KÜHN, a. O. Zur Frage des »Ganzen« neuerdings DILLER, *Jahrb. der Akad. d. Wiss. u. d. Lit. Mainz* 1959, 275. Für die Beziehung des *Ganzen* auf den Körper ist entschieden W. KRANZ (*Kosmos I.* Arch. f. Begriffsgesch. 2/1, Bonn 1955, 41, 23) eingetreten.

zusammen mit all dem, was zu ihm in einem aktiven oder passiven Wirkungsverhältnis steht», zu verstehen. Wie immer man die schwierige Stelle deutet, gesichert bleibt die Erkenntnis, daß der Arzt Hippokrates seine Lehre auf theoretischen Grundlagen aufbaute und für alles Einzelne die Ableitung aus allgemeinen Prinzipien forderte. Mit gleicher Zuversicht ist die Aussage zu vertreten, daß neben jener Empirie, die wir im hippokratischen Corpus am eindrucksvollsten in den *Epidemien* bestätigt finden, in der Lehre des Meisters das spekulative Element, die Hypothese, eine entscheidende Rolle gespielt haben muß. Aber auch die Einschränkung ist wichtig, daß wir auf diesem Wege zwar Wertvolles über die Methode des Hippokrates, so gut wie nichts aber über sein System erfahren.

Für dieses System schien sich ein Anhalt zu bieten, als 1892 ein umfangreicher Papyrus des 2. Jahrhunderts n. Chr., der sogenannte *Anonymus Londinensis* (nr. 2339 P.), bekannt wurde, der Auszüge aus der Medizingeschichte des Aristotelesschülers Menon enthält. Hier fand sich die Notiz, Hippokrates habe die Aitiologie der Erkrankungen aus Gasen abgeleitet, die sich im Körper bei der Verdauung bilden. Das Schlimme aber ist, daß uns das *Corpus Hippocraticum* keinerlei Anhalt (auch nicht durch die Schrift *De flatibus*) dafür bietet, hier die echte Lehre des Hippokrates überliefert zu finden. Die erwähnte Nachricht kann das Ergebnis späterer Interpretation und Konstruktion sein.

Können wir diesen Hippokrates, von dem wir wenig, aber doch einiges wissen, in der disparaten Schriftenmasse auffinden, die unter seinem Namen überliefert ist?

Unter diesem Namen sind rund hundertdreißig Schriften auf uns gekommen, von denen ein großer Teil als späte Fälschung von vorneherein wegfällt. Die in den guten Handschriften überlieferten, durchwegs im ionischen Dialekt geschriebenen Bücher machen ungefähr die Hälfte der genannten Zahl aus und bilden das sogenannte *Corpus Hippocraticum*, wie es LITTRÉ's monumentale Ausgabe enthält[1]. In ihr sind 58 Schriften in 73 Büchern vereinigt. Die Zusammensetzung des *Corpus* zeigt im Inhalt und in der Form die gleiche Buntheit. Da stehen Prognostik, Chirurgie, Diätetik und Gynäkologie neben Schriften der ärztlichen Standeslehre, da lesen wir ausgearbeitete Bücher neben Reden, handbuchmäßigen Zusammenstellungen und lose aneinandergereihten Notizen. Das Corpus enthält auch Schriften der knidischen Schule, deren bedeutendster Arzt Euryphon war und der auch Ktesias, der Leibarzt des Artaxerxes Mnemon und Verfasser der *Persika*, zugehörte. Diese Schule, die das Hauptgewicht auf spezielle Pathologie legte, innerhalb des Corpus abzugrenzen ist eine schwierige und noch im Flusse befindliche Aufgabe[2]. Besonders interessant ist in diesem Zu-

[1] Übersicht bei LITTRÉ (s.u.), 1, 292. H. A. GOSSEN, *RE* 8, 1913, 1812; S 3, 1918, 1154. EDELSTEIN, Περὶ ἀέρων (s.u.), 160.

[2] J. ILBERG, ‹Die Ärzteschule von Knidos›. *Sitzb. Sächs. Ak. Phil.-hist. Kl.* 76/3, 1924, weist 12 Schriften dieser Schule zu. Kritischer EDELSTEIN a.O. 154. Vgl. W. KAHLENBERG, *Herm.* 83, 1955, 252. Vorsichtig JAEGER, *Paideia* 2, 19. J. M. LONIE, ‹The Cnidian treatises of the Corp. Hipp.›. *Class. Quart.* N. S. 15, 1965. 1. J. N. DAMBASSIS, Ἱστορικαὶ καὶ ἰατρικαὶ μελέται. I Athen 1966. Die Habil. Arbeit von H. GRENSEMANN, *Knidische Medizin I. Die Testimonien zur ältesten knidischen Lehre und Analysen knidischer Schriften im Corp. Hipp.* Hamburg 1971 (masch.) ist grundlegend. Ihre Veröffentlichung im Druck ist in Bälde zu erwarten (reiche Lit.).

sammenhange die Polemik, die der Verfasser der Schrift *Über die Diät in akuten Krankheiten* (περὶ διαίτης ὀξέων) gegen die *knidischen Lehrsätze* richtet[1]. Ferner sind in der Sammlung, deren Hauptmasse in das 5. und 4. Jahrhundert gehört, einige ganz späte Teile nachzuweisen. So die *Praecepta* (Παραγγελίαι), die man mit guten Gründen in das 2. Jahrhundert n. Chr. stellt, in dem man archaisierendes Ionisch schrieb, und die Schrift *Über das (ärztliche) Wohlverhalten* (Περὶ εὐσχημοσύνης), die in dieselbe Zeit oder nur wenig früher zu setzen sein dürfte[2].

Für den Versuch, aus der übrigen Schriftenmasse echt Hippokratisches auszulösen, erweist es sich schon einmal als ungünstig, daß wir von dem Zustandekommen des Corpus keine gesicherte Vorstellung zu gewinnen vermögen. Vor der Zeit der Alexandriner haben wir keine hippokratische Schrift sicher bezeugt. Im 3. Jahrhundert v. Chr. hat Bakcheios von Tanagra zu einer Reihe von Schriften (etwa 20?)[3], die er für hippokratisch hielt, ein *Glossar* (Λέξεις Ἱπποκράτους) zusammengestellt. Dieses war die Hauptquelle für das verwandte Unternehmen des Erotian (Τῶν παρ' Ἱπποκράτει λέξεων συναγωγή)[4], der im 1. Jahrhundert n. Chr. schrieb. Er bietet auch ein Verzeichnis hippokratischer Schriften, das neunundzwanzig medizinische Werke in achtunddreißig Büchern und außerdem zwei nichtmedizinische Schriften (Πρεσβευτικός, 'Επιβώμιος) enthält. Die Brüsseler Vita gibt dreiundfünfzig Bücher an, die *Suda* außer *Eid*, *Prognosen* und *Aphorismen* eine *viel bewunderte* Vereinigung von sechzig Büchern (Ἑξηκοντάβιβλος). Wieder andere Zusammenstellungen finden sich in den handschriftlichen Verzeichnissen[5]. Der älteste erhaltene Kommentar, den Apollonios von Kition zu Περὶ ἄρθρων schrieb, ist ins 1. Jahrhundert v. Chr. zu datieren[6]. Es ergibt sich das Bild eines fluktuierenden Bestandes mit einer gewissen Tendenz zur Anreicherung. Wann und wie sich jedoch ein *Corpus Hippocraticum* überhaupt zu bilden begann, läßt sich schwer sagen. Die Vermutungen reichen von der Annahme, die Bibliothek der koischen Schule sei erhalten geblieben (SARTON), bis zu der skeptischen Theorie EDELSTEINS, die Schriften wären etwa am Anfang des 3. Jahrhunderts alle anonym nach Alexandreia gekommen und erst in der Folgezeit auf den Namen des Hippokrates gestellt worden. Allen Hypothesen fehlt der sichere Grund, aber HANS DILLER hat es in seiner Mainzer Akademierede (1959) mit guten Gründen als die wahrscheinlichste unter ihnen bezeichnet, daß die Masse der hippokratischen Schriften in der Tat aus einer Bibliothek stammt, die ein Arbeitsinstrument der koischen Schule war. Daß Verschiedenes im Laufe der Zeit anwuchs, ist wohl zu verstehen. Das stärkste der Argumente Dillers besteht in dem Hinweis auf die aphoristi-

[1] Vgl. O. REGENBOGEN, *Studies presented to D. M. Robinson* II 1953, 624; jetzt *Kl. Schr.* Münch. 1961, 195.

[2] K. DEICHGRÄBER, *Herm.* 70, 1935, 106. U. FLEISCHER, *Untersuchungen zu den pseudo-hipp. Schriften* Παραγγελίαι, Περὶ ἰητροῦ und Περὶ εὐσχημοσύνης. *N. D. Forsch.* 240. Berl. 1939. In der Schrift *Über die Nahrung* (Περὶ τροφῆς) wollte H. DILLER, *Arch. f. Gesch. d. Med.* 29, 1936/7, 178 stoisch-pneumatische Elemente erkennen. Dagegen M. POHLENZ, *Die Stoa.* 2, 2. Aufl. Gött. 1955, 177.

[3] Verzeichnet bei DEICHGRÄBER, *Die Epidemien* (s. u.), 146, 1.

[4] Ausgabe E. NACHMANSON, Uppsala 1918. Ders. *Erotianstudien.* Ebda. 1917.

[5] J. L. HEIBERG, *Corp. Med. Graec.* I/1, 1. Vgl. auch O. REGENBOGEN, ‹Hippokrates und die Hippokratische Sammlung›. *N. Jahrb.* 47, 1921, 185 = *Kl. Schr.* München 1961, 125.

[6] Ausgabe von H. SCHÖNE, Leipz. 1896.

schen Anweisungen, die in dem *Corpus* enthalten sind. Diese Sammlungen, deren berühmteste die hippokratischen Aphorismen sind, wurden in der Zeit vom ausgehenden 5. bis in die zweite Hälfte des 4. Jahrhunderts geschaffen. Sie zeigen so deutliche und ausgiebige Berührungen mit Lehrschriften des *Corpus*, daß mehrere von diesen bereits damals in einem engeren Zusammenhange zu denken sind[1]. Für dessen Erklärung liegt aber die Annahme einer Fachbibliothek in Kos ohne Zweifel am nächsten.

Die Frage nach der Echtheit der einzelnen als hippokratisch bezeichneten Schriften hat bereits die Antike lebhaft beschäftigt. Galen hat ihr ein eigenes Buch gewidmet[2], und sie ist auch heute noch im Flusse, wenngleich der Kreis dessen, was als echt in Betracht gezogen wird, erheblich enger geworden ist.

Zu den älteren Büchern des *Corpus Hippocraticum*, die mit grober Bestimmung den letzten drei Dezennien des 5. Jahrhunderts zuzuweisen sind, zählen manche die Schrift *Über die alte Medizin* (Περὶ ἀρχαίης ἰητρικῆς)[3]. Hier wird im Zeichen der Individualmedizin, in deren Mitte die Wirkung der Diät auf den Körper im Einzelfalle steht, einer modernen Richtung der Kampf angesagt, die als Hypothesenmedizin von allgemeinen Prinzipien ausgeht und zu Spekulationen nach Art der Naturphilosophen neigt. Dieser Methodenstreit ist für Wissenschaft und Philosophie der Folgezeit paradigmatisch geblieben. Die Schrift, die uns diesen wertvollen Einblick gewährt, ist sicher nicht von Hippokrates. Vielmehr können wir sagen, daß dieser, mag er auch nicht direktes Ziel des Angriffes sein, doch von einer anderen Position ausgeht, woferne wir die oben behandelte Platonstelle richtig gewertet haben.

Im folgenden überblicken wir eine Reihe von Büchern, die POHLENZ in seiner Monographie als echt zusammengefaßt hat. Voran stehen zwei Schriften, die über alle historische Bedeutung hinaus als Zeugen archaischer Prosa aus der zweiten Hälfte des 5. Jahrhunderts (die Prosa erreicht ihre klassische Höhe später als die Poesie) und durch die unverbrauchte Frische, mit der die Probleme ergriffen werden, wahre Schatzstücke der griechischen Literatur bilden.

Die Abhandlung *Über Wind, Wasser und Gegenden* (Περὶ ἀέρων, ὑδάτων, τόπων) zitiert man neuerdings häufig als die Schrift *Von der Umwelt* und bezeichnet so das Wesentliche ihres Inhaltes. Hier hat aitiologisches Denken die Frage nach den Einflüssen der natürlichen Gegebenheiten in Wind, Wetter, Sonnenbestrahlung, Beschaffenheit des Bodens und des Wassers auf den gesunden und den kranken Menschen aufgegriffen und in einer Weise behandelt, die eine über Jahrtausende reichende Tradition begründete. Es ist ein eindrucksvolles Zeugnis für die Problemfreudigkeit

[1] Zu den *Koischen Prognosen*, wahrscheinlich der spätesten dieser Sammlungen, die in die zweite Hälfte des 4. Jahrhunderts gehören dürfte, O. POEPPEL, *Die hippokratische Schrift* Κῳακαὶ προγνώσεις *und ihre Überlieferung*. Diss. Kiel 1959 (masch.).

[2] J. MEWALDT, ‹Galenos über echte und unechte Hippocratica.›. *Herm.* 44, 1909, 111.

[3] Lit. bei ERNA LESKY, *AfdA* 3, 1950, 99. Ferner H. DILLER, ‹Hipp. Medizin und attische Philosophie›. *Herm.* 80, 1952, 385 mit dem Versuch der Spätdatierung nach Platons *Philebos*. J.-H. KÜHN (s. u.). Zur Schrift auch ein Abschnitt in dem u. im Lit.-Teil genannten Buche von G. PLAMBÖCK. A. DIHLE, ‹Kritisch-exegetische Bemerkungen zur Schrift Über die alte Heilkunst›. *Mus. Helv.* 20, 1963, 135.

dieses Kreises, daß im Zusammenhange mit den Makrokephalen die Frage der Vererbung erworbener Eigenschaften in Angriff genommen wird (14). Ungefüge wie der Satzbau dieser ionischen Prosa ist auch die Komposition im ganzen. Zwei Teile scheinen auseinanderzufallen, deren erster den Menschen unter den Einflüssen verschiedener Umweltsbedingungen betrachtet, während der zweite, der viel stärker auf der Linie der alten ionischen Ethnographie liegt, Asien und Europa in Bodenbeschaffenheit, Klima und Bevölkerung einander gegenüberstellt. Man hat treffend gesagt, im ersten Teile spreche der Wanderarzt, im zweiten der Aitiologe[1], doch ergibt sich daraus nicht die Notwendigkeit, für die in einheitlichem Geiste geschriebene Schrift zwei verschiedene Verfasser anzunehmen.

Die Schrift *Von der heiligen Krankheit* (Περὶ ἱερῆς νούσου)[2] ist mit Recht stets als ein Markstein europäischer Wissenschaft betrachtet worden. Ihr Verfasser weist in klarer und sicherer Argumentation nach, daß die Epilepsie um nichts göttlicher ist als andere Krankheiten, und trägt seinen Angriff mit prächtigem Schwung gegen all den Wust von Dämonologie und sonstigem Aberglauben vor, mit dem das Weltbild vieler seiner Zeitgenossen belastet war. Aber sein aufgeklärtes Denken ist nicht unreligiös. Vielmehr bietet gerade diese Schrift erlesen schöne Zeugnisse griechischer Frömmigkeit, wenn in ihr die wissenschaftliche Frage nach den natürlichen Ursachen der Krankheiten zugleich auch jene nach ihrem göttlichen Ursprunge ist, da ja letzten Endes alles von der Gottheit seinen Ausgang nahm (2. 18). Es ist dieselbe Überzeugung von der Göttlichkeit der Physis, aus der heraus der Verfasser der Schrift *Von der Umwelt* (22) allem Geschehen die gleiche göttliche Natur zuschreibt. Angesichts der großen wissenschaftlichen Bedeutung der Schrift *Über die heilige Krankheit* verliert die Tatsache an Bedeutung, daß die physiologische Erklärung der Epilepsie durch Schleimfluß aus dem Hirn und Verstopfung der Kanäle, durch die Luft und Blut strömen, von den Erkenntnissen der modernen Medizin weitab liegt.

Spricht in den beiden oben behandelten Schriften derselbe Mann zu uns? Die Übereinstimmung in Weltanschauung und wissenschaftlicher Haltung reicht weit, aber F. Heinimann[3] hat die Verfasser auf Grund von Unterschieden in Einzelheiten und im Vortrag scheiden wollen und die Schrift *Von der Umwelt* als die ältere kurz vor 430, jene *Über die heilige Krankheit* ein bis zwei Jahrzehnte später angesetzt. Die Frage bleibt jedoch noch offen, ob die nachgewiesenen Differenzen die personale Trennung erzwingen, und auch die Frage der relativen Chronologie kann noch nicht als abgeschlossen gelten.

[1] H. Diller, *Wanderarzt und Aitiologe. Phil.* Suppl. 26/3, 1934. Weitere Lit. bei Nestle (s. u.), 217, 93, Heinimann und E. Lesky (beide s. u.).

[2] H. Grensemann, *Die hippokratische Schrift «Über die heilige Krankheit»*. Hrsg., übers. u. erl. Berlin 1968 (*Ars medica* 2. Abt. Bd. 1) mit reich dokumentierter Debatte über die eindeutig kaum lösbare Frage der Identität des Verfassers mit jenem der Schrift *Von der Umwelt*. H.-W. Nörenberg, *Das Göttliche und die Natur in der Schrift über die heilige Krankheit*. Bonn 1968. Wichtig für das 1. Kapitel dieser Schrift, zu dem sie den religionsgeschichtlichen Hintergrund gibt: Giuliana Lanata, *Medicina magica e religione popolare in Grecia*. Rom 1967.

[3] (S. u.) 170.

Hören wir in den beiden Schriften oder doch in jener *Über die heilige Krankheit* Hippokrates selbst? Das zu bejahen ist längere Zeit fast zu einer Lehrmeinung geworden, und es ist in der Tat lockend, den kühnen Forscher mit dem großen Arzt gleichzusetzen. Nur, daß dies durchaus nicht Sicherheit bedeutet. Was wir von den Nachrichten über Hippokrates, von der Geschichte und Bezeugung des Corpus sagten, läßt hinreichend erkennen, daß eine solche nicht zu gewinnen ist.

Mehr, als daß die Schriften *zumindest von dem Haupt der Schule nicht unbeeinflußt geblieben sein dürften* (Deichgräber), wird man von einer anderen Gruppe nicht aussagen können, die Pohlenz gleichfalls dem Hippokrates zuschreibt, während Deichgräber[1] die eben behandelten zwei Schriften auf Grund von Fragestellung und Methode außerhalb dieses Bereiches stellt. Der genannte Gelehrte hat in seiner tiefbohrenden Untersuchung der *Epidemien* (der Titel bedeutet Besuche in fremden Städten)[2] die Bücher I und III als die ältesten und Hippokrates am nächsten stehenden Teile erwiesen, zu denen sich das *Prognostikon*[3] als wichtiges und bis tief in die Neuzeit verwendetes Hilfsmittel stellt, das dem Arzt den Vorblick auf den Krankheitsverlauf ermöglichen soll. Von den älteren, um 410 entstandenen Büchern läßt sich eine jüngere Gruppe (II, IV, VI) absetzen, für deren Datierung eine Seuche in Perinth zwischen 399 und 395 einen Anhalt ergibt. Wieder jünger und gegen die Jahrhundertmitte zu rücken sind *Epidemien* V und VII. Diese Krankheitsgeschichten aus nordgriechischen Gegenden mit ihrer minutiösen Kasuistik sind die eindrucksvollsten Zeugen für die Bedeutung treuer und unvoreingenommener Beobachtung am Krankenbette, der empirischen Grundlage hippokratischer Lehre. Untrennbar ist jedoch damit das Bemühen verbunden, von der Einzelerscheinung zu deren Ursachen vorzudringen und sie aus allgemeinen Prinzipien abzuleiten, wie es sich in der sorgfältigen Bedachtnahme auf Jahreszeit und Witterungsverhältnisse ausspricht (Katastasislehre). Alle Bücher sind von dem gleichen wissenschaftlichen Geiste bestimmt, und da für die späteste Gruppe der Zusammenhang mit Kos gesichert ist, läßt sich für das ganze Werk seine Zuweisung an die Schule des Hippokrates nicht bezweifeln. Daß die ältesten und älteren Bücher Niederschriften des Meisters selbst enthalten, ist nicht zu sichern, bleibt aber durchaus möglich.

Der Entstehungszeit und dem wissenschaftlichen Geiste nach können wir den genannten Büchern das chirurgische Hauptwerk des Corpus anreihen. Es sind dies die beiden Schriften *Über Knochenbrüche* (Περὶ ἀγμῶν) und über *Einrenkung von Gliedmaßen* (Περὶ ἄρθρων ἐμβολῆς), die von demselben Verfasser stammen und ehedem zusammengehörten.

[1] *Die Epidemien* (s. u.) 170.

[2] H. Diller, ‹Ausdrucksformen des methodischen Bewußtseins in den hipp. Epidemien›. *Arch. f. Begriffsgesch.* 9, 1964, 133.

[3] B. Alexanderson, *Die hipp. Schrift Prognostikon. Überlieferung und Text.* Acta Univ. Gothoburgensis 1963 (dazu H. Diller, *Gnom.* 36, 1964, 761); ders., *Textkritischer Kommentar zum hipp. Prognostikon und Bemerkungen zu Galens Prognostikonkommentar.* Stockholm 1968. Beide Untersuchungen sind für die Überlieferungsgeschichte des *Corpus Hippocraticum* wichtig.

Aus dem reichen Bestande des Corpus müssen zumindest noch zwei Werke Erwähnung finden, die zu den bisher behandelten in einem gewissen Abstande stehen. In dem Buche *Über die Natur des Menschen* (Περὶ φύσιος ἀνθρώπου) ist ein Adernsystem entwickelt, das Aristoteles (*hist. an.* 3, 3. 512b 12) mit dem Namen des Polybos, des Schwiegersohnes des Hippokrates, verbindet, so daß sich die Schrift diesem mit großer Wahrscheinlichkeit zuweisen läßt[1]. Sie wird um 400 entstanden sein und zeigt ältere Theorien zur Viersäftelehre (Blut, Schleim, gelbe und schwarze Galle) ausgebaut, wobei die vier Elemente des Empedokles das Modell geboten haben. Polybos hat auf diese Weise der Humoralpathologie ebenso wie der Lehre von den vier Temperamenten den Weg bereitet. Wie weit er dabei Lehren seines Schwiegervaters ausbaute, wüßten wir besonders gern, ohne es ausmachen zu können.

Die vier Bücher *Über Diät* (Περὶ διαίτης, der Ausdruck betrifft die gesamte Lebensweise) bauen über dem Grundgedanken, daß Ernährung und Arbeit in das richtige Verhältnis zu setzen sind, ein eklektisches System auf, das verschiedene philosophische und medizinische Quellen verwertet. Während man das Werk meist noch in das ausgehende 5. Jahrhundert setzt[2], hat JAEGER eine um ein halbes Jahrhundert spätere Datierung zur Debatte gestellt.

Die Fragen, die mit der Schule des Hippokrates zusammenhängen, sind zahlreich und schwierig. Aber trotz den vielen ungelösten Problemen tritt der Geist dieser klassischen Medizin doch klar und eindrucksvoll hervor. Er ist von der Haltung strenger Wissenschaftlichkeit bestimmt. Aitiologie und Prognose stehen vor dem Therapeutischen, dessen Möglichkeiten damals noch enge umschrieben waren. Hier fühlte sich der Arzt vornehmlich als Helfer jener Kraft, von der wir in der Schrift *Über die Nahrung* (Περὶ τροφῆς 15) lesen: *Die Natur genügt in allem für alle.* Aufs Ganze gesehen, können wir in der Verwurzelung aller hippokratischen Medizin im Physisbegriff ihr signifikantestes Merkmal erblicken. Die Natur, in deren Dienst sich diese Ärzte gestellt sahen und aus der sie ihr Wissen schöpften, wurde als die große, alles umfassende Macht verstanden, die auch alles Individuelle bestimmt. In ihr sind die Kräfte beschlossen, die das Gesunde erhalten, das Gestörte wiederherstellen und stets auf das richtige Maß zielen[3].

Neben der wissenschaftlichen Haltung der klassischen Medizin, die weit über den Fachbereich hinaus wirksam wurde, bleibt ihr hohes Berufsethos Beispiel für alle Zeiten. Viele Stellen der einzelnen Schriften bezeugen es, besonders eindringlich spricht es jedoch aus dem *Eid* zu uns, den die hippokratischen Ärzte beim Eintritt in ihre Zunft zu leisten hatten. Mag seine Fassung, wie man neuer-

[1] Vorbehalte bei JAEGER, *Paideia* 2, 363, 20. J. JOUANNA, *Hippocrate. La nature de l'homme.* Diss. Paris 1967 (doppelspr. Ausgabe mit Komm.).

[2] A. PALM, *Studien zur hipp. Schrift* Περὶ διαίτης. Tüb. 1933. JAEGER, *Diokles von Karystos.* Berl. 1938, 167; *Paideia* 2, 45. H. DILLER, ‹Der innere Zusammenhang der hipp. Schrift *De victu*›. *Herm.* 87, 1959, 39. R. JOLY, *Du régime.* Coll. des Un. de Fr. Paris 1967 (doppelspr.). Vgl. auch den entsprechenden Abschnitt in dem im Lit.-Teil genannten Buche von G. PLAMBÖCK.

[3] H. DILLER, ‹Der griech. Naturbegriff›. *N. Jahrb.* 2, 1939, 241. D. HOLWERDA, *Commentatio de vocis quae est* φύσις *vi atque usu praesertim in Graecitate Aristotele anteriore.* Groningen 1955.

dings will[1], auch erst ins 4. Jahrhundert gehören, der sittliche Ernst, der aus ihm spricht, eignet der hippokratischen Medizin als einer großen geistigen Bewegung von Anfang an.

Über das Problem der Entstehung des *Corpus Hippocraticum* s. o. Für das 2. nachchristliche Jahrhundert sind zwei große Hippokratesausgaben kenntlich, von denen jene des Artemidoros Kapiton zum Ausgang der Tradition für Spätantike und Mittelalter wurde. Die maßgebenden Untersuchungen hierzu stammen von F. Pfaff, ‹Die nur arabisch erhaltenen Teile der Epidemienkommentare des Galen und die Überlieferung des Corp. Hipp.›. *Sitzb. Ak. Berlin. Phil.-hist. Kl.* 1931, 558, und ‹Die Überlieferung des Corp. Hipp. in der nachalexandrinischen Zeit›. *Wien. Stud.* 50, 1932, 67. Von großer Bedeutung für die Überlieferung der hipp. Schriften war das Werk Galens, der die medizinischen Lehren der hipp. Schule mit der platonischen Philosophie zu harmonisieren suchte. Dieser Absicht dienten seine Kommentare, Erklärungsschriften und ein Hippokratesglossar. Die Kommentare wurden ins Syrische und Arabische und von dort ins Hebräische und Lateinische übersetzt. Sie haben auf solchen Wegen eine bedeutende Wirkung ausgeübt, sind aber zugleich wichtige Textzeugen, die mehrfach auf eine von der direkten Tradition abweichende Fassung führen.

Für die handschriftliche Überlieferung hat H. Diels, *Die Handschriften der antiken Ärzte. Abh. Ak. Berlin. Phil.-hist. Kl.* 1, 1905; 2, 1906, die Grundlage geschaffen. Ein Nachtrag in den *Abh. Ak. Berlin. Phil.-hist. Kl.* 1907/08; ferner J. Durling, ‹Corrigenda et Addenda to Diels' Galenica›. *Traditio* 23, 1967, 461. Vgl. auch J. Ilberg in der Ausgabe von Kühlewein; Heiberg in seiner Praefatio. Gegen gemeinsamen Archetypus Edelstein, *RE* S 6, 1935, 1313; ebda. über die syrischen, arabischen und lateinischen Übersetzungen. Dazu jetzt M. Ullmann, *Die Medizin im Islam.* Handb. d. Orientalistik I Erg. Bd. 6/1. Leiden 1970 (auch zu den späteren Ärzten). Specimen einer textgeschichtlichen Untersuchung bleibt H. Diller, *Die Überlieferung der hipp. Schrift* Περὶ ἀέρων ὑδάτων τόπων. *Phil.* Suppl. 23/3, 1932; dazu: ‹Nochmals: Überlieferung und Text der Schrift von der Umwelt›. *Festschr. E. Kapp*, Hamburg 1958, 31. Wichtig: A. Rivier, *Recherches sur la tradition manuscrite du traité hippocratique «De morbo sacro»*. Bern 1962. Dazu H. Diller, *Gnom.* 36, 1964, 236. Fr. Kudlien, *Sudhoffs Arch.* 1963, 503, äußert Skepsis gegen die Annahme einer einsträngigen Überlieferung. – Hippokrates-Papyri: P. nr. 538–545; dazu *Antinoopolic Pap.* 3, London 1967, nr. 183–185. – Ausgaben: Grundlegend und nur teilhaft ersetzt: E. Littré, 10 Bde. Paris 1839–1861, mit Einleitungen, Erläuterungen und franz. Übersetzung, gegenwärtig im Nachdruck bei Hakkert, Amsterdam. Die Ausgabe von H. Kühlewein erreichte nur 2 Bde., Leipz. 1894 u. 1902. Im *Corp. Med. Graec.* nur I/1 von J. L. Heiberg 1927. Auswahl: W. H. S. Jones–E. T. Withington, I–IV *(Loeb Class. Libr.)* Lond. 1923–31, Nachdr. 1959, mit engl. Übers. M. Vegetti, *Ippocrate. Opere.* Torino 1965 (Auswahl). Περὶ σαρκῶν: K. Deichgräber, Leipz. 1935. Περὶ ἀρχαίης ἰητρικῆς: A.-J. Festugière, Paris 1948. Einige Schriften des Corpus wurden in Kieler Dissertationen behandelt, die in der Schule Hans Dillers entstanden und maschinenschriftlich vervielfältigt sind: G. Preiser, *Die hipp. Schriften De indicationibus und De diebus indicatoriis. Ausgaben und krit. Bemerkungen.* 1957. H. Grensemann, *Die hipp. Schrift* Περὶ ὀκταμήνων *(De octimestri partu). Ausgabe und krit. Bemerkungen.* 1960. C.-D. Lienau, *Die hipp. Schrift* Περὶ ἐπικυήσιος *(De superfetatione).* Diss. Kiel 1963. Andere Lit. bei der Behandlung der einzelnen Schriften. Einen ausgezeichneten Durchblick durch die Texte der gesamten antiken Medizin mit Übersetzung bietet W. Müri, *Der Arzt im Altertum.* 3. erw. Aufl. Münch. (Heimeran) 1962. – Übersetzungen: R. Kapferer in 25 Teilen. Stuttg. 1933–40. W. Capelle, *Hipp. Fünf auserlesene Schriften.* Zürich 1955; *Fischer-Bücherei* 255, 1959; *Hipp. der wahre Arzt.* Zürich 1959 (mit einem Essay von Karl Jaspers).

[1] L. Edelstein, *The Hippocratic Oath. Text, Transl. a. Interpr.* Baltimore 1943. Jetzt: *Der hippokratische Eid. Mit einem forschungsgeschichtlichen Nachwort von* H. Diller. Zürich 1969. K. Deichgräber, *Der hippokratische Eid.* Stuttgart 1955. Ein Fragment auf Papyrus mit Abweichungen im Text: *Ox. Pap.* 40, 1968, nr. 2547.

K. DEICHGRÄBER, *Der hipp. Eid.* Stuttg. 1955. J. CHADWICK-W. N. MANN, Oxf. 1950. L. UNTERSTEINER CANDIA, Firenze 1957 (Umwelt, Eid, Nomos). R. MINGHETTI, *Hipp. Aforismi (Prima e settima sezione). Trad. comm.* Roma 1959. – Monographien und Abhandlungen: L. EDELSTEIN, *Περὶ ἀέρων und die Sammlung der hipp. Schriften. Problemata* 4. Berl. 1931 (dazu J. MEWALDT, *D. Lit. Zeit.* 1932, 254). Ders. *RE* S 6, 1935, 1290. K. DEICHGRÄBER, *Die Epidemien und das Corp. Hipp.* Ak. Berlin 1933/3. Ders. ‹Die Stellung des griech. Arztes zur Natur› in *Der listensinnende Trug des Gottes.* Gött. 1952, 83. M. POHLENZ, *Hippokrates.* Berl. 1938. WILH. NESTLE, *Vom Mythos zum Logos.* Stuttg. 1940, 209. W. A. HEIDEL, *Hippocratic Medicine.* New York 1941. F. HEINIMANN, *Nomos und Physis.* Basel 1945. W. H. S. JONES, *Philosophy and Medicine in Ancient Greece.* Baltimore 1946 (mit Ausgabe und Übers. von ἀρχ. ἰητρ.). ERNA LESKY, *Die Zeugungs- und Vererbungslehren der Antike.* Akad. Mainz 1950. W. MÜRI, ‹Der Maßgedanke bei den griech. Ärzten›. *Gymn.* 57, 1950, 183. F. WEHRLI, ‹Ethik und Medizin. Der Ärztevergleich bei Platon›. *Mus. Helv.* 8, 1951, 36. 177. G. SARTON, *A History of Science.* Lond. 1953, 331. L. BOURGEY, *Observation et expérience chez les médecins de la coll. Hippocr.* Paris 1953. O. TEMKIN, ‹Greek Medicine as Science and Craft›. *Isis* 44, 1953, 213. W. JAEGER, *Paideia* 2, 11. J.-H. KÜHN, *System- und Methodenprobleme im Corp. Hipp. Herm. E* 11, 1956. H. HERTER-I. STEUDEL, ‹Die hippokr. Medizin›. *Ciba-Zeitschr.* 8, 1957, 2814. H. DILLER, ‹Stand und Aufgaben der Hippokratesforschung›. *Jahrb. der Akad. d. Wiss. u. Lit. Mainz.* 1959, 271. CH. LICHTENTHAELER, *La Médecine Hippocratique. Etudes Hippocratiques* 1–10. Lausanne 1948–1963. Derselbe hat den im Ansatz verfehlten Auslassungen von G. EIS, ‹Überschätzung der klass. Antike›. *Med. Monatsschr.* 1959, 725, treffend in ‹Le «miracle Grec» en médecine›. *Méd. et Hyg.* (Genève) 19, 1961, 231 mit dem Hinweise geantwortet, daß es nicht auf die Summe der positiven Kenntnisse, sondern auf die Begründung jener Haltung ankommt, aus der die europäische Medizin erwuchs. F. HÜFFMEIER, ‹Phronesis in den Schriften des Corp. Hipp.› *Herm.* 89, 1961, 51. R. JOLY, *Recherches sur le traité pseudo-hippocratique du Régime. Bibl. de la Fac. de Phil. et Lettr. de Liège* 156, 1961. H. E. SIGERIST, *A History of Medicine.* Vol. 2: *Early Greek, Hindu and Persian Medicine.* Ed. by L. EDELSTEIN. Lond./New York 1961. M. MICHLER, ‹Die praktische Bedeutung des normativen Physis-Begriffes in der hipp. Schrift «De fracturis – de articulis»›. *Herm.* 90, 1962, 385. H. FLASHAR, ‹Beiträge zur spätantiken Hippokratesdeutung›. *Herm.* 90, 1962, 402. H. HERTER, ‹Die kulturhistorische Theorie der hippokratischen Schrift Von der Alten Medizin›. *Maia* 15, 1963, 464; ders., ‹Die Treffkunst des Arztes in hippokratischer und platonischer Sicht›. *Sudhoffs Arch.* 47, 1963, 247. G. H. KNUTZEN, *Technologie in den hipp. Schriften* Περὶ διαίτης ὀξέων, περὶ ἀγμῶν, περὶ ἄρθρων ἐμβολῆς.. Abh. Ak. Mainz. Geistes- und sozialwiss. Kl. 1963/14. G. PLAMBÖCK, *Dynamis im Corp. Hipp.* Ebda. 1964/2. K. JOLY, *Hippocrate, médecine grecque.* Paris 1965; ders., *Le niveau de la science hippocratique.* Paris 1966. L. EDELSTEIN, *Selected Papers.* Ed. by O. and C. L. TEMKIN. Baltimore 1967. FR. KUDLIEN, *Der Beginn des medizinischen Denkens bei den Griechen; von Homer bis Hippokrates.* Zürich 1967. HILDE DÖNT, *Die Terminologie von Geschwür, Geschwulst und Anschwellung im Corp. Hipp.* Diss. d. Univ. Wien 5, 1968. H. GRENSEMANN, *Der Arzt Polybos als Verfasser hippokratischer Schriften.* Abh. Ak. Mainz. Geistes- und sozialwiss. Kl. 1968/2. P. LAÍN ENTRALGO, *La Medicina Hipocrática.* Madrid 1970.

9. SOKRATES

Das geistige Leben Athens zeigt im letzten Drittel des 5. Jahrhunderts Differenziertheit und innere Bewegung wie kein anderer Abschnitt der griechischen Geschichte. Jene Gegensätze, die innerhalb der Hochklassik durch Sophokles und Perikles bezeichnet waren, dort aber als fruchtbare Spannung in einer großen Harmonie beschlossen blieben, kamen nun zu offener Austragung. Auf so gut wie allen Gebieten des Lebens stand dem Verharren in der Tradition ihre radikale Bekämpfung im

Geiste der Sophistik gegenüber. Die Götterfeste zeugten von dem Fortbestande alter Frömmigkeit, während sich um die neuen Weisheitslehrer Zirkel bildeten, die den Mythos auflösten oder auf eigene Weise deuteten. Für die einen blieb das Gesetz der Stadt die letzte Norm, anderen hatte sich eine neue Sicht mit dem Naturrecht eröffnet, das seinerseits in sehr verschiedener Weise aufgefaßt wurde. Besonders heiß waren die Fragen der Erziehung umkämpft, und auch die Stellung der Frau begann zum Problem zu werden. Wie in einem Zauberspiegel fing die Komödie all dies Zerren am Alten und Suchen nach dem Neuen in ihre phantastisch-bunten Spiele ein. Die ganze Fülle der vielfach gegenläufigen Bewegungen war aber noch fest von dem Rahmen der Polis umschlossen, die eben in jener Zeit nach außen den entscheidenden Kampf um ihre Existenz zu führen hatte.

Das Bild dieser Spannungen und Auseinandersetzungen wäre unvollständig, wollten wir des Mannes vergessen, der zu jener Zeit auf Straßen und Plätzen seine Mitbürger durch unablässiges Fragen und Prüfen beunruhigte, mitunter nachdenklich machte und viel häufiger noch ärgerte. Sein Fragen muß so recht an die Wurzeln dieser problematischen Zeit, ja an die menschlicher Existenz überhaupt gegriffen haben, denn nur so ist das Ausmaß von Wirkung zu verstehen, die ein Denker auslöste, der selbst keine Zeile niedergeschrieben hat. Diese Wirkung entfaltete sich nach so verschiedenen Seiten, trieb einander so widersprechende Systeme hervor, daß Neuere bei dem Versuche, all das auf einen einheitlichen Ursprung, eben das Leben und Wirken jenes Mannes, zurückzuführen, in voller Resignation endeten.

Dabei liegen die Schwierigkeiten, zu einem historischen Sokratesbild vorzudringen, wahrlich nicht in einem Mangel an Nachrichten über ihn. Neben Platon, der in allen Dialogen außer den *Gesetzen* Sokrates auftreten läßt und dessen Schicksal in die Mitte einzelner Werke *(Euthyphr., Ap., Kriton, Phaid.)* stellt, tritt als Hauptzeuge Xenophon. Voran stehen die *Memorabilien*, dazu stellt sich die *Apologie*, für die der Zweifel an ihrer Echtheit allerdings nicht völlig verstummt ist[1], ferner *Symposion* und *Oikonomikos*, deren fiktiver Charakter jedem Zweifel entzogen ist, so daß sie in der Debatte keine wesentliche Rolle spielten. Wir besitzen also ein platonisches und ein xenophontisches Sokratesbild, die untereinander im allgemeinen wie in Einzelheiten bedeutende Unterschiede aufweisen[2]. Im groben läßt sich sagen, daß bei Xenophon der tugendhafte Polite Sokrates erscheint, der durch sein Leben alle Anwürfe widerlegt, die zu seinem Tode führten, während uns Platon den Denker zeigt, der um die Klärung tragender Wertbegriffe ringt und (in den späteren Dialogen) die Ideenlehre entwickelt. Dabei war es für sein Sokratesbild entscheidend, daß er in seinem Lehrer jene Lebensform verwirklicht fand, die für ihn als die Vollendung der im Menschen angelegten Möglichkeiten galt[3]. Daß dabei reale Erinnerung und idealisierende Spiegelung in ständiger Wechselwirkung standen, liegt im Wesen dieses einzigarti-

[1] K. v. FRITZ, ‹Zur Frage der Echtheit der xenoph. Apol.›. *Rhein. Mus.* 80, 1931, 36. JAEGER (s. u.), 67, 13. Für die Echtheit: O. GIGON, ‹Xen. Apol. des Sokr. I›. *Mus. Helv.* 3, 1946, 210.

[2] Aufgearbeitet ist dieses Material bei E. EDELSTEIN, *Xenoph. und das platon. Bild des S.* Diss. Heidelberg 1935.

[3] In eindrucksvoller Weise hat davon CARL KOCH, *Religio*, Nürnberg 1960, 237, gesprochen.

gen Vorgangs, darf aber bei seiner Beurteilung nicht übersehen werden. Die Stellungnahme der Forschung zu den beiden Bildern zeigt ein wechselvolles Spiel. Bis in unsere Zeit reicht die Meinung, Xenophon sei eben wegen seiner Nüchternheit und Primitivität der einzig vertrauenswürdige Gewährsmann. So ist das Sokrateskapitel bei SCHMID auf treuherziger Xenophongläubigkeit aufgebaut. Im allgemeinen hat die Forschung jedoch diese Position längst geräumt. Persönliche Beziehungen des Xenophon zu Sokrates haben gewiß bestanden; davon zeugt die *Anabasis* (3, 1, 5) mit dem Berichte, wie Xenophon vor seinem Aufbruche zu dem Unternehmen des Kyros den Sokrates um Rat fragte und ihn dieser an das delphische Orakel wies. Das darf als historisch gelten und ist für Sokrates von einiger Bedeutung, anderseits ist Xenophon nie recht eigentlich Schüler des Sokrates gewesen. Dazu kommt der wichtige Umstand, daß die Sokratika des Xenophon lange Zeit nach dem Tode des Sokrates, kaum vor den sechziger Jahren, abgefaßt sind. Man wollte dabei allerdings für die ersten beiden Kapitel der *Memorabilien* eine Ausnahme sichern: sie sollten nach einer vielbeachteten Theorie[1] wesentlich früher als *Schutzschrift* gegen die *Anklageschrift* verfaßt sein, die der Sophist Polykrates in den neunziger Jahren als Pamphlet gegen Sokrates und seine Verteidiger erscheinen ließ[2]. Aber es ist höchst fraglich geworden, ob sich diese Abtrennung und Frühdatierung gegen GIGONS Analyse halten läßt. Mit dem späten Ansatz der xenophontischen Sokratika ist es jedoch gegeben, daß seiner Schriftstellerei bereits eine reiche um die Gestalt des Sokrates zentrierte Literatur vorauslag. So hat sich denn in wachsendem Maße die Ansicht durchgesetzt, daß Xenophon in den *Memorabilien* weitgehend seine persönlichen Erinnerungen mit Auszügen aus der reichen Sokratikerliteratur vereinigt. Damit war der Wunsch verbunden, Xenophons Quellen zu bestimmen. Vielfach meinte man, er hänge vorwiegend von Platon ab[3]. Berührungen sind vorhanden, aber bei der Verschiedenheit der beiden Autoren ist direkte Übernahme nicht in jedem Fall sicher. Auch die Einwirkung der gleichen Tradition von dritter Seite her ist in Rechnung zu ziehen. Andere wollten bei Xenophon vornehmlich Antisthenes finden[4], ohne daß sich eine so weitgehende Abhängigkeit nachweisen ließe. Neuerdings hat GIGON in seinem Sokratesbuche den Gedanken stark in den Vordergrund gerückt, daß Xenophon als Eklektiker ein ausgebreitetes Schrifttum hinter sich hat und die Aussicht bietet, über

[1] H. MAIER (s. u.), 22. O. GIGON, *Sokrates* (s. u.), 50, vgl. dens. *Komm. zum* 1. (u. 2.) *B. von Xen. Mem. Schw. Beitr.* 5. 7, 1953/6. Zu Polykrates: L. RADERMACHER (s. u.), 128.

[2] E. GEBHARDT, *Polykrates' Anklage gegen Sokrates und Xenophons Erwiderung*. Diss. Frankfurt 1957, stimmt mit GIGON darin überein, daß Xenophon rein literarisch arbeitete, und teilt dessen Zweifel gegen einen gesonderten Frühansatz der *Schutzschrift*, anderseits möchte er im ganzen Xenophon größere Selbständigkeit in Erfindung und Komposition zubilligen. Unter dessen Quellen scheint ihm Platon eine besondere Stellung einzunehmen. A. H. CHROUST, ‹Xenophon, Polykrates and the «Indictment of Socrates»›. *Class. et Mediaev.* 16, 1955, 1, vertritt ebenso wie in dem am Ende des Abschnittes genannten Sokratesbuche äußerste Skepsis gegen die gesamte Überlieferung (Platon und Xenophon) und sucht aus Sokrates eine politische Gestalt zu machen. Ältere Versuche zur Rekonstruktion der Anklageschrift des Polykrates bei J.-H. KÜHN, *Gnom.* 32, 1960, 99, 1.

[3] U. a. GEFFCKEN (s. u.), 11, 38 mit Lit. Für das Symposion will das Verhältnis umkehren W. WIMMEL, ‹Zum Verhältnis einiger Stellen des xenoph. und des platon. Symposions›. *Gymn.* 64, 1957, 230.

[4] K. JOËL, *Der echte und der xenophontische S.* 3 Bde. Berl. 1893–1901.

ihn zu älteren, nicht von Platon abhängigen und gedanklich einfacheren Sokratikern vorzudringen. Wie weit es kommender Forschung gelingen wird, dabei den Anteil einzelner abzugrenzen, bleibt abzuwarten.

Eine andere Gruppe von Forschern traute Xenophon von vorneherein ein wirkliches Verständnis für Sokrates nicht zu, setzte dieses aber bei Platon in vollem Maße voraus. Kaum jemand wird hier widersprechen wollen, aber es ist eine andere Frage, ob Platon aus seinem Verstehen des Sokrates heraus nun auch ein historisch getreues Bild des Meisters oder eine Interpretation im Sinne seiner eigenen Philosophie geben wollte. Am weitesten ist in der Auswertung Platons für das Sokratesbild die schottische Schule gegangen, die J. Burnet begründete und A. E. Taylor mit besonderem Nachdrucke vertrat[1]. Danach wäre der Sokrates, den die platonischen Dialoge zeigen, durchaus der historische, der Begründer der Ideenlehre in allen ihren Teilen, also auch der Lehre von der Unsterblichkeit der Seele, und ebenso der Schöpfer des Idealstaates. Wir werden die Aristotelesstellen, die dieser Anschauung entscheidend im Wege stehen, bald kennenlernen. Die ausschließlich auf Platon gegründete Theorie gehört ebenfalls der Geschichte der Forschung an. Damit soll aber nicht gesagt werden, daß die früheren Platondialoge, in denen die Ideenlehre noch nicht da ist und das dialektisch bewegte Gespräch ohne festen definitorischen Abschluß um den Versuch von Begriffsbestimmungen kreist, nicht viel von der Weise sokratischer Unterredung widerspiegelten oder zumindest in gerader Linie weiterführten[2].

Frühzeitig, und zwar schon mit Schleiermacher[3] setzt das Bemühen ein, Xenophon und Platon mit Rücksicht auf die Wesensart der beiden Quellen und ohne Überbewertung der einen von ihnen für das historische Sokratesbild auszuwerten. In dieser Richtung hat sich ein großer Teil der neueren Forschung bewegt. Dazu stellt das Sokratesbuch von Gigon ein notwendiges Korrektiv dar, indem es neben den beiden erhaltenen Autoren den beträchtlichen Umfang verlorener Sokratesliteratur in Erinnerung bringt, die ohne Zweifel in der Traditionsmasse bedeutende Spuren hinterlassen hat[4]. Das gilt von Phaidon, Eukleides, Antisthenes, Aristippos und Aischines. Die Reste dieser Sokratiker, auf die wir am Ende dieses Abschnittes einen Blick werfen, kritisch zu sichten und einzuordnen ist eine noch weitgehend offene Forderung der Sokratesforschung.

Auch Aristophanes haben wir als Zeugen aufzuführen. Über die Problematik seines Sokratesbildes findet sich einiges bei der Besprechung der *Wolken* gesagt. Später, wenn wir nach der Absicht sokratischen Suchens fragen, werden wir uns mit einigen Aristotelesstellen zu befassen haben.

Es mag aus der kurzen Übersicht deutlich geworden sein, wie mannigfaltig die Quellen und wie verwickelt die Probleme auf diesem Felde sind. Es will auch stets bedacht sein, daß ein großer Teil unserer Nachrichten nicht aus Werken stammt, die

[1] Burnet, *Greek Philosophy*. Lond. 1914. Taylor, *Socrates*. Edinb. 1932.
[2] In dieser Richtung G. Rudberg, ‹Der plat. Sokr.› *Symb. Osl.* 7, 1928, 1.
[3] Sämtl. Werke 3, 2, 297.
[4] G. J. de Vries, ‹Novellistic traits in Socratic literature›. *Mnem.* s. 4, 16, 1963, 35.

mit der Absicht historischer Treue geschrieben wurden, sondern einer Literatur angehört, die man mit Fug und Recht als Sokratesdichtung bezeichnen darf. Aber auch bei sorgsamem Abwägen aller dieser Faktoren brauchen wir den Verzicht GIGONS nicht zur Gänze zu teilen, der die Möglichkeit rundweg bestreitet, von einigen Einzelheiten abgesehen, über den historischen Sokrates, seine Stellung im geistigen Leben der Zeit und die Gründe seiner weitreichenden Wirkung etwas auszusagen. Bleibt auch genug des Ungeklärten, so läßt sich über äußere Lebensdaten hinaus, die uns für Sokrates gemessen an anderen Persönlichkeiten der Antike gar nicht so spärlich zur Verfügung stehen, doch auch für die Art, in der er in das geistige Leben seiner Zeit eingegriffen hat, einiges feststellen, anderes mit Wahrscheinlichkeit vermuten.

Geboren wurde Sokrates etwa 470 als Sohn des Bildhauers Sophroniskos aus dem Demos Alopeke. Das Handwerk seines Vaters – denn als solches galt dessen Tätigkeit – soll auch er eine Zeitlang ausgeübt haben. Man zeigte in späterer Zeit drei bekleidete Chariten am Eingange zur Akropolis als seine Arbeit [1], doch ist darauf wenig Verlaß. Der junge Sokrates war Zeuge des Eindringens ionischer Naturwissenschaft in Athen, und es ist von vorneherein unglaubwürdig, daß diese Bewegung ohne Einfluß auf ihn geblieben wäre. Im platonischen *Phaidon* (96a ff.) gibt Sokrates ein Bild seiner Entwicklung, die zur Ideenlehre führt. Das ist natürlich Platons eigene Entwicklung, aber wie für diese in einem bestimmten Maße sokratisches Fragen die Voraussetzung war, so dürfen wir den ersten Teil dieses bedeutsamen Abrisses auch zu Sokrates selbst in Beziehung setzen. Es ist an sich durchaus glaubhaft, wenn dieser im *Phaidon* von seinem anfänglichen Bemühen um die Naturphilosophie und im besonderen von den großen Hoffnungen berichtet, die ihm die Nus-Lehre des Anaxagoras erweckte. Dazu kommt, daß uns sein Umgang mit dem Anaxagorasschüler Archelaos gut bezeugt ist. Ion von Chios erzählte in seinen *Epidemiai* (fr. 11 BLUMENTH.), daß Sokrates in seiner Jugend mit Archelaos nach Samos gekommen sei. Man möchte das auf den samischen Feldzug (441/40) beziehen, und jung konnte Sokrates zu dieser Zeit wohl noch heißen. Freilich deutet das Verb ἀποδημῆσαι eher auf eine Reise. Fassen wir es in diesem Sinne, dann müssen wir für die Behauptung in Platons *Kriton* (52b), Sokrates habe niemals eine Reise unternommen und seine Vaterstadt nur im Kriegsdienst verlassen, zumindest diese eine Ausnahme annehmen. Daß in den aristophanischen *Wolken* eine Erinnerung an naturphilosophische Interessen des Sokrates aufgehoben sein kann, haben wir bei der Besprechung dieser Komödie erwogen. Es ist bei dem allen nicht zu vergessen, daß Sokrates in die Erinnerung der Menschheit in der Gestalt des Alten eingegangen ist, der all sein Suchen und Fragen ganz auf den Menschen abgestellt hat. Frühere Stadien seiner Entwicklung mußten dabei notwendig zurücktreten. Es gehört in diesen Zusammenhang, daß spätere Erwähnungen des Sokrates in Komödien des Aristophanes wie den *Vögeln* und *Fröschen* deutlicher auf den Sokrates zu zielen scheinen, den wir kennen [2]. Doch wird man daraus nicht die Zuversicht schöpfen dürfen, den Interessenwechsel des Sokrates genauer zu datieren.

[1] Paus. 1. 22, 8. 9, 35, 7. Schol. Aristoph. *Wolk.* 793. An der ersten Stelle auch ein Hermes Propylaios.
[2] R. STARK, ‹Sokratisches in den «Vögeln» des Aristoph.›. *Rhein. Mus.* 96, 1953, 77.

Die Teilnahme des Sokrates an den Schlachten seiner Mannesjahre bei Poteidaia (431), Delion (424) und Amphipolis (422) wurde in der Tradition mannigfach ausgestaltet, man braucht nur an Platons *Symposion* zu erinnern. Aber man würde übers Ziel gehen, wollte man die Beteiligung des Sokrates an diesen Feldzügen überhaupt leugnen, wie das im 2. Jahrhundert v. Chr. Herodikos von Babylon in seiner erbitterten Feindseligkeit gegen Platon getan hat[1]. Sokrates war zeit seines Lebens ein loyaler Bürger Athens, für die Abkehr des späteren Platon von der Politik seiner Stadt findet sich bei ihm kein Ansatz. Xenophon läßt in seinen *Memorabilien* (4, 4, 12; 6, 6) Sokrates die Treue den Gesetzen gegenüber als das Verhalten des Gerechten preisen. Dies stimmt so sehr mit der radikalen Unterordnung unter das staatliche Gesetz überein, die Sokrates im platonischen *Kriton* verficht, daß wir hier seine tatsächliche Haltung erkennen dürfen. Das bedeutet aber, daß er den Konflikt zwischen gesatztem Recht und Naturrecht, der die spätere Sophistik so lebhaft bewegte, nicht in seine Fragestellung einbezogen hat, so nahe das für ihn auch lag. Die Stellung des Protagoras zu diesen Fragen ist bei völlig verschiedenem Ansatz im Ergebnis vergleichbar.

Die bezeichnete Haltung des Sokrates hat ihm natürlich Kritik an handgreiflichen Übelständen, wie der Besetzung von Ämtern durch das Los[2], nicht verboten. In offenkundige Opposition zur Masse, nicht aber zum Gesetz, das er vielmehr verteidigte, trat Sokrates bei dem unglückseligen Prozeß des Jahres 406, in dem die Volksversammlung nach der siegreichen Schlacht bei den Arginusen die Strategen en bloc zum Tode verurteilte, weil sie bei stürmischer See die Schiffbrüchigen nicht hatten bergen können. Sokrates stellte sich in seiner Eigenschaft als Prytane, nach anderen Berichten als Vorsitzender[3], gegen den gesetzwidrigen und wahnwitzigen Vorgang, ohne freilich durchdringen zu können. Von seinem Widerstande gegen ungesetzliche Maßnahmen der dreißig Tyrannen läßt Platon den Sokrates in der *Apologie* (32c) sprechen, Überlieferung bei Xenophon (*Mem.* 4, 4, 3) tritt hinzu. Die Dreißig trachteten möglichst viele Bürger in ihr Treiben zu verwickeln und befahlen Sokrates mit vier anderen, den Leon aus Salamis zur Hinrichtung herbeizuschaffen. Sokrates aber ging einfach nach Hause. Schwierig ist es, über das Verbot zu urteilen, das nach Xenophon (*Mem.* 1, 2, 31. 4, 4, 3) die Dreißig auf Betreiben des Kritias erließen, um so den unbequemen Mann mundtot zu machen. Wir haben mit der Möglichkeit zu rechnen, daß Zensurmaßnahmen dieser Terroristen später in eine besondere Beziehung zu Sokrates gesetzt wurden. Daß er da und dort zu dem Gewaltregiment in Gegensatz geriet, ist wahrscheinlich genug, und Leute wie Kritias, die ihm einmal gefolgt waren, müssen damals seine Gegner geworden sein. Ehedem hatte man Sokrates in den Kreisen der oligarchisch-aristokratischen Opposition gerne gehört, und der Mann, der so gänzlich aus dem Rahmen seiner Zeit fiel, hat in anderer Weise ebensolche Anziehung ausgeübt wie mancher der Sophisten. Daß gerade Alkibiades und Kritias in einer Art von Schülerverhältnis zu Sokrates standen, ist nicht zu bezweifeln; die Tatsache hat den Apologeten des Meisters einige Mühe gemacht. Daß dieses

[1] I. Düring, *Herodicus.* Stockholm 1941. [2] Xen. *Mem.* 1, 2, 9. 3, 1, 4; 9, 10.
[3] Prytane: Plat. *Ap.* 32 b. Xen. *Hell.* 1, 7, 15. Vorsitzender: Xen. *Mem.* 1, 1, 18.

Verhältnis zwischen Sokrates und Alkibiades, zwei Menschen, wie sie verschiedener kaum je zusammengerieten, in mannigfaltiger Weise ausgestaltet wurde, ist leicht zu verstehen. In Platons *Symposion* wurde aus derlei großgeartete Dichtung.

Besonders schlimm hat die Überlieferung der Frau des Sokrates, Xanthippe, mitgespielt, die ihm drei Söhne schenkte. Wir können es zum Teil noch verfolgen, wie von sehr verschieden gearteten Berichten schließlich das Bild des bösen Weibes übrigblieb, das den Gleichmut des Philosophen vor schwere Aufgaben stellte[1]. Schwierig zu beurteilen ist für uns die Überlieferung über eine zweite Ehe des Sokrates mit Myrto, einer bettelarmen Tochter des gerechten Aristeides. Daß die Nachricht auf des Aristoteles Schrift *Über die Adligkeit* (Περὶ εὐγενείας fr. 93 R.) zurückgeführt wird, macht die Sache nicht leichter.

Auf Grund ihrer Bezeugung gelten zumeist zwei Elemente der Sokratesbiographie als historisch, die seltsam genug in einem Leben stehen, dessen Schauplatz der athenische Alltag auf Markt und Straßen gewesen ist. Da ist der Spruch des delphischen Orakels, das Sokrates auf eine Anfrage des Chairephon als den gerechtesten und weisesten unter allen Menschen hervorhob[2], eine Auszeichnung, die mit des Sokrates Loyalität der größten griechischen Orakelstätte gegenüber wohl zusammenstimmt. Zum andern dürfen wir sein Daimonion, die rätselhaft warnende Stimme im Inneren, die ihn von seinem Wege nicht abweichen ließ, als faktische Gegebenheit seines Lebens verstehen[3]. Auch in diesem Menschen, der sich mit Leidenschaft in den Dienst des Logos gestellt hatte, behauptete das Irrationale seinen Platz.

Alle uns bekannten Daten aus dem Leben des Sokrates treten vor seinem Prozeß und Tod im Jahre 399 weit in den Hintergrund. Wir können früher Gesagtes genauer umschreiben: der Sokrates vor Gericht und in den Stunden seines Todes ist recht eigentlich die Gestalt, von der die gewaltige Wirkung auf die geistige Überlieferung des Abendlandes ausging. Daß dabei die Fakten erst in der besonderen Formung durch die Tradition diese Wirkung entfalteten, ist bemerkenswert, aber keineswegs ohne Beispiel.

Anklage und Verurteilung waren ein Stück der Reaktion jener Demokratie, deren erster Akt im Zuge ihrer Wiederherstellung ein Opfer an Athene auf der Akropolis gewesen ist (Xen. *Hell.* 2, 4, 39). Vielen mochte der Mann, der unablässig nach der Berechtigung bestehender Ansichten fragte, als Träger jener Kräfte erscheinen, die alte Tradition zersetzt und Unruhe und Ungewißheit heraufgeführt hatten. Wie weit bei den drei Anklägern Meletos, Anytos und Lykon persönliche Motive mitspielten, entzieht sich unserer Kenntnis. In der beim Archon Basileus schriftlich eingebrachten Klage führte Meletos, aber recht eigentlich betrieb sie der Politiker Anytos, damals Stratege, den wir aus der aristotelischen Schrift *Staatsverfassung der Athener* (34) als Vertreter einer gemäßigten Mittelpartei mit dem Ziele der «Verfassung der Väter» kennenlernen. Die in der Voruntersuchung formulierte und beschworene Anklage ist uns

[1] GIGON, *Sokrates* (s. u.), 113.
[2] WILH. NESTLE, ‹Sokr. u. Delphi›. *Griech. Stud.* Stuttg. 1948, 173.
[3] H. GUNDERT, ‹Platon und das Daimonion des Sokr.›. *Gymn.* 61, 1954, 513.

am besten durch Favorin bei Diogenes Laertios (2, 40) erhalten. Danach wurde Sokrates wegen Asebie angeklagt, weil er die Staatsgötter nicht anerkenne und neue Gottheiten einführe; zum zweiten wurde ihm Verführung der Jugend vorgeworfen. Offenbar haben die Ankläger bestehende Formulierungen verwendet, denn so erklärt sich die Unsicherheit der Überlieferung über die Fakten, durch die man die einzelnen Punkte der Anklage erweisen wollte[1]. Für die Verteidigung des Sokrates vor Gericht kann weder die *Apologie* Platons noch die Xenophon zugeschriebene als verläßliches Zeugnis angesehen werden. Sie stehen am Beginne einer ganzen Literatur von Sokratesapologien, die über die verlorenen des Lysias, Theodektes von Phaselis, Demetrios von Phaleron, Theon von Antiocheia und Plutarch bis zu der Deklamation des Libanios (5, 1 F.) reicht. Wenig glücklich aber war es, die spielerische Version kaiserzeitlicher Autoren[2], Sokrates habe vor Gericht überhaupt geschwiegen, zur authentischen Nachricht zu steigern.

Das Geschworenengericht erklärte Sokrates mit mäßiger Mehrheit (281:220) schuldig und verhängte mit einer etwas größeren Stimmenzahl (300:201) über ihn den Tod. Eine athenische Festgesandtschaft nach Delos ergab einige Tage Aufschub, dann hat Sokrates den Schierlingsbecher getrunken.

Die große Wirkung dieses Mannes ging nicht von einer geschlossenen Lehre aus. Wenn ihn Platon im *Theaitet* (150c) sagen läßt, Hebammendienste zu leisten zwingt mich der Gott, zu zeugen hat er mir versagt, so ist damit die Richtung seines Wirkens mit epigrammatischer Schärfe erfaßt. Das soll natürlich nicht heißen, daß sein Prüfen und Fragen, die ganze geistige Unruhe, die er zu wecken wußte, auf kein bestimmtes Ziel gerichtet gewesen wäre. Die wertvollsten Zeugnisse bietet uns Aristoteles[3]. Gewiß hat dieser bei der Beurteilung seiner philosophischen Vorgänger die Einzelerscheinungen in sein System gefügt und gelegentlich auch gezwängt, nichts aber berechtigt zu der Annahme, daß der Enkelschüler des Sokrates seine Unwissenheit über diesen durch Fiktionen verdeckt hätte. Voran steht an Bedeutung jene Stelle der *Metaphysik* (M 4. 1078 b 27), an der Aristoteles Weg und Ziel des Sokrates durch die Induktion (ἐπακτικοὶ λόγοι) und die Gewinnung von Definitionen (τὸ ὁρίζεσθαι καθόλου) bezeichnet. Von beidem vermögen uns die platonischen Frühdialoge ein Bild zu geben, die wir gewiß nicht als Referat sokratischer Gesprächsführung, wohl aber als deren Fortsetzung und Ausgestaltung verstehen dürfen. Ist dies richtig, dann erweist sich sokratische «Induktion» als ein Näherbringen des zu Erfassenden mit Hilfe von Analogien aus dem täglichen, besonders dem handwerklichen Leben und eine schrittweise Absicherung des Gewonnenen gegen denkbare Widersprüche. Daß Sokrates

[1] GIGON, *Sokrates* (s. u.), 69. Wichtig bleibt A. MENZEL, ‹Unters. zum Sokr.-Processe›. *Sitzb. Ak. Wien. Phil.-hist. Kl.* 145/2, 1902 (1903).

[2] Philostr. *Vit. Ap.* 8, 2. Maximos von Tyros, *Diss.* 3. H. GOMPERZ, ‹Sokr. Haltung vor seinen Richtern›. *Wien. Stud.* 54, 1936, 32 mit mißglückter Heranziehung von Plat. *Gorg.* 486 a. *Theait.* 172 c.

[3] W. D. ROSS, *Aristotle's Metaph.* Oxf. 1924, 1, XXXIII. TH. DEMAN, *Le témoignage d'Aristote sur Socr.* Paris 1942. MAGALHÃES-VILHENA (s. u.). Jetzt besonders O. GIGON, ‹Die Sokratesdoxographie bei Aristoteles›. *Mus. Helv.* 16, 1959, 174. Vgl. auch H.-J. KRÄMER, *Arete bei Platon und Aristoteles. Abh. Ak. Heidelb. Phil.-hist. Kl.* 1959/6, 520.

aber ständig nach Begriffsbestimmungen, nach dem τί ἕκαστον εἴη aus war, bezeugt auch Xenophon (*Mem.* 1, 1, 16. 4, 6, 1).

Um dies alles in den Zusammenhang zu rücken, in dem durch die Wirrnis anekdotenbeladener Tradition die Gestalt des historischen Sokrates in ihrer Größe sichtbar wird, gehen wir an der Stelle der *Metaphysik* um einige Zeilen zurück. Dort sagt Aristoteles, daß das Forschen des Sokrates im Rahmen seiner Bemühungen um sittliche Werte stand: περὶ τὰς ἠθικὰς ἀρετὰς πραγματευομένου. Hiermit ist ebenso wie mit dem bekannten Worte Ciceros (*Tusc.* 5, 10; vgl. *Ac. post.* 1, 15), Sokrates habe die Philosophie vom Himmel herabgeholt und in den Städten und Häusern angesiedelt, jene entscheidende Wende bezeichnet, in der Sokrates stand und von der er selber ein Teil war. Auch an einer früheren Stelle der Metaphysik (A 6. 987b 1) lesen wir, daß Sokrates τὸ καθόλου im Bereiche der ἠθικά suchte, und in der Schrift *Über die Teile der Tiere* (642a 28) sagt Aristoteles geradezu, Sokrates habe mit der Naturphilosophie Schluß gemacht und eine Epoche der Ethik heraufgeführt. Da er nicht geformte Lehre weitergab, sind seine Schüler sehr verschiedene Wege gegangen, aber eines bindet alle Systeme, die auf diesem Boden wuchsen, dem Vorangegangenen gegenüber zu einer Einheit: die philosophische Frage hat sich von Kosmos und Natur weitgehend abgewandt und gilt nunmehr dem Menschen, den Gesetzen, denen sein Handeln unterliegt, und dem Wege zur Erfüllung der in ihm angelegten Möglichkeiten. Die radikale Zentrierung auf den Menschen hat Sokrates mit der Sophistik gemeinsam, und gerade unter diesem Gesichtspunkte konnte der flüchtig Beobachtende dazukommen, die fundamentale Verschiedenheit der beiden Richtungen zu verkennen. In Wahrheit aber hatten die Sophisten keinen größeren Gegenspieler als den Mann, der dort, wo sie die Erkenntnis der Wirklichkeit und die Normen des Sittlichen dem freien Spiel der Debatte auslieferten, wieder festen Grund durch allgemeingültige Begriffe zu gewinnen suchte. Gegangen ist er diesen Weg nicht als der Logiker, dem die Arbeit des Verstandes Selbstzweck gewesen wäre; seine Fragen nach dem Wesen der Frömmigkeit, der Gerechtigkeit oder Tapferkeit sind durchaus in der Absicht gestellt, Normen für die Gestaltung des Lebens zu gewinnen, für den Einzelnen wie für die Gemeinschaft. Werner Jaeger hat in einem schönen Kapitel seiner *Paideia* gezeigt, wie Sokrates mit einer bislang unerhörten Entschlossenheit in seiner Werttafel die Seele des Menschen an die höchste Stelle setzte. Nun wird in denkbar größtem Gegensatze zum adeligen Weltbild der Wert des Menschen von Macht und Gütern und äußerer Anerkennung völlig gelöst und in die Seele verlegt, die sein kostbarster Besitz und zugleich seine größte Verpflichtung ist. Dieser Weg sokratischen Denkens endet bei dem radikalen Widerspruch gegen die alte Adelsnorm, daß es den Mann mache, seinen Freunden zu nützen, seinen Feinden aber zu schaden. Unrechttun wird nun als Makel der eigenen Seele empfunden und ist dem Feinde gegenüber ebensowenig gestattet wie in irgendeinem anderen Falle.

Sokrates hat seine Suche nach den Normen des Sittlichen und ihre Verwirklichung in der Realität des Lebens völlig als Einheit gefaßt. Für ihn ist die Einsicht in das sittlich Gute nicht nur die Voraussetzung für das richtige Handeln, sondern mit diesem unlöslich verbunden. Die viel berufene Lehre vom Tugendwissen gipfelt in dem Satze, daß niemand freiwillig Unrecht tue. Wirkliches Wissen um sittliche Normen verbürge auch das Handeln nach diesen. Die herausfordernde Unbedingtheit dieses Satzes hat Widerspruch von allem Anfang an hervorgerufen. Er wurde bereits auf der zeitgenössischen Bühne laut, denn die Polemik Phaidras (v. 377) im *Hippolytos* des Jahres 428 richtet sich in echt euripideischer Reflexion mit klaren Worten gegen die Gleichsetzung sittlicher Erkenntnis und sittlichen Handelns[1]. Auch Aristoteles hat (*Eth. Nic.* Z 13. 1144b 17) gegen die völlige Identifizierung sittlicher Tüchtigkeit und sittlicher Einsicht Einspruch erhoben[2]. Man ist seitdem nicht müde geworden, am ethischen Intellektualismus des Sokrates dessen Einseitigkeit tadelnd hervorzuheben. Daß jedoch das sokratische Tugendwissen in einer tieferen Schicht gründet und als reiner Intellektualismus unzureichend charakterisiert ist, wird bei einer Betrachtung klar, die RICHARD MEISTER folgt[3]: Sokrates hat den ethischen Wert als das Absolute erlebt und als unbedingte Forderung in das Zentrum des sittlichen Bewußtseins gestellt. Die Evidenz dieses Werterlebnisses unterliegt weder einem logischen noch einem psychologischen Einwand, sie steht im Bereiche des Weltanschaulichen. Kritik in dieser Sicht könnte nur vermerken, daß Sokrates insofern irrte, als er die Wertung, in der das Ethische erlebt wird, mit einem Urteil über diese Werte gleichsetzte[4].

Das geistige Wirken des Sokrates ist von seiner Persönlichkeit nicht zu trennen. Die Kraft seiner Wirkung war in der Unbedingtheit begründet, mit der er seine Forderung nicht allein stellte, sondern ihr selbst nachlebte. Kaum eine Anekdote über ihn trifft so tief in die Mitte seines Wesens wie die bei Diogenes Laertios 2, 33 erzählte. Da soll Sokrates das Theater verlassen haben, als Orestes in der euripideischen *Elektra* (v. 379) den Ausspruch tat, man lasse bestimmte Unklarheiten des Lebens am besten ohne Entscheidung in der Schwebe. Die letzte Bestätigung für die Unbedingtheit seines sittlichen Strebens, zu dem ihn der Gott rief, hat Sokrates seinen Schülern und der Nachwelt durch seinen Tod gegeben.

Platon, der größte seiner Anhänger, beansprucht in einer Literaturgeschichte schon deshalb seinen Platz, weil ihn sein vollständig erhaltenes Werk als Künstler von großer Kraft der Gestaltung erweist. Von den übrigen Sokratikern[5] soll im folgenden kurz die Rede sein, um eine Vorstellung von der Fülle verlorenen Schrifttums um Sokrates zu geben.

[1] BR. SNELL, ‹Das früheste Zeugnis über Sokr.›. *Phil.* 97, 1948, 125 mit weiteren Stellen. Ders., *Scenes from Greek Drama.* Berkeley 1964, 47; deutsch Berlin 1971, 51.

[2] Gut formuliert O. GIGON, *Mus. Helv.* 16, 1959, 182, daß für Sokrates mit der Spannung zwischen λογικόν und ἄλογον die Möglichkeit entfiel, daß das ἄλογον dem λογικόν entgegentreten und es überwältigen könnte. Folgerichtig hat Aristoteles festgestellt, daß Sokrates die ἀκρασία aus seinem Gesichtsfeld ausgeschlossen habe. Die Spannung, in der sokratischer Intellektualismus und sittlicher Optimismus zu vor- und nachsokratischen Gedanken über Erziehung stehen, ist behandelt bei P. RABBOW, *Paidagogia. Die Grundlegung der abendländischen Erziehungskunst im Kampf des Irrationalen und des Rationalen.* Göttingen 1960.

[3] Diese Wertung des sokr. Tugendwissens ist der Ethikvorlesung RICHARD MEISTERS entnommen.

[4] Hier wird die Scheidung R. REININGERS (*Wertphilosophie und Ethik*, Wien 1939, 33) von Wertgefühl, Wertaussage und Werturteil als den Stufen des Wertbewußtseins fruchtbar.

[5] Gute Übersicht bei GIGON, *Sokrates* (s. u.), 282.

Eukleides aus Megara gilt der antiken Tradition als Archeget der Schule der Megariker. Bei ihm sollen sich nach dem Tode des Sokrates dessen Freunde gesammelt haben, was aber keineswegs aus Furcht vor weiterer Verfolgung geschehen sein muß. In seiner Lehre stand er der Ontologie des Parmenides besonders nahe und stellte dem absoluten Sein dieses Denkers das Gute als das eine und wahrhaft Seiende gleich, das die Menschen (will wohl sagen: die anderen Philosophen) in verschiedener Weise falsch benennen. Unter seinen Dialogen erinnern der *Kriton* und der *Erotikos* an platonische Werke, wenn wir bei letzterem an das Thema des *Symposion* denken dürfen. Der *Aischines* gehört zu den Schriften, in denen die Sokratiker aufeinander Bezug nahmen, während sich der *Alkibiades* mit jener Persönlichkeit befaßte, deren Verhältnis zu Sokrates die Mit- und Nachwelt besonders anzog und erregte. *Lamprias* und *Phoinix* bleiben bloße Titel. Schüler des Eukleides war Bryson, der Sohn des Herodoros von Herakleia (s. S. 375), von dem antiker Klatsch (Athen. 508c) Platon abhängen ließ. Dialoge wie Eukleides hat auch der angesehenste Vertreter dieser Schule, Stilpon von Megara, geschrieben.

Antisthenes von Athen soll eine Phrygerin zur Mutter gehabt haben, und es stimmt dazu, daß er seine Anhänger meist im Gymnasion Kynosarges um sich sammelte, wo die Halbblütigen übten. Der Name dieser Stätte wird mit jenem der kynischen Schule in Zusammenhang gebracht, deren geistiger Begründer Antisthenes bleibt, wenn er auch in den Schatten seines berühmtesten Anhängers, des Diogenes von Sinope, geriet[1]. Bevor er sich leidenschaftlich an Sokrates anschloß, ist er Schüler des Gorgias gewesen. Auf dieser Linie liegen die beiden erhaltenen Deklamationen *Aias* und *Odysseus*, die wohl als echt gelten dürfen. Auch von einer *Verteidigung des Orestes* wird berichtet. Schwierig ist die Nachricht (Diog. Laert. 6, 1, 15) zu werten, er habe περὶ λέξεως ἢ περὶ χαρακτήρων geschrieben. Daß er Gorgias einmal in seinem *Archelaos* angriff, spricht nicht dagegen, daß dieser sein Lehrer war. Friedfertigkeit war seine Sache nicht, und wir erfahren, daß er in seinem *Sathon*, einem umfangreicheren Werk von 3 Büchern, Platon sehr gehässig behandelte. In seiner Lehre läßt sich noch eine starke Abkehr von spekulativen Elementen und die entsprechende Wendung zu praktischer Ethik erkennen. Tugend ist für ihn nicht von einem Wissen abhängig, und Platons Ideenlehre blieb ihm unverständlich. Ganz stark tritt bei ihm das Ideal der Autarkie in den Vordergrund, das auf die weitestgehende Unabhängigkeit von Leidenschaft und Lust zielt. Der Lust vor allem hat er den Krieg angesagt, und erhalten blieb sein Ausspruch, er möchte lieber wahnsinnig sein als Lust empfinden. Antisthenes ist als Schriftsteller von einer Fruchtbarkeit gewesen, die sich mit jener Demokrits vergleicht. Wir kennen das Inhaltsverzeichnis einer zehnbändigen Ausgabe und kommen auf rund siebzig Titel. Unter diesen weisen auf sokratische Dialoge *Aspasia*, *Alkibiades* und *Menexenos*. Der *Kyros* ergibt die Möglichkeit, Beziehungen zur *Kyrupädie* Xenophons anzunehmen, der dann als der Empfangende

[1] Den Versuch von E. SCHWARTZ, *Ethik der Gr.* Stuttg. 1951, 141, die Kyniker von Antisthenes zu trennen, korrigiert W. RICHTER in der Anm. hierzu. Die Nachrichten über rhetorische Schriften bei L. RADERMACHER, *Artium Scriptores* (s. u.), 120.

anzusehen wäre. Die *Aletheia* hat denselben Titel wie ein Werk des Protagoras, was für den Inhalt freilich so gut wie nichts besagt, fünf Bücher *Über die Bildung oder über die Namen* können sich mit Forschungen des Prodikos berührt haben, der *Herakles*[1] zeigte sicherlich die Idealfigur der Kyniker als den vollendeten Meister über alle menschliche Schwäche.

Die gewaltige Spannweite zwischen den Antworten der Sokratiker auf die Frage nach Sinn und Ziel des Lebens zeigt sich besonders deutlich, wenn wir auf Antisthenes Aristippos von Kyrene folgen lassen. Die Schule der Kyrenaiker ist schwer zu fassen und darf trotz denkmotivischen Beziehungen nicht einfach als Vorläuferin des Epikureismus gekennzeichnet werden. Ihre Beurteilung scheint weiterhin dadurch erschwert, daß eine späte Nachricht (Euseb. *Praep. Ev.* 14, 18, 31f.) die ethischen Doktrinen der Kyrenaiker dem gleichnamigen Enkel des Aristippos zuschreibt[2], doch wird man dieser Überlieferung kaum viel Gewicht beizumessen haben. Bei der Lehre Aristipps handelt es sich um einen konsequenten Agnostizismus gegenüber den Dingen der Außenwelt. Wahrnehmbar sind für uns nur unsere eigenen Zustände von Lust und Schmerz. Zwischen ihnen wechselt die Bewegung ständig, so daß ein Leben reiner Lust für den Menschen unmöglich ist. Hier ist der Ansatz zu jenem Pessimismus zu erkennen, der dem Kyrenaiker Hegesias unter Ptolemaios I. den Übernamen Peisithanatos verschaffte, weil er den Selbstmord als empfehlenswerteste Lösung der Lebensprobleme erweisen wollte. Für Aristippos aber scheint sich eine Ethik ergeben zu haben, die auf ein richtig bemessenes Abwägen von erreichbarer Lust und unvermeidbarem Schmerz hinauslief und auf diesem Wege dem Weisen jene Überlegenheit verhieß, die Antisthenes durch asketische Selbstbeherrschung zu erreichen trachtete. Zahlreiche Anekdoten erzählen davon. Zwei Schriftenverzeichnisse, die wir kennen, bieten eine Reihe von Titeln. Was hinter der Notiz steckt, seine sokratischen Schriften hätten in *einem* Buche gestanden, ist schwer zu sagen. Dialoge nach Art der platonischen können es dann nicht gewesen sein. Ein *Lehrbrief an seine Tochter Arete*, die nach ihm die Schultradition weitergeführt haben soll, ist deshalb bemerkenswert, weil sich einer der Sokratikerbriefe als Schreiben Aristipps an diese seine Tochter ausgibt.

Anders als bei den drei vorher Genannten ist für Aischines von Sphettos weder über eine Lehre noch eine bestimmte Schulzugehörigkeit etwas auszusagen. Aber als Verfasser sokratischer Dialoge, von denen uns sieben mehr oder minder erkennbar sind, war er besonders erfolgreich. Die mimetischen Elemente, lebendige Gesprächsführung und reiche Ausgestaltung des Szenischen, standen bei ihm stark im Vordergrunde. Am besten kenntlich sind uns der *Alkibiades*[3] und die *Aspasia*. Die Gegenüberstellung des schlichten, unerbittlichen Denkers und des strahlenden jungen

[1] Der erhaltene Schriftenkatalog nennt drei Schriften über Herakles, darunter einen *Großen Herakles*.

[2] Gebilligt von SCHWARTZ a. O. 181; vgl. G. B. L. COLOSIO, *Aristippo di Cirene*. Torino 1925. Ablehnend GIGON, *Sokrates* (s. u.), 300, und *Mus. Helv.* 16, 1959, 178, 3. Anderes im bibliogr. Anhang zu diesem Abschnitt.

[3] Zur Rekonstruktion nach H. DITTMAR, *Phil. Unters.* 21, 1912, 97, jetzt K. GAISER, *Protreptik und Paränese bei Platon. Tüb. Beitr.* 40, 1959, 77.

Aristokraten war im ersten dieser Dialoge besonders eindrucksvoll gestaltet, während in der *Aspasia* das Lob dieser seltsamen Frau wohl die Ebenbürtigkeit weiblicher Fähigkeiten erweisen sollte. Daß hier Xenophon, seine junge Gattin und Aspasia zusammengebracht wurden, zeigt jene chronologische Unbekümmertheit, die wir aus Platon kennen. Der *Telauges* brachte Sokrates mit einem Pythagoreer ins Gespräch; als bloße Titel reihen wir an: *Axiochos, Kallias, Miltiades* und *Rhinon.*

Phaidon von Elis, der einer der größten Schöpfungen Platons den Namen gegeben hat, ist uns weder als Stifter der elischen Schule noch als Verfasser sokratischer Dialoge deutlicher faßbar. An solchen wird ihm neben einem *Simon* ein *Zopyros* zugeschrieben. Dieser war nach dem Thraker benannt, der als Erfinder physiognomischer Methoden galt. Dem Sokrates habe er auf Grund seiner Züge Stumpfheit und schlimme Leidenschaften zugeschrieben, was dieser zugab; doch sei er durch geistige Zucht dieser Anlagen Herr geworden[1]. Die Anekdote könnte aus dem Dialoge Phaidons stammen.

Einiges aus der reichen Tradition, die hier kenntlich wurde, hat seinen Niederschlag in den Briefen des Sokrates und der Sokratiker[2], Erzeugnissen kaierzeitlicher Epistolographie, gefunden.

Bibliographie: O. GIGON, *Bibliogr. Einführung in das Studium der Philosophie* 5, *Antike Philos.* Bern 1948, 23. Sokratesbücher von H. MAIER, Tüb. 1913. H. KUHN, Berl. 1934; Neudr. Münch. 1959. A.-J. FESTUGIÈRE, Paris 1934, deutsch Speyer 1950. O. GIGON, Bern 1947. (Stellungnahmen zur Sokratesauffassung GIGONS: C. J. DE VOGEL, *Mnem.* s. 4, 1951, 30 und *Phronesis* 1, 1955, 26. J. H. KÜHN, *Gnom.* 26, 1954, 512; 29, 1957, 170). V. DE MAGALHÃES-VILHENA, *Le problème de Socr. Le Socr. historique et le Socr. de Platon.* Paris 1952. Dazu O. GIGON, *Gnom.* 27, 1955, 259. A. H. CHROUST, *Socrates. Man and Myth. The two Socratic Apologies of Xenophon.* London 1957; vgl. S. 556 A. 1. Ferner ist auf W. JAEGERS *Paideia* 2. 2. Aufl. Berl. 1954, 59 zu verweisen. J. HUMBERT, *Socrate et les Petits Socratiques.* Paris 1967 (mit weitgehender Zuversicht, Platon und Xenophon ein historisches Sokratesbild abzugewinnen). – Für die Sammlung der Sokratiker-Fragmente ist noch viel zu tun, MULLACHS *Fragm. Phil. Gr.*, Paris 1864 sind veraltet und unzureichend. Für ein wichtiges Teilgebiet jetzt E. MANNEBACH, *Aristippi et Cyrenaicorum Fragmenta.* Leiden 1961. Von der späteren Überlieferung suchen C. J. CLASSEN, ‹Aristippos›. *Herm.* 86, 1958, 182, und G. GIANNANTONI, *I Cirenaici. Raccolta delle fonte antiche. Traduzione e studio introduttivo.* Firenze 1958, Aristippos abzusetzen, indem jener die thematische Sonderstellung des Sokratikers zu bestimmen sucht, während ihn der italienische Gelehrte als geistvollen Lebenskünstler ohne philosophische Zielstellung auffaßt. Unser Material ist für völlig gesicherte Aussagen zu dürftig, doch hat F. WEHRLI, *Gnom.* 31, 1959, 412, recht, wenn er GIANNANTONIS Skepsis als zu weitgehend ablehnt. – Die Deklamationen des Antisthenes bei L. RADERMACHER, *Artium Scriptores.* Sitzb. Österr. Akad. 227/3, 1951, 122. FERNANDA DECLEVA CAIZZI, *Antisthenis fragmenta.* Milano 1966 (vgl. dies., *Studi Urbinati* 38, 1964, 48). – H. DITTMAR, *Aischines von Sphettos. Phil. Unters.* 21. Berl. 1912. BARBARA EHLERS, *Eine vorplatonische Deutung des sokratischen Eros. Der Dialog Aspasia des Sokratikers Aischines.* Zet. 41, 1966. Lit. zu Antisthenes: J. GEFFCKEN, *Griech. Lit. Gesch.* 2, Heidelb. 1934, Anm. S. 21, 30.

[1] Stellen bei WILH. NESTLE, *Vom Mythos zum Logos.* Stuttg. 1940, 490, 7.
[2] J. SYKUTRIS, *Die Briefe des Sokr. und der Sokratiker.* Paderborn 1933.

C. DAS VIERTE JAHRHUNDERT BIS ALEXANDER

I. PLATON UND DIE AKADEMIE

Als Athens großes Jahrhundert zu Ende ging, da waren seine Mauern zerstört und seine Flotten ein Stück Vergangenheit. Der Zusammenbruch der Macht und der Terror der Dreißig waren über die Stadt gegangen, aber das Unternehmen Thrasybuls führte 403 zur Wiederherstellung der Demokratie, und eine großzügig entworfene und ebenso durchgeführte Amnestie bot die Voraussetzung für eine ruhige Entwicklung im Inneren. So gab es denn wieder ein Athen mit Rat und Volksversammlung, das nach dem raschen Fiasko der spartanischen Hegemonie, genau einhundert Jahre nach dem ersten Seebund, einen zweiten errichten konnte (377). Es ist in dem Athen dieses Jahrhunderts viel von der Verfassung der Väter und der glanzvollen Tradition der Stadt gesprochen worden, und ehe die makedonische Militärmonarchie das alles zerbrach, um in einer gewaltigen Wende griechisches Leben in einen gänzlich veränderten Rahmen zu stellen, schoß die Begeisterung für die alten Ideale noch einmal in steilen Flammen empor.

Das alles darf darüber nicht täuschen, daß es in dem Athen dieser Zeit ebensowenig eine echte Restitution gegeben hat wie sonstwo in der Geschichte. Die alte Polis, die den Parthenon gebaut hatte, konnte nicht wiedererstehen. Ihr soziales und geistiges Gefüge war für immer dahin. Die Verheerungen des Peloponnesischen Krieges hatten die grundbesitzende Schicht bis zum kleinen Bauerntum ins Mark getroffen, und die der Spekulation günstigen Verhältnisse brachten neuen Reichtum zu raschem Wachsen. Der Freigelassene Pasion, der als Bankier und Schildfabrikant zu gewaltigem Vermögen kam und den wir aus den Rednern kennen, ist ein bezeichnendes Beispiel neuer Kapitalsbildung. Nun erst büßt das Erbe der Adelszeit jene Bedeutung ein, die es in der Hochklassik in den meisten Lebensbereichen des demokratischen Athen durchaus noch besessen hatte, und die von der Sophistik vorbereitete Emanzipation von den Bindungen an die Polis nahm ihren unaufhaltsamen Fortgang.

Die Inschriften belehren uns über das Fortbestehen der alten Feste mit ihren dichterischen Agonen noch weit über diese Zeit hinaus[1], und Namen von Dichtern und Werken kennen wir in reicher Fülle. Daß so gut wie alles von dieser Produktion verloren ist, kann nicht als Zufall gelten. Wie sehr der großen Kunst der Klassik mit dem Sturze des alten Staates der Boden entzogen war, können wir aus der Entwicklung der Komödie mit aller Eindringlichkeit lernen.

Im 4. Jahrhundert treten die Kunstformen der Prosa, die nun erst ihre klassische Höhe erreicht, weit in den Vordergrund. Der alte Mythos aber, aus dem die Dichtung des 5. Jahrhunderts auch dort ihr Leben hatte, wo sie sich so schmerzlich mit ihm auseinandersetzte wie bei Euripides, wurde zur stofflichen Traditionsmasse, aus der

[1] Einzelnes bei A. PICKARD-CAMBRIDGE, *Dramatic Festivals.* 2. ed. Oxf. 1968, 124.

das innere Leben gewichen war. Wie in manchen anderen Dingen liegt die Vorbereitung des Hellenismus auch hier weit vor der Entstehung der Diadochenreiche. Das Hervortreten der Prosa ist nur äußeres Symptom dafür, daß nun Fragen anderer Art das geistige Leben der Zeit bestimmen. Wenn da an erster Stelle das Problem der Erziehung steht, so verrät sich hierin besonders das Erbe der Sophistik, mag ihr Gegner Platon oder der Gorgiasschüler Isokrates seine Stellung beziehen. Der Gegensatz dieser beiden Männer und der von ihnen begründete, durch die Jahrhunderte reichende Antagonismus von Philosophie und Rhetorik im Anspruch auf die Erziehung des jungen Menschen ist der geistesgeschichtlich bedeutsamste Vorgang in diesem Zeitabschnitt. Daß er es aber ist, zeugt davon, wie sehr das Politische im Sinne des 5. Jahrhunderts seine Dominanz verloren hat. Unaufhaltsam vollendet sich die Entwicklung, gegen die Aristophanes protestiert hatte. Die Idealisierung der alten Ordnung im rednerischen Panegyrikos und der radikale Versuch des Philosophen, sie durch einen völligen Neubau zu ersetzen, sprechen beide mit gleicher Eindringlichkeit davon, daß in diesem Jahrhundert des Überganges das griechische Leben neuen Bereichen zustrebte[1].

Unter dem Archontat des Diotimos, das vom Sommer 428 bis zu dem des nächsten Jahres reichte, wurde Platon als Sohn des Ariston, Sohnes des Aristokles, geboren. Während über die Familie dieses Mannes nichts weiter zu sagen ist, stellt das, was wir über Platons Verwandte von mütterlicher Seite wissen, ein wesentliches Stück seiner Biographie dar. Die Mutter Periktione entstammte einem altadeligen Geschlechte, mit dem Solon in einer genauer nicht mehr feststellbaren Verbindung stand. Ihr Vetter war Kritias, den wir als Haupt der Dreißig und vielseitigen Schriftsteller kennen, ihr Bruder Charmides, der zu seinem Unheil in die Politik jener Tyrannen verwickelt wurde. Beide treten, ebenso wie Platons Brüder Adeimantos und Glaukon, unter den Personen seiner Dialoge auf, deren einer nach Charmides benannt ist. Von Potone, der Schwester Platons, stammt Speusippos, sein Nachfolger in der Leitung der Akademie. Nach dem Tode des Ariston heiratete Periktione den reichen und angesehenen Pyrilampes, der zum Kreise des Perikles gehört hatte. Von verschiedenen Seiten sehen wir Platon enge mit der Welt des alten attischen Adels verbunden, und so wenig das für ihn geistige Enge bedeutete, hat er von dort doch Grundhaltungen mitgebracht, die in seinem Werke bis ans Ende kenntlich bleiben.

Unser Wissen von der überreichen Platonliteratur der Antike ist nur bruchstückhaft. Bereits seine nächsten Schüler wie Aristoteles, Speusippos, Xenokrates, Philippos von Opus haben über ihn geschrieben, Literatur, die vorwiegend enkomiastisch gewesen ist. Wir dürfen annehmen, daß damals bereits der Grund zu der Auffassung Platons als des «göttlichen Mannes» gelegt wurde, die das spätere Schrifttum neuplatonischer Observanz beherrscht[2]. Sie ist auch maßgebend für die älteste der er-

[1] Zur Charakteristik des 4. Jahrhunderts: V. EHRENBERG, ‹Epochs of Greek History›. *Greece and Rome.* Sec. ser. 7, 1960, 110.

[2] Zum biographischen Material WILAMOWITZ (s. u.), 2, 1. Die Vita aus Diog. Laert. in der Festschrift *Juvenes dum sumus.* Basel 1907. Anderes in der Ausgabe von C. F. HERMANN 6. Bd. Leipzig 1853.

haltenen Platonbiographien, vier kurze Kapitel, die Apuleius von Madaura (2. Jh. n. Chr.) seinem unvollendet gebliebenen Werke *De Platone et eius dogmate* vorangestellt hat. Dem gleichen Strome der Tradition gehören ferner an die Biographie, die das 3. Buch des Diogenes Laertios füllt, eine des Neuplatonikers Olympiodor, eine anonyme vor den Προλεγόμενα τῆς Πλάτωνος φιλοσοφίας in einer Wiener Handschrift[1] und die Artikel in der *Suda* und bei Hesych. Von anderem, verstreutem Quellenmaterial sei wenigstens der Herculanensische Papyrus (*Index acad. philos.*) mit einigen Notizen zu Platons Leben erwähnt. Verschiedene Autoren, besonders Athenaios (5, 217a. 11, 504c) lassen erkennen, daß es eine platonfeindliche Literatur gegeben hat, die an die Persönlichkeit des Philosophen Klatsch der verschiedensten Art herantrug.

Aus all der hier verzeichneten Überlieferung ist nicht viel zu lernen, von entscheidender Bedeutung für unser Bild von Platons Leben ist hingegen der siebente unter den dreizehn *Briefen*[2], die uns unter seinem Namen erhalten sind. Gegen Überlieferung dieser Art war man mißtrauisch geworden, seit RICHARD BENTLEY 1699 mit seiner Behandlung verschiedener Briefe, vor allem der angeblichen des sizilischen Tyrannen Phalaris, einen neuen Abschnitt historischer und literarischer Kritik eingeleitet hatte. Auch von den Platon zugeschriebenen Briefen ist ohne Zweifel ein großer Teil unterschoben. Doch ist aus dem langen Kampfe um die Echtheit dieser Zeugnisse die heute von vielen geteilte Überzeugung hervorgegangen, daß drei dieser Briefe sicher Platon gehören. Der *sechste Brief* ist ein Sendschreiben, das zwischen zwei ehemaligen Akademikern, Erastos und Koriskos, damals in Skepsis in der Troas, und Hermias, dem Tyrannen von Atarneus, Freundschaft stiften will. Es ist dies jener Hermias, der im Leben des Aristoteles wichtig wurde und ihm seine Nichte Pythias zum Weibe gab. Der *siebente Brief* enthält die Antwort an die sizilischen Anhänger Dions, die nach dessen Tod um Rat fragen, und weitet sich zu einem Rechenschaftsbericht, den der alte Platon von seinen drei sizilischen Reisen und den mit ihnen verknüpften Hoffnungen und Enttäuschungen gibt. Selbst wenn dieser Brief unecht wäre[3], behielte er hohen Quellenwert, da er in jedem Falle aus genauer Kenntnis der Verhältnisse geschrieben ist. Auch der *achte Brief* enthält Ratschläge an die Parteigänger Dions, setzt aber eine etwas spätere Situation voraus[4].

Platon hat die sorgfältige musische und gymnastische Erziehung eines Atheners aus vornehmem Hause erhalten, die ihm auch zur großen Dichtung seines Volkes das nahe, später freilich problematische Verhältnis gab, wie wir es in seinen Dialogen erkennen. Daß er, der in seinen Schriften höchste künstlerische Meisterschaft bekundet

[1] Ausg. von L. G. WESTERINK, *Anonymus Proleg. to Pl. Philosophy*. Amsterdam 1962.

[2] Griech. u. deutsch von E. HOWALD, Zürich 1951. Übers. u. eingeleitet von J. IRMSCHER, Berlin 1960. H.-G. GADAMER, *Dialektik und Sophistik im siebenten platonischen Brief*. Sitzb. Ak. Heidelberg. Phil.-hist. Kl. 1964/2. L. EDELSTEIN, *Plato's Seventh Letter*. Leiden 1966 (Philosophia antiqua 14); dazu F. SOLMSEN, *Gnom.* 41, 1969, 29. W. NEUMANN-J. KERSCHENSTEINER, *Platon: Briefe*. München 1967 (Tusculum, doppelspr.). K. v. FRITZ, *Platon in Sizilien*. Berlin 1968, der die Echtheit des Briefes entschieden bejaht.

[3] So wiederum G. MÜLLER, *Arch. f. Philos.* 3, 1949/50, 251.

[4] EVA BAER, *Die historischen Angaben der Platon-Briefe 7 und 8 im Urteil der modernen Forschung seit Ed. Meyer*. Diss. Humboldt-Univ. Berlin 1957.

und noch in einigen Epigrammen[1] zu uns spricht, sich in frühen Jahren der Dichtung zuwandte, dürfen wir der Überlieferung glauben. Bedeutsam sind vor allem die Nachrichten über Tragödien, die er schrieb, dann aber, als Sokrates in sein Leben trat, dem Feuer übergab. Vor dieser entscheidenden Wende hat er durch den etwas absonderlichen Kratylos, nach dem er einen Dialog benannte, Heraklits Lehre vom ewigen Fluß der uns umgebenden Dinge kennengelernt[2].

Von seinem lebhaften Anteil an den politischen Bewegungen seiner Jugendzeit spricht Platon im *siebenten Briefe* (324c). Als der Zusammenbruch die Dreißig ans Ruder brachte, unter ihnen seinen Oheim Kritias, sicher eine der eindrucksvollsten Gestalten seiner Reifezeit, da erhoffte er mit der Glaubensbereitschaft des jungen Menschen eine Neubegründung von Recht und Gerechtigkeit. Was folgte, war jedoch schlimmer als alles Vorangegangene, und am tiefsten widerte ihn der Versuch der Machthaber an, Sokrates zum Werkzeug ihres Terrors zu machen. Als die Tyrannen stürzten und die Demokratie wiedererstand, war Platon mehr als in einem anderen Abschnitt seines Lebens bereit, sich mit ihr abzufinden und an ihr mitzuarbeiten. Bald aber traf ihn von dieser Seite die tiefste Erschütterung. Sokrates, dem er sich seit Jahren mit voller Seele angeschlossen hatte, der für ihn den Weg des rechten Lebens bedeutete, starb 399 durch einen Richtspruch, der ihn zum Opfer reaktionärer Ressentiments machte. Damals sah Platon die Politik seiner Vaterstadt durch eine Kluft von seinem Denken geschieden, über die keine Brücke mehr denkbar war. Sein Weg gehörte in Zukunft der Philosophie und dem Suchen nach einer Form menschlicher Gemeinschaft, die auf dieser gründete.

Nach dem Tode des Sokrates hat sich Platon mit anderen Anhängern des Meisters eine Zeitlang in Megara bei Eukleides aufgehalten, was aber keine Flucht dorthin bedeutete. Kaum ist er lange dort geblieben. Die Nachrichten über zweimaligen Kriegsdienst, den er leistete, wird man auf den Korinthischen Krieg und die Jahre 395 und 394 beziehen dürfen.

In dem Jahrzehnt nach dem Tode des Sokrates hat Platon seine frühen Dialoge geschrieben, den *Gorgias* noch eingeschlossen. Dann steht als bedeutende Zäsur in seinem Leben die Reise nach Unteritalien und Sizilien, die er im Frühjahr 390 oder 389 antrat und von der er im Sommer 388 nach Athen zurückkehrte. Mit dieser Reise verbindet sich ein viel umstrittenes Problem der Platonbiographie. Zahlreiche antike Notizen[3] machen sie zu einer Art Weltreise, wobei vielfach das Bestreben deutlich ist, platonische Philosophie mit der Weisheit des Ostens in Verbindung zu bringen. Viel davon, wie einen Aufenthalt in Indien oder bei den Magiern, nimmt heute niemand ernst. Aber längeren Aufenthalt in Ägypten und Kyrene wollte selbst WILAMOWITZ in seinem Platonbuche als historisch gelten lassen. Die Bezeugung ist dicht, setzt aber erst mit Cicero (*De rep.* 1, 16. *De fin.* 5, 87) ein. Da erhält denn das Schweigen Platons

[1] D. fasc. 1, S. 102 mit Lit. zur Aussonderung des vielen Unechten.

[2] Diog. Laert., der 3, 6 den Umgang mit Kratylos nach Sokrates' Tod setzt, verdient gegen Aristot. Met. A 6. 987a 32 keinen Glauben.

[3] Material und Lit. bei J. KERSCHENSTEINER, *Pl. und der Orient.* Stuttg. 1945, 44.

selbst und das älterer Quellen wie des herkulanensischen Akademiker-Papyrus einiges Gewicht, und man wird sich den Aufenthalt in Ägypten um der alten Weisheit seiner Priester und einiger Stellen in den Dialogen willen, den in Kyrene aber wegen des Mathematikers Theodoros erfunden denken.

Fest steht, daß Platon vor Sizilien nach Unteritalien kam, wo er den Pythagoreismus in einer neuen, vor allem mit dem Namen des Archytas von Tarent verbundenen Blüte kennenlernte. Dieser war als Staatsmann gleich bedeutend wie als Gelehrter[1] und gab mit seinen mathematischen Studien dem Pythagoreismus entschiedenere Richtung auf exakte Wissenschaft. Wie sich die Beziehungen Platons zu Archytas und die Anregungen, die er von pythagoreischen Kreisen empfing, auf die einzelnen Reisen verteilen, können wir nicht mehr ausmachen, in jedem Falle ist die Bedeutung dieser Fakten für Platons Entwicklung hoch einzuschätzen.

Rückschauend überlegt Platon im *siebenten Briefe* (326d), ob es Zufall oder göttliche Fügung war, die ihn nach Sizilien führte. In der Tat bedeutete sein erster Schritt auf den Boden der Insel den Beginn einer Tragödie, die erst Jahrzehnte später ihren Abschluß finden sollte. Als Platon nach Syrakus kam, stand dort Dionysios I. (405–367) auf der Höhe seiner Macht. Mit fünfundzwanzig Jahren zum bevollmächtigten Strategen gewählt (406), hatte er das sizilische Griechentum vom lebensbedrohenden Druck der Karthager befreit und ihm machtpolitisch den ersten Platz in der hellenischen Welt gesichert, zu deren größter Stadt sein schwer befestigtes Syrakus geworden war. Späteren Zeiten haben die Züge der Tyrannis seine bedeutenden Verdienste überdeckt, und auch Platon wird ihn vor allem so gesehen haben, denn kaum sind seine Erfahrungen in Syrakus, von denen die Anekdote so manches zu berichten weiß, an dem Bilde des Tyrannen ganz unbeteiligt, das er in der *Politeia* zeichnet. Aber Syrakus brachte ihm auch die Begegnung mit Dion, dem Schwager des Herrschers[2]. Wie folgenschwer sie war und welchen Eindruck der junge, aufgeschlossene Mensch, der bereit war, sein ganzes Leben zu ändern, auf Platon machte, sagt uns der *siebente Brief* (327a). Spannungen zum Herrscher konnten nicht ausbleiben, und so ließ dieser Platon auf einem Schiffe fortbringen, das ihn in Aigina an Land setzte. Die Insel war damals mit Athen im Kriege und Operationsbasis einer spartanischen Flotte. Platon kam in Gefahr, als Kriegsgefangener verkauft zu werden, doch zahlte ein Bekannter aus Kyrene namens Annikeris das Lösegeld. Die Geschichte wurde verschiedentlich ausgeschmückt und unterliegt manchen Zweifeln[3].

Nach seiner Heimkehr hat Platon seine Schule begründet und damit eine Tradition gestiftet, die durch neun Jahrhunderte bis zur Aufhebung der Akademie durch Ju-

[1] VS 47. H. Thesleff, *An Introduction to the Pythagorean Writings of the Hellenistic Period.* Ac. Åbo 1961, 75. 92; ders., *The Pythagorean Texts of the Hellenistic Period.* Ac. Åbo 1965, 2. W. Burkert, *Weisheit und Wissenschaft.* Nürnberg 1962, pass.; ders. zu den [Καθολικοὶ λόγοι] *Gnom.* 39, 1967, 551, zur Koinefassung der Kategorienschrift ebda. 553.

[2] H. Berve, *Dion. Abh. Akad. Mainz. Geistes- u. sozialw. Kl.* 1956/19. Ders., ‹Dion, der Versuch der Verwirklichung platonischer Staatsgedanken›. *Hist. Zeitschr.* 184, 1957, 1. H. Breitenbach, *Platon und Dion. Skizze eines idealpolitischen Reformversuches im Altertum.* Zürich 1960.

[3] U. Kahrstedt, *Würzb. Jahrb.* 2, 1947, 295. Gertrude R. Levy, *Plato in Sicily.* Lond. 1956.

stinian (529) wirksam sein sollte[1]. Kaum eine halbe Wegstunde nordwestlich vom Dipylon lag ein Gymnasion, das so wie die Flur offenbar nach einem vorhellenischen Schutzgeist Akademos oder Hekademos den Namen Akademeia führte. Aristophanes läßt in den *Wolken* (1005) den Gerechten Logos in schönen Versen davon sprechen, wie sich dort unter heiligen Ölbäumen Jugend von guter Zucht im Laufe übte. In diesem Gymnasion begann Platon zu lehren, kaufte aber dann ein Grundstück in der Nähe, von dem aus der Name Akademie seine Geltung über die Zeiten erhielt. Platon hat wohl selbst dort gewohnt und seine Schüler um sich versammelt. Von einer Exedra, einem halbrunden Platz zum Sitzen, wurde später, als sich die Akademie beträchtlich vergrößert hatte, manches erzählt. Gestützt auf die Ortsangaben, die sich bei Cicero (*De fin.* 5, 1) in dem stimmungsvollen Bericht über seinen Besuch der Akademie in der Athener Studienzeit und bei Livius (31, 24) finden, hat PAN. ARISTOPHRON seit 1930 nach den Resten der Akademie graben lassen. Das Gymnasion ist aufgedeckt, und wenn man auch Platons Haus noch nicht gefunden hat, so zeigt doch ein Stein mit vier Namen (Charmides, Ariston, Axiochos, Kriton), daß wir uns in seinem Bereiche befinden.

Sakraler Mittelpunkt der Akademie ist ein Heiligtum der Musen gewesen[2], möglicherweise nahm sie auch rechtlich die Stellung eines kultischen Thiasos ein. Durch den Zusammenschluß einer Gruppe von Schülern werden wohl bereits die älteren Philosophen Tradition begründet haben, und unter den Sokratesschülern gab es eine Gemeinschaft, von der uns freilich Platon für seine Person wenig erkennen läßt. Am stärksten haben wohl seine Erfahrungen in pythagoreischen Kreisen den Entschluß zur Schulgründung gefördert, die ja nach der Heimkehr von seiner ersten Reise erfolgte. Über den Unterricht in der Akademie, von dem wir freilich wenig wissen, wird im Zusammenhange mit der Philosophie des alten Platon ein Wort zu sagen sein.

In den 70er Jahren denken wir uns das zentrale Werk platonischen Schrifttums entstanden, die *Politeia*. Man sollte nicht schlechtweg von einer Utopie sprechen, denn Platon hat sein Bild vom rechten Staate zwar im Bewußtsein der Schwierigkeiten seiner Verwirklichung, nicht aber mit vollem Verzicht auf eine solche Möglichkeit entworfen. Wir wissen nicht, was von den verschiedenen Nachrichten[3] zu halten ist, griechische Städte hätten Platon zum Gesetzgeber haben wollen, wohl aber kennen wir einen sehr ernsthaften Versuch, aus dem Geiste seiner Philosophie auf die Realität eines Staates zu wirken. Im Jahre 367 folgte auf Dionysios I. sein Sohn gleichen Namens. Sein Vater hatte ihn von der Politik ferngehalten, und als der begabte junge Mann die Zügel ergriff, konnte niemand absehen, wohin die Fahrt gehen würde. Das war die Lage, aus der heraus Dion mit dringender Vorstellung an Platon schrieb, nun wäre es Zeit, den Machtbereich von Syrakus mit seinem Geiste zu erfüllen. Auch

[1] H. HERTER, *Pl.s Akademie.* 2. Aufl. Bonn 1952. C. B. ARMSTRONG, ‹Pl.s Academy›. *Proc. of the Leeds Philos. Soc.* 7, 1953, 89. O. SEEL, *Die plat. Akademie.* Stuttg. 1953.

[2] P. BOYANCÉ, *Le culte des Muses chez les philosophes grecs.* Paris 1937, 261.

[3] Plut. *mor.* 779 d. Aelian, *var. hist.* 2, 42. 12, 30. Diog. Laert. 3, 23.

wenn Platon die Worte des *siebenten Briefes* (328c), in denen er den Entschluß zur zweiten Reise rechtfertigt, nicht selbst geschrieben hätte, dürften sie als der richtige Ausdruck seiner Absicht gelten, neben das philosophische Wort die staatsmännische Tat treten zu lassen und so den seit der Sophistik aufgebrochenen Gegensatz theoretischer und praktischer Lebensform zu überwinden. Als er 366 nach Syrakus kam, war der Empfang feierlich und verheißungsvoll. Auch die Anfänge waren das, aber bald hatten jene Kreise des Hofes, die um ihren Einfluß bangten, wieder die Oberhand und wußten den Verdacht des Dionysios gegen Dion so zu verstärken, daß es zu dessen Verbannung kam. Platon aber blieb in unbehaglicher Lage Gast des Herrschers, bis er 365 die Heimreise antreten konnte. Nicht ohne versprechen zu müssen, er würde nach Beilegung des Krieges, den Dionysios eben zu führen hatte, wiederkommen. Auch Dion sollte dann heimkehren dürfen. In den folgenden Jahren drängte der Tyrann, der indessen auch die Sokratiker Aischines und Aristippos an seinen Hof gezogen hatte, auf Platons Kommen. Dion selbst war an dieser Fahrt, von der er Vermittlung erhoffte, interessiert, die Freunde in Athen und Unteritalien forderten sie geradezu, und als Dionysios im Frühjahr 361 eine Triere nach Athen sandte, um Platon zu holen, entschloß sich dieser schweren Herzens, «zum drittenmal in die Meerenge der Skylla zu kommen, auf daß er aufs neue durchmesse die böse Charybdis.» (*Ep.* 7, 345d nach *Od.* 12, 428). Die Dinge verliefen schlimmer als zuvor. Die philosophischen Interessen des Tyrannen erwiesen sich als Strohfeuer, mit Dions Vermögen als Faustpfand trieb er ein übles Spiel und ließ Platon schließlich außerhalb der Burg mitten unter den Söldnern wohnen. Mit Mühe erhielt dieser durch Dazwischentreten des Archytas im Frühsommer 360 die Möglichkeit zur Heimkehr. Dion, der alle Hoffnung auf Ausgleich gescheitert sah, rüstete zur gewaltsamen Lösung. Platon lehnte für seine Person die Teilnahme ab, gestattete ihm aber die Werbung unter den Akademikern. Dion besetzte 357 Syrakus und zwang Dionysios zur Flucht. Vier Jahre lang führte er das Regiment unter wachsenden Schwierigkeiten, da seine autoritären Pläne in Gegensatz zur demokratischen Front gerieten. Im Jahre 354 fiel er einer Verschwörung zum Opfer, hinter der Kallippos stand. Kallippos, der Akademiker, der an Dions Seite nach Syrakus gezogen war. Von dem tiefen Schmerze Platons über das tragische Ende des Freundes sprechen die ergreifenden Distichen, die er für dessen Grab geschrieben hat[1].

Platons letzter Lebensabschnitt gehörte ohne Unterbrechung seiner Arbeit an den letzten Dialogen, besonders den *Nomoi*, und dem Unterricht in der Akademie. In seinem 81. Lebensjahre ist er gestorben (348/47). Nach Pausanias (1, 30, 3) war er in der Nähe der Akademie begraben.

Da es zur systematischen Vereinigung der Schriften Platons in einer Gesamtausgabe erst einige Zeit nach seinem Tode kam, wurde das Eindringen unechter Werke, bei der Berühmtheit seines Namens an sich unvermeidlich, beträchtlich gefördert. Neben vielem, das mit Sicherheit wegfällt, stehen Dialoge, über die das Urteil noch nicht

[1] 6 D.; C. M. Bowra, *Problems in Greek Poetry*. Oxf. 1953, nr. 8.

feststeht[1]. Das in den Handschriften vorliegende platonische Corpus umfaßt zunächst neun Tetralogien, in denen die *Apologie*, vierunddreißig Dialoge und die Sammlung von dreizehn Briefen enthalten sind. Daran schließen sich die *Definitionen* (Ὅροι)[2], die fälschlich Speusippos zugeschrieben wurden, für uns aber ebenso anonym bleiben wie die im Corpus folgenden sieben kleineren Dialoge, die bereits in der Antike als unecht abgesondert wurden: *Über das Gerechte*, *Über die Tugend*, *Demodokos*, *Sisyphos*, *Alkyon*, *Eryxias*, *Axiochos*. Bei diesen Schriften handelt es sich um wenig bedeutende Erzeugnisse, die in platonischer Schultradition stehen, Rekapitulationen geben oder Einzelfragen breittreten. Daß sie nur eine zufällige Auswahl aus einer viel größeren Masse von Unterschobenem darstellen, beweisen die bei Diog. Laert. 3, 62 genannten Dialogtitel *Midon oder Hippotrophos*, *Phäaken*, *Chelidon*, *Hebdome*, *Epimenides*, wozu noch der bei Athenaios (506d) genannte *Kimon* kommt.

Fallen die genannten Schriften von vorneherein aus dem Rahmen der als echt tradierten Tetralogien, so ist auch in diesen nicht wenig enthalten, was wir mit einem verschiedenen Grade von Sicherheit ausscheiden können. Über die *Briefe* wurde bereits gesprochen; außer für 6–8 läßt sich für keinen die Echtheit mit Zuversicht vertreten, doch muß sie für den zweiten nach FRIEDLÄNDERS Ausführungen in der Neuauflage seines Werkes ernsthaft erwogen werden. An den letzten drei Stellen der 4. Tetrade und der ersten der folgenden finden sich vier Schriften, die mit großer Wahrscheinlichkeit aus der Reihe der echten zu streichen sind: der *Zweite Alkibiades*, der sprachlich völlig aus dem Rahmen fällt, *der Hipparchos*, in dem der Begriff der Gewinnsucht dialektisch verhandelt wird, die *Anterastai* mit der motivisch interessanten Polemik gegen Vielwisserei und reines Theoretisieren[3] und der *Theages*[4], der Anleihen beim *Laches*, aber auch bei anderen platonischen Dialogen und dem *Großen Alkibiades* macht, von Sokrates dem Erzieher handelt und sein Daimonion in den Bereich des Numinosen steigert. In diesen und ähnlichen Fällen, wo mehr oder weniger geschickt mit platonischem Gut gearbeitet wird, ist es schwierig, zu einem genaueren Zeitansatz zu kommen. Im allgemeinen wird man nicht weit unter das Ende des 4. Jahrhunderts heruntergehen und in einer Zeit bleiben, in der die Diskussion in der Akademie noch unmittelbar an den Meister anknüpfte und sich der Nachahmung seiner Darstellungsweise vermaß. An der Spitze der 4. Tetrade steht der *(Große) Alkibiades*. Seine Echtheit hat zuerst SCHLEIERMACHER in Frage gestellt, und in der Folgezeit war es zur weit verbreiteten Überzeugung geworden, daß dieses Gespräch zwischen Sokrates und dem zur Politik strebenden Alkibiades über Ge-

[1] Lit. bei GEFFCKEN (s. u.), 180 mit den Anm.; LEISEGANG (s. u.), 2365, wobei besonders auf die Arbeiten von J. PAVLU zu verweisen ist. Zu plat. Echtheitsfragen grundsätzlich O. GIGON, *Gnom.* 27, 1955, 15.

[2] H. G. INGENKAMP, *Untersuchungen zu den pseudoplatonischen Definitionen*. Wiesbaden 1967 (Klass. philol. Studien 34).

[3] Für die drei letztgenannten Schriften eine kritische Ausgabe mit Übersetzung: A. CARLINI, *Alcibiade secondo, Ipparco, Rivali*. Torino 1964.

[4] G. KRÜGER, *Der Dialog Theages*. Greifswald 1935. Ausgabe: G. AMPLO. Rom 1957. P. FRIEDLÄNDER zählt in seinem *Platon* den *Hipparch* und den *Theages* unter die echten Schriften und reiht sie (Bd. 3, 2. Aufl., 419) in das Frühwerk ein.

rechtigkeit und Nutzen, über Selbsterkenntnis und Pflege der Seele nicht von Platon stamme. Aber ein Gelehrter von der Platonnähe eines PAUL FRIEDLÄNDER[1] hat die Echtheit nachdrücklich verteidigt, C. VINK[2] ist ihm in einer umfassenden Untersuchung gefolgt und A.-J. FESTUGIÈRE[3] urteilt in gleicher Weise. Wenn wir diesen gewichtigen Stimmen gegenüber in der Reihe der Ungläubigen bleiben, so bewegt uns vor allem das, was SCHLEIERMACHER als das Wohlfeile an dieser Schrift bezeichnet und so zur Gedankenführung in den echten Dialogen in Gegensatz gestellt hat. Ist diese Differenz so stark, daß sie die Gefahr der Subjektivität bannen kann? Wir möchten es glauben. Das Altertum freilich hat den Dialog nicht allein für echt genommen, sondern bis tief in den Neuplatonismus besonders geschätzt, Proklos, Olympiodor und andere haben ihn kommentiert. Ein merkwürdiges Ding ist der *Kleitophon*[4]. Der Dialog setzt die *Politeia*, in der Kleitophon als Begleiter des Thrasymachos auftritt, und den *Phaidros* voraus. Der Angriff gegen die Protreptik des Sokrates und seiner Anhänger stammt vielleicht, wie WILAMOWITZ[5] dachte, von einem Schüler Platons, der unbefriedigt absprang. Der Dialog *Minos*, ein dürftiges Gespräch über das Gesetz, steht dem *Hipparchos* nahe. JAEGER[6] vermutet Abfassung durch einen Akademiker bald nach Platons *Nomoi*.

Schwierig und im Flusse[7] ist das Urteil über die *Epinomis*. Wir schließen die Schrift in unserer Darstellung an die *Nomoi* an. Verdächtigt hat man im Laufe der Zeiten verschiedene platonische Schriften; heute ist außer den früher genannten Dialogen ernsthaften Zweifeln nur der größere *Hippias* unterworfen. Da sie jedoch nicht durchschlagen (s. u.), ist er hier unter die echten Werke aufgenommen.

Ehe wir einen Überblick über Platons uns zur Gänze erhaltenes Werk geben, sind einige Vorbemerkungen zu Problemen vonnöten, die mit Entstehung und Wesen seiner Dialoge zusammenhängen.

Der Dialog, wie er sich vor allem in Platons früher und mittlerer Schaffensperiode darstellt, ist mit der Genialität seines szenischen Gefüges, der Unmittelbarkeit und Anmut der Gesprächsführung, der Durchdringung von Mimetisch-Biotischem und philosophischem Eros ein Kunstwerk so eigener und unwiederholbarer Art, daß die Ansicht von Forschern wie WILAMOWITZ und JAEGER wohl zu verstehen ist, dieser

[1] FRIEDLÄNDER (s. u.) und *Der große Alkibiades*. Bonn 1921 u. 1923.

[2] *Platos Eerste Alcibiades: een onderzoek naar zijn authenticiteit.* Amsterdam 1939 (Im 1. cap. ein Überblick über die Schätzung des Dialoges von der Antike bis Friedländer). EUG. DÖNT, ‹Die Stellung der Exkurse in den pseudoplatonischen Dialogen›. *Wien. Stud.* 76, 1963, 27; ders., ‹„Vorneuplatonisches“ im Großen Alkibiades›. Ebda. 77, 1964, 37. W. O. NEILL, *Proclus: Alcibiades I.* The Hague 1965 (Übers. u. Komm.). Die Kommentare des Proklos und Olympiodoros: L. G. WESTERINK, Amsterdam 1954/56.

[3] *Contemplation et vie contemplative selon Platon.* Paris 1950.

[4] K. GAISER, *Protreptik und Paränese bei Platon. Tüb. Beitr.* 40, 1959, 141. 147 erwägt die Echtheit. Nach ihm wäre der *Kleitophon* «auf den *Thrasymachos* hin geschrieben». Eine Übersicht über die Diskussion der Echtheit des *Kleitophon* von J. SOUILHÉ in der Platon-Ausgabe der *Coll. des Un-de Fr.* (13/2, 1962, 169).

[5] (S. u.), 1, 386, 1.

[6] ‹Praise of law. The origin of legal philosophy and the Greeks› in *Essays in Honor of R. Pound.* New York 1947, 352; jetzt *Scripta minora* 2. Rom 1960, 319.

[7] Vgl. DODDS (s. u.), 233.

sokratische Dialog sei zur Gänze Platons persönliche Schöpfung[1]. Wir bekennen uns insoferne zu dieser Meinung, als das, was diese Werke über die Zeiten dauern läßt, Platon und nur Platon gehört; doch ist auch bei dieser Kunstform die Frage nach den Elementen geboten, die in ihr verwertet und aufgehoben sind.

Zunächst haben wir im voraufgehenden Kapitel, wenn auch in kümmerlichen Spuren, ein sehr umfangreiches Schrifttum der Sokratiker kennengelernt, für das dialogische Form zu einem Teile festzustellen, zu einem anderen zu vermuten ist[2]. Daß es zur Gänze in der Nachahmung platonischer Dialoge entstanden sei, ist eine Annahme, die durch nichts zu erweisen ist und nicht einmal Wahrscheinlichkeit für sich hat. Hier Abhängigkeiten zu ermitteln ist uns nicht mehr gestattet, wohl aber die Frage, welche Ansätze in der älteren Literatur uns die Entstehung des sokratischen Dialoges verständlich machen.

Nichts wissen wir mit einer Notiz anzufangen, die uns aus des Aristoteles Dialog *Über die Dichter* (fr. 72 R.) erhalten ist. Danach hätte ein uns völlig unbekannter Alexamenos von Teos vor den Sokratikern Dialoge geschrieben. Das wird aus literarischer Polemik stammen und ist für uns in seinem Werte nicht nachprüfbar.

GIGON[3] hat richtig eine Linie zurück zur Sophistik gezogen. Daß in ihrem Bereiche, dem Bereiche der Antinomien, die Kunst, in Frage und Antwort die eigene Meinung durchzusetzen, eine bedeutende Rolle spielte, ist klar, und es wird ein richtiger Kern in der Nachricht des Diogenes Laertios (9, 55) stecken, Protagoras, von dem er einen Buchtitel *Technik der Eristik* (τέχνη ἐριστικῶν) nennt, habe die Form des sokratischen Gespräches geschaffen. Platons Dialoge sind ferner ihrem Wesen nach Protreptik und enthalten auch geschlossene Paränese, da sie an eine bestimmte Form und Auffassung des Lebens heranführen wollen; da ist bei allem sachlichen Gegensatz Einwirkung der sophistischen Werberede nicht auszuschließen. KONRAD GAISER[4] ist solchen Beziehungen mit Sorgfalt nachgegangen. Bei dem Versuche, Vorformen des platonischen Dialogs in diesem Bereiche zu finden, läßt uns die Überlieferung freilich so gut wie völlig im Stich, und es muß bei Vermutungen bleiben[5]. Wichtig ist es jedoch, daß GAISER den grundsätzlichen Unterschied in der Haltung sophistischer und platonisch-sokratischer Protreptik klar herausgestellt hat: der platonische Sokrates verheißt nicht, ein bestimmtes Wissen oder Können zu vermitteln, vielmehr führt er die geistige Wendung gerade dadurch herbei, daß er den Blick seiner Schüler auf die Aporie des Nichtwissens lenkt. Auch Zenon von Elea, von dem ein Titel *Streitgespräche* (Ἔριδες VS 29 A 2) überliefert ist und den Aristoteles (fr. 65 R.) Erfinder

[1] FR. MUTHMANN, *Untersuchungen zur «Einkleidung» einiger plat. Dialoge.* Diss. Bonn 1961. V. GOLDSCHMIDT *Les dialogues de Platon. Structure et méthode dialectique.* 2. ed. Paris 1964. H. GUNDERT, ‹Dialog und Dialektik. Zur Struktur des platonischen Dialogs›. *Stud. Generale* 21, 1968, 295. 387; ders., *Der platonische Dialog.* Heidelberg 1968.

[2] Zu einem interessanten Bruchstück politischen Inhalts, das näher nicht zu fixieren ist, V. BARTOLETTI, ‹Un frammento di dialogo socratico›. *Stud. It.* 31, 1959, 100.

[3] *Sokrates.* Bern 1947, 202.

[4] *Protreptik und Paränese bei Platon. Tüb. Beitr.* 40. 1959.

[5] Vgl. E. DE STRYCKER, *Gnom.* 34, 1962, 13.

der Dialektik nennt, hat Anwartschaft auf Erwähnung in diesem Zusammenhange. Weniger wahrscheinlich ist Anknüpfung an die Gespräche der Sieben Weisen.

Von selbst führt das dramatische Element der platonischen Dialoge zu einer weiteren Verbindung. Wie stark Platon, der selbst einmal Tragödien schrieb, unter dem Eindruck der Bühne stand, wird in vielem und gerade auch in der Abwehr kenntlich. Man wird Platons Dialoge nicht geradezu als eine Art von Komödien bezeichnen[1], aber starke Einwirkung von dieser Seite ist nicht zu bezweifeln. Verse von Epicharm, der im *Theaitet* (152e) als Meister der Komödie erscheint, zeigen große Nähe zum Frage- und Antwortspiel platonischer Dialoge[2]. Sophrons *Prosamimen* hat Platon besonders geschätzt und soll sie unter seinem Kopfkissen gehabt haben. Wir brauchen uns die Verbindungen Athens mit Sizilien nicht so dünn vorzustellen, daß Platon erst hätte dorthin fahren müssen, um diesen Dichter kennen und schätzen zu lernen. Es verdient Beachtung, daß Aristoteles in der *Poetik* (1. 1447b 9) die *Mimen* des Sophron und Xenarchos in eine Reihe mit den sokratischen Gesprächen (λόγοι) stellt.

Gewiß nicht in letzte Linie wird man die Nachwirkung der tatsächlichen Elenktik des Sokrates stellen, ohne daß man mit RUDOLF HIRZEL[3] an unmittelbare Erinnerung oder Verwertung einer Niederschrift dächte und die Beglaubigungsfiktion im Eingang des *Theaitet* ernst nähme.

Eigentümlich ist die Stellung dieser voraussetzungsreichen, von Platon zu großen, eigenständigen Kunstwerken geformten Gebilde im Ganzen seines Philosophierens. Wir stoßen auf das Paradoxon, daß er, dessen Dialoge im griechischen Schrifttum nicht ihresgleichen haben, in einer ausgedehnten Partie des *Phaidros* (275cff.) den geringen Wert der Schrift, die Unterlegenheit des stummen Buches gegenüber dem lebendigen Logos, der in der Seele des Lernenden zeugt, mit beredten Worten verkündet. Von hier erhält die erstaunliche Aussage Platons *im siebenten Briefe* (341c) ihr Licht, er habe über das Ziel seines Strebens niemals geschrieben und werde es auch in aller Zukunft nicht tun. Dort stehen auch die Worte von dem Funken, der nach langem gemeinsamen Leben und Mühen plötzlich überspringt und das Licht in der Seele entzündet. So umranken diese von tiefem sittlichen Ernst und echtem Eros des Forschers erfüllten Dialoge in einer anderen Sicht das Eigentliche der platonischen Philosophie nur als loses Beiwerk. Vieles von der Art, wie einzelne Probleme nur umspielt werden, wie uns nicht selten logische Bocksprünge narren und wie die Grenzen zwischen Logos und Mythos mitunter verfließen, erklärt sich aus dem Wesen dieser Dialoge, die nirgendwo ein festes System zu vermitteln suchen. Was natürlich alles eher besagen will, als daß dieser mannigfaltigen Bewegung ein festes Ziel fehle[4]. Über

[1] E. HOFFMANN, ‹Die literarischen Voraussetzungen des Platonverständnisses›. *Zeitschr. f. philos. Forsch.* 2, 1947, 472. Einschränkend K. GAISER a. O., 22f.

[2] VS 23 B 1ff. mit Bemerkungen zur Echtheitsfrage. A. THIERFELDER, ‹Zu einem Bruchstück des Epicharmos›. *Festschr. Snell.* Münch. 1956, 173. Zu Sophron KAIBEL, *Com. Gr. Fr.* 1, S. 152f.

[3] *Der Dialog.* 1 Leipz. 1895.

[4] R. SCHAERER, *La question platonicienne. Etude sur les rapports de la pensée et de l'expression dans les dialogues.* Neuchâtel 1938. Hegel bezeichnet (vgl. J. STENZEL, *Kl. Schr.* 1956, 312) die Bewegung des Erkennens als das Thema der platonischen Dialoge.

die neuerdings ins Zentrum der Platonforschung gestellte Frage, ob hinter den Dialogen eine nur mündlich vermittelte Lehre steht, deren Verhältnis zu den veröffentlichten Schriften zu klären wäre, sprechen wir später zur Vorlesung *Über das Gute*.

Zum Wesen dieser sublimen Spiele[1] gehört die Kunst der Einleitungen, dieses Sicherzählenlassen des von anderen Erzählten, gehört auch die Neigung, die Szene des öfteren weit in die Vergangenheit zu verlegen, ohne daß Anachronismen ängstlich gescheut würden. Da feiert man im *Symposion* den Lenäensieg, den Agathon 416 gewann, da treffen im *Parmenides* der greise Eleate und der junge Sokrates zusammen. Die wohlüberlegte Dissonanz zwischen Rahmen und Gehalt ist dort besonders reizvoll, wo aus weit zurückliegenden Situationen die dialektischen Vorstöße tief in den Bereich der Ideenlehre führen.

Die zeitliche Anordnung der platonischen Schriften stellt ein ebenso schwieriges wie methodisch reizvolles Problem dar. Es entspricht dem eben gekennzeichneten Spiel mit dem zeitlichen Rahmen, daß den Dialogen so gut wie keine Hilfen für absolute Datierung zu entnehmen sind, und auch von der anekdotenhaften Platontradition ist eine solche nicht zu gewinnen. So ist denn schon die erste Frage schwer zu beantworten, wie Platons philosophische Schriftstellerei zum Tode des Sokrates steht. Dieser verheißt in der *Apologie* (39c), nach seinem Tode würden andere, die er bislang zurückhielt, das Werk der Menschenprüfung fortsetzen. Wenn wir das scharf als vaticinatio ex eventu fassen, so spricht die Stelle dafür, daß Platon sein sokratisches Schrifttum erst nach 399 begann, und der Gedanke liegt nahe, daß ihm die Erschütterung dieses Jahres den Griffel in Bewegung setzte. Aber sichere Argumente sind das nicht, und die Forscher, die mit WILAMOWITZ die ersten Dialoge früher ansetzen, sind nicht bündig zu widerlegen[2].

Für die Aufgabe, die relative Chronologie der platonischen Schriften zu ermitteln, bleibt SCHLEIERMACHERS[3] Versuch von grundsätzlicher Bedeutung. Sein heuristisches Prinzip ist der innere Zusammenhang der einzelnen Dialoge, in dem Platon seine von allem Anfang an vorhandenen Leitgedanken methodisch entfaltete. Weder SCHLEIERMACHERS Anordnung im einzelnen, noch die weitgehende Ausschaltung innerer Entwicklungsfaktoren konnte sich behaupten, was jedoch bleibt, hat JAEGER (2, 152) umrissen: die Forderung, über den einzelnen Schriften nicht den Zusammenhang des Ganzen aus dem Auge zu verlieren, die Bewegung auf ein letztes Ziel hin, die durch das Ganze des Werkes hindurchgeht. Wie stark SCHLEIERMACHER in der neuesten Platonliteratur (KRÄMER) nachwirkt, wird später zu zeigen sein. Den Gedanken einer inneren Entwicklung der platonischen Philosophie hat dann K. F. HER-

[1] Zum παιδιά-Charakter der Dialoge G. J. DE VRIES, *Spel bij Plato*. Amsterdam 1949. Vgl. auch H.-J. KRÄMER, *Arete bei Platon und Aristoteles. Abh. Akad. Heidelb. Phil.-hist.* Kl. 1959/6, 461 f., 468.

[2] Auch P. FRIEDLÄNDER, *Platon*. 2. Aufl. 3. Bd. Berl. 1960, 423, neigt dazu, mit den ersten Schriften noch in das 5. Jahrhundert hinaufzugehen; in der Anmerkung zitiert er die kräftigen, aber nicht durch Argumente gestützten Gegenstimmen von ED. MEYER und JOH. GEFFCKEN sowie den Zweifel W. JAEGERS. Aus der Anekdote bei Diog. Laert. 3, 35, Sokrates habe den *Lysis* Platons mit Befremden gelesen, ist wohl kein Argument von Gewicht zu gewinnen.

[3] *Pl.s Werke* I/1. 1804.

MANN[1] in Gegenstellung zu SCHLEIERMACHER in den Vordergrund gerückt. Dieses Prinzip ist, mag es in der Folgezeit auch bis zur Zerreißung des platonischen Werkes übersteigert worden sein, aus der Forschung nicht mehr wegzudenken. Im Mittelpunkte wird dabei immer die Entfaltung der Ideenlehre stehen, wie etwa bei ROSS. Das Problem, ob sie für die platonischen Schriften von allem Anfang an als vorhanden anzunehmen ist, wird uns bei den Werken der Mitte *(Symp. Phaid.)* beschäftigen.

Eine auf die innere Entwicklung abgestellte Chronologie der Dialoge hätte vielfach unsicher bleiben müssen, wäre nicht die sprachstatistische Methode zu Hilfe gekommen. Den Anfang machte L. CAMPBELL in der Einleitung zu seiner Ausgabe des *Sophistes* und *Politikos* (1867), wo er diese Dialoge mit *Timaios, Kritias, Philebos* und den *Gesetzen* zu einer Spätgruppe zusammenschloß. Unabhängig von ihm eröffnete W. DITTENBERGER[2] die deutsche Forschung auf diesem Felde. Seine Nachfolger, von denen wenigstens C. RITTER und H. v. ARNIM genannt seien, haben sie kräftig vorangetrieben, wobei die statistische Erfassung bestimmter Bejahungsformen die wichtigste Rolle spielte. Übertreibungen haben nicht gefehlt, und die Methode war ohne Zweifel überfordert, wenn es in die Dezimalzahlen ging. Ein Sprachforscher wie P. KRETSCHMER[3] hat sie grundsätzlicher Kritik unterzogen, doch bleiben in den notwendigen Grenzen ihre Verdienste unbestreitbar[4].

Die besonnene Verwertung innerer und äußerer Kriterien hat zu einer Auffassung von der zeitlichen Abfolge der platonischen Schriften geführt, die zu einem guten Teile als gesichert gelten kann. Das will sagen, daß sich große Gruppen als Werke der frühen, reifen und späten Schaffenszeit abgrenzen ließen und es in diesem System keine ruhelosen Wanderer gibt. Anderseits ist es mit dem Wesen der methodischen Mittel gegeben, daß eine genaue Anordnung der Werke innerhalb der Gruppen schwierig und in manchen Fällen aussichtslos ist. Dieses Bild – gesicherte Gruppenteilung und schwankende Anordnung im einzelnen – läßt sich leicht von der Zusammenstellung der bedeutendsten Reihungsversuche ablesen, die GIGON in der bibliographischen Einführung zu Platon und Ross im Eingang seines Buches zur Ideenlehre bieten. In der folgenden Anordnung, für die wir mit anderen die sizilischen Reisen als Zäsuren wählen, folgen wir im späten Ansatz von *Apologie* und *Kriton* FRIEDLÄNDER, während wir unter dem Eindrucke der zum *Laches* genannten Arbeit von STEIDLE mit diesem Dialog beginnen[5]. Alles aber unter dem Vorbehalt, daß wir bei dieser

[1] *Geschichte und System der plat. Philosophie.* 1, 1839.

[2] *Herm.* 16, 1881, 321. [3] *Glotta* 20, 1932, 232.

[4] Das würdigt P. FRIEDLÄNDER, a. O. 415. Auf der Linie dieser Forschungen liegt auch E. DES PLACES, *Etudes sur quelques particules de liaison chez Platon.* Paris 1929.

[5] E. R. DODDS in seiner Ausgabe (Oxford 1959) erwägt, daß der *Gorgias* nach der ersten sizilischen Reise, in Nähe der Akademiegründung, also etwa 387–385, anzusetzen sei. Die Möglichkeit ist offen zu halten. Abzulehnen ist der seit K. FR. HERMANN häufig, u.a. auch von R. BÖHME, *Von Sokrates zur Ideenlehre*, Bern 1959, erneute Versuch einer Frühdatierung, wobei der *Gorgias* der erste Dialog sein soll. BÖHME stellt den *Kriton* und die *Apologie* neben ihn und schließt *Laches, Protagoras, Menon* und *Phaidon* zu einer Gruppe zusammen.

Unsicherheiten unseres Datierungssystems stellt G. MÜLLER, *Gnom.* 36, 1964, 124, mit einem Pessimismus heraus, der in seiner Überzeugung wurzelt, daß hinter den Dialogen der Frühzeit bereits die ganze platonische Philosophie stehe und die Freiheit Platons zur Darstellung beliebiger Abschnitte anzuerkennen sei.

Reihung im einzelnen sicheren Boden ja doch nicht unter die Füße bekommen. Im besonderen weisen wir auf die Schwierigkeit hin, dem *Protagoras* einen sicheren Platz unter den frühesten Dialogen sowie dem *Kratylos* einen solchen in einer späteren Gruppe anzuweisen.

Zwischen den Tod des Sokrates und die erste sizilische Reise setzen wir: *Laches, Charmides, Euthyphron, Lysis, Protagoras, Kleineren Hippias, Ion, Größeren Hippias, Apologie, Kriton* und als einen gewissen Abschluß den *Gorgias*. Wer das erste Buch der *Politeia* als selbständigen Frühdialog mit dem hypothetischen Titel *Thrasymachos* abtrennt, wird ihn hier in der Umgebung des *Lysis* einzureihen haben. Zwischen die erste und zweite Reise kommen zu stehen: *Menon, Kratylos, Euthydemos, Menexenos, Symposion, Phaidon, Politeia, Phaidros, Parmenides und Theaitet*. Es stimmt mit unserem Bilde von Platons Leben überein, daß in dieser Gruppe die bedeutendsten Spannungen beschlossen sind. Die Werke vom *Symposion* bis zum *Phaidros* bezeichnen Mitte und Höhe, was davor steht, gehört noch in die Dialoge des Aufstieges, was folgt, in jene der Spätzeit. Zwischen der zweiten und dritten Reise finden der *Sophistes* und der *Politikos* ihren Platz, nach der letzten Heimkehr *Philebos, Timaios, Kritias* und *Nomoi*, aber auch der *siebente Brief*.

Die ersten drei Dialoge unserer Reihe schließen sich in Zielstellung und Gesprächsführung besonders enge zusammen. Im *Laches*[1] sind die Feldherren Nikias und Laches verschiedener Meinung über den Wert von Kampfübungen in schwerer Rüstung und kommen darüber mit Sokrates in ein Gespräch, das sich alsbald der Frage zuwendet, was denn Tapferkeit eigentlich sei. Im *Charmides*[2] schließt sich die Szene, zu deren Figuren auch Kritias gehört, um Platons Oheim Charmides, der hier noch als Knabe in vielbewunderter Schönheit erscheint. Ziel ist das Wesen der Sophrosyne, des gesunden Sinnes, der um die Maße des Menschlichen weiß und das Handeln danach einrichtet. Die Mitteilungen über die Lehre des Zalmoxis, alles Wohl und Wehe des Körpers entspringe aus der Seele, spielen neuerdings bei den Versuchen, die psychosomatische Medizin historisch zu fundieren, eine besondere Rolle (P. LAIN-ENTRALGO u.a.). Im *Euthyphron*[3] begegnet Sokrates auf dem Wege zur Gerichtsstätte, wo er die gegen ihn eingebrachte Schriftklage des Meletos zur Kenntnis nehmen will, dem Seher Euthyphron, einem jungen Manne, der in fanatischer Rechtsauffassung daran ist, den eigenen Vater wegen fahrlässiger Tötung eines Sklaven anzuklagen. Die Problematik solchen Tuns führt die Debatte auf das Wesen der Frömmigkeit. Anschließen läßt sich der *Lysis*[4], den manche später setzen. Hier wird im Gespräche des

[1] W. STEIDLE, ‹Der Dialog L. und Pl.s Verhältnis zu Athen in den Frühdialogen›. *Mus. Helv.* 7, 1950, 129. P. VICAIRE, *Lachès et Lysis*. Paris 1963 (mit Komm.). R. DIETERLE, *Platons Laches und Charmides. Untersuchungen zur elenktisch-aporetischen Struktur der plat. Frühdialoge*. Diss. Freiburg i.Br. 1966. R. SCHWASTETTER, *Platon. Laches*. Gr. u. deutsch. Hamburg 1970.

[2] J. ADAMIETZ, ‹Zur Erklärung des Hauptteils von Platons Charmides (164a–175d)›. *Herm.* 97, 1969, 37. B. WITTE, *Die Wissenschaft vom Guten und Bösen. Interpretationen zu Platons Charmides*'. Berlin 1970.

[3] O. GIGON, ‹Pl.s Euth.›. *Westöstl. Abhandlungen R. Tschudi zum 70. Geburtstag*. Wiesbaden 1954, 6. KL. REICH, *Euthyphron*. Gr. u. deutsch, Hamburg 1968.

[4] A. W. BEGEMANN, *Plato's Lysis. Onderzoek naar de plaats van den dialoog in het œuvre*. Diss. Amsterdam 1960.

Sokrates mit zwei Knaben nach der Philia gefragt, der liebenden Verbindung von Menschen in der verschiedensten Beziehung, im besonderen aber in jener der Freundschaft.

In diesen Dialogen ist die unmittelbare Anknüpfung an den Sokrates, den uns das Zeugnis des Aristoteles zeigt, am deutlichsten. Da ist das Suchen nach einer Definition, das über mehrere Stufen von Versuch und Verwerfung geht, ohne das Ziel zu erreichen[1], und da ist die Abstellung auf das Praktische, denn der Gewinn des Wissens um die Dinge soll ja die Gewähr rechten Handelns geben. Auch für die ständige und oft sehr gewaltsame Verwendung technisch-handwerklicher Analogien möchten wir die gleiche Herkunft vermuten. Aber diese Dialoge tragen auch Züge, die Platons spätere Philosophie vorbereiten. Das Ziel der Frage τί ἐστιν ist die Erkenntnis von etwas Umfassendem (wir sollen nicht zu rasch mit einem Ausdruck unserer Logik von Begriff reden), das gleichzeitig eine mit sich selbst identische Einheit und als solche Urbild für die Einzelerscheinungen ist. Schon fallen im *Euthyphron* (5 d. 6 de) die Worte εἶδος und ἰδέα[2]; noch bezeichnen sie nicht transzendente, von der Sinnenwelt geschiedene Wesenheiten, wohl aber sind die Ansätze zu solchem Glauben unverkennbar. Immer wieder tritt ferner der Gedanke an die Einheit aller Tugenden hervor, die im Guten als letztem Ziel und letztem Maßstab gegeben ist.

Stark beherrschen die dem Mimos verwandten Elemente den einleitenden Teil des *Protagoras*[3]. Wie der lernbegierige Hippokrates in aller Frühe Sokrates bestürmt, daß er ihn bei den Sophisten einführe, das Vorgespräch der beiden, die Schilderung des würdevollen Gehabens der sophistischen Größen im Hause des gastfreundlichen Kallias, das alles ist (wie der ganze Dialog als Erzählung des Sokrates gegeben) von höchster Lebendigkeit. In dem großen Rededuell Sokrates-Protagoras tritt die Frage nach der Lehrbarkeit der ἀρετή in die Mitte. Das Wort ist nicht übertragbar; wenn wir «Tugend» sagen, müssen wir zumindest die «Tauglichkeit» mithören, womit die technische ebenso wie die sittliche gemeint sein kann. Bezogen wird solche Tauglichkeit auf die Tätigkeit im Staate; Sokrates bezweifelt ihre Lehrbarkeit, Protagoras antwortet mit dem Mythos vom Werden des Staates, den wir (S. 380) bei der Behandlung des Sophisten kennenlernten, und dem er, in allen Sätteln gerecht, einen Logos folgen läßt. Im weiteren Verlaufe rückt Sokrates die Frage nach der Einheit aller Einzeltugenden, die bereits hinter den aporetischen Frühdialogen steht, energisch in den Vordergrund. Ein Zwischenspiel ist dabei die von beiden Seiten sehr willkürlich durchgeführte Interpretation eines Skolions des Simonides (4 D.) über die Schwierigkeit wahrer Tugend[4]. Paar für Paar unterzieht Sokrates die einzelnen Tugenden dem Nachweis ihrer Identität, verficht den Satz, daß die Tugend letzten Endes ein Wissen

[1] Ausgezeichnet zur Elenktik der Frühdialoge W. BRÖCKER, *Gnom.* 30, 1958, 512. H. ERBSE, ‹Über Platons Methode in den sogenannten Jugenddialogen›. *Herm.* 96, 1968, 21.

[2] Zu ihrer Geschichte Ross (s. u.), 13.

[3] O. GIGON, ‹Stud. zu Pl.s Protagoras›. *Phyllobolia für P. Von der Mühll.* Basel 1945, 91, mit z. T. problematischer Anwendung analytischer und quellenkritischer Methoden. F. DIRLMEIER u. H. SCHAROLD, *Protagoras.* Münch. 1959 (mit Komm.). J. SLOK, *Platons Dialog Protagoras.* Kopenhagen 1963.

[4] H. GUNDERT, ‹Die Simonides-Interpretation in Pl.s Prot.›. *Festschr. Regenbogen*, Heidelb. 1952, 71.

um das Gute sei, und kommt so zur Anerkennung ihrer Lehrbarkeit, die indessen dem Protagoras zweifelhaft geworden ist. Wenn am Ende ausgesprochen wird, daß nun das Unterste zuoberst gekehrt sei und man bei der Frage nach dem Wesen der ἀρετή neu einsetzen müßte, so ist von Platon selbst gesagt, daß dieser Dialog dialektische Bewegung, nicht aber feste Ergebnisse bieten will. Mehr noch als anderswo wird in ihm das Problem dringlich, wie weit die gedanklichen Sprünge und Fehler von einer noch mangelhaften Logik[1], wie weit sie von Ironie oder einem Spiele zeugen, das durchschaut sein will.

Dialektische Katzbalgerei mit logisch anfechtbaren Mitteln spielt im *Kleinen Hippias* eine solche Rolle, daß manche Beurteiler des Dialoges in ihm einen Scherz sehen wollten. Und als Satire ist die Weise gewiß zu verstehen, in der Sokrates dem Alleskönner Hippias in zwei Gängen der Debatte mitspielt. Die Vermengung der Begriffe «besser» im technischen und «besser» im sittlichen Sinne führt in der Frage nach der höheren Wertung des Achilleus oder Odysseus, des Wahrhaften oder Trügenden zu gänzlich unglaubwürdigen Resultaten. Es bleibt ein schwieriges Problem, warum Platon den Wagen hier derart aus der Bahn fahren läßt, aber die zentrale Frage, ob es ein Wissen um das Gute gebe, das mit dem technischen Wissen des Handwerkers, Steuermannes, Feldherrn kommensurabel wäre, bleibt am Grunde sichtbar.

Auch der *Ion*[2] läuft in zwei dialektischen Gängen ab, an die sich längere Reden des Sokrates schließen. Dem selbstbewußten Rhapsoden Ion weist er nach, daß sein Anspruch, über die Dichtung Homers sachliche Aussagen zu machen, verfehlt ist, da ihm das fachliche Können (τέχνη) und die Einsicht (ἐπιστήμη) hierfür fehlen. Bedeutungsvoll weisen auf Platons spätere Auseinandersetzungen mit den Problemen der Dichtung die Partien voraus, in denen der gottgesandte Enthusiasmus des Dichters von einem in Sachkenntnis gründenden Wissen als das ganz Andere abgesetzt wird.

Gegen die Echtheit des *Größeren Hippias* wurden manche Gründe vorgebracht, aber keine entscheidenden[3]. Die Sprachstatistik setzt ihn später, als dies hier geschieht, in die Gegend des *Phaidon*. Inhaltlich gehört er noch zu den aporetischen Dialogen mit ihrem Suchen nach einer Definition. Hippias «der Schöne» (die Worte stehen beziehungsvoll am Beginne) zeigt sich im Glanze seiner politischen und erzieherischen Sendung und bringt durch die Ankündigung eines «besonders schönen» Vortrages das Gespräch über das Wesen des Schönen in Gang. Gesucht wird auch hier das Eine, das, an sich unteilbar, die Ursache der Eigenschaft «schön» an allen Einzelphänomenen

[1] Über solche bei Pl.: I. M. BOCHEŃSKI, *Ancient Formal Logic.* Amsterdam 1951. Viel auch bei LEISEGANG (s. u.).

[2] Ausgabe mit Anm. von W. J. VERDENIUS, Zwolle 1953. H. DILLER, ‹Probleme des plat. Ion›. *Herm.* 83, 1955, 171. H. FLASHAR, *Der Dialog Ion als Zeugnis plat. Philosophie.* Berlin 1959 (Akad. Berl. Schr. d. Sekt. f. Altertumsw. 14); von dems. eine doppelsprachige Ausgabe München 1963 (Tusculum-Bücher).

[3] Zur Verteidigung durch M. SORETH, *Der plat. Dialog H. maior. Zet.* 6. Münch. 1953, vgl. O. GIGON, *Gnom.* 27, 1955, 14. H.-J. HORN, *Hippias Maior. Untersuchungen zur Echtheitsfrage des Dialogs.* Diss. Köln 1964. J. MACOLM, ‹On the place of the Hippias M. in the development of Plato's thonght›. *Arch. Gesch. d. Philos.* 50, 1968, 189.

ist, denen sie zukommt. Auch hier wird weder der ontologische Charakter dieses Einen noch die Art seiner Beziehung zu den Einzelphänomenen ins klare gestellt, aber die Entschiedenheit der Frage nach dem Schönen an sich (286d u.a.), durch das alles einzelne Schöne diese Eigenschaft hat, läßt gegenüber den ersten aporetischen Dialogen eine Steigerung erkennen. Wir stehen hart vor der vollen Formulierung der Ideenlehre.

Daß Platons *Apologie*[1] frei gestaltet und Teil einer reichen apologetischen Sokratesliteratur ist, wurde früher (S. 562) gesagt. Wie hier die vorgegebene Form der attischen Gerichtsrede unter gleichzeitiger Einwirkung hoher Literatur so gesteigert und umgeformt ist, daß sie zur Selbstdarstellung des Weisen wird, hat E. Wolff[2] gezeigt. Dabei ist das unerbittliche Suchen dessen, der im Bewußtsein des eigenen Nichtwissens das Scheinwissen der anderen zerstört, in den Bereich gottesdienstlicher Tätigkeit gehoben. Der Spruch von Delphi hat auf die Frage des Chairephon Sokrates als den Weisesten über die Menge der haltlos Wähnenden gehoben, und auch das Daimonion in seiner Brust zeugt von seiner Berufung. Drei Reden vereinigt die *Apologie:* die eigentliche Verteidigungsrede, die in der Auseinandersetzung mit Meletos das dialogische Element zur Geltung bringt, den Strafantrag, der auf Speisung im Prytaneion, dann aber auf eine kleine Geldsumme geht, und so in jedem Falle zur Herausforderung wird, und schließlich die Schlußansprache an die Richter mit dem Ausblick auf die Dinge nach dem Tode, deren Umrisse hier noch im Dämmer bleiben. Das Sokratesbild, das Platon hier aufgerichtet hat, ist zugleich entschiedene Protreptik zu dem Leben des Philosophen.

Der kleine Dialog *Kriton*[3] begründet des Sokrates Weigerung, mit Hilfe seiner Freunde aus dem Gefängnis zu fliehen. Die Begründung ist schwierig, da sich der Standpunkt vertreten ließe, die Flucht des Sokrates hätte nicht ein Unrecht gesetzt, sondern weit eher ein solches verhütet. So führt Platon die personifizierten Gesetze redend ein, die sich dagegen wehren, daß Sokrates ihre Geltung erschüttere (aber nicht die Gesetze als solche, sondern ihr Mißbrauch hat ihn in den Kerker gebracht) und auf dem Vertrage beharren, den ein im Staatsverband lebender Bürger stillschweigend mit dessen Gesetzen schließt. Die Umbildung sophistischer Theorien vom Vertragswesen des Staates ist deutlich. Das große sittliche Pathos des Dialoges darf uns nicht übersehen lassen, wie weit dieser Legalismus von jener Distanzierung zur historisch gewordenen Polis abliegt, die sich in der *Politeia* (520b) und noch stärker im *siebenten Briefe* (326a) ausspricht. Der Sokrates des *Kriton* steht dem Vertreter der Gesetzestreue in Xenophons *Memorabilien* näher als irgend eine andere Hypostase dieser Gestalt bei Platon.

[1] Komm. Ausgabe: Nilo Casini, Firenze 1957. Th. Meyer, *Platons Apologie*. Tüb. Beitr. 42, 1962; ausführlich dazu H. Görgemanns, *GGA* 216, 1964, 130.

[2] *Pl.s Ap. N. phil. Unters.* 6, 1929. Th. Meyer, *Pl.s Ap.* Diss. Tüb. 1956, über Formzusammenhänge mit der attischen Gerichtsrede; vgl. auch K. Gaiser, *Tüb. Beitr.* 40, 1959, 23.

[3] R. Harder, *Pl.s Krit.* 1934. Mit span. Übersetzung: Maria Rico Gomez, Madrid 1957. Steidle (s. S. 581 A. 1), 138. E. Milobenski, ‹Zur Interpretation des platonischen Dialogs Kriton›. *Gymn.* 75, 1968, 371.

Abschluß und gleichzeitig Weiterführung der frühen Schriften stellt der *Gorgias*[1] dar. Drei in der Kraft des Gegensatzes gesteigerte Gespräche führen zu Ergebnissen, die sich hier mit bedeutend größerer Klarheit abzeichnen als in den aporetischen Dialogen. Die Auseinandersetzung mit den Sophisten, die hier erheblich tiefer geführt wird als in dem thematisch verwandten *Protagoras*, geht von der Frage nach dem Wesen ihrer Tätigkeit aus. Unter Anwendung jener für Platon später so wichtigen Teilungsmethode von Oberbegriffen, die jedoch hier noch nicht als Diairesis bezeichnet wird, ermittelt Sokrates im Gespräch mit Gorgias den Wirkungsbereich der Rhetorik: sie schafft im Bereiche von Recht und Unrecht Überredung, die gläubiges Hinnehmen, nicht aber wirkliches Wissen bezweckt. Gorgias verteidigt sich mit dem Hinweis auf Männer wie Themistokles oder Perikles und betont die tatsächliche Macht der Rede. Bei der Frage nach der Bedeutung des Wissens auf dem Felde des Rechtes gerät er aber in Schwierigkeiten, so daß sein Schüler Polos eingreift. Wieder wird das Wesen der Rhetorik durch Begriffsteilung gesucht, und nun geht es besonders schlimm aus: die Rhetorik gehört gar nicht den Künsten (τέχναι) zu, die den gesunden und kranken Leib, die gesunde und die kranke Seele pflegen, unter deren Schattenbildern steht sie und ist ebenso wie die ihr verschwisterte Sophistik nur eine Schmeichelpraxis (ἐμπειρία κολακευτική) für die Seele, dasselbe wie Putz- und Kochroutine für den Körper. Im weiteren Verlaufe der Debatte treten Macht und Recht in scharfen Gegensatz. Gegen das Glück der Macht stellt Sokrates jenes der Sittlichkeit. Seine radikal andersgeartete Wertsetzung gipfelt in Sätzen, die für seine Zeit Paradoxa waren: Unrechttun schlimmer als Unrechtleiden, Straflosigkeit ärger als gerechte Buße. Da tritt der dritte und schärfste Gegner auf den Plan, Kallikles, der im Zeichen des Naturrechtes radikalster Prägung den Übermenschen feiert, der seinen Willen zur Macht gegen die Masse der Schwachen und ihre Gesetze durchzusetzen weiß. In der folgenden Auseinandersetzung mit Sokrates treten das rhetorisch-sophistische und das philosophische Lebensideal in denkbar schärfsten Gegensatz: hier das Ideal der Macht, dort das Sittliche als höchster Wert, hier die technische Ausbildung zum Lenker der Masse, dort Erziehung als Entfaltung des Besten im Menschen. Hier bereits erfahren wir, daß solche Erziehung Aufgabe des wahren Staatsmannes ist, an der gemessen die Großen der athenischen Geschichte nicht bestehen können. Dadurch, sowie durch die Entschlossenheit, mit der die Beziehung des Einzelnen zur Gemeinschaft zur Debatte gestellt wird, gibt sich der *Gorgias* als Vorläufer der *Politeia* zu erkennen.

In dem eschatologischen Schlußmythos öffnet sich der metaphysische Hintergrund des Dialoges. Das Schicksal der Seele, um die es im ganzen platonischen Werk geht, wird in einem Bilde vom Totengericht gezeigt, das Platons dichterische Kraft mit Verwertung verschiedener Vorstellungen – orphischer und pythagoreischer vor allem – gestaltet hat.

[1] Große kommentierte Ausgabe von E. R. Dodds, Lond. 1959. V. Arangio-Ruiz. *Gorgia. Trad., introd. e comm.* Firenze 1958. Zu Dodds eingehend G. Müller, Gnom. 36, 1964, 120.

Der *Menon*[1] bedeutet, wenngleich man ihn heute nicht mehr als Programmschrift zur Gründung der Akademie faßt, durch die Verbindung der im *Protagoras* aufgeworfenen Frage nach der Lehrbarkeit der Tugend mit Problemen der Ontologie und Erkenntnis einen wichtigen Schritt zur Ausformung der Ideenlehre. Zwar ist von den Ideen als metaphysischen Wesenheiten noch nicht die Rede, aber als das Gespräch mit Menon bei dem Versuche, das Wesen der Tugend definitorisch zu fassen, festfährt, hilft Sokrates durch die später so wichtige Lehre von der Anamnesis weiter. Die unsterbliche Seele hat auf ihrer Wanderung durch den Kreis der Geburten auf Erden und im Jenseits alle Dinge geschaut und die Fähigkeit des Wiedererinnerns behalten. Die Einformung orphischer und pythagoreischer Elemente ist hier besonders deutlich. Von Pythagoras sagte Empedokles (VS 31 B 129), daß er leicht jedes einzelne von allem Seienden in seinen zehn und zwanzig Menschenleben schaute. Im *Menon* versucht Sokrates an einem Sklaven vor der Aufgabe, die Fläche eines Quadrates zu verdoppeln, die Anamnesis zu demonstrieren: das Problem des Apriorischen ist in das Blickfeld der platonischen Philosophie getreten. Für die Frage der Lehrbarkeit der Tugend endet der Dialog scheinbar in der Aporie. Weder dafür, daß die Tugend «von Natur», noch dafür, daß sie durch Lehre mitzuteilen ist, haben sich sichere Beweise finden lassen. So scheint sie nur durch göttliche Fügung (θείᾳ μοίρᾳ 99e) aufzutreten, es sei denn, daß sich unter den Staatsmännern einer fände, der einen anderen Staatsmann bilden könnte. Damit ist aber deutlich aus der Aporie auf den Erziehungsstaat der *Politeia* vorverwiesen.

Im *Kratylos*[2] geht es zunächst um das Verhältnis der Wörter zu den Dingen. Der Herakliteer Kratylos, Platons erster Lehrer, sieht dieses Verhältnis in der Natur der Dinge, der Parmenideer Hermogenes in Übereinkunft begründet. In der von Sokrates geführten Untersuchung erscheint die Ableitung der Namen unmittelbar aus dem Wesen der Dinge und damit die Zuversicht, den Wörtern dieses Wesen abfragen zu können, in ihrer vollen Problematik. Eine besondere Rolle dabei spielt der große Abschnitt mit den Etymologien, die zum Großteil grotesker Unsinn sind. Die Auffassung dieser Partie ist deshalb schwierig, weil sich mit diesem etymologischen Spiel beachtenswerte sprachhistorische und sprachphilosophische Erkenntnisse verbinden. Der Dialog, einer der problemreichsten des Corpus, strebt am Ende in Ablehnung der Lehre vom ständigen Flusse der Anerkennung unveränderlicher Wesenheiten zu, die

[1] M. SORETH, ‹Zur relativen Chronologie von Menon und Euthydemos›. *Herm.* 83, 1955, 377. R. G. HOERBER, ‹Plato's Meno›. *Phronesis* 5, 1960, 78. Große komm. Ausgabe von R. S. BLUCK, Lond. 1961. Mit span. Übersetzung A. RUIZ DE ELVIRA, Madrid 1958. W. J. VERDENIUS ‹Notes on Pl.s Menon›. *Mnem.* s. 4, 10, 1957, 289; 17, 1964, 261. K. GAISER, ‹Platons Menon und die Akademie›. *Arch. f. Gesch. d. Philos.* 46, 1469, 241. J. KLEIN, *A Commentary on Plato's Meno.* North Carolina Un. Pr. 1965.

[2] E. HAAG, *Pl.s Krat. Tüb. Beitr.* 19, 1933. J. DERBOLAV, *Der Dialog Krat.* Saarbr. 1953. C. J. CLASSEN, *Sprachliche Deutung als Triebkraft platonischen und sokratischen Philosophierens. Zet.* 22. Münch. 1959 (in größerem Rahmen über etymologische Deutung des Sprachgebrauches und die Metapher, die sich zu Terminologie oder Gleichnis verdichten kann). Über die Wirkung des *Kratylos* auf die Sprachtheorie der Stoiker: K. BARWICK, *Probleme der stoischen Sprachlehre und Rhetorik. Abh. Akad. Leipz. Phil.-hist. Kl.* 49/3. 1957, cap. 5. J. V. LUCE, ‹The theory of ideas in the 'Cratylus'›. *Phronesis* 10, 1965, 21.

allein Erkenntnis und Benennung ermöglichen. Neuerdings steht das Wort «Idee» am Rande der Debatte.

Der *Euthydemos*[1] gehört in die Nähe des *Kratylos*, und es ist nicht auszuschließen, daß er ihm vorausging. Aus einer pädagogischen Situation – der Knabe Kleinias im Auskleideraum einer Ringschule zwischen Sokrates und den Sophisten – entwickelt sich die Abfertigung sophistischer Eristik, die hier durch Euthydemos und Dionysodoros vertreten ist. In dem ausgezeichnet gebauten Dialog ist die Reihe der von Sokrates widerlegten Sophismen dadurch unterbrochen, daß dieser zweimal in protreptischer Rede zum Streben nach wahrem Wissen und wahrer Arete hinleitet. Der sophistischen Protreptik antwortet die platonische.

Ein seltsames Gebilde ist der *Menexenos*[2]. Bei einer Begegnung mit dem Manne dieses Namens trägt Sokrates († 399) eine fingierte Grabrede vor, die für die staatliche Gefallenenfeier des Jahres 386 bestimmt sein und noch dazu von Aspasia stammen soll. Der Preis Athens ist durchaus in dem von Gorgias begründeten Stile der Rhetorik gehalten, wird jedoch mit solcher Meisterschaft und solchem Schwunge durchgeführt, daß man die Hinweise in dem einleitenden Dialoge, ferner Platons Stellung zum athenischen Staate, wie sie der *siebente Brief* umschreibt, und die Abwertung der großen Staatsmänner des 5. Jahrhunderts im *Gorgias* wohl überlegen muß, um dieses Spiel der Ironie zu durchschauen. Spätere Zeiten haben das nicht getan, denn Cicero (*Orat.* 151) berichtet, daß die Rede alljährlich in Athen beim Totenfeste vorgetragen wurde. Viel hilft für ihr Verständnis der Vergleich P. FRIEDLÄNDERS mit der mittleren Rede des *Phaidros*, durch die Sokrates die Rede des Lysias überbietet, ohne deren Ebene zu verlassen. Wertvoll ist auch seine Konfrontierung des Enkomions auf Athen mit dem Atlantismythos im *Kritias*[3]. Diese Zusammenrückung eröffnet besondere Einsichten in das Verhältnis, in dem bei Platon historische Elemente und übergreifende Normen zueinander stehen. Man hat der Behandlung des Geschichtlichen bei Platon und den Ansätzen zu einer Geschichtsphilosophie bei ihm neuerdings erhöhte Aufmerksamkeit zugewendet[4].

[1] ROSAMOND KENT SPRAGUE, *Plato's Use of Fallacy. A Study of the 'Euthydemus' and some other Dialogues.* London 1962, mit einer wichtigen Analyse von Platons bewußtem Gebrauch von Fehlschlüssen. Im Gegensatz zu W. WIELAND, ‹Zur Problemgeschichte der formalen Logik›. *Philos. Rundschau* 6, 1958, 71, arbeitet die Verf. die Leistung Platons als Vorläufer der aristotelischen Logik heraus. Von ihr eine Übersetzung des *Euthydemos.* Indianopolis 1965.

[2] Lit. bei K. MEULI, *Westöstl. Abh.* (vgl. S. 581 A. 3), 64, 7. N. SCHOLL, *Der platonische Menexenos. Temi e testi* 5. Rom 1959. J. v. LÖWENCLAU, *Der platonische Menexenos. Tüb. Beitr.* 41. Stuttgart 1961. Dazu H.-J. NEWIGER, *Gnom.* 36, 1964, 244 mit viel Lit. und Ablehnung von L.s These, Sokrates preise als der wahre Staatsmann ein ideales Athen und Aspasia im Vorgespräch stehe in Parallele zu Diotima. Er faßt wie E. R. DODDS, *Gorgias*, Oxford 1959, 24, 2, das Enkomion als Beispiel der im *Gorgias* verurteilten Schmeichelkunst. CH. H. KAHN, ‹Plato's funeral oration. The motive of the 'Menexenus'›. *Class. Phil.* 58, 1963, 220 (wichtig für das Verhältnis Thukydides-Menexenos). R. THUROW, *Der platonische Epitaphios. Untersuchungen zur Stellung des 'Menexenos' im platonischen Werk.* Diss. Tübingen 1968 (masch.).

[3] PLATON. 2. Aufl. 3. Bd. Berl. 1960, 357.

[4] R. G. BURY, ‹Pl. and History›. *Class. Quart.* 45, 1951, 86. R. WEIL, *L'«Archéologie» de Pl. Et. et Comm.* 32. Paris 1959, der das Verfahren des Philosophen mit dem der Historiker vergleicht. K. GAISER, *Pl. und die Geschichte.* Stuttgart 1961.

Das *Symposion* und der *Phaidon* gehören zusammen, weil sie dichterisch das Vollendetste sind, was Platon geschaffen hat, und weil in ihnen die zentralen Denkmotive der platonischen Ideenlehre[1] klar zum Durchbruch kommen. Wir müssen hier zu der umkämpften Frage Stellung nehmen, ob die Lehre von den Ideen als transzendenten Wesenheiten, die, von den Dingen der Sinnenwelt abgeschieden, in unvergänglicher und unveränderlicher Existenz gleichzeitig Urbild und Ursache der sinnlichen Erscheinungen sind, von allem Anfange an hinter Platons Dialogen steht oder sich erst im Verlaufe seines Philosophierens entwickelt hat. Wenn wir, gestützt auf die sorgfältige Analyse des platonischen Werkes durch David Ross, die zweite der genannten Positionen beziehen, so sollen die verschiedenen Ansätze und vorbereitenden Elemente nicht vergessen sein, auf die unsere Darstellung der früheren Dialoge aufmerksam machte[2].

Für die Entstehung der Ideenlehre gibt Aristoteles (*Met.* A 6, 987a 32; vgl. M 9. 1086a 37) eine Darstellung, die wahrscheinlich konstruierend vereinfacht[3], aber Wesentliches wohl richtig heraushebt. Danach lernte der junge Platon durch den Herakliteer Kratylos die Lehre vom Flusse aller sinnlich faßbaren Dinge kennen, die gesichertes Wissen nicht gestatteten. Sokrates aber führte ihn zur Frage nach dem Allgemeinen und Bleibenden im Bereiche der Ethik. So sei er zur Scheidung zwischen sinnlicher und intelligibler Welt gekommen, habe in der letzteren die Ideen angesiedelt, die sinnlich wahrnehmbaren Dinge aber durch eine «Teilhabe» (μέθεξις) mit diesen verbunden. Dabei diente ihm die pythagoreische Auffassung vom Sein der Dinge durch Nachahmung der Zahlen zum Modell. Mit dieser «Teilhabe» ist die größte Schwierigkeit der platonischen Ideenlehre bezeichnet. Davon spricht auch das Schwanken des Ausdruckes im *Phaidon* (100d ff.), wo das problematische Verhältnis von Idee und Einzelding als παρουσία oder κοινωνία, als μετάσχεσις und μεταλαμβάνειν erscheint. Hier hat auch die Kritik des Aristoteles[4] angegriffen, am gröbsten, freilich ohne Namensnennung, *Met.* A 9. 991a 20, wo er von leeren Phrasen und dichterischen Metaphern spricht. Er ist wohl auch die Ursache davon, daß das Problem des Chorismos in einer seine Bedeutung übersteigenden Weise im Mittelpunkt der Platonkritik

[1] Von Ideenlehre zu sprechen ist in zunehmendem Maße problematisch geworden. Die Ideen sind wohl ein wesentliches Element der Philosophie Platons, können aber nicht als das Ganze seiner ontologischen Aussage betrachtet werden. Besonders weit rückt H. J. Krämer in seinem gleich zu nennenden Platonbuche die Ideen aus der Mitte des platonischen Denkens, die bei ihm die Eins einnimmt. Dieser Vorbehalt sei ausgesprochen, doch halten wir es nicht für nötig, von Ideenlehre nur in Anführungszeichen zu sprechen, wie dies zuerst W. Pater in seinem Buche *Pl. and Platonism* 1893 getan hat und womit er gelegentlich bei A. E. Taylor und anderen Nachfolge fand. J. Whittaker ‹The 'eternity' of the Platonic forms›. *Phronesis* 13, 1968, 131.

[2] Die schottische Schule, die bis zur *Politeia* bei Platon nur die Lehre des Sokrates selbst hören will, wurde im Zusammenhang mit diesem genannt. Ihre Thesen klingen einigermaßen nach bei R. C. Lodge, *The Philosophy of Pl.* Lond. 1956, ohne sonst noch wirksam zu sein.

[3] Vgl. H. E. Cherniss, *Aristotle's Criticism of Pl. and the Academy.* 1. Baltimore 1944, der die Ansicht begründet, daß Aristoteles für unsere Platoninterpretation keine unbedingte Autorität ist, sondern von seinem System aus urteilt, der aber anderseits in der Abwertung der aristotelischen Nachrichten zu weit geht. Zu erinnern ist hier auch an den zu Sokrates genannten Aufsatz von O. Gigon im *Mus. Helv.* 16, 1959, 174.

[4] Cherniss (s. vor. A.), Ross (s. u.), 165.

blieb. Man hat darüber gelegentlich vergessen, was die platonische Idee leistete. Wir möchten dies mit einem Worte von HERMANN KLEINKNECHT[1] sagen: «... die Wirklichkeit, in der sich der Mensch vorfindet, für ihn erkennbar und durchsichtig zu machen auf das hin, was sie in Wahrheit ist.» Seit Platon gibt es für den Menschen ein Oben und ein Unten, das nicht räumlicher Natur ist und das seiner individuellen Perspektive entzogen bleibt.

Die Skizze des Aristoteles ist durch einen Hinweis auf die grundlegende Bedeutung der Ontologie des Parmenides für Platon zu ergänzen[2]. Daß dieser durch seine Lehre von einem rein intelligiblen, unteilbaren, in sich ruhenden Sein auf Platon gewirkt hat, steht in jedem Falle außer Zweifel. Neuerdings hat H. J. KRÄMER[3] ein Bild der platonischen Philosophie entwickelt, in dem das parmenideische Eine als ontisches Prinzip zeitlich am Anfang und der Bedeutung nach in der Mitte steht. Die Idee trat nach dieser Auffassung erst nachträglich zwischen den Seinsgrund, das Eine, und das einzelne, individuell Seiende. Dadurch daß Platon dem Seinsgrunde des Einen von vorneherein das dyadische Prinzip des Groß-Kleinen gegenüberstellte und zwischen Seinsgrund und sinnlich erscheinende Welt den Kosmos der Ideen schaltete, konnte er zu einer universalen ontischen Durchdringung der Wirklichkeit gelangen. Über die mit diesem Bild zusammenhängenden Fragen, wie weit wir eine esoterische Lehre Platons greifen können und in welchem Maße wir eine Entwicklung seines Denkens anzunehmen haben, ist einiges zu der Vorlesung *Über das Gute* zu bemerken.

Auf anderes, Wichtiges weist Aristoteles in dieser Partie hin, wenn er die Bedeutung der Mathematik für Platons Weg zum Absoluten[4] hervorhebt. Dabei hätte Platon die mathematischen Gebilde zwischen die Ideen, mit denen sie die Unveränderlichkeit, und die Sinnendinge, mit denen sie die Pluralität teilten, gestellt. Es ist schwierig, diese Lehre genauer zu fassen oder in den erhaltenen Schriften nachzuweisen. Doch hat ROSS[5] gegen die Skepsis von CHERNISS gute Gründe dafür vorgebracht, daß Aristoteles diese Anschauung tatsächlich als platonisch kannte.

Im *Symposion*[6] ist die Kühnheit platonischer Erzählsituationen aufs äußerste gesteigert. Agathons Lenäensieg und das Gelage zu seiner Feier sind auf 416 zu datieren. Platons Werk aber stellt sich als der um viele Jahre spätere Bericht eines Apollodoros dar, der selbst an dem Symposion nicht teilgenommen hat und sich auf die Erzählung eines Aristodemos stützt. Durch diese weite Rückverlegung ist das mit größter An-

[1] ‹Platonisches im Homer›. *Gymn.* 65, 1958, 73.

[2] Vgl. A. BREUNINGER, *Parmenides und der frühe Pl.* Diss. Tübingen 1958 (masch.).

[3] *Arete bei Platon und Aristoteles. Zum Wesen und zur Geschichte der platonischen Ontologie. Abh. Akad. Heidelb. Phil.-hist. Kl.* 1959/6.

[4] Dazu K. REIDEMEISTER, *Das exakte Denken der Griechen.* Hamb. 1949, 45.

[5] 59. 64ff. Die Diskussion scheint nicht zur Ruhe zu kommen. Im Sinne von ROSS urteilen A. WEDBERG, *Pl.'s Philosophy of Mathematics.* Stockholm 1955 u. G. MARTIN, *Klassische Ontologie der Zahl.* Köln 1956; dagegen E. M. MANASSE, *Philos. Rundschau.* Beih. 2. 1961, 96. 149.

[6] O. APELT, *Das Gastmahl. Mit griech. Text neubearbeitet von* A. CAPELLE. *Lit. Übersicht von* P. WILPERT. 2. Aufl. Hamburg 1960 (Philos. Bibl. 81). Textausgabe: L. ROBIN. Paris 1963. H. BUCHNER, *Eros und Sein. Erörterungen zu Platons Symposion*›. Bonn 1965. K. J. DOVER, ‹The date of Plato's Symposium›. *Phronesis* 10, 1965, 2. R. KASSNER, *Das Gastmahl oder Über die Liebe.* Frankfurt 1965 (deutsch; Ars librorum Druck 12).

schaulichkeit Erzählte zu gleicher Zeit in eine ideale Sphäre gerückt und in jene zeitliche Distanz gestellt, die große Dichtung braucht.

Bei diesem Symposion, das auf Flötenspielerinnen und Gaukler verzichtet, wird in sechs unvergleichlich differenzierten und gesteigerten Reden die Macht des Eros gefeiert. Nach jener des Phaidros, der unter reichlicher Verwertung von Dichterzitaten im Rahmen des Traditionellen bleibt, des Pausanias, der die Knabenliebe im Sinne des altadeligen Ideals mit den Mitteln sophistischer Rhetorik verteidigt, und des Arztes Eryximachos, der den Mann der Wissenschaft, vor allem den Naturforscher hervorkehrt, bedeutet die geniale Aristophanesrede mit dem Mythos von den in Hälften geschnittenen und die Wiederherstellung ihrer Ganzheit ersehnenden Kugelmenschen einen ersten Höhepunkt. Wie ein Intermezzo steht zwischen dieser und der Rede des Sokrates das mit gorgianischem Flitter geputzte Enkomion des Gastgebers Agathon. Wenn dann Sokrates in seiner Rede den Eros als Dämon zwischen Gott und Mensch enthüllt und ihn als das Sehnen deutet, durch Zeugung im Schönen sich dessen dauernden Besitz zu sichern, so wird alles, was er sagt, zu gleicher Zeit in bedeutsamer Weise über den sokratischen Bereich hinausgehoben: nicht seine eigenen Gedanken gibt er, sondern ein Gespräch, in dem die Seherin Diotima[1] ihm das Wesen des Eros erschloß. Der Mythos, sokratisches Spiel von Frage und Antwort und schließlich die Sprache der Mysterien werden eingesetzt, um die letzte Höhe – nicht zu erreichen, aber doch mit dem Blicke zu umfassen. Wie bei der Einweihung des Mysten geht der Weg in Stufen vom körperlich zum seelisch Schönen und in einem letzten Anstieg zur Schönheit des Wissens im Bereiche reinen geistigen Strebens. Von hier aus kann in einem begnadeten Augenblick (ἐξαίφνης, wir denken an den zündenden Funken im *siebenten Brief*) das unvergängliche, das absolute Schöne, das Schöne an sich erblickt werden. Nach der Sokratesrede bricht der trunkene Alkibiades in das Symposion und schildert Sokrates als den großen Eroserfüllten, der aus der Schönheit der eigenen Seele, die in ihm ruht, wie ein goldenes Götterbild in einem silenhaft geformten Gehäuse, in der Seele anderer das Schöne zu zeugen weiß.

Auch der *Phaidon*[2] gibt sich als Erzählung, doch ist es hier ein Augenzeuge, Phaidon, der von den letzten Stunden des Sokrates berichtet. Beziehungsvoll wird uns gesagt (59b), daß Platon krank war und fehlte: nicht einen Tatsachenbericht, sondern philosophische Dichtung haben wir zu erwarten. Der Phaidon ist ein Dialog *Über die Seele*, wie ihn unsere Handschriften zubenennen. Um den Nachweis ihrer Unsterb-

[1] Ihre Geschichtlichkeit: W. KRANZ, ‹Diotima von Mantineia›. *Herm.* 61, 1926, 437; vgl. *Die Antike* 2, 1926, 320. Wenn H. KOLLER, ‹Die Komposition des plat. Symp.›. Diss. Zürich 1948, im wesentlichen die Diotimarede als Primärelement des *Symposion* faßt, wird man für die Konzeption des Ganzen zustimmen, ohne an schichtenweise Entstehung denken zu müssen.

[2] F. DIRLMEIER, doppelsprachige Ausgabe, Münch. 1949; 2. Aufl. 1959. R. HACKFORTH, *Pl.s Phaedo* (Übers. u. Komm.). Cambr. 1955. Neudruck New York 1960. R. S. BLUCK, *Pl.s Phaedo. Transl. with Introd., Notes and Appendices.* Lond. 1955. NILO CASINI, *Il Fedone.* Firenze 1958 (mit Komm.). W. J. VERDENIUS, ‹Notes on Pl.s Phaedo›. *Mnem. s.* 4, 11, 1958, 193. D. O'BRIEN, ‹The last argument of Plato's Phaedo I.›. *Class. Quart.* 17, 1967, 198. H. REYNEN, ‹Phaidoninterpretationen (Zu Plat. Phaed. 62 A u. 69 A B)›. *Herm.* 96, 1968, 41. R. LORIAUX, *Le Phédon de Platon. Comm. et trad. I: 57a–84b.* Bibl. de la Fac. de philos. et lettres. Namur 45. 1969. P. VICAIRE, *Phédon.* Paris 1969 (doppelspr.).

lichkeit kreisen die Gespräche, die Sokrates ein letztesmal mit seinen Freunden vereinen. Zwei Beweisgänge werden zurückgelegt, in denen die Lehre von der Anamnesis und die Zuordnung der Seele zu der Welt der unzerstörbaren Ideen die entscheidende Rolle spielen. Die Einwände des Simmias und Kebes, zweier Pythagoreer, die Schüler des Philolaos waren, schaffen eine Retardation. Zum dritten und letzten Beweisgang holt Sokrates weit aus, indem er in jener Partie, die uns früher beschäftigte (S. 559), von seiner Entwicklung spricht, die im wesentlichen Platons Entwicklung bis zur Ideenlehre ist. Diese gibt auch dem dritten Beweis die entscheidende Stütze in dem Gedanken, daß die Seele, die an der Idee des Lebens Anteil habe, jene des Todes nicht in sich aufnehmen könne. Letzte Steigerung des Gesprächs ist auch hier ein großer eschatologischer Mythos. Er lehrt in einer seltsamen und doch sehr anschaulichen Erdkugelgeographie, daß wir Menschen in großen Wohngruben am Grunde des Luftmeeres im Uneigentlichen leben, und mündet in die Erzählung vom Schicksal der Seele vor dem Gericht im Jenseits. Enge verschlingen sich im *Phaidon* Elemente orphisch-pythagoreischer Mystik mit dem dialektischen Ringen um gesicherte Erkenntnis. Die unvergängliche Wirkung des Werkes aber gründet in der Tiefe des Empfindens, aus der heraus Platon das Sterben des weisen Mannes und die unerschütterliche Überzeugung von der Unsterblichkeit der Seele zur Einheit gestaltet hat.

Die Vollendung des Werkes, das die Höhe des platonischen Schaffens bedeutet, der *Politeia*[1], datieren wir auf die Zeit um 374; verschiedene Bezüge stellen es zwischen *Symposion* und *Phaidon* einerseits und den *Theaitet* anderseits, und Platon selbst spricht davon (540a), daß der Philosoph erst mit fünfzig Jahren sein Ziel, die Schau der Idee des Guten, erreiche. Natürlich setzt ein Bau wie dieser eine lange Zeit des Entstehens voraus. In der *Politeia* vereinigen sich alle Impulse und Motive der platonischen Philosophie in so kunstvoller Verflechtung zu einem Ganzen, daß eine kurze Wiedergabe nur die wichtigsten Linien des Baues nachzeichnen kann.

Deutlich setzt sich das 1. Buch von den folgenden 9 (die Einteilung in 10 Bücher stammt jedoch nicht von Platon) als Vorhalle ab, durch die wir in den eigentlichen Problembereich geleitet werden. Das ganze Werk gibt sich als eine einzige Erzählung des Sokrates, über deren Situation und Zuhörer nichts verlautet. Am Tage des Bendisfestes im Piräus kommt Sokrates in das Haus des wohlhabenden Kephalos, dessen Alter das Bewußtsein, niemand belogen und betrogen zu haben und so den Weg in eine andere Welt beruhigt antreten zu können, mit mildem Lichte überglänzt. Das Bekenntnis des Greises, von dem eine Linie zu dem eschatologischen Schlußmythos geht, löst unter den Jüngeren das Gespräch über das Wesen der Gerechtigkeit aus. Dieses erfährt nach verschiedenen mißlungenen Bestimmungsversuchen eine bedeu-

[1] Die Übersetzung von K. Vretska, Reclam 1958, bietet gute Erläuterungen und viel Lit. Die Übertragung von R. Rufener s.u. in den Lit. Angaben. Engl. Übers.: I. A. Richards, Cambridge 1966. Eine komm. Ausgabe von J. Adam in 2 Bden. 2. ed. London 1963. R. C. Cross and A. D. Woozley, *Plato's 'Republic'. A philosophical commentary.* London 1964. L. Strauss, *On Plato's Republik in the City and Man.* Chicago 1964. E. Braun, ‹The music of the Republic›. *Agon* 1, 1967, 1. O. Untermöhlen, *Die Bedeutung der Ideenlehre für die platonische Politeia.* Heidelberg 1967.

tende Verschärfung durch Thrasymachos, den wir als historische Person früher (S. 405) kennenlernten. Hier vertritt er, gleich dem Kallikles des *Gorgias*, leidenschaftlich das Recht des Stärkeren gegen die Masse und deren Gesetz im Sinne der radikalen Sophistik. Die Ähnlichkeit dieses 1. Buches mit den aporetischen Frühdialogen ist unverkennbar, und die Hypothese fand viele Anhänger, Platon hätte einen Frühdialog über die Gerechtigkeit, den man *Thrasymachos* benannte, in das große Werk verbaut. Das müßte nicht ein fertiger Dialog, sondern könnte ein liegengebliebener Entwurf gewesen sein; ein bewußter Rückgriff auf die Frühmanier[1] ist an sich nicht auszuschließen, doch fallen die Ergebnisse der Sprachstatistik[2] für den Frühansatz ins Gewicht.

Im ersten Teile des 2. Buches führen die Reden des Glaukon und Adeimantos, der beiden Brüder Platons, die sich von nun an mit Sokrates in die Gesprächsführung teilen, zur scharfen Fassung des Problems. Aus dem Wesen von Gerechtigkeit und Ungerechtigkeit soll der Vorrang der ersteren als wahres, an und für sich glückbringendes Gut nachgewiesen werden. Hier (368d) schlägt Sokrates vor, das schwierige Problem nicht im Rahmen des Einzellebens, sondern im größeren des Staates, was für Platon natürlich bedeutet, des Stadtstaates, zu behandeln. So gilt der folgende Teil, das 4. Buch noch eingeschlossen, dem Gedankenexperiment, eine Stadt sich aus primitiven Anfängen entwickeln zu lassen und im Verlaufe ihres Werdens Ort und Rolle der Gerechtigkeit in ihr zu ergründen. Diese theoretische Staatskonstruktion, die als groß angelegte Neufundierung einer absoluten Wertordnung zur Sophistik in schärfsten Gegensatz tritt, steht anderseits in ihrer ahistorischen Rationalität durchaus auf dem Boden dieser Bewegung. Sie hat auch Vorläufer, von denen wir zwei nennen können[3]: Hippodamos von Milet, der sich unter Perikles als Baumeister im Piräus betätigte, und Phaleas aus Chalkedon, der um 400 in seinem Entwurfe Gleichheit des Besitzes und der Erziehung sowie Verstaatlichung des Gewerbes verlangte.

Im gedanklichen Aufbau des platonischen Staates tritt der Wehr- und Wächterstand in den Vordergrund, der aus sich die Spitze der Herrscher hervorbringt. Von allem Anfang an stehen dabei die Fragen der Erziehung in der Mitte. Sie allein kann Platon die Möglichkeit bieten, den griechischen Königsgedanken des Einklanges von Macht und Recht (Solon 24, 16D. Aischylos fr. 381N.) unter dem Werthimmel seiner Ideenlehre politische Gestalt werden zu lassen. Neben den beiden genannten Ständen der Herrscher und Wächter tritt der dritte Stand der Erwerbenden ganz in den Hintergrund; er bleibt Objekt der Staatskunst, und man hat es Platon oft vorgehalten, daß er, sozialen Fühlens bar, den Lebensformen der Vielen gegenüber gleichgültig geblieben wäre. Dabei hat er es an markanten Stellen seines Werkes (420b. 466a. 519e) mit aller Entschiedenheit ausgesprochen, daß sein ganzer Ent-

[1] F. DORNSEIFF, *Herm.* 76, 1941, 11; vgl. JAEGER 2, 150. Entschieden tritt für den Frühansatz eines Dialoges *Thrasymachos* auf Grund der Sprachstatistik wieder ein H.-J. KRÄMER, *Abh. Akad. Heidelb. Phil.-hist. Kl.* 1959/6, 42.

[2] H. v. ARNIM, *Sitzb. Akad. Wien. Phil.-hist. Kl.* 169/3, 1912, 223. 230ff. Auch FRIEDLÄNDER und neuerdings GAISER und KRÄMER (s. die vorhergehende Anm.) halten an einem Frühdialog Thrasymachos fest.

[3] WILH. NESTLE, *Vom Mythos zum Logos*. Stuttg. 1940, 492.

wurf dazu da ist, um allen Teilen dieses Staates das höchste ihnen erreichbare Glück zu sichern[1]. Es muß hier auch der unbilligen Raschheit gedacht werden, mit der man in neuester Zeit Platons Staatsentwürfe kurzerhand mit den Auswüchsen autoritärer Systeme in Parallele gesetzt und im Zeichen einer schiefen Aktualisierung verurteilt hat[2]. Mit W. Fite zu behaupten, Platons Entwürfe seien aus der Ideologie einer die Menge verachtenden ‹leisure class› erwachsen, ist unverantwortliches Unrecht. Es gibt im ganzen Platon keine Zeile, die Macht um des individuellen oder klassenmäßigen Vorteils willen als erstrebenswert bezeichnete, wohl aber wird solches Machtstreben im Bilde des Tyrannen radikal verworfen. Platon hat wahrlich ausreichend dafür gesorgt, daß kein Zweifel an dem Ziel seines Idealstaates offen bleibe, die Menschen durch die Eingliederung in einen auf das Sittliche und damit auf das Vernünftige gegründeten Kosmos zu dem ihnen gemäßen Leben und damit zum Glücke zu führen. Ebenso klar ist es, daß die drei Stände nicht Kasten mit starren Grenzen sondern den Ort bezeichnen, an den der einzelne durch seine Fähigkeiten gewiesen ist. F. M. Cornford[3] hat gut bemerkt, daß Sokrates mit der sittlichen Reform des Individuums begann, wobei als Endziel eine Gesellschaft aus derart Gewandelten zu denken ist. Platon hingegen rechnet mit den individuellen Anlagen als Gegebenheit und macht das Beste daraus, indem er sie in ein dauerhaftes Gefüge einordnet. Eines ist freilich richtig, kann aber hier nur angedeutet werden: der Idealstaat Platons, den die Idee des Guten bis ins letzte durchdringt, der um des wahren Glückes seiner Bürger willen da ist und die schwersten Opfer zum Besten der anderen von den Herrschenden verlangt, ist auf die Entwicklung humaner Werte in jedem seiner Glieder angelegt; trotzdem kann er selbst in der Theorie sein hohes Ziel nicht erreichen, ohne daß er an verschiedenen Stellen jene Grenze überschreitet, die das heilsame Mittel von erstickendem Zwange scheidet. Hier wird die Eigengesetzlichkeit des Staatlichen als ein unheimliches Stück Lebenswirklichkeit sichtbar, und Platon hat das wohl empfunden, wenn er den Akzent immer wieder auf Erziehung und

[1] Kräftig arbeitet diesen Gesichtspunkt heraus R. W. Hall, *Plato and the Individual*. The Hague 1963.

[2] Begonnen haben mit den Angriffen auf Platon J. Dewey, *Reconstruction in Philosophy*. 1920, und *The Quest for Certainty*. 1929. Fortgesetzt haben sie W. Fite, *The Platonic Legend*. 1934, und besonders K. R. Popper, *The Open Society*. Lond. 1945; deutsch *Der Zauber Platons. Die offene Gesellschaft und ihre Feinde I.* Bern 1957. Auch A. H. S. Crossman, *Plato To-day*. Lond. 1957; 2. revid. Ausg. New York 1959 steht in dieser Front. Eine eingehende Widerlegung Poppers bei R. B. Levinson, *In Defense of Pl.* Cambr. Mass. 1953. Ferner J. Wild, *Pl.s Modern Enemies and the Theory of Natural Law*. Chicago 1953, der jedoch teleologische Motive in Platons Physisbegriff hineinträgt. Besonnen urteilt in diesen Fragen E. M. Manasse, *Bücher über Pl. Philos. Rundschau*. Beih. 2. Tübingen 1961, 162. Wichtig bleibt für die Beurteilung der *Politeia* F. M. Cornford, *The Republic of Pl.* New York 1954 (Erstdruck 1941), eine Übertragung mit Einführung und Komm. Ferner N. R. Murphy, *The Interpretation of Pl.s Republic*. Oxf. 1951, der für Platons Ethik und Politik Wirklichkeitsnähe beansprucht. J. Luccioni, *La pensée politique de Pl.* Paris 1958. R. W. Hall, ‹Justice and the Individual in the Republic›. *Phronesis* 4, 1959, 149. Gerechte Einschätzung ferner bei T. A. Sinclair, *A History of Greek Political Thought*. Lond. 1952. W. C. Greene, *Harv. Stud.* 61, 1953, 39. F. Mayr, ‹Freiheit und Bindung in Pl.s Politeia›. *Wien. Stud.* 75, 1962, 28. *Plato. Totalitarian or Democrat?* Essays selected and introduced by Th. L. Thorson. Englewood Cliffs. N. J. Prentice Hall 1963. *Plato, Popper and Politics. Some Contributions to a Modern Controversy*. Ed. by Renford Bambrough. Cambridge 1967 (Zahlreiche Beiträge aus den Jahren 1938–1966).

[3] *The Unwritten Philosophy and Other Essays*. Cambr. 1950, 59.

Überredung legt, um sturen Zwang zu meiden. Mit dem eben Gesagten hängt eine andere Schwierigkeit zusammen, der Platons Idealstaat ebensowenig entgehen kann wie jeder andere. Was hier gebaut wird, soll etwas Endgültiges, im Unveränderlichen Verharrendes sein. Ein solches kann aber der Dynamik des unaufhörlich strömenden Lebens gegenüber von vorneherein nicht Bestand haben und muß schon durch seinen Anspruch auf Dauer utopisch bleiben. Aber allen derartigen Einwänden gegenüber bleibt in Gültigkeit, was CORNFORD in seinem erklärenden Werk herausgearbeitet hat: Platons Analyse hat für alle Zeiten die Unvereinbarkeit einer auf Bereicherung und Machterweiterung abgestellten Politik mit einer auf hohe Ziele gerichteten aufgewiesen. Vielleicht ist der so vielfach vertretene Satz, Politik könne nun einmal kein sauberes Geschäft sein, in Wahrheit wirklichkeitsfremder als alles, was Platon in der *Politeia* geschrieben hat. Wobei es nun freilich darauf ankommt, was einer unter dem Wirklichen versteht.

Dieser Staatsentwurf beginnt als Gedankenexperiment, um die Gerechtigkeit aufzufinden, gewinnt aber immer mehr Eigenleben; obwohl ihn Platon nicht als konkreten Vorschlag für eine historische Situation vorlegt, läßt er den Gedanken der Realisierbarkeit, wenn auch am Rande und mit Betonung der Schwierigkeit, immerhin offen (499 c d u. a.).

Die ständische Dreiteilung des Staates wird mit den drei Seelenteilen der platonischen Psychologie in Parallele gesetzt. Ferner ordnet Platon hier und dort jedem Teile die ihm gemäße Tugend zu, so daß sich folgendes System ergibt:

Herrscher ἄρχοντες	die Vernunft λογιστικόν	Weisheit σοφία
Wächter φύλακες	das Muthafte θυμοειδές	Tapferkeit ἀνδρεία
Werkende δημιουργοί	das Begehren ἐπιθυμητικόν	Maßhalten σωφροσύνη

Nun treten auch Ort und Stelle der vierten Kardinaltugend, der Gerechtigkeit, hervor. Sie ist, wenn die Dinge in Ordnung sind, in allem und über allem, indem sie jedem Teil seinen richtigen Platz anweist und die Harmonie des Ganzen zusammenhält. JAEGER[1] hat gezeigt, wie dieses Bild einer Ordnung, die darauf beruht, daß jeder in seinen Grenzen das Seine tut (τὰ ἑαυτοῦ πράττειν), von der medizinischen Auffassung der Gesundheit als eines Gleichgewichtes bestimmt ist.

Das 5. Buch entwickelt die für den Wächterstand (nicht für die Werkenden) notwendigen Lebensformen, für die Platon die Ausschaltung privaten Besitzes zur radikalen Konsequenz der Weiber- und Kindergemeinschaft steigert. Auch die volle

[1] 3, 48 und *Eranos* 44, 1946, 123, wo auch die medizinische Herkunft des Ausdruckes θυμοειδές erläutert ist.

Gleichstellung von Frauen und Männern in der Leistung für den Staat war für Platons Zeit eine rationalistische Hyperbel, die übrigens in den *Gesetzen* (781a) stillschweigend zurückgenommen wird.

Noch im 5. Buche, fast genau in der Mitte des Werkes (473d), steht der Satz, der auch geistig die Mitte des Ganzen bildet: Wandel zum Guten kann im staatlichen Leben erst eintreten, wenn die Philosophen die Herrschaft ergreifen oder die Herrscher zu Philosophen werden. Es ist derselbe Satz, den Platon im *siebenten Briefe* (326a) als frühe Erkenntnis nach seiner Abkehr vom athenischen Staate gibt. Sinngemäß tritt das Werk, das als Frage nach der Gerechtigkeit begann und als Versuch eines Staatsbaues weitergeführt wurde, in den Bereich der reinen Philosophie, ohne daß eines der früheren Denkmotive aufgegeben würde. Wenn es sich nun bis zum Ende des 7. Buches vorwiegend um das Wesen und die Erziehung der Männer handelt, die als Philosophen im idealen Staate herrschen sollen, so ist damit der platonische Philosoph gemeint, und wir bewegen uns im Bereiche der Lehre vom wahren Sein. Die Herrscher, die aus dem Stande der Wächter hervorgehen und mitunter ebenfalls als solche bezeichnet werden, haben einen langen Weg ihrer Ausbildung zu gehen. Die alte Frage «Anlage oder Erziehung?» wird im Sinne der Bedeutung beider Faktoren entschieden. Die am besten Geeigneten steigen in einem langwierigen Stufengange über das Studium der Arithmetik und Geometrie, zu der die eben erst geschaffene Stereometrie tritt, der Astronomie und Harmonik zur reinen Dialektik auf. Dabei findet unter den Dreißigjährigen eine neue, engere Auslese statt, die wiederum die geeignetsten auf das letzte Wegstück entsendet; erst für den Fünfzigjährigen bedeutet die Schau der Idee des Guten die Erreichung des Zieles. Im Lichte dieser letzten und höchsten Erkenntnis werden die also Erzogenen den wahren Staat regieren.

Für die Ausbildung der Ideenlehre sind in diesem Teile vor allem drei aufeinanderfolgende Abschnitte wichtig. Gegen den Schluß des 6. Buches vergleicht Platon die Idee des Guten als Quelle des geistigen Seins, die den intelligiblen Gegenständen die Wahrheit und dem Erkennenden die Möglichkeit ihrer Erfassung gibt, mit der Sonne, die in der Welt des Sichtbaren die Dinge werden läßt, uns aber durch das Licht die Bedingung schafft, unter der wir sie sehen[1]. So ragt die Idee des Guten in einer Weise über alle anderen Ideen empor, die ihr als dem eigentlichen Seinsgrund die Stelle über dem Ideenkosmos anweist. Der Neuplatonismus ist hier in einem wesentlichen Punkte vorbereitet[2], auch liegt es nahe genug, die Idee des Guten mit Gott gleichzusetzen[3]. Daran schließt sich die Versinnbildlichung der Erkenntnis-

[1] K. Schmitz-Moormann, *Die Ideenlehre Pl.s im Lichte des Sonnengleichnisses des 6. Buches des Staates.* Diss. München 1957. Münster 1959.

[2] Herter (s. S. 573 A. 1) mit Lit. H. Dörrie, *Philos. Rundschau* 3, 1955, 20, zu Ph. Merlan, *From Platonism to Neoplatonism.* Den Haag 1953.

[3] Dagegen Ross (s. u.) 43, 235, anders Jaeger 3, 8 und W. J. Verdenius, ‹Pl.s Gottesbegriff› in *La notion du divin.* Vandoeuvres-Genève 1954, 273. Über die höchste Lust des Philosophen in der Schau des Wahren (*Pol.* 9, 582c. 585e) und die Annäherung (ὁμοιοῦσθαι) an Gott (*Theait.* 176b. *Tim.* 90d) H. Merki, Ὁμοίωσις. Freiburg (Schweiz) 1952.

stufen durch eine Linie, die, in zwei Teile geteilt, das Reich des Sichtbaren und das des Geistigen symbolisiert. Jeder Teil ist wieder im Verhältnis der Hauptteile durchschnitten, so daß sich nun vier Stufen abzeichnen: das Vermuten auf Grund von Spiegel- oder Schattenbildern (εἰκασία), das Zutrauen in die unmittelbare sinnliche Wahrnehmung (πίστις), die auf sichtbare Gestalten gegründeten Operationen der Vernunft (διάνοια, Beispiel die Geometrie) und als letzte Stufe die in der Dialektik gewonnene Einsicht in die Welt des Absoluten (νόησις). Am Beginn des 7. Buches folgt als großartiges Bild für den Weg des erkennenden Menschen zur Wahrheit des Seins das Höhlengleichnis, das in der Antike und über sie hinaus eine mächtige Wirkung entfaltet. Fünf Stufen[1] lassen sich scheiden, deren erste vier sichtlich zu den eben erwähnten Erkenntnisgraden in Parallele stehen. Die in der Höhle mit dem Rücken zum Ausgang Gefesselten sehen nur die Schattenbilder der draußen vorbeigetragenen Gegenstände an der Wand, sie sind die im Bereiche des Wähnens, der δόξα, Verfangenen. Von ihren Fesseln befreit dürfen sie die Dinge selbst im Scheine des künstlichen Feuers und dieses Feuer schauen. Sind sie der Höhle entstiegen, dann stehen sie im hellen Tag und sehen die Dinge im Sonnenlichte. Auf diese dritte Stufe folgt nach langer Mühe auf einer vierten die Schau dieses Lichtes selbst, das als Symbol des Höchsten die Idee des Guten bedeutet. Auf der fünften Stufe kehren sie als Erleuchtete in die Höhle zurück, um aus ihrem Wissen auf andere zu wirken. Diese Rückkehr ist harte Pflicht und entspricht der ethischen Notwendigkeit, die den Philosophen aus dem Glück der vita contemplativa in die vita activa des staatlichen Lebens zwingt. Die beiden im Denken des ausgehenden 5. Jahrhunderts streng geschiedenen Begriffe treten bei Platon in eine neue Verbindung eigener Art.

Das 8. und 9. Buch stellen die Entartung der idealen, von der Gerechtigkeit getragenen Staatsform in absteigender Linie über Timokratie, Oligarchie und Demokratie bis zur Tyrannis dar. Dabei wird die Parallele zwischen Staat und Einzelseele auch in der Darstellung des Verfalles durchgeführt und eine Fülle tiefer historischer und psychologischer Einsichten entfaltet.

Das 10. Buch[2] haben viele als eine Art von Nachtrag genommen, in dem Platon noch verschiedene Gedanken anfügen wollte. Bis auf den großartig krönenden Schluß kann das gelten. Wichtig ist der Abschnitt, in dem die Dichterkritik aus dem Ende des zweiten und dem Anfang des dritten Buches aufgenommen und begründet wird. Hier steht die befremdliche Abwertung der Kunst als bloßer Nachahmung der an sich bereits die Ideen nachahmenden Gegenstände unserer Sinnenwelt, hier auch die Absage an die nationale Dichtung als Gefährdung des richtigen Seelenzustandes durch die Leidenschaften. Bei dem so problemreichen und durchaus nicht einheitli-

[1] Vgl. E. M. Manasse, *Philos. Rundschau*. 5. Jahrg. 1. Beiheft. Tübingen 1957, 23 zu M. Heidegger, *Platons Lehre von der Wahrheit*, Bern 1947. M. Zepf, ‹Der Mensch in der Höhle und das Pantheon›. *Gymn.* 65, 1958, 355.

[2] J. Ferguson, *Platon Republic, book 10*. London 1957.

chen Verhältnis Platons zur Kunst[1] ist eines sicher: der Kampf zwischen dem Künstler und dem Philosophen hat sich in Platons eigener Brust abgespielt. Wenn wir (608a) lesen, wie hart Platon gegen seine Bezauberung durch Homer ankämpft, werden wir das Starre seines Urteilens aus der Mühe verstehen, mit der es sich ein Denker abgerungen hat, der selbst ein begnadeter Dichter war.

Den Schluß bildet der dritte von Platons großen Jenseitsmythen[2], die Erzählung des Armeniers Er von dem Schicksal der Seele, die durch die Geburten wandert und dabei ihr Los durch die Wahl künftigen Lebens mitentscheidet. Hier stellt sich eine äußerst schwierige Frage, die auch vor anderen Teilen des platonischen Werkes wie etwa der seltsamen Zahlenspekulation im 8. Buche der Politeia (546b) notwendig wird: welche Elemente seines Werkes sind Platon aus dem Orient zugekommen? Dabei läßt sich an die Vermittlung durch Zeitgenossen wie Eudoxos von Knidos denken, auch wird unter den Besuchern der Akademie ein Chaldäer genannt (Ind. Acad. p. 13 M.). Die Vermutung solcher Beziehungen hat im Altertum zu Erfindungen von Platons Reisen nach dem Osten, in neuerer Zeit aber zu lebhaften Diskussionen[3] geführt, die noch im Flusse sind. Soviel darf gesagt werden, daß für einzelne Elemente, die so fremd im Werke stehen wie die erwähnte Zahlenspekulation, Herkunft aus dem Orient sehr wahrscheinlich ist, die konstitutiven Elemente der platonischen Lehre aber durchaus griechischen Ursprunges sind.

Es folgen Dialoge, die vor allem durch das stärkere Hervortreten der Dialektik[4] in engeren Zusammenhang rücken. Der *Parmenides*[5] bringt den greisen Eleaten und

[1] H. GUNDERT, ‹Enthusiasmos und Logos bei Pl.›. *Lexis* 2, 1949, 34. P.-M. SCHUHL, *Pl. et l'art de son temps (arts plastiques)*. 2. éd. Paris 1952. B. SCHWEITZER, *Pl. und die bildende Kunst der Griechen*. Tübingen 1953. R. C. LODGE, *Pl.s Theory of Art*. Lond. 1953. E. HUBER-ABRAHAMOWICZ, *Das Problem der Kunst bei Pl.* Winterthur 1954. P. VICAIRE, *Platon. Critique littéraire*. Paris 1960; ders. *Recherches sur les mots désignant la poésie et le poète dans l'œuvre de Platon*. Paris 1964. L. RICHTER, *Zur Wissenschaftslehre von der Musik bei Pl. und Aristoteles*. Berl. 1960 *(D. Akad. Schr. d. Sekt. f. Altertumsw. 23)*. E. A. HAVELOC, *Preface to Plato*. Oxford 1963, wertet Platons Feindschaft gegen die Dichter als Notwendigkeit auf dem Wege zu abstrakter Denk- und Sprechweise. W. J. VERDENIUS, *Mimesis. Plato's Doctrine of Artistic Imitation and its Meaning to us*. 2nd impr. Leiden 1967. E. N. TIGERSTEDT, *Plato's Idea of Poetical Inspiration*. Societas Scientiarum Fennica Helsinki 44/2, 1969.

[2] K. REINHARDT, *Pl.s Mythen*. Bonn 1927.

[3] J. KERSCHENSTEINER (vgl. S. 571 A. 3) mit reicher Lit. A.-J. FESTUGIÈRE, ‹Pl. et l'Orient›. *Rev. phil.* 21, 1947, 1. W. J. W. KOSTER, *Le mythe de Pl., de Zarathoustra et des Chaldéens*. Leiden 1951. W. BRANDENSTEIN, ‹Iranische Einflüsse bei Pl.›. *Miscellanea G. Galbiati* 3, 1951, 83. SARTON (s. u.), 435. Ältere Lit. zu Platon und Orient: J. BIDEZ et F. CUMONT, *Les mages hellénisés* I 1938, 170, 1, und J. BIDEZ, *Eos ou Platon et l'Orient*. 1945, 126ff.

[4] Über den Begriffswandel von ‹Dialektik› A. WENZL, *Sitzb. Bayer. Akad. Phil.-hist. Kl.* 1959/8, 9.

[5] Für diesen und die folgenden Dialoge zu den in GIGONS Bibliographie genannten Werken besonders Ross (s. u.). Für *Parm.* und *Soph.* mit anderer Auffassung F. M. CORNFORD, *Pl. and Parmenides*. 3. Aufl. Lond. 1951. Neudruck New York 1957; Übers. u. Komm. CORNFORD meint, daß Parmenides bei Platon, im Gegensatz zum historischen Denker, die pythagoreische Evolutionslehre erneuere, die von der Einheit zur Vielheit der wahrnehmbaren Gegenstände führe. Zum Dialog ferner: W. F. LYNCH, *An Approach to the Metaphysics of Plato through the Parmenides*. Georgetown Univ. Press 1959. A. SPEISER, *Ein Parmenideskommentar. Studien zur plat. Dialektik*. 2. erw. Aufl. Stuttg. 1959. E. A. WYLLER, *Pl.s Parmenides in seinem Zusammenhang mit Symposion und Politeia. Interpretationen zur plat. Henologie*. Oslo 1960. Vgl. auch W. BRÖCKER, *Gnom.* 30, 1958, 517. J. M. RIST, ‹The Neoplatonic One and Plato's 'Parmenides'›. *Trans. Am. Phil. Ass.* 93, 1962, 389. K. FR. JOHANSEN, *Studier over Platons Parmenides i dens forhold til tidligere platoniske dialoger*. København 1964. ANG. DIÈS, *Platon, Parménide. Théétète. Le Sophiste*. Paris 1965 (doppelspr.). CL. MORESCHINI, *Platonis Parmenides, Phaedrus*. Rom 1966 (Mit knappem krit. Apparat).

Zenon mit dem jungen Sokrates ins Gespräch, wobei die umständliche Einkleidung als Erzählung von Erzähltem wiederum die Fiktion unterstreicht. Der äußerst schwierige und kontrovers gedeutete Dialog gibt in seinem ersten Teile eine Kritik der Ideenlehre durch Parmenides, die unter anderem bei den Formulierungen für die «Teilhabe» der Sinnendinge an den Ideen einsetzt. Hier behauptet die Auffassung, daß sich Platon mit Schwierigkeiten seiner Lehre auseinandersetzt, die sich ihm selbst oder anderen ergaben, die größte Wahrscheinlichkeit. Der zweite Teil führt uns mit seiner verwickelten und vielfach angreifbaren Argumentation in ein dialektisches Gymnasion, das die Kräfte für die Bewältigung der früher gezeigten Probleme schulen soll. Vor anderen Problemen, die dieser Teil stellt, ist die Frage wichtig, wie weit hinter den acht das Eine betreffenden Hypotheseis ein Stück platonischer Ontologie sichtbar wird. Etwa so, daß hinter diesen Versuchen mit ihren Antinomien der für Platon fundamentale Dualismus von Einheit und Vielheit stünde, der sich das Eine in die Vielheit des Anderen hinein entfalten läßt und dieses dadurch zur eigentlichen Seiendheit erhebt[1].

Der *Theaitet* gibt ein wichtiges Kapitel platonischer Erkenntnislehre. Es ist für Platons hohe Schätzung der Mathematik[2] als Vorschule für den Weg des Dialektikers zu wahrem Wissen kennzeichnend, daß als Partner des greisen Sokrates der junge Theaitet mit seinem Lehrer Theodoros von Kyrene erscheint. Theaitet, dem die Begründung der Stereometrie und die Lehre von den fünf regelmäßigen Körpern zugeschrieben wird, war 369 im Kriege mit den Thebanern tapfer kämpfend gefallen, ein harter Verlust für die Akademie. Der Dialog, der sein Andenken festhält, fragt nach Wesen und Arten des Wissens. Die mühevolle Trennung von sinnlicher Wahrnehmung, richtiger Ansicht und wahrem Wissen führt für das letztere zu keiner stichhaltigen Definition, schafft aber, ohne daß von Metaphysik oder Ideenlehre die Rede wäre, doch für diese die erkenntniskritischen Voraussetzungen. Es ist verständlich, daß neuere Philosophen gerade diesem Werke programmatische Bedeutung beimaßen. Wichtig ist in ihm die sogenannte Apologie des Protagoras, die wesentliche Einsichten in die Lehre dieses Sophisten ermöglicht.

Im *Phaidros*[3] zeigt sich Platons künstlerische Gestaltungskraft noch einmal auf vol-

[1] So durchaus zuversichtlich H. J. KRÄMER, *Arete bei Pl. u. Aristoteles. Abh. Akad. Heidelb. Phil.-hist. Kl.* 1959/6, 262. Zur Ideendialektik in *Parm.*, *Soph.* und *Philebos:* EUG. DÖNT, *Platons Spätphilosophie und die Akademie*. Sitzb. Öst. Ak. Phil.-hist. Kl. 251/3, 1967, 33.

[2] CH. MUGLER, *Pl. et la recherche mathématique de son époque*. Strasbourg 1948. A. WEDBERG, *Pl.s Philosophy of Mathematics*. Stockholm 1955. G. MARTIN, *Klassische Ontologie der Zahl*. Köln 1956. Zum Dialog: W. G. RUNCIMAN, *Plato's Later Epistemology*. Cambridge 1962. J. SPRUTE, ‹Über den Erkenntnisbegriff in Platons Theaitet›. *Phronesis* 13, 1968, 47. K. v. FRITZ, *Platon, Theaetet und die antike Mathematik. Mit einem Nachtrag zum Neudruck*. Darmstadt 1969 (aus *Phil.* 87, 1932, 40). Übers. mit Erl.: A. RUSSO–M. SANTANIELLO. Messina 1967.

[3] R. HACKFORTH, *Pl.s Phaedrus* (Übers. mit Komm.). Cambr. 1952; Neudruck New York 1960. Mit span. Übersetzung: LUIS GIL FERNANDEZ. Madrid 1957. W. BUCHWALD, München 1964 (Tusculum-Bücherei; doppelspr.). W. J. VERDENIUS, ‹Notes on Pl.s Ph.›. *Mnem.* s. 4, 8, 1955, 265. Vgl. GUNDERT (s. S. 597 A. 1). Musterreden: W. STEIDLE, *Herm.* 80, 1952, 258, 4. Für späte Datierung des Dialoges: O. REGENBOGEN, *Miscellanea Academica Berolinensia*. 2/1, 1950, 201; jetzt *Kl. Schr.* Münch. 1961, 248. P. PLASS, ‹The unity of the Phaedrus›. *Symb. Osl.* 43, 1968, 7. G. J. DE VRIES, *A Commentary on the Phaedrus of Plato*. Amsterdam 1969. Übers. von E. SALIN, Frankfurt a. M. 1963.

ler Höhe, ehe sich in den späteren Dialogen ihr Nachlassen zu erkennen gibt. Außerhalb der Stadt unter einer mächtigen Platane, die sich nahe einem Nymphenheiligtum über einer Quelle wölbt, vollzieht sich das Gespräch zwischen Sokrates und Phaidros. In zwei Teilen verläuft es, deren Einheit in ihrer Beziehung auf die Rhetorik gelegen ist. Der erste umfaßt drei Reden, in denen es um den Eros geht. Zunächst trägt Phaidros eine Rede des Lysias vor, die Sokrates sogleich durch eine eigene überbietet. Sie ist im selben Geiste gehalten und schildert den Eros als unheilvollen Wahnsinn. In der dritten Rede folgt jedoch die Palinodie, indem Sokrates nun, selbst ein vom Eros Erfüllter, diesen als den göttlichen Wahnsinn feiert, der dem seherischen, kathartischen und dichterischen Enthusiasmus aufs engste verwandt ist. Hier hat Platon das Bild von dem Seelenwagen mit seinen beiden Flügelrossen geformt, die der «beste Teil» der Seele lenkt. Aufwärts zum Ewigen lenkt, wenn er stark genug ist, das Unreine der Seele zu beherrschen.

Führt von den Erosreden des ersten Teiles eine Linie zum *Symposion*, so weist der zweite mit der Frage nach dem Wesen echter Rhetorik auf den *Gorgias* zurück. Wahrer Rhetor kann nur der Philosoph sein, der um das wirkliche Wesen der Dinge weiß, über die er spricht. Da der Weg zum Wissen aber über die Dialektik geht, ist sie das einzige Mittel, um die Rhetorik zu einer echten Techne zu machen. Die beiden Grundelemente platonischer Dialektik, die Zerlegung der Begriffe (Diairesis) und die sinnvolle Vereinigung des Getrennten (Synagoge), zeichnen sich im *Phaidros* deutlich ab.

Im *Theaitet* war man auseinandergegangen, um sich am nächsten Morgen wieder zu treffen. Das gibt die Voraussetzung für den *Sophistes* und den *Politikos*[1]. Zu Sokrates, Theodoros und Theaitet tritt hier noch der Fremde aus Elea, Symbol für die vertiefte Beziehung zur eleatischen Schule. Mußte Platon auch den extremen Seinsmonismus des Parmenides ebenso wie die radikale Trennung des intelligiblen Einen von der Welt des Werdens ablehnen, so hat die parmenideische Auffassung vom Sein doch zu einem nicht geringen Teile seine Lehre vorbereitet. Bedeutungsvoll ist im *Sophistes* das völlige Zurücktreten des Sokrates. Die von ihm ausgehenden Im-

[1] F. M. CORNFORD, *Plato's Theory of Knowledge. The Theaetetus and The Sophist of Pl. Translated with a Running Commentary*. Lond. 1935. 4. impr. 1951. New York 1957 (Libr. of Lib. Arts 100), nimmt die beiden Dialoge als komplementär. Der *Sophistes* gibt der Ideenlehre ihren Platz im Erkennen und gliedert das in Bewegung befindliche Sein des Geistes in den Bereich des Seienden ein. E. M. MANASSE, *Pl.s Sophistes und Politikos. Das Problem der Wahrheit*. Berlin 1937: Zum Verhältnis der beiden Dialoge zueinander und zum *Theaitet*. J. B. SKEMP, *Pl.' Statesman. A Translation of the Politicus of Pl. with Introductory Essays and Footnotes*. Lond. 1952, mit durchaus unsicherer Datierung des Dialogs vor 362/61, weil Platon, nachdem er es abgelehnt hatte, Dions Expedition zu unterstützen, nicht gut Gewalt als Mittel zur Rettung des Staates hätte gutheißen können. H. HERTER, ‹Gott und die Welt bei Pl. Eine Studie zum Mythos des Politikos›. *Bonner Jahrb.* 158, 1958, 106. Zum *Sophistes* das zum *Theaitet* genannte Buch von W. G. RUNCIMAN. A DIÈS, *Définition de l'être et nature des idées dans le 'Sophiste' de Platon*. 2. éd. Paris 1963. W. KAMLAH, *Platons Selbstkritik im Sophistes*. Zet. 33. München 1964. R. MARTEN, *Der Logos der Dialektik. Eine Theorie zu Platons 'Sophistes'*. Berlin 1965. M. FREDE, *Prädikation und Existenzaussage. Platons Gebrauch von '-ist' und 'ist nicht' im Sophistes*. Hypomn. 18. Göttingen 1967. J. MALCOLM, ‹Plato's analysis of τὸ ὄν and τὸ μὴ ὄν in the Sophist›. *Phronesis* 12, 1967, 130. R. WIEHL, *Sophistes*. Griech.-deutsch. 3. Aufl. Hamburg 1967. H. MEINHARDT, *Teilhabe bei Platon. Ein Beitrag zum Verständnis platonischen Prinzipiendenkens unter bes. Berücksichtigung des 'Sophistes'*. Freiburg i. Br. 1968.

pulse sind noch immer da, treiben aber nicht mehr das Ganze. Nach dem Wesen des Sophisten wird gefragt, und das heuristische Mittel ist jene Diairesis[1], die bereits in früheren Dialogen ihre Rolle spielte, nun aber in den Vordergrund tritt. Auch beginnt sich das Problem abzuheben, das den alten Platon besonders beschäftigte: die Beziehung zwischen den einzelnen Ideen und die Möglichkeit, sie in ein System zu bringen.

Ebenfalls unter Anwendung der Diairesis und mit grundsätzlichen Ausführungen zu ihrer Methodik wird im *Politikos* nach dem Wesen des Staatsmannes gefragt. Wieder einmal greift Platon zum Mythos, um durch sein Bild von der Entwicklung der Menschheit auf die Voraussetzung alles Herrschens zu weisen. Das politische Ideal erfüllt sich im wahren Staatsmann, der das wahre Wissen besitzt und an Bedeutung weit vor allen schriftlichen Gesetzeswerken steht. Solche werden ja auch in der *Politeia* durch die richtige Erziehung der Regierenden überflüssig. Daß Platon bei der programmatischen Zeichnung des rechten Politikers an Dion dachte, hat man immer wieder behauptet, und die Möglichkeit ist nicht zu leugnen. Die im *Sophistes* 217a angekündigte Bestimmung des Sophisten, Politikers und Philosophen bleibt für den an letzter Stelle Genannten unausgeführt. Man hat viel darüber gerätselt, warum Platon einen eigenen Dialog *Philosophos* nicht geschrieben habe, doch ist es am wahrscheinlichsten, daß er ernsthaft diese Absicht nie hatte[2].

Die Fragestellung des *Philebos*[3] ist im Vordergrunde eine durchaus ethische: stellt die Lust oder die Erkenntnis das höchste Ziel dar, auf das wir unser Leben richten sollen? Und es stellt sich heraus, daß zur Erfüllung der guten Lebensform weder das eine noch das andere reicht, sondern eine Mischung von beiden nötig ist. Verhandelt wird der Gegenstand aber durchaus auf der Ebene ontologischer Problematik. Die Lust als solche und die Erkenntnis als solche teilen sich je in eine Vielheit, wobei die Durchführung des Gedankens zu ausgiebiger Anwendung der Diairesis führt. Zugleich taucht wieder das Grundproblem der Ideenlehre mit der Frage auf, wie die Einheit der Idee mit der Vielheit der erscheinenden Dinge vereinbar sei, die an ihr Anteil haben[4]. Als spätes Werk bekundet sich der *Philebos* durch die Forderung, bei der diairetischen Ermittlung des Aufbaues der Welt jeweils die Zahl der durch Teilung

[1] Zur Diairesis-Methode KARSTEN FRIIS JOHANSEN. *Class. et Mediaev.* 18, 1957, 23. H. KOLLER, ‹Die dihäretische Methode›. *Glotta* 39, 1960, 6. Fraglich bleibt der Versuch, diese Methode mit Demokrits Atomismus in Zusammenhang zu bringen; vgl. J. STENZEL ‹Platon und Demokritos› in *Kl. Schr. zur griech. Philosophie.* Darmstadt 1956, 60.

[2] So urteilt P. FRIEDLÄNDER, *Platon.* 2. Aufl. 3. Bd. Berl. 1960, 261 mit Lit. in Anm. 5. H. J. KRÄMER (s. S. 589 A. 3), 317, hält eine Rekonstruktion des geplanten Inhaltes für möglich, kommt aber zu dem Schlusse, daß Platon den Dialog nicht schreiben durfte, weil er durch ihn sein Philosophieren zum Stillstand gebracht hätte; S. 247, 7 gibt er Lit.

[3] A. E. TAYLOR, *Pl. Philebus and Epinomis. Transl. and Introd.* Ed. by R. KLIBANSKY with G. CALOGERO and A. C. LLOYD.Lond. 1956. R. HACKFORTH, *Pl.s Examination of Pleasure.* Cambr. 1945. Nachdr. New York 1960. H.-D. VOIGTLÄNDER, *Die Lust und das Gute bei Pl.* Diss. Frankf. 1959; Würzb. 1960. H. P. HARDING ‹Zum Text des plat. Philebos›. *Herm.* 88, 1960, 40.

[4] EDITH W. SCHIPPER, *Form's in Plato's later dialogues.* Den Haag 1965, will an Parm. Soph. Philebos und Tim. zeigen, daß die Ideenlehre für Platon zentral wichtig blieb.

ermittelten Glieder zu berücksichtigen. Durch die Betonung dieses Elementes weist der Dialog auf das Alterswerk Platons, das die größte Wirkung auf die Folgezeit ausgeübt hat, den *Timaios*[1].

Gedacht war dieser Dialog als der erste einer Trilogie, die sich mit dem *Kritias*, der unvollendet blieb, und einem nicht mehr niedergeschriebenen *Hermokrates* fortsetzen sollte. Das Ganze war bestimmt, eine Geschichte der Welt vom Werden des Kosmos bis zur Entwicklung und Degeneration des staatlichen Lebens sowie einen Ausblick auf dessen Wiederherstellung zu geben. Am Beginne des *Timaios*, der seinen Titel nach dem Hauptredner, dem Pythagoreer Timaios aus Lokroi, trägt, wird das Atlantismotiv angeschlagen, über das wir zum *Kritias* sprechen. Den ersten Hauptteil füllt die von Timaios vorgetragene Kosmogonie, die sich als Mythos gibt, freilich als einer, der für seine Grundzüge Wahrscheinlichkeit beansprucht. Neu ist in diesem Alterswerk die entschlossene Hinwendung zur Kosmologie, neu sind auch Gestalt und Rolle des göttlichen Weltbaumeisters, des Demiurgen. Er ist keineswegs Schöpfer aus freier Hand, über ihm stehen die ewigen Ideen und mit dem Blick auf sie bildet er die sichtbaren Dinge zu einem Reich der Ordnung, zu einem Kosmos[2]. Das alte Problem der Teilhabe der körperlichen Welt an den Ideen hat so eine mythisch-personale Lösung gefunden. Der Kosmos hat die vollendetste Gestalt, also die der Kugel, und ist als großes, vernünftiges Wesen von der Weltseele erfüllt und gelenkt. Am sinnfälligsten manifestiert er sich als geistbestimmt in den regelmäßigen Bahnen der Gestirne, die ein Geschlecht von Göttern sind. Neu ist auch die Bedeutung des Raumes, der als Stätte des Werdens zum erstenmal als Allgemeinbegriff gefaßt wird.

In einem zweiten Teile des Dialoges tritt neben die teleologische Erklärung der Welt die kausal-mechanistische. Bei der Weltentstehung spielt außer dem Sein der Ideen, nach dem der Demiurg das Werden der Dinge lenkt, auch der dunkle Bereich der Ananke seine Rolle. Dabei sind Gedanken an einen Dualismus nach Art des iranischen fernzuhalten; die Vernunft weiß die Ananke zum größten Teile zur besten Ordnung zu überreden (48a), aber ein ungelöster Rest bleibt übrig und mit ihm notwendig Unvollkommenheit und Übel[3]. In diesem Abschnitt gibt Platon eine Erklärung des Aufbaues der Welt aus den vier Elementen, die durchaus mathematisch-

[1] F. M. CORNFORD, *Plato's Cosmology. The Timaeus of Pl. Translated with a Running Commentary.* Lond. 1937; 4. impr. Lond. 1956. New York 1957 (Libr. of Lib. Arts 101). H. CHERNISS, ‹The Relation of the Timaeus to Plato's Later Dialogues›. *Am. Journ. Phil.* 78, 1957. 225. CH. MUGLER, *La physique de Platon. Et. et comm. 35.* Paris 1960. H. MORIN, *Der Begriff des Lebens im 'Timaios' Platons unter Berücksichtigung seiner früheren Philosophie.* Stockholm 1965. D. J. SCHULZ, *Das Problem der Materie im plat. 'Timaios'.* Bonn 1965. B. DISERTORI, *Il messaggio del Timeo.* Padova 1965. A.-J. FESTUGIÈRE, *Proclus. Commentaire sur le Timée. Trad. et notes.* I Paris 1966. II 1967.

[2] Zum Begriff W. KRANZ, *Kosmos.* Bonn 1956. I. KERSCHENSTEINER, *Kosmos. Quellenkritische Untersuchungen zu den Vorsokratikern. Zet.* 30. Münch. 1962, 226. Über platonische Religiosität mit besonderer Beziehung auf den Gestirnglauben: A.-J. FESTUGIÈRE, *Personal Religion among the Greeks.* Univ. of. Calif. Press 1954, 45.

[3] F.-P. HAGER. ‹Die Materie und das Böse im antiken Platonismus›. *Mus. Helv.* 19, 1962, 73: ders., *Die Vernunft und das Problem des Bösen im Rahmen der plat. Ethik und Metaphysik.* Noctes Romanae 10. Bern 1963. Er sieht das Prinzip des Bösen im Materiellen, das von der Vernunft beherrscht werden kann.

konstruktiv ist. Theaitet hatte die Stereometrie ausgebaut und die Lehre von den fünf allein möglichen regulären Körpern entwickelt. Vier von ihnen (das Dodekaeder bleibt dem All vorbehalten, 55 c) werden für die Erklärung des Aufbaues von Feuer, Luft, Wasser und Erde aus so geformten Körpern verwendet. Deren Flächen zerfallen wieder in Dreiecke, mit denen die kleinsten Bauformen gefunden sind. Ihre Zusammensetzung kann wechseln, so daß der Übergang von einem Element zu einem anderen möglich ist. Man hat in diesem Entwurf vor allem Auseinandersetzung mit Demokrit gesehen[1], doch steht er durch Abhängigkeit und Gegensatz mit der gesamten vorausgegangenen Naturphilosophie in Beziehung. Der dritte Teil des Werkes schildert in gleich spekulativ-konstruierender Haltung den physischen und psychischen Aufbau des Menschen.

Kein anderer Dialog hat so nachhaltig gewirkt wie dieser[2]. Dabei darf man es Platon nicht zur Last legen, daß spätere Zeiten jedes Wort seines Mythos als wissenschaftliche Erkenntnis genommen haben. Dem ersten Kommentar des Krantor von Soloi (zirka 300 v. Chr.)[3] folgten verschiedene andere, Teile des Dialoges lesen wir in der Übersetzung Ciceros, und jene des Calcidius (4. Jh. n. Chr.)[4] ist bis zur Übersetzung des *Menon* und *Phaidon* im 12. Jahrhundert der einzige platonische Text gewesen, den das Mittelalter kannte. Nicht weniger bedeutend als die lateinische war die arabische Tradition, die im 9. Jahrhundert einsetzte.

Unvollendet ist der *Kritias* geblieben, aber das Fragment genügte, um eine unausrottbare Torheit in die Welt zu setzen[5]. Ein als Idealstaat gedachtes Urathen wird in einem schweren Kampfe in Bewährung gezeigt. Zu bestehen hatte es ihn vor 9000 Jahren gegen das mächtige Land Atlantis, das in den Ozean versunken ist. Der Schöpfer dieses Mythos, der phantasievoll und beziehungsreich ist wie seine anderen auch, konnte nicht ahnen, daß man Jahrtausende später Atlantis mit demselben verbissenen Ernste suchen würde, mit dem man die Fahrten des Odysseus in die Karten zeichnet.

[1] Lit. bei LEISEGANG (s. u.) 2509. Wichtig ist A. E. TAYLORS Timaioskomm. Oxf. 1928. Die Linien zum neuen Weltbild der Physik zieht W. SCHADEWALDT, ‹Das Welt-Modell der Griechen›. *Neue Rundschau* 68, 1957, 187; jetzt in *Hellas und Hesperien*. Zürich 1960, 426. So auch P. FRIEDLÄNDER im Exkurs ‹Platon als Physiker› im 1. Bde. seines *Platon* (2. Aufl. 1954); doch warnt E. M. MANASSE, *Philos. Rundschau* 5, *Beih.* 1, 1957, 15, vor zu raschen Analogien.

[2] Nachweise bei SARTON (s. u.) 428; vgl. auch G. S. CLAGHORN, *Aristotle's Criticism of Pl.s Timaeus*. The Hague 1954.

[3] Dieser Akademiker, Schüler des Xenokrates und Polemon, hat auch eine Trostschrift Περὶ πένθους verfaßt, um deren Rekonstuktion man sich vielfach bemühte. Gesunde Skepsis zeigt R. KASSEL, *Untersuchungen zur griech-röm. Konsolationsliteratur*. Zet. 18. München 1958. Zuversichtlicher ist H.-Th. JOHANN, *Trauer und Trost. Eine quellen- und strukturanalytische Untersuchung der philosophischen Trostschriften über den Tod*. München 1968 (Studia et testimonia antiqua 5).

[4] J. C. M. VAN WINDEN, *Calcidius on Matter. His Doctrine and Sources. A Chapter in the History of Platonism*. Leiden 1959. repr. 1965. Ausgabe: J. H. WASZINK, London u. Leiden 1962; ders. *Studien zum Timaioskomm. des Calcidius* 1. Leiden 1964. J. DEN BOEFT, *Calcidius on fate. His doctrine and sources*. Leiden 1970 (Philos. Antiqua 18).

[5] Vlg. H. HERTER, ‹Altes und Neues zu Pl.s Krit.›. *Rhein. Mus.* 92, 1944, 236; ders., ‹Das Königsideal der Atlantis›. *Rhein. Mus.* 109, 1966, 236. LEISEGANG (s.u.), 2512. P. FRIEDLÄNDER, *Platon*. 2. Aufl. Bd. 1, Berl. 1954, 213. 272; Bd. 3, Berl. 1960, 357. Neuere Lit. bei H. CHERNISS, *Lustrum* 4, 1959 (1960), 79.

Platon hat diese und andere Arbeiten wohl um des umfangreichsten seiner Werke, um der *Gesetze (Nomoi)*[1] willen zurückgestellt. Hier ist Sokrates nicht mehr am Gespräche beteiligt, was schon dessen Schauplatz auf Kreta ausschließt. Drei Greise, ein Athener, der das Gespräch führt und ohne Namen bleibt, der Kreter Kleinias und der Spartaner Megillos, wandern von Knossos zu der Berghöhle, in der Minos von Zeus die Gesetze empfing. Die ersten drei der zwölf Bücher enthalten grundsätzliche und einleitende Erwägungen, mit dem vierten beginnt der Bau eines Staates in Gedanken; es ist der zweite, den Platon errichtet hat. Der *Politeia* und dem *Politikos* gegenüber ist ein tiefreichender Wandel eingetreten. Während dort die Rolle der Gesetze weit hinter den Hoffnungen zurücktrat, die Platon auf den philosophisch erzogenen Herrscher oder eine Gruppe von solchen setzte, sind hier die Akzente vertauscht. Wohl ist von einem jungen Alleinherrscher (τύραννος) mit großen Anlagen die Rede (709e), der mit dem geeigneten Gesetzgeber zusammentreffen muß, damit in dieser Begegnung von Macht und Weisheit die richtige Verfassung erstehe; auch läßt sich der «nächtliche Rat», der den Geist der Gesetze und damit die richtige Wertordnung zu wahren hat, mit der zum Herrschen bestimmten Gruppe der Wächter in der *Politeia* vergleichen; ausdrücklich sagt uns aber Platon in diesem Werk, daß einziger Herrscher über alle das Gesetz ist, dem auch die Regierenden als Sklaven dienen (715d). Ein anderer Unterschied hängt mit diesem zusammen: auch die *Politeia* sucht das Glück aller, aber sie vertraut darauf, daß die richtige Führung durch die richtig Erzogenen dieses Glück schaffen werde, und bemüht sich nicht um kodifizierte Lebensnormen für den dritten Stand. Anders entwickeln die Gesetze eine Fülle von Vorschriften, die in großer Breite die Bevölkerung im ganzen erfassen und lenken. Nicht in der Methode, die theoretisch-spekulativ bleibt, wohl aber in der Wahl der Objekte ist dieses Werk empirischer geworden, stärker dem Gegenständlichen zugewandt, wie dies der *Timaios* für den Kosmos erkennen ließ.

Es liegt auf derselben Linie, daß die Ideenlehre so weit zurücktritt, daß einzelne Erklärer sie den *Gesetzen* zur Gänze absprechen[2]. Das geht nicht an, denn die Gesetzeswächter werden angewiesen, zu der «einen Idee» aufzublicken (965c), die nichts anderes sein kann als die des Guten, Urquell aller Werte[3]. Wohl aber tritt der Glaube an Gott als höchsten Lenker und an die Manifestationen des Göttlichen in den Gestirnen in einer Weise hervor, in der sich philosophisches und theologisches Denken vereinigen. Mit deutlicher Antithese zu Protagoras heißt nun Gott das Maß aller Dinge

[1] G. Müller, *Studien zu den platon. Nomoi. Zet.* 3, 2. Aufl. 1968. H. Cherniss, *Gnom.* 25, 1953, 367. M. Vanhoutte, *La philosophie politique de Pl. dans les ‹Lois›*. Louvain 1954. O. Gigon, ‹Das Einleitungsgespräch der Gesetze Pl.s›. *Mus. Helv.* 11, 1954, 201. R. Muth, ‹Studien zu Pl.s Nomoi›. *Wien. Stud.* 69, 1956, 140. F. Solmsen, ‹Textprobleme im 10. Buch der Nomoi›. *Stud. z. Textgesch. u. Textkritik.* Köln 1959, 265. G. R. Morrow, *Pl.s Cretan City. A Historical Interpretation of the Laws.* Princeton Un. Pr. 1960; ders., ‹The Nocturnal Council in Pl.s Laws›. *Arch. f. Gesch. d. Philos.* 42, 1960, H. 3. H. Görgemanns, *Beiträge zur Interpretation von Pl.s Nomoi.* Zet. 25. Münch. 1960, mit reicher Lit. und einem guten Überblick über die bisherige Behandlung der *Nomoi*. Glenn R. Morrow, *Plato's Cretan City. A Historical Interpretation.* Princeton 1960.

[2] H. Kuhn, *Gnom.* 28, 1956, 337: Perseveranz oder Modifikation der Ideenlehre beim späten Platon ein noch offenes Problem.

[3] Vgl. Cherniss (a. O.), 375.

(716c). Im 10. Buche leitet eine umfangreiche Mahnrede über den Gottesglauben eine höchst rigorose, harten Zwang nicht meidende Gesetzgebung in religiösen Dingen ein. Hier hat leidenschaftlicher Eifer für den Glauben Platon den Griffel geführt[1].

Ein Grundzug bindet die beiden großen Werke über den Staat bei allen Verschiedenheiten aneinander: auch in den *Gesetzen* ist der Erziehung als großer, wenn auch nicht einziger Macht Rechnung getragen. Davon zeugen die ersten beiden und das siebente Buch mit ihrem breiten Eingehen auf Erziehungsfragen, davon zeugen auch die Prooimia, die Platon den einzelnen Gesetzen voranstellen will. Sie sollen die Bürger von deren Richtigkeit und Zweckmäßigkeit überzeugen, wie gute Ärzte am Krankenbette tun[2], und so Einsicht an die Stelle blinden Gehorsams setzen. Aber der gefährlichen Spannung zwischen der Erziehung freier, die Ordnung bejahender Menschen und sturem Zwange bleibt auch dieser Entwurf ausgesetzt[3]. Niemand darf, so lesen wir (942ab), auch nur den kleinsten Schritt aus individuellem Entschlusse ohne Weisung und Aufsicht seiner Oberen tun.

Die *Gesetze* weichen in so vielem von Platons übrigem Werke ab und zeigen solche Härten in Komposition und Einzelausführung, daß sie Fr. Ast (*Platons Leben und Schriften*. 1816) und E. Zeller (*Platonische Studien*. 1839) Platon absprachen. Zeller hat das in seiner Philosophie der Griechen zurückgenommen, doch zielt die neue Analyse des Werkes durch G. Müller durchaus in diese Richtung. Auf dem Gegenpol stehen Friedländer und Jaeger, die in ihren Darstellungen den echt platonischen Elementen und der Gedankenfülle des Werkes gerecht zu werden trachten[4]. Die *Nomoi* Platon nehmen heißt, von vielem anderen abgesehen, dem Aristoteles, der sie *Polit.* 1266b 5. 1271b 1 (vgl. 1264b 26) als platonisch anführt, eine «staunenswerte Liederlichkeit» zumuten. Auch das ist geschehen. Den schönsten Ausdruck für das, was die *Nomoi* von dem übrigen Werke Platons trennt und wiederum mit ihm verbindet, hat wohl E. M. Manasse[5] gefunden: «Die *Gesetze* sind mehr als Platons andere Schriften das menschliche Werk eines Geistes, der einmal göttliche Flamme war.»

Diogenes Laertios (vgl. *Suda* s. φιλόσοφος) berichtet, Platons Sekretär Philipp von Opus habe das Werk aus dem Konzept («aus dem Wachs» sagt er) herausgegeben, in zwölf Bücher geteilt und aus eigener Arbeit die *Epinomis*[6] hinzugefügt. Diese Schrift

[1] F. Solmsen, *Plato's Theology. Cornell Stud. in Class. Philol.* 27. Ithaca 1942, sieht in den Alterswerken eine Höhe des Religiösen als Vorbereitung zu dem Wege, den nur wenige zum höchsten Ziel, zur Idee des Guten, zu gehen vermögen. O. Reverdin, *La religion de la cité Platonicienne.* Paris 1945. A.-J. Festugière, *La révélation d'Hermès Trismégiste 2. Le dieu cosmique.* Paris 1949, 132. 153. 219. W. Jaeger, *Aristoteles.* 2.Aufl. Berl. 1955, 140ff., betont, daß die Kosmologie des *Timaios* und die Gestirnreligion der *Gesetze* wichtige Ausgangspunkte für die hellenistische kosmische Religion gewesen sind.

[2] Vgl. F. Wehrli, ‹Der Arztvergleich bei Pl.›. *Mus. Helv.* 8, 1951, 179.

[3] W. Knoch, *Die Strafbestimmungen in Pl.s Nomoi. Klass. Phil. Stud.* 23. Wiesbaden 1960. Lit. zum Kampf um Platons Staatsauffassung s. S. 593 A. 2.

[4] Wichtig für die Einbeziehung der *Nomoi* in Platons Gesamtwerk ist auch M. Vanhoutte, *La philosophie politique de Platon dans les ‹Lois›.* Louvain 1954.

[5] *Philos. Rundschau. Beiheft* 2. Tübingen 1961, 117.

[6] F. Novotny, *Platonis Epinomis commentariis illustrata.* Pragae 1960. Krit. Ausgabe mit Komm.: O. Spiecchia, Firenze 1967. H. Lier, *Untersuchungen zur Epinomis.* Diss. Marburg 1966. Stimmen für die Echtheit verzeichnet H. Görgemanns, *Gnom.* 41, 1969, 695.

gibt sich als Anhang zu den Gesetzen, in ihr sind die Elemente einer astronomischen Theologie unter deutlicher Einwirkung des Pythagoreismus weiter ausgebaut. Wie viel an platonischem Nachlaß in dem Werkchen steckt, ist schwer zu beurteilen. Für die *Gesetze* aber lassen die angeführten Zeugen die Möglichkeit der Zurichtung, Versetzung und mangelhaften Verbindung einzelner Teile durch den Herausgeber offen, was zusammen mit ihrem Charakter als Alterswerk manche der Eigentümlichkeiten erklären mag. Doch hat GIGON[1] recht, wenn er als Voraussetzung für die Entscheidung dieser schwierigen Probleme einen modernen Kommentar zu dem Werke verlangt.

Auch im Stil weichen die *Gesetze* von früheren Dialogen ab, wobei sich eine Entwicklung vollendet, die sich in den späteren Werken abzeichnet. Jene bezaubernde Frische und Mündlichkeit platonischer Satzfügung, in der viel an höchster stilistischer Kunst steckt, verfällt nun der Erstarrung und Verkünstelung. Dieser schwierige und wenig erfreuliche Altersstil spielt mit der Wortstellung bis zu komplizierten Verflechtungen und zeigt auch in Klangspielen (Assonanzen[2]) die Abkehr von der schlichten Anmut, der echt attischen Charis, die Platon zu einem der großen Klassiker griechischer Prosa gemacht hat[3].

Wir haben früher (S. 578) Platons Aussage kennengelernt, daß seine Schriften nicht das Ganze seiner Lehre enthalten. Was er nach seiner ersten Rückkehr von Sizilien geschrieben hat, ist vor dem Hintergrunde der Arbeit der Akademie zu sehen. Sie war die Stätte, an der Platon begabte Schüler seinen Weg zu führen suchte, bis der Funke übersprang und letzte Erkenntnis sich öffnete. Wir wissen über den Lehrbetrieb der Akademie zu Platons Zeit so wenig, daß man ihm gelegentlich den wissenschaftlichen Charakter absprechen wollte. Solche Skepsis ist unbegründet, und man wird den für die Wächter der *Politeia* vorgesehenen Gang der Ausbildung mit einiger Zuversicht auf die Arbeit in der Akademie übertragen dürfen. Auf die große Bedeutung der Mathematik als Schulung für die Dialektik, die auf ihr aufbaute, weisen einzelne Persönlichkeiten des platonischen Kreises, und ohne Zweifel steckt sachlich Richtiges in der Anekdote, über dem Eingange der Akademie habe gestanden: Niemand soll eintreten, der nicht Geometrie versteht[4]. Wir wissen ferner, daß die diairetische Methode, von der wir zu den späteren Dialogen sprachen, bei dem Ringen um ein logisch geordnetes Weltbild und bei der Gewinnung von Definitionen durch die Teilung der übergeordneten Begriffe eine bedeute Rolle spielte. Das war so bekannt, daß sich der Spott der Mittleren Komödie daran rieb[5].

Platon selbst hat im *Phaidros* (275 c ff.) den Wert des schriftlich Mitgeteilten dem erziehenden Gespräch gegenüber gering veranschlagt und im *7. Brief* versichert, er habe über das Eigentliche seiner Lehre nie und nirgends geschrieben. Dazu tritt eine einzige, aber sehr gewichtige außerplatonische Nachricht, die Berufung des Aristoteles

[1] Vgl. S. 603 A. 1. [2] J. D. DENNISTON, *Greek Prose Style*. Oxf. 1952, 132.

[3] Platons Altersstil vergleicht mit dem Goethes P. STÖCKLEIN, *Wege zum späten Goethe*. Hamburg 1949, 211.

[4] Zum Typus des apotropäischen Hausspruches O. WEINREICH, *Arch. f. Rw.* 18, 1915, 16. Lit. zu Platons Mathematik s. S. 598 A. 2.

[5] Epikrates fr. 11 K. Dazu die Diogenesanekdote bei Diog. Laert. 6, 40. Lit. zur Diairesis s. S. 600 A. 1.

auf die λεγόμενα ἄγραφα δόγματα Platons (*Phys.* 209b 15). Trotz der deutlichen Sprache dieser Zeugnisse war das Interesse an Platons esoterischer Lehre beträchtliche Zeit durch SCHLEIERMACHERS Verdikt gehemmt. Dieser hatte in der Einleitung zu seiner Platonübersetzung die Existenz einer Lehre bestritten, die der Philosoph in seinen Dialogen nicht entwickelt, sondern mündlicher Unterweisung vorbehalten hätte. Im Gegensatz hierzu hat sich das Interesse der Forschung in den letzten Jahrzehnten immer stärker gerade jenen Elementen der platonischen Lehre zugewandt, die in den Dialogen nicht enthalten oder nur angedeutet sind. Ein weit zurückgreifender Überblick über die Bemühungen um Platons esoterische Lehre findet sich in dem Buche HANS JOACHIM KRÄMERS[1], das berufen ist, einen neuen Abschnitt dieser Forschungen einzuleiten. Der Bericht darüber muß notwendig den Charakter des Vorläufigen tragen, denn erst eine eingehende Debatte verbunden mit neuen Untersuchungen kann die Entscheidung darüber bringen, wieviel von diesen grundstürzenden Thesen Bestand haben wird.

KRÄMERS Platonbild entwickelt sich in Anziehung und Abstoßung zu SCHLEIERMACHER. Wenn er einerseits im Gegensatz zu diesem die Existenz einer esoterischen, dem Gespräch in der Akademie vorbehaltenen Lehre mit allem Nachdruck bejaht, so folgt er anderseits SCHLEIERMACHER mit aller Entschlossenheit in der Annahme einer ursprünglichen Einheit des platonischen Denkens. Das bedeutet eine Absage an jene Richtung, die vermeint, aus Platons Dialogen seine geistige Entwicklung ablesen und diese Schriften als ein Stück innerer Biographie auswerten zu können[2]. Hier zweifeln wir: ist KRÄMERS Platon nicht allzu statisch gesehen, und ist es wahrscheinlich, daß ein Denker von so unerhörter Dynamik nicht deutlichere Phasen seiner Entwicklung sollte erkennen lassen? Dies auch dann, wenn gewisse Konzeptionen von allem Anfang an vorhanden waren, was nicht bestritten werden soll.

Ein weiteres entscheidendes Moment für KRÄMER ist seine zweifellos richtige Überzeugung, daß Platons esoterische Lehre nicht wie etwas geheimnisvoll Abgetrenntes außerhalb der Welt der Dialoge stand, sondern mit diesen eine letzte Einheit bildete.

[1] *Arete bei Platon und Aristoteles. Zum Wesen und zur Geschichte der platonischen Ontologie. Abh. Akad. Heidelb. Phil.-hist. Kl.* 1959/6; 2. Aufl. Amsterdam 1967. Übersicht über den Forschungsgang 381–386; im besonderen ist P. WILPERT, *Zwei aristotelische Frühschriften über die Ideenlehre.* Regensburg 1949 hervorzuheben. Radikal hat H. CHERNISS in seinen drei Vorträgen *The Riddle of the Early Academy.* Berkeley 1945, die Existenz einer esoterischen Lehre Platons geleugnet; deutsch: *Die ältere Akademie. Ein historisches Rätsel und seine Lösung.* Heidelberg 1966; vgl. ders., *Aristotle's Criticism of Plato and the Academy. I.* Baltimore 1944; repr. New York 1962. Die Frage nach Platons esoterischer Lehre hat eine lebhafte Debatte hervorgerufen. H. J. KRÄMER hat seine Auffassung gegen kritische Angriffe verteidigt: *Mus. Helv.* 21, 1964, 137, und *Kant-Stud.* 55, 1964, 1; vgl. H. HAPP, *Gnom.* 37, 1965, 357. F. P. HAGER, ‹Zur philosophischen Problematik der sogenannten ungeschriebenen Lehre Platons›. *Studia Philosophica* 24, 1964, 90. K. v. FRITZ, ‹Die philosophische Stelle im siebten plat. Brief und die Frage der 'esoterischen' Philosophie Platons›. *Phronesis* 11, 1966, 117; ders., ‹Zur Frage der 'esoterischen' Philosophie Platons›. *Arch. Gesch. d. Philos.* 49, 1967, 255. EUG. DÖNT, *Platons Spätphilosophie und die Akademie.* Sitzb. Öst. Ak. Phil.-hist. Kl. 251/3, 1967, 33. H. KUHN, *Gnom.* 39, 1967, 335. K. GAISER, *Platons ungeschriebene Lehre.* 2. Aufl. Stuttgart 1968. K. H. ILTING, ‹Platons 'Ungeschriebene Lehre'. Der Vortrag über das Gute›. *Phronesis* 13, 1968, 1. *Idee und Zahl. Studien zur platonischen Philosophie. Vorgelegt von* H.-G. GADAMER *und* W. SCHADEWALDT. Abh. Ak. Heidelberg 1968/2 (Verschiedene Beiträge). PH. MERLAN, ‹War Platons Vorlesung 'Das Gute' einmalig?› *Herm.* 96, 1969, 705.

[2] Begründet hat sie K. F. HERMANN, *Geschichte und System der platonischen Philosophie.* Heidelb. 1839.

Es ist natürlich, daß nun alles das, was wir noch über Platons Vorlesung *Über das Gute* wissen können, in die Mitte der von KRÄMER aufgeworfenen Fragen tritt. Es ist überliefert, daß die Lehre, die Platon in den λόγοι περὶ τἀγαθοῦ vortrug, von mehreren seiner Schüler schriftlich festgehalten wurde[1]. Auch bezeugen die Listen bei Diogenes Laertios[2] je eine Schrift Περὶ τἀγαθοῦ für Aristoteles, Xenokrates und Herakleides. Den ausführlichsten Bericht über diese Vorträge lesen wir in der *Harmonik* des Aristoxenos von Tarent (44, 5 M.), der wiedergibt, was er Aristoteles erzählen hörte. Da seien Hörer in diese Vorlesung (ἀκρόασις) gekommen, weil sie erwartet hätten, etwas über die menschlichen Güter wie Reichtum, Gesundheit, Kraft zu erfahren. Als es aber durchaus mathematisch zuging, da hätten sie sich abgekehrt. Ursache dieses pädagogischen Mißerfolges sei der Mangel einer vorgängigen Aufklärung über das Thema gewesen.

KRÄMER konnte zeigen, daß in diesem Bericht nichts auf eine einmalige Vorlesung weise, und hat der verbreiteten Lehrmeinung gegenüber die These aufgestellt, diese λόγοι περὶ τἀγαθοῦ seien weder auf einen einzigen Kurs beschränkt noch öffentlich gewesen; vielmehr handle es sich um einen für Platons Schule typischen Vorgang. Dabei muß er die Nachricht bei Themistios (*or.* 21, 245c) außer Kurs setzen, worin ihm andere schon vorausgegangen sind. Daß hier lediglich der Aristoxenosbericht ausgeschmückt wurde, ist in der Tat wahrscheinlich[3]. Während man sich anderseits daran gewöhnt hatte, von einer Altersvorlesung Platons zu sprechen, hat KRÄMER die Tatsache ins Licht gestellt, daß für diesen Zeitansatz in den antiken Quellen überhaupt kein Anhalt gegeben ist. Er erklärt den so verbreiteten Spätansatz aus der Geschichte der Forschung, die gegen SCHLEIERMACHER wieder eine esoterische Lehre Platons gelten ließ, diese aber als Philosophie des Alters von dem Großteil der Dialoge abtrennte.

KRÄMER kommt in Abkehr von bisher gültigen Anschauungen zu einem stark abweichenden Bild der platonischen Lehre: bei den Vorträgen *Über das Gute* handelt es sich nach ihm weder um eine einmalige Vorlesung Platons noch um eine seiner letzten Jahre. Überhaupt ist weit eher als eine geschlossene Lehre eine Reihe von Lehrgesprächen anzunehmen. (Wobei immerhin anzumerken ist, daß der eben genannte verläßlichste Bericht von ἀκρόασις spricht.) Die λόγοι περὶ τἀγαθοῦ sind nach KRÄMER nur ein anderer Ausdruck für eine esoterische platonische Philosophie, die von jeher neben den Dialogen stand oder besser den in ihnen vielfach sichtbar werdenden Hintergrund bildete. Weite Partien des Buches gelten dem Nachweise, daß von früher Zeit an die Dialoge auf die esoterische Lehre hin tendieren. Deren Wesen und Mitte ist für KRÄMER das Eine, das zugleich das Gute ist, als absoluter Seinsgrund. So stellt er Platon fester in die von Parmenides ausgehende Tradition und in die Reihe der um die ἀρχή bemühten Denker. Über Parmenides hinaus hat Platon dem Prinzip des Einen ein anderes, das der Zweiheit (ἀόριστος δυάς), des Gegensätzlichen

[1] Nachrichten darüber bei Simplikios, *Phys.* 151, 10; *de an.* 28, 7. Philoponos, *Phys.* 521, 10, 14; *de an.* 75, 34ff.

[2] 5, 22. 4, 13. 5, 87, wozu für Aristoteles noch die Verzeichnisse des Hesych und Ptolemaios, sowie mehrere Verweise bei Alexander Aphr. kommen; die Stellen bei KRÄMER 412, A. 61f.

[3] Vgl. KRÄMER 404, A. 43. 404–409.

(μέγα – μικρόν) gegenübergestellt und aus der Durchdringung der beiden Prinzipien die Welt in ihrer Vielheit erklärt. Da das Eine ebenso ontologische wie axiologische Bedeutung hat, ist in ihm auch unlöslich der platonische Arete-Begriff verwurzelt. Hingegen gehören die Ideen für den Platon, den KRÄMER deutet, nicht primär zum Bestand der platonischen Ontologie, sie treten erst nachträglich zwischen den Seinsgrund des Eins und das einzelne, individuell Seiende, zwischen den Prinzipien die Vermittlung schaffend.

Es war notwendig, dieses neue Platonbild wenigstens mit einigen Strichen zu skizzieren. Die Forschung wird sich mit vielen Fragen zu befassen haben, die damit zusammenhängen. Ist die ontologische Fundamentallehre von dem Einen als Seinsgrund wirklich so weit zurückzuverfolgen? In welchem Maße ist die Funktionsidentität des Einen und der Idee des Guten zu sichern? Kommt dem Ideenkosmos tatsächlich nur eine verhältnismäßig sekundäre Bedeutung in Platons Ontologie zu? Wieviel an Bezügen der Dialoge zu der Lehre von dem Einen als Seinsgrund ist durch die Interpration zu erweisen? Und endlich: wenn schon die Notwendigkeit, in den Vorträgen *Über das Gute* die Alterslehre Platons zu finden, gefallen ist, muß dasselbe von der Möglichkeit, ja von der Wahrscheinlichkeit gesagt werden?

Hier setzen wir eines der wichtigsten Zeugnisse des Aristoteles ein, durch das er in der *Metaphysik* (M 4. 1078b 9) die Konzeption der Ideenzahlen von einer früheren Phase der Ideenlehre absetzt. An einer ganzen Reihe von Stellen der *Metaphysik*[1] stellt Aristoteles fest, daß Platon außer den mathematischen eigene Ideenzahlen angenommen hat, die aus dem Eins und dem Gegensätzlichen (μέγα – μικρόν) als ihren Ursprüngen hervorgehen. Diese Lehre von den Ideenzahlen ist in der letzten Phase der Platonforschung Gegenstand lebhafter Debatten geworden. Vor allem hat HAROLD CHERNISS ihre Bedeutung bestritten und die Berichte des Aristoteles aus der Mißdeutung der Dialoge erklären und auf diese Weise abwerten wollen[2]. Daß diese Skepsis zu weit geht und die bezeichneten Berichte wertvolle Hinweise auf Platons esoterische Lehre geben, dürfte KRÄMER wohl erwiesen haben[3]. Da nun Aristoteles an der oben zitierten Stelle der *Metaphysik* die Ideenzahlen einer späteren Phase des platonischen Philosophierens zuweist, anderseits aber diese Zahlen mit den beiden Prinzipien des Eins und des Gegensätzlichen zusammenbringt, ist es sehr zu überlegen, ob nicht dies alles zusammengenommen später Platon ist.

Da nun die Annahme sehr nahe liegt, Sinn dieser Ideenzahlen sei es gewesen, die Ordnung der Ideen durchschaubar zu machen, erhebt sich die weitere Frage, ob von hier aus Beziehungen zu jener Methode der Begriffsbildung, der Diairesis, zu finden sind, die in den Dialogen seit dem *Theaitet* stärker in den Vordergrund tritt und, wie wir wissen, im Lehrbetrieb der Akademie eine große Rolle spielte. Das Bemühen,

[1] Zitiert bei KRÄMER 250f.

[2] So in *Aristotle's Criticism of Plato and the Academy I.* Baltimore 1944, repr. New York 1962, und besonders in *The Riddle of the Early Academy.* Berkeley 1945, deutsch: Die ältere Akademie. Ein historisches Rätsel und seine Lösung. Heidelberg 1966.

[3] Gegen die Skepsis von CHERNISS auch E. M. MANASSE, *Bücher über Platon. Philos. Rundschau. Beih.* 2, 1961, 90, der an eine Alterslehre Platons denkt.

zwischen der Lehre von den Ideenzahlen und ihrer Entstehung einerseits und der diairetischen Strukturforschung anderseits eine Beziehung zu ermitteln, hat seinen stärksten Anstoß durch JULIUS STENZEL erhalten[1]. Man wird jedoch das Fazit aus den bisherigen Bemühungen kaum anders ziehen können, als dies KURT V. FRITZ getan hat[2], wenn er feststellt, daß mit unseren Mitteln weder Platons Anschauung von der Entstehung der Ideenzahlen noch die Weise, in der er sie den Ideen zugeordnet hat, mit Sicherheit zu ermitteln ist. Womit freilich keineswegs schon gesagt ist, daß es solche Beziehungen nicht tatsächlich gegeben hat.

Die Akademie hatte gewaltigen Zulauf. Da wird von einem Bauern erzählt, der nach der Lektüre des *Gorgias* von seinem Felde kam, von einem Chaldäer und gar von einer Dame in Männerkleidung. Wichtiger als Anekdoten dieser Art sind einige Namen, die uns ein Bild von dem Kreise um Platon geben. Da sind die Pioniere der Mathematik, von denen wir Theaitet, den um die Stereometrie Hochverdienten, schon kennenlernten. Kein anderer Zuzug ist jedoch für die Akademie so bedeutsam gewesen wie der des Eudoxos von Knidos[3], der um 367 mit einer Gruppe von Schülern kam. Sein mathematischer Lehrer war Archytas gewesen, als junger Mann hörte er eine Zeitlang Platon, ging aber dann auf Reisen, die ihn zu längerem Aufenthalt nach Ägypten führten. Es folgte die Gründung einer Schule in Kyzikos und nach weiteren Wanderjahren der Aufenthalt in der Akademie, nach dem er schließlich in seine Heimat zurückkehrte. Seine Verdienste um die Mathematik, wo Proportionslehre, Theorie des Goldenen Schnittes und Exhaustionsmethode, ein wichtiger Schritt zur Infinitesimalrechnung, seine besonderen Leistungen bezeichnen, sind ebenso groß wie seine Wirkung auf die Entwicklung der Astronomie. Hier begründete er die Lehre von den konzentrischen Himmelssphären mit der Erde als Mittelpunkt. Durch die Bewegung dieser Sphären, die teils ineinander, teils miteinander kreisen, erklärte er die Bahnen der Planeten. Auf dem Gebiete der Ethik setzte er an die Stelle der platonischen Idee des Guten das in der Physis des Menschen gelegene Luststreben, dem jedoch der Bezug auf das Göttliche eignet[4].

Spärliche Nachrichten über Mathematiker der Zeit, darunter solche, die der Akademie nahestanden, gibt Proklos in seinem Kommentar zu Euklids *Elementen*. Einen Leodamas, Neokleides, Leon fassen wir gerade dem Namen nach und hören von dem erstgenannten, daß er Schüler Platons war. Menaichmos, den Eudoxos ausbildete,

[1] *Zahl und Gestalt bei Platon und Aristoteles.* Leipz. 1924; 2. Aufl. 1933; ein Neudruck Darmstadt 1958. Weitere Arbeiten von O. TÖPLITZ und STENZEL bei KRÄMER 256, 26; dazu O. BECKER, *Zwei Untersuchungen zur antiken Logik.* Wiesbaden 1957.

[2] *Gnom.* 33, 1961, 7; bes. 12. Positiver KRÄMER 434. 437.

[3] SARTON (s. u.), 441. 447. *Gnom.* 24, 1952, 39. W. SCHADEWALDT, ‹Eud. v. Knidos und die Lehre vom unbewegten Beweger›. *Satura, O. Weinreich dargebracht.* Baden-Baden 1952, 103; jetzt in *Hellas und Hesperien.* Zürich 1960, 451. F. LASSERRE, *Die Fragmente des Eudoxos von Knidos.* Hrsg., übers. u. komm. Berlin 1966 (Texte und Komm. 4), nimmt 391/90 als Geburtsdatum an. Zur Lebenszeit auch K. v. FRITZ, *Phil* 85, 1930, 478; ders. zur Ideenlehre des Eudoxos *Phil.* 82, 1927, 1.

[4] E. FRANK, ‹Die Begründung der mathematischen Naturwissenschaft durch Eudoxos›. *Wissen, Wollen, Glauben. Ges. Aufsätze.* Zürich 1955, 134. Eudoxos in der Grundanschauung von Platon abhängig: F. DIRLMEIER, *Aristoteles, Nik. Eth.* Berl. 1956, 574. Zum Bezug des Luststrebens auf das Göttliche vgl. SCHADEWALDT, vor. Anm.

kam im Zusammenhange mit dem alten Problem der Verdoppelung des Würfels zur Begründung der Lehre von den Kegelschnitten[1]. An den alten Kernproblemen arbeitete auch sein Bruder Deinostratos, während Theudios von Magnesia die Elemente der Geometrie, wohl für die Akademie, in handlicher Weise zusammenfaßte. Auf einem anderen Blatte steht der Platonschüler Hermodoros, von dessen Schrift Περὶ μαθημάτων wir wissen, daß sie sich mit Astralreligion beschäftigte.

Mitglieder der Akademie zur Zeit ihres Stifters waren auch sein erster und sein zweiter Nachfolger in der Führung der Schule. Speusippos, der Sohn von Platons Schwester Potone, leitete die Akademie nach dem Tode des Meisters bis etwa 339[2]. Die Wahl des Neffen war kein glücklicher Griff Platons, für Aristoteles und Xenokrates war sie wohl der Anlaß, Athen den Rücken zu kehren. In der Sammlung der Sokratikerbriefe ist ein Schreiben des Speusippos an Philipp II. erhalten, das heute für echt gilt[3]. Sein Verfasser unterstützt die Ansprüche des Makedonenkönigs auf Amphipolis und die Chalkidike mit beflissener Argumentation. Für die Fortbildung der platonischen Lehre durch ihn hat es Ross[4] wahrscheinlich gemacht, daß verschiedene Aristotelesstellen auf Hervorhebung der Zahlen als der eigentlichen Wesenheiten und Leugnung der Ideen im platonischen Sinne deuten. Wenn wir Ross' Auffassung der aristotelischen Referate folgen, ergibt sich als nächstes, daß Xenokrates, der nach Speusippos die Akademie übernahm, Zahl und Idee einfach gleichsetzte. Der sittenstrenge, aber wenig bedeutende Mann, dessen Schriften Diogenes Laertios im 4. Buche verzeichnet, hat der Akademie ein Vierteljahrhundert vorgestanden. Er knüpfte an Platons Alterslehre an, zeigt sich vom Pythagoreismus stark beeinflußt und hat vor allem durch seine Lehre vom Zwischenreich der Dämonen auf spätere Zeiten gewirkt. Von den verschiedenen Dreiteilungen, die er in allen seinem Denken erreichbaren Gebieten durchführte, hat sich jene der Philosophie in Physik, Logik und Ethik durchgesetzt.

Schüler Platons ist auch Herakleides aus Herakleia am Pontos[5] gewesen, ja Platon soll ihm während seiner dritten sizilischen Reise die Leitung der Akademie anvertraut haben. Seine weitere Entwicklung hat diesen vielseitigen und unruhigen Geist zum Peripatos geführt. Diogenes (5, 86. fr. 22 Wehrli) gibt ein umfangreiches Schriftenverzeichnis, das er nach Werken zur Ethik, Physik, Grammatik, den musischen Künsten, Rhetorik und Historie gliedert. Ein beträchtlicher Teil dieser Schriften hatte dialogische Form. Daß er einen *Zoroaster* schrieb, ist im Zusammenhang mit der Frage nach den östlichen Beziehungen der Akademie interessant. Hingegen ist der Ruhm des Herakleides, er habe das heliozentrische System des frühhellenistischen

[1] Über seinen Grundlagenstreit mit Speusippos einiges bei Proklos in Eucl. p. 77, 15–79, 2 Friedl.

[2] Ph. Merlan, ‹Zur Biographie des Speusippos›. *Phil.* 103, 1959, 198.

[3] E. Bickermann und J. Sykutris, *Speusippos' Brief an König Philipp. Sitzb. Sächs. Ak.* 80, 1928/3. Zürich 1960, 451. Fragmente: P. Lang, Diss. Bonn 1911; repr. Frankfurt a. M. 1964. Wichtig für Speusipps Einordnung und ein neues Fragment Ph. Merlan (s. o.). Dazu H. Dörrie, *Philos. Rundschau* 3, 1955, 15. – Xenokrates: R. Heinze, *Xen.* Leipz. 1892.

[4] (S. u.), 151.

[5] Die Fragmente mit Komm.: F. Wehrli, *Schule des Aristoteles VII. Herakleides Pontikos.* Basel 1953.

Astronomen Aristarch von Samos in wesentlichen Punkten vorweggenommen, vor allem durch WEHRLIS besonnene Behandlung der Texte (fr. 104–117) völlig zweifelhaft geworden.

Für die schwierigen Probleme der platonischen Überlieferung gehen wir von der Feststellung aus, daß die mittelalterlichen Handschriften (Übersicht in BURNETS Ausgabe, ferner bei O. IMMISCH, *Philol. Studien zu Pl.* 2. Leipz. 1903, das Wichtigste bei J. GEFFCKEN, *Gr. Lit.-Gesch.* 2, Heidelb. 1934, Anm. S. 26. Verzeichnisse, die aber nur vorläufigen Charakter haben von N. G. WILSON, *Scriptorium* 16, 1962, 386, und R. S. BRUMBAUGH und R. WELLS, *The Plato Manuscripts*. New Haven–London 1968, nur bis 1500) durchwegs die o. (S. 575) erwähnte Einteilung in Tetralogien aufweisen. Diese geht auf die Antike zurück und wird fälschlich des öfteren mit Thrasyllos, dem Hofastrologen des Tiberius, verbunden, der eine Platonausgabe besorgte, die Tetralogien aber bereits vorfand. Varro (*De l. L.* 7, 37) setzt sie jedenfalls voraus. Die Frage eines noch bedeutend höheren Alters hängt mit der anderen nach den ältesten Gesamtausgaben zusammen. WILAMOWITZ hat (*Platon*, 2, 325) angenommen, daß die Akademie etwa zur Zeit der Schulvorstände Arkesilaos oder Lakydes, also im 3. Jh. v. Chr., alles was damals als platonisch galt, in den 9 Tetralogien zusammenfaßte. Eine solche autoritative Platonausgabe der athenischen Akademie hat G. JACHMANN energisch bestritten (*Der Platontext. Nachr. Akad. Gött. Phil. hist. Kl.* 1941/11. Fachgr. 1 N. F. 4/7, 1942; vgl. H. LANGERBECK, *Gnom.* 22, 1950, 375). Er leitet unsere Tradition von einer antiken Rezension mit Varianten ab, deren Urheber Aristophanes von Byzanz, jedenfalls aber ein guter Alexandriner gewesen wäre. Diesem war der Rückgriff auf eine ältere, wissenschaftliche Ausgabe nicht mehr möglich, vielmehr war er auf die stark interpolierten Rezensionen angewiesen, die unkritische Bearbeiter für den Buchhandel hergestellt hatten. Demgegenüber haben E. BICKEL (*Rhein. Mus.* 92, 1943, 94; ders., ‹Geschichte und Recensio des Platontextes›, ebda. S. 97) und M. POHLENZ (*Nachr. Akad. Gött. Phil. hist. Kl.* 1952/5, 99, 7) darauf verwiesen, daß die Vorschläge des Aristophanes von Byzanz (Diog. Laert. 3, 61) für eine trilogische Anordnung die tetralogische bereits voraussetzen. So bleibt eine in Tetralogien geordnete Ausgabe der Akademie wahrscheinlich, die bereits viel Unechtes als platonisch aufnahm und durchaus kein Erzeugnis kritischer Textbehandlung gewesen sein muß. Diese Annahme ist mit dem Ansatz alexandrinischer Ausgaben durchaus vereinbar, ohne daß wir den Anteil des Aristophanes abgrenzen könnten. Auch für Derkyllides (2./1. Jh. v. Chr.) ist eine Ausgabe bezeugt.

Die Theorie, daß ein einziges zu den Byzantinern gerettetes Platonexemplar Archetypus aller unserer Handschriften sei, ist heute gefallen. Die indirekte Überlieferung (Neuplatoniker, Stobaios u. a.) sowie die Papyri (nr. 1386–1429 P. Vgl. auch O. VINZENT, *Textkrit. Untersuchungen der Phaidros-Papyri*. Diss. Saarbrücken 1961; p. 153 zur Platonüberlieferung mit Lit. P. J. SIJPESTEIJN, ‹Die Platon-Papyri›. *Aegyptus* 44, 1964, 26; ders., ‹Ein bisher unveröffentlichter Platonpapyrus des Leidener Papyrusinstitutes. Platon, Phaidon 65 A 8–C 3 und 65 E 3–66 B 3›. *Mnem.* 19, 1966, 231.) haben für unsere Handschriften so zahlreiche Lesungen als antik bezeugt, daß mit der Annahme eines einzigen Archetypus mit Varianten nicht durchzukommen ist. JACHMANN hat a. O. mit Recht darauf hingewiesen, daß die Aufgabe der Recensio unserer Platonüberlieferung noch ungelöst ist. Auch hat er uns mit Nachdruck zu Bewußtsein gebracht, in wie hohem Maße wir gerade bei diesen Texten mit Entstellungen, Zusätzen vor allem, zu rechnen haben. Man wird dabei allerdings neben seinen Diaskeuasten für den Buchhandel auch das Eindringen interpretierender Glossen in Rechnung zu setzen haben. Angesichts dieser Lage ist die Zuversicht, in allen Fällen bis zu Platons originalem Wortlaut vordringen zu können, stark einzuschränken. Die erste Aufgabe ist Feststellung des Überlieferten, die Restaurierung des Ursprünglichen wird keineswegs immer möglich sein. Wichtig für die Textrezension, im besonderen für das Problem der recentiores (Echte Überlieferung oder byzantinische Konjekturen?) ist die Einleitung zu E. R. DODDS' *Gorgias* (Oxford 1959). Dazu G. MÜLLER, *Gnom.*

36, 1964, 127, der in der Interpolationenfrage einer mehr konservativen Haltung von DODDS seine in der Gefolgschaft von SCHANZ, JACHMANN und THEILER stehende Überzeugung entgegensetzt, daß wir mit zahlreichen antiken Texterweiterungen zu rechnen haben. Zur Methodik der Platonkritik: R. STARK, ‹Bemerkungen zum Platontext›. *Phil.* 106, 1962, 283–290.

Ausgaben und Lit. bei O. GIGON, *Platon. Bibliogr. Einführungen in das Stud. d. Philos.* 12. Bern 1950. Eine knappe Zusammenstellung von D. ROSS in *Fifty Years of Class. Scholarship.* 2. ed. Oxf. 1968. Reiche Lit.-Angaben auch in dem u. genannten Werke von CAMP und CANART und bei FRIEDLÄNDER. Eine vollständige Bibliographie für 1950–57 gibt H. CHERNISS, *Lustrum* 4, 1960, 5 und 5, 1961, 323. Über die neueren Werke in Buchform unterrichtet mit eingehendem und besonnenem Urteil E. M. MANASSE, ‹Bücher über Pl. Werke in deutscher Sprache›. *Philos. Rundschau. Beih.* 1, 1957, und ‹Bücher über Pl. Werke in engl. Sprache›. *Ebda. Beih.* 2, 1961 (mit einer ausgezeichneten Einleitung über die angelsächsische Forschung von GROTE und JOWETT bis TAYLOR und SHOREY). Eine Übersicht über die Platonliteratur der voraufgehenden 20 Jahre gibt P. M. SCHUHL im 1. Teil seiner *Etudes platoniciennes.* Paris 1960. F. R. ADRADOS, ‹La interpretación de Platón en el siglo XX.› *Actos del II. congr. de est. clás.*, 241.

Unter den o. angedeuteten Umständen bleibt führend die Ausgabe von J. BURNET, 5 Bde. Oxf. 1899–1907; 2. Aufl. 1906–14, mehrfache Neudrucke. Die Edition französ. Gelehrter der *Coll. des Un. de Fr.* in 14 Bd. von 1920 an, bis 1966 mehrfach wiedergedruckt. Bd. 14: *Lexique de la langue philos. et rel.* von E. DES PLACES Paris 1964 (in 2 Teilen). Die Scholien teilweise im 6. Bd. der Ausgabe von C. F. HERMANN, Leipz. 1853. W. C. GREENE, *Scholia Platonica.* Haverford 1938. Die Ausgaben der Erklärungsschriften des Proklos, Damaskios, Hermias, Olympiodoros und Chalcidius bei GIGON a. O., 15. Dazu P. LOUIS, *Albinos, Epitomé.* Paris 1945. L. G. WESTERINK, Ausgaben der Kommentare des Proklos und Olympiodoros zum 1. Alkibiades. Amsterdam 1956. Ders., *Damascius, Lectures on Philebus wrongly attributed to Olympiodorus.* Amsterdam 1959 (mit Übers. u. Komm.). – Zum *Lexicon Platonicum* von F. AST (3 Bde. Leipz. 1835–38; Nachdr. Bonn 1956) tritt das Zettelmaterial des Unternehmens in Hinterzarten. *Index Graecitatis Plat.* von T. MITCHELL, 2 Bde. Oxf. 1852. M. STOCKHAMMER, *Plato Dictionary.* New York 1963 (gibt englische Stichworte). – Zu den bei GIGON a. O., 11 genannten Übersetzungen neuerdings außer dem zu einzelnen Dialogen Angeführten: R. RUFENER, *Die Werke des Aufstiegs* mit Einleitung von G. KRÜGER. Zürich 1948; dies., *Der Staat.* Zürich 1950. E. HOWALD, *Die echten Briefe.* Zürich 1951 (griech. u. deutsch). R. RUFENER, *Meisterdialoge* mit Einleitung von O. GIGON. Zürich 1958; dies., *Frühdialoge.* Zürich 1960. *Spätdialoge* I 1965. II 1969 (alle genannten Bände in der *Bibl. der Alten Welt*). Neugedruckt wurde B. JOWETT, *The Dialogues of Pl.* 4 Bde. Oxford 1953 (Übers. mit Einführung und Analysen). Ebenso die Übertragung SCHLEIERMACHERS in *Rowohlts Klassikern der Lit. u. Wiss.* Bd. 1–6, 1957–59. Einiges in *Goldmanns Gelben Taschenb.*

Gute Einführungen bieten E. HOFFMANN, *Platon.* 2. Aufl. Reinbeck b. Hamburg 1967. R. C. LODGE, *The Philosophy of Pl.* Lond. 1956. G. J. DE VRIES, *Inleiding tot het denken van Pl.* 3. Aufl. Assen-Amsterdam 1957.

Von führenden Darstellungen nennen wir auch hier U. v. WILAMOWITZ, *Platon.* I. *Leben und Werke.* Berl. 1919, 5. Aufl. bes. von B. SNELL, Berl. 1959; II. *Beilagen u. Textkritik.* 3. Aufl. bes. von R. STARK, Berl. 1961. P. FRIEDLÄNDER, *Platon* I u. II 3. Aufl. Berlin 1964. III 2. Aufl. 1960. Engl. I sec. ed. Princeton 1968. II Pantheon Books 1964. III Princeton 1968. J. GEFFCKEN, *Griech. Lit. Gesch.* 2, Heidelb. 1934, 35. Ferner zur Ergänzung der o. angeführten Bibliographien: G. J. DE VRIES, *Spel bij Pl.* Amsterd. 1949. H. LEISEGANG, *RE* 20, 1950, 2342. E. R. DODDS, *The Greeks and the Irrational.* Un. of Calif. Press 1951 (repr. 1956), 207. ALOYS DE MARIGNAC, *Imagination et dialectique. Essai sur l'expression du spirituel par l'image dans les dialogues de Pl.* Paris 1951. D. ROSS, *Pl.s Theory of Ideas.* 2. ed. Oxf. 1953. G. SARTON, *A History of Science.* Lond. 1953, 395. JAEGER, Bd. 2 u. 3 (zum Großteil Pl. gewidmet). P. M. SCHUHL, *L'œuvre de Pl.* 2. ed. Paris 1958. – Ferner an neueren Werken: R. ROBINSON, *Pl.s Earlier Dialectic.*

2. ed. Oxford 1953 (Scheidet in der Entwicklung der Logik Pl.s drei Perioden mit Überwiegen von Elenchos, Hypothesis, Diairesis). J. DERBOLAV, *Erkenntnis und Entscheidung. Philosophie der geistigen Aneignung in ihrem Ursprung bei Pl.* Wien-Stuttgart 1954. R. LORIAUX S. J., *L'être et la forme selon Pl.* Bruges 1955 (dazu K. W. Mills, *Gnom.* 29, 1957, 325). TH. GOULD, *The Development of Pl.s Ethics.* Cambr. 1955 (mit viel Lit., aber in der Konstruktion der Entwicklung bedenklich); ders., *Platonic Love.* London 1963. J. v. CAMP et P. CANART, *Le sens du mot ΘΕΙΟΣ chez Pl.* Louvain 1956. M. VANHOUTTE, *La méthode ontologique de Pl.* Louvain 1956. A. D. WINSPEAR, *The Genesis of Pl.s Thought.* 2. ed. New York 1956. A. RIGOBELLO, *L'intellettualismo in Pl.* Padova 1957. L. ROBIN, *Les rapports de l'être et de la connaissance d'après Pl.* Paris 1957 (Nachgelassene Vorlesungen 1932/33). L. SICHIROLLO, *Antropologia e dialettica nella filosofia di Pl.* Milano 1957. E. VOEGELIN, *Order and History III. Pl. and Aristotle.* Louisiana Un. Pr. 1957 (Tragender Begriff ist eine Ordnung, deren Antithese nicht Freiheit, sondern Unordnung bedeutet). R. E. CUSHMAN, *Therapeia. Pl.s Conception of Philosophy.* Univ. of North Carolina Pr. 1958. H. J. KRÄMER, *Arete bei Pl. und Aristoteles. Zum Wesen und zur Geschichte der plat. Ontologie. Abh. Akad. Heidelb. Phil.-hist. Kl.* 1959/6; 2. Aufl. Amsterdam 1967, (Über KRÄMERS neues Platonbild, in dessen Mitte die Vorträge *Über das Gute* stehen, s. o.). E. MOUTSOPOULOS, *La musique dans l'oeuvre de Pl.* Paris 1959. K. GAISER, *Protreptik und Paränese bei Pl. Tübinger Beitr.* 40. Stuttgart 1959. H. GAUSS, *Philosophischer Handkommentar zu den Dialogen Pl.s.* I 1. 2. II 1. 2. III. Bern 1952–1960. P. M. SCHUHL, *Etudes platoniciennes.* Paris 1960; Ältere Arbeiten von SCHUHL sind *Gnom.* 36, 1964, 136 verzeichnet. H. D. VOIGTLÄNDER, *Die Lust und das Gute bei Pl.* Würzburg 1960. Wichtig bleibt J. STENZEL, *Pl. der Erzieher.* Leipz. 1928; neugedr. Hamburg 1961, mit einer Einleitung von K. GAISER, die gut über STENZELS Bedeutung in der Platonforschung unterrichtet. – Zum Nachleben des Platonismus: PH. MERLAN, *From Platonism to Neoplatonism.* 2. ed. Den Haag 1960. E. HOFFMANN, *Platonismus und Mittelalter. Vortr. Bibl. Warburg* 3, 1923/4; jetzt in *Platonismus und Christliche Philosophie.* Zürich 1960, 230. R. KLIBANSKY, *The continuity of the Platonic tradition during the Middle Ages* 1. Lond. 1950. Über die erschienenen Teile des *Corpus Plat. Medii Aevi:* H. LANGERBECK, *Gnom.* 25, 1953, 258. Dazu *Pl. Arabus* 3, 1952 und *Pl. Latinus* 3, Lond. 1953 und 4, 1962, mit der Ausgabe der für das ganze Mittelalter maßgebenden *Timaios-Übersetzung* durch J. WASZINK; ders., *Studien zum Timaioskomm. des Calcidius* 1. Leiden 1964.

Zusätze zur 3. Auflage: J. STENZEL, *Plato's Method of Dialectic.* Ed. by D. J. ALLAN. Oxford 1940; New York 1964. H. H. BERGER, *Ousia in de dialogen van Plato. Een terminologisch onderzoek.* Leiden 1961; kritisch dazu K. WIDDRA, *Gnom.* 36, 1964, 253. KL. OEHLER, *Die Lehre vom noetischen und dianoetischen Denken bei Platon und Aristoteles. Ein Beitrag zur Erforschung des Bewußtseinsproblems in der Antike.* Zet. 29. München 1962; ders., ‹Der entmythologisierte Platon. Zur Lage der Platonforschung›. *Zeitschr. f. philos. Forschung* 19, 1965, 393. F.-P. HAGER, *Die Vernunft und das Problem des Bösen im Rahmen der platonischen Ethik und Metaphysik.* Bern 1963. E. A. HAVELOC, *A Preface to Plato.* Cambridge Mass. 1963 (Verhältnis von ἔπεα zu λόγος). W. BRÖCKER, *Platos Gespräche.* Frankfurt a. M 1964. FR. CHIEREGHIN, *Storicità e originarietà nell'idea platonica.* Padova 1964. C. E. HUBER, *Anamnesis bei Plato.* München 1964. H. D. RANKIN, *Plato and the Individual.* London 1964. E. G. BALLARD, *Socratic Ignorance. An Essay on Platonic Self-Knowledge.* The Hague 1965. EUG. DÖNT, ‹Bemerkungen zu Platons Spätphilosophie und zu Philipp von Opus›. *Wien. Stud.* 78, 1965, 45; ders., *Platons Spätphilosophie und die Akademie.* Sitzb. Öst. Ak. Phil.-hist. Kl. 251/3. 1967. *Parusia. Studien zur Philosophie Platons und zur Problemgeschichte des Platonismus.* Festgabe füt J. Hirschberger. Hrsg. von KURT FLASCH. Frankfurt a. M. 1965. J. E. RAVEN, *Plato's Thought in the Making. A Study of the Development of his Metaphysics.* Cambridge 1965. H. L. SINAIKO, *Love, Knowledge and Discourse in Plato. Dialogue and Dialectic in Phaedrus, Republic, Parmenides.* Chicago 1965. J. CHAIX-RUY, *La pensée de Platon.* Paris 1966. H. PERLS, *Plato, seine Auffassung vom Kosmos.* Stuttgart 1966. G. PRAUSS, *Platon und der logische Eleatismus.* Berlin 1966. O. WICHMANN, *Platon. Ideelle Gesamtdarstellung und Studien-*

werk. Darmstadt 1966. K. I. VOURVERIS, Ἱστορικαὶ γνώσεις τοῦ Πλάτωνος. 1: Πλάτων καὶ βάρβαροι.. 2: Πλάτων καὶ Ἀθῆναι, 2. ed. Athen 1966. *Das Platonbild. Beiträge zum Platonverständnis.* Hrsg. von K. GAISER. Hildesheim 1967 (Beiträge von SCHLEIERMACHER bis GADAMER). G. JÄGER, *'Nus' in Platons Dialogen.* Hyypomn. 17. Göttingen 1967. C. AUG. NEUHAUSER, *De voluntarii notione Platonica et Aristotelea.* Wiesbaden 1967. H. THESLEFF, *Studies in the Styles of Plato.* Helsinki 1967. H.-G. GADAMER, *Platos dialektische Ethik und andere Studien zur platonischen Philosophie.* Hamburg 1968. E. WOLF, *Griech. Rechtsdenken.* Bd. 4: *Platon.* Teil 1: *Frühdialoge und Politeia.* Teil 2: *Dialoge der mittleren und späteren Zeit. Briefe.* Frankfurt a. M. 1968. 1970. G. C. FIELD, *The Philosophy of Plato.* 2. ed. with an appendix by R. C. CROSS. London 1969. A. GRAESER, *Probleme der platonischen Seelenteilungslehre. Überlegungen zur Frage der Kontinuität im Denken Platons.* Zet. 47. München 1969. D. MANUSPERGER, *Physis bei Platon.* Berlin 1969. EG. SCHMALZRIEDT, *Platon. Der Schriftsteller und die Wahrheit.* München 1969. T. M. ROBINSON, *Plato's Psychology.* Toronto 1970 (Phoenix. Suppl. 8). J. VIVES, *Génesis y evolución de la ética platónica.* Madrid 1970. EGIL A. WYLLER, *Der späte Platon. Tübinger Vorlesungen 1965.* Hamburg 1970. Die Wissenschaftliche Buchgesellschaft in Darmstadt bereitet eine *Platon-Studienausgabe. Griechisch und deutsch* in 8 Bänden und in ihrer Sammlung 'Wege der Forschung' folgende Bände vor: *Platon als politischer Denker. Das Problem der ungeschriebenen Lehre Platons. Das Fortwirken der ungeschriebenen Lehre Platons in der Philosophie der Antike. Der Mittel- und Neuplatonismus. Platonismus in der Philosophie des Mittelalters.* – Association Guillaume Budé. Congrès de Tours et Poitiers 3.–9. Sept. 1953. *Actes du Congrès.* Paris 1954. *Recherches sur la tradition Platonicienne: Sept exposés par* P. COURCELLE, O. GIGON, W. K. C. GUTHRIE, H. J. MARROU, W. THEILER, R. WALZER, J. H. WASZINK. *Entretiens sur l'ant. class.* 3. Fondation Hardt. Vandoeuvres-Genève 1955 (1957). J. C. M. VAN WINDEN, *Calcidius on Matter. His Doctrine and Sources. A Chapter in the History of Platonism.* Leiden 1965. C. R. VAN PAASEN, *Platon in den Augen der Zeitgenossen. Veröff. d. Arbeitsgem. Nordrhein-Westfalen* H. 89. Köln 1960. A. E. TAYLOR, *Platonism and his Influence.* (Our debt to Greece and Rome). New York 1963. E. v. IVANKA. *Plato Christianus. Übernahme und Umgestaltung des Platonismus durch die Väter.* Einsiedeln 1964. H.-E. PESTER, *Platons bewegte Usia.* Wiesbaden 1971 (Klass.-phil. Stud. 38).

2. ARISTOTELES UND DER PERIPATOS

Platon ist bei aller Abkehr von der Politik seiner Vaterstadt seinem Wesen nach immer Attiker geblieben. Die Charis seiner Dialoge ist nur auf diesem Boden denkbar, ebenso wie die Kunst der Rede eines Isokrates oder Demosthenes, die ihre Impulse aus der attischen Größe einer bereits vergangenen Zeit empfing. Aristoteles hingegen ist aus ionischem Kulturbereich nach Athen gekommen, und von wesentlichen Teilen seines Werkes lassen sich Linien zu den älteren ionischen Philosophen ziehen. Anderseits bahnt sich in seinem Schaffen, wenngleich er nie reiner Positivist gewesen ist, die Ablösung eigenständiger Tatsachenforschung von der Dominanz des Philosophischen an, jene Entwicklung also, die zur alexandrinischen Wissenschaft führt. So verbindet der Weg, den Aristoteles gegangen ist, große Räume des griechischen Geisteslebens, aber dieser Weg führte über Athen und über Platon. Die Spannungen, die dadurch in sein Werk gekommen sind, stellen zahlreiche Probleme, bilden aber den geheimen Reiz seiner Bücher bei aller Sprödigkeit ihrer Form.

Die Tradition über des Aristoteles Leben fand natürlich zunächst ihre Pflege im Peripatos. Die älteste Biographie des Philosophen dürfte jene des Ariston von Keos gewesen sein. Aber es konnte nicht ausbleiben, daß die ausgedehnte biographische

Literatur des Hellenismus mit ihrer Neigung zum Anekdotischen und Novellistischen den Begründer des Peripatos in ihren Bereich zog. Hier ist die Tätigkeit des Hermippos einigermaßen greifbar. Von dieser Überlieferung, die man sich als reich und vielgestaltig zu denken hat, sind nicht wenige, aber durchaus späte Zeugen auf uns gekommen. Ihre ausgezeichnete Herausgabe und Erklärung danken wir nun INGEMAR DÜRING[1], nachdem man seit der weit zurückliegenden Zusammenfassung dieser Zeugnisse durch J. TH. BUHLE[2] nur verstreute und unzureichende Publikationen zur Verfügung gehabt hatte.

Abseits von Schultradition und Belletristik steht für sich die Vita im 5. Buche des Diogenes Laertios. Sie enthält unter anderem für das Leben des Aristoteles jene Chronologie des Apollodoros (vgl. F Gr Hist 244 F 38), die sich auch bei Dionysios von Halikarnassos in dem Aristoteles gewidmeten Kapitel des Briefes an Ammaios (cap. 5) findet. Die nach ihrem Herausgeber benannte *Vita Menagiana* stimmt in ihrem ersten Teil mit dem Aristotelesartikel der *Suda* überein. Die sogenannte *Hesychios-Vita* enthält als Hauptbestandteil ein Verzeichnis der aristotelischen Schriften, einen Paralleltext also zu der Liste bei Diogenes Laertios (5, 22–27). Eine Gruppe für sich bilden drei Biographien, die unter neuplatonischem Einflusse stehen: die *Marciana*, die nur im Codex Marc. Gr. 257 erhalten ist und ein Stück aus Philochoros (F Gr Hist 328 F 223) bewahrt hat, die *Ammoniana*, auch *Vulgata* genannt, und die *Latina*, deren Handschriften älter sind als jene der beiden griechischen Fassungen und der ein verhältnismäßig bedeutender Quellenwert zukommt. Während DÜRING ihren Verfasser der Generation des Wilhelm von Moerbeke zurechnet, geht M. PLEZIA[3] einen Schritt weiter und macht es einigermaßen wahrscheinlich, daß Wilhelm selbst der Übersetzer gewesen ist.

Die syrischen und die arabischen Biographien, die DÜRING in englischer Übersetzung vorlegt, gehen zum Großteil mit den drei neuplatonischen Viten auf dieselbe Quelle zurück, auf den πίναξ eines Ptolemaios, der von den Arabern el-Garib («der Fremde, Unbekannte») zubenannt wurde. Die alte Vermutung, es handle sich dabei um Ptolemaios Chennos, ist heute so gut wie aufgegeben; man denkt an den Platoniker, der um die Wende vom 3. zum 4. Jahrhundert schrieb.

Zu der angeführten Überlieferung tritt eine Fülle verstreuter Notizen der verschiedensten Herkunft, die sich ebenfalls in DÜRINGS Werk gesammelt finden[4]. Von der

[1] *Aristotle in the Ancient Biographical Tradition. Studia Graeca et Latina Gotoburgensia* 5. Göteborg 1957. Dazu O. GIGON ‹Interpretationen zu den antiken Aristoteles-Viten›. *Mus. Helv.* 15, 1958, 147. Von dems. die Ausgabe der *Vita Marciana* Berl. 1962 (Kl. Texte 181) mit ausgezeichnetem, die ganze Überlieferung einbeziehendem Komm. M. PLEZIA, ‹Supplementary Remarks on Aristotle in the Ancient Biographical Tradition›. *Eos* 51, 1961, 241; ders. *Gnom.* 34, 1962, 126.

[2] Aristotelis opera omnia Graece. Zweibrücken 1791, 3.

[3] *Gnom.* 34, 1962, 129.

[4] Dort (164) auch eine Übersicht über die mittelalterlichen Aristotelesbiographien, die nur geringen historischen Wert besitzen. Abgedruckt ist bei DÜRING die Aristotelesvita des Leonardo Aretino, die um 1430 geschrieben ist und zu den humanistischen Biographien überleitet. Über die fabulose Tradition J. STOROST, ‹Die Aristoteles-Sage im Mittelalter›. *Monumentum Bambergense. Festgabe für Benedikt Kraft.* München 1955, 298.

Art dieses Materials mag es eine Vorstellung geben, daß die Reste eines Kommentars des Didymos zu Demosthenes (nr. 339 P.) wichtige Einzelheiten gebracht haben.

Aristoteles stammt von altem griechischen Kolonialboden, 384 wurde er in Stageiros (Stageira ist die spätere Form) im Osten der Chalkidike geboren. Sein Vater Nikomachos ist Leibarzt des Amyntas II. von Makedonien gewesen. Viel von den naturwissenschaftlichen Interessen des Sohnes, der *Hist. anim.* 497a 32 auf seine mit Zeichnungen ausgestattete Anatomie (ἐν ταῖς ἀνατομαῖς) verweist, mag väterliches Erbe gewesen sein, wenngleich sich dieses nicht in der Richtung auf therapeutische Fragen entwickelte. Nach dem Tode des Nikomachos wurde Proxenos aus jenem Atarneus, das in seinem Leben noch eine Rolle spielen sollte, sein Pflegevater.

Der erste Lebensabschnitt des Aristoteles fand mit der Übersiedlung des etwa 17-jährigen nach Athen und seinem Eintritt in die Akademie ihren Abschluß. Im weiteren Leben des Philosophen setzen sich drei Abschnitte durch deutliche Zäsuren ab, und wir verweisen bereits hier auf die Frage, wie seine Werke auf diese zu verteilen seien.

Aristoteles kam 368/67 nach Athen. Das war die Zeit von Platons zweiter sizilischer Reise, an die sich hochgespannte Erwartungen knüpften. Über die Fragen, mit denen man sich in der Akademie zu dieser Zeit beschäftigte, kann am ehesten der *Theaitet* Aufschluß geben. Daß in diesem Kreise Eudoxos von Knidos auf den neu Hinzugekommenen besonderen Einfluß ausübte, dürfen wir mit Sicherheit annehmen. Aristoteles ist volle zwanzig Jahre bis zu Platons Tod im Jahre 348/47 dessen Schüler geblieben. Er wird sich in dieser Zeit auch nach manchen anderen Seiten hin umgesehen haben, doch haben wir keinen Anlaß zu der Annahme, daß sich sein Verhältnis zu Platon in diesen Jahren je gelockert hätte.

Daß Platon für Aristoteles nicht allein der große Erwecker gewesen ist, sondern für ihn zum bestimmenden Problem wurde, deuteten wir bereits an. Aristoteles mußte sich von Platon lösen, wenn er seiner eigenen Entelechie folgen wollte, und doch konnte er dies nicht zur Gänze, ohne die Grundlagen zu zerstören, auf denen er selber stand. Es verlohnt sich nicht, die Anekdoten zu wiederholen, die von dem Verhältnis der beiden Männer erzählt wurden, die Kritik des Aristoteles an seinem Lehrer tritt in seinem Werke deutlich genug hervor und kann mitunter so scharfe Formen annehmen, wie in den *Anal. post.* (83a 33), wo er die Ideen Platons «Gezirpe» nennt. Zu solchen Äußerungen der Respektlosigkeit treten andere voll tiefer Verbundenheit, wie etwa in der Nik. Ethik 1, 4. 1096a 12, und so sehr sich die Akzente im Laufe der Zeit verschoben haben mögen, fanden persönliche Verehrung und kritische Distanzierung wohl auf allen Stufen der aristotelischen Entwicklung nebeneinander ihren Platz[1]. So wird man denn auch in der Elegie (D. fasc. 1, 115), die Aristoteles über die Stiftung

[1] Für das Verhältnis zwischen den beiden sind die Verse charakteristisch, die wir in der Aristoteles-Vita des codex Marcianus lesen; vgl. W. Kranz, ‹Platonica›. *Phil.* 102, 1958, 80, und P. Friedländer in der Festschrift für Gadamer *(Die Gegenwart der Griechen im neueren Denken)*. Tübingen 1960. H. Cherniss, *Aristotle's Criticism of Plato and the Academy* 1, Baltimore 1944; 2. Aufl. 1946, zeigt, daß Aristoteles Platons Sätze wie die anderer Philosophen mit den Begriffen seines eigenen Systems neu formuliert und dann in dieser Formulierung behandelt und kritisiert.

eines Altares schrieb und an Eudemos (den Kyprier oder den Rhodier?) richtete, unter dem Manne, den selbst zu loben die Schlechten kein Recht haben, mit JAEGER[1] nicht Sokrates sondern Platon selbst verstehen.

Als nach Platons Tod Speusippos Schulleiter wurde, gingen Aristoteles und Xenokrates nach Assos in Mysien[2]. Dort hatten sich bereits früher zwei Platonschüler, Erastos und Koriskos, niedergelassen, und wir haben im 6. Briefe Platons ein Zeugnis seiner Bemühungen, zwischen den beiden und Hermias, dem Herrscher von Atarneus, einen dauernden Freundschaftsbund zu begründen. Assos, das Hermias seinen neuen Freunden abtrat, war eine Zeitlang die Stätte regen geistigen Lebens; auch Kallisthenes und Theophrast haben sich dort aufgehalten. Hermias, unter dessen Schutz dies alles gedieh, wußte lange die Schwäche des persischen Regiments geschickt zu nutzen und sich um Atarneus ein kleines Reich im Reiche aufzubauen. In seinen letzten Jahren konspirierte er mit Philipp II., da er offenbar mit dem Griff der makedonischen Macht nach Asien rechnete. Seine Pläne wurden jedoch verraten, der persische Truppenführer Mentor belagerte ihn in Atarneus und fing ihn schließlich durch Verrat. In Susa wurde er gekreuzigt, nachdem er auf der Folter standhaft über seine Pläne geschwiegen hatte. Das furchtbare Ende des Hermias erschütterte Aristoteles, der damals bereits in Makedonien lebte, um so schwerer, als er dessen Adoptivtochter und Nichte Pythias zur Frau hatte. Für ein Denkmal des Toten in Delphi hat er das Weiheepigramm (3 D.) geschrieben und sein Andenken in einem Hymnos voll warmen Empfindens (5 D.) gefeiert.

Drei Jahre ist Aristoteles in Assos gewesen, dann ging er mit seinem Schüler und Freunde Theophrast nach Mytilene auf dessen Heimatinsel Lesbos, wo er sich zwei Jahre aufhielt. Die enge Arbeitsgemeinschaft mit Theophrast, die sein Leben hindurch bestehen blieb, ist für Aristoteles damals bereits von größter Bedeutung gewesen. D'ARCY THOMPSON hat in einer Vorbemerkung zu seiner Übersetzung der *Historia animalium*[3] darauf aufmerksam gemacht, daß die biologischen Werke des Aristoteles, das genannte vor allem, zahlreiche Bezüge zur kleinasiatischen Küste, zu Lesbos und Makedonien aufweisen. Ohne daß damit bereits über die Zeit der uns erhaltenen Fassungen entschieden wäre, beweisen diese Beobachtungen doch, daß Interesse und Studien des Aristoteles schon in diesem Abschnitt lebhaft auf Beobachtung und Erklärung naturhistorischer Phänomene gerichtet waren. Dabei ist es durchaus denkbar, daß in der gemeinsamen Arbeit mit Theophrast der um ein gutes Stück jüngere Schüler in manchem der Anregende gewesen ist.

Theophrast hat Aristoteles auch begleitet, als dieser 343/42 nach Makedonien gerufen wurde, um die Erziehung des Thronfolgers zu übernehmen. Diese Berufung läßt sich nicht mit der epigrammatischen Formel erklären, man habe den König der Wissenschaft (der Aristoteles damals gar nicht war) als Erzieher für den kommenden

[1] Arist., 106. Dort (108) auch über die angebliche Altarinschrift. K. GAISER, ‹Die Elegie des Aristoteles an Eudemos›. *Mus. Helv.* 23, 1966, 84.

[2] Daß Aristoteles aber auch noch später als Glied der Akademie betrachtet wurde, zeigt PH. MERLAN, *Trans. Am. Phil. Ass.* 77, 1946, 103.

[3] Oxf. 1910.

König der Oikumene geholt. Wie weit die Beziehungen des Aristoteles zu Hermias und die des Tyrannen zu Philipp im Spiele waren, entzieht sich unserer Kenntnis; daß sie eine Rolle spielten, ist wahrscheinlich.

In Mieza, ein gutes Stück landeinwärts von der Residenz Pella, leitete Aristoteles die Erziehung des jungen Alexander. Der Wunsch, ein Bild von deren Einrichtung und dem Zusammenleben dieser beiden ebenso ungewöhnlichen wie verschiedenen Menschen zu gewinnen, ist wohl verständlich[1]. Wir wissen wenig, doch lassen sich zwei Dinge aussagen: die Jahre in Mieza haben in Alexander ein tiefes und unmittelbares Verhältnis zur Kultur der Griechen, vor allem zu ihrer großen Dichtung begründet. Die Nachricht, sein Lehrer habe ihm eine Ausgabe der Ilias gemacht, ist glaubhaft, denn homerische Probleme haben Aristoteles lebhaft beschäftigt (fr. 142ff. R.). Anderseits haben wir keinen Anhalt, uns Alexanders politisches Handeln von Aristoteles bestimmt zu denken. Dessen Gedanken über den Staat bewegen sich in den Grenzen und Maßen des hellenischen Stadtstaates und zielen nicht auf Alexanders künftiges Imperium. In der Zeit, als dieses entstand, hat sich der Philosoph an seinen Schüler von ehedem mit einer Denkschrift *Alexander oder über Kolonisation* (fr. 648 R.) gewandt. Die Schrift ist verloren[2], aber die bekannte Briefstelle (fr. 658 R.) mit dem Rat des Aristoteles, Alexander solle den Hellenen Führer, den Barbaren Herr sein, die einen wie Freunde und Gleiche, die anderen wie Tiere oder Pflanzen behandeln, zeigt ihn ebenso im Gegensatz zu den Ideen einzelner Sophisten von der Gleichheit der Menschen wie zu den völkerverbindenden Plänen seines königlichen Schülers. Daß Alexander später die naturwissenschaftlichen Studien seines Lehrers großzügig unterstützte, wird mehrfach berichtet (Ath. 9, 398 e. Plin. *nat. hist.* 8, 44 vgl. 10, 185), doch mußte das Schicksal des Kallisthenes notwendig zu einer Entfremdung führen. Dieser, ein Neffe des Aristoteles, war schon in Assos dessen Schüler und unterstützte ihn später bei der Abfassung der delphischen Siegerlisten. Er begleitete Alexander als Historiker seiner Taten[3] auf dem Feldzuge, kam aber durch sein eigenwilliges Verhalten, vor allem durch die Verweigerung des Proskynesis in den Verdacht, an einer Verschwörung beteiligt zu sein, und wurde 327 ohne rechtliches Verfahren hingerichtet. Das Bild Alexanders bei den Peripatetikern hat unter dieser Gewalttat gelitten, aber erst einer späteren Zeit blieb die häßliche Erfindung vorbehalten, Aristoteles habe den König vergiften lassen.

Wie lange Aristoteles Prinzenerzieher gewesen ist, läßt sich genau nicht sagen, man mag an zwei oder drei Jahre denken. Dann ist er noch beträchtliche Zeit in Makedonien geblieben, ohne daß wir seine Stellung und Tätigkeit näher zu bestimmen wüß-

[1] Vgl. F. SCHACHERMEYRS Darstellung: *Alexander d. Gr.* Graz 1949, 66. M. BROCKER, *Aristoteles als Alexanders Lehrer in der Legende.* Diss. Bonn 1965.

[2] Doch verteidigt neuerdings M. PLEZIA gründlich und gelehrt seine These, daß der arabisch erhaltene Text eines Schreibens des Aristoteles an Alexander der Auszug aus dem authentischen Sendschreiben des Philosophen Ἀλέξανδρος ἢ ὑπὲρ ἀποίκων sei: J. BIELAWSKI u. M. PLEZIA, *Lettre d'Aristote à Alexandre sur la politique envers les cités.* Polskiej Ak. Archiwum Eilologiczne 1970. In der Einleitung ein Überblick über die Nachwirkung des Textes und seine bisherige Interpretation.

[3] Die Reste F Gr Hist nr. 124.

ten. Daß ihm der Wiederaufbau seiner von Philipp zerstörten Heimatstadt Stageiros zugesagt wurde, hören wir, freilich auch, daß der Erfolg ausblieb (fr. 657 R.). Indessen war um 339 Speusippos, Platons Nachfolger in der Leitung der Akademie, gestorben. Da hat uns im Zusammenhange mit seiner Nachfolge der Akademikerindex von Herkulaneum (p. 38 Mekler) die interessante Nachricht bewahrt, daß die jungen Akademiker den Xenokrates wählten, weil Aristoteles in Makedonien weilte[1]. Damals empfand man also seine Bindung an die Schule Platons noch als enge genug, daß man ihn als deren Leiter in Erwägung zog.

Erst 335/34 kehrte Aristoteles nach Athen zurück. Damals hatte eben Alexanders Strafgericht über Theben den makedonenfeindlichen Kreisen Athens die Hoffnung auf erfolgreichen Widerstand genommen, und Aristoteles wußte sich, als er nun seine eigene Schule zu gründen unternahm, des Schutzes sicher, den ihm Antipater, sein Freund von Pella her und nun Alexanders Stellvertreter, in treuer Verbundenheit gewährte. Im Gymnasion Lykeion, das in der Nähe eines Heiligtumes des Apollon Lykeios gelegen war, begann er seinen Unterricht. Der gedeckte Wandelgang dieser Anlage (περίπατος) hat der Schule der Peripatetiker ihren Namen gegeben. Es ist zu vermuten, daß sie bei dem großen Zulauf, den sie hatte, bald eine geeignetere Unterkunft auf einem Grundstück in der Nähe fand. Die Lage seiner Schule im Osten der Stadt trennte Aristoteles weit von der Akademie in deren Nordwesten. Das ist symbolisch für die Beziehungslosigkeit zwischen den beiden Stätten geistiger Arbeit. Der Akademie stand Xenokrates vor, dem Aristoteles ehedem in Assos als Gefährte verbunden, in seiner geistigen Haltung aber von ihm durch eine Welt getrennt. Vom Lehrbetrieb des Peripatos haben wir vor allem durch die Schriften des Aristoteles, denen seine Vorlesungen zugrunde liegen, eine gute Vorstellung. Auch von den äußeren Einrichtungen wissen wir manches. Die schwierigen Kollegs waren auf den Vormittag, solche für einen weiteren Hörerkreis auf den Nachmittag angesetzt (ἑωθινός und δειλινὸς περίπατος). Man hat versucht, die doctores de mane und de sero an mittelalterlichen Universitäten damit in Zusammenhang zu bringen[2]. Für den inneren Zusammenhalt der Gemeinschaft, die sich als Thiasos wie die Akademie um ein Musenheiligtum schloß, waren gemeinsames Mahl und gemeinsamer Trunk (Syssitien und Symposien) vorgesehen, und der Gründer hat selbst für solche Anlässe den Komment ausgearbeitet.

An die dreizehn Jahre leitete Aristoteles seine Schule, bis sich wieder einmal die Politik an der Wissenschaft versündigte. Der Tod Alexanders im Jahre 323 löste eine neue makedonenfeindliche Bewegung aus, die auch Aristoteles traf. Der Angriff erfolgte aus jenen Ressentiments, die später aus den Bruchstücken einer Rede des Demochares[3] zu uns sprechen, in denen dieser Neffe des Demosthenes das Psephisma des Sophokles (307/6), einen Anschlag auf die Freiheit der Philosophenschulen Athens, verteidigte. In solchen Zeiten ist der dümmste Vorwand gut genug, und so bedrohte man den Philosophen mit einer Asebieklage, weil sein Hymnos auf Hermias ein Paian

[1] Vgl. Ph. Merlan in der S. 617 A. 2 zitierten Arbeit.

[2] O. Immisch, *Academia*. Freib. i. Br. 1942, 10. [3] Baiter-Sauppe, *Or. Att.* 2, 341.

sei und somit die Profanierung eines Götterliedes darstelle. Aristoteles entzog sich dem Anschlag und ging nach Chalkis, wo seine verstorbene Mutter Phaistis ein Gut besessen hatte[1]. Dort ist er bald darauf, im Jahre 322, einem Magenleiden erlegen. Zwei Nachrichten zeigen ihn uns im letzten Abschnitte seines Lebens. Da ist die Briefstelle (fr. 668 R.) mit dem so persönlichen Bekenntnis, daß er, der Vereinsamte und ganz auf sich Angewiesene, wachsende Freude am Mythos empfinde. Und da ist sein Testament, das uns Diogenes Laertios (5, 11) ebenso wie die letzten Verfügungen der drei Nachfolger in der Schulleitung, Theophrast, Straton und Lykon, im Wortlaut aufbewahrt hat[2]. Testamentsvollstrecker sollte des Aristoteles alter Freund Antipater sein, für Herpyllis, die nach dem Tode der Pythias bei ihm lebte, für die Kinder, die Tochter Pythias von der Gattin gleichen Namens und den Sohn Nikomachos von Herpyllis, für die übrigen Angehörigen des Hausstandes bis zu den Sklaven wurde mit väterlicher Güte gesorgt.

Über den Stil des Aristoteles lesen wir aus der Antike zwei Urteile, die sich in einer zunächst frappanten Weise widersprechen. Cicero preist (*Acad.* 2, 119) das aureum flumen der Sprache des Philosophen, während er nach Philodem (*De rhet.* 2 p. 51, 36, 11 S.) stammelte (ψελλίζειν). Solche Diskrepanz erklärt sich aus dem Unterschiede der Schriften, auf die sich jedes dieser Urteile bezieht. Aristoteles spricht an mehreren Stellen die der Index von Bonitz rasch an die Hand gibt, von exoterischen Büchern (ἐξωτερικοὶ λόγοι). Es ist heute kein ernstes Problem mehr, daß damit jene vorwiegend der frühen Zeit angehörenden Schriften gemeint sind, die über einen engeren Kreis hinaus wirken sollten und deshalb auch literarische Ansprüche stellten. Sie sind mit den «veröffentlichten» (ἐκδεδομένοι λόγοι)[3] wesensgleich, die Aristoteles in der Poetik (15, 1454b 18) nennt. Dieser Gruppe stehen jene Werke gegenüber, die aus dem Lehrbetrieb des Aristoteles hervorgegangen und für diesen berechnet sind. In ihnen ist die Pflege der Form von vorneherein außer acht gelassen, wozu noch in manchen Fällen die lange und komplizierte Entstehungsgeschichte des uns Erhaltenen als ein dem Formalen höchst abträglicher Faktor hinzukommt. Die Neueren haben sich gewöhnt, im Gegensatz zu dem Ausdruck, den Aristoteles für die literarischen Schriften gebraucht, von den esoterischen Büchern zu sprechen, während wir bei Aristoteles selbst in der Eudemischen Ethik (1217b 22) die λόγοι κατὰ φιλοσοφίαν zu den ἐξωτερικοί in Gegensatz gestellt finden. Häufig werden die esoterischen Werke als Pragmatien bezeichnet, wozu Ansätze bei Aristoteles vorhanden sind. Nur diese letzteren sind uns erhalten, doch ist das Bemühen der Forschung (s. u.) um die Reste der exoterischen Schriften wohl begründet. Gehören sie doch vorwiegend dem jun-

[1] A.-H. Chroust, ‹Aristotle's flight from Athens in the year 323 B. C.›. *Historia* 15, 1966,185.

[2] Auch jener biographische Abriß des Ptolemaios, auf den die neuplatonischen Viten und die arabische Überlieferung zurückgehen, enthielt das Testament des Aristoteles. Dessen Text findet sich jetzt auch bei M. Plezia, *Aristotelis epistularum fragmenta cum testamento*. Warschau 1961. A.-H. Chroust, ‹Aristotle's last will and testament›. *Wien. Stud.* 80 (N. F. 1), 1967, 90. Nur bei den Arabern findet sich ein athenisches Proxeniedekret für Aristoteles mit der Geschichte des Beschlusses, seiner Aufhebung und seiner Restitution. Während Düring (vgl. S. 615 A. 1) das Ganze für Erfindung hält, mißt M. Plezia, *Gnom.* 34, 1962, 131, der Überlieferung historischen Wert bei.

[3] Bei Isokrates 5, 11 vergleicht sich ὁ ἐκδοθεὶς λόγος, bei Platon Soph. 232d die δεδημοσιωμένα.

gen Aristoteles jener Zeit, in der sich seine Anfänge mit der Altersform der platonischen Philosophie überschnitten. Der Vergleich mit der platonischen Zweiheit von Dialogen und der im engsten Schülerkreis mündlich behandelten Lehre, wie ihn DIRLMEIER[1] durchführt, ergibt zugleich den fundamentalen Unterschied: Aristoteles hat auch seine interne Lehre in seinen esoterischen Schriften zur Gänze fixiert.

Wir besitzen aus der Antike drei Kataloge der aristotelischen Schriften: den bei Diogenes Laertios (5, 22), den an die obenerwähnte *Vita Menagiana* angehängten und den aus arabischen Quellen herstellbaren des Ptolemaios. Diesen Katalogen hat PAUL MORAUX eine gelehrte Monographie[2] gewidmet, in der er die Liste des Diogenes mit Wahrscheinlichkeit auf Ariston von Keos[3] zurückführt, der im letzten Viertel des 3. Jahrhunderts v. Chr. nach Lykon die peripatetische Schule leitete. Das Verzeichnis, das durch diese Überlegungen an Gewicht gewinnt, setzt mit neunzehn Titeln ein, für die es einzelne Bezeugungen und allgemeine Erwägungen so gut wie sicher erscheinen lassen[4], daß es sich bei ihnen um Dialoge aus der Frühzeit des Aristoteles handelt. Einzig die früher erwähnte Schrift *Alexander oder über die Kolonisation* ist ein später Nachzügler.

Gemahnen schon einzelne Titel wie *Sophistes*, *Menexenos* oder *Symposion* an die Dialoge Platons, so erweisen auch die Bruchstücke von verschiedenen dieser Schriften die Nähe zur Gedankenwelt des Meisters[5]. Der Dialog *Eudemos*[6] war nach einem Freunde des Aristoteles, dem heimatvertriebenen Kyprier Eudemos benannt, der Dion nach Sizilien folgte und dort den Tod fand. Fünf Jahre vorher hatte ein Traumgesicht dem in Thessalien Erkrankten verheißen, er werde nach Ablauf dieser Zeit in die Heimat zurückkehren. Für die Freunde in der Akademie enthüllte sich diese Heimkehr nun als eine in die Ewigkeit. So ist denn der *Eudemos* gleich Platons *Phaidon* ein Gespräch über die Seele, und unter diesem Titel (περὶ ψυχῆς) erscheint er auch im Katalog des Diogenes. In ihm bekämpfte Aristoteles die Auffassung der Seele als einer Harmonie zwischen den Teilen des Körpers und vertrat ihre Präexistenz und Unsterblichkeit. Das liegt ein gutes Stück ab von der wesentlich späteren Abhandlung *Über die Seele*, in der Leib und Seele als die beiden Seiten einer einzigen Substanz gefaßt und in ihrem gegenseitigen Verhältnis als Materie und Form verstanden werden.

[1] *Sitzb. Ak. Heidelb. Phil.-hist. Kl.* 1962/2, 9. Eine Übersicht über die neueren Rekonstruktionsversuche aristot. Dialoge bei R. STARK in der Besprechung von DÜRINGS *Protreptikos GGA* 217, 1965, 55.

[2] *Les listes anciennes des ouvrages d'A.* Louvain 1951. Dazu ist jetzt J. DÜRING (s. S. 615 A. 1) heranzuziehen. Vgl. auch V. MASELLIS, ‹Tradizione e cataloghi delle opere arist.›. *Riv. Fil.* 34, 1956, 337.

[3] F. WEHRLI, *Die Schule des A.* 6. 2. Aufl. Basel 1968.

[4] D. Ross in der Praefatio zu *A. Fragmenta selecta.* Oxf. 1955.

[5] O. GIGON hat in dem Buche *Aristoteles. Einführungsschriften. Eingel. und neu übertr.* Zürich 1961 *(Bibl. d. Alten Welt)* den bemerkenswerten Versuch unternommen, aus verschiedenen Quellen unsere Kenntnis jener Schriften zu bereichern, die als Einführung in die Philosophie gedacht waren.

[6] O. GIGON, ‹Prolegomena to an Edition of the Eudemus›. In: *Aristotle and Plato in the mid-fourth Century. Papers of the Symposium Aristotelicum held at Oxford in August 1957. Studia Graeca et Latina Gothoburgensia* 11. Göteborg 1960, 19. Die Arbeit ist für die Problematik der Rekonstruktion dieser Schriften wichtig. A.-H. CHROUST, ‹Eudemus on the soul: A lost dialogue of Aristotle on the immortality of the soul›. *Mnem.* s. 4, 19, 1966, 17; ders., ‹The psychology in Aristotle's lost dialogue Eudemus or on the soul›. *Acta classica* 9, 1966, 49.

Ebenfalls in die Jahre, in denen Aristoteles Akademiker war, gehört der *Protreptikos* mit der in Platons Nachfolge stehenden Aufforderung zum Leben im Geiste und mit dem Preise philosophischen Erkennens, der φρόνησις[1], als der höchsten dem Menschen vorbehaltenen Möglichkeit. Die Frage, ob der Protreptikos ein Dialog war, ist noch offen. JAEGER denkt an eine Werberede, deren formale Ahnen im sophistischen Lehrbetrieb zu suchen wären. Andere wie D. J. ALLAN und H. LANGERBECK[2] legen Gewicht auf die Tatsache, daß Cicero in seinem *Hortensius* den *Protreptikos* in der Form eines Dialoges nachbildete, und nehmen diese auch für die Schrift des Aristoteles an. Die Wendung an den kyprischen Fürsten Themison könnte sich dann so erklären, daß Aristoteles fingierte, er habe auf dessen Ersuchen ein Gespräch über die Bedeutung der Philosophie aufgeschrieben.

Die Fragmente aus dem *Protreptikos*[3] hat INGRAM BYWATER 1869 beträchtlich durch den Nachweis vermehrt, daß in dem Buche des Iamblichos mit dem gleichen Titel zahlreiche Exzerpte aus der aristotelischen Schrift enthalten sind. Für deren Vermehrung und Abgrenzung hat JAEGER in seinem Aristotelesbuche Entscheidendes geleistet. Unausgeglichenheiten in dem Erhaltenen werden eher einem Iamblichos zur Last zu legen sein, der Aristotelisches mit Platonischem vermengt, als einem Aristoteles, der sich von Platon wegbewegt[4].

An dem weithin platonischen Geiste des Protreptikos ist ein Zweifel nicht erlaubt. Damit ist aber noch nicht eines der Kernprobleme der heutigen Aristotelesforschung entschieden, ob nämlich in dieser Schrift wie auch im *Eudemos*, die platonische Ideenlehre als solche übernommen ist. Während JAEGER die Frage bejahte und als stärkste Stütze dafür die Partie aus Iamblichos (fr. 13 ROSS) mit der Scheidung von wahrer Wirklichkeit und Abbildern verwendete, hat man neuestens berechtigte Zweifel daran vorgebracht[5], daß Aristoteles jemals die platonische Ideenlehre mit ihrem Chorismos zwischen einer transzendenten Wirklichkeit und den bloß in der Teilhabe existierenden Dingen der Sinnenwelt als seine Überzeugung vertreten hätte. Nach dieser Auffassung meinte Aristoteles mit der wahren Wirklichkeit in dem wichtigen fr. 13 (ROSS) die normgebende Physis, die dem Menschen durch theoretische Erkenntnis zugänglich ist.

[1] Über die Entwicklung des Begriffes JAEGER (s. u.), 82. [2] *Gnom.* 26, 1954, 3.

[3] W. GERSON RABINOWITZ, *Aristotle's Protrepticus and the Sources of its Reconstruction. Univ. of Calif. Publ. in Class. Phil.* 16/1. 1957, mit zu weit getriebener Skepsis gegen die vorausgegangenen Versuche. Die Benützung des *Protreptikos* im *Hortensius* bezweifelt er. Zum Verhältnis dieser Schriften O. GIGON, ‹Cicero und Aristoteles›. *Herm.* 87, 1959, 154. – J. DÜRING, *Aristotle's Protrepticus. An Attempt at Reconstruction. Stud. Graeca et Lat. Gothob.* 12, 1961; ders., *Aristoteles. Der Protreptikos. Text, Übers. u. Komm.* Frankfurt a. M. 1969; dazu E. DE STRYCKER, *Gnom.* 41, 1969, 233, mit wichtigen Ausführungen über die stilistische und qualitative Verschiedenheit der bei Iamblichos für den *Protreptikos* des Aristoteles in Anspruch genommenen Partien. A.-H. CHROUST, *Protrepticus. A Reconstruction.* Notre Dame, Ind. 1964. G. SCHNEEWEISS, *Der Protreptikos des Aristoteles.* Diss. München 1966 (masch.). Lit. zu früheren Versuchen bei F. DIRLMEIER, *Gnom.* 28, 1956, 343, 1, und W. SPOERRI, *Gnom.* 32, 1960, 18, 4.

[4] Zur Frage G. MÜLLER, *Mus. Helv.* 17, 1960, 134, der 143 zu der Formulierung gelangt: «nicht platonisierender Aristoteles, sondern kontaminierender Iamblich.»

[5] I. DÜRING, ‹Problems in A. Protr.›. *Eranos* 52, 1954, 139, und ‹A. in the Protr.› in *Autour d'Aristote.* Louvain 1955, 81. Ders., ‹A. the Scholar› (s. S. 647 A. 2), 75. R. STARK (s. S. 647 A. 3), 9. F. DIRLMEIER, *Gnom.* 28, 1956, 343. Vgl. auch die Lit. in den beiden vorausgehenden Anmerkungen.

Der *Protreptikos* hat eine weitreichende Wirkung ausgeübt. Seine Werbung für die philosophische Lebensform mußte die Isokrateer mit ihrem rhetorischen Erziehungsprogramm beunruhigen. P. VON DER MÜHLL[1] hat es wahrscheinlich gemacht, daß sich Isokrates in der *Antidosisrede* vom Jahre 353 auf den *Protreptikos* bezog. Ist das richtig, so bedeutet es die Sicherung einer an sich wahrscheinlichen Datierung. Die aus der Schule des Isokrates stammende *Mahnrede an Demonikos* sucht dem *Protreptikos* mit kläglichen Mitteln zu begegnen. Besondere Schätzung genoß er bei den Neuplatonikern, und über Ciceros *Hortensius* hat die Schrift bestimmend auf Augustinus gewirkt.

Ein gleich kräftiges Nachleben, das wir unter anderem in Ciceros *De natura deorum* feststellen, hatte in der Antike der drei Bücher umfassende Dialog *Über die Philosophie*, den wir mit Zuversicht in die Zeit von Assos bald nach Platons Tod setzen[2]. Daß sich Aristoteles in ihm gegen Platons Lehre von den Idealzahlen wandte, ist bezeugt (fr. 9 R.), und man darf annehmen, daß diese Kritik nur Teil einer Widerlegung der Ideenlehre im ganzen war, wie wir sie aus *Met.* A 9 und M 4f. kennen. Etwas bedeutsam Neues und gleichzeitig ein Grundzug in der wissenschaftlichen Arbeit des Aristoteles stellt sich in der Überschau dar, die das 1. Buch über die geschichtliche Entwicklung der Philosophie gab. Die Fragmente lassen erkennen, daß Aristoteles hier weit über die griechische Philosophie hinausgriff und neben hellenischer Theologie auch die religiöse Weisheit des Orients in seine Betrachtung einbezog. Hier konnte er an Interessen des späten Platon und der Akademie unmittelbar anknüpfen. Es ist des weiteren kenntlich, daß Aristoteles nach der Kritik der Ideenlehre im 2. Buche in dem darauffolgenden seine eigene Kosmologie und Theologie gab, nach den Resten ein kühner Wurf, der ebenso in seinen späteren Werken wie bei anderen Autoren nachwirkte. Hier brachte Aristoteles die Beweise für das Dasein Gottes und verwendete in einem von ihnen die Kreisbewegung der beseelt und göttlich gedachten Gestirne für seine Argumentation. Das verbindet sich mit der Rolle der Gestirngötter im Spätwerk Platons und in anderer Richtung mit der Dominanz der Gestirnreligion im Hellenismus. Daß sich im Hintergrunde von dem allen die Frage nach Ausmaß und Gewicht östlicher Einflüsse erhebt, braucht nicht betont zu werden. Nicht zum letzten bedauern wir den Verlust dieses Werkes, weil in ihm Aristoteles auch nach den Grundlagen des subjektiven Gottesbewußtseins fragte und so den Grund zur Religionsphilosophie des Abendlandes legte. In diesen Zusammenhang gehörte auch die Umbildung des platonischen Höhlengleichnisses, die möglicherweise Platon als Gesprächspartner selbst vortrug.

[1] ‹Isokrates und der Protr. des A.›. *Phil.* 94, 1941, 259. Zur *Demonicea:* C. J. DE VOGEL, *Greek philosophy. A collection of texts.* 2, Leiden 1953, 24.

[2] Nach JAEGER (129) H. LANGERBECK, *Gnom.* 26, 1954, 5. H. D. SAFFREY, *Le* Περὶ φιλ. *d'A. et la théorie Platonicienne des idées nombres.* 2. Aufl. Leiden 1971. Bedenken bei H. CHERNISS, *Gnom.* 31, 1959, 36. M. UNTERSTEINER, ‹Περὶ φιλοσοφίας di A.› *Riv. Fil. N. S.* 38, 1960, 337. 39, 1961, 121; von dems. eine komm. Ausgabe Rom 1963. J. PÉPIN, ‹L'interpretation du 'De philosophia' d'Aristote d'après quelques travaux récents›. *Rev. Et. Gr.* 77, 1964, 445. A.-H. CHROUST, ‹The concept of God in Aristotle's lost dialogue On philosophy›. *Emerita* 33, 1965, 205.

Von der Form des eben behandelten Dialoges wissen wir, daß jedem der drei Bücher ein Prooimion vorausgeschickt war und dann die einzelnen Themen in geschlossenen Reden nach Art von Lehrvorträgen behandelt wurden. Dabei ist Aristoteles selbst als Redner bezeugt (fr. 8. 9. 78 R.). Der Abstand von Platon ist ebenso deutlich wie die Verbindung zu Cicero, die dieser selbst bestätigt (*ad fam.* 1, 9, 23), doch ist die Warnung JAEGERS berechtigt, wir dürften uns die Dialoge des Aristoteles nicht allzu uniform denken[1]. Einzelne wie der *Eudemos* oder der *Gryllos* mit dem Nebentitel *Über die Rhetorik* mögen platonischer Weise näher gestanden haben.

In neuerer Zeit tritt in den Vordergrund des Interesses das 16 B. umfassende, ebenfalls exoterische Werk der *Diaireseis*, das in der *Großen* und in der *Eudemischen Ethik* zitiert wird[2]. Offenbar eine erste Bestandaufnahme der Wirklichkeit, von Platon wohl ausgehend, dessen Dichotomien aber modifizierend.

Hier fügen wir zwei Schriften aus der Frühzeit des Aristoteles an, die zwar nicht zu den exoterischen gehörten, aber für sein Verhältnis zu Platon von Bedeutung sind[3]. Das Buch *Über das Gute* (Περὶ τἀγαθοῦ) enthielt eine Nachschrift jener Vorlesungen Platons, von denen o. (S. 606) die Rede war. Die Abhandlung *Über die Ideen* (Περὶ ἰδεῶν) liegt zeitlich später und gehört vielleicht erst in die Jahre von Assos. Ihre Reste im Kommentar des Alexander von Aphrodisias zeigen, daß Aristoteles hier der Ideenlehre Platons gegenüber jene Ansichten vertrat, die seiner Kritik in der *Metaphysik* zugrunde liegen[4].

Das auf uns gekommene umfangreiche Corpus Aristotelicum enthält jene Bücher, häufig Pragmatien genannt, die aus der Forschung und Lehre des Aristoteles hervorgegangen sind. Mit dem Glauben früherer Zeiten, dieses Corpus stelle das geschlossene Lehrsystem der zweiten Athener Zeit dar und sei zur Gänze in dieser entstanden, hat die Forschung gründlich aufgeräumt. Damit hat sich freilich eine Fülle von Problemen eröffnet, deren Bearbeitung vielfach erst in den Anfängen steht. Für die wichtigsten Werke zeigte sich besonders durch die Arbeiten WERNER JAEGERS eine Zusammensetzung aus zeitlich weit geschiedenen Partien, die mitunter nur in losem Zusammenhange stehen. Es ist ferner mit der wiederholten Benützung dieser Werke im Lehrbetrieb gegeben, daß Aristoteles Zusätze im einzelnen machte, die sich nicht immer glatt einfügen ließen. Und schließlich stellt sich die angesichts der Überlieferungsgeschichte (s. u.) schwierige Frage, wie weit die Möglichkeit besteht, Zusätze und Klammern von Redaktorenhand nachzuweisen[5]. Die Unsicherheit auf diesem Felde hat neuerdings ihren drastischen Ausdruck in dem Versuche gefunden,

[1] Daß es in den Pragmatien so etwas wie einen innerdialogischen Stil gibt, der sich im Wechsel von Frage und Antwort bekundet, unterstreicht F. DIRLMEIER, *Sitzb. Ak. Heidelb. Phil.-hist. Kl.* 1962/2, 13.

[2] Vgl. F. DIRLMEIER in der vor. Anm. genannten Untersuchung.

[3] P. WILPERT, ‹Reste verlorener Aristotelesschriften bei Alexander von Aphrodisias›. *Herm.* 75, 1940, 369, und *Zwei arist. Frühschriften über die Ideenlehre*. Regensburg 1949. Hier wird in JAEGERS Nachfolge eine Frühperiode des A. angenommen, in der er auf dem Boden der Ideenlehre stand.

[4] Dazu jetzt F. DIRLMEIER, a. O. 25.

[5] Die methodischen Probleme bei O. GIGONS Behandlung von *De caelo:* ‹A.-Studien I›. *Mus. Helv.* 9, 1952, 113; vgl. auch STARK (s. S. 647 A. 3), 61.

den größten Teil des Corpus Aristotelicum in seiner heutigen Form Theophrast zuzuweisen[1]. Diese Episode dürfte bald vergessen sein, der Forschung verbleibt jedoch eine Reihe schwieriger Aufgaben, bei deren Bearbeitung sie sich der Grenzen des Erreichbaren mit Vorteil bewußt bleiben wird. Änderungen, die in den Pragmatien stilistischer Glättung dienen sollen, sind auf jeden Fall von vorneherein sinnlos.

Es versteht sich aus dem Gesagten, daß der knappe Überblick, um den es sich hier allein handeln kann, das reiche Material nicht in chronologischer Ordnung vorzulegen vermag[2]. So beginnen wir wie das Corpus mit den Schriften zur Logik und Dialektik, die der Peripatos als Handwerkzeug faßte, stellen aber dann jene Schriften voran, in denen Aristoteles sein Weltbild entwickelte. Es folgen die Arbeiten, die sich mit Problemen der Seele des Menschen und mit seiner Betätigung in den Bereichen des Sittlichen, Politischen und der Kunst befassen. Den Beschluß bilden die naturwissenschaftlichen Werke.

Während andere Systeme der Antike die Philosophie in Logik, Physik und Ethik gliederten, hat Aristoteles ebenso wie seine Schule der Logik[3] nur einen Platz im Vorhof des philosophischen Baues angewiesen. Wenn man im Peripatos die logischen Werke als *Organon*[4] bezeichnete, so hat man sie damit als Instrument gefaßt, dessen man zu geistiger Arbeit bedarf. Die beiden kurzen Abhandlungen am Beginne des *Organon* lassen sogleich die Problematik der Aristoteleskritik sichtbar werden. Die *Kategorien*[5] mit den zehn Grundformen der Aussagen über das Seiende wurden bereits im Altertum verdächtigt. Die gegenwärtige Auffassung der Forschung läßt sich so umschreiben, daß der Inhalt im großen und ganzen als aristotelisch anerkannt ist, während formale Anstöße den einen die Athetese von Teilen, anderen jene der ganzen Schrift zu empfehlen scheinen[6]. Ähnlich steht es mit der Abhandlung *De interpretatione* (Περὶ ἑρμηνείας), die von den Teilen und Formen des Satzes handelt.

[1] J. ZÜRCHER, *A.s Werk und Geist.* Paderborn 1952. Ausführlich und ablehnend behandelt die These E. J. SCHÄCHER, *Platon-A.* I. Salzburg 1957. Nicht minder radikal ist ZÜRCHER mit Platon umgegangen: *Das Corpus Academicum.* Paderborn 1954. Vgl. DIRLMEIERS herzhaftes Urteil: *Nik. Ethik* (s. u.), 249.

[2] Doch sei darauf hingewiesen, daß I. DÜRING in dem S. 622 A. 3 genannten Buche über den *Protreptikos* ein chronologisches Verzeichnis der aristotelischen Werke gibt. Hier zeichnen sich neue Ansätze der Forschung ab.

[3] J. M. BOCHEŃSKI, *Ancient Formal Logic.* Amsterdam 1951. J. LUKASIEWICZ, *A.s Syllogistic from the Standpoint of Modern Formal Logic.* Oxf. 1951; 2. ed. enlarged 1957. J. LOHMANN, ‹Vom ursprünglichen Sinn der arist. Syllogistik›. *Lexis* 2, 1950/51, 205. C. A. VIANO, *La logica di A.* Torino 1955. W. Wieland, ‹Die aristotelische Theorie der Notwendigkeitschlüsse›. *Phronesis* 11, 1966, 35. A. TRENDELENBURG'S *Elementa logices Aristotelicae (1836) neu hrsg. von* R. BEER. München 1967 (Rowohlts Klass. d. Lit. u. Wiss. Griech. Philos. 11). A. v. FRAGSTEIN, *Die Diairesis bei Aristoteles.* Amsterdam 1967.

[4] G. COLLI, *A. Organon. Introd., trad. e note.* Torino 1955. Eine wichtige Besprechung von J. DÜRING, *Gnom.* 28, 1956, 204. Übers. von EUGEN ROLFES in 2 Bden. Leipz. 1925, Neudruck Hamb. 1958. *Nouvelle trad. et notes* von J. TRICOT, 6 Bde. Paris 1946–50, 1 u. 2 in Neuauflage 1959.

[5] Ausgabe von L. MINIO-PALUELLO 2. Aufl. Oxf. 1956 (mit *De interpretatione*). Übers.: J. L. ACKRILL, Oxford 1963 (with notes and glossary).

[6] Für die Echtheit: MINIO-PALUELLO in seiner Ausgabe Oxf. 1949. DE RIJK, *Mnem.* 4, ser. 4, 1951, 129. M. WUNDT, *Untersuchungen zur Metaphysik des Ar.* Stuttgart 1953. Weitere Lit. zur Echtheitsfrage bei G. VERBEKE, *Gnom.* 28, 1956, 230.

Andronikos hat sie verworfen, Alexander von Aphrodisias für echt gehalten, jedenfalls fügt sie sich insoweit in den Rahmen der logischen Arbeiten des Aristoteles, als diese in hohem Maße die Gegebenheiten der lebendigen Sprache zum Ausgange nehmen. Hauptwerk auf diesem Felde sind die vier Bücher *Analytika* ('Αναλυτικὰ πρότερα und ὕστερα)[1]. Die ersten beiden *(An. priora)*[2] geben die allgemeine Lehre vom deduktiven Schließen, die letzten beiden *(An. posteriora)* handeln von der Gewinnung des Wissens durch Beweis und Definition, womit die Darstellung der Figuren deduktiver Schlüsse verbunden ist. Einen allerdings recht umfangreichen Seitenflügel dieses Baues bilden die acht Bücher der *Topik* (Τοπικά)[3], deren Entstehung man vor die der *Analytika* setzt. Sie sind aus der Dialektik erwachsen, wie man sie in der Akademie, aber auch in disputierenden Sophistenzirkeln pflegte. Das Ziel bezeichnet der Verfasser zu Beginn: es soll gelehrt werden, auf dialektischem Wege in jeder Frage zu wahrscheinlichen Behauptungen zu gelangen und diese erfolgreich zu verteidigen, ohne daß man dabei in Widersprüche gerät. Eine Art Fortsetzung dazu bilden die *Sophistischen Widerlegungen* (Σοφιστικοὶ ἔλεγχοι), die gegen Fangschlüsse der Eristiker Stellung beziehen.

Die Logik des Aristoteles ist aller Wahrscheinlichkeit nach aus dem Streben hervorgegangen, eine Methodik für die wissenschaftliche Diskussion auszubilden; so kam er zur Analyse des Syllogismus und seiner Lehre vom deduktiven Schließen. Daß die moderne Logik andere Wege geht, mindert die Bedeutung seiner Leistung keineswegs, die freilich nicht in einer Methodik des wissenschaftlichen Arbeitens, sondern in der Formanalyse bestimmter Denkoperationen gelegen ist[4].

Es hängt mit der Entwicklung des Aristotelismus im Mittelalter zusammen, daß sich mit dem Namen dieses Denkers lange das Bild eines starren Systems verbunden hat. Erst die Arbeiten der letzten Jahrzehnte haben uns die Dynamik und Bewegtheit aristotelischen Forschens gezeigt, das sich zwischen den zwei Polen der Empirie und der dauernd von Platon beeinflußten Spekulation abspielte. So stellen sich uns heute zwei für die aristotelische Philosophie zentrale Werke, die *Physik* und die *Metaphysik*, nicht als Aufzeichnung eines Systems, sondern als Zeugnisse eines Suchens dar, das ebenso in der Geschichte des griechischen Denkens wie in der Persönlichkeit des Aristoteles seinen Ursprung hat.

[1] Dorothea Frede, *Aristoteles und die 'Seeschlacht'. Das Problem der Contingentia futura in De interpretatione* 9. Hypomn. 27. Göttingen 1970.

Erkl. Ausgabe der Analytika von W. D. Ross and L. Minio-Paluello. Oxford 1964.

[2] G. Patzig, ‹Die aristotelische Syllogistik. Logisch-philologische Untersuchungen über das Buch A der Ersten Analytiken›. *Abh. Ak. Göttingen. Phil.-hist. Kl.* 3. Folge Nr. 42, 2 Aufl. 1963. M. Mignucci. *Gli analitici primi. Trad., introd., comm.* Napoli 1969.

[3] Erkl. Ausgabe der *Topica et Soph. Elenchi* von W. D. Ross, Oxf. 1958. W. A. de Pater, *Les topiques d'Aristote et la dialectique platonicienne.* Fribourg/Suisse 1965. H. Roelants, ‹De methodologie van de Topika›. *Tijdschrift voor filosofie* 28, 1966, 494. *Aristotle on Dialectic. The Topics. Proc. of the third Symposium Aristotelicum.* Ed. by G. E. L. Owen. Oxford 1968.

[4] Über eine verlorene Schrift Περὶ διαιρέσεων vgl. F. Dirlmeier, *Sitzb.Ak.Heidelb.Phil.-hist.Kl.* 1962/2,29.

Der Titel der *Physik* (Φυσικὴ ἀκρόασις, 8 B.)[1] will aus der Weite der Bedeutung verstanden sein, die dem Worte *physis* im Griechischen eignet[2]. Die Natur als Schauplatz aller spontanen Bewegung und Veränderung, die Aitiologie dieser Vorgänge und ihr Ziel, dies sind die Gegenstände der weitgespannten Forschungen des Aristoteles, für die dieses Werk die Grundlagen schafft. So steht es einerseits als Voraussetzung vor allen naturwissenschaftlichen Studien, setzt sich aber auf der anderen Seite so deutlich in der *Metaphysik* fort, daß uns bei unserer Anordnung dieses Band wichtiger erschien.

Die ersten beiden Bücher entwickeln die tragenden Prinzipien (ἀρχαί) der aristotelischen Naturerklärung. Hier wird das Begriffspaar Stoff (ὕλη) und Form (εἶδος) entwickelt, durch das Aristoteles den platonischen Chorismos zwischen einer rein intelligiblen Wirklichkeit und der unseren Sinnen gegebenen Welt überwand. Dadurch, daß an die Stelle der Ideen als transzendenter Wesenheiten das im Stoffe sich verwirklichende Eidos trat, war den Dingen unserer Welt ihre Wertigkeit und Wesenhaftigkeit zurückgegeben[3]. Auf dem Boden dieser Auffassung konnte Aristoteles die für sein ganzes Forschen wichtige Aufforderung aussprechen, die wir im Buche Z der Metaphysik lesen: stets von dem auszugehen, was uns durch die sinnliche Wahrnehmung als gewiß gegeben ist, und von dort zu den Gegenständen des reinen Denkens vorzudringen.

Damit Hyle und Eidos in jene Beziehungen treten, die es der Form ermöglichten, sich im Stoffe zu verwirklichen, bedarf es des dritten Prinzipes der Bewegung. Das griechische Wort κίνησις ist dabei in einem Umfange gebraucht, der neben der örtlichen Bewegung auch das quantitative Wachstum und die qualitative Veränderung umschließt. Der Vorgang der Bewegung oder besser Veränderung (Beispiel: Same – Wachstum – Pflanze) stellt den Übergang von der Potentialität einer Form zu ihrer Aktualität dar, zwei Begriffe (δύναμις und ἐνέργεια), die im Denken des Aristoteles eine zentrale Stellung einnehmen. Zu Stoff, Form und Bewegung tritt als viertes Prinzip der Zweck oder das Ziel, zur causa materialis, formalis und efficiens die causa finalis. In einer Linie, die von dem unklaren Wirken des Nus bei Anaxagoras über die Erkenntnis göttlichen Waltens aus der Ordnung der Welt bei Diogenes von Apollonia (S. 380) und über den Vorbildcharakter der platonischen Ideen führt,

[1] Erkl. Ausgabe von W. D. Ross, Oxf. (1936) 1955. Text Oxf. 1950. W. WIELAND, *Die aristotelische Physik. Untersuchungen über die Grundlegung der Naturwissenschaften und die sprachlichen Bedingungen der Prinzipienforschung bei Aristoteles.* Göttingen 1962. Für die Auseinandersetzung des Aristoteles mit dem physikalischen Weltbild seiner Vorgänger sind die Arbeiten von F. SOLMSEN wichtig: ‹A. and Presocratic Cosmogony›. *Harv. Stud.* 63, 1958 (Festschr. Jaeger), 265. *A.'s System of the Physical World. A Comparison with his Predecessors.* Cornell Un. Press 1960. P. F. CONEN, *Die Zeittheorie des Aristoteles.* Zet. 35. München 1964 (eingehend zu *Physik* Δ 10–14). G. A. SEECK, *«Nachträge» im achten Buch der 'Physik' des Aristoteles.* Abh. Ak. Mainz 1965/3. O. GIGON, ‹Die Struktur des ersten Buches der aristotelischen Physik›. *Mus. Helv.* 23, 1966, 129. Übers.: H. WAGNER, Darmstadt 1967 (Ar. Werke in dt. Übers. hrsg. von E. GRUMACH 11).

[2] M. HEIDEGGER, ‹Vom Wesen und Begriff der φύσις. Aristoteles Physik B 1›. *Il pensiero* (Milano) 3, 1958, 131 u. 265.

[3] Daß freilich auch eine Sicht denkbar ist, in der das aristotelische εἶδος einen Rückschritt gegen die platonische Idee bedeutet, zeigte N. HARTMANN, ‹Zur Lehre vom Eidos bei Platon und Aristoteles›. *Abh. Preuß. Ak. Phil.-hist. Kl.* 1941/8.

steht Aristoteles als entschiedenster Vertreter des teleologischen Denkens. Die Natur ist ihm eine unpersönliche, aber zugleich in allem zweckgerichtete Macht, die, wie wir sehen können, nichts ohne Absicht (μάτην) tut (*De respir.* 10. 476a 12. *De caelo* 14. 271a 33). Die Bewegung zur Form ist zugleich die Bewegung zu einem naturhaft gegebenen Ziel. Das gilt von dem Werden einer Pflanze ebenso wie von der Entwicklung einer literarischen Gattung zu ihrer Vollendung (*Poet.* 4. 1449a 15). Was diese Lehre für die Grundlegung des Entwicklungsgedankens bedeutete, leuchtet ein. Als H. DRIESCH seinen «ganzmachenden Faktor» mit dem aristotelischen Ausdruck Entelechie benannte, hat er es zu Ehren des antiken Denkers getan[1].

Die Ausführungen des Aristoteles über Raum, Zeit und Unendlichkeit können hier nicht mehr behandelt werden, wohl aber ist noch ein Wort über die Entstehung der *Physik* zu sagen. Wie für andere zentrale Werke des Aristoteles, so hat JAEGER auch für dieses die Analyse kräftig vorangetrieben und eine ganze Reihe von Problemen zur Debatte gestellt. Den gedanklichen Gehalt der *Physik* setzt er im großen und ganzen in die früheste Periode des Aristoteles, noch vor die ältesten Teile der *Metaphysik*. Anderseits sei die uns vorliegende Fassung durch die ziemlich spät erfolgte Vereinigung alter und neuer Stücke zustandegekommen. Sonderstellungen nehmen das 7. und das wohl aus den Meisterjahren stammende 8. Buch ein, das die *Physik* als vorausliegend zitiert. Hier wie sonst mögen noch viele Fragen offen bleiben, aber im Grundsätzlichen ist die Genesis der Pragmatien sicher richtig erfaßt. In diesem Zusammenhange ist JAEGERS Hinweis (315) wichtig, daß in der *Metaphysik* die Schriften *Vom Himmel* und *Vom Entstehen und Vergehen* als *Physik* angeführt werden. Das Wort bezeichnete damals also eine Gruppe von Einzeluntersuchungen, die Vereinigung verschiedener Teile zu der uns vorliegenden *Physik* ist später erfolgt. Wann und durch wen, ist eines der wichtigsten und schwierigsten Probleme der Aristotelesforschung.

In engem Zusammenhange mit der *Physik* sind zwei Werke zu nennen. Die vier Bücher *Über den Himmel* (Περὶ οὐρανοῦ)[2] geben eine Kosmologie, in der die Äthertheorie eine entscheidende Rolle spielt. Neben die vier einfachen Substanzen Feuer, Luft, Erde und Wasser mit der ihnen eigenen Tendenz zur Steig- bzw. Fallbewegung tritt als fünfte der Äther, dessen Bewegung von Natur kreisförmig ist. Diese Theorie, von der sich eine Linie zurück zu Anaxagoras (VS 59 A 42. 71) ziehen läßt, soll die Begrenztheit, Kugelgestalt und Ewigkeit des Kosmos erweisen helfen. Vor allem verbindet sie sich mit der Entdeckung des Eudoxos von Knidos, daß sich die Bahnen der Planeten aus der Bewegung von Sphären erklären lassen, die in konzentrischer Anordnung um die Erde rotieren. Das 8. Kapitel des Buches Λ der *Metaphysik*, für

[1] *Philosophie des Organischen*. Leipz. 1907, 145.

[2] Ausgabe von D. J. ALLAN, Oxf. 1936. Übers. von J. TRICOT, Paris 1949 (zusammen mit der unechten Schrift *Über die Welt.*). O. GIGON, *Vom Himmel. Von der Seele. Von der Dichtkunst*. Zürich 1950 (Bibl. d. Alten Welt). Doppelsprachige kritische Ausgabe von O. LONGO, Firenze 1962. G. A. SEECK, *Über die Elemente in der Kosmologie des Aristoteles. Untersuchungen zu 'De generatione et corruptione' und 'De caelo'*. Zet. 34. München 1964. G. ENDRESS, *Die arabischen Übersetzungen von Aristoteles' Schrift De caelo*. Diss. Frankfurt a.M. 1965.

das JAEGER (372) späte Entstehung wahrscheinlich gemacht hat, zeigt, wie Aristoteles dauernd an diesen Fragen weiterarbeitete. Besonders wichtig waren für ihn die Anregungen, die er von dem Eudoxosschüler Kallipos von Kyzikos, dem Reformator des attischen Kalenders, empfing. Der Beginn der von Kallipos eingeführten Ära fällt in das Jahr 330/29, sein Umgang mit Aristoteles wird also in dessen zweite Athener Zeit gehören. Hatte Eudoxos gemeint, für die Erklärung der Planetenbahnen (Sonne und Mond einbegriffen) mit sechsundzwanzig Sphären auszukommen, so vermehrte Kallippos deren Zahl auf dreiunddreißig, während Aristoteles auf fünfundfünfzig kam. In dem Bemühen um eine rationale Erklärung der Gestirnbahnen nimmt die Schrift *Über den Himmel* eine Zwischenstellung ein: die in ihr entwickelte Äthertheorie strebt einer solchen Erklärung zu, doch ist die Auffassung der Planeten als göttlicher Vernunftwesen beibehalten.

Den Abschluß des zweiten Buches bilden die Ausführungen über die Kugelgestalt der Erde, die unbewegt in der Mitte des Kosmos ruht[1]. Dort verzeichnet Aristoteles auch die Überlegung, daß Beobachtungen am Sternenhimmel bei nord-südlicher Ortsveränderung auf eine mäßige Größe der Erdkugel schließen lassen. Ein bedeutsames Vorspiel zur Berechnung des Erdumfanges durch Eratosthenes! Anderseits ist nicht zu verkennen, daß gerade die Autorität des Aristoteles das geozentrische System mit seinen Planetensphären so wirkungsvoll gestützt hat, daß der Vorstoß des Aristarch von Samos zur richtigen Auffassung wirkungslos blieb.

Ebenfalls in den Kreis der *Physik* gehört die Schrift *Über Entstehen und Vergehen* (Περὶ γενέσεως καὶ φθορᾶς, 2 B.)[2], die eine Theorie der beiden im Titel bezeichneten Vorgänge mit besonders scharfer Stellungnahme gegen die Eleaten gibt.

In jeder Behandlung des Aristoteles wird die *Metaphysik* (Τὰ μετὰ τὰ φυσικά, 13, mit α 14 B.)[3] eine zentrale Stelle einnehmen. Ihr Verfasser hat seinen Gegenstand «erste Philosophie» benannt, während die Bezeichnung *Metaphysik* vielleicht von Andronikos stammt, in dessen Ausgabe das Werk hinter der *Physik* seinen Platz hatte. In ihm handelt es sich nicht um die geschlossene Darstellung eines Systems, sondern um ein aus verschiedenen Teilen zusammengesetztes Corpus, für dessen Analyse

[1] Das bedeutet Ablehnung der Theorien eines Philolaos, Hiketas, Ekphantides, die Eigenbewegung der Erde um ein Zentralfeuer oder die eigene Achse annahmen, vgl. WEHRLI zu Herakleides Pontikos fr. 104–108.

[2] Ausgabe von H. H. JOACHIM, Oxf. 1922. Übers. von J. TRICOT, Paris 1951. G. A. SEECK a. O.

[3] A. SCHWEGLER, *Die Metaphysik des A. Grundtext, Übersetzung und Kommentar nebst Erläuterungen und Abhandlungen.* 4 Bde. Tübingen 1847. Nachdruck in 2 Bden. Frankfurt a. M. 1960. Erkl. Ausgabe von W. D. Ross, 2 Bde. Oxf. 1924, repr. with corr. 1958. Ausgabe von W. JAEGER, Oxf. 1957. J. WARRINGTON, *Metaphysics. Ed. and transl. Introd. by* W. D. ROSS. Lond. 1956. L. ELDERS, *A.'s Theory of the One. A Commentary on Book X of the Met.* Wijsg. teksten en stud. 5, 1961. Übers. von J. TRICOT, 2 Bde. Paris 1948. A. CARLINI, *A., La metafisica.* Bari 1950 (traduz. e comm.). Der Kommentar zur *Met.* von H. BONITZ (1849) wurde 1960 im Nachdruck erneuert. H.-G. GADAMER, *Metaphysik XII. Text, Übers. u. Komm.* Frankfurt a. M. 1969. – J. OWENS, *The Doctrine of Being in the Aristotelian 'Metaphysics'*. 2. ed. Toronto 1963. R. BOEHM, *Das Grundlegende und das Wesentliche. Zu Aristoteles' Abhandlung «Über das Sein und das Seiende» (Metaphysik Z).* s'Gravenhage 1965. H. J. KRÄMER, ‹Zur geschichtlichen Stellung der Aristotelischen Metaphysik›. *Kant-Studien* 58, 1967, 313. G. REALE, *Il concetto di filosofia prima e l'unitá della metafisica di Aristotele.* 3. ed. Milano 1967. L. ROUTILA, *Die aristotelische Idee der ersten Philosophie. Untersuchungen zur onto-theologischen Verfassung der Metaphysik des Aristoteles.* Amsterdam 1969.

wiederum Jaeger in seinem Aristotelesbuche Entscheidendes geleistet hat[1]. Bonitz war bereits mit der Ausscheidung von Teilen vorausgegangen, die sich als spätere Zufügungen abgrenzen lassen. Der als klein-α bezeichnete Nachtrag zum ersten Buch stammt aus einer Vorlesungsnachschrift des Pasikles, eines Neffen des Eudemos von Rhodos. Erst durch die Redaktoren wurde das Buch Δ eingeschoben, eine selbständige Abhandlung des Aristoteles über die verschiedenen Bedeutungen einiger für den Philosophen wichtiger Ausdrücke. Besonders deutlich steht das Buch Λ für sich, eine gewöhnlich als «Theologie» bezeichnete Zusammenfassung der Gedanken des Aristoteles über das höchste Sein. Was nach diesen unmittelbar einleuchtenden Abstrichen als die von Aristoteles beabsichtigte Komposition übrigbleibt, ist noch immer ein vielschichtiges Gebilde. So ist das Buch I eine in sich geschlossene Abhandlung über das Seiende und das Eine, von der Jaeger (209) annimmt, daß Aristoteles sie erst bei der Arbeit an der endgültigen Form der *Metaphysik* einfügte. Entscheidend für die zeitliche Sonderung der von Aristoteles vereinigten Untersuchungen, wie Jaeger sie durchführt, ist die verschiedene Stellung der Aufgabe und die ungleichmäßige Behandlung des Substanzbegriffes. Ohne daß wir auf die Fragen von späteren Zusätzen und Überarbeitungen im einzelnen eingehen könnten, lassen sich zunächst zwei Blöcke abgrenzen. Da ist die einer früheren Zeit und größtenteils noch den Jahren von Assos zugehörige Einleitung A–E 1 (ohne Δ). Es entspricht der von Aristoteles für alle Folgezeit geschaffenen Methodik, daß A einen historischen Überblick über die Bemühungen seiner Vorgänger um die Ursachen des Seins enthält. Dabei ergibt sich freilich durch die interpretatio Aristotelica eine Problematik eigener Art[2]. Entscheidend für die Zeitfrage ist, daß in diesen Büchern (vor allem in B) als Ziel der neuen Wissenschaft die Erkenntnis jenes transzendenten Seins hervortritt, das über der mit unseren Sinnen erfaßbaren Welt steht. Zum Unterschiede hiervon finden wir in den sogenannten Substanzbüchern ZHΘ einen weiteren Seinsbegriff, der die Sinnendinge ebenso wie das Übersinnliche, das Vergängliche wie das Ewige umfaßt. In der uns vorliegenden Anordnung bilden diese Bücher mit ihrer weitgespannten Behandlung der Substanz (οὐσία) eine Art von Voruntersuchung zu den Ausführungen über das immaterielle Sein. Für die noch nicht besprochenen Bücher sei nur Jaegers Ansicht angedeutet, daß wir in K 1–8, M 9. 10 und N Teile der älteren Konzeption der *Metaphysik* vor uns haben, die sich auf jener früheren Stufe allein auf das übersinnliche Sein richtete[3].

[1] Kritische Auseinandersetzung mit J.s These bei Ross in seiner Ausgabe (s. o.) und H. v. Arnim, *Wien. Stud.* 46, 1927/28, 1. Neuere Lit. bei Ph. Merlan, ‹Metaphysik: Name und Gegenstand›. *Journ. Hell. Stud.* 77, 1957, 87. Dazu W. Theiler, ‹Die Entstehung der Metaphysik des A. mit einem Anhang über Theophrasts Metaphysik›. *Mus. Helv.* 15, 1958, 85. Über die Elemente, die in Met. A zusammengebaut sind, O. Gigon, *Mus. Helv.* 16, 1959, 185. Eigene, sehr problematische Wege geht in der Schichtenanalyse M. Wundt, *Untersuchungen zur Metaphysik des A.* Stuttgart 1953.

[2] H. E. Cherniss, *A.s criticism of presocratic philosophy.* Baltimore 1935. Ders., *A.s criticism of Plato and the Academy* 1. Baltimore 1944; 2. Aufl. 1946.

[3] H. Wagner, ‹Zum Problem des aristotelischen Metaphysikbegriffes›. Postskript von Ph. Merlan. *Philos. Rundschau* 7, 1959, 129. L. Elders, *A.'s Theory on the One. A Commentary on Book 10 of the Metaph.* Assen 1961.

Vor allem im Λ der *Metaphysik* hat Aristoteles Angaben über jenen schwer zu fassenden Gottesbegriff gemacht, in dem sich sein metaphysisches Denken vollendet. Sein Gott ist als unbewegter erster Beweger höchste Form ohne jede stoffliche Beimengung. Als vollendete Denkkraft kann er sich nur auf das Vollkommenste, also sich selbst, richten. Diese Gottheit hat die Welt nicht geschaffen, durchdringt sie nicht wie der Logos der Stoiker und waltet über ihr nicht im Sinne der Vorsehung, die in der Lehre dieser Schule ein Hauptstück bildet. Man hat von einem Platon gegenüber verlagerten Chorismos gesprochen, der nun Gott und die Welt scheidet[1]. Vielleicht könnte man fragen, ob Aristoteles völlig dem Vorwurfe entgeht, den der platonische Sokrates (*Phaid.* 98b) gegen Anaxagoras erhebt, daß er den Geist (Nus wie bei Aristoteles) an die Spitze der Welt stellt, ohne diese Lehre für die Erklärung der innerweltlichen Vorgänge fruchtbar zu machen. Nimmt aber Aristoteles auch kein Schaffen Gottes an, das in die Welt hineinwirkt, so ist doch deren Bewegung auf ihn hin gerichtet. Jede Bewegung hat ihre Entelechie in der Form, die sie verwirklichen will. Die höchste aller Entelechien ist notwendig die höchste aller Formen, also Gott, dem die Bewegung der ganzen Welt zustrebt. Selbst unbewegt, ist er deren Ursache, wie der Gegenstand des Begehrens dieses auslöst und in Bewegung hält. Diese summarische Formulierung soll jedoch nicht eine Fülle von Einzelproblemen verdecken. Verschiedene Vorstellungen zeugen von dem unablässigen Ringen des Denkers mit diesen Problemen. Inwiefern kann von einer Einwirkung der Gottheit, die reine Denkkraft ist, auf die Bewegung des Fixsternhimmels die Rede sein? Findet diese ihre letzte Erklärung darin, daß der äußere Himmel, wie die Planeten als göttlich beseeltes Wesen gedacht, im Verlangen nach der Gottheit als ewigtätiger (aber nicht bewegter!) Vernunft seine Vollendung in ewiger, regelmäßiger Bewegung sucht? Einen neuen Gedanken bringt das 8. Kapitel des Buches Λ (vgl. o.), das JAEGER als späteren Einschub erwiesen hat. Während in den voraufgehenden Abschnitten die Bewegung des äußeren Himmels ihrerseits Ursache für die Bewegung in der Welt der Dinge ist, setzt Aristoteles hier zur Erklärung der Planetenbahnen eigene Sphärenbeweger an, die der Zahl dieser Sphären entsprechen[2]. Schwierig wäre es auch, für die verschiedenen Phasen des aristotelischen Denkens den Bereich der Natur als der zielsicher Schaffenden von jenem des göttlichen Wirkens abzugrenzen. In einem bereits früher zitierten Wort des Aristoteles (*De caelo* 1, 4. 271a 33) überkreuzen sich schwierige Fragen: «Die Gottheit und (?) die Natur machen (?) nichts planlos.»

Im *Eudemos* hat Aristoteles im Sinne Platons die Präexistenz und Unsterblichkeit der Seele vertreten. Über Stufen, die im einzelnen schwer nachweisbar sind[3], ist er

[1] H. LANGERBECK, *Gnom.* 26, 1954, 7. Zum aristot. Gottesbegriff: W. THEILER, ‹Ein vergessenes Aristoteleszeugnis›. *Journ. Hell. Stud.* 77, 1957, 127. W. J. VERDENIUS, ‹Traditional and Personal Elements in A.'s Religion›. *Phronesis* 5, 1960, 56.

[2] Anders ALLAN (s. u.), 117. Zur Frage der transzendenten Bewegungsursache das z. T. widerspruchsvolle Stellenmaterial bei W. K. GUTHRIE in seiner doppelspr. Ausgabe der Schrift *Über den Himmel.* Loeb Class. Libr. 1939. KL. OEHLER, ‹Der Beweis für den unbewegten Beweger bei A.›. *Phil.* 99, 1955, 70. PH. MERLAN, ‹Aristotle's unmoved mover›. *Traditio* 4, 1946, 1. H. A. WOLFSON, ‹The Plurality of Immovable Movers in A. and Averroës›. *Harv. Stud.* 63, 1958 (Festschrift Jaeger), 233.

[3] Darüber S. 646 zum Buche von NUYENS.

zu den Überzeugungen gelangt, die er in seiner Schrift *Über die Seele* (Περὶ ψυχῆς, 3 B.)[1] begründet. Da es hier nicht um die menschliche Seele allein, sondern um alle Stufen des Belebten geht, kann das Werk als Einleitung zu den naturwissenschaftlichen Arbeiten des Aristoteles gelten. Anderseits ist in ihm über den Menschen so Wesentliches gesagt, daß wir es vor die Werke stellen, die dessen Sein und Tätigkeit behandeln.

Der nunmehr tragende Gedanke ist aus den Beziehungen von Körper und Seele gewonnen. Diese stellen sich als zwei Seiten einer einzigen Substanz dar, die zueinander in der Beziehung von Materie und Form, ὕλη und εἶδος, stehen. Als Form des Lebewesens ist die Seele nach der Lehre des Aristoteles zugleich dessen Entelechie. Die Wirksamkeit der Seele äußert sich in fünf verschiedenen Seelenkräften, deren Auftreten im Reich des Belebten eine Rangordnung bedingt; doch ist für diese der moderne Gedanke der Entwicklung der einen Art aus der anderen fernzuhalten. Die einfachste Art von Seele, die auch die Pflanze besitzt, verfügt allein über die Kraft der Ernährung (θρεπτικόν), mit der auch die der Fortpflanzung gegeben ist. Die Tiere besitzen die Fähigkeit der Sinneswahrnehmung (αἰσθητικόν), wenn auch in sehr verschiedenem Maße, bei den höheren Gattungen treten Begehren (ὀρεκτικόν) und Lokomotion (κινητικόν) hinzu. Einzig dem Menschen eignet die Denkkraft (διανοητικόν). Aristoteles, der im ersten Buche auch hier einen geschichtlichen Überblick gibt, handelt im zweiten nach der Scheidung der verschiedenen Seelenkräfte[2] ausführlicher über die Wahrnehmung durch die fünf Sinne, zu denen der «Gemeinsinn» mit der Fähigkeit tritt, verschiedene Sinneswahrnehmungen auf einen einheitlichen Gegenstand zu beziehen. Die Bildung allgemeiner Begriffe und der Nachweis von Gesetzmäßigkeiten sind jedoch dem Nus vorbehalten, dem der Schlußteil des Werkes gewidmet ist. Er allein bleibt der Bindung an das Körperliche entzogen, tritt offenbar in den Embryo von außen ein und ist auf dieser Stufe des aristotelischen Denkens auch der einzige Teil der Seele, der weiterlebt. Wie sich Aristoteles dieses Weiterleben dachte, ist schwer zu sagen, da es sich aber in keinem Falle um die Erhaltung der ganzen Seele handelte, kann nicht Unsterblichkeit in jener Form gemeint sein, die orphisch-pythagoreischer Jenseitsglaube und platonische Mythen voraussetzen.

Hier schließen wir eine Reihe kleiner Schriften an, die sich zuerst gegen das Ende des dreizehnten Jahrhunderts bei Aegidius Romanus (Gilles de Rome) unter dem Titel *Parva Naturalia*[3] zusammengefaßt finden. Besser taugt es zu ihrer Charakteristik, wenn Aristoteles selbst (436 a 7) von den Phänomenen spricht, die Seele und Körper gemein-

[3] Ausgabe von W. D. Ross, (rec. brevique adnot. instr.) Oxf. 1956; mit Komm. Oxf. 1961. Die komm. Ausgabe von Fr. A. Trendelenburg, Berl. 1877, wurde Graz 1957 photomechanisch erneuert. A cura di A. Barbieri, Bari 1957. Übers. u. Komm. W. Theiler, 3. Aufl. Berlin 1969; ders., Übers. in Rowohlts Klassikern der Lit. u. Wiss. 226, 227. 1968. Übers. von O. Gigon, *Vom Himmel. Von der Seele. Von der Dichtkunst.* Zürich 1950 (Bibl. d. Alten Welt). J. Tricot, Paris 1959. P. Siwek, *Le De anima d'Aristote dans les manuscrits grecs.* Città del Vaticano 1965. D. W. Hamlyn, *Aristotle's De anima. Books 2 and 3 (with certain passages from book 1).* Oxford 1968 (Übers. mit Noten).

[1] Zur Zweiteilung der Seele (ἄλογον: τὸ λόγον ἔχον, in diesem φρόνησις: νοῦς) G. Müller, *Mus. Helv.* 17, 1960, 129.

[2] Erkl. Ausgabe von W. D. Ross, Oxf. 1955. Übers. von J. Tricot, Paris 1951.

sam angehen. Die Titel, die zugleich als Inhaltsangaben dienen, sind: *Über Empfindung und Empfindbares* (Περὶ αἰσθήσεως καὶ αἰσθητῶν), *Über Gedächtnis und Erinnerung* (Περὶ μνήμης καὶ ἀναμνήσεως), *Über Schlaf und Wachen* (Περὶ ὕπνου καὶ ἐγρηγόρσεως), *Über Träume* (Περὶ ἐνυπνίων), *Über die Mantik im Schlaf* (Περὶ τῆς καθ' ὕπνον μαντικῆς[1]), *Über lange und kurze Lebensdauer* (Περὶ μακροβιότητος καὶ βραχυβιότητος); es folgen drei Schriften, die wahrscheinlich ein einheitliches Werk bildeten: *Über Jugend und Alter* (Περὶ νεότητος καὶ γήρως), *Über Leben und Tod* (Περὶ ζωῆς καὶ θανάτου), *Über die Atmung* (Περὶ ἀναπνοῆς).

Diese Schriften weisen in den Anschauungen von den Bedingungen und dem Ablauf animalischen Lebens manche Übereinstimmung mit den biologischen Schriften auf. Wichtig ist, daß Aristoteles durchwegs den Sitz der seelischen Funktionen im Herzen annimmt, ein folgenschwerer Rückschritt gegen das von Alkmeon Erkannte. W. D. Ross hat es in der Einleitung zu seiner fundamentalen Ausgabe wahrscheinlich gemacht, daß die genannten Schriften in den mittleren Schaffensabschnitt des Aristoteles (Assos, Mytilene, Makedonien) und in der Hauptsache vor das Werk *Über die Seele* gehören.

Im Corpus Aristotelicum sind uns drei Werke erhalten, die von den Formen und Bedingungen sittlicher Tüchtigkeit handeln: die *Nikomachische Ethik* (Ἠθικὰ Νικομάχεια, 10 B.)[2], die *Eudemische Ethik* (Ἠθικὰ Εὐδήμεια, 7 B.)[3] und die *Große Ethik* (Ἠθικὰ μεγάλα, 2 B.). Von diesen drei Lehrschriften wird heute kaum jemand für die erstgenannte die Echtheit, und werden nur wenige für die an letzter Stelle angeführte den Spätansatz bezweifeln. Die *Große Ethik*, die ihren Namen dem Umstande zum Trotz führt, daß sie den geringsten Umfang unter den drei Werken hat, gehört in die späthellenistische Schultradition des Peripatos. Wir folgen diesem Ansatz Dirlmeiers[4], der aber in seinem Kommentar den Nachweis

[1] *Ar. De insomniis et De divinatione per somnum. A new edition of the Greek text with the Latin translations by* H. J. Drossaart Lulofs. 2 Teile. Leiden 1947.

[2] A cura di A. Plebe, Bari 1957. Kommentar von H. H. Joachim, Oxf. 1951. Übersetzung mit eingehendem Komm. von F. Dirlmeier, Berl. 1956, 5. Aufl. 1969. Übers. von O. Gigon, 2. Aufl. Zürich 1967 (Bibl. d. Alten Welt). J. Tricot, Paris 1959. R. A. Gauthier et J. Y. Jolif, *Nik. Eth. Introd., trad. et comm.* 2 Bde. Louvain 1958/59. J. Voilquin, Paris 1965. Zu *Eth. Nic. 7, 3*: J. J. Walsh, *A.s Conception of Moral Weakness.* New York 1963.

[3] Übersetzung und ausführlicher Komm. von F. Dirlmeier, 2. Aufl. Berl. 1969; die *Große Ethik* 1958. K. Gaiser, ‹Zwei Protreptikos-Zitate in der Eud. Ethik des A.›. *Rhein. Mus.* 110, 1967, 314. *Untersuchungen zur Eud. Ethik. Akten des 5. Symposium Aristotelicum.* Hrsg. von P. Moraux und D. Harlfinger. Berlin 1970 (mit 15 Beitr.).

[4] ‹Die Zeit der Gr. Ethik›. *Rhein. Mus.* 88, 1939, 214. Dort 214, 1 Lit. Ausführlich jetzt F. Dirlmeier in der Einleitung zu seiner Übersetzung, s. die vorhergehende Anm. Von seiner Auffassung erklärt sich I. Düring, *Gnom.* 33, 1961, 557, nach einigem Widerstreben überzeugt. Zur Frage auch D. J. Allan, *Journ. Hell. Stud.* 77, 1957, 7, und *Gnom.* 38, 1966, 138. F. Solmsen, *Gnom.* 39, 1967, 668 (beide athetieren die *MM.* 'O. Gigon, *Mus. Helv.* 16, 1959, 209, wertet die *Große Ethik* wieder als kümmerlich kompilierendes Handbuch ab. Übersicht über die ältere Lit. bei E. J. Schaecher, *Studien zu den Ethiken des corpus Aristot. I. Stud. zur Geschichte und Kultur des Altertums* 22, 1940. F. Dirlmeier hat seine Überzeugung von der Echtheit der *Magna Moralia* neuerdings an Hand einer Einzelinterpretation (1185b 13–23) vertreten: *Zur Chronologie der Großen Ethik des Aristoteles.* Sitzb. Ak. Heidelberg. Phil.-hist. Kl. 1970/1. P. L. Donini, *L'etica dei Magna Moralia.* Torino 1965. G. Widmann, *Autarkie und Philia in den aristotelischen Ethiken.* Diss. Tübingen 1967 (gibt 7–23 eine Übersicht über die Forschung zu den 3 Ethiken). W. F. R. Hardie, *Aristotle's Ethical Theory. Oxford* 1968. J. D. Monan, *Moral Knowledge and its Methodology in Aristotle.* Oxford 1968.

anstrebt, daß der unbekannte Peripatetiker nicht der Verfasser der *Großen Ethik*, sondern der Editor der frühesten Ethik-Skizze des Meisters selbst ist. Noch ein Stück später dürfte der kleine Traktat *Über Tugenden und Laster* (Περὶ ἀρετῶν καὶ κακιῶν) geschrieben sein[1].

Ein selbst im inneren Kreise der Aristotelesforschung noch offenes Problem stellt die *Eudemische Ethik*, wenngleich sich die Stimmen für ihre Echtheit mehren. Für sie wie für die *Nikomachische Ethik* ist die Erklärung des Titels aus Widmungen an die betreffenden Personen nicht zu vertreten, da die Dedikation von Lehrschriften nicht der Übung dieser Zeit entspricht. So bleibt es eine wahrscheinliche, wenngleich nicht gesicherte Annahme, daß beide Werke nach ihren Herausgebern benannt sind. Das wäre in dem einen Falle Nikomachos, der nach dem Großvater benannte Sohn des Aristoteles, im anderen der von der Titelfigur des frühen Dialoges zu trennende Eudemos von Rhodos. Dieser Schüler des Aristoteles und Freund des Theophrast ist auch als erster uns erkennbarer Historiker der Mathematik und Astronomie bemerkenswert.

Der Auffassung, Eudemos sei der Herausgeber aristotelischen Gutes gewesen, steht jedoch die andere gegenüber, er habe die nach ihm benannte Ethik verfaßt. L. Spengel hat sie vor mehr als einem Jahrhundert begründet und reiche Nachfolge gefunden. Dabei spielte es eine Rolle, daß die moralischen Forderungen in diesem Werke anders als in der *Nik. Ethik* theologisch begründet sind. Nachdem bereits die Dissertationen von P. von der Mühll (Gött. 1909) und E. Kapp (Freib. 1912) versucht hatten, das Werk Aristoteles zurückzugeben, hat Jaeger die eben bezeichnete Differenz zwischen den beiden Ethiken mit der Entwicklung des Aristoteles in Einklang gesetzt, wie er sie in seinem Buche zeichnet. Die Lösung des schwierigen Problems, ob hier ein Aristotelesschüler im Geiste seines Meisters oder als Herausgeber von dessen Untersuchung spricht, wird dadurch weiter kompliziert, daß die Bücher 5 bis 7 der *Nik. Ethik* den Büchern 4 bis 6 der *Eud. Ethik* gleichgesetzt und in deren Handschriften nicht mehr abgeschrieben sind. Daß sie primär dem nach Nikomachos benannten Werke zugehörten, ist immerhin wahrscheinlich[2].

Die *Nik. Ethik*, die man ihrem Geiste nach mit einiger Zuversicht in die letzte Periode aristotelischen Schaffens setzt, zeigt den Abstand von Platon so deutlich, wie dies sonst nur noch die *Politik* tut. Nun wird das sittliche Wesen des Menschen nicht mehr von seinem Aufblick zu der Welt ewiger Wesenheiten abhängig gemacht, in der die Idee des Guten ihr Licht über alles breitet; in ungleich höherem Maße als Platon trägt Aristoteles dem hic et nunc menschlichen Handelns Rechnung. Die *Nik. Ethik* ist kein drängender Aufruf zur Neugestaltung des Lebens, was sie gibt, ist eine Analyse des Sittlichen, wie es unter den verschiedenen Bedingungen der Wirklichkeit in Erscheinung tritt. So bietet das Werk denn auch zwischen aller

[1] Übers. mit Komm. von E. A. Schmidt, Berlin 1965 (*A.s Werke in deutscher Übers.* 18).

[2] Neuerdings versucht G. Lieberg, *Zet.* 19, 1958, 14, die drei Bücher der *Eud. Ethik* zuzuweisen und die Duplizität mit der Hypothese zu erklären, die Bücher 5–7 der *Nik. Ethik* wären verloren gegangen und durch 4–6 der *Eud. Ethik* ersetzt worden. – Zur Sprache: R. Hall, ‹The special vocabulary of the Eudemian Ethics›. *Class. Quart.* 9, 1959, 197.

Theorie eine Reihe von Typenschilderungen, deren Darstellungskraft und Beobachtungsschärfe sich in anderer Weise in den *Charakteren* des Theophrast fortsetzen wird.

Nicht mit dem erzieherischen Eifer Platons, sondern in der Haltung des analysierenden Forschers fragt Aristoteles nach dem Wesen des Glückes (εὐδαιμονία), des unbestreitbar höchsten Gutes, das unser Handeln erreichen kann. Er findet es in einem Tätigsein der Seele im Sinne der ihr wesenhaften Tüchtigkeit (ἀρετή 1, 13. 1102a 5). Die Formen dieser Tüchtigkeit zu bestimmen ist die Aufgabe der folgenden Bücher (2–6). Das System der vier platonischen Kardinaltugenden ist aufgegeben und durch ein reicher differenziertes ersetzt. Von entscheidender Bedeutung ist dabei, daß die Charaktertugenden wie Tapferkeit, Hochsinnigkeit, Milde den Verstandestugenden entgegengestellt werden. Von diesen ist die Sophia, die zu den bleibenden Wahrheiten findet, nur wenigen erreichbar, unerläßlich aber ist für jedes sittliche Handeln die Phronesis. In einer geistesgeschichtlich wichtigen Entwicklung hat dieser Begriff den platonischen Sinn transzendierender Schau verloren und ist zur praktischen Vernunft geworden[1]. Das enge Widerspiel zwischen den Charaktertugenden und der sie leitenden Phronesis ist für die Ethik des Aristoteles von grundlegender Bedeutung. In ihm ist das sokratische Tugendwissen aufgehoben, und zwar im doppelten Wortsinne. Da die Charaktertugenden nicht auf einem Wissen, sondern auf einer konstanten Willensrichtung beruhen, ist auch diesem Bereiche der menschlichen Seele seine Bedeutung zuerkannt. Anderseits setzt sich aber in der unerläßlichen Lenkung durch die Phronesis die sokratische Linie fort, die letzten Endes eine urgriechische ist. Und urgriechisch ist auch ein anderer tragender Gedanke dieser Ethik, der Maßgedanke, auf Grund dessen verschiedene Verhaltensweisen als die richtige Mitte zwischen Extremen erscheinen[2]. Gerade aus der Bedeutung der Mesotes wird es klar, daß die deskriptive Haltung der aristotelischen Ethik normativen Charakter der gewonnenen Erkenntnisse keineswegs ausschließt.

Aus dem Inhalt der folgenden Bücher[3], die sich nicht mehr mit gleicher Strenge zusammenschließen, sei wenigstens die ausführliche Behandlung der Freundschaft

[1] Vgl. JAEGER (s. u.), 249.

[2] Das bedeutet keinen Schematismus, vgl. ALLAN (s. u.), 168. H.-J. KRÄMER, *Arete bei Platon und Aristoteles. Abh. Ak. Heidelb. Phil.-hist. Kl.* 1959/6, 342 und weiter passim, tritt mit großem Nachdruck dafür ein, die μεσότης-Lehre von Platon herzuleiten. Er polemisiert gegen KALCHREUTER, JAEGER und WEHRLI, die Ableitung aus dem medizinischen Denken annehmen; zum Grundsätzlichen W. JAEGER, ‹Medizin als methodisches Vorbild in der Ethik des A.›. *Zeitschr. f. philos. Forschung* 13, 1959, 513. G. LIEBERG, *Zet.* 19, 1958, 59, denkt sich Aristoteles in der μεσότης-Lehre dem Speusippos verpflichtet. Man wird sich wohl auf keine dieser Linien festlegen dürfen und wird die Vorbereitung der Lehre in altem griechischen Denken, nicht zuletzt auch in der Religion, in Rechnung zu setzen haben. –Zum Allgemeinen: R.-A. GAUTHIER, *La morale d'A.* Paris 1958. M. S. SHELLENS, *Das sittliche Verhalten zum Mitmenschen im Anschluß an A.* Hamburg 1958. [Korr. Note: Die o. genannte Arbeit von W. JAEGER erschien zunächst englisch: ‹A.'s use of medicine as model of method in his Ethics›. *Journ. Hell. Stud.* 77, 1957, 54; jetzt *Scripta minora* 2. Rom 1961, 491.]

[3] M. VAN STRAATEN and G. J. DE VRIES, ‹Notes on the VIIIth and IXth Books of A.'s Nic. Ethics›. *Mnem.* s. 4, vol. 13, 1960, 193. JAN VAN DER MEULEN, *A. Die Mitte in seinem Denken.* Meisenheim/Glan 1951. W. STINISSEN, *A. over de vriendschap. B. 8 en 9 van de Nic. Eth. met de comm. van Aspasius en Michaël in de Latijnse vertaling van Grosseteste.* Brussel 1963.

und die zweimalige Erörterung des Problems der Lust[1] hervorgehoben. Nachdem Aristoteles so mit wachem Verständnis für die ganze Breite des Lebens eine Phänomenologie des Sittlichen gegeben hat, legt er im 10. Buche mit der Schilderung wissenschaftlichen Strebens als der höchsten erreichbaren Lebensform sein persönliches Bekenntnis ab. Und doch ist der Preis des reinsten, in der Forschung erfüllten Glückes[2] zu gleicher Zeit platonisches Erbe, denn auch für Aristoteles vollendet sich der Weg des Philosophen in der Schau des Göttlichen. Platon hat in der *Politeia* (9, 582c; 585e) wahre und höchste Lust einzig mit dem Streben des Philosophen nach der Erkenntnis des Höchsten verbunden. Bei Aristoteles aber steht das Wort (1177b 31), das im älteren Griechentum als Hybris gegolten hätte: Nicht mit Menschlichem nur soll sich der Mensch bescheiden, sondern dem Höchsten folgen, was ihm gegeben ist, und so nach Unsterblichkeit streben. Denn: «ist, mit dem Menschen verglichen, der Geist etwas Göttliches, so ist auch ein Leben im Geistigen, verglichen mit dem menschlichen Leben, etwas Göttliches». So stellt sich für Aristoteles die ὁμοίωσις θεῷ dar, die Möglichkeit des Menschen, das Göttliche zu erreichen.

Der Schluß der *Nik. Ethik* stellt eine Überleitung zur Behandlung der *Politik* dar, ein Zug, der es deutlich macht, wie Aristoteles diese beiden Gebiete als eng zusammengehörige Teile einer Wissenschaft betrachtete, die sich dem Einzelnen ebenso wie der Gemeinschaft zuwendet. Aristoteles wäre nicht Platons Schüler gewesen, hätten ihn nicht die Probleme des staatlichen Lebens von früh an bewegt. Unter den exoterischen Schriften erscheinen ein *Politikos* (2 B.)[3], ein Werk *Über die Gerechtigkeit* (Περὶ δικαιοσύνης, 4 B.)[4] sowie *Über die Königsherrschaft* (Περὶ βασιλείας, 1 B.). Die letztgenannte Schrift mag aus der Zeit des Erzieheramtes in Makedonien stammen.

Wir wissen, daß das Interesse an Fragen dieser Art Aristoteles zu einer großangelegten Sammeltätigkeit geführt hat, deren Früchte mit einer erfreulichen Ausnahme für uns verloren sind. Da waren die *Sitten und Bräuche der Barbaren* (Νόμιμα βαρβαρικά), ein Titel, der an frühe ionische Forschung erinnert, und die *Rechtsentscheidungen griechischer Städte* (Δικαιώματα Ἑλληνίδων πόλεων), vor allem aber die *Politien* (Πολιτεῖαι), ein großzügiges und zweifellos mit zahlreichen Helfern angelegtes Sammelwerk über 158 griechische Staatsverfassungen. Ein Papyrusfund des Jahres 1891 (nr. 163 P.) hat uns, nachdem kleinere Partien schon früher ans Licht gekommen waren, den größten

[1] GODO LIEBERG, *Die Lehre von der Lust in den Ethiken des A. Zet.* 19. München 1958; ‹Die Stellung der griech. Philosophie zur Lust von den Pythagoreern bis auf A.›. *Gymn.* 66, 1959, 128. A.-J. FESTUGIÈRE, *A. Le Plaisir (Eth. Nic. VII 11–14. X 1–5.) Introd., trad. et notes.* Paris 1960 (zuerst 1937). G. MÜLLER betont in seinem ausgezeichneten Aufsatz ‹Probleme der aristotelischen Eudaimonielehre›. *Mus. Helv.* 17, 1960, 121, daß A. mit der Eudaimonie der θεωρία auf Vorplatonisches (Empedokles, Anaxagoras, Demokrit) zurückgreift.

[2] Zur θεωρία ANTONIE WLOSOK, *Laktanz und die philosophische Gnosis. Abh. Ak. Heidelb. Phil.-hist. Kl.* 1960/2, 17.

[3] A.-H. CHROUST, ‹Aristotle's Politicus, a lost dialogue›. *Rhein. Mus.* 108, 1965, 346.

[4] P. MORAUX, *A la recherche de l'Aristote perdu. Le dialogue ‹Sur la justice›.* Louvain-Paris 1957, eine umsichtige, wenn auch notwendig hypothetische Rekonstruktion, die den Dialog in eine gewisse Nähe zu Platons *Politeia* bringt.

Teil der *Staatsverfassung der Athener* (Ἀθηναίων πολιτεία)[1] geschenkt. Diese bildete das erste Buch des Gesamtwerkes und ist von Aristoteles selbst geschrieben. Auf einen historisch entwickelnden Teil folgt eine zusammenfassende Darstellung der staatlichen Einrichtungen Athens. Der im allgemeinen flüssige Stil des Werkes ist mit seinen Unregelmäßigkeiten ein Spiegel seines Gehaltes. Bei aller Freude über wertvolle neue Einsichten blieben Enttäuschungen über manche Irrtümer und eine gewisse Voreingenommenheit im aristokratischen Sinne – so bei der Beurteilung des Putsches von 411 – nicht aus. Aristoteles hat offenbar rasch und in Abhängigkeit von nicht immer verläßlichen Quellen gearbeitet, was mit der Natur der schwierigen Aufgabe, die als kleines Teilunternehmen in einem Riesenwerke stand, fast notwendig mitgegeben war. OLOF GIGON hat gelegentlich[2] bemerkt, daß wir uns, hätten wir die kulturgeschichtlichen Schriften des Aristoteles ganz erhalten, über den Gegensatz zwischen seiner Leichtgläubigkeit auf diesem Gebiete und seiner großartigen Fähigkeit des Beobachtens in biologischen Dingen wundern würden. Es dürfte kein Zufall sein, daß schon die Antike die historischen Werke untergehen ließ.

Es scheint verlockend, zu sagen, wie das auch häufig geschah, Aristoteles hätte in solchem Umfange gesammelt, um auf breitester Empirie den theoretischen Bau des besten Staates errichten zu können. Aber die Dinge liegen keineswegs so einfach, daß die *Politien* die zeitlich voraufgehende Vorarbeit für die *Politik* wären. Zunächst leuchtet es ein, daß eine so weitgespannte, auf Hilfskräfte angewiesene Sammeltätigkeit sich erst in der letzten, also der zweiten athenischen Periode des Aristoteles entfalten konnte. Für den Abschluß der *Dikaiomata* ergibt die Erwähnung des Zuges, den Alexander Molossos nach Süditalien unternahm, das Jahr 330 als obere zeitliche Grenze, und die *Staatsverfassung der Athener* wurde nicht vor 329/28 herausgegeben[3]. Auf der anderen Seite hat die *Politik* (Πολιτικά, 8 B.)[4] eine weit zurückreichende Entstehungsgeschichte. JAEGER hat sie gezeichnet, v. ARNIM bestritten, THEILER jedoch neuerdings in eindringender Untersuchung in wesentlichen Teilen bestätigt[5]. Wir überblicken zunächst kurz den Aufbau.

[1] Besonders hervorzuheben: K. v. FRITZ – E. KAPP, *Aristotle's Constitution of Athens*. New York 1950. Ausgabe von H. OPPERMANN, Leipz. 1928; Neudruck 1961. J. DAY–M. CHAMBERS, *Aristotle's History of Athenian Democracy*. Berkeley 1962. M. CHAMBERS, ‹The Berlin fragments of the Ath. Pol.›. *Trans. Am. Phil. Ass.* 98, 1967, 49. M. A. LEVI, *Commento storico alla Respublica Atheniensium di Aristotele*. 2 Bde. Milano 1968.

[2] *Der Bund*. Bern 26. 9. 1958. Unter einem anderen Gesichtspunkt steht die Arbeit von K. v. FRITZ, ‹Die Bedeutung des A. für die Geschichtsschreibung›. *Entretiens sur l'antiquité classique (Fondation Hardt)* 4. Vandœuvres-Genève 1956 (1958), 85. E. RIONDATO, *Storia e metafisica nel pensiero di A.* Padova 1961.

[3] JAEGER (s. u.), 350. Lit. zur Ἀθ. πολ. bei G. T. GRIFFITH, *Fifty Years of Class. Scholarship*. 2. ed. Oxf. 1968.

[4] Ausgabe von W. D. ROSS, Oxf. 1957. W. L. NEWMAN, *The Politics of A. with an introd., two prefatory essays and notes*. 4 Bde. Oxford 1887–1902, repr. 1950 Eine Auswahl mit Hilfsheft von G. F. BENDER, Bamberg 1970. Übers. von O. GIGON zusammen mit der *Staatsverfassung der Athener*. Zürich 1955 (Bibl. d. Alten Welt); eine 2. um einen Komm. vermehrte Aufl. in Vorbereitung. N. TSOUGOPOULOS–E. GRASSI, *As. Politik nach der Übers. von F. Susemihl*. Hamburg 1965 (Rowohlts Klass.). W. SIEGFRIED, *Aufzeichnungen zur Staatstheorie (sog. Politik)*. Köln 1967.

[5] JAEGER (s. u.) 271 ff. v. ARNIM, *Zur Entstehungsgesch. d. arist. Pol. Sitzb. Ak. Wien. Phil.-hist. Kl.* 200, 1924; *Wien. Stud.* 46, 1928, 45. W. THEILER, ‹Bau und Zeit der arist. Pol.›. *Mus. Helv.* 9, 1952, 65. An Edition durch einen Schüler denkt H. HOMMEL, *Festschr. f. Zucker*. Berl. 1954, 205. P. A. MEIJER, *Chronologie en Redactie van Aristoteles' Politeia*. Assen 1962. A. DREIZEHNTER, *Untersuchungen zur Textgeschichte der aristotel. Politik*. Leiden 1962. R. LAURENTI, *Genesi e formazione della 'Politica' di Ar.* Padova 1966.

Das erste Buch handelt von allgemeinen Voraussetzungen des Lebens in der Gemeinschaft, das Aristoteles mit dem berühmten Wort vom ζῷον πολιτικόν als die dem Menschen wesenseigene Daseinsform betrachtet. Hier setzt er sich auch mit der Sklavenfrage auseinander und vertritt in konservativer Haltung die Herrschaft des Freien über den zur Knechtschaft Geborenen, des Hellenen über den Barbaren als einen in der Natur begründeten Zustand. Erst die Stoa sollte in ihrem Weltbild Schranken niederreißen, an denen griechische Denker seit der Sophistik rüttelten, um nur an den Satz aus dem *Messeniakos* des Alkidamas (s. S. 404) zu erinnern. Immerhin soll nicht übersehen werden, daß Aristoteles in der *Nik. Ethik* (8, 13. 1161 b 4) den Sklaven zwar als lebendes Werkzeug bezeichnet, Freundschaft zu ihm aber insofern für möglich hält, als auch der Sklave Mensch ist. Daß Aristoteles körperlicher Arbeit in seiner Wertordnung keinen Platz anzuweisen weiß, liegt auf der Linie des Denkers, für den sich menschliches Glück in geistiger Tätigkeit vollendet. Das zweite Buch bringt den historischen Rückblick, den wir in einer aristotelischen Lehrschrift mit großer Zielstellung erwarten. Hier bespricht er seine Vorgänger in theoretischen Staatsentwürfen, geht aber auch auf verschiedene Gesetzgeber und vor allem auf die Verfassungen von Sparta, Kreta und Karthago ein. Besonders ausführlich beschäftigt sich seine Kritik mit Platons Staatsdenken, wobei auch die *Gesetze*, freilich nicht immer mit Sorgfalt, herangezogen werden. Im dritten Buche behandelt Aristoteles einige für den Staatsbau grundlegende Begriffe[1] und erörtert in einer der bekanntesten Partien des Werkes die gesunden und die entarteten Staatsformen. Deutlich setzt sich hier die Kritik der Verfassungstypen fort, die Platon in der *Politeia* gegeben hat. Der Monarchie, Aristokratie und verfassungsmäßig geregelten Demokratie (πολιτεία) treten als Entartungsformen Tyrannis, Oligarchie und zügellose Demokratie[2] gegenüber. In den folgenden Teilen des Werkes grenzt sich ein Block ab, der die Bücher 4 bis 6 umfaßt und die historische Realität staatlichen Lebens in ihren verschiedenen Spielarten und Übergängen, die dabei auftretenden Schäden und die Möglichkeiten ihrer Behebung behandelt. Daran schließt sich in den Büchern 7 und 8 die Darstellung des besten Staates. Ihr fehlt ebenso die Geschlossenheit und Konsequenz der platonischen Entwürfe, wie sie anderseits von der Radikalität der Forderungen frei ist, die in jenen erhoben werden. Zur Gänze steht jedoch Aristoteles in der Nachfolge seines Lehrers, wenn er der Erziehung als der wichtigsten Voraussetzung für die gesunde Entwicklung eines Staates höchste Bedeutung zuerkennt. Erziehung soll das Werden einer Gemeinschaft ermöglichen, in der sich der Sinn des Staates erfüllt: der menschlichen Natur die Möglichkeit zur Entfaltung ihrer wesensmäßigen Anlagen zu geben. Die Darstellung des besten Staates blieb unvollendet, aber kaum hatte es Aristoteles im Sinne, Einzelvorschriften für dessen Verwaltung zu geben. Über die Grenzen des alten griechischen Stadtstaates ist sein Planen nicht hinausgegangen. In

[1] E. Braun, *A. über Bürger- und Menschentugend. Zu Pol. III 4 und 5. Sitzb. Öst. Ak. Phil.-hist. Kl.* 236/2, 1961; ders., *Das 3. B. der aristotel. 'Politik'. Interpretationen.* Sitzb. Öst. Ak. Phil.-hist. Kl. 247/4, 1965 (verficht die gedankliche Einheit); ders. ‹Die Theorie der Mischverfassung bei Ar.›. *Wien. Stud.* 80 (N. F. 1), 1967, 79.

[2] A. hat den Ausdruck Ochlokratie noch nicht und sagt einfach δημοκρατία.

der Frage der Machtverteilung, die er als fundamental erkennt, wägt er undogmatisch die real gegebenen Möglichkeiten, neigt aber als Denker des Maßes dazu, die Sicherung des Gleichgewichtes im Staate den durch Anlage und Ausbildung dazu Geeigneten als einer zwischen den Extremen stehenden Schicht anzuvertrauen[1].

Es ist nicht zu bestreiten, daß die *Politik*, wie wir sie haben, einen in großen Zügen durchaus sinnvollen Aufbau erkennen läßt. Daß dieser jedoch durch die Zusammenstellung von Teilen zustandekam, deren Entstehung in verschiedenen Zeiten liegt, hat die Analyse deutlich gemacht. Auch hier ist es so, daß eine Fülle von Einzelheiten zweifelhaft bleibt, während sich die Auslösung und Datierung einiger großer Blöcke bewährt hat. An den Beginn setzt JAEGER die Diskussion über den besten Staat in den Büchern 7 und 8. Ihnen wurden als Einführung 2 und 3 vorangestellt, so daß wir in diesen vier Büchern die noch in Assos entstandene Urpolitik erkennen dürfen. Daß dabei vor allem für die zeitliche Einordnung des 2. Buches schwierige Probleme verbleiben[2], soll nicht verschwiegen sein. Weitgehende Übereinstimmung ist jedoch für die Bücher 4 bis 6 darüber erreicht, daß sie der zweiten Athener Zeit angehören. Erst für diese Partien, denen nach JAEGER auch das 1. Buch als Vorsatzstück später Zeit zuzurechnen ist, kommt also die Unterbauung durch die Aufsammlung der verschiedenen Verfassungen in den *Politien* ernstlich in Frage.

Unter den zahlreichen Werken des Aristoteles kann sich keines an Wirkung mit einer kleinen, noch dazu unvollständig erhaltenen Schrift vergleichen. Eine Geschichte der Beurteilung der *Poetik* (Περὶ ποιητικῆς)[3] und der Einflüsse, die von ihr ausgingen, hätte ein wichtiges Stück des abendländischen Geisteslebens darzustellen und müßte zugleich die Geschichte weitreichender Irrtümer sein. Der folgenschwerste war es, die *Poetik* als ein verbindliches Regelbuch aufzufassen. Das ist sie so wenig wie «eine Apologie für die griechischen Nationaldichter und eine Anweisung zu ihrem richti-

[1] E. BARKER, *The Political Thought of Plato and Aristotle.* New York 1959. R. WEIL, *Aristote et l'histoire. Essai sur la ‹Politique›. Etud. et Comm.* 36. Paris 1960. *La 'Politique' d'Aristote. Sept exposés et discussions.* Entretiens sur l'ant. class. 11. Vandœuvres-Genève 1965. (Beiträge von R. STARK, D. J. ALLAN, P. AUBENQUE, P. MORAUX, R. WEIL, G. J. D. AALDERS, O. GIGON).

[2] THEILER a. O., 78.

[3] Die Ausgabe von J. VAHLEN, Leipzig 1885, repr. als Olms Paperback 5. 1964. R. KASSEL, *Aristotelis de arte poetica liber.* Oxford 1965. D. W. LUCAS, *Poetics. Introd., comm. and appendices.* Oxford 1968. F. L. LUCAS, *Tragedy in Relation to A.'s Poetics.* Lond. 1928. 6th impression 1949. S. H. BUTCHER, *A'.s Theory of Poetry and Fine Art. With a prefatory essay by* JOHN GASSNER. 4. ed. New York (Dover Publications) 1951. DANIEL DE MONTMOLLIN, *La poétique d'A. Texte primitif et additions ulterieures.* Neuchâtel 1951. L. COOPER, *The Poetics of A., its Meaning and Influence.* Cornell Un. Press 1956. H. HOUSE, *A.'s Poetics. A Course of Eight Lectures.* Lond. 1956. Im besonderen hat sich die Forschung mit dem gelehrten, geistvollen, vielfach aber problematischen Buch von G. F. ELSE, *A.'s Poetics. The Argument.* Leiden 1957, auseinanderzusetzen. Eine neuere Übersetzung von O. GIGON, *Vom Himmel. Von der Seele. Von der Dichtkunst.* Zürich 1950 (Bibl. d. Alten Welt). G. F. ELSE, *Poetics. Transl. with an introd. and notes.* Ann Arbor 1967. L. J. POTTS, *Aristotle on the Art of Fiction. An English Translation of A.s Poetics with an Introd. Essay and Explanatory Notes.* London 1968. J. JONES, *On Aristotle and Greek Tragedy.* London 1962. G. BRANCATO, *La ΣΥΣΤΑΣΙΣ nella poetica di A.* Napoli 1963. F. SOLMSEN, *Ursprünge und Methoden der aristotelischen Poetik* (Übers. von ‹The origins and methods of Aristotle's poetics›. *Class. Quart.* 18, 1934) Darmstadt 1968. J. M. BREMER, *Hamartia. Tragic Error in the Poetics of Aristotle and in Greek Tragedy.* Amsterdam 1969. Angefügt sei ein Hinweis auf L. RICHTER, *Zur Wissenschaftslehre von der Musik bei Platon und A. Deutsche Ak. d. Wiss. Berlin. Schriften der Sektion f. Altertumsw.* 23, 1960.

gen Verständnis» (CHRIST-SCHMID). Der große Beobachter alles Lebendigen von der Pflanze bis zu den beseelten Gestirnen hat auch die Dichtung in den Kreis der Dinge einbezogen, denen er die Gesetze ihres Seins und Werdens abzufragen unternahm. Ansätze zu einem solchen Beginnen zeichnen sich bereits in der Sophistik ab, für die hier Gorgias am meisten ausgibt[1]. Auch hat man längst gesehen, daß einer der wichtigsten Ausgangspunkte für Aristoteles die Kritik Platons an der nationalen Dichtung gewesen ist[2]. Nicht als ob er zur «Rettung» Homers und der Tragödie ausgezogen wäre; eine von den pädagogischen und politischen Zwecksetzungen Platons freie Wertung von Form und Wirkung großer Dichtung war sein Ziel.

Daß sich Aristoteles bereits früh mit literarischen Fragen beschäftigt hat, zeigt der Titel eines der verlorenen Dialoge *Über die Dichter* (Περὶ ποιητῶν, 3 B.). Die *Poetik*, deren Entstehungszeit sich genauer nicht bestimmen läßt, die aber eher in den späteren als den mittleren Schaffensabschnitt des Aristoteles gehört, behandelt in dem allein erhaltenen 1. Buche die Tragödie und das Epos. Daß der Gegenstand des 2. Buches Iambos und Komödie waren, darf als gesichert gelten. In dem erhaltenen Buche ist der Teil über die Tragödie weit umfangreicher als jener über das Epos. Den Ausgangspunkt bildet eine Definition, die für die Sehweise und Zielstellung der Poetik außerordentlich charakteristisch ist und ein Problem enthält, an dem sich ein über Jahrhunderte reichender Prinzipienstreit entfacht hat: «Die Tragödie ist die nachahmende Darstellung einer ernsten, in sich abgeschlossenen Handlung von einiger Größe, in gefällig gestalteter Rede, unter gesonderter Anwendung einer jeden Stilform in den einzelnen Teilen, wobei die Personen handeln und nicht erzählt wird, δι' ἐλέου καὶ φόβου περαίνουσα τὴν τῶν τοιούτων παθημάτων κάθαρσιν». Mit der Deutung des letzten Satzgliedes ist das Problem der aristotelischen Katharsis gegeben. Es ist hier nicht der Platz, die Geschichte der Deutung[3] aufzurollen, und wir können um so eher darauf verzichten, als auf einem von J. BERNAYS[4] über F. DIRLMEIER[5] zu W. SCHADEWALDT[6] führenden Weg der Forschung die Frage zur Klärung gekommen ist. Darnach meint die aristotelische Katharsis weder die Reinigung der von Aristoteles genannten Affekte im Sinne ihrer Veredelung (so vor allem LESSING, *Hamb. Dram.*

[1] M. POHLENZ, ‹Die Anfänge der griech. Poetik›. *GGN* 1920, 142.

[2] G. FINSLER, *Platon und die arist. Poetik*. Leipz. 1900.

[3] L. COOPER & A. GUDEMAN, *A bibliography of the Poetics of A.* New Haven 1928 (Nachtrag von M. T. HERRICK, *Am. Journ. Phil.* 52, 1931, 168) verzeichnet etwa 150 Äußerungen zu der Frage. Viel für die Geschichte des Problems bei M. KOMMERELL, *Lessing und A.* Frankf. 1940, 268. Eine gute Übersicht über die Debatte der letzten Jahrzehnte bei H. FLASHAR, ‹Die medizinischen Grundlagen der Lehre von der Wirkung der Dichtung in der griech. Poetik›. *Herm.* 84, 1956, 12; Weitere Lit. gibt ders. *Gnom.* 31, 1959, 210. C. W. VAN BOEKEL, *Katharsis. Een filologische reconstructie van de psychologie van A. omtrent het gevoelsleven.* Diss. Nijmegen. Utrecht 1957 (mit Lit. bis 1955). T. BRUNIUS, *Inspiration and Katharsis. The Interpretation of Aristotle's The Poetics 6, 1449b 26.* Uppsala 1966.

[4] *Zwei Abhandlungen über die arist. Theorie des Dramas.* Berl. 1880. Vorher *Grundzüge der verlorenen Abhandlung des A. über Wirkung der Trag;* Breslau 1857. Nachdr. Hildesheim 1965. Doch sei nicht vergessen, daß H. WEIL, *Verh. der 10. Vers. deutscher Philologen.* Basel 1848, 131 mit der richtigen Deutung der Katharsis vorangegangen war.

[5] ‹Κάθαρσις παθημάτων›. *Herm.* 75, 1940, 81.

[6] ‹Furcht und Mitleid?›. *Herm.* 83, 1955, 129; jetzt in *Hellas und Hesperien.* Zürich 1960, 346.

78. Stück), noch eine Besserung des Menschen, der von einem Übermaß solcher Emotionen oder ihren schädlichen Rückständen befreit würde. Zwei Dinge waren für die richtige Lösung entscheidend: zunächst die Erkenntnis, daß der Begriff Katharsis aus dem medizinischen Bereiche stammt, wo er die befreiende Ausscheidung zum Inhalte hat. Zum zweiten die Heranziehung dessen, was Aristoteles im 8. Buche der *Politik* (1341a 21–24 mit 1342a 11–18) über Katharsis sagt. Für die *Poetik* ergibt sich auf diesem Wege, daß Aristoteles, bei der Erfassung der Phänomene stets auf das Funktionale bedacht, die Wirkung der Tragödie als eine mit Lust verbundene Erleichterung von den in ihr erregten Affekten verstanden hat. Diese spezifische Lust am Tragischen, Lust an der Erregung von «Schauder und Jammer» (so sagen wir besser statt «Furcht und Mitleid») und an dem befreienden Verströmen dieser Gefühle, ist nach Aristoteles als kathartische Lust für den Menschen unbedenklich. So kommt er zu einer Auffassung, die Platons rigorose Verbannung des tragischen Spieles aus der staatlichen Gemeinschaft aufhebt.

Keine Schuld trägt Aristoteles daran, daß seine wichtige Äußerung über die ἁμαρτία (13. 1453a 10) lange im Sinne einer sittlichen Schuld mißverstanden wurde und so die Deutung der griechischen Tragödie in verhängnisvoller Weise beeinflußt hat. Aristoteles hat von seiner Auffassung der ἁμαρτία als des Verfehlens des Richtigen den sittlichen Defekt (κακία καὶ μοχθηρία) bestimmt genug ausgeschlossen[1].

Die Handlung und das Wort, durch das sie zur Darstellung kommt, stehen bei Aristoteles weit im Vordergrunde. Wenn derart der Tanz als konstitutives Element des tragischen Kunstwerkes im Hintergrunde bleibt, werden wir Zeugen der Auflösung einer ursprünglichen Einheit und des Weges der Tragödie zum Lesedrama[2].

Zwei Bemerkungen anzufügen scheint nötig. Was Aristoteles als die der Tragödie eigene Lustwirkung versteht, hat nicht das mindeste mit jenem Freudigen zu tun, das Hölderlin in seinem Sophokles-Epigramm an den Werken dieses Dichters preist. Zu der modernen Auffassung des Tragischen als einer ganz bestimmten Weise, die Welt zu sehen, findet sich in der *Poetik* des Aristoteles höchstens ein Ansatz. Auch soll unsere Bewunderung für die Schärfe, mit der hier das Wortkunstwerk in vielen seiner Wesenszüge deskriptiv erfaßt wird, nicht unser Befremden über manches Urteil überdecken, das von unserer Deutung abliegt. Zu wenig ist uns für Oidipus gesagt, wenn er ein «mittlerer» Charakter zwischen gut und böse genannt wird, und eines der schönsten Stücke des Euripides, die *Iphigeneia in Aulis*, wird getadelt, weil die Heldin durch ihre Wandlung von Todesfurcht zur Opferbereitschaft die Konstanz ihres Wesens vermissen lasse.

Richtig ist nunmehr festgestellt, daß Aristoteles mit der kathartischen Wirkung der Tragödie nicht eine ethische gemeint hat. Das heißt jedoch nicht, daß er eine solche

[1] Wichtig für die Klärung dieser Fragen: K. v. FRITZ, ‹Tragische Schuld und poetische Gerechtigkeit in der griech. Trag.›. *Studium Generale* 8, 1955, 194 u. 219; jetzt in *Antike und moderne Tragödie*. Berl. 1962, 1. Wichtiges Material zu ἁμαρτάνω bei G. ZUNTZ, *Gnom.* 30, 1958, 23.

[2] Stellen hierzu bei H. SCHRECKENBERG, *Drama*. Würzburg 1960, 132.

in Abrede gestellt hätte. Es beliebte ihm nicht, sich zu dieser Frage zu äußern, und jeder Versuch, seine auf Wesen und Funktion zielenden Bemerkungen in ein weltanschauliches Programm umzudeuten, ist verfehlt, mag er in diese Richtung gehen oder in jene. So ist denn auch Aristoteles nicht als Zeuge in dem geistesgeschichtlich so bedeutsamen Kampf um die erzieherische Wirkung des Kunstwerkes zu gebrauchen. Das Problem hat seinen Anfang in der Antike[1], gelöst hat es Goethe, als er in *Dichtung und Wahrheit* (12, Jub.-Ausg. 24, 111) schrieb: «Ein gutes Kunstwerk kann und wird zwar moralische Folgen haben, aber moralische Zwecke vom Künstler fordern, heißt ihm sein Handwerk verderben.» Nichts anderes als diese «moralischen Folgen» hat auch Rilke im *Archaischen Torso Apollos* gemeint: «... denn da ist keine Stelle, die dich nicht sieht. Du mußt dein Leben ändern.» Aristoteles aber hat sich in seiner *Poetik* nicht zu diesen Fragen geäußert, weil sie nicht auf seinem Wege lagen.

Das Streben nach Urkundlichkeit und eindringender Dichterkritik, von dem die *Poetik* zeugt, hat auch einigen der verlorenen Werke ihr Gepräge gegeben. Bei den *Homerproblemen* (Ἀπορήματα Ὁμηρικά) handelt es sich um die Beantwortung von Einzelfragen. Das Buch stand in einem Schrifttum, das sich seit der Sophistik zu entwickeln begann. Homer, immer noch der Lehrer der Nation, mußte mit der Entwicklung literarhistorischer Interessen notwendig zum Gegenstand kritischer Debatten werden. Ein Zeuge ihrer Lebhaftigkeit ist Zoilos von Amphipolis (F Gr Hist 71), ein Rhetor und Sophist des 4. Jahrhunderts, Gegner des Isokrates, der in seinen Schriften an Homer eine Kritik übte, die ihm den Namen« Homergeißel» (Ὁμηρομάστιξ) eintrug.

Zu den weitgespannten Gemeinschaftsunternehmungen, die Aristoteles als Haupt seiner athenischen Schule in die Wege leitete – den frühesten, die wir in dieser Art kennen –, gehörte auch die systematische Bearbeitung von kulturgeschichtlich und literarhistorisch wichtigem Material. Um 335 hat Aristoteles zusammen mit seinem Großneffen Kallisthenes die *Liste der Sieger in den pythischen Spielen* (Πυθιονῖκαι) verfaßt. Wir haben die Inschrift[2] mit dem Beschluß der Delphier, ihn und Kallisthenes zum Danke zu bekränzen, eine Ehrung, die ihm bei dem Wiederaufflammen der makedonenfeindlichen Stimmung nach Alexanders Tod aberkannt wurde. Erhalten ist eine Briefstelle (fr. 666 R.), in der er sich gelassen über dieses Auf und Ab äußert. Auch eine *Olympische Siegerliste* (Ὀλυμπιονῖκαι) findet sich unter seinen Werken genannt. Mit den *Didaskalien* (Διδασκαλίαι) und den *Siegen an den städtischen Dionysien und den Lenäen* (Νῖκαι Διονυσιακαὶ καὶ Ληναϊκαί) hat Aristoteles aus dem Archontenarchiv Material aufgearbeitet, das der späteren Forschung, jener der Alexandriner vor allem, unentbehrliche Grundlage war.

[1] Vgl. W. Kraus, ‹Die Auffassung des Dichterberufes im frühen Griechentum›. *Wien. Stud.* 68, 1955, 65. H. Maehler, *Die Auffassung des Dichterberufs im frühen Griechentum bis zur Zeit Pindars.* Hypomn. 3. Göttingen 1963. B. Wyss, *Vom verborgenen griech. Erbe* (Rektoratsrede 1967) Basel 1968, 19 zitiert Eratosthenes: ποιητὴς πᾶς στοχάζεται ψυχαγωγίας οὐ διδασκαλίας.

[2] *Fouilles de Delphes* III/1. Paris 1929, nr. 400. Dittenberger, *Sylloge* 3. Aufl. 1, nr. 275.

Als Aristoteles seine Lehrschriften verfaßte, war die Rhetorik bereits eine Bildungsmacht mit bedeutender Tradition geworden. Schon in früher Zeit hatte er sich in seinem Dialog *Gryllos* (Γρύλλος ἢ περὶ ῥητορικῆς)[1] mit dieser Form geistiger Betätigung auseinandergesetzt, nun in den Jahren der Reife entstehen die drei Bücher der *Rhetorik* (Τέχνη ῥητορική),[2] die den Werken der berufsmäßigen Redelehrer Theodektes und Anaximenes[3] gegenüber und doch auch an die Seite tritt. Denn einerseits gibt Aristoteles eine Redelehre in wissenschaftlichem Geiste, geleitet von dem Bemühen, auch auf diesem Gebiete die hinter den Phänomenen stehenden Gesetzmäßigkeiten zu bestimmen und logisch zu entwickeln, anderseits schreibt er für die Praxis des Redners, so daß er sich in manchen Teilen und besonders im 3. Buche in einer gewissen Nähe zu der Schul-Rhetorik bewegt, die von Isokrates ausging. Die eben bezeichnete doppelte Zielsetzung, daneben aber auch der Charakter eines Vorlesungsmanuskriptes sind die Ursache mancher Unklarheiten und Störungen der Disposition. Diese kann hier nur in groben Zügen nachgezeichnet werden. Das erste Buch behandelt, nach den drei Gattungen (συμβουλευτικόν, ἐπιδεικτικόν, δικανικόν) geschieden, die verschiedenen Arten der Beweise. Ein Teil des zweiten Buches (18–26) greift auf dieses Thema zurück und bringt die allgemeinen, für alle Gattungen anwendbaren Beweismittel; wichtig ist dabei die Behandlung der Enthymeme, unter denen Aristoteles rhetorische Schlüsse ohne die Beweiskraft der dialektischen versteht. Das zweite Buch bringt in seinem ersten Teile (1–11) die Behandlung der Affekte (πάθη), worauf jene der ἤθη folgt (12–17). Mit der Einreihung der Möglichkeiten, die aus der Wesensart der Sprechenden gewonnen werden, unter die technischen Beweismittel hat Aristoteles eine Neuerung vorgenommen. Im dritten Buch, dessen Echtheit nicht mehr zu bezweifeln ist, handelt er zunächst (1–12) vom sprachlichen Ausdruck (λέξις) unter den Gesichtspunkten der Deutlichkeit, der zu wählenden Höhenlage und der Angemessenheit, dann aber (13–19) von der richtigen Anordnung (τάξις), wobei er nach den einzelnen Redeteilen vorgeht und, wie auch sonst im dritten Buche, in höherem Maße auf praktische Unterweisung Bedacht nimmt.

Die Rhetorik hat Aristoteles dauernd beschäftigt. Für die Stelle, die er ihr als δύναμις, als formaler Techne, außerhalb der reinen Wissenschaft (ἐπιστήμη, vgl. 1359b 13) anwies, ist es bezeichnend, daß die ihr gewidmeten Vorträge am Nachmittag stattfanden, der leichteren Stoffen vorbehalten war. Auch in die groß organisierte Sammeltätigkeit der Spätzeit hat er die Rhetorik einbezogen: die *Sammlung rhetorischer Lehrschriften* (Τεχνῶν συναγωγή) gab einen Überblick über die gesamte vorangegangene Entwicklung dieser Literatur. Schwierig ist der Inhalt der gleichfalls

[1] A.-H. Chroust, ‹Aristotle's first literary effort: The Gryllus, a lost dialogue on the nature of rhetoric›. *Rev. Et. Gr.* 78, 1965, 576.

[2] Neue Ausgabe A. Tovar, Madrid 1953. W. D. Ross, Oxf. 1959. Gute Analyse bei W. Kroll, *RE* S. 7, 1940, 1057. Vgl. F. Solmsen, *Die Entwicklung der arist. Logik und Rhetorik*. Berl. 1929. B. Schneider, *Die mittelalterlichen griech.-lat. Übersetzungen der aristotelischen Rhetorik*. Peripatoi 2. Berlin 1971. Als Bd. 3 ist R. Kassel, *Der Text der aristotel. Rhetorik. Prolegomena zu einer kritischen Ausgabe*, in Vorbereitung.

[3] Zur Frage der Verfasserschaft s. S. 664 A. 1.

verlorenen *Theodekteia* zu bestimmen. Der Titel im Schriftenkatalog bei Hesych und Diogenes Τέχνης τῆς Θεοδέκτου συναγωγή weist darauf hin, daß Aristoteles eine *Techne* des Isokratesschülers Theodektes von Phaselis, der sich auch als Tragiker einen Namen machte, gesammelt und herausgegeben hat[1].

Es entspricht den Absichten dieser Darstellung, wenn nun verschiedene naturwissenschaftliche Werke nur kurz aufgezählt werden, doch soll sich daraus kein falsches Bild von der Bedeutung dieser Seite des aristotelischen Schaffens ergeben. Die *Meteorologie* (Μετεωρολογικά, 4 B.)[2], die Darstellung der «Meteora», schließt sich inhaltlich insofern an die Schrift *Über den Himmel* an, als hier die Phänomene unterhalb der vom Äther erfüllten Gestirnsphären, also vom Mond abwärts bis zum Inneren der Erde, behandelt werden. Wärme und Kälte sind die bestimmenden Kräfte für die Aitiologie jener Vorgänge, die sich im Bereich der vier dem Äther gegenüber niederen Elemente abspielen. Die Bedeutung der Schrift liegt in der Stellung und Beantwortung zahlreicher Einzelfragen aus dem weiten Reich der Natur, das 4. Buch, dessen Echtheit zweifelhaft ist[3], nimmt eine Sonderstellung ein und führt mit seiner Behandlung der Materie an die Schwelle der neuzeitlichen Chemie. Die Schrift *Über das Steigen des Nils* (Περὶ τῆς τοῦ Νείλου ἀναβάσεως) ist uns nur in einer lateinischen Übertragung erhalten und galt lange für unecht. Sie hat seit einiger Zeit Verteidiger gefunden[4], die darauf verweisen können, daß vor der abschließenden Erklärung der Nilschwelle aus Regengüssen das Problem in einer für Aristoteles charakteristischen Weise historisch entwickelt wird.

In einer auf weite Sicht durchgeführten Planung hat Aristoteles die Darstellung des Pflanzenreiches Theophrast übertragen, während er selbst den zoologischen Teil jenes Riesenwerkes übernahm, das nach seinem Plane den ganzen Bereich der Natur umspannen sollte. Das imposante Werk der *Tierkunde* (Αἱ περὶ τὰ ζῷα ἱστορίαι, 10 B.)[5] hat Aristoteles aus einer gewaltigen Fülle eigener und fremder Beobachtungen zu einer beschreibenden Darstellung ausgebaut, in der neben Fehlerhaftem ganz Ausgezeichnetes über Anatomie, Physiologie und Lebensgewohnheiten zahlreicher Tiere mitgeteilt ist. Die Darstellung der Vermehrung des glatten Haies, die Entdeckungen aus der Mitte des vergangenen Jahrhunderts vorausnahm, hat der Wissenschaftshistoriker GEORGE SARTON «almost uncanny» genannt. Wie altes Beobachtungswissen bei Aristoteles erhalten bleibt, zeigte eindrucksvoll am Beispiel der ‹Hochzeit des Polypus› JOSEPH WIESNER[6]. Stärker noch als bei anderen Pragmatien haben wir bei dieser mit Zusätzen von fremder Hand zu rechnen. Die letzten Bücher hat JAEGER überhaupt geringeren Mitgliedern der Schule zugeschrieben. Vollends disparat sind

[1] Vgl. F. SOLMSEN, *RE* 5 *A*, 1934, 1730.
[2] Übers. von J. TRICOT Paris 1955.
[3] Vgl. GEFFCKEN, *Griech. Lit.-Gesch.* 2, 2. Teil, 208, A. 36. Für die Echtheit I. DÜRING, *A.'s Chemical Treatise. Göteborgs Högskolas Årsskrift* 1944, 2. Anders F. SOLMSEN, *Gnom.* 29, 1957, 132.
[4] GEFFCKEN a. O. 209, A. 47.
[5] Übers. von J. TRICOT, 2 Bde. Paris 1957.
[6] *Arch. Jahrb.* 74, 1959, 38. Vgl. auch L. BOURGEY, *Observation et expérience chez A.* Paris 1955.

die *Probleme* (Προβλήματα)[1], die vor allem naturwissenschaftliche Fragen behandeln und neben Aristotelischem so viel Fremdes enthalten, daß sie nicht mehr unter die echten Werke zählen können. Hier schließt sich eine ganze Reihe von unechten Schriften an, die ihre naturwissenschaftlichen Kompilationen mit dem Namen des Meisters legitimieren wollen; so *Über Pneuma* (Περὶ πνεύματος), *Über Farben* (Περὶ χρωμάτων), *Über Gehörseindrücke* (Περὶ ἀκουστῶν), *Über Pflanzen* (Περὶ φυτῶν), *Mechanik* (Μηχανικά), *Physiognomik* (Φυσιογνωμονικά), *Ökonomik* (Οἰκονομικά)[2].

Ist die *Tierkunde* das große deskriptive, auch mit Abbildungen ausgestattete (510 a 29)[3], Sammelwerk, das sich ähnlichen umfassenden Unternehmungen auf anderen Gebieten vergleichen läßt, so hat Aristoteles in einer Reihe anderer Arbeiten die Aitiologie der beschriebenen Phänomene, die sich für ihn weitgehend mit ihrer Teleologie deckt, in Angriff genommen: *Über die Teile der Tiere* (Περὶ ζῴων μορίων, 4 B.)[4] mit einer in gehobenem Stil gehaltenen programmatischen Einleitung zur aristotelischen Naturforschung im 1. Buche, *Über die Zeugung der Tiere* (Περὶ ζῴων γενέσεως, 5 B.)[5], *Über den Gang der Tiere* (Περὶ πορείας ζῴων) und die zu Unrecht verdächtigte Schrift *Über die Bewegung der Tiere* (Περὶ ζῴων κινήσεως)[6], die von dem Mechanismus der tierischen Bewegung zur Frage des unbewegten ersten Bewegers aufsteigt.

Auf unechte Stücke im Corpus Aristotelicum hatten wir im Verlaufe der Darstellung gelegentlich einen Hinweis zu geben. Drei seien noch genannt. Die Schrift *Über die Welt* (Περὶ κόσμου) hat wegen ihrer eigenartigen Stellung zwischen den Systemen und wegen ihres religiösen Enthusiasmus die Forschung besonders lebhaft beschäftigt[7]. Die Annahme engerer Beziehungen zu Poseidonios ist heute aufgegeben, die um 100 n. Chr. entstandene Schrift gehört in eine peripatetische Tradition, die sich stark dem Platonismus geöffnet hat. Die Schrift *Über unteilbare Linien* (Περὶ ἀτόμων γραμμῶν), die in spätplatonischer Tradition steht, wurde auch Theophrast zugeschrieben[8]. Als

[1] G. MARENGHI, ‹La tradizione manoscritta dei *Problemata physica* aristotelici›. *Boll. del comitato per la preparazione della ed. Naz. dei class. Greci e Lat.* Fasc. 9, 1961, 47; ders., *Aristotele. Problemi di fonazione e di acustica.* Napoli 1962, mit einer Ausgabe des 11. Buches der *Problemata.* Übers. u. Komm. H. FLASHAR, Berl. 1962, der *Gnom.* 36, 1964, 744, ältere Arbeiten MARENGHIS aufzählt und sich überzeugend gegen dessen Tendenz wendet, die *Problemata* enge an Aristoteles anzuschließen. FLASHAR datiert sie auf ca. 250 v. Chr. K. ABEL, *Gnom.* 38, 1966, 620, möchte mit dem Ansatz 300–285 näher an Aristoteles herangehen.

[2] Übers. von J. TRICOT, Paris 1958.

[3] Über seinen besonderen Charakter als Lesewerk jetzt F. DIRLMEIER, *Sitzb. Ak. Heidelb. Phil.-hist. Kl.* 1962/2, 20. Über zwei in hellenistischer Zeit zugängliche Ausgaben: I. DÜRING, *Gnom.* 37, 1965, 665, der auch dem Nachweis von G. RUDBERG *(Skrifter K. Hum. Vetenskaps-Samfundet Uppsala* 13/6, 1911) folgt, daß es sich bei Buch 10 um eine nacharistotelische Kompilation handelt. Hinzugefügt hat sie wahrscheinlich Andronikos. – KL. BARTELS, *Das Techne-Modell in der Biologie des Aristoteles.* Diss. Tübingen 1966.

[4] Komm.: J. DÜRING, Göteborg 1943.

[5] Zur Zeugungs- und Vererbungslehre des A. ERNA LESKY in dem S. 555 genannten Buche. Dort (1377) auch über einen Bruch im System des A. Ausgabe: H. J. DROSSAART LULOFS, Oxford 1965. – H. SEIDL, *Das Verhältnis der causa efficiens zur causa finalis in Aristoteles' Schrift 'De generatione animalium'.* Diss. München 1965.

[6] L. TORRACA, *De motu animalium. Testo, trad., comm.* Napoli 1958 (Coll. di studi greci).

[7] A.-J. FESTUGIÈRE, *La révélation d'Hermès Trismégiste.* II. *Le dieu cosmique.* Paris 1949, 460. H. STROHM, ‹Studien zur Schrift von der Welt›. *Mus. Helv.* 9, 1952, 137.

[8] O. REGENBOGEN, *RE S* 7, 1940, 1542 mit Zusammenstellung von Pseudo-Aristotelica, für die an Theophrast gedacht wurde.

aristotelisch wird der *Peplos* angeführt (fr. 637ff. Rose), ein mythologisches Buch vermischten Inhaltes, aus dem dreiundsechzig Epigramme, vorwiegend auf Gefallene des troianischen Krieges, erhalten sind.

Der vorausgehenden Darstellung liegt das Bild des Aristoteles zugrunde, wie es die Forschung der letzten Jahrzehnte gewonnen hat, doch scheint es geboten, zum Abschluß das Hauptproblem herauszuheben. Entscheidend war es, daß Aristoteles von der isolierten Stellung eines autoritären Schulhauptes nun in die Geschichte zurückgeholt wurde, daß man in seinem Werke nicht mehr ein dogmatisch in sich geschlossenes System, sondern den Ausdruck einer geistigen Bewegung von höchster Dynamik zu erblicken begann. Aristoteles kam aus der Lehre Platons und hinterließ Schüler, die sein Erbe an den Hellenismus weitergaben und so eine neue Form der Wissenschaft ins Leben riefen. Der gewaltige Abstand zwischen den Endpunkten der eben bezeichneten Strecke ist die Folge eines tiefgreifenden Wandels, dessen entscheidende Abschnitte im Schaffen des Aristoteles lagen. Um nur eines anzudeuten: die Emanzipation der Einzelwissenschaften von dem Primat der Philosophie ist in Alexandreia vollzogen, bei Platon noch undenkbar, in einzelnen Werken des Aristoteles bereitet sie sich vor, wenngleich der nie mehr ganz heilende Schnitt am wenigsten in seinem Sinne war.

Einen neuen Weg der Forschung hat 1923 WERNER JAEGER[1] mit seinem Aristotelesbuche eröffnet. Hier wurde der geistesgeschichtliche Entwicklungsgedanke, den Aristoteles geschaffen hat, entschlossen auf das Werk des Philosophen selbst angewendet. Das Bild, das JAEGER entwarf, war im wesentlichen das Bild einer Entwicklung, die in steigendem Maße von Platon wegführte. In einer ersten Periode, der die meisten Dialoge angehören, wäre Aristoteles Platoniker auf dem Boden der Ideenlehre gewesen, in der Mittelperiode von Assos, Lesbos und Makedonien, aus der unter anderem die älteren Schichten von *Physik*, *Metaphysik* und *Politik* stammten, hätte er sich von dem Glauben an die Transzendenz der Ideen gelöst, um sich in einem dritten Abschnitt, in seiner Tätigkeit als Schulhaupt, der empirischen Einzelforschung zuzuwenden und einen neuen Typus der Wissenschaft zu begründen. Die Aristotelesforschung ist seit JAEGERS Buch weitgehend von der Aufgabe bestimmt, diesen ersten großen Entwurf auf seine Tragfähigkeit im einzelnen zu prüfen und, wo es nottut, zu ändern. F. NUYENS[2] versuchte, den Wandel der Seelenvorstellung des Aristoteles für eine in manchem von JAEGER abweichende Datierung auszuwerten. Nach seiner Auffassung führte der Weg von den Dialogen mit ihrer Übernahme platonischer Ansichten zur Ausweitung des Seelenbegriffes auf alle Lebewesen in den biologischen Werken einer Mittelperiode und schließlich zur Auffassung der Seele als Entelechie des Individuums in der späten Schrift *Über die Seele*. Wenn D. J. ALLAN in seinem ausgezeichneten Aristotelesbuche (15) eine lange und stetige Entwicklung des Philosophen durch eine krisenhafte Entfaltung ersetzen wollte, die Platons Tod ausgelöst hätte, so dürfte das ein Einfall bleiben. Daß die Forschung in diesem ganzen Fragenkomplex noch im Flusse ist,

[1] A.-H. CHROUST, ‹Werner Jaeger and the reconstruction of Aristotle's lost work›. *Symb. Osl.* 42, 1968, 7.
[2] *L'évolution de la psychologie d'A.* Louvain 1948. (niederl. 1939).

zeigt die Opposition, in die eine Gruppe von Gelehrten zu JAEGERS Entwicklungsbild getreten ist. F. DIRLMEIER[1], I. DÜRING[2] und R. STARK[3] treffen sich mit Varianten im einzelnen in der Auffassung, daß in Aristoteles nicht eine Entwicklung vom reinen Platoniker zum Empiriker abgelaufen sei, sondern die beiden Pole bei ihm dauernd erkennbar blieben und sein Schaffen durchwegs bestimmt hätten[4]. Aristoteles wäre darnach nie Platoniker in der Nachfolge der Ideenlehre gewesen, in der Abstellung seiner Empirie auf die Erkenntnis des allgemein Gültigen und in seiner Wertung des Geistigen aber immer Platoniker geblieben. Noch sind die Fronten in Bewegung, doch wird der Grundgedanke einer fortschreitenden Entwicklung im aristotelischen Denken ohne Zweifel sein Recht behaupten. Anderseits hat sich der Abstand zwischen Ausgangs- und Endpunkt dieses Weges gegenüber JAEGERS Auffassung wesentlich verringert, und eine gewisse Konstanz in den Grundfaktoren, die das Forschen des Aristoteles bei allen Variationen im einzelnen bestimmen, tritt stärker hervor. Auch stellt die Datierung einzelner Werke und ihrer Teile noch zahlreiche Aufgaben. Der oben (S. 617) erwähnte Nachweis THOMPSONS, daß die biologischen Untersuchungen des Aristoteles bereits in Assos lebhaft einsetzten, wird dabei eine wesentliche Rolle zu spielen haben. Er spricht gegen eine radikale Spätdatierung der biologischen Schriften und empfiehlt zumindest für ihre älteren Teile NUYENS' Ansatz.

Forschung und Lehre des Aristoteles vollzogen sich mitten in einem bereits reich entwickelten wissenschaftlichen Leben, das zu einem nicht geringen Teile der Meister selbst wachgerufen hatte. Uns ist hier nur ein kurzer Blick auf einige seiner Vertreter gestattet. Das Unternehmen des Aristoteles, auf allen Wissensgebieten das von Vorgängern Erreichte und Vermutete systematisch zu sammeln – ein Unternehmen, das eine bedeutende Bibliothek, eine Vorläuferin der Großbibliotheken von Alexandreia und Pergamon, voraussetzte – hat verschiedene Hände in Bewegung gesetzt. Im Zuge dieses Planens liegt das große Werk Theophrasts *Die Lehrmeinungen der Naturphilosophen* (Φυσικῶν δόξαι, 18 B.), aus dem in vielfacher Brechung und Zersplitterung der größte Teil unseres Wissens über dieses Gebiet herrührt. Eudemos von Rhodos[5], Schüler des Aristoteles und Freund Theophrasts, hat als erster, so weit wir wissen, eine Geschichte der Arithmetik, Geometrie und Astronomie geschrieben; die wenigen Nach-

[1] *Jahrb. f. d. Bistum Mainz* 5, 1950, 161; *Gnom.* 28, 1956, 344.

[2] *A.s De part. anim.* Göteborg 1943, 36; ‹A. the Scholar›. *Commentationes in hon. E. Linkomies.* (*Arctos* Nov. Ser. 1) Helsinki 1954, 61, bes. 75f.; 65, A. 4 gibt Lit.; ders., ‹Did Aristotle ever accept Plato's theory of transcendent ideas?›. *Arch. Gesch. Philos.* 48, 1966, 312. Vgl. auch die S. 622 A. 5 zitierte Lit.

[3] *Aristotelesstudien. Zet.* 8. Münch. 1954, bes. 91f. Gegen eine stetige, von Platon wegführende Entwicklung auch M. WUNDT, *Untersuchungen zur Metaphysik des A.* Stuttgart 1953. Übersicht über die neuere Problemgeschichte bei G. VERBEKE in: *Autour d'Aristote.* Louvain 1955, 18.

[4] Zweifel an JAEGERS Bild der aristotelischen Entwicklung äußern auch K. OEHLER, ‹Thomas von Aquin als Interpret der aristotelischen Ethik›. *Philos. Rundschau* 5, 1957, 135, und G. MÜLLER, ‹Probleme der aristotelischen Eudaimonielehre›. *Mus. Helv.* 17, 1960, 121; doch darf MÜLLERS Hinweis auf fr. 78 R. nicht übersehen werden, das nur dann als Stütze für JAEGERS Entwicklungstheorie wegfällt, wenn man annimmt, Aristoteles habe in seinem Dialog eine gegnerische Ansicht angeführt. H. FLASHAR, ‹Die Kritik der platonischen Ideenlehre in der Ethik des A›. *Synusia. Festgabe Schadewaldt.* Pfullingen 1965, 223. G. E. L. OWEN, ‹The platonism of Aristotle›. *Proc. Brit. Ac.* 51, 1965, 125.

[5] F. WEHRLI, *Eudemos von Rhodos. Die Schule des Aristoteles* 8. 2. Aufl. Basel 1969.

richten, die wir über voreuklidische Mathematik noch besitzen, werden auf ihn zurückgehen. Wir fügen hier die beiden Mathematiker Aristaios und Autolykos von Pitane an, die im ausgehenden 4. Jahrhundert wirkten und den Übergang zu Euklid bezeichnen. Von dem Zweitgenannten sind zwei mathematische Schriften[1] erhalten, die sich mit sphärischer Geometrie beschäftigen, eine verlorene dritte kritisierte die Theorie der homozentrischen Sphären.

Im Auftrage des Aristoteles hat Menon die Geschichte der Medizin geschrieben. Einen Auszug daraus enthält ein umfangreicher Papyrus aus dem 2. Jahrhundert n. Chr., der sogenannte *Anonymus Londinensis* (nr. 2339 P.), für uns auch die Hauptquelle für einen der bedeutendsten Ärzte der sizilischen Schule, Philistion von Lokroi, der von den vier Elementen des Empedokles ausgeht und die physiologischen Tatsachen in großem Umfange mit Hilfe seiner Pneuma-Theorie erklärte. Die Beziehungen des Aristoteles und seiner Schule zur Medizin sind auch sonst äußerst rege gewesen. Im besonderen hat die neuere Forschung[2] Diokles von Karystos, den einzigen für uns besser erkennbaren Arzt zwischen Hippokrates und dem Hellenismus, in Verbindung mit der Lehre des Peripatos gebracht. Der Ansatz des Diokles in das frühe 4. Jahrhundert hat sich als falsch erwiesen, doch dürfte mit seiner Blütezeit nicht unter die Jahrzehnte 340–320 zu gehen sein. Als erster Mediziner schrieb er attisch, was besagt, daß er an die Form seiner Veröffentlichungen höhere Ansprüche stellte. Als Hauptwerke werden uns eine *Hygiene* (Ὑγιεινὰ πρὸς Πλείσταρχον) und ein therapeutisches Werk *Schmerz, Ursache und Heilung* (Πάθος αἰτία θεραπεία) kenntlich. Den *prophylaktischen Brief an König Antigonos* (ἐπιστολὴ προφυλακτική) wollte Jaeger als echt erweisen, doch hat F. Heinimann[3] dagegen neuerdings gewichtige Bedenken erhoben. Die aus der Antike stammende Charakteristik des Diokles als eines der Häupter der dogmatischen Schule ist ungenügend, besonder stark hat auf ihn die Pneumalehre der sizilischen Ärzteschule gewirkt, und gerade von hier aus ergeben sich Beziehungen zu Aristoteles. In der Nachfolge des Diokles steht Praxagoras[4], das Haupt der koischen Ärzteschule. Die Beziehungen des Peripatos zur Medizin erhielten einen familiären Akzent, als des Aristoteles Tochter Pythias den Metrodor, einen Arzt aus der knidischen Schule, zum Manne nahm. Bei ihm hat Erasistratos, der große hellenistische Arzt, nach seiner ersten Ausbildungszeit in Kos gehört.

Wir fügen hier zwei Schüler des Aristoteles an, die wie Theophrast durch die Vielseitigkeit und Spannweite ihrer Arbeiten dem Beispiel ihres Lehrers folgten. Aristoxenos von Tarent soll 453 Buchrollen vollgeschrieben haben, und die Fragmente bezeugen sehr verschiedene Themen. Für uns bleibt er durch die drei Bücher seiner *Harmonik*

[1] Nach der Ausgabe von F. Hultsch, Leipz. 1885, J. Mogenet, Louvain 1950. Angefügt sei der Hinweis auf Th. Heath, *Mathematics in A.* Oxf. 1949 (die Texte in Übersetzung).

[2] W. Jaeger, *D. von Karystos.* Berl. 1938. Ders., *Festschr. f. Regenbogen.* Heidelb. 1952, 94; jetzt *Scripta minora* 2. Rom 1960, 441; vgl. auch *Paideia* 2, 49. Die Fragmente bei M. Wellmann, *Die Fragm. der sikelischen Ärzte.* Berl. 1901.

[3] ‹D. von Karystos und der prophylaktische Brief an König Antigonos›. *Mus. Helv.* 12, 1955, 158.

[4] F. Steckerl, *The Fragments of Praxagoras of Cos and his School. Collected, edited and translated.* Leiden 1958.

(Ἁρμονικὰ στοιχεῖα[1]) als Musiktheoretiker bedeutend, der eine bis zu den Pythagoreern zurückreichende Tradition im Geiste des Peripatos ausgestaltete. Seine *Rhythmik* (Ῥυθμικὰ στοιχεῖα) ist uns durch mehrere Fragmente, darunter ein größeres, wahrscheinlich aus dem 2. Buche, kenntlich. Am Pythagoreismus war er aufs lebhafteste interessiert. Außer einer Archytasvita schrieb er einen βίος Πυθαγορικός, womit eine Lebensform nach den pythagoreischen Idealen gemeint ist. Aber auch biographisch hat er Pythagoras und dessen Schüler, wie übrigens auch Sokrates und Platon behandelt.

Bei Cicero (*ad Att.* 2, 16, 3) wird dem Theophrast als Vertreter eines auf Schau gerichteten Lebens Dikaiarchos aus Messene[2] als Verteidiger einer höheren Bewertung des Praktischen gegenübergestellt. Auch er hat über die verschiedensten Gebiete wie Philosophie, Politik, Literatur geschrieben, ist uns aber vor allem durch zwei seiner Forschungsgebiete interessant. Er hat wissenschaftlicher Arbeit durch seine kulturgeschichtlichen Werke ein neues Feld eröffnet und in seinem *Leben Griechenlands* (Βίος Ἑλλάδος, 3 B.) solche Betrachtungsweise auf sein eigenes Volk angewendet. Zum anderen hat er auf dem Gebiete der Geographie – wir nennen seine *Erdbeschreibung* (Γῆς περίοδος) – einer Forschung die Bahn gebrochen, die sich über Eratosthenes zu Strabon bewegte. Neben Theophrast war er der bedeutendste Schüler des Aristoteles, und wir bedauern es in seinem Falle besonders, nur Trümmer in der Hand zu halten.

Die geographische Forschung, wie Dikaiarchos sie vertritt, ein neues Aufleben alter ionischer ἱστορίη, hängt enge mit den großen Erkundungsfahrten der Zeit zusammen. Ein Unternehmen von solcher Kühnheit, daß seine Ergebnisse auf Unglauben stießen, war die Fahrt des Pytheas von Massalia, der zur Zeit des großen Alexanderzuges den Nordwesten und Norden Europas bis an die Grenze der Arktis bereiste. Wie weit er kam, bleibt für uns im ungewissen, vor allem gilt dies von seinem Thule (Island oder Norwegen?). Die Wirkung seines Werkes *Über den Okeanos* (Περὶ Ὠκεανοῦ) ist in vielen Brechungen kenntlich[3]. Ungefähr zur selben Zeit (325/24) unternahm Alexanders Admiral Nearchos seine Fahrt vom Indus nach Persien. Damit wiederholte er nach fast zwei Jahrhunderten das kühne Unternehmen des Skylax, unter dessen Namen man zur Zeit Philipps II. eine Küstenbeschreibung des Mittelmeeres gestellt hat (vgl. S. 256). Von der Lebendigkeit, mit der Nearchos seine reichen Beobachtungen wiedergab, können wir uns aus den Teilen eine Vorstellung machen, die Arrian in sein Buch über Indien (Ἰνδική) eingearbeitet hat[4].

[1] Ausgaben: H. S. Macran, Oxf. 1902. Rosetta da Rios, Rom 1954. Übersicht über die Ausgaben seit Meursius: *Gnom.* 28, 1956, 279. R. Westphal, *Melik und Rhythmik des classischen Hellenentums. Übers. u. erl.* Leipzig 1883; repr. Hildesheim 1965. Die Fragmente der übrigen Werke: F. Wehrli, *Die Schule des Aristoteles* 2. Basel 1945.

[2] Fragmente: F. Wehrli, *Die Schule des Aristoteles* 1. Basel 1944; 2. Aufl. 1967. Pf. *Hist.*, 165.

[3] R. Güngerich, *Die Küstenbeschreibungen in der griech. Lit.* Münster 1950, 16. H. J. Mette, *Pytheas von Massalia.* Kl. Texte 173. Berl. 1952. D. Stichtenoth, *Pytheas von Marseille. Über das Weltmeer. Die Fragm. übers. u. erl.* Köln-Graz 1959 (*Geschichtschr. d. deutschen Vorzeit* 3. Ges.-Ausg. Bd. 103). R. Knapowski, *Zagadnienia chronologii* ... Poznań 1958, behandelt Fragen der Chronologie und der Ausdehnung der Entdeckungsfahrten.

[4] Güngerich (s. vor. A.), 14, das Material bei Jacoby F Gr Hist nr. 133. Übersetzung und Deutung bei O. Seel, *Antike Entdeckungsfahrten.* Zürich 1961 (Lebendige Antike). H. Schiwek, ‹Der Persische Golf als Schiffahrts- und Seehandelsroute in Achämenidischer Zeit und in der Zeit Alexanders des Großen›. *Bonner Jahrb.* 162, 1962, 4.

Ein entscheidendes Stück aristotelischer Überlieferungsgeschichte ist bei Strabon (13, 54, p. 608, dazu Plut. *Sulla* 26) erhalten. Es klingt wie ein Roman und wurde wiederholt als solcher abgetan, geht aber so gut mit den Beziehungen des Aristoteles zum nordwestlichen Kleinasien zusammen, daß Zweifel nicht am Platze sind. Danach kam der Nachlaß von Lehrschriften des Meisters zunächst an Theophrast und von diesem an Neleus von Skepsis, einen Sohn des früher (S. 570) genannten Koriskos, der in Assos Aristoteles hörte und in den Lehrschriften öfter genannt wird. Seine Nachkommen bargen die Bücher aus Angst vor der Sammelwut der Attaliden, die für Pergamon eine Großbibliothek aufbauten, in einem unterirdischen Versteck, was den Rollen nicht gut bekam. Im 1. Jahrhundert v. Chr. verkauften die Erben des Neleus diese zusammen mit Schriften des Theophrast an einen Apellikon von Teos, der nach Strabon mehr Bücherliebhaber als Philosoph war. Seine Bibliothek kam bald nach seinem Tode in den Besitz Sullas und mit diesem nach Rom. Um die Werke des Aristoteles bemühte sich zunächst Tyrannion ohne besonderen Erfolg; die Ausgabe, an der die ganze Überlieferung der Folgezeit hängt, hat noch im 1. Jahrhundert v. Chr. der Peripatetiker Andronikos von Rhodos geschaffen. Anders als die aus dem Lehrbetrieb erwachsenen Werke führten die exoterischen Schriften nach dem Tode des Aristoteles kein Katakombendasein, sind aber in der späteren Antike verloren gegangen. Im übrigen ist kaum anzunehmen, daß die Lehrschriften vor dem Bekanntwerden des Schatzes von Skepsis samt und sonders vergessen waren. Wieviel dieser an Neuem brachte, ist für uns nicht mehr zu bestimmen. A.-H. Chroust ‹The miraculous disappearance and recovery of the Corpus Aristotelicum›. *Class. e Med.* 23, 1963, 50.

Die Aufarbeitung der gesamten handschriftlichen Überlieferung für Aristoteles ist ein in weiter Ferne liegendes Ziel. Am besten unterrichten gegenwärtig über die von Werk zu Werk wechselnden Grundlagen die entsprechenden Abschnitte im 2. Bande von J. Geffckens *Griech. Literaturgeschichte* (Heidelb. 1934). Dazu E. Mioni, *A.'s codd. graeci qui in bibliothecis Venetis adservantur.* Padova 1958. A. Wartelle, *Inventaire des manuscrits Grecs d'Aristote et de ses commentateurs.* Paris 1963. Einen *Aristoteles Graecus. Beschreibung der griech. Handschriften des Aristoteles,* bereitet als *Peripatoi* Bd. 5–8 P. Moraux mit mehreren Mitarbeitern vor. Über die Selbständigkeit des Vat. 1339 gegenüber Laur. 81, 1 neuerdings I. Düring, *Gnom.* 31, 1959, 416, mit Lit. Zu einer Einzelschrift E. Lobel, *The Greek Manuscripts of A.'s Poetic.* Oxf. 1933 (Suppl. to the Biographical Society's Transactions 9). Die Papyri geben, abgesehen vom Funde der Ἀθηναίων πολιτεία, nicht allzu viel aus (158–165 P.). Über den Gewinn für die Textkritik gut R. Stark, *Annal. Univ. Saraviensis. Philos.-Lettres* 8, 1/2, 1959, 36. Dort (38) auch über eine zweifelhafte Zuweisung. In *Ox. Pap.* 24, 1957, sind in nr. 2402 Fragmente aus *Eth. Nik.* 6 und in nr. 2403 solche aus den *Kategorien* hinzugekommen. Aristoteles wurde ins Syrische, Arabische, Hebräische und Lateinische übersetzt. A. Jourdain, *Recherches critiques sur l'âge et l'origine des traductions Latines d'A. et sur les commentaires grecs ou arabes employés par les docteurs scolastiques.* Nouv. éd. revue et augm. par Ch. Jourdain 1843, réimpr. New York 1960. Auch für die Auswertung dieser Art von Überlieferung bleibt noch viel zu tun. Paradigmatisch für ihre Bedeutung, aber auch für ihre Problematik ist die Arbeit von J. Tkatsch, *Die arabische Übersetzung der Poetik des A. und die Grundlage der Kritik des griech. Textes. Akad. Wien* 1, 1928. 2, 1932 und ihre Überbewertung in der Ausgabe der *Poetik* von A. Gudeman, Berl. 1934. Methodisch wichtig ist die Arbeit von R. Walzer, ‹On the Arabic Versions of Books A, α and Λ of A.'s Metaph.›. *Harv. Stud.* 63, 1958 *(Festschrift W. Jaeger)*, 217. R. Lemay, *Abu Ma'shar and Latin Aristotelianism in the 12th Century. The Recovery of Aristotle's Natural Philosophy through Arabic Astrology.* Beirut 1962. F. E. Peters, *Aristoteles Arabus. The Oriental Translations and Commentaries on the Aristotelian Corpus.* Leiden 1968 (dazu H. Daiber, *Gnom.* 42, 1970, 538); ders., *Aristotle and the Arabs. The Aristotelian Tradition in Islam.* New York–London 1968. Für die lat. Übersetzungen, die mit Boethius beginnen und mit Wilhelm von Moerbeka ihre Höhe erreichen, wurde die Grundlage durch die mustergültige Aufsammlung des weit verstreuten Materials im Rahmen der Union Acad. Internationale geschaffen. Der 1930 beschlossene Plan sieht die Herausgabe der Übersetzungen vor 1280 in einem *Aristoteles Latinus* als erstem Teil eines umfassenden *Corpus Philosophorum Medii Aevi* vor. Die Feststellung der handschriftlichen Überlieferung war im wesentlichen 1939 abgeschlossen; ihre Ergebnisse liegen vor in dem von G. LACOMBE u.a. herausgegebenen *Aristoteles Latinus: Pars prior.* Rom. 1939, repr. Bruges-Paris 1957. *Pars posterior* (auch Supplementa zu I enthaltend). Cambr. 1955. *Suppl. altera.* Ed. L. MINIO-PALUELLO. Cambr. 1961. – Zur Vorbereitung des Unternehmens gehören auch die *Prolegomena in Aristotelem Latinum,* von denen zwei Faszikel in der Polnischen Akad. d. Wiss. erschienen sind: I A. BIRKENMAJER, *Classement des ouvrages attribués à Aristote par le moyen âge latin.* Cracow 1932. II W. L. LORIMER, *The Text Tradition of the Interpretatio anonyma of Pseudo-Aristotle's De mundo.* Cracow 1934. Die Fortsetzung der Reihe ist geplant mit L. MINIO-PALUELLO, *Collected Papers on Some Translators and Translations of Aristotle in the Middle Ages.* – Gegenwärtig betreuen die Herausgabe L. MINIO-PALUELLO, R. A. B. MYNORS, H. J. DROSSAART LULOFS, P. MORAUX und L. BATAILLON. Erschienen sind (wenn nichts anderes angegeben, in Bruges-Paris): I/1–5 *Categoriae vel Praedicamenta, translatio Boethii, recensio composita, translatio Gu. de Moerb., lemmata Simplicii Gu. de Moerb. interprete, paraphrasis Themistiana (Pseudo-Augustini Categoriae Decem).* Ed. L. MINIO-PALUELLO 1962. I/6–7 *Categoriarum Supplementa, Porphyrii Isagoge, transl. Boethii, 'Liber Sex Principiorum', specimina translationum recentiorum.* Ed. ders. u. B. G. DOD 1966. II/1–2 *De Interpretatione (Periermenias), transl. Boethii et transl. G. de Moerbeka, specimina translationum recentiorum.* Ed. ders. u. G. VERBEKE 1965. III/1–4 *Analytica Priora, transl. Boethii (recensiones duae), transl. anonyma, Pseudo-Philoponi aliorumque scholia, specimina translationum recentiorum.* Ed. ders. 1962. IV/1–4 *Analytica Posteriora, transl. Iacobi, transl. Ioannis (= anonyma), transl. Gerardi, recensio Guillelmi de Moerbeka, specimina translationum recentiorum.* Ed. ders. u. B. G. DOD 1968. V/1–3 *Topica, transl. Boethii (recensio prior et fragmenta posterioris), transl. anonyma.* Ed. ders. 1969. VII/2 *Physica (I–II/1), transl. Vaticana.* Ed. A. MANSION 1957. XI/1–2 *De Mundo, transl. Bartholomaei, transl. Nicholai, additis translationibus Rinucii, Argyropoli Sadoleti, paraphrasi Apulei, necnon speciminibus translationum recentiorum.* Ed. ders. u. W. L. LORIMER u. B. FREED MUSCARELLA. Ed. alt. 1965. XVII/2.5 *De Generatione Animalium, transl. G. de Moerbeka.* Ed. H. J. DROSSAART LULOFS 1966. XXIX/1 *Politica (libri I–II), transl. anonyma (G. de Moerbeka?).* Ed. P. MICHAUD-QUANTIN 1961. XXXIII *De Arte Poetica G. de Moerbeka interprete* (2. ed.); *Poet. sive expositio Averrois interprete Hermanno Alemanno.* Ed. L. MINIO-PALUELLO 1968. Eine Reihe weiterer Bände befindet sich in Vorbereitung. – Einen guten Überblick über das Programm und die Geschichte des Unternehmens bietet L. MINIO-PALUELLO, *Studi Medievali* 3. ser. 1, 1960, 304. Auf dieser Grundlage soll in nächster Zeit eine informative Schrift *Programme and Progress* veröffentlicht werden. Zu den damit zusammenhängenden geistesgeschichtlichen Fragen I. DÜRING, ‹Von A. bis Leibniz›. *Ant. u. Abendl.* 4, 1954, 118. F. VAN STEENBERGHEN, *A. in the West.* Louvain 1955. *A. and Plato in the Mid-Fourth Century. Papers presented at the Symposium Aristotelicum held at Oxford, August 1957.* Ed. by I. DÜRING & G. E. L. OWEN. Stockholm 1960. *12. Congr. int. di filosofia Venezia 1958. Atti vol IX: Aristotelismo padovano e filosofia aristotelica.* Firenze 1960. Wichtig für Kritik und Interpretation sind die zahlreich erhaltenen Kommentare und Paraphrasen. Die Aristoteleserklärung beginnt mit Andronikos und setzt sich seitdem als ein Prozeß von höchster Bedeutung durch die Geschichte des Abendlandes fort. Grundlegend war das Unternehmen der Preuß. Akademie *Commentaria in A. Graeca,* 23 Bde. mit 3 Suppl.-Bden. Berl. 1882–1909. Nachdrucke haben mit 2, 2 (Alex. Aphrod. in A. Topic.) und 4, 2 (Dexippus in A. Categ.) Berlin 1959 eingesetzt. – G. VERBEKE, *Themistios: Comm. sur le traité de l'âme d'A. Trad. de Guillaume de Moerbeke. Ed. critique et étude sur l'utilisation du comm. dans l'œuvre de saint Thomas. Corpus Lat. commentariorum in A. Graecorum* 1. Louvain 1957. Ders. *Comm. sur le Peri Herméneias d'A. Trad. de Guillaume de Moerbeke. Corpus Lat. commentariorum in A. Graecorum* 2. Louvain 1961. K. GIOCARINIS, ‹An unpubl. late thirteenthcentury comm. on the Nic. Eth. of A.› *Traditio* 15, 1959, 299. LYMAN W. RILEY, *A. Texts and Commentaries to 1700 in the Univ. of Pennsylvania Library.* Philadelphia 1960. Ausgewählte

Kommentare des Averroes gibt die Mediaeval Academy of America, Cambr. Mass., unter der Leitung von H. A. WOLFSON heraus: I. *Epitome of Parva Naturalia. Latin Text.* Ed. EMILY L. SHIELDS 1949. *Hebrew Text.* Ed. H. BLUMBERG. 1954. Ders. *English Transl. and Comm.* 1961. II. *Long Commentary on De Anima. Latin Text* Ed. F. S. CRAWFORD 1953. III. *Middle Commentary and Epitome of De Generatione et Corruptione. Latin Text.* Ed. F. H. FOBES 1956. *Hebrew Text.* Ed. S. KURLAND 1958. Ders., *English Transl. and Comm.* 1958. *De Substantia Orbis* und weitere Bände sollen folgen. H. J. DROSSAART LULOFS, *Nicolaus Damascenus. On the Philosophy of Aristotle. Fragments of the first five books. With introd., transl. and comm.* Leiden 1965 (repr. 1969). – Für *A. opera cum Averrois commentariis.* Venetis apud Iuntas 1562–1574, ist ein Nachdruck in 11 Bden. und 3 Ergänzungs-Bden. bei Minerva G.m.b.H. Frankfurt a. M. in Vorbereitung. Zur Überlieferung eines einzelnen Werkes: A. DREIZEHNTER, *Untersuchungen zur Textgeschichte der aristot. Politik.* Leiden 1962.

Die ältere Lit. zu A. bei K. PRAECHTER in F. UEBERWEGS *Grundriß d. Gesch. d. Philos.* 1, 12. Aufl. Berl. 1926. Für die Forschung der letzten Jahrzehnte steht eine Reihe von Übersichten zur Verfügung: P. WILPERT, ‹Die Lage der Aristotelesforschung›. *Zeitschr. f. philos. Forsch.* 1, 1946, 123. M. D. PHILIPPE, *Bibl. Einf. i. d. Stud. d. Philos. 8. Aristoteles.* Bern 1948. W. JAEGER, ‹Die Entwicklung des Studiums der griech. Philos. seit dem Erwachen des hist. Bewußtseins›. *Zeitschr. f. philos. Forsch.* 6, 1952, 200. D. ROSS in *Fifty Years of Class. Scholarship.* Oxf. 1954, 136. E. J. SCHÄCHER, *Platon-Aristoteles* I. Salzburg 1957, 10; ders., *Ist das Corpus Aristotelicum nacharistotelisch?* München 1963. *Aristotele nella critica e negli studi contemporanei* (Beiträge it. Forscher). Milano 1957. H. S. LONG, ‹A Bibliographical Survey of Recent Works on A.› *The Class. World* 51, 1957, 47. 57. 69; 52, 1958, 96. 117. 193. 204. G. VERBEKE, ‹Bulletin de littérature aristotélicienne›. *Rev. philos. de Louvain* 56, 1958, 605. F. DIRLMEIER, ‹Zum gegenwärtigen Stand der A.-Forschung›. *Wien. Stud.* 76, 1963, 52. P. MORAUX, *A. in der neueren Forschung.* Wege der Forschung 61. Darmstadt 1968 (Eine Reihe weiterer Sammelbände zu A. ist in Vorbereitung). Nützlich sind die Lit.-Angaben (auch zu den einzelnen Werken) in dem von J. MAYERHÖFER herausgegebenen *Lexikon d. Gesch. d. Naturwiss.* s. Aristoteles. Viel Lit. verzeichnen die S. 621 A. 2 und S. 646 A. 2 genannten Bücher von MORAUX und NUYENS. Für die exoterischen Werke Lit. bei D. ROSS, *Works of A.* 12, Oxf. 1952; dazu L. ALFONSI, *Herm.* 81, 1953, 45, 2. Die wichtigsten Texte daraus jetzt bei W. D. ROSS, *A. Fragmenta selecta.* Oxf. 1955. Die vollständige Ausgabe der Fragmente von V. ROSE, Leipz. 1886, bleibt unentbehrlich; ed. ster. Stuttgart 1967.

Am Beginne der neueren Aristotelesforschung steht die Gesamtausgabe der Preuß. Akademie in 5 Bden. 1831–1870, nach der zitiert wird, der 5. Bd. enthält den unentbehrlichen *Index Aristotelicus* von H. BONITZ. Von der 2. Aufl., die O. GIGON besorgt, sind erschienen I. u. II. Berl. 1960 (mit Verzeichnis der wichtigsten Ausgaben seit Bekker), IV (Nachdruck der bedeutendsten Stücke aus den Kommentaren zu A. und eine Konkordanz mit den *Commentaria in A. Graeca,* sowie eine Neuausgabe der *vita Marciana*) u. V (Index) Berl. 1961 (Der Index wurde bereits 1955 nachgedruckt). III soll die auf den heutigen Stand gebrachte Fragmentsammlung enthalten; die lateinische Übersetzung der Schriften des A. bleibt weg. – Die meisten Texte in *The Loeb. Class. Library,* in der *Coll. des Un. de Fr.: Phys., Über den Himmel, Parva Nat., Staatsverf. d. Ath., Polit.* 1–2, *Poet., Rhet.* 1–2, *Über die Teile der Tiere, Über die Zeugung der Tiere, Tierkunde, Über die Seele* (vgl. P. MORAUX, *Gnom.* 40, 1968, 760), *Über Entstehen und Vergehen, Topik* 1–4, *Ökonomik* (beide Reihen doppelsprachig). Mit Vorteil wird man immer zu den Teubnertexten und jenen der *Bibl. Oxoniensis* greifen. Im allgemeinen verweisen wir für Ausgaben, Kommentare und Übersetzungen auf die angeführten bibliographischen Hilfsmittel, heben aber als besonders wichtig die erklärenden Oxforder Ausgaben von W. D. ROSS hervor, die zu den einzelnen Werken angeführt sind. Einiges zu neueren Ausgaben bei A. COLONNA, ‹Note a recenti edizioni di A.›. *Boll. del comitato per la preparazione della Ed. Naz.* 5, Rom. 1957, 13. Eine Übersicht auch in GIGONS Neuauflage der Berliner Ausgabe (s. o.). Zur

Ergänzung der angeführten Bibliographien verweisen wir auf die in den Anm. genannten neueren Werke. Besonders geeignete Einführungen sind: W. D. Ross, *Aristotle*. Lond. 1923 (5. ed. repr. 1960; auch Univ. Paperbacks London 1964). Ders., *The Development of A.s Thought*. Lond. 1957. L. Robin, *Aristote*. Paris 1944. D. J. Allan, *The Philosophy of A.* 2. Aufl. London 1970. (deutsch von P. Wilpert, Hamb. 1955). W. Jaegers *Aristoteles*, ein Buch, dessen Bedeutung in unserer Darstellung mehrfach gewürdigt wurde, ist Berl. 1955 in 2. Aufl. erschienen. Eine kurze Einführung gibt J. H. Randall jr., *Aristotle*. New York 1960. Wichtige Beiträge enthält: *Autour d'Aristote. Recueil d'études de philos. anc. et médiév. offert à A. Mansion*. Louvain 1955. W. Bröcker, *Aristoteles. Philos. Abhandlungen* I. 3. Aufl. Frankf. a. M. 1964. Ph. Merlan, *Studies in Epicurus and A.* Wiesbaden 1960 (Kl. phil. Stud. 22). *Naturphilosophie bei Aristoteles und Theophrast. Verhandlungen des 4. Symposium Aristotelicum 1960*. Hrsg. von I. Düring, Heidelberg 1969. E. M. Michelakis, *Aristotle's Theory of Practical Principles*. Athen 1961. Kl. Oehler, *Die Lehre vom noetischen und dianoetischen Denken bei Platon und Aristoteles*. Zet. 29. München 1962. J. Moreau, *Aristote et son école*. Paris 1962; ders., *L'espace et le temps selon Aristote*. Padova 1965. J. Oats Withney, *A. and the Problem of Value*. Princeton 1963. G. R. G. Mure, *Aristotle*. Oxford 1964. M. Mignucci, *La teoria aristotelica della scienza*. Firenze 1965. W. Raible, *A. und der Raum. Untersuchungen des aristotelischen Toposbegriffs*. Diss. Kiel 1965. G. Reale, *Il concetto di filosofia prima e l'unità della metafisica di Aristotele*. 2. ed. Milano 1965. I. Düring, *Aristoteles. Darstellung und Interpretation seines Denkens*. Heidelberg 1966 (dazu F. Solmsen, *Gnom.* 39, 1967, 657); ders., *RE S* 11, 1968, 159. W. J. Verdenius and J. H. Waszink, *A. on coming-to-be and passing-away*. 2. ed. Leiden 1966 (repr. 1968). A. Stigen, *The Structure of Aristotle's Thought. A Introduction to the Study of Aristotle's Writings*. Oslo 1966. Cleto Carbonara, *La filosofia greca: Aristotele*. 2. ed. Napoli 1967. G. Morpurgo-Tagliabue, *Linguistica e stilistica di Aristotele*. Roma 1967. G. E. R. Lloyd, *Aristotle. The Growth and Structure of his Thought*. London 1968. – Die *Proceedings of the Aristotelian Society for the Systematic Study of Philosophy* (1887–1954) liegen nun bei Johnson Reprint Corp. vor. – Übersetzungen wurden in Auswahl zu einzelnen Werken angegeben. Besonders hervorzuheben ist die monumentale Gesamtübertragung: *The Works of A. Transl. into English under the Editorship of* W. D. Ross. 12 Bde. Oxf. 1908–1952.

3. KUNST DER REDE

Platon und Aristoteles reichen mit ihren Werken weit über die Grenzen des Jahrhunderts, in dem sie diese geschaffen haben. Stärker als sein Lehrer ist der Begründer des Peripatos mit dem Leben seiner Tage verbunden, aber Erziehung bedeutet auch bei ihm die Formung des Menschen an sich, und sein Staat erhebt sich von breiten empirischen Grundlagen in jenen Bereich des zeitlos Normhaften, in dem der Bau der platonischen *Politeia* von vorneherein errichtet ist. Aber aus Platon und Aristoteles allein läßt sich ein geistesgeschichtliches Bild des 4. Jahrhunderts nicht gewinnen. Jenes Jahrhunderts, das eine Zeit unausgeglichener Gegensätze und zögernder Übergänge ist, bis in seinem letzten Teile der Bau einer neuen Welt beginnt. Noch werden eine Zeitlang die alten hegemonialen Motive auf spartanisch, athenisch und der Abwechslung halber einmal auf böotisch durchgespielt, aber über all dem unruhigen Wechsel wird der Ruf nach ungeteilter Sicherheit und einem allgemeinen Frieden (κοινὴ εἰρήνη)[1] immer deutlicher vernehmbar, während drüben in Asien und später

[1] Lit. zum Begriff bei H. Bengtson, *Griech. Gesch.* 2. Aufl. Münch. 1960, 250.

im makedonischen Norden mächtige Nachbarn die Versuche griechischer Staaten, den Schatten des attischen Seereiches heraufzubeschwören, mit interessierten Blicken verfolgen. Zu keiner Zeit hat man so viel und so laut von athenischer Größe gesprochen, aber es ist die Größe der Vergangenheit, die mit Museumsstücken prunkt. Daneben regen sich Stimmen anderer Art, die eine weit über die Grenzen der Stadtstaaten hinausreichende Verbundenheit der Völker im Zeichen hellenischer Gesittung vorbereiten. Tradition und Übergang stehen auch im Bereiche der Literatur nebeneinander. Manche der alten Dichtungsformen findet noch reichliche Pflege, was wir am Beispiel der Tragödie bald werden zeigen können. Aber aus Ansätzen, die in das vergangene Jahrhundert zurückreichen, hat sich die Rhetorik zu einer Macht entwickelt, die aller Poesie programmatisch den Rang streitig macht und diesen Anspruch zu großen Teilen im weiteren Verlaufe der Entwicklung auch verwirklicht hat. Nehmen wir hinzu, daß dieselbe Rhetorik in der Schule des Isokrates auch Front gegen die Philosophie machte und mit dem Anspruche auf die Erziehung der Jugend einen durch viele Jahrhunderte reichenden Kampf[1] einleitete, wird man es verstehen, wenn wir ihr Hochkommen als einen besonderen Wesenszug des 4. Jahrhunderts und Isokrates dementsprechend als signifikanten Vertreter dieses Zeitabschnittes bezeichnen.

Seine Beurteilung ist schwierig und schwankt zwischen Extremen[2]. Der geistigen Mittelmäßigkeit dieses Mannes, dem Mangel an Originalität und starken schöpferischen Impulsen steht eine geradezu unerhörte Wirkung seiner Schule gegenüber. Staatsmänner, Redner, Historiker und Dichter gingen aus ihr in solcher Menge hervor, daß sie Cicero einmal (*De or.* 2, 94) mit dem troianischen Pferde verglich, das lauter erlesene Helden barg[3]. Diese Wirkung, die weit über die Antike hinausreicht, ist ein historisches Faktum, um dessen Erklärung sich jede Darstellung des Mannes und seines Werkes bemühen muß.

Das Leben des Isokrates erstreckte sich von 436, der Zeit also, in der Athen auf der Höhe seiner Macht stand und der Auseinandersetzung mit Sparta entgegensah, bis zum Jahre 338, in dem Philipp von Makedonien durch den Sieg bei Chaironeia die Voraussetzung zu einer völlig neuen Entwicklung schuf. Isokrates stammt aus Erchia, einem attischen Demos im Osten Athens, wo sein Vater eine Werkstatt[4] zur Herstellung von Flöten betrieb. Die Herkunft aus einem wohlhabenden Hause sicherte ihm eine sorgfältige Erziehung, und wenn ihn die übliche biographische Kombination der Antike mit Männern wie Prodikos zusammenbringt, mag sie das Richtige treffen.

[1] Die Geschichte des pädagogischen Streites zwischen Philosophie und Rhetorik bei H. v. ARNIM, *Leben und Werke des Dion von Prusa*. Berl. 1898. Heranzuziehen ist auch H.-I. MARROU, *Histoire de l'éducation dans l'antiquité*. 5. éd. Paris 1960; deutsch Freiburg/München 1957.

[2] Gute Bemerkungen und Nachweise dazu bei H.-J. NEWIGER, *Gnom.* 33, 1961, 761.

[3] Περὶ τῶν Ἰσοκράτους μαθητῶν schrieb der Kallimacheer Hermippos. Zur Nachwirkung: H. M. HUBBELL, *The influence of I. on Cicero, Dionysius and Aristides*. Diss. Yale Univ. 1913. R. JOHNSON, ‹A note on the number of Isocrates' pupils›. *Am. Journ. Phil.* 78, 1957, 297. MIKKOLA (s. u. zu Isokrates), 272, 3, verzeichnet die Einzelheit, daß Elisabeth I. als Vierzehnjährige *An Nikokles* und den *Nikokles* übersetzte.

[4] Wir vermeiden es, von «Fabrik» zu sprechen, vgl. F. OERTEL bei R. v. *Pöhlmann, Gesch. der sozialen Frage und des Sozialismus in der antiken Welt*. 2. Bd. 3. Aufl. Münch. 1925, 525.

Entscheidend war für ihn, daß er während eines Aufenthaltes in Thessalien Gorgias zum Lehrer hatte, dessen Programm er in wesentlichen Punkten fortsetzen wollte. Zeit und Dauer dieses Studiums sind umstritten, das letzte Jahrzehnt des 5. Jahrhunderts oder die Jahre unmittelbar davor kommen in Frage. Der hellenistische Perieget Heliodor von Athen (bei Pseud.-Plut. *Vita dec. or.* 838 d) hat bei der Grabstätte des Isokrates eine Darstellung von dessen Lehrern und Schülern gesehen, die ihn neben Gorgias zeigte und so eine für seine Entwicklung entscheidende Beziehung sinnvoll festhielt.

Es war wohl der wirtschaftliche Niedergang des väterlichen Hauses in den Kriegswirren (vgl. *Antid.* 161), der ihn zum Verdienen zwang und dem Berufe eines Logographen, eines Verfassers von Gerichtsreden für andere, zuführte. Dadurch, daß Isokrates in späteren Jahren diese Tätigkeit verleugnete, ist sie Gegenstand einer Debatte geworden, von der wir Nachklänge bei Dionysios von Halikarnaß vernehmen. Dessen *Isokrates*, neben Pseudo-Plutarch, der *Suda* und einer anonymen Vita für uns eine wichtige Quelle, berichtet (18), Aphareus, der Adoptivsohn des Isokrates, habe in einer Rede, die er gegen Megakleides über die *Antidosis* schrieb, jede Tätigkeit des Vaters für das Gericht bestritten. So war sie denn behauptet worden, und das hat nach dem Zeugnis des Dionysios auch Aristoteles getan, der von ganzen Bündeln isokrateischer Gerichtsreden sprach, die bei den Buchhändlern umliefen. Es ist dies übrigens nicht die einzige Unfreundlichkeit gegen Isokrates, die von Aristoteles berichtet wird (vgl. Cic. *De or.* 3, 141), anderseits scheint der Redner in der *Antidosis* (258) auf den Philosophen zu zielen. Daß Aristoteles die Rhetorik in sein Unterrichtsprogramm aufnahm, hat das Verhältnis zwischen den rivalisierenden Schulen kaum verbessert. Richtig sucht Dionysios die Wahrheit zwischen den Extremen und hält sich an Kephisodoros, einen treuen Isokratesschüler, der den Meister publizistisch gegen Aristoteles verteidigte. Dieser Zeuge bestätigt eine geringe Zahl von Prozeßreden des Isokrates.

Aber diese Tätigkeit, der Handwerkliches anhaftete, bot dem Ehrgeiz keinerlei befriedigende Aussicht, und zum Auftreten als politischer Redner fehlten dem Isokrates nach seiner eigenen Angabe (12, 10) eine kräftige Stimme und persönlicher Wagemut. Sein Wunsch und seine Fähigkeiten wiesen ihn in eine andere Bahn: mit dem geschriebenen Wort, mochte es von anderen vorgetragen werden oder seine Leser finden, wollte er auf seine Zeitgenossen wirken und Schüler durch die Weckung und Pflege rednerischen Könnens zu Männern des Erfolges heranbilden. Gerade damit vollendete er das Programm der Sophisten[1], freilich nicht mehr als Wanderlehrer, sondern als Haupt einer rasch aufblühenden Schule, die er 390 oder bald danach eröffnete. Bis zu seinem Tode, also mehr als ein halbes Jahrhundert, hat er in Athen gelehrt und jene Wirkung in die Breite erzielt, von der wir bereits sprachen.

Der Augsburger Humanist Hieronymus Wolf, ein Freund Melanchthons, der den Isokrates übersetzte und edierte, hat dessen Reden eine pedantische Einteilung in

[1] Zum Verhältnis des Isokrates zur Sophistik: F. Wehrli, *Hauptrichtungen des griech. Denkens.* Zürich 1964, 131, und *Mus. Helv.* 8, 1951, 39.

parainetische, symbuleutische, epideiktische und gerichtliche aufgezwungen und sie in jene Anordnung gebracht, die unsere Ausgaben beibehalten. Man wird heute chronologische Gesichtspunkte stärker hervortreten lassen und die sechs von WOLF ans Ende gestellten Reden als Erzeugnisse der Logographentätigkeit des Isokrates an den Anfang nehmen. Knapp vor der Schulgründung sind anzusetzen der *Aiginetikos*[1], eine Rede vor einem aiginetischen Gerichtshof in einer Erbschaftsangelegenheit, und der *Trapezitikos* für einen Metöken, der vom Bankier Pasion ein Depositum zurückzufordern hatte. Etwas früher ist die Rede *Über das Gespann* (Περὶ τοῦ ζεύγους) zu datieren, die für den gleichnamigen Sohn des Alkibiades geschrieben ist und stellenweise zum Enkomion für den Vater wird. Hinzu kommen die drei Prozeßreden *Gegen Kallimachos, Gegen Lochites* und *Gegen Euthynous*, von denen die letzte nur als Torso erhalten ist. Der Prozeß kam zu einer gewissen Berühmtheit, weil bei diesem Streit um ein Depositum keine Partei über Zeugen verfügte (λόγος ἀμάρτυρος). Die Gegenrede hat Lysias verfaßt, und Antisthenes benützte den Fall zu einem Angriffe auf Isokrates[2].

Die nach der Schulgründung geschriebenen Reden sind Muster- und Prunkstücke dessen, was Isokrates mit seiner Rhetorik geben wollte. Der epideiktische Charakter, der ihnen allen eignet, wird am besten bei feierlicher Verlesung zur Geltung gekommen sein, daneben sollte ihre Veröffentlichung für publizistische Verbreitung in weiteren Kreisen dienen, und für den Betrieb der Schule galten sie natürlich als Paradeigmata. Programmatische Bedeutung hat die noch in den achtziger Jahren entstandene Rede *Gegen die Sophisten* (Κατὰ τῶν σοφιστῶν), in der Isokrates seine Zielsetzung gegen verschiedene Fronten, gegen die Philosophen, gegen eine politisch-technische, das heißt vorwiegend auf Improvisation gestellte Rhetorik und gegen die Lehrer gerichtlicher Beredsamkeit verteidigt. Wenn wir hier gleich die *Antidosis* (Περὶ ἀντιδόσεως) anschließen, die Isokrates nach seiner Angabe (9) im 82. Lebensjahr schrieb, so geschieht dies deshalb, weil die Zusammenrückung die Konstanz seines Programmes ohne weiteres erkennen läßt. Von dieser umfänglichsten der isokrateischen Reden waren nur Anfang und Schluß bekannt, bis A. MYSTOXIDES 1812 den Mittelteil (73–309) in einem Ambrosianus entdeckte. Die Rede, die eine Art Autobiographie geben will (7)[3], nimmt einen bereits erledigten Prozeß zum Anlaß. In diesem hatte Lysimachos gegen Isokrates nach attischem Recht von der Möglichkeit Gebrauch gemacht, die kostspielige Leistung der Trierarchie auf einen wohlhabenderen Bürger dadurch abzuschieben, daß er im Falle der Weigerung Vermögenstausch (ἀντίδοσις) beantragte. Nachträglich fingiert Isokrates, er sei durch Angriffe in der Öffentlichkeit dazu gezwungen, sein Leben und Wirken zu verteidigen. Das geschieht in großer Breite, wobei die Situation des Sokrates vor seinen Richtern imitiert wird und eingelegte Partien aus früheren Reden die Rolle von Beweisstücken spielen sollen.

Die erste große epideiktische Leistung des Isokrates vor politischem Hintergrunde

[1] F. BRINDESI, *Isocrate, Eginetico*. Firenze 1963 (mit Komm.).

[2] L. RADERMACHER, *Artium Scriptores. Sitzb. Öst. Ak. Phil. hist. Kl.* 227/3, 1951, 120.

[3] Vgl. G. MISCH, *Gesch. d. Autobiogr.* 1, 3. Aufl. Bern 1949, 158.

war der *Panegyrikos*[1], den er 380 nach langjähriger Arbeit[2] vollendete. Die Form einer Ansprache an das versammelt gedachte Hellenenvolk steht in einer Tradition, die vom *Olympikos* des Gorgias ausgeht, doch sind auch Beziehungen zu dem *Epitaphios* des Lysias vorhanden; beides wurde bereits in der Antike (Theon, *Progymn.* 1, 4 p. 63 Sp.) vermerkt[3]. Man wird aber bei dem allen die verhältnismäßig beschränkte Zahl von Gemeinplätzen zu bedenken haben, in denen sich Reden dieser Art mit Notwendigkeit bewegten[4]. WILAMOWITZ hat in seinem Buche *Aristoteles und Athen* (1893) die Auffassung begründet, der *Panegyrikos* sei als Propagandaschrift für den zweiten Seebund zu verstehen. W. JAEGER hat diese Deutung weitergeführt[5]. Sie hat sich in dieser Bestimmtheit der Aussage als unhaltbar erwiesen; durch EDMUND BUCHNER vor allem wurde sie auf das richtige Maß zurückgeführt. Im *Panegyrikos* sind mit kompositorischem Geschick zwei Logoi miteinander verbunden: ein epideiktischer und ein symbuleutischer. Der vorangehende epideiktische Teil entwirft ein Bild von Athens großen Leistungen für Hellas in friedlicher Kulturarbeit und in jenen Kriegen, in denen es um den Bestand der Nation ging, ein Idealbild, das seitdem immer wieder gezeichnet wurde. Der symbuleutische Teil, der mit 133 einsetzt, rät zur Einigkeit der Griechen, die so allein den Kampf gegen die Barbaren bestehen können. In die Führung aber müssen sich Athen und Sparta teilen. Der epideiktische Logos ist dem symbuleutischen insofern untergeordnet, als er das historische Recht Athens auf die Hegemonie herausarbeitet, um derart dem Anspruch auf Teilung der Führung mit Sparta erst die volle Berechtigung zu sichern.

Schulreden, die unmittelbar an sophistische Tradition anknüpfen und wahrscheinlich bald nach der Eröffnung des Unterrichts entstanden, sind der *Busiris*[6] und die *Helena*. Die Prooimien verwendet Isokrates für seine persönlichen Zwecke, im *Busiris* setzt er sich mit Polykrates auseinander, der eine Verteidigung des Busiris und eine Anklageschrift gegen Sokrates (vgl. S. 557) geschrieben hatte, in der *Helena* polemisiert er gegen die Eristiker, zu denen ihm wohl auch Platon und die übrigen Sokratiker gehören.

In dem Abstand etlicher Jahre nach dem *Panegyrikos* sind drei Reden anzusetzen, die Isokrates in Verbindung mit dem kyprischen Fürstenhause zeigen. Jene *An Nikokles* (Πρὸς Νικοκλέα) richtet an den jungen Fürsten, der etwa 374, nach dem Tode seines Vaters Euagoras, die Herrschaft in Kypros übernahm und vorher in einem näher nicht bestimmbaren Schülerverhältnis zu Isokrates stand, breite Parainese über sein Amt,

[1] E. BUCHNER, *Der Panegyrikos des Isokrates.* Wiesbaden 1958 (Historia. Einzelschriften 2). U. HIRSCH, *Untersuchungen zu Isokrates' Panegyrikos und Areopagitikos.* Diss. Göttingen 1966 (masch.).

[2] 10 Jahre nach Anon. Περὶ ὕψους 4, 2.

[3] Gegen die Überbetonung der Beziehungen zu Lysias durch BUCHNER wendet sich H.-J. NEWIGER in einer inhaltsreichen Besprechung *Gnom.* 33, 1961, 761. Heranzuziehen ist für die Frage auch J. WALZ, *Der lys. Epitaphios. Phil. Suppl.* 29/4. 1936.

[4] Dazu H. LL. HUDSON-WILLIAMS, ‹Thucydides, Isocrates and the rhetorical method of composition›. *Class. Quart.* 42, 1948, 76. Für den Preis Athens in der Tragödie vgl. H. R. BUTTS, *The Glorification of Athens in Gr. Drama. Iowa Stud.* 11, 1947.

[5] Vgl. *Paideia* 3, 142 und *Demosthenes.* Berl. 1939, 197. 207, 31.

[6] L. GIOVANACCI, *Isocrate ... Il Busiride.* Con introd. e comm. Firenze 1955.

während im *Nikokles* dieser zu seinen Untertanen spricht. Der *Euagoras* aber formt das Lob des dahingegangenen Herrschers zum allgemeinen Fürstenspiegel.

Die Reihe der politisch gerichteten Reden setzt der *Plataïkos* fort, der wahrscheinlich ins Jahr 373 gehört. Als Sprecher ist ein Platäer gedacht, der nach der brutalen Zerstörung seiner Stadt durch die Thebaner Klage führt.

Gegen die thebanischen Machtansprüche wendet sich auch der *Archidamos.* Hier macht Isokrates den spartanischen Kronprätendenten zum Wortführer des Kampfes gegen Messene, die neue Stadt, die in den sechziger Jahren unter Thebens Einfluß am Ithome entstanden war.

Auch dort, wo Isokrates zu Athens Innenpolitik Stellung nimmt und dem in Krisenzeiten stets wiederkehrenden Wunsch nach autoritärer Staatsführung Ausdruck gibt, zeigt er sich nicht neuen Entwürfen, sondern der Vergangenheit zugewendet. Als wünschenswerte Verfassungsform steht ihm eine gemäßigte Oligarchie vor dem Blick, eine Politik in der Richtung von Männern wie Kimon, Thukydides, Sohn des Melesias, oder Theramenes. Solon und Kleisthenes sind Vorbilder aus der inneren Geschichte Athens. Der *Areopagitikos*[1] befürwortet für die altehrwürdige Körperschaft eine Restitution, die ihr vor allem für die Erziehung und geistige Führung der Bürger ausreichende Machtmittel sichern sollte. Man hat die Rede vielfach in die Zeit unmittelbar nach dem Bundesgenossenkrieg (357–355) gesetzt, der den zweiten Seebund zum Schatten werden ließ, doch hat JAEGER[2] eine Auffassung der Rede als Warnung vor dieser Krise vertreten. Neuerdings wird jedoch die politische Aktualität der Reden des Isokrates stark in Zweifel gezogen, so daß eine gesicherte Entscheidung über den Ansatz des *Areopagitikos* noch nicht gewonnen ist.

Aus der Stimmung unmittelbar nach der Katastrophe ist die *Friedensrede* (Περὶ εἰρήνης) hervorgegangen, ein Erzeugnis der Resignation, in dem Isokrates Verzicht auf die Seemacht, den Frieden des Antialkidas (386) aber als Grundlage der athenischen Politik empfahl. Eine neue Hoffnung auf griechische Machtentfaltung, wenn auch unter fremder Führung, zeigte sich im Aufstiege Philipps von Makedonien. Als der Friede des Philokrates (346) die Möglichkeit eines Auskommens mit der neuen Großmacht zu eröffnen schien, ließ Isokrates sein Sendschreiben *Philippos*[3] hinausgehen, die Aufforderung an den Makedonenkönig, als Wohltäter (εὐεργέτης) der Hellenen diese zu einigen und zum großen nationalen Kampfe gegen Persien zu führen.

Sein letztes Werk, den *Panathenaïkos*, hat er, einer der μακρόβιοι der Antike, mit vierundneunzig Jahren begonnen (3) und als Siebenundneunzigjähriger vollendet

[1] C. COPPOLA, *Areopagitico. Con appendice su la prosa greca d'arte.* Milano 1956.

[2] ‹The Date of I. Areopagiticus and the Athenian Opposition›. *Harv. Stud.* Suppl. Vol. 1, 1940, 409; jetzt *Scripta minora* 2. Rom 1960, 267. U. HIRSCH in der zum *Panegyrikos* genannten Dissertation tritt für JAEGERS Ansatz ein, ohne jedoch seiner Auffassung zu folgen, im *Areopagitikos* erhebe noch einmal der attische Imperialismus seine Stimme und zwischen dieser Schrift und der *Friedensrede* liege ein radikaler Wandel in der politischen Haltung des Isokrates.

[3] S. PERLMAN, ‹Isocrates *Philippus* – a Reinterpretation›. *Historia* 6, 1957, 306. G. DOBESCH, *Der panhellenische Gedanke im 4. Jh. v.Chr. und der 'Philippos' des Isokrates. Untersuchungen zum korinthischen Bund I.* Wien 1968.

(270). Die Kraft der Komposition hat hier merklich nachgelassen, das Lob der Stadt, der Isokrates auf seine Weise so enge verbunden war, ist mit der Selbstdarstellung seines Schaffens und der Frage nach der besten Verfassung, die er im Sinne eines Ausgleiches zwischen den drei Hauptformen beantwortet, eine nicht in allen Teilen organische Verbindung eingegangen.

Mit den Reden sind neun *Briefe* des Isokrates überliefert. Das begründete Mißtrauen, das wir seit RICHARD BENTLEYS klassischer Kritik epistolographischer Tradition (1699) dieser gegenüber bewahren, macht auch hier die Entscheidung in einzelnen Fällen schwierig, doch ist bei dem großen Publizisten die Wahrscheinlichkeit, daß echte Briefe erhalten blieben, wesentlich größer als in anderen Fällen. Besonders wichtig sind jene Stücke, die sich in das politische Programm des Isokrates eingliedern, wie wir es aus den Reden kennen. *Phil.* 81 ist ein Sendschreiben an Dionysios I. von Syrakus erwähnt, und es bleibt wahrscheinlich, daß wir als *Ep.* 1 die Einleitung dieses Briefes erhalten haben, der den Tyrannen für ein gemeingriechisches Unternehmen gewinnen soll[1]. Als sicher echt gilt das Schreiben (*Ep.* 2) an Philipp, das sich aus der Erwähnung einer Wunde, die der König empfing, auf 344 datieren läßt. In ihm sucht Isokrates im Sinne seiner Hoffnungen ein gutes Verhältnis zwischen seiner Stadt und Philipp herzustellen. Auch *Ep.* 3 ist an Philipp gerichtet, und die Echtheit dieses Briefes hat gewichtige Verteidiger gefunden[2]. Unmittelbar nach Chaironeia wird Philipp aufgefordert, die Führung der Griechen gegen Persien zu übernehmen. Als echt darf *Ep.* 4 an Antipater gelten, während *Ep.* 5, ein kurzes Schreiben an Alexander, ernsten Zweifeln unterworfen bleibt[3]. Zwei Briefe, *Ep.* 6 an die Kinder des Iason von Pherai und *Ep.* 9 an Archidamos, sind nur als Bruchstücke erhalten, die Echtheit ist besonders im zweiten Falle zweifelhaft[4].

Als unecht scheidet aus dem Überlieferten die *Rede an Demonikos* aus, die Mahnsprüche in loser Form zu einer Art Gebrauchsethik vereinigt. Sie gehört ins 4. Jahrhundert und trägt isokrateische Züge. Ihre Beziehung zum *Protreptikos* des Aristoteles wurde früher (S. 623) erwähnt. Daß Teile der Rede *An Nikokles* in jenen Partien fehlen, die in der *Antidosis* zitiert sind, kann nicht gegen ihre Echtheit entscheiden[5]. Aus dem rhetorischen Unterricht des Isokrates werden verschiedene Einzelheiten überliefert[6], doch hat es ein eigenes Lehrbuch (Τέχνη) von ihm nicht gegeben.

Vielschichtig wie sein Jahrhundert ist auch das Wirken des Isokrates gewesen. Wir suchen es in drei untereinander mannigfach verbundenen Bereichen zu fassen, in dem des Erziehers, des politischen Publizisten und des Sprachkünstlers.

[1] Vorsichtig JAEGER, *Dem.* (s. S. 657 A. 5), 240.

[2] Lit. bei BENGTSON *Griech. Gesch.* 4. Aufl. Münch. 1969, 325, 4. [3] JAEGER a.O. 247.

[4] Wenig überzeugend gegen die Echtheit von *Ep.* 6 MIKKOLA (s.u. zu Isokrates), 290. *Ep.* 9 athetiert u.a. SCHMITZ-KAHLMANN (s.u. zu Isokrates), 123, doch vgl. STEIDLE (s.u. zu Isokrates), 284, 5.

[5] Anders MIKKOLA (s.u. zu Isokrates), 285 mit Lit.

[6] Zusammengestellt bei RADERMACHER, s. S. 656 A. 2), 153. Auch K. BARWICK, ‹Das Problem der isokrateischen Techne›. *Phil.* 107, 1963, 43, bestreitet, daß Isokrates eine Techne schrieb; hingegen gab es eine solche von einem jüngeren Isokrates (etwa 1. Hälfte des 1. Jh. n. Chr.), die bis tief ins Mittelalter erhalten blieb. Der Irrglaube an eine *Techne* des berühmten Isokrates entstand im Hellenismus aus dem Mißverständnis einer Stelle in der Συναγωγὴ τεχνῶν des Aristoteles.

Isokrates hat das besondere Wesen und nach seiner Ansicht den besonderen Wert seines Unterrichtes dadurch hervorgehoben, daß er nach der Seite der Philosophie im Sinne Platons ebenso deutliche Grenzlinien zog wie gegenüber einer reinen Gebrauchsrhetorik für Gericht und Volksversammlung. Gerade der letztgenannte Umstand mußte ihn Platon wieder nähern, dem auch die Ablehnung naturphilosophischer Spekulationen (*Antid.* 285 τῶν παλαιῶν σοφιστῶν τερατολογίαι) kaum mißfallen konnte (vgl. *Phaid.* 96a ff.). Es gab auch andere Punkte, in denen sie sich trafen, wie in der Bewertung der Faktoren Anlage und Erziehung bei der Heranbildung des richtigen Redners. So wird das Lob einigermaßen verständlich, das der platonische Sokrates am Schlusse des *Phaidros* (279a) dem jungen Isokrates spendet: seine geistige Physiognomie zeige einen philosophischen Zug und von seiner Entwicklung sei viel zu erwarten. Aber es will sogleich bedacht sein, daß der *Phaidros* kein Frühwerk Platons ist und Isokrates, als die Partie geschrieben wurde, die Schwelle des Greisenalters bereits überschritten hatte. Das stellt den Lobspruch in ein seltsames Zwielicht, so daß man in ihm eher schneidenden Hohn erkennen wollte [1]. Das geht wohl zu weit, und mit mehr Recht wird man den retrospektiven Charakter dieser Äußerung betonen, durch die Platon bestimmte Möglichkeiten der Rhetorik, wie er sie sah, gelten ließ [2].

Aber bei aller gegenseitigen Konzilianz ist das Trennende doch weit wichtiger gewesen. Isokrates hat nicht allein gegen die Spekulationen der Naturphilosophen Front gemacht. Wenn er in der Rede *Gegen die Sophisten* und der Einleitung der *Helena* die Eristiker aufs Korn nimmt, so ist die Akademie mit darunter verstanden, mag auch Platon nicht genannt sein. Und wenn er in Altersschriften (*Antid.* 261 ff. *Panath.* 27) in einer gewissen Bereitschaft zu Konzessionen mathematischen und philosophischen Studien formalbildende Werte immerhin zubilligt, so ist eine Einstellung dieser Art von der Unbedingtheit des platonischen Weges zum Absoluten ebenso radikal geschieden wie die Ansicht des Kallikles im platonischen *Gorgias* (484c), Philosophie sei eine löbliche Sache für die Jugend, nur müsse man zur rechten Zeit Schluß damit machen. In beiden Fällen trifft die Philosophie, wie Platon sie meinte, der Vorwurf der Lebensfremdheit. Isokrates aber will (*Antid.* 285) durch seine Schule Menschen bilden, die ihr eigenes Haus richtig zu bestellen und am Leben des Staates erfolgreich Anteil zu nehmen wissen. Es ist im Grunde der alte sophistische Programmpunkt der Wohlberatenheit (εὐβουλία), der hier wiederkehrt [3].

Wie sehr Isokrates mit seinem Erziehungsanspruch als Konkurrent der Akademie auftritt, wird schon daraus klar, daß er die wahre Philosophie für sich in Anspruch nimmt (*Antid.* 270). Sie gründet ihm auf der antiplatonischen Überzeugung, daß ab-

[1] So H. RAEDER, ‹Platon und die Rhetoren›. *Filos. Medd. Dan. Vid. Selsk.* 2/6, 1956, 15.

[2] Ähnlich urteilt KL. RIES, der in der Münchener Diss. *I. und Platon im Ringen um die Philosophia* (1959), eine eingehende Interpretation der Phaidrospartie gibt. Dort ist auch die Literatur zu diesem Thema gesammelt, wozu noch Ergänzungen durch W. BURKERT, *Gnom.* 33, 1961, 349, kommen.

[3] W. BURKERT tönt *Gnom.* 33, 1961, 353 die Frage an, wie Platon und Isokrates vor der Wirklichkeit unserer Tage stünden. Die Frage ist interessant und kann manches für die Beurteilung unserer Zeit, nur wenig für die der verglichenen Persönlichkeiten ausgeben.

solute Erkenntnis (ἐπιστήμη) dem Menschen auf Grund seines Wesens versagt sei und es daher gelte, sich in jedem einzelnen Falle auf Grund der richtigen Meinung (δόξα) den Erfolg zu sichern oder, isokrateisch gesprochen, den καιρός zu erfassen[1]. Die Ausbildung zu solcher Lebensklugheit erreicht nach des Isokrates immer aufs neue vertretener Überzeugung die rhetorische Schulung, denn für ihn ist der Weg zum richtigen Wort derselbe wie jener zu richtigem Wägen und Handeln. Man hat zutreffend bemerkt[2], daß in diesen Begriffen griechischem Sprachgebrauch entsprechend das Ethische mitenthalten ist, doch darf dies den fundamentalen Unterschied nicht verdecken, der auch hier Platon gegenüber zutage tritt: der unbedingten Ausrichtung jeder menschlichen Lebensäußerung auf die metaphysische Idee des Guten steht bei Isokrates die Forderung gegenüber, sich in den Gegebenheiten des Lebens, zu denen auch ethische Postulate gehören, mit kluger Überlegung zurechtzufinden.

Seine ideelle Aufhöhung erhält das Programm des Isokrates nicht durch transzendente Werte und am wenigsten aus religiösen Impulsen des Mannes, der freundliches Wohlwollen der Tradition gegenüber mit einem tüchtigen Schuß Agnostizismus verband. Isokrates wird darin ganz besonders zum Sprecher seines Jahrhunderts, daß der tragende Begriff, von dem aus seine ganze Tätigkeit und seine ganze Lehre ihr Licht erhält, die Bildung ist. Bildung aber heißt für Isokrates vor allem anderen, der Rede mächtig zu sein, denn durch die Kraft des Wortes scheidet sich der Mensch vom Tier und der Grieche vom Barbaren. Man hat hier richtig die Elemente eines auf Eloquenz gestellten Humanismus erkannt, die Cicero an Petrarca weitergab[3]. Bildung solcher Art ist in keiner griechischen Stadt zu solcher Höhe gediehen wie in Athen. Das Wort, das Perikles bei Thukydides (2, 41) von Athen als der Bildungsstätte für Hellas spricht, erklingt in wirkungsvoller Variation (*Paneg.* 50): die Schüler dieser Stadt sind die Lehrer der anderen Menschen. Hier findet sich auch die bedeutsame Aussage, Athen habe es durch seine geistigen Leistungen dahin gebracht, daß der Griechenname eher die Zugehörigkeit zu der von ihm gestifteten Bildung als die Stammesverwandtschaft bezeichne[4]. Gewiß ist damit noch keine allgemeine Menschheitsidee ausgesprochen und kein Kulturprogramm des Hellenismus umrissen, aber die Verlagerung der Akzente, die in dem Satze zum Ausdruck kommt, ist eine wesentliche Voraussetzung für die Ablösung alter Bindungen durch solche neuer Art. Gleichzeitig kommt eine Entwicklung zum Ende, die mit der Sophistik begonnen hat: der Gebildete, wie Isokrates ihn sieht, ist durch eine tiefe Kluft von allen anderen Angehörigen seines Volkes geschieden.

Ein bedeutender Teil der isokrateischen Reden gilt politischen Fragen von großem Gewicht. Lebhaft beschäftigte ihn das alte Problem einer autoritären Gestaltung der athenischen Verfassung, und gerade die beflissene Betonung guter demokratischer

[1] Gegenüberstellung von ἐπιστήμη und δόξα z.B. *Hel.* 5. *Antid.* 184. 271. Zum καιρός-Begriff bei I.: Wersdörfer (s.u. zu Isokrates), 54.

[2] Steidle (s.u. zu Isokrates), 268. 270.

[3] Vgl. B. Snell, *Die Entdeckung des Geistes.* 3. Aufl. Hamb. 1955, 334.

[4] Zur Stelle J. Jüthner, ‹I. und die Menschheitsidee›. *Wien. Stud.* 47, 1929, 26.

Gesinnung zeigt, daß hier im Grunde alte oligarchische Tendenzen wirksam sind. Im Vordergrunde stehen für ihn jedoch die Forderungen der Außenpolitik, und der Gedanke, daß eine Zusammenfassung der griechischen Staaten eine neue Machtentfaltung mit der Stoßrichtung gegen Persien ermöglichen könnte, beschäftigt ihn von früher Zeit bis zu seinem Ende. Ist es im *Panegyrikos* noch seine Hoffnung, daß eine Art von athenisch-spartanischer Hegemonie das Ersehnte zu leisten vermöchte (17), wobei den Athenern der ihnen zukommende Anteil an der Macht zufallen müßte, so hat sich später bei ihm die Idee in zunehmendem Maße verfestigt, daß nur eine starke Persönlichkeit diese Vereinigung der hellenischen Kräfte durchführen könnte. Eine Zeitlang erweckte Iason von Pherai solche Hoffnungen (*Phil.* 119f.), dann Dionysios I., bis Philipp von Makedonien als Anwärter für diese Stelle hervortrat. Das Sendschreiben an ihn und die oben erwähnten Briefe sind der entschiedenste Ausdruck dieses Programms.

Die politische Publizistik des Isokrates wurde in der verschiedensten Weise beurteilt[1]. In der *Antidosis* (276) setzt er die Stoffe seiner Reden von jenen der Gebrauchsrhetorik als groß, schön, menschenfreundlich (φιλανθρώπους) und das gemeine Wohl betreffend ab. Sind also, wie manche meinten, diese Themen für ihn lediglich ein Anlaß von Gewicht und Würde zur Entfaltung seiner rhetorischen Künste gewesen? Oder hatten die Vertreter der gegenteiligen Meinung recht, die wie BELOCH der politischen Publizistik des Isokrates große Bedeutung für die geschichtliche Entwicklung zumaßen und mit extremer Zuspitzung sogar annahmen, der Redner habe das politische Konzept Philipps beeinflußt? Von derlei kann keine Rede sein, aber es ist nicht zu übersehen, daß manche dieser Reden tatsächlich Fragen von entscheidender Bedeutung und großer Aktualität behandelten. Isokrates hat sie gewiß nicht als erster gestellt und ihnen auch keine originelle Wendung gegeben[2], aber seine Reden gingen als politische Flugschriften weit in die griechische Welt hinaus, und wenn wir die Kraft ihrer Wirkung auf die öffentliche Meinung auch nicht mehr abzuschätzen vermögen, so kann eine solche doch nicht ausgeblieben sein. Es ist in diesem Zusammenhange auch nicht zu übersehen, daß namhafte Politiker, allen voran Konons Sohn Timotheos, die stärkste Persönlichkeit des zweiten Seebundes, Schüler des Isokrates waren und mit ihm in enger Fühlung blieben.

Die stärkste Wirkung ist von Isokrates als Vollender der attischen Kunstprosa auf die Literatur der Griechen ausgegangen. Wohl ist er auch hier und gerade hier Schüler des Gorgias, der die Zauberkraft des Wortes als Klangkörper entdeckte, aber er hat gelernt, mit weiser Mäßigung zu verwenden, was sein Lehrer um der psychagogischen Wirkung willen üppig verschwendete. Daß er solche Sparsamkeit im Alter noch steigerte, hat er selbst gesagt (*Phil.* 27. *Panath.* 2). An die Stelle des unruhigen Antithesenspieles mit den flirrenden Lichtern der gehäuften Klangfiguren des Gorgias ist

[1] Lit. bei BENGTSON a. O. 302. Stark wertet die politische Aktualität der Reden des I. E. BUCHNER ab, s. S. 657 A. 1 Lit. zur Frage auch bei H.-J. NEWIGER, *Gnom.* 33, 1961, 761.

[2] Der Verzicht auf Originalität (*Paneg.* 10) ist in einem gewissen Maße allgemein griechisch, für I. aber doch besonders bezeichnend.

bei ihm die breitausladende Periode getreten. Sorgfältige Hiatvermeidung und rhythmische Durchgestaltung steigern sie zum rational berechneten Wortkunstwerk. Isokrates weiß immer, wie schön er spricht. Der für alle Folgezeit verhängnisvolle Vorgang spielt sich bei ihm mit besonderer Deutlichkeit ab, daß die ihrer Wirkung sichere Kunstprosa nunmehr die Dichtungsarten mit bewußtem Anspruch zu verdrängen beginnt. In der Rede *An Nikokles* (43) erscheinen Hesiod, Theognis und Phokylides in der Funktion des Ratenden und Mahnenden, die hier der Redner einnimmt, und im *Euagoras* (9 ff.) betont er für das Enkomion selbst den Wetteifer mit der Poesie.

Wir haben soeben von einem verhängnisvollen Vorgang gesprochen: die objektive Feststellung der breiten Wirkung, die Isokrates durch seine Schule ausgeübt hat, die Würdigung einer gewissen Bedeutung als politischer Publizist, die weitgespannte Architektonik seiner Perioden, das alles kann die Tatsache nicht verdecken, daß in seinen Reden jene Entleerung und Erstarrung in Ansätzen erkennbar wird, die im Laufe der Jahrhunderte die gesamte Literatur der Griechen erfaßte und schließlich im Zeichen der Rhetorik untergehen ließ. Die Einheit von Gehalt und Gestalt schwindet in einer Redekunst, die sich rühmt (*Paneg.* 8), das Große unscheinbar zu machen und das Kleine mit Größe auszustatten[1]. Vielleicht mag unser Urteil über Isokrates hart erscheinen, aber daß seinem Stil Greisenhaftes und Schulmeisterliches anhaftet, ist nicht moderne Kritik, es steht bei Hermogenes (π. ἰδ 397, 24 R.)[2].

Es ist an der Zeit, daran zu erinnern, daß die rhetorische Tätigkeit des Isokrates Teil eines sehr emsigen Betriebes auf diesem Felde gewesen ist. Eine ganze Reihe von Redelehrern ist uns im Zusammenhange mit der Sophistik bereits begegnet: Antisthenes (401), Polos (401), Thrasymachos (406), Alkidamas (401. 404)[3], zu dem wir als improvisierenden Redekünstler wahrscheinlich Lykophron[4] stellen dürfen, Theodoros (406), Likymnios (401), Euenos (406) und Polykrates (557). Schüler des ebenfalls schon genannten Rhetors und Homerkritikers Zoilos[5] ist Anaximenes von Lampsakos gewesen. Wir werden ihm sogleich wieder als Historiker begegnen, unter seinem Namen ging auch jene *Rhetorik an Alexandros* (Ῥητορικὴ πρὸς Ἀλέξανδρον), die unter die Schriften des Aristoteles geraten ist. Die Zuweisung an Anaximenes hat P. Victorius auf Grund von Quintilian 3, 4, 9 vorgenommen. Es stimmt dazu, daß ein besonders früher Hibeh-Papyrus (nr. 88 P., 1. Hälfte des 3. Jh. v. Chr.) beträchtliche Teile der Schrift enthält. Ihren Namen hat sie von dem gefälschten Widmungsbrief an Alexander. Da wir sie vor der *Rhetorik* des Aristoteles, etwa um 340, anzusetzen haben, ist sie für uns das älteste erhaltene Lehrbuch auf diesem Felde. Manfred Fuhr-

[1] Bei Plat. *Phaidr.* 267a erscheint das als Programm des Teisias und Gorgias; vgl. auch Ps.-Demetr., *De eloc.* 120. Cic. *Brut.* 47.

[2] Unser Urteil wurde als more than a little unfair empfunden, so rufen wir denn einen zweiten Zeugen aus der Antike zu Hilfe: Philonikos den Dialektiker, der bei Dion. Hal *de Isocr.* c. 13 dem Isokrates κενότης vorwirft.

[3] Zum Gegensatz Isokrates: Alkidamas vgl. P. Friedländer, *Platon* 1, 3. Aufl. Berl. 1964, 117.

[4] VS 83. Radermacher (s. S. 656 A. 2), 189.

[5] o. S. 642, dazu Radermacher a. O. 198. Anaximenes, ebda. 200.

MANN[1] hat in einer ausgezeichneten Analyse gezeigt, wie hier trotz der Anwendung wichtiger Einteilungsprinzipien ein wirkliches System der rhetorischen Theorie noch nicht erreicht ist, wie die Darstellung vielmehr an den einzelnen Vorschriften haftet und Assoziation und Antithese weithin ihren Gang bestimmen. In unseren Zeitabschnitt gehört vermutlich auch die dorisch geschriebene Rhetorik, die für uns anonym bleibt und von der wir Bruchstücke auf einem Papyrus aus Oxyrhynchos[2] lesen.

Von den zehn Meistern der attischen Rede, die man in hellenistischer Zeit in einem Kanon vereinigte, haben wir Antiphon und Andokides bereits im Zusammenhang mit den Problemen besprochen, die der Name des Erstgenannten stellt. Isokrates, der ebenfalls den großen Mustern zugerechnet wurde, erforderte eine gesonderte Behandlung, und so lassen wir nun die sieben noch übrigen folgen.

Die attischen Redner haben in der zweiten Hälfte des vergangenen Jahrhunderts und bis nahe an den Ersten Weltkrieg heran das Interesse der Forschung, im besonderen der deutschen, in einem so hohen Maße auf sich gezogen, daß man sie diese begünstigte Stellung später büßen ließ. Man darf sagen, daß in den letzten Jahrzehnten für sie im Verhältnis zu andern Autoren recht wenig geschehen ist. Man war gegen Rhetorik mißtrauisch geworden und wollte von der Antike das Lebensechte und das unbedingt Gültige; doch läßt sich voraussehen, daß man in nicht zu ferner Zeit die attischen Redner wieder als das würdigen wird, was sie in jedem Falle bleiben: wichtige Zeugen für Kultur und Geistesleben des 4. Jahrhunderts und Vertreter der attischen Prosa auf ihrer klassischen Höhe.

Das große Gespräch der platonischen *Politeia* hat das Haus des Kephalos zum Schauplatz, der im Eingang des Werkes im Frieden eines besonnten Alters gezeigt wird. Dieser Kephalos hatte seine Heimat Syrakus mit Athen vertauscht und war dort als Metöke, der mit 120 Sklaven die Schilderzeugung betrieb, zu bedeutendem Wohlstand gekommen. Seine Söhne waren Polemarchos, der sich im 1. Buch der *Politeia* am Gespräch beteiligt, Euthydemos und Lysias, die beide als anwesend erwähnt werden. Der zuletzt Genannte wurde der erfolgreichste Verfasser von Gerichtsreden, für spätere Zeiten ein vielbewundertes Stilmuster, das vor allem die Attizisten auf ihren Schild erhoben. Neben seiner Rede *Gegen Eratosthenes* verhelfen uns die Schriften des Dionysios von Halikarnaß *(Lysias)* und Ps.-Plutarch *Vita dec. or.* zu einem Bilde seines Lebens.

[1] *Das systematische Lehrbuch.* Göttingen 1960. Komm. Ausgabe: L. SPENGEL, *Anaximenes, Ars Rhetorica.* Leipz. 1844. Text bei SPENGEL-HAMMER, *Rhetores Graeci* I/2, 1894. M. FUHRMANN, Leipzig 1966; ders., *Untersuchungen zur Textgeschichte der pseudo-aristotelischen Alexander-Rhetorik (der* Τέχνη *des Anaximenes von Lampsakos).* Abh. Ak. Mainz 1964/7. 1965 (Mit Auswertung des wichtigen Pap. Hibeh 26). Übersetzung: W. D. ROSS, *Works of Aristotle* 11. Oxf. 1952. Ernste Einwände gegen die Zuweisung an Anaximenes hat V. BUCHHEIT, *Untersuchungen zur Theorie des Genos epideiktikon von Gorgias bis Aristoteles.* München 1960, 189, erhoben; er präzisiert *Gnom.* 41, 1969, 736: «... die von Anaximenes verfaßte Rhetorik ist von dem, der den Brief vorausgeschickt hat, so entscheidend verändert worden, daß man die heute erhaltene Fassung korrekterweise nicht mit dem Namen des Anaximenes etikettieren kann.» Vgl. ferner: K. BARWICK, ‹Die 'Rhetorik ad Alexandrum' und Anaximenes, Alkidamas, Isokrates, Aristoteles und die Theodekteia›. *Phil.* 110, 1966, 212. Von älterem: P. WENDLAND, *Anaximenes von Lampsakos.* 1905.

[2] nr. 410 = nr. 2295 P. W. Kroll, *RE* S 7, 1940, 1052. RADERMACHER, a. O. 231.

Sein Vater lebte dreißig Jahre in Athen und war auf Einladung des Perikles gekommen, den man sich zu dieser Zeit schon an der Macht zu denken hat. Das ergibt die Zeit um 460 als frühestes Datum der Übersiedlung von Syrakus und die um 430 für den Tod des Kephalos. Nach dem Verluste des Vaters ging Lysias, damals fünfzehnjährig, mit dem älteren Bruder Polemarchos in die junge Kolonie Thurioi in Unteritalien. So kommen wir für die Geburt des Lysias auf 445 oder die Zeit bald danach; die antike Angabe des Jahres 459 beruht auf der irrigen Voraussetzung, Lysias sei nach Thurioi in dessen Gründungsjahr (444) gekommen.

In Unteritalien hat der junge Lysias seine rhetorische Ausbildung genossen, Ps.-Plutarch nennt Teisias als seinen Lehrer. Als nach der sizilischen Katastrophe athenisch Gesinnte in Thurioi einen schweren Stand hatten, kehrte er 412 mit seinem Bruder nach Athen zurück. Er lebte dort in äußerst günstigen Verhältnissen, die ihm aber zum Verhängnis wurden, als die Dreißig nach seinem Vermögen griffen. Seinen Bruder Polemarchos ließen die Tyrannen töten, er selbst entkam nach Megara. Von dort unterstützte er die demokratische Restitutionsbewegung mit Geld, Waffen und Mannschaft. Unmittelbar nach der Rückkehr der Demokraten in die Stadt, die im September 403 erfolgte, beantragte Thrasybul für Lysias zusammen mit anderen Metöken das Bürgerrecht, aber Archinos, der von der gemäßigten Richtung des Theramenes herkam, klagte wegen Gesetzwidrigkeit (παρανόμων). Man hatte für den Antrag Thrasybuls kein Gutachten des Rates (προβούλευμα) eingeholt, und so erreichte der Einspruch die Annullierung des Beschlusses. Lysias blieb zeit seines Lebens Metöke, allerdings in der durch Isotelie bevorzugten Gruppe, was Gleichstellung mit den Bürgern in den finanziellen Leistungen bedeutete. Seine Tätigkeit läßt sich bis zur Rede für Pherenikos (um 380) verfolgen, wie lange er dann noch lebte, wissen wir nicht.

Ciceros *Brutus* (48) enthält in einer Partie, die sich auf Aristoteles stützt, die Notiz, Lysias habe zunächst die Technik der Rede gelehrt, sei aber in dieser Tätigkeit von Theodoros so weit übertreffen worden, daß er sich lieber dem Geschäfte eines Logographen zuwandte und Gerichtsreden für andere schrieb. So wäre seine Entwicklung im Gegensinne zu jener des Isokrates verlaufen. In der Tat besitzen wir verschiedene Zeugnisse[1] für Schriften des Lysias, die nicht dem Logographen, sondern dem Redelehrer und Verfasser von Musterstücken gehörten. Wir erfahren von einer Verteidigungsrede *Für Nikias*, die ihm Dionysios allerdings absprechen wollte, und von einer *Für Sokrates* und von *Briefen*, die überwiegend erotischen Inhalt hatten. Hier erscheint Lysias als Archeget eines Genos, das bis in die byzantinische Zeit reichlich Vertreter fand. Hierher gehört auch der *Erotikos*, den Platon im *Phaidros* wiedergibt, mit welchem Grad von Treue, ist schwer zu sagen. In rechter Sophistenmanier wird darin der Nichtliebende dem Liebenden als vorteilhafterer Partner eines Verhältnisses gegenübergestellt. Auch *technische Schriften* (Τέχναι ῥητορικαί) werden erwähnt, die wohl mit den ebenfalls genannten *Paraskeuai* wesensgleich waren.

Wie früh Arbeiten dieser Art in der Entwicklung des Lysias anzusetzen sind, ist schwer zu sagen. Seine rhetorische Tätigkeit kann bald nach der Rückkehr von

[1] Nachweise bei RADERMACHER, a. O. 147.

Thurioi begonnen haben. Auch wird man aus der angeführten Cicerostelle nicht auf zwei scharf getrennte Epochen im Schaffen des Lysias schließen, der Logograph kann gelegentlich zu einer rhetorisch-sophistischen Betätigung zurückgekehrt sein.

Lysias ist außerordentlich fruchtbar gewesen, und diese Fruchtbarkeit übertrug sich auf die Fälscher, die ihre Erzeugnisse unter den berühmten Namen stellten. Ps.-Plutarch berichtet von 425 Reden, die als lysianisch umliefen, und setzt hinzu, daß man im Kreise des Dionysios und Caecilius 233 davon als echt anerkannte. Blass hat die Titel von 172 Reden zusammengestellt, erhalten sind uns ohne den *Erotikos* deren vierunddreißig. Ohne weiteres wird deutlich, daß Lysias in der Regel nur für Prozeßparteien schrieb. Ausnahmen zeigt freilich auch der uns erhaltene Bruchteil seiner Reden. Ein Fragment (34 in unseren Ausgaben), das uns Dionysios in seinem *Lysias* erhalten hat, stammt aus einer politischen Rede, die in der Situation von 403 gegen einen Antrag des Phormisios gehalten wurde. Der Redner wendet sich im Sinne einer radikalen Wiederherstellung der Demokratie gegen die Rückkehr der Verbannten und die Beschränkung des Bürgerrechtes auf die Grundeigentümer. Für den viel verdächtigten *Epitaphios* (2) auf Gefallene des korinthischen Krieges hat Josef Walz[1] die Autorschaft des Lysias und den Ansatz vor dem *Panegyrikos* des Isokrates, mit dem Übereinstimmungen vorhanden sind, wahrscheinlich gemacht. Daß aber Lysias als Metöke diese Rede gehalten hätte, bleibt unglaubhaft, man wird mit ihrem rein literarischen Charakter rechnen müssen. Tatsächlich vorgelesen wurde 388 beim olympischen Fest der *Olympiakos* (33), von dem uns wieder Dionysios ein Stück bewahrt hat. Dieser Aufruf zu griechischer Einigkeit, der sich mit heftigen Angriffen auf Dionysios I. von Syrakus verband, hatte den drastischen Erfolg, daß die Menge das Prunkzelt der syrakusanischen Festgesandtschaft plünderte.

Alles bisher Gezeigte erscheint nur als Beiwerk zum Bilde des Logographen Lysias, der in seinen Reden für andere so zahlreiche Masken anlegt. Einmal ist er aber auch selbst vor Gericht aufgetreten, als er 403 in der Rede *Gegen Eratosthenes* (12) diesen beschuldigte, daß er als Mitglied der Dreißig die Tötung seines Bruders Polemarchos veranlaßt habe. Die rechtlichen Voraussetzungen sind nicht völlig klar, doch hat es sich offenbar um eine Klage anläßlich der Rechenschaftslegung gehandelt, durch die sich Eratosthenes nach dem Amnestiegesetz von 403 rehabilitieren konnte. Einige Jahre später hat Lysias die Anklagerede *Gegen Agoratos* (13) geschrieben, der im Sold der Oligarchen den Tod demokratischer Politiker verursacht hatte. Hier reiht sich einer der Papyrusfunde an, die unsere Kenntnis lysianischer Reden erweitert haben. Fragmente aus der Rede *Gegen Hippotherses* (nr. 1293 P.) zeigen, daß Lysias noch Jahre nach der Wiederherstellung der Demokratie in Prozesse wegen seines verlorenen Besitzes verwickelt war[2].

[1] *Der lys. Epitaphios. Phil. Suppl.* 29/4. 1936. Anders P. Treves, *Riv. Fil.* N.S. 15, 1937, 113. 278. Kräftig tritt für die Echtheit ein E. Buchner, *Der Panegyrikos des Isokrates.* Wiesbaden 1958 (Historia. Einzelschr. 2). Zur Frage auch J. Klowski, *Zur Echtheitsfrage des lysianischen Epitaphios.* Diss. Hamburg 1959 (maschinschr.). U. Hirsch bestreitet in der zum *Panegyrikos* des Isokrates genannten Dissertation die Relevanz der von Walz vorgebrachten sprachlichen Argumente und bezweifelt die Zuweisung des *Epitaphios* an Lysias.

[2] Zu den schwierigen Einzelfragen Ferckel (s.u. zu Lysias), 63.

Daß wir durch diese und andere Reden einen so unmittelbaren Einblick in die inneren Verhältnisse Athens bekommen, macht einen bedeutenden Teil ihres Wertes aus. Das geht bis in die Wirtschaftsgeschichte, wenn die Rede *Gegen die Getreidehändler* (22 Κατὰ τῶν σιτοπώλων) sichtlich im Interesse der Großlieferanten einige Metöken anklagt, die als Zwischenhändler Getreide über das gesetzlich zulässige Maß aufgekauft hatten. Man hat Lysias vorgerechnet, daß er in seinen Reden den Standpunkt mit Leichtigkeit nach dem jeweiligen Auftraggeber wechselte; im besonderen hat ihn FERCKEL eifervoll als charakterlosen Opportunisten gezeichnet. Nun ist es richtig, daß Lysias, der geschworene Demokrat, gelegentlich auch für Oligarchen schrieb (16. 25), daß er sich je nach Bedarf auf den Standpunkt der geltenden Amnestie stellte oder diese unbekümmert übersah, daß er in den Jahren erneuter athenischer Machtpolitik in den Reden *Gegen Ergokles* (28) und *Gegen Philokrates* (29) wildem Radikalismus sein Wort lieh und dabei die Vermögensfragen Hochgestellter in einer Weise behandelte, der seine Rede *Über das Vermögen des Aristophanes* (19) völlig widersprach. Anstatt aber aus Lysias den vaterlandslosen Gesellen zu machen, von dem man sich Besseres nicht erwarten könne, taugt es besser, die Stellung eines Logographen, der in einer durch die Sophistik bestimmten Zeit lebte und schrieb, als historische Gegebenheit zu verstehen. Daß die eben gezeigte Wendigkeit – ist sie ein auf Lysias oder auf seine Zeit beschränktes Phänomen? – ein sittlich erhebendes Schauspiel sei, wird niemand behaupten wollen. Im Werke des Lysias hat sie aber eine Entsprechung, die weit erfreulicher ist. Wir meinen seine Meisterschaft, die Reden jeweils aus dem Wesen und der Situation der Personen zu gestalten, für die er schreibt[1]. Diese Kunst, in der keiner Lysias erreichte, hat er besonders in den Reden für Privatleute bewährt. Das Glanzstück ist die Rede *Für den Krüppel* (24, Ὑπὲρ τοῦ ἀδυνάτου)[2], in der ein kleiner Mann vor dem Rate mit Schlauheit und Humor um die Belassung einer Rente kämpft. In einem ganz anderen, aber gleichfalls scharf und treffsicher erfaßten Bereiche befinden wir uns in der Rede *Über den Ölbaum* (7, Περὶ τοῦ σηκοῦ, was die Einfriedung eines heiligen Ölbaumes bedeutet). Hier verteidigt sich ein Mann aus der Schicht der Besitzenden vor dem Areopag mit Würde und Entrüstung gegen die Anschuldigung, er habe sich an einem der heiligen Gewächse oder seiner Umzäunung vergangen.

Die große Rollentreue dieser Gerichtsreden setzt der Verwendung rhetorischer Schmuckmittel, die Lysias in den epideiktischen Reden wohl anzuwenden wußte, enge Grenzen. Die Schlichtheit, die ihm so vorgeschrieben war, wußte er zu einem besonderen, von späteren Jahrhunderten lebhaft bewunderten Vorzug zu machen. Dazu gesellt sich bei diesen Reden ein außerordentliches Erzähltalent. Wenn er in der Verteidigungsrede des Euphiletos *Über den Mord an Eratosthenes* (1, Ὑπὲρ τοῦ Ἐρατο-

[1] Allerdings geht es nicht mehr an, das, was Dionysios von Halikarnaß, *Lys.* c. 8 rühmend über die ἠθοποιία des Redners sagt, unbefangen auf dessen Kunst in der Charakteristik von Individuen zu beziehen. FRIEDRICH ZUCKER hat in seiner tiefgreifenden Arbeit Ἀνηθοποίητος. *Eine semasiologische Untersuchung aus der antiken Rhetorik und Ethik* (Sitzb. Deutsche Akad. Kl. f. Spr., Lit. u. Kunst 1952/4, 1953), gezeigt, daß Dionysios ἠθοποιία nicht im Sinne der Differenzierung der Charaktere der Sprecher versteht. Vielmehr sollen diese als brave, billigdenkende Biedermänner erscheinen, die sich auch in solcher Weise äußern.

[2] Komm.: U. ALBINI, Firenze 1956.

σθένους φόνου)[1] von dem Treiben der Buhlerin, die während ihrer Liebesstunden den Gatten in seine Kammer sperrt, und von dessen wohlüberlegter Rache erzählt, ist es in der Tat kaum möglich, nicht an Boccaccio zu denken.

Wenn wir auch wenig mehr als den Titel kennen, so nennen wir die Rede *Über seine Leistungen* (Περὶ τῶν ἰδίων εὐεργεσιῶν. or. deperd. 47, fr. 36 Th.) doch deshalb, weil sie Ansätze zur Autobiographie enthalten haben muß.

Da wir von zahlreichen Fälschungen wissen, die in der Antike umliefen, ist die Frage nicht zu umgehen, ob sich auch unter den erhaltenen Reden solche nachweisen lassen. Die Entscheidung ist schwierig, so daß etwa Hude in seiner ausgezeichneten Ausgabe alles Zweifelhafte Lysias beläßt. Daß die 6. Rede mit der Anklage gegen Andokides und die 20. mit der Verteidigung des Polystratos unecht sind, wurde bereits früher (S. 403) gesagt. Im übrigen begnügen wir uns damit, auf die besonders starken Verdachtsmomente gegen die 8. Rede[2] und die Notwendigkeit einer neuen Behandlung des ganzen Fragenkomplexes hinzuweisen.

Metöke wie Lysias ist auch Isaios gewesen, der Sohn des Diagoras aus dem euböischen Chalkis. Auch er hat als Lehrer der Rhetorik gewirkt[3] und Reden für andere verfaßt, ohne daß uns freilich wie im Falle des Lysias von einer Abfolge dieser beiden Tätigkeiten berichtet würde. Dionysios von Halikarnaß, der auch einen *Isaios* geschrieben hat, bekennt im Eingange, über Zeit und Ablauf seines Lebens wenig zu wissen. Immerhin sei er Lehrer des Demosthenes gewesen und werde von Hermippos in dessen Schrift über die Schüler des Isokrates unter diesen genannt. Die Sorgfalt des Isaios in der Vermeidung des Hiats kann diese Angabe nicht sichern, fügt sich aber gut zu ihr. Für die Zeit seines Wirkens als Logograph läßt sich nur im groben die 1. Hälfte des 4. Jahrhunderts angeben.

Nach der Notiz Ps.-Plutarchs in den Rednerviten bestand sein Nachlaß aus vierundsechzig Reden, von denen vierzehn in ihrer Echtheit bezweifelt wurden. Wir besitzen noch elf Reden in Erbschaftsangelegenheiten, die letzte freilich nur als Torso. Dazu kommt im Traktat des Dionysios ein größeres Bruchstück aus der Rede *Für Euphiletos*, der gegen den Demos Erchia wegen seiner Streichung aus der Bürgerliste Klage erhob.

Dionysios stellt Isaios stilistisch in eine gewisse Nähe zu Lysias, arbeitet aber auch die Unterschiede mit feinem Verständnis heraus. Es ist gut gesagt, daß die Gerichtsreden des Lysias (und Isokrates) auch in anrüchigen Fällen den Eindruck schlichter Ehrlichkeit erwecken, während die des Isaios (und Demosthenes) auch dort, wo es sich um eine gute Sache handelt, durch den Reichtum an Kunstgriffen Verdacht erregen. In der Tat fehlt dem Isaios jene selbstverständliche Schlichtheit, die bei Lysias allerdings erst das Ergebnis äußersten Raffinements darstellt. So ist denn nicht allein

[1] Ausgezeichnet behandelt von U. E. Paoli, *Die Geschichte der Neaira.* Bern 1953, 28 (das ital. Original: *Uomini e cose del mondo antico.* Firenze 1947). Richtig bestreitet er, daß es sich bei dem getöteten Eratosthenes um den Mann handle, dem L. in der 12. Rede Schuld an der Tötung des Polemarchos gab.

[2] P. A. Müller, *Oratio quae inter Lysiacas fertur octava.* Münster 1926. Verschiedene Athetesen bei Christ-Schmid, *Gesch. d. gr. Lit.* 1, 6. Aufl. Münch. 1912, 559, 5.

[3] Die spärliche Bezeugung bei Radermacher (s. S. 656 A. 2), 190.

seine Argumentation subtiler, was mit dem Gegenstand kniffliger Erbschaftsprozesse zusammenhängt, auch seine Sprache zeigt einen größeren Reichtum an Figuren, als dies bei Lysias der Fall ist.

Wie die Griechen Homer meinten, wenn sie von «dem Dichter» sprachen, so ist für die spätere Antike Demosthenes «der Redner» schlechtweg gewesen. Damals hatte sich für lange Zeit sein Ruhm gefestigt, der mit seinem Namen auch in der Neuzeit verbunden blieb, bis ihn die Forschung unseres Jahrhunderts zum umstrittenen Problem werden ließ. Mit dem Ruhme, den Demosthenes im Altertum genoß, hängt es zusammen, daß für ihn die Quellen reichlicher fließen. Zu den Rednerbiographien des Ps.-Plutarch und den beiden Schriften des Dionysios von Halikarnaß (Περὶ τῆς Δημοσθένους λέξεως und Ἐπιστολὴ πρὸς Ἀμμαῖον) tritt Plutarchs Demosthenes-Biographie, in die auch polemische Züge gerieten, ferner eine solche des Rhetors Libanios mit Hypotheseis zu den einzelnen Reden, eine des Zosimos und eine anonyme, wozu drei Artikel in der *Suda* kommen. Von den Resten antiker Erklärungen soll bei der Überlieferung die Rede sein. Da bei Demosthenes die meisten Reden in hohem Maße Teile seiner Biographie sind, eignet ihnen ebenso wie den Reden der Gegner Aischines, Hypereides und Deinarchos für das Bild des Mannes besondere Bedeutung.

Demosthenes, Sohn des Demosthenes aus dem Demos Paiania, 384 zu Athen geboren, stammte wie Isokrates und der Metöke Lysias aus der Schicht wohlhabender Unternehmer. Sein Vater hatte eine Werkstätte für Waffen und verfügte auch sonst über Vermögen. Die Mutter Kleobule soll skythisches Blut gehabt haben, was Demosthenes im Spotte der Gegner (Deinarchos, *Gegen Dem.* 15, vgl. Aischines, 3, 172) zum Skythen werden ließ. Immerhin ist die Frage erlaubt, ob jene dunkle Leidenschaft, die im Verein mit höchstem Formsinn den Mann zum größten Redner der Antike werden ließ, nicht als mütterliches Erbe zu verstehen ist.

Als der Knabe sieben Jahre alt war, verlor er den Vater. Die drei Vormünder Aphobos, Demophon und Therippides erwiesen sich als unredliche Verwalter des Vermögens, und Demosthenes hatte sogleich nach seiner Mündigkeit schwere Prozesse zu führen, um noch irgend etwas von dem früheren Wohlstand für sich zu retten. Früh mußte er im Ernstfalle erproben, was er bei Isaios, den die Überlieferung als seinen Lehrer nennt, gelernt hatte. Die Härte seines Willens, die ihm später die Wirkung auf die Masse sicherte, ließ er schon in der Zeit seiner Ausbildung erkennen, als er verschiedene körperliche Mängel mit Erfolg bekämpfte. Mit gleicher Sorgfalt bildete er seinen Geist. Nach Cicero[1] hat er Platon eifrig gelesen, ja sogar gehört. Besonders stark wirkte Thukydides auf ihn[2], und das Bild athenischer Größe, das er dort fand, ist für sein Leben bestimmend geblieben. Anekdotisch klingt, was Plutarch *(Dem. 5)* von seiner Erweckung zum Redner erzählt: sein Pädagoge habe ihn in die Gerichtsversammlung geschmuggelt, in der sich Kallistratos glänzend gegen die Anklage verteidigte, er trage die Schuld am Verluste des Grenzortes Oropos, und der

[1] *Brut.* 121; dazu *Or.* 15 mit der zweifelhaften Berufung auf Briefe des D. Vgl. F. Egermann, *Vom attischen Menschenbild.* Münch. 1952, 59 mit A. 86f.

[2] U.a. Dionysios, *Thuk.* 53. Plut. *Dem.* 6.

junge Demosthenes habe dort den entscheidenden Eindruck von der Macht des Wortes empfangen. Der Wahrheitsgehalt der Geschichte läßt sich nicht erweisen, soll aber nicht von vorneherein bestritten werden.

Aus dem Kampfe, den Demosthenes vor Gericht gegen seine unredlichen Vormünder zu führen hatte, sind uns seine Anklagerede *Gegen Aphobos* und seine Antwort auf dessen Verteidigung erhalten. Eine dritte Rede *Gegen Aphobos*, in der Demosthenes den Zeugen Phanos gegen die Anschuldigung falscher Aussage verteidigte, wurde vielfach verdächtigt, doch sind ernstzunehmende Gründe für ihre Echtheit vorgebracht worden[1]. In dem Prozeß, der sich über Jahre hinzog und unter anderem durch den Ephebendienst des Demosthenes verzögert wurde, hatte er zunächst Erfolg. Aber Onetor, der Bruder der geschiedenen Frau des Aphobos, machte ihm diesen wieder streitig, indem er seine Hand auf ein Grundstück legte, das Demosthenes pfänden wollte. So fand der Kampf seine Fortsetzung, von der uns die beiden Reden *Gegen Onetor* Zeugnis geben. Wir kennen den Ausgang nicht, vermuten aber, daß er für Demosthenes schwere Einbußen brachte.

Die Kunst, die er in eigener Sache geübt hatte, stellte er nun als Logograph anderen gegen Bezahlung zur Verfügung. Er soll daneben auch Redeunterricht erteilt haben[2], doch wissen wir über das Ausmaß solcher Tätigkeit nichts zu sagen, und Schule hat er sicher keine gehalten.

Unsere Überlieferung bietet eine stattliche Zahl von Reden aus Privatprozessen (27–59). Aber gerade in diesem Teile tritt das Problematische unserer Tradition deutlich hervor, denn ohne Zweifel geht viel falsches Gut unter dem Namen des Demosthenes. Selbst die konservativste Kritik muß angesichts eines Stückes wie der Rede *Gegen Theokrines* (58) bedingungslos die Waffen strecken, da hier Demosthenes selbst heftig angegriffen wird. Nicht alle Fälle liegen so klar, und es ist zu erwarten, daß eine neue Behandlung dieser Fragen die Grenzen etwas zugunsten der Echtheit verschieben wird. Blass wollte nur fünfzehn Reden[3] als sicher echt anerkennen, wobei jene mitgezählt sind, in denen es sich um den Erbschaftsstreit handelt. Selten erreicht Demosthenes in diesen Reden die Kraft der Schilderung und die Feinheit wohlberechneter Argumentation, wie wir sie an Lysias schätzen. Doch verdient die Rede *Gegen Konon* (54) hervorgehoben zu werden, die einen wilden Raufhandel mit ausreichender Drastik schildert[4]. Acht unter den erhaltenen Reden betreffen Prozesse, an denen ein Apollodoros beteiligt erscheint. Zweifellos von Demosthenes stammt die Rede *Für Phormion* (36), die ein Fürsprecher (συνήγορος) vortrug. Ob dies Demosthenes selbst war, bleibt zweifelhaft. Interessant ist der Einblick, den wir hier in das Gefüge einer bestimmten Schicht der athenischen Gesellschaft um 350[5] erhalten.

[1] Bereits von Blass, *Att. Beredsamkeit.* 2. Aufl. 3/1, 232. Dann von G. M. Calhoun, ‹A problem of authenticity (Dem. 29)›. *Trans. Am. Phil. Ass.* 65, 1934, 80. Gernet nimmt in seiner Ausgabe an, daß ein Herausgeber verschiedene demosthenische Partien vereinigte.

[2] Aischines 1, 117; 170ff.

[3] Vgl. A. 1. Es handelt sich um die Reden 27–31, 36–39, 41, 45, 51, 54, 55, 57.

[4] Köstlich hat Paoli die Rede behandelt, vgl. S. 668 A. 1. Dort (22) auch über die Datierung.

[5] Zur Datierung Paoli a. O. 93. Komm.: E. Ziebarth, Heidelb. 1936.

Phormion war erst Sklave, später Gehilfe und schließlich durch Pacht Geschäftsnachfolger des großen Geldmannes Pasion (s. S. 568). Als dieser starb, nahm Phormion, wie es das Testament verfügte, die Witwe zum Weibe. Da aber zwei Söhne da waren – der ältere von ihnen war der bereits volljährige Apollodoros – ergab sich eine Situation, die zu allen Zeiten kaum ohne Anrufung der Gerichte zum Ende kommt. Es handelte sich um Summen, die Phormion nach dem Tode der Frau für sich behalten haben sollte, und nachdem die Sache durch einen Vergleich erledigt schien, trat Apollodoros nach langer Zeit mit einer neuen Klage gegen Phormion auf. Dieser parierte mit einem Einspruch, den die Rede des Demosthenes begründet und der sein Ziel erreichte. Apollodoros gab sich jedoch nicht zufrieden und klagte bald darauf Stephanos, den Entlastungszeugen des Phormion, wegen falscher Aussage an. Da läßt sich nun die betrübliche Tatsache nicht aus der Welt schaffen, daß Demosthenes die Rede für Apollodoros *Gegen Stephanos* (45) schrieb und wahrhaft, wie ein bei Plutarch *(Dem.* 15*)* erhaltenes Witzwort sagt, aus seiner Waffenhandlung beiden streitenden Parteien die Dolche verkaufte. Allerdings kann uns eine Vermutung die Erklärung dieses Verhaltens erleichtern: Apollodoros erwies sich für die antimakedonische Partei als wertvoll und war entschlossen, gegen die Auszahlung der Theatergelder anzugehen. Damit war er für Demosthenes als Bundesgenosse gegeben und erforderte Unterstützung.

Im übrigen war Apollodoros ein prozeßlustiger Herr, wovon sechs weitere Reden (46 ebenfalls *Gegen Stephanos*, 49, 50, 52, 53, 59) zeugen. Sie sind samt und sonders unecht. Ihr Auftreten im Corpus der demosthenischen Reden ist lehrreich, denn hier greifen wir es einmal, wie aus einem Privatarchiv, in dem man mit Recht Demosthenisches vermutete, auch eine Menge von Unechtem in die Überlieferung gekommen ist. Die letzte Rede dieser Reihe ist jene *Gegen Neaira*[1], eine ehemalige Hetäre, die ein politischer Abenteurer schlimmster Sorte mitsamt ihrer Tochter in die bürgerliche Welt Athens eingeschmuggelt hatte. Sprecher der Anklage war Apollodoros im Namen seines Schwiegersohnes.

Bereits in die Regierungszeit Alexanders fällt die Rede *Gegen Zenothemis* (32)[2], in der es um die abenteuerlichen Schicksale einer Schiffsladung geht. Sprecher ist Demon, ein Verwandter des Demosthenes. In der leider verstümmelten Schlußpartie erzählt er, wie er Demosthenes um seinen Beistand im Prozesse gebeten, dieser jedoch auf seine Stellung im politischen Leben und die dadurch bedingte Zurückhaltung in Privatangelegenheiten hingewiesen habe. Wenn hier wirklich eine Äußerung des Demosthenes vorliegt, so besagt sie, daß dieser nicht mehr als Sachwalter (συνήγορος) vor Gericht auftrat, seit er als Redner in den Gang der öffentlichen Dinge eingriff. Zu der Tatsache, daß er auch zu dieser Zeit noch Gerichtsreden für andere schrieb, steht sie nicht im Widerspruch.

[1] Ausführlich dazu Paoli, a. O. 65. Eine Zusammenstellung derartiger Überlieferung bei Wilamowitz, *Herm.* 58, 1923, 68; jetzt *Kl. Schr.* 4, 324.

[2] Die Echtheit bleibt Zweifeln unterworfen. Zur Rede Paoli, a. O. 113.

Als das 25. und 26. Stück unserer Sammlung finden sich zwei Reden *Gegen Aristogeiton*, Gerichtsreden mit politischem Hintergrund, da es gegen das Auftreten eines üblen Demagogen geht, den auch Deinarchos und Lykurgos belangten. Beide Reden hat bereits Dionysios (*Dem.* 57) als unecht erklärt. Die erste von ihnen hatten wir früher (S. 407) wegen ihrer Auslassungen über den Ursprung der Gesetze zu erwähnen[1].

Den Eintritt des Demosthenes in die Politik Athens bezeichnen für uns vier seiner Reden, von denen er drei (*Gegen Androtion, Gegen Timokrates, Gegen Leptines*) in innenpolitischen Prozessen gehalten hat, während die Rede *Über die Symmorien* seine erste Staatsrede gewesen ist. Es ist wichtig, daß wir die erste der genannten Reden mit hinreichender Zuversicht auf 355/54 datieren können[2]. Damals war eben der Bundesgenossenkrieg (357–355) und mit ihm der Traum von einer Wiederherstellung der athenischen Seemacht zu Ende gegangen. Man neigte zur Resignation, wie sie in der Friedensrede des greisen Isokrates ihren Ausdruck fand. Anders mochte es in Demosthenes aussehen, für den das Scheitern des Seebundes nicht das Ende seines glühenden, von der Tradition genährten Glaubens an Athens Größe bedeuten konnte. In jenen Jahren hatte sich eine Opposition zusammengefunden, die mit den Trägern des verunglückten Regimes aufräumen wollte, um in kluger Beschränkung auf das Mögliche und unter sorgsamer Erhaltung des Friedens Athen wirtschaftlich wieder in die Höhe zu bringen. Das Haupt dieser nüchtern-haushälterischen Richtung, die sich auch in Xenophons *Poroi* ausspricht, ist Eubulos gewesen, der seit 354 als Vorsteher der Kasse für die Schaugelder (Theorikon) eine Schlüsselstellung innehatte. Neuere Forschungen[3] haben uns die wichtige Einsicht eröffnet, daß Demosthenes, mochte sich sein späterer Weg auch von dem des Eubulos mit Notwendigkeit trennen, seine ersten Schritte ins politische Leben doch als dessen Anhänger getan hat.

Die Rede *Gegen Androtion* richtet sich gegen den Schüler des Isokrates, der als Verfasser einer häufig benützten *Atthis* bekannt ist und politisch in jenen Kreisen eine Rolle spielte, denen der neue Kurs den Kampf ansagte. Formal handelt es sich um eine Anklage wegen gesetzwidrigen Antrages (γραφὴ παρανόμων): Androtion hatte die Bekränzung des Rates vorgeschlagen, obwohl dieser den Bau neuer Schiffe in der vorgeschriebenen Zahl nicht zustande gebracht hatte. In Wahrheit sollte aber Androtion, der sich ohnehin durch Steuereintreibungen unbeliebt gemacht hatte, politisch ausgeschaltet werden. In die gleiche Richtung zielt die Rede *Gegen Timokrates*. Sie wendet sich gegen ein Gesetz, das den Staatsschuldnern und unter ihnen Androtion geholfen hätte, drohender Schuldhaft zu entgehen. Ein umfangreicher Abschnitt der *Timokratea* (160–168 und 172–186) ist fast wörtlich aus der Rede *Gegen Androtion* (47–56 und 65–78) übernommen, was die eben bezeichnete gleiche Angriffsrichtung

[1] Gegen M. Pohlenz, ‹Anonymus περὶ νόμων›. *GGN* 1924, 19 will die Echtheit erweisen C. H. Kramer, *De priore D. adv. Aristogitonem oratione*. Diss. Leipz. 1930. Außer Betracht gelassen haben wir die umstrittene 51. Rede *Über den trierarchischen Kranz*.

[2] Jaeger, *Dem.* (s. u.), 215, 21.

[3] Lit. bei Bengtson, *Griech. Gesch.* 4. Aufl. Münch. 1969, 315 und Jaeger, *Dem.* (s. u.), 220, 16.

besonders hervortreten läßt. Dubletten solcher Art finden sich auch sonst gelegentlich bei Demosthenes.

Während die beiden eben genannten Reden für persönlich unbedeutende Sprecher geschrieben sind, die den Angriff voranzutragen hatten, soll Demosthenes nach der Überlieferung (Dionys. *Ep. ad Amm.* 1, 4) die Rede *Gegen Leptines* selbst als Rechtsbeistand des Ktesippos gesprochen haben. Dieser war ein Sohn des 357 als Trierarch bei Chios gefallenen Chabrias, der eine der stärksten Hoffnungen für Athens neuen Aufstieg gewesen war. Die Rede wandte sich gegen den Antrag des Leptines, jegliche Steuerbefreiung (ἀτέλεια) aufzuheben und nur für Nachkommen der Tyrannenmörder eine Ausnahme zuzulassen. Hat sie Demosthenes wirklich geschrieben, um sie selbst vorzutragen, dann erfordert der gemessen vornehme Ton, der in starkem Gegensatze zu der Leidenschaftlichkeit der späteren Staatsreden steht, besondere Beachtung.

In dieselbe Zeit wie die drei eben behandelten Prozeßreden fällt des Demosthenes erste Staatsrede *Über die Symmorien*[1]. Der Ausdruck bezeichnet Steuergenossenschaften, die Flotteneinheiten auszurüsten hatten. Demosthenes trat vor der Volksversammlung dafür ein, die Zahl der leistungsfähigen Bürger von 1200 auf 2000 zu erhöhen. Dieser Vorschlag für den Ausbau der Rüstung ist mit der persischen Frage dadurch verknüpft, daß Demosthenes aller leichtfertigen Kriegstreiberei gegen den alten Feind mit der Überlegung gegenübertritt, daß Athen zur Zeit gar nicht über die Mittel zu einem solchen Unternehmen verfüge.

Hier schließen sich zwei Staatsreden an, die je ein aktuelles außenpolitisches Problem zum Gegenstande haben. Die Rede *Für die Megalopoliten* aus dem Jahre 352 leuchtet in die unsägliche Verworrenheit der griechischen Politik hinein. Theben hatte, während es seine hegemoniale Episode durchspielte, den um 370 gegründeten Bundesstaat der Arkader und das 369 unabhängig gewordene Messene mit Front gegen Sparta unter seinen Schutz genommen. Als aber Theben seinen Mittag überschritten hatte und durch die Kämpfe mit den Phokern in Schwierigkeiten geriet, wurde die Lage der neuen peloponnesischen Staaten Sparta gegenüber höchst kritisch. Damals ersuchten die Arkader Athen um ein Bündnis, und wenngleich dieses noch vertraglich an Sparta gebunden war, mit dem es gegen Theben gestanden hatte, befürwortete Demosthenes dieses Ansuchen. Wir ließen die Verworrenheit der Situation hervortreten, um es verständlich zu machen, daß das Urteil über die Richtigkeit dieser Haltung nicht leicht ist. Eubulos hat jedenfalls eine athenische Intervention auf der Peloponnes als Eintritt in das Abenteuer einer neuen Machtpolitik verstanden, so daß sich nun die Wege der beiden Politiker trennten. In der Rede *Für die Freiheit der Rhodier*, die wahrscheinlich in dasselbe Jahr 352 gehört[2], befürwortet Demosthenes eine Unterstützung der Demokraten, die der karische Despot Maussolos vertrieben

[1] E. Link, *Unters. zur Symmorienrede des D.* Diss. Frankf. 1940. A. Körte, *Gnom.* 19. 1943, 34. Weitere Lit. bei Bengtson a. O. 315. Über die Datierung auf 354/53 und die vielfach bewährten Datierungen des Dionysios Jaeger, *Dem.* (s. u.), 215, 21. 218, 6.

[2] Focke (s. u.), 18; vgl. Jaeger, *Dem.* (s. u.), 224, 41.

hatte. Solche Empfehlung war weder leicht noch aussichtsreich, da sich ja die selben Demokraten von Maussolos zum Abfall von Athen hatten verleiten lassen und so die Mitschuld am Scheitern des zweiten Seebundes trugen.

Durchaus zu den außenpolitischen Reden gehört die vor Gericht gehaltene *Gegen Aristokrates*. Demosthenes hat sie für Euthykles von Thria geschrieben, mit dem zusammen er am Hellespont Trierarch gewesen war. Die Rede beschäftigt sich mit den Verhältnissen in dem für Athen so wichtigen thrakischen Raum. Damals – die Rede wurde 352 oder 351 gehalten – hatte Philipp bereits seinen ersten Vorstoß nach Thrakien unternommen, doch tritt die Gefahr, die er für Athens Politik bedeutete, in der Rede noch nicht in den Vordergrund. Die Anklage wegen Gesetzwidrigkeit richtet sich gegen den Antrag des Aristokrates, für Charidemos, den Schwager und Minister des thrakischen Königs Kersobleptes, einen besonderen Schutz seiner Person zu beschließen: wer ihn tötete, sollte der Acht verfallen. Anders als der Kreis, für den Aristokrates sprach, tritt Demosthenes dafür ein, den thrakischen Teilfürsten Amadokos, einen Bruder des Kersobleptes, zu unterstützen.

Sehr bald nach dieser Rede griff Philipp von Makedonien entscheidend in die thrakischen Verhältnisse ein. Seine Intervention zwang die thrakischen Fürsten, sich vertraglich an ihn zu binden, und führte ihn vor die Mauern von Heraion Teichos nördlich der Propontis und in gefährliche Nähe zu Byzantion. Die Athener waren damals schon etliche Jahre mit Philipp im Kriegszustande, den Anlaß hatte er im Jahre 357 durch die Besetzung von Amphipolis gegeben. Auch sonst war genug geschehen, was darauf deutete, wer in Hinkunft Geschichte machen würde. Pydna war von Philipp besetzt, Poteidaia zerstört, im Sommer 354 nahm er die griechische Stadt Methone, die am Golf von Therme der Chalkidike gegenüber lag, dann gab ihm der «heilige» Krieg gegen die Phoker, bei dem es um die Vorherrschaft in der delphischen Amphiktyonie ging und der ganz Hellas in zwei Lager spaltete, Gelegenheit zur Einmischung und gestattete ihm, sich 352 in Thessalien festzusetzen. Aber hatte er nicht vorher von dem Phoker Onomarchos zwei Niederlagen hinnehmen müssen, hatte man ihn nicht im Sommer 352 durch die Demonstration der eigenen Macht vor den Thermopylen zur Umkehr gezwungen? Und schließlich verfügte Makedonien nicht über eine Flotte, die eine wirkliche Gefahr bedeuten konnte. Noch hatte man in Athen andere Sorgen. Die Belagerung von Heraion Teichos aber, der Griff nach den Meerengen, das war das Sturmzeichen. In der *Dritten Olynthischen Rede* erinnert Demosthenes die Athener daran, welchen Schrecken und welche freilich rasch wieder erlahmende Aktivität die Nachricht von Philipps Unternehmen in der Stadt hervorrief. Auch für ihn selbst wird sie den Augenblick des Erkennens bedeutet haben. Wir sehen von nun an seine ganze politische Leidenschaft gegen eine einzige Front und gegen einen einzigen Mann gerichtet: gegen Makedonien und Philipp.

Das früheste Zeugnis dieser Einsicht und der aus ihr entspringenden Folgerungen ist die *Erste Philippische Rede*[1], ein kraftvoller Aufruf an die athenische Bürgerschaft,

[1] A. Ronconi, *Dem. La prima Filippica. Con introd. e note*. Firenze 1956.

der die Kritik an den Fehlern der Vergangenheit mit tröstlichem Zuspruch verbindet. Der konkrete Vorschlag zielt auf die Ausrüstung von zwei Kampfgruppen, um Philipp zu Lande dauernd beunruhigen und mit Flottenmacht in seinem Bereiche angreifen zu können. Demosthenes gab auch einen ausgearbeiteten Plan, wie die Mittel für diese Rüstungen zu beschaffen wären, doch lesen wir in unserem Text statt seiner nur das Stichwort «Nachweis der Geldmittel» (πόρου ἀπόδειξις). Ein kostbarer Beleg dafür, daß die tatsächlich gehaltenen Reden in einer vom Autor in Einzelheiten veränderten Form auch als Broschüre ihre Wirkung tun sollten.

Die Datierung der Rede stellt ein schwieriges Problem. Dionysios (*Ep. ad Amm.* 4) gibt das Archontenjahr 352/51 an, und die Zeit unmittelbar nach dem Angriff auf Heraion Teichos und der Entspannung, die Philipps Erkrankung brachte, würde einen ausgezeichneten Hintergrund für die Rede ergeben. Nun ist aber in ihr eine Unternehmung Philipps gegen Olynth erwähnt (17), womit kaum eine andere als jene von 349 gemeint sein kann. Darauf gestützt, hat EDUARD SCHWARTZ[1] die Datierung der Rede auf dieses Jahr begründet und weitgehend Nachfolge gefunden.

Die Rede *Über die Neuordnung* (Περὶ συντάξεως)[2] wollten WILAMOWITZ und andere dem Demosthenes absprechen, wobei die Übereinstimmung zahlreicher Stellen mit anderen Reden eine Rolle spielte, doch neigt man in neuerer Zeit zur Anerkennung der Echtheit. Der Tenor der Rede, die finanzielle Reformen fordert und zur Leistung für die Stadt aufruft, weist auf die Zeit um 350.

Eine Erkrankung hatte Philipp vor Heraion Teichos um den Erfolg gebracht, für Athen bedeutete sie nur eine Atempause. Der nächste makedonische Stoß galt den griechischen Städten auf der Chalkidike, Olynth[3] vor allem. Im Jahre 348 fiel die Stadt und wurde vollkommen zerstört, die Chalkidike war in Philipps Hand. Wohl hatte Athen in letzter Stunde mit den Chalkidiern ein Bündnis geschlossen und Hilfsexpeditionen entsandt, aber alles kam zu spät. In die Zeit der drohenden Katastrophe, das heißt zwischen Herbst 349 und Frühjahr 348, fallen die drei *Olynthischen Reden*[4] des Demosthenes. Sie im einzelnen mit konkreten Anlässen zu verbinden ist nicht mehr möglich, und gerade bei ihnen bleibt die Frage offen, was gesprochene Rede und was von vorneherein politische Publizistik war. Die erste dieser Reden nimmt zu einem guten Teile den Ton und die Vorschläge der *Ersten Philippischen Rede* auf. Das gilt auch von der *zweiten*, die sich gegen die Methode wendet, Philipp zum Schreckbild zu machen und das Volk einzuschüchtern. Was nottut, ist vielmehr die Stärkung seiner inneren Haltung. Und wenn Philipps Macht als ein Bau gezeigt wird, der auf Lug und Trug errichtet ist, so nährt sich dies ethische Pathos von der alten griechi-

[1] *Festschr. f. Th. Mommsen.* Marburg 1893. Anders JAEGER, *Dem.* (s.u.), 121, doch bleibt es schwierig, die Erwähnung von Olynth einer Überarbeitung zuzuweisen. Ausgabe: U. E. PAOLI, Milano 1939.

[2] F. W. LENZ, *De Dem.* Π. συντ. *oratione.* Diss. Berl. 1919. FOCKE (s.u.), 12. Zweifelnd über die Echtheit JAEGER, *Dem.* (s.u.), 234, 24.

[3] Diese mächtige Siedlung des 4. Jh. erschlossen die amerikanischen Grabungen: D. M. ROBINSON, *Die Antike.* 11, 1935, 274, und *RE* 18, 1939, 325.

[4] P. TREVES, ‹Le Olintiache di D.› *Nuova Riv. Stor.* 22, 1938, 1. Zur Frage ‹Rede oder Broschüre?› JAEGER, *Dem.* (s.u.), 237, 46. H. ERBSE, ‹Zu den Olynthischen Reden des Dem.›. *Rhein. Mus.* 99, 1956, 364.

schen Überzeugung, daß Hybris der Dike doch nicht entgehen könne. Besonders weit geht die *Dritte Rede*, die, allerdings mit Bedachtnahme auf die legalen Grundlagen, die Verwendung der Theatergelder für die Rüstungen zur Debatte stellt. Als welches crimen laesae maiestatis jeder Griff nach diesen Geldern galt – Demades hat das Theorikon «Kitt der Demokratie» genannt (Plut. *Plat. quaest.* 1011 b) –, ersehen wir aus der Reaktion auf einen Antrag jenes Apollodoros, dem wir früher im Zusammenhang mit mehreren Privatprozessen begegneten (Ps.-Dem. *Gegen Neaira* 3–5).

In die Zeit des Kampfes um Olynth fällt auch die Rede *Gegen Meidias*[1]. Dieser, einer der reichsten Athener, hatte den Demosthenes lange mit seiner Feindschaft verfolgt, bis es bei einem Dionysosfest zu einer offenen Attacke dieses unberechenbaren und brutalen Menschen auf den Redner kam. Demosthenes reagierte sogleich mit einer vorläufigen Klage (προβολή), doch dürfte es zur Durchführung des Prozesses gegen den mächtigen Mann nicht gekommen sein. Da Meidias zum Kreise des Eubulos gehörte, zu dem Demosthenes durch seine Politik der Aktivität in immer stärkeren Gegensatz geriet, erhielt die ursprünglich private Geschichte auch eine politische Seite.

Philipps Erfolge hatten eine Lage geschaffen, in der nur ein geeintes Griechenland Aussicht auf Erfolg gehabt hätte. Bis dorthin war der Weg noch weit, und so schloß sich Demosthenes der athenischen Gesandtschaft an, die 346 zu Verhandlungen mit Philipp nach Pella ging. Im selben Jahre kam der «Friede des Philokrates» zustande, der Athen nötigte, die Phoker preiszugeben, und es Philipp gestattete, in Mittelgriechenland festen Fuß zu fassen. Daß diese Lage neue Konflikte in Menge barg, war offenbar, ebenso aber auch, daß Athen zur Zeit keine Aussicht auf Erfolg hatte, und so trat Demosthenes in seiner Rede *Über den Frieden* für dessen Erhaltung ein. Es war die Zeit, in der Isokrates in seinem *Philippos* den Makedonen zur Führung Griechenlands aufrief.

In den folgenden Jahren eines faulen Friedens konnte Demosthenes die Leitung der athenischen Politik in wachsendem Maße bestimmen. Nach außen galt es, Bundesgenossen zu gewinnen und eine möglichst geschlossene griechische Front gegen Philipp zustande zu bringen, im Inneren mußte die makedonenfreundliche Partei niedergezwungen werden. Die *Zweite Philippische Rede*[2] aus dem Jahre 344 warnt vor Philipp, beschäftigt sich mit Argos und Messene, die über Athens prospartanische Politik Klage führen, und wendet sich in ihrem Schlußteil mit scharfem Angriff gegen Aischines. Diesen hatte Demosthenes bald nach der Rückkehr von der Gesandtschaft des Jahres 346 der Bestechung und des Betruges anklagen lassen. Aber der formale Ankläger Timarchos war unglücklich gewählt, und Aischines konnte ihn in einem Sittlichkeitsprozeß, aus dem uns seine Rede erhalten ist, unmöglich machen. Erst 343 kam die Sache zwischen Demosthenes, der diesmal selbst die Klage führen mußte, und Aischines zum Austrag. Die beiden Reden *Über die Truggesandtschaft*

[1] H. Erbse, ‹Über die Midiana des D.›. *Herm.* 84, 1956, 135, sucht die Ansicht zu entkräften, Dem. habe diese Rede weder selbst gehalten noch herausgegeben. Als Zeit des Prozesses vermutet er den Spätherbst 349. An der von ihm bekämpften Ansicht halten Humbert-Gernet in ihrer Ausgabe fest, F. Zucker, *Gnom.* 32, 1960, 608, stimmt ihnen zu.

[2] G. M. Calhoun, ‹D. second Philippic›. *Trans. Am. Phil. Ass.* 64, 1933, 1.

(Περὶ τῆς παραπρεσβείας) sind erhalten, die des Demosthenes in einer für die Veröffentlichung bestimmten Überarbeitung, was daraus hervorgeht, daß die Verteidigung des Aischines in einzelnen Punkten der überlieferten Anklagerede nicht entspricht. Aischines ging mit geringer Mehrheit frei. Die Partei der Makedonenfreunde verlor an Boden, hatte doch Hypereides gegen Philokrates, der in das Ausland flüchtete, ein Todesurteil erwirken können.

In diese Zeit (342) gehört die Rede *Über Halonnesos*, die das Recht Athens auf die kleine Insel südlich von Lemnos vertritt. Die Alten (Libanios in der *Hypothesis* u.a.) haben jedoch nicht Demosthenes, sondern Hegesippos von Sunion als den Verfasser angesehen.

Als Philipp 342 Thrakien seinem Reiche fest eingegliedert hatte und sich seine Stoßrichtung auf die Meerengen erneut mit aller Deutlichkeit abzuzeichnen begann, stieg die Spannung und mit ihr des Demosthenes Aktivität aufs äußerste. Drei Reden aus dem Jahre 341 zeugen davon. In jener *Über die Angelegenheiten in der Chersonesos* (Περὶ τῶν ἐν Χερρονήσῳ)[1] stellt er sich gegen Philipps Beschwerde schützend vor den Söldnerführer Diopeithes, der von diesem Gebiete aus Philipp unangenehm geworden war. Den Höhepunkt in des Demosthenes Tätigkeit als politischer Redner erreichte die *Dritte Philippische Rede*. In ihr lodert jene Leidenschaft, die Eratosthenes mit der Besessenheit eines von Bakchos Ergriffenen verglich (Plut. *Dem.* 9). Die Rüstungen voranzutreiben und auf den Zusammenschluß aller Griechen gegen Philipp hinzuarbeiten ist das Gebot der Stunde, vor dem nichts anderes gilt. Die Rede ist uns in einer kürzeren und einer weiteren Fassung erhalten. Es ist schwer zu entscheiden, ob wir in beiden Fällen Demosthenes lesen oder es im zweiten mit Interpolationen zu tun haben[2]. Die *Vierte Philippische Rede*, die man Demosthenes streitig machen wollte, hat ihm ALFRED KÖRTE[3] zurückgegeben. In ihr tritt das Bemühen um den innerpolitischen Ausgleich stark hervor, auch unterstreicht Demosthenes (32–34) in offenbarem Gegensatz zu Isokrates die Hoffnung auf ein Zusammengehen mit Persien stärker als anderswo.

Diese Jahre waren die hohe Zeit des Demosthenes. Philipps Angriffe auf Perinthos und Byzantion blieben ohne Erfolg, aber unter dem Eindrucke dieser Gefahr schloß sich der größte Teil der griechischen Staaten zu einem Bunde unter Athens Führung zusammen. Theben, das noch abseits stand, folgte erst unmittelbar vor der Entscheidung. Im Inneren zeugte das neue Symmoriengesetz von erhöhter Opferbereitschaft. Zweimal, in den Jahren 340 und 339, ehrte das Volk, das nun Demosthenes als seinen politischen Führer anerkannte, diesen durch einen goldenen Kranz.

Im Corpus Demosthenicum ist ein Brief Philipps aus dem Jahre 340 erhalten (12)[4], in dem er sich über Athens Hilfe für Perinthos und Byzantion beschwert. Eine Antwortrede des Demosthenes (11) hat sich durch den Demostheneskommentar des

[1] A. MORPURGO, *Orazione per gli affari di Chersoneso. Con introd. e comm.* Firenze 1956.
[2] P. TREVES, ‹La composition de la 3e Philippique›. *Mélange Radet* 1940, 354.
[3] ‹Zu Didymos' D.-Commentar›. *Rhein. Mus.* 60, 1905, 388. Neuerliche Diskussion bei C. D. ADAMS, ‹Speeches VIII and X of the Dem. Corpus›. *Class. Phil.* 33, 1938, 129.
[4] Lit. bei BENGTSON a. O. 301.

Didymos (nr. 339 P.) als ein Stück aus dem 7. Buch der *Philippika* des Anaximenes von Lampsakos erwiesen.

Seit 340 befand sich Athen wieder in offenem Krieg mit Philipp. Kämpfe im Norden seines Reiches schufen eine Verzögerung der Entscheidung, im Jahre 338 ist sie dann bei Chaironeia gefallen. Sie bedeutete das Ende der griechischen Freiheit, zugleich aber den Beginn einer neuen Zeit, denn jener Philipp, der noch im Jahre von Chaironeia die griechischen Staaten außer Sparta in einem «allgemeinen Frieden» und einer Symmachie unter seiner Führung zusammenschloß, erwies sich als einer der wenigen Männer der Geschichte, die nach einem gewonnenen Krieg auch den Frieden zu bedenken vermögen.

Die Athener ließen Demosthenes die Niederlage nicht entgelten, ihm wurde die Leichenrede für die Gefallenen übertragen. Der erhaltene *Epitaphios* liegt in Stil und Wirkung ein gutes Stück von den Volksreden ab, doch ist die Verschiedenheit der Situation und des Genos zu bedenken. Wahrscheinlich haben die Verteidiger seiner Echtheit[1] recht. Den wahren und großgearteten Epitaphios für Athens Freiheitskampf hat Demosthenes unter seltsamen Umständen Jahre später gesprochen. Für seine Verdienste um die Ausbesserung der Mauern, für seine Opfer an Vermögen im Dienste des Staates beantragte Ktesiphon im Jahre 336 feierliche Bekränzung an den Großen Dionysien im Theater. Aischines schritt mit einer Klage wegen Gesetzwidrigkeit ein, der Prozeß wurde aber verschleppt und kam erst 330 zum Austrag. Die formalen Einwände des Aischines boten lediglich den Vorwand, um – echt griechisch, echt athenisch – den großen Kampf der Jahre vor Chaironeia, über den die Geschichte längst entschieden hatte, nochmals im Reiche der Gedanken durchzufechten. Wir besitzen beide Reden, die des Aischines *Gegen Ktesiphon* und des Demosthenes *Rede vom Kranz* (Περὶ στεφάνου), in der er die Verteidigung des Ktesiphon zu einer gewaltigen Rückschau auf das Gewollte und zur Rechtfertigung des damals beschrittenen Weges ausweitete. Hier siegte Demosthenes, Aischines erhielt nicht einmal ein Fünftel der Stimmen und mußte Athen verlassen.

Daß Demosthenes die aufflammende Hoffnung Athens bei Philipps Tod (336) teilte, läßt sich ohne Mühe denken, doch stammt die unter seinem Namen überlieferte, gegen die Makedonen gerichtete Rede *Über die Verträge mit Alexander* (17, Περὶ τῶν πρὸς Ἀλέξανδρον συνθηκῶν) nicht von ihm.

Über sein Alter fiel ein schwerer Schatten, als er in die Harpalos-Affäre verwickelt wurde. Dieser ungetreue Schatzmeister hatte Geld, mit dem er Alexander durchgegangen war, in Athen deponiert und einen Teil davon athenischen Politikern zukommen lassen. Demosthenes war unter ihnen; wir kennen die Motive nicht, aus denen er dies Geld nahm. Das Gericht verurteilte ihn (324) zu fünfzig Talenten Buße, und er entzog sich der Schuldhaft durch die Flucht nach Troizen. Als sich nach

[1] J. Sykutris, ‹Der dem. Epitaphios›. *Herm.* 63, 1928, 241, und M. Pohlenz, ‹Zu den att. Reden auf die Gefallenen›. *Symb. Osl.* 26, 1948, 46. Gegen die Echtheit P. Treves, ‹Apocrifi Demostenici›. *Athenaeum* 14, 1936, 153 u. 233. Andere Lit. bei Jaeger, *Dem.* (s.u.), 253, 24, der die Echtheit bezweifelt. Kranzrede: P. Treves, Milano 1933 (mit Komm.). Übers. von Fr. Jacobs, bearb., eingel. u. erl. von *M. Müller*. München 1967 (Goldmanns Gelbe Taschenbücher).

Alexanders Tod Athen mit Argos und Korinth erhob, kehrte er im Triumph heim. Aber der Freiheitstraum der Aufständischen endete bald durch die Niederlage der Flotte bei Amorgos und jene des Landheeres bei Krannon. Wieder mußte Demosthenes fliehen und gab sich auf der Insel Kalauria im Spätherbst 322 durch Gift den Tod, als er sich im Poseidontempel von den Schergen Antipaters umstellt sah.

Die Überschau über das Werk des Demosthenes ergab sich im Zusammenhange mit seinem Leben und seiner politischen Tätigkeit. Dabei zeigte sich, wie reich die Sammlung von einundsechzig Reden mit Unechtem durchsetzt ist. Dazu gehört auch der *Erotikos* (61), das Lob auf einen schönen Knaben in Briefform. Erhalten sind unter dem Namen des Demosthenes ferner sechs *Briefe*, die außer dem 5. alle die Situation seines Exils voraussetzen[1]. Die Frage der Echtheit ist für den 2. und 3. zu überlegen, aber auch für diese beiden keineswegs entschieden. Hingegen ist unter den sechsundfünfzig Prooimien zu Staatsreden sicher ein guter Teil von Echtem, da verschiedene dieser Einleitungen in den erhaltenen Reden wiederkehren. Es läßt sich denken, daß eine demosthenische Sammlung später durch Nachahmungen angereichert wurde.

Das Demosthenesbild war im Laufe der Zeit Schwankungen unterworfen, die selbst ein Stück Geschichte sind[2]. Mochte der Kardinal Bessarion 1470 die *Erste Olynthische Rede* lateinisch herausgeben, um zum Kampfe gegen die Türken anzufeuern, mochte Friedrich Jacob in der napoleonischen Zeit Demosthenes übersetzen, immer wieder versuchte man, aus der Glut seiner Begeisterung neue Flammen emporschlagen zu lassen. Das letzte Glied dieser Reihe ist Clémenceaus *Démosthène*[3] aus der Zeit nach dem Ersten Weltkriege. Noch während dieses Krieges erschien Engelbert Drerups Buch *Aus einer alten Advokatenrepublik*[4], das einen äußersten Punkt in der entgegengesetzten Richtung bezeichnet. Seit sich durch Droysens Entdeckung des Hellenismus unser Bild der griechischen Geschichte gewaltig verändert hatte, trat die Beurteilung der politischen Tätigkeit des Demosthenes unter neue Aspekte. Der letzte Freiheitskampf der Griechen wurde angesichts der weltweiten Wirkung, die Alexanders Tat dem Hellenentum ermöglichte, zur belanglosen Episode, und Demosthenes geriet in den Schatten derer, die Philipp als Träger einer neuen Entwicklung begrüßten. Notwendig schnitt er bei einem solchen ex eventu gefällten Urteil schlecht ab, und man ließ ihn die klassizistische Gloriole, die er noch in Arnold Schäfers großem Werke trägt, schwer entgelten. Heute dürfte das Pendel zwischen den Extremen ausgeschwungen haben und die Zeit für eine Fragestellung reif geworden sein, die aus anderer Sicht erfolgt. Das Spiel der Kräfte, die der Polis klassischer Prägung ihr Ende bereiteten und Neuem den Weg bahnten, überschauen wir einigermaßen und wissen abzuschätzen, was verloren und was gewonnen wurde.

[1] H. Sachsenweger, *De D. epistulis*. Diss. Leipz. 1935. Ein Stück aus *Brief* 3 findet sich auf einem Londoner Papyrus aus dem 1. Jh. v. Chr. (nr. 337 P.).

[2] E. Drerup, *D. im Urteil des Altertums*. Würzb. 1923. Für die neuere Zeit: C. D. Adams, *D. and his influence*. Lond. 1927.

[3] Paris 1924. [4] Paderborn 1916.

Für Demosthenes aber lautet unsere Frage, ob sein Leben und Kämpfen echten tragischen Akzent trägt oder ein Schattenspiel gewesen ist. Unsere Antwort wird von den beiden weiteren Fragen abhängen, ob die Werte, für die er kämpfte, den Rang großer geschichtlicher Wirklichkeit hatten oder Scheinbilder waren, und des weiteren, ob er den Kampf für diese Werte im Dienste einer Überzeugung oder mit advokatischen Kniffen für eigene Geltung und eigenen Vorteil führte. Beide Fragen sind damit, daß man sie stellt, auch schon beantwortet. Dann aber wird Demosthenes, dem es aufgegeben war, von der stolzen Tradition seiner Polis noch in der Stunde ihres Unterganges Zeugnis abzulegen, zur großen, von echter Tragik umgebenen Gestalt am Wege des griechischen Volkes.

Unabhängig von der Wertung seiner politischen Tätigkeit dauert die Kunst seiner Rede. Besonders in England, aber auch in anderen europäischen Ländern, hat man ihn lange als unerreichten Lehrmeister politischer Beredsamkeit geschätzt und verwertet. Wir haben früher im Zusammenhange mit Isokrates von den Gefahren der Rhetorik für das Leben des griechischen Geistes und der griechischen Kunst gesprochen, um so mehr haben wir es nun hervorzuheben, daß bei Demosthenes echte Leidenschaft und Kraft der Überzeugung die vollendete Form so durchdringen, daß in den stärksten seiner Reden wirklich Lebendiges ersteht. In seinen rednerischen Anfängen zeigt sich Demosthenes noch da und dort von dem Vorbild der isokrateischen Periode mit ihrer wohlberechneten Ausgewogenheit und kühlen Glätte beeinflußt, aber bald findet er zu seinem persönlichen Stil, der auch die am weitesten ausladenden Satzbauten von der Gegebenheit der Situation aus gestaltet und mit dem persönlichen Temperament des Redners durchdringt. Der Gleichmäßigkeit isokrateischer Rede tritt bei Demosthenes ein ungleich größerer Reichtum an Variationsmöglichkeiten gegenüber[1], wie sich denn die breite Wucht der Demegorien von dem schlichteren Periodenbau der Prozeßreden deutlich abhebt. In der Verwendung von Klang- und Sinnfiguren ist er maßvoll, den Hiat vermeidet er, wenngleich nicht mit derselben Strenge wie Isokrates, und in der Wortwahl wahrt er Zucht, ohne bei Gelegenheit einem kräftigen Ausdruck allzu ängstlich aus dem Wege zu gehen. Daß die Wirkung demosthenischer Rede zu einem großen Teil auf ihrem Rhythmus beruht, hat man schon im Altertum bemerkt. Die Gesetze dieser rhythmischen Gestaltung zu ergründen ist schwierig. Eine wichtige Einzelheit hat Blass mit der Feststellung gefunden, daß Demosthenes die Abfolge von mehr als zwei kurzen Silben meidet[2]. Zu einem großen Teile beruht die Wirkung der demosthenischen Sprache auf der maßvollen, aber von feinstem rhythmischen Empfinden getragenen Ausnützung jener Freiheit der Wortstellung, die dem griechisch schreibenden Autor eine Fülle von Wirkungsmöglichkeiten sicherte. Besondere Sorgfalt rhythmischer Gestaltung hat Demosthenes wie andere Meister der Prosa dem Satzende zugewendet. Die Erfassung dieser Klauseltechnik ist

[1] Das Wesentliche hat schon Dionysios, *Dem.* 43–52 beobachtet.

[2] Für die Analyse dem. Periodenbaus hat den Grund L. Dissen in der Einleitung seiner Ausgabe der *Rede vom Kranze* (1837) gelegt. Wichtig bleibt F. Blass, *Att. Beredsamkeit.* 2. Aufl. Leipz. 1893, Bd. 3/1. Rhythmische Analysen bei E. Norden, *Die ant. Kunstprosa* 2, Leipz. 1898, 911. Zur Vermeidung gehäufter Kürzen: C. D. Adams, ‹D.'avoidance of breves›. *Class. Phil.* 12. 1917, 271.

jedoch von sicheren Ergebnissen noch ein gutes Stück entfernt und in letzter Zeit einigermaßen ins Stocken geraten[1].

Von den antiken Stilurteilen über Demosthenes heben wir zwei hervor: die Synkrisis des Redners mit Thukydides in der unter dem Namen des Marcellinus überlieferten Biographie des Geschichtschreibers (56f.), wobei für Demosthenes die kräftige Verwendung von Gedankenfiguren hervorgehoben wird, die bei Thukydides vermieden sind. Daß dieses Urteil aus dem Werk des Caecilius von Kalakte Περὶ τοῦ χαρακτῆρος τῶν δέκα ῥητόρων stammt, hat neuerdings FRIEDRICH ZUCKER[2] als höchst wahrscheinlich erwiesen. Besonders eindrucksvoll ist die Gegenüberstellung von Hypereides und Demosthenes durch den Autor der Schrift *Vom Erhabenen* (34): Hypereides bleibt trotz allen glänzenden Eigenschaften, trotz Witz und Eleganz durch eine breite Kluft von der leidenschaftserfüllten Größe des Demosthenes geschieden.

Demosthenes hat den Mann, der ihn im Dienste des Eubulos und des Makedonenkönigs am heftigsten bekämpfte, in die Geschichte mitgenommen, die ansonsten von diesem Politiker und Redner nicht viel Aufhebens gemacht hätte. Aischines, für den wir außer den Abschnitten in Ps.-Plutarchs *Redner-* und Philostrats *Sophistenbiographien* die Artikel der *Suda* und zwei Biographien besitzen (für eine zeichnet irgendein Apollonios), ist zur Zeit der umstrittenen Gesandtschaft fünfundvierzig Jahre alt gewesen (1, 49), was auf 389 als sein Geburtsjahr führt. Zum Unterschied von Demosthenes stammte er von kleinen Leuten, dem Schulmeister Atrometos und der Glaukothea, die sich in obskuren Mysterienkulten, wie es sie damals in Fülle gab, ihr Geld verdiente. Die Hilfsdienste, die ihr Aischines als Knabe leistete, hat dieser von Demosthenes an einer religionsgeschichtlich wichtigen Stelle der *Kranzrede* (259) sehr gehässig vorgesetzt bekommen. Als er herangewachsen war, versuchte sich Aischines als Schauspieler, kam aber, wenn wir Demosthenes glauben dürfen (*Kranzr.* 265, 267), über einen schlechten Tritagonisten nicht hinaus. Im Staatsdienst finden wir ihn in einer untergeordneten Stelle als ὑπογραμματεύς, doch gelang es ihm jedenfalls, das Vertrauen des Eubulos, des Hauptes der Friedenspartei, zu gewinnen. Sonst wissen wir über seinen Eintritt in das politische Leben nicht viel zu sagen. Es ist seltsam, daß wir von ihm drei Reden besitzen, die Routine erweisen, ohne daß wir sonst etwas von seiner rednerischen Tätigkeit nachweisen könnten. Denn eine Rede, die er für Athen in Delos gehalten haben soll, wurde ihm schon in der Antike mit Recht abgesprochen, da er seine Stadt dort nie vertreten hat, wie wir dies von Hypereides (fr. 1 BURTT) wissen.

Besonders problematisch ist die Rolle des Aischines bei den Verhandlungen der delphischen Amphiktyonie im Jahre 339 gewesen, die zum Heiligen Krieg gegen die

[1] Gegen die von NORDEN, a.o. 914ff. vertretene Theorie, der Schlußrhythmus basiere vornehmlich auf dem Kretiker, wendet sich A. W. DE GROOT, *A Handbook of antique prose-rhythm.* Groningen 1918, der Daktylus und Choriamb bevorzugt findet.

[2] Ἀνηθοποίητος. *Eine semasiologische Untersuchung aus der antiken Rhetorik und Ethik.* (Sitzb. Deutsche Akad. Kl. f. Spr., Lit. u. Kunst 1952/4. 1953), wo die beiden hier angeführten Partien ausgezeichnet interpretiert werden.

Lokrer von Amphissa führten. Aischines, damals Gesandter Athens, hat zu diesem Kriege und damit zu Philipps Eingreifen beigetragen, mögen seine Motive welche immer gewesen sein[1]. Die drei erhaltenen Reden und ihre Anlässe sind uns bereits im Zusammenhange mit Demosthenes begegnet: *Gegen Timarchos* sprach Aischines, um den Ankläger im Gesandtschaftsprozeß der Unzucht zu überführen und in die Atimie zu stoßen, in der Rede *Über die Truggesandtschaft* verteidigte er sich mit Erfolg gegen Demosthenes, unterlag ihm aber entscheidend 330 im Prozeß um den Kranz mit seiner Rede *Gegen Ktesiphon*. Als er Athen verlassen mußte, ging er nach Kleinasien und soll in Rhodos rhetorischen Unterricht gegeben haben. Gestorben ist er nach einer allerdings unsicheren Angabe der Apollonios-Vita im Jahre 314.

Unecht sind zwölf unter seinem Namen erhaltene *Briefe*, die zum Teil ganz ungeschichtlich seine formale Verbannung voraussetzen und ihn um seine Rückberufung bitten lassen. Literarisches Interesse beansprucht der *10. Brief*, eine richtige milesische Novelle, die eine freche Verführungsgeschichte[2] erzählt.

Wir schließen hier als weiteren Gegner des Demosthenes Deinarchos an, wenngleich der um 360 zu Korinth Geborene mit einem wesentlichen Teil seiner Tätigkeit in einen späteren Zeitabschnitt gehört. Dionysios von Halikarnaß hat ihm trotz seiner Mittelmäßigkeit eine Abhandlung (Περὶ Δεινάρχου) gewidmet, die auch für die pseudoplutarchische *Vita* die Quelle gewesen ist. Um 342 kam er nach Athen, studierte bei Theophrast und trat zu Demetrios von Phaleron in ein vertrautes Verhältnis. Seit 336 betätigte er sich als Logograph und erlangte im Verlaufe der Zeit, in der die großen Redner von der Bühne des attischen Lebens abgetreten waren, einige Bedeutung: Aber als 307 das makedonisch gestützte Regiment seines Gönners, des Demetrios von Phaleron, einem anderen Demetrios, dem Poliorketes, weichen mußte, entzog er sich der bedrohlichen Situation durch die Flucht nach Chalkis auf Euboia. Erst 292 durfte er, wohl auf Verwendung Theophrasts, heimkehren. Hochbetagt ist er das erstemal vor Gericht in dem Prozesse gegen seinen ehemaligen Freund Proxenos aufgetreten[3], den er in einer Vermögensangelegenheit vor Gericht zog. Wie lange er dann noch lebte, wissen wir nicht.

Die Zahl seiner Reden wird verschieden und zum Teil mit unglaubwürdig hohen Ziffern überliefert. Die Angaben des Dionysios führen auf sechzig echte und siebenundzwanzig unterschobene Reden. Einige weitere Titel tauchen bei anderen Autoren auf. Sechs der von Dionysios genannten Reden besitzen wir, und es leuchtet tief in die ganze Wirrnis der Rednerüberlieferung hinein, wenn wir feststellen, daß drei davon im demosthenischen Corpus stehen (39, 40, 58) und von diesen wieder nur die erste von Demosthenes stammt. Für Deinarchos bleiben drei Reden aus dem harpalischen Prozesse. Die erste von ihnen wurde von einem uns unbekannten Sprecher als zweite Anklagerede (Deuterologie) *Gegen Demosthenes* vorgetragen. Dionysios be-

[1] Für diesen Zeitabschnitt: F. R. Wüst, *Philipp II. v. Maked. u. Griechenland in den Jahren von 346–338.* Münch. 1938, 146.

[2] Vgl. A. Lesky, *Aristainetos.* Zürich 1951, 40.

[3] Zur Frage, ob dies dem Metöken möglich war, Lit. bei Ferckel (s. u. zu Lysias). 76.

richtet (1) von den Zweifeln des Polyhistors Demetrios Magnes an ihrer Echtheit. Dieser Stilkritiker stellte Deinarchos an Anmut dem Hypereides gleich und fand, daß die Rede *Gegen Demosthenes* von den übrigen stilistisch zu stark abweiche. Die Nichtigkeit des ersten Urteils ist klar, und da wir beim Vergleiche mit den beiden anderen erhaltenen Reden dieselbe Fahrigkeit der Komposition, dasselbe Überwiegen des Schimpfens über das Argumentieren und die gleiche Abhängigkeit einer im Niedergange befindlichen Redekunst von den großen Vorbildern feststellen, können die Zweifel jenes Demetrios beiseite gelassen werden. Die zweite Rede richtet sich *Gegen Aristogeiton*, jenen zweifelhaften Demagogen, mit dem sich zwei unechte Reden des demosthenischen Corpus (25 f.) beschäftigen. Auch er hatte von Harpalos Geld genommen. In der dritten Rede, *Gegen Philokles*, wird dieser Vertreter der antimakedonischen Partei, der Athen in hohen Stellungen gedient hatte, des gleichen Vergehens bezichtigt. Die beiden letztgenannten Reden sind am Ende verstümmelt.

Demosthenes hatte unter den Rednern seiner Zeit aber auch Anhänger. Das interessanteste Profil unter ihnen zeigte der Athener Hypereides. Er war um 390 geboren, wurde Schüler des Isokrates und hat, wenn wir der pseudoplutarchischen Vita glauben dürfen, auch Platon gehört. Im privaten Leben war er kein Kostverächter, und wenngleich viel von dem Spott der Komödie über seine Freude an Tafelgenüssen und Hetären[1] Dichtung sein wird, so hat der Ansatz für derlei Erfindungen sicher nicht gefehlt. Berühmt wurde die Anekdote, er habe bei seiner Verteidigungsrede für Phryne – Messalla Corvinus hat sie ins Lateinische übersetzt – auf die Richter dadurch Eindruck gemacht, daß er den Busen der Schönen entblößte. Derselbe Hypereides hat bis zu seinem furchtbaren Ende mit Treue und Energie die Linie der antimakedonischen Politik gehalten. Er hat 343 die Verurteilung jenes Philokrates erwirkt, der dem Frieden von 346 seinen Namen gab, und hat bald darauf Athens Interessen mit Glück in Delos vertreten. Wie Demosthenes warb er Bundesgenossen für Athen und diente seiner Stadt bei Unternehmungen zur See, so 340 vor Byzantion, als Trierarch. Nach Chaironeia wirkte er als angesehener Gerichtsredner und trat 324 als Ankläger im Harpalos-Prozeß gegen seinen alten Parteifreund Demosthenes auf. Aber er versöhnte sich mit ihm und fand ihn bei der Erhebung nach Alexanders Tod, an der er mit dem Strategen Leosthenes führend beteiligt war, an seiner Seite. Und wie Demosthenos floh er nach der Katastrophe von 322, vom Todesurteil bedroht, wurde aber noch im selben Jahre auf Aigina ergriffen und auf Befehl Antipaters grausam hingerichtet.

Hypereides gehört zu jenen Autoren, die wir erst durch Papyrusfunde wahrhaft kennenlernten, und so hat denn die Forschung der letzten Jahrzehnte für ihn mehr getan als für die anderen Redner. Funde aus der zweiten Hälfte des vergangenen Jahrhunderts haben umfangreiche Reste aus sechs Reden gebracht. Am besten erhalten sind die Rede *Gegen Athenogenes*[2] in einem Privatprozeß um einen Kaufvertrag und die *Für Euxenippos*, dem Unkorrektheit bei der Verteilung von Land bei Oropos

[1] Ath. 8, 341e. 13, 590c. Vgl. T. B. L. WEBSTER, *Studies in Later Gr. Com.* Manchester 1953, 46.
[2] Komm. Ausgabe dieser und der folgenden Rede: V. DE FALCO, Napoli 1947.

vorgeworfen wurde. Traumschlaf im Amphiareion spielte bei der Affäre eine interessante Rolle. Recht bruchstückhaft ist die Rede *Gegen Demosthenes* im Harpalos-Prozeß auf uns gekommen[1]. Dasselbe gilt von den zwei folgenden Reden. Jene *Für Lykophron* stammt aus einem Prozesse, in dem der Redner Lykurgos als einer der Ankläger eine Anschuldigung wegen Ehebruchs mit vermögensrechtlichem Hintergrund durch eine Meldeklage (εἰσαγγελία) zur Staatsaffäre zu steigern suchte. Die Rede *Gegen Philippides* wendet sich gegen einen Vertreter makedonenfreundlicher Maßnahmen. Nach dem bitteren Ende der Erhebung gegen die Makedonen konnte Hypereides noch den *Epitaphios*[2] für die Gefallenen des Lamischen Krieges halten. Die recht umfangreichen Reste lassen erkennen, daß Hypereides auf dem Wege zum großen Pathos an die Grenzen seiner Sprachkunst gekommen ist. Ihm war nicht die aus tiefer Ergriffenheit hervorbrechende Gewalt demosthenischer Rede gegeben. Ausgezeichnet hat ihn der Verfasser der Schrift *Vom Erhabenen* (34) charakterisiert, wenn er seinen Reichtum an Tönen hervorhebt und ihn einen tüchtigen Fünfkämpfer nennt, der in allen Teilen seiner Kunst Ausgezeichnetes leistet, ohne in einem einzelnen der Erste zu sein. Auch daß er neben Demosthenes der Natürlichkeit und Anmut des Lysias viel verdankt, ist richtig gesehen. Es gehört zur Lockerung des Sprachlichen, die wir bei ihm feststellen, daß sich in seinen Reden der Weg vom Attischen zur Koine, der hellenistischen Gemeinsprache, abzuzeichnen beginnt[3].

Die Seele der Restaurationspolitik nach 338 ist Lykurgos aus dem ehrwürdigen Geschlecht der Eteobutaden gewesen, der einzige attische Redner aus den Reihen des Adels. Um 390 geboren, trat er in den vierziger Jahren in die Reihen der makedonenfeindlichen Patrioten und führte teils persönlich teils durch seine Freunde die athenische Finanzverwaltung in den Jahren 338–327 in mustergültiger Weise. Aber dieser Mann, dessen konsequente Strenge gegen sich und andere fast unattische Züge trägt, griff in seiner Wirksamkeit über den Bereich der staatlichen Geldgebarung hinaus. Sein Geschlecht war mit hohen Priestertümern, wie dem des Poseidon im Erechtheion und der Athena Polias, verbunden, und er selbst wendete seine Sorge um den Staatskult in besonderem Maße dem Dionysos zu. Es war Dienst für diesen Gott, wenn Lykurgos das Dionysostheater in Stein neu erbaute, dort die Statuen der drei großen Tragiker aufstellen ließ und durch ein Staatsexemplar der Tragikertexte (s. S. 307) der Verwilderung der Tradition zu steuern suchte. Nicht lange nach seiner Amtsführung, wahrscheinlich 324, ist er gestorben.

Die Alten hatten fünfzehn Reden von ihm, durchaus Gerichtsreden und bis auf zwei, die er zu seiner Verteidigung in Rechenschaftsprozessen hielt, alles Anklagen. Wir besitzen von ihm nur die Rede *Gegen Leokrates*, einen Athener, der 338 in Panikstimmung aus der Stadt geflohen war und sich 331 dort wieder niederlassen wollte. Sein strenger Ankläger bezichtigt ihn des Hochverrates, wobei er sich mehr auf die all-

[1] G. Colin, *Le discours d'H. contre Dém. sur l'argent d'Harpale*. Paris 1934.

[2] G. Colin, ‹L'oraison funèbre d'H.› *Rev. Et. Gr.* 51, 1938, 209. 305. H. Hess, *Textkr. u. erkl. Beiträge zum Epitaphios des H.* Leipz. 1938 (Diss. Bonn; mit Lit. zur griech. Leichenrede).

[3] D. Gromska, *De sermone Hyperidis. Studia Leopolitana* 3, 1927. U. Pohle, *Die Sprache des Redners H. in ihren Beziehungen zur Koine*. Leipz. 1928.

gemeine Auffassung von Bürgerpflicht als auf bestimmte Gesetze stützen kann. Zahlreiche Dichterzitate, darunter eine Rhesis aus dem *Erechtheus* des Euripides, zeigen den der großen Vergangenheit zugewandten Sinn des Redners.

Die eine Probe, die wir besitzen, bestätigt uns das Urteil des Dionysios (*De imit.* 5, 3), seine Stärke habe in kräftiger Aufhöhung und rückhaltlosem Aussprechen der Wahrheit, nicht aber in Witz und Anmut gelegen. Die Glätte der Periode des Isokrates, nach der Überlieferung seines Lehrers, ist ihm ebenso fremd wie das breite Pathos mächtiger demosthenischer Satzbauten.

Die zehn im Kanon vereinigten attischen Redner stellen eine Auslese aus einer bedeutend größeren Zahl dar. Namen haben wir noch allerlei, doch bleiben sie für uns fast durchwegs schattenhaft. Hegesippos von Sunion als mutmaßlicher Verfasser der Rede *Über Halonnesos* und der wenig erfreuliche Aristogeiton sind uns bereits im Zusammenhange mit Demosthenes begegnet, Stratokles kann als dessen Hauptankläger im Harpalos-Prozesse nachgetragen werden. Mitunter blieb wie bei den Tragikern die Begabung in der Familie. Der Redner Glaukippos war ein Sohn des Hypereides, und Demochares, der Neffe des Demosthenes, suchte dessen patriotisches Pathos in einer Zeit zu erneuern, in der es hohl klingen mußte. Eifrig sorgte er für das Andenken seines Oheims, für den er 280 ein Standbild auf dem Markte errichtete. Im Jahre 306 unterstützte er in einer Rede für Sophokles dessen Antrag, die undemokratischen Philosophen in ihrer Lehrtätigkeit zu beschränken. Auch Zeitgeschichte hat er geschrieben.

Am meisten wissen wir von Demades aus dem Demos Paiania. Er arbeitete sich mit Witz und Wendigkeit aus kleinen Verhältnissen – sogar Ruderknecht soll er gewesen sein – in der Zeit nach 338 zu einer führenden Stellung in der athenischen Politik empor. In die Harpalos-Affäre war auch er verwickelt und mußte zu dieser Zeit manchen Rückschlag in Kauf nehmen, aber 322 kam er nach der Niederlage der Aufständischen mit Phokion ans Ruder und stellte den Antrag, der zu Verurteilung und Tod des Demosthenes und Hypereides führte. Dann verließ ihn sein Glück. Als er mit seinem Sohne Demeas 319 nach Makedonien ging, um für den Abzug der makedonischen Besatzung aus Munichia zu wirken, beschuldigte ihn Krateros des Doppelspieles und ließ ihn hinrichten.

Als Redner war Demades ein Naturtalent, hochgeschätzt wegen seines schlagfertigen Witzes. Von den «Demadeia» sind uns köstliche Proben erhalten[1]. Nach Cicero (*Brut.* 36; vgl. Quint. 12, 10, 49) besaß man keine seiner Reden. Dies ist eines der Argumente gegen die Echtheit der Auszüge, die aus einer Rede *Über die zwölf Jahre* (Ὑπὲρ τῆς δωδεκαετίας) in einem Palatinus auf uns gekommen sind und die eine Verteidigung der Politik des Demades nach Chaironeia enthalten.

Isokrates:

Nichts deutet darauf, daß sich die Alexandriner mit Isokrates beschäftigt haben, aber bei den Attizisten galt er viel, und die beachtliche Zahl von Papyri (nr. 1241–1282 P.) zeigt, daß er in der Kaiserzeit recht fleißig gelesen wurde. Auch Fälschungen hat es gegeben, von 60 umlaufenden

[1] Ps.-Demetr., *De eloc.* 282ff. Dazu H. Diels, *Rhein. Mus.* 29, 1874, 107.

Reden bezeichnete Caecilius von Kalakte 28, Dionysios von Halikarnaß nur 25 als echt (Pseud.-Plut. *Dec. or. vitae* 838d). In der handschriftlichen Überlieferung steht neben einem besseren Zweig, den der wertvolle Urbinas 111 (9./10. Jh.) repräsentiert, die Vulgata, innerhalb deren sich wieder der Laurentianus 87, 14 (13. Jh.) von der Gruppe der übrigen Handschriften scheidet.

Ausgaben: Maßgebend noch immer G. E. Benseler-F. Blass, 2 Bde. Leipz. 1878/9. E. Drerup, nur 1. Leipz. 1906 mit ausführlichen Angaben über die Überlieferung. G. Mathieu-E. Brémond, *Coll. des Un. de Fr.* (doppelspr.) 1, 2. éd. 1956. 2, 3. éd. 1956. 3, 2. éd. 1950. 4, 1962. Die Ausgabe der *Loeb Class. Libr.* (doppelspr.) in 3 Bden. (1954. 1956. 1945) stammt von G. B. Norlin und v. Hook. R. Flacelière, *Isocrate. Cinq discours (Hel. Bus. Contre les soph. Sur l'attelage. Contre Callim.)*. Ed. introd. et comm. Paris 1961. Argentina Argentati e Clementina Gatti. *Orazioni di Isocrate*. Torino 1965. Fr. Seck, *Untersuchungen zum Isokratestext. Mit einer Ausgabe der Rede an Nikokles*. Diss. Hamburg 1965. – *Scholia Graeca in Aeschinem et Is.* Ed. W. Dindorf. Oxf. 1852. – S. Preuss, *Index Isocrateus*. Leipz. 1904; repr. Hildesheim 1963. – Unentbehrlich für alle Redner ist noch immer das umfangreiche Werk von F. Blass, *Die Attische Beredsamkeit*. 3 Bde. 2. Aufl. Leipz. 1887–1898 (Nachdruck bei Olms/Hildesheim in Vorbereitung). R. C. Jebb, *The Attic Orators from Antiphon to Isaeus*. 2 Bd. 2. Aufl. Lond. 1893; Neudruck in 2 Bden. New York 1962. Für die Geschichte u. Theorie der Rhetorik ist R. Volkmann, *Die Rhetorik der Griechen und Römer*. 2. Aufl. Leipz. 1885 (Nachdruck bei Olms/ Hildesheim 1963) noch immer unersetzt. V. Buchheit, *Untersuchungen zur Theorie des Genos Epideiktikon von Gorgias bis Aristoteles*. München 1960. G. Kennedy, *The Art of Persuasion in Greece*. Princeton 1963. Kürzere gute Darstellungen von W. Rhys Roberts, *Greek Rhetoric and Literary Criticism*. New York 1928. W. Kroll, *Rhetorik* RE S 7, 1940, 1039. D. L. Clark, *Rhetoric in Greco-Roman Education*. New York 1957. M. Delaunois, *Le plan rhétorique dans l'éloquence grecque d'Homère a Démosthène. Acad. royale de Belgique. Cl. de lettres. Mémoires. Sér.* 2, 12, 2. 1959. Weit ausgreifend H. Lausberg, *Handbuch der literarischen Rhetorik. Eine Grundlegung der Literaturwissenschaft*. Mit Registerband. München 1960. Für die Terminologie bleiben wir zu einem guten Teil angewiesen auf J. Chr. G. Ernesti, *Lexicon techn. Gr. rhet.* Leipz. 1795; repr. Hildesheim 1962. Für das attische Recht zur Zeit der Rechner: A. R. W. Harrison, *The Law of Athens. I.* London 1968. – Untersuchungen: G. Mathieu, *Les idées politiques d'Isocrate*. Paris 1925. G. Walberer, *Isokrates u. Alkidamas*. Diss. Hamb. 1938. G. Schmitz-Kahlmann, *Das Beispiel der Geschichte im pol. Denken des I. Phil.* Suppl. Bd. 31/4, 1939. H. Wersdörfer, *Die* φιλοσοφία *des I. im Spiegel seiner Terminologie*. Leipz. 1940. S. Wilcox, ‹Criticism of I. and his φιλοσοφία›. *Trans. Am. phil. Ass.* 74, 1943, 113; ders., ‹I.' fellow-rhetoricians›. *Am. Journ. Phil.* 66, 1945, 171. H. L. Hudson-Williams, ‹Thuc., I., and the rhetorical method of composition›. *Class. Quart.* 42, 1948, 76; ‹I. and recitations›. Ebda. 43, 1949, 65. W. Steidle, ‹Redekunst und Bildung bei I.›. *Herm.* 80, 1952, 257. Eino Mikkola, *Isokrates*. Helsinki 1954 mit viel Lit. F. Zucker, *I'. Panathen.* Berl. 1954. M. A. Levi, *Isocrate*. Milano 1959 (geht vor allem auf die politischen Ideen ein). E. Buchner s. S. 657 A. 1. G. Dobesch s. S. 658 A. 3. K. Bringmann, *Studien zu den politischen Ideen des Isokrates*, Hypomn. 14. Göttingen 1965. F. Pointner, *Die Verfassungstheorien des Isokrates*. Diss. München 1969. – Sehr nützlich ist in L. Radermachers *Artium scriptores* (s. 656 A. 2), 163 der Abschnitt *Isocratis doctrina ex ipsis orationibus petita* mit Sachindex.

Lysias:

Unsere Überlieferung der Reden 3–31 beruht auf einer mehrfach beschädigten Heidelberger Handschrift, dem Palatinus 88 aus dem 12. Jh. Unter den vom Pal. 88 abhängigen Handschriften zeichnet sich der Laur. plut. 57, 4 durch eine Reihe beachtenswerter Verbesserungen aus, die späterer philologischer Arbeit vorgriffen. Nur für die ersten beiden Reden tritt dazu ein zweiter Überlieferungszweig, der sich für 1 am besten im Marcianus 422 (15. Jh.) und für 2 im Parisinus (Coislinianus) 249 (11. Jh.) und Marcianus 416 (13. Jh.) darstellt. Die Bruchstücke der Reden

32–34 hat Dionysios in seinem *Lysias* erhalten. Die Papyri (nr. 1290–1294 P.) haben eine Reihe neuer Fragmente gebracht, so aus der oben genannten Rede *Gegen Hippotherses* und der *Gegen Theozotides* (nr. 1294 P., ein Papyrus aus dem 3. vorchr. Jh.; dazu A. WILHELM, *Wien. Stud.* 52, 1934, 52). *Pap. Ox.* 31, 1966, nr. 2537 bringt Fragmente von 22 Hypotheseis zu Reden des Lysias, von denen sich nur vier auf erhaltene Reden beziehen; nr. 2538 enthält den Teil einer Rede, deren Sprecher nachweisen will, daß er kein νόθος sei. Der Herausgeber neigt zur Zuweisung der in schlichtem Stil gehaltenen Rede an Lysias, M. TREU, *Gnom.* 40, 1968, 353, denkt an Isaios. – Ausgaben: TH. THALHEIM, 2. Aufl. Leipz. 1913. K. HUDE, Oxf. (1912) 1952. L. GERNET–M. BIZOS, 2 Bde. *Coll. des Un. de Fr.* 1924/26. 3. éd. rev. et corr. Paris 1964 (doppelspr.). R. RAUCHENSTEIN, *Ausgew. Reden* (mit Komm.) I 11. Aufl. II 13. Aufl. Berlin 1963. E. S. SHUCKBURGH. *L. orationes XVI with analysis appendix & indices.* Lond. 1939. U. ALBINI *Testo crit. introd. trad. e note.* Firenze 1955. M. HOMBERT, *Lysias. Choix de discours.* 3e éd. Bruxelles 1960. Zu dem in den Anm. Genannten: I. C. SABBADINI, *Lysias. Contro Alcib. Con introd. e note.* Firenze 1958. M. GIGANTE, *Lysias. Contro Epicrate.* Napoli 1960. – Index: D. H. HOLMES, Bonn 1895; repr. Amsterdam (Servio) 1962. – Untersuchungen: Für die Gerichtsreden im allgemeinen: Grundlage bleibt J. H. LIPSIUS, *Das attische Recht und Rechtsverfahren.* 1, Leipz. 1905. 2, 1908. 3, 1915. Dazu: R. J. BONNER und G. SMITH, *The Administration of Justice from Homer to Aristotle* 1. Chicago 1930. F. LÄMMLI, *Das att. Prozeßverfahren in seiner Wirkung auf die Gerichtsrede.* Paderborn 1938. L. GERNET, *Droit et société dans la Grèce ancienne.* Paris 1955 (Abhandlungen der Zeit 1909–1953). Zu Lysias: F. FERCKEL, *Lysias und Athen.* Würzb. 1937 (sehr subjektiv, mit einem guten Überblick über die Wertung des L. in der neueren Lit.). W. VOEGELIN, *Die Diabole bei Lysias.* Basel 1943. H. ERBSE, ‹Lysias-Interpretationen›. *Festschr. Kapp.* Hamb. 1958, 51. M. GIGANTE, ‹Il discorso olimpico di L.›. *Studi L. Castiglioni* 1, 1960, 375. E. HEITSCH, ‹Recht und Taktik in der 7. Rede des Lysias›. *Mus. Helv.* 18, 1961, 204, mit wertvollen Untersuchungen zur Struktur des Prozeßwesens und der darauf beruhenden Bedeutung des Logographen. K. J. DOVER, *Lysias and the Corpus Lysiacum.* Berkeley 1968. ST. RADT macht auf die noch immer wichtige Studie von K. SCHÖN, *Die Scheinargumente bei Lysias.* Paderborn 1918, aufmerksam.

Isaios:

Grundlage der Überlieferung ist der Cod. Crippsianus des 13. Jh. im Brit. Mus. Nur für die ersten beiden Reden tritt ein Ambrosianus des 13. oder 14. Jh. hinzu. Papyri: nr. 1238f. P. – Ausgaben: TH. THALHEIM, Leipz. 1903 (1963). T. C. W. WYSE, Cambr. 1904, mit groß angelegtem Kommentar. P. ROUSSEL, *Coll. des Un. de. Fr.* (1922) 1960 (doppelspr.). In der *Loeb Class. Libr.* E. S. FORSTER 1957 (doppelspr.). U. E. PAOLI, *Iseo, Per l'eredità di Pirro.* Firenze 1935 (mit Komm.). – Übersetzung mit Einl. und Anm.: K. MÜNSCHER, ‹Isaios›. *Zeitschr. f. vergl. Rechtswiss.* 37, 1919, 32–328. W. A. GOLIGHER and W. S. MAGUINNESS, *Index to the speeches of Isaeus.* Cambridge o. J. (Reprod. aus *Hermathena* 51, 1938ff.).

Demosthenes:

Die Alexandriner haben sich weder mit Demosthenes noch mit den übrigen Rednern wissenschaftlich beschäftigt, doch hatten sie ihn in ihrer Bibliothek, und Kallimachos katalogisierte ihn. Mit der Kaiserzeit setzt ein intensiveres Studium des Demosthenes ein, das für uns durch die Namen Didymos, Dionysios von Halikarnaß (s. o. S. 668) und Caecilius von Kalakte bezeichnet ist. Aus dem Gesamtkommentar des Didymos ist ein größeres Stück zu den *Philippischen Reden* auf einem Berliner Papyrus (nr. 339 P.) erhalten. Die Attizisten strenger Observanz, die Lysias vorzogen, drangen nicht durch, und vom 1. nachchristlichen Jahrhundert an sehen wir Demosthenes in der unbestrittenen Stellung des größten Redners der Antike. Mit dem 2. Jahrhundert setzen für uns die Papyri in ziemlicher Dichte (nr. 256–337 P.) ein. Einen Zuwachs neuerer Zeit bietet *Pap. Soc. It.* 14, 1957, nr. 1394f. A. HENRICHS – L. KOENEN, *Drei Demosthenespapyri.* Ztschr. f. Pap. 3, 1968, 113. Überlieferung verschiedener Art zeugt von den emsigen Bemühungen um das Verständnis und die sprachliche Auswertung der demosthenischen Reden. Wir nennen außer den reichlichen Scholien hier nur das *Rednerlexikon* des Harpokration (2. Jh. n. Chr.), W. DINDORF, 2 Bde. Oxford 1853, den Traktat eines zeitlich nicht genauer fixierbaren Tiberius Περὶ τῶν παρὰ Δημοσθένει σχημάτων. *Rhet. Graec.* 3, 59 Sp.); G. BALLAIRA, *Tiberii de figuris Demosthenicis libellus cum deperditorum operum fragmentis.* Rom 1968 und die Inhaltsangaben (Hypotheseis) des Rhetors Libanios.

Die Vermutung, eine Demosthenesausgabe des Atticus, von der wir durch die Subscriptio zur 10. Rede in den Handschriften B und F wissen, könnte für unsere Überlieferung von Bedeutung gewesen sein, hat sich als haltlos erwiesen. Unsere Handschriften teilen sich in drei Klassen (BUTCHER und RENNIE unterscheiden vier; J. HUMBERT und L. GERNET folgen ihnen in der Ausgabe der *Coll. des Un. de Fr.*), deren bedeutendste Vertreter jeweils sind: der Parisinus 2934 (frühes 10. Jh.), der Venetus Marcianus 416 (10./11. Jh.) und der Monacensis (Augustanus) 485 (11. Jh.). Während sonst der Parisinus besondere Schätzung fand, hat soeben GERNET in der Einleitung zu seiner Ausgabe der Reden in Zivilprozessen für diese die besondere Qualität des Monacensis erwiesen. L. CANFORA, *Inventario dei manoscritti greci di Demostene.* Padova 1968.

Ausgaben: Die alte Teubnerausgabe von F. BLASS (3 Bde. 1888–92) sollten C. FUHR und J. SYKUTRIS neugestalten. Erschienen sind Bd. 1 (1914) und 2/1 (1937). Ferner: S. H. BUTCHER und W. RENNIE 4 Bde. Oxf. 1903–31. In der *Coll. des Un. de Fr.* (alles doppelsprachig) Harangues: M. CROISET, 2 Bde. 1924/25 (mehrfach neugedruckt; zuletzt 1955 u. 1946). Plaidoyers politiques: O. NAVARRE et P. ORSINI, tome 1 (Reden 22, 20, 24) 1954. J. HUMBERT et L. GERNET, tome 2 (Reden 21, 23); G. MATHIEU, tome 3 (Rede 19) 1945; 2e éd. 1956; tome 4 (Reden 18, 25, 26) 1947; 2e éd. 1958; Plaidoyers civils: L. GERNET, tome 1 (Reden 27–38) 1954; tome 2 (Reden 39–48) 1957; tome 3 (Reden 49–56) 1959; tome 4 (Reden 57–59) mit Index von J. DE FOUCAULT et R. WEIL 1960. Die doppelspr. Ausgabe in der *Loeb Class. Libr.* von J. H. VINCE, A. T. MURRAY u.a. umfaßt 7 Bde. (zuletzt 1956). – Die Scholien im 2. Bande der *Oratores Attici* von BAITER und SAUPPE (Zürich 1838–50) und in der Dem.-Ausgabe von W. DINDORF, 9 Bde. Oxf. 1846–51. Zuwachs haben die Papyri (s. o.) gebracht, voran steht Didymos (nr. 339 P.). – Index: S. PREUSS, Leipz. 1892. – Darstellungen und Untersuchungen: Unentbehrlich bleiben A. SCHAEFER, *D. und seine Zeit.* 3 Bde. 2. Aufl. Leipz. 1885–87 (Nachdr. Hildesheim 1965) und der Band 3/1 des o. (S. 686) genannten Werkes von F. BLASS. Neueres: E. POKORNY, *Studien zur griech. Gesch. im 6. und 5. Jahrzehnt des 4. Jh.* Diss. Greifswald 1913. F. FOCKE, *Demosthenesstudien. Tüb. Beitr.* 5, 1929, 1. P. TREVES, *D. e la libertà greca.* Bari 1933. In neuer Sicht behandelte die Gestalt des Demosthenes W. JAEGER, *D. Origin and Growth of his Policy.* Berkeley 1938; New York 1963; deutsch Berl. 1939 (danach unsere Zitate); ital. Torino 1942; dazu *Paideia* 3, 345. M. POHLENZ, *Gestalten aus Hellas.* Münch. 1950, 427. F. EGERMANN, *Vom attischen Menschenbild.* Münch. 1952, 57. 110. P. CLOCHÉ, *D. et la fin de la démocratie Athénienne.* Paris 1957. In zwei neugriechisch geschriebenen Bänden unternimmt es NIKON G. KASIMAKOS, die ethischen Werthaltungen des Demosthenes aus seinen Reden als das die politischen Geschehnisse überdauernde Gut darzustellen: 1. *Dem. als humanistischer Wert.* Athen 1951; 2. *Die Auffassung des Dem. über Götter, Mensch und Staat.* Athen 1959. J. LUCCIONI, *Dém. et le Panhellénisme.* 1961. M. J. LOSSAU, *Untersuchungen zur antiken Demosthenesexegese.* Berlin 1964 (Palingenesia. Monogr. 2), mit dem Versuch, die Beschäftigung der antiken Kritik mit Demosthenes über das 1. vorchr. Jh. hinaufzurücken. H. J. WOLFF, *Demosthenes als Advokat.* Berlin 1968 (Vortrag). L. CANFORA, *Per la cronologia di Demostene.* Bari 1968. – Sprache: G. RONNET, *Etude sur le style de D. dans les discours politiques.* Paris 1951. D. KRÜGER, *Die Bildersprache des Dem.* Diss. Göttingen 1959 (maschinschr.). B. GAYA NUÑO, *Sobre un giro de la lengua de Dem. Manuales y anejos de ‹Emérita›* 17. Madrid 1959 (Untersucht den Typus Verb + Infinitiv, von dem ein weiterer Infinitiv abhängt). R. CHEVALLIER, ‹L'art oratoire de Dém. dans le discours sur la couronne›. *Bull. Budé* 4, 1960, 200. – Nachleben: E. DRERUP, *Dem. im Urteile des Altertums.* Würzburg 1923. U. SCHINDEL, *Dem. im 18. Jh.* Zet. 31. München 1963.

Aischines:

Aischines wurde in der Antike recht eifrig gelesen, wovon eine Handvoll Papyri (nr. 4–18 P.) zeugt. Dazu W. H. WILLIS. ‹A new papyrus of Aesch.› *Trans. Am. Phil. Ass.* 86, 1955, 129, und *Ox. Pap.* 24, 1957, nr. 2404 (in Ctesiph. 51–53). Cicero hat seine Rede *Gegen Ktesiphon* zusammen mit der *Kranzrede* übersetzt. Didymos und andere haben ihn kommentiert. Die Beurteilung der Überlieferung basiert auf der Arbeit von M. HEYSE, *Die handschr. Überl. der Reden des Aisch.* Ohlau 1912, doch schlagen die französischen Herausgeber eine andere Klassifikation der Handschriften vor. – Ausgaben: F. BLASS, Leipz. 1908. In der *Loeb Class. Libr.* (doppelspr.) von C.D. ADAMS 1919. G. DE BUDÉ-V. MARTIN, 2 Bde. *Coll. des Un. de Fr.* 1927/28; zuletzt 1962 (doppelspr.). M. DESSENNE, *Eschine. Discours sur l'ambassade.* Paris 1954 (polytepé). – Die reichlichen Scholien in der Ausgabe von F. SCHULTZ, Leipz. 1865. – G. RAMMING, *Die politischen Ziele und Wege des Aischines.* Diss. Erlangen 1965 (masch.) Index: S. PREUSS, Leipz. 1896 (Neudruck 1926).

Deinarchos:

Die Überlieferung beruht, wie bei Antiphon, Andokides und Lykurgos, auf einem Crippsianus des Brit. Mus. aus dem 13. Jh. und einem Oxoniensis aus dem 14. Jh., die vom selben Archetypus abhängen. Ein Fragment aus einer unbekannten Rede des Deinarchos in *Antinoopolis Pap. Part* 2. Lond. 1960, nr. 62. – Ausgaben: F. BLASS, 2. Aufl. Leipz. 1888; ed. ster. Stuttgart 1967. Gut brauchbar sind die *Minor Attic Orators* von J. O. BURTT in der *Loeb Class. Library* (1954) mit den Fragmenten und engl. Übersetzung. L. L. FORMAN, *Index Andocideus, Lycurgeus, Dinarcheus.* Oxf. 1897; repr. Amsterdam 1962.

Hypereides:

Die Papyri: nr. 1233–1236 P. mit den dort angeführten weiteren Hinweisen. – Ausgaben: F. G. KENYON, Oxf. 1906. CHR. JENSEN, Leipz. 1917 (mit grundlegender Textrevision, repr. 1963). G. COLIN, *Coll. des Un. de Fr.* Paris 1934. J. O. BURTT (s. zu Deinarchos). G. SCHIASSI, *Hyp. Epitaphios.* Firenze 1959. – Index bei JENSEN.

Lykurgos:

Überlieferung: vgl. zu Deinarchos. Ausgaben: F. BLASS, Leipz. 1899, überholt durch F. DURRBACH, *Coll. des Un. de Fr.* 2. éd. 1956. J. O. BURTT (s. zu Deinarchos). E. MALCOVATI, *Licurgo. Orazione contro Leocrate e frammenti.* Roma 1966. Ältere Ausgaben *Gnom.* 40, 1968, 437, 1. Komm.: C. REHDANTZ, Leipz. 1876. A. PETRIE, Cambr. 1922. P. TREVES, Milano 1934. – Index wie für Deinarchos.

Demades:

Ausgaben: V. DE FALCO, Pavia 1932; 2. Aufl. Napoli 1955. J. O. BURTT (s. zu Deinarchos). – P. TREVES, ‹Demade›. *Athenaeum* 11, 1933, 105.

4. GESCHICHTSCHREIBUNG

Der starke Einfluß, der im vierten Jahrhundert von der Rhetorik auf die Geschichtschreibung ausging, war für eine Anordnung des Stoffes maßgebend, in der diese auf jene folgt. Dabei müssen wir zunächst auf einen Autor zurückgreifen, für den Einflüsse solcher Art noch nicht bestimmend waren und der mit seiner Schriftstellerei weit über die Historie hinausgegriffen hat. So kommt es denn auch, daß wir die Biographie des Xenophon just bei Diogenes Laertios lesen, der ihn nicht als einziger antiker Autor allen Ernstes unter die Philosophen reiht. Dazu kommen die Angaben in der *Suda*, die aber keine wesentliche Ergänzung bieten.

Xenophon war Gaugenosse des Isokrates, denn wie dieser stammt er aus dem Demos Erchia[1]. Dort ist er um 430 (die Zahl ist recht unsicher) als Sohn vermögender Leute zur Welt gekommen. Wie andere junge Athener aus wohlgestellten Familien konnte er sich ausgiebig dem Reitsport widmen, der seine große Liebe geblieben ist, und hatte auch sonst für manches Zeit. Es wird nicht so gewesen sein, wie Diogenes erzählt, daß Sokrates eines Tages den jungen Mann mit vorgehaltenem Stock auf der Straße anhielt und zur Gefolgschaft veranlaßte, aber angezogen hat ihn der seltsame Prüfer und Wegweiser in nicht geringem Maße. Schüler des Sokrates wie jene anderen, die Zeit ihres Lebens vom Philosophieren nicht mehr loskamen, ist er nicht gewesen, aber die Eindrücke, die er damals empfing, dauerten, ohne freilich zu formenden Kräften seines Lebens zu werden. Dafür bot seine durch und durch untragische Natur keinerlei Voraussetzung.

Als sein böotischer Freund Proxenos 401 für den Zug des jüngeren Kyros warb, der seinen Bruder, den zweiten Artaxerxes, vom Throne stoßen wollte, ließ er sich für das Unternehmen gewinnen. Die Schlacht bei Kunaxa, die mitten im siegreichen Verlauf durch den Tod des jüngeren Kyros ihren Sinn verlor, die schwierige Lage des griechischen Kontingentes und der gefahrenreiche Rückmarsch durch das Hochland Armeniens an das Schwarze Meer, das alles hat seiner Lust an Abenteuern reichliche Nahrung, uns aber sein lebendigstes Werk gegeben. War schon die Teilnahme an dem von Sparta unterstützten Unternehmen nicht im Sinne Athens gewesen, so geriet Xenophon bald noch viel stärker in die Gefolgschaft der alten Feinde seiner Heimat. Agesilaos, der 396 in Kleinasien die Führung des Kampfes gegen die Perser übernahm, wurde sein Abgott. Als der König mit den spartanischen Truppen nach Griechenland zurückkehren mußte, um die Koalition niederzuwerfen, die dort gegen Sparta aufgestanden war, ging Xenophon mit ihm und nahm 394 an dem Treffen bei Koroneia teil. Daß er damals die Waffen gegen seine Vaterstadt geführt hat, ist mit nichts, auch nicht mit der prospartanischen Gesinnung jener Kreise, aus denen er stammte, zu entschuldigen. Wegen dieser Handlungsweise und nicht, wie die antiken Quellen sagen, wegen der Teilnahme am Kyroszuge hat Athen ihn verbannt. Das traf ihn kaum schwer, denn die Spartaner entschädigten ihn zunächst mit der Proxenie und einige Jahre später (390 oder bald danach) mit einem Landgute bei Skillus unweit Olympia. In einer Partie der *Anabasis* (5, 3, 7) hat Xenophon allerlei von der Domäne erzählt, an der er sichtlich mit ganzem Herzen hing. Der Landwirt in ihm, der neben dem Soldaten kräftig seinen Platz behauptete, konnte sich dort an prächtigen Baumbeständen und guten Weideplätzen erfreuen. Aber auch der Jäger kam mit allem denkbaren Wild gut auf seine Rechnung. Dort hat der ephesische Artemispriester Megabyzos Xenophon aufgesucht, um ihm den Beuteanteil zu übergeben, der nach dem Zuge der Zehntausend für die ephesische Artemis bestimmt und in Ephesos deponiert worden war. Von dem Gelde hat Xenophon der Göttin einen Altar und einen Tempel errichtet, der in kleinem Maßstabe den ephesischen nachahmte und ein Bild der Göttin aus Zypressenholz, ähnlich dem goldenen in Ephesos, barg.

[1] Zum Biographischen: E. Delebecque, *Essai sur la vie de Xénophon.* Paris 1957.

Das Idyll von Skillus fand 370 sein Ende, als die mit Sparta verfeindeten Eleer nach der Schlacht von Leuktra (371) Skillus einnahmen. Damals ist Xenophon nach Korinth geflohen. Dort hat er wohl einen großen Teil seines letzten Lebensabschnittes verbracht, über den wir schlecht unterrichtet sind. Bald nach Leuktra kam es unter dem wachsenden Druck, den Theben auszuüben vermochte, zu einer Annäherung zwischen Athen und Sparta. In dieser politischen Atmosphäre wurde die Verbannung gegen Xenophon aufgehoben, doch wissen wir nicht zu sagen, wie weit er von der Möglichkeit, wieder in seiner Vaterstadt zu leben, Gebrauch gemacht hat. Aber seine beiden Söhne ließ er in der athenischen Kavallerie dienen, und der eine von ihnen, Gryllos, ist nach tapferem Kampfe bei Mantineia (362) gefallen. Daß sein Tod in einer Reihe von Enkomien und Epitaphien[1] gefeiert wurde, zeugt von der weiten Geltung, die der Name seines Vaters damals bereits besaß.

Xenophon erwähnt in den *Hellenika* (6, 4, 36) den Tod des Alexandros von Pherai, was 359 als terminus post quem für sein eigenes Lebensende ergibt. Da man sich aber heute weitgehend über die Echtheit der *Poroi* einig ist und diese die Verhältnisse nach 355 voraussetzen, rückt die zur Frage stehende Grenze noch ein Stück tiefer.

Wir sind, wenn auch in verschiedenem Maße, über die Abschnitte dieses Lebens nicht eben schlecht unterrichtet. Im Widerspruch dazu bestehen jedoch große Schwierigkeiten, das literarische Schaffen Xenophons zeitlich genauer festzulegen. Nichts weist auf einen frühen Einsatz dieser Schriftstellerei, eine Beobachtung, die mit den biographischen Daten im Einklang steht. Gerne würde man sich die Jahre in Skillus als besonders produktiv denken, aber für mehrere Werke[2] weisen beachtliche Indizien auf eine noch spätere Entstehung, so daß gerade der letzte Lebensabschnitt des Xenophon sein fruchtbarster gewesen sein dürfte. Da eine chronologische Anordnung der Werke Spiel wäre, führen wir sie nach inhaltlichen Gruppen vor.

Unter den geschichtlichen Werken – den Ausdruck in sehr weitem Sinne verstanden – nimmt die *Anabasis* (Κύρου ἀνάβασις)[3] durch die Unmittelbarkeit, mit der Xenophon Selbsterlebtes berichtet, durch die Fülle geographischen und ethnographischen Details und den guten soldatischen Geist des Ganzen eine besondere Stellung ein. Eine Anabasis, einen Marsch in das Landinnere, erzählen nur die ersten sechs Kapitel des ersten Buches, dann folgt die Schilderung der Schlacht von Kunaxa, und der Hauptteil des Werkes gehört der Erzählung des kühnen Rückmarsches an das Schwarze Meer mitten durch feindliches Land und unwegsames Gebirge; auch die späteren Schicksale der Truppe bis zur Vereinigung mit den spartanischen Kräften unter Thibron werden einläßlich berichtet. Daß Xenophon dabei den Anteil des Spartaners Cheirisophos, der die oberste Leitung hatte, zugunsten seiner eigenen Tätigkeit zu-

[1] Vgl. die übertreibende Angabe des Aristoteles (fr. 68 R.) bei Diog. Laert. 2, 55.

[2] S. u.; eine Übersicht bei JAEGER 3, 229. Die zu weit gehende Ansicht, X. habe vor 370 überhaupt nicht geschrieben, vertrat E. SCHWARTZ, ‹Quellenunters. zur griech. Gesch.›. *Rhein. Mus.* 44, 1889, 191; jetzt Ges. Schriften. Bd. 2, Berlin 1956, 136. Vgl. u.a. TH. MARSCHALL, *Unters. zur Chronologie der Werke X.s.* Diss. Münch. 1928.

[3] Doppelspr.: W. MÜRI. Münch. 1959 (Tusculum). G. B. NUSSBAUM, *The ten thousand. A study in social organization and action in Xenophon's Anabasis.* Leiden 1967.

rücktreten läßt, dürfte ihm nachzusehen sein. Wahrscheinlich vor ihm hat ein Sophainetos von Stymphalos eine *Anabasis* geschrieben[1]; er selbst spricht *Hell.* 3, 1, 2 von einem Werke des Themistogenes von Syrakus und umschreibt dessen Inhalt mit Worten, die genau zu seiner eigenen *Anabasis* stimmen. Daß es sich hier um das Pseudonym handelt, unter dem er zunächst seine Schrift veröffentlichte, hat schon Plutarch (*De gloria Ath.* 345 e) richtig vermerkt[2]. Die Einteilung des Werkes in sieben Bücher stammt ebenso wie die Zusammenfassungen[3] des Vorangegangenen vor den einzelnen Büchern aus späterer Zeit. Bei der Datierungsfrage wird die ganze Problematik der xenophontischen Chronologie offenbar. Hätten jene recht, die im *Panegyrikos* des Isokrates die *Anabasis* benützt finden[4], müßten wir diese vor 380 setzen. Aber die vermuteten Anklänge zwingen nicht zu diesem Schlusse, und die Argumente für eine spätere Datierung sind unverächtlich: von den Einrichtungen in Skillus spricht Xenophon im Imperfectum, und die Stelle 6, 6, 9 mit dem Rückblick auf eine Zeit, in der Sparta über alle Griechen herrschte, setzt zumindest den Abzug der spartanischen Besatzung von der thebanischen Kadmeia (379) voraus. Es will beachtet sein, daß in den *Hellenika* (5, 4) just dieses Ereignis als Wende für Spartas Machtstellung hervortritt. Natürlich bleiben wir uns bewußt, daß in diesem und jedem ähnlichen Falle die Möglichkeit abschnittweiser Entstehung die Frage außerordentlich kompliziert.

Xenophons geschichtliches Hauptwerk sind die *Hellenika*, die in sieben Büchern die griechische Geschichte von 411 bis 362 erzählen. Ein Werk dieser Art wurde kaum je in einem Zuge niedergeschrieben, und da Anzeichen für eine schichtenweise Entstehung nicht fehlen, hat man sich mit verschiedenen Theorien um deren Klärung bemüht. Dabei hat sich wenigstens an einer Stelle eine ziemlich sichere Zäsur ergeben. Das Werk setzt mit einem μετὰ ταῦτα in den Ereignissen des Jahres 411 ein und sucht auf diese Weise unmittelbaren Anschluß an Thukydides. Daß nicht alles Bruch auf Bruch paßt, kann hier beiseite bleiben. Im Sinne des gesuchten Anschlusses ist auch die Verteilung des Stoffes nach annalistischem Prinzip und eine möglichst unpersönliche Berichterstattung festgehalten. Das geht so bis 2, 3, 9 mit dem Ende des Peloponnesischen Krieges, also bis zu jenem Punkte, an dem ein Komplement zu Thukydides seinen natürlichen Abschluß hatte. Im 2. Buche folgt die ziemlich geschlossen erzählte Herrschaft der Dreißig, im weiteren Verlaufe der Erzählung zeigen sich aber in Vernachlässigung des Chronologischen, Unausgeglichenheit der Stoffverteilung und dem stärkeren Anteil des Persönlichen bedeutende Abweichungen von den ersten Abschnitten des Werkes. Das geht bis ins Sprachliche, wofür man auf den häufigen Gebrauch des sonst raren Optativs des Futurums nach 2, 3, 9 aufmerksam gemacht hat.

[1] Franz Schrömer, *Der Bericht des Sophainetos über den Zug der Zehntausend.* Diss. München 1954 (maschinschr.).

[2] Anders, aber nicht überzeugend W. K. Prentice, ‹Themistogenes of Syracuse, an error of a copyist›. *Am. Journ. Phil.* 68, 1947, 73; vgl. Jacoby's Kommentar zu F Gr Hist 108.

[3] Im 6. Buche steht das Résumé erst vor Kap. 3, was auf eine andere Buchteilung weisen kann.

[4] A. Kappelmacher, ‹Zur Abfassungszeit von X.s Anabasis›. *Anz. Ak. Wien. Phil. hist. Kl.* 60, 1923, 15. Neuerdings P. Masqueray in seiner Ausgabe p. 8.

Über diese Teilung hinaus im zweiten, größeren Abschnitt weitere Unterabteilungen zu begründen hat sich als aussichtslos erwiesen[1]. An der zweiten Partie hat Xenophon natürlich noch etliche Jahre nach Mantineia (362) gearbeitet, was schon die früher erwähnte Stelle mit dem Tod des Tyrannen Alexandros von Pherai beweist. Sicher haben wir den an Thukydides unmittelbar anschließenden Teil früher zu setzen, wie weit er zeitlich abzutrennen ist, bleibt allerdings ungewiß.

Daß Xenophon sein Werk stofflich so dicht an Thukydides rückte, hat ihn nur noch nachhaltiger in dessen Schatten gestellt. Aber BURCKHARDT hat den ersten beiden Büchern der *Hellenika* überschwängliches Lob gespendet[2], und in neuester Zeit ist manches, vor allem durch BREITENBACHS Dissertation, für eine gerechtere Wertung des Geschichtsschreibers Xenophon geschehen. Voran steht, daß der alte Soldat für alle militärischen Dinge lebendiges Verständnis hatte und dieses in seinem Werke nützte. Ebenso ist anzuerkennen, daß er, der die führenden Persönlichkeiten stark in den Vordergrund treten läßt, diese mehrfach auch wirkungsvoll zu zeichnen versteht. So ist der Ansatz zu einer Charakteristik des Alkibiades, die von zwei verschiedenen Seiten her erfolgt (1, 4, 13), durchaus beachtlich; Tacitus hat solches im ersten Buche der *Annalen* zur Meisterschaft entwickelt. Als Vorläufer hellenistischer Geschichtschreibung erweist sich Xenophon in der Gestaltung wirkungsvoller Einzelszenen, um nur den Einzug des Alkibiades, den Tod des Theramenes oder die Rückkehr der vertriebenen Thebaner herauszugreifen. Auch versteht er es, feine Lichter aufzusetzen, so wenn er erzählt, wie sich der Orientale Pharnabazos angesichts der Spartaner der mitgebrachten Teppiche schämt und sich gleich ihnen ins Gras setzt.

Die Schätzung dessen, was Xenophon kann, soll aber nicht zur Überschätzung und zur Verwischung des Abstandes von Thukydides führen. Gewiß hat er seine *Hellenika* unter einen leitenden Gedanken gestellt, der in dem Zwischenproömium 5, 4, 1 hervortritt: dem Aufstieg Spartas zur Herrscherin von Hellas folgte notwendig der Verfall dieser Macht, der in altgriechischer Frömmigkeit auf den Zorn der Götter zurückgeführt wird; hatten die Spartaner doch den Schwur, den Griechenstädten ihre Autonomie zu lassen, gebrochen. Aber wer wollte das mit des Thukydides bohrendem Fragen nach den Kräften vergleichen, die den Lauf der Geschichte bestimmen! Wo Xenophon Ursachenreihen entwickelt, bleibt er mit ihnen thukydideischer Aitiologie gegenüber stets an der Oberfläche der Dinge. Reden hat er reichlich und zeigt Geschick zur Charakterisierung der Sprechenden, ohne durch sie, wie Thukydides, das Kräftespiel in seinen letzten Tiefen klarzulegen. Auch in der Aufarbeitung und Verteilung des Stoffes zeigen sich seine Grenzen. Dinge von so großer Bedeutung wie die Seeschlacht bei Knidos, den zweiten Seebund, die Gründung von Megalopolis erwähnt er überhaupt nicht, während er bei nebengeordneten Vorfällen öfter ausgiebig verweilt. So bleibt das Wort von FELIX JACOBY in seinem Recht, der die Zusammen-

[1] Lit. in J. HATZFELDS Ausgabe, p. 7. Dazu *Bursians Jahresber.* 251, 1936, 1 (J. MESK) und 268, 1940, 1 (J. PENNDORF). Vgl. *Fifty Years of Class. Scholarship.* Revis. Oxford 1968, 217, 69.

[2] *Griech. Kulturgesch.* Kröner-Ausgabe 2, 472.

stellung von Herodot, Thukydides und Xenophon die «unnatürliche Trias unserer Literaturgeschichte» genannt hat[1].

Aus dem Material, das er in den *Hellenika* verarbeitet, formte Xenophon seinen *Agesilaos,* ein Enkomion auf den so heiß verehrten Spartanerkönig, das dem Geschichtswerk gegenüber eine stärkere Rhetorisierung zeigt.

Die Freundschaft zu Sparta hat Xenophon auch bei der Abfassung seiner Schrift vom Staat der Lakedaimonier (Λακεδαιμονίων πολιτεία)[2] den Griffel geführt. Die Verfassung des Lykurgos und das in ihr verankerte spartanische Königtum sind ihm die historischen Grundlagen der spartanischen Macht. Freilich weiß er auch von ihrem Niedergange, der im Abfall von der alten Art seine Ursache hat. Die Partie, die man zu Unrecht verdächtigte[3], weist das Werkchen in den letzten Lebensabschnitt des Xenophon. Es hat uns den unschätzbaren Dienst geleistet, durch eine ganz äußerliche Assoziation die wertvolle Schrift eines oligarchischen Anonymus über die Verfassung von Athen (s. S. 510) in das xenophontische Corpus zu ziehen.

Mit den wirtschaftlichen Verhältnissen Athens befaßt sich die Schrift *Die Einkünfte* (Πόροι), der man heute im allgemeinen die Echtheit nicht mehr bestreitet[4]. Die Vorschläge zur Sanierung der athenischen Finanzen liegen auf der Linie der von Eubulos vertretenen Friedenspolitik. Die Situation Athens, die in der Schrift vorausgesetzt wird, ist jene nach dem unglücklichen Ausgang des Bundesgenossenkrieges 355, und auch die Bemerkung 5, 9 über den Versuch einer Macht, sich an Stelle der Phoker in Delphi festzusetzen, weist auf die zweite Hälfte der fünfziger Jahre.

Schwer einzureihen und nicht einfach als historische Schrift anzusprechen ist die *Kyrupädie* (Κύρου παιδεία) in acht Büchern. Mit dem Titel ist es ähnlich wie bei der *Anabasis:* diese Geschichte von Jugend, Aufstieg und Herrschaft des älteren Kyros widmet seiner Erziehung nur einen Teil des ersten Buches. Daß dieser für wichtig genug gehalten wurde, dem Ganzen seinen Titel zu geben, spricht von jenem Erziehungsoptimismus, den die Sophistik begründet hatte. Allerdings läßt Xenophon diese Wertung der Erziehung mit altem adeligen Denken eine auch sonst nicht seltene Verbindung eingehen, wenn er 1, 1, 6 Abkunft und Naturanlage neben der Ausbildung als die Ursachen nennt, die seinen Helden zu solcher Größe aufsteigen ließen.

Dadurch, daß die *Kyrupädie* mit den historischen Fakten sehr weitherzig umgeht – so stirbt der im Kampf gegen die Massageten Gefallene[5] hier einen friedlichen Strohtod – und Licht von allen Seiten auf Kyros sammelt, wird sie zur Schilderung des idealen Königs. So stellt sich dieser früheste historische Roman zum *Agesilaos* und dem *Staate der Lakedaimonier* und gehört mit diesen Werken zur geistigen Vorbereitung der Monarchie, deren große Weltstunde mit dem Hellenismus anbrechen sollte. Bemerkenswert ist in dem mit moralisierenden Reden und Episodischem reich durch-

[1] *RE* S 2, 1913, 513.

[2] Ausgabe: F. Ollier, Lyon-Paris 1934. Maria R. Gomez-M. F. Galiano, Madrid 1957 (doppelspr.)

[3] Vgl. Jaeger, 3, 425, 53.

[4] A. Wilhelm, ‹Unters. zu X.s Πόροι›. *Wien. Stud.* 52, 1934, 18. Komm. Ausgabe: J. H. Thiel, Diss. Amsterd. 1922.

[5] So Herodot 1, 214, der auch von Varianten weiß.

setzten Werke die Geschichte der Pantheia, einer hohen Frau, die ihrem Gatten Abradates Treue bis in den Tod wahrt. Hier kündigt sich jene hochpathetische Erotik an, die im Hellenismus so unvermittelt neben Lüsternheit und Frivolität steht.

Auch dieses Werk schließt wie der *Staat der Lakedaimonier* mit dem trüben Blick auf Abstieg und Entartung. Die Partie zu verdächtigen, besteht kein begründeter Anlaß[1]. Da in ihr (8, 8, 4) die Auslieferung des aufständischen Ariobarzanes durch seinen Sohn, ein Ereignis des Jahres 360, erwähnt ist, rückt auch der Abschluß dieses Werkes in Xenophons spätere Lebensjahre.

Die Wirkung der *Kyrupädie* ist größer gewesen als ihr literarischer Wert. Sie hat manch ähnliche Schrift über den Weg großer Herrscher hervorgerufen, und Cicero hat ein Stück aus ihrem Schlusse in seinem *Cato maior* übersetzt.

Xenophon, der Soldat, Landwirt und Jäger, hatte auch eine ausgesprochene Neigung zur Lehrhaftigkeit, die sich in Schriften über seine wichtigsten Lebensbereiche zu erkennen gibt.

Der *Hipparchikos* gibt Anweisungen für den Reiterführer, die Schrift *Über die Reitkunst* (Περὶ ἱππικῆς)[2] solche für den einzelnen Reiter und die Behandlung seines Pferdes. Beide Schriften, ganz besonders aber die erste, sind auf die athenischen Verhältnisse abgestellt. Der *Hipparchikos* rechnet (7, 3) mit den Böotern als Gegnern und setzt (9, 4) ein gutes Verhältnis zu Sparta voraus. Das weist auf die Zeit vor der Schlacht von Mantineia (362). Die Schrift *Über die Reitkunst* ist später geschrieben, da sie im Schlußsatz auf den *Hipparchikos* verweist. Allerdings ist die Echtheit dieses Satzes, der im Cod. A fehlt, Zweifeln unterworfen. Daß es mehr Literatur dieser Art gegeben hat, was wir an sich vermuten, beweist die zweimalige (1, 3. 11, 6) Anführung der Fachschrift eines Simon von Athen[3].

Dem Inhalte nach schließt sich hier das Jagdbuch, der *Kynegetikos*, an, doch ist dessen Echtheit lebhaft umstritten. Für deren Anerkennung bietet die sprachliche Form, die in manchem von der gefälligen Schlichtheit Xenophons abweicht, ein erhebliches Hindernis[4]. Verteidiger der Echtheit dachten an eine Jugendschrift. Eine Sonderstellung nimmt das jedenfalls wesentlich später vorgesetzte Prooimion ein. Die Absicht, die Jagd als hervorragendes Erziehungsmittel zu erweisen, ist gut xenophontisch, entsprach aber gewiß allgemeinen Anschauungen.

Um des praktisch-lehrhaften Inhaltes willen stellen wir eine Schrift hierher, die in der Regel mit den philosophischen Schriften zusammen genannt wird, da in ihr Sokrates als Gesprächspartner auftritt. Doch ist dieser im *Oikonomikos*[5] nicht die Hauptfigur, da er eine Unterhaltung mit Ischomachos wiedergibt, bei der er im wesent-

[1] Vgl. S. 694 A. 3.

[2] Komm. Ausgabe: E. Delebecque, Paris 1950, mit Bibliographie zum griech. Pferdewesen. Kl. Widdra, Leipzig 1964; doppelspr. Darmstadt 1965.

[3] Ein Stück daraus bei Delebecque und Widdra a. O.

[4] Lit. bei H. Emonds, *Zweite Auflage im Altertum*. Leipz. 1941, 383. Jaeger 3, 250 behandelt die Schrift als echt.

[5] J. Gil, *Jenofonte. Económico. Ed. trad. y notes*. Madrid 1967. Sandra Taragna Novo, *Economia ed etica nell' Economico di Senofonte*. Torino 1968.

lichen der Aufnehmende war. Ischomachos, ein wohlhabender Gutsbesitzer, der vor kurzem geheiratet hat, schildert, wie er seinen Tag und die Arbeit seiner Leute einteilt. Ergibt sich schon in diesem Zusammenhang eine Fülle kulturhistorisch wichtiger Einzelheiten, so bietet der Bericht des Ischomachos darüber, wie er seine blutjunge Gattin in ihre häuslichen Pflichten einführt, einen unschätzbaren Einblick in das Leben der griechischen Frau. Die Schrift fand ihre Bewunderer, Cicero hat sie übersetzt.

Über Xenophon als sokratischen Schriftsteller ist einiges bereits im Sokrates-Kapitel gesagt, so daß wir uns hier mit einem kurzen Hinweis begnügen können. Hauptwerk sind die *Memorabilien* (Ἀπομνημονεύματα Σωκράτους)[1] mit ihren vier Büchern, die mit sokratischen Gesprächen und Episoden in bunter Folge angefüllt sind. Für die späte Abfassungszeit dieser und der übrigen sokratischen Schriften, für ihre historische Wertung und das Teilproblem, ob die ersten beiden Kapitel als Schutzschrift gegen die Broschüre des Sophisten Polykrates wesentlich früher abgefaßt sind, verweisen wir auf den eben genannten Abschnitt[2]. Der radikale Versuch GIGONS, die *Memorabilien* in eine Reihe von Gedankenkomplexen aufzulösen, die aus der umfangreichen Sokratikerliteratur vor Xenophon stammen, hat viel dazu beigetragen, das voraussetzungsreiche Wesen der *Memorabilien* zu klären. Zweifellos hat Xenophon in einem nicht geringen Maße die sokratischen Schriften anderer verwertet, doch sind ihm auch persönliche Erinnerungen an den Meister nicht zu bestreiten. Vor allem aber ist das Xenophontische bei der Beurteilung der *Memorabilien* wie der verwandten Schriften in Rechnung zu stellen: die lehrhafte Neigung, die Dinge unter den Gesichtspunkten einer lebenspraktischen Moral ohne allzu großen Tiefgang der Gedanken abzuhandeln und sich so dem Staate und den Göttern gegenüber des rechten Weges zu versichern. Daß die Vereinigung so heterogener Elemente ein Ganzes von überzeugender Einheit ergeben hätte, wird kaum jemand behaupten wollen.

Die *Apologie des Sokrates*[3] – wir erinnern daran, daß diese Verteidigungsschrift in einer Reihe ähnlicher steht (vgl. S. 562) – ist in jeder Beziehung ein Werk kleinen Formates. Die Reden des Sokrates vor und nach seiner Verurteilung bilden nur einen Teil der Schrift und sind umschlossen von Berichten über sein Verhalten vor dem Prozeß und nach diesem. Dieser Sokrates xenophontischer Dimensionen kann es sich nicht versagen, von der Prophetie Todesnaher Gebrauch zu machen und dem Sohne seines Anklägers Anytos ein schlimmes Ende zu prophezeien. Der Zug, daß er einen

[1] O. GIGON, *Komm. zum 1. Buch von X.s Mem. Schw. Beitr.* 5, Basel 1953. Ders. zum 2. B. *Schw. Beitr.* 7, 1956. Dazu J. H. KÜHN, *Gnom.* 26, 1954, 512 u. 29, 1957, 170. H. ERBSE, ‹Die Architektonik im Aufbau von X.s Memorabilien›. *Herm.* 89, 1961, 257.

[2] Wichtige neuere Lit.: A.-H. CHROUST, ‹Xen. Polykrates and the «Indictment of Socrates»›. *Class. et Mediaev.* 16, 1955, 1. E. GEBHARDT, *Polykrates Anklage gegen Sokrates und Xen.s Erwiderung.* Diss. Frankfurt 1957, mit der Annahme starker Benützung Platons durch Xen. V. LONGO, Ἀνὴρ ὠφέλιμος. *Il problema della composizione dei ‹Memorabili di Socrate› attraverso lo Scritto di difesa.* Genova 1959, denkt sich die ‹Schutzschrift› beträchtliche Zeit vor dem übrigen Teil der *Memorabilien* als unmittelbare Reaktion auf die Schrift des Polykrates entstanden und will in ihr drei Schichten scheiden. Berechtigter Einspruch bei E. GEBHARD, *Gnom.* 34, 1962, 26, der auch die Annahme einer gesonderten Veröffentlichung der ‹Schutzschrift› verwirft. Ältere Lit. zu Polykrates bei J.-H. KÜHN, *Gnom.* 32, 1960, 99, 1.

[3] Zur Echtheitsfrage s. S. 556 mit A. 1. Zum zeitlichen Verhältnis zu Platons *Apologie* s. S. 557 mit A. 2.

eigenen Strafantrag vor Gericht ablehnte, kann Platons Ironie gegenüber historisch sein.

Die liebenswürdigste Schrift dieser Gruppe ist das *Symposion*[1], die Schilderung eines Gelages, das der reiche Kallias, den wir aus Platons *Protagoras* als Herbergsvater der Sophisten kennen (vgl. S. 478 u. 582), anläßlich eines Sieges gibt, den sein Liebling Autolykos bei den Panathenäen im Pankration gewonnen hat. Sokrates spricht mancherlei Erbauliches und hält auch eine Rede über sinnlichen und seelischen Eros. Von dem symposiastischen Beiwerk ist der Mimos mit der Vereinigung des Dionysos und der Ariadne besonders bemerkenswert, da er uns eines der wenigen Zeugnisse für solche Darbietungen vor dem Hellenismus gibt.

Für sich steht der *Hieron*[2], eine dialogische Schrift, die den Dichter Simonides mit dem sizilischen Fürsten über das Wesen und die Möglichkeiten des Alleinherrschers sprechen läßt. Motivisch stellt sie sich in jene novellistische Tradition, die sich mit dem Verhältnis der beiden Männer befaßte (vgl. S. 219), innerhalb der Schriften Xenophons ist sie ein Zeugnis mehr für die Lebhaftigkeit, mit der ihn die Fragen der Monarchie beschäftigten.

Der Hellenismus wußte zunächst mit Xenophon nicht viel anzufangen, doch setzte in seinen späteren Abschnitten ein Interesse an diesem Autor ein, das sich in der Kaiserzeit bis zum Ende der Antike dauernd steigerte[3]; die sieben gefälschten *Xenophonbriefe* sind dafür ein Zeugnis eigener Art. Die attische Biene, wie die *Suda* ihn nennt, ist Xenophon gewiß nicht gewesen. Sein Attisch ist nicht völlig rein, und manches weist bereits auf die Koine vor. Aber die klare Schlichtheit seiner Sprache (ἀφέλεια) und die leichte Faßlichkeit seiner Gedanken haben ihm die Leser gewonnen, und wir verstehen, daß sein Licht gerade in der späteren Antike leuchtet. Niemand soll ihm sein beträchtliches und vielseitiges Talent bestreiten, aber es war ein Talent ohne jeden Funken des Genialen.

Keiner der vielen Historiker des 4. Jahrhunderts kann es beanspruchen, echter Erbe des Herodot oder des Thukydides zu heißen. Den Anschluß an die beiden haben freilich manche in verschiedener Weise versucht. Von Herodot hängt Ktesias von Knidos (F Gr Hist 688) ab, wenngleich er sein Vorbild ständig mit angeblich besserem Wissen schulmeistern will. Er war Leibarzt der Königin Parysatis und soll siebzehn Jahre am Hofe des Artaxerxes II. Mnemon gelebt haben. Nach späterem Bericht (Xen. *Anab.* 1, 8, 26) hat er diesem die Wunde geheilt, die ihm der Bruder bei Kunaxa schlug. Er schrieb zu Beginn des 4. Jahrhunderts die dreiundzwanzig Bücher seiner *Persika*, die von dem sagenhaften König Ninos beginnend bis zum Jahre 398 erst assyrische und medische und dann persische Geschichte behandelten. Zu Neros Zeit hat die ge-

[1] G. J. Woldinga, *X.s Symp.* Hilversum 1938/39 (Prol. u. Komm.). W. Wimmel, ‹Zum Verhältnis einiger Stellen des xenoph. und des plat. Symp.›. *Gymn.* 64, 1957, 230, will die Priorität Xen.s erweisen, doch zeigen die Ausführungen von F. Ollier in seiner Ausgabe in der *Coll. des Un. de Fr.*, daß sichere Argumente noch fehlen. Auch für andere Probleme relativer Chronologie, die Platon und Xen. betreffen, kann Olliers Einleitung zur Zurückhaltung mahnen.

[2] L. Strauss, *Über Tyrannis. Eine Interpretation von Xenophons 'Hieron'*. Berlin 1963 (mit Übers.).

[3] K. Münscher, *X. in der griech.-röm. Lit. Phil.* Suppl. 13/2, 1920.

lehrte Pamphila einen Auszug daraus gemacht, aus dem uns wiederum ein Auszug bei dem Patriarchen Photios erhalten ist. Sichtlich war Ktesias als Erzähler bedeutender denn als Historiker; für die Verhältnisse am persischen Hof bleibt er ein wertvoller Zeuge. Athenaios (2, 67a. 10, 442b) bezeugt eine Schrift *Über die Abgaben Asiens* (Περὶ τῶν κατὰ τὴν 'Ασίαν φόρων), die möglicherweise ein Teil des großen Werkes war. Auch ein Buch *Indika* hat er geschrieben, für das wir ebenfalls einen Auszug des Photios haben, und ein geographisches Werk, das *Periplus* oder *Periodos* hieß. Das Bruchstück *Ox. Pap.* nr. 2330[1] zeigt überraschend attische Färbung. Die *Persika* des Ktesias hat Dinon von Kolophon, der Vater des Alexanderhistorikers Kleitarchos, umgearbeitet und bis zum Ende der vierziger Jahre fortgesetzt. Er und Ktesias wurden von Späteren viel benützt. Agathokles von Kyzikos (F Gr Hist 472), der über diese Stadt in ionischem Dialekt geschrieben hat, ist gegenüber der lange angenommenen Frühdatierung in das zweite Drittel des dritten Jahrhunderts zu setzen.

Das Abbrechen des thukydideischen Werkes mitten im Strom des Geschehens mußte zur Fortsetzung locken. Wir haben Xenophon bei dem Versuche gesehen, aber er war nicht der einzige. In einem anderen seiner Fortsetzer, in Theopomp von Chios (F Gr Hist 115), begegnen wir einem von vielfachen Interessen und innerer Unruhe erfüllten Schriftsteller, von dem wir kein ganzes Werk, aber Fragmente genug besitzen, um sein Antlitz einigermaßen zu erkennen. Er wurde 378/76 geboren und hat in seinem Leben die Unsicherheit der Zeiten gründlich zu spüren bekommen. Wenn er wegen lakonischer Gesinnung seines Vaters Damasistratos mit diesem in die Verbannung gehen mußte (T 2), wird man an ein Ereignis seiner frühen Jugend denken. Erst 333/32 konnte er auf Alexanders Einschreiten in die Heimat zurück, mußte aber nach dem Tode des Herrschers neuerlich in die Fremde. Damals ist er nach Ägypten gegangen, wo Freunde den unsteten Mann vor einer Verurteilung durch den König schützen mußten. In früheren Abschnitten seines Lebens ist er weit in der griechischen Welt umhergekommen, ist eine Zeitlang am Hofe Philipps gewesen und hat auch in Athen gelebt, ohne daß wir die Zeit dieser Aufenthalte zu bestimmen wüßten. Daß er Schüler des Isokrates war, stand im Altertum fest, und es ist sehr fraglich, ob Neuere die Skepsis nicht zu weit treiben, wenn sie dieses Schülerverhältnis lediglich aus der literarischen Abhängigkeit herausgesponnen sein lassen[2]. Diese soll freilich nicht übersehen werden. Wenn Theopomp ein Fortsetzer der ionischen Historie ist, so ist er dies auf dem Wege zu ihrer Rhetorisierung. Er hat, wie uns jetzt die inschriftliche Bücherliste von Rhodos (T 48) noch besser erkennen läßt, mit *epideiktischen Reden* (darunter ein *Panathenaïkos*), *Enkomien* (auf Philipp, Alexander, Maussollos, womit er in einem von Artemisia veranstalteten Agon siegte) und *Sendschreiben* eine Tätigkeit entfaltet, die es verstehen läßt, daß ihn die *Suda* als Rhetor einreiht. Sein Name ist aber vor allem mit seinen historischen Werken verbunden geblieben. In

[1] Dario del Corno, ‹La lingua di Ctesia (P. Ox. 2330)›. *Athenaeum* 40, 1962, 126. M. Gigante, ‹Lettera alla regina o dello stile di Ctesia›. *Riv. di fil.* 90, 1962, 249 (auch zum Pap. Ox. 2330).

[2] So Jacoby zu T 1 mit Lit. Einfluß des Isokrates auf die Historiographie: G. Murray, *Greek Studies.* 3. Aufl. Oxf. 1948, 149.

zwei Büchern gab er eine *Epitome aus Herodot*, mit seinen *Hellenika* (12 B.) schloß er an Thukydides an und erzählte bis zur Seeschlacht von Knidos (394), einem gut gewählten Schlußpunkt, da Konons Sieg den spartanischen Hoffnungen auf eine Hegemonie über ganz Griechenland ein Ende setzte. Sein größtes Werk waren die *Philippika* in achtundfünfzig Büchern, die mit Philipps II. Thronbesteigung (359) einsetzten und mit seinem Tode (336) endigten. Aber so sehr das Werk von der Auffassung bestimmt war, Philipp führe eine neue Epoche herauf, war die Darstellung seiner Leistungen nur der Rahmen für eine allgemeine Zeitgeschichte und zahlreiche Einlagen mit besonderen Kapiteln über Perser, Griechen und Sizilier[1]. Als Philipp V. jene Teile zusammenschreiben ließ, die seinen Ahnen unmittelbar angingen, blieb nur ein Werk von sechzehn Büchern übrig (T 31). Der Titel Θαυμάσια (F 64–77) bezeichnete einen Teil von Buch 8 und 9, wohin auch die Geschichte vom Wunderlande Meropis (F 75) gehört, während *Über die Plünderung von Delphi* (Περὶ τῶν συληθέντων ἐκ Δελφῶν χρημάτων F 247–249) in einer eigenen Schrift gehandelt war.

Theopomp, der in seinen Urteilen sehr temperamentvoll war – auch Platon hat er häßlich angegriffen (F 259. 275) –, ist durchaus von oligarchisch-aristokratischen Idealen beherrscht und hat sich später in zunehmendem Maße dem Programm einer patriarchalischen Monarchie als Schutz einer konservativen Gesellschaftsordnung zugewandt[2].

In der griechischen Geschichtschreibung, wie sie sich in der Nachfolge der großen Autoren des 5. Jahrhunderts entwickelt hat, zeichnen sich bestimmte durchgehende Tendenzen ab[3]. Sehr bald bediente sich die Sprache der rhetorischen Mittel; hier hat gerade Isokrates mit seiner Schule entscheidend eingewirkt. Eine andere folgenschwere Entwicklung knüpft an Gorgias an. Wenn er als Ziel der Dichtung und der epideiktischen Rede Berückung und Verzauberung bezeichnet hatte, so wird Derartiges nun auch von der Historie erstrebt. Was wir von Ktesias fassen, läßt den Beginn einer Linie erkennen, die wir im Hellenismus durch Duris und Phylarchos bezeichnet finden werden. So entwickelt sich jene Geschichtschreibung, die als Rivalin der Tragödie auf erschütternde Wirkung (ἔκπληξις) aus ist und diese ohne Rücksicht auf die historische Wirklichkeit durch theatralische Ausgestaltung des Stoffes zu erreichen strebt. Ihr stehen in unversöhnlichem Gegensatze, den Polybios zu besonderer Schärfe gesteigert hat, jene Historiker gegenüber, die das Auffinden und Festhalten des Wahren als ihr einziges Geschäft betrachten.

[1] H. D. WESTLAKE, ‹The Sicilian Books of Th.' Philippica›. *Historia* 2, 1953/4, 288. A. E. RAUBITSCHEK, ‹Theopompos on Thucydides the Son of Melesias›. *Phoenix* 14, 1960, 81, versucht, den Bericht des Theopomp über die Wirksamkeit dieses Thukydides im 10. Buch der *Philippika* zu rekonstruieren, und gibt 95, A. 19 Literatur zu anderen Versuchen, Theopomps Behandlung athenischer Staatsmänner zu ermitteln. AUR. PERETTI, ‹Teopompo e Pseudo-Scilace›. *Studi Class. e Orient.* (Pisa) 12, 1963, 16. – E. MEYER, *Theopomps Hellenika*. Halle 1909; repr. Hildesheim 1965.

[2] K. v. FRITZ, ‹Die politische Tendenz in Th.s Geschichtschreibung›. *Antike u. Abendland* 4, 1954, 45. W. R. CONNOR, *Theopompus and fifthcentury Athens*. Cambridge Mass. 1968.

[3] Wichtig und klärend F. WEHRLI, ‹Die Geschichtschreibung im Lichte der antiken Theorie›. *Eumusia. Festgabe für E. Howald*. Zürich 1947, 54.

Das hier kurz skizzierte Bild gewinnt dadurch an Mannigfaltigkeit, daß Verzicht auf gorgianische Psychagogie durchaus nicht zugleich einen solchen auf rhetorische Durchformung der Sprache bedeuten muß. Damit haben wir auch schon die Stellung Theopomps umschrieben. Auf den Spuren seines Lehrers Isokrates hat er eine maßvolle rhetorische Durchgestaltung der Rede angestrebt, ohne die geschichtliche Substanz dramatischen Effekten aufzuopfern. Redlichen Eifer bei der Ermittlung der Tatsachen bezeugt ihm sein wohlwollender Beurteiler Dionysios von Halikarnaß (*Ad Pomp.* 6). Dabei hebt er besonders den Reichtum an belehrenden Notizen verschiedensten Inhalts wie die sorgsame Prüfung der Motive der handelnden Personen nach moralischen Gesichtspunkten hervor.

Einen Fortsetzer des Thukydides von beträchtlichem Range lernten wir durch einen Papyrusfund des Jahres 1906 kennen, der uns einundzwanzig Spalten eines historischen Textes schenkte[1]. Behandelt sind darin Ereignisse des Jahres 396/95, wobei der Vergleich mit der Berichterstattung Xenophons zugunsten des neuen Textes ausfällt. Verfaßt sind diese *Hellenika von Oxyrhynchos* nach 387 und vor dem Ende (346), wahrscheinlich aber vor dem Ausbruch (356) des Heiligen Krieges um Delphi. Schon die annalistische Stoffeinteilung nach Sommer und Winter weist auf engen Anschluß an Thukydides. Wo dieser nicht vorliegt, sind unsere *Hellenika* die Hauptquelle für Ephoros gewesen. Einige weitere Fragmente[2] waren 1934 ans Licht gekommen, gerieten aber wieder in Verlust und wurden 1948 von V. Bartoletti wieder entdeckt. Die Wissenschaft hat sich vergebens bemüht, den Historiker von Oxyrhynchos seiner Anonymität zu entreißen. Lösungsversuche wie Theopomp, Ephoros und manche andere kann man heute beiseite lassen. Einigen schien sich Kratippos von Athen (F Gr Hist 64) anzubieten, der nach dem Zeugnis des Dionysios (*De Thuc.* 16) Zeitgenosse des Thukydides gewesen ist und dessen Werk fortgesetzt hat. Schwartz und Jacoby[3] sind zu weit gegangen, wenn sie dieses Zeugnis verdächtigten und Kratippos zu einem hellenistischen Autor machten, aber wir wissen zu wenig von ihm, um die vermutete Zuweisung sichern zu können. Jacoby hat die *Hellenika von Oxyrhynchos* zögernd Daimachos (F Gr Hist 65) gegeben. Ephoros hat ihn benützt, und der Umstand, daß er Böoter war, läßt sich mit den wertvollen Mitteilungen des Anonymus über den Böotischen Bund kombinieren. Aber die Stützen sind zu schwach, und die *Hellenika von Oxyrhynchos* bleiben für uns ohne Verfassernamen.

[1] F Gr Hist 66. Nr. 2189 P. Diskussion und Lit. bei G. T. Griffith in *Fifty Years* (s. S. 693 A. 1), 160. Ausgaben: M. Gigante, Rom 1949. V. Bartoletti, Leipz. 1959, auf Grund einer Neuvergleichung der Papyri. Zur Verfasserfrage bes. H. Bloch, ‹Studies in historical literature of the fourth century›. *Stud. pres. to W. S. Ferguson* (Sonderband der *Harv. Stud.*) 1940, 303. F. Jacoby, ‹The Authorship of the Hell. of Ox.›. *Class. Quart.* 44, 1950, 1. I. A. F. Bruce, *An Historical Commentary on the Hellenica Oxyrhynchia.* Cambridge 1967.

[2] *Pap. Soc. It.* 13, 1949, nr. 1304. Abgedruckt auch von P. Maas im Anhang zu dem Aufsatz von Jacoby (s. vor. Anm.). M. Treu, ‹Zu den neuen Bruchstücken der Hell. von Ox.›. *Gymn.* 59, 1952, 302. R. Stark, *Annales Univ. Saraviensis. Philos.-Lettres* 8, 1/2, 1959, 47, A. 7 mit Lit.

[3] Außer im Komm. auch in der Anm. 1 angeführten Arbeit; doch vgl. Griffith (s. A. 1), 161. V. Bartoletti (brieflich) neigt dazu, Kratippos als Autor anzunehmen.

Isokratesschüler wie Theopomp ist auch Ephoros von Kyme (F Gr Hist 70)[1] gewesen. Die Zeit seiner Geburt ist unbestimmt, doch dürfte sie im ersten Viertel des 4. Jahrhunderts liegen. Sein Hauptwerk, die dreißig Bücher *Historiai*, hat er zumindest zum größten Teile nach 350 geschrieben. Deren bedeutende Wirkung – unter anderem hat sie Diodor ausgiebig benutzt und Polybios ehrlich bewundert – liegt in ihrem Wesen als erster Universalgeschichte begründet[2]. Ephoros begann mit der Eroberung der Peloponnes durch die Dorer, schloß also die mythische Zeit aus, und setzte sein Werk bei zunehmender Breite der Darstellung bis zu den Anfängen Philipps fort. Da er den geplanten Abschluß nicht erreichte, hat sein Sohn Demophilos die Geschichte des Heiligen Krieges hinzugefügt. Die Reste erweisen Ephoros als Kompilator großen Stiles, der ohne tieferes historisches Verständnis seine Quellen zusammenarbeitete und mitunter rasch harmonisierte. Eine besondere Note erhielt sein Werk durch die moralisierend-lehrhafte Grundhaltung, die sich besonders in den Prooimien äußerte. Dazu stimmt der Rationalismus, mit dem er den Mythos behandelt. Python von Delphi mit dem Beinamen Drakon, ein gefährlicher Mann, den Apollon erschießt (F 31), dies und manch anderes erinnert an die schönsten «Erklärungen» des Hekataios. An seine Sprache hat er als Isokrateer bestimmte Forderungen gestellt und darüber wohl in seiner Schrift *Über den Stil* (Περὶ λέξεως) gehandelt. Epideiktische Rede wußte er von historischer Darstellung zu scheiden (F 111) und blieb auch gorgianischer Psychagogie fern. Sein Stil galt als kraftlos[3], was zu seiner langsamen Arbeitsweise stimmt. Isokrates soll gesagt haben, Theopomp bedürfe des Zügels, Ephoros aber des Treibstachels (T 28).

Das *Heimatbuch* (Ἐπιχώριος λόγος), das der Tradition seiner Vaterstadt gewidmet war, und die Schrift *Über Erfindungen* (Περὶ εὑρημάτων) in mindestens zwei Büchern standen als selbständige Arbeiten neben den *Historiai*.

Ephoros konnte bereits die zehn Bücher der *Hellenika* des Kallisthenes von Olynth (F Gr Hist 124) benützen, die vom Frieden des Antialkidas bis zum Beginne des Heiligen Krieges (356) reichten. Dieser war in einer gesonderten Schrift behandelt. Kallisthenes, wahrscheinlich Großneffe des Aristoteles, mit dem zusammen er auch die *Liste der Sieger an den pythischen Spielen* verfaßte (s. S. 642), war ungefähr 370 geboren, begleitete Aristoteles nach Assos und an den makedonischen Hof und stellte seine Schriftstellerei in den Dienst promakedonischer Ideen mit panhellenischem Akzent. In diesem Sinne hat er die Taten Alexanders, den er auf seinem Zuge begleitete, in den Ἀλεξάνδρου πράξεις panegyrisch gefeiert. Als er jedoch in der Proskynesisfrage Opposition machte, wurde er 327 hingerichtet. Von seinen übrigen Schriften seien ein *Hermeias* und ein *Periplus* genannt. Daß man den fabulosen Alexanderroman unter seinen Namen stellte, hängt mit den phantastischen Zügen seiner Geschichtsschreibung zusammen.

[1] G. L. Barber, *The Historian Ephorus*. Cambr. 1935. A. Momigliano, ‹La storia di Eforo e le Elleniche di Teopompo›. *Riv. Fil.* 13, 1935, 180.

[2] Zu einer Einzelfrage Aur. Peretti, *Eforo e Ps.-Scilace. Studi Class. e Orient.* 10. Pisa 1961.

[3] Zeugnisse bei Wehrli (s. S. 699 A. 3), 63.

Anaximenes von Lampsakos (F Gr Hist 72), den Ephoros ebenfalls benützte und der uns im Zusammenhang mit der *Rhetorik an Alexandros* begegnet ist (S. 663), galt als Rhetor und hat nach JACOBY in der Historie nur eine Gastrolle gegeben. Immerhin war sie ausgiebig, denn er schrieb *Hellenika*, die von der mythischen Urgeschichte bis zur Schlacht von Mantineia reichen, ferner *Philippika* (Αἱ περὶ Φίλιππον ἱστορίαι), aus denen ein Brief Philipps und eine fingierte Antwortrede des Demosthenes erhalten sind[1], und eine *Alexandergeschichte* (Τὰ περὶ ᾿Αλέξανδρον), was die zweite Hälfte des 4. Jahrhunderts als seine Schaffenszeit sichert. Dem Theopomp spielte er den Streich, ihm einen *Trikaranos* (F 20f.) unterzuschieben, in dem Athen, Sparta und Theben als Ursache der politischen Misere Griechenlands erschienen.

Von Historikern des 4. Jahrhunderts, die für uns kaum mehr als Namen sind, nennen wir Herakleides von Kyme mit *Persika* (F Gr Hist 689), ferner Kephisodoros von Theben (F Gr Hist 112) und Leon von Byzantion (F Gr Hist 132), die beide über den Heiligen Krieg geschrieben haben. Von dem Letztgenannten, einem Schüler des Aristoteles, gab es auch Schriften zur Geschichte Philipps und Alexanders. Auf genealogisches Gebiet kam Andron von Halikarnaß (F Gr Hist 10) mit seinen Fragen nach der Verwandtschaft griechischer Staaten.

Der erste Athener in der Reihe jener Atthidographen, an deren Spitze der Äoler Hellanikos (s. S. 375) steht, ist Kleidemos (F Gr Hist 323) gewesen. Für diese Form seines Namens sprechen gegen das ebenfalls überlieferte und korrekte Kleitodemos die Inschriften. Seine *Atthis*, die auch gelegentlich als *Protogonia* zitiert wird und von der uns vier Bücher kenntlich sind, stellte literarische Ansprüche. Entstanden wird man sie um die Mitte des 4. Jahrhunderts denken. Kleidemos, der selbst Exeget (vielleicht aus der Gruppe der Pythochrestoi) war, hat sein Interesse an Dingen des Kultes auch durch die Abfassung eines *Exegetikos* bekundet.

Unter den Atthidographen nimmt Androtion (F Gr Hist 324)[2] dadurch eine besondere Stellung ein, daß er als aktiver Politiker attische Geschichte geschrieben hat. Als Gegner des Demosthenes, der in den Anfängen seiner politischen Laufbahn eine Rede gegen ihn richtete, sind wir ihm bereits (S. 672) begegnet. Er stammte aus vornehmem Hause, war im letzten Jahrzehnt des 5. Jahrhunderts zu Athen geboren und genoß den Unterricht des Isokrates. Nach einer bewegten politischen Laufbahn, in der sein Haß gegen Persien ein bestimmendes Moment war, ging er in den späteren vierziger Jahren nach Megara in die Verbannung. Dort hat er die acht Bücher seiner *Atthis* geschrieben, die zumindest bis 344/43 reichte.

In geringem zeitlichem Abstande folgt der *Atthis* des Androtion jene des Phanodemos (F Gr Hist 325), den man mit großer Wahrscheinlichkeit mit dem Vater des Diyllos, dem Anhänger der Restaurationspolitik des Lykurgos, gleichsetzt. Er war 343/42 Mitglied des Rates und dürfte mit der Abfassung seiner *Atthis*, von der wir neun Bücher feststellen, bald nach 340 begonnen haben. Es stimmt zur Einstellung des Mannes, daß die Fragmente besonderes Interesse für Kult und mythische Tradi-

[1] 12 und 11 im Demosthenischen Corpus; s. S. 677. Die Rede auch F Gr Hist 72 F 11.
[2] JACOBYS Kommentar gibt eine erschöpfende Monographie. Dazu seine *Atthis*, Oxf. 1949.

tion erkennen lassen. Auch ein Buch *Über die Insel Ikos* (Ἰκιακά), mit der ihn wohl persönliche Erinnerung verband, hat er geschrieben.

Die sizilische Historiographie, von deren Anfängen früher (S. 377) die Rede war, hatte in dieser Zeit ihren bedeutendsten Vertreter in Philistos von Syrakus (F Gr Hist 556). Geboren ist er um 430, sein Tod ist sicher auf 356/55 zu datieren. Er war ein treuer Anhänger der Tyrannenpolitik, was nicht hinderte, daß ihn Dionysios I. für eine Zeit in die Verbannung schickte. Sein historisches Werk besteht aus zwei Teilen, die Philistos als Einheit konzipiert hat und die später als *Sikelika* zusammengefaßt wurden. Die sieben Bücher des ersten Teiles (Περὶ Σικελίας) behandelten die Geschichte der Insel bis 406/5, der zweite Teil mit sechs Büchern (vier über den älteren, zwei über den jüngeren Dionysios) gab die Zeitgeschichte. Der Bericht des Philistos über den jüngeren Dionysios blieb ein Torso, und eben dort setzte Athanis (oder Athanas) von Syrakus (F Gr Hist 562) ein, der in zwölf Büchern die Zeitgeschichte zumindest bis zum Rücktritt Timoleons (337/36) herabführte. Andere Autoren sizilischer Geschichte aus dieser Zeit sind Timonides von Leukas (F Gr Hist 561), der Mitglied der Akademie war, und Hermeias von Methymna (F Gr Hist 558), der erste Ausländer, der sich mit sizilischer Geschichte befaßte. Die Nachricht, daß auch Dionysios I. Historisches geschrieben habe, ist glaubhaft (F Gr Hist 557).

Die erste kriegstechnische Lehrschrift, die wir kennen, ist ein *Traktat über die Verteidigung einer belagerten Stadt*, der Aineias den Taktiker zum Verfasser hat und um die Jahrhundertmitte geschrieben ist[1]. Die Möglichkeit ist zu erwägen, daß es sich bei dem Verfasser um den arkadischen Feldherrn Aineias von Stymphalos (Xen. *Hell.* 7, 3, 1) handelt. Jedenfalls war es ein Mann der Praxis, nicht einer der Feder. Die historischen Beispiele und die Einblicke in die Struktur des 4. Jahrhunderts sind wertvoll, das Griechisch ist kunstlos und zeigt Ansätze zur Koine. Das Erhaltene war einmal Teil eines größeren Werkes, das Polybios zitiert (10, 44: τὰ περὶ τῶν στρατηγικῶν ὑπομνήματα).

Daß sich jene Linie rationaler Mythendeutung, die Hekataios und Herodor bezeichnen, im 4. Jahrhundert fortsetzt (ohne etwa in ihm zu enden), hat Ephoros gezeigt. Die Schrift des Palaiphatos *Über unglaubliche Geschichten* (Περὶ ἀπίστων)[2] ist genauer nicht zu datieren, gehört aber in dasselbe Jahrhundert. Der Name des Verfassers ist vielleicht ein Pseudonym, wes Geistes Kind er ist, läßt er jedoch deutlich in der Konsequenz erkennen, mit der er dem Mythos bis in die einzelnen Züge «Wahrheit» in seinem Sinne abzwingt. Von den fünf Büchern des Werkes ist uns ein Auszug mit zweiundfünfzig Geschichten erhalten.

Schließlich fügen wir noch einen merkwürdigen Gesellen an, der sonst obdachlos bliebe: Antiphanes von Berge, der Verfasser unglaublicher Geschichten (vielleicht war der Titel Ἄπιστα), der es fertigbrachte, «Bergäisch sprechen» (βεργαΐζειν) zum

[1] Ausgabe: Illinois Greek Club (mit Asklepiodotos und Onasander). *Loeb Class. Libr.* 1923. L. W. Hunter & S. A. Handford, *Aineiu Poliorketika.* Oxf. 1927, mit ausführlicher Darstellung der Sprache. Text von A. Dain, Übers. u. Noten von Anne-Marie Bon. Coll. des Un. de Fr. Paris 1967. Lexikon: D. Barends, Utrecht 1955.

[2] Ausgabe: N. Festa. Leipz. 1902; vgl. Wilh. Nestle, *Vom Mythos zum Logos.* Stuttg. 1940, 148 mit Lit.

Fachausdruck für ausgemachte Windbeuteleien werden zu lassen. O. Weinreich[1] hat das 4. Jahrhundert als seine Zeit erwiesen und gezeigt, daß das Märlein von den eingefrorenen Tönen auf diesen Mann zurückgeht.

Die Xenophon-Überlieferung wechselt für die verschiedenen Werke; sie ist reich, enthält aber ziemlich späte Codices. F. G. del Rio, *Manuscritos de Jenofonte en bibliotecas españolas.* Emérita 26, 1958, 319. H. Erbse, ‹Textkritische Bemerkungen zu X.›. *Rhein. Mus.* 103, 1960, 144 (mit zahlreichen Konjekturen, die auf Grund der Überlieferungsgeschichte Minuskelkorruptelen voraussetzen). Die recht zahlreichen Papyri (nr. 1542–1566 P.), besonders Pap. Ox. 463 (nr. 1543 P.), haben zu einer sorgsameren Einschätzung der geringer gewerteten Handschriften geführt. Ein ptolemäischer Papyrus bei E. Siegmann, *Lit. griech. Texte der Heidelberger Pap. Sammlung.* Heidelberg 1956, nr. 206 mit Xen. *Mem.* 1, 3, 7–13; dazu R. Merkelbach, *Stud. zur Textgesch. u. Textkritik.* Köln u. Opladen 1959, 157. A. H. R. E. Paap, *The Xenophon papyri.* Papyrologica Lugduno-Batava 18. Leiden 1970. Das Einzelne in den u. genannten Ausgaben, dazu *Delebecque* und Widdra in den Ausgaben der Schrift *Über die Reitkunst* (s.o.). F. Ollier lehnt in seiner Ausgabe von *Symp.* und *Apol.* in der *Coll. des Un. de Fr.* die Aufstellung eines Handschriftenstemmas ab und hält eklektisches Verhalten für das allein Mögliche.

Ausgaben: Teubner: C. Hude, *Anab.* 1931. *Hellen.* 1930. *Memor.* 1934. Th. Thalheim, *Opuscula* 2 Bde. 1910/12. Bibliotheca Oxoniensis: E. C. Marchant, 5 Bde., 1900–1920 (alle Bände in wiederholtem Neudruck). Von dems. doppelspr. in der *Loeb Class. Libr.* 2 Bde. mit *Mem. Oecon.* und *Scripta minora.* 1956; diese neu mit *Ps. Xen. Constitution of Athenians* by G. W. Bowersock, London 1968; die *Kyrup.* in der Loeb Class. Libr. ed. W. Miller (2 Bde.); *Hell. Anab. Apol. Symp.* ed. C. L. Brownson and O. J. Todd (3 Bde.). *Coll. des Un. de Fr.* (doppelsprachig): P. Masqueray, *Anab.* 2 Bde. 1930 (1953. Text 1963). J. Hatzfeld, *Hellen.* 2 Bde. 1936/39 (mehrfach neugedr.). P. Chantraine, *Oikon.* 1949. F. Ollier, *Symp. Apol.* 1961. E. Delebecque, *L'art de la chasse.* 1970. – E. Delebecque, *Helleniques* 1. Paris 1964 (mit Komm.). G. Pierleoni, *X. opuscula.* Rom 1937. M. I. Finley, *The Greek Historians. The Essence of Herod. Thuc. Xen. Polyb.* New York 1959 (Ausgewählte Partien mit Noten und Einleitungen). Einzelausgaben sind in den Anmerkungen verzeichnet. – F. W. Sturz, *Lexicon Xenophonteum*, 4 Bde. Leipz. 1801–04. – Neuere Übersetzungen: *Memor.*: R. Preiswerk, Zürich 1943. J. Irmscher, Berl. 1955. E. Bux, *Die sokr. Schriften.* Stuttg. 1956. G. P. Landmann, *X. Das Gastmahl.* Rowohlts Klass. 7, 1957. H. Vretska, *Anabasis.* Stuttg. (Reclam) 1958. W. H. D. Douse, *The march up country.* Michigan 1958. – Sprache: L. Gautier, *La langue de X.* Genf 1911. M. Sachsenhauser, ‹Untersuchungen über die Sperrung von Substantiv und Attribut in X.s Anabasis›. *Wien. Stud.* 72, 1959, 54. – Untersuchungen: A. Momigliano, ‹L'egemonia tebana in Senof. e in Eforo›. *Atene e Roma* 37, 1935, 101. E. Delebecque, ‹X., Athènes et Lacédémone›. *Rev. Et. Gr.* 69, 1946, 71; ders., *Essai sur la vie de Xénophon.* Paris 1957. A. Delatte, ‹La formation humaniste selon X.›. *Bull. de l'Ass. Budé* 35, 1949, 505. H. R. Breitenbach, *Historiographische Anschauungsformen X.s.* Diss. Basel 1950, von demselben der große Artikel in *RE* IX A 2, 1569 bis 1928 mit dem Anhang von M. Treu zur *Pol. Ath.* 1929–1982; beide Teile als Sonderpublikation Stuttgart 1966. M. Sordi, ‹I caratteri dell' opera storiografica di Senof. nelle Elleniche›. *Athenaeum* N. S. 28, 1950, 3; 29, 1951, 273. J. Luccioni, *X. et le socratisme.* Paris 1953. L. Strauss, *On Tyranny.* New York-London 1963; deutsch: *Über Tyrannis. Eine Interpretation von X.s 'Hieron'.* Neuwied-Berlin 1963. H. Montgomery, s. Lit. zu Herodot. W. P. Henry, *Greek Historical Writing. A Historiographical Essay based on X.s Hellenica.* Chicago 1967; dazu die für Xenophon ebenso wie für Prinzipienfragen der klassischen Philologie wichtige Besprechung von K. v. Fritz, *Gnom.* 40, 1968, 556; dort (558) auch ältere Arbeiten zu den *Hellenika.*

[1] *Antiphanes und Münchhausen. Sitzb. Ak. Wien. Phil. hist. Kl.* 220/4, 1942. Die richtige Datierung schon bei Wilamowitz, *Herm.* 40, 1905, 150 = Kl. Schr. 4. Berl. 1962, 203.

Die anderen Historiker:

Die Lit. zu den einzelnen Autoren ist in den Anm. gegeben. Zum ganzen Abschnitt: G. DE SANCTIS, *Studi di storia della storiografia greca.* Firenze 1951. – Das erste zusammenhängende Stück aus den *Persika* des Ktesias, zu unserer Überraschung in attischem Dialekt, brachte uns *Ox. Pap.* 22, 1954, nr. 2330; vgl. K. LATTE, *Gnom.* 27, 1955, 497. R. MERKELBACH, *Arch. f. Pap. Forsch.* 16, 1956, 109. D. DEL CORNO, ‹La lingua di Ctesia (P. Ox. 2330)›. *Athenaeum* N. S. 40, 1962, 12b.

5. DRAMA

Auch auf dem Felde der dramatischen Dichtung zeigt die Produktion im 4. Jahrhundert beträchtliche Breite[1]. Wo Griechen siedelten, hatte und schätzte man sein Theater. Die Vasen geben uns ein erwünschtes Zeugnis dafür, wie ausgiebig sich damals die Tragödie den griechischen Westen eroberte. Dabei geht durch die Zeit unaufhaltsam eine Entwicklung, die dem Neuen die große Tragödie des 5. Jahrhunderts als Klassik gegenübertreten läßt. Vermutlich von 386 an war an den Dionysien die Wiederaufführung einer alten Tragödie ins Festprogramm aufgenommen. Das Bruchstück der inschriftlichen Didaskalien für 341–339[2] zeigt, daß man in allen drei Jahren Euripides wählte. Der jüngere Astydamas, ein Nachkomme des Aischylos, der 341 und 340 siegte, hat in Versen (1, p 113 D.), die für seine Statue im Theater bestimmt waren, darüber geklagt, daß er sich nicht unmittelbar mit den Größen seiner Kunst messen konnte. Als Lykurgos im neuen Steinbau die Standbilder der drei Klassiker aufstellen und den Text der Werke durch ein Staatsexemplar sichern ließ, bedeutete dies Bestätigung und Abschluß einer Entwicklung, die das später Geschaffene zum Untergang verurteilte.

Immerhin meinen wir für die Produktion des 4. Jahrhunderts ein Beispiel in dem *Rhesos* zu besitzen, der unter dem Namen des Euripides auf uns gekommen ist. Neuere Versuche, seine Echtheit zu erweisen, konnten nicht überzeugen[3], die Wesenszüge des Stückes weisen auf nachklassische Zeit. Die Dramatisierung der Dolonie (*Ilias* 10) läßt manch hübschen lyrischen Ton erklingen, so in dem Morgenlied der Wachen (v. 527), und das Bild des Lagerlebens ist von der anapästischen Prologszene an lebendig gezeichnet. Die Geschichte, wie Odysseus und Diomedes erst den troi-

[1] T. B. L. WEBSTER, *Art and Literature in Fourth Century Athens.* Lond. 1956. Ders. ‹Fourth Century Tragedy and Poetics›. *Herm.* 82, 1954, 294. Bühnenwesen: Ders. *Greek Theatre Production.* Lond. 1956. A. PICKARD-CAMBRIDGE, *The Dramatic Festivals of Athens.* 2. ed. Oxf. 1968. Zur Komödie s. S. 708 A. 2.

[2] PICKARD a. O. 108.

[3] D. EBENER, *Rhesos. Tragödie eines unbekannten Dichters.* Berlin 1966 (doppelspr.). Für die Echtheit C. B. SNELLER, *De Rheso tragoedia.* Diss. Utrecht. Amsterd. 1949. Dagegen A. LESKY, *Gnom.* 23, 1951, 141. Vgl. G. BJÖRCK, *Arktos* N. S. 1, 1954, 16; *Eranos* 55, 1957, 7. LESKY, 218. H. STROHM, ‹Beobachtungen zum Rhesos›. *Herm.* 87, 1959, 257, zeigt, wie in dem Stück einzelne euripideische Motive angesponnen werden. Für ihn geht die Unechtheit vor allem aus der von Euripides abweichenden Art hervor, außerszenisches Geschehen auf die Bühne zu bringen. Neuerdings traten für die Echtheit ein: SILVIA COMPAGNO. *Sull'autenticità del Reso di Eur.* Atti Acc. Torino 98, 1963/64, 1. W. RITCHIE, *The authenticity of the Rhesus of Eur.* Cambridge 1964. Dagegen mit durchschlagenden Argumenten E. FRAENKEL, *Gnom.* 37, 1965, 228. Der letzte Versuch der Verteidigung bei QU. CATAUDELLA, ‹Vedute vecchie e nuove sul Reso Euripideo›. *Saggi sulla tragedia Gr.* Messina-Firenze 1969, 315. Teile der Hypothesis: *Pap. Soc. It.* 12/2, 1951, nr. 1286.

schen Gegenspäher Dolon und dann den Thrakerkönig Rhesos töten, der eben mit großen Worten zur Unterstützung der Troer eingetroffen war, ist mit sichtlichem Bemühen um dramatische Wirkung gestaltet. Aber hier eben tut sich der Gegensatz zu Euripides auf: mit allerlei Verdächtigungen und Beschuldigungen werden kleine Teilkonflikte entfacht, die rasch und wirkungslos verlöschen, ohne daß das Stück als Ganzes dramatisches Leben gewänne oder gar den Aspekt echter Tragik zeigte. Auf diesem Felde bleibt der Verfasser des Rhesos selbst von den schwächeren Stücken des Euripides in erheblichem Abstande. Das fast völlige Fehlen der Gnomik in dem Stücke hat bereits Gottfried Hermann[1] zu einem wesentlichen Argument für die Athetese gemacht.

Die Fülle von Dichternamen und Tragödientiteln, die Naucks Fragmentsammlung auch für diesen Abschnitt gibt, vermittelt eine Vorstellung von der Masse des Verlorenen. Wir müssen zufrieden sein, einiges von grundsätzlicher Bedeutung feststellen zu können. Stofflich wurde Agathons Experiment freier Erfindung (s. S. 465) offenbar nicht fortgesetzt. Immer wieder stoßen wir auf die alten, wirkungssicheren Stoffe, wobei der Hang zum Krassen, Theatralischen, zum τραγικόν, wie es diese Zeit versteht, nicht zu verkennen ist. Meletos (Vater des Klägers von 399?) schrieb eine *Oidipodeia* und war wohl nicht der einzige, der die alte trilogische Bindung gelegentlich wieder aufnahm. Karkinos, Enkel des von Aristophanes verspotteten Trägers dieses Namens, eine Zeitlang Gast am Hofe des jüngeren Dionysios, ließ in seinem *Orestes* den Helden in Rätseln reden. Aristoteles nimmt an verschiedenen Stellen[2] auf seine Stücke Bezug: auf einen *Amphiaraos*, eine *Alope*, einen *Oidipus*, eine *Medeia*. Von dem früher genannten Astydamas kennen wir die Titel *Antigone*, *Alkmeon* und *Hektor*, Antiphon soll mit seiner *Andromache*, auf die sich Aristoteles gelegentlich (*Eth. Eud.* 7, 4. 1239a 37) bezieht, seinem *Meleager* und *Philoktet* die Reihe der Beispiele alter, in der klassischen Tragödie bewährter Stoffe beschließen. Auch dies erkennen wir, daß diese Neugestaltung in weitem Ausmaße nach dem Muster der späteren euripideischen Tragödie mit ihren Spielen der Tyche, ihren kunstvollen Intrigen und Wiedererkennungen durchgeführt war. So wenn Hyginus *fab.* 72 eine Neuformung des Antigonestoffes, vielleicht nach dem Stück des Astydamas[3], bringt, in der Haimon die Braut bei Schäfern versteckt und nach Jahren ein Sohn der beiden, der zu Spielen nach Theben kommt, die dramatische Verwicklung herbeiführt. Es ist gefährlich, für ein so wenig bekanntes Gebiet ein zusammenfassendes Urteil zu wagen, aber es hat alle Wahrscheinlichkeit für sich, daß diese Epigonentragödien von technischem Raffinement lebten und nichts mehr mit jener religiösen Auseinandersetzung zu tun hatten, in der das 5. Jahrhundert dem Mythos als großer Manifestation von Geistigem begegnete.

Wenn Dichter der Zeit auch zu historischen Stoffen griffen, konnten sie sich auf das Vorbild des Aischylos berufen. Theodektes von Phaselis hat neben zahlreichen Stücken mit mythischen Stoffen auch einen *Maussolos* geschrieben, und von Mo-

[1] *De Rheso tragoedia diss.* 1828.
[2] Diese bei Nauck und in Websters Aufsatz (s. S. 705 A. 1), 300.
[3] Webster (s. vorige A.), 305.

schion, der allerdings vielleicht ins 3. Jahrhundert gehört, gab es einen *Themistokles* und die *Pheraier*, wohl ein Stück über die Ermordung des Tyrannen Alexandros von Pherai. Nur selten tauchen entlegenere Stoffe auf, so wenn Dionysios I. dramatisch dilettierend seiner Zeit eine *Leda* und einen *Adonis* bescherte[1].

Für das Satyrspiel ist interessant, was wir über ein Stück *Agen*[2] wissen, dessen Verfasser ein Python, wenn nicht gar Alexander selbst gewesen sein soll. In ihm wurde der dem König entlaufene Harpalos mit seinen Hetären verspottet. Es kann sich um einen Fall eigener Art handeln, jedenfalls sehen wir, wie die Grenzen zwischen Satyrspiel und Komödienspott durchlässig zu werden beginnen.

Dafür, daß sich die Tragödie der Zeit nicht anders als die Historie rhetorischem Einfluß unterwarf, gibt Aristoteles in der *Poetik* (6. 1450b 7) ein wertvolles Zeugnis, indem er die Reden der älteren Tragödie mit der Staatskunst, die der jüngeren mit der Rhetorik in Beziehung setzt. Theodektes von Phaselis, dem wir übrigens bereits als Rhetor begegnet sind (S. 643), Astydamas und ein Aphareus, der in den Didaskalien für 341 mit *Peliaden*, *Orestes* und *Auge* als Dritter erscheint, sind Schüler des Isokrates gewesen, Chairemon wird von Aristoteles (*Rhet.* 3, 12. 1413b 12) mit einem Verfasser von Reden verglichen.

Dem Rhetorischen gegenüber hat sich das Musikalische weitgehend selbständig gemacht. Wir hatten bereits bei Agathon (S. 465) zu vermerken, daß Aristoteles mit ihm die Degeneration des Chorliedes, das einst wesentlicher Sinnträger war, zur reinen Einlage beginnen läßt. Ein Papyrus aus dem frühen 3. Jahrhundert[3], der ein Fragment aus einer nachklassischen Tragödie enthält, zeigt zwischen zwei Szenen nur mehr den Vermerk «Lied des Chores» (χοροῦ μέλος). Daß sich diese selbständig gewordene Chorlyrik im Stile des Neuen Dithyrambos entwickelte, darf man nach den Ansätzen bei Euripides vermuten.

Noch in einer anderen Weise verrät sich die Auflösung jener vollendeten Vereinigung der Kunstformen in der klassischen Tragödie, einer Einheit, wie sie zu keinem Orte und zu keiner Zeit in gleicher Weise erreicht wurde. Die Überbewertung der Regie und der Leistung des Schauspielers, Dekadenzerscheinungen heute wie damals, finden sich beide für die nachklassische Tragödie bezeugt. Ein famoser Regisseur machte bei einer Wiederaufführung den euripideischen *Orestes* zur Revue, indem er zu Beginn Helena stumm mit der reichen Beute aus Troia einziehen ließ (Schol. *Or.* 57). Für die Schätzung der Schauspieler lassen wir einzelne Anekdoten und Namen beiseite[4] und begnügen uns mit des Aristoteles Klage (*Rhet.* 3, 1. 1403b 33), daß zu seiner Zeit die Mimen vor den Dichtern den Vorrang hätten. Auf der anderen Seite bezeugt uns derselbe Aristoteles (*Rhet.* 3, 12. 1413b 12) Lesedramen und nennt den früher erwähnten Chairemon als Dichter dieser Art.

[1] W. Süss, ‹Der ältere Dionys als Tragiker›. *Rhein. Mus.* 109, 1966, 299.

[2] W. Süss, *Herm.* 74, 1939, 210. A. v. Blumenthal, ebda. 216. H. Hommel, ebda. 75, 1940, 237, 335. Br. Snell, *Scenes from Greek Drama.* Berkeley 1964, 118; deutsche Ausgabe Berlin 1971, 104.

[3] nr. 1708 P. = Page, *Greek Lit. Pap.* Lond. 1950, nr. 28, vgl. A. Körte, *Arch. Pap. Forsch.* 5, 1913, 570.

[4] Vgl. Lesky, 221.

Während unser geringes Wissen über die Tragödie des 4. Jahrhunderts bedeutet, daß sich von da ab diese Kunstform für uns in ziemlichem Dunkel verliert, bis die Römer sie erneuerten, liegen die Dinge bei der Komödie anders. Über deren Leben zur Alexanderzeit wissen wir nicht wenig, aber die Brücke zwischen der Alten Komödie des Aristophanes und der Neuen des Menander ist für uns äußerst schwer herzustellen. Bereits die hellenistische Zeit hat eine Dreiteilung der Komödie in Alte (*Archaia*), Mittlere (*Mese*) und Neue (*Nea*) durchgeführt (vgl. S. 471)[1], doch lassen sich die Grenzen zwischen den drei Phasen mit den Jahren 400 und 320 nur sehr ungefähr bezeichnen. Bereits die späten Stücke des Aristophanes haben uns mit dem Fehlen der Parabase, der Verselbständigung der Chorpartien, dem Zurücktreten des politischen und dem Stumpfwerden des persönlichen Spottes den allmählichen Gestaltwandel des komischen Spieles erkennen lassen.

Wir können die Geschichte der Mittleren Komödie[2] mit Namen von Autoren und Titeln von Stücken anfüllen. Der Anonymus *Über die Komödie* weiß von 57 Dichtern und 607 Stücken, wobei sich gute Gründe dafür vorbringen lassen, daß diese Zahl noch um etliches zu niedrig ist[3]. Wie bei der Tragödie finden wir auch hier handwerkliche Familientradition, so haben die Söhne des Aristophanes, Araros, Nikostratos und Philetairos[4] Komödien gedichtet. Aus der Fülle der übrigen Namen heben wir drei besonders fruchtbare und erfolgreiche Autoren heraus. Antiphanes, noch im ausgehenden 5. Jahrhundert geboren, hat bis tief in die zweite Hälfte des folgenden gelebt und gedichtet. Nach der *Suda* hätte er 280 oder gar 365 Stücke verfaßt, wir kennen noch 134 Titel[5]. Nur wenig bleibt hinter ihm sein jüngerer Zeitgenosse Alexis aus Thurioi zurück, für den die *Suda* die Zahl 245 nennt, während wir 130 Titel verzeichnen. Bescheiden nimmt sich daneben Anaxandrides aus Kamiros auf Rhodos (nach anderen aus Kolophon) mit einem Nachlaß von fünfundsechzig Stücken aus. Seine Tätigkeit, die ihm 376 den ersten Sieg an den Dionysien brachte, reicht noch in die ersten Jahre der zweiten Jahrhunderthälfte[6]. Eines wird aus diesen Zahlen sogleich klar: diese Produktion war längst nicht mehr auf Athen allein berechnet. Wohl blieb dieses noch das Zentrum dramatischer Kunst, in dem sich Dichter fremder Herkunft ansiedelten, ihre Stücke aber gingen in die ganze griechische Welt mit ihrer Unzahl von Theatern hinaus.

Die zahlreichen Reste der Mese erfreuen uns durch eine Fülle kultivierten Witzes, geben aber in keinem einzigen Falle ein Bild von Aufbau und Gestalt eines Stückes. Um so dankbarer wären wir, wenn wir eines der Originale römischer Lustspiele mit Sicherheit diesem Abschnitt der Komödiengeschichte zuweisen könnten. Man hat

[1] Über den verfehlten Versuch, diese Teilung erst in hadrianische Zeit zu setzen, A. Körte, *RE* 11, 1921, 1256.

[2] Körte a. O.; T. B. L. Webster, *Studies in Later Greek Comedy*. Manchester Un. Pr. 1953 (mit Zeittafel). Dazu die beiden S. 705 A. 1 genannten Bücher Websters.

[3] Belege und Diskussion bei Körte a. O. 1265, 56.

[4] Bezüglich des dritten Namens bleiben Unklarheiten, vgl. Schmid 4, 222.

[5] Konfusion mit einem jüngeren Dichter des Namens ist freilich in Rechnung zu setzen.

[6] Eine Inschrift mit zahlreichen Angaben bei Pickard (s. S. 705 A. 1), 122.

das für drei plautinische Stücke versucht, den *Persa*, die *Menaechmi* und den *Amphitruo*[1], aber nirgends will es gelingen, festen Fuß zu fassen. Die größte Wahrscheinlichkeit, daß er aus der Mese stamme, besteht für den *Persa*, ein Intrigenstück, in dem ein findiger Sklave mit Unterstützung eines Mitsklaven und eines Parasiten einem Kuppler ein Mädchen ablistet. Immerhin gestatten es die Fragmente, einige Wesenszüge der Mese zu ermitteln. Sie lassen uns durchaus gleitende Übergänge erkennen, indem wir manche Elemente der Archaia erhalten und nicht wenige der Nea vorgebildet sehen.

Die Mese ist nicht mehr politische Komödie in dem Sinne, daß sie zur Gänze aus dem Boden der Polis erwachsen und mit deren Leben unmittelbar verbunden wäre. Am deutlichsten spricht sich dies im Fortfall der Parabase aus. Das bedeutet aber keineswegs, daß die Komödie nunmehr jede Beziehung zum Zeitgeschehen und zu Athens Politik im besonderen aufgegeben hätte. Der Komödiendichter Theopomp, dessen Schaffen den Ausgang der Archaia und den Beginn der Mese überlagert, hat (fr. 30 K.) Kallistratos, einen der Baumeister des Zweiten Seebundes, angegriffen und in der *Eirene*, die ebenso wie ein Stück des Eubulos einen aristophanischen Titel wiederholt, wahrscheinlich eine der Friedenskonferenzen der siebziger Jahre zum Gegenstande gewählt. Den sizilischen Tyrannen nahmen Eubulos in seinem *Dionysios* und Ephippos in den *Homoioi* (fr. 16 K.) aufs Korn. Zahlreich sind die Bruchstücke, die sich auf Demosthenes beziehen[2], und auch Philipp bekam das Seine ab. Eines der wenigen Fragmente, dessen Kraft und Phantastik an die Sprache der Archaia gemahnen – es stammt aus dem *Philippos* des Mnesimachos (fr. 7 K.) – schildert die Makedonen als wilde Eisenfresser. Timokles hat das in den *Heroes* (fr. 12 K.) ironisch auf Demosthenes variiert.

Von den Philosophen zogen vor allem die Anhänger des Pythagoras und Platon[3] die Aufmerksamkeit der Komödie auf sich. Das große anapästische Fragment aus einem unbekannten Stück des Epikrates (fr. 11 K.) war uns früher (S. 605) als unverächtliches Zeugnis für den Lehrbetrieb der Akademie begegnet. Wenigstens die Partie aus dem *Nauagos* des Ephippos (fr. 14 K.) sei noch erwähnt, in der ein stutzerhafter Akademiker geschildert wird.

Auch der persönliche Spott gegen einzelne Bürger, das in der Hochklassik vergeblich bekämpfte ὀνομαστὶ κωμῳδεῖν, hat mit dem Ausgange der Archaia keineswegs ein Ende gefunden[4]. Doch darf uns all dies nicht vergessen lassen, daß es sich bei den angeführten Dingen (zumindest in der Regel) um Beiwerk handelt, das nicht mehr den innersten Lebensbereich eines durch und durch politischen Spieles betrifft.

Die antike Theorie[5] hat an der Mese die Vorliebe für Mythentravestie hervorgehoben. Dies gilt nur in bestimmten Grenzen. Bereits die Archaia kannte Derartiges in nicht geringem Maße, wie dies schon eine Reihe von Titeln aus der späteren Schaf-

[1] Ausführlich WEBSTER (s. 708 A. 2), 67, 78, 86. Für diese Zuweisung der Vorlage des *Persa* auch K. J. DOVER in *Fifty Years of Class. Scholarship*. Oxf. 1954, 118 mit Lit. Für Spätdatierung des *Amphitruo* W. H. FRIEDRICH, *Euripides und Diphilos. Zet.* 5, 1953, 263.

[2] WEBSTER a. O. 44. [3] WEBSTER a. O. 53.

[4] Eine hübsche Liste bei WEBSTER a. O. 29.

[5] Platonios, Περὶ διαφορᾶς κωμῳδιῶν, 11 bei KAIBEL, *Com. Graec. Fragm.* 1, 1899, 5.

fenszeit des Aristophanes (S. 466) hinreichend bezeugt. Anderseits spielen Mythentravestien in der Mese zwar eine bedeutende, keineswegs aber eine beherrschende Rolle. Dabei kann sich die Parodie direkt auf den Mythos oder aber auf seine Gestaltung durch die Tragödie richten. Das Erste ist wohl bei den meisten der Komödien der Fall, die eines Gottes Geburtsgeschichte zum Inhalte haben. Auch hier wird die Linie deutlich, die von der Archaia herunterführt, denn des Hermippos *Geburt der Athena* gehört noch in deren Bereich. In der Mese setzt sich das Thema in einer Reihe von Stücken fort. Besonders geliebt hat es Philiskos, der es für Zeus, Aphrodite, Apollon und Artemis, Hermes und sogar für Pan durchführte. In vielen anderen Fällen wurde die Wirkung einer solchen *Komodotragodia* (so je ein Titel des Alkaios, der noch in die Archaia gehört, und des Anaxandrides) durch die Parodierung von bekannten Tragödien erstrebt. Es war ohne Zweifel ein Hauptspaß, wenn Orestes einmal dem Aigisthos nicht das Schwert in die Brust rannte und die beiden als dicke Freunde die Szene verließen[1], oder wenn in einer verkehrten Welt Odysseus statt Penelope am Webstuhl werkte (Alexis, *Odysseus der Weber*) und Aias in wilder Angst vor Kassandra an das Athenabild flüchtete[2]. Komödien wie des Antiphanes *Aiolos*, des Anaxandrides *Helena*, des Eubulos *Auge*, *Ion*, *Medeia*, *Phoinix* weisen durch ihre Titel auf euripideische Tragödien. Dieser hatte im 4. Jahrhundert ja bereits die höchste Schätzung errungen, und ein Titel wie der *Phileuripides* des Axionikos umschreibt ein ganzes Kapitel Literaturgeschichte. Beachtung verdient das Zurücktreten der Mythentravestie von der Jahrhundertmitte an. Das hängt nicht zum letzten mit der wachsenden Distanz vom Mythos zusammen, denn man parodiert in der Regel Dinge, zu denen man ein inneres Verhältnis besitzt. Hingegen scheint, vor allem nach dem Zeugnis der Vasen, kecker Scherz, den man mit den alten Mythen trieb, in der Phlyakenposse des griechischen Westens unverändert seinen Platz behauptet zu haben.

Nur ahnen können wir die Etappen einer Entwicklung, die sich innerhalb der Mese vollzogen hat und die mehr und mehr zum bürgerlichen Lustspiel Menanders überleitete. Das spricht sich klar in dem Urteil des Aristoteles (*Poet.* 9, 1451 b 13) über die zeitgenössische Komödie aus, sie baue die Handlungen nach den Gesetzen der Wahrscheinlichkeit und füge Namen hinzu, wie sie sich eben fänden. Dazu stellt sich der Prolog zur *Poiesis* des Antiphanes, in dem der Dichter darüber klagt, um wieviel schlechter es die Komödie habe als die Tragödie: während für diese mit einem einzigen mythischen Namen bereits eine ganze Geschichte gegeben sei, gelte es für jene, so gut wie alles, Handlung und Namen, frei zu erfinden.

Daß Elemente bürgerlicher Dramatik bereits in der Archaia vorhanden waren, haben wir früher (S. 505) gesehen; entscheidend aber ist für diese Entwicklung die spätere Tragödie des Euripides und seiner Zeit gewesen. Die Komödie stand zu ihr in einer doppelten Beziehung, indem sie sich ebenso mit ihren Parodien an sie hielt, wie sie anderseits Motive und Bauformen von ihr borgte. Breit strömen nun erotische Themen ein, und die Bedeutung von Intrige und Anagnorisis spricht deutlich für die

[1] Aristot. *Poet.* 13. 1453 a 37.
[2] Vasenbild bei M. BIEBER, *History of Gr. a. Rom. Theater*. Princeton 1939, fig. 366f.

Einwirkung euripideischer Vorbilder. Wenn wir des Eubulos *Kranzhändlerinnen* (Στεφανοπώλιδες) unter Zuhilfenahme der Fragmente aus der *Corollaria* des Naevius beurteilen, so gab es da eine Kupplerin, die ihre Tochter nicht verheiraten, sondern dem einträglichen Schandgewerbe erhalten wollte, einen schüchternen Bewerber und einen zweiten, der aufzutreten wußte. Auch Sklavenrollen werden deutlich, und die Personen und ihr Verhältnis zueinander könnten ebensogut aus der Nea stammen. Es ist in diesem Zusammenhange wichtig, daß wir so gut wie alle stehenden Figuren, die von nun an die komische Bühne der Antike und in oft nur geringer Verkleidung die des Abendlandes bevölkern, bereits in der Mese antreffen: die Hetäre[1], die komische Alte[2], den Kuppler (diesen zuerst in des Eubulos Πορνοβοσκός), den verliebten Jüngling, das Großmaul[3], vorgebildet im Lamachos der aristophanischen *Acharner*, den Parasiten[4], den Koch[5] und den Sklaven, wie ihn schon der *Plutos* des Aristophanes in einer wichtigen Rolle zeigt.

Vermögen wir auch einen bestimmten Stoffkreis der Mittleren Komödie mit hinreichender Genauigkeit zu umschreiben, so bleibt doch vieles, wie die zahlreichen von Handwerkern und Berufen genommenen Titel, für uns im Dunkeln.

Zwei wichtige Dinge können wir noch den Resten abgewinnen. Die saftige Zote, die in der Archaia von ihren Ursprüngen her ihr Recht in aller Breite behauptete, ist einer größeren Dezenz der Sprache gewichen, und die Ablösung der Chorpartien vom Körper des Stückes, die sich schon beim späten Aristophanes abzeichnete, hat ihren Fortgang genommen[6]. Noch gab es Zwischenstufen, da kümmerliche Reste Fälle zu bezeugen scheinen, in denen die Chorlieder zwar bereits handlungsfremde Einlagen waren, der Chor aber während des Stückes auf der Bühne blieb und gelegentlich am Gespräche teilnahm. Übergangsformen wird es manche gegeben haben, doch war die völlige Abtrennung der Chorpartie, wie sie die Nea zeigt, sicher bereits in der Mese erreicht.

Der Wegfall der Chorlieder bedeutet natürlich, daß wir nichts der Polymetrie des Aristophanes Vergleichbares finden, doch zeigt sich in den Dialogmaßen eine gewisse Buntheit[7]. Nicht selten sind größere anapästische Systeme.

Daß sich die alte komische Tracht mit ausgestopftem Trikot und Phallos ins 4. Jahrhundert fortsetzte, beweist die attische Oinochoe in Leningrad[8] mit Schauspielern und Masken. Doch dürfen wir annehmen, daß sich die der bürgerlichen angenäherte Kostümierung der Nea in den späteren Etappen der Mese vorbereitete.

[1] H. Hauschild, *Die Gestalt der Hetäre in der griech. Kom.* Diss. Leipz. 1933.

[2] H. G. Oeri, *Der Typ der kom. Alten in der griech. Kom.* Diss. Basel 1948.

[3] O. Ribbeck, *Alazon.* Leipz. 1882; ἀλαζών bei Anaxandrides fr. 49 K.

[4] Titel eines Stückes von Alexis. Die Ahnen dieses Typus gehen auf Epicharm zurück.

[5] A. Giannini, ‹La figura del cuoco nella commedia Greca›. *Acme* 13, 1960, 135.

[6] Zur Chorfrage: K. J. Maidment, ‹The Later Comic Chorus›. *Class. Quart.* 29, 1935, 1. A. Pickard-Cambridge, *The Theatre of Dionysus.* Oxf. 1946, 160. T. B. L. Webster, *Studies in Menander.* Manchester Un. Pr. 1950, 182. Vgl. den Papyrus nr. 1641 P.

[7] Übersicht bei Körte (s. S. 708 A. 1), 1265, 17.

[8] Bieber (s. S. 710 A. 2), fig. 121. Pickard (s. S. 705 A. 1), fig. 78, Photo bei E. Bethe, *Griech. Dichtung.* Taf. 8. Anderes bei Pickard a. O. 230; Webster, *Production* (s. S. 705 A. 1), 55; Dover (s. S. 709 A. 1), 121,

Für das Drama dieser Zeit bleiben A. WILHELMS Forschungen grundlegend: *Urkunden dram. Aufführungen in Athen.* Wien 1906. Dazu die S. 705 A. 1 genannten Arbeiten von PICKARD und WEBSTER. Die Texte für die Tragödie bei NAUCK, *Trag. Graec. Fragm.* 2. Aufl. Leipz. 1889, für die Komödie bei TH. KOCK, *Com. Att. Fragm.*, 2, Leipz. 1884, doch nötigt dessen mitunter willkürliche Textbehandlung, auf A. MEINEKE, *Com. Graec. Fragm.* (5 Bde.) 1839ff. zurückzugreifen. J. M. EDMONDS, *The Fragments of Attic Comedy.* II. *Middle Comedy.* Leiden 1959. Anonyme Fragmente der Mittleren Komödie auch in III A. Leiden 1961. Bildliche Darstellungen. T.B. L. WEBSTER, *Monuments illustrating Old and Middle Comedy. Univ. of Lond. Inst. of Class. Stud. Bull. Suppl.* 9, 1960. Reste der Phlyakenposse: A. OLIVIERI, *Frammenti della commedia greca e del mimo nella Sicilia e nella magna Grecia.* II. *Framm. della comm. Fliacica.* 2. ed. Napoli 1947. [Korr. Note: Für die Bde. 1 u. 2 der Fragmentensammlung von EDMONDS ist nun auf B. MARZULLO, *Gnom.* 34, 1962, 543, zu verweisen.]

6. DIE ÜBRIGE POESIE

Wir haben früher (S. 347) davon gesprochen, wie die alte Epik mit Choirilos auslief und dieser darum wußte. Daß damit jedoch nicht das Ende epischer Dichtung gegeben war, zeigt uns ungefähr zur selben Zeit Antimachos von Kolophon[1]. Platon hat diesen Dichter sehr geschätzt; seit wir aus Philodem wissen, daß der Stoiker Ariston von Chios an den Dichtungen des Antimachos erzieherische Gedanken pries[2], verstehen wir auch, daß Platon dabei nicht, oder zumindest nicht allein, von ästhetischen Überlegungen bestimmt war. Jedenfalls hat Platon den Herakleides Pontikos dazu bestimmt, nach Kolophon zu gehen und die Dichtungen des Antimachos zu sammeln[3]. Damit ist der Tod des Antimachos vor jenen Platons (348/47) datiert, eine der wenigen Angaben, die wir über die Lebenszeit dieses Dichters machen können. Plutarch (*Lys.* 18) erzählt, daß am Feste der Lysandreia, wie man liebedienerisch die samischen Heraia umbenannt hatte, Lysander höchstselbst einem Dichter Nikeratos im Agon den Sieg vor Antimachos zuerkannt und dieser voll Ingrimm sein Poem vernichtet habe. Mag diese Unmutsgeste auch ausschmückende Erfindung sein, an dem Agon zu zweifeln besteht kein Grund, und so können wir Dichtung des Antimachos vor dem Tode Lysanders feststellen, der 395 vor den Mauern von Haliartos fiel. Die erwähnten Daten lassen einen weiten Spielraum; wenn Apollodor von Athen die Blüte des Antimachos um 404 setzt[4], mag das ungefähr das richtige bezeichnen. Daß er Schüler des Panyassis war, ist chronologisch unmöglich, und so werden wir auch der anderen Angabe der *Suda*, die Stesimbrotos zu seinem Lehrer macht, nicht allzu viel Glauben schenken.

Von seinen beiden Hauptwerken ist das eine, die *Thebais*, ein Epos gewesen. Die Zitate lassen mit Sicherheit fünf Bücher erkennen, doch ist es wahrscheinlich, daß das Werk deren vierundzwanzig umfaßte. Mit gelehrter Gründlichkeit – Antimachos eröffnet die Reihe der poetae docti – hebt er mit der Liebe des Zeus zu Europa an,

[1] B. WYSS, *Antimachi Colophonii Reliquiae.* Berl. 1936, mit ausführlicher Einleitung.
[2] Test. 16 W.; praef. 41.
[3] Test. 1 W. Herakl. Pont. fr. 6 Wehrli.
[4] Test. 4 W.

offenbar um so zur Gründung Thebens zu gelangen. Die Fragmente sind zu kärglich, als daß wir über den Aufbau des Ganzen Wesentliches ausmachen könnten; daß die *Thebais* des Statius weitgehend von Antimachos abhänge, hat sich als Irrglaube erwiesen [1]. Wieviel Antimachos von der alten kyklischen *Thebais* (vgl. S. 102) noch kannte und verwertete, wissen wir nicht zu sagen, sicher aber war es sein Ehrgeiz, mit Homers *Ilias* in die Schranken zu treten. Freilich – und dies bezeichnet die Zäsur zwischen Antimachos und aller vorangegangenen Epik – nicht im Sinne unmittelbarer Anknüpfung und Nachahmung, sondern durch gelehrte Vertiefung in die homerischen Kunstmittel und ihre bewußte Erneuerung und Steigerung. Ist doch der Dichter der *Thebais* zu gleicher Zeit auch Homerphilologe gewesen. Wir hatten bereits (S. 97) seiner Homerausgabe zu gedenken, und einzelne Zeugnisse[2] weisen auf Studien an dem Dichter, ohne daß wir angeben könnten, wo Antimachos ihre Ergebnisse vorgetragen hat.

Seine zweite große Dichtung, die *Lyde*, erzählte in elegischem Maße unglückliche Liebesgeschichten, wie der Mythos sie bot. Nach der Überlieferung sollte die dichterische Gestaltung mythischen Liebesleides dem Dichter Trost nach dem Tode seiner geliebten Lyde[3] bringen. Was wir noch fassen können, weist auf elegische Erzählung. Ausführlich war die Argonautensage behandelt, was im ersten Buche geschehen sein mag. Persönliches klingt in den allerdings kargen Resten nirgends an. Sicher fehlte es nicht völlig und wird in der Einleitung des Ganzen seinen Platz gefunden haben. Wie Antimachos in der *Thebais* Homer in seinem Sinne erneuerte, so hat er es hier mit elegischer Dichtung in der Art der *Nanno* des Mimnermos getan. Während wir aber dort einen Zusammenhang der Teile nicht feststellen können und am ehesten an einzelne Elegien denken, hat Antimachos in seiner *Lyde* die verschiedenen Geschichten zu einem Ganzen vereinigt. Ohne Zweifel ist ihm dabei Katalogpoesie in der Art Hesiods ein wichtiges Vorbild gewesen. Wir bedauern, gerade in diesem Punkte über allgemeine Feststellungen nicht hinauszukommen, denn Antimachos erweist sich in diesen seinen Leistungen, der Gestaltung der elegischen Erzählung und des Kollektivgedichtes, als Wegbereiter hellenistischer Kunst.

Ein Zitat (fr. 72 W.) weist auf das zweite Buch, doch muß die *Lyde* bedeutend größeren Umfang gehabt haben. Kallimachos[4], der dicke Bücher nun einmal nicht leiden konnte, hat auch diese Dichtung ob ihrer Beleibtheit verspottet.

Andere Werke des Dichters wie die *Deltoi* und die *Artemis* bleiben für uns bloße Titel.

Die literarhistorische Bedeutung des Antimachos erweist sich in der überaus lebhaften Auseinandersetzung der folgenden Zeit mit ihm. Die Urteile, wie sie Wyss zu-

[1] Richtig urteilt über das Scholion zu Statius *Thebais* 3, 466 (bei Kaspar von Barth) Wyss in seiner praefatio 13. Dort (5) auch über das Problem, das mit dem Scholion des Porphyrio zu Horaz, *Ars Poet.* 146 gegeben ist. Die Konfusion ist richtig entwirrt, und es wird gezeigt, daß für die *Thebais* aus der Notiz einzig der Umfang von 24 Büchern wahrscheinlich zu machen ist.

[2] Wyss, praef. 30.

[3] Kaum die Gattin des Dichters (so Test. 7). Der Name weist auf unfreie Herkunft.

[4] Fr. 398 Pf.; Antim. Test. 19 W.

sammengestellt hat, gehen dabei weit auseinander. Von der Mißgunst des Kallimachos hörten wir, sie klingt noch bei dem Neoteriker Catull (95) nach. Dem steht so warme Anerkennung gegenüber, wie sie sich in den Epigrammen des Asklepiades und Poseidippos (*Anth. Pal.* 9, 63. 12, 168) äußert. Daß Krates von Mallos in dem Streit der Kritiker – hie Choirilos, hie Antimachos – entschieden für den Kolophonier Stellung nahm, haben wir früher (S. 347) gehört. Dieser Zwiespalt der Meinungen und nicht zum letzten die Zurückhaltung seiner Zeitgenossen (Test. 3) weisen darauf, daß die Dichtung des Antimachos einen tiefgreifenden Wandel bedeutete. Darum eben bedauern wir seinen Verlust so sehr. Immerhin können wir ihn auf Grund verschiedener Züge als Vorläufer hellenistischer Dichtung verstehen und haben einiges bereits genannt, das in diese Richtung weist. Das Wichtigste und Folgenschwerste ist, daß wir in Antimachos einen Dichter erkennen, der bewußt die Arbeit des Gelehrten mit jener des Künstlers vereinigte. Das bedeutet, daß sich Dichtung nun aus der Gemeinschaft löst, die in den Zeiten der Klassik Künstler und Gemeinde zur festen Einheit band. Nur dem Gebildeten ist es möglich, dem gelehrten Dichter auf seinen mühevollen Wegen zu folgen, und so etwas wie l'art pour l'art kündigt sich an. Eine Kluft, die sich mit der Sophistik aufzutun begann, wird nun auf literarischem Gebiete sichtbar.

Für uns verrät sich die bezeichnete Richtung ebenso in der Freude an entlegenem sachlichen Detail wie in der sprachlichen Formung. Die paar Verse, die wir kennen, sind voll von Homerismen, was aber nicht rhapsodische Tradition, sondern das Ergebnis sorgfältigen Suchens und prüfenden Abwägens bedeutet. Auch bei der Chorsprache werden zahlreiche Anleihen gemacht. Das seltene, im wahren Sinne «erlesene» Wort, die Glosse, gilt nun als der besondere Schmuck der Rede, ein äußerlich drangehängter Schmuck, den nur der Kenner zu schätzen weiß. In der Zeit des Antimachos beginnt das Suchen nach derlei, und wir meinen in Antidoros von Kyme, der *Über Homer und Hesiod* schrieb und eine *Lexis* verfaßte, einen Vorläufer der späteren Glossographen zu erkennen, der vielleicht noch ins 5. Jahrhundert gehört.

Kunst dieser Art lebt jedoch nicht allein von den Ergebnissen solchen Sammelns und Sichtens, sie will das alte Gut durch geschickte Variation neu zur Geltung bringen. Auch dafür können wir in den Fragmenten des Antimachos Beispiele finden. Nicht aber wissen wir zu sagen, ob hinter dem allen ein echter Dichter stand, wie dies etwa bei Kallimachos der Fall war. Daß Antimachos nichts von dessen Anmut besaß, können wir aus dem Urteil der Alten erschließen, die ihm gerade diese Eigenschaft absprachen und seine Dichtung als herb, aber auch als breit und mühselig charakterisieren[1]. Vielleicht war das Urteil der Zeit, die seine Werke untergehen ließ, nicht ungerecht, so schmerzlich der Verlust auch für uns ist.

Epische Dichtung hat es im 4. Jahrhundert auch sonst gegeben, aber Namen in versprengten Notizen wie Deinarchos von Delos oder Persinos von Ephesos haben uns wenig oder nichts zu sagen[2]. Da wissen wir mit Archestratos von Gela mehr anzu-

[1] Dionysios von Halikarnaß, *De compos. verb.* 22; *De imit.* 2, 2. Plutarch, *Timol.* 36; *De garrul.* 21. Quintilian, *Instit.* 10, 1, 53.

[2] Einiges bei WILAMOWITZ, *Hellenistische Dichtung.* 1, Berl. 1924, 104.

fangen, der ungefähr Zeitgenosse Alexanders gewesen ist und in den Hexametern seiner *Hedypatheia* mit guter Laune gastronomische Weisheit dozierte. Athenaios hat uns ausgiebige Fragmente erhalten[1], und Ennius hat dieses Schlemmerbrevier den Römern durch seine *Hedyphagetica* vermittelt. Wir sind mit dem 4. Jahrhundert bereits in eine Zeit wachsender Vielschreiberei geraten, und so sehen wir, daß auch Archestratos Vertreter einer Gattung gewesen ist, für die wenigstens Matron von Pitane mit seinem *Attischen Mahl* (Δεῖπνον 'Αττικόν) und Philoxenos von Leukas mit seinem *Deipnon* genannt seien. Man darf für diese Dichtungen nicht einfach von Homerparodien sprechen, den eigentlichen Anreiz gab das Bemühen, den alten epischen Vers an Dingen zu erproben, für die er an sich nicht geschaffen war. Auch darin kündigt sich Hellenistisches an.

Von niederen Formen der Literatur dieser Zeit kann uns die triviale *Spruchdichtung* des Chares eine Vorstellung geben. Seine iambischen Sentenzen haben sich sogar auf einem frühptolemäischen Papyrus (nr. 240 P.; D. Suppl. 13; POWELL, *Coll. Alex.* 223) gefunden. Diese Sittenlehre in Einzelversen steht inhaltlich zur Prosa-Parainese des Pseudo-Isokrates in der *Rede an Demonikos* (s. S. 623) in einer gewissen Nähe.

Der Gang durch die Dichtung dieser Jahrzehnte war nicht übermäßig erfreulich, nirgendwo ist uns der Klang echter Poesie, die über die Zeiten an unser Herz griffe, vernehmbar geworden, und die Vorstellung drängt sich auf, daß das nicht allein durch die Ungunst der Überlieferung verursacht ist. Um so freudiger horchen wir auf, wo wir die reine Stimme eines jungen Menschen hören, eine Stimme von trauriger Süße, die Leidvolles mit einer an Sappho gemahnenden Unmittelbarkeit auszusprechen weiß. Dabei sind uns nur kärgliche Bruchstücke von den Versen einer Dichterin erhalten, deren Leben selbst ein Fragment geblieben ist. Erinna von Telos, einer kleinen, zu Rhodos gehörenden Insel, hat noch als Mädchen ihre Freundin Baukis verloren, die von Telos einem Manne in die Ehe gefolgt war. Die Neunzehnjährige hat der Freundin ein Gedicht der Trauer und Erinnerung geschrieben und ist selbst bald danach gestorben. Einem Dichter, Asklepiades von Samos, der ihr in einem Epigramme (*Anth. Pal.* 7, 11) huldigte, danken wir dieses Wissen. Von dem Gedicht, der *Spindel* ('Ηλακάτη), hatten wir nur geringe Splitter, bis uns ein Papyrus aus dem ersten vorchristlichen Jahrhundert[2] ein etwas umfangreicheres Stück brachte. Die Verse sind arg verstümmelt, und die meisten der modernen Ergänzungen sind, wie es in solchen Fällen geht, mehr ein Zeugnis sprachlichen Könnens als verläßliche Herstellung. Trotzdem genügen die Reste, uns die Zartheit und Lebendigkeit der Kunst erkennen zu lassen, mit der Erinna im Gedenken an die tote Freundin die Bilder gemeinsamer Spiele, gemeinsamer Arbeit[3] und kleiner kindlicher Leiden aus der Erinnerung aufsteigen läßt. Dieses Gedicht, das in dorischem Dialekt mit epischen Elementen geschrieben ist und 300 Hexameter umfaßte, ist nicht leicht einer bestimmten Gattung zuzuord-

[1] Bei P. BRANDT, *Corpusculum poesis epicae Graecae ludibundae.* 1, Leipz. 1888, 114.

[2] Nr. 365 P. und D. 1, fasc. 4, 207. Weitere Lit.: K. LATTE, ‹Erinna›. *Nachr. Ak. Gött. Phil. hist. Kl.* 1953, 79 = Kl. Schr. 508. F. SCHEIDWEILER, ‹Erinnas Klage um Baukis›. *Phil.* 100, 1956, 40. Die Zuweisung von *Pap. Soc. It.* 14, 1957, nr. 1385, durch P. MAAS an Antimachos bleibt hypothetisch.

[3] Damit mag der Titel des Gedichtes zusammenhängen, der nicht von Erinna stammen muß.

nen. Man würde von einer Elegie sprechen, wenn es in Distichen abgefaßt wäre, so legen die Hexameter die Bezeichnung als Epyllion nahe. Fragen dieser Art sollen nicht überschätzt werden, wo es sich um echte Dichtung handelt, aber es hat doch seine Bedeutung, daß wir in den Resten der *Spindel* die Freude hellenistischer Epyllien an der Kleinmalerei vorbereitet finden. Dazu stimmt auch der Eindruck – mehr kann es bei der Dürftigkeit des Erhaltenen nicht sein –, daß die Erzählung trotz lyrischer Tönung außerhalb der Bindung alter griechischer Lyrik an ein angesprochenes Du steht. In der Metrik weisen die Häufigkeit der bukolischen Diärese und der vorwiegend daktylische Bau auf hellenistische Verstechnik vor.

Die *Spindel* hat der Jungverstorbenen den Namen gemacht, den sie verdiente. So hat denn Meleagros von Gadara, als er um 100 v. Chr. seinen Epigrammenkranz flocht, drei Gedichte der Erinna aufgenommen, von denen eines (*Anth. Pal.* 6, 352) das wohlgelungene Porträt eines Mädchens preist, während die beiden anderen (*Anth. Pal.* 7, 710. 712) Grabepigramme auf die Freundin Baukis sind. Eine Notiz des älteren Plinius (34, 57) führt auf ein Gedicht, das Erinna verfaßte, als einer Freundin eine Zikade und ein Heuschreck eingegangen waren. Spätere Zeiten haben solche Dichtung gern und mannigfach variiert[1].

Das *Propemptikon* für Baukis, aus dem Verse erhalten sind (fr. 2 D.), ist eine Fälschung und wurde nach Athenaios (7, 283 d) bereits in der Antike als solche erkannt.

Was wir von Erinna haben, gibt uns auch Zeugnis von Pflege und Verbreitung des *Epigramms*, wie wir sie für diese Zeit vielfach durch Inschriften bestätigt finden[2]. Man dichtete Epigramme für ihre alte Bestimmung als Aufschrift, daneben liefen sie auch als literarische Kleinkunst oder Mittel der Polemik um. So hat etwa der streitbare Theokrit von Chios, der Gegner Theopomps, auf solche Weise seinem Groll gegen Hermeias und Aristoteles Luft gemacht[3]. Dichter von Rang, Philosophen wie Platon und Dilettanten, alles machte Epigramme. Im Hellenismus hat die Pflege dieser Kunstform ihre Höhe erreicht; dort wird ein Wort mehr über sie zu sagen sein. Ein Gleiches gilt von der *Hymnendichtung*, die wir uns im Kult dauernd lebendig zu denken haben und für die uns charakteristische Beispiele in einem späteren Abschnitt begegnen werden[4].

[1] Vgl. G. Herrlinger, *Totenklage um Tiere in antiker Dichtung. Tüb. Beitr.* 8, 1930. Über das Mißverständnis, das der Pliniusnotiz zugrunde liegt, Wilamowitz (s. S. 687 A. 2), 110.

[2] Einiges bei Wilamowitz a. O., 132.

[3] Vgl. R. Laqueur, *RE* A 5, 1934, 2025.

[4] Hier genüge der Hinweis auf die Übersicht bei Allen-Halliday-Sikes, *The Homeric Hymns*. 2. Aufl. Oxf. 1936, 89f. der introduction.

VI

DER HELLENISMUS

A. ATHEN

I. DIE NEUE KOMÖDIE

Als das vergangene Jahrhundert in einem geistesgeschichtlich höchst folgenschweren Vorgang dem Idealbild der Antike, wie es der Neuhumanismus geformt hatte, den Wunsch nach der historischen Erfassung aller ihrer Dimensionen gegenüberstellte, war eine der wichtigsten Etappen dieser Entwicklung die Erschließung des Hellenismus durch JOHANN GUSTAV DROYSEN (1808–1884). Ein Jahr nach Goethes Tod forderte er in seiner ersten Vorlesung eine Behandlung des Altertums als geschichtlicher Erscheinung, und im selben Jahre erschien seine *Geschichte Alexanders des Großen*. Mit zwei weiteren Bänden über Diadochen und Epigonen hat DROYSEN das Werk zu einer *Geschichte des Hellenismus*[1] vereinigt. Man hat längst festgestellt, daß der Wahl dieser Bezeichnung für die Zeit nach Alexander ein Irrtum zugrunde liegt. Droysen faßte die Ἑλληνισταί der *Apostelgeschichte* (6, 1) als orientalisierte Griechen und hat demzufolge die Zeit, die für ihn durch die Mischung von Griechischem und Orientalischem bestimmt war, die hellenistische genannt. Die Deutung der erwähnten Stelle ist nicht vertretbar, aber was will das vor Gewicht und Reichweite von DROYSENS Leistung besagen! Durch sie wurde der Weg zum Verständnis einer Epoche eröffnet, die dem Griechentum neue Räume und Wirkungsmöglichkeiten erschloß und die Entwicklung des Abendlandes entscheidend beeinflußte.

Dieses mächtige Ausgreifen über die alten Grenzen griechischen Lebens, das rasche Wachstum neuer wirtschaftlicher und kultureller Zentren wird stets als bestimmend für das Bild des Hellenismus empfunden werden. Aber immer noch träumte man im Mutterlande den alten Traum von der Herrlichkeit der autonomen Polis, mochte die geschichtliche Wirklichkeit auch den neuen Reichen gehören, immer noch gab es dort die Spiele für die alten Götter, gab es Dichter und Philosophen. Es ist eine Kultur eigener Art, die da abseits der großen neuen Städte ein stilles und in den ersten Jahrzehnten nach Alexander doch sehr intensives Leben führte. Während wir die Charakteristik des Neuen mit seinen großen äußeren Dimensionen einem späteren Abschnitt vorbehalten, betrachten wir hier zunächst die Leistungen jener Stadt, die der Perikles des thukydideischen Epitaphios als die Bildungsstätte ganz Griechenlands gepriesen hatte.

Unsere Betrachtung gab uns mehrfach Gelegenheit, von der Auflösung jener Bin-

[1] Diesen Titel führten bereits die beiden Bände über Diadochen und Epigonen (1836–43), die Droysen 1877 mit dem stark überarbeiteten ersten Werk unter demselben Titel vereinigte. M. HADAS, *Hellenistische Kultur. Werden und Wirkung.* (Deutsche Ausgabe). Stuttgart 1963. T. B. L. WEBSTER, *Hellenistic Poetry and Art.* London 1964.

dungen zu sprechen, die das Gefüge der klassischen Polis bestimmt hatten. Wir brauchen nur an die Sophistik und den Ausgang der politischen Komödie zu erinnern. Im Zusammenhange damit steht die Vollendung jenes Prozesses, der den Individualismus im vierten Jahrhundert ständig an Boden gewinnen ließ, steht freilich auch die Ahnung anderer, weiter reichender Bindungen bei den Besten der Zeit. Der Einzelne hat es schwer, denn der Kampf ums Dasein hat an Schärfe zugenommen. Die Zeit der Entschädigungen, die der Staat für die Teilnahme an Volksversammlung und Gericht gewährte, ist vorbei. Derlei gilt nunmehr als Kennzeichen einer extremen Demokratie, die nicht mehr hoch im Kurs steht. Die sozialen Gegensätze haben sich verschärft. Der arme Teufel, dessen Wunschtraum Lastentilgung und Bodenverteilung blieben, hatte seine Mühe, bei sinkenden Löhnen und der starken Sklavenkonkurrenz sein Existenzminimum zu sichern. Anderseits gab es in der Stadt eine ziemlich breite besitzende Schicht. Die Erschließung des Ostens brachte dem Handel bedeutende Möglichkeiten, da man in jenen Gebieten stark nach griechischen Waren fragte und auf solchen Wegen manches von den Schätzen des Orients nach dem Westen gelangte. Das Großhandwerk wußte den Ertrag durch rationellere Arbeit mit einer größeren Zahl von Sklaven zu steigern, Seedarlehen und Bankwesen verhießen bedeutende Gewinne. Bis ungefähr 280 blieben die Faktoren wirksam, die der Kapitalsbildung zugute kamen, dann wurde es für das Mutterland in schlimmer Weise fühlbar, daß sich die Zentren des wirtschaftlichen Lebens endgültig nach dem Osten verlagert hatten. Das in den Jahrzehnten der Konjunktur erworbene Vermögen wurde vorwiegend in Grund und Boden als der besten Sicherung beständigen Wertes angelegt. Dieser Kreis von Besitzenden bestimmte das, was von öffentlichem Leben der Polis an Festen, Bautätigkeit und sonstigen lokalen Aufgaben übrigblieb. Es ist eine bürgerliche Welt in engen Grenzen. Erwerb und Sicherung des Erworbenen stehen voran, große Politik wird anderswo gemacht, und man ist froh, wenn man sie nicht zu spüren bekommt. Wer wollte auch Angenehmes von den Spielen der Großen erhoffen? Der Einzelne mit seinem Anhang bildet eine Welt für sich mit ihren eigenen Nöten, Wünschen und Leidenschaften. Es ist kein erhebendes Bild, das sich uns im Athen der Diadochenzeit bietet, und doch ist auf diesem Boden eine Vorstellung von Menschenart und Menschenwürde erwachsen, die wir im Bilde des Griechischen schon deshalb nicht missen möchten, weil sie für die Entwicklung des Humanen und damit für die Gesittung des Abendlandes von größter Bedeutung geworden ist. Sie spricht zu uns am vernehmlichsten durch Menander, den einzigen Dichter der Neuen Komödie, den wir besser kennen und der zugleich ihr bedeutendster gewesen ist.

Ein römischer Stein (*Inscr. Gr.* 14, 1184; jetzt verschollen), der neben den Angaben der *Suda* und des Anonymus Περὶ κωμῳδίας unsere wichtigste Quelle für Menanders Leben bildet, legt durch die Angabe der Archonten Geburt und Tod des Dichters auf die Jahre 342/41 und 293/92 fest. Es stört, daß dieselbe Inschrift, die übrigens auch den Vater Diopeithes und den Demos Kephisia nennt, als Alter, das der Dichter erreichte, 52 Jahre angibt. KÖRTE[1] hat eine erwägenswerte Erklärung dieses Befundes

[1] *RE* (s. u.), 709.

gegeben; danach wäre die Zahl der Lebensjahre richtig, während das Todesjahr mit dem letzten Aufführungsjahr verwechselt wurde, wie die Didaskalien es boten. Menander wäre dann erst 291/90 gestorben.

Die Lebenszeit des Dichters fällt mit einem der bewegtesten Abschnitte der antiken Geschichte zusammen. In seiner Jugend war er Zeuge des über alle Grenzen stürmenden Siegeslaufes Alexanders. Die Angaben über seine erste Aufführung sind nicht eindeutig, aber wahrscheinlich hat er seine dichterische Laufbahn 321 mit der *Orge* begonnen. Damals war der große Eroberer zwei Jahre tot, im Vorjahre aber hatte Athens letzter Griff nach Freiheit und Macht mit der Niederlage seiner Flotte bei Amorgos geendet, hatte die Munichia eine makedonische Besatzung aufnehmen müssen, hatte Demosthenes auf Kalaureia Gift genommen. Als sich in den wirren Diadochenkämpfen der Folgejahre Kassandros die erste Stelle erstritt, geriet auch Athen unter seine Herrschaft. Dort setzte er als Epimeleten der Stadt Demetrios von Phaleron, einen Schüler Theophrasts, ein, der in seinem zehnjährigen Philosophenregiment (317–307) Athen Ordnung und inneren Frieden sicherte. Daß der Mann, dem wir als vielseitigem Literaten noch begegnen werden, einige Zeit nach dem Umsturz, der seine Herrschaft beendete, nach Ägypten ging und dort am kulturellen Aufbauwerk des ersten Ptolemäers teilnahm, hat die Bedeutung eines Symbols für die Verlagerung der geistigen Impulse. Daß Menander dem Phalereer nahegestanden hatte, wäre ihm nach dessen Vertreibung fast verhängnisvoll geworden, doch retteten ihn persönliche Beziehungen (Diog. Laert. 5, 79). Herr Athens war nun Demetrios Poliorketes, und die Scheinfreiheit, die er gewährte, wurde von den Athenern in maßlosem Überschwang als Wiederherstellung der alten Größe gefeiert. Die Erneuerung des Panhellenischen Bundes von Korinth, die Demetrios an den Isthmien des Jahres 302 erreichte, erwies sich bereits im nächsten Jahre als illusorisch, als auf dem Schlachtfelde von Ipsos die Idee der Erhaltung des ungeteilten Alexanderreiches ihr Ende fand. Athen konnte wieder ein paar Jahre seine Souveränität behaupten, aber als Demetrios in Asien die Hände frei bekam, rückte er gegen die abtrünnige Stadt, die ihm einst vergoldete Standbilder errichtet und Preislieder gesungen hatte. Athen stand damals unter der «Tyrannis» des energischen Lachares und wehrte sich nach Kräften, mußte aber im Frühjahr 294 kapitulieren. Damals, wenige Jahre vor Menanders Tod, erhielt Athen auf dem Museionhügel, der Munichia und im Piräus Besatzungen, die der unruhigen Stadt die Zügel straff anzogen.

Es ist für das Wesen der Neuen Komödie im tiefsten bezeichnend, wie wenig den Stücken Menanders von den endlosen Wirren der Zeit anzumerken ist. Wohl hat man sie einen Spiegel des Lebens genannt, aber anders als bei Aristophanes ist dieses Leben nicht das politische. In all dem Wechsel von Freiheitsträumen und Servilität, in der bunten Folge von Machthabern blieb aber doch unverändert und unantastbar jenes geistige Athen erhalten, das damals sein unerschöpfliches Erbe noch nicht museal verwaltete, sondern in den besten seiner Bürger lebendig erhielt. Hier wurzelt Menander. Von seiner Freundschaft mit Demetrios von Phaleron ist bereits die Rede gewesen; daß er wie dieser Schüler Theophrasts gewesen ist, dürfen wir glauben. Da erhebt sich sogleich die Frage, wie die Zeichnung menandrischer Figuren zu den *Charakteren* des Peripatetikers steht. Ist das reizvolle Werkchen mit seinen lebensvollen Mosaiken um 319 entstanden, was freilich kaum zu sichern ist[1], so liegt es einem Großteil der Komödien Menanders voraus; auch scheint es zunächst bestechend, daß vier Titel (*Agroikos*, *Apistos*, *Deisidaimon*, *Kolax*) Charakteren des Theophrast entsprechen. Aber näheres Zusehen läßt Menanders Eigenständigkeit erkennen und warnt davor, ihn auf diesem Felde als Schüler Theophrasts zu nehmen. Dieser bleibt stärker im Typischen, addiert Einzelzüge und verzeichnet vor allem die Abweichung von der Norm. Auch ist nicht zu vergessen, daß Freude und Interesse an menschlicher Eigenart der Zeit und nicht einem einzelnen Denker zugehören.

Im selben Jahre wie Menander ist Epikur geboren, und es ist bezeugt, daß sie zusammen als Epheben ihren Militärdienst leisteten. So lag es nahe, in den Stücken des Dichters nach Spuren der epikureischen Lehre zu suchen[2]. Im besonderen meinte man, eine solche in der Weisheit des Onesimos (*Epitr.* 653 = 729 Kö.) zu erkennen, der eine individuelle Fürsorge der Götter für die Menschen leugnet. Aber Epikur hat erst 306 seine Schule in Athen begründet und nach der Rückkehr vom Ephebenjahr im kleinasiatischen Gebiete gelebt. Mögen die Epheben manche Gedanken getauscht haben, an einen nachhaltigen Einfluß Epikurs auf Menander ist kaum zu denken. Wo sich Verbindungen seiner ethischen Begriffswelt mit der Philosophie der Zeit nachweisen lassen, führen sie zum Peripatos[3].

Das Athen jener Zeit mit seinen unermeßlichen Schätzen an Tradition und seiner bereits leicht überständigen Kultur vermochte Menschen von Geist und Herz in gleicher Weise an sich zu fesseln, wie dies die alten europäischen Hauptstädte in unseren Tagen vermögen. So hat sich denn Menander den lockenden Rufen von Fürstenhöfen versagt, mochten sie aus Ägypten oder Makedonien kommen (Plin. *nat. hist.* 7, 111). Seine Treue zu seinem Athen hat noch in später Zeit eine höchst anmutige Darstellung in den beiden Briefen (4, 18f.) des Alkiphron gefunden, in denen dieser Epistolograph der Antoninenzeit den Dichter und seine Geliebte Glykera ihre Gedanken über das Angebot des Ptolemaios und das Unvorstellbare eines Athen ohne Menander tauschen läßt. Die Liebe zu Glykera, von der auch Martial und Athenaios wissen, hat man lange als ein Stück Biographie des Dichters betrachtet. KÖRTE[4] hat mit gutem Recht die geringe Zuverlässigkeit dieser Zeugnisse betont. Da Menander eine *Glykera* geschrieben und den Namen auch sonst (*Perik.*) verwendet hat, kann hier der Ansatz für die Erfindung zu suchen sein. Nicht nach einer solchen klingt es, daß der Dichter beim Baden im Piräus den Tod gefunden habe.

[1] Vgl. O. REGENBOGEN, *RE* S 7, 1940, 1510.

[2] M. POHLENZ, ‹M. und Epikur›. *Herm.* 78, 1943, 270. Ablehnend N. W. DE WITT, ‹Epicurus and M.›. *Stud. Norwood* (*Phoenix* Suppl. 1). Toronto 1952, 116. Anders P. W. HARSH, *Gnom.* 25, 1953, 44, 1.

[3] WEBSTER. *Stud. in M.* (s. u.), 195; Verhältnis zur *Poetik*: 175. K. GAISER, ‹Menander und der Peripatos›. *Ant. u. Abendl.* 13, 1967, 8. Zu dem Verhältnis Menanders zu Theophrast findet sich viel Lit. in GAISERS Nachwort zu O. RIETH, *Die Kunst Menanders in den 'Adelphen' des Terenz*. Hildesheim 1964, 146, 12.

[4] *RE* (s. u.), 712 u. *Herm.* 54, 1919, 87. Zur Komödie *Glykera* KÖRTES Menander-Ausgabe 2, 42; die Zeugnisse für M.s Leben und Dichten ebendort 2, 1. J. J. BUNGARTEN, *Menanders und Glykeras Brief bei Alkiphron*. Diss. Bonn 1967.

Mit äußeren Daten seiner dichterischen Laufbahn sind wir nur spärlich versehen. Zwar meinen wir, seine erste Aufführung, die der *Orge* im Jahre 321, mit einiger Zuversicht bestimmen zu können, haben aber ansonsten feste Datierungen nur für die *Imbrioi* (301) durch den Archontennamen in den *Periochai*[1] und wohl auch für den *Heniochos* (312) durch die Ergänzung, die A. WILHELM für eine Stelle in der Inschrift mit den Didaskalien gab[2]. Außerordentlich wichtig für die Beurteilung von Menanders Entwicklung ist es, daß sich der neugefundene *Dyskolos* durch seine Didaskalie als frühes Stück des Jahres 316 zu erkennen gab. Anspielungen auf Zeitereignisse sind, wie dies dem Wesen der Nea entspricht, selten und auch dann nicht immer so gut verwertbar wie jene in der *Perikeiromene;* die Berufung auf die korinthischen Wirren und die Anspielung auf die Ermordung Alexanders, des Sohnes Polyperchons (v. 89ff.), ergeben die Zeit bald nach 314 für die Aufführung dieses Stückes. Weiter können nur innere Kriterien führen, die keine unbedingte Beweiskraft erlangen. Manches deutet darauf hin, daß sich Menanders Kunst im Laufe seines Schaffens verfeinerte und grotesk-komische Elemente abstreifte. Eine Entwicklung des Dichters hat ja auch die antike Kunstkritik festgestellt, deren Stimme wir bei Plutarch (*Aristoph. et Men. compar.* 853f.) vernehmen: wenn einer mit Menanders frühen Stücken seine mittleren und späten vergleiche, könne er ermessen, was der Dichter noch erreicht hätte, wäre ihm ein längeres Leben vergönnt gewesen. Wo wir ähnliche Stoffe gestaltet finden, glaubt man, Teile dieser Entwicklung noch feststellen zu können, so von der *Perinthia* zur *Andria*, vom *Kolax* zum *Eunuchos*. Es fügt sich zu dem Gesagten, wenn persönliche Verspottung gerade für das früheste Stück, die *Orge* von 321, aus den Fragmenten in besonders reichem Maße zu belegen ist. Freilich ist das nicht mehr die scharfe Attacke der Archaia auf die führenden Männer der Politik, nur Stutzer und Parasiten sind es, auf die einmal ein Hieb fällt. Deutlich setzt sich hierin der Brauch der Mittleren Komödie fort, und wie in dieser finden wir auch gelegentlichen Spott über Philosophen. Zu Menanders Zeit forderten solchen die Kyniker vor allen anderen heraus, wie denn auch wirklich in den *Didymai* (fr. 104 Kö.)[3] Krates, in dem *Hippokomos* (fr. 215 Kö.) Monimos leicht gezaust wird. Wenn schon die Mese im Vergleich zur Archaia manierlich geworden ist, so gilt dies noch mehr von der Nea. Aber ein derbes Wort oder eine obszöne Anspielung in Dienermund ist nicht völlig ausgeschlossen, und wieder stimmt es zu der früher angedeuteten Entwicklung, daß die *Perikeiromene*, die dem ersten Jahrzehnt menandrischen Dichtens zugehört, derlei zeigt. Im allgemeinen wird man jedoch mit Datierungshilfen der zuletzt bezeichneten Art über Möglichkeiten nicht hinauskommen[4]. Immerhin lassen sich die *Epitrepontes*, mit ihrem Mangel an burlesken Szenen, der Dezenz ihrer Sprache und der starken Ver-

[1] *Pap. Ox.* nr. 1235 = nr. 1321 P. In KÖRTES Ausgabe 1, 149, v. 105.

[2] *IG* II/III, 2. Aufl. 2323a = Test. 27 Kö.

[3] M. GIGANTE, *Note epigr. e filolog.* Napoli 1969, 3, behandelt die Inschrift auf der Buchrolle, die der Dichter auf dem Gemälde der 'Casa del Menandro' hält, und vermutet, als Titel des Stückes sei [G]emina/rum zu lesen und als Übersetzung von Δίδυμαι zu verstehen.

[4] Dies gilt auch von WEBSTERS chronologischer Übersicht (*Stud. in M.* 107 der 1. Aufl.), die alle erreichbaren Hilfsmittel der Datierung auswertet.

innerlichung der Handlung den letzten Jahren Menanders zuweisen. In welch eindrucksvollen Gegensatz dazu das neugefundene Stück aus Menanders früher Schaffenszeit tritt, wird sogleich zu zeigen sein.

Unser Wissen über den Dichter schöpfen wir aus recht verschiedenartigen Quellen. Bis zum Einsetzen der Papyrusfunde hatten wir von griechischen Texten nur die Fragmente aus Grammatikern, Lexikographen und Florilegien. Zahlenmäßig nicht wenig, in günstigen Fällen Versgruppen, die ein Stück Rede mit geschlossenem Gedankengang erkennen ließen, nie aber Bruchstücke, die einen Einblick in das dramatische Gefüge vermittelt hätten. Immerhin genügte dieser Bestand, Goethe die Anmut dieses Dichters erkennen zu lassen: unerreichbar hat er sie genannt[1]. Eigentümliche Überlieferung, zum größten Teil Pseudoüberlieferung stellen die *Sinnsprüche Menanders* (Γνῶμαι Μενάνδρου)[2] dar, Sammlungen von Einzelversen, die eine lange Geschichte haben. Diese Art von Literatur, die wohl vor allem in der Schule ihr Leben hatte, wird im 4. Jahrhundert kenntlich, wo uns Chares (s. S. 715) ein Beispiel von ihr gibt. Solche Sammlungen, die Verse verschiedener Dichter bunt mit neuen Erzeugnissen vermengten, setzen sich bis in die byzantinische Zeit fort. Während ehedem Euripides viel für solche Zwecke geliefert hatte, erwies sich später Menander als ergiebige Quelle. So kam es, daß solche Sammlungen als *Sinnsprüche Menanders* unter seinen Namen gestellt wurden. MEINEKE hat in seiner Sammlung der Komikerfragmente 758 solcher μονόστιχα zusammengetragen. Darunter ist echtes Gut Menanders, wie das Auftreten einzelner Verse in anderem Zusammenhange erweist. Wo wir solche Bezeugung nicht haben, ist die Ausscheidung des Echten ein problematisches Geschäft.

Neben den Fragmenten aus den Originalen hatte man für Menander die Nachbildungen in der römischen Komödie. Da gibt am meisten Terenz aus, der *dimidiatus Menander*, wie Caesar ihn nannte. Von den sechs erhaltenen Stücken sind *Andria*, *Heautontimorumenos*[3], *Eunuchus* und *Adelphoe*[4] nach unserem Dichter gearbeitet. Die Gestalt des Vaters, der seine Härte gegen den Sohn bereut und durch ein Leben der Entbehrung büßen will, im *Heautontimorumenos*, die geistvoll-witzige Behandlung des Erziehungsproblems in den *Adelphoe* vermitteln uns besonders wertvolle Proben der Menschengestaltung Menanders. Da Terenz den orientierenden Prolog der Originale durch Vorreden in eigener Sache ersetzt hat, kann er uns darüber unterrichten, daß er kontaminiert, das heißt seine Originale durch Einarbeitung von Partien anderer Komödien «angetastet» hat. So steckt in der *Andria* ein Stück aus der *Perinthia*, im *Eunuchus* ein solches aus dem *Kolax*[5] und in den *Adelphoe* eine Szene aus den *Synapo-*

[1] Zu Eckermann 12. Mai 1825, vgl. 28. März 1827.

[2] *Menandri Sententiae. Comparatio Menandri et Philistionis.* Ed. S. JAEKEL. Leipzig 1964.

[3] Reste einer Hypothesis in Ox. Pap. 31, 1966, 12, nr. 2534; J. W. B. BARNS–R. A. COLES, ‹Fragments of dramatic hypotheses from Oxyrhynchus›. *Class. Quart.* n. s. 15, 1965, 55.

[4] O. RIETH, *Die Kunst Menanders in den ‚Adelphen' des Terenz.* Herausg. von K. GAISER. Hildesheim 1964.

[5] Zu Pap. Ox. 409 sind nun 3 kleine Fragmente aus derselben Rolle gekommen, die nicht den vollen Text sondern ausgewählte Teile des *Kolax* enthielt: Pap. Ox. nr. 2655 herausgegeben von E. G. TURNER, Ox. Pap. 33, 1968, 9. Interessant ist die Nennung des Pankratiasten Astyanax aus der Zeit Menanders.

thneskontes des Diphilos. Bestimmend war dabei der Wunsch, dramatisches Leben zu steigern. Seit wir Originale kennen, vermögen wir festzustellen, wieviel Terenz von Menanders Kunst ins lateinische Wort zu bergen vermochte. Man wird dies zu einem guten Teile für jene humane Noblesse, jene Nonchalance abseits von finsterem Ernst und unfeiner Beflissenheit gelten lassen, die den Scipionenkreis so lebhaft anzog. Wieviel freilich in der lateinischen Nachbildung an sprachlicher Kunst verlorenging, zeigt uns Statius Caecilius, ein anderer Dichter der römischen Komödie, der sich Menander zum Vorbild nahm. Aulus Gellius (*Noctes Att.* 2, 23) hat uns eine Partie aus der Komödie *Plokion* (fr. 333 Kö.) mit der Übertragung des Römers aufbewahrt.

Plautus hat im Verhältnis weit seltener zu Stücken Menanders gegriffen, was mit der handfesteren Art seiner Komik zusammenhängt. Immerhin können wir als Vorlage des *Stichus* die ersten *Adelphoi* (nach dem zweiten Drama dieses Titels ist die Komödie des Terenz gearbeitet) und als jene der *Bacchides* den *Doppelbetrüger* (Δὶς ἐξαπατῶν) feststellen. E. W. Handley, *Menander and Plautus. A Study in Comparison*. London 1968, bespricht einen noch nicht veröffentlichten Ox. Pap. des 3. oder 4. Jh. n. Chr., von dem er im Anhang zwei Versgruppen abdruckt. Die alte Vermutung von Ritschl, daß Menanders Δὶς ἐξαπατῶν das Original der *Bacchides* des Plautus war, ist glänzend bestätigt. Der singuläre Wert des nicht sehr umfangreichen und schlecht erhaltenen Textes liegt darin, daß wir in der Lage sind, eine plautinische Partie (*Bacch.* 494–562) mit ihrer griechischen Vorlage zu vergleichen. Die Erkenntnisse für die Arbeitsweise des Plautus, für den Wechsel von Bindung an das Original und Freiheit sind bedeutend. Für seine schon mehrfach angenommene Tendenz zur Ausweitung von Monologen ist besonders bezeichnend, was aus 14 Versen Menanders bei ihm in dem Monolog des Mnesilochos (500–525) wurde. Von der *Cistellaria* wissen wir, daß auch ihr Original von Menander stammt, ohne dessen Titel sicher bestimmen zu können[1]. Mit großer Zuversicht, die sich vor allem auf die glänzende Menschenschilderung gründet, erkennen wir auch in der *Aulularia*, der Komödie des armen Teufels, den ein Schatzfund halb um den Verstand gebracht hat, Menander[2]. Schließlich darf für den *Poenulus* vermutet werden, daß sein Original Menanders *Karchedonios* gewesen ist.

Aus den plautinischen Stücken die Töne des Originals herauszuhören ist weit schwieriger als bei Terenz. Die Umarbeitung reicht bei Plautus viel tiefer und hat

[1] Webster, *Stud. in M.* (s. u.), 91 der 1. Aufl. denkt mit Fraenkel an die *Synaristosai*.

[2] Vermutungen über das Original bei Webster a. O. 120. Über den menandrischen Charakter des Stükkes G. Jachmann, *Plautinisches und Attisches. Problemata* 3. Berl. 1931, 128. Über das Verhältnis zu dem motivverwandten *Dyskolos:* W. Kraus, ‹Menanders Dyskolos und das Original der Aulularia›. *Serta Philologica Aenipontana*. Innsbruck 1962, 185. Kraus betont, daß über das griechische Original Gewißheit nicht zu gewinnen ist, daß es aber wahrscheinlich Menanders *Hydria* war. Eingehend beschäftigt sich mit der Struktur des griechischen Originals W. Ludwig, ‹Aulularia-Probleme›. *Phil.* 105, 1961, 44. 247. Er kommt zu dem Schlusse, daß sich Plautus weitgehend an die Szenenfolge des Originals gehalten hat. Daß dieses von Menander war, hält auch er, nicht zum letzten auf Grund des *Dyskolos*-Fundes, für gewiß. Für den Titel des griechischen Stückes schaltet er *Hydria* aus und zieht einen supponierten zweiten *Thesauros* und den *Apistos* (an den Webster dachte), vor allem aber einen *Philargyros* in Rechnung. Dieser Titel ist nicht belegt, alles bleibt unsicher. Webster, *Later Com.* (s. u.), 196, denkt auch für *Pseudolus* und *Curculio* an Originale Menanders.

aus den kultivierten Sprechstücken der Nea Singspiele gemacht, die mit den verschiedensten Veränderungen und Zusätzen kräftige possenhafte Wirkung erstreben. Dazu kommt die Frage, wie weit bei Plautus die Kontamination geht. Daß er kontaminiert hat, sagt Terenz (*Andr.* 18) ausdrücklich von ihm; aber bezieht sich das auf die Übernahme einzelner Szenen oder hat er ganze Stücke zusammengearbeitet? Von der letztgenannten Ansicht war die deutsche Forschung ausgegangen, die sich in mühsamer Arbeit um die Auflösung des von Plautus Verknüpften bemühte. Heute will eine vorwiegend von angelsächsischen Forschern[1] getragene Reaktion die Unstimmigkeiten des dramatischen Baues, die zu Kontaminationshypothesen führten, bereits in die griechischen Originale verlegen. Wir schätzen uns glücklich, in diesen Streit nicht eintreten zu müssen, glauben aber, daß sich die Auffassung in anderer Richtung als früher einem Extrem zubewegt. Ein Gebilde wie der plautinische *Stichus* kann selbst bei Annahme großer Varianzbreite kaum zur Gänze als treue Übertragung einer menandrischen Komposition aufgefaßt werden, mag uns auch für die Beurteilung der Schlußszene mit dem Sklavengelage das Ende des *Dyskolos* zu äußerster Vorsicht mahnen.

So recht haben uns Menander erst die Papyri (nr. 1297–1324 P.)[2] verstehen gelehrt. Zunächst der Cairensis, den Gustave Lefèbvre 1905 in Aphroditopolis, dem heutigen Kōm Ešqawh fand. Da hatte Flavius Dioskoros, ein ägyptischer Advokat und Dichterling, allerlei Akten in einem Topf durch darübergestopfte Makulatur geschützt. Diese stammt aus einem Papyruscodex, der im 5. Jahrhundert n. Chr. geschrieben wurde und aus Quaternionen (Viererlagen) zusammengesetzt war. Reste von fünf Komödien sind aus den arg durcheinandergeratenen Fetzen noch zu gewinnen. Sie stammen aus einem Stück, dessen Titel wir nicht kennen[3], ferner aus dem *Heros*, den *Epitrepontes*, der *Perikeiromene* und der *Samia*. Weitere Papyrusfunde haben Reste von einigen anderen Stücken gebracht. Diese lassen für den *Georgos* immerhin wesentliche Züge der Handlung erkennen, die sich in manchen Motiven mit dem *Heros* berührte, diese jedoch ganz anders durchführte. 85 Verse aus einem eleganten Pergamentcodex des 5. Jh.s n. Chr. (*PSI* 2, 1913, nr. 126; Körte 1, 3. Aufl. S. 138), die, als *Comoedia Florentina* benannt, Anlaß zu unsicheren Hypothesen gaben, stellten sich nun als Teil der *Aspis* (s. u.) heraus. Um des seltsamen Vorwurfs willen

[1] U. a. W. Beare, *The Roman Stage.* Lond. 1950; Webster, *Stud. in M.* (s. u.); G. E. Duckworth, *The Nature of Roman Comedy.* Princeton 1952. Auch W. H. Friedrich, *Euripides und Diphilos. Zet.* 5. Münch. 1953, neigt dieser Auffassung zu.

[2] Dazu kommt ein größeres Fragment aus einem Pergamentcodex des 4. Jahrh. *Antinoopolis Pap.* 2 ed. J. W. B. Barns and H. Zilliacus. Lond. 1960, 8. Abgedruckt mit Apparat bei H. J. Mette in der 2. Aufl. seiner *Dyskolos*-Ausgabe, Gött. 1961, 60. Daß die Verse Menander gehören, ist wahrscheinlich, den Versuch, sie dem *Misogynes* zuzuweisen, hat K. Latte, *Gnom.* 34, 1962, 152, zurückgewiesen. Der Zuwachs an Texten geht ohne Unterbrechung weiter. Der vielfache und bedeutende Gewinn der letzten Jahre ist unten behandelt. Neuerdings brachte Ox. Pap. 31, 1966 unter nr. 2533 Verse aus einer Verlobungsszene und unter nr. 2534 karge Reste von Komödien-Hypotheseis. In beiden Fällen liegt die Zuweisung an Menander nahe. Zu den Hypotheseis auch R. A. Coles und J. W. B. Barns, *Class. Quart.* 15, 1965, 52. Ox. Pap. 27, 1962, nr. 2462 bringt Teile eines Titelverzeichnisses von Menanders Komödien.

[3] A. Körte, ‹M.s fabula incerta›. *Herm.* 72, 1937, 50.

sei auch die *Theophorumene*[1] genannt: ein Mädchen wird von der Großen Mutter in Orgiasmus versetzt und der Verstellung verdächtigt, hat aber sicher zum guten Ende die Verbindung mit dem Geliebten erreicht. Die Szene, wie der Vater des jungen Mannes mit einem Freunde den orgiastischen Tanz der Verzückten beobachtet, wird aus den Resten kenntlich. Außerhalb der Reihe dieser Funde steht der älteste literarische Papyrus, der nach Europa kam, der Papyrus Didot, den man bereits um 1820 im Serapeum von Memphis fand. Von ihm wird später einiges zu sagen sein. Schließlich sind noch die *Periochai* der Menanderstücke anzuführen, von denen uns ein Papyrus (nr. 1321 P.) namhafte Reste von zwei Kolumnen erhalten hat. Für die einzelnen Stücke war da nach ihrem Anfangsvers und didaskalischen Angaben der Inhalt erzählt und eine Wertung angeschlossen. Das Erhaltene betrifft die *Hiereia* und die *Imbrioi*. Nach der *Suda* hat ein Homeros Sellios solche *Periochae* geschrieben. Unser Papyrus könnte aus seinem Buche stammen.

Soviel war unser Besitz, ehe uns das Jahr 1959 mit der Veröffentlichung eines Papyrus aus der Bibliotheca Bodmeriana zu Cologny bei Genf durch VICTOR MARTIN den wertvollsten Gewinn für den Dichter seit dem Cairensis brachte[2]. Zehn beidseitig

[1] A. KÖRTE, ‹Zu M.s Theoph.›. *Herm.* 70, 1935, 431. A. LESKY, ‹Die Theoph. und die Bühne M.s›. *Herm.* 72, 1937, 123. E. W. HANDLEY, ‹Notes on the Theophorumene of Menander›. *Bull. Inst. Class. Stud.* 16, 1969, 88, weist die von V. BARTOLETTI *(Dai Papiri della Società Ital. Omaggio all' XI. Congr. Int. di Papirologia.* Firenze 1965, 9) veröffentlichten lyrischen Hexameter mit großer Wahrscheinlichkeit dem Gesang der Theophorumene zu.

[2] V. MARTIN hat seine verdienstvolle Pionierausgabe (*Papyrus Bodmer IV.* Cologny-Genève. Bibl. Bodm. 1958; erschienen im März 1959) sogleich mit dem Hinweis auf die intensive philologische Arbeit verbunden, die der schlecht überlieferte Text noch erfordern würde. Sie setzte unmittelbar darauf auch in so reichem Maße ein, daß hier nur eine Auslese von Ausgaben und Untersuchungen geboten werden kann, im übrigen auf Bibliographien verwiesen werden muß. Eine solche bietet J. T. MC DONOUGH, *The Class. World* (formerly *The Class. Weekly*) 53, 1960, 277; anderes *Paideia* 15, 1960, 327; das Sammelwerk der Univ. di Genova, Fac. di Lett.: *Menandrea Miscellanea Philologica* (1960) enthält G. BARABINO, ‹Saggio di bibliografia sul Dyscolos›; vgl. ferner den Fachbericht von F. STOESSL, *Gymn.* 67, 1960, 204, und *Gnom.* 33, 1961, Bibl. Beil. 1, 7. Reiche Angaben enthält die Ausgabe von J. MARTIN (s. u.). Unter den Editionen heben wir hervor als kommentierte: W. KRAUS, *Sitzb. Öst. Ak. Phil.-hist. Kl.* 234/4, 1960. B. A. VAN GRONINGEN, Leiden 1960. J. MARTIN, Paris 1961 *(Erasme. Coll. de textes Grecs comm.)*; als kritische Textausgaben: H. LLOYD-JONES, *Oxf. Class. Texts* 1960. J. BINGEN, Leiden 1960. H.-J. METTE, Gött. 1960, 2. Aufl. 1961 (mit Wortindex); als doppelsprachige: W. KRAUS, Zürich 1960 *(Lebendige Antike)*. M. TREU, Münch. 1960 *(Tusculum)*. Von Übersetzungen seien angeführt: R. CANTARELLA, Urbino 1959. B. WYSS, *Neue Rundschau* 71, 1960, 39. PH. VELLACOTT, Lond. 1960. Unter den Würdigungen des Stückes verdient jene von FR. ZUCKER, ‹Ein neugefundenes griech. Drama›. *Sitzb. D. Ak. Berl. Kl. f. Spr. Lit. u. Kunst* 1960/5, besondere Hervorhebung. Zusammenfassend zur Kritik B. A. VAN GRONINGEN, ‹Le Dysc. de Mén. Etude crit. du texte›. Verh. Nederl. Ak. Afd. Lett. N. R. 67/3. Amsterdam 1960. – Die Literatur zum *Dyskolos* hat sich seit der zweiten Auflage dieses Buches mächtig vermehrt. Eine reiche und bequeme Übersicht bietet PACK in der 2. Auflage zu nr. 1298. Dazu C. CORBATO, ‹Il Dyskolos di Menandro: un saggio e una bibliografia›. Dioniso 37, 1963, 173; 38, 1964, 23, sowie die in der allgemeinen Lit. zu Menander genannten Berichte von H.-J. METTE im *Lustrum*. Von neuen Editionen ist besonders die ausgezeichnet eingeleitete und kommentierte von E. W. HANDLEY, London 1965, hervorzuheben, die S. 54 auch ein Verzeichnis der bis dahin erschienenen Ausgaben enthält. Dazu DORA C. DE POZZI, *El misantropo. Ed. crit.* Buenos Aires 1965. W. E. BLAKE, *Menanders Dyscolus. Introd., text, textual comm. and interpretative transl.* New York 1966. F. STOESSL hat seiner kleinen komm. Ausgabe (Paderborn 1961. 1963) einen ausführlichen *Kommentar zu Menanders Dyskolos*, Paderborn 1965 folgen lassen. – Von Untersuchungen nennen wir noch: A. THEUERKAUF, *Menanders Dyskolos als Bühnenspiel und Dichtung*. Göttingen 1960; dort (111) über die Frage der Schauspielerzahl bei Menander. Die Auffassung von WILAMOWITZ (Schiedsgericht. Berlin 1925, 119) bestätigt sich: der Dichter konnte über mehr als drei

beschriebene Blätter und ein Recto eines Papyruscodex aus dem 3. Jh. n. Chr.[1] enthalten den *Dyskolos* des Menander von der Hypothesis in 12 Trimetern, die sich als Verse des Aristophanes von Byzanz aufspielen, bis zu dem Schluß, der sich als identisch mit dem Adespoton fr. 616 K. erwies[2]. Der Text ist eine durch Fehler und Lücken entstellte Abschrift aus einer nicht immer voll verstandenen Vorlage. Einige Seiten tragen die antike Paginierung, die erste die Ziffer IΘ. Wir sind von Tyche allerlei gewöhnt, aber daß sie uns ein Menanderstück vom ersten bis zum letzten Buchstaben reinlich herauspräpariert in die Hände spielt, war doch zu unwahrscheinlich. Die Hoffnung der Philologen, daß von den voraufgegangenen Seiten im Laufe der Zeit noch etwas auftauche, hat sich für diese und die auf den *Dyskolos* folgenden Blätter aufs schönste bestätigt.

Auf die Hypothesis folgt die Didaskalie, der wir mit der sicheren Änderung des überlieferten Archontennamens Didymogenes in Demogenes das Jahr 316 entnehmen, an dessen Lenäen das Stück aufgeführt wurde. Zu Beginn des Spieles tritt Pan aus seinem Heiligtum, einer Nymphengrotte, und belehrt uns, daß wir uns in Phyle, im attischen Bergland, befinden. Im Haus zur Rechten, so erzählt der Gott, wohnt Knemon, ein rechter Menschenhasser. Der hat einmal eine Witwe zum Weibe genommen, die einen Sohn in die Ehe mitbrachte und dann ein Töchterchen gebar. Aber sie hielt es bei dem unleidlichen Manne nicht aus und haust nun mit ihrem Sohne (Gorgias) und einem treuen Sklaven da drüben auf der anderen Seite der Pansgrotte, während Knemon mit der Tochter und einer alten Dienerin zusammenwohnt und sich mit dem kargen Boden abplagt. Den Gott dauert das Mädchen, das fromm und gesittet in einem harten Leben reifte, so hat er es denn gefügt, daß Sostratos, der Sohn eines reichen Grundbesitzers, auf einer Jagd das Mädchen erblickte und sich stracks – wie das in solcher Dichtung üblich ist – in sie verliebte.

Nach diesem orientierenden Prolog, der also hier nicht die bei Menander häufige Stellung hinter der ersten Dialogszene hat, beginnt das Spiel mit dem Auftritt des Sostratos und seines Parasiten. Daß von dessen Großsprecherei keine Hilfe in dem Liebeshandel zu erwarten ist, zeigt sich bald, als ein Jagdgeselle, den Sostratos auf Kundschaft schickte, von Knemon übel traktiert auf die Bühne stürzt. Da zieht sich auch der Parasit aus der Geschichte. Es wird höchst schwierig sein, an Knemon heranzukommen, wenn nicht hilfreiche Umstände eintreten. Aber sie treten ein. Knemons Magd hat einen Krug in den Brunnen fallen lassen, nun geht die Tochter, um Wasser in der Nymphengrotte zu holen. Eine erwünschte Gelegenheit für den verliebten

verfügen, beschäftigte aber nicht mehr als drei sprechende Personen zu gleicher Zeit. Mit Rollenbrechung (mehrere Schauspieler in einer Rolle) ist nicht zu rechnen. – A. Schäfer, *Menanders Dyskolos. Untersuchungen zur dram. Technik.* Meisenheim a. Glan 1965 (Beitr. z. klass. Philol. 14).

[1] V. Martin dachte an die erste Hälfte des 3. Jh., während *Zucker* (a. O. 3) mit der Datierung in das 4. Jh. E. G. Turner, *Bull. Inst. Class. Stud. Univ. London* 6, 1959, 64, folgt. W. Kraus (S. 10 der krit. Ausgabe) stützt sich bei seiner Datierung in das 3. Jh. auf Urkunden in der Österr. Nationalbibliothek aus der Zeit von 250–260, auf die ihn H. Hunger aufmerksam machte; sie weisen Übereinstimmung mit der Schrift auf einer Seite des Codex auf, die von einer anderen, aber mit dem übrigen Text gleichzeitigen Hand stammt und die sich besonders gut mit datierten Urkunden vergleichen läßt.

[2] Dazu E. Vogt, ‹Ein stereotyper Dramenschluß der Νέα›. *Rhein. Mus.* 102, 1959, 192.

Sostratos, sich in aller Bescheidenheit dem Mädchen zu nähern. Der Sklave des Gorgias bemerkt das mit Mißvergnügen, da er dem feinen jungen Herrn nicht über den Weg traut. Am Beginne des zweiten Aktes – indessen hat ein Chor von Panverehrern getanzt und wohl auch gesungen – macht er dem Gorgias Mitteilung von dem, was er gesehen. Dieser stellt den Sostratos, schlimmen Verdachtes voll, läßt sich aber rasch von dessen ehrbarer Absicht überzeugen und schließt mit ihm Freundschaft in der Voraussicht künftiger Verwandtschaft. An Knemon aber wird man leichter herankommen, wenn Sostratos an der Seite des Gorgias als Feldarbeiter auftritt und selber auf dem Acker hackt und gräbt. Nach dem Abgang der nunmehr Verbündeten kommt Dienerschaft der Familie des Sostratos, um einen Opferschmaus in der Grotte vorzubereiten. Die Szene beherrscht der Koch; wichtigtuend und neugierig, wie das zur Figur gehört, entlockt er einem Diener den Bericht über den Traum der Mutter, der das Opfer veranlaßte: Pan habe ihren Sohn Sostratos in Fesseln geschlagen und ihn in Arbeitstracht auf dem Felde graben lassen. Der 3. Akt bringt zunächst einen dramatischen Zusammenstoß des Knemon mit Koch und Diener, die von ihm Gerät für das Mahl in der Grotte borgen wollen und bös abgefertigt werden. Dann erfahren wir, daß des Sostratos Opfergang umsonst war, er hat Knemon auf dem Felde nicht angetroffen. Indessen spitzen sich die Dinge um den Brunnen weiter zu. Die alte Magd hat nun auch die Hacke hineinfallen lassen, mit der sie den Krug herausholen wollte, und Knemon tobt. Jetzt muß er selber in den Brunnen steigen. Ob das gut ausgehen kann? Am Beginne des 4. Aktes hören wir denn auch, daß Knemon bös gestürzt ist und sich arg verletzt hat. Sein Retter wird Gorgias, der Stiefsohn, von dem er nie etwas wissen wollte. Sostratos erzählt, wie der Wackere in den Schacht stieg, während er selber das Seil hielt, mehr mit dem jammernden Mädchen als mit der rettenden Aktion beschäftigt. Dann kommt Knemon, von Tochter und Gorgias gestützt, auf die Bühne, und wir hören seine Rede voll tiefer Einsicht und schöner Entschlüsse: der Mensch kann nicht als Einzelner durchs Leben gehen, er ist auf die Gemeinschaft angewiesen, das hat ihm Gorgias durch seine Tat gezeigt. Nun soll er Adoptivsohn des Knemon werden, über das kleine Vermögen verfügen und als Kyrios die Stiefschwester verheiraten. Das geht freilich leicht und rasch, denn Sostratos ist ja als Bewerber schon zur Stelle. Nun zeigt es sich auch, daß er sich nicht ganz umsonst bei der Feldarbeit von der Sonne verbrennen ließ; das zwingt sogar Knemon ein anerkennendes Wort ab. Am Schluß des Aktes kommt Kallipides, der Vater des Sostratos, auf die Bühne und wird in die Grotte geschickt, um zunächst einmal etwas zu essen.

In der großen Szene des Knemon und bei der darauffolgenden Verlobung treten an die Stelle des iambischen Trimeters trochäische Tetrameter (708–783), die hier einer gewissen Schwere und Feierlichkeit dienen, anders als in der *Perikeiromene* (77–163) und der *Samia* (202–270), wo Lebhaftigkeit erzielt werden soll[1].

[1] Fr. Zucker a. O. 9, hat darauf hingewiesen, daß der trochäische Tetrameter bei Euripides denselben Doppelcharakter zeigt. Vgl. auch Franca Perusino, ‹Tecnica e stile nel tetrametro trocaico di Menandro›. *Riv. di cult. class. e med.* 4, 1962, 3.

Der 5. Akt hat einigermaßen den Charakter eines Anhangs. Da zeigt es sich, daß es mit einer Hochzeit nicht genug ist. Sostratos weiß seinen Vater dazu zu bringen, daß er seine Tochter, die Schwester des Sostratos, dem Gorgias verlobt. Auch dessen Widerstand, der in seinem Stolze gründet, wird überwunden. Dann folgt als das Überraschendste, was uns der Fund gebracht hat, eine burleske Schlußszene, in der Koch und Diener, von Knemon früher so grob behandelt, an dem Wehrlosen ihr Mütchen kühlen. Sie tragen ihn vor das Haus und verhöhnen ihn mit fingierten Forderungen, aber schließlich bleibt es doch das Äußerste ihrer Rache, daß sie den Alten zur Festeslust des Gelages schleppen. Wir hätten einen solchen Schluß bei Menander kaum vermutet. Seine derbe Komik mag zum Erfolge des Stückes beigetragen haben: mit dem *Dyskolos* errang Menander einen seiner acht Siege. Wie wir bereits andeuteten, kann nun niemand mehr das Sklavengelage in der Schlußszene des plautinischen *Stichus* den ersten *Adelphoi* Menanders mit Zuversicht absprechen, zumal sich auch dort, wie im *Dyskolos*, die Anrede an den Flötenspieler findet. Sehr schön hat Walther Kraus[1] gezeigt, wie der ausgelassene Schluß des *Dyskolos* mit Hochzeit und Festschmaus in einer Tradition steht, die weit in die Frühzeit des komischen Spieles zurückreicht. Auch formal ist diese Schlußszene eine Überraschung. Die Verse 880 bis 958 sind iambische katalektische Tetrameter, melodramatisch zur Flöte rezitiert. Das Maß ist in der Alten Komödie häufig, in der Mittleren gelegentlich nachweisbar, bei Menander war es uns bislang unbekannt.

Der Überblick über den Inhalt zeigte uns das einfache Gefüge einer geradlinig ablaufenden Handlung, die ohne verwickelte Vorgeschichte einsetzt. Vergleichen wir damit, was vor dem Beginne der *Epitrepontes* bereits alles geschehen und wie spannungsreich dort der Handlungsablauf gestaltet ist, so fassen wir Etappen einer Entwicklung, die uns Plutarchs früher angeführtes Wort verstehen läßt, man könne aus dem Vergleich der frühen mit den späteren Stücken ermessen, was Menander bei längerem Leben noch geschaffen hätte. Auch der Bau der *Perikeiromene* ist wesentlich kunstvoller als der des *Dyskolos*. Wenn also die früher vertretene Datierung des erstgenannten Stückes in die Zeit bald nach 314 richtig ist, dürfen wir feststellen, was im Grunde selbstverständlich ist: daß auch die Entwicklung dieses Dichters nicht linear verlaufen ist.

Mag der dramatische Bau des *Dyskolos* auch einfacher sein als der späterer Stücke, auf einem anderen Felde ist doch bereits der ganze Menander zu erkennen: der scharfe und doch liebevolle Beobachter menschlicher Torheit und Not. Die Gestalt des menschenverachtenden, griesgrämigen, einsamen Sonderlings, der sich und anderen das Leben schwer macht, hat literarische Ahnen. Bereits in der Alten Komödie begegneten wir dem *Einsiedler* (Μονότροπος), einem Stück, das Phrynichos 414 aufführte. Auch in den *Agrioi* des Pherekrates aus dem Jahre 420 spielte Misanthropie eine Rolle. In der Mese gab es von Mnesimachos einen *Dyskolos*, von dem wir wenig

[1] Krit. Ausgabe S. 21.

wissen. Wesentlich beteiligt an der Gestalt des Knemon ist aber auch die Tradition, die sich mit Timon dem Menschenhasser verband[1], der schon in der Alten Komödie (im *Monotropos* des Phrynichos und in den *Vögeln* 1549) mit typischen Zügen erscheint. Bei aller Verpflichtung an Vorgeformtes ist dieser Knemon aber doch Menanders eigenes Geschöpf und auch für den Heutigen eine eindrucksvolle Begegnung. Weder ein Narr noch ein Bösewicht, ist er durch schlimme Erfahrungen an der Welt und an den Menschen irre geworden. Dazu kommt das soziale Moment, das hier, wie auch sonst bei Menander, eine bedeutende Rolle spielt. Eine Gestalt des Stückes charakterisiert Knemon mit Worten, die ihn zum Vertreter einer ganzen Klasse machen (604): «*Das ist so recht ein attischer Bauer. Mit Felsenboden kämpft er, der nur Thymian und Salbei trägt. Von Plagen weiß er ein Lied zu singen und erntet nichts Gutes davon.*» Aber Menander sieht in diesem Knemon nicht allein das Produkt der Verhältnisse. Ist doch der Stiefsohn Gorgias in gleicher Not ganz anders geworden. Der Dichter weiß um die Bedeutung der Anlage im Menschen, eine alte griechische Einsicht. So kommt denn Knemon durch das Verhalten des Gorgias wohl zu der Einsicht, daß der Mensch des Menschen bedürfe, aber sein Wesen wird er deshalb ebensowenig ändern, wie der Aias des Sophokles – und dieser Vergleich ist immerhin erlaubt – das seine trotz aller Einsicht in den Gang der Welt ablegen kann. So will er denn auch nach seinem Unfall ganz allein bleiben, selbst die alte Magd soll fort, und Sostratos resigniert vor seiner unbeugsamen Art (τρόπος ἄμαχος). Daß diese letzten Endes kein Unheil stiften konnte, daß vor dem Glück der Jungen die sozialen Gegensätze gegenstandslos werden, darin spiegelt sich Menanders humane Auffassung von der Gemeinschaft aller Menschen, die starke Wurzeln im Peripatos hat[2].

Zu Menanders Humanität gehört aber auch die überlegene, nie verletzende Ironie, mit der er Menschenart betrachtet. Da steht Sostratos auf der Bühne, bereit, zur ungewohnten Arbeit aufzubrechen, und deklamiert begeistert, welch Wunder von einem Mädchen er hier auf dem Lande entdeckte; da knickt er plötzlich wehleidig ein (390): «Aber die Haue wiegt vier Talente, die bringt mich noch vorher um.» So stoßen sich Gefühl und Wirklichkeit im Raum! Es ist dies derselbe Sostratos, der nach eigenem Bericht bei der dramatischen Rettungsaktion den Alten fast dreimal wieder in den Brunnen fallen ließ, weil er nur Augen für das Mädchen hatte[3]. Menander kennt die Leidenschaften der Menschen, aber er wird nie zum übelgelaunten Eiferer, immer behält er das gütige Lächeln des Philanthropos. Auch der Fünfundzwanzigjährige hat es schon.

Um die Entwicklung des Dramatikers, so weit wir sie kennen, sichtbar zu machen, nehmen wir von den beiden im Cairensis am besten erhaltenen Stücken das spätere

[1] Das hat W. SCHMID, ‹Menanders Dyskolos und die Timonlegende›. *Rhein. Mus.* 102, 1959, 157, gezeigt.

[2] Dazu W. SCHMID a. O. 170 und ‹Menanders Dyskolos, Timonlegende und Peripatos›. *Rhein. Mus.* 102, 1959, 263.

[3] L. STRZELECKI, ‹De Dyscolo Plautina›. *Giorn. Ital. d. filol.* 12, 1959, 305, hat gezeigt, daß Plautus in seiner Bearbeitung aus der Szene ein Canticum machte. Das einzige sichere Bruchstück *virgo sum; nondum didici nupta verba dicere* scheint auf ein Duett zu deuten, wenn man nicht annehmen will, Sostratos berichte Worte des Mädchens.

voran. Der Beginn der *Epitrepontes* – passend hat man den griechischen Titel mit *Schiedsgericht* übersetzt – zeigt uns eine scheinbar hoffnungslos verfahrene Situation. Hat da ein junger Mann namens Charisios ein Bürgermädchen Pamphile zum Weibe genommen und herzlich lieben gelernt. Als er aber von einer Reise zurückkehrt, die er bald nach seiner Hochzeit zu unternehmen hatte (Reisen spielen im Handlungsmechanismus der Nea eine bedeutende Rolle), muß er von seinem Sklaven Onesimos erfahren, daß Pamphile indessen ein Kind zur Welt gebracht hat, das ausgesetzt wurde. Zutiefst getroffen verläßt er seine Frau, zieht sich in das Haus seines Freundes Chairestratos in der Nachbarschaft zurück und sucht dort seinen Schmerz zu betäuben. Es ist einer der feinsten Züge dieses Spieles, daß uns die Vergeblichkeit seines Beginnens gezeigt und damit die Tiefe seiner Liebe in all dem Unglück offenbart wird. Eine Harfenspielerin Habrotonon hat er sich gemietet (Pamphile soll das nur wissen!), aber im Laufe des Stückes erfahren wir, daß er sie nicht berührte. Hier und in anderem ist Menander über jene unbekümmert männliche Auffassung sexueller Dinge hinausgewachsen, die das griechische Leben weitgehend beherrschte. Nach außen aber muß das Treiben des Charisios den Eindruck eines richtigen Lotterlebens machen. Was Wunder, daß sein Schwiegervater, der alte Smikrines, angerückt kommt, der weit mehr um die schöne Mitgift als um das Glück seiner Tochter bangt. Aber ehe er einschreiten kann, um in seiner Weise Ordnung zu machen, wird er durch einen seltsamen Vorfall aufgehalten. Zwei Sklaven, der Hirt Daos und der Köhler Syriskos, sind um einen Findling in Streit geraten. Daos hat das Kind, das im Walde ausgesetzt war, dem Syriskos auf dessen Bitte gegeben, will aber ein paar Gegenstände, die als Erkennungszeichen beigegeben waren, für sich behalten. Syriskos hingegen begehrt sie als Anwalt des Kindes, das mit Hilfe dieser Dinge einmal zu seinen Eltern zurückfinden könne. Nach antikem Brauch wollen die beiden ihren Handel durch den Schiedsspruch einer Vertrauensperson beendigen. Als sie nun den alten Smikrines kommen sehen, halten sie ihn für den Richtigen und tragen ihm in einer Streitszene, die deutlich in der Nachfolge euripideischer Agone steht, ihre Sache vor. Smikrines entscheidet zugunsten des Findlings, bei dem die Gegenstände verbleiben sollen, und ermöglicht so, ohne es zu ahnen, die Lösung aller Konflikte. Denn das Kindlein, um das der Streit geht, ist sein eigener Enkel, von Pamphile geboren und aus Angst von ihr ausgesetzt. Empfangen hatte sie es bei den Tauropolien, einem Nachtfest, als ein junger Mann in seiner Trunkenheit ihr Gewalt antat. Einen Ring, den sie ihm vom Finger gezogen hatte, gab sie dem ausgesetzten Kinde mit, das war alles, was sie in ihrer Not zu tun vermochte. Als nun Onesimos dazukommt, wie Syriskos eine Art von Inventar der Fundgegenstände aufnimmt, erkennt er den Ring als Eigentum seines Herrn. Eine schwierige Lage, denn Charisios hat ihm seine Enthüllungen wenig gedankt, und nun soll er sich noch einmal die Finger verbrennen! Da hilft das Harfenmädchen Habrotonon, die sich eines Vorfalles beim Tauropolienfest des vergangenen Jahres erinnert. Charisios könnte, wenn der Ring wirklich sein Eigen ist, wohl der junge Mann sein, der damals ein Bürgermädchen vergewaltigte. So nimmt sie Kind und Ring, um sich vor Charisios als die Mutter auszugeben und so ihre Vermutung zu erproben. Die Intrige gelingt so gut, daß sich die Verwirrung der Dinge zunächst noch beträchtlich steigert. Als Smikrines erfährt, Charisios habe ein Kind von Habrotonon, steht es ihm fest, daß er Pamphile gegen allen Widerstand von diesem Gatten fortholen müsse, während Charisios zur Einsicht der Schuld kommt, die er selbst auf sich geladen hat. Aber es müssen nur Habrotonon, die das Kind hält, und Pamphile einmal zusammentreffen, damit es ein Erkennen gibt und alles sich in schönstem Glücke löst: das Mädchen, an dem sich Charisios bei jenem Nachtfest vergangen hatte, war niemand anders als Pamphile, die er später zum Weibe bekam. Das Kind wird nun das Band zwischen den Gatten, das auch in den schlimmsten Stunden nie ganz zerrissen war, nur um so enger knüpfen.

Für die *Epitrepontes* kamen uns außer dem Cairensis noch andere Funde zu Hilfe, so besonders ein Blatt aus einem Pergamentcodex des 4. Jahrhunderts n. Chr., das Tischendorf 1844 im Katharinenkloster auf dem Sinai entdeckte, Uspenski 1855 nach Petersburg brachte. Ein zweites Blatt dieser Handschrift hat uns ein Stück aus der Komödie *Phasma* gebracht. Da hat eine Frau vor der Ehe ein Mädchen geboren, das nun im Nachbarhause aufgezogen wird. Eine durchbrochene und als Heiligtum maskierte Wand ermöglicht heimlichen Umgang zwischen Tochter und Mutter, während deren Stiefsohn Pheidias eine Erscheinung (Phasma) zu sehen vermeint und in heftige Liebe gerät. Donat in seinem Kommentar zum Prolog des terenzischen *Eunuchus* (9, 3) gibt den Inhalt. Wir wissen von Wiederaufführungen des Stückes in den Jahren 250 und 167 v. Chr., wie Menanders Komödien auch sonst vielfach wieder gespielt wurden. Die Reste, zu denen Fragmente auf Papyrus kommen (ihre Publikation ist für den Bd. 38 der *Ox. Pap.* als nr. 2825 vorgesehen), hat E. G. Turner[1] einer sorgfältigen Neubearbeitung unterzogen. Vieles bleibt bei dem Stand des Erhaltenen im Dunklen, doch konnte es Turner wahrscheinlich machen, daß die Intrige mit der durchbrochenen Wand nicht so sehr den Hauptinhalt als vielmehr die Voraussetzung für eine Handlung bildete, die wesentlich mehr Personen erforderte, als wir noch zu erkennen vermögen. Bei der Interpretation des Blattes vom Sinai nimmt Turner an, daß das Gespräch zwischen Pheidias und dem ihn belehrenden Sklaven den Versen auf der anderen Seite voranging. Diese berichten von der mütterlichen List der geheimen Tür. Ihr Inhalt und Tenor machen die Zuweisung an den Prolog so gut wie sicher. Dieser wäre dann wie in anderen Fällen (z. B. *Perikeiromene*) auf eine einleitende Szene gefolgt; für seinen Sprecher kehrt Turner zu der alten Annahme von Wilamowitz zurück, es sei eine göttliche Gestalt gewesen, die allein über solches Wissen verfügen konnte. Die Mosaiken aus Mytilene enthalten auch eine Szene aus dem 2. Akt des *Phasma*[2] mit dem in der Tür erscheinenden Mädchen, was Turner wohl mit Recht auf eine berichtete, nicht auf der Bühne gespielte Szene bezieht.

D. S. Robertson[3] wollte die vierundvierzig Trimeter des früher erwähnten Pa-

[1] ‹The Phasma of Menander›. *Gr. Rom. and Byz. Stud.* 10, 1969, 307.

[2] T. B. L. Webster, *Monuments Illustrating New Comedy*. Bull. Inst. Class. Stud. Suppl. 24, 1969. W. G. Arnott, *Arethusa* 3, 1970, 65. Die Publikation der Mosaiken ist im Lit.-Teil verzeichnet.

[3] *Class. Rev.* 36, 1922, 106; *Herm.* 61, 1926, 348.

pyrus Didot den *Epitrepontes* eingliedern[1]. Daß die Verse, die der Papyrus Euripides gibt, in Wahrheit der Nea (fraglich ob Menander) gehören, hat A. KÖRTE[2] wahrscheinlich gemacht. Die Rede einer Frau, die sich ihrem Vater gegenüber weigert, den Gatten im Unglück zu verlassen, stimmt in allgemeinen Zügen zur Situation der Pamphile und ihren Worten, die Charisios belauscht, aber Einzelheiten wie die Versicherung, der Gatte sei mit ihr stets eines Sinnes gewesen, machen die Zuweisung unmöglich.

Auch die *Perikeiromene – die Geschorene* könnte man übersetzen – beginnt mit einer Situation, die in der schlimmsten Weise verwirrt ist. Die Vorgeschichte des Stückes, das in Korinth spielt, ist noch verwickelter als jene der *Epitrepontes*. Eine arme Frau hat ausgesetzte Zwillinge gefunden. Von diesen überließ sie den Knaben der reichen Myrrhine, die ein Kind wollte, das Mädchen aber zog sie selber auf. Als Glykera herangewachsen war, gab die Alte sie einem höheren Offizier, dem Chiliarchen Polemon, zur Konkubine. Vor ihrem Tode klärte sie Glykera über alles auf, auch darüber, daß Moschion im Hause der Myrrhine ihr Bruder sei. Glykera wahrt das Geheimnis, um den Bruder, der das Leben eines verwöhnten jungen Mannes aus reichem Hause genießt, nicht zu belasten. Als aber Moschion, der im Nachbarhause lebt, sie einmal in rascher Verliebtheit küßt, läßt sie es von dem Bruder geschehen. Zum Unglück kommt Polemon hinzu und schneidet ihr in wilder Eifersucht die Haare ab. Das galt damals als Schmach. Glykera sucht Zuflucht im Haus der Myrrhine, der sie nun ihr Geheimnis eröffnet. Polemon aber hat sich in tiefem Gram aufs Land zurückgezogen. Im Ablauf der Handlung gibt es allerlei Verwicklungen, so wenn der Sklave Daos seinem Herrn Moschion vorschwindelt, Myrrhine habe seinen Wünschen zu Gefallen Glykera ins Haus genommen, oder wenn in einer förmlichen Belagerungsszene, nicht der einzigen dieser Art in der Nea, die Geflüchtete aus dem Hause Myrrhines geholt werden soll. Bei der Lösung spielt Pataikos, ein Nachbar des Polemon und der Myrrhine (die Bühne zeigte also drei Häuser[3]), eine entscheidende Rolle. Er ist nicht ganz leicht ins Spiel einzuordnen, war aber keinesfalls Myrrhines Gatte. Jedenfalls stellt sich heraus, daß er der Vater der ausgesetzten Zwillinge ist. Nun kann er Glykera, die ihrem jähzornigen Polemon verziehen hat, diesem in bürgerlicher Ehe vermählen, der verliebte Moschion aber hat eine Schwester bekommen.

Auf die Veröffentlichung des *Dyskolos*, die unsere Kenntnis der Entwicklung Menanders bereits wesentlich bereicherte, folgte eine ganze Reihe neuer, kaum schon

[1] CHR. JENSEN, *Rhein. Mus.* 76, 1927, 10 u. Ausgabe (s. u.) XXVI äußert sich zu der Frage mit Zurückhaltung, gibt an der zitierten Stelle seiner Ausgabe Literatur, läßt aber seine Zweifel erkennen. H. OPPERMANN hat in seiner Ausgabe der *Epitrepontes*, Frankf. a.M. 1953, die Verse des Papyrus Didot in den Text gesetzt.

[2] *Herm.* 61, 1926, 134. 350. D. L. PAGE, *Lit. Pap.* Lond. 1950, 180 (mit Lit.) will Zuweisung zu einer Tragödie des 4. Jh. offenhalten; vgl. auch A. BARIGAZZI, ‹Studi Menandrei›. *Athenaeum* n. s. 33, 1955, 267. W. BÜHLER, ‹Noch einmal zur Verfasserschaft der ΡΗΣΙΣ des Pap. Didot›. *Herm.* 91, 1963, 345, schließt Menander wegen der sprachlichen Qualität aus und denkt an einen zweit- oder drittrangigen Komödiendichter, der Euripides nachzuahmen suchte. Viel Lit. zu anderen Zuteilungen.

[3] Lit. zur Frage der Häuser auf der Komödienbühne bei T. B. L. WEBSTER, *Greek Theatre Production.* Lond. 1956, 24.

abgeschlossener Entdeckungen. Bereits zu Beginn unseres Jahrhunderts hatte Mumienkartonnage aus dem Fayum einige Fragmente geliefert, die auf Menander wiesen[1]. Aber erst die sachgemäße Bearbeitung und Entzifferung dieses Materials (aus dem späten 3. Jh. n. Chr.) an der Sorbonne ergab die Möglichkeit, 1964 die ungefähre Häfte des *Sikyonios* (423 teilweise unvollständige Verse) zu veröffentlichen. Der genaue Titel bleibt im Ungewissen, da antike Autoren das Stück als *Sikyonios* zitieren, während der Kolophon des Pariser Papyrus und ein Wandbild in Ephesus mit einer Szene des Stückes[2] *Sikyonioi* bieten. Die Rekonstruktion der Handlung ist in Einzelheiten problematisch, doch ist das nach vielen Fährnissen am Ende glücklich vereinte Paar kenntlich. Stratophanes, der als Söldner in Karien Beute machte, hielt sich von seinem Adoptivvater her für einen Sikyonier, findet aber in Athen in Smikrines seinen leiblichen Vater. Ähnlich sind die Schicksale der Philumene, die er sich im Laufe des Spieles gewinnt. Sie wurde als Kind zusammen mit einem Sklaven aus dem attischen Halai geraubt und in Karien an einen Mann aus Sikyon (den Adoptivvater des Stratophanes?) verkauft. Auch sie findet ihren Vater in Athen in Kichesias. Eine bedenkliche Etappe auf ihrem Wege wird aus dem lebhaften, witzig mit Anklängen an den Botenbericht des euripideischen *Orestes* versetzten Bericht eines Blepes (?) kenntlich: Ein Bürschchen, das alle Merkmale des ἁπαλὸς νεανίσκος an sich trägt, erhob mit Argumenten, die uns nicht mehr kenntlich sind, Anspruch auf das Mädchen, wogegen Stratophanes mit der Behauptung ihrer freien athenischen Herkunft einschritt und erwirkte, daß sie in die Obhut der Demeterpriesterin gegeben wurde. Der Beginn des 4. Aktes brachte eine politische Diskussion zwischen dem oligarchisch gesinnten Smikrines und einem überzeugten Demokraten, der Kichesias sein mag. Diesem war eine drastische Szene vorbehalten: bei der Nachricht, daß seine Tochter lebe und da sei, fällt er in Ohnmacht. Der Ruf nach Wasser, sein «Wo bin ich?» beim Erwachen, das alles ist seitdem in fester Typik hundertfach wiederholt worden. Eine Figur des Stückes war auch der in Malthake (der Name scheint auf eine Hetäre zu deuten) verliebte Parasit Theron. Das zweite Paar so vieler Lustspielhandlungen beginnt sich abzuzeichnen. Den zum Teil erhaltenen Prolog sprach eine göttliche Gestalt, was bei einer so verwickelten Handlung von vorneherein zu erwarten war[3].

Vom *Misumenos* besitzen wir durch die Bereicherung, die zwei neue Papyri gebracht haben, nunmehr an die 500 Verse. Der Kolophon des einen Textes (Pap. Ox. 2056) bringt den Nebentitel *Thrasonides*. Der größere Teil der Verse ist jedoch so schlecht erhalten, daß für Inhalt und Aufbau des Stückes noch zahlreiche Fragen offen bleiben. Das tragende Motiv war bekannt: der Soldat Thrasonides liebt ein Mädchen Krateia, das sich als Gefangene in seiner Gewalt befindet. Er will jedoch ihre Liebe als ihr freies Geschenk erringen. Sie aber verabscheut ihn und seine Gaben, so daß er an Selbstmord denkt und von seinem Sklaven Getas ein Schwert verlangt. Dieser

[1] Die Literatur zu den Neufunden ist am Ende des Abschnittes zusammengefaßt.

[2] T. B. L. Webster, *Monuments* (s. u.), 304.

[3] Der komplizierte Bau spricht gegen eine zu frühe Datierung. M. Treu, *Rhein. Mus.* 112, 1969, 241, 34, vertritt aus inneren Gründen den glaubwürdigen Ansatz nach 307.

schafft nun alle gefährlichen Waffen fort und birgt sie im Haus des Nachbarn Kleinias. Pap. Ox. 2656 enthält größere, aber arg verstümmelte Teile des 3. und 4. sowie das Ende des 5. Aktes. Krateia findet ihren Vater Demeas wieder und erweist sich so als Freigeborene. Aus einem in den 4. Akt gehörenden Monolog des Getas erfahren wir, daß Demeas die Werbung des Thrasonides um Krateia schroff ablehnte, am Ende des 5. Aktes aber gibt er sie einem Manne, der doch nur Thrasonides gewesen sein kann. Worin gründet der lange festgehaltene Haß Krateias und was bringt ihn zum Erlöschen? Zu Vermutungen geben zwei Umstände Anlaß. Ein Schwert im Besitz des Thrasonides spielte eine besondere Rolle. Demeas erkennt es im Hause des Klinias, wohin Getas die Waffen seines Herrn schaffte und eilt zu Thrasonides, um diesen über die Herkunft der Waffe zu befragen. Ferner wird in der Erkennungsszene zwischen Demeas und Krateia eines vermißten Familienangehörigen gedacht. Das alles fügt sich bei der Annahme gut zusammen, daß der Vermißte ein naher Angehöriger Krateias, vielleicht ihr Bruder, war, und daß das Schwert im Besitze des Thrasonides den Glauben erweckte, er habe diesen getötet und dessen Waffe an sich genommen. Dann könnte die Rückkehr des Totgeglaubten die glückliche Lösung gebracht haben. Das muß Vermutung bleiben und manches andere wie die Rolle des Kleinias im Nachbarhause neben dem des Thrasonides bleibt ungeklärt. Sporadisch für unsere Kenntnis taucht ein Motiv auf, das in der *Perikeiromene* eine entscheidende Rolle spielt. Demeas und seine wiedergefundene Tochter umarmen einander, Getas sieht das und vermutet in jenem einen, allerdings reichlich betagten, Nebenbuhler seines Herrn.

Nach der Veröffentlichung des *Dyskolos* setzte ein langes Rätselraten ein, welche Menanderschätze die *Bibliotheca Bodmeriana* wohl noch bergen mochte. Es hat erst 1969 mit der Veröffentlichung der *Samia* und der *Aspis* sein Ende gefunden. Nun wissen wir, daß der *Dyskolos* das mittlere Stück in einer Ausgabe von drei Menanderdramen gewesen ist, und daß in diesem Papyruscodex des 3. Jh. n. Chr. die *Samia* vorausging und die *Aspis* folgte. Es ist für die Schicksale von Papyrusfunden sehr bezeichnend, daß kleine Fragmente dieses Codex nach Barcelona (Pap. Barc. 45) und nach Köln (Pap. Colon. 904) gelangt sind.

Für die *Samia* bietet der Pap. Bodmer 723 ganz oder teilweise erhaltene Verse, von denen 327 bereits aus dem Pap. Cairensis bekannt waren. Zwei Fragmente mit zusammen 5 Versen, die bei KÖRTE-THIERFELDER als fr. 248f. aus einer *Knidia* zitiert sind, fanden sich nun im Pap. Bodmer als der *Samia* zugehörig. Der Titel *Knidia* war eine irrtümliche Deutung der Überlieferung in den Rahmenstellen bei Stobaios, wo sich zu fr. 249 das richtige Κηδεία findet. Man hat darin einen Doppeltitel des Stückes vermutet[1].

Die Handlung dieser Komödie der Irrungen ist bis auf wenige Einzelheiten klar. Den Prolog spricht Moschion, der in Demeas einen überaus gütigen Adoptivvater hat, von dem er reichlich verwöhnt wurde. Er hat ihm das vergolten, als er merkte, daß der Alte in die samische Hetäre Chrysis verliebt war, sich aber seiner Leidenschaft schämte. Mit Moschions Hilfe kam Chrysis ins Haus. Selbst aber hat er kein

[1] W. G. ARNOTT, *Gnom.* 42, 1970, 11, gibt ihn mit 'Marriage alliance' wieder.

gutes Gewissen. Er hat bei einem Nachtfest (~ *Epitrepontes*) Plangon, die Tochter des armen Nachbarn Nikeratos, geschwängert, ist aber fest entschlossen, sie zum Weibe zu nehmen, und hat das auch ihrer Mutter eidlich zugesichert. Aus dem Prolog erfahren wir, daß auch Chrysis geboren hat. Ihr Kindchen ist offenbar (hier fehlen Verse) gestorben, so daß Moschion seinen Fehltritt fürs erste verbergen kann, indem er sein und Plangons Kind zu Chrysis schafft, die es ernährt. Das alles ist möglich, weil die beiden Väter, Demeas und Nikeratos, auf einer Reise an den Pontos sind. Nun meldet aber der Sklave Parmenon ihre Rückkehr, und die Situation wird kritisch. Chrysis sucht sie zu entlasten, indem sie auf Parmenons Vorschlag eingeht und bereit ist, das Kind als das ihre auszugeben. Nach dem Abgang der «Verschworenen» betreten die beiden Alten die Bühne und lassen zunächst ihrer Begeisterung freien Lauf, von den kimmerischen Gegenden am Pontos wieder zurück und in der Helligkeit ihres geliebten Athen zu sein. Dann erfahren wir, daß die beiden auf der Reise die Verheiratung ihrer Kinder, des Moschion und der Plangon, vereinbart haben. Welche Ironie, daß hier in einer Szene des ersten Aktes alles bereits in bestem Geleise zu sein scheint, während die von allen angestrebte Verbindung erst am Ende des Stückes zustande kommt! In dem schlecht erhaltenen 2. Akt beginnt das Unheil damit, daß Demeas das Kind bei Chrysis gesehen hat, sich für den Vater hält und den mit einer Hetäre gezeugten Bastard entfernen will. Moschion, der ja in eigener Sache spricht, aus Scham jedoch mit der Wahrheit nicht herausrückt, verteidigt das Lebensrecht des Kindes mit dem euripideisch klingenden Satz, daß alle guten Menschen ebenbürtig und nur die schlechten Bastarde seien. Dem Wunsche seines Pflegevaters, ihn zu verheiraten, kommt sein eigener Wunsch entgegen, mit Plangon vereinigt zu werden. Über die peinliche Vorgeschichte gleitet Moschion mit der Bitte hinweg, der Vater solle ihm ohne weitere Fragen zur Ehe verhelfen. Am Ende des Aktes, da Parmenon um einen Koch für die Vorbereitungen zur Hochzeitsfeier geschickt wird, scheint alles auf gutem Wege. Daß Moschion jedoch soviel ungesagt ließ, soll sich als verhängnisvoll erweisen. Demeas ist zur Überzeugung gekommen, daß nicht er selbst, sondern Moschion der Vater des Kindes ist. Wir hören im 3. Akt einen Monolog, eines der prächtigsten Stücke der Charakterisierungskunst Menanders. In seiner Liebe zum verwöhnten Moschion sammelt Demeas Entschuldigungsgründe für diesen und häuft alle Schuld auf Chrysis. Sie jagt er aus dem Hause, wobei der inzwischen angekommene und für sein Geschäft bangende Koch vergebens zu vermitteln sucht. Wenn Demeas in übertriebener Rücksicht auf Moschion der Chrysis nur die Aufzucht des Kindes, nicht aber Moschions Vaterschaft als Grund ihrer Austreibung nennt, führt er, der selbst die Wahrheit verkennt, nun auch Chrysis zu einem vollen Mißverständnis der Situation; muß sie den Zorn des Demeas doch auf die Intrige zurückführen, in die sie sich eingelassen hat. Im Hause des Nikeratos, der seinerseits ebenfalls ohne Ahnung der wahren Zusammenhänge ist, findet sie mit dem Kinde Zuflucht. Der 4. Akt führt zu einer Szene, in der die Irrungen und Wirrungen ihre Höhe erreichen. Nikeratos sucht den Groll des Demeas, den er lediglich auf den «Bastard» bezieht, zu beschwichtigen, da kommt Moschion hinzu und bekennt sich zu dem Kinde. Da Demeas Chrysis für dessen Mutter hält, muß er das ruhige Geständnis für den Gipfel kalter Frechheit halten, aber auch Nikeratos tobt nun los und erklärt, einem solchen Wüstling seine Tochter nicht zur Frau geben zu können, wobei er die grausigsten mythologischen Exempla bemüht. Als er wütend in sein Haus zurückgerannt ist, enthüllt Moschion – endlich! – dem Adoptivvater die ganze Wahrheit. Nikeratos bestätigt sie, immer noch ahnungslos, bei seinem Wiederauftreten: er hat gesehen, wie drinnen Plangon dem Kindchen die Brust gab. Nicht ohne Mühe und Ironie beruhigt ihn Demeas, der nun wieder Herr der Situation ist. Die Vorbereitungen zur Hochzeit können weitergehen. Da bringt der letzte Akt eine ganz aus dem Wesen des Moschion gestaltete Retardation. Den verwöhnten jungen Mann ärgert es über die Maßen, daß ihn Demeas einer solchen Niedertracht für fähig hielt, er läßt sich Mantel und Schwert bringen und täuscht seine Absicht, in den Krieg zu ziehen, vor, um den Vater so zu einer Abbitte zu bringen. Damit löst er eine menschlich schöne Rede des Demeas aus, die aber mehr Zurechtweisung als Entschuldigung ist, während sich Nikeratos notwendig in einen neuen Irrtum verwickelt. Aber schließlich stiftet die attische Vermählungsformel, die er spricht, allgemeinen Frieden. Chrysis ist in Gnaden wieder aufgenommen, die Annahme allerdings, Demeas habe sie zu seiner legitimen Gattin – etwa nach Entdeckung ihrer bürgerlichen Herkunft – gemacht, hat sich nicht bestätigt.

Wir halten die *Samia* für das wertvollste aller uns zugänglichen Stücke Menanders. Hier wirbelt nicht Tyche die Menschen durcheinander, keine Kindesaussetzung schafft Situationen, die erst durch Szenen späterer Erkennung gelöst werden, alle die Wirrnisse und Verwicklungen, an denen die *Samia* besonders reich ist, gehen zur Gänze aus dem Wesen der handelnden Personen, aus ihrer Scheu vor offenem Aussprechen, aus falschen Rücksichten und voreiligen Schlüssen hervor. Mit welch feinen Nuancen das Verhältnis des Demeas und seines Stiefsohnes, zweier in aufrichtiger Liebe verbundener Menschen, gestaltet ist, hat besonders M. Treu (s. u.) gezeigt. Aber eben die Vollendung, die Menanders Kunst hier erreichte, hindert uns, Treu's Datierung (bald nach Menanders Erstlingswerk, der *Orge* des Jahres 321) zu folgen. Ein späterer Ansatz hat die größere Wahrscheinlichkeit für sich.

Von der *Aspis* besitzen wir nunmehr mit 544 Versen mehr als die Hälfte des Stückes. Die als *Comoedia Florentina* bezeichneten Reste (85 Verse, s. o.) haben sich nun im Pap. Bodmer als Teile der *Aspis* gefunden. Wir haben also wie bei der *Samia* (hier durch den Pap. Cairensis) für einzelne Teile eine Doppelüberlieferung, die Korrekturen am Text des Pap. Bodmer ermöglicht, der sich nicht als der bessere erweist. Erhalten sind von der *Aspis* die beiden ersten Akte so gut wie zur Gänze, vom 3. große Teile, von den beiden letzten nur kümmerliche Reste.

Dadurch, daß Menander den Prolog hinter eine einleitende Szenengruppe stellt, erreicht er den Effekt, daß zunächst bestimmte, der Wirklichkeit nicht entsprechende Vorstellungen erweckt, dann aber durch das überlegene Wissen eines göttlichen Wesens korrigiert werden. Der Zuschauer teilt dieses Wissen, kennt den Ausgang und verfolgt mit umso größerer Anteilnahme alle Wendungen des Spieles.

Zu Beginn tritt Daos, ein alter Sklave, auf, der einen arg mitgenommenen Schild trägt. Kriegsgefangene mit Beutestücken begleiten ihn. Wir erfahren, daß der Schild seinem gefallenen Herren Kleostratos gehört, der in den Krieg gezogen war, um seine ärmliche Lage zu verbessern und seine Schwester ausheiraten zu können. Smikrines, der ältere von den zwei Oheimen des Kleostratos, tritt hinzu, und wir erfahren aus dem Gespräch, daß Daos von seinem Herrn mit der Beute vom Kampffeld geschickt wurde, als die Lykier plötzlich wieder angriffen. Er sicherte die Beute und konnte erst am vierten Tage nach dem Abzug der Feinde wieder auf das Schlachtfeld zurückkehren, um seinen Herrn zu suchen. Die Leichen waren in der Zwischenzeit so entstellt (daher die vier Tage; Menander setzt jene Bedachtnahme auf das πιθανόν fort, die wir bei Euripides finden), daß er in einem Toten, neben dem der ihm bekannte Schild lag, mit Sicherheit seinen Herrn zu erkennen meinte.

Nach dem Abgang der beiden tritt Tyche als Sprecherin des Prologs auf. Nun hören wir, daß Kleostratos gar nicht tot, sondern gefangen ist und bald zurückkommen wird. Auch orientiert uns Tyche über die komplizierten Familienverhältnisse. Der ältere Oheim Smikrines lebt einsam in dem einen der Häuser auf der Bühne mit seiner alten Magd, ist ein grundschlechter Charakter und verzehrt sich in seiner Habsucht. Im Nachbarhause wohnt der jüngere, wohlhabende Oheim Chairestratos mit seinem Weibe, seiner Tochter und einem Stiefsohn Chaireas aus der ersten Ehe seiner Frau. Er hat auch die Schwester des Kleostratos während der Abwesenheit ihres Bruders in sein Haus aufgenommen und ist nun daran, sie mit einer Mitgift von zwei Talenten auszustatten und mit Chaireas zu verheiraten. Nun ist aber das Mädchen in den Besitz der Beute des Bruders und damit zu einem gewissen Wohlstand gelangt. Das reizt die Gier des Smikrines, der das attische Erbtöchter-Gesetz für sich geltend macht und als älterer Oheim die Hand des Mädchens für sich beansprucht. Tyche beruhigt uns: sie hat ja die Macht alles zu lenken, und Smikrines wird nichts anderes erreichen, als daß er sein übles Wesen zur Schau stellt. Das besorgt er auch gleich in der folgenden Szene mit dem braven Daos, der mit seinen habgierigen Plänen nichts zu tun haben will. Zum Beschluß des 1. Aktes kommt noch der unvermeidliche Koch[1] mit einem Trapezopoios, die beide grollend und lästernd wieder abziehen müssen, da die Hochzeit (zwischen der Schwester des Kleostratos und Chaireas) wegen des vermeintlichen Todesfalles verschoben, ja vielleicht überhaupt gefährdet ist.

Der 2. Akt konfrontiert zunächst die beiden so verschieden gearteten Brüder, die sich nach heftigem Streit trennen. Smikrines beharrt auf seinem Heiratsplan, für den er das Gesetz auf seiner Seite hat, während Chairestratos als Anwalt des Chaireas das Recht der Jugend und eine menschliche Lösung vertritt. Hier fällt das Wort ἀνθρωπίνως. Chaireas ist verzweifelt, Chairestratos tief verbittert, da greift Daos ein und schlägt eine Intrige vor. Man werde den Tod des Chairestratos vortäuschen, der angeblich den Aufregungen erlegen sei, dann werde die leibliche Tochter des Chairestratos als reiche Erbin den habgierigen Smikrines weit mehr anlocken als die Schwester des Kleostratos. Diese werde er dann gerne einem anderen, also Chaireas, über-

[1] H. Dohm, *Mageiros*. Zet. 32. München 1964.

lassen. Einer seiner Freunde solle als Doktor verkleidet die Glaubwürdigkeit der Komödie erhöhen. Vom 3. Akt ist genug erhalten, um erkennen zu lassen, daß er die Durchführung der Intrige enthielt. Daos versetzt dem Smikrines die fingierte Todesnachricht, wobei er sie mit einer Fülle von Zitaten garniert. Mit dem Kommen des falschen Arztes bricht der Text ab. Aber die Fragmente des Folgenden reichen aus, um uns den an sich zu vermutenden Ablauf der Handlung zu bestätigen: Smikrines geht in die Falle und will nun die Schwester des vermißten Kriegers dem Chaireas lassen, da kommt Kleostratos heim, findet Daos wieder und gelangt in den Besitz seiner Beute. Zwei Paare präsentieren sich am Schlusse: Kleostratos und die Tochter des Chairestratos, Chaireas und die Schwester des Heimgekehrten.

Auch dieses Stück bereichert unsere Kenntnis Menanders in mancher Hinsicht. Daos stellt sich als menandrischer Repräsentant einer stattlichen Anzahl intrigierender Sklaven der Neuen Komödie dar. Allerdings dient seine List einem besseren Zweck als die Frechheit der Pseudoli, an der das Publikum des Plautus seine Freude hatte. Neu ist für unsere Kenntnis Menanders auch die Gestalt des Smikrines. Hier ist nichts mehr von dem gütig überlegenen Lächeln des Dichters über menschliche Schwachheit erkennbar, kalte Berechnung und widerliche Heuchelei machen die Gestalt so abstoßend, wie Tyche es von ihr aussagt.

Als dramatisches Kunstwerk möchten wir aber die *Aspis* der *Samia* nicht an die Seite stellen. Wir freuen uns an der frisch geplanten und sicher ebenso durchgeführten Intrige, können aber nicht übersehen, daß sie als eine Art von Drama im Drama ein Eigenleben führt. Sie wird umschlossen durch die Ankündigung der Heimkehr des Kleostratos im Prolog und dessen tatsächliches Kommen im Schlußteil. Mit diesem ist aber auch alles gelöst, jede Schwierigkeit beseitigt und das Gaukelspiel mit dem Tod des Chairestratos überflüssig geworden. Die Enttäuschung und Bloßstellung des Smikrines mag freilich lustig genug gewesen sein.

Das Erhaltene ist nur ein kleiner Ausschnitt aus einer ungemein reichen Produktion. Die überlieferten Zahlen schwanken, liegen aber durchwegs über 100: nach Gellius (17,4,4; bei ihm auch andere Angaben), der *Suda* und dem Anonymus Περὶ κωμῳδίας hätte Menander 108 Komödien geschrieben. Wir müssen wiederholen, was wir zu Dichtern der Mese vermerkten: eine Tätigkeit dieses Umfanges war nicht mehr auf Athens Feste allein, sondern auf den ganzen griechischen Kulturbereich berechnet. Was wir davon besitzen, ist wenig, reicht aber, uns die Kunst Menanders verstehen zu lassen.

Die Neue Komödie ist ein voraussetzungsreiches Gebilde, in dem zwei Jahrhunderte Entwicklung der dramatischen Arten aufgehoben sind. Sie hat ebenso das Erbe der euripideischen Tragödie angetreten[1], wie sie anderseits in einer Tradition des komischen Spieles steht, die über die Klassiker der Archaia und die Mese in den Hellenismus führt. Über all dem darf natürlich nicht vergessen werden, was die einzelnen Dichter selbst gewesen sind; gerade für Menander wissen wir das noch einigermaßen zu sagen.

[1] Dazu gute Bemerkungen bei A. Pertusi, *Dioniso* 16, 1953, 27.

Beginnen wir mit den äußeren Lineamenten, mit den Motiven und ihrer technischen Gestaltung. Menanders Komödie ist durchaus bürgerliches Lustspiel. Wir wissen von anderen Dichtern der Nea wie Diphilos und Philemon, daß sie gelegentlich mythische Stoffe gewählt haben. Mythenparodie war mit der Tradition der Mese gegeben, Menander fand jedoch offenbar an Clownerie dieser Art keinen Geschmack[1]. Die Handlungsbeispiele, die wir besprachen, ließen stehende Motive erkennen, für die wir die Beispiele außerordentlich vermehren könnten: Vergewaltigung eines Bürgermädchens, Aussetzung von Kindern, Wiedererkennung, oft nach langen Jahren, und klug ersonnene Intrigen, die schwierige Situationen meistern sollen. Wie sehr das Meiste davon bei Euripides vorgebildet ist, hat man bereits in der Antike gesehen: Satyros spricht es in seiner Euripides-Biographie (nr. 1456 P.) deutlich aus. Die *Epitrepontes* bieten ein schönes Beispiel dafür, wie euripideische Motive, in die bürgerliche Welt Menanders übertragen, dort neues und eigenes Leben entfalten. Wenn wir die 187. *fabula* des Hygin als Inhaltsangabe der euripideischen *Alope* nehmen dürfen, was alle Wahrscheinlichkeit für sich hat, ist damit gesagt, daß der Tragiker bereits die Geschichte eines ausgesetzten Kindes mit dem Streit um die beigegebenen Gegenstände verbunden hat. Ja noch mehr: auch bei ihm ist Schiedsrichter der Großvater des Kindes, König Kerkyon, Alopes Vater, gewesen. Während aber in der Tragödie das Kind ein zweitesmal ausgesetzt wurde, hat Menander das Schiedsgericht zum entscheidenden Instrument einer befriedigenden Lösung gemacht. Mit jener überlegenen Freiheit, die ein Signum des Genies ist, hat der Dichter selbst auf diese Zusammenhänge hingewiesen: in der Gerichtsszene läßt er den mundfertigen Syriskos mit Beispielen aus der Tragödie paradieren, die zeigen, wie wichtig für einen Findling die Beigaben sind, und in einer der letzten Szenen (v. 767 Kö.) droht die Amme Sophrone dem schwerfälligen Smikrines, der noch immer nicht verstehen will, eine Rede aus der *Auge* des Euripides vorzutragen. Auch in diesem Stück spielte die Vergewaltigung eines Mädchens durch einen Trunkenen eine verhängnisvolle Rolle.

Diesen Griff nach den in der Tragödie bewährten Motiven hat aber keineswegs erst Menander getan. Daß bereits die Mese solche verwendete, können wir gerade noch erkennen[2], und von einem der letzten Stücke des Aristophanes, dem *Kokalos*, sahen wir (S. 505), daß Verführung und Wiedererkennung zu seinen Motiven gehörten.

Wie sich Erbe aus der Tragödie mit solchem aus der Komödie vermengt, wird an einer Reihe technischer Einzelheiten kenntlich.

[1] T. Ivanov, *Une Mosaïque Romaine de Ulpia Oescus.* Sofia 1954, veröffentlicht ein Mosaik aus dem 2./3. Jh. n. Chr. mit einer Theaterszene, die nach der Beischrift aus Menanders *Achaioi* stammen soll. Ein fragliches Zeugnis, das kaum Revision der Ansicht erzwingt, M. habe keine Mythentravestien verfaßt. T. B. L. Webster, *Monuments Illustrating New Comedy*, 2. ed. Bull. Inst. Class. Stud. Suppl. 24. London 1969, 167f. 283 (XM 1). Ein Zitat des Stückes in einem Florentiner Gnomologium: V. Bartoletti, *Atti dell' XI. Congr. Int. di Papirologia.* Milano 1966, 11. Zum Nebentitel *Peloponnesioi* Ox. Pap. 27, 1962, ur. 2462, p. 103f. Zu der Auffassung, daß wir aus Titel und Mosaik nicht auf eine Mythentravestie Menanders zu schließen brauchen, kommt auch W. G. Arnott, *Arethusa* 3, 1970, 66.

[2] Webster, *Later Com.* (s. u.), 74.

Die verwickelten Voraussetzungen menandrischer Komödien erfordern die Vorbereitung des Publikums durch orientierende Prologe. Gestalten wie die Tyche im Eingang der *Aspis* oder Agnoia, die personifizierte Ahnungslosigkeit, in der *Perikeiromene* sind für Aufgaben solcher Art natürlich besonders geeignet, doch ist ihre Verwendung bei Menander keinesfalls die Regel: die *Samia* hatte keinen Götterprolog, und für die *Epitrepontes* ist er ganz unwahrscheinlich. Die Nähe zu Prologreden euripideischer Tragödien ist ohne weiteres einsichtig und wird dies in noch höherem Maße, wenn wir da und dort Vorverweise auf den weiteren Ablauf der Geschehnisse finden. Daneben will aber nicht übersehen sein, was in die Formgeschichte der Komödie gehört. Menander läßt, ohne daß uns das Material gestatten würde, daraus eine Regel zu machen, seine Prologe gerne auf bewegte Eingangsszenen folgen, die bereits einige Figuren des Spieles zeigen und Spannung erwecken. Schöne Beispiele bieten *Perikeiromene* und *Aspis*, auch gibt die Stellung des Prologs, den Auxilium in der plautinischen *Cistellaria* spricht, sicher den Aufbau des Originales wieder. Solche Spätstellung des orientierenden Prologes hat aber ihre Vorgänger in der Komödie des Aristophanes. Man braucht nur auf den Eingang der *Ritter* zu verweisen, wo nach einem Gespräch der beiden Sklaven der eine fragt (36), ob er die Geschichte nun den Zuschauern erzählen solle, und dann den geschlossenen Bericht folgen läßt. Ein weiterer wesentlicher Zug, der Erbe aus dem komischen Spiele ist, tritt an dem genannten Beispiele deutlich hervor. Wir meinen die unmittelbare Wendung an das Publikum, jenen stets vorhandenen Kontakt mit dem Zuschauer, der in die Vorstufen der literarischen Komödie mit ihrer fröhlichen Bescheltung einzelner und der Gemeinde zurückreicht. Solche Verbindung mit dem Publikum ist in der Neuen Komödie durchaus erhalten geblieben. Einen prächtigen Beleg dafür haben wir neben vielen anderen in jenem Prolog, den der Papyrus Didot (s. o.) als zweiten Text bietet. Da spricht ein begeisterter Jüngling in enthusiastischen Worten von seiner Erweckung durch die Philosophie. (Vermutlich hat ihm im weiteren Verlaufe der Dinge die Liebe das Konzept verdorben.) Er beginnt mit der Versicherung, daß er sich in voller Einsamkeit befinde und kein Mensch ihn hören könne. Dann aber redet er mit aller Selbstverständlichkeit die Zuschauer in der üblichen Weise (ἄνδρες) an.

Die Wendung zum Publikum ist keineswegs auf die Prologe beschränkt, sie kehrt auch in den zahlreichen Monologen im Inneren des Stückes wieder, mit denen Personen die Bühne betreten oder verlassen. In der Mehrzahl der Fälle erweist sich der Monolog der Nea gerade durch die Anrede an die Zuschauer als Nachfahre jener Technik, die dem Schauspieler der Archaia in jedem Augenblicke die unmittelbare Wendung zum Publikum gestattete. Nicht als ob dem Monolog Menanders Beziehungen zur Tragödie fehlten. Es sind da feine Nuancen zu scheiden. Der Monolog des Charisios in den *Epitrepontes*, in dem dieser voll Reue das Herz seines Weibes erkennt, würde seiner Stilisierung nach eine Publikumsanrede nicht vertragen. Unmittelbar voran geht die monologische Rede des Sklaven Onesimos, der voll Angst von dem erregten Gehaben seines Herrn im Hause drinnen erzählt. Das ist Bericht an das Publikum, das auch mit ἄνδρες (567 Kö.) angesprochen wird.

Wieder zeigt uns dieses Beispiel, wie sich in der Nea Linien verschiedenen Ursprunges vereinen. Der Diener, der absonderliches Gehaben einer Person im Inneren eines Hauses berichtet, um dann dieser selbst Platz zu machen, läßt sich ebensogut mit dem empörten Sklaven in der *Alkestis* und dem auf seine Erzählung folgenden Auftreten des Herakles wie mit den *Wespen* des Aristophanes vergleichen, wo Xanthias zunächst das tolle Treiben Philokleons schildert und dieser sich darauf in seiner ganzen Pracht darstellt.

Enge mit dem Publikumskontakt des komischen Spieles hängt auch die große Rolle des A-parte-Sprechens zusammen, das ja ein signifikantes Element des Lustspieles aller Folgezeiten geblieben ist[1]. Diese an die Adresse des Zuschauers gerichteten Glossen sind in jenen Szenen besonders beliebt, in denen ein versteckt Lauschender monologische Rede oder Dialog mit seinen Bemerkungen begleitet. Die Neue Komödie hat daraus ein häufig verwendetes Mittel lebendiger Szenenverbindung gemacht.

Wenn wir den Bürgerchor in der Tragödie wie in der Komödie als Vertreter der Gesamtgemeinde nehmen, verstehen wir, warum er unter veränderten politischen Verhältnissen seine Bedeutung verlor. An den letzten Stücken des Aristophanes war das deutlich zu verfolgen, anderseits hatte schon vorher die Tragödie das Chorlied vor der immer reicher entfalteten Handlung zurücktreten lassen. Der Feststellung des Aristoteles, daß bei Agathon die Chorlieder nur mehr Einlagen waren, hatten wir früher (S. 465) zu gedenken. Bereits die Mese ließ erkennen, in welchen Formen diese Entwicklung zu ihrem Abschluß gekommen ist. Die Nea zeigt den gleichen Befund. Der Chor ist von der Handlung völlig abgetrennt, sein Tanz und Gesang ist Füllsel zwischen den Akten, und in unseren Texten[2] ist seine Rolle nur mehr durch den Vermerk χοροῦ angedeutet, den wir schon in den *Ekklesiazusen* und im *Plutos* des Aristophanes fanden. In einigen Fällen (*Epitr.* 33. *Per.* 71. *Dysk.* 230. Komödienfrgm. in Antinoopolis Pap. 2, 1960, 8. Ein Beispiel bereits bei Alexis fr. 107 K.)wird sein Auftreten als das Herankommen einer Schar Trunkener angekündigt. Das war wohl typisch, ebenso wie die Maskierung des Chores als Schwarmzug, als Komos: im Grunde ein Rückgriff auf den dionysischen Ursprung.

Die eindeutige Zäsur durch die Choreinlagen gestattet es, von Akten zu sprechen. Eine andere Frage ist es, ob wir die Teilung in fünf Akte, die Horaz (*Ars poet.* 189) als Norm setzt, bereits für Menander annehmen dürfen. Von den Kairener Fragmenten gestatteten es nur jene der *Epitrepontes*, Fünfzahl der Akte festzustellen. Nun zeigen auch die Funde neueren Datums diese Teilung, W. Kraus[3] hat darauf aufmerksam gemacht, daß die Fünfzahl der Akte hier bereits als Konvention erscheint, da die

[1] A parte gesprochene Stellen sind bei Euripides selten. Es dürfte Einfluß der Komödie vorliegen.

[2] Die Stellen im Wortindex im 2. Bde. von Körtes Ausgabe unter χοροῦ; vgl. auch K. J. Dover, *Fifty Years of Class. Scholarship*. Oxf. 1954, 116. Dazu kommen jetzt die 4 Akttrenner im *Dyskolos* (232, 426, 619, 783) und einer in dem Komödienfragment *Antinoopolis Papyri* 2, 1960, 8, sowie die entsprechenden Stellen in den neuen nach dem Dyskolos veröffentlichten Stücken.

[3] S. 13 seiner Ausgabe. Zur Einteilung in 5 Akte: K. Gaiser im Nachwort zu O. Rieth, *Die Kunst Menanders in den 'Adelphen' des Terenz*. Hildesheim 1964.

Bühne in diesem Stück auch an anderen für einen Aktschluß geeigneten Stellen leer wird. Wenn wir also die horazische Regel auch nicht mit Sicherheit für die Nea als Norm setzen dürfen, hat sich die Wahrscheinlichkeit einer solchen Annahme doch wesentlich erhöht[1]. Eine Vermutung, wenn auch eine sehr wahrscheinliche, bleibt es auch, daß dem Dichter mehr als drei Schauspieler zur Verfügung standen[2].

Menander ist ein geschickter und sorgfältiger dramatischer Baumeister. Gerne führt man die Geschichte an, die Plutarch (*De gloria Athen.* 4. 347f) erzählt. Da wird der Dichter gemahnt, daß die Dionysien nahe seien und er das fällige Stück noch nicht geschrieben habe. Aber er erwidert, daß er mit der Ökonomie des Stoffes schon fertig sei und nur noch die Verse dazu zu schreiben hätte. Bei allen Vorzügen seiner dramatischen Technik würden wir jedoch um dieser willen seinem Bewunderer Aristophanes von Byzanz gewiß nicht zustimmen, der ihm den zweiten Platz unter allen griechischen Dichtern zusprechen wollte[3]. Seinen hohen Rang als Künstler behauptet Menander vielmehr durch seine Sprache und seine Menschengestaltung.

Kaum jemals sonst wurden Verse geschrieben, denen jede Spur von metrischem Zwange so vollkommen fern blieb. Der außerordentliche Nuancenreichtum dieses Stiles, dessen Anpassungsfähigkeit an Alter, Stellung und Stimmung des Sprechenden Quintilian (10, 1, 69; 71) mit vollem Rechte bewundert, entfaltet sich in bezaubernder Natürlichkeit. Mit äußerster Knappheit ist ein höchstes Maß von Wirkung verbunden; jedes Wort steht an seinem Platze. Bei aller Unmittelbarkeit und Lebensnähe ist diese Sprache jedoch von einer Verhaltenheit, die wir als Ausdruck jener überlegenen Gelassenheit werten, mit der Menander die Welt und die Menschen betrachtet. Es ist eine Ausnahme, die um der Wirkung willen gesucht wird, wenn in der Erkennungsszene der *Perikeiromene* der lebensnahe Sprechton tragischer Stilisierung weicht[4]. Menanders Diktion ist voll von jener unnachahmlichen attischen Charis, was aber keineswegs Purismus im Sinne der kaiserzeitlichen Attizisten meint. In manchen Einzelheiten, von denen wir nur das Schwinden der Bedeutungsgrenzen zwischen Aorist und Perfekt anführen, kündigt sich die Koine an. Daß Menander nicht als zuverlässiges Muster für reines Attisch gelten konnte, hat seiner Erhaltung in jenen Zeiten geschadet, in denen die Schule das entscheidene Wort sprach.

Das Bild des Lebens, wie Menander es zeichnet, ist ein Gewebe aus mannigfachen Fäden. Da ist die bürgerliche Welt Athens, die wir in ihren engen Grenzen bereits in einigen Strichen zu skizzieren versuchten. In ihr herrscht eine Konvention, die den

[1] Die Urteile schwankten: KÖRTE, *RE* (s. u.), 755 und WEBSTER, *Stud. in M.* (s. u.), 181 nahmen in der Nea 5 Akte an, dagegen sprachen sich aus W. BEARE, *The Roman Stage*. Lond. 1950, 188 und G. E. DUCKWORTH (vgl. S. 724 A. 1), 99. Die ältere Debatte bei G. BURCKHARDT, *Die Akteinteilung in der neuen griech. und in der röm. Kom.* Diss. Basel 1927. R. T. WEISSINGER, *A Study of Act Divisions in Class. Drama. Iowa Stud.* 9, 1940.

[2] KÖRTE (s. vor. Anm.). Zu der für die Frage wichtigen Szene des *Misumenos:* WEBSTER, *Stud. in M.* (s. u.). 19, 3 der 1. Aufl. Die Untersuchung von A. THEUERKAUF ist o. S. 725 A. 2 angeführt.

[3] Epigramm auf einer Herme *IG* 14, 1183 = Test. 61 c Kö.

[4] Die gleiche Stilisierung in der Anagnorisis einer anonymen Komödie: nr. 1304 P.; PAGE, *Lit. Pap.* Lond. 1950, 310. Kaum als Parodie zu fassen. Besonders gute Beispiele für das παρατραγῳδεῖν gibt jetzt der *Sikyonios*.

Dingen und Menschen ihren festen Platz anweist. Die Ehen der jungen Leute werden von den Eltern geschlossen, wobei der Rechenstift eine bedeutende Rolle spielt. Geld ist überhaupt der große Regent. Wer über die Stürme der Jugend hinaus ist, klammert sich an sein Stück Besitz, denn er will das kümmerliche Los der Armen nicht teilen, von dem man in den Versen Menanders manches hört. Einige Unruhe bringt in dieses Leben die Hetäre, aber im Grunde hat auch sie in der Ordnung der Dinge ihren festen Platz. Manche dieses Standes streben, ihm in die Freiheit zu entkommen, und ausgiebiger Erwerb ist auch hier zumeist das Ziel. Auf freieren Wegen geht der Soldat durch diese Gesellschaft. Immer ist er Söldner, und wenn er sich auch gerne mit dem Glanze großer Abenteuer umgibt, sind doch seine Impulse häufig materieller Art: durch Kriegsbeute kann man zu Wohlstand kommen. Der Bürger aber schützt seine Welt vor der Unruhe des Kriegers, indem er diesen, wo er kann, als Großmaul entlarvt.

Das Leben dieser Leute, die Heim, Herd und Auskommen haben, könnte in behäbiger Ruhe verlaufen, wäre da nicht eine Macht, die gerne Dinge und Menschen durcheinander wirrt und mit dem Schicksal des Einzelnen die seltsamsten Spiele spielt. Der alte Glaube ist fraglich geworden, die traditionellen Formen bleiben an der Oberfläche, abstruser Aberglaube schießt ins Kraut und rächt, wie er es zu allen Zeiten tut, das Vergangene an dem Rationalismus der Gegenwart. Über all dem erhebt sich Tyche[1] als quasireligiöse Macht des Hellenismus. Sie verkörpert nicht mehr ein großes, von göttlichen Mächten erfülltes und im Letzten, Unbegreiflichen doch erhabenes Schicksal, dem die Tragödie ihre Menschen begegnen läßt, sie ist jene launische Macht, die wir in einigen Spätdramen des Euripides tätig finden und der einen Sinn abzufragen müßig wäre. Wir brauchen nur an die *Epitrepontes* zu erinnern, um die Bedeutung Tyches für die Handlung der Neuen Komödie klarzustellen. Dabei verbindet sich jedoch mit ihr kein festumgrenzter Begriff. Ebenso charakteristisch wie der Glaube an ihr Walten ist für die Zeit das Unbestimmte, Verfließende der mit ihr verbundenen Vorstellungen. Wenn Menander sie blind nennt (fr. 463 Kö.)[2], stimmt er mit seinem Freunde Demetrios von Phaleron überein, der *Über Tyche* geschrieben hat (fr. 79–81. 121 Wehrli). Dagegen besagt es nicht viel, wenn einer, dem alles gut ausgegangen ist, von Tyche diesen Vorwurf nehmen will (*Koneiaz.* 13). Aber am Ende ihrer Prologrede in der *Aspis* stellt sich Tyche selbst als eine Macht vor, bei der die Lenkung der Dinge steht, und in der Tat stimmt der gute Ausgang verwickelter Geschichten nicht zu dem Walten einer hoffnungslos blinden Macht. So wird denn einmal (fr. 417 Kö.) von der Vernunft der Tyche gesprochen, der gegenüber Menschenwitz nichts bedeutet. Widersprüche dieser Art können in der Situation des Sprechenden begründet sein, zeugen aber in jedem Falle von der Verwaschenheit der Begriffe. Wenn in den *Epitrepontes* (554 Kö.) Habrotonon zu Pamphile sagt, einer der Götter habe sich des Paares erbarmt, und in der *Perikeiromene* Agnoia, eine nahe Verwandte Tyches, selber (49 Kö.) von Gott spricht, der das Unheil zum Guten

[1] Über Vorstellung und Kult M. P. Nilsson, *Gesch. d. griech. Rel.* 2, 2. Aufl. Münch. 1961, 200.

[2] Stellen über ihre Launenhaftigkeit bei A. Körte, ‹Die Menschen M.s›. *Ber. Sächs. Ak. Phil.-hist. Kl.* 89/3. 1937, 14, 1.

wendet, wird es deutlich, wie alter Glaube neben und in den neuen Vorstellungen noch sein Recht behauptet. Auch fehlt es nicht an Versuchen, Tyche in ein Nichts aufzulösen. Es erinnert an die Beschwerde des Zeus im Eingange der *Odyssee*, wenn ein Sprecher (fr. 486 Kö.) einem anderen seine Anklage gegen Tyche verweist: der Mensch ist selbst an seinem Unglücke schuld. Wieder ein anderer (fr. 468 Kö.) leugnet Tyche als Person: wer nicht der Natur entsprechend die Geschehnisse zu tragen weiß, nennt sein eigenes Wesen (τρόπος) Tyche.

Mit dieser letzten Stelle betreten wir jenen Bereich, in dem sich Menanders Kunst am reinsten bewährt. Wenn ihn sein Bewunderer Aristophanes von Byzanz[1] mit der geistvollen Frage pries, wer eigentlich den anderen nachgeahmt hätte, Menander das Leben oder dieses den Dichter, so meinte er damit nicht den treuen Schilderer bürgerlicher Konvention oder den Erfinder verwickelter Handlungen, sondern vor allem anderen den großen Menschengestalter. Menander hat aus der Tradition des komischen Spieles eine bedeutende Zahl von typischen Figuren übernommen, wie sie etwa Apuleius in den *Florida* (16) aufzählt, aber er hat seine Gestalten über alles Typische hinaus mit dem Reichtum individuellen Lebens erfüllt und ist so über Theophrast hinausgekommen, der in seinen *Charakteren* zwar feinst differenzierte Typen, aber doch Typen gibt. Es ist jedoch nicht allein die Schärfe der Beobachtung und die Treue der Schilderung, die uns Menanders Gestalten so nahe bringt. Das Beste ihrer Wirkung kommt aus der versöhnlichen Milde dieses hellsichtigen Beobachters und seinem echten Glauben an die Möglichkeit des Guten im Menschen. Die Steigerung des Typus zum lebensvollen Individuum bedeutet mitunter nicht eine Fortsetzung des in jenem Angelegten, sondern eine tiefreichende Neugestaltung. Was ist im Polemon der *Perikeiromene* aus dem großsprecherischen Soldaten für ein geradsinniger und bei aller jähen Art liebenswerter Mensch geworden! Sein nächster Verwandter ist der Thrasonides (der Name klingt noch nach alter Typik) des *Misumenos*, der ein gefangenes Mädchen liebt, ohne es zu berühren, und sich durch solchen Edelmut die Hand der Freigewordenen verdient. Eine Gestalt wie die Habrotonon der *Epitrepontes*, die ihrem Gewerbe zum Trotz Herz und Kopf am rechten Fleck hat, gehört ganz Menander.

In all den bunten Spielen der Tyche bleibt das Wesen der Menschen ein wichtiger und oftmals entscheidender Faktor. Man hat richtig beobachtet[2], daß die im Inneren des Menschen sich abspielenden Vorgänge mitunter den äußeren Geschehnissen vorauslaufen und so die Grundlage für die glückliche Lösung schaffen, ehe diese durch die äußeren Umstände herbeigeführt wird. So hat sich der Charisios der *Epitrepontes* die Wiedervereinigung mit seinem Weibe durch die Erkenntnis verdient, wie klein er in seinem Stolze vor der Frau steht, die allem Drängen ihres Vaters gegenüber an ihm

[1] Syrian zu Hermogenes 2, 23 Rabe = Test. 32 Kö.: ὦ Μένανδρε καὶ βίε, πότερος ἄρ' ὑμῶν πότερον ἀπεμιμήσατο;

[2] R. Harder, *Die Antike* 15, 1939, 71; jetzt *Kl. Schr.* Münch. 1960, 247. K. Büchner, ‹Die Neue Kom.›. *Lexis* 2, 1949, 67; *Röm. Lit. Gesch.* Stuttg. 1957, 90. Zur Humanität Menanders K. Gaiser im Nachwort zu O. Rieth, *Die Kunst Menanders in den 'Adelphen' des Terenz*. Hildesheim 1964, und W. Schadewaldt im Nachwort zu seinem *Schiedsgericht*, Fischer Bücherei 1963, 139.

festhält. So darf Polemon in der *Perikeiromene* Verzeihung und Hand seiner Glykera erhalten, weil er seinen Jähzorn ehrlich bereut. Und wie liebenswert in all seinem Irrtum ist doch Demeas in der *Samia*! Er muß im Zuge einer äußerst verwickelten Folge von Geschehnissen und Täuschungen glauben, daß ihn sein Stiefsohn Moschion mit der Samierin Chrysis, seiner Lebensgefährtin, hintergangen habe. Kaum ist sein erster Zorn verflogen, als er alle erdenkbaren Gründe zur Entschuldigung des Jungen zusammenträgt. Freilich muß dann Chrysis seinen Groll fühlen, bis alles ins Rechte kommt.

Menschenart, die nicht mit großen Taten die Welt erschüttert, sich jedoch in vornehmer Gesinnung bewährt, gilt nun als wahre Manifestation griechischen Wesens. So bekundet es Pataikos in der *Perikeiromene* Glykera, daß sie mit ihrer Bereitwilligkeit zum Verzeihen echtes Hellenentum bewährt habe (430 Kö.)[1]. Griechische Art die feinste Blüte menschlichen Wesens: der alte Stolz den Barbaren gegenüber hat einen neuen, auf Bildung und innerer Kultur gegründeten Ausdruck gefunden. Aber Menander weiß auch um ein humanum, das über diese Grenze reicht. Worte, die sicher nicht im Verlaufe des Stückes widerlegt wurden, hören wir im Fragment 612 Kö. Da wehrt sich ein Sohn im Gespräch mit seiner Mutter gegen Ahnenstolz und Standesvorurteil: nicht der Ort der Geburt entscheidet, sondern die natürliche Anlage zum Guten. Die aber kann auch der Aithiope oder Skythe haben. Ähnlich heißt es (fr. 475 Kö.): niemand ist mir fremd, wenn er brav ist. Von Natur sind alle gleich, erst der Charakter schafft die besondere Art. Das erinnert in seinem ersten Teile an den revolutionären Ausspruch, den Antiphon im Zeichen des Naturrechtes tat (s. S. 404), steht aber auch dem bekanntesten der Menanderworte (Ter. *Heaut.* 77) nahe: *homo sum, humani nil a me alienum puto*[2]. Der schöne Satz soll an seiner Stelle einem neugierig Fragenden zur Rechtfertigung dienen. Schon handelte es sich da nicht mehr um den Durchbruch von Neuem, sondern um Gedanken, die leicht zur Hand waren. Höher stellen wir den Vers, in dem Menander sein Werk durch das Bekenntnis geadelt hat, daß über allen Nöten, Wirrungen und Leidenschaften unverrückbar das Bild wahrer Menschlichkeit stehe, uns als schönste Möglichkeit und höchste Aufgabe aufgerichtet. Es ist das Fragment (484 Kö.), das von dem Zauber des Menschen spricht, der wahrhaft Mensch ist. Jede Übersetzung muß hier weit zurückbleiben: ὡς χαρίεν ἔστ' ἄνθρωπος, ἂν ἄνθρωπος ᾖ.

Auch für die Neue Komödie kennen wir eine bedeutende Zahl von Dichternamen – vierundsechzig hat man gezählt –, sind aber nur in wenigen Fällen in der Lage, durch die römischen Nachbildungen zu etwas greifbareren Vorstellungen zu gelangen. Daß dabei die römischen Elemente der Umdichtung, besonders bei Plautus, unser Urteil erschweren, versteht sich von selbst.

Am nächsten kam nach dem Urteil der Alten an Menander Philemon heran, *fortasse impar, certe aemulus*, wie Apuleius (*Florida* 16; vgl. Quintil. 10, 1, 72) sagt. Er war

[1] Anderes bei WEBSTER, *Stud. in M.* (s. u.), 21. 205, 5 der 1. Aufl.

[2] Um die Möglichkeit, den Originalvers zu bestimmen, ging eine Debatte, deren Akten bei M. POHLENZ, *Herm.* 78, 1943, 270 zu finden sind. Dazu F. DORNSEIFF, *Herm.* 78, 1943, 110. Weder fr. 475 Kö. noch das Monostichon bei MEINEKE *FCG* 4, 340, 1 kommen in Frage.

zwischen 365 und 360 in Syrakus geboren, hat aber 307/06 athenisches Bürgerrecht erlangt und steht mit seiner Kunst jedenfalls in der Tradition der in Athen gewachsenen und von dem Geiste der Stadt erfüllten Neuen Komödie[1]. Doch hat er seine Wahlheimat für eine Zeit verlassen und sich am Ptolemaierhofe aufgehalten. Dort scheint auch seine Komödie *Panegyris* entstanden zu sein. Mancherlei wußte man (Plut. *De ira* 9. 458a; *De virt.* 10. 449e) von seiner Rückkehr zu erzählen, bei der ihn ein Sturm verschlagen und in die Gewalt des Königs Magas von Kyrene gebracht haben soll. Das war fatal, da Philemon die Unbildung dieses Mannes dem Gelächter preisgegeben hatte (fr. 144 K.), aber der Beleidigte hat nach dem Bericht Großmut bewiesen. Seinen ersten Sieg an den Dionysien sichert uns das *Marmor Parium* für 327, und die Siegerliste (IG II/III, 2. Aufl. 2325), in der er unmittelbar auf Menander folgt, bezeugt ihm dreimaligen Erfolg an den Lenäen. Daß ihn die Zeitgenossen mitunter Menander vorzogen, berichten die eben genannten Lateiner. Apuleius weiß auch eine rührende Geschichte von dem Tode des Dichters (264/63), der über einem Buche starb, während sein Publikum auf ihn wartete.

Die Elemente der Nea, die uns Menander kennen lehrte, finden wir so gut wie alle bei ihm und haben auch Titel wie *Myrmidonen* und *Palamedes*, die auf Mythologisches weisen. Keine üble Variante des Götterprologes ist es, wenn er einmal (fr. 91 K.) in dieser Rolle die Luft auftreten läßt, die überall ist und alles weiß. Von plautinischen Stücken ist der *Mercator* nach Philemons *Emporos*, der *Trinummus* nach dem *Thesauros* gearbeitet, wie Plautus selbst in den Prologen angibt. So gut wie sicher läßt sich ferner für die *Mostellaria* Philemons *Phasma* als Original erschließen[2]. Soweit wir sehen, beherrscht Philemon die dramatische Technik ausgezeichnet und wußte seinen Stücken einen spannenden, an Überraschungen reichen Ablauf zu sichern. Dem steht seine Neigung zu breitem Moralisieren gegenüber. Der Auftrittsmonolog des Philolaches im *Phasma*, den wir aus dem entsprechenden Canticum der *Mostellaria* gewinnen, ist dafür ein ebenso ausgezeichnetes Beispiel wie der *Trinummus* als Ganzes.

Athener von Geburt ist auch Diphilos nicht gewesen; zwischen 360 und 350 kam er in Sinope am Pontos zur Welt. Wenn wir hinter dem, was über seine Beziehungen zu der Hetäre Gnathaina erzählt wird, Historisches vermuten dürfen, muß er früh, um 340, nach Athen gekommen sein. Gestorben ist er im frühen 3. Jahrhundert in Smyrna, hatte aber in Athen zusammen mit seinem Vater Dion und seinem Bruder Diodoros ein Grab, dessen Inschrift (IG II/III, 2.Aufl. 10321) wir kennen. Auch bei ihm finden sich neben zahlreichen Titeln, die auf das bürgerliche Lustspiel weisen, solche aus mythologischem Bereiche wie *Danaides* oder *Peliades*. Bei einem *Herakles*, *Theseus*, einer *Hekate* müssen wir freilich mit Benennung nach dem Prologsprecher rechnen, wie dies für einen *Heros* nach dem Beispiele Menanders sicher ist. Diphilos

[1] Der Philemon aus dem kilikischen Soloi bei Strabon (671) ist ein anderer Komödiendichter dieses Namens; anders A. KÖRTE *RE* s. v. 2137, 55.

[2] Eine Reihe anderer Zuweisungen (der frühe Papyrus nr. 64 bei PAGE, *Lit. Pap.* Lond. 1950, *Captivi*, *Truculentus* u. a.) bleibt ganz unsicher; darüber WEBSTER, *Later Com.* (s. u.), 142. Zur Wertung des *Thesauros-Trinummus:* F. ZUCKER, *Freundschaftsbewährung in der Neuen Attischen Komödie. Ber. Sächs. Ak. Phil.-hist. Kl.* 98/1. 1950.

hat auch eine der sechs *Sapphokomödien* geschrieben, die wir dem Titel nach kennen[1]. Dabei ließ er, unbekümmert um Chronologie, Archilochos und Hipponax als Liebhaber der Dichterin auftreten. Plautus hat die *Klerumenoi* in seiner *Casina*, ein Stück unbekannten Titels *(Pera?)* im *Rudens*, und die *Schedia* in der *Vidularia* bearbeitet[2]. Terenz berichtet uns im Prolog zu den *Adelphoe*, daß Plautus auch die *Synapothneskontes* des Diphilos in seinen *Commorientes* verwertet hat, dabei aber eine Szene aus dem Eingange des Stückes ungenutzt ließ, die Terenz in seine Komödie verbaute. Es ist eine derb-komisch und dabei witzig gestaltete Szene, in der einem Kuppler ein Mädchen entführt und er selber nach System mit Ohrfeigen traktiert wird. Wirksame Komik mit Verkleidung und Prügelei findet sich auch in der *Casina*, einem sonst wenig erfreulichen Stück, in dem Vater und Sohn einem Mädchen nachstellen und ihre Diener vorschieben. Hingegen hat der *Rudens* mit Recht seine Bewunderer gefunden. Nicht daß die Handlung mit Liebhaber, Kuppler und dem als Bürgertochter erkannten Mädchen sonderlich originell wäre, aber die straffe Durchführung erhält ihren besonderen Reiz durch den Schauplatz am Rande des Meeres, das förmlich als einer der Akteure den richtigen Schiffbruch verursacht, den richtigen Koffer ans Land spült und würzige Salzluft über die Szene wehen läßt. Von der *Vidularia*, auch einer Kofferkomödie, lassen uns Bruchstücke erkennen, daß sie einen ähnlichen Stoff behandelte.

Daß Terenz neben vier Stücken Menanders zwei des Apollodoros von Karystos übertrug, den *Epidikazomenos* im *Phormio* und die *Hekyra* mit gleichem Titel, ist kein Zufall. Seine Nähe zu Menander führte ihn zu einem Dichter, der in wesentlichen Zügen, in Motivierung aus dem Inneren der Personen, in der Zeichnung bürgerlichen Milieus, in der Auswertung familiärer Bindungen Menander fortsetzte, ohne sich mit ihm vergleichen zu können. Dieser Apollodoros ist von dem Komödiendichter Apollodoros von Gela, einem Zeitgenossen Menanders, zu trennen, etwa eine Generation nach diesem anzusetzen und wohl mit jenem Apollodoros von Athen identisch, der nach der *Suda* siebenundvierzig Stücke schrieb und fünf Siege gewann. Seine Art wird besonders an der *Hekyra* kenntlich, die den Stoff von Menanders *Epitrepontes* behandelt, dem Thema aber in den Rollen der Eltern des jungen Paares neue Seiten abgewinnt. Nimmt man den Verzicht auf komische Wirkung hinzu, so sieht man hier die Entwicklung des bürgerlichen Schauspiels an ihrem Ziele.

Plautus nennt im Prolog seiner *Asinaria* als Original den *Onagos* eines Demophilos, den man nicht durch Änderung in Diphilos zum Verschwinden bringen darf[3]. Das mäßige Stück, in dem Geld für ein Mädchen erschwindelt wird und der Vater des Liebhabers in schmutziger Absicht Hilfe leistet, gehört ins 3. Jahrhundert, vielleicht erst in dessen zweite Hälfte.

Ein Poseidippos aus Kassandreia in Makedonien – wieder stellen wir das weite Einzugsgebiet der attischen Komödiendichtung dieser Zeit fest – hatte nach Menan-

[1] Vgl. den Index in Kocks *CAF*.
[2] Das Original des *Miles gloriosus* Diphilos zuzuweisen, erwägt Webster, *Later Com.* (s. u.), 173.
[3] Zum Datierungsproblem T. B. L. Webster, *Studies in Later Greek Comedy*. Manch. Un. Pr. 1953, 237.

ders Tod vielen Erfolg in Athen und erscheint bei Gellius (2, 23, 1) unter den Quellen der römischen Komödiendichter[1]. Philippides, Attiker aus dem Demos Kephale, wagte in seinen Stücken noch ein politisches Wort und stellte die unwürdige Schmeichelei bloß, mit der sich viele Athener vor Demetrios Poliorketes in den Staub warfen[2].

Für Lit. zu den politischen und wirtschaftlichen Verhältnissen des Hellenismus verweisen wir auf den Abschnitt VI B 1. Für Athen: A. H. M. Jones, ‹The social structure of Athens in the fourth century B. C.›. *Econ. Hist. Rev.* 8, 1955, 141. Die Lit. zu Menander ist in den Ausgaben von Jensen und Körte (bis 1938) sowie von F. Zucker, *Der Hellenismus in der deutschen Forschung 1938–1948.* Wiesbaden 1956, 1, und in dem Aufsatze von Claire Préaux (s.u.) verzeichnet. H.-J. Mette, *Der heutige Menander (insbesondere für die Jahre 1955–1965).* Lustrum 1965/10 (1966) und 1966/11 (1967), 139; 1968/13 (1969), 535; dazu H.-D. Blume, *GGA* 219, 194. 207. Zur Überlieferung: R. Cantarella, ‹Fata Menandri›. *Dioniso* 17, 1954, 3. Die Papyri sind ausführlich bei Jensen und Körte beschrieben. – Ausgaben: Chr. Jensen, Berl. 1929, auf Grund einer Neuvergleichung des Cairensis. A. Körte 3. Aufl. 1 (Papyri), Leipz. 1938, Neudruck mit Zusätzen von A. Thierfelder, Leipz. 1957; 2. Aufl. 1959; 2 (Fragmente bei Autoren) herausg. von A. Thierfelder, Leipz. 1953; 2. Aufl. aucta et corr. 1959. J. M. Edmonds, *The Fragments of Attic Comedy.* III. A. *New Comedy, except Menander. Anonymous Fragments of the Middle and New Comedies.* Leiden 1961. III. B. *New Comedy: Menander.* Leiden 1961. Beide Bände mit Übersetzung in englischen Versen. Es ist höchst peinlich, im Zusammenhang mit diesem Werke von einer Unbegreiflichkeit sprechen zu müssen. Edmonds hatte schon in einer Arbeit ‹The Cairensis of M. by infra-red›. *Stud. Norwood* (*Phoenix* Suppl. 1). Toronto 1952, 127, eine Gruppe neuer Lesungen mitgeteilt, die er dem Cairensis mit Infrarot abgewonnen haben wollte. Es handelt sich um Paginierungen, Titel, szenische Angaben, Scholien und marginale sowie interlineare Paraphrasen. Mit Zugaben dieser Art ist nun auch der Menander in Edmonds *Fragments* ausgestattet. Ist manche dieser Angaben schon in sich unglaubwürdig, so hat B. Marzullo, ‹Il Cairense di M. agli infrarossi›. *Rhein. Mus.* 104, 1961, 224, nach technisch mit aller Sorgfalt durchgeführten Proben feststellen müssen (226): Il risultato di ogni fotografia era totalmente negativo. D. del Corno, *Menandri comoediae quae exstant.* I Milano 1966 (doppelspr.). – Einzelausgaben: *Epitr.*: Wilamowitz, Berl. 1925, mit einem Abschnitt über die Kunst M.s. Neudruck 1958. *Dysc.* s. S. 725 A. 2. Lit. zu den neuen Menanderfunden: Zum *Dyskolos* in der genannten Anm. – *Sikyonios (Sikyonioi?)*: Die ersten noch nicht identifizierten Fragmente aus der Mumienkartonnage veröffentlichte P. Jouguet, *Bull. Corr. Hell.* 30, 1906, 103; vgl. D. L. Page, *Greek Lit. Pap.* 1950, 306. Erstausgabe: A. Blanchard-A. Bataille, *Recherches de Papyrologie* 3. Paris 1964, 103. Dann: C. Gallavotti, Rom 1965. R. Kassel, Berlin 1965 (Kl. Texte 185), dazu H.-D. Blume *GGA* 219, 1967, 194. Abh.: C. Gallavotti, ‹Nuovo Menandro›. *Riv. Fil.* 1965, 1. A. Oguse-J. Schwartz, ‹Quelques observations sur le Sicyonien di Menandre›. *Bull. Fac. d. Lettres Strasbourg* 1965, 593. N. Euangelinos, Παρατηρήσεις στὰ ἀποσπάσματα τοῦ Σικυωνίου τοῦ Μενάνδρου. Athen 1965. A. Barigazzi, ‹Sul 'Sicionio' di Menandro›. *Stud. It.* 37, 1965,

[1] E. Siegmann, *Lit. gr. Texte aus der Heidelb. Papyrussammlung.* Heidelb. 1956, hat als Pap. Heidelb. 183 Teile der letzten 6 Verse von des Poseidippos Ἀποκλειομένη veröffentlicht. Hier zeigt sich fast wörtliche Übereinstimmung mit den beiden Versen des Menanderfragmentes 616 K., die Wilamowitz und zögernd Körte an das Ende der *Epitrepontes* setzten, während sie sich nun als die Schlußverse des *Dyskolos* erwiesen haben. E. Vogt, ‹Ein stereotyper Dramenschluß der Νέα›. *Rhein. Mus.* 102, 1959, 192, erkennt hier einen Topos, den er zu euripideischen Dramenschlüssen in Parallele setzt. – Wir fügen hier Pap. Heidelb. 184 an mit 10 neuen Fragmenten der anonymen Komödie, von der G. A. Gerhard, *Griech. Pap.* Diss. Heidelb. 1933, 40, bereits 5 Fragmente herausgegeben hatte. Andere anonyme Bruchstücke: W. Morel, ‹P. Ant. 15›. *Phil.* 107, 1963, 145, der gegen frühere Bearbeiter an ein Stück Menanders denkt.

[2] Plut. *Demetr.* 12, 26.

7. E. W. HANDLEY, ‹Notes on the Sikyonios of M›. *Bull. Inst. Class. Stud.* 12, 1965, 38. R. KASSEL, ‹M.s Sikyonier›. *Eranos* 43, 1965, 1. R. A. COLES, ‹Notes on Ms. Sikyonios›. *Emerita* 34, 1966, 131; 35, 1967, 103. C. CORBATO, ‹Osservazioni sul Σικυώνιος di Menandro›. *Atti XI. Congr. Int. di Papirologia.* Milano 1966, 156. B. MARZULLO, ‹Annotazioni eritiche al Sicionio di Menandro›. *Univ. di Cagliari. Quaderni dell'ist. di filol. greca* 2, 1967, 15. H. J. METTE, *Gnom.* 37, 1965, 433. H. LLOYD-JONES, ‹Menander's Sikyonios›. *Gr. Rom. and Byz. Stud.* 7, 1966, 131; ders., ‹Notes on Menander's 'Sikyonios'›. *Emerita* 34, 1966, 131. W. G. ARNOTT in seiner für den ganzen Abschnitt sehr wertvollen Übersicht ‹Menander: Discoveries since the Dyskolos›. *Arethusa* 3, 1970, 49. – *Misumenos:* Zu den bekannten Papyri (Ox. 1013. 1605; Berlin 13281. 13932) kommen zwei neue: Pap. Ox. 2656 ed. E. G. TURNER, ‹New Fragments of the Misoumenos of Menander›. *Bull. Inst. Class. Stud. Suppl.* 17, 1965, und *Ox. Pap.* 33, 1968, 15. 120; Pap. Ox. nr. 2657, ebda., 55. Vgl. H.-J. METTE, Lustrum 10, 1965, 156. C. AUSTIN, *Class. Rev.* N. S. 16, 1966, 294. M. GIGANTE, ‹Sul testo di Misoumenos of Menandro›. *Boll. del comitato per la preparazione dell'Ed. Naz. dei Classici Gr. e Lat.* N. S. Fasc. 14. Rom 1966, 13. R. MERKELBACH, ‹Über die Handlung des Misoumenos›. *Rhein. Mus.* 109, 1966, 97. QU. CATAUDELLA, ‹Supposizioni sul Misoumenos di Menandro›. *Stud. It.* 38, 1966, 137. A. BORGOGNO, ‹Sul 'Misoumenos' die Menandro›. *Stud. It.* 41, 1969, 21; von demselben ist eine Untersuchung ‹Un nuovo verso del Misumenos di Menandro› im Schlußheft des *Rhein. Mus.* 113, 1970 im Druck. W. KRAUS, ‹Zu Menanders Misumenos›, wird im *Rhein. Mus.* 114, 1971 erscheinen. – *Samia (Kedeia?):* Die Fragmente im Pap. Cairensis veröffentlichte mit Komm. CHRISTINA B. DEDOUSSI. Athen 1965. Jetzt: R. KASSER-C. AUSTIN, *Papyrus Bodmer XXV, Ménandre: La Samienne.* Cologny-Genève 1969. C. AUSTIN, *Menandri Aspis et Samia.* Berlin 1969 (Kl. Texte 188a; dazu *Subsidia interpretationis* 188 b, 1970). Die Lit. zu den kleinen Fragmenten des Pap. Bodmer XXV. IV. XXVI, nämlich Pap. Barc. 45 mit *Samia* 399–410; 446–457, und Pap. Colon. 904 mit *Aspis* 482–497; 520–535 findet sich bei W. G. ARNOTT, *Gnom.* 42, 1970, 14. F. STOESSL, ‹Die neuen Menanderpublikationen der Bibl. Bodmeriana in Genf›. *Rhein. Mus.* 112, 1969, 193.; ders., ‹Die Zeichen für Sprecherwechsel in Pap. Bodmer XXV. IV. XXVI›. *Anz. Öst. Ak. d. Wiss.* 106, 1969, 349. M. TREU, ‹Humane Handlungsmotive in der Samia Menanders›. *Rhein. Mus.* 112, 1969, 230. – *Aspis:* R. KASSER-C. AUSTIN, *Papyrus Bodmer XXVI, Ménandre: Le Bouclier.* Cologny-Genève 1969. C. AUSTIN und F. STOESSL s. zur Samia. – Eine Übersicht über Papyri jüngeren Funddatums, die mit größerer oder geringerer Zuversicht Menander zugewiesen werden, bei W. G. ARNOTT, *Arethusa* 3, 1970, 61; dort (64) auch ein Verzeichnis der archäologischen Neufunde zu Menander, darunter die Wandgemälde von Ephesos *(Perikeiromene, Sikyonioi)* und die in Chorapha bei Mytilene in einem spätrömischen Haus (ca. 300) gefundenen Mosaiken mit einem Porträt Menanders und 10 Szenen aus seinen Stücken: S. CHARITONIDIS – LILLY KAHIL – R. GINOUVÈS, *Les Mosaïques de la maison du Ménandre à Mytilene.* 6. Beih. zur Halbjahrsschrift der Freunde Antiker Kunst. Bern 1970. Vgl. T. B. L. WEBSTER, *Monuments Illustrating New Comedy.* 2. ed. Bull. Inst. Class. Stud. Suppl. 24, 1969, 299.

Kleiner Fragmente: Ox. Pap. 33, 1968, nr. 2654 *Karchedonios;* nr. 2655 *Kolax;* nr. 2658 Versreste aus νέα; nr. 2659 Fragment einer Liste von Komödiendichtern und ihren Werken, alle ἀρχαία. – Übersetzung der *Epitr.* von A. KÖRTE im Inselverlag 1947. W. SCHADEWALDT, *Griechisches Theater.* Frankfurt a. M. 1964, 427. Eine Übersetzung des *Dyskolos* von E. R. LEHMANN-LEANDER und eine der *Epitrepontes* von W. TILGNER mit 6 Stücken des Aristophanes. Leipzig 1966 (Samml. Dieterich 277). Mit engl. Übersetzung F. G. ALLINSON, *Loeb Class. Libr.* 1951. Das von B. MARZULLO betreute ital. Übersetzungswerk *La commedia classica.* Firenze 1955, reicht von Epicharm bis Menander. Franz. Übersetzungen bei PRÉAUX (s. u.) 85, 2. – Wortindex in KÖRTES Ausgabe. – Darstellungen und Abhandlungen: E. FRAENKEL, *Plautinisches im Plautus.* Berl. 1922, 374. A. KÖRTE, *RE* 15, 1931, 707. T. B. L. WEBSTER, *Studies in Menander.* Manchester Un. Press 1950; 2nd ed. 1960. Ders., *Studies in Later Greek Comedy.* Manchester Un. Press 1953, 184; 2nd rev. ed. 1970. L. A. POST, *From Homer to Menander.* Un. of Calif. Press 1951, 214.

G. Méautis, *Le crépuscule d'Athènes et Ménandre.* Paris 1954. Juliane Straus, *Terenz und Menander. Beitrag zu einer Stilvergleichung.* Diss. Bern 1955. Claire Préaux, ‹Ménandre et la Société Athénienne›. *Chronique d'Egypte* 32, N° 63, 1957, 84. Zu den dort p. 91, 2 genannten Arbeiten zur Sprache M.s kommt: H. Teykowski, *Der Präpositionsgebrauch bei M.* Diss. Bonn 1940. A. Barigazzi, *La formazione spirituale di Menandro.* Torino 1965. C. Corbato, *Studi Menandrei.* Udine 1966. P. Flury, *Liebe und Liebessprache bei Menander, Plautus und Terenz.* Heidelberg 1968. W. G. Arnott, ‹Young lovers and confidence tricksters: the rebirth of Menander›. *Univ. of Leeds Rev.* 13, 1970, 1. *Ménandre.* Entretiens sur l'ant. class. 16. Vandoeuvres-Genève 1970. W. Kraus, ‹Menanders Humanität›. *Wiener Humanist. Blätter* 13, 1971, 7. – Arbeiten zum attischen Recht bei M. bei Préaux, 93, 2. – Zu Diphilos: F. Marx, Komm. Ausgabe des *Rudens. Abh. Sächs. Ak. Phil.-hist. Kl.* 38/5, 1928. G. Jachmann, *Plautinisches und Attisches. Problemata* 3. Berl. 1931, 3. W. H. Friedrich, *Euripides und Diphilos. Zet.* 5. Münch. 1953. Zu Philemon, Diphilos und Apollodoros: Webster, *Later Com.* (s. o.) – Die Fragmente der Neuen Komödie bei Th. Kock, *Com. Att. Fragm.* Bd. 2 u. 3, Leipz. 1884 u. 1888 (vgl. zu dem Werk S. 712). Dazu J. Demiańczuk, *Suppl. comicum.* Kraków 1912. O. Schroeder, *Novae com. fragm. in papyris reperta exceptis Menandreis.* Bonn 1915. Einiges mit Übers. und Komm. bei D. L. Page, *Lit. Pap.* Lond. 1950. Zu Edmonds s. o. – T. B. L. Webster, *Monuments illustrating New Comedy.* 2. ed. *Univ. of London. Inst. of Class. Stud. Bull.* Suppl. 24, 1969. – Für die Typen der Nea vgl. die zur Mese S. 711 angeführte Literatur.

2. ATTISCHE PROSA

Einer Zeit, die Athen seinen Platz außerhalb des Kraftfeldes der großen Politik anwies, mußte sich die mythische und geschichtliche Vergangenheit der Stadt notwendig in um so hellerem Glanze zeigen. Anderseits war bis zur Konsolidierung der neuen Machtverhältnisse die Zeitgeschichte so reich an starken Persönlichkeiten, Wendungen und Hoffnungen, daß sie von sich aus zur Darstellung aufforderte. Damit sind die beiden großen Gebiete umschrieben, denen die Atthidographen unter verschiedener Verteilung des Gewichtes und der Akzente ihre Arbeit widmeten. An Phanodemos, mit dem wir in einem früheren Abschnitte (S. 702) die Reihe der Atthidographen abbrachen, schließen wir hier zunächst den ganz schattenhaften Melanthios (F Gr Hist 326) an. Seine Datierung ist unsicher, er mag Zeitgenosse des Philochoros gewesen sein. Außer seiner *Atthis* in mindestens zwei Büchern schrieb er noch *Über die eleusinischen Mysterien*, ist also, wie mancher seiner schriftstellerischen Genossen, besonders an kultischen Dingen interessiert gewesen.

Auch für Demon (F Gr Hist 327) läßt sich das Erscheinungsjahr seiner *Atthis*, eines jedenfalls recht umfangreichen Werkes, nur schätzungsweise angeben. Immerhin wissen wir, daß Philochoros gegen ihn polemisierte, und so mag man an die Zeit um 300 denken. Die Häufigkeit dieses und ähnlicher Namen in der Sippe des Demosthenes gestattet die Vermutung, daß er ein Verwandter des Redners gewesen ist; Jacoby denkt an einen Sohn jenes Demon, der in der Rede *Gegen Zenothemis* (vgl. S. 671) als Sprecher auftrat. Neben seiner *Atthis* hat Demon auch *Über Opfer* geschrieben, ebenso aber auch *Über Sprichwörter*, und so scheint sich bei ihm jenes antiquarische Interesse abzuzeichnen, das in der Folgezeit ein unübersehbares Schrifttum hervortrieb.

Die bedeutendste und uns am besten erkennbare Gestalt unter den Atthidographen ist Philochoros von Athen (F Gr Hist 328). Nicht daß wir von seinem Leben sonderlich viel wüßten. Das Jahr seiner Geburt dürfte bald nach der Mitte des 4. Jahrhunderts anzusetzen sein. Nach den Zeugnissen (T 1. 2) ist er Seher, Opferschauer und Exeget gewesen. Interessen dieser Art werden auch an Werktiteln und Fragmenten (F 67. 135[1]) kenntlich. Dies weist im Zusammenhange mit Beobachtungen, die Fragmente seiner *Atthis* gestatten, auf konservative Gesinnung des Mannes. So waren denn ohne Zweifel in ihm die altathenischen Ideale wirksam, die seine Haltung bei dem letzten Versuche, der Stadt Freiheit und Einfluß zurückzugewinnen, bestimmten. Als Ptolemaios II. Philadelphos im Bündnis mit Sparta und Athen den makedonischen Einfluß in der Ägäis zu brechen suchte, stand Philochoros in der antimakedonischen Front. 267 kam es zum Chremonideischen Krieg, der seinen Namen nach einem von Chremonides beantragten Volksbeschluß[2] führt. Die Kapitulation Athens vor den makedonischen Belagerern war das bittere Ende (263/62). Nun berichtet die *Suda*, Philochoros sei, antimakedonischer Gesinnung verdächtig, einem Anschlag (ἐνεδρευθείς) des Antigonos Gonatas zum Opfer gefallen. Das klingt recht unbestimmt und weist, wenn wir dem Wortlaut so viel Gewicht beilegen dürfen, eher auf einen politischen Mord als auf Hinrichtung. Auch gelingt es nicht, das Ende des Philochoros zu den Ereignissen dieses Krieges in genaue Beziehung zu setzen, jedenfalls fällt es in die sechziger Jahre und wahrscheinlich in ihren letzten Abschnitt.

Die *Suda* gibt eine Liste von einundzwanzig Werktiteln, die sich durch andere Angaben auf siebenundzwanzig vermehren[3]. In ihr wird eine große Zahl von Spezialstudien kenntlich, und es hat alle Wahrscheinlichkeit für sich, daß diese Arbeiten dem Hauptwerk des Philochoros, der *Atthis*, vorausgegangen sind. Da finden sich Monographien *Über die Tetrapolis*, *Über die Gründung von Salamis* und *Über Delos*. Einzelne Titel wie *Über die Agone zu Athen*, *Über die Mysterien zu Athen* bezeugen die Beziehung dieser Bücher zur Stadt, und so wird man auch bei den Schriften *Über Weissagung*, *Opfer*, *Feste*, *Tage*[4], *Reinigungen* vor allem an Athenisches denken dürfen. Diese Abstellung seiner Arbeit wird besonders bei den *Attischen Inschriften* (Ἐπιγράμματα Ἀττικά) deutlich, der ersten Sammlung dieser Art, die wir kennen. In dem Unternehmen ist etwas vom Geiste des Peripatos zu verspüren, wie ja auch die Schrift *Über Erfindungen* (Περὶ εὑρημάτων) ein in jenem Kreise beliebtes Thema behandelte.

Mit anderen Büchern hat Philochoros seinen Teil zu dem bereits umfangreichen Schrifttum über die Tragiker beigetragen. Herakleides Pontikos (Περὶ τῶν τριῶν

[1] Mit Recht hat JACOBY F Gr Hist 3b (Suppl.), Vol. 1, 1954, 235, gegen LAQUEURS Konstruktion (*RE* 19, 1938, 2436) einer inneren Entwicklung, die Philochoros in höherem Alter zu Skeptizismus geführt habe, Stellung genommen.

[2] IG II/III 2. Aufl. nr. 687.

[3] Übersichtliche Liste bei JACOBY a. O. 242.

[4] Die Fragmente (85–88) des Werkes, das mindestens 2 Bücher umfaßte, weisen auf die religiöse Bedeutung der einzelnen Tage. Aber auch Tagwählerei im Sinne des Zusatzes zu Hesiods *Werken* und der orphischen Ἡμέραι ἢ Ἐφημερίδες wird nicht gefehlt haben.

τραγῳδοποιῶν) und Aristoxenos (Περὶ τραγῳδοποιῶν) haben sich in diesem Stoffkreis bewegt, von Philochoros kennen wir die Titel *Schrift über Tragödien* (Περὶ τραγῳδιῶν σύγγραμμα), *Über die Stoffe des Sophokles* (Περὶ τῶν Σοφοκλέους μύθων, 5 B.) und *Über Euripides*. Auch der *Brief an Asklepiades* (Ἐπιστολὴ πρὸς Ἀσκληπιάδην) gehört hierher, da sich Philochoros in ihm offenbar polemisch gegen Asklepiades von Tragilos (F Gr Hist 12), den Schüler des Isokrates, wendet. Dieser hatte als erster in seinen *Tragodumena* über die Stoffe der Tragödie gehandelt. Die genannten Schriften des Philochoros wird man sich seiner ganzen Haltung entsprechend weniger grammatisch als historisch-antiquarisch orientiert denken. Die Form des gelehrten Briefes kehrt in dem *Brief an Alypos* wieder.

Keineswegs waren die Interessen des Philochoros jedoch auf Attisches beschränkt. Davon zeugen zwei pythagoreische Schriften, sein Beitrag zu dem pythagoreischen Schrifttum seiner Zeit: *Über Symbola* und *Sammlung von Heroinen oder pythagoreischen Frauen*. Auch *Über Alkman* hat er geschrieben.

Sein Hauptwerk blieb die *Atthis* in siebzehn Büchern, die man sich in den späten neunziger und den achtziger Jahren entstanden denkt. Bezeichnend für die Interessen des Philochoros ist die verschiedene Verteilung der Dichte in der Behandlung seines Stoffes. Die Bücher eins bis sechs reichten sicher bis Chaironeia (338), möglicherweise sogar bis zum Beginn der Herrschaft des Demetrios von Phaleron (317). In diesem Abschnitte hielt er sich an die *Atthis* des Androtion, den er ebenso schätzte, wie er sich anderseits gegen Demon wandte (T 1). Die übrigen elf Bücher der *Atthis* behandelten in großer Breite die Zeitgeschichte bis zu Antiochos von Syrien (T 1), wobei es unentschieden bleibt, ob der zweite oder der dritte Seleukide gemeint ist. Die Zuversicht, mit der häufig 262/61 als Endjahr des Werkes genannt wird, ist unbegründet[1]. Die Darstellung war nach dem annalistischen Schema geordnet; was wir vom Stil noch feststellen können, deutet auf Einfachheit und Klarheit unter Verzicht auf rhetorischen Schmuck und stilistische Ansprüche. Freilich haben wir wörtliche Bruchstücke fast nur aus chronikartig berichtenden Partien.

Die Beurteilung des Philochoros hat JACOBY gegen die romantisierende Auffassung des «letzten Attikers» in seiner monumentalen Behandlung der Atthidographen auf eine neue Basis gestellt. Er hat uns den Priester und athenischen Patrioten zu gleicher Zeit als ernst zu nehmenden Forscher verstehen gelehrt.

Auf einem anderen Blatte steht der Mann, der sich hinter dem offenbar fingierten[2] Namen Amelesagoras (F Gr Hist 330) birgt. Der Autor dieser *Atthis* trat mit dem Anspruche auf, von den Nymphen inspiriert zu sein, und scheint eine Entwicklung vorzubereiten, die sich bereits bei Phanodemos (s. S. 702) ankündigt und die in Schriften mit Titeln wie Ἀττικά, Ἱστορίαι Ἀττικαί zur novellistischen Ausgestaltung der spärlichen Überlieferung aus alter Zeit führte.

[1] Wenn die *Suda* eine Epitome aus der eigenen *Atthis* nennt, so ist dies wohl ein Versehen. JACOBY (s. S. 751 A. 1), 256, setzt die Epitome in das Ende des 1. Jh. v. Chr.

[2] JACOBY F Gr Hist 3 b (Suppl.) Vol. 2, 1954, 488, A. 7.

Wir fügen hier Istros den Kallimacheer (F Gr Hist 334) an, wenngleich dieser Schüler des großen Kyrenäers kein Athener gewesen ist. Er hat in seinen Ἀττικά (mindestens 14 B.), für die auch der Titel *Sammlung der Atthiden* (Συναγωγὴ τῶν Ἀτθίδων) überliefert ist, eine kritische Zusammenstellung der Überlieferung über Attikas Frühzeit, vielleicht bis Kodros, gegeben. Wir können von diesem antiquarisch interessierten Grammatiker aus den Titeln noch ein reiches Schrifttum feststellen, das seine Gegenstände so ziemlich von allen Teilen der Oikumene nahm. Die Wissenschaft war international geworden. Die kyklische Zusammenfassung größerer Stoffgebiete – Istros hat auch *Argolika* und *Eliaka* geschrieben – ist für sie ebenso kennzeichnend wie die Sammeltitel *Atakta*, *Symmikta*, *Hypomnemata*, die anfangen typisch zu werden.

Jacoby ist mit guten Gründen der Anschauung entgegengetreten, daß Istros durch sein Sammelwerk der Atthidographie den Lebensfaden abgeschnitten hätte. Diese endet als ein Stück Geschichtschreibung mit Philochoros, und sie endet mit ihm, weil der Chremonideische Krieg einen Schlußpunkt unter Athens aktive Teilnahme am Zeitgeschehen setzte. Keineswegs war damit jedoch ein Nachlassen des antiquarischen Interesses an den kultischen und staatlichen Einrichtungen gegeben. Dieses war ja auch in der Atthidographie zu einem guten Teile wirksam gewesen und hatte an ihrem Rande Werke wie jene *Über die Demen* und *Über (Grab-)Denkmäler* eines im übrigen unbekannten Diodoros (F Gr Hist 372) erstehen lassen, den man in die Zeit des Philochoros setzt. Über die Demen schrieb auch erheblich später, nicht vor dem Ausgang des 3. Jahrhunderts, Nikandros von Thyateira (F Gr Hist 343). Schule machten natürlich auch die Urkundensammlungen des Aristoteles und seines Kreises. So hat Demetrios von Phaleron über Athens Verfassungen und über seine Gesetzgebung geschrieben (fr. 139–147 Wehrli). Auch Nichtathener fingen in steigendem Maße an, diesen Dingen Interesse und Arbeit zuzuwenden. Ein bezeichnendes Beispiel dafür ist die *Sammlung der Volksbeschlüsse* (Συναγωγὴ τῶν ψηφισμάτων), die Krateros der Makedone (F Gr Hist 342) auf Grund archivalischer Studien vielleicht noch in der Zeit des frühen Peripatos veröffentlicht hat.

Zu den Kennzeichen des Hellenismus gehört sein lebhaftes Interesse für die Einrichtungen des Kultes, das jedoch durchaus antiquarisch-historisch und nicht religiös bestimmt war. Schrifttum dieser Art fand in Athen besonders eifrige Pflege, von der eine Reihe späthellenistischer Autoren Zeugnis ablegt: Ammonios (F Gr Hist 361) schrieb *Über Altäre und Opfer* (Περὶ βωμῶν καὶ θυσιῶν), Krates (F Gr Hist 362) ebenfalls *Über athenische Opfer*, Habron (F Gr Hist 359) verfaßte ein Buch *Über Feste und Opfer* (Περὶ ἑορτῶν καὶ θυσιῶν), Apollonios (F Gr Hist 365) ein solches *Über die athenischen Feste* (Περὶ τῶν Ἀθήνησιν ἑορτῶν).

Aber das antiquarische Interesse beschränkte sich nicht auf den Kult, man schrieb über die großen Geschlechter, über die von der Komödie verspotteten Personen und nicht zum letzten auch über berühmte Hetären. An Erzeugnissen dieser Art hatte natürlich die Absicht, Beiträge zur Erklärung der Autoren zu liefern, ihren besonderen Anteil. Ganz in der Richtung der bezeichneten Interessen liegt auch die Periegese, die an die geographisch orientierte Periplus- und Periodosliteratur der Ioner (s. S. 256) anknüpfen konnte und dazu im Hellenismus eine auf das Historische gerichtete Spielart entwickelte. Ein frühes Beispiel eines solchen, offenbar vorwiegend geographisch orientierten Reisehandbuches bietet der *Papyrus von Hawara* (F Gr Hist 369; nr. 2185 P.). Im erhaltenen Bruchstück ist von Athens Häfen die Rede, was jedoch die Abstellung des ganzen Werkes auf Athen nicht sichern kann. Periegese, in der es nur um Athen ging, hat es freilich gegeben. Ein Reisehandbuch dieser Art kennen wir unter dem Doppelnamen Kallikrates-Menekles[1] (F Gr Hist 370). Gering ist der Anteil von Athenern an solcher Literatur, einwandfrei ist überhaupt nur der Perieget Heliodor (F Gr Hist 373) als Sohn der Stadt festzustellen.

Wenig wurde im hellenistischen Athen für eine Geschichtschreibung getan, die über die Stadt hinausgriff. Doch sind zumindest zwei Namen zu nennen. Demochares (F Gr Hist 75), Schwestersohn des Demosthenes und mit wechselnden Schicksalen (im ersten Dezennium des 3. Jh. war er verbannt) an der Politik der Stadt beteiligt, schrieb *Historiai*[2]. Diyllos (F Gr Hist 73), wahrscheinlich ein Sohn des Atthidographen Phanodemos, setzte in seinen *Hellenika* das Werk des Ephoros bis zum Jahre 297 fort.

Die Atthidographen hat JACOBY im Rahmen seiner F Gr Hist, besonders eingehend in 3b Suppl., behandelt. Dazu seine *Atthis*, Oxf. 1949.

3. DIE PHILOSOPHISCHEN SYSTEME

Trotz dem unaufhaltsamen Schwinden seiner politischen Bedeutung konnte Athen wenigstens auf einem Felde des geistigen Lebens seine zentrale Stellung behaupten. Wohl hat man zu dieser Zeit Philosophie auch an anderen Orten getrieben, wohl waren gerade von den bedeutendsten Philosophen, die in Athen wirkten, nicht wenige aus der Fremde gekommen, das Zentrum aber, in dem sich die Kraftlinien vereinigten und von dem neue ausgingen, ist die Stadt des Sokrates geblieben.

In viel stärkerem Maße als zur Zeit der ersten Sokratikergeneration entfernt sich nun Philosophie von Literatur im Sinne des Sprachkunstwerkes. Die Entwicklung des Denkens hat Platon und Aristoteles gegenüber eine für den Hellenismus bezeichnende Wendung genommen. Nicht mehr die Erhebung zur Schau der letzten und ewigen Dinge, auch nicht die um ihrer selbst willen gewonnene Erkenntnis ist nun das Ziel der Philosophie, vielmehr soll dem Menschen in einer Zeit tiefgreifender Veränderung und ständiger Unsicherheit der Weg zur individuellen Glückseligkeit gewiesen werden. Alle anderen Denkmotive ordnen sich dem einen Ziele unter. Es hängt mit dieser Entwicklung zusammen, daß für solches Philosophieren die traditionellen literarischen Formen nur gelegentlich Mittel zum Zweck wirkungsvoller Belehrung

[1] Vielleicht bearbeitete ein Menekles die ältere Periegese eines Kallikrates.

[2] Von ihm wüßten wir gerne mehr; vor allem, ob er Duris von Samos beeinflußte. Einige interessante Bemerkungen von A. MOMIGLIANO und K. v. FRITZ in: *Histoire et historiens dans l'antiquité*. Fondation Hardt. Vandœuvres-Genève (1956) 1958, 140. 142. Sein Stil scheint leidenschaftlich, erregt und aggressiv gewesen zu sein.

und noch viel seltener Ausdruck echter Ergriffenheit sind. So ergibt sich für eine Geschichte der Literatur die Beschränkung darauf, den geistigen Hintergrund der Zeit in seinen wichtigsten Zügen knapp zu schildern.

Wir beginnen mit den Kynikern, weil sich deren kritische Haltung zur Welt – keinesfalls darf man von Schule sprechen – aus der Sokratik unmittelbar in den Hellenismus fortsetzt und dem bedeutendsten der neuen Systeme, der Stoa, starke Impulse gegeben hat. Der markanteste Kyniker, Held zahlreicher weltverachtender Anekdoten, bleibt Diogenes von Sinope, der toll gewordene Sokrates (Diog. Laert. 6, 54), der beißlustige Hund, der sich berufen fühlte, alle geltenden Werte umzuprägen und aus den Verirrungen einer mit Ansprüchen überladenen Zivilisation den Weg zurück zu gesunder und anspruchsloser Natürlichkeit zu weisen. Auf das geschriebene Wort hat er nicht verzichtet und unter anderem auch Tragödien verfaßt, die freilich für den Leser, nicht für die Bühne bestimmt waren. Auch sein Schüler Krates von Theben hat geschrieben, ein ungleich milderer Kritiker der Gesellschaft, der ein bedeutendes Vermögen seiner Stadt schenkte und auf kynische Wanderschaft ging. Daß er in Hipparchia, einem Mädchen aus vornehmem Hause, der Schwester seines Schülers Metrokles, eine Gefährtin für seine Bettlerfahrt fand, wurde viel bestaunt. Er schrieb kleine satirische Gedichte (παίγνια), auch hat es von ihm Tragödien gegeben, wie von seinem Meister Diogenes. Daß man auf beider Namen Briefe fälschte, versteht sich fast von selbst.

Die folgenreichste literarische Leistung der kynischen Popularphilosophie ist jedoch die Ausgestaltung der Diatribe, der mit scharfem Witz und angriffslustiger Satire vorgetragenen und durch Polemik in fingierten Dialogen belebten Werberede. Wir verbinden diesen Vorgang mit dem Namen Bions des Borystheniten, eines Freigelassenen, der seine entscheidenden Anregungen in Athen erhielt. Eine Zeitlang hat er sich am Hofe des stoisch gesinnten Makedonenkönigs Antigonos Gonatas aufgehalten, der vor ihm gestorben ist (239). Leider lassen uns ein paar Titel und Notizen nicht mehr erkennen, als daß seine Diatriben gegen Leidenschaften und Vorurteile verschiedener Art ins Feld zogen. Für die Weite ihrer Wirkung aber genüge es, daran zu erinnern, daß Horaz (*Epist.* 2, 2, 60) von Satiren mit scharfem Witz als *Bionei sermones* spricht. Man braucht den Römern ihre originale Leistung bei der Ausgestaltung der Satire nicht zu bestreiten, wenn man die Bedeutung der kynischen Diatribe als einer wichtigen Voraussetzung des von ihnen Geschaffenen hervorhebt. Etwas mehr spüren wir vom Geiste dieser streitbaren Protreptik in den Resten der Diatriben des Teles, der um die Mitte des 3. Jahrhunderts wirkte. Stobaios hat sie uns erhalten. Die Fragmente lassen neben anderen kynischen Gemeinplätzen auch die Gleichgültigkeit gegen alle Bindungen an Heimat und Vaterstadt erkennen. Von der weit verbreiteten Literatur dieser Art gibt eine gute Vorstellung ein Papyrus, den VICTOR MARTIN[1] veröffentlicht und ungefähr in die Mitte des 2. Jahrhunderts n. Chr. datiert hat. Er enthält jenen Bericht über ein Gespräch Alexanders des Großen mit dem indischen Wei-

[1] ‹Un recueil de diatribes cyniques. Pap. Genev. inv. 271›. *Mus. Helv.* 16, 1959, 77. Dazu PÉNÉLOPE PHOTIADÈS, ibid. 116, und J. TH. KAKRIDIS, ibid. 17, 1960, 34.

sen Dandamis, der sich in der Version A des dem Kallisthenes unterschobenen *Alexander-Romans* als Einlage des 3. Buches findet. Nach MARTIN stammt der im Papyrus enthaltene Teil aus einer dem Original näher stehenden Fassung. Darauf folgt der 7. der auf den Namen Heraklits gefälschten Briefe[1], hier um ein umfangreiches Stück erweitert. Beide Schriften zeigen den lebhaften und zur Kürze neigenden Diatribenstil, beide stellen sich gegen die Verderbtheit einer überfeinerten Zivilisation und setzen ihr das Ideal primitiver Natürlichkeit entgegen. Eine besondere Ausgestaltung, bei der Witz und Phantastik die lehrhafte Tendenz überwucherten, erhielt diese Gattung durch Menippos aus dem syrischen Gadara, einen ehemaligen Sklaven, der es zu Wohlstand brachte und Bürger Thebens wurde. Seine Schriften füllten dreizehn Bücher und griffen unter den verschiedensten Fiktionen die Torheit der Menschen, aber auch die Systeme der Philosophen an. Sein *Arkesilaos* verspottete das Wohlleben in der Akademie, seine *Geburt Epikurs* den Personenkult im Garten. Die *Nekyia* galt dem Topos von der Torheit der traditionellen Jenseitsvorstellungen. Viel von dem Geist dieser Satire ist bei Lukian in attizistischer Übermalung geblieben[2]. Die Buntheit dieser Schriften sprach sich bei Menippos formal im Wechsel von Prosa und Vers aus. Die Römer griffen das auf und haben eine eigene Spielart ihrer *satura* entwickelt, für die an Varros *Saturae Menippeae*, an Petrons Roman und des Seneca *Apocolocyntosis* erinnert sei.

Kynische Kritik an Weltlauf und Gesellschaft hat mit ihren Gemeinplätzen auch Eingang in verschiedene Dichtungsformen der Zeit gefunden. Da hat Phoinix von Kolophon im 3. Jahrhundert mit seinen Choliamben eine ionische Tradition fortgeführt, als deren frühen, fast möchte man sagen klassischen, Vertreter wir Hipponax von Ephesos kennengelernt haben. Zu kleineren Bruchstücken, wie solchen aus dem *Ninos*, einem Gedicht auf den sagenhaften Schlemmer, trat ein Heidelberger Papyrus (nr. 1605 P.) mit Hinkiamben gegen die Verkehrtheit der Reichen[3]. Von Phoinix ist uns auch ein folkloristisches Schatzstück erhalten, das Bettelliedchen bei dem Umgang mit der Krähe (Κορωνισταί), ein schönes Beispiel für die weit verbreitete Gattung solcher Heischelieder[4].

Ein Bruchstück in Iamben (fr. 11 D.), in dem es gegen die Schlemmerei geht, ist von Kerkidas von Megalopolis erhalten, den man vielleicht mit dem Staatsmann und Feldherrn bei Polybios (2, 48. 65) gleichsetzen darf. Manche[5] wollten dem Kerkidas auch die hinkenden Iamben gegen die Gewinnsucht geben, die wir auf einem Londoner Papyrus (nr. 238 P. dazu nr. 239) und dem zu Phoinix genannten Heidelberger Papyrus lesen. Doch ist das ohne Gewähr. Als herzhaften Moralprediger, der sich

[1] HERCHER, *Epistolographi Gr.* Paris 1873, 283.

[2] Grundlegend bleibt R. HELM, *Lukian und Menipp*. Leipz. 1906.

[3] Dafür und für Verwandtes G. A. GERHARD, *Ph. von Kolophon*. Leipz. 1909; das genannte Gedicht bei POWELL (s. A. 5), 235, 6 u. fasc. 3, 124 D.

[4] L. RADERMACHER, *Aristophanes' Frösche*. 2. Aufl. *Sitzb. Öst. Ak. Phil.-hist. Kl.* 198/4, 1954, 7.

[5] So I. U. POWELL, *Collectanea Alexandrina*. Oxf. 1925, 213. 216. Den Heidelberger Papyrus faßte A. D. KNOX, *The First Greek Anthologist*. Cambr. 1923, als Rest einer Anthologie, die Kerkidas zusammengestellt habe. Die Choliamben auch fasc. 3, 131 D.

auch durch die kräftige, dorisch getönte Sprache aus dem Chor dieser kynischen Eiferer heraushebt, lernen wir Kerkidas in seinen *Meliamben* kennen. In eigenwilliger Mischung verschiedener Metren tadelt er die Götter ob der ungerechten Verteilung der Güter, um in einem anderen Gedicht von dem freundlichen und dem verderblichen Winde zu erzählen, den Eros aus seinen Backen blasen kann.

Hier läßt sich Timon von Phleius anreihen, der in seinem Denken von Pyrrhon von Elis, dem Verkünder des Skeptizismus[1], bestimmt ist. Das Streben nach voller Ruhe des Inneren durch Überwindung jeglichen Wahnglaubens und eitlen Bemühens um Erkenntnis führt zu mancher Berührung mit kynischer Weltkritik. Timon, der etwa 320–230 lebte, hat in einer Prosaschrift *Python* seinen Weg in der Nachfolge Pyrrhons geschildert, in einer anderen, dem *Leichenschmaus für Arkesilaos* (Ἀρκεσιλάου περίδειπνον), den ehemals bekämpften Akademiker eines ehrenden Gedenkens gewürdigt. Auf Leser, nicht für die Bühne waren Dramen verschiedener Art berechnet. Am stärksten wirkte er durch seine *Silloi*, satirische Dichtungen, durch die er die Nachfolge des Xenophanes (s. S. 244) aufnahm. Da war in drei hexametrischen Büchern von einer gewaltigen Philosophenschlacht und dann wieder von einer Unterweltsfahrt erzählt, bei der es erst recht über die Philosophen herging. Die *Indalmoi*[2] in elegischem Maße hatten wohl Pyrrhons Lehre zum Inhalt. Dichtung dieser Art konnte sich natürlich nicht mehr an die Nation als Ganzes wenden, aber das Interesse an den Verheißungen der Philosophen und ihrem erbitterten Streit war immerhin so groß, daß ein breiteres Publikum für derlei nicht fehlte.

Nicht wenig vom Geiste des Kynismus hat sich in jenem System als wirksam erwiesen, das in den folgenden Jahrhunderten zur stärksten Wirkung kommen und für viele Hellenen und Römer zum weltanschaulichen Fundament werden sollte. Wenn wir für den Gründer der Stoa, Zenon, vermerken, daß er 333/32[3] in Kition auf Zypern als Sohn eines Kaufmannes Mnaseas geboren wurde, dieses Kition eine phoinikische Siedlung war und der Name seines Vaters als Hellenisierung eines phoinikischen Manasse oder Menahem gedeutet wird, ist sogleich ein viel erörtertes Problem gegeben. Wie weit sind in der Lehre Zenons, der 312/11 nach Athen kam und dort 301/300 in der Stoa Poikile seinen Unterricht begann, semitische Elemente wirksam? Man ist heute in Gegenstellung zu POHLENZ[4] zu der Überzeugung gelangt, daß deren Bedeutung gering ist; Zenon, der den Megariker Stilpon und den Akademiker Polemon, vor allem aber den Kyniker Krates hörte, bei Diodor, ebenfalls einem Megari-

[1] V. BROCHARD, *Les sceptiques grecs.* 2. éd. Paris 1923. K. v. FRITZ, *Pyrrhon.* RE 24, 89.

[2] ‹Abbilder› im Sinne von ‹Scheinbilder› mit Bezug auf philosophische Schulmeinungen?

[3] Zu den biographischen Daten: F. JACOBY, F Gr Hist 2 D. Komm. zu F 244, S. 737. M. POHLENZ, *Die Stoa* 2, 2. Aufl. Gött. 1955, 14.

[4] POHLENZ außer im Stoa-Buche (s. u.) besonders ‹Stoa und Semitismus›. *N. Jahrb.* 1926, 257. Dagegen u.a. E. SCHWARTZ, *Ethik der Griechen.* Stuttg. 1951, 161 u. 249, 13. W. SCHMID, *Der Hellenismus in der deutschen Forschung 1938–1948.* Wiesbaden 1956, 83. Doch bleibt POHLENZ' Fragestellung im Grundsätzlichen richtig; bei kritischer Zurückhaltung bezeichnet es W. THEILER, *Gnom.* 23, 1951, 225, immerhin als möglich, übertriebene Konsequenz der stoischen Lehre aus der Herkunft mancher Stoiker zu erklären.

ker, und dessen Schüler Philon[1] Dialektik trieb und sich gründlich mit den älteren Philosophen auseinandersetzte, hat seine geistige Formung im wesentlichen aus griechischem Denken erhalten.

Die breite Wirkung der Stoa in kommenden Zeiten kündigte sich bereits in der großen Zahl von Schülern an, die ihm aus den verschiedensten Gegenden und Schichten zuströmten. Unter ihnen war der letzte Freiheitskämpfer Chremonides ebenso wie Antigonos Gonatas, der spätere Herrscher Makedoniens. Rücksicht auf ihn wird im Spiele gewesen sein, als der Demos das Andenken Zenons, der im Herbst 262 starb, mit goldenem Kranz und Staatsgrab im Kerameikos ehrte, doch spricht aus dem erhaltenen Psephisma (SVF 1, 7[2]) echte Verehrung.

Zenon hat früh und viel geschrieben. Noch als Krates' Schüler verfaßte er seine *Politeia*[3]. Auch über die Dichter hat er, sicher im Sinne seiner Philosophie, gehandelt; das Verzeichnis seiner Werke (fr. 41), mit dem wir uns, von kleinen Resten abgesehen, begnügen müssen, nennt fünf Bücher *Homerischer Probleme*.

Von zwei Seiten her schien sich in letzter Zeit die Aussicht auf eine Bereicherung unserer Zenon-Überlieferung zu eröffnen, doch bleibt der Ertrag im besten Falle bescheiden. Ein arabisch schreibender Philosoph des Mittelalters Šahrastānī gibt in einem Abschnitt über die alte Philosophie Weisheitssprüche verschiedener Autoren wie Homer, Solon, Hippokrates und darunter auch solche eines Zenon. Da unmittelbar vorher Zenon der Ältere (also der Eleat) genannt ist, soll dieser wohl auch der Autor der Sprüche sein. F. ALTHEIM und R. STIEHL[4] zeigten, daß es sich jedoch nur um den Stoiker handeln könne. Soeben hat aber E. G. SCHMIDT[5] die Zenon zugeschriebenen Sprüche einer kritischen Betrachtung unterzogen, die zeigt, daß die Beziehungen zur Stoa in manchen Fällen sehr locker sind, in anderen völlig fehlen. Ohne das Vorhandensein stoischer Tradition für einzelnes auszuschließen, denkt sich SCHMIDT die arabischen Sprüche doch erst in spätantik-frühmittelalterlicher Zeit unter den Namen Zenons gestellt.

Eine andere Hoffnung, auch sie nur in geringem Maße verwirklicht, erweckten vier Handschriften aus dem Staatlichen Matenadaran (Handschriftenarchiv) in Jerewan[6]. Sie enthalten eine altarmenische Schrift philosophischen Inhalts, die von zweien

[1] Auf ihn werden einige scharfsinnige Trugschlüsse zurückgeführt, doch stammt zumeist wohl nur die präzisere Fassung von ihm. Über den sog. λόγος κυριεύων (Folgerungen aus dem Satz, daß aus Möglichem nichts Unmögliches folgen könne): A. N. PRIOR, *Philos. Quart.* 5, 1955, 205. P.-M. SCHUHL, *Le dominateur et les possibles.* Paris 1960. O. BECKER, ‹Zur Rekonstruktion des Kyrieuon Logos des Diodoros›. *Festschrift Litt* 1960. (ders. vorher *Rhein. Mus.* 99, 1956, 289). K. v. FRITZ, *Gnom.* 34, 1962, 138.

[2] Die Zitate nach den Fragmentziffern bei v. ARNIM (s. u.).

[3] Dazu POHLENZ, *Stoa* 2, 2. Aufl. Gött. 1955, 75. H. C. BALDRY, *The Unity of Mankind in Greek Thought.* Cambridge 1965. F. WEHRLI, *Gnom.* 38, 1966, 642, der, anders als BALDRY, in der Politeia Zenons nicht eine kosmopolitische Zukunftsvision ohne feste Umrisse, sondern einen in der Nachfolge Platons stehenden Entwurf eines Idealstaates von durchschnittlichem Polis-Umfang erkennen will.

[4] *Forsch. u. Fortschr.* 36, 1962, 12; dort auch der Hinweis auf frühere Arbeiten der Genannten. Auf die Zenon-Sprüche wiesen sie zuerst hin in *Porphyrios und Empedokles.* Tübingen 1954, 10, A. 12.

[5] *Forsch. u. Fortschr.* 36, 1962, 372.

[6] L. S. KHATSCHIKIAN, *Der Bote aus dem Matenadaran* 2, Jerewan, Verlag der Ak. d. Wiss. der Armenischen SSR 1950, 65. Eine russische Übersetzung von S. AREFSCHATIAN, ibid. 3, 1956, 315.

dieser Zeugen einem Philosophen Zenon zugeschrieben wird. So meinte man denn zunächst, hier Zenons Schrift *Über die Natur* (Περὶ φύσεως) in Übersetzung erhalten zu haben. Die genauere Analyse[1] zeigte jedoch, daß es sich um einen späten, aus verschiedenen Quellen (darunter neuplatonischen) gespeisten Traktat handelt, der nur geringe Anklänge an Stoisches enthält. Der interessanteste Teil ist die Schlußpartie mit der Tetras Leeres-Materie-Bewegung-Unendlichkeit. Nach DÖRRIE könnte man, wenn es überhaupt ein Zenon sein soll, an Zenon von Pergamon, einen Schüler des Proklos, denken. Wahrscheinlicher aber ist, daß dieser Cento unter den Namen des Stoikers als einer philosophischen Autorität gestellt wurde. Zugleich mit der besprochenen Schrift kam ein Auszug aus einer altarmenischen Doxographie zur Veröffentlichung, der Lehrsätze von Platon, Aristoteles und den Stoikern enthält. Einige werden dem Zenon zugeschrieben, und hier handelt es sich, ohne daß wir wesentlich Neues erfahren hätten, tatsächlich um stoisches Gut.

Namen von Schülern Zenons kennen wir nicht wenige. Besonders nahe stand ihm Persaios aus seiner Heimatstadt Kition. Als Antigonos Zenon nach Makedonien rief, sandte dieser als seine Stellvertreter Persaios und Philonides aus Theben. Persaios wurde Prinzenerzieher und später Kommandant von Korinth. Dort fand er den Tod, als Arat von Sikyon 243 die Stadt nahm. Dem Leben zugewandt, schrieb er Symposienliteratur (Συμποτικὰ ὑπομνήματα), aber auch über Götterverehrung und den Staat der Lakonen. Mit diesem hat sich auch Sphairos der Borysthenite befaßt, den Kleomenes für Aufgaben der Erziehung nach Sparta rief.

Nachfolger des Zenon in der Leitung der Schule wurde Kleanthes aus jenem Assos, das auch sonst in der Geschichte der Philosophie seine Rolle gespielt hat. Ein Mann von lauterem Wesen, gewann er sich auch die Achtung seiner Gegner in der Akademie. Er hat sich Zenons Lehre mit großer Kraft des Gefühles zu eigen gemacht und für stoische Frömmigkeit den schönsten Ausdruck in seinem *Zeushymnos* gefunden[2]. Des Aischylos herrliches Gebet im *Agamemnon* (v. 160), des Euripides gedankenschwer tastendes Ringen (*Troad.* 884) und dieser Hymnos, der unter dem Namen des Göttervaters den stoischen Allgott, den Träger der Weltordnung und der Weltvernunft preist, bezeichnen eindrucksvoll drei an den Namen des Zeus gebundene und im Wesen doch grundverschiedene Weisen griechischer Gotteserkenntnis.

Kleanthes, die gewinnendste Persönlichkeit unter den älteren Stoikern, war jedoch nicht der Mann, der Schule eine feste Mitte zu geben und die Lehre Zenons gegen die Angriffe der konkurrierenden Systeme durchzusetzen. Bedenkliche Erscheinungen traten auf. Dionysios von Herakleia, der in seiner Heimat noch Schüler des Herakleides gewesen war, kehrte der Stoa den Rücken, Ariston von Chios, als Vortragender von starker Wirkung, wandte sich gegen jeden Ansatz zu positiver Bewertung der «naturgemäßen Dinge» wie Gesundheit und Wohlstand und machte sich mit seinen Vorlesungen im Kynosarges selbständig. Unter seinem Einflusse trennte sich auch

[1] H. DÖRRIE, *Gnom.* 29, 1957, 445. E. G. SCHMIDT, *Die altarmenische «Zenon»-Schrift. Abh. D. Ak. Wiss. Berlin. Kl. f. Spr. Lit. u. Kunst* 1960/2. 1961.

[2] G. ZUNTZ, ‹Zum Kleanthes-Hymnus›. *Harv. Stud.* 63, 1958 *(Jaeger-Festschr.)*, 289.

Herillos von Karthago von dem Stamme der Schule. In dieser Situation hat Chrysippos aus dem kilikischen Soloi eingegriffen, den man schon im Altertum (Diog. Laert. 7, 183) als Neugründer der Stoa wertete. Für seine Geburt und seinen Tod können wir nur je die Olympiade angeben: 281/77 und 208/04. Daß er erst in Athen ordentlich Griechisch lernte, sagt Galen, der ihn nicht schätzte (SVF 2, 24. 894). Zunächst hielt er sich an die Akademie, wo er in der Dialektik die gemäße Pflege seiner geistigen Anlagen fand. Solche Schulung befähigte ihn, seine sechs Bücher *Gegen die gewohnheitsmäßige Anschauung* (Κατὰ τῆς συνηθείας) zu schreiben, in denen er die Gültigkeit unserer sinnlichen Wahrnehmungen bestritt. Sie befähigte ihn auch, nach seiner Wendung zur Stoa sieben Bücher über denselben Gegenstand (Περὶ τῆς συνηθείας) von verändertem Standpunkte aus zu schreiben. Vor allem aber war es diese dialektische Schulung, die Chrysipp in Stand setzte, die stoische Lehre durch logische Beweise neu zu fundieren und sie durch eine sorgfältig durchdachte Systembildung vor dem Zerfalle zu bewahren. Seine Vorlesungen hatten gewaltigen Zulauf, so daß er im Lykeion im Freien las. Geschrieben hat er angeblich mehr als siebenhundertfünf Werke (SVF 2, 1), wobei wir freilich die Unzuverlässigkeit solcher Zahlen nicht vergessen sollen[1]. Einigermaßen kenntlich ist sein Werk *Über die Seele* (Περὶ ψυχῆς) und der *Therapeutikos*, der seine Affektlehre zusammenfaßte. Unter anderem hat er auch über zwei zentrale Begriffe der Stoa gehandelt: *Über die Vorsehung* (Περὶ προνοίας) und *Über das Schicksal* (Περὶ εἱμαρμένης).

Eine allgemeinste Charakteristik der Stoa dürfte sagen, daß in ihr verschiedene Elemente aus einer reichen philosophischen Tradition zu einem System vereinigt wurden, das weder lückenlos noch in allen Einzelheiten gesichert war, das aber einen ausgezeichneten Rahmen für die rigorosen ethischen Forderungen der Schule abgab. Keinem anderen der älteren Philosophen verdankt die Stoa so viel wie Heraklit. Das wird sogleich einsichtig, wenn wir als den Zentralbegriff ihres Systems, von dem aus alles andere Sinn und Leben empfängt, den Logos[2] in den Blick fassen. Dieser Logos ist die Weltvernunft, die alles aus sich geschaffen hat und erhält, ist die Pronoia, die lenkende Vorsehung, ist aber auch die Heimarmene, die unzerreißbare Kette von Ursachen und Wirkungen, die den Ablauf der Dinge bestimmt. Dieser Logos ist ferner die Physis, die Natur als zeugende Kraft und das in ihr wirksame ewige Gesetz. Dieser Logos ist vor allem Gott. Neben ihm findet der Anthropomorphismus der alten Religion keinen Platz mehr, doch hat die Stoa mit der Volksreligion einen klugen Frieden geschlossen, indem sie das alte Mittel der allegorischen Erklärung[3] zum System ausbaute und so der Vielfalt der Götter ihr Reservat beließ. Solch stoische Allegorese lernen wir gut aus den *Homerallegorien* (Ὁμηρικαὶ ἀλληγορίαι) eines Herakleitos kennen, der wahrscheinlich im 1. Jahrhundert n. Chr. schrieb. Der stoi-

[1] A. Maria Colombo ‹Un nuovo frammento di Crisippo?›. *La parola del passato* 9, 1954, 376.

[2] Zu Heraklits Logos vgl. S. 248.

[3] Vgl. o. S. 245. 374f. und F. Buffière, *Les mythes d'Homère et la pensée Grecque*. Paris 1956. Die Schrift des Herakleitos wurde von der Bonner philol. Gesellschaft Leipz. 1910 herausgegeben; dann von F. Buffière. Coll. des Un. de Fr. 1962. W. Bühler, *Beiträge zur Erklärung der Schrift vom Erhabenen*. Göttingen 1964, 26, zitiert den Verfasser als Ps.-Heraklit.

sche Logos ist jedoch nicht reiner Geist, sondern Materie, freilich solche in der feinsten Form des feurigen Äthers. Als Pneuma, als warmer Hauch durchdringt er die Welt und ist überall dort, wo Gestalt und Leben ist. Den vornehmsten Anteil an ihm hat der Mensch, der so vom Tier durch eine tiefe Kluft getrennt bleibt. Der beherrschende Teil der Seele, das Hegemonikon als Träger der Vernunft, ist reiner Logos, Teil des göttlichen Weltfeuers. Die alte, in griechischem wie orientalischem Denken gleich bedeutsame Analogie zwischen Makro- und Mikrokosmos[1] hat hier ihre klarste Ausprägung erfahren: der Kosmos als Ganzes ist ein vernunftbegabtes Lebewesen, ein ζῷον λογικόν, wie es auch der einzelne Mensch durch seinen Anteil an der göttlichen Weltvernunft ist. So ist denn auch der Aufblick zum Makrokosmos, der seine Gesetzmäßigkeit am eindrucksvollsten in der Sternenwelt erkennen läßt, ein besonderes Motiv stoischer Religiosität. Im Zusammenhange damit wird die Aufrichtung des menschlichen Körpers als teleologischer Gottesbeweis gewertet. Auf diese Weise nimmt die Stoa mit der großen Spannweite und Elastizität ihres Denkens auch etwas von hellenistischer Gestirnreligion in ihr Gefüge auf.

Zenon lehrte, der Logos durchdringe als Baustoff die Welt wie der Honig die Waben (SVF 1, 155)[2]. *Materiam mundialem a deo separat*, sagt der Berichterstatter und umschreibt damit ein dualistisches Moment in dem an sich monistischen System, das nur Materie kennt. Hier werden Schwierigkeiten sichtbar, auf die Laktanz in seiner Kritik (SVF 2, 1041) den Finger legt: die Stoiker scheiden in der Welt einen planvoll bewirkenden Teil und einen, der diese Wirkung erfährt; beide aber sind Materie und sollen eine Einheit bilden. *Quomodo potest idem esse quod tractat et quod tractatur?* Wäre es nicht verrückt, Topf und Töpfer als dasselbe zu bezeichnen? Den Schwierigkeiten, die wir hier nur streifen können, steht reicher Gewinn gegenüber. Antinomien, die das griechische Denken zutiefst bewegten, gelangen durch den Zusammenfall der Pole zur Aufhebung. Nomos und Physis bedeuten keinen Gegensatz mehr, denn in Natur und Gesetz waltet der gleiche Logos. Das positive Recht und das Naturrecht können nicht in einen echten Widerspruch geraten, da positives Recht, das Gültigkeit beanspruchen darf, nur von Gesetzgebern gestiftet werden kann, die aus der Einsicht in das große Weltgesetz und auf Grund ihres Anteiles an der göttlichen Weltvernunft handeln[3]. Vor allem aber ergibt sich aus diesem Weltbild für den Einzelnen eine konfliktlose Ethik, die keinerlei Kompromisse kennt. Aufgabe des Menschen ist es, die Herrschaft des Logos in der Welt zu seinem Teile dadurch zu sichern, daß er mit Unterdrückung aller irrationalen Regungen der Leidenschaft sein eigenes sittliches Handeln in Übereinstimmung mit dem großen, im Kosmos waltenden Weltgesetz bringt. Dies ist der Sinn der stoischen Telosformel vom naturgemäßen Leben: ὁμολογουμένως

[1] G. P. CONGER, *Theories of Macrocosmos and Microcosmos in the History of Philosophy*. New York 1922. H. HOMMEL, ‹Mikrokosmos›. *Rhein. Mus.* 92, 1943, 56.

[2] Von fern vergleichbar ist Heraklit VS 22 B 67: Gott ist in allen Gegensätzen, aber er wandelt sich wie das Feuer, das, wenn es mit Räucherwerk vermengt wird, nach dem Dufte eines jeglichen heißt.

[3] A. LESKY, ‹Zum Gesetzesbegriff der Stoa›. *Österr. Zeitschr. f. öff. Recht* 2, 1950, 587. = Ges. Schr. 493.

(τῇ φύσει) ζῆν[1]. In den Besitz der vom Logos gegebenen Wertmaßstäbe kommt der Mensch durch die Oikeiosis[2]. Dieser schwierige Ausdruck, den «Zueignung» nur unvollkommen wiedergibt, will besagen, daß jedes Lebewesen die Dinge der Umwelt zu seiner eigenen Existenz als nützlich oder schädlich in Beziehung setzt. Für den Menschen aber, dessen Logos sich in der Zeit der Geschlechtsreife entfaltet, kann die Oikeiosis nur die richtige Wertung des Logos und die Unterordnung unter sein Gesetz bedeuten.

Mit Notwendigkeit stellte sich den Stoikern ein Problem, das im Zusammenhange mit ihrer Philosophie erst in seiner ganzen Schwere erfaßt wurde und seitdem nicht mehr zur Ruhe kommen konnte: wenn alles Geschehen in der Welt durch einen lückenlosen Zusammenhang der Ursachen, durch jene Heimarmene bestimmt ist, in welcher der Logos wirkt, wo verbleibt dann Raum für die freie Entscheidung des Menschen, die doch die Voraussetzung für jedes sittliche Handeln und jede darauf gerichtete Forderung ist und bleibt?[3] Besonders Chrysipp hat mit dem Problem gerungen und seine Auffassung durch ein Bild (SVF 2, 974. 1000) erläutert, das die Schwierigkeiten eher sichtbar macht als aufhebt: wie die Walze erst eines Anstoßes bedarf, um zu rollen, während die eigentliche Ursache dieser Bewegung in ihrer zylindrischen Gestalt liegt, so ist die eigentliche Ursache unserer Entscheidungen nicht mit den Reizen gegeben, die wir von außen empfangen, sondern in unserer eigenen freien Stellungnahme. Hier tritt der Begriff der Synkatathesis in den Vordergrund: der Mensch hat als Logosträger die Möglichkeit, sich zu den Impulsen, die sich in ihm auf Grund der Sinneseindrücke und der durch sie erweckten Vorstellungen regen, zustimmend oder ablehnend zu verhalten. Seneca hat *epist.* 113, 18, den Mechanismus stoischer Psychologie mit lateinischer Prägnanz dargestellt, wobei wir uns gestatten, die griechischen Termini in seinen Text zu setzen: *Omne rationale animal nihil agit, nisi primum specie alicuius rei inritatum est* (φαντασία), *deinde impetum cepit* (ὁρμή), *deinde adsensio* (συγκατάθεσις) *confirmavit hunc impetum.*

Wie zu jener Zeit auch die homerische Dichtung unter solchen Gesichtspunkten auf die Möglichkeiten freier menschlicher Entscheidungen befragt und wie Homer mit Hilfe stoischer Kategorien verteidigt wurde, läßt in einer gewissen Simplifizierung Plutarch im 32. Kapitel seiner Coriolan-Biographie erkennen[4].

Sinnbegabtes Wesen ist jeder Mensch, Grieche oder Barbar, Freier oder Sklave. Damit sind für den Stoiker jahrhundertealte Schranken gefallen. Wenn derart der Kosmopolitismus des Stoikers, für den nun die ganze Welt Heimat bedeutet, in radikalen Gegensatz zu dem polisgebundenen Denken der Vergangenheit tritt, ist die

[1] Der Zusatz τῇ φύσει stammt von Kleanthes. Über die Wandlungen der Telosformel Pohlenz im Stoa-Buche. Dazu O. Rieth, *Gnom.* 16, 1940, 109.

[2] Gegen F. Dirlmeiers Zuweisung der Oikeiosislehre an Theophrast (*Phil. Suppl.* 30, 1937) Pohlenz, *Stoa* 2, 65 mit Lit. Dazu H. Leisegang, *Phil. Wochenschr.* 62, 1942, 424. Zustimmend O. Regenbogen, *RE* S 7, 1940, 1555, 63.

[3] Max Pohlenz hat außer in seinem Werke über die Stoa (s. u.) über diese Fragen auch gehandelt in dem Buche *Griechische Freiheit.* Heidelberg 1955, 131.

[4] A. Lesky, *Göttliche und menschliche Motivation im homerischen Epos. Sitzb. Ak. Heidelberg, Phil.-hist. Kl.* 1961/4, 18.

Parallele dieses Wandels im philosophischen Denken zu den geschichtlichen Vorgängen der großen Reichsbildungen nicht zu verkennen. Stoischer Kosmopolitismus hat aber nicht die Abkehr vom Einzelstaate zur Folge, der unter den geschichtlichen Gegebenheiten für die Betätigung des Gemeinschaftssinnes, für Gerechtigkeit und Menschenliebe zwar nicht starre Grenzen zieht, aber doch den geeignetsten Rahmen bietet.

Die Ethik[1] ist ohne Zweifel das Hauptstück der stoischen Lehre. Auf ihre Logik[2] und Physik einzugehen, ist hier nicht möglich, doch sind zumindest zwei Dinge zu erwähnen. Zenon hat in den Bereich der Logik mit gutem Rechte auch den sprachlichen Ausdruck gezogen und derart für die Grundlegung der abendländischen Sprachlehre Wesentliches geleistet[3]. Ein guter Teil der bei uns gebräuchlichen Termini geht auf die Stoa zurück. Die von ihr ausgehende Tradition führt über die Schule des Antiochos von Askalon schließlich zu Varro und von ihm zu Augustinus. Die übrigen Bemühungen der Stoiker, vor allem Chrysipps, bei denen es vornehmlich um die hypothetischen Schlüsse ging, bleiben im Vergleich dazu im Hintergrund.

Aus der stoischen Physik[4] greifen wir die Lehre von der Ekpyrosis heraus. Die Welt, die der göttliche Logos aus sich hat erstehen lassen, kehrt nach dem Ablauf einer Weltperiode in die Einheit des feurigen Urzustandes zurück. Von dort aus beginnt sie wieder den Weg in die Scheidung der Elemente und die Vielheit der Dinge. Da sich dieser Ablauf stets nach dem gleichen Weltgesetz der Heimarmene vollzieht, ist die ewige Wiederkehr des Gleichen bis in die letzte Einzelheit durch dieses Gesetz gesichert.

Auf Chrysippos folgte in der Stoa eine Zeit des Traditionalismus und der Defensive gegen Angriffe, die vor allem von der Akademie ausgingen. Für das 2. Jahrhundert v. Chr. wird eine Chriensammlung des Stoikers Hekaton kenntlich, in der auch Zenon vertreten war[5]. Neues Leben ist mit der Persönlichkeit des Panaitios von Rhodos verbunden. Die Impulse, die von ihm ausgingen, waren so stark, daß Neuere mit ihm die «Mittlere Stoa» beginnen ließen[6]. Dabei handelt es sich weder um einen antiken Ausdruck noch um eine geschlossene Schule, immerhin läßt sich auf solche Weise eine wichtige Epoche in der Geschichte der Stoa abgrenzen.

[1] O. Luschnat, ‹Das Problem des ethischen Fortschrittes in der alten Stoa›. *Phil.* 102, 1958, 178, mit Lit. zur stoischen Ethik.

[2] O. Becker, *Zwei Untersuchungen zur antiken Logik.* Wiesbaden 1957 (im 2. Teil zur Stoa; dort sind auch die sog. ϑέματα, sekundäre Regeln, behandelt). J. Mau ‹Stoische Logik›. *Herm.* 85, 1957, 147. Benson Mates, *Stoic Logic.* Lond. 1961.

[3] M. Pohlenz, ‹Die Begründung der abendländischen Sprachlehre durch die Stoa›. *GGN Phil.-hist. Kl. Fachgr.* 1 NF 3/6. 1939. K. Barwick, *Probleme der stoischen Sprachlehre und Rhetorik. Abh. Ak. Leipzig. Phil.-hist. Kl.* 49/3, 1957 (mit Beiträgen über den stoischen Anteil an der Ausbildung der Tropen- und Figurenlehre). Wichtig bleibt H. Dahlmann, *Varro und die hellenistische Sprachtheorie. Problemata* 5. Berl. 1932.

[4] S. Sambursky, *Physics of the Stoics.* Lond. 1959, läßt die stoische Physik etwas zu Ehren kommen.

[5] Vgl. Diog. Laert. 7, 1, 26. Über die Bedeutung der Nachrichten des Persaios und Hekaton für unsere Kenntnis Zenons: U. v. Wilamowitz, *Antigonos von Karystos. Phil Unt.* 4, 1881, 108.

[6] A. Schmekel, *Die Philosophie der Mittleren Stoa.* Berl. 1892. Die Fragmente: M. van Straaten, *Panaetii Rhodii Fragmenta.* 3. ed. (amplificata). Leiden 1962.

Panaitios entstammt altem rhodischen Adel und wurde um 185 zu Lindos geboren. Sein Leben verlief in buntem Wechsel in Rhodos, Rom und Athen. Dort hat er sich in den fünfziger Jahren unter Diogenes von Babylon[1] der Stoa angeschlossen, dort hat er 129 nach dem Tode des Antipater von Tarsos die Leitung der Schule übernommen und zu Beginn des ersten Jahrhunderts sein Leben beendet. In Rom öffnete sich dem rhodischen Aristokraten der Zugang zur Führungsschicht, Scipio und Laelius hat er sich zu Freunden gewonnen und entscheidend dazu beigetragen, daß die neue Herrin der Welt die stoische Auffassung des Lebens übernahm. Es ist bedeutsam, daß des Panaitios Hauptwerk, das er mit dem Blick auf Rom schrieb, den Titel *Über die Pflicht* (Περὶ τοῦ καθήκοντος) führt. Cicero ist in seinem Werke *De officiis* nach seinem eigenen Zeugnis (3, 7) weitgehend Panaitios gefolgt.

Die große Wirkung, die Panaitios erzielte, liegt darin begründet, daß er den Rigorismus und Doktrinarismus der älteren Stoa zu einem guten Teile abbaute und in weltoffener Haltung den Gegebenheiten des Lebens und der menschlichen Natur Rechnung trug. Unter ihm setzte ein neuer Zustrom von Schülern aus allen Teilen der Oikumene ein. Unter diesen war auch der Rhodier Stratokles, der eine Geschichte der Stoa schrieb[2], ein Unternehmen, das einige Zeit nach ihm Apollonios von Tyros wiederholte. Der bedeutendste Schüler des Panaitios aber ist Poseidonios aus Apameia gewesen. Von der syrischen Stadt, in der er um 135 zur Welt kam, zog er in jungen Jahren zum Studium nach Athen, wo ihm Panaitios die geistige Welt der Stoa in seiner Weise erschloß. Gleich seinem Lehrer suchte er Rom auf und fand wie dieser Zugang zu den Häusern des alten Adels. In seine Mannesjahre werden die großen Reisen zu setzen sein, die er im Geiste alter ionischer Historie unternahm. Seine Kenntnisse des Vorderen Orients mögen zum Teil mit seiner Herkunft zusammenhängen, jene der westlichen Oikumene hat er sich ganz als Forschungsreisender gewonnen. Noch spüren wir das wache Interesse, mit dem er Gallien von Massalia aus und Spanien durchstreifte. Keltische Lebensformen, die Gezeiten des Ozeans, spanische Silberbergwerke, ihr reicher Ertrag, aber auch der Frevel, der dort an den Arbeitsklaven geschah, Affenherden an Afrikas Nordküste, alles fiel in den Bereich seiner Erkundung. Als Lehrer hat er sich dann in Rhodos niedergelassen, das damals wirtschaftliche Betriebsamkeit mit reichem geistigen Leben verband. Lebhaft blieb seine Verbindung mit Rom, das ihm manchen Schüler sandte. Cicero ist ihm während seines rhodischen Aufenthaltes (77) nähergetreten. Als Pompeius im Osten Ordnung machte, hat er beim Auszug und bei der siegreichen Heimkehr Poseidonios aufgesucht. Die Anekdote wußte viel Erbauliches von der Ehrung des Geistes durch die Macht zu erzählen. Daß Poseidonios dem Pompeius eine Monographie widmete, hat offenbar Ciceros Wunsch nach einem ähnlichen Denkmal geweckt. Er schickte dem Philosophen eine Aufzeichnung seiner staatsmännischen Leistungen mit der Bitte um kunstvolle Ausgestaltung dieses Stoffes. Aber Poseidonios lehnte ab: die Größe des Übersandten

[1] Diogenes nahm 155 an der Philosophengesandtschaft nach Rom teil, bei der Karneades die Akademie und Kritolaos den Peripatos vertrat.

[2] Ausgezogen im *Index Stoicorum*, Pap. Herc. 1018.

habe ihn zum Schreiben nicht ermutigt, sondern davon abgeschreckt. Wir spüren durch die Huldigung die feine Ironie des Mannes, der auch sonst wirkungsvoll zu pointieren verstand. Rhodos, das ihm das Bürgerrecht gab, sandte ihn 86 nach Rom, wo er mit dem todkranken Marius verhandelte. Die *Suda* weiß von einer weiteren Romreise im Jahre 51, in dem Rhodos und Rom ihr Bündnis erneuerten. Im selben Jahre ist er gestorben.

Wir kennen von Poseidonios über zwei Dutzend Buchtitel[1], die uns neben dem Philosophen den Naturforscher (Περὶ ὠκεανοῦ καὶ τῶν κατ' αὐτόν, Περὶ μετεώρων, Περὶ τοῦ ἡλίου μεγέθους) und den Geschichtschreiber zeigen. Außer der schon erwähnten *Geschichte des Pompeius* hat er in einem Riesenwerk von zweiundfünfzig Büchern (Ἱστορία ἡ μετὰ Πολύβιον) die Zeit von 145/44 bis etwas über den Friedensschluß zwischen Sulla und Mithradates (85) behandelt.

Von Poseidonios ist eine bedeutende, zu Zeiten freilich überschätzte Wirkung auf das antike Geistesleben ausgegangen. Der Versuch, ihn als Forscher und Denker zu erfassen, ist zu einem Kronproblem der Philologie geworden, dessen reiche Geschichte Karl Reinhardt mit bewunderungswürdiger Objektivität entwickelt hat[2]. Lange galt ein von P. Corssens Dissertation[3] ausgehendes Poseidoniosbild, das sich vorwiegend auf Cicero *Tusc.* I und *Somnium Scipionis* stützte und in seiner Ausgestaltung durch A. Schmekel[4] und andere Poseidonios als Mystiker in der Nachfolge pythagoreischer und platonischer Ideen erscheinen ließ. Reinhardt[5] hat mit völligem Neuansatz die Tragfähigkeit des eben bezeichneten Fundamentes in Frage gestellt und auf Grund der größeren Fragmente nach der «inneren Form» des Mannes gefragt. Nach seiner Formulierung gibt es seitdem einen alten und einen neuen Poseidonios, doch hat die Behandlung des Philosophen in Pohlenz' Stoabuche zu einer erfreulichen Annäherung der Sehweisen geführt. Die Arbeit am Poseidonios ist durchaus nicht zu Ende. Ja, Olof Gigon[6] vertritt die Ansicht, daß ein neues Anheben notwendig sei. Reinhardt habe zwar mit Strabon einen gut brauchbaren Ausgangspunkt gewählt, habe aber um seines Hypothesenbaus willen zu rasch die Basis des mit Sicherheit Erreichbaren verlassen. Diese sei außer mit Strabon auch mit Galen, Kleomedes, Senecas *Nat. quaest.* und Diodor 33–37[7] gegeben. Ihre sorgfältige Sicherung müsse den Ausgang für alles weitere schaffen. Wir schalten die strittigen Punkte (Verwertbarkeit von *Tusc.* I, poseidonischer Ursprung der Syndesmos-Vorstellung vom Menschen als

[1] Bei Reinhardt, *RE* 22, 1953, 567. [2] A. O. 570.

[3] *De P. Rhodio Ciceronis in primo libro Tusc. et in Somnio Scipionis auctore.* Bonn 1878. Vgl. dens. *Rhein. Mus.* 36, 1881, 506.

[4] Vgl. S. 763 A. 6.

[5] *Poseidonios.* Münch. 1921. *Kosmos und Sympathie.* Münch. 1926. *P. über Ursprung und Entartung. Orient u. Antike* 6. Heidelb. 1928. Jetzt der große *RE*-Artikel.

[6] *Arch. f. Gesch. d. Philos.* 44, 1962, 92.

[7] Über die Frage, ob der Bericht über die Urgeschichte der Welt und der menschlichen Kultur bei Diodor 1, 7f. auf Poseidonios zurückgeht, hat eine lebhafte Debatte eingesetzt. Die Abhängigkeit vertrat G. Pfligersdorffer, *Studien zu Poseidonios. Sitzb. Öst. Ak. Phil.-hist. Kl.* 232/5, 1959. Anders W. Spoerri, *Späthellenistische Berichte über Welt, Kultur und Götter. Schw. Beitr. z. Altertumswiss.* 9. Basel 1959, und gegen Pfligersdorffer *Mus. Helv.* 18, 1961, 63. O. Gigon, a. O. 97 dürfte das Gespräch für eine Zeit abgeschlossen haben: die Zuweisung an Poseidonios ist nicht strikt zu beweisen, aber doch die wahrscheinlichste.

Band zwischen den Reichen des Himmlischen und des Irdischen, Panaitios oder Poseidonios bei Cicero, *De nat. deor.* 2, 115 ff.) aus und beschränken uns auf einige wenige Grundzüge. Poseidonios ist bei aller Selbständigkeit seines Denkens auf dem Boden der stoischen Logoslehre geblieben, aber er hat als Ethnologe[1], Geograph und Historiker, als Naturforscher, dessen Interessen alle Stufen des Seins umspannten, die verschiedensten Wissenschaften in den Bereich dieser Lehre gezogen. Ethik und noch mehr Logik treten in unseren Zeugnissen zurück. Da wir diese immerhin in einiger Dichte besitzen, wird das kein Zufall sein. Daß er eine längst eingetretene Scheidung überwand und noch einmal die Philosophie mit den wissenschaftlichen Disziplinen zur Einheit band, gibt ihm seine besondere Bedeutung. Er hatte sich des reichen Erbes des griechischen Denkens versichert und begegnete der unendlichen Differenziertheit des in Kultur und Natur Erscheinenden mit offenem Blick, zur Einheit aber band sich diesem Stoiker alles durch den Begriff der Sympathie: Himmel und Erde und überhaupt alle Teile des Kosmos werden in Zusammenhängen gesehen, die Wirkung von dem einen zum anderen gehen lassen. Auf diesem Boden konnte sich auch die Mantik behaupten.

Poseidonios war Vitalist, der in der Welt vom Gestein bis zum beseelten Gestirn eine Fülle verschieden abgestufter Kräfte wirksam fand und als Aitiologe in allen Bereichen nach Ansatz und Wirkung des dynamisch verstandenen Logos fragte. Es liegt auf derselben Linie, wenn Poseidonios – hier in der Nachfolge des Panaitios – im Menschen ein Triebleben gelten ließ, das nicht Entartung, sondern natürliche Gegebenheit ist. Seine Lenkung durch den Logos bleibt die hohe, durchaus stoisch gesehene Aufgabe.

Die alte Telosformel der Stoiker hat Poseidonios übernommen und zugleich in bedeutungsvoller Weise erweitert[2]. Es ist nicht zu sichern, aber wahrscheinlich, daß wir den Wortlaut bei Clemens Alexandrinus (*Strom.* 2, 129, 4) lesen: τὸ ζῆν θεωροῦντα τὴν τῶν ὅλων ἀλήθειαν καὶ τάξιν καὶ συγκατασκευάζοντα αὐτὴν κατὰ τὸ δυνατόν, Daß der Mensch als Logosträger Zugang zu der im All manifestierten Wahrheit und Ordnung hat, ist stoisches Axiom, beachtenswert ist jedoch hier die Synthese von vita contemplativa und activa: es bleibt ein Königsgedanke, daß der Mensch nach seinen Kräften an der Verwirklichung der großen Ordnung mitarbeiten soll. Wenn es dann weiter heißt κατὰ μηδὲν ἀγόμενος ὑπὸ τοῦ ἀλόγου μέρους τῆς ψυχῆς, so ist in diesen Worten ebenso die Anerkennung des Alogon in der Seele als einer Gegebenheit wie die Forderung seiner Unterordnung unter den Logos enthalten.

Mit einem Worte wenigstens sei die Eschatologie des Poseidonios gestreift. Die Seele ist für ihn eine Emanation der Sonne, die er als das Herz des Kosmos, freilich nicht als ihre Mitte im Sinne Aristarchs, betrachtet. Wie die Seele über den Mond zur Erde niedersteigt, so kehrt sie auf demselben Wege wieder dorthin zurück. Alles Einzelne ist hier schwierig und unsicher, so viel aber sehen wir, daß Poseidonios die Po-

[1] J. J. TIRNEY, *The Celtic Ethnographie of Poseidonios. Proc. of the Royal Irish Acad.* 60/C/5, 1960.
[2] Wertvolle Ansätze zur Interpretation bei O. GIGON, a. O. 96.

sition der älteren Stoa und auch des Panaitios verlassen hat. Weder entsteht die Seele erst bei der Geburt des Menschen, noch vergeht sie bei seinem Tode, sie ist sonnenhaften Ursprungs und behauptet in bestimmten Grenzen eine gesonderte Existenz.

Weder Panaitios noch Poseidonios haben das Gepräge der Stoa für die Folgezeit bestimmt. Dazu war ihr Denken zu sehr seine eigenen Bahnen gegangen. Namen von Stoikern haben wir für diese Epoche etliche überliefert, doch ist von Männern wie Mnesarchos und Dardanos, die nach Panaitios die Schulleitung übernahmen, nicht viel zu sagen. Kenntlich wird eine Reihe von Stoikern, die in Rom als Lehrer oder in den Häusern der Vornehmen lebten. So finden wir bei Cicero Diodotos, bei Cato Uticensis, der selbst zum großen Beispiel stoischer Haltung wurde, Antipatros von Tyros und Athenodoros von Tarsos, während wir mit Areios Didymos bereits in die Zeit des Augustus kommen, dessen Hofphilosoph er gewesen ist.

Nicht minder mächtig und folgenreich als die Stoa hat jenes System über weite Zeiträume gewirkt, das Lukrez in seinem Gedichte *De rerum natura* und Pierre Gassendi durch sein Werk zu neuem Leben gebracht hat. Sein Begründer Epikur ist 341 als Sohn des Atheners Neokles auf Samos zur Welt gekommen. Da sein Vater als attischer Siedler auf der Insel lebte, war er Bürger Athens; dort hat er auch im Jahre 323 seinen Militärdienst geleistet. Als Synepheben Menanders haben wir ihn früher kennengelernt. Damals hatte er bereits einige Jahre philosophischer Studien hinter sich, die er im wesentlichen in Teos bei Nausiphanes (VS 75) verbrachte. Dieser hat ihm die Lehre Demokrits von den Atomen erschlossen, die später zum Fundament seines eigenen Systems werden sollte. Von seinem Ephebenjahr kehrte Epikur nicht nach Samos zurück, da man indessen die attischen Kolonisten vertrieben hatte. Es folgten Wanderjahre, die ihn nach Kolophon, nach Mytilene und Lampsakos führten. Früh bewährte sich die starke Wirkung seiner Persönlichkeit, die offenbar mit der Freude an Lehre und Menschenformung gepaart war. In den genannten Städten gewann er sich Freunde, und in Mytilene hat er um 310 mit dem philosophischen Unterricht begonnen, den er in Lampsakos fortsetzte. Im Sommer 306 folgte die Rückkehr nach Athen, in die alte Heimat seiner Familie. Dort hat er den Garten erworben, in dem er lehrte und nach dem seine Anhänger «Philosophen des Gartens» hießen. In Athen ist er 270 gestorben, von der Schar seiner Anhänger verehrt wie ein göttliches Wesen.

Der Mann, dessen Wirkung zu einem guten Teile auf dem Zauber seiner Persönlichkeit beruhte, hat auch das geschriebene Wort mit großem Fleiße in den Dienst seiner Lehre gestellt. An die dreihundert Rollen umfaßte sein literarischer Nachlaß, siebenunddreißig davon kamen auf sein Werk *Über die Natur* (Περὶ φύσεως). Von den zahlreichen anderen Titeln sei nur einiges angeführt: das erkenntnistheoretische Werk *Über das Kriterion* mit dem Nebentitel *Richtschnur* (Περὶ κριτηρίου ἢ κανών), die ethischen Schriften *Über das höchste Gut* (Περὶ τέλους), *Über gerechtes Handeln* (Περὶ δικαιοπραγίας), *Über Lebensrichtungen* (Περὶ βίων) und das Buch *Über die Rhetorik* (Περὶ ῥητορικῆς), das diese Bildungsmacht aus dem Bereiche des Philosophen verwies.

Keine der genannten Schriften ist erhalten, und was wir von Epikur selbst besitzen, ist wenig genug. Aus seinen Briefen, von denen es Sammlungen gab, hat Diogenes Laertios drei um ihres Inhaltes willen in das zehnte Buch seines Werkes aufgenommen. Der *Brief an Herodotos* behandelt die Physik in weitestem Umfange, der *an Pythokles*, den wir manchen Zweifeln gegenüber Epikur wohl belassen dürfen, die Meteorologie, während jener *an Menoikeus* ethischen und theologischen Fragen gilt.

Epikur war darauf bedacht, durch Auszüge aus seinen eigenen Werken und die Prägung von Merksätzen den Zugang zu seiner Lehre zu erleichtern. Eine Sammlung von vierzig Sätzen dieser Art (Κύριαι δόξαι) hat uns ebenfalls Diogenes erhalten. Während Epikur in zusammenhängender Darstellung auf künstlerische Gestaltung bis zur Formlosigkeit verzichtete, bewährt sich in diesen Sprüchen seine Fähigkeit zu eindrucksvoller Prägnanz. Man versteht es, daß es epikureische Spruchsammlungen auch außerhalb der *Kyriai Doxai* gab; eine solche (*Gnomologium Vaticanum*) mit 81 Sprüchen zu Ethik und Lebensführung wurde im vergangenen Jahrhundert in einer vatikanischen Handschrift (Vat. gr. 1950, 14. Jh.) gefunden. Was wir anführen konnten, ist im Vergleiche zu Epikurs Werk dürftig genug, auch wenn wir sein bei Diogenes erhaltenes Testament hinzunehmen. Doch gestattet es im Falle Epikurs eine ebenso originelle wie problemreiche Quellenlage, das Bild seiner Lehre in mannigfacher Weise zu vervollständigen. An griechischen Texten treten neben das, was Diogenes Laertios bietet, vor allem die Papyri aus Herculaneum[1]. In dem Raum einer Villa, die wahrscheinlich Piso gehörte, hat man die verkohlten Rollen einer Bibliothek mit vorwiegend epikureischen Texten gefunden, die zum weitaus größten Teil Philodem von Gadara zum Verfasser haben. Dieser Epikureer, in Athen Schüler Zenons von Sidon, ist in den siebziger Jahren des 1. Jahrhunderts v. Chr. nach Italien gekommen und dort Freund und Hausphilosoph jenes L. Calpurnius Piso geworden, den wir als Schwiegervater Caesars und Gegner Ciceros kennen. In jüngeren Jahren hat Philodem formal ganz ausgezeichnete, inhaltlich reichlich frivole Epigramme gemacht, deren wir etliche besitzen[2]. Sie haben auch auf die römische Liebesdichtung gewirkt. In Italien ist Philodem neben Siron, dem Lehrer Vergils, zum Leiter des epikureischen Kreises geworden, der sein Zentrum in Neapel hatte. Daß er Vergil und Horaz, der ihn *Serm.* 1, 2, 120 zitiert, persönlich kannte, dürfen wir annehmen. Cicero hat ihn aufrichtig geschätzt, so wenig er Piso mochte.

Philodem war ein Vielschreiber, von dessen zahlreichen Schriften uns die herkulanensischen Rollen eine freilich recht beschränkte Vorstellung geben[3]. Neben logischen und rhetorischen Schriften, die in epikureischem Sinne die Philosophie gegen die Ansprüche der Redelehrer verteidigen, stehen solche zur Poetik und Musik[4].

[1] B. Häsler, *Die epikureischen Texte aus Herculaneum in der Forschung zweier Jahrhunderte.* Habil.-Schr. Halle (masch.).

[2] Maßgebend bleibt G. Kaibel, *Ind. lect. Greifsw.* 1885. Texte: *Anth. Pal.* B. 5–7, 9–12 u. 16

[3] W. Liebich, *Aufbau, Absicht und Form der Pragmateiai Philodems.* Berlin-Steglitz 1960. M. Gigante, *Ricerche Filodemee.* Napoli 1966.

[4] A. J. Neubecker, *Die Bewertung der Musik bei Stoikern und Epikureern. Eine Analyse von Philodems Schrift De musica.* Berlin 1956 (D. Ak. Inst. f. gr.-röm. Altertumskunde. Arbeitsgruppe f. hellenistisch-röm. Philos. 5).

Ethik und Theologie beanspruchen ihren Platz; dazu treten Arbeiten zur Geschichte der Philosophie und die für ein weiteres Publikum verfaßten Diatriben und Dialoge[1].

Nicht alle Rollen sind gelesen, aber auch die mühsam bearbeiteten geben nur kärgliche Reste der Schriften her, die sie enthielten. Die Arbeit an den Herculanensia gehört zu den schwierigsten Aufgaben der Philologie. Sie lohnt sich aber eben deshalb, weil Philodem als Philosoph kein selbständiger Kopf war und daher als Zeuge für das tradierte System der Schule wohl zu brauchen ist. Besonders wertvoll sind uns diese Reste natürlich, wenn sie mit den Worten Epikurs selbst zu uns sprechen. So verdanken wir ihnen das Bruchstück über das Willensproblem aus dem Werk *Über die Natur*, das bedeutendste Fragment, das wir aus diesem besitzen[2]. Für die Ethik Epikurs ist ein anderer Papyrus[3] aus Herculaneum wichtig, da er allgemeine Grundzüge enthält. Für die schwierige Problematik dieser Texte ist die Debatte charakteristisch, in der bald Epikur selbst, dann wieder Philodem oder ein älterer Epikureer als Verfasser bezeichnet wurde.

Ein eigenartiges Zeugnis von der Intensität der Nachfolge nach Epikur ist die große Inschrift, die Diogenes aus dem lykischen Oinoanda um 200 n. Chr. für die Bürger seiner Stadt eingraben ließ[4]. Abschnitte aus Epikurs Lehre sind hier mit Sprüchen und zwei Briefen vereinigt, deren einer von dem Stifter der Inschrift verfaßt ist. An griechischen Quellen sind noch Plutarchs polemische Schriften gegen Epikur und Kolotes anzuschließen. Von den Lateinern hat uns Lukrez die umfangreichste Darstellung der epikureischen Lehre geschenkt. FRIEDRICH KLINGNER[5] zeigt schön, wie in dieser großen Dichtung ein leidenschaftliches Temperament die Lehre vom Frieden der Seele mit kämpferischem Geiste durchdrungen hat. Wichtig sind auch Ciceros philosophische Schriften, im besonderen *De natura deorum*, und für Seneca ist zu vermuten, daß er eine Sammlung epikureischer Sprüche benützt hat.

An der Lehre Epikurs wird die große Wendung besonders deutlich, die das philosophische Denken der Griechen seit Sokrates genommen hat. Es geht nicht mehr um Erkenntnis, die zweckfrei um ihrer selbst willen gesucht wird, letztes Ziel dieses Philosophierens ist eine Gestaltung des Lebens, die dem Menschen das höchste Maß an erreichbarem Glücke sichert. Wie das ganze System Epikurs radikal auf dieses Telos gerichtet ist, so läßt es sich auch nur von diesem aus verstehen. Die volle, gegen Bedrohung und Verlockung in gleicher Weise abgesicherte Seelenruhe – gerne vergleichen sie die Epikureer mit der Meeresstille – ist dieses Ziel, das die epikureische Lehre ihrer Erzfeindin, der Stoa, auf halbem Wege begegnen läßt. Auch für Epikur sind die unbeherrschten Affekte die großen Widersacher menschlichen Glückes. Der Furcht

[1] Die Titel (nicht immer ist die Nennung Philodems als Verfasser erhalten) und die Ausgaben in PHILIPPSONS Artikel *RE* 19, 1938, 2444. Dazu die u. verzeichneten Ausgaben SCHMIDS und DIANOS.

[2] Pap. Herc. 1056. 967. 1191. Jetzt in DIANOS Ausgabe (s. u.); vgl. WOLFG. SCHMID, *Gnom.* 27, 1955, 406. Nachträge zum 14. B. von Περὶ φύσεως WOLFG. SCHMID, *Rhein. Mus.* 92, 1944, 44.

[3] Pap. Herc. 1251. SCHMIDS Ausgabe s. u. Ders., *Der Hellenismus* (s. S. 757 A. 4), 78 mit Lit. und Übersicht über die Vorschläge in der Verfasserfrage.

[4] A. GRILLI, *Diogenis Oenoandensis fragmenta.* Milano-Varese 1960 *(Testi e documenti per lo studio dell' antichità 2).* C. W. CHILTON, *Diogenis Oenoandensis fragmenta.* Leipzig 1967.

[5] *Röm. Geisteswelt* 4. Aufl. Münch. 1961, 191.

vor allem hat er den Kampf angesagt, jener Furcht, die mit zornigen und strafenden Göttern, mit abergläubischer Deutung der Vorgänge in der Natur und drohenden Jenseitsbildern die geplagte Menschheit nie zu ruhigem Atemholen kommen lasse. Um dieses Kampfes willen hat ihn Lukrez als großen Heros und Überwinder gepriesen.

Erst in diesem Zusammenhange gewinnen Physik und Theologie Epikurs ihre Bedeutung, die nicht Forschung um ihrer selbst willen, sondern Mittel im Streite gegen die tradierte Religion sind. Demokrits Lehre, die nichts außer dem leeren Raum und den Atomen gelten läßt, war die geeignete Grundlage für eine Welterklärung ohne Angst vor dem Irrationalen. Dabei hat Epikur die Lehre Demokrits insoferne abgeändert, als er den Atomen in der Zahl ihrer Gestalten und in der Richtung ihrer Bewegung bestimmte Grenzen setzt. Die Atome können ein Größenmaß nicht überschreiten, das ihre Sichtbarkeit ausschließt, und bewegen sich in senkrechter Fallrichtung durch den Raum. Um die Weltenbildung zu erklären, brauchte Epikur freilich die fatale Parenklisis, eine leichte Abweichung einzelner Atome von der Fallrichtung, die zu Verflechtungen und Ballungen führt. Nach der Ursache ist nicht zu fragen.

Die Seele ist eine Atomverbindung wie alles andere und vergeht im Tode, der als unbedingte Auflösung nicht zu fürchten ist. Atomverbindungen sind auch die Götter, die in den Räumen zwischen den Welten (Metakosmia, Intermundia) ein seliges Leben ohne jeglichen Anteil an den innerkosmischen Vorgängen und dem Tun und Lassen der Menschen führen. Wie diese Götter der Vergänglichkeit aller anderen Atomverbindungen entzogen bleiben, wie sie von den Menschen erkannt werden und diesen in Abbildern erscheinen, die sich von ihrer Oberfläche ablösen, das alles ist mit schwierigen Interpretationsfragen verbunden, die gegenwärtig die Forschung lebhaft beschäftigen[1]. Auch hat es sich als falsche Vorstellung erwiesen, daß Epikur, im Grunde Atheist, durch seine Götterlehre einen faulen Frieden mit der Tradition geschlossen hätte. Vielmehr hat man erkannt, daß es eine epikureische Frömmigkeit gibt, die sich im Anschauen der friedvollen Seligkeit des Göttlichen erfüllt[2].

Ebenso wie der Furcht muß der Mensch aber auch der Begierde und des Schmerzes Herr werden, soll sich der Friede seiner Seele erfüllen. Die Lust hingegen hat Epikur aus der Reihe der Affekte genommen und dadurch, daß er sie mit der gesicherten Ruhe des Inneren gleichsetzte, zum letzten Ziel allen Strebens gemacht. So hohe Bewertung der Lust erinnert an Aristippos; während für diesen jedoch Lust Bewegung in besonders vorteilhafter Form bedeutet, ist sie für Epikur etwas in sich Ruhendes, der Bewegung Entzogenes. Kaum dürfte der Hinweis noch nötig sein, daß Lust für Epikur nicht die größtmögliche Summe sinnlicher Befriedigung bedeutet, mag auch

[1] G. Freymuth, *Zur Lehre von den Götterbildern in der ep. Philosophie.* Berl. (D. Ak. d. Wiss. Inst. f. hellenist.-röm. Philos. 2) 1953, mit Aufarbeitung der reichen Lit. Ders., ‹Eine Anwendung von Epikurs Isonomiegesetz›. *Phil.* 98, 1954, 101; ‹Methodisches zur ep. Götterlehre›. *Phil.* 99, 1955, 234. G. Pfligersdorffer, ‹Cicero über Epikurs Lehre vom Wesen der Götter›. *Wien. Stud.* 70, 1957, 235.

[2] Vgl. die hervorragende Arbeit von Wolfg. Schmid, ‹Götter und Menschen in der Theologie E.s›. *Rhein. Mus.* 94, 1951, 97, der sich in der Beurteilung des Lukrez mit Klingner (s. S. 733 A. 7) begegnet. Knut Kleve, *Gnosis theōn. Die Lehre von der natürlichen Gotteserkenntnis in der epikureischen Theologie.* Oslo 1963.

manche herausfordernde Formulierung der Epikureer selbst zur Vorstellung vom *porcus de grege Epicuri* geführt haben[1].

Daß für Epikur die Fundierung einer ethischen Wertlehre ungleich schwieriger war als für Platon oder die Stoa, versteht sich ohne weiteres. Das kommt bei seinen Bemühungen um den Begriff der Gerechtigkeit gut heraus. Weder in der Idee noch in der Physis ist diese begründet, aber der Weise wird sie wahren, da ihre Übertretung doch nicht verborgen bleibt und Strafe zur Folge hat. Die Gesetze des Staates, die durch Verträge zustande gekommen sind, fordern aus praktischen Erwägungen Achtung. Dem politischen Leben aber kehrt der Epikureer mit dem Leitsatz *Lebe im Verborgenen* (Λάθε βιώσας) den Rücken. Die ihm gemäße Bindung ist die Freundschaft zwischen Gleichgesinnten, deren gefühlstiefe Pflege dem Garten sein eigenes Gepräge gab.

Weit weniger als in der Stoa ist die Nachfolge nach dem Stifter für den Epikureismus von Bedeutung. Hier konnte es sich nicht um Aus- und Umbau der Lehre handeln, die schon durch die Person ihres Begründers seinen Anhängern unantastbar schien. Metrodoros von Lampsakos[2], ein besonders treuer Anhänger seines Meisters, ist vor diesem gestorben; die Leitung der Schule ging auf Hermarchos[3] und nach diesem auf Polystratos über. Beide sind auch literarisch für ihre Lehre eingetreten. Dasselbe hat Kolotes getan, der gegen Platon polemisierte und von dem wir einiges in den herkulanensischen Rollen fassen. Epikureer aus der Zeit Ciceros sind uns früher im Zusammenhange mit Philodem begegnet. Hinter all diesen Namen steht ein umfangreiches Schrifttum im Dienste der Lehre, die sich gegen vielfältige Angriffe, vor allem von stoischer Seite, zu wehren hatte.

Ebensowenig wie Speusippos und Xenokrates waren dessen Nachfolger Polemon und Krates imstande, der platonischen Akademie neue Impulse zu geben. Eine Wendung trat mit Arkesilaos aus Pitane in Äolien ein, der 268 die Leitung der Schule übernahm. Eine antike Einteilung ließ mit ihm die Mittlere Akademie beginnen[4]. Seine Lehre, die er nur mündlich weitergab, stand auf dem Boden des sokratischen Nichtwissens und leugnete die Möglichkeit, auf Grund unserer Wahrnehmung gesicherte Urteile zu erreichen. Gegner der Akademie haben behauptet, Arkesilaos habe mit dieser Zurückhaltung (ἐποχή) die Skepsis des Pyrrhon von Elis übernommen, und die Neueren haben das meist nachgesprochen. Das primäre Motiv für Arkesilaos ist jedoch die Bekämpfung der stoischen Erkenntnistheorie gewesen, die in sensualistischer Haltung die Wahrnehmungsbilder zur Grundlage aller Erkenntnis machte und dabei eine bedenkliche Scheidung von überzeugenden und nicht überzeugenden durchführte[5]. Mit seiner Abwertung der Wahrnehmungsbilder ist Arkesilaos durch-

[1] Gut gegen eine solche Auffassung Seneca, *De vita beata*, 12, 4.

[2] Die Fragmente bei A. KÖRTE, *N. Jahrb. Suppl.* 17, 1890, 531, mit den Bemerkungen bei WOLFG. SCHMID, *Reallex. f. Ant. u. Chr.* 5, 1961, 703.

[3] Die Fragmente bei K. KROHN, Diss. Berl. 1921.

[4] Über die verschiedenen antiken Einteilungen der Akademie O. GIGON, ‹Zur Gesch. der sog. Neuen Akademie›. *Mus. Helv.* 1, 1944, 62.

[5] Diese Auffassung begründet GIGON in dem wichtigen, in der vor. Anm. genannten Aufsatze. Zu Gedichten des Arkesilaos: P. VON DER MÜHLL, *Studi in onore di U. Paoli.* Firenze 1955, 717.

aus Platoniker geblieben, wie weit er für einen engeren Kreis seiner Schüler daneben die platonische Lehre von den Ideen vertrat, bleibt problematisch[1]. Der Kampf gegen die Stoa erweiterte sich unter Karneades von Kyrene (214–129) zur Polemik gegen die Philosophie aller denkbaren Richtungen. Karneades, der 155 als Teilnehmer der Philosophengesandtschaft nach Rom ging, hat die Akademie von dieser Zeit bis 137 geleitet. Schriftliches hat auch er nicht hinterlassen, Schüler, vor allem Kleitomachos, haben seine Lehre aufgezeichnet.

Die Einsicht, daß die Akademie in einer derart universalen Polemik den Boden unter den Füßen verliere, führte unter Philon von Larissa zur Reaktion. Er beschränkte seinen Kampf auf den stoischen Wahrheitsbegriff und setzte den platonischen wieder in sein volles Recht. Im Mithradatischen Kriege ist er nach Rom geflüchtet und hat dort als Lehrer bestimmenden Einfluß auf Cicero gewonnen[2]. Viel weiter als Philon ist Antiochos von Askalon[3] gegangen, den Cicero in Athen hörte. Er wollte die Brücke zu möglichst vielen Systemen schlagen und suchte den Weg zum echten Platonismus durch ein Zusammenschauen der altakademischen, stoischen und peripatetischen Tradition. Es ist bezeichnend, daß Cicero (*Ac.* 2, 132) von ihm sagte, daß er *Academicus* hieß, aber nur ganz wenig zu ändern brauchte, um ein *germanissimus Stoicus* zu sein. Durch einen so weit geführten Eklektizismus geriet er in Gegensatz zu Philon und damit in einen Streit, der paradigmatisch für den Anspruch verschiedener Richtungen ist, den wahren Platon zu besitzen. Die Möglichkeit solchen Streites ist tief in den Aspekten der platonischen Philosophie begründet. Jener der mystischen Schau bleibt in dieser Epoche weit im Hintergrund, er wird in einem späteren Abschnitt des Platonismus mit großer Macht hervortreten.

Von bedeutenden Peripatetikern aus der ersten Zeit der Schule sind uns Eudemos, Aristoxenos und Dikaiarchos bereits im Zusammenhange mit Aristoteles begegnet. Dort lernten wir auch Theophrast aus Eresos auf Lesbos als seinen Schüler, Mitarbeiter und Freund seit Assos kennen. Als Aristoteles 322 starb, konnte er keinen besseren Nachfolger finden als diesen Gefährten seiner Forschungen. Theophrast hat die Schule geleitet, bis er 288/87 oder 287/86 im Alter von 85 Jahren starb. Der Blüte des Peripatos in dieser Zeit – es wird eine Gesamtzahl von 2000 Schülern überliefert – entsprach sein persönliches Ansehen. War er auch Metöke, so konnte er doch durch das Einschreiten des Demetrios von Phaleron Grundbesitzer werden, und ein Asebieprozeß, den Hagnonides zwischen 319 und 315 gegen ihn anstrengte, scheiterte kläglich. Damit hat dieses unrühmliche Kapitel athenischer Geschichte seinen Abschluß gefunden. Die Abwehr des Anschlages, den ein Sophokles (s. S. 619) gegen die Lehrfreiheit der Philosophen führte, war nicht zum letzten dem Gewicht seines Protestes zu danken. Als man ihn zu Grabe trug, bewies die Anteilnahme der Stadt,

[1] Material bei GIGON, a. O. 55.

[2] A. WEISCHE, *Cicero und die Neue Akademie. Untersuchungen zu Entstehung und Geschichte des Antiken Skeptizismus.* Münster 1961 (Orbis antiquus H. 18).

[3] A. LUEDER, *Die philos. Persönlichkeit des Antiochos von Askalon.* Diss. Gött. 1940. G. LUCK, *Der Akademiker Antiochos. Noctes Romanae* 7. 1953. Weitere Angaben bei A. WLOSOK, *Laktanz und die philos. Gnosis. Abh. Ak. Heidelb. Phil.-hist. Kl.* 1960/2, 50, A. 2. Zu Philon: K. v. FRITZ, *RE* 19, 1938, 2535.

was er in ihr gegolten hatte. Das Testament ist von Diogenes Laertios im fünften Buche seiner Philosophengeschichte erhalten, das mit Biographie und Schriftenverzeichnis unsere wichtigste Quelle für Theophrast ist.

Sein gewaltiges Werk zeigt dieselbe Universalität wie das seines Meisters. Wie weit sich die Stoffgebiete decken, wird an der Wiederkehr von Titeln wie *Analytika*[1], *Topika*, *Poetik* und Themen wie Physik, Meteorologie oder Tierkunde besonders deutlich. Seine wissenschaftlichen Veröffentlichungen stehen wie die Pragmatien des Aristoteles in engem Zusammenhange mit seiner Vorlesungstätigkeit; wir haben dafür ein wertvolles Selbstzeugnis aus einem Briefe an Phainias bei Diog. Laert. 5, 37[2].

Auch das Wenige, was uns von Theophrast erhalten ist, spricht von der Weite seiner Interessen. Ganz auf der Linie aristotelischer Naturforschung liegen die beiden botanischen Werke: *die Pflanzenkunde* in neun Büchern (Περὶ φυτικῶν ἱστοριῶν α′–θ′) und die sechs Bücher *Über die Ursachen der Pflanzen* (Φυτικῶν αἰτιῶν α′–ς′). Die beiden Werke stehen ähnlich zueinander wie des Aristoteles *Tierkunde* zu den aitiologischen Schriften aus zoologischem Bereiche, wenngleich Unterschiede kenntlich werden, die Theophrasts wissenschaftliche Persönlichkeit im Ganzen betreffen. Seine stärkere Neigung zur Empirie verbindet sich mit Zurückhaltung gegenüber spekulativen Lösungen und konstruktiver Synthese. Statt fester definitorischer Abgrenzungen finden sich häufig gleitende Übergänge. Vor allem aber zeigt sich in ihm der wissenschaftliche Arbeiter stärker als der Philosoph, wenn er ein Problem in allen seinen Dimensionen entwickelt, auf eine sichere Lösung aber verzichtet. Ganze Ketten von Problemfragen, wie sie sich in den Pflanzenschriften, aber auch in Bruchstücken anderer Werke finden, sind für diese Haltung kennzeichnend. Daß wir für die botanischen Arbeiten weder die Autopsie des Theophrast noch die Bedeutung des Alexanderzuges überschätzen dürfen, daß an diesen Werken vielmehr eine dichte Tradition und Berichterstattung verschiedener Art ihren Anteil haben, zeigt REGENBOGEN in der grundlegenden Monographie seines *RE*-Artikels. Für die Geschichte der Botanik[3] ist es wichtig, daß uns in Theophrast zum erstenmal ein Autor begegnet, dessen botanisch-naturwissenschaftliches Interesse nicht allein medizinisch gerichtet ist.

Neben die beiden genannten Werke treten aus gänzlich verschiedenem Bereiche die *Charaktere* (Ἠθικοὶ χαρακτῆρες), deren wir bereits im Zusammenhange mit Menander (S. 720) gedachten. Theophrast vereinigt hier dreißig skizzenhafte Menschenbilder, lebensvoll gezeichnete und außerordentlich fein differenzierte Typen, deren allgemein menschliche Schwächen sich in buntem attischem Kostüm darstellen. Das Prooimion und die moralisierenden Epiloge zu einzelnen Stücken sind unechte Zutat. Die Frage nach der Absicht des Werkchens – sie soll uns die Freude an so viel treffender Beobachtung nicht mindern – hat noch keine befriedigende Antwort gefunden. Es will aber

[1] J. M. BOCHEŃSKI, *La logique de Théophraste*. Fribourg 1947.

[2] Zur Deutung REGENBOGEN, *RE* S 7, 1940, 1359, 36.

[3] Eine Übersicht über die Geschichte der griechischen Botanik findet sich in der Einleitung bei MARGARET H. THOMSON, *Textes grecs inédits relatifs aux plantes*. Paris 1955. Dort auch Lit. Diese Texte sind schwer zu datieren, gehören aber durchwegs später Zeit an, was aber nicht für die in ihnen weitergegebene Tradition gelten muß. Dazu R. STRÖMBERG, *Griech. Pflanzennamen. Göteborgs högskolas årsskrift* 46/1, 1940.

bedacht sein, daß Theophrast damit nicht allein stand, Philodem hat in der Schrift Περὶ κακιῶν Proben von Charakterbildern des Ariston von Keos erhalten. Hier scheint es sich um eine seelendiätetische Schrift zu handeln. Sind da Schlüsse auf Theophrast erlaubt[1]?

Von anderen Werken des Theophrast wurde seine grundlegende Doxographie Φυσικῶν δόξαι zu Aristoteles (S. 647) genannt. Die lange mit Zuversicht vertretene Einordnung des Fragmentes *De sensibus* in das große Werke ist fraglich geworden[2], doch hat die hier erkennbare Vereinigung von Referat und ausgezeichneter Kritik zweifellos die Struktur dieser Doxographie bestimmt. Seine eigenen physikalischen Theorien hat Theophrast in den bei Diogenes Laert. (5, 46) angeführten 18 Büchern περὶ φυσικῶν dargelegt[3].

Nur zwei der vielen Arbeitsgebiete Theophrasts seien noch kurz gestreift. Neben seinen zahlreichen Untersuchungen zu ethischen Fragen traten auch solche zu Religion und Kultus. Einigermaßen kenntlich wird uns davon die Schrift *Über die Frömmigkeit* (Περὶ εὐσεβείας) durch Exzerpte im zweiten Buche von Porphyrios *De abstinentia.* Im Sinne einer Verinnerlichung des Kultus hat Theophrast manche Unsinnigkeit verworfen, im besonderen die blutigen Opfer, wobei ihn neben der Annahme einer Entwicklung aus unschuldigerem Brauchtum seine Überzeugung leitete, daß alle lebenden Wesen durch natürliche Verwandtschaft verbunden seien.

Eingehend beschäftigte sich Theophrast mit der Rhetorik, und hier hat vor allem seine Lehre von den vier *virtutes dicendi* (ἑλληνισμός, σαφήνεια, πρέπον, κατασκευή) weitergewirkt, die J. STROUX[4] aus Cicero, *Orat.* 75 ff. gewonnen hat[5].

[1] Neuere Ausgaben: *I caratteri* a cura di E. LEVI. Milano 1956. M. F. GALIANO, *Los caracteres. Ed. biling.* Madrid 1956. G. PASQUALI, *I caratteri.* Testo, introd., trad. e comm. 2. ed. Firenze 1956 (besorgt von V. DE FALCO. Reiche Lit.-Angaben). P. STEINMETZ, *Th.s Charaktere herausg. u. erkl. Wort der Antike* 7. 2 Bde. Münch. 1960, 1962. R. GLENN USSHER. *Th. The Caracters with introd., comm. and index.* Lond. 1960. – Zur Zielsetzung REGENBOGEN, a. O. 1507 ff. Bedenken bei WOLFG. SCHMID, *Der Hellenismus* (s. S. 757 A. 4), 77, 1. Förderlich für die peripatetische Charakterschilderung W. BÜCHNER, ‹Über den Begriff der Eironeia›. *Herm.* 76, 1941, 339. D. J. FURLEY, ‹The purpose of Th.s' Characters›. *Symb. Osl.* 30, 1950, 56, hat die Theorie von O. IMMISCH, *Phil.* 57, 1898, 193, wieder aufgenommen, es handle sich um ein Parergon zu Theophrasts rhetorischen Arbeiten, um die theoretische Anweisung durch praktische Beispiele zu beleben. Anders P. STEINMETZ, ‹Der Zweck der Charaktere Th.s›. *Ann. Univ. Saraviensis. Phil.-Lettres* 8/3, 1959, 209, mit gutem Überblick über die Problemgeschichte; ders. ‹Menander u. Th.› *Rhein. Mus.* 103, 1960, 185. Er sieht in den *Charakteren* Polemik im Zeichen der aristotelischen θεωρία gegen die ethische Abzweckung der Philosophie, indem das unveränderliche Wesen der Durchschnittsmenschen gezeigt wird. Angesichts so verschiedener Ansichten mag die Frage erlaubt sein, ob wir bei diesen prächtigen παίγνια mit einer scharf bestimmbaren Zielstellung überhaupt zu rechnen haben. U. ALBINI, ‹I caratteri di Teofrasto›. *Maia* 15, 1963, 259. Zur Ausgabe von STEINMETZ: M. SICHERL–K. GAISER, *Gnom.* 36, 1964, 17. Diese Besprechung ist für Überlieferung, Absicht und Komposition der *Charaktere* wichtig. GAISER nimmt mit USSHER (a. O. 3) an, «daß die Schrift im Zusammenhang mit poetischen Studien entstanden sei, etwa als Anregung für die Gestaltung entsprechender Typen in der Komödie.»

[2] REGENBOGEN, a. O. 1399, 56 u. 1537, 26.

[3] Zu Paralleltiteln und zur Problematik der Aufteilung der Fragmente H. B. GOTTSCHALK, *Gnom.* 39, 1967, 18.

[4] *De Theophrasti virtutibus dicendi.* Leipz. 1912. Dazu F. WEHRLI, *Phyllobolia für Peter Von der Mühll.* Basel 1946, 29.

[5] Für Hamb. Pap. 128 (*Griech. Pap. der Hamburger Staats- u. Univ. Bibl.* Hamb. 1954, 36), geschrieben vor 250 v. Chr. (vgl. *Arch. Pap. Forsch.* 16, 1956, 108), ist Herkunft aus Theophrasts Περὶ λέξεως zu vermuten. Über Fragmente aus Theophrasts Schrift *Über die Musik* bei dem mittelalterlichen, arabisch schreibenden Philosophen Šahrastānī: FR. ALTHEIM und R. STIEHL, *Gesch. d. Hunnen* 3, Berl. 1961, 131.

Leider bleibt es uns versagt, bestimmte Angaben über die Schrift Περὶ ἱστορίας zu machen, doch ist es wahrscheinlich, daß Theophrast hier theoretische Fragen der Geschichtschreibung behandelte[1].

Theophrast hat für die Forschung lange im Schatten des Aristoteles gestanden. Neuere, REGENBOGEN vor allem, wußten ihm besser gerecht zu werden und haben gezeigt, in wie vielen Punkten er selbständig gewesen ist, um nur die Lehre von den Urteilen, die Seelenvorstellung[2], die Kritik des aristotelischen Raumbegriffes zu nennen. Aufs Ganze gesehen bleibt er freilich der größte Fortsetzer des aristotelischen Werkes, Fortsetzer auch insoweit, als unter ihm jene Emanzipation der Einzelwissenschaften von der Philosophie weiterging, die sich in Alexandreia vollenden sollte.

Den wissenschaftlichen Geist des Peripatos wahrte auch Theophrasts Nachfolger Straton aus Lampsakos, der unter Demokrits Einfluß einer rein physikalischen Erklärung der Erscheinungen und einem monistischen Weltbild zustrebte. Sein Interesse galt den physiologischen Funktionen; als solche faßte er auch das seelische Leben, so daß er jeden unsterblichen Seelenteil leugnete. Auch alles Zoologische sah er in solchen Zusammenhängen, mochte es sich um Fortpflanzung, Embryologie oder Mißgeburten handeln. Lykon, der vierundvierzig Jahre lang die Schule leitete, war auf ihre Wirkung nach außen bedacht, und auch Ariston von Keos wußte ihr keinen neuen Auftrieb zu geben. Seinen Nachfolger Kritolaos aus Phaselis kennen wir als Teilnehmer der Philosophengesandtschaft, die 155 in Rom so viel Bewunderung und Widerspruch erregte. Er trug sein Teil zur Auseinandersetzung mit der Rhetorik bei. Aber erst Andronikos aus Rhodos, der etwa 70–50 der Schule vorstand, hat ihrer Arbeit durch seine Veröffentlichung der aristotelischen Lehrschriften (s. S. 650) neue Impulse gegeben.

Damit, daß sich die Interessen des Peripatos von Anfang an über rein philosophische Fragestellung hinaus erstreckten, hängt die Weite der Schriftstellerei zusammen, die auf diesem Boden gedieh. Eindrucksvollstes Beispiel dafür ist Demetrios von Phaleron, Schüler Theophrasts und als Vertrauensmann Kassanders in der Eigenschaft eines Epimeleten 317–307 Regent der Stadt. Seine kluge und maßvolle Herrschaft, bei der er den Philosophenschüler nicht verleugnete[3], fand durch Demetrios Poliorketes ihr Ende. Er floh zunächst nach Theben und ging, vielleicht nach einem Aufenthalt in Makedonien, an den Hof des Ptolemaios I. Sein Anteil an der Kulturpolitik dieses Herrschers, an der Gründung von Museion und Bibliothek ist nicht genau zu bestimmen, aber kaum gering gewesen. Wenn Ptolemaios auf seinen Rat den Peripatetiker und späteren Schulvorstand Straton als Erzieher seiner Kinder nach Ägypten rief, so wird auch hierin die Linie deutlich, die vom Peripatos nach Alexandreia läuft. Der Thronwechsel war für Demetrios verhängnisvoll: Ptolemaios Philadelphos wies ihn vom Hofe, in Oberägypten hat er den Tod gefunden.

[1] Vgl. F. W. WALBANK, *Gnom.* 29, 1957, 418.

[2] Vgl. auch E. BARBOTIN, *La théorie Aristotélicienne de l'intellect d'après Théophraste.* Louvain 1954 (mit viel Lit.).

[3] Gut darüber E. BAYER in seiner Monographie *D. Phalereus der Athener. Tüb. Beitr.* 36, 1942. Nachdr. Darmstadt 1969.

Wir haben Demetrios bereits als Herausgeber einer Sammlung von Aisopfabeln (S. 185) und von Sprüchen der Sieben Weisen (S. 188) kennengelernt. Das ist für die Interessen des Mannes bezeichnend, der als Regent für Vorträge homerischer Dichtung an den thymelischen Agonen sorgte und neben einem *Homerikos* Interpretationsschriften zur *Ilias* und zur *Odyssee* verfaßt hat. Die zahlreichen bekannten Titel zeugen von einer Schriftstellerei, die sich über Philosophie, Rhetorik, Geschichte und Politik erstreckte. In einer systematischen Darstellung des athenischen Staatswesens (Περὶ τῆς Ἀθήνησι νομοθεσίας) und einer Schilderung der Verfassungen der Stadt in ihrer Abfolge (Περὶ τῶν Ἀθήνησι πολιτειῶν) sehen wir ihn auf Aristoteles' Spuren. Die *Aufzeichnung der Archonten* (Ἀρχόντων ἀναγραφή) trug chronikartigen Charakter; in den Schriften *Über die Zehn Jahre* (Περὶ δεκαετίας) und *Über die Verfassung* (Περὶ πολιτείας) hat er Rechenschaft über sein Regiment gelegt. Mitunter bediente er sich dialogischer Form. Auch Päane an Sarapis, der ihm die Augen heilte, sind bei Diogenes Laertios (5, 76) bezeugt[1].

Nicht von dem Phalereer stammt der *Libellus de elocutione* (Περὶ ἑρμηνείας)[2], eine Schrift des 1. nachchristlichen Jahrhunderts und wohl peripatetischen Ursprungs, die vom sprachlichen Ausdruck und seinen Mitteln handelt. Ebenfalls unecht ist die Schrift *Über Arten des Briefes* (Τύποι ἐπιστολικοί), ein geistlos schematischer Traktat. Die Ähnlichkeit mit einer späten, in der einen Fassung dem Libanios, in der anderen dem Proklos unterschobenen Schrift (Ἐπιστολιμαῖοι χαρακτῆρες) rechtfertigt Wehrlis[3] Datierung in die späte Kaiserzeit gegen den wesentlich früheren Ansatz anderer.

Von den zahlreichen übrigen peripatetischen Autoren weckt Praxiphanes unser Interesse durch die Nachricht, er habe sich mit dem Aufbau einer wissenschaftlichen Grammatik beschäftigt und sei Lehrer des Kallimachos und Arat gewesen. Gegen das, was er *Über Dichter* und *Über Dichtungen* sagte, hat Kallimachos (s. u.) polemisiert. In seiner Schrift Περὶ ἱστορίας hat er sich wohl ebenso wie Theophrast mit theoretischen Fragen auseinandergesetzt. Ein rechter Vielschreiber war Klearchos von Soloi, dessen Werk *Über Lebensformen* (Περὶ βίων 8 B.; derselbe Titel ist für Theophrast bezeugt) ebenso auf der peripatetischen Linie liegt wie eine *Knochenlehre* (Περὶ σκελετῶν). Interessant ist er für uns als Vertreter jener Richtung im Peripatos, die sich der Akademie näherte. Platon hat er in einem Enkomion gepriesen, der *Politeia*, vielleicht auch dem *Timaios* hat er Interpretationen gewidmet. Gegen die naturwissenschaftlich-rationale Forschung der Zeit befand er sich in Abwehrstellung, hierin dem Herakleides Pontikos ähnlich, der *Über die Frömmigkeit* schrieb und in den erhaltenen Bruchstücken mehrfach seinen Wunderglauben zu erkennen gibt. Klearchos ließ in seiner Schrift Περὶ ὕπνου Aristoteles an einem Gespräch teilnehmen, in dessen Verlauf der Naturforscher durch die Erzählung wunderbarer Jenseitserlebnisse zum Glauben an die Unsterblichkeit der Seele gebracht wird.

[1] Zweifel bei Wehrli zu fr. 200.

[2] Ausgabe von L. Radermacher, Leipz. 1901 (ed. ster. Stuttgart 1967). Dazu F. Solmsen, *Herm.* 66, 1931, 241. D. M. Schenkeveld, *Studies in Dem. On style.* Amsterdam 1964.

[3] Zu Demetrios fr. 203.

Peripatetische Schriftstellerei hat sich besonders üppig nach der historisch-biographischen Seite hin entwickelt und hier Traditionsmassen geschaffen, die durch vielfache Verzweigungen bis ans Ende der Antike wirksam blieben. Dabei erleben wir das seltsame Schauspiel, daß Leute, die sich für geistige Nachfahren des Aristoteles hielten, mit der Überlieferung in völlig kritikloser Weise umgingen.

Ein Überläufer von der Akademie, in der er Antiochos von Askalon angehangen hatte, ist Ariston von Alexandreia[1] gewesen. Seine Geburt ist um 105 v. Chr. anzusetzen. Er verfaßte Kommentare zu den Kategorien und den Analytika des Aristoteles, vielleicht auch ein Buch über den Nil. Erhalten sind nur geringe Fragmente, doch läßt W. Theiler mit ihm die Philosophie in Alexandreia erwachen.

Am meisten sind wir denen zu Dank verpflichtet, die im eigenen Hause blieben und die Geschichte der Philosophenschulen begründeten: Antisthenes von Rhodos und Sotion von Alexandreia, die beide im 2. Jahrhundert v. Chr. ihre *Diadochai* schrieben. Das umfangreiche Werk des Sotion hat unter Ptolemaios VI. Philometor ein Herakleides Lembos, der auch Historisches schrieb, in sechs Büchern exzerpiert. Die von Sotion geschaffene Form blieb bis zu Diogenes Laertios wirksam, der selbst in der Fortsetzung peripatetischer Tradition steht.

Ein besonders üppiges Leben entwickelte die peripatetische Biographie[2], seit Aristoxenos, den wir als Musiktheoretiker kennenlernten (S. 648), mit seinen Biographien vorangegangen war. Ansätze zu biographischer Darstellung hat es in der griechischen Literatur der voraufgegangenen Zeit verschiedene gegeben. So hat man wiederholt an Platons *Apologie* erinnert und darf Elemente dieser Art auch in den Schriften der übrigen Sokratiker vermuten. Xenophon gibt mit der *Kyrupädie* ein Beispiel für den Erziehungsroman und mit dem *Agesilaos* ein solches für enkomiastische Literatur, die biographische Angaben nicht entbehren kann. Man hat neuerdings noch weiter zurückgegriffen und Elemente der Biographie bei Herodot, vor allem in seiner Darstellung des Kyros und Kambyses, in geringerem Maße in jener des Miltiades und Themistokles, aufgewiesen. In allen diesen Fällen bleibt es aber bei Ansätzen, der starke Impuls, den die Entwicklung der Biographie vom Peripatos aus erhalten hat, steht außer Frage. Zwei Umstände erweisen sich hier als besonders wirksam: zunächst das Interesse an den großen Denkern, den Schulgründern vor allem, deren Leben als Bestätigung der von ihnen vertretenen Prinzipien verstanden sein wollte; zum andern aber hatte Aristoteles in den ethischen Schriften seine Auf-

[1] *Ind. Herc. Acad.* col. 35,8–15, ed. S. Mekler. H. Dörrie im Kl. Pauly s. v. I. Mariotti, *Aristone d'Alessandria. Edizione e interpretazione.* Bologna 1966, der, anders als Dörrie Identität des Verfassers der Kommentare mit dem des Buches über den Nil annimmt. W. Theiler, *Gnom.* 40, 1968, 307.

[2] Ausgang bleibt F. Leo, *Die griech.-röm. Biographie nach ihrer litt. Form.* Leipz. 1901. Doch hat W. Steidle, *Sueton und die antike Biographie. Zet.* 1. Münch. 1951 (bes. 166), gegen die Scheidung einer peripatetischen Biographie, die chronologisch schildert und künstlerisch gestaltet, von einem nach Sachgruppen ordnenden Schema, das von den alexandrinischen Grammatikern stamme, berechtigte Einwände erhoben. Wichtig für die Ursprünge der griech. Biographie, für ihren Unterschied von der modernen und im besonderen für die Bedeutung der ethisch-psychologischen Begriffe des Peripatos in ihrer Tradition: A. Dihle, *Studien zur griech. Biographie. Abh. Ak. Gött. Phil.-hist. Kl,* 3. 37, 1956. Zu Herodot Helene Homeyer, ‹Zu den Anfängen der griech. Biographie›. *Phil.* 106, 1962, 75.

merksamkeit auf die verschiedenen Typen der Lebensführung gerichtet. Daran schloß sich im Peripatos eine reiche Literatur Περὶ βίων, über die Lebenswahl, und es konnte nicht ausbleiben, daß in ihr reichlich mit Beispielen gearbeitet wurde. Und ebenso wenig war es vermeidbar, daß gerade in Literatur dieser Art Anekdotisches und Novellistisches in breiter Flut einströmte.

Von Aristoxenos sind Monographien über Pythagoras, Archytas, Sokrates, Platon und Telestes, den Dithyrambiker (s. S. 467), belegt, auch schrieb er *Über Tragödiendichter* und *Über Auleten*, doch ist es fraglich, ob diese Monographien in einem Sammelwerk vereinigt waren[1]. Fruchtbar auf diesem Gebiete war Chamaileon, der neben zahlreichen anderen Schriften, so einer *Über das Satyrspiel* (Περὶ σατύρων), in einer Fülle von Biographien Dichter aller Gattungen und Zeiten behandelte. Auch Autoren, in deren Schaffen die Biographie keinen so breiten Raum einnimmt, lassen noch die Freude an anekdotischem oder legendenhaftem Material erkennen. So Phainias aus Eresos auf Lesbos, der *Über die sizilischen Tyrannen* (Περὶ τῶν ἐν Σικελίᾳ τυράννων) und *Die Beseitigung von Tyrannen aus Rache* (Τυράννων ἀναίρεσις ἐκ τιμωρίας schrieb[2]. Hieronymos von Rhodos[3] war in philosophische Polemik mit Lykon und Arkesilaos verwickelt, wo er aber biographisches Material verwertete, scheint er es nicht besser getan zu haben als die anderen. Von biographischer Schriftstellerei solchen Stiles haben wir ein erschütterndes Beispiel durch einen Papyrus (nr. 1456 P.) erhalten, der aus dem sechsten Buche des biographischen Werkes des Satyros[4] stammt und Teile einer Euripidesvita enthält, die den Geist peripatetischer Tatsachenforschung in äußerster Entartung zeigt. Neu war für uns die dialogische Form dieser Biographien, die zu Anfang des 2. Jahrhunderts v. Chr. geschrieben sind, für ihren Inhalt aber können wir nur eine Kritiklosigkeit feststellen, die sich mit Überlieferung jeder Art zufrieden gibt. Was in diesem literarischen Raum an Biographien entstand, wurde von zahlreichen Autoren – wir nennen nur die Kallimacheer Hermippos von Smyrna und Istros von Kyrene mit ihren Sammelwerken – weitergegeben und ist dabei kaum besser geworden. Wenn wir den heillosen Zustand der antiken Biographie, der hier seinen Ursprung hat, und das Absinken kritischen Geistes beklagen, dürfen wir eines mildernden Umstandes nicht vergessen: Die antiken Biographen standen einer mit neuzeitlichen Verhältnissen nicht vergleichbaren Armut der Quellen gegenüber. Da war denn jegliche Nachricht willkommen, im besonderen aber wurde den Werken der Dichter selbst mehr an Zeugnissen abgepreßt, als sie hergeben konnten. Und bei dem üppigen Wuchern des Anekdotischen hat wohl jene Lust am Fabulieren in nicht geringem Maße mitgewirkt, die auf ionischem Boden die Novelle so fröhlich hat blühen lassen.

[1] S. Wehrli zu fr. 10.

[2] Über Phainias, Theophrast und die Tyrannis in Eresos vgl. Regenbogen (s. S. 773 A. 2), 1359, 20.

[3] F. Wehrli, *Die Schule des Aristoteles* 10. 2. Aufl. Basel 1969.

[4] Gr. Arrighetti, *Satiro, Vita di Euripide*. Pisa 1964. Literatur zu hagiographischen Parallelen zur dialogischen Form der Biographie verzeichnet S. R. West, *Gnom.* 38, 1966, 547, 1. Ein größeres Stück aus der Schrift des Satyros Περὶ τῶν τῆς Ἀλεξανδρείας δήμων bietet Ox. Pap. 27, 1962, nr. 2465. «The fragments vindicate for Satyrus the character of a serious historian of Alexandria.»

Für die Entwicklung der hellenistischen Philosophie, die wir hier überblickten, war das Jahrzehnt 270–260 von besonderer Bedeutung. PETER STEINMETZ hat gezeigt[5], wie in den verschiedenen Systemen zu dieser Zeit die Erkenntnistheorie zum Grundproblem wurde, überall aber in der Skepsis stecken blieb. Diese Krise führte zu einem weitgehenden Verzicht auf Naturphilosophie und Dialekt und zu einem verstärkten Vorrang der Ethik, deren seelendiätetische Funktion nachdrücklicher hervortrat als eine allgemeine Theorie des Handelns. Bei aller Verschiedenheit im einzelnen darf man hier von einem gemeinsamen Grundzug der hellenistischen Philosophie sprechen.

In der Regel sind nur Arbeiten angeführt, die O. GIGONS Bibliographie (s. S. 199) ergänzen können. Besonders sei noch auf *Fifty Years of Class. Scholarship*, Oxf. 1954, 141ff. und WOLFG. SCHMIDS Übersicht in *Der Hellenismus in der deutschen Forschung 1938–1948*. Wiesb. 1956, 72, verwiesen. Für diesen Abschnitt: C. J. DE VOGEL, *Greek Philosophy. A Coll. of Texts with Notes and Explanation*. 3: *The Hellenistic-Roman Period*. Leiden 1959. Für das Nachleben: H. HAGENDAHL, *Latin Fathers and the Classics*. Göteborg 1958. Weitere Lit. in den Anmerkungen. –

Kyniker: Einführung in die kynische Diatribe im Übersetzungsband von W. CAPELLE, *Epiktet, Teles und Musonios*. Zürich 1948 *(Bibl. d. Alten Welt)*. Teles: O. HENSE, *Teletis reliquiae*. 2. Aufl. Tüb. 1909; repr. 1965 (auch für Bion). Menippos: vgl. S. 756 A. 3. Phoinix und Kerkidas: A. D. KNOX: *Herodes, Cercidas and the Greek choliambic poets*. Lond. 1929. I. U. POWELL, *Collectanea Alexandrina*, Oxf. 1925, 201. 231. *Anth. Lyr.* D. fasc. 3, p. 124 u. 141 mit Lit. A. PENNACINI, *Cercida e il secondo cinismo. Atti di Acad. d. Scienze di Torino* 90, 1955/56. Vgl. S. 756 A. 5. – Timon: H. DIELS, *Poetarum philos. fragmenta*. Berl. 1901, 173.

Stoa: Die Texte: H. v. ARNIM, *Stoicorum veterum fragmenta*. 4 Bde. (Bd. 4 enthält Indices). Leipz. 1903–1924; repr. Stuttgart 1964. M. HADAS, *Essential Works of Stoicism*. New York 1961. Die wichtigste Darstellung gibt M. POHLENZ, *Die Stoa. Geschichte einer geistigen Bewegung*. 2 Bde. Gött. 1948/49, 3. Aufl. 1964. Dort reiche Lit., auch die wichtigen Einzeluntersuchungen von POHLENZ zu Problemen der Stoa. Von dems. Übersetzung der wichtigsten Zeugnisse mit Einführung und verbindendem Text: *Stoa und Stoiker*. Zürich 1950 *(Bibl. d. Alten Welt)*. Ferner P. BARTH–A. GOEDECKEMEYER, *Die Stoa*. 6. Aufl. Stuttg. 1941. E. HOFFMANN, *Leben und Tod in der stoischen Philosophie*. Heidelb. 1946. R. BULTMANN, *Das Urchristentum im Rahmen der antiken Religionen*. Zürich 1949 (im 4. Kap. Ideal des stoischen Weisen). G. NEBEL, *Griech. Ursprung*. Wuppertal 1948, 319. E. SCHWARTZ, *Ethik der Griechen*. Stuttg. 1951, 149. S. SAMBURSKY, *Physics of the Stoics*. London 1957. L. EDELSTEIN, *The Meaning of Stoicism*. Cambridge Mass. 1966 (Vier Vorträge). Einzelne Stoiker: G. VERBEKE, *Kleanthes von Assos*. Brüssel 1949. J. B. GOULD, *The Philosophy of Chrysippus*. Leiden 1970 (Philosophia antiqua 17). M. VAN STRAATEN, *Panaetii Rhodii fragmenta*. 3. ed. amplificata. Leiden 1962. G. PICHT, *Die Grundlagen der Ethik des Panaitios*. Diss. Freib. i. Br. 1942 (ungedr.). A. GRILLI, ‹Studi Paneziani›. *Stud. It.* 29, 1957, 31. Für Poseidonios gibt eine Synopsis großen Formats K. REINHARDT, *RE* 22, 1953, 558–826. Seine drei Bücher zu Poseidonios sind S. 765 A. 5 genannt. Einen Beitrag zu der von L. EDELSTEIN angekündigten Sammlung der Fragmente des P. gibt F. KUDLIEN, ‹P. und die Ärzteschule der Pneumatiker›. *Herm.* 90, 1962, 419. G. PFLIGERSDORFFER, *Studien zu Poseidonios*. Sitzb. Öst. Ak. Phil.-hist. Kl. 232/5. 1959. W. SPOERRI, *Späthellenistische Berichte über Welt, Kultur und Götter*. Schweiz. Beitr. z. Altertumswiss. 9. Basel 1959. MARIE LAFFRANQUE, *Poseidonios d'Apamée. Essai de mise au point*. Paris 1965. H. STRASBURGER, ‹Poseidonios on problems of the Roman Empire›. *Journ. Rom. Stud.* 1965, 40. M. UNTERSTEINER, *Posidonio nei placita di Platone secondo Diogene Laerzio III*. Brescia 1970 (mit reicher Lit.).

Epikureismus: Ph. DE LACY, ‹Some recent publications on E. and Epicureanism (1937–1954)›. *Class. Weekly* 48, 1954/5, 167. 232. Lit. auch in GIGONS Übers. (s. u.). Die beste Information

[5] ‹Die Krise der Philosophie in der Zeit des Hochhellenismus›. *Ant. u. Abendl.* 15, 1969, 122.

bietet der große Epikur-Artikel von Wolfg. Schmid im *Reallex. f. Ant. u. Christent.* 5, 1961, 681. Dort (816) auch reiche Lit. und der Hinweis auf eine von B. Häsler vorbereitete vollständige Bibliographie. Die Texte: H. Usener, *Epicurea.* Leipz. 1887; repr. Rom 1963; ed. ster. Stuttgart 1966. C. Bailey, *Epicurus.* Oxf. 1926. G. Arrighetti, *Epicuro, Opere.* Turin 1960, besonders für die Reste der verlorenen Werke wichtig. P. von der Mühll, *Epicuri epistulae tres et Ratae sententiae.* Leipz. 1922; ed. ster. Stuttgart 1966. Emilie Boer, *Epikur, Brief an Pythokles.* Berl. (D. Ak. d. Wiss. Inst. f. hellenist.-röm. Philos. 3) 1954. C. Diano, *Epicuri Ethica.* Firenze 1946. Herkulanensische Rollen: A. Vogliano, *Epicuri et Epicureorum scripta in Herculanensibus papyris servata.* Berl. 1928. Dazu K. v. Fritz, *Gnom.* 8, 1932, 65. Ein wichtiges ethisches Fragment (s. S. 769 A. 3): Wolfg. Schmid, *Ethica Epicurea. Pap. Herc.* 1251. Leipz. 1939. Die Briefe in den Πραγματεῖαι Philodems: C. Diano, *Lettere di Epicuro e dei suoi.* Firenze 1946. Ders., ‹Lettere di E. agli amici di Lampsaco, a Pitocle e a Mitre›. *Stud. It.* 23, 1948, 59. J. J. Thierry, *The Epistle to Diognetus.* Leiden 1964. A. Vogliano, ‹I resti dell'XV. libro del Περὶ φύσεως di E. Aus dem Nachlaß herausg. von B. Häsler›. *Phil.* 100, 1956, 253. Die zahlreichen Einzelausgaben von Schriften Philodems in dem für diesen Epikureer maßgebenden Artikel von R. Philippson, *RE* 19, 1938, 2444. Dazu: S. Sudhaus, *Philodemi volumina rhetorica.* Vol. 1–3, Leipzig 1892–96; Nachdr. Amsterdam 1964. Über Epicurea auf ägyptischen Papyri. P. unter Epicurus. Dazu der Heidelberger Pap. (Inv. 1740); vgl. Wolfg. Schmid, *Der Hellenismus in der deutschen Forschung. 1938–1948.* Wiesb. 1956, 79. Die Inschrift von Oinoanda: J. William, Leipz. 1907. A. Grilli, *Diogenis Oenoandensis fragmenta.* Milano-Varese 1960 *(Testi e documenti per lo studio dell'antichità 2).* – Untersuchungen: Voran steht Wolfg. Schmids o. zitierter Epikur-Artikel mit der ausgezeichneten Behandlung der einschlägigen Probleme. Im folgenden nur eine enge Auslese: E. Bignone, *L'Aristotele perduto e la formazione filosofica di Epicuro.* 2 Bde. Firenze 1936. A. J. Festugière, *Epicure et ses dieux.* Paris 1946 (engl. Oxf. 1955). Wichtige Aufsätze zu diesem Thema: S. 770 A. 1f. E. Schwartz (s. zur Stoa). Romano Amerio, *L'epicureismo.* Torino 1953. N. W. de Witt, *E. and his Philosophy.* Minneapolis 1954 (problematisch; vgl. Ph. Merlan, *Philos. Rev.* 64, 1955, 140. G. Freymuth, *Deutsch. Lit. Zeit.* 78, 1957, H. 1. W. Kullmann, *Gymn.* 64, 1957, 271 mit Lit.). Wichtig ist die Sammelrezension von Wolfg. Schmid, *Gnom.* 27, 1955, 405. A. Cresson, *Epicure: Sa vie, son œuvre.* 3e éd. Paris 1958. Univ. di Genova. Fac. di Lettere. *Epicurea in memoriam Hectoris Bignone. Miscellanea Philologica.* Ist. di Filol. Class. 1959 (zahlreiche Beiträge ital. Gelehrter, ferner von Wolfg. Schmid und R. Flacelière). Ph. Merlan, *Studies in Epicurus and Aristotle.* Wiesbaden 1960 *(Klass.-phil. Stud. 22).* C. Diano, ‹La poetica di Epicuro›. *Rev. di estetica* 7, 1962; deutsch: *Epikur und die Dichter.* Bonn 1967. C. Bailey, *The Greek Atomists and Epicurus.* Oxford 1928; repr. New York 1964. B. Farrington, *The Faith of Epicurus.* Amsterdam 1966. H. Steckel, *Epikuros.* RE S 11, 1968, 579. P. Boyancé, *Epicure.* Paris 1969. Zu den Herculanensia Arbeiten Voglianos in den beiden Bänden *Prolegomena,* Rom 1952/3. Ders., ‹Gli studi fil. epicurei nell'ultimo cinquantennio›. *Mus. Helv.* 11, 1954, 188. Ausgezeichnet unterrichtet Wolfg. Schmid, ‹Zur Geschichte der Herkulanischen Studien›. *Parola del Passato* 45, 1955, 478. Zur Editionstechnik: O. Luschnat, *Zum Text von Philodems Schrift De musica.* Berl. (D. Ak. d. Wiss. Inst. f. hellenist.-röm. Philos. 1) 1953. Eine Analyse dieser Schrift von A. Jeanette Neubecker in nr. 6, 1956 dieser Reihe. Zur Sprache: H. Widmann, *Beiträge zur Syntax E.s. Tüb. Beitr.* 24, 1935. C. Brescia, *Ricerche sulla lingua e sullo stilo di E.* 2. ed. Napoli 1962. – Übersetzungen: O. Gigon, *E. von der Überwindung der Furcht.* 2. Aufl. Zürich 1968 (*Bibl. d. Alten Welt.* Mit wertvoller Einleitung). J. Mewaldt, *E. Philosophie der Freude.* Stuttg. 1949. It:. E. Bignone, Bari 1924; rist. Rom 1964. R. Sammartano, *Epicuro, Etica. Opere e framm. In app. la Vita di Epicuro di Diogene Laerzio.* Trad. e note Bologna 1959. *Lexicon Philodemeum* von C. J. Vooys & D. A. Krevelen. Purmerend 1934–41.

Akademie: Außer den S. 771 A. 4 und 772 A. 3 genannten Arbeiten: Pohlenz im Stoa-Werk (s. o.) 1, 174 u. 187. S. Mekler, *Academicorum philosophorum index Herculanensis* 1902; in phototypischem Neudruck Berl. 1958.

Peripatos: Für Theophrast bleibt der Artikel von O. REGENBOGEN, *RE* S 7, 1940, 1353–1562 die grundlegende Monographie. Dort die Ausgaben und Fragmentsammlungen. Die *Pflanzenkunde* doppelspr. von A. F. HORT, 2 Bde. *Loeb Class. Libr.* 1916. E. WAGNER–P. STEINMETZ, *Der syrische Auszug der Meteorologie des Th.* Abh. Ak. Mainz 1964/1. D. E. EICHHOLZ, *Theophrastus, De lapidibus.* Oxford 1965 (mit Übers. und Komm.). W. PÖTSCHER, *Theophrastus* Περὶ εὐσεβείας. Leiden 1964 (Text mit Einl. und Übers.); dazu H. B. GOTTSCHALK, *Gnom.* 41, 1969, 338. Ausgaben der *Charaktere* und Lit. S. 774 A. 1. Zu der Lit. bei REGENBOGEN und den o. verzeichneten Bibliographien: G. M. A. GRUBE, ‹Th. as a Literary Critic›. *Trans. a. Proc. of the Am. Phil. Ass.* 83, 1952, 172. J. H. H. A. INDEMANS, *Studiën over Th.* Diss. Amsterd. 1953; dazu F. DIRLMEIER, *Gnom.* 26, 1954, 508. H. STROHM, ‹Th. und Poseidonios›. *Herm.* 81, 1953, 278. G. SENN, *Die Pflanzenkunde des Th. von Eresos, seine Schrift über die Unterscheidungsmerkmale der Pflanzen und seine Kunstprosa.* Basel 1956. Zur Metaphysik: J. TRICOT, *Théophraste. La Métaphysique.* Traduct. et notes. Paris 1948. W. THEILER, *Mus. Helv.* 15, 1958, 102. G. REALE, *Teofrasto e la sua aporetica metafisica. Saggio di ricostruzione e di interpretazione della 'Metafisica'.* Brescia 1964. P. STEINMETZ, *Die Physik des Theophrastos von Eresos.* Palingenesia 1. Berlin 1964; dazu H. B. GOTTSCHALK, *Gnom.* 39, 1967, 17. Die übrigen Peripatetiker von einiger Bedeutung sind nun durch F. WEHRLIS große Fragmentsammlung mit Kommentar (alles jetzt in 2. Aufl.) erschlossen: *Die Schule des Aristoteles: 1. Dikaiarchos.* Basel 1967. 2. *Aristoxenos.* 1967. 3. *Klearchos.* 1969. 4. *Demetrios von Phaleron.* 1968. 5. *Straton von Lampsakos.* 1969. 6. *Lykon und Ariston von Keos.* 1968. 7. *Herakleides Pontikos.* 1969. 8. *Eudemos von Rhodos.* 1969. 9. *Phainias von Eresos. Chamaileon. Praxiphanes.* 1969. 10. *Hieronymos von Rhodos. Kritolaos und seine Schüler. Rückblick: Der Peripatos in vorchristlicher Zeit. Register.* 1969, mit einer ausgezeichneten Darstellung der raschen Desintegration des Peripatos, dem in Ontologie und Ethik Geschlossenheit und Werbekraft von Anfang an nicht eigneten, der aber gerade durch die Vielfältigkeit seiner Empirie reiche Impulse an die alexandrinische Wissenschaft weitergab. V. STEFFEN, *Chamaeleontis Fragmenta.* Warszawa 1964. H. B. GOTTSCHALK, ‹Strato of Lampsacus. Some Texts ed. with a Comm›. Leeds 1965. *Proc. of the Leeds Philos. and Lit. Soc.* 11/4, 95.

B. DIE NEUEN ZENTREN

I. ALLGEMEINE CHARAKTERISTIK

Wer von Hellenismus spricht, denkt meist weniger an Athen, die Stoa und den Garten als an die großen Reiche, die Alexanders Erbe antraten und neue Formen des staatlichen, wirtschaftlichen und geistigen Lebens entwickelten. Diese Epoche ist ebensowenig wie irgendeine andere von scharf gezogenen Grenzen umschlossen, was von ihrem Beginn wie von ihrem Ende gilt. Wir haben in den voraufgehenden Abschnitten immer wieder auf die Vorbereitung des Hellenismus auf verschiedenen Gebieten hingewiesen, und es ist verständlich, daß ihn manche ein gutes Stück vor Alexander beginnen lassen[1]. Aber aufgesprengt hat die Tore zu all den neuen Wegen doch erst der makedonische Eroberer, so daß es sinnvoll bleibt, den Hellenismus von den Auswirkungen seiner Leistung an zu datieren. Auf der anderen Seite konnten Gründe dafür vorgebracht werden, die Kultur der Kaiserzeit noch dieser Epoche

[1] R. LAQUEUR, *Hellenismus.* Gießen 1925, läßt die Epoche mit dem 4. Jh., H. BENGTSON, *Griech. Gesch.* 4. Aufl. Münch. 1969, 295 mit 360 beginnen.

zuzurechnen. Nun wird man die Elemente des Hellenismus, die bis in die sinkende Antike wirksam blieben, gewiß nicht unterschätzen, aber tiefgreifende Entwicklungen wie der Ausbau der römischen Reichsorganisation auf politischem oder die attizistische Reaktion auf literarischem Gebiete lassen einen Einschnitt nötig erscheinen. Sinnvoll setzt man ihn in das Jahr 30, in dem mit dem Falle Alexandreias das letzte der hellenistischen Reiche unter Roms Herrschaft kam.

Die geschichtliche Bedeutung des Hellenismus liegt darin, daß er die engen Grenzen der Polis endgültig zerschlug und dem Griechentum die Bahn zur siedlungsmäßigen und kulturellen Ausbreitung über die ganze Oikumene freigab. Der mächtige Einfluß griechischer Kultur auf die römische, der zwar nicht zu deren Hellenisierung, wohl aber zur zeugungsträchtigen Auseinandersetzung und damit zum ersten Humanismus des Abendlandes führte, ist ein Teil dieser Bewegung. Diese ist im Westen anders als im Osten und auch dort wieder nach Ländern und Völkern mit beträchtlichen Unterschieden verlaufen. Soziologisch bleibt die wichtigste Frage die nach Art, Ausmaß und Tiefenwirkung der Mischung zwischen den einwandernden Griechen und der ansässigen Bevölkerung. Da läßt sich für Ptolemaier und Seleukiden sagen, daß sie zunächst nicht daran dachten, jene Verschmelzungspolitik Alexanders aufzunehmen, die in der Massenhochzeit zu Susa einen so sinnfälligen Ausdruck fand. In Ägypten wie in Syrien stützen sich starke Regenten auf eine Schicht, in der neben die zahlenmäßig zu schwachen Makedonen zahlreiche Griechen traten. In jener ersten Periode, die R. PFEIFFER[1] treffend den Hochhellenismus genannt hat und die bis etwa 250 reichte, kann von einer tieferreichenden Mischung dieser Oberschicht, die den Rückhalt der Regierung bildete, mit dem fremden Volkstum nicht die Rede sein. Man hat für Ägypten richtig darauf verwiesen, daß die umfangreiche Korrespondenz der Zenonpapyri um die Mitte des 3. Jahrhunderts keinen griechisch-ägyptischen Doppelnamen aufweist. Dem entspricht der feste Zusammenschluß innerhalb der griechischen Schicht. Er wird durch das Schulwesen und im besonderen durch das Gymnasion verbürgt[2], doch ist daneben auch des Theaters nicht zu vergessen: Jede Stadt, die nur etwas auf sich hielt, besaß ein solches. Auch das ungemein dichte und mannigfaltige Vereinsleben[3] dieser Zeit spricht von dem Gefühle der Zusammengehörigkeit, das die Griechen in der Fremde aneinanderband.

Alle diese Dinge sind für uns sehr wichtig. Sie stützen und erklären die Feststellung, die wir aus dem Erhaltenen unmittelbar gewinnen, daß die geistige Kultur des Hellenismus in der Zeit seiner bedeutendsten Leistungen durchaus griechisch gewesen ist. Am ehesten lassen sich Ansätze zu einer Verschmelzung auf religiösem Gebiete feststellen. Bekannt ist die Schaffung und Propagierung des Sarapis-Kultes durch den ersten Ptolemaier, als der Osiris-Apis aus Memphis nach Alexandreia gebracht und

[1] *DLZ.* 1925, 2136.

[2] H.-I. Marrou, *Histoire de l'éducation dans l'antiquité.* 5e éd. Paris 1960 (deutsch Freib. i. Br. 1957). M. P. NILSSON, *Die hellenistische Schule.* Münch. 1955. Ein guter Überblick bei W. SCHUBART, *Die Griechen in Ägypten. Beih. z. Alten Orient* 10, Leipz. 1927.

[3] M. SAN NICOLÒ, *Ägypt. Vereinswesen zur Zeit der Ptolemäer und Römer.* 1, Münch. 1913; 2/1, 1915. Andere Lit. bei BENGTSON (s. S. 781 A. 1), 455.

dort durch Tempel und Kultbild in bestimmten Grenzen hellenisiert wurde[1]. Sein Kult hat zusammen mit dem der Isis später weite Verbreitung gefunden, in der Welt eines Kallimachos oder Apollonios von Rhodos aber bedeuten diese Götter so gut wie nichts. Da figurieren durchaus die alten Olympier, wenn schon nicht als geglaubte große Gottheiten, so doch als unentbehrliche Elemente der Poesie.

Hellenistische Kunst und Wissenschaft ist vornehmlich mit Alexandreia, der Gründung des großen Eroberers am westlichsten Arm des Nildeltas, verbunden. Mögen die Verhältnisse der Überlieferung – in Ägypten allein hat der trockene Sand der Wüste die Bedingungen für die Erhaltung von Papyri geschaffen – auch die Unterschiede größer erscheinen lassen, als sie es an sich sind, so bleibt doch kein Zweifel daran, daß das Ägypten der Ptolemaier an Dichte und Produktivität des geistigen Lebens dem Großreich der Seleukiden weit überlegen war. Zwei Gründe sind unmittelbar einsichtig, von denen wir die großzügige Fürsorge der Ptolemaier voranstellen. Von der Gründung des Museions, einer wissenschaftlichen Arbeitsstätte, die den Gelehrten auf allen Gebieten Forschung fern von Alltagssorgen und Politik erlaubte, war bereits dort (S. 17) die Rede, wo wir der Riesenbibliothek dieses Institutes und ihrer Schicksale zu gedenken hatten. Zum andern aber wollen die verschiedenen Siedlungsverhältnisse bedacht sein. Während die griechische Bevölkerung in Ägypten vorwiegend am Unterlaufe des Nils, auf einem verhältnismäßig begrenzten Raume, in ziemlicher Dichte siedelte, war sie im Reiche der Seleukiden von der Ägäis bis zum Hindukusch über endlose Gebiete verstreut. Eine einfache Rechnung ergibt, daß man sich auch in den Großstädten dieses Reiches, wie Antiocheia am Orontes, Seleukeia am Tigris und der Stadt gleichen Namens in Pieria die griechische Schicht nicht allzu stark denken darf.

Das Makedonische Reich der Antigoniden hatte an dem geistigen Schaffen dieser Epoche keinen unmittelbaren Anteil, der Hervorhebung verdiente. Wenn Athen zu Zeiten makedonische Besatzungen hatte, so ging das Leben dort, wie wir sahen, doch seine eigenen Wege. Ernstlich zu nennen ist neben Alexandreia jedenfalls Pergamon, doch setzt seine Blüte ein gutes Stück später ein. Die Niederlage des Antiochos III. bei Magnesia am Sipylos (190) begründete den Aufstieg des kleinen pergamenischen Staatswesens zur großen, fast ganz Kleinasien beherrschenden Macht, die freilich der Freundschaft Roms ihr bestes Teil verdankte. Dieser politische Aufstieg verband sich unter ehrgeizigen Attaliden mit einer glänzenden Entwicklung von Kunst und Wissenschaft. Die neue Rolle Pergamons ist ein sinnfälliger Ausdruck dafür, wie sich in der auf den Hochhellenismus folgenden Zeit die Akzente verlagert hatten[2]. Alexandreia dominiert nicht mehr in der früheren Weise, die Reihe von Küsten- und Inselstützpunkten, wie die ersten drei Ptolemäer sie ausgebaut und gehalten hatten, konnte nicht länger durch eine starke Seemacht geschützt werden, die Finanzkraft

[1] Das einzelne bei NILSSON, Gesch. d. gr. Rel. 2, 2. Aufl. Münch. 1961, 156.

[2] Anregende Bemerkungen zur Periodisierung des Hellenismus gibt P. PÉDECH, *Erasmus* 1960, 47. Er umschreibt die Zeit von 250–168 als *moyen hellénisme*, charakterisiert durch eine neue Empfindsamkeit, pathetisch und realistisch, gelegentlich zum Barocken neigend, und läßt als letzten Abschnitt die Jahre 168–30 als Zeit der intellektualistischen Reaktion, der Konsolidierung früherer Ergebnisse und der Synthese auf verschiedenen Gebieten folgen.

sank, der Druck auf die anderen Nachfolgestaaten ließ nach. In Antiocheia setzte unter Antiochos III. ein kultureller Aufstieg größeren Ausmaßes ein, doch war damals der Niedergang der seleukidischen Macht nicht mehr fern. Ihre höchste Blüte erreichte die Stadt erst später im römischen Imperium. Rhodos aber, das auch in den Zeiten des schwersten ptolemäischen Druckes seine Freiheit bewahren konnte, trat im kulturellen Leben kräftig in den Vordergrund. Wir begegnen der Insel in Verbindung mit den Namen von Dichtern, Denkern und Rhetoren; große Römer haben sie aufgesucht, um dort zu lernen

Es dürfte aus dem Gesagten klar geworden sein, daß der Hellenismus eine Fülle stark differenzierter Phänomene umschließt. Für seine Charakterisierung verbietet sich jede allgemeine Formel, doch läßt sich eine Reihe wesentlicher Merkmale aus der geschichtlichen Tatsache ableiten, daß die Polis als feste, die Lebensauffassung und die Lebensformen bestimmende Mitte nunmehr endgültig der Vergangenheit angehört. Daß manche Griechenstädte, die kleinasiatischen vor allem, sich innerhalb der Diadochenreiche in vielerlei Abstufungen und mit zeitbedingten Schwankungen Reste von Selbständigkeit zu bewahren wußten, ändert nichts daran, daß gerade in den Zentren der hellenistischen Kultur völlig andersgeartete Kräfte am Werke waren.

Dem Fehlen der festen Mitte entspricht in den neuen Maßen und Formen des Lebens das Auseinandertreten starker Gegensätze. Einer der auffallendsten Züge des Hellenismus ist sein Hang zum Überdimensionalen, in dem sich etwas von Alexanders Geist fortzusetzen scheint. Da sind die neugegründeten Städte mit ihren riesigen Ausmaßen und ihrer hippodamischen Bauweise (s. S. 592), die lange Straßenzüge sich rechtwinkelig kreuzen läßt; alle überragt Alexandreia mit seinen künstlichen Hafenanlagen, mit dem Leuchtturm auf der Insel Pharos, einem Werk des Sostratos von Knidos, das später zu den Weltwundern zählte, und mit dem Königsviertel, das mit den Gebäuden für die Hofhaltung, den Kasernen, Kanzleien, dem Museion und einem Theater eine Stadt in der Großstadt bildete. In der Schilderung, die Achilleus Tatios (5, 1) von Alexandreia gibt, ist bei aller Rhetorik etwas von der Größe des Eindruckes zu verspüren, den ihr Besucher empfing. An der Planung und Erbauung der Stadt hatte der Architekt Deinokrates hervorragenden Anteil; sein Name wird mit dem Projekt verbunden, das wie kein anderes für den megalomanischen Zug des Hellenismus kennzeichnend ist: Der ganze Athosberg sollte zu einer riesigen Alexanderstatue ausgehauen werden, auf der einen Hand sollte sie eine Stadt tragen, aus der anderen die Wasser des Berges fließen lassen. Im Helioskoloß von Rhodos, in der gigantischen Prozession des Ptolemaios Philadelphos[1], im riesigen Frachtschiff Hierons II., in den mächtigen Belagerungsmaschinen, überall spricht sich ein gleiches aus. Und doch hat dieselbe Zeit eine spielerische Freude am Kleinen und Zierlichen entwickelt, das Kind in der Eigenständigkeit seines Körpers und Wesens überhaupt erst entdeckt[2] und in der Kleinkunst Entzückendes geschaffen.

[1] Zu Ehren der θεοὶ σωτῆρες Ptolemaios I. und Berenike 279 oder 270 veranstaltet. Zur Datierung Nilsson a. O., 159, 4. Ausführliche Beschreibung von Kallixeinos bei Ath. 5, 196ff.

[2] H. Herter, ‹Das Kind im Zeitalter des Hellenismus›. *Bonner Jahrb.* 132, 1927, 250.

Der Hellenismus ist die Zeit, in der griechische Wissenschaft ihr Höchstes erreicht hat und im Denken des Aristarch von Samos bis zum heliozentrischen System vorgedrungen ist. Zu gleicher Zeit sehen wir aber, wenn auch von einer anderen Schicht getragen, einen Aberglauben im Schwange, der Elemente der verschiedensten, weitgehend ungriechischen Herkunft vermengt. Dafür, wie sich damals das spätere Wuchern solchen Unkrautes vorbereitete, haben wir in Theokrits *Pharmakeutria* einen eindrucksvollen Beleg. Die beiden eben erwähnten Antipoden fanden sich aber in einem Falle zur Zeugung eines Bastards von unheimlicher Lebenskraft zusammen. NILSSON[1] hat für die Entstehung der Astrologie als einer durchorganisierten Pseudowissenschaft mit guten Gründen die Auffassung vertreten, daß alter chaldäischer Sternglaube im hellenistischen Ägypten von Griechen zu jenem minutiösen System ausgebaut wurde, das seine Macht über die Geister erhalten hat bis auf den heutigen Tag[2]. In der Ptolemaierzeit ist sowohl das astrologische Werk entstanden, das unter den Doppelnamen Nechepso-Petosiris[3] gestellt wurde und, förmlich ein Grundbuch dieser unausrottbaren Pseudowissenschaft, viel Nachfolge fand, wie ein verwandtes Buch, das man Hermes Trismegistos zuschrieb[4].

Eine andere Antinomie, die uns für den Hellenismus kennzeichnend scheint, ist diese: Weitergehend noch als im 4. Jahrhundert hat sich nun das Individuum aus den traditionellen Bindungen gelöst und steht zumeist dem Staate (man kann von Gemeinwesen kaum mehr sprechen) lediglich mit dem Wunsche gegenüber, von ihm die Ruhe und Beständigkeit seines persönlichen Lebensbereiches gesichert zu sehen. Zu gleicher Zeit aber beginnt sich im äußeren Rahmen dieses Lebens eine gewisse Uniformität über all dem Individualismus abzuzeichnen. So großartig sich für uns hellenistische Architektur in Pergamon oder Milet darstellt, in den zahlreichen Griechenstädten der Zeit sind Tempel, Säulenhallen, Theater, Gymnasien und Bäder im Typischen einer festgefahrenen Klassizistik verblieben. So bereitet sich im späteren Hellenismus jene Einförmigkeit vor, die den provinzialen Bauten der römischen Reichskunst im allgemeinen nur eine geringe Varianzbreite ihrer Ausdrucksformen belassen hat.

Auch im Sprachlichen wird der Widerstreit verschieden gerichteter Tendenzen deutlich. Im Hellenismus vollendet sich eine Entwicklung, die den einzelnen Dialekten nur mehr enge lokale Bereiche oder gelegentliche literarische Sonderrollen übrig

[1] a. O. 268 mit Lit. A. J. FESTUGIÈRE, *La révélation d'Hermès Trismégiste I. L'astrologie et les sciences occultes.* Paris 1950. Eine gute Einführung bieten BOLL-BEZOLD-GUNDEL, *Sternglaube und Sterndeutung.* 4. Aufl. Leipz. 1931. Manches auch bei F. H. CRAMER, *Astrology in Roman Law and Politics. Memoirs of the Am. Philos. Soc.* 37. Philadelphia 1954. W. GUNDEL und H. G. GUNDEL, *Die astrologische Literatur in der Antike und ihre Geschichte.* Wiesbaden 1966 (Sudhoffs Archiv. Beih. 6).

[2] Problematisch ist der Anteil ägyptischer Elemente, vgl. H. G. GUNDEL, *Gnom.* 28, 1956, 371.

[3] Über die Datierung unmittelbar vor 150 v. Chr. jetzt W. BURKERT, *Phil.* 105, 1961, 30. Zu Inhalt und Wertung A. WLOSOK, *Laktanz und die philosophische Gnosis. Abh. Ak. Heidelb. Phil.-hist. Kl.* 1960/2, 35. Nach einem Fragment im Prooemium des 6. Buches der *Anthologiai* des Vettius Valens wurde Nechepso durch ein göttliches Wesen entrückt und auf einer Himmelswanderung durch die Sternenwelt geführt.

[4] Die trüben Überlieferungsmassen späterer Zeit erschließt der *Catalogus codicum astrologorum Graecorum.* Brüssel seit 1898. Zuletzt ST. WEINSTOCK 9/1, 1951; 9/2, 1953: *Codices Britannici.* Die Bände des *Catalogus* enthalten auch ausgewählte Texte.

läßt, während sich in dem Verkehr über die Weite der neuen Reiche die Koine[1] durchsetzt. Schon die Zeiten der athenischen Hegemonie brachten dem Attischen eine entsprechende Vormachtstellung und Verbreitung, wobei der enge Kontakt mit den ionischen Gebieten Kleinasiens nicht ohne Auswirkung blieb. Entscheidend war es, daß die makedonischen Herren einer neuen Zeit «das einiger auffälliger Besonderheiten entkleidete, ionisierende Großattische» (SCHWYZER) zur Amtssprache machten und seine Verbreitung in den Diadochenstaaten sicherten. Soziale Differenzierung bleibt natürlich auch in dieser Zeit ein wichtiger Faktor. Einer volkstümlichen Koine steht eine hellenistische Normalprosa gegenüber, zu der sich Ansätze schon bei Autoren des späteren 4. Jahrhunderts zeigen, und die um 250 ihre Entwicklung vollendet. Unsere wichtigsten Zeugen sind Polybios und Diodor, dazu kommen Fachschriftsteller wie Apollonios von Perge oder Philon von Byzanz und historische Papyri.

Hat sich so im hellenistischen Alltag, dem wir die Tätigkeit eines bedeutenden Verwaltungsapparates zurechnen, in gewissen Grenzen Nivellierung der Sprachform durchgesetzt, finden wir in einem anderen Bereiche sprachlichen Lebens die Tendenz zum Außergewöhnlichen, Überhöhten, ja Barocken wirksam. Früh im 3. Jahrhundert beginnt sich die Reaktion gegen die ebenmäßig gegliederte und in ihrem Aufbau überschaubare Periode des Isokrates und seiner Anhänger durchzusetzen. Die genannten Eigenschaften der attischen Schule sucht man in dem neuen, vorwiegend in Kleinasien ausgebildeten Stil durch bewußte Unruhe der Sprachform, durch die rasche Folge kurzer Kola und in der Nachfolge des Gorgias durch die unnatürliche Häufung gedanklicher und klanglicher Reizmittel zu meiden und zu ersetzen. Als Archeget des neuen Stiles gilt Hegesias von Magnesia, von dem Cicero (*Or.* 226) unfreundlich sagt, wer ihn kenne, brauche nach keinem abgeschmackten Menschen mehr zu suchen. Hegesias hat sich auch als Alexanderhistoriker versucht und so das Seine zur Verschleppung dieses abstrusen Stiles in die Geschichtschreibung getan. Cicero, der ja in Hortensius Hortalus die römische Blüte des Asianismus erlebte, scheidet (*Brutus* 325) in dessen Bereich zwei Erscheinungsformen, deren eine ein zierliches Spiel ohne Tiefe der Gedanken, deren andere großes Pathos anstrebte. Für diese gibt die große Inschrift des Antiochos I. von Kommagene auf dem Nemrud Dagh im Taurus[2] ein eindrucksvolles Beispiel.

Die Mannigfaltigkeit der Erscheinungen und die große innere Unruhe dieser Zeit wollte unser kurzer Überblick hervortreten lassen. Der Hellenismus ist vornehmlich in seinem ersten Abschnitte eine Epoche großer eigenständiger Leistungen auf vielen Gebieten gewesen. Er hat jedoch in der späteren Antike keine gleichwertige Fort-

[1] Beste Orientierung bei E. SCHWYZER, *Griech. Gramm.* 1, Münch. 1939, 116. Dazu L. RADERMACHER, *Koine. Sitzb. Ak. Wien. Phil.-hist. Kl.* 224/5, 1947. J. PALM, *Über Sprache und Stil des Diodoros von Sizilien.* Lund 1955, 194 (allgemeine Gesichtspunkte). V. PISANI in: *Encicl. Class.* Ser. II. Vol. 5, T. 1. Soc. Ed. Int 1960, 113.

[2] *Orientis Graec. Inscr.* 1, 383. JALABERT ET MOUTERDE, *Inscr. gr. et lat. de la Syrie* 1, nr. 1. Stilistische Analyse: E. NORDEN, *Die antike Kunstprosa* 1, 1898, 141. H. DÖRRIE, *Der Königskult des Antiochos von Kommagene im Lichte neuer Inschriften-Funde.* Abh. Ak. Göttingen. Phil.-hist. Kl. 3. Folge 60. 1964.

setzung gefunden, die auf dem Erreichten weitergebaut hätte. Viel von dem, was er gewonnen hatte, verfiel der Erstarrung oder dem Vergessen, und in solcher Sicht erscheint er als eine Zeit des Überganges, die bedeutende Entwicklungen zum Abschluß brachte und zugleich den Boden für das Neue und ganz Andere auflockerte, das mit dem Christentum in die Welt kam.

Einen guten Überblick bietet W. W. TARN, *Hellenistic Civilisation*. 3. ed. besorgt von G. TH. GRIFFITH. Lond. 1952. Das Standardwerk ist M. ROSTOVTZEFF, *Social and economic history of the Hellenistic world*. 3 Bde. Oxf. 1941. Deutsch: *Die hellenistische Welt. Gesellschaft und Wirtschaft*. 3 Bde. Stuttg. 1955/56. V. EHRENBERG, *Der Staat der Griechen II. Der hellenistische Staat*. Leipz. 1958. Ders., *The Greek State*. Oxf. 1960. A. B. RANOWITSCH, *Der Hellenismus und seine geschichtliche Rolle*. (Aus dem Russischen übersetzt) Berlin 1958. A. J. TOYNBEE, *Hellenism. The History of a Civilization*. Lond. 1959 (The Home Univ. Libr. vol. 238), dazu V. EHRENBERG, *Historia* 8, 1959, 491. F. SCHACHERMEYR, *Griech. Geschichte*. 2. Aufl. Stuttg. 1969, 323. Über die geistige Wirkung Alexanders A. HEUSS, *Ant. u. Abendl.* 4, 1954, 65. Sehr nützliche Lit.-Übersichten bietet H. BENGTSON, *Griech. Gesch.* 4. Aufl. Münch. 1969, 426 u. 454, ebenso das Sammelwerk *Der Hellenismus in der deutschen Forschung. 1938–1948*. Wiesbaden 1956. Der 4. Band der *Historia Mundi*, Bern 1956, enthält einen anregenden Abriß von A. AYMARD u. F. GSCHNITZER. F. M. HEICHELHEIM, ‹A chronological Table of Hellenistic History›. *Proc. of the IX. Int. Congr. of Papyrol.* Norwegian Univ. Press 1961, 152. M. HADAS, *Hellenistic Culture. Fusion and Diffusion*. New York 1959; deutsch von E. SCHMALZRIEDT, Stuttgart 1963. Arabisch ist ein unter den Namen des Aristoteles gestellter *Brief an Alexander* erhalten: J. BIELAWSKI–M. PLEZIA, *La lettre d'Aristote à Alexandre le Grand sur la politique envers les cités*. Wroclaw–Warszawa–Kraków 1970. Ausgezeichnet würdigt dieses singuläre Dokument M. PLEZIA als ‹Die Geburtsurkunde des Hellenismus›. *Eos* 58, 1969/70, 51. Seine Datierung auf den Sommer oder Frühherbst 330 überzeugt. – Für die Religion: M. P. NILSSON, *Gesch. d. gr. Rel.* 2, 2. Aufl. Münch. 1961. Für sich steht V. GRÖNBECH, *Der Hellenismus. Lebensstimmung. Weltmacht*. Gött. 1953 (verkürzte Übersetzung des dänischen Werkes *Hellenismen*). Hier wird die Kaiserzeit mit dem, was wir Hellenismus nennen, auf eine Fläche projiziert und in höchst einseitiger Weise die Fürsorge des Einzelnen für seine Seele zum Leitmotiv gemacht. Für die gesamte Literatur dieses Abschnittes bleibt durch ihren Reichtum an Material wichtig F. SUSEMIHL, *Gesch. der griech. Lit. in der Alexanderzeit*. 2 Bde. Leipz. 1891/2. A. KÖRTE, *Die hellenistische Dichtung*. 2. Aufl. von P. HÄNDEL. Stuttgart 1960.

2. KALLIMACHOS

Was wir im voraufgehenden Abschnitt von der asianischen Reaktion gegen die klassische Prosa eines Isokrates hörten, läßt, so wenig erfreulich die Erscheinung an sich gewesen sein mag, doch eines mit Sicherheit erkennen: Man war nicht gesonnen, sich in der Nachahmung bewährter Muster mit einem unverbindlichen Klassizismus zu begnügen, die Zeit hatte genug eigenes Leben, um neue Stiltendenzen zu entwickeln. Derselbe Vorgang spielte sich auf dem Gebiete der Dichtung ab, doch war das Neue, gewonnen und ausgeformt von Dichtern wie Kallimachos und Theokrit, hier stark genug, um der völligen Verschüttung durch spätere klassizistische Schichten zu entgehen.

Die Genannten stehen in einem Kreise von Poeten, deren Schaffen in einen recht eng begrenzten Zeitabschnitt des Hellenismus fällt. Es ist kein Zufall, daß sich dieser weitgehend mit der Regierungszeit des Ptolemaios II. Philadelphos (285 Mit-, 283 Alleinregent bis 247) deckt. Dieser Fürst sorgte nicht allein im Sinne seines Vaters für Bibliothek und Museion, er brachte die führenden Köpfe in engere Bindung zum Hofe und machte diesen zur Mitte eines Kulturlebens alexandrinischer Prägung, das innerhalb des Hellenismus seine Eigenständigkeit behauptete und in dieser verstanden sein will. Entscheidenden Einfluß auf diese Entwicklung hatte seine Schwestergemahlin Arsinoe II. Aber das Höfische ist nur *ein* Faden in dem reichen Gewebe dieser Kunst. Wichtiger ist ihre enge Beziehung zu gelehrtem Wissen, die sich dort am sinnfälligsten ausspricht, wo sich Wissenschaft und Dichtung in einer Person zusammenfinden. Diese Literatur redet nicht zu den Vielen, ihr Reichtum an Voraussetzungen erschließt sich allein dem Kenner, und ihre Sprache meidet es ebenso, Formeln der Tradition unverändert zu übernehmen, wie sie sich vom Alltag distanziert. Großes Pathos und unverhüllte Emotionalität sind verpönt. Man ist unter sich, und die raren Dinge, die man sich zu erzählen hat, vertragen keine lauten Töne.

Kallimachos weist in dem Prolog seiner *Aitia* auf Philitas von Kos als Muster einer Kunst[1], die fein zu gestalten weiß; den römischen Elegiendichtern hat dieser Mann als einer ihrer Archegeten gegolten[2], und auch für uns steht er am Beginne der neuen Dichtung. Wir sind für die Literatur des Hellenismus mit genauen Zeitangaben schlecht versehen und können auch von Philitas[3] nicht mehr sagen, als daß er unter Alexander und dem ersten Ptolemaier lebte. Es war eine Maßregel von großer Tragweite, daß ihn dieser zum Erzieher des späteren Philadelphos berief. Wir wissen nicht, wie lange sich der Koer in Alexandreia aufhielt, aber ohne Zweifel ist von ihm eine starke Wirkung ausgegangen. Der Bibliothekar Zenodot, Hermesianax, der Dichter der *Leontion*, und Theokrit heißen seine Schüler. Mag das für den Letztgenannten auch aus *Eid.* 7, 40 herausgesponnen sein, so ist doch in jedem Falle mit nachhaltigem Einfluß des Mannes auf das Werden einer neuen Literatur zu rechnen. Was wir von seinem Werke noch fassen, ist dürftig genug[4]. Aber es ist wichtig zu wissen, daß er aus alter Dichtung seltene, kaum oder nicht mehr verstandene Wörter hervorholte und die Sammlung als *Ungeordnete Glossen* (Ἄτακτοι γλῶσσαι) unter ausdrücklichem Verzicht auf Systematik herausgab[5]. Das Interesse des Gelehrten und der Wunsch des Literaten (ποιητὴς ἅμα καὶ κριτικός wurde er genannt), das Landläufige zu meiden, finden sich hier in einer Weise zusammen, die in der alexandrinischen Dichtung wirksam bleibt und dort ebenso zu überlegter Ornamentik wie zu barocker Verrätselung der Rede führt. Die überaus kärglichen Reste der Poesie des Philitas erwecken eher die Vorstellung, daß er in der Anwendung des «Erlesenen»

[1] Über die Problematik der Partie zu den *Aitia*.

[2] Stellen bei M. Puelma, *Mus. Helv.* 11, 1954, 103, 6; dort S. 114 über die Ergänzung *Philetae* in Catull 95, 9, die problematisch bleibt.

[3] Manche schreiben Philetas, wir folgen den Inschriften, vgl. A. S. F. Gow, *Theocritus* 1950, 2, 141. Anders A. v. Blumenthal *RE* 19, 1938, 2165.

[4] Die Fragmente bei G. Kuchenmüller, Diss. Berl. 1928; jene aus den Gedichten: I. U. Powell, *Collectanea Alexandrina*. Oxf. 1925, 90. *Anth. Lyr.* fasc. 6, 49 D. mit Lit.

[5] Zum Glossenwesen K. Latte, ‹Glossographika›. *Phil.* 80, 1925, 136 = *Kl. Schr.* 631, und in der Einleitung zu seiner Hesychausgabe.

Maß zu halten wußte. Auf Dichtungen, wohl Elegien, die er an Bittis (oder Battis) richtete, Geliebte oder Gattin, nicht aber eine scherzhafte Fiktion, wie man dachte[1], spielen Hermesianax (fr. 2, 77 D.) und Ovid (*Trist.* 1, 6, 2; *Ex Ponto* 3, 1, 57) an. Wir besitzen von ihnen nichts, sehen uns aber bereits hier vor die viel verhandelte Frage gestellt, ob schon die hellenistische Literatur jene subjektiv-erotische Elegie entwickelte, die uns in der römischen Dichtung vollendet vor Augen steht. Man wird bei der Beantwortung dieser Frage ein bestimmtes Maß von Unsicherheit nicht beseitigen können, da wir nur einen Bruchteil der Produktion haben, doch darf gesagt werden, daß kein Fragment und keine Nachricht aus dem Bereiche der hellenistischen Dichtung auf Elegien in der Weise des Tibull oder Properz deutet. Auch empfiehlt das Erhaltene ihre Annahme in keiner Weise. So mag denn AUG. ROSTAGNI[2] die Entwicklung richtig erfaßt haben, wenn er von einem rovesciamento degli elementi spricht: Der Mythos dominierte in den hellenistischen Elegienbüchern, wobei er freilich Lichter und Farben jeweils von der Person des Schreibenden erhielt, in der römischen Elegie hingegen ist er nur mehr Dekorationsstück (man mag streiten, ob immer ein notwendiges) in einer Welt persönlicher Erlebnisse und Leidenschaften. Nicht zu vergessen ist jedoch, daß vom hellenistischen Epigramm motivisch deutliche Linien zur Elegie gehen, mag die Intensität der Empfindung im Römischen auch eine andere sein.

Von Philitas wissen wir, daß er eine *Demeter*[3] geschrieben hat, die im elegischen Maß erzählt war. In Hexametern war das Kleinepos *Hermes* abgefaßt, dessen Inhalt Parthenios (2) wiedergibt. Da ist es interessant zu sehen, wie die alte Geschichte von Odysseus bei dem Windgott durch ein Abenteuer des Vielgereisten mit der Aiolostochter Polymele ins Erotische gewendet wurde. Hellenistische Dichtung liebt es, im Mythos entlegene Beziehungen aufzugreifen oder geistvoll neue zu ersinnen. So dürfen wir hier nicht fragen, warum die Dichtung just *Hermes* hieß. Von einem *Telephos* kennen wir nur den Titel und eine Notiz, die sich auf die Argonautensage bezieht. Daß des Dichters Vater Telephos hieß, muß mit dem Gedicht nicht in Beziehung gesetzt werden. Von des Philitas *Spielereien* (Παίγνια) und *Epigrammen* sind nur Spuren erhalten.

Um vieles besser sind wir bei Kallimachos daran; mögen für ihn auch viele Fragen offen bleiben, so ist es doch möglich, sein Werk in den wesentlichen Zügen zu erfassen und als Höhe der alexandrinischen Dichtung zu verstehen. Kallimachos ist einige Jahre vor 300 – genaue Daten haben wir weder für Geburt noch Tod – in Kyrene zur

[1] KUCHENMÜLLER a. O. 25 liest nach der Ovidüberlieferung auch bei Hermesianax Βαττίδα und faßt βαττίς als γλῶσσα, die also des Philitas Liebste wäre. Der Scherz ist bei Hermesianax denkbar, aber man wird es sich überlegen, die Ovidstellen aus einem Mißverständnis zu erklären.

[2] ‹L'influenza greca sulle origini dell'elegia erotica latina› in *Entretiens sur l'antiquité class.* 2. Vandœuvres-Genève 1953 (mit Diskussion). Ferner A. A. DAY, *The Origins of Latin Love Elegy*. Oxf. 1938 mit älterer Lit.; solche auch bei CHRIST-SCHMID, *Gesch. d. gr. Lit.* 6. Aufl. 2/1, Münch. 1920, 118, 3, wozu nachzutragen ist, daß F. LEO, *Plautin. Forsch.* Berl. 1895 den Stein ins Rollen gebracht hat; vgl. auch HERTER, *Bursian* (s. u.), 77.

[3] Eine neue Erwähnung im Schol. *Ox. Pap.* 2258 zu *hymn.* 2, 33, vgl. PFEIFFER Kallim. 2, LIII u. 47. G. SCHEIBNER, ‹Ein unbekanntes Philitasfragment in der Berliner Papyrussammlung›. Aus: *Menanders Dyskolos als Zeugnis seiner Epoche*. Herausg. von FR. ZUCKER. Akad. Verl. Berlin 1965, 103.

Welt gekommen. Nach dem Artikel der *Suda*, unserer Hauptquelle für sein Leben, hieß sein Vater Battos, trug also den Namen des Stadtgründers; nach Strabon (17, 837) hat sich die Familie auf diesen erlauchten Ahnherren zurückgeführt. Nichts anderes meint wohl Kallimachos, wenn er sich Battiade nennt (*Ep.* 35). Daß sich der Großvater, der mit dem Dichter gleichen Namens war, als Stratege Ruhm erwarb, sagt uns dieser im 21. *Epigramm*. Seine vornehme Abkunft konnte ihn vor Not nicht bewahren. Als er in jungen Jahren nach Alexandreia ging, mußte er dort in der Vorstadt Eleusis sein Leben als Elementarlehrer fristen. Daß er auch in dieser Lage mit zähem Fleiße an seiner Bildung arbeitete, dürfen wir aus dem Erreichten schließen. Als sein Lehrer – in welchem Lebensabschnitt, können wir nicht bestimmen – wird der Grammatiker Hermokrates von Iasos genannt. Wann ihm die Glücksstunde schlug, in der Philadelphos auf ihn aufmerksam wurde, wissen wir nicht. Auch nicht, welcher Art seine ersten Beziehungen zum Hofe waren. Mit der Angabe des Tzetzes[1], der ihn als νεανίσκος τῆς αὐλῆς bezeichnet, ist nichts Rechtes anzufangen. So halten wir uns an die Tatsache, daß Kallimachos unter dem zweiten Ptolemaios mit der Riesenaufgabe betraut wurde, die Bestände der alexandrinischen Bibliothek durch einen Katalog verwertbar zu machen. Man wird den Beginn dieser Arbeit nicht zu spät ansetzen dürfen[2]; nur wenn Kallimachos sie in frühen Mannesjahren begonnen hat, ist zu verstehen, daß er die 120 Bücher seiner *Pinakes* (Πίνακες τῶν ἐν πάσῃ παιδείᾳ διαλαμψάντων καὶ ὧν συνέγραψαν fr. 429 –453 Pf.) fertigbrachte. War auch eine erste Ordnung der Bibliothek durch Zenodot und einige Helfer wie Alexander von Pleuron und Lykophron vorausgegangen, so stellte die Aufgabe, wie Kallimachos sie anfaßte, doch gewaltige Forderungen: Zunächst war die Ordnung nach den Hauptgebieten der Literatur, wie Epik, Lyrik, Drama, Redner u.a., durchzuführen und innerhalb dieser die Fülle der Autoren in alphabetischer Ordnung zu behandeln, wobei im Werke des Einzelnen verschiedene Arten getrennt und innerhalb dieser die Schriften wahrscheinlich wieder nach dem Alphabet angeordnet wurden. Da die Titel durchaus nicht immer eindeutig gegeben waren, hat Kallimachos neben diesen auch die Anfangsworte und die Zeilenzahl der Werke angeführt. Wenn wir des weiteren erfahren, daß er jeweils eine kurze Biographie des Autors vorausschickte und notwendigerweise in zahlreichen Fällen zu Verfasserfragen Stellung zu beziehen hatte, verstehen wir, daß in diesem Kataloge ein beachtliches Stück literarhistorischer Forschung beschlossen war. Daß diese auch der Kritik ausgesetzt war, zeigt nun das Fragment eines Kommentars zu Bakchylides, *Ox. Pap.* 23, 1956, nr. 2368: Aristarch hat Kallimachos getadelt, weil er den Dithyrambos *Kassandra* unter die Paiane gereiht hatte. Wir erfahren auch noch, daß sich ein Dionysios aus Phaselis in der Kennzeichnung des Gedichtes als Dithyrambos Aristarch anschloß. Wie sehr die *Pinakes* aller weiteren Forschung zur Grundlage dienten, kann man etwa aus des Aristophanes von Byzanz Schrift *Zu den Pinakes des Kallimachos* (zu fr. 453 Pf.) ersehen, die zur Ergänzung und Verbesserung diente. Was Athenaios (9, 408 f) daraus anführt, zeigt, daß dabei recht diffizile semasiologische Fragen zur Sprache kommen konnten. Die

[1] *De com. gr.* 31, 13 K. = test. 14c Pf. [2] S. Herter, *Bursian* (s. u.), 87. Pf. *Hist.*, 101. 125.

Bedeutung und die Schwierigkeit einzelner Gebiete hat Kallimachos zu gesonderter Bearbeitung veranlaßt. Wir können solche noch für Demokrit (Πίναξ τῶν Δημοκρίτου γλωσσῶν καὶ συνταγμάτων) und für das Drama (Πίναξ καὶ ἀναγραφὴ τῶν κατὰ χρόνους καὶ ἀπ' ἀρχῆς γενομένων διδασκάλων) feststellen, wo Aristoteles in seinen *Didaskalien* (vgl. S. 642) vorgearbeitet hatte.

So eng auch die Bindungen des Kallimachos an die Bibliothek zu Alexandreia waren, ihr Vorstand ist er nie gewesen. Warum Nachfolger des Zenodot nicht er, sondern sein Schüler Apollonios von Rhodos geworden ist, wissen wir nicht. Doch darf der lange Streit um das Bibliothekariat des Kallimachos[1] durch *Ox. Pap.* nr. 1241 (nr. 2069 P.) als erledigt gelten. Hier beginnt die Liste der Bibliotheksvorstände mit Apollonios von Rhodos und setzt sich mit Eratosthenes, Aristophanes von Byzanz, Apollonios dem Eidographen[2] und Aristarch fort. Da nun bei Tzetzes an zwei Stellen (S. 25, 13. 32, 38 KAIBEL) Aristarch als vierter oder fünfter Bibliothekar nach Zenodot bezeichnet wird, bleibt für Kallimachos kein Platz. Daß uns der Papyrus einen zweiten Apollonios in dieser Reihe kennen lehrte, hat die Erklärung von Mißverständnissen ermöglicht, über die zu Biographie und Werk des Rhodiers zu sprechen sein wird. Des Kallimachos Verhältnis zu diesem ist sehr schwierig zu beurteilen und wird uns im Zusammenhange mit dem Prologe der *Aitia* beschäftigen.

Die Lebenszeit des Kallimachos reichte bis in die Regierung des Euergetes. Das einzige Gedicht, das wir aufs Jahr zu datieren vermögen, ist jenes auf die *Locke der Berenike:* ihm liegen Ereignisse von 246/45 zugrunde, und in dieselbe Zeit fällt auch seine Abfassung. Daß Berenike, die Gattin des Ptolemaios Euergetes, die Herrscherin ist, die der Epilog der *Aitia* (fr. 112, 2 Pf.) meint, hat in demselben Maße an Wahrscheinlichkeit gewonnen, als die Annahme, der Prolog der Dichtung hätte Arsinoes gedacht, an Boden verlor[3]. Auch das 51. *Epigramm* huldigt der Gattin des Euergetes. Wie lange Kallimachos unter diesem Herrscher noch lebte, wissen wir nicht, doch wird der übliche Ansatz seines Todes auf 240 kaum weit von dem Richtigen abliegen.

Das Werk des Gelehrten und Dichters ist gewaltig gewesen, auch wenn wir die Angabe der *Suda*, er habe über 800 Bände geschrieben, nicht als unbedingt verbindlich nehmen. Über sein großes Katalogwerk und einiges, was mit diesem in Zusammenhang steht, wurde bereits gesprochen. Wir haben eine beträchtliche Anzahl weiterer Titel von Prosawerken, die uns an die große Spannweite des Interesses in Peripatetikerkreisen erinnern, zugleich aber auch den Kuriositätensammler vermuten lassen. Mit den Katalogarbeiten mag das Buch *Über Agone* im Zusammenhang gestanden haben; nach altionischer ἱστορίη klingt der Titel *Sitten von Fremdvölkern* (Βαρβαρικὰ νόμιμα), der uns schon bei Hellanikos (S. 376) begegnete. *Ethnisch verschiedene Benennungen* ('Εθνικαὶ ὀνομασίαι) sammelten die Bezeichnungen gleicher

[1] Lit. bei HERTER a. O.

[2] Über Verwirrung im Text, die einen Ansatz des Eidographen vor Aristophanes möglich macht: HERTER, *Rhein. Mus.* 91, 1942, 315. Ablehnend PF. *Hist.*, 172, 2.

[3] Vgl. PFEIFFER 2, XL.

Objekte in verschiedenen Gegenden, waren also glossographisch gerichtet. Für uns sind sie das erste Beispiel eines Lexikons nach Sachgruppen. Ziemlich sicher handelte es sich bei einer in der *Suda* genannten Schrift *Über die Umbenennung von Fischen* (Περὶ μετονομασίας[1] ἰχθύων) um einen Teil dieses Werkes, für die Schriften *Monatsbezeichnungen nach Völkern und Städten* (Μηνῶν προσηγορίαι κατὰ ἔθνος[2] καὶ πόλεις), *Über Winde* (Περὶ ἀνέμων), *Über Vögel* (Περὶ ὀρνέων) bleiben Vermutungen in dieser Richtung ohne Gewähr. Auf geographische Interessen weist ein Werk *Über die Ströme der Welt* (Περὶ τῶν ἐν τῇ οἰκουμένῃ ποταμῶν), auf historische neben glossographischen die *Gründungen von Inseln und Städten und Umbenennungen* (Κτίσεις νήσων καὶ πόλεων καὶ μετονομασίαι), hingegen erkennen wir den ordnenden Sammler alles Merkwürdigen hinter dem Titel *Seltsamkeiten aus aller Welt nach Orten gesammelt* (Θαυμάτων τῶν εἰς ἅπασαν τὴν γῆν κατὰ τόπους ὄντων συναγωγή). Kallimachos hat damit jene Paradoxographie begründet, die weit über Altertum und Mittelalter hinaus lebendig blieb, bis die Erde klein wurde und der Zauber der Ferne schwand. Antigonos von Karystos hat das Werk des Kallimachos für einen Teil[3] seines *Wunderbuches* (Ἱστοριῶν παραδόξων συναγωγή) benützt und dabei die Anordnung nach Orten in eine solche nach Sachgruppen umgewandelt. Auf Mythologisches weist der Titel *Über die Nymphen*, während uns Περὶ λογάδων unverständlich bleibt. Unser Interesse erweckt hingegen die Nachricht von einer Schrift *Gegen Praxiphanes*. Daß wir den Titel Πρὸς Πραξιφάνην so zu verstehen haben, sichert das Florentiner Scholion zum Anfange der *Aitia*, wo Praxiphanes unter den Gegnern des Kallimachos erscheint. Der Peripatetiker hat *Über Dichter* und *Über Dichtungen* ohne Zweifel im Sinne des Aristoteles geschrieben und Kallimachos zur Verteidigung der Grundsätze einer neuen Poesie herausgefordert. *Museion*, ein Titel, unter dem auch Alkidamas schrieb (S. 401), und *Hypomnemata* bezeichnen wohl gelehrte Sammelschriften.

Wir sind hier etwas ausführlicher gewesen, nicht allein um Kallimachos' willen, sondern weil diese Titelreihe die Interessen einer Schriftstellerei illustriert, die wir uns im Hellenismus kaum breit genug vorstellen können.

Für die Datierung der kallimacheischen Dichtungen haben wir so wenig verläßliche Stützen, daß wir bei deren Besprechung nach der Verschiedenheit von Erhaltung und Überlieferung vorgehen und die Frage der Abfassungszeit fallweise behandeln. Auch empfiehlt es die so stark differenzierte Überlieferungsgeschichte, diese, entgegen der sonstigen Übung, nicht ans Ende zu stellen, sondern im Zusammenhange mit den einzelnen Werken zu behandeln.

Durch handschriftliche Tradition sind die *Hymnen* und *Epigramme* auf uns gekommen. Für jene war es entscheidend, daß sie ein unbekannter Sammler mit den homerischen *Hymnen*, mit denen des Orpheus, den orphischen *Argonautika* und den *Hymnen* des Proklos zu einem Corpus vereinigte. Ein mit den Hymnen übernommenes Epigramm, das auch andere Werke des Kallimachos aufzählt (Test. 23 Pf.), ist nicht vor

[1] Daub hat κατονομασίας vermutet.
[2] κατὰ ἔθνη zieht Pfeiffer 1, 339 in Erwägung.
[3] Cap. 129–Schluß, Text bei Pfeiffer fr. 407.

dem sechsten Jahrhundert und wahrscheinlich noch erheblich nach diesem geschrieben. Damit ist die Übernahme der *Hymnen* in die Sammlung nach oben begrenzt. Von allen Hymnen außer dem fünften sind Reste auf Papyri[1] zum Vorschein gekommen. Diese lassen vermuten, daß unsere handschriftliche Tradition stärker gelitten hat, als man bislang annahm. Diese Tradition ist reich und gestattet die Feststellung einer Reihe von Hyparchetypoi, die ihrerseits alle auf die Sammlung jenes Mannes zurückgehen, der die eben genannten Hymnenbücher zu einem Corpus zusammenfaßte.

Das *Buch der Hymnen*, das wir ganz besitzen, beginnt sinngemäß mit dem auf Zeus gedichteten. Er ist, wie wir sehen werden, früher entstanden als die übrigen und zeigt bereits alle Wesenszüge dieser voraussetzungsreichen und vielschichtigen Dichtung. Wenn der erste Vers fragt, wen anderen als Zeus man bei der Spende besingen solle, so ist damit die Situation des Symposions gegeben. Nicht die kultische Feier, sondern das Zusammensein gleichgestimmter und für gelehrte Feinheit aufnahmefähiger Freunde ist der Rahmen dieser Gedichte. Geformt ist der Hymnos durchaus über dem traditionellen Grundriß kultischer Hymnendichtung: dem Einsatz mit der Geburtslegende hat der Preis der göttlichen Leistungen zu folgen, den γοναί die ἀρεταί des Gottes. Gleich der Eingang zeigt, was bei Kallimachos aus den alten Elementen geworden ist. Wo ist Zeus eigentlich geboren? Da erheben Arkader und Kreter ihre Ansprüche, aber man weiß es ja: die Kreter sind allezeit Lügner, haben sie doch dem unsterblichen Gotte ein Grab angedichtet! Das alles wird nicht mit dem Ernste des Kritikers oder der Feierlichkeit des inspirierten Sängers vorgetragen; es ist ein Spiel mit der Überlieferung, das aber diese keineswegs in der Haltung des Aufklärers abwerten oder ironisieren will, sondern ihren Reichtum, ihre Ehrwürdigkeit, ihre Poesie zu genießen und anderen zu vermitteln versteht. Daß der gelehrte Kallimachos zu gleicher Zeit über all der mythischen Tradition steht und die in ihr beschlossene Kraft und Schönheit doch zu erspüren weiß, macht den eigenartigen Reiz seiner Schöpfungen aus, die von überzeugter Prophetie und rationaler Kritik gleich weit abliegen.

Wie Zeus im Dickicht der arkadischen Landschaft Parrhasia geboren wird, wie Rhea in dem trockenen Lande Wasser aus dem Berge schlägt und das Kind der Nymphe Neda übergibt, das wird unter Einflechtung entlegenen Wissens von arkadischen Strömen und Nymphen erzählt. Immer aber gelingt es dem Dichter, der geistvollen Anmut seiner Verse einzuordnen, was der Gelehrte anzubringen nicht lassen kann. Der *Zeushymnos* läßt noch einen weiteren Wesenszug kallimacheischen Dichtens deutlich hervortreten: das Wählerische bekundet sich in einer höchst ungleichen Dichte des Erzählens. Wird schon die Aufzucht des Kindes auf Kreta viel knapper behandelt als die arkadische Geburt, so denkt Kallimachos erst recht nicht daran, bei den Taten des Gottes zu verweilen. Wichtiger ist es ihm, gegen ein Stück Überlieferung, in diesem Falle homerische (*Il.* 15, 187), zu polemisieren: Törichte Erfindung, Zeus habe mit seinen Brüdern um die Teile der Weltherrschaft gelost! In

[1] Die allein maßgebende Zusammenstellung bei PFEIFFER 2, LI; dort LXXXIII auch das Handschriftenstemma.

Wahrheit haben die Brüder dem später Geborenen die Herrschaft überlassen, weil sie seine Überlegenheit anerkannten. Es ist richtig, daß hier die hesiodische Variante (*Theog.* 881) gegen die homerische ausgespielt wird und der Dichter mit keinem Worte auf eine besondere Beziehung der Partie weist[1]. Und doch ist der Vermutung kaum auszuweichen, daß der Verzicht der Brüder des Zeus deshalb ins Spiel gebracht wird, weil er dem älteren Halbbruder des Philadelphos, dem Keraunos, ein Beispiel sein müßte.

Die Schlußpartie enthält eine Huldigung für den König als machtvollen Vollender seiner Gedanken. Es folgt der im Hymnenende typische Gruß an den Gott. Wenn dabei Tugend und Reichtum erfleht werden, hören wir wohl den Dichter, der in der Enge seiner Verhältnisse von seinem Könige, dem irdischen Zeus, Förderung erhofft. Auch sonst deutet die Weise, in der Philadelphos im Hymnos erscheint, auf eine Zeit, in der Kallimachos dem Hofe noch nicht so nahe stand wie auf der Höhe seines Ruhmes.

Wir schließen hier zunächst den *dritten* und *vierten Hymnos* an, da sich die drei übrigen durch gemeinsame Züge zu einer Gruppe zusammenordnen. Der *dritte Hymnos*[2], er ist Artemis gewidmet, läßt die Mischung verschiedener stofflicher und stilistischer Elemente besonders hervortreten. Der Beginn des zweiten Teiles (v. 183) leitet mit der Frage nach den Inseln, Bergen, Häfen, Städten, Nymphen und Heroinen, die der Göttin besonders am Herzen liegen, eine Partie ein, die fast etwas Handbuchmäßiges an sich hat, wenngleich die wohlberechnete Kunst der Variation auch solche Aufzählung zur Dichtung macht. Gelehrsamkeit enthält auch der erste Teil. Wenn uns gesagt wird, daß die Kyklopeninsel Lipara noch Meligunis hieß, als die kleine Artemis sie aufsuchte, vernehmen wir den Gelehrten, der über die Umbenennungen von Inseln und Städten geschrieben hat, wie wir ja auch beim *ersten Hymnos* an den Verfasser von Schriften über Ströme und Nymphen denken. Aber dieser erste Hymnenteil zeichnet drei unvergeßliche Bilder, voll jenes niemals derben und niemals verletzenden Humors, der als feinster Ausdruck geistiger Überlegenheit den intimen Reiz kallimacheischen Dichtens ausmacht. Da sitzt die kleine Göttin auf den Knien des Vaters Zeus und erbettelt sich alles, was eben Artemis ausmacht, dann wieder sehen wir sie auf ähnlichem Sitze bei den Kyklopen, wo sie aber dem gutmütigen Riesen Brontes das Haar büschelweise von der Brust reißt, und schließlich wird uns Herakles vorgeführt, der auch im Olymp seinen Appetit nicht verloren hat. Ständig wartet er schon am Tore, wenn Artemis mit Jagdbeute heimkehrt, und belehrt sie listig, statt Hasen und Rehe die den Kulturen schädlichen Schweine zu schießen. Und weil Rinderbraten gut schmeckt, müssen auch die Rinder schädlich sein. Es ist nützlich, all das neben den derb zupackenden Humor des homerischen Hermeshymnos zu stellen, um den Abstand zweier völlig verschiedener Bereiche der Dichtung zu würdigen.

Der *vierte Hymnos*, der Delos als Geburtsstätte Apollons feiert, ist, wie die anderen auch, ein Stück Literatur. Die Versuche, ihn mit einem bestimmten delischen Fest in

[1] Das betont HERTER, *RE* S 5, 1931, 437, 62.

[2] F. BORNMANN, *Callimachi hymnus in Dianam. Introd., testo crit. e comm.* Firenze 1968.

Verbindung zu bringen, gingen in die Irre. Daß Kallimachos bei der Schilderung von Letos Irrfahrten und der Entbindung auf Delos, der bis dahin unstet schwimmenden Insel, den homerischen Hymnos auf den delischen Apollon vor Augen hat, ist deutlich. Verkehrt wäre es aber, von Nachahmung zu reden, da vielmehr die Fülle der Abänderungen, Zutaten und Akzentverlagerungen das Eigenartige des neuen Kunstwollens – und wir dürfen hier von einem höchst bewußten Wollen sprechen – eindringlich genug hervortreten läßt. Als Erzählung ist der Hymnos geschlossener als die beiden vorher besprochenen. Eine besondere Wirkung erzielt Kallimachos, wenn er Städte, Länder und Flüsse in ihrer Angst vor Hera davonlaufen läßt, als Leto eine Zuflucht erbittet. Wir dürfen da keine konkrete Vorstellung versuchen, die alte griechische Einheit von Lokal und Numen ist hier in einer Weise für bizarre Wirkung verwertet, die Ovid gut zu handhaben wußte. Wenn in unserem Hymnos (264) Delos das Kind Apollon an ihre Brust nimmt und gleichzeitig als Insel spricht, ist derselbe Griff.

Kallimachos hat genau in der Mitte des Hymnos eine Huldigung für Philadelphos angebracht, die mit dem Preise den Humor verbindet. Apollon versteht sich schon im Mutterleibe ausgezeichnet auf Weissagung, und als sich Leto der Insel Kos nähert, bittet er, ihn nicht hier zur Welt zu bringen, wo dereinst ein anderer Gott geboren werden soll, ein Ptolemaier, dem die Erde untertan sein werde. Da Philadelphos hier als Gott erscheint, ist die 270 nach dem Tode der Arsinoe erfolgte Divinisierung vorausgesetzt. Anderseits beruhen die Verse auf dem weitgespannten Großmachtanspruch Ägyptens, der nach dem Ausgang des Chremonideischen Krieges[1], vor allem nach dem Falle Athens (263/62), nicht mehr zu halten war. So ergeben sich für die Entstehung dieses Hymnos verhältnismäßig enge Zeitgrenzen; daß der dritte in denselben Abschnitt gehöre, bleibt Vermutung.

Um begründen zu können, warum wir den *zweiten*, *fünften* und *sechsten Hymnos* näher aneinanderrückten, ist ein kurzer Blick auf Inhalt und Aufbau vonnöten. Weiter noch als die besprochenen Hymnen entfernt sich der *zweite*, an Apollon gerichtete von durchlaufender Erzählung epischen Stiles. Schon mit den ersten Versen werden wir in die Erregung einer Menge hineingerissen, die vor dem Tempel des Gottes auf dessen Epiphanie harrt. Wie beim *vierten* und *fünften Hymnos* haben wir durchgehend einen Sprecher anzunehmen, der sich hier deutlich als Mann aus Kyrene, also als der Dichter selbst zu erkennen gibt. Seine Worte fangen den Reflex der Festesstimmung und der Epiphaniewunder ein[2], lassen uns einen Knabenchor sehen und feiern den Gott in seiner Schönheit und den bekannten Bereichen seiner Macht, um dann neu

[1] Über den Ansatz der Schlacht von Kos H. Bengtson, *Griech. Gesch.* 4. Aufl. Münch. 1969, 407,5. Zur Datierung des 4. Hymnos auch P. von der Mühll, ‹Die Zeit des Apollonhymnos des Kall.›. *Mus. Helv.* 15, 1958, 8.

[2] Gut O. Weinreich, *Gebet und Wunder. Tüb. Beitr.* 5, 1929, 231, 59, wie überhaupt zum Eingang des Hymnos; vgl. auch J. Kroll, *Gott und Hölle.* Leipz. 1932, (1963), 480. Lit. bei Herter, *Bursian* (s. u.), 196. Dazu Howald, *Der Dichter K.* (s. u.), 86. H. Erbse, ‹Zum Apollonhymnos des K.›. *Herm.* 83, 1955, 411. Die Spätdatierung sucht P. Von der Mühll, ‹Die Zeit des Apollonhymnos des K.›. *Mus. Helv.* 15, 1958, 1, in Frage zu stellen.

und überraschend von ihm als Städtegründer zu berichten. Das gibt Gelegenheit, von der Entstehung Kyrenes zu erzählen, wo der Gott an den Karneen die herrlichste Feier hat. Daß Kallimachos gerne von seiner Heimatstadt spricht, verstehen wir, aber anderes kommt hinzu: der in Vers 26 neben Apollon gestellte König ist Ptolemaios III. Euergetes, wie das Scholion sagt. Nun hat die Verbindung dieses Regenten mit der kyrenäischen Prinzessin Berenike, der Tochter des Magas, die unmittelbar vor seinem Regierungsantritt erfolgte, Kyrene wieder an Ägypten gebracht. Die Beziehung auf den dritten Ptolemaier ergibt die Datierung des Hymnos in die Altersjahre des Dichters, und wir dürfen die besondere Dramatisierung des Stiles, die Verlebendigung der Vorgänge, die sich mit unmittelbarer Einfühlung in religiöse Stimmungen paart, als die Vollendung seines Dichtens auf diesem Felde werten. Es ist durchaus kallimacheisch, daß der eigenwilligen Komposition, die Abfolge und Beziehung des Einzelnen vielfach in Schwebe läßt, eine formale Gliederung in fast strophenartige Absätze gegenübersteht.

Auf den Preis Kyrenes folgt, wieder echt kallimacheisch, ein Aition: Der Kultruf *hié paieon* wird aus den Schüssen (ἰέναι) auf den Pythondrachen erklärt. Der Schluß springt in einer Weise, die an die Sphragis alter Kitharodik erinnert (vgl. S. 157), auf Persönliches über: Apollon jagt Phthonos, den Dämon der Scheelsucht, mit einem Fußtritt davon, da er ihm einreden wollte, nur große Dichtung, groß wie das Meer, gelte. Der Gott aber weiß, daß der mächtige Euphrat Schlamm und Unrat mit sich führt, während reines Wasser, wie es der Kult braucht, von der rieselnden Quelle geholt wird. Mit dem Wunsche, daß Momos, der Tadel, dem Phthonos nachfolge, schließt der Dichter. Die Frage nach den Gegnern, die er in solcher Weise abwehrt, soll im Zusammenhange mit dem Aitienprolog gestellt werden.

Der *fünfte Hymnos*, das Bad der Pallas, überrascht uns zunächst formal. Wie der sechste ist er in einem Dorisch geschrieben, in dem wir nicht einfach des Dichters Heimatdialekt, sondern eine Literatursprache erkennen, die das Epische durch Dorismen variiert. Als einziger unter den Hymnen zeigt der fünfte elegisches Maß. WILAMOWITZ[1] hat auf die Verwendung von Anaphern und die Abgliederung von Kola und Kommata als Unterschiede von der epischen Weise aufmerksam gemacht, doch weichen Komposition und Art des Erzählens von den verwandten hexametrischen Gedichten nicht in nennenswerter Weise ab. Wieder haben wir einen Sprecher – wir können ihn uns als Festordner denken –, der bei einem kultischen Vorgange befehlend, erklärend und berichtend tätig ist und uns auf solche Weise die religiöse Atmosphäre des Festes, die Gespanntheit mehr als die Ergriffenheit, mit größter Lebhaftigkeit vermittelt[2]. Wir befinden uns vor dem Athenatempel von Argos bei dem Feste, das ein rituelles Bad des Bildes der Göttin zum Inhalte hat. Das besagt natürlich nicht, daß dieses Stück alexandrinischer Poesie für das argivische Fest geschrieben wäre. Seinen besonderen Reiz erhält es dadurch, daß die Fahrt des Götterbildes zum Inachos mit dem Bade der Göttin selbst in einer Weise in eins gearbeitet ist, die eine

[1] *Hellenist. Dicht.* 2, Berl. 1924; Neudruck 1961, 15.
[2] K. J. MCKAY, *The poet at play. Kallimachos. The Bath of Pallas.* Leiden 1962 (Suppl. to Mnem. 6).

rationale Auflösung nicht gestattet und über das Ganze den Glanz einer göttlichen Epiphanie verbreitet. Die Festmotive umschließen die breit erzählte Geschichte von Teiresias, der sein Augenlicht verliert, als er die Göttin im Bade erblickt.

Der Rahmen einer durch den Mund des Sprechers mit packender Unmittelbarkeit vor unseren Blick gestellten Kulthandlung und ein davon umschlossener Mythos bestimmen auch die Komposition des *sechsten Hymnos*. Wir harren der Prozession, die im Dienste der Demeter mit den heiligen Gegenständen ihres Mysteriums einherziehen wird. Der Umzug kann in Kyrene zu denken sein, wo Demeter Kult hatte[1], oder in Alexandreia, wo die Vorstadt Eleusis Anregungen bereithielt, aber eine so bestimmte Frage trifft wohl gar nicht die Sphäre dieses Gedichtes. Auch hier erzählt der Sprecher von der furchtbaren Gewalt, mit der die Gottheit, ist sie beleidigt, strafen kann. Als Beispiel dient die Geschichte von Erysichthon, der im heiligen Hain der Göttin schlägert und dafür mit unstillbarem Heißhunger bestraft wird. Es ist echter und liebenswerter Kallimachos, wenn der erbaulichen Geschichte vom bestraften Frevler mit der Weißgeschwänzten, dem Mäuseschreck, die zum Ende ebenfalls in die Küche muß, ein fröhlich-ironisches Lichtlein aufgesetzt wird[2].

Für die beiden letzten der besprochenen Hymnen fehlen sichere Datierungsstützen, aber vielleicht darf aus ihrer kompositorischen Nähe zum *zweiten Hymnos* der Schluß gezogen werden, daß L. DEUBNER[3] mit ihrer Spätdatierung das Richtige getroffen hat. Derselbe Gelehrte hat die eigentümliche, stark von Elementen des Mimos bestimmte Form dieser drei Hymnen durch Einfluß des Theokrit erklären wollen. Nun ist es richtig, daß dessen Dichtung mehrfach mimetischen Charakter trägt, um nur die *Pharmakeutria* und die *Frauen am Adonisfest* zu nennen, richtig auch, daß mancherlei Beziehungen zwischen ihm und Kallimachos hin- und wiedergehen[4], doch soll darüber das Eigenständige, Nur-Kallimacheische dieser eindrucksvollen Gedichte nicht übersehen werden.

Als zweite Gruppe erhaltener Dichtungen reihen sich die *Epigramme* an. Daß sie in den antiken Kallimachosausgaben in einem Buche vereinigt waren, ist hinreichend bezeugt[5]. Sogar von einem Kommentar des Archibios (vielleicht auch Hedylos; test. 44f. Pf.) wissen wir. Ob Kallimachos dieses Buch der Epigramme selbst zusammengestellt hat, vermögen wir nicht zu sagen. Jedenfalls ist eine Auswahl daraus über Meleagros und Konstantinos Kephalas, auf einem Wege also, über den wir im folgenden Kapitel zu sprechen haben, in die *Anthologia Palatina* gekommen. Sie hat uns, wenn wir mit PFEIFFER und anderen *Ep.* 3, 36 und 63 ausschalten, wobei über 63 das letzte Wort vielleicht noch nicht gesprochen ist[6], achtundfünfzig unbezweifelbar echte

[1] Vgl. HERTER, *Bursian* (s. u.), 209.

[2] Die schalkhaften Züge hebt K. J. MC KAY besonders hervor: *Erysichthon. A Callimachean Comedy*. Leiden 1962 (*Suppl. to Mnem.* 7).

[3] *N. Jahrb.* 1921, 376ff.

[4] G. SCHLATTER, *Theokrit und K.* Diss. Zürich 1941; dazu HERTER, *Gnom.* 19, 1943, 325; vgl. auch A. S. F. GOW, *Theocritus*, Cambr. 1952, XXIII. Eine bis in den Orient zurückreichende Ahnenreihe mimetischer Gedichte mit fiktiver Situation bei F. DORNSEIFF, *Echtheitsfragen*. Berl. 1939, 25.

[5] PFEIFFER 2, XCII. [6] Vgl. F. ZUCKER, *Phil.* 98, 1954, 94.

Stücke erhalten, zu denen noch zwei aus anderen Autoren (5f.) kommen. Als Maximus Planudes 1299 seine Anthologie zusammenstellte, hat er aus dem Palatinus zweiundzwanzig echte Epigramme des Kallimachos übernommen. Diese *Planudea* ist anders als die *Palatina* nie in Vergessenheit geraten. So hat es sich ergeben, daß die in ihr enthaltenen Epigramme in unseren Ausgaben jenen vorausgehen, die aus der wiederentdeckten *Palatina* hinzukamen, was eine reichlich bunte Abfolge ergeben hat. Daß wir nur eine, vielleicht recht enge Auswahl aus den Epigrammen unseres Dichters besitzen, bezeugen einige kümmerliche Fragmente (393–402 Pf.).

In den *Epigrammen* des Kallimachos vollendet sich alexandrinische Kleinkunst. Wir gedenken ihrer jedoch an dieser Stelle nur in aller Kürze, da von der Welt des hellenistischen Epigramms später die Rede sein soll. Grabschrift und Weihung, die uralten Formen, kehren mit geistvoll variierter Pointierung wieder, daneben tritt jüngere Motivik in literarisch-programmatischen und in erotischen Gedichten, in denen es meist um Knabenschönheit geht. Einen guten Teil der Epigramme leichteren Inhaltes können wir der Jugend des Dichters zuweisen, als Freundschaft und Liebe ihm seine Armut tragen halfen, aber früh schon gab er dieser Form auch gewichtigeren Inhalt, und ohne Zweifel hat Dichtung solcher Art sein Leben bis in das hohe Alter begleitet. Die Meisterschaft knappster Aussage und einer Sprache, die höchste Kunst mit Schlichtheit paart, gibt den meisten dieser Gebilde eine kühle und glatte Oberfläche. Wie jedoch echtes Gefühl diese durchbrechen kann, zeigt am schönsten das *zweite Epigramm*, im Grunde eine Kurzelegie, mit dem Gedenken an den toten Freund und Dichter Herakleitos aus Halikarnaß[1].

Auch im Epigramm spielt Kallimachos gelegentlich mit Dialekt und Form: Fünf Gedichte (14. 46. 51. 55. 59) zeigen dorische Färbung und vier (37–40) sind in lyrischen Maßen geschrieben.

Des Kallimachos Hauptwerk, die *Aitia*, sind uns verloren, aber glückliche Funde und gelehrte Arbeit haben wesentliche Züge dieser Dichtung erkennbar gemacht. Als Rudolf Pfeiffer 1923 seine *Callimachi fragmenta nuper reperta* herausgab, konnte er zehn Papyri auswerten, von denen einer (Pap. Gen. 97) indessen wieder ausgeschieden ist. Nun legt er in den Prolegomena zum zweiten Bande seiner monumentalen Ausgabe siebenunddreißig Papyrustexte vom 1. Jahrhundert v. Chr. bis zum 6./7. Jahrhundert n. Chr. vor, von denen ein bedeutender Teil den *Aitia* zugute kommt[2]. Ehe wir auf Inhalt und Aufbau dieses Werkes eingehen, soll uns sein Prolog (fr. 1 Pf.) beschäftigen, der wertvollste und problemreichste Fund, der zu Kallimachos gemacht wurde. Dieser Prolog stellt sich als Abrechnung des Dichters mit seinen Gegnern dar, die hier als Telchinen, bösartige Kobolde, eingeführt werden. Sie schmähen ihn, weil er es nicht verstehe, die Taten der Könige und Heroen in einem Epos von vielen tausend Versen mit durchlaufender Handlung (διηνεκές) zu feiern. Er aber liebt die sparsam feine Dichtung, wiegt doch der Demeter nährende Gabe viel schwe-

[1] Vgl. Howald, *Der Dichter K.* (s. u.), 63.

[2] Zwei neue Fragmente in *Antinoopolis Pap.* 3, London 1967, nr. 113f., eines davon größeren Umfanges aber voll schwieriger Probleme.

rer als der mächtige Eichbaum (von dessen Früchten sich die Menschheit in roher Urzeit nähren mußte)[1]. Hier spricht derselbe Dichter, der im persönlichen Schlußteil des *zweiten Hymnos* die sparsam rieselnde Quelle dem schlammigen Euphrat vorzieht und im 28. *Epigramm* seinen Abscheu vor dem kyklischen Dichtwerk (ποίημα κυκλικόν) bekundet. Auch an das 21. *Epigramm*, die Grabschrift für den Vater des Dichters, erinnern wir, in der Kallimachos von seinem dichterischen Sieg über scheelsüchtige Mißgunst (βασκανίη) spricht[2]. Hingegen haben wir keinen Anhalt, das bekannte Verdammungsurteil über umfangreiche Bücher (τὸ μέγα βιβλίον ἴσον ... τῷ μεγάλῳ κακῷ, fr. 465 Pf.) im besonderen auf Dichtung zu beziehen.

Mit seiner Ablehnung der durchlaufenden Erzählung steht Kallimachos bei aller Verschiedenheit in der Nachfolge des aristotelischen Kunsturteiles (*Poet.* 23. 1459a 27), das Homers glückliche Wahl des fruchtbaren Teilgeschehens stofflich umfassenden Epen nach Art der *Kyprien* gegenüberstellt. Von dem Vorrang des kleinen, feinen Gedichtes vor dem großen spricht im Aitienprolog auch das schwierige Distichon v. 11f., in dem der Name des Mimnermos zu lesen steht. Das gelehrte Florentiner Scholion (*Pap. Soc. It.* 1219 fr. 1; nr. 24 Pf.) vermerkt zur Stelle, daß auch von Philitas die Rede war und Kallimachos kleine Gedichte der beiden Genannten als die wertvolleren von ihren größeren Werken schied. Zahlreiche Neuere haben diese Auffassung ihren Ergänzungsversuchen zugrunde gelegt. Immerhin bleibt es befremdlich, daß Kallimachos an den beiden hochgeschätzten Meistern erzählender Elegien eine Kritik geübt haben soll, die einen wesentlichen Abstrich bedeuten würde. Man wird daher eine Auffassung und Ergänzung der Stelle in Erwägung ziehen müssen, die Mimnermos und Philitas zur ungeschlachten Dichtung anderer in Gegensatz stellt. Dann könnte die *Große Frau* (v. 12) auf die *Lyde* des Antimachos gehen, die Kallimachos in einem Epigramm (fr. 398 Pf.) als feistes Poem verspottet hat[3].

Das eben genannte Florentiner Scholion enthält konkrete Angaben darüber, wer die bösen Telchinen gewesen sind. Neben unbekannten und nur zum Teil erhaltenen Namen erscheinen da Praxiphanes, gegen den Kallimachos geschrieben hat (s. o.), und zu unserer Überraschung Asklepiades und Poseidippos, selbst zwei Meister epigrammatischer Kleinkunst, deren erster Kallimachos zweifellos zu Zeiten nahestand. Aber Differenzen in den Kunsturteilen hat es gegeben, denn wir wissen, daß die beiden Genannten für die *Lyde* des Antimachos Worte hoher Anerkennung hatten (*Anth. Pal.* 9, 63. 12, 168). Der Name des Apollonios von Rhodos aber, den man vor allem hinter den Telchinen vermutete (die doch meist rhodisch sind!), fehlt, und mit der Möglichkeit, ihn in einer Lücke des Scholions unterzubringen, ist kaum zu rechnen[4].

[1] Die Paraphrase macht klar, daß ich die Beziehung des Verses auf bestimmte Werktitel für überflüssig halte.

[2] Das letzte Distichon (vgl. fr. 1, 37f.) hat PFEIFFER richtig getilgt.

[3] Zur Debatte HERTER, *Bursian* (s. u.), 100, der selbst der zweiten Auffassung zuneigt. Diese vertritt M. PUELMA, ‹Die Vorbilder der Elegiendichtung in Alexandrien und Rom›. *Mus. Helv.* 11, 1954, 101; ‹K.-Interpretationen›. *Phil.* 101, 1957, 90. Vgl. auch W. WIMMEL, ‹Philitas im Aitienprolog des Kall.›. *Herm.* 86, 1958, 346.

[4] Vgl. PFEIFFER zu Zeile 11 des Schol. Flor.

Anderseits ist der Scholiast, von dem wir ja nicht wissen, wie weit er nur gelehrt kombinierte, in seiner Bedeutung überschätzt, wenn man einen Konflikt zwischen Kallimachos und Apollonios sowie die Beziehung der verschiedenen polemischen Partien und der *Ibis* auf diesen völlig leugnen will[1]. Die Biographie des Apollonios wird Anlaß geben, diese Frage wieder aufzunehmen.

Im Aitienprolog spricht Kallimachos von der Last des Alters, die auf ihm liegt wie Sizilien auf dem Titanen Enkelados (vgl. Eur. *Herakles* 638). Also hat er die Verse im letzten Abschnitt seines Lebens geschrieben. Damit streitet aber, daß Apollonios an verschiedenen Stellen seines Epos die *Aitia* benützt hat[2] und es schwierig oder, wenn man im Epilog der *Aitia* (fr. 112, 2 Pf.) Berenike erkennt, unmöglich wird, mit dessen Werk so weit herunterzugehen. Die Lösung dieser Schwierigkeiten bringt Pfeiffers Annahme[3], daß Kallimachos im Alter eine Neuausgabe der erheblich früher entstandenen *Aitia* besorgte und dieser den Telchinenprolog voranstellte. Die ursprünglich selbständige *Locke der Berenike* wurde nach dieser Theorie, mit kleinen Veränderungen am Schlusse, der Neuauflage angegliedert, ebenso wurde mit einem Epilog die Überleitung zu den *Iamboi* gegeben, die in der Ausgabe folgten.

Die *Aitia* sind ein recht umfangreiches Gebilde in vier Büchern gewesen, aber Kallimachos wahrte sein künstlerisches Prinzip, indem er in diesem Kollektivgedicht eine Fülle kurzer Erzählungen in elegischem Maße vereinigte; davon, daß sie die Ursachen (αἴτια) von Festen, Bräuchen, Stiftungen und Benennungen geben, hat das Werk seinen Namen. Die Eigenwilligkeit seines Schöpfers ließ alle Versuche, seinen Aufbau wiederzugewinnen, fruchtlos erscheinen, bis von den neuen Funden ausgiebige Hilfe kam. Die Gedichte des Kallimachos wurden fleißig kommentiert, wir wissen unter anderem von erklärenden Schriften des Theon aus augusteischer und des Epaphroditos aus flavischer Zeit, auch besitzen wir nicht geringe Reste von Kommentaren, deren Verfasser wir nicht kennen, auf Papyri. Eine etwas simple, für uns aber unschätzbare Hilfe für das Verständnis des Dichters sind ausführliche Inhaltsangaben, die wir nach der Subscriptio des Mailänder Papyrus (nr. 8 Pf.) *Diegeseis* benennen. Wir besitzen Reste einer reicheren Fassung, die sich einem Kommentar nähert (Pap. nr. 24. 26 Pf.), zu Teilen des ersten Buches der *Aitia* und solche einer dünneren, wahrscheinlich aus der eben genannten exzerpierten (Pap. nr. 8 Pf.) zu den beiden letzten Büchern dieses Werkes, zu den *Iamboi*, lyrischen Gedichten, der *Hekale* und den ersten beiden *Hymnen*.

Stoff und Abfolge der einzelnen Erzählungen sind uns nun für große Teile der *Aitia* bekannt, wobei die beabsichtigte Buntheit in Länge und Vortrag der verschiedenen Partien deutlich zu erkennen ist. Nach dem Telchinenprolog wurde der Reigen der *Aitia* mit der Erzählung eröffnet, wie sich der Dichter im Traum als Jüngling (ἀρτιγένειος) auf dem Helikon findet, wo ihm die Musen begegnen; es läßt sich vermuten,

[1] Lit. bei Herter, *Bursian* (s. u.) 89. 110. 200, ferner ebda. Bd. 285, 1944/55, 225, und *Rhein. Mus.* 91, 1942, 310.

[2] Vgl. Pfeiffer 2, XLI. Herter, *Bursians Jahresber.* 285, 1944/55, 232.

[3] *Herm.* 63, 1928, 339; jetzt 2, XXXVI. Die kargen Möglichkeiten, ohne diese Annahme durchzukommen, diskutiert Herter, *Gnom.* 26, 1954, 77f.

daß ihnen als zehnte Arsinoe gesellt war. Natürlich steht Hesiods Dichterweihe hinter der Traumerzählung, und die Reste lassen erkennen, daß Kallimachos von ihr sprach und so auf sein Urbild wies. Mit ihm haben sich die Musen zwangloser unterhalten als mit Hesiod, denn wir erkennen, daß sich nun ein munteres Spiel von Frage und Antwort ergab, in dem der wißbegierige Dichter über allerlei entlegene Dinge aus Kultus und Sage Auskunft erhielt. Bezeichnend ist gleich die erste Frage, warum die Parier den Chariten ohne Flötenspiel und Kranz opfern. Derlei Probleme hat es in den *Aitien* eine Menge gegeben: warum das Apollonopfer auf Anaphe von Zoten und das Heraklesopfer in Lindos von Schmähungen begleitet wird, warum in Argos ein Monat Schafsmonat (Arneios) heißt, warum die Artemisstatue auf Leukadia einen Mörser auf dem Haupte trage [1], warum die Bewohner von Zankle ihre Gründerheroen beim Feste nicht mit Namen rufen und vieles andere dieser Art. Das sind keine großen Stoffe, und nirgendwo spüren wir in den Resten ein Fragen, das in größere Tiefen bohrte, als gelehrte Neugier sie erreichen kann. Wohl aber spüren wir immer wieder die Hand eines souveränen Gestalters, der uns nie ermüdet, weil er ständig zu variieren weiß und uns mit feiner Ironie zu verstehen gibt, wie wenig ernst das alles genommen sein will.

Die Funde haben uns belehrt, daß in den beiden letzten Büchern das Spiel des Musendialoges aufgegeben war und die einzelnen *Aitia*, soweit wir aus den greifbaren Beispielen schließen dürfen, ohne Überleitung einander folgten. Immer wurden Geschichten erzählt, und während diese mitunter ganz im Dienste des Aitiologischen standen, konnte dieses auch zurücktreten und der Erzählung ihr Eigenrecht belassen. Das schönste Beispiel dafür ist die Geschichte von Akontios und Kydippe, die im dritten Buche stand. Der Knabe aus Iulis verliebte sich beim Apollonfest auf Delos auf den ersten Blick – Dichtung dieser Art kennt nur Liebe auf den ersten Blick – in das Mädchen aus Naxos. Eros gibt ihm die List ein, einen beschrifteten Apfel vor die Füße der Schönen zu rollen, die ahnungslos von der Frucht den Eid bei Artemis abliest, sie werde Akontios heiraten. Daß die Alten in der Regel laut lasen, ist dabei nicht zu vergessen. Eid ist Eid, und die Göttin sorgt trotz ihrer Jungfräulichkeit dafür, daß er gehalten werde. Wir kannten die Lineamente der Geschichte aus Aristainetos, der (1, 10) ziemlich treu nacherzählt, raffiniert spielt Ovid im 20. und 21. Stück seiner *Heroides* mit dem Thema [2]. Nun haben uns größere Fragmente auf Papyrus Proben des Stiles gegeben, in dem Kallimachos erzählte. Wieder fällt die überlegene Objektivität auf, mit der er berichtet, doch zeigen kleine Bruchstücke, daß auch der pathetische Monolog des Verliebten, wie ihn Aristainetos gibt, in den *Aitia* seine Entsprechung hatte. Kaum dürfte der Dichter solche Verzweiflung allzu ernst genommen haben. Ganz in sein Bild fügt sich die gespielte Wichtigkeit, mit der er den keischen Chronisten Xenomedes als Quelle seiner Geschichte anführt.

Das größte der Fragmente (75 Pf.) enthält ein Detail, in dem wir einen hundertfach wiederholten Griff kallimacheischer Technik erkennen: die Charakteristik einer

[1] Wohl ein mißverstandener Kalathos

[2] Vgl. A. LESKY, *Aristainetos*. Zürich 1951, 144.

Situation durch einen Einzelzug, der seinerseits in gewählter Weise umschrieben wird. «Am Morgen sollen die Hochzeitsopfer dargebracht werden.» So spricht aber Kallimachos nicht. «Die Tiere stehen zur Schlachtung bereit.» Nein, auch das wäre zu flach. «Die Rinder sehen in Angst im spiegelnden Wasser das in ihrem Rücken gezückte Messer.» Mit diesem Zuge ist ein volles Bild da.

Die Geschichte von der braven Pieria, die einen Liebeshandel zur Versöhnung zweier hadernder Städte zu wenden weiß, hat sich durch die Papyri ebenfalls als Teil des dritten Aitienbuches feststellen lassen, und die alte Vermutung von R. Reitzenstein, Aristainetos habe auch in 1, 15 Kallimachos paraphrasiert, wurde glänzend bestätigt[1]. Auch sonst haben wir neue Themen kennengelernt wie die Erklärung der attischen Thesmophorien, das Grab des Simonides, Kabiren, Hyperboreer und die Statue des delischen Apollon. In lebhaftem Dialog wird hier für die Attribute des Gottes eine Erklärung gewonnen, die dieser selbst gibt: den Bogen hat er in der Linken, um die Übermütigen zu strafen, die drei Chariten aber auf der Rechten, weil er mit dem Spenden des Guten rascher zur Hand ist als mit der Bestrafung der Bösen[2].

Ein Wort erfordert noch die *Locke der Berenike*, die wahrscheinlich in das vierte Buch der *Aitia* aufgenommen war. Berenike, die Gattin des Ptolemaios III. Euergetes und Landsmännin des Dichters, hat für die glückliche Heimkehr ihres Gatten aus dem syrischen Feldzug die Weihung ihrer Locke gelobt. Aber das kostbare Haar verschwand aus dem Tempel, und der Hofastronom Konon entdeckte es verstirnt am Himmel. Die Locke erzählt selbst, wie sie zunächst vom Zephyros in das Heiligtum der Arsinoe-Aphrodite entführt wurde. Da ließ sich eine Huldigung für die tote Königin mit jener für die lebende verbinden. Dieses Gedicht des alten Kallimachos, das wir auf 246/45 datieren können, ist höfische Poesie, aber auch in ihr gibt der Dichter seine köstliche Überlegenheit nicht preis und zeigt uns, daß Huldigung solcher Art geschmackvoll bleiben kann. Catull (66) hat sie ins Lateinische übertragen, und die einundzwanzig Verse des Originals, die wir nun im Zusammenhange lesen (Pap. nr. 1 Pf.), lehren uns, wie er sich um Genauigkeit bemühte[3].

Im letzten Vers der *Aitia* kündigt der Dichter an, er werde sich auf das Gefilde der Muse begeben[4], die zu Fuß geht, das heißt: in das Gebiet der Prosa. Nun spricht Horaz von seinen Satiren als *Musa pedestris* (*Serm.* 2, 6, 17; vgl. *Epist.* 2, 1, 251), und man dachte daran, daß Kallimachos in dem Epilog der Neuausgabe mit den angeführ-

[1] *Index lect. Rostock* 1892/3, 15.

[2] Fr. 114 Pfeiffer; dazu sein prächtiger Aufsatz: ‹The Image of the Delian Apollo and Apolline Ethics›. *Journ. of the Warburg and Courtauld Institutes* 15, 1952, 20; jetzt *Ausgewählte Schriften*. Münch. 1960, 55. Dort S. 27 (64) auch der Hinweis, daß hier der Kurzdialog der Epigrammatik in ein Aition übernommen ist.

[3] In einem Papyrus (nr. 37 Pf.) scheinen Catulls Verse 79–88 zu fehlen, während sich am Ende ein bei dem Lateiner fehlendes Distichon findet. Pfeiffer 2, XXXVII erklärt das einleuchtend aus Änderungen bei der Übernahme in die *Aitia*. A. Barigazzi, ‹Callimaco e il frammento astronomico sulla chioma di Berenice›. *Rhein. Mus.* 106, 1963, 214.

[4] πεζόν (Enallage) eher zu lesen als πεζός. Zur Deutungskontroverse Herter, *Bursian* (s. u.), 144 und Pfeiffer zur Stelle. M. Puelma, ‹Kall.-Interpretationen 2: Der Epilog zu den Aitien›. *Phil.* 101, 1957, 247. Wichtig ist das futurische ἔπειμι, das auf eine Tätigkeit in der Zukunft weist.

ten Worten zu den *Iamboi* überleitete, die dort auf die *Aitia* folgten. Uns scheint die einfache Deutung vorzuziehen, daß sich der alte Kallimachos wieder gelehrter Arbeit zuzuwenden gedachte.

In jedem Falle folgten in der Ausgabe, die aus den Resten kenntlich wird, die *Iamboi.* In diesem Buch mit seinen dreizehn Gedichten ist Buntheit das in jeder Weise durchgeführte Prinzip. Die ersten vier Stücke und das dreizehnte sind in Hinkiamben geschrieben, dazwischen finden sich epodische Formen sowie reine und brachykatalektische iambische Trimeter neben trochäischen Versen. Der Dialekt will ionisch sein, daneben lesen wir Dorisches. Die Mannigfaltigkeit des Inhaltes können wir dank den neuen Fragmenten und den *Diegeseis* einigermaßen überblicken. Einen guten Beginn ergibt der *erste Iambos,* der Hipponax, den Archegeten des Hinkiambos, aus der Unterwelt heraufkommen und mit einer erbaulichen Geschichte das Volk der Gelehrten zur Bescheidenheit mahnen läßt. Da hat der Arkader Bathykles einen goldenen Becher dem gescheitesten Manne gestiftet, aber keiner der Sieben Weisen hält sich für würdig, und schließlich wird der Becher Apollon geweiht.

Das ausgiebigste Fragment besitzen wir aus dem *vierten Iambos.* Hier ist das alte Agonmotiv mit viel Finesse im Streit zwischen Lorbeer und Ölbaum gestaltet. Die Pointe aber liegt in der derben Abfertigung eines Dritten, der da mitreden will, und die *Diegesis* verrät uns, daß die Situation eines betimmten literarischen Streites zugrunde liege. In den übrigen Stücken finden sich Fabeln, Aitiologisches, Polemisches und Gelegenheitsdichtung, wie der Glückwunsch an einen Freund, dem ein Töchterchen geboren wurde.

Für die Datierung der *Iamboi* fehlen uns sichere Stützen. Vor allem wird mit der Möglichkeit zu rechnen sein, daß in diesem Buche Einzelgedichte vereinigt waren, die Kallimachos in verschiedenen Abschnitten seines Lebens geschrieben hat. In seiner Buntheit war das Buch eine rechte *satura lanx,* wie die Römer die Opferschüssel voll verschiedener Gaben nannten. Es ist verständlich, daß man gerade von den *Iamboi* des Kallimachos die Linie zur frühen römischen Satire gezogen hat[1]. Solche Betrachtung verträgt sich durchaus mit der Anerkennung dessen, was an der Leistung der lateinischen Dichtung eigenständig ist, und bedeutet nur eine Einschränkung, nicht aber eine Widerlegung von Quintilians Wort: *satura quidem tota nostra est* (10, 1, 93).

In der Ausgabe, nach der die *Diegeseis* vorgingen, folgten vier lyrische Gedichte in erlesenen Maßen, die uns die Freude des Dichters am metrischen Experiment verraten. Ein in Phalaikeen abgefaßtes *Mahngedicht an schöne Knaben;* eine *Pannychis,* ein Gedicht für ein Fest, bei dem die Dioskuren und Helena angerufen wurden, in euripideischen Vierzehnsilblern (iambischer Dimeter und Ithyphallicus); dann die im raren Archebuleion gedichtete *Vergottung Arsinoes,* die uns durch ein größeres Bruchstück besser kenntlich wird als die übrigen Stücke. Wie Kallimachos auch hier nicht

[1] M. Puelma Piwonka, *Lucilius und K.* Frankf. a.M. 1949. L. Deubner, ‹Die Saturae des Ennius und die Jamben des K.› *Rhein. Mus.* 96, 1953, 289.

die breite, befahrene Straße wählte, zeigt ein apartes Motiv: Philotera, die früh verstorbene und in den Kultbereich Demeters entrückte Schwester des königlichen Paares, besucht von Sizilien aus Charis, des Hephaistos Gattin, und bittet sie, vom Athos auszuspähen, was der im Süd über das Meer wehende Rauch bedeute. Da muß sie Arsinoes Tod erfahren. Das Ereignis ergibt für das Gedicht 270 als obere Grenze. Das vierte Lied in choriambischen Pentametern, der *Branchos*, galt dem Liebling Apollons, dem Ahnherren der Branchiden von Didyma.

Von großer programmatischer Bedeutung für die alexandrinische Dichtung und ihre Nachfolge ist das Kleinepos *Hekale* gewesen. Die Besonderheit kallimacheischen Dichtens erlaubt auch hier keine genaue Rekonstruktion, aber die Reste, unter denen die Holztafel der Wiener Papyrussammlung eine besondere Stellung einnimmt, vermitteln eine Vorstellung vom Wesen des Ganzen und von zahlreichen Einzelheiten[1]. Auch hat sich die geniale, durch die Papyrusfunde bestätigte These A. HECKERS[2], daß daktylische Fragmente in der *Suda* aus der *Hekale* und nur aus dieser stammen, als nützlich erwiesen.

Dank den *Diegeseis* lassen sich die Handlungszüge im Groben angeben: Theseus ist den Nachstellungen Medeias entgangen und wurde von Aigeus erkannt, der ihn in sorgsamer Hut hält. Aber heimlich bricht der Jüngling auf, um den bösen Stier von Marathon zu bezwingen. Auf seinem Wege lassen ihn Regenschauer bei dem guten Mütterchen Hekale Zuflucht finden, die ihn mit den bescheidenen Mitteln ihrer Armut umsorgt. Theseus bezwingt den Stier, findet aber bei der Rückkehr die Alte tot. Er beklagt sie, benennt ihr zu Ehren den neubegründeten Demos Hekale und stiftet ein Heiligtum des Zeus Hekalios. So mündet alles in ein Aition.

Aus dieser Inhaltsangabe darf nicht das Trugbild einer gleichmäßig fließenden Erzählung erstehen. Wenn wir die *Hekale* ein Epyllion[3] nennen, so meinen wir damit nicht allein den geringen Umfang, sondern eine bestimmte vom Großepos abweichende Erzählungsweise. Aus dem Zusammenhange alter Sage werden bestimmte Episoden, durchaus nicht die zentralen, herausgegriffen und liebevoll durchgestaltet, während anderes am Rande bleibt. So ist denn auch hier nicht der Kampf mit dem marathonischen Stier Mitte der Erzählung, sondern die Geschichte von der Einkehr bei der Alten, die Kallimachos in atthidographischer Überlieferung fand. Mit welchen Überraschungen wir im Bereiche dieser Kunst zu rechnen haben, zumal bei

[1] Zu einzelnen Papyrusfragmenten: A. BARIGAZZI, ‹Il dolore materno di Ecale (P. Ox. 2376 e 2377)›. *Herm.* 86, 1958, 453. F. KRAFFT, ‹Die neuen Funde zur Hekale des Kall.›. *Herm.* 86, 1958, 471. – *Ox. Pap.* nr. 2376f. haben es neben besserer Lesung bereits bekannter Fragmente auch erlaubt, fr. 629 u. 639 (bei Pfeiffer noch incertae sedis) der Hekale zuzuweisen; dazu C. GALLAVOTTI, *Gnom.* 29, 1957, 423. Wichtig ist auch das Fragment *Ox. Pap.* 24, 1957, nr. 2398, das zusammen mit *Ox. Pap.* 25, 1959, nr. 2437 und nr. 2217 manches für eine Partie der Krähenrede zwischen col. III und IV der Wiener Tafel (fr. 260 Pf.) ergibt. Dazu BR. GENTILI, *Gnom.* 33, 1961, 342. KRAFFT a. O. nimmt an, daß sich das Femininum in Kol. IV 9 auf Hekale bezieht, die in der Vogelszene eine Rolle spielt. V. BARTOLETTI ‹Sui frammenti dell' Ecale di Callimaco nei P. Ox. 2376 e 2377›. *Miscellanea di studi alessandrini* 1963, 263.

[2] *Commentationes Callim.* Groningen 1842. Lit. zu den Rekonstruktionsversuchen PFEIFFER zu fr. 230 und HOWALD-STAIGER (s. u.), 385.

[3] Diese Bezeichnung für kurze Dichtung in der Antike nur bei Athen. 2, 65 a.

Kallimachos, zeigt die Wiener Holztafel mit einem Vogelgespräch[1], dessen einer Partner, die Krähe, allerlei alte Geschichten erzählt. Auch das alte Thema von dem üblen Lohn, der dem Boten einer schlimmen Nachricht sicher ist, kommt zur Sprache. Daß das auf die Bezwingung des Stieres folgte, läßt sich noch erkennen, wie es in den Zusammenhang der Dichtung gestellt war, bleibt dunkel.

Die Wirkung der *Hekale* war außerordentlich, Dichtungen der römischen Neoteriker wie die *Io* des Licinius Calvus oder die *Smyrna* des Helvius Cinna stehen in ihrer Nachfolge, von der uns auch des Catull Gedicht auf die *Hochzeit des Peleus und der Thetis* und die *Ciris* aus der Appendix Vergiliana Zeugnis ablegen. Eine völlige Neugestaltung aus dem Geiste echter Dichtung und reicher Menschlichkeit hat der Hekalestoff in Inez Wiesinger-Maggis *Theseus der Jüngling* (1953) erfahren.

Da im vierten Stück der *Iamboi* (fr. 194, 77 Pf.) die «Taucherin» Olive, die Theseus genießt, offenbar aus der *Hekale* (fr. 248) stammt, hätten wir für diese eine relative Chronologie, die allerdings nicht viel weiter hilft, da wir die *Iamboi* nicht fixieren können. Es erschwert die Datierung des Epyllions, daß wir von einem zuverlässigen Bilde der Entwicklung kallimacheischer Kunst noch recht weit entfernt sind. So muß die Annahme, daß wir die *Hekale* zeitlich von den *Aitia* nicht weit zu trennen haben, im allgemeinen bleiben.

Das hexametrische Gedicht gibt Anlaß, wenigstens mit einem Worte auf den verfeinerten Bau dieses Maßes bei Kallimachos hinzuweisen[2]. Bestimmte, bei Homer bereits entwickelte Gliederungen des Verses werden in verstärktem Maße bevorzugt, Abweichungen strenger vermieden. Dem Spiel der Zäsuren werden engere Grenzen gezogen, so daß die Bauformen klarer hervortreten. Die größere Knappheit der Sprache, der weitgehende Fortfall konventionell-epithetischen Schmuckes und fester Formeln, das lebhafte Spiel der mitunter kurzen Kola steht mit dieser Entwicklung in organischem Zusammenhange.

Von den übrigen Gedichten in epischem oder elegischem Maße, von denen wir Spuren haben, ist nur das *Siegesgedicht auf Sosibios*[3] in Teilen kenntlich geworden, das Siege im Wagenrennen an Isthmien und Nemeen feierte. Die paar Distichen sind für für uns von Bedeutung, weil wir in ihnen das chorlyrische Epinikion in den Stil der Elegien übertragen sehen. Daß das Stück nicht das einzige seiner Art war, lehrt fr. 383 Pf. Verzweifelt wenig wissen wir von dem Schmähgedicht *Ibis*. Ovid, der unter glei-

[1] Die beiden Vögel schlafen zum Schlusse ein. Die Vermutungen von Wilamowitz, *Hellenist. Dicht.* 1, 189, über einen dritten Vogel, der sie in der Frühe weckt, hat Pfeiffer ‹Morgendämmerung›. *Thesaurismata. Festschr. f. I. Kapp.* Münch. 1954, 95, mit eleganter Methode berichtigt. Eine Vermutung über den Einbau der Vogelszene bei A. Barigazzi, ‹Sull'Ecale di Callimaco›. *Herm.* 82, 1954, 308. Anders B. Gentili, *Gnom.* 33, 1961, 342. V. Bartoletti, ‹L'episodio degli uccelli parlanti nell'Ecale di Call.› *Stud. It.* 33, 1961, 154, denkt sich das Vogelgespräch in Athen, nachdem die Botschaft von der Bezwingung des Stieres und der baldigen Ankunft des Theseus dorthin gekommen ist.

[2] Grundlegend H. Fränkel, ‹Der kallim. und der hom. Hexameter›. *GGN* 1926, 197; umgearbeitet in *Wege und Formen frühgr. Denkens.* 2. Aufl. Münch. 1960, 100. A. Wifstrand, *Von K. zu Nonnos.* Lund 1933.

[3] Zu dem verzweifelten Problem der Persönlichkeit des Gefeierten Herter, *Bursian* (s. u.), 154 und Pfeiffer zu fr. 384. Nachwirkung von Pindarischem in Dichtungen auf Nemeische Siege aus der Zeit von 200–150 v. Chr.: W. Peek, ‹Zwei agonistische Gedichte aus Rhodos›. *Herm.* 77, 1942, 206.

chem Titel seinen persönlichen Groll entlädt, hilft da nur wenig. Jedenfalls hat Kallimachos in einem (vielleicht elegischen) Gedicht mäßigen Umfanges unter Heranziehung verschiedener entlegener Geschichten einen Feind, für den ihm der Schmutzvogel Ibis das Bild lieferte, mit Verwünschungen überschüttet. Nach antiken Notizen[1] war dieser Gegner Apollonios, und wir werden diese Möglichkeit offenhalten müssen, wenngleich bei Angaben dieser Art niemand gelehrte Kombination mit Sicherheit ausschließen kann.

Für das *Grapheion* bleibt der Schluß aus dem Titel und einem Distichon, es habe literarhistorischen Inhalt gehabt, unsicher. Ein hexametrisches Gedicht *Galateia* mag von der Nereide gehandelt haben. Für eine *Elegie auf Magas und Berenike* hat es PFEIFFER (vgl. zu fr. 388) wahrscheinlich gemacht, daß sich Hygin *astr.* 2, 24 darauf beziehe, ein *Gedicht auf die Hochzeit der Arsinoe* bleibt völlig im Dunkel. Die *Suda* hat noch eine Reihe von Titeln, mit denen wir nichts anzufangen wissen. Bezeichnen einige von ihnen Teile der *Aitia?* Auch von Dramen weiß sie; da endet für uns die Möglichkeit der Kontrolle.

Das Wesen kallimacheischer Kunst, in der sich in der jungen Weltstadt mit ihrer geistigen Unruhe alte Tradition und gänzlich neues Wollen zu vielschichtigen Gebilden vereinigten, einer Kunst, die ebenso die Zeichen ihrer gelehrten Herkunft wie die echter Dichtung an sich trägt, muß aus der Würdigung der einzelnen Werke erkennbar geworden sein.

Für die Überlieferung der einzelnen Werke wurde jeweils das Nötigste gesagt; wir fügen hier nur das kaum Glaubliche an, daß viel von Kallimachos erst im Mittelalter verlorenging, nachdem es die Gefahren der dunklen Jahrhunderte überstanden hatte. Daß dies in einer Ausgabe geschehen sei, die Salustios, der Erklärer des Sophokles (s. S. 341) und Kallimachos, besorgt habe, ist unbeweisbar. Das hat PFEIFFER, Proleg. 2, 29 richtig gegen WILAMOWITZ betont. Tatsache aber ist es, daß Michael Choniates, der Schüler des Eustathios, noch die *Aitia* und die *Hekale* zu seiner Lieblingslektüre zählte. Das Unglücksjahr 1204 hat mit anderer Überlieferung auch diese vernichtet.

Für alle Arbeit an Kallimachos ist die Grundlage in der monumentalen Ausgabe von R. PFEIFFER geschaffen: 1 (Fragmente) Oxf. 1949; 2 (Hymni et Epigrammata) 1953; repr. 1965/66 (mit Korrekturen). Die ausführlichen Prolegomena im 2. Bande über die Textzeugen und ihre Geschichte, der sorgfältige kritische Apparat, die praktisch beigedruckten Scholien, die materialreichen Erklärungen zu den Fragmenten, der vollständige Wortindex machen das Werk zu einem Arbeitsinstrument sondergleichen; vor allem aber macht es dazu die beispielhafte wissenschaftliche Gesinnung, aus der es entstanden ist. Doppelsprachig: in der *Coll. des Un. de Fr.:* E. CAHEN, 4e éd. 1953. *Hymnen, Epigramme* und die Fragmente von Belang mit guten Einführungen: E. HOWALD–E. STAIGER, *Kallimachos.* Zürich 1955 *(Bibl. d. Alten Welt).* In der *Loeb Class. Libr.* C. A. TRYPANIS 1958. Komm. Ausgaben der *Iamboi:* C. GALLAVOTTI, Napoli 1946. CH. M. DAWSON, *Yale Class. Stud.* 11, 1950. U. v. WILAMOWITZ, *Call. hymni et epigrammata.* 6. Aufl. Berl. 1962, ist ein unveränderter Abdruck der 4. Auflage von 1925. Vgl. PUELMAS Buch S. 803 A. 1. – Komm. zu den *Hymnen:* E. CAHEN, *Les hymnes de C.* Paris 1930. – Ein unschätzbares Hilfsmittel für die Kallimachosforschung der Jahre 1921–1935 ist der Bericht von H. HERTER, *Bursians Jahresber.* 255, 1937. Von dems. der *RE*-Artikel S 5, 1931, 386. Für 1938–1948 F. ZUCKER, *Der Hellenismus in der deutschen Forschung.* Wiesbaden 1956, 3. Un-

[1] *Suda* s. Kallimachos; Epigr. adesp. test. 23 Pf.; Schol. Patav. zu Ovid, *Ibis* v. 447.

entbehrlich bleiben R. PFEIFFERS *Kallimachosstudien.* Münch. 1922 und U. v. WILAMOWITZ-MOELLENDORFF, *Hellenistische Dichtung in der Zeit des K.* 2 Bde. Berl. 1924; Neudruck 1962. Eine rasche und gute Einführung in das ganze Gebiet gibt A. KÖRTE, *Die hellenistische Dichtung.* 2. vollst. neubearbeitete Aufl. von P. HÄNDEL. Stuttg. 1960 (Kröners Taschenausg. 47). Monographien: E. CAHEN, *Callimaque et son œuvre poétique.* Paris 1929. E. HOWALD, *Der Dichter K. von Kyrene.* Erlenbach-Zürich 1943. Eine Studie ‹Über das Spielerische bei K.› bei BR. SNELL, *Die Entdeckung des Geistes.* 3. Aufl. Hamb. 1955, 353. Das Buch von W. WIMMEL, *Kallimachos in Rom. Die Nachfolge seines apologetischen Dichtens in der Augusteerzeit. Herm.* E 16. 1961, enthält einen Abschnitt zur apologetischen Form bei Kallimachos. K. J. MCKAY, *The Poet at Play. Kallimachos. The Bath of Pallas,* mit einer Analyse der Hymnen 5 und 6 (Suppl. to Mnem. 6). FR. LAPP, *De Callimachi Cyrenaei tropis et figuris.* Diss. Bonn 1965. G. CAPOVILLA, *Callimaco.* 2 T. Rom 1967; s. H. LLOYD-JONES, *Gnom.* 40, 1968, 505.

3. THEOKRIT

An Unmittelbarkeit der Wirkung – soweit für alexandrinische Dichtung von einer solchen zu sprechen erlaubt ist – steht Theokrit vor Kallimachos. So wenig umfangreich sein Werk auch war, konnte es doch in der Antike ein Genos begründen und in der Neuzeit, hier freilich in der fragwürdigen Form der Schäferpoesie, breite Wirkung ausüben.

Mit Daten sind wir für dieses Dichterleben besonders schlecht bestellt, und einmal mehr wird es deutlich, daß unsere Quellen[1] weitgehend mit Kombination aus den Dichtungen arbeiten. Für Theokrits Lebenszeit können wir nur sagen, daß sie sich ungefähr mit der Blütezeit der alexandrinischen Dichtung, also den Jahren 300–260 deckt. Wenig vorher dürfte er geboren sein, und nichts weist auf dichterische Tätigkeit nach dem bezeichneten Abschnitt. Wenn er länger lebte, so hat er im Alter geschwiegen. Das Scholion zu *Eid.* 4 setzt in der Inhaltsangabe die Blüte des Theokrit in die 124. Olympiade (284/83–281/80). Wäre das glaubwürdig, würde die Geburt des Dichters ein gutes Stück früher anzusetzen sein. Doch liegt offenbar eine grobe Vereinfachung der Chronologie vor, da die genannte Olympiade die erste ist, die unter die Regierung des Philadelphos fällt, und Theokrit die Höhe seines Schaffens zweifelsohne unter diesem Herrscher erreichte.

So viel können wir sagen, daß drei Orte der Mittelmeerwelt im Leben des Dichters eine bedeutende Rolle spielten. Geboren ist er in Syrakus als Sohn des Praxagoras und der Philina. Wenn wir dem wohl für ein Porträt oder eine Ausgabe der Werke des Theokrit bestimmten Epigramm[2] trauen dürfen, war er von einfacher Herkunft, «einer von den vielen Syrakusanern». Daß sich der Dichter im 7. *Eidyllion* unter der Maske des Simichidas einführt, hat ihm einen Vater Simichos oder Simichidas eingetragen, ein schönes Beispiel dafür, wie antike biographische Tradition entstand. Die Dichtung Theokrits ist mit seiner Heimat durch das sizilische Kolorit manches bukoli-

[1] Die *Suda,* eine Vita in den Scholien und Bemerkungen in diesen. Alles bei Gow 1, XV.

[2] *Anth. Pal.* 9, 434; [27] bei Gow. Ἄλλος ὁ Χῖος geht wohl nicht auf Homer, sondern auf den Sophisten Theokrit von Chios, der u. a. Aristoteles und Theopomp angriff und seine Spottlust unter Antigonos Monophthalmos mit dem Tode büßte.

schen *Eidyllions*, besonders aber durch das 16. Gedicht verbunden. Hier ist er auf Suche nach einem Gönner für seine Muse und wendet sich an Hieron von Syrakus, der nach dem Abzuge des Pyrrhos aus Sizilien zum Führer des geplanten Feldzuges gegen Karthago gewählt wurde. Die Situation, auf die das Gedicht schließen läßt, macht seine Datierung auf 275/74 sehr wahrscheinlich. Man wird sich Theokrit zu dieser Zeit in Sizilien denken, ohne das freilich sichern zu können[1].

Eine wichtige Station seines Lebensweges ist Alexandreia gewesen, dessen großstädtisches Treiben und dessen kleines Bürgertum seine *Adoniazusai* so prächtig schildern. Wenn Theokrit-Simichidas im 7. *Eidyllion* (v. 93) voll Stolz sagt, daß der Ruf seiner Dichtungen bis zum Throne des Zeus gedrungen sei, so kann das nur meinen, daß sie bei Philadelphos Beachtung gefunden haben. An ihn wendet sich auch das 17. Gedicht, das *Enkomion auf Ptolemaios*, ein Lobgedicht in epischem Maße, von der Art also, die etwa von der Zeit Lysanders an das alte lyrische Preislied ablöste. Von dem dichterischen Agon der Lysandreia, in dem Antimachos dem Nikeratos unterlag, war früher (S. 712) die Rede. Das Enkomion des Theokrit setzt voraus, daß Arsinoe noch lebte, und umschreibt die Macht des zweiten Ptolemaiers in einer Weise, die vor 274 kaum möglich war. Wahrscheinlich können wir genauer datieren, da ULRICH WILCKEN[2] wohl recht hat, der das Gedicht für die Ptolemaia des Jahres 270[3], jenes Fest mit der Riesenprozession (vgl. S. 784), gedichtet sein läßt. Es lohnt sich, das Fürstenlob Theokrits mit jenem zu vergleichen, das Kallimachos in den Hymnen auf Zeus und Delos angebracht hat. Der Sizilier ist flacher, konventioneller, unfreier, der überlegene Intellekt, mit dem jener auch die höfische Geste meistert, ist seine Sache nicht, dafür weiß er in den besten seiner Gedichte stärker auf unser Gefühl zu wirken.

Zur Zeit des *Enkomions auf Ptolemaios* wird Theokrit in Alexandreia gewesen sein, und die Annahme liegt nahe, daß er sich den Ptolemaiern näherte, als Hieron II. seine Hoffnungen nicht erfüllte. In die Zeit dieses Aufenthaltes mögen auch die *Adoniazusai* zu setzen sein. Jedenfalls hat er in Alexandreia Kallimachos kennengelernt[4] und sich entschieden zu dessen dichterischem Programm bekannt. Das kommt im 7. *Eidyllion*, den *Thalysia*, zu drastischem Ausdruck; da werden (v. 45) die Baumeister verworfen, die berghohe Häuser bauen wollen, und die armseligen Musenvögel verlacht, deren Gekrächze es mit dem Sänger von Chios aufnehmen will. Also auch hier volle Reverenz vor Homer, aber Ablehnung der Nachfolge als eines unmöglichen Unternehmens. Das Kompliment für Asklepiades von Samos[5] und Philitas (v. 40) liegt auf derselben Linie. Wie zu erwarten, erscheinen die beiden in antiker Überlieferung als Lehrer Theokrits.

Mit keinem anderen Ort zeigt sich Theokrit so verbunden wie mit der Insel Kos. Dort hat er sich einen Freundeskreis gewonnen, von dem wir einiges in den *Thalysia*

[1] Vgl. Gow 1, XXV, 2. 2, 324. Die Interpretation von v. 107 gibt keine sichere Grundlage.
[2] *Sitzb. Ak. Berl.* 1938, 311, 5; anders WILAMOWITZ, *Hellenist. Dicht.* 2, Berl. 1924; Neudruck 1961, 130.
[3] Zur Datierung s. S. 784 A. 1.
[4] Über gegenseitige Einwirkung vgl. S. 797.
[5] Freilich scheint dessen Verhältnis zu Kallimachos nicht ungetrübt geblieben zu sein, vgl. S. 799.

erfahren[1]. Auch der Arzt Nikias aus Milet, dessen die Gedichte 11, 13, 28 und das 8. Epigramm gedenken und der selbst Epigramme dichtete, dürfte Theokrits Freund auf Kos geworden sein, denn die Hypothesis zum 11. *Eidyllion* kennt ihn als Studiengenossen des Erasistratos, wohl während dessen Aufenthaltes auf der Insel. Die Interpretation der Gedichte hat manche Beziehungen zu Kos und seinem Kreise aufgedeckt[2], auch dürfte in dem *Enkomion auf Ptolemaios* die besondere Hervorhebung von Kos als der Geburtsinsel des Herrschers mit des Dichters persönlicher Neigung für das Eiland zusammenhängen.

Syrakus, Alexandreia und Kos: die drei Namen bezeichnen im wesentlichen den Schauplatz von Theokrits Leben. Darüber, wie sich dessen Abschnitte und die einzelnen Gedichte über die drei genannten Orte verteilen, gibt es Hypothesen in Fülle. Wir haben nicht die Absicht, diese zu vermehren, da wir es für unrichtig halten, die Grenzen, die unserer Erkenntnis gesetzt sind, durch Kombination um jeden Preis zu verwischen. Doch wollen wir den Hinweis auf die zweite Hypothesis der *Thalysia* nicht unterlassen, wonach sich Theokrit auf Kos aufgehalten hätte, als er auf dem Wege nach Alexandreia war. Dürfen wir der Nachricht trauen, dann hätten wir einen Aufenthalt auf der Insel zwischen den sizilischen Jahren und der Zeit in Alexandreia anzunehmen, ohne daß wir für einen dieser Abschnitte zeitliche Grenzen angeben könnten. Jedenfalls denken wir uns nach Alexandreia Theokrit wieder in Kos.

Im 16. *Eidyllion* (v. 105) nennt Theokrit Orchomenos als Kultstätte der Chariten. Daß man die Stelle mißverstand, führte zu Versuchen, den böotischen Ort mit dem Dichter oder seinen Vorfahren in Beziehung zu setzen[3]. Das hat heute als erledigt zu gelten.

Wir pflegen die Dichtungen Theokrits *Eidyllia*[4] zu nennen und gebrauchen dabei einen Ausdruck, der im Griechischen in den Scholien zu Theokrit auftritt und im Lateinischen für unsere Kenntnis zuerst von dem jüngeren Plinius (4, 14, 9) für kleinere Gedichte gebraucht wird. Der Ursprung der Bezeichnung ist dunkel, schon die Scholiasten zerbrechen sich darüber den Kopf, doch steht fest, daß der Ausdruck an sich nichts mit Hirtenpoesie oder überhaupt dem Idyllischen in unserem Sinne zu tun hat. Auch zeigt es sich, daß er auf Gedichte sehr verschiedenen Inhalts angewendet werden kann. Erst dadurch, daß man ihn mit solchen verband, die man für Theokrit als besonders kennzeichnend empfand und die eine Nachfolge bestimmter Art erzeugten, hat er jene Färbung erhalten, in der wir ihn heute verwenden. Für die einzelnen Gedichte sind Sondertitel überliefert, doch ist es zweifelhaft, ob wir auch nur einige von ihnen auf den Dichter selbst zurückführen dürfen. Schon der Umstand, daß in einzelnen Fällen zwei und mehr Titel auf uns gekommen sind, muß bedenklich stimmen.

[1] Die Namen der Söhne des Lykopeus Phrasidamos und Antigenes sind wohl nicht als Decknamen zu verstehen.

[2] Mancherlei bei A. v. Blumenthal *RE* 5 A, 1934, 2004.

[3] Besonders weit geht die Lit.-Geschichte von Christ-Schmid, 2, 6. Aufl. Münch. 1920, 186f., die im Theokritkapitel auch sonst recht unglücklich ist. Mit dem verdorbenen Scholion 7, 21 ist nichts anzufangen, vgl. Gow 2, 128. N. Austin, ‹Idyll 16: Theocritus and Simonides›. *Trans. Am. Phil. Ass.* 98, 1967, 1.

[4] Zum Wort Gow 1, LXXI. E. Bickel, ‹Genus, εἶδος und εἰδύλλιον in der Bedeutung «Einzellied» und «Gedicht»›. *Glotta* 29, 1941, 29.

Der vollständigste Vertreter unserer handschriftlichen Überlieferung, der Ambrosianus 104 (15./16. Jh.), enthält 30 *Eidyllia* und die *Epigramme*. Reste eines 31. *Eidyllions* sind nur auf dem Papyrus aus Antinoë (nr. 1487 P.) erhalten. Dazu kommt noch ein Bruchstück aus einer Dichtung *Berenike* (wohl sicher die Mutter des Philadelphos), das Athenaios (7, 284a) bewahrt hat, und die *Syrinx*, eines jener Technopaignien, die spielerisch durch wechselnde Verslänge Gegenstände nachahmen. Daß die Überlieferungsmasse nicht wenig Unechtes enthält, wird noch zu zeigen sein.

Wenn wir im folgenden über das Echte eine Übersicht in Gruppen geben, so ist das nicht im Sinne fester Grenzziehungen zu verstehen. Voran stellen wir die Gedichte bukolischen Charakters, durch die Theokrit die Tradition der Hirtenpoesie stiftete. Keineswegs sollen diese dadurch als die frühesten bezeichnet werden. Es ist nicht einmal sicher, daß sie zeitlich enger zusammengehören. Beachtung verdient der Versuch, für das Naturbild dieser Gedichte das Überwiegen von Elementen nachzuweisen, die ins östliche Mittelmeer gehören[1]. Das stimmt zu verschiedenen Beziehungen auf Kos, die in einzelnen Gedichten deutlich sind.

Im *Thyrsis* (*Eid.* 1) erbettelt sich ein Ziegenhirt von Thyrsis das schwermütige Lied vom Tode des Daphnis. Die in vielfacher Abwandlung erzählte Geschichte vom Hinscheiden des schönen Jünglings, des mythischen Urbildes bukolischen Sanges, ist sizilische Tradition. Schon Stesichoros hat sie gestaltet. Unter den Geschenken, mit denen der Ziegenhirt dem Thyrsis die Zunge löst, ist ein holzgeschnitztes Gefäß mit köstlichem Figurenschmuck[2]. Seine Beschreibung, vor allem jene der koketten Schönen zwischen den zwei Verliebten, ist ein prächtiges Beispiel jener typisch griechischen Ekphrasis, die das geschilderte Bildwerk mit Leben und Bewegung erfüllt[3]. Sizilischen Motiven begegnen wir auch in den *Bukoliastai* (*Eid.* 6)[4], wo zwei Hirten von Polyphem und Galateia singen. Mit witziger Umkehrung der Geschichte, wie Philoxenos sie bildete (s. S. 468), ist hier Polyphem der Spröde. Der Werbende ist er im *Kyklops* (*Eid.* 11), lernt aber den Sang, von dem wir eine Probe erhalten, als Heilmittel gegen den Liebesschmerz schätzen. Im *Komos* (*Eid.* 3) vertraut der Sänger seine Ziegen dem Tityros an und bringt Amaryllis ein Ständchen. Ein Juwel besonderer Art sind die *Thalysia* (*Eid.* 7), des Dichters Wanderung zum Erntefest auf dem Gut vornehmer koischer Freunde und die frohe ländliche Feier, alles erfüllt von dem warmen Lichte eines Sommertages in südlicher Landschaft. Daß Simichidas, der erzählt, der Dichter selbst ist, sagten wir bereits. So ergibt sich denn die Frage, ob noch andere Figuren des Gedichtes, vielleicht auch anderer bukolischer Eidyllien Maskenträger sind. Man ist mitunter sehr weit gegangen und hat von einer koischen Dichtervereinigung auf sakraler Grundlage gesprochen. Heute ist man vorsichtiger geworden, wird die Möglichkeit verschiedener Maskenspiele nicht leugnen, aber mit Benennungen

[1] A. Lindsell, ‹Was Th. a botanist?›. *Greece and Rome* 6, 1937, 78.

[2] Ein tiefes Gefäß mit drei außen angebrachten Szenen: A. M. Dale, Κισσύβιον. *Class. Rev.* 66, 1952, 129, gegen Gows Deutung. Vgl. auch S. Nicosia, *Teocrito e l'arte figurata*. Palermo 1968. Zum Gedicht W. C. Helmboldt, ‹Theocritus 1›. *Class. Weekly* 41, 1955, 59.

[3] Vgl. A. Lesky, ‹Bildwerk und Deutung bei Philostrat und Homer›. *Herm.* 75, 1940, 38.

[4] R. Merkelbach, ‹Βουκολιασταί (Der Wettgesang der Hirten)›. *Rhein. Mus.* 99, 1956, 97.

zurückhaltend sein. Am ehesten vermuten wir hinter dem Ziegenhirten Lykidas, den Simichidas auf seinem Wege antrifft und mit dem er sich erfolgreich in erotischen Versen mißt, einen zeitgenössischen Dichter. WILAMOWITZ dachte an Dosiadas von Kreta, andere hatten andere Einfälle[1]. Keinesfalls ist der Arat des Simichidas-Liedes, dem auch *Eid.* 6 gewidmet ist, der Dichter der *Phainomena.*

Während Vergil ein idealisiertes Hirtenleben in arkadischer Landschaft zeichnet[2], schildert Theokrit die Hirten seiner Heimat mit größerem Realismus. Dieser spricht sich vor allem in den *Eidyllien* 4, 5 und 10 aus, wobei im letztgenannten *(Theristai)* Erntearbeiter bei der Mahd auftreten. In diesen drei Gedichten mit ihrer lebhaften dialogischen Gestaltung wird es deutlich, daß zu den literarischen Ahnen des Theokrit der Mimus gehört, wie er ihn in seiner sizilischen Heimat in der dramatischen Kleinkunst eines Sophron, aber auch in rein volkstümlichen Formen kennenlernte. Theokrit hat ihm das vornehmere Kleid des Hexameters angelegt.

Dieses Erbe hat sich vor allem in drei Dichtungen als wirksam erwiesen, die wir schlechtweg als Mimen bezeichnen können, und von denen die beiden ersten dieses Element der Kunst Theokrits auf der Höhe der Vollendung zeigen. In der *Pharmakeutria* (*Eid.* 2) sucht ein Mädchen den ungetreuen Geliebten mit einem Zauberrädchen und magischen Praktiken wieder an sich zu ziehen. In den zaubernden Weibern bei Sophron (s. S. 278) ist das Vorbild gegeben. Hier besonders ist die Freude des Hellenismus an den niederen Formen volkstümlichen Brauchtums spürbar; es ist kein Zufall, daß wir vieles aus den Zauberpapyri[3] illustrieren können. Im zweiten Teil dieses Nachtstückes erzählt Simaitha die Geschichte ihrer Leidenschaft. Daß wir erst bei schärferem Zusehen merken, wieviel Kunst an die packende Darstellung eines Alltagsschicksals gewendet ist, bezeugt Theokrits Meisterschaft. Wie ein Stück Komödie

[1] Übersicht bietet QU. CATAUDELLA, ‹Lycidas›. *Studi in onore di U. E. Paoli.* Firenze 1955, 159, der in Lykidas lediglich einen dichtenden Hirten sehen will. J.-H. KÜHN, ‹Die Thalysien Theokrits›. *Herm.* 86, 1958, 40, gibt S. 66 eine erschütternde Zusammenstellung aller Lykidas-Deutungen, lehnt selbst jede Identifizierung ab und erblickt in Lykidas eine Seite des Dichters selbst. Neuere Beiträge: F. LASSERRE, ‹Aux origines de l'anthologie: 2. Les Thalysies de Th.›. *Rhein. Mus.* 102, 1959, 307. M. PUELMA, ‹Die Dichterbegegnung in Th.s «Thalysien»›. *Mus. Helv.* 17, 1960, 144, der auf eine historische Identifizierung verzichtet, aber in der Begegnung die Einführung Theokrits in den Dichterkreis von Kos gespiegelt findet. Für die Darstellungstechnik des Bukolisch-Agonalen im Gedicht: B. A. VAN GRONINGEN, ‹Quelques problèmes de la poésie bucolique grecque: Le sujet des Thalysies›. *Mnem.* S. 4, 12, 1959, 24. A. CAMERON, ‹The form of the Thalysia›. *Miscellanea di studi Alessandrini.* 1963, 291. G. LAWALL (s.u. Lit.) will in den *Thalysia* das krönende Schlußgedicht einer auf Theokrit selbst zurückgehenden Sammlung der auf Kos entstandenen *Eidyllien* 1–7 erkennen, ohne seine Theorie hinreichend sichern zu können. G. LUCK ‹Zur Deutung von Theokrits Thalysien›. *Mus. Helv.* 23, 1966, 186. Da wird Lykidas divinisiert (189): «Der Text läßt nur die eine Deutung zu: Theokrit wird zum Dichter berufen; berufen kann nur ein überirdisches Wesen und als solches wird Lykidas mit einem Aufwand an Einzelheiten geschildert, der für den antiken Leser jedes Mißverständnis ausschloß.» Hingegen soll bei G. LAWALL (s.u. Lit.) in Lykidas eine Satyrfigur als Symbol der bukolischen Welt stecken. Unter unglaubwürdigen Deutungen so ziemlich die unglaubwürdigste.

[2] Idealisierung bereits bei den hellenistischen Nachahmern Theokrits: K. LATTE, ‹Vergil›. *Antike und Abendland* 4, 1954, 157. Warum Vergil Arkadien zur bukolischen Landschaft machte, ist eine schwierige Frage: BR. SNELL, ‹Arkadien. Die Entdeckung einer geistigen Landschaft›. In: *Die Entdeckung des Geistes.* 3. Aufl. Hamb. 1955, 371. G. JACHMANN, ‹L'Arcadia come paesaggio bucolico›. *Maia* N. S. 5, 1952, 161.

[3] Herausgegeben von K. PREISENDANZ, *Papyri Graecae magicae* 1, Leipz. 1922; 2, 1931. E. HEITSCH, ‹Zu den Zauberhymnen›. *Phil.* 103, 1959, 215.

wirken daneben die *Adoniazusai* (*Eid.* 15) mit den schnatternden Kleinbürgerinnen, die sich in Alexandreia aufmachen, um die prächtige Ausrichtung der Adonisfeier durch Arsinoe im Palaste zu bestaunen und das Lied einer Sängerin anzuhören. Der enge Horizont dieser Weiber – Theokrit zeichnet sie mit dem Realismus eines Herodas – ist zeitlos. Im lebhaften Dialog des 14. *Eidyllions (Aischinas und Thyonichos)* sind wir im Hetärenmilieu mit seiner typischen Motivik. Der verzweifelte Liebhaber schildert, wie er einen anderen in der Gunst seiner Kyniska fand, und will – hierin seinen Leidensgenossen in der Komödie vergleichbar – unter die Soldaten. Das gibt dem Dialogpartner Gelegenheit, zum Dienst unter Ptolemaios zu raten und das Lob des Herrschers erklingen zu lassen.

Der beiden an Regenten gerichteten Gedichte 16 und 17 haben wir als wichtiger Datierungsstützen bereits früher gedacht. Theokrit hat in das bunte Spiel seiner Themen auch Stoffe aus der großen Heldensage einbezogen und dabei erwiesen, daß er die Erzählungsweise homerischer Hymnen wohl im Stile des neuen Epyllions fortzubilden wußte. In die Form erotischer Parainese ist im *Hylas* (*Eid.* 13) die Erzählung gekleidet, wie Herakles seinen Liebling an verliebte Quellnymphen verliert. Hingegen ist die Hymnenform in den *Dioskuren* (*Eid.* 22), dem längsten der Gedichte, gewahrt. Der Boxsieg des Polydeukes über den rohen Bebrykerkönig Amykos und der Kampf des Kastor mit Lynkeus beim Raub der Leukippiden bilden den Inhalt der diptychonartig komponierten Dichtung. Nun bezeichnen Hylas und Amykos Episoden, die auch Apollonios in den *Argonautika* gestaltet hat. Damit stehen wir wieder vor einer der fatalen Prioritätsfragen, für die nur stilistische Argumente zur Verfügung sind. Sie reichen auch in diesem Falle für ein gesichertes Urteil nicht aus[1]. Jedenfalls ist die Zuversicht, mit der man Theokrit als Korrektor des Rhodiers dichten ließ, fehl am Orte.

Das anmutigste Gedicht dieser Gruppe ist der *Herakliskos* (*Eid.* 24)[2]. Daß auch hier die Form des Hymnos in einem wesentlichen Zuge, in der Segensbitte am Schlusse, erstrebt war, lehrten uns Reste der Endpartie im Papyrus von Antinoe (nr. 1487 P.). Die Geschichte von dem kleinen Herakles, dem es einen Hauptspaß bereitet, die bösen, von Hera gesandten Schlangen zu erwürgen, ist ganz reizend erzählt und mit Zügen aus der bürgerlichen Kinderstube ausgestattet, die an Kallimacheisches erinnern. Teiresias prophezeit die künftige Größe des Knaben. Was weiter von seinem Weg erzählt wird, wirkt als Anhang; der Schluß ist verloren.

Nur in lockerem Zusammenhange mit dem Mythos steht der von zartem Gefühl getragene *Epithalamios für Helena* (*Eid.* 18)[3]. In Ton und Motiven erinnert viel an sapphische Hochzeitslieder, hellenistisch aber ist es, wenn unaufdringlich das Aition

[1] Reiche Lit. bei H. Herter, *Bursians Jahresber.* 285, 1944/55, 352. Motivische und stilistische Analyse bei D. Hagopian, *Pollux' Faustkampf mit Amykos.* Wien 1955. A. Köhnken, *Apollonios und Theokrit. Die Hylas- und Amykosgeschichten beider Dichter und die Frage der Priorität.* Göttingen 1965 (Hypomn. 12). K. entscheidet sich für die Priorität des Theokrit; vgl. H. Tränkle, *Herm.* 91, 1963, 503).

[2] H. Herter, ‹Ein neues Türwunder›. *Rhein. Mus.* 89, 1940, 152. S. G. Kapsomenos, ‹Zu Th.s Herakliskos›. *Phil.* 94, 1941, 234.

[3] Dazu R. Merkelbach, *Phil.* 101, 1957, 19.

für die Bekränzung und Salbung einer Helena-Platane durch die jungen Frauen Spartas in die Dichtung verwoben ist.

Inhaltlich zeichnet sich eine Gruppe von Gedichten ab, die dem Eros paidikos gelten. Der *Aïtes* (*Eid.* 12) feiert die Wiederkehr des Geliebten, und wieder spüren wir jene unmittelbare Gefühlswärme, die Kallimachos zumeist verbirgt. An schöne Knaben richten sich auch die beiden *Paidika* (*Eid.* 29f.), die in äolischem Dialekt und in lyrischen Maßen verfaßt sind. Klägliche Reste eines dritten (*Eid.* 31) hat der eben genannte Papyrus erhalten. Ebenfalls äolischen Dialekt zeigt die *Spindel* (*Eid.* 28), das anmutige Begleitgedicht für das elfenbeinerne Gerät syrakusischer Arbeit, das Theokrit der Gattin seines milesischen Freundes, des Arztes Nikias, verehrte.

Die Theokritüberlieferung hat mit der *Anthologia Palatina* zweiundzwanzig Epigramme gemeinsam, einige andere aus der *Anthologie*, die für Theokrit in Betracht kommen könnten, bleiben durchaus zweifelhaft[1]. Die *Epigramme* haben zum kleinsten Teil bukolische Themen, das vierte, Beschreibung eines Priaposheiligtumes und Bitte in Liebesdingen, stellt mit seinen neun Distichen eher eine Elegie dar. Neben verschiedenen Weihe- und Grabinschriften zeichnet sich eine Gruppe von *Epigrammen auf berühmte Dichter* ab (17–22). Ihre verschiedenen Metren sind mehrfach als literarische Huldigungen erkennbar, so ist die fingierte Grabinschrift für Hipponax in vier reizenden Choliamben abgefaßt. Für diese Gruppe ist unsere Zuversicht, echten Theokrit zu besitzen, am größten.

Des Fragmentes aus der *Berenike* wurde bereits gedacht. Hier ist noch von zwei Gedichten zu sprechen, deren Echtheit schweren Bedenken unterliegt, ohne daß diese zu sicherer Athetese reichten. In den *Lenai* oder *Bakchen* (*Eid.* 26) wird das Ende des Pentheus ähnlich wie bei Euripides erzählt. Die Hexameter sind mit ihrem völligen Verzicht auf Enjambement sehr einförmig gebaut, die Bedeutung von v. 29 mit der Erwähnung kindlichen Alters von neun oder zehn Jahren bleibt allen Versuchen zum Trotz völlig dunkel. Nun ist das Gedicht in Theokritpapyri ans Licht gekommen (nr. 1487f. P.). Das ist keine geringe Stütze für die Echtheit[2], freilich sind die Papyri so spät, daß die Annahme, diese Ausgaben hätten bereits Unechtes enthalten, erlaubt bleibt.

Die *Syrinx* ahmt in zehn daktylischen Doppelversen, die vom Hexameter bis zum katalektischen Dimeter abnehmen, die Form einer Hirtenpfeife nach. Der Text enthält in verrätselter Rede[3] eine Weihung des Instrumentes, auf das man sich die Verse aufgetragen denken soll, an Pan. Aus dem Wortlaut ergibt sich keine entscheidende Instanz gegen die Echtheit, wenngleich man Simichidas für Theokrit in v. 12 als

[1] Einläßlich über die Echtheitsfrage Gow 2, 523. 527 und zu den einzelnen Epigrammen. Er vertritt den richtigen Standpunkt, daß auch für die Gruppe der 22 vielfach Zweifel möglich und weder Echtheit noch Unechtheit schlüssig zu beweisen sind.

[2] Drastisch bezeichnet die fatale Situation diesem Gedicht gegenüber Wilamowitz, *Glaube der Hell.* 2, Berl. 1932, 72, 2. B. A. van Groningen, ‹Les Bacchantes de Théocrite›. Miscellanea di studi alessandrini. 1963, 338.

[3] Klärende Paraphrase in den *Bucolici* von Wilamowitz (s. u.). Exzerpte aus den Scholien gibt Gow in seinen *Bucolici* (s. u.).

Reminiszenz eines Nachahmers an die *Thalysia* verstehen könnte. Doch wäre das Urteil gesprochen, wenn Gow in seinem Kommentar mit Recht behauptete, daß Syringen mit abnehmender Rohrlänge nicht vor dem ersten vorchristlichen Jahrhundert nachweisbar seien. Hier erwarten wir noch ein entscheidendes Wort von archäologischer Seite[1].

Die *Syrinx* gehört einer Sammlung von Technopaignien an, die wohl ehedem ein selbständiges Buch bildete, da Scholien erhalten sind. Heute lesen wir die Gedichte im 15. Buche der *Anthologia Palatina* (21 f. 24–27) und verstreut in bukolischer Überlieferung[2]. Besonders nahe steht der *Syrinx* durch seinen Rätselcharakter und die Verwendung mythologischer Figuren der *Altar* jenes Dosiadas, den manche hinter dem Lykidas der *Thalysia* vermuten. Der Historiker, der die frühesten *Kretika* schrieb, von denen wir wissen, ist wohl derselbe Mann. In die Frühzeit des Hellenismus gehört Simias von Rhodos[3], dem die *Suda* eine Glossensammlung (3 B.) und vier Bücher vermischter Dichtungen gibt. Wir haben Anfänge von Götterliedern in lyrischen Maßen, die aber vielleicht schon für Rezitation bestimmt waren, epische Fragmente *(Apollon, Gorgo)* und einige Epigramme. Erhalten sind die Technopaignien *Beil, Flügel* und *Ei*. Als Nachzügler dieser hellenistischen Spielerei für Virtuosen erscheint Besantinos aus der Zeit Hadrians mit seinem *Altar*.

Die Dichtung Theokrits trägt das Signum hellenistischer Kunst vor allem in der wohldurchdachten Sorgfalt der Form. Das Wort ἐκπονεῖν, das an programmatisch bedeutsamer Stelle (*Eid.* 7, 51) fällt, will gehört sein. Daß wir seinen Gedichten von dieser Mühe der Ausarbeitung so wenig anmerken, erweist ihn als echten Künstler. Wie fein er den Hexameter, das Hauptmaß seiner Gedichte, zu variieren versteht, zeigt folgende Beobachtung[4]: in dem mimischen Teil der *Adoniazusai* (1–99) findet sich zwölfmal der sonst gemiedene Einschnitt nach viertem Fuß mit einsilbiger Senkung, in einigen Fällen sogar mit Interpunktion. Ebenso fällt in dieser Partie die wesentlich freiere Verwendung einsilbiger Wörter am Versende auf.

Bei Theokrit sehen wir dieselbe Freude am sprachlichen und metrischen Experiment wie bei Kallimachos. Die meisten seiner Gedichte zeigen kräftige dorische Färbung, die sich ihm leicht aus dem Dialekt seiner Heimat ergab. Damit gehen Elemente der epischen Sprache eine Verbindung ohne Dissonanzen ein; die *Dioskuren* hingegen stehen in epischer Tradition und meiden Dorismen[5]. Ionisch ist *Eid.* 12 abgefaßt, äolisch die Stücke 28–30, wahrscheinlich auch 31. Das Attische fehlt, es ist die Sprache des Dramas. Die äolisch geschriebenen Gedichte zeigen Maße der les-

[1] Daß das letzte Wort noch nicht gesprochen ist, zeigt die Anm. 554, 3 bei Gow.

[2] Die Texte in den *Bucolici* von WILAMOWITZ und GOW (s. u.) und fasc. 6, 142. 181. 183 D.; vgl. auch die folgende Anm.

[3] Die Fragmente: H. FRÄNKEL, *De Simia Rhodio.* Diss. Gött. 1915. Fasc. 6, 140 D. I. U. POWELL, *Collectanea Alex.* Oxf. 1925, 109; Dosiadas ebda. 175.

[4] P. MAAS, *Griech. Metrik* (bei GERCKE-NORDEN), Leipz. 1929, 34. Richtig erinnert er an die verschiedene Rolle der Porsonschen Brücke im tragischen und im komischen Trimeter.

[5] «Fast völlig» müssen wir hinzusetzen, wenn wir einige Dorismen der Überlieferung als ursprünglich nehmen.

bischen Lyrik, die hier stichisch für den rezitierenden Vortrag verwendet werden. So recht in Polymetrie schwelgt Theokrit in den Dichterepigrammen, von denen bereits die Rede war. Unabhängig aber von Kunstdialekt und Metrum ist das gemeinsame Signum dieser Dichtungen, zugleich die Ursache ihrer dauernden Wirkung, das unvergleichlich weiche Melos ihrer Sprache. Der Gehalt dieser Gedichte ist mit einer Kunst der Mimesis gestaltet, zu der es in antiker Dichtung nicht viel Vergleichbares gibt. Vor allem in den bukolischen Eidyllien ist Theokrit nicht Schilderer dieser Welt, sondern selbst ein Teil von ihr. Der Begriff der fruchtbaren Verfremdung[1], den die neuere Literaturwissenschaft eingeführt hat, läßt sich mit Vorteil auf seine Schöpfungen anwenden.

Was uns unter des Dichters Namen an Unechtem erhalten ist, gibt ein reichlich buntes Bild. Wir können in keinem einzigen Falle den Dichter nennen, das meiste hat wenig Wert, doch erhalten wir so einen Einblick in Literatur, die für uns in ihrer breiten Masse verschollen ist. Bukolisch sind die *Eidyllien* 8 und 9 mit Wettgesängen zwischen Daphnis und Menalkas. Im erstgenannten finden sich elegische Disticha (33–60) in die Hexameter eingelegt, im zweiten wartet der Schiedsrichter, eine aus Vergils *Eklogen* vertraute Figur, selbst mit einem Liede auf. Seltsam sind die Sphären im 20. *Eidyllion* vermengt, wo ein Hirte über seine vergebliche Werbung bei einer städtischen Hetäre klagt. Drei andere Gedichte haben erotische Themen. Da klagt (*Eid.* 19) der Honigdieb Eros über einen Bienenstich und wird mit einer Pointe, die in den *Anakreonteen* (33) wiederkehrt, daran erinnert, wie arg er selber stechen kann. Der *Erastes* (*Eid.* 23) verwertet ein altes Novellenmotiv: Eine Erosstatue erschlägt einen Knaben, der durch seine Hartherzigkeit einen Liebhaber zum Selbstmord gebracht hat. Die *Oaristys* (*Eid.* 27)[2], deren als Naivität maskierte Lüsternheit an Szenen aus dem Roman des Longus erinnert, bringt in stichomythischem Bau das Liebesgeplauder von Hirt und Hirtin. Auf der Linie des hellenistischen Epyllions liegt das umfangreiche Gedicht (281 Verse) *Herakles der Löwentöter* (*Eid.* 25)[3]. Drei einzelne, an sich nicht belangreiche Episoden aus der Herakles-Augias-Geschichte bilden den Inhalt, die dritte umschließt die Erzählung vom nemeischen Löwen, die als Einlage gegeben ist. Das interessanteste Stück sind *Die Fischer* (*Eid.* 21) mit ihrem schonungslosen Realismus, der über Theokriteisches weit hinausgeht. Da hausen zwei arme Teufel in bitterster Armut einsam am Meeresstrand. Dem einen gaukelt ein Traum den Glücksfang eines goldenen Fisches vor, aber der andere ruft ihn in die harte Wirklichkeit zurück, die mit dem Hunger droht. In der antiken Literatur ist nur die Schilderung drückender Armut im pseudovergilischen *Kräuterkäsgericht* vergleichbar, die sich so scharf von der arkadischen Idealwelt der *Eklogen* abhebt.

[1] Gute Bemerkungen dazu bei M. LÜTHI, *Volksmärchen und Literaturwissenschaft* 1960, S. 11 des Sonderdruckes aus *Die Freundesgabe* 1960/II.

[2] Die Athetese hält W. THEILER in *Studien zur Textgesch. u. Textkritik*. Köln u. Opladen 1959, 279, aufrecht gegen den Rettungsversuch von M. SANCHEZ-WILDBERGER in ihrer Züricher Diss. *Theokrit-Interpretationen*. 1955.

[3] J. DUCHEMIN, ‹A propos de l'Héraclès tueur de lion›. *Miscellanea di studi alessandrini* 1963, 311. H. HERTER, ‹Der Arm im Gewande. Eine Studie zu Herakles dem Löwentöter›. *Ibid.* 322.

Aus der Nachfolge, die Theokrit gefunden hat, werden uns in hellenistischer Zeit zwei Dichter einigermaßen kenntlich. Moschos von Syrakus erscheint in der *Suda* als Schüler Aristarchs, und da dies wohl der große Grammatiker ist, dürfen wir sein Wirken um die Mitte des 2. Jahrhunderts v. Chr. ansetzen. Erhalten ist uns das Epyllion *Europe* mit der bekannten Geschichte vom Zeusstier. In jener hellenistischen Technik, deren Vollendung in Catulls Gedicht von der *Hochzeit des Peleus und der Thetis* erreicht ist, legt Moschos die Beschreibung des goldenen Körbchens der Europa und seines figürlichen Schmuckes ein. In den für einen Hellenisten schlichten Versen spricht sich kein bedeutender Dichter aus. Aber wie den Zeusstier, der mit seiner Beute über das Meer schwimmt, dessen natürliche und mythische Bewohner begleiten, wie sie die hochzeitliche Fahrt in einem Trionfo del mare feiern, das ist wirklich hübsch. Dasselbe darf man von dem ersten Stücke jener drei *Bukolika* sagen, die uns Stobaios erhalten hat. Das Locken der heiteren See und dann wieder die Geborgenheit auf dem Lande, wenn Stürme toben, das ist aus jenem intimen Naturempfinden[1] heraus gestaltet, für das der Hellenismus neue Töne gefunden hat. Nicht übel ist auch der poetische Steckbrief, mit dem Aphrodite nach dem *Ausreißer Eros* (Ἔρως δραπέτης) sucht. Hingegen hat die Hexameterdichtung *Megara*[2] nichts mit Moschos zu schaffen. Ein dichterisch unbedeutendes, motivisch aber bemerkenswertes Gedicht. Das große Heldentum des Herakles wird in seiner Kehrseite sichtbar, in Leid und Angst der beiden Frauen, Gattin und Mutter, die ihm am nächsten stehen.

Ein Stück Dichtung, das wir im Bilde des Hellenismus nicht missen möchten, verdanken wir Bion von Smyrna. Auf seinen Tod haben wir das Gedicht (Ἐπιτάφιος Βίωνος) eines Schülers und Freundes, das ihn in dem Stil bukolischer Dichtung feiert und andeutet, daß er das Opfer eines Giftmordes wurde. Er war jünger als Moschos und dürfte um ein oder zwei Generationen später als dieser anzusetzen sein. Sein *Adonis* (Ἀδώνιδος Ἐπιτάφιος)[3] ist ein komplexes Gebilde von starkem Reiz. Diese Hexameterdichtung, die für Rezitation geschrieben ist, erreicht mit ihrer lebhaften Bewegung syntaktisch einfacher Kola, mit ihren Klangwirkungen und dem refrainartig wiederholten Klagevers die Wirkung leidenschaftlichen Sanges. Den Refrainvers hat bereits Theokrit, besonders im 2. *Eidyllion*, mit ähnlicher Absicht reichlich verwendet. Bemerkenswert ist uns der *Adonis* vor allem deshalb, weil wir in der Klage um den schönen Geliebten Aphrodites, mit dessen Sterben die Natur stirbt, orientalische Motivik in die hellenistische Dichtung eindringen sehen. Ihr öffnet sich erst der spätere Hellenismus. Mit dem Stoffe ist das hohe Pathos gegeben, das zu kallimacheischer Beherrschtheit in starken Gegensatz tritt und zu einem Kennzeichen dieser Epoche des Hellenismus wird. In römischer Dichtung hat es reiche Fortsetzung gefunden. Ein anmutiger Zug kommt in dies Bild der Trauer durch die Eroten, die sich geschäftig um den Leichnam des Adonis bemühen. Eroten in der

[1] Lit. bei A. Lesky, *Thalatta*. Wien 1947, 316, A. 214 und H. Herter, *Bursians Jahresber.* 285, 1944/55, 296.

[2] Thorkild Breitenstein, *Recherches sur le poème Mégara*. Kopenhagen 1966, die das Gedicht überzeugend in das 3. Jh. v. Chr. datiert.

[3] Übersetzung bei Wilamowitz, *Reden und Vorträge*. 1, Berl. 1925, 292.

Vielzahl treten in der hellenistischen Kunst ohne begrifflichen Unterschied neben dem einen Erosknaben auf. Dieser spielt in einigen der kleineren Gedichte des Bion, die wir ebenfalls bei Stobaios lesen, eine Rolle, die man treffend mit den Tändeleien pompeianischer Wandbilder verglichen hat. Auch Bukolisches ist unter den Resten. Nichts hält den Vergleich mit dem *Adonis* aus. Nicht von Bion stammt das Fragment, das unter dem unzutreffenden Titel *Epithalamios Achills und Deidameias* geht. Ein Stück epischen Stoffes in bukolischem Rahmen. Hirten erzählen sich von Achills Liebesabenteuer auf Skyros.

Ein Specimen jener Überlieferungsgeschichte, wie er sie begründete, ist die *Textgeschichte der griech. Bukoliker*. Berl. 1906, von U. v. Wilamowitz-Moellendorff. Er rechnet mit einer Ausgabe der gesammelten Gedichte durch Theokrit und schreibt die erste Sammlung bukolischer Dichtungen dem Grammatiker Artemidoros zu, der in der ersten Hälfte des 1. Jh.s v. Chr. lebte. Während diese Sammlung verschiedene Bukolika vereinigte, hätte Artemidoros' Sohn Theon die Gedichte Theokrits mit Kommentar herausgegeben. Ungefähr zur selben Zeit erklärte Asklepiades von Myrlea den Dichter. Vom 2. nachchristl. Jh. an sehen wir ein besonders lebhaftes Interesse der Literaten dem Dichter zugewandt und kennen für die späteren Jahrhunderte auch Namen von Erklärern wie Munatios, Theaitetos (beide tauchen in den Scholien auf) und Amarantos. Eine letzte Etappe der Beschäftigung mit Theokrit brachte die byzantinische Renaissance. Die imponierende Gelehrsamkeit, die in Wilamowitz' Buch steckt, darf den hypothetischen Charakter einzelner Schlüsse nicht verdecken, vgl. Gow 1, LX. Die Papyri (nr. 1487–1496 P.; Gow in der praef.), unter denen vorchristliche fehlen, geben durch neue Varianten manches für den Text, für seine Überlieferung jedoch kaum Wesentliches aus. Für die Kenntnis der Handschriften ist Gallavottis Ausgabe wichtig, auf der Gow weiterbaut. Die zahlreichen handschriftlichen Zeugen, die mit dem ausgehenden 13. Jh. einsetzen, lassen sich in eine Ambrosianische und Laurentianische Gruppe teilen, zwischen denen eine Vatikanische steht. Da alle Codices, die *Eid.* 24 und 25 enthalten, zwischen diesen eine Lücke zeigen, ist anzunehmen, daß sie auf eine einzige den Byzantinern erreichbare Handschrift zurückgehen. K. Latte, ‹Zur Textkritik Theokrits›. *GGN Phil.-hist. Kl.* 1949, 225 = *Kl. Schr.*, 526, mit wichtigen Bemerkungen über die Schwierigkeit, die Dialektform Theokrits zu erreichen. Über eine Kollation des verlorenen Cod. Patavinus, der aus den Drucken des Zacharias Kallierges und der Juntina zu rekonstruieren ist, durch F. Nuñez vgl. A. Tovar, *Anales de Filologia Clasica* 4, 1949, 15; dazu W. Bühler in seiner Ausgabe der *Europa* (s. u.), 13. Für die Epigramme haben wir die bukolische Tradition und die der *Anthologia Palatina:* R. J. Smutny, *The Text History of the Epigrams of Th.* Univ. of. Calif. 1955.

Unter den neuen Ausgaben verdient die von C. Gallavotti, *Theocritus quique feruntur Bucolici Graeci.* Rom 1946 (Neudruck mit Addenda 1955) Hervorhebung, da sie die Recensio zu einem guten Teile neu begründet; ders., *Teocrito.* Milano 1966. Es war in den Zeitverhältnissen begründet, daß K. Latte, *Th. carmina.* Iserlohn 1948, ihr Material noch nicht verwerten konnte. Dies hat dann A. S. F. Gow in seinem *Theocritus.* Oxf. 1950, 2nd ed. 1952, einer zweibändigen Ausgabe mit umfangreicher Einleitung und einem gründlichen, vor allem in sachlichen Fragen aufschlußreichen Kommentar, getan. Auch reiche Literatur findet sich dort. – Von älteren Gesamtausgaben der Bukoliker nennen wir: Wilamowitz, 2nd ed. Oxf. 1910 (oft wiedergedruckt), jetzt A. S. F. Gow, Oxf. 1952; von dems. *Greek Bucolic Poets transl. with brief notes.* Cambr. 1953 J. M. Edmonds in der *Loeb Class. Libr.* 1950. Ph.-E. Legrand, 2 Bde. *Coll. des Un. de Fr.* 1925/27 (Neuausgabe 1946/53). – Scholien: C. Wendel, Leipz. 1914; ed. ster. Stuttgart 1966. Ders., *Überlieferung und Entstehung der Th.-Scholien. Abh. Gött. Ges. d. Wiss.* 17/2, 1920. – Lexikon: J. Rumpel, Leipz. 1879; Neudruck Hildesheim 1961. – Sprache: C. Gallavotti, *Lingua, tecnica e poesia negli idilli di T.* Roma 1952. Interpretationen: Wilamowitz, *Hel-*

lenist. Dichtung. 2, Berl. 1924, 130. M. SANCHEZ-WILDBERGER, *Theokrit-Interpretationen*. Diss. Zürich 1955. Neuere Lit. bei J.-H. KÜHN, *Herm*. 86, 1958, 41, 5. G. LAWALL, *Theocritus' Coan Pastorals*. Cambridge Mass. 1967. JANINA ŁAWIŃSKA-TYSZKOWSKA, *Dramatic Elements of Theocritus' Idyll*. Wrozlaw 1967. Interessantes Material (Amoibäische Verse im Agon heute auf Kypros) bringt D. A. PETROPULOS Θεοκρίτου Εἰδύλλια ὑπὸ λαογραφικὴν ἔποψιν ἑρμηνευόμενα. Athen 1960 (reprint from *Laographia* 18, 1959). Übersetzungen: E. MÖRICKE, J. H. VOSS und F. MERTENS hrsg. von ILSE BECHER. Leipzig 1968 (Reclam). E. STAIGER, Bibl. d. Alten Welt. Zürich 1970. – Für Moschos: W. BÜHLER, *Die Europa des M. Text, Übers. u. Komm. Herm*. E 13, 1960, wertvoll auch für Stilprobleme der hellenistischen Poesie. Für Bion: VRONI MUMPRECHT: *Epitaphios Bionis* (mit Übers. u. Komm.). Diss. Bern. Zürich 1964. A. BARIGAZZI, Sull' epitafio di Bione. *Maia* 19, 1967, 363.

4. APOLLONIOS

Aus der Fülle epischer Dichtung der Griechen ist uns zwischen Homer und Nonnos ein einziges Großepos erhalten geblieben, die *Argonautika* des Apollonios von Rhodos. Wenn wir den Dichter nach dieser Insel benennen, stehen wir auch schon mitten in den Problemen, die mit den spärlichen und unsicheren Nachrichten über sein Leben verbunden sind. Rhodier ist Apollonios geworden, weil er einen Teil seines Lebens auf dieser Insel verbrachte und dort vielleicht das Ehrenbürgerrecht erhielt, geboren aber ist er als einziger der bedeutenden hellenistischen Dichter in Alexandreia. Wenn er gelegentlich Naukratites heißt, so kann das mit seiner epischen Dichtung über die Gründung von Naukratis zusammenhängen, wenn nicht etwa eine abschätzige Anspielung auf seine Herkunft aus Ägypten in dem Worte steckt.

Unsere Hauptquellen, die *Suda* und zwei kurze Biographien[1], nennen ihn Schüler des Kallimachos. Nun werden wir in solchen Fällen den grundsätzlichen Zweifel nicht los, es könnten literarische Beziehungen zu einem Schülerverhältnis gemacht worden sein, doch hat hier eine persönliche Beziehung dieser Art zwischen den beiden in Alexandreia wirkenden Männern alle Wahrscheinlichkeit für sich. Darf man sich Apollonios als den Jüngeren denken, wird man seine Geburt zwischen 295 und 290 zu setzen haben.

Wir hatten früher (S. 791) von dem Papyrus zu sprechen, der uns als wichtigste Tatsache aus dem Leben des Apollonios dessen Bibliothekariat zwischen Zenodot und Eratosthenes sichert. Da er in dieser Eigenschaft auch Erzieher des dritten Ptolemaiers, des Euergetes, gewesen ist, können wir den Beginn seiner Amtsführung in die sechziger Jahre setzen.

Die Fragen nach seinem Verhältnis zu Kallimachos, nach seinem rhodischen Aufenthalt und nach der Abfassung der *Argonautika* sind durch die Dürftigkeit und Verworrenheit der antiken Nachrichten höchst schwierig und haben eine gewaltige Menge von Literatur erzeugt[2]. Wir skizzieren zunächst möglichst knapp die Lage der Probleme. Die polemischen Äußerungen des Kallimachos gegen das umfangreiche kyklische Epos mit durchlaufender Handlung (s. S. 799) scheinen das Werk des Apollonios zu treffen; anderseits haben wir für eine Feindschaft zwischen den beiden

[1] In WENDELS Ausgabe der Scholien. [2] Reiche Nachweise bei HERTER (s. u.), 223.

Dichtern nur kümmerliche Nachrichten, die des Kallimachos *Ibis* auf Apollonios beziehen[1], während dieser unter den Telchinen-Namen des Florentiner Scholions zum Aitienprolog fehlt. Ferner lesen wir in der ersten der beiden Viten Angaben, die nicht zum Ausgleich gebracht werden können. Nach der einen war Apollonios zunächst bei seinem Lehrer Kallimachos und wandte sich erst spät der Dichtung zu. Nach der anderen hätte er bereits als Ephebe durch eine Epideixis, worunter man nur eine Rezitation verstehen kann, seine *Argonautika* bekanntgemacht, damit aber Schiffbruch gelitten. Beschämt und verletzt wäre er nach Rhodos gegangen, hätte das Werk dort überarbeitet und bei einem neuerlichen Vortrag damit Erfolg erzielt. Die zweite Vita erzählt dasselbe und mit Berufung auf «einige» noch etwas mehr: Apollonios sei nach Alexandreia zurückgekehrt und sei dort zu solchem Ansehen gelangt, daß er der Bibliothek und des Museions gewürdigt wurde. Er sei sogar mit Kallimachos bestattet worden. Schließlich haben wir in den Scholien mehrfach Hinweise auf eine Vor-Ausgabe (προέκδοσις) der *Argonautika*, aus der auch Varianten mitgeteilt werden.

Aus diesem Wust zum Teil widersprechender Nachrichten das Wißbare auszusondern ist schwierig, schwieriger jedenfalls, als Lücken und Diskrepanzen mit allerlei Kombinationen zu überdecken. Bei aller Vorsicht dürfen wir mit folgenden Fakten rechnen: Apollonios war in Alexandreia Bibliothekar, er ist – offenbar an einer entscheidenden Wende seines Lebens – von Alexandreia nach Rhodos gezogen, und es hat zwei Ausgaben seiner *Argonautika* gegeben, von denen die zweite in Rhodos entstanden ist oder vollendet wurde. Den Konflikt mit Kallimachos wollten einzelne Forscher[2] in den Bereich der Fabel verweisen, da Apollonios in Wahrheit zu den Prinzipien des Lehrers gar nicht in Widerspruch stehe. Aber da sich in keiner Weise bestreiten läßt, daß die *Argonautika* eine durchlaufend komponierte (διηνεκές) Dichtung von Heroentaten sind, wie im Prolog der *Aitia* die Telchinen sie fordern, Kallimachos sie ablehnt, wird man auch den Konflikt der beiden Männer als historisch betrachten dürfen und einen Zusammenhang mit des Apollonios Weggang nach Rhodos für wahrscheinlich halten.

Einen Schritt weiter kommen wir, wenn wir uns daran erinnern, daß der eben genannte Papyrus einen zweiten Apollonios, den Eidographen, als Bibliothekar nach Aristophanes von Byzanz[3] zum Vorschein kommen ließ. Verwechslungen konnten da nicht ausbleiben, und es ist sehr wahrscheinlich, daß jene Variante der Vita, die Apollonios nach der Zeit von Rhodos nach Alexandreia zurückkommen und erst dann Bibliothekar werden läßt, ihre Entstehung der falschen Identifikation des Rhodiers mit dem Eidographen verdankt[4]. Ist dies richtig, dann ist der Bericht, der von einer Rückkehr des Apollonios nach Alexandreia weiß und sein Bibliothekariat in einen späten, die Dichtung der *Argonautika* aber in einen frühen Lebensabschnitt

[1] Vgl. S. 806 A. 1; dazu Herter, *Bursians Jahresber.* 255, 1937, 89.

[2] Vgl. S. 800 mit A. 1. Ob das Epigramm *Anth. Pal.* 11, 275 eine Attacke des Apollonios auf Kallimachos enthält, ist völlig ungewiß, vgl. Herter, *Bursians Jahresber.* 285, 1944/45, 224.

[3] Über die Möglichkeit, daß er vor Aristophanes zu setzen wäre, s. S. 791 A. 2.

[4] So auch H. Herter in der besonnenen Neubehandlung: ‹Zur Lebensgeschichte des A. v. Rh.›. *Rhein. Mus.* 91, 1942, 315.

setzt, als Kombination entlarvt. Damit gewinnt jedoch ein Bild an innerer Wahrscheinlichkeit, das auf der ersten Variante der ersten Vita, das heißt auf einem späten Einsatz der dichterischen Tätigkeit des Apollonios, basiert. Dieser Beginn ist in die Zeit seines Bibliothekariats zu setzen, dessen Dauer wir einigermaßen bestimmen können. Mit dem Amt des Bibliothekars war das des Prinzenerziehers verbunden. Da nun Euergetes (geb. um 280) sein Schüler war, kommen wir, wie bereits gesagt, in die sechziger Jahre. Anderseits haben wir in der *Suda* (s. Eratosthenes) die wertvolle Nachricht, daß Eratosthenes, der Nachfolger des Apollonios, von Ptolemaios Euergetes zur Leitung der Bibliothek berufen wurde. Dieser Herrscher hat 246 den Thron der Lagiden bestiegen, wobei wir die Möglichkeit offenhalten, daß er die Berufung des Eratosthenes bereits als Thronfolger erreichte, und wir mit dem Abgange des Apollonios einige Jahre höher hinaufzugehen haben. Daß dieser Abgang mit der Gegnerschaft zu Kallimachos zusammenhing, und diese wiederum durch die Richtung bestimmt oder doch mitbestimmt war, die des Apollonios Dichten genommen hatte, das bleibt die nicht schlechtweg beweisbare, aber doch weitaus wahrscheinlichste Annahme. Dann dürfen wir aber auch Zutrauen in jene Überlieferung setzen, die eine doppelte Ausgabe der *Argonautika* bezeugt, und werden uns die erste in Alexandreia, die zweite in Rhodos entstanden denken. Und es ist sogar nicht auszuschließen, daß der Bericht von der mißglückten Epideixis in Alexandreia Wahrheit enthält, wenngleich wir uns diese Lesung nicht in der Jugend des Dichters, sondern in der Zeit seines Bibliothekariates denken werden. Diese alexandrinische Epideixis mit der in den Scholien erwähnten ersten und vorläufigen Ausgabe zusammenzubringen, liegt nahe genug. Wie lange Apollonios nach seiner Übersiedlung nach Rhodos dort noch dichtend und Grammatik lehrend gelebt hat, entzieht sich unserer Kenntnis.

Erst im Hellenismus tritt mit den *Argonautika* des Apollonios eine geschlossene epische Darstellung dieses Sagenkreises, eines der ältesten des griechischen Mythos, in unser Blickfeld. Wir konnten in der Odyssee den Reflex alter Dichtung feststellen, die von der Fahrt in das Sonnenland Aia am großen Ringstrom erzählte (vgl. S. 64), doch war diese in der Zeit des Apollonios längst verschollen. Aber der Argonautensage hat sich Dichtung in allen ihren Formen immer aufs neue zugewandt, und die Lokalhistorie vieler Orte knüpfte an sie an. So stand Apollonios vor einer Überfülle von Tradition mit vielen, zum Teil einander widersprechenden Varianten. Wir können uns seine Quellenstudien nicht umfangreich genug vorstellen; die Gründlichkeit, mit der er vorging, die Mühe, die er sich machte, sind vor allem den beiden ersten Büchern der *Argonautika* wohl anzumerken[1].

Die Komposition ist im großen übersichtlich, wie der Stoff sie ergab. Die beiden ersten Bücher schildern die Fahrt in das Kolcherland, das dritte die Abenteuer, die zur Gewinnung des Vließes führen, während das vierte von den Fährnissen der Flucht und Heimkehr erzählt. Im einzelnen sind die Akzente jedoch durchaus ungleich verteilt,

[1] Das Mythologische bei L. RADERMACHER, *Mythos und Sage bei den Griechen*. 2. Aufl. Wien 1938, 154. Über das ursprünglich märchenhafte Fahrtziel A. LESKY, ‹Aia›. *Wien. Stud.* 63, 1948, 22 = *Ges. Schr.*, 26.

neben rasch Übergangenem steht liebevoll Ausgeführtes, so daß wir denselben Verzicht auf Symmetrie, dieselbe Neigung zur Variation feststellen wie auch sonst in der hellenistischen Dichtung.

Während ein Prooimion mit Gebetswendung nur angedeutet und von der Vorgeschichte vieles auf später verspart wird, bietet die Eingangspartie einen umfangreichen Katalog der Argonauten, der in der Weise eines Periplus geographisch angeordnet ist und vom Norden Griechenlands über den Osten und Westen wieder zum Norden führt. Altepische Katalogtradition gab das Vorbild. Breit sind die Szenen des Abschiedes in Iolkos und am Strande von Pagasai gestaltet, dann folgt die lange Reihe der Stationen und Abenteuer der Hinfahrt, die auf dem üblichen Reisewege nach Kolchis vor sich geht. Für den Teil bis zum Passieren der Symplegaden, die am Eingang zum Pontos gedacht sind, hielt die Überlieferung dem Dichter eine Reihe wirkungsvoller Episoden bereit, die er mit Erfolg ausgestaltet hat. Da ist zunächst die Landung auf Lemnos, dessen Frauen unter einem Fluch Aphrodites ihre Männer getötet haben. Nun aber nehmen sie die Argonauten gerne auf, und es gibt ein freudenvolles Verweilen, aus dem Herakles die Fahrtgenossen zur Tat rufen muß. Es folgen die Mysterienweihe in Samothrake und die Abenteuer in Kyzikos, wo die Argonauten den Dolionen wirkungsvolle Hilfe gegen die bösen Giganten leisten, später aber, von widrigen Winden nach Kyzikos zurückgetrieben, durch ein Mißverständnis in ein nächtliches, bitter beklagtes Gefecht mit ihren Freunden geraten. Der nächste Aufenthalt an der Küste der Propontis bringt die Hylas-Episode. Nymphen entraffen den schönen Knaben, Herakles sucht ihn in den Wäldern, und die Argonauten setzen ihre Fahrt ohne ihn fort, da der Meergott Glaukos verkündet, dem Helden seien andere Taten bestimmt. So ist der größte der Fahrtgenossen ausgeschaltet, neben dem Iason in Kolchis als Hauptheld nicht denkbar gewesen wäre.

Ohne Kompositionsfuge geht es von dem ersten in das zweite Buch hinüber, das mit dem Boxkampf des Pollux gegen den barbarischen Bebrykerkönig Amykos beginnt. Diese Geschichte hat ebenso wie jene von Hylas auch Theokrit gestaltet. Wir haben bei seiner Besprechung die schwierige Prioritätsfrage gestreift. In Bithynien stoßen die Argonauten auf den blinden König Phineus, der alte Schuld in tiefem Elend büßt. Von den Harpyien, raffenden Sturmgeistern, die ihm jedes Mahl rauben oder beschmutzen, befreien ihn die Boreaden. Zum Danke gibt er den Helden guten Rat für den weiteren Weg. Diese Rede hat kompositionell die Bedeutung, daß in ihr die verschiedenen kleinen Episoden des zweiten Fahrtteiles zusammengefaßt werden. Mit kräftiger Dramatik wird die Durchfahrt durch die Symplegaden nach dem Probeflug der Taube geschildert, dann folgt bis Kolchis eine Reihe von Stationen von geringerem Belange, von denen nur die Aresinsel Erwähnung verlangt. Dort vertreiben die Argonauten die stymphalischen Vögel, und dort stoßen die Söhne des Phrixos zu ihnen, die in die Heimat des Vaters wollten. Ihre Mutter ist Chalkiope, Tochter des Aietes und Schwester der Medeia. Sie wird bei den Ereignissen in Kolchis ihre Rolle spielen, und so ist durch die Begegnung auf der Aresinsel eine Klammer zwischen der Fahrtschilderung und der Vließgewinnung geschaffen.

Das dritte Buch setzt mit einem neuen Prooimion ein und schildert die Ereignisse in Kolchis in einer Technik, die das Geschehen vielfach in parallele Handlungsstränge zerlegt. Medeias entscheidendes Eingreifen wird zunächst durch eine Götterszene motiviert, in der Hera und Athene Aphrodite dazu bestimmen, Eros sein Werk tun zu lassen. Unabhängig von dieser Motivierung wird uns aber Medeias erwachende Liebe, ihr schwerer Kampf zwischen der Treue zum Vaterhaus und der Leidenschaft für den schönen Fremdling als spannungsreiches Drama vorgeführt, dessen Schauplatz allein die Seele des Mädchens ist. Daneben läuft eine Chalkiopehandlung, die zu dem Eingreifen der Witwe des Phrixos und zu dem entscheidenden Gespräch zwischen den Schwestern führt. Auch ist eine Teilung der Handlung insoweit durchgeführt, als die Beratung im Lager der Argonauten und in dem der Kolcher in getrennten Zügen geschildert wird. Über mehrere Stufen gelangt dieses besonders sorgfältig komponierte Buch zu dem Treffen Medeias und Iasons, bei dem dieser die Zaubersalbe erhält, zur Jochung der feuerschnaubenden Stiere und Überwindung der Gewaffneten, die aus der Saat der Drachenzähne erwachsen (Motiv aus der Kadmossage), und schließlich, als von Aietes Verrat droht, zum Raube des Vließes und zur Flucht mit Medeia.

Raub und Flucht gehören jedoch bereits in das vierte Buch, das mit kurzem Musenanruf beginnt. In diesem stellt der Dichter die Frage, ob Medeias Handeln Schicksal oder verantwortliche Tat war, ohne sie zu beantworten.

Die Heimkehr der Argonauten steht unter einem völlig anderen Aspekt als ihre Fahrt nach Kolchis. Als noch das Fabelland Aia am Ufer des Okeanos Ziel der Argonauten war, fuhren sie auf dem mächtigen Ringstrom zurück und gelangten aus diesem ins Mittelmeer. Es ist eines der reizvollsten Kapitel der mythischen Geographie, wie sich mit der wachsenden Kunde von fremden Ländern und Meeren die Heimkehr der Argonauten modifizierte, wobei die neuen erdkundlichen Erkenntnisse und die alten mythischen Elemente mannigfache und zum Teil groteske Verbindungen eingingen[1]. Bei Apollonios ist diese Rückfahrt besonders verwickelt und voraussetzungsreich geworden, wobei einzelne Phasen durch die verfolgenden Kolcher lebhaftes dramatisches Leben erhalten. Apollonios konnte die Argonauten nicht mehr durch den Phasis in den Okeanos gelangen lassen, so fahren sie denn bei ihm den Istros aufwärts, worin er einer raren Version des Timagetos, eines der hellenistischen Verfasser von Werken *Über Häfen* (Περὶ λιμένων), folgte. Bei der Fahrt durch Istros, Eridanos und Rhodanos ins Tyrrhenische Meer spielt die seltsame Vorstellung von Stromgabelungen eine große Rolle, die so recht in diese phantastische Geographie paßt. Die Mündung des einen Istrosarmes wird im Golf von Fiume gedacht; dort erreicht die Gruppe der Verfolger, die unter Apsyrtos einen anderen Weg nahm, die Flüchtigen, und dort fällt Medeias Bruder durch ihre List. Im Tyrrhenischen Meer suchen die Argonauten Kirke, des Aietes Schwester, auf, die in einer psychologisch wirkungsvoll durchgearbeiteten Szenenfolge Iason und Medeia zwar von der Blutschuld reinigt, die Schuldbeladenen aber aus ihrem Hause weist. Auf der Weiterfahrt

[1] Übersicht bei A. Lesky, *Thalatta*, Wien 1947, 61.

zur Phaiakeninsel passieren die Argonauten mythische Orte der Odyssee, die sich Apollonios nach damals weit verbreiteter Theorie im westlichen Mittelmeer dachte, so die Sireneninsel und die Plankten. Diese Gefahrenstelle wird mit Hilfe und großer Teilnahme wohlgesinnter Götter durchfahren. Bei den Phaiaken, die auf Korkyra wohnen, begegnen die Flüchtenden der zweiten Gruppe der kolchischen Verfolger. Da Alkinoos Medeia nur ausliefern will, wenn die Ehe noch nicht vollzogen ist, wird auf Korkyra eine rasche Hochzeit gefeiert.

Von Korkyra gelangen die Argonauten noch nicht in die Heimat, es folgt vielmehr anhangmäßig eine Partie, in die verschiedene Teile alter Tradition eingebaut wurden. Ein Sturm von neun Tagen – wir kennen die Zahl bei solchem Anlasse aus der Odyssee – verschlägt die Argonauten nach Libyen. Hier gibt es noch allerlei Begegnungen und Fährnisse. Wie bei Pindar (*Pyth.* 4) müssen die Argonauten zwölf Tage lang ihr Schiff über Land tragen. In einer Lage, in der kein Weg weiterzuführen scheint, zeigt sich Triton als Helfer. In das letzte Stück der Heimfahrt ist die Bezwingung des kretischen Erzriesen Talos durch Medeias Zauberkünste eingelegt. Auch zwei Aitia, das eine für einen Opferbrauch auf Anaphe, das andere für einen Agon auf Aigina, werden noch angebracht. Beide hat auch Kallimachos (fr. 7, 19. 198 Pf.) behandelt. Der kurze und völlig schmucklose Bericht über das letzte Fahrtstück nach Pagasai verbindet sich mit einem Segenswunsch des Dichters für sein Werk, der sich formal an den Abschluß von Götterhymnen anlehnt.

Das Epos des Apollonios bietet zahlreiche Aspekte, die vor allem auf den verschiedenartigen literarhistorischen Voraussetzungen des Werkes beruhen. So ist denn seine Beurteilung im Laufe der Zeiten sehr verschieden gewesen. Undichterisch, trocken, pedantisch schien es den einen, während andere – und gerade neuerdings mehren sich solche Urteile – echte dichterische Qualitäten an den *Argonautika* hervorheben.

Man hat sich vor allem anderen klarzumachen, daß die geistige Welt, aus der dieses Epos entstand, durch einen unermeßlichen Abstand von der homerischen getrennt ist. Dort formten Dichter ihrem Volke die Geschichte seiner heroischen Vergangenheit mit dem Anspruche, wahrem Geschehen durch ihre Verse Glanz und Dauer zu geben. Und in diesem Geschehen waren überall Götter tätig, große geglaubte Wesenheiten, die sich dem Menschen hilfreich verbanden oder ihn zürnend schlugen. Solche Wirklichkeit war für Apollonios längst nicht mehr gegeben. Der lebendige Mythos war für seinesgleichen bereits Mythologie geworden oder doch auf dem Wege dazu. Über die persönliche Religiosität des Apollonios vermögen wir kaum etwas zu sagen, aber seine Stellung zur Überlieferung wird nicht anders gewesen sein als jene des Kallimachos. Gelehrtes Interesse an der mythischen Tradition und zugleich Freude an der unverwelklichen Schönheit ihrer Gebilde haben ihm die Feder geführt. Beides ist in seinen Versen zu spüren.

Der gewaltige Abstand von der Welt Homers steht in reizvollem Gegensatz zu der Tatsache, daß zahlreiche und wesentliche Elemente des alten Epos erhalten geblieben sind. Auch bei Apollonios agieren die Götter, doch zeigt gerade die große olympische Szene im Eingang des dritten Buches den ornamentalen Charakter solcher Partien.

Mit Hera, Aphrodite und Eros wird da ein richtiger Götterapparat entfaltet, aber Medeias Liebe und die dadurch ausgelösten Folgen sind ohne diesen ebenso denkbar. Und in der Schilderung der Seelenkämpfe des Mädchens erkennen wir diesen Dichter viel unmittelbarer als in den Gesprächen der Olympier. Während bei Homer das Tun des Menschen von seinen eigenen Antrieben und der Einwirkung der Götter zugleich bestimmt wird, sind aus dieser Bipolarität der Motivation nun getrennte Schauplätze geworden. Die Götterhandlung vollzieht sich auf einer Oberbühne, deren Verbindung mit dem irdischen Geschehen weder unlöslich noch unabdingbar notwendig ist.

Wichtige formale Elemente der homerischen Epik blieben bei Apollonios erhalten. Während er mit Metaphern sparsam ist, hat er Gleichnisse in großer Dichte. Doch ist ihr freies Eigenleben, das wir aus Homer kennen, zugunsten einer größeren Handlungsbezogenheit eingeschränkt, dafür aber der Sachbereich nach mancher Richtung erweitert. Die Erhellung seelischer Stimmungen durch das Gleichnis, bei Homer nur im Ansatz zu finden[1], ist bei ihm zur Meisterschaft entwickelt. So wird Medeias Erregung und Unentschlossenheit durch das Bild des Sonnenstrahls (3, 756) verdeutlicht, der von einer bewegten Wasserfläche an die Wand reflektiert wird[2]. Das rare Gleichnis kehrt bei Vergil (*Aen.* 8, 22) und bei Aristainetos (2, 5) wieder, ein hübsches Beispiel für die Verästelungen hellenistischer Tradition. Auch typische Szenen kennt Apollonios, doch beschränkt er – und das ist für die Grenzen seiner formalen Nachfolge nach Homer höchst bezeichnend – vollständig wiederkehrende Formelverse auf ein Mindestmaß. Das hängt mit einer anderen, grundsätzlich wichtigen Beobachtung zusammen. Breites Fundament der Sprache des Apollonios ist die homerische. Das bedeutet aber alles eher als unreflektierte Tradition oder naive Nachahmung. Vielmehr wiederholt sich, was wir bereits bei Antimachos von Kolophon feststellen konnten: Das übernommene Sprachgut wird in ständiger, wohlüberlegter Variation, mitunter sogar mit Verschiebung der Bedeutungen, zu neuer Wirkung gebracht. Dazu kommt eine umfassende Belesenheit des Apollonios, die Elemente aus der nachhomerischen Dichtung bis auf seine Zeit einströmen läßt[3].

Dem homerischen Erbe, das in Motivik und Stil als eine Art von Rahmen dieser Epik erscheint, steht gegenüber, was wir als das Hellenistische an ihr anzusprechen haben. Da stellen wir jenen Realismus voran – das Wort im weitesten Sinne verstanden –, der letzten Endes mit dem veränderten Verhältnis zum Mythos, mit dem Durchschauen der Illusion, zusammenhängt. Was wir meinen, ist aufs engste mit dem verwandt, was H. Fränkel soeben unter dem Schlagwort der Fixierung zusammenfaßte. Man kann Apollonios bedeutendes dichterisches Können zusprechen und nicht wenig Wohlgelungenes an seinem Werke loben, aber ein vom Gotte Erfüllter ist er wahrlich nicht gewesen, und immer wieder fällt die sachliche Kühle auf, mit der sein Blick auf den Dingen ruht. Damit ist auch die große Sorgfalt in Motivation und

[1] W. Schadewaldt, *Iliasstudien. Abh. Sächs. Ak. Phil.-hist. Kl.* 43/6, 1938, 120, 4.

[2] Eine Vermutung über stoische Herkunft des Bildes bei H. Fränkel, *Mus. Helv.* 14, 1957, 17.

[3] G. Marxer, *Die Sprache des A. Rh. in ihrer Beziehung zu Homer.* Diss. Zürich 1935. H. Erbse, ‹Homerscholien und hellenistische Glossare bei A. Rh.›. *Herm.* 81, 1953, 163, wo gezeigt wird, daß A. die verschiedensten sprachlichen Elemente, nicht aber die grammatische Forschung seiner Zeit verwertet.

Herstellung der Zusammenhänge gegeben. Es ist nur eine, wenn auch eine sehr wichtige Seite dieser Einstellung, daß Apollonios anders als Homer seiner Erzählung ein durchlaufendes und nachrechenbares Zeitkontinuum zugrunde legt.

Die mythische Vergangenheit verbindet sich mit dem Zeitalter des Dichters häufig dadurch, daß dessen Brauchtum seine Erklärung in der Vorzeit findet. Apollonios ist darin echter Hellenist, daß er dem Aitiologischen in seiner Dichtung breitesten Raum einräumt und die Erzählung der Hin- und Rückfahrt mit einer Fülle solcher Geschichten durchsetzt.

Ganz in jener Linie hellenistischer Dichtung, die ihren Ursprung im Werke des Euripides hat, steht Apollonios als Schilderer seelischer Affekte, vor allem jener, mit denen Eros die menschliche Seele heimsucht. Seit eh und je hat man als seine beste Leistung die Schilderung der Qualen und Zweifel Medeias empfunden, ehe sie, der eigenen Leidenschaft folgend und zugleich von anderen Anstößen bewegt, ihren verhängnisvollen Weg geht. Nach der langatmigen Schilderung der Hinfahrt, die trotz wirkungsvollen Episoden mitunter auf das Niveau eines gelehrten Reisehandbuches absinkt, betreten wir in den bezeichneten Partien den Bereich echter Dichtung. Dafür spricht auch die gewaltige Nachwirkung des dritten Buches in der antiken Literatur. Mit Euripides läßt es sich auch darin vergleichen, daß die wirkungsvolle Schilderung des einzelnen Affektes wichtiger ist als ein konsequent durchgezeichnetes Charakterbild. In einem solchen würde man das Mädchen, das im Sturme seiner ersten Leidenschaft dem Zusammenbrechen nahe ist, und die große Zauberin, die ihre Künste im weiteren Verlauf der Dinge mit Überlegenheit übt, nicht ohne weiteres unterbringen können.

Hellenistisches nehmen wir auch in mancher Naturschilderung wahr, die so im alten Epos nicht denkbar wäre. Hübsche Meeresbilder gelingen, wobei im Koloristischen neue Effekte erzielt werden. So gleich bei der Ausfahrt der Argo, wenn die dunkle Flut unter dem Ruderschlag aufschäumt, die Rüstungen der Männer wie Feuer im morgendlichen Lichte glänzen und die lange Kielspur wie ein heller Pfad auf grünem Wiesenplan erscheint.

Auch die Entdeckung des Kindes teilt Apollonios mit der übrigen hellenistischen Kunst[1]. Der Eros in den Götterszenen des dritten Buches ist das wahre Prachtexemplar eines verzogenen Bengels, der den Spielkameraden betrügt und von der göttlichen Mutter nur mit einem kostbaren Geschenk zu einer Dienstleistung zu bewegen ist. Kaum ist ein größerer Gegensatz denkbar als der zwischen dieser Szene und jener im ersten Buche der Aeneis, in der Venus zum Numen ihres Sohnes Amor spricht!

Es mag deutlich geworden sein, daß Apollonios nicht mit einem Worte zu charakterisieren ist. In nicht wenigen Partien seines Werkes erweist er sich als Dichter von bedeutendem Range, doch ist es ihm keineswegs immer gelungen, die Fülle der Tradition, die den Gelehrten anzog, ohne störende Rückstände in dem Kunstwerk aufgehen zu lassen. All die heterogenen Elemente zu einem neuen Ganzen zusammenzuschmelzen, dafür waren seine Feuer zu schwach.

[1] H. Herter, ‹Das Kind im Zeitalter des Hellenismus›. *Bonner Jahrb.* 132, 1927, 250.

Überaus dürftig sind die Reste, die von der *Ktisispoesie* des Apollonios zeugen. In Hexametern hat er von den Gründungen der Städte Alexandreia, Naukratis, Knidos, Rhodos und Kaunos gedichtet. Fraglich ist die Zuweisung einer *Gründung von Lesbos.* In Hinkiamben war das Gedicht *Kanobos* verfaßt, das von der Stadt nächst Alexandreia, einem beliebten Vergnügungsorte, handelte. Auch von gelehrten Arbeiten zu Homer (Πρὸς Ζηνόδοτον), zu Hesiod, Archilochos und Antimachos wissen wir[1].

Wir stehen für die hellenistische Dichtung stark unter dem Eindrucke des kallimacheischen Programmes und haben diesem an Erhaltenem nicht viel mehr als die *Argonautika* gegenüberzustellen. Das darf nicht den falschen Eindruck erwecken, als wären umfangreiche epische Gedichte im Hellenismus eine Seltenheit geworden. Wie wir früher (S. 347) Lysander auf der Suche nach einem dichterischen Herold seiner Taten sahen, so haben auch hellenistische Herrscher gerne ihr Lob verkünden gehört. Da gab es einen Choirilos von Iasos[2], der für den großen Alexander, einen Simonides von Magnesia, der für Antiochos Soter dichtete, und ein Musaios von Ephesos ist für die Attaliden tätig gewesen. Daneben hat das mythologische Epos breite Pflege gefunden. Wir können hier nur mit Namen operieren und haben nicht in jedem Falle die Gewähr, daß sein Träger nicht etwa in die Kaiserzeit zu setzen ist. Die Tradition ist in jedem Falle die gleiche. Da werden in den Scholien zu Apollonios die *Argonautika* eines Kleon von Kurion und eines Theolytos genannt, eine *Thebais* hat Menelaos von Aigai geschrieben, denselben Stoff haben Antagoras und Demosthenes behandelt. Auch Herakles, für den wir Diotimos von Adramyttion, und Dionysos, für den wir Neoptolemos von Parion nennen, waren beliebte Themen dieser späten Epik. Nikainetos von Samos oder Abdera hat von den Abenteuern des Lyrkos gedichtet, mit denen die Gründung von Kaunos (s. o. die Ktisispoesie des Apollonios) zusammenhängt. Auch ein *Frauenkatalog* wird genannt, erhalten sind einige *Epigramme.* Ebenso wurde Lokalgeschichte in epischer Form behandelt, und während wir im allgemeinen den Verlust all dieser Erzeugnisse wie etwa der umfangreichen *Bithyniaka* des Demosthenes von Bithynien kaum zu beklagen haben, stoßen wir hier auf einen Dichter von größerer Bedeutung und weiter reichender Wirkung: Rhianos aus Kreta, der in der zweiten Hälfte des 3. Jahrhunderts dichtete; er hat sich auch als Dramatiker betätigt. Von seiner Homerausgabe vermitteln uns die in den Scholien erhaltenen Lesungen ein günstiges Bild. Als Epiker schrieb er eine *Herakleia* in vierzehn Büchern und die nach Landschaften benannten Dichtungen *Thessalika, Achaika, Eliaka, Messeniaka.* Wie hier die Anteile mythischer und historischer Überlieferung verteilt waren, wissen wir im allgemeinen nicht. Etwas mehr können wir von den *Messeniaka* sagen, die Pausanias im vierten Buche neben dem Historiker Myron von Priene verwertet hat[3]. Dort (6, 3) erfahren wir, daß Aristomenes, der Held des zweiten Messenischen Krieges, bei Rhianos keine geringere Rolle spielte als

[1] Über ein Apollonios zugeschriebenes Epigramm s. S. 819 A. 2.

[2] Will Richter, *Nachr. Ak. Gött. Phil.-hist. Kl.* 1960/3, 41, 3, nennt Choirilos «den höfischen Schmeichler Alexanders, das notorische Spottbild eines Pseudodichters».

[3] J. Kroymann, *Pausanias und Rhianos.* Berl. 1943.

Achilleus in der *Ilias*. Ein bei Stobaios erhaltenes Fragment unbekannter Zugehörigkeit (1 POWELL) enthält einundzwanzig klar und sicher gebaute Hexameter über die Verblendung der Menschen. Eine Reihe von *Epigrammen* (66–76 POWELL; fasc. 6, 64 D.) zeigt konventionelle erotische Motive.

Vornehmster Textzeuge des Apollonios ist jener Laurentianus 32, 9 aus dem Beginne des 11. Jh.s, den wir zu Aischylos und Sophokles zu nennen hatten. Doch gibt es daneben beachtliche Überlieferung; H. FRÄNKEL (s. u.) konnte drei Familien unterscheiden. Die Papyri (nr. 98–112 P.) geben wenig aus. Die Grundlagen der Recensio hat H. FRÄNKEL geklärt, ‹Die Handschriften der Argon. des A. v. Rh.› *GGN Phil.-hist. Kl.* 1929, 164; von dems.: ‹Einleitung zur kritischen Ausgabe der Arg. des Ap›. *Abh. Ak. Göttingen. Phil.-hist. Kl.* 3, 55. 1964; Ital.: *Testo critico e critica del testo.* Trad. d. L. CANFORA. Nota di C. F. RUSSO. Firenze 1969; *Noten zu den Arg. des Ap.* München 1968. Von ihm haben wir auch die grundlegende Ausgabe erhalten: Oxf. 1961 *(Oxf. Class. T.)*. Dadurch sind die alten Ausgaben von A. WELLAUER (Leipz. 1928), R. MERKEL (Leipz. 1854) und R. C. SEATON, Oxf. 1900, überholt. Kommentierte Ausgaben: G. W. MOONEY, Dublin 1912; repr. Amsterdam 1964; A. ARDIZZONI, *Le Argonautiche I. Testo, trad. e comm.* Rom 1967; G. POMPELLA, *Ap. Rodio. Le Argonautiche I–II.* Napoli 1969 (doppelspr. mit Noten). Die reichen Scholien, in die Material aus verschiedenen antiken Kommentaren (Theon unter Augustus, Lukillos von Tarrha, 1. oder 2. Jh. n. Chr., Sophokles im ausgehenden 2. Jh. n. Chr.) eingearbeitet ist, liegen in der hervorragenden Ausgabe von C. WENDEL, Berl. 1935; 2. unver. Aufl. 1958, vor; von demselben: *Die Überlieferung der Scholien zu A. v. Rh. Abh. d. Gött. Ges. d. Wiss.* 1932. – Wortindex in WELLAUERS Ausgabe. – Übersetzung: *Th. v. Scheffer.* Leipz. 1940. – Für die Lit. zu Apollonios besitzen wir ein einzigartiges Hilfsmittel: H. HERTER, *Bursians Jahresber.* 285, 1944/55, 213. Dazu der wichtige Aufsatz von H. FRÄNKEL, ‹Das Argonautenepos des A.›. *Mus. Helv.* 14, 1957, 1. Zur Charakteristik einzelner Gestalten ders. ‹Ein Don Quijote unter den Argonauten des Apollonios›. *Mus. Helv.* 17, 1960, 1. Einzelnes bei A. ARDIZZONI, ‹Note crit. ed eseg. sul testo di Ap. Rhod.›. *Riv. Fil.* 34, 1956, 364. Von Einzeluntersuchungen nennen wir noch: G. MARXER, *Die Sprache des Apollonius Rhodius in ihren Beziehungen zu Homer.* Diss. Zürich 1935. R. IBSCHER, *Gestalt der Szene und Form der Rede in den Argon. des Ap. Rhod.* Diss. München 1939. H. ERBSE, ‹Homerscholien und hellenistische Glossare bei Ap. Rhod.›. *Herm.* 80, 1953, 163. P. HÄNDEL, *Beobachtungen zur epischen Technik des Ap. Rhod.* Zet. 7. München 1954. A. KÖHNKEN, *Ap. Rhod. und Theokrit. Die Hylas- und die Amykosgeschichten beider Dichter und die Frage der Priorität.* Hypomn. 12. Göttingen 1965. A. HURST, *Apollonios de Rhodes. Manière et cohérence. Contribution à l'étude de l'esthétique alexandrine.* Institut Suisse de Rome. Bern 1967. – Die Fragmente des Apollonios und Rhianos sowie anderer hellenistischer Epiker bei I. U. POWELL, *Collectanea Alexandrina.* Oxf. 1925, 4. 9. Für Rhianos auch D. fasc. 6, 64 und F Gr Hist 265. M. M. KOKOLAKIS, Ριανὸς ὁ Κρής. Athen 1968. Zum Ansatz des messenischen Krieges des Aristomenes: *F Gr Hist* 3a p. 174. – K. ZIEGLER, *Das hellenistische Epos.* 2. Auflage Leipz. 1966.

5. EPIGRAMM

Beim Werke des Kallimachos und Theokrit hatten wir ihrer Epigramme zu gedenken. Durch diese haben beide Dichter ihren Teil dazu beigetragen, eine Form, die eine lange Geschichte hat[1], auf jene Höhe zu führen, die sie im Hellenismus erreichte. Die letzten Phasen dieser Entwicklung zeichnen sich schon im 4. Jahrhundert ab, das

[1] S. o. 204. 346. 470. 716. Zur Theorie des Epigramms LESSING, *Zerstreute Anmerkungen über das Epigramm und einige der vornehmsten Epigrammatisten* (1771) und HERDER in den *Anmerkungen über die Anthologie der Griechen.* (Bd. 15, 344. 372 der Ausgabe von B. Suphan).

sagten wir bereits (S. 716). Die alte Inschrift auf Grabstele und Weihgegenstand begann sich von ihren Trägern zu lösen und ein selbständiges Leben zu führen. Doch wäre es falsch, sich diese Trennung allzu radikal zu denken[1]. Noch immer hat es im Hellenismus und der folgenden Zeit Epigramme als richtige Inschriften auf Stein gegeben. Die epigraphischen Werke überschütten uns mit Beispielen, und es genügt, etwa Heberdeys Termessosband der *Tituli Asiae Minoris* (III/1) aufzuschlagen, um zu sehen, welch künstlerischer Ehrgeiz sich da noch in der Kaiserzeit mit größerem oder geringerem Erfolge entfaltet hat. Aber das ändert nichts an der Tatsache, daß das Epigramm Freiheit von seiner ursprünglichen Gebundenheit an den Zweck erreicht hat und als eigenständige Literatur auftreten kann.

Mit dieser neugewonnenen Freiheit hängt die gewaltige Erweiterung der Stoffe zusammen, die nunmehr ihre Prägung im Epigramm finden. Es läßt sich ohne Übertreibung behaupten, daß diese Form wie keine andere zum treuen Spiegel der Mannigfaltigkeit und zugleich der Begrenztheit hellenistischen Lebens geworden ist. Für Alexandreia und seine literarischen Provinzen leistet sie ungefähr dasselbe wie Menanders Komödie für Athen. Damit ist auch schon gesagt, daß die großen Töne von Opfermut und kriegerischer Bewährung, wie sie in den Zeiten griechischer Freiheit aus den Grabschriften klingen, nun verstummt sind. Dafür strömen aus dem Leben des Alltags Motive in reichster Fülle ein. Wenn wir da an erster Stelle die Freuden des Gelages und der Liebe (bei der es auch viel von Leiden zu sagen gibt) anführen, zeichnet sich eine merkwürdige Entwicklung ab. Wir durften es (S. 205) für die Frühgeschichte des Epigramms als erwägenswerte Vermutung bezeichnen, daß die Elegie als Totenklage und Götterlied auf die Aufschrift auf Grab und Weihung eingewirkt hat. In unserem Abschnitte nähert sich das Epigramm wieder der Elegie in einer Weise, daß man angesichts von Gebilden wie Kallimachos *Ep.* 1 oder Leonidas, *Anth. Pal.* 10, 1 fragen kann, ob wir von Kurzelegie oder von Epigramm sprechen sollen. Aber auch die ältere monodische Lyrik wirkt nach, ja man kann sagen, daß das Epigramm nun recht eigentlich zum lyrischen Gedicht als Ausdruck von Gefühl der verschiedensten Tönungen geworden ist. Es hat seinen guten Sinn, wenn Asklepiades, *Anth. Pal.* 12, 50 (auch dies im Grunde eine Kurzelegie), mit starker Betonung Alkaios (346 LP) zitiert. Wobei natürlich der Hellenist das Zitat mit kunstvoller Variation verbindet. Sicher haben wir uns nicht wenige dieser Epigramme beim Gelage von Freunden, wie sie sich in Alexandreia oder Rhodos oder sonstwo zusammenfanden, vorgetragen zu denken. Da trat das gesprochene Epigramm an die Stelle des gesungenen Skolions früherer Zeit, ein symptomatischer Vorgang.

Der Stoffkreis dieser Epigramme reichte weit über Symposiastisches und Erotisches hinaus, er umfaßte so verschiedene Bereiche wie die interessierte Schilderung primitiver Berufe, die Eindrücke, die man aus der Natur empfing, oder Auseinandersetzung mit den Werken der Kunst. Mannigfaltigkeit herrscht auch in der Form: zu einem großen Teile ist jene der Grabschrift und Weihung auch dort festgehalten, wo sie

[1] Gegen R. Reitzenstein, *Epigramm und Skolion*. Gießen 1893, die einschränkende Behandlung der Frage durch Wilamowitz, *Hellenist. Dicht.* 1, Berl. 1924 (2. unver. Aufl. 1962), 119.

Fiktion ist, anderseits hat der Mimos eingewirkt und zu lebhafter Dramatisierung geführt. Wenn Asklepiades (*Anth. Pal.* 5, 181) mit einem Diener schilt, der nur schüchterne Einwendungen wagt, und ihn dann wegschickt, damit er auf Borg einkaufe, ist aus dem Epigramm ein richtiger Mimos geworden, und in der kecken Häufung von Gesprächssplittern in einem Epigramm des Philodemos (*Anth. Pal.* 5,46) hat diese Entwicklung ihre Höhe erreicht.

Die bunte Mannigfaltigkeit des hellenistischen Epigramms liegt nicht im Stofflichen allein, sie kommt nicht minder kräftig in der Verschiedenheit der einzelnen Dichter zum Ausdruck. Bestimmte Stildifferenzen, man hat von Schulen gesprochen, zeichnen sich ab. Interessante Züge weist die künstlerische Physiognomie des Leonidas von Tarent auf. Er hat früh die unteritalische Heimat verlassen, in Epirus für Neoptolemos, dann für Pyrrhos gedichtet und ist nach einem unsteten Wanderleben um 260 gestorben. Gerne fingiert er, daß arme Teufel wie Bauern oder Jäger ihr Handwerkszeug den Göttern des Bereiches weihen, in dem sich ihre mühselige Tätigkeit vollzieht. Das hat reiche Nachfolge bis in späteste Zeit gefunden, wie sich etwa an der Nachahmung von *Anth. Pal.* 6, 4, der Weihung eines Fischers, gut verfolgen läßt[1]. Bei Leonidas steht zu der Dürftigkeit und dem Realismus des Motivs die barock aufgehöhte Sprache in einem seltsamen, gesuchten Gegensatze. Immerhin kann er auch einfacher sprechen, wie in *Anth. Pal.* 10, 1, wo Priapos, hier als Gott am Hafen, den Beginn der Schiffahrt inmitten der Frühlingsfreude verkündet. Auch zu kräftigem Angriff auf Gegner kann er übergehen, und unmittelbar spricht es uns an, wenn der Heimatlose sein unstetes Leben beklagt und einzigen Trost in dem findet, was ihm die Musen gaben (*Anth. Pal.* 7, 715, wohl Schlußgedicht seiner Sammlung).

Von Dichtern des griechischen Festlandes haben Phalaikos[2], wohl ein Phoker, und Perses von Theben noch vor 300 Epigramme geschrieben. Was wir von diesem haben, deutet auf wirkliche Aufschriften, nach jenem haben die Metriker einen Vers Phalaikeion benannt, wie ein Simiakon nach Simias von Rhodos (s. S. 814) oder ein Kallimacheion nach dem großen Alexandriner. In diesen Fällen handelt es sich um die stichische Verwendung von Metren, die aus alter Lyrik genommen und weitergebildet waren. Der Epigrammatiker Mnasalkes von Sikyon[3], der um die Mitte des 3. Jahrhunderts schreibt, erweist sich als Nachahmer, der wie so viele nach ihm mit den überlieferten Motiven variierend spielt. Bemerkenswert ist, daß wir in diesem Kreis Dichterinnen von unverächtlichem Range antreffen. Nossis aus dem epizephyrischen Lokroi will sich in dem Epigramm (*Anth. Pal.* 7, 718), das offenbar ihr Gedichtbuch beschloß, an Sappho messen; Anyte von Tegea zeigt sich in feinen Naturbildern (z.B. *Anth. Pal.* 9, 144) ebenso liebenswert, wie wenn sie Kinder beim Spiele beobachtet (*Anth. Pal.* 6, 312) oder toten Lieblingstieren eine Grabschrift dichtet. Beide Dichterinnen haben sich auch im Liede versucht.

[1] Vgl. *Anth. Pal.* 6,5. 23. 25–30. 90. 192f.

[2] A. D. Skiadas, ‹Ὁ ποιητὴς Φάλαικος›. *Wiss. Ztschr. d. Philos. Fak. Athen* 1967/68, 65.

[3] W. Seelbach, *Die Epigramme des Mnesalkes von Sikyon und des Theodoridas von Syrakus*. Wiesbaden 1964 (Klass.-phil. Stud. 28).

In starkem Gegensatz zur Weise des Leonidas steht die Epigrammatik des griechischen Ostens. Neben Kallimachos, der seine Meisterschaft in dem Verzicht auf allen überflüssigen Zierat, in straffer Spannung und beherrschter Kürze bekundet, tritt Asklepiades von Samos[1], der etwa 320 bis 290 dichtete. Wir haben sein Lob in Theokrits *Thalysia* vernommen, wo er als Sikelidas erscheint, und sind ihm zu unserer Verwunderung im Florentiner Scholion zum Prolog der *Aitia* zusammen mit Poseidippos unter den Gegnern des Kallimachos, den Telchinen, begegnet. In seinen Versen erkennen wir den genußfrohen Mann, der viel von der Liebe zu sagen weiß, mag es um schöne Frauen oder Knaben gehen. Manche seiner Verse sind reichlich gewagt (man vergleiche *Anth. Pal.* 5, 203. 207), doch gleitet er dabei nie in die Niederungen jener Lüsternheit ab, die sich in der späten Epigrammatik breitmachte. Dem geringen Gewicht der meisten Motive entspricht äußerste Schlichtheit der Sprache. Daß er in dieser aber Stimmung von größter Dichte und Unmittelbarkeit zu erzeugen und echtes Gefühl auszusprechen vermag, zeigt den Meister. Trotz manchen Berührungen ist er durch die Lebhaftigkeit seines Temperamentes von kallimacheischer Souveränität stark geschieden. Prächtiges Zeugnis dafür ist *Anth. Pal.* 5, 64, Programm eines Lebens voll Leidenschaft und Trotz: nicht mit Schnee und Hagel, nicht mit Donner und Blitz wird Zeus ihn an den Freuden der Liebe hindern, der Gott, der selbst in seiner Brunst den Weg durch eherne Wände fand!

Asklepiades hat wahrscheinlich eine Zeitlang in Alexandreia gelebt und ist dort mit Poseidippos aus dem makedonischen Pella und Hedylos aus Samos in Freundschaft verbunden gewesen. Poseidippos hat für die Aitoler gedichtet, die ihn mit der Proxenie ehrten, und sich auch um Philosophie gekümmert, ehe er in Alexandreia im Stile des Asklepiades Epigramme schrieb. Hedylos kommt aus jener samischen Gesellschaft, deren Lebenslust noch aus seinen Versen klingt und die für die Entwicklung dieser Richtung eine bedeutende Rolle spielte. Seine Familie stand in der Gunst der Musen. Von seiner Mutter Hedyle, Tochter der attischen Iambendichterin Moschine, haben wir ein Fragment aus einer elegischen Erzählung *Skylla* (fasc. 6, 48 D.).

Die Namen, die wir hier gaben, stellen eine Auslese aus reicher Fülle dar, doch soll von vielen anderen wenigstens Herakleitos von Halikarnaß nicht fehlen, der in dem einzigen erhaltenen Epigramm, einem Gedicht auf den Tod einer jungen, im Wochenbett gestorbenen Frau (*Anth. Pal.* 7, 465), die Kraft tiefen Gefühles offenbart.

Die geschilderte Blüte des Epigramms erstreckt sich über die Zeit des Hochhellenismus, bald nach der Jahrhundertmitte ist es mit ihr zu Ende. Als sich im Ausgange des 3. Jahrhunderts noch einmal griechischer Freiheitswille regte und der aitolische Bund mit Sparta an seiner Seite im Bundesgenossenkrieg (220–217) gegen Makedonien Front machte, erklang in der Epigrammatik wieder der Preis spartanischer Ideale, standhaften Kämpfens und heldenhaften Sterbens. Alkaios von Messene ist der Wortführer eines nicht eben kleinen Chores gewesen. Diese Episode war zu Ende, als Flamininus an den Isthmien des Jahres 196 den Griechen die Freiheit

[1] U. Albini, ‹Asclepiade di Samo›. *La parola del passato* 81, 1961, 410.

römischer Provenienz verkündete. In dieser Zeit hat auch Dioskorides in Alexandreia von altspartanischer Zucht gedichtet. Hier spielt politische Konjunktur ihre Rolle, da Ägypten damals Kleomenes unterstützte. Im übrigen dichtete er erotische Epigramme in der Nachfolge des Asklepiades, hält aber unser Interesse besonders durch eine Reihe von Epigrammen auf Persönlichkeiten der Literatur[1] wie Thespis, Aischylos, Sophokles, Sositheos (*Anth. Pal.* 7, 410f. 37. 707) fest, die den Eindruck machen, zu Bildern eines Buches zu gehören.

Im ausgehenden zweiten und beginnenden ersten Jahrhundert erlebt das hellenistische Epigramm eine Nachblüte in einer Gruppe von Dichtern, die man als Phoinikische Schule zusammenfaßt. Antipatros von Sidon ist kein Dichter von Kraft und Originalität, zeigt aber größeren Ernst als andere Epigrammatiker der Zeit, wenn er etwa vor Grabmälern ihren Symbolen tiefsinnige Deutungen gibt (*Anth. Pal.* 7, 423–427; vgl. Leonidas 7, 422)[2]. Ganz in der Nachfolge alexandrinischer Epigrammatik steht hingegen Meleagros von Gadara mit seinen Gedichten von Wein und Liebe. Auch Philodem aus derselben Stadt, der Epikureer von Herkulaneum (s. S. 768), gehört mit seinen lasziv-erotischen Epigrammen in diesen Kreis. Die wichtigste Feststellung, die wir an diesen Erzeugnissen zu machen haben, ist, daß nun in steigendem Maße die Rhetorik in die Epigrammdichtung eindringt und sich dort mit ihren Klang- und Sinnfiguren breitzumachen beginnt. Motivisch zeigen Dichter wie Meleager und Philodem manche Berührung mit der römischen Liebeselegie, doch schaffen anderseits die geringere Bedeutung des Subjektiven und der größere Realismus einen deutlichen Abstand.

Zu neuem Leben kommt das Epigramm erst wieder an der Wende der Zeiten in Dichtern wie Krinagoras. Doch bezeichnet er den Beginn einer Entwicklung, von der wir besser in einem späteren Abschnitt sprechen.

Daß wir Epigramme der verschiedensten Zeiten und Verfasser in so reicher Fülle lesen, danken wir einer vielschichtigen Überlieferung, deren Geschichte sich zum größten Teile rekonstruieren läßt.

Epigramme zu sammeln hat man früh begonnen, wenn nicht früher, so gewiß sehr bald im Hellenismus. Wenn Philochoros eine Sammlung von attischen Inschriften veranstaltet (s. S. 751), so waren natürlich auch Gedichte darunter. Anderseits gibt es gute Gründe dafür, daß zahlreiche der o. genannten Dichter von Epigrammen diese in Buchform herausgaben. Daneben hat es im Hellenismus Sammlungen von Epigrammen verschiedener Verfasser gegeben, wie die Papyri (nr. 1594. 1596. 1601. P.) lehren. Die größte Wirkung war jener beschieden, die Meleagros von Gadara um 70 v. Chr. unter dem Titel *Stephanos* herausgab. Ihr Einleitungsgedicht ist erhalten (*Anth. Pal.* 4, 1). Daß sie alphabetisch nach Verfassern angelegt war, dürfen wir dem Lemmatisten des Palatinus (s. u.) glauben. Als nächste folgte der *Stephanos* des Philippos von Thessalonike, der um 40 n. Chr. Epigramme seit Meleagros in gleichfalls alphabetischer Folge vereinigte. Auch das Einleitungsgedicht dieses *Kranzes* mit der Aufzählung der in ihm enthaltenen Dichter hat Eingang in die uns überlieferte Sammlung gefunden (*Anth. Pal.* 4, 2). Der *Kranz* des Philippos bietet am deutlichsten das Bild einer literarischen Richtung, während

[1] M. GABATHULER, *Hellenistische Epigramme auf Dichter*. St. Gallen 1937.
[2] Inschriftliche Texte für Antipater gibt W. PEEK, ‹Delische Weihepigramme›. *Herm.* 76, 1941, 408.

Versuche, nach Stil und Motiven Schulen wie die peloponnesische, alexandrinische, phoinikische zu sondern, problematisch bleiben. Wir haben aus der Folgezeit zum Teil recht unklare Nachrichten über verschiedene Sammlungen, wichtig für uns ist besonders jene, die Agathias im Zusammenhange mit der neuen Belebung epigrammatischer Dichtung im Ausgange des Altertums um die Mitte des 6. Jh.s veranstaltete. Die *Suda* zitiert sie als *Kyklos*; das Einleitungsgedicht lesen wir in der *Anth. Pal.* (4, 3), die Anordnung war hier nach Sachgruppen gegeben. Als man in der byzantinischen Renaissance sich wieder für Epigramme zu interessieren, auch selbst solche zu schreiben begann, entstand neben anderen, kleineren Sammlungen, unter denen die früheste die *Sylloge Euphemiana* ist, um 900 die große des Konstantinos Kephalas, des höchsten Geistlichen (Protopapas) am Hofe von Byzanz. Er legte die drei genannten antiken Sammlungen zugrunde, zog daneben aber auch verschiedene Ausgaben einzelner Dichter heran. Stofflich Zusammengehöriges suchte er zu vereinigen, ist damit jedoch nicht ganz durchgekommen, so daß alphabetisch geordnete Gruppen erhalten blieben. Auf der Sammlung des Kephalas beruhen die uns zur Verfügung stehenden Zeugen. Im Jahre 1299 (über das Datum BECKBY in der Einleitung 70, 4) hat der Mönch Maximos Planudes in Konstantinopel jene Sammlung in sieben Büchern beendigt, die wir als *Anthologia Planudea* zu bezeichnen pflegen und im Marcianus 481 in seiner eigenen Niederschrift erhalten haben. Sie hat das Gedächtnis der griechischen Epigrammatik allein erhalten, bis am Ende des 16. Jh.s eine weit umfassendere Sammlung in dem Heidelberger Codex Palatinus 23 auftauchte. Die Handschrift ist im wesentlichen von vier Schreibern um 980 geschrieben; sie hat Scholien und ist im ersten Teile von einem Korrektor überprüft. Wichtig sind auch die Zusätze des sog. Lemmatisten, eines kundigen Mannes, der Lemmata beifügte. Die Heidelberger Handschrift erregte bald großes Aufsehen und kam durch eine Schenkung Maximilians von Bayern an Papst Gregor XV. (1623) in den Vatikan. Daß man sie dabei in zwei Teile trennte, die gesondert gebunden wurden, sollte sich als verhängnisvoll erweisen. Im Jahre 1797 forderte Napoleon die Auslieferung der Handschrift, die nun in die Nationalbibliothek nach Paris kam. Als nach dem Friedensschlusse von 1815 ihre Rückführung nach Deutschland verlangt wurde, kam jedoch von den beiden Teilen der Handschrift nur der erste, umfangreichere zurück, während der zweite mit den letzten beiden Büchern der Anthologie als Parisinus Suppl. Gr. 384 in Frankreich verblieb. Beide Teile vereinigt in ausgezeichneter Wiedergabe K. PREISENDANZ, *Anthologia Palatina, codex Palatinus et codex Parisinus phototypice editi.* Leyden 1911.

Die Sammlung der *Anth. Pal.* enthält (nach der modernen Bezifferung) in ihrem 4. Buche die Einleitungsgedichte, die Meleagros, Philippos und Agathias ihren Sammlungen vorausgeschickt haben. Übernommen hat sie der Anthologist aus dem Werke des Konstantinos Kephalas, und dasselbe gilt im wesentlichen für die Bücher 5–7 und 9–12; dabei ist freilich nicht für alle Partien – im besonderen nicht für Buch 12 – Sicherheit zu gewinnen. Der alte Bestand ist in der *Anth. Pal.* durch die Bücher 1–3, 8, 13–15 (spätere Dichtungen, darunter viel Christliches, aber auch ältere Gedichte, die Kephalas nicht aufgenommen hatte) erweitert.

Die bemerkenswerteste Differenz zwischen *Palatina* und *Planudea* ist durch ein Mehr von 388 Gedichten in der letzteren gegeben, obwohl sie ansonsten an Umfang der Palatina wesentlich nachsteht. Moderne Anthologieausgaben hängen diesen Überschuß als *Appendix Planudea* oder Buch 16 an die *Palatina* an. Planudes hat nach eigenen Angaben zwei Vorlagen benützt. Die eine dürfte der Codex Palatinus selbst oder eine Abschrift von ihm, die zweite hingegen eine selbständige, gekürzte Ausgabe des Kephalas gewesen sein.

Ausgaben: Für den vollständigen Text der *Anth. Pal.* war man lange angewiesen auf F. DÜBNER-E. COUGNY, 3 Bde. Paris 1864–90 (mit lat. Übersetzung). In der *Loeb Class. Libr.* gab den Text ohne Apparat mit engl. Übersetzung W. R. PATON, 5 Bde. Lond. ab 1917. Unvollendet blieb die wegen des kritischen Apparates wichtige Teubneriana von H. STADTMÜLLER, von der vorliegen I (Buch 1–6) 1894; II/1 (B. 7) 1899; III/1 (B. 9, 1–563) 1906. Auf Handschriften aus dem Kreise des Planudes (Marc. XI/1 von Planudes' eigener Hand), die heranzuziehen sind, macht G. Luck, *Gnom.* 30, 1958, 274, aufmerksam. Die doppelsprachige Ausgabe der *Coll. des Un. de Fr.* von P. Waltz, G. Soury, F. Buffière, R. Aubreton ist in den Jahren 1928–1960 mit mehrfachen Neudrucken bis zum 12. Bde. gediehen. Alle 16 Bücher liegen nun mit kritischem Apparat, deutscher Übersetzung und Erläuterungen in vier Bänden der Tusculum-Bücherei vor, die H. Beckby, Münch. 1957/58, besorgt hat; 2. Aufl. 1965–1967. Für die Bb. 10–16 sind die bis dahin unbekannten Lesungen des Marcianus 481 eingearbeitet. Der 1. Band gibt eine umfangreiche Einleitung mit einer Geschichte des Epigramms, Anführung der Textzeugen und reicher Lit. A. Presta, *Ant. Pal. con introd. di* G. Perrotta. Roma 1957. – Die *Anthologia Planudea* hatte nach dem Bekanntwerden der *Palatina* nur den Wert einer Hilfe und Ergänzung. Ihre letzte Ausgabe ist die von H. De Bosch, 5 Bde. Utrecht 1795–1822 mit der glänzenden lat. Übersetzung von H. Grotius. – A. S. F. Gow und D. L. Page haben die ersten Teile der ersten kommentierten Gesamtausgabe der 'Anthologia Graeca' seit Friedrich Jacobs (7 Kommentar- und 2 Registerbände 1794–1814) veröffentlicht: I 1 und 2. Cambridge 1965, mit den im *Stephanos des Meleagros* vertretenen Dichtern, deren Epigramme nach 323 v. Chr. entstanden sind. II 1 und 2 *The Garland of Philip*. Cambridge 1968. – Einzelnes: J. Geffcken, *Leonidas von Tarent*. Leipz. 1896. Aug. Oehler, *Der Kranz des Meleagros*. Berl. 1920 (doppelspr.). G. Luck, ‹Die Dichterinnen der griech. Anthologie›. *Mus. Helv.* 11, 1954, 170. A. S. F. Gow, ‹Leonidas of Tarentum›. *Class. Quart.* 8, 1958, 113. Ders., *The Greek Anthology. Sources and Ascriptions*. Publ. by the Society for the Promotion of Hell. Studies. Lond. 1958. C. Gallavotti, ‹Planudea (II)› *Accad. d. Lincei. Comitato per la preparazione della Edizione Nazionale*. N. Ser. fasc. 8, 1960, 11. – Übertragungen in engl. Verse mit griech. Text: Leonidas: E. Bevan, Oxf. 1931. Kallimachos: G. M. Young, Oxf. 1934. Asklepiades: W. and M. Wallace, Oxf. 1941. Eine nützliche Auswahl aus Inschriften und Texten gibt J. Geffcken, *Gr. Epigramme*. Heidelb. 1916. F. L. Lucas, *A Greek Garland. A Selection from the Pal. Anth.* 2. ed. Lond. 1949. Anderes bei Beckby (s.o.). S. Mariotti, *Il 5. libro dell'Antologia Palatina*. Rom 1966. Aufsätze verschiedener Autoren zur Epigrammatik der europ. Kulturvölker vereinigt der Sammelband von G. Pfohl, *Das Epigramm*. Darmstadt 1969.

6. DAS DRAMA

Auch im Hellenismus wurden Komödien und Tragödien in großer Zahl geschrieben, doch sind die Schwerpunkte der Produktion lokal differenziert. Von der Blüte der Neuen Komödie zu Athen wurde bereits gesprochen; daß einer ihrer Dichter wie Machon aus Korinth oder Sikyon[1] in Alexandreia dichtete, hat als Ausnahme zu gelten. Anders steht es mit der Tragödie. Zwar hat es auch zu dieser Zeit in Athen Tragödiendichter gegeben, wie Astydamas, den wir als dritten Träger dieses Namens der früher (S. 281) erwähnten Tragikerfamilie einfügen, doch Zentrum der Dichtung auf diesem Felde ist nicht Athen, sondern Alexandreia gewesen. Philadelphos, der große Förderer der dionysischen Künste, der in der berühmten Riesenprozession auch die Schauspielergilde (οἱ περὶ τὸν Διόνυσον τεχνῖται) mitziehen ließ,[2] richtete in Alexandreia dramatische Wettkämpfe ein und zog einen Kreis von Dichtern in seine Stadt, aus denen man nach dem Beispiel der Klassiker-Kanones eine Pleias heraushob. Als feste Namen erscheinen Alexandros Aitolos, Lykophron aus Chalkis, Homeros

[1] A. S. F. Gow, *Machon. The fragments with comm.* Cambridge 1965 (enthält die Excerpte bei Athenaios aus der Anekdotensammlung des Machon, ein Repertorium witziger Hetären- und Parasitengeschichten).

[2] Vgl. Gow im Komm. zu Theokrit 17, 112.

von Byzanz, Sohn einer Dichterin Moiro[1], Philikos aus Kerkyra, dem wir später als Verfasser eines Demeterhymnos begegnen werden, Sositheos, wahrscheinlich aus der Troas.[2] Wechselnd treten in verschiedenen Verzeichnissen noch Sosiphanes, Aiantiades, Dionysiades, der auch Charakteristiken der Komödiendichter schrieb, und Euphronios auf. Zu diesen Namen kommen aus Notizen und Inschriften noch 50 weitere, eine Fülle, die wir uns natürlich nicht an Alexandreia gebunden, sondern mit einem bedeutenden Teile über die griechische Welt verteilt zu denken haben.

Von all dem Überfluß sind uns ganze neun Fragmente mit zweiundzwanzig Versen erhalten. Setzt man den unsicher datierten Moschion (s. S. 706) ins 3. Jahrhundert, so vermehrt sich die angegebene Zahl um ein geringes. Erweist der totale Verlust den geringen Wert dieser Erzeugnisse? Soviel läßt sich jedenfalls sagen, daß wir nicht den geringsten Anhalt dafür haben, hinter dem Verlorenen Leistungen von Rang zu vermuten. Die Titel ergeben ziemlich dasselbe Bild wie im 4. Jahrhundert. Die alten Stoffkreise liefern auch weiterhin Themen, daneben steht Neues, Gesuchtes. Von zahlreichen Titeln, die von der breiten Straße abliegen, nennen wir nur den *Adonis* des Philikos und des Ptolemaios Philopator höchstselbst. Dionysios I. war ihm mit der Dramatisierung des Themas vorausgegangen (s. S. 706). Auch Historisches findet sich, wie der *Themistokles* des Philikos, und selbst der Zeitgeschichte wurden Themen entnommen, wie die *Kassandreis* des Lykophron. Es wäre interessant, wenn wir feststellen könnten, wie weit die römische Praetexta hier anknüpfte.

Von den im Zusammenhange mit der Pleias genannten Dichtern erfordern zwei noch ein Wort. Alexandros Aitolos, so nach seiner Heimat genannt, war am Hofe des Antigonos Gonatas und in Alexandreia tätig. Dort besorgte er die Ordnung der Bestände an Tragödien und Satyrspielen. Reste von Epyllien (*Halieus*, *Kirka*, diese bei Athen. 7, 283a bezweifelt) und von Elegien (*Apollon*, *Musai*)[3] sind erhalten, Daß der *Apollon* stofflich mit dem *Antheus* des Agathon zusammenhänge, wurde früher (S. 465) als Vermutung verzeichnet.

Lykophron aus Chalkis kam ebenfalls in der großen Zeit der alexandrinischen Literatur unter Philadelphos nach Alexandreia, wo er in der Bibliothek für die Komödie sorgte. Frucht dieser Arbeiten war ein umfangreiches Werk Περὶ κωμῳδίας. Seine Dramen, von denen wir die zeitgeschichtlichen *Kassandreis* bereits nannten, geben Gelegenheit, von der Wiederbelebung des Satyrspieles in dieser Zeit zu sprechen. Einige Verse sind aus dem *Menedemos* erhalten. Das Satyrspiel scheint den Philosophen von Eretria mit freundlichem Scherz behandelt zu haben[4]. Als Erneuerer des alten,

[1] Fragmente einer Hexameterdichtung *Mnemosyne* und von Elegien (diese auch fasc. 6, 69 D.), ferner Erwähnung eines Poseidonhymnos und von Fluchdichtung bei I. U. POWELL, *Coll. Alex.* Oxf. 1925, 21. Dort auch über die Namensform: Moiro oder Myro?

[2] Alexandros und Sositheos fehlen bei Tzetzes in der Einleitung zu den Lykophronscholien, wo eine Pleias von Dichtern verschiedener Gattungen erscheint.

[3] Alles bei POWELL (s. A. 1), 121. Fasc. 6, 74 D. Die Athenaiosüberlieferung gibt *Krika*.

[4] Zur Beurteilung der widersprechenden Nachrichten *Wilamowitz*, Hellenist. Dichtung. 2. unver. Aufl. 1962, 145. Zum *Menedemos* viel Lit. bei C. A. VAN ROOY, *Studies in Classical Satire and Related Literary Theory*. Leiden 1965, 141, 25. Er selbst gibt eine ausführliche Behandlung und nimmt wie Athenaios das Spiel als Spott.

echten Satyrspieles dorischer Prägung feiert ein Epigramm des Dioskorides (*Anth. Pal.* 7, 707) den Sositheos, dem wir ebenfalls in der Pleias begegneten. Sein *Daphnis* oder *Lityerses* behandelte, soviel können wir noch feststellen, die Befreiung des Daphnis und die Tötung des Unholdes Lityerses, bot also mythologisches Spiel mit teilweise neuen Figuren.

Von Lykophron ist uns wohl das merkwürdigste Gebilde alexandrinischer Dichtung erhalten, die *Alexandra* in 1474 iambischen Trimetern. Ein Bote berichtet von der Prophezeiung Kassandras, die nach der Wiedererkennung des Paris (Euripides hatte sie in seinem *Alexandros* dargestellt) den Fall Troias und die weiteren Schicksale der Griechen verkündet. Die Verse reichen mit Anspielungen bis in die Zeit des Dichters, besonders reich ist der Westen bedacht, für den Timaios von Tauromenion Hauptquelle war. Alexander, «der Löwe aus dem Stamme des Aiakos und Dardanos» (1440), wird den Kampf zwischen Ost und West beenden. Die schwierigste Partie der Dichtung (1446) verheißt, daß nach der sechsten Generation einer von Kassandras Blut mit dem Wolfe von Galadra (Personifikation Makedoniens?) kämpfen, sich aber dann mit ihm vertragen und in die Beute teilen werde. WILAMOWITZ' Ausweg[1], daß Kassandra nur an dieser Stelle von einer Zukunft rede, die über die Zeit des Dichters hinausreiche, ist verzweifelt, ein besserer aber noch nicht gefunden[2].

Verrätselte Rede (γριφῶδες) war in den Orakeln seit ältester Zeit üblich, aber auch profane Dichtung hat solches geliebt[3]. Welche Freude man im Hellenismus an derlei hatte, zeigten uns bereits die Technopaignien. Lykophron hat alles in einer Sprache überboten, die jede direkte Benennung grundsätzlich meidet, mit einer Fülle entlegener, zum Teil nur bei ihm zu lesender Wörter arbeitet und eine Unsumme gelehrten Wissens hinter raffiniert irreführenden Bezeichnungen versteckt. Von vorneherein war eine solche Dichtung nur für die Spiele reich belesener Männer bestimmt. Natürlich ist sie keine Tragödie, aber es ist nichts gewonnen, wenn man sie einen Iambos nennt. Es liegt einfach die Fiktion eines tragischen Botenberichtes vor, wie er ja auch in mancher euripideischen Tragödie ein Stück ist, das für sich bestehen könnte. Daß von Poesie bei so viel Witz nicht viel übrig bleibt, versteht sich, uns ist die *Alexandra* um ihres mythologischen Gehaltes willen wichtig. Für dessen Erschließung leisten die Scholien gute Hilfe, deren ältere Schicht auf Theon (unter Tiberius) zurückgeht, während eine breite Fassung, die von Isaak Tzetzes stammt, von seinem Bruder Ioannes zu Ende redigiert wurde.

Für die hellenistische Tragödie lassen sich zwei Texte nutzbar machen, beide jedoch mit bedeutenden Vorbehalten. Eusebios hat im 9. Buche seiner *Praeparatio*

[1] S. vor. A., 146.

[2] Da die Prophezeiung von Roms Weltherrschaft in der Zeit des Ptolemaios Philadelphos nicht gut denkbar ist, bleibt die von NIEBUHR begründete Meinung, die Dichtung gehöre in das frühe 2. Jahrh. nach dem Sieg des T. Quinctius Flamininus bei Kynoskephalai und habe einen anderen Lykophron, vielleicht einen Enkel des Tragikers zum Verfasser, durchaus erwägenswert; vgl. K. ZIEGLER *RE* 13, 2336. ST. JOSIFOVIĆ in den u. zitierten Lykophronstudien.

[3] Gut aufgearbeitet von INGRID WAERN, Γῆς ὄστεα. *The Kenning in Pre-Christian Greek Poetry*. Uppsala 1951.

Evangelica aus dem Werke des Alexander Polyhistor (1. Jh. v. Chr.) *Über die Juden* 269 Trimeter aus der *Exagoge* des Ezechiel erhalten, der bei Clemens (*Stromat.* 1, 23) Verfasser jüdischer Tragödien genannt wird. In diesem Mosesdrama des 2. vorchristlichen Jahrhunderts waren verschiedene, zeitlich durch beträchtliche Abstände getrennte Episoden des Auszuges der Juden aus Ägypten zusammengefaßt. Dies wurde durch den Wechsel des Schauplatzes ermöglicht, wie wir in zwei Fällen feststellen können. Teilung in fünf Akte und Beschränkung auf drei Schauspieler ist wahrscheinlich. Beides stimmt zur *Ars poetica* des Horaz (189. 192), wie man denn überhaupt guten Grund für die Annahme hat, daß bei Horaz bedeutende Elemente hellenistischer Kunsttheorie vorliegen[1]. Chor ist in den Fragmenten der *Exagoge* keiner kenntlich, doch sprechen die *Ars poetica* und die römische Tragödie dafür, ihn auch für die hellenistische Bühne anzunehmen. Mehr, als die Räume zwischen den Akten zu füllen, dürfte kaum seine Aufgabe gewesen sein. Die *Exagoge* ist uns bei der Dürftigkeit unseres Materiales wertvoll – auch sprachlich, da die Verse bei aller Armut Euripides als Stilmuster erkennen lassen –, doch vergessen wir nicht, daß hier ein Nichtgrieche spricht und der Schluß auf das allgemeine Bild der Tragödie dieser Zeit problematisch bleibt.

Im Jahre 1950 veröffentlichte E. Lobel[2] einen Papyrus aus Oxyrhynchos (Ende 2. oder Anfang 3. Jh. n. Chr.), der die Reste von drei Kolumnen bietet und in der mittleren sechzehn leidlich erhaltene Trimeter eines *Gygesdramas* zu lesen gestattet. In der Rede der Königin über die Vorgänge im Schlafgemach ist engster Anschluß an Herodot deutlich. Daß das umgekehrte Verhältnis vorliege und der Historiker nach einer frühen Tragödie – etwa des Phrynichos – geschrieben habe, wurde auf Grund altertümlicher Ausdrücke vermutet. Doch lassen sich diese Elemente, neben denen Spätes steht, aus archaisierender Tendenz verstehen, und auch der Versbau stimmt zu einem späten Ansatz. Das 3. Jahrhundert ist wahrscheinlich, das 4. aber nicht auszuschließen. Wenn wir uns das ganze Stück in gleicher Abhängigkeit von Herodot denken wie die erhaltene Partie, ist für die Rekonstruktion ohne Szenenwechsel nicht auszukommen, was zu dem Befunde der *Exagoge* nicht übel paßt.

Die Neue Komödie war durch die Entwicklung, die sie im Werke eines Menander, Philemon oder Diphilos gefunden hatte, zu einem Stück Literatur geworden, das den handfesten Stoffhunger eines breiten Publikums in den hellenistischen Städten nicht mehr zu befriedigen, der Freude an drastischem Effekt und derbem Scherz nicht mehr ausreichende Nahrung zu geben vermochte. Ganz anders konnte dies der Mimos, die

[1] Über die damit zusammenhängenden Probleme, wie weit Neoptolemos von Parion vorliegt, ob Horaz an hellenistische oder zeitgenössische Dichtung denkt, unterrichtet E. Burck im Nachwort zu Kiessling-Heinzes Ausgabe der *Episteln*, Berl. 1957, 401. Besonders weit in der Auswertung der *Ars* für das hellenistische Drama geht K. Ziegler (s. u.), 1972. Die sorgfältige Bedachtnahme auf die Kunst der Charakterisierung, die anders als bei Aristoteles dem Handlungsbau gegenüber in den Vordergrund rückt, mag in der Tat Gegebenheiten des hellenistischen Dramas entsprechen, die von der Rhetorik bestimmt waren.

[2] ‹A Greek Historical Drama›. *Proc. Brit. Ac.* 35, 1949, 207; jetzt *Ox. Pap.* 23, 1956, nr. 2382. Weitere Lit. in *AfdA* 5, 1952, 152 und 7, 1954, 150 und bei A. E. Raubitschek, *Class. Weekly* 48, 1955, 48. Ders. ‹Die schamlose Ehefrau›. *Rhein. Mus.* 100, 1957, 139. E. Bickel, ‹Rekonstruktionsversuch einer hellenist. Gyges-Nysia-Tragödie›. *Rhein. Mus.* 100, 1957, 141.

realistische Abschilderung alltäglicher Lebenswirklichkeit. Wir können ihn in Ansätzen weit zurückverfolgen (S. 273)[1] und hatten auch von der besonderen Ausprägung dieser Form durch Sophron zu sprechen (S. 278). Im Hellenismus haben wir bereits mit reicher Ausbildung und Differenzierung solch mimischer Darbietungen zu rechnen. Da gab es Gesungenes und Gesprochenes, Prosa und Vers, Solovortrag und szenische Aufführung. Die Fülle der Bezeichnungen zu scheiden ist schwierig. Immerhin läßt sich die Anschauung vertreten, daß mit Hilarodie oder Simodie eine gemessenere, mit Magodie oder der ihr nahestehenden Lysiodie eine lasziv-komische Vortragsart bezeichnet war, ohne daß die Grenzen allzu fest gewesen sein dürften. Wir haben für Mimetik im Sologesang ein hervorragendes Beispiel auf einem Papyrus aus dem 2. vorchristlichen Jahrhundert mit *Des Mädchens Klage*[2]. In bewegten Rhythmen, vorwiegend Dochmien, klagt ein Mädchen, das sein Liebhaber nach einem Zerwürfnis verstoßen hat, vor dessen Tür. Dem Thema nach ist das Lied, dem es nicht an Kraft leidenschaftlichen Ausdruckes fehlt, ein Paraklausithyron, wie es sonst der Liebhaber vor der verschlossenen Türe singt. F. Leos Versuch[3], von Gesängen dieser Art die Linie zu den *Cantica* des Plautus zu ziehen, hat nicht zum Ziele geführt.

Ein merkwürdiges Ding ist ein kurzes Lied, das um die Mitte des 2. vorchristlichen Jahrhunderts in Marissa (zwischen Jerusalem und Gaza) an eine Tempeltür geschrieben wurde. In einem Dialog, der wohl im Solovortrag gesungen wurde, unterhält sich eine Hetäre mit einem ausgesperrten Liebhaber. Das Liedchen und der Platz, an dem es sich fand, bestätigen die Bemerkung des Athenaios (15, 697c), ganz Phoinikien sei solcher Lieder voll gewesen. Er bezeichnet derart leichte Ware als lokrisch und überliefert an derselben Stelle das früher (S. 133) erwähnte Tageliedchen, dessen Ursprungsbereich und Datierung unsicher bleibt.

Neben den Benennungen solomimetischen Gesanges steht eine Reihe von Ausdrücken wie Mimologoi, Ethologoi, Biologoi, die auf gesprochenes Wort in Vers oder Prosa deuten. Die Ionikologoi oder Kinaidologoi verraten durch ihre Benennung die ionische Form und den lasziven Inhalt. Athenaios nennt (14, 620e) eine Reihe von Dichtern dieses Genres, darunter zu unserem Befremden Alexandros Aitolos, der also recht vielseitig war. Neben Namen wie Pyres aus Milet und Alexas steht als bekanntester der des Sotades aus Maroneia[4]. Er hat seinen frechen Witz auch an Philadelphos und dessen Geschwisterehe geübt, das ließ ihn der Nesiarch des Königs auf Kaunos

[1] E. Wüst hat *RE* 15, 1932, 1730ff. viel Mühe darauf verwendet, allerlei Spieler und Tänzer des Brauchtums wie Deikeliktai, Ithyphalloi, Phallophoroi, Phlyakes, Autokabdaloi dem Mimos gegenüber abzugrenzen Man wird jedoch nicht zu schematisch scheiden dürfen, sondern besser anerkennen, daß die genannten Gruppen zwar nicht dem Mimos einzuordnen sind, daß aber all dies Brauchtum Elemente des Mimos enthalten hat.

[2] Gut zugänglich bei Powell (s. S. 834 A. 1), 177, der verwandte Fragmente anführt.

[3] *Die plaut. Cantica und die hellenist. Lyrik. Abh. Gött. Ges.* N. F. 1/7, 1897.

[4] Fragmente bei Powell (s.S.834 A.1), 238. Fasc. 6, 186D. Die Vermutung von E. Diehl (*Anth.Lyr.* Suppl., 66), daß G. A. Gerhard, *Gr. Pap.* Diss. Heidelberg 1938, nr. 179 aus Epigrammen des Sotades stamme, wurde durch 3 neue Fragmente bei E. Siegmann, *Lit. gr. Texte der Heidelb. Pap. Samml.* Heidelb. 1956, nr. 190 widerlegt. Es handelt sich um skoptische Prosa, deren Herkunft schwer zu bestimmen ist. H. Lloyd-Jones, *Gnom.* 29, 1957, 427, denkt an ein rhetorisches Handbuch.

mit dem Tode büßen. Die *Suda* gibt etliche Titel: *Abstieg in den Hades, Priepos,* wobei wir uns daran erinnern, daß dieser Gott des Gebietes von Lampsakos am Hellespont zu dieser Zeit als hyperithyphallischer Gartengott weite Verbreitung fand, im Festzug des Philadelphos neben Alexander und Ptolemaios erscheinen durfte und in den *Priapea* eine eigene Art von Gedichten hervorrief, deren Maß Euphronios aus Chersonnesos schuf. Auch *An Belestiche* (die Geliebte des Philadelphos) und *Amazon* findet sich unter den Titeln. Die übrigen in der *Suda* gehören dem Komödiendichter gleichen Namens. Vom Kinaidologen haben wir noch dürftige Reste eines *Gedichtes an Theodoros,* einer *Ilias* und eines *Adonis.* Erhalten ist sein Name auch im Sotadeum, einer Variation des fallenden ionischen Tetrameters, die er stichisch für gesprochene Dichtung verwendete. Die bei Stobaios erhaltenen Sinnsprüche (Sotadea) sind wohl ähnlich zu beurteilen wie die mit Fälschungen angereicherten Sammlungen unter den Namen Epicharm und Menander (s. S. 277).

Wir lesen bei Plutarch (*Quaest. conv.* 7, 4. 712e) die Scheidung der Mimen in Paignia und Hypotheseis, was wir nur unvollkommen mit «Spielereien» und «Handlungen» wiedergeben können. Mit dem ersten Ausdruck sind wohl Solovorträge gemeint. Hier reihen wir die *Mimiamben* des Herodas[1] an, eines Dichters, von dem wir kaum mehr als den Namen kannten, ehe uns ein Fund des Jahres 1890 die Rolle mit einem bedeutenden Teil seiner Gedichte schenkte (nr. 485 P.). Da Kos als Schauplatz für zwei Mimiamben (2 und 4) gesichert ist, dürfen wir eine engere Beziehung des Dichters zu der Insel annehmen, von deren geistigem Leben wir im Zusammenhange mit Theokrit zu sprechen hatten. Ob Herodas dort geboren war, wissen wir nicht. Für die Datierung bleibt der sicherste Anhalt die Erwähnung des Heiligtumes der Geschwistergötter (1, 30), was die Zeit nach 270 ergibt; da ferner alle Wahrscheinlichkeit dafür spricht, daß der «gute König» im selben Verse Euergetes ist[2], kommen wir in dessen Regierungszeit (246–221). Literarische Ahnen dieser realistischen Kleindramen mit schonungsloser Scharfeinstellung sind zum Teil die Mimen nach Art des Sophron, doch schreibt Herodas nicht Prosa, sondern greift auf den Hinkiambos des Hipponax, dem er auch in der ionischen Färbung der Sprache folgt. Es bleibt jedoch in diesem von der Tradition gegebenen Rahmen eine Fülle von Möglichkeiten, durch scharfe Zeichnung der Personen und meisterhafte Anpassung der Redeweise ein höchstes Maß von Lebensnähe und Milieuechtheit zu erreichen. In der konsequenten Ausprägung der realistischen Komponente des Hellenismus liegt die Stärke des Mannes, den man einen Dichter nur mit Vorbehalt nennen wird.

Bunt wie das Leben ist der Inhalt dieser *Mimiamben:* die Kupplerin, die einer ehrbaren Frau während deren Strohwitwenschaft zusetzt; der geldgierige Hurenwirt, der vor Gericht aus einem Angriff auf sein Haus Kapital zu schlagen sucht; der Schulmeister, der auf Betreiben der Mutter einen Lausebengel prügelt; opfernde und die

[1] Herondas bei Athen. 3, 86b, Herodas bei Stobaios in den Anführungen und Plin. ep. 4, 3, 4 (Herodes). Die Namensformen gingen zweifellos durcheinander, Formen auf -ondas begegnen im Böotischen, auf Kos dürfte das ν nicht gesprochen worden sein.

[2] Richtig WILAMOWITZ, *Hellenist. Dichtung* 2. Berl. 1924; 2. unver. Aufl. 1962, 318.

Bildwerke bestaunende Frauen im Asklepiostempel von Kos (wir denken an Theokrits *Adoniazusai*); das grausame Spiel einer verderbten Frau mit dem Sklaven, der ihr zu Willen sein muß und durch ihre Eifersucht fast den Tod leidet; ein schmutziglüsternes Gespräch zweier Freundinnen; Besuch und Feilschen im Schusterladen. Der 8. Mimiambos, *Der Traum*, ist leider so schlecht erhalten, daß die Herstellung auf Hypothesen angewiesen bleibt[1]. Das ist deshalb zu bedauern, weil der Dichter hier sein Werk gegen andere verteidigt hat. Von einigen weiteren *Mimiamben* sind nur Bruchstücke erhalten, die keine Aussage über den Inhalt gestatten.

Der Gedanke an eine szenische Aufführung dieser *Mimiamben* ist längst aufgegeben, für die Lektüre allein waren sie wohl auch nicht bestimmt, und so wird man Vortrag durch einen Sprecher anzunehmen haben, der durch geschickte Nuancierung die einzelnen Personen voneinander absetzte.

Für die Frage, ob es szenisch gespielte Mimen mit durchlaufender Handlung, wie sie die Kaiserzeit beherrschten, bereits im Hochhellenismus gegeben hat, wären wir arg daran, käme uns nicht ein unscheinbares Denkmal zu Hilfe. Eine Terrakottalampe aus Athen (3. Jh. vor Chr.) zeigt drei Schauspieler und trägt die Aufschrift: «Mimologen. Hypothesis: Die Schwiegermutter[2].» Das Spiel ohne Maske, also mit Frauen in den weiblichen Rollen, ist bereits für diese Zeit vorauszusetzen. Viel wird Improvisation gewesen sein, indem man einfach den Stoff einer Erfolgskomödie nahm und mit bewährten Mitteln herunterspielte, wie es offenbar die Mimologen von Athen getan haben. Man braucht jedoch nicht zu bezweifeln, daß es auch Schriftliches gab, wie wir es für die Kaiserzeit aus Papyri kennen. Einige dieser Texte können sogar in den Hellenismus zurückreichen, wie das zumindest für das Gespräch mit einem Trunkenen[3] gesichert ist, wenn die Datierung des Ostrakons auf das 2./1. Jahrhundert v. Chr. stimmt.

Von den Phlyaken, die in einer gewissen Vetternschaft zum Mimos stehen, und der Ausgestaltung ihrer Spiele, die um 300 in der *Hilarotragodia* des Rhinthon von Syrakus erfolgte, war bereits die Rede (S. 264). Titel wie *Herakles*, *Iphigeneia in Aulis* und *bei den Taurern*, *Medeia*, *Orestes* lassen noch erkennen, daß er für seine Mythentravestien besonders gern Euripides zum Ausgange nahm, ein neues Zeugnis für dessen Beliebtheit im Hellenismus. Stücke dieser Art fanden auch in Alexandreia ihr Publikum; wir finden dort Sopatros von Paphos, der parodistische Dramen verfaßte.

Vom Mimos ist trotz einiger Verwandtschaft als Gewächs eigener Art der Pantomimos[4] abzutrennen, bei dem ein reich instrumentiertes Orchester und ein singender Chor einen einzelnen Tänzer begleiteten. Dieser hatte nur durch seine Bewegungen (er trug eine Maske) die verschiedenen Figuren der Fabel darzustellen, die in der Regel dem Mythos entnommen waren. Der Pantomimos hatte seine Blüte in der Kaiserzeit, man trieb mit seinen Künstlern ein Unwesen, zu dem Parallelen billig zu haben sind.

[1] O. Crusius und R. Herzog, ‹Der Traum des H.›. *Phil.* 79, 1924, 370.

[2] ΜΙΜΟΛΩΓΟΙ Η ΥΠΟΘΗΣΙΣ ΕΙΚΥΡΑ. Abb. bei M. Bieber, *The History of the Gr. and Rom. Theater*. Princeton 1939, fig. 290.

[3] Powell (s. S. 834 A. 1), 181. D. L. Page, *Greek Lit. Pap.* Lond. 1950, nr. 74, S. 332.

[4] V. Rotolo, *Il pantomimo. Studi e testi*. Palermo 1957.

Hartnäckig wird die Ansicht weitergegeben, den Pantomimos hätte in augusteischer Zeit der Kilikier Pylades geschaffen, doch hat L. ROBERT bereits 1930[1] an inschriftlichem Material über die Darstellung tragischer Stoffe durch rhythmische Bewegung gezeigt, daß sich Kunst dieser Art bereits für die erste Hälfte des 1. vorschristlichen Jahrhunderts in Asien nachweisen läßt.

Hellenistische Tragödie: F. SCHRAMM, *Tragicorum Graec. hellenisticae quae dicitur aetatis fragmenta etc.* Diss. Münster 1931. K. ZIEGLER, *RE* 6 A 1937, 1967. V. STEFFEN, *Quaest. trag. capita tria.* Poznań 1939. P. VENINI, ‹Note sulla trag. ellenistica›. *Dioniso* 16, 1953, 3. – Lykophron: C. v. HOLZINGER, *L.s Alexandra.* Leipz. 1895 (mit Übers. u. Komm.). Wegen der Paraphrasen, Scholien und des Index bleibt wichtig die Ausgabe von E. SCHEER in 2 Bden. Berl. 1881 u. 1908; 2. unver. Aufl. Berl. 1958. Zusammen mit Kallimachos gab den Lykophron in der *Loeb Class. Libr.* A. W. MAIR 1921 doppelsprachig heraus. L. MASCIALINO, Leipzig 1964. Übersetzung von G. W. MOONEY, *The Al. of L.* Lond. 1921. L. MASCIALINO, *L. Alejandra.* Barcelona 1956 (mit span. Übers. u. Bibliographie). ST. JOSIFOVIĆ, *Lykophronstudien. Jahrb. d. phil. Fak. Novi Sad* 2, 1957, 199; ders., ‹Zur Quellenkunde von Lykophrons Alexandra. Das Dichtwerk als Resultat und Quelle›. *Jahrb. d. Phil. Fak. Novi Sad* 5, 1960, 283. – J. WIENEKE, *Ezechielis Judaei poetae Alexandrini fabulae quae inscribitur* Ἐξαγωγή *fragmenta.* Münster 1931. Der Text jetzt in der Ausgabe der *Praep. Ev.* des Eusebios von K. MRAS 1, Berl. 1954. I. TRENCSÉNYI-WALDAPFEL, ‹Une tragédie Grecque à sujet biblique›. *Acta Orientalia* II/2–3, 1952/53, 143. A. LESKY, *Herm.* 81, 1953, 3 = *Ges. Schr.*, 206. BR. SNELL, *Szenen aus griech. Dramen.* Berlin 1971, 170. – Für den Mimos hat man sich noch mit dem gelehrten, aber problematischen Werk von H. REICH, *Der Mimos,* 1. Berl. 1903 auseinanderzusetzen. Dazu E. WÜST, *RE* 15, 1932, 1727. A. OLIVIERI, *Framm. della comm. greca e del mimo nella Sicilia e nella Magna Grecia. 2: Framm. della Comm. Fliacica.* 2. ed. Napoli 1947. – Herodas: O. CRUSIUS 5. Aufl. 1914 (mit verwandten Texten). Doppelsprachig nach CRUSIUS mit Vorwort und Erläuterungen R. HERZOG, Leipz. 1926. W. HEADLAM and A. D. KNOX, Cambr. 1922; reissue with a few corrections 1966 (mit reichem Material zur Erklärung); auch in die doppelspr. Ausgabe der Choliambiker, *Loeb Class. Libr.* 1929, hat KNOX den Herodas aufgenommen. J. A. NAIRN et L. LALOY, *Coll. des Un. de Fr.* 1928: Neudr. 1960. QU. CATAUDELLA, Milano 1948 (mit Übers.). G. PUCCIONI, Firenze 1950 (mit Komm.). DOM. BO, *La lingua di Eroda.* Acc. d. scienze Torino 1962. V. SCHMIDT, *Sprachliche Untersuchungen zu Herondas.* Berlin 1969.

7. ANDERE DICHTUNG

Wir haben in den vorangehenden Abschnitten nicht wenige Namen genannt, doch bleibt zur Rundung des Bildes etliches nachzutragen.

Zunächst ist den besprochenen Gattungen eine hinzuzufügen, der Aristoteles in seiner *Poetik* (1. 1447b 16) keinen rechten Platz im Bereiche der Dichtung gönnen wollte. Wir meinen das Lehrgedicht, für das er Empedokles als Vertreter nennt. Als Schöpfer dieses Genos haben die Alten mit einem gewissen Recht Hesiod empfunden, wenngleich mit der Bezeichnung «Lehrgedicht» für die *Erga* noch lange nicht alles und im Grunde gar nicht viel gesagt ist. Lehrhafte Dichtung hat es auch vor dem Hellenismus gegeben, wie etwa Euenos von Paros (S. 406) rhetorische Regeln in Verse kleidete, doch hat ihr der Hellenismus Pflege und Schätzung in besonderem Maße

[1] *Herm.* 65, 1930, 106.

zugewendet. Dürfen wir in Fällen wie denen des Euenos annehmen, daß man die Versform um ihrer leichteren Einprägsamkeit willen wählte, so hatte man nun seine besondere Freude an dem Widerspiel zwischen gelehrtem Wissen und kunstvoller Form.

Das bedeutendste Beispiel bietet uns mit einer der erfolgreichsten Dichtungen der Antike Arat aus dem kilikischen Soloi, jener Stadt, die den Stoiker Chrysipp nach Athen entsandte. Sein Geburts- und Todesdatum angeben zu wollen ist Spielerei, wie WILAMOWITZ[1] richtig sagte. Wir müssen uns damit zufrieden geben, einige wichtige Etappen dieses Lebens zu bestimmen. Den vier recht eingehenden Biographien ebenso wie den gefälschten Briefen gegenüber ist freilich Zurückhaltung am Platze. Jedenfalls ist Arat in jungen Jahren nach Athen gegangen und hat sich dort den Stoikern angeschlossen. Neben anderen stand ihm jener Dionysios aus Herakleia nahe, der nach seinem späteren Abfall von der Stoa zum Hedonismus ὁ μεταθέμενος hieß (vgl. S. 759). Er erscheint in der biographischen Überlieferung bald als Lehrer, bald als Schüler Arats in der Astronomie[2]. Einen festen Anhalt bietet uns die Nachricht, daß Arat nach Pella an den Hof des Antigonos Gonatas (276–239) berufen wurde, wobei natürlich die stoische Gesinnung dieses Regenten mitspielte. In Makedonien und auf Anregung des Antigonos sind wohl seine *Phainomena* entstanden. Auch daß er sich eine Zeit bei Antiochos I. von Syrien aufhielt, dürfen wir glauben, denn die Vita III beruft sich für diese Angabe auf Dositheos von Pelusion, der neben und nach Konon als Astronom in Alexandreia wirkte. Auf Antigonos von Karystos scheint die Nachricht zurückzugehen, daß er dort eine Ausgabe der *Ilias* besorgte[3].

Cicero (*De orat.* 1, 69) verzeichnet es als feststehende Ansicht, daß Arat, der Verfasser so trefflicher Verse über die Sternenwelt, ein *homo ignarus astrologiae* war. Was wir von seiner schriftstellerischen Arbeit wissen, zeigt, daß diese die verschiedensten Gebiete umspannte. So viel ist mit Sicherheit zu erkennen, wenngleich die Angaben der *Suda* und der Viten Widersprüche und Unklarheiten genug enthalten[4]. Ein *Hymnos auf Pan* war für die Hochzeit des Antigonos Gonatas mit Phila gedichtet, und sicher erschien der Gott hier in stoischem Sinne gedeutet, wozu sein Name Anlaß genug bot. Wir wissen ferner von *Epikedeia* auf Freunde, darunter einem auf seinen Bruder Myris, von Dichtungen medizinischen Inhaltes (war die *Ostologia* ein Teil der *Iatrika?*) und einer Sammlung von Kleinigkeiten unter dem Titel Κατὰ λεπτόν, den wir aus der *Appendix Vergiliana* kennen. Von philologischer Tätigkeit am Homer hörten wir bereits.

Das alles ist verloren, erhalten blieb jene Dichtung Arats, die seinen Namen auch in Jahrhunderten lebendig erhielt, die sonst von Griechischem recht wenig wußten. Keineswegs war er der erste oder einzige, der es unternahm, die Kunde von den Sternen in einer Dichtung zu vermitteln. Kleostratos von Tenedos ist schwierig zu datieren, aber daß er noch vor Eudoxos von den Sternbildern gedichtet hat, ist

[1] In einem für Arat wichtigen Abschnitte seiner *Hellenist. Dichtung* 2, Berl. 1924; 2. unver. Aufl. 1962, 276.

[2] Vgl. MARTIN, *Hist.* (s. u.), 165. [3] MARTIN a. O. 175.

[4] Sehr verständig von MARTIN a. O. 177 behandelt.

durchaus wahrscheinlich. Ein Epigramm des Ptolemaios Euergetes (fasc. 6, 93 D.) erkennt Arat den Vorrang vor den Sterndichtern Hegesianax und Hermippos zu. Unsere Überlieferung erlaubt es uns, ganze Listen von Autoren auf diesem Felde zusammenzustellen[1]; es ist kaum daran zu zweifeln, daß der Glaube an die göttliche Natur der Gestirne, den wir vom 4. Jahrhundert an im Vordringen sehen, und das pseudowissenschaftliche System der Astrologie, wie es der Hellenismus ausbildete, das Ihre getan haben, um Schriftstellerei dieser Art zu fördern.

Die *Suda* nennt Menekrates von Ephesos, Menedemos und Timon als Lehrer Arats. Dahinter steckt für die beiden letzten nicht mehr, als daß Arat mit ihnen Umgang hatte; so werden wir auch für Menekrates annehmen dürfen, daß seine Lehrgedichte, die *Erga* und die *Bienenzucht* (Μελισσουργικά), zu dieser Kombination führten. Immerhin kann er Arat vorausgegangen sein und auf diesen gewirkt haben.

Der große Erfolg der *Phainomena*, die mit ihren 1154 Hexametern alle übrige Dichtung dieser Art in Vergessenheit geraten ließen, erklärt sich vor allem aus dem formalen Können Arats. Mit geringerer Strenge als Kallimachos baute er Verse, die in glattem Flusse den Gegenstand verständlich darstellen und dabei eine gewisse Höhenlage wahren. Wenn Kallimachos in einem Epigramm[2] das Hesiodische an den *Phainomena* rühmt, hat er deren Vorbild im Stilistischen treffend bezeichnet.

Daß Arat im Stofflichen weitgehend von zwei Werken des Eudoxos, den *Phainomena* und dem *Enoptron*, abhängt, war den Fachleuten der Antike wohlbekannt. Hipparchos zeigt das in seinem *Kommentar zu Arat und Eudoxos* (Τῶν Ἀράτου καὶ Εὐδόξου Φαινομένων ἐξηγήσεις 3 B.)[3] mit Nachdruck, da er gegen eine Tradition zu protestieren hatte, die dies im Interesse Arats nicht wahrhaben wollte. Aber auch in der Auswertung des Eudoxos waren dem Arat bei seinen bescheidenen Fachkenntnissen recht enge Grenzen gezogen: weder auf die Planeten noch auf die Benennung der himmlischen Sphären wagt er einzugehen[4]. Anderseits zieht er den Mythos zur Erklärung der Sternbilder nur recht sparsam heran; andere haben das bald gründlich nachgeholt[5]. So kommt es, daß weite Partien der *Phainomena* recht trockene Lektüre bieten und wir uns nur in einigen Teilen von dem Dichter angesprochen fühlen. Da ist zunächst der Eingang mit dem hymnenartigen Preise des Zeus. In ihm erkennen wir den Allgott der Stoiker; wenn von den Menschen gesagt wird, sie seien seines Geschlechtes, hören wir Kleanthes, der in seinem Zeushymnos (v. 4) dieselbe Wendung gebraucht[6].

Ganz von Motiven Hesiods und seinem Geiste genährt ist der schöne Abschnitt über das Sternbild der Jungfrau (96–136). Als Dike ist sie bei Arat gedeutet, als die

[1] MARTIN a. O. 182. 184.

[2] 27 = *Anth. Pal.* 9, 507. Zur Deutung B. A. VAN GRONINGEN, *La poésie verbale grecque. Nederl. Akad. Afd. Letterk.* N. R. 16, 4, 1953, 248 und H. HERTER, *Gnom.* 27, 1955, 256, 1.

[3] Ausgabe K. MANITIUS, Leipz. 1894 (mit deutscher Übersetzung).

[4] Zum Himmelsbild Arats: R. BÖKER, *Die Entstehung der Sternsphäre Arats. Sächs. Akad. Math.-natw. Kl.* 99/5, 1952. BÖKER macht gegen die Annahme, die Hauptquelle des Arat sei Eudoxos gewesen, Bedenken geltend.

[5] Griechische Sternsagen hat (Fischer Bücherei 1956) W. SCHADEWALDT unserer Zeit erzählt.

[6] Die Fassung Arats ist in der Areopagrede des Paulus, *Acta* 17, 28, zitiert.

Göttin der Gerechtigkeit, die im ehernen Zeitalter die Erde voll Abscheu verlassen hat und nun unter den Sternen wohnt. Auch die Partie, die nach dem Abschluß der Sternbeschreibung zu dem zweiten Teil des Gedichtes überleitet (758–772), zeugt von dem tiefen Glauben des Dichters an das Walten göttlicher Weisheit im All.

Der Schlußteil der Dichtung handelt von den Wetterzeichen und weist weitgehende Übereinstimmung mit der unter Theophrasts Namen überlieferten Schrift über diesen Gegenstand (Περὶ σημείων)[1] auf. Bei dieser handelt es sich um ein Exzerptenbündel aus alexandrinischer Zeit, das mit Arat auf eine gemeinsame Quelle, möglicherweise ein Buch Theophrasts, zurückgeht.

Von dem gewaltigen Erfolge der *Phainomena*, von dem Lob, das ihnen Kallimachos und Ptolemaios Euergetes spendeten, war bereits die Rede. Leonidas von Tarent fügt sich mit einem Epigramm (*Anth. Pal.* 9, 25) in den Chor der Bewunderer. Von einer Übersetzung Ciceros haben wir Bruchstücke, erhalten sind die Übertragungen durch Germanicus und Avienus, dazu kommt eine anonyme aus dem 7. Jahrhundert in barbarischem Latein; Varro von Atax hat das Werk zumindest für die Wetterzeichen benutzt. In Vatikanischen Handschriften (gr. 191 u. 381) gibt es Verzeichnisse von Autoren, die über Arat schrieben. Wenn wir von siebenundzwanzig Kommentatoren hören, erhalten wir den Eindruck einer ganzen Literatur. Darunter gab es auch Polemisches, wie den Kommentar des Hipparchos, von dem bereits die Rede war. Namen kennen wir zahlreiche, Erklärungen des Achilleus und Leontios sind auf uns gekommen, reiche Scholien treten hinzu.

Schwindelhaft sind auf den Namen des Empedokles 169 iambische Trimeter (Ἐμπεδοκλέους ἀπλανῶν ἄστρων σφαῖρα) mit der Beschreibung von Sternbildern in der Weise Arats gestellt[2]. Auch sie ein Zeugnis für die Wirkung der *Phainomena*. Alexander von Ephesos mit dem Beinamen Lychnos schrieb um 60 v. Chr. astronomisch-geographische Lehrgedichte, aus denen wir größere Bruchstücke mit der Beschreibung der Sphärenharmonie besitzen[3]. Es ist sehr wahrscheinlich, daß Alexander damit in der Nachfolge nach dem *Hermes* des Eratosthenes steht, über den weiter unten zu sprechen ist.

So schlecht die Erhaltung der hellenistischen Literatur auch ist, für die Lehrdichtung haben wir nicht zu klagen. Kolophon, das von Mimnermos an der griechischen Literatur manchen Dichter geschenkt hat, war die Heimat des Nikandros. Wir haben für sein Leben neben einzelnen Notizen und dem Artikel der *Suda*[4] eine Vita in den Scholien, stehen aber vor einer Verwirrung, die kaum sichere Angaben gestattet. Das fängt mit den Namen des Vaters an, der in der Vita Damaios, in der *Suda* aber Xenophanes heißt. Ist da der alte Xenophanes von Kolophon ins Spiel gekommen? Schlimmer ist, daß unser Material keine genaue Bestimmung der Lebenszeit gestattet.

[1] Darüber O. Regenbogen, *RE* S 7, 1940, 1412. Ein Papyrus aus dem 2. Jh. v. Chr. (nr. 2036 P.) enthält Bruchstücke einer Schrift über Wetterzeichen.

[2] Die Überlieferung bei Martin (s. u.), 219.

[3] Vgl. W. Burkert, *Phil.* 105, 1961, 32. Dort auch Lit. zu Alexander von Ephesos und zu den Versuchen, die Angaben über die Entfernungen der Gestirne mit musikalischen Theorien zu verbinden.

[4] Alles bequem in Gows Ausgabe, S. 3.

Zwar haben wir in der Vita die bestimmte Nachricht, daß Nikandros einen Hymnos (fr. 104) dem dritten Attalos von Pergamon (138–133) widmete, doch machen ihn andere Notizen zu einem Zeitgenossen des Kallimachos, während wieder andere einen Ansatz um 200 ergeben. Wir nehmen mit Gow die Angabe der Vita ernst und halten die Datierung der Akme des Nikandros um die Mitte des 2. Jahrhunderts für die wahrscheinlichste. Jedenfalls ist er nach Numenios von Herakleia anzusetzen, der um die Mitte des dritten Jahrhunderts dichtete und sich als Verfasser von *Theriaka, Halieutika* und einem *Deipnon* stofflich zum Teil mit Nikandros berührt[1]. Mit unserer Datierung ist bereits gesagt, daß wir den Ependichter Nikandros von Kolophon, Sohn eines Anaxagoras, der auf einer delphischen Inschrift[2] aus der Mitte oder zweiten Hälfte des 3. Jahrhunderts geehrt wird, nicht mit dem Verfasser der erhaltenen Lehrgedichte identifizieren. Es mag sich um einen Vorfahren, vielleicht den Großvater handeln. Alle Wahrscheinlichkeit hat es für sich, daß Nikandros ein erbliches Priestertum bei dem Kolophon benachbarten Apollonheiligtum von Klaros bekleidete, von dem die neuen Grabungen der Franzosen namhafte Teile freilegten. Einen längeren Aufenthalt in Ätolien, von dem die Vita spricht, würden wir als gesichert annehmen, wenn wir die *Aitolika* (fr. 1–8) als Werk unseres Nikandros annehmen dürften. Sie waren anscheinend in Prosa geschrieben, Hexameter, die daraus zitiert werden, sind eher Anführungen als Zeugen für gemischte Form. Hier wie bei manchen anderen Schriften unter dem Namen Nikandros ergibt sich die Frage, ob wir nicht den älteren Träger dieses Namens als Verfasser anzunehmen haben.

Auf uns gekommen sind zwei hexametrische Lehrgedichte, die *Theriaka* (958 Verse) über Heilmittel gegen den Biß giftiger Tiere und die *Alexipharmaka* (630 Verse) über Abhilfe bei Vergiftung durch Speisen. Nikandros steht seinem Stoffe ebensowenig mit Selbständigkeit gegenüber wie Arat der Astronomie. Die Grundlage waren für ihn die Schriften des Apollodoros, der zu Beginn des 3. Jahrhunderts in Alexandreia über pflanzliche und tierische Gifte schrieb. Nicht auf die Sache selbst und ihre vertiefte Erkenntnis kam es also für Dichtung dieser Art an, sondern auf das Artistische, auf die Darstellung des Seltsamen, Entlegenen in gewählter Form. Bezeichnend dafür ist auch das Akrostichon mit seinem Namen *Ther.* 345 ff. Die Mühe, die sich Nikandros gab, ist seinen Dichtungen nicht zu deren Vorteil anzumerken. Die Sprache ist mit entlegenen Glossen und schwierigen Fachausdrücken überladen, ohne daß diese Elemente in echte Dichtung eingeschmolzen wären, vielmehr klingt manches reichlich platt.

Von den verlorenen Werken erregen die *Heteroiumena* unser Interesse. In 5 Büchern wurden hier Verwandlungssagen erzählt, wie sie seit eh und je im griechischen Mythenschatz vertreten waren, nun aber in der Form des Kollektivgedichtes gesammelt wurden. Diese Form liegt bereits in der Katalogdichtung Hesiods (s. S. 127) vor, aber während dort einfache Reihung das Bauprinzip darstellt, finden wir im Hellenismus die Tendenz zu kunstvoller Verknüpfung und belebender Variation. Die *Aitia* des Kallima-

[1] Abhängigkeit von Numenios: Schol. *Ther.* 237.

[2] Dittenberger, *Syll.* 3. Aufl. 452; zur Datierung Lit. bei Gow, Ausgabe 6.

chos gestatten Beobachtungen in dieser Richtung, und die *Metamorphosen* Ovids zeigen die Vollendung solcher Dichtung im Lateinischen. Die erhaltenen Reste legen die Vermutung nahe, daß Nikandros recht trocken erzählte, aber die Auszüge, die Antoninus Liberalis in seiner *Metamorphosensammlung* bietet, weisen darauf, daß er sich um sinnreiche Verbindung der einzelnen Geschichten bemühte[1]. Bei dem selben Antoninus findet sich ein offenbar verwandtes Gedicht öfter erwähnt, eine *Ornithogonia*, die von der Verwandlung in Vögel erzählte und unter dem Namen Boio oder Boios ging.

Recht umfangreiche Fragmente besitzen wir durch Athenaios aus den *Georgika*. Vielfach meinte man, daß das Bienenbuch, die *Melissurgika*, ein Teil davon gewesen seien, doch muß es zu denken geben, daß Athenaios eine einzige Anführung (2, 68 c) unter diesem Titel, nicht wenig andere aber unter dem der *Georgika* gibt. Daß wir aus diesen vorwiegend Botanisches lesen und uns dabei im Gemüsegarten bewegen, kann durch die Interessen des Athenaios bedingt sein. Jedenfalls liegt die enge Gelehrsamkeit, die sich auch hier zeigt, weitab von dem unvergleichlichen Ethos, aus dem heraus Vergil sein Gedicht gestaltet hat.

Titel haben wir noch viele. Echter Nikandros wird die *Versifikation der hippokratischen Prognostika* (Προγνωστικὰ δι' ἐπῶν) gewesen sein. Versform hatte wohl auch die *Sammlung von Heilungen* (Ἰάσεων συναγωγή), doch bleiben hier ebenso Zweifel wie bei den *Kolophoniaka*. In Prosa waren wohl die *Aitolika* geschrieben, während die Anführungen für die *Oitaïka*, *Thebaïka*, *Sikelia* und *Europia* auf Dichtung weisen. Um der stofflichen Nähe zu den erhaltenen Dichtungen willen nennen wir noch die *Ophiaka*, deren Inhalt aber für uns im Dunkel bleibt. Daß Nikandros Glossen sammelte, gehörte zu seinem Geschäft.

Hier ist die Veranlassung gegeben, eines merkwürdigen bukolischen Stückes in Hexametern zu gedenken, das auf einem Wiener Papyrus (Pap. Graec. Vind. 29 801 = nr. 1858 P.) erhalten ist. Silen verspottet Pan, dem die Satyrn seine Flöte gestohlen haben. Der Gott soll bei einer dionysischen Feier spielen, fertigt sich ein neues Instrument und erprobt es. Es ist schwierig, Zeit und Genos genauer zu bestimmen. OELLACHERS Versuch[2], die Autorschaft des Nikandros (allenfalls *Melissurgika*) zu erweisen, hat nicht zum Ziele geführt, seinem Ansatz des Gedichtes in die hellenistische Zeit steht der KEYDELLS gegenüber, der es in die Kaiserzeit datiert und damit die Vermutung verbindet, der Epiker Nestor von Laranda (unter Septimius Severus) könnte der Verfasser sein.

[1] Zum Kollektivgedicht: E. MARTINI, ‹Ovid und seine Bedeutung für die röm. Poesie›. *Epitymbion H. Swoboda*. Reichenberg 1927, 165. Zu Anton. Lib. vgl. auch MARTINIS Ausgabe Leipz. 1896 und E. CAZZANIGA. *Ant. Lib.* Μεταμορφώσεων συναγωγή. *Testi e documenti per lo studio dell'antichità* 3. Milano-Varese 1962. M. PAPATHOMOPOULOS, *Ant. Lib. Les Métamorphoses*. Coll. des Un. de Fr. 1968 (doppelspr.) Zur Vorsicht mahnt GOW Ausgabe, 206. *Ornithogonia*: POWELL, *Coll. Alex*. Oxf. 1925, 24.

[2] Πὰν συρίζων, *Studi It.* N.S. 18, 1941, 113. Ders. ‹Der Pap. Graec. Vind. 29801. Handlung und lit. Einordnung›. *Mnem.* S. 3, 12, 1944, 1. Für hellenistisch hält das Gedicht auch D. L. PAGE, *Lit. Pap.* Lond. 1950, 502, mit Berufung auf COLLART, während E. HEITSCH, *Die griech. Dichterfragmente der röm. Kaiserzeit. Abh. Ak. Gött. Phil.-hist. Kl.* 1961, 10, 1, entschieden KEYDELL's Datierung in die Kaiserzeit vertritt. Bei HEITSCH, 55 die Lit.

An des Nikandros Lehrgedichte schließen wir eine Erwähnung des Kallimachosschülers Philostephanos von Kyrene an, der neben zahlreichen geschichtlichen, geographischen und mythologischen Werken rein gelehrten Charakters auch in Distichen *Über seltsame Flüsse* (Περὶ παραδόξων ποταμῶν) geschrieben hat und dabei im Sachlichen wohl auf den Spuren seines Meisters blieb, dessen Werk *Über die Ströme der Welt* wir früher (S. 792) nannten. Gegen Ende des 2. Jahrhunderts ist eine Periegese der Küsten Europas und des Schwarzen Meeres in Iamben[1] entstanden, die man ohne Gewähr dem Skymnos von Chios zuschreiben wollte. Dieser Autor, der in Prosa eine periegetische Beschreibung der drei Erdteile (Europa, Asien, Libyen) gegeben hat, ist durch eine delphische Proxenieinschrift des Jahres 185/84 datiert[2]. An den erwähnten Iamben hat er keinen Anteil, man hat sich für sie vom Pseudoskymnos zu sprechen gewöhnt.

Lehrhafte Dichtungen des Eratosthenes und Apollodoros von Athen sollen im Zusammenhange mit dem übrigen Werk dieser Gelehrten besprochen werden.

Einige Namen und Titel mögen das Bild des hellenistischen Kollektivgedichtes vervollständigen. Phanokles, den wir nicht genauer zu datieren vermögen, hat in seinen Ἔρωτες ἢ καλοί in elegischem Maße von der Liebe zu schönen Knaben erzählt. Bei Stobaios[3] ist die Geschichte von Orpheus und Kalaïs erhalten. Da sehen wir, daß das erotische Motiv dazu diente, die Erzählung vom Tode des Sängers und der Fahrt seines Hauptes sowie ein Aition für die Tatauierung thrakischer Frauen daranzuhängen. Die Verbindung der Geschichten erfolgte durch ein «oder wie» (ἢ ὡς).[4] Mit ähnlich schlichter Anreihung in der Art Hesiods hat Nikainetos von Samos seinen *Frauenkatalog* (Κατάλογος γυναικῶν) gedichtet[5]. Seine Datierung ins 2. Jahrhundert hat die Wahrscheinlichkeit für sich, während für Sosikrates oder Sostratos aus Phanagoreia, der schon im Titel seiner *Ehoien* das hesiodische Bauprinzip erkennen läßt, nicht einmal der Versuch einer Datierung möglich ist.

Individuellere Züge läßt uns erkennen, was wir von Hermesianax aus Kolophon wissen. Er soll Philitas nahegestanden haben, gehört also in die Frühzeit des Hellenismus. Sein elegisches Sammelgedicht *Leontion* hatte seinen Titel von der Wendung an die Geliebte dieses Namens, doch weist ebenso wie bei der *Lyde* seines Landsmannes Antimachos nichts im Erhaltenen auf die Darstellung subjektiven Gefühles. Ein umfangreiches Stück aus dem dritten Buche[6] trägt Katalogcharakter und zählt erst Dichter und dann Philosophen auf, die Eros bezwang. Wenn da Penelope als Geliebte

[1] MÜLLER, *Geogr. Gr. min.* 1, 196. [2] DITTENBERGER, *Syll.* 3. Aufl. nr. 585, 197.

[3] 4,461 HENSE. POWELL (s. S. 834 A. 1), 106. D. fasc. 6, 71.

[4] J. W. B. BARNS – H. LLOYD-JONES, ‹Un nuovo frammento papiraceo dell'elegia ellenistica›. *Stud. It.* 35, 1963, 205, behandeln 24 Verse einer hellenistischen Elegie auf Papyrus *(Recherches de Papyrologie* II*)*, die sie in den Anfang des 3. Jh.s und in eine gewisse Nähe zu Phanokles setzen, von diesem aber trennen. I. CAZZANIGA, ‹Osservazioni intorno al poeta elegiaco del papiro della Sorbonne, inv. 2254›. *Chronique d'Egypte* 38, 1963, 274.

[5] Verse aus einer epischen Dichtung *Lyrkos*, die gleich einer Dichtung des Apollonios (s. S. 826) die Gründung von Kaunos erzählte, sowie einige Epigramme bei POWELL a. O. 1.

[6] POWELL a. O. 98. D. fasc. 6, 56. Noch wichtig: O. ELLENBERGER, *Quaestiones Hermesianacteae*. Diss. Gießen 1909.

Homers erscheint und eine Eoie als die Hesiods, wird mit der Tradition gespielt, ohne daß wir die überlegene Ironie eines Kallimachos verspüren. Auszüge bei Antoninus Liberalis (39) und Parthenios (5) lassen erkennen, daß die *Leontion* auch breitere elegische Erzählung enthielt und wir für die einzelnen Teile mit starker Variation zu rechnen haben; auch zeigen in dem erhaltenen Stück die Verse (79–84) zwischen dem Katalog der Dichter und jenem der Philosophen das Bemühen um kunstvollere Verbindung der Teile.

Ein später Vertreter des Kollektivgedichtes, Vermittler hellenistischer Formen und Motive an die Römer, ist Parthenios von Nikaia gewesen. Im dritten Mithradatischen Kriege kam er (73) als Gefangener nach Rom. Er gehörte zur Kriegsbeute eines Cinna, der wohl ein Helvius war, denn der Neoteriker Helvius Cinna war weitgehend von Parthenios bestimmt. Dieser lebte als Freigelassener in Rom, dann in Neapel und übte bedeutenden Einfluß auf die jungrömische Dichtung aus. Seine *Metamorphosen* waren vielleicht im elegischen Maße abgefaßt[1]. Den verbreiteten Glauben, daß die *Ciris* der Appendix Vergiliana nach diesem Werke gearbeitet sei, hat W. EHLERS mit guten Gründen erschüttert[2]. Verschiedene Titel und kleine Fragmente, neben elegischen auch hexametrische, zeugen von dem bedeutenden Umfange seiner Dichtung. Neben Mythologischem, wie einem *Herakles* oder *Iphiklos*, gab es Trauer- und Geleitgedichte für Freunde. Von dem *Epikedeion auf Timandros* hat uns ein Londoner Papyrus (nr. 1337 P.) ein Stück gebracht. Die *Arete* des Parthenios ist uns durch die Zuweisung eines lange umstrittenen Pergamentfetzens (nr. 1338 P.) greifbarer geworden.

Parthenios war bedacht, seinen römischen Dichterfreunden aparten Stoff in möglichst bequemer Form darzubieten. So hat er dem Cornelius Gallus eine Sammlung *Leidvoller Liebesgeschichten* (Ἐρωτικὰ παθήματα) gewidmet, die uns erhalten ist. Die Richtung auf das Pathetische, lebhafte Dramatisierung und Steigerung der Affekte werden in diesen Prosaauszügen als Charakteristik hellenistischer erotischer Dichtung erkennbar. Wie die Sammlung des Parthenios ist auch die des Konon (F Gr Hist 26) für uns nur um des Stofflichen willen von Belang. Diese *Diegeseis* mit ihren fünfzig Sagen sind Archelaos von Kappadokien gewidmet, der 36 v. Chr. bis 17 n. Chr. regierte.

Eine andere Dichtungsform, das Epyllion, das wir im Zusammenhange mit Kallimachos als spezifisch hellenistisch kennzeichneten und für das uns echte und unterschobene Theocritea sowie Moschos Beispiele boten, hat in Euphorion von Chalkis einen besonders erfolgreichen Vertreter gefunden. Seine Geburt fällt mit 276/5[3] noch

[1] MARTINIS Einwände in der S. 845 A. 1 genannten Arbeit (173, 23) gegen ROHDE bringen keine Entscheidung.

[2] ‹Die Ciris und ihr Original›. *Mus. Helv.* 11, 1954, 65. Parthenios-Fragmente bei E. MARTINI, *Mythographi Graeci* 2, 1 Suppl. Leipz. 1902. Ferner *Anth. Lyr.* fasc. 6, 94 D.; dazu Suppl. 54 mit dem *Epikedeion auf Timandros. Arete:* R. PFEIFFER, *Class. Quart.* 37, 1943, 23. Unentbehrlich bleibt A. MEINEKE, *Analecta Alexandrina.* Berl. 1843, 255.

[3] Die *Suda* gibt die 126. Olympiade (276–272) an und setzt hinzu ὅτε καὶ Πύρρος ἡττήθη ὑπὸ Ῥωμαίων. Zweifel, die aber nicht durchschlagen, verzeichnet SKUTSCH, *RE* 6, 1907, 1175.

in die Zeit des Hochhellenismus, sein Dichten zeigt bereits die Entartung des dort entwickelten Stiles. Studiert hat er in Athen, nach Alexandreia ist er unseres Wissens nie gekommen, einer der wenigen Dichter der Zeit, für den wir keinerlei Beziehung zum Ptolemaierhofe feststellen können, wohl aber wurde er in vorgerückten Jahren von Antiochos III. an die Bibliothek von Antiocheia am Orontes berufen. Dort hat er seine Dichtung auch in den Dienst höfischer Propaganda gestellt[1]. Sein zu Zeiten großer Erfolg hat ihm auch Neider geschaffen, und so lesen wir noch allerlei Klatsch über seine Häßlichkeit und seinen fraglichen Lebenswandel. Auf die Jungrömer hat er gerade wegen der extremen Vertretung hellenistischer Kunstprinzipien stark gewirkt, und aus demselben Grunde will Cicero (*Tusc.* 3, 45) diese Gruppe mit der Bezeichnung *cantores Euphorionis* treffen.

Neue Papyrusfunde erlauben uns ein Urteil auf Grund einiger Proben seines Dichtens. Zunächst kamen aus einer Pergamenthandschrift des 5. Jahrhunderts n. Chr. zwei Fragmente[2] ans Licht, deren eines schildert, wie Herakles den Kerberos nach Tiryns bringt. Das andere stammt aus den *Flüchen* oder dem *Becherdieb* (Ἀραὶ ἢ Ποτηριοκλέπτης). Da wird mit dichter Massierung mythologischer Exempla jemand verflucht, der den Dichter bestohlen hat. Wir würden solchen Aufwand gern ironisch verstehen, fürchten aber, damit den gelehrten Poeten nicht zu erraten. Dazu kommen Papyrusreste[3] mit ein paar Dutzend teilweise sehr schlecht erhaltener Verse aus dem großen Funde, der 1932 Breccia im Kôm des Ali-el-Gammân (vgl. S. 304) gelungen ist. Der größere Teil des Erhaltenen gehört zu einer Dichtung *Thrax*[4], die uns durch die knappe Wiedergabe verschiedener Sagen schwere Rätsel aufgibt. Sehr Entlegenes ist darunter, wie die Geschichte von der Flucht der Apriate vor der stürmischen Bewerbung des Trambelos und dessen Tötung durch Achilleus. Ein Zusatz zu Parthenios 26 bezeugt diesen Stoff für den *Thrax* des Euphorion. Die Vermutung, dieses Gedicht habe sich um diese Sage als Hauptthema geschlossen, hat sich nicht bewährt. Da eine Partie in der Haltung Hesiods von dem unerbittlichen Walten der Dike spricht und das Ganze mit einer Verwünschung gegen einen Mörder und einem Segenswunsche für sein Opfer schließt, hat die Vermutung Bartolettis viel für sich, daß es sich wie in den *Arai* um ein Verfluchungsgedicht mit mythologischen Beispielen handelt. Ob es ein konkreter Anlaß ausgelöst hat oder alles Fiktion war, müssen wir offen lassen. Nehmen wir des Kallimachos *Ibis* und die *Arai* der Moiro (s. S. 834 A. 1) hinzu, so erhalten wir den Eindruck, daß jene Leidenschaft des Verwünschens, die wir aus den Fluchtafeln in all ihrer Primitivität kennenlernen, sich im Hellenismus einer literarisch-kultivierten Form mit barock-gelehrtem Aufputz bediente. Auch Euphorions *Chiliades* scheinen einen ähnlichen Inhalt gehabt zu haben.

[1] Dafür ist fr. 174 Powell (Tertull. *De an.* 46) zu vergleichen: *Seleuco regnum Asiae Laodice mater nondum eum enixa providit; Euphorion provulgavit.*

[2] Nr. 370 P.; Powell (s. S. 834 A. 1), fr. 51 u. 9; Page, *Greek Lit. Pap.* Lond. 1950, 488 (mit Lit.).

[3] Nr. 371 P. Jetzt ausgezeichnet von V. Bartoletti in *Pap. Soc. It.* 14, 1957, nr. 1390 behandelt. Dort auch die Lit. Mit Übersetzung Page (s. vor. A.), 494. Der Pap. stammt aus dem 2. Jh. n. Chr.

[4] K. Latte, ‹Der Thrax des Euphorion›. *Phil.* 90, 1935, 129 = Kl. Schr., 562.

An den *Thrax* schließt auf dem Papyrus der *Größere Hippomedon* an, dessen Inhalt für uns im Dunkel bleibt[1]. Nichts deutet auf eine Verbindung zwischen den beiden Dichtungen, und wir erhalten keinerlei Hilfe für die Lösung einer alten Frage. Die *Suda* führt nur drei Titel an: *Hesiodos, Mopsopia* oder *Atakta, Chiliades* in fünf Büchern. Die Stelle scheint verwirrt und hat zu mancherlei Änderungen Anlaß gegeben. Aber die Frage bleibt, ob wir die früher genannten Titel und nicht wenig andere – darunter viel Mythologisches wie *Inachos, Hyakinthos* und *Philoktetes* – auf Teile der in der *Suda* genannten Werke oder auf selbständige Gedichte zu beziehen haben. Welchem Alexandros seine so benannte Dichtung galt, können wir nur raten. Mehr ist es nicht, wenn Treves[2] an den Sohn des Krateros dachte, der eine Zeit in Korinth herrschte. Neben den Dichtungen stehen gelehrte Schriften in Prosa. Titel wie *Über die Aleuaden, Über die Isthmien* zeigen historisches Interesse, das sich auch im Sammeltitel Ἱστορικὰ ὑπομνήματα ausspricht. Ob ein *Hippokrateslexikon* in sechs Büchern von unserem Euphorion stammt, wurde bezweifelt; der Name ist nicht eben selten.

Was wir an Versen noch lesen, weckt um das Verlorene wenig Trauer, macht es aber verständlich, wie diese mit Glossen versetzte Sprache und eigenwillig-dunkle Art der Erzählung den Anhängern einer antiklassischen Moderne als gültige Verwirklichung ihres Programmes erschien. Die ständige Verschiebung der Akzente vom Wesentlichen der Erzählung zu gesuchtem Beiwerk, die Vermeidung epischer Breite und epischen Flusses zeigen uns Euphorion ebenso in bewußter Gegenstellung zu Homer wie in eifrig bewußter Nachfolge des Kallimachos. Aber eben dies Bemühte verspüren wir in jedem Vers, während die liebenswürdig-ironische Überlegenheit des Kyrenäers völlig fehlt. Neuerdings hat B. A. van Groningen[3] der Dichtung Euphorions als poésie verbale besondere formale Werte zuerkennen wollen; in ihr vor allem sieht er eine Richtung des Hellenismus erfüllt, die nicht durch den Inhalt und das Gedankliche, sondern durch die Euphonie erlesener Klangspiele zu wirken strebt. Deren Beurteilung bleibt weitgehend subjektiv; kaum dürfte dieser Weg zu höherer Bewertung des Dichters führen, dem einst eine starke, aber zeitlich begrenzte Wirkung beschieden war. Immerhin scheint hier Gelegenheit zu der Feststellung gegeben, daß sich die moderne Erforschung der Klangwirkung antiker Dichtung und Rede bislang auf ein zögerndes Tasten beschränkt hat. Anders die antike Theorie, die für unser Wissen mit Demokrit (Περὶ καλλοσύνης ἐπέων. Περὶ εὐφώνων καὶ δυσφώνων γραμμάτων) einsetzt. Der Dithyrambiker und Rhetor Likymnios (s. S. 468) hat nach Aristoteles (Rhet. 3, 2. 1405 b 6) die ästhetischen Werte eines Wortes nach Bedeutung und Klang bemessen. Am deutlichsten wird diese Tradition für uns bei Dionysios von Halikarnaß.

Von der Vorliebe des Hellenismus für das Epyllion geben auch einige anonyme Reste Zeugnis. Allerdings ist die zeit- und gattungsmäßige Zuweisung nicht überall

[1] Daß das Gedicht nach dem Bevollmächtigten des Ptolemaios in Thrakien benannt sei, vermutet nach Wilamowitz, *Berl. Klass. T.* 5, 64, 1 (der aber hinzusetzt «Solche Möglichkeiten helfen nichts.»), nun P. Treves. *Euforione e la storia ellenistica.* Milano 1955, 48.

[2] s. die vorhergehende Anm.

[3] Vgl. S. 842 A. 2. Zur Charakteristik Euphorions K. Latte, *Phil.* 90, 1935, 152 = *Kl. Schr.*, 582.

sicher. Eine größere, allerdings stark verstümmelte Partie aus einem *Diomedes-Gedicht* hat uns ein Berliner Papyrus[1] erhalten. Das Gedicht scheint von der kyklischen *Alkmaionis* abzuhängen; die erhaltenen Verse schildern mit idyllischen Zügen die Umwelt des alten Pheidon, in dessen Hut Diomedes seinen kleinen Sohn bei Argos zurückgelassen hat. Eine Alte, in der wir eine Verwandte der kallimacheischen Hekale erkennen möchten, schildert in Versen auf einem Papyrus aus Oxyrhynchos[2] ihre Armut. Ein Londoner Papyrus[3] enthält Reste einer hexametrischen *Telephosdichtung*, die vielleicht in diesen Zeitraum gehört, und zehn Verse auf einem Papyrus der John Rylands Library[4] bieten uns ein Stück aus der ältesten Behandlung der Hero- und Leander-Sage, für die uns das Gedicht des späten Musaios erhalten ist.

Was wir für die Epylliendichtung noch erkennen konnten, gilt ebenso für die Lyrik. Auch hier haben wir versprengte Reste, die uns als Zeugen regen Lebens verschiedener lyrischer Formen (diese im weiten Sinne der Modernen verstanden) wertvoll sind. Dem hexametrischen Epyllion bleiben wir noch mit Proben elegischer Erzählung nahe: Reste einer Schilderung des goldenen Zeitalters bietet Ox. Pap. 1, 14[5], während ein Hamburger Papyrus[6] aus dem 3. vorchristlichen Jahrhundert die zornige Rede erkennen läßt, mit der ein hellenistischer König auf den Bericht eines Gesandten erwidert. Meder und Galater sind erwähnt, doch will die Beziehung auf eine bestimmte historische Situation nicht gelingen. Eine recht bunte Zusammenstellung, bei der man lieber an eine Schreibübung als an eine Anthologie denkt, bieten Papyrustexte[7], die um 100 v. Chr. geschrieben sind. Eine Klage der Helena in Kretikern bringt das sonst unbezeugte Motiv, daß Menelaos sie nach der Rückkehr von Troia verlassen hat; ein zweites Stück schildert in Ionikern ländliche Morgenfrühe, zwei erotische Paignia folgen. Ein im frühen 3. Jahrhundert geschriebener Berliner Papyrus[8] vereinigt ein paar Skolien in verschiedenen Maßen, die vielleicht ins 4. Jahrhundert zurückgehen. Um die Buntheit der Stoffe zu kennzeichnen, führen wir noch Anapäste auf einem Berliner Papyrus[9] an, von denen eine Partie das Lob Homers, eine andere ein Orakel Kassandras enthält.

Wir dürfen bei diesem Umblick über verschiedene Gebiete der Dichtung nicht des Kultes vergessen. Daß die alten Götter für viele nicht mehr das Gleiche bedeuteten wie zur Zeit der autonomen Polis, tat dem Fortbestehen der alten Opfer und Feste keinen Eintrag. Nach wie vor boten diese für eine reiche Kultpoesie Anlaß und Rahmen. Altes behauptete sich lange in Geltung, wie wir von dem *Asklepios-Paian* des So-

[1] Nr. 1775 P.; POWELL (s. S. 834 A. 1), 72.
[2] Nr. 1782 P.; POWELL a. O. 78; PAGE (s. S. 809 A. 2), 498.
[3] Nr. 1792 P.; POWELL a. O. 76; PAGE a. O. 534 mit Datierung in die spätere Kaiserzeit.
[4] Nr. 1783 P.; PAGE a. O. 512. Andere epische Reste bei POWELL a. O. 71. 79ff., bes. 89.
[5] Nr. 1755 P.; POWELL a. O. 130; *Anth. Lyr.* fasc. 6, 88 D.
[6] Nr. 1751 P.; POWELL a. O. 131; *Anth. Lyr.* fasc. 6, 89 D.; PAGE a. O. 462.
[7] Nr. 1606 f. P.; POWELL a. O. 185; *Anth. Lyr.* fasc. 6, 201 f. D.; PAGE a. O. 410.
[8] Nr. 1924 P.; POWELL a. O. 190; *Anth. Lyr.* fasc. 6, 25. 90 D.; PAGE a. O. 386.
[9] Nr. 1925 P.; POWELL a. O. 187; *Anth. Lyr.* fasc. 6, 204 D.; PAGE a. O. 412. Die Übersicht über lyrische und sonstige Papyrusfragmente hellenistischer Dichtung vermittelt am raschesten P(ACK).

phokles hörten (S. 313), daß er noch in der Kaiserzeit gesungen wurde[1]. Daneben wuchs jedoch ständig Neues zu, von dessen Dichte uns die erhaltenen Reste eine Vorstellung geben.

Daß hellenistische Hymnendichtung aus dem Bereiche des Kultes ganz in den der Literatur übergehen konnte, haben wir an Kallimachos gesehen. Gleiches zeigt uns jener Philikos von Kerkyra, den wir früher (S. 834) als Angehörigen der tragischen Pleias nannten. Der Mann war Vorsteher der dionysischen Techniten in Alexandreia und spielte bei der öfter genannten Prunkprozession des Philadelphos seine Rolle. Protogenes hat ihn in Denkerpose gemalt (Plin. *nat. hist.* 35, 106), das inschriftlich erhaltene Epigramm eines Zeitgenossen preist den Verstorbenen mit hohen Worten. Ein Papyrus[2] hat uns einen Teil jenes *Demeterhymnos* geschenkt, dessen Eingangsvers (bei Hephaistion) sich programmatisch an die literarischen Kenner (γραμματικοί) wendet. Ein Gedicht in katalektischen choriambischen Hexametern war ein metrisches Bravourstück, auf das sein Verfasser stolz war. Als dialektische Kunstform ist das Attische gewählt, was für den Dichter von Tragödien nahelag. Literatur waren wohl auch die Hymnen des Kastorion von Soloi, eines frühhellenistischen Dichters, von dem uns Athenaios (10, 455a) einige stark verkünstelte Trimeter auf Pan erhalten hat. Gleiches gilt von dem *Eroshymnos* jenes Antagoras[3], der uns (S. 826) mit einer *Thebaïs* als Epiker begegnete. Einen Teil seines Lebens hat er in Makedonien bei Antigonos Gonatas verbracht. Zur Zeit des Krantor und später noch bis zur Vorsteherschaft des Arkesilaos stand er in Verbindung mit den Philosophen der Akademie. Die bei Diogenes Laertios (4, 26) erhaltenen sieben Verse des Eroshymnos zeigen die alte Einleitung mit dem Genos des Gottes zur gelehrten Aufzählung der mythographischen Varianten umgestaltet. Kallimachos (*Hymn.* 1, 5) hat das mit Bezug auf einen Vers des Antagoras viel eleganter gemacht.

Wie sich auch der Philosoph, um sein Bekenntnis auszusprechen, der alten Hymnenform versichern konnte, zeigt Kleanthes. Neben Literatur dieser Art steht jedoch eine große Zahl von Gedichten, die für den Kult bestimmt waren. In Isyllos von Epidauros haben uns die Grabungen im dortigen Asklepiosheiligtum einen Dichter von mäßigen Gaben kennen gelehrt[4]. Seine ungefähre Datierung ist dadurch gegeben, daß die Schrift des Steines auf die Zeit vor 300 weist und er nach seiner Angabe noch ein Knabe war, als Philipp nach der Schlacht von Chaironeia über den Isthmos zog und Sparta bedrohte. Nach einem trochäischen gnomischen Vorspruch erzählen mühselige Hexameter von der Stiftung einer Prozession zu Ehren des Apollon Maleatas und des Asklepios sowie von einer Segensbotschaft des epidaurischen Gottes,

[1] Vgl. auch P. MAAS, *Epidaurische Hymnen. Schr. d. Königsberger Gel. Ges. Geistesw. Kl.* 9/5, 1933, 155.

[2] Nr. 1342 P.; *Anth. Lyr.* fasc. 6, 158 D.; PAGE a. O. 402. (Das Epigramm 452); C. GALLAVOTTI, *Pap. Soc. It.* 12/2, 1282; K. LATTE, ‹Der Demeterhymnos des Ph.›. *Mus. Helv.* 11, 1954, 1 = *Kl. Schr.*, 539.

[3] P. VON DER MÜHLL, ‹Zu den Gedichten des Antagoras von Rhodos›. *Mus. Helv.* 19, 1962, 28. Das zweite der bei POWELL, *Anal. Alex.* 120 abgedruckten Gedichte (= PEEK, *Gr. Versinschriften* I 1293) ist eine Grabschrift auf Krates und Polemon.

[4] Text bei POWELL (s. S. 834 A. 1), 132; *Anth. Lyr.* fasc. 6, 113 D. (mit Lit.). Eine klassische Untersuchung bleibt v. WILAMOWITZ, *Isyllos von Ep. Phil. Unt.* 9. Berl. 1886. Andere Reste inschriftlicher epidaurischer Hymnen bei P. MAAS, s. A. 1.

deren Mittler in gefährlicher Stunde Isyllos sein durfte. Dazwischen steht ein *Paian auf Apollon und Asklepios* in Ionikern.

Um einige Jahrzehnte älter als Isyllos, also vorhellenistisch, ist ein daktylischer *Paian auf Asklepios*, eine Inschrift aus Erythrai[1]. Auch einige andere Kultgedichte auf Steinen sind ungefähr gleich zu datieren: der *Paian* eines Makedonios *auf Apollon und Asklepios*, der sich beim athenischen Asklepieion fand, ein *Hymnos auf den diktäischen Zeus* aus dem kretischen Palaikastro, ein *Hymnos auf die diktäischen Daktylen* aus dem euböischen Eretria[2]. Von den Steinen mit Kulttexten, die der Boden von Delphi hergab, gehört der *Paian* des Philodamos von Skarpheia[3] noch in diese Zeit. Zwölf Strophen, in denen choriambische Dimeter und Glykoneen vorherrschen, feiern Dionysos mit echtem bakchischen Enthusiasmus. Das Gedicht, das wir nach dem Archontennamen in der Subscriptio mit Wahrscheinlichkeit auf 325/24 datieren, ist ein wichtiges Zeugnis für die gegenseitige Durchdringung des Apollinischen und Dionysischen in Delphi. Wesentlich jünger sind einige weitere delphische Texte. Der *Paian* des Aristonoos[4] *auf Apollon*, der metrisch mit dem Gedicht des Philodamos Verwandtschaft zeigt, gehört nach der Nennung des Archonten in das Jahr 222 oder doch in dessen Nähe. Von demselben ist auch ein daktylo-epitritischer *Hymnos auf Hestia* erhalten. Ungefähr ein Jahrhundert jünger (128/27?) sind zwei delphische *Paiane*[5], deren erster einen unbekannten Athener, deren zweiter Limenios zum Verfasser hat. Die Gedichte, in denen päonischer Rhythmus vorherrscht, stehen nicht über dem Durchschnitt kultischer Gebrauchspoesie, doch erhalten diese Texte ihre besondere Bedeutung durch die Beigabe musikalischer Noten. Es sei bei dieser Gelegenheit an den dürftigen Bestand erhaltener Tondenkmäler erinnert: mit ein paar Versen aus dem euripideischen *Orestes* auf Papyrus (nr. 411 P.)[6], dem inschriftlichen *Seikilosliedchen* und drei *Hymnen* des Mesomedes ist zu den delphischen Texten das Wesentliche bereits hinzugefügt[7]. Von dem Zuwachs letzter Zeit verdienen zwei

[1] Powell a. O. 136; *Anth. Lyr.* fasc. 6, 110 D.

[2] Powell a. O. 138. 160. 171; *Anth. Lyr.* fasc. 6, 127. 131 D. Zum kretischen Hymnos v. Wilamowitz, *Griech. Verskunst.* Berl. 1921, 499.

[3] Powell a.O. 165: *Anth. Lyr.* fasc. 6, 119 D.

[4] Powell a, O. 162; *Anth. Lyr.* fasc 6, 134 D. M.G. Daux, *Bull. Corr. Hell.* 66/67, 1942/43, 127 datiert das Gedicht mit epigraphischen und fundgeschichtlichen Argumenten in das 4. Jh.; vgl. *Kl. Pauly* I 574 s. Aristonoos.

[5] Powell a. O. 141 (mit den Noten und deren moderner Transkription); *Anth. Lyr.* fasc. 6, 172 D.

[6] E. G. Turner, ‹Two unrecognised ptolemaic papyri›. *Journ. Hell. Stud.* 76, 1956, 95, datiert den Orestes-Papyrus auf etwa 200 v. Chr.

[7] Zu einer angeblichen Pindarmelodie vgl. o. S. 243. Weitere Papyri mit Notation nr. 1916. 2439 P. An neuen Fragmenten sind zu nennen ein Papyrus in Oslo: R. P. Winnington-Ingram in: *Fragments of Unknown Greek Tragic Texts with Musical Notation.* Oslo 1955, und *Ox. Pap.* 25, 1959, nr. 2436, behandelt von R. P. Winnington-Ingram; dazu Br. Gentili, *Gnom.* 33, 1961, 341. Übersicht und zusammenfassende Behandlung der Musikfragmente: C. del Grande, *Enciclopedia class.* Sez. 2/Vol. 5, Torino 1960 (*Cenni sulla musica greca* 401–476). E. Pöhlmann, *Griech. Musikfragmente. Ein Weg zur altgriech. Musik.* Nürnberg 1960 (*Erlanger Beitr. zur Sprach- und Kunstwiss.* 8). Dazu R. P. Winnington-Ingram, *Gnom.* 33, 1961, 692. Ein Forschungsbericht von demselben, ‹Ancient Greek Music 1932–1957›. *Lustrum* 1958/3, 5. Neuerdings kommen zu dem bereits Bekannten 6 kleine Fragmente aus der Papyrussammlung der Österr. Nat. Bibl.: H. Hunger und E. Pöhlmann, ‹Neue griech. Musikfragmente aus ptolemäischer Zeit in der Pap. Samml.

Stücke ein besonderes Interesse. Da ist zunächst das Osloer Fragment, das wahrscheinlich aus einer bislang unbekannten Tragödie stammt. Dazu tritt nun als Gegenstück *Ox. Pap.* nr. 2436[1], bei dem es sich wohl nicht, wie die Herausgeber dachten, um ein Satyrspiel handelt. M. Dale weist das Stück einer Monodie der Althaia aus dem *Meleagros* des Euripides zu. Wichtig ist, daß wir hier offenbar Belege für die Übung der hellenistisch-römischen Zeit vor uns haben, klassische Texte für konzertante Aufführungen zu komponieren. Die Stücke wurden dann in öffentlichen ἀκροάσεις von τραγῳδοί gesungen[2]. Nero hat in solcher Funktion seine Zeitgenossen beglückt.

Auch im Kulte der neuen Götter ertönten griechische Verse. Eine Inschrift aus Delos[3] berichtet in Prosa von der Gründung des Serapeions durch einen Apollonios und schließt daran fünfundsechzig Hexameter einer *Aretalogie* des Gottes, die einen Maiistas zum Verfasser hat und ins ausgehende 3. Jahrhundert gehört. Eine Literatur für sich stellen die *Isisaretalogien*[4] mit dem Preise dieser Göttin dar, die stärker als andere Fremdgottheiten auf die Griechen gewirkt hat. Es hängt damit zusammen, daß die alte Form der Machtverkündung in den griechischen Texten, wenn auch in verschiedenen Graden, verhältnismäßig rein erhalten blieb. Am eindrucksvollsten in den kurzen wuchtigen Sätzen der Inschrift von Kyme, daneben gibt es hexametrische (Andros) und trimetrische (Kyrene) Fassungen. Späthellenistische Texte wie der des Isodoros betonen synkretistisch die Gleichheit der Isis mit den großen Göttinnen anderer Religionen.

Hier schließen wir einen Papyrus aus Chicago[5] an, der unter den schwer zerstörten Resten von Hymnenpoesie mit einiger Wahrscheinlichkeit ein Gedicht auf Arsinoe-Aphrodite erkennen läßt. Er leitet zum Preise von Sterblichen über, die man mit kultischen Ehren feierte. Früher bereits hatte sich Hermokles aus Kyzikos zum Wortführer athenischer Schmeichelei gemacht. Mit *Paianen* auf Antigonos und Demetrios Poliorketes wurde er in einem dicht besetzten Wettbewerb Sieger (Athen. 15, 697a), ein *Prozessionslied* in Trimetern mit jeweils folgendem Ithyphallikos hat uns Duris bei

d. Öst. Nat. Bibl.›. *Wien. Stud.* 75, 1962, 51. Das Tragödienfragment könnte in die o. charakterisierte Gruppe der Stücke für Solovortrag gehören. – Kommentar: E. Martin, *Trois documents de musique Grecque. Transcriptions commentées* (hymne delph. à Apollon, Epitaphe de Seikilos, fragment d'un choeur d'Or. d'Eur.). Paris 1953 (*Et. et comm.* 15). – Wir fügen einige neuere Werke zur griech. Musik an und erinnern an C. von Jan, *Musici scriptores Graeci.* 2 Bde. Leipz. 1895/99; Neudruck bei Olms/Hildesheim in Vorbereitung. In *The New Oxford History of Music.* Ed. E. Wellesz, Vol. 1: *Ancient and Oriental Music.* Lond. 1957, hat Isobel Henderson die griechische und E. Scott die römische Musik behandelt. Thr. Georgiades, *Musik und Rhythmus bei den Griechen.* Hamb. 1958. Vielfach greift auf Griechisches zurück E. Werner, *The Sacred Bridge. The Interdependence of Liturgy and Music in Synagogue and Church during the first Millenium.* New York 1959. H. Husmann, *Grundlagen der antiken und orientalischen Musikkultur.* Berl. 1961. Langspielplatten mit Begleitheften von F. A. Kuttner. New York 1955 und *His Master's Voice* 1957. H. Koller, *Musik und Dichtung im alten Griechenland.* Bern 1963.

[1] Dazu Br. Gentili, *Gnom.* 33, 1961, 341.

[2] Epigraphische Zeugnisse: M. Guarducci, *Atti Acc. Linc. Cl. scienze mor.* ser. 6, vol. 2, 1927/29, 629. K. Latte, *Eranos* 52, 1954, 125 = *Kl. Schr.*, 590.

[3] *IG* 11/4, 1299. Powell a. O. 68. Zur Kultstiftung M. P. Nilsson, *Gesch. d. griech. Rel.* 2, 2. Aufl. Münch. 1961, 121.

[4] W. Peek, *Der Isishymnos von Andros und verwandte Texte.* Berl. 1930. Dazu Nilsson a. O. 626, 5.

[5] Powell a. O. 82; nr. 1620 P.

Athenaios (6, 253 d)[1] erhalten. Es gilt der Rückkehr des Demetrios von Korkyra (290) und stellt in der Weise, in der es dem gegenwärtigen Gotte zu Ehren die übrigen Götter von der Tafel wischt (v. 15 ff.), ebenso ein Zeugnis der Schmeichelei wie der Frivolität in religiösen Dingen dar. Der spätere Hellenismus wußte auch der neuen Großmacht zu huldigen. Das eben genannte delphische Gedicht des Limenios endigt mit einem Wunsche der Ergebenheit für Rom. Solche Devotion konnte sich im Ausgange des Hellenismus in einem Epigramm des Alpheios von Mytilene (*Anth. Pal.* 9, 526) zur Warnung an Zeus versteigen, er solle seinen Olymp vor den unwiderstehlichen Eroberern in acht nehmen. Spaßhaft ist es, daß uns Stobaios (Ecl. 3, 7, 12) in einem Abschnitt περὶ ἀνδρείας einen *Hymnos* der Melinno auf Rom bewahrt hat, weil er den Namen der Stadt mit ῥώμη verwechselte. Das Gedicht in fünf recht wohlgelungenen sapphischen Strophen ist innerhalb des Hellenismus schwer zu datieren. Sein letzter Interpret[2] denkt an die erste Hälfte des 2. Jahrhunderts, die Zeit, in der die Verehrung der dea Roma stark an Boden gewann. Den Schluß eines *Paians*[3] *auf Titus Flamininus* teilt Plutarch in dessen Vita (16) mit.

In diesem der Abrundung dienenden Kapitel ist noch ein Wort über Prosadichtung vonnöten. Zwar soll die Frage, wie weit die Anfänge des erotischen Romanes in den Hellenismus zurückreichen, erst im Zusammenhange mit dem späteren Gedeihen dieser Gattung gestellt werden, nötig ist es jedoch, in diesem Zusammenhange der ionischen Novelle zu gedenken. Daß sie seit frühester Zeit unter der Oberfläche der großen Literatur ein kräftiges Leben führte, daß die Erzählfreude Herodots manches davon sichtbar werden läßt, davon wurde früher (S. 362. 367) gesprochen. Erotische Motive spielten in diesem Bereiche stets ihre Rolle, die wachsende Bedeutung, die sie in der gesamten hellenistischen Literatur gewannen, hat auch das Wesen der Novelle dieser Zeit bestimmt. Ionischer Geist ist in ihr lebendig geblieben, und seine alte Heimstätte Milet hat der hellenistischen Spielart dieser Gattung den Namen gegeben: *Milesische Geschichten* (Μιλησιακά) hieß die Novellensammlung, in der Aristeides von Milet um 100 v. Chr. ein Werk zweifelhaften und doch nicht geringen Ruhmes schuf. L. Cornelius Sisenna hat es ins Lateinische übersetzt, und nach Plutarch (*Crassus* 32) hatten es römische Offiziere in ihrem Gepäck. Ob Aristeides für eine Verbindung der einzelnen Geschichten sorgte, was bei ihm Tradition und was eigene Erfindung war, wissen wir nicht. Wohl aber können wir aus verschiedenen Quellen noch eine Vorstellung von dem Wesen dieser *Milesischen Geschichten* gewinnen, in denen Erotik höchst unpathetisch und mit einem tüchtigen Schuß Frivolität behandelt wurde. Da sind die novellistischen Einlagen in den Romanen des Petronius und Apuleius, unter denen die Geschichte von der Matrone von Ephesos ein kaum zu überbietendes Beispiel von Illusionslosigkeit darstellt. Als seltsames Einsprengsel unter

[1] Powell a. O. 173; *Anth. Lyr.* fasc. 6, 104 D. Dort auch die Reste eines Gedichtes in gleichem Maße, das sich auf die Feier der Soteria durch die Techniten bezieht und einen Theokles unbestimmter Zeit zum Verfasser hat.

[2] C. M. Bowra, ‹Melinno's Hymn to Rome›. *Journ. Rom. Stud.* 47, 1957, 21.

[3] Powell a. O. 173; *Anth. Lyr.* fasc. 6, 107 D. Zum Metrum v. Wilamowitz, *Griech. Verskunst.* Berl. 1921, 439, 3.

den angeblichen Aischinesbriefen enthält der zehnte eine richtige *Milesia*, die Geschichte von dem Frechling, der alten Opferbrauch der Bräute in der Troas dazu benützt, den Flußgott Skamander zu spielen und so die Blüte einer Jungfernschaft zu brechen. Noch der Spätling Aristainetos[1] hat unter seinen *Briefen* etliche Geschichten solchen Ursprungs. Womit nicht gesagt sein soll, daß für all das Aristeides zeichnen muß; die *Milesische Geschichte* ist zum Sammelbegriff geworden.

Die Textgeschichte Arats, dessen wichtigster Zeuge der Marcianus 476 (Ende 11. Jh.) ist, hat J. MARTIN mit ausnehmender Gründlichkeit dargestellt: *Histoire du texte des Phénomènes d'Aratos.* Paris 1956. Dazu ausführlich R. KEYDELL, *Gnom.* 30, 1958, 575. Grundlegend bleiben die Ausgaben und die Studien von E. MAASS: *Arati Phaenomena.* Berl. 1893; 2. unver. Aufl. 1954. *Commentariorum in Aratum reliquiae.* Berl. 1898; 2. unver. Aufl. 1958. *Aratea. Phil. Unters.* 12, 1892. Text mit engl. Übersetzung: G. R. MAIR, *Loeb Class. Libr.* 1921 (mit Kallimachos und Lykophron); mit franz. Übersetzung: J. MARTIN, *Bibl. di studi sup.* 25. Firenze 1956. A. SCHOTT-R. BÖKER-B. STICKER, *Aratos, Wort der Antike* 6. München 1958 (mit Übers., Einl. u. Anm.). Ausführliche Bibliographie bei V. BUESCU, *Cicéron, Les Aratea.* Paris-Bucarest 1941. W. LUDWIG, ‹Die Phainomena Arats als hellenistische Dichtung›. *Herm.* 91, 1963, 425. M. ERREN, *Die Phainomena des Aratos von Soloi.* Wiesbaden 1967 (*Herm.* E 19). – A. S. F. GOW and A. F. SCHOLFIELD, *Nicander. The Poems and Poetical Fragments.* Cambr. 1953 mit Einleitung, Kommentar, engl. Übersetzung und Bibliographie. Dort auch die Ausgaben der Scholien. Dazu I. CAZZANIGA, ‹Nuovo frammento di Scholion a Nicandro, Ther. vv. 526–29›. *Stud. It.* 27/28, 1956, 83. JACOBY F Gr Hist 271 f. mit Komm. ANNUNCIATA CRUGUOLA, ‹Nuova collazione del Cod. Nicandreo M e sue glosse inedite›. *Acme* 12, 1960, 131; dies., ‹Glosse inedite ai Theriaca di Nicandro›. *Istituto Lombardo. Rendic. Classe di Lettere* 96, 1962, 367; dies., ‹La lingua poetica di Nicandro›. *Acme* 14, 1962, 119. H. SCHNEIDER, *Vergleichende Untersuchungen zur sprachlichen Struktur der beiden erhaltenen Lehrgedichte des Nikander von Kolophon.* Wiesbaden 1962 (mit Lit.). – Für die meisten der übrigen in diesem Abschnitte behandelten Dichter finden sich die Texte bei I. U. POWELL, *Collectanea Alexandrina.* Oxf. 1925. *Anth. Lyr.* fasc. 6 D. Die Hinweise im einzelnen geben die Anmerkungen. Für Euphorion auch F. SCHEIDWEILER, *Euph. fragm.* Diss. Bonn 1908, vgl. auch 848 A. 2 f. P. TREVES, *Euforione e la storia ellenistica.* Milano 1955. A. BARIGAZZI, ‹Il Dionysos di Euforione›. *Miscellanea di studi Alessandrini in memoria di Augusto Rostagni.* Torino 1963, 416 (zu *Pap. Ox.* 19, 1948, nr. 2219 f.) L. ALFONSI, ‹Euforione e l'elegia›. Ibid. 455. Für die Novelle: QU. CATAUDELLA, *La novella greca. Prolegomeni e testi in traduzioni originali.* Napoli 1957. SOPHIE TRENKNER führt in *The Greek Novella in the Class. Period.* Cambr. Un. Pr. 1958, den interessanten Nachweis, daß die Literatur der attischen Klassik, im besonderen Euripides und die Komödie, zahlreiche Novellenmotive enthält und so für das Bestehen dieser Erzählform auch in der Zeit der Klassik zeugt.

8. GESCHICHTSCHREIBUNG

Bereits das vierte Jahrhundert zeigte uns eine mächtige Breitenentwicklung griechischer Geschichtschreibung. Als solche Tradition im Hellenismus in eine Zeit eintrat, die selbst Geschichte in Maßen ohne Beispiel machte, konnte eine Fülle der Produktion nicht ausbleiben, von der Dionysios von Halikarnaß an einer programmatisch

[1] A. LESKY, *Aristainetos.* Zürich 1951, 43.

wichtigen Stelle[1] sagt, der Tag würde ihm nicht langen, wollte er alle die Autoren aufzählen. Auch wir wollen unsere Darstellung nicht in der Menge der Namen untergehen lassen, die auf uns gekommen sind[2], sondern unter Beschränkung auf das Wichtige bestimmte Linien der Entwicklung nachziehen.

An der oben angeführten Stelle beklagt Dionysios die sprachliche Unzulänglichkeit der nachklassischen Geschichtschreibung. Wenn er seine Reihe mit Phylarchos, Duris und Polybios beginnt, verdeckt er durch solche Zusammenfassung einen tiefreichenden Gegensatz, der an anderer Stelle deutlich sichtbar wird. Polybios (2, 56) erhebt gegen Phylarchos heftige Vorwürfe, die eine ganze Richtung der Historiographie treffen. Diese habe die wahre Aufgabe aller Geschichtschreibung, die Feststellung und Überlieferung des Wahren, verraten und sich dem Effekt um jeden Preis verschrieben. Erschütterung und Wirkung auf das Gefühl (ἐκπλῆξαι καὶ ψυχαγωγῆσαι) seien ihr einziges Ziel, auf das auch die Forderung nach ἐνάργεια, nach unmittelbarer Anschaulichkeit gerichtet ist. Wenn dieser Historie vorgeworfen wird, daß sie auf die gefühlsmäßige Teilnahme der Leser (ἔλεος, συμπάθεια) spekuliere und dabei das Wissen um die grundverschiedene Zielstellung von Geschichtschreibung und Tragödie preisgebe, wird es klar, daß Autoren nach Art des Phylarchos und Duris – im 4. Jahrhundert ist Ktesias ihr Vorläufer – die Dramatisierung ihrer Berichte mit den Mitteln der tragischen Bühne anstrebten und derart die Grenzen zwischen Dichtung und Geschichtschreibung bis zur Unkenntlichkeit verwischten. Auch die Kritik Plutarchs an Phylarchos (*Them.* 32) schlägt in dieselbe Kerbe. Mit den Schlagworten der Ekplexis und Psychagogie ist des weiteren gesagt, daß wir es mit jener Entwicklung zu tun haben, die wir früher (S. 699) an Gorgias und sein Programm anknüpften. In der Tat gehört der Konflikt in der Historiographie, der bei Polybios kenntlich wird, in den größeren Zusammenhang jener Auseinandersetzung, in der die Stilideale der Schlichtheit und Klarheit der gorgianischen Epideiktik und ihrem Anspruch auf dichterische Wirkung gegenübertraten[3].

Längere Zeit hat sich die von E. Schwartz[4] begründete Ansicht behauptet, die von Polybios gebrandmarkte romanhafte Geschichtschreibung fuße auf einer peripatetischen Theorie[5], die man sich in Theophrasts Programmschrift *Über Geschichtschreibung* (Περὶ ἱστορίας) verdichtet denken könnte. Nun ist Duris von Samos Theophrastschüler gewesen, und bestimmte Degenerationserscheinungen der peripatetischen Biographie (vgl. S. 778) lassen sich zur Effekthascherei der dramatisierten Historie einigermaßen in Parallele setzen, doch hat Fritz Wehrli mit guten Gründen

[1] *De comp. verb.* 4, 30; p. 21, 5 Us.-Rad.

[2] Reiche Aufzählung in der Lit.-Gesch. von Christ-Schmid, 6. Aufl. II/1. Münch. 1920. Die Reste in Jacobys F Gr Hist.

[3] Wichtig für die Klärung dieser Antinomie sind F. Wehrlis Aufsätze ‹Der erhabene und der schlichte Stil in der poetisch-rhetorischen Theorie der Antike›. *Phyllobolia für P. Von der Mühll.* Basel 1946, 9, und ‹Die Geschichtsschreibung im Lichte der antiken Theorie›. *Eumusia. Festgabe für E. Howald.* Zürich 1947, 54.

[4] Vor allem in den *RE*-Artikeln *Diodor* und *Duris von Samos*, die nun auch in dem Sammelbande *Griech. Geschichtschreiber.* 2. unver. Aufl. Leipz. 1959, enthalten sind.

[5] Lit. in dem eben an zweiter Stelle genannten Aufsatze Wehrlis, 69, 1.

ihrer Rückführung auf ein peripatetisches Programm widersprochen[1]. Ihm vor allem danken wir die Klärung eines Befundes, der für die verwickelten rhetorischen und ästhetischen Theorien ebenso wichtig ist wie für die historiographische Praxis. Wenn sich bisher deutlich zwei Gegensatzpaare abzeichneten – zunächst Sorgfalt der sprachlichen Form gegen Gleichgültigkeit auf diesem Felde, zum andern aber strenger Wahrheitssinn gegen Gestaltung um des Effektes willen –, so ist damit keineswegs gesagt, daß sich die beiden Antinomien in Parallele setzen lassen. Vielmehr haben wir schon bei Theopomp (S. 700) gesehen, daß sich die Anwendung rhetorischer Stilmittel mit dem Streben nach historischer Treue wohl verträgt, wie wir auf der anderen Seite den historischen Dramatiker Duris an jener Stelle des Dionysios, mit der wir diesen Abschnitt begannen, wegen seiner sprachlichen Nachlässigkeit getadelt fanden[2]. So kommt WEHRLI für Theophrasts historiographisches Programm zu einer Auffassung, die den Peripatetiker in einer gewissen Annäherung an die Absichten der Isokrateer zeigt. Zwar wird gorgianische Psychagogie abgelehnt und zuverlässiger Bericht des Wahren und Wesentlichen gefordert, anderseits aber eine Aufhöhung der Sprache durch maßvolle Verwendung rhetorischer Mittel durchaus empfohlen.

Zu diesem schwierigen Fragenkomplex hat auch K. VON FRITZ[3] in einer gewichtigen Abhandlung das Wort ergriffen, die neben anderem einen ausgezeichneten Überblick über die verwickelte Geschichte des Problems bietet. Ohne zu dem Begriff einer peripatetischen Geschichtschreibung zurückkehren zu wollen, stellt er die Möglichkeit zur Debatte, Duris und seinesgleichen könnten bei ihrem Programm in einer von Aristoteles nicht intendierten Weise unter dem Einflusse der *Poetik* gestanden haben. An einer bekannten Stelle (*Poet.* 1451 b 5 ff.) gibt Aristoteles vom Standpunkt des Philosophen der Dichtung vor der Historie den Vorrang, weil sie μᾶλλον τὰ καθόλου, die Geschichte dagegen μᾶλλον τὰ καθ' ἕκαστον aussage, was man so interpretieren darf, daß die Dichtung imstande ist, durch ihre Möglichkeiten der Konzentration und Akzentsetzung die großen Lineamente an einem «Fall» deutlicher hervortreten zu lassen. Von hier aus, denkt v. FRITZ, habe die Richtung des Duris den Impuls empfangen, Historie durch die Art der Darstellung mit der Dichtung in dem Bemühen um das καθόλου wetteifern zu lassen. Von hier aus sei auch der Gegensatz zu der belehrenden Tendenz der Isokrateer als notwendig zu verstehen.

[1] S. vor. Anm. Über Theophrasts Schrift urteilt vorsichtig REGENBOGEN, *RE* S 7, 1940, 1526.

[2] Wichtig ist WEHRLIS Hinweis, *Eumusia* (s. S. 699 A. 3), 57, daß die aristotelische Theorie (*Rhet.* 3, 12) bei ihrer Scheidung von γραφικὴ und ἀγωνιστικὴ λέξις Zurückhaltung gegen die Verwendung rhetorischer Kunstmittel in der Gerichts- und Volksrede zeigt.

[3] ‹Die Bedeutung des Aristoteles für die Geschichtschreibung› in: *Histoire et Historiens dans l'Antiquité. Entretiens sur l'ant. class.* 4. Fondation Hardt, Vandœuvres-Genève 1956, 85. Einiges zur Frage auch bei G. AVENARIUS, *Lukians Schrift zur Geschichtsschreibung*. Diss. Frankf. 1954. Meisenheim a. Glan 1956. Er lehnt wie WEHRLI die Ableitung der tragischen Geschichtschreibung vom Peripatos ab, möchte aber in dieser einen dritten Stil neben der Richtung des Polybios und dem Asianismus eines Hegesias erkennen. Berechtigte Bedenken dagegen bei F. W. WALBANK, *Gnom.* 29, 1957, 417. Dieser hat zu der hier behandelten Frage mehrfach Stellung genommen: ‹Tragic History. A Reconsideration›. *Bull. Inst. of Class. Stud. Univ. London* 1955, 4, und ‹History and Tragedy›. *Historia* 9, 1960, 216. WALBANK empfiehlt, unter Verzicht auf Herkunftstheorien die tragödienhaften Elemente in der griechischen Geschichtschreibung zu untersuchen.

Es ist bei dem allen nicht zu vergessen, daß wir von Historikern wie Duris oder Phylarchos viel zu wenig haben, um ein gesichertes Bild gewinnen zu können[1]. Auch mögen in ihrer Schriftstellerei verschiedene Faktoren wirksam geworden sein. Wichtig bleibt es aber in jedem Falle, was v. FRITZ in Übereinstimmung mit WEHRLI festhält, daß die sprachlich-stilistische Prägung der einzelnen Geschichtswerke durchaus nicht mit bestimmten Darstellungstendenzen in fester Bindung steht. Wir haben vielmehr von vorneherein mit einem Bilde von großer Buntheit zu rechnen, wie es die geringen Reste auch zu bestätigen scheinen.

Die kümmerliche Überlieferung gestattet es nur für wenige hellenistische Historiker, ihre Stellung zu den verschiedenen Tendenzen festzulegen, von denen eben die Rede war. Doch werden Gegensätze der bezeichneten Art gleich bei der ersten uns begegnenden Gruppe, jener der Alexanderhistoriker, in einigen Fällen erkennbar.

Seinem Range und seiner Zuverlässigkeit, nicht der Zeit nach, tritt an ihre Spitze Ptolemaios Lagu (F Gr Hist 138). Der Mann, der Alexander schon unter Philipp nahestand, als Reiteroffizier mit ihm zu Felde zog und seit 330 sein Personaladjutant (σωματοφύλαξ) war, schrieb als Herrscher Ägyptens, offenbar in den Jahren des Alters, die Geschichte seines großen Königs. Wohl denkbar ist es, daß ihn dabei der Wunsch leitete, all dem, was sich als Alexanderhistorie gab, sein besseres Wissen entgegenzusetzen. Als im 2. Jahrhundert n. Chr. Arrian, selbst hoher Verwaltungsbeamter und Offizier, seine Anabasis Alexanders schrieb, legte er das Werk des Ptolemaios zugrunde und suchte dessen wertvolles Material von der Vulgata (λεγόμενα) zu scheiden. So ist Arrian unsere Hauptquelle für Ptolemaios und vermittelt uns das Bild eines trotz starken autobiographischen Elementen tendenzfreien Werkes, in dem das Militärische und Politische weit vor dem Geographischen und Ethnographischen stand. Ptolemaios, der Geschichte wahrlich im ursprünglichsten Sinne der Augenzeugenschaft zu schreiben vermochte, hat auch die im Hauptquartier unter Leitung des Eumenes von Kardia und Diodotos von Erythrai entstandenen königlichen *Ephemeriden* (F Gr Hist 117) benutzt.

Zu dem aus der Fülle des Erlebten sachlich berichtenden Ptolemaios tritt eine Gruppe von Autoren in Gegensatz, die der Lockung zu romanhafter Gestaltung des ungewöhnlichen Stoffes willig folgten. Von Kallisthenes und Anaximenes war bereits die Rede (S. 701 f.), den Rhetor Hegesias von Magnesia (F Gr Hist 142), den wir als Begründer des Asianismus kennen lernten (S. 786), werden wir uns als Alexanderhistoriker auf dem extremen Flügel rhetorisierender Geschichtschreibung denken. Am nachhaltigsten hat Kleitarchos (F Gr Hist 137)[2] gewirkt, der nach Alexanders Tod, aber noch vor dem Erscheinen der Memoiren des Ptolemaios, etwa um 310, schrieb. Nach Cicero (*Brut.* 43) hat er dies *rhetorice et tragice* getan. Sein Werk begleitete den Weg des Eroberers von der Thronbesteigung bis zu seinem Ende und hat die Vulgata

[1] Die interessante Debatte, die v. FRITZ auslöste und die in den *Entretiens* mit abgedruckt ist, läßt die Problematik deutlich hervortreten.

[2] Zu Kleitarchos als Alexanderhistoriker: F. SCHACHERMEYR, *Alexander in Babylon.* Sitzb. Öst. Ak. Phil.-hist. Kl. 268/3, 1970, 81; als Primärquelle bei Curtius X 5 für den Streit nach Alexanders Tod (92); schrieb vor 305 (211).

mit ihren romanhaften Zügen begründet. Diodor hat es im 17. Buche exzerpiert[1], Curtius Rufus und Justinus stehen ebenso in dieser Tradition wie manches in den λεγόμενα bei Arrian. Bald nach Alexanders Tod hat Onesikritos von Astypalaia (F Gr Hist 134), auch er Teilnehmer am großen Zuge, die Geschichte des Königs (Πῶς 'Αλέξανδρος ἤχθη)[2] geschrieben, in der allem Anscheine nach das Bild seines Helden mit philosophischen, vor allem kynischen Zügen versehen war. Eine Alexandergeschichte hat auch Chares von Mytilene (F Gr Hist 125) verfaßt. Daß er den Feldzug als Zeremonienmeister (εἰσαγγελεύς) mitgemacht hat, merkt man den Resten noch an, doch gestatten sie kein Urteil darüber, wie weit seine sachliche Zuverlässigkeit reicht. Auch ein vornehmer Makedone, der mit Alexander aufwuchs, Marsyas von Pella (F Gr Hist 135), nach Angabe der *Suda* ein Bruder des Antigonos Monophthalmos, hat über den König geschrieben, doch ist die nähere Bestimmung seines Werkes – stand die Alexandergeschichte im Rahmen seiner *Makedonika?* – sehr schwierig. Doch wird soviel kenntlich, daß er vom makedonischen Standpunkt aus schrieb und den Kult der Persönlichkeit Alexanders nicht mitmachte. Unter den Schriften, die bald nach 323 erschienen, befand sich auch die des Ephippos von Olynth (F Gr Hist 126), die, sicher nicht die einzige ihrer Art, aus guter Kenntnis schwere Angriffe gegen Alexanders Persönlichkeit richtete.

Eine seltsame Stellung nimmt in diesem Chor verschiedener Stimmen Aristobulos von Kassandreia (F Gr Hist 139) ein. Er hat den Zug Alexanders mitgemacht, aber mit der Abfassung einer Alexandergeschichte nach seinem eigenen Zeugnis (T 3) erst im Alter von vierundachtzig Jahren begonnen. Das heißt, daß er später schrieb als die bislang genannten Autoren und eigene Erinnerung mit der bereits sehr reichen Literatur vermengte. Aber seine Kraft reichte weder zu förderlicher Kritik noch zur Formung eines wirkungsvollen Stückes Alexanderliteratur, und EDUARD SCHWARTZ[3] hat mit Recht Einspruch dagegen erhoben, Aristobulos in einem Atem mit Ptolemaios zu nennen.

In anderem Zusammenhange (S. 649) hatten wir den Bericht von Alexanders Admiral Nearchos über seine Fahrt von der Indusmündung zum Persischen Golf zu erwähnen.

Wir haben von der romanhaften Ausgestaltung der Alexandergeschichte gesprochen, in der sich zahlreiche durch den Stoff gebotene Ansätze mit einer Richtung der zeitgenössischen Geschichtschreibung vereinigten. Da scheint es zweckmäßig, ein Erzeugnis anzuschließen, das in seiner uns erhaltenen Form zwar späten Ursprungs ist, mit seinen Wurzeln aber in unseren Abschnitt reicht. Der *Alexanderroman*, den man Kallisthenes unterschob, ist uns erst durch Fassungen der späteren Kaiserzeit greifbar. Verschiedene griechische Rezensionen stehen neben der vulgärlateinischen des Iulius Valerius aus dem Ende des 3. Jahrhunderts. Dazu kommen Übersetzungen mit der

[1] W. W. TARN, *Alexander*. 2. Bd. Cambr. 1948, 5ff. suchte diese Auffassung zu erschüttern.

[2] Vielleicht wurden die Anfangsworte als Titel verwendet, ähnlich ist der Titel von Xenophons *Kyrupädie* zu verstehen. Monographie: T. S. BROWN, *Onesicritus*. Calif. Un. Pr. 1949.

[3] *RE* 2, 914 = *Griech. Geschichtschreiber*. Leipz. 2. unver. Aufl. 1959, 125.

Bedeutung selbständiger Überlieferungszweige; die armenische ist die wichtigste unter ihnen[1]. Die Entstehungsgeschichte dieses abstrusen und komplizierten Gebildes weitgehend aufzuhellen, ist in letzter Zeit REINHOLD MERKELBACH gelungen. Wichtige Hilfe boten zwei neue Papyri (Pap. Soc. It. 1285, 2. Jh. n. Chr., und Pap. Hamb. 129, 1. Jh. v. Chr.) mit Teilen einer fingierten Alexanderkorrespondenz, die zum Teil im Roman wiederkehren. So erweist sich als einer seiner Hauptbestandteile eine Briefmasse, aus der sich ein Briefroman[2] über Alexander (etwa 100 v. Chr.) auslösen läßt. Dazu treten Berichte Alexanders an Aristoteles und Olympias über seine Abenteuer und zwei Sonderschriften über das Gespräch mit den Gymnosophisten und die letzten Tage des Königs. Diese zum größten Teil sehr trübe Traditionsmasse hat Ps.-Kallisthenes mit einer Alexandergeschichte zusammengearbeitet, die aus dem Hellenismus stammte und durchaus den Stempel jener romanhaften Historiographie trug, die wir früher charakterisierten. Der Redaktor war ein trauriger Geselle, der abgesehen von der Fraglichkeit seines Materials dem Corpus, das er da bilden wollte, vielfach die Glieder falsch einsetzte und noch obendrein verrenkte. Sein Alexander marschiert über Kleinasien, Sizilien, Italien und Nordafrika gegen die Perser, um nur dies zu erwähnen. Man wird für das Entstehen dieses Konglomerates an das 3. Jahrhundert n. Chr. denken dürfen, in das seine geistige Haltung paßt. Die Wirkung des Romanes ist in Literaturen und Zeiten, denen griechischer Logos fremd war, unermeßlich gewesen. Als begehrter Unterhaltungsstoff bestimmte er in zahllosen Bearbeitungen und Übersetzungen das Bild Alexanders bis in die beginnende Neuzeit[3].

Wenn wir im folgenden einige Historiker aus der überreichen Produktion des 3. Jahrhunderts herausheben, ohne diese zeitliche Grenze allzu ängstlich festzuhalten, begegnen wir sogleich wieder der Divergenz zwischen Sache und Effekt. Als wichtige und verläßliche Quelle für das halbe Jahrhundert nach Alexanders Tod hat die neuere Forschung das Werk des Hieronymos von Kardia (F Gr Hist 154) erkannt[4]. Hieronymos, der bedeutende Teile der Diadochenkämpfe auf der Seite des Eumenes, Antigonos Monophthalmos und Demetrios Poliorketes mitmachte, schrieb seine Zeitgeschichte in den letzten Jahrzehnten seines Lebens, das wir ungefähr mit 350 und 260 umgrenzen. Er führte sie von Alexanders Tod wahrscheinlich bis zu dem des Pyrrhos (272) und ist für die Späteren (Diodor, Arrian, Plutarch u. a.) die maßgebende Quelle für diesen Zeitabschnitt geworden. Seine auf großer Sachkenntnis beruhende Objektivität läßt ihn als ebenbürtigen Nachfolger des Ptolemaios erscheinen. Sollte er sein

[1] Einen raschen Überblick vermittelt R. MERKELBACH, *Die Quellen des griech. Alexanderromans. Zet.* 9, Münch. 1954, IX; ausführliche Darstellung der Überlieferung ebda. 61. H. VAN THIEL, *Die Rezension λ des Pseudo-Kallisthenes.* Diss. Köln. Bonn 1959.

[2] Über diese Gattung, an der die Rhetorenschule beteiligt ist, vgl. SYKUTRIS, *RE* S 5, 1931, 213.

[3] Reste eines kynischen Pamphlets, das die bedürfnislosen Brahmanen Alexander gegenüber stellt, auf einem Papyrus des 2. Jh.s n. Chr.: V. MARTIN, ‹Pap. Genev. inv. 271›. *Mus. Helv.* 16, 1959, 77. Eine christliche Bearbeitung: W. BERGHOFF, *Palladius: De gentibus Indiae et Bragmanibus.* Meisenheim 1967.

[4] T. S. BROWN, ‹Hieronymus of Cardia›. *Am. Hist. Rev.* 52, 1946/47, 684. Für *Pap. Soc. It.* 12, 1950, nr. 1284 wurde Autorschaft des Hieronymus überlegt. Wir schließen hier den Hinweis auf eine anonyme Diadochengeschichte in der Heidelberger Epitome (F Gr Hist 155) an, um eine Vorstellung von der Dichte dieser Produktion zu geben.

Werk wirklich in der Absicht geschrieben haben, der Pathetik des Duris verantwortliche Sachlichkeit gegenüberzustellen, so ergibt dies eine neue Möglichkeit des Vergleiches.

Jedenfalls ist Duris von Samos (F Gr Hist 76), dessen Lebenszeit (ca. 340–270) sich mit der des Hieronymos weitgehend deckt, im Grundsätzlichen seines Geschäftes auf der entgegengesetzten Seite gestanden. Im Eingange seiner *Historien*[1], die wahrscheinlich mit dem Tode von Philipps Vater Amyntas einsetzten und bis zu Pyrrhos reichten, tadelt er Ephoros und Theopomp, weil sie hinter den Geschehnissen zurückgeblieben seien: ihnen habe die Fähigkeit zur Mimesis gefehlt, womit das Stichwort für Dichtung, im engeren Bezuge für Dramatik, gefallen ist. Nur auf das geschriebene Wort bedacht, hätten sie es nicht verstanden, Lust (ἡδονή) an ihrer Darstellung zu erwecken (F 1)[2]. Ein lehrreiches Beispiel für des Duris Methode unbedenklicher Ausschmückung und Aufhöhung gibt F 70 (Plut. *Alkib.* 32). Da muß bei der Einfahrt des siegreichen Alkibiades in den Piräus der Pythionike Chrysogonos das Rudern mit seinem Flötenspiel begleiten und der tragische Schauspieler Kallippides den Takt angeben, beide natürlich in vollem Ornat, während das Admiralschiff mit purpurnem Segel einherfährt. Plutarch versichert, daß solches weder bei Theopomp noch Ephoros noch Xenophon stehe und auch ganz unwahrscheinlich sei. Zu seinem Bemühen um Aufklärung und Dramatisierung der Darstellung stand die wenig kunstvolle Sprache in einem Gegensatze, der im Zusammenhang mit früher Gesagtem bemerkenswert ist.

Duris hat viel geschrieben, wir nennen noch seine *Geschichte des Agathokles*, seine *Samische Chronik* und als Beispiele der damals bereits voll entwickelten Kunstschriftstellerei seine Schriften *Über Malerei* und *Über Toreutik*.

Ganz in der Weise des Duris hat Phylarchos (F Gr Hist 81)[3] gearbeitet, den wir bei Polybios und Plutarch getadelt fanden. Seine Blüte fällt in die zweite Hälfte des 3. Jahrhunderts; für die Zeit vom Tode des Pyrrhos (272) bis zum Einsetzen des polybianischen Geschichtswerkes (220) ist sein Werk für die Späteren die Hauptquelle gewesen[4].

Als Athener, die zeitgeschichtliche Werke verfaßten, haben wir früher (S. 754) des Demosthenes Neffen Demochares und Diyllos, wahrscheinlich Sohn des Atthido-

[1] Vielleicht war der Titel *Makedonika*, vgl. JACOBY zu T 3. E. G. TURNER überlegt für *Ox. Pap.* nr. 2399 die Zuweisung an Duris. WILLIAM M. CALDER III, *Class. Phil.* 55, 1960, 128, stimmt lebhaft zu.

[2] Wir schreiben die in ihrer Knappheit so wichtige Stelle aus: Ἔφορος δὲ καὶ Θεόπομπος τῶν γενομένων πλεῖστον ἀπελείφθησαν οὔτε γὰρ μιμήσεως μετέλαβον οὐδεμιᾶς οὔτε ἡδονῆς ἐν τῷ φράσαι, αὐτοῦ δὲ τοῦ γράφειν μόνον ἐπεμελήθησαν. B. L. ULLMAN, ‹History and Tragedy›. *Trans. Am. Phil. Ass.* 73, 1942, 25, der Duris mit der Ableitung von dessen dramatischer Geschichtsschreibung von Ephoros und Theopomp verfehlt. F. WALBANK ‹Tragic History. A Reconsideration›. *Bull. Class. Inst. Lond.* 1955, 4. Wichtig für das Verständnis der von Duris geforderten μίμησις sind die Ausführungen von H. STRASBURGER, *Die Wesensbestimmung der Geschichte durch die antike Geschichtsschreibung*. Wiesbaden 1966; für die Genesis der dramatisierenden Historie K. v. FRITZ, ‹Entstehung und Inhalt des neunten Kapitels von Aristoteles' Poetik›. *Festschrift für E. Kapp*. Hamburg 1958, 67 = *Antike und moderne Tragödie*. Berlin 1962, 430, sowie *Gnom.* 41, 1969, 586.

[3] Seine Heimat ist unbestimmt. Athen, Sikyon oder Naukratis kommen in Frage.

[4] T. W. AFRICA, *Phylarchus and the Spartan Revolution*. *Un. of Cal. Publ. on Hist.* 68, 1961.

graphen Phanodemos, kennengelernt. Diyllos hat in einem Teil seines Werkes die Zeitgeschichte bei Ephoros ergänzt und im zweiten bis 297 fortgesetzt. Hier schloß Psaon von Plataiai (F Gr Hist 78) an, dessen Werk vielleicht bis 220 reichte und in Menodotos von Perinth (F Gr Hist 82) einen Fortsetzer fand.

Ein Problem stellt Neanthes von Kyzikos (F Gr Hist 84), da es zwei Männer des Namens, einen Rhetor um 300 und einen offenbar sehr vielseitigen Schriftsteller im ausgehenden 3. Jahrhundert gab. Diesem die historischen Werke *Hellenika*, *Attalosgeschichte* und *Chronik von Kyzikos* zuzuweisen ist die wahrscheinlichste Lösung. Auch anderes, wie das Werk *Über berühmte Männer*, wird ihm gehören.

Ein Schatten bleibt für uns Aristodemos, der mit seiner recht primitiven Geschichtsdarstellung wohl in diesen Zeitabschnitt gehört. Kenntlich sind Abschnitte aus den Perserkriegen und der Pentekontaëtie: F Gr Hist II A nr. 104; II C p. 319 und Ox. Pap. 27, 1962, nr. 2469 mit Lit.

Wie in ihren Anfängen blieb die Geschichtschreibung auch jetzt mit geographischen Interessen enge verbunden. Das wird bei Eudoxos von Rhodos (F Gr Hist 79), einem Autor des 3. Jahrhunderts, deutlich, der neben *Historien* auch einen *Periplus* verfaßte.

Wir sind unter den Historikern der Alexander- und Diadochenzeit Männern begegnet, die einen bedeutenden Teil der geschilderten Ereignisse selbst miterlebt hatten; Polybios wird ein weiteres Beispiel sein. Es war nur ein Schritt, der von solcher Geschichtschreibung zur Memoirenliteratur führte, doch hat sich diese im Griechischen nicht zur selben Dichte und Bedeutung entwickelt wie bei den Römern[1]. Es stimmt dazu, daß auch das individuelle Porträt erst in Rom seine Vollendung erreichte. Immerhin konnten wir für Demetrios von Phaleron die beiden Schriften in eigener Sache *Über die Zehn Jahre* und *Über die Verfassung* (S. 776. F Gr Hist 228. Fr. 131 ff. WEHRLI) nennen. *Memoiren* (Ὑπομνήματα) hat Aratos von Sikyon (F Gr Hist 231) geschrieben, der Staatsmann, der seit 245 den Achäischen Bund mit großem Geschick leitete. Das Werk reichte bis zur Schlacht bei Sellasia (222); seine Reste zeigen starke apologetische Tendenz, und wir verspüren es, wie Schriftstellerei dieser Art zumindest zu einem guten Teile von der Gerichtsrede herkommt.

Von den einigermaßen bedeutenden Historikern des 3. Jahrhunderts nennen wir Nymphis von Herakleia (F Gr Hist 432) mit Absicht an dieser Stelle. Er hat in einem großen Werke (24 B.) die Geschichte von Alexander bis etwa zur Mitte des 3. Jahrhunderts behandelt, daneben aber in dreizehn Büchern eine historische Darstellung seiner Vaterstadt gegeben (Περὶ Ἡρακλείας). Damit leitet er uns zu der kaum übersehbaren Zahl lokaler Monographien über, die eine bereits weiter zurückreichende Tradition nun hypertroph werden ließ. FELIX JACOBY hat im 3. Teile seines monumentalen Werkes mit seinen 345 Nummern, die vorwiegend unserem Zeitraum zugehören, die Überfülle in bewundernswerter Weise gemeistert. Dabei mahnt er uns daran, daß wir nur einen verhältnismäßig kleinen Ausschnitt der Produktion besitzen und uns ein Fund wie jener der *Anagraphe von Lindos* (F Gr Hist 532)

[1] Vgl. F. JACOBY, F Gr Hist 2 C, p. 639. G. MISCH, *Gesch. d. Autobiographie*. 3. *Aufl.* I/1. Bern 1949, 66.

mit einer Reihe neuer Namen die Beschränktheit unseres Wissens schmerzlich erkennen läßt.

Es liegt in der Natur der Sache, daß Literatur dieser Art häufig mehr antiquarischen als historischen Charakter trug. Als Beispiel mag Sosibios der Lakone (F Gr Hist 595) dienen, ein Grammatiker, der Spartas Altertümer mit den Methoden der hellenistischen Psychagogie behandelte. Neben einer Arbeit über Chronologie (Χρόνων ἀναγραφή) stehen Schriften wie die *Über spartanische Opfer.*

Die historischen Interessen der Zeit haben einen sinnfälligen Niederschlag in den öffentlich aufgestellten *Chroniken* gefunden, von denen uns Inschriften wie das *Marmor Parium* (F Gr Hist 239, aufgezeichnet 264/63) und die *Anagraphe von Lindos* (F Gr Hist 532, aufgezeichnet 99 v. Chr.) unschätzbare Proben bieten.

Auch Landschaften, die von den alten Zentren griechischen Kulturlebens etwas ablagen, fanden ihre Autoren. So schrieb Xenophilos über Lydien (F Gr Hist 767), Menekrates von Xanthos über Lykien (F Gr Hist 769). Es bedeutet nur eine Fortsetzung dieser Linie, wenn in nichtgriechischen Ländern Einheimische in der Sprache der Hellenen über die Geschichte ihrer Heimat schrieben. So entstanden die *Aigyptiaka* des Manetho von Sebennytos (F Gr Hist 609)[1], eines ägyptischen Priesters in Heliopolis, der an der Einführung des Sarapiskultes unter dem ersten Ptolemaier beteiligt war, und so die *Babyloniaka* des Berossos (F Gr Hist 680)[2], eines Priesters des Marduk, der ebenfalls in der Frühzeit des Hellenismus lebte. Mit phoinikischer Geschichte hat sich Menandros aus Ephesos (F Gr Hist 783) befaßt.

Daß der ferne Osten, zu dem Alexander die Tore aufgestoßen hatte, griechische Freude an der Erkundung mächtig lockte, versteht sich von selbst. Megasthenes (F Gr Hist 715), der um 300 im Dienste des Seleukos Nikator mehrmals als Gesandter zum indischen König Tschandragupta (in griechischem Munde Sandrokottos) zog, schrieb vier Bücher *Indika*[3]. Hier handelt es sich mehr um jene Ethnographie mit weitgespanntem Interesse, wie sie einst die Wurzel ionischer Historie gewesen war. *Indika* schrieb auch Daimachos[4] von Plataiai (F Gr Hist 716), der das Land als Gesandter des Antiochos Soter kennenlernte; ebenso will Patrokles (F Gr Hist 712), der in hoher Stellung Seleukos Nikator und Antiochos Soter diente, in dieser Gruppe von Autoren genannt sein: er gab als erster auf Grund einer eigenen Erkundungsfahrt genauere Auskunft über das Kaspische Meer.

Während das Bild des Hochhellenismus durchaus von den neuen Zentren, von Alexandreia vor allem, beherrscht ist, meldet seit dem Ausgange des 3. Jahrhunderts die neue Großmacht des Mittelmeerraumes ihren Anspruch auf Beachtung kräftig an.

[1] M. Treu, *Gnom.* 40, 1968, 355, führt einen Papyrus zu Manethos Apotelesmatica an.

[2] P. Schnabel, *Berossos und die babylonisch-hellenistische Lit.* Leipz. 1923 (mit den Fragmenten). W. Helck, *Untersuchungen zu Manetho und den ägyptischen Königslisten. Unters. zur Gesch. und Altertumsk. Ägyptens* 18. Berl. 1956. Eine doppelspr. Ausgabe des Manetho mit Ptolemaios, *Tetrabiblos* von W. G. Waddell and F. E. Robbins. *Loeb Class. Libr.* 1940.

[3] E. A. Schwanbeck, *Indica. Fragm.* Bonn 1846; Nachdr. bei Hakkert, Amsterdam. A. Dahlquist, *Megasthenes and Indian religion.* Stockhom 1962.

[4] Auch die Namensform Δηίμαχος ist überliefert.

Die Entwicklung im Westen und die Auseinandersetzung Roms mit Karthago mußten in der griechischen Publizistik ein lebhaftes Echo wecken, ehe sich noch in Polybios der große Darsteller dieser Epoche fand. Für den Ersten Punischen Krieg hat dieser die Monographie des Philinos von Akragas (F Gr Hist 174) benützt, der in einer den Römern wenig freundlichen Haltung schrieb. Früh hat sich neben der Bewunderung für die rasch aufstrebende Macht, von deren dichterischem Ausdruck wir früher hörten, der geistige Widerstand gegen Rom geregt[1]. Kein Wunder, daß auch Hannibals faszinierende Gestalt ihre griechischen Darsteller fand. Silenos, nach der überzeugenden Verbesserung von Athen. 12, 542a aus Kalakte (F Gr Hist 175), schrieb seine Geschichte Hannibals wahrscheinlich, als dessen Stern bereits gesunken war. Coelius Antipater verdankt ihm besonders viel. Einen anderen Hannibalhistoriker dieser Zeit, Sosylos von Lakedaimon (F Gr Hist 176), hat Polybios (3, 20, 5) zusammen mit einem Chaireas, von dem wir weiter nichts wissen, als vulgären Schwätzer abgetan. Es gibt jedoch zu denken, daß uns ein Papyrus (nr. 1484 P.; F 1 JAC.) Sosylos als durchaus ernst zu nehmenden Berichterstatter zu erkennen gibt.

Wir haben in früheren Abschnitten (S. 377. 703) das Werden der sizilischen Historiographie beobachtet; sie hat im frühen Hellenismus durch ein Werk von außerordentlicher Wirkung ihren Abschluß gefunden. Sein Verfasser, Timaios von Tauromenion (F Gr Hist 566), ist um die Mitte des 4. Jahrhunderts als Sohn jenes Andromachos geboren, der 358/57 die Neugründung von Tauromenion durchführte und dank seiner geschickten Politik auch in der Herrschaft blieb, als Timoleon nach 344 der Insel eine neue Ordnung gab. Als aber Agathokles die bedeutendsten Griechenstädte Siziliens in seine Gewalt brachte, traf den Timaios die Verbannung. Fünfzig Jahre hat er in Athen gelebt, wo er zunächst in dem Isokrateer Philiskos einen Lehrer fand. Nach der unter Lukians Namen gehenden Schrift *Über Langlebige* hat er ein Alter von sechsundneunzig Jahren erreicht, aber es ist unsicher, ob er je in die Heimat zurückkehrte.

Sein Werk, das unter verschiedenen Titeln zitiert wird – auch *Historiai* sind darunter –, erzählte die Geschichte des griechischen Westens von den Anfängen bis zum Beginne des Ersten Punischen Krieges. Kenntlich wird ein einleitender Abschnitt (προκατασκευή) von wahrscheinlich fünf Büchern, der die Geographie des Westens bis in den hohen Norden, allerlei Sagengeschichtliches und wohl auch die älteste Besiedelung behandelte. Die Zitate reichen bis Buch 38, für das der Tod des Agathokles (289) einen geeigneten Abschluß bot. Diesen bitter gehaßten Tyrannen behandelten die letzten fünf Bücher; in F 34 aus Buch 34 scheint ein Splitter aus der Vorrede zu diesem (vielleicht einmal selbständigen) Teil des Werkes erhalten zu sein. Die Bücher *Über Pyrrhos* waren ein in hohem Alter gearbeiteter Nachtrag, der wahrscheinlich bis 264 führte.

Timaios ist zum Historiker nicht auf den Stätten politischen und militärischen Wirkens, sondern in den Bibliotheken Athens geworden. Polybios, der auf völlig anderem Wege zur Historie kam, hat ihm seine theoretische Stubengelehrsamkeit

[1] Seine Geschichte schrieb H. FUCHS, *Der geistige Widerstand gegen Rom in der ant. Welt.* Berl. 1938.

(12, 25h: βιβλιακὴ ἕξις) vorgerückt. Seine auch sonst gehässige Kritik trifft einen Timaios, der selbst wegen seiner Tadelsucht – unter anderem übt er sie als Schüler eines Isokrateers am Peripatos – den Übernamen Epitimaios erhalten hatte (T 1. 11). Hier spricht sich die nicht auf den Hellenismus beschränkte Untugend aus, die Kritik an den Vorgängern zur Folie des eigenen Ruhmes zu machen. Daß Timaios aus einer Fülle von Vorarbeiten – vielleicht konnte er auch das Werk *Über Sizilien* von Lykos von Rhegion (F Gr Hist 570), dem Adoptivvater des Lykophron, bereits benützen – eine weitgespannte Geschichte des Westens unter dem Gesichtspunkte des Gegensatzes von Griechen und Barbaren formte, ist kein geringes Verdienst. Früh hat er die Bedeutung Roms erkannt, auf dessen Archäologie[1] er ebenso einging wie auf seine Entwicklung zur Großmacht. In der Chronologie ist er sorgfältig gewesen und hat das Seine dazu beigetragen, die Olympiadenrechnung durchzusetzen. Die *Olympioniken* waren wohl eine Vorarbeit auf diesem Felde. Stilistisch erhob er Ansprüche und neigte neumodischer Schreibweise so weit zu, daß ihn Cicero (*Brut.* 325) jenen Asianern zurechnete, die durch Anmut zu wirken suchten. Das Werk des Timaios wurde ein Quellenbuch ersten Ranges, seine Spuren sind in breitester Streuung faßbar, und sein Kritiker Polybios hat ihm dadurch seine Reverenz erwiesen, daß er sein Werk zeitlich an das des Timaios anschloß.

Des Polybios Werdegang als Historiker führte über wechselvolle Etappen eines mit dem Zeitgeschehen enge verbundenen Lebens. Wie kaum bei einem anderen Historiker enthält sein Werk zu großen Teilen seine eigene Geschichte. Geboren ist er um 200 in jenem Megalopolis, das nach Leuktra (371) durch einen umfassenden Synoikismos als Trutzgründung gegen Sparta entstanden war. Seit einigen Dezennien gehörte die Stadt dem Achäischen Bunde an, jenem Koinon, das aus der Rivalität der Großmächte manchen Vorteil zu ziehen und eine gewisse Geltung zu behaupten verstand. Des Polybios Vater Lykortas hatte mehrfach das Strategenamt des Bundes bekleidet, und ihm selbst blieb Philopoimen, der durch geschickte Diplomatie den Achäerbund hochgebracht hatte, ein bewundertes Vorbild. Als dieser 183 im feindlichen Messenien durch Gift geendet hatte, trug Polybios die Urne mit der Asche des Toten in feierlicher Prozession nach Megalopolis. Jugenderlebnisse dieser Art verloren ihre Bedeutung auch dann nicht, als sein Weg in die Weite der Welt führte. Im Jahre 169 wurde er Hipparch und gelangte so – nicht zu seinem Heile – in eine der höchsten Stellen des Bundes. Als die Römer 168 die makedonische Macht bei Pydna gebrochen hatten, deportierten sie, nicht zum letzten auf Betreiben der römerfreundlichen Partei im Bunde, 1000 vornehme Achäer nach Rom, wo ihnen der Prozeß gemacht werden sollte. Dazu ist es nie gekommen, aber erst nach siebzehn Jahren gestattete man den noch überlebenden 300 die Heimkehr. War der Aufenthalt in Rom auch erzwungen, so war die Stellung des Polybios doch keineswegs die eines Gefangenen. Rasch öffnete sich ihm der Kreis des griechenfreundlichen Hochadels, und er selbst hat in einer eindrucksvollen Partie seines Werkes (32, 9f.) erzählt, wie sich ihm im Hause des Siegers von Pydna der jüngere Scipio zu einem Freund-

[1] Die Ausformung der römischen Stammessage ist durch Timaios wesentlich beeinflußt.

schaftsbund fürs Leben anschloß[1]. Polybios blieb nach seiner Rückkehr nicht lange in der Heimat. Wahrscheinlich schon 149 wurde er auf den afrikanischen Kriegsschauplatz gerufen und nahm dort, offenbar im Stabe Scipios, bis zum Falle Karthagos an dem Feldzuge teil. In diese Zeit ist auch seine Erkundungsfahrt zu setzen, die an der afrikanischen Küste nach Westen führte und für die ihm Scipio die Schiffe stellte[2].

Hatte Polybios vor Karthago als Taktiker und Belagerungstechniker raten können, so ergaben sich alsbald für ihn in den schlimmsten Tagen seiner Heimat wichtige diplomatische Aufgaben. Hier hatte eine sinnlose Katastrophenpolitik 146 zum Kriege mit Rom geführt, der rasch mit einem völligen Zusammenbruche endete. Die Zerstörung Korinths durch L. Mummius verdeutlichte die Schwere dieses Sturzes in furchtbarer Weise. Hier konnte Polybios mildernd und in Zusammenarbeit mit der Senatskommission, der die Neuordnung der Verhältnisse oblag, an vielen Orten helfend eingreifen. Dann ging er wieder nach Rom, konnte auch dort manches für seine Landsleute erreichen und kehrte schließlich in seine Heimat zurück, wo er im Alter von zweiundachtzig Jahren an den Folgen eines Sturzes vom Pferde starb. Er dürfte jedoch in der Zeit seines höheren Alters Griechenland noch mehrfach verlassen haben, zumindest läßt sich seine Teilnahme an Scipios spanischem Feldzug und der Eroberung von Numantia mit hoher Wahrscheinlichkeit behaupten, auch kann ein Aufenthalt in Alexandreia unter Ptolemaios Physkon in diesen Zeitabschnitt fallen.

Eine Reihe kleinerer Werke des Polybios, die *Biographie Philopoimens*, von der wohl einiges im Plutarch steckt, die *Taktika*[3], *Über die Bewohnbarkeit der Äquatorialzone*, die *Monographie über den Numantinischen Krieg*, sind verloren. Erhalten ist uns ungefähr ein Drittel des großen Geschichtswerkes, das Polybios in der Überzeugung schrieb, daß das Schicksal dieser Weltstunde Rom hieß. Zunächst ein Wort über Umfang, Aufbau und Erhaltung. Von den vierzig Büchern des Gesamtwerkes sind die beiden ersten einer Einführung (προκατασκευή) vorbehalten, die einen kurzen Überblick über die Zeit von 264–220 bietet und so nach oben den Anschluß an das Werk des Timaios herstellt. Die Bücher 3–5 schildern die Ereignisse in Italien und Griechenland bis zum Jahr von Cannae. Es folgt das 6. Buch mit seiner Theorie der Verfassungen und der Wertung der römischen. Dann bezeichnet in Buch 7 das Jahr 215 den Beginn einer annalistischen Behandlung, die jahrweise die Geschehnisse im Osten und Westen zusammenstellt. Nur zuweilen wird diese Ordnung verlassen, um nicht Zusammenhänge zu zerreißen. Dabei ist der Stoff so verteilt, daß im allgemeinen eine ganze oder eine halbe Olympiade ein Buch füllt, wenn nicht besonders ereignisreiche Jahre diesen Raum zur Gänze verlangen. Buch 12 mit der Polemik gegen die ältere Historio-

[1] P. Friedländer hat in dem Abschnitt *Sokrates in Rom* seines *Platon* 1, 2. Aufl. Berl. 1954, gezeigt, wie das Verhältnis des Sokrates zu seinen Schülern als Modell der Schilderung wirksam war.

[2] F. W. Walbank und M. Gelzer (s. *Gnom.* 29, 1957, 401) halten es für wahrscheinlich, daß Polybios bereits 151 mit Scipio nach Spanien und Afrika reiste.

[3] Literatur dieser Art gab es viele. So hat der Versuch, die *Taktika* des Asklepiodotos in der Florentiner Taktikerhandschrift über Poseidonios auf Polybios zurückzuführen, wenig Gewähr.

graphie bildet wie 6 eine Zäsur, so daß sich zumindest für diese Teile eine Komposition in Hexaden abzuzeichnen scheint, deren Konsequenz man jedoch nicht überschätzen soll. Mit Buch 29 ist das Epochenjahr von Pydna (168) erreicht. Der Rest des Werkes führt bis zum Jahre 144. Damals waren Karthago und Korinth zerstört, die Verhältnisse in Griechenland neu geordnet, das römische Großreich auf ein breites Fundament gestellt.

Ganz erhalten sind uns, von geringen Lücken abgesehen, die Bücher 1–5, von allem übrigen haben wir nur Stücke in Exzerpten, deren Ausmaß für die einzelnen Bücher sehr verschieden ist. Die wichtigste Exzerptenhandschrift, der Codex Vaticanus Urbinas Gr. 102 (11./12. Jh.), gibt Auszüge aus den Büchern 1–16 und 18, wobei die Abfolge aus dem Original festgehalten und die Zuweisung an einzelne Bücher gesichert ist. Liegt hier bereits eine Auswahl der Antike vor? Eine sichere Antwort ist nicht möglich. Dazu kommt eine Masse von Stücken, die aus der umfassenden Exzerptensammlung stammen, die Konstantinos VII. Porphyrogennetos im 10. Jahrhundert anlegen ließ. Hier stellt die Zuteilung an die einzelnen Bücher eine Reihe schwieriger Probleme.

Ein an Umfang und Inhalt so reiches Werk wie dieses wird nicht in einem Zuge niedergeschrieben. Es fehlt auch nicht an Beweisen für schichtenweise Entstehung. Das Prooimion (1, 1, 5) kündigt die Darstellung der dreiundfünfzig Jahre (220–168) an, in denen die Römer die Weltherrschaft gewannen[1], und eine Reihe von Stellen[2] setzt noch den Bestand von Karthago voraus. Das Bemühen, die Schichten zu scheiden, führte zu analytischen Ausschreitungen, wenn man sich etwa vermaß[3], fünf Auflagen herauszupräparieren. Es ist denn auch die Reaktion nicht ausgeblieben, die Polybios alles nach 146 in einem Zuge niederschreiben ließ[4]. Man wird festhalten dürfen, daß er den Hauptteil des Werkes bis Pydna in Rom konzipierte, wobei man an die Jahre nach 160 denken kann. Die folgenden Ereignisse, vor allem die Teilnahme am Dritten Punischen Kriege, führten zu dem Entschlusse einer Fortsetzung, den das später eingeschobene Kapitel 3, 4 theoretisch begründet: nicht der Erfolg (Pydna) allein, auch der Zustand nach dem Siege bedürfe prüfender Betrachtung. Später ist noch ein Wort zur Schichtenfrage im 6. Buche zu sagen. Fügen wir MATTHIAS GELZERS[5] These hinzu, daß umfangreiche Partien über die Geschichte der Achäer aus einer Zeit stammen, die der Komposition des universalgeschichtlichen Werkes vorauslag, so ist alles verzeichnet, was sich mit Wahrscheinlichkeit sagen läßt. Ob und in welchen Abständen Teilstücke publiziert wurden, ist schwer festzustellen, doch hat die Annahme einer postumen Ausgabe des Ganzen beachtliche Gründe für sich[6].

[1] Andere Stellen bei W. THEILER, ‹Schichten im 6. Buch des P.›. *Herm.* 81, 1953, 302.

[2] Bei ZIEGLER (s. u.), 1485, 39.

[3] R. LAQUEUR, *Polybios*. Leipz. 1913.

[4] H. ERBSE, ‹Die Entstehung des polybianischen Geschichtswerkes›. *Rhein. Mus.* 94, 1951, 157. Seinen Standpunkt verteidigt er durch ‹Polybios-Interpretationen›. *Phil.* 101, 1957, 269.

[5] ‹Die Achaica im Geschichtswerk des P.›. *Abh. Akad. Berl. Phil.-hist. Kl.* 1940/2; vgl. *Gnom.* 29, 1957, 406.

[6] Vgl. ZIEGLER (s. u.), 1487, 41.

Polybios hat sich über sein historiographisches Programm mit großer Entschiedenheit und Ausführlichkeit geäußert. In mehr als einem Punkte werden wir dabei an Thukydides erinnert, doch handelt es sich um die Theorie, in der Ausführung findet sich für polybianische Pragmatik und thukydideische Tiefe kein gemeinsames Maß.

In der Frage, ob das Geschichtswerk dem Nutzen oder der Ergötzung (ὠφέλεια oder τέρψις) zu dienen habe, in der Frage also, an der sich im Hellenismus die Geister schieden, vertritt er mit Entschiedenheit den Vorrang des Nutzens. In diesem Zeichen sahen wir ihn im Angriffe gegen Phylarchos und seinesgleichen, wo es ihm darum geht, Geschichtschreibung, wie er sie versteht, von den Effekten der Tragödie zu scheiden. In der Einleitung zum 9. Buche spricht er mit objektivem Urteil über sein Werk (oder in Verteidigung gegen fremde Kritik?) von dessen Herbheit und Einförmigkeit. Aber er bekennt sich mit voller Überzeugung zu einer Geschichtschreibung, die nicht mit Genealogien, Gründungsgeschichten und ähnlichem unterhält, sondern dem politischen Menschen die Kenntnis der Taten vermittelt, wie Völker und Herrscher sie setzten. Dies versteht er unter pragmatischer Geschichtschreibung (πραγματικὸς τρόπος). Damit ist die unbedingte Verpflichtung zu objektiver Wahrheitsfindung gegeben. Theoretisch wird diese Forderung kaum ein Historiker der Zeit so in Frage gestellt haben, wie später Cicero in dem famosen Brief an Lucceius (*Ad fam.* 5, 12), für Polybios aber ist sie eine Aufgabe gewesen, die er durchaus ernst genommen hat. Im 12. Buche (25 d ff.) zieht er in seiner Kritik an Timaios eine interessante Parallele zwischen Medizin und Historie und scheidet für jede von ihnen drei Teile. Für den pragmatischen Geschichtschreiber stellen sie sich als Arbeit an den schriftlichen Quellen, als geographische Erkundung auf Grund von Autopsie und als Einsicht in das politische Handeln dar. Hier setzt sich der Mann, der solche Einsicht durch eigene Tätigkeit in ungewöhnlichem Maße erworben hat, von dem Literaten ab. Es fügt sich in diesen Rahmen, daß er in seiner Kritik an Timaios auch die freie Erfindung von Reden verurteilt. Wo er selbst solche einlegt, stellt er die Forderung auf, nach Möglichkeit den authentischen Wortlaut zu erreichen. Für die achäische Bundesgeschichte und einzelne Senatsverhandlungen wird ihm dies möglich gewesen sein. Aber es bleibt bezeichnend, daß der thukydideische Begriff der inneren Wahrheit und die großartige Verwendung der Reden zur Freilegung der Grundkräfte des politischen Geschehens jenseits dessen liegen, was bei Polybios möglich ist.

Der Rahmen, in dem Polybios seine Aufgabe zu erfüllen gedachte, ist nicht die Monographie, sondern die Universalgeschichte. Auf diesem Felde fühlte er sich als Meister und läßt (5, 33) einzig Ephoros als Vorläufer gelten. Programmatisch führt er im Eingang seines Werkes aus, wie seit der 140. Olympiade, mit der seine Behandlung einsetzt, sich die Ereignisse auf den einzelnen Schauplätzen zu einem organischen Ganzen (σωματοειδές) verflochten haben.

Polybios hat die Geschichte als magistra vitae recht wörtlich genommen und sich von ihrer Erkenntnis die Meisterung politischer Situationen versprochen (z.B. 9, 2. 12, 25 b). Aber, so hören wir an der zweiten der eben genannten Stellen, nicht die bloße Erzählung des Geschehenen kann solchen Nutzen stiften, sondern nur dessen aitiologische Durchdringung. Das scheint wieder in einer gewissen Nähe zu Thukydides zu stehen, wenn Polybios aber mit Begriffen wie αἰτία und πρόφασις zu arbeiten beginnt (22, 22a), die der große Attiker prägnant verwendet (s. S. 518), wird der Abstand deutlich. Auch sucht polybianische Aitiologie nicht zu jenem menschlich Allgemeinen vorzudringen, das Thukydides als tiefste Schicht der Motivik freilegt, vielmehr bewegt sich das Denken des Historikers in den Kategorien des staatlichen Lebens, wie er sie in Innen- und Außenpolitik kennenlernte. Dabei trat der an sich nicht neue Gedanke, daß zwischen dem Schicksal der Staaten und ihrer Verfassung ein enger Zusammenhang bestehe, stark in den Vordergrund. Diesem Umstande verdanken wir die vielverhandelten Ausführungen des 6. Buches, in dem das Urteil über Roms Verfassung in einen weiten Rahmen theoretischer Überlegungen gestellt ist. Für diese hatte Polybios Vorgänger, aber die breite und keineswegs widerspruchsfreie Partie, in der er die Gedanken zusammenfaßt, zeigt seine Handschrift. Längst hat man gesehen, daß hier zwei Theorien aneinandergeschoben sind. Die Lehre von dem zyklischen Wandel (μεταβολή) der Verfassungen durch Entartung, für die Polybios selbst Platon und andere Philosophen (6, 5) als Vorgänger nennt, ist verquickt mit der Wertung der gemischten Verfassung als der besten und beständigsten Form. Die hohe Schätzung der Mischverfassung hatte vor allem der Aristotelesschüler Dikaiarchos in seinem *Tripolitikos*[1] vertreten. Es ist eine vielverhandelte Frage[2], ob die beiden Theorien verschiedenen Schichten des Werkes angehören oder ob sie der Autor in dem Sinne verbinden wollte, daß sich die gemischte Verfassung als die widerstandsfähigste gegen die Entartung und den Wandel erweist. Wenn wir dieser Möglichkeit den Vorzug geben, sollen damit nicht spätere Zusätze geleugnet werden. Sie scheinen vor allem in dem pessimistischen Ausblick auf Roms Zukunft faßbar zu sein (6, 9, 12f.). Polybios hat – soviel wird in einer ersten Schicht klar – einen wesentlichen Grund für Roms Aufstieg in seiner gemischten Verfassung erblickt, die in Konsuln, Senat und Volk Elemente der Monarchie, Oligarchie und Demokratie aufweist. Aber an der angeführten Stelle sagt er, daß wie alle natürlich gewachsenen Dinge auch Rom dem Gesetz nicht entgehen werde, das auf Wachstum und Blüte den Verfall folgen läßt. Da hören wir wohl den Polybios der späteren Jahre, dem die Schäden und Gefahren in dem Staatswesen sichtbar wurden, dessen beispiellose Erfolge ihn einst zum Bewunderer ohne Vorbehalt gemacht hatten.

Polybios war kein philosophischer Kopf und am wenigsten ein religiöser Denker. Philosophische Lehren kannte er wohl, war aber weder Stoiker noch Angehöriger

[1] F. Wehrli, *Dikaiarchos*. Basel 1967, 28. 64. Der Ansicht, Polybios habe seine politischen Überzeugungen unmittelbar von Dikaiarchos übernommen, tritt K. v. Fritz entgegen: zuletzt in *Entretiens sur l'antiquité class.* 4. Fondation Hardt, Vandœuvres-Genève 1956, 95.

[2] In weitem Zusammenhange behandelt unsere Partie H. Ryffel, Μεταβολὴ πολιτειῶν. *Noctes Romanae* 2. Bern 1949. Die Verteilung der Gedankenkomplexe auf Werkschichten vertritt W. Theiler (s. S. 867 A. 1). In großem historischen und verfassungsgeschichtlichen Rahmen steht die Analyse von K. v. Fritz, *The Theory of the Mixed Constitution in Antiquity*. New York 1954. In der Schichtenanalyse nimmt er einen zurückhaltenden Standpunkt ein, ohne spätere Zusätze zu leugnen. An allen drei angeführten Stellen reiche Lit. Dazu H. Erbse (s. S. 867 A. 4) und M. Gelzer, *Gnom.* 28, 1956, 83, der im Grundsätzlichen Theiler zustimmt und eher zur Annahme von Werkschichten neigt.

einer anderen philosophischen Sekte. Daß seine Haltung die des aufgeklärten Hellenisten ist, verrät sich deutlich in seiner Wertung der römischen Religion (6, 56, 6): er erkennt ihre hohe Bedeutung an, aber sie liegt für ihn in der Sicherung einer sittlich fundierten Gesellschaftsordnung. In dieser Sicht bleibt auch der Kult unangetastet. Viel ist von Tyche die Rede, und man hat mehrfach beobachtet[1], wie da verschiedene Vorstellungen durcheinandergehen: Tyche als geradezu providentielle Weltregentin, Tyche neidisch wie ehedem die Götter, Tyche das Irrationale, dessen Raum eine vernünftige Geschichtschreibung nach Kräften einengt, wenn nicht leugnet. Für diesen Befund gibt weder die Annahme einer Entwicklung im Denken des Polybios eine Erklärung, noch kann das Widerstrebende durch logische Konstruktion vereinigt werden. Es ist einfach so, daß wir bei Polybios jene Vielfalt von Vorstellungen finden, die sich in der hellenistischen Zeit als Strandgut religiösen Denkens zusammengefunden hatte.

Die Sprache des Polybios ist von Frische und Natürlichkeit denkbar weit entfernt. Ihre Grammatik ist weitgehend die attische. Man hat mit glücklicher Formulierung gesagt, daß die Haltung des Polybios dem Attischen gegenüber konservativ, die der Attizisten hingegen reaktionär ist[2]. Das ist am Gebrauche des Optativs gut abzulesen, den Polybios, wie später in geringerem Maße auch Diodor, noch bewahrt, während er bei Autoren wie Dionysios von Halikarnaß künstlich restituiert ist. Das besondere Gepräge aber erhält sie durch ihre starke Neigung zum Abstrakten. Diese verrät sich ebenso in der Wortwahl mit ihren vom Attischen abliegenden Nominalbildungen und zusammengesetzten Verben wie in der Periodisierung, der Glätte und Ausgewogenheit mangeln und die mit Hilfe von Partizipien und substantivierten Infinitiven ein Maximum an Gedanklichem in ein vielschichtiges Satzgefüge zu pressen sucht. Dabei ist Formlosigkeit keineswegs gewollt, das beweist allein die sorgsame Hiatvermeidung. Hinter dem Stil des Polybios steht die Sprache der hellenistischen Kanzlei, wie sie sich in der Zeit der Koine zu einem Instrument umständlichen und auf Genauigkeit bedachten Aktenverkehres entwickelt hat.

Daß des Polybios Werk in der Geschichtschreibung des späteren Hellenismus Epoche machte, wird schon daran deutlich, daß andere dort einsetzten, wo er aufgehört hatte. Das umfangreiche universalhistorische Werk des Poseidonios (s. S. 765)[3] bezeichnete diesen Einsatz in seinem Titel, und auch Strabon, den wir später als Geographen kennenlernen werden, hat in seinen *Historika Hypomnemata* (F Gr Hist 91) nach vier Büchern zusammenfassender Einführung den umfangreichen Hauptteil (43 B.?) unter den Nebentitel *Geschichte der Zeit nach Polybios* (Τὰ μετὰ Πολύβιον) gestellt.

Der ausgehende Hellenismus brachte keinen Geschichtschreiber von Rang hervor. Das besondere Kennzeichen dieser Zeit ist die Neigung zu umschichtiger Kompilation dessen, was man mit beharrlichem Fleiße aus der Masse älterer Literatur auszog. Ein Erzeugnis dieser Art wird wohl das umfangreiche Geschichtswerk des Agathar-

[1] K. v. Fritz a.O. 388. Ziegler (s. u.), 1532. [2] Vgl. A. Debrunner, *Gnom.* 28, 1956, 588.
[3] Wir besitzen nur Trümmer; besonders wichtig ist die umsichtige Bearbeitung durch Jacoby F Gr Hist 87.

chides von Knidos (F Gr Hist 86)[1] gewesen sein, der in zehn Büchern asiatische und in neunundvierzig europäische Geschichte behandelte. Etwas besser ist uns durch verschiedene Reste, darunter einen Auszug des Photios, sein Werk *Über das Rote Meer* (womit er den Persischen Golf meint) bekannt. Geographisch kann es nur in dem weiten Sinne jenes Schrifttums heißen, das mit vielseitigen Interessen abseits der exakten, mathematisch fundierten Erdkunde stand. Agatharchides, der noch im 2. Jahrhundert lebte und kaum weit über dessen zweites Drittel hinaus schrieb, war als Philosoph Peripatetiker, als Schriftsteller ein erbitterter Gegner des Asianismus. Rhetor ist Timagenes von Alexandreia (F Gr Hist 88) gewesen. Im Jahre 55 kam er durch Pompeius als Gefangener nach Rom, gewann dort Ansehen, erregte aber durch seine böse Zunge Anstoß und fand schließlich seinen Altershafen bei Asinius Pollio. Das Werk *Über Könige* führte von der Urzeit bis mindestens auf Caesar. Die Nachwirkung war stark, wie weit freilich des Pompeius Trogus *Philippica* von Timagenes abhängen, ist heute eine offene Frage[2].

Wenn wir den Hellenismus im engeren Sinne mit 30 v. Chr. enden lassen, so bedeutet eine solche Zahl keine starre Grenzsetzung. Schon des Timagenes Leben reicht über sie hinaus, und wir fügen einige Kompilatoren an, mit deren Chronologie es ähnlich steht, die aber von der klassizistischen Reaktion noch unberührt sind.

Diodoros von Agyrion in Sizilien muß sich trotz dem Umfange des Erhaltenen in einer Literaturgeschichte mit einem bescheidenen Platze begnügen. Seine Lebenszeit ist ungefähr dadurch bestimmt, daß sich als spätestes Ereignis die Verlegung einer römischen Kolonie nach Tauromenion (wahrscheinlich 36 v. Chr.) erwähnt findet. Diodor hat in den vierzig Büchern seiner *Bibliotheke* aus einer großen Zahl verschiedener Quellen die griechische und römische Geschichte für ein breiteres Publikum synchronistisch dargestellt, wobei ihm freilich die Vereinigung der griechischen und römischen Chronologie erhebliche Schwierigkeiten bereitete. Der Sizilier ließ es sich nicht nehmen, auch die Geschichte seiner Heimatinsel, vorwiegend nach Timaios und Duris, einzuarbeiten. Für welche Leute Diodor schrieb, wird schon daraus klar, daß er höchst rückschrittlich die mythische Vorgeschichte in seine Darstellung einbezog. Aber bei allem Schelten auf Diodor nehmen wir ihm seine Ware doch gerne ab: im 3. Buche von cap. 52 an und im 4. hat er neben Dionysios Skytobrachion ein mythographisches Handbuch verwendet. Da wir von dieser Art wenig besitzen, hat die Partie bedeutenden stofflichen Wert. Und so ist es auch sonst mit der *Bibliotheke*, die bis zur Eroberung Britanniens durch Cäsar (54) reicht. Eben weil Diodoros völlig unselbständig arbeitet – unselbständig auch dort, wo er in Prooimien große Worte

[1] Nur die historischen Fragmente. Jene aus dem Werk *Über das Rote Meer* bei Müller, *Geogr. Gr. min.* Paris 1855/61, 1, 111. D. Woelk, *Agatharchides von Knidos Über das Rote Meer. Übers. u. Komm.* Diss. Freiburg. Bamberg 1966. H. Strasburger hat in einer für die antike Historiographie wichtigen Untersuchung, *Die Wesensbestimmung der Geschichte durch die antike Geschichtsschreibung*. Wiesbaden 1966, auf das Interesse des Agatharchides für Sozialgeschichte, wie die Not der Sklaven in den Goldbergwerken an der ägyptisch-äthiopischen Grenze aufmerksam gemacht.

[2] Jacoby sammelt alle Argumente für v. Gutschmids alte These, heftig bekämpft diese O. Seel, *Die Praefatio des Pompeius Trogus*. Erlangen 1955, 18 (19, 15 Lit.).

macht –, sind seine Quellen, die mitunter stilistisch durchscheinen, verhältnismäßig leicht und in vielen Fällen sicher auszulösen. Für die klassische Zeit benützt er weitgehend Ephoros, für die folgende Zeit Duris und Phylarchos, weiter dann Polybios. Für die Bücher 33-37 hat er das Geschichtswerk des Poseidonios zur Grundlage genommen. So ist er um des erhaltenen Stoffes willen für die Geschichte und wegen der erkennbaren Quellen für die Historiographie wichtig, womit seine Bedeutung aber auch im wesentlichen erschöpft ist.

Die Frage nach der Herkunft der kosmogonischen und kulturgeschichtlichen Einleitungskapitel 1,7f. ist in neuerer Zeit lebhaft erörtert worden. Die Auffassung K. Reinhardts, daß Diodor in diesen Abschnitten über Hekataios von Abdera auf den *Diakosmos* Demokrits zurückgehe, kann heute als widerlegt gelten[1]. Über die Debatte jüngster Zeit, die immerhin die Möglichkeit offen läßt, hier an Poseidonios zu denken, haben wir früher (S. 765 A. 7) berichtet.

Ganz erhalten sind die Bücher 1–5 und 11–20 (Xerxeszug bis Allianz gegen Antigonos Monophthalmos), doch besitzen wir aus den verlorenen Teilen ziemlich viel durch verschiedene Auszüge. Da sind die Exzerpte in der zu Polybios genannten Sammlung des Konstantinos Porphyrogennetos, dazu die des Photios und solche in einer verlorengegangenen Handschrift, die David Hoeschel 1603 zu Augsburg als Anhang zu den *Eclogae legationum* erscheinen ließ. Zitate aus der *Bibliotheke* setzen erst spät bei Kirchenschriftstellern und Byzantinern ein.

Stilistisch ist Diodor vorklassizistischer Hellenist, der in seiner Koine wie Polybios den Hiat meidet. Bedeutende Differenzen in der Weise des Erzählens hängen mit den Quellen zusammen, so ist etwa die Lebendigkeit der Partien, die von Agathokles berichten, aller Wahrscheinlichkeit nach auf Duris zurückzuführen. Anderseits zeigt ein Vergleich von Teilen des 3. Buches (11–48) mit den Auszügen des Photios aus der Schrift des Agatharchides *Über das Rote Meer*, daß Diodor Unebenheiten meidet und glatter, aber auch farbloser schreibt als sein Original.

Universalgeschichte in größtem äußeren Maßstabe hat auch Nikolaos von Damaskos (F Gr Hist 90) geschrieben. In den dreißiger Jahren finden wir ihn bei Antonius und Kleopatra als Erzieher ihrer Kinder, später ging er an den Hof des Herodes, bei dem er bis zu dessen Tode (4 v.Chr.) blieb. Im Auftrag des Sohnes vertrat er dessen Interessen in Rom und hat vielleicht sein Leben dort beschlossen. Gelegentlich (T 2) heißt er Philosoph und hat unter anderem auch *Über die Philosophie des Aristoteles* geschrieben[2]. Herodes gewidmet war eine *Sammlung seltsamer Sitten* (Ἐθῶν συναγωγή), von der uns Stobaios einiges bewahrt hat. Da zeichnet sich eine Linie ab, die von der ionischen Ethnographie herkommt, über den Peripatos (Aristoteles' Νόμιμα βαρβαρικά) führt und in die hellenistische Paradoxographie mündet. Auch Biographien hat Nikolaos geschrieben: die des Augustus und seine eigene. Aus beiden haben die

[1] W. Spoerri, *Späthellenistische Berichte über Welt, Kultur und Götter. Schweiz. Beitr. z. Altertumswiss.* 9. Basel 1959. Der Diodortext hat daher auch keinen Anspruch mehr auf den Platz unter den Demokritfragmenten VS 68 B 5.

[2] H. J. Drossaart Lulofs, *Nicolaus Damascenus on the Philosophy of Aristotle. Fragments of the first 5 books transl. from the Syriac.* Leiden 1965; repr. 1969.

konstantinischen Exzerpte einiges bewahrt, sie geben uns auch Auszüge aus dem Hauptwerk, den *Historiai* in 144 Büchern. Da ging es von den Großreichen des Orients über die griechische Frühgeschichte bis zum Todesjahr des Herodes. Auch hier haben wir eine Kompilation größten Ausmaßes, die das Römische Reich einbezog; doch läßt die erkennbare Zunahme des Umfanges für die Zeit, die Nikolaos erlebte, die Annahme offen, daß er dort auch Eigenes gab.

Den angeführten Kompilatoren schließt sich einer von königlichem Range an. Juba II. von Mauretanien (F Gr Hist 275) hatte seine Jugend in Rom als Geisel verlebt und zu fleißigen Studien benützt, bis er 25 von Augustus einen Teil der väterlichen Herrschaft erhielt. Nach Titeln und Resten war er ein von unersättlichem Stoffhunger besessener Antiquar, der Exzerpte auf Exzerpte häufte. Diese betrafen verschiedene Länder, auch eine *Römische Geschichte* in zwei Büchern war darunter. Ganz in der Aufsammlung von Einzelheiten werden sich die *Ähnlichkeiten* (Ὁμοιότητες, 15 B.) erschöpft haben, die nach Art dieser Literatur alles und jedes in der ganzen Welt verglichen. Sympathisch empfindet man an diesem Sammler sein Interesse für die Kunst und das Theater. Sein Werk *Über Malerei* umfaßte mindestens neun, die *Theatergeschichte* mindestens siebzehn Bücher.

Historiker im strengen Sinne konnten schon einige der Letztgenannten nicht mehr heißen, weiter auf dieser Linie führt uns Alexander Polyhistor von Milet (F Gr Hist 273). Er war als Kriegsgefangener zu Cornelius Lentulus nach Rom gekommen und erhielt 82 im Zuge der Maßnahmen nach der Proskription unter Sulla die Freiheit[1]. Seine Schriften bezeichnet die *Suda* kurzerhand als unzählbar. Kenntlich wird eine große Menge ethnographischer Bücher, keineswegs Teile eines Gesamtwerkes. So hat er über Ägypten, Libyen, Syrien, Indien, über Assyrer, Juden und Chaldäer geschrieben, und wenn auch Titel wie *Über Rom* (5 B.), *Über das Orakel in Delphi*, *Über pythagoreische Symbole* oder *Sammlung wunderbarer Dinge* mannigfache andere Interessen des Polyhistors bekunden, so bestand doch ein Hauptteil seiner Arbeit darin, den Römern Kunde vom Osten zu vermitteln[2].

Den griechischen Griffel in römischem Dienst zu sehen ist zu dieser Zeit nichts Seltenes. Als Beispiel läßt sich Theophanes von Mytilene (F Gr Hist 188) anführen, der Pompeius begleitete und dessen Ostfeldzüge in propagandistischer Absicht schilderte. Andere wie Metrodoros von Skepsis (F Gr Hist 184)[3], der für Mithradates schrieb, wählten ihre Stellung im römerfeindlichen Lager.

Die geographisch-historische Periegese als eine von Alexander Polyhistor reich gepflegte Form führt uns zu dem besonderen Schrifttum der Periegeten, von dessen Entwicklung früher (S. 753) die Rede war. Auf diesem Felde begegnen wir Polemon von Ilion, der im 2. Jahrhundert lebte, einer Persönlichkeit, die sich durch echt wissenschaftliche Gesinnung und ehrlichen Dienst an der Forschung ebenso von dem

[1] Vgl. Appian, *Bell. civ.* 1, 469.
[2] Ein positives Urteil über seine Schriftstellerei bei F. Jacoby, F Gr Hist 3a, 253. 293.
[3] Jacoby trennt mit guten Gründen einen älteren Metrodoros von Skepsis, den Akademiker und Mnemotechniker, von einem jüngeren, dem Günstling des Mithradates.

Streben nach Effekt wie von dem bloßen Sammelfleiß der Kompilatoren abhebt. Auch er hat in seiner Schrift *Über Wunderbares* (Περὶ θαυμασίων) der Kuriositätenfreude der Zeit seinen Tribut bezahlt, aber das besagt wenig im Vergleich zu dem reichen Schrifttum, in dem er die Ergebnisse sorgfältiger persönlicher Forschung in fast allen griechischen Gebieten niederlegte. «Inschriftenhamster»[1] hat man ihn genannt. Den Umfang seiner Leistung können wir nur auswählend andeuten. Seine Periegesen betrafen Athens Akropolis, die heilige Straße nach Eleusis, Weihgeschenke in Sparta, Schatzhäuser in Delphi, denkwürdige Orte wie Ilion, Dodona, Samothrake. In der Form der Gründungsgeschichten (Κτίσεις) berichtete er von Städten des griechischen Nordens und Westens. Gelegentlich hat er sich über gelehrte Fragen wie Götterbeinamen, ein dunkles Sprichwort oder semasiologische Entwicklungen in der Form des Briefes geäußert. Ein Gelehrter, der so redlich die Wahrheit suchte, konnte ohne Polemik nicht auskommen. Eine besonders ausführliche Schrift dieser Art hat er gegen Timaios gerichtet.

Ebenfalls noch ins 2. Jahrhundert gehört Demetrios von Skepsis, der eine umschichtige Periegese der Troas als Kommentar zum Troerkatalog der *Ilias* (2, 816–877) gab. Auch auf die Lage von Altilion ging er, allerdings mit falschem, endgültig erst von SCHLIEMANN erledigtem Ansatze ein. Daß ein Werk schwerer Gelehrsamkeit in dem kleinen Skepsis geschrieben werden konnte, ist bezeichnend für die Dichte des geistigen Lebens dieser Zeit. Allerdings war der Ort schon im 4. Jahrhundert so etwas wie ein Außenposten der Akademie gewesen (S. 570).

Wir schließen hier in Kürze Pseudohistorisches an, das einen eigenen Abschnitt nicht beanspruchen kann. Auf der Grenze steht Hekataios von Abdera (F Gr Hist 264), der unter dem ersten Ptolemaier schrieb. Sein Werk *Über die Ägypter* meinte man in dem Exzerpt in Diodors erstem Buche über den Götterglauben der Ägypter (11–13) erkennen zu dürfen[2]. Wir fassen da eine eigentümliche Form «ethnographischer Utopie» (JACOBY), die historisch-ethnographisches Material mit Mythos und freier Erfindung so verbindet, daß das Ganze zum lebhaften Ausdruck bestimmter Ideen von Staat und Gesellschaft wird. So erscheint das alte Ägypten, für die Griechen seit eh und je ein Land ehrwürdiger Geheimnisse, als die Stätte, an der sich menschliche Kultur und eine ideale Verfassung entwickelten. Ganz im Bereiche der Phantasie hatte das Buch *Über die Hyperboreer* seinen Schauplatz. Den Exkurs über die Juden bei Diodor 40, 3 hat man mit großer Wahrscheinlichkeit dem Ägyptenbuch des Hekataios (F 6) zugewiesen. Diese früheste uns bekannte Äußerung war wohl der Ansatz für die Fälschung eines Buches *Über die Juden* und eines *Abrahambuches* (Κατ' Ἄβραμον καὶ τοὺς Αἰγυπτίους) auf den Namen des Hekataios.

Von dem Abderiten ist der Schritt zu dem ungefähr gleichzeitigen Euhemeros von

[1] στηλοκόπας läßt sich nur ungefähr wiedergeben. Für die Ergänzung seines Namens in *Ox. Pap.* 31, 1966, nr. 2535, dem Bruchstück eines Hypomnemas über historische Denkmäler und Epigramme, tritt M. Treu, Gnom. 40, 1968, 350, ein.

[2] Daß dies keineswegs sicher ist, soviel hat SPOERRI (vgl. S. 765 A. 7) jedenfalls gezeigt, der an späthellenistisches, uns weiter nicht faßbares Traditionsgut denkt. Grundsätzlich zu seiner Skepsis O. GIGON, *Gnom.* 33, 1961, 776.

Messene (F Gr Hist 63), dem Freunde Kassanders (317/16–298/97), nicht gar so weit. Seine *Heilige Aufzeichnung* (Ἱερὰ ἀναγραφή) erzählte von einer Insel der Panchaier im Indischen Ozean, auf der Euhemeros eine goldene Stele mit Berichten über Uranos, Chronos und Zeus gefunden hätte. Auf Grund dieses «Dokumentes» wurde ausgeführt, wie die Götter – woferne es sich nicht um personifizierte Naturgewalten handelte – nichts anderes als hochverdiente Menschen ferner Vergangenheit seien. Euhemeros hat es zu einigem Ruhm gebracht, Ennius vermittelte ihn den Römern, und heute spricht man von Euhemerismus als einer bestimmten Weise, Religion zu erklären. Aber man soll nicht übersehen, daß Euhemeros nur einen, freilich recht markanten Punkt auf der Linie rationaler Mythendeutung bezeichnet, die wir von Hekataios von Milet und Stesimbrotos herauf verfolgen können. Auch von der Sophistik führt eine Linie zu Euhemeros.

Wir sind mehrfach auf hellenistische Autoren gestoßen, die allerlei Wunderbares zusammentrugen, und fügen hinzu, daß sich solche Paradoxographie zu einer eigenen, in alter ionischer ἱστορίη wurzelnden Gattung entwickelte. Da ist Bolos von Mendes (VS 78) zu nennen, den wir früher (S. 386) als fragwürdigen Demokriteer kennenlernten. Er leitet jene Tradition von medizinischen und alchimistischen Geheimwissenschaften ein, die noch über das Mittelalter hinaus kräftig wucherte. Seine Χειρόκμητα waren auf den Namen Demokrits gestellt. Ebenfalls noch dem 3. Jahrhundert gehört Antigonos von Karystos an, unter dessen Namen eine *Sammlung wunderbarer Geschichten* (Ἱστοριῶν παραδόξων συναγωγή)[1] erhalten ist. Daß dieser Antigonos mit dem häufig zitierten Verfasser von Philosophenbiographien[2] und weiter mit jenem Antigonos, der am Hofe Attalos I. über Toreutik und Malerei schrieb, identisch sei, wird seit der bekannten Untersuchung von WILAMOWITZ[3] von vielen angenommen. Ist das richtig, dann ist Antigonos von Karystos jenen Künstlern zuzurechnen, die im Frühhellenismus durch die Selbstbesinnung auf Bedingungen und Ziele ihres Schaffens der griechischen Kunsttheorie eine neue Dimension gaben[4].

Diese Paradoxographie speiste sich aus großen Sammelbecken. Plinius der Ältere und eine anonyme Schrift über allerlei Wunder in Gewässern[5] lassen uns einiges von dem Buche des Isigonos von Nikaia über Paradoxa (1. Jh. v. Chr.) erkennen. Da werden Übereinstimmungen der verschiedenen Überlieferungszweige sichtbar.

[1] Ausgabe: O. KELLER, *Rerum Naturalium Scriptores* 1. Leipz. 1877. Ebendort auch der Paradoxographus Vaticanus, der Antigonos benützt.

[2] Über diese K. v. FRITZ, *Gnom.* 28, 1956, 332. Nach ihm beruhten diese Biographien auf persönlichen Erinnerungen und Erkundungen, ohne einem peripatetischen Kompositionsschema zu folgen. Sie betrafen Zeitgenossen und wollten an deren Lebensführung den Weg zu Glück und Sittlichkeit zeigen.

[3] *A. v. Karystos. Phil. Unters.* 4, 1881.

[4] Zur Entwicklung der Kunsttheorie im Zusammenhang mit hellenistischen und späten philosophischen Systemen B. SCHWEITZER, ‹Der bildende Künstler und der Begriff des Künstlerischen in der Antike›. *Neue Heidelb. Jahrb.* 1925, 28. *Xenokrates von Athen. Schr. d. Königsb. Gel. Ges. Geistesw. Kl.* 9/1, 1932. ‹Mimesis und Phantasia›. *Phil.* 89, 1935, 286.

[5] H. OEHLER, *Paradoxographi Florentini anonymi opusculum de aquis mirabilibus.* Tüb. 1913. Für die Mirabilien-Literatur: A. GIANNINI, *Paradoxographorum Reliquiae.* Classici Greci e Latini. Sez. Testi e Commenti 3. Milano 1967 (mit lat. Übers.).

Natürlich gehört in diese Zeit auch das mythologische Handbuch, das den Stoff bequem darbietet. Ernst genommen wollte Dionysios von Samos (F Gr Hist 15) sein, der etwa in der ersten Hälfte des 2. Jahrhunderts seinen *Kyklos* in sieben Büchern schrieb. Auf einem anderen Blatte steht Dionysios mit dem Beinamen Skytobrachion (F Gr Hist 32), der in seinen mythographischen Romanen über Göttergeschichte, Troischen Krieg, Argonautenfahrt mit der Überlieferung nach Belieben umsprang.

Da ernste Bedenken bestehen, die Taktik (Τέχνη τακτική) des Asklepiodotos[1] unter Wissenschaft zu reihen, möge sie hier ihre Erwähnung finden. Da die Schrift noch aus dem 1. Jahrhundert v. Chr. stammt, ist sie für uns das erste Beispiel jener schulmäßigen Behandlung einer längst überlebten Kriegskunst, die sich in kaiserzeitlichen Autoren wie dem Taktiker Aelian und Onasandros fortsetzt. Auch Polyainos mit seinen *Strategemata* liegt nicht weit ab.

Unerschöpfliche Fundstätte für die Autoren dieses Abschnittes sind JACOBYS F Gr Hist, ein Werk, das man nicht anders als mit abgezogenem Hute loben darf. Für etliche der hier Genannten liegen wertvolle *RE*-Artikel von E. SCHWARTZ vor, die nun bequem vereinigt sind: *Griech. Geschichtschreiber*. 2. unver. Aufl. Leipz. 1959. – Lit. zu Alexander: H. BENGTSON, *Griech. Gesch.* 4. Aufl. München 1969, 329 ff. Dazu F. SCHACHERMEYR, *Alexander d. Gr.* Graz 1949. C. A. ROBINSON JR., *The History of A. the Great* 1. Brown Un. Pr. 1953; II 1963. Vorbehalte bei H. U. INSTINSKY, *Gnom.* 36, 1964, 212, mit Lit. zu den Alexander-Historikern. W. W. TARN, *Alexander The Great*. 2 Bde. Cambridge 1948; repr. 1950/51; Deutsch: Darmstadt 1968. F. SCHACHERMEYR, *Alexander in Babylon*. Sitzb. Öst. Ak. Phil.-hist. Kl. 268/3, 1970. – Alexanderroman: Text: W. KROLL, I. *Recensio Vetusta*. 2. unver. Aufl. Berl. 1958. Analyse und Lit. bei MERKELBACH s. S. 860 A. 1. Dazu E. MEDERER, *Die Alexanderlegenden. Würzb. Stud.* 8. Stuttg. 1936. P. H. THOMAS, *Incerti auctoris epitoma rerum gestarum Alexandri Magni cum libro de morte testamentoque Alexandri*. Leipzig 1960. U. v. LAUENSTEIN, *Der griech. Alexanderroman. Rezension Γ, Buch 1.* Meisenheim a. Glan 1962. H. ENGELMANN, *Dasselbe, Buch 2.* Ebda. 1963. FR. PARTHE, *Dasselbe, Buch 3.* Ebda. 1969. LEIF BERGSON, *Der griech. Alexanderroman. Rezension β.* Stockholm 1965. A. MUGRDICH WOLOHOJIAN, *The Romance of Alexander the Great by Ps.-Callisthenes. Transl. from the Armenian version.* New York 1969. – Lit. zu verschiedenen Autoren dieser Zeit: *Fifty Years of Class. Scholarship*. 2. ed. Oxf. 1968. Dazu: L. PEARSON, *The Lost Histories of Alexander*. Baltimore 1959. – E. KORNEMANN, *Die Alexandergeschichte des Königs Ptolemaios I. von Äpypten.* Berl. 1935. – Phylarchos: J. KROYMANN, *RE* S 8, 1956, 471 ff. – Timaios: TR. S. BROWN, *Timaeus of Tauromenium. Univ. of Calif. Publ. in History* 55, 1958. GU. MANSUELLI, *Lo storico Timeo di Tauromenio*. Bologna 1958. – Polybios: Die Übersicht über das Erhaltene wurde o. gegeben. Für die fast vollständig überlieferten Bücher 1–5 ist die wichtigste Handschrift der Vaticanus Gr. 124, der 947 geschrieben wurde. J. M. MOORE, *The Manuscript Tradition of Polybius*. Cambridge 1965. A. DÍAZ TEJERA, ‹Análisis de los manuscrittos Polibianos Vaticanus GR 1005 y Vindobonensis GR 59›. *Emerita* 36, 1968, 121. Kritische Ausgaben: F. HULTSCH, 4 Bde. (1 u. 2 in 2. Aufl.) Leipz. 1870–92. TH. BÜTTNER-WOBST, 5 Bde. (1 in 2. Aufl.) Leipz. 1889–1904. P. PEDECH, *Pol. Histoire. Livre XII.* Coll. des Un. de Fr. 1961; *Livre 1.* 1969. Zur Erklärung: F. W. WALBANK, *A Historical Commentary on P. I (Comm. on 1–6).* Oxf. 1957; P. II (Comm. on 7–18). 1967. M. I. Finley, *The Greek Historians. The Essence of Herod. Thuc. Xen. Polyb.* New York 1959 (Ausgewählte Stellen mit Noten und Einleitungen). K. v. FRITZ, *The Theory of the Mixed Constitution in Antiquity. A Critical Analysis of Polybius' Political*

[1] H. KÖCHLY-W. RÜSTOW, *Griech. Kriegsschriftst.* 2/1, Leipzig 1855. W. A. OLDFATHER, *Aeneas Tacticus, Asclepiodotus and Onasander.* The Illinois Greek Club. *Loeb Class. Libr.* 1923. Über die Literatur dieser Art KROMAYER-VEITH, *Heerwesen und Kriegsführung der Gr. u. R.* München 1928, 9 (Lit. 17).

Ideas. New York 1958. P. PEDECH, *La méthode historique de Polybe*. Paris 1964. F. EISEN, *Polybius-Interpretationen*. Heidelberg 1966. G. A. LEHMANN, *Untersuchungen zur histor. Glaubwürdigkeit des Pol*. Münster 1967. E. GRAEBER, *Die Lehre von der Mischverfassung bei Pol*. Bonn 1968. K.-E. PETZOLD, *Studien zur Methode des Pol. und zu ihrer historischen Auswertung*. München 1969. Das alte, unzulängliche Lexikon von J. SCHWEIGHÄUSER (Oxf. 1822) wird nun ersetzt durch A. MAUERSBERGER, *Pol.-Lex*. (1/1–3, Berl. 1956–1966. Engl. Übersetzung in der doppelsprachigen Ausgabe der *Loeb Class. Libr.* von W. R. PATON, 6 Bde. 1922–27. M. CHAMBERS, *Pol. The Histories. Newly transl.; ed. by* E. BADIAN. New York 1966. It. Übersetzung von C. SCHICK, 2 Bde. Milano 1955. Deutsch von H. DREXLER, *P. Geschichte* 2 Bde. Zürich 1961 u. 1963. E. MIONI, *Polibio*. Padua 1949. Eine gründliche Monographie stellt der große *RE*-Artikel von K. ZIEGLER dar (21, 1952, 1440). M. GELZER, *Über die Arbeitsweise des P. Sitzb. Ak. Heidelb. Phil.-hist. Kl.* 1956/3. IRENA DEVROYE en LYSIANE KEMP, *Over de historische methode van Pol.* Brüssel 1956 (*Kon. Vlaamse Acad. Kl. d. Lett.* 18/28). Weitere Lit. in den Anmerkungen.

Diodor: Die Überlieferung ist für die einzelnen Teile verschieden, knappe Übersicht bei CHRIST-SCHMID, *Gesch. d. gr. Lit.* 2. T. 6. Aufl. Münch. 1920, 409. Text: F. VOGEL-C. T. FISCHER, 5 Bde. (B. 1–20) Leipz. 1888–1906 ed. ster. Stuttgart 1964. Für die restlichen Bücher die alte Ausgabe von W. DINDORF, Leipz. 1867/68. MARTA SORDI, *Diodori Siculi Bibliothecae liber 16*. Firenze 1969 (mit Komm.). Mit engl. Übersetzung C. H. OLDFATHER, R. M. GEER, F. R. WALTON, 12 Bde. *Loeb Class. Libr.* 1933 ff. Die Übersetzung von JOHN SKELTON herausgegeben von F. M. SALTER und H. L. R. EDWARDS. 1, Lond. 1956; 2, 1957. Besonders wichtig ist der große *RE*-Artikel von SCHWARTZ (Sammelausgabe, s. o.) wegen der eingehenden Quellenanalyse. Einige ältere Lit. in *Fifty Years* (s. o.). Dazu J. PALM, *Über Sprache und Stil des D. von Siz.* Lund 1955, der es unternimmt, durch den Vergleich von Diodorpartien mit vorhandenen Originalen den sprachlichen Anteil Diodors festzustellen. G. PERL, *Kritische Untersuchungen zu Diodors römischer Jahreszählung*. Berl. 1957. R. DREWS, ‹Diodorus and his sources›. Am. Jour. Phil. 83, 1962, 383. KL. MEISTER, *Die sizilische Geschichte bei Diodor von den Anfängen bis zum Tod des Agathokles*. Bonn 1967.

Polemon: Wichtig der Artikel von K. DEICHGRÄBER, *RE*, 21, 1952, 1288. – Demetrios von Skepsis: Gute Fragmentsammlung R. GÄDE, *Dem. Scepsii quae supersunt*. Diss. Greifsw. 1880. – Euhemeros: G. VALLAURI, *Euemero di Messene*. Torino 1956 mit Einl. u. Komm.

9. WISSENSCHAFTEN

Daß diese Geschichte der griechischen Literatur nicht zu gleicher Zeit eine der griechischen Wissenschaft sein kann, haben wir im Eingange dieses Buches begründet. Dies gilt im besonderen für den Hellenismus, in dem Scheidungen endgültig werden, die wir im Verlaufe unserer Darstellung immer deutlicher sich abzeichnen sahen. Auch hier bedeutet die Sophistik einen Anfang, der Peripatos hingegen eine wichtige Etappe. In dieser machte die Aussonderung der einzelnen Disziplinen rasche Fortschritte. Hatte ein Aristoteles oder ein Theophrast noch zahlreiche Felder zu gleicher Zeit zu bestellen gewußt, war es doch nur eine Frage der Zeit, daß das besondere Gebiet auch den besonderen Bearbeiter verlangte. Der Hellenismus ließ diese Entwicklung bis zu ihrem Ende gedeihen und vollzog dabei in jener realistischen Haltung, die zu seinen Grundzügen gehört, auch die Loslösung der Einzelwissenschaften von dem alten Mutterboden der Philosophie. Ein Drittes liegt auf der selben Linie: der Fachschrift, die keinerlei literarische Ansprüche stellt, sind wir auch in früheren Abschnitten begegnet, seit dem 4. Jahrhundert aber wächst die Fülle solcher Produktion ins Unübersehbare[1]. In steigendem Maße handelt es sich dabei um Auseinandersetzung in einem von vornherein eng bemessenen Kreise von Gelehrten.

Was wir auf dem Felde der Dichtung beobachteten, wiederholt sich auf jenem der Wissenschaft in ähnlicher Weise. Zwar reichen nicht wenige bedeutende Leistungen noch ein gutes Stück über den Hochhellenismus hinaus, aber nach den ersten beiden Jahrhunderten tritt ein starkes Absinken ein und, vergleichbar der Entwicklung in der Historiographie, löst eine Zeit der emsigen Kompilationen jene des produktiven Vordringens ab. Im großen Rahmen der Wissenschaftsgeschichte erhält der Hellenismus seine überragende Bedeutung dadurch, daß er auf vielen Gebieten eine von apriorischer Spekulation gelöste Wissenschaft weit vorantrieb. Immer stärkere Spezialisierung war damit notwendig gegeben. Das Verhängnis aber war es, daß dem Hellenismus und noch viel mehr den folgenden Jahrhunderten die Kraft zu neuer Zusammenfassung fehlte, so daß viele dieser geistigen Bauwerke im Gerüst stehenblieben. Es hat dann lange gedauert, bis neue Werkleute dieses bestiegen.

Im Rahmen unserer Darstellung erfordern jene Teile der hellenistischen Wissenschaft besondere Beachtung, deren Gegenstand die literarische Tradition der Griechen ist. Hier brauchen wir nur an bereits Gesagtes erinnern. Im Abschnitt über die Überlieferung (17) war die entscheidende Bedeutung zu betonen, die das Museion von Alexandreia mit seiner riesigen Bibliothek für die Erhaltung und wissenschaftliche Bearbeitung der griechischen Literatur besaß. Auch der Fäden, die vom Peripatos dorthin führen, wurde an jener Stelle gedacht. Zu Demetrios Phalereus fügen wir hier Straton von Lampsakos, den Nachfolger des Theophrast in der Schulleitung. Er war der Lehrer des zweiten Ptolemaios und hat stark auf die alexandrinische Wissenschaft gewirkt[2]. Es ist in diesen Zusammenhängen nicht ohne Interesse, daß Straton die Lehre von der Unsterblichkeit der Seele bekämpfte.

Bereits kennengelernt haben wir des weiteren die alexandrinische Homerkritik (96) als eine der bedeutendsten Leistungen dieses Kreises von Gelehrten[3]. Kallimachos gab ferner Gelegenheit (S. 791), an Hand eines wichtigen Papyrusfundes die Abfolge der Bibliotheksvorstände festzustellen. Es ergab sich die Reihe Zenodot, Apollonios von Rhodos, Eratosthenes, Aristophanes von Byzanz, Apollonios der Eidograph[4] und Aristarch.

Daß der an letzter Stelle Genannte sein Leben auf Kypros beschloß, hängt offenbar mit der Austreibung griechischer Gelehrter durch Ptolemaios Physkon (den Schmer-

[1] M. Fuhrmann, *Das systematische Lehrbuch. Ein Beitrag zur Geschichte der Wissenschaften in der Antike.* Göttingen 1960.

[2] F. Wehrli, *Die Schule des Aristoteles.* 5. 2. Aufl. Basel 1969. H. B. Gottschalk, *Strato of Lampsacus: Some Texts.* Leeds 1965 (mit Komm.).

[3] Über den Zusammenhang zwischen der Entstehung der kritischen Philologie und der antitraditionalistischen Dichtung finden sich ausgezeichnete Bemerkungen bei R. Pfeiffer, *Ausgew. Schriften.* Münch. 1960, 159, und *Philologia Perennis.* Festrede Bayer. Ak. 1961, 5: Die Philologie eine Stiftung der Dichter. Für die Vorbereitung alexandrinischer Literaturforschung im Peripatos Material bei F. Wehrli, *Die Schule des Aristoteles.* 10, 2. Aufl. Basel 1969, 124. Jetzt Pf. *Hist.*, 87.

[4] Wie S. 791 A. 2 gesagt wurde, bleibt für den Eidographen die Möglichkeit eines Ansatzes vor Aristophanes.

bauch) im Jahre 145 zusammen. Dieser an sich weder unbegabte noch bildungsfeindliche Herrscher war in den Wirren der Thronkämpfe in Gegensatz zu den geistig führenden griechischen Elementen gekommen. Durch seine brutalen Maßregeln erhielten nach Athenaios (4, 184c) andere Teile der griechischen Welt reichlichen Zuzug bedeutender Gelehrter, für die Arbeiten im Museion aber bedeutete der Eingriff ohne Zweifel eine tiefreichende Zäsur. Wohl kam es recht bald zur Wiederaufnahme der Arbeit, aber nun war es die Arbeit betriebsamen Epigonenfleißes. Auch machten andere Stätten geistigen Lebens wie Pergamon und Rhodos Alexandreia den Rang streitig. Dieses trat so weit zurück, daß wir nicht einmal sagen können, in welchem Maße der Bibliotheksbrand des Jahres 47 auf die dortige Wissenschaft Einfluß hatte. Es war nicht allein die erwähnte Maßregel des Physkon, die solche Folgen hatte, viel wichtiger war der Umstand, daß sich die Politik dieses Herrschers weitgehend auf die nichtgriechischen Elemente stützte. So wurde durch die Krone das wachsende Nationalbewußtsein der einheimischen Bevölkerung aufgefangen und der Damm eingerissen, der griechischem Leben im hellenistischen Ägypten lange eine splendid isolation gesichert hatte.

Wir hatten wiederholt auf die fundamentale Bedeutung alexandrinischer Gelehrter für die Überlieferung hinzuweisen. Auch an dieser Stelle sei wegen der Vielseitigkeit und Umsicht seiner Arbeit Aristophanes von Byzanz hervorgehoben. Allein, was er für das Drama (s. S. 307. 506) geleistet hat, kann dies rechtfertigen.

Jene Spezialisierung, von der wir im Eingange dieses Abschnittes sprachen, hat sich in Alexandreia nicht als Regel ohne Ausnahme durchgesetzt. Es muß daran erinnert werden, daß Kallimachos ein gewaltiges wissenschaftliches Werk hinter sich gebracht hat, in dem wir allerdings vorwiegend den Sammler zu erkennen meinen. Von anderer Art ist die Vielseitigkeit seines Landsmannes Eratosthenes von Kyrene, der eben deswegen noch ein Wort erfordert. Seine Geburt wird man nach JACOBY[1] höher anzusetzen haben als bisher und mit ihr bis in die neunziger Jahre zurückgehen müssen. Vor seinem Wirken in Alexandreia, das um 246 zu seiner Berufung durch Ptolemaios III. Euergetes an die Bibliothek führte, liegt ein längerer Studienaufenthalt in Athen. Dort hörte er zunächst noch Zenon, schloß sich aber dann der Opposition unter Ariston von Chios (s. S. 759) und Arkesilaos aus Pitane (s. S. 771) an. Philosophische Schriften hat es von ihm gegeben, doch bleiben sie ungreifbar. Seine bedeutenden Leistungen liegen auf anderen Gebieten.

Zwei seiner Dichtungen[2] sind wenigstens dem Inhalte nach kenntlich. Der hexametrische *Hermes* führte über Geburts- und Jugendgeschichte des Gottes zu seinem Aufstieg zum Himmel, was sich mit einer Überschau über die Einrichtung des Kosmos verbinden ließ. Der Gott hatte die Leier erfunden und vernahm nun in den Planetensphären dieselben Töne, wie sein Instrument sie erklingen ließ. In elegischem Maße

[1] Zu F Gr Hist 241, wo die chronographischen und geographischen Fragmente mit verschiedenen anderen vereinigt sind. PF. *Hist.*, 152.

[2] I. U. POWELL, *Coll. Alex.* Oxf. 1925, 58. Fasc. 6, 84 D. F. SOLMSEN, ‹Eratosthenes' Erigone: A Reconstruction›. *Trans. Am. Phil. Ass.* 78, 1947, 252; vgl. auch ibid. 73, 1942, 192. R. MERKELBACH, ‹Die Erigone des Eratosthenes›. *Misellanea di studi Alessandrini in memoria di Aug. Rostagni.* Torino 1963, 469.

war die *Erigone* gedichtet, die von dem attischen Bauern Ikarios erzählte. Dieser hatte von Dionysos bei einem Besuch des Gottes den Weinstock erhalten, wurde aber von den berauschten Bauern, die des Bakchos Gabe verkannten, erschlagen. Seine Tochter Erigone fand den Leichnam und erhängte sich. Soweit wir sehen, ging Eratosthenes als Dichter auf den Spuren des Kallimachos. Dazu stimmt auch die große Rolle des Aitiologischen: der Selbstmord der Erigone begründete das attische Schaukelfest (Aiora); die Schlachtung eines Bockes, der vom jungen Weinlaub genascht hatte, erklärte ein Brauchtum, aus dem nach hellenistischer Theorie (S. 263) die Tragödie entstanden war. Eine eingehende Rekonstruktion mit Nachweis der Quellen gibt R. MERKELBACH. Interessant, wenn auch notwendig problematisch ist sein Versuch, an der Thematik der *Erigone* ägyptische Züge nachzuweisen. MERKELBACH unternimmt auch die Rekonstruktion des Kleinepos *Hesiodos* und vermutet, daß Hesiod in einer Einlage des Gedichtes die Geschichte des Orion erzählte. Auch hier nimmt er Kontamination mit ägyptischen (Osiris-Isis-Horus-) Elementen an. Für das auf den Namen des Eratosthenes gestellte *Sternbuch* vermutet MERKELBACH als Grundlage eine noch in hellenistischer Zeit verfaßte Nacherzählung aller Verstirnungen in den Gedichten des Eratosthenes in Prosa. Die *Erigone* und der *Hesiodos* (einiges auch im *Hermes*) enthielten deren mehr, als man dachte.

Da in beiden Gedichten Verstirnungen enthalten waren – in der *Erigone* betrafen sie Ikarios, seine Tochter und seinen Hund – schließen wir hier die *Katasterismoi* an[1], ein Prosawerk, das zu sämtlichen Sternbildern Entstehungssagen gab. Wir besitzen davon einen in verschiedener Weise veränderten Auszug. Daß sich von all den Verstirnungen, von denen Eratosthenes erzählte, eine Brücke zu seinem platonischen Glauben von der Herkunft der Seele aus der Sternsphäre schlagen läßt, hat FRIEDRICH SOLMSEN[2] gezeigt.

Blieb Eratosthenes als Dichter auf der Bahn des Kallimachos, so ist er als Forscher weit über ihn hinausgekommen. Er hat zuerst seine wissenschaftliche Stellung mit dem Wort «Philologe» umschrieben, wobei wir nicht an den modernen Wortsinn, sondern an ein vielfältiges Berichten denken sollen, das zugleich ein Erklären ist. So hat er sich denn in seinem großen Werke *Über die Alte Komödie* mit einer Fülle von Problemen der verschiedensten Art beschäftigt und die Forschungen seiner Nachfolger wie Euphronios (Lehrer Aristarchs), Aristophanes und Didymos befruchtet. Sein gesunder Grundsatz, daß der Dichter vor allem auf die Seele wirken, nicht aber belehren wolle (Strabon C. 15), stellte ihn in Gegensatz zu stoischer Allegorese. Aus diesem Geiste heraus ist auch der prächtige, bis heute so unwirksame Satz gegen die Lokalisation der Irrfahrten des Odysseus gesprochen (s. S. 61).

Kollegenneid hat Eratosthenes den Spitznamen «Beta» angehängt, weil er auf seinen zahlreichen Arbeitsgebieten stets Zweiter geblieben sei. An zwei Fällen wird das Ungerechte dieses Urteils offenbar. In seinen *Chronographiai*, zu denen die *Olympionikai*

[1] Die Rekonstruktion bleibt zweifelhaft. C. ROBERT, *Eratosthenis Catasterismorum Reliquiae*. Berl. 1878. E. MAASS, *Analecta Eratosthenica*. Berl. 1883. A. OLIVIERI, *Mythographi Graeci* 3/1. Leipz. 1897. G. A. KELLER, *E. und die alexandrinische Sterndichtung*. (Diss. Münch.) Zürich 1946. Zur Überlieferung: J. MARTIN, *Histoire du texte des Phénomènes d'Aratos*. Paris 1956, 58.

[2] S. 879 A. 2; dazu ders. *Trans. Am. Phil. Ass.* 73, 1942, 192.

im Verhältnis einer Teiluntersuchung standen, hat er die Grundlage der griechischen Chronologie geschaffen, auf der Apollodoros von Athen weiterbauen konnte und die sich für alle Folgezeit als tragfähig erwies. Und wenn er auch auf dem Felde der Mathematik nicht der Größten einer gewesen ist[1], so bleibt es doch seine Leistung, durch folgerichtige Anwendung exakter Erkenntnisse die mathematische Geographie geschaffen zu haben. Im Geiste neuer Wissenschaftlichkeit sind die drei Bücher seiner *Geographika* geschrieben. Hier hat die antike Geographie eine Höhe erreicht, die sie nicht lange zu halten verstand. Immerhin verdient Artemidoros von Ephesos genannt zu werden, der um 100 v. Chr. seine geographischen Arbeiten durch eigene Reisen förderte (s. u.). Die eindrucksvollste Leistung des Eratosthenes ist seine Erdkugelmessung[2], über die er in einer Schrift (Περὶ τῆς ἀναμετρήσεως τῆς γῆς) berichtete. Schattenmessungen mit Hilfe des Gnomon (Stift in Halbkugel) in Alexandreia und Syene, wobei die Entfernung der beiden Orte vermessen war, ergaben einen Erdumfang von 250000 Stadien. Wir können über die Annäherung an das Richtige Genaueres nicht sagen, da wir nicht wissen, welches Stadion der Berechnung zugrunde lag, höchster Bewunderung würdig bleibt sie jedoch in jedem Falle.

Der bedeutendste Fortsetzer der großen alexandrinischen Bibliothekare, im besonderen des Eratosthenes, war Apollodoros von Athen (F Gr Hist 244). Geboren ist er um 180, hörte in Athen Diogenes von Babylon, den Schüler Chrysipps, und arbeitete in Alexandreia lange Jahre mit Aristarch. Von dort führte ihn wahrscheinlich die Austreibung der Gelehrten im Jahre 145 nach Pergamon. Beschlossen hat er sein Leben zwischen 120 und 110 in Athen. Dieser Mann, den die drei großen Zentren des geistigen Lebens seiner Zeit geformt hatten, verdankt das meiste der alexandrinischen Tradition philologisch fundierter Sachforschung. In diesem Geiste hat er die zwölf Bücher seines *Kommentars zum Schiffskatalog* geschrieben und in seinen *Chronika* (4 B.) die *Chronographiai* des Eratosthenes so ausgestaltet, daß er das ältere Werk verdunkelte. Um der Einprägsamkeit willen war hier der leicht sprechbare iambische Trimeter verwendet, ohne daß wir deshalb von einem Lehrgedicht reden dürften[3]. Von der Einnahme Troias (1184/83) reichten die Daten bis 120/19. Kaum von einem anderen Werke der Zeit würden wir so gerne eine bestimmtere Vorstellung gewinnen, als von dem großen *Über Götter* in vierundzwanzig Büchern. Jacoby, dessen Behandlung der Reste besonders wichtig ist (aber wo wäre sie das nicht?) hat gezeigt, wie schwierig dies ist. Immerhin ist nicht zu bezweifeln, daß Apollodor von einer bestimmten Gottesvorstellung ausging, auf die sein Bildungsweg nicht ohne Einfluß geblieben sein kann. Auch dürfen wir annehmen, daß seine Darstellung der griechischen Religion vom Entwicklungsgedanken bestimmt war. So recht in den Griff be-

[1] Van der Waerden. *Science awakening*. Groningen 1954, 228.

[2] Noch immer lesenswert ist A. Elters Vortrag ‹Das Altertum und die Entdeckung Amerikas›. *Rhein. Mus.* 75, 1926, 241.

[3] G. Neumann, *Fragmente von Apollodors Kommentar zum hom. Schiffskatalog im Lexikon des Stephanus von Byzanz*. Diss. Göttingen 1953 (maschinenschr.). Von Resten eines Kataloges (*Ox. Pap.* 25, 1959, nr. 2426), der wahrscheinlich in Trimetern abgefaßt war und von Apollodoros stammte, war früher (S. 276) die Rede. Pf. *Hist.*, 252.

kommen wir jedoch nur das «Alexandrinische» des Werkes, seine philologisch-historische Grundhaltung, in der eine Unsumme von Material bewältigt war. Nichts mit Apollodor hat die ihm unterschobene *Bibliotheke* zu tun. Von ihr später. Auf dem Boden der eratosthenisch-apollodorischen Chronologie hat Kastor von Rhodos (F Gr Hist 250) weitergearbeitet, der seine *Chronika* (6 B.) vom assyrischen Ninos bis zur Ordnung der kleinasiatischen Verhältnisse durch Pompeius (61/60) führte.

Sprachliche Beobachtung stand bei den Alexandrinern weit im Vordergrund; es ist daher sinnvoll, wenn von ihrer Schule Arbeiten an der systematischen Erfassung der Sprache ausgingen, die ihrerseits natürlich stoisches, peripatetisches und auch älteres Erbe mit sich führten. Aristarchs Schüler ist Dionysios Thrax (ca. 170–90) gewesen, ehe er (wohl bei der Austreibung der Gelehrten durch Physkon) nach Rhodos übersiedelte. Erhalten ist von ihm ein kurzes *Grammatisches Lehrbuch* (Τέχνη γραμματική)[1], das älteste, das wir kennen, «ein Skelett von Einteilungen, Bestimmungen und Aufzählungen »(FUHRMANN). Daß er unmittelbar an die Tradition der Stoa anknüpft, ist eine einleuchtende Annahme. Sein Schüler, der ältere Tyrannion, kam im Mithradatischen Krieg als Gefangener nach Rom und erreichte als Vertreter alexandrinischer Philologie hohes Ansehen. Der jüngere Tyrannion setzte dort sein Werk fort. Schüler des Dionysios Thrax ist auch Asklepiades von Myrleia gewesen, der neben Dichtererklärung und Geschichtlichem eine systematische Darstellung der Philologie gab. Daß auch er zeitweilig in Rom wirkte, ist ein Hinweis mehr auf die Richtung der Entwicklung.

Wie auf anderen Gebieten, so bringt auch hier der Riesenfleiß von Kompilatoren den Hellenismus zu einem gewissen Abschluß. Geradezu überdimensional war die Tätigkeit des Didymos auf diesem Gebiete, mögen die 3500 Bücher der antiken Überlieferung (*Suda* u. a.) auch Übertreibung sein[2]. Seine Bedeutung, die wir für Homer bereits würdigten (S. 98), liegt für den größten Teil der antiken Literatur darin, daß er die Summe alexandrinischer Erklärungsarbeit in riesigen Staubecken sammelte, aus denen die verschiedensten Kanäle in die Tradition der Folgezeit führten. Stücke aus seinem Demosthenes-Kommentar auf Papyrus wurden früher (S. 687) erwähnt. Gelehrtenfleiß erhält gesund, und so hat Didymos, der Zeitgenosse Ciceros, auch noch einen Teil der Regierung des Augustus erlebt.

Die von den Alexandrinern eifrig betriebenen Dialektstudien hat des Didymos Zeitgenosse Tryphon von Alexandreia in Abhandlungen und lexikalischen Werken zu einem gewissen Abschluß gebracht. Ob der Schluß einer Grammatik auf einem Londoner Papyrus (nr. 1539 P.) und eine Schrift *Über Tropen* (Spengel Rhet. 3, 189) ihm gehören, bleibt fraglich. Nun hat *Ox. Pap.* 24, 1957, nr. 2396, den Titelzettel seiner Schrift *Über den Dialekt der Spartaner* gebracht.

[1] Ausgabe: G. UHLIG. Leipz. 1883. Scholien: A. HILGARD, *Gramm. graeci* 3, Leipz. 1901. V. DI BENEDETTO, ‹Dionisio Trace e la techna a lui attribuita›. *Annali Scuola Norm. Sup. di Pisa*. Ser. 2, 27, 1958, 169. 28, 1959, 87, der in der erhaltenen Τέχνη eine Kompilation erblickt und ihren Hauptteil erst im 3. oder 4. Jahrh. entstanden sein läßt. Ausgezeichnet ist die Schrift behandelt bei M. FUHRMANN, *Das systematische Lehrbuch*. Göttingen 1960, 29. 145. H. ROSENSTRAUCH, ‹De Dionysii Thracis grammatices arte›. *Classica Wratislavensia* 1, 1961, 97. PF. *Hist.*, 266.

[2] M. SCHMIDT, *Didymi Chalcenteri fragm.* Leipz. 1854; repr. 1964. PF. *Hist.*, 274.

Alexandreia, das im Hochhellenismus seine zentrale Stellung, woferne es nicht um Philosophie ging, fast ohne Einschränkung behauptete, mußte im weiteren Verlaufe der Entwicklung bedeutende Rivalen neben sich dulden[1]. Da war vor allem Pergamon, das mit geschickter Anlehnung an Rom und Ausnützung des Streites der Nachfolgestaaten in Kleinasien ein bedeutendes Reich zu errichten wußte. Der Friede von Apameia (188) bezeichnet einen wichtigen Punkt der Entwicklung, die vor allem mit den Namen Attalos I. und Eumenes II. verbunden ist. In dieser Zeit erreichte das Pathos der pergamenischen Kunst jene Höhe, die sich im Gallier-Denkmal und Zeus-Altar großartig darstellt. Aber auch der Wissenschaft bereitete die Munifizenz der Attaliden eine reichversorgte Stätte, wobei die Rivalität mit Alexandreia ihre Rolle spielen mochte. Die bedeutendste Erscheinung unter den pergamenischen Bibliothekaren ist Krates aus dem kilikischen Mallos. Wir finden ihn 168 als Gesandten des Attalos in Rom, wo er eine Reihe von Vorträgen hielt, während er ein gebrochenes Bein ausheilte.

Wenn Strabon (30 C.) Krates neben dem Alexandriner Aristarch als größten Grammatiker nennt, so bezeichnet solche Zusammenrückung zu gleicher Zeit einen tiefreichenden Gegensatz. Krates heißt in der *Suda* stoischer Philosoph, was wir nicht allzu wörtlich nehmen wollen, aber in seiner Dichtererklärung, die er vor allem Homer, aber auch Hesiod, Euripides und Arat zuwandte, hat er die Bahnen jener allegorischen Kommentierung eingeschlagen, die ein von den Stoikern zwar nicht erfundenes, aber mit Fleiß angewandtes Prinzip war. Auch als Kosmologe[2] und Geograph zeigt Krates alexandrinischer Tatsachenforschung gegenüber einen deutlichen Hang zur Spekulation, so wenn er auf der Erdoberfläche vier more geometrico über sie verteilte Kontinente annimmt. Von größter Bedeutung ist seine Stellung zu den sprachlichen Phänomenen[3]. Es ist in diesem Zusammenhange wichtig, daß wahrscheinlich Diogenes von Babylon (Seleukeia), der Verfasser einer stoischen Sprachlehre (Περὶ φωνῆς), sein Lehrer gewesen ist. In Aristarch und Krates tritt jener Gegensatz zwischen Analogie und Anomalie zutage, der von nun an die Grammatik der Antike, darüber hinaus aber weite Gebiete wie Medizin und Rechtspflege, beherrschte. Während die Schule Aristarchs bestimmte Formgruppen als paradigmatisch setzte und bei der Behandlung der Texte als Norm beachtete, ließ Krates jene Anomalien gelten, die ihm die Beobachtung des Sprachgebrauches (συνήθεια) auswies. Es gab auch Vermittler in diesem Streite wie Philoxenos aus Alexandreia, der seine zahlreichen Arbeiten in der zweiten Hälfte des 1. Jahrhunderts v. Chr. schrieb. Der ganze Problemkreis hing mit der praktisch höchst wichtigen Frage zusammen, wie der For-

[1] R. Stark, *Ann. Univ. Saraviensis. Philos.-Lettres* 8, 1959, 41. 47, macht darauf aufmerksam, daß sich die unmittelbare Tradition alexandrinischer Grammatikerarbeit bis ins 1. nachchr. Jahrhundert hinein verfolgen läßt, und nennt in diesem Zusammenhange Eirenaios, Περὶ 'Αττικῆς συνηθείας.

[2] H. J. Mette, *Sphairopoiia. Untersuchungen zur Kosmologie des Krates von Pergamon.* Münch. 1936. Pf. *Hist.*, 238.

[3] H. J. Mette, *Parateresis.* Halle 1952 mit dem Stellenmaterial. Wichtig sind für die hellenistische Sprachtheorie die Arbeiten von H. Dahlmann: *Varro und die hellenistische Sprachtheorie. Problemata* 5, 1935; der Artikel *M. Terentius Varro* in der *RE* S 6 1935, 1172; *Varro de lingua Lat. VIII. Herm.* E 7, 1940.

derung, reines Griechisch (Ἑλληνισμός) zu schreiben, am besten nachzukommen wäre. Wir erinnern daran, daß sich unter den virtutes dicendi, die Theophrast lehrte (s. S. 774), auch der Ἑλληνισμός befand. Mit Notwendigkeit tauchte dabei die Frage nach der Bedeutung des Attischen für dieses Bemühen um reines Griechisch auf. Es ist kein Zufall, daß Krates *Über den attischen Dialekt* geschrieben hat. Noch sind wir von der attizistischen Erstarrung der griechischen Literatursprache ein Stück entfernt, aber für die Vorbereitung dieses verhängnisvollen Vorganges ist im Hellenismus immerhin einiges geschehen.

Auch Rhodos ist uns als Stätte geistiger Arbeit bereits begegnet; Kastor und Dionysios Thrax haben dort geschrieben, die Namen des Panaitios und Poseidonios sind mit der Insel verbunden. Besonders wichtig ist die Rhetorenschule von Rhodos gewesen, die Cicero und Cäsar unter ihre Schüler zählte. Wir sind über die hellenistische Rhetorik nicht allzu gut unterrichtet[1], können aber die wichtige Tatsache festhalten, daß ihr im 2. Jahrhundert Hermagoras von Temnos[2] durch seine Status-Lehre ein festeres logisches Fundament gab, indem er die wichtigsten Fragestellungen (στάσεις), die sich bei jedem Einzelfall ergaben, in ein System brachte. An Hermagoras hat sich die rhodische Rhetorenschule angeschlossen, aber auch das Sprachliche in ihre Lehre einbezogen, wobei sie in wachsendem Maße zum Asianismus in Gegensatz trat. Ihr bedeutendster Vertreter ist Molon, dessen Lehre für Cicero entscheidend gewesen ist. Die Gegenfront des Asianismus hat in dieser Zeit eine bedeutende Zahl von Vertretern, die für uns aber, wie im Falle des Aischylos von Knidos, bloße Namen bleiben.

Die Nachwirkung der Status-Lehre reicht außerordentlich weit[3]. Bis zum Ende der Antike gab es Hermagoreer. Mehrere lateinische Bearbeitungen sind noch zu fassen. Daß Julius Victor in seiner *Ars rhetorica* Hermagoras benützte, bezeugt die subscriptio. Ein verstümmelter Auszug aus einer lateinischen Fassung ist im Codex Parisinus 7530 enthalten[4]. Das Bruchstück *De rhetorica*, das Augustinus hinterlassen hat, benützt und zitiert Hermagoras. Rhetorischen Unterricht gab es natürlich allerorten. Ein Gorgias von Athen, der Lehrer von Ciceros Sohn, verfaßte einen Abriß der Redefiguren (Περὶ σχημάτων), die er durch Beispiele aus klassischen und asianischen Autoren erläuterte. P. Rutilius Lupus hat ihn seinem Werke *De figuris* zugrunde gelegt.

In keinem anderen Abschnitt ihrer Geistesgeschichte sind die Griechen auf dem Felde der exakten Wissenschaften so weit vorangekommen wie im Hellenismus. Wegbereiterin und Garant dieser Entwicklung war die königliche Wissenschaft der Mathematik, eines der edelsten Gewächse auf griechischem Boden. Sinnvoll steht hier im frühen Hellenismus eine Zusammenfassung des reichen Gutes, das man bereits in der voraufgehenden Zeit, im Kreise der Akademie vor allem, erworben hatte. So war das

[1] Vgl. R. Güngerich, *Der Hellenismus in der deutschen Forschung 1938–1948*. Wiesbaden 1956, 142.

[2] Einen umfangreichen Literaturbericht danken wir D. Matthes, *Hermagoras von Temnos 1904–1955*. Lustrum 1958, 1959. 58. 262; ders., Hermagorae Temnitae testimonia et fragmenta. Leipzig 1962.

[3] K. Barwick, ‹Augustins Schrift de rhetorica und Hermagoras von Temnos›. *Phil.* 105, 1961, 97.

[4] Halm, *Rhet. Lat. Min.* 585.

Material für weiteren Fortschritt, zugleich aber auch für die Anwendung mathematischer Methoden auf andere Zweige der Wissenschaft bereitgestellt. Noch unter dem ersten Ptolemaios verfaßte Eukleides (unbekannter Heimat) seine dreizehn Bücher *Elementa* (Στοιχεῖα), die mit reichen Kommentaren auf uns gekommen sind[1]. Die *Elementa*, die in ihrer Anlage und der klassischen Beweisform ein didaktisches Meisterwerk sind, waren in England bis in die neueste Zeit als Schulbuch in Verwendung. Während allein der Vaticanus gr. 190 (10. Jh.) die ältere Überlieferung darstellt, gehen die übrigen Textzeugen auf eine Ausgabe des Theon von Alexandreia zurück, der im 4. Jahrhundert n. Chr. der dortigen Platonikerschule angehörte. In dessen Redaktion, daneben aber auch in einer älteren, sind Euklids *Data* (Δεδομένα) erhalten, ein für die Entwicklung der Algebra wichtiges Werk. Ähnlich doppelt geteilt ist die Überlieferung der *Optika*. Zahlreiche andere Schriften sind verloren, von jener *Über Teilungen* (von Figuren)[2] sind wenigstens die Lehrsätze arabisch erhalten.

Der größte Mathematiker der Antike, Archimedes von Syrakus (287–212), studierte in Alexandreia, verbrachte im übrigen aber sein Leben in der Heimatstadt. Sein Ruhm ist doppelt begründet. Einmal in seinen Leistungen als Ingenieur, der die für Bewässerungsanlagen wichtige Wasserschnecke, Maschinen für gezielten Wurf und für das Bewegen schwerer Lasten konstruierte und die Verteidigung seiner Stadt gegen Marcellus (212) durch außergewöhnliche Kriegsmaschinen unterstützte. Beim Fall von Syrakus hat er den Tod gefunden, nach der bekannten Anekdote – noli turbare circulos meos – mitten in gelehrter Arbeit. Zum andern aber lebt Archimedes als Verfasser mathematischer Werke von fundamentaler Bedeutung fort, von denen uns gar nicht wenig erhalten ist[3]. Hier genüge die Anführung des *Psammites*, der durch die Berechnung der Sandkörner, die den Kosmos ausfüllen würden, das für den Griechen schwierige Problem großer Zahlen meistert, und des Werkes über die den drei Kegelschnitten zugeordneten Umdrehungskörper (Περὶ κωνοειδέων καὶ σφαιροειδέων), das volle Beherrschung der Kegelschnittlehre zeigt. Besonders wichtig ist die erst 1907 aus einem Jerusalemer Palimpsest hervorgezogene Methodenschrift (Περὶ τῶν μηχανικῶν θεωρημάτων πρὸς Ἐρατοσθένην ἔφοδος), in der sich Archimedes als

[1] Euklidausgabe: J. L. Heiberg u. H. Menge, 8 Bde. Leipz. 1883–1916 (mit lat. Übers.). In Bd. 5 die Bücher 14 und 15 der *Elementa*, späte Anhänge von Hypsikles aus Alexandreia (2. Jh. v. Chr.) und Isidoros von Milet (6. Jh. n. Chr.). Engl. Übers. der *Elem.* mit Erl.: Th. L. Heath, 3 Bde. 2nd ed. Cambr. 1926; Nachdr. 1956. Deutsch C. Thaer 1–5, Leipz. 1933–1937. P. ver Eecke, *Euclide: L'optique et la catoptrique.* Franz. Übers. mit Einl. u. Anm. Bruges 1938; Nachdr. Paris 1959. E. J. Dijksterhuis, *The first book of Eucl. El. with glossary.* Leiden 1955. M. Steck, ‹Die geistige Tradition der frühen Euklid-Ausgaben›. *Forsch. u. Fortschr.* 31, 1957, 113.

[2] R. C. Archibald, *Euclids book on divisions of figures.* Cambr. 1915.

[3] Ausgabe: J. L. Heiberg 2. Aufl. 3 Bde. Leipz. 1910–15 (mit lat. Übers. und Scholien). A. Czwalina, *Archimedes Werke übers. und mit Anm. vers.* Repr. Darmstadt 1967. Engl. Übers. mit ausgezeichneter Einführung: Th. L. Heath, *The works of A.* Cambr. 1897 mit Suppl. 1912, jetzt in einer *Dover Edition*, 3 Bde. New York 1956. Heath setzt den Archimedes in die mathematische Formelsprache der Neuzeit um. Beste Darstellung mit Übers.: E. J. Dijksterhuis, *Archimedes.* Copenh. 1956. Ders., *Archimedes. The Arenarius. The Greek Text with Glossary.* Leiden 1956. P. ver Eecke, *Les oeuvres complètes d'Archimède. Trad. avec une introd. et des notes. Suivies des Commentaires d'Eutocius d'Ascalon.* 2 Bde. Vienne 1961. Marshall Clagett, *Archimedes in the Middle Ages. 1: The Arabo-Latin Tradition.* Wisconsin Un. Pr. 1964.

Vorläufer der Integralrechnung erweist[1]. Der geniale und eigenwillige Mann hat nicht in Koine, sondern im dorischen Heimatdialekt geschrieben, der in der Überlieferung allerdings in verschiedenem Grade verwaschen ist. Von größter Bedeutung für die Beurteilung nicht des Archimedes allein, sondern der ganzen Wissenschaft seiner Zeit ist es, wie er nach Plutarch (*Marcellus* 17) über die beiden Seiten seiner Tätigkeit urteilte: seine Ingenieurkunst ist ihm nur ein Nebenertrag seiner Arbeit gewesen, ihr Eigentliches hat er stets in der geistigen Bewältigung der Probleme gesehen.

Die Lehre von den Kegelschnitten, die wir bis auf Menaichmos (S. 609) zurückführen können, hat um 200 ihre Vollendung und systematische Darstellung in den acht Büchern der *Konika* des Apollonios aus dem pamphylischen Perge erhalten. Sein Wirken teilte sich zwischen Alexandreia und Pergamon, das auch auf diesem Felde Ehrgeiz bewies. Die ersten vier Bücher haben wir in der Ausgabe des Eutokios (6. Jh.) im griechischen Text, auch sprachlich interessante Zeugen der Koine, die drei folgenden in arabischer Übersetzung[2]. Von den verlorenen Schriften erfordert eine über die Grundlagen der Geometrie noch in den Resten, die wir im Euklidkommentar des Proklos haben, besonderes Interesse.

Das Kernproblem der hellenistischen Astronomie hat Sosigenes, der Lehrer des Alexander von Aphrodisias[3], von dessen Kritik der Sphärentheorie wir Auszüge bei Simplikios haben, treffsicher bezeichnet: des Eudoxos und seiner zahlreichen Nachfolger Annahme homozentrischer Sphären konnte eine ganze Reihe damals bereits bekannter Phänomene nicht erklären. Die Zeit war reif geworden für den großartig-kühnen Schritt des Aristarch von Samos. Sein Werk gehört noch in die erste Hälfte des 3. Jahrhunderts, in die Zeit des Hochhellenismus. Straton von Lampsakos, der peripatetische Physiker (s. S. 775), ist sein Lehrer gewesen. Bei Aristarch sehen wir das heliozentrische System in voller Reinheit erreicht. Daß es sich nicht durchsetzen konnte, daß wir lediglich von Seleukos von Seleukeia (um 150 v. Chr.) als Verteidiger seiner Lehre wissen, hängt mit der tiefen Fundierung des geozentrischen Systems und der Sphärenastronomie im religiösen Denken der Zeit zusammen. Bezeichnend ist der Protest, den Kleanthes, der Stoiker, gegen Aristarch erhob. Erhalten ist uns von dem Werk des großen Astronomen lediglich die kleine Schrift *Über Größe und Entfernung von Sonne und Mond* (Περὶ μεγεθῶν καὶ ἀποστημάτων ἡλίου καὶ σελήνης)[4].

Bedeutende Astronomen suchten auf dem Boden der geozentrischen Sphärentheorie mit den beobachteten Anomalien fertigzuwerden. Auf den Mathematiker

[1] Ferner sind erhalten: Περὶ σφαίρας καὶ κυλίνδρου. Κύκλου μέτρησις. Περὶ ἰσορροπιῶν. Περὶ ἑλίκων. Τετραγωνισμὸς παραβολῆς. Περὶ τῶν ὀχουμένων. Στομάχιον. Ein Rätsel in Distichen ist das Πρόβλημα βοεικόν. Teilweise enthalten archimedisches Gut die Λήμματα (Hilfssätze), die in arabischer Übersetzung erhalten sind.

[2] Griech. Text bei J. L. Heiberg 2 Bde, Leipz. 1891/93 (mit lat. Übers.). Deutsch: A. Czwalina, Münch. 1926; repr. Darmstadt 1967. Engl.: Th. L. Heath Cambr. 1896; Nachdr. 1959. Franz.: P. Ver Eecke. Paris 1963. Mit lat. Übersetzung der arabischen Bücher (5–7): E. Halley, Oxf. 1710.

[3] Ein anderer Sosigenes war Cäsars Berater bei der Kalenderreform, dazu *A. Rehm, RE* A 3, 1927, 1157. Zu dem hier bezeichneten Problem: J. Mittelstrass, *Die Rettung der Phänomene*. Berlin 1963.

[4] Th. L. Heath, *A. of Samos, the ancient Copernicus. A History of Greek Astronomy together with A.s Treatise on the Sizes and Distances of the Sun and Moon. A new Greek Text with Transl. and Notes*. Oxf. 1913; Nachdr. 1959.

Apollonios von Perge geht die Epizyklentheorie zurück, die zusätzliche Kreisbewegung um ein auf der Hauptsphäre liegendes Zentrum annimmt. Damit und mit der Exzentrizität der Hauptkreise suchte Hipparchos aus Nikaia (Mitte 2. Jh.) auszukommen. Was er trotz den falschen Grundhypothesen und der Dürftigkeit des Instrumentariums an exaktem Wissen über Position und Bewegung der Gestirne, über Präzession und Finsternisse ausmachte und der Geographie ebenso wie dem Kalenderwesen zur Verfügung stellte, ist höchster Achtung wert. Erhalten ist nur die frühe Schrift mit Polemik gegen Arat (Τῶν Ἀράτου καὶ Εὐδόξου φαινομένων ἐξήγησις)[1]. Hipparch hat ohne Zweifel mit babylonischem Beobachtungsmaterial gearbeitet, auf der anderen Seite sehen wir die babylonische Astronomie in den Schulen von Borsippa, Sippara und Uruk in der Seleukidenzeit in neuer Blüte[2]. Da gingen die Einflüsse in kräftigem Wechsel hin und wieder. Als Geograph hat sich Hipparch vor allem in einem drei Bücher umfassenden Werk mit Eratosthenes kritisch auseinandergesetzt. Manches davon ist bei Strabon kenntlich, aus dem sich auch der Titel Πρὸς τὴν Ἐρατοσθένους γεωγραφίαν mit Wahrscheinlichkeit gewinnen läßt[3].

Im Kielwasser der Großen ruderten zahlreiche fleißige Arbeiter. Wir nennen Hypsikles aus der ersten Hälfte des 2. Jahrhunderts, in dessen Schrift *Über den Aufgang der Sterne* (Ἀναφορικός)[4] sich ein erstesmal die Teilung der Ekliptik in 360° findet, ferner des ungefähr gleichzeitigen Theodosios aus Bithynien *Sphairika*[5] und die *Einführung* (Εἰσαγωγὴ εἰς τὰ φαινόμενα)[6] des Geminos (1. Hälfte des 1. Jh. v. Chr.), in der wir die Epitome aus einem Kommentar dieses rhodischen Stoikers zu Poseidonios' Περὶ μετεώρων erhalten haben.

Von der Schöpfung der mathematischen Geographie haben wir als einer der großen Leistungen des Hellenismus im Zusammenhange mit Eratosthenes gesprochen. Auch von des Poseidonios vielseitigen Interessen bei der Beschreibung fremder Länder war schon die Rede, und in das Kapitel über hellenistische Geschichtschreibung war manches aus geographischem Bereiche einzubeziehen. Wir erinnern ferner daran, daß sich der Hellenismus durch eine Übersetzung[7] Hannos Bericht über seine kühne Fahrt an

[1] Ausgabe: K. Manitius, Leipz. 1894. Zum Sternverzeichnis des Hipparchos: Ἐκ τῶν Ἱππάρχου περὶ τῶν ἀστέρων in *Catal. Cod. Astrolog. Gr.* 9/1, Brüssel 1951, 189.

[2] J. Bidez, ‹Les écoles chaldéennes sous Alexandre et les Séleucides›. *Annuaire de l'Inst. de philol. et d'hist. orient.* 3, 1935, 41. G. Sarton, ‹Chaldaean Astronomy of the last three centuries B. C.›. *Journ. Am. Or. Soc.* 75, 1955, 166.

[3] D. R. Dicks, *The Geographical Fragments of Hipparchus.* Ed. and transl. with an introd. and comm. Lond. 1960.

[4] K. Manitius, Progr. Dresden 1888. V. de Falco u. M. Krause, *Die Aufgangszeiten der Gestirne.* Mit einer Einführung von O. Neugebauer. Abh. Ak. Göttingen 3. Folge 62. 1966 (Mit Übers.).

[5] J. L. Heiberg, *Abh. Gött. Ges. Phil.-hist. Kl.* N. F. 19, 1927; dort auch des Theodosios Schrift Περὶ οἰκήσεων, herausgegeben von R. Fecht. Περὶ νυκτῶν καὶ ἡμερῶν ist nur in der lat. Übersetzung von G. Auria, Rom 1591 publiziert. Die franz. Übersetzung der *Sphairika* von P. ver Eecke mit Einl. u. Anm. Bruges 1927; Nachdr. Paris 1959.

[6] K. Manitius, Leipz. 1898 (mit Übers. und Komm.). E. J. Dijksterhuis, *Gemini elementorum astronomiae capita I. III–VI. VIII–XVI. With a Glossary.* Leiden 1957.

[7] *Geogr. Graeci min.* 1, 1. W. Aly, *Herm.* 62, 1927, 321. R. Güngerich, *Die Küstenbeschreibung in der griech. Lit.* Münster 1950, 17. L. del Turco, *Periplus Hannonis.* Firenze 1958. Übers.: O. Seel, *Antike Entdeckerfahrten.* Zürich 1961 (Lebendige Antike).

der afrikanischen Westküste (s. S. 256) zugänglich machte, und nennen noch den völlig unliterarischen, aber wegen des offenen Blickes seines anonymen Verfassers wertvollen *Periplus maris Erythraei*, sowie die nach Art eines Touristenführers verfaßten Reisebilder eines Herakleides Kritikos (überliefert Kretikos), die am ehesten die Verhältnisse des späteren 3. Jahrhunderts wiedergeben[1]. Auf eigenen Füßen stand als Geograph Artemidoros von Ephesos, der um 100 v. Chr. schrieb. Ihn schickte seine Vaterstadt als Gesandten nach Rom, und weite Reisen führten ihn durch große Teile der Oikumene. Die Ergebnisse seiner Erfahrungen und Studien vereinigte er in einem Werke von 11 Büchern, das wahrscheinlich den Titel Γεωγραφούμενα trug.

Die technische Entwicklung, der im Hellenismus Mathematik und Mechanik bedeutende Möglichkeiten eröffneten, hat sich in zwei sehr verschiedenen Richtungen vollzogen: auf der einen Seite sehen wir sie, wie zu allen Zeiten, im Dienste der Kriegsführung, auf der anderen läuft sie in allerlei sinnreich erdachte Spielereien aus. Zur Ersetzung menschlicher Arbeitskraft durch die Maschine, zur Technisierung im modernen Sinne sehen wir kaum Ansätze, und wo wir solche erkennen, wie bei der Wasserschnecke des Archimedes, wissen wir von ihrer Verwertung so gut wie nichts. Verschiedene Faktoren ließen es nicht zu einer technischen Entwicklung kommen, die in das Wirtschaftsleben eingegriffen und das Antlitz der Zeit verändert hätte. Die Möglichkeit, menschliche Arbeitskraft mit geringsten Kosten bis zum äußersten auszunützen, brachte einen starken Anreiz für die Entwicklung der Maschine in Wegfall. Zum anderen waren die Träger des technisch verwertbaren Wissens Landsleute Platons, reiner Erkenntnis in einer Weise zugewandt, die wir eben an Archimedes kennenlernten.

Viel von dem, was die Technik des 3. Jahrhunderts in den beiden angedeuteten Richtungen, Krieg und Spielwerk, erreichte, wird mit dem Namen des Ktesibios verbunden, der unter Philadelphos wirkte. Das meiste, was wir noch bei Heron lesen, wird in die gleiche Zeit zu setzen sein. Damals begann das Torsionsgeschütz mit seinen gedrehten Sehnenbündeln das primitive Bogengeschütz zu verdrängen. Auch verbesserte man die bereits im 4. Jahrhundert hochentwickelte Technik der Belagerung und Verteidigung in manchen Einzelheiten. Athenaios, der Mechaniker, dessen Datierung zwischen Hellenismus und Kaiserzeit schwankt, gibt einiges in seiner Schrift Περὶ μηχανημάτων. Ebenso Biton, der sein Werk über Kriegsmaschinen und Katapulte Attalos I. oder II. widmete[2]. Im besonderen gelten Feuerspritzen und Wasserorgel als Leistungen des Ktesibios; viel Witz und Mühe verwendete er auf die Verfeinerung der Wasseruhren und ihre Ausstattung mit Vorrichtungen zur Stundenverkündung. Ktesibios hat vielfach mit komprimierter Luft gearbeitet und sich sogar an einem Luftdruckgeschütz versucht. Am eindrucksvollsten für die Nähe, in der man sich damals zu Erfindungen von größter Tragweite befand, ist wohl die Verwertung

[1] Kommentierte Ausgabe des Periplus, die auch die Koine der Schrift erschließt, von H. FRISK, *Göteborgs Högskolas Årsskrift* 33/1, 1927. GÜNGERICH (s. vor A.), 18. – F. PFISTER, *Die Reisebilder des Herakleides. Sitzb. Öst. Ak. Phil.-hist. Kl.* 227/2, 1951 (mit. Komm.).

[2] Beide bei C. WESCHER, *Poliorcétique des Grecs.* Paris 1867. R. SCHNEIDER, *Gr. Poliorketiker. Abh. Gött. Ges. Phil.-hist. Kl.* 1908–12.

des Dampfes, die wir aus Heron kennenlernen. Aber gerade hier bleibt es bei Spielzeug, zukunftsträchtigem Spielzeug, wenn wir sehen, wie durch ausströmenden Dampf Bewegung erzeugt wird.

Von Ktesibios lesen wir nichts, von den acht Büchern der *Mechanik* (Μηχανικὴ σύνταξις) seines Nachfolgers Philon aus Byzanz ist das vierte über Kriegsmaschinen und einiges andere in arabischer und lateinischer Übersetzung erhalten[1]. Ausgiebig sind wir mit Schriften Herons von Alexandreia versehen, der das Gesamtgebiet der Mechanik vorzuführen unternahm, ohne selbst neue Bahnen zu suchen. Seine Datierung stellt ein schwieriges Problem dar, man neigt heute eher zu dem späten Ansatz in das 1. Jahrhundert n. Chr., wenn nicht gar nach Claudius Ptolemaeus, als zur Datierung in den Hellenismus[2]. Das Erhaltene[3] läßt deutlich die beiden früher bezeichneten Richtungen hellenistischer Mechanik hervortreten. Da wird von Wurfmaschinen (Βελοποιικά) und Hebemaschinen (Βαρουλκός) gehandelt, während andere Arbeiten wie die zwei Bücher *Pneumatika* verschiedenstes mechanisches Spielwerk beschreiben und eine eigene Schrift (Περὶ αὐτοματοποιητικῆς) zum Bau kleiner Automatentheater anleitet. Die *Dioptra* beschreibt ein verfeinertes Visierinstrument und in einem Anhang einen automatischen Wegemesser, der den Bematisten im Gefolge Alexanders viel von ihrer Schrittzählung hätte ersparen können. Mag Heron anzusetzen sein wie immer, es ist hellenistische Technik, die wir hier in ihrer den Gegenständen wie der Zeit nach beschränkten Blüte kennenlernen.

Weder des Aristoteles zoologische noch Theophrasts botanische Studien haben im Hellenismus eine würdige Fortsetzung gefunden. Um so lebhafter war die Bewegung auf dem Felde der Medizin. Noch in die Zeit des Hochhellenismus, vor allem unter die Regierung des Philadelphos, fällt das Wirken zweier großer Ärzte, des Herophilos aus Chalkedon und des Erasistratos aus Iulis auf Keos. Beide haben Schulen von bedeutender Wirksamkeit begründet. Beiden gemeinsam ist die entschlossene Hinwendung zur Anatomie, die sich nun ausgiebig auf Sektion, mitunter sogar auf Vivisektion an Verbrechern stützen konnte. Die aristotelische Lehrmeinung von dem Herzen als Zentralorgan ist überwunden, das Gehirn in seiner Bedeutung richtig gewertet. Herophilos baute unter anderem die Pulsbeobachtungen seines Lehrers Praxagoras aus und drang bis zur Scheidung sensibler und motorischer Nerven vor[4]. Während für ihn die Humorallehre die Grundlage blieb, löste sich Erasistratos von dieser und trat, wohl unter des Diokles Einfluß (S. 648), auf die Seite der Pneumatiker.

[1] 4. Buch und Fragmente: R. Schöne, Berl. 1893. H. Diels u. E. Schramm, *Abh. Ak. Berl. Phil.-hist. Kl.* 1918/16 u. 1919/12. Die Pneumatik nach dem Arabischen: Carra de Vaux, *Notices et extraits* 38. Paris 1902.

[2] Lit. bei Rehm-Vogel (s. o.), 74. Van der Waerden (s. S. 881 A. 1), 276, 1.

[3] Ausgabe: W. Schmidt–L. Nix–H. Schöne–J. L. Heiberg, Leipz. 1899–1914. E. M. Bruins, *Heron. Metrica. Codex Constantinopolitanus, Palatii Veteris 1, containing Heron's Metrica in Facsimile, Transcription of Text and Scholia, with Transl. and Comm. Janus* Suppl. 2. 1960; ders. *Heronis Alexandrini Metrica.* Leiden 1964.

[4] Die Entdeckung der Nerven als anatomisch greifbarer Realität hat eine weit zurückreichende Vorgeschichte in der philosophischen Spekulation von den Vorsokratikern an. Das zeigt F. Solmsen, ‹Greek Philosophy and the Discovery of the Nerves›. *Mus. Helv.* 18, 1961, 150.

Auch seine Beziehungen zum Peripatos über seine Lehrer Metrodor und den Physiker Straton sind wichtig. Daß er die Arterien als Wege des Pneumas von den blutführenden Venen trennte, war das bedeutendste Hindernis auf dem Wege zur Entdeckung des Blutkreislaufes.

Es ist nicht zu übersehen, daß auch diese beiden bedeutenden Forscher es nicht vermochten, auf die Dauer anatomisches Denken in die griechische Medizin zu tragen. H. E. SIGERIST[1] vergleicht die Verkümmerung dieser Ansätze mit dem Unvermögen Aristarchs, sein heliozentrisches System zu allgemeiner Anerkennung zu bringen, und verweist darauf, daß die beiden erfolgreichsten Ärzteschulen des Altertums, die sogleich zu nennende der Empiriker und die in Rom zur Blüte gelangte Schule der Methodiker programmatisch den Nutzen der Anatomie für die Medizin leugneten. Es bleibt eine wichtige Erkenntnis, daß die alten Kulturvölker Anatomie als Teil der Naturforschung betrieben, sie aber nicht zur Grundlage eines medizinischen Systems machten. So sind die bedeutenden Erkenntnisse griechischer Forscher auf diesem Gebiete nicht eigentlich medizinisch fruchtbar geworden. Dürfen wir die großartigen mathematischen Leistungen griechischer Gelehrter und das Ausbleiben einer darauf gegründeten und wirklich weittragenden technischen Entwicklung dazu in Parallele setzen?

Es war ein für den Hellenismus charakteristischer Vorgang, als sich um die Mitte des 3. Jahrhunderts Philinos von Kos von seinem Lehrer Herophilos löste und unter dem Einflusse des Skeptizismus eines Pyrrhon von Elis und Timon von Phleius die Empirikerschule begründete, die mehr eine Richtung (ἀγωγή) als Schule sein wollte. Hier wurde in offenkundiger Auflehnung gegen den Primat des Logos jede dogmatische Grundanschauung, aber darüber hinaus auch die Richtung medizinischer Forschung auf Aitiologie verworfen. Allein die Ergebnisse der Erfahrung galten, und Erfahrungen zu sammeln war die daraus resultierende Methode. Neben Philinos wird auch Serapion aus Alexandreia als Begründer der Richtung genannt. Sie fand bedeutende Vertreter, so im 1. Jahrhundert v. Chr. Herakleides von Tarent und Apollonios von Kition, von dem wir einen Kommentar in drei Büchern zu Hippokrates' Περὶ ἄρθρων besitzen[2].

Für die allgemeine Lit. verweisen wir auf S. 259 und geben einige Zusätze. Nützliche Hinweise finden sich bei H. BENGTSON, *Griech. Gesch.* 4. Aufl. Münch. 1969, 456. Speziallit. bei J. MAU in *Der Hellenismus in der deutschen Forschung 1938–1948*. Wiesbaden 1956, 149. Große Zusammenfassungen geben J. L. HEIBERG, *Gesch. d. Math. u. Naturwiss. im Altertum*. Münch. 1925 *(Handb. d. Altertumswiss.* 5/1/2), der ausgezeichnete, reich mit Lit.-Angaben versehene Abriß von A. REHM und K. VOGEL, *Exakte Wissenschaften*, Leipz. 1933 *(Einl. in die Altertumswiss.* 2/5, 4. Aufl.*)* und B. FARRINGTON, *Greek Science*. Lond. 1953. Ferner: CL. MARSHALL, *Greek Science in Antiquity*. New York 1955. *Histoire générale des sciences, publiée sous la direction de* RENÉ TATON

[1] ‹Die historische Betrachtung der Medizin›. *Arch. f. Gesch. d. Med.* 18, 1926, 1 (bes. 13). Wichtig auch ‹Die Geburt der abendländischen Medizin› in *Essays on the History of Medicine. Pres. to Karl Sudhoff.* Zürich 1924, 185.

[2] H. SCHÖNE, Leipz. 1896. JUTTA KOLLESCH u. F. KUDLIEN, *CMG* 11/1/1. 1965 (mit Übers.); dazu dies., *Herm.* 89, 1961, 322.

I. Paris 1957; hier hat J. ITARD die Mathematik, J. BEAUJEU die Medizin der hellenistischen und römischen Zeit behandelt. G. SARTON, *A History of Science II. Hellenistic Science and Culture in the last three Centuries B.C.* Cambr. Mass. 1959. – Zur Mechanik: A. B. DRACHMANN, *Ktesibios, Philon and Heron. Acta Hist. Scientiarum Natur. et Medic.* 4. Kopenhagen 1948. – Zur Mathematik: TH. L. HEATH, *A History of Greek Mathematics.* 2 Bde. Oxf. 1921. K. REIDEMEISTER, *Das exakte Denken der Griechen.* Hamb. 1949. O. BECKER, *Das math. Denken der Antike.* Gött. 1957 (*Studienh. zur Altertumswiss.* 3). PER WALDAL, *Das Sieb des Eratosthenes. Eine Studie über die natürlichen Zahlen.* Dielsdorf 1960. Ein nützliches Quellenwerk mit engl. Übersetzung bietet IVOR THOMAS, *Selections illustrating the History of Greek Mathematics.* 2 Bde. *Loeb Class. Libr.* 1951. – Technik: H. DIELS, *Antike Technik.* 3. Aufl. Leipz. 1924. F. M. FELDHAUS, *Die Technik der Antike und des Mittelalters.* Potsdam 1931. Ders., *Die Maschine im Leben der Völker.* Basel 1954. D. A. NEUBURGER, *Die Technik des Altertums.* Leipz. 1929; *Technical Arts and Sciences of the Ancients.* Lond. 1930. H. STRAUB, *Die Geschichte der Bauingenieurkunst.* Basel 1949. – Medizin: K. DEICHGRÄBER, *Die griech. Empirikerschule.* Berl. 1930. Um Zusätze vermehrter anast. Neudruck. 1965. G. SPANOPOULOS, *Erasistratos. Der Arzt und Forscher. Abh. zur Gesch. d. Med. u. Naturwiss.* H. 32. Berl. 1939. P. DIEPGEN, *Gesch. d. Medizin* I. Berl. 1949. M. MICHLER, *Die Spezialisierung der antiken Chirurgie.* Bern–Stuttgart 1969. – Ausgaben und Lit. zu den einzelnen Autoren bieten die Anmerkungen.

10. PSEUDOPYTHAGOREISCHE SCHRIFTEN

An die Behandlung der Wissenschaften schließen wir die Besprechung von Schriften, die zum Geiste alexandrinischer Forschung im denkbar größten Gegensatze stehen und uns zugleich den Blick auf jene breite Unterschicht freigeben, die, mochte sie auch immer vorhanden sein, gerade im späteren Hellenismus stark an die Oberfläche drängte. HOLGER THESLEFF und WALTER BURKERT haben in ausgezeichneten Untersuchungen dieses Schrifttum innerhalb des Hellenismus in neue Zusammenhänge gestellt[1].

Bis auf Aristoxenos von Tarent[2] geht die Tradition zurück, daß die Schule des Pythagoras nach einigen Generationen ausgestorben sei. Die neuere Philosophiegeschichte hat das aufgenommen und ihr Ende bald nach der Mitte des 4. Jahrhunderts angesetzt[3]. Folgerichtig ergab sich für den Neupythagoreismus, der seit dem 1. vorchristlichen Jahrhundert vor allem in Rom durch Nigidius Figulus und dann durch die Sextier kräftig propagiert wurde, das Bild einer richtigen renovatio, und so drückt sich auch Cicero (*Tim.* 1) über den Erstgenannten aus. Bei dem allen handelt es sich um Fakten, die nicht bezweifelt werden können. Mit ihnen ist die Frage gegeben, ob zwischen dem Alt- und dem Neupythagoreismus Verbindungen etwelcher Art bestanden haben. Die extremen Positionen sind hier durch die Namen ZELLER und CARCOPINO bezeichnet. ZELLER vertrat die Auffassung, daß zwar die

[1] H. THESLEFF, *An Introduction to the Pythagorean Writings of the Hellenistic Period. Acta Academiae Aboensis Humaniora* 24/3, 1961; mit reicher Bibliographie; ders., *The Pythagorean Texts of the Hellenistic Period.* Acta Acad. Aboensis. Ser. A. Vol. 30/1. Åbo 1965. W. BURKERT, ‹Hellenistische Pseudopythagorica›. *Phil.* 105, 1961, 16. 226. Auch hier ist auf das wichtige Buch von W. BURKERT zu verweisen: *Weisheit und Wissenschaft. Studien zu Pythagoras, Philolaos und Platon. Erlanger Beitr.* zur *Sprach- u. Kunstwiss.* 10. Nürnberg 1962.

[2] Fr. 18 WEHRLI. Diog. Laert. 8, 46. Iambl. *Vita Pyth.* 251; dazu Diodor 10, 10, 2. 15, 76, 4.

[3] So E. ZELLER in seiner *Philosophie der Griechen* 3/2, 5. Aufl. Leipz. 1923, 103.

pythagoreische Philosophie die Mitte des 4. Jahrhunderts kaum lange überlebt, die religiöse Bewegung jedoch in Kultgemeinschaften orphisch-mystischer Prägung fortgedauert habe. CARCOPINO[1] hingegen wollte die pythagoreische Tradition überhaupt nicht unterbrochen sein lassen, ohne aber für den Hellenismus sicheres Material beibringen zu können[2]. Es bleibt das Verdienst der beiden eingangs genannten Forscher, die pseudopythagoreischen Schriften energisch in den Zusammenhang dieser Problematik gerückt zu haben. THESLEFF danken wir einen erstaunlich umfangreichen Katalog, in dem neben dem wenigen Erhaltenen die große Zahl bezeugter Schriften dieser Art vermerkt ist[3]. Für viele von ihnen steht die Abfassung in einem literarischen Dorisch fest, so daß wir hier die Entwicklung einer dorischen Prosa in bestimmten Grenzen studieren können. Sie reicht, wenn man das problematische ἔχοντι bei Alkmeon von Kroton (VS 24 B 1) ausklammert, von Philolaos von Kroton im ausgehenden fünften bis zu des Archimedes mathematischen Schriften im mittleren und späteren dritten Jahrhundert. Ihre Geschichte, die unter anderem zur «Dorisierung» des Ioners Pythagoras führte, hat THESLEFF in einem wertvollen Kapitel seines Buches geschrieben.

Entscheidend für die oben angedeutete Frage war die Erkenntnis, daß eine große Zahl der pseudopythagoreischen Schriften entgegen früheren Spätdatierungen bereits in den Hellenismus, im besonderen in das 3. und 2. Jahrhundert zu setzen ist. Hier kann nur das Wichtigste genannt werden, alles andere ist bei THESLEFF zu finden, von dem wir auch die Ausgabe eines Corpus dieser Erzeugnisse erhalten haben.

Antike Überlieferung[4] berichtet, daß Pythagoras seine Lehre nicht schriftlich niedergelegt, sondern nur Eingeweihten durch Unterweisung zugänglich gemacht habe. Von dieser Voraussetzung geht ein Brief aus, der auf den Namen des Lysis gestellt ist, wohl jenes Pythagoreers, der aus der Katastrophe von Kroton entkam und später Lehrer des Epaminondas war. Das Schreiben, das Kopernikus und Matthias Claudius übersetzt haben[5], verbindet mit protreptischen Ausführungen über pythagoreische Lebensführung, die eine Reinigung der Seele voraussetze, einen Angriff auf Hipparchos, der des Pythagoras Gebot der Geheimhaltung durch öffentliches Philosophieren übertreten habe. Von zwei Varianten des Briefes, einer in Iamblichs *Pythagorasvita* (75–78) und einer in Briefhandschriften überlieferten (HERCHER, *Epistologr.* 601), enthält nur die zweite Angaben über *Hypomnemata*, die Pythagoras seiner Tochter hinterlassen habe. BURKERT hat es in einer ebenso besonnenen wie scharfsinnigen Argumentation wahrscheinlich gemacht, daß entgegen der bisherigen Auffassung die

[1] J. CARCOPINO, *La basilique pythagoricienne de la Porte Majeure.* Paris 1927. Zum Problem des pythagoreischen Charakters dieses unterirdischen Kultraumes Lit. bei BURKERT a. O. 227, 2.

[2] Daß der Versuch von C. LÁSCARIS COMNENO y A. MANUEL DE GUADAN, ‹Contribución a la historia de la difusión del Pitagorismo›. *Rev. d. filos.* 15, Madrid 1956, 181, aus der Verbreitung des Pentagramms auf pythagoreische Gemeinden zu schließen, völlig mißlungen ist, bemerkt richtig BURKERT a. O. 230.

[3] Ältere Übersichten über die Pseudepigrapha bei UEBERWEG-PRAECHTER, *Philosophie des Altertums.* 14. Aufl. Basel 1957, 45*, und E. ZELLER, *Philosophie der Griechen* 1, 7. Aufl. Leipz. 1923, 366 und 3/2, 5. Aufl. Leipz. 1923, 92. 115.

[4] Die Stellen bei E. ZELLER a. O. 1, 7. Aufl. Leipz. 1923, 409, 2.

[5] Die Nachweise bei BURKERT a. O. 18, 2.

als zweite genannte Fassung die ursprüngliche ist und daß es ihre Absicht war, eben jene *Hypomnemata* einzuleiten, die als Weisheit des Pythagoras veröffentlicht wurden. Diese Fälschung muß nach dem Inhalt des Lysis-Briefes, der von einer bislang strengen Geheimhaltung ausgeht, älter sein als drei weitverbreitete, ebenfalls dem Pythagoras zugeschriebene Bücher, das sogenannte *Tripertitum: Paideutikon, Politikon, Physikon.* Mit jenem Maß von Wahrscheinlichkeit, das sich bei diesen außerordentlich schwierigen Fragen erreichen läßt, hat BURKERT die eben genannten *Hypomnemata* mit jenen gleichgesetzt, die Alexander Polyhistor (F Gr Hist 273 F 93) exzerpiert hat. Er setzt sie ins 3. Jahrhundert, aber mit guten Gründen nach Aristoteles, das *Tripertitum* hingegen in die Zeit um 200 v. Chr. Völlig unabhängig ist THESLEFF zu einer im Groben übereinstimmenden Datierung gekommen.

Von dem Pythagoras selbst Unterschobenen sei hier noch ein Ἱερὸς λόγος in Hexametern und ein Ἱερὸς λόγος περὶ θεῶν in dorischer Prosa genannt. Ganz erhalten sind uns zwei mit anderen Namen versehene Schriften. Unter dem des Okellos[1] von Lukanien der Traktat *Von der Natur des Universums* (Περὶ τῆς τοῦ παντὸς φύσεως), von HARDER in das 2. Jahrhundert v. Chr. datiert, aber vielleicht noch ein Stück älter. Starker peripatetischer Einschlag ist deutlich. Die Schrift ist in Koine erhalten, war aber ursprünglich ebenso dorisch abgefaßt wie die dem Timaios von Lokroi zugeschriebene Περὶ φύσιος κόσμω καὶ ψυχᾶς[2], die zeitlich kaum weit abliegt und im wesentlichen Platons Timaios verwertet.

Für die geistesgeschichtliche Einordnung all dieses Schrifttums ist die Parallele wichtig, die BURKERT mit ungefähr gleichzeitigen Erzeugnissen gezogen hat, wie etwa mit der Schrift des Nechepso-Petosiris (s. S. 785) oder mit den Pseudodemocritea, an denen Bolos von Mendes, in der *Suda* Pythagoreer genannt, beteiligt war. Was sich mit dem Namen des Pythagoras und denen seiner Anhänger deckte, war durchaus nicht rein Pythagoreisches. Wie weitgehend da Platonisches und Peripatetisches hereinspielt, ließ selbst unsere knappe Übersicht erkennen. Was diese apokryphe Literatur bot, war eine sich philosophisch gebärdende Pseudowissenschaft, in der sich der Hang zum Irrationalen eine durch scheinbaren Tiefsinn legitimierte Äußerungsform suchte. Hier sind jene Kräfte regsam, die, wie zu anderen Zeiten auch, als Rivalen exakter Wissenschaft und ernster Philosophie auftraten, wobei sie deren Redeweise imitierten und sich gerade dadurch den Erfolg sicherten. So stehen die hier behandelten Pseudopythagorica in einer Art von afterphilosophischer Koine. Sie haben mit Kult und Gemeinschaft pythagoreischer Konventikel offenbar nichts zu tun, und BURKERTS Wort dürfte treffen: «Es gibt in hellenistischer Zeit eine ganze Flut pythagoreischen Schrifttums, aber es gibt keine Pythagoreer.»

Was wir über das Verhältnis dieser Art von Literatur zur Wissenschaft sagten, sei wenigstens durch ein Beispiel erläutert, dessen Interpretation wir ebenfalls BURKERT

[1] Die Namensform ist unsicher, überliefert findet sich auch Okkelos und Okelos. Darüber und über das Verhältnis zu Ekkelos vgl. R. BEUTLER, *RE* 17, 1937, 2361. Die Schrift ist ausgezeichnet behandelt von R. HARDER, *N. Phil. Unt.* 1, 1926. Dazu W. THEILER, *Gnom.* 2, 1926, 585.

[2] Dazu R. HARDER *RE* 6 A, 1936, 1203. Text bei H. THESLEFF (s. o.) nach Kollationen von W. MARG, p. 203. Nach J. D. P. BOLTON, *Class. Rev.* n. s. 13, 1963, 35, ist das 2. Jh. v. Chr. der früheste mögliche Ansatz.

danken. C. Sulpicius Gallus, der 168 an der Schlacht von Pydna als Militärtribun teilnahm, hat ein Buch über Astronomie verfaßt. Plinius (*nat. hist.* 2, 83) berichtet daraus, daß Sulpicius in Übereinstimmung mit Pythagoras angegeben habe, der Abstand von der Erde zum Mond betrage 126000 Stadien, der vom Mond zur Sonne das Doppelte, jener von dort zum Tierkreis das Dreifache. BURKERT hat in einer subtilen Untersuchung gezeigt, daß verschiedene Quellen auf eine Schrift des mittleren Hellenismus führen, die sich den Namen des Pythagoras aneignete. Sie war für Sulpicius Gallus die Quelle seiner Entfernungsangaben. Er konnte es auch wahrscheinlich machen, daß unter dem Namen des Pythagoras, vielleicht in derselben Schrift, die Vorstellung von der Sphärenmusik als Tonleiter der Himmelskörper konkretisiert und mit der Entfernungsbestimmung der Gestirne verbunden war. Für diese Tonleiter der Sphärenmusik ist der älteste uns faßbare Vermittler Alexander von Ephesos mit dem Beinamen Lychnos, aus dessen geographisch-astronomisch orientiertem Lehrgedicht wir einige Bruchstücke besitzen[1]. Worauf es uns hier vor allem ankommt, ist folgendes: schon P. TANNERY[2] hat die überraschende Beobachtung gemacht, daß die den kosmischen Entfernungsangaben zugrunde liegende Zahl von 126000 Stadien genau die Hälfte des von Eratosthenes berechneten Erdumfanges ist. So wurde eines der großartigsten Ergebnisse der alexandrinischen Wissenschaft in diesem Bereiche zur Grundlage eines kosmischen Systems gemacht, das mit seiner dilettantischen Zahlenspielerei den in der damaligen Astronomie erreichten Wissensstand völlig ignorierte.

II. JÜDISCH-HELLENISTISCHES SCHRIFTTUM

In dem bunten Völkergemisch der Weltstadt Alexandreia spielten die Juden eine bedeutende Rolle[3]. Schon in den vorhellenistischen Jahrhunderten hatten sie in Ägypten gesiedelt, nun brachte das rasche Wachstum der Zentrale des Ptolemaierreiches neue Teile ihres Volkes an den Nil. Von den fünf Stadtteilen Alexandreias galten zwei als jüdisch, und Philon (*In Flacc.* 43) gibt für die jüdische Bevölkerung in Ägypten eine Million als Zahl an. In dem für die Geschichte des Judentums entscheidenden Antagonismus zwischen den Tendenzen zur Assimilierung und den Kräften orthodoxer Beharrung bedeutet Alexandreia ein interessantes Zwischenspiel. In dessen Besonderheit liegt es begründet, daß wir von ihm im Rahmen einer griechischen Literaturgeschichte sprechen. Dabei beziehen wir Erscheinungen der frühen Kaiserzeit in diesen Abschnitt ein.

[1] Nachweise bei BURKERT a. O. 32, 1; vgl. S. 843.

[2] *Recherches sur l'histoire de l'astronomie ancienne.* Paris 1893, 332.

[3] H. I. BELL, *Jews and Christians in Egypt.* Lond. 1924. Ders., *Juden und Griechen im röm. Alexandreia.* Beih. z. Alt. Orient 9, Leipz. 1926 (mit Bibliographie). V. A. TCHERIKOVER in collab. with A. FUKS, *Corpus papyrorum Iudaicarum* 1. Harvard 1957 (in der Einleitung Geschichte der Juden in Ägypten). Ders., *Hellenistic Civilization and the Jews.* Transl. by S. APPLEBAUM. Philadelphia 1959. TH. BOMAN, *Das hebräische Denken im Vergleich mit dem griechischen.* 3. Aufl. Göttingen 1959. M. HADAS, *Hellenistic Culture, Fusion and Diffusion.* New York 1959. Das Buch von TH. REINACH, *Textes d'auteurs Grecs et Romains relatifs au Iudaisme.* Paris 1895, ist bei Olms/Hildesheim 1963 nachgedruckt worden.

Den alexandrinischen Juden war die Kenntnis des Hebräischen weitgehend verlorengegangen. Die Übersetzung der heiligen Schriften wurde zur Notwendigkeit, sollte deren Kenntnis nicht auf einen engen Kreis beschränkt bleiben. Aus diesen Bedürfnissen ist die *Septuaginta* hervorgegangen, über deren Entstehung wir den propagandistischen Bericht in dem *Brief des Aristeas an Philokrates*[1] aus dem späten 2. Jahrhundert v. Chr. besitzen. Wie die im Titel genannten Personen ist auch der Inhalt fingiert. Ptolemaios Philadelphos habe auf Veranlassung des Bibliotheksvorstandes Demetrios von Phaleron (der dieses Amt nie bekleidete und beim Regierungsantritt des zweiten Ptolemaiers in Ungnade fiel) zweiundsiebzig gelehrte Männer aus Jerusalem kommen lassen, die, vom König hoch geehrt, in ebensoviel Tagen die Übersetzung der Thora vollendet hätten.

Nach der herrschenden Auffassung wurde der *Pentateuch* noch im 3. Jahrhundert übertragen; verschiedene Übersetzungen von Teilen mochten vorausgegangen sein, die in der *Septuaginta* vereinigt wurden. Im Laufe etwa der nächsten hundert Jahre fanden auch die übrigen Schriften des alttestamentlichen Kanons ihren Weg in die griechische Bibel.

Für die Sprache der *Septuaginta* hat die neuere Forschung[2] die Bedeutung der Semitismen stärker auf das Stilistische und Semasiologische eingeschränkt, anderseits den griechischen Koine-Charakter kräftiger hervortreten lassen.

Die Grenzen des alttestamentlichen Kanons, wie die Synagoge sie festgelegt hatte, wurden im hellenistischen Judentum nicht im gleichen Maße als verpflichtend empfunden. So haben teils Ergänzungen kanonischer Bücher, teils selbständige Schriften Eingang in die griechische Bibel gefunden. Wir nennen hier nur einiges aus einem reich entwickelten und sehr verschiedenen Schrifttum. Das *Gebet Manasses* diene als Beispiel für Schriften, die original griechisch entstanden sind, während das Buch des *Jesus Sirach* mit seiner Spruchweisheit für die weitaus größere Gruppe übersetzter Literatur stehen mag. Des Verfassers Enkel, der 132 v. Chr. nach Ägypten kam, hat es bald darauf übertragen.

Eine besondere Stellung beanspruchen in dieser Literatur als beachtenswerte Geschichtsquellen die beiden ersten *Makkabäerbücher*, die um die Wende vom 2. zum 1. Jahrhundert anzusetzen sein dürften. Das erste ist aus dem Hebräischen übersetzt, das zweite gibt sich als Auszug aus dem Werke des Iason von Kyrene in fünf Büchern. Für Original und Epitome ist griechischer Ursprung durchaus wahrscheinlich. Inhalt der beiden in manchen Zügen voneinander abweichenden Berichte ist einer der wichtigsten Abschnitte in der Geschichte des jüdischen Priesterstaates. Dieser kam im

[1] Ausgabe der auch für die Koine wichtigen Schrift von P. WENDLAND, Leipz. 1900. Ausgabe mit engl. Übersetzung: M. HADAS, New York 1951. A. PELLETIER S. J., Paris 1962 (Introd., texte crit. trad. et notes, index des mots grecs). Engl. Übersetzung von H. ST. J. THAKERAY, 2nd ed. Lond. 1917. H. G. MEECHAM, *The Letter of Aristeas A. Linguistic Study with Special Reference to the Greek Bible.* Manchester Un. Press. 1935. B. H. STRICKER, *De brief van Aristeas. Verh. Kon. Nederl. Acad. Afd. Lett.* N. R. 62/4. 1955/56. G. ZUNTZ, ‹Zum Aristeas-Text›. *Phil.* 102, 1958, 240. Ders., ‹Aristeas-Studies›. I. *Journ. of Semitic Stud.* 4, 1959, 21. II ebda. 109. A. PELLETIER S. J., *Flavius Josèphe adapteur de la Lettre d'Aristée.* Paris 1962.

[2] E. SCHWYZER, *Griech. Gramm.* 1. Münch. 1939, 126; Lit. auf S. 117; dazu R. MEISTER, ‹Prolegomena zu einer Gramm. der Sept.›. *Wien. Stud.* 29, 1907, 228.

Jahre 200 v. Chr. unter die Herrschaft der Seleukiden, doch ließen diese seine religiöse und kulturelle Sonderart zunächst unangetastet. Erst Antiochos IV. Epiphanes suchte die Riegel aufzubrechen und Jerusalem zu einer griechischen Stadt zu machen. Die Ersetzung des Jahvekultes im Tempel durch jenen des Zeus Olympios bezeichnete im Jahre 167 den Höhepunkt einer Hellenisierung, der in den oberen Schichten der Boden einigermaßen bereitet war. Bei Jesus Sirach und im Buch des Propheten Daniel, das in die Makkabäerzeit gehört, vernehmen wir warnende Stimmen gegen diese Bewegung. Der Sieg blieb den Anhängern alten Glaubens und alter Art, die unter der Führung des Geschlechtes der Makkabäer standen. Bereits 164 konnte Judas Makkabaios die neue Tempelweihe vollziehen und jene Entwicklung einleiten, die innerhalb weniger Jahrzehnte zur vollen Befreiung von der Seleukidenherrschaft führte. Damit war aber auch der weitere Weg des Judentums entschieden; durch ihn war es gegeben, daß das judengriechische Schrifttum Episode blieb. Die Übersetzung des *Alten Testamentes*, der Stolz alexandrinischer Juden, in deren Namen der Anonymus hinter Aristeas spricht, wurde verleugnet und verworfen. Was wir an judengriechischem Schrifttum besitzen, danken wir dem Strome christlicher Tradition.

Ganz anderen Inhalt hat das *dritte Makkabäerbuch*, das in fabuloser Weise von einem Anschlag des Ptolemaios IV. Philopator auf den Tempel in Jerusalem und den Verfolgungen der ägyptischen Juden unter diesem Regenten erzählt. Vollends für sich steht das *vierte Makkabäerbuch*. Es ist ein gutes Stück später, vielleicht nicht lange vor der Zerstörung Jerusalems abgefaßt und enthält eine Diatribe, die den stoischen Satz von der Herrschaft der Vernunft über die Affekte entwickelt und durch Beispiele aus der jüdischen Geschichte erhärtet. Die Schrift, die gelegentlich dem Josephus unterschoben wurde, ist in ihrem zweiten Teil mit der Schilderung standhafter Glaubenszeugen ein bemerkenswertes Beispiel asianischen Stiles[1].

Hier läßt sich ein seltsames Stück volkstümlicher Propagandaliteratur anschließen. Papyrusfunde (nr. 2215–2242 P.) haben uns mehrere Texte kennen gelehrt, die sich von der Zeit des Caligula bis in jene des Commodus erstrecken[2]. Diese fingierten Protokolle lassen Gesandte aus Alexandreia, das sich in der römischen Welt an den Rand gedrückt fühlt, vor römischen Kaisern mit erstaunlichem Freimut reden. Es geht bei diesen Verhandlungen darum, daß sich die Führer der alexandrinischen Griechen in Rom wegen ihrer Feindseligkeit gegen die Juden der Stadt zu verteidigen haben, doch dienen diese Anlässe dazu, der romfeindlichen Stimmung des griechischen Elementes Luft zu schaffen.

Auch unter den Juden gab es Haß und Verachtung für die neue Herrin der Welt. Eindrucksvolle Zeugnisse dafür finden sich in der umfangreichen, vierzehn Bücher

[1] E. Norden, *Die antike Kunstprosa*. 1. 4. Abdr. Berl. 1923, 418.

[2] Lit. bei P(ack), ferner *Cambr. Anc. History* 10, 1934, 929. H. Fuchs, *Der geistige Widerstand gegen Rom in der antiken Welt*. Berl. 1938, 57. H. I. Bell, *Journ. Rom. Stud.* 31, 1941, 11. H. Bengtson, *Griech. Gesch.* 2. Aufl. Münch. 1960, 509. H. A. Musurillo S. J., *The Acts of the Pagan Martyrs*. Oxf. 1954 (vollständige Textsammlung mit Komm.).

umfassenden Sammlung *Sibyllinischer Orakel*[1]. Dieses monströse Corpus hat eine lange Geschichte. Sie beginnt im griechischen Bereiche mit dem Worte Heraklits (VS 22 B 92) von der Sibylle, die der Gott treibt, Ungelachtes und Ungeschminktes und Ungesalbtes zu reden. Die Gestalt ist den Griechen wohl vom Osten zugekommen und hat von Kleinasien aus, wo sie vor allem in Erythrai festsitzt, mächtige Verbreitung gefunden. Verbindung mit dem Kulte Apollons war dabei vielfach von Bedeutung. Varro (bei Lactant. *Div. inst.* 1, 6) stellt eine Art von Kanon der zehn berühmtesten Sibyllen zusammen. An Cumae und die Rolle der Sibyllinischen Bücher in Rom kann hier nur im Vorübergehen erinnert werden. Schließlich haben sich jüdische und christliche Propaganda der Gestalt und der Form dieser Weissagung bemächtigt. Die erhaltene Sammlung vereinigt die Ergebnisse eines Vorganges, der sich vorwiegend im späteren Hellenismus und in den ersten Jahrhunderten der Kaiserzeit abspielte. Älteres Orakelgut wird dabei mitunter mitgeführt, mitunter nachgeahmt; die Analyse der Elemente ist eine schwierige Aufgabe. Der Redaktor unseres Corpus hat ihm einen Prolog vorausgeschickt, der sich zu großen Teilen als Auszug aus der sogenannten *Tübinger Theosophie*[2] erweist. Da diese in das ausgehende 5. Jahrhundert n. Chr. gehört, rückt das Zustandekommen der erhaltenen Sammlung in die Zeit der Spätantike.

Es liegt auf derselben Linie wie die jüdische Sibyllinendichtung, wenn orthodoxe Lehre in Versform verschiedenen griechischen Dichtern unterschoben wurde, worunter natürlich fingierte Verse des Orpheus nicht fehlen konnten.

Etwas anderes war es, wenn sich jüdische Schriftsteller der griechischen Formen zu Bericht oder Verherrlichung der Geschichte ihres Volkes bedienten. Der Dramatiker Ezechiel (s. S. 836) kann als gutes Beispiel für eine Gruppe von Autoren stehen. Von Philon dem Älteren und Theodotos sind uns im 9. Buche der *Praeparatio evangelica* des Eusebios etliche Hexameter aus epischen Darstellungen jüdischer Geschichte erhalten. Wir fügen als Prosaiker Demetrios an, der unter Ptolemaios IV. *Über die Könige in Judäa* schrieb. Grundlage für ihn war die Bibel, die er in der Fassung der *Septuaginta* benützte. Etwa ein halbes Jahrhundert älter ist ein Werk desselben Titels von Eupolemos, doch lassen die Reste erkennen, daß er sich der biblischen Überlieferung gegenüber in propagandistischer Absicht bedeutende Freiheiten gestattete. Das führt zu jüdischen Historikern, von denen uns Reste jener Exzerpte eine Vorstellung vermitteln, die Alexander Polyhistor (F Gr Hist 273) von ihnen angefertigt hat. Da wird uns (F 19) ein Artapanos kenntlich, der jüdische Überlieferung mit Ägyptisch-Hellenistischem zusammenarbeitete, um auf solche Weise den Vorrang und das höhere Alter der Leistungen seines Volkes zu erweisen. Ähnliche Vermengung und Tendenz bezeugt Alexander Polyhistor (F 102) für Kleodemos, auch Malchos genannt. Daß der Verfasser des *Aristeas-Briefes* hieher gehört, ist ohne weiteres einsichtig.

[1] A. Kurfess, *Sibyllinische Weissagungen.* Münch. 1951 (Tusculum-Bücherei), eine Auswahl mit Übersetzung, Erklärungen und einem Abschnitt über das Fortwirken. S. 364 die Ausgaben und Lit. Für die romfeindlichen Partien vgl. das in der vor. Anm. genannte Buch von Fuchs.

[2] K. Mras, *Wien Stud.* 28, 1906, 43. H. Erbse, *Fragmente griech. Theosophie.* Hamb. 1941.

Der eigenartigste Vorgang auf diesem Gebiete ist die Auseinandersetzung der jüdischen Religion mit der griechischen Philosophie gewesen. Schattenhaft bleibt für uns Aristobulos. Dürfen wir den Zeugnissen trauen, so hat er im 2. Jahrhundert v. Chr. in einer allegorischen Auslegung des *Alten Testamentes* dieses als Quelle der griechischen Philosophie erweisen wollen. Zweifel an der Echtheit der Fragmente wurden vielfach geäußert, und manche wollten seine Schrift als christliche Fälschung fassen, doch ist den Vertretern der Athetese ein bindender Beweis nicht gelungen.

Durch eine beträchtliche Zahl erhaltener Werke ist uns der bedeutendste Vertreter des alexandrinischen Judentums bekannt: Philon von Alexandreia. Er stammte aus einer reichen, mit den römischen Großen der Zeit in mannigfacher Weise verbundenen Familie. Datiert ist er durch die Gesandtschaft, die im Winter des Jahres 39 n. Chr. von Alexandreia nach Rom ging, um eine Entscheidung Caligulas in dem Konflikt zwischen Griechen und Juden zu erreichen. Philon führte damals den jüdischen Gesandtschaftsteil und bezeichnet sich in seinem Bericht über das Unternehmen als Mann in vorgerückten Jahren.

Unsere Auffassung von Philons geistiger Welt hat in neuerer Zeit, nicht zum letzten durch Hans Leisegang, eine bedeutende Vertiefung erfahren. Man würde Philon nicht gerecht, wollte man ihn in die Reihe jener hellenistisch-jüdischen Autoren stellen, die in propagandistischer Tendenz alles Fremde aus der eigenen Lehre ableiten wollten. Philons Hellenentum ist nicht eine nebengeordnete Komponente in seiner geistigen Struktur, sondern die festgefügte Grundlage seiner Auseinandersetzung mit der religiösen Überlieferung seines eigenen Volkes. Er zieht philosophische Lehren nicht heran, weil er sie für bestimmte Zwecke braucht, vielmehr ist das Denken in ihren Kategorien für ihn eine mit seinem Bildungsweg gegebene Notwendigkeit.

Läßt sich derart für Philon eine Entwicklung wahrscheinlich machen, die von der Philosophie der Griechen zur Theologie seines Volkes führte, so wird man an den Beginn seiner Schriftstellerei eine Reihe philosophischer Abhandlungen stellen, die neben seiner weithin stoischen Grundhaltung auch Vertrautheit mit den Formen griechischen Philosophierens bekunden. Zwei der frühesten Schriften, die in armenischer Übersetzung erhalten sind, haben Dialogform; beide Male bespricht sich Philon mit seinem Neffen Alexandros; im ersten Dialog, der nach diesem benannt ist, über die Frage, ob den Tieren Vernunft eignet, im zweiten *Über die Vorsehung* steht ein zentraler Begriff der stoischen Lehre zur Debatte. Die Schrift *Über die Unzerstörbarkeit der Welt* (Περὶ ἀφθαρσίας κόσμου) ist ein Torso, ein erster Teil, der im Gegensatz zur Stoa die Unvergänglichkeit des Weltalls verficht. Da im Schlußsatz die Ausführung der Gegengründe verheißen wird, ist es allen Athetesen und Erklärungsversuchen gegenüber die wahrscheinlichste Lösung, daß Philon selbst hier eine Zusammenstellung der gegnerischen Argumentation gibt, die er in einem zweiten Teil widerlegte oder zu widerlegen gedachte. Die Schrift *Von der Freiheit jedes sittlich Tüchtigen* (Περὶ τοῦ πάντα σπουδαῖον εἶναι ἐλεύθερον) trägt das stoische Programm bereits im Titel.

Philosophisches Bildungsgut bestimmt auch die Darstellung der jüdischen Religion durch Philon. Dabei geht es ihm, der von dem Geiste des jüdischen Monotheismus und der Bedeutung der Gesetze zutiefst überzeugt ist, jedoch nicht um tendenziöse Propaganda, sondern um die geistige Aneignung der Überlieferung seines Volkes mit den Mitteln der Philosophie. Hauptwerk dieser Gruppe ist das Buch *Über die Weltschöpfung* (Περὶ τῆς κατὰ Μωυσέα κοσμοποιίας), ein Gesamtbild von Philons Weltanschauung, in dem platonische Züge nicht fehlen. Von Lebensbeschreibungen der Patriarchen, die das Gesetz durch ihren Wandel bestätigen, sind nur die des Abraham und des Joseph erhalten. Daran schließt sich eine Schrift *Über den Dekalog*, während in vier Büchern[1] *Über die Einzelgesetze* (Περὶ τῶν ἐν μέρει διαταγμάτων) die Sondervorschriften des mosaischen Gesetzes begründet sind.

Daneben stehen Schriften, in denen die Absicht, in weiteren Kreisen Verständnis für die jüdische Religion zu wecken, deutlicher hervortritt. Manches wie die *Apologie* (Ἀπολογία ὑπὲρ Ἰουδαίων) ist verloren, erhalten ist die *Biographie des Moses* (Περὶ βίου Μωυσέως), die sich dem Typus der griechischen Philosophenvita nähert.

Einen großen Teil seiner Lebensarbeit verwendete Philon auf die Erläuterungsschriften zum *Pentateuch*. Dabei war kein Vers für Vers der Bibel folgender Kommentar beabsichtigt, vielmehr lösen sich die *Allegorischen Erklärungen der heiligen Gesetze* (Νόμων ἱερῶν ἀλληγορίαι) in Abhandlungen auf, die sich an einzelne Bibelstellen schließen. Dazu stellt sich eine ganze Reihe selbständiger Traktate. Für sich steht ein Werk in fünf Büchern *Über Träume*, das die verschiedenen Arten von Traumbildern untersucht und mit Beispielen aus der Bibel belegt. Von einem zweiten Kommentar zu *Genesis* und *Exodus*, der aber wohl den ganzen *Pentateuch* erfassen sollte, haben wir neben griechischen und lateinischen Fragmenten große Teile in armenischer Übersetzung.

In verschiedenem Ausmaße, aber in einheitlicher Haltung hat Philon in seinen Arbeiten die Methode allegorischer Erklärung angewendet. Sie war den Griechen seit geraumer Zeit bekannt, er selbst hat sie vor allem bei den Stoikern gelernt.

Philon läßt uns nicht allein seine Vertrautheit mit den Lehren der Philosophie und seine Fähigkeit erkennen, mit diesen zu operieren, seine Schriften eröffnen uns auch den Einblick in einen geistesgeschichtlichen Vorgang von größter Tragweite[2]. In Alexandreia vor allem kam philosophische Tradition, in der platonische Elemente dauernd und kräftig an die Oberfläche drängten, mit der Welt der Mysterienreligionen in Berührung. In gegenseitiger Auseinandersetzung und Beeinflussung nahm philosophische Gottsuche zahlreiche Mysterienvorstellungen auf (wie dies Platon

[1] Für die schwierige Überlieferung (in den meisten Handschriften sind die vier Bücher auseinandergerissen und die einzelnen Abschnitte unter Sondertitel gestellt) s. Christ-Schmid-Stählin, *Gesch. d. griech. Lit.* 2/1, 6. Aufl. Münch. 1920, 641.

[2] Das hat Antonie Wlosok in dem Philon-Kapitel ihres Buches *Laktanz und die philosophische Gnosis. Abh. Ak. Heidelb. Phil.-hist. Kl.* 1960/2, 48, eindringlich gezeigt. Sie verfolgt den Weg dieser Vorstellungen in die hermetische Gnosis, zu Clemens und zu Laktanz. In Vorbereitung: F. N. Klein, *Die Lichtterminologie bei Philon von Al. und in den hermetischen Schriften. Untersuchungen zur Struktur der Sprache der hellenistischen Mystik.*

entscheidend eingeleitet hatte), während anderseits diese Vorstellungen nun mit neuen Inhalten erfüllt wurden. Erleuchtete Gottesschau wird zum eigentlichen Ziel des menschlichen Weges, von der verschiedene Lehren in mancherlei Brechung, aber in einer letzten Endes doch einheitlichen Haltung künden. Bei Philon ist die Offenbarungslehre des Alten Testamentes in diese Gedankenwelt einbezogen, anderseits aber auch die Vorbereitung der Gnosis in manchen Gedanken und Bildern nicht zu verkennen.

Für Philons Biographie und die Geschichte der alexandrinischen Juden sind zwei Schriften wichtig, die von der Auseinandersetzung mit Rom handeln. Die eine *Gegen Flaccus* macht den Präfekten Ägyptens A. Avillius Flaccus zum Exempel der über den Juden waltenden Vorsehung: Der ursprünglich gute Statthalter verfolgt nach dem Regierungsantritt des Caligula die Juden, verfällt aber bald der Verbannung und schimpflichem Tode. Der Bericht *Über die Gesandtschaft an Gaius* (Φίλωνος περὶ ἀρετῶν πρῶτον ὅ ἐστι τῆς αὐτοῦ πρεσβείας πρὸς Γάιον)[1] schildert in dem erhaltenen Torso die schmerzlichen Erfahrungen jener Gesandtschaft, die Philon im Jahre 39 nach Rom zu Caligula führte. Die judenfeindliche Griechengruppe vertrat Apion, Schüler und Adoptivsohn des Didymos, ein Vielschreiber, der die Linie aristarchischer Wissenschaft zu halten beanspruchte, ohne es zu können. Neben Grammatischem schrieb er *Aigyptiaka* in fünf Büchern.

Wie Philons Denken, so ist auch seine Sprache von griechischer Tradition bestimmt. Semitismen fehlen, wir wissen nicht einmal, ob er das Hebräische beherrschte. Der Wortschatz spricht von seiner reichen Belesenheit, rhetorischer Aufputz und attische Färbung werden angestrebt, wie etwa im reichen Optativgebrauch, im allgemeinen ist es aber trockene Gelehrtensprache, die wir bei ihm lesen.

Da wir mit Philon bereits in die Kaiserzeit geraten sind, mag auch der bedeutendste jüdische Historiker Josephos hier seinen Platz finden. Er wurde 37/38 n. Chr. zu Jerusalem geboren und stammte aus hohem priesterlichen Geschlechte. Im Jahre 64 kam er das erstemal nach Rom. Dort fand er den Weg zu Poppaea, Neros Gattin, doch sah ihn der Aufstand in Galilaea (66) auf der Seite seiner Landsleute in führender Stellung. Im Jahre 67 geriet er in römische Gefangenschaft, wurde aber zwei Jahre später von Vespasian, dem er die Kaiserkrone prophezeit hatte, freigesprochen. Seitdem nannte er sich Flavius. Bei der Belagerung und Einnahme Jerusalems war er im Lager des Titus, lebte dann lange Zeit bei schriftstellerischer Arbeit in Rom und starb wohl bald nach der Jahrhundertwende.

In den sieben Büchern *Über den Jüdischen Krieg* geht er in den einleitenden Teilen bis auf den Konflikt der Juden mit Antiochos IV. Epiphanes zurück, schildert aber in der Hauptsache die Ereignisse, deren Augenzeuge er gewesen ist. Das Werk war zunächst aramäisch geschrieben und wurde dann nicht ohne Hilfe anderer ins Griechische übersetzt. Daß dies nicht seine Muttersprache war, hat Josephos trotz allem

[1] Eine Rekonstruktion des verlorenen zweiten Teiles, der auch den Titel des Erhaltenen rechtfertigt, gibt H. Leisegang, ‹Philons Schrift über die Gesandtschaft der alexandrinischen Juden an den Kaiser Gaius Caligula›. *Journ. of Bibl. Lit.* 57, 1938, 377.

Bemühen um stilistische Auflockerung und rhetorischen Schmuck nie ganz verleugnen können.

Wir wissen, daß ein anderer jüdischer Historiker und Zeitgenosse des Josephos, Justus von Tiberias, ebenfalls eine *Geschichte des Jüdischen Krieges* geschrieben hat, in der er die Darstellung des Josephos kritisierte. Dieser hat in seiner *Selbstbiographie* (Ἰωσήπου βίος) erwidert. Dabei legte er das Hauptgewicht darauf, seine Loyalität den Römern gegenüber ins Licht zu stellen, wodurch die Schrift teilweise so unerfreulich wirkt, wie das politische Rechtfertigungsschriften im allgemeinen zu tun pflegen.

Das Hauptwerk des Josephos ist seine *Jüdische Archäologie* in zwanzig Büchern, von denen die ersten elf die alte jüdische Geschichte im wesentlichen nach der biblischen Überlieferung, aber mit viel freier Erfindung und Ausschmückung erzählen, während der Rest des Werkes mit Verwertung verschiedener historischer Quellen bis auf die Zeit Neros geführt ist.

Soviel auch Josephos an seinem guten Verhältnis zu den Römern lag, hat er die Ziele jüdischer Apologetik doch nie aus dem Auge verloren. Ganz in ihren Dienst ist die Schrift *Gegen Apion* gestellt, aber auch in den übrigen Werken wird diese Absicht ihres Autors immer wieder erkennbar.

Bibliographie zu Philon bei E. R. Goodenough, *Politics of Philo Iudaeus*. New Haven 1938. Lit. auch bei A. Wlosok, *Abh. Ak. Heidelb. Phil.-hist. Kl.* 1960/2, 50, 1. Die führende Ausgabe ist jene von L. Cohn, P. Wendland und S. Reiter, 6 Bde. mit einem Indexband von H. Leisegang. Berl. 1896–1930. In der Einleitung ist die reiche, von Schrift zu Schrift wechselnde Überlieferung dargestellt, die letzten Endes auf die Bibliothek von Caesarea zurückgeht. Editio minor in 6 Bden. Berl. 1896–1915. R. Box, *Phil. Alex. in Flaccum*. Oxf. 1939 (mit Komm.). R. Cadiou, *Phil. d'Alex. La migration d'Abraham. Sources Chrétiennes* 47. Paris 1957 (doppelspr. mit Komm.). E. Mary Smallwood, *Phil. Alex. Legatio ad Gaium*. 2. Aufl. Leiden 1970 (doppelspr. mit Komm.). Papyri: nr. 1344–1346 P. Mit engl. Übersetzung F. H. Colson and G. H. Whitaker, *Loeb Class. Libr.* 10 Bde. und 2 Suppl. Lond. 1929–1962. Deutsche Übersetzung: L. Cohn und I. Heinemann, 6 Bde. Breslau 1909–1938, Nachdr. 1960; Bd. 7 hrsg. von W. Theiler (mit Sachweiser zu Philon) Berlin 1964. Text mit franz. Übersetzung: R. Arnaldez, J. Pouilloux, Cl. Mondésert u.a., *Les œuvres de Phil. d'Alex. publiées sous le patronage de l'Univ. de Lyon*. Das Unternehmen ist auf 35 Bände veranschlagt, das meiste erschienen. Einen Überblick vermittelt Monique Alexandre in Bd. 16: *De congressu eruditionis gratia*. Paris 1967.

Aus neuerer Lit.: L. H. Feldmann, *Scholarship on Philo and Josephus (1937–1962)*. New York 1963. W. Theiler, ‹Ph. von Alexandria und der Beginn des kaiserzeitlichen Platonismus›. *Perusia. Festgabe f. Joh. Hirschberger*. Frankfurt a. M. 1965, 199. Kl. Otte, *Das Sprachverständnis bei Ph. von Alexandrien*. Tübingen 1967. *Colloques nationaux du Centre nat. de la recherche scient. Lyon 11.–15. IX. 1966*. Paris 1967 (mit zahlreichen Beiträgen). Ursula Früchtel, *Die kosmologischen Vorstellungen bei Ph. von Alexandrien. Ein Beitrag zur Geschichte der Genesis-Exegese*. Leiden 1968. R. A. Baer, *Philo's Use of the Categories Male and Female*. Leiden 1969. Irmgard Christiansen, *Die Technik der allegorischen Auslegungswissenschaft bei Ph. von Alexandrien*. Tübingen 1969. Von den armenisch erhaltenen Schriften lat. Übersetzungen von J. B. Aucher, Venedig 1822 u. 1826. Die *Quaestiones et solutiones in Genesim et Exodum* jetzt englisch von R. Marcus, 2 Bde. *Loeb Class. Libr.* Lond. 1953. Für die Fragmente bleibt die Ausgabe von Th. Mangey, Lond. 1742 wichtig, dazu J. R. Harris, *Fragments of Ph. J.* Cambr. 1886. Ausgabe der armenischen Schriften von F. C. Conybeare, Venedig 1892. – Eine gute Monographie stellt der *RE*-Artikel (20, 1941, 1) von H. Leisegang dar. Ferner: I. Heinemann, *Philons griechische und jüdische Bildung. Kulturvergleichende Untersuchung zu Philons Darstellung der jüdischen Gesetze.* Breslau 1932. Ein Neudruck mit Nachträgen bei Olms/Hildesheim 1962. M. Pohlenz, *Ph. von Alexandreia. Nachr. Ak. Gött. Phil.-hist. Kl.* 1942, 409. H. A. Wolfson, *Philo. Foundations of religious philosophy in Iudaism, Christianity and Islam.* 2 Bde. Cambr. Mass. 1948. K. Bormann, *Die Ideen- und Logoslehre Phil. von Alex. Eine Auseinandersetzung mit H. A. Wolfson.* Diss. Köln 1955 (maschinschr.). A.-J. Festugière, *La Révélation d'Hermès Trismégiste.* 3. éd. 2, Paris 1949, 519–572. E. Bréhier, *Les idées philosophiques et religieuses de Phil. d'Alex.* Paris 1950. H. Thyen, *Der Stil der jüdisch-hellenistischen Homilie. Ein Rekonstruktionsversuch. Forsch. zu Rel. u. Lit. des Alten u. Neuen Test.* 47. Göttingen 1955 (Zu Philos allegorischem Kommentar zur Genesis). J. Daniélou, *Phil. d'Alex.* Paris 1958.

Josephos: Die grundlegende kritische Ausgabe stammt von B. Niese, 7 Bde. Berl. 1887–95; ed. minor in 6 Bden. Berl. 1888–95; 2. unver. Aufl. Berl. 1955. Auf der Grundlage von Nieses recensio: S. A. Naber, 6 Bde. Leipz. 1888–96. Mit engl. Übersetzung H. St. J. Thakeray and R. Marcus, A. Wikgren, L. H. Feldmann, 9 Bde. *Loeb Class. Libr.* Lond. 1926–65. *Gegen Apion:* Th. Reinach et L. Blum, *Coll. des Un. de Fr.* 1930 (doppelsprachig). *Autobiographie:* A. Pelletier, ebda. 1959. O. Bauernfeind u. O. Michel, *Flav. Jos. De bello Iud.* I (libri 1–3). 2. Aufl. 1962; II/1 (libri 4–5) München 1964. (doppelspr. mit Komm.). Übers. mit Einl. von H. Clementz: *Gesch. d. jüd. Kr.* Köln 1959; *Die jüd. Altertümer.* 2 Bde. Köln 1959. H. Endrös, *Der jüdische Krieg.* 2 Bde. München 1965 (Goldmanns gelbe Taschenbücher). – W. Whiston, *The Life and Works of Flav. Jos.* Philadelphia 1957. M. Hengel, *Die Zeloten. Arbeiten zur Gesch. des Spätjudentums und Urchristentums* 1, 1961 (gibt eine kritische Beurteilung des Josephos als Quelle). A. Pelletier *S. J. Flavius Josèphe, adapteur de la Lettre d'Aristée.* Paris 1962. – Lexikon: H. St. J. Thakeray and R. Marcus, 4 Fasc. (A–Eμ). Paris 1930–55. G. Boettger, *Topographisches Lexicon zu den Schriften des Flavius Josephus.* Leipzig 1879; Nachdr. bei Hakkert, Amsterdam 1966. A. Schalit, *Namenswörterbuch zu Flavius Josephus.* Leiden 1968. H. Schreckenberg, *Bibliographic zu Flavius Josephus.* Leiden 1968. *A complete concordance to Flavius Josephus* von K. H. Rengstorf ist bei Brill-Leiden im Erscheinen.

VII

DIE KAISERZEIT

A. DICHTUNG

Ehe wir die Darstellung der griechischen Literatur in der Kaiserzeit beginnen, erinnern wir an den in der Einführung entwickelten Plan dieses Buches. Dort ist es begründet, warum für diesen Abschnitt der Maßstab anders gehalten und die Beschränkung auf einen knappen Überblick hingenommen werden mußte. So wenig also daran zu denken ist, die Fülle von Autorennamen, von verlorenen und zum größten Teil höchst unbedeutenden Werken auszubreiten, sollen doch die beiden gegenläufigen Entwicklungslinien nachgezogen werden, die das Bild der Zeit zwischen dem Falle Alexandreias (30 v. Chr.) und der Schließung der Universität Athen durch Justinian (529, es ist das Jahr der Gründung von Monte Cassino) bestimmen. Auf der einen Seite eine Erstarrung, die nicht allein durch das Versiegen der Kraftquellen bedingt ist, sondern von einer klassizistisch bestimmten Rhetorik zum Programm gemacht wurde; auf der anderen das Aufsteigen einer neuen, vom Orient mitbestimmten Ideenwelt, die sich in innerer Annäherung und äußerer Abwehr neben dem unaufhaltsam vordringenden Christentum entfaltet.

Die Zeit von mehr als einem halben Jahrtausend, die dieser Abschnitt umfaßt, hat dem Griechentum im Rahmen des großen Reiches wechselvolle Schicksale gebracht. Einige Hinweise müssen genügen[1]. Stärker noch als im Hellenismus tritt nun Altgriechenland in den Hintergrund. Wohl hat Athen seine hadrianische Renaissance, wohl kann Sparta in einer gewissen Ruhe bis ins 3. Jahrhundert wenigstens den Schein seiner alten Formen wahren, auch gibt es in einigen Orten wie Nikopolis, Korinth und Patrai regeren Handel, aber im ganzen senkt sich Stille über die griechischen Landschaften, die seit 27 v. Chr. zur senatorischen Provinz Achaia gehören. Weite Gebiete leiden unter Entvölkerung, und die Armut mancher Heiligtümer wird zum Zeugnis der wirtschaftlichen Nöte.

In Ägypten übernahmen die Römer das Beamtensystem der Ptolemaier, um das Land für die Interessen Roms auszubeuten. Wohl lebte hellenische Kultur, getragen von der Schicht «derer vom Gymnasion» in verhältnismäßiger Dichte weiter, aber mit der Weltgeltung Alexandreias war es vorbei, und gerade diese Stadt wurde zum Zentrum romfeindlicher Gesinnung; wir hatten im voraufgehenden Kapitel von den «heidnischen Märtyrerakten» als Zeugnissen für Stimmungen dieser Art zu sprechen. In ruhigerer Entwicklung finden wir die Griechenstädte Kleinasiens, die denn auch

[1] Grundlegend M. ROSTOVTZEFF, *The Social and Economic History of the Roman Empire*. Oxf. 1926 (deutsche Übertragung von L. WICKERT, Leipz. 1929, eine italienische von G. SANNA, Firenze 1933). Lit in der *Cambr. Anc. Hist.* 10, 1934, 922ff.; 11, 1936, 914ff. U. KAHRSTEDT, *Das wirtschaftliche Gesicht Griechenlands in der Kaiserzeit. Kleinstadt, Villa und Domäne. Diss. Bernenses* Ser. 1/7. 1954.

in der Kaiserzeit die Zentren des griechischen Kulturlebens bildeten. In diesem Raume wirkte sich die Tendenz der Kaiser, die Stadt zum Stützpunkt der römischen Herrschaft zu machen, in besonderem Maße aus. Man konnte den Städten unbesorgt munizipale Freiheit und damit einen Schimmer der alten Selbstherrlichkeit griechischer Stadtstaaten belassen; Rom hatte sein Auge überall, und seine Hand war zu raschem Zugreifen bereit, wenn es irgendwo nicht nach seinem Willen ging. In den Städten, denen nach Möglichkeit größere Territorien mit dörflichen Siedlungen angeschlossen wurden, entwickelte sich eine durch Handel und Landwirtschaft zu Wohlstand gekommene Bourgeoisie, die sich mit viel Wichtigkeit, sehr oft aber auch mit wirklichem Opfersinn der munizipalen Aufgaben, der Bauten, des Kultes, der Gymnasien und Spiele, in Notzeiten der Öl- und Getreideversorgung annahm. Es ist die Schicht, auf die sich die römische Herrschaft stützte und die zugleich die eigentliche Trägerin hellenischer Kultur blieb. Weihe- und Grabgedicht, wie sie die Inschriften dieser Zeit so zahlreich bieten, zeugen mit geringerem oder größerem Erfolge von der Bildungsbeflissenheit dieser Schicht.

Die Schattenseiten dieses Systems sind nicht zu übersehen. Von einer begrenzten Zahl Wohlhabender war die Masse der Besitzlosen durch eine tiefe Kluft geschieden, starke Spannungen waren in dem sozialen Gefüge vorhanden, die sich bei wirtschaftlichen Rückschlägen leicht in Unruhen entluden. Zum andern bedeutete der Umstand, daß sich Rom auf die Schicht der Begüterten stützte, für diese eine schwere, zu Zeiten ihre Existenz bedrohende Belastung. Zu dem, was der Reiche für das eigene Gemeinwesen zu leisten hatte, kam immer mehr, was der Staat von ihm verlangte. Ägypten mit seinem ausgebildeten System der Leiturgie gab das Modell für Zwangsleistungen, die sich vom 2. Jahrhundert an ins Unerträgliche steigerten. Die Reisen der Kaiser und ihrer Beamten, Haftung für das Aufkommen der Steuern, Zwangspacht von brach liegendem Land und anderes zehrten die Substanz auf und stellten das wirtschaftliche und soziale Gefüge in Frage.

Auf Rangstellung und Lebensbedingungen des griechischen Elementes hatte die Haltung der einzelnen Kaiser natürlich großen Einfluß. Die Schwankungen waren bedeutend. Die im allgemeinen griechenfreundliche Einstellung der ersten Kaiser (Alexandreia ist ein Sonderfall) erreichte in Neros Artistentum und der theatralischen, dem Flamininus nachgemachten Freiheitserklärung der Griechen eine Höhe eigener Art. Die Flavier blickten stärker nach dem Westen; von der griechischen Opposition, die sich vor allem unter Domitian äußerte, ist zu Dion von Prusa ein Wort zu sagen. Trajan und Hadrian brachten die große Wende. Des ersteren Kriege gegen Daker und Parther schufen dem Osthandel neue Räume, und Hadrians leidenschaftlicher Philhellenismus sicherte der griechischen Kultur den ersten Rang im Reiche. So wurden die Voraussetzungen für deren Blüte in der Zeit der Antoninen (138–180) geschaffen, eine Blüte, die kulturell den Höhepunkt des ganzen hier zusammengefaßten Zeitabschnittes bezeichnet. Aber schon mit dem ausgehenden 2. Jahrhundert ändert sich das Bild, das im unglückseligen dritten durch besonders düstere Züge bestimmt wird. Seuchen, Hungersnöte mit sozialen Unruhen als Folgeerscheinungen, Heimsuchung durch barbarische Horden, Ausbeutung durch die Herrscher, die für ihre Kriege Geld brauchten, haben viel von dem Wohlstand der voraufgehenden Zeit vernichtet und das kulturelle Leben aufs schwerste getroffen. Eine für die Griechen freundliche Episode bezeichnete die Regierung des Gallienus (260–268), der sich dem Griechentum von der Seite der Religion, vor allem von den eleusinischen Mysterien her näherte. Seine Regierungszeit fällt ungefähr mit dem letzten Lebensjahrzehnt Plotins zusammen. Völlig neue Verhältnisse schuf Diokletian (284 bis 305), in dessen Beamtenstaat die letzten Reste der autonomen Polis endgültig untergingen. Konstantins Toleranzedikt von 313 und die Gründung der nach ihm benannten Stadt, des Neuen Rom auf dem Boden des alten Byzantion, bedeuten weitere Wendepunkte einer Entwicklung, die das alte Griechentum absterben läßt und an die Schwelle der byzantinischen Zeit führt.

Wer eine gewisse Vereinfachung in Kauf nimmt, könnte sagen, daß die großen Gattungen der griechischen Dichtung in der umgekehrten Reihenfolge ihrer Entstehung an innerem Leben und Bedeutung verloren haben. Mit dem Ausgange des Hellenismus werden die Nachrichten über dramatische Dichtung in den alten Formen selten. In hadrianischer Zeit meinen wir auch auf diesem Felde ein Streben nach Erneuerung wahrzunehmen, aber das dauert nicht lange. Was in den ersten Jahrhunderten der Kaiserzeit an Tragödien geschrieben wurde, war wohl vorwiegend für die Lektüre bestimmt. Auch Römer haben sich in derlei versucht: Wir wissen von Asinius Pollio und dem jüngeren Plinius, daß sie griechische Tragödien geschrieben haben. Aber die Zeit dieser Kunstform war vorbei, deutlich sprechen davon Nachrichten, die ihren Zerfall bezeugen. Nach Dion von Prusa (19, 5) trug man Teile der iambischen Partien in den Theatern vor, vernachlässigte aber die Chorlieder. Wie man mit Stücken aus der alten Tragödie paradierte, bezeugt eine Inschrift[1] aus der ersten Hälfte des 2. Jahrhunderts n. Chr., die am Isthmos gefunden wurde. Sie ehrt einen C. Aelius Themison, der Euripides, Sophokles und den Nomendichter Timotheos zur Grundlage eigener Kompositionen machte. Von hier fällt Licht auf die Frage, was es bedeutet, daß Nero nach Sueton (*Nero* 21) «Tragödien sang». Die Frage, wie weit es sich dabei um Partien aus den klassischen Tragödien oder um eigene Erzeugnisse des kaiserlichen Dilettanten handelte, ist schwer zu beantworten[2].

Die Theatralik solcher Soloszenen konnte einem breiteren Publikum nichts besagen, seine Bühne beherrschte so gut wie unbeschränkt der Mimos. Dessen Anfänge reichen weit zurück (s. S. 273. 278), und bereits der Hellenismus sieht ihn in kräftigem Vordringen. Die paar Namen und Papyrusreste[3], über die wir verfügen, stehen in keinem Verhältnis zu der Dichte dieser ephemeren Produktion. Sehr vieles wird auch bloße Improvisation gewesen sein. Berühmt blieb bis zum Ausgange des Altertums Philistion von Nikaia, der zur Zeit des Augustus lebte. Wir haben in vier Fassungen

[1] K. Latte, ‹Zur Geschichte der griech. Tragödie in der Kaiserzeit›. *Eranos* 52, 1954, 125 = *Kl. Schr.*, 590.
[2] Dazu A. Lesky, *Ann. de l'Inst. de Philol. et d'Hist. Orientales et Slaves* 9, 1949, 396 = *Ges. Schr.*, 396.
[3] Bequeme Zusammenstellungen bei O. Crusius, *Herondas* 5. Aufl. Leipz. 1914. D. L. Page, *Lit. Pap.* Lond. 1950, 328. P(ack) nr. 1743ff. und 2434ff. Für allgemeine Lit. vgl. S. 840.

einen *Vergleich Menanders und Philistions* (Μενάνδρου καὶ Φιλιστίωνος σύγκρισις)[1] mit Sprüchen unter seinem Namen, deren Echtheit jedoch völlig fraglich ist. Nicht minder unsicher ist die Linie, die man von Philistion zum *Philogelos* ziehen wollte, einer Witzsammlung[2] der Spätantike mit mancherlei umfahrendem Erzählungsgut und lustigen Geschichten vom Scholastikos, dem zerstreuten, mitunter aber auch treffsicher witzigen Mann der Studien.

Unter den Resten von Mimen steht Ox. Pap. nr. 413 (nr. 1745 P.)[3] voran. Der Papyrus enthält, zum Teil sogar in zwei Fassungen, ein figurenreiches Spiel, das in höchst barbarischer Weise die *Iphigeneia im Taurerland* imitiert. Charition, eine junge Griechin, ist in die Hände von Barbaren an der Küste des Indischen Ozeans gefallen. Der König will sie Selene opfern, aber ihr Bruder, der mit anderen Griechen zu Schiff gekommen ist, rettet sie, nachdem er die Barbaren trunken gemacht hat. Eine komische Figur und barbarisches Gestammel (manche wollen Anklänge an einen indischen Dialekt erkennen) sorgen für derben und primitiven Humor. Der Schluß zeigt metrische Gestaltung in Sotadeen, iambischen und trochäischen Versen. Ebenso wenig erbaulich, aber nicht minder interessant, ist der zweite Text auf unserem Papyrus. In acht sprachlich sehr knapp gefaßten, dramatisch recht geschickt komponierten Szenen agiert ein verbuhltes Weib, das einen sich versagenden Sklaven zum Tode verurteilt und ihren Mann vergiften will. Alles scheint zu glücken und schlägt doch am Ende fehl. Die Vermutung, daß eine einzige Schauspielerin, die archimima, alle Rollen agierte, hat manches für sich. Der Papyrus ist im 2. Jahrhundert n. Chr. geschrieben, die Texte sind kaum wesentlich älter. Wegen der bunten metrischen Gestaltung nennen wir noch das Fragment eines Mimos auf einem Londoner Papyrus (nr. 1747 P.)[4]: hier scheint ein junges Mädchen in Nöte geraten zu sein, wie wir sie aus der Neuen Komödie kennen.

Von dem Wesen des Pantomimos und seiner Blüte in der Kaiserzeit war bereits (S. 839) die Rede. Zu dem dort genannten Pylades fügen wir für die frühe Kaiserzeit noch den Alexandriner Bathyllos, der im Gegensatz zu jenem in mimischen Tänzen komischer Prägung Ruhm gewann. Das Starwesen ging durch die Jahrhunderte; noch im fünften war ein Karamallos für den griechischen Osten wie den lateinischen Westen ein Idol.

Lyrisches nimmt, soweit wir es übersehen, in der Dichtung dieser Zeit einen geringen Raum ein, auch wenn wir das Epigramm als subjektive Äußerung dazurechnen. Immerhin zeigt sich auf diesem Felde noch regeres Leben, das in seinen verschiedenen Farben das Auf und Ab in den kaiserzeitlichen Jahrhunderten ziemlich treu widerspiegelt. Am Ende des Abschnittes, in dem wir die Geschichte des Epigramms bis Philodem führten[5], verwiesen wir bereits auf Krinagoras als Bringer von

[1] W. Studemund, *Index lect. Vratislav.* 1887. W. Meyer, *Bayer. Ak. Phil.-hist. Kl.* 19/1, 1891. J. Irmscher, ‹Philistion-Philemon. Eine Namensverwechslung und ihre Folgen›. *Omagiu lui P. Constantinescu-Jasi.* Bucuresti 1965, 19.

[2] Ausgabe von A. Eberhard, Berl. 1869. A. Thierfelder, *Der Lachfreund von Hierokles und Philagrios.* München 1968 (Tusculum; doppelspr. mit Komm.).

[3] Page (s. S. 848 A. 2), 336. [4] Page, a. O. 366.

[5] Dort S. 831 über das Zustandekommen der Epigrammsammlungen, ferner Ausgaben und Lit.

Neuem. Dieser Dichter aus Mytilene, den seine Stadt 45 und 25 v. Chr. als Gesandten nach Rom schickte und der ein Klient Octavias, der Schwester des Augustus, war, machte mit einer Epigrammatik Schule, die über den alten Themenkreis hinaus nach dem Leben des Tages in seiner ganzen Breite griff. Auch lassen sich in den bukolisch-idyllischen Zügen, im Preis der heroischen Vergangenheit oder der Größe Roms bei Dichtern wie Antipatros von Thessalonike, dem Freunde des L. Calpurnius Piso, oder Philippos aus derselben Stadt, dem wir (S. 831) als Sammler eines «Kranzes» begegneten, Reflexe der augusteischen Kulturpolitik feststellen. Skoptische Ansätze, die es in dieser Gattung auch früher gab, hat unter Nero ein Lukillios zum knappen Spottepigramm auf Stände und Typen entwickelt. Wir wissen vom Leben des Mannes so gut wie nichts (mit dem Grammatiker aus Tarrha ist er nicht identisch), wagen aber die Vermutung, daß italische Freude an der Karikatur dabei mit im Spiel war. Ihre Vollendung hat diese Epigrammatik jedenfalls durch Martial gefunden[1].

Dieselbe Zeit bringt bedenkliche Alterserscheinungen dieser Dichtungsart: Leonidas von Alexandreia dichtet Epigramme, deren Verse gleiche Ziffern ergeben, wenn man die Buchstaben als Zahlzeichen nimmt (ἰσόψηφα), Nikodemos von Herakleia solche, die man auch von rückwärts lesen kann (ἀνακυκλικά).

Der hadrianische Nachsommer der griechischen Literatur hat an Epigrammen neben anderem die Sammlung des Straton von Sardes hervorgebracht, der sich uns im 11. und 12. Buche der *Anthologia Palatina* vorstellt. Knabenliebe ist das Hauptthema der Gedichte, die Sicherheit und Eleganz der Form mit Primitivität der Sinnlichkeit vereinen. Balbilla, eine Hofdame bei Hadrians Gattin, schrieb Epigramme, von denen einige auf einem Schenkel der Memnonsäule in Oberägypten eingeritzt wurden.

Das dritte Jahrhundert bleibt auch auf diesem Gebiete fast völlig stumm. Im vierten beginnt sich bereits das Christentum der Form zu bedienen, um nur Gregor von Nazianz zu nennen, doch bringt die ausgehende Antike eine recht kräftige Nachblüte der heidnischen Epigrammatik. Palladas, ein armer Schulmeister aus Alexandreia, der um 400 schrieb, läßt Erotik ganz zurücktreten und kleidet neben allerlei Gnomisch-Popularphilosophischem sein eigenes Mißvergnügen an dieser Welt in Verse selbständigen Gepräges[2]. Neben den Distichen treten der Hexameter (der homerische, nicht der nonnianische) und der archaisch gebaute Trimeter kräftiger hervor. Spielerische Lüsternheit kultivieren ihrem zweifellos christlichen Bekenntnis zum Trotz Paulus Silentiarius, Hofbeamter unter Justinian, und sein Freund, der Rechtsanwalt Agathias[3]. Das 5. Buch der *Anthologia Palatina* (nr. 216–302) gibt reichlich Gelegenheit, die Sinnenfreude dieser Spätlinge, aber auch ihre strenge, von Nonnos bestimmte Versform zu studieren.

[1] Wichtig für dessen Beziehungen zu Griechischem: K. Prinz, *Martial und die griech. Epigrammatik.* Wien 1911.

[2] C. M. Bowra, ‹Palladas on Tyche›. *Class. Quart.* N. S. 10, 1960, 118. J. Irmscher, ‹Palladas-Probleme›. *Wiss. Ztschr. d. Univ. Rostock 12, 1963. Gesellschafts- und sprachwiss. Reihe H. 2* (Gegen Bowras Frühdatierung und Bestreitung des Epigramms auf den Palast der Marina).

[3] G. Viansino, *Paolo Silenziario. Epigrammi.* Torino 1963. A. Cameron, *Agathias.* Oxford 970.

Die inhaltliche Nähe zum erotischen Epigramm läßt es geraten erscheinen, an die Anakreonteen (s. S. 210) zu erinnern, die in der Spätantike besondere Pflege fanden.

Das Versmaß mag es rechtfertigen, wenn wir hier die elegischen Distichen eines Poseidippos aus Theben (vielleicht dem ägyptischen)[1] anschließen, die von Schreibtäfelchen stammen. Sie verbinden ein Gebet an die Musen und an Apollon mit der Klage über das Alter. Die Verse, die wohl noch ins 1. Jahrhundert n. Chr. gehören, sind recht unbeholfen, entbehren aber nicht eines persönlichen Gepräges.

Das verhältnismäßig stärkste Eigenleben zeigt von den alten lyrischen Formen in diesem Zeitabschnitt die *Hymnendichtung*. Davon zeugt die eben genannte Textsammlung von E. Heitsch durch zahlreiche Beispiele, unter die mit Recht auch die Hymnen in den Zauberpapyri aufgenommen sind. Von Mesomedes[2], einem Kreter und Freigelassenen Hadrians, waren zunächst drei Gedichte, ein Prooimion an Kalliopeia und Hymnen an Helios und Nemesis, aus Handschriften bekannt, die auch Noten enthielten. Im Jahre 1906 wurden aus dem Ottobonianus 59 (13. Jh.) acht Gedichte in verschiedenen lyrischen Maßen hervorgezogen. Zum Teil sind es Hymnen wie die an Physis und Isis, zum Teil Beschreibungen, wie die beiden Gedichte über Sonnenuhren; die hübschesten Stücke handeln von einer Fahrt über die Adria und einem Schwamm, den der Dichter der Geliebten schenkt. Die sehr einfache, «von überall her außer der alten Lyrik borgende Sprache» ist «mit Dorismen getönt» (Wilamowitz).

Anregung von Mesomedes empfing Synesios von Kyrene, der Neuplatoniker und spätere Bischof (geb. zwischen 370 und 375), als er seine *Hymnen*[3] schrieb, in denen sich neuplatonische und christliche Elemente zum Ausdruck echten religiösen Fühlens zusammenfanden.

Hier reihen sich die erhaltenen *Hymnen* des Proklos[4] an, dem wir unter den Neuplatonikern begegnen werden. Sie nehmen die hexametrische Tradition der Hymnendichtung auf und zeugen ebenso von dem Versuche, den alten Polytheismus dem System einzuordnen, wie von echtem neuplatonischen Aufschwung der Seele. Nichts solcher Art ist in dem *Orphischen Hymnenbuch*[5] zu verspüren, einer Sammlung von siebenundachtzig Gedichten auf verschiedene Götter. Meist sind es langatmige Anru-

[1] Page (s. S. 848 A. 2) 470. Text auch bei E. Heitsch, *Die griech. Dichterfragmente der röm. Kaiserzeit.* 2 Bde. *Abh. Ak. Gött. Phil.-hist. Kl.* 3. Folge, Nr. 49. 58. I 2. Aufl. 1963. II 1964, ein für den ganzen Abschnitt wichtiges Werk; ders. *Überlieferungsgeschichtliche Untersuchungen zu Andromachos, Markellos von Side und zum Carmen de viribus herbarum.* Nachr. Ak. Göttingen 1, 1963, 2.

[2] Die Texte mit Erklärung: v. Wilamowitz, *Griech. Verskunst.* Berl. 1921, 595. K. Horna, *Die Hymnen des M. Sitzb. Ak. Wien. Phil.-hist. Kl.* 207/1. 1928. Auch *Anth. Pal.* 14, 63 und *Anth. Plan.* 323 gehören dem Mesomedes. Zum Helioshymnos: E. Heitsch, *Herm.* 88, 1960, 144. Ders., *Die griech. Dichterfragmente der röm. Kaiserzeit.* (s. die vorhergehende Anm.), 23, gibt den Text der Hymnen mit krit. Apparat und die Lit. Vgl. auch seine Untersuchung ‹Die Mesomedes-Überlieferung›. *Nachr. Ak. Gött. Phil.-hist. Kl.* 1959/3.

[3] Ausgabe: N. Terzaghi, Rom 1939; Neudr. 1949. Zur Erklärung: v. Wilamowitz. *Sitzb. Ak. Berl.* 1907, 272; jetzt *Kl. Schr.* 2, 163. A. dell'Era, *Sinesio di Cirene. Inni. Pref., trad. e note.* Rom 1968; ders. *Appunti sulla tradizione manoscritta degli inni di Sinesio.* Rom 1969.

[4] Ausgabe von E. Vogt, *Klass.-phil. Studien herausg. von H. Herter und W. Schmid.* H. 18, Wiesbaden 1957. Ders., ‹Zu den Hymnen des Pr.›. *Rhein. Mus.* 100, 1957, 358. D. Giordano, Firenze 1957 (Text mit Übers.).

[5] Ausgabe von G. Quandt, 3. Aufl. Berl. 1962. Vgl. O. Kern, *RE* 16, 1936, 1283; v. Wilamowitz, *Glaube der Hellenen* 2, Berl. 1932, 513. R. Keydell, *RE* 18/1. 1942, 1321.

fungen mit einer Fülle von Epitheta, Poesie vernehmen wir nur selten, am ehesten in dem Gebet an den Schlaf. Orphische Haltung zeigt sich in der zentralen Stellung des Dionysos, sonst nur in wenigen Einzelheiten. Göttinnen wie Hipta und Mise weisen darauf, daß wir das Hymnenbuch einer kleinasiatischen Gemeinde vor uns haben; daß es die von Pergamon gewesen sei, ist trotz KERN nicht zu beweisen. Die Sprache läßt als frühesten Ansatz das ausgehende 2. Jahrhundert n. Chr. zu, doch kann die Sammlung wesentlich später sein. Zur Literatur dieser Zeit, die sich den Namen des Orpheus borgte (s. S. 190), gehören auch die *Argonautika*, ein recht dürftiger Aufguß der alten Sage mit dem Bemühen, Orpheus stark in den Vordergrund zu rücken und Apollonios gegenüber Varianten anzubringen[1]; ferner die *Lithika*[2], eine Art von Lehrgedicht über die magische Kraft verschiedener Steine. Mit orphischer Lehre hat das nichts zu tun, vielmehr haben wir da eine Probe der Literatur, die in Prosa und Vers solchen Aberglauben tradierte und in lateinischer Fassung (Marbodus Redonensis) tief ins Mittelalter hinein wirkte. Von der *Rhapsodischen Theogonie* als einer vermutlich späten Dichtung mit hoch hinauf reichender Ahnenreihe war früher (S. 191) die Rede.

In beträchtlicher Dichte behauptet sich epische Dichtung verschiedener Spielarten, ja es findet sich in ihr am Ende der Antike noch einmal eine Leistung von bedeutendem Range. Zunächst aber werfen wir einen Blick auf das Fortleben des Lehrgedichtes, das die Kaiserzeit mit gleichem Eifer pflegte, wie es der Hellenismus getan hatte. Auch hier war das 2. Jahrhundert besonders ergiebig. Daß uns die zweiundvierzig Bücher *Iatrika* des Markellos von Side, der auch für seinen Gönner Herodes Atticus dichtete, verloren sind, verschmerzen wir nach den erhaltenen Proben[3] leicht. Lieber hätten wir von dem astrologischen Gedicht des Dorotheos von Sidon, das eine starke Wirkung ausübte, mehr als die immerhin unverächtlichen Fragmente[4]. Dionysios der Perieget hat in den 1187 Hexametern seiner *Erdbeschreibung* (Περιήγησις τῆς οἰκουμένης)[5] in liebenswürdiger Weise zwei Akrosticha (109. 513) versteckt, durch die er uns seine Herkunft aus Alexandreia und seine Tätigkeit unter Hadrian verrät. Das Werkchen hatte mit seinen leichtverständlichen, in kallimacheischer Manier sauber gebauten Versen großen Erfolg. Es wurde Schulbuch und viel übersetzt und kommentiert. Wir haben lateinische Fassungen von Avienus und Priscianus, einen umfangreichen Kommentar des Eustathios, Paraphrasen und Scholien. Von anderen Dichtungen dieses Dionysios ist uns ein Werk über Vögel (3 B.) durch eine Prosa-

[1] Text: G. DOTTIN, Paris 1930. – H. VENZKE, *Die orph. Argonautika in ihrem Verhältnis zu Ap. Rhod. Neue Deutsche Forsch.* 292. Berl. 1941. Dazu H. HERTER, *Gnom.* 21, 1949, 68. Zur delphischen Metope, einem frühen Zeugnis für Orpheus unter den Argonauten: P. DE LA COSTE-MESSELIÈRE, *Au musée de Delphes.* Paris 1936, 177.

[2] Ausgabe von E. ABEL. Berl. 1881.

[3] Herausgegeben von M. SCHNEIDER, *Commentationes philologae quibus O. Ribbeckio ... congratulantur discipuli.* 1888, 124. Jetzt zusammen mit der *Galene* des Andromachos und dem *Carmen de viribus herbarum* bei Heitsch II (s. o.).

[4] W. KROLL, *Catal. cod. astrol. Graec.* 6. Brüssel 1903, 91. V. STEGEMANN, *Dorotheos von Sidon. Die Fragmente.* Heidelb. 1939 u. 1943.

[5] C. MÜLLER, *Geogr. Gr. min.* 2. Paris 1861, 102.

paraphrase bekannt[1]. Den Verfasser der *Halieutika*[2], Oppianos aus dem kilikischen Anazarbos, setzt die erste der beiden erhaltenen Biographien unter Septimius Severus und Caracalla, doch herrscht hier viel Verwirrung. Mit der *Suda* wird man die Widmung des Werkes auf Marc Aurel beziehen. Die fünf Bücher der Dichtung berichten vom Fischfang, zeigen einen glatten Versbau, an dem der Spondeenreichtum auffällt, doch kann diese Versifizierung tradierten Materials trotz manchen Einlagen unser Interesse nicht wacherhalten. Eine Stufe tiefer stehen im Formalen die *Kynegetika* (4 B.)[3] eines Oppian aus dem syrischen Apameia, der sein Werk Caracalla widmete. Der in griechischer Prosa seit langem (s. S. 695) beliebte Stoff wird hier mit viel Aufwand an Klangfiguren, besonders Reimen, in Verse gebracht. Verloren sind die *Ixeutika*, die vom Vogelfang mit der Leimrute handelten. Von späten Ausläufern des Lehrgedichtes nennen wir aus dem 4. Jahrhundert Helladios aus Antinoupolis mit seinen vier Büchern *Chrestomathie*, die wir durch einen Auszug des Photios kennen. Daß hier der Hexameter dem iambischen Trimeter wich, ist bezeichnend für eine Zeit, die das leichtere und den neuen Betonungsverhältnissen gefügigere Maß bevorzugte. So hat ein Marianos um 500 zahlreiche Alexandriner wie Theokrit, Apollonios, Arat in Trimeter transponiert.

In lockerer Anreihung mag die Sammlung von Versfabeln folgen, die wir von Babrios[4] besitzen. Wahrscheinlich handelt es sich um einen Italiker, der im ausgehenden 2. Jahrhundert in Asien lebte. Aus dieser Zeit stammt einer der Papyri (nr. 173 P.), die Verse von ihm erhalten haben. Ob die regelmäßige Betonung der vorletzten Silbe in den Hinkiamben tatsächlich schon Einfluß der sich wandelnden Quantitäts- und Akzentverhältnisse verrät, ist nach neueren Forschungen fraglich geworden[5]. Babrios erweist sich als gefälliger Erzähler; stofflich hängt er von der äsopischen Sammlung ab, setzt aber auch Novellistisches aus anderen Quellen ein.

[1] Ausgabe von A. GARZYA, *Byzantion*, 25–27, 1955–1957, 195. Ein Teil der Überlieferung gibt die Paraphrase als solche der *Ixeutika* (Vogelfang mit der Leimrute) des Oppian. Dazu GARZYA, ‹Sull'autore e il titolo del perduto poema Sull'aucupio attribuito ad Oppiano›. *Giorn. ital. di filol.* 10, 1957, 156. Vgl. auch R. KEYDELL, *Gnom.* 33, 1961, 283.

[2] Ausgabe: F. S. LEHRS in *Poetae bucolici et didactici*. Paris 1851. A. W. MAIR, *Oppian, Colluthus, Tryphiodor. (Loeb. Class. Libr.)* Lond. 1928; repr. 1958. A. W. JAMES, ‹A Vienna manuscript of the Halieutica of Oppian›. *Herm.* 93, 1965, 429; ders., *Studies in the Language of Oppian of Cilicia*. Amsterdam 1970. ISABELLA GUALANDRI, *Incerti auctoris in Oppiani Halientica paraphrasis*. Milano 1968. FR. FAYEN, *Überlieferungsgeschichtliche Untersuchungen zu den Halieutika des Oppian*. Meisenheim 1969.

[3] Ausgabe von P. BOUDREAUX, Paris 1908. A. W. MAIR, a. O. Scholien: U. C. BUSSEMAKER, Paris 1849.

[4] 123 Fabeln in alphabetischer Anordnung nach den Anfangswörtern bis etwa Mitte von o entdeckte 1843 *Minoides Mynas* in einem Athous; weniger erfreulich ist es, daß er später weitere 95 dazu fälschte. Aus dem Vaticanus Gr. 777 kamen 12 dazu, aus Wachstafeln von Palmyra weitere 4, je eine aus Pseudodositheus und Natalis Comes. Dazu kommen Prosaparaphrasen, in denen die Versform durchscheint. Ausgaben: O. CRUSIUS, Leipz. 1897 mit Resten anderer hexametrischer und elegischer Fabeln. Komm. und Lex. in der Ausgabe von W. G. RUTHERFORD, Lond. 1883. B. E. PERRY, *Babrius and Phaedrus*. Loeb Class. Libr. 436. London 1965 (doppelspr. with an historical introduction and a comprehensive survey of Greek and Latin fables in the Aesopic tradition); durch die Auswertung des ältesten, 1908 wiedergefundenen Aesop-Codex G (ehedem in Grottaferrata) die führende Ausgabe, neben der aber jene von O. CRUSIUS wegen des umfangreichen Apparates, der Prosaparaphrasen mit metrischen Fragmenten und des Wortindex ihren Wert behält. – Wichtig für Babrios als Dichter: M. NØJGAARD: *La fable antique II*. Kopenhagen 1967.

[5] Vgl. E. SCHWYZER, *Griech. Gramm.* 1, Münch. 1939, 394.

Die epische Form hatte auch außerhalb des Lehrgedichtes ein reiches Leben. Aus drei Fragmenten bei Stobaios lassen sich 73 Hexameter eines Naumachios[1] zusammenschließen, gnomische Poesie in der Tradition der Hypothekai-Literatur. Das Mädchen, das seine Jungfräulichkeit aufgibt und den Weg in die Ehe (den zweitbesten nach Naumachios) wählt, erhält Regeln für sein richtiges Verhalten als Frau. Die Verse fließen glatt, sind aber inhaltlich zum größten Teil recht hausbacken. R. KEYDELL[2] überlegt in der Nachfolge von E. ROHDE die Identifizierung des Autors mit jenem Epeiroten, der nach Proklos (*in Rempubl.* 2, 329 Kr.) über zwei Fragen des Er-Mythos geschrieben hat. Da dieser zwei Generationen vor Proklos lebte, kämen wir auf diesem Wege für Naumachios in die Mitte des 4. Jahrhunderts.

Für sich stehen 78 teilweise stark zerstörte Hexameter auf einem Straßburger Papyrus[3]. In einer eindrucksvollen Konzeption wird hier die Weltschöpfung geschildert, die Hermes über Weisung seines göttlichen Vaters vollzieht. Er bringt den Streit der Elemente zum Stillstand und formt aus ihnen das All. Mit ihm wirkt sein Sohn Logos. Am Schlusse des Erhaltenen ist von einer Stadtgründung die Rede, was den Bezug auf Hermupolis Magna nahe legt. Ägyptische Elemente sind hier mit griechischen verschiedener Herkunft (Demiurg, Logos) eine dichterisch bewältigte Verbindung eingegangen. Es besteht einige Wahrscheinlichkeit, daß wir den Verfasser benennen können. B. WYSS[4] hat auf die *Suda* verwiesen, wo ein Antimachos erwähnt wird (Ἀντ. ἕτερος), der aus Heliopolis stammte und eine Kosmopoiie in 3700 Hexametern verfaßte. Der Papyrus ist im 4. Jahrhundert geschrieben und dürfte kaum um vieles später sein als die Dichtung selbst. Nach wie vor behandelte man geschichtliche Stoffe in Hexametern. Ein schwer zu datierender, wahrscheinlich ziemlich später Epiker Arrian, der durch eine Versübersetzung von Vergils *Georgica* merkwürdig ist[5], schrieb eine *Alexandrias* in vierundzwanzig Büchern. Alexandrinische Epik über Stadtgründungen setzte sich in Dichtungen eines Claudianus über Tarsos, Anazarbos, Berytos, Nikaia fort; wir sind nicht sicher, ob es sich um jenen Claudius Claudianus handelt, der mit seiner Übersiedlung nach Italien (394) auch die Sprache seiner Dichtungen wechselte. Von dem berühmten Claudianus stammen jedenfalls Fragmente eines Epos *Gigantomachia* und sieben Epigramme in griechischer Sprache. Besonders gerne wählte solche Epik zeitgeschichtliche Themen, womit sie sich notwendig zum Herrscher-Enkomion wandelte. Ein Papyrus des 2. Jahrhunderts (nr. 1335 P.)[6] mit Hadrian und Antinoos auf der Löwenjagd gehört wahrscheinlich in das für den Kaiser bestimmte Epos des Pankrates, von dem Athenaios (15, 677d) berichtet. Als Beispiel für einen Typus darf die Dichtung auf den Partherkrieg des

[1] HEITSCH (s. S. 908 A. 1), 92. [2] *RE* 16, 1935, 1974.

[3] PAGE (s. S. 848 A. 2), 544. HEITSCH (s. S. 908 A. 1), 82. H. SCHWABL, ‹Weltschöpfung›. *RE* S 9, 1962, 1557.

[4] *Mus. Helv.* 6, 1949, 194.

[5] Die Griechen kümmerten sich nach der landläufigen Ansicht wenig um die römische Literatur, doch gab es sicher Ausnahmen; vgl. F. DORNSEIFF, *L'antiquité class.* 6, 1937, 232, 4; jetzt *Antike und alter Orient*, Leipz. 1956, 36, 6. Vgl. u. zu Quintus von Smyrna.

[6] PAGE a. O., 516. HEITSCH a. O., 51.

Diokletian und Galerius gelten, von der wir einundzwanzig Verse auf einem Straßburger Papyrus des frühen 4. Jahrhunderts (nr. 1848 P.)[1] lesen. Die Zuweisung an Soterichos, der die Zerstörung Thebens (335) und das Leben des Apollonios von Tyana episch behandelt hat, ist ohne Stütze. Auch römische Generale durften sich solch hexametrischer Ehrungen erfreuen, wie uns Papyri aus dem 5. Jahrhundert (nr. 1850. 1852. 1854 P.)[2] lehren.

Reich vertreten war auch das mythologische Epos, und gerade auf diesem Felde sollte sich eine Blüte von später Pracht entfalten. Damit ist allerdings nicht jene Epik gemeint, die Stoffe des troischen Kyklos wiederkäute. Das gab zu so öden Spielereien Anlaß wie zu einer *Ilias mit Buchstabenauslassung* (Ἰλιὰς λειπογράμματος) des Nestor aus dem lykischen Laranda, in der in jedem Buch je ein Buchstabe nicht vorkommen durfte. Von demselben stammten auch *Metamorphosen*. Erhalten sind uns die vierzehn Bücher der *Fortsetzung Homers* (Τὰ μεθ' Ὅμηρον)[3] des Quintus von Smyrna, der mit seinem Epos die Lücke zwischen *Ilias* und *Odyssee* füllen wollte. Seine Zeit ist schwer zu bestimmen, das 4. Jahrhundert jedoch der wahrscheinlichste Ansatz. Für Dichtung dieser Art gehört der Reichtum der alten Epik längst der Vergangenheit an, dieser Versemacher arbeitet aus mythographischen Handbüchern, wenngleich er nach Hesiods Art von seiner Dichterweihe erzählt. Ein interessantes Problem stellen die stofflichen Übereinstimmungen mit Vergil; R. Heinzes[4] Annahme, daß diese auf gemeinsame Quellen zurückgehen, hat viel Nachfolge gefunden, doch machte neuerdings R. Keydell auf Übereinstimmungen aufmerksam, die ohne die Annahme, Quintus habe Vergil gekannt und benützt, kaum zu erklären sind.

Anders als Quintus zeigen sich Triphiodor[5] und Kolluthos im Versbau bereits von den strengen Regeln des Nonnos beeinflußt. Triphiodor, der mit einer *Odyssee mit Buchstabenauslassung* spielte, hat uns ein kurzes Epos (691 Verse) über die *Einnahme*

[1] Page a. O. 542. Heitsch a. O. 79. [2] Page a. O. 588ff. Heitsch a. O. 99. 104. 120.

[3] Ausgabe A. Zimmermann, Leipz. 1891. F. Vian, I (livres 1–4) *Coll. des Un. de Fr.* 1963; II (5–9) 1966; III (10–14) 1969 (doppelspr.). Ders., *Histoire de la tradition manuscrite de Qu. de Sm.* Paris 1959. Ders., *Recherches sur les Posthomerica de Quintus de Smyrne.* Paris 1959. Ders., ‹Nouvelles remarques sur les manuscrits de Qu. de Smyrne›. *Rev. Phil.* 39, 1965, 48. Eine eindringende, Motive, Stil und Metrik berücksichtigende Monographie danken wir Phanis I. Kakridis, ΚΟΪΝΤΟΣ ΣΜΥΡΝΑΙΟΣ. Athen 1962. Ein wertvoller *RE*-Artikel (24, 1963, 1271) von R. Keydell.

[4] *Vergils epische Technik.* 3. Aufl. Leipz. 1915, 63. Auch F. Vian, *Recherches sur les ‹Posthomerica› de Qu. de Sm.* Paris 1959 (Et. et Comm. 30) leugnet Benützung Vergils; er denkt an eine hellenistische Iliupersis als Quelle, daneben an ein mythographisches Handbuch. Doch sind die zum Teil sehr weitgehenden Übereinstimmungen nicht zu leugnen, die R. Keydell, *Gnom.* 33, 1961, 279, zeigt. Besonders eindrucksvoll ist die Partie mit der testudo *Aen.* 9, 503–520, verglichen mit *Posthom.* 11, 358–408 (dazu Keydell, *Herm.* 82, 1954, 254). Mit Benützung Vergils rechnet bei Quintus auch K. Büchner, *RE* A 8, 1958, 1475. Keydell geht ein Stück weiter und setzt bei ihm auch Kenntnis Ovids und Senecas voraus. Nur aus lateinischen Vorbildern lasse sich die Omina-Reihe *Posthom.* 12, 503–520, erklären. Wir müssen mit der Möglichkeit rechnen, daß die verbreitete Ansicht, der zufolge die späten Griechen die lateinische Literatur ignorierten, zumindest zu beträchtlichen Teilen berichtigt werden muß. – Marialuisa Mondino, *Su alcune fonti di Qu.Sm. Saggio critico.* Torino 1958. R. Keydell neuerdings gegen F. Vian: *Gnom.* 40, 1968, 575; ders. zur Chronologie des Quintus *Gnom.* 37, 1965, 40.

[5] Diese Schreibung des Namens ist durch Inschriften und Papyri gesichert; vgl. R. Keydell, *RE* A 7, 1939, 178.

Troias (Ἰλίου ἅλωσις) hinterlassen, von Kolluthos, der wie Triphiodor aus Ägypten stammte, lesen wir ein noch kürzeres Gedicht (394 Verse), den Raub der Helena (Ἁρπαγὴ Ἑλένης)[1]. Wir müßten nicht einmal das haben.

Auch hier ist die Datierung schwierig. Da aber Triphiodor den Einfluß des Nonnos erkennen läßt, während anderseits Kolluthos von ihm abhängt, wird er zwischen die beiden in die 2. Hälfte des 5. Jahrhunderts zu setzen sein.

Von Fragmenten aus epischer Dichtung in der Nachfolge des Kyklos führen wir die Reste von 21 Hexametern an, die wir im *Pap. Ox.* 2, 1899, nr. 214, lesen[2]. Der Sprechende bezieht sich auf die Geschichte von Telephos, den der erzürnte Dionysos im Kampfe mit den gelandeten Achäern über eine Weinranke stürzen ließ, und betet zu den Göttern um Frieden zwischen Troern und Griechen. Man hat auf eine Rede der Astyoche geraten, die um Eurypylos bangt. Wenn die kargen Reste von 22 Hexametern auf dem Verso zu demselben Gedicht gehören, werden alle Kombinationen hinfällig, denn hier ist von Seefahrt die Rede.

Während wir den Eindruck haben, daß die Pflege kyklischer Themen nicht über schulmäßigen Traditionalismus hinausführte, hat sich ein anderer Stoffkreis als wesentlich fruchtbarer erwiesen. Der dionysische Mythos mit seiner Neigung zur rauschhaft gesteigerten Geste, zum Durchbrechen aller Grenzen, mit den reichen Möglichkeiten, Mystik, Magie und Astrologie mit seinen Lineamenten zu verbinden, kam der Gestimmtheit dieser Zeit in ganz anderem Maße entgegen als die von festen Normen bestimmte Welt der alten Epik. Ähnliches gilt übrigens von einem Stoffe wie der Gigantomachie, den der Sophist Skopelianos unter Trajan behandelte. Eine *Gigantias* schrieb auch ein Dionysios, von dem wir auf einem Papyrus aus den *Bassarika* (nr. 343 P.)[3] ein wichtiges Stück dionysischer Epik vor Nonnos besitzen. Hier bildet bereits der Indienzug des Gottes das Thema, auch erscheint Deriades als feindlicher König. Die Verse, denen dichterische Kraft nicht abzusprechen ist, erzählen die seltsame Episode, wie Gefährten des Dionysos einen Gegner in ein Hirschfell zwängen und wie der Gott die Feinde dazu verlockt, das vermeintliche Tier zu zerreißen und zu verzehren. Eine seltsame Brechung des dionysischen Urmotivs der Omophagie. Leider vermögen wir diesen Dionysios nicht genauer zu datieren, der Papyrus stammt aus dem ausgehenden dritten oder frühen vierten Jahrhundert, doch kann die Dichtung noch ein gutes Stück weiter vor Nonnos liegen. Auch Soterichos, den wir früher nannten, hat unter Diokletian *Bassarika* (Βασσαρικὰ ἤτοι Διονυσιακά, 4 B.) geschrieben; siebenundfünfzig Verse aus einer hexametrischen Dichtung über die Bestrafung des Lykurgos (nr. 1861 P.)[4], vielleicht aus einem Hymnos, gehören wahrscheinlich in dieselbe Zeit. Die dichterisch unbedeutenden und in teilweise unbehol-

[1] Ausgaben von Triphiodor und Kolluthos von W. Weinberger, Leipz. 1896; vgl. S. 910 A. 2. E. Livrea, *Colluto. Introd., testo critico, traduzione e commentario.* Bologna 1968.

[2] Page (s. S. 848 A. 2), 534. Heitsch (s. S. 908 A. 1), 58.

[3] Page a. O. 536. Heitsch a. O. 60 bringt alle Fragmente beider Gedichte. Die Gleichsetzung mit dem Periegeten bei P(ack) ist unberechtigt.

[4] Page a. O. 520. Heitsch a. O. 172.

fener Sprache verfaßten Verse brachten das unbekannte Motiv, daß der Gottesfrevler Lykurgos in der Unterwelt ewig Wasser in einen zerbrochenen Pithos schöpfen muß.

So fehlte es nicht an Präludien für die letzte große Dichtung, die wir aus der Antike erhalten haben: die 48 Bücher *Dionysiaka* des Nonnos[1] aus dem ägyptischen Panopolis. Seine genauere Datierung ist schwierig, ins 5. Jahrhundert darf man ihn mit Zuversicht setzen und wird dabei dessen zweiter Hälfte den Vorzug geben[2].

In mächtig weitem Ausholen erzählt dieses Riesenepos den Indienzug des Dionysos und seine Kämpfe gegen König Deriades, eine Sage, in der das Unmaß des Alexanderzuges geraume Zeit vor Nonnos seine mythische Spiegelung gefunden hatte. Darüber hinaus enthält das Epos eine vollständige Geschichte des Gottes. Breit vorgelagerte Teile erzählen die Vorgänge vor der Geburt, diese selbst (erst im 8. Buche!) und seine Jugend, bis das 13. Buch mit den Rüstungen gegen Indien einsetzt. Auf den Fall des Deriades (40. Buch) folgen reiche Abenteuer des Rückmarsches, neue Bewährungen der göttlichen Macht, so die Bestrafung des Pentheus und endlich die Aufnahme in den Olymp.

Noch immer ist in diesem verwirrend bunten Gewebe der Zettel homerischer Herkunft erkennbar, im Motivischen wie im Formalen. Da steht der Musenanruf am Beginn, da gibt es einen Katalog der Streitkräfte des Gottes, die Fertigung herrlicher Waffen, Homerisches in den Kampfszenen, Leichenspiele und sogar einen Trug, den Hera an Zeus übt. Auch diese späte Epik kennt Epitheta, in denen sie geradezu schwelgt, und häufig wiederholte Wendungen. Aber wie verschiedenartig sind die Einschläge, unter denen das Homerische vielfach fast völlig verschwindet! Da wirkt die Tragödie mit ihrem Pathos ebenso nach wie die alexandrinische Dichtung mit ihrer Neigung zu Idyllischem oder zu verrätselnder Umschreibung. Aber man täte Nonnos Unrecht, wollte man die Charakteristik seines Werkes in der Analyse dieser Elemente erschöpfen. Die *Dionysiaka* sind bei allem Reichtum motivischer und formaler Voraussetzungen doch ein Werk eigenen Gepräges. Sie sind es durch den Zug dionysisch-rauschhafter Erregung, der durch das Ganze geht. Klassizistische Kunstkritik vermochte hier nur Schwulst und Überschwang zu sehen. Es gibt auch sicher Partien, auf die ein solches Urteil zutrifft, daneben aber nicht wenige andere, durch die eine große, alle Grenzen sprengende Bewegung geht. Mit welch ausfahrender Gestik beginnt doch das Ganze! Der Kosmos ist in Erregung, Typhoeus im Besitze des Blitzfeuers droht der Zeuswelt den Untergang. Kadmos wird zum Retter, seine Tochter Semele wird Dionysos gebären. Auch die lokale Weite gehört zu den barocken Zügen dieser Dichtung: die Oikumene wird ihr als Schauplatz zu eng.

Der ekstatischen Form dieses Dichters ist die Komposition zum Opfer gefallen. Hier gibt es kein Vorbereiten und Aufsparen. In reicher Fülle werden Götter- und Heldengeschichten, gerne auch Sternsagen alexandrinischer Art in die Handlung eingeflochten, deren Linien bisweilen unter all dem Beiwerk zu verschwinden drohen.

[1] Der Name ist nicht ägyptisch, sondern keltisch. Nachweis bei Fr. Zucker, *DLZ* 81, 1960, 120, 3.

[2] Die Gründe P. Friedländers, *Herm.* 47, 1912, 43, bleiben beachtenswert.

Zu dieser Ungebundenheit steht die Strenge des Hexameterbaues in seltsamem Gegensatze. In der Zeit des Nonnos waren die Quantitätsunterschiede griechischer Vokale bereits im Schwinden, und es bedeutet viel, daß er nicht allein selbst Hexameter mit korrekten Quantitäten baut, sondern eine Schule dieser Art begründet. Ja, er hat die Entwicklung von Homer zu Kallimachos fortgesetzt und durch eine Reihe von Einschränkungen die zulässigen Bauformen seiner Hexameter weiter vermindert. Der Reichtum an Daktylen und das Überwiegen der weiblichen Mittelzäsur geben ihnen Bewegung und Weichheit zugleich. Anderseits macht sich der Wandel von Betonung und Quantität bei ihm in dem obligatorischen Akzent auf der letzten oder vorletzten Silbe des Hexameters (Verbot der Proparoxytona) bemerkbar.

Dem früher zu Quintus Smyrnaeus behandelten Problem ist die Frage verwandt, wie weit wir bei Nonnos die Kenntnis römischer Dichtung und Anregung durch sie annehmen dürfen. Da kommen vor allem die *Metamorphosen* des Ovid in Betracht[1], die auffallende Übereinstimmung mit Erzählungen in den *Dionysiaka* aufweisen, wenngleich in manchen derartigen Fällen der Rückgriff auf eine gemeinsame Quelle nicht auszuschließen ist. An Benutzung Claudians hat R. KEYDELL[2] gedacht.

Ein Epigramm (*Anth. Pal.* 9, 198) spricht im Zusammenhange mit dem Dichter von Giganten, da aber die Gegner des Dionysos so genannt werden, liegt eher Umschreibung der *Dionysiaka* als Anspielung auf eine *Gigantomachie* vor. Erhalten ist eine *Paraphrase des Johannesevangeliums*, die alle wesentlichen Stilmerkmale der Dionysosdichtung aufweist. Hat Nonnos diese geschrieben, als er bereits Christ war, oder liegt zwischen den beiden Dichtungen sein Übertritt zum neuen Glauben? Man hat darüber verschieden geurteilt, doch wurzeln Elemente der Magie und Astrologie so tief in den *Dionysiaka*, daß man ihre Abfassung lieber in eine Zeit setzen wird, in der Nonnos noch Heide gewesen ist[3].

Aus der Reihe der Nonnianer haben wir Triphiodor und Kolluthos bereits genannt und fügen zunächst Musaios hinzu, dessen Epyllion von *Hero und Leander* uns erhalten ist. Dieser erotischen Novelle mit tragischem Ausgang hatte bereits der Hellenismus dichterische Form gegeben, wie wir nun durch einen Papyrus (nr. 1783 P. s. o. S. 811) wissen. Musaios ist im Metrischen und manchen sprachlichen Zügen Schüler des Nonnos, doch gilt nicht ein Gleiches von seiner wesentlich schlichteren Weise des Erzählens. In der Nachfolge des Nonnos stehen auch zwei Gedichte auf einem Wiener Papyrus (nr. 1334 P.)[4]. Das erste gibt nach kurzem iambischen Vorspruch eine recht wohlgelungene Ekphrasis der Tageszeiten und der ihnen entsprechenden menschlichen Tätigkeiten. Der Kampf von Licht und Dunkel, Sonnenwärme und feuchter Kälte gibt dem Ganzen Bewegung. Als zweites bietet der Papyrus ein Fragment aus einem Enkomion auf Patrikios Theagenes, athenischen Archon

[1] J BRAUNE, *Nonnos und Ovid*. Greifswalder Beitr. zur Literatur- und Stilforschung 11, 1935. R. KEYDELL, *Gnom.* 11, 1935, 597. G. D'IPPOLITO in dem u. genannten Buche.

[2] *Gnom.* 11, 1935, 504; dazu J. BRAUNE, *Maia* 1, 1948, 176.

[3] So H. BOGNER, ‹Die Religion des N. von Panopolis›. *Phil.* 89, 1934, 320.

[4] H. GERSTINGER, *Pamprepios von Panopolis. Sitzb. Ak. Wien. Phil.-hist. Kl.* 208/3. 1928. PAGE (s. S. 848 A. 2), 560. HEITSCH (s. S. 908 A. 1), 108.

und Kunstförderer aus der zweiten Hälfte des 5. Jahrhunderts. H. GERSTINGER hat in seiner Ausgabe die Möglichkeit begründet, in dem Autor unserer Gedichte Pamprepios zu erkennen, der um 445 im ägyptischen Panopolis geboren wurde, vom Elementarschullehrer zum athenischen Professor und später zum kaiserlichen Diplomaten aufstieg, 488 aber ein gewaltsames Ende fand.

In Christodoros aus Koptos begegnet uns um die Wende vom 5. zum 6. Jahrhundert ein historischer Epiker in diesem Kreise. Neben *Isaurika* und *Lydiaka* schrieb er verschiedene Stadtgeschichten (Πάτρια). Erhalten sind als 2. Buch der *Anthologia Palatina* von ihm 416 Hexameter mit der reichlich unbedeutenden Beschreibung von Statuen im Gymnasion des Zeuxippos. Bedeutend größeres Können entfaltet Paulus Silentiarius, den wir als Epigrammatiker bereits kennenlernten und hier als Nonnianer nennen müssen, in seiner iambisch eingeleiteten Ekphrasis der Hagia Sophia und der Sängerkanzel (Ambon) in dieser Kirche[1]. Das Thema, die Beschreibung eines der größten Architekturwerke, ist einzig in seiner Art, die Durchführung seiner würdig. PAUL FRIEDLÄNDER hat uns diese Kunst verstehen gelehrt[2]. Geringer als Dichter ist Ioannes von Gaza, der ein Kosmosbild im Wintergarten von Gaza in zwei hexametrischen Büchern mit iambischer Einleitung beschrieb.

Wir wollen wenigstens an Hand eines Beispiels einen Blick über die von uns gezogene Zeitgrenze hinaus auf den Verfall griechischen Dichtens werfen. Papyri[3] haben uns eine Zahl von Gelegenheitsdichtungen eines Anwalts aus Aphrodito in Oberägypten namens Dioskoros erhalten («geschenkt» zu sagen wäre Übertreibung): Enkomien in Hexametern und Iamben, Hochzeitsgedichte, einiges aus der Mythologie in der Form der Ethopoiie. Der Mann, dessen Lebenszeit annähernd zwischen die Jahre 520 und 585 zu setzen ist, war Kopte nach Geburt und Muttersprache. Sein Ehrgeiz, griechisch zu dichten, ist dort, wo es sich um den Lobpreis hochgestellter Persönlichkeiten handelt, nicht ohne Nebenabsicht. In Sprache und Versbau ist der Verfall nur allzu deutlich.

Nonnos: Ausgaben: A. LUDWICH, 2 Bde. Leipz. 1909/11. W. H. D. ROUSE, 3 Bde. *(Loeb Class. Libr.)* Lond. 1939–41 (mit engl. Übers.). Die führende Ausgabe verdanken wir einem um dieses ganze Literaturgebiet hochverdienten Gelehrten: R. KEYDELL, *Nonni Panopolitani Dionysiaca.* 2 vol. Berlin 1959. Die Prolegomena enthalten wichtige Abschnitte über Sprache und Metrik sowie eine eingehende Beschreibung des Laur. 32, 16, den LUDWICH als Textgrundlage erkannte; der Berliner Papyrus 10567 wird in seiner Bedeutung für die Kritik gewürdigt. Wertvoll ist auch das reiche Lit.-Verzeichnis; dazu KEYDELL, ‹Mythendeutung in den Dionysiaka des N.›. *Gedenkschrift Georg Rohde. Aparchai* 4. Tübingen 1961, 105. Deutsche Übersetzung von TH. v. SCHEFFER, Münch. 1926f. 2. Aufl. Bremen 1955 (Samml. Dietrich 98). *Lexikon zu den Dionysiaka des Nonnos.* Hrsg. von der Arbeitsgruppe Inst. f. klass. Phil. d. Univ. Halle-Wittenberg unter Leitung von W. PEEK. Lfg. 1 (A–Δ) Berlin 1968. – V. STEGEMANN, *Astrologie und Universalgeschichte; Studien u. Interpretationen zu den Dion. des N.* Leipz. 1930. I. CAZZANIGA, ‹Temi

[1] P. FRIEDLÄNDER, *Ioh. von Gaza und Paul. Sil.* Leipz. 1912 (mit Geschichte der poetischen Ekphrasis). Die Beschreibung der Hagia Sophia wurde am 6. Januar 563, die des Ambon bald danach vorgetragen.

[2] Nach brieflicher Mitteilung von R. KEYDELL und W. BUCHWALD stammt das Gedicht auf die warmen Quellen in Bithynien (Εἰς τὰ ἐν Πυθίοις θερμά) nicht von Paulus Silentiarius, sondern von Leon Magistros (9. Jh.): S. G. MERCATI, *Riv. stud. orient.* 10, 1923–25, 2/2; vgl. P. MAAS, *Byz. Ztschr.* 25, 1925, 358.

[3] HEITSCH (s. S. 908 A. 1), 127.

poetici alessandrini in Nonno Panopolitano›. Miscellanea di studi alessandrini 1963, 626. V. BULLA, *Le Dionisiache e l'ermetismo*. Catania 1964. G. GIANGRANDE, ‹Beiträge zu den Dionysiaka des Nonnos›. *Herm.* 92, 1964, 481. G. D'IPPOLITO, *Studi Nonniani. L'epillio nelle 'Dionisiache'*. Palermo 1964 (mit ausführlicher Bibliographie). M. STRING, *Untersuchungen zum Stil der Dionysiaka des Nonnos von Panopolis*. Diss. Hamburg 1966. J.-FR. SCHULZE, ‹Beobachtungen zur Geschichte von Hymnos und Nikaia bei Nonnos (Dion. 15, 169–422)›. *Živa Antika* 18, 1968, 3; ders., ‹Eros und Hymenaios beim Kottabosspiel (Dion. 33, 64–104)›. *Wiss. Ztschr. Univ. Halle* 18, 1969, 223; ders., ‹Nonniana›. Ebda. 227. W. PEEK, *Kritische und erklärende Beiträge zu den Dionysiaka des Nonnos*. Abh. D. Akad. Berlin. Klasse für Sprache, Literatur und Kunst. 1969/1. – Metrik und Sprache: A. WIFSTRAND, *Von Kallimachos zu N.* Lund 1933. J. OPELT, ‹Alliteration im Griechischen? Untersuchungen zur Dichtersprache des N. von Pan.›. *Glotta*, 37, 1958, 205. – Musaios: Ausgaben: A. LUDWICH, Bonn 1912 (Kl. Texte 98). ENRICA MALCOVATI, Milano 1947. H. FÄRBER, München 1961 (Heimeran, doppelspr.) mit Pap. Rylands Libr. 486 und den weiteren Zeugnissen für die Nachwirkung des Gedichtes bis zum deutschen Volkslied von den zwei Königskindern. P. ORSINI, *Coll. des Un. de Fr.* 1968. K. H. KOST, *Musaios. Hero und Leander*. Bonn 1971 (mit Übers. und umfangreichem Komm.). TH. GELZER, ‹Bemerkungen zu Sprache und Text des Epikers Musaios›. *Mus. Helv.* 24, 1967, 129; 25, 1968, 11. – Wortindex in der Ausgabe von A. M. BANDINI, Firenze 1765. – G. SCHOTT, *Hero und Leander bei Musaios und Ovid*. Diss. Köln 1957.

B. PROSA

1. PLUTARCH

Plutarch verlangt in diesem Überblick seinen eigenen Platz, weil er den herrschenden Strömungen seiner Zeit gegenüber eine Randstellung einnimmt. Der Mann, der nie mit originalen Ideen Neuland zu gewinnen oder gar an den Schranken seines Saeculums zu rütteln versuchte, hat der Unsumme von Tradition, die er geschickt verarbeitete, doch so sehr das Gepräge seiner Persönlichkeit gegeben, daß vielfach Eigenständiges daraus wurde und über die Zeiten wirkte.

Die Grenzen seines Lebens liegen wenige Jahre vor 50 und ebensoviel nach 120, was bedeutet, daß er die Herrschaft der Flavier, ihre Entartung unter Domitian und das neue Aufblühen des Reiches unter Trajan erlebte. Geboren ist er im böotischen Chaironeia, wo seine Familie bedeutendes Ansehen genoß[1]. Das Studium in Athen war so gut wie selbstverständlich. Dort schloß er sich, vor allem durch seinen Lehrer Ammonios, der Akademie an, deren Stifter er zeit seines Lebens treue Verehrung widmete. Von eifrigen mathematischen Studien erzählt er selbst (nr. 24, 7; 387f)[2], daß er sich nicht minder lebhaft in der Rhetorik umtat, bezeugen verschiedene seiner Schriften. Die Weite des Imperiums erschloß sich ihm auf Reisen, die ihn nach Asien und Alexandreia, vor allem aber nach Italien führten. Wir sind über Datum und Dauer der Aufenthalte in Rom schlecht unterrichtet, doch lassen sich solche für die Zeit kurz vor 80 und bald nach 90 wahrscheinlich machen. Keinesfalls haben sie sehr lange gedauert, denn in der Demosthenesbiographie (2) sagt Plutarch, er sei in Rom

[1] K. ZIEGLER, ‹Plutarchs Ahnen›. *Herm.* 82, 1954, 499.

[2] Die Einzelschriften der *Moralia* führen wir mit den Nummern des angeschlossenen Verzeichnisses an.

durch Politik und Philosophie so in Anspruch genommen gewesen, daß er nicht ordentlich Latein lernen konnte und so erst in späteren Jahren zur römischen Literatur kam. Sein Verhältnis zu Rom war loyal und unproblematisch; er, in dessen Leben Freunde eine so große Rolle spielten, hat sich auch bedeutende Römer zu solchen gewonnen. So L. Mestrius Florus, der ihm das römische Bürgerrecht und damit den Gentilnamen Mestrius verschaffte, und Q. Sosius Senecio, den Vertrauten Trajans. Nach der *Suda* hätte ihm Trajan die konsularische Würde verliehen und die Statthalter Illyriens an seine Willensmeinung gebunden, nach Eusebios (zum J. 119) hätte ihn Hadrian gar zum Statthalter von Hellas gemacht. Beide Notizen sind in dieser Fassung nicht zu vertreten[1], ob sich eine besondere Auszeichnung des alten Plutarch dahinter birgt, ist kaum zu entscheiden.

Der Mann, der bedeutende Teile des Reiches durch seine Reisen kennenlernte und dem sich die Häuser der Mächtigen öffneten, hat den weitaus größten Teil seines Lebens in der kleinen Landstadt verbracht, die seine Heimat war. Es ist mit seinem Leben wie mit seinem Schaffen: sein Blick hat weite Räume umfaßt, aber er ist sich stets der Grenzen bewußt geblieben, von denen sein Wesen umschlossen war, und er hat in diesen sein Bestes geleistet, ohne nach dem zu greifen, was ihm sein Daimon versagte. Was uns Plutarch so liebenswert macht, ist der menschliche Reichtum, der sich in solcher Begrenzung entfaltete. Seine Hauptquelle war ein überaus inniges Familienleben, von dem die Trostschrift an die Gattin Timoxena beim Tode des gleichnamigen Töchterchens (nr. 45) ein besonders schönes Zeugnis ablegt. Plutarch hat sich in der Tradition alten Politentums auch den Aufgaben seiner Stadt nicht entzogen, hat dort das Bauwesen geleitet und ist Archon eponymos gewesen. Das vollzog sich alles in kleinen Maßstäben, ungleich mehr haben ihm ohne Zweifel seine Beziehungen zu dem alten Zentrum griechischen religiösen Lebens, zu dem von Chaironeia leicht zu erreichenden Delphi gegeben. Diese Beziehungen ziehen sich durch sein Leben und seine Schriften, sie haben ihre Krönung dadurch erfahren, daß er lange Jahre eine Stelle in dem Doppelpriestertum Delphis, dessen höchster Kultbehörde, bekleidete. Neben Familie, kommunaler Tätigkeit und delphischem Dienst bildete den Reichtum dieses Lebens ein weit gedehnter Freundeskreis. Das Haus Plutarchs dürfte selten ohne Gäste gewesen sein, ja Plutarch ist in seinem Heim so etwas wie das Schulhaupt eines vielseitig, vor allem aber philosophisch interessierten Zirkels gewesen.

Die Vielfalt der Interessen Plutarchs findet ihre Entsprechung in der Masse von Schriften, die man unter der wenig glücklichen Bezeichnung der *Moralia* zusammenfaßt. Dabei ist uns, die *Biographien* mitgezählt, nur etwa ein Drittel von Plutarchs Werken erhalten, wie uns der sogenannte Lampriaskatalog lehrt, eine recht nachlässige und gar nicht vollständige Liste, die schon deshalb nicht von einem Plutarchsohn Lamprias stammen kann, weil es einen solchen nicht gegeben hat[2]. Die Fülle der in den *Moralia* behandelten Themen hier auszubreiten ist nicht möglich, wir versuchen,

[1] S. die Einwände von K. LATTE bei *Ziegler RE* (s. u.), 658, 1.

[2] Der in einigen Handschriften vorangestellte Widmungsbrief eine mittelalterliche Fälschung: K. ZIEGLER *Rhein. Mus.* 63, 1908, 239 und 76, 1927, 20.

eine Gesamtübersicht durch das angefügte Verzeichnis der Titel zu bieten und heben unter ständiger Beziehung darauf einiges hervor.

Eine nicht eben kleine Gruppe setzt sich durch starke Rhetorisierung ab und macht so die Entstehung in frühen Jahren wahrscheinlich, als Plutarch der Rhetorik gegenüber noch nicht seine maßvoll reservierte Stellung bezogen hatte. Da wird über Tyche, ihre Rolle im Leben Alexanders und in der Geschichte Roms, über Grundlagen des athenischen Ruhmes und etliches andere deklamiert (nr. 8. 20–22. 27; dazu 32–34. 62). Manches sticht von der Ausgeglichenheit anderer Schriften so sehr ab, daß Forscher wie POHLENZ und ZIEGLER die Möglichkeit erwogen, unreife Frühprodukte seien erst aus dem Nachlasse herausgegeben worden. Breiten Raum nehmen popularphilosophische Traktate ein, für die jener über die Seelenruhe (nr. 30) förmlich den Grundton anschlägt. Hier und in manchen anderen Partien zeigt sich der große Verehrer Platons stark von der Stoa beeinflußt. Das Ziel heiteren Seelenfriedens, dem alle hellenistischen Systeme zustrebten, wird hier von einem gepriesen, der das Beste dafür in seinem eigenen Inneren mitbrachte. Aus ähnlichen Gründen weiß Plutarch auch über die Ehe Förderliches zu sagen (nr. 12), und es will bemerkt sein, daß er im *Erotikos* (nr. 47) zwar auf Platons Spuren den Eros als Führer zu Höchstem preist, dabei aber die gleichgeschlechtige Liebe stark zurücktreten läßt[1]. Wir spüren in Plutarchs Schriften auf Schritt und Tritt ein starkes Lehrtemperament. Kein Wunder, daß er sich auch direkt zu pädagogischen Fragen geäußert hat (nr. 2f.).

Neben vielem in der Art der Diatribe Verfaßten stehen Schriften, in denen sich Plutarch um ernsthafte philosophische Auseinandersetzung bemüht. Ohne in die letzten Tiefen der Probleme einzudringen, hat er uns eine beachtenwerte Menge von philosophiegeschichtlichem Material vermittelt. Die Schrift über die Seelenlehre des platonischen *Timaios* (nr. 68f.) gibt willkürliche und harmonisierende Interpretation, ist aber wegen der Auseinandersetzung mit der Frage der bösen Weltseele interessant. Die *Platonischen Probleme* (nr. 67) behandeln Einzelstellen, wobei wieder der *Timaios* im Vordergrunde steht[2]. Auffallend ist es, daß uns von Plutarchs Streitschriften gegen Stoiker und Epikureer je drei (nr. 70–72, 73–75) erhalten sind. ZIEGLERS Vermutung, der Befund sei das Ergebnis einer Auslese, ist bestechend.

Plutarch hat nicht allein über die menschliche Seele geschrieben – wir haben Bruchstücke aus einem umfangreichen Werk über den Gegenstand –, er hat auch tierpsychologische Fragen in den Kreis seiner Interessen gezogen (nr. 63). Ein seltsames und in seiner Echtheit umstrittenes Stück ist der Dialog über die Vernunft der Tiere mit seiner mythologischen Einkleidung (nr. 64), der in seiner satirischen Haltung an kynische Art erinnert. Den rhetorischen Frühwerken stehen die beiden Bücher gegen den Fleischgenuß (nr. 65f.) nahe, in denen pythagoreischer Einfluß zu verspüren ist.

Dem religiösen Bereich, der für Plutarch so viel bedeutete, entstammen die pythischen Dialoge über das rätselhafte E am Eingang des delphischen Tempels (nr. 24), die

[1] Andere popularphilosophische Schriften 4–7, 9, 11, 28f., 31, 35–40.

[2] Über die Beschränktheit des Zuganges zu Platon: H. DÖRRIE, *Gnom.* 29, 1957, 188.

Form der Orakel (nr. 25) und deren Verfall (nr. 26). Eine der interessantesten Schriften ist die *Über Isis und Osiris* (nr. 23)[1], in der Plutarch, selbst Dionysosmyste (nr. 45, c. 10; 611 d), eine Deutung oder besser ein Gewirre von synkretistischen und allegorischen Deutungen der Mysterienreligion des Osiris gibt. Daraus tritt Osiris als Hauptgott hervor, der den Logos und das Seiende über der Welt des Werdens bedeutet. Isis, als Göttin der Weisheit, vermittelt den Menschen den Zugang zur Erkenntnis des Höchsten, Typhon hingegen ist das feindliche Prinzip der Lüge und Verblendung, Zerstörer des Weges zur Einsicht. So ist die Schrift ein wichtiges Zeugnis für eine Mysterienreligion, die platonisierende Motive aufgenommen hat und sich die Erkenntnis eines höchsten intelligiblen Prinzips (352 A: ἡ τοῦ πρώτου καὶ κυρίου καὶ νοητοῦ γνῶσις) zum Ziele setzt[2]. Weniger voraussetzungsreich ist der Dialog *Über Gottes spätes Strafgericht* (nr. 41), der in Delphi spielt und das alte Problem der Theodicee aufnimmt. Auch hier geht es nicht so sehr in die Tiefe, aber Plutarchs frommer Glaube an die allen menschlichen Einwänden entzogene Gerechtigkeit Gottes wird mit der Wärme eines persönlichen Bekenntnisses vorgetragen. Der Schlußmythos ist mit seinem Ausblick ins Metaphysische deutlich an das Ende von Platons *Politeia* angelehnt.

Auf der pädagogischen Linie[3], die durch Plutarchs Schriften geht, liegen auch solche zur Politik, wie die Weisungen für den Staatsmann (nr. 52, vgl. nr. 49–51). Das Fragment über die Staatsformen (nr. 53) läßt Zweifel an seiner Echtheit offen.

Auch mit naturwissenschaftlichen Fragen hat sich Plutarch in seiner Weise beschäftigt. Die Schrift *Über das Gesicht im Monde* (nr. 60, vgl. nr. 59. 61) bindet verschiedene Theorien über diesen Himmelskörper zu einem bunten Strauß. In der Schlußpartie, die dem Mythos Raum gibt, tritt der Glaube an ein Zwischenreich der Dämonen kräftig hervor[4]. Hier steht Plutarch in einer akademischen Tradition, die vornehmlich an Xenokrates anknüpft.

Hellenistische Weise setzt die antiquarische Buntschriftstellerei der *Römischen und Griechischen Aitia* (nr. 18) fort. Bei den Fragen nach Sinn und Ursprung verschiedenen Brauchtums nimmt natürlich der Kult besonders breiten Raum ein. Die Freude an Anekdotischem, die den *Biographien* ihren Stempel aufprägt, spricht sich auch in der Schrift über weibliche Bewährung (nr. 17) und der Sammlung Lakonischer Aussprüche (nr. 16) aus. Eine andere Apophthegmensammlung (nr. 15) ist unecht, gibt aber eine Vorstellung von Sammlungen, wie Plutarch sie benützte. Um der Mannigfaltigkeit des Inhaltes willen, der so ziemlich alle plutarchischen Themenkreise berührt, seien hier das *Gastmahl der Sieben Weisen* (nr. 13, s. S. 188) und die neun Bücher *Symposiaka* (nr. 46) angeschlossen.

[1] Th. Hopfner, *P. über Isis und Osiris. I. Die Sage. Monogr. des Archivs Orientální* 9. Prag 1940 (Text, Übers. Komm.); II. *Die Deutungen der Sage.* 1941.

[2] Gut arbeitet das heraus Antonie Wlosok, *Abh. Ak. Heidelb. Phil.-hist. Kl.* 1960/2, 56.

[3] Die Schrift über die Erziehung der Kinder (nr. 1) ist zwar nicht von Plutarch verfaßt, hat aber als einzige erhaltene griechische Spezialschrift über den Gegenstand einige Bedeutung. Zur Quellenanalyse E. G. Berry, ‹The De liberis educandis of Pseudo-Plutarch›. *Harv. Stud.* 63, 1958 (Festschr. Jaeger), 387.

[4] G. Soury, *La démonologie de P.* Paris 1942.

Plutarch, ein emsiger Leser, hat auch den großen Autoren seines Volkes einen Teil seines Fleißes gewidmet. Wir wissen von Erläuterungsschriften zu Homer und Hesiod[1], mit Herodot (nr. 57) war er wegen der Rolle unzufrieden, die Böotien bei ihm spielte, und dem Menander hat er in einem kritischen Vergleich (nr. 56)[2] bezeichnenderweise den Vorzug vor Aristophanes gegeben, zu dessen Genialität er keinen Zugang hatte. Apokryphes, wie es sich sonst auch findet, hat in dieser Gruppe besondere Bedeutung. Da sind die *Biographien der zehn Redner* (nr. 55) und die Schrift *Über Leben und Dichtung Homers* (BERNARDAKIS VII 329) mit einer Menge von Material aus der alten Homerphilologie. Allen diesen Apokrypha voran steht jedoch die Schrift *Über die Musik* (nr. 76), für uns eine der wichtigsten Quellen für den Gegenstand. In ihr sind Aristoxenos und Herakleides Pontikos nicht allein weitgehend verwertet, sondern in größeren Partien auch wörtlich ausgeschrieben.

Bunt wie der Inhalt ist die Form der *Moralia*. Viele sind als Dialoge gestaltet. Da zeigt sich in der Ausführung des szenischen Rahmens, in dem Griff, den Dialog von einem Teilnehmer erzählen zu lassen, in der gelegentlichen Einführung von Mythen das Streben, Platon nachzueifern, doch läßt die Durchführung des Dialogischen starke Unterschiede erkennen, und gar nicht selten tritt der geschlossene Lehrvortrag an die Stelle des Gesprächs. Als Gruppe eigenen Gepräges haben wir die rhetorischen Deklamationen, wohl Erzeugnisse früher Jahre, abgegrenzt. Andere Schriften tragen den Charakter der rein sachlich interessierten Abhandlung, während an den popularphilosophischen Traktaten Züge der Diatribe hervortreten.

Den Ruhm Plutarchs haben nicht die *Moralia*, ihn hat vielmehr seine biographische Schriftstellerei begründet. Daß er zu ihr durch andere gekommen sei, sagt er uns selbst (Prooem. *Aemil.*), doch habe er dann mit Behagen auf diesem Felde verweilt. In derselben Partie erklärt er sich über den Sinn solcher Tätigkeit: der Umgang mit großen Männern der Vergangenheit soll deren hohe Eigenschaften auf unser eigenes Wesen einwirken lassen. Stellt er uns aber einmal ein Paar von fragwürdiger Moralität vor, wie Demetrios und Antonius (im übrigen eine der glänzendsten seiner Syzygien), dann versichert er uns in der Einleitung voll Eifer, welchen Nutzen auch das negative Beispiel für die rechte Lebensführung stiften könne. ALBRECHT DIHLE hat ausgeführt, wie weit die biographische Tradition, in der Plutarch steht, von der peripatetischen Lehre beeinflußt ist, die in ihrem ethischen System den Handlungen eines Menschen die entscheidende Bedeutung zuweist. Auch FR. LEO hat auf die Bedeutung des Peripatos für die Biographie hingewiesen. Damit ist nicht die Selbstverständlichkeit gemeint, daß in den Handlungen die sittlichen Eigenschaften sichtbar werden, sondern die aristotelische Lehre[3], daß die «ethischen Tugenden» nicht anlagemäßig vor ihrer

[1] Abgedruckt bei BERNARDAKIS, VII.

[2] Die erhaltene Schrift ist ein Auszug aus einer Abhandlung, die wohl von Plutarch stammt und in jedem Falle seine Meinung wiedergibt.

[3] Für sie sind vor allem die ersten Kapitel des zweiten Buches der *NE* wichtig. Mit Recht betont K. v. FRITZ, *Gnom.* 28, 1956, 330, wie sonderbar es ist, daß gerade Aristoteles die Ausbildung des Ethos durch das Handeln so stark von der Physis abtrennt. Hier ist eine Tradition, die von Pindar und Sophokles herkommt, verlassen. Wie sie problematisch wird, läßt sich an Euripides erkennen.

Betätigung vorhanden sind, sondern als gewohnheitsmäßige Verhaltungsweisen (die Disposition dazu allerdings vorausgesetzt) mit dem Handeln und durch dieses entstehen. Dieser Zusammenhang zwischen ἤθη und πράξεις bedingt für Plutarchs Biographie eine Wesensschilderung, die ständig von dem Handeln seiner Helden ausgeht; damit kommt natürlich historisches Material in Menge ins Spiel. Man hat Plutarch oft wegen der Art gescholten, in der er mit diesem umging. Es wäre auch in der Tat schwierig, aus ihm einen Historiker von Rang zu machen, aber Plutarch wollte ein solcher gar nicht sein. Am deutlichsten hat er sich darüber in der Einleitung zu seinem *Alexander* ausgesprochen, wo er Biographie und nicht Historie als sein Geschäft bezeichnet. Ihm ist es nie auf historische Zusammenhänge oder politische Aitiologie im Sinne des Thukydides angekommen, die großen Menschenbilder allein sind es, die ihn interessieren. Deren Züge – so sagt er an der angeführten Stelle – treten jedoch nicht nur in großen Taten, sondern mehr noch in mancher kleinen Geste, manchem Ausspruch hervor. Dies ist der Plutarch der Anekdote, der stets bereit ist, in seine großen Vorräte zu greifen und mit einer Unzahl kleiner Geschichten seinen Biographien jene Buntheit zu geben, die an ihnen entzückt. Nicht zum letzten liegt darin die Wirkung begründet, die sie über die Zeiten ausübten, so daß ihr Nachleben geradezu ein Stück europäischer Literaturgeschichte ist. Fügen wir noch Plutarchs bedeutendes Geschick für dramatisierende Erzählung hinzu und betonen wir nach Gebühr, daß ein warmes Verständnis für Menschliches und ein sympathischer moralischer Optimismus auch den Biographien ihr Gepräge gibt, dürfte einiges von Wichtigkeit zu ihrer Charakterisierung gesagt sein. In der Frage, wie weit Plutarch selbständig Quellen benützte oder sich an bereits vorhandene Zusammenfassungen hielt, neigt die Forschung heute stärker dazu, seine persönliche Leistung anzuerkennen[1]. Aber natürlich hat man daneben auch Sammlungen in seiner Hand vorauszusetzen, die ihm Apophthegmata, Anekdoten und Dichterzitate darboten. Auch selber mag er sich solche Hilfsmittel geschaffen haben.

Erhalten sind uns zweiundzwanzig *Parallelbiographien*, über die unser Verzeichnis einen Überblick gibt[2], verloren ist das Paar *Epameinondas-Scipio*, wobei man eher an den älteren Scipio als an den Aemilianus denken wird. An Einzelbiographien besitzen wir die des *Arat* und *Artaxerxes*, ferner die des *Galba* und *Otho*. Eine ganze Reihe anderer nennt der Lampriaskatalog, darunter auch solche von Dichtern (Hesiod, Pindar, Arat) und eine des Philosophen Krates, der ja wie Hesiod und Pindar Böoter gewesen ist.

Der Gedanke, je einen großen Griechen und Römer zu einem Paare zu vereinigen, entspricht ebenso der Zeit, in der sich griechische Tradition neben römischer Macht zu behaupten suchte, wie Plutarchs konziliantem Wesen, das die historischen Gege-

[1] Eine instruktive Literaturübersicht gibt zu dieser Frage im Zusammenhange mit dem Perikles-Bios E. Buchner, *Gnom.* 32, 1960, 306.

[2] Agis und Kleomenes sind mit den beiden Gracchen zu einer Tetrade zusammengestellt. Auf die Frage der relativen Chronologie der Biographien gehen wir hier nicht ein. Sie wird durch die Wechselzitate besonders schwierig, für die mit nachträglichen Zusätzen zu rechnen ist, vgl. Ziegler, *RE* (s. u.), 899. C. Theander, ‹Zur Zeitfolge der Biographien Pl.s›. *Eranos* 56, 1958, 12.

benheiten im Rahmen seines Weltbildes zu vereinigen trachtete. Plutarch, dem die skeptische Überzeugung moderner Historiker, daß es wirkliche Parallelen überhaupt nicht gebe, noch durchaus fremd war, ist in seinen Zusammenstellungen mitunter recht glücklich gewesen, wie etwa bei Demetrios und Antonius, während in anderen Fällen die Vergleichsmöglichkeiten recht gering sind, ganz freilich kaum jemals fehlen. Selbst für Perikles und Fabius Maximus kann man die Betonung defensiver Kriegsführung als bescheidenes Bindeglied gelten lassen. Wenn Plutarch in der Regel ein Biographienpaar mit einem zusammenfassenden Vergleich, einer Synkrisis[1], beschließt, so läßt er darin rhetorische Tradition erkennen. Manches ist erzwungen, anderes läuft leer, doch denkt man heute nicht mehr daran, ihn mit RUDOLF HIRZEL von der Verantwortung für diese Teile zu befreien.

Als Plutarch schrieb, stand der Attizismus in Blüte, doch hat er sich auch hier als Mann des Maßes bewährt. Der Ehrenbürger Athens wußte attische Kultur und Sprache zu schätzen, hat aber weder die Jagd auf rare attische Vokabeln mitgemacht, noch Elementen der Koine den Eingang in seine Diktion verwehrt, so daß sich seine Sprache in die Tradition des Hellenismus reiht. Dieselbe maßvolle Haltung nimmt er der Rhetorik gegenüber ein, nachdem er sich von Bindungen gelöst hatte, die in den frühen Deklamationen spürbar sind. In der Hiatvermeidung ist er im allgemeinen so peinlich, daß man daraus ein Echtheitskriterium machen konnte. Das Streben nach Rhythmisierung ist in dem Auftreten der üblichen Klauseltypen zu erkennen[2]. Ihre persönliche Note erhält die Sprache Plutarchs vor allem durch die weit ausladenden Perioden, an deren Zustandekommen der Hang zu breiter Mitteilung ebenso beteiligt ist wie die in entwickelter Schriftlichkeit begründete Neigung, möglichst viele gedankliche Elemente im Rahmen eines Satzgefüges unterzubringen.

Daß in den dunklen Jahrhunderten viel von Plutarch verlorenging, beweist die bedeutende Differenz zwischen dem Lampriaskatalog[3] und dem Erhaltenen. Für die *Biographien* läßt sich eine zweibändige Ausgabe mit chronologischer Anordnung (nach den Griechen) feststellen, die vielleicht im Ausgange des Altertums entstanden ist. Ihre Zeugen sind eine Handschrift in Seitenstetten (11./12. Jh.) und eine in Madrid (Matrit. 55; 14. Jh.). Neben die zweibändige trat in früher byzantinischer Zeit eine solche in drei Bänden, die den Stoff zunächst nach der Herkunft der Griechen und erst in zweiter Linie nach der zeitlichen Folge ordnete. Für sie liegen bereits Handschriften aus dem 10. Jh. vor: Vat. Gr. 138, Laur. conv. soppr. 206, Laur. pl. 69, 6 für je ein Buch. Die besondere Bedeutung des Par. gr. 1674 (13. Jh.) für die dreibändige Ausgabe wird in der Ausgabe der *Coll. des Univ. de France* (s. u.) betont, für die M. JUNEAUX die Kollationen besorgte. Für die Überlieferung der *Moralia* war es entscheidend, daß Maximus Planudes in einer Arbeit, die sich vom ausgehenden 13. ins beginnende 14. Jh. erstreckt, die in einzelnen Gruppen tradierten Stücke zu einem Corpus vereinigte. Daß er in diesem die Ἠθικά voranstellte, hat Anlaß zu dem unzutreffenden Gesamttitel *Moralia* gegeben. Für die verschiedenen Stufen der Sammeltätigkeit, in deren Verlauf Planudes auch die Biographien einbezog, haben wir hervorragende Zeugen im Ambros. 859 (C 126 inf.; kurz vor 1296); Paris. 1671

[1] Zum Begriff: F. FOCKE, ‹Synkrisis›. *Herm.* 58, 1923, 327. Zu Plutarch: H. ERBSE, ‹Die Bedeutung der Synkrisis in den Parallelbiographien Plutarchs›. *Herm.* 84, 1956, 398.

[2] Ditrochaeus, Creticus und Trochaeus, Doppelcreticus, Hypodochmius.

[3] Jetzt bei F. H. SANDBACH, *Plutarch Mor.* 7. Leipzig 1967, 1.

(1296 vollendet); Paris. 1672 (bald nach 1302). Die Überlieferung der *Moralia* ist sehr reich und für die einzelnen Schriften verschieden; Lit. dazu im 11. Bande der Ausgabe der *Moralia* in *Loeb Class. Libr.* 1965, 6.

Die alte Teubner-Ausgabe der *Moralia* von G. N. Bernardakis in 7 Bden. (Leipz. 1888–96) ist bereits fast vollständig durch die neue ersetzt, an der C. Hubert, W. Nachstädt, W. R. Paton, M. Pohlenz, W. Sieveking, I. Wegehaupt, K. Ziegler und F. H. Sandbach arbeiteten (7 Bde., davon Bd. 5 noch unvollständig, Leipz. 1908–1967; in Neudrucken, mehrfach mit Zusätzen von H. Drexler, sind die Fasc. V/1. 3; VI/1–3, 1957–66 erschienen.) Für die *Biographien* ist die Teubneriana von C. Sintenis (5 Bde. Leipz. 1852–55, öfter nachgedruckt) der von C. Lindskog und K. Ziegler gewichen (4 Bde. in 8 Teilen, Leipz. 1914–39, 1. 3. Aufl. ab 1960). In der *Coll. des Un. de Fr.* (doppelspr.): R. Flacelière, M. Juneaux, E. Chambry, *Plut. Les vies parallèles.* 1 *(Thésée-Romulus. Lycurgus-Numa)* 1957; 2 *(Solon-Publicola. Thémistocle-Camille)* 1961; 3 *(Périclès – Fab. Max., Alcibiade – Coriolan)* 1964; 4 *(Timoléon – Paul Émile. Pélopidas – Marcellus)* 1966; 5 *(Aristides – Caton. Philopoemen – Flamininus)* 1969. Wir geben im folgenden eine Gesamtübersicht über das von Plutarch Erhaltene. Die in Klammern gesetzten Ziffern beziehen sich auf die genannten neuen Ausgaben, nur für einen kleinen Teil der *Moralia* ist noch auf Bernardakis verwiesen. Athetese wird durch Einklammerung der Ordnungsziffer, Zweifel durch ein beigesetztes (?) angedeutet, doch muß im Zusammenhange damit die Unsicherheit einbekannt werden, die noch bei der Beurteilung einzelner Schriften herrscht.

Moralia:

(1.) *De liberis educandis.* Περὶ παίδων ἀγωγῆς (I 1). – 2. *De audiendis poetis.* Πῶς δεῖ τὸν νέον ποιημάτων ἀκούειν (I 28). – 3. *De audiendo.* Περὶ τοῦ ἀκούειν (I 75). – 4. *De adulatore et amico.* Πῶς ἄν τις διακρίνειε τὸν κόλακα τοῦ φίλου (I 97). – 5. *De profectibus in virtute.* Πῶς ἄν τις αἴσθοιτο ἑαυτοῦ προκόπτοντος ἐπ' ἀρετῇ (I 149). – 6. *De capienda ex inimicis utilitate.* Πῶς ἄν τις ἀπ' ἐχθρῶν ὠφελοῖτο (I 172). – 7. *De amicorum multitudine.* Περὶ πολυφιλίας (I 186). – 8. *De fortuna.* Περὶ τύχης (I 197). – 9. *De virtute et vitio.* Περὶ ἀρετῆς καὶ κακίας (I 204). – (10.) *Consolatio ad Apollonium.* Παραμυθητικὸς πρὸς Ἀπολλώνιον (I 208). – 11. *De tuenda sanitate praecepta.* Ὑγιεινὰ παραγγέλματα (I 253). – 12. *Coniugalia praecepta.* Γαμικὰ παραγγέλματα (I 283). – 13. *Septem sapientium convivium.* Τῶν ἑπτὰ σοφῶν συμπόσιον (I 300). – 14. *De superstitione.* Περὶ δεισιδαιμονίας (I 338). – (15). *Regum et imperatorum apophthegmata.* Βασιλέων ἀποφθέγματα καὶ στρατηγῶν (II/1, 1). – 16. *Apophthegmata Laconica. Instituta Laconica. Apophth. Lacaenarum.* Ἀποφθέγματα Λακωνικά (II/1, 110. 204. 216). – 17. *Mulierum virtutes.* Γυναικῶν ἀρεταί (II/1, 225). – 18. *Aetia Romana. Aetia Graeca.* Αἴτια Ῥωμαϊκὰ καὶ Ἑλληνικά (II/1, 273. 337). – (19.) *Parallela minora.* Συναγωγὴ ἱστοριῶν παραλλήλων Ἑλληνικῶν καὶ Ῥωμαϊκῶν (II/2, 1). – 20. *De fortuna Romanorum.* Περὶ τῆς Ῥωμαίων τύχης (II/2, 43). – 21. *De Alexandri Magni fortuna aut virtute or. I et II.* Περὶ τῆς Ἀλεξάνδρου τύχης ἢ ἀρετῆς λόγος α', β' (II/2, 75. 93). – 22. *De gloria Atheniensium.* Πότερον Ἀθηναῖοι κατὰ πόλεμον ἢ κατὰ σοφίαν ἐνδοξότεροι (II/2, 121). – 23. *De Iside et Osiride.* Περὶ Ἴσιδος καὶ Ὀσίριδος (II/3, 1). – 24. *De E apud Delphos.* Περὶ τοῦ ΕΙ τοῦ ἐν Δελφοῖς (III 1). – 25. *De Pythiae oraculis.* Περὶ τοῦ μὴ χρᾶν ἔμμετρα νῦν τὴν Πυθίαν (III 25). – 26. *De defectu oraculorum.* Περὶ τῶν ἐκλελοιπότων χρηστηρίων (III 59). – 27. *An virtus doceri possit.* Εἰ διδακτὸν ἡ ἀρετή (III 123). – 28. *De virtute morali.* Περὶ ἠθικῆς ἀρετῆς (III 127). – 29. *De cohibenda ira.* Περὶ ἀοργησίας (III 157). – 30. *De tranquillitate animi.* Περὶ εὐθυμίας (III 187). – 31. *De fraterno amore.* Περὶ φιλαδελφίας (III 221). – 32. *De amore prolis.* Περὶ τῆς εἰς τὰ ἔγγονα φιλοστοργίας (III 255). – 33. *An vitiositas ad infelicitatem sufficiat.* Εἰ αὐτάρκης ἡ κακία πρὸς κακοδαιμονίαν (III 268). – 34. *Animine an corporis affectiones sint peiores.* Περὶ τοῦ πότερον τὰ ψυχῆς ἢ τὰ σώματος πάθη χείρονα (III 273). – 35. *De garrulitate.* Περὶ ἀδολεσχίας (III 279). – 36. *De curiositate.* Περὶ πολυπραγμοσύνης (III 311). – 37. *De cupiditate divitiarum.* Περὶ φιλοπλουτίας (III 332). – 38. *De vitioso pudore.* Περὶ δυσωπίας (III 346). – 39. *De invidia et odio.* Περὶ φθόνου καὶ μίσους (III 365). – 40. *De laude ipsius.* Περὶ τοῦ ἑαυτὸν ἐπαινεῖν ἀνεπιφθόνως (III 371). – 41. *De sera numinis vindicta.*

Περὶ τῶν ὑπὸ τοῦ θείου βραδέως τιμωρουμένων (III 394). – (42.) *De fato.* Περὶ εἱμαρμένης (III 445). – 43. *De genio Socratis.* Περὶ τοῦ Σωκράτους δαιμονίου (III 460). – 44. *De exilio.* Περὶ φυγῆς (III 512). – 45. *Consolatio ad uxorem.* Παραμυθητικὸς πρὸς τὴν γυναῖκα (III 533). – 46. *Quaestionum convivalium libri IX.* Συμποσιακῶν βιβλία θ' (IV 1). – 47. *Amatorius.* Ἐρωτικός (IV 336). – (48). *Amatoriae narrationes.* Ἐρωτικαὶ διηγήσεις (IV 396). – 49. *Maxime cum principibus philosopho esse disserendum.* Περὶ τοῦ ὅτι μάλιστα τοῖς ἡγεμόσι δεῖ τὸν φιλόσοφον διαλέγεσθαι (V/1, 1). – 50. *Ad principem ineruditum.* Πρὸς ἡγεμόνα ἀπαίδευτον (V /1, 11). – 51. *An seni sit gerenda res publica.* Εἰ πρεσβευτέρῳ πολιτευτέον (V/1, 20). – 52. *Praecepta gerendae rei publicae.* Πολιτικὰ παραγγέλματα (V/1, 58). – 53. (?) *De tribus rei publicae generibus.* Περὶ μοναρχίας καὶ δημοκρατίας καὶ ὀλιγαρχίας (V/1, 127). – 54. *De vitando aere alieno.* Περὶ τοῦ μὴ δεῖν δανείζεσθαι (V/1, 131). – (55.) *X oratorum vitae.* Βίοι τῶν δέκα ῥητόρων (Bern. V 146). – 56. (?) *Aristophanis et Menandri comparatio.* Συγκρίσεως Ἀριστοφάνους καὶ Μενάνδρου ἐπιτομή (Bern. V 203). – 57. *De Herodoti malignitate.* Περὶ τῆς Ἡροδότου κακοηθείας (Bern. V 208). – (58.) *De placitis philosophorum.* Περὶ τῶν ἀρεσκόντων φιλοσόφοις φυσικῶν δογμάτων βιβλία ε' (Bern. V 264). – 59. *Aetia physica.* Αἴτια φυσικά (V/3, 1). – 60. *De facie in orbe lunae.* Περὶ τοῦ ἐμφαινομένου προσώπου τῷ κύκλῳ τῆς σελήνης (V/3, 31). – 61. *De primo frigido.* Περὶ τοῦ πρώτως ψυχροῦ (V/3, 90). – 62. *Aqua an ignis utilior.* Πότερον ὕδωρ ἢ πῦρ χρησιμώτερον (VI/1, 1). – 63. *De sollertia animalium.* Πότερα τῶν ζῴων φρονιμώτερα (VI/1, 11). – 64. (?) *Bruta ratione uti.* Περὶ τοῦ τὰ ἄλογα λόγῳ χρῆσθαι (VI/1, 76). – 65. *De esu carnium I.* Περὶ σαρκοφαγίας α' (VI/ 1, 94). – 66. *Id.* β' (VI/1, 105). – 67. *Platonicae quaestiones.* Πλατωνικὰ ζητήματα (VI/1, 113). – 68. *De animae procreatione in Timaeo.* Περὶ τῆς ἐν Τιμαίῳ ψυχογονίας (VI/1, 143). – (69.) *Epitome libri de animae procreatione in Timaeo.* Ἐπιτομὴ τοῦ περὶ τῆς ἐν τῷ Τιμαίῳ ψυχογονίας (VI/1, 189). – 70. *De Stoicorum repugnantiis.* Περὶ Στωικῶν ἐναντιωμάτων (VI/2, 1). – 71. *Stoicos absurdiora poetis dicere.* Ὅτι παραδοξότερα οἱ Στωικοὶ τῶν ποιητῶν λέγουσιν (VI/2, 59). – 72. *De communibus notitiis contra Stoicos.* Περὶ τῶν κοινῶν ἐννοιῶν πρὸς τοὺς Στωικούς (VI/2, 62). – 73. *Non posse suaviter vivi secundum Epicurum.* Ὅτι οὐδ' ἡδέως ζῆν ἔστιν κατ' Ἐπίκουρον (VI/2, 124). – 74. *Adversus Colotem.* Πρὸς Κωλώτην (VI/2, 173). – 75. *De latenter vivendo.* Εἰ καλῶς εἴρηται τὸ λάθε βιώσας (VI/2, 216). – (76.) *De musica.* Περὶ μουσικῆς (VI/3, 1). – 77. (?) *De libidine et aegritudine.* Πότερον ψυχῆς ἢ σώματος ἐπιθυμία καὶ λύπη (VI/3, 37). – (78.) *Parsne an facultas animi sit vita passiva.* Εἰ μέρος τὸ παθητικὸν τῆς ἀνθρώπου ψυχῆς ἢ δύναμις (VI/3, 46). – Verschiedene Exzerpte und Fragmente bei Bern. VII.

Vitae:

I/1: *Theseus–Romulus. Solon–Publicola. Themistokles–Camillus. Aristeides–Cato maior. Kimon–Lucullus.*

I/2: *Perikles–Fabius Maximus. Nikias–Crassus. Coriolanus–Alkibiades. Demosthenes–Cicero.*

II/1: *Phokion–Cato minor. Dion–Brutus. Aemilius Paulus–Timoleon. Sertorius–Eumenes.*

II/2: *Philopoimen–T. Flamininus. Pelopidas–Marcellus. Alexander–Caesar.*

III/1: *Demetrios–Antonius. Pyrrhos–Marius. Arat. Artaxerxes. Agis und Kleomenes–Ti. und C. Gracchus.*

III/2: *Lykurgos–Numa. Lysander–Sulla. Agesilaos–Pompeius.*

IV/1: *Galba. Otho.*

Kommentierte Spezialausgaben führt ZIEGLER in seinem *RE*-Artikel für die *Moralia* zu den einzelnen Schriften an, während er für die *Biographien* eine Zusammenstellung (960) gibt. Dazu: R. FLACELIÈRE, *P. Dialogue sur l'Amour.* Paris 1953. J. DEFRADAS, *P. Le Banquet de Sept Sages.* Paris 1954. F. LASSERRE, *P. de la Musique.* Olten-Lausanne 1954. V. CLIENTO, *Plutarco. Diatriba Isiaca e dialogi Delfici.* Firenze 1962 (*De Iside* und *De defectu orac.*; doppelspr.) E. VALGIGLIO, [*Plut.*] *de fato.* Rom 1964 (mit Übers. und Komm.). H. GÖRGEMANNS, *Das Mondgesicht.* Zürich 1968 (Lebendige Antike. Übers.). J. G. GRIFFITH, *Plutarch, De Iside et Osiride.* Leiden 1970 (Introd. Transl. Comm.). – W. H. PORTER, *Life of Dion.* Dublin 1952. S. GEREVINI, *Vita di Flaminino.* Milano 1952 (mit Übers.). EUG. MANNI, *Vita Dem. Pol.* Firenze 1953. A. GARZETTI,

Vita Caesaris. Firenze 1954. R. DEL RE, *Vita di Bruto*, 3. ed. Firenze 1955. E. VALGIGLIO, *Vita di Mario.* Firenze 1956; *Vita dei Gracchi.* Roma 1957. D. MAGNINO, *Plutarchi Vita Ciceronis.* Bibl. di studi superiori 44. Firenze 1963. IDA CALABI LIMENTANI, *Vita Aristidis.* Firenze 1964. J. R. HAMILTON, *Alexander.* Oxford 1969 (mit Komm.). – Lexikon: D. WYTTENBACH. Leipz. 1843; für den Index Graecitatis zu den *Moralia* (Bd. 8 der Ausgabe von D. WYTTENBACH, Oxf. 1830) liegt ein Nachdruck bei Olms/Hildesheim 1962 vor. – Plutarch wurde viel übersetzt, hier nur Neueres in Auswahl: BR. SNELL, *Von der Ruhe des Gemütes und andere philos. Schriften.* Zürich 1948. K. ZIEGLER, *P. über Gott und Vorsehung, Dämonen und Weissagung.* Zürich 1952. Ders. *Große Griechen und Römer.* 1–6, Zürich 1954–65; (die bislang angeführten Übersetzungen sämtliche in der *Bibl. der Alten Welt*). W. AX, *Griech. Heldenleben.* 6. Aufl. Stuttg. 1953. Ders. *Röm. Heldenleben.* 5. Aufl. Stuttg. 1953. *Pl. Lebensbeschreibungen.* Nach der Übers. von J. F. KALTWASSER bearb. von H. FLOERKE. Bd. 1–5. München 1964–1965 (Goldmanns Gelbe Taschenb. 1438/1439). Französisch: R. FLACELIÈRE, *Sagesse de Plutarque.* Paris 1964. (mit Übers. einer Auswahl aus 10 Schriften). B. LATZARUS, *Vies parallèles.* 5 Bde. Paris 1951–55. Englische Übers. in der doppelsprachigen Ausgabe der *Loeb Class. Libr.* F. C. BABBITT, H. CHERNISS, W. C. HELMBOLD, L. PEARSON, F. H. SANDBACH u.a. *Moralia.* 15 Bde. London 1927–1969. B. PERRIN, *The Parallel Lives.* 11 Bde. Lond. 1914–26; Nachdrucke bis 1959. Ital.: C. CARENA, *Vite parallele.* Milano 1966. – L. CLARE, ‹La première traduction en occident des Vies parallèles de Plutarque›. *Bull. Budé* 27, 1968, 405. – Eine umfassende, inhaltsreiche Monographie besitzen wir in K. ZIEGLERS großem *RE*-Artikel 21, 1951, 636–692. Ital. Brescia 1965. Eine schöne Charakteristik bei M. POHLENZ, *Gestalten aus Hellas.* Münch. 1950. 671. Wichtig für P.s Religiosität: M. P. NILSSON, *Gesch. d. gr. Rel.* 2, 2. Aufl. Münch. 1961, 402. – Für Biographie als Gattung: W. STEIDLE, *Sueton und die ant. Biographie. Zet.* 1, Münch. 1951. A. DIHLE, *Stud. z. griech. Biogr. Abh. Ak. Gött. Phil.-hist. Kl.* 3. F. 37, 1956, mit wichtigen Abschnitten zu Plutarch und einer Analyse der Kleomenes-Vita. – Untersuchungen: H. SCHLAEPFER, *Pl. und die klass. Dichter.* Zürich 1950. M. A. LEVI, *Pl. e il V. secolo.* Milano 1955. R. WESTMANN, *Pl. gegen Kolotes. Seine Schrift «Adversus Colotem» als philosophiegeschichtliche Quelle. Acta Philos. Fennica* 7. Helsinki 1955. E. MEINHARDT, *Perikles bei Pl.* Diss. Frankf. Fulda 1957. R. FLACELIÈRE ‹Pl. et l' épicurisme›. In dem Sammelwerk *Epicurea in mem. H. Bignone.* Genova 1959, 197. W. CL. HELMBOLD and E. N. O'NEIL, *Pl.s Quotations.* Baltimore 1959. H. WEBER, *Die Staats- und Rechtslehre Pl.s von Chaironeia.* Bonn 1959. A. M. TAGLIASACCHI, ‹Le teorie estetiche e la critica letteraria in Plutarco›. *Acme* 14, 1961, 71. LISETTE GOESSLER, *Pl.s Gedanken über die Ehe.* Diss. Basel. Zürich 1962. FR. FUHRMANN, *Les images de Plutarque.* Paris 1964. PH. A. STADTER, *Plutarch's Historical Methods. An Analysis of the Mulierum Virtutes.* Cambridge Mass. Havard Un. Pr. 1965. R. H. BARROW, *Plutarch and his Times.* London 1967. D. BABUT, *Plutarque et le stoicisme.* Paris 1969. Mehrere Untersuchungen in: *Association Guillaume Budé: Actes du 8ᵉ congrès.* Paris 1969. – Nachleben: R. HIRZEL, *Plutarch. Erbe der Alten* 4. Leipzig 1912.

2. DIE BLÜTE DER ZWEITEN SOPHISTIK

Mit Isokrates und Platon sahen wir eine pädagogische Antinomie gegeben, die das geistige Leben mit wechselnder Intensität bis in die sinkende Antike bestimmte. In diesem Kampfe um die Prärogative in der Erziehung hat es von beiden Seiten Grenzüberschreitungen und Ausgleichsversuche gegeben, da sowohl Philosophie wie Rhetorik das Ganze der Bildung für sich in Anspruch nahmen. In der hellenistischen Zeit, wie wir sie abgrenzten, waren die alten und die neuen Philosophenschulen stark genug, ihren Anspruch zu behaupten. Das kommt nicht zum letzten in Ciceros Versuch zum Ausdruck, die Forderungen beider Seiten zum Ausgleich zu bringen. Anders ist es in den ersten beiden Jahrhunderten der Kaiserzeit gewesen, ehe der Neuplatonismus wieder Bewegung in das geistige Leben brachte. Nun hatte die Philosophie weite Teile des umstrittenen Feldes der Rhetorik überlassen, diese beherrschte den höheren Unterricht zum größten Teile und bestimmte die Züge der Literatur dieser Zeit[1]. Der Kampf mit der Philosophie hatte an Schärfe verloren, ja, man konnte gelegentlich in ein freundnachbarliches Verhältnis zu ihr treten. Der Staat gab dieser Entwicklung seinen Segen, als Vespasian durch ein Edikt des Jahres 74 Grammatiker und Rhetoren, übrigens auch die Ärzte, mit besonderen Privilegien ausstattete[2]. Derselbe Kaiser hat in Rom den Anfang mit der Errichtung staatlich besoldeter Lehrkanzeln der Rhetorik gemacht. Später ging auch die Philosophie nicht leer aus, denn Marc Aurel stiftete in Athen vier Lehrstühle, so daß jedes der großen Systeme zu seinem Rechte kam[3]. Wer aber Dichte und Intensität des rhetorischen Unterrichtes im Imperium mit dem vergleicht, was Philosophie zu dieser Zeit bedeutete, sieht bald, welche Seite das Übergewicht hatte. Wer höhere Bildung anstrebte, dem war der Weg über die Rhetorik vorgezeichnet. Hatte er die elementare Ausbildung hinter sich, dann führte ihn der grammatische Unterricht an Hand ausgebreiteter Lektüre in die Theorie der Redekunst ein und schulte ihn durch Vorübungen (Progymnasmata)[4] verschiedener Art: die Nacherzählung, die Chrie, die sich mit peinlicher Disposition über irgendeine Moralität verbreitet, die Beschreibung (Ekphrasis), die Beweisführung oder Widerlegung für einen angenommenen Sachverhalt, um nur dies zu nennen. Wie weit das noch in die Schule unserer Zeit wirkte, ehe man es für besser hielt, die Kinder mit Schreibfeder und Zeichenstift drauflosphantasieren zu lassen, sieht jeder. Nach dem grammatischen kam der rhetorische Unterricht, der den fertigen Redner formen sollte und in der Deklamation über ein fingiertes Thema[5] seinen Abschluß fand. Die *Suasoriae* und die *Controversiae* des älteren Seneca geben uns ein recht erschütterndes Bild von der weltfremden Phantastik, mit der man da die tollsten Geschichten als thematische Grundlagen solcher Übungen zusammenbraute.

Auf die Dichtung der Zeit hat die Rhetorik in zweifacher Weise eingewirkt. Es konnte zunächst nicht ohne Folgen bleiben, daß die meisten Dichter dieser Zeit selbst durch die Rhetorenschule gegangen waren. Zweitens aber – und dies ist das Wichtigere – grub die Rhetorik mit ihren Ansprüchen der Dichtung das Wasser ab. Eine Entwicklung, die wir schon mit Gorgias einsetzen sahen, vollendet sich nun:

[1] H. I. MARROU, *Histoire de l'éducation dans l'antiquité.* 5e éd. Paris 1960 (deutsch Freib./Münch. 1957). D. L. CLARK, *Rhetoric in Greco-Roman Education.* New York 1957, mit reicher Lit. Einen guten Zugang vermittelt W. KROLL, *RE* S 7, 1940, 1039 (bes. 1105 ff.); vgl. auch A. D. NOCK, *Sallustius.* Cambr. 1926, XVII.

[2] Inschrift aus Pergamon: R. HERZOG, *Sitzb. Akad. Berl. Phil.-hist. Kl.* 1935, 967. S. RICCOBONO, *Fontes Iuris Anteiustiniani.* 1, 2. Aufl. 1941, 420.

[3] Lukian, *Eunuchos* 3.

[4] Darüber, wie sich die Grammatiker teilweise des rhetorischen Unterrichtes bemächtigten, KROLL a. O. 1119, 33.

[5] W. HOFRICHTER, *Stud. z. Entwicklungsgesch. d. Deklamation.* Diss. Breslau 1935. Aufzählung der Übungen bei CHRIST-SCHMID, *Gesch. d. gr. Lit.* 2. T./1, 6. Aufl. Münch. 1920, 461 u. 2. T./2, Münch. 1924, 931. Drei Themen für rhetorische μελέται mit pseudohistorischem Inhalt jetzt *Ox. Pap.* 24, 1957, nr. 2400.

ganze Gattungen, wie Enkomion oder Epithalamios, die einst der Dichtung gehörten, werden fester Besitz der Rhetorik.

Noch vor dem Beginne der Kaiserzeit, um die Mitte des ersten vorchristlichen Jahrhunderts, setzt die schon länger vorbereitete Reaktion gegen den Asianismus ein, die sich als Rückgriff auf die alten attischen Stilmuster darstellt[1]. In der Polemik Ciceros tritt uns dieser Attizismus ebenso entgegen wie bei Caecilius aus dem sizilischen Kalakte und Dionysios von Halikarnaß. Von dem reichen Schrifttum des Caecilius, das neben rhetorisch-technischen, exegetischen und lexikalischen Werken auch eine Darstellung des Sklavenkrieges umfaßte, besitzen wir nur Fragmente[2]. Sein Buch *Über die zehn Redner* (Περὶ τοῦ χαρακτῆρος τῶν δέκα ῥητόρων) hat den Kanon wohl erst geschaffen, in jedem Falle aber das Bild der Kaiserzeit weitgehend bestimmt. Der rigorose Feind des Asianismus (Κατὰ Φρυγῶν. Τίνι διαφέρει ὁ Ἀττικὸς ζῆλος τοῦ Ἀσιανοῦ) schätzte vor allem Lysias, für die Größe des platonischen Stiles hatte er kein Verständnis. Hier wirkt der Geist des schulmeisterlich-rigorosen Apollodoros von Pergamon[3] nach, der wahrscheinlich sein Lehrer – übrigens auch der des Augustus – gewesen ist. Ihm trat in der nächsten Generation Theodoros von Gadara, Lehrer des Tiberius, mit einer freieren Auffassung entgegen. Der Streit der beiden, in dem wieder einmal der Gegensatz zwischen Analogie und Anomalie wirksam wird, fand in ihren Jüngern eine sehr bemerkenswerte Fortsetzung. Caecilius schrieb *Über das Erhabene* (Περὶ ὕψους), das er als stilistischen Begriff verstand und rein technisch-deskriptiv behandelte. Ihm antwortete in einer Schrift gleichen Titels, die uns fragmentiert erhalten ist[4], um 40 n. Chr. ein Anonymus, der Schüler des Theodoros war. Für ihn ist das Erhabene nicht durch Regelwerk zu erreichen, sondern überall dort gegeben, wo sich große, dem Alltäglichen entzogene Gesinnung so auszusagen weiß, daß sie unsere Seelen ergreift. Das kann ebenso durch demosthenische Leidenschaft wie durch tragische Wucht oder platonisches Sehertum geschehen. Auf genauere

[1] Für das Verständnis dieser Kontroverse bleiben die Ausführungen von v. WILAMOWITZ, *Herm.* 35, 1900, 1 wichtig; Lit. E. RICHTSTEIG, *Bursians Jahresb.* 234, 1932, 1. A. BOULANGER, *Aelius Aristide.* Paris 1923, 66.

[2] E. OFENLOCH, Leipz. 1907.

[3] G. BALLAIRA, ‹La dottrina delle figure retoriche in Apollodoro di Pergamo›. *Quad. Urbin.* 5, 1968, 37.

[4] Nach einer durch die Überschrift Διονυσίου ἢ Λογγίνου veranlaßten falschen Zuteilung wird öfters vom Pseudo-Longinus gesprochen. O. JAHN-J. VAHLEN, Bonn 1910. Ed. ster. mit Bibliographie und Indices von H.-D. BLUME. Stuttgart 1967. A. O. PRICKARD, 2. ed. Oxf. 1947. H. LEBÈGUE, *Coll. des Un. de Fr.* 1965 (doppelspr.). D. A. RUSSELL, *On the Sublime.* Oxford 1964 (mit Komm. und Bibliographie). R. BRANDT, *Pseudo-Longinus, Vom Erhabenen.* Darmstadt 1966 (doppelspr.). Übers.: H. F. MÜLLER, Heidelb. 1911. R. v. SCHELIHA, Berl. 1938. D. A. RUSSELL, ‹*On Sublimity*›. Transl. with Introd. Oxford 1965 (S. XX eine Liste der Fälle, in denen R. seine Entscheidung änderte). Wortindex: R. ROBINSON, *Indices tres etc.* Oxf. 1772. D. ST. MARIN, *Bibliography of the ‹Essay on the Sublime›.* Leiden 1967. Einfluß der Anschauung Demokrits vom Enthusiasmus vermutet F. WEHRLI, *Phyllobolia für P. Von der Mühll.* Basel 1946, 11. 23. Zum Werk: J. W. H. ATKINS, *Literary Criticism in Antiquity.* 2 Bde. Lond. 1952 (zuerst Cambr. Un. Press 1934), 2. 210. G. M. A. GRUBE, ‹Notes on the Περὶ ὕψους›. *Am. Journ. Phil.* 78, 1957, 355. HANS SELB, *Probleme der Schrift* Περὶ ὕψους. *Untersuchungen zur Datierung und Lokalisierung der Schrift sowie textkr. Erl.* Diss. Heidelb. 1957 (maschinschr.). H.-D. BLUME, *Untersuchungen zu Sprache und Stil der Schrift* Περὶ ὕψους. Diss. Göttingen 1963 (masch.). W. BÜHLER, *Beiträge zur Erklärung der Schrift vom Erhabenen.* Göttingen 1964, der *Gnom.* 40, 1968, 240, das Problem des Schlusses diskutiert. G. LUCK, ‹Die Schrift vom Erhabenen und ihr Verfasser›. *Arctos* 5, 1967, 97.

Differenzierungen ist unser Autor nicht aus. Wenn ihm nicht kleine Wasserläufe, seien sie auch klar und nützlich, sondern gewaltige Ströme der Bewunderung wert erscheinen, hören wir den Preis des Genialen in seinen Riesenmaßen, hören aber auch die Entgegnung auf das kallimacheische Prinzip, das sich im gleichen Bilde in entgegengesetztem Sinne aussprach (s. S. 799).

Schwierigkeiten bereitet der Schluß der Schrift mit dem schwer verständlichen Übergang zu einer Erörterung der πάθη. Das Unvermittelte dieser Ankündigung legt eine Auskunft durch Umstellung oder Athetese nahe, ohne daß das Problem als gelöst gelten könnte.

Dieser Anonymus, den wir nur zu gerne mit Namen zu nennen wüßten, ist in seinem den Modernen unmittelbar ansprechenden Verständnis für die Werte großer Dichtung als genialer Einzelgänger seiner Zeit weit vorausgeeilt. Im Rückblick könnte er für uns die Umbruchstelle von antikem zu modernem Geist zu bezeichnen scheinen, in der Tat konnte seine Schrift jedoch einen solchen Wandel noch nicht herbeiführen. So stark auch seine Wirkung in der Neuzeit, wie etwa in der für Homer folgenreichen *Querelle des anciens et des modernes*, gewesen ist, in der Antike mußte er das Feld denen überlassen, deren Weg durch Kanon und Mimesis bestimmt war. Dionysios von Halikarnaß, der 30 v. Chr. nach Rom kam und dort zweiundzwanzig Jahre in enger Fühlung mit den politisch und geistig führenden Kreisen wirkte, war eher als Caecilius bereit, eine vermittelnde Stellung einzunehmen. So wenig er vom Asianismus wissen will, ist anderseits nicht Lysias, sondern Demosthenes sein gefeiertes Vorbild (Περὶ τῆς Δημοσθένους λέξεως. 1. *Brief an Ammaios. Brief an Pompeius Geminus*)[1]. Darin und in manchem anderen berührt er sich mit Cicero. Auch hat er Verständnis für die unmittelbare Wirkung großer Wortkunstwerke[2], aber im großen und ganzen ist er doch der Schrittmacher eines an die attischen Muster gebundenen Klassizismus geworden. Wo er von den Autoren der Vergangenheit spricht (Περὶ μιμήσεως. Περὶ τῶν ἀρχαίων ῥητόρων), sind sie ihm vorwiegend als Stilmuster bemerkenswert. Dabei freuen wir uns an manchem verständigen Urteil eigener oder fremder Herkunft, sehen ihn aber vor einer Erscheinung wie Thukydides (Περὶ τοῦ Θ. χαρακτῆρος. 2. *Brief an Ammaios*) in engen Grenzen befangen. Stilistische Unterweisung will auch seine bedeutendste Schrift (Περὶ συνθέσεως ὀνομάτων)[3] geben, die von den beiden Stilelementen, der Wortwahl (ἐκλογή) und der Fügung der Wörter (σύνθεσις), das zweite mit einer Fülle von Beispielen behandelt. Manche dieser Bemerkungen, vor allem solche zu Lautkombinationen, kann uns nachdenklich darüber stimmen, wieviel von den Wirkungen der antiken Kunstsprache uns nicht mehr zugänglich ist. Unterschoben wurde dem Dionysios eine *Rhetorische Technik*, ein inhaltlich buntes, aber nicht unbedeutendes Erzeugnis, das vielleicht in das 3. Jahrhundert n. Chr. gehört. Über Dionysios den «Historiker» später.

[1] Die Texte bei H. USENER-L. RADERMACHER, 2 Bde. Leipz. 1899. 1904 mit Index von L. BIELER, 1929. Ed. ster. Stuttgart 1965. Analyse bei ATKINS (s. vor. A.), 2, 104. G. PAVANO, *Dion. d'Alic. Saggio su Tucidice*. Palermo 1958 (Text, Übers., Komm.).

[2] Vgl. WEHRLI a. O. 16.

[3] Ausgabe mit Übers. u. Komm. W. RHYS ROBERTS, Lond. 1910; ders. *Three Literary Letters*. Cambr. 1901.

Der Attizismus ist zunächst als Reaktion gegen asianischen Schwulst zu verstehen, daß er diesem jedoch nichts anderes entgegenzusetzen hatte als eine Sprach- und Stilform, die vor Jahrhunderten der Ausdruck bedeutender Gehalte gewesen war, es damals aber nicht mehr sein konnte, ist ein Zeichen der Schwäche und Erstarrung. Hier setzte nicht eine Entwicklung ein, die alte Formen neuem Leben dienstbar machte, vielmehr schien die museale Pflege des Stiles nunmehr das Wesentliche.

Extremen Ausdruck hat der Attizismus in der lexikalischen Aufarbeitung des sanktionierten Sprachmaterials gefunden. Die Arbeit des Hellenismus und seine ganz anders motivierte Glossenjagd fanden hier eine eigenartige Fortsetzung. Zwei wichtige Strahlungszentren in diesem Gewirre waren die attizistischen Sammlungen des Aelius Dionysios von Halikarnaß und des aus Syrien stammenden Pausanias in hadrianischer Zeit[1]. Sie wurden von den späteren Attizisten ausgiebig benützt und haben ihrerseits aus Diogenianos von Herakleia geschöpft[2], der über Julius Vestinus auf den Aristarcheer Pamphilos von Alexandreia zurückgeht. Dieser hatte um die Mitte des 1. Jahrhunderts n. Chr. in einem Glossenlexikon von fünfundneunzig Büchern die lexikalische Tradition aufgearbeitet und weist derart über Didymos in die große Zeit alexandrinischer Wissenschaft zurück. Diogenianos ist eine der Hauptquellen des für uns sehr wertvollen Lexikons des Hesychios von Alexandreia (5. Jh.)[3]. Wir fügen hier einen Hinweis auf die byzantinische *Suda* (10. Jh.)[4], an, die für uns das letzte, vielfach fragwürdige und doch unentbehrliche Staubecken antiker Collectaneenliteratur darstellt.

Nur am Rande können in diesem Zusammenhange die byzantinischen Etymologica Erwähnung finden. Das wichtigste von ihnen ist das *Etymologicum Genuinum*, die Hauptquelle der späteren Etymologica: *Et. Gudianum*, *Et. Magnum*, *Et. Symeonis*, *Lexicon Vindobonense*. Ähnlich wie die Scholienmassen führen auch diese Kompilationen eine Fülle antiken Materials verschiedener Herkunft mit[5].

Von der attizistisch gerichteten Lexikographie, um auf diese zurückzukommen, haben wir aus der zweiten Hälfte des 2. Jahrhunderts n. Chr. etliches erhalten. Die Grenzen des sprachlich Zugelassenen schwanken. Am engsten ist Moiris in seinen Λέξεις Ἀττικαί[6]. Attizist strenger Observanz war auch Phrynichos, aus dessen beiden Werken (Ἀττικιστής, 2 B., und Σοφιστικὴ προπαρασκευή, 37 B., Commodus ge-

[1] Für beide die Fragmentsammlung von H. Erbse, *Untersuchungen zu den attiz. Lexika. Abh. d. Deutsch. Akad. Phil.-hist. Kl.* 1949/2. Berl. 1950. Das Werk bietet eine Fülle wichtiger Feststellungen für Herkunft und Tradition der attizistischen Glossen. Eine Fundgrube bleibt W. Schmid, *Atticismus* 1–4. Stuttg. 1887–96, wenngleich die notwendig unvollkommenen handschriftlichen Grundlagen zur Vorsicht mahnen.

[2] Erbse a. O. 36. K. Latte, ‹Glossographika. I: Ein vergessenes Diogenianexzerpt›. *Phil.* 80, 1925, 136= *Kl. Schr.* 631. Den III. Teil dieses Aufsatzes bildet der inhaltsreiche Abriß ‹Die hellenistische Glossographie›.

[3] Die Ausgabe von M. Schmidt, 4 Bde. Jena 1858–68 (ed. min. 1867) repr. Amsterdam 1965. K. Latte: I (A–Δ) Kopenhagen 1953; II (E–O) 1966.

[4] Die Deutung des Titels nach F. Dölger, *Der Titel des sog. Suidaslexikons. Sitzb. Bayer. Akad. Phil.-hist. Kl.* 1936/6. Ausgabe: A. Adler, 5 Bde. Leipz. 1928–38.

[5] Über die Editionslage dieser Literatur gibt K. Alpers, *Gnom.* 42, 1970, 120, in der Besprechung von H. Sell, *Das Etymologicum Symeonis* (α-αἰω). Meisenheim a. Glan 1968, Aufschluß.

[6] I. Bekker, Berl. 1833 mit Harpokration.

widmet) wir Auszüge besitzen[1]. Weniger orthodox in sprachlichen Dingen und wesentlich stärker an sachlichen Fragen interessiert war sein erfolgreicher Rivale in der Bewerbung um den Athener Lehrstuhl für Sophistik Julius Polydeukes (Pollux) aus Naukratis. Sein *Onomastikon*[2] ist uns im Auszug erhalten und für manches, um nur Bühne und Masken zu nennen, eine wertvolle Quelle. Das *Rednerlexikon* des Harpokration (Λέξεις τῶν δέκα ῥητόρων)[3] aus gleicher Zeit verwertet gute Quellen und bietet mit seiner Abstellung auf das Sachliche wichtiges Material für das attische Gerichtswesen.

Der Attizismus blieb nicht ohne Opposition. Ein anonymes Lexikon, der *Antiatticista*[4], erweitert bewußt den Kreis der gültigen Autoren und sprachlichen Erscheinungen. Lukian hat seinen Spott über ein hyperpuristisches Treiben gegossen, bei dem man sich mit Vorteil eine Handvoll altattischer Paradewörter aneignete, um mittun zu können (*Rhet. praec.* 16f.). Die letzte Steigerung solchen Strebens ist jener Κειτούκειτος (Athen. 1, 2e), dessen geistiges Sein sich in der Frage nach attischen Belegen (κεῖται ἢ οὐ κεῖται) erschöpfte.

Hat sich gegen einen Attizismus, der die Verbindung zur lebendigen Sprache (συνήθεια) abbrach, auch mancher Widerstand gezeigt, so wurde sein Einfluß doch entscheidend für die Erstarrung des sprachlichen und des geistigen Lebens in einem Klassizismus, auf dessen Boden neue Frucht nicht mehr gedeihen konnte. Daß jemand wie der Astrologe Vettius Valens seine Anleitung zum Sterndeuten (Ἀνθολογίαι, 9 B.)[5] ohne attizistische Färbung schrieb, blieb eine Ausnahme.

Für die Betrachtung der kaiserzeitlichen Rhetorik war die Darstellung des Attizismus eine unerläßliche Voraussetzung. Doch wäre es falsch, von seiner Alleinherrschaft reden und die Zweite Sophistik nur durch ihn charakterisieren zu wollen. Nicht minder einseitig ist es, diese Periode einfach als asianisch zu bezeichnen. Daß sich in ihr verschiedene Linien überkreuzen, hat lange Verwirrung erzeugt. Es bleibt NORDENS Verdienst, in seiner *Antiken Kunstprosa*[6] gezeigt zu haben, daß es sich nicht um ein Entweder-Oder handelt, sondern um einen durch die späte Antike fortgesetzten Antagonismus zwischen attizistischem Klassizismus und dem Erbe des nie ganz erloschenen Asianismus. Das betrifft in Theorie und Praxis des rhetorischen Stils vor allem die compositio verborum (σύνθεσις), während sich in der Wortwahl (ἐκλογή) der Attizismus breiteres Gelände sichern konnte. In jedem Falle erfordert der einzelne Autor, wie NORDEN dies zeigte, eine besondere Analyse der in ihm wirksamen Strömungen.

[1] Ἐκλογή aus Ἀττικιστής: W. G. RUTHERFORD, Lond. 1881. Auszug aus Σοφ. προπαρασκευή: J. v. BORRIES, Leipz. 1911.

[2] E. BETHE, 3 Bde. Leipz. 1900–37; ed. ster. Stuttgart 1967.

[3] W. DINDORF, 2 Bde. Oxf. 1853, vgl. S. 930 A. 6. Von Harpokration hängt ab das *Lexicon rhetoricum Cantabrigiense*, E. O. HOUTSMA, Lugd. Bat. 1870.

[4] In I. BEKKERS *Anecdota*, Berl. 1814/21, 78. K. LATTE, ‹Zur Zeitbestimmung des Antiatticista›. *Herm.* 50, 1915, 373 = Kl. Schr. 612, setzt ihn in die 2. Hälfte des 2. Jh.s als Zeitgenossen des Phrynichos. Die Untersuchung ist auch für den Attizismus wichtig.

[5] W. KROLL, Berl. 1908.

[6] 1. Bd., 4. Abdr. Berl. 1923. Dort 353, 1 Lit. zu der älteren Kontroverse.

Der Ausdruck ‹Zweite Sophistik› wird von Philostrat in seinen *Sophistenbiographien* verwendet. Im Grunde ist er irreführend, denn einmal trennt diesen Abschnitt wesensmäßig sehr viel von der alten Sophistik, zum andern aber handelt es sich nicht um das Einsetzen von Neuem, sondern um eine Entwicklung, die von Gorgias über Isokrates, den Peripatos und den Hellenismus in Aktion und Reaktion in die Kaiserzeit führt. Für Philostrat ist (1, 19) Niketes zur Zeit Neros der Erneuerer der Sophistik, der in seinem Schüler Skopelianos einen Fortsetzer fand. Niketes stammte aus Smyrna, sein Schüler, ein Klazomenier, lehrte in der Geburtsstadt seines Meisters; beide Redner stehen in asianischer Tradition. Zu einem Teile gilt dies auch für Polemon, mit dem wir bereits in die Zeit der hadrianischen Erneuerungsbestrebungen kommen. Im Auftrage des Kaisers durfte er 131 vor dem Olympieion zu Athen die Festrede zu dessen Einweihung halten. Wir besitzen von ihm zwei *Deklamationen*[1], in denen er zwei Väter von gefallenen Marathonkämpfern um die Ehre der Leichenrede streiten läßt. Besser gefällt er uns in seiner *Physiognomik*[2], die wir freilich nur durch eine arabische Übersetzung und die Paraphrase des Arztes Adamantios kennen. Von der älteren Gruppe dieser Sophisten ist noch Lollianus aus Ephesos[3] zu nennen, der neben seiner rednerischen Praxis eine *Techne* schrieb, in der er die Stasis-Lehre ausbaute.

Aus der frühen Neusophistik hervorgegangen ist ein Mann, dessen geistige Herkunft aus diesem Bereiche mit Bestrebungen anderer, besserer Art im Wechselspiele stand. Dion aus dem bithynischen Prusa (ca. 40–120)[4], mit Bezug auf die Bürgerrechtsverleihung (unter Nerva) Cocceianus, seit dem 3. Jahrhundert Chrysostomos zubenannt, begann seine an Wendungen reiche Laufbahn als Rhetor und schrieb gelegentlich gegen die Philosophen. Synesios hat uns in seinem *Lob der Kahlheit* eine Spielerei (παίγνιον) Dions, sein *Lob des Haupthaares* erhalten. Lobreden auf Papagei und Mücke sind verloren. Innere und äußere Einflüsse sollten dem Leben dieses Mannes eine andere Richtung geben. Musonius Rufus, der auch Epiktets Lehrer war und gegen den Dion in jungen Jahren geschrieben hatte (Πρὸς Μουσώνιον), gewann ihn für die Stoa, wobei besonders die dem Kynismus verwandten Elemente auf Dion wirkten. Im Jahre 82 traf ihn, wohl im Zusammenhange mit dem Sturze seines Gönners Flavius Sabinus, das Verbannungsurteil Domitians, das ihm Italien und seine bithynische Heimat verschloß. Bis zum Tode dieses Kaisers lebte er in dürftigen Verhältnissen auf der Wanderschaft, die ihn weite Wege, vor allem durch den Nordosten des Reiches, führte. Dem Leben des kynischen Bettelphilosophen entspricht die

[1] H. Hinck, Leipz. 1873.

[2] G. Hoffmann bei R. Förster, *Physiognomonici Graeci et Latini* 1, Leipz. 1893, 98; Förster ebda. 295.

[3] Über diese Stadt im Kulturleben der Zeit J. Keil, ‹Vertreter der zweiten Sophistik in Ephesos›. *Öst. Jahrh.* 40, 1953, 5. Dort lehrte Dionysios aus Milet, hat Favorinus von Arelate einen Teil seines Konkurrenzkampfes mit Polemon ausgetragen, erwarb Aelius Aristides Siegeskränze und hielt Hadrianos von Tyros längere Zeit Schule. Ein besonderer Wohltäter der Stadt war der Sophist T. Flavius Damianos.

[4] Ausgaben: J. v. Arnim, 2 Bde. Berl. 1893/96. G. de Budé, 2 Bde. Leipz. 1916/19. Mit engl. Übers.: J. W. Cohoon-H. L. Crosby, 5 Bde. *Loeb Class. Libr.* 1932–50. Grundlegend wie v. Arnims Ausgabe bleibt sein Buch: *Leben und Werk des Dio von Prusa.* Mit einer Einleitung: *Sophistik, Rhetorik, Philosophie in ihrem Kampfe um die Jugendbildung.* Berl. 1898; v. Arnims Ausgabe jetzt im Neudr. 1962. Übers.: W. Elliger, *Dio Chrysostomus. Sämtliche Reden.* Zürich 1967 (Bibl. d. Alten Welt).

Haltung seiner Reden in dieser Zeit. Unter Nerva und Trajan ist er wieder zu hohen Ehren gekommen, seiner ethischen Sendung aber blieb er treu. Den Preis des Sittlichen verband er mit dem eines Hellenentums, dessen Züge aus einer romantisch verklärten Vergangenheit stammten. So hielt er sich auch an attische Vorbilder, aber mit Maß, wie ihm überhaupt das, was er zu sagen hatte, wichtiger war als sprachliche Künstelei. Die Wendung seines Stiles zu Würde und Ernst, die mit seinem Weg zur Philosophie verbunden war, charakterisiert Synesios in einer wichtigen Partie seines *Dion*[1]. Wir lesen unter seinem Namen achtzig Reden, von denen jedoch die *Corinthiaca* und die zweite Deklamation *Über Tyche* seinem Schüler Favorinus von Arelate gehören[2]. Der mit Klangfiguren und Rhythmisierung prunkende Stil dieses Sophisten, der auch Ἀπομνημονεύματα und ein Sammelwerk (Παντοδαπὴ ἱστορία, 24 B.) schrieb, steht im Gegensatz zu der schlichteren Art Dions. Seit 1931 gibt uns auch ein vatikanischer Papyrus mit einem Fragment aus der Schrift *Über das Exil* (Περὶ φυγῆς; nr. 455 P.) eine Vorstellung von Favorins künstlicher, hier mit Zitaten überladener Schreibweise. Die echten Reden Dions sind bedeutende kulturhistorische Dokumente, vor allem die an Städte wie Rhodos, Alexandreia, Tarsos, Kelainai (31–35) gerichteten. Der *Euboïkos* (7) mit seinem Bilde wirtschaftlicher Not in Griechenland läßt sich hier anreihen, findet aber seine Leser vor allem um des Idylls der Jägerfamilie willen, deren schlichtes, in sich ruhendes Leben als Kontrastbild zu städtischer Unrast und Verderbnis gezeichnet wird[3]. Der *Troïkos* (11) gehört in die Reihe der Homerberichtigungen, wie sie das freie Spiel der Zeit mit dem Mythos liebte. Eine Darstellung des Troischen Krieges, die den Fall der Stadt leugnete, wird dem römischen Publikum willkommen gewesen sein. Die vier *Königsreden* (1–4) gehören in die philosophische Debatte um das Herrscherideal; das religiöse Fühlen Dions offenbart sich schön in der *Olympischen Rede* (12), die Beachtenswertes über die Bedeutung der Kunst für die Gottesvorstellung enthält. Am liebenswertesten ist er dort, wo er in der veredelten Form der Diatribe aus echter Überzeugung zu Maß und Selbstbeherrschung aufruft. Das letzte, was wir aus Dions Leben hören, betrifft einen Prozeß, den er gegen gehässige Ankläger 111/12 vor dem jüngeren Plinius als Statthalter Bithyniens zu führen hatte. Der Brief, den Plinius in dieser Angelegenheit an Trajan schrieb, ist erhalten (*ep.* 81), ebenso die Antwort des Kaisers, schöne Zeugnisse großer Gesinnung.

In der Blütezeit der neuen Sophistik, die mit den wirtschaftlich günstigen Verhältnissen des 2. Jahrhunderts zusammenfällt, begegnen wir zunächst der glänzenden Gestalt des Marathoniers Tiberius Claudius Atticus Herodes (101–177). Er, der Favo-

[1] Bei NORDEN (s. S. 931 A. 6), 355.

[2] Das ist bei der *Corinthiaca* sicher, von der NORDEN (s. S. 931 A. 6), 422, eine wichtige Analyse gibt. Für die Zuweisung der *Tyche-Rede* an Favorinus spricht manches. Der Unechtheit verdächtig ist auch die 30. Rede, der *Charidemos*; vgl. M. P. NILSSON, *Gesch. d. gr. Rel.* 2. Bd. 2. Aufl. Münch. 1961, 401, 2. E. MENSCHING, *Favorin von Arelate. Der erste Teil der Fragmente: Memorabilien und omnigena historia.* Berlin 1963 (Ausgabe mit Komm.). A. BARIGAZZI, *Favorino di Arelate. Opere. Introd., testo crit. e comm.* Firenze 1966.

[3] Das interessante und wohlgelungene Experiment einer Übersetzung der Prosa des *Euboïkos* in deutsche Hexameter machte H. HOMMEL, *Dion Chrys., Euböische Idylle.* Zürich 1959 (Lebendige Antike).

rinus und Polemon unter seine Lehrer zählte und neben Erfolgsrednern wie Aelius Aristides die kaiserlichen Prinzen Marcus und Lucius zu Schülern hatte, steht mitten in der Tradition einer Rhetorik, die sich bemühte, Verbindung mit der Philosophie zu halten. Dem Ruhme des Redners gesellt sich jener des Mäzens. Der reiche und angesehene Mann, der 143 in Rom das Konsulat bekleidete, hat sich in zahlreichen Orten Griechenlands, vor allem natürlich in Athen, wo sein Odeion in unseren Tagen Konzerten und Aufführungen den Rahmen bietet, durch seine Freigebigkeit glänzende Denkmäler errichtet. Der Attiker, der den Stil des Asianers Skopelianos «betrunken» nannte, wußte um die Bedeutung des Maßes, er hielt dieses auch als Attizist, hat aber doch dem archaisierenden Purismus zur Dominanz verholfen. Geschrieben hat er viel, Briefe, Diatriben und anderes; erhalten ist eine Rede Περὶ πολιτείας[1], deren Muster die Rede des Thrasymachos *Für die Larisäer* (s. S. 405) war. Der alte Stil ist so gut getroffen, daß man sie immer wieder ins 5. Jahrhundert setzen wollte[2].

Das 2. Jahrhundert ist die höchste Blütezeit jener Rhetoren, die LUDWIG RADERMACHER mit einem unübertrefflichen Ausdruck Konzertredner genannt hat. Ihre Ahnenreihe reicht auch insoferne bis auf Gorgias zurück, als sie in beiden von ihm gepflegten Formen glänzten, in der Improvisation wie in der sorgfältig vorbereiteten Deklamation. Der Kult, der mit diesen Männern getrieben wurde, läßt sich nur mit dem Starunwesen neuester Zeit vergleichen. Nicht als Improvisator, wohl aber als Meister der Kunstrede hat den höchsten Ruhm von diesen Leuten Aelius Aristides erlangt. Geboren wurde er 129[3] im mysischen Adrianutherai. In der Jugend bereiste er Ägypten, seine Vortragsreisen führten ihn dann weit durch die griechische Welt, aber auch nach Rom. Viel hat er sich in Smyrna aufgehalten, dessen Stolz er war. Gestorben ist er etwa 189. Aristides steht in der Nachfolge des Isokrates, denn auch er beanspruchte das Ganze der Bildung für sich und wollte in dieser Haltung sogar den Kampf mit Platon aufnehmen. Seine Rede *Über die Rhetorik* (45 D.) wendet sich vor allem gegen dessen *Gorgias* und will den Primat der Rhetorik sowie deren Charakter als Techne erweisen. Diese Angriffe wurden in neuplatonischen Kreisen ernst genommen; wir wissen aus der *Suda*, daß Porphyrios geantwortet hat. In der Rede *Über die Vier* (46 D.) tritt er Platons Abwertung des Miltiades, Kimon, Themistokles und Perikles entgegen. Dieselbe romantische Verklärung der attischen Vergangenheit trägt auch den *Panathenaïkos* (13 D.)[4]. Es versteht sich, daß dieser Mann überzeugter Attizist gewesen ist, wie seine *Monodie* (18 K.) auf das 178 vom Erdbeben

[1] Ausgabe: E. DRERUP, Paderborn 1908. U. ALBINI, *(Erode Attico)* Περὶ πολιτείας. *Introd., testo crit. e comm.* Firenze 1968, setzt die Rede in ausführlicher Argumentation gegen BELOCH und Genossen ins 2. Jh. n. Chr., spricht sie aber wegen ihrer geringen Qualität Herodes ab.

[2] So auch H. T. WADE-GERY, *Class. Quart.* 39, 1945, 19, mit Überblick über die Kontroverse.

[3] Seine Angabe der Geburtskonstellation (50, 58 K.) würde auch für 117 stimmen, doch ist das spätere Datum wahrscheinlicher.

[4] J. H. OLIVER, *The Civilizing Power. A Study of the Panath. Discourse.* Philadelphia *(Trans. Am. Phil. Soc.* 58, 1*)* 1968 (mit Text, Übers. u. Komm.). G. M. BROWNE–A. HENRICHS, ‹A papyrus of Aristides Panathenaikos (P. Mich. inv. 6651)›. *Ztschr. f. Pap.* 2, 1968, 171.

zerstörte Smyrna zeigt[1]. Für den Wiederaufbau der Stadt, der sein *Smyrnaïkos* (17 K.) gilt, hat er seinen ganzen Einfluß eingesetzt, wovon das Sendschreiben an die römischen Kaiser (19 K.) Zeugnis gibt.

Die hohe Formkunst kann uns nicht darüber täuschen, daß das gedankliche Material dieser Reden zumeist Traditionsgut ist; man könnte von einem Attizismus der Motive sprechen. Doch fehlen Beziehungen zur geschichtlichen Situation nicht völlig. Das gilt besonders von der *Rede auf Rom* (26 K.), die uns MICHAEL ROSTOVTZEFF[2] als beste Schilderung des Imperiums im 2. Jahrhundert verstehen lehrte. Rom erscheint da als die große Friedensbringerin in einem riesigen Verband von Stadtstaaten, der selbst eine Polis darstellt.

Die fünfundfünfzig Reden bieten ein buntes Bild. Neben Lobreden auf Städte stehen Deklamationen über Themen der klassischen Geschichte, Gelegenheitsreden und Sendschreiben. Wie der Redner allenthalben den Dichter ersetzen will, zeigen die *Götterreden* (37–46 K.), die den großen Reden vorangehen sollten, wie einst die «homerischen» Hymnen den Vorträgen der Rhapsoden[3]. Ein eigenes, mehr interessantes als anziehendes Kapitel bilden die sechs Reden *Von Heiligem* (Ἱεροὶ λόγοι; 47–52 K.)[4]. Aristides hat siebzehn Jahre lang an einer Krankheit gelitten, an der die Ärzte versagten, von der ihn aber nach langwierigen Kuren Asklepios heilte. Er fühlt sich als ein Auserlesener unter dem besonderen Schutze des Gottes, der ihn zu Pergamon gesund machte und ihm seinen ruhmreichen Weg sicherte. Diese Aufzeichnungen bedeuten uns als Zeugnis des persönlichen Verhältnisses viel, in dem ein Hochgebildeter des 2. Jahrhunderts zu einem Gotte stand, doch ist des Aristides Eitelkeit, seine Hypochondrie und eine an epidaurischen Wunderglauben grenzende Primitivität alles eher als erfreulich.

Ein aus zwei verschiedenen Teilen bestehendes rhetorisches Lehrbuch über die politische und die schlichte Rede wurde, wahrscheinlich erst spät, dem Aristides unterschoben.

Farbiger und interessanter als der formensichere Aristides ist Philostrat. Wenn wir aber sogleich fragen müssen: welcher?, so taucht damit ein äußerst schwieriges Problem auf. Die *Suda* führt uns in verwirrten Artikeln drei miteinander verwandte Philostrate vor, zu denen, wie sich zeigen wird, ein vierter kommt. Wenn wir da hören, daß der erste dieser Männer, Verfasser vieler Reden, unter Nero gelebt habe und Vater des zweiten Philostrat gewesen sei, der unter Septimius Severus in Rom wirkte, sehen wir uns sogleich in arger Verwirrung. Als dritten nennt die *Suda* einen Philostrat, der Großneffe und Schwiegersohn des zweiten gewesen sei. Bei allem Mißtrauen ist zuzugeben, daß diese Doppelverwandtschaft denkbar ist. Da jener

[1] Wichtig NORDEN (s. S. 931 A. 6), 420.

[2] *Gesellschaft und Wirtschaft im röm. Kaiserreich* 1, Leipz. 1929, 112. Monographie mit Text, Übers. u. Lit.: JAMES H. OLIVER, *Trans. of Am. Philos. Soc.* N. Ser. 43/4, 1953, 871–1003. J. BLEICKEN, ‹Der Preis des Aelius Aristides auf das römische Weltreich›. *Nachr. Ak. Göttingen* 1966/67, 225.

[3] W. UERSCHELS, *Der Dionysoshymnos des Ailios Aristeides*. Diss. Bonn 1962 (masch.).

[4] Eine ausgezeichnete Darstellung bei A.-J. FESTUGIÈRE, *Personal Religion among the Greeks*. Univ. of Calif. Press. Berkeley 1954, 85. C. A. BEHR, *Aelius Aristides and the Sacred Tales*. Amsterdam 1968.

Philostrat, von dem die späteren *Eikones* stammen, den Verfasser der früheren (nach unserer Auffassung war dies der zweite Philostrat) als seinen Großvater mütterlicherseits bezeichnet, haben wir noch mit einem vierten Träger dieses Namens zu rechnen.

Nun sind uns unter dem Namen Philostrat verschiedene Schriften erhalten, mit deren Verteilung auf die einzelnen Personen das literarhistorische Problem gegeben ist. Die Lösung, die einen hohen Grad Wahrscheinlichkeit (aber auch nicht mehr) erreicht, weist das Erhaltene mit zwei Ausnahmen dem zweiten Philostrat zu, während der erste völlig im Schatten bleibt. Dieser zweite Philostrat ist zwischen 160 und 170 geboren, hatte berühmte Rhetoren wie Damianos von Ephesos[1] und Antipatros von Hierapolis, den Erzieher Getas und Caracallas, zu Lehrern und kam unter Septimius nach Rom. Es war wohl sein Lehrer Antipatros, der ihn bei Hofe einführte, wo die Syrerin Julia Domna, die ehrgeizige Gattin des Septimius, Ton und Interessen bestimmte. Nach dem dramatischen Ende seiner Gönnerin und ihres Sohnes Caracalla im Jahre 217 ist Philostrat wahrscheinlich nach Athen zurückgegangen, um dort als Sophist zu wirken. Gestorben ist er nach der *Suda* unter Philippus Arabs (244–249).

Mit voller Sicherheit weisen wir diesem Philostrat die *Sophistenbiographien* (Βίοι σοφιστῶν, 2 B.) zu, von deren programmatischer Bedeutung schon gesprochen wurde. Das Werk beginnt mit den Begründern der altsophistischen Rhetorik, wobei Gorgias den gebührenden Platz erhält, und geht über die Begründer der neuen Richtung bis auf die Zeit des Autors.

Gleich sicher ist die Zuweisung der *Lebensbeschreibung des Apollonios von Tyana* (Τὰ ἐς τὸν Τυανέα Ἀπολλώνιον, 8 B.)[2]. Das monströse, aber interessante Werk, das zeitlich den Sophistenbiographien voranging, ist von den Interessen Julia Domnas und denen ihres Kreises bestimmt. Der historische Apollonios hat im 1. Jahrhundert n. Chr. gelebt und allerlei Neupythagoreisches, darunter ein Leben des Meisters, geschrieben. Unter den siebenundsiebzig erhaltenen Briefen kann Echtes sein[3]. Früh haben sich an die Gestalt Wundererzählungen geheftet, die Apollonios zu einem gewaltigen Zauberer machten. Philostrat aber sucht, ihn über einen Goëten niederer Ordnung zum neupythagoreischen Asketen und Wundermann, zum wahren θεῖος ἀνήρ zu steigern. Indem er mit solcher Aretalogie Motive des fabulosen Reiseromans verbindet, hat er Gelegenheit, Partien wie den indischen Aufenthalt des weisen Mannes orientalisierend zu tönen und so dem Geschmacke seiner hohen Gönnerin entgegenzukommen.

Nur mehr Wahrscheinlichkeit, freilich keine geringe, haben die übrigen Zuweisungen für sich. Da ist der *Heroïkos*, dieser seltsame, noch nicht genügend ausgewertete Dialog zwischen einem Weinbauern auf der thrakischen Chersones und einem phoinikischen Reisenden über Heroen der Landschaft. Berichtigungen Homers, die dabei abfallen, sind literarisches Spiel, keineswegs darf man aber die Verteidigung des

[1] Vgl. S. 932 A. 3.

[2] Neben der Analyse bei F. Solmsen, *RE* 20, 1941, 139, auch R. Helm, *Der ant. Roman*. 2. Aufl. Gött. 1956, 62. Zum Typus L. Bieler, Θεῖος ἀνήρ. 2 Bde. Wien 1935/36.

[3] Zu den Briefen v. Wilamowitz, *Herm.* 60, 1925, 307; jetzt *Kl. Schr.* 4, 394. Der Text in R. Hercher's *Epistolographi Gr.* 1873, 78.

Heroenglaubens als solches abtun[1]. Altem Traditionsgut durch die Wortkunst Gewicht zu geben ist auch Ziel des *Gymnastikos*, der uns um vieler Angaben über Agone, Sportarten und Methoden des Trainings willen wertvoll ist. Vielleicht das liebenswürdigste Werk unter dem Namen Philostrats sind die *Eikones* (2 B., daneben eine Teilung in vier), die Beschreibung einer Gemäldesammlung in Neapel, in der sich die Ekphrasis, eine stehende Übung der Rhetorenschule, zur Epideixis des Meisters steigert. Natürlich kommt es Philostrat vor allem darauf an, in kunstvollen Beziehungen, Deutungen und Pointen seinen Witz, seine σοφία, spielen zu lassen, aber – mag die Gemäldesammlung als solche bestanden haben oder nicht – die Beziehung auf wirkliche Bilder ist nicht zu bezweifeln[2]. Philostrats Prosa, die von attizistischem Purismus beeinflußt ist, sich aber spielerische Freiheit wahrt und in ihren besten Prägungen bei aller Ziererei auch Anmut erreicht, läßt sich an diesem Werk am besten studieren.

In die Lukianüberlieferung ist der kleine Dialog *Nero* geraten, in dem der Philosoph Musonius die Hybris des Tyrannen schildert. Schwierig zu beurteilen ist die in drei Fassungen überlieferte *Briefsammlung*, die erotische Spielereien und Briefe an verschiedene Adressaten enthält. Beachtung verdient der *73. Brief* mit der Verteidigung der Sophistik vor Julia Domna. Man wird so viel sagen dürfen, daß entscheidende Gründe gegen die Echtheit nicht vorgebracht wurden.

Dem dritten Philostrat, der 190/91 geboren wurde und es zu großem rednerischen Ruhme brachte, können wir nur das *Sendschreiben an Aspasios von Ravenna*, kaiserlichen Sekretär und Inhaber des römischen Lehrstuhles für Rhetorik, über den Briefstil zuweisen. Die bei KAYSER angeschlossene *Dialexis*, die den Gegensatz zwischen Nomos und Physis auszugleichen sucht, bleibt für uns anonym. Dem vierten Philostrat gehört eine jüngere Sammlung von *Eikones*, in der er seinen Großvater mühselig kopiert.

Die bewunderten Schaustellungen gefeierter Redekünstler, der endlose Streit zwischen den philosophischen Diadochenreichen, das stete Vordringen des Irrationalen als weltflüchtiger Mystizismus oder banaler Aberglaube, all das ist in der Antoninenzeit begleitet von dem Gelächter eines Mannes, dessen Weltsicht die Skepsis und dessen Beruf der Spott war. Samosata, in dem Lukian etwa 120 zur Welt kam, lag am oberen Euphrat und war der Hauptort von Kommagene; er selbst nennt sich gelegentlich Syrer, und es ist eine über das Biographische hinaus wichtige Feststellung, daß er in die griechische Welt von außen kam und ihre Sprache erst in der Schule lernte (*Bis accus.* 27). Ein Debüt als Bildhauerlehrling bei seinem Onkel hat, wie er im *Somnium* erzählt, seinen raschen und schmerzhaften Abschluß gefunden. Sein Weg führte dann in die Rhetorenschule, aber seine Ausbildung hat ihm mehr gegeben als die geschickte Handhabung rhetorischer Regeln. Ausgedehnte Lektüre machte ihm

[1] Zum *Heroikos* als Gegenschrift gegen Diktys Lit. bei W. KULLMANN, *Die Quellen der Ilias. Herm.* E 14, 1960, 104, 1.

[2] Zur umstrittenen Frage SOLMSEN a. O. 168. Ferner A. LESKY, ‹Bildwerk und Deutung bei Ph. und Homer›. *Herm.* 75, 1940, 38, wo der Widerspruch zwischen Deutungen Ph.s und einem offenbar vorhandenen Objekt ausgewertet wird; jetzt. *Ges. Schr.*, 11.

die Formenwelt der attischen Prosa zum festen Besitz und sicherte ihm eine intime Kenntnis der griechischen Dichtung von Homer bis zu den Alexandrinern. Nicht daß er in die Problematik großer Poesie eingedrungen wäre, was er beherrscht, ist die Motivik und sind die äußeren Umrisse. Zitate und lieber noch Anspielungen sind ihm in beliebiger Menge zur Hand. Am reichsten hat sich ihm die Vergangenheit in der Welt der Neuen Komödie erschlossen. Man hat hübsch gesagt, daß neben dem sprachlichen Attizismus Lukians ein sachlicher stehe, wobei solch antiquarische Haltung natürlich das Eindringen zeitgenössischer Elemente nicht ausschließt[1]. Im Sprachlichen haben Fleiß und Geschmack den Nichtgriechen zu einer staunenswerten Beherrschung des Attischen gebracht, das in der schlichten Gefälligkeit seines Stiles bei ihm zu einem gewissen Leben kommt. Er hatte das Recht, in *Lexiphanes* und *Pseudologista* rigorosen Hyperattizismus anzuprangern, denn eben in dem Maß, das er zu halten verstand, liegt die Wirkung seines Stiles mit begründet.

Lukian hat zunächst die Bahn des sophistischen Prunkredners mit großem Erfolg beschritten. Weite Reisen führten ihn durch große Teile der Oikumene über Kleinasien, Griechenland und Italien bis nach Gallien, wo er sich länger aufhielt. Etliche Zeugen dieser rednerischen Tätigkeit sind erhalten: Übungsreden, *Abdicatus, Phalaris, Tyrannicida.*, kunstvolle Beschreibungen (*De domo* mit der Ekphrasis eines Prunksaales, *Hippias* mit der eines Bades), der echt sophistische Preis der Fliege im *Muscae encomium* und jene Prolaliai, kleine rhetorische Aperitifs, die vor einer größeren Epideixis dargeboten wurden[2]; von ihnen gehören wahrscheinlich *De electro, Harmonides, Herodotus* und *Scytha* in diese Zeit, möglich ist dieser Ansatz auch für andere Prolaliai *(Bacchus, De dipsadibus, Zeuxis)*, doch zeigt der *Hercules*, der Lukians erneute sophistische Tätigkeit rechtfertigt, daß er derlei auch im Alter schrieb.

Dieser unruhige, zum Widerspruch stets bereite Geist konnte im sophistischen Betrieb keine dauernde Befriedigung finden. In seinem *Bis accusatus* (Δὶς κατηγορούμενος) hat er sich auf der Akropolis von Athen gegen die Rhetorik zu verteidigen, die er nach seiner Angabe (32) im Alter von etwa 40 Jahren verlassen hat. Seinen ganzen Spott hat er später in dem *Rhetorum praeceptor* (Ῥητόρων διδάσκαλος) über einen Betrieb gegossen, der frechen Kniffen den Erfolg sicherte. Das Wichtigtun in sprachlichen Dingen nimmt der *Pseudosophista* aufs Korn, der den früher genannten Schriften gegen den Hyperattizismus nahesteht.

In dem biographisch wichtigen *Bis accusatus* spricht er an der oben angeführten Stelle von Beziehungen zur Akademie oder zum Lykeion. Man hat daraus auf den Beginn einer philosophischen Periode geschlossen und für eine Entwicklung dieser Art besonders den *Nigrinos* auszuwerten versucht. Dieser schwierige Dialog schildert einen Besuch Lukians bei dem Platoniker Nigrinos in Rom. Der Bericht ist dialogisch umrahmt, vorangestellt ist ein Widmungsbrief an den Philosophen. Daß dessen Vor-

[1] Das zeigt DELZ (s. u.).

[2] K. MRAS, ‹Die προλαλιά bei den griech. Schriftstellern›. *Wien. Stud.* 64, 1949, 71, der diese Form bei Lukian, Apuleius, Dion von Prusa, Himerios und Chorikios bespricht und die formale Nähe der beiden zuerst genannten Autoren hervorhebt; vgl. dens. ‹Apuleius' Florida im Rahmen ähnlicher Lit.› *Anz. Österr. Akad. Phil.-hist. Kl.* 1949, 205.

trag verkürzt, der dialogische Rahmen später hinzugefügt worden sei, hat man vermutet, ohne es sichern zu können. Möglich ist dies hingegen für zweierlei: zunächst für die Tendenz, in der Rede des Nigrinos ein ideales Athen der eitlen Nichtigkeit Roms gegenüberzustellen[1], dann aber für die Tatsache, daß Nigrinos (kaum ein Deckname) auf Lukian Eindruck gemacht hat. Dieser genügte aber nicht, um ihn zum Philosophen zu machen, der er nie gewesen ist. Neuere Forschung[2] hat mit Recht das Bild eines Lukian, der durch tiefreichende Wandlungen gegangen wäre, aufgegeben. Natürlich hatte es der lebhafte, aber immer an der Oberfläche bleibende Mann auch mit Philosophie zu tun. Kyniker und Epikureer konnten seinem Skeptizismus manches bieten, andere wie die Stoiker stießen ihn ab, aber nirgendwo kam es zu einer echten Auseinandersetzung.

Viel weiter reichte die Wirkung der kynischen Popularphilosophie auf Lukian. Dialoge hatte er bereits, bevor Menipp sein Vorbild wurde, geschrieben, ja die Erfindung satirischer Gespräche, in denen Elemente der Sokratikerdialoge und der Komödie verwertet waren, hat er als seine besondere Leistung empfunden *(Prom. in verbis, Bis acc., Bacchus, Zeuxis)*. Dieser frühen Schicht dialogischer Schriftstellerei gehören die *Göttergespräche*, die Θεῶν διάλογοι, an; zu ihnen stellt sich der *Prometheus*, und in den *Gesprächen der Meeresgötter*, den Ἐνάλιοι διάλογοι, finden sie ihre Fortsetzung. Überall wird mit Motiven, wie die klassische Dichtung sie in Fülle lieferte, mit ironischer Naivität gespielt, ohne daß die destruktive Tendenz deutlich würde. Der Mythos bedeutet für Lukian ebensowenig Wirklichkeit wie für die hellenistischen Dichter. Im Stofflichen ist jedoch ein charakteristischer Unterschied festzustellen. Während die Hellenisten mit Vorliebe entlegene Lokalsagen aufstöberten, um mit ihnen ihr gelehrtes Spiel zu treiben, bleibt Lukian auf der breiten Straße des allgemein Bekannten. Reichlich von Komödienmotiven gespeist sind die *Hetärengespräche* (Ἑταιρικοὶ διάλογοι); auch der *Timon* mit seiner Geschichte vom wiedergewonnenen Reichtum und der Abwehr der Schmarotzer ist der Komödie stark verpflichtet, bereitet aber jene Dialoge vor, die Lukian unter dem Einflusse der popularphilosophischen Diatribe des Menippos von Gadara (s. S. 756) schrieb[3]. Hier hat der Skeptiker und Spötter, der Feind unkritisch hingenommener Tradition das ihm gemäße Instrument gefunden. Im *Bis acc.* (33) spricht der personifizierte Dialog selbst davon, wie die Prozeduren, die Lukian mit ihm vornahm, im Menippeischen ihre Vollendung gefunden hätten. In den Dialogen der Jahre 161 bis 165 zeigt es sich, um wieviel bissiger und beweglicher Lukian geworden ist.

Die schärfsten Pfeile verschießt sein Rationalismus gegen die Religion. Im *Ikaromenippos* fliegt der Kyniker in den Himmel, um über den Wirrwarr der Meinungen hinauszukommen, der *Juppiter confutatus* (Ζεὺς ἐλεγχόμενος) läßt uns den höchsten Gott in seiner fraglichen Stellung vor dem Schicksal sehen, der *Jupiter tragoedus* (Ζεὺς τραγῳδός) zeigt eine Götterversammlung in Erregung, weil in einer epikureisch-

[1] Das hat AUR. PERETTI, *Luciano, un intellettuale greco contro Roma*. Firenze 1946 stark in den Vordergrund gerückt. Dort S. 147 Lit., dazu CASTER, *Luc.* (s. u.), 374. A. QUACQUARELLI, *La retorica antica al bivio*. Rom 1956.
[2] Bes. CASTER, *Luc.* (s. u.). [3] HELMS u. genanntes Buch gibt das Einzelne.

stoischen Disputation ihre Nichtexistenz bewiesen werden soll, und im *Deorum concilium* (Θεῶν ἐκκλησία) klagt Momos über den Andrang neuer Götter. Ein gutes Stück später hat Lukian in den *Saturnalia* Spott dieser Art fortgesetzt. Wie sehr er bei all dem von literarischen Einflüssen abhängt, zeigt die Beobachtung, daß seine Angriffe nicht so sehr Erscheinungen seiner Zeit wie Astrologie, Dämonenglauben oder neuen Mystizismus treffen als vielmehr das traditionelle Bild der Religion, das die Dichtung bot.

Eine spezifisch kynische Wendung nimmt solche Literatur dort, wo im kecken Spiel mit dem Mythos die Einsicht in das Glück des Bedürfnislosen dem Wahn und der Verkehrtheit der Reichen gegenübergestellt wird. Dies ist die letzte Weisheit, die im *Menippos* (M. ἢ Νεκυομαντεία) die beziehungsvoll gewählte Titelfigur bei ihrer Unterweltsfahrt erfährt. *Kataplus, Charon, Totengespräche* (Νεκρικοὶ διάλογοι) und der *Gallus* (Ὄνειρος ἢ ἀλεκτρυών) bewegen sich auf derselben Bahn, im *Navigium* (Πλοῖον ἢ εὐχαί), das zeitlich etwas später anzusetzen ist, lacht Lukian über die Torheit menschlichen Wünschens. Der bittere Hohn, mit dem die Unterweltsbilder das Schicksal der Reichen und Mächtigen schildern, läßt uns die Stimmen der Darbenden und Unterdrückten vernehmen, die den Wohlstand der Zeit schufen, ohne an ihm Anteil zu haben.

Auch die Philosophie bekommt ihr Teil, so in dem bereits öfters genannten *Bis accusatus*, im *Convivium* (Συμπόσιον ἢ Λαπίθαι) mit seiner Philosophenprügelei, in der *Vitarum auctio* (Βίων πρᾶσις) mit der Versteigerung philosophischer Lebensformen. Ein Stückchen Palinodie enthält der *Piscator* (Ἁλιεὺς ἢ ἀναβιοῦντες), in dem sich Lukian vor der Philosophie auf der Akropolis verteidigt: nur den entarteten Epigonen der großen Philosophen gelte sein Angriff. In diesem Sinne sind auch die *Fugitivi* (Δραπέται) gehalten. Voll Bosheit hat Lukian im *Philopseudes*[1] just Philosophen zu Erzählern der abenteuerlichsten Gespenstergeschichten (darunter der vom Zauberlehrling) gemacht.

Von Dialogen ohne menippeischen Charakter schließen wir den *Toxaris* an, weil er gleich dem *Philopseudes* einen Kranz von Geschichten, hier durch das Freundschaftsmotiv vereinigt, darbietet. Unter diesen Dialogen führen etliche den Verfasser in der gräzisierten Form Lykinos ein. Der bedeutendste unter ihnen ist der *Hermotimos,* der zwar ohne wissenschaftliche Tiefe, aber doch mit größerem Ernste alle dogmatische Philosophie, voran die Stoa, im Zeichen des Skeptizismus ablehnt. In die alte Kerbe schlägt der *Eunuchos,* wenn Lykinos den Streit um den philosophischen Lehrstuhl Athens (anno 176) in all seiner Kläglichkeit schildert. Daß Lukian es kaum besser trieb, hat er uns in zwei Dialogen (Εἰκόνες. Ὑπὲρ τῶν εἰκόνων) voll Schmeichelei für Pantheia, die Geliebte des Kaisers Verus, bestätigt. Kulturgeschichtlich interessant ist von den Lykinos-Dialogen der wohl zu Unrecht gelegentlich athetierte *De saltatione* (Περὶ ὀρχήσεως).

Lukian, der in einem Briefe *De mercede conductis* (Περὶ τῶν ἐπὶ μισθῷ συνόντων) einen Timokles lebhaft vor einem abhängigen Hofmeisterleben gewarnt hatte, begab

[1] J. SCHWARTZ, *Phil. et De morte Peregrini.* Paris 1951 (mit Komm.).

sich im Alter selbst an die Krippe, als er in Ägypten ein auskömmliches Amt[1] annahm. Seine *Apologia* rechtfertigt diesen Schritt. In den späteren Abschnitt seiner Schriftstellerei fällt noch einiges von Bedeutung, wobei der Dialog vor der Briefform zurücktritt. In dieser ist die Schrift *De historia conscribenda* (Πῶς δεῖ ἱστορίαν συγγράφειν)[2] verfaßt, die sich gegen Historie wendet, wie sie zur Zeit des zweiten Partherkrieges ins Kraut schoß, und die im Sinne der hellenistischen Debatte Ziele und Grenzen der Gattung bestimmt. Begleitmusik dazu machen die zwei Bücher *Verae historiae* (Ἀληθῆ διηγήματα), die in amüsanter Weise die Phantastik der Abenteuerromane parodieren. Briefform haben zwei Schriften, in denen Lukian seinen Kampf gegen das Irrationale – nun aber mit Bezug auf seine Zeit – fortsetzt. *De morte Peregrini* (Περὶ τῆς Περεγρίνου τελευτῆς)[3] schildert die theatralische Selbstverbrennung des Schwärmers Peregrinus Proteus in Olympia (165 oder 167), der *Alexandros* (Ἀ. ἢ ψευδόμαντις)[4] Leben und Wirken des Schwindelpropheten und Kultgründers Alexandros von Abonuteichos, so recht das Gegenstück zur wundergläubigen *Apollonios-Biographie* des Philostrat. Die Schrift setzt Marc Aurels Tod (180) voraus, wie lange danach Lukian gestorben ist, wissen wir nicht.

Lukian hat viel gelesen und viel in der Rhetorenschule gelernt, das Übernommene zu Eigenem umzuformen war ihm nicht gegeben. Anderseits geht das Urteil Neuerer, die ihm Phantasie weitgehend absprechen möchten, doch ein Stück zu weit. Manches in Szenerie und Komposition der Schriften zeugt für den Autor. Wie sehr er freilich von Literatur abhängt, wurde bereits im Zusammenhange mit seiner Stellung zu Mythos und Religion betont.

Hierher gehört auch eine Beobachtung, die jene Sachwelt betrifft, in der Lukian die meisten seiner Schriften spielen läßt[5]. Er ist hier ebenso wie im Sprachlichen Attizist, aber es zeigt sich, daß sich seine Kenntnis der attischen Welt in einigen der Literatur entnommenen Einzelheiten erschöpft, ohne tiefer zu reichen. Wenn er Kaiserzeitliches dazwischen mengt, so ist die Frage kaum zu entscheiden, ob dies unbewußt geschieht oder ob hier ein ironisches Spiel getrieben wird. Auch in der Wiederholung von Wörtern und Wendungen verrät sich der Routinier, der von der Tradition lebt und mit dieser geschickt zu arbeiten versteht.

Als Attizisten eigener Art schieben wir hier Artemidoros aus Daldis in Lydien ein, von dem wir ein *Traumbuch* (Ὀνειροκριτικόν, 5 B.)[6] besitzen. Der Mann war wahr-

[1] Wahrscheinlich das eines Sekretärs a cognitionibus; vgl. CASTER, *Luc.* (s. u.), 369, 11.

[2] G. AVENARIUS, *Lukians Schrift zur Geschichtschreibung*. Diss. Frankf. 1954, veröff. Meisenheim a. Glan 1956, mit reicher Lit. H. HOMEYER, *Lucianus, Wie man Geschichte schreiben soll*. München 1965 (doppelspr. mit Komm.).

[3] S. S. 940 A. 1.

[4] M. CASTER, *Etudes sur Al. ou le faux prophète de L.* Paris 1938 (mit Text u. Übers.).

[5] Dazu Delz in der u. genannten Dissertation.

[6] R. HERCHER, Leipz. 1864; R. A. PACK, Leipzig 1963. Übers.: F. S. KRAUSS–M. KAISER, *Art. von Daldis Traumbuch*. Basel 1965. – Eine wertvolle Fragmentsammlung für antike Traumdeutung und ihre Autoren: D. DEL CORNO, *Graecorum de re onirocritica scriptorum reliquiae*. Testi e documenti 26, Milano 1969; ders., ‹Ricerche sull' Onirocritica Graeca›. *Ist. Lambardo: Rendiconti. Classe di Lettere* 96, 1962, 334, und Gnom. 37, 1965, 669.

scheinlich Stoiker; einem solchen war es erlaubt, den Traumglauben in ein System zu bringen und mit Beispielen zu belegen.

Der emsige Betrieb sophistischer Epideixis und nicht minder der für eine höhere Laufbahn obligate rhetorische Unterricht sind ohne ein reiches theoretisches Schrifttum nicht denkbar, von dessen Dichte uns die erhaltenen Nachrichten und Bücher Zeugnis geben[1]. Von dem Gegensatze zwischen Apollodoros von Pergamon und Theodoros von Gadara sowie seinem Weiterwirken in deren Schülern war im Anfangsteil dieses Abschnittes die Rede. Dort wurden auch die rhetorischen Schulübungen kurz zkizziert. Die älteste und zugleich wichtigste Sammlung solcher *Progymnasmata*, die wir besitzen, ist die des Aelius Theon von Alexandreia[2], dessen Ansatz im späteren 1. Jahrhundert n. Chr. der wahrscheinlichste ist. Sie hat weit in die byzantinische Zeit hinein gewirkt.

Der bedeutendste Autor auf dem Felde rhetorischer Theorie war in der Kaiserzeit Hermogenes von Tarsos[3]. Der um 160 Geborene glänzte zunächst als redebegabtes Wunderkind, wandte sich aber als Mann von dem modischen Betriebe ab, um sich als Theoretiker von Geist und Geschmack zu bewähren. Auch er schrieb *Progymnasmata*. Seine Hauptleistungen sind jedoch die Neugestaltung der Status-Lehre des Hermagoras (s. S. 884) in der Schrift Περὶ στάσεων und die systematische Behandlung der Formen und Mittel der Rede in den zwei Bänden seiner *Stillehre* (Περὶ ἰδεῶν). Diese beruht durchaus auf der Analyse der klassischen Muster, vor allem des Demosthenes, so daß man von einem rhetorischen Attizismus sprechen könnte. Daß Hermogenes auf den Schultern seiner Vorgänger steht, geht aus Übereinstimmungen mit der fälschlich dem Aristides zugeschriebenen *Rhetorischen Techne*[4] (s. S. 935) hervor, die Hermogenes vorausliegt, aber nicht einfach seine Quelle gewesen ist. Von dessen Schriften sind noch jene *Über das Finden des Stoffes* (Περὶ εὑρέσεως, 4 τόμοι) und *Über Mittel des kraftvollen Stiles* (Περὶ μεθόδου δεινότητος) zu nennen. Die in einem Teil der Überlieferung ihm zugesprochenen *Progymnasmata* hat man wohl mit Recht als unecht erklärt. Hermogenes setzte sich langsam durch, ist aber für die spätere Antike kanonisch geworden. Dem Libanios-Schüler Aphthonios von Antiocheia[5]

[1] R. VOLKMANN, *Die Rhetorik der Griechen und Römer*. 2. Aufl. Leipz. 1885 (3. Aufl. 1901) ist noch nicht ersetzt. Anderes S. 927 A. 1; vgl. auch S. 656 A. 2. Dazu G. A. KENNEDY, ‹The Earliest Rhetorical Handbooks›. *Am. Journ. Phil.* 80, 1959, 169. Bei KROLL, *RE S* 7, 1940, 1132, 42 eine lehrreiche Zusammenstellung der Anlässe für rednerische Epideixis.

[2] L. SPENGEL, *Rhet. gr.* 2. Leipz. 1854, 59. Die *Progymnasmata* des Theon wurden im frühen Mittelalter in Armenien gelesen. Ausgabe einer armenischen Übersetzung mit dem griech. Original von JA. A. MANANDJAN, Eriwan 1938. Mitteilungen über die Handschriften in *Wjestnik Matenadarana* 3. Eriwan, Ak. d. Wiss. d. Armen. SSR 1956, 451. ITALO LANA, *I ‹Progimnasmi› di Elio Teone 1. La storia del testo*. Torino 1959. Ein 2. Band soll der armenischen Übersetzung gewidmet sein, die alle in der griech. Überlieferung fehlenden Progymnasmata außer dem letzten bietet.

[3] H. RABE, *Rhet. gr.* 6. Leipz. 1913; vgl. KROLL (s. A. 1), 1127. 1135. W. MADYDA, ‹Über die Voraussetzungen der Hermogenischen Stillehre›. *Aus d. altertumswiss. Arbeit Volkspolens. D. Ak. d. Wiss. Berlin. Sekt. f. Altertumswiss.* 13, 1959, 44. D. HAGEDORN, *Zur Ideenlehre des Hermogenes*. Hypomn. 8. Göttingen 1964.

[4] W. SCHMID, *Rhet. gr.* 5. Leipz. 1926.

[5] H. RABE, *Rhet. gr.* 10. Leipz. 1926. Ders. *Jo. Sardianus, Commentarius in Aphth. progymn. Rhet. gr.* 15. Leipz. 1928.

gelang im 4. Jahrhundert in seinen *Progymnasmata* eine Neubearbeitung des von Hermogenes gegebenen Systems, die das Vorbild teilweise verdrängte und stark auf die Byzantiner wirkte. Die *Hermogenes-Kommentare*[1] bilden eine Literatur für sich, die von der Spätantike in die byzantinische Rhetorik reicht.

Das unglückliche 3. Jahrhundert ist auf dem Gebiete der Rhetorik noch recht fruchtbar gewesen, wenn hier von Fruchtbarkeit zu sprechen am Platze ist. Der Anonymus Seguerianus (Τέχνη τοῦ πολιτικοῦ λόγου)[2] ist für die Auseinandersetzung von Analogie und Anomalie innerhalb der Rhetorik wichtig. Die Traktate des Menandros aus Laodikeia (Περὶ ἐπιδεικτικῶν)[3] und die früher (S. 929) erwähnte pseudodionysische *Techne* geben Regeln für die verschiedenen Gattungen der Rede. Cassius Longinus, Philologe, Rhetor und philosophisch interessiert, romfeindlicher Berater Zenobias von Palmyra und Opfer ihres Sturzes, gewinnt als Persönlichkeit für uns etwas deutlichere Umrisse, erhalten sind außer einem Brief in des Porphyrios *Plotinbiographie* nur Fragmente aus seinem *Kommentar zum Metriker Hephaistion* und Teile seiner *Rhetorik*[4]. Ebenfalls dem 3. Jahrhundert gehört Apsines von Gadara mit seiner *Techne*[5] an, die in Überarbeitung erhalten ist.

Aelius Aristides.

Die Überlieferung scheint auf alte Editionen in Gruppen zu führen. Zur besten Handschrift, dem Laurentianus 60, 3 (geschrieben 917) fand B. KEIL 1887 die 1. Hälfte im Parisinus 2951. Ausgaben: W. DINDORF, 3 Bde. Leipz. 1829 (im 3. Bd. Scholien); nur teilweise ersetzt durch B. KEIL, 2. Bd. Berl. 1898; Neudruck 1958 (17–53 in neuer Bezifferung). Die unechten Rhetorika: W. SCHMID, Leipz. 1926. F. W. LENZ, *The Aristeides Prolegomena*. Leiden 1959; ders. *Aristeidesstudien*. D. Ak. d. W. Berlin 1964. Eine Reihe von Traktaten über Leben und Werk des Redners, die bislang kaum beachtet waren. – Darstellungen: A. BOULANGER, *Ael. Ar. et la sophistique dans la province d'Asie au IIe siècle de notre ère*. Paris 1923. U. v. WILAMOWITZ, ‹Der Rhetor Ar.›. *Sitzb. Berl. Ak. Phil.-hist. Kl.* 30, 1925, 333. C. A. DE LEEUW, *Ael. Ar. als bron voor de kennis van zijn tijd*. Amsterd. 1939.

Die Philostrate.

Die Überlieferung, die von Werk zu Werk wechselt, in den Ausgaben von K. L. KAYSER, 2 Bde. Zürich 1844/53, dann Leipz. 1870/71; ed. ster. Hildesheim 1964. Sonderausgaben: *Gymn.:* J. JÜTHNER, Leipz. 1909 (mit Komm. u. Wortindex); Nachdr. Amsterdam 1969. V. NOCCELLI, *La ginnastica*. Trad. e comm. Napoli 1955. F. FETZ und L. FETZ, *Gymnastik bei Philostratos und Galen*. Studientexte zur Leibeserziehung. Frankfurt a.M. 1969. *Eikones:* Seminariorum Vindob. sodales, Leipz. 1893 (mit wichtigen Indices). Die jüngeren *Eikones:* C. SCHENKEL u. E. REISCH, Leipz. 1902 (angeschlossen die 14 Statuenbeschreibungen des Kallistratos aus dem 4. Jh. n.Chr.). In der *Loeb. Class. Libr.* (mit engl. Übers.): *Vit. Ap.:* F. C.

[1] Für die Texte bleibt man noch zu einem großen Teil auf die *Rhetores gr.* von CHR. WALZ, 9 Bde. Stuttg. 1832–36 angewiesen, den Syrian hat H. RABE, Leipz. 1892/93 herausgegeben. Übersichten bei CHRIST-SCHMID, *Gesch. d. gr. Lit.* 2. T./2, 6. Aufl. Münch. 1924, 935, und KROLL (s. S. 942 A. 1), 1137.

[2] Text bei L. SPENGEL–C. HAMMER, *Rhet. gr.* 1. Leipz. 1894, 352.

[3] L. SPENGEL, *Rhet. gr.* 3. Leipz. 1856, 331. Welcher der beiden Traktate Menander gehört, ist jedoch nicht sicher. C. BURSIAN, *Der Rhetor Menander und seine Schriften. Abh. Bayer. Ak. I. Cl.* 16/3, 1882 (mit Text), weist die Διαιρέσεις τῶν ἐπιδεικτικῶν dem Menander, den Traktat Περὶ ἐπιδεικτικῶν einem Anonymus zu.

[4] L. SPENGEL–C. HAMMER, *Rhet. gr.* 1. Leipz. 1894, 179.

[5] L. SPENGEL–C. HAMMER a. O. 217; vgl. KROLL (s. S. 942 A. 1), 1123.

Conybeare, 2 Bde., 1912/17. *Vit. Soph.* (mit Eunapios): W. C. Wright, 1922; repr. 1952. Die älteren und jüngeren *Eikones* (mit Kallistratos): A. Fairbanks, 1931. O. Schönberger, *Philostratos. Die Bilder.* Nach Vorarbeiten von E. Kalinka. München 1968 (Tusculum; doppelspr.). Die *Briefe* (mit Alkiphron und Aelian): A. R. Benner and F. H. Fobes, 1949. – Die beste Monographie stellt der Artikel von F. Solmsen, *RE* 20, 1941, 124, dar. Zur Sprache W. Schmid, s. S. 930 A. 1.

Lukian.

Wir ergänzen zunächst die voraufgehende Darstellung durch die in ihr nicht genannten Schriften: *Adversus indoctum. Anacharsis. De calumnia. Demonax. Dissertatio cum Hesiodo. Iudicium vocalium. Pro lapsu inter salutandum. De luctu. De sacrificiis.*

In die Überlieferung ist viel Unechtes gekommen, worunter zwei Werke besonderes Interesse beanspruchen. *De Syria dea* behandelt in ionischem Dialekt und im Tone Herodots den Kult der Atargatis im syrischen Hierapolis. Wer nicht um jeden Preis zwischen den Zeilen Parodie und Ironie finden will, wie dies zum Teil Bompaire (s. u.) wieder tut, wird die religionsgeschichtlich wichtige Schrift Lukian absprechen, wie dies neuerdings J. Delz, *Gnom.* 32, 1960, 761, für notwendig hält. Das gilt trotz verschiedenen Rettungsversuchen auch für den *Lucius* (Λούκιος ἢ ὄνος) aus sprachlichen Gründen. Die amüsante Geschichte von der Eselsmetamorphose eines vorwitzigen jungen Mannes ist ein Auszug aus den verlorenen *Metamorphosen* des Lukios von Patrai, nach denen Apuleius seinen Eselsroman gearbeitet hat. Über das Verhältnis der Fassungen A. Lesky, ‹Apuleius von Madaura und Lukios von Patrai›. *Herm.* 76, 1941, 43, mit Überblick über die Forschung; Q. Cataudella, *La novella Greca.* Napoli o.J., 152. Weitere unechte Schriften, wobei wir Helm folgen: *Amores. De astrologia. Charidemus. Cynicus. Demosthenis encomium. Halcyon. Longaevi. Nero* (s. zu Philostrat). *Ocypus. De parasito. Patriae encomium* (Athetese unsicher). *Philopatris. Tragoedopodagra.* Bezweifelt werden auch die *Epigramme.* – Für die Überlieferung hat das Entscheidende K. Mras geleistet: *Die Überlieferung Lukians. Sitzb. Akad. Wien. Phil.-hist. Kl.* 167/7, 1911. Er führt unsere Tradition auf eine antike Gesamtausgabe und eine Auswahl der beliebtesten Schriften zurück. – Eine gute Bibliographie bei H. D. Betz, *Lukian von Samosata und das Neue Testament. Religionsgeschichtliche und paränetische Parallelen.* Berlin 1961, mit *supplément* von J. Schwartz in der u. genannten *Biographie de Lucien.* Ausgaben: Vollständig nur C. Jacobitz, 4 Bde. (mit Wortindex), Leipz. 1836–41, ed. min. 1871–74. Unvollständig blieben die Ausgaben von F. Fritzsche, 3 Bde. Rostock 1860 bis 1882, und J. Sommerbrodt, 3 Bde. Berl. 1886–99. In den Anfängen blieb F. N. Nilén stecken: Fasc. 1/2, Leipz. 1906/23. Sonderausgaben in den Anm., dazu K. Mras, *Dial. mer.* Berl. 1930. Ders., *Die Hauptwerke des L. griechisch und deutsch.* Münch. 1954 (mit textkrit. Noten; S. 539 kurze Textgeschichte und Handschriftenübersicht). In der *Loeb. Class. Libr.:* A. M. Harmon, 8 Bde. 1913ff.; Neudrucke bis 1967 (mit engl. Übers.). E. Steindl, *Lucianus, Scytharum colloquia.* Leipzig 1970. – *Lukian. Parodien und Burlesken. Auf Grund der Wielandschen Übertragung* von E. Ermatinger u. K. Hönn. Zürich 1948 *(Bibl. d. Alten Welt). Lukian, Der wahrhaftige Lügenfreund und andere fragwürdige Geschichten von Toten, Göttern und Tyrannen.* Übers. von Wieland, bearb. von H. Floerke, hrsg. von J. Werner. Berlin 1963. Kl. Bartels, *Der Ikaromenippos.* Zürich 1967 (Lebendige Antike). – Scholien: H. Rabe, Leipz. 1906. – Wichtig bleibt R. Helm, *L. und Menipp.* Leipz. 1906. Von ihm auch der *RE*-Artikel 13, 1927, 1725. Wertvoll ist M. Caster, *L. et la pensée religieuse de son temps.* Paris 1936. Aur. Peretti, *Luciano. Un intelletuale Greco contro Roma.* Firenze 1946. Nützlich J. Delz, *L.s Kenntnis der athenischen Antiquitäten.* Diss. Basel 1950. J. Bompaire, *Lucien écrivain. Imitation et création.* Bibl. Ec. Franc. d'Ath. et de Rome. 190. 1958. J. Schwartz, ‹La «conversion» de Lucien de Samosate›. *L'Ant. Class.* 33, 1964, 384; ders., *Biographie de Lucien de Samosate.* Bruxelles 1965 *(Coll. Latomus 83).* A. Benegiamo, *Luciano letterato, satirista, construttore.* Galatina 1967. – C. C. Reitz, *Index verborum ac phrasium Luciani.* Utrecht 1746; Nachdr. bei Hakkert, Amsterdam. – Nachleben: A. v. Coll, *Luciano de Samosata en España (1500–1700).* La Laguna 1959.

Lit. zur 2. Sophistik: K.L. GERTH in *Bursians Jahrb.* 272, 1942, 72–252 (für 1931–1938); ders. *RE S* 8, 1956, 719. – H. VAN THIEL, *Der Eselsroman I. Untersuchungen.* Zet. 54/I. München 1971. *Lukian, Götter, Tote und Hetären.* Übers. von WIELAND, herausg. von J. WERNER. Leipzig 1970 (Reclam).

3. GESCHICHTSCHREIBER UND PERIEGETEN

Wir trennen in unserer Darstellung Dionysios von Halikarnaß durch eine kräftige Cäsur von Diodor, obwohl die beiden ungefähre Zeitgenossen und als Historiker, soweit man sie so nennen will, Kompilatoren sind. Aber während es Diodoros vor allem um die Sammlung des Stoffes zu tun ist, den er ohne große stilistische Ansprüche verarbeitet, will der Stilkritiker und Schrittmacher des Attizismus auch im Geschichtswerk sein Programm verwirklichen. Als er seine *Römische Urgeschichte* (Ῥωμαϊκὴ ἀρχαιολογία)[1] verfaßte und 7 v.Chr. veröffentlichte, hat er sich kaum Gedanken darüber gemacht, welch schwieriges Unternehmen es war, Polybios durch eine Darstellung von Roms Frühzeit bis 264 v.Chr. nach oben zu ergänzen. Dort, wo wir noch heute vielfach im Dunkel tappen, hat er sich bedenkenlos den römischen Annalisten anvertraut[2]. Historische Kritik lag ihm fern, in distanzloser Verehrung römischer virtus errichtete er dieser ein Denkmal, das auch seine vielfach so anders denkenden Landsleute sehen sollten. Natürlich wirkt sich die rhetorische Gestaltung vor allem in vielen und langen Reden aus. Gelegentliche Versuche zur Dramatisierung verraten hellenistische Tradition. Die Sprache, die reichliche Anleihen bei den alten Historikern und Rednern macht, strebt einem attisch gefärbten Klassizismus zu[3]. Erhalten sind uns von den zwanzig Büchern die ersten zehn ganz und das elfte lückenhaft, während wir für den Rest auf das Exzerptenwerk des Konstantinos Porphyrogennetos und eine Mailänder Epitome[4] angewiesen bleiben.

Mehr als anderthalb Jahrhunderte später hat sich wieder ein Grieche an die Darstellung römischer Geschichte, nun aber der gesamten, gemacht. Appian aus Alexandreia war unter Hadrian in Rom als Advokat tätig, hatte dort Fronto, den Vorkämpfer des lateinischen Archaismus, zum Freunde und wurde, wahrscheinlich in Ägypten, Prokurator. Seine *Römische Geschichte* (Ῥωμαϊκά)[5] schrieb er im Alter, um 160 mag sie vollendet gewesen sein[6]. Von Dionysios scheidet ihn mancherlei: der

[1] C. JACOBY, 5 Bde. Leipz. 1885–1925. Mit engl. Übers. E. CARY, 7 Bde. *Loeb Class. Libr.* 1937–50. Die Fragmente aus einer Vorarbeit Περὶ χρόνων F Gr Hist 251.

[2] Wichtig bleibt E. SCHWARTZ *RE* 5, 1903; 934; jetzt *Griech. Geschichtschreiber.* Leipz. 1957, 319. E. GAIDA, *Die Schlachtschilderungen in den Ant. Rom. des D. v. H.* Breslau 1934. A. KLOTZ, ‹Zu den Quellen der Arch. des D. v. H.›. *Rhein. Mus.* 87, 1938, 32; ders., *Livius und seine Vorgänger* III. Leipz. 1941.

[3] S. EK, *Herodotismen in der Arch. des D. v. H.* Lund 1942; ders. ‹Eine Stiltendenz in der röm. Arch. des D. v. H.›. *Eranos* 43, 1945, 198.

[4] Ambros. Q 13 sup. ANGELO MAI, *Romanarum antiquitatum pars hactenus desiderata.* Milano 1816.

[5] Teubnerausgabe: I. P. VIERECK-A. G. ROOS, 1939. II. L. MENDELSSOHN-P. VIERECK, 1905. Ein Papyrus nr. 113 P. Mit engl. Übers. H. WHITE, 4 Bde. *Loeb Class. Libr.* 1912/13; Neudruck bis 1955. E. GABBA, *App. bellorum civilium l. 1. Bibl. di studi sup.* 37. Firenze 1958 (mit Übers. u. Komm.). P. J. CUFF, ‹Prolegomena to a critical edition of Appian›. *Historia* 16, 1967, 177.

[6] Im Prooemium bezeichnet sich Appian als Prokurator der Kaiser Marc Aurel und Verus, womit die Jahre 161–169 bezeichnet sind.

Stil seiner dichten Darstellung ist wesentlich anspruchsloser, für das Inhaltliche aber darf er, wenn auch nicht eigene Auffassung und kritische Durchdringung, so doch selbständige und nicht übel erdachte Anordnung in Anspruch nehmen. Von den vierundzwanzig Büchern, die Photios noch kannte, behandelten die ersten drei die Frühgeschichte: 1. Königszeit, 2. Ἰταλική, 3. Σαυνιτική. Es folgte dann die gesonderte Behandlung der einzelnen Völker und Länder, wie sie sich im Laufe der Geschichte mit Rom auseinandergsetzt hatten: 4. Κελτική, 5. Σικελικὴ καὶ νησιωτική, 6. Ἰβηρική, 7. Ἀννιβαϊκή, 8. Λιβυκή, 9. Μακεδονικὴ καὶ Ἰλλυρική, 10. Ἑλληνικὴ καὶ Ἰωνική, 11. Συριακή[1], 12. Μιθριδάτειος. Hier schieben sich fünf Bücher über die Bürgerkriege ein (13–17 Ἐμφυλίων), die ein eigenes Prooimion haben, daran schloß sich die Behandlung Ägyptens (18–21 Αἰγυπτιακῶν) und, bis zur Zeit des Autors führend, 22. Ἑκατονταετία, 23. Δακική, 24. Ἀράβιος.

Ganz erhalten sind uns die Bücher 6–8, der 2. Teil von 9 und 11–17, darunter also alle fünf Bücher über die Bürgerkriege. Dazu kommt die Einleitung zu Buch 4, ein Stück über Makedonien aus 9 und verschiedene Fragmente. Besonders schwierig sind die Quellenfragen[2]. Der Wunsch, bestimmte Namen anzuführen, hat zu unsicheren Hypothesen verlockt. So viel hat sich in jedem Falle gezeigt, daß sich Appian in den verschiedenen Teilen seines Werkes nicht einer einzigen Quelle verschrieb. Man wird ihn nicht zu den bedeutenden Historikern rechnen, doch scheint seine Arbeitsweise weniger primitiv gewesen zu sein, als man zu Zeiten glaubte.

Auch in dieser Zeit mit ihrem rückwärts gewandten Blick und der Enge ihres sprachlichen Purismus konnte Achtbares entstehen, wenn sich tüchtige Gesinnung und sauberes Denken von Stiltendenzen nicht beirren ließen. Flavius Arrianus aus Nikomedeia in Bithynien[3] (etwa 95–175) suchte sich gleich anderen sein Vorbild in einer Vergangenheit, die ein halbes Jahrtausend zurücklag. Ein neuer Xenophon wollte er sein, wie er selbst zu verschiedenen Malen betont[4]. Gleich seinem Vorbilde hat er sich in jungen Jahren der Philosophie genähert, als er in Nikopolis den Epiktet hörte. Was wir von dessen Lehre wissen, verdanken wir diesem Umstande[5]. Als nach

[1] Die in den Handschriften hier angehängte Παρθική ist ein byzantinischer Zusatz, dadurch veranlaßt, daß Appian selbst (11, 51. 14, 18. 17, 65) eine parthische Geschichte in Aussicht stellte.

[2] Wichtig bleibt E. Schwartz, *RE* 2, 1895, 216 = *Griech. Geschichtschreiber*, Leipz. 1957, 361, der durchaus römische Quellen annahm, aber vor zu rascher Benennung warnte. Neuere Arbeiten in *Fifty Years of Class. Scholarship*, Oxf. 1954, 2. ed. 1968. P. Meloni, *Il valore storico e le fonti di libro maced. di A. Ann. fac. lett. Cagliari* 23. Rom 1955. E. Gabba, *A. e la storia delle guerre civ.* Firenze 1956. Gegen die zu hohe Einschätzung des Asinius Pollio als Quelle für diesen Abschnitt M. Gelzer, *Gnom.* 30, 1958, 216.

[3] A. G. Roos, *Flavii Arriani quae exstant omnia.* 2 Bde. Leipz. 1907/28 (ohne Epiktet, dessen Ausgaben s. unter Lit. zur Philosophie). Doppelsprachig: P. Chantraine, *L'Inde.* 2e ed. *Coll. des Un. de Fr.* 1952. E. Iliff Robson, *Anab. and Ind.* 2 Bde. *Loeb Class. Libr.* 1929/33. F Gr Hist 156. – Pap. Soc. It. 12, nr. 1284 hat K. Latte, *Nachr. Akad. Gött. Phil.-hist. Kl.* 1950, 23 = *Kl. Schr.* 595, als Bruchstück aus Τὰ μετ' Ἀλέξανδρον erwiesen. Die beste Darstellung gibt der *RE*-Artikel von E. Schwartz 2, 1895, 1230 = *Griech. Geschichtschreiber*, Leipz. 1957, 130. H. Montgomery, *Gedanke und Tat. Zur Erzählungstechnik bei Herodot, Thukydides, Xenophon und Arrian.* Lund 1965.

[4] *Peripl.* 1, 1. 12, 5. 25, 1. *Takt.* 29, 8. *Kyneg.* 1, 4.

[5] Th. W. Wirth, ‹Arrians Erinnerungen an Epiktet›. *Mus. Helv.* 24, 1967, 149 u. 197.

Epiktets Tode Unbefugte die Aufzeichnungen herausgaben, die Arrian in seiner stoischen Lehrzeit gemacht hatte, entschloß er sich selbst zu deren Veröffentlichung. Von den acht Büchern *Diatriben* sind vier erhalten, dazu das *Encheiridion*, die einem Messalinus gewidmete Zusammenfassung der Ethik Epiktets. Photios berichtet von 12 Büchern *Homilien*, was sich vielleicht so verstehen läßt, daß zu den 8 Büchern *Diatriben* noch 4 Bücher *Apomnemoneumata* kamen und mit ihnen ein Corpus von 12 Büchern bildeten. In dem Erhaltenen ist Epiktets dem Alltag entstammende Ausdrucksweise bewahrt, wir haben es mit wertvoller Tradition, nicht aber mit einer schriftstellerischen Leistung Arrians zu tun.

Der Bithynier aus vornehmem Hause, von seiner Vaterstadt mit dem lebenslänglichen Priestertum der Demeter und der Kore begabt, trat unter dem großen Griechenfreund auf dem Kaiserthron in eine glänzende Laufbahn ein. Er stieg bis zur Würde des Consul suffectus auf und hat als Legatus Augusti pro praetore die Provinz Kappadokien verwaltet. Er wird das Amt um 130 übernommen haben und ist noch 137 inschriftlich in dieser Stellung bezeugt. In kaiserlichen Diensten ist er weit herumgekommen, hat auch Noricum und Pannonien kennengelernt und sah sich vor so ernste Aufgaben gestellt, wie seine Provinz vor den Alanen zu schützen. Mit seiner Tätigkeit hängt das früheste uns kenntliche Werk, der *Periplus Ponti Euxini*[1], zusammen, den er 130/31 dem Kaiser Hadrian widmete. Hier arbeitete er einen Bericht über eine dienstliche Fahrt von Trapezunt nach Dioskurias im Ostwinkel des Pontos, den er vorher von Amts wegen lateinisch erstattet hatte, mit zwei Partien zusammen, die seine Reisestrecke zu einer vollen Umfahrt um das Schwarze Meer ergänzten. Seine Quelle war Menippos von Pergamon. Ebenfalls während seiner Statthalterschaft im Jahre 136 hat er seine *Taktik* (Τέχνη τακτική) veröffentlicht. Auch hier fand die Analyse Material aus einem amtlichen Bericht über Infanteriemanöver mit literarischer Tradition zusammengestellt, die in Aelians *Taktik* vorliegt und auf Asklepiodotos (s. S. 866 A. 3) zurückgeht. Wahrscheinlich gehört in den Kreis dieser Schriften auch die *Alanike*, hatte Arrian doch als Statthalter die Provinz vor einem Angriff der Alanen zu sichern. Der Florentiner Taktikercodex (Laur. 55, 4) hat daraus ein Stück (Ἔκταξις κατ' Ἀλανῶν) erhalten.

Noch vor Hadrians Tod (138) schied Arrian von Kappadokien. In der folgenden Zeit treffen wir ihn in völlig veränderten Lebensumständen in Athen. Dort erwarb er im Demos Paiania das Bürgerrecht, war 147/48 Archon Eponymos und später Prytane der Pandionis[2]. Wie weit bei diesem Wechsel eigener Wille, wie weit politische Verhältnisse im Spiele waren, wissen wir nicht. Deutlich aber ist zu erkennen, daß Athen, das alte, museal gewordene Kulturzentrum für Arrian in gewissem Sinne eine Erfüllung bedeutete: dort konnte er sich mit ganzer Kraft schriftstellerischer

[1] Vgl. R. Güngerich, *Die Küstenbeschr. i. d. griech. Lit.* Münster 1950, 19. Ein anderer *Periplus Ponti Euxini* (*Geogr. Gr. min.* 1, 402) ist eine späte Kompilation. Die Inschrift mit seiner Statthalterschaft Dessau, *Inscr. Lat. sel.* II, 2, Berl. 1906, nr. 8801. G. Mazenghi, *Arriano, Periplo del Ponto Eusino.* Napoli 1958 *(Collana di Studi Greci 29).*

[2] Die inschriftlichen Belege bei Schwartz (s. S. 946 A. 3).

Tätigkeit widmen. Der erhaltene *Kynegetikos* verrät schon in seinem Titel die Nachfolge Xenophons. Aber sein Ehrgeiz reichte weiter, nun schulte er seinen Stil an Herodot und Thukydides und setzte sich das Ziel, der Historiker entscheidender Zeiträume und auch der seiner Heimat zu werden. Wahrscheinlich sind die verlorenen Biographien des Timoleon und Dion, zu denen seltsamerweise eine des Räubers Tillorobos[1] kommt, Vorübungen zu weiter zielenden Unternehmungen gewesen. In diese Gruppe historischer Arbeiten der ersten Athener Jahre gehört auch das Werk, das Arrians Namen über die Zeiten trug, die *Anabasis Alexanders*. Der Titel enthält eine Reverenz vor Xenophon, und so ist auch die Teilung in sieben Bücher gemeint, der Inhalt aber erweist ihn seinem Vorbilde an historischem Können zumindest gleichwertig. Glücklich schon in der Wahl seiner Quellen (vor allem Ptolemaios, daneben Aristobulos), wußte er die Vulgata von ernster Überlieferung zu trennen und hat sich das hohe Verdienst erworben, das Alexanderbild vor dem Verschwimmen in romanhaften Nebel zu bewahren. Als Ergänzung zur *Anabasis* schrieb Arrian die *Indike*. Auch hier wußte er an die richtigen Quellen zu gehen, wenn er Nearchos (S. 649), Megasthenes (S. 863) und Eratosthenes heranzog. Die Nachahmung Herodots ist hier bis zur Imitation des Ionischen gesteigert. Verloren sind uns die großen historischen Werke. So die *Bithynika*, die in acht Büchern die Geschichte seiner Heimatlandschaft von den mythischen Anfängen bis zum Tode des Nikomedes Philopator (74 v. Chr.) darstellten. Die Byzantiner haben das Werk noch gelesen. Verloren sind auch die *Parthika* (17 B.) und die *Diadochengeschichte* (Τὰ μετ' Ἀλέξανδρον). Wenn wir uns auf Photios verlassen dürfen, hatte das Werk zehn Bücher und endete bereits mitten in den Geschehnissen von 321, war also wohl unvollendet geblieben.

Arrian ist zwar Attizist gewesen, aber der Mann, dem Xenophons Schlichtheit Muster war, vermied jede Übertreibung, wie er denn auch auf rhetorischen Figurenschmuck verzichtete und in einer Sprache redete, die zu allem, was wir von ihm wissen, wohl zu passen scheint.

Etwas mehr als ein halbes Jahrhundert später ist wieder ein Bithynier, auch er zu höchsten Stellen des Imperiums aufgestiegen, Historiker geworden. Cassius Dio Cocceianus[2] (etwa 155–235) aus Nikaia, übrigens ein Verwandter des Dion von Prusa, hatte schon durch den senatorischen Rang seines Vaters Cassius Apronianus und dessen Tätigkeit als Statthalter Anwartschaft auf eine besondere Laufbahn. Bald nach des Commodus Regierungsantritt (180) kam er nach Rom und trat noch während der Regierung dieses Kaisers in den Senat ein. Unter Pertinax wurde er zum Praetor designiert, unter Septimius Severus war er Consul suffectus, 216 begleitete er Caracalla auf dessen Zug in den Orient, Macrinus betraute ihn als Curator ad corrigendum statum civitatium mit der Ordnung der Verhältnisse in Pergamon und

[1] Zur Namensform L. Radermacher, *Anz. Akad. Wien, Phil.-hist. Kl.* 1935, 19; 1936, 8.

[2] Die mit Recht gerühmte Ausgabe von U. Ph. Boissevain (5 Bde. Berl. 1895–1931, die ersten 4 Bde. unverändert neugedruckt 1955) enthält in Bd. 4 den *Index historicus* von H. Smilda, in Bd. 5 den *Index Graecitatis* von W. Nawijn. Bei Boissevain auch die Darstellung der Überlieferung. Teubner-Ausgabe von J. Melber, 3 Bde. 1890–1928. Mit engl. Übers. E. Cary, 9 Bde. *Loeb Class. Libr.* 1914–26. F. Millar, *A Study of Cassius Dio*. Oxford 1964.

Smyrna, besonderer Gunst aber erfreute er sich bei Severus Alexander. Unter dessen Regierung (222–235) verwaltete er das Prokonsulat von Afrika sowie die kaiserlichen Provinzen Dalmatien und Oberpannonien und wurde 229 Consul ordinarius mit dem Kaiser als Kollegen. Aber an diesem Punkte endete seine Laufbahn. Die scharfe Disziplin, die er hielt, hatte ihn bei Truppe und Garde unbeliebt gemacht, so daß ihm der Kaiser selbst riet, die Zeit seines zweiten Konsulates nicht in Rom zu verbringen. Er verließ Stadt und Staatsdienst und zog sich in seine bithynische Heimat zurück, wo er seine letzten Jahre verlebte.

Seine Schriftstellerei eröffnete er im Dienste des Septimius Severus, auf den er mit anderen zunächst große Hoffnungen setzte. Er schrieb über die Träume und Zeichen, aus denen die Berufung des Septimius zum Herrscher hervorging, und hat damit kaum ein sacrificium mentis begangen, da er mit einem philosophisch unbeschwerten Glauben an eine lenkende Vorsehung auch den an die Vorzeichen verband. Bald ließ er eine Schrift über den Tod des Commodus und die Geschehnisse danach folgen, auch sie dem Kaiser zu Dank. Beide Arbeiten hat er in Auszügen seinem großen Werke eingefügt.

Wenn wir von Träumen hören, durch die sich Cassius Dio als Historiker bestätigt fühlte (72, 23), so dürfen wir die Notiz wohl als Zeugnis von Hemmungen werten, die es zu überwinden galt. Die Geschichte Roms von seinen Anfängen an zu schreiben war ein gigantisches Unternehmen, und wir glauben es Dio gerne, daß er zehn Jahre sammelte und zwölf Jahre schrieb, bis er zu Severus' Tod (211) gelangte. Er hat sein Werk darüber hinaus fortgesetzt und sein Konsulat 229 zum Schlußpunkt gemacht. Schließlich war ihm seine *Römische Geschichte* auf achtzig Bücher angewachsen. Das Bauprinzip ist das annalistische, wie es schon durch einen bedeutenden Teil der Quellen gegeben war. Doch sucht er damit die Bewahrung des zeitlich und räumlich Zusammengehörigen nach Kräften zu vereinen. Für die Darstellung der einzelnen Teile sind mit der Natur der Dinge bedeutende Unterschiede gegeben. Eine erste große Partie (51 B.) führt von Aeneas bis Augustus als Begründer der Monarchie. Hier wirkt sich vor allem Dios Überzeugung aus, daß Detailmalerei mit der Würde der Geschichte (ὄγκος τῆς ἱστορίας 72, 18) und ihrer Aufgabe, die Hauptzüge hervortreten zu lassen, nicht vereinbar sei. Anschaulichkeit der Erzählung war überhaupt seine Stärke nicht, anderseits hat er auf Dramatisierung nicht völlig verzichtet, wie etwa die Vercingetorix-Szenen zeigen. Mag auch das Urteil von SCHWARTZ zu hart sein, im ganzen wird man sagen dürfen, daß gerade in diesem Teile die Grenzen von Dios Gestaltungskraft sichtbar werden. Bei der Schilderung der Kaiserzeit bis zum Tode Marc Aurels hat es die geistige Bewältigung des Stoffes beeinträchtigt, daß der loyale Anhänger der Monarchie diese von Anfang an als feste Gegebenheit sah und so der Entwicklung des Prinzipates nicht ganz gerecht wurde. Die Rede, die Maecenas im 52. Buche für die Monarchie hält, ist so sehr aus dem Geiste von Dios Zeit geschrieben, daß man an die beabsichtigte Unterschiebung eines Programmes dachte[1].

[1] M. HAMMOND, ‹The significance of the speech of Maecenas in Dio Cassius Book LII›. *Trans. Am. Phil. Ass.* 63, 1923, 88.

Farbiger und unmittelbarer wurde die Darstellung natürlich, wo Dio von erlebter Zeitgeschichte spricht. Er hat das selbst gewußt und gemeint, es begründen und entschuldigen zu müssen (72, 18).

Die Quellenfragen sind bei diesem Riesenwerke besonders schwierig, auch nach der eingehenden Behandlung im Artikel von E. SCHWARTZ bleiben offene Probleme. Für die ersten sechs Jahrhunderte Roms scheinen annalistische Quellen im Vordergrunde zu stehen, von Buch 36 an wird Livius wichtig, schwierig ist es, die Bedeutung des Tacitus zu würdigen. SCHWARTZ ist wohl zu weit gegangen, wenn er dem Römer die Originalität seines Tiberiusbildes bestritt, um Dio, bei dem dieselben Züge wiederkehren, von ihm völlig zu trennen. Hier bleibt vieles unsicher, und diese Hervorhebung einzelner Punkte darf nicht die Vielfalt der Quellenfragen verdecken[1].

Erhalten sind von dem Werke, das die Byzantiner noch zum größten Teile besaßen, mit Verbruch am Anfang und Ende die Bücher 36–60, die von 68 v. Chr. bis 47 n. Chr. reichen; daneben Reste des 79. und 80. Buches auf zwölf Pergamentblättern des Vat. gr. 1288. Einigen Ersatz für das Verlorene bieten Byzantiner, die Dio benützten. Im 11. Jahrhundert hat Ioannes Xiphilinos die Bücher 36–80 zu einer nach Kaisern geordneten Geschichte verarbeitet. Für Antoninus Pius und die Anfänge Marc Aurels fand er nach seiner Angabe (70, 2) bereits eine Lücke vor. Später, im 12. Jahrhundert, hat Ioannes Zonaras für die Bücher 7–12 seiner Ἐπιτομὴ ἱστοριῶν Dio 1–21 und 44–80 ausgezogen. Von anderen Hilfsmitteln zur Rekonstruktion ist wieder vor allem das Exzerptenwerk des Konstantinos Porphyrogennetos zu nennen.

Der Stil des Cassius Dio[2] bedürfte neuer Untersuchungen, vor allem für die Frage, wie weit Verschiedenheiten auf Einwirkung der Quellen zurückgehen. Attizistischer Archaismus ist erstrebt, Vorbilder sind Thukydides und Demosthenes, also recht verschiedene Autoren; rhetorischen Kunstmitteln, auch Klangfiguren, ist in ganz anderer Weise als bei Arrian Raum gegeben, besonders in den häufigen und umfangreichen Reden.

Ein gutes Stück unter Cassius Dio steht als Historiker der um etwa zwei Jahrzehnte jüngere Herodian[3], ein hellenisierter Syrer. Auch er diente dem Staate, freilich nicht in so hohen Ämtern wie Cassius Dio. Seine *Geschichte des Kaisertums nach Marcus* (Τῆς μετὰ Μάρκον βασιλείας ἱστορίαι, 8 B.) reicht bis zum Regierungsantritt Gordians III. (238). Die von flachen Gnomen durchsetzte Erzählung dieses tristen Zeitabschnittes ermangelt fruchtbarer Gesichtspunkte und hat nur Quellenwert. Die Sprache will attisch sein, was nur mangelhaft gelingt, und verrät den Einfluß der sophistischen Rhetorik dieser Zeit.

Unter den Geschichtschreibern der Kaiserzeit einen Attiker zu finden nimmt fast wunder. P. Herennius Dexippos (F Gr Hist 100), der etwa 210 geboren wurde und

[1] Einige Lit. in *Fifty Years* (s. S. 946 A. 2). [2] Lit. in *Fifty Years* (s. vor. A.).

[3] Ausgabe: K. STAVENHAGEN, Leipz. 1922; ed. ster. Stuttgart 1967. Eine gewisse Aufwertung des Autors bei F. ALTHEIM, *Lit. u. Gesellsch. im ausgehenden Altert.* 1, Halle 1948, 165. Dagegen mit Analyse des ersten Buches E. HOHL, *Kaiser Commodus und Her. Sitzb. Akad. Berl. Kl. f. Gesellschaftswiss.* 1954/1; vgl. A. BETZ, *AfdA* 10, 1957, 255.

bis zur Zeit Aurelians lebte, ist vom Glanze altattischer Tradition umgeben. Dem Geschlecht der Keryken angehörig, war er Inhaber eines hohen Priestertums (ἱερεὺς παναγής), Basileus, Archon Eponymos und machte sich um die großen Feste verdient (T 4 = IG II/III[2] 3669). Aber er hat sich auch in der Gefahr bewährt, als er (um 267) mit einer rasch gesammelten Truppe die Heruler von Athen abwehrte.

Sein Hauptwerk war die große *Chronik* (Χρονικὴ ἱστορία, in mindestens 12 B.), die von der Urzeit bis 269/70 reichte. Hier wird eine Linie sichtbar, die von der Universalgeschichte eines Ephoros über Werke wie die *Bibliotheke* Diodors schließlich zu den byzantinischen Weltchroniken in der Art des Ioannes Malalas (6. Jh.) oder Ioannes Antiochenus (7. Jh.) führt.

Von Dexippos gab es weiters *Skythika*, in denen er die germanischen Einfälle vom Jahre 238 bis mindestens 270 behandelte. Die vier Bücher *Diadochengeschichte* (Τὰ μετ' Ἀλέξανδρον) dürfen wir mit ziemlicher Sicherheit als Auszug aus Arrians gleichnamigem Werke ansehen.

Den Stil des Dexippos hat Photios (F Gr Hist 100 T 5) gepriesen, NIEBUHR aufs schärfste verdammt, NORDEN[1] warm gelobt, SCHWARTZ[2] als dunkel und gezwungen getadelt, während sich JACOBY zurückhaltend äußert. Wie man sieht, fehlt es noch an Maßstäben, die unser Urteil wenigstens aus gröbstem Subjektivismus heraushalten. Daß Dexippos, als Stilist nicht unverächtlich, Thukydides als sein Muster betrachtet[3], ist klar. Ebenso auch, daß jedes Urteil der Neueren auf schmaler Basis ruht, da uns im wesentlichen nur Reden erhalten sind.

An die Chronik des Dexippos hat Eunapios aus Sardes (etwa 345–420)[4] die vierzehn Bücher seines Geschichtswerkes (Ὑπομνήματα ἱστορικά) angeschlossen, das die Zeit von 270 bis 404 behandelte. Der Christenfeind hat sein Werk seinem Freunde Oreibasios, einem medizinischen Schriftsteller und Leibarzt Julians, gewidmet. Erhalten sind nur Auszüge bei Photios, in dem konstantinischen Exzerptenwerk und in der *Suda*. Ganz besitzen wir die *Sophistenbiographien* (Βίοι σοφιστῶν), die vorwiegend Neuplatoniker behandeln. Sie sind in gekünsteltem Stil geschrieben, geben aber einen Einblick in das Leben und Wirken von Rhetoren und Philosophen in Konstantinopel und den kleinasiatischen Griechenstädten des 4. Jahrhunderts.

[1] *Ant. Kunstprosa* 1, 4. Abdr. Leipz. 1923, 398.

[2] *RE* S 5, 1930, 293 = *Griech. Geschichtschreiber*, Leipz. 1957, 290. Zu Dexippos auch ALTHEIM (s. S. 950 A. 3), 175.

[3] Vgl. F. J. STEIN, *Dexippus et Herodianus rerum scriptores quatenus Thucydidem secuti sint.* Diss. Bonn 1957.

[4] Die historischen Fragmente des Eunapios wie der folgenden Geschichtschreiber im 4. Bd. der alten Müllerschen *Fragm. Hist. Gr.* Die Sophistenbiographien: In der *Loeb Class. Libr.* W. C. WRIGHT (mit Philostrats Vit. Soph.) 1922; repr. 1952 (mit engl. Übers.). J. GIANGRANDE, Rom 1956, auf neuer handschriftlicher Grundlage unter Heranziehung des wichtigen Codex Laur. 86/7 (12./13. Jh.). G. widerlegt V. LUNDSTRÖMS These, daß die getrennt überlieferte Libanios-Vita des Eunapios eine eigene Rezension darstelle. Ders., ‹Vermutungen und Bemerkungen zum Text der Vit. Soph. des Eun.›. *Rhein. Mus.* 99, 1956, 133; ‹Herodianismen bei Eun.›. *Herm.* 84, 1956, 320; ‹Caratteri stilistici delle Vit. Soph. di Eun.›. *Boll. del Com. per la prepar. di Ed. Naz. dei Class. Gr. e Lat.* N. S. 4, 1956, 59. Für alle diese Autoren sind die konstantinischen Exzerpte wichtig; Ausgabe von PH. U. BOISSEVAIN, C. DE BOOR, TH. BÜTTNER-WOBST, 4 Bde. Berl. 1903–1906.

In ungefährem zeitlichem Anschluß folgte auf das Geschichtswerk des Eunapios jenes des Olympiodoros aus dem ägyptischen Theben, das in zweiundzwanzig Büchern die Zeit von 407 bis 425 schilderte und Theodosius II. (408–450) gewidmet war[1]. Unter diesem Herrscher und ein Stück über ihn hinaus lebte der Sophist Priskos aus dem thrakischen Panion. Neben Übungsreden und Briefen schrieb er eine *Byzantinische Geschichte* (8 B.), die wahrscheinlich bis 472 reichte. Erhalten sind nur Bruchstücke, das wertvollste mit der Schilderung der Gesandtschaft zu Attila, an der er 448 teilnahm, steht in den konstantinischen Exzerpten. Dieselben und Photios haben uns auch Fragmente aus den *Byzantiaka* (7 B.) des Malchos bewahrt, der die geschichtliche Darstellung bis 480 fortsetzte.

Auf uns gekommen sind die sechs Bücher der *Neuen Geschichte* (Νέα ἱστορία) des Zosimos[2], der im ausgehenden 5. Jahrhundert schrieb. Sie bieten eine knappe Übersicht über die Kaiser bis Diocletian und eine ausführlichere Darstellung der Jahre von 270 bis 410. Das in Quellenverarbeitung und Stil kümmerliche Werk ist durch seine Tendenz bemerkenswert: sein Verfasser erklärt das Sinken der römischen Macht aus der Abkehr vom Glauben der Väter.

Ganz weit holte im Stil der Universalhistorie Hesychios Illustrios von Milet (F Gr Hist 390) aus, der seine *Chronik* mit Bel von Babylon beginnen ließ und sie bis in die Regierungszeit Justinians führte. Da dessen tüchtiger Historiograph, Prokopios von Caesarea, mit seinen acht erhaltenen Büchern über die Kriege seines kaiserlichen Herrn bereits der byzantinischen Epoche angehört, schließen wir mit Hesychios die Reihe, die für uns mit einem anderen Milesier, mit Hekataios, begonnen hat.

Mit dem einschränkenden Vermerk «quasi-historisch» reihen wir hier die *Strategemata* (8 B.) des Makedoniers Polyainos[3] an. Er hat diese Sammlung verschiedener Kriegslisten 162 den Kaisern Lucius Verus und Marc Aurel als eine Art von taktischer Hilfe gewidmet, doch spricht hier kein Militär, sondern ein Rhetor, der sein Material im wahren Sinne des Wortes zusammengelesen und mit kümmerlichen attizistischen Bemühungen dargeboten hat. Nicht um eigentliche Fachschriften handelt es sich auch bei dem *Strategikos* des Onasander[4], der unter Claudius, und den *Taktika* eines Aelian, der wahrscheinlich unter Trajan schrieb und zu großen Teilen von Asklepiodotos abhängt[5]. In beiden Fällen wird angelesenes Wissen unter schulmäßigen Gesichtspunkten ausgebreitet.

[1] Die Bruchstücke, darunter ein Auszug des Photios cod. 80 und ein Zitat bei Zosimos 5, 27, 1, bei Müller, *Fragm. Hist. Gr.* 4, 1885, 58.

[2] L. Mendelssohn, Leipz. 1887; Nachdruck bei Olms/Hildesheim 1963.

[3] J. Melber, Leipz. 1887.

[4] Die Ausgabe von H. Köchly, Leipzig 1860 ist überholt durch W. A. Oldfather, *Aeneas Tacticus, Asclepiodotus and Onasander.* London 1923. A. Dain, *Les manuscrits d'Onésandros.* Paris 1930. Für Literatur zur Kriegsschriftstellerei vgl. zu Biton S. 888 A. 2 und M. Fuhrmann, *Das systematische Lehrbuch.* Göttingen 1960, 182, 3.

[5] H. Köchly – W. Rüstow, *Griech. Kriegsschriftst.* 2/1. Leipzig 1855. A. Dain, *Histoire du texte d'Elien le tacticien des origines à la fin du moyen age.* Paris 1946. J. Stolpe, ‹Un nouveau manuscrit de la Tactica theoria d'Elien le Tacticien et de l'Extrait tactique tiré de Leon VI le Sage: le Marcianus 522›. *Eranos* 66, 1968, 52.

Im Grunde sind die *Strategemata* eine militärische Kuriositätensammlung, wie denn eine in ihrem Traditionalismus erschöpfte Literatur gerne nach den Reizmitteln des Ausgefallenen griff. Daß wir Phlegon von Tralles, einen Freigelassenen Hadrians (Fr G Hist 257), hierher stellen müssen, verdankt er der Ungunst der Überlieferung. Verloren ist die umfangreiche Chronik der *Olympiaden* (Ὀλυμπιονικῶν καὶ χρόνων συναγωγή, 16 B.; daneben gab es eine Ausgabe in 8 und eine Epitome in 2 B.), die vom Anfang der Olympiadenzählung bis zum Tode Hadrians reichte; verloren sind auch seine Arbeiten zu römischer Topographie und Heortologie sowie eine Beschreibung Siziliens. Hingegen haben wir die Schrift *Über wunderbare Dinge und langlebige Menschen* (Περὶ θαυμασίων καὶ μακροβίων)[1], in der man von Gespenstern, Geschlechtswechsel, Riesenmenschen, Mißgeburten und anderem derlei lesen kann.

Ein Lieblingskind dieser Zeit war die Buntschriftstellerei, als deren Vertreter wir (S. 933) bereits Favorinus von Arelate erwähnten. Gut lernen wir dieses Zerstreuungsmittel, das Zeiten ohne festes geistiges Gefüge offenbar benötigen, an Claudius Aelianus (etwa 175–235)[2] kennen. Dieser Praenestiner war in Rom Schüler des Sophisten Pausanias und eignete sich einigermaßen die Fähigkeit an, attizistisches Griechisch zu schreiben, worauf er sich nicht wenig zugute tat[3]. Als Ergebnis emsigen Exzerpierens und Kompilierens, das aber kaum zu alten Autoren vordrang, sondern sich vorwiegend an Sammelwerke hielt, haben wir die siebzehn Bücher *Tiergeschichten* (Περὶ ζῴων ἰδιότητος). So etwas wie ein Leitgedanke in dieser Häufung zoologischer Kuriositäten ist die stoisierende Tendenz, die Weisheit der Natur zu zeigen. Daß Aelian aus einer Art paradoxographischer Vulgata schöpft, zeigen Berührungen mit dem *Physiologos*[4]. Diese Sammlung wunderbarer Dinge aus der Naturgeschichte dürfte in ihrer ältesten Form im 2. Jahrhundert n. Chr. in Alexandreia entstanden sein. Später hat sie, in lateinischer Fassung und mit christlicher Symbolik ausgestattet, weithin die Vorstellungswelt des Mittelalters beherrscht.

Gleichsam ein Gegenstück zu den *Tiergeschichten* aus menschlichem Bereiche stellen die *Bunten Geschichten* (Ποικίλη ἱστορία, 14 B.) dar, deren erster Teil jedoch ebenfalls Dinge der Natur behandelt. Die vollständigere Fassung einzelner Partien bei Stobaios und in der *Suda* zeigt, daß wir hier vielfach Auszüge vor uns haben. Auch zwanzig *Bauernbriefe*, attizistisch in Form und Gehalt, sind auf uns gekommen. Stoisierende Schriften (Περὶ προνοίας, Περὶ θείων ἐναργειῶν) sind verloren.

[1] Mit JACOBY, der F Gr Hist 257 den Text gibt, nehmen wir ein Werk mit Doppeltitel an, doch kann das nicht als völlig sicher gelten. A. GIANNINI, *Paradoxographorum Graecorum reliquiae*. Milano 1965, 169.

[2] R. HERCHER, 2 Bde. Leipz. 1864/66. Die Briefe mit engl. Übers. (mit Alkiphrons und Philostrats Briefen): A. R. BENNER and F. H. FOBES, *Loeb Class. Libr.* 1949. Die *Tiergeschichten* mit engl. Übers.: A. F. SCHOLFIELD 3 Bde. *Loeb Class. Libr.* 1958/59 (3 in Vorber.). Einen Katalog der Tiere bei Aelian gibt H. GOSSEN, *Quellen und Stud. z. Gesch. d. Naturwiss. u. d. Medizin* 4, 1935, 18. M. R. DILTS, ‹The manuscript tradition of Aelian's Varia Historia and Heraclides' Politiae›. *Trans. Am. Phil. Ass.* 96, 1965, 57.

[3] Vgl. den Schluß der Tiergeschichten. Philostrat, *Vit. soph.* 2, 31, 1 belobt ihn. Sein Stilideal war die ἀφέλεια, kunstvolle Schlichtheit.

[4] Ausgabe: F. SBORDONE, Milano 1936; vgl. M. WELLMANN, *Der Physiol. Phil.* Suppl. 22, 1930. O. SEEL, *Der Physiologus.* Übertr. u. erl. Zürich 1960 (Lebendige Antike). D. OFFERMANNS, *Der Physiologus nach den Handschriften G und M.* Meisenheim a. Glan 1966.

Wenn wir auf Aelian den Athenaios von Naukratis mit seinem *Sophistenmahle* (Δειπνοσοφισταί, 15 B.)[1] folgen lassen, soll diese Zusammenrückung tiefreichende Unterschiede nicht verdecken. Wes Geistes Kind Athenaios ist, hat er dadurch verraten, daß er sein monströses Sammelwerk als Gastmahl zahlreicher (29!) gelehrter Männer verschiedener Richtung bei dem vornehmen Römer Larensis aufgebaut und die Platonnachahmung bis zu einem Rahmengespräch à la Symposion getrieben hat. Auch zeigen sich in den breiten Massen antiquarischer, grammatischer und literarischer Einzelheiten nicht eben Gesichtspunkte von irgendwelcher Tragweite, aber was da aus vollen Körben ausgeschüttet wird, ist für uns wertvollstes Material. Athenaios hat die Bibliothek von Alexandreia redlich genützt und uns eine Unsumme wissenswerter Dinge bewahrt. Er sei für seine Zitierwut gepriesen und auch dafür, daß er bei seinen Anführungen recht sorgfältig gewesen ist. Was hat er uns – um nur dies zu nennen – von Fragmenten der Komödie bewahrt! Freilich wollen wir ihn nicht zum Forscher machen, der zu den Quellen aufstieg, er hat vorwiegend aus den breiten Strömen der Tradition geschöpft, wie sie die Namen eines Didymos oder Tryphon bezeichnen. Von seinem Leben wissen wir nichts; für die Veröffentlichung des Werkes weist die Verhöhnung des Commodus (12, 537f) auf die Zeit nach dessen Tod.

Trotz der Verschiedenheit der Stoffgebiete läßt sich hier Diogenes Laertios[2] anreihen. Auch er hat in den zehn Büchern seiner *Philosophengeschichte* (Φιλοσόφων βίων καὶ δογμάτων συναγωγή)[3] eine gewaltige Exzerptenmenge ohne geistige Durchdrin-

[1] Buch 1 bis Anfang 3 liegt nur in Auszügen vor. Bemerkungen in der Haupthandschrift (Marcianus A, 10. Jh., 1423 von G. Aurispa aus Konstantinopel gebracht) scheinen darauf zu führen, daß es auch eine Ausgabe in 30 B. gab. Gegen die auch von den französischen Herausgebern festgehaltene Ansicht, unser Athenaios mit seinen 15 Büchern sei aus einem ursprünglich doppelt so umfangreichen Werke von 30 Büchern ausgezogen, wendet sich nach G. Wissowa (*GGN* 1913, 325) nun auch H. Erbse, *Gnom.* 29, 1957, 290. Erbse verteidigt auch gegen die franz. Editoren die These von Paul Maas, die Athenaios-Epitome stamme aus dem Marcianus A und von Eustathios. Die Textgeschichte des Athenaios von Aurispa an stell. A. S. F. Gow im 3. cap. seiner Machon-Ausgabe dar: *Machon: The fragments.* Cambridge 1965 (Cambr. Class. Texts and Comm. 1). J. Irigoin, ‹L'edition princeps d'Athénée et ses sources›. *Rev. Et. Gr.* 80, 1967, 418. Ausgaben: G. Kaibel, 3 Bde. Leipz. 1887–90 (mit wichtigen Indices). S. P. Peppink, 2 Bde. Leiden 1936/39. Mit engl. Übers. C. B. Gulick, 7 Bde. *Loeb Class. Libr.* 1933–41. Mit franz. Übers. A. M. Desrousseaux–Ch. Astruc (B. 1–2), *Coll. des Un. de Fr.* 1956. – Lajos Nyikos, *Ath. quo consilio quibusque usus subsidiis dipnosophistarum libros composuerit.* Diss. Basel 1941.

[2] Die kleinasiatische Stadt Laerte nennt Steph. Byz.; Wilamowitz, *Herm.* 34, 1899, 629 (= *Kl. Schr.* 4, 1962, 100) dachte bestechend an einen Spitznamen aus διογενὴς Λαερτιάδης. Text noch immer C. G. Cobet, Paris 1862. Mit engl. Übers. R. D. Hicks, 2 Bde. *Loeb Class. Libr.* 1950. H. S. Long, *Diogenis Laertii Vitae Philosophorum.* 2 Bde. Oxford 1964. – Übers.: M. Gigante, *Diogene Laerzio. Vite dei filosofi.* Bari 1962. R. Genaille I (l. 1–5) Paris 1965 (Coll. Garnier-Flammarion 56). O. Apelt, neu hrsg. von Kl. Reich. Hamburg 1967 (Philos. Bibl. 53/54). O. Apelt, *Diog. Laert. Buch 10: Epikur. Griech. u. deutsch*, hrsg. von Kl. Reich und H. G. Zekl. Hamburg 1968 (Philos. Bibl. 266). – R. Hope, *The Book of Diogenes Laertius. Its Spirit and its Method. New York 1930.* A. Biedl, *Zur Textgeschichte des Laertios Diogenes. Das große Exzerpt Φ.* Città dèl Vaticano 1955. P. Moraux, ‹La composition de la «Vie d'Aristote» chez Diog. Laerce›. *Rev. Et. Gr.* 68, 1955, 124. O. Gigon, ‹Das Prooemium des Diog. Laert. Struktur und Probleme›. *Horizonte der Humanitas. (Freundesgabe Wili).* 1960, 37–64. G. Donzelli, ‹Per una edizione critica di Diog. Laerzio. I Codici VUDGS›. *Boll. per la prepar. di Ed. Naz. dei Class. Gr. e Lat.* N. S. 8, 1960, 93, Ders., ‹I codici PQWCo HIEYJb nella tradizione di Diog. Laerzio›. *Stud. It.* 32, 1960, 156.

[3] Andere Titelfassungen bei E. Schwartz, *RE* 5, 1903, 738 (= *Griech. Geschichtschreiber*, Leipz. 1957, 453), der auch für die Quellenfrage heranzuziehen ist.

gung weitergegeben, uns aber unschätzbares Material aufbewahrt. Er hat Schriften über die Diadoche in den einzelnen Philosophenschulen, doxographische Werke, Apophthegmensammlungen und Bücherlisten zusammengearbeitet, auch er kein Forscher an den Quellen, sondern ein für uns sichtbares Exemplar aus einer umfangreichen und im übrigen verschollenen Traditionsmasse. Persönlich scheint er den Skeptikern nahegestanden zu haben, auch verrät er etwas von seiner Physiognomie, wenn er Epikur ein ganzes Buch (10) widmet, was er sonst nur bei Platon (3) tut. Das Werk ist wohl unvollendet geblieben, denn nicht wenige Partien machen den Eindruck von formlos zusammengestellten Exzerpten. Für seine Zeit kommen die ersten Jahrzehnte des 3. Jahrhunderts vor der Dominanz des Neuplatonismus am ehesten in Betracht. Diogenes hat auch eine Sammlung von *Epigrammen* herausgegeben, deren erstes Buch (Πάμμετρος) in verschiedenen Maßen die Todesarten berühmter Männer erzählte. Was davon auf Philosophen geht, hat er in die Philosophengeschichte aufgenommen.

Leicht versteht man, daß eine Zeit, die solche Literatur hervorbrachte, die schon im Hellenismus beliebte Form der Anthologie besonders pflegte. Auch hier steht hinter einem erhaltenen Werke eine große Menge von Verlorenem. Im 5. Jahrhundert hat Ioannes Stobaios[1], nach dem makedonischen Stoboi benannt, in seiner *Anthologie* auserlesene Stellen aus zahlreichen Dichtern und Prosaautoren vereinigt. Auch hier ist anzunehmen, daß der Sammler bereits vorhandene Zusammenstellungen benutzte. Die Anordnung der vier Bücher der *Anthologie* ist einheitlich, indem jeweils auf die Themenangabe die Stellen aus den Dichtern und dann jene aus den Prosaikern folgen. Daß das Werk im Mittelalter in zwei getrennten Teilen zu je zwei Büchern (*Eclogae* und *Florilegium*) überliefert wurde, geht auf sekundäre Trennung zurück.

In das 2. Jahrhundert fällt das einzige uns ganz erhaltene Werk periegetischer Literatur, die Περιήγησις τῆς Ἑλλάδος des Pausanias (10 B.)[2], für unser Wissen der Abschluß des Schrifttums dieser Art. Der Verfasser bleibt für uns im Dunkel; weder die Gleichsetzung mit dem Historiker Pausanias von Damaskos noch die mit dem Sophisten aus Kappadokien, den wir aus Philostrat (*Sophistenbiogr.* 2, 13) kennen, reichen über vage Möglichkeiten hinaus. Wohl aber zeigt die gute Kenntnis, die unser Perieget von Kleinasien besitzt, daß er von dort, vielleicht aus Lydien, stammte. Eine wertvolle Datierungshilfe ist die Angabe 5, 1, 2, daß Korinth als römische Kolonie 217 Jahre alt war, was 173 für die Abfassung dieses Buches ergibt. Da ferner das spä-

[1] Ausgabe: C. Wachsmuth-O. Hense, 5 Bde. mit Anhang. Leipz. 1884–1923; 2. unver. Aufl. Berlin 1958.

[2] Text: F. Spiro, 3 Bde. Leipz. 1903; Neudr. 1959. Für die Recensio bleibt nützlich die Ausgabe von J. H. Chr. Schubart und Chr. Walz, Leipz. 1838/39. Grundlegend für Kritik und Exegese, wenn auch in vielen Einzelheiten veraltet: H. Hitzig und H. Blümner, 3 Bde. in 6 Teilen, Leipz. 1896–1910. Doppelsprachig: W. H. S. Jones and H. A. Ormerod, 5 Bde. *Loeb Class. Libr.* 1931–35. Reiches Material (viel Ethnographisches) im Kommentar zu J. G. Frazers Übersetzung, 6 Bde. Lond. 1898; die 2. Aufl. hat nur die Nachträge der 1. Aufl. im Text. G. Roux, *Paus.en Corinthe* (2, 1–15). Paris 1958 (mit Übers. u. Komm.). Eine ausgezeichnete (gekürzte) Übersetzung mit wichtigen Anmerkungen bietet Ernst Meyer, 2. erg. Aufl. Zürich 1967. *(Bibl. d. Alten Welt)*; ders., *Paus. Führer durch Athen und Umgebung*. Zürich 1959 *(Lebendige Antike)*. Die beste Monographie gibt O. Regenbogen, *RE* S 8, 1956, 1008. Dort und bei Meyer a. O. 726 Lit. Dazu: A. Diller, ‹The Manuscripts of Paus›. *Trans. Am. Phil. Ass.* 88, 1957, 169. N. Δ. Παπαχάτζης, Παυσανίου Ἑλλάδος περιήγησις. Μεσσηνιακά Ἠλιακά. Athen 1965.

teste erwähnte Ereignis der Einfall der Kostoboken (um 175) ist, wird man sich das Werk, an dem Pausanias natürlich lange Zeit arbeitete, in den Jahren unmittelbar vor 180 abgeschlossen denken. Pausanias beginnt im ersten Buch, dessen ursprüngliche Selbständigkeit nicht zu erweisen ist, mit Attika und dehnt im folgenden seine Periegese über Mittelgriechenland und die Peloponnes aus. Neben der Beschreibung von Örtlichkeiten und Denkmälern, wie man sie in einem solchen Werk erwartet, steht eine Fülle von Exkursen sehr verschiedenen Umfanges über Geographisches, Historisches und Mythologisches. Da sich Mitteilungen dieser Art und die eigentliche Periegese im Umfang ungefähr die Waage halten, sind Wesen und Absicht des Werkes nicht ganz leicht zu bestimmen. Seine Charakterisierung als «antiker Baedeker» ist zumindest unzureichend, wenngleich Pausanias dem Reisenden einigermaßen Führer sein konnte. Aber er hat vor allem an Leser gedacht und sich um ihretwillen im Stilistischen nicht wenig bemüht. Sein Streben nach Variation beginnt mit der Komposition der einzelnen Bücher, setzt sich in der Darbietung des Materials, vor allem bei den notwendigen Aufzählungen, fort und endet beim einzelnen Ausdruck. Damit hängt die Neigung zur Umschreibung von Namen und Dingen sowie manche Künstelei in der Wortstellung zusammen, während er in der Syntax Schlichtheit affektiert und die große Periode meidet; die Vorliebe für Archaismen gehört zu seiner Nachahmung Herodots, mit dessen Reichtum an Möglichkeiten seine Manier allerdings so gut wie nichts gemeinsam hat.

Der Skeptizismus des ausgehenden 19. Jahrhunderts hat aus Pausanias einen traurigen Abschreiber gemacht, der von den Dingen ebensowenig wußte wie Polyainos von Strategie oder Aelian von Zoologie. Heute hat sich die sogenannte Pausaniasfrage als ein Scheingebilde herausgestellt. Dieser Perieget ist ein Vielgereister, der über zahlreiche Dinge aus eigener Anschauung spricht; er ist daneben freilich auch ein Vielbelesener, aber in besserem Sinne als die Buntschriftsteller. Keine Rede davon, daß er sein Werk oder große Teile davon irgendwo abgeschrieben hätte, Aufbau und Anordnung des Einzelnen sind von ihm geschaffen. Was er auf seinen Reisen erschaut und erfragt hat, arbeitet er mit den Früchten einer Belesenheit zusammen, die sich nicht auf Kompendien beschränkte. Man darf erwägen, ob die häufige Erwähnung von Pergamon mit der Bedeutung zusammenhängt, die dessen Bibliothek für Pausanias hatte. Gelegentlich läßt er uns auch etwas von seiner Persönlichkeit sehen, so 8, 2, 5 bei der Ablehnung der Divinisierung von Menschen (lies Kaisern!), und 8, 8, 3 über die während seiner Arbeit erfolgte Wendung von rationaler Kritik an den Mythen zu ihrer symbolischen Auffassung. Charakteristisch für ihn und für die Zeit, in der er schreibt, ist ein Interesse am Kultischen, das sich vor allem auf Primitives und Altertümliches richtet.

Aus der mythographischen Literatur, die wir uns vom Hellenismus an sehr reich vorzustellen haben, ist uns die *Bibliotheke*[1] erhalten, die unter dem Namen des großen

[1] Text: R. WAGNER, *Mythogr. Gr.* 1, 2. Aufl. Leipz. 1926; ed. ster. Stuttgart 1965. Doppelspr. mit ethnographisch reichem Kommentar: J. G. FRAZER, 2 Bde. *Loeb Class. Libr.* 1921. Analyse: v. WILAMOWITZ, ‹Die griech. Heldensage›. 1: *Sitzb. Akad. Berl. Phil.-hist. Kl.* 1925, 41; 2: ebda. 214 (= *Kl. Schr.* 5/2, 54). M. VAN DER VALK, ‹On Apoll. Bibliotheca›. *Rev. Et. Gr.* 71, 1958, 100.

Grammatikers Apollodoros von Athen (s. S. 881) geht. Daß das Schwindel ist, hat seinerzeit C. ROBERT in seiner Dissertation[1] gezeigt. Da die Sprache der *Bibliotheke* nicht attizistisch ist, hat man an das erste Jahrhundert n. Chr. gedacht, doch kommt das zweite wohl auch noch in Betracht, da sich die stilistischen Tendenzen am wenigsten bei Büchern solcher Art uniform auswirkten. Das erhaltene Buch beginnt mit der Theogonie und bricht nach Erledigung verschiedener Sagenkreise in der mythischen Genealogie von Attika ab. Die Epitome im Codex Vatic. 950 (1885 von R. WAGNER entdeckt) und die sabbaitischen Fragmente (1887 von A. PAPADOPULOS in Jerusalem gefunden) geben uns eine Vorstellung von dem Rest, der nach Homer und dem Kyklos erzählt war. Das Werkchen prunkt mit den Namen alter Autoren, schöpft aber aus einem späthellenistischen Handbuch.

4. PROSAROMAN UND EPISTOLOGRAPHIE

Für keine andere Gattung der griechischen Literatur wurde das traditionelle Bild ihrer Entwicklung durch die Papyri so gründlich verändert wie für den Roman. Lange hatte ERWIN ROHDES Buch die Auffassung beherrscht. Sichere Datierungsstützen waren damals nur für Iamblichos vorhanden, der vor 115 geboren wurde und nach 165 schrieb, was aus seiner Erwähnung des Soaimos, des von den Römern restituierten armenischen Königs, hervorgeht. Diesen Iamblichos setzte ROHDE an den Beginn einer Entwicklung, die er im 6. Jahrhundert mit Chariton enden ließ. So war der Roman ein kaiserzeitliches Spätprodukt und als solches in seinem Werte höchst verdächtig. Des weiteren empfahl es solche Chronologie, diesen als Erzeugnis der zweiten Sophistik zu fassen. ROHDE hat nach anderen[2] diese Auffassung mit Nachdruck vertreten.

Förmlich auf den Kopf gestellt wurde diese Reihe durch Papyri mit Chariton-Fragmenten aus dem 2./3. Jahrhundert n. Chr. (nr. 241 ff. P.), wozu neuerdings ein Papyrus aus dem 2. Jahrhundert n. Chr. gekommen ist[3]. Die Sprache und die Anlehnung an Historisches (s. u.) machen es möglich, den Roman noch früher, vielleicht schon im 1. Jahrhundert v. Chr. entstanden zu denken. Mit den Anfängen der Gattung in hellenistische Zeit zurückzugehen, sind wir auf jeden Fall gezwungen, da schon Reste des *Ninos-Romanes* (s. u.) zu einem solchen Ansatz führen. Einen weiteren Erdrutsch verursachten Papyri aus dem Roman des Achilleus Tatios (s. u.), die dessen Spätansatz (bis ins 5. Jh.) korrigierten und zugleich die lange feststehende Anschauung[4] zu Fall brachten, daß dieser Autor von Heliodor abhänge.

Als Entwicklungszeit des griechischen Romanes ergab sich der spätere Hellenismus; sein Leben können wir bis in das 3. Jahrhundert n. Chr. verfolgen. Vorsicht wird gegenüber der Meinung am Platze sein, daß dieses Jahrhundert das Ende der Produktion bedeutete. Die Ungunst der Überlieferung kann uns manches vorenthalten haben, der

[1] Berl. 1873.

[2] Von heute vergessenen Vorläufern ist besonders A. NICOLAI, *Über Entstehung und Wesen des griech. Romans.* Berl. 1867, zu nennen.

[3] *Papyri Michaelidae.* Aberdeen 1955, nr. 1 (242 P.). [4] Noch HELM (s. u.), 47, hält an ihr fest.

zeitliche Abstand zwischen der griechischen Romanliteratur und ihrem kräftigen Wiederaufleben im Byzantinischen kann geringer sein, als wir denken.

In jedem Falle haben die neuen Einsichten in die Chronologie des griechischen Romanes eine Entstehungshypothese erledigt, die ihn aus dem rhetorischen Betrieb der zweiten Sophistik ableiten wollte. OTTO WEINREICH hat in der glänzenden Skizze, die er REYMERS Heliodorübersetzung folgen ließ, den griechischen Liebesroman in launiger Weise als einen Bastard bezeichnet, der aus einer Liaison des gealterten Epos mit der kapriziösen hellenistischen Historiographie hervorging. Damit sind wesentliche Komponenten bezeichnet. Anderes ist, wie WEINREICH selbst andeutet, hinzuzunehmen, denn das motivische Einzugsgebiet dieser späten Gattung ist außerordentlich groß.

Den griechischen Roman bestimmen Reiseabenteuer und erotische Pathetik in weitestem Umfange. Die Akzente sind verschieden verteilt, doch empfiehlt es sich kaum, den Reise- vom Liebesroman als eigene Gattung zu trennen, da sich die beiden Motivgruppen in den meisten Fällen vereinigt finden. Die fabulose Reisegeschichte hat eine lange Ahnenreihe. In dieser nimmt die *Odyssee* einen Ehrenplatz ein, aber wir haben weiter zurückzugehen. Ägyptische Geschichten, wie jene aus dem Mittleren Reich, die von dem schiffbrüchigen Seemann auf der Insel der mächtigen Schlange handelt[1], lassen uns uraltes mittelmeerisches Erzählungsgut erkennen. Was an früherer Stelle (S. 255) von dem wachen Interesse der Griechen, der Ioner vor allem, an fernen Ländern zu sagen war, erklärt es, daß echte Erkundung und fabuloser Bericht gleich bereite Ohren fanden. Beides strömte nach dem Alexanderzuge in unerhörter Fülle in die griechische Welt ein, wobei das Märchenhafte bei weitem überwog. Welche Ansätze für die spätere Romanliteratur hier geboten waren, gibt sich schon darin zu erkennen, daß der Alexanderzug selbst zu einem Roman von unvergleichlicher Breite der Wirkung wurde.

Für die Macht ohne Grenzen, mit der Eros im Roman regiert, ist die Erklärung in dem kräftigen Vordringen erotischer Motive innerhalb der hellenistischen Dichtung zu suchen. Dies klar herausgearbeitet zu haben bleibt ein Verdienst von ROHDES Buch, in dem auch die Vorbereitung dieser Entwicklung durch Euripides richtig gewürdigt ist. Dabei ist die Erotik des griechischen Romans von eigener Art. So gut wie immer handelt es sich um das Pathos großer Liebe, was durchaus auf der von Euripides herkommenden Linie liegt. Doch wird im Roman verbrecherische Leidenschaft nur an Nebenfiguren gezeigt[2], deren Aktionen die Verwicklung der Handlung herbeiführen, die Verbundenheit des zentralen Paares geht aus großer und reiner Liebe hervor. Sie entzündet sich mit dem ersten Blick, den die füreinander Bestimmten tauschen, und das über alle Irrungen und Wirrungen erreichte Ziel ist nicht flüchtiger Genuß, sondern dauernde Vereinigung als Notwendigkeit der Herzen.

[1] Vgl. L. RADERMACHER, *Die Erzählungen der Odyssee. Sitzb. Akad. Wien, Phil.-hist. Kl.* 178/1, 1915, 38. J. W. B. BARNS, ‹Egypt and the Greek Romance›. *Mitt. aus der Papyrussamml. der Österr. Nationalbibl.* 5, Wien 1956, 29.

[2] Das Potipharmotiv verfolgt M. BRAUN, *Griech. Roman und hellenistische Geschichtschreibung*. Frankf. a. M. 1934; *History and Romance in Graeco-Oriental Lit.* Oxf. 1938.

Bereits das eben Gesagte trennt den griechischen Roman von Novellen nach Art der *Milesischen Geschichten* (s. S. 854) mit ihrer witzigen Frivolität. Überhaupt ist die Einbeziehung der Novelle in die Vorformen des Romanes abzulehnen. Die tiefen Wesensunterschiede der beiden Gattungen erlauben nur gelegentlichen Motivaustausch. Ernst zu nehmen aber ist die Frage, woher die Züge einer Erotik kommen, die höchste Intensität mit höchster Dezenz vereinigt. Wie behutsam achtet etwa Heliodor (5, 18, 8) auf den getrennten Schlaf der Liebenden! Nun hat bereits das homerische Epos bei aller Freizügigkeit in sexuellen Dingen eine sehr hohe Vorstellung von der Ehre der Frauen. Gestalten wie Penelope und Nausikaa zeugen davon. Am Manne wird jedoch in der hellenischen Dichtung der vorausgehenden Zeit weit eher die unnatürliche Abkehr von allem Aphrodisischen nach Art des Hippolytos gezeigt als die bei aller Heftigkeit zarte, reine und zurückhaltende Liebe eines jungen Menschen. Es ist nicht leicht zu sagen, woher diese Züge in das Bild hellenischer Erotik kommen. In nicht geringem Maße mag eine neue Auffassung vom Wesen des Eros daran teilhaben, die von der Philosophie, der platonischen vor allem, begründet wurde. Aber wir möchten daneben die Einwirkung orientalischen Erzählungsgutes nicht unterschätzen, für das Xenophons *Kyrupädie* mit der Geschichte von der bedingungslosen Liebe einer hohen Frau ein eindrucksvolles Beispiel gibt. Hier mußten sich auch für die Leidenschaft des Mannes Maßstäbe ergeben, die Frivolität und Lüsternheit ausschlossen.

Das Drama ist über das hinaus, was Euripides gegeben hat, noch in zweierlei Weise für den Roman wichtig gewesen. Einmal im Motivischen: jene Geschichten von ausgesetzten und wiedergefundenen Kindern, von Menschen, die sich nach langer und schmerzlicher Trennung wiedererkennen – Erbe aus der Tragödie, das die Neue Komödie aufnahm –, sie spielen im Roman kaum eine geringere Rolle. Und wenn wir vom Mimos mit seinen Entführungen, Piraterien und Mordanschlägen mehr wüßten, würden die motivischen Übereinstimmungen deutlicher hervortreten. Zum andern aber ist für die Erzählungstechnik dieser Erzeugnisse die Dramatisierung ein entscheidender Wesenszug. Spannung wird mit allen Mitteln erregt, der Beginn des Heliodor wird uns dafür ein Beispiel besonderer Art liefern. Peripetien folgen in ganzen Reihen aufeinander, bewegte Dialoge stehen neben pathoserfüllten Monologen[1]. Doch ist zu bedenken, daß das Drama nicht allein direkt, sondern ebenso stark über die dramatisierte hellenistische Historie eingewirkt hat, von der wir früher (S. 856) sprachen. Zur Historiographie im weiteren Sinne möchten wir auch die Biographie rechnen, die in bestimmten hellenistischen Spielformen romanhaften Zügen ausgiebigen Raum gewährte.

Wir haben früher eine Theorie abgelehnt, die den Roman aus den Rhetorenschulen der Zweiten Sophistik hervorgehen ließ. Das geht schon zeitlich nicht. Doch soll damit nicht gesagt sein, daß der rhetorische Lehrbetrieb der Progymnasmata, der von dem Schüler die rednerische Durcharbeitung der verschiedensten Situationen aus

[1] Beispiele bei H. Riefstahl, *Der Roman des Apuleius*. Frankf. a. M. 1938, 86, 22. Für Heliodor sei etwa auf den großen tragischen Monolog der Charikleia (6, 8, 3) verwiesen.

Historie, Mythos oder freier Fiktion, von dem Lehrer aber Musterbeispiele für derartiges verlangte, nicht von einiger Bedeutung für den Roman gewesen wäre. Notwendig mußte ein Betrieb solcher Art, zumindest bei den Begabteren, zu größerer Vertiefung in seelische Vorgänge und zu feinerer Ausarbeitung psychologischer Details führen. So wurde dem Roman auch von dieser Seite vorgearbeitet[1]. Die Annahme freilich, daß sich bestimmte Bezeichnungen von Erzählungsformen bei Cicero und in griechischen rhetorischen Schriften auf den Roman bezögen, hat sich als trügerisch erwiesen[2]. Es sei auch gleich gesagt, daß die Antike eine feste Bezeichnung für diese Gattung nicht geprägt hat. Wenn etwa Photios gelegentlich vom *Drama*, *Dramatikon* oder von *Komodia* spricht, wo er den Roman meint, so nimmt er in solchen Fällen die Benennung einer wohldefinierten Gattung zu Hilfe. Das Wort «Roman» hat die uns geläufige Bedeutung im Frankreich des Mittelalters erhalten, wo es eine dichterische Erzählung in der Volkssprache, der lingua romana, im Gegensatze zum Latein der Gelehrten bezeichnete. Seit dem Ausgange des 13. Jahrhunderts hat sich die Bedeutung auf Prosadichtungen eingeengt.

Man hat versucht, den griechischen Roman zur Gänze aus orientalischem Göttermythos, dem von Isis und Osiris vor allem, abzuleiten und ihn aus der Darstellung des Leidens und Sterbens der Gottheit hervorgehen zu lassen[3]. Die Theorie ist in dieser Überspitzung nicht zu halten, sowenig man den Einfluß orientalischer Elemente auf den Roman unterschätzen wird. Es ist des weiteren auch nicht zu verkennen, daß sich die erotische Vorstellungswelt des Romans mehrfach mit Motiven der Mysterienreligionen berührt und daß auch Sprachliches von dort entlehnt ist, jedoch reicht das alles nicht aus, um den Roman schlechtweg aus den Mysterien herzuleiten.

Von anderer Art sind Beziehungen, die sich aus der Säkularisierung des griechischen Mythos und seiner Entwicklung zum Romanhaften ergeben. Wir haben bereits an Dionysios Skytobrachion (S. 876) gesehen, wie da freie Weiterdichtung neben das biedere mythographische Handbuch trat. Die Kaiserzeit hat derlei fortgesetzt. Um 100 n. Chr. schrieb Ptolemaios mit dem Beinamen Chennos aus Alexandreia neben anderem sein Epos *Anthomeros*, das die Absicht, Homer zu korrigieren, im Titel trägt, und seine Καινὴ ἱστορία (6 B.; Παράδοξος ἱστορία in der *Suda*)[4]. Daß man zu all dem Erdichteten gleich auch die Gewährsmänner hinzuerfand, liegt im Stile solcher Literatur. Eine Linie, die im Hellenismus die *Troïka* des Hegesianax aus

[1] Eine Zusammenstellung von Zügen dieser Art bei Riefstahl a. O. 88, 25.

[2] K. Barwick, *Herm.* 63, 1928, 261.

[3] K. Kerényi, s. u. Neuerdings hat R. Merkelbach die These von der Herkunft des Romans aus den Mysterien in dem ebenfalls u. genannten Buche gelehrt und energisch aufgenommen. Sein Ziel ist der Nachweis, «daß die Romane wirklich Mysterientexte sind». Gegen diese These G. Freymuth, ‹Zum Hieros Gamos in den antiken Mysterien›. *Mus. Helv.* 21, 1964, 86, der zeigt, daß weder in den Isis- noch in den Dionysos-Mysterien ein ritueller Hieros Gamos des Mysten oder der Mystin mit der Gottheit real oder symbolisch gefeiert wurde.

[4] W. Kullmann, *Die Quellen der Ilias. Herm. E* 14. 1960, 141, 1, distanziert Ptolemaios Chennos auf Grund seiner sorgfältigeren Quellenbenutzung von der Schwindelliteratur seiner Zeit. K.-H. Thomberg, *Die Kaine Historia des Ptolemaios Chennos. Eine literarhistorische und quellenkritische Untersuchung*. Diss. Bonn 1967 (von Belang auch für die mythologische Handbuch-Literatur der Kaiserzeit).

der Troas bezeichnen, findet sich in den Troiaromanen des Diktys und Dares fortgeführt. Beide waren bis vor einem halben Jahrhundert nur in lateinischen Fassungen aus der Spätantike[1] bekannt und haben in dieser Form stark auf Mittelalter und Neuzeit gewirkt. Besonders interessant ist die Rolle, die der Troiaroman bei der Planung Goethes für den Abschluß der Achilleis spielte. Daß hinter den lateinischen Fassungen griechische Originale standen, war seit jeher anzunehmen. Für Diktys hat 1907 ein Papyrus des frühen 3. Jahrhunderts n. Chr. (nr. 338 P.) die Gewißheit gebracht. Man wird beide Autoren in die frühe Kaiserzeit datieren dürfen. Daß sie sich als Zeitgenossen der berichteten Ereignisse geben, wobei der Phryger Dares auf troischer Seite steht, daß der Diktysroman durch Holztafeln beglaubigt wird, die unter Nero aus dem Grabe des Diktys bei Knossos durch ein Erdbeben an den Tag gekommen seien, das alles gehört zu dieser Gattung[2].

Der Roman ist motivisch und formal der Nachkomme einer stattlichen Ahnenschar. Die Analyse vermag mannigfache Fäden aufzuweisen, die in andere literarische Bereiche führen. Wichtiger aber ist die Erkenntnis, daß sich in ihm ein verändertes Lebensgefühl ausspricht[3]. Der Mythos hat aufgehört, eine lebendige Macht zu sein, die Geschichte der Griechen, die den Perser abwehrten und im Bruderkampf um die Führung rangen, ist bereits für den Hellenismus «Alte Geschichte» geworden, die Politik der Zeit wurde von einigen Großen gemacht und enthüllte über Bedrohung oder Sicherheit der eigenen bürgerlichen Existenz hinaus keinen übergreifenden Sinn. Radikal und endgültig hatte sich der Bereich der Phantasie von dem des eigenen, dem Alltag verschriebenen Lebens getrennt. Wunderbares gab es nur jenseits von dessen engen Grenzen. Dort, in fremden Ländern und in den Schicksalen von Liebenden, die sich als Inbilder von Treue und Standhaftigkeit bewähren, suchte und fand man es mit Eifer. Stärker als je mag nun die Frau die Wünsche des Lesepublikums mitbestimmt haben. Wir können uns die Gorgo oder Praxinoa der *Adoniazusen* Theokrits nur schwer vor einer Tragödie des Sophokles vorstellen, einen der griechischen Romane geben wir ihnen gern in die Hand.

Von dem ältesten uns erreichbaren Vertreter der Gattung, dem *Ninos-Roman*, geben uns zwei Berliner Papyri (nr. 2616f. P.) eine bruchstückhafte Vorstellung. Ninos, der für Ktesias am Beginne der assyrischen Königsreihe steht (s. S. 697), und Semiramis, deren Name allerdings in den Fragmenten nicht fällt, bilden das Liebespaar, dessen

[1] Ausgaben von F. Meister, Leipz. 1872 u. 1873. W. Eisenhut, *Dictyis Cretensis Ephemeridos belli Troiani libri a Lucio Septimio ex Graeco in Latinum sermonem translati. Accedit papyrus Dictyis Graeci ad Tebtunim inventa.* Leipzig 1958. Zu einem neuen griechischen Bruchstück (*Ox. Pap.* 31, 1966, nr. 2539) W. Eisenhut, ‹Zum neuen Diktys-Papyrus›. *Rhein. Mus.* 112, 1969, 114. W. Speyer, ‹Die unbekannte Epitome des Dictys Cretensis im Codex Brixiensis 691›. *Rhein. Mus.* 107, 1964, 76. Charakteristik des ‹Diktys›: John Forsdyke, *Greece before Homer.* Lond. 1956, 153. Zu Goethes *Achilleis*: K. Reinhardt, *Von Werken und Formen.* Godesberg 1948, 311; jetzt in *Tradition und Geist.* Göttingen 1960, 283. W. Schadewaldt, ‹Goethes Achilleis. Rekonstruktion der Dichtung›. In: *Goethe. Studien.* Zürich 1963, 301.

[2] Zur Beglaubigungs-Fiktion in der Hagiographie: A. J. Festugière, *Révélation d'Hermès Trismégiste* 1. 2. Aufl. Paris 1950, 309. Zur Beglaubigung durch Funde im Grab W. Burkert, *Phil.* 105, 1961, 240.

[3] F. Altheim (s. u.) hält den Roman für besonders geeignet, Ausdruck von Umbruchs- und Krisenzeiten zu werden.

wechselvolle Schicksale mit gutem Ausgange hier bereits den Gang der Handlung bestimmen. Das eine Fragment erzählt, wie sich die Liebenden, die Vetter und Base sind, mit ihrem heißen Wunsche nach Vereinigung jeweils an die Mutter des anderen wenden. Die besonnene Rhetorik des jungen Mannes, der seine Keuschheit betont, und die verschämte Schüchternheit des Mädchens kontrastieren nicht ohne Wirkung. Das andere Fragment zeigt Ninos vor dem Kampfe gegen die Armenier. Wenn er dabei Elephanten und ein griechisches Kontingent mitführt, so gehört das zu den Anachronismen, wie sie bei griechischen Romanschriftstellern öfters begegnen. Die Fragmente stammen aus dem 1. Jahrhundert n. Chr. Die Abfassung des Romanes liegt ein gutes Stück davor, die Anlehnung an die Geschichtschreibung und sprachliche Einzelheiten, wie die ausgeprägte Hiatusscheu, empfehlen es, bis in das 2. vorchristliche Jahrhundert zurückzugehen.

Das Liebesmotiv ist im *Ninos-Roman* bereits fest, scheint aber in dem Reiseroman des Iambulos zu fehlen. Wir kennen seine Umrisse aus den Exzerpten im 2. Buche des Diodor (cap. 55–60), der den terminus ante gibt. Auch hier ist die Datierung ins 2. Jahrhundert v. Chr. zu erwägen. Die Abenteuer des Iambulos (der Name ist syrisch) führen ihn über Aithiopien auf eine im fernen Süden gelegene Insel, auf der seltsame Bewohner in einer märchenhaften Umwelt glücklich dahinleben. Züge wie die Weibergemeinschaft gehören zu den Elementen des utopischen Idealstaates, die damals bereits eine Tradition hatten. Sieben Jahre darf Iambulos an dem Glück dieser Südseeinsel teilhaben, dann kehrt er, von den Insulanern verstoßen, über Indien in die Heimat zurück. Lukian, der seine *Wahren Geschichten* (s. S. 941) als Pasquill auf die abenteuerlichen Reiseromane schrieb, hat an den Phantastereien des Iambulos immerhin die reizvolle Durchführung anerkannt (1, 3).

Diodors Auszug bietet keinen Anlaß zu der Annahme, daß der Roman des Iambulos erotische Motive enthielt, mag das auch nicht auszuschließen sein. Wohl aber sind solche mit phantastischen Reiseabenteuern in den *Wunderdingen jenseits von Thule* (Τὰ ὑπὲρ Θούλην ἄπιστα, 24 B.) des Antonius Diogenes verbunden. Wir besitzen von ihnen einen Auszug in der *Bibliothek* des Photios (cod. 166), wozu noch Exzerpte in der *Pythagorasbiographie* des Porphyrios und ein Papyrus (nr. 50 P.; 2./3. Jh. n. Chr.) kommen. Lukian hat, wie schon Photios sah, das Werk in seinen *Wahren Geschichten* parodiert. Da anderseits die Verlegung der Handlung in die Zeit des Pythagoras und allerlei, was von diesem berichtet war, gut zur neuen pythagoreischen Welle in der frühen Kaiserzeit passen, wird man den Roman mit einiger Zuversicht in das 1. nachchristliche Jahrhundert setzen. An Diktys erinnert die umschichtige Beglaubigung durch Tafeln in einem Kästchen aus Zypressenholz, das nach der Einnahme von Tyros durch Alexander gefunden wurde. Sie enthielten den Bericht des Deinias über seine abenteuerlichen Fahrten, die ihn weit über die Grenzen der Oikumene und sogar auf den Mond führten. Die mit den Abenteuern des Deinias verschlungene Geschichte des Geschwisterpaares, das vor einem bösen ägyptischen Zauberer flieht, nimmt Märchenmotive auf, Magie spielt eine große Rolle, viele für den Roman typische Motive wie Trennung und Wiederfinden, Scheintod, Giftanschläge sind verwendet. Erotisches ist eingeflochten, ohne daß es in der Weise der bald zu nennenden Liebesromane im Mittelpunkt stünde. Photios läßt noch die kunstvolle Technik erkennen, in der die einzelnen Handlungsstränge verschlungen waren. In die Icherzählung des Deinias waren die Berichte anderer Personen in derselben Form eingelegt.

Von den Papyrusfunden, die für den Roman des Chariton von Aphrodisias in Karien eine gründliche Änderung seiner Datierung erzwangen und sogar den Ansatz im Späthellenismus erwägenswert machen, war bereits die Rede[1]. Die Geschichte von *Chaireas und Kallirhoë* (8 B.) enthält freie Erfindung, sucht aber noch den Anschluß an Historisches. Am Anfange des Romanes steht der Name des Hermokrates, jenes syrakusanischen Feldherrn, der den siegreichen Kampf gegen Athens Expeditionskorps leitete (vgl. S. 527). Seine Tochter ist die schöne Kallirhoë, die Chaireas, der Sohn eines politischen Gegners des Hermokrates, mit Hilfe des Volkswillens zum Weibe gewinnt, dann durch Intrigen seiner Rivalen und seinen eigenen Irrwahn wieder verliert, nach endlosen Fährnissen aber zu dauerndem Glücke wiederfindet. Auch Artaxerxes II. und seine Satrapen Pharnakes und Mithridates erscheinen an der Handlung beteiligt, ein Aufstand der Ägypter gegen die persische Herrschaft führt zur Lösung, aber alle diese historischen Gestalten und Fakten sind unwesentliche Elemente in dem bunten Spiel der Phantasie. Die Motive, die in diesen Romanen wie Spielkarten gemischt werden, sind bei Chariton bereits so gut wie alle da. Liebe des Paares auf den ersten Blick, der von Neidern erregte Verdacht der Untreue, durch den Chaireas zur Mißhandlung der Gattin getrieben wird, Scheintod und Bestattung, Räuber, die das Grab plündern und die zum Leben Erwachte entführen. Mit geheimer Kraft zieht der Osten die Handlung an sich. Über Milet geht es an den Hof des Perserkönigs, die ägyptische Revolte bringt die Entscheidung. Immer ist es in diesen Romanen die ungewöhnliche Schönheit der Heldin, die ihr die schlimmsten Nöte schafft. Hochgestellte Männer bis zum Großkönig begehren sie und fädeln kunstvolle Intrigen ein, bis die große Walterin Tyche dem schwergeprüften Paare das sichere Glück gegenseitigen Besitzes gewährt.

Die Dramatisierung der Erzählung ist sehr weit getrieben. Bei der Schilderung der an Effekten reichen Gerichtsverhandlung vor dem Großkönig im 5. Buche weist Chariton selbst mit dem Finger darauf, daß hier die Bühne übertroffen werden soll. Anderseits schreitet die Erzählung von Episode zu Episode ziemlich geradlinig fort. Die Technik Heliodors steht dazu in starkem Gegensatze. Die Sorgfalt in der Hiatvermeidung stützt den frühen Ansatz. Sprachliche Anleihen bei den klassischen Geschichtschreibern entsprechen der motivischen Anlehnung an Historisches. Merkwürdig sind gelegentlich eingestreute Verse. Entfernt Vergleichbares findet sich bei Xenophon von Ephesos. Unser Material reicht jedoch nicht aus, um von einer Eigenheit des älteren Romanes zu sprechen.

[1] B. E. Perry (s.u. Lit.) datiert Chariton in das 1. Jh. n. Chr. R. Merkelbach, *Gnom.* 40, 1968, 656, 1, setzt ihn nach Xenophon von Ephesos, Achilleus Tatios und Iamblich, »also später als 165 n. Chr.«. – R. Petri, *Über den Roman des Chariton.* Meisenheim a. Glan 1963 (Diss. Erlangen. Beitr. z. klass. Philologie H. 11). A. Papanikolaou, *Zur Sprache Charitons.* Diss. Köln 1963.

Daß das zweite nachchristliche Jahrhundert, die Zeit beträchtlichen Wohlstandes, auch eine solche lebhafter Romanlektüre war, läßt die besondere Dichte einschlägiger Papyri erkennen. Die Romane, von denen wir solche Fragmente besitzen, können natürlich wesentlich früher entstanden sein. Ein Fragment (nr. 2621 P.) läßt uns die Trennung der Liebenden erkennen: das Fahrzeug der Herpyllis wird von einem Seesturm am Auslaufen verhindert, während ihr Geliebter auf einem anderen Schiffe dem Unwetter preisgegeben ist. Bruchstücke aus dem Romane von *Metiochos und Parthenope* (nr. 2622f. P.) zeigen den Helden als Verächter des Eros, der natürlich seine Wirkung um so heftiger erfährt. Ein anderes Fragment erzählt von einem Loskauf der Parthenope auf Kerkyra. Das häufige Motiv des verhinderten Selbstmordes findet sich in einem Bruchstück (nr. 2628 P.), das die Verzweiflung einer Kalligone schildert. Wenn hier Kämpfe zwischen Sauromaten und Skythen die Liebenden trennen, so befinden wir uns in der quasi-historischen Sphäre des älteren Romans. Von zwei kleinen Fetzen (nr. 2627. 2631 P.), die um die Wende vom 2. zum 3. Jahrhundert geschrieben wurden, zeigt der erste eine Antheia, die mit Gift umgeht; immer wieder wird in diesen Geschichten Selbstmord geplant. Ein Pergamentpalimpsest (nr. 244 P.) aus dem 7. Jahrhundert mit einem Stück aus Chariton enthält auch ein solches aus dem Roman der Chione, die allen ungestümen Freiern zum Trotz an ihrem Geliebten festhält. Ähnlichkeiten mit Chariton scheinen erkennbar, ohne daß man an diesen als Verfasser denken müßte; doch ist es wahrscheinlich, daß auch dieser Roman der älteren Gruppe zugehört. Von den Fragmenten sei noch jenes aus dem Sesonchosis-Roman (nr. 2619 P.) genannt. In dem Erhaltenen wird ein Konflikt zwischen dem König Ägyptens und seinem Sohne erkennbar, der – sicher um einer anderen Liebe willen – die vom Vater geplante Ehe ablehnt. Geschrieben ist der Papyrus im 3. oder 4. Jahrhundert, doch scheint der historisierende Charakter auf frühere Entstehung zu weisen.

Bei der Einordnung der fünf Bücher *Ephesiaka* (Τῶν κατ' Ἄνθειαν καὶ Ἁβροκόμην Ἐφεσιακῶν λόγων βιβλία ε') des Xenophon von Ephesos bleiben Fragen offen. Habrokomes, der sich über Eros erheben will (ohne daß das Motiv weiter fruchtbar würde) und Antheia sehen sich bei der Artemisprozession, geraten in Liebe und werden zusammengegeben. Dabei spielt das Orakel des Apollon von Kolophon eine Rolle, das kommende Gefahren andeutet. Um sie zu vermeiden, schicken die Angehörigen das junge Paar auf Reisen. Damit ist natürlich die übliche Folge von Abenteuern ausgelöst: Unwetter, Schiffbruch, Piraterie verfolgen die getrennten Liebenden, und immer wieder erregen sie auf ihren Wegen durch ihre Schönheit gefährliche Leidenschaft. Dabei spielt in den Schicksalen des Habrokomes das Potipharmotiv seine Rolle, während es Antheia unter ihren vielen Abenteuern auch widerfährt, das Weib eines armen Hirten zu werden. Aber der Edelmut dieses Mannes niedrigsten Standes läßt sie ihre Reinheit bewahren. Die Wiederkehr eines Zuges, den Euripides in kühner Neuerung der Elektrasage eingefügt hatte, ist bemerkenswert.

Für die Datierung ist es zunächst von Belang, daß der Roman die Einführung des Amtes der Eirenarchen durch Trajan voraussetzt. Ein Terminus ante scheint sich daraus zu ergeben, daß der ephesische Artemistempel, der 263 zerstört wurde, in der Geschichte eine bedeutende Rolle spielt. Freilich ist die Möglichkeit, daß der Verfasser die Handlung rückverlegt und das genannte Ereignis übergangen hat, nicht auszuschließen, doch stehen die *Ephesiaka* der Romanform des Chariton so nahe, daß man kaum viel über das Ende des ersten nachchristlichen Jahrhunderts hinausgehen wird[1].

Die *Suda*, die auch von einem Geschichtswerk des Xenophon *Über Ephesos* (Περὶ τῆς Ἐφεσίων πόλεως) weiß, gibt den *Ephesiaka* einen Umfang von zehn Büchern. Nun zeigt die Komposition des Romans, der die Fülle der Abenteuer recht kunstlos reiht, in manchen Partien eine auffallende Knappheit. So hat ROHDES[2] Vermutung, uns liege ein Auszug vor, manches für sich. Doch ist es bei diesem kümmerlichen Skribenten nicht auszuschließen, daß die genannten Erscheinungen einfach aus seinem geringen Können zu erklären sind.

Daß wir die *Babyloniaka* des Syrers Iamblichos dank seinen autobiographischen Angaben in das letzte Drittel des 2. Jahrhunderts n. Chr. setzen können, wurde bereits erwähnt. Von Inhalt und Aufbau des Werkes bekommen wir eine leidlich gute Vorstellung durch den Auszug, den der belesene Photios in seiner Bibliothek (Codex 94) von dem «Dramatikon» gibt[3]. Der Roman spielt im vorpersischen Mesopotamien. Das Meer mit Stürmen, Schiffbrüchen und Seeräubern fehlt hier, aber ansonsten ist von den bekannten Motiven alles reichlich da, vermehrt um einen menschenfressenden Räuber und mit besonders starkem Anteil von Gespenstern und Magie. Dieser wahre Hexensabbat von Verfolgungen, Mordtaten und Verwechslungen wird dadurch heraufgeführt, daß Garmos, der grausame König von Babylon, Sinonis, die Gattin des Rhodanes, für sich begehrt. Die Komposition ist sehr locker, Photios läßt novellenartige Einlagen und Exkurse über verschiedenes Brauchtum erkennen; auch sind die Schicksale einzelner Nebenfiguren recht geschickt mit der Haupthandlung verbunden. Die Sprache der Fragmente zeigt starke Einwirkung der Rhetorik. Die *Suda* gibt die Buchzahl 39 an, während Photios mit Buch 16 endet, ohne daß einzusehen wäre, was nach der glücklichen Vereinigung des Paares noch erzählt werden konnte. Man kann an zwei Ausgaben verschiedenen Umfanges denken, soll aber die Unsicherheit der Zahlangaben in unserer handschriftlichen Tradition nicht vergessen.

In das zweite Jahrhundert gehören auch die Romane des Sophisten Nikostratos aus Makedonien, von denen wir nicht einmal die Titel kennen, und die *Metamorphosen* des Lukios von Patrai (vgl. S. 944). Vielleicht dürfen wir in dieselbe Zeit das griechische Original der *Historia Apollonii regis Tyrii* setzen, wozu Berührungen mit den

[1] HELM (s. u.), 45 hält an Abhängigkeit von Heliodor fest und datiert Xenophon in das späte 4. Jh. Beides kann nicht überzeugen.

[2] *Griech. Roman* (s.u.), 429; vgl. R. M. RATTENBURY, *Gnom.* 22, 1950, 75. T. HÄGG, ‹Die Ephesiaka des Xenophon Ephesios – Original oder Epitome›. *Class. et Med.* 27, 1966, 118, spricht sich ausführlich gegen die Epitome-Hypothese aus (Viel Lit.). Vgl. den *RE*-Artikel (IX A 2, 2057) von H. GÄRTNER, der auch zur Kerényi-Merkelbach-Theorie über die Entstehung des Romans Stellung nimmt.

[3] Einige handschriftlich erhaltene Fragmente sind bei URSULA SCHNEIDER-MENZEL (s. u. unter Iamblichos) aufgezählt.

Ephesiaka des Xenophon raten. Die Geschichte von dem König Apollonios, der sich nach allerlei Fährnissen in Kyrene die Königstochter zum Weibe gewinnt, dann aber durch die seltsamsten Schicksale Frau und Kind verliert und erst nach vielen Jahren wunderbar wiederfindet, ist in mehrere Sprachen übertragen worden und vor allem in einer lateinischen Fassung des 5. oder 6. Jahrhunderts zum Volksbuch geworden.

Nur lose läßt sich hier um der romanhaften Elemente willen die Geschichte von Secundus, dem schweigenden Philosophen anreihen. Sie war in syrischen, armenischen, arabischen, äthiopischen Varianten, aber auch in einer mittelalterlich-lateinischen Fassung verbreitet, die ihrerseits in viele Sprachen übertragen wurde. Das Original ist jedoch griechisch und wahrscheinlich bald nach Hadrian entstanden[1]. Secundus prüft die Keuschheit der Frauen an der eigenen Mutter und treibt sie dadurch in den Tod. Da gelobt er, nie mehr ein Wort zu sprechen, und hält seinen Schwur gegen jeden Zwang, auch vor dem Kaiser Hadrian. Zwanzig Fragen des Kaisers beantwortet er nur schriftlich. Die Geschichte nimmt am Schlusse die Form eines Weisheitsbuches an.

Das Erhaltene genügt, um uns das Bild einer ebenso breiten wie flachen Romanproduktion zu geben. Einigermaßen ragen daraus zwei Werke hervor, deren Motivbestand allerdings im Typischen bleibt. Für des Achilleus Tatios (in diesem Namen steckt wohl der ägyptische Gott «Tat») *Leukippe und Kleitophon* (8 B.) haben die Papyri[2] – wir erwähnten das schon – einen gründlichen Wandel der Datierung erzwungen. Die Funde stimmen zu dem Ansatz von F. Altheim[3]. Dieser wollte auf Grund historischer Indizien, die bei der Arbeitsweise der Romanschriftsteller freilich nicht mit Sicherheit entscheiden, den Roman zwischen 172 und 194 setzen.

Daß der alexandrinische Rhetor, dem die *Suda* noch verschiedene Schriften vermischten Inhaltes gibt, über das Klischee hinaus will, zeigt er besonders im Eingange. Der Autor kommt nach stürmischer Seefahrt nach Sidon und bewundert dort ein Gemälde mit der Entführung Europas, das er, mit sichtlicher Freude an rhetorischer Ekphrasis, im Stile des Philostrat beschreibt. Schilderungen dieser Art finden sich mehrfach bei ihm. Der Eros, der den Stier lenkt, gibt Anlaß zu einem Gespräche mit einem jungen Mann; es ist Kleitophon, der nun in einem Platanenhain an einem klaren Wasser à la Phaidros von der Macht des Eros erzählt, wie er sie in wilden Abenteuern erfahren hatte. Auch darin trägt der Roman, soweit wir sehen, eigene Züge, daß die

[1] B. E. Perry, *Secundus the Silent Philosopher. The Greek Life of Secundus.* Ithaca, Cornell Pr. 1964 (mit Übers. der orientalischen Texte und des lateinischen).

[2] S. o. S. 957. Den ersten Ruck verursachte Ox. Pap. nr. 1250 aus dem späten 3. oder frühen 4. Jh. Bedeutende Abweichungen gegenüber den Handschriften stellen ein Problem. C. F. Russo, der auch die Lit. gibt, hat es *Accad. dei Lincei, Rendic. d. classe di scienze mor. stor. e filol.* Ser. VIII, vol. X, 1955, 397, wahrscheinlich gemacht, daß der Papyrus, mit der Absicht zu kürzen, geändert hat. Vorsichtig urteilt Vilborg in der Ausgabe (s. u.), LXI. Eine noch frühere Datierung erzwang ein Mailänder Papyrus aus dem 2. Jh. n. Chr., den A. Vogliano, *Stud. ital. fil. class.* 15, 1938, 121, herausgab. Zu beiden Pap. Lit. bei Qu. Cataudella, *Parola del passato.* Fasc. 34, 1954, 37, 1. Dazu ein gegenwärtig verschollener Papyrus: W. Schubart, *Griech. Lit. Pap.* (*Ber. Sächs. Akad. Phil.-hist. Kl.* 97/5) Berl. 1950, nr. 30, den der Herausgeber vermutungsweise ins 3. Jh. setzt.

[3] *Lit. u. Gesellsch.* (s. u.), 121.

Entwicklung der Liebe zwischen den beiden jungen Menschen bis zur gemeinsamen Flucht breit und mit feinen Nuancen erzählt wird. Freilich stehen neben Elementen wirklicher Seelenschilderung Ausführungen über den Eros von schulmäßiger Altklugheit. Ein Seesturm, der die Geflüchteten in die Hand ägyptischer Räuber fallen läßt, leitet die Reihe der Abenteuer ein, die mit den konventionellen Motiven in möglichst dramatischer Gestaltung arbeitet. Immer wieder muß Kleitophon von der Tötung der Geliebten überzeugt sein; daß er einmal ihrer Schlachtung zusieht, ohne zu ahnen, daß alles mit Hilfe vorgebundener Gedärme und eines Theaterdolches fingiert wird, mag ein Beispiel dafür geben, wohin die Sucht, überspielte Motive zu steigern, schließlich führt. Auch in diesem Roman findet standhafte Treue ihren Lohn, das ist mit der Gattung gegeben; aber anders als bei Heliodor kommt da und dort ein Schuß Lüsternheit in die Erzählung, und es fällt aus dem Rahmen des Gewohnten, wenn Kleitophon einmal der Frau, deren Leidenschaft die Handlung des zweiten Teiles weithin bestimmt, zu Willen sein muß. Der Gang der Handlung ist trotz verschiedenen Einlagen ziemlich geradlinig, die Aktionen der Nebenfiguren sind dicht an das Hauptthema angeschlossen. Die gekünstelt einfache Sprachform (ἀφέλεια) und die starke Figurierung zeigen, daß sich nun die Stiltendenzen der Zweiten Sophistik des Romanes bemächtigt haben.

Die von den Papyri erzwungene neue Chronologie hat dem Roman des Achilleus gegenüber Heliodor von Emesa mit seinen *Aithiopika* (Σύνταγμα τῶν περὶ Θεαγένην καὶ Χαρίκλειαν Αἰθιοπικῶν, 10 B.) als den Späteren erwiesen. Seine genauere Datierung unterliegt noch der Debatte. F. ALTHEIM[1] hat auf die Schilderung der Schlacht zwischen Persern und Aithiopen aufmerksam gemacht, in der die Kataphrakten, die persischen Panzerreiter, eine Rolle spielen; übrigens ein starker Anachronismus, da die Handlung in die Zeit der persischen Herrschaft über Ägypten verlegt ist. Diese Kataphrakten waren zuerst im Perserkrieg des Alexander Severus (232/33) mit den Römern zusammengeraten, für unsere Frage ist damit aber lediglich ein terminus post gegeben. Weder die Schilderung der Blemmyer als fügsamer Untertanen von Meroë noch die Geschichte des Sonnenkultes und seine (mitunter überschätzte) Bedeutung im Roman ergeben eine sichere untere Grenze. Der Ansatz in das 2. Viertel des 3. Jahrhunderts muß auf Grund neuerer Untersuchungen der Datierung in das 4. Jahrhundert weichen[2].

Besser aus dem Spiele lassen wird man die Nachricht, die zum erstenmal in der Kirchengeschichte des Sokrates (5. Jh.; 5, 22) auftaucht, Heliodor, der in seiner Jugend die

[1] S. vor. Anm., 108.

[2] Für den späteren Ansatz: M. VAN DER VALK, ‹Remarques sur la date des Ethiopiens d'Héliodore›. *Mnem.* 9, 1941, 97, mit der Annahme, daß Heliodor an mehreren Stellen von Julian abhänge; A. WIFSTRAND, *Bull. Société des lettres Lund*, 1944/45, 2, 36ff. auf Grund sprachlicher Beobachtungen; M. P. NILSSON, *Gesch. d. gr. Rel.* 2, 2. Aufl. Münch. 1961, 565. R. KEYDELL, ‹Zur Datierung der Aithiopika Heliodors›. In: *Polychronion. Festschr. F. Dölger*. Heidelberg 1966, 345, weist aus dem Vergleich mit Julians Bericht über die Belagerung von Nisibis durch Sapor II. in *or. 1* vom Jahre 356 und *or. 3*, wahrscheinlich 358, und der Erzählung Heliodors über die Belagerung von Syene, vor allem aus Motiven, die bei Heliodor funktionslos wurden, überzeugend nach, daß Heliodor der spätere ist und ins 4. Jh. gehört. Die Identität des Romanschreibers mit dem Bischof hält er für möglich.

Aithiopika schrieb, sei später Bischof von Trikka geworden und hätte in Thessalien den Zölibat eingeführt. Das wird in der Kirchengeschichte des Nikephoros Kallistos (um 1320; 12, 34) zur Fabelei, eine Synode habe Heliodor vor die Wahl gestellt, das Werk zu verbrennen oder die Bischofswürde niederzulegen. Auch Achilleus Tatios wird in der *Suda* zum Christen, und es ist in diesem Zusammenhange wichtig[1], daß in der Legende des heiligen Galaktion und der heiligen Episteme (MIGNE 116, 93) als deren Eltern Kleitophon und Leukippe, das Romanpaar, auftreten. All das gehört in die Reihe der Versuche, die beiden am meisten gelesenen Romane durch die Beziehung zu Christlichem einigermaßen zu legitimieren. Auf die reiche Verwertung von Romanmotiven in christlicher Erzählungsliteratur soll hier wenigstens mit einem Worte verwiesen sein[2].

Dem Romane des Heliodor weisen zwei Eigenschaften eine besondere Stellung an. Zunächst die ungewöhnliche Virtuosität der Erzählungstechnik. Völlig aus dem Rahmen fällt der Einsatz: Räuber lugen im ersten Morgenlicht über eine Höhe an der Herakleotischen Nilmündung und erblicken ein seltsames Bild: ein voll beladenes Lastschiff ohne Bemannung, Boote und Schwerverletzte, die Reste eines Schmauses und ein Mädchen, das sich um einen verwundeten Jüngling bemüht. Das Paar Theagenes und Charikleia wird uns ohne jede Exposition in einer äußerst dramatischen Situation gezeigt und so eine Spannung erregt, die sich erst über mehrere kunstvoll angelegte Stufen in unserem Wissen um die vielfach verschlungene Vorgeschichte löst. Charikleia ist das von der Mutter ausgesetzte Kind des aithiopischen Königspaares. Sie wächst in Delphi auf, wo sie die Liebe des Theagenes erregt und erwidert. Mit dem Jüngling und dem alten Kalasiris, den die aithiopische Königin auf die Suche nach ihrem Kinde ausgesandt hat, zieht sie in die Ferne, von der ein Orakel in dunklen, glückverheißenden Worten spricht. Nun folgt eine Kette von Gefahren und Abenteuern, bis Charikleia, mit Theagenes bereits zum Opfer bestimmt, in Aithiopien ihre Eltern findet und dort zusammen mit dem Geliebten die Priesterwürde empfängt. Die Buntheit der Handlung wird äußerst geschickt durch Nebenfiguren erhöht, von denen jede ihre eigene spannungsreiche Geschichte hat. Da ist Knemon, der, in eine Potiphargeschichte verwickelt, auf Wanderschaft ging, da ist der edle Räuberhauptmann Thyamis, der sich als Sohn des Kalasiris herausstellt. Ein feindliches Schicksal, das sich zeitweise mit dem des Paares verknüpft, hat ihn aus der Bahn geworfen, doch findet er zu seinem Vater und einem Leben in Ehren zurück.

Zum andern sind die *Aithiopika* ein bedeutsames Zeugnis dafür, wie neue religiöse Kräfte die Zeit durchdringen. Keuschheit ist hier nicht Pose, sondern echtes inneres Gebot; die aithiopischen Gymnosophisten erreichen die Verwerfung blutiger Opfer; in dem Ablauf menschlicher Schicksale wird göttliche Gerechtigkeit erkannt. Es hängt von der Datierung des Romanes ab, ob man in ihm Neupythagoreisches oder bereits neuplatonische Züge finden will[3]. Der Orient wirkt in der hohen Vorstellung von dem als universal empfundenen und mit Apollon gleichgesetzten Sonnengott

[1] Dazu H. DÖRRIE, ‹Die griech. Romane und das Christentum›. *Phil.* 93, 1938, 273.

[2] Viel bei HELM (s. u.), 53.

[3] Für letzteres nach GEFFCKEN jetzt NILSSON a. O. 565, 5.

herein. Astrologie, Traumglaube und Magie fehlen nicht, doch wird deren niedere Form von der Weisheit der Priester geschieden.

Daß die Sprache dieser Romane ein Kunstprodukt ist, wird an Heliodor besonders deutlich. Alle rhetorischen Kunstmittel und Anleihen bei der Dichtung können über das Papierene dieses Stiles nicht täuschen. Mächtige Perioden werden konstruiert, aber nicht bewältigt. Vor allem führt die Manier, die Sätze durch Partizipialhäufung zu überlasten, zu monströsen Gebilden.

Etwas abseits von der bisher geschilderten Gruppe von Liebes- und Abenteuerromanen steht der Hirtenroman von *Daphnis und Chloë* (4 B.) des Longus von Lesbos. Recht verschiedene Elemente sind hier durch schriftstellerisches Können zu einem Ganzen vereinigt, das eine große Wirkung ausgelöst und selbst Goethes Gefallen erregt hat[1]. Hier bleibt die Ferne verschlossen, der Roman spielt auf der Heimatinsel des Verfassers, nahe bei Mytilene. Die Abenteuer, ein Überfall auf Chloë, die Versuche, Daphnis und dann wieder das Mädchen zu entführen, bleiben episodisches Beiwerk, ebenso wie verschiedene Hindernisse, die sich der Vereinigung der beiden in den Weg stellen. Breit und bei aller Geziertheit doch mit Anmut dargestellt ist die bukolische Welt, in der sich die Handlung abspielt. Wenn man sich an Theokrits *Eidyllia* erinnert, darf man freilich den Abstand nicht übersehen, der dieses Getändel von der Kunst des Alexandriners trennt. Bei Longus ist alles idyllisch im Sinne jener Schäferpoesie, die an der Welt dieses Romanes weiterdichtete. In diese idyllische Szenerie stellt der Autor zwei Findelkinder, die Hirtendienste tun. Das Erwachen ihrer Neigung, die Naivität ihrer Leidenschaft, die den Weg zur Erfüllung lange nicht zu finden weiß, ist sein eigentliches Thema. Daß die Unschuld dieser beiden jungen Menschen, das Natürlich-Triebhafte ihres Verlangens vom Autor lüstern beobachtet und entsprechend geschildert wird, macht das Zwielichtige dieses Romans zwischen Frivolität und Natürlichkeit aus. Die Lösung erfolgt im Stile der Neuen Komödie: Daphnis und Chloë finden ihre Eltern, wohlhabende Bürger Mytilenes, und können ein Paar werden. Dem Leben in der Stadt ziehen sie aber das Glück der Hirtenwelt vor, in der sie aufgewachsen sind.

Die Schlußwendung mit ihrem Bekenntnis zum unschuldigen Leben in der Natur erinnert an den *Euboïkos* des Dion (s. S. 933). Man neigt heute dazu, Longus nicht allzu weit davon zu trennen und ihn noch ins 2. Jahrhundert zu setzen. Ältere Spätansätze sind unglaubhaft geworden, doch wird man auch die erste Hälfte des 3. Jahrhunderts noch in Betracht ziehen müssen. Der auf Symmetrie und gespielte Schlichtheit berechnete Stil paßt zu diesem Ansatz[2].

Die Epistolographie, ein Lieblingskind der Rhetorik, die Briefe als Stilübungen pflegte, ist vom Roman gattungsmäßig geschieden[3]. Aber in ihren erotischen Spiel-

[1] Gespr. m. Eckermann vom 20. 3. 1831.

[2] In einem Prodromos zu seinem u. genannten Buche wollte R. Merkelbach in dem Roman Beziehungen zu Mysterien, vor allem zu jenen des Dionysos, nachweisen: ‹Daphnis und Chloe›. *Antaios, Zeitschr. für eine freie Welt.* 1, 1959, 47; ders., *Roman und Mysterium* (s. u.), 192.

[3] Zum Brief und seiner Theorie: H. Koskenniemi, *Studien zur Idee und Phraseologie des griech. Briefes bis 400 n. Chr.* Helsinki 1956.

formen liegen motivische Berührungen vor, was ein Wort über sie an dieser Stelle rechtfertigt. Der erotischen Briefe des Philostrat (S. 937) und der Bauernbriefe Aelians (S. 953) wurde bereits gedacht. Verloren ist die Sammlung erotischer Briefe des Rhetors Lesbonax aus dem 2. Jahrhundert. Es ist wohl derselbe Mann, von dem wir drei kümmerliche Deklamationen besitzen[1]. Dem Geiste der Zeit entspricht es, daß zwei von ihnen historische Situationen des 5. Jahrhunderts v. Chr. voraussetzen. Die erfreulichsten Erzeugnisse auf diesem Felde sind die Briefe des Alkiphron, der ebenfalls ins 2. Jahrhundert gehört. In den vier Büchern (*Fischerbriefe*, *Bauernbriefe*, *Parasitenbriefe*, *Hetärenbriefe*) äußern sich nicht allein das sprachliche Bemühen des Attizisten (das freilich Entgleisungen nicht vermeiden kann) und antiquarische Beflissenheit, wir verspüren die warme Liebe des Autors für sein romantisch verklärtes Athen, und gar nicht selten gelingt es ihm, etwas von der unvergleichlichen Charis jener Zeit in seinen Briefen einzufangen. Das gilt vor allem von der fingierten Korrespondenz Menanders und seiner Glykera, von der zu sprechen wir bereits Anlaß hatten (S. 720). Freude kann man auch an manch frischer Naturschilderung haben, so im ersten Fischerbrief und in dem Bericht über einen Ausflug auf das Land (4, 13). Seine Erotik ist konventionell und läßt die auch sonst häufigen Anleihen bei der Komödie deutlich erkennen. Aber auch hier gibt es so Hübsches wie den Brief der Lamia an Demetrios (4, 16)[2].

Ein ganz später Nachfahre dieser Literatur ist Aristainetos, der nach der Nennung des Pantomimen Karamallos (1, 26 mit Apollinaris Sidonius 23, 268) in das 5. Jahrhundert gehört. Die Verwendung akzentuierender Klauseln stimmt dazu. In seinen *Erotischen Briefen* (2 B.) schreibt er in seinem Streben nach attizistischem Griechisch ganze Sätze aus Platon, den Romanschriftstellern, Lukian, Philostrat und Alkiphron aus, um nur diese zu nennen. Aber er ist stofflich interessant, da er von überallher – 1, 10 und 15 schöpfen aus den *Aitia* des Kallimachos – die erotischen Motive der Antike aufsammelt.

Hier ist ein Hinweis auf die nicht erotische Form des Briefromans anzuschließen, die für uns vor allem durch eine Chion von Herakleia zugeschriebene Sammlung von 17 Briefen vertreten ist[3]. Chion war wie auch sein Mitverschworener Leonides aus der Akademie hervorgegangen, und ebenso war das Klearchos, der Tyrann von Herakleia am Pontos, gegen den sich der tödliche Anschlag der beiden an den Dionysien des Jahres 352 richtete. Wir erinnern uns von ferne daran, daß Dion, Platons Freund, in Syrakus einer Verschwörung zum Opfer fiel, die das Werk des Akademikers Kallippos war. Der Glaube, daß die Briefe mit ihrer Schilderung der Vorgänge vor der Tat von Chion selbst stammen, ist zu Recht aufgegeben. Unerachtet einzelner historischer Kenntnisse, die auf gute Tradition zurückgehen, ist der Autor

[1] Ausgabe: F. Kiehr, Leipz. 1907.

[2] Text m. Übers.: v. Wilamowitz, *Herm.* 44, 1909, 467 = *Kl. Schr.* 4, 244.

[3] Als weiteres Beispiel führt Kurt Latte, *Gnom.* 25, 1953, 46 = *Kl. Schr.* 786, den Alexanderroman an, den R. Merkelbach, *Aegyptus* 27, 1947, 144, besprochen hat; Chion datiert er in die Zeit Domitians. – Untersuchungen zur Epistolographie nach der Gesamtausgabe von R. Hercher (Paris 1871) bei E. Heitsch, *Gnom.* 36, 1964, 144, und B. Kytzler, *Gnom.* 42, 1970, 92, 3.

dieser Briefe ein Mann von mittelmäßigem Talent. Die genaue Datierung ist schwierig, der spätere Hellenismus oder das erste nachchristliche Jahrhundert kommen in Frage[1].

Allgemeine Lit. zum Roman: E. ROHDE, *Der griech. Roman.* Leipz. 1876; 3. Aufl. 1914; Nachdruck mit einem Vorwort von K. KERÉNYI, Hildesheim 1961. E. SCHWARTZ, *Fünf Vorträge über den griech. Roman.* Berl. 1896. K. KERÉNYI, *Die griech.-orient. Romanlit. in religionsgeschichtlicher Beleuchtung.* Tübingen 1927. F. ZIMMERMANN, ‹Aus der Welt des griech. Romans›. *Die Antike* 11, 1935, 292 (mit Übersetzungsproben). E. H. HAIGTH, *Essays on the Greek Romances.* New York 1943. F. ALTHEIM, *Lit. u. Gesellschaft im ausgehenden Altertum.* Halle 1948; *Roman und Dekadenz.* Tübingen 1951. R. HELM, *Der antike Roman.* Berl. 1948. 2. Aufl. Gött. 1956. BR. LAVAGNINI, *Studi sul romanzo greco.* Messina-Firenze 1950. O. WEINREICH, *Nachwort zur Heliodor-Übers.* von R. REYMER. Zürich *(Bibl. d. Alten Welt)* 1950. R. MERKELBACH, *Roman und Mysterium in der Antike.* München 1962. G. GIANGRANDE, ‹On the origins of the Greek romance: the birth of a literary form›. *Eranos* 60, 1962, 132. O. MAZAL, ‹Der griechische und byzantinische Roman in der Forschung von 1945 bis 1960›. *Jahrb. der Österr. Byzant. Ges.* 11/12, 1962/63, 9; 13, 1964, 29; 14, 1965, 83. F. WEHRLI, ‹Einheit und Vorgeschichte der griechisch-römischen Romanliteratur›. *Mus. Helv.* 22, 1965, 133 (zeigt motivische Übereinstimmungen zwischen Roman und Novelle auf). B. E. PERRY, *The Ancient Romances. A Literary-Historical Account of their Origins.* Sather Class. Lectures 37. Berkeley 1967. C. CORBATO, ‹Da Menandro a Caritone. Studi sulla genesi del romanzo Greco e i suoi rapporti con la comedia nuova›. *Quaderni Triestini sul teatro antico* 1, 1968, 4, mit eingehender Bibliographie. – Gesamtausgaben: W. A. HIRSCHIG, *Erotici scriptores.* Paris 1856. R. HERCHER, *Erotici scriptores Graeci.* 2 Bde. Leipz. 1858/59. P. GRIMAL, *Romans grecs et latins. Textes présentés, trad. et annotés.* Paris 1958. Q. CATAUDELLA, *Il romanzo classico.* Roma 1958. F. ZIMMERMANN, *Griech. Roman-Papyri.* Heidelb. 1936; vgl. P(ack) nr. 2616–2641 und zu den einzelnen Autoren. Überlieferung: H. DÖRRIE, *De Longi Achillis Tatii Heliodori memoria.* Diss. Gött. 1935 (vgl. R. M. RATTENBURY, *Gnomon* 13, 1937, 358).

Chariton: W. E. BLAKE, Oxf. 1938. Ital. Übers.: A. CALDERINI, Milano 1913. B. E. PERRY, ‹Ch. and his Romance from a Literary-Historical Point of View›. *Am. Journ. Phil.* 51, 1930, 93. – Xen. Eph.: G. DALMEYDA, *Coll. des Un. de Fr.* 1936 (doppelsprachig). Übers.: B. KYTZLER, *Die Waffen des Eros oder Anthia und Habrokomas.* Berlin 1968. – Iamblichos: E. HABRICH, *Iamblichi Babyloniacorum reliquiae.* Leipzig 1960. Analyse von URSULA SCHNEIDER-MENZEL bei ALTHEIM, *Lit. u. Gesellsch.* (s.o.), 48. – *Historia Apollonii:* A. RIESE, Leipz. 1893. – Ach. Tatios: S. GASELEE, *Loeb Class. Libr.* (mit engl. Übers.) Lond. 1917. E. VILBORG, Stockholm 1955 (mit Überlieferungsgesch. und Lit.; dazu C. F. RUSSO, *Gnom.* 30, 1958, 585). ders., *Achilles Tatius Leucippe and Clitophon. A Commentary.* Studia Graeca et Latina Gotoburgensia. Stockholm 1962. D. SEDELMEIER, ‹Studien zu Ach. T.›. *Wien. Stud.* 72, 1959, 113. D. HAGEDORN – L. KOENEN, ‹Eine Handschrift des Achilleus Tatios›. *Mus. Helv.* 27, 1970, 49. – Heliodor: A. COLONNA, Rom 1938. R. M. RATTENBURY et T. W. LMUB, *Coll. des Un. de Fr.* (mit Übers. von J. MAILLON), 3 Bde. 1935, 1938, 1943. 2. Aufl. 1960. F. ALTHEIM, *Lit. u. Gesellsch.* (s.o.), 93. V. HEFTI, *Zur Erzählungstechnik in H.s Aeth.* Diss. Basel, Wien 1950 (mit Lit.). O. MAZAL, ‹Die Satzstruktur in den Aith. des Hel. v. Emesa›. *Wien. Stud.* 71, 1958, 116. E. FEUILLATRE, *Etudes sur les Ethiopiques d'Héliodore. Contribution à la connaissance du roman Grec.* Paris 1966. Übers.: R. REYMER, Zürich 1950. H. GRASSE, *Die äthiopischen Abenteuer von Theagenes und Charikleia.* Leipzig 1966 (Samml. Dieterich 196). Englisch: M. HADAS, Ann. Arbor Univ. of Michigan Press 1957. – Longus:

[1] Eine ausgezeichnete Ausgabe mit Übersetzung und Kommentar (wichtig auch für die Sprache) danken wir I. DÜRING, Göteborg 1951 *(Acta Univ. Gotoburg. 57.)* Er setzt die Entstehung der Sammlung zwischen die frühaugusteische Zeit und Plutarch. O. GIGON, *Gymn.* 69, 1962, 209, geht mit der Datierung in das späte 2. Jahrhundert v. Chr. zurück.

W. D. Lowe, Cambr. 1908. G. Dalmeyda, *Coll. des Un. de Fr.* 1934; Neudr. 1960 (doppelsprachig). Zusammen mit Parthenios: J. M. Edmonds, *Loeb Class. Libr.* Lond. 1955 (doppelsprachig). O. Schönberger, *Longus.* Griech. u. deutsch mit Erläuterungen. Berlin 1960. Deutsche Übersetzung: L. Wolde, Leipz. 1939. E. R. Lehmann, Wiesbaden 1959. G. Valley, *Über den Sprachgebrauch des L.* Diss. Uppsala 1926. D. C. C. Young, ‹Author's variants in the manuscript tradition of Longus›. Proc. Cambridge Philol. Soc. 194, 1968, 65. – Alkiphron: M. A. Schepers, Leipz. 1905. Die Hetärenbriefe: W. Plankl, München 1942 (doppelspr.). Mit Aelians und Philostrats Briefen: A. B. Benner und F. H. Fobes, *Loeb Class. Libr.* Lond. 1949 (doppelspr.). L. Fiore, Firenze 1957 (doppelspr.). Eine engl. Übersetzung von F. and B. Wright, London 1958. J. J. Bungarten, *Menanders und Glykeras Briefe bei Alkiphron.* Diss. Bonn 1967. – Aristainetos: Für den Text bleibt man auf die *Epistolographi Graeci* von R. Hercher, Paris 1873 (mit lat. Übers.) angewiesen, der mit der Überlieferung vielfach willkürlich umgeht. Franz. Übers.: J. Brenous, Paris 1938. Deutsche Übers. mit Einl. und Anm.: A. Lesky, Zürich 1951 *(Bibl. d. Alten Welt).* Ders., ‹Zur Überlieferung des A.›. *Wien. Stud.* 70, 1957, 219. Eine Teubner-Ausgabe von O. Mazal ist in Vorbereitung.

5. DIE ZWEITE SOPHISTIK IN DER SPÄTZEIT

Das 4. Jahrhundert ist voll von Erscheinungen, die den Wandel der Zeiten anzeigen und jenes Faktum, die Schließung der athenischen Universität, das für uns eine Grenze bedeutet, vorbereiten. Die alten Geschlechter sind zumeist in den Wirren des 3. Jahrhunderts untergegangen, der Verlust der Ländereien hat die Städte aufs schwerste getroffen. Die Ephebie, dies Kernstück der griechischen Erziehung, war völlig abgestorben; 393 enden die Agone in Olympia, wo 385 der armenische Prinz Varzdates der letzte uns bekannte Olympionike gewesen ist.

Aber noch immer war die große, seit langem fast einzige Bildungsmacht die Rhetorik. Ihr Lehrer, der Sophist, bestimmte weithin das geistige Leben. Wir sehen darin Erstarrung und Verödung, doch soll nicht vergessen werden, wieviel dieser Betrieb zur Erhaltung der hellenischen Tradition beigetragen hat. Noch immer waren die großen Autoren der Vergangenheit Grundlage des Unterrichtes und erstrebtes Vorbild[1].

Diese Rhetorik nahm in den ruhigeren Zeitläuften des 4. Jahrhunderts einen neuen, letzten Aufschwung. Daß sie der traditionsgebundenen Opposition gegen das Christentum nahestand, ist nicht zu verkennen. Daher auch der Beifall dieser Kreise für Julian. Im allgemeinen aber wußte man mit den christlichen Regenten auszukommen.

Der erfolgreichste Redelehrer seiner Zeit, Typus des Sophisten, war Libanios aus dem syrischen Antiocheia (314 bis etwa 393). Nach dem Studium in Athen und einer längeren Reise eröffnete er 340/41 seine Schule in Konstantinopel, wich den Intrigen seiner Neider 346 nach Nikomedeia aus und kehrte nach einem kürzeren Zwischenspiel in Konstantinopel 354 endgültig in seine Geburtsstadt zurück. Unter seinen Schülern, die aus allen Ländern des Ostens stammten, waren so bedeutende Christen wie Ioannes Chrysostomos, Basileios der Große und Gregor von Nazianz. Libanios, der

[1] Für die Formen des späten Unterrichts ist das 6. cap. ‹Paidéia Grecque et Education Chrétienne› in dem Buche von Festugière über Antiocheia (s. u.) wichtig.

Traditionalist, blieb jedoch von der Welt des Neuen geschieden, für ihn bedeutete der Restitutionsversuch Julians die Erfüllung seiner Wünsche. Er empfand den Kaiser, der ihn als Knabe in Nikomedeia allerdings nicht hatte hören dürfen, als seinen Schüler. Dem 363 im Kampfe gegen den Reichsfeind im Osten Gefallenen widmete er seine *Monodie auf Julian* (17 F.) und seine längste Rede, den *Epitaphios auf Julian* (18 F.), in dem wir stärker als sonstwo bei ihm persönliche Töne vernehmen. Die enge Bindung an seine Heimatstadt fand in der Lobrede auf diese, im *Antiochikos* (11 F.)[1], ihren Ausdruck. Libanios hat diese auch historisch wichtige Rede in Antiocheia bei den Olympien vorgetragen.

Der literarische Nachlaß des Redners und Lehrers, unter dem sich auch eine Selbstbiographie (1 F.) findet, hat gewaltigen Umfang, ohne daß alles erhalten wäre. Neben den für verschiedene Anlässe bestimmten Reden stehen zahlreiche *Schuldeklamationen* und Musterstücke *(Progymnasmata)* für die verschiedenen von der Rhetorenschule geforderten Leistungen. Für einen Demosthenesfreund, den Prokonsul Montius, sind die *Hypotheseis* zu den Reden des Demosthenes verfaßt, den umfangreichsten Teil des Erhaltenen bildet aber die riesige Sammlung der *Briefe*, der sich mit Abstand aus der Spätantike nur die des Julian und des Platonikers und späteren Bischofs Synesios von Kyrene vergleichen lassen.

Nicht alles, was wir von Libanios lesen, ist bloße Rhetorik. Sein Glaube an den Primat der hellenischen Kultur ist echte Überzeugung. Auch erfahren wir bei ihm, mag sich seine geistige Welt auch noch so sehr aus Elementen des Vergangenen aufbauen, manches aus dem Leben der Zeit. Dabei stehen die *Briefe* um ihres Quellenwertes willen voran. Es soll ihm auch nicht vergessen sein, daß er gelegentlich ein freieres Wort gegen die Schäden in Staat und Gesellschaft gefunden hat. Als Stilist steht er in der Gegenfront zum Asianismus und hält sich an die alten großen Muster. Sein am meisten bewundertes Vorbild ist Aelius Aristides, für den Spätling bereits so etwas wie ein Klassiker.

Libanios hat um 353 eine Berufung nach Athen ausgeschlagen, dieses Feld überließ er anderen. Zu seiner Zeit genoß dort Himerios aus Bithynien rednerischen Ruhm. Geboren ist er um 310, gestorben in hohem Alter. In Athen, wo er studierte, begann er seine Tätigkeit als Sophist. Daß er die Stadt für einige Jahre verließ, kann mit einer Niederlage zusammenhängen, die er im Redewettkampf mit Prohairesios erlitt. Julian berief ihn 362 nach Antiocheia, 368 kehrte er nach Athen zurück. Seine achtzig *Reden*, von denen vierundzwanzig ganz erhalten, etliche andere durch Auszüge des Photios kenntlich sind, halten sich von allem Politischen fern. Durch Photios wissen wir von Musterstücken mit den spielerischen Fiktionen der Rhetorenschule: Demosthenes tritt für die Rückberufung des Aischines ein, Epikur wird der Gottlosigkeit angeklagt und anderes dieser Art. Erhalten ist der *Polemarchikos*, eine dem Archon Polemarchos am attischen Epitaphienfest unterlegte Prunkrede. In der Hauptsache aber handelt es sich um Gelegenheitsreden, Ansprachen an hohe Beamte und viel aus dem Leben seiner Schule. Dem Purismus des Libanios tritt in Himerios, dem «Freund

[1] Lit. s. u.

des göttlichen Poetenchores» (or. 4, 3), eine Annäherung an die Sprache der Dichtung gegenüber, die in dieser Zeit kein Beispiel hat[1]. Hier geht eine mit der Dichtung wetteifernde Rhetorik wirklich bis zum Ende. Diese Reden wollen Hymnen und Lieder sein, ihr Verfasser weiß sich den Dichtern, den lesbischen vor allem, näher als seinen natürlichen Vorbildern, den alten Rednern. Daß er uns auf diese Weise manches Bruchstück alter Poesie erhalten hat, mag ihm bei aller unleidlichen Ziererei als Milderungsgrund gelten.

Keiner der genannten Sophisten hat gegen die Philosophie eine feindliche Haltung eingenommen, Libanios spricht von ihr sogar mit besonderer Achtung[2]. Die Rivalität besteht, aber man bestreitet der Philosophie nicht ihr Lebensrecht, sondern gibt selbst vor, Philosoph zu sein. Näher steht ihr der Bithynier Themistios, als dessen Lebenszeit man 317–388 vermutet. Er blieb den Philosophen, die er schon durch seinen Vater kennengelernt hatte, innerhalb seiner Grenzen treu. Der neuen Geistesbewegung seiner Zeit verschloß er sich, sein Mann war der vernünftige Aristoteles, von dem er die Brücke zu dem oft zitierten Platon sucht. Zu beiden Philosophen hat er Paraphrasen geschrieben, solche zu Aristoteles sind uns erhalten. Derselbe Themistios ist aber, erst in seiner Heimat, dann in Konstantinopel, durch die Rhetorenschule gegangen und begann selbst um 345 in der neuen Kapitale zu lehren. Da er zwei Herrinnen zu dienen versuchte, hat er, wie es so geht, Angriffe von beiden Seiten auf sich gezogen. In einer Reihe von Reden, von denen die erste der Βασανιστὴς ἢ φιλόσοφος (*or.* 21) war, hat er seine Stellung in diesem Zweifrontenkrieg verteidigt. Im Laufe der Zeit wuchs jedoch seine Stellung über solches Gezänke hinaus. Der Heide, für den ebenso wie für Libanios Julian die Erfüllung seiner Wünsche bedeutete, wußte sich mit den christlichen Kaisern von Konstantius II. bis Theodosius I. ausgezeichnet zu stellen. Unter dem ersten zog er 355 in den Senat von Konstantinopel ein[3], der Zweitgenannte machte ihn zum Stadtpräfekten und übertrug ihm die Erziehung des Kronprinzen Arkadios. Ein großer Teil der erhaltenen dreiunddreißig Reden wird von Ansprachen an die kaiserlichen Herren gebildet. Zweckbestimmte Schmeichelei und die Verkündung eines philosophisch bestimmten Herrscherideals haben sich hier vermengt; auch für die politischen Zeitverhältnisse sind die Reden von Bedeutung, von denen wir zwei Ansprachen an Konstantius (*or.* 1. 4) besonders hervorheben. Stilistisch ist Themistios reiner Attizist gewesen, was seiner gesamten Haltung entspricht.

Es ist hier nicht der Ort, ein Bild des Kaisers Julian zu entwerfen und der Entwicklung nachzugehen, die den von Konstantius gedrückten und verfolgten Prinzen zum Christenfeind, zum siegreichen Feldherrn im Westen und schließlich zum Gegenkaiser werden ließ. Seine Reformversuche, die als Erneuerung des alten Heidentums gedacht waren, während sie von neuplatonischen Ideen getragen wurden, sind ein fesselndes Kapitel Religionsgeschichte und gehören dorthin. Aber der Literat Julian erfordert noch ein Wort. Die Jahre unter Konstantius hatten seinen Griffel gehemmt,

[1] Eine instruktive Stellensammlung bei E. Norden, *Ant. Kunstprosa.* 4. Abdr. Leipz. 1923, 429.

[2] Z.B. *or.* 1, 131. 13, 13; ep. 1051. 1496

[3] Das kaiserliche Schreiben und die Dankrede (*or.* 2) sind erhalten.

ja selbst zwei Lobreden (*or.* 1 f.) hatte er auf den Gehaßten schreiben müssen, wozu eine auf die Kaiserin Eusebia (*or.* 3) kommt. Als ihm die Erhebung zum Augustus (360) auch die Freiheit des Wortes brachte, machte er von ihr im Kampf für seine Ideen ausgiebigen Gebrauch. Der Regent, der das Rad der Zeit zurückdrehen wollte und überdies alle Hände voll dringender Reichsangelegenheiten hatte, entfaltete in rasch hingeworfenen Schriften eine reiche, nur zum Teil erhaltene Produktion. Wenig besagt eine Satire in der Art Menipps, das *Symposion;* sie zeigt große Kaiser am Saturnalienfest bei einem olympischen Gelage und mißt sie am Herrscherideal der Zeit. Den reichlich verworrenen Synkretismus und die vom Neuplatonismus beeinflußten theosophischen Gedankengänge des Kaisers enthüllen die *Rede auf Helios* (25. XII. 362) und die *auf die Göttermutter.* Als der Kaiser, zunächst sehr langsam, gegen die Parther anmarschierte, blieb sein literarischer Eifer der gleiche. Von der Streitschrift *Gegen die Christen* (Κατὰ Γαλιλαίων, 3 B.) erhalten wir durch die Gegenschrift des Kyrillos von Alexandreia eine Vorstellung, auf uns gekommen ist der *Antiochikos* oder *Misopogon* (Barthasser), eine Satire, die der in Antiocheia verärgerte Kaiser kurz vor seinem Ende auf dem Schlachtfelde als wichtiges Stück Selbstdarstellung verfaßt hat. Der kaiserliche Träger des Philosophenbartes hatte für den Kynismus viel übrig, um so heftiger fährt er gegen solche los, die ihm kynische Ideale zu verfälschen scheinen. So hat er sich 362 in einer Rede *Gegen die ungebildeten Hunde* (Εἰς τοὺς ἀπαιδεύτους κύνας) gewendet, während die Rede *Gegen den Kyniker Herakleios* persönliche Hintergründe hat. Bei den *Briefen* Julians bleiben ebenso wie bei einigen unter seinem Namen überlieferten *Epigrammen* Echtheitsfragen offen. Doch befinden sich unter den *Briefen* authentische Zeitdokumente, vor allem der Brief an Themistios mit dem Vorblick auf die Probleme seiner Regentschaft und das Schreiben an die Athener mit einem autobiographischen Rechenschaftsbericht.

Julians Nachlaß bedeutet viel für das Bild der Zeit und für die Charakteristik dieser in ihrer Problematik tragischen Gestalt. Stilistisch können uns diese rasch verfaßten, von den Mustern der Zeit abhängigen Erzeugnisse kaum etwas besagen.

Nur anhangweise sei noch die Rhetorenschule von Gaza genannt, die erst mit dem Beginne des 6. Jahrhunderts zur Blüte kam und deren bedeutende Vertreter alle Christen waren: Prokopios, der neben vielem Theologischen streng attizistische Deklamationen, Musterstücke und Briefe schrieb und den Kaiser Anastasios in einem *Panegyrikos* feierte; sein Schüler Chorikios, der uns vor allem durch eine Verteidigungsrede für die Schauspieler und in den Reden auf den Bischof Marcianus durch die Beschreibung von Kirchen in Gaza interessiert; Aineias, von dem wir Briefe und einen Dialog *Theophrast* besitzen, in dem der Philosoph zum Christentum bekehrt wird.

Arbeiten zur rhetorischen Technik, wie wir sie (S. 942) bis ins 3. Jahrhundert verfolgten, gingen bis zum Ausgang der Antike weiter. Von Lachares von Athen, der ins 5. Jahrhundert gehört, wissen wir, daß er unter anderem auch über Prosarhythmus geschrieben hat. Sein erfolgreichster Schüler war Nikolaos aus dem lykischen Myra, von dem wir *Progymnasmata* besitzen. Sie sind für die Erkenntnis einer Tradition von einem gewissen Wert, die, ohne Neues zu gestalten, mit dem Überlieferten wirtschaftet.

J. Geffcken, *Der Ausgang des griech.-röm. Heidentums.* 2. Aufl. Heidelb. 1929. – Libanios: R. Förster, 12 Bde. Leipz. 1903–27; repr. 1963. J. Bidez, *Themistius in L'. Brieven* Paris 1936 (Ausgabe von 52 Briefen mit Komm.). L. Harmand, *L. discours sur les patronages.* Paris 1955 (mit Übers. u. Komm.). A. F. Norman, *Libanius' Autobiography (Or. 1).* London 1965 (doppelspr.); ders., *Libanius. Selected works. With an English transl., introd. and notes. 1: The Julianic orations.* London 1969. O. Seeck, *Die Briefe des Libanuis. Zeitlich geordnet.* Leipzig 1906; repr. Hildesheim 1966. P. Wolf, *Vom Schulwesen der Spätantike. Studien zu L.* Baden-Baden 1952 (mit Lit.); ‹L. und sein Kampf um die hellenische Bildung›. *Mus. Helv.* 11, 1954, 231; *Libanius. Autobiographische Schriften. Eingel., übers. und erl.* Zürich 1967 (Bibl. d. Alten Welt). P. Petit, *L. et la vie municipale à Antioche au IVe siècle après J.-C.* Paris 1956; ‹Recherches sur la publication et la diffusion des discours de L.›. *Historia* 5, 1956, 479; *Les étudiants de L.* Paris 1957. A. J. Festugière, *Antioche païenne et chrétienne. L., Chrysostome et les moines de Syrie.* Paris 1959. Dieses wertvolle Buch bietet eine Übersetzung des *Antiochikos* mit archäologischem Kommentar von R. Martin, die Darstellung der Tätigkeit des L. in Antiocheia und eine Auswahl aus den Briefen in Übersetzung, chronologisch geordnet; ders., ‹L'autobiographie de Libanius›. *Rev. Et. Gr.* 78, 1965, 623. – Himerios: A. Colonna, Rom 1951; ders. ‹Himeriana›. *Boll. del com. per la prepar. della ed. naz. dei class. Gr. e Lat.* 9, 1961, 33. S. Eitrem, L. Amundsen, ‹Fragments from the Speeches of Him.›. *Class. et Med.* 17, 1956, 23. – Themistios: Die Aristotelesparaphrasen in Bd. 5 der *Commentaria in Aristotelem Graeca* (s. S. 651). Die Reden: W. Dindorf, Leipz. 1832; Nachdr. bei Olms/Hildesheim 1961. H. Kesters, *Antisthène de la dialectique.* Louvain 1935. Ders., *Plaidoyer d'un Socratique contre le Phèdre de Platon. XXVIe discours de Th. Introd., texte et trad.* Louvain 1959. Die Ausgabe ist nützlich, die These, Themistios habe sich hier die Schrift eines Sokratikers zu eigen gemacht, nicht zu halten; vgl. O. Gigon, *Mus. Helv.* 18, 1961, 239; O. Regenbogen, *Gnom.* 34, 1962, 28. G. Downey, ‹Education and Public Problems as seen by Th.›. *Trans. Am. Phil. Ass.* 86, 1955, 291. Von dems. der 1. Band einer Ausgabe mit den Reden 1–19, Leipzig 1965, wo jedoch die Vorarbeiten H. Schenkls nicht vollständig verwertet sind. H. Schneider, *Die 34. Rede des Themistios.* Winterthur 1966 (doppelspr., Komm.). – Julian: J. Bidez et F. Cumont, *J. imperatoris epistulae leges poematia fragmenta varia.* Paris 1922. J. Bidez, I/1: *Discours*; I/2: *Lettres;* II/1: G. Rochefort, *Discours de Julien Empereur;* II/2: Ch. Lacombrade, *Discours de Julien Empereur. Coll. des Un. de Fr.* 1932. 1924. 1963. 1964 (doppelspr.). W. C. Wright, 3 Bde. *Loeb Class. Libr.* 1913–23. B. A. Groningen, *I. imp. epistulae selectae. Textus min.* 27. Leiden 1960. F. Boulanger, *Essai critique sur la syntaxe de l'empereur Julien.* Lille-Paris 1922. J. Bidez, *La vie de l'empereur J.* Paris 1930 (deutsche Übers. 3. Aufl. 1942; repr. 1965). Zu seinem Religionsprogramm M. P. Nilsson, *Gesch. d. gr. Rel.* 2, 2. Aufl. Münch. 1961, 455. J. Kabiersch, *Untersuchungen zum Begriff der Philanthropia bei dem Kaiser J. Klass. phil. Stud.* 21. Wiesbaden 1960. – Für die Gazäer bleibt man auf die alten, in Christ-Schmids *Lit.-Gesch.* angeführten Ausgaben angewiesen. Dazu die Ausgaben von Aineias, *Theophrastus sive de immortalitate animae* von Maria E. Colonna. Napoli 1958. L. Massa Positano, *Enea di Gaza. Epistole.* Napoli 1950. 2. ed. 1962. M. Wacht, *Aeneas von Gaza als Apologet.* Bonn 1969. Nikolaos: J. Felten, Leipz. 1913.

6. PHILOSOPHIE

In der Philosophie sind die ersten beiden kaiserzeitlichen Jahrhunderte von einem Traditionalismus bestimmt, der jedoch Spielarten von bedeutender Spannweite zuläßt. Neben esoterischer Pflege der Überlieferung steht die Erfüllung der alten Lehren mit echtem inneren Leben. Auch Sammeltätigkeit, wie die Peripatetiker sie in großem Maße begonnen hatten, wird fortgesetzt. Von einem Kompendium der Lehrmeinungen (Συναγωγὴ τῶν ἀρεσκόντων), das Aëtios im 1. oder 2. Jahrhundert verfaßt hat, ließen sich große Teile zurückgewinnen[1]. Sie sind für die Geschichte der antiken Philosophie von unschätzbarer Bedeutung, nicht zum letzten auch deshalb, weil sich Aëtios rein referierend verhielt, ohne eigene Exegese ins Spiel zu bringen.

Der Peripatos hält an seiner engen Verbindung mit gelehrter Arbeit fest. Die Auffindung der aristotelischen Lehrschriften und ihre Herausgabe (s. S. 650) hatte die Grundlage für eine ausgedehnte Kommentatorentätigkeit geschaffen. Wir hatten von ihr zu Themistios ein Wort zu sagen und heben aus einer größeren Zahl noch Alexander von Aphrodisias (frühes 3. Jh.)[2] als gelehrten, seinem Meister mit Hingabe dienenden Erklärer hervor. Sein Lehrer war Aristokles aus dem sizilischen Messana, der als Verfasser eines umfangreichen philosophiegeschichtlichen Werkes (Περὶ φιλοσοφίας βιβλία ι')[3] in echter peripatetischer Tradition steht. Was wir durch Bruchstücke, die uns vor allem die *Praeparatio evangelica* des Eusebios erhalten hat, davon noch fassen, vermittelt den Eindruck eines mit Gelehrsamkeit und wissenschaftlicher Gründlichkeit geschriebenen Werkes, das mit seinem Bestreben, der Entwicklung der einzelnen Lehren nachzugehen, ein gutes Stück über Diogenes Laertios stand. Auch über Rhetorik (Τέχναι ῥητορικαί) hat er geschrieben.

Der Skeptizismus pyrrhonischer Prägung, zu dem die Akademie zeitweise in eine gewisse Nähe gelangt war, von dem sie sich jedoch in eklektischer Haltung wieder entfernte, (s. S. 772), hatte schon im Ausgang des 1. Jahrhunderts v. Chr. eine Erneuerung durch Ainesidemos aus Knossos erfahren. Dieser stand einmal selbst der Akademie nahe, bekämpfte sie aber wegen des Abfalls von der Skepsis. Sextus Empiricus, ein namhafter Vertreter jener empirischen Ärzteschule, der auch Ainesidemos nahestand, ist unser Hauptzeuge für den Kampf dieser Richtung gegen jeglichen Dogmatismus. Er schrieb im ausgehenden 2. Jahrhundert und hat uns einen *Grundriß der Lehre Pyrrhons* (Πυρρώνειοι ὑποτυπώσεις, 3 B.) und *Skeptika* hinterlassen, die sich aus sechs Büchern *Gegen die Mathematiker* und fünf *Gegen die Dogmatiker* zusammensetzen[4]. Sicher nicht mit dem Willen ihrer Vertreter hat die skeptische Bekämpfung des rational Gewonnenen dazu beigetragen, dem Mystizismus den Weg zu bereiten.

Daß der Epikureismus noch seine Anhänger hatte, zeigen Nachrichten wie die von den epikureischen Interessen der Plotina, Trajans Gattin, oder Zeugnisse wie die In-

[1] H. Diels hat das Werk des Aëtios als die gemeinsame Quelle von Ps. Plutarchs *Epitome* (zu dieser K. Ziegler, *RE* 21, 1951, 879), Exzerpten des Stobaios in 'Εκλογαὶ φυσικαὶ καὶ ἠθικαί und Ps. Galen, Περὶ φιλοσ. ἱστορίας erkannt und in *Doxographi Graeci*, Berlin 1879, 273–444, hergestellt.

[2] P. Moraux, *Alexandre d'Aphrodise. Exégète de la Noétique d'Aristote*. Paris 1942. F. E. Cranz, ‹The prefaces to the Greek editions and Latin translations of Al. of Aphr. 1450 to 1575›. *Proc. of the Am. Philos. Soc.* 102, 1958, 510. Für die Tradition, in der Alexander steht, ist das Fragment eines Kommentars zur *Topik* wichtig, der um mindestens 100 Jahre älter ist als jener des Alexander: Pap. Fayum 3 (um 100 n. Chr.). A. Dietrich, *Die arabische Version einer unbekannten Schrift des Alexander von Aphrodisias über die differentia specifica*. Nachr. Ak. Gött. 1964/2.

[3] Die Fragmente außer bei Mullach Fr. Phil. Gr. 3, 206, auch bei H. Heiland, *Aristoclis Messanii Reliquiae*. Diss. Giessen 1925. F. Trabucco, ‹Il problema del De philosophia di Aristocle di Messene e la sua dottrina›. *Acme* 11, 1958 (1960), 97.

[4] Die Selbstzitate ergeben folgende Chronologie: Πυρρ. ὑπ., dann *Gegen die Dogm.* 7–11 (gegen die dogmatischen Logiker, Physiker, Ethiker), dann erweiterte Bearbeitung von Πυρρ. ὑπ. 2. 3, zuletzt *Gegen die Math.* 1–6 (zu Grammatik, Rhetorik, Geometrie, Arithmetik, Astrologie und Musik).

schrift von Oinoanda (s. S. 769). Von einer Weiterentwicklung der Lehre, die in der späteren Antike stark zurücktrat, ist jedoch nichts zu spüren.

Das kräftigste innere Leben entfaltete in dieser Zeit die Stoa. Für ihre Wirkung war es entscheidend, daß sie sich die römische Welt gewonnen hatte. Wer wollte etwa den Einfluß abschätzen, den der platonisierende Stoiker Areios Didymos aus Alexandreia als augusteischer Hofphilosoph und Freund des Maecenas ausgeübt hat[1]? Lehrer des Lucan und Persius ist L. Annaeus Cornutus aus Leptis in Afrika gewesen. Von ihm besitzen wir eine *Kurzgefaßte hellenische Theologie* (Ἐπιδρομὴ τῶν κατὰ τὴν Ἑλληνικὴν θεολογίαν παραδεδομένων), die ganz in der Tradition stoischer Allegorese steht, wie wir sie auch aus der früher (S. 760) genannten, ungefähr gleichzeitigen Schrift eines Herakleitos kennenlernten. Eine für die Verbindung weiter kultureller Räume charakteristische Gestalt ist der stoisierende Philosoph Chairemon[2], der wahrscheinlich nach Apion (S. 900) dem alexandrinischen Museion vorstand. Er kam nach 49 als Erzieher Neros an den Kaiserhof und schrieb historische und grammatische Abhandlungen. Wenn wir die erhaltenen Bruchstücke aus einer *Ägyptischen Geschichte* und den *Hieroglyphika* über die symbolische Schrift der alten Ägypter neben die Nachricht stellen, daß er als Hierogrammateus in einer ägyptischen Priesterschaft tätig war, so erkennen wir in ihm einen Vertreter jenes ägyptisch-alexandrinischen Synkretismus, der sich in romantischer Haltung der Vergangenheit zuwandte und ebenso Platonischem wie Pythagoreischem offen stand. In das 1. Jahrhundert n. Chr. gehört wahrscheinlich auch der *Pinax* des Kebes, eine uns erhaltene allegorische Darstellung der verschiedenen Lebenswege[3]. Daß römische Stoiker griechisch schrieben, ist so häufig, daß Seneca fast als Ausnahme erscheint. Der griechischen Sprache hat sich auch C. Musonius Rufus, ritterlicher Abkunft aus Volsinii, bedient. Stobaios hat einiges von den Aufzeichnungen seines Schülers Lucius erhalten[4]. Was wir daraus erfahren, zeigt ihn durchaus in der Tradition. Stärker muß er durch seine Persönlichkeit gewirkt haben. In den letzten Jahren Neros war er als Glied der philosophischen Opposition auf das Eiland Gyaros verbannt, durfte aber unter Galba zurückkehren. Unter Vespasian und Titus wiederholte sich das Spiel von Verbannung und Rückberufung. Bedeutend ist die Zahl seiner Schüler, unter denen wir neben Dion von Prusa auch den Mann finden, der stoischer Bewältigung des Lebens ein unvergeßliches persönliches Gepräge gegeben hat.

Epiktet war um die Mitte des 1. Jahrhunderts n. Chr. im phrygischen Hierapolis zur Welt gekommen. Ein Unfreier, körperlich durch Lähmung behindert. Seinem Herrn, dem Hofbeamten Epaphroditos, dankte er die Freiheit und die Möglichkeit, Musonius zu hören. Selbst lehrte er zunächst in Rom, mußte dann im Zuge der Philoso-

[1] Auszüge aus seinen doxographischen Werken über Platon und Pythagoras bei Stobaios, vgl. H. Diels, *Doxographi*, 447.

[2] Eine kommentierte Fragmentsammlung von H. R. Schwyzer, Diss. Bonn (*Klass.-phil. Stud.* 4.) 1932. Die Fragmente auch F Gr Hist 618.

[3] A. Carlini, ‹Sulla composizione della Tabula di Cebete›. *Studi Classici e Orientali* 12, 1963, 164. R. Joly, *Le tableau de Cébès et la philosophie religieuse*. Bruxelles-Berchem 1963 (Coll. Latomus 61).

[4] Ausgabe von O. Hense, Leipz. 1905.

phenvertreibung unter Domitian dem kaiserlichen Verbannungsurteil weichen und sammelte einen großen Schülerkreis zu Nikopolis in Epirus. Sein Tod fällt wahrscheinlich erst in die Regierungszeit Hadrians.

Mehr noch als die alte Stoa legte er das Gewicht seiner Lehre auf Fragen der Ethik. Wie W. Theiler[1] glänzend formuliert: er gibt mit einem Minimum von Metaphysik ein Maximum an ethischer Potenz. Wenn er sich dabei stark dem Kynismus nähert, nimmt er in gesteigertem Maße Fäden auf, die für die Stoa von Anfang an von Bedeutung waren. Aber sein Kynismus ist ohne Schärfe. Wir hören nicht den eifernden Kämpfer gegen die Güter dieser Welt, sondern den weisen Mann, der in ruhiger Überlegenheit zum Verzichte rät. Auch für ihn ist «fata sequi» ein Leitwort, aber er spricht es nicht mit dem heroischen Pathos eines Seneca, sondern mit demutvoller Ergebung in den Willen der Vorsehung. Den alten stoischen Kosmopolitismus trägt er mit Tönen echter Menschenliebe vor. Man versteht, daß man bei ihm Christliches finden wollte. Geschrieben hat er nichts. Was wir von ihm lesen, danken wir Arrian (s. S. 946). Dieser hat uns auch in seinem Widmungsbrief zu den *Diatriben* ein Bild der starken und unmittelbaren Wirkung von Epiktets Vortrag gegeben.

Den letzten Stoiker, der noch Wesentliches zu schreiben wußte, nennt W. Theiler den Kaiser Marc Aurel. Durch den Briefwechsel des künftigen Regenten mit seinem Lehrer Fronto[2] wird uns noch die bedeutsame Wendung in seinem Leben erkennbar. Fronto und Herodes Atticus hatten sich redlich bemüht, den Prinzen für die Rhetorik zu gewinnen, aber der Ernst seiner Lebensauffassung führte ihn den anderen Weg, den zur Philosophie. Sie ist die Begleiterin des Herrschers gewesen, der nach langer Friedenszeit unter seinen glücklicheren Vorgängern die schweren Sorgen des Reiches zu tragen hatte. Die Parther, die Pest, Markommannen und Quaden, eine Revolte unter Avidius Cassius hielten ihn während seiner Regentschaft (161–180) in ständiger Bewegung. Da verhalf ihm seine Philosophie zu der inneren Ruhe, die er brauchte, um seine Pflichten zu erfüllen. Viel von den zwölf Büchern seiner Betrachtungen *An sich selbst* (Τὰ εἰς ἑαυτόν) ist im Feldlager geschrieben, so das zweite Buch im Quadenland, das dritte in Carnuntum. Der aphoristische Charakter, der allen Büchern außer dem ersten, wahrscheinlich zuletzt entstandenen, eignet, erklärt sich aus dem Wesen des Autors, aber auch aus der Weise ihrer Entstehung.

Daß die stoische Lehre bei Marc Aurel anders klingt als bei Epiktet, geht zum geringsten Teile darauf zurück, daß er auch andere Quellen, etwa Poseidonios, stärker heranzieht. Auch der Unterschied der Stellung entscheidet nicht allein, es ist ein anderes Temperament, das hier zu uns spricht. Wenn wir bei Epiktet warmes Gefühl und schöne Zuversicht spüren, ist es hier eine tiefe Resignation, die dem Ganzen die Tönung gibt. Die *Historia Augusta* (4, 27, 7) legt Marc Aurel das Wort vom platonischen Königsphilosophen in den Mund, aber bei dem Kaiser lesen wir es anders (9, 29): «Hoffe nicht auf Platons Staat, sondern sei es zufrieden, wenn das Kleinste

[1] *Gnom.* 32, 1960, 500.

[2] Besonders 1, 214 bei C. R. Haines, *The Correspondence of Marcus Cornelius Fronto*. Loeb Class. Libr. 1919, aus dem Jahre 146; eine schöne Übersetzung in Theilers Einleitung (s. u.), 9.

vorwärts gehen wird.» So spricht der Mann, der ohne Illusionen, unangefochten von der Versuchung, in den Mystizismus zu fliehen, auf dem Wege der Pflicht dem Göttlichen in seinem Inneren folgte, das ihn die Lehre der Stoa erkennen ließ.

Ein Berliner Papyrus[1] hat uns große Teile der *Ethischen Elementarlehre* (Ἠθικὴ στοιχείωσις) des Hierokles von Alexandreia erhalten, der ungefähr Epiktets Zeitgenosse war. Diese Popularisierung der altstoischen Ethik hat uns wenig zu sagen.

Die letzte große und wirkungsmächtige Leistung der griechischen Philosophie ist mit dem Namen Plotins verbunden. Sein Werk steht ebensowenig wie das der anderen hellenischen Denker isoliert in der Zeit; auch uns ist noch manches von den Linien erkennbar, die sich in seiner Philosophie wie in einem Brennpunkte vereinigten, um von dort auf verschiedenen Bahnen weit in die Jahrhunderte zu wirken. Endgültig sollte die Ansicht abgetan sein, als bedeute der Neuplatonismus einfach die Überwältigung des hellenischen Geistes durch den Orient, eine Art von Rache, die der Mythos an seinem Zwingherrn Logos genommen hätte. Anderseits dürfen orientalische Elemente, die vor allem in der Spätzeit wirksam waren, nicht unterschätzt werden. Die Forschung ist hier vielfach im Flusse. Für Plotin aber gilt, daß sein Bau auf hellenischem Grunde steht und überwiegend aus Material der gleichen Herkunft errichtet ist.

Vor allem ist seine Philosophie wirklich und wahrhaft erneuerter Platonismus. Freilich wurde der Platonismus nicht in seiner ganzen Breite aufgenommen. Die Dialektik der Frühdialoge hatte für die neue Bewegung kaum etwas zu besagen, und Gleiches gilt von dem Staatsdenker Platon, für dessen Worte die Kaiserzeit ohne Echo war. Aber die radikale Trennung der den Sinnen gegebenen Welt von einer anderen, nur dem Geiste zugänglichen, und die Ansiedlung dessen, was im Menschen allein Wert hat, im Bereiche jenes Geistigen, das sind die entscheidenden und unverrückbaren Voraussetzungen des erneuerten Platonismus geblieben. Für wichtige Elemente des plotinischen Systems erkennen wir bei Platon die Ansätze. In dem Sein über dem Sein (ἐπέκεινα τῆς οὐσίας), das in der *Politeia* 509 b der Idee des Guten zugesprochen wird, bereitet sich die Übersteigerung alles Seins durch das Eine vor, und die seltsame Stelle im 7. *Brief* (341 c; vgl. S. 578) von dem nach langem Mühen plötzlich entzündeten Licht der höchsten Erkenntnis ist bei mancher Verschiedenheit doch der Weise vergleichbar, in der sich Plotin die Erreichung des höchsten Zieles vorstellt.

Die hier nachgezogenen Verbindungslinien sollen jedoch die Einsicht nicht verdecken, daß der erneuerte Platonismus nicht unmittelbar aus der Tradition der Akademie hervorgegangen, sondern als ein von anderen Seiten her vorbereitetes Neues in die antike Welt gekommen ist. An die Stelle eines seinem Wesen nach endlosen dialektischen Ringens tritt nun die Verkündung und Erörterung von Erkenntnissen, die mit der Evidenz innerer Schau gewonnen sind. Man kann im Kreise der Neuplatoniker über die Weise diskutieren, wie die verschiedensten Probleme diesen Erkenntnissen ein- und unterzuordnen sind, sie selbst bleiben dem Zweifel entzogen. Neue Sicherheit kann sich bis zur Unduldsamkeit steigern. Das letzte Ziel ist aber nicht

[1] Nr. 536 P.; die maßgebliche Edition von H. v. Arnim, *Berl. Klass. Texte* 4, 1906.

bloße Erkenntnis des Gotteswesens, sondern die in einem mystischen Akt erfahrene Vereinigung mit diesem. Die Philosophie ist zur Religion geworden.

Dieser Weg war durch verschiedene Strömungen vorbereitet. Nur in beschränktem Maße innerhalb der athenischen Akademie selbst. Zwar sind bei Speusippos und Xenokrates wichtige Ansatzpunkte für die spätere Lehre zu erkennen[1], aber die Entwicklung der Schule im Hellenismus enthielt nur wenig an fruchtbaren Impulsen. Immerhin bedeutet der Eklektizismus, daß man sich anderen Richtungen gegenüber offenhielt. Das tat der Platonismus auch außerhalb der Akademie. Für Eudoros von Alexandreia, der für das Wiedererstarken der platonischen Tradition im 1. Jahrhundert v. Chr. von Bedeutung ist, ließ sich pythagoreischer Einfluß aufweisen[2]. Neben Elementen des Peripatos spielten solche der Stoa eine bedeutende Rolle in der Schule des Platonerklärers Gaios (1. Hälfte des 2. Jh.s n. Chr.), der uns durch die Einführungsschriften zu Platon *Prologos* und *Didaskalikos* seines Schülers Albinos[3] faßbar wird. Gaios hat den für alle weitere Platonerklärung wichtigen Satz geprägt, die Äußerungen des Meisters seien bald ἐπιστημονικῶς, bald εἰκοτολογικῶς[4], bald rein wissenschaftlich, bald im Sinne der Andeutung und Allegorie zu verstehen. Die Schriften des Albinos lassen uns das Vordringen eines Platonismus erkennen, der den Demiurg als übergeordnetes Prinzip vor den Ideen als bloßen Mitursachen des Seins hervortreten läßt, das Begriffspaar δύναμις-ἐνέργεια ins Spiel bringt und die Stufung des Göttlichen im neuplatonischen System einleitet. Diesem Kreise stand auch Kelsos nahe, der in den letzten siebziger Jahren des 2. Jahrhunderts in seinem *Wahren Wort* (Ἀληθὴς λόγος) die Christen angriff. Die ausführliche Apologie des Origenes (Κατὰ Κέλσου, 8 B.)[5] ermöglicht die Wiederherstellung in weitem Umfange.

Wenn eben von stoischen Einflüssen die Rede war, ist auch an Poseidonios zu denken[6]. Es darf erwähnt werden, daß Theon von Smyrna, der unter Hadrian schrieb, in seiner *Mathematischen Einleitung zu Platon* (Περὶ τῶν κατὰ τὸ μαθηματικὸν χρησίμων εἰς τὴν Πλάτωνος ἀνάγνωσιν)[7] wahrscheinlich einen Timaios-Kommentar des Peripatetikers Adrastos benützte, der seinerseits aus Poseidonios schöpfte.

[1] Ph. Merlan, *From Platonism to Neoplatonism*. 2. Aufl. Den Haag 1960. Dazu H. Dörrie, *Philos. Rundschau* 3, 1955, 14; ‹Zum Ursprung der neuplat. Hypostasenlehre›. *Herm.* 82, 1954, 331. Neuere Arbeiten suchen wieder den neueren Platonismus stärker aus dem alten abzuleiten: H. J. Krämer, *Der Ursprung der Geistesmetaphysik. Untersuchungen zur Geschichte des Platonismus zwischen Platon und Plotin*. Amsterdam 1964. W. Theiler, *Forschungen zum Neuplatonismus*, Berlin 1966 (Sammlung von Aufsätzen).

[2] H. Dörrie, ‹Der Platoniker Eud. von Alexandreia›. *Herm.* 79, 1944, 25. Zu der in Alexandreia einsetzenden Bewegung A. Wlosok, *Laktanz und die philos. Gnosis. Abh. Ak. Heidelb. Phil.-hist. Kl.* 1960/2, 52. W. Theiler, *Parusia. Festschrift f. J. Hirschberger* 1965, 209, weist Eudoros die anonyme Pythagorasbiographie (Phot. Bibl. 249) zu und stellt die Archytas zugeschriebene Kategorienschrift in seine Nähe. Zum mittleren Platonismus: J. H. Waszink, *Vigiliae Christianae* 19, 1965, 139, mit viel Lit.

[3] Für sein Verhältnis zu Gaios: K. Praechter, ‹Zum Platoniker G.›. *Herm.* 51, 1916, 510. Zu seiner Charakteristik der Beitrag von H. Dörrie ‹Die Frage nach dem Transzendenten im Mittelplatonismus› in *Sources de Plotin. Entretiens sur l'ant. class.* 5. Fondation Hardt. Vandœuvres-Genève 1960.

[4] Proklos in Tim. 1, 340, 25 Diehl.

[5] Ausgabe von P. Koetschau, Leipzig 1899. M. Borret (I–IV in 2 Bden) Paris 1967.

[6] Seine Bedeutung für den Neuplatonismus suchte W. Theiler zu erweisen: *Die Vorbereitung des Neuplatonismus. Problemata* 1. Berl. 1930. Skeptisch ist H. R. Schwyzer, *RE* 21, 1951, 577.

[7] E. Hiller, Leipz. 1878. J. Dupuis, Paris 1892 (mit Übers.).

Für die Verwischung der Systemgrenzen ist neben Plutarchs Konzilianz auch Maximos von Tyros ein charakteristisches Beispiel. Wanderredner und Philosoph, öffnet er seinen Platonismus so gut wie allen anderen Systemen außer Epikur und stellt neben eine ins Transzendente gesteigerte Gottesidee einen üppig entwickelten Dämonismus. Von den Vorträgen, die er in der Zeit des Commodus hielt, sind uns einundvierzig *Dialexeis* erhalten, auf Effekt gearbeitete, in manieriertem Stile verfaßte Abhandlungen, bei denen es zumeist um die traditionellen popularphilosophischen Themen geht.

Die wichtigste Erscheinung in der Vorgeschichte des Neuplatonismus ist die Erneuerung des Pythagoreismus. Von seiner apokryphen Daseinsform im Hellenismus, von der Bewegung, die im Rom der ausgehenden Republik mit den Namen Nigidius Figulus und Q. Sextius verbunden ist, war in einem früheren Kapitel die Rede. Spruchsammlungen wie die *Goldenen Worte* (Χρυσᾶ ἔπη)[1] des Pythagoras, deren Alter sich schwer bestimmen läßt und die sich wohl in längeren Zeiträumen anreicherten, geben Weisheit, die als pythagoreisch gelten will, trotz der anspruchsvollen Bezeichnung in billiger Münze weiter.

Die eindrucksvollste Gestalt des erneuerten Pythagoreismus im 1. Jahrhundert n. Chr. lernten wir in Apollonios von Tyana bereits kennen (s. S. 936). Ungefähr zur Zeit des Apollonios schrieb Moderatos von Gades, der dem Platonismus nahestand und die pythagoreische Zahlenreihe als Metaphysik in Symbolen faßte. Für die Vorbereitung eines im Neuplatonismus zentralen Gedankens ist die Lehre wichtig, die er weitergibt, daß das Eine über dem Sein stehe (τὸ πρῶτον ἓν ὑπὲρ τὸ εἶναι)[2]. Nach oben ergibt sich da die Anknüpfung an das Bild von Platons esoterischer Lehre, das neuerdings zur Debatte gestellt wurde. Im 2. Jahrhundert n. Chr. schrieb Nikomachos aus dem arabischen Gerasa, auch Verfasser einer Pythagorasbiographie, eine *Einführung in die Zahlenlehre* (Ἀριθμητικὴ εἰσαγωγή)[3], die von den Neuplatonikern viel beachtet und kommentiert wurde. Für die enge Verbindung von Pythagoreischem und Platonischem, für die Steigerung der Transzendenz Gottes, für die in einem dualistischen Weltbild begründete Abwertung der Materie ist kein anderer Denker des 2. Jahrhunderts n. Chr. so bezeichnend wie der Syrer Numenios aus Apameia[4]. Daß Zeitgenossen dem Plotin vorwarfen, er hänge von Numenios ab[5], war oberflächlich, ist aber nicht ganz unverständlich. Platonismus, wie Numenios ihn verstand, bedeutete Abwehr gegen die aus dem Peripatos eingedrungenen Ele-

[1] D. Fasc. 2, 82; jetzt D. Young, *Theognis etc.* Leipz. 1961, 86. Andere Spruchsammlungen gab es von Sextus (A. Elter, Bonn 1891/92), Secundus, Demophilos, Eusebios; nach den Resten alles recht farblos.

[2] Bei Simplicius, *In phys.* 1, 7; vgl. E. R. Dodds, *Class. Quart.* 22, 1928, 140.

[3] Ausgabe von R. Hoche, Leipz. 1866. Von ihm ist auch ein Ἁρμονικὸν ἐγχειρίδιον erhalten: C. Jan, *Musici Script. Graeci.* Leipz. 1895, 237. L. Tarán, *Asclepius of Tralles. Commentary to Nicomachus' Introd. to Arithmetic.* With introd. and notes. Trans. Am. Phil. Soc. 59, 1969.

[4] G. Martano, *Numenio d'Apamea.* Napoli 1960. Lit. bei J. H. Waszink, *Vigiliae Christianae* 19, 1965, 129, 2. R. Beutler, *Numenios. RE* S 7, 664.

[5] Porphyrios, *Vita Plotini*, 17, 1. Die Gründe, die diesen Vorwurf verständlich machen, entwickelt E. R. Dodds in seinem Beitrag ‹Numenius and Ammonius› zu den bei der Plotin-Lit. genannten *Sources de Plotin.*

mente, denen der Eklektizismus eines Antiochos von Askalon (s. S. 772) das Tor weit geöffnet hatte. In der gleichen Gegenstellung gegen Aristoteles sehen wir auch den Platoniker Attikos[1], der in der 2. Hälfte des 2. Jahrhunderts lebte. Wenn er einem dem Aristoteles nahen Eklektizismus absagte, so hat er auf der anderen Seite freilich manchem Element der Stoa Einlaß gewährt.

Wir müssen die für den erneuerten Platonismus so wichtige Haltung der Pythagoreer, ihre Richtung auf eine bestimmte Lebensform und auf die Erkenntnis des Göttlichen als ihr Ziel in dem breiteren Rahmen einer Bewegung sehen, die im Hellenismus wurzelte und in den ersten kaiserzeitlichen Jahrhunderten an Boden gewann. Dieser weltabgekehrte Dualismus, der die Erlösung des Menschen in der Erkenntnis Gottes und in der Vereinigung mit ihm erstrebt, tritt uns in der religionsgeschichtlich wichtigen Sammlung vor Augen, die unter dem Namen des Hermes Trismegistos eine Zahl von Traktaten vereinigt. Die wichtigste dieser *Hermetischen Schriften*, die untereinander mannigfache Differenzen zeigen, ist der *Poimandres*. Auf die Hermetik, diese heidnische Schwester der christlichen Gnosis, einzugehen, ist hier nicht der Raum, in der geistigen Umwelt des werdenden Neuplatonismus mußte ihr jedoch ein Platz zugewiesen werden[2]. Gleiches gilt von den *Chaldäischen Orakeln*, die bei den Neuplatonikern besondere Schätzung fanden. Sie stammen aus der Zeit Marc Aurels und haben wahrscheinlich den Theurgen Julianos zum Verfasser. Die Reste dieser hexametrischen Sprüche (λόγια) zeigen mit pythagoreischen, platonischen und stoischen Elementen unverkennbar Orientalisches vereinigt[3].

Plotin, der aus all der verwirrenden Fülle sein System als letzte große Schöpfung der antiken Philosophie erstehen ließ, ist 205 geboren. Wir wissen nicht, wo; eine Angabe des Eunapios, die auf Lykopolis in Oberägypten weist, ist unsicher[4]. In seinem 28. Lebensjahre, also recht spät, wandte er sich der Philosophie zu, ließ sich zunächst von den Schulphilosophen in Alexandreia enttäuschen, fand aber bald in Ammonios den Lehrer, der seinen Weg bestimmte[5]. Ammonios, später Sakkas zubenannt, hat selbst nicht geschrieben. Was wir über ihn, vor allem durch Porphyrios, wissen, weist auf die Vereinigung pythagoreischer und platonischer Elemente. Zweifellos ist er der geistige Erwecker Plotins gewesen. Elf Jahre war dieser sein Schüler im Sinne platonischer Lebens- und Geistesgemeinschaft, dann schloß er sich dem Feldzuge Gordians

[1] Die wichtigsten Bruchstücke bietet Eusebios in der *Praeparatio evangelica* 11, 1f. 15, 4–9. 12f. J. Baudry, *Atticos. Fragm. de son œuvre avec introd. et notes.* Paris 1931.

[2] Für Grundprobleme der Gnosis ist die Auseinandersetzung E. Haenchen's (*Gnom.* 40, 1968, 447) mit dem nachgelassenen Buche H. Langerbeck's (*Aufsätze zur Gnosis.* Göttingen 1967) wichtig; dieser faßte die Gnosis als «legitimen Versuch mit den Mitteln der griechischen Philosophie die christliche Botschaft verstehen zu lehren.»

[3] Lit. bei M. P. Nilsson, *Gesch. d. gr. Rel.* 2, 2. Aufl. Münch. 1961, 479, 1.

[4] Fr. Zucker, ‹Plotin und Lykopolis›. *Sitzb. D. Ak. Berlin* 1950/1, hält die Angabe für richtig und verweist auf die kräftigen griechischen Bildungselemente in dieser gräko-ägyptischen Welt. Er spricht auch über die erhaltene Schrift des Alexander von Lykopolis, eines Neuplatonikers, der *Gegen die Lehrmeinungen der Manichäer* (Πρὸς τὰς Μανιχαίων δόξας) geschrieben hat.

[5] H. Dörrie, ‹Ammonios, der Lehrer Plotins›. *Herm.* 83, 1955, 439. Gegen frühere Skepsis sucht W. Theiler aus Übereinstimmungen zwischen Origenes und Hierokles zu Ammonios vorzudringen: *Forschungen zum Neuplatonismus.* Berlin 1966, 1, und sein Beitrag zu den *Entretiens sur l'antiquité classique* 12 (s.u. Lit.).

III. gegen Persien (243) an, um die Weisheit indischer Denker kennenzulernen[1]. Aber der Kaiser wurde im Frühjahr 244 ermordet, Plotin mußte nach Antiocheia fliehen und ging noch im selben Jahre nach Rom. Dort begann er seine philosophische Lehrtätigkeit, die er durch sechsundzwanzig Jahre fortsetzte und die er nach zehn Jahren mündlicher Lehre durch das geschriebene Wort ergänzte. Im Jahre 269 mußte er sich mit einem schweren Leiden nach Campanien zurückziehen, wo er 270 starb.

Wir versuchten bereits, die geschichtlichen Voraussetzungen von Plotins Lehre zu verstehen, und können für diese nur einige Wesenszüge anführen. Entscheidend ist die Überhöhung aller Formen und Stufen des Wirklichen durch das Eine, das jedoch nicht als Zahlbegriff verstanden sein will. Vielmehr entzieht es sich jeder positiven Beschreibung, ist die höchste Gottheit und der Urgrund alles Seienden. Unter ihm steht der Bereich des Geistes, der als reine Denkkraft Eines und doch bereits in die Vielheit zerteilt ist. Hier haben die Ideen ihren Ort, die bei Plotin nicht mehr im selben Maße wie bei Platon im Zentrum der Lehre stehen. Es folgt in diesem Stufenbau, den wir nach unten durchschreiten, das Reich der Seele, die weder körperlich (Stoa) noch Harmonie (Pythagoreer) noch Entelechie (Peripatos) ist. Sie ist das Organisationsprinzip aller lebenden Organismen, des Kosmos als Ganzen wie jedes einzelnen Lebewesens. Ja selbst die Materie, im Sinne plotinischer Wirklichkeit das Nichtseiende, erhält die Form (das aristotelische εἶδος) aus dem Bereich der Seele. Die einzelnen Seinsstufen sind nicht in der Zeit die eine aus der anderen hervorgegangen, Emanation und Ursprung sind in diesem System nur Metaphern, vielmehr stehen alle diese Sphären oder Hypostasen miteinander in Verbindung (eine wichtige Stelle 6, 5, 4, 23) und bilden ein großes, im letzten einheitliches Gefüge. Damit sind Möglichkeit und Aufgabe des philosophierenden Menschen bestimmt. Aus der Verstrickung in die Vielheit des Irdischen kann die Arbeit seines Geistes die Seele zurückführen zu dem Einen. Reinheit des Körpers und der Seele sind ebenso wie für den Pythagoreer selbstverständliche Voraussetzungen, das letzte Ziel ist bei Plotin jedoch nicht mehr bloßes Erkennen, es ist die Vereinigung mit dem höchsten Prinzip, unio mystica. Erreicht wird es nach langer Vorbereitung in den seltenen Augenblicken, in denen der Mensch in der Ekstase aus sich heraustritt. Viermal, so berichtet Porphyrios (*Vita* 23, 16), ist Plotin solche Erfüllung zuteil geworden.

Plotin hat seine Schriften wohl dem Schülerkreise zugänglich gemacht, doch kam es zu seinen Lebzeiten zu keiner buchhändlerischen Ausgabe. Wir haben in der *Vita* des Porphyrios (4–6) eine Aufzählung von Plotins Arbeiten in chronologischer Reihenfolge, die Zutrauen verdient. Deutlich geht daraus hervor, daß Plotin nicht systematisch vorgegangen ist, sondern, wie es der Lehrbetrieb ergab, dringliche Einzelfragen herausgriff. Durch ein Scholion (in einzelnen Handschriften nach 4, 4, 29) erfahren wir von einer Ausgabe, die Eustochios, Arzt und einer der engsten Schüler des Meisters, besorgte. Manches spricht dafür, daß die für die Überlieferung wertvollen Plotinzitate bei Eusebios auf diese Ausgabe zurückgehen. Durchgesetzt hat

[1] Porphyrios, *Vita Plotini*, 3, 17. Keine Stütze für die Annahme von E. Bréhier, *La philos. de Pl.* Paris 1928, 107, Plotin habe wesentliche Gedanken aus Indien übernommen.

sich aber jene des Porphyrios, die etwas später, zwischen 301 und 305, veröffentlicht wurde. Hier waren die Schriften nach Sachgruppen vereinigt, was 3 corpora (σωμάτια) zu 27, 18 und 9 Schriften, im Ganzen also sechs Neunergruppen ergab: daher der üblich gewordene Titel *Enneaden*. Die arabisch überlieferte sogenannte *Theologie* ist eine durch Paraphrasen aufgeschwemmte Darstellung der Lehre. Der Versuch, sie mit den σχόλια ἐκ τῶν συνουσιῶν zusammenzubringen, die Amelios, ein anderer Schüler und Gefährte Plotins, in etwa hundert Büchern verfaßte, entbehrt verläßlicher Stützen[1].

Plotins bedeutendster Schüler, der Syrer Porphyrios aus Tyros, ursprünglich Malkos geheißen, war weit mehr ein Gelehrter von großer Spannweite als ein schöpferischer Philosoph. Daß sein letztes Anliegen aber ein theologisches war, die Läuterung und Rettung der Seele, das band ihn an die Lehre Plotins. Geboren war er 234 in Tyros, studierte in Athen und kam 263 nach Rom und zu Plotin, den er 268 nach einer schweren inneren Krise verließ, ohne sich von seiner Lehre zu trennen. Nach längerem Aufenthalt in Sizilien kehrte er nach Rom zurück. Man darf annehmen, daß er dort nach Plotin die Schule leitete.

Für seine Entwicklung sind die Reste einer Schrift *Über den philosophischen Gewinn aus Orakeln* (Περὶ τῆς ἐκ λογίων φιλοσοφίας) wichtig, die er noch in seiner Heimat schrieb. Hier herrscht üppiger Dämonenglaube und der magische Götterzwang der Theurgie. Spätere Schriften wie jene *Über Götterbilder* oder der *Brief an Anebo*[2], einen ägyptischen Priester, beide nur in Bruchstücken kenntlich, zeigen zwar nicht die Aufgabe dieser Vorstellungen, wohl aber das Bemühen um ihre Ordnung und Bewältigung im plotinischen System. Als Biographen seines Lehrers und Herausgeber seiner Schriften haben wir Porphyrios bereits kennengelernt, bezeichnend für den Neuplatoniker ist ein *Leben des Pythagoras*, das ebenso wie die Schrift *De abstinentia* (Περὶ ἀποχῆς ἐμψύχων) auf uns gekommen ist. Welche Bedeutung in diesem Weltbild das alte Instrument der Allegorese gewinnen konnte, zeigt die Abhandlung *Über die Nymphengrotte* (Περὶ τοῦ ἐν Ὀδυσσείᾳ τῶν Νυμφῶν ἄντρου), die *Od.* 13, 102–112 zur Allegorie für den Kosmos und das Schicksal der Seele macht. Am persönlichsten spricht uns Porphyrios in dem späten Brief *An Marcella*, seine Gattin, an, in dem er die Grundzüge seiner Ethik entwickelt. Der religiös bewegte Mann, in dessen Vorstellungswelt der Dämonismus eine bedeutende Rolle spielte, hat auf verschiedenen Gebieten ernste wissenschaftliche Arbeit geleistet. In seinem umfangreichen und vielgestaltigen Werke gab es eine große Zahl von Erläuterungsschriften zu Platon und Aristoteles. Seine Arbeiten zur aristotelischen Logik, von denen wir die *Eisagoge* noch

[1] Vgl. H. R. Schwyzer, *RE* 21, 1951, 505. A. N. Subos, *Amelius von Etrurien*. Diss. München 1954. Ders., *Amelii Neoplatonici fragmenta*. Athen 1956. Zur Arbeitsweise des Porphyrios als Herausgeber mit einem instruktiven Beispiel H. Dörrie, *Gnom.* 36, 1964, 464; dort (466) auch zur Problematik der bei Eusebios überlieferten Stellen, für die Dörrie zur Annahme einer Depravation des von Porphyrios gegebenen Textes neigt.

[2] A. R. Sodano, *Lettera ad Anebo*. Napoli 1958. F. Altheim u. R. Stiehl, *Porphyrios und Empedokles*. Tübingen 1954, haben aus einer arabischen Schrift des Šahrastānī Auszüge aus Schriften des Porphyrios veröffentlicht, darunter auch ein Bruchstück des *Briefes an Anebo*, das für die Vorgeschichte von Iamblichs *De mysteriis* Bedeutung hat; darüber Altheim-Stiehl, *Philologia sacra* 1958, 100.

besitzen, wurden zu einem wichtigen Kapitel geistiger Überlieferung. Mit dem Verlust von vielem anderen bedauern wir besonders den seines Werkes *Gegen die Christen*, das in fünfzehn Büchern ausführliche Kritik entwickelte.

Die Wirkung des Neuplatonismus nahm alsbald gewaltigen Umfang an. Schulen begannen sich abzuzeichnen, die, ohne die Fundamente zu stürzen, zahlreiche Variationen entwickelten. Von größter Bedeutung für diesen Vorgang war der Syrer Iamblichos aus Chalkis (etwa 275 bis etwa 330). Er hörte in Rom den Porphyrios, schied seinen Weg aber beträchtlich von dem des Lehrers. Gegensätze, die der Neuplatonismus in seinem Wesen trug, treten bei ihm schärfer hervor. Nun werden alle Schleusen aufgezogen, Aberglaube und magische Praktiken haben ungehemmten Einlaß, Orientalisches strömt in erhöhtem Maße ein. Anderseits wird jedoch alles sorgsam in ein System gefügt, was einen abstrus erklügelten Ausbau der Lehre, zumeist mit Hilfe triadischer Teilungen, zur Folge hatte. Die erhaltenen Schriften sind mit einer Ausnahme Reste einer *Pythagoreischen Dogmatik* (Συναγωγὴ τῶν Πυθαγορείων δογμάτων, 10 B.). Zu einer *Pythagorasbiographie*[1] tritt ein *Protreptikos*[2], dazu kommen drei Schriften über Zahlenlehre im pythagoreisch-neuplatonischen Sinne. Für sich steht die heute in ihrer Echtheit nicht mehr bezweifelte Schrift *De mysteriis*, von der Marsilius Ficinus Auszüge in das Lateinische übertragen hat (1497). Sie gibt sich als Antwort des ägyptischen Priesters Abammon auf des Porphyrios Brief an Anebo und ist eines der wichtigsten Dokumente der spätantiken Religion. Von den Vertretern jener syrischen Richtung des Neuplatonismus, die von Iamblichos ausging, nennen wir seinen Anhänger Theodoros von Asine, der das Triadensystem seines Lehrers weiter ausbaute.

Die polytheistisch-superstitiöse Linie des Neuplatonismus zeichnet sich besonders kräftig in der Pergamenischen Schule ab, die der Iamblichschüler Aidesios aus Kappadokien begründete. Sie wirkte durch Maximos, den Schüler des Aidesios, stark auf Julians synkretistischen Polytheismus. Im Dienste dieser Richtung steht eine gemeinverständliche Einführung in den Neuplatonismus, die Salustios in seiner uns erhaltenen Schrift *Über Götter und Welt* gegeben hat. Daß der Autor jener Freund des Kaisers ist, dem dieser seine *vierte Rede* widmete und wegen dessen Entfernung er sich in der *achten* Trost zuspricht, hat alle Wahrscheinlichkeit für sich[3].

In merklichem Gegensatze zu den genannten Richtungen steht die alexandrinische Schule. Die religiös-metaphysische Komponente tritt hier zugunsten der fachwissenschaftlichen zurück. Noch immer wirkt der Geist des Museions. So wurden auf diesem Boden Verbindungen zum Christentum möglich. Von hier hat Synesios von Kyrene, der spätere Bischof, geistig seinen Ausgang genommen. Wir haben ihn als Hymnendichter bereits kennen gelernt (S. 908) und wollen das Bild dieses liebens-

[1] M. VON ALBRECHT, *Iamblichos, Pythagoras. Legende, Lehre, Lebensgestaltung*. Griech. u. deutsch. Zürich 1963, 8, betont, daß nicht eigentlich von einer Pythagorasbiographie zu sprechen ist, Titel wie Περὶ τοῦ Πυθαγορείου (-ικοῦ) βίου führen auf pythagoreische Lebensform.

[2] H. FLASHAR, ‹Platon und Aristoteles im 'Protreptikos' des Iamblichos›. *Arch. Gesch. Philos.* 47, 1965, 53.

[3] Darüber NOCK (s. u.), CI.

werten Mannes, der das an sich Konvergierende in seiner Persönlichkeit zu einer eigenartigen Synthese brachte, durch einen Blick auf seine Prosaschriften[1] vervollständigen. Seine Lehrerin war die Philosophin Hypatia, die Tochter des Philosophen und Mathematikers Theon von Alexandreia, die 415 von fanatisierten Christen ermordet wurde. Der Unterricht, den der zwischen 370 und 375 Geborene bei ihr in neuplatonischer Philosophie, in Astronomie und Mathematik genoß, war für sein Werden entscheidend, während ihm der damalige Betrieb in den athenischen Schulen nichts zu bieten vermochte. Byzanz und seinen Hof hatte er aus eigener Anschauung kennen gelernt und sich auch sonst in der ihm eigenen Verbindung von vita activa und contemplativa vielfach umgetan, als ihn 410 in seiner Heimat die Wahl zum Metropoliten der Pentapolis traf. Wir müssen es Kirchenschriftstellern[2] glauben, daß er erst nach seiner Wahl die Taufe empfing. Aber die Hymnen, von denen ein Teil schon früher entstanden ist, lassen seinen Weg zum christlichen Glauben deutlich erkennen. Er hat jedoch auf diesem Wege nie seine enge Bindung an die Philosophie aufgegeben. Nichts ist dafür so bezeichnend wie die Stelle in einem seiner Briefe (ep. 11 p. 648 H.), wo er davon spricht, wie er sein geistliches Amt nicht als Entfernung von der Philosophie, sondern als eigentliche Hinkehr zu ihr empfinde. Sein Todesjahr steht nicht fest, lag aber kaum weit von 415 ab.

Das älteste der erhaltenen Prosawerke ist die Rede Περὶ βασιλείας[3], in der er als Gesandter vor Kaiser Arkadios sein Herrscherideal entwickelte. Viel von seiner Persönlichkeit eröffnet sich trotz der literarischen Anlehnung, zum Teil auch gerade durch diese, in seinem *Dion* (Δίων ἢ περὶ τῆς κατ' αὑτὸν διαγωγῆς)[4], in dem er seine philosophische und musische Tätigkeit gegen Fanatismus jeglicher Herkunft verteidigt und Dion von Prusa als Vorbild nimmt. Die Schicksale seines Gönners Aurelian stellte er in den Αἰγύπτιοι λόγοι ἢ περὶ προνοίας[5] unter der Verhüllung des Osiris-Typhon-Mythos dar, mit der Schrift Περὶ τοῦ δώρου begleitete er einen Himmelsglobus, den er anfertigen ließ, Περὶ ἐνυπνίων behandelt das Traumleben, im besonderen dessen mantische Bedeutung, des spielerischen *Lobes der Kahlheit* (Φαλακρίας ἐγκώμιον) gedachten wir bereits (S. 932). Briefe[6] hat er auf jeder Stufe seines Weges gern geschrieben. So stellt denn die Sammlung, die 156 von ihnen umfaßt, für uns ein Stück Biographie und Kulturgeschichte dar, hinter dem die achtunggebietende Persönlichkeit des gebildeten Verfassers sichtbar wird. Während er seinen Hymnen, an die Vorstellung von einem lyrischen Genos gebunden, eine dorische Färbung gibt, hat er sich in seiner Prosa um reines Attisch bemüht.

[1] N. Terzaghi, *Synesii Cyrenensis opuscula*. Rom 1944.

[2] Euagr. *hist. eccl.* 1, 15. Nikephoros Kall. *hist. eccl.* 14, 55. Photios *bibl. can.* 26.

[3] Ch. Lacombrade, *Le discours sur la royauté de Synésios de Cyrène. Trad. nouv. avec introd., notes et comm.* Paris 1951.

[4] K. Treu, *Synesios von Kyrene. Ein Kommentar zu seinem «Dion»*. Berlin 1958. Ders., *Syn. v. Kyr. Dion Chrysostomos oder Vom Leben nach seinem Vorbild*. Berlin 1959 (Text u. Übers.).

[5] S. Nicolosi, *Il «De providentia» di Sinesio di Cirene*. Padova 1959.

[6] A. Garzya, ‹Per l'edizione delle epistole di Sinesio›. *Accad. dei Lincei. Bolletino del Comitato per la preparazione della Ediz. Naz.* Nuova serie 6, 1958, 29, und ‹Nuovi scoli alle epistole di Sinesio›. Ibid. 8, 1960, 47. Vgl. auch *Rendic. Accad. Linc.* 8/13, 1958, 1, und *Rendic. Accad. di Napoli* 33, 1958, 41.

In dem perennierenden Gegensatz zwischen griechisch-römischer Kulturwelt und den ‚barbarischen' Völkern hat Synesios, anders als etwa Themistios, den Standpunkt kompromißloser Gegnerschaft eingenommen[1].

Von Hierokles von Alexandreia (5. Jh.) besitzen wir einen Kommentar zu den *Goldenen Worten des* Pythagoras[2] und namhafte Reste seines Werkes *Über Vorsehung und Schicksal.* Am eindrucksvollsten vertreten diese gelehrte Richtung die zahlreichen Kommentatoren des Platon und Aristoteles, für die hier die Namen des Ammonios, Olympiodoros und des später zum Christentum übergetretenen Ioannes Philoponos zeugen sollen (vgl. S. 651)[3].

Die athenische Schule, die für die Prinzipien der Platonerklärung und den scholastischen Ausbau des Systems starke Impulse von Iamblichos empfangen hat, setzt mit Plutarch von Athen ein. Einer seiner Helfer, Syrian, ist bemerkenswert, weil er die Rhetorik in den Lehrbetrieb zog. Er hat ebenso die *Metaphysik* des Aristoteles wie den Hermogenes kommentiert[4]. Schüler der beiden Genannten war der erfolgreichste Vertreter dieser Richtung, Proklos (ca. 410–484), der in Byzanz zur Welt kam, seine Jugend in Lykien verbrachte und in jungen Jahren in der Schule von Athen die Stätte seiner Wirkung fand. Über sein Leben unterrichtet die Biographie, die sein begeisterter Schüler und Nachfolger Marinos schrieb. Proklos hat in einer Reihe von Schriften, aus denen wir die erhaltenen *Grundrisse der Theologie* (Στοιχείωσις θεολογική) und der *Physik* (Στοιχείωσις φυσική) hervorheben, ebenso wie in den zahlreichen *Platonkommentaren,* deren theologische Summe die wichtige Schrift *Zu Platons Theologie* (Εἰς τὴν Πλάτωνος θεολογίαν) zieht, an dem neuplatonischen System weitergebaut. Er hat dies im Sinne immer minutiöserer Unterteilungen und Interpolationen getan, von denen der Einschub von Henaden zwischen dem Ur-Einen und dem Intelligiblen für die athenische Schule besonders kennzeichnend ist. In seiner Vielseitigkeit, freilich nicht im wissenschaftlichen Rang, gemahnt Proklos an manche Alexandriner. Er schrieb Mathematisches (darunter einen *Euklidkommentar*) und Astronomisches, auch hat er Homer und Hesiod kommentiert. Von seinen Erklärungen zu diesem haben wir noch Reste. Ob ihm die *Chrestomathie* gehört, ist zumindest zweifelhaft (s. S. 103 A. 1). Von seinen *Hymnen* wurde früher (S. 908) gesprochen.

Die letzten Vertreter der athenischen Schule, Damaskios[5], in dem sich Dialektik und Mystik noch einmal in eigenartiger Weise überkreuzten, und der ausgezeichnete

[1] Vgl. J. Vogt, *Kulturwelt und Barbaren.* Abh. Akad. Mainz 1967/1.

[2] F. W. Köhler, *Textgeschichte von Hierokles' Kommentar zum Carmen aureum des Pythagoras.* Diss. Mainz. Münster 1965.

[3] Kl. Kremer, *Der Metaphysikbegriff in den Aristoteles-Kommentaren der Ammonios-Schule. Beitr. z. Gesch. u. Theol. des Mittelalters* 39/1. Münster 1961. Von Ausgaben der Platon-Kommentare des Olympiodor ist besonders wertvoll L. G. Westerink, *O. Comm. on the First Alcib. of Pl.* Amsterdam 1956. Die Komm. zum *Phaid.* und *Gorg.* hat W. Norvin, Leipz. 1913, 1936, herausgegeben; s. auch zu Damaskios.

[4] H. Rabe, *Syr. in Hermog. commentaria.* Leipz. 1892/93.

[5] L. G. Westerink hat in seiner Untersuchung *Damascius, Lectures on the Philebus, wrongly attributed to Olympiodorus.* Amsterdam 1959, nachgewiesen, daß die Erläuterungen zum *Phaidon* und *Philebos,* die im cod. Marc. gr. 196 fol. 242 - 337 stehen, in Wahrheit Damaskios gehören, und die zur Rede stehenden Texte mit Übers. neu ediert und kommentiert.

Aristoteleskommentator Simplikios waren unter den sieben Philosophen, die nach der Schließung der Schule durch Justinian (529) nach dem Osten, an den Hof des Perserkönigs, gingen. Der Friedensschluß des Jahres 533 ermöglichte ihnen die Rückkehr in ein Athen, das nicht mehr die Stadt der platonischen Akademie sein durfte.

Sextus Empiricus: H. MUTSCHMANN, I: *Pyrrh. Hypot.* Leipz. 1912, repr. 1958; II: *Adv. dogmaticos* (7–11) 1914; III: *Adv. mathematicos* (1–6) ed. J. MAU, 2. Aufl. 1961; IV: Indices von K. JANACEK 1962. Mit engl. Übers.: R. G. BURY, 4 Bde. *Loeb Class. Libr.* 1933–49. Wichtig für den Text: W. HEINTZ, *Studien zu Sext. Emp. Schr. d. Königsb. Gel. Ges.* Sonderreihe 2, 1932. – Cornutus: C. LANG, Leipz. 1881. – Herakleitos: Ausgabe der Bonner philol. Gesellschaft. Leipzig 1910. – Kebes: K. PRAECHTER, Leipz. 1893. A. PH. FLOROS, ‹῾Ο Κ. πίναξ›. *Platon* 7, 1955, 287. C. E. FINCH, ‹The Place of Codex Vat. gr. 1823 in the Cebes Manuscript Tradition›. *Am. Journ. Phil.* 81, 1960, 176. – Epiktet: W. A. OLDFATHER, *Contributions toward a Bibliography of Epictetus.* Univ. of Illinois 1927. *A suppl.* ed. by M. HARMAN, *with a preliminary list of Epictetus manuscripts* by W. H. FRIEDERICH and C. U. FAYE, ibid. 1952. Wichtig für den Text: REVILO PENDLETON OLIVER, *Nicolò Perotti's Version of Enchiridion of Ep.* Urbana 1954; dazu K. MRAS, *AfdA* 12, 1959, 107. Text: H. SCHENKL, 2. Aufl. Leipz. 1916; ed. ster. Stuttgart 1965. Doppelsprachig: W. A. OLDFATHER, *Discourses.* 2. Bde. *Loeb Class. Libr.* 1926 (repr. 1952/59). J. SOUILHÉ et A. JAGU, *Entretiens. Coll. des Un. de Fr.* 4 Bde. 1948/65. PABLO-JORDÁN DE URRIES Y AZARA. 1. Barcelona 1957; II 1963. H. W. F. STELLWAG, *Het 1. B. der Diatriben.* Amsterd. 1933 (Übers. mit gutem Komm.). Übersetzungen: W. CAPELLE, Jena 1925. J. BONFORTE, New York 1955. R. LAURENTI, *Epitteto. Le diatribe e i frammenti.* Bari 1960. Interpretation: B. L. HIJMANS Jr., *"Ἄσκησις-Notes on Epictetus' Educational System.* Assen 1959. Ein ausführlicher Epiktet-Artikel von M. SPANNEUT im *Reallex. f. Ant. u. Chr.* 5, 1961, 599. G. GERMAIN, *Epictète et la spiritualité stoïcienne.* Paris 1964. A. BODSON, *La morale sociale des derniers stoiciens, Sénèque, Epictète et Marc Aurèle.* Paris 1967. A. BONHÖFFER, *Epictet und die Stoa. Untersuchungen zur stoischen Philosophie.* 1890; repr. Stuttgart 1968; ders., *Die Ethik des Stoikers Epictet.* 1894; repr. Stuttgart 1968. – Marc Aurel: H. SCHENKL, Leipz. 1913. Doppelsprachig die folgenden vier Ausgaben: C. R. HAINES, *Loeb Class. Libr.* 1916. A. J. TRANNOY, *Coll. des Un. de Fr.* 1925. A. S. L. FARQUHARSON, 2 Bde. (mit Komm.) Oxf. 1944. W. THEILER, Zürich 1951 (doppelspr., mit ausgezeichneten Anm.; dort S. 300 auch Lit.); von demselben eine Übers. Hamburg 1965 (Rowohlts Klassiker 181). Eine Übers. von A. MAUERSBERGER in 8. Aufl. Leipzig 1967 *(Samml. Dieterich 50).* A. WITTSTOCK. 2. Aufl. Leipzig 1969 (Reclam). Darstellungen und Untersuchungen: H. R. NEUENSCHWANDER, *Mark Aurels Beziehungen zu Seneca und Poseidonios. Noctes Romanae* 3. Bern 1951. A. S. L. FARQUHARSON, *Marcus Aurelius. His Life and his World.* 2. ed. Oxford 1952. F. C. THOMES, *Per la critica di Marco Aurelio.* Torino 1955 (Pubbl. d. Fac. di Lett. e Filos. 7, 5). Ch. Parain, MARC-AURÈLE. *Portraits d'histoire.* Paris 1957. J. DALFEN, *Formgeschichtliche Untersuchungen zu den Selbstbetrachtungen Marc Aurels.* Diss. München 1967 (bei Habelt, Bonn). Epiktet und Marc Aurel: M. POHLENZ, *Die Stoa.* 2. Aufl. Gött. 1959. – Albinos: P. LOUIS, Paris 1945. Eine Neuausgabe bereitet H. DÖRRIE vor. Lit.: R. E. WITT, *Albinus and the history of Middle Platonism.* Cambr. 1937. J. H. LOENEN, ‹Albinus' Metaphysics›. *Mnem.* S. 4, 9, 1956, 296. 10, 1957, 35. – Kelsos: O. GLÖCKNER, *Kl. Texte.* Bonn 1924. R. BADER, *Der Ἀληθὴς λόγος des Kelsos.* Tüb. Beitr. 33, 1940. A. WIFSTRAND, ‹Die Wahre Lehre des Kelsos›. *Bull. de la Soc. Royale des Lettres de Lund* 1941/42, 391. H. CHADWICK, *Orig. Contra Celsum.* Transl. with introd. and notes. Cambridge 1953. C. ANDRESEN, *Logos und Nomos. Die Polemik des K. wider das Christentum.* Abh. z. Kirchengesch. 30. Berlin 1955 (Eine Darstellung der philosophischen Persönlichkeit des Kelsos mit Verwertung der ungedruckten Fragmentsammlung von H. O. SCHRÖDER, die 1939 als Habil. Schrift in Gießen vorlag). Übers.: L. RONGIER, *Celsus. Discours vrai contre les chrétiens.* Paris 1965. – Maximos von Tyros: H. HOBEIN, Leipz. 1910. – Numenios: E. A. LEEMANS, *Studie over den wijsgeer Numenius van Apamea met uitgave der fragmenten.* Bruxelles 1937. R. BEUTLER, *RE* S 7, 1940, 664. – Für den geistigen Hintergrund des Neuplatonismus und diesen selbst sind die entsprechenden Abschnitte bei M. P. NILSSON, *Gesch. d. gr. Rel.* 2, 2. Aufl. Münch. 1961, 415. 426. 435, wichtig. – Hermetik: Die Texte: W. SCOTT – A. S. FERGUSON, 4 Bde. Oxf. 1924–36. A. D. NOCK–A. J. FESTUGIÈRE, 4 Bde. *Coll. des Un. de Fr.* 1945–54; 1 u. 2 réimpr. 1960. In armenischer Übersetzung ist ein außerhalb des Corpus der hermetischen Schriften stehender Traktat bekannt geworden durch *Der Bote aus dem Matenadaran* 3. Eriwan. Ak. d. Wiss. der Armenischen SSR. 1956; den Text gibt JA. MANANDJAN armenisch, S. AREFSCHATJAN russisch. Dazu H. DÖRRIE, *Gnom.* 29, 1957, 446. Für den ganzen Abschnitt von grundlegender Bedeutung ist das große Werk von A. J. FESTUGIÈRE, *La révélation d'Hermès Trismégiste.* I: *L'astrologie est les sciences occultes;* II: *Le dieu cosmique;* III: *Les doctrines de l'ame;* IV: *Le dieu inconnu et la gnose.* Paris 1944–54. A. WLOSOK, *Laktanz und die philos. Gnosis. Abh. Ak. Heidelb. Phil.-hist. Kl.* 1960/2, 115. – Plotin: Bibliographie von B. MARIËN bei der Übersetzung von CILENTO (diese und Nachträge bei J. M. RIST s.u.). Für die Textgeschichte P. HENRY, *Les états du texte de P.* Bruxelles 1938; *Les manuscripts des Ennéades.* Ibid. 1941; 2. éd. 1948. H. R. SCHWYZER, *Gnom.* 32, 1960, 32, zu den in der *Praeparatio evang.* des Eusebios zitierten Plotinpartien. Ausgaben: E. BRÉHIER, 6 Bde. *Coll. des Un. de Fr.* 1924–38; 2e éd. von 1954 an (doppelsprachig). Neue kritische, allein maßgebende Ausgabe: P. HENRY–H. R. SCHWYZER, I (Enn. 1–3). Bruxelles 1951; II (Enn. 4–5) 1959. Übersetzungen: R. HARDER, Leipz. 1930–37; neu mit griech. Text (basierend auf HENRY–SCHWYZER) und Anm. I a/b (Schr. 1–21) Hamburg 1956. II a/b (Schr. 22–29) edd. BEUTLER–THEILER (wie auch die folgenden Teile). 1962. III a/b (Schr. 30–38) 1964. IV a/b (Schr. 39–45) 1967. V a/b (Schr. 46–54) 1960. V c Anhang. Porphyrios über Plotins Leben und über die Ordnung seiner Schriften. Ed. MARG. 1958. Aus diesen Texten 2 Studienausgaben in Auswahl, Hamburg 1960. Von HARDER eine Auswahl in der *Fischer-Bücherei* 1958, mit schöner Einleitung und guten Hinweisen auf das Nachleben. Eine engl. Auswahl in Übers.: H. A. ARMSTRONG, *Plotinus,* 3 Bde., London 1966/67 (Loeb Class. Libr.). Dasselbe ital. V. CILENTO, *Antologia Plotiniana.* Bari 1955, von dems. auch die wertvolle it. Übers. Plotins, Bari 1947–49. Die engl. Übers. von ST. MAC KENNA, sec. ed. revised by B. S. PAGE. London 1957. Eine hervorragende Monographie bietet der *RE*-Artikel (21, 1951, 471–592) von H. R. SCHWYZER mit Lit. und einem wertvollen Abschnitt für das Nachleben. PH. V. PISTORIUS, *Pl. and Neoplatonism. An introductory study.* Cambridge 1952. J. TROUILLARD, *La procession Plotinienne.* Paris 1955. *La purification Plotinienne.* Paris 1955. H. FISCHER, *Die Aktualität Pl.s.* München 1956. K. H. VOLKMANN-SCHLUCK, *Pl. als Interpret der Ontologie Platons.* 3. erw. Aufl. Frankf. a. M. 1966. W. HIMMERICH, *Eudaimonia. Die Lehre des Pl. von der Selbstverwirklichung des Menschen. Forsch. z. neueren Philos. und ihrer Gesch.* N. F. 13. Würzburg 1959. *Sources de Plotin. Dix exposés et discussions par* A. H. ARMSTRONG, P. V. CILENTO, E. R. DODDS, H. DÖRRIE, P. HADOT, R. HARDER, P. P. HENRY, H. CH. PUECH, H. R. SCHWYZER, W. THEILER. *Entretiens sur l'ant. class.* 5. Fondation Hardt. Vandœuvres-Genève 1960. E. BRÉHIER, *La philosophie de Pl.* 2. éd. Paris 1961; in engl. Übers. von J. THOMAS. Chicago 1958. C. RUTTEN, *Les Catégories du monde sensible dans les Ennéades de Pl.* Bibl. de la Fac. de Phil. et Lettr. de Liège 160. 1961. H. DÖRRIE, ‹Plotin. Philosoph und Theologe›. *Die Welt als Geschichte* 1963, 1. P. HADOT, *Plotin ou la simplicité du regard.* Paris 1963. P. P. MATTER, *Zum Einfluß des platonischen ‚Timaios' auf das Denken Plotins.* Winterthur 1964. R. FERWERDA, *La signification des images et des métaphores dans la pensée de Plotin.* Diss. Amsterdam. Groningen 1965. O. HOPPE, *Die Gene in Plotins Enn. VI 2. Interpretationen zu Quelle, Tradition, Bedeutung der* πρῶτα γένη *bei Plotin.* Diss. Göttingen 1965. M. GAUDILLAC, *La sagesse de Plotin.* 2. ed. Paris 1966. H. R. SCHLETTE, *Das Eine und das Andere. Studien zur Problematik des Negativen in der Metaphysik Plotins.* München 1966. R. ARNOU, *Le désir de dieu dans la philosophie de Plotin.* 2. ed. Rom. 1967. W. BEIERWALTES, *Plotin über Ewigkeit und Zeit. Enneade 3, 7, übers., eingel. und komm.* Frankfurt 1967. J. N. DECK, *Nature, Contemplation and the One.* Toronto 1967. J. M. RIST, *Plotinus: the Road to Reality.* Cambridge 1967 (fügt zu der Bibliographie von B. MARIËN bei der Übersetzung von CLIENTO (s.o.) ein reichhaltiges Verzeichnis neuerer Arbeiten hinzu). – Porphyrios: Die Ausgaben der einzelnen Schriften bei R. BEUTLER, *RE* 22, 1953, 278ff. W. THEILER, *P. und Augustin*. Halle 1933 (Schr. d. Königsb. Gel. Ges. 10/1). Zur Frage auch P. COURCELLE, *Recherches sur les Confessions de S. Aug.* Paris 1950. J. J. O'MEARA, *Porphyry's Philosophy from Oracles in Aug.* Paris 1959, will aus Augustin beweisen, daß Porphyrios Περὶ τῆς ἐκ λογίων φιλοσοφίας und *De regressu animae* in *Civ. Dei* 10, 29 u. 32 dasselbe Werk seien, das auf Augustinus besonders wirkte; Zweifel bei H. DÖRRIE, *Gnom.* 32, 1960, 320. Zu Porphyrios ferner: J. TRICOT, *Porphyre, Isagoge*. Trad. et notes. Paris 1947. H. DÖRRIE, *Porphyrios' «Symmikta Zetemata»*. *Zet.* 20. München 1959 (mit einer Rekonstruktion der *Symm. Zet.* vornehmlich aus Nemesios und Priscian). PORPHYRE. Entretiens sur l'ant. class. 12. Vandoeuvres-Genève 1966 (mit Beiträgen von H. DÖRRIE, J. H. WASZINK, W. THEILER, P. HADOT, A. R. SODANO, J. PÉPIN, R. WALZER). W. PÖTSCHER, *Porphyrios.* Πρὸς Μαρκέλλαν. Leiden 1969 (mit Übers., Einl. und Komm.). – Iamblichos: L. DEUBNER, *De vita Pythagorica.* Leipz. 1937. M. v. ALBRECHT, *Iamblichi Chalcidensis ex Coele-Syria. De vita Pythagorica liber.* Zürich 1963 (doppelspr.). Die Ausgabe von A. NAUCK (mit einem Anhang über das *carmen aureum* des Pythagoras) St. Petersburg 1884 repr. Amsterdam 1966. E. DES PLACES, *Iamblique, Des mystères d'Egypte. Coll. des Un. de Fr.* 1966 (doppelspr.). Die Ausgabe von G. PARTHEY, Berlin 1857 repr. Amsterdam 1966. – FR. W. CREMER, *Die chaldäischen Orakel und Iamblich de mysteriis.* Meisenheim a. Glan 1969. Die älteren Ausgaben der übrigen Schriften bei CHRIST-SCHMID, *Gesch. d. gr. Lit.* II/2, 6. Aufl. München 1924, 1054. Zum *Protreptikos* W. JAEGER, Aristoteles. 2. Aufl. Berl. 1955, 60. Für die Überlieferung sind die Arbeiten von M. SICHERL wichtig: *Die Handschriften, Ausgaben und Übersetzungen von J. de mysteriis.* Berlin 1957 (Texte u. Unters. zur Gesch. d. altchristl. Lit. 62); ‹Bericht über den Stand der krit. Ausgabe von J. de mysteriis›. *Arch. f. Gesch. d. Philos.* 42, 1960, H. 3; ‹Ein übersehener Jambl.-Codex (Matrit. O 46)›. *Emérita* 28, 1960, 87. – Salustios: A. D. NOCK, Cambr. 1926 (mit wichtiger Einl., Übers. u. Komm.). G. ROCHEFORT, *S. Des dieux et du monde. Coll. des Un. de Fr.* 1960 (zweispr.). Übersetzung auch bei G. MURRAY, *Five Stages of Gr. Rel.* 3. Aufl. Boston o. J., 200. – Proklos: Die Ausgaben der einzelnen Schriften in R. BEUTLERS umfassendem *RE*-Artikel, 23, 1957, 185. L. G. WESTERINK, *Proclus Diadochus. Comm. on the First Alcibiades of Plato. Crit. text and indices.* Amsterdam 1954. W. O. NEILL, *Alcibiades I* (Übers. u. Komm.). The Hague 1965. E. TUROLLA, *Pr. La teologia Platonica.* Bari 1958. J. TROUILLARD, *Eléments de Théologie. Trad., introd. et notes.* Paris 1965. H. D. SAFFREY – L. G. WESTERINK, *Théologie platonicienne.* I. *Coll. des Un. de Fr.* 1968 (doppelspr.). H. BOESE, *Die mittelalterliche Übersetzung der* στοιχείωσις φυσική *des Proclus.* Berlin 1958. *Ders., Procli Diadochi tria opuscula (De providentia, libertate, malo). Latine Guil. de Moerbeca vertente et Graece ex Isacii Sebastocratoris aliorumque scriptis collecta. Quellen u. Stud. z. Gesch. d. Philos.* 1. Berlin 1960. A.-J. FESTUGIÈRE, *Proclus. Commentaire sur le Timée. Trad. et notes.* 5 Bde. Paris 1966–1968. Die Ausgabe von E. DIEHL in 3 Bden. Leipzig 1903–1906 repr. Amsterdam 1965. A.-J. FESTUGIÈRE, *Proclus. Commentaire sur la république. Trad. et notes.* 3 Bde. Paris 1970. Die Ausgabe von W. KROLL in 2 Bden. Leipzig 1899–1901 repr. Amsterdam 1965. – P. LÉVÊQUE, *Aurea catena Homeri. Une étude sur l'allégorie grecque.* Paris 1959 (für Proklos wichtig). TH. WHITTAKER, *The Neo-Platonists. A Study in the History of Hellenism. With a Suppl. on the Comm. of Proclus.* 1928, repr. 1961 Olms/Hildesheim. V. COUSIN, *Procli Diad. comm. in Platonis Parmenidem* ist nach der 2. Aufl. (Paris 1864) nachgedruckt Hildesheim 1961. Für die Ausgabe von *In Platonis Theologiam* von AE. PORTUS, Hamburg 1618 bereitet die Minerva G.m.b.H. Frankfurt a.M. einen Neudruck vor. Dortselbst sind 1962 Nachdrucke erschienen von V. COUSIN, *Procli philosophi Platonici opera inedita* (nach der 2. Aufl. von 1864) und A.-E. CHAIGNET, *Pr. Comm. sur le Parménide.* 3 Bde. (1. Druck Paris 1900–1903). W. BEIERWALTES, *Proklos. Grundzüge seiner Metaphysik.* Frankfurt a.M. 1965. TH. GELZER, ‹Die Epigramme des Neuplatonikers Proklos›. *Mus. Helv.* 23, 1966, 1. P. BASTID, *Proclus et le crépuscule de la pensée grecque.* Paris 1969.

7. WISSENSCHAFTEN

Der Elan wissenschaftlicher Forschung, der vor allem den frühen Hellenismus auszeichnet, weicht in der Kaiserzeit einer Entwicklung in die Breite, die notwendig Verdünnung bedeutet. Auch wird es auf diesem Felde besonders deutlich, wie sehr die griechische Kultur dieser Zeit in ihrer Verbindung mit Rom gesehen sein will. Die reine Theorie hat dort keinen guten Boden. Für die Herren der Welt ist Astronomie sinnvoll, wenn sie zu einem brauchbaren Kalender verhilft, Naturwissenschaft, wenn sie den Landbau verbessert, Geometrie, wenn sie zum Vermessen der Provinzen und zum Entwerfen von Karten hilft. Griechische Wissenschaft hatte andere Ziele. Einzelne haben sie auch in dieser Zeit nicht aus dem Auge verloren, aber sie sind Nachzügler.

Mit Grammatik haben sich viele beschäftigt. Als Kuriosum sei die gelehrte Sammlerin Pamphila genannt, die unter Nero dreiunddreißig Bücher *Vermischte historische Aufzeichnungen* schrieb. Die sprachlich wichtige Tätigkeit der Lexikographen haben wir im Zusammenhang mit dem Attizismus überblickt (S. 930).

Wir fügen hier Herennius Philon aus Byblos ein, den wir bereits in ganz anderem Zusammenhange (S. 117) als nunmehr rehabilitierten Autor der *Phoinikischen Geschichten* kennen lernten. Er hat auch Historisches und Grammatisches geschrieben. Auf ihn dürfte zumindest im Grundstock das Synonymenlexikon[1] zurückgehen, das auf den Namen des Ammonios gestellt wurde. Es war dies jener alexandrinische Grammatiker (übrigens war er auch Priester des Affengottes), der nach der Zerstörung der heidnischen Tempel mit Helladios nach Konstantinopel ging.

Das 2. Jahrhundert hat auch für die Grammatik ein Stück Nachsommer gebracht. Apollonios Dyskolos, der vorwiegend in seiner Geburtsstadt Alexandreia wirkte, behandelte in einer großen Zahl von Schriften, die in der *Suda* und von ihm selbst angeführt werden, die Teile der Rede. Wir haben von diesen kleineren Arbeiten nur drei, daneben aber die vier Bücher seiner *Syntax* (Περὶ συντάξεως), in denen er als erster eine systematische Zusammenfassung dieses Stoffes gibt. Neue Wege hat er nicht eingeschlagen, er geht durchaus von den Redeteilen aus und erweist sich, wie das zu einem richtigen Dyskolos paßt, als pedantischer Analogist. Zusammenfassende Arbeit hat auf einem anderen Gebiet der Sprache auch sein Sohn und Schüler Herodian geleistet. Seine *Allgemeine Prosodie* (Καθολικὴ προσῳδία) ist in Rom unter Marc Aurel entstanden, dem sie gewidmet war. Erhalten sind uns Auszüge daraus. Verloren sind die zahlreichen Einzelschriften bis auf eine über formale Anomalien (Περὶ μονήρους λέξεως) und ein kleines, vielleicht unechtes, attizistisches Lexikon *Philhetairos*[2]. Ein dritter Systematiker hat vergleichbare Arbeit auf metrischem Gebiete ge-

[1] KL. NICKAU, *Das sogenannte Ammonioslexikon. Vorarbeiten zu einer textkritischen Ausgabe.* Diss. Hamburg 1959 (maschinenschr.); ders., *Ammonii qui dicitur liber de adfinium vocabulorum differentia.* Leipzig 1966.

[2] A. DAIN, *Le ‹Philétaeros› attribué à Hériodien›.* Paris 1954. Von einer Herodian-Ausgabe in der *Loeb Class. Libr.* von C. R. WHITTAKER ist der 1. Bd. (I–IV) London 1969 erschienen. – H. HUNGER, ‹Palimpsest-Fragmente aus Herodians Καθολικὴ Προσῳδία, Buch 5–7 (Cod. Vind. Hist. gr. 10)›. *Jahrb. Öst. Byz. Ges.* 16, 1967, 1.

tan. Hephaistion schrieb in alexandrinischer Tradition sein großes Werk Περὶ μέτρων (48 B.) und übernahm die sonst der Zeit überlassene Arbeit des Exzerpierens selbst. Das über mehrere Stufen erreichte Endresultat, das *Handbüchlein* (Ἐγχειρίδιον), ist uns erhalten.

Auch auf dem Felde der Musiktheorie sind Zusammenfassen und Exzerpieren die bestimmenden Tätigkeiten. Erhalten ist uns eine *Einführung in die Harmonielehre* (Εἰσαγωγὴ ἁρμονική)[1], für die neben den Mathematikern Euklid und Pappos auch ein Kleoneides als Verfasser genannt wird. Der unbedeutende Name wird der richtige sein. Die Schrift bringt in starrer und konventioneller Schematisierung Lehren, die im wesentlichen auf Aristoxenos von Tarent zurückgehen. Ein Leidener Aristoxenos-Codex läßt ein Handbuch größeren Umfanges erkennen, das zwischen Aristoxenos und der *Eisagoge* stehen dürfte. Deren Datum ist schwer zu bestimmen. Der Ansatz in das frühe 2. Jahrhundert bleibt Vermutung.

Innerhalb der Geographie fand der beschreibend historische ebenso wie der mathematische Zweig eine Fortsetzung, die einen Abschluß mit Verlusten bedeutet. Strabon aus Amaseia im Lande Pontos (ca. 64 v. Chr. bis 19 n. Chr.) ist uns bereits als Historiker begegnet (S. 870). Sein großes Geschichtswerk ist verloren, erhalten sind uns (mit Lücken) die siebzehn Bücher seiner *Geographika*. Die ersten beiden Bücher, in denen er sich mit Vorgängern wie Eratosthenes, Polybios und Poseidonios über die mathematischen Elemente der Geographie auseinandersetzt, lassen erkennen, daß dort seine Stärke nicht liegt. Schon daß für ihn unter dem Einflusse der Stoa Homer eine Autorität bedeutet, hindert ein tieferes Eindringen. Der weitaus größere länderkundliche Teil über Europa (3–10), Asien (11–16) und Afrika (17) beruht nur in beschränktem Maße auf Erfahrung Strabons, der immerhin auf seinen Reisen weit herumgekommen ist; zumeist hängt er von seinen Quellen ab, unter denen neben den genannten Autoren besonders Artemidoros von Ephesos (11 B. *Geographumena* um 100 v. Chr.) hervorzuheben ist. Strabon schreibt schlicht, ohne betonte attizistische Tendenz. Er ist in keiner Weise bedeutend, und doch müssen wir für die Erhaltung dieser mit historischen Angaben und verschiedenen Exkursen reich versehenen Geographie dankbar sein.

Aus dem Bereich der deskriptiven Geographie haben wir Dionysios den Periegeten (S. 909) und Arrian (S. 947) bereits besprochen und reihen hier den *Anaplus Bospori* des Dionysios von Byzanz an, der wahrscheinlich noch im 2. Jahrhundert geschrieben hat. Die Schrift will schöne Literatur sein und sucht alle Künste attizistischer Rhetorik zu entfalten.

Die ausgehende Antike lebt auch auf diesem Gebiet von Kompilationen, von denen uns Markianos aus Herakleia am Pontos (um 400)[2] Proben hinterlassen hat. Das große

[1] Nach der Ausgabe C. JAN's in den *Musici Scriptores Graeci* 1895, 179, ist der Text in dem 8. Bande der Euklidausgabe von J. L. HEIBERG und H. MENGE, Leipzig 1916, 185, mit lateinischer Übersetzung herausgegeben. Eine Analyse findet sich bei M. FUHRMANN, *Das systematische Lehrbuch*. Göttingen 1960, 34.

[2] Über die Reste seiner Epitome aus Artemidoros von Ephesos und seiner Küstenbeschreibungen: R. GÜNGERICH, *Die Küstenbeschreibung in der ant. Lit.* Münster 1950, 22. Die Texte *Geogr. Gr. min.* 1, 515.

Lexikon des Stephanos von Byzanz, die *Ethnika*, von denen wir einige Artikel im Original und viel in Auszügen besitzen, ist wahrscheinlich im 6. Jahrhundert, vielleicht schon jenseits unserer zeitlichen Grenze, entstanden.

Zusammenfassung mit Verlust, so kann man auch die Arbeit kennzeichnen, die Ptolemaios aus dem oberägyptischen Ptolemaïs (etwa 100 bis etwa 170) auf dem Felde der angewandten Mathematik geleistet hat. Doch ist es gerecht anzuerkennen, daß hier geistige Durchdringung des schwierigen Stoffes in höherem Maß erfordert war als anderswo. Ptolemaios, der in Alexandreia lebte, hat das große Erbe des Museions mit Anstand verwaltet und sich auch von den philosophischen Grundlagen seines Tuns Rechenschaft gegeben. Die kleine erkenntnistheoretische Schrift Περὶ κριτηρίου καὶ ἡγεμονικοῦ zeigt ihn in peripatetischer Tradition, in die er platonische und stoische Elemente mengt. Verhältnismäßig früh – die angeführten Sternbeobachtungen fallen 127–147 – hat er jenes Werk geschrieben, das für uns die antike Astronomie enthält, die Μαθηματικὴ σύνταξις. Aus dem Titel der arabischen Übersetzung (9. Jh.), der seinerseits auf eine Titelfassung μεγίστη σύνταξις (oder ähnlich) zurückgeht, ist die geläufige Benennung als *Almagest* entstanden. Es ist das geozentrische Weltbild, das hier nach Hipparch und anderen tradiert wird. Aristarch von Samos sollte erst im Weltbild des Kopernikus wiederkehren. Als eine Art von astrologischem Anhang zu dem großen Werk mag man die *Tetrabiblos* (Μαθηματικὴ oder Ἀποτελεσματικὴ σύνταξις τετράβιβλος) betrachten. Von astronomischen Handtafeln ist uns ein *Königsverzeichnis* (Κανὼν βασιλειῶν) durch Aufnahme in die Chronik des Byzantiners Georgios Synkellos erhalten geblieben. Nicht minder wichtig als das astronomische Werk ist für uns die *Geographische Anleitung* (Γεωγραφικὴ ὑφήγησις, 8 B.), die eine seit Hipparchos bestehende Forderung nach Möglichkeit zu erfüllen sucht. Als Grundlage für die Herstellung von Karten gibt Ptolemaios für etwa 8000 Orte ihre Bestimmung nach Länge und Breite. Aber nur ein kleiner Teil der Angaben beruht auf exakten Beobachtungen, nicht wenig hat Ptolemaios von seinem Vorgänger Marinos von Tyros übernommen, manches geht auf zweifelhafte Angaben und Kombinationen zurück. Wertvolle Mittlerarbeit hat Ptolemaios in der *Harmonik* (3 B.) und *Optik* geleistet. Von dieser besitzen wir nur die Bücher 2–5 in einer lateinischen Übersetzung, die ihrerseits auf eine arabische zurückgeht. Von kleineren astronomischen Schriften, von einem Witterungskalender, einer Arbeit über Planetenbewegung, einer über die Sonnenuhr und einem Planisphärium besitzen wir lediglich Fragmente oder lateinische und arabische Übersetzungen.

Ein etwas jüngerer Zeitgenosse des Ptolemaios dürfte der nur schwer zu datierende Kleomedes gewesen sein. Seine *Encyclopädie der Himmelskörper* (Κυκλικὴ θεωρία μετεώρων)[1] war ein Lehrbuch und hat als solches auch tief ins Mittelalter hinein gewirkt. Für uns ist es deshalb wertvoll, weil der stoisch gerichtete, den Epikureern feindliche Verfasser vielfach von Poseidonios abhängt und für diesen eine der wichtigsten Quellen darstellt.

[1] Ausgabe von H. Ziegler, Leipzig 1891. Für das Verhältnis zu Poseidonios A. Rehm, *RE* 11, 1921, 683.

Die in ihrer Entartung so zählebige illegitime Schwester der Astronomie behauptete sich in der Kaiserzeit in einem Ausmaße, das uns die Quellen mehr ahnen als erkennen lassen. Paulus Alexandrinus, ein Ägypter, der in Alexandreia lebte und sich eine breite griechische Bildung angeeignet hatte, schrieb in der 2. Hälfte des 4. Jahrhunderts eine Einführung in die Astrologie, deren Titel wahrscheinlich *Eisagogika*[1]. war. Große Teile sind uns erhalten. Sie lassen in diesem pseudowissenschaftlichen Gemenge ebenso alte Tradition wie neue Lehren – auch solche des Ptolemaios – erkennen.

Unter den Mathematikern steht Menelaos noch in bedeutender hellenistischer Tradition. Was er für die sphärische Trigonometrie geleistet hat, können wir an Hand einer arabischen Übersetzung[2] ermessen, die ihrerseits die Grundlage für Übertragungen ins Lateinische und Hebräische bildete. Griechische Mathematik war lange vorwiegend Geometrie. Deshalb nimmt Nikomachos aus dem arabischen Gerasa, der um 100 n. Chr. schrieb für uns in der Geschichte dieses Faches einen besonderen Platz ein, mochte er auch nicht ein Forscher von selbständiger Bedeutung sein. Wohl aber ist er der Erste, von dem wir wissen, daß er Arithmetik im Zusammenhange behandelt hat. Selbst Neupythagoreer, faßt er in seiner *Einführung in die Arithmetik* (Εἰσαγωγὴ ἀριθμητική)[3] das Wissen zusammen, das man im Pythagoreismus auf diesem Felde erworben hatte. Apuleius von Madaura und später Boëthius haben das Lehrbuch ins Lateinische übersetzt. Seine Zahlenmystik (Θεολογούμενα τῆς ἀριθμητικῆς)[4] ist uns nur in Bruchstücken, vermengt mit anderen Traktaten, erhalten.

Gut wird uns durch originale Überlieferung Diophantes von Alexandreia (3. Jh.)[5] kenntlich, von dessen Hauptwerk, der *Arithmetik* (13 B.), wir die ersten sechs Bücher besitzen; dazu kommt die kleine Schrift *Über Polygonalzahlen*. Die besondere Bedeutung der *Arithmetik*, einer systematisch angeordneten Aufgabensammlung, ist für uns darin begründet, daß wir für die hier behandelten algebraischen Probleme innerhalb des Griechischen kaum Vorläufer kennen. Die spätere Antike ist auch auf dem mathematischen Felde fleißig im Kommentieren gewesen. Die beiden Alexandriner Pappos (wahrscheinlich unter Diocletian) und Theon (s. S. 987) haben beide unter anderem Kommentare zum *Almagest* geschrieben[6]. Auch Eutokios (etwa 480 geb.)[7], der Archimedes und Apollonios erläuterte, gehört in diese Reihe. Aber nicht nur Kommentare wurden verfaßt. Von Serenos (4. Jh.) haben wir zwei Schriften über

[1] Ausgabe von E. Boer, *Elementa apotelesmatica. Interpretationes astronomicas add.* O. Neugebauer. Leipzig 1958.

[2] M. Krause, *Die Sphärik von Menelaos aus Alexandrien in der Verbesserung von Abū Naṣr Manṣūr b. ʿAli b. ʿIrāq.* Berlin 1936.

[3] Ausgabe R. Hoche, Leipzig 1866. Übers. der 6 Einleitungskapitel: M. Simon, *Festschr. M. Cantor* 1909. Englische Übertragung: M. L. D'Ooge. New York 1926.

[4] In der alten Ausgabe beider Schriften von Ast 1817.

[5] Th. L. Heath, *Diophantes of Alexandreia.* 2. ed. New York 1964.

[6] Die Συναγωγή des Pappos: F. Hultsch, Berlin 1875–78 (mit lat. Übers.); repr. Amsterdam 1966. Franz. Übers. mit Einl. u. Anm. von P. Ver Eecke, Bruges 1933, neugedr. Paris 1959. Theon: N. Halma. Paris 1821 (mit Übers.).

[7] Zu Eutokios, Serenos und Domninos Lit. bei Rehm-Vogel (s. u. bei Galen), 71.

Kegel- und Zylinderschnitte, von Domninos (5. Jh.) eine Einführung in die Arithmetik, die zu Euklid zurückbiegt.

Daß wir bei der problematischen Datierung des Mechanikers Heron mit einem kaiserzeitlichen Ansatz zu rechnen haben, wurde früher (S. 889) gesagt. Was die Technik leistete, war auch damals für den Krieg wichtig. Die hellenistische Literatur zur Belagerungstechnik fand in der Kaiserzeit ihre Fortsetzung. Apollodoros von Damaskos, Trajans erfolgreicher Baumeister, hat seine *Poliorketika*[1] dem Kaiser Hadrian gewidmet. Hart an unserer Zeitgrenze steht der Mechaniker und Architekt Anthemios aus Tralleis, der von 532 bis zu seinem Tode im Jahre 534 mit Isidoros von Milet am Wiederaufbau der Hagia Sophia arbeitete. Wir besitzen ein Fragment aus seiner Arbeit über Brennspiegel[2].

Selbständiger als andere Wissenschaftszweige hat sich in der Kaiserzeit die Medizin weiter entwickelt, wenngleich auch hier entscheidend blieb, was die Vergangenheit geschaffen hatte. Für die Methodiker, deren Schule im frühen 1. Jahrhundert n. Chr. kräftig gegen Empiriker und Dogmatiker vordrang, läßt sich bei vielen Unsicherheiten im Einzelnen folgende Linie nachziehen[3]: Asklepiades aus Prusa in Bithynien, der spätestens 91 v. Chr. nach Rom kam, baute seine Theorie im scharfen Gegensatze zur Säftelehre der hippokratischen Schule auf einem massiven Atomismus auf. Sein Schüler Themison aus Laodikeia hat sich (wahrscheinlich noch vor 23 v. Chr.)[4] insoferne von seinem Lehrer gewandt, als er in den Mittelpunkt seiner Theorie die Zustände der Porenwände (Anspannung, Erschlaffung, Mischung beider Zustände[5]) stellte. Thessalos aus Tralleis hingegen, ein stark auf den Publikumserfolg bedachter Arzt, der unter Nero in Rom wirkte, baute die Therapeutik der Methodikerschule aus und darf als Vollender des Systems gelten. Trotz einer gewissen Primitivität in Aitiologie und Therapie ist aus dieser Schule, deren Abkehr von der Anatomie wir früher (S. 890) erwähnten, einer der großen Ärzte der Kaiserzeit hervorgegangen: Soranos aus Ephesos. Ausgebildet ist er in Alexandreia, gewirkt hat er dort und in Rom unter Trajan und Hadrian. In die Geschichte der Medizin ist er als Autor der besten antiken Darstellung der Gynaikologie eingegangen. Neben den (allerdings in schwieriger Überlieferung) griechisch erhaltenen *Gynaikeia* (4 B.) hat er sein Material in zwei Büchern Γυναικεῖα κατ' ἐπερώτησιν als eine Unterweisung für Hebammen in Frageform dargeboten; eine lateinische Übertragung ist auf uns gekommen. Ebenfalls in Übersetzung hat uns Caelius Aurelianus[6] Sorans großes Werk *Über akute und chronische Erkrankungen* (Περὶ ὀξέων καὶ χρονίων παθῶν) vermittelt. Griechisch ist

[1] R. SCHNEIDER, *Abh. Gött. Ges. Phil.-hist. Kl.* N. F. 10/1, 1908 (mit Übers.).

[2] Bei A. WESTERMANN, *Paradoxographi*. Brunsv. 1839, 149. G. L. HUXLEY, *Anthemius of Tralles. A study in Later Greek Geometry*. Cambridge 1959 und Greek-Roman and Byzantine Monographs 1. Duke University 1963.

[3] Gegen L. EDELSTEINS Versuch (*RE* S 6, 1935, 358, ‹Methodiker›), Themison aus dieser Reihe auszuschalten: K. DEICHGRÄBER, *RE*, 5 A, 1934, 1632 (‹Themison›) und H. DILLER, *RE* 6A, 1936, 168 (‹Thessalos›).

[4] Vgl. DEICHGRÄBER a. O. 1634, 8.

[5] Γένος στεγνόν, ῥοῶδες, ἐπιπεπλεγμένον. Der Anteil an der Ausbildung dieser Lehre im einzelnen bleibt zwischen Themison und Thessalos strittig.

[6] E. DRABKIN, *Cael. Aur.* Univ. of Chicago Press o. J. (1950) mit engl. Übersetzung.

noch eine *Hippokratesbiographie* aus einem Werk über bedeutende Ärzte und eine Schrift *Über Verbände* (Περὶ ἐπιδέσμων) mit Illustrationen erhalten.

Im Hintergrunde der Methodikerschule steht der von Ainesidemos (s. S. 977) erneuerte Skeptizismus. Von der Stoa hingegen empfing die Schule der Pneumatiker starke Impulse, die Athenaios von Attaleia bereits im 1. Jh. v. Chr.[1] in Rom begründete. Die Rolle des Pneumas ist in medizinischen Theorien nicht neu, wir erinnern an Philistion, Diokles (s. S. 648) und Erasistratos (s. S. 889). Athenaios aber setzte das Pneuma nicht mehr der Luft gleich, sondern verstand es im Sinne der Stoiker als den warmen Hauch, der, von der Atemluft verschieden, seinen Sitz im Herzen hat und der eigentliche Lebensträger ist, dessen Veränderungen die physiologischen sowohl wie die pathologischen Vorgänge hervorrufen. In den nächsten beiden Schülergenerationen, die wir durch die Namen des Agathinos und des auch als Chirurgen bedeutenden Archigenes[2] kennzeichnen, tritt über alle Sektenkämpfe in steigendem Maße der Hang zu eklektischem Ausgleiche hervor, der das letzte Stadium der antiken Medizin weithin bestimmt. Das wird bei einem der bedeutendsten Ärzte der Kaiserzeit deutlich, bei Rufus von Ephesos[3], der wohl noch ins 1. Jahrhundert n. Chr. gehört. Von seinen zahlreichen Werken sind neben vielen Fragmenten auch einige kleinere Schriften *Über die Bezeichnung der Körperteile*, *Über Nieren- und Blasenleiden* und *Ärztliche Fragen* auf uns gekommen. Ebenso läßt sich an Aretaios, einem Pneumatiker des 1. Jahrhunderts, die Richtung auf den Eklektizismus erkennen. Wir lesen von ihm zwei Werke zu je vier Büchern über Diagnose und Therapie akuter und chronischer Erkrankungen. Er schreibt in ionischer Manier und bringt Homerismen in großer Zahl an[4].

Wenn wir in diesem Abschnitte für einzelne Gebiete von Zusammenfassung mit Verlust gesprochen haben, so ist diese Formel auf den erfolgreichsten Arzt der späteren Antike nicht anwendbar. Gewiß, auch Galen, der Eklektiker, hat Zusammenfassung in größtem Ausmaße gegeben, aber er hat das Übernommene wirklich erarbeitet, kritisch geprüft und an manchen Punkten weitergeführt. Geboren ist er 129 (130?) in Pergamon, der Stadt des Asklepioskultes. Noch in seiner Heimat hört er Philosophen verschiedener Richtung, wendet sich aber bereits dort zur Medizin. Weite Bildungsreisen durch Kleinasien, Griechenland und bis nach Alexandreia

[1] F. Kudlien, ‹Poseidonios und die Ärzteschule der Pneumatiker›. *Herm.* 90, 1962, 419 (421), hat gezeigt, daß Athenaios entgegen dem meist weitergegebenen Ansatze Wellmanns (unter Claudius) um rund 100 Jahre hinaufzurücken ist. E. Kulf, *Untersuchungen zu Athenaios von Attaleia.* Diss. Göttingen 1970. Zur Schule der Pneumatiker: F. Kudlien *RE* S 11, 1968, 1097.

[2] C. Brescia, *Frammenti medicinali di Archigene.* Napoli 1957 (Collana di Studi Gr. 27). G. Larizza Calabrò, ‹Frammenti inediti di Archigene›. *Boll. del comit. per la prepar. della ed. Naz. dei class. Gr. e Lat.* 9, 1961, 67.

[3] Ausgabe: Ch. Daremberg–E. Ruelle, Paris 1879. G. Kowalski, *Rufi Ephesii De corporis humani partium appellationibus.* Diss. Göttingen 1960. H. Gärtner, *Rufi Ephesii Quaestiones medicinales.* Corp. Med. Gr. Suppl. IV. Berlin 1962 (mit Übers. u. Komm.).

[4] Ob man das mit C. J. Ruijgh, *L'élément Achéen dans la langue épique.* Assen 1957, 85, aus einer Tradition erklären kann, die von den alten Lehrgedichten heraufkommt, ist doch sehr fraglich. F. Kudlien, *Untersuchungen zu Aretaios von Kappadokien.* Abh. Ak. Mainz 1963, 11, 1151. Er setzt Aretaios als Zeitgenossen des Dioskorides und des neronischen Leibarztes Andromachos in die Mitte des 1. Jh.s n. Chr.

bringen ihm die Kenntnis verschiedener Richtungen und Lehrer. 157 wird er Gladiatorenarzt in seiner Vaterstadt, sucht aber vier Jahre später die Kapitale auf, die allein eine große Laufbahn verheißen konnte. Wieder nach wenigen Jahren (166) kehrt er trotz allen Erfolgen von Rom nach Pergamon zurück, wohl auf der Flucht vor der Pest, die damals Italien heimsuchte. Aber Marc Aurel wollte auf den bereits Berühmten nicht verzichten, Galen sollte den Kaiser auf dem Feldzuge gegen die Markomannen begleiten. Er wußte jedoch zu erreichen, was ihm besser zusagte als das Leben im Felde: er wurde dem Kronprinzen Commodus zum ärztlichen Betreuer bestellt. Später machte ihn Marc Aurel zu seinem Leibarzt. Mangelhaft sind wir über den letzten Abschnitt seines Lebens unterrichtet; gegen 200 ist er gestorben.

Die literarische Produktion Galens ist fast unübersehbar. In Altersschriften hat er seine eigene Bibliographie besorgt (Περὶ τῶν ἰδίων βίβλων u.a.) und zählt dort hundertdreiundfünfzig Werke in fünfhundert Büchern auf. Dabei ist er nicht vollständig, manches uns Erhaltene fehlt. Wir besitzen von ihm ganz oder in großen Teilen hundertfünfzig Schriften, dazu einiges in lateinischen oder arabischen Übersetzungen. In der eben genannten Schrift hat Galen selbst eine Einteilung seiner Arbeiten vorgenommen. Eine Gruppe enthält Philosophisches, wobei er sich auch hier als Eklektiker erweist, der nur Epikur und die Skepsis ablehnt. Fest steht ihm, was der Titel einer Schrift verkündet: Ὅτι ὁ ἄριστος ἰατρὸς καὶ φιλόσοφος. Auch sein *Protreptikos zur ärztlichen Kunst* und das große dogmatische Werk (Περὶ τῶν Ἱπποκράτους καὶ Πλάτωνος δογμάτων, 9 B.) zeigen den Arzt, der Philosoph sein will, wie er denn auch über Logik und Erkenntnistheorie geschrieben hat. Von den grammatischen und rhetorischen Schriften kennen wir im wesentlichen nur Titel außer dem ersten Buche des Werkes *Über die medizinischen Namen*, das wir in einer arabischen Übertragung nach einer syrischen Zwischenfassung besitzen[1]. Der Schriftenkatalog läßt uns ausgiebige Beschäftigung mit dem Wortschatz der attischen Prosaiker und dem der Komödie erkennen. Auch eine Arbeit *Bemerkenswerte attische Wörter* hat es gegeben. In der Schrift über die Reihenfolge, in der man seine Arbeiten lesen soll (Περὶ τῆς τάξεως τῶν ἰδίων βίβλων πρὸς Εὐγενιανόν), spricht jedoch Galen selbst aus, was wir von seinem Stil ablesen können: er will kein ängstlicher Attizist sein, sein oberstes Prinzip ist Deutlichkeit des Ausdruckes (σαφήνεια)[2]. Daß er dies oft mit unmäßiger Breite zu erreichen sucht, macht seine Lektüre wenig erfreulich.

Das medizinische Schrifttum Galens erfaßt in seinen riesigen Ausmaßen so gut wie alle damals bearbeiteten Teilgebiete. Grundlage ist für ihn der Glaube an Hippokrates, womit die Bedeutung der Säftelehre gegeben ist. Aber er hat damit Gedanken der anderen Systeme vereinigt und dabei sogar die Methodiker nicht ausgeschlossen, die er am heftigsten bekämpft. Von Polemik sind seine Schriften in reichem Maße durchzogen, denn streitlustig ist er sein Leben lang gewesen. Auch selbstgefällig und ruhm-

[1] M. Meyerhof u. J. Schacht in *Abh. Preuss. Akad. Phil.-hist. Kl.* 1931/3. Dazu K. Deichgräber, *Sitzb. D. Akad. Klasse f. Sprachen, Lit. u. Kunst* 1956/2, 4.

[2] Für Galens tolerante Auffassung bei hoher Schätzung der griechischen Sprache ist der Eingang des 2. Buches von Περὶ διαφορᾶς σφυγμῶν (8, 567 K.) wichtig. Dazu Deichgräber a. O. 26.

redig bis zum Überdruß. Und doch möchte es scheinen, daß ein auf gründlicher Interpretation beruhendes Galenbild (wozu nicht viel mehr als Ansätze vorhanden sind) auch andere Züge aufweisen wird, Züge des ehrlich um Wissen und um Rechenschaft über seinen Weg Bemühten. K. DEICHGRÄBER[1] hat die autobiographischen Mitteilungen Galens in seinem Werk *Über die Unterscheidung der Pulsarten* (Περὶ διαγνώσεως σφυγμῶν) in einer Weise ausgewertet, die das Bild des Mannes in der angedeuteten Richtung bereichert und erweitert.

Im medizinischen Schrifttum folgen nun die Kompilatoren, von denen einer wegen der Sauberkeit seiner Arbeit und seiner Bedeutung als Mittler hervorzuheben ist: Oreibasios, der Leibarzt Julians, von dessen gewaltiger Zusammenfassung, den Ἰατρικαὶ συναγωγαί in siebzig Büchern, dreiundzwanzig ganz erhalten sind, wozu Auszüge aus anderen kommen. Ebenso haben wir eine verkürzte Ausgabe des großen Werkes in neun Büchern (Σύνοψις πρὸς Εὐστάθιον τὸν υἱόν) und vier Bücher *Euporista*, eine Art Hausarzneibuch.

Noch haben wir das bedeutendste pharmakologische Werk zu nennen, das wir aus der Antike besitzen, des Pedanius Dioskurides *Arzneimittellehre* (Περὶ ὕλης ἰατρικῆς, 5 B.; 6 und 7 sind spätere Anhängsel). Sie ist in der 2. Hälfte des 1. Jahrhunderts n. Chr. entstanden, ihr Verfasser ist ungefähr Zeitgenosse des älteren Plinius. Auf weiten Reisen hat er seine Pflanzenkenntnisse bereichert, die er in der Beschreibung der Heilwirkung von etwa 600 Pflanzen ausbreitet. Dabei steht das medizinische Interesse vor dem naturwissenschaftlichen durchaus im Vordergrund. Mit Dioskurides tritt ein besonderer Schatz der Überlieferung an das Ende unserer Darstellung. Handschriften, an deren Spitze der Vindobonensis Med. Gr. 1[2] steht, haben Abbildungen erhalten, die letzten Endes auf Krateuas, den arzneikundigen Berater des Mithradates VI. Eupator, zurückgehen[3].

Für allgemeine Literatur verweisen wir auf S. 259 und 890. – Apollonios Dyskolos: R. SCHNEIDER u. G. UHLIG, 3 Bde. Leipz. 1878–1910. P. MAAS, *A. D. de pronominibus. Pars generalis.* Bonn 1911 *(Kl. Texte* 82*)*. A. THIERFELDER, *Beitr. z. Krit. u. Erkl. des A. D. Abh. Sächs. Ak. Phil.-hist. Kl.* 43/2, 1935. – Herodian: A. LENTZ, 2 Bde. Leipz. 1867–70. Gegen seine Rekonstruktionen R. REITZENSTEIN, *Gnom.* 5, 1929, 243. Der *Philhetairos* nur bei J. PIERSON im Anhang seiner Ausgabe des Moeris 1759. – Hephaistion: M. CONSBRUCH, Leipz. 1906. – Strabon: Wichtig für die Überlieferung ist die Ausgabe des Vatikanischen Palimpsestes: W. ALY, *De Strabonis codice rescripto.* Vatikan 1956, mit einem Anhang über die wichtigeren Handschriften von F. SBORDONE. W. ALY, ‹Zum neuen Strabon-Text›. *Parola del passato* 5, 1950, 228. Ausgaben: A. MEINEKE, 3 Bde. Leipz. 1851/52. G. KRAMER, 3 Bde. Berl. 1844–52 (mit krit. App.). C. MÜLLER, Paris 1858. Mit engl. Übersetzung: H. L. JONES-J. R. S. STERRETT, 8 Bde. *Loeb Class. Libr.* 1917–32 (mehrfach wiedergedruckt). A. SCHULTEN, *Estrabón. Geografia de Iberia.* Ed., trad. y coment. Barcelona 1952 *(Fontes Hispaniae antiquae 6)*. W. ALY, *Strabon von Amaseia. Geographika.* Text, Übers. u. erl. Anm. Bd. 4: *Unters. über Text, Aufbau und Quellen der Geographika.*

[1] *Sitzb. D. Akad. Klasse für Sprachen, Lit. und Kunst* 1956/3.

[2] Der unschätzbare, für die byzantinische Kaisertochter Anicia Juliana geschriebene Codex wurde in der Österreichischen Nationalbibliothek durch hochspezialisierte Konservierungsmethoden vor dem drohenden Verfall gesichert.

[3] Bd. 3 der *Antinoopolis Pap.* (London 1967) bringt als nr. 123 aus einem Pap Codex des 6. Jh.s Bruchstücke einer anonymen *Materia medica.* Der neue Text stimmt weitgehend mit Dioskurides überein.

Bonn 1957. (*Antiquitas* R. 1/5). Kritisch dazu A. DILLER, *Gnom.* 30, 1958, 530; W. HERING, *DLZ* 80, 1959. F. SBORDONE, *Strabonis Geographica* I (1–2). Rom 1963. FR. LASSERRE, G. AUJAC, R. BALADIÉ, *Strabon, Géographie.* Bis jetzt I/1; I/2; II; III (livre 1–6). *Coll. des Un. de Fr.* 1966–1969. Die von W. ALY begonnene Übersetzung mit Erläuterungen wird von E. KIRSTEN und FR. LAPP fortgeführt: Bd 1. Bonn 1968. – Dionysios von Byzanz: R. GÜNGERICH, Berl. 1927 (2. unver. Aufl. 1958; ausgezeichnete krit. Ausgabe). – Stephanos von Byzanz: A. MEINEKE, Berl. 1849, Neudr. Graz 1956. – Ptolemaios: Teubnerausgabe: I: J. L. HEIBERG, *Almagest* 1898; II: Ders., *Kleinere astron. Schriften* 1907; III/1: F. BOLL-AE. BOER, *Tetrabiblos* 1940; III/2: F. LAMMERT, Περὶ κριτ. 1952, 2. Aufl. mit Indices, 1960. *Almagest* deutsch mit Anm.: K. MANITIUS, 2 Bde. Leipz. 1912/13; berichtigt mit Vorwort von O. NEUGEBAUER 2. Aufl. Leipz. 1963. *Tetrabiblos* mit Manetho: W. G. WADDELL and F. E. ROBBINS. *Loeb Class. Libr.* 1940 (mit engl. Übers.). *Harmonik:* I. DÜRING, Göteborg 1930 (mit Komm.). B. ALEXANDERSON, *Textual Remarks on Ptolemy's Harmonica and Porphyry's Commentary.* Stockholm 1969. *Optik:* G. GOVI, Turin 1885. A. LEJEUNE, *L'optique de Claude Ptolémée dans la version latine d'après l'arabe de l'émir Eugène de Sicile.* Louvain 1956. *Geographie:* F. A. NOBBE, 3 Bde. Leipz. 1843–45; repr. Hildesheim 1966. Nur bis Buch 5 reicht C. MÜLLER-K. FISCHER, Paris 1883/1901. Eine brauchbare Gesamtausgabe fehlt, um so wichtiger ist die Teilbearbeitung mehrerer westlicher Länder von O. CUNTZ, *Die Geographie des Pt.* Berl. 1923. E. POLASCHEK, ‹Ptolemy's Geography in a New Light›. *Imago Mundi* 14, 1959, 17. – Diophantos: P. TANNERY, 2 Bde. Leipz. 1893/95. Franz. Übers. mit Einl. u. Anm. von P. VER EECKE, Bruges 1926, neugedr. Paris 1959.

Für die Medizin dieser Zeit verweisen wir besonders auf P. DIEPGEN, *Gesch. d. Medizin* 1, Berl. 1949. Für die Einzelausgaben, soweit sie im *Corpus Medicorum Graec.* erschienen sind, ist die bequeme Übersicht sehr nützlich, die K. DEICHGRÄBER, *D. Akad. d. Wiss., Schriften der Sektion f. Altertumswiss.* Heft 8, Berl. 1957, 116 gibt. Dazu werden andere Ausgaben und Untersuchungen im folgenden nur in beschränkter Auswahl genannt, anderes in den Anm. zum Text. – Soran: abschließend *CMG* 4. — Für die Pneumatiker ist noch immer unentbehrlich: M. WELLMANN, *Die pneum. Schule. Philol. Unters.* 14, Berl. 1895. – Aretaios: *CMG* 2 (jetzt 2. Aufl. 1958). – Galen: Zur Überlieferung: H. DIELS, *Die Handschriften der antiken Ärzte* I. II. Abh. Ak. Berlin 1905–1906. 1. Nachtrag Abh. Ak. Berlin 1907–1908. ‹Corrigenda et Addenta to Diel's Galenica› von R. J. DURLING, *Traditio*, 23, 1967, 461. Eine brauchbare Gesamtausgabe fehlt; C. G. KÜHN, 20 Bde. Leipz. 1821 bis 1833 (repr. Hildesheim 1964/65 mit Nachwort und Bibliographie von K. SCHUBRING) ist das nicht. Mehrere Werke im *CMG* 5 (s. o. Deichgräber), dazu: F. PFAFF, *Gal. Kommentare zu den Epidemien des Hippokrates. Indices der aus dem Arabischen übersetzten Namen u. Wörter. CMG* 5/10, 2, 4, Berlin 1960, mit einer Ausgabe von Galens *Simulantenschrift* von K. DEICHGRÄBER u. F. KUDLIEN. Andere Sonderausgaben bei A. REHM-K. VOGEL, *Exakte Wissenschaften.* GERCKE-NORDEN, *Einl.* 2/5. 4. Aufl. Leipz. 1933, 77. Dazu A. J. BROCK, Περὶ φυσικῶν δυνάμεων. *Loeb Class. Libr.* 1952 (mit engl. Übers.). Für die arabische Überlieferung wichtig: R. WALZERS Ausgabe der Schrift *Über die Siebenmonatskinder: Rivista di studi Orientali* 15, Rom 1935, 323. Ders. *Galen, On medical experience. First Edition of the Arabic Version with English Translation and Notes.* Lond. 1944, *Galen on Jews and Christians.* Oxford 1949. CH. SINGER, *Galen. De anatomicis administrationibus.* Transl. with introd. and notes. *Wellcome Hist. Med. Mus. Publ.* 7. London 1956. E. COTURRI, *Galenus de theriaca ad Pisonem.* Testo lat., trad., introd. Firenze 1959. J. EHLERT, *Galeni de purgantium medicamentorum facultate.* Überlieferung und Edition. Diss. Göttingen 1960 (maschinschr.). F. KUDLIEN, *Die handschr. Überlieferung des Galenkommentars zu Hippokrates De articulis.* Berlin 1960 *(D. Ak. d. Wiss. Berl. Schriften der Sektion f. Altertumswiss. 27).* J. WILLE, *Die Schrift Galens* Περὶ τῶν ἐν ταῖς νόσοις καιρῶν *und ihre Überlieferung.* Diss. Kiel 1960. G. KAIBEL, *Galeni Protreptici quae supersunt.* Berlin 1894; Nachdruck 1963. M. LYONS, *Galeni in Hippocratis De officina medici commentariorum versionem Arabicam. CMG Suppl. Orient. 1.* 1963 (mit engl. Übers.). J. KOLLESCH, *Galen über das Riechorgan.* Text, Übers. u. Komm. *CMG Suppl.* 5, 1964. P. BACHMANN, *Abhandlung darüber, daß der vorzügliche Arzt Philosoph sein muß*. Göttingen 1966 (Ausgabe. Nachr. Ak. Gött. 1965/1). B. ALEXANDERSON, Περὶ κρίσεων Stockholm 1967 (Studia Gr. et Lat. Gothoburgensia 23). J. KOLLESCH mit D. NICKEL u. G. STROHMAIER, *CMG Suppl. Orient. 2*. 1968 (Arabische und lateinische Version einiger Schriften, reedited). M. TALLMADGE, *On the usefullness of the parts of the body*. Περὶ χρείας μορίων. *De usu partium*. 2 Bde. Ithaca 1968 (Übers. mit Komm.). Besonders sind noch 2 Untersuchungen hervorzuheben: A. WIFSTRAND, *Eikota* VII u. VIII. Lund. 1958. 1964. O. Temkin, ‹A Galenic Model for Quantitative Physiological Reasoning?›. *Bull. Hist. Med.* 35, 1961, 470. R. E. SIEGEL, *Galen's System of Physiology and Medicine*. Basel/New York 1968; ders., *Galen on Sense Perception*. Basel/New York 1970. F. FETZ und L. FETZ, *Gymnastik bei Philostratos und Galen. Studien zur Leibeserziehung*. Frankfurt a.M. 1969. Zur Einführung: J. MEWALDT, *RE* 7, 1910, 578. G. SARTON, *G. of Pergamon*. Univ. of Kansas Press 1954. – Oreibasios: CH. DAREMBERG–U. C. BUSSEMAKER, Paris 1851–1876, repr. Amsterdam 1962 (mit Übers. u. Noten). J. RAEDER, *CMG* 6. H. MØRLAND, *Die lat. Oribasiusübersetzungen. Symb. Osl. Suppl.* 5, 1932. – Dioskurides: M. WELLMANN, 3 Bde. Berl. 1906–14; Neudr. 1958. *Codices selecti XII. Dioscurides. Codex Vindobonensis Medicus graecus 1*. Graz 1970 (Faksimile- und Kommentarband von H. GERSTINGER. Erstmalige Faksimile-Ausgabe nach der Restaurierung der Handschrift).

Berichtigung zu Seite 950:

Die auf Seite 992 irrtümlich zum Grammatiker Herodian genannte Ausgabe von C. R. Whittaker betrifft den Historiker Herodian. 1970 ist der 2. Band mit den Büchern V-VIII erschienen.

REGISTER

Die fettgedruckten Ziffern bezeichnen die Hauptstellen

Abaris, 190
Achäischer Dialekt, 25
Achaios von Eretria, 464
Achilleus, Araterklärer, 843
Achilleus Tatios, 784, 957, **966**
Achiqar-Roman, 185
Adamantios Mediziner, 932
Adelsmoral, 151, 201, 226, 235, 384f., 387, 563
Adonis, 107, 169, 214, 812
Adrastos, Peripatetiker, 981
Ägina, 150, 227, 230, 357
Ägypten, 76f., 257, 354f., 369
Aelian, s. Claudius
Aelian, Taktiker, 876, 947, **952**
Aelius Aristides, 932A.3, **934**, 973
Aelius Dionysius von Halikarnaß, 930
Aelius Theon, 942
Äoler, 23, 157, 354
Aëtios, 976
Agatharchides von Knidos, 870f., 872
Agatharchos von Samos, 546
Agathias, Epigrammatiker, 832, 907
Agathinos, Arzt, 997
Agathokles von Kyzikos, 698
Agathokles, Lehrer Pindars 226, 348f.
Agathon, 401, 412, 455, **464f.**, 466, 496, 579, 589f., 706f., 741
Agen, Satyrspiel, 707
Agon, 211, 264, 271, 273, 277, 414, 418, 421, 424, 435, 443, 453, 470, 472, 474, 481, 484, 491, 494f., 498f., 501, 503f., 506, 730, 803
Agon Homers und Hesiods, 59A.1, 109, 115, 185, 401
Aia, 62, 147, 820, 822
Aiantiades, Tragiker, 834
Aidesios aus Kappadokien, 986
Aineias von Gaza, 975
Aineias der Taktiker, 703
Ainesidemos von Knossos, 977, 997
Aischines, Redner, 669, 676f., **681f.**, 973
Aischines von Sphettos, 558, **566f.**, 574
Aischrologie, 135, 272
Aischylos, 154, 222, 267f., **279–311**, 315, 320, 325, 329, 339f., 368, 409f., 412, 414, 428, 443, 454f., 461f., 489, 500f., 705f., 831
– Achilleustrilogie, 305
– Ägypter, 291
– Aiastrilogie, 304
– Aitnai, 280f., 306
– Ammen des Dionysos, 304
– Bakchai, 304
– Danaiden, 291f.
– Diktyulkoi, 305f., 339, 452
– Eleusinioi, 428
– Glaukos Pontios, 283, 306
– Glaukos Potnieus, 282f., 306
– Hiketiden, 281f., **289–292**, 302
– Isthmiastai, 306
– Laios, 285f.
– Lykurgie, 304
– Niobe, 304f.
– Oidipus, 285f.
– Orestie (Ag., Choe., Eum.), 152, 182, 248, 281f., 283, 284f., 288, 292, 294, **295–304**, 307, 314, 325, 329, 348, 367, 410, 414, 421, 425, 434f., 437, 440, 759
– Pentheus, 304, 450
– Perser, 268, 280, **282–285**, 297, 369
– Philoktetes, 332
– Phineus, 282f.
– Phorkides, 305
– Polydektes, 305
– Prometheus Desmotes, 282, **292–294**
– Prometheus Lyomenos, 294
– Prometheus Pyrkaeus, 282f., 294
– Prometheus Pyrphoros, 294f.
– Proteus, 295
– Semele, 304
– Sieben gegen Theben, 163, 269, 281f., **285–289**, 307, 443
– Sphinx, 285
– Xantriai, 304
Aischylos von Knidos, 884
Aisop, 185f., 188, 776
Aithiopis, 39, **104**, 105f.
Akademie (s. auch Platon), 395, 573, 606, 609f., 610, 616f., 621f., 660, 760, 763, 771f., 917, 938, 970, 977, 980
Akteinteilung, 505, 741, 836
Akusilaos von Argos, 130, 258
Albinos, Platoniker, 981
Alexamenos von Teos, 577
Alexander Aitolos, 466, 833, **834**, 837
Alexander von Aphrodisias, 624, 886, 977
Alexander von Ephesos, 843, 894
Alexander d. Gr., 618f., 621, 649, 659, 678f., 683, 698, 701f., 707, 717, 719, 756, 781f., 826, 914
Alexander von Pleuron, 790
Alexander Polyhistor, 836, 873, 893, 897
Alexanderhistoriker, 858–860
Alexanderroman, 701, 756, **859f.**
Alexandreia, 783f., 808, 828, 863, 878f., 883, 894, 903f., 933
Alexandrinische Wissenschaft, 17, 73, 96, 107, 179f., 203, 210, 213, 221, 230, 233, 237, 239, 260f., 263, 307, 314, 341, 372, 386, 395, 402, 457, 471, 476, 480, 506, 542, 611, 614, 646, 877–883
Alexas, 837
Alexis, Komödiendichter, **708**, 710, 741
Alkaios, 133, 136, 155, **157–167**, 170, 171f., 176, 207, 209, 828
Alkaios, Komödiendichter, 710
Alkaios von Messene, 830
Alkibiades, 134, 406, 411, 471, 479, 499, 526f., 561, 590, 656, 693, 861
Alkidamas, 115, 401, 404, 638, 663, 792
Alkiphron, 720, **970**

Alkman, 133, 153, **178–181,** 184, 215, 230, 234, 239, 752
Alkmeon von Kroton, 253f., 633, 892
Alkmeoniden 226
Alkmeonis, 106
Allegorische Mythendeutung, 96, 245, 374f., 760, 899, 978, 985
Alpheios von Mytilene, 854
Ameipsias, Komödiendichter, 488, 495
Amelesagoras, Atthidograph, 752
Amelios, Neuplatoniker, 985
Ammonios von Alexandreia, 992
Ammonios, Kultschriftsteller, 753
Ammonios, Neuplatoniker, 988
Ammonios Sakkas, 983
Amphidamas von Chalkis, 114
Amynos, Heilheros, 313
Anacharsis, 187, 351
Anagnorisis, 437f., 439f., 441f., 468, 505, 710, 959, 969
Anakreon, 133, 136, 169, **207–210,** 214f., 217f., 406
Anakreonteen, **210**
Ananios, 142
Anaxagoras von Klazomenai, 16, 196, 250, 254, **378–380,** 381f., 409, 538f., 545, 559, 627f., 631
Anaxandrides, Komödiendichter, **708,** 710
Anaximander von Milet, 193, **195–196,** 246, 253, 257, 370, 378
Anaximander von Milet d.J., 375
Anaximenes von Lampsakos, 643, 663, 678, **702,** 858
Anaximenes von Milet, 193, **196f.,** 246, 256, 378, 380
Andokides, **403,** 664
Andromachos, 909 A.3
Andron von Halikarnaß, 702
Andronikos von Rhodos, 629, 650, 775
Androtion, 672, **702,** 752
Anonymus Carmen de viribus herbarum, 909A.3
Anonymus Vom Erhabenen, 173, 184, 225, 463, 681, **928f.**
Anonymus Jamblichi, 390, 407
Anonymus Über die Komödie, 708, 718
Anonymus Londinensis, 548, 648
Anonymus Über Melissos usw., 245, 398
Anonymus Seguerianus, 943
Anouilh, 162
Antagoras, Epiker, 826, 851
Anthemios von Tralleis, 996
Anthologia Palatina, 797, 813f., 829, **831f.,** 907, 915
Anthologia Planudea, 798, **832**
Antiatticista, 931
Antidoros von Kyme, 714
Antigenes, 241
Antigonos Gonatas, 751, 758f., 841, 851
Antigonos von Karystos, 792, 841, **875**
Antimachos von Heliopolis, 911
Antimachos von Kolophon, 97, 131, 347, 470, **712–714,** 799, 808, 826, 846
Antiochos von Askalon, 763, 772, 983
Antiochos IV. Epiphanes, 896, 900
Antiochos I. von Kommagene, 786
Antiochos von Syrakus, 378
Antipater von Hierapolis, 936
Antipater von Sidon, 831
Antipater von Tarsos, 764
Antipater von Thessalonike, 907
Antipater von Tyros, 767
Antiphanes von Berge, 703f.
Antiphanes, Komödiendichter, **708,** 710
Antiphon von Rhamnus, **401f.,** 664
Antiphon, Sophist, 334, 397, 401, **403–405,** 545, 745
Antiphon, Tragiker, 706
Antisthenes von Athen, 401, 557f., **565f.,** 656, 663
Antisthenes von Rhodos, 777
Antoninus Liberalis, 212, 845, 847
Antonius, 17
Antonius Diogenes, 962
Anyte von Tegea, 829
Anytos, Ankläger des Sokrates, 561, 696
Aoiden, 30f., 58, 86
A-parte-Sprechen, 483, 741
Apellikon von Teos, 650
Aphareus, Tragiker, 707
Aphrodite, 90, 110, 169, 172, 175, 209, 216, 229, 291f., 421f., 433, 437, 447, 710, 816, 822, 853
Aphthonios von Antiocheia, 513, 942
Apion, Grammatiker, 99, 900, 978
Apollodoros von Alexandreia, 844
Apollodoros von Athen, [258], 276, 378, 615, 712, 846, **881f.,** [957]
Apollodoros von Damaskos, 996
Apollodoros von Gela, 747
Apollodoros von Karystos, 747
Apollodoros, Musiker, 226
Apollodoros von Pergamon, 928, 942
Apollon, 89, 91, 109, 134, 136, 156f., 164, 185, 188f., 200f., 205, 211f., 226f., 229, 231f., 236, 238f., 257, 295, 301f., 327, 331, 339, 369, 411, 414, 439, 440f., 446, 619, 701, 710, 794f., 796, 801f., 803, 852, 897, 908, 964
Apollonios Dyskolos, 180, **992**
Apollonios der Eidograph, 791, 819, 878
Apollonios von Kition, 549, 890
Apollonios von Perge, 786, **886,** 887, 995
Apollonios Rhodios, 181, 783, 791, 799, 806, 812, **818–827,** 878, 910
Apollonios Sophistes, 98, 180
Apollonios von Tyana, 912, **936,** 982
Apollonios von Tyros, 764
Apollonios, Über athen. Feste, 753
Appendix Vergiliana, 805
Appian, **945f.**
Apsines von Gadara, 943
Apuleius von Madaura, 570, 744, 745f., 854, 995
Arachnomachie, 111
Araros, Sohn des Aristophanes, 482, 708
Arat von Sikyon, 759, **862**
Arat von Soloi, 776, 811, **841–843,** 883, 887, 910, 922

Arbeitslieder, 132
Archelaos von Makedonien, 405, 412, 447, 465, 515
Archelaos, Philosoph, 346, **380,** 559
Archelaos von Priene, 111
Archestratos von Gela, 714f.
Archibios, Grammatiker, 797
Archigenes, Arzt, 997
Archilochos, 112, **135–139,** 141, 144, 147f., 155, 159, 162, 171, 184, 189, 207, 221, 249, 261, 474, 747, 826
Archimedes, 545, **885f.,** 888, 892, 995
Archippos, 481
Archytas von Tarent, 197, 572, 574, 609, 778
Areios Didymos, 767, 978
Areopag, 302, 348, 436, 439, 446, 658, 667
Aretaios, Arzt, 997
Arete, Tochter Aristipps, 566
Arethas von Caesarea, 19, 99
Argonautensage, 38, 62, 101, 131, 234, 375, 713, 789, 819–825
Argonautika, orphische, 792, **909**
Arion von Methymna, 157, 181f., 262, 348
Ariphron von Sikyon, 470
Aristainetos, 173, 802, 824, 855, **970**
Aristaios, Mathematiker, 648
Aristarch von Samos, 611, 629, 766, 785, **886,** 890, 994
Aristarch von Samothrake, 96f., 164, 372, 463, 506, 790f., 816, 878, 880
Aristeas (Brief an Philokrates), 895
Aristeas von Prokonnesos, **189,** 190, 356
Aristeides, s. Aelius
Aristeides von Milet, 854
Aristias, 269
Aristippos von Kyrene, 558, **566,** 574, 770
Aristobulos, jüdischer Schriftsteller, 898
Aristobulos von Kassandreia, 859
Aristodemos 862
Aristogeiton, 672, 685
Aristokles von Messana, 977
Ariston von Alexandreia, 777
Ariston von Chios, 712, 759, 879
Ariston von Keos, 614, 621, 774f.
Ariston, Sohn des Sophokles, 315
Aristonikos, 98
Aristonoos, 852
Aristophanes, 16, 141, 223, 271, 273, 277, 287, 464f., 468, 471f., 475f., 477f., **480–509,** 569, 590, 708f., 710f., 921
– Acharner, 271, 325, 480, **482–486,** 494, 496f., 711
– Aiolosikon, 480, 505
– Amphiaraos, 482, 494
– Anagyros, 478
– Babylonioi, 482, 486
– Daidalos, 482
– Daitales, s. Schmausbrüder
– Danaides, 482
– Δὶς ναυαγός?, 481
– Dramata oder Kentauros, 482, 486
– Ekklesiazusen, 485, 497, **502–504,** 505, 741
– Friede, 101, 481, 485f., **492f.,** 494, 497
– Frösche, 281, 305, 306f., 311, 442, 454, 462, 465, 477, 482, 484, **499–502,** 559
– Georgoi, 494
– Gerytades, 499
– Horai, 494
– Kokalos, 482, 505, 739
– Lemniai, 482
– Lysistrate, 479, 482, 485, 495, **497f.,** 502f.
– Nesoi?, 481
– Niobos?, 481
– Odomantopresbeis, 481
– Phoinissai, 482
– Plutos, 275, 469, 480, 485, 494, **504f.,** 711, 741
– Poiesis?, 481
– Proagon, 482, 491
– Ritter, 472f., 475, 478, 482f., **486–488,** 740
– Schmausbrüder, 481, 491, 504
– Tagenistai, 499
– Thesmophoriazusen, 315, 410, 454, 456, 464, **495–497**
– Triphales, 499
– Vögel, 191, 482, 485f., **494f.,** 545, 559
Aristophanes (Fortsetzung)
– Wespen, 482, **491f.,** 497, 741
– Wolken, 277, 475, 478, 482, 485, **488–490,** 497, 501, 504, 558f., 573
Aristophanes von Byzanz, 96, 164, 232, 307, 314, 424, 443, 506, 611, 742, 744, 790f., 819, 878, 880
Aristoteles, 16, 48, 50, 67, 96, 101f., 131, 160, 171f., 181, 193f., 195, 241, 244, 265, 272, 280, 380f., 471, 484, 504, 514, 558, 561, 563, 570, 577, 582, 589, 610, **614–648,** 650–653, 655, 663, 701f., 710, 716, 753f., 759, 772, 775f., 777, 792, 860, 872, 877, 889, 893, 921, 974, 977, 983, 985, 988
– Chronologie der Werke, 625A.2
– Alexander oder über Kolonisation, 618, 621
– Analytika, 616, **626**
– De interpretatione, 625
– Diaireseis, 624
– Didaskalien, 642, 791
– Elegie, 616
– Ethik, Eudemische, 620, 624, **633f.**
– Ethik, Große, 624, **633f.**
– Ethik, Nikomachische, 564, 616, **633–636,** 638
– Eudemos, 621f., 624, 631
– Gryllos, über die Rhetorik, 624, 643
– Homerprobleme, 642
– Hymnos auf Hermias, 617, 619
– Kategorien, 625
– Menexenos, 621
– Metaphysik, 380, 562, 588, 608, 627f., **629–631,** 646, 988
– Meteorologie, 644
– Olympische Siegerliste, 642
– Organon, 625
– Parva Naturalia, 632f.
– [Peplos], 646
– Physik, 606, **626–628,** 629, 646
– Poetik, 260–262, 265, 270f., 274f., 282, 327, 400, 439, 445, 449, 465, 468, 470, 475, 578, 620, 628, **639–642,** 707, 710, 799, 840, 857
– Politien, 636

Aristoteles (Fortsetzung)
– Politik, 260, 547, 604, 634, 636, **637–639**, 641, 646
– Politikos, 636
– [Probleme], 645
– Protreptikos, 622f., 659
– Pythische Siegerliste, 642, 701
– Rechtsentscheidungen griech. Städte, 636
– Rhetorik, 313, 411, 468, **643**, 663, 707, 849
– Sammlung rhetorischer Lehrschriften, 643f.
– Siege an Dionysien und Lenäen, 642
– Sitten und Bräuche der Barbaren, 636
– Sophistes, 621
– Sophistische Widerlegungen, 626
– Staatsverfassung der Athener, 561, **637**
– Symposion, 621
– Theodekteia, 644
– Tierkunde, 553, 616f., **644**, 773
– Topik, 626
– Über die Bewegung der Tiere, 645
– Über die Dichter, 577, 640
– Über Entstehen und Vergehen, 628, **629**
– Über den Gang der Tiere, 645
– Über die Gerechtigkeit, 636
– Über das Gute, 607, 624
– Über den Himmel, **628f.**, 631
– Über die Ideen, 624
– Über die Königsherrschaft, 636
– Über die Philosophie, 623
– Über die Seele, 621, **632**
– Über das Steigen des Nils, 644
– Über die Teile der Tiere, 563, **645**
– Über Tugenden und Laster, 634
– [Über unteilbare Linien], 645
– [Über die Welt], 645
– Über die Zeugung der Tiere, 645
– Unechtes, 645
– «Brief an Alexander», 787
Aristoxenos von Selinus, 275
Aristoxenos von Tarent, 156, 205, 267, 394, 467, 607, **648f.**, 752, 772, **777**, 921, 993
Arkadien, 23
Arkadisch-Kyprisch, 23f., 25, 83
Arkesilaos von Pitane, 756f., 771f., 778, 851, 879
Arktinos von Milet, 104
Arrian, Epiker, 911
Arrian von Nikomedeia, 649, 859f., **946–948**, 950f., 979, 993
Arsinoe II., 788, 791, 801f., 804, 806, 808, 812
Artapanos, jüdischer Historiker, 897
Artemidoros von Daldis, 941f.
Artemidoros von Ephesos, 881, 888, 993
Artemidoros, Grammatiker, 817
Artemidoros Kapiton, 554
Artemis, 164, 177, 179, 200, 249, 291, 296, 421f., 439, 448f., 690, 710, 794, 801
Artemisia von Halikarnaß, 350
Asianismus, 786, 858, 871, 884, 928f., 931, 973
Asinius Pollio, 831, 864
Asios 127
Asklepiades von Myrleia, 882
Asklepiades von Prusa, 996
Asklepiades von Samos, 714f., 799, 808, 829, **830**, 831
Asklepiades von Tragilos, 752
Asklepiodotos, Taktiker, 876, 947, 952
Asklepios, 313f., 504, 546, 851, 935, 997
Asklepios von Tralles, 982A.3
Astrologie, 106, 785, 842, 969, 995
Astronomie, 259, 381, 609f., 628f., 634, 647, 886f., 987, 994
Astydamas I. u. II., Tragiker, 281, 705f., 707
Astydamas III., Tragiker, 833
Ate, 120, 151f., 284f.
Athanis von Syrakus, 703
Athenaios von Attaleia, 997
Athenaios, Mechaniker, 888
Athenaios von Naukratis, 206, 215, 218, 271, 273, 312, 362, 407, 570, 575, 698, 715f., 720, 790, 834, 837, 845, 851, 853, 879, 911, 931, **954**
Athene, 88f., 153, 161, 164, 301–303, 316f., 319, 430f., 433, 440f., 467, 502, 561, 684, 710, 796, 822
Athenodoros von Tarsos, 767
Atlantis, 61, 587, **602**
Atomismus, **381–384**
Atthidographen, 376f., 702, 750–753, 804
Attikos, Platoniker, 983
Attizismus, 17, 179, 481, 507, 742, 782, 923, **928–931**, 933f., 938, 941, 945, 950, 975, 992f.
Augustinus, 623, 763, 884
Ausonius, 188
Autolykos von Pitane, 648
Avien, 256, 843, 909
Axionikos, Komödiendichter, 710

Babrios, 910
Bakcheios von Tanagra, 549
Bakchylides, 133, 179, 219, 222f., 228, 231, 234, **237–241**, 261f.
Balbilla, Epigrammatikerin, 907
Basileios d. Gr., 972
Bathyllos, Pantomime, 906
Batrachomyomachie, 111, 471
Becher von Ischia, 27, 112, 205
Berossos, 863
Besantinos, 814
Bettelumzüge, 272
Bias von Priene, 187
Bibelfragmente, 18
Bibliothek von Alexandreia, 17, 96, 391, 647, 775, 783, 790f., 954
Bibliothek von Athen, 17
Bibliothek von Herkulaneum, 20
Bibliothek von Pergamon, 17, 647, 956
Bibliotheken des Westens, 19f.
Biographie, 777f.
Biologoi, 837
Bion der Borysthenite, 755
Bion von Smyrna, 816f.
Biton, Mechaniker, 888
Boethius, 995
Boghazköi, 117
Boio(s), 845
Bolos von Mendes, 386, 875, 893
Botanik, 254
Briefe des Aischines, 682, 855
Brief des Aristeas, **895**, 897
Briefe des Demosthenes, 679
Briefe Epikurs, 768
Briefe des Isokrates, 659

Briefe des Lysias, 665
Briefe des Philostrat, 937
Briefe Platons, s. Platon
Briefe der Sokratiker, 567
Briefliteratur (außer den einzeln Genannten), 752, 755f., 773, 776, 841, 892, 941, 953, **969–971**, 973, 975, 987
Briefroman 860
Bryson von Herakleia, 545, 565
Buchhändler, 16
Buchwesen, 15ff, 20, 233, 457
Bühnenwesen, 264, 284f., 286, 296, 298A.2, 301, 314, 318, 419, 431, 454, 481, 492f., 496A.2, 499, 711, 732, 839

Caecilius von Kalakte, 402, **666**, 681, 686f., **928**, 929
Caelius Aurelianus, 996
Caesar, 722, 768, 884
Calcidius, 602
Cassius Dio Cocceianus, **948–950**
Cassius Longinus, 943
Catull, 170, 714, 802, 805, 816
Chaireas, Historiker, 864
Chairemon, Philosoph, 978
Chairemon, Tragiker, 707
Chairephon, 489, 561, 584
Chaldäische Orakel, 983
Chalkis, 75, 163
Chamaileon, 218, 225, 778
Charakterzeichnung, 328
Charaxos, Sapphos Bruder, 167
Chares von Mytilene, 859
Chares, Spruchdichter, 715, 722
Chariton, Romanschriftsteller, 957, **963**, 965
Charon von Lampsakos, 256, 258, 362
Chion von Herakleia, 970f.
Chionides, 275, **472**
Choirilos von Iasos, 826
Choirilos von Samos, 194, **347**, 470, 712
Choirilos, Tragiker, 267, 280, 314
Choliambik, 137
Choreuten, Anzahl, 279, 304, 457
Chorikios von Gaza, 975
Chorlied, 134, 156f., **178–184**, 208, 211, **214–243**, 265, 345, 398, 466, 470, 741
Chremonides, 758
Christodoros von Koptos, 916
Chrysipp, 447, **760**, 762f., 841, 881
Chrysoloras, 19
Cicero, 181, 215, 224, 352, 362, 385, 391, 541f., 546, 563, 571, 573, 587, 602, 620, 622f., 624, 649, 654f., 661, 665, 669, 685, 695f., 764f., 766f., 768f., 772, 774, 786, 841, 848, 858, 865, 868, 884, 891, 926, 928, 929, 960
Claudianus, Epiker, 911
Claudius Aelianus, 95, 157, 449, 464, **953**, 956, 970
Coelius Antipater, 864
Cornelius Gallus, 847
Cornelius Sisenna, 854
Cornutus, 978
Curtius Rufus, 859

Daimachos von Plataiai, 700, 863
Damaskios, Neuplatoniker, 191, 988
Damastes von Sigeion, 377
Damianos von Ephesos, 932A.3, 936
Damon, Musiktheoretiker, 226
Danaïs, 106
Dardanos, Stoiker, 767
Dareios I., 256, 285, 355f., 370
Dares, 961
Deikelikten, 273
Deinarchos, Redner, 669, 672, **682**
Deinarchos von Delos, 714
Deinokrates, Architekt 784
Deinolochos, Komödiendichter, 276
Deinostratos, Mathematiker, 610
Delphi, 88A.1, 104, 108, 110, 134, 164, 188, 227f., 229, 231, 239, 286, 295, 301, 326, 358, 369, 425, 440f., 504, 561, 584, 618, 701, 918f., 920, 968
Demades, 676, **685**
Demeter, 92, 107f., 135, 138, 314, 797f.
Demetrios [de eloc.], 177
Demetrios, jüdischer Schriftsteller, 897
Demetrios, Lokalhistoriker, 377
Demetrios Magnes, 683
Demetrios von Magnesia, 545
Demetrios von Phaleron, 185, 188, 378, 562, 682, 719, 743, 752f., 772, **775f.**, 862, 878, 895
Demetrios Poliorketes, 406, 682, 719, 748, 775, 853f., 860, 970
Demetrios von Skepsis, 874
Demochares, 619, 685, 754, 861
Demodokos von Leros, 202
Demokrates, 384f.
Demokratie, s. Soziale Faktoren
Demokrit, 96, 250, **381–387**, 389, 395, 540, 546, 565, 602, 767, 770, 791, 849, 872, 875
Demon, Atthidograph, 750
Demonicea, 623, 659, 715
Demophilos, Historiker, 701
Demophilos, Komödiendichter, 747
Demosthenes, 407, 429, 513, 614, 616, 619, 668, **669–681**, 682f., 684f., 702, 709, 719, 750, 861, 882, 929, 942, 950, 973
Demosthenes, Epiker, 826
Dexion, Heros, 313
Dexippos, 951
Diagoras von Melos, 391, 468
Diairesis, 395, 599f., 605, 608, 624
Dialekte der Griechen, 23f.
Dialexeis, sophistische, 390, s. Δισσοὶ λόγοι
Dialog (philosophischer), 576f., 624, 921
Dialog (satirisch), 939
Diatribe, 755f., 769, 919, 921, 933f.
Dickbauchtänzer, 263, 273f.
Didymos, 98, 143, 401, 507, 516, 616, 678, 687, 880, **882**, 930, 954
Dieuchidas von Megara, 54, 58
Dikaiarch, 205, 500, **649**, 772, 869
Dike, 95, 122, 125f., 151f., 153, 195, 247, 281, 541, 676, 842f., 848
Diktys, 961f.
Dinon von Kolophon, 698
Dio, s. Cassius
Diodor, 106, 372, 381, 701, 765, 786, 859, 860, 870, **871f.**, 874, 945, 951, 962
Diodor, Megariker, 757

Diodor, Über Demen, 753
Diodotos von Erythrai, 858
Diodotos, Stoiker, 767
Diogenes von Apollonia, 380f., 627
Diogenes von Babylon, 728, 881, 883
Diogenes Laertios, 197, 244, 250, 390f., 394, 562, 565, 570, 577, 607, 610, 615, 620f., 689, 719, 760, 768, 773, 776, 851, **954f.**, 977
Diogenes von Oinoanda, 391, 769, 978
Diogenes von Sinope, 565, **755**
Diogenianos von Herakleia, 930
Diokles von Karystos, 648, 997
Diokletian, 905, 912, 913
Dion von Prusa, 332, 905, **932f.**, 948, 969, 978, 987
Dion von Syrakus, 570, 572, 573f., 600, 621, 948
Dionysiades, Tragiker, 834
Dionysios I., 468, 572, 573f., 659, 666, 703, 707, 834
Dionysios II., 573f., 706
Dionysios von Byzanz, 993
Dionysios Chalkus, 345
Dionysios, Epiker, 913
Dionysios von Halikarnaß, 166f., 224, 258, 372, 516, 519, 541, 615, 655, 664f., 668, 672f., 675, 682, 685f., 687, 700, 849, 856, 870, 928, **929, 945**
Dionysios von Herakleia, 759, 841
Dionysios von Milet, 258, 362
Dionysios von Milet, Sophist, 932A.3
Dionysios der Perieget, 909, 993
Dionysios von Phaselis, 790
Dionysios von Samos, 835, 876
Dionysios Skytobrachion, 871, 876, 960
Dionysios Thrax, 882, 884
Dionysos, 107, 110, 134, 137f., 149, 160, 209, 232, 240, 261, 263f., 266, 270, 345, 443, 450–452, 463, 465, 473f., 477, 499–502, 684, 826, 852, 880, 909, 913–915
Diophantes von Alexandreia, 995
Dioskorides von Alexandreia, 831, 835
Dioskoros von Aphrodito, 916
Dioskuren, 164, 221, 233, 434, 436f., 442, 803, 812
Dioskurides, 999
Diotimos von Adramyttion, 826
Diphilos, Epiker, 346
Diphilos, Komödiendichter, 723, 739, **746f.**, 836
Dipylonkanne, 26f., 205
Δισσοὶ λόγοι, 408, 414
Dithyrambos, 16, 157, 181, 214, 223f., 226, 229, 232, 237 239–241, 261f., 263, 270, 289, 332, 345, 348, 396, 401, 436, 454, 463, 465f., 467f., 469, 707
Diyllos, 351, 702, 754, 861f.
Dogmatiker (Medizin), 890, 996
Domninos, Mathematiker, 996
Doppelchöre, 273, 497f.
Dorier, 22f., 74, 158, 269, 274f., 349
Dorotheos von Sidon, 909
Dosiadas von Kreta, 811, 814
Dositheos von Pelusion, 841
Drakon, Musiker, 349
Duris von Samos, 699, 853, 856f., 858, **861**, 871f.

Eidyllion, 809
Eiresione, 112, 132
Ekphantides, 473
Elegie, 133, 143–148, 201, 205, 244, 314, 345, 380, 406, 425, 463, 471, 509, 616, 788f., 806, 828
Eleusis, 107f., 135, 232, 280, 314, 428, 468A.1, 905
Empedokles von Akragas, **250f.**, 253, 350, 397f., 553, 586, 648, 840, 843
Empirikerschule, 890, 996
Ennius, 447, 715, 875
Epaphroditos, Grammatiker, 800
Ephesos, 932A.3
Ephialtes, 302
Ephippos, Komödiendichter, 709
Ephippos von Olynth, 859
Ephoros von Kyme, 362, 700, **701**, 702, 754, 861f., 868, 872, 951
Epicharm, **275–278**, 578, 838
Epigenes von Sikyon, 265
Epigonen (Epos) 101, **102f.**
Epigramm, **204f.**, 219, 222f., 238, 241, 346, 412, 470, 490, 509, 571, 617, 646, 715f., 789, 797f., 807, 809, 813, **827–833**, 835, 843, 851, 854, **906–908**, 911, 915, 955, 975
Epikichlides, 111
Epikrates, Komödiendichter, 605A.5, 709
Epiktet, 946f., **978f.**
Epikur und Epikureer, 381, 720, **767–771**, 919, 939, 955, 973, 977, 982, 994, 998
Epimenides von Kreta, 190
Epinikien, 220f., 226–236, 237–240
Epirrhematische Syzygie, 273, 290, 485f., 487, 500
Epithalamien, 170f., 812, 928
Epyllion, 716, 815, 816, 834
Erasistratos von Iulis, 648, 809, **889f.**, 997
Erastos, Akademiker, 570, 617
Eratosthenes, 61, 266, 506, 629, 649, 677, 791, 818, 820, 843, 846, **879–881**, 887, 948, 993
Erdkarte, 196
Erfinderkataloge, 155
Erinna von Telos, 715f.
Eros, 120, 137, 164, 173, 191, 193, 209, 216, 292, 465, 599, 801, 815f., 817, 822, 825, 846, 851, 919, 964, 967
Erotian, 549
Erotik, 92f., 104, 137, 165, 172f., 175f., 183, 201, 209f., 211, 215f., 232, 420, 422, 590, 599, 665, 695, 711, 730, 798, 813, 830f., 850f., 854f., 907f., 958f., 969f.
Erziehung, 334f., 385, 390f., 393, 397, 405, 424, 429, 467, 481, 489f., 491, 556, 569, 586, 592f., 595, 604, 638, 653, 659–661, 694
Ethik, 90–92, 113, 122, 138, 151, 152f., 167, 187f., 197f., 223, 248, 286, 297, 320–322, 348, 369f., 384f., 561, 563f., 588, 609, 661, 762f., 766, 769, 771 vgl. Rechtsdenken
Ethnographie, 256f., 354f., 360f., 367, 376, 408, 791f., 863, 872
Ethologoi, 837
Ethopoiie, 86

Etymologica, 930
Euaion, Tragiker, 281
Eubulos, Komödiendichter, 711
Eudemos von Rhodos, 617, 634, 647, 772
Eudoros von Alexandreia, 981
Eudoxos von Knidos, 597, **609**, 616, 628, 842, 886
Eudoxos von Rhodos, 862
Euenos von Paros, 406, 471, 663, 841
Eugammon von Kyrene, 105
Euhemeros von Messene, 383, 396, **874f.**
Eukleides von Alexandreia, 609, 648, **885**, 993, 996
Eukleides von Megara, 558, **565**, 571
Euktemon von Athen, 545
Eumelos von Korinth, 130
Eumenes von Kardia, 858
Eunapios von Sardes, 951f., 983
Eunomia, 153
Euphorion von Chalkis, 847–849
Euphorion, Tragiker, 281
Euphronios von Chersonnesos, 838, 880
Euphronios, Tragiker, 834
Eupolemos, jüdischer Schriftsteller, 897
Eupolis, 230, 472, 474, **477–480**, 481, 485, 492, 498
Euripides, 191, 206, 212, 218, 243, 261, 267, 281, 285, 311f., 313, 315, 324, 330, 332, 334f., 340, 346, 391, 406, **409–461**, 465f., 469f., 477, 483, 484, 487, 489, 496f., 499–502, 568, 705, 710, 730, 732, 738, 743, 778, 813, 825, 835, 883, 905, 958f.
– Aigeus, 418, 441
– Aiolos, 422
– Alexandros, 432, 441, 835
– Alkestis, 412, **413–417**, 419, 449, 452f., 741
– Alkmeon in Korinth, 411, 447
– Alkmeon in Psophis, 417
– Alope, 442, 739
– Andromache, **424–426**
– Andromeda, 436, 442, 447, 497
– Antigone, 422, 444
– Antiope, 441f.
– Archelaos, 447

Euripides (Fortsetzung)
– Auge, 442, 739
– Bakchen, 411f., 447, **449–452**, 454, 456
– Bellerophontes, 409, 492
– Busiris, 452
– Chrysippos, 422, 443
– Danae, 442
– Diktys, 419
– Elektra, 412, **434–436**, 445, 456, 564, 964
– Epinikion, 411
– Erechtheus, 430, 685
– Grabepigramm, 412, 470
– Hekabe, **422–424**, 433, 444, 454
– Helena, 121, 412, **436–438**, 439, 496
– Herakles, 336, **430–432**, 449, 456
– Herakliden, **426–428**, 429
– Hiketiden, 336, 422, 426, **428–430**
– Hippolytos Kalyptomenos, 340, 420
– Hippolytos Stephanephoros, 412, 418, **419–422**, 423, 564
– Hypsipyle, 441f.
– Ino, 442
– Ion, **440f.**, 442, 447
– Iphigeneia in Aulis, 411f., **447–449**, 453, 641
– Iphigeneia im Taurerland, **438–440**, 454, 906
– Ixion, 447
– Kresphontes, 441
– Kreter, 422
– Kreterinnen, 417
– Kyklops, 339, 413, **452f.**
– Medeia, 340, 412, **417–419**, 420, 422, 441, 456
– Melanippe δεσμῶτις, 442
– Melanippe σοφή, 442
– Meleagros, 422, 853
– Oidipus, 444f.
– Oinomaos, 443
– Orestes, 412, 444, **445f.**, 455, 469, 707, 852
– Palamedes, 433, 480
– Peleus, 422
– Peliaden, 411
– Phaethon, 447
– Philoktetes, 332, 419
– Phoinissen, 336, 422, 441, **443f.**, 465
– Phoinix, 422

Euripides (Fortsetzung)
– Phrixos, 443
– Polyidos, 447
– Protesilaos, 430
– [Rhesos], 314, 412, **705f.**
– Skiron, 452
– Syleus, 452
– Skyrier, 422
– Stheneboia, 422
– Telephos, 340, 417, 484
– Theseus, 430
– Thyestes, 434
– Troaden, 143, 412, 430, **433f.**, 759
Euripides d.J., 411, 447
Euryphon von Knidos, 548
Eusebios, 117, 159, 835, 897, 918, 977, 984
Eustathios von Thessalonike, 15, 99, 112, 231, 909
Eustochios, Neuplatoniker, 984
Eustratios, 112
Euthymenes von Massalia, 256
Eutokios, 886, 995
Evangeliar Uspensky, 19
Exegeten, 376
Ezechiel, 836, 897

Fabel, 126, 137, 140, **184–188**, 371
Favorinus von Arelate, 562, 932A.3, **933**, 953
Flöte, 133, 143, 157, 178, 208, 233, 269, 273, 345, 349, 467, 728
Fronto, 945, 979

Gaios, Platoniker, 981
Galen von Pergamon, 307, 550, 554, 760, 765, **997–999**
Gallienus, 905
Gassendi, 381, 767
Gellius, 723, 738, 748
Geminos, Astronom, 887
Geographie, 196, 255–257, 649, 754, 766, 822, 862, 864, 871, 881, 883, 887f., 947, 993f.
Geographie Griechenlands, 21
Geometrischer Stil, 22
Geranomachie, 111
Germanicus, 843
Geschichtschreibung, 254–259, 349–378, 512–544, 689–705, 855–877, 945–952
Gestirnreligion, 601, 603, 609, 623, 842f.

Gilgamesch-Epos, 187
Glaukippos, Redner, 685
Glaukon, Homererklärer, 375
Glaukos von Rhegion, 268, 377, 406
Gnomik, 166, 220, 234
Gnosis, 983
Goethe, 52f., 60, 93, 210, 233, 303, 323, 336A.1, 424, 439, 442, 642, 722, 961, 969
Goldblättchen aus Unteritalien, 192
Gorgias, 19, 245, 287, 390, 395, **397–401**, 404, 429, 433, 465, 541, 547, 565, 569, 585, 587, 640, 655, 657, 662, 699, 701, 786, 857, 927, 932, 934, 936
Gorgias von Athen, 884
Gregor von Nazianz, 907, 972
Grillparzer, 169
Gyges, 135, 353
Gygestragödie, 371, 836

Hadrian, 904, 908f., 911, 945, 947, 953, 979, 996
Hadrian von Tyros, 932A.3
Hagias von Troizen, 105
Halon, Heilheros, 313
Hanno, 256, 887
Harpokration, 688, 931
Hebbel, 303, 321
Hédelin d'Aubignac, 51f.
Hedyle, 830
Hedylos von Samos, 830
Hegel, 320f., 387
Hegemon von Thasos, 471
Hegesianax, Sterndichter, 842
Hegesianax aus der Troas, 961
Hegesias, Kykliker, 103
Hegesias, Kyrenaiker, 566
Hegesias von Magnesia, 786, 858
Hegesinos, 103
Hegesippos von Sunion, 685
Hekademos, 573
Hekataios von Abdera, 872, 874
Hekataios von Milet, 16, 115, 249, 256, 257f., 361, 363, 375f., 381, 701, 703, 875
Hekaton, Stoiker, 763
Heldensang, Art des Vortrages, 31
– germanischer, 35
– Improvisation, 34
– oral composition, 34
– typische Elemente, 33f.
Heldensang (Fortsetzung)
– vor Homer, 28, 29–34
– s. Volksepik
Helena, 37, 90, 103, 127, 164f., 182, 215, 239, 400, 433f., 436–438, 439, 446, 473, 657, 803, 812f., 850, 913
Heliodor von Emesa, 957, 959, **967–969**
Heliodor, Perieget, 655, 754
Helladios von Alexandreia, 992
Helladios von Antinoupolis, 910
Hellanikos von Mytilene, **376**, 463, 518f., 702, 791
Hellenika von Oxyrhynchos, s. Historiker von O.
Helvius Cinna, 805, 847
Hephaistion, Metriker, 851, 993
Herakleides Kritikos, 888
Herakleides von Kyme, 702
Herakleides Lembos 777
Herakleides Pontikos, 156f., 190, 267, 467, 607, **610f.**, 712, 751, 759, 776, 921
Herakleides von Tarent, Arzt, 890
Herakleitos von Ephesos, 16, 139, 199, 245, **247–250**, 277, 383, 388, 571, 756, 759f., 897
Herakleitos von Halikarnaß, 798, 830
Herakleitos (Homerallegorien), 162, 760, 978
Herakles, 106, 121, 129, 131, 138, 183, 211, 213, 220f., 239, 276f., 293, 324f., 332, 334, 365, 375, 396, 414, 426, 430–432, 442, 449, 463, 495, 499f., 566, 794, 812, 815f., 821, 826, 848
Herennius, s. Philon von Byblos, 117, 992
Herillos von Karthago, 760
Herculaneum, s. Bibliothek von H.
Hermagoras von Temnos, 884, 942
Hermarchos, Epikureer, 771
Hermeias von Methymna, 703
Hermes, 109f., 164, 339, 393, 440, 493, 710, 879, 911
Hermes Trismegistos, 785, **983**
Hermesianax, 788, **846f.**
Hermias von Atarneus, 570, 617, 619
Hermippos, Komödiendichter, 346, 476, 710
Hermippos von Smyrna, 615, 668, 778
Hermippos, Sterndichter, 842
Hermodoros, Mathematiker, 610
Hermogenes von Tarsos, 402, 663, **942f.**, 988
Hermokles von Kyzikos, 853
Hermokrates von Jasos, 790
Herodas von Kos, 812, **838f.**
Herodes Atticus, 909, **933f.**, 979
Herodian von Alexandreia, 98, **992f.**
Herodian von Syrien, 950
Herodikos von Babylon, 560
Herodikos von Selymbria, 547
Herodor, Grammatiker, 99
Herodor von Herakleia, **375**, 545, 565, 703
Herodot, 103f., 112, 131, 142, 157, 159, 167f., 182, 185, 187, 189f., 196, 218, 220, 255, 257f., 262, 264, 267f., 279, 314, 323, 330, 347, **349–374**, 376, 378, 381, 384, 436, 521, 532–535, 538, 694, 697, 699, 777, 836, 854, 921, 944, 948, 956
Heroenkult, 264f., 335
Heron von Alexandreia, 888, **889**, 996
Herophilos von Chalkedon, 889
Hesiod, 61, 101, 106, **113–130**, 131, 137, 140, 148, 151, 153, 167, 179, 184, 190f., 192, 195, 225, 236, 244, 247, 249, 369, 517, 541, 663, 794, 801, 840, 842, 844, 846, 883, 912, 921f., 988
– Apsis, 128
– Ehoien, 127f.
– Erga, 114f., 116, **123–127**, 138, 140, 147, 151, 153, 393, 396, 840
– Formanalyse, 122
– Katalogpoesie, 127f., 713
– Theogonie, 114, **116–123**, 124f., 225
– Unechtes, 128f.
Hesychios von Alexandreia, 930
Hesychios Illustrios, 952
Hethiter, 22, 35, 37, 117f.
Hexameter, 79f.

Hierokles von Alexandreia, Stoiker, 980
Hierokles von Alexandreia, Neuplatoniker, 188
Hieron von Syrakus, 219, 224, 228f., 239, 275, 280
Hieron II., 808
Hieronymos von Kardia, 860
Hieronymos von Rhodos, 778
Hiketas von Syrakus, 546
Hilarodie, 837
Hildebrandslied, 105
Himerios, 164, 217, **973f.**
Hipparchos von Nikaia, 842, 887, 994
Hipparchos, Peisistratide, 54, 95, 206, 208, 218, 348, 527, 532
Hippasos von Metapont, 545
Hippias von Elis, 224, 395, **396f.**, 545
Hippias, Peisistratide, 533
Hippodamos von Milet, 350, 504, 592
Hippokrates von Chios, 545
Hippokrates von Kos, 360, 386, **546–555**, 758, 845, 849, 997f.
Hippokratisches Corpus, 390, 512, **546–555**
Hippon von Samos, 380
Hipponax von Ephesos, 19, 112, 137, **140–142**, 188, 747, 756, 803, 813, 838
Hippys von Rhegion, 377
Historia Apollonii regis Tyrii, 965f.
Historie, Wortbedeutung, 255
Historiker von Oxyrhynchos, 700
Hölderlin, 322, 329, 336, 389, 641
Hofmannsthal, 328
Homer, 28, **29–101**, 102–106, 107, 109, 110A.1, 111f., 113, 115, 120, 124, 127, 131, 136, 139f., 144f., 147, 153, 156, 160, 163, 174, 182f., 184, 190, 205, 219, 239, 244, 249, 255, 285, 288, 295, 333, 361, 368f., 371, 375f., 386, 390, 398, 443, 517, 530f., 534, 539, 583, 597, 618, 642, 713f., 744, 758, 762, 776, 793, 799, 808, 820, 823f., 826, 841, 847, 850, 882f., 914, 921, 929, 933, 957, 959, 988, 993
Homer (Fortsetzung)
– Äolismen, 80–82
– Analytiker, **50–53**, 58, **68–73**
– Archaisierende Tendenz, 74
– Aussparungen, 56
– Biographisches, 59
– Chorizonten, 67
– Dolonie, 43, 48, 58, 75, 77, 81, 705
– Dramatisierung, 49, 58
– Episodentechnik, 44A.1, 48
– Formelhaftes, 83–85
– Gleichnisse, 41, 73, 75, 85f., 824
– Götter, 37, **87–95**
– Homilie, 42, 51
– Humanisierung, 58
– Ilias, Aufbau, **38–49**, 56
– Interpolationen, 58, 72
– Konzentration der Handlung, 48f., 67
– Kulturschichten, 73–79
– Menschenbild, 92–95
– Metrik, 79f.
– Name, 30, 59
– Neoanalyse, 53A.3
– Odyssee, Aufbau, **59–67**
– Odyssee, Fahrzeiten, 63f.
– Odyssee-Geographie, 61f., 64f.
– oral composition, 33, 55f., 57f., 83–85
– Paradeigmata, 38f.
– Parisurteil, 47
– Peisistratische Redaktion, 52, 54, 96
– Psychologie, 93–95
– Reden, 86
– Religiosität, 87–92
– Ringkomposition, 86
– Schiffskatalog, 41, 58
– Schild des Achilleus, 46A.1, 132
– Scholien, 97, 98f.
– Schriftlichkeit, 54–58, 95
– Soziale Struktur, 75, 91f.
– Sprache, **79–86**
– Telemachie, 67, 69, 105
– Tragik, 49, 89, 91
– Überlieferung, **17**, 20, **95–99**
– Unitarier, 52–55, 57f., 69f., 71, 73
– Verweistechnik, 48f., 53, 56
– Viermännerkommentar, 98
– Warner, 44, 47, 49
– Widersprüche, 50f., 52
Homer (Fortsetzung)
– Zornmotiv, 38, 47f., 67, 70, 73
Homerische Becher, 105
Homeros von Byzanz, 833
Horaz, 136, 143, 160, 162f., 164, 166, 263, 266, 741, 755, 768, 802, 836
Hortensius Hortalus, 786
Hybrias aus Kreta, 206
Hybris, 91, 151f., 153, 179, 285, 319f., 421, 676
Hymenaios, 132
Hymnendichtung, 164, 213, 231, 237, 296f., 463, 470, 617, 619, 792–797, 841, 908f., 986, 988
Hymnen, homerische, 30, **106–111**, 156, 339, 792, 795, 812
Hymnen, orphische, 908f.
Hypatia, 987
Hypereides, 19, 429, 669, 677, 681, **683f.**, 685
Hypodikos von Chalkis, 345
Hypokrites, 266
Hyporchema, 232, 237, 269
Hypsikles, Astronom, 887

Iamblichos, Neuplatoniker, 197, 217, 545, 622, 892, **986**, 988
Iamblichos, Romanschriftsteller, 957, **965**
Iambos, 133, **134–143**, 154, 346, 475
Iambulos, Romanschriftsteller, 962
Iason von Kyrene, 895
Ibykos, 133, 208, **214–217**, 218
Idaios von Himera, 380
Jesus Sirach, 895f.
Ikarios, 266
Iktinos, Architekt, 314, 544
Iliupersis, 104f.
Ioannes Antiochenus, 951
Ioannes Chrysostomos, 972
Ioannes von Gaza, 916
Ioannes Malalas, 951
Ioannes Philoponos, 988
Ioannes Xiphilinos, 950
Ioannes Zonaras, 950
Johannes Diakonos, 262
Ion von Chios, 198, 312, 376, 380, **462–464**, 470, 559
Ion von Samos, 470
Ioner, 16, 24f., 107f., 113, 193, 207, 255, 269, 350, 354, 374, 389

Ionikologoi, 837
Iophon, 315
Josephos Flavius, 54, 896, **900f.**
Isaios, 668f.
Ischia, s. Becher von I.
Isidoros, Isisaretalogie, 853
Isidoros von Milet, 996
Isigonos von Nikaia, 875
Isis, 186, 920, 960
Isisaretalogien, 853
Isokrates, 16, 203, 243, 348, 401, 405, 541, 569, 614, 623, 642f., **654–663**, 664f., 668f., 672, 677, 680, 683, 685, 692, 698, 700f., 702, 707, 752, 786f., 926, 932, 934
Istros, Kallimacheer, 225, 753, 778
Isyllos von Epidauros, 851

Juba II. von Mauretanien, 873
Julia Domna, 936
Julian, 951, 972f., **974f.**, 986, 999
Julianos, Theurg, 983
Julius Valerius, 859
Julius Vestinus, 930
Julius Victor, 884
Justinus, 859
Justus von Tiberias, 901

Kairos, 399, 463
Kallias, 582
Kallikles, 405, 585, 592, 635
Kallikrates-Menekles, 754
Kallimachos, 19, 106, 112, 142, 147f., 164, 188, 713f., 753, 776, 783, **787–807**, 808, 812, 814, 816, 818f., 820, 823, 827f., 829, 830, 842f., 844, 846f., 849f., 878, 880, 915, 929
– Aitia, 788, 791, 796, **798–802**, 819, 830, 844, 970
– Elegie auf Magas und Berenike, 806
– Epigramme, 790, 791f., **797f.**
– Galateia, 806
– Grapheion, 806
– Hekale, 800, **804f.**
– Hochzeit der Arsinoe, 806
– Hymnen, **792–797**, 800, 851
– Iamboi, 800, **803**
– Ibis, 805f., 819, 848
– Locke der Berenike, 791, 800, **802**
– Lyrische Gedichte, 803f.
Kallimachos (Fortsetzung)
– Pinakes, 17, **790f.**
– Prosawerke, 791f.
– Siegesgedicht auf Sosibios, 805
Kallinos von Ephesos, 102, **144**, 145, 147f., 201
Kallippos, Akademiker, 574
Kallipos von Kyzikos, 629
Kallisthenes von Olynth, 618, 642, **701**, 756, 858f.
Kallistratos, Chorodidaskalos, 481f., 494
Kallistratos, Grammatiker, 506
Kalydonische Jagd, 38, 101, 183
Kanon der Komödiendichter, 472
Kanon der Lyriker, 133, 212
Kanon der Redner, 664
Kanon der Tragiker, 462, 464
Karamallos, Pantomime, 906, 970
Karer, 22
Karkinos von Naupaktos, 131
Karkinos, Tragiker, 706
Karneades von Kyrene, 772
Kastor von Rhodos, 882, 884
Kastorion von Soloi, 851
Katastasislehre, 552
Katharsis, 640f.
Kebes, Pythagoreer, 545, 591
Kebes, Verfasser des Pinax, 978
Kelsos, 891
Kephisodoros, Isokratesschüler, 655
Kephisodoros von Theben, 702
Kerkidas von Megalopolis, **756f.**
Kerkylas, Gatte Sapphos, 168
Kimmerier, 64, 144
Kinaidologoi, 837
Kinaithon, 102, 104, 131
Kinesias, 468, 495
Kierkegaard, 489
Kleanthes von Assos, **759**, 842, 851, 886
Klearchos von Soloi, 776
Kleidemos, Atthidograph, 702
Kleinasien, 25, 131, 143, 253, 255
Kleine Ilias, 104f., 332
Kleïs, Tochter Sapphos, 168, 176
Kleisthenes von Sikyon, 264f.
Kleitarchos, 698, **858f.**
Kleitomachos, Akademiker, 772
Kleobulos von Lindos, 222, 224
Kleodemos (Malchos), 897
Kleomedes, Astronom, 765, 994
Kleon von Kurion, 826
Kleoneides, Musiktheoretiker, 993
Kleostratos von Tenedos, 841
Knidische Ärzteschule, 548f.
Knossos, 26 u. A.1
Koine, 684, 697, 742, 786, 870, 872, 886, 923
Kolluthos, Epiker, 913, 915
Kolonisation, griechische, 25, 37
Kolotes, Epikureer, 769, 771
Kommunismus, 504, 594f.
Komödie, Alte, 16, 273, **471–509**, 708f., 710f., 721, 738, 740, 880
– Frühgeschichte, 263, **270–278**, 740
– Mittlere, 472, 476, 605, **708–712**, 738f., 741
– Neue, 438, 441f., 448, 472, 476, 483, 505f., 708f., 710f., **717–750**, 906, 938, 969
– Wortbedeutung, 271
Komos, 271, 486, 492, 505, 741
Konon, 847
Konstantin, 905
Konstantinos Kephalas, 797, 832
Konstantinos Porphyrogennetos, 867, 872, 945, 950, 952
Kontamination, 724
Korax von Syrakus, 399
Korinna von Tanagra, **211–213**
Koriskos, Akademiker, 570, 617, 650
Koroibos, 112
Kosmopolitismus, 762f.
Kottabosspiel, 345
Krantor von Soloi, 602, 851
Krateros der Makedone, 753
Krates, Akademiker, 771
Krates, Epigrammatiker, 347
Krates, Komödiendichter, 475f.
Krates, Kultschriftsteller, 753
Krates von Mallos, 61, 96, 481, 714, **883f.**
Krates von Theben, Kyniker, 721, 755, 757, 922
Krateuas, 999
Kratinos, 112, 472, **473–475**, 477, 482, 488, 502
Kratippos von Athen, 700
Kratylos, 571, 586f.
Kreophylos von Samos, 106

Kreta, 22, 26, 76, 133, 156, 517, 638
Kreuzfahrer, 19
Kriegsschriftsteller, 703, 876, 996
Krinagoras von Mytilene, 831, 906f.
Kritias, 135, 137, 139, 143, 208f., **406f.**, 464, 470, 560, 569, 571
Kritolaos aus Phaselis, 775
Kroisos, 352f., 354, 364, 368
Ktesias von Knidos, 548, **697f.**, 699
Ktesibios, 888f.
Kyklos, epischer, **101–106**, 130, 957
Kynaithos, 109
Kyniker, **755–757**, 932, 939, 975, 979
Kyprien, 40A.2, 95, 102, **103f.**, 332, 799
Kypros, 23
Kypseloslade, 104, 126, 205
Kyrene, 229f., 356
Kyrillos von Alexandreia, 975

Lachares von Athen, 975
Laktanz, 761
Lakydes, 611
Lamprokles, 241, 348f.
Lampros, 312
Lasos von Hermione, 223, 226, 241, 348
Lehrgedicht, 123, 250
Leichenverbrennung, 76
Leier, s. Saiteninstrumente
Leleger, 22
Leodamas, Mathematiker, 609
Leon von Byzantion, 702
Leon, Mathematiker, 609
Leonidas von Alexandreia, 907
Leonidas von Tarent, 828, **829**, 831, 843
Leontios, Araterkärer, 843
Lesbonax, Rhetor, 970
Lesbos, 23, 155, 158, 167f., 174
Lesches, 104
Lessing, 453
Leukadischer Fels, 169
Leukipp, 381f., 384
Libanios, 562, 669, 677, 776, 972f., 974
Licinius Calvus, 805
Likymnios, Dithyrambiker, 401, 468, 470, 663, 849
Limenios, 852
Linear A, 26
Linear B. 23, 26f., 36, 76f., 82
Lindos, Anagraphe, 862f.
Linoslied, 132
Lithika, orphische, 909
Livius, 573, 950
Logographen, 258
Logos, 248f., 399, 561, 578, 760f., 762f., 766, 890, 911, 920
Lollianus von Ephesos, 932
Longinus s. Anonymus Vom Erhabenen
Longus von Lesbos, 815, **969**
Lucan, 978
Lucius, Schüler des Musonius, 978
Lukian, 372, 502, 756, 864, 931, **937–941**, 962, 970
Lukillios, Epigrammatiker, 907
Lukios von Patrai, 944, 965
Lukrez, 381, 767, 769f.
Lydien, 161, 168, 173, 178, 207
Lygdamis von Halikarnaß, 350
Lykien, 36
Lykon, Ankläger des Sokrates, 561
Lykon, Peripatetiker, 620f., 775
Lykophron von Chalkis, 506, 790, **834f.**
Lykophron, Sophist, 663
Lykos von Rhegion, 865
Lykurg, Redner, 17, 146, 271, 307, 672, **684f.**, 702, 705
Lyrik, Einteilung, 133f.
Lysias, 403, 429, 562, 599, 657, **664–668**, 669f., 684, 928f.
Lysikratesdenkmal, 345
Lysiodie, 837
Lysis, Pythagoreer, 892
Lyxes, 350

Machon von Korinth, 833
Mädchens Klage (hellenistisch), 165, 837
Märchen, 27, 60f., 187, 362, 413, 416, 477, 962
Märtyrerakten, alexandrinische, 896, 903
Magnes, 275, **472**
Magodie, 837
Maiistas, Serapisaretalogie, 853
Maiuskelschrift, 15, 19
Makkabäerbücher, 895
Malchos, Historiker, 952
Manasses Gebet, 895
Manetho von Sebennytos, 863
Manuel Moschopulos, 19, 341
Marc Aurel, 19, 927, 941, **979f.**, 998
Marcellinus, Grammatiker, 512, 514f., 538, 681
Marcus-Evangelium, 18
Margites, 111f.
Marianos, 910
Marinos, Neuplatoniker, 988
Marinos von Tyros, 994
Markellos von Side, 909
Markianos von Herakleia, 993
Marmor Parium, 863
Marsyas von Pella, 859
Martial, 720, 907
Maske, 260, 267
Mathematik, 198, 253, **545**, 589, 595, 598, 605, 609, 634, 647f., 881, **884–886**, 890, 936, 987, **994–996**
Matron von Pitane, 715
Maximos, Neuplatoniker, 986
Maximos Planudes, s. Planudes
Maximos von Tyros, 174, **982**
Mechanema (Intrige), 436f., 439, 710
Medizin, 253, 539, **546–555**, 648, **889f.**, **996–1001**
Megakles, Alkmeonide, 226
Megarische Posse, 274f., 473
Megasthenes, 863, 948
Melampodie 129
Melanchros, Tyrann von Lesbos, 158
Melanippides von Melos, 467f.
Melanthios, Atthidograph, 468 A.1, 750
Melanthios, Tragiker, 346
Meleagersage, 38, 92, 239, 267
Meleagros von Gadara, 716, 797, 831
Meletos, Ankläger des Sokrates, 561
Meletos, Tragiker, 706
Melinno, 854
Melissos, 245, 247
Melitides, 112
Memnon, 39, 104
Menaichmos, Mathematiker, 609, 886
Menander, 277, 337, 438, 483, 505, 710, **718–745**, 746f., 767, 773, 836, 838, 921, 970
– Adelphoi I, 723, 728
– Adelphoi II, 722f.
– Agroikos, 720

Menander (Fortsetzung)
- Andria, 721f.
- Apistos, 720
- Aspis 734, **736–738**, 740, 743
- (Aulularia), 723
- (Cistellaria), 723
- Comoedia Florentina, 724, 736
- Deisidaimon, 720
- Didymai, 721
- Doppelbetrüger, 723
- Dyskolos, 721, 724, **725–729**, 734
- Epitrepontes, 720f., 724, 728, **730–732**, 739f., 741, 743f.
- Eunuchos, 721f.
- Georgos, 724
- Glykera, 720
- Heautontimorumenos, 722
- Heniochos, 721
- Heros, 724
- Hiereia, 725
- Hippokomes, 721
- Imbrioi, 721, 725,
- Karchedonios, 723
- Kolax, 720f., 722
- Koneiazomenoi, 743
- Leukadia, 169
- Misumenos, **733f.**, 744
- Orge, 719, 721
- Perikeiromene, 720f., 724, 727, **732**, 740, 743f., 745
- Perinthia, 721f.
- Periochai, 725
- Phasma, **731**
- Plokion, 723
- Samia, 724, 727, **734–736**, 745
- Sikyonios, **733**
- Sinnsprüche, 722
- Theophorumene, 725
- Thrasonides, 733
Menander von Ephesos, 863
Menander von Laodikeia, 943
Menedemos von Eretria, 834, 842
Menekrates von Ephesos, 842
Menekrates von Xanthos, 863
Menelaos von Aigai, 826
Menelaos, Mathematiker, 995
Menestor von Sybaris, 254
Menippos von Gadara, 756, 939, 975
Menippos von Pergamon, 947
Menodotos von Perinth, 862
Menon, 548, 648
Mesomedes, 852, **908**
Methodikerschule, 890, 996, 998
Meton, Astronom, 545
Metrodoros, knidischer Arzt, 648, 890
Metrodoros von Lampsakos, Epikureer, 771
Metrodoros von Lampsakos, Homererklärer, 375
Metrodoros von Skepsis, 873
Metrokles, Kyniker, 755
Milesische Geschichten, 496, **854f.**, 959
Milet, 25, 149, 193, 207, 268, 469, 854
Mimiamben, 838f.
Mimnermos von Kolophon, **147f.**, 154, 203, 713, 799, 843
Mimologoi, 837, 839
Mimos, 142, 278, 578, 697, 797, 811, 829, **838f.**, **905f.**, 959
Minuskelschrift, 19
Minyas, 106
Mnasalkes von Sikyon, 829
Mnesarchos, Stoiker, 767
Mnesimachos, Komödiendichter, 709, 728
Moderatos von Gades, 982
Moiris, 930
Moiro, 834, 848
Molon von Rhodos, 884
Monimos, Kyniker, 721
Monolog, 418f., 740, 746, 959
Moral, s. Rechtsdenken
Morsimos, Tragiker, 281
Moschine, Iambendichterin, 830
Moschion, 428, 706f., 834
Moschopulos, 19
Moschos von Syrakus, 816, 847
Musaios, 106, 190, 850, **915**
Musaios von Ephesos, 826
Museion, 17, 775, 783f., 878f., 978, 986, 994
Musen, 114, 135, 175, 200, 216, 315, 455, 619, 800, 830, 908
Musenthiasos, 315
Musikalische Denkmäler, 852f., 908
Musonius Rufus, 932, **978**
Mykenische Dichtung, 34, 83
Mykenisches Königtum, 37, 74, 87
Mykenische Kultur, 22, 25–27, 34f., 37, 74, 76–79, 156
Myres, 377
Myron von Priene, 826
Myrsilos, Tyrann von Lesbos, 159f.
Myrtis von Anthedon, 211, 213
Mysterien, 107f., 247, 280, 374, 468A.1, 499, 526, 591, 899, 905, 920, 960
Mythentravestie, 274, 276, 839, vgl. auch Mythos
Mythos, 25, 27f., 120, 124f., 147, 164, 179, 181, 183, 187, 194, 215, 234, 236, 238, 254, 257f., 265, 268, 290, 328, 364f., 374, 375f., 377, 388, 391, 393, 405, 436, 450, 453, 461, 473, 482, 487, 538, 568, 578, 585, 590, 597, 600f., 620, 701, 703, 709f., 739, 746, 789, 823, 842, 874, 920, 933, 939, 960f.
Mythos vom Königtum im Himmel, 117

Naevius, 711
Naturgefühl, 180f., 335, 816, 825
Naturrecht, 404f., 407, 556
Naukratis, 167
Naumachios, 911
Naupaktika, 131
Nausiphanes von Teos, 767
Neanthes von Kyzikos, 862
Nearchos, 649, 859, 948
Nechepso-Petosiris, 785, 893
Neleus von Skepsis, 650
Nemesion, 98
Neokleides, Mathematiker, 609
Neophron, 417
Neoptolemos von Parion, 826
Nero, 853, 904f., 978, 992, 996
Nestor von Laranda, 845, 912
Neuplatonismus, 759, 927, 951, 974f., **980–986**
Nigidius Figulus, 891, 982
Nikainetos von Samos, 826, 846
Nikandros von Kolophon, **843–845**
Nikandros von Kolophon, Ependichter, 844
Nikandros von Thyateira, 753
Nikanor, 98
Nikeratos von Herakleia, 470, 712, 808
Niketes von Smyrna, 932
Nikias von Milet, 809, 813
Nikodemos von Herakleia, 907
Nikolaos von Damaskos, 872f.

Nikolaos von Myra, 975
Nikomachos von Gerasa, 982, 995
Nikostratos, Sohn des Aristophanes, 708
Nikostratos von Makedonien, 965
Ninos-Roman, 957, **961f.**
Niobe, 38, 304f.
Nomos, 256, 370, 389, 393f., 397, 404f., 407, 761, 937
Nomos (Liedform), 134, 156f., 203, 467f., 469f.
Nonnos von Panopolis, 907, 912, **914f.**, 916
Nordwestgriechen, 23
Nossis aus Lokroi, 829
Nosten, 105
Novelle, 59f., 187, 362, 367, 371, 496, 682, 778, 854f., 915, 959
Numenios von Apameia, 982
Numenios von Herakleia, 844
Nymphis von Herakleia, 862

Odysseus, Name, 60
Oichalias, Halosis, 106
Oidipodeia, 102
Oinopides von Chios, 545
Okeanos, 62, 64, 147, 194, 293, 363, 820, 822
Okellos von Lukanien, 893
Olen, 106
Olympiodor, Neuplatoniker, 557, 570, 576, 988
Olympiodor von Theben, 952
Olympos, Flötenmeister, 134
Onasandros, Taktiker, 876, **952**
Onesikritos von Astypalaia, 859
Onomakritos, 191
Oppianos von Anazarbos, 910
Oppianos von Apameia, 910
oral composition, 33, 55, 57f., 84f., 123
Oreibasios, 951, **999**
Orientalisches, 27A.1, 37, 75f., 87, 117–119, 149, 185, 187, 193f., 195f., 253, 571, 597, 610, 623, 816, 936, 959f., 968, 980, 983, 986
Origenes, 981
Orpheus, 106, 155, **190f.**, 192, 215, 376, 464, 792, 897, 909
Orphik, **190–192**, 198, 215, 228, 232, 251, 374, 495, 586, 591, 632, 792, 892
Ovid, 119, 168f., 212, 420, 789, 795, 801, 805f., 845
Oxyrhynchos, 20, 304

Paian, 132, 226f., 231f., 237, 241, 313f., 850f., 853
Palaiphatos, 703
Palladas, Epigrammatiker, 907
Pamphila, Grammatikerin, 698, 992
Pamphilos von Alexandreia, 930
Pamphos, 106
Pamphylien, 23
Pamprepios von Panopolis, 916
Pan, 110, 228, 263, 279, 710, 726f., 841, 845, 851
Panaitios von Rhodos, **763f.**, 766f., 884
Panathenäen, 54, 95, 205
Pandoramythos, 124f., 140
Pankrates, Epiker, 911
Pantomimos, **839f.**, 906
Panyassis von Halikarnaß, 131, 350, 368, 712
Pappos, Mathematiker, 993, 995
Papyrus, 15, 18, 783
Papyrus Didot, 725, 731f., 740
Papyrus von Hawara, 754
Papyrustexte, 16, 20, 97, 115, 127f., 138, 141, 159, 162, 164, 170, 175f., 179f., 183, 186, 203, 210f., 212f., 216, 221f., 223, 227, 231, 237, 239, 269, 276f., 281f., 283, 304–306, 339f., 347, 349, 371, 402, 404, 410, 432, 444, 457f., 463, 469, 473f., 477, 479, 511, 513, 542, 548, 570, 572, 619, 636f., 648, 663, 666, 683, 685, 687f., 689, 698, 700, 704, 707, 715, 724–726, 729, 731–734, 736, 755f., 768f., 778, 782, 790f., 793, 798, 800, 804, 812f., 818f., 831, 836f., 845, 847f., 850, 852f., 860, 864, 882, 896, 905f., 911f., 913, 915f., 933, 957, 961–964, 966f., 980
Parabase, 273, 479, 484, 486, 491f., 493, 495, 498, 500f., 503, 505f., 708
Paradoxographie, 792, 872f., 875
Paragraphos, 16
Paraklausithyron, 837
Parmenides, **245–247**, 248, 250, 253, 378, 388, 392, 398, 565, 589, 597f., 599, 607
Parodie, 111, 471, 502
Parry-Collection, 32
Partheneia, 179f., 232, 237
Parthenios von Nikaia, **847**, 848
Patrokles, Feldherr des Antiochos I., 863
Paulus Alexandrinus, 995
Paulus Silentiarius, 907, **916**
Pausanias von Damaskos, 955
Pausanias, Lexikograph, 930
Pausanias, Perieget, 102, 105, 134, 191, 205, 208, 213, 228, 269, 279, 515, 574, 826, **955f.**
Pausanias, Sophist, 953, 955
Peisander von Rhodos, 131
Peisinos von Lindos, 131
Peisistratos, 54, 150, 159, 266, 533
Pektis, 156
Pelasger, 22
Penelope, Name, 60
Penthesileia, 104, 106
Penthiliden auf Lesbos, 158
Pergament, 18
Pergamon, 18, 783, 785, 879, 881, 883, 886, 909, 935, 956, 997f.
Periander von Korinth, 157, 182, 187, 217, 262, 355
Perikles, 247, 268, 279, 312, 322, 348, 357, 378, 380, 389, 429, 455, 473, 477f., 479f., 491, 510, 514, 519–521, 536f., 540, 555, 569, 585, 592, 661, 665, 717, 934
Peripatos, **614–653**, 720, 729, 751, **772–778**, 781, 856f., 877, 921, 932, 976f., 981f., 984, 994
Periplus-Literatur, 256f., 754, 888, 947
Periplus maris Erythraei, 888
Peristephanos von Kyrene, 846
Persaios von Kition, 759
Perses von Theben, 829
Persinos von Ephesos, 714
Persius, 978
Personifikation, 121, 154, 236
Pessimismus, 120f., 123–125, 139f., 221f.
Pest in Athen, 513, 520
Petrarca, 661
Petron, 141, 756, 854
Phaeinos, Astronom, 545

Phaidon von Elis, 559, **567**
Phainias von Eresos, 778
Phalaikos, 829
Phalaris, 181, 570
Phaleas von Chalkedon, 504, 592
Phallos, 270f., 274, 484
Phanodemos, **702f.**, 750, 752, 754, 862
Phanokles, 155, 846
Phaon, 168f.
Pherekrates, Komödiendichter, 467, **476**, 481, 506, 728
Pherekydes von Athen, 258
Pherekydes von Syros, **192f.**, 464
Phileas (von Athen?), 546
Philemon, 739, **745f.**, 836
Philetairos, Sohn des Aristophanes, 708
Philikos aus Kerkyra, 834, 851
Philinos von Akragas, 864
Philinos von Kos, 890
Philipp II. von Makedonien, 256, 610, 617f., 654, 658f., 662, 674–679, 698, 702, 709
Philipp von Opus, 569, 604
Philippides, Komödiendichter, 748
Philippos von Thessalonike, 831, 907
Philiskos, Komödiendichter, 710
Philiskos, Isokrateer, 864
Philistion von Lokroi, 648, 997
Philistion von Nikaia, 905f.
Philistos von Syrakus, 703
Philitas von Kos, 148, **788f.**, 799, 808, 846
Philochoros von Athen, 376, 615, **751f.**, 831
Philodamos von Skarpheia, 852
Philodem von Gadara, 348, 620, 712, 768f., 771, 774, 829, 831, 906
Philogelos, 906
Philokles I. u. II., Tragiker, 281
Philolaos von Kroton, 546, 591, 892
Philon der Ältere, 897
Philon von Alexandreia, 894, **898–900**
Philon von Byblos, 117, **992**
Philon von Byzanz, 786, 889
Philon von Larissa, 772
Philon, Megariker, 758
Philonides, Chorodidaskalos, 482, 491, 494
Philonides von Theben, 759
Philonikos, Dialektiker, 663A.2
Philopoimen, 865
Philostephanos von Kyrene, 846
Philostrat(e), 313, 681, 932, **935–937**, 941, 955, 966, 970
Philoxenos von Alexandreia, 883
Philoxenos von Kythera, **468f.**, 810
Philoxenos von Leukas, 715
Phlegon von Tralles, 953
Phlyaken, 274, 710, 839
Phoiniker, 27, 75f., 118, 352
Phoinix von Kolophon, 132, **756**
Phokais, 106
Phokos von Samos, 194
Phokylides, 131, 140, 202
Phormis, 275
Phoronis, 131
Photios, Patriarch, 18f., 101, 103, 134, 698, 871f., 910, 946, 948, 951, 960, 962, 965, 973
Phrynichos, Attizist, 930
Phrynichos, Komödiendichter, 477, 495, 499, 728f.
Phrynichos, Tragiker, 267f., 269, 283f., 413
Phrynis von Mytilene, 467
Phya, s. Physis
Phylarchos 699, 856, 858, **861**, 872
Physiologos, 953
Physis, 235, 334f., 385, 393, 397, 404, 407, 424, 449, 539, 547, 551, 553, 622, 627, 761, 771, 937
Pigres, 111
Pindar, 133, 139, 148, 156, 166, 178f., 191f., 211–213, 219f., 224, **225–237**, 238, 240f., 247, 280, 295, 312, 332, 335, 370, 393, 397, 463, 823, 922
Pittakos, 132, 149, 158f., 160f., 187, 206, 223, 488
Planudes, 19, 186, 341, 798
Platon, 17, 134, 176, 187, 191, 197, 203, 278, 305, 390, 406, 467, 556–560, 564f., 567, **568–614**, 616f., 621f., 623f., 627, 632, 634, 638, 640, 645f., 649, 653, 657, 660, 669, 683, 699, 709, 712, 716, 754, 759, 765, 771f., 776f., 869, 888,
Platon (Fortsetzung) 899, 919, 926, 928, 934, 955, 959, 968, 970, 974, 978, 980, 982f., 985, 988, 994, 998
– Chronologie der Dialoge, 579–581
– [Alkibiades], 194, **575f.**
– Apologie, 395, 490, 556, 560, 562, 575, 579, 581, **584**, 777,
– Briefe, **570f.**, 574f., 581, 584, 587, 590, 595, 605, 980
– Charmides, 569, **581**
– Epinomis, 576, **604f.**
– Euthydemos, 581, **587**
– Euthyphron, 556, **581f.**
– Gesetze, s. Nomoi
– Gorgias, 384, 405, 515, 571, 581, **585**, 587, 592, 599, 609, 660, 934
– Hermokrates, 601
– Hippias maior, 576, 581, **583f.**
– Hippias minor, 99, 396, 581, **583**
– Ion, 375, 581, **583**
– Kratylos, 392, 581, **586**
– Kritias, 580f., 587, 601, **602**
– Kriton, 556, 559, 581, **584**
– Laches, 491, 575, 580, **581**
– Lysis, **581f.**
– Menexenos, 401, 581, **587**
– Menon, 389, 581, **586**, 602
– Nomoi, 467A.1, 574, 576, 581, 595, **603–605**, 638
– Parmenides, 579, 581, **597f.**
– Phaidon, 380, 490, 545, 556, 558f., 581, 583, 588, **590f.**, 602, 621, 631
– Phaidros, 399, 547, 576, 578, 581, 587, **598f.**, 605, 660, 665
– Philebos, 580f., **600f.**
– Politeia, 262, 348, 394, 405, 504, 573, 576, 581, 585f., **591–597**, 600, 603, 605, 636, 638, 664, 776, 920, 980
– Politikos, 580f., **600**, 603
– Protagoras, 206, 223, 387, 390, 393, 395f., 397, 404, 464, 478, 547, 581, **582f.**, 585f.
– Sophistes, 322, 580f., **599f.**
– Symposion, 176, 262, 401, 463, 465, 490, 560f., 565, 579f., 581, 588, **589f.**, 591, 599, 954
– Theaitet, 245, 392, 394, 545, 562, 578, 581, 591, **598**, 599, 608, 616

Platon (Fortsetzung)
- Timaios, 389, 580f., **601f.**, 603, 776, 919
- Über das Gute, 589, **607f.**
- Überlieferung, 20, 574f.
- Unechtes, 574–576
Platon, Komödiendichter, 476
Platonios, Grammatiker, 480, 505
Plautus, 709, 723f., 740, 745–747
Pleias, tragische, 833f.
Plinius d. Ä., 716, 720, 875, 894, 999
Plinius d. J., 905, 933
Plotin, 905, 980f., **983–985**
Plutarch von Athen, 988
Plutarch von Chaironeia, 188, 211, 213, 238, 268, 314, 346f., 351, 385, 411, 462, 464, 476, 514, 562, 669, 671, 677, 692, 721, 746, 762, 769, 838, 854, 856, 860f., 866, 886, **917–926**, 982
- Biographien, 918, 920f., 922, 925
- Lampriaskatalog, 918, 922f.
- Moralia, 918–921, 924f.
- [Rednerbiographien], 669, 681f., 683, 921
- [Über die Musik], 156, 177, 312, 466f., **921**
Pneumatikerschule, 997
Polemon, Akademiker, 757, 771
Polemon von Ilion, 873f.
Polemon, Sophist, 932, 934
Pollux, 289, **888**
Polos von Akragas, 401, 585, 663
Polyainos, 876, **952**, 956
Polybios, 699, 701, 703, 756, 786, 856, 862, 864, **865–870**, 872, 945, 993
Polybos, Hippokratiker, 553
Polyeidos von Selymbria, 468
Polygnot, 134, 204
Polyklet, 314, 544
Polykrates von Samos, 207f., 214, 217, 355f., 369f.
Polykrates, Sophist, 557, 657, 663, 696
Polymnestos von Kolophon, 179
Polystratos, Epikureer, 771
Pompeius Trogus, 871
Porphyrios, 197, 392, 774, 934, 943, 962, 983, 985
Poseidippos, Epigrammatiker, 714, 799, **830**
Poseidippos von Kassandreia, 747f.
Poseidippos von Theben, 908
Poseidon, 236, 240, 267, 365, 422, 433, 442, 495, 684
Poseidonios von Apameia, 645, **764–767**, 870, 872, 884, 887, 981, 993f.
Pratinas von Phleius, 261, 267, **268f.**, 280, 312
Praxagoras, koischer Arzt, 648, 889
Praxilla von Sikyon, 213f.
Praxiphanes, Peripatetiker, 515, 776, 792, 799
Priscianus, 909
Priskos von Panion, 952
Prodikos, 375, 394, **395f.**, 409, 547, 566, 654
Progymnasmata, 927, 942, 959, 973, 975
Prohairesios, Rhetor, 973
Proklos (Chrestomathie), 101, **103**, 104f., 111, 134
Proklos, Neuplatoniker, 106, 576, 609, 759, 776, 792, 886, 908, 911, **988**
Prokopios von Caesarea, 952
Prokopios von Gaza, 975
Prolog, 265, 268, 296, 299, 301, 324, 329, 437, 439f., 443, 445, 447, 453, 483, 726, 740, 747
Propemptikon, 138
Properz, 213
Protagoras, 224, 350f., 381, 385, **389–394**, 396, 398, 401, 404f., 408f., 517, 536, 538, 560, 566, 577, 582, 598
Psaon von Plataiai, 862
Psaromachie, 111
Psychologie im Drama, 328, 414f., 449
Ptolemaios I. Soter, 17, 720, 775, 782, 788, 838, **858**, 859, 874, 885, 948
Ptolemaios II. Philadelphos, 17, 386, 751, 775, 784, 788, 790, 794f., 808, 812, 833f., 837f., 851, 878, 888, 895
Ptolemaios III. Euergetes, 307, 791, 796, 802, 818, 820, 838, 842f., 879
Ptolemaios IV. Philopator, 834, 896
Ptolemaios VI. Philometor, 777
Ptolemaios VII. Physkon, 878, 882
Ptolemaios Chennos, 615, 960
Ptolemaios el-Garib, 615, 621
Ptolemaios, Mathematiker, 994
Pylades, Pantomime, 840
Pylos, 25f., 36f., 65, 74, 78, 103, 522, 528
Pyres aus Milet, 837
Pyrrhon von Elis, 757, 771, 890, 977
Pythagoras, **197–199**, 215, 244, 249, 253, 382, 395, 464, 586, 649, 709, 778, 891–894, 962, 982, 985
Pythagoreer u. Pythagoreismus, 197–199, 228, 232, 245, 251, 253, 349, 375, 382, 386, 464, 475, 545f., 567, 572f., 586, 588, 591, 605, 610, 632, 649, 752, 765, **891–894**, 936, 962, 968, 978, 981–984, 986, 995
Pytheas von Massalia, 649
Pythermos von Teos, 207
Pythodoros, 389
Pythokleides, Musiker, 349
Python, Verfasser des Agen, 707

Quintilian, 181, 183, 221, 663, 742, 803
Quintus von Smyrna, 871

Raimund, 170
Ras-Šchamra, 118
Rationalismus, 257
Realismus, 811f., 815, 829, 838
Rechtsdenken, 90–92, 123f., 125f., 154, 279f., 320f., 403, 407, 584, 761, 771
Rhapsoden, 54, 58, 72, 95, 106, 109, 115f., 127, 205, 244, 583
Rhetorik, 86, 185, 398f., 400, 402, 406–408, 569, 585, 587, 599, 623, 643f., 654, 656, 660f., 663f., 665f., 667, 680, 689, 698, 774, 776, 831, 884, 903, 919, 923, 926–929, 931, 934, 938, 941f., 958–960, 969, 972f., 975, 977, 988
Rhetorik ad Alexandrum, 663f., 702
Rhetorik des [Aristides], 942
Rhetorik von Oxyrhynchos, 406, 664
Rhianos aus Kreta, 826f.

Rhinton von Syrakus, 274, 276, 839
Rhodos, 25, 35f., 764, 784, 879, 884, 933
Rilke, 642
Ringkomposition, 86, 126, 140, 165, 234, 370, 498, 510, 518, 542
Roman, 185f., 188, **957–969**, 970f.
Rufus von Ephesos, 997
Rutilius Lupus, 884

Sänger, soziale Stellung, 30
Sage und Geschichte, 34f., 36f.
Saiteninstrumente, 133f., 155f., 171, 178, 208, 233, 349, 467, 469, 471
Sakadas von Argos, 129, 134, 178
Salamis, 150
Salustios, Herausgeber des Sophokles, 341, 806
Salustios, Neuplatoniker, 986
Sanchuniathon, 117, 196
Sang von Ullikummi, 117
Sappho, 132, 137, 155f., 157, 161, **167–177**, 180, 207, 209, 216, 476, 715, 747, 812, 829
Satyrikon, 261f., 263, 268
Satyrn, 262f., 273, 475, 845
Satyros, 20, 315, 398, 410f., 739, 778
Satyrspiel, 261–264, 268f., 283, 295, 305f., 339, 452f., 464, 707, 834f.
Schamanismus, 33, 189
Schauspieler, Anzahl, 277, 290, 314, 475, 742, 836
Schauspielerinterpolationen, 17, 307, 456
Scheler, 303
Schicksalsglaube, 87, 122, 303, 368f.
Schlegel, A. W., 424
Schopenhauer, 320
Schrift, griechische, 25–27, 54f., 96
Scipionenkreis, 723, 764, 865
Secundus – Geschichte, 966
Seelenlehre, 191f., 194, 249, 251, 464, 766
Seelenwägung, 39, 43, 47, 87
Seelenwanderung, 191, 197f., 232, 251
Seikilosliedchen, 852
Seleukos von Seleukeia, 886
Semonides von Amorgos, 121, **139f.**, 185
Semos von Delos, 271
Seneca, 174, 420, 756, 762, 765, 769, 978
Seneca d. Ä., 927
Septuaginta, **895**, 897
Serapeion, 17
Serapion von Alexandreia, 890
Serenos, Mathematiker, 995f.
Q. Sextius, 982
Sextus Empiricus, 191, 398, 407f., 977
Sibyllinische Orakel, 896f.
Sieben Weise, 161, **187f.**, 578, 776, 803, 920
Silene, 134, 263, 306
Silenos von Kalakte, 864
Simias von Rhodos, 814, 829
Simmias von Theben, 545, 591
Simodie, 837
Simon von Athen, 695
Simonides von Keos, 133, 140, 146, 206, **218–225**, 226, 228, 230f., 233, 237f., 241, 346, 582, 697, 802
Simonides von Keos d. J., 375
Simonides von Magnesia, 826
Simplikios, 886, 989
Siron, Epikureer, 768
Skenographie, 314
Skeptiker, 757, 890, 977, 997f.
Skolion, 188, **205f.**, 214, 219, 223f., 232, 241, 345, 509, 582, 828
Skopaden, 218, 221, 223
Skopelianos von Klazomenai, 913, 932, 934
Skylax von Karyanda, 256, 649
Skymnos von Chios, 846
Skythen, 189, 356, 364
Skythinos von Teos, 250
Sokrates, 174, 380f., 465, 478, 488–490, **555–567**, im Platonkapitel passim, 631, 649, 657, 690, 696f., 769, 778
Solon 54, 95, **148–155**, 161, 187, 189, 203, 205f., 262, 350, 353f., 388, 479, 569, 658, 758
Sopatros von Paphos, 839
Sophainetos von Stymphalos, 692
Sophistik, 224, 293, 322, 329, 334, 351, 370, **387–408**, 421, 442, 452, 467f., 474, 478, 490, 517, 536f., 538f., 540f., 556, 560, 563, 569, 574, 577, 582, 585, 587, 592, 618, 638, 640, 642, 656, 661, 663, 667, 694, 714, 718, 875, 932
Sophistik, Zweite, 17, **926–945**, 957–959, **972–976**
Sophokles, 280f., 285, 289, **311–344**, 346, 349, 351, 380, 409f., 411, 414f., 432, 444, 455, 462f., 464, 471, 477, 500f., 555, 831, 905, 961
– Achäerversammlung, 340
– Aias, **316–320**, 331, 335, 340, 421, 431, 729
– Antigone, 163, 288, 312, 316, 318, **320–323**, 324, 329, 334, 351, 410, 416, 444, 537
– Elektra, 326, **329–332**, 340, 351, 434f.
– Eurypylos, 340
– Ichneutai, 305, **339**, 452
– Inachos, 339f.
– Krisis, 396
– Nausikaa, 313
– Ode auf Herodot, 314, 351
– Oidipus auf Kolonos, 316, 331, **335–338**, 455
– Oidipus, Tyrannos, 281, 318f., 322f., **325–329**, 331f., 333, 335, 340, 440, 463, 641
– Paian auf Asklepios, 314, 850f.
– Phaidra, 340
– Philoktet, 316, 331, **332–335**, 340, 385, 439, 452
– Skyrioi, 340
– Telephie, 315
– Tereus, 340, 417
– Thamyris, 313
– Trachinierinnen, 106, 320, **323–325**, 332, 432
– Triptolemos, 314
– Über den Chor, 314, 544
– Überlieferung, 341f.
Sophokles, Antragsteller gegen Philosophen, 619, 685, 772
Sophron, 278, 578, 811
Soranos von Ephesos, 546, **996f.**
Sosibios der Lakone, 178, 273f., **863**
Sosigenes, 886
Sosikrates (Sostratos) von Phanagoreia, 846
Sosiphanes, Tragiker, 834
Sositheos, 831, 834f.
Sosthenes von Paros, 139

Sostratos von Knidos, 784
Sosylos von Lakedaimon, 864
Sotades von Maroneia, 837
Soterichos, Epiker, 912f.
Sotion von Alexandreia, 777
Soziale Faktoren, 114, 120, 126, 149f., 189, 201, 435, 504, 568, 718, 729, 745, 904, 933, 940, 972
Sparta, 144f., 157, 177–179, 182, 195, 356, 638
Speusippos, 569, 575, **610**, 617, 619, 771, 981
Sphairos der Borysthenite, 759
Sprechvers in der Tragödie, 265f., 453
Staatsschiff, 162f., 286
Stasinos, 103
Statius, 713
Statius Caecilius, 723
Stephanos von Byzanz, 546, **994**
Stesichoros, 133f., 157, **181–184**, 214f., 216f., 230, 234, 295, 330, 400, 436, 810
Stesimbrotos von Thasos, 96, 245, 374, 509f., 712, 875
Stilpon von Megara, 565, 757
Stoa, 245, 248f., 638, 755, **757–767**, 769, 771f., 899, 919, 939f., 953, 978–981, 983f., 993f., 997
Stobaios, 188, 953, **955**, 978
Strabon von Amaseia, 649, 765, 870, 883, 887, **993**
Stratokles, Redner, 685
Stratokles von Rhodos, 764
Straton von Lampsakos, 620, 775, 878, 886, 890
Straton von Sardes, 907
Strattis, 468
Suda, 930
Sukzessionsmythen, 117
Sulpicius Gallus, 894
Synesios von Kyrene, 908, 932f., 973, **986–988**
Synkrisis, 115, 923
Syrakosios, 474
Syrian, Neuplatoniker, 988

Tacitus, 693, 950
Tanz, 31, 132
Technopaignien, 810, 814, 835
Teisias, 399, 665
Telegonie, 105
Telekleides, 476
Teles, Kyniker, 755
Telesilla von Argos, 213
Telestes von Selinus, 467, 778
Terenz, 481, 722f., 747
Terpander, 155f., 178, 467, 469
Testament, Altes, 131
Thales von Milet, 187, 193, **194**, 196, 253
Thaletas von Gortyn, 178
Theagenes von Megara, 149
Theagenes von Rhegion, 96, 245, 374
Theaitet, 598f., **602**, 609
Theater, s. Bühnenwesen
Thebais, 102, 712f.
Thebanische Sage, 37f., 101–103, 211
Themis, 92, 122, 151
Themison von Laodikeia, 996
Themistios, 265, 607, **974**, 975, 988
Themistogenes von Syrakus, 692
Themistokles, 218f., 241, 268, 279, 510, 519, 540, 585, 934
Theodektes von Phaselis, 562, 643, 707
Theodizee, 152
Theodoros von Asine, 986
Theodoros von Byzanz, 406, 663
Theodoros von Gadara, 928, 942
Theodoros von Kyrene, 545, 572, 598f.
Theodosios aus Bithynien, 887
Theodotos, jüdischer Epiker, 897
Theognis von Megara, **200–204**, 205, 663
Theogonien (außer Hesiod), 190f., 192, 258, 495, 909
Theokrit, 114, 133, 164, 181, 213, 278, 469, 785, 787f., 797, **807–818**, 821, 827, 830, 838f., 847, 910, 961, 969
Theokrit von Chios, 716
Theolytos, Epiker, 826
Theon, s. Aelius
Theon von Alexandreia, 20, 885, 987, 995
Theon von Antiocheia, 562
Theon, Grammatiker, 800, 817, 835
Theon von Smyrna, 981
Theophanes von Mytilene, 873
Theophilos, Patriarch, 17
Theophrast, 188, 193, 245, 381, 617, 620, 625, 634f., 644f., 647f., 649f., 682, 719f., 744, **772–775**, 776, 843, 857, 877f., 884, 889, 975
Theopomp von Chios, 372, **698–700**, 701f., 716, 857, 861
Theopomp, Komödiendichter, 709
Theron von Akragas, 219, 227f.
Theseus, 37, 103, 131, 240f., 336f., 346, 421, 428–431, 804f.
Thespis, 261, 265, 266f., 314, 831
Thespiskarren, 266
Thesprotis, 105
Thessalonike, 19
Thessalos von Tralleis, 996
Theudios von Magnesia, Mathematiker, 610
Thomas Magister, 19, 341
Thrasyllos, 386, 611
Thrasymachos, 405, 592, 663
Threnos, s. Totenklage
Thukydides, 104, 107, 148, 181, 255, 258, 362, 365, 371f., 401, 412, 428f., 481f., 510, **512–544**, 661, 669, 681, 693f., 698f., 700, 717, 868f., 922, 929, 948, 950f.
Thukydides, Sohn des Melesias, 509, 511, 514, 658
Tiberius, 928
Tierchöre, 273, 472, 475, 477
Tierfabel, s. Fabel
Timagenes von Alexandreia, 871
Timagetos, Geograph, 822
Timaios von Lokroi, 893
Timaios von Tauromenion, 835, **864f.**, 866, 868, 871, 874
Timokles, Komödiendichter, 709
Timokreon von Ialysos, 218f., 241, 509
Timon von Phleius, 244, **757**, 842, 890
Timonides von Leukas, 703
Timotheos, Konons Sohn, 662
Timotheos von Milet, 16, 412, 446, 455, **469f.**, 905
Titanomachie, 101, 130
Totenklage, 132, 143, 205, 221, 232, 264, 398, 429

Tragisches, Wesen des Tr., 95, 288, 292, **303f.**, 320, 329, 332, 437f., 451, 641
Tragödie, Frühgeschichte, 157, 241, **260–270**, 880
– Staatsexemplar, 17, 684
– Überlieferung, 17, 307
– Wortbedeutung, 263
Trajan, 904, 913, 917f., 933, 996
Trennung von Himmel und Erde, 118
Triklinios, 19, 308, 341
Trilogie, 282f., 289, 292, 296, 315, 432
Triphiodor, 912f., 915
Troia, 35f., 333f., 433, 874
Trygodia, 272
Tryphon von Alexandreia, 882, 954
Tübinger Theosophie, 897
Tyche, 236, 438, 440f., 540, 743f., 870, 919, 963
Tynnichos von Chalkis, 241
Typenkomödie, 274, 277, 477, 711, 744
Tyrannen, 149, 152, 157f., 161, 202, 207, 250, 262, 264, 526f., 570, 617
Tyrannion, 650, 882
Tyrtaios, **144–146**, 147f., 155, 201
Tzetzes, 96, 475, 791, 835

Varro, 756, 763, 897
Varro von Atax, 843
Vergil, 181, 768, 811, 815, 824f., 845, 847, 911f.
Vespasian, 927
Vettius Valens, 931
Vitruv, 546
Volksepik, 32f.
Volksjustiz, 272
Volkslied, 132f., 172, 184
Vorderer Orient, s. Orientalisches
Vorgriechische Bevölkerung, 60, 79

Wanderungen, griechische, 21–25
Weltaltermythos, 125
Wolf, Friedrich August, 52, 54

Xanthos aus Sardes, 258, 362
Xanthos, Verfasser einer Orestie, 181
Xenarchos, Mimendichter, 578
Xenodamos von Kythera, 178.
Xenokrates, 569, 607, **610**, 617, 619, 771, 920, 981
Xenokritos von Lokroi, 178, 181
Xenomedes von Keos, 377, 801
Xenophanes von Kolophon, 197, 236, **243–245**, 249, 254, 374, 388, 432, 464, 757, 843
Xenophilos, 863
Xenophon, 133, 273f., 396, 556–558, 567, **690–697**, 698, 700, 777, 861, 946, 948
– Agesilaos, 694, 777
– Anabasis, 273f., 557, 690, **691f.**, 694, 697
– Apologie, 556, 562, **696f.**
– [Ἀθηναίων πολιτεία], **510–512**, 694
– [Briefe], 697
Xenophon (Fortsetzung)
– Hellenika, 561, 691, **692–694**
– Hieron, 219, **697**
– Hipparchikos, 695
– Kynegetikos, 695
– Kyrupädie, 565, **694**, 777, 959
– Λακεδαιμονίων πολιτεία, 694
– Memorabilien, 401, 556f., 560, 563, 696
– Oikonomikos, 556, 695
– Poroi, 672, 691, **694**
– Symposion, 375, 478, 556, **697**
– Über die Reitkunst, 695
Xenophon von Ephesos, 963, **964f.**, 966
Xiphilinos, 950

Zauberpapyri, 811, 908
Zenodot von Ephesos, 96, 98, 788, 790f., 818, 878
Zenon von Elea, 247, 577, 598, 758
Zenon von Kition, **757–759**, 761, 763
Zenon von Pergamon, 759
Zenon von Sidon, 768
Zeus, 87, 89, 116, 118f., 121f., 123, 125, 142, 151f., 160, 211, 224, 231, 236, 240, 248, 250, 281, 284f., 290, 293–297, 302f., 325, 329, 393, 434, 442, 473, 495, 603, 710, 712, 759, 793f., 816, 842, 852, 854, 875, 896, 914, 939
Zoilos von Amphipolis, 642, 663
Zosimos, Demosthenevita, 669
Zosimos, Historiker, 952

VERZEICHNIS DER ABKÜRZUNGEN

AfdA	Anzeiger für die Altertumswissenschaft
Am. Journ. Arch.	American Journal of Archaeology
Am. Journ. Phil.	American Journal of Philology
Ann. Br. School Ath.	Annual of the British School at Athens
Ant. Class.	L'Antiquité Classique
Arch. f. Rw.	Archiv für Religionswissenschaft
Arch. Jahrb.	Jahrbuch des Deutschen Archäolog. Instituts
Ath. Mitt.	Mitteilungen des Deutschen Archäolog. Instituts zu Athen
B.	Poetae Lyrici Graeci. Rec. Th. Bergk. vol. 2 u. 3. (1 enthält Pindar) Leipz. 1882 (Neudruck mit Indices von H. Rubenbauer 1914/15)
BKT	Berliner Klassikertexte herausg. von der Generalverwaltung der K. Museen zu Berlin
Bull. Corr. Hell.	Bulletin de Correspondance Hellénique
Class. Journ.	Classical Journal
Class. Phil.	Classical Philology
Class. Quart.	Classical Quarterly
Class. Rev.	Classical Review
Coll. des Un. de Fr.	Collection des Universités de France, publiée sous le patronage de l'Association Guillaume Budé. Paris, Société d'édition «Les Belles Lettres» (Doppelsprachig)
D.	Ernst Diehl, Anthologia Lyrica Graeca. 3. Aufl.: fasc. 1, Leipz. 1949. 2, 1950. 3, 1952. Das Übrige in der 2. Aufl.: fasc. 4, 1936. fasc. 5 u. 6, 1942 mit Suppl.
DLZ	Deutsche Literatur Zeitung
E.	J. M. Edmonds, The Fragments of Attic Comedy. Leiden 1957–1961
F Gr Hist	Felix Jacoby, Die Fragmente der griech. Historiker. 1 ff. Berl. 1923 ff. (Die Autoren im allgemeinen nach nr. zitiert)
Fränkel	Hermann Fränkel, Dichtung und Philosophie des frühen Griechentums. New York 1951; 2. erw. Auflage Münch. 1961
GGN	Göttinger Gelehrte Nachrichten
Gnom.	Gnomon
Gymn.	Gymnasium
Harsh	Philip Whaley Harsh, A Handbook of Classical Drama. Stanford u. Lond. 1948
Harv. Stud.	Harvard Studies in Classical Philology
Herm. (E)	Hermes (Einzelschriften)
Hypomn.	Hypomnemata. Untersuchungen zur Antike und zu ihrem Nachleben. Herausg. von A. Dihle, H. Erbse, W.-H. Friedrich, Chr. Habicht, Br. Snell. Göttingen ab 1962
Jaeger	Werner Jaeger, Paideia. 1, 4. Aufl.; 2 u. 3, 2. (3.) Aufl. Berl. 1959
Journ. Hell. Stud.	Journal of Hellenic Studies
K.	Comicorum Atticorum fragmenta ed. Kock 1880–1888
Kitto	H.D.F. Kitto, Greek Tragedy 3. ed. London 1961
Lesky	Albin Lesky, Die tragische Dichtung der Hellenen. 2. Aufl. Göttingen 1964
LP	Edgar Lobel – Denys Page, Poetarum Lesbiorum Fragmenta. Oxford 1955
Mnem.	Mnemosyne

Mus. Helv.	Museum Helveticum
N.	Tragicorum Graecorum Fragmenta ed. A. Nauck. 2. Aufl. Leipz. 1889; repr. mit Suppl. von Br. Snell, Hildesheim 1964
N. Jahrb.	Neue Jahrbücher für das klassische Altertum
Öst. Jahrh.	Jahreshefte des Österr. Archäolog. Institutes in Wien
Ox. Pap.	B. P. Grenfell, A. S. Hunt, H. J. Bell, E. Lobel and others, The Oxyrhynchus Papyri. 1 ff. Lond. 1898 ff.
P.	Roger A. Pack, The Greek and Latin Literary Texts from Greco-Roman Egypt. Sec. revised and enlarged ed. Ann Arbor 1965
Pap. Soc. It.	G. Vitelli, M. Norsa ed altri, Pubblicazioni della Società Italiana per la Ricerca dei Papiri Greci e Latini in Egitto. 1 ff. Firenze 1912 ff.
Par di Pass.	Parola di Passato
Pf.	Rudolf Pfeiffer, Callimachus. 2 Bde. Oxford 1949/53
Pf. Hist.	Rudolf Pfeiffer, History of Classical Scholarship. From the Beginnings to the End of the Hellenistic Age. Oxford 1968
Phil.	Philologus
PMGr	Poetae Melici Graeci ed. D. L. Page. Oxford 1962
Pohlenz	Max Pohlenz, Die griech. Tragödie. 2 Bde. 2. Aufl. Göttingen 1954
RE	Pauly-Wissowa, Realencyclopädie der classischen Altertumswissenschaft
Rev. Et. Gr.	Revue des Etudes Grecques
Rev. Phil.	Revue de Philologie
Rhein. Mus.	Rheinisches Museum
Riv. Fil.	Rivista di Filologia e d'Istruzione Classica
Schmid	Wilhelm Schmid, Geschichte der griech. Literatur. I. Müllers Handbuch der Altertumswiss. VII: 1, Münch. 1929. 2, 1934. 3, 1940. 4, 1946. 5, 1948
Schw. Beitr.	Schweizerische Beiträge zur Altertumswissenschaft
Severyns	A. Severyns, Homère. 1, 2. Aufl. Bruxelles 1944. 2, 1946. 3, 1948
Stud. It.	Studi Italiani di filologia classica
Suda	Suidae Lexicon ed. A. Adler, 5 Bde. Leipzig 1928–38
Symb. Osl.	Symbolae Osloenses
Tebt. Pap.	B. P. Grenfell, A. S. Hunt, J. G. Smyly, E. J. Goodspeed, The Tebtunis Papyri 1 ff. Lond. 1902 ff.
Trans. Am. Phil. Ass.	Transactions and Proceedings of the American Philological Association
VS	H. Diels – W. Kranz, Die Fragmente der Vorsokratiker. 11. Aufl. Berl. 1964 (Die Autoren werden nach den durchlaufenden Ziffern dieser Auflage zitiert)
Wien. Stud.	Wiener Studien
Zet.	Zetemata. Monographien zur klass. Altertumswiss. Herausgegeben von Erich Burck und Hans Diller

Michael von Albrecht

Geschichte der römischen Literatur

1992. 2 Bde., XXXII, 1468 S., Ln. DM [illegible]
ISBN 3-[illegible]

Dieses Werk behandelt die Geschichte der römischen Literatur von den Anfängen im 3. Jahrhundert v. Chr. bis ins beginnende 6. Jahrhundert n. Chr. Mit römischer Literatur ist hier das gesamte lateinische Schrifttum der Antike gemeint, also nicht nur Epik, Dramatik und Lyrik, sondern auch historische und philosophische Schriften und Reden. Ebenfalls Gegenstand dieser Betrachtung sind antike Literaturtheorie, Sprache und Stil, Überlieferungs- und Wirkungsgeschichte sowie die christliche lateinische Literatur.

Mehr als bisher wird der Einfluß der römischen Literatur auf die literarische Entwicklung Europas bis in die Gegenwart dokumentiert.

Michael von Albrecht, Professor für Klassische Philologie an der Universität Heidelberg und Autor zahlreicher Veröffentlichungen zum klassischen Altertum, hat eine Literaturgeschichte konzipiert, die sich nicht nur an Studenten und Lehrer richtet, sondern an alle, die sich über die Werke der römischen Literatur und ihre Schriftsteller informieren wollen.